DER BROCK HAUS

IN SECHS BÄNDEN

DER BROCK HAUS

IN SECHS BÄNDEN

Band 1 A–DES

F. A. BROCKHAUS
Leipzig · Mannheim

Bibliografische Information der Deutschen Nationalbibliothek
Die Deutsche Nationalbibliothek verzeichnet diese Publikation in der Deutschen Nationalbibliografie; detaillierte bibliografische Daten sind im Internet über http://dnb.ddb.de abrufbar.

Namen und Kennzeichen, die als Marke bekannt sind und entsprechenden Schutz genießen, sind beim Stichwort durch das Zeichen ® gekennzeichnet. Handelsnamen ohne Markencharakter sind nicht gekennzeichnet. Aus dem Fehlen des Zeichens ® darf im Einzelfall nicht geschlossen werden, dass ein Name oder Zeichen frei ist. Eine Haftung für ein etwaiges Fehlen des Zeichens ® wird ausgeschlossen.

Das Wort BROCKHAUS ist für den Verlag F. A. Brockhaus GmbH als Marke geschützt.

Das Werk einschließlich aller seiner Teile ist urheberrechtlich geschützt. Jede Verwertung außerhalb der engen Grenzen des Urheberrechtsgesetzes ist ohne Zustimmung des Verlags unzulässig und strafbar. Das gilt insbesondere für Vervielfältigungen, Übersetzungen, Mikroverfilmungen und die Einspeicherung und Verarbeitung in elektronischen Systemen.

Alle Rechte vorbehalten. Nachdruck, auch auszugsweise, verboten.

© F. A. Brockhaus GmbH, Leipzig · Mannheim 2008
E D C B A

Printed in Germany

ISBN Gesamtwerk: 978-3-7653-3230-2
ISBN Band 1:   978-3-7653-3231-9

Projektleitung Dipl.-Germ. Gudrun Vogel

Redaktion
Jutta Arndt
Dipl.-Theol. Dieter Baer
Dipl.-Geogr. Dörte Brox
Jana Eichhorst M. A.
Daniel Fähle M. A.
Dipl.-Phys. Konrad Fehr
Dipl.-Päd. Gunhild Grundmann
Dr. phil. Bernward Halbscheffel
Thomas Handschel
Cornelia Heinrich M. A.
Dr. rer. nat. Ina Helms
Dr. phil. Christian Horn
Dipl.-Jur. Gudrun Jeschke
Hedi Kätzel
Peter Kratzmaier M. A.
Sylvia Kretzschmar M. A.
Dipl.-Theol. Lutz Krupke
Dipl.-Ing. Rumen Kujumdshiev
Dipl.-Geogr. Sonja Lamers
Jutta Lange M. A.
Sandra Liebold
Dr. rer. nat. Karen Lippert
Karin Müller-Syring
Dipl.-Germ. Knut Neubauer
Eva Noll M. A.
Dr. med. Clemens Pätzold
Dipl.-Germ. Almut Philipp
Claudia Ristau M. A.
Dipl.-Ing. Bernd Rohr
Ute Rosner M. A.
Dr. phil. Robert Rudolph
Dipl.-Kunstwiss. Birgitt Sandke
Dr. phil. Andreas Schneider
Kai Schöne M. A.
Dipl.-Phys. Ingrid Schröder
Dipl.-Kristallografin Inge Steinhäußer
Dipl.-Geogr. Gunther Tröbs
Dr. phil. Rudolf Wansing
Dr. phil. nat. Christian Dominik Wetzler
Dipl.-Geogr. William White
Dr. rer. nat. Brigitte Wiesenbauer
Ass. Jur. Ralph Erik Zade
André Zimmermann M. A.

Herstellung Jutta Herboth
Layout Horst Bachmann
Umschlaggestaltung glas AG, Seeheim-Jugenheim
Satz A–Z Satztechnik GmbH, Mannheim
(PageOne, alfa Media Partner GmbH)
Druck Firmengruppe APPL, Wemding
Bindung Lachenmaier, Reutlingen

VORWORT

Wein trinke aus kleinen Schalen,
Wissen trinke aus großen.

Chinesisches Sprichwort

Die Hochschätzung fundierten und wohlgeordneten Wissens ist allen Kulturen zu eigen – wurde das Wissen doch als ein Schatz gesehen, der von Generation zu Generation gemehrt wurde, um den Nachfolgenden zu dienen, ihnen die Welt zu erklären, die Angst vor unerklärlichen Schicksalsmächten zu nehmen, den Alltag zu erleichtern. Gefahr drohte der Überlieferung dessen, was eine Kultur kannte und wusste, durch Naturkatastrophen und Epidemien, Kriege, Eroberungen und Unterdrückung, durch die Vernichtung des Aufgeschriebenen.

In der digitalen Welt des 21. Jahrhunderts ist das, was Menschen erkannt, erforscht, festgestellt und gesammelt haben, mit den enormen Mitteln der Technik gespeichert, gesichert und vervielfältigt. Verloren geht es uns so leicht nicht mehr. Aber untergehen kann es, im Meer der grenzenlosen Informationsangebote und Kommunikationsströme. Alles ist zugänglich – aber ist es dadurch für den Einzelnen auch gut nutzbar?

Die zwischen A und Z wohlgeordnete Welt gesicherten Wissens aus allen Gebieten präsentiert dieses neu konzipierte Lexikon in sechs Bänden. Sachkundig, präzise und auf aktuellem Stand führt es durch das Wissen der Welt: in rund 130 000 Stichwortartikeln zu allen wichtigen Bereichen, zu Geschichte, Politik, Gesellschaft und Geografie, Natur, Technik und Wissenschaft, Kunst und Kultur, Sport, Wirtschaft und Recht.

Alle Texte und Angaben sind von erfahrenen Brockhaus-Redakteuren zusammengetragen, geprüft und verständlich aufbereitet worden. Die Stichwörter sind mit Angaben zu Betonung, Aussprache und Herkunft versehen. Über 11 000 Abbildungen veranschaulichen die Zusammenhänge; viele Karten, Grafiken und Tabellen stellen komplexe Sachverhalte übersichtlich dar. Und schließlich: Die wertvolle Ausstattung – vom anspruchsvoll gestalteten Einband, hochwertigen Papier, klaren Schriftbild bis zu den gestochen scharfen Abbildungen – macht dieses Werk zu einer Anschaffung, die immer wieder Freude bereitet.

Seit mittlerweile über 200 Jahren steht der Name Brockhaus für Nachschlagewerke von höchster Qualität. Wir würden uns sehr freuen, wenn Ihnen dieses Lexikon zu einem gern genutzten Begleiter würde: für die Beantwortung Ihrer täglichen Fragen, zur Orientierung in einer rapide wachsenden Welt des Wissens und als Quelle für so manche unvermutete Entdeckung.

Leipzig   F. A. Brockhaus

Hinweise für den Benutzer

1. Reihenfolge der Stichwörter
Als Stichwörter gelten die blau und fett gedruckten Begriffe, die am Anfang der Artikel stehen. Ihre Einordnung erfolgt nach dem Alphabet. Alphabetisiert werden alle blau und fett gedruckten Buchstaben, auch wenn das Stichwort aus mehreren Wörtern besteht. Dabei werden Umlaute (ä, ö, ü) wie einfache Vokale eingeordnet, z. B. folgen aufeinander **Asomnie, Äsop, Asow;** ß steht vor ss, also **Reuß, Reuss.** Buchstaben mit diakritischen Zeichen (z. B. mit einem Akzent) werden behandelt wie Buchstaben ohne diese Zeichen; unterscheiden sich jedoch mehrere Stichwörter nur durch ein diakritisches Zeichen oder durch einen Umlaut, so wird das Stichwort mit Zusatzzeichen (oder Umlaut) nachgestellt, z. B. **Abbe, Abbé.** Unterscheiden sich mehrere Stichwörter nur durch Groß- und Kleinschreibung, so steht das kleingeschriebene Stichwort voran, z. B. **boreal, Boreal.** Enthalten Stichwörter Ziffern oder Zeichen (wie z. B. &), so werden diese bei der Alphabetisierung im Allgemeinen nicht berücksichtigt.

Wörter, die man unter **C** vermisst, suche man unter **K** oder **Tsch** oder **Z**, bei **Dsch** vermisste Wörter unter **Dj** oder **Tsch**, bei **J** vermisste unter **Dsch** oder **I**, bei **Y** vermisste unter **J**; ebenso im umgekehrten Fall. Abgeleitete und zusammengesetzte Wörter werden oft beim Grundwort behandelt.

Gibt es für einen Sachverhalt mehrere Begriffe oder Bezeichnungen, so stehen diese in halbfetter Schrift hinter dem Stichwort.

Gleich lautende Stichwörter mit unterschiedlicher Bedeutung (z. B. in verschiedenen Sachgebieten) werden zu einem Artikelkomplex zusammengefasst. Dabei steht vor jeder Bedeutung eine Ziffer und im Allgemeinen das Sachgebiet, dem diese Bedeutung zuzuordnen ist. Nebenstichwörter, die nur für eine Bedeutung gelten, werden dem entsprechenden Artikelabschnitt in halbfettem Druck vorangestellt, z. B.

Anpassung, 1) *Elektrotechnik:* ...
2) *Physiologie:* **Adaptation,** ...
3) *Soziologie:* **Adjustment,** ...

Gleichlautende Hauptstichwörter werden in der Reihenfolge Sachstichwörter, geografische Namen, Personennamen angeordnet. Gleich lautende Personennamen erscheinen in der Reihenfolge biblische Personen, Herrscher, Päpste, Familiennamen.

2. Schreibung
Die Schreibung richtet sich im Allgemeinen nach der Dudenschreibung auf der Grundlage der amtlichen Rechtschreibregeln. Fachausdrücke aus der biologischen und zoologischen Systematik sowie chemische und medizinische Fachausdrücke werden so geschrieben, wie sie die jeweilige Nomenklatur vorschreibt. Abweichungen hiervon berücksichtigen die Gemeinsprache.

Bei der Schreibung von Wörtern aus fremden Sprachen werden die in den jeweiligen Sprachen benutzten diakritischen Zeichen und Sonderbuchstaben verwendet, sofern keine eindeutsche Schreibung üblich ist.

Wörter aus Sprachen mit nicht lateinischer Schrift erscheinen in einer der Aussprache der Wörter oder dem allgemeinen Sprachgebrauch angepassten Umschrift (Transkription).

Beim Arabischen hat sich keine einheitliche Transkription für den allgemeinen Gebrauch durchgesetzt, daher sind einige Buchstaben und Zeichen unterschiedlich wiedergegeben. Es werden auch regionale (z. B. in den Maghrebländern französische) und dialektbedingte Formen berücksichtigt, ebenso englische Schreibungen, wenn sie sich eingebürgert haben.

Stichwörter aus dem Chinesischen werden im Allgemeinen in der amtlichen chinesischen Lateinschrift (Pinyin-Transkription) angegeben, falls sie sich nicht in einer anderen Form eingebürgert haben, z. B. Konfuzius, Mengzi.

Für Stichwörter aus dem Japanischen wurde in der Regel das Hepburn-System verwendet, bei dem die Langvokale durch einen übergesetzten Querstrich (z. B. Honshū) gekennzeichnet werden.

Die Schreibung russischer Namen erfolgt nach den Transkriptionsregeln, die in der Übersicht beim Stichwort »russische Schrift« dargestellt sind.

3. Betonung und Aussprache
Fremdwörtliche oder fremdsprachliche Stichwörter erhalten als Betonungshilfe einen Punkt (Kürze) oder einen Strich (Länge) unter dem betonten Laut. Weiterhin wird bei Personennamen sowie geografischen Namen die Betonung angegeben.

Die getrennte Aussprache von üblicherweise zusammengesprochenen Lauten wird durch einen senkrechten Strich angezeigt, z. B. **Ais|chylos, Lili|e.**

Weicht die Aussprache eines Stichwortes von der deutschen ab, so wird in der dem Stichwort folgenden eckigen Klammer die korrekte Aussprache in phonetischer Umschrift angegeben. Diese folgt dem Internationalen Lautschriftsystem der Association Phonétique Internationale. Die verwendeten Zeichen sind:

a = helles a, dt. Blatt
ɑ = dunkles a, dt. war, engl. rather
ã = nasales a, frz. grand
æ = breites ä, dt. Äther
ʌ = dumpfes a, engl. but
β = halboffener Reibelaut b, span. Habanera
ç = Ichlaut, dt. mich
ć = sj-Laut (stimmlos), poln. Sienkiewicz
ð = stimmhaftes engl. th, engl. the
ɛ = offenes e, dt. fett
e = geschlossenes e, engl. egg, dt. Beet
ə = dumpfes e, dt. alle
ɛ̃ = nasales e, frz. fin
ɣ = geriebenes g, span. Segovia, niederländ. Gogh
i = geschlossenes i, dt. Wiese
ɪ = offenes i, dt. bitte
ĩ = nasales i, portugies. Infante
ʎ = lj, span. Sevilla
ŋ = ng-Laut, dt. Hang
ɲ = nj Laut, Champagne
ɔ = offenes o, dt. Kopf
o = geschlossenes o, dt. Tor
õ = nasales o, frz. bon
ø = geschlossenes ö, dt. Höhle
œ = offenes ö, dt. Hölle
œ̃ = nasales ö, frz. parfum
s = stimmloses s, dt. was
z = stimmhaftes s, dt. singen
ź = zj-Laut (stimmhaft), poln. Nidzica
ʃ = stimmloses sch, dt. Schuh
ʒ = stimmhaftes sch, Garage
θ = stimmloses th, engl. thing
u = geschlossenes u, dt. Kuh
ʊ = offenes u, dt. bunt

ũ = nasales u, portugies. F*u*nchal
u̯ = unsilbisches u, poln. Z*ł*oty
v = stimmhaftes w, dt. *W*ald
w = halbvokalisches w, engl. *w*ell
x = Achlaut, dt. Kra*ch*
y = geschlossenes ü, dt. M*ü*tze
y̯ = konsonantisches y, frz. S*ui*sse
: = bezeichnet Länge des vorhergehenden Vokals
' = bezeichnet Betonung und steht vor der betonten Silbe, z. B. ˈætlɪ = Attlee

4. Angaben zur Grammatik
Hinter Fremdwörtern und eingedeutschten fremdsprachlichen Substantiven sowie geografischen Namen (z. B. Berg-, Flussnamen) steht in kursiver Schrift der Artikel zur Bezeichnung des Geschlechts (Genus). Diese Angabe entfällt bei zusammengesetzten Substantiven; man findet sie jeweils beim einfachen Begriff (Simplex).

5. Angaben zur sprachlichen Herkunft
Werden bei einem Stichwort Angaben zur sprachlichen Herkunft (Etymologie) gemacht, so stehen sie nach dem blau und fett gedruckten Stichwort in eckiger Klammer, gegebenenfalls hinter der phonetischen Umschrift. Ausführliche etymologische Angaben werden gebracht, wenn sie zum Verständnis des Stichworts beitragen. Sie fehlen in der Regel bei Eigennamen, den deutschstämmigen Wörtern sowie bei zusammengesetzten Wörtern, deren Teile als selbstständige Stichwörter erscheinen. Bei Wortfamilien wird die Herkunft nur bei demjenigen Stichwort angegeben, das am ehesten als repräsentativ für die Wortfamilie gelten kann.

6. Datierung
Bei Daten vor Christus entfällt der Zusatz »v. Chr.«, wenn die Abfolge von zwei Jahreszahlen diese Tatsache deutlich erkennen lässt (z. B. 329–324).

Daten im ehemaligen Geltungsbereich des julianischen Kalenders (Datierung nach dem »alten Stil«) werden nach dem gregorianischen Kalender (nach »neuem Stil«) angegeben.

7. Fremdsprachliche Autoren
Bei übersetzten Werken wird der übersetzte Titel mit dem Erscheinungsjahr der Originalausgabe zitiert. Nicht übersetzte Titel erscheinen in der Originalsprache. Bei Werken aus entlegeneren Sprachen (Finnisch, Ungarisch, Arabisch, Japanisch usw.) wird anstelle des Originaltitels eine wörtliche deutsche Übersetzung angegeben, sofern der Titel nicht in deutscher Übersetzung vorliegt.

8. Verweisungen
Verweisungen sollen helfen, den Inhalt des Lexikons allseitig zu erschließen. Der Pfeil (→) fordert auf, das dahinter stehende Wort nachzuschlagen, um weitere Auskunft zu finden.

9. Abkürzungen
Außer den im Abkürzungsverzeichnis aufgeführten Wörtern sind die Adjektivendungen ...lich und ...isch abgekürzt sowie allgemein gebräuchliche Einheiten mit bekannten Einheitenzeichen (wie km für Kilometer, s für Sekunde). Auch Abkürzungen, die einen eigenen Stichworteintrag haben (wie EU oder UNO), stehen im Text ohne Angabe der Vollform. Das Hauptstichwort wird im Text des jeweiligen Artikels mit seinem Anfangsbuchstaben wiedergegeben. Bei Stichwörtern, die aus mehreren Wörtern bestehen, wird jedes Wort mit dem jeweils ersten Buchstaben abgekürzt. Die Abkürzungen und Anfangsbuchstaben der Hauptstichwörter gelten auch für flektierte Formen (z. B. auch für Pluralformen) des abgekürzten Wortes. Bei abgekürzten Stichwörtern, die aus Personennamen oder Namen von geografischen Objekten bestehen, wird die Genitivendung nach dem Abkürzungspunkt wiedergegeben. Benennungen und Abkürzungen der biblischen Bücher können der Übersicht »Bücher der Bibel« beim Stichwort »Bibel« entnommen werden.

Abb.	Abbildung(en)	d. i.	das ist	hebr.	hebräisch
Abg.	Abgeordnete(r)	dies.	dieselbe	hg.	herausgegeben
ABGB	Allgemeines Bürgerliches Gesetzbuch	Diss.	Dissertation	Hg.	Herausgeber(in)
		Distr.	Distrikt	HGB	Handelsgesetzbuch
Abh(h).	Abhandlung(en)	d. J.	der/die Jüngere	hl.	heilig
Abk.	Abkürzung	Dr.(n)	Drama, Dramen	Hl.	Heilige(r)
Abs.	Absatz	dt.	deutsch	Hptst.	Hauptstadt
Abt(t).	Abteilung(en)	Dtl.	Deutschland	Hwb.	Handwörterbuch
a. d.	aus dem				
ags.	angelsächsisch	EA	Erstausgabe	Ia.	Iowa
ahd.	althochdeutsch	ebd.	ebenda	i. Allg.	im Allgemeinen
Akad.	Akademie	EG	Europäische Gemeinschaft	Id.	Idaho
Ala.	Alabama			i. d. F. v.	in der Fassung vom/von
Alas.	Alaska	ehem.	ehemalig		
allg.	allgemein	eigtl.	eigentlich	i. d. R.	in der Regel
Anh(h).	Anhang, Anhänge	Einf.	Einführung	i. e. S.	im engeren Sinn
Anm(m).	Anmerkung(en)	Einl.	Einleitung	Ill.	Illinois
AO	Abgabenordnung	einschl.	einschließlich	Ind.	Indiana, Industrie
Ariz.	Arizona	entst.	entstanden	insbes.	insbesondere
Ark.	Arkansas	Enzykl.	Enzyklopädie	Inst.	Institut
Art.	Artikel	Erg(g).	Ergänzung(en)	internat.	international
A. T.	Altes Testament	ersch.	erschienen	ital.	italienisch
Aufl(l).	Auflage(n)	erw.	erweitert	i. w. S.	im weiteren Sinn
Aug.	August	Erz.(n)	Erzählung(en)		
ausgew.	ausgewählt	EStG	Einkommensteuergesetz	Jan.	Januar
Ausg(g).	Ausgabe(n)			jap.	japanisch
ausschl.	ausschließlich	EU	Europäische Union	Jb.	Jahrbuch
Ausst.-Kat.	Ausstellungskatalog	europ.	europäisch	Jg(g).	Jahrgang, Jahrgänge
Ausw.	Auswahl	ev.	evangelisch	Jh.	Jahrhundert
		Ew.	Einwohner	jr., Jr.	junior, Junior
...b.	...buch			Jt.	Jahrtausend
Bad.-Württ.	Baden-Württemberg	f., ff.	folgende(r/s), folgende		
Bbg.	Brandenburg			Kans.	Kansas
Bd., Bde.(n)	Band, Bände(n)	Febr.	Februar	Kap.	Kapitel
bearb.	bearbeitet	FH	Fachhochschule	kath.	katholisch
Bearb.	Bearbeiter(in)	Fla.	Florida	KG	Kommanditgesellschaft
bed.	bedeutend	fortgef.	fortgeführt		
begr.	begründet	frz.	französisch	Komm.	Kommentar
Beitr(r).	Beitrag, Beiträge			Kom.(n)	Komödie(n)
ben.	benannt	Ga.	Georgia	Kr.	Kreis
ber.	berechnet	Gatt.	Gattung	Krst.	Kreisstadt
bes.	besonders	geb.	geborene(r)	Kt.	Kanton
Bev.	Bevölkerung	Ged.(e)	Gedicht(e)	Kw.	Kurzwort
Bez.	Bezeichnung, Bezirk	gedr.	gedruckt	Ky.	Kentucky
BGB	Bürgerliches Gesetzbuch	gegr.	gegründet		
		Gem.	Gemeinde	La.	Louisiana
Bibliogr(r).	Bibliografie(n)	gen.	genannt	lat.	lateinisch
Biogr.	Biografie	Gen.- Gouv.	Generalgouverneur(in), Generalgouvernement	Lb.	Lehrbuch
Bundesrep.	Bundesrepublik			Lex.	Lexikon
Dtl.	Deutschland			Lfg(g).	Lieferung(en)
bzw.	beziehungsweise			LG	Landgericht
		Gen.-Sekr.	Generalsekretär(in)	Lit.	Literatur
Calif.	Kalifornien	Ger.	Gericht	Losebl.	Loseblattsammlung
chin.	chinesisch	Ges.	Gesetz		
Colo.	Colorado	Gesch.	Geschichte	MA.	Mittelalter
Conn.	Connecticut	ges. Werke	gesammelte Werke	Mass.	Massachusetts
Cty.	County			math.	mathematisch
		Gew.-%	Gewichtsprozent	max.	maximal
d. Ä.	der/die Ältere	GG	Grundgesetz	Md.	Maryland
dargest.	dargestellt	ggf.	gegebenenfalls	MdB	Mitglied des Bundestags
D. C.	District of Columbia	Ggs.	Gegensatz		
Del.	Delaware	gleichbed.	gleichbedeutend	MdEP	Mitglied des Europäischen Parlaments
Dep.	Departamento	Gouv.	Gouverneur(in), Gouvernement		
Dép.	Département			MdL	Mitglied des Landtags
ders.	derselbe	Gramm.	Grammatik		
Dez.	Dezember	Grundl(l).	Grundlage(n)	MdR	Mitglied des Reichstags
dgl.	dergleichen, desgleichen	Grundr.	Grundriss		
				Me.	Maine
d. Gr.	der/die Große	Ha.	Hawaii	Meckl.-Vorp.	Mecklenburg-Vorpommern
d. h.	das heißt	Hb.	Handbuch		

Metrop. Area	Metropolitan Area	Pa.	Pennsylvania	u. ä., u. Ä.	und ähnliche(s), und Ähnliche(s)
Metrop. Cty.	Metropolitan County	PH	pädagogische Hochschule	u. a. T.	unter anderem Titel
mhd.	mittelhochdeutsch	Pl.	Plural	überarb.	überarbeitet
Mich.	Michigan	port.	portugiesisch	übers.	übersetzt
min.	minimal	Präs.	Präsident(in)	Übers.	Übersetzer(in)
Min.	Minister(in)	Prof.	Professor(in)	u. d. T.	unter dem Titel
Minn.	Minnesota	prot.	protestantisch	u. M.	unter dem Meeresspiegel
Min.-Präs.	Ministerpräsident(in)	Prov.	Provinz		
Mio.	Million(en)	Pseud.	Pseudonym	ü. M.	über dem Meeresspiegel
Miss.	Mississippi				
Mitgl.	Mitglied	R.	Roman	Univ.	Universität
Mithg.	Mitherausgeber(in)	rd.	rund	Unters(s).	Untersuchung(en)
mlat.	mittellateinisch	ref.	reformiert	urspr.	ursprünglich
mnd.	mittelniederdeutsch	Reg.	Regierung	usw.	und so weiter
Mo.	Missouri	Reg.-Bez.	Regierungsbezirk	Ut.	Utah
Mont.	Montana	Reg.-Präs.	Regierungspräsident(in)	u. U.	unter Umständen
Mrd.	Milliarde(n)			u. v. a.	und viele(s) andere
		Rep.	Republik		
N	Nord(en)	rev.	revidiert	v.	von
Nachdr.	Nachdruck	Rheinl.-Pf.	Rheinland-Pfalz	Va.	Virginia
nat.	national			v. a.	vor allem
nat.-soz.	nationalsozialistisch	R. I.	Rhode Island	v. Chr.	vor Christus
n. Br.	nördlicher Breite			verb.	verbessert
N. C.	North Carolina	S	Süd(en)	Verf.	Verfassung
n. Chr.	nach Christus	S.	Seite	verh.	verheiratete(r)
N. D.	North Dakota	Sa.	Sachsen	versch.	verschieden(e)
Ndsachs.	Niedersachsen	Sa.-Anh.	Sachsen-Anhalt	Verw.	Verwaltung
Nebr.	Nebraska	s. Br.	südlicher Breite	Verw.-Bez.	Verwaltungsbezirk
Neuaufl.	Neuauflage	S. C.	South Carolina	Verz.	Verzeichnis
Neuausg.	Neuausgabe	Schlesw.-Holst.	Schleswig-Holstein	vgl.	vergleiche
Neudr.	Neudruck			VO	Verordnung
Nev.	Nevada	Schr(r).	Schrift(en)	Vol.-%	Volumenprozent
N. F.	Neue Folge	S. D.	South Dakota	Vors.	Vorsitzende(r)
N. H.	New Hampshire	Sekr.	Sekretär(in)	Vorw.	Vorwort
nhd.	neuhochdeutsch	sen.	senior	VR	Volksrepublik
N. J.	New Jersey	Sept.	September	Vt.	Vermont
nlat.	neulateinisch	Sg.	Singular		
N. Mex.	New Mexico	Slg(g).	Sammlung(en)	W	West(en)
NO	Nordost(en)	SO	Südost(en)	Wash.	Washington
NÖ	Niederösterreich	sog.	sogenannt	Wb.	Wörterbuch
Nov.	November	St.	Sankt	wirtsch.	wirtschaftlich
Nov.(n)	Novelle(n)	Staatspräs.	Staatspräsident(in)	Wis.	Wisconsin
Nr.	Nummer	stellv.	stellvertretende(r)	wiss.	wissenschaftlich
NRW	Nordrhein-Westfalen	Stellv.	Stellvertreter(in)	Wiss.(en)	Wissenschaft(en)
		StGB	Strafgesetzbuch	w. L.	westlicher Länge
N. T.	Neues Testament	StPO	Strafprozessordnung	W. Va.	West Virginia
NW	Nordwest(en)	Suppl.	Supplement	Wwschaft	Woiwodschaft
N. Y.	New York	svw.	so viel wie	Wyo.	Wyoming
		SW	Südwest(en)		
O	Ost(en)			zahlr.	zahlreich
o. a.	oder andere(s)	Tab.	Tabelle	z. B.	zum Beispiel
o. ä., o. Ä.	oder ähnliche(s), oder Ähnliche(s)	Tb(b).	Taschenbuch, Taschenbücher	ZGB	Zivilgesetzbuch
				ZK	Zentralkomitee
Oh.	Ohio	Tenn.	Tennessee	ZPO	Zivilprozessordnung
OHG	Offene Handelsgesellschaft	Tex.	Texas	z. T.	zum Teil
		TH	technische Hochschule	Ztschr(r).	Zeitschrift(en)
o. J.	ohne Jahr			zus.	zusammen
Okla.	Oklahoma	Thür.	Thüringen	zw.	zwischen
Okt.	Oktober	Tl., Tle.(n)	Teil, Teile(n)	z. Z.	zur Zeit
ö. L.	östlicher Länge	tlw.	teilweise		
OLG	Oberlandesgericht	Tsd.	Tausend	*	geboren
OÖ	Oberösterreich	TU	technische Universität	†	gestorben
op.	Opus			⚔	gefallen
OR	Obligationenrecht	u.	und	∞	verheiratet
Ordn.	Ordnung	UA	Uraufführung	→	siehe
Oreg.	Oregon	u. a.	und andere(s), unter anderem	®	Marke (steht bei blau gesetzten Wörtern. – Siehe auch Impressum)
orth.	orthodox				
österr.	österreichisch				

A

a, A, 1) Vokal (→Laut); der 1. Buchstabe des dt. und vieler anderer Alphabete; geht über das Griechische auf semit. Alphabete zurück.
2) Abk. a oder a. für *anno* (→Jahr); A oder A. bei röm. Namen für den Vornamen *Aulus* oder *Augustus*; A auf mechan. Uhren für *avancer* [frz. »vorstellen«], Richtung zum Schnellerstellen.
3) *Einheitenzeichen:* a für →Ar und →Jahr; A für →Ampere.
4) *Formelzeichen:* A für →Arbeit, →Flächeninhalt; *a* für →Beschleunigung.
5) *Münzwesen:* A, Zeichen für die wichtigste Prägestätte eines Landes, z. B. Berlin, Wien, Paris.
6) *Musik:* A, der 6. Ton der C-Dur-Tonleiter; das eingestrichene a (a^1) ist der Stimmton (→Kammerton). a, Zeichen für a-Moll; A, Zeichen für A-Dur.
7) *Vorsatzzeichen:* a für Atto, z. B. 1 am = 10^{-18} m.

à [frz.], je, das Stück zu: *à 10€*.

a... [griech.], vor Vokal **an...**, nicht..., un..., ...los: *amorph,* gestaltlos, ungestaltet; *anorganisch,* nicht organisch.

ä, Ä, Umlaut des A, entstanden aus a mit übergeschriebenem e, Buchstabe u. a. der dt., schwed. und finn. Schrift mit dem Lautwert [ɛ].

å, Å, Buchstabe in skandinav. Alphabeten mit den Lautwerten [ɔ, o].

Å, Einheitenzeichen für →Ångström.

@ [æt], **At Sign, Commercial At,** auch »**Klammeraffe**«, *Informatik:* Sonderzeichen, das bei E-Mail-Adressen zw. dem Namen des Empfängers und der Zielanschrift steht.

a. a., Abk. für *ad acta,* d. h. zu den Akten, ein früher üblicher amtl. Vermerk auf belanglose, keiner Sachentscheidung bedürfende Eingaben.

AA, Abk. für →Auswärtiges Amt.

A. A., Abk. für →Anonyme Alkoholiker.

Aach [ahd. aha »Wasser«] *die,* **Ache, Aa,** Name vieler Flüsse und Bäche, z. B. die Radolfzeller Aach.

Aachen, 1) Kreis im Reg.-Bez. Köln, NRW, 547 km², 309 600 Einwohner.
2) kreisfreie Stadt im Reg.-Bez. Köln, NRW, 256 500 Ew. A. liegt nahe der belg. und niederländ. Grenze (in einer Euregio) an den nördl. Ausläufern des Hohen Venn, 180 m ü. M.; Bahnknotenpunkt und Industriestadt; Heilbad mit heißen (bis 74 °C) schwefelhaltigen Kochsalzquellen. Maschinen-, Stahl- und Leichtmetallbau, Gummi-, Glas-, elektrotechn. Ind., Süßwarenherstellung (u. a. Aachener Printen). – Kath. Bischofssitz, Rheinisch-Westfäl. TH (seit 1965 philosoph. und medizin. Fakultät), Fachhochschule, kath. Fachhochschule, Staatl. Hochschule für Musik, Theater, Museen, Bibliotheken. Die Stadt verleiht den →Karlspreis. Jährlich findet ein internat. Reitturnier (CHIO) statt.
Stadtbild: Das beherrschende Bauwerk der Stadt ist der **Aachener Dom (Münster).** Seinen Kern bildet die Pfalzkapelle, ein achteckiger Zentralbau (Oktogon) mit sechzehneckigem Umgang und Obergeschoss nach dem Vorbild byzantin. Palastkirchen (um 800 geweiht). Als Baumeister wird Odo von Metz genannt. Die Pfalzkapelle gilt als bedeutendstes Denkmal karoling. Baukunst (UNESCO-Weltkulturerbe), sie ist Begräbnisstätte Karls d. Gr. und Kaiser Ottos III. Der sog. Thron Karls d. Gr. befindet sich im Obergeschoss. Im O spätgot. Chorhalle (1355–1414), im W karoling. Vorhalle (Westbau) und got. Turm (im 19.Jh. erneuert). Bedeutender Domschatz (Karlsschrein 1215). Seit 1238 Aachener Heiligtumsfahrt, Pilgerfahrt zu den Reliquien. Das Rathaus (1333–76) ist aus der ehem. Pfalz hervorgegangen (unter Verwendung karoling. Bausubstanz).

Geschichte: Bis zum 1.Jh. siedelten Kelten in A.; danach wurde es von den Römern zum Militärbad ausgebaut. 765 erstmals urkundlich erwähnt, wurde A. unter Karl d. Gr. ab 768 Mittelpunkt des Fränk. Reiches. Die Pfalz ist 769 bezeugt, die Pfalzkapelle war 936–1531 Krönungsort der Röm. (»dt.«) Könige. 1165 mit großzügigen Privilegien ausgestattet (u. a. Markt- und Münzrecht), entwickelte sich A. zur Reichsstadt. 1794 wurde A. frz., 1815 preußisch. – Das Bistum A. bestand 1801–21; 1930 als Suffraganbistum von Köln neu errichtet. – Abb. S. 12

Aachener Friede, 1) von 1668, beendete den →Devolutionskrieg.
2) von 1748, beendete den →Österreichischen Erbfolgekrieg.

Aachener Kongress, der 1. Kongress der →Heiligen Allianz 1818.

Aachener und Münchener Versicherungsgruppe, Aachen, gegr. 1825, eines der größten Unternehmen auf dem dt. Erstversicherungsmarkt; firmiert seit Übernahme durch die Assicurazioni Generali S.p. A. (Triest) als AMB Generali Holding AG.

AAD, Abk. für *a*naloge *A*ufnahme, *a*naloge Bearbeitung, *d*igitale Wiedergabe; kennzeichnet techn. Verfahren bei einer CD-Aufnahme oder Ähnlichem.

Aaiún, Hauptort von Westsahara, →El-Aaiún.

Aakjær [ˈɔːkɛːr], Jeppe, eigtl. J. **Jensen,** dän. Schriftsteller, *Åkjær (bei Skive) 10. 9. 1866, †Hof Jenle (bei Skive) 22. 4. 1930; schrieb Lieder, oft in jütländ. Mundart, und sozialkrit. Romane.

Aal|artige Fische, Anguilliformes, Ordnung der Knochenfische mit lang gestrecktem, meist schuppenlosem Körper; u. a. →Aale und →Muränen.

Aalborg [ˈɔlbɔr], dän. Stadt, →Ålborg.

Aale, Echte A., Aalfische, Anguillidae, räuber. Knochenfische mit kleinen Schuppen und vielen Schleimzellen in der Haut. A. ernähren sich von Mücken, Larven, Regenwürmern, Muscheln, kleinen Fischen. Bekannteste Arten: **Flussaal (Europ. A.,** Anguilla anguilla) und **Amerikan. Aal** (Anguilla rostrata). Beide Arten leben zeitweise im Süßwasser; die Eiablage erfolgt in der Sargassosee. Die nur wenige Millimeter großen, weidenblattähnl. A.-Larven wandern, größer werdend, mit dem Florida- und Golfstrom nach NW oder NO. Die A.-Larven der europ. Art erreichen nach etwa drei Jahren den Kontinentalsockel Europas. Die Larven verwandeln sich an den europ. Küsten unter Abnahme ihrer Länge in die drehrunden, durchsichtigen **Glasaale.** Diese Jungaale steigen zum großen

a, A 1): Druckschriftvarianten; 1 altsemitisch, 2 altgriechisch (archaisch), 3 römische Kapitalschrift, 4 Unziale, 5 karolingische Minuskel, 6 Textur, 7 humanistische Kursive, 8 Fraktur

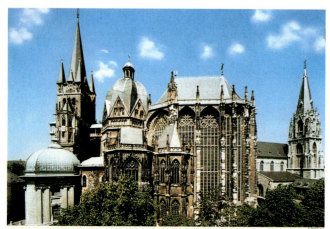

Aachen 2): Dom mit karolingischer Pfalzkapelle und spätgotischem Chor (Ansicht von Südosten)

Aachen 2) Stadtwappen

Aalen Stadtwappen

Alvar Aalto

Aarau Stadtwappen

Teil in die Flüsse auf, färben sich hier dunkler und gelangen in die Binnengewässer des Landesinneren. Die Männchen wachsen in 3–8 Jahren auf 40–50 cm, die Weibchen in 5–20 Jahren auf 100–150 cm heran. Nach Erreichen eines bestimmten Reifegrades (**Blank-** oder **Silber-A.**) stellen sie die Nahrungsaufnahme ein, wandern wahrscheinlich in die Sargassosee zurück, laichen dort und sterben. Die Wanderung der europ. Fluss-A. zurück in die Sargassosee konnte noch nicht direkt nachgewiesen werden. – Der A. ist ein beliebter Speisefisch. Zum A.-Fang dienen u. a. Reusen und elektr. Fanggeräte; A.-Gabeln sind verboten. A.-Blut enthält das Nervengift Ichthyotoxin, das durch Kochen oder Räuchern zerstört wird. Der Bestand an Fluss-A. in Europa ist heute potenziell gefährdet. Ursachen hierfür sind u. a. eine in den letzten Jahren nicht ausreichend nachhaltig ausgeübte Befischung, der die Gesundheit der Tiere schwächende Befall mit Parasiten sowie die Verbauung der Flüsse, z. B. mit Wasserkraftwerken, in deren Turbinen die Tiere verenden. Durch A.-Leitern und Fischpässe (→ Fischwege) erleichtert die Fischereiwirtschaft die Überwindung der Stauwehre in Flüssen.

Aalen, Große Kreisstadt und Verw.-Sitz des Ostalbkreises, Bad.-Württ., 66 900 Ew.; am NO-Rand der Schwäb. Alb, am oberen Kocher, 430 m ü. M. – Gut erhaltener Stadtkern mit Fachwerkhäusern (16.–18. Jh.); FH Aalen – Hochschule für Technik und Wirtschaft; Schubarts Museum, Limes- sowie Urweltmuseum; Metall-, Maschinen-, opt. u. a. Industrie. – A., ehem. röm. Siedlung (bed. Ausgrabungen: u. a. röm. Reiterkastell, ziviles Dorf), war 1360–1803 freie Reichsstadt.

Aalmolche, Amphiumidae, Familie aalähnl. Schwanzlurche mit wenig entwickelten Gliedmaßen im SO Nordamerikas.

Aalmutter, Zoarces viviparus, lebend gebärender Dorschfisch, 20–40 cm langer europ. Küstenfisch der Nord- und Ostsee.

Aalrutte, Aalquappe, Quappe, Lota lota, zu den Dorschen gehörender Süßwasserraubfisch, bis 1 m lang.

Aalsmeer, Gem. in der niederländ. Prov. Nordholland, 22 900 Ew.; größter Auktionsplatz für Schnittblumen und Zierpflanzen der Niederlande.

Aalst, frz. **Alost,** Stadt in der belg. Prov. Ostflandern, 76 300 Ew., an der Dender, 14 m ü. M.; Textil-, Gummi-, chem., Maschinenind., Brauereien, Hopfenhandel, Schnittblumenzucht.

Aalstrich, dunkler Rückenstreifen bei Säugetieren.

Aalto, Alvar, finn. Architekt, * Kuortane (Prov. Vaasa) 3. 2. 1898, † Helsinki 11. 5. 1976. A.s Entwürfe (auch für Möbel u. a.) zeichnen sich durch die Virtuosität aus, mit der er Einflüsse des → internationalen Stils, der → organischen Architektur, regionsbezogene Architekturformen und eigene plast. Vorstellungen verbindet; u. a. Fabrik und Wohnanlagen in Sunila (1936–39; 1951–54), Konzert- und Kongresshalle Finlandia in Helsinki (1962–71), Opernhaus in Essen (Entwurf 1959, ausgeführt 1983–88).

Aaltonen, Väinö, finn. Bildhauer und Maler, * Karinainen 8. 3. 1894, † Helsinki 30. 5. 1966; erlangte als Bildhauer große Anerkennung mit Denkmälern und Porträtbüsten (u. a. Bronzebüste von J. Sibelius).

AAM, Abk. für → angeborener Auslösemechanismus.

a. a. O., Abk. für am angeführten Ort (in bibliograf. Angaben).

Aar [ahd.] *der,* poetisch für: Adler.

Aarau, Hauptort des Kt. Aargau, Schweiz, an der Aare, 15 400 Ew.; Pädagog. Hochschule, Obergericht, Staatsarchiv, Kantonsbibliothek, Kunsthaus, Stadtmuseum; Tierpark; Elektro-, Präzisions- und graf. Industrie, Glockengießerei. – Altstadtkern rechts der Aare mit spätmittelalterl. Stadtbild; spätgot. Stadtkirche (1471–78), Rathaus (1762 barockisiert), Schlössli (11.–14. Jh.), spätgot. und barocke Bürgerhäuser (16.–18. Jh.). – A., um 1250 von den Grafen von Kyburg gegr., teilt die Geschichte des → Aargaus.

Aare *die,* linker Nebenfluss des Rheins, in der Schweiz, 295 km, entspringt in den Aargletschern, durchfließt das Haslital, den Brienzer, Thuner und Bieler See und mündet unterhalb von Koblenz (Kt. Aargau); Kraftwerke.

Aareal Bank AG, international (in 14 Ländern) tätige Immobilienbank, Sitz: Wiesbaden, entstanden 2002 durch Aufspaltung der → DePfa Deutsche Pfandbrief Bank AG.

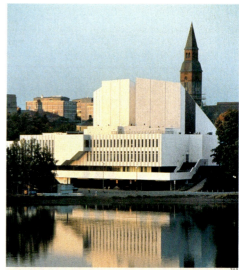

Alvar Aalto: Konzert- und Kongresshalle Finlandia in Helsinki (1962–71)

Aargau, Kanton im N der Schweiz, im dt.-sprachigen Gebiet, 1 404 km², (2005) 569 300 Ew. (je knapp 40 % der Bewohner sind ev. bzw. kath.). Hauptort ist Aarau. A. umfasst die Bezirke Aarau, Baden, Bremgarten, Brugg, Kulm, Laufenburg, Lenzburg, Muri, Rheinfelden, Zofingen, Zurzach. Der von der Aare durchflossene Kanton hat im SO Anteil am Schweizer Mittelland, im NW umfasst er Teile des Tafel- und Kettenjuras. Der Geissfluegrat im Kettenjura ist mit 908 m ü. M. der höchstgelegene, der Rhein bei Kaiseraugst mit 260 m ü. M. der tiefstgelegene Punkt des Kt. Im N reicht der Aargau bis an den Rhein und an die Grenze zu Dtl. In der Nähe von Brugg befindet sich das »Wassertor der Schweiz«, wo die wichtigsten Flüsse des Mittellandes (Aare, Reuss und Limmat) zusammentreffen. Das Aaretal ist eines der nebelreichsten Gebiete der Schweiz. – Die Siedlungsschwerpunkte konzentrieren sich entlang den Flüssen Aare, Limmat und Rhein. Trotz starker Industrialisierung ist der Kt. A. ein Gebiet der Klein- und Mittelstädte geblieben. Ein eigentl. großstädt. Zentrum fehlt.

Wirtschaft: Neben dem Dienstleistungssektor wird der stark industrialisierte Kanton durch den Maschinenbau, die Metallverarbeitung, Elektrotechnik, chem. sowie Nahrungsmittelindustrie bestimmt. Flusskraftwerke an der Aare, Reuss und Limmat, Kernkraftwerke mit Leichtwasserreaktoren (Beznau I und II) und Kernkraftwerk Leibstadt. Aufgrund der Standortvorteile (zentrale Lage, dichte Besiedlung, gute Infrastruktur, Nähe zu den schweizer. Hauptzentren Zürich, Basel und Bern) siedelten sich zahlr. Unternehmen an. Wirtschaftsschwerpunkt ist der Raum Baden-Brugg. Im Mittelland herrscht intensive Landwirtschaft vor, im Jura Viehwirtschaft und Getreideanbau. Schwefelthermen in Baden, Schinznach und Zurzach; Solbad Rheinfelden. Die zentrale geograf. Lage bewirkt einen starken Transitverkehr (sowohl die zentrale O-W-Achse als auch die N-S-Achse des schweizer. Schienen- und Straßennetzes durchqueren den Kanton), andererseits führen die dezentrale Besiedlung sowie die funktionale Verflechtung mit den außerkantonalen Zentren Zürich und Basel zu einem zunehmenden Pendelverkehr.

Verfassung: Nach der Verf. vom 25. 6. 1980 übt der Große Rat (140 Mitgl. [seit 2005]) die gesetzgebende und der Reg.-Rat (5 Mitgl.) die vollziehende Gewalt aus. Beide Behörden werden vom Volk auf 4 Jahre gewählt (Frauenstimmrecht seit 1971).

Geschichte: Das von Helvetiern besiedelte Gebiet wurde im 1. Jh. v. Chr. von den Römern besetzt (im 1. Jh. n. Chr. Anlage von →Vindonissa), im 5. Jh. von Alemannen besiedelt und kam im 6. Jh. an das Frankenreich (Name Ende 8. Jh. erstmals belegt). Der Ober-A. fiel im 14. Jh. an Bern; der Unter-A. kam 1264 von den Grafen von Kyburg an die Habsburger und wurde 1415 von den Eidgenossen erobert. Die Reformation drang bes. in den von Bern beherrschten Teilen des A.s durch. Mit dem Umsturz von 1798 wurde der A. selbstständig, der heutige Kt. wurde 1803 gebildet, 1831 eine liberale Verf. eingeführt. Ein Aufstand des kath. Landvolks 1841 führte zur Aufhebung der Klöster (**Aargauer Klosterstreit**) und zum Sonderbundskrieg.

Aargletscher, Gletschergruppe, →Finsteraarhorn.

Aarhus [ˈɔːrhuːs, auch ˈɔːrhuːs], Stadt in Dänemark, →Århus.

Peter Abaelard: Grabmal von Peter Abaelard und Heloise auf dem Friedhof Père-Lachaise in Paris

Aaron, Aron, hebr. **Aharon,** Bruder von Moses und Mirjam; der erste Hohepriester Israels (2. Mos. 28, 1).

Aas, verwesende Tierleiche.

Aasblume, nach Aas riechende Blüte, →Stapelie.

Aasen [ˈoːsən], Ivar, norweg. Sprachforscher und Schriftsteller, * Sunnmøre (Verw.-Bez. Møre og Romsdal) 5. 8. 1813, † Kristiania (heute Oslo) 23. 9. 1896; schuf aus der norweg. Dialekten eine neunorweg. Schriftsprache, das Landsmål (jetzt Nynorsk).

Aasfliegen, die →Fleischfliegen.

Aaskäfer, Silphidae, Käferfamilie mit keulenförmigen Fühlern. Aasfresser sind bes. die **Totengräber** (Necrophorus). Die **Rüben-A.** (Blitophaga opaca, Blitophaga undata) sind Pflanzenschädlinge.

AAV, Abk. für **a**deno**a**ssoziierte **V**iren, →Parvoviren.

ab... [lat.], weg..., los...

AB, Abk. für **A**ktie**b**olag, schwed. Bez. für Aktiengesellschaft.

Abadan, Hafenstadt in Iran, nahe der Mündung des Schatt el-Arab in den Pers. Golf, 310 000 Ew.; Pipelines aus Khusistan, Erdölraffinerien, Erdölausfuhr; Inst. für Technologie.

Abaelard, Peter, Petrus **Abaelardus,** frz. frühscholast. Philosoph, * Le Pallet (bei Nantes) 1079, † Kloster St. Marcel (bei Chalon-sur-Saône) 21. 4. 1142; lehrte Logik und Dialektik; einflussreicher Lehrer u. a. der späteren Päpste Alexander III. und Cölestin II.; bemerkenswert ist seine Liebesbeziehung mit Heloise. – A. vertrat im →Universalienstreit eine vermittelnde Position. Allgemeinbegriffe sind mentale Vorstellungen, die vom menschl. Verstand durch Abstraktion aufgrund der Ähnlichkeit der Dinge untereinander gebildet und mit einem allg. bezeichnenden Wort zum Audruck gebracht werden. In der Ethik räumt A. der Gesinnung den Vorrang vor der Tat ein.

Abakan, 1) *der,* linker Nebenfluss des Jenissei in Ostsibirien, Russland, 514 km.

2) Hptst. der Rep. Chakassien, Russland, oberhalb der Mündung des A. in den Jenissei, 165 000 Ew.; Univ., Maschinen- und Waggonbau, in der Nähe Eisenerzbergbau.

Abakanowicz [-tʃ], Magdalena, poln. Künstlerin, * Falenty (bei Warschau) 20. 6. 1930; begann mit großen gewebten Wandteppichen, die sie zu monumentalen »weichen« Plastiken aus Sisal, Hanf und Kokosfasern sowie zu höhlenartigen Environments weiterentwickelte. Ab Mitte der 1970er-Jahre gestaltete sie Köpfe und Figuren von Menschen und Tieren aus Sisal,

Aargau
Kantonswappen

Magdalena Abakanowicz: Katharsis, Bronze (1985)

Sackleinwand, Klebstoff und Harz. Sie dehnte das Konzept ihrer Werkzyklen auch auf Räume in der Natur aus und wandte sich »klass.« Bildhauermaterialien zu.

Abakus [lat.] *der,* 1) *Architektur:* Deckplatte des Säulenkapitells.

2) *Mathematik:* bereits im Altertum verwendetes Rechenbrett für die vier Grundrechnungsarten mit frei bewegl. oder in Rillen bzw. Schlitzen geführten Rechensteinen, von deren Lage ihr Wert abhängt. Hieraus entstand ein noch heute in Russland und Ostasien gebräuchl. Rechengerät, bei dem die Zahlen durch auf Stäben verschiebbar angebrachte Kugeln dargestellt werden.

Abakus 1)

Abälard [abɛˈlart], Peter, frz. scholast. Philosoph, →Abaelard.

Abänderungsklage, gerichtl. Klage mit dem Ziel, bereits wirksame Urteile, gerichtl. Vergleiche oder vollstreckbare Urkunden, die künftig wiederkehrende Leistungen betreffen, abzuändern, wenn die für die Verpflichtung maßgebenden Umstände sich wesentlich geändert haben (§ 323 ZPO).

Abandon [abãˈdɔ̃, frz.] *der,* Verzicht auf ein Recht zur Entlastung von einer damit verbundenen Pflicht, z. B. a) im Gesellschaftsrecht: bei einer GmbH die Hingabe des Geschäftsanteils, um sich von der Nachschusspflicht zu befreien; b) in der Seeversicherung: Abtretung des Eigentums an dem versicherten Gegenstand, etwa dem verschollenen Schiff, gegen Empfang der Versicherungssumme.

Abano Terme, Heilbad in Venetien, Prov. Padua, Italien, 18 600 Ew.; radioaktive Kochsalzquellen (87 °C), Schwefelquellen, Schlammbäder.

abarischer Punkt, kräftefreier Punkt zw. zwei Massen, in dem ihre Gravitationskräfte entgegengesetzt gleich sind; im System Erde–Mond liegt er in einer Entfernung von $^1/_9$ des Abstandes Erde–Mond vom Mondmittelpunkt.

Abasie [griech.] *die, Medizin:* die Unfähigkeit zu gehen.

Abate, Abbate, Nicolò (Niccolo) dell', auch Nicolas **Labbé,** ital. Maler, * Modena 1509, † Fontainebleau oder Paris 1571 (?); Meister des oberital. Manierismus; einer der wichtigsten Künstler der ersten Schule von →Fontainebleau.

Abba [aramäisch »Vater«], alte Anrede Gottes im Gebet, v. a. gebraucht von Jesus und im Urchristentum (Mk. 14, 36; Röm. 8, 15); später auch Anrede von Klostervorstehern (Abt).

Abba, 1972 in Stockholm gegründete schwed. Popgruppe, mit Anni-Frid (»Frida«) Lyngstad (* 1945 in Norwegen, Gesang), Björn Ulvaeus (* 1945, Gitarre), Benny Andersson (* 1946, Keyboards) und Agnetha Fältskog (* 1950, Gesang); waren seit 1973 mit unbeschwerten Popsongs (»Waterloo«, »Mamma mia«, »S.O.S.«), später auch mit Balladen (»The winner takes it all«) auch noch über ihre Auflösung 1983 hinaus weltweit erfolgreich.

Abbach, Bad, →Bad Abbach.

Abbado, Claudio, ital. Dirigent, Pianist und Komponist, * Mailand 26. 6. 1933; 1986–91 Musikdirektor der Wiener Staatsoper, 1990–2002 künstler. Leiter der Berliner Philharmoniker sowie daneben 1994–2002 der Salzburger Osterfestspiele. 2003 gründete der Dirigent das Lucerne Festival Orchestra, 2004 das Orchestra Mozart. A. erhielt 2003 den Kunstpreis Praemium Imperiale.

Abbas, 1) **A.,** Onkel Mohammeds, * Mekka um 565, † Medina um 653; Ahnherr der →Abbasiden.

2) **A. I.,** der Große, Schah von Persien (1587/88 bis 1629), * 27. 1. 1571, † in der Prov. Masandaran 19. 1. 1629; aus der Dynastie der →Safawiden; erweiterte sein Reich durch Feldzüge gegen die Osmanen und Usbeken.

3) **A. II. Hilmi,** Vizekönig von Ägypten (seit 1892), * Alexandria 14. 7. 1874, † Genf 20. 12. 1944; von den Briten 1914 abgesetzt.

Abbas, Mahmud, palästinens. Politiker, * Safad (N-Israel) 1935; Jurist; 1958 Mitbegründer der Al-Fatah, 1993 maßgeblich am Zustandekommen des Gaza-Jericho-Abkommens beteiligt; April bis Sept. 2003 (Rücktritt) 1. palästinens. Min.-Präs.; wurde – jeweils als Nachfolger von J. Arafat – Nov. 2004 Führer der PLO (Nov. 2006 auch der Al-Fatah), Jan. 2005 zum palästinens. Präs. gewählt, seit März 2006 zur Kohabitation mit den Islamisten der Hamas gezwungen (Ringen um palästinens. Einheitsreg., gebildet im März 2007).

Abbasiden, muslim. Herrschergeschlecht, das auf Abbas (* um 565, † um 653), den Onkel Mohammeds, zurückgeht; stellte 749/750–1258 die Kalifen (Hauptstadt Bagdad seit 762). 1261–1517 gab es eine Zweiglinie (Scheinkalifat) in Kairo.

Abbate, Abate, Nicolò (Niccolo) dell', ital. Maler, →Abate.

Abbau, 1) *Bergbau:* Gewinnung nutzbarer Bodenschätze im Rahmen eines bergbaul. Betriebes über oder unter Tage.

Claudio Abbado

Mahmud Abbas

2) *Biologie:* Zersetzungsvorgänge (→Stoffwechsel).
3) *Chemie:* Zerlegung komplizierter Verbindungen in einfachere Reaktionsprodukte.

Abbaugerechtigkeit, die Befugnis zum Abbau von Bodenschätzen im Bergbau.

Abbazia, ital. Name von →Opatija.

Abbe, Ernst, Physiker und Sozialreformer, * Eisenach 23. 1. 1840, † Jena 14. 1. 1905; schuf 1873 mit seiner Theorie der opt. Abbildung (→Mikroskop) die wiss. Grundlagen für den Bau opt. Instrumente. A. wurde 1888 Alleininhaber der Zeisswerke und übertrug diese auf die von ihm gegründete →Carl-Zeiss-Stiftung.

Abbé [a'be; frz. »Abt«] *der,* in Frankreich Titel des Weltgeistlichen.

Abbeizen, das Erweichen eines trockenen Anstrichs mit alkal. (Ablaugmittel), sauren oder neutralen Mitteln und Entfernen vom Untergrund.

Abbé Pierre [abe 'pjɛːr], frz. Priester, →Pierre.

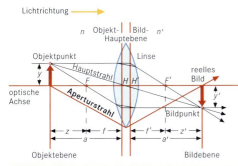

Abbildung 3): reelle optische Abbildung durch eine bikonvexe Linse; Bildkonstruktion mithilfe der Hauptpunkte (*H*, *H'*) und der Brennpunkte (*F*, *F'*); es sind: *f* die objektseitige und *f'* die bildseitige Brennweite, *a* die Objekt- und *a'* die Bildweite, *z* die objektseitige und *z'* die bildseitige Brennpunktweite, *n* und *n'* die Brechzahlen

Abberufung, *Völkerrecht:* die Beendigung der Mission eines diplomat. Vertreters durch den Entsendestaat, entweder aus Gründen, die in der Person des Vertreters liegen, oder beim Abbruch der diplomat. Beziehungen.

Abbeville [ab'vil], industriereiche Stadt im nordfrz. Dép. Somme, 24 900 Ew., nahe der Sommemündung; Hafen für kleinere Schiffe; got. Kirche Saint Vulfran.

Abbevillien [abəvil'jɛ̃ː; nach der Stadt Abbeville] *das,* Stufe der →Altsteinzeit, gekennzeichnet bes. durch roh bearbeitete Faustkeile; heute meist als älteste Stufe des Acheuléen aufgefasst.

Abbildtheorie, *Philosophie:* auf Demokrit und Leukipp zurückgehende Auffassung des Erkenntnisvorgangs als Abbildung der als unabhängig vom Subjekt angenommenen Wirklichkeit im Bewusstsein. Von A., nach denen im Sinne einer **Widerspiegelungstheorie** alle Eigenschaften der Dinge abgebildet werden, lassen sich Ansätze unterscheiden, denen zufolge nur strukturelle Eigenschaften abgebildet werden (**Isomorphietheorie**).

Abbildung, 1) *allg.:* gedrucktes Bild (Illustration). Wiss., künstler. und techn. A. (Darstellungen) genießen den Schutz des Urheberrechts.
2) *Mathematik:* die Zuordnung der Elemente einer Menge (**Urbildmenge**) zu den Elementen einer zweiten Menge (**Bildmenge**). Ordnet die A. *f* dem Element *x* einer Menge *X* (**Definitionsbereich**) genau ein Element *f*(*x*) einer Menge *Y* (**Bild-** oder **Wertebereich**) zu, so heißt *f* A. von *X* in *Y*, in Zeichen: $f: X \to Y$; $f(x)$ heißt das Bild von *x* unter der A. *f* und man schreibt: $f(x) = y$. Ist jedem Element des Bildbereichs mindestens ein Element des Definitionsbereichs zugeordnet, so spricht man von einer **Surjektion** (**surjektiven A.**), ist jedem $x \in X$ höchstens ein Element aus *Y* zugeordnet, von einer **Injektion**. Man nennt eine A. **bijektiv, eineindeutig** oder **umkehrbar eindeutig,** wenn sie surjektiv und injektiv ist. (→Funktion)
3) *Optik:* die Erzeugung eines Bildes von einem Gegenstand mithilfe der von ihm ausgehenden oder an ihm reflektierten Strahlen, speziell mithilfe von Lichtstrahlen (opt. A.). Die von einem Punkt des Gegenstandes (**Objekt-, Gegenstands-** oder **Dingpunkt**) ausgehenden Strahlen vereinigen sich dabei nach Durchgang durch ein opt. System (Linsen, Spiegel, Prismen) im Idealfall (punktförmige, scharfe A.) wieder in einem Punkt (**Bildpunkt**); Objekt- und Bildpunkt sind zueinander konjugierte Punkte. Bei einem **reellen Bild** (d. h. einem auf einem Schirm auffangbaren Bild) vereinigen sich die Strahlen wirklich, bei einem **virtuellen Bild** in ihrer gedachten rückwärtigen Verlängerung. Die Bildpunkte in ihrer Gesamtheit ergeben das Bild des Gegenstandes. Dieses kann vergrößert oder verkleinert sein oder eine andere Orientierung besitzen, d. h. seiten-, höhenverkehrt oder umgekehrt sein; das Verhältnis von Bild- zu Gegenstandsgröße heißt linearer **A.-Maßstab** (Lateralvergrößerung, Seitenverhältnis). – Grundlage der geometr. Optik ist die **A.-Theorie,** mit deren Hilfe der Strahlenverlauf abbildender Systeme berechnet wird. Für die (ideale) A. durch paraxiale (achsennahe) Strahlen (gaußsche Dioptrik, gaußsche A.) gilt die **A.-Gleichung**

$$f/g + f'/b = 1$$

Dabei sind *f*, *f'* die gegenstands- bzw. bildseitige Brennweite des opt. Systems und *g*, *b* die Gegenstands- bzw. die Bildweite. – Lichtstrahlen lassen sich durch Brechung in Linsen oder Reflexion an gekrümmten Spiegeln wieder vereinigen, Elektronen- und Ionenstrahlen durch elektr. und magnet. Linsen.

Abbildungsfehler, Aberration, *Optik:* bei opt. Systemen Abweichung von der fehlerfreien →Abbildung, die bewirkt, dass Objektpunkte im Bild nicht ideal punktförmig wiedergegeben werden. In der Nähe des Bildpunktes entsteht als Einhüllende der sich schneidenden Strahlen die →Kaustik. Die wichtigsten A. sind: a) Öffnungsfehler (sphär. Aberration) mit schlechter Vereinigung achsensymmetr. Lichtbündel großer Öffnung; b) Asymmetriefehler (Koma) mit einseitiger Verzerrung von Bildpunkten bei schräg einfallenden Bündeln; c) Astigmatismus mit schlechter Vereinigung sagittaler und meridionaler Lichtbündel; d) Bildfeldwölbung; e) Verzeichnung (Distorsion), kissen- oder tonnenförmige Verzerrung mit Vergrößerungsunterschieden bei unterschiedl. Achsenentfernungen; f) Farbabweichung (chromat. Aberration) mit schlechter Vereinigung von Strahlen unterschiedl. Wellenlänge. Durch spezielle Linsenformen, Blenden und Kombinationen von mehreren Linsen aus unterschiedl. Materialien können die A. reduziert werden. – Abb. S. 16

Abbinden, 1) *Chemie:* das Verfestigen von →Bindemitteln durch chem. oder physikal. Vorgänge.
2) *Medizin:* das Zusammendrücken von Blutgefäßen zur Blutstillung.

Ernst Abbe

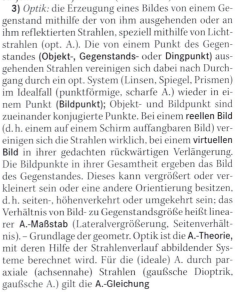

1 Original- und Bildpunkt, Definitions- und Bildbereich

2 Surjektion (*f* surjektiv)

3 Injektion (*f* injektiv)

4 Bijektion (*f* bijektiv)

Abbildung 2)

Abbiss, Wiesenstaude mit kurzem Wurzelstock, z. B. der →Teufelsabbiss.

Abblendlicht, Beleuchtung eines Kfz, die die Blendung Entgegenkommender vermeidet. A. kann asymmetrisch abgestrahlt werden, dadurch wird bei Rechtsverkehr die rechte Fahrbahnseite weiter ausgeleuchtet als die Fahrbahnmitte. Beim Fahren bei Dunkelheit oder anderer Sichtbehinderung (z. B. Nebel oder Schneefall) ist es vorgeschrieben.

ABB Ltd. [- 'lɪmɪtɪd], global tätiger schweizer. Technologiekonzern (v. a. Energie- und Automatisierungstechnik); Sitz: Zürich, entstanden 1988 durch Fusion der schweizer. Brown, Boveri & Cie. AG (BBC,

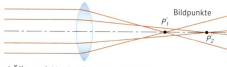

a) Öffnungsfehler (sphärische Aberration)

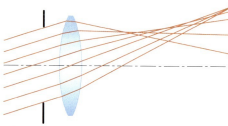

b) Asymmetriefehler (Koma)

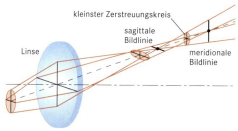

c) Astigmatismus schiefer Bündel (Zweischalenfehler)

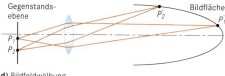

d) Bildfeldwölbung

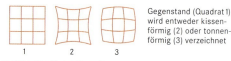

Gegenstand (Quadrat 1) wird entweder kissenförmig (2) oder tonnenförmig (3) verzeichnet

e) Distorsion (Verzeichnung)

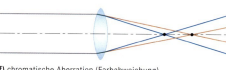

f) chromatische Aberration (Farbabweichung)

Abbildungsfehler

gegr. 1891) und der schwed. Allmänna Svenska Elektriska A. B. (ASEA) als **Asea Brown Boveri AG;** jetzige Bez. seit 1999; Hauptaktionäre sind die Familien Wallenberg und Schmidheiny.

Abbot ['æbət], Charles Greeley, amerikan. Astrophysiker, * Wilton (N. H.) 31. 5. 1872, † Riverdale (Md.) 17. 12. 1973; arbeitete bes. über die Strahlung der Sterne und der Sonne, untersuchte den Einfluss der Sonnenstrahlung auf das Wetter.

Abbrand, 1) *Kerntechnik:* die im Kernbrennstoff während der Einsatzzeit im Kernreaktor erzeugte Energie, angegeben in Megawatt-Tage je Tonne Brennstoff (MWd/t). Der Brennstoffverbrauch wird durch die prozentuale Abnahme des Brennstoffs (**relativer A.**) beschrieben.

2) *Metallurgie:* a) beim Schmelzen von Metallen entstehender Verlust durch Oxidation oder Verflüchtigung; b) Röstprodukt sulfid. Erze.

3) *Raketentechnik:* Verbrennung von Festtreibstoffen.

Abbreviaturen [zu lat. brevis »kurz«], 1) *allg.:* Abkürzungen von Wörtern aus Gründen der Platzersparnis, heute v. a. in fachwiss. Druckwerken, aber auch in (v. a. antiken und mittelalterl.) Handschriften.

2) *Musik:* Zeichen in der Notenschrift, durch die auf ein vollständiges Ausschreiben des Notentextes verzichtet werden kann, z. B. bei gleichen Tönen, Tonfolgen, Takten. Auch Bez. für die Art des Vortrags (z. B. f = forte, p = piano) und für Instrumente (z. B. B. c. = Basso continuo).

Abbruchblutung, Hormonentzugsblutung aus der Gebärmutterschleimhaut durch sinkenden Östrogen- und Progesteronspiegel im Blut (normal bei Menstruation, nach Absetzen einer Hormonbehandlung bzw. im Rahmen einer hormonellen Empfängnisverhütung).

Abc, →Alphabet.

ABC-Abwehrtruppe, Truppengattung der Bundeswehr zum Entstrahlen, Entseuchen und Entgiften eigener Truppen.

Abchasen, Volk im westl. Kaukasus, etwa 135 000 Menschen; vorwiegend Sunniten, auch Orthodoxe.

Abchasi|en, abchas. **Apsny, Abchasische Autonome Republik,** Autonome Teilrepublik →Georgiens an der Ostküste des Schwarzen Meeres, international nicht anerkannter Sezessionsstaat mit eigener Legislative und Exekutive, 8 600 km², (2004) 200 000–250 000 Ew. (1991: 534 000 Ew.); innerhalb der Bev. (1989: 46 % Georgier, 18 % Abchasen, 15 % Armenier, 14 % Russen) bilden heute die Abchasen die Mehrheit. Während des abchasisch-georg. Krieges 1992–94 floh ein Großteil der nicht abchas. Bev., hauptsächlich Georgier. Hauptstadt ist Suchumi. – A. ist überwiegend ein Hochgebirgsland mit der SW-Abdachung des Großen Kaukasus; maritimes, subtrop. Klima, in den Bergen Hochgebirgsklima. – An der Küste Anbau von Tee, Tabak, Zitrusfrüchten, Wein, Obst und Gemüse (teilweise mit Bewässerung), auf den Gebirgsweiden Schaf- und Rinderzucht; weiterhin Verarbeitung der landwirtsch. Produkte, Holzeinschlag und Holz verarbeitende Ind.; an der Küste und im Gebirgsvorland mehrere Kurorte und Seebäder (Pizunda, Gagra u. a.). Nach dem Bürgerkrieg war ein Teil der Seebäder und Ind.-Standorte zerstört; die Wirtschaft wurde schwer geschädigt.

Geschichte: Im 6./5. Jh. v. Chr. Entstehung griech. Kolonien an der Küste (z. B. Dioskurias [Suchumi]). Ab dem 1. Jh. v. Chr. unter röm., später unter byzantin.

Oberhoheit. Vom 8. bis 10. Jh. Königreich, danach in den Vereinigungsprozess georg. Fürstentümer einbezogen; Küstengebiete vom 12. bis zum 15. Jh. unter dem Einfluss genues. Handelsniederlassungen. A. geriet im 16. Jh. in Abhängigkeit vom Osman. Reich (teilweise Islamisierung), war ab 17. Jh. wieder ein nominell unabhängiges Fürstentum; ab 1810 russ. Protektorat, 1864 ins Zarenreich eingegliedert; 1866 Volksaufstand, danach Auswanderung vieler muslim. Abchasen ins Osman. Reich und Ansiedlung von Armeniern, Griechen, Russen und v. a. Georgiern. 1918–21 Bestandteil der bürgerl. Rep. Georgien, 1921 eigenständige Sowjetrep. Durch einen Allianzvertrag (16. 12. 1921) mit Georgien verbunden, wurde A. 1931 autonome Rep. innerhalb Georgiens. A. erklärte im Juli 1992 einseitig seine Unabhängigkeit, die Georgien nicht akzeptierte (Einmarsch georg. paramilitär. Truppen im Aug. 1992, in blutigen Kämpfen bis Sept. 1993 mit kaukas. und zeitweiliger russ. Unterstützung zurückgedrängt; rd. 8000 Tote, Flucht von etwa 250 000 Menschen, v. a. Georgier). Trotz eines Waffenstillstands (April 1994), der Stationierung einer vorwiegend russ. Friedenstruppe am Grenzfluss Inguri und des Einsatzes einer UN-Beobachtermission blieb der Frieden fragil (1998 erneut heftige abchas.-georg. Gefechte) und vom Fortgang der unter UN-Schirmherrschaft geführten Gespräche über den künftigen polit. Status A.s abhängig.

ABC-Regel, Orientierungshilfe für lebensrettende Sofortmaßnahmen bei einem Unfall oder medizin. Notfall: **A**temwege frei machen, **B**eatmen, **C**irculation (Blutkreislauf) wiederherstellen.

ABC-Schutzmaske, früher **Gasmaske,** Atemschutzmaske für Soldaten.

ABC-Staaten, Bez. für die Staaten Argentinien, Brasilien, Chile, die seit Ausgang des 19. Jh. auf vertragl. Basis wirtschaftlich und politisch zusammenarbeiten.

ABC-Waffen, Sammelbez. für **a**tomare, **b**iolog. (bakteriolog.) und **c**hem. Waffen und Kampfmittel; die Pariser Verträge von 1954 verbieten der Bundesrep. Dtl. deren Herstellung. Zu den ABC-Waffen wurden verschiedene internat. Abkommen geschlossen. Im April 2004 verabschiedete der UN-Sicherheitsrat eine Resolution gegen die Verbreitung von atomaren, biolog. und chem. Waffen, die sich auf nicht staatl. Akteure (z. B. Terroristen) bezieht. Die UN-Mitgliedsstaaten werden darin verpflichtet, Gesetze gegen die Verbreitung von Techniken und Materialien zum Bau von derartigen Massenvernichtungswaffen zu erlassen.

Atomwaffen (Kern-, A-, Nuklear-Waffen): Bez. für Sprengkörper (Geschosse, Raketen, Bomben, Minen, Granaten), deren Wirkung auf der bei der Kernspaltung oder -fusion explosionsartig freigesetzten Energie beruht. Atomwaffen unterteilt man in solche, die auf der Kernspaltung von Uran 235 oder Plutonium 239 beruhen (**A-Bombe, nukleare Sprengkörper**), und solche, bei denen eine Verschmelzung leichter Atomkerne (z. B. Deuterium, Tritium) zu Helium eintritt (**Wasserstoff-, H-Bombe, thermonukleare Sprengkörper**). Zu letzterer Kategorie gehören auch die »Dreiphasenbomben« mit einem Kern aus Uran 235 oder Plutonium 239, Lithiumdeuterid als Fusionsmaterial und einem Mantel aus Uran 238, das die größten Anteile der Explosions- und Strahlungsenergie liefert. Die Sprengenergie der Atomwaffen wird im Vergleich mit herkömml. Sprengstoff angegeben: 1 Kilotonne (kt) entspricht dem Energieinhalt von 1 000 t Trinitrotoluol (TNT); 1 Megatonne (Mt) = 1 000 000 t TNT.

Von der Gesamtwirkung einer Atombombe entfallen rd. 50 % auf Druck, 35 % auf therm. Strahlung und 15 % auf radioaktive Strahlung. Bei ihrer Detonation entsteht ein Atompilz, in dessen Zentrum ungeheure Drücke und Temperaturen von bis zu 50 Mio. Kelvin herrschen. Von ihm breiten sich Wärmestrahlen und ein großer Teil der radioaktiven Strahlen mit Lichtgeschwindigkeit über einen vom Explosionsort und von der Sprengenergie abhängigen Bereich aus. Für die zerstörende Wirkung der Druckwelle ist nicht allein ihr dynam. Druck maßgeblich, sondern auch die an festen Hindernissen reflektierten Druckwellen sowie der etwas später eintretende negative Druck (Sog).

Abchasien: der in einem Talkessel des westlichen Hochgebirgskaukasus gelegene Rizasee

ABC-Waffen: Detonationswolke (»Atompilz«) einer Atombombe

Radioaktives oder aktiviertes Material kann durch Luftströmungen über weite Strecken fortgetragen werden. Diese als Fallout bezeichneten Partikel schweben langsam zu Boden und verursachen hier je nach ihrer Verweilzeit in der Atmosphäre eine mehr oder minder starke radioaktive Verseuchung.

Da sich bes. aus der Reichweite einer Atomwaffe deren Bedeutung im militärstrateg. Spektrum ableitet, werden diese Waffensysteme v. a. hiernach klassifiziert und in bestimmte Reichweitenkategorien eingeteilt. So unterscheidet man **strateg. Atomwaffen** mit Reichweiten über 5500 km, **Mittelstrecken-Atomwaffen** mit Reichweiten von 150–5500 km sowie **Kurzstrecken-Atomwaffen** mit Reichweiten bis zu 150 km, die hauptsächlich für den Einsatz auf dem Gefechtsfeld vorgesehen sind und deshalb auch als atomare Gefechtsfeldwaffen bezeichnet werden.

Die ersten Atombomben wurden von den USA erprobt und gelangten 1945 über Hiroshima (90 000 bis 200 000 Tote) und Nagasaki (25 000 bis 75 000 Tote) zum bisher einzigen militär. Einsatz (12,5 und 22 kt Sprengkraft). 1952 erprobten die USA die erste Wasserstoffbombe. Die UdSSR verfügte seit 1949 über A- und seit 1953 über H-Bomben; Großbritannien seit 1952 (1967); Frankreich seit 1960 (1968); China seit 1964 (1967); Indien zündete seine erste Atombombe 1974, Pakistan 1998. Nord-Korea erklärte im Febr. 2005, dass es über Atomwaffen verfüge, und im Okt. 2006, dass es einen ersten Kernwaffentest durchgeführt habe. Israel deutete im Dez. 2006 erstmals indirekt den möglichen Besitz von Atomwaffen an. Weitere Staaten sind heute in der Lage, Atomwaffen herzustellen (sog. →Schwellenmächte).

Mit dem Ende des Ost-West-Konflikts verloren die Atomwaffen für die nuklearen Supermächte zunehmend an Bedeutung. Gleichzeitig kam mit dem z. T. schon vorher erfolgten Abschluss zahlr. Verträge (u. a. →SALT, →START, →INF, →SORT) der Prozess der →Abrüstung einen wesentlichen Schritt voran. Der 1995 unbefristet verlängerte →Kernwaffensperrvertrag soll zudem die Weiterverbreitung von Atomwaffen verhindern.

Biologische Waffen (B-Waffen): Biolog. oder bakteriolog. Waffen und Kampfmittel (z. B. Erreger von Enzephalitis, Milzbrand, Pest, Typhus) verseuchen Menschen, Tiere und Pflanzen. Da sie durch Artilleriegeschosse, Flugzeugbomben und Flugkörpergefechtsköpfe verbreitet oder mit Spezialgeräten von Flugzeugen und Hubschraubern aus versprüht werden, ist ihre Wirkung hauptsächlich von meteorolog. und ökolog. Bedingungen abhängig. Bisher ist es noch zu keinem größeren nachweisbaren Einsatz von B-Waffen gekommen; Meldungen hierüber fehlt meist die gesicherte und allgemein anerkannte Bestätigung. Da biolog. Waffen natürlich vorkommende Organismen enthalten, können Waffen bzw. Einsatzmittel mit derartigen Kampfstoffen eine besondere Gefahr durch das Agieren von Terroristen sein (»Bioterrorismus«). Die Entwicklung, Herstellung und Lagerung von B-Waffen ist verboten (B-Waffen-Abkommen von 1972, in Kraft seit 1975).

Chemische Waffen (C-Waffen): Chem. Kampfstoffe sind für den militär. Einsatz vorgesehene gasförmige, flüssige oder feste Verbindungen, die durch ihre meist starke Gift- oder Reizwirkung einen Gegner töten oder vorübergehend kampfunfähig machen. Sie werden aus tragbaren oder fahrbaren Behältern abgeblasen oder versprüht, aus Geschützen oder Minenwerfern verschossen oder von Raketen und Flugzeugen über dem Zielgebiet abgeworfen.

Man unterscheidet nach der jeweiligen Wirkung folgende Gruppen: **Reizkampfstoffe** üben eine starke Reizwirkung auf die Augen (»Tränengase«) und die oberen Atmungsorgane aus; sie wirken nur kurzfristig und hinterlassen keine bleibenden Schädigungen. Als **psychotox. Kampfstoffe** wirken LSD oder Benzilsäuresalze des Piperidins und Chinuclidins. Sie wirken ebenfalls nicht tödlich, sondern erzeugen beim Gegner Psychosen, die sich in Halluzinationen und Angstzuständen äußern können. **Lungenschädigende chem. Kampfstoffe** sind z. B. Chlorgas und Phosgen (Grünkreuz). **Hautschädigende chem. Kampfstoffe** wie Lost (Yperit, Senfgas, Gelbkreuz) und Lewesit erzeugen auf der Haut schwer heilende Wunden. **Nervenschädigende chem. Kampfstoffe** (»Nervengase« wie Sarin, Soman, VX) werden inhaliert oder durch die Haut aufgenommen. Die Vergiftung äußert sich in Lähmungen und Muskelkrämpfen und kann durch Versagen der Atmung nach Minuten, aber auch erst nach Stunden zum Tode führen.

Am 22. 4. 1915 erfolgte bei Ypern der erste größere Einsatz chem. Kampfstoffe (Chlorgas) durch dt. Truppen. Zw. den beiden Weltkriegen wurde die Kampfführung mit Giftgasen wiederholt geächtet. Trotzdem setzten Italien (1935/36 in Abessinien) und Japan (1937–45 in China) chem. Waffen ein. Im Zweiten Weltkrieg wurden darüber hinaus keine chem. Kampfstoffe eingesetzt. Die USA, die in den 1960er-Jahren im Vietnamkrieg u. a. Pflanzen schädigende Mittel zur Entlaubung von Wäldern und zur gezielten Erntevernichtung eingesetzt hatten, stellten Anfang der 1970er-Jahre die Produktion von chem. Waffen ein, nahmen ab Mitte der 1980er-Jahre jedoch die Forschung in diesem Bereich wieder auf. Der Einsatz von C-Waffen durch die UdSSR in Afghanistan wird vielfach als gesichert angesehen. Im 1. Golfkrieg (1980–88) setzte Irak aller Wahrscheinlichkeit nach C-Waffen gegen Iran ein. Das weltweite Verbot der Entwicklung, Herstellung, Lagerung und des Einsatzes chem. Waffen und deren Vernichtung, 1993 in Paris vertraglich beschlossen, trat 1997 in Kraft (C-Waffen-Abkommen).

Abd [arab. »Knecht«], häufig in arab. Eigennamen: A. Allah, Knecht Gottes.

Abdallah, Abdullah, 1) **Abd Allah,** der Vater Mohammeds, † um 570 (vor dessen Geburt).

2) **A. II. Ibn al-Husain,** König von Jordanien, * Amman 30. 1. 1962; trat im Febr. 1999 die Nachfolge seines Vaters, Husain II., an.

Abdallah Ibn Abdul Asis al-Saud, König von Saudi-Arabien

3) **A. Ibn Abdul Asis al-Saud,** König von Saudi-Arabien (seit 2005), * Riad 1924; Sohn des Staatsgründers Ibn Saud, Halbbruder von Feisal und Fahd; seit 1982 Kronprinz, übernahm bereits Anfang 1996 offiziell die Führung des Landes wegen der schweren Erkrankung von König Fahd; nach dessen Tod am 1. 8. 2005 wurde A. zum König ernannt. Er gilt gleichermaßen als vorsichtiger Modernisierer und strenggläubiger Wahrer der Tradition.

Abdampf, aus einer Kraftmaschine (z. B. Dampfturbine) nach verrichteter Arbeit austretender Dampf; eine Form der →Abwärme.

Abd ar-Rahman [-rax'ma:n], omaijad. Herrscher in Spanien:

1) **A. I.** (756–788), Begründer des arab. Emirats (seit 929 Kalifat) von Cordoba, * Damaskus 731, † Córdoba 30. 9. 788; kämpfte 778 gegen Karl den Großen.

2) A. III., Emir (seit 912) und 1. Kalif von Córdoba (929–961), *889, †Córdoba 15. 10. 961; unter ihm erlebte das arab. Spanien eine Blütezeit.

Abdecker, Schinder, Wasenmeister, frühere Bez. für einen Gewerbetreibenden, der sich mit der Beseitigung und Verwertung von Tierkörpern befasste; heute von den Anstalten für →Tierkörperverwertung übernommen.

Abd el-Krim, Mohammed, marokkan. Emir, * Ahdir um 1880, †Kairo 6. 2. 1963; führte 1920–26 den Aufstand der Rifkabylen gegen die Kolonialmächte Spanien und Frankreich; 1926 von Frankreich besiegt, wurde er nach Réunion verbannt (bis 1947).

Abderhalden, Emil, schweizer. Physiologe, *Oberuzwil (Kt. St. Gallen) 9. 3. 1877, †Zürich 5. 8. 1950; erforschte bes. Stoffwechsel, Hormone und Enzyme.

Abderiten, Bewohner der antiken Stadt **Abdera** in Thrakien; galten bereits im Altertum (u. a. bei Cicero) als beschränkte Kleinbürger, so auch in C. M. Wielands Roman »Die Abderiten« (1774).

Abdingbarkeit, Recht: die Möglichkeit, die Anwendung einer Rechtsvorschrift durch Vereinbarung auszuschließen oder zu modifizieren, bes. im Zivilrecht. Abdingbares Recht (nachgiebiges, dispositives Recht) steht im Ggs. zum zwingenden Recht; z. B. § 551 Abs. 1 BGB, Mietkautionsobergrenze.

Abdomen [lat.] *das,* 1) *Anatomie:* Unterleib, Bauch; Hinterleib der Gliederfüßer.

2) *Medizin:* **akutes A., akuter Bauch,** Zustandsbild bei akuten Erkrankungen von Bauchorganen, das v. a. durch plötzlich auftretende starke Schmerzen und eine zunehmende Bauchdeckenspannung gekennzeichnet ist. Das akute A. erfordert aufgrund der lebensbedrohl. Situation immer ein schnelles ärztl. Eingreifen.

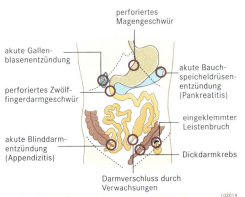

Abdomen 2): Ursachen eines akuten Abdomens

Abdrift, Drift, Abtrift, seitliche Versetzung eines Wasser- oder Luftfahrzeugs vom gewünschten Kurs über Grund durch Wind, Strom oder Seegang. Die Größe des Driftwinkels, gemessen zw. Längsachse des Fahrzeugs (Steuerkurs) und dem tatsächl. Kurs über Grund, hängt von der Relativgeschwindigkeit des Fahrzeugs gegenüber seinem Medium (Luft oder Wasser) ab.

Abdruck, der von einer Druckform durch Übertragung von Druckfarben oder färbenden Substanzen hergestellte Druck. Der A. von urheberrechtlich geschützten Werken oder Werkteilen ist ohne Genehmigung des Urhebers oder Verlegers grundsätzlich verboten. A. von Zeitungsartikeln in anderen Zeitungen ist unter bestimmten Voraussetzungen frei, sofern sie nicht mit einem Vorbehalt der Rechte versehen sind.

Abduktion [lat.] *die,* das Wegführen (Abduzieren) eines Gliedes von der Körperlängsachse. **Abduktoren,** die diese Bewegung ausführenden Muskeln.

Abdullah, →Abdallah.

Abe, 1) Kōbō, jap. Schriftsteller, *Tokio 7. 3. 1924, †ebd. 22. 1. 1993. Seine Romane schildern Menschen in der Isolation oder in ausweglosen Situationen (»Die vierte Zwischeneiszeit«, 1959; »Die Frau in den Dünen«, 1962; »Die Arche Sakuramaru«, 1984); auch Dramenautor.

Emil Abderhalden

2) Shinzō, jap. Politiker, *Tokio 21. 9. 1954; aus einer Politikerfamilie; Sohn von Shintarō Abe (*1924, †1991; Außenmin. 1982–86); Enkel von Nobusuke →Kishi; studierte Politikwiss.; wurde 1993 Unterhausabg.; war in den Regierungen Mori und Koizumi 2000–03 stellv. Chefkabinettssekretär, 2005–06 Chefkabinettssekretär, ab 2003 Gen.-Sekr. der Liberaldemokrat. Partei (LDP); Exponent einer verstärkten patriot. Erziehung in den Schulen und einer Revision der pazifist. Nachkriegsverf., aber auch einer Fortsetzung wirtsch. Reformen; als Nachfolger J. Koizumis im Sept. 2006 zum Vors. der LDP und Min.-Präs. gewählt.

Abéché [abe'ʃe], Stadt in O-Tschad, 75 900 Ew., am Kreuzungspunkt alter Handelswege; Marktort der Nomaden des Wadai; Flughafen.

Shinzō Abe

Abegg, Richard, Chemiker, *Danzig 9. 1. 1869, †Tessin (heute Cieszyn) 3. 4. 1910; führte u. a. den Begriff der Elektroaffinität (→Elektronenaffinität) ein und stellte 1904 die Regel auf, dass die höchste positive und höchste negative Elektrovalenz eines Elements zusammen die Zahl 8 ergeben (**A.-Valenzregel**).

Abel [hebr. »Hauch«], zweiter Sohn Adams und Evas; Hirte. (→Kain)

Abel, 1) Niels Henrik, norweg. Mathematiker, *Findø (bei Stavanger) 5. 8. 1802, †Eisenwerk Froland (bei Arendal) 6. 4. 1829; bewies die Nichtauflösbarkeit algebraischer Gleichungen 5. und höheren Grades durch elementare Operationen (**abelscher Satz**); begründete die Integraltheorie algebraischer Funktionen. Erstmals 2003 wurde der nach ihm benannte →Abel-Preis vergeben.

2) Wilhelm, Agrarwissenschaftler, *Bütow 25. 8. 1904, †Göttingen 27. 4. 1985; Arbeitsgebiete: Agrarpolitik, Agrar- und Wirtschaftsgeschichte.

Niels Henrik Abel

Abel-Preis, nach N. H. Abel benannter, einem Nobelpreis vergleichbarer Preis, der jährlich von der Norweg. Akademie der Wiss. für herausragende Leistungen in der Mathematik vergeben wird. Der A.-P. wurde 2002 anlässlich des 200. Geburtstages von N. H. Abel von der norweg. Regierung ins Leben gerufen und ist mit 6 Mio. Norweg. Kronen dotiert. Erstmals wurde der A.-P. 2003 an den frz. Mathematiker Jean-Pierre Serre (*1926) verliehen, der für seine Arbeiten zur Topologie, algebraischen Geometrie und Zahlentheorie geehrt wurde. 2004 erhielten der brit. Mathematiker Sir Michael Atiyah (*1929) und der amerikan. Mathematiker Isadore Singer (*1924) den A.-P. für das nach ihnen benannte Indextheorem, das wichtige Brücken zur theoret. Physik schlägt. Der A.-P. 2005 ging an den ungar. Mathematiker Peter Lax (*1926), der für seine Beiträge zur Theorie und numerischen Lösung von partiellen Differenzialgleichungen geehrt wurde. Lennart Carleson (*1928) erhielt für seine Beiträge

Abendmahl 1): Duccio, »Das letzte Abendmahl«, Tafel der »Maestà« (1308–11; Siena, Dommuseum)

zur harmon. Analyse und zur Theorie dynam. Systeme den A.-P. 2006.

abelsche Gruppe, *Mathematik:* →Gruppe.
Abendgymnasium, →Abendschulen.
Abendland, bildl. Bez. für das gegen Abend (im W) gelegene Land (**Okzident**) und somit aus europ. Sicht für die westl. Hälfte Europas (Gegenbegriff: Morgenland). →Europa (Geschichte).
Abendländisches Schisma, →Schisma.
Abendmahl, 1) das letzte Mahl Jesu mit seinen Jüngern, bei dem er ihnen Brot und Wein als seinen Leib und sein Blut reichte (1. Kor. 11, 23 ff.; Mk. 14, 22 ff.; Mt. 26, 26 ff.; Lk. 22, 15 ff.). – In der *Kunst* blieb die Darstellung des A. (ab etwa 500) bis um 1000 selten. Die Spannung zw. Einsetzung des Sakraments und Augenblick des Verrats führte Leonardo da Vinci zu einem Höhepunkt.
2) die kult. Wiederholung des letzten Mahles Jesu im christl. Gottesdienst. Das A. wurde bereits in den urchristl. Gemeinden gefeiert und schloss neben dem Gedächtnis an den Tod Jesu als **Herrenmahl** (Kyriakon: 1. Kor. 11, 20) die Verkündigung Christi als des kommenden Herrn ein. Zunächst war das A. mit dem abendl. Gemeinschaftsmahl der Christen (→Agape) verbunden. Anfang des 2. Jh. wurde das sakramentale A. davon abgetrennt und mit dem sonntägl. Gebetsgottesdienst vereinigt; ein dem vorangestellter Wortgottesdienst ist erstmals um 150 durch Justin bezeugt. Die um 215 verfasste »Apostol. Überlieferung« des röm. Kirchenschriftstellers Hippolyt enthält das erste vollständige Formular einer liturg. A.-Feier (→Eucharistie). Deren Grundgestalt wurde bis zum 4. Jh. ausgebildet. Die Kirchen der Reformation nahmen für die Feier der Eucharistie den ursprüngl. Begriff A. wieder auf.
Abendmahlsgemeinschaft, die gemeinschaftl. Teilnahme von Christen versch. Konfessionen bzw. konfessioneller Bekenntnisse an einer Abendmahlsfeier; zw. konfessionsverschiedenen Kirchen in den Formen der Zulassung von Angehörigen anderer Kirchen, die im Gottesdienst anwesend sind, zum Abendmahl (Eucharistie) und der gastweisen Zulassung aufgrund (gegenseitiger) Einladung praktiziert.
Abendmahlsstreit, die in der Gesch. der abendländ. Kirche geführten theolog. Auseinandersetzungen um das Wesen des Abendmahls und um die Frage, ob Christus in den Elementen Brot und Wein leiblich oder symbolisch anwesend sei. (→Konsubstantiation, →Transsubstantiation, →Realpräsenz, →Wandlung)
Abendrot, die Rotfärbung des westl. Himmels bei Sonnenuntergang (entsprechend bei Sonnenaufgang am östl. Himmel das **Morgenrot**). Der Effekt ist darauf zurückzuführen, dass das von der tief stehenden Sonne ausgehende Licht einen bes. langen Weg durch die Atmosphäre nimmt. Dabei werden die kurzwelligen blauen und grünen Anteile des Lichts stärker gestreut (und gelangen zu einem geringeren Anteil zum Beobachter) als die langwelligen gelben und roten Strahlungsanteile (→Rayleigh-Streuung).
Abendroth, 1) Hermann, Dirigent, * Frankfurt am Main 19. 1. 1883, † Jena 29. 5. 1956; tätig in Köln, Leipzig (Gewandhauskapellmeister 1934–45), Weimar und Berlin (Ost).
2) Walter, Musikkritiker und -schriftsteller, Komponist, * Hannover 29. 5. 1896, † Hausham (Kr. Miesbach) 30. 9. 1973; schuf Orchesterwerke (u. a. Sinfonien), Kammermusik und Lieder.
Abendschulen, Fortbildungsstätten für Berufstätige. Neben den Abendkursen der Volkshochschulen gibt es als Einrichtungen des zweiten Bildungswegs **Abendgymnasien** (Ziel: Hochschulreife), **Abendrealschulen** (Ziel: mittlerer Bildungsabschluss), **Abendhauptschulen** (Ziel: Hauptschulabschluss), ferner A. zur berufl. Fort- und Weiterbildung (z. B. Techniker-, Meister-, Sprachschulen).
Abendstern, Hesperos, der helle Planet Venus abends am Westhimmel, morgens als **Morgenstern** am Osthimmel (dann auch Phosphoros oder Luzifer gen.).
Abendweite, *Astronomie:* der Winkel am Horizont zw. dem Untergangspunkt eines Gestirns und dem Westpunkt.
Åbenrå [ɔbənˈrɔː], dän. Stadt, →Apenrade.
Abensberg, Stadt im Landkr. Kelheim, Niederbayern, 12 600 Ew.; Brauereien, Spargelanbau. – Got. Karmeliterkirche (Klostergründung 1389/91), spätgot. Rathaus.

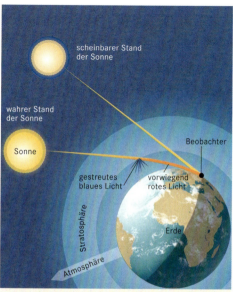

Abendrot (schematische Darstellung)

Abenteuerfilm, Genre-Bez. für Spielfilme mit (männl.) Helden im Mittelpunkt, die (in fernen Ländern voller Gefahren und Verlockungen) ehrenhafte Taten vollbringen. Subgenres sind Mantel-und-Degen-, Piraten- und Ritterfilm. Tragendes Element ist jeweils eine üppige und fantasievolle Ausstattung und Kostümierung.

Abenteuerroman, Gattung des Romans, bei der meist eine Folge abenteuerl. Episoden nur durch die Figur des Helden verbunden ist; Blütezeit im 17. und 18. Jh. (Schelmenroman, Robinsonade, Reise-, Räuberroman). Auch viele Romane des 19. und 20. Jh. haben Züge des A., z. B. die Romane von A. Dumas dem Älteren, J. F. Cooper, F. Gerstäcker, C. Sealsfield, K. May, J. Conrad, J. London, B. Traven, ferner die →Wildwestromane, utop. Romane und die Werke der Science-Fiction und der Fantasy.

Abeokuta, Hptst. des nigerian. Bundesstaates Ogun, 593 100 Ew.; Univ. (gegr. 1988); Handels- (Kakao) und Industriezentrum.

Aberdare [æbəˈdeə], Industriegemeinde im Verw.-Distr. Rhondda Cynon Taff, Wales, 29 000 Ew.; Kohlenbergbau, Eisen-, Elektrokabel-, Metallindustrie.

Aberdeen [æbəˈdiːn], Stadt und eigenständiges Verw.-Gebiet in Schottland, zw. den Mündungen von Dee und Don; 202 000 Ew.; Fischerei- und Handelshafen; Univ., got. Kathedrale; Versorgungs- und Verw.-Zentrum für die Gewinnung des schott. Nordsee-Erdöls; Maschinen- und Schiffbau, Granitschleifereien; Flughafen.

Aberdeenshire [æbəˈdiːnʃɪə], Verw.-Gebiet in Schottland, 6 318 km², 235 000 Ew., umfasst das Hinterland von Aberdeen.

Aberglaube, urspr. (abwertender) Begriff für »falsche«, d. h. von den offiziellen christl. Glaubenslehren abweichende Glaubensinhalte und -formen; nach heute übl. Definition Bez. für einen zu allen Zeiten und bei allen Völkern verbreiteten, in seinen Inhalten stark wechselnden Glauben an die Wirkung mag., naturgesetzlich unerklärter Kräfte und damit verbundene illusionäre Praktiken, z. B. Wahrsagen, Orakel (→Mantik), Beschwören, Zauberbräuche, Aneignungs- und Abwehrzauber. (→Volksfrömmigkeit, →Volksglaube)
Deutung: Die historisch arbeitende Volkskunde sieht im überlieferungsgebundenen A. u. a. gesunkenes Kulturgut einer früheren gesellschaftl. Oberschicht bzw. Überbleibsel veralteter Wiss. (z. B. Volksmedizin, Wahrsagerei, Astrologie u. a.). Aus volkskundl. Sicht wird heute die Meinung vertreten, dass viele vormoderne Formen des A. im agrar. Bereich entstanden sind, weil für wesentl. biolog. und naturwiss. Zusammenhänge (z. B. zu Zeitpunkt von Ernte und Aussaat, Wetterprognostik) keine alternativen kirchl. Erklärungsmuster zur Verfügung standen.

Ab|erkennung, rechtskräftiges Absprechen, z. B. der Amtsfähigkeit, der Wählbarkeit, des Stimmrechts (§ 45 dt., § 27 österr. StGB; Art. 51 schweizer. StGB alter Fassung, zum 1. 1. 2007 gestrichen).

Aberli, Johann Ludwig, schweizer. Maler und Radierer, *Winterthur 14. 11. 1723, †Bern 17. 10. 1786; bekannt durch seine in Umrissen radierten, getuschten oder kolorierten Schweizer Landschaften.

Abernathy [æbəˈnæθi], Ralph David, amerikan. Bürgerrechtler und Baptistenpfarrer, *Linden (Ala.) 11. 3. 1926, †Atlanta (Ga.) 17. 4. 1990; organisierte mit M. L. King viele Aktionen der schwarzen Bürgerrechtsbewegung; nach der Ermordung Kings 1968–77 Führer der »Southern Christian Leadership Conference« (SCLC).

Ab|erration [lat. »Abirrung«] *die,* **1)** *Astronomie:* scheinbare Ortsveränderung der Gestirne infolge der Erdbewegung und der endl. Lichtgeschwindigkeit. Die **tägl. A.** beruht auf der Erdrotation, die **jährl. A.** auf der Bewegung der Erde um die Sonne und die **säkulare A.** auf der Bewegung des Sonnensystems relativ zu den umgebenden Sternen. Die A. wurde 1728 von J. Bradley entdeckt.
2) *Biologie:* morphologische, nicht erbliche Abweichung von der Art.
3) *Genetik:* Veränderung von Anzahl oder Struktur der →Chromosomen.
4) *Optik:* →Abbildungsfehler.

Abersee, See in Österreich, →Sankt Wolfgang im Salzkammergut.

Aberystwyth [æbəˈrɪstwɪθ], Stadt (seit 1872) im Verw.-Distr. Ceredigion, Wales, 11 200 Ew.; College der University of Wales, Nationalbibliothek von Wales; Seebad.

Abessini|en, früherer Name von →Äthiopien.

Abfackeln, das Verbrennen von überschüssigen Gasen oder technisch nicht nutzbaren Abgasen in offener Flamme.

Abfahrtslauf, Abfahrt, *alpiner Skisport:* Rennen, bei dem eine meist steile, dem Gelände angepasste Gefällestrecke (»Abfahrtsstrecke«) mit Pflichttoren und Richtungsänderungen in kürzester Zeit in einem Durchgang zu durchfahren ist. **Sprintabfahrt** ist ein A. mit verkürzter Streckenführung; angesetzt bei ungünstigen Witterungs- und/oder Schneebedingungen oder bei nicht ausgeprägten alpinen Bedingungen (z. B. in Schweden). Gefahren werden zwei Läufe, wobei die Zeiten wie beim Slalom und Riesenslalom addiert werden. (→alpine Kombination; →Sportarten, Übersicht)

Abfall, Rückstände, Nebenprodukte oder Altstoffe, die bei Produktion, Konsum und Energiegewinnung entstehen. Nach dem Kreislaufwirtschaftsgesetz sind A. bewegl. Sachen, deren sich der Besitzer entledigen will oder deren ordnungsgemäße Beseitigung für die Wahrung des Wohls der Allgemeinheit, v. a. der Umwelt, notwendig ist. Dabei werden unterschieden: A. zur Verwertung, A. zur Beseitigung und bes. überwachungsbedürftige A. (→Sonderabfall); nach ihrer Herkunft unterscheidet man u. a. kommunale A. (Siedlungs-A.), Gewerbe-, Industrie-A. sowie landwirtsch. Abfälle. Weitere A.-Arten sind u. a. Altöle, Altreifen, Autowracks, Bau- und Elektronikabfälle. Ausgenommen vom Kreislaufwirtschaftsgesetz sind Stoffe, deren Entsorgung speziell gesetzlich geregelt ist, wie im Atomgesetz (→radioaktiver Abfall). – Neben dem häufig synonym und v. a. für Haus- und Gewerbe-A. verwendeten Begriff **Müll** wird die Bez. **A.-Stoffe** insbesondere in der A.-Wirtschaft gebraucht, um Stoffeigenschaften definieren zu können.

Abfallbeseitigung, Maßnahmen und Methoden, die der Erfassung, Beförderung, Behandlung, Lagerung und Ablagerung (→Deponie) von Abfällen dienen. Die Abfallbehandlung, durch die die Menge und

Aberdeen
Stadtwappen

Aberration 1):
die jährliche Aberration eines Sterns S auf der Himmelskugel
(A Aphel, P Perihel)

Aberration 1): Durch die Bewegung der Erde und die endliche Ausbreitungsgeschwindigkeit des Lichts erscheint der Stern S um den Aberrationswinkel α nach S' verschoben (jährliche Aberration). Infolge dieser Bewegung, an der ein auf den Stern S gerichtetes Fernrohr teilnimmt, geht ein von S kommender, durch die Objektivmitte M gehender Lichtstrahl nicht mehr durch die Okularmitte N, sondern durch einen seitlich der optischen Achse liegenden Punkt N'.

Schädlichkeit von Abfällen vermindert wird, umfasst das Zerkleinern, Verdichten und Entwässern der Abfälle sowie spezif. Umwandlungen. Unterschieden wird dabei zw. thermischer (z. B. Abfallverbrennung), biolog. (z. B. Kompostierung) und chemisch-physikal. Behandlung, wie Entgiftung, Extraktion, Filtration, Inertisierung, Neutralisation, Zentrifugieren. Die Grenze zw. Abfallbehandlung als Teil der A. sowie Abfallverwertung als wirtsch. Maßnahme ist nicht immer scharf zu ziehen. Zunehmend wandelt sich die A. in eine →Abfallwirtschaft, die Abfälle nicht nur beseitigt, sondern die Reststoffe als Sekundärrohstoffe in den Wirtschaftskreislauf zurückführt.

abfallen, den Kurs eines Segelschiffes nach →Lee ändern; Ggs.: anluven.

Abfallstoffe, →Abfall.

Abfallverbrennung, therm. Verfahren der Abfallbehandlung; i. Allg. versteht man unter Müllverbrennung die Verbrennung von Hausmüll, während sich der allgemeinere Begriff der A. auch auf die therm. Vorbehandlung von Sonderabfall, Klärschlamm u. Ä. bezieht.

In A.-Anlagen (**Müllverbrennungsanlagen,** Abk. MVA) wird das brennbare, unsortierte Material (wie Hausmüll, Sperrmüll, hausmüllähnl. Gewerbe- und Industrieabfall) zu rd. zwei Dritteln in gasförmige Produkte (Kohlendioxid, Wasserdampf) und zu etwa einem Drittel in feste Rückstände (Schlacke, Asche, Reaktionsprodukte aus der Abgasreinigung u. a.) umgewandelt. Die Schlacke besteht v. a. aus mineral. Anteilen, Eisenschrott sowie wenigen unvollständig verbrannten Bestandteilen und wird derzeit noch überwiegend auf →Deponien abgelagert. Die bei der A. entstehenden Abgase müssen gereinigt werden (Entstaubung); der dabei anfallende Filterstaub enthält wasserlösl. Chloride, Sulfate, Schwermetalle, Dioxine sowie Furane und wird als Sonderabfall entsorgt. – Heutige A.-Anlagen erreichen eine Reduzierung des Abfallvolumens bei Aufbereitung und Verwertung der Schlacke von rd. 95 %, ohne Verwertung der Schlacke von rd. 80 %. Die Massereduzierung beträgt 60–70 %.

Die A. ist nur ein Teil eines integrierten Entsorgungskonzepts, das durch die Rangfolge Abfallvermeidung, Schadstoffentfrachtung, →Recycling (einschließlich Kompostierung), therm. Behandlung der stoffl. nicht verwertbaren Abfälle sowie umweltschonende Ablagerung von vorbehandelten Abfällen gekennzeichnet ist.

Abfallverwertung, die Rückführung von Abfällen in den Wirtschaftskreislauf. Unterschieden wird zw. stoffl. Verwertung (z. B. die Nutzung von stoffl. Eigenschaften der Abfälle) und energet. Verwertung, die den Einsatz von Abfällen als Ersatzbrennstoff umfasst. (→Recycling)

Abfallwirtschaft, aus umweltpolit. Sicht die Summe aller Maßnahmen zur Abfallvermeidung, Abfallvermarktung, Abfallverwertung und geordneten und umweltverträgl. Abfallbeseitigung. Betriebswirtschaftlich ist die A. Teil einer kostenorientierten Ma-

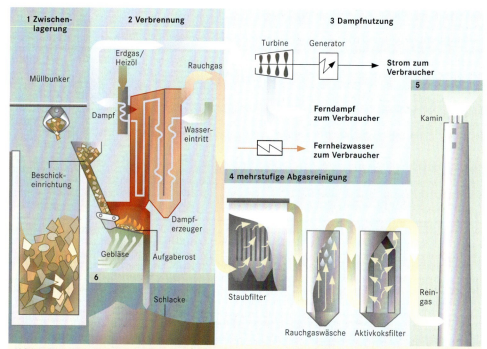

Abfallverbrennung: Aufbau einer Abfallverbrennungsanlage: Der angelieferte Abfall wird zunächst im »Bunker« (1) zwischengelagert. Da der Abfall heterogen zusammengesetzt ist, muss er hier zunächst durchmischt werden. Im Feuerraum (2) findet die Verbrennung bei Temperaturen von 850 bis 1 100 °C statt. Um eine möglichst vollständige Verbrennung zu erreichen, muss dem Verbrennungsgut hinreichend und gleichmäßig Sauerstoff zugeführt werden. Das geschieht bei Hausmüllverbrennungsanlagen in der Regel über Roste. Die erzeugte Wärme wird zur Dampferzeugung (3) genutzt. Die im Rauchgas enthaltenen Schadstoffe werden mit einer Reinigungsanlage (4) entfernt, das gereinigte Abgas wird durch Kamine (5) in die Umgebung abgegeben. Bedingt durch die Abfallzusammensetzung fallen nach erfolgter Verbrennung erhebliche Mengen an Feststoffen (in Form von Schlacke) an, die zwischengelagert (6) werden. Gering belastete Schlacken können verwertet werden, stark belastete Schlacken müssen als Sondermüll deponiert werden.

terialwirtschaft, bei der die in der Produktion entstehenden Reststoffe (im eigenen Unternehmen) im Sinne einer Kreislaufwirtschaft wieder verwertet werden sollen. (→Abfall) – Der Wirtschaftszweig der Recycling- und Entsorgungsindustrie wird ebenfalls als A. bezeichnet.

Recht: Das Abfallgesetz von 1986, in das Abfallvermeidungs- und Abfallverwertungspflichten aufgenommen wurden, sowie die dazu erlassenen Ausführungsbestimmungen und freiwillige Selbstverpflichtungen der Industrie markieren den Übergang von der konventionellen Abfallbeseitigung zur A. Eine wichtige Ausführungsbestimmung ist die Verpackungs-VO (1991 erlassen und durch die Verpackungs-VO vom 21. 8. 1998 ersetzt), die auf die Vermeidung von Verpackungsabfällen zielt und der Wiederverwendung von Verpackungen sowie der (stoffl.) Verwertung Vorrang vor der Abfallbeseitigung einräumt und zur Gründung des Unternehmens →Duales System Deutschland GmbH durch Handel und Industrie geführt hat. Mit dem →Kreislaufwirtschaftsgesetz, das das Abfallgesetz 1996 ablöste, wurde der endgültige Wandel zur A. vollzogen.

Abfangjäger, Kampfflugzeug mit hoher Steigleistung und Geschwindigkeit, das gegner. Flugzeuge abdrängen, zur Landung zwingen oder vernichten soll.

abfasen, eine Kante an Werkstücken abschrägen.

Abfeimen, das Entfernen von Unreinheiten von der Oberfläche einer Glasschmelze.

Abfindung, Abgeltung, Ablösung, Tilgung vermögensrechtl. Ansprüche durch einmalige Leistung. Anstelle einer Rente als Schadensersatz kann nach § 843 BGB eine A. verlangt werden. Auch in der Sozialversicherung können laufende Leistungen abgefunden werden. Im Arbeitsrecht werden A. v. a. nach Beendigung des Arbeitsverhältnisses aufgrund Aufhebungsvertrages gezahlt. Sie sind ferner bei Auflösung des Arbeitsverhältnisses durch Urteil nach §§ 9, 10 Kündigungsschutz-Ges., Abk. KSchG, vorgesehen und können im Sozialplan vereinbart werden. Durch das Ges. zu Reformen am Arbeitsmarkt vom 24. 12. 2003 ist ein neuer A.-Anspruch bei betriebsbedingter Kündigung eingeführt worden (§ 1 a KSchG). Kündigt der Arbeitgeber wegen dringender betriebl. Erfordernisse nach § 1 Abs. 2 Satz 1 KSchG und erhebt der Arbeitnehmer bis zum Ablauf der Klagefrist keine Klage, so erlangt der Arbeitnehmer einen Anspruch auf A. Voraussetzung: Hinweis des Arbeitgebers, dass die Kündigung auf dringende betriebl. Gründe gestützt wird und der Arbeitnehmer bei Verstreichenlassen der Klagefrist eine A. beanspruchen kann. Die Steuerfreiheit von A. wegen einer vom Arbeitgeber veranlassten oder gerichtlich ausgesprochenen Beendigung des Arbeitsverhältnisses wurde zum 1. 1. 2006 aufgehoben. Aus Gründen des Vertrauensschutzes gilt die bisherige Regelung für vor dem 1. 1. 2006 entstandene Ansprüche auf A. jedoch weiter, wenn dem Arbeitnehmer die A.-Zahlung vor dem 1. 1. 2008 zufließt; ebenso bei vor dem 1. 1. 2006 erhobener Kündigungsschutzklage. Nach dieser Regelung sind A. zw. 7 200 € und 11 000 € je nach Beschäftigungsdauer und Alter des Arbeitnehmers steuerfrei.

Abfluss, das Abströmen von Flüssigkeiten unter dem Einfluss der Schwerkraft; auch die hierzu dienenden Einrichtungen.

Abflussgebiet, →Einzugsgebiet.

Abformmassen, Abgussmassen, plast. Materialien zum Anfertigen einer Negativform von Gegenständen, um ein Modell oder Replikat herzustellen (→Abguss).

Abfrage, *Informatik:* 1) innerhalb eines Programmablaufs die Gewinnung von Daten aus einem Datenspeicher oder der Feststellung, welche Informationen auf bestimmten Speicherplätzen vorhanden sind; 2) das gezielte Herausziehen von Informationen aus einer Datenbank. Für derartige A. werden spezielle A.-Sprachen wie →SQL verwendet.

Abführmittel, Laxanzien, Mittel zur Förderung der Darmentleerung. Die Einteilung der A. erfolgt nach ihren Wirkprinzipien: **Quellstoffe** (z. B. Leinsamen, Weizenkleie) wirken durch Quellung ihrer nicht verdaul. Inhaltsstoffe und müssen mit einer ausreichenden Menge Wasser eingenommen werden. Die **Osmolaxanzien** (z. B. Bitter- und Glaubersalz, Mannit, Sorbit, Lactulose) bewirken durch ihren osmot. Druck im Darminneren ein Zurückhalten von Wasser und dadurch ein vermehrtes Darmvolumen. Die sog. **antiresorptiv und hydragog wirkenden A.** hemmen die Natrium- und Wasseraufnahme aus dem Darm und fördern zugleich den Einstrom von Elektrolyten und Wasser in den Darm. Zu dieser Gruppe gehören z. B. Rizinusöl, Glykoside aus Faulbaumrinde, Sennesblättern oder Rhabarber und Bisacodyl. **Gleitmittel** (z. B. Paraffinöl) sollen den Stuhl erweichen und besser gleitfähig machen. Da ständiger Gebrauch von A. zu Gewöhnung, Verlust von Elektrolyten und lebenswichtigen Spurenstoffen, unter Umständen auch zur Schädigung der Darmwand führen kann, sollten sie nur kurzfristig und auf ärztl. Rat eingenommen werden.

Abfüllmaschinen, automat. Maschinen, die fließ- oder schüttfähiges Füllgut, meist nach Volumen dosiert, hygienisch einwandfrei in Behältnisse (Tüten, Beutel, Tuben, Gläser, Flaschen u. a.) füllen.

Abgaben, Geldleistungen, die der Staat oder andere öffentlich-rechtl. Körperschaften kraft öffentl. Rechts von Bürgern oder jurist. Personen fordern. A. sind: Steuern und Zölle (ohne Gegenleistung), Gebühren und Beiträge (mit Gegenleistung der die A. erhebenden Körperschaft). Das Verhältnis von Steuern und Sozial-A. zum Bruttoinlandsprodukt ist die volkswirtsch. A.-Quote (→Staatsquote).

Abgabenordnung, Abk. **AO,** in Dtl. grundlegendes Gesetzeswerk (Ges. vom 16. 3. 1976) für das allg. Steuerschuld-, das Steuerverfahrens- sowie das Steuerstraf- und das Steuerordnungswidrigkeitenrecht. Ausgenommen bleiben das Ges. über die Finanzverwaltung und die Finanzgerichtsordnung.

Abgase, bei techn. oder chem. Prozessen (bes. bei Verbrennungsvorgängen) entstehende Gase, die feste oder flüssige (meist dampfförmige) Bestandteile (z. T. schädlich) enthalten können. So enthalten A. von Ottomotoren an schädl. Bestandteilen Kohlenmonoxid, CO, unverbrannte Kohlenwasserstoffe, HC, Stickoxide, NO_x, Blei (→Antiklopfmittel); beim Dieselmotor NO_x, Ruß. A. aus Industrieanlagen enthalten an bes. schädlichen Bestandteilen Kohlenmonoxid, CO, Schwefeldioxid, SO_2, Schwefelwasserstoff, H_2S, Stickoxide, NO_x, Chlor, Cl_2, Chlorwasserstoff, HCl, Fluorwasserstoff, HF. Maßnahmen zur **Abgasreinigung** oder **Abgasentgiftung** sind z. B. katalyt. Nachverbrennung, Filtern, Auswaschen, konstruktive Änderungen an Verbrennungsmotoren und Einbau von Entstaubungsanlagen. Europ. und nat. Rechtsvorschriften legen die Höchstgrenzen der zulässigen Schadstoffemissionen fest; in Dtl. bes. die zum Bundesimmissi-

Abgase: Abgasgrenzwerte in der EU

Schadstoffe	Grenzwerte (in g je km Fahrleistung)		
	Pkw mit Ottomotor		
	Euro 2 (gültig seit 1996/97)[1]	Euro 3 (gültig seit 2000/01)	Euro 4 (gültig seit 2005/06)
Kohlenmonoxid	2,2	2,30	1,00
Kohlenwasserstoffe	–	0,20	0,10
Kohlenwasserstoffe und Stickoxide	0,5	–	–
Stickoxide	–	0,15	0,08
	Pkw mit Dieselmotor		
Kohlenmonoxid	1,0	0,64	0,50
Kohlenwasserstoffe und Stickoxide	0,7 (0,9[2])	0,56	0,30
Stickoxide	–	0,50	0,25
Partikel	0,08 (0,10[2])	0,05	0,025

[1] Bei der Gültigkeit liegt die Typgenehmigung vor der Erstzulassung. – [2] Grenzwerte für Direkteinspritz-Dieselmotoren, gültig seit 30. 9. 1999.

onsschutz-Ges. (aktuelle Fassung vom 26. 9. 2002) erlassenen VO, z. B. in der →TA Luft. Zur Verringerung der Emissionswerte bei Kfz ist seit Ende 1992 für alle Pkw der Einbau von geregelten →Katalysatoren vorgeschrieben. Die **Abgasnormen** wurden von Euro 2 (1996/97) über Euro 3 (2000/2001) zu Euro 4 (gültig ab 2005/2006) verschärft.

Abgasturbine, Turbine, die die im Abgas eines Verbrennungsmotors durch unvollständige Expansion noch vorhandene Energie ausnutzt. Der **Abgasturbolader** (»Turbo«) besteht aus einer A. und einem Aufladegebläse, die auf einer gemeinsamen Welle sitzen; er dient zur →Aufladung von Verbrennungsmotoren.

Abgasuntersuchung, Abk. **AU,** früher **Abgassonderuntersuchung,** Abk. **ASU,** Kfz-Untersuchung, bei der der Gehalt an Kohlenmonoxid (CO) im Abgas beim Leerlauf des Motors, die Leerlaufdrehzahl und der Zündzeitpunkt sowie die Funktionsfähigkeit des Lambda-Regelkreises und die Wirkung des Katalysators geprüft werden; die AU ist durch eine Fahrzeugplakette sowie eine Prüfbescheinigung nachzuweisen (§ 47 a StVZO, eingeführt durch Gesetz vom 20. 12. 1984). Bei Dieselfahrzeugen wird v. a. die Rauchgastrübung überprüft. Die AU gilt seit 1. 12. 1993 neben Pkw ohne bzw. mit ungeregeltem Katalysator, für diese war bereits die ASU Pflicht, auch für Pkw mit geregeltem Katalysator sowie Dieselfahrzeuge. I. d. R. ist die AU alle zwei Jahre durchzuführen, für Neufahrzeuge sowie Dieselnutzfahrzeuge über 3,5 Tonnen gilt eine besondere Regelung.

ABGB, Abk. für das österr. →Allgemeine Bürgerliche Gesetzbuch.

Abgeltung, *Recht:* die →Abfindung.

Abgeltungsteuer, Quellensteuer, mit der die sonst nach den individuellen Verhältnissen des Einzelfalls und nach progressiven Steuersätzen bemessene Einkommensteuer abgegolten ist. In Österreich gibt es seit 1994 eine A. mit einheitl. Steuersatz (25 %) auf Kapitaleinkünfte; in Dtl. soll 2009 die →Kapitalertragsteuer durch eine A. auf Zinsen, Dividenden und Erlöse aus Wertpapierverkäufen ersetzt werden. Der Steuersatz von 25 % soll von den Banken direkt einbehalten und an das Finanzamt abgeführt werden. Mit der Einführung soll auch die bis dahin geltende Spekulationsfrist für Wertpapiere (private Veräußerungsgeschäfte) entfallen.

Abgeordnetenhaus, 1) in Preußen 1855 bis 1918 die Zweite Kammer des Landtags.
2) 1950 bis 1990 die gesetzgebende Versammlung in Berlin (West), seit 1990 in ganz Berlin.

Abgeordneter, das gewählte Mitglied eines Parlaments, i. w. S. auch eines kommunalen Vertretungsorgans. Die rechtl. Stellung des A. ist durch die Verf. bestimmt, in internat. oder supranat. Organisationen durch zwischenstaatl. Abkommen.

Abgesang, auf den →Aufgesang folgender, zweiter Teil der Stollen- bzw. Kanzonenstrophe.

abgeschlossene Menge, *Mathematik:* Teilmenge eines metr. oder topolog. Raumes, die alle ihre Häufungspunkte enthält.

abgeschlossene Schale, Elektronenschale der Atomhülle eines Atoms oder Nukleonenschale des Atomkerns, deren sämtl. Zustände oder Energieniveaus (nach dem Pauli-Prinzip) mit je einem Teilchen (Elektron, Proton oder Neutron) besetzt sind. (→Achterschale, →magische Zahlen)

abgeschlossenes System, physikal. →System, das mit seiner Umgebung weder Energie noch Masse austauscht.

abgesonderte Befriedigung, *Recht:* die vorzugsweise Befriedigung des Anspruchs bestimmter Gläubiger aus einzelnen Gegenständen der Insolvenzmasse. Die a. B. setzt ein dingl. Recht der Gläubiger an diesen Gegenständen voraus (z. B. Hypothek).

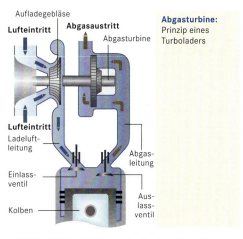

Abgasturbine: Prinzip eines Turboladers

Abgleichen, *Elektrotechnik:* das Einstellen von Kenngrößen elektr. Schaltungen (z. B. Resonanzfrequenz, Filterkurve, Spannung) auf ihren Sollwert durch Variation von Bauelementgrößen (Kapazität, Induktivität, Widerstand).

Abgottschlange, eine →Boaschlange.

Abguss, Abformung eines Gegenstandes in einer flüssigen oder weichen, später erhärtenden Masse wie Gips, Wachs, Ton. Die so gewonnene Hohlform (**Negativform**) wird mit dem Gussmaterial (Kunststeinmasse, Zement u. a.) ausgefüllt und so der eigentl. A. (**positive Form**) gewonnen. Beim A. mit verlorener Form wird die Negativform zerschlagen; beim A. mit erhaltener Form (hierbei besteht die Form aus mehreren zusammensetzbaren Teilformen) sind mehrere A. möglich. – A. in Bronze →Bronzekunst.

abhandengekommene Sachen, Gegenstände, die ihrem rechtmäßigen Besitzer gestohlen wurden, verloren gegangen oder abhandengekommen sind. Bei a. S. gibt es keinen gutgläubigen Eigentumser-

Abidjan: das moderne Geschäftszentrum Plateau, eingebettet in die Lagune Ébrié

werb, außer bei Geld, Inhaberpapieren oder auf einer öffentl. Versteigerung erworbenen Sachen (§ 935 BGB).

Abhängigkeit, 1) *Medizin:* → Drogenabhängigkeit.

2) *Psychologie:* Zustand, in dem der Einzelne in seinem Dasein, Fühlen, Denken oder Handeln teilweise oder ganz auf andere Menschen (z. B. Eltern), Institutionen (z. B. Krankenhaus), Substanzen (z. B. Alkohol) oder Vorstellungen (z. B. Zwangsvorstellungen) angewiesen ist.

3) *Stochastik:* **stochastische A.,** → Korrelation.

Abhängigkeitsgrammatik, → Dependenzgrammatik.

Abhängling, herabhängender Schlussstein bei got. Gewölben, oft rosettenartiger Knauf.

Abhärtung, Steigerung der Anpassungsfähigkeit an veränderte Umwelt- und Lebensbedingungen durch Gewöhnung an äußere Belastungen (Kälte, Entbehrungen, Anstrengungen).

abholzig, *Forstwirtschaft:* nach oben stark verjüngt (Baumstämme).

Abhorchen, *Medizin:* → Auskultation.

Abhörgerät, umgangssprachlich **Wanze,** hochempfindl., versteckt angebrachtes Mikrofon mit drahtloser Sendeeinrichtung zum Mithören oder Aufzeichnen (Mitschneiden) von Gesprächen (auch Telefongesprächen). – Die Verwendung von A., um das nichtöffentlich gesprochene Wort ohne Wissen des Sprechenden abzuhören, ist grundsätzlich und bei Strafe verboten (§ 201 StGB). Das GG (Art. 10) erlaubt nur in gesetzlich fixierten Einzelfällen (→ Brief-, Post- und Fernmeldegeheimnis), dieses Prinzip zu durchbrechen. Nur als ultima ratio bei der Verbrechensbekämpfung in Bezug auf schwere Straftaten ist es verfassungsrechtl. erlaubt, Gespräche des Beschuldigten in → Wohnungen abzuhören; dabei muss ein Kernbereich privater Lebensgestaltung ausgespart bleiben.

Abidjan [-dʒ-], wichtigste Industrie- und Hafenstadt der Rep. Elfenbeinküste, im Küstenbereich des Atlant. Ozeans, 3,80 Mio. Ew.; Erzbischofssitz; Univ. (gegr. 1964); Chemie-, Holz-, Metall-, Nahrungsmittelind.; Stahlwalzwerk, Erdölraffinerie; Hafen (führender Umschlagplatz Westafrikas), internat. Flughafen Port-Bouët. – 1934–83 Hptst. des Landes (jetzt → Yamoussoukro).

Abi|etinsäure [zu lat. abies »Tanne«], zu den Terpenen gehörende Harzsäure, Hauptbestandteil des Kolophoniums.

Abigail, im A. T.: 1) Frau Davids (1. Sam. 25).

2) Schwester Davids (1. Chr. 2, 16).

Abildgaard [ˈabilgɔːr], Nicolai, dän. Maler, getauft Kopenhagen 11. 9. 1743, † Frederiksdal 4. 6. 1809; malte Allegorien und Historienbilder aus der antiken und nord. Sagenwelt und der Literatur.

Abimelech, im A. T.: 1) König von Gerar (1. Mos. 20/26).

2) König von Sichem (Ri. 9).

abiotisch [griech.], unbelebt, ohne Leben.

Abisko, Siedlung an der Lapplandbahn, Schweden, umfasst die Bahnstation **A. Östra** (Station der schwed. Akademie der Wiss.en) sowie die **A. Turiststation** (Hochgebirgshotel); unweit der **A.-Nationalpark** mit dem Cañon des Flusses Abiskojokk.

Abitur [nlat.] *das,* **Reifeprüfung, Matura, Maturität,** Abschluss der gymnasialen Oberstufe, der zum Hochschulstudium (allgemeine Hochschulreife) berechtigt. Mit dem **Fach-A.** wird ein Studium bestimmter Fächer an bestimmten Hochschulen ermöglicht. Das A. wurde 1788 in Preußen an den humanist. Gymnasien eingeführt. Das A.-Zeugnis enthält eine Beurteilung der Leistungen in der A.-Prüfung, in den Leistungs- und in den Grundkursen. Es werden insgesamt 22 Grund- und sechs Leistungskurse, eine Facharbeit (oder ähnl. Nachweis) und das A. selbst (drei Fächer schriftlich und ggf. mündlich, ein viertes Fach nur mündlich) zusammengerechnet. Das A. gilt als bestanden, wenn von insgesamt 840 Punkten mindestens 280 Punkte erreicht werden. In den meisten Bundesländern wurde die Dauer des Schulbesuchs bis zum A. in den letzten Jahren von 13 auf 12 Jahre verkürzt.

Abkanten, das Biegen von Blech um gerade Kanten zur Formung bestimmter Profile mit der Abkantmaschine oder -presse. – Abb. S. 26

Abkippen, plötzl. Rollbewegung eines Flugzeugs infolge des Abreißens der Strömung an einer Flügelhälfte.

Abklatschverfahren, Vervielfältigungstechnik, bei der der Abdruck nicht mit der Druckpresse, sondern mit der Hand gewonnen wird.

Abklingbecken, *Kerntechnik:* → Zwischenlagerung.

Abhängling

Abidjan
Stadtwappen

Abkanten: schematische Darstellung des Abkantens von Blechen auf der Abkantpresse zur Herstellung von Profilen

Abklingen, die zeitl. Abnahme einer physikal. Größe, z. B. der Amplitude einer Schwingung oder der Strahlung einer radioaktiven Substanz. (→ Dämpfung)

Abklingzeit, die Zeitspanne τ, in welcher der Wert einer stetig abnehmenden physikal. Größe auf einen geeignet gewählten Bruchteil des Anfangswertes abgeklungen ist; bei exponentiellem Abklingen wählt man den e-ten Teil des Anfangswertes. Der Kehrwert $\delta = 1/\tau$ der A. wird **Abklingkonstante** oder **Abklingkoeffizient,** speziell bei Schwingungen auch **Dämpfungskonstante** bzw. bei Zerfallsprozessen **Zerfallskonstante** genannt.

Abklopfen, *Medizin:* die → Perkussion.

Abkochung, Absud, Dekokt, *Pharmazie:* Auszug von Pflanzenteilen mit Wasser.

Abkomme, Abkömmling, Deszendent, Nachkomme, Verwandter in absteigender Linie.

Abkühlung, die Abnahme der Temperatur eines Körpers, meist durch Wärmeleitung, Wärmekonvektion oder Wärmestrahlung. (→ Tieftemperaturphysik)

Abkürzungen, 1) *Musik:* → Abbreviaturen.
2) *Sprachwissenschaft:* **Abbreviaturen,** gekürzte Formen häufig vorkommender Wörter und Wortverbindungen, z. B. Akronyme, Kurzwörter, Siglen. In der Paläografie werden Wortkürzungen auf Inschriften, in Handschriften und alten Drucken sowie auf Münzen als A. bezeichnet.

Ablagerung, 1) *Geomorphologie:* **Sedimentation,** das Absetzen von Lockermassen in stehenden Gewässern (**marine A.** auf Meeresböden, **limnische A.** in Binnenseen und Lagunen), durch fließende Gewässer (**fluviatile A.**), Wind (**äolische A.**), Gletscher (**glaziale A.**) oder Anhäufung von Schnee (**nivale A.**), ferner durch Vulkane, Bergstürze, Lebewesen. **Akkumulation** ist die örtlich verstärkte A. (Moränen, Schotter, Dünen).
2) *Medizin:* krankhafte Ansammlung von Stoffen im Körper, zum Beispiel Harnsäure bei Gicht.

Ablaktation [lat.] *die, das* → Abstillen.

Ablaktieren, eine Methode der → Veredelung.

ablandig, Luftbewegung vom Land zum Meer; Ggs.: auflandig.

Ablass, lat. Indulgentia, nach der kath. Lehre der außersakramentale Nachlass zeitlicher Sündenstrafen (seit 1968 ohne Zeitbestimmungen), der dem entsprechend disponierten Gläubigen von der kirchl. Autorität durch Zuwendung des → Genugtuung Christi und der Heiligen (Kirchenschatz) gewährt wird. – Die Missstände im A.-Wesen des Spät-MA. (→ Beichtbrief) gaben Luther (1517) den äußeren Anlass zur Reformation (→ Tetzel).

Ablation [lat.] *die,* **1)** *Geografie:* das Abschmelzen oder Verdunsten von Eis (Gletscher, Inlandeis, Eisberg) und Schnee durch Sonneneinstrahlung, Luftwärme, Wind und Regen.
2) *Physik:* → Laserablation.

Ablationskühlung, Schmelzkühlung, Kühlverfahren zum Schutz vor unzulässiger Aufheizung, bes. bei in die Atmosphäre zurückkehrenden Raumflugkörpern. Durch endotherme Zersetzung, Abschmelzung und Verdampfung von Schutzschichten (**Hitzeschild**) wird dabei die durch Luftreibung entstehende Wärme verbraucht; weitere Anwendung in chem. Raketentriebwerken. **Ablationswerkstoffe** sind u. a. Grafit, Beryllium und faserverstärkte Kunststoffe.

Ablatio retinae, die → Netzhautablösung.

Ablativ [lat. casus ablativus »Wegtragefall«] *der,* Kasus der Trennung und Absonderung in indogerman. Sprachen; im Lateinischen außerdem mit Funktionen des Lokativs und des Instrumentalis. Der **Ablativus absolutus** ist eine syntakt. Konstruktion mit Satzwert; er besteht aus einem Subjekt-A. und einem Partizip im gleichen Kasus.

Ablauf, 1) *Bau:* Einrichtung zum Einleiten von Schmutz- und Niederschlagswasser in das Rohrsystem der Kanalisation (z. B. für Balkon, Dach, Hof u. a. Flächen).
2) *Chemie:* → Nachlauf.

Ablaufberg, merkliche Erhöhung eines Gleises in Rangierbahnhöfen, von der aus mit der Rangierlok hinaufgeschobene Güterwagen durch Schwerkraft in ein ihrem Ziel entsprechendes Richtungsgleis rollen, wodurch sie zu neuen Zügen zusammengestellt werden.

Ablaufplan, *Informatik:* der → Programmablaufplan.

Ablaut, Apofonie, *Sprachwissenschaft:* von J. Grimm geprägte Bez. für den gesetzmäßigen Vokalwechsel in der Stammsilbe etymologisch zusammengehörender Wörter; er tritt im Deutschen in der Konjugation und bei der Wortbildung auf: laufen – lief; wachsen – wuchs; gehen – ging – gegangen, der Gang; brechen – brach – gebrochen, der Bruch.

Ableger, zur Vermehrung waagerecht in die Erde gelegter oder im Bogen in die Erde gesenkter (**Absenker**) Gehölztrieb, der nach Bewurzelung abgetrennt und als Jungpflanze verwendet wird.

Ablehnung, Zurückweisung. In *Zivil- u. a. Gerichtsprozessen* hat jede Partei das Recht, einen Richter, Rechtspfleger, Urkundsbeamten oder Sachverständigen abzulehnen, wenn ein gesetzl. Ausschließungsgrund vorliegt oder die Besorgnis der Befangenheit besteht (§§ 42–49, 406 ZPO, § 10 Rechtspfleger-Ges.). Im *Strafprozess* haben Beschuldigter, Staatsanwaltschaft und Privatkläger das gleiche Recht gegenüber Richtern, Schöffen (§§ 24–31 StPO), Urkundsbeamten, Sachverständigen, Dolmetschern.

Ableitung, 1) *Elektrotechnik:* 1) der Kehrwert des Widerstandes (Wirkwiderstand) eines Isolators, gibt die Verluste einer Leitung an. Bei homogenen elektr. Doppelleitungen wird die A. zw. den beiden Leitern (der **Querleitwert**) auf die Längeneinheit bezogen. Dieser **A.-Belag** ist ein Maß für die Verluste im Raum zw. beiden Leitern (Adern). Als **Ableitstrom** wird der in einem sonst fehlerfreien Stromkreis zur Erde oder zu fremden leitfähigen Teilen fließende Strom bezeichnet. Er beträgt im Neuzustand einer Verbraucheranlage oft weniger als 1 mA. 2) bei Anlagen zum Blitzschutz von Gebäuden die Verbindungsleitung(en) von den Blitzauffangeinrichtungen zur Erde.
2) *Logik:* → Deduktion.
3) *Mathematik:* der Differenzialquotient (→ Differenzialrechnung).
4) *Medizin:* A. der Aktionsströme von Organen (z. B. → Elektroenzephalogramm, → Elektrokardiogramm).
5) *Sprachwissenschaft:* Bildung neuer Wörter aus einem Wort, auch mithilfe von Vor- und Nachsilben (A.-Silben): klug – Klugheit; höflich – unhöflich.

Ablenkung, 1) *Navigation:* → Deviation.
2) *Optik:* die Änderung der Ausbreitungsrichtung des Lichts (→ Reflexion, → Brechung, → Beugung).
3) *Physik:* die Richtungsänderung einer Bewegung durch eine senkrecht zur Bewegungsrichtung wirkende Kraftkomponente.

Ablösesumme, *Lizenzfußball:* auszuhandelnder Geldbetrag, den ein Verein einem anderen Verein zahlen muss, wenn er einen vertraglich gebundenen Spieler verpflichten möchte. (→Bosman-Urteil, →Ausstiegsklausel)

Ablösung, **1)** *Psychologie:* Verminderung der gefühlsmäßigen und seel. Abhängigkeit einer Person von einer anderen (A. des Kindes von den Eltern, in der Psychotherapie A. der psych. Bindung des Klienten an den Therapeuten).

2) *Strömungslehre:* das Abdrängen der Grenzschicht von der Oberfläche eines umströmten Körpers. (→Grenzschichtbeeinflussung)

Abluft, die aus einem Raum abfließende Luft, i. w. S. die bei industriellen, gewerbl. und häusl. Prozessen anfallende staub-, gas- oder lösungsmittelhaltige Luft.

ABM, Abk. für →**A**rbeits**b**eschaffungs**m**aßnahmen.

Abmagerung, Minderung der Körpersubstanz, bes. durch Schwund des Unterhautfettgewebes infolge von Mangelernährung oder Krankheit. Über extreme A. →Kachexie, →Magersucht.

Abmahnung, Aufforderung zu vertrags- oder gesetzmäßigem Verhalten, z. B. bei der Miete. Im *Arbeitsrecht* hat einer verhaltensbedingten Kündigung i. d. R. eine A. vorauszugehen; in der A. sind Rechtsfolgen für den Fall weiterer Vertragsverletzungen anzudrohen, andernfalls liegt keine A. vor, sondern bloße Ermahnung vor. A. sind nicht mitbestimmungspflichtig; sie können mit Rechtsmitteln angegriffen werden.

ABM-System [Abk. für engl. **A**nti-**B**allistic-**M**issile-System], **Abfangflugkörper-System,** System zur Abwehr ballist. Interkontinentalraketen, besteht aus den gelenkten Abfangflugkörpern, deren Abschussvorrichtungen und dem Frühwarnsystem; sollte in den USA durch →SDI ersetzt werden. Der ABM-Vertrag von 1972 zw. den USA und der UdSSR (bzw. dessen Atomwaffen besitzenden Nachfolgestaaten Russland, Ukraine, Weißrussland, Kasachstan) gestattete je ein ABM-S. mit 100 Abschusseinrichtungen, aber keine flächendeckenden Raketenabwehrsysteme. Der urspr. zeitlich unbefristete Vertrag (Kündigungsfrist sechs Monate) wurde von den USA einseitig am 13.12. 2001 gekündigt. Begründet wurde dies mit den nat. Sicherheitsinteressen der USA, neuartigen Bedrohungen durch Raketen besitzende Staaten sowie den Plänen einer nat. Raketenabwehr (→NMD).

Abmusterung, →Heuerverhältnis.

Abnabeln, das Durchtrennen der Nabelschnur nach der Geburt.

Abnahme, **1)** *Kaufrecht:* die körperl. Entgegennahme der gekauften Sache durch den Käufer; sie befreit den Verkäufer von der →Gefahr, nicht aber von der Gewährleistungspflicht.

2) *Werkvertragsrecht:* die Entgegennahme des bestellten Werks durch den Besteller und die gleichzeitige Anerkennung als vertragsmäßig hergestellt.

Abnahmepflicht, im Kauf- und Werkvertragsrecht die Pflicht des Käufers bzw. Bestellers, die ihm ordnungsgemäß angebotene Leistung an sich zu nehmen (§§ 433, 640 BGB), andernfalls er in (Gläubiger- bzw. Annahme-)Verzug gerät.

ABN AMRO Bank N. V., niederländ. Großbank; Sitz: Amsterdam; entstanden 1991 durch Fusion von Algemene Bank Nederland (ABN, gegr. 1964) und Amsterdam-Rotterdam Bank (AMRO, gegr. 1964); mit rd. 3000 Niederlassungen in über 60 Ländern vertreten.

Abo [ˈoːbuː], schwed. Name der finn. Stadt →Turku.

Abodriten, Abotriten, Obotriten, ehem. slaw. Stämme im westl. Mecklenburg und östl. Holstein (Wagrien), die vorübergehend im 10. Jh. unter König Heinrich I. und Otto I., d. Gr., endgültig im 12. Jh. durch Herzog Heinrich den Löwen unterworfen wurden und in der dt. Bev. aufgingen.

Abolition [lat.] *die,* **1)** Abschaffung der Sklaverei. Die dafür seit dem 18. Jh. eintretende Bewegung (**Abolitionismus**) erreichte die gesetzl. A. 1833 im brit. Kolonialreich und 1863/65 in den USA.

2) Niederschlagung eines Strafverfahrens, als Einzelmaßnahme unzulässig. Generelle A. (Amnestie) bedarf eines Gesetzes.

Abomey [abɔˈmɛ], Stadt im S der Rep. Benin, 126 800 Ew.; Verw.-Sitz des Dép. Zou; kath. Bischofssitz; bildet mit der Nachbarstadt Bohicon ein zusammenhängendes Stadtgebiet. – Gut erhaltene Palastanlage (der früheren Hptst. des Königreichs A.) mit Bauten v. a. des 18./19. Jh. (UNESCO-Weltkulturerbe).

Aborigines [æbɔˈrɪdʒɪniːz, engl.], **Aboriginals,** →Australier.

Abort *der,* **Abortus,** beim Menschen: die →Fehlgeburt; Abortus artificialis, der →Schwangerschaftsabbruch; bei Tieren: das →Verwerfen.

abortiv [lat.], **1)** auf früher Entwicklungsstufe verblieben, fehlgebildet.

2) eine Fehlgeburt bewirkend.

3) zeitlich verkürzt und leicht verlaufend (von Krankheiten).

Abortiva [lat.], Mittel, die bei Schwangeren eine vorzeitige Ausstoßung der Frucht herbeiführen sollen; z. B. Prostaglandine, Mifepriston.

ab ovo [lat. »vom Ei (an)«], von allem Anfang an.

Abplattung, *Astronomie:* die bei rotierenden Himmelskörpern infolge der Zentrifugalkraft bewirkte relative Verkürzung des Poldurchmessers gegenüber dem des Äquators, definiert durch das Verhältnis $f = (a - b)/a$ (a Äquator-, b Poldurchmesser). Die A. der Erde beträgt nur 1 : 298,257; merkl. A. weisen z. B. Uranus mit 1 : 50, Jupiter mit 1 : 15,9 und Saturn mit 1 : 9,2 auf.

Abrabanel, →Abravanel.

Abrafaxe, Comicfiguren, →Mosaik.

Abraham, Erster der bibl. Patriarchen (1. Mos. 12–25) und Stammvater des Volkes Israel (1. Mos. 12, 2). Das A. T. betont v. a. seinen Gehorsam gegenüber Gott, da A. bereit ist, ihm seinen Sohn Isaak zu opfern (1. Mos. 22); das N. T. beschreibt ihn als Urbild des wahrhaft Glaubenden (Röm. 4). Die Muslime verehren A. als den Vater Ismaels und betonen v. a. seinen Glauben an einen einzigen Gott. Der Koran bezeichnet A. als den ersten Muslim, der zus. mit seinem Sohn Ismael die zentrale Stellung der Kaaba als Gebetsort bestimmt habe (Sure 2, 124 ff. und 3, 67, 95 ff.).

Abraham, **1)** Karl, Psychoanalytiker, * Bremen 3.5. 1877, † Berlin 25. 10. 1925; trat bes. durch seine Untersuchungen zum Mythos und zur Traumsymbolik sowie zu den freudschen Entwicklungsphasen der Sexualität im Kindesalter hervor.

2) Paul, ungar. Komponist, * Apatin (bei Sombos in der Wojwodina) 2. 11. 1892, † Hamburg 6. 5. 1960; schrieb Operetten (u. a. »Victoria und ihr Husar«, 1930; »Die Blume von Hawaii«, 1931; »Ball im Savoy«, 1932) und Filmmusiken.

Abraham a Sancta Clara, eigtl. Johann Ulrich Megerle, * Kreenheinstetten (heute zu Leibertingen, Kr. Sigmaringen) 2.7. 1644, † Wien 1. 12. 1709; Augustiner-Barfüßer, hielt in Augsburg, Graz, Wien (1677

Abraham a Sancta Clara

Kaiserl. Prediger) volkstüml., drastische, durch Witze und Wortspiele belebte Predigten, z. B. »Auff, auff ihr Christen« (1683; Schillers Vorlage zur Kapuzinerpredigt in »Wallensteins Lager«).

Abraham ben David, jüd. Religionsgelehrter, * Narbonne um 1125, † Posquières 1198; unterhielt eine in hohem Ansehen stehende Talmudschule und kommentierte den gesamten Talmud.

Abraham Ibn Daud, span.-jüd. Historiker, * Córdoba 1110, † (als jüd. Märtyrer) Toledo zw. 1170 und 1180; erster jüd. Aristoteliker vor Maimonides (»Sefer Ha-Kabbala«, Buch der Überlieferung).

Abrahams Schoß, nach dem Gleichnis vom armen Lazarus (Lk. 16, 19–31) ein Bild für himml. Seligkeit, im MA. oft im Zusammenhang mit dem Weltgericht dargestellt (Bamberger Dom, Kathedrale von Reims).

Abrakadabra, vielleicht auf →Abraxas zurückgehendes Zauberwort; im 16. Jh. wurde A. für eine heilkräftige Amulettaufschrift gehalten.

Abramović [-ˈmɔwɪtɕ], Marina, serb. Performancekünstlerin, * Belgrad 30. 11. 1946; befasst sich mit der phys. und psych. Belastbarkeit des menschl. Körpers.

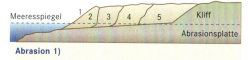

Abrasion 1)

Abrasion die, 1) *Geografie:* die abtragende Wirkung der Meeresbrandung (A.-Küste). Sie schafft das →Kliff, vor dem die A.-Platte (→Schorre) liegt.
2) *Medizin:* **Abrasio,** die →Ausschabung.

Abraum, beim Tagebau das die Lagerstätte des nutzbaren Minerals überdeckende taube Gebirge; wird ebenfalls im Tagebau abgeräumt.

Abraumsalze, früher im Steinsalzbergbau anfallende Kalirohsalze; wurden als wertlos auf Halde gekippt, bevor sie als Düngemittel wirtschaftl. Bedeutung erlangten.

Abravanel, Abrabanel, Abarbanel, 1) Jizchack (Isaak), port.-jüd. Gelehrter und Staatsmann, * Lissabon 1437, † Venedig 1508, Vater von 2); suchte einen Ausgleich zw. der Tradition und den Lehren des Maimonides und erhoffte einen jüd. Staat im Hl. Land.
2) Jehuda, gen. **Leo Hebräus, Leone Ebreo,** port.-jüd. Arzt und Philosoph, * Lissabon um 1460, † Neapel um 1525, Sohn von 1); Vertreter der neuplaton. Renaissancephilosophie.

Abraxas, auf Gemmen, Amuletten oder Siegelringen geschriebene Zauberformel; sie wird gewöhnlich auf den Gnostiker Basilides zurückgeführt. Seine Zauberkraft sollte teils auf der Siebenzahl seiner Buchstaben, teils auf dem in ihnen verschlüsselten Zahlenwert 365 (Summe der Zahlenwerte der griech. Buchstaben des Wortes A.: $\alpha = 1$, $\beta = 2$, $\varrho = 100$, $\xi = 60$, $\sigma = 200$) beruhen.

Abrechnung, quantitative Dokumentation des Ablaufs und der Ergebnisse einer wirtschaftl. Tätigkeit. Besondere Formen der A. sind →Clearing und →Skontration.

Abrechnungsverkehr, Verrechnung von gegenseitigen Forderungen und Verbindlichkeiten zw. einem begrenzten Teilnehmerkreis, wobei jeder Teilnehmer nur seinen Spitzenbetrag (Saldo) zu begleichen hat. (→Clearing, →Giroverkehr)

Abreibung, 1) graf. Verfahren, →Frottage.
2) *Medizin:* bei dem mechan. Hautreize, verbunden mit milden Wasserreizen, eine gesteigerte Durchblutung der Haut bewirken; bei Kreislaufschwäche, Fieber oder Bronchitis und zur Stoffwechselanregung.

Abri [frz. »Obdach«] der, Felsschutzdach, Felsüberhang (→Balme); in vorgeschichtl. Zeit und später häufig von Menschen bewohnt (z. B. **A. Pataud** bei Les Eyzies-de-Tayac, Dép. Dordogne, SW-Frankreich mit altsteinzeitl. Funden).

Abrichtung, Zähmung und Schulung von Tieren, Dressur.

Abrieb, bei Reibung auftretender Verschleiß, z. B. Gummi-A. von Fahrzeugreifen.

Abrikossow, Abrikosov, Alexei Alexejewitsch, russisch-amerikan. Physiker, * Moskau 25. 6. 1928; arbeitete zur Plasmaphysik, zur Anwendung der Quantenfeldtheorie in der statist. Physik und zur Festkörperphysik. Für seinen entscheidenden Beitrag zum Verständnis von Supraleitung und Suprafluidität erhielt A. 2003 (mit W. L. Ginsburg und A. J. Leggett) den Nobelpreis für Physik.

Abriss, Übersicht, knappe Darstellung; kurz gefasstes Lehrbuch.

Abrogans [lat.] *der,* um 750 entstandene ahd. Übersetzung einer lat. Synonymensammlung (nach dem ersten lat. Stichwort benannt); gilt als ältestes dt. Buch.

Abrogation [lat.] *die,* Aufhebung eines Gesetzes; zu unterscheiden von der →Derogation.

Abruf, *Handel:* Anweisung eines Käufers an den Verkäufer, eine bestimmte Teilmenge gekaufter Waren zu einem gegebenen Zeitpunkt zu liefern, »auf Abruf«.

Abrüstung, i. e. S. der Abbau oder die Verminderung von Waffenbestand und/oder Truppenzahl; i. w. S. auch Maßnahmen der Rüstungskontrolle. A. kann von einem Staat einseitig (freiwillig oder – nach einem verlorenen Krieg – unfreiwillig) vorgenommen werden oder durch Verhandlungen zulasten aller Beteiligten zustande kommen. Ziele der A. sind v. a. die →Entspannung und die →Friedenssicherung.

Mit den →Haager Friedenskonferenzen setzte vor dem Ersten Weltkrieg eine internat. A.-Diskussion ein. Die einseitige A. Dtl.s (→Versailler Vertrag) nach dem Ersten Weltkrieg sollte der erste Schritt zu einer allg. A. sein. Die Genfer A.-Konferenz von 1932 scheiterte. Nach dem Zweiten Weltkrieg wurde A. ange-

Abrogans: Ausschnitt aus einer Seite des Abrogans (2. Hälfte des 8. Jh.; Sankt Gallen, Stiftsbibliothek)

sichts der →ABC-Waffen zu einem zentralen Thema der Diplomatie. 1962 trat die Genfer A.-Konferenz der 18 Mächte zus. (später organisiert als Genfer A.-Ausschuss). In der Folgezeit kam es zu einer Reihe von Rüstungskontrollabkommen, so u.a. 1963 zum Abschluss des →Teststoppabkommens, 1968 des →Kernwaffensperrvertrags, 1972 des →B-Waffen-Abkommens sowie des ABM-Vertrags (→ABM-System), der jedoch 2001 von den USA gekündigt wurde, und des SALT-I-Vertrags; der SALT-II-Vertrag von 1979 (→SALT) trat nicht in Kraft.

1984 begannen mit der Stockholmer →Konferenz über Vertrauensbildung und Abrüstung in Europa, 1985 mit den amerikanisch-sowjet. Verhandlungen in Genf über Nuklear- und Weltraumwaffen neue A.-Gespräche. 1987 unterzeichneten die USA und die UdSSR einen Vertrag über den Abbau von nuklearen Mittelstreckenraketen (→INF). 1987–89 fanden in Wien Verhandlungen zw. NATO und Warschauer Pakt statt, die zur Einberufung von Verhandlungen über konventionelle Streitkräfte in Europa (→VKSE) führten; die seit 1973 tagende Konferenz über beiderseitige und ausgewogene Truppenreduzierungen in Mitteleuropa (MBFR) wurde daraufhin beendet. Auf dem Gipfeltreffen der Konferenz über Sicherheit und Zusammenarbeit in Europa (→KSZE; seit 1995 →OSZE) in Paris wurde 1990 der Vertrag über konventionelle A. in Europa (→KSE-Vertrag) unterzeichnet. Zw. den USA und der Sowjetunion wurde 1991 der Abbau ihrer Interkontinentalraketen beschlossen (→START); die USA vereinbarten mit Russland, Weißrussland, der Ukraine und Kasachstan, den Atomwaffen besitzenden Nachfolgestaaten der (1991 aufgelösten) Sowjetunion, ein Protokoll über die Umsetzung des START-Vertrags. Als gesamtdt. Beitrag zur A. wurde die dt. Truppenstärke bis Ende 1994 auf 370 000 Mann reduziert.

1992 unterzeichneten die Staaten der NATO und des ehem. (1991 aufgelösten) Warschauer Pakts einen Vertrag über die gegenseitige Luftüberwachung (→Open Sky). Nach langjährigen Verhandlungen schlossen 1993 die Vertreter von 130 Staaten den Vertrag über das weltweite Verbot der Entwicklung, Herstellung, Lagerung und des Einsatzes chem. Waffen und über die Vernichtung solcher Waffen. Dieser trat im Frühjahr 1997 mit der Ratifizierung durch mehr als 65 Staaten in Kraft. Auf einer Überprüfungskonferenz 1995 beschlossen die Signatarstaaten des Kernwaffensperrvertrags, diesen zunächst auf 25 Jahre begrenzten Vertrag unbefristet zu verlängern. 1997 wurde von 125 Staaten in Ottawa der Vertrag zum Verbot von Antipersonenminen unterzeichnet (in Kraft seit März 1999).

Am 24. 5. 2002 unterzeichneten in Moskau US-Präs. G. W. Bush und der russ. Präs. W. Putin ein Abkommen zur Reduzierung ihrer strateg. Offensivwaffen (→SORT). Dieses Abkommen sieht vor, bis zum 31. 12. 2012 die Anzahl der Nuklearsprengköpfe auf jeweils 1 700 bis 2 200 Einheiten zu reduzieren.

Zur Reduzierung der Weiterverbreitung ballist. Raketen unterzeichneten am 25. 11. 2002 über 90 Staaten in Den Haag einen »Internat. Verhaltenskodex gegen die Proliferation ballist. Raketen«. Der Kodex, der auf Initiative der EU zurückgeht, sieht u. a. vertrauensbildende Maßnahmen, Vorankündigungen von Raketenstarts sowie den Informationsaustausch über Raketenprogramme vor. Der Verhaltenskodex ist für die Unterzeichnerstaaten (darunter z. B. USA, Russland, Dtl.) nicht bindend, enthält keine Kontrollmechanismen und sieht bei Nichteinhaltung auch keine Zwangsmaßnahmen vor.

Abruzzen *Pl.,* **1)** ital. **Abruzzi**, höchster Gebirgsteil des Apennin, im Gran Sasso d'Italia im O mit Corno Grande (2 912 m ü. M.) und La Maiella im SO (im Monte Amaro 2 795 m ü. M.). Enge Längstäler (Aterno), Karstebenen (Piani) und die Becken von L'Aquila, Sulmona und Avezzano gliedern das aus Kalksteinmassiven aufgebaute Gebirge. Im N liegt der Stausee von Campotosta, im S der **Nationalpark A.** (292 km^2) mit Buchen- und Tannenwäldern. Die A. haben bedeutenden Fremdenverkehr, für den Wintersport bes. gut erschlossen ist das Gebiet des Campo Imperatore (2 130 m ü. M.).

2) ital. **Abruzzo**, Region in Italien, 10 798 km^2, 1,29 Mio. Ew.; umfasst die Prov. Chieti, L'Aquila, Pescara, Teramo; Hptst. ist L'Aquila.

Abs, Hermann Josef, Bankfachmann, * Bonn 15. 10. 1901, † Bad Soden am Taunus 5. 2. 1994; 1938–45 Vorstandsmitgl., 1957–67 Sprecher des Vorstands, 1967–76 Aufsichtsratsvors., seit 1976 Ehrenvors. der Dt. Bank AG.

ABS, Abk. für **A**nti**b**lockier**s**ystem, Regeleinrichtung im Bremssystem von Kfz, die zum Erreichen der größtmögl. Bremsverzögerung und zur Erhaltung der Seitenführung das Blockieren der Räder selbsttätig verhindert. Sie besteht aus Messfühlern (Sensoren) für die Kontrolle der Umfangsgeschwindigkeit (Drehgeschwindigkeit) der Räder, dem elektron. Steuergerät, das daraus die Änderung der Raddrehzahlen ermittelt und mit einem Schwellwert vergleicht, und den dadurch angesteuerten Bremsdruck-Magnetventilen, die den Bremsdruck kurz vor dem Blockieren verringern und nach Wiederbeschleunigung der Räder erhöhen.

Absalom, im A. T.: dritter Sohn Davids, der sich gegen seinen Vater erhob; wurde entgegen dessen Befehl von Joab getötet (2. Sam. 13–19).

Absam, Industrie-Gem. bei Hall in Tirol, Österreich, 632 m ü. M., 6 500 Ew.; chemisch-pharmazeut., Kunststoff- und Maschinenind.. – Spätgot. Wallfahrtskirche.

Absaroka Range [æbsəˈrəʊkə reɪndʒ], Teil der Rocky Mountains, in S-Montana und NW-Wyoming, USA, bis 4 008 m ü. M. (Francs Peak). Ein Teil gehört zum Yellowstone National Park.

Absättigung, *Chemie:* das Vorliegen eines Bindungszustandes, bei dem jedes Atom entsprechend seiner Wertigkeit mit der größtmögl. Zahl anderer Atome verbunden ist.

Absatz, Gesamtheit der Tätigkeiten eines Unternehmens (Anbieter), um hergestellte oder gekaufte Leistungen potenziellen Abnehmern (Nachfragern) zuzuführen und gegen Entgelt zu überlassen; auch das Ergebnis dieser Tätigkeiten, gemessen in Mengen- (Verkaufsmenge) oder Werteinheiten (A.-Menge × A.-Preis = Umsatz) für einen bestimmten Zeitraum. Der A. vollzieht sich auf einem **A.-Markt,** der durch die Art des abgesetzten Gutes, durch Zahl, Größe und Verhaltensweise der Anbieter und Nachfrager im zu betrachtenden A.-Gebiet und durch die Art, wie der Tausch zustande kommt, bestimmt wird. Die Höhe des A., seine Zusammensetzung nach Güterarten, Kundengruppen u. a. sowie seine zeitl. Verteilung können mithilfe **absatzpolit. Instrumente** (Produkt-, Sortiments-, Preis-, Distributions-, Kommunikationspolitik) beeinflusst werden. Die **A.-Kette** (A.-Weg) bezeichnet die Folge aller Stufen von A.-Organen (Groß- und Einzelhandelsbetriebe, Kommissionäre, Handelsvertreter, die sog. A.-Mittler), die ein Wirtschaftsgut regelmäßig durchläuft, um vom Hersteller auf den Endabnehmer überzugehen.

Absatzgenossenschaft, Genossenschaft zum gemeinsamen Verkauf von Waren, bes. im landwirtsch. Bereich.

Absaugen, *Medizin:* in der *Gynäkologie* die Entleerung der Gebärmutter in den ersten Monaten der Schwangerschaft oder die Entfernung der Gebärmutterschleimhaut durch Ausschabung (→Schwangerschaftsabbruch); in der *ästhet. Chirurgie* die Fettabsaugung.

Abschattung, Behinderung der Ausbreitung von elektromagnet. Wellen auf dem direkten Weg zw. Sender und Empfänger durch künstl. oder natürl. Hindernisse (z. B. Hochhäuser, Berge).

Abscheiden, das Abtrennen von flüssigen oder festen Stoffen aus Gasen und Dämpfen oder von festen Stoffen aus Flüssigkeiten.

Abscheren, das Trennen eines Werkstoffs oder -stücks (z. B. mit Schnittwerkzeug) durch Schub- oder Scherkräfte, die größer als die Scherfestigkeit des Werkstoffes sind.

Abscherung, tekton. Vorgang, bei dem ein Gesteinsverband sich von seiner Unterlage gelöst hat und auf ein anderes Gestein aufgeschoben wurde.

Abschiebung, *Recht:* →Ausländer.

Abschied, 1) Entlassung aus dem Dienst (Beamte, Militär).
2) im altdt. *Verfassungsrecht* der →Reichsabschied.

Abschilferung, *Medizin:* die →Abschuppung.

Abschirmung, 1) *Elektrodynamik:* **elektromagnet. A.,** das Fernhalten oder Einschließen elektrostat., magnetostat. oder elektromagnet. Felder bzw. Strahlung von oder in einem begrenzten Gebiet, z. B. durch einen →Faraday-Käfig.
2) *Kern-* und *Strahlenschutztechnik:* Schutzmaßnahme gegen ionisierende Strahlung (→Strahlenschutz).

Abschlag, 1) *Sport:* Fußball: →Abstoß; Golf: ebene Grasfläche, Startplatz für das zu spielende Loch.
2) *Vorgeschichte:* ein vom Menschen, v. a. der →Altsteinzeit, von einem Kern abgeschlagenes Stück aus kieseligem Gestein (Silex); unterschiedl. A.-Techniken (z. B. →Levalloistechnik) ergaben unterschiedl. Abschlagformen.
3) *Wirtschaft:* im *Börsenwesen* die Kursdifferenz, um die die Notierung einer Aktie an der Börse unmittelbar nach der Zahlung der Dividende oder dem Abgang eines Bezugsrechts auf junge Aktien niedriger liegt; im *Handel* Vergütung für Gewichtsverluste der Ware; im *Bankwesen* das →Disagio.

Abschlagsverteilung, Teilausschüttung aus der Insolvenzmasse an die Gläubiger vor der Schlussverteilung.

Abschluss, 1) *Börsenwesen:* ein zunächst mündl., zum **A.-Kurs** geschlossener Kaufvertrag, der durch die →Schlussnote bestätigt wird.
2) *Handelsrecht:* die nach §242 HGB zum Schluss eines Geschäftsjahres erforderl. Endabrechnung der Bücher und Konten zur Ermittlung des Geschäftserfolgs (→Jahresabschluss, →Bilanz, →Gewinn- und Verlustrechnung).

Abschöpfung, Abgabe, durch die der Preis einer Ware bei der Einfuhr dem im Inland festgelegten oder angestrebten Preis angeglichen wird. Den Differenzbetrag zum niedrigeren Weltmarktpreis zahlt der Importeur an der Einfuhrstelle. Die A. in den Agrarmarktordnungen der EG sind aufgrund der GATT-Vereinbarungen durch Zölle ersetzt worden.

Abschrecken, sehr schnelles Abkühlen eines erhitzten oder verflüssigten Materials durch Einbringen in ein geeignetes Kühlmittel (z. B. Wasser, Öl, auch Kaltluft); in der Glastechnik um bestimmte Werkstoffeigenschaften zu erhalten.

Abschreckungstheorie, →Prävention.

Abschreibung, 1) *Betriebswirtschaft:* rechner. Erfassung von Wertminderungen betriebl. Vermögensgegenstände durch Herabsetzung des Wertes des abzuschreibenden Gegenstandes auf der Aktivseite der Bilanz (direkte A.) oder durch Ansatz eines Wertberichtigungsbetrages auf der Passivseite (indirekte A.). A. dienen der richtigen Verteilung von Ausgaben auf die Perioden, in denen der Wert des angeschafften Gutes verzehrt wurde. Sie sind somit Aufwand im Rahmen der Erfolgsrechnung und Kosten im Rahmen der Kosten- und Ergebnisrechnung. Ursachen der A. sind: Zeitablauf: Ablauf der Mietzeit für ein Grundstück, auf dem eine Anlage steht, von Patenten u. Ä.; Verschleiß: ruhender Verschleiß, der unabhängig von der tatsächl. Inanspruchnahme erfolgt; nutzungsbedingter Verschleiß (Substanzverringerung); Fortschritt/ Entwicklung: Nachfrageverschiebungen z. B. durch Änderungen von Mode und Lebensgewohnheiten; Zufallsereignisse: Katastrophen, wirtsch. Zusammenbrüche von Schuldnern, Verlust von Absatzmärkten. – Planmäßige A. (bei Zeitablauf, Verschleiß, techn. Fortschritt) erfolgen bei abnutzbarem, mehr als ein Jahr verwendbarem Anlagevermögen (Bauten, Betriebseinrichtungen, Fahrzeuge), wobei A.-Dauer und jährl. A.-Betrag im Vorhinein festgelegt werden. Methoden der Grundstücke und Umlaufvermögen unterliegen grundsätzlich keiner planmäßigen A. In der Steuerbilanz sind außer den doch tatsächl. Wertminderungen verursachten Absetzungen für Abnutzung verschiedene planmäßige Sonder-A. zulässig. Grundlegende A.-Methoden sind die degressive A. (A.-Beträge werden mit zunehmender A.-Dauer kleiner) und die lineare A. (A.-Beträge bleiben immer gleich). Daneben gibt es Varianten der arithmetisch- und der geometrisch-degressiven A., die progressive sowie die A. nach Leistung.
2) *Grundbuchrecht:* Übertragung eines Grundstücksteils als selbstständiges Grundstück auf ein neues Grundbuchblatt.

Abschuppung, Desquamation, 1) *Geomorphologie:* das Absprengen von Gesteinsschalen an Felswänden, bes. in ariden und semiariden Gebieten, bedingt v. a. durch den starken Temperaturwechsel zw. Tag und Nacht, Salzsprengung und Druckentlastung.
2) *Medizin:* Abschilferung, ständige, unmerkl. Abstoßung der obersten Hornschicht der Haut; kann bei Hautkrankheiten (z. B. Schuppenflechte, Hautpilz) verstärkt sein.

Abschussrampe, Abschussbasis, mobile oder ortsfeste Vorrichtung zum Starten von Flugkörpern und Raketen.

Abscisinsäure [lat.], in vielen höheren Pflanzen (z. B. Kartoffeln, Kohl, Baumwolle) enthaltene Sesquiterpencarbonsäure, die als hemmendes Pflanzenhormon vermutlich in den Blättern gebildet wird und unter anderem das Wachstum von Knospen und die

Abschirmung 1): elektrische Abschirmung durch eine elektrisch leitende Umhüllung (oben); magnetische Abschirmung durch eine weichmagnetische Umhüllung (unten)

Keimung von Samen verhindert. Es beeinflusst die Schließzellenbewegung und ist an Alterungsvorgängen beteiligt, z. B. durch Förderung von Blatt- und Fruchtfall.

Absehen von Strafe, gerichtl. Verzicht auf Strafe (nur bei Freiheitsstrafen bis zu einem Jahr, § 60 StGB), wenn die Folgen der Tat, die den Täter getroffen haben, so schwer sind, dass die Verhängung einer Strafe verfehlt wäre (z. B. schwere eigene Verletzung bei verschuldetem Verkehrsunfall).

Abseilen, *Alpinismus:* Absteigen mithilfe eines Seils, um Stellen zu überwinden, die durch freies Klettern nur schwer oder gar nicht zu bewältigen wären.

Abseite, *Textiltechnik:* Unterseite eines beidseitig verwendbaren Gewebes.

Abseits, Regelverstoß in Ballsportarten, z. B. Fußball, Hockey, Rugby. Beim *Fußball* befindet sich ein Spieler im A., wenn er in dem Augenblick, in dem Ball gespielt wird, der gegner. Torlinie näher ist als der Ball und als der vorletzte Spieler der gegner. Mannschaft. Seine A.-Stellung ist strafbar, insofern er unmittelbar auf Ball, Spiel oder Gegner einwirkt. (→ gleiche Höhe)

Absence [apˈsãːs; frz. »Abwesenheit«] *die, Medizin:* kurze (sekundenlange) Bewusstseinstrübung bei Epilepsie.

Absenker, *Botanik:* →Ableger.

Absentismus *der,* **1)** motivationsbedingte Fehlzeiten in einem Betrieb, die keine medizin. oder vertragl. Ursache (Urlaub, Freistellung) haben.

2) Abwesenheit der Großgrundbesitzer von ihren Gütern, die sie lediglich als Rentenquelle betrachten und durch Gutsbeamte verwalten lassen oder verpachten.

Absetzbecken, Sammelbecken zur Sedimentation von ungelösten absetzbaren Stoffen. (→Abwasserreinigung)

Absetzer, auf Raupen oder Schienen fahrender Bandförderer zum Anschütten von Abraumkippen im Braunkohlentagebau. Der von Zügen herangefahrene Abraum gelangt auf den Förderbändern über den bis 100 m langen Abwurfausleger des A. auf die Kippe.

Absetzung für Abnutzung, Abk. **AfA,** *Steuerrecht:* die Verteilung von Anschaffungs- und Herstellungskosten abnutzbarer Wirtschaftsgüter (z. B. Maschinen, Gebäude, Fahrzeuge) auf die Jahre der betriebsgewöhnl. Nutzungsdauer (nach Maßgabe der von der Finanzverw. veröffentlichten AfA-Tabellen). Der Steuerpflichtige kann im Rahmen der Einkünfteermittlung die AfA als Betriebsausgaben oder Werbungskosten abziehen (§ 7 EStG). →Abschreibung.

Absicht, besondere Form des Vorsatzes, die Zielvorstellung des Täters bzw. des Handelnden; im Strafrecht Element der Schuld, im Zivilrecht des Verschuldens.

Absichtssatz, der →Finalsatz.

Absiedelung, *Medizin:* die →Metastase.

Absinth [griech.] *der,* ein aus Wermut hergestellter Likör oder Trinkbranntwein mit Anis- und Fenchelzusatz; führt bei Missbrauch infolge seines Gehaltes an Thujon (Gift des Wermutöls) zu Gesundheitsschäden. Seine Herstellung war in Dtl. durch das A.-Gesetz von 1923–81 verboten, darüber hinaus in Frankreich, Belgien, der Schweiz und in Italien. Das Verbot der Verwendung von Thujon wirkte jedoch über die Aromen-VO von 1981 fort (ausgenommen thujonhaltige Pflanzen wie Wermutkraut und Beifuß). Die Aromen-VO i. d. F. v. 2. 4. 1985 schrieb Grenzwerte vor, die in die EG-Aromenrichtlinie vom 22. 6. 1988 übernommen worden sind. Zusätzlich festgelegt wurde ein Grenzwert von 35 mg/l für Bitterspirituosen.

Absolues [absɔˈly, frz.] *Pl.,* die alkohollösl. Anteile der aus Pflanzenteilen extrahierten Blütenöle; für Duftstoffe verwendet.

Absolute *das, Philosophie:* das Unbedingte, eine metaphys. Annahme, die eine Erklärung der Welt durch Rückführung auf den Grund oder das Ganze der Welt geben will. Die griech. Philosophie schloss auf eine oberste, transzendente Bedingung alles Bedingten: die Idee des Guten bei Platon, der unbewegte Beweger bei Aristoteles, das Eine bei Plotin. Im MA. wurde der Gottesbegriff mit der Bedeutung des A. verbunden. In der neuzeitl. Philosophie wird das A. z. B. als Idee der Totalität aller Bedingungen (Kant), absolutes Ich (Fichte), absoluter Geist (Hegel), Identität von Natur und Geist (Schelling) und Wille (Schopenhauer) gedacht. Für den Materialismus ist das A. die Materie.

absolute Dichtung, →Poésie pure.

absolute Helligkeit, *Astronomie:* Formelzeichen M, die in →Größenklassen ausgedrückte scheinbare →Helligkeit eines Himmelskörpers in einer Standardentfernung von 10 pc (Parsec).

absolute Höhe, die Höhe eines Punktes der Erdoberfläche über →Normalnull.

absolute Malerei, i. w. S. gleichbedeutend mit abstrakter Malerei; i. e. S. eine Kunstform, die ausschließlich auf dem Zusammenklang der autonomen Farben und Formen beruht und, anders als die abstrakte Kunst, auch auf deren Assoziationskraft und psych. Ausdruckswerte verzichtet.

absolute Mehrheit, mehr als 50 % der abgegebenen Stimmen oder der Zahl der gesetzl. Mitglieder (→Wahlrecht).

absolute Musik, um die Mitte des 19. Jh. geprägter Begriff für reine Instrumentalmusik, die frei von außermusikal. Inhalten (z. B. von Texten, Sujets, Programmen) bzw. von angestrebten Funktionen (z. B. Tanz, Geselligkeit) ist. (→Programmmusik)

absoluter Nullpunkt, der Beginn der thermodynam. Temperaturskala, festgelegt als 0 K (→Kelvin), 0 K = −273,15 °C; ist nach dem nernstschen Wärmetheorem (→Thermodynamik) nicht erreichbar. (→Tieftemperaturphysik)

absolutes Gehör, die Fähigkeit, Töne in ihrer tatsächl. Lage ohne vorgegebenen Bezugston zu erkennen und zu bestimmen.

absolutes Recht, ein gegenüber jedermann wirkendes, unabhängig von einseitiger Anerkennung bestehendes Recht (z. B. Recht auf Leben, die Ehre, das Eigentum); Ggs.: relatives Recht.

absolute Temperatur, vom →absoluten Nullpunkt aus in Kelvin gemessene Temperatur.

Absolution *die, kath. Kirche:* die Lossprechung von Sünden und Kirchenstrafen im Sakrament der Buße (→Beichte).

Absolutismus *der,* Regierungsform der Monarchie, in der der Herrscher die von Mitwirkungs- und Kontrollorganen nicht eingeschränkte Herrschaftsgewalt innehat. Der Fürst steht dabei als Träger der Souveränität über den Gesetzen, bleibt aber an die Gebote der Religion, an das Naturrecht und die Staatsgrundgesetze gebunden (nicht in der →Despotie). Die absolute Monarchie des 17. und 18. Jh. setzte sich nach einer Phase des **Früh-A.** (15./16. Jh.) angesichts der Erschütterung der staatl. und gesellschaftl. Ordnung in den Religionskriegen des 16. Jh. in großen Teilen Europas durch (Zurückdrängung der Macht der Stände, Aufbau einer rationalen Verwaltung und stehenden Heeres). In der 2. Hälfte des 18. Jh. bildete sich der **aufgeklärte A.** oder **Reform-A.**(Justiz- und Verw.-Reformen Friedrichs d. Gr. und Kaiser Josephs II.) aus (→Aufklärung). Der A. wurde theoretisch durch Machiavelli begründet, von J. Bodin und T. Hobbes formuliert. Kernbegriffe waren die Ideen der Souveränität und der Staatsräson sowie die Lehre vom Gesellschaftsvertrag, in der Wirtschaftspolitik der →Merkantilismus. Seit der Frz. Revolution wurde der A. durch liberale Verfassungen abgelöst.

Absonderung, 1) *Geologie:* Zerteilung eines Gesteins durch Schichtung, Schrumpfung, Spannungsausgleich, Klüftung, Schieferung u. a. in charakterist. Weise, z. B. plattige oder bankige A. bei Sandstein, säulig bei Basalt.
2) *Medizin:* die →Isolierung von Kranken.
3) *Physiologie:* die nervöse oder hormonell ausgelöste Abgabe flüssiger oder gasförmiger Stoffe aus Drüsen (→Sekretion) sowie die Ausscheidung von Abbauprodukten (→Exkretion).
4) *Recht:* →abgesonderte Befriedigung.

Absorber [engl.] *der,* bei der →Absorption verwendete Apparatur oder ein Stoff, der Strahlen aufnehmen (absorbieren) kann.

Absorberstab, *Kerntechnik:* Stab aus Neutronen absorbierendem Material zur Regelung der Reaktorleistung (**Regelstab, Steuerstab**) oder Abschaltung des Reaktors, d. h. Unterbrechung der Kernkettenreaktion (**Abschaltstab**).

Absorption [lat.] *die,* 1) *Physik:* die Schwächung einer Teilchen- oder Wellenstrahlung beim Durchgang durch Materie. Die Energie der absorbierten Strahlung wird dabei in andere Energieformen, z. B. in Wärme, umgewandelt. Bei konstantem A.-Koeffizienten spricht man von linearer A., hängt er dagegen von der Intensität der einfallenden Strahlung ab, liegt nicht lineare A. vor. Bei der A. von Licht gehen die Moleküle des durchstrahlten Materials z. T. in angeregte Energiezustände über; dabei wird, abhängig vom Material, stets nur Licht einer bestimmten Wellenlänge absorbiert. Aus den dunklen Linien und Banden in einem **A.-Spektrum** kann man daher auf die Beschaffenheit des Materials schließen.
2) *physikal. Chemie:* das gleichmäßige Eindringen von Gasen (sog. Absorbaten) in Flüssigkeiten oder Feststoffe (Absorptionsmittel, Absorbens); zu unterscheiden von der →Adsorption, die an der Grenzfläche (Oberfläche) von Stoffen stattfindet. Ggs.: Desorption. Bei der **physikal. A.** gilt das **Henry-Gesetz,** nach dem bei konstanter Temperatur die Löslichkeit eines Gases proportional zu dessen Druck in der Gasphase ansteigt. Bei der **chem. A.** findet zw. Gas und Absorbens eine meist reversible chem. Reaktion statt. Die A. wird technisch z. B. für die Gasreinigung ausgenutzt.
3) *Physiologie:* Aufnahme zugeführter Gase und Flüssigkeiten über Oberflächengewebe wie Haut und Schleimhäute (→Resorption).

Absorptionsfilter, ein →Lichtfilter.

Abspannen, die Sicherung von Masten, Gerüsten u. a. mit Halteseilen zur Erhöhung der Standfestigkeit.

Absperr|organe, zusammenfassende Bez. für →Ventil, →Schieber, →Klappe, →Hahn.

ABS-Polymerisate, Abk. für **A**crylnitril-**B**utadien-**S**tyrol-Polymerisate, thermoplast. Kunststoffe von hoher Schlagfestigkeit; verwendet im Kfz- und Haushaltsgerätebau sowie für Schutzhelme.

Absprache im Strafverfahren, umgangssprachlich **Deal,** in der StPO nicht vorgesehen, in der Praxis jedoch nicht seltene Verständigung über Stand und Aussichten des Verfahrens zw. Verteidiger und Staatsanwaltschaft im Ermittlungsverfahren oder zw. Gericht und Verfahrensbeteiligten in der Hauptverhandlung. Durch das Legalitätsprinzip sind das »Aushandeln« eines Straftatbestandes und ein »Prozessvergleich« im Strafverfahren i. d. R. ausgeschlossen. Ausnahmen sind der gerichtl. Vergleich zw. Privatkläger und Angeklagtem im Privatklageverfahren sowie zw. Adhäsionskläger und Angeklagtem im Adhäsionsprozess. Ausdrücklich zulässige Absprachen regeln die §§ 265a, 470 Satz 2 StPO. In der Praxis beinhalten solche Absprachen z. B. die Zusage einer milderen Strafe gegen ein volles oder ein Teilgeständnis des Angeklagten, das eine umfangreiche Beweisaufnahme erspart.

Abspülung, Abschwemmung feinen Lockermaterials von der geneigten Erdoberfläche (bes. Hänge) durch das Regenwasser, v. a. bei heftigen Gewittergüssen und Starkregen (→Bodenerosion).

Abstammung, 1) *Genealogie:* →Filiation.
2) *Recht:* die Herkunft aus ununterbrochener leibl. Kindschaft. Rechtlich wurde ehel. A. und nicht ehel. A. unterschieden; das Kindschaftsrechtsreform-Ges. vereinheitlichte für alle nach dem 1. 7. 1998 geborenen Kinder das A.-Recht (→Mutter, →Vaterschaft).

Abstammungslehre, Evolutionslehre, Deszendenzlehre, die Lehre, dass alle auf der Erde lebenden Organismen im Verlauf der erdgeschichtl. Entwicklung aus primitiv organisierten Vorfahren entstanden sind. Die A. schließt auch den Gedanken an eine Weiter- und Höherentwicklung (**Evolution**) der Lebewesen ein, das heißt die Annahme, dass die heutigen unterschiedlichen Pflanzen- und Tierarten und auch der Mensch im Verlauf der erdgeschichtlichen Entwicklung aus sehr einfach organisierten, primitiven Vorfahren entstanden sind (**Evolutionstheorie**). Sie steht im Gegensatz zur Vorstellung von der Unveränderlichkeit beziehungsweise Konstanz der Arten, die von einem einmaligen oder mehrmaligen Schöpfungsakt ausgeht. Der Gedanke, dass die Lebewesen über eine kontinuierliche Entwicklung voneinander abstammen, ist schon sehr alt. Bereits griechische Naturphilosophen des Altertums waren dieser Meinung. Als eigentlicher Begründer der A. gilt jedoch J.-B. de Lamarck. Der nach ihm benannte **Lamarckismus** schreibt den Tieren einen inneren Vervollkommnungsdrang zu. Nach Lamarck bilden sich bei einem Lebewesen ungebrauchte Organe zurück, während sich häufig gebrauchte weiterentwickeln. Lamarcks Theorie von der Vererbbarkeit von Reaktionen des Organismus auf Umweltbedingungen, wie sie unter verstärkter Einbeziehung psychischer Faktoren auch noch bis ins 20. Jahrhundert hinein vom Neolamarckismus vertreten wurde, gilt heute als widerlegt. Die A. war um 1830 Gegenstand heftiger Diskussionen (Pariser Akademiestreit). Ein Gegner der durch E. Geoffroy Saint-Hilaire vertretenen A., der Anatomieprofessor und Mitbegründer der Paläontologie G. Baron de Cuvier, entwickelte die sog. **Katastrophentheorie.**

Danach würden die Lebewesen periodisch durch Weltkatastrophen vernichtet und anschließend wieder neu erschaffen. Mitte des 19. Jahrhunderts konnte sich die A. jedoch durchsetzen, was in erster Linie Verdienst von C. Darwin war, der mit seiner Selektionstheorie die A. wissenschaftlich untermauern konnte (→Darwinismus). Durch mannigfache Forschungsergebnisse aus vergleichender Anatomie (auch unter Berücksichtigung von Fossilien), Physiologie, Molekularbiologie und Biochemie wurde die Evolutionstheorie seither bestätigt.

Abstammungsnachweis, 1) *Genealogie:* →Ahnenprobe, →Filiationsprobe.

2) *Zoologie:* Ahnen- und Leistungsnachweis von Zuchttieren.

Abstammungsprinzip, →Staatsangehörigkeit.

Abstand, 1) *Mathematik:* allg. die kürzeste Entfernung zweier Punkte aus versch. geometr. Gebilden. Der A. zw. zwei Punkten ist die Länge ihrer Verbindungsstrecke, der A. eines Punktes von einer Geraden ist die Länge des Lotes vom Punkt auf die Gerade.

2) *Recht:* Zahlung für das Überlassen einer Sache oder eines Rechts.

Abstandswaffen, ferngelenkte oder zielsuchende Flugkörper und Raketen für den Luft-Boden-Einsatz (z. B. →Cruise-Missile), die in so großem Abstand vom Ziel ausgelöst werden können, dass das angreifende Flugzeug nicht in den Bereich der gegner. Flugabwehrsysteme einzudringen braucht.

Abstandswarngerät, →Auffahrwarngerät.

absteigende Lini|e, *Genealogie:* Abstammungsreihe der →Deszendenz; die Darstellung erfolgt in Form der Enkeltafel.

Absterben, *Medizin:* 1) **Fruchttod,** das A. des Kindes während der Schwangerschaft; häufige Ursache einer Fehlgeburt.

2) **Gewebetod,** das A. von Zellen, Organen oder Körperteilen, die →Nekrose.

3) das Gefühlloswerden von Gliedmaßen.

Absterbeordnung, Teil der →Sterbetafel.

Abstich, 1) *Trennung des Fassweins vom Bodensatz.*

2) *Hüttentechnik:* das Ablassen (**Abstechen**) der Schmelze aus metallurg. Öfen; auch die Öffnung dafür (**Eisenschlacken-A.**).

Abstillen, Ablaktation, das Entwöhnen des Säuglings von der Muttermilch.

Abstimmung, 1) Verfahren zur Ermittlung des Willens einer Gesamtheit von Personen oder Staaten über einen Antrag, einen Vorschlag oder eine Frage, z. B. in Vereinen, vor Gericht, beim Parlament, in internat. Organisationen, in Volksversammlungen, →Volksentscheid oder →Volksbegehren. Die A. kann geheim sein durch Abgabe von Stimmzetteln oder →Ballotage oder öffentlich durch Zuruf (→Akklamation), Handaufheben, Aufstehen, →Hammelsprung oder namentl. Stimmabgabe.

2) die Einstellung eines elektr. Schwingkreises auf die Frequenz des zu empfangenden Senders.

Abstimmungsgebiete, dt. und österr. Grenzgebiete, in denen aufgrund der 1919 geschlossenen Verträge von Versailles (→Versailler Vertrag und Vertrag von →Saint-Germain-en-Laye) eine Volksabstimmung über die staatl. Zugehörigkeit entscheiden sollte. Folgende Gebiete waren betroffen: in Dtl. Saargebiet (→Saarland), →Eupen-Malmedy, →Nordschleswig, →Ostpreußen, →Westpreußen, Oberschlesien (→Schlesien); in Österreich Südkärnten (→Kärnten) und →Burgenland.

Abstinenz [lat.] *die,* Enthaltsamkeit, v. a. Verzicht auf Alkohol.

Abstoß, *Fußball:* Beförderung des ruhenden Balles vom Torraum ins Spielfeld; aus der Hand des Torhüters: **Abschlag.** Aus beiden kann direkt ein Tor erzielt werden.

Abstoßungsreaktion, durch das Immunsystem bewirkte Abwehrreaktion des Körpers nach Übertragung von körperfremden Geweben oder Organen (→Transplantation).

Abstraction-Création [abstrakˈsjɔ̃ kreaˈsjɔ̃, frz.], 1931 in Paris gegr. Künstlervereinigung, die bis 1936 das organisator. und geistige Zentrum der verschiedensten abstrakten Richtungen mit Akzent auf der konkreten, konstruktiv orientierten Malerei und ihren geometr. Farbkompositionen war. Mitgl. u. a. El Lissitzky, P. Mondrian, W. Kandinsky.

abstrahieren [lat.], zum Begriff verallgemeinern, das Wesentliche vom Zufälligen sondern.

abstrakt, rein begrifflich, unanschaulich, von der Wirklichkeit abgetrennt; Ggs.: konkret.

Abstand 1): Abstand *l* eines Punktes *P* von einer Ebene *E*

abstrakte Kunst: Wassily Kandinsky, »Komposition 218« (1919; Sankt Petersburg, Russisches Museum)

abstrakte Kunst, gegenstandslose Kunst, gegenstandsfreie Kunst, Bez. für die von der gegenständl. Darstellung losgelöste Malerei und Plastik, die seit etwa 1910 in immer neuen Stilvarianten auftrat. A. K. im weiteren Sinn erlaubt dagegen noch eine sekundäre Gegenständlichkeit, Anklänge, Spuren, Rückerinnerungen an Dingformen. Die Vielfalt der a. K. zw. etwa 1910 und den 1950er-Jahren lässt sich auf die beiden Linien ihrer Entstehung zurückführen: die aus dem Expressionismus kommende freie maler. Richtung (von W. →Kandinsky begründet, vorbereitet von Jugendstilkünstlern wie M. K. Čiurlionis und H. Obrist), die im →abstrakten Expressionismus und der →informellen Kunst endete, und die fast gleichzeitig (um 1910–13) vom →Kubismus ausgehende geometrisierende Richtung (u. a. F. Kupka, K. Male-

abstrakte Kunst: Rudolf Belling, »Raumkurve« (1958; Ludwigshafen am Rhein, Wilhelm-Hack-Museum)

witsch, P. Mondrian), die zum →Konstruktivismus, zur Gruppe De →Stijl, zur →konkreten Kunst u. a. führte.

abstrakte Literatur, Literatur ohne sachl. »Inhalt«, charakterisiert durch alogische oder völlig sinnfreie Wort-, Buchstaben- oder Lautgruppen. Verwirklicht wird sie v. a. von den Vertretern der →experimentellen Literatur, in der dt.-sprachigen Literatur u. a. von der →konkreten Dichtung.

Abstrakten [mlat. »die Fortgezogenen«], die Teile einer Orgel, die die Tasten mit den Pfeifenventilen verbinden.

abstrakter Expressionismus, erstmals in den 1920er-Jahren verwendete Bez. für die Bilder von W. Kandinsky). A. H. Barr, Direktor des Museum of Modern Art in New York, übertrug den Begriff auf die automat. Umsetzung von Gestaltungs- und Erlebnisimpulsen ohne rationale Kontrolle in der amerikan. Malerei der 1940er- und 1950er-Jahre (W. de Kooning, R. Motherwell, F. Kline, M. Tobey u. a.), sie steigerte sich im →Action-Painting von J. Pollock. Der a. E. war während der 1950er-Jahre die führende Richtung in den USA und Westeuropa, wobei die →informelle Kunst und der →Tachismus Ausprägungen mit eigenem Akzent darstellen.

abstraktes Rechtsgeschäft, ein Rechtsgeschäft, das nicht notwendig erkennen lässt, aus welchem Rechtsgrund (causa) es geschlossen wird, und das von diesem unabhängig ist; z. B. kann dem a. R. der Eigentumsübertragung ein Kaufvertrag oder eine Schenkung zugrunde liegen. Ggs.: kausales Rechtsgeschäft.

Abstraktion *die,* Herauslösen von Teilgehalten, Aspekten, Merkmalen aus einem konkreten Ganzen; Resultat des A.-Prozesses ist der →Begriff.

Abstraktum *das,* Begriffswort zur Bezeichnung nicht gegenständlicher Erscheinungen (zum Beispiel Freundschaft, Erkenntnis, Trauer).

Abstreifreaktion, die →Strippingreaktion.

Abstrich, 1) *Medizin:* Entnahme von Untersuchungsmaterial von Haut- und Schleimhautoberflächen oder Wunden zur mikrobiolog. oder zytolog. Untersuchung, z. B. A. von Gebärmuttermund oder Scheide (→Zytodiagnostik).

2) *Musik:* bei Streichinstrumenten die ziehende Bewegung des Bogens auf den Saiten, vom Griffende (→Frosch) bis zur Spitze; in der Notenschrift: ⊓; Ggs.: Aufstrich.

abstrus [lat.], dunkel, verworren.

Abstumpfen, *Chemie:* das Vermindern der Konzentration von Wasserstoff- oder Hydroxidionen durch →Puffer.

Absturz, Sohlabsturz, *Wasserbau:* Konstruktionselement zur Längsschnittgestaltung eines Wasserlaufs.

Absud *der,* die →Abkochung.

absurdes Theater, Theater des Absurden, Theaterform, die äußerlich zwar Merkmale des dramat. Theaters beibehält, diese aber durch Handlungswiederholungen, Setzung unlog. Situationen (auf die weitere unlog. Handlungen folgen) und eine Überzeichnung der Figuren letztlich unterläuft. Aufgrund der Dominanz des Dialogs hat man das a. T. mit dem →Konversationsstück verglichen, allerdings lassen sich weder Handlung noch Figuren im Sinne psycholog. oder sozialer Wahrscheinlichkeit interpretieren. Wegbereiter des a. T., das insbes. in den 1950er-Jahren populär wurde, waren u. a. A. Jarry und G. Apollinaire; bed. Vertreter: E. Ionesco, S. Beckett; weiterhin A. Adamov, W. Gombrowicz, S. Mrożek, F. Arrabal; Züge des a. T. zeigen auch Werke von H. Pinter, E. Albee, P. Handke und V. Havel.

AB0-System [aːbeːˈnʊl-], das klass. System der →Blutgruppen.

Abszess [lat.] *der,* abgegrenzte Eiteransammlung im Gewebe in einem nicht vorgebildeten Raum als Folge einer bakteriellen Infektion. Bei hautnahen A. sind die darüberliegenden Hautschichten gerötet, heiß und schmerzhaft gespannt (**akuter** oder **heißer A.**). Die durch Tuberkulose entstandenen A. nennt man **kalte A.** (ohne entzündl. Umgebungsreaktionen).

abstrakter Expressionismus: Jackson Pollock, »Composition No. 16« (1948; Baden-Baden, Sammlung Frieder Burda)

Abszisse [lat.] *die,* →Koordinate eines Punktes im ebenen kartes. Koordinatensystem.

Abt [zu Abba], das geistl. Vaterschaft und rechtl. Leitung verbindende Amt des Klostervorstehers in den älteren kath. Orden (Benediktiner mit Abzweigungen, Regularkanoniker, einzelne unierte Orden). In den Ostkirchen entspricht der A. der Archimandrit (auch Hegumenos). Der vom Konvent (Priester- und Laienmönche) auf Lebenszeit gewählte **regierende** A. hat Jurisdiktion über die Angehörigen seiner **Abtei**, die ein selbstständiges Kloster oder eine Gebietsabtei (ein von einem Bistum unabhängiges Territorium) sein kann, und besitzt das Recht der →Pontifikalien. In einzelnen ev.-luther. Anstalten, die auf ehem. Klöster zurückgehen, blieb der Titel eines A. erhalten (z.B. Loccum).

Abtasten, engl. **Sampling,** *Messtechnik:* punktweises Aufnehmen von Informationen mittels elektr., magnet., opt. (→Scanning) u.a. Methoden.

Abtast|theorem, Samplingtheorem, *digitale Signalverteilung:* Aussage über die Möglichkeit der Wiedergewinnung eines kontinuierl. (analogen) Signals aus einem abgetasteten (diskreten) Signal. Nach dem **shannonschen** A. gilt: Aus dem abgetasteten Signal lässt sich das ursprüngl. analoge Signal ohne Informationsverlust rekonstruieren, falls das ursprüngl. Signal nur Frequenzkomponenten besitzt, die kleiner als eine maximale Frequenz f_{max} sind, und für den Abtastabstand (die Abtastperiodendauer) $T_A \leq 1/(2f_{max})$ gewählt wird.

Abtei [aus mlat.], unter einem →Abt oder einer Äbtissin stehendes Kloster.

Abteilung, 1) *Biologie:* **Divisio,** systemat. Kategorie des Pflanzen- und Tierreichs, die in einzelne Stämme zerfällt.

2) *Forstwirtschaft:* rd. 10–30 ha große, zum Zweck der Verwaltung und Bewirtschaftung abgegrenzte Waldfläche; sie entspricht dem regionalen **Jagen** oder **Distrikt**.

3) *Geologie:* Unterabschnitt eines →geologischen Systems.

4) *Militärwesen:* vorübergehende Zusammenfassung einer kleineren Anzahl von Soldaten zu einem bestimmten Dienst.

5) *Recht:* Untergliederung des Grundbuchblatts (→Grundbuch).

Abteufen [von mhd. teufe »Tiefe«], *Bergbau:* das Herstellen eines senkrecht stehenden Grubenraumes (zum Beispiel Schacht, Bohrloch).

Äbtissin, Vorsteherin eines Frauenklosters mit Benediktinerregel und bei den Klarissen.

Abtragung, 1) *Fertigungstechnik:* das Ablösen von Werkstoff von der Oberfläche eines Werkstücks, z.B. beim Spanen (→Drehen, →Fräsen, →Hobeln).

2) *Geomorphologie:* Gesamtheit aller Vorgänge, die zum Erniedrigen und Einebnen der Erdoberfläche führen; →Abrasion, →Denudation, →Erosion, →Solifluktion.

Abtreibung, im dt., österr. und schweizer. StGB nicht mehr verwendete Bez. für →Schwangerschaftsabbruch.

Abtreibungspille, →Mifepriston.

Abtretung, Zession, 1) *Völkerrecht:* die vertragl. Überlassung eines Staatsgebiets (nur unter Beachtung des Selbstbestimmungsrechts der Völker zulässig), im Unterschied zur →Besetzung und zur →Annexion.

2) *Zivilrecht:* die Übertragung von Rechten durch Rechtsgeschäft, z.B. Forderungs-A. (→Forderungsübergang), A. des Herausgabeanspruchs.

Abtrieb, 1) *Forstwirtschaft:* der →Kahlhieb.

2) *Landwirtschaft:* Taltrieb des Viehs von der Alm zur winterl. Stallfütterung.

3) *Maschinenbau:* das Glied eines Getriebes, an dem die (umgeformte) Energie abgenommen wird, z.B. A.-Welle.

Abtrift, →Abdrift.

Abts, Tomma, Malerin, * Kiel 1967; studierte 1989–95 an der Hochschule der Künste in Berlin, seit 1995 lebt sie in London. Ihre kleinformatigen (48 × 38 cm) abstrakten geometr. Kompositionen in satten, gedämpften Farben bestehen aus mehreren übereinandergelagerten Farbschichten; auch zarte Zeichnungen mit geometr. Motiven. 2006 wurde A. mit dem Turner Preis ausgezeichnet.

Abu [arab. »Vater«], vor arab. Personen-, Ehren- und Ortsnamen: »Vater des (der) ...«, auch übertragen »der mit dem (der) ...«, z.B. »A. Bakr« (Vater des Bakr), »A. l-Makarim« (der mit den edlen Eigenschaften).

Abu Bakr, Abu Bekr, erster Kalif, * Mekka um 573, † Medina 23.8.634; Vater der →Aischa; Anhänger Mohammeds, legte den Grund zu den islam. Eroberungen (634/651).

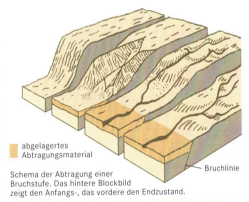

abgelagertes Abtragungsmaterial — Bruchlinie

Schema der Abtragung einer Bruchstufe. Das hintere Blockbild zeigt den Anfangs-, das vordere den Endzustand.

Abtragung 2)

Abu Dhabi, 1) Scheichtum der →Vereinigten Arabischen Emirate. – Nach Unterwerfung (1806–20) bis 1892 brit. Schutzherrschaft, ab 1902 brit. Protektorat (bis 17.1.1968). Danach als treibende Kraft um die Bildung der VAE bemüht.

2) Hptst. von 1) und der Vereinigten Arabischen Emirate, 552 000 Ew.; Altstadt auf einer Insel (zwei Brücken zum Festland; Hafen) vor der SO-Küste des Pers. Golfes; petrochem. Ind.; eine der modernsten Städte am Pers. Golf; Emirates Palace (2005); internat. Flughafen.

Abuja [-dʒ-], Hptst. von Nigeria, im Landesinnern, nördl. der Mündung des Benue in den Niger, bildet das Bundesterritorium (Federal Capital Territory, FCT) von 7 315 km^2 mit 660 600 Ew.; mehrere Univ.; internat. Flughafen. – Seit 1979 aufgebaut; offiziell seit 31.12.1991 Hptst. des Landes.

Abukir, Seebad nordöstlich von Alexandria, Ägypten. – Mit dem Sieg des brit. Admirals Nelson am 1.8.1798 bei A. über die frz. Flotte, die den Feldzug Napoleon Bonapartes nach Ägypten deckte, gewann Großbritannien die Herrschaft im Mittelmeer.

Abu Simbel: die auf einem höher gelegenen Standort wieder aufgebauten Felsentempel

Abuladse, Tengis, georg. Filmregisseur, * Kutaissi 31. 1. 1924, † Tiflis 6. 3. 1994; gilt mit seinen poet. Filmallegorien als Erneuerer des georg. Films. – *Filme:* Magdanas Esel (1956); Großmutter, Iliko und Illarion und ich (1963); Trilogie über Schuld und Sühne: Das Gebet (1968), Baum der Wünsche (1977), Reue (1987).

Abu Mena, Menasstadt, ägypt. Wallfahrtsort und Ruinenstätte rd. 40 km südwestlich von Alexandria (→Menas).

Abuna [arab. »unser Vater«] *der,* frühere Bez. des leitenden Bischofs der →äthiopischen Kirche; heute Nebentitel ihres Patriarchen, auch Ehrenbez. äthiop. Bischöfe.

Abundanz [lat.] *die,* **1)** *Biologie:* durchschnittl. Individuenzahl einer Pflanzen- oder Tierart in einer bestimmten Flächen- oder Raumeinheit.

2) *Sprache:* Fülle des Ausdrucks; →Redundanz.

ab urbe condita [lat.], Abk. **a. u. c.,** »seit Gründung der Stadt (Rom)«, d. h. seit 753 v. Chr.

Abu Simbel, zwei Felsentempel am westl. Nilufer zw. der 1. und 2. Stromschnelle, von Ramses II. (1279–1213 v. Chr.) angelegt. Der große Tempel wurde 63 m tief in den Felsen gebaut; vor seiner Fassade erheben sich vier aus dem Felsen gehauene, bis zu 22 m hohe Sitzbilder des Königs. Vor dem kleineren Tempel stehen sechs 10 m hohe Standbilder des Königs und der Königin. Der ursprüngl. Standort liegt heute im Nassersee. Die Tempel wurden deshalb 1964–68 auf Initiative der UNESCO in 1 036 Blöcke zersägt und in gleicher Lage auf der Hochfläche 60 m über dem ursprüngl. Standort unter zwei armierten Betongewölben wiederaufgebaut (UNESCO-Weltkulturerbe).

Abusir, Name mehrerer Orte und Ruinenstätten in Ägypten; der bedeutendste Ort liegt in der Prov. Giseh, mit Pyramiden und Tempeln von vier Pharaonen der 5. Dynastie.

Abusus *der,* Missbrauch, übermäßiger Konsum (z. B. von Arzneimitteln, Genussmitteln, Drogen).

Abwärme, Abhitze, als Nebenprodukt anfallende Restwärme in Flüssigkeit (Kühlwasser), Dampf oder Gas nach Austritt aus Kraftmaschinen oder Apparaten nach Hochtemperaturprozessen. Sie wird z. B. genutzt zur Kühlung, zur Heizung, zur Vorwärmung von Kesselspeisewasser oder zur Erzeugung mechan. Energie (→Kraft-Wärme-Kopplung). A. kann Gewässer erwärmen und das Klima belasten.

Abwasser, das durch häusl., gewerbl. und industriellen Gebrauch verunreinigte abfließende Wasser (Schmutzwasser), auch das Niederschlagswasser aus dem Bereich von Ansiedlungen. Der Grad der Belastung des A. (**A.-Last**) kann u. a. durch den →biochemischen Sauerstoffbedarf (BSB), den →chemischen Sauerstoffbedarf (CSB) und den Anteil an absetzbaren Stoffen ausgedrückt werden.

Abwasserabgabe, Abgabe, die durch den Einleiter (v. a. Unternehmen, Gemeinden und Abwasserverbände) von verschmutzten Abwässern in Gewässer nach dem **A.-Ges.** i. d. F. v. 3. 11. 1994 zu entrichten ist. Bemessungsgrundlage bilden Schadeinheiten, die jährlich ermittelt werden. Die Höhe der A. richtet sich i. d. R. nach der Schädlichkeit des Abwassers: Der Abgabensatz stieg von (1981) 12 DM stufenweise auf (1997) 70 DM (seit 1. 1. 2002 35,79 €) je Schadeinheit; er vermindert sich um bis zu 75 % bei Einhaltung wasserrechtl. Mindestanforderungen. Das Aufkommen der zweckgebundenen A. wird für Maßnahmen zur Erhaltung oder Verbesserung der Wassergüte verwendet.

Abwasserreinigung, die Reinigung der Abwässer in Kläranlagen vor ihrer Einleitung in einen Wasserlauf (Vorfluter). Städt. Abwässer enthalten außer Sandbeimengungen grobe, schwimmende Schmutzstoffe, faulende Stoffe, Schlamm bildende Schwebstoffe, gelöste organ. Stoffe und Bakterien. Bei der **mechan. A.** werden die ungelösten Stoffe abgeschieden. Grobe Verunreinigungen werden durch Rechen zurückgehalten, der Sand wird im Sandfang, der Schlamm im Klär- oder Schlammabsatzbecken ausgeschieden. Vorklärbecken dienen der Entfernung von Sinkstoffen aus dem Abwasser. Die nach der mechan. A. noch enthaltenen gelösten, fäulnisfähigen organ. Stoffe werden bei der **biolog. A.** durch die im Abwasser befindl. Bakterien abgebaut. In Tropfkörperanlagen rieselt das Abwasser über Brockenmaterial, das mit Bakterien bedeckt ist. Beim **Belebtschlammverfahren** wird das Abwasser mit Bakterienschlamm versetzt, der durch Gebläse belüftet wird und im Nachklärbecken sedimentiert. Der anfallende Schlamm muss in Faulräumen bei etwa 30 °C ausgefault werden. Das dabei entstehende Methan (→Biogas) wird als Heiz- oder Treibgas nutzbar gemacht. – Bei der Reinigung industrieller Abwässer können zusätzl. Reinigungsstufen wie Neutralisation oder Fällung erforderlich sein.

Recht: Grundsätze zur Abwasserbeseitigung sind im Wasserhaushalts-Ges. des Bundes i. d. F. v. 19. 08. 2002 geregelt. Weitere Bestimmungen enthalten die Bauordnungen und die Wasser-Ges. der Länder. Das Einleiten von Abwasser in Gewässer ist grundsätzlich abgabenpflichtig (→Abwasserabgabe).

Abwasserteich, Anlage zur natürl. biologischen Abwasserreinigung durch Sedimentation und mikrobiol. Abbauvorgänge.

Abwehr, 1) *Biologie:* Verhaltensweisen, durch die ein Organismus Gefahren oder Bedrohungen durch Feinde oder Konkurrenten von sich abzuwenden sucht.

2) militär. Handlungen auf allen Ebenen (taktisch, operativ, strategisch), um Angriffe des Feindes zurückzuweisen.

Abwehrmechanismen, *Psychoanalyse:* Sammelbegriff für psych. Reaktionen des Individuums auf äußere Bedrohungen oder angstauslösende Triebregungen zur Erhaltung des seel. Gleichgewichts; z. B.

Verdrängung, Regression, Projektion, Sublimierung, Identifikation und Rationalisierung.

Abwehrzauber, apotropäischer **Zauber,** im *Aberglauben* Zauber, der vor bösen Geistern, dem bösen Blick, Toten, Hexen, Krankheit und Unheil schützen soll, z. B. durch Abwehrmittel (Apotropäum; ein Amulett u. Ä.), Abwehrriten und Gebärden.

Abwehrzeichen, eine →Marke, die i. d. R. nicht im Geschäftsverkehr benutzt wird, aber zur Abwehr von Annäherungen an eine benutzte Marke dient; die Zulässigkeit ist umstritten.

abweichendes Verhalten, Devianz, im Ggs. zu den Normen und Werten einer Gemeinschaft oder Gruppe stehende Verhaltensweisen. Was als Abweichung gesehen wird, hängt z. B. von kulturellen, weltanschaul., schicht- und bildungsspezif. Ansichten sowie dem Alter und dem sozialen Umfeld der wertenden wie der gewerteten Person ab.

Abweichung, 1) *Astronomie:* →Deklination. 2) *Mathematik:* →Fehler. 3) *Stochastik:* →Varianz.

Abweichungsgesetzgebung, →konkurrierende Gesetzgebung.

Abwerbung, die Verleitung von Arbeitskräften, Kunden, Verbandsmitgliedern u. a. zur Abwanderung in andere Betriebe, Körperschaften; sie ist zulässig, darf nicht gegen die guten Sitten verstoßen.

Abwertung, Devalvation, Rückgang des Außenwerts einer Währung; Ggs.: Aufwertung. Der Wechselkurs der Währung sinkt, d. h., die Devisenkurse steigen. Bei flexiblen Wechselkursen folgt die A. aus einem Überangebot der Währung am Devisenmarkt, das auf ein Defizit in der Zahlungsbilanz des betreffenden Landes zurückzuführen ist. Bei festen Wechselkursen ist die A. eine i. d. R. bei anhaltendem Zahlungsbilanzdefizit ergriffene Maßnahme der Notenbank.

Abwesenheit, *Recht:* A. kann verschiedene Wirkungen haben, im bürgerl. Recht z. B. Bestellung eines Pflegers zur Regelung von Vermögensangelegenheiten (§ 1911 BGB), im Zivilprozess Erlass eines Versäumnisurteils, im Strafrecht bei A. in der Hauptverhandlung Vorführung (§ 230 StPO) u. a.; im Wehrstrafrecht →eigenmächtige Abwesenheit.

abwickelbare Fläche, räuml. Fläche, die sich faltenlos auf einer Ebene ausbreiten lässt, zum Beispiel ein Zylinder- oder ein Kegelmantel.

Abwicklung, *Recht:* die →Liquidation.

abwracken, ein Schiff verschrotten (in verwertbare Teile und Materialien zerlegen).

Abydos, 1) ägypt. **Abodu,** alte oberägypt. Stadt am westl. Nilufer, mit Tempelresten aus der Zeit Sethos' I. (um 1290–1279 v. Chr.) und Ramses' II. (1279–1213 v. Chr.); Hauptkultort und vermeintl. Begräbnisplatz des Osiris. – Abb. S. 38

2) antike Stadt im kleinasiat. Mysien, bekannt durch den Brückenbau des Xerxes (480 v. Chr.) über den Hellespont und die Sage von Hero und Leander.

Abyssal [griech.] *das,* Bereich der Tiefsee (etwa unterhalb 1 000 m Tiefe). **abyssisch,** aus der Tiefe der Erde oder des Meeres stammend, in der Tiefsee befindlich.

abzählbar, →Mengenlehre.

Abzahlungsgeschäft, →Teilzahlungsgeschäft.

Abzinsung, Diskontierung, finanzmathematisch die Verminderung eines zukünftigen Kapitalbetrages um Zinsen, die vom Jetzt bis zur Zahlung berechnet werden. (→Zinseszins)

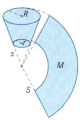

$M = \pi[(S+s)R - sr]$

abwickelbare Fläche: Abwicklung eines Kegelstumpfmantels; *M* Fläche des Mantels des Kegelstumpfes, *S* Länge der Mantellinie des Kegelstumpfes, *s* Länge der Mantellinie des abgeschnittenen Kegels, *R* und *r* Radien der Grund- und Deckfläche

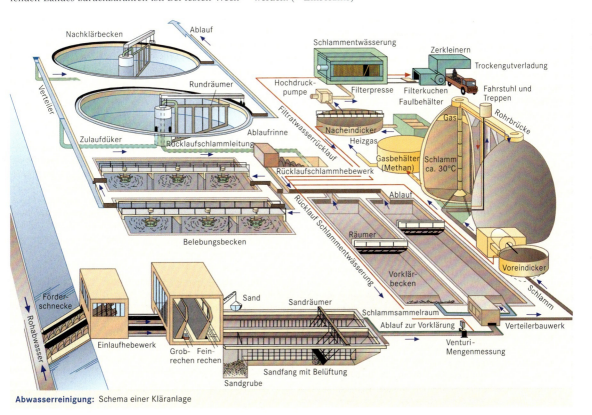

Abwasserreinigung: Schema einer Kläranlage

Abzinsungspapiere, festverzinsliche Wertpapiere, bei denen die Zinsen für die gesamte Laufzeit im Erwerbspreis verrechnet und nicht regelmäßig ausgezahlt werden. Der Erwerbspreis ist der Nennwert (Rückzahlungsbetrag) abzüglich der Zinsen zw. Erwerbs- und Einlösungstermin.

Abzug, 1) *Chemie:* **Kapelle, Digestor,** mit einem Schiebefenster verschließbarer und mit einem Ableitungsrohr versehener Experimentierraum in chem. Laboratorien.

2) *Waffenkunde:* Vorrichtung zum Abfeuern bei Schusswaffen.

Abzweigung, Anschluss und Verbindung von elektr. Leitungen in **Abzweigmuffen, -klemmen, -kästen** und **-dosen.**

Abzyme, monoklonale Antikörper mit enzymat. Aktivität; sie besitzen gegenüber herkömml. Enzymen eine stark erhöhte Substratspezifität.

a c., Abk. für →a conto.

à c., Abk. für →à condition.

a.c., Abk. für lat. anni currentis, des laufenden Jahres.

Ac, chem. Symbol für →Actinium.

AC [Abk. für alternating current], engl. Bez. für Wechselstrom.

Académie française [- frãˈsɛːz, frz.], die älteste Akademie des →Institut de France.

Académie Goncourt [- gõˈkuːr, frz.], →Goncourt.

Academy-Award [əˈkædəmi əˈwɔːd, engl.] *der,* →Oscar.

Acajou [akaˈʒuː, frz.], alte Bez. für westind. Hölzer, heute für Mahagonihölzer allgemein.

Acajoubaum [akaˈʒuː-], *der* →Nierenbaum.

a cappella [ital. »nach Kapellenart«], *Musik:* um die Mitte des 17. Jh. geprägte Bez. für mehrstimmige Vokalmusik (meist für Sopran, Alt, Tenor, Bass), bei der eventuell mitwirkende Instrumente mit den Vokalstimmen zusammengehen. Seit Anfang des 19. Jh. auch Bez. für jede nicht durch Instrumente begleitete Chormusik.

Acapulco, amtl. **A. de Juárez,** Hafenstadt im Bundesstaat Guerrero, Mexiko, am Pazif. Ozean, 620 700 Ew.; sehr guter Naturhafen; bed. Seebad.

Accardo, Salvatore, ital. Violinist und Dirigent, * Turin 26. 9. 1941. Sein umfangreiches Repertoire reicht von A. Vivaldi und J. S. Bach über N. Paganini bis zu Werken zeitgenöss. Komponisten.

Abydos 1): Der falkenköpfige Sonnengott Re-Harachte hält Sethos I. das Lebenszeichen an die Nase (Relief aus dem Millionenjahrhaus des Sethos in Abydos).

accelerando [attʃe-, ital.], *Musik:* schneller werdend.

Accent aigu [aksãtɛˈgy], **Accent grave** [-ˈgraːv], **Accent circonflexe** [-sirkõˈflɛks], frz. Namen für die Akzente Akut (´), Gravis (`) und Zirkumflex (ˆ).

Accentus [lat.] *der, Musik:* Bez. für die rezitierend vorgetragenen liturg. Gesänge; Ggs.: →Concentus.

Access [ˈækses, engl.] *der, Informatik:* a) Zugang (z. B. Onlinezugang); b) Zugriff (z. B. Speicherzugriff).

Accessoires [aksɛˈswaːrs, frz.] *Pl.,* modisches Zubehör (u. a. Gürtel, Modeschmuck).

Accius, Lucius, röm. Dichter, * Pisaurum (heute Pesaro) 170 v. Chr., † um 86 v. Chr.; galt als Vollender der lat. Tragödie; von seinem Werk sind nur Fragmente erhalten.

Acco, israel. Stadt, →Akko.

Accompagnato [akkompaˈɲaːto; ital. »begleitet«] *das,* Sprechgesang (→Rezitativ) mit ausgeführter Orchesterbegleitung.

Acconci [-tʃi], Vito, amerikan. Künstler, * New York 24. 1. 1940; befasst sich in Aktionen, Filmen und Videobändern mit phys. und psych. Problemen der Menschen sowie mit Kommunikationsproblemen und den spezifisch kulturellen Bedingungen eines Ausstellungsorts (»cultural space pieces«); schrieb »Catalogue of headlines and images, Stedelijk Museum Amsterdam« (1978).

Accoramboni, Vittoria, ital. Adlige, * Gubbio 15. 2. 1557, † (ermordet) Padua 22. 12. 1585; Gemahlin von Paolo Orsini, Herzog von Bracciano. Sie wurde berühmt durch ihre Schönheit und ihr wechselvolles Schicksal; Drama von J. Webster (1608), Romane von L. Tieck (2 Tle., 1840) und R. Merle (»Das Idol«, 1987).

Account [əˈkaʊnt, engl. »Verzeichnis«] *der* oder *das,* Benutzerzugang zu einem Datensystem, z. B. zum Internet, i. d. R. mit bestimmten Rechten verbunden.

Accountmanagement [əˈkaʊntmænɪdʒmənt, engl.] *das,* auf spezielle Kunden oder Kundengruppen ausgerichtete Organisationsform, bes. von Werbeagenturen und Dienstleistungsunternehmen.

Accra, Akkra, Hptst. und wichtigster Handelsplatz der Rep. Ghana, am Golf von Guinea, 2,03 Mio. Ew. (die Agglomeration A.-Tema-Teshi hat 2,9 Mio. Ew.); Kultur-, Handels- und Ind.-Zentrum; Sitz eines anglikan. Bischofs und eines kath. Erzbischofs; Univ. (gegr. 1961); internat. Messe; internat. Flughafen. – Die Festungen der Kolonialzeit sowie mehrere von versch. Nationen erbaute Küstenfestungen westlich von A. wurden von der UNESCO zum Weltkulturerbe erklärt.

Accretion [æˈkriːʃn, engl.] *die,* positive Differenz zw. Kauf- und Verkaufspreis (Wertzuwachs) eines Wertpapiers bei Endfälligkeit.

Accursius, Franciscus, ital. Jurist, * Impruneta (bei Florenz) um 1185, † Bologna 1263; lehrte ebd. schon vor 1221, verfasste um 1230 die »Glossa ordinaria« zum Corpus Iuris civilis.

accusativus cum infinitivo [lat.], Abk. **a.c.i.,** Satzkonstruktion: ein mit einem Infinitiv verbundener Akkusativ (z. B.: Er sah »ihn eilen«).

AC/DC [ˈeɪsiː ˈdiːsiː; engl. Abk. für »Wechselstrom/Gleichstrom«], austral. Hardrock-Gruppe, 1973 in Sydney gegründet; die Band um den Gitarristen Angus Young (*1959) behielt ihren zwar einfachen, aber bühnenwirksamen Stil über Jahrzehnte unverändert bei (u. a. »Highway to hell«, 1979).

Aceh [-tʃ-], **Atjeh, Acin, Atjin,** autonomer Sonderbezirk in NW-Sumatra, Indonesien, 55 392 km², 4,1

Mio. Ew., Hptst.: Banda Aceh. Meist bewaldetes Bergland (höchste Erhebung: Gunung Leuser, 3404 m ü. M.) mit schmalem Schwemmlandsaum an den Küsten; Erdöl- und Erdgasvorkommen; Flüssiggaskomplex; Landwirtschaft (Reis, Zuckerrohr, Kopra, Kautschuk, Pfeffer) und Fischfang. – Am 26. 12. 2004 wurden weite Landstriche im Küstenbereich von A. bis 5 km in das Landesinnere durch gewaltige Flutwellen (Tsunami), die durch ein Seebeben (Stärke 9,0 auf der Richter-Skala) mit Epizentrum nahe der nordwestl. Spitze Sumatras im Ind. Ozean ausgelöst wurden, sowie durch zahlr. Nachbeben (Stärke 5,1 der Richter-Skala) verwüstet. Bes. betroffen waren Banda A. sowie die Küstenstädte im NW Sumatras und die westlich vorgelagerten Inselgruppen (Banyak-, Mentawaiinseln, Nias). Das Beben gilt als die schwerste Naturkatastrophe der letzten 120 Jahre und forderte auf A. etwa 130 000 Todesopfer. – Die Bev., meist jungmalaiische **Aceh**, bildete seit dem 13. Jh. ein eigenständiges islam. Zentrum (Sultanat mit größter Machtentfaltung im 16./17. Jh. und zentraler Rolle im Gewürzhandel). Sie kämpfte gegen die niederländ. Kolonialregierung, bes. in den **A.-Kriegen** (1873–1903/13). 1949 wurde A. eine Prov. Indonesiens. Hier wirkt eine starke, v. a. von der 1976 gegr. »Bewegung Freies A.« (GAM) getragene Unabhängigkeitsbewegung, die ab 1999 neuen Aufschwung erhielt. Nach dem Scheitern von Friedensverhandlungen verhängte die indones. Reg. 2003 das Kriegsrecht über A. und leitete eine Militäroffensive gegen die GAM-Rebellen ein.

Unter dem Eindruck der Flutkatastrophe vom 26. 12. 2004, nach der eine inoffizielle Waffenruhe zustande kam und die Region umfangreiche internat. Hilfe erhielt, vereinbarten die indones. Reg. und die Rebellen im Jan. 2005 neue Friedensgespräche. Nachdem die GAM ihre Forderung nach Unabhängigkeit zugunsten einer weitgehenden Autonomieregelung für A. aufgegeben und die indones. Regierung im Juli 2005 eine Beendigung der Militäroperationen angeordnet hatte, unterzeichneten Vertreter beider Seiten am 15. 8. 2005 in Helsinki ein durch Vermittlung Finnlands zustande gekommenes Friedensabkommen; dieses legte u. a. einen gestaffelten Rückzug der Reg.-Soldaten, eine Generalamnestie für die Rebellen und deren Integration ins zivile Leben sowie die Zulassung polit. Parteien fest. Die Einhaltung der Friedensregelung wurde durch eine von der EU, ASEAN-Mitgl., Norwegen und der Schweiz gestellte Beobachtungsmission überwacht (»A. Monitoring Mission«, 15. 9. 2005 – 15. 12. 2006). Am 11. 7. 2006 verabschiedete das indones. Parlament ein Autonomiegesetz für A.; am 11. 12. 2006 fanden Regionalwahlen statt.

ACE-Hemmer, ACE-Inhibitoren, Gruppe blutdrucksenkender Substanzen, deren Wirkung v. a. auf einer Hemmung des **A**ngiotensin **c**onverting **e**nzyme (Abk. ACE) beruht; es kommt zu einer Senkung des peripheren Gefäßwiderstandes; angewendet bei Hochdruckkrankheit und Herzinsuffizienz.

Acerolakirsche [arab.-span.] *die,* gelb bis dunkelrot gefärbte, bes. auf den Westind. Inseln angebaute Frucht mit einem sehr hohen Vitamin-C-Gehalt (1 400 bis 2 500 mg je 100 g).

Acet|aldehyd *der,* **Ethanal, Äthanal,** farblose, brennbare Flüssigkeit, Siedepunkt 21 °C, Zwischenprodukt des Stoffwechsels, entsteht z. B. beim Abbau von Alkohol; außerdem bei der alkohol. Gärung und ist deshalb in geringen Mengen in Bier, Wein usw. enthalten; verwendet zur Herstellung von Essigsäure und Essigsäureanhydrid. Technisch durch Oxidation von Ethylen mit Luftsauerstoff in wässriger Lösung gebildet.

Acetale [nlat.], farblose, angenehm riechende Flüssigkeiten, die durch Reaktion von Aldehyden mit Alkoholen entstehen. A. kommen in Duftstoffen und im Bukett alkohol. Getränke vor.

Acetat *das,* **Azetat,** Salz bzw. Ester der Essigsäure.

Acet|essig|ester, Acetessigsäureethylester, Acetessigsäureäthylester, farblose, fruchtig riechende Flüssigkeit, gewonnen aus Diketen (→ Ketene) und Ethanol; wichtiges Zwischenprodukt bes. für Farbstoff- und Arzneimittelsynthesen.

Acet|essigsäure, 3-Oxobuttersäure, viskose, stark saure Flüssigkeit, entsteht beim Fettsäureabbau im Organismus; pathol. Stoffwechselprodukt im Harn von Zuckerkranken.

Acetin *das,* Essigsäureester des Glycerins, dient als Lösungsmittel, zur Gerbmittel- und Dynamitherstellung.

Aceton *das,* **Dimethylketon, Propanon,** einfachstes, aber technisch bedeutendstes →Keton. Farblose, brennbare Flüssigkeit, Siedepunkt 56 °C; technisch gewonnen durch Oxidation von Propylen an Katalysatoren, Dehydrierung von Isopropylalkohol und als Nebenprodukt bei der Phenolherstellung. A. ist Lösungsmittel für Lacke, Fette, Harze, Acetylen (Dissousgas) und Grundstoff für chem. Synthesen.

A. ist bei Mensch und Tier ein Zwischenprodukt des Stoffwechsels; bei Hungerzuständen und Krankheit (v. a. bei Diabetes mellitus) wird es mit anderen →Ketonkörpern verstärkt gebildet und kann vermehrt in Blut (**Ketonämie**), Urin (**Ketonurie**) und Atem auftreten.

Acetylcellulose, ein →Celluloseester.

Acetylcholin *das,* Übertragersubstanz, die Nervenimpulse an den Nervenschaltstellen (Synapsen) des Sympathikus und Parasympathikus und motor. Nerven auf die Erfolgsorgane weiterleitet. A. wirkt blutgefäßerweiternd, blutdrucksenkend und kontrahierend auf die glatte Muskulatur der Bronchien und des Magen-Darm-Kanals. Da die Wirkung von A. infolge schnellen Abbaus nur kurz ist, finden als Arzneimittel dem A. ähnl. Substanzen mit längerer Wirkungsdauer Verwendung.

Accra: Justizpalast

Achaimeniden: Wohnpalast König Dareios' des Großen in Persepolis (um 500 v. Chr.)

$HC\equiv CH$
Acetylen

Acetylcyste|in *das,* Arzneistoff, der die Zähigkeit des Bronchialschleims erniedrigen und dadurch dessen Abhusten erleichtern soll.

Acetylen *das,* **Ethin, Äthin,** ungesättigter, gasförmiger Kohlenwasserstoff ($HC\equiv CH$), erstes Glied der →Alkine; als reines A. fast geruchlos, giftig, mit hell leuchtender, sehr heißer Flamme brennend, unter Druck stehend und im Gemisch mit Luft hochexplosiv. A. wird durch Zersetzen von Calciumcarbid mit Wasser hergestellt, heute großtechnisch durch Hochtemperaturpyrolyse von Kohlenwasserstoffen, z. B. von Erdgas. A. wird als Brenngas zum autogenen Schweißen und Schneiden verwendet.

Acetylsalicylsäure, *Acidum acetyl[o]salicylicum,* Abkömmling der Salicylsäure; schmerzstillender, fiebersenkender und entzündungshemmender Arzneistoff; A. hemmt außerdem die Zusammenballung von Blutblättchen und dient deshalb auch zur Vorbeugung von Thrombosen, Embolien und Herzinfarkten.

Franz Achard

Achad Haam, eigtl. Zwi Ascher **Ginzberg,** jüd. Schriftsteller und Philosoph, * Skwyra (Gebiet Kiew) 5. 8. 1856, † Tel Aviv 2. 1. 1927; vertrat in zahlr. Essays (u. a. »Am Scheidewege«, 1895–1913) die Utopie von einem auf dem gemeinsamen Kulturerbe (und weniger auf polit. Aspekten) gegründeten jüd. Staat.

Achaia, griech. Küstenlandschaft im NW der Peloponnes, gebirgig, nur im W eben; auch Name Griechenlands als röm. Provinz. Im heutigen Griechenland bildet A. einen Verw.-Bez. mit 3 271 km² und 300 100 Ew.; Hptst.: Patras.

Achaier, Achäer, Achiver, altgriech. Volksstamm in Thessalien und in der Peloponnes, wurde durch die dor. Wanderung in die nach ihm benannte Landschaft →Achaia verdrängt; bei Homer Name für die Gesamtheit der Griechen. Die A. gelten als Träger der myken. Kultur.

Chinua Achebe

Achaiischer Bund, altgriech. Städtebund, nach älteren Vorformen 281/280 v. Chr. gegr., beherrschte zeitweise fast die ganze Peloponnes. Nach seiner Niederlage gegen Rom 146 v. Chr. neu konstituiert, bestand er als Provinziallandtag bis in die röm. Kaiserzeit.

Achaimeniden, Achämeniden, auf Achaimenes (um 700 v. Chr.) zurückgeführtes altpers. Herrschergeschlecht, das die Herrschaft über ganz Iran, Vorderasien und Ägypten erlangte; bedeutendste Könige waren Dareios I., d. Gr., und sein Sohn Xerxes I. (während Kyros II. dem Geschlecht wohl nicht angehörte). Die Dynastie erlosch 330 v. Chr. mit Dareios III.

Achalasie [griech.] *die,* Erkrankung der Speiseröhre mit ungenügender oder fehlender Erschlaffung des unteren Speiseröhrenteils während des Schluckakts, was zur Behinderung des Speisentransports in den Magen und zu einer Erweiterung der Speiseröhre führt.

Achalm *die,* Zeugenberg vor dem Trauf der Schwäb. Alb bei Reutlingen, 707 m ü. M., mit Burgruine.

Achäne [griech.] *die,* einsamige Schließfrucht der Korbblütler (z. B. Sonnenblume, Löwenzahn).

Achard [aˈʃaːr], Franz Carl, Physiker und Chemiker, * Berlin 28. 4. 1753, † Kunern (heute Konary; Schlesien) 20. 4. 1821; entwickelte die industrielle Gewinnung von Zucker aus Rüben und gründete 1801 die erste Zuckerfabrik.

Achat [griech., nach dem Fluss Achates auf Sizilien] *der,* ein aus dünnen Schichten wechselnder Struktur und Färbung aufgebauter →Chalcedon; meist in Hohlräumen von Ergussgesteinen (**A.-Mandeln**). A. werden als Schmucksteine verwendet und zu diesem Zweck häufig künstlich gefärbt.

Achatschnecken, Bez. für zwei nicht miteinander nah verwandte Familien in den Tropen vorkommender Landlungenschnecken. A. tragen gestreckt eiförmige Gehäuse; Überträger von Pflanzenkrankheiten.

Achdar, Djebel al-A., der zentrale, höchste Teil der Gebirgsketten von Oman, Arabien, bis 3 107 m ü. M.

Ache *die,* Name vieler Flüsse und Bäche, →Aach.

Achebe [-tʃ-], Chinua, nigerian. Schriftsteller engl. Sprache, * Ogidi (bei Onitsha) 15. 11. 1930; Klassiker der nigerian. Literatur; schreibt Romane über (Fehl-)Entwicklungen im Nigeria der nachkolonialen Ära bis in die Gegenwart; außerdem Lyrik und polit. Essays. Friedenspreis des Dt. Buchhandels 2002. – *Werke: Romane:* Okonkwo und Das Alte stürzt (1958); Obi (auch u. d. T. Heimkehr in fremdes Land, 1960); Der Pfeil Gottes (1964); Termitenhügel in der Savanne (1987). – *Essays:* Ein Bild von Afrika (1988).

Acheiropoieta [griech. »nicht von Händen gemacht«], **Acheropita,** Christus-, Marien- oder Heiligenbilder, die auf übernatürl. Weise entstanden sein sollen (z. B. Schweißtuch der hl. Veronika).

Acheloos *der,* neugriech. **Aspropotamos,** wasserreicher Fluss in W-Griechenland, 220 km, entspringt im Pindos, mündet ins Ion. Meer; Wasserkraftwerke bei Kremasta und Agrinion.

ACHEMA, →DECHEMA.

Achenbach, 1) Andreas, Maler, * Kassel 29. 9. 1815, † Düsseldorf 1. 4. 1910, Bruder von 2); seine Landschaften (v. a. Wassermühlen, Seestücke, Küstenbilder) zeigen eine genaue Beobachtung der Natur; trug zur Überwindung der historisierenden Landschaftskunst des Klassizismus bei.

2) Oswald, Maler, * Düsseldorf 2. 2. 1827, † ebd. 1. 2. 1905, Bruder von 1). Mit seinen durch helles Kolorit und aufgelockerte Malweise gekennzeichneten Arbeiten (v. a. ital. Stadtansichten und Landschaften) förderte er die Ausbildung der realist. und impressionist. Malerei in Deutschland.

Achensee, größter See Tirols, Österreich, zwischen Karwendel- und Rofangebirge, 929 m ü. M., 9 km lang, 1 km breit, bis 133 m tief. Das Wasser des A.

und der Nebentäler wird zur Energiegewinnung dem A.-Kraftwerk in Jenbach (80 MW) zugeführt (früher durch den Achenbach zur Isar). Die Straße über den **Achenpass** (941 m ü. M.) verbindet Oberbayern mit dem Inntal.

Achern, Stadt im Ortenaukreis, Bad.-Württ., Große Kreisstadt, 24 800 Ew.; Glashütte, Maschinenbau, Papierind., Sägewerk. – 1050 erstmals erwähnt, seit 1808 Stadt.

Acheron *der,* Fluss in Griechenland, im südl. Epirus, mündet ins Ion. Meer. Nach antiker Vorstellung war hier ein Eingang zur Unterwelt. A. heißt im griech. Mythos der Fluss der Unterwelt.

Acheson [ˈætʃɪsn], Dean Gooderham, amerikan. Politiker (Demokrat), *Middletown (Conn.) 11. 4. 1893, † Sandy Spring (Md.) 12. 10. 1971; Rechtsanwalt, seit 1941 im State Department; hatte als Außenmin. (1949–53) u. a. wesentl. Anteil an der Gründung der NATO.

Acheuléen [aʃøleˈɛ̃; nach dem frz. Fundort Saint-Acheul] *das,* Frühstufe der →Altsteinzeit, gekennzeichnet durch sorgfältig bearbeitete Faustkeile und Abschlaggeräte.

Achill, griech. **Achilleus,** lat. **Achilles,** griech. Heros, Sohn des Königs Peleus (daher der »Pelide«) und der Meergöttin Thetis, die ihn durch ein Bad im Styx unverwundbar machte (mit Ausnahme der Ferse, an der sie ihn festhielt). Erzogen wurde er von dem weisen Kentauren Chiron. Beim Kampf um Troja war er der Tapferste der Griechen. Als er sich von Agamemnon ungerecht behandelt glaubte, hielt er sich vom Kampf fern, bis sein Freund Patroklos durch Hektor getötet wurde (»Groll des A.«, Gegenstand der »Ilias«). Er erschlug Hektor und fiel selbst später durch Paris, dessen Pfeil, von Apoll gelenkt, seine Ferse durchbohrte.

Achillea *die,* die Korbblütlergattung →Schafgarbe.

Achilles, *Astronomie:* zuerst entdeckter (1906) Planetoid der Gruppe der Trojaner.

Achill: »Die Erziehung Achills durch den Kentauren Chiron«, Gemälde von Jean-Baptiste Regnault (1782; Paris, Louvre)

Anna Achmatowa, Gemälde von Natan Altman (1914; Sankt Petersburg, Russisches Museum)

Achillessehne, am Fersenbein ansetzende starke Sehne des dreiköpfigen Wadenmuskels; der **A.-Reflex** dient der Erkennung neurolog. u. a. Störungen.

Achim, Stadt im Landkreis Verden, Ndsachs., südöstl. von Bremen, 30 100 Ew.; Maschinenbau, Aluminiumwerk, Produktion von Eisen- und Stahlerzeugnissen, Umweltschutzanlagen, Nahrungs- und Genussmitteln.

Achiver [lat.], die →Achaier, bei den röm. Dichtern die (homer.) Griechen.

Achleitner, Friedrich, österr. Schriftsteller und Architekt, *Schalchen (OÖ) 23. 5. 1930; ab 1968 Prof. für Architekturgeschichte in Wien; gehörte zur Wiener Gruppe; veröffentlichte experimentelle Texte, die das Konzept der →konkreten Dichtung umsetzen (»prosa, konstellationen, montagen, dialektgedichte, studien«, 1970; »quadratroman«, 1973) sowie Architekturkritiken (gesammelt u. d. T. »Nieder mit Fischer von Erlach«, 1986). – *Weitere Werke:* hosn rosn baa (zus. mit H. C. Artmann u. G. Rühm, 1959); einschlafgeschichten (2003).

Friedrich Achleitner

Achmadulina, Bella (Isabella) Achatowna, russ. Lyrikerin, *Moskau 10. 4. 1937; schreibt emotionale Gedichte (»Musikstunden«, 1969; dt. Ausw. »Das Geräusch des Verlusts«, 1995) und Poeme (»Moja rodoslownaja«, 1964) mit liedhafter Sprachmelodie.

Achmatowa, Anna Andrejewna, eigtl. A. A. **Gorenko,** russ. Lyrikerin, *Bolschoi Fontan (heute zu Odessa) 23. 6. 1889, † Domodedowo (bei Moskau) 5. 3. 1966; war eine wichtige Vertreterin des Akmeismus und zählt zu den bedeutendsten Lyrikerinnen des 20. Jh. Ihr Stil war von zarter Empfindung und lakonisch knapper, scheinbar distanzierter Darstellung geprägt (Gedichtzyklen »Requiem«, entst. 1935–43 sowie »Poem ohne Held«, entst. 1940–62). Sie wurde 1946 von A. Schdanow als »bourgeois« verurteilt, später rehabilitiert und zum Symbol eines reichen, aber vergangenen Zeitalters und gleichzeitig zur Inspirationsquelle für jüngere Zeitgenossen.

Ausgabe: Ich lebe aus dem Mond, du aus der Sonne, dt. Ausw. (2000).

Achmim, Akhmim, Stadt in Oberägypten, am rechten Nilufer (Brücke nach Sohag), 101 100 Ew.; liegt im Ruinenfeld des alten Chemmis oder Panopolis. In christl. Zeit gab es hier zahlr. Klöster.

Acholi [aˈtʃoːli], **Atjoli,** Volk mit nilot. Sprache in N-Uganda; etwa 500 000 Menschen, die in patrilinearen Dorfgemeinschaften leben.

Acholie [griech.] *die,* verminderte Bildung oder Ausscheidung von Galle in den Darm, erkennbar an der grauweißen Farbe des Stuhls; verursacht durch Leber- oder Gallenwegerkrankungen.

a. Chr. (n.), Abk. für ante **Ch**ristum (**n**atum) [lat.], vor Christus, vor Christi Geburt.

Achroit [griech.] *der,* farbloser →Turmalin.

Achromasie [griech.] *die,* **Achromatismus,** Freiheit von Farbfehlern bei opt. Systemen; wird durch Linsensysteme (**Achromat**) oder Prismen aus Glasarten mit unterschiedl. Dispersion erreicht.

Achromasie: einfacher Achromat aus einer Kronglas-Sammellinse und einer Flintglas-Zerstreuungslinse mit jeweils verschiedener Dispersion

Achse, 1) *Architektur:* Mittellinie von Gebäuden, Räumen und Öffnungen.
2) *Botanik:* der die Blätter tragende Teil des Sprosses (Stängel, Stamm), auch der Wurzelstock als unterird. Abschnitt der Achse.
3) *Kristallografie:* die Koordinaten-A., Symmetrie-A. und opt. A. der Kristalle.
4) *Mathematik:* eine durch besondere Eigenschaften ausgezeichnete Gerade (Symmetrie-, Dreh-, Koordinaten-A.).
5) *Optik:* **optische A.,** Gerade, die durch die Krümmungsmittelpunkte der Linsen und Spiegel eines opt. Systems verläuft.
6) *Physik:* gedachte Gerade, um die sich ein Körper oder ein System dreht (Dreh- oder Rotationsachse).
7) *Technik:* stabförmiger Maschinenteil, meist zur Aufnahme von Rädern, Rollen, Scheiben, deren Belastungskräfte er auf die Lager überträgt, beim Kraftwagen als **Starr-A., Pendel-A., Lenker-A.** Im Ggs. zur Welle überträgt die A. kein Drehmoment.

Achse Berlin–Rom, durch die Absprache A. Hitlers und Graf G. Cianos (25. 10. 1936) begründete und von B. Mussolini in einer Mailänder Rede am 1. 11. 1936 erstmals so umschriebene Zusammenarbeit zw. dem nat.-soz. Dtl. und dem faschist. Italien im Span. Bürgerkrieg; wurde weiterentwickelt durch den →Stahlpakt (1939) und zum Dreimächtepakt (1940) zur **Achse Berlin–Rom–Tokio** erweitert, nachdem sich Italien bereits 1937 dem →Antikominternpakt angeschlossen hatte.

Achsel, 1) *Anatomie:* Übergangsgebiet von Rumpf und Hals zum Oberarm. Die Haut der **A.-Grube** ist behaart und enthält Schweiß-, Talg- und Duftdrüsen. **A.-Höhle,** Spaltraum zw. seitl. Brustwand und Schultergelenk mit Blutgefäßen und Nerven zur Versorgung des Arms und der regionären Lymphknoten.
2) *Botanik:* Blattwinkel; **achselständig,** im Blattwinkel wachsend.

Achselklappe, *Militärwesen:* die →Schulterklappe.

Achselstück, *Militärwesen:* das →Schulterstück.

Achsenmächte, zunächst Bez. für die in der Achse Berlin–Rom, im Zweiten Weltkrieg für die im →Dreimächtepakt verbündeten Staaten (v. a. Dtl., Italien, Japan). Den A. stand 1941–45 die →Anti-Hitler-Koalition gegenüber.

Achskilometer, Abk. **Achskm,** Maßeinheit für die von einer Eisenbahnwagenachse durchlaufenen Kilometer.

Achslast, der auf jede der Fahrzeugachsen entfallende Anteil des zulässigen Gesamtgewichts.

Achsschenkel, schwenkbares Achsteil eines Kfz, mit dem ein gelenktes Rad eingeschlagen wird (→Lenkung).

Achsstand, bei zweiachsigen Schienenfahrzeugen →Radsatzstand, bei Kfz →Radstand.

acht [ahd. ahto], als Ziffer: **8,** galt aufgrund ihrer arithmet. Eigenschaften im Altertum als ideale Zahl (8 Himmelsrichtungen, 8 Weltsphären, die 8 Unsterblichen des Daoismus); im N. T. Symbol für den 8. Schöpfungstag (Auferstehung Christi) und der Taufe, daher oft oktogonale Kirchenbauten. Die →Oktave als Grundlage des abendländ. Tonsystems spiegelt nach Pythagoras die Harmonie des Kosmos.

Acht [ahd. ahta »Verfolgung«], **Ächtung,** Ausstoßung aus der Gemeinschaft. – Im *german. Recht* bedeutete A. die Ausstoßung des Rechtsbrechers aus der Rechts- und Friedensgemeinschaft (**Friedlosigkeit, Friedloslegung**); jeder durfte ihn bußlos töten. Der Geächtete konnte sich aus der A. lösen, indem er sich dem Gericht stellte und sich dessen Urteil unterwarf. Das mittelalterl. Recht sah die A. nur noch als Strafe für den Bruch des Landfriedens vor. Eine mildere Form der A. war die **Verfestung,** bei der jedermann den Verfesteten gefangen nehmen und an den Richter abliefern oder bei Widerstand töten konnte. Die A. erstreckte sich zunächst nur auf den Bez. des Gerichts, konnte aber als **Landes-A.** auf das ganze Land ausgedehnt werden. Die **Reichs-A.** konnte nur der Kaiser aussprechen; ihre Folgen erstreckten sich über das ganze Reich.

achter [niederdt. Form von after], *seemännisch:* hinter-, z. B. das **Achterdeck,** das hintere Deck. **achtern,** hinten.

Achter, größtes im Leistungssport verwendetes Rennruderboot für acht Ruderer und Steuermann (-frau) mit je vier Riemen auf jeder Seite; die »Königsklasse« im Rudern.

Achtermannshöhe, Berg im Harz, südwestl. vom Brocken, 926 m ü. M.; Aussichtspunkt.

Achternbusch, Herbert, Schriftsteller, *München 23. 11. 1938; vom herkömml. Erzählschema abweichende, zugleich subjektive und sozialkrit. Prosa (»Das Gespenst«, 1982; »Ab nach Tibet«, 1993; »Stades«, 1994) und Dramen (»Ella«, 1978; »Pallas Athene«, 2000; »Der Weltmeister«, 2004); ferner Filme (»Heilt Hitler«, 1986). Jüngere Werke tragen auch autobiograf. Züge (»Ich bin ein Schaf«, 1996; »Der letzte Schliff«, 1997).

Achterschale, die äußere Elektronenschale in der Atomhülle von Edelgasen, deshalb oft auch **Edelgasschale** genannt. Sie ist mit 8 Elektronen vollständig besetzt; in Molekülen kann sie durch →chemische Bindung realisiert werden.

Achterschiff, das Sternbild →Heck des Schiffes.

Achterwasser, seeartige Erweiterung des Peenestroms (→Peene) an der Binnenseite der Insel Usedom, Mecklenburg-Vorpommern.

Achtflächner, *Mathematik:* das →Oktaeder.

Achttausender, Berg mit einer Gipfelhöhe über 8 000 m ü. M. Es gibt 14 A., teilweise mit Nebengipfeln, die ebenfalls über 8 000 m hoch sind, jedoch nicht als selbstständige A. gezählt werden. 10 A. liegen im Himalaja, 4 im Karakorum. Rangliste (nach Höhe geordnet): Mount Everest (8 850 m ü. M.), K 2 (im Karakorum, 8 614 m ü. M.), Kangchendzönga (8 586 m ü. M.), Lhotse (8 516 m ü. M.), Makalu (8 463 m ü. M.), Cho

Oyu (8 201 m ü. M.), Dhaulagiri (8 167 m ü. M.), Manaslu (8 163 m ü. M.), Nanga Parbat (8 126 m ü. M.), Annapurna I (8 091 m ü. M.), Gasherbrum I (Hidden Peak; im Karakorum, 8 068 m ü. M.), Broad Peak (im Karakorum, 8 047 m ü. M.), Gasherbrum II (im Karakorum, 8 035 m ü. M.), Xixabangma (8 012 m ü. M.).

Achtuba die, linker Mündungsarm der Wolga, zweigt 21 km oberhalb von Wolgograd ab, 537 km lang.

Achylie [griech.] die, das Fehlen des Sekretes von Verdauungsdrüsen (z. B. Magen- oder Bauchspeicheldrüsensaft).

a. c. i., Abk. für →accusativus cum infinitivo.

Aciclovir das, Virostatikum, das bei Infektionen mit Herpesviren eingesetzt wird.

Acid House ['æsɪd haʊs, zu engl. acid »Säure«, umgangssprachlich für die Droge LSD] das, von schnellen (computererzeugten) Rhythmen geprägter Tanz- und Musikstil, der die Tanzenden in einen rauschartigen Zustand versetzen soll.

Acidimetrie [lat.-griech.] die, **Azidimetrie,** Chemie: Verfahren der →Maßanalyse zur Bestimmung der Säurekonzentration durch (genau eingestellte) Laugen.

Acidität [lat.] die, **Azidität,** Chemie: Fähigkeit einer chem. Verbindung, an Wassermoleküle Protonen (Wasserstoffionen) abzugeben; ein Maß für die Säurestärke einer Lösung, ausgedrückt durch Konzentrationsmaße für die gelöste Säure oder den pH-Wert der Lösung.

Acidose [lat.] die, **Azidose,** Medizin: Verschiebung des Säure-Base-Gleichgewichts im Blut zur sauren Seite durch eine Steigerung der Wasserstoffionenkonzentration (pH-Werts < 7,38). A. tritt als Komplikation bei vielen Erkrankungen auf und ist entweder stoffwechsel- (metabol. A.) oder atmungsbedingt (respirator. A.). – Ggs.: →Alkalose.

Acidrock ['æsɪdrɔk, engl.], →Psychedelic Rock.

Acidum [lat.] das, Säure, z. B. A. sulfuricum (Schwefelsäure).

Acin [-tʃ-], Landschaft und Prov. in Indonesien, →Aceh.

Acireale [-tʃ-], Hafenstadt und Kurort auf Sizilien, in der Prov. Catania, Italien, am SO-Fuß des Ätna, 51 500 Ew.; radioaktive Thermen.

Acker, alte Flächeneinheit verschiedener Größe (0,22–0,65 ha).

Ackerbau, Nutzung des landwirtsch. Bodens, i. w. S. einschließlich der Nutzung natürl. Grünlandes, der Viehhaltung, bei intensiver Ausgestaltung auch der landwirtsch. Nebenbetriebe; i. e. S. beschränkt auf den Anbau von Kulturpflanzen zur Gewinnung von Pflanzenerträgen. Die Ertragsbildung der Pflanzen (Pflanzenproduktion) ist abhängig vom Zusammenwirken der in enger Wechselbeziehung stehenden Faktoren des Klimas, des Bodens sowie des Pflanzenbestandes mit den in der Pflanze je nach Art und Sorte verschieden wirkenden inneren Wachstumsfaktoren. Nach den verwendeten Geräten unterscheidet man **pfluglosen A.** (→Hackbau) und **Pflugbau.** Größte Bevölkerungskonzentrationen auf landwirtsch. Grundlage konnten dort entstehen, wo Dauerfeldbau möglich ist und mehr als eine Ernte im Jahr eingebracht werden kann (z. B. Monsunasien). – Entwicklung und Organisation des A. stehen in engstem Zusammenhang mit der Ausbildung früher Hochkulturen (Ägypten, Babylonien, China, Indien). Früheste Formen des A. finden sich im 9. Jt. v. Chr. in Vorderasien.

Ackerbürger, Stadtbürger mit Landbesitz in der Stadtgemarkung, den er selbst nutzt, vom MA. bis ins 18. Jh. die Mehrzahl der Bürger der europ. Landstädte (**A.-Städte**).

Ackeren [-rə], Robert van, Filmregisseur niederländ. Abkunft, * Berlin 22. 12. 1946; drehte Kurzfilme, ab 1971 Spielfilme, u. a. »Die flambierte Frau« (1983) und »Die Venusfalle« (1987). – *Weitere Filme:* Die Reinheit des Herzens (1980); Die wahre Gesch. von Männern u. Frauen (1992).

Ackerkrume, oberste, bis 30 cm tiefe Schicht des Ackerbodens, angereichert durch Zersetzungsprodukte bes. der Wurzeln oder der organ. Düngung.

Ackermann, 1) Anton, eigtl. Eugen **Hanisch,** Politiker (KPD, SED), * Thalheim/Erzgeb. 25. 12. 1905, † Berlin (Ost) 4. 5. 1973; 1946 führend an der Gründung der SED beteiligt, vertrat bis 1948 die Doktrin vom »besonderen dt. Weg zum Sozialismus«. 1954 aus dem ZK der SED ausgeschlossen.
2) Konrad Ernst, Schauspieler und Bühnenleiter, * Schwerin 1. 2. 1712 (1710?), † Hamburg 13. 11. 1771; wirkte mit seiner Truppe in Königsberg (Pr), wo er 1753 das erste große Privattheater Dtl.s errichtete; ließ 1765 in Hamburg das Schauspielhaus am Gänsemarkt bauen; führte u. a. Dramen Racines, Corneilles, Voltaires, Goldonis, Lessings auf; förderte einen natürl. Schauspielstil. Seine Frau Sophie Charlotte A., geb. Biereichel (* 1714, † 1792), sowie die Töchter Dorothea und Charlotte waren bed. Schauspielerinnen.
3) Ronny, nordisch Kombinierter, * Bad Salzungen 16. 5. 1977; Olympiadritter 2002 (Sprint 7,5 km und Mannschaft) sowie Weltmeister 2003 (Einzel 15 km), 2005 (Einzel 15 km, Sprint 7,5 km) und 2007 (Einzel 15 km); gewann 2002 und 2003 den Gesamtweltcup. In Dtl. Sportler des Jahres 2005.

Ackermann aus Böhmen, frühneuhochdt. Dichtung des →Johannes von Tepl.

Ackernahrung, landwirtsch. Betrieb, dessen Größe (abhängig von Bodenqualität, Standortbedingungen, Verkehrslage u. a.) zum Unterhalt einer Familie ausreicht; heute durch die Bez. »bäuerl. Familienbetrieb« ersetzt.

Ackerrettich, Hederich, Raphanus raphanistrum, Kreuzblütler, in Europa und den Mittelmeerländern auf Äckern und Brachen häufiges Unkraut mit blaugrünem Stängel, gelbl. oder weißl., violett geäderten Blüten und perlschnurartiger Schote; ähnelt dem →Ackersenf.

Ackerröte, Sherardia arvensis, Rötegewächs, häufiges Getreideunkraut auf Kalk- und Tonboden mit liegendem, ästigem Stängel, lanzettl. Blättchen und helllilafarbigen, trichterförmigen Blüten.

Ackerschachtelhalm, →Schachtelhalm.

Ackerschlepper, der →Traktor.

Ackerschnecke, Deroceras agreste, bis 5 cm lange bräunl. Nacktschnecke; kann als Garten- und Ackerschädling auftreten.

Ackersenf, Sinapis arvensis, Kreuzblütler, Acker- und Gartenunkraut mit goldgelber Krone und waagerecht abstehenden Kelchblättern, fiederlappigen oder buchtigen Blättern; die Früchte sind Schoten.

Acne vulgaris, →Akne.

ACO [eɪsɪˈəʊ], Abk. für engl. **A**llied **C**ommand **O**perations, in der NATO die höchste operativ-strateg. Kommandoebene, Oberbefehlshaber: →SACEUR, Sitz des Hauptquartiers: →SHAPE.

Aconcagua, der höchste Berg Gesamtamerikas, in den Anden Argentiniens, 6962 m ü. M., aus vulkan. Gesteinsmaterial (Überschiebungsdecke) über gefaltetem mesozoischem Sockel.

à condition [a kõ:di'sjõ, frz.], Abk. **à. c.,** vorbehaltlich der Rückgabe; bes. im Buchhandel (→Konditionsgut).

Aconitin [lat.] *das,* **Akonitin,** Alkaloid des Blauen Eisenhuts (Aconitum napellus); starkes Pflanzengift (Tod durch Atemlähmung).

Aconitum [griech.], →Eisenhut.

a conto [ital.], Abk. **a. c.** oder **a/c.,** auf Rechnung von ... **A-conto-Zahlung,** →Akontozahlung.

Acqui Terme ['akkʋi -], Badeort in Piemont, Prov. Alessandria, Italien, 20100 Ew.; Bischofssitz; heiße Schwefel- und Jodquellen. – In röm. Zeit bereits bed. Badeort **(Aquae Statiellae).**

Acre ['eɪkə, engl.] *der,* in den angloamerikan. Ländern noch gebräuchliche nicht metr. Flächeneinheit für Flurstücke (1 A. = 4046,856 m²).

Acre ['akri], **1)** *der,* **Rio A., Rio Aquiri,** rechter Nebenfluss des Purús in W-Brasilien, rd. 700 km.
2) Bundesstaat im südwestl. Randgebiet Amazoniens, Brasilien, 153150 km², 669700 Ew.; Hptst.: Rio Branco am Rio A.; bedeutende Forstwirtschaft. – Das Gebiet war lange Streitobjekt zw. Bolivien und Brasilien; 1903 kam der größte Teil zu Brasilien.

Acridin [lat.] *das,* kristalline heterozykl. Verbindung, die aus Steinkohlenteer isoliert werden kann; Ausgangsstoff für A.-Farbstoffe und Pharmazeutika.

Acrolein *das,* **Propenal,** farblose, sehr giftige Flüssigkeit mit stechendem Geruch; entsteht bei Überhitzen von Fett und wird durch katalyt. Oxidation von Propylen hergestellt; verwendet zur Herstellung von Glycerin und Methionin.

Acroski ['ækrəʃi:, zu engl. acrobatic »akrobatisch«], Disziplin des →Freestyles; ein choreograf. Programm zu Musik (Schrittkombinationen, Sprünge und akrobat. Schwünge); durchgeführt auf einem etwa 150 m langen und 15° steilen Hang.

Acrylglas, Bez. für organ. Kunstgläser aus →Polymethacrylaten.

Acrylharze, →Polyacrylharze.

Acrylnitril, Acrylsäurenitril, farblose Flüssigkeit, in reiner Form nicht haltbar, polymerisiert oft explosionsartig; wichtiger Rohstoff für Acrylfasern, Kunststoffe und Kautschuk, katalyt. hergestellt aus Propylen mit Ammoniak und Sauerstoff. Das Atemgift A. zählt zu den Krebs erzeugenden Arbeitsstoffen.

Acrylnitril-Butadien-Styrol-Polymerisate, →ABS-Polymerisate.

Acrylsäure, Propensäure, die einfachste ungesättigte Carbonsäure. Wichtiger Rohstoff für Anstriche und Klebstoffe.

Act [ækt, engl.] *der,* angloamerikan. Recht: Gesetz, Beschluss, aber auch Rechtshandlung, Willenserklärung.

ACT [eɪsi:'ti:], Abk. für engl. Allied Command Transformation, NATO-Kommandobehörde zur Unterstützung und Überwachung der innerhalb der NATO sowie in den Streitkräften der Mitgliedsstaaten durchzuführenden Anpassungsprozesse (u. a. Modernisierungen, Effizienzsteigerungen); Oberbefehlshaber: Supreme Allied Commander Transformation (SACT), Sitz des Hauptquartiers: Norfolk (Va.).

Acta Apostolicae Sedis [lat.], das Amtsblatt des Päpstl. Stuhls (seit 1909) und damit päpstl. Gesetzblatt.

Acta Apostolorum [lat.], die →Apostelgeschichte.

Acta Eruditorum [lat.], erste gelehrte Zeitschrift Dtl.s, 1682 in Leipzig von O. Mencke gegründet, ab 1732 u. d. T. »Nova Acta Eruditorum«, 1782 eingestellt (117 Bde.).

Acta Sanctorum [lat.], Sammlungen von oft legendar. Nachrichten über Märtyrer und Heilige der kath. Kirche, v. a. die des Jesuiten Johannes Bolland (*1596, †1665), seiner Mitarbeiter und Nachfolger, der Bollandisten.

ACTH, Abk. für adrenocorticotropes Hormon, **Corticotropin,** Peptidhormon des Vorderlappens der Hirnanhangdrüse, das aus einer Polypeptidkette mit 39 Aminosäuren besteht, regelt die Bildung und Ausschüttung von Hormonen der Nebennierenrinde.

Actiniden, veraltet für →Actinoide.

Actinium [griech.] *das,* **Ac,** sehr seltenes radioaktives metall. Element aus der 3. Nebengruppe des Periodensystems, Ordnungszahl 89, relative Atommasse 227,028, Dichte 10,07 g/cm³, Schmelzpunkt 1051°C; Siedepunkt (3200±300)°C; chemisch dem Lanthan ähnlich. Das längstlebige Isotop ^{227}Ac (Halbwertszeit 21,8 Jahre) ist Zerfallsprodukt von Uran 235, ^{228}Ac kommt in der Thoriumreihe vor; es sind Isotope mit Massenzahlen von 206 bis 234 bekannt. Sie verhalten sich chemisch sehr ähnlich.

Actinoide, die chem. Elemente 89 bis 103, chemisch den Lanthanoiden verwandt. Die meisten Transurane sind Actinoide.

Actinomycine [griech.], Antibiotika mit zytostat. Wirkung; aufgrund ihrer tox. Eigenschaften können sie bei bakteriellen Infektionen verwendet werden; Einsatz in der Krebsbehandlung.

Actio [lat.] *die,* im röm. Recht die gesetzl. oder vom Prätor gegebene Klageformel zur Durchsetzung eines Anspruchs.

Actio libera in causa [lat. »bei der Ursachensetzung freie Handlung«], *Strafrecht:* mit Strafe bedrohte Handlung, die zwar im Zustand der Schuldunfähigkeit verübt wird, bei der jedoch der Täter, als er sich in diesen Zustand versetzte, damit rechnete oder rechnen konnte, eine bestimmte Straftat auszuführen, sodass sich der Täter nicht auf seine Schuldunfähigkeit berufen kann.

Actionfilm ['ækʃn-, engl.], Genre-Bez. für Spielfilme, in deren Mittelpunkt spektakuläre Formen der Bewegung stehen. Typisch sind u. a. (von Stuntmen ausgeführte) Akrobatik und Kämpfe sowie spannungsgeladene Verfolgungsjagden. Prägend für die Ästhetik des Genres waren später u. a. die technikunterstützten, halsbrecher. Actionszenen der James-Bond-Filme. Ab den 1980er-Jahren etablierten sich eigene Stars des A., so u. a. S. Stallone und A. Schwarzenegger.

Action française [aks'jõ frã'sɛ:z] *die,* frz. politische Gruppe, entstand 1898 unter Führung der Schriftsteller C. Maurras und L. Daudet um die gleichnamige Zeitung; nationalistisch, antisemitisch und royalistisch ausgerichtet. Zu ihr gehörte der 1907 gegr. Wehrverband der »Camelots du roi«; 1936 aufgelöst.

Action-Painting ['ækʃnpeɪntɪŋ, engl.] *das,* 1950 geprägter Begriff, der im →abstrakten Expressionismus als Bez. für eine prozesshafte Malmethode erscheint, bei der das Bild zum Dokument eines spontanen Malvorganges wird; Hauptvertreter: J. Pollock.

Action-Research ['ækʃnrɪsə:tʃ] *das,* **Aktionsforschung,** sozialwiss. Forschungsrichtung, die durch

Acridin

$CH_2=CH-CN$
Acrylnitril

aktive Eingriffe in soziale Verhältnisse oder Gruppensituationen (sozialwiss. Experimente) planvoll Änderungen und Wandlungsprozesse anstrebt und zugleich die ausgelösten Wirkungen erforscht, um Rückschlüsse auf noch unbekannte soziale Gesetzlichkeiten zu gewinnen.

actio = reactio [lat. »Wirkung = Gegenwirkung«], das newtonsche Reaktionsprinzip der Mechanik (→ newtonsche Axiome).

Acton [ˈæktn], John Emerich Edward **Dalberg**, Baron **A. of Aldenham** (seit 1869), brit. Historiker, * Neapel 10. 1. 1834, † Tegernsee 19. 6. 1902; 1859–65 als Liberaler im Unterhaus; einflussreicher Berater von Premiermin. W. Gladstone. A., seit 1895 Prof. in Cambridge, war einer der wichtigsten Wegbereiter der modernen Geschichtswiss. in England (Hg. der »Cambridge Modern History«).

ACV, Abk. für Automobil-Club Verkehr Bundesrepublik Deutschland, gegr. 1962 als »Automobil-Club der Verkehrsbediensteten Deutschlands«, seit 1986 jetzige Bez., Sitz: Köln. Der ACV bietet Service zu den Themen Auto, Reise und Verkehr. Er verfügt über sieben Landesgruppen und mehr als 90 Ortsclubs in Dtl., die Zahl seiner Mitgl. beträgt mehr als 140 000. Über eine Notrufzentrale kann im Schadensfall ein ACV-Vertragsunternehmen (insgesamt 1 300 in Dtl.) zur Hilfeleistung angefordert werden.

a. D., Abk. für außer Dienst.

A. D., Abk. für lat. Anno Domini, im Jahre des Herrn.

ADA [nach Augusta Ada Lovelace], **Ada**, Ende der 1970er-Jahre im Auftrag des US-amerikan. Verteidigungsministeriums entwickelte Programmiersprache. Wegen des modularen Aufbaus ist ADA bes. zur Programmierung komplexer Probleme mit hohen Zuverlässigkeitsanforderungen sowie für Echtzeitanwendungen und zur Lösung numer. Aufgaben geeignet.

ADAC, Abk. für Allgemeiner Deutscher Automobil-Club e. V., Vereinigung zur Wahrnehmung der Interessen des Kraftfahrwesens, des Motorsports und des Tourismus; gegr. 1903 in Stuttgart als »Deutsche Motorradfahrer-Vereinigung«, seit 1911 Umbenennung in ADAC; Sitz: München. Der ADAC als größter europ. Automobilklub organisiert den Pannenhilfsdienst, fördert die Luftrettung und tritt für den Schutz der Verkehrsteilnehmer ein. Er hat rd. 15 Mio. Mitgl. (2004) und unterhält 196 Geschäftsstellen sowie 240 Vertretungen.

adagio [aˈdaːdʒo, ital.], *Musik:* langsam. **Adagio**, langsamer Satz einer Sonate, Sinfonie.

Adahandschrift, Prachtevangeliar der Hofschule Karls d. Gr., um 800 (Stadtbibliothek zu Trier), für die Äbtissin Ada, angeblich eine Schwester Karls des Großen.

Adaktylie [griech.] *die,* angeborenes Fehlen von Fingern oder Zehen.

Adalbert von Prag, eigtl. **Vojtěch,** Apostel der Preußen (seit 996), * Libice um 956, † (erschlagen) am Frischen Haff 23. 4. 997; wurde 983 Bischof von Prag. – Heiliger (Tag: 23. 4.).

Adam [hebr. »Mensch«], im A. T. Name des ersten Menschen, → Adam und Eva.

Adam, 1) [aˈdɑ̃], Adolphe Charles, frz. Komponist, * Paris 24. 7. 1803, † ebd. 3. 5. 1856; schrieb im Stil der Opéra comique die Spielopern »Der Postillon von Lonjumeau« (1836), »Wenn ich König wär'« (1852) u. a., ferner Ballette, so z. B. »Giselle« (1841).

2) [aˈdɑ̃], François Gaspard Balthasar, frz. Bildhauer, * Nancy 23. 5. 1710, † Paris 18. 8. 1761; schuf für Friedrich d. Gr. Bildwerke in Berlin und Potsdam-Sanssouci.

3) [aˈdɑ̃], Henri-Georges, frz. Bildhauer, * Paris 18. 1. 1904, † Perros-Guirec (Dép. Côtes-d'Armor) 27. 8. 1967; schuf monumental wirkende abstrakte Plastiken in klarer Linienführung; auch Radierungen und Entwürfe für Wandteppiche.

4) [ˈædəm], Robert, schott. Architekt, * Kirkcaldy 3. 7. 1728, † London 3. 3. 1792; schuf mit seinem Bruder James (* 1732, † 1794) Bauwerke in klassizist. Stil **(Adam-Style).**

5) Theo Siegfried, Sänger (Bassbariton), * Dresden 1. 8. 1926; als Opern- (bes. Wagner), Lied- und Oratoriensänger sehr geschätzt; wirkte auch als Regisseur.

Adama, bis 1991 **Nazret** [-z-], Hauptstadt des Regionalstaates Oromiya, Äthiopien, zentraler Ort des Awashtals am O-Rand des Äthiop. Grabens, 1 720 m ü. M., 214 000 Ew.; an der Eisenbahnlinie nach Djibouti und an der Fernstraße nach Dire Dawa; pharmazeut. Industrie, Papierfabrik, Gerberei.

Adamaua [nach dem Fulbe-Herrscher Adama, um 1830], Bergland in Mittelkamerun (reicht über die Grenze nach Nigeria hinein), ein welliges Grashochland (mittlere Höhen um 1 000 m ü. M.), aus dem schroffe Granitmassive und Inselberge aufsteigen; mächtige Bauxitlager; überwiegend von den Fulbe bewohnt.

Adamclisi, Adamklissi, rumän. Dorf in der südl. Dobrudscha mit den Resten eines 109 n. Chr. von Trajan nach dem Krieg gegen die Daker errichteten Siegesdenkmals, eines zylindr. Baus von 30 m Durchmesser und urspr. 42 m Höhe.

Adam de la Halle [aˈdɑ̃ də laˈal], frz. Dichter und Komponist, * Arras um 1237, † Neapel (?) um 1288 oder 1306; verfasste und komponierte u. a. Chansons, Rondeaus, Motetten und die ältesten frz. Singspiele (»Le jeu de Robin et de Marion«, 1283).

Adamellogruppe, Gebirgsgruppe in den Südalpen, Italien, südl. des Ortlers, in der Presanella 3 564 m ü. M., im Adamello 3 554 m ü. M. – Der **Adamello-Brenta-Naturpark** wurde 1967 eingerichtet und beheimatet Braunbären, Gämsen, Rehe, Hirsche, Murmeltiere u. a. typ. Vertreter der Gebirgsfauna.

Adamiten, Adamianer, in der Kirchengeschichte nicht sicher bezeugte Sondergemeinschaften, die ihren Gottesdienst angeblich zur Darstellung paradies. Unschuld nackt feierten.

Adamkus, Valdas, litauischer Politiker, * Kaunas 3. 11. 1926; Bauingenieur; emigrierte nach dem Zweiten Weltkrieg über Dtl. 1949 in die USA (bis 1998 amerikan. Staatsbürger); wirkte in litauischen Emigrantenorganisationen; bis 1997 bei der amerikan. Umweltbehörde in Chicago beschäftigt; 1998–2003 und erneut seit 2004 litauischer Staatspräsident.

Adamov, Arthur, frz. Dramatiker russisch-armen. Herkunft, * Kislowodsk (Region Stawropol) 23. 8. 1908, † (Selbsttötung) Paris 15. 3. 1970; lebte dort seit 1924, Avantgardist des frz. Nachkriegstheaters, u. a. »Ping Pong« (1955), »Paolo Paoli« (1957), »Off limits« (1969).

Adams [ˈædəmz], **1)** Ansel, amerikan. Fotograf, * San Francisco 20. 2. 1902, † Monterey Peninsula (Calif.) 22. 4. 1984. Seine Fotos amerikan. Landschaften errangen internat. Anerkennung.

2) Douglas Noël, engl. Schriftsteller, * Cambridge 11. 3. 1952, † Santa Barbara (Calif.) 11. 5. 2001; schrieb

ADAC

Adolphe Charles Adam

Valdas Adamkus

v. a. von doppelbödigem Humor gekennzeichnete, scharfsinnige Science-Fiction- und Kriminalromane; internat. bekannt wurde A. mit der Hörspielreihe »Per Anhalter durch die Galaxis« (1978, als Roman 1979), dem ersten Teil der gleichnamigen »intergalakt. Trilogie«.

3) Eddie, eigtl. Edward T. **A.**, amerikan. Fotojournalist, * New Kensington (Pa.) 12. 6. 1933, † New York 19. 9. 2004; war 1962–72 und 1976–80 für die amerikan. Nachrichtenagentur AP tätig. A. schuf als Kriegsfotograf erschütternde Bilddokumente. Sein bekanntestes Foto »Saigon execution« von einer Erschießung auf offener Straße entstand 1968 während des Vietnamkrieges. Es gehört zu den meistpublizierten Kriegsfotos und trug weltweit zur wachsenden Kritik am Vietnamkrieg bei. Neben dokumentar. Kriegsfotografie machte er Fotos vom polit. Leben (u. a. Porträts von US-Präsidenten), von Mode und Showbusiness. A. arbeitete u. a. für die Zeitschriften »Time«, »Newsweek«, »Vogue« und »Life«. Er erhielt für sein Schaffen zahlr. Auszeichnungen, darunter den Pulitzerpreis (1969).

4) Gerry, nordirischer Politiker, * Belfast 6. 10. 1948; aus einer kath. Arbeiterfamilie, 1972 und 1973–77 in Haft; wurde 1983 Präs. von →Sinn Féin; setzte sich seit 1993/94 verstärkt für eine polit. Lösung des Nordirlandkonflikts ein.

5) John, 2. Präs. der USA (1797–1801), * Braintree (heute Quincy, Mass.) 30. 10. 1735, † ebd. 4. 7. 1826; schloss 1783 den Frieden mit Großbritannien. Sein Sohn John Quincy (* 1767, † 1848) war der 6. Präs. der USA (1825–29), dessen Enkel Henry (* 1838, † 1918) ein bed. Historiker und Geschichtsphilosoph.

6) John Coolidge, amerikan. Komponist und Dirigent; * Worcester (Mass.) 15. 2. 1947; komponierte, ausgehend von der Minimal Music, Werke von stilist. Vielfalt; so u. a. experimentelle Stücke (»Onyx«, 1976, für Tonband), Opern (»The Death of Klinghoffer«, 1991) und Orchesterwerke (»On the transmigration of souls«, 2003).

Adamsapfel, hervortretender Teil des Schildknorpels am →Kehlkopf, beim Mann stärker ausgebildet.

Adamsbrücke, rd. 86 km lange Kette von Inseln und Sandbänken zw. Ceylon (Sri Lanka) und Südindien; Perlenfischerei. Hauptinseln: Rameswaram und Mannar.

Adamski, Hans-Peter, Maler und Bildhauer, * Kloster Oesede (heute zu Georgsmarienhütte) 7. 5. 1947; in Gemälden, Papierarbeiten und Collagen entwickelte er eine Formensprache, die figurative Zeichen mit abstrakten Elementen kombiniert; auch Plastik.

Adam's Peak [ˈædəmz piːk], Gneisberg auf Ceylon (Sri Lanka), 2 243 m ü. M., mit einer als Fußabdruck Adams, Shivas oder auch Buddhas gedeuteten Vertiefung; Wallfahrtsort.

Adamsspiel, das älteste erhaltene geistliche Drama in altfrz. Sprache (12. Jh.), behandelt den Sündenfall, Kains Brudermord und die Weissagungen der Propheten.

Adams-Stokes-Syndrom [ˈædəmz ˈstəʊks-; nach den brit. Ärzten R. Adams, * 1791, † 1875, und W. Stokes, * 1804, † 1878], lebensbedrohendes Krankheitsbild mit hochgradig verlangsamtem Puls und kurzer Bewusstlosigkeit bei mangelhafter Durchblutung des Gehirns infolge Herzrhythmusstörungen.

Adam und Eva, nach der Bibel (1. Mos. 1–4) das erste Menschenpaar und Stammeltern aller Menschen. Entsprechend dem Namen steht der erste Mensch für die gesamte Menschheit. Nach 1. Mos. 3 führte der Genuss der verbotenen Frucht vom Baum der Erkenntnis zum Verlust des Standes der naiven Unschuld und zum Gewinn der Unterscheidung von Gut und Böse. Weitere Folgen waren die Vertreibung aus dem Garten Eden (Paradies), die Mühen des Mannes beim Ackerbau und die Schmerzen der Frau bei der Geburt. In der Typologisierung durch Paulus steht Adam als Urheber von Sünde und Tod Christus, dem »neuen Adam«, gegenüber, der den Menschen gerecht machen und mit Gott versöhnen will (Röm. 5). – Die bildende Kunst stellte bes. die Erschaffung, den Sündenfall und die Vertreibung dar (Hildesheimer Bronzetür, Adamspforte des Bamberger Doms, Fresken von Masaccio und Michelangelo, Stich von Dürer u. a.).

Adam von Bremen, Chronist, † zw. 1081 und 1085; seit 1066 Domherr in Bremen, schrieb eine »Geschichte der Hamburg. Kirche« (zw. 1072 und 1076) mit Berichten über die nord. Völker und einem Lebensbild des Erzbischofs Adalbert von Hamburg-Bremen (* um 1000, † 1072).

Adana, Hptst. der türk. Prov. A., 1,3 Mio. Ew.; Baumwollverarbeitung, Baustoff-, Nahrungsmittelind.; Kraftwerk am Seyhan; Univ. (gegr. 1973); Flughafen. In der Altstadt u. a. die Große Moschee (Ulu Camii; Anfang 16. Jh.).

Adapazarı, Hptst. der türk. Prov. Sakarya in NW-Anatolien, 174 400 Ew.; Tabak-, Zucker-, Nahrungsmittelind.; Traktoren- und Eisenbahnwerk.

Adaptation [lat.] *die,* **Adaption, 1)** *Biologie:* die biolog. →Anpassung, z. B. des Auges an die jeweilige Helligkeit.

2) *Literatur:* svw. →Bearbeitung.

3) *Medizin:* **Adaptationssyndrom,** →Selye.

Adapter [engl.] *der,* Zusatzteil, das den Anwendungsbereich eines Gerätes erweitert, indem es den Übergang zw. Vorrichtungen versch. Systeme ermöglicht; z. B. Verbindungsstück für Kamera und Objektive versch. Fabrikate, für Steckverbinder bei elektrotechn. Geräten (**A.-Stecker, A.-Kabel**), für den Kopplungsteil von Raumfahrzeugen.

adaptierte Milch, industriell auf Kuhmilchbasis hergestelltes Milchpräparat zur Säuglingsernährung, das in seiner Zusammensetzung der Muttermilch angepasst ist.

adaptive Optik, abbildendes opt. System zur Korrektur von optisch wirksamen Veränderungen in seinem Strahlengang. Adaptive opt. Systeme gewährleisten die Echtzeitkontrolle und Veränderung von Parametern des opt. Wellenfeldes; z. B. können zur Erhöhung des Auflösungsvermögens opt. Teleskope die durch die Luftunruhe (Szintillation) bewirkten Deformationen der von einem Stern ausgehenden Wellenfronten durch computergesteuerte mechan. Formveränderung von Spiegeln kompensiert werden. – Das Prinzip der a. O. ist eine Entwicklungsrichtung der modernen Hochleistungsoptik. Neben den Anwendungen in der opt. Astronomie (bes. bei Großteleskopen) wird die a. O. z. B. in der Lasertechnologie, Mikroskopie und Lithografie eingesetzt.

Adaptronik [Kw. aus **adapt**iv und Elek**tronik**], interdisziplinäres Forschungsgebiet, das sich mit multifunktionellen techn. Strukturen und Systemen beschäftigt. Adaptive Systeme sind in der Lage, sich wechselnden Betriebsbedingungen aktiv anzupassen; man spricht daher auch von »intelligenten« Systemen. Sie werden z. B. in der Sicherheitstechnik, der

Schwingungsdämpfung, im Fahrzeug- und Maschinenbau, in der Luft- und Raumfahrt, der Sensortechnik und der adaptiven Optik eingesetzt. Wichtige Impulse für die A. kommen v. a. aus der Werkstoffforschung, die Funktionswerkstoffe mit geeigneten Eigenschaften entwickelt (z. B. Memorylegierungen, Polymer- und Keramikwerkstoffe mit Gedächtniseffekten, elektroviskose Flüssigkeiten).

adäquat [lat.], **1)** *allg.:* angemessen, passend, entsprechend.
2) *Philosophie:* Bez. für die Übereinstimmung der Urteilsaussage mit dem Sachverhalt (bei Thomas von Aquin: Wahrheit als »adaequatio intellectus et rei«, Übereinstimmung des urteilenden Denkens und der Sache).

ADAV, Abk. für **A**llgemeiner **D**eutscher **A**rbeiter**v**erein, →Sozialdemokratie.

ADB, →Afrikanische Entwicklungsbank.

ADC, Abk. für **A**nalog-**d**igital-**C**onverter (→Analogdigital-Umsetzer).

ADD, Abk. für **a**naloge Aufnahme, **d**igitale Bearbeitung, **d**igitale Wiedergabe; kennzeichnet techn. Verfahren u. a. bei einer CD-Aufnahme.

Adda *der* oder *die,* lat. **Addua,** linker Nebenfluss des Po, Italien, 313 km, entspringt in den Zentralalpen, durchströmt das Veltlin und den Comer See, mündet oberhalb von Cremona; zahlr. Kraftwerke.

Addams [ˈædəmz], **1)** Chas, eigtl. Charles Samuel A., amerikan. Karikaturist, *Westfield (N. Y.) 7. 1. 1912, †New York 5. 10. 1988; seit 1935 Mitarbeiter der Zeitschrift »The New Yorker«, beispielgebend für den angelsächs. »schwarzen Humor«.
2) Jane, amerikan. Sozialreformerin, *Cedarville (Ill.) 6. 9. 1860, †Chicago (Ill.) 21. 5. 1935; setzte sich für Frauenwahlrecht, Jugendschutz, Armenpflege und den Friedensgedanken ein; 1915 Mitbegründerin, dann Präsidentin der Women's International League for Peace and Freedom; Friedensnobelpreis 1931 (mit N. M. Butler).

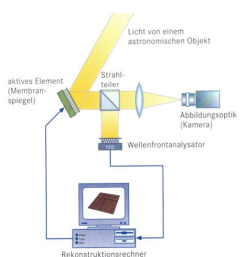

adaptive Optik: Die durch Luftturbulenzen deformierte Wellenfront eines fernen astronomischen Objektes wird teilweise von einem Strahlteiler auf einen Wellenfrontsensor geleitet. Der Rekonstruktionsrechner bestimmt aus den Daten die erforderliche Korrektureinstellung des adaptiven Spiegels. In der Bildebene (Kamera) entsteht so ein beugungsbegrenztes Bild.

Addis Abeba [amhar. »neue Blume«], Hptst. und wirtsch. Zentrum von Äthiopien sowie Sonderverw.-Gebiet im Rang eines Regionalstaates (546 km^2), in der Mitte des Landes auf einer Hochfläche, 2 420 m ü. M., 2,82 Mio. Ew.; Sitz der Afrikanischen Union (AU) und der UN-Wirtschaftskommission ECA, Sitz des Oberhauptes (Patriarch-Katholikos) der äthiop. orthodoxen Kirche sowie des Metropoliten der mit Rom unierten äthiop. katholischen Kirche; Univ. (gegr. 1961), TH, Goethe-Inst., Nationalmuseum; größter Industriestandort des Landes, internat. Flughafen; Eisenbahnlinie nach Djibouti. – Das Stadtbild ist geprägt durch ein direktes Nebeneinander von modernen Großbauten (Afrikahalle, 1961; Stadthalle, 1965) und von Hütten- oder Slumbesiedlung. – A. A. ging aus einem Heerlager des späteren Kaisers Menelik II. hervor; der Bau der Stadt begann 1897.

Addison [ˈædɪsn], Joseph, engl. Schriftsteller und Politiker, *Amesbury (Wiltshire) 1. 5. 1672, †London 17. 6. 1719; war Unterstaatssekretär, ab 1717 Minister. In seinen Beiträgen zu den ersten →Moralischen Wochenschriften schilderte er liebevoll den bürgerl. Alltag und bereitete so dem Roman des 18. Jh. den Weg.

Addison-Krankheit [ˈædɪsn-; nach dem brit. Arzt T. Addison, *1793, †1860], **Bronzehautkrankheit,** seltene, auf mangelnder Hormonbildung der Nebennierenrinde (meist infolge einer →Autoimmunkrankheit) beruhende Erkrankung; Kennzeichen sind z. B. Übelkeit, Abmagerung, Muskelschwäche, Pigmentierung von Haut und Schleimhäuten.

Addition [lat.] *die,* **1)** eine der Grundrechenarten, bei der mindestens zwei **Summanden** zusammengezählt werden, symbolisiert durch das Verknüpfungszeichen + (plus); das Ergebnis heißt **Summe.** Die A. gehorcht dem →Assoziativgesetz, dem →Kommutativgesetz und löst die Gleichung $a + x = b$ für beliebige Zahlen a und b stets eindeutig.
2) Reaktionstyp in der organ. Chemie, wobei sich ein Molekül an eine Verbindung mit Doppel- oder Dreifachbindung anlagert.

Additive, qualitätsverbessernde und die Verarbeitung erleichternde Zusätze zu Kraft- und Kunststoffen, Lacken, Schmierölen, Waschmitteln u. a., z. B. Antiklopfmittel, Füllstoffe, Weichmacher usw. Bei Lebensmitteln →Zusatzstoffe.

Adduktion [lat.] *die,* das seitl. Heranführen (**Adduzieren**) eines Gliedes an die Körperlängsachse. **Adduktoren,** die diese Bewegung ausführenden Muskeln.

Adecco S. A., weltweit tätiges (rd. 6 000 Niederlassungen in 68 Ländern) Personalvermittlungsunternehmen, entstanden 1996 durch Fusion von ADIA S. A. (gegr. 1957) und Ecco S. A. (gegr. 1964); Sitz: Chéserex.

Adel [ahd. adal »Geschlecht«, »Abstammung«], ein ehem. sozial, rechtlich und politisch privilegierter Stand, gegründet auf Geburt, Besitz oder (meist krieger.) Leistung, gekennzeichnet durch besondere Lebensformen und ein ausgeprägtes Standesethos.

Geschichte: Mit der Entstehung der Hochkulturen bildete sich eine aristokrat., bevorrechtete Schicht der Gesellschaft heraus; im antiken Griechenland hatte der krieger. A. eine beherrschende Stellung, im Röm. Reich die →Patrizier und die Nobilität (**Amts-A.**), die zus. mit dem A. der unterworfenen Prov. den Bestand des Reiches sicherten. – In *Deutschland* trat neben den altgerman. **Geburts-A.** der Edelinge oder Edelfreien in fränk. Zeit ein **Dienst-A.,** der den Königs-

Jane Addams

dienst leistete und mit Lehen ausgestattet wurde. Aus ihm bildete sich der mittelalterl. Ritterstand (→Rittertum). Die einfachen Ritter, auch die urspr. unfreien →Ministerialen (Dienstmannen), wurden zum **niederen A.**, der teils als reichsunmittelbarer A. die Reichsritterschaft bildete, teils landsässiger A. der fürstl. Landesherren war. Aus den edelfreien Geschlechtern entstand der mit staatl. Hoheitsrechten ausgestattete **hohe A. (Hoch-A.):** weltl. und geistl. Fürsten, Grafen und freie Herren. Sein wesentl. Merkmal wurde seit dem 16. Jh. die Reichsstandschaft, d. h. Sitz und Stimme auf dem Reichstag. Im 14. Jh. begann die Verleihung des i. d. R. erbl. A. durch **A.-Brief** des Kaisers; diesen seit 1806 auch von den Monarchen der dt. Rheinbundstaaten und nach 1815 durch alle dt. Landesfürsten erteilten jüngeren **Brief-A.** unterscheidet man vom alten A., zu dem man alle vor 1350 als ritterbürtig nachweisbaren Geschlechter rechnet. Die alten A.-Vorrechte (Steuerfreiheit, gutsherrl. Gerichtsbarkeit, Recht auf die bäuerl. Frondienste, Bevorzugung im Staats- und Heeresdienst) wurden seit 1789 und 1848/49 fast sämtlich abgeschafft. Ferner wurden 1803 und 1806 die meisten kleineren Geschlechter des hohen A. und die Reichsritterschaft mediatisiert (→Standesherren). Dennoch konnte sich der A. im kaiserl. Dtl. bis zum Ende des Ersten Weltkriegs als Führungsschicht behaupten. Die Weimarer Reichsverf. von 1919 (Art. 109) hat die letzten Sonderrechte des A. beseitigt und festgesetzt, dass A.-Bezeichnungen fortan nur als Teil des Namens gelten und nicht mehr verliehen werden dürfen. Die Stufen sind: Herzog, Fürst, Graf, Freiherr (Baron), Ritter (nur in Bayern und im alten Österreich), Edler (nur im alten Österreich) und das bloße »von«.

Die *Tschechoslowakei* und *Österreich* haben 1918/19 den A. aufgehoben. – In der *Schweiz* wird der A. schon seit Anfang des 19. Jh. amtlich nicht anerkannt.

In *Großbritannien* entwickelten sich aus den Baronen (Kronvasallen) und den einfachen Rittern des MA. ein hoher und ein niederer A. Der hohe A., die Nobility, mit dem allg. Titel →Lord, gliedert sich in die Rangstufen: Herzog (Duke), Marquess, Graf (Earl), Viscount, Baron. Mit ihm ist die Peerswürde (→Peer) verknüpft, die mit dem Grundbesitz nur auf den Erstgeborenen vererbt wird. Aus dem niederen Land-A. ist durch frühzeitige Verschmelzung mit dem Großbürgertum die Gentry entstanden; ihre Rangstufen sind Baronet (erblich) und Knight (nur persönlich), die ihrem Vornamen den Titel Sir voransetzen.

Im alten *Frankreich* unterschied man die Noblesse de race (»Geburts-A.«), die Noblesse de lettres (»Brief-A.«) und die Noblesse de robe (»Amts-A.«). Nach Verzicht des A. auf Vorrechte und Titel 1789 und seiner Dezimierung durch die Revolution formierte Napoleon I. ab 1804 aus den Großwürdenträgern und Marschällen seines Kaiserreichs einen kaiserl. Neu-A. (erneutes Verbot der Titelführung 1848–52). Die Rangstufen sind: Fürst (Prince), Herzog (Duc), Marquis, Graf (Comte), Vicomte, Baron, einfacher A. Entsprechend sind die Rangstufen in den anderen roman. Ländern gestaffelt.

In *Italien* hat die Verfassung von 1948 den A. abgeschafft, doch können A.-Bezeichnungen aus der Zeit vor der Herrschaft des Faschismus weitergeführt werden.

In *Spanien* bilden die Granden und die Titulados (»Betitelten«, bis zum Baron) den hohen, die Hidalgos den (sehr zahlreichen) niederen A.

In *Ungarn* wurden die A.-Vorrechte 1848 abgeschafft, doch wahrte der A. z. T. bis 1945 seine Machtstellung.

Über den *polnischen* A. →Schlachta.

Der *russische* A. (Bojaren) bildete sich aus der bewaffneten Gefolgschaft der Fürsten (Druschina). Peter d. Gr., der durch die Rangtafel von 1722 alle Beamten und Offiziere in 14 adlige Rangklassen (Tschin) einteilte, begründete den Dienst-A. 1917 wurde der A. durch die bolschewist. Regierung abgeschafft.

In *Japan* kam neben dem alten kaiserl. Hof-A. (Kuge) im 12. Jh. ein ritterl. Kriegerstand auf (Buke), aus dem die obere Schicht der Daimyōs und die untere Schicht der →Samurai hervorgingen. 1869 wurde aus Schwert- und Zivil-A. ein neuer A. (Kazoku) gebildet (1884 Gesetz zur Einführung eines am europ. Modell orientierten A.-Systems). Die Verfassung von 1946 erkannte den A. nicht mehr an.

Adelaide [ˈædəleɪd], Hptst. von South Australia, Australien, an der Mündung des Torrens River in den Saint-Vincent-Golf, 1,09 Mio. Ew. (Metropolitan Area); kath. Erzbischofssitz, drei Univ.; Fahrzeug- und Maschinenbau, Metall verarbeitende, Elektro- und Nahrungsmittelind.; Hochseehafen (Port A.), internat. Flughafen. – Das 1836 gegründete A. erhielt als erste austral. Stadt eine eigene Gemeindeverw. (1840).

Adelboden, Kur- und Ferienort im Berner Oberland, Schweiz, 1353 m ü. M., 3600 Ew.; Wintersport, Bergbahnen.

Adelheid, römisch-dt. Kaiserin und Heilige, * um 931, † Selz (im Elsass) 16. 12. 999; Tochter König Rudolfs II. von Burgund, ⚭ 947 mit König Lothar von Italien und nach dessen Tod (950) von seinem Nachfolger Berengar II. gefangen gehalten; sie rief Otto I. d. Gr., zu Hilfe, der sich 951 mit ihr vermählte. 991–994 war sie (mit Willigis von Mainz) Regentin für Otto III. 1097 heiliggesprochen (Tag: 16. 12.).

Adélieland [ade'li-], der O-Teil von Wilkesland, Antarktis, sturmreichstes Gebiet der Erde; 1840 von J. S. C. Dumont d'Urville entdeckt, seit 1955 Teil des frz. Überseeterritoriums Terres Australes et Antarctiques Françaises.

Adelsberg, Stadt in Slowenien, →Postojna.

Adelsbrief, Adelsdiplom, Urkunde, durch die der →Adel verliehen oder bestätigt wird.

Adelskrone, *Heraldik:* fünfzackige Krone, die unterste Stufe der →Rangkronen (für den nicht titulierten Adel).

Adelsprobe, Nachweis der adeligen Abstammung durch Zeugen und Vorlage der Ahnentafel.

Adelung, Johann Christoph, Sprachforscher, * Spantekow (bei Anklam) 8. 8. 1732, † Dresden 10. 9. 1806; war Bibliothekar und verfasste neben kulturgeschichtl. Werken in aufklärer. Geist grammat. Schriften, in denen er für die Einheit der Schriftsprache eintrat (»Versuch eines vollständigen grammat.-krit. Wörterbuchs der hochdt. Mundart«, 5 Bde., 1774–86).

Aden [engl. eɪdn; arab. adan »Paradies«], Winterhauptstadt, Hauptwirtschafts- und Handelszentrum von Jemen, Hafen am Golf von A., 608 000 Ew.; Univ. (gegr. 1975); Erdölraffinerie; Containerhafen mit angegliederter Industrie- und Gewerbezone (Freihandelszone). Stadtmauer (11. Jh.) mit sechs Toren aus dem 13. Jh. – In Altertum und MA. wichtiger Hafen für den Handel zw. Europa und Asien; seit 1839 britisch, 1937 mit dem Umland zur Kronkolonie erhoben; 1963

Johann Christoph Adelung

wurde diese als Staat A. Teil der Südarab. Föderation; 1967–90 Hptst. der Demokrat. VR Jemen.

Aden, Golf von, Teil des Ind. Ozeans, zw. der Somalihalbinsel im S und der Arab. Halbinsel im Norden.

Adenauer, Konrad, Politiker (Zentrum, CDU), * Köln 5. 1. 1876, † Bad Honnef 19. 4. 1967; Jurist, war 1917–33 Oberbürgermeister der Stadt Köln, 1920–33 Präs. des Preuß. Staatsrats; seit 1906 Mitgl. der Zentrumspartei. Nach dem Ersten Weltkrieg erwog er 1919/20 und 1923/24 die Errichtung eines eigenen rhein. Staates innerhalb des Dt. Reiches, äußerstenfalls auch getrennt von ihm. 1933 enthoben die Nationalsozialisten A. seiner Ämter und inhaftierten ihn 1934 sowie 1944 für einige Monate. Mai bis Oktober 1945 amtierte A. wieder als Oberbürgermeister von Köln; er beteiligte sich am Aufbau der CDU in der brit. Besatzungszone, 1946–49 war er deren Zonenvors., 1950–66 Bundesvors. der CDU. 1948–49 war er Mitgl. und Präs. des Parlamentar. Rates, 1949 wurde A. MdB und am 15. 9. 1949 zum Bundeskanzler gewählt.

Die wesentl. Bedeutung der vierzehnjährigen Amtszeit A.s (1957–61 mit absoluter Mehrheit der CDU/CSU) lag in der konsequenten Verfolgung der Westbindung der BRD, v. a. in Form der außen- und sicherheitspolit. Einbindung in die atlantisch-europ. Gemeinschaft (→ Pariser Verträge, 1954) sowie in der staatspolit. Verankerung der parlamentar. Demokratie, die den Gewinn von Souveränität und Gleichberechtigung ermöglichte. Hinzu kam die Etablierung der sozialen Marktwirtschaft, für die v. a. Wirtschaftsmin. L. → Erhard verantwortlich zeichnete. Aufgrund seiner zielbewussten Politik und konsequenten Anwendung verfassungsrechtl. Vollmachten als Bundeskanzler (sog. »Kanzlerdemokratie«) gewann A. dominierende polit. Autorität, zugleich aber auch eine starke Gegnerschaft v. a. in der veröffentlichten Meinung. Außenpolitisch (1951–55 auch Außenmin.) setzte er sich des Weiteren für die dt.-frz. Verständigung als Kern einer polit. Einigung Europas ein. Er bemühte sich erfolgreich um die Verständigung mit Israel und förderte mit anderen europ. Politikern die Schaffung übernat. Gemeinschaften (1951: Montanunion, 1952: EVG, 1957: EWG, Euratom). Bestrebt, einem wieder vereinigten Dtl. den Beitritt zum euch. Bündnissystem offen zu halten, beließ er die – an die Alliierten gerichtete – Stalinnote von 1952 ohne Echo. 1955 erreichte er in Moskau die Rückkehr der letzten dt. Kriegsgefangenen (gegen die Aufnahme diplomat. Beziehungen mit der UdSSR).

Zunehmende Kritik an A.s innen- und außenpolit. Linie, nicht nur seitens der SPD, führte bes. durch die Spiegelaffäre (1962) zu einem Verlust an Popularität und polit. Autorität. Am 15. 10. 1963 trat A. daher widerstrebend als Bundeskanzler zurück, blieb aber politisch aktiv.

Adenin [griech.] *das,* verbreitete Purinbase, Bestandteil der → Nukleinsäuren u. a. biologisch wirksamer Stoffe.

Adenohypophyse, → Hypophyse.

adenoide Wucherungen [von griech. aden »Drüse«], fälschlich **Polypen,** Vergrößerung der Rachenmandel bei Kindern mit Behinderung der Nasenatmung, Schnarchen, allgemeinem Entwicklungsrückstand, häufigen Infekten der Nase, der Nasennebenhöhlen und des Mittelohrs. Die Behandlung erfolgt durch operative Entfernung (Adenotomie).

Adenom [griech.] *das,* von Drüsen ausgehende gutartige Gewebeneubildung, die jedoch bösartig entarten kann (**Adenokarzinom, Adenosarkom**). A. bilden sich v. a. in der weibl. Brust.

Adenosin [griech.] *das,* organ. Verbindung aus Adenin und D-Ribose. **A.-Triphosphat (ATP)** spielt als chemisch gespeicherter Energievorrat der lebenden Zelle eine wesentl. Rolle bei vielen Energie verbrauchenden Reaktionen.

Adenoviren [griech.-lat.], Familie mittelgroßer Viren mit einem doppelsträngigen DNA-Genom, die in zwei Gattungen bei Säugetieren und Vögeln vorkommen; rufen u. a. Erkältungen, Augenentzündungen und Durchfälle hervor. Noch weitgehend experimentell werden sie in der Gentherapie zur Behandlung genetisch bedingter Erkrankungen eingesetzt.

Adept [lat. »der erlangt hat«] *der,* (in eine Geheimlehre) Eingeweihter, Anhänger einer Lehre.

Ader [mhd. »Eingeweide«], 1) *Anatomie:* Blutgefäß, → Blutgefäße.

2) *Elektrotechnik:* Strom führender metall. Teil isolierter Leitungen.

3) *Geologie:* mineral. Füllmasse schmaler Gesteinsspalten.

Aderhaut, Gefäßhaut im → Auge.

Aderlass, nur noch selten angewendete Blutentnahme (Entzug von 500–800 ml Blut) zur Behandlung einer akuten Herzbelastung oder einer Polyzythämie.

ADF [Abk. für engl. **a**utomatic **d**irection **f**inder], **Radiokompass,** automatisch arbeitendes Bordpeilgerät (Funkpeiler).

ADFC, Abk. für **A**llgemeiner **D**eutscher **F**ahrrad-**C**lub e. V.; 1979 gegr. Interessenverband für Freizeit- und Alltagsradfahrer, der sich in der Verkehrspolitik für die Förderung des Radfahrens, für Radwege(netze), für einen fahrradfreundl. öffentl. Personennahverkehr, für den Fahrradtourismus, für den Schutz vor Fahrraddiebstählen sowie für die Förderung des Radsports als Volks- und Breitensport einsetzt; Sitz: Bremen.

ADGB, Abk. für **A**llgemeiner **D**eutscher **G**ewerkschaftsbund, → Gewerkschaften.

ADH, Abk. für **a**nti**d**iuretisches **H**ormon.

Adhäsion [lat.] *die,* das Aneinanderhaften von versch. Stoffen oder Teilchen (Atome, Moleküle) infolge molekularer Anziehungskräfte (**A.-Kräfte**). Beispiele sind Adsorption, Haftreibung, Kleben oder die Benetzung fester Körper mit Flüssigkeiten. Der Zusammenhalt von Molekülen des gleichen Stoffes beruht auf der → Kohäsion.

Adhäsionsprozess, *Recht:* Verfahren, das dem durch eine Straftat Verletzten die Möglichkeit gibt, einen aus dem Delikt erwachsenen vermögensrechtl. Anspruch im Strafprozess – statt vor dem Zivilgericht – geltend zu machen (§§ 403 ff. StPO).

ad hoc [lat. »für dieses«], zu diesem Zweck.

Ad-hoc-Publizität, Verpflichtung jedes Emittenten von zum Handel an einer inländ. Börse zugelassenen Wertpapieren, alle ihn unmittelbar betreffenden Insiderinformationen gemäß § 13 Wertpapierhandels-Ges. unverzüglich zu veröffentlichen.

adiabatische Entmagnetisierung, → magnetokalorischer Effekt.

adiabatischer Prozess [griech.], physikal. oder chem. Zustandsänderung (z. B. Kompression eines Gases), die so schnell verläuft oder so gut isoliert ist, dass während ihres Ablaufs keine Wärme zw. dem System und der Umgebung ausgetauscht wird. Im Zu-

Konrad Adenauer

standsdiagramm (z. B. p-V-Diagramm) beschreibt die **Adiabate** eine Kurve, die Zustände gleicher Entropie verbindet.

adiabatischer Prozess: Bei ihm wächst das in einem Gefäß abgeschlossene Gasvolumen V (1) mit abnehmendem Druck p (2, 3).

Adiantum [griech.] *das,* **Frauenhaarfarn,** Farngattung mit über 200 Arten, so **Venus-** oder **Frauenhaar** (Zimmerpflanze).

Adiaphora [griech. »Gleichgültiges«], *Philosophie:* in der kynisch-stoischen Ethik urspr. alles, was weder als gut (Tugend) noch als Übel angesehen wird und daher für die Glückseligkeit gleichgültig ist: Ruhm, Ruhmlosigkeit, Lust und Schmerz, Reichtum und Armut, Leben und Tod.

adidas®**,** seit 1949 zus. mit »drei Streifen« eingetragenes Markenzeichen für die Sportbekleidungsartikel der Firma →adidas-Salomon AG; Begründer ist Adolf (»Adi«) Dassler (* 1900, † 1978).

adidas-Salomon AG, in der Branche Sport- und Freizeitbekleidung sowie Sportartikel tätiges Unternehmen; Sitz: Herzogenaurach; gegr. 1948 als Familienunternehmen, firmierte bis 1989 als adidas Sportschuhfabriken Adi Dassler Stiftung & Co. KG; danach als adidas AG; nach Übernahme der frz. Salomon S. A. (1997) heutige Bez.; bekannte Marken sind v. a. adidas®, Reebok® und TaylorMade®. 2005 wurde die Salomon-Gruppe (Wintersportartikelbereich) an das finn. Unternehmen Amer Sports Corp. verkauft, 2006 erfolgte die Übernahme der Reebok International Ltd.

Adige [ˈaːdidʒe], ital. Name der →Etsch.

Adighe, Eigenbez. der →Tscherkessen.

Adigrantha, →Granth.

Ädikula [lat. »Zimmerchen«, »Häuschen«] *die,* kleiner Tempel; auch Nische (für Standbilder), auch als rahmendes Motiv und zur Gliederung von Flächen.

Ädilen [lat.], im antiken Rom urspr. zwei, dann vier, seit Caesar sechs Beamte. Ihnen unterstanden die städt. Polizei, Bauwesen, Feuerwehr, Getreideversorgung und -verteilung, Marktaufsicht und die öffentl. Spiele.

Adipinsäure, Hexandisäure, kristalline Dicarbonsäure, die u. a. im Zuckerrübensaft vorkommt; gewonnen durch Oxidation von Cyclohexan; Zwischenprodukt v. a. für Nylon.

Adipositas [lat.] *die,* →Fettsucht.

Adirondacks [ædɪˈrɒndæks] *Pl.,* seenreiche Gebirgsgruppe der Appalachen im NO des Bundesstaates New York, USA; der Mount Marcy ist mit 1 629 m ü. M. höchste Erhebung.

Adiuretin [griech.] *das,* →Vasopressin.

Adivasi [Hindi »Erstbewohner«], Sammelbez. für die Ureinwohner Indiens, als »Scheduled Tribes« behördlich erfasst; bilden mit etwa 70 Mio. Menschen 8 % der Gesamtbev. Indiens. Die A. setzen sich aus einer Vielzahl kulturell unterschiedl. Gemeinschaften und Völker (u. a. Bhil, Gond, Santal) zusammen, die größtenteils in Rückzugsgebieten leben.

ADI-Wert [ADI, Abk. für engl. **a**cceptable **d**aily **i**ntake], internat. Bez. für die höchste gesundheitl. unbedenkl. Tagesdosis einer Substanz (z. B. Pflanzenschutzmittel, Lebensmittelzusatzstoff), die auch bei lebenslanger Aufnahme dem Menschen nicht schadet.

Adjani [adʒaˈni], Isabelle, frz. Schauspielerin, * Gennevilliers (Dép. Hauts-de-Seine) 18. 6. 1955; spielte u. a. in Filmen von F. Truffaut, R. Polanski und W. Herzog, meist in mysteriös-abgründigen Rollen. – *Filme:* Die Gesch. der Adèle H. (1975); Ein mörder. Sommer (1983); Camille Claudel (1988); Die Bartholomäusnacht (1994); Diabolisch (1996); Bon voyage (2003).

Adjaye [ˈædʒeɪ], David, brit. Architekt, * Daressalam 1966; lebt und arbeitet in London. Nach der Mitarbeit in mehreren Architekturbüros gründete er 1994 mit William Russell das Büro »Adjaye and Russell«. Die Bürogemeinschaft (bis 2000) widmete sich v. a. Ausstellungen sowie der Planung und dem Design von Geschäften und Restaurants. Nachdem A. (seit 2000 Büro »Adjaye/Associates«) mit dem Bau einiger Londoner Privathäuser für Aufsehen gesorgt hatte (u. a. »Elektra House«, 2001), bekam er zunehmend öffentl. Aufträge (»Idea Stores« für die Londoner Stadtbibliothek, 2002–05; Friedenszentrum des Nobel-Instituts in Oslo, 2005; Kunsthalle für das Museum of Contemporary Art in Denver, Colo., 2005 ff.). Sein Interesse gilt v. a. strengen, klaren Formen und dem einfühlsamen Verändern gewachsener Strukturen.

Adjektiv [lat. nomen adiectivum »Beiwort«] *das,* **Eigenschaftswort,** Wortart zur näheren Bestimmung eines Bezugsworts. Man unterscheidet **attributive** (z. B. die »rote« Rose), **prädikative** (z. B. die Rose ist »rot«) und **verbalappositive** A. (z. B. er sieht »rot«). A. können dekliniert und gesteigert werden sowie Valenzen aufweisen. **Adverbial-A.** sind von einem Adverb abgeleitet und werden nur attributiv gebraucht (z. B. »gestrig«).

Adjunkt [lat.], *das, Sprachwissenschaft:* Satzteil, der einen anderen näher bestimmt, z. B. ein Attribut oder ein Relativsatz.

adjustieren [lat.], eichen, sorgfältig zurichten.

Adjutant [span.-frz. aus lat.] *der,* den Kommandeuren militär. Verbände zur Unterstützung beigegebener Offizier (in Dtl. bis 1945); in der Bundeswehr Begleitoffizier eines Generals.

Adler [mhd. adelar »edler Aar«], **Aquila, 1) Aquila,** Sternbild der Äquatorzone, im Sommer am Abendhimmel sichtbar; sein hellster Stern ist der **Atair.** Der Stern η Aquilae ist ein Delta-Cephei-Stern, dessen Helligkeit mit einer Periode von 7,177 Tagen zw. 3ᵐ.48 und 4ᵐ.39 schwankt.

2) Gattung der Greifvögel mit 11 Arten, die hauptsächlich in Europa, Asien und Afrika verbreitet sind. Der **Stein-A.** (Aquila chrysaetos), bis 88 cm groß, ist in Europa, Asien und NW-Afrika heimisch, in Dtl. kommt er noch in den Alpen vor. Ihm ähnlich ist der bis 83 cm große **Kaiser-A.** (Aquila heliaca), in Spanien und SO-Europa. Kleiner sind der im östl. Mitteleuropa vorkommende **Schrei-A.** (Aquila pomarina), bis 66 cm groß, und der bis 73 cm große **Schell-A.** (Aquila clanga). Diesen Echten A. ähnlich sind der **Schlangen-A.** (Circaetius gallicus), der →Seeadler und der →Fischadler, die anderen Gattungen angehören. Alle

Adler 2) als Wappentier (von oben): Reichsadler, Doppeladler von Byzanz und Adler im Wappen von Tirol

A. jagen selbst, sie gehen selten an Aas. Hauptbeute sind Wirbeltiere, die sie auch aus großer Höhe erspähen. Ihr Bestand ist durch menschl. Einfluss gefährdet.

Als Sinnbild war der A. bei Babyloniern, Persern und Indern Zeichen der höchsten Gottheit. Bei den Griechen war er Symbol des Zeus, in Rom Zeichen Jupiters (als dieses vermutlich auch Sinnbild der kaiserl. Macht). Im Christentum und in der christl. Kunst ist er das Symbol des Evangelisten Johannes, Sinnbild der Taufe (Eintauchen in eine Quelle) sowie der Himmelfahrt Christi (Flug zur Sonne). – Heereszeichen war der A. zuerst bei den Persern und Ptolemäern; in Rom wurde er zum übl. Feldzeichen der Legionen (mit vorrangig militär. Funktion). Als kaiserl. Wahr- und Hoheitszeichen wurde der A. von Karl d. Gr. benutzt und im 12. Jh. zum dt. Reichswappen (schwarzer **Reichs-A.**, zuerst unter Heinrich VI. belegt). Offiziell trat 1433 an seine Stelle, als kaiserl. Wappenbild, der Doppel-A., den 1806 das österr. Kaisertum übernahm. Wappen des Dt. Reichs wurde 1871 ein einköpfiger schwarzer A.; 1919–35 war das Wappen der Hohenstaufenkaiser in seiner romanisch-got. Form Reichswappen, seit 1950 ist es Bundeswappen (→Bundesadler). – Im 12. Jh. wurde der A. u. a. Wappentier der Grafen von

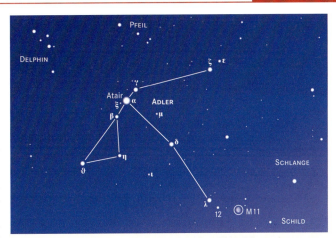

Adler 1): mit bloßem Auge sichtbare Sterne des Sternbildes Adler sowie ausgewählte Objekte

Tirol. – Als Hoheitszeichen ist der A. auch in viele andere Staatswappen (z. B. Polen, USA) übergegangen; die russ. Großfürsten bzw. Zaren übernahmen (ab 1472) den Doppel-A. des Oström. Reichs (Byzanz).

Adler, 1) Alfred, österr. Arzt und Tiefenpsychologe, * Wien 7. 2. 1870, † Aberdeen 28. 5. 1937; Schüler Freuds, Begründer der →Individualpsychologie; schrieb: »Über den nervösen Charakter« (1912), »Menschenkenntnis« (1927).

2) H. G. (Hans Günther), österr. Schriftsteller, * Prag 2. 7. 1910, † London 21. 8. 1988; war 1941–45 in nat.-soz. Konzentrationslagern inhaftiert; verarbeitete seine Erlebnisse in Studien über die Judenverfolgung (»Theresienstadt, 1941–1945. Das Antlitz einer Zwangsgemeinschaft«, 1955) und in Erzählungen.

3) Max, österr. Soziologe, * Wien 15. 1. 1873, † ebd. 28. 6. 1937; suchte den Marxismus im Zusammenhang mit Lehren Kants neu zu begründen (→Austromarxismus).

4) Victor, österr. Politiker, * Prag 24. 6. 1852, † Wien 11. 11. 1918; Führer der von ihm 1888/89 mitgegr. »Sozialdemokrat. Partei«, maßgeblich an der Herausbildung des Austromarxismus beteiligt; war ab 30. 10. 1918 Staatssekretär des Äußeren.

Adlerfarn, Pteridium aquilinum, bis über 2 m hoher Wald- und Heidefarn mit tief liegendem Wurzelstock. **A.-Vergiftung** tritt bes. bei Jungrindern nach längerer Aufnahme von A. ein (Harnbluten).

Adlerfisch, →Umberfische.

Adlergebirge, tschech. **Orlické hory,** westl. Kamm der mittleren Sudeten, in der Tschech. Rep. und randlich in Polen, in der Deschneyer Großkoppe 1 115 m ü. M.

Adlerorden, 1) Schwarzer A., 1701–1918 der höchste preuß. Orden, verbunden mit dem Erbadel.

2) Roter A., 1792–1918 zweithöchster preuß. Orden. – Weitere A. gab es in Albanien, Estland, Italien, Mexiko, Serbien, Polen und Russland.

ad libitum [lat.], Abk. **ad lib.,** Musik: Vortragsbezeichnung, mit der Tempo, Vortrag und Besetzung freigestellt werden.

Ad-Limina-Besuch, lat. **Visitatio Liminum,** kath. Kirchenrecht: →Visitation.

Adliswil, Stadt im Kt. Zürich, Schweiz, 451 m ü. M., im Sihltal, am Fuße des Aebis, 15 300 Ew.; Kleinindustrie. Luftseilbahn bis zur Felsenegg.

Adler 2): Steinadler (oben) und Schreiadler

Admiral 2)

ad maiorem Dei gloriam [lat. »zur größeren Ehre Gottes«], Abk. **A. M. D. G.,** Wahlspruch der Jesuiten.

Administration [lat.] *die,* →Verwaltung; in den USA auch die Regierung.

Admiral [frz., aus arab. amir ar-rahl »Befehlshaber der Flotte«] *der,* 1) *Militärwesen:* urspr. Funktions-, später Dienstgradbezeichnung eines Führers von Kriegsschiffverbänden oder Chefs einer Marinebehörde. – 2) *Zoologie:* **Vanessa atalanta,** samtschwarzer Schmetterling mit weißen Flecken und roter Binde; Flügelspannweite bis 6 cm.

Admiralität *die,* oberste Verwaltungs- und Kommandobehörde einer Kriegsmarine, im Dt. Reich auch Oberkommando (1889–99, 1935–45) oder Marineleitung (1920–35), in der Bundeswehr Führungsstab Marine.

Admiralitätsinseln, Admirality Islands, Inselgruppe im Bismarckarchipel, im südwestl. Pazifik, Teil von Papua-Neuguinea (Prov. Manus), 2 071 km²; teils vulkan. Ursprungs, teils aus Atollen bestehend; trop. Regenwald; Hauptinsel ist **Manus** (1 630 km²); Hauptort: **Lorengau.** Die überwiegend melanes. Bewohner (rd. 44 000) sind Fischer (Thunfischfang) und Kokospalmenpflanzer (Ausfuhr von Kopra). – 1616 von Niederländern entdeckt, wurde 1885 dt. Schutzgebiet, 1914 von austral. Truppen besetzt; danach mit Unterbrechung (1944–46 von Japan okkupiert) bis 1975 unter austral. Verwaltung.

Admiral's Cup [ˈædmərəlz kʌp, engl.], *Segeln:* im europ. Raum einer der bedeutendsten Segelwettbewerbe für Hochseeyachten, der in den ungeraden Jahren stattfindet und vom Royal Ocean Racing Club (RORC) organisiert wird. Startberechtigt sind Vereinsmannschaften mit je zwei Booten.

Admiralstab, Führungsstab einer Kriegsmarine, entspricht dem Generalstab des Heeres.

Admittanz [lat.] *die, Elektrotechnik:* der komplexe Leitwert eines von Wechselstrom durchflossenen Stromkreises; auch der Betrag dieser komplexen Größe wird mitunter als A. bezeichnet (→Scheinleitwert).

Admont, Marktgem. in der Steiermark, Österreich, im Ennstal, 640 m ü. M., 2 700 Ew.; Bundesanstalt für alpenländ. Landwirtschaft; Fremdenverkehr; Sägewerke, Gipsabbau; Benediktinerabtei (1074 geweiht) mit barocker Bibliothek; kunsthistor. und naturhistor. Museum.

ADN, Abk. für Allgemeiner Deutscher Nachrichtendienst, →ddp.

Adnexe [lat.], Anhangsgebilde, bes. der Gebärmutter (Eierstock, Eileiter). **Adnexitis,** die meist bakterielle Entzündung der Adnexe. **Adnextumor,** eine entzündl. oder echte Geschwulst des Eileiters bzw. des Eierstocks.

Adobe [span. aus arab.] *der,* luftgetrockneter Lehmziegel, Baustoff in Trockengebieten seit Jahrtausenden.

Adoleszentenkyphose [lat.-griech.], die →Scheuermann-Krankheit.

Adoleszenz [lat.] *die,* die Reifezeit; Abschnitt der jugendl. Entwicklung im Übergang vom Jugend- zum Erwachsenenalter mit körperl. Reifung, Zunahme sozialer Kompetenzen und Loslösung von den Eltern.

Adolf, Herrscher:
Hl. Röm. Reich: **1) A. von Nassau,** König (1292–98), * um 1255, ⚔ bei Göllheim (bei Worms) 2. 7. 1298; suchte sich 1294 und 1295 mit dem Erwerb von Thüringen und der Mark Meißen eine Hausmacht zu schaffen, wurde am 23. 6. 1298 von den mit Herzog Albrecht I. von Österreich verbündeten Kurfürsten abgesetzt und in der Entscheidungsschlacht bei Göllheim besiegt.

Luxemburg: **2) A.,** Herzog von Nassau (1839–66) und Großherzog von Luxemburg (1890–1905), * Biebrich (heute zu Wiesbaden) 24. 7. 1817, † Schloss Hohenburg (zu Lenggries) 17. 11. 1905; durch den Tod König Wilhelms III. der Niederlande kam A. in Luxemburg an die Regierung.

Mecklenburg-Schwerin: **3) A. Friedrich,** Herzog, Kolonialpolitiker, * Schwerin 10. 10. 1873, † Eutin 5. 8. 1969; leitete 1907/08 und 1910/11 ergebnisreiche Forschungsreisen durch Äquatorialafrika; 1912–14 war er Gouv. der dt. Kolonie Togo.

Schweden: **4) A. Friedrich,** König (1751–71), * Schloss Gottorf (heute zu Schleswig) 14. 5. 1710, † Stockholm 12. 2. 1771; aus dem Haus Holstein-Gottorp, heiratete 1744 Luise Ulrike, eine Schwester Friedrichs II., d. Gr. Unter seiner Regierung kam es zu Konflikten mit dem Parlament.

Adolf-Grimme-Preis, 1961 vom Dt. Volkshochschul-Verband (DVV, Sitz: Marl) gestifteter, seit 1964 jährlich vergebener Fernsehpreis für formal und inhaltlich vorbildl. Produktionen aller Programmsparten; seit 1977 liegen Organisation und Durchführung der Preisverleihung beim **Adolf-Grimme-Institut,** dem Medieninstitut des DVV.

Adonai [hebr. »mein Herr«], Anrede Gottes im jüd. Gebet für →Jahwe.

Adonias Filho [- ˈfiʎu], eigtl. **A. Aguiar Júnior,** brasilian. Schriftsteller, * bei Itajuípe (Bahia) 27. 11. 1915, † ebd. 26. 7. 1990; schrieb vom Regionalismus Bahias geprägte Romane (»Das Fort«, 1965; »Fora da pista«, 1978) und Erzählungen (»Léguas da promissão«, 1968).

Adonis, phönik. oder syr. Vegetationsgott; in der griech. Mythologie Geliebter der Aphrodite, von einem Eber bei der Jagd getötet.

Adonis, eigtl. **Ali Ahmed Said** [- ˈaxmɛd -], arab. Lyriker, * bei Latakia (Syrien) 1. 1. 1930; lebt seit 1986 in Paris. Durch symbolistisch-metaphor. Gedichte (zu polit. und individualist. Themen) mystisch geprägt, wurde er zum Wegbereiter der freien Dichtung in der arab. Poesie und zu einem der bedeutendsten modernen arab. Dichter.
Ausgaben: Gebet u. Schwert. Ged.e u. Essays (dt. Ausw., 1995); Die Gesänge Mihyârs des Damaszeners. Ged.e 1958–1965 (1998); Ein Grab für New York. Ausgewählte Ged.e 1965–1971 (2004).

Adonisrös|chen, Adonis, Gattung der Hahnenfußgewächse, z. B. das hellgelb blühende, bis 30 cm

Adonis
(A. A. Said)

Adonisröschen: Frühlingsadonisröschen

hohe **Frühlings-A.** (Adonis vernalis) sowie das rot blühende **Sommer-A.** (Adonis aestivalis), auch **Blutströpfchen** genannt. – Das **Frühlings-A.** enthält herzwirksame Glykoside; ist nach der Roten Liste stark gefährdet.

Adoption [lat.] *die,* die →Annahme als Kind.

Adoptivkaiser, röm. Kaiser des 2. Jh. n. Chr. (Trajan, Hadrian, Antoninus Pius, Mark Aurel), die durch Adoption auf den Thron gelangten, wenn geeignete männl. leibl. Erben fehlten.

Adoration [lat. »Anbetung«] *die,* **1)** religiöse Verehrung (→Kultus).
2) die →Proskynese.

Adorf, Stadt im Vogtlandkreis, Sa., an der Weißen Elster, 5 800 Ew.; Textilind., Perlmutterverarbeitung, Musikinstrumentenbau.

Adorf, Mario, Bühnen- und Filmschauspieler dt.-ital. Abkunft, *Zürich 8. 9. 1930; spielt v. a. in dt. und ital. Filmen (z. B. »Die Ermordung Matteottis«, 1973; »Rossini«, 1996) sowie Fernsehfilmen (z. B. »Der große Bellheim«, 1992; »Der Schattenmann«, 1996). A. spielt auch Theater, gestaltet Soloprogramme und tritt seit 1992 als Erzähler hervor. – *Weitere Filme:* Das Mädchen Rosemarie (1958); Die verlorene Ehre der Katharina Blum (1975); Die Blechtrommel (1979); Die Affäre Semmeling (Fernsehfilm, 2001). – *Erzählungen:* Der Mäusetöter (1992); Der Fenstersturz (1996); Der Dieb von Trastevere (1994); Der röm. Schneeball (2000); Der Fotograf von San Marco (2003).

Adorno, Theodor Ludwig, eigtl. **T. Wiesengrund,** nannte sich später (nach dem Namen der Mutter) **Theodor W. Adorno,** Philosoph, Soziologe, Musiktheoretiker und Komponist, *Frankfurt am Main 11. 9. 1903, † Visp (Kt. Wallis) 6. 8. 1969; lebte 1934–49 in der Emigration, seit 1950 Prof. in Frankfurt am Main; war mit M.→Horkheimer Hauptvertreter der →kritischen Theorie, von deren neomarxistisch-gesellschaftskrit. Ansatz aus er herrschende Ideologien, die »Kulturindustrie« und andere soziale Phänomene analysierte. Er war ein Gegner des Positivismus (→Positivismusstreit). A. schrieb Essays zu Musik und Literatur und schuf auch einige Kompositionen.
Werke (Auswahl): Dialektik der Aufklärung (mit M. Horkheimer, 1947); Philosophie der neuen Musik (1949); The authoritarian personality (mit anderen, 1950); Minima Moralia (1951); Negative Dialektik (1966); Ästhet. Theorie (1970; posthum).

Adour [a'du:r] *der,* Fluss in SW-Frankreich, 335 km, 22 000 km^2 Einzugsgebiet, entspringt in den Pyrenäen, mündet bei Bayonne in den Golf von Biskaya.

ADR [Abk. für **A**stra **D**igital **R**adio, »Astra digitales Radio«], die digitale Verbreitung frei empfangbarer privater und öffentlich-rechtl. Radioprogramme sowie kommerzieller Radiosender über die Astra-Satelliten 1 A, 1 B, 1 C und 1 D (→Astra). Die Radioprogramme werden auf den Tonunterträgerfrequenzen der Astra-Fernsehkanäle mit übertragen. Empfangen wird ADR über in Receiver integrierte ADR-Geräte. Vorteile von ADR sind insbes. die hohe Klangqualität (vergleichbar mit der von CD/DVD), die Übertragung zusätzl. Informationen (z. B. Sender, Titel u. a.) und die Möglichkeit, Sender speichern und nach versch. Programmkategorien auswählen zu können. (→digitaler Hörfunk)

Adrano, Stadt in der Prov. Catania auf Sizilien, Italien, am Ätna, 35 200 Ew.; Normannenburg, Tempel der griech. Siedlung Adranon.

Adrastea, ein Mond des Planeten →Jupiter.

Adrastos, *griech. Mythologie:* König von Argos, führte den Zug der →Sieben gegen Theben, kehrte als Einziger zurück und nahm am Zug der →Epigonen teil.

Adrenalin [zu lat. ren »Niere«] *das,* **Epinephrin,** im Nebennierenmark gebildetes Catecholamin, wirkt als Stresshormon und als chem. Überträgersubstanz von Nervenreizen im sympath. Nervensystem. A. steigert v. a. die Leistung des Herzens (Schlagkraft, Puls) und den Stoffwechsel (z. B. Sauerstoffverbrauch, Blutzuckerspiegel). Es ist das erste künstlich über eine chem. Synthese hergestellte Hormon. Zus. mit seinen synthet. Abkömmlingen wird A. bei Herzstillstand, Schock und akuten allerg. Reaktionen eingesetzt.

adrenocorticotropes Hormon, →ACTH.

adrenogenitales Syndrom, Abk. **AGS,** durch einen oder mehrere Enzymdefekte hervorgerufene, autosomal-rezessiv erbl. Hormonerkrankung mit einer verminderten Bildung von Cortisol in der Nebennierenrinde und einer erhöhten Konzentration von männl. Geschlechtshormonen; führt bei Mädchen zur Vermännlichung, bei Jungen bereits im Kindesalter zur Ausbildung sekundärer Geschlechtsmerkmale.

Adresse [frz.] *die,* **1)** *allg.:* Anschrift (bes. auf Postsendungen), Aufschrift; Wohnungsangabe.
2) *Bankwesen:* Bez. für einen Geschäftspartner im Kredit-, Emissions- oder Geldhandelsgeschäft. Nach

Mario Adorf

Theodor W. Adorno (links) im Gespräch mit Max Horkheimer (rechts vorn) und Herbert Marcuse

Bonität und Kreditwürdigkeit werden erste A. und zweite A. unterschieden.

3) *Informatik:* ein Wert, der die Position einer Datei, einer Variable, einer Konstante usw. in einem Speicher angibt; liegt i. d. R. als Folge hexadezimaler Zahlen vor.

Adria, →Adriatisches Meer.

Adriafrage, das Problem der Vorherrschaft über die Adria und die nördl. Küstengebiete, bes. Triest, Istrien, Zara (Zadar) und Fiume (Rijeka). Italien erstrebte diese Vorherrschaft seit 1870 und erhielt sie nach 1918. Nach vorübergehender Besetzung auch der übrigen Küstenländer (bis Albanien, 1939) verlor Italien nach 1945 alle gewonnenen Gebiete außer Teilen von →Triest.

Adrian [ˈeɪdrɪən], Edgar Douglas Lord, brit. Physiologe, * London 30. 11. 1889, † Cambridge 4. 8. 1977; betrieb Forschungen über Nervenerregungen. 1932 erhielt er für seine Entdeckungen zur Funktion der Neuronen (mit Sir C. S. Sherrington) den Nobelpreis für Physiologie oder Medizin.

Adrianopel, früherer Name der türk. Stadt →Edirne.

Adriatisches Meer [nach der antiken Stadt Adria], **Adria,** das lang gestreckte nördl. Seitenbecken des Mittelmeers zw. Apennin- und Balkanhalbinsel, nördlich der Straße von Otranto, 138 595 km², im N-Teil flach, im südl. Teil bis 1 228 m tief. Die NW-Küste ist eine flache Anschwemmungsküste mit Nehrungen (Lido) und Haffen (Lagunen), nach S folgen eine buchtenlose Schwemmland- und eine ungegliederte Steilküste. Die O-Küste (v. a. zu Kroatien und Montenegro gehörend) ist durch viele Buchten (Kvarner, Bucht von Kotor), die Dalmatin. Inseln und durch Halbinseln (größte: Istrien) reich gegliedert. Die Küste Albaniens ist sumpfig und buchtenreich. Das Klima ist gemäßigt mediterran, auffallende Winde sind die →Bora und →Schirokko. Haupthäfen sind Venedig, Triest, Ravenna, Bari, Brindisi in Italien, Rijeka und Split in Kroatien. Der Fremdenverkehr konzentriert sich v. a. auf die Sandstrände Italiens zw. Lignano Sabbiadoro und Pesaro sowie auf die kroat. Seebäder.

Adscharen, Stamm der →Georgier.

Adscharilen, Adscharische Autonome Republik, autonome Teilrepublik Georgiens (seit 1921), im SW Transkaukasiens, grenzt im S an die Türkei, 2 900 km², (2004) 367 000 Ew.; Hptst. und bedeutendster georg. Hafen ist Batumi. Anbau von Tee, Tabak, Zitrusfrüchten; Rinderhaltung und Waldwirtschaft; Schwarzmeerkurorte. – Im MA. Bestandteil versch. westgeorg. Reiche, im 16./17. Jh. von den Türken erobert und islamisiert, fiel 1878 an Russland (Abwanderung eines Teils der Bev. ins Osman. Reich), kam 1918 an Georgien (bis 1920 zuerst von türk., dann von brit. Truppen besetzt); ab 1921 Adschar. ASSR, seit 1991 Adschar. Autonome Republik. Das 1991–2004 von Aslan Abaschidse autokratisch regierte A. wurde nach dessen Sturz wieder stärker der Kontrolle Georgiens unterstellt.

ADSL [Abk. für engl. **a**symmetric **d**igital **s**ubscriber **l**ine »asynchroner digitaler Teilnehmeranschluss«], Verfahren, das Hochgeschwindigkeitsübertragungen von digitalen Signalen über ein gewöhnl. verdrilltes (»twisted pair«) Kupfertelefonkabel erlaubt (→DSL). Die Daten werden asymmetrisch, also je nach Richtung unterschiedlich schnell (zum Nutzer bis zu 25 Mbit/s, vom Nutzer bis zu 3,5 Mbit/s), übertragen.

Adsorbenzilen [lat.], *Pharmazie:* →aufsaugende Mittel.

Adsorption [lat.] *die,* Anlagerung von Stoffen (**Adsorbat**) an der Oberfläche fester Körper (**Adsorbens**). Das Adsorbat kann durch Molekularkräfte (Physisorption) oder chemisch gebunden sein (Chemisorption). Bes. starke A. zeigen Stoffe mit großer innerer Oberfläche wie Aktivkohle, Kieselgel, Molekularsiebe oder Zeolithe. Von techn. Bedeutung ist die A. z. B. bei biolog. Prozessen, der Katalyse, der Klärung von Lösungen bzw. der Abwasserreinigung und der Erzeugung von Hochvakua.

Adstringenzilen [lat.], *Pharmazie:* →zusammenziehende Mittel.

ADU, Abk. für →Analog-digital-Umsetzer.

a due [italien.], Abk. **a 2,** *Musik:* zu zweien.

Adulagebirge, Teil der Schweizer Alpen zw. Rätischen und Tessiner Alpen, Graubünden und Tessin, im Rheinwaldhorn 3 402 m ü. M.; Quellgebiet des Hinterrheins.

Adular [nach dem Adulagebirge] *der,* **Mondstein,** Mineral, Kalifeldspat auf Klüften (→Feldspäte); milchig trüb mit bläul. Schimmer, wird als Schmuckstein verwendet.

Adule, Adulis, antike Handelsstadt bei Massaua am Roten Meer (Umschlagplatz für Ägypten und Arabien).

adult [lat.], *Biologie* und *Medizin:* ausgewachsen, geschlechtsreif.

Advaita [Sanskrit »das ohne ein Zweites ist«] *der,* **Adwaita,** ind. Lehre vom →Brahman, das mit dem →Atman eins ist und das allein Wirkliche bildet (→indische Philosophie und Religion).

Advantage [ɛtˈvaːntɪdʒ, engl. »Vorteil«] *der, Tennis:* unmittelbar nach dem →Einstand gewonnener Punkt, ein darauf folgender führt zum Spielgewinn.

Advektion [lat.] *die,* Zufuhr von Luft- oder Wassermassen in vorwiegend horizontaler Richtung.

Adveniat [lat. »zu uns komme (Dein Reich)«], kath. Hilfswerk zur Unterstützung der Kirche in Lateinamerika; 1961 gegr., Sitz: Essen.

Advent [lat. »Ankunft«] *der,* Vorbereitungszeit auf das Fest der Geburt Christi; umfasst die vier Sonntage vor Weihnachten. Mit dem ersten A.-Sonntag beginnt das Kirchenjahr. – Die **A.-Zeit** ist reich an Volksbräuchen, die sich auf die Ankunft des Erlösers beziehen, auch auf die Jahreswende. Als älteste Schicht dieses Brauchwesens werden nächtl. Lärmumzüge Vermummter angenommen und auf vorchristl. Dämonenkulte zurückgeführt. Im 17. Jh. erfuhren die A.-Bräuche einen stärkeren Bezug zur Weihnacht. – Mit Ursprüngen in Norddtl. Mitte des 19. Jh.s (J. H. Wichern) bürgerte sich um 1930 der **A.-Kranz** aus Tannengrün mit vier Kerzen (für die vier A.-Sonntage) im dt. Sprachraum ein.

Adventisten, in der ersten Hälfte des 19. Jh. in den USA entstandener Zweig des Protestantismus, von dessen versch. Gruppen die **Gemeinschaft der Siebenten-Tags-Adventisten** über Nordamerika hinaus (2005 weltweit über 13 Mio. Mitgl.) Bedeutung erlangte. Die A. erwarten die baldige Wiederkehr Christi, üben die Erwachsenentaufe als bewusst vollzogenen individuellen Bekenntnisakt (»Glaubenstaufe«) und feiern den Sabbat als wöchentl. Ruhetag.

Adventivbildungen, seitl. Pflanzenorgane, die nicht an einer der gewohnten Stellen aus teilungsfähigem Dauergewebe entstehen (**Adventivknospen,**

-sprosse, -wurzeln), z. B. bei der Vermehrung durch Stecklinge (z. B. Blattsteckling der Begonie).

Adverb [lat. »zum Verb«] *das,* **Umstandswort,** Wortart zur näheren Bestimmung, z. B. eines Adjektivs *(sehr schön),* eines Verbs (er schreit *laut*), einer Adverbialbestimmung *(früh am Morgen)* oder zur Einleitung einer Frage (→Interrogativadverb). Das A. wird nicht flektiert, einige A. können gesteigert werden (meist unregelmäßige Formen: *gern – lieber – am liebsten).* Das A. kann einen lokalen *(hier, oben),* temporalen *(jetzt, oft),* modalen *(sehr, fast)* oder kausalen *(darum, trotzdem)* Umstand bezeichnen.

adverbiale Bestimmung, Satzglied, das durch ein Adverb, ein verbalappositives Adjektiv oder eine Wortgruppe die Umstände (lokal, temporal, modal, kausal) eines Geschehens oder einer Handlung angibt: sie wohnt *dort;* er schläft *lange; unter diesen Bedingungen* stimme ich nicht zu. (→Syntax, Übersicht)

Adverbialsatz, Umstandssatz, Nebensatz in der Funktion einer adverbialen Bestimmung. (→Syntax, Übersicht)

adversativ [lat.], gegensätzlich, entgegensetzend.

Advocatus Dei [lat. »Anwalt Gottes«] und **Advocatus Diaboli** [lat. »Anwalt des Teufels«], scherzhaft gemeinte Bez. für den kirchl. Anwalt, der in einem Selig- oder Heiligsprechungsprozess die positiven Gründe bzw. die Einwände sammelt und vorträgt, die für bzw. gegen die Selig- oder Heiligsprechung sprechen.

Advokat [lat. »der Herbeigerufene«] *der,* in Dtl. bis 1879 offizielle Bez. für den →Rechtsanwalt.

A/D-Wandler, Abk. für **A**nalog-**d**igital-Wandler (→Analog-digital-Umsetzer).

Ady [ˈɔdi], Endre, ungar. Dichter, * Érmindszent 22. 11. 1877, † Budapest 27. 1. 1919; schrieb symbolist. Liebesgedichte und polit. Lyrik (Kapitalismus- und Monarchiekritik).

Adyge, Eigenbez. der →Tscherkessen.

Adygeja, Adygien, Republik A., Teilrep. Russlands, zw. nordwestl. Kaukasus und dem Fluss Kuban, innerhalb der Region Krasnodar, 7 800 km², (2006) 443 000 Ew. (davon 64,5 % Russen, 24,2 % Adygejer); Hptst. ist Maikop. Vorkommen von Erdöl und -gas, Mineralquellen; intensive Landwirtschaft (Anbau von Getreide, Sonnenblumen, Zuckerrüben, Gemüse, Kartoffeln, Tabak und Melonen; Obst-, Weinbau; Viehzucht). Am 27. 7. 1922 als autonomes Gebiet gegr., seit 1991 Republik.

AE, Einheitenzeichen für →Astronomische Einheit.

Aedes [griech.], Gattung der Stechmücken; nur die Weibchen sind Blutsauger; bekannt sind die **Rheinschnaken** (A. vexans). Die **Gelbfiebermücke** (A. aegypti) überträgt Gelbfieber und Denguefieber.

Aeduer, Haeduer, römerfreundl. Galliserstamm zw. Loire und Saône; erhielt 69 n. Chr. röm. Bürgerrecht; Hauptort: Bibracte, später Augustodunum (heute Autun).

AEG Akti|engesellschaft [AEG = Abk. für **A**llgemeine **E**lektricitäts-**G**esellschaft], traditionsreicher Elektrokonzern; 1883 gegr. als Dt. Edison-Gesellschaft für angewandte Elektricität von E. Rathenau, seit 1887 AEG. Die AEG wurde 1985 Teil des Daimler-Benz-Konzerns, der das Unternehmen nach Veräußerung zahlr. Bereiche (z. B. 1994 Hausgeräte an die schwed. Elektrolux AB) 1996 auflöste.

Aegerisee, →Ägerisee.

Ælfric [ˈælfrɪk], gen. **Grammaticus,** angelsächs. Benediktiner, * um 955, † um 1020 als Abt von Eynsham bei Oxford; Verfasser bed. Werke zum angelsächs. Schrifttum (Übersetzungen, Predigten).

Aeppli, Eva, schweizer. Künstlerin, * Zofingen (Kt. Aargau) 2. 5. 1925; 1951–60 ⚭ mit J. Tinguely, mit dem sie 1953 ein gemeinsames Atelier in Paris bezog. A. begann als Malerin und Grafikerin, wandte sich später der weichen Stoffplastik zu, seit 1980 auch Arbeiten in Bronze.

Aepyornis [griech.], ausgestorbener, sehr großer Laufvogel auf Madagaskar; lebte wahrscheinlich noch im 17. Jahrhundert.

aero..., Aero... [aero oder ɛro, griech.], Luft..., Gas...

Aerobic [eəˈrɔbɪk, engl.] *das, Freizeitsport:* im Rhythmus von Popmusik betriebene, intensive Form der Gymnastik; dient als Fitnesstraining und zur Schulung von Ausdauer und Beweglichkeit. Es umfasst die Aufwärmphase mit Streckübungen (als eigene Form →Stretching), die eigentl. Ausdauergymnastik und abschließende Entspannungsübungen. **Step-A.** ist eine spezielle A.-Variante, bei der eine flache Fußbank in die Schrittchoreografie eingebunden wird.

A|erobi|er, Aerobionten, Mikroorganismen, die nur mit Sauerstoff **(aerob)** leben können; Ggs.: Anaerobier.

A|erodynamik [griech.], die Lehre von den Bewegungsgesetzen der Gase; i. w. S. Mechanik der Gase, i. e. S. beschränkt auf den inkompressiblen Bereich. (→Strömungslehre, →Gasdynamik)

A|eroelastizität, Aeroelastik, Spezialgebiet der Mechanik zur Beschreibung der elast. Verformungen von Flugzeugen und deren Bauteilen, u. a. durch aerodynam. Kräfte und elast. Rückstellkräfte.

A|eroflot – Russian Airlines [-ˈrʌʃn ˈeəlaɪnz, engl.], seit Juni 2000 Name der teilprivatisierten (51 % staatlich, 49 % gehört den Mitarbeitern) Luftverkehrsgesellschaft Russlands, vormals (bis 1992) staatlich als **Aeroflot,** danach bis Mai 2000 **Aeroflot – Russian International Airlines,** Sitz Moskau, gegr. 1923.

Aeroflot – Russian Airlines

A|erofone [griech.] *das,* **Aerophone,** →Musikinstrumente.

A|erogele, sehr poröse, federleichte, transparente Glasschäume, die zu ca. 99,8 % aus Luft und 0,2 % aus Silikaten bestehen und sehr gut wärmedämmend sind. A. werden im Bauwesen oder als Strahlungsdetektoren verwendet.

A|erogeologie *die,* →Fotogeologie.

A|erolíneas Argentinas [- arxenˈtinas], Abk. **AR,** argentin. Luftverkehrsgesellschaft, gegr. 1949 als Staatsunternehmen, seit 1990 teilweise privatisiert.

Aerolíneas Argentinas

A|erologie [griech.] *die,* Teilgebiet der Meteorologie, erforscht die freie Atmosphäre bis 80 km Höhe (darüber →Aeronomie). Die **wiss. A.** untersucht seit dem 19. Jh. die physikal. und chem. Zustände und Vorgänge in dieser Schicht mit Flugzeugen, Fesselballonen, Raketen u. a. Instrumententrägern. Die **prakt. A.** beschränkt sich auf die Erfassung von Temperatur, Feuchte, Luftdruck und Wind, früher mit Drachen, heute durch →Radiosonden bis 30 km Höhe, und liefert diese Angaben weltweit, genormt und regelmäßig (00 Uhr und 12 Uhr GMT) als Grundlage für Höhenwetterkarten. In neuester Zeit durch Fernmessung von Satelliten ergänzt.

A|eromechanik [griech.], Lehre der ruhenden (Aerostatik) und der bewegten Gase (Aerodynamik).

A|eronomie [griech.] *die,* Teilbereich der Geophysik, die Wiss. vom Aufbau und der Zusammensetzung der oberen Erdatmosphäre (oberhalb der Stratosphäre) im Ggs. zur Meteorologie.

A|erophagie [griech.] *die,* Medizin: meist unbewusstes Verschlucken von Luft mit der Nahrung, beim Sprechen und bei fehlerhafter Atmung; durch die Magenaufblähung kommt es zu Kurzatmigkeit und Herzbeschwerden.

A|erosol [zu lat. solutus »aufgelöst«] *das,* Bez. für ein Gas (insbes. Luft), das feste oder flüssige Schwebstoffe von maximal etwa 100 µm Durchmesser enthält (z. B. Rauch, Staub, Nebel). Das bedeutendste natürl. A. ist die Lufthülle der Erde. Anthropogen werden A. bes. durch Verbrennungsvorgänge vermehrt (→Luftverunreinigungen). A.-Teilchen sind häufig geladen und spielen als Kondensationskeime eine wichtige Rolle im Wettergeschehen. Künstliche A. werden z. B. zu Inhalationen und zur Schädlingsbekämpfung verwendet (→Spray).

A|erosoltherapie *die,* Inhalationsbehandlung mit Einatmung gelöster, zu Nebel zerstäubter Arzneimittel bei Atemwegserkrankungen.

A|erostatik [griech.] *die,* Lehre von den Gleichgewichtszuständen ruhender Gase unter Einwirkung äußerer Kräfte, bes. der Schwerkraft.

Aertsen [ˈaːrtsə], Pieter, niederländ. Maler, * Amsterdam um 1508, † ebd. 2. 6. 1575; malte christlich-allegorische Bilder und v. a. Bauernszenen und Küchenstillleben.

Aesopus, lat. Name des Fabeldichters →Äsop.

Aeternitas [lat.] *die,* altröm. Verkörperung der Ewigkeit, weibl. Gestalt mit Weltkugel und Phönix.

Aethelwold [ˈæθəlwəʊld], angelsächs. Gelehrter, * um 910, † Winchester 1. 8. 984; Benediktiner, seit 963 Bischof von Winchester, übersetzte 960 die Benediktinerregel ins Angelsächsische, verfasste ein Mönchs-Hb. (»Regularis Concordia«). Heiliger, Tag: 1. 8.

Aetius, Flavius, röm. Feldherr und Staatsmann, * Durostorum (heute Silistra) um 390 n. Chr., † (auf Betreiben Valentinians III. ermordet) Rom 454; schützte das Weström. Reich gegen die Germanen, schlug 451 die Hunnen unter Attila auf den Katalaun. Feldern.

AfA, *Steuerrecht:* Abk. für →Absetzung für Abnutzung.

Afar, Danakil, Hirtenvolk in NO-Afrika, in der heißen Salzwüste der Afarsenke, bes. im Küstengebiet am Roten Meer, etwa 500 000 A. in Eritrea und Äthiopien, etwa 60 000 in Djibouti. Die A. sind Muslime, haben jedoch traditionelle Glaubenselemente (Regenopfer) bewahrt. Sie leben in patrilinearen Sippen von ihren Kamel- und Ziegenherden (Hauptnahrungsmittel: Ziegenmilch) sowie von Salzgewinnung und -transport (Kamelkarawanen).

Afarsenke, Danakilsenke, geologisch aktives Grabensystem in NO-Äthiopien, nördl. Teil innerhalb Eritreas, im Kreuzungsbereich mehrerer Gräben des Ostafrikan. Grabensystems, des Roten Meeres und des Golfs von Aden (→Plattentektonik). 1972–79 wurden in einem Tal der A. von einer amerikanisch-frz. Expedition Hominidenfossilien der →Australopithecinen entdeckt (Artbez. **Australopithecus afarensis**).

Afar-und-Issa-Territorium, →Djibouti.

AFC [Abk. für engl. **a**utomatic **f**requency **c**ontrol] *Elektroakustik:* →Scharfabstimmung.

Afewerki, Isayas, eritreischer Politiker, * Asmara 2. 2. 1945; Mitbegründer der Eritreischen Volksbefreiungsfront (EPLF), seit 1987 Gen.-Sekr. der EPLF, die sich 1994 als Volksfront für Demokratie und Gerechtigkeit (PFDJ) neu konstituierte; übernahm 1991 die Leitung der provisor. Reg. von Eritrea, seit 1993 erster Staatspräs. der Rep. Eritrea.

Affekt [lat.] *der,* heftige Gemütsbewegung (z. B. Freude, Wut, Begeisterung), die meist mit starken Ausdrucksbewegungen und Veränderungen von Herztätigkeit, Atmung, Gesichtsfarbe verbunden ist.

Affektion [lat.] *die,* Befall eines Organs oder eines Körperteils durch eine Krankheit.

affektive Störung, Bez. für Krankheiten mit Veränderungen von Stimmung (Affektivität) und allg. Aktivitätsniveau (Antrieb); z. B. die manische und depressive Episode sowie die anhaltende depressive Verstimmung (→Depression).

Affen, Simiae, Unterordnung der zu den Säugetieren zählenden Ordnung der Primaten, die v. a. in den Tropen und Subtropen, außer Australien, Neuguinea und Madagaskar, verbreitet sind; umfasst die Tierarten, dem Menschen am nächsten verwandt sind. A. sind eichhorn- bis gorillagroß. Sie leben meist auf Bäumen, haben sich z. T. aber auch dem Leben am Boden angepasst (v. a. große Menschen-A., Paviane, Makaken). Ihre Körperhaltung ist mehr oder weniger aufrecht. Das Gehirn (bes. die Großhirnrinde) ist sehr stark entwickelt, daraus resultieren beachtl. geistige Fähigkeiten (großes Lernvermögen), viele A. sind zu einem lebhaften Mienenspiel befähigt. Hände und Füße sind stets greiffähig, mit oft entgegenstellbarem (opponierbarem) erstem Finger (Daumen). Die meis-

Affen (von links): Schwarze Klammeraffen, Anubispavian und Schimpanse

ten A. leben als Herdentiere in Vielehe. Ihre Nahrung ist überwiegend pflanzlich. Zu den in Afrika, Gibraltar und in den Tropen und Subtropen Asiens heim. **Schmalnasen-A.** (Altwelt-A. oder **Catarrhina**) gehören die **Tier-A.** mit den Makaken, Stummel-A., Pavianen, Meerkatzen sowie die **Menschen-A.** mit Gibbons, Orang-Utans, Schimpansen und Gorillas; sie haben eine schmale Nasenscheidewand und einen nicht greiffähigen (oder keinen) Schwanz. Zu den **Breitnasen-A.** (Neuwelt-A. oder **Platyrrhina, Ceboidea**) gehören u. a. die Kapuziner-A., Brüll-A. und Klammer-A. in Süd- und Mittelamerika, die eine breite Nasenscheidewand und einen meist greiffähigen Schwanz haben.

Feinde der A. sind v. a. Raubkatzen (Leopard, Ozelot), Greifvögel (Affenadler) und Schlangen. Der Mensch bedroht viele Arten dadurch, dass er deren ursprüngl. Lebensräume z. B. durch Rodungen und Verkehrserschließung immer stärker einschränkt. Als Grund für das mögl. Aussterben von Schimpanse, Gorilla, Bonobo und Orang-Utan sehen Experten die rasch fortschreitende Zerstörung der Regenwälder in Afrika und Asien an. Darüber hinaus sind Jagd und Verzehr von A. auch heute noch verbreitet.

Affenbrotbaum, Adansonia, Wollbaumgewächsgattung in Afrika und Australien; Steppenbäume mit dickem, Wasser speicherndem Stamm; der **Afrikan. A.** (**Baobab,** Adansonia digitata) hat gurkenförmige essbare Früchte mit haselnussgroßen, nierenförmigen, fettreichen Samen.

Affenfurche, veraltete Bez. für die →Vierfingerfurche am Handteller.

Affenpinscher, kleinwüchsige, temperamentvolle Hunderasse; rauhaarig, kurzschnauzig, meist schwarz gefärbt.

afferent [lat. »hinführend«], hin-, zuführend (bes. von Nervenbahnen, die von einem Sinnesorgan zum Zentralnervensystem leiten); Ggs. →efferent.

affettuoso [ital.], **con affetto,** *Musik:* leidenschaftlich, mit Empfindung.

Affidavit [mlat. »er hat geschworen«] *das,* **1)** *Börsenwesen:* **Lieferbarkeitsbescheinigung,** schriftl. Bescheinigung, dass ein Wertpapier ordnungsgemäß erworben ist und den Anforderungen eines ordnungsgemäßen Wertpapiers genügt.

2) *Recht:* eidesstattl. Versicherung im angloamerikan. Rechtsverkehr zur Bekräftigung einer Tatsachenbehauptung vor Gerichten oder Behörden. In den USA auch die Bürgschaftserklärung eines Staatsbürgers, für den Unterhalt eines Einwanderers aufzukommen.

affine Abbildung, geometr. Abbildung, die Punkte auf Punkte und Geraden auf Geraden abbildet, wobei Parallelität und Streckenverhältnisse erhalten bleiben.

affinieren [frz.], reinigen, scheiden, z. B. Gold von Silber trennen oder Sirup von Zuckerkristallen abwaschen.

Affinität [lat. »Verwandtschaft«] *die,* **1)** Wesensverwandtschaft von Begriffen und Vorstellungen.

2) Maß für das Bestreben zweier Stoffe, miteinander zu reagieren; auch Bez. für die »chem. Triebkraft«, die zur Verbindung chem. Elemente und Moleküle zu neuen Stoffen führt.

Affirmative Action [əˈfəːmətɪv ˈækʃn], in den USA ein seit Mitte der 1960er-Jahre bestehendes staatl. Programm, das im Sinne einer aktiven Gleichberechtigungspolitik eine Benachteiligung von Minderheiten (z. B. Schwarze, Indianer, Chicanos) und Frauen in Ausbildung und Beruf abbauen soll.

Affix [lat.] *das,* Bildungssilbe, die als Präfix, Suffix oder Infix zu einem Wortstamm tritt.

affiziert, *Medizin:* befallen, ergriffen (bezogen auf Krankheiten).

Affodill *der,* **Asphodill, Asphodelus,** Liliengewächsgattung des Mittelmeerbereichs mit hochstängeligen Trauben oder Rispen meist weißer Blüten; häufig auf Grasland.

Affoltern am Albis, Hauptort des Bezirks Affoltern im Kt. Zürich, Schweiz, 494 m ü. M., 10 200 Ew.

affrettando [ital.], *Musik:* beschleunigend; **affrettato,** beschleunigt.

Affrikata [lat.] *die,* **Affrikate,** Verschlusslaut mit nachfolgendem Reibelaut, →Laut.

Afghani *der,* Abk. **Af,** Währungseinheit in Afghanistan, 1 Af = 100 Pul (Pl).

Afghanischer Windhund, →Windhunde.

Afghanistan

Fläche: 652 090 km²
Einwohner: (2006) 31,1 Mio.
Hauptstadt: Kabul
Verwaltungsgliederung: 34 Provinzen
Amtssprachen: Paschtu und Dari (Neupersisch)
Nationalfeiertag: 19. 8.
Währung: 1 Afghani (Af) = 100 Puls (Pl)
Zeitzone: MEZ + 3 ½ Std.

Flagge

Wappen

internationales Kfz-Kennzeichen

Afghanistan, Paschto **Da A. Islami Dawlat,** Dari **Daulat-e Eslami-ye A.,** dt. **Islam. Staat A.,** Binnenstaat in Asien, grenzt im W an Iran, im N an Turkmenistan, Usbekistan und Tadschikistan, im O und S an Pakistan, am O-Ende des Wakhanzipfels an China.

Staat und Recht

Die nach dem Sturz der →Taliban auf dem Petersberg bei Bonn tagende A.-Konferenz (27. 11.–5. 12. 2001) hatte in ihren Friedensvereinbarungen u. a. beschlossen, 18 Monate nach Amtsübernahme der Interimsreg. eine verfassunggebende Loya Jirga (Große Ratsversammlung) einzusetzen. Für die Übergangszeit galt die Verf. von 1964 mit der wesentl. Änderung, dass die auf die Monarchie bezogenen Bestimmungen ausgesetzt werden. Am 4. 1. 2004 verabschiedete die Loya Jirga eine neue Verf. (seit 16. 1. 2004 in Kraft), nach der A. eine Islam. Republik mit Präsidialsystem ist. Als Staatsoberhaupt und Reg.-Chef mit weitgehenden Vollmachten fungiert der Präs. (auf 5 Jahre direkt gewählt). Ihm stehen 2 für die gleiche Zeit gewählte Vizepräs. zur Seite. Die Mitgl. des Kabinetts werden vom Präs. ernannt und sind vom Parlament zu bestätigen. Die Legislative liegt beim Zweikammerparlament (Nationalversammlung), bestehend aus dem Haus des Volkes (Wolesi Jirga; Unterhaus; 249 Abg.) und dem Haus der Älteren (Mishrano Jirga; Oberhaus; 102 Mitgl.). Die Mitgl. des Unterhauses werden von der Bev. direkt, die des Oberhauses durch die Provinzräte gewählt bzw. vom Präs. ernannt; 68 der insgesamt 351 Parlamentarier sind Frauen. Obwohl für die Entscheidung über Gesetze und die Ratifizierung internat. Verträge beide Kammern zuständig sind, kommt dem Unterhaus größere Bedeutung zu, es kann z. B. mit Zweidrittelmehrheit Gesetze verabschieden, denen der Präs. nicht zustimmt. Die Einsetzung eines Obersten Gerichtshofes (9 Richter, auf 10 Jahre vom Präs. ernannt) ist vorgesehen. – Die neue Verf. bestimmt den Islam zur Staatsreligion und schließt eine im Widerspruch zu seinen Grundlagen stehende Gesetzgebung ausdrücklich aus. Das Recht auf Religionsausübung auch für nicht islam. Bekenntnisse wird im Rahmen staatl. Gesetze geschützt. Die Gleichstellung der Geschlechter ist verfassungsmäßig garantiert. – Der Demokratisierungs- und Wiederaufbauprozess wird durch eine internat. Sicherheitstruppe unter dem Oberkommando der NATO (→ISAF) kontrolliert und unterstützt.

Landesnatur

Der zentrale →Hindukusch, im O bis über 7 000 m ü. M., teilt A. in eine Nord- und eine Südregion. Nach W fällt er in mehrere niedrigere Gebirgszüge ab, die dem zentralen Hochland von A. aufgesetzt sind. Im W und S des Landes gehen diese Gebirgszüge allmählich in ein Binnenhochland (Wüsten und Steppen) über, in der Grenzregion zu Iran dehnen sich teils von Salzsümpfen ausgefüllte Wüstenbecken aus. Die südöstl. Ausläufer des Hindukusch finden sich im pakistanisch-afghan. Grenzgebiet, das bis heute als bes. unzugänglich gilt. Hier befindet sich auch der Khyberpass. Im N hat A. Anteil am Tiefland von Turan; im Wak am Pamir. Aufgrund seiner Geomorphologie liegt A. in einer intensiven Erdbebenzone. Der vorherrschende Hochgebirgscharakter mit oft schluchtartig eingeschnittenen Tälern ist ein natürl. Hindernis für die Landesentwicklung; die von Gebirgen umgebenen Beckenlandschaften (Kabul, Jalalabad) und beckenartigen Täler (Bamian, Andarab) sind jedoch die wichtigsten Siedlungsräume. Kennzeichnend für das agrarisch genutzte Land sind klein parzellierte Felder sowie busch- und baumbestandene Bewässerungskanäle. Den klein gekammerten, dicht besiedelten Bewässerungsoasen der Täler und Becken stehen extensiv genutzte Sommerweidegebiete des Gebirges und die Winterweiden der tiefer gelegenen Ebenen im N, W und S gegenüber. Das Klima ist kontinental mit großen Temperaturunterschieden (Sommer bis 40 °C; Winter bis −25 °C), geringen winterl. Niederschlägen und trockenen Sommerstürmen im W. Steppen und Wüstensteppen überwiegen, nur der O erhält sommerl. Monsunregen (daher bewaldet). Die für die Bewässerung wichtigen Flüsse, z. B. Helmand, Hari Rud, Kabul, entspringen in Zentral-A., bes. im Kuh-e Baba; sie versickern meist in abflusslosen Becken. Die meisten Flüsse führen nur saisonal Wasser.

Bevölkerung

Angaben über die ethn. Zusammensetzung der Bev. sind aufgrund der in den letzten Jahrzehnten erfolgten Flüchtlingswellen kaum zu konkretisieren. Die Bev. des Vielvölkerstaates besteht aus über 33 (Anzahl nicht gesichert; Angaben auch über 200) unterschiedlich großen Gruppen. Größte und bedeutendste

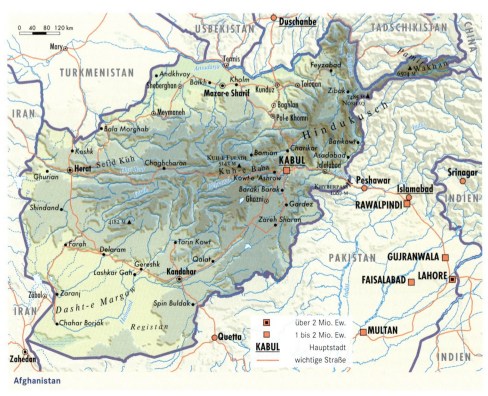

Afghanistan

Volksgruppe mit etwa 35–70 % sind die →Paschtunen, bes. im S und SO an der Grenze zu Pakistan, deren Stammesgebiet 1893 geteilt wurde und heute zur Hälfte zu Pakistan gehört. Die Tadschiken (20–35 %) siedeln bes. im N und NO des Landes. Mongolischstämmige Hazara (7–20 %) leben im Hindukusch. Turksprachige Gruppen sind Usbeken (rd. 9 %) und Turkmenen, daneben gibt es noch Aimak, Belutschen, Nuristani, Paschai, Kirgisen, ferner Kisilbasch u.a. Größte Städte sind Kabul, Kandahar, Mazar-e Sharif, Herat, Kunduz, Jalalabad. Etwa 3 Mio. der Gesamtbev. leben noch als Flüchtlinge v. a. in Pakistan und in Iran (zunehmende Flüchtlingsrückkehr), Hunderttausende sind Binnenflüchtlinge. – Es besteht allg. Schulpflicht im Alter von 6 bis 12 Jahren. Das Schulsystem (1996–2001 faktisch nicht bestehend) befindet sich im Neuaufbau, der sich aber weiterhin äußerst schwierig gestaltet. Die Erwachsenen-Alphabetisierungsrate ist mit rd 28 % (2006) im Weltmaßstab eine der niedrigsten. – Rd. 99 % der Bev. bekennen sich zum Islam, mehrheitlich (rd. 80 %) als Sunniten der hanefit. Rechtsschule. Die Hazara und die turkstämmigen Kisilbasch sind Schiiten (Imamiten). Der Islam ist Staatsreligion.

Wirtschaft und Verkehr

A. gehört zu den ärmsten Entwicklungsländern der Welt. Nach mehr als zwei Jahrzehnten Krieg sind die Infrastruktur und die Produktionsanlagen weitgehend zerstört. Durch mehrjährige Missernten aufgrund mangelnder Niederschläge (2000/03) haben sich die Lebensverhältnisse und die Versorgung der Bev. weiterhin verschlechtert. Gegenwärtig halten Hilfsorganisationen eine rudimentäre soziale Infrastruktur am Leben. Parallel zu diesem wirtsch. Niedergang florieren in A. Bürgerkriegsökonomien: Das Land stieg zum weltweit größten Heroinproduzenten und zur Drehscheibe des internat. Schmuggels auf. In der Landwirtschaft sind Bewässerungsfeldbau (ein Großteil der Bewässerungssysteme ist zerstört; zunehmende Versalzung der Böden) und Oasenwirtschaft in den Tälern und Becken sowie die extensiv genutzten Weiden kennzeichnend. Von 8 Mio. ha landwirtsch. Nutzfläche sind derzeit 3 Mio. ha wegen Kriegseinwirkungen und Verminung nicht nutzbar. Hauptagrarerzeugnisse sind Weizen, Mais, Gerste, Reis, Baumwolle, Zuckerrohr, Obst, ferner Mandeln, Nüsse, Pistazien; im Grenzgebiet zu Pakistan erfolgt verstärkter Mohnanbau. Auf fast 90 000 ha Land wurden in den vergangenen Jahren jährlich rd. 4 500 t Schlafmohn (Ausgangsprodukt für Rohopium) geerntet, 2005 wuchs die Anbaufläche auf mehr als 172 000 ha an (Zunahme der Produktion auf über 5 600 t) v. a. in den Prov.en Helmand und Urusgan. Damit ist A. nach wie vor weltgrößter Opiumproduzent. Wichtig ist die überwiegend nomad. Viehhaltung (Schafe, Ziegen, Karakulschafe). Von den Bodenschätzen werden bisher Steinkohle, Steinsalz, Erdgas, Baryt und Talk ausgebeutet. Die Provinz Badachschan gilt als weltbedeutendster Fundort von Lapislazuli. Weitere Bodenschätze (v. a. Erdöl, Eisen und Kupfer) sind noch ungenügend erschlossen. Die Industrie ist i. Allg. wenig entwickelt (Textil-, Zement-, chem. Ind., Lebensmittelind.); es dominiert das Handwerk (Teppich-, Schmuckwarenherstellung). – Da Eisenbahnen fehlen, sind Straßen und Luftlinien (internat. Flughäfen: Kabul, Herat und Kandahar) die Hauptträger des Verkehrs.

Afghanistan: Die serpentinenreiche Passstraße über den Khaiberpass ist die wichtigste Verbindung zwischen der Hauptstadt Kabul und Peshawar (Pakistan).

Geschichte

Das seit dem 6. Jh. v. Chr. zum pers. Achaimenidenreich gehörende A. wurde um 330 v. Chr. von Alexander d. Gr. erobert und nach dessen Tod ins Seleukidenreich eingegliedert. Das von den Saken begründete Kuschanreich erlag im 5. Jh. n. Chr. dem Ansturm der Hephthaliten, die 567 vom Sassanidenkönig Chosrau I. geschlagen wurden. Im 7. Jh. begann die Eroberung durch die Araber; Kabul und der O wurden erst im 10. Jh. islamisiert. 977–1187 war A. Kern des Reiches der turkstämmigen →Ghasnawiden, denen die kurzlebige Dynastie der (wahrscheinlich einheim.) Ghuriden folgte. Im 13. Jh. fielen die Mongolen in A. ein (im 14. Jh. Eroberung durch Timur).

Im 16. und 17. Jh. war es zw. Persien und dem ind. Mogulreich geteilt, bis Mitte des 18. Jh. Ahmed Schah Durrani (1747–73) ein mächtiges Emirat gründete. Im 19. Jh. lag A. im Spannungsfeld Großbritannien–Russland. Nach den ersten beiden afghanisch-brit. Kriegen (1838–42 und 1878–80), in denen Großbritannien seine Vorherrschaft durchzusetzen versuchte, wurde A. zum Pufferstaat zw. Russland und Britisch-Indien; nach dem 3. afghanisch-brit. Krieg (1919) erreichte Aman Ullah (1919–29, seit 1926 König) im Vertrag von Rawalpindi (1919) die staatl. Unabhängigkeit A.s. Seine forcierte Modernisierungs- und Reformpolitik nach westlich-europ. Vorbild, die zu seinem Sturz führte, wurde durch Nadir Schah (1929–33, 1931 Einführung der konstitutionellen Monarchie) und nach dessen Ermordung von Sahir Schah (1933–73, Neutralitätspolitik) behutsamer fortgesetzt.

Durch den Militärputsch von 1973 wurde A. Republik. Nach ihrem Aufstand gegen den diktatorisch regierenden Staatspräs. M. Daud Khan (1973–78) übernahm die kommunist. Demokrat. Volkspartei unter

N. M. Taraki die Reg.-Gewalt. Deren Politik orientierte sich streng an der UdSSR; Machtkämpfe innerhalb der Partei, hartes Vorgehen gegen Oppositionelle und v. a. die Landreform von 1979 zogen einen landesweiten Widerstand gegen das Regime nach sich. Unter Berufung auf den Freundschaftsvertrag von 1978 ließ daraufhin die UdSSR unter weltweitem Protest im Dez. 1979 Truppen in A. einmarschieren. Sie setzte B. Karmal als Staats-, Reg.- und Parteichef ein und versuchte, die politisch uneinheitl. muslim. Guerillabewegung (Mudjahedin), die von Pakistan aus operierte und v. a. von den USA mit Waffenlieferungen unterstützt wurde, in verlustreichen Kämpfen zu unterdrücken. 1986 wurde B. Karmal durch M. Nadschibullah abgelöst, der angesichts des Scheiterns der sowjet. Invasion und der verheerenden Folgen des Krieges (rd. 1 Mio. Tote, 5 Mio. Flüchtlinge) eine Politik der »nat. Aussöhnung« verkündete. Von Mai 1988 bis Febr. 1989 zog die UdSSR, die selbst hohe Verluste (etwa 14 000 gefallene Soldaten) erlitten hatte, ihre Truppen vollständig aus A. ab.

Die antikommunist. Widerstandsorganisationen bildeten im Febr. 1989 eine Gegenregierung. Bis zum Frühjahr 1992 brachten die Mudjahedin den größten Teil von A. militärisch unter ihre Kontrolle. Nach dem Sturz Nadschibullahs (April 1992) und der unblutigen Besetzung der Hptst. Kabul durch Truppen der muslim. Rebellen übernahm ein von diesen gebildeter Übergangsrat die Macht und leitete einen verstärkten Islamisierungsprozess ein (u. a. Einführung islam. Gesetze). Die ausbrechenden Kämpfe zw. rivalisierenden Mudjahedin-Gruppierungen (v. a. um die Kontrolle Kabuls) wurden trotz eines Vertrages über Gewaltverzicht (Ende April 1992) und eines Friedensabkommens (März 1993) nicht beendet.

Die Milizen der seit 1994 von Pakistan aus in den Bürgerkrieg eingreifenden radikalislam. paschtun. →Taliban eroberten in wenigen Jahren den Großteil des Landes und errichteten in ihrem Herrschaftsgebiet eine repressive Religionsdiktatur (Verfolgung der Schiiten, Entrechtung der Frauen, Behinderung der Arbeit von UN und Hilfsorganisationen). Mit der Einnahme von Kabul riefen die Taliban unter ihrem Führer Mullah Mohammed Omar am 27. 9. 1996 einen islam. Staat aus (seit Okt. 1997 von diesen als »Islam. Emirat A.« bezeichnet). Dieser blieb allerdings international isoliert (nur von Pakistan, Saudi-Arabien und den Vereinigten Arab. Emiraten anerkannt, die 2001 aber die Beziehungen abbrachen). Bei ihrem Vormarsch nach Nord-A. stießen die Taliban auf den heftigen Widerstand der »Vereinigten Front zur Rettung A.s« (die aus versch. nat. Minderheiten gebildete »Nordallianz« von Mudjahedin-Gruppierungen unter dem militär. Oberkommando von Ahmed Schah Massud, der im Sept. 2001 ermordet wurde, und der polit. Führung von Burhanuddin Rabbani). Der anhaltende Bürgerkrieg, in dem es immer wieder zu blutigen Übergriffen auf die Zivilbev. und zu neuen Flüchtlingsströmen kam, führte zu einer starken Zerstörung und wirtsch. Lähmung A.s, das zum weltgrößten Heroinproduzenten aufstieg und sich zu einem Transitland des Drogenschmuggels entwickelte.

Starke Spannungen entwickelten sich zw. den sunnit. Taliban und dem schiit. Iran (ausgelöst durch die Tötung iran. Diplomaten bei der Eroberung von Mazar-e Sharif 1998) sowie den urspr. die Milizen unterstützenden USA (v. a. wegen der Weigerung der Taliban, den für die blutigen Anschläge auf die amerikan. Botschaften in Kenia und Tansania 1998 verantwortlich gemachten saudi-arab. Extremisten Osama Bin Laden auszuweisen). Unter dem Vorwurf, den Terrorismus zu unterstützen, setzte die UNO im Jan. 2001 verschärfte Sanktionen gegen A. in Kraft. Trotz heftiger internat. Proteste ließ die Talibanführung im März 2001 aus religiösen Gründen die berühmten buddhist. Statuen von Bamian zerstören.

Als es die Talibanführung selbst nach den verheerenden Terrorangriffen auf New York und das Pentagon (11. 9. 2001) weiterhin ablehnte, den von den Amerikanern als mutmaßl. Drahtzieher gesuchten Bin Laden auszuliefern, begannen die USA am 7. 10. 2001 unter direkter brit. Beteiligung eine Militäraktion gegen das Talibanregime und Stützpunkte der Terrororganisation »al-Qaida«. Zuvor sicherten sich die USA im Rahmen einer Antiterrorallianz auch die Unterstützung Pakistans, des bis dahin wichtigsten Förderers des Talibanregimes, und der an A. angrenzenden GUS-Rep. Nachdem 2001 die – zunächst von Russland mit Waffen belieferte, bald von den USA direkt militärisch unterstützte – Nordallianz eine Offensive gegen die Taliban eröffnet hatte, konnte denen bis Anfang Dez. 2001 fast das gesamte afghan. Territorium wieder entrissen werden (am 13. 11. 2001 Einmarsch der Nordallianz in Kabul und am 7. 12. Übergabe der Talibanhochburg Kandahar). Die USA leiteten mit gezielten Luftangriffen auf die bei Jalalabad gelegene Bergfestung Tora Bora im Dez. 2001 eine Reihe von Militäraktionen gegen die Taliban und al-Qaida ein; dies forderte immer wieder auch zivile Opfer. Entsprechend den Vereinbarungen, die während einer A.-Konferenz unter Leitung der UNO (27. 11. bis 5. 12. 2001) auf dem Petersberg bei Bonn getroffen wurden, nahm am 22. 12. 2001 in Kabul eine Interimsreg. unter Führung des Paschtunen Hamid Karsai ihre Arbeit auf; in dieser wurden der Nordallianz Schlüsselressorts (Außen-, Innen- und Verteidigungsministerium) zugesprochen. Am 20. 12. 2001 beschloss der Weltsicherheitsrat den Einsatz einer internat. A.-Truppe unter UN-Mandat (→ISAF mit erhebl. dt. Beteiligung).

Die Taliban zogen sich in das pakistanisch-afghan. Grenzgebiet zurück, wo sie sich neu formierten und seit Anfang 2003 gezielt durch Anschläge auf ausländ. zivile wie militär. Ziele die Sicherheitslage in Süd- und Südost-A. destabilisierten und den Wiederaufbau des Landes zum Stocken brachten; dagegen richteten sich wiederholt Militäreinsätze amerikan. u. a. westl. Spezialeinheiten. Im April 2002 kehrte der hochbetagte Exkönig Sahir Schah aus dem ital. Exil zurück. Die Große Ratsversammlung (Loya Jirga) vom Juni 2002 bestimmte Karsai zum Präs. A.s; er übernahm die Führung einer weiteren (»islam.«) Übergangsregierung. Versch. Anschläge auf Reg.-Mitgl. (u. a. die Ermordung des paschtun. Vizepräs. Hadschi Abdul Kadir im Juli 2002 in Kabul, ein Attentat auf Präs. Karsai im Sept. 2002 in Kandahar) offenbarten die weiterhin instabile Lage. Das Land, dem trotz Zusicherung einer internat. Geberkonferenz in Tokio (Januar 2002) wichtige Mittel für den Wiederaufbau fehlten und das auch nach dem Sturz der Talibanherrschaft der weltweit größte Produzent von Opium (2006: Weltmarktanteil von 90 %) blieb, wurde nach einer Einschätzung der UNO v. a. von ethn. Konflikten und gewaltsamen Auseinandersetzungen zw. rivalisierenden von Warlords geführten Gruppen beeinträchtigt. Präs. Karsai, dessen Macht sich im Wesentlichen auf Kabul und

Umgebung beschränkte, sah sich zunehmend erstarkenden Provinzgouverneuren gegenüber. Die erste Direktwahl des Präs. am 9. 10. 2004, der sich insgesamt 18 Kandidaten (darunter eine Frau) stellten, gewann Karsai im ersten Wahlgang (Vereidigung am 7. 12. 2004). Das am 18. 9. 2005 gewählte Parlament (sehr heterogene Zusammensetzung der Abg., darunter Warlords, Mudjahedin und ehem. Taliban, aber auch zahlr. Frauen) konstituierte sich am 19. 12. 2005 in Kabul; damit kam der mit der Petersberger A.-Konferenz von Dez. 2001 eingeleitete polit. Übergangsprozess zu einem formalen Abschluss; eine internat. A.-Folgekonferenz in London (31. 1.–1. 2. 2006) beschloss weitere Aufbauhilfe für das Land (am 16. 2. 2006 vom Weltsicherheitsrat gebilligt). Am 1. 6. 2006 übernahm Dtl. das ISAF-Regionalkommando in Nord-A. Gegen die zunehmend erstarkenden Taliban richtete sich 2006 die seit 2001 größte US-geführte Militäroffensive im S des Landes; im März 2007 leiteten die NATO-geführten ISAF-Truppen dort ebenfalls eine Offensive ein.

Aflatoxikose *die,* Vergiftung durch Aflatoxine; bei landwirtsch. Nutztieren kommt es durch die Aufnahme kontaminierter Futtermittel zu einer Abnahme der Gewichtszunahme bzw. der Milchleistung, Leberveränderungen, Blutungen an mehreren Körperstellen, Ataxien bis zum plötzl. Niederstürzen oder Tod der Tiere. Beim Menschen führen hohe Dosen zu akutem Leberversagen und schweren Nierenschäden. Der Bekämpfung der A. dienen Hygienemaßnahmen und futtermittelrechtl. Bestimmungen.

Aflatoxine, Pilzgifte, bes. der Schimmelpilzart *Aspergillus flavus,* die sich u. a. in Getreide und Nüssen bilden; wirken leberschädigend, krebserregend.

AFL-CIO [ɛɪɛfˈɛlsɪːaɪˈəʊ], Abk. für engl. American Federation of Labor-Congress of Industrial Organizations; Dachorganisation der amerikan. Gewerkschaften, 1955 durch Fusion entstanden, 2005 Abspaltung mehrerer Einzelgewerkschaften.

afokal [griech.-lat.], **teleskopisch,** ohne Brennpunkt im Endlichen; bei afokalen opt. Systemen wie planparallelen Fernrohren bleiben parallele Strahlenbündel auch nach dem Durchgang parallel.

à forfait [a fɔrˈfɛ; frz. »ohne Rückgriff«], Klausel beim Verkauf eines →Wechsels.

AFP, Abk. für Agence France-Presse, frz. Nachrichtenagentur, Sitz: Paris; gegr. 1832 als Bureau Havas von Charles Louis Havas (* 1783, † 1858), neu gegr. 1944.

Afra, Märtyrerin, † (verbrannt) Augsburg um 304, zur Zeit der diokletian. Verfolgungen. Heilige, Tag: 7. 8.

a fresco [ital. »auf das Frische«], auf frischem Verputz, Kalk, auf die noch feuchte Wand (gemalt). →Freskomalerei.

African National Congress [ˈæfrɪkən ˈnæʃnl ˈkɔŋɡrəs, engl.], Abk. **ANC,** 1912 als »South African Native National Congress« gegründete polit. Bewegung in der Rep. Südafrika, die, seit 1923 unter der Bez. ANC, den Kampf der Schwarzafrikaner für ihre Gleichberechtigung organisierte; suchte dies bis zu ihrem Verbot (1960), zuletzt unter A. Luthuli, gewaltlos durchzusetzen; danach formierte sich aus ihren Reihen eine militante Organisation (»Speer der Nation«) unter N. Mandela. Die Führung des 1960–90 im Exil wirkenden ANC übernahm O. Tambo, nach der Zulassung des ANC als polit. Partei (Febr. 1990) ab 1991 Mandela. Die Verfassungsgespräche seit 1992 zw. Reg. und ANC führten zu den ersten freien Wahlen im April 1994, bei denen der ANC 62,6 % der Stimmen erringen konnte. Im Mai desselben Jahres wurde Mandela zum Staatspräs. gewählt (Amtszeit bis 1999). Im Dez. 1997 übernahm T. Mbeki den Parteivorsitz (seit 1999 zugleich Staatspräs.). Bei den Parlamentswahlen 1999 verfehlte der ANC die Zweidrittelmehrheit um ein Mandat; bei den Wahlen 2004 errang der ANC knapp 70 Prozent der Stimmen und damit eine klare Zweidrittelmehrheit.

Afrika, Erdteil der »Alten Welt«. Der Name stammt von den Römern, die das Land um Karthago nach dem Stamm der Afri **Africa** nannten; später wurde der Name auf den ganzen Kontinent ausgedehnt.

Lage: A. erstreckt sich 8 000 km von N nach S (37° 20′ n. Br. bis 34° 52′ s. Br.) und über 7 600 km von W nach O (17° 33′ w. L. bis 51° 23′ ö. L.). Mit einer Gesamtfläche von rd. 30 Mio. km² umfasst es ein Fünftel der Landfläche der Erde. Die Küste ist schwach gegliedert; ihr sind nur wenige Inseln vorgelagert. Einzige große Insel ist Madagaskar im SO. Von Europa wird A. durch die Einbruchsbecken des Mittelmeeres getrennt. Mit Asien hängt A. an der Landenge von Sues unmittelbar zus.; im Übrigen ist es durch den Graben des Roten Meeres von ihm getrennt.

Oberflächengestalt: Das Relief A.s wird weitgehend von Rumpfflächen und Tafelländern bestimmt, die im S und O im Mittel über 1 000 m ansteigen. Die Hälfte der Fläche liegt unter 500 m ü. M. Die Küsten sind

Afrika: links Blick auf den Kilimandscharo (Tansania); **rechts** im Sandmeer des Fessan, Sahara (Libyen)

Afrika

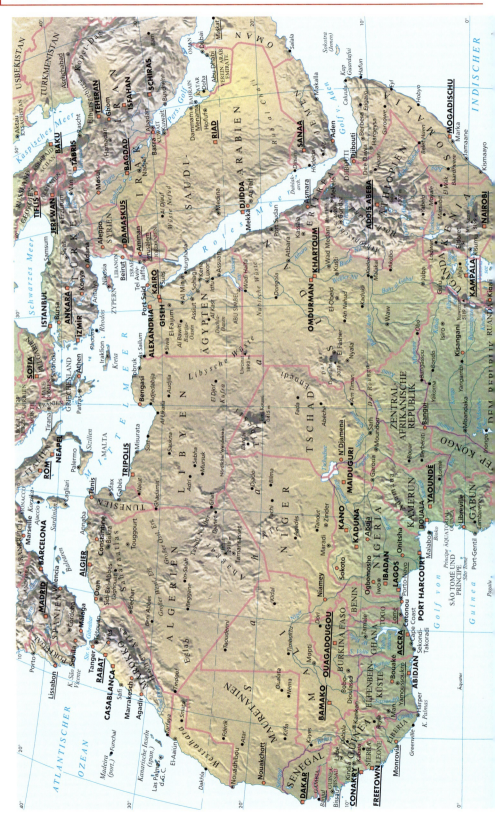

Afrika: Staatliche Gliederung (2006)

Staat (Jahr der Unabhängigkeit)	Staatsform	Fläche (in km²)	Ew. (in 1 000)	Hauptstadt
Ägypten (1922)	Republik	1 001 449[1]	71 237	Kairo
Algerien (1962)	Republik	2 381 741	33 034	Algier
Angola (1975)	Republik	1 246 700	13 116	Luanda
Äquatorialguinea (1968)	Republik	28 051	515	Malabo
Äthiopien	Republik	1 127 127	72 238	Addis Abeba
Benin (1960)	Republik	112 622	7 514	Porto Novo
Botswana (1966)	Republik	581 730	1 857	Gaborone
Burkina Faso (1960)	Republik	274 200	13 634	Ouagadougou
Burundi (1962)	Republik	27 834	7 909	Bujumbura
Djibouti (1977)	Republik	23 200	780	Djibouti
Elfenbeinküste (1960)	Republik	322 463	19 618	Yamoussoukro
Eritrea (1993)	Republik	121 143	4 190	Asmara
Gabun (1960)	Republik	267 667	1 430	Libreville
Gambia (1965)	Republik	11 295	1 472	Banjul
Ghana (1957)	Republik	238 537	21 356	Accra
Guinea (1958)	Republik	245 857	8 080	Conakry
Guinea-Bissau (1974)	Republik	36 125	1 460	Bissau
Kamerun (1960)	Republik	475 442	17 378	Yaoundé
Kap Verde (1975)	Republik	4 033	485	Praia
Kenia (1963)	Republik	582 646	34 223	Nairobi
Komoren (1975)	Republik	1 862	666	Moroni
Kongo, Republik (1960)	Republik	342 000	3 672	Brazzaville
Kongo, Demokratische Republik (1960)	Republik	2 344 885	58 732	Kinshasa
Lesotho (1966)	Königreich	30 355	2 454	Maseru
Liberia (1847)	Republik	111 369	3 108	Monrovia
Libyen (1951)	Republik	1 759 540	6 136	Tripolis
Madagaskar (1960)	Republik	587 041	18 476	Antananarivo
Malawi (1964)	Republik	118 484	11 360	Lilongwe
Mali (1960)	Republik	1 240 192	13 918	Bamako
Marokko (1956)	Königreich	458 730	31 943	Rabat
Mauretanien (1960)	Republik	1 030 700	2 898	Nouakchott
Mauritius (1968)	Republik	2 040	1 281	Port Louis
Moçambique (1975)	Republik	801 590	19 881	Maputo
Namibia (1990)	Republik	824 292	2 039	Windhuk
Niger (1960)	Republik	1 267 000	12 226	Niamey
Nigeria (1960)	Republik	923 768	159 404	Abuja
Ruanda (1962)	Republik	26 338	8 807	Kigali
Sambia (1964)	Republik	752 614	11 250	Lusaka
São Tomé und Príncipe (1975)	Republik	1 001	170	São Tomé
Senegal (1960)	Republik	196 722	10 843	Dakar
Seychellen (1976)	Republik	455	84	Victoria
Sierra Leone (1961)	Republik	71 740	5 679	Freetown
Simbabwe (1980)	Republik	390 757	13 085	Harare
Somalia (1960)	Republik	637 657	12 206	Mogadischu
Südafrika, Republik (1910)	Republik	1 219 090	47 391	Tshwane
Sudan, Republik (1956)	Republik	2 505 813	35 847	Khartoum
Swasiland (1968)	Königreich	17 364	1 148	Mbabane
Tansania (1964)	Republik	945 087	37 979	Dodoma
Togo (1960)	Republik	56 785	5 399	Lomé
Tschad (1960)	Republik	1 284 000	8 720	N'Djamena
Tunesien (1956)	Republik	164 150	10 229	Tunis
Uganda (1962)	Republik	241 038	27 772	Kampala
Zentralafrikanische Republik (1960)	Republik	622 984	4 093	Bangui
Nicht selbstständige Gebiete				
Westsahara	–	252 120	442	El-Aaiún
Sankt Helena (zu Großbritannien)	–	122	5	Jamestown
Sokotra (zu Jemen)	–	3 626	80[2]	Hadibu

Afrika

Afrika: Staatliche Gliederung (2006; Fortsetzung)

Staat (Jahr der Unabhängigkeit)	Staatsform	Fläche (in km²)	Ew. (in 1 000)	Hauptstadt
Nicht selbstständige Gebiete				
Réunion (zu Frankreich)	–	2 512	791	Saint-Denis
Mayotte (zu Frankreich)	–	375	188	Dzaoudzi
Madeira (zu Portugal)	–	794	238	Funchal
Kanarische Inseln (zu Spanien)	–	7 492	2 005	–
Ceuta und Melilla (zu Spanien)	–	32	143	–

[1] Mit der zu Asien gehörenden Halbinsel Sinai. – [2] 1992.

meist Steilküsten, bes. im N und S, in den Tropen streckenweise mit Mangrovensümpfen und vorgelagerten Korallenriffen, sonst flach und sandig mit starker Brandung. – Abgesehen vom jungen Atlasgebirge (bis 4 165 m ü. M.), das geologisch zum europ. alpid. System gehört, besteht A. aus einem alten Sockel, der von flachen Schwellen (Zentralsahar., Ober- und Niederguinea-, Asande- und Lundaschwelle) in Becken gegliedert wird. An kleinere, abflusslose Becken der Sahara schließen sich im Sudan Niger-, Tschad- und Weißnilbecken an, in Mittel-A. das riesige Kongobecken, im S das Kalaharibecken, das im SO von einem alten Gebirgssystem (in den Drakensbergen bis 3 482 m ü. M.) umgeben ist. Den Osten A.s vom Roten Meer bis zum Sambesi durchzieht das →Ostafrikanische Grabensystem mit Tanganjika- und Malawisee; es ist von Vulkanen begleitet, darunter die höchsten Berge A.s, Kilimandscharo (5 892 m ü. M.; Neuvermessung 1999) und Mount Kenia (5 199 m ü. M.). Der größte See A.s ist der Victoriasee im O; zu den abflusslosen Binnenseen gehört der Tschadsee. Die Flüsse der Winterregengebiete (Atlasländer, südwestl. A.) führen periodisch Wasser, in den Wüsten gibt es nur episodisch durchflossene Täler (Wadis). In abflusslosen Becken bilden sich durch die hohe Verdunstung ausgedehnte Salzpfannen (Schotts, Sebchas). Im trop. Feuchtgebiet entwickelten sich mächtige Ströme, die mit Katarakten und Wasserfällen die Beckenränder durchbrechen: Nil, Kongo, Niger, Sambesi.

Klima, Vegetation: Infolge seiner Lage beiderseits des Äquators zeigt A. die Klimazonen in nahezu idealer Anordnung. Die äquatoriale Tropenzone mit Regen zu allen Jahreszeiten weist Regenwald auf (Guineabucht, nördl. Kongobecken), der zum großen Teil in den letzten 30 Jahren gerodet wurde. Nördl. und südl. schließen sich Zonen mit zwei Regenzeiten an, getrennt durch kurze Sommer- und lange Wintertrockenzeit. Hier herrschen Savannen vor, zunächst Feuchtsavanne mit immergrünen Bäumen und Hochgrasfluren. Zu den Randtropen hin (Sudanzone, Sambesihochland) vereinigen sich beide Regenzeiten zu einer einzigen (im Sommer), die mit wachsendem Abstand vom Äquator immer geringere Niederschlagsmengen bringt. Es folgen Trocken-, dann Dornstrauchsavannen, die in der Sahelzone schließlich in die subtrop. Trockengebiete der Sahara und im S in die Namib mit nur noch episod. Niederschlägen übergehen. N- und S-Küste weisen Mittelmeerklima auf.

Tierwelt: Im N hat die Tierwelt meist mediterranen Charakter, in der Sahara ist sie sehr artenarm, vielfältig in den Regenwäldern und Savannen. In den Regenwäldern leben v. a. fliegende (Fledermäuse, Vögel, Insekten) und kletternde Tiere (Affen, Halbaffen, Baumschlangen u. a.). Die offene Savannenlandschaft weist dagegen Großtiere auf (Großkatzen, Elefanten, Nashörner, Flusspferde, Zebras, Antilopen, Büffel, Giraffen, Strauße u. a.). Die Tier- und auch die Pflanzenwelt Madagaskars weicht stark ab und zeigt viele endemische Arten.

Bevölkerung: A. ist Heimat und Kerngebiet der schwarzafrikan. Völker, die die Hauptmasse der Bev. stellen und das Bild südlich der Sahara (**Schwarzafrika**) beherrschen. Diese Völker sind autochthon; es gibt keine Hinweise auf außerafrikan. Entstehung und Einwanderung (außer auf Madagaskar). Die afrikan. Völker werden in vier große Sprachfamilien gegliedert (→afrikanische Sprachen). Ihre sehr vielfältigen traditionellen Gesellschafts- und Wirtschaftsformen sind in starkem Wandel begriffen. Vom A. südlich der Sahara hebt sich Nord-A. (einschließlich der Sahara) kulturgeschichtlich deutlich ab. Es ist seit der Altsteinzeit Siedlungsgebiet von Einwanderern aus Europa (**Weißafrika**) mit erst mediterraner (Berber, Altägypter), später orientalisch-arab. Prägung. Die letzten bedeutenden Zuströme aus Europa empfing A. mit der neuzeitl. Kolonisation.

Die hohen Geburtenraten und die starke Ausbreitung von Aids führen zu großen sozialen, wirtsch. und polit. Problemen. Bes. betroffen sind die afrikan. Staaten südlich der Sahara, wo etwa 70 % aller weltweit HIV-infizierten Menschen leben. Länder mit extrem hoher Aids-Rate sind u. a. Botswana, Namibia, Südafrika, Swasiland und Simbabwe.

A. ist mit einer mittleren Bev.-Dichte von rd. 30 Ew. je km² nur scheinbar unterbevölkert, da die Tragfähigkeit der nutzbaren Regionen schon weitgehend er-

Afrika: Victoriafälle bei Livingstone (Sambia/Simbabwe)

Afrika

Afrika: Blick auf die Stadt Kairo und den Nil (Ägypten)

reicht ist. Die regionale Verteilung ist sehr unterschiedlich. Viele Gebiete sind übervölkert, bes. die Industrie- und Bergbauzentren, die Küstenstädte und das Niltal; aber auch landwirtschaftlich genutzte Gebiete (Nomadismus, Brandrodungsfeldbau) sind an der Grenze ihrer Belastbarkeit angelangt (Hungerkatastrophen im Sahel). Der Anteil der städt. Bev. nimmt immer mehr zu und ist in den nordafrikan. Ländern und in der Rep. Südafrika am höchsten, in Burundi am niedrigsten. Besondere Probleme bilden in A. die Flüchtlinge, v. a. als Folge polit. Machtkämpfe und Dürren.

Religion: Die dominierenden Religionen sind das Christentum und der Islam. Rd. 46 % der Bev. Afrikas sind Christen, rd. 41 % Muslime. Den traditionellen afrikan. Religionen werden rd. 12 % zugerechnet. Gemeinschaften der Hindus, Buddhisten und Sikhs finden sich unter den rd. 0,4 % Afrikanern asiat. Herkunft (vorwiegend Inder). Gemeinschaften der Bahais bestehen in fast allen Ländern Afrikas. Von den rd. 90 000 afrikan. Juden leben rd. 90 % in der Rep. Südafrika. Das Christentum ist die Religion der Bev.-Mehrheit in den meisten Ländern Zentral- und Süd-A.s. Hauptverbreitungsgebiete des Islam sind die Länder Nord-A.s und der Sahelzone, Länder des nordwestl. Küstenstreifens (v. a. Gambia, Guinea, Senegal) und NO-Afrikas (Somalia). Die traditionellen afrikan. Religionen sind v. a. in Südost- und West-A. verbreitet. – Kirchengeschichtlich führt das afrikan. Christentum seine Tradition auf den Evangelisten Markus (nach der Legende erster Bischof von Alexandria) zurück. Die Ausbreitung des Islam in Schwarz-A. setzte, getragen durch muslim. Händler, bereits Ende des 7. Jh. in West-A. ein.

Geschichte

Unser Wissen über die Gesch. A.s stammt aus mündl. Überlieferungen und künstler. Darstellungen der einzelnen Völker, aus archäolog. Funden, der Sprachforschung aus Berichten arab. oder europ. Reisender und Siedler. Schriftl. Quellen liegen aus Nord- und Nordost-A. vor, v. a. aus Ägypten und Äthiopien. In West- und Ost-A. sind Chroniken entstanden. Seit dem 19. Jh. ist eine große Anzahl schriftl. Quellen von afrikan. Autoren und europ. Forschern, Missionaren, Händlern und Kolonialbeamten verfügbar. Aus all diesen Quellen ist ersichtlich, dass sich die einzelnen Großräume des Kontinents sehr unterschiedlich entwickelt haben.

Vor- und Frühgeschichte: A. wird heute mit Recht als Wiege der Menschheit bezeichnet. In Kenia gefundene Knochenreste versch. Individuen werden auf 7–4,4 Mio. Jahre datiert (→ Australopithecinen). Aus A. stammen auch die ältesten Zeugnisse (Geräte aus Kiesel gefertigt; engl. pebble tools) für das Auftreten des Menschen. Die ältesten Geröllgeräte sind 2,5 Mio. Jahre alt (Olduvai, Tansania). Faustkeile wurden in Ost- und Nord-A. vor etwa 500 000 Jahren gefertigt. Im N des Kontinents reichen Jäger- und Sammlertraditionen bis 10 000 v. Chr. zurück, vom 6. bis ins 3. Jt. bildeten sich versch. neolith. Kulturgruppen (Funde in der Sahara). Um 5000 v. Chr. haben sich Pflanzenbau und Viehzucht von NO allmählich über den Erdteil verbreitet. Im Niltal begann die Metallverarbeitung (Kupfer, Silber, Gold) im 4. Jt. Mit der Vereinigung von Ober- und Unterägypten um 3200 v. Chr. begann die Geschichte des Pharaonenreiches (→Ägypten, Geschichte). Nilaufwärts entstand das Reich Kusch (Nubien, Meroe), dessen Herrscher um 725 v. Chr. Ägypten eroberten. 664 v. Chr. wurden sie von den Assyrern zurückgeworfen. Das äthiop. Reich von Aksum entstand wohl im 3. Jh. v. Chr.

Staatengeschichte: Der älteste Staat von weltgeschichtl. Bedeutung in A. ist Ägypten. Westlich davon wurde das phönik. Karthago zu einer großen See- und Handelsmacht. Das Röm. Reich umfasste alle Küstenländer Nordafrikas. Mit dem Einbruch in Ägypten (638–644 n. Chr.) begann die Eroberung Nord- und Ost-A.s durch die muslim. Araber. In der westl. Sudanzone entstanden um 400 das Reich Gana, um 800 die Staaten Songhai und Kanem. In die Zeit um 1000 reichen die Stadtstaaten der Hausa, der Staat der Mosi und die Staatenbildungen der Nupe und Yoruba zurück. Kanem und andere sudanes. Staaten wurden im 11. Jh. islamisiert. Im 13. Jh. trat das Reich Mali die Vorherrschaft im westl. Sudan an. Nach 1400 drängte Songhai Mali zurück und erlebte seinen Höhepunkt. Weiter östlich war das Reich Bornu aus Kanem hervorgegangen. Um 1500 bestanden ausgebildete Staaten an der Kongomündung (Reich der Kongo) und im heutigen Simbabwe (Reich des Monomotapa).

Im 15. Jh. begann eine Zeit der intensiveren Einmischung fremder Mächte. Nord-A. geriet von Ägypten bis Algerien zu Beginn des 16. Jh. unter die Hoheit des Osman. Reiches. An der W-Küste A.s suchten Europäer seit der Mitte des 15. Jh. Gold, Elfenbein, Pfeffer und dann v. a. Sklaven. Zur Abwicklung ihres Handels errichteten sie Befestigungsanlagen. Vasco da Gama umsegelte im Auftrag der port. Krone West-A. und fand über die Kaproute (1488) den Weg nach Indien. Die ostafrikan. Küstenstädte wurden erobert, um ihren Handel zu übernehmen und Versorgungsstellen für den Indienhandel zu schaffen. Portugal schuf in Angola und Moçambique erste Kolonien. 1652 errichtete die Niederländisch-Ostindische Kompanie eine Versorgungsstation am Kap, von wo aus das Vordringen europ. Siedler ins Binnenland und der Kampf mit den dort lebenden Völkern um Land begann.

Nach dem Zerfall der großen Reiche im westl. Sudan kämpften kleinere Reiche sowie im Zentralsudan die Hausastaaten um die regionale Vormachtstellung. Die gesamte Region wurde durch den expandierenden Sklavenhandel und wachsende soziale und religiöse Spannungen geprägt. Im NO wurde Äthiopien über

Jahrhunderte durch interne Machtkämpfe und Auseinandersetzungen mit Nachbarvölkern geschwächt. In der Regenwaldzone entfalteten sich größere Reiche und Stadtstaaten neben kleineren Gemeinwesen. Im Küstengebiet Ost-A.s verarmten die Küstenstädte unter der port. Herrschaft; sie konnten sich erst 1729 befreien und den letzten Stützpunkt Portugals, Fort Jesus, erobern. Das Gebiet der großen Seen Ost-A.s war immer Schauplatz zahlr. Wanderungsbewegungen und Staatsgründungen. Im 17. Jh. konnte sich das Königreich Buganda als stärkste Macht etablieren. In Ruanda und Burundi entstanden expandierende Königreiche. Im Kongogebiet schlossen sich Völker zu größeren Reichen zusammen.

Im 19. Jh. setzten in vielen Regionen A.s polit. Konzentrationsprozesse ein. Gleichzeitig begann die Invasion des Kontinents durch europ. Mächte. In West-A. verdichteten sich soziale und polit. Konflikte zu islam. Revolutionen und führten zur Gründung islam. Staaten. Der Aufstieg des Kalifates von Sokoto leitete eine Neuordnung der Sahelzone ein: u. a. durch die Schaffung eines großen polit. und wirtsch. Raumes mit einheitl. Gesetzgebung und verbindenden kulturell-religiösen Faktoren sowie durch die Expansion des religiösen Anspruches in Heiligen Kriegen. In Ibadan entstand ein neuer Stadtstaat der Yoruba, der sich als Rep. verstand. Die Gründung des Reiches der Tukulor sowie des Reiches von Samory Touré im westl. Sudan verfolgten zusätzlich das Ziel, die großen Handelswege und damit den Sklaven- und Waffenhandel zu kontrollieren und das Vorrücken der Franzosen vom Senegal aus zu stoppen. In der Regenwaldzone konnten die Reiche Ashanti und Dahome zunächst ihre Macht bis an die Küste ausdehnen, gerieten aber in Konflikt mit den europ. Mächten. An den Küsten wurden im Jahre 1822 aus den Südstaaten der USA zurückgekehrte Sklaven angesiedelt, die bestehende Gemeinwesen verdrängten und 1847 die Rep. Liberia ausriefen.

In Nordost-A. erhob sich um 1880 der Sudan gegen die ägypt. Verw. In Ägypten hatte Mehmed Ali die türk. Oberhoheit abgeschüttelt, eine umfassende Modernisierung eingeleitet und im S den Sudan als Nubien zu einer Prov. Ägyptens gemacht. Wegen der wachsenden Verschuldung des Landes, u. a. durch den Bau des Sueskanals, hatte Ägypten eine finanzielle Kontrolle durch Großbritannien und Frankreich akzeptieren müssen. Im Sudan konnte der Mahdi 1885 Khartoum gegen den erbitterten Widerstand der Engländer einnehmen. In der Folge sorgte der Mahdi in Zentral- und Ost-A. für Aufsehen und Unruhe bei den Kolonialmächten.

In Äthiopien gelang es Menelik II., ganz Äthiopien zum Kampf gegen die von der Küste des Roten Meeres vorrückenden Italiener zu mobilisieren. Der Sieg über die Italiener in Adua (1896) wurde zur Geburtsstunde des modernen Äthiopien. An der O-Küste konnte der Sultan von Oman eine unumstrittene Vorherrschaft erringen, die weit ins Innere des Festlandes reichte. Sansibar wurde zum Tor nach O-Afrika; die USA, Großbritannien, Frankreich und Dtl. errichteten Konsulate und schlossen Handelsverträge mit dem Sultan ab. In Süd-A. unterwarf Chaka, König der Zulu, ab 1816 andere Völker und errichtete eine mächtige und expandierende Militärdiktatur. Süd-A. erlebte gleichzeitig die Machtübernahme durch die Briten in der Kapregion (1806), die Unterwerfung der Völker in den Küstengebieten, die Flucht zahlr. Buren aus der brit.

Afrika: Entdeckung und Erforschung

um 1480 v. Chr.	Ägyptische Expedition nach Punt (Küste der Somalihalbinsel)
um 600 v. Chr.	Phöniker umsegeln im Auftrag des Pharao Necho II. möglicherweise Afrika vom Roten Meer über die Südspitze bis zum Mittelmeer.
um 500 v. Chr.	Der Karthager Hanno befährt die westafrikanische Küste bis zum Kamerunberg.
um 60 n. Chr.	Eine römische Expedition gelangt bis zu den Sümpfen des Weißen Nil.
1325–53/54	Der Araber Ibn Battuta bereist ganz Nordafrika und die Ostküste; er erreicht 1352 Timbuktu.
seit 1415	Portugiesen erkunden im Auftrag Heinrichs des Seefahrers die Westküste südwärts.
1482/83	D. Cão entdeckt die Kongomündung.
1488	B. Diaz umsegelt als erster Europäer das Kap der Guten Hoffnung.
1497	V. da Gama umfährt auf dem Weg nach Indien das Kap der Guten Hoffnung und landet an der Natalküste.
um 1515	Leo Africanus bereist Marokko, das Nigergebiet und den Sudan; seine Beschreibung von Afrika blieb bis ins 18. Jh. maßgebend.
1770	J. Bruce entdeckt die Quellen des Blauen Nil.
1795–97	M. Park reist vom Gambia zum Niger.
1795–1802	J. Barrow erkundet das Kapland und gelangt bis zum Oranje.
1798–1801	F. K. Hornemanns Reisen von Ägypten über Audschila, Mursuk nach Bornu und Nupe (Niger)
1814	J. L. Burckhardt bereist Nubien.
1822–24	H. Clapperton durchquert die Sahara von Tripolis über den Tschadsee und Sokoto bis zum Niger.
1825/26	A. G. Laing reist von Tripolis nach Timbuktu.
1848	J. Rebmann entdeckt den Kilimandscharo.
1849	D. Livingstone findet den Ngamisee, J. L. Krapf den Mount Kenia.
1850–55	H. Barths Reisen durch die Sahara und im Sudangebiet
1852–64	D. Livingstone erforscht den Lauf des Sambesi, durchquert Südafrika von Luanda bis Quelimane (1854–56) und entdeckt die Victoriafälle (1855) und den Njassasee (1859).
1858	J. H. Speke entdeckt den Tanganjikasee (mit Sir R. F. Burton) und den Victoriasee.
1863	J. H. Speke trifft mit S. W. Baker, der den Weißen Nil von Khartum aufwärts verfolgt hat, in Gondokoro zusammen; der Lauf des Nil ist damit bis zum Victoriasee bekannt.
1865–67	G. Rohlfs durchquert das nördliche Afrika von Tripolis über Bornu bis Lagos.
1865–72	K. Mauch im Matabele- und Maschonaland; entdeckt 1871 die Ruinen von Simbabwe.
1866–71	D. Livingstone zieht von Sansibar über den Rovuma zum Njassasee, zum Tanganjikasee und zum Mwerusee und entdeckt den Bangweolosee (1868) und den Lualaba (1871).
1869/70	G. Schweinfurth erkundet das obere Nilgebiet und entdeckt den Kongonebenfluss Uele.
1869–74	G. Nachtigal bereist die Sahara und den Sudan; entdeckt 1869 das Tibestigebirge.
1871	D. Livingstone trifft in Ujiji mit H. M. Stanley zusammen.
1873–75	V. L. Cameron durchquert als Erster Äquatorialafrika von Ost nach West.
1874–77	H. M. Stanley bereist die Seen Zentralafrikas und befährt den Kongo bis zur Mündung.
1879–84	H. M. Stanley erforscht das Kongobecken.
1880–82	H. von Wissmann durchquert als Erster Äquatorialafrika von West nach Ost.
1889	H. Meyer ersteigt den Kilimandscharo.
1892/93	O. Baumann erforscht den Kagera, den Hauptquellfluss des Weißen Nil.
1906	C. Harding stellt die Quelle des Sambesi fest.

Kapkolonie im »Großen Treck« (ab 1835) und die Gründung der Burenrepubliken Oranjefreistaat und Transvaal. Die Entdeckung von Diamanten bei Kimberley und von Gold im Witwatersrand löste den polit. Kampf um die Kontrolle dieser Gebiete zw. den Burenrepubliken und den brit. Gebieten Kapkolonie und Natal aus.

Die Invasion der Europäer führte im 19. Jh. zur vollständigen Aufteilung des Kontinents. Die Ursachen lagen in Europa: in der Suche der europ. Mächte nach neuen Märkten und in nationalist. Rivalitäten. Die Invasion nahm ihren Ausgang von Stützpunkten an den Küsten und wurde ausgelöst durch die Versuche einer militär. Durchsetzung des Sklavenhandelsverbots (1807) und durch die Verquickung der Interessen europ. und afrikan. Händler in West-A. Letztere wollten sich vom Außenhandelsmonopol ihrer Herrscher befreien, konnten aber mit den Europäern nicht konkurrieren und unterschätzten die Entschlossenheit sowie die polit. Rückendeckung ihrer Gegner. Die Schwächung ihrer eigenen Staaten war die Folge.

Frankreich setzte sich 1830 in Algier fest und begann mit der Eroberung des Landesinnern. Ziel war die Schaffung eines zusammenhängenden Landblocks vom Mittelmeer bis an die Küste West-A.s; Guinea, die Elfenbeinküste, Dahome und weite Teile des Inneren wurden erobert. Großbritannien setzte das Verbot des Sklavenhandels mit Gewalt durch und suchte direkten Zugang zu den Binnenmärkten. Es unterwarf Ashanti, besetzte die Küstenregion, intervenierte in den Kriegen der Yoruba, zerstörte Benin und rückte entlang dem Niger gegen das Kalifat Sokoto vor. Dtl. wollte in West-, Zentral- und Südwest-A. die Interessen großer Handelshäuser schützen und stellte Togo, Kamerun und Südwest-A. unter dt. Schutz. Die großen Räume Zentral-A.s wurden entweder zu Kolonien der Franzosen oder zum Privatbesitz von König Leopold II. von Belgien. Angola blieb Besitz Portugals, ebenso wie Moçambique auf der O-Seite des Kontinents. Im südl. A. verloren die letzten Völker ihre Unabhängigkeit und gerieten, u. a. wegen ihrer reichen Bodenschätze, unter brit. Herrschaft. In Ost-A. fiel ein Teil an Dtl. (Tanganjika und Ruanda sowie Urundi); der strategisch wichtigere Teil, Kenia und Uganda, an Großbritannien, das den Nil und die Seeroute nach Indien schützen wollte. Die Briten konnten auch die Kontrolle über Ägypten und den Sudan sicherstellen.

Überall ist dem Vorrücken der Europäer Widerstand entgegengesetzt worden, der aber wegen mangelnder Einheit und waffentechn. Unterlegenheit erfolglos blieb. Die Europäer ordneten die polit. Landschaft neu, indem sie neue Grenzen zogen, alte Reiche zerschlugen und Herrscher absetzten, die von der Tradition legitimiert waren und häufig als sakrale Herrscher angesehen wurden. An ihre Stelle traten sie selbst oder von ihnen ernannte Machtträger. Die Europäer errichteten eine eigene Verw., die ihren Herrschaftsanspruch durchsetzen, Steuern einziehen, Ruhe und Ordnung gewährleisten, nach ihren Vorstellungen Recht sprechen und eine ökonom. und kulturelle Infrastruktur schaffen sollte.

Diese Veränderungen erfolgten vor dem Hintergrund einer kulturellen Revolution, die das afrikan. Weltbild und Selbstverständnis erschütterte, neue religiöse Überzeugungen und Riten einführte und die Sprache der Väter durch die der Kolonisatoren ersetzte. Schule, christl. Mission, der Kontakt mit der Lebensform der Europäer und das Leben in den neuen, kolonialen Städten wurden zu Trägern dieser Transformation. Sie trugen aber auch den Keim zur Neubesinnung und Revolution in sich, indem sie Zugang zum polit. und philosoph. Gedankengut der westl. Welt ermöglichten.

Der Zweite Weltkrieg leitete das Ende der europ. Herrschaft ein, indem die Kolonialmächte geschwächt, die USA, die UdSSR und China zu Supermächten aufgewertet wurden. Das internat. Machtgleichgewicht verschob sich von Europa und ermöglichte neben den zwei Lagern des Kalten Krieges die Entstehung der blockfreien Staaten.

In A. erlangten ab 1951 (Libyen), verstärkt jedoch ab 1960 die ehem. Kolonien ihre staatl. Unabhängigkeit. Die Kolonialmächte erkannten die stetig steigenden Kosten ihrer kolonialen Herrschaft. Hinzu kamen die immer notwendiger werdenden Erklärungsversuche zur Aufrechterhaltung der kolonialen Gewaltherrschaft gegenüber den Forderungen der neuen Eliten und Parteien sowie der internat. Kritik. Der Aufstieg gewaltbereiter Unabhängigkeitsbewegungen und die Kriege in Algerien und Kenia drängten schließlich die Kolonialmächte zum Rückzug. Die polit. Entkolonialisierung lockerte die Verbindung zum Mutterland schrittweise und führte schließlich zur Entlassung in die Unabhängigkeit. Die Entkolonialisierung der Siedlerkolonien (Algerien, Kenia, Nordrhodesien) sowie der port. Besitzungen (Angola, Moçambique und Guinea-Bissau) sowie des südl. A. erfolgte dabei in blutigen Kriegen.

Den Übergang in die Unabhängigkeit begleiteten Visionen von Freiheit und Wohlstand. Manche Visionen führten in Anlehnung an die westl. Welt zu privatwirtsch. Modellen der weiteren Entwicklung, andere zum »afrikan. Sozialismus«, zur staatl. Planwirtschaft oder suchten einen dritten Weg. Außenpolitisch bedeutete die Mitgliedschaft in den Vereinten

Afrika: Kolonialgeschichte

Nationen die erste Möglichkeit, die eigenen Interessen vor der Weltöffentlichkeit zu artikulieren. Der besseren Vertretung ihrer Stimme dienten Versuche der Einigung des Kontinents in der Organisation der Afrikan. Einheit (OAU). Kulturell führte die wiedergewonnene Freiheit zu eigenen Universitäten, zur Entfaltung von Literatur, Film, Musik und Kunst.

Die größten Aufgaben waren die Schaffung der nat. Einheit und der Aufbau einer leistungsfähigen Verwaltung und Wirtschaft. Die polit. Herausforderung verlangte institutionell die Errichtung eines funktionierenden demokrat. Systems, die Respektierung der Verf. und die Trennung der Gewalten, den Beginn einer nat. Gesetzgebung, den Aufbau einer Rechtsprechung und Polizei sowie den Ausbau eines an den nat. Bedürfnissen orientierten Bildungs-, Gesundheits- und Kommunikationswesens. Das ökonom. Erbe der Kolonialzeit, die vorhandene Infrastruktur, die Weltwirtschaftsordnung sowie die unterschiedl. Interessen der Politiker und ihrer Herkunftsregionen setzten jedoch nat. Entwicklungszielen enge Grenzen.

Die polit. und wirtsch. Visionen scheiterten wiederholt: Kulturelle und ethn. Heterogenität wurde politisiert und führte zu innenpolit. Konflikten, Sezessions- und Bürgerkriegen (Biafra/Nigeria, Eritrea, Sudan); der wirtsch. Aufbau misslang; Staatsverschuldung, Verarmung, Arbeitslosigkeit, Landflucht und Verschärfung der Verteilungskämpfe waren die Folge. Gegen Machtmissbrauch und Korruption der Politiker, die Einführung von Einheitsparteien, gegen regionales und ethn. Denken, Misswirtschaft und Vetternwirtschaft putschte das Militär in fast allen Staaten, konnte die Probleme aber nicht lösen. Strukturanpassungsprogramme von Weltbank und IWF haben den staatl. Anteil an der Wirtschaft zwar verringert, die sozialen Probleme aber verschärft. Unabhängigkeitskriege (Angola, Moçambique, Nordrhodesien, Namibia und Rep. Südafrika), Bürgerkriege (Liberia, Sierra Leone, Sudan, Algerien) und zwischenstaatl. Kriege (Uganda–Tansania, Kongo) kosteten Millionen Menschenleben, verursachten gewaltige Flüchtlingsströme, verbreiteten Hunger, Krankheit und Armut und schufen ein Klima von Gewalt und Gesetzlosigkeit. Diese Probleme wurden noch verschärft durch die Ausbreitung von Aids und ihre demograf. und sozialen Folgen, durch die anhaltende Abwanderung von qualifizierten Arbeitskräften sowie durch die Verschärfung des an ethn. und religiösen Prämissen orientierten Verteilungskampfes.

Nach dem Ende des Ost-West-Konfliktes führten polit. Neuansätze zu einer Demokratisierungswelle. Regionale Kooperationsformen wie etwa die aus der OAU hervorgegangene Afrikan. Union (AU) oder die Verabschiedung der »Neuen Partnerschaft für Afrikas Entwicklung« (NEPAD) sollten der polit. und wirtsch. Konsolidierung des Kontinents dienen. Das größte Hoffnungssignal ist von der friedl. Ablösung des Apartheidstaates durch ein demokrat. System in der Rep. Südafrika ausgegangen.

Heutige Probleme sind nach wie vor die Zerbrechlichkeit des Staates, die Bedrohung der nat. Einheit und die Stagnation der Wirtschaft. Sie hatten sich in Somalia zum Staatszerfall und in Ruanda (1994) zum Völkermord zugespitzt, in der Elfenbeinküste (2002) einen Bürgerkrieg verursacht, den Krieg (1997) in der Demokrat. Rep. Kongo, in den mehrere afrikan. Staaten, multinat. Unternehmen und Warlords einbezogen waren, ausgelöst und bedrohten weitere Staaten wie Burundi und den Sudan (v. a. die Region Darfur). Hinzu kommen im südl. A. (v. a. Simbabwe und Namibia) Auseinandersetzungen um die Landfrage, v. a. in Algerien und Nigeria der islam. Fundamentalismus, im Sudan – wie in der Elfenbeinküste – der Bürgerkrieg und in einer wachsenden Zahl von Staaten der internat. Terrorismus (Ägypten, Tunesien, Marokko, Sudan, Kenia, Tansania). Armut und Krieg lassen zudem unzählige Menschen in ihre Nachbarländer oder nach Europa flüchten. Um die Migrationsströme nach Europa einzuschränken, beschlossen im Juli 2006 in Rabat 57 afrikan. und europ. Staaten einen Aktionsplan, der u. a. die Bekämpfung des Menschenhandels und der illegalen Migration sowie verstärkte Entwicklungshilfe vorsieht.

Der Internat. Währungsfonds (IWF) hat zu Beginn des Jahres 2006 einigen afrikan. Ländern (z. B. Äthiopien, Moçambique, Ruanda, Tansania, Uganda) die Schulden erlassen; diese Gelder sollen nun zur Bekämpfung der Armut eingesetzt werden. Ein Abkommen zur wirtschaftl. Entwicklung der Länder im Gebiet der Großen Seen unterzeichneten im Dez. 2006 die Vertreter von elf afrikan. Staaten.

Afrikaander, Afrikander, →Buren.

Afrikaans, Kapholländisch, indogerman. Sprache, eine der Amtssprachen in der Rep. Südafrika, entwickelte sich aus niederländ. Dialekten des 17. Jh. mit wesentl. Vereinfachungen durch die urspr. nicht die niederländ. Sprache sprechenden Bevölkerungsteile. Zur Literatur in A. →südafrikanische Literatur.

Afrikakorps [-ko:r], →Deutsches Afrikakorps.

Afrikanische Entwicklungsbank, engl. **African Development Bank,** Abk. **ADB,** 1963 von 22 afrikan. Staaten in Khartoum (Sudan) gegründetes Finanzierungsinstitut zur Förderung von Entwicklungsprojekten in Afrika; Sitz: Abidjan. Seit 1982 ist der Beitritt nicht afrikan. Länder möglich (2005: 53 afrikan. und 24 nicht afrikan. Mitglieder).

afrikanische Kunst, die Kunst der Völker Schwarzafrikas. Die frühesten Zeugnisse sind die →Felsbilder, die in weiten Teilen Afrikas bis in die jüngste Zeit von Hirten- und Jägervölkern angefertigt wurden.

Die traditionelle bildende Kunst Schwarzafrikas ist überwiegend religiösen Ursprungs, erfüllte aber auch zahlr. polit. und soziale Funktionen, die bis in den Alltag reichen. Somit handelt es sich im traditionell europ. Sinne nicht um Kunst, was jedoch nicht bedeutet, dass es in afrikan. Gesellschaften keine ästhet. Maßstäbe gegeben hätte und gibt. Ahnen- und Zauberfiguren (»Fetischfiguren«) sowie Masken sind die wichtigsten Ausdrucksformen; hinzu kommen Wächterfiguren, Seelengefäße, Grabfiguren, sakrale Gefäße in zoomorpher und anthropomorpher Gestalt, Rang- und Würdeabzeichen (z. B. Zepter, Stäbe, Pfeifen u. a.), aber auch Alltagsgegenstände wie Kopfstützen und Stühle.

Herausragende künstler. Qualität erreichte die a. K. in →Benin und in den Stadtstaaten der →Yoruba (im Gebiet des heutigen Nigeria), im Reich Dahome (heute Benin), bei den →Ashanti (heute Ghana), den →Kongo, →Kuba und →Lunda (heute Rep. Kongo, Demokrat. Rep. Kongo und Angola).

Hauptmaterial des afrikan. Künstlers ist das im feuchten trop. Klima leicht vergängl. Holz, das mit Dechseln (Querbeilen) und Messern aus Eisen bearbeitet wird.

afrikanische Kunst: Statuette der Bamum, Kamerun (Paris, Musée de l'Homme)

afrikanische Kunst

afrikanische Kunst: Goldschmuck der Ashanti (London, Britisches Museum)

Die lange Zeit vertretene Auffassung, dass afrikan. Kunst »stammesgebunden« sei, wird von der neueren kunsthist. Forschung zunehmend widerlegt. So findet sich oftmals ein bestimmter Stil bei versch. Ethnien oder mehrere versch. Stile bei nur einer Ethnie. Vielfach wird die Stile durch einen statischen, hieroglyphenartigen Charakter gekennzeichnet, der sich durch Frontalität und Symmetrie auszeichnet. Ausnahmen sind in der höf. Kunst, bei den Yoruba, den Kongo und im Kameruner Grasland (→ Bamum) festzustellen.

Die frühesten bis jetzt bekannten Belege der afrikan. plast. Gestaltung sind die Terrakotten aus der Kultur von → Nok (Zentralnigeria), die in die Zeit zw. 900 v. Chr. und 500 n. Chr. datiert wird. Von einer der ältesten Eisen führenden Kulturen W-Afrikas, der Sao-Kultur, sind Terrakottafiguren (Menschen- und Tierdarstellungen), daneben Schmuckstücke aus Eisen, Kupfer, Bronze, Elfenbein und Glas (10.–16. Jh.) erhalten. Etwa aus der gleichen Zeit (10.–14. Jh.) stammen die Terrakotta- und Bronzeplastiken, die in Ife gefunden wurden. Eine kulturelle Verbindung zw. Nok und Ife wird vermutet. – In Ghana und im Gebiet des Nigerbinnendeltas, bes. bei → Djenné (Mali), wurden bedeutende Terrakottaskulpturen und Bronzen gefunden, die wohl zw. 1000 und 1300 entstanden sind. Letztere weisen große Ähnlichkeit mit den Kunstwerken der in der Nähe lebenden → Dogon auf, einem altnigrit. Volk, dessen Ursprünge noch im Dunkeln liegen; auch hier vermutet man einen direkten Zusammenhang.

Künstler. und kunstgewerbl. Schaffen zeigt sich bei vielen ethn. Gruppen auch an Gebrauchsgegenständen des tägl. Lebens. Bekannteste Beispiele sind die Goldgewichte der Ashanti. Auch aus den Bereichen Töpferei, Weberei, Korbflechterei sowie Leder- und Schmiedearbeiten und Glasbläserei (→ Nupe) sind hervorragende Arbeiten erhalten. Bedeutend sind zudem die (vielfach religiös bedingte) Dekoration des Körpers (u. a. Bemalung, Narbentatauierung) und die Gestaltung der Frisur, die künstler. Arbeiten an der Kleidung (Stickerei, Färben, Applizieren, Durchbrechen), die Herstellung von Schmuck sowie die Baukunst (v. a. in islam. Gebieten).

Die Hinwendung zum Islam und die durch die Kolonialmächte betriebene Christianisierung ließen viele afrikan. Gesellschaften traditionelle Kunstwerke als »Machwerk des Teufels« vernichten. In Europa wurden erst zu Beginn des 20. Jh. afrikan. Skulpturen von Avantgarde-Künstlern (P. Picasso, H. Matisse, A. Derain, »Die Brücke« mit E. L. Kirchner, K. Schmidt-Rottluff, E. Nolde u. a.) als Kunst »entdeckt« und als Ausdruck eines Ideals von »Ur-

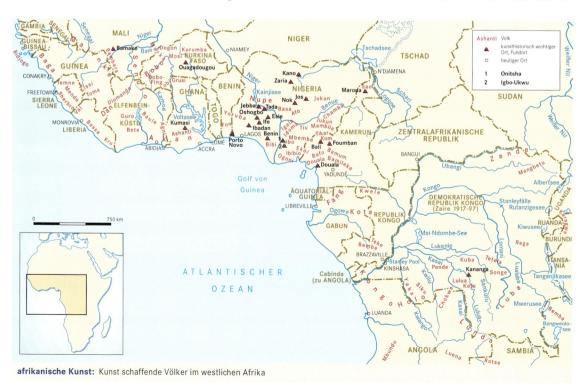

afrikanische Kunst: Kunst schaffende Völker im westlichen Afrika

sprünglichkeit« und »Reinheit« in das eigene Schaffen integriert; sie stellten gewissermaßen die Basis dar, auf der sich die moderne Kunst weiterentwickelte.

afrikanische Kunst: Oberteil einer Messingfigur aus Ife, Nigeria (Ife, Museum of Ife Antiquities)

Bei den meisten afrikan. Völkern ging mit der veränderten religiös-kulturellen Situation (Christentum, Islam, synkretist. Religionen) und durch wirtschaftlich-soziolog. Entwicklungen die Grundlage für traditionelles Kunstschaffen verloren oder hat sich gewandelt. Landflucht, Verarmung, Kriege und Orientierung am westl. Lebensstil haben in der nachkolonialen Phase zur Zerstörung traditioneller Lebensweisen und Kulturformen beigetragen. Diese histor. Prozesse haben jedoch zugleich zahlr. neue Entwicklungen angeregt.

Die Kommerzialisierung der Kunst leitete in den vergangenen Jahrzehnten die Herausbildung einer umfangreichen Touristenkunst ein, die sich häufig an den traditionellen Vorbildern orientiert. Polit. und wirtschaftl., aber auch künstler. Gründe veranlassten viele moderne Künstler zur Emigration, insbes. nach Paris, London, New York. Diese Künstler sind stärker im internat. Kunstmarkt involviert, auf den bedeutendsten Biennalen und in bekannten privaten und öffentl. Sammlungen zeitgenöss. Kunst vertreten.

afrikanische Literatur, i. e. S. Literatur in afrikan. Sprachen, i. w. S. aber auch die v. a. seit dem 20. Jh. entstandene Literatur des subsahar. Afrika in europ. Sprachen (Englisch, Französisch, Portugiesisch).

Literatur in afrikanischen Sprachen: Literatur in afrikan. Sprachen war traditionell Oralliteratur, die mimisch-gestisch (mit Musik, Tanz und Gesang) vorgetragen wurde. Sie wurde seit dem 19. Jh. u. a. von Missionaren und Afrikanisten aufgezeichnet (Märchen, Mythen, Lieder, Sprichwörter). Neben der Volksdichtung sind auch höf. Poesie und umfangreiche Epen überliefert. Seit dem 19. Jh. bediente man sich für Werke in afrikan. Sprachen (Oralliteratursammlungen, Bibelübersetzungen) der lat. Schrift; seit dem 20. Jh. entstanden Lyrik, Dramen und Romane. Allerdings nimmt die indigensprachige Literatur nur einen kleinen Teil der gesamten a. L. ein.

Literatur in englischer Sprache: In den 1950er-Jahren erschienen in *Westafrika* die ersten modernen literar. Werke, die z. T. an die traditionelle Oralliteratur anknüpften (A. Tutuola) oder versuchten, das im Gefolge der Kolonialherrschaft verzerrte Bild Afrikas zu korrigieren (C. Achebe). In den 1960er-Jahren begannen Autoren wie W. Soyinka vor Fehlentwicklungen der postkolonialen Ära zu warnen; in der Folge entstand, zunächst in Nigeria und Ghana, eine »Desillusionierungsliteratur«. In Nigeria begründete C. Ekwensi eine »städt. Literatur«, die den hekt. Lebensrhythmus und den Zerfall traditioneller Wertvorstellungen in den neu entstandenen Großstädten Afrikas thematisierte. In den 1970er- und 1980er-Jahren versuchte man, Wege aus der nachkolonialen sozialen Krise aufzuzeigen, z. B. durch die Fortschreibung traditioneller Mythen in die Gegenwart hinein (Soyinka), durch eine politisch radikalere Literatur, die soziale Fragen thematisiert (K. Omotoso), durch eine traditionelle Rollenmuster infrage stellende Frauenliteratur (Ama Ata Aidoo; Buchi Emecheta) oder durch eine Schreibweise, die, um die aktuelle Wirklichkeit zu beschreiben, Stilmittel und Motive der Oralliteratur nutzt (Kojo Laing, B. Okri, S. Cheney-Coker). Seit den 1990er-Jahren melden sich Autoren zu Wort, die in den literar. Zentren Europas und Amerikas leben und schreiben (B. Okri, B. Bandele).

In *Ostafrika* entstand ab Mitte der 1960er-Jahre eine moderne englischsprachige Literatur, zunächst v. a. in Kenia, wohin viele Schriftsteller emigriert waren. Ngugi wa Thiong'o verfasste histor., später sozialkrit. Romane. O. p'Bitek orientierte sich an der traditionellen Oraldichtung. In den 1970er-Jahren entstand auch hier eine städt. Literatur mit schonungsloser Darstellung von Armut und Gewalt in den Slums (M. Mwangi). N. Farah verbindet mündl. und westl. Erzähltraditionen und thematisiert das Verhältnis von Macht, Diktatur und Korruption. Der in England lebende A. Gurnah setzt sich mit der Migration auseinander.

Im *südlichen Afrika* stellen v. a. die Rep. Südafrika (→ südafrikanische Literatur) und Simbabwe wichtige Zentren moderner afrikan. Literatur dar. In Simbabwe setzte ein Desillusionierungsprozess ein, der die Autoren zu einer Auseinandersetzung mit dem Befreiungskampf führte (C. Hove); außerdem wurden Entwurzelung, Desorientierung und Missstände, die auch nach der Unabhängigkeit nicht aufgehoben sind, reflektiert (Yvonne Vera).

Bisher erhielt (abgesehen von Südafrika) ein afrikan. Schriftsteller engl. Sprache den Nobelpreis für Literatur: W. Soyinka (1986, Nigeria).

Literatur in französischer Sprache: Außer im Maghreb findet sich frankofone a. L. v. a. in West- und Zentralafrika. Die Begegnung junger Intellektueller aus Afrika und der Karibik (L. S. Senghor, B. Diop, A. Césaire) im Paris der 1920/30er-Jahre führte zur Entstehung der → Négritude. Nach dem Zweiten Weltkrieg wurde die 1947 von A. Diop gegründete Zeitschrift »Présence Africaine« (später auch gleichnamiger Verlag) zum Sprachrohr der Intellektuellen und

Künstler des frankofonen Afrika. In den 1950er-Jahren entstanden die ersten (Bildungs-)Romane (L. Camara, A. Sadji, M. Beti), ab den 1960er-Jahren auch mit polit. Prägung (O. Sembène) und unter Zerstörung des idealisierten Bildes der vorkolonialen Zeit (Y. Ouologuem, A. Kourouma). Auch im frankofonen Afrika wurde die desillusionierte Auseinandersetzung mit dem Status quo der Unabhängigkeit (und der Diktatur) zum wichtigsten literar. Stoff (V. Y. Mudimbe, O. Sembène, R. Philombe, M. Beti). In den 1970er-Jahren meldeten sich auch die Frauen zu Wort (Mariama Bâ). Tchicaya U Tam'si schrieb neben Lyrik in den 1980er-Jahren Prosa über Identitätssuche zw. Realität und Fantasie und setzte Erzählformen der Oralliteratur ein, die den Rahmen des Romans sprengten. Auch in der frankofonen Literatur des subsahar. Afrika wurde der Topos Großstadt zu einem zentralen Thema (Tierno Monénembo, V. Y. Mudimbe).

Literatur in portugiesischer Sprache: Die lusofone Literatur Afrikas (Kapverden, Angola, Moçambique, Guinea-Bissau, São Tomé und Príncipe) blieb lange sehr viel stärker mit dem Kulturleben der Kolonialmacht Portugal verknüpft als die anglo- oder frankofone, so nahmen häufig Europäer und deren Nachfahren wichtige Plätze innerhalb dieser Literatur ein. Zu den bedeutenden Autoren zählen B. Lopes, A. Neto, J. L. Vieira, Pepetela und G. Almeida.

Afrikanische Spiele, Afrika-Spiele, *Sport:* zum ersten Mal 1965 in Brazzaville ausgetragene Veranstaltung mit olymp. Charakter für die dem Obersten Afrikan. Sportrat angeschlossenen Länder; seit 1987 im Vierjahresrhythmus durchgeführt.

afrikanische Sprachen. Die a. S. teilt man heute meist (nach J. H. Greenberg) in vier große Sprachstämme oder Bereiche ein: 1) kongokordofan. oder nigrit. Sprachen mit den Zweigen →Niger-Kongo-Sprachen und →kordofanische Sprachen. Hierzu gehört auch die sehr große Gruppe der →Bantusprachen. Zahlr. Vertreter dieses Bereichs besitzen nominale Klassensysteme (→Klassensprachen). 2) die →nilosaharanischen Sprachen mit den →saharanischen Sprachen. Die östl. Untereinheiten dieses Stammes sind auch als →Schari-Nil-Sprachen bekannt, zu denen bes. die →nubischen Sprachen und die →nilotischen Sprachen gezählt werden. 3) die →afroasiatischen Sprachen mit der →Berbersprache, den kuschit. Sprachen (→Kuschiten), den →tschadischen Sprachen, den semit. Sprachen Äthiopiens (z. B. Amharisch) und den diversen Formen des Arabischen N- und O-Afrikas sowie der Sudanzone. 4) Khoisan-Sprachen (→Khoisan) in SW- und S-Afrika. Gemeinsames phonet. Merkmal sind die Schnalzlaute. – Der größte Teil der a. S. besitzt die musikal. Tonhöhe (Tonem), mit der die Bedeutung von Wörtern und grammat. Formen unterschieden wird.

Afrikanische Union, engl. **African Union,** Abk. **AU,** am 9. 7. 2002 in Durban (Rep. Südafrika) gegründete regionale Organisation von 52 afrikan. Staaten sowie der Demokrat. Arab. Rep. Sahara (d. h. von allen Staaten Afrikas außer Marokko; Madagaskars Mitgliedschaft war bis Juli 2003 suspendiert) mit Sitz in Addis Abeba (Äthiopien), die die →OAU ablöste. Ein OAU-Sondergipfel im Sept. 1999 in Sirte (Libyen) regte auf Initiative von M. al-Gaddhafi die Gründung der AU nach dem Vorbild der Europ. Union an. Die Gründungsakte, die sich u. a. zu Demokratie und Menschenrechten bekennt, wurde im März 2001 in Sirte unterzeichnet und trat nach Ratifikation durch 36 OAU-Staaten am 26. 5. 2001 in Kraft. Damit erfolgte formell die Umwandlung der OAU in die AU.

Hauptorgane: Die **Versammlung der Staats- und Reg.-Chefs** als höchstes Organ tritt i. d. R. jährlich einmal zusammen, fasst Beschlüsse und überwacht deren Umsetzung; außerdem wählt sie aus ihren Reihen den Vors. der AU. Der zweimal im Jahr tagende **Exekutivrat** setzt sich aus den Außenmin. der Mitgl.-Staaten zusammen und ist für die Umsetzung der Beschlüsse der Versammlung der Staats- und Reg.-Chefs verantwortlich. Das **Panafrikan. Parlament** mit Sitz in Addis Abeba wurde im März 2004 eingerichtet, besteht aus je 5 Abg. eines jeden Staatenparlaments und hat derzeit nur beratende Funktion. Im **Ständigen Ausschuss der Repräsentanten** sind die Botschafter der AU-Staaten vertreten. In die **AU-Kommission** werden 10 Vertreter für eine vierjährige Mandatszeit (maximal 8 Jahre) entsandt. Der zu dieser Kommission gehörende **AU-Friedens- und Sicherheitsrat** besteht aus 15 Mitgl., soll im Rahmen der Krisen- und Konfliktprävention wirksam werden und hat bei Verbrechen gegen die Menschlichkeit, Kriegsverbrechen oder Völkermord die Möglichkeit der Intervention (auch mit militär. Mitteln). So wurde beispielsweise 2004 beschlossen, eine Schutztruppe (3 300 Mann) in die sudanes. Konfliktregion Darfur zu entsenden. Als weitere Organe der AU sind u. a. eine Zentralbank, ein Gerichtshof sowie ein Wirtschafts- und ein Kulturrat geplant.

Afrikanische Wirtschaftsgemeinschaft, →OAU.

Afro, eigtl. Afro Basaldella, ital. Maler, * Udine 4. 3. 1912, † Zürich 24. 7. 1976; Bruder von →Mirko; schuf Bilder zw. abstraktem Expressionismus und lyr. Abstraktion aus dem Erbe venezian. Farbkultur.

Afroamerikaner, Amerikaner schwarzafrikan. Abstammung.

afroamerikanische Musik, das Ergebnis der Vermischung afrikan. und europ. Musik auf dem amerikan. Kontinent (Jazz, Worksongs, Blues, Ragtime, Spiritual, Gospel).

afroasiatische Sprachen, früher **hamitosemitische Sprachen, Hamitensprachen,** afrikanische Sprachfamilie, in N-, NO- und Zentralafrika verbreitet, rd. 250 Sprachen. Die Zweige sind in sich unterschiedlich strukturiert. Zu den a. S. gehören die Berbersprachen (→Berber), die kuschit. Sprachen (→Kuschiten), die →tschadischen Sprachen, die semit. Sprachen Äthiopiens (z. B. Amharisch), diverse Formen des Arabischen sowie die ägypt. Sprache.

Afrocuban Jazz [ˈæfrəʊˈkjuːbn dʒæz, engl.], **afrokubanischer Jazz,** 1947 entstandene Variante des Modern Jazz, die melod. und rhythm. Stilelemente der afrokuban. Musik in den Bebop einbezog und dabei eine Reihe kuban. Schlaginstrumente (Bongos, Conga, Claves, Maracas) verwendete.

AFTA, Abk. für engl. ASEAN Free Trade Area, 1992 beschlossene und im Jan. 2002 in Kraft getretene **Asiat. Freihandelszone,** der die 10 Mitgl.-Staaten der →ASEAN angehören. Die vollständige Abschaffung der Zölle ist bis 2015 bzw. für sensible Produkte bis 2018 geplant.

After, lat. **Anus,** Ausmündung des Darmkanals, beim Menschen durch zwei Schließmuskeln verschlossen, von denen nur der äußere dem Willen unterworfen ist.

Afterklauen, Afterzehen, rudimentäre, höher stehende 2. und 5. Zehen bei Huftieren; beim Wild: **Geäfter.**

Afterklauen:
1 beim Edelhirsch; verschiedene Grade der Rückbildung;
2 beim Schwein und 3 beim Rind (a Afterklauen)

Afterlehen, durch einen Lehnsträger (Vasall) weiterverliehenes Lehen (→Lehnswesen).
After-Loading-Technik [ˈɑːftəˌləʊdɪŋ-, engl.], **Nachladeverfahren,** *Medizin:* Verfahren der Strahlentherapie zur Behandlung bösartiger Tumoren in bzw. an Körperhöhlen, z. B. der Gebärmutter, Scheide, Speiseröhre oder der Nasennebenhöhlen. Die radioaktive Quelle wird ferngesteuert in eine vorher an den Ort der Bestrahlung gelegte Hohlsonde eingefahren.
Aftershave [ˈɑːftəʃeɪv, engl.] *das,* →Rasierwasser.
After-Work-Party [ˈɑːftəwəːkɑːtɪ, engl.] *die, -/-s,* geselliges Beisammensein, das meist unmittelbar nach Arbeitsende beginnt und das v. a. der Entspannung dienen soll.
Aft-Fan-Triebwerk [ˈɑːftfæn-, engl.], ein →Strahltriebwerk.
Afyonkarahisar [türk. »Opium-Schwarzburg«], Hptst. der türk. Provinz A. im westl. Anatolien, 98 600 Ew.; Teppichknüpferei, Zement-, Nahrungsmittelindustrie; Zentrum des bedeutendsten türk. Mohnanbaugebietes (Opiumgewinnung für medizin. Zwecke). – Moschee Ulu Camii (13./14. Jh.).
Ag, chem. Symbol für →Silber (lat. Argentum).
AG, Abk. für **1)** **A**ktien**g**esellschaft.
2) **A**mts**g**ericht.
3) **A**utonomes **G**ebiet (z. B. in China, Russland).
4) **A**rbeits**g**emeinschaft.
a. G., Abk. für **a**uf **G**egenseitigkeit (bei Versicherungsvereinen).
Aga [osttürk. »älterer Bruder«] *der,* **Agha,** früherer türk. Titel für Offiziere und Beamte.
Agadès, alte Handelsstadt am Rand der Sahara in der Rep. Niger, 91 600 Ew., wichtiger Markt für die Tuareg; Kunsthandwerk; internat. Flughafen. – Zahlr. Bauten im traditionellen sudanes. Lehmbaustil.
Agadir [Berbersprache »befestigter Speicher«], Hafenstadt und Seebad an der W-Küste Marokkos, Verw.-Zentrum der gleichnamigen Prov. und der Region Sous-Massa-Draa; 678 600 Ew., Univ. (1989 gegr.); 1960 durch Erdbeben zerstört, in der Nähe wieder aufgebaut; heute größtes Touristenzentrum des Landes; Fisch verarbeitende (v. a. Sardinen) u. a. Ind.; internat.

ägäische Kultur: Teilrekonstruktion des Nordeingangs im Palast von Knossos (17./16. Jh. v. Chr.)

Flughafen. – Die Entsendung des dt. Kanonenboots »Panther« nach A. gab 1911 den Anstoß zur 2. Marokkokrise.
Ägadische Inseln [lat. »Ziegeninseln«], ital.: **Egadi,** Gruppe von vier gebirgigen Inseln vor der W-Spitze Siziliens, 43,5 km²; Thunfischfang, Kalksteinbrüche; Hauptort ist Favignana.
ägäische Kultur, zusammenfassende Bez. der bronzezeitl. Kulturen im Bereich des Ägäischen Meeres (3./2. Jt. v. Chr.); dazu gehören: die Kultur des nordwestkleinasiat. und thrak. Küstenbereichs (u. a. →Troja) mit den vorgelagerten Inseln; die Kykladenkultur auf den mittleren Ägäisinseln; die minoische Kultur auf Kreta; die früh- und mittelhellad. Kultur auf dem griech. Festland und die nachfolgende späthellad. oder myken. Kultur, in der die Traditionen des ägäischen Raumes in einer gemeinsamen Sachkultur mit lokalen Differenzierungen verschmolzen. Die Spätphase der ä. K. wird auch als **kretisch-myken. Kultur** bezeichnet. – Erste erfolgreiche Grabungen in Troja, Mykene, Tiryns setzte H. Schliemann zw. 1870 und 1890 ins Werk. Die minoische Kultur Kretas hat Sir Arthur Evans durch die Ausgrabung von Knossos (seit 1900) entdeckt und nach dem sagenhaften König Minos benannt. Evans schuf auch die Grundlage der allen ä. K. gemeinsamen Chronologie, die bis heute große Unsicherheiten aufweist.
Minoische Kultur: Auf Kreta wird die frühminoische Periode mit Stein- und Tongefäßen, auch Goldarbeiten, v. a. aus Gräbern, als **Vorpalastzeit** (um 2600–2000 v. Chr.) bezeichnet. Die ältesten Überreste von Palästen in Knossos, Mallia und Phaistos gehören an den Anfang der mittelminoischen Periode. Aus dieser **Altpalastzeit** (um 2000–1650 v. Chr.) stammen die Keramik mit weißen und roten Dekorationen auf schwarzem Grund (Kamaresvasen), Goldfunde, Kleinplastik, Siegelkunst, älteste Schriftzeugnisse (Bilderschrift auf Tontäfelchen). Die 2. Blütezeit, die **Neupalastzeit** (um 1700–1400 v. Chr.), setzte mit der Wiedererrichtung der durch Erdbeben zerstörten Paläste und Siedlungen ein und wurde mit der Eroberung Kretas durch myken. Griechen im 15./14. Jh. beendet. Aus dieser Zeit stammen die Paläste in der durch Ausgrabungen überlieferten Gestalt, weiterhin Wandmalereien und Miniaturfresken, Fayence- und Elfenbeinfiguren sowie Keramik mit nun dunkel auf hellen Grund gemal-

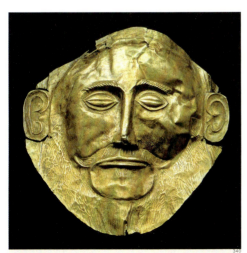

ägäische Kultur: Goldmaske eines Fürsten aus einem Schachtgrab in Mykene (16. Jh. v. Chr.; Athen, Archäologisches Nationalmuseum)

ten Motiven. Eine auf Thera entstandene wohlhabende Stadt wurde wohl in der 2. Hälfte des 17. Jh. v. Chr. durch einen Vulkanausbruch verschüttet (genaue Datierung bis heute umstritten). Am Ende dieser Periode wechselte die inzwischen ausgebildete Silbenschrift (»Linearschrift«) auf den Tontäfelchen von der älteren Stufe (Linear A) zur jüngeren Stufe (Linear B). Unter der Vorherrschaft des myken. Festlandes verlor Kreta in der **Nachpalastzeit** (um 1400–1100 v. Chr.) seine dominierende Rolle.

Helladische und mykenische Kultur: Auf dem griech. Festland sind aus der **frühhellad. Periode** (Ende des 4. bis Ende des 3. Jt. v. Chr.) Siedlungen und monumentale Anlagen (Lerna, Tiryns) bekannt. Leitformen der Keramik sind →Schnabelkanne und Schnabeltasse (Sauciere). In der **mittelhellad. Periode** (Ende des 3. Jt. bis etwa 1600 v. Chr.) bringt die Keramik neue Formen und eine andere Art der Oberflächenbehandlung: Ornamente in mattem Schwarzton (Mattmalerei) oder einheitlich schwarze, graue oder gelbl. Oberfläche (minysch). Die späthellad. Periode wird als **myken. Kultur** bezeichnet, unterteilt in die Stufen Frühmykenisch (um 1600–1450 v. Chr.), **Palastzeit** (um 1450–1200 v. Chr.) und **Nachpalastzeit** (um 1200–1050 v. Chr.). Charakteristisch waren Schachtgräber (16. Jh., mit reichen Beigaben) und große Kuppelgräber in Mykene (15.–14. Jh., z. B. »Schatzhaus des Atreus«) sowie mächtige Burgen in Mykene, Tiryns, Pylos. Nach der Zerstörung von Knossos (um 1370 v. Chr.) ging die Vormacht in der Ägäis an das myken. Festland über. Die zunächst nachgeahmten minoischen Formen und Motive der Keramik wichen zunehmend einer eigenständigen Form- und Stilentwicklung. Die auf Kreta entstandene Linear-B-Schrift wurde zur myken. Palastschrift. Gegen 1200 v. Chr. endeten die meisten Paläste und Burgen in Brandkatastrophen, die dafür genannten Gründe (Erdbeben, innere Unruhen, die Wanderungen der Seevölker) sind umstritten. In der Folge wanderten große Teile der Bev. aus dem Landesinneren ab; im 11. Jh. wurden auch die letzten myken. Küstensiedlungen aufgegeben. Neue Einwanderer, die Dorier, ließen sich v. a. auf der Peloponnes nieder.

Kykladenkultur: Auf den Kykladeninseln entfaltete sich im ausgehenden 4. und im 3. Jt. v. Chr. eine (v. a. durch Grabfunde bekannte) Kunst von großer Eigenständigkeit, die jedoch im Lauf des 2. Jt. v. Chr. zunächst unter minoischen, dann myken. Einfluss geriet. Von künstler. Bedeutung sind v. a. etwa 20 bis 30 cm hohe, teils bemalte **Kykladenidole** aus Marmor, ferner Marmorgefäße (Kegelvasen, Becher) und reich reliefierte oder mit Ritzmustern versehene Steingefäße und Keramik.

Ägäisches Meer [nach Aigeus], **Ägäis**, nördl. Nebenmeer des Mittelmeers zw. Griechenland und Kleinasien, 179 000 km², südl. Teil bis 2 962 m tief, reich gegliederte Küsten. Im Ä. M. liegen viele größere Inseln und Inselgruppen (u. a. Thasos, Lesbos, Chios, Samos, die Kykladen, Dodekanes, Sporaden und Kreta). Wichtige Häfen sind Piräus, Saloniki, İzmir und Hermupolis auf Syros.

ägäische Sprachen, Sammelbez. für Sprachen, die im östl. Mittelmeerraum vor (und noch neben) dem Altgriechischen gesprochen wurden.

Aga Khan, Titel des Oberhaupts der islam. Konfession der Hodschas, eines Zweiges der Ismailiten (→Schiiten), von seinen Anhängern (bes. in Indien, aber auch in Ostafrika) als erbl. →Imam verehrt. Der erste A. K. floh Anfang des 19. Jh. aus Persien nach Indien. Der dritte A. K. (seit 1886) war Sultan Mohammed Schah (*1877, †1957), Nachfolger wurde sein Enkel Karim Al Hussaini Schah (*1937).

Agam, Yaacov, urspr. **Jacob Gipstein**, israel. Künstler, *Rishon Le Zion 11. 5. 1928; übersiedelte 1951 nach Paris. A. gehört zu den Hauptvertretern der kinetischen Kunst in der Nähe zur Op-Art (u. a. Musikfontäne im Pariser Stadtteil La Défense, 1976).

Agamben, Giorgio, ital. Philosoph, *Rom 22. 4. 1942; war Prof. für Ästhetik in Macerata und Verona; seit 2003 lehrt er in Venedig. Bekannt geworden ist A. durch seine Thesen zur Biopolitik. – *Werke (Auswahl):* Homo sacer (1995); Die Zeit, die bleibt. Ein Kommentar zum Römerbrief (2000); Ausnahmezustand (2003); Profanierungen (2005).

Agamemnon, *griech. Mythologie:* der Sohn des Atreus aus dem Geschlecht der Tantaliden, König in Mykene oder Argos, Führer der Griechen gegen Troja. Er wurde nach der Rückkehr von seiner Gattin Klytämnestra, nach anderer Version von dieser und →Ägisth ermordet. Seine Kinder waren Orest, Iphigenie und Elektra.

Agamen, Agamidae, Echsenfamilie in trop. Gebieten der Alten Welt und Australiens, mit etwa 380 Arten, z. B. →Flugdrachen.

Agammaglobulin|ämie *die,* das Fehlen von Immunglobulinen im Blut; führt zu einer Störung der Immunabwehr mit gesteigerter Anfälligkeit gegenüber bakteriellen (eitrigen) Infektionen. A. kann genetisch bedingt und angeboren oder erworben sein (Immundefekt, Eiweißverlust).

Agamogonie [griech.] *die,* ungeschlechtl. oder vegetative Fortpflanzung, z. B. durch Zweiteilung einzelner Zellen.

Agaña [-ɲ-], Hauptstadt der Insel →Guam.

Agape [griech. »Liebe«] *die,* **1)** Nächstenliebe als wichtigste Grundforderung der christl. Ethik (1. Kor. 13, 13).

2) das abendl. Mahl der christl. Gemeinde der ersten Jahrhunderte, urspr. wohl mit der Feier des →Abendmahls verbunden.

Agar [malaiisch] *der* oder *das,* **Agar-Agar,** Extrakt aus bestimmten Rotalgen, besteht aus Polysacchariden und bildet beim Abkühlen der heißen Lösung ein festes Gel. Verwendung in der Lebensmittelindustrie, bei der Herstellung von Nährböden in der Bakteriologie und als Trägermaterial bei der Gelchromatografie und Elektrophorese.

Agartala, Hptst. des Bundesstaates Tripura, Indien, 189 300 Ew.; Handelszentrum für die landwirtsch. Umgebung; Flughafen.

Agassi [ˈægəsɪ], Andre, amerikan. Tennisspieler, *Las Vegas 29. 4. 1970; seit 2001 ∞ mit S. Graf; u. a. ATP-Weltmeister 1990 und Olympiasieger 1996; gewann zw. 1992 (All England Championships) und 2003 (Australian Open) 8 Grand-Slam-Turniere.

Agatha, sizilian. Märtyrerin, † zw. 249 und 251. Patronin gegen Feuergefahr. Heilige, Tag: 5. 2.

Agathokles, Tyrann von Syrakus (seit 316 v. Chr.), *Thermai (heute Termini Imerese) auf Sizilien 360 v. Chr., † 289 v. Chr.; kämpfte 311–306 gegen Karthago und gewann für Syrakus die Vorherrschaft im ganzen nicht pun. Sizilien. 304 nahm er den Königstitel an.

Agave [griech.] *die,* Pflanzengattung in subtrop. und trop. Trockengebieten Amerikas; Rosettenpflanzen mit bedornten, dickfleischigen Blättern, die oft ein hohes Alter erreichen, bevor sie blühen und nach der Fruchtreife absterben. In Mexiko wird der Saft zu alkohol. Getränken vergoren (z. B. Pulque). Die Faser der **Sisal-A.** (A. sisalana) liefert Sisalhanf.

AGB, Abk. für **a**llgemeine →**G**eschäfts**b**edingungen.

AGC [Abk. für engl. **a**utomatic **g**ain **c**ontrol], automat. Verstärkungsregelung eines Empfängers bei schwankender Empfangsfeldstärke.

Ageism [ˈeɪdʒɪzm, engl.] *der,* die Diskriminierung von Bev.-Teilen aufgrund des Merkmals Alter, bes. die Bevorzugung junger Menschen gegenüber älteren.

Agen [aˈʒɛ̃], Hptst. des frz. Dép. Lot-et-Garonne, an der Garonne, 32 200 Ew.; kath. Bischofssitz, Museum; Handelszentrum (Obst, Gemüse); Nahrungsmittel-, Textil-, Schuhindustrie.

Agence France-Presse [aˈʒɑ̃s frɑ̃sˈprɛs], →AFP.

Agency-Futures [ˈeɪdʒənsɪ ˈfjuːtʃəz, engl.], standardisierte Terminkontrakte auf langfristige Anleihen, die von Emittenten hoher Bonität (Staaten, Banken, Unternehmen) gegeben werden.

Agenda [lat. »was zu tun ist«] *die,* Merkbuch, Terminkalender.

Agenda 21, Aktionsprogramm zu Umwelt- und Entwicklungsvorhaben der UN, in dessen 40 Kapiteln Regeln für die nachhaltige Nutzung aller natürl. Ressourcen festgelegt sind; auf der UN-Konferenz für Umwelt und Entwicklung in Rio de Janeiro 1992 unterzeichnet. (→nachhaltige Entwicklung)

Agenda 2000, Programm der Europ. Kommission zur Vorbereitung der Osterweiterung, zur Reform der Politikbereiche und zum Finanzrahmen (2000–06) der Europ. Union; erster Entwurf im Juli 1997, beschlossen im März 1999.

Die geplante EU-Erweiterung v. a. um mittel- und osteurop. Staaten erfordert Reformen seitens der Bewerberstaaten und auch der EU, in Letzterer insbes. in der Agrar- und Strukturpolitik. Der vorgesehene Subventionsabbau im Agrarbereich führte 1998/99 zu heftigen Bauernprotesten in Westeuropa. Der schrittweisen Umsetzung der A. 2000 dienten u. a. der →Vertrag von Nizza vom Dez. 2000 und die im Okt. 2002 vom EU-Gipfel in Brüssel gefundene Einigung über die Finanzierung der Osterweiterung (einschließlich eines Kompromisses zu den umstrittenen Agrarausgaben der Gemeinschaft). (→europäische Integration)

Agenda for Peace [əˈdʒɛndə fɔː piːs, engl.], **Agenda für den Frieden,** vom früheren UN-Gen.-Sekr. Boutros-Ghali 1992 unterbreitete Vorschläge zur weltweiten Friedenssicherung und Konfliktverhütung; orientieren sich angesichts zunehmender regionaler Konflikte auf vorbeugende Diplomatie, Friedensschaffung und -sicherung sowie Friedenskonsolidierung in der Konfliktfolgezeit.

Agenda-Setting [əˈdʒɛndəsetɪŋ; engl. »das Auf-die-Tagesordnung-Setzen«] *das,* die öffentlichkeitswirksame Präsentation eines Themas (in den Massenmedien), die wesentlich dafür ist, was die Mediennutzer für wichtig halten.

Agende *die,* in den ev. Kirchen des dt. Sprachraums Bez. für das liturg. Buch, das die Vorschriften für den Gottesdienst und einzelne (gottesdienstl.) Amtshandlungen enthält. – Kath. Kirche: →Missale, →Rituale.

Agens [lat. »das Wirkende«] *das,* Triebkraft, Ursache.

Agent [lat. »Handelnder«] *der,* **1)** im Auftrag oder Interesse eines anderen Handelnder.
2) veraltet für →Handelsvertreter.
3) *polit. A.,* im geheimen Nachrichtendienst Tätiger, Spion.
4) *Informatik:* →intelligenter Agent.

Agent provocateur [aˈʒɑ̃ prɔvɔkaˈtœːr, frz.] *der,* (polizeil.) Lockspitzel, der zu strafbaren Handlungen anreizen soll. Er bleibt straflos, wenn die Straftat nur beim Versuch bleibt und nicht vollendet wird. Rechtlich umstrittenes Problem, →V-Mann.

Agentur *die,* Geschäftsstelle, Vertretung (v. a. für Werbung, Versicherungen).

Agentur für Arbeit, früher **Arbeitsamt,** seit 2004 Bez. für die unterste Verwaltungsebene der Bundesagentur für Arbeit. Die A. f. A. sind für fast alle Leistungen der →Arbeitsförderung zuständig. (→Arbeitsmarktreform)

Ägerisee, Aegerisee, See im Kanton Zug, Schweiz, 724 m ü. M., 7,2 km², bis 82 m tief.

Agesilaos II., König von Sparta (seit 399 v. Chr.), * um 444 v. Chr., † Kyrene um 360 v. Chr.; kämpfte in Kleinasien gegen die Perser und besiegte 394 bei Koroneia die Athener und Böoter. A. rettete Sparta vor Epaminondas, unterlag ihm jedoch 371 v. Chr. bei Leuktra.

Ägeus, griech. Mythologie: →Aigeus.

Agger *die,* rechter Nebenfluss der Sieg; Talsperre (19,3 Mio. m³).

Aggiornamento [addʒo-; ital. aggiornare »modernisieren«] *das,* von Papst Johannes XXIII. geprägtes Leitmotiv des 2. Vatikan. Konzils: Schlüsselbegriff für die mit diesem verbundenen Erwartungen.

Agglomerat [lat. agglomerare »fest anschließen«] *das,* **1)** *Geologie:* Anhäufung loser, meist eckiger Gesteinstrümmer.
2) *Metallurgie:* aus feinkörnigem Gut durch Sintern, Brikettieren oder Pelletieren hergestellte stückige Masse.

Agglomeration *die,* **1)** *Geografie:* →Ballungsgebiet.
2) *Medizin:* reversible Zusammenballung von (Blut-)Zellen (z. B. »Geldrollenbildung« der roten Blutkörperchen, Thrombozytenaggregation zur Blutstillung).

Agglutination [lat. agglutinare »anleimen«] *die,*
1) *Medizin:* Zusammenballung von Zellen durch Antikörper im Rahmen einer Antigen-Antikörper-Reaktion. Bekannt ist die Anwendung der A. (Häm-A.) zur Bestimmung der →Blutgruppen. Die A. von Bakterien durch Serum **(Gruber-Widal-Reaktion)** weist gegen diese Bakterien gerichtete Antikörper nach, die durch eine natürl. Infektion oder Schutzimpfung in den Körper gelangt sind.
2) *Sprache:* das Anfügen von Formelementen ohne Veränderung des Wortstamms.

agglutinierende Sprachen, →Sprache.

Aggregat [lat. aggregare »anhäufen«] *das,* **1)** *Geologie:* Verwachsung von Mineralen gleicher oder verschiedener Art.
2) *Technik:* Maschinensatz aus zwei oder mehreren gekoppelten Maschinen.

Aggregation *die,* **1)** *allg.:* Anhäufung, Angliederung.
2) *Chemie:* Zusammenlagerung von Atomen, Molekülen und/oder Ionen zu einem größeren Verband (Aggregat).
3) *Volkswirtschaftslehre:* die Zusammenfassung gleichartiger Einzel- zu Gesamtgrößen, um die Fülle wirtschaftl. Subjekte und Tätigkeiten überschaubar zu machen. So werden Wirtschaftssubjekte institu-

tionell u. a. nach ihrer zentralen Aktivität (Unternehmen, private und öffentl. Haushalte), nach ihrer Stellung im Beruf (z. B. Arbeiter, Angestellte, Selbstständige), nach regionalen (z. B. Stadt, Land) und sektoralen Gesichtspunkten (z. B. Ind., Landwirtschaft, Dienstleistungen) zusammengefasst. Unter funktionalen Gesichtspunkten werden z. B. Konsumenten und Produzenten aggregiert.

Aggregatzustand, Zustandsform der Materie, die von Druck und Temperatur abhängig ist. Man unterscheidet die A. eines Stoffes nach der Beweglichkeit, dem Ordnungsgrad und der Wechselwirkung der Bausteine (Atome, Moleküle, Ionen) in →Festkörper, →Flüssigkeit, →Gas oder →Plasma. Im **festen A.** überwiegen die Anziehungskräfte zw. den Atomen, wodurch diese an feste Plätze in einem Gefüge gebunden sind. Die Materie besitzt den höchsten Ordnungsgrad. Festkörper können kristallin (→Kristall) oder →amorph beschaffen sein. Im **flüssigen A.** sind die Atome bzw. Moleküle gegeneinander verschiebbar, sodass eine Flüssigkeit zwar ein bestimmtes Volumen, jedoch keine feste Gestalt hat. Liegen die Eigenschaften zw. denen eines Kristalls und einer Flüssigkeit, spricht man vom flüssigkristallinen A. (→Flüssigkristalle). Der **gasförmige A.** ist durch die weitgehend unabhängige Bewegung der einzelnen Moleküle charakterisiert; ein gegebener Raum wird völlig ausgefüllt. Die Druck- und Temperaturbereiche, in denen die einzelnen A. stabil sind, werden im →Zustandsdiagramm ausgewiesen.

Aggression [lat.] *die,* **1)** *Psychologie:* Angriffshaltung gegenüber Menschen, Tieren, Gegenständen oder Einrichtungen mit dem Ziel, sie zu beherrschen, zu schädigen oder zu vernichten; wird z. T. (Psychoanalyse, Verhaltensforschung) auf einen angeborenen A.-Trieb, z. T. auf Versagungen (Frustrationen) oder auch auf soziale Umweltfaktoren (Vorbilder) zurückgeführt. Die überdauernde Bereitschaft zu aggressiven Verhaltensweisen wird als **Aggressivität** bezeichnet.

2) *Völkerrecht:* Angriffshandlung eines Staates gegen einen anderen. Es herrscht ein allg. A.-Verbot (Briand-Kellogg-Pakt, UN-Charta), sodass A. völkerrechtswidrig sind; erlaubt sind nur individuelle und kollektive Verteidigungshandlungen gegen Aggressionen.

Aggteleker Gebirge ['ɔk- -], Ausläufer des Slowak. Erzgebirges in N-Ungarn; seine Karstformen und Höhlensysteme (u. a. die Baradlahöhle) mit der besonderen Flora und Fauna stehen im **Aggtelek-Nationalpark** (200 km²) unter Schutz; der unterird. Teil des Nationalparks (Karsthöhlen) gehört zum UNESCO-Weltnaturerbe.

Ägide [griech.] *die,* Leitung, Obhut, Schutz. (→Aigis).

Ägidius, Gründer und erster Abt des Benediktinerklosters Saint-Gilles in der Provence, † Saint-Gilles-du-Gard um 721; als einer der 14 Nothelfer verehrt. Heiliger, Tag: 1. 9.

Ägidius von Rom, ital. scholast. Theologe, Augustiner-Eremit, * Rom um 1243, † Avignon 22. 12. 1316; Schüler des Thomas von Aquin; Ordensgeneral und Erzbischof; verfasste mehr als 60 Werke, darunter den Traktat »De ecclesiastica sive summi pontificis potestate«, in dem er für die Oberhoheit des Papstes auch im weltl. Bereich eintrat.

Agilolfinger, Agilulfinger, ältestes bayer. Herzogsgeschlecht; erscheint um 555, erlosch 788 mit Tassilo III.

Ägina, neugriech. **Ájina,** griech. Insel im Saron. Golf, 83 km². Hauptort ist Ä., an der Westküste, mit 11 100 Ew., Anbau von Oliven, Wein, Mandeln, Pistazien. Reger Fremdenverkehr. Im NO der Insel der Tempel der Aphaia (→Ägineten). Vom 8. bis 6. Jh. v. Chr. von Epidauros abhängig, erlangte Ä. durch Handel, Schifffahrt und Gewerbe im Altertum eine bed. Machtstellung; es ist Prägestätte der ältesten erhaltenen griech. Münzen. 456 v. Chr. unterlag Ä. Athen. Im MA. war Ä. ein Seeräubernest; gehörte dann zeitweilig zu Venedig und bis zum griech. Freiheitskampf zur Türkei.

Ägineten, die 1811 auf der Insel Ägina gefundenen marmornen Giebelfiguren (München, Glyptothek) des Tempels der Aphaia, an der Wende des 6. zum 5. Jh. v. Chr. entstanden.

Aggregatzustand: Bezeichnungen der Übergänge zwischen den einzelnen Aggregatzuständen

Aging-Male-Syndrom ['eɪdʒɪŋ'meɪl-], Befindlichkeitsstörungen des Mannes im Rahmen des normalen Alterungsprozesses; gekennzeichnet durch ein Absinken des männl. Geschlechtshormons bei steigendem Lebensalter. Bestimmte Körperfunktionen nehmen ab. Es kommt zu Abgeschlagenheit, Reizbarkeit, Müdigkeit, nachlassender Lebensfreude und Libidoverlust. Zu den körperl. Veränderungen gehören nachlassende Muskelkraft, Anämie, Abnahme der Knochendichte und der Fettverteilung sowie Rückbildung der Behaarung.

Aginskoje, Burjatischer Autonomer Kreis, Autonomer Kreis der Aginsker Burjaten, Autonomer Kreis im Gebiet Tschita, Russland, in Ostsibirien, in Transbaikalien, 19 600 km², (2006) 74 000 Ew. (davon 62,5% Burjaten, 35,2% Russen). Verw.-Sitz ist Aginskoje (9 700 Ew.); überwiegend Gebirgsland mit Steppe und Waldsteppe; Bergbau (Wolframerz), Holz verarbeitende und Nahrungsmittelind. sowie Schaf-, Rinder- und Pferdezucht.

Agio ['a:dʒo; frz., aus ital. aggio] *das,* **Aufgeld,** der über den Nennwert eines Wertpapiers oder die Parität einer Geldsorte hinausgehende Ausgabebetrag (Preis); meist in Prozent des Nennwertes ausgedrückt. Ggs.: Disagio, Abschlag.

Agiopapiere ['a:dʒo-], festverzinsl. Papiere, die mit einem Aufgeld rückzahlbar sind.

Agiotage [a:dʒo'ta:ʒə; frz. »Plusmacherei«] *die,* Ausnutzung von Kursschwankungen bei Börsengeschäften.

AGIP Petroli S. p. A. ['a:dʒip-], Abk. für Azienda Generale Italiana dei Petroli, Rom, Unternehmen der →ENI S. p. A.

Ägirin *der,* Mineral, ein →Pyroxen.

Ägis, Attribut des Zeus und der Athene, →Aigis.

Ägisth, griech. **Aigisthos,** *griech. Mythologie:* Sohn des Thyestes und seiner Tochter Pelopeia; erschlug seinen Onkel Atreus und bemächtigte sich der Herrschaft in Mykene. Während Agamemnon am Trojan. Krieg teilnahm, verführte er dessen Gattin Klytämnestra, ermordete mit dieser (in anderen Versionen ist Klytämnestra die Alleintäterin) den heimkehrenden Agamemnon und wurde später von dessen Sohn Orest erschlagen.

Agitation [lat.] *die*, intensive Form polit. Propaganda.

agitato [adʒi'ta:to, ital.], *Musik:* erregt, getrieben.

Agitprop, Kw. aus **Agit**ation und **Prop**aganda, Mittel marxistisch-leninist. (kommunist.) Parteien zur Beeinflussung der Bev. **A.-Theater,** Laientheater der Arbeiterbewegung in den 1920er-Jahren.

Aglaia, *griech. Mythologie:* eine der drei →Chariten.

Agnano [a'na:no], ehem. Kratersee auf den Phlegräischen Feldern westlich von Neapel, 1870 trockengelegt; Ruinen röm. Thermen; Pferderennbahn mit internat. Bedeutung.

Agnaten [lat.], **1)** *Genealogie:* in männl. Linie verwandte Männer.
2) *german. Recht:* die männl. Blutsverwandten, die in männl. Linie vom gemeinsamen Stammvater abstammen (**Schwert-** oder **Speermagen**); Ggs.: Spindel- oder Kunkelmagen.
3) *röm. Recht:* alle der väterl. Gewalt durch Geburt oder Adoption Unterworfenen; Ggs.: Kognaten, Blutsverwandte.

Agnes [aus griech. hagnós »heilig«, »keusch«], röm. Märtyrerin, †258/259 oder 304; Heilige; Tag: 21. 1.

Agnes von Poitou [- pwa'tu:], römisch-dt. Kaiserin, *1025 (?), †Rom 14. 12. 1077; Tochter Herzog Wilhelms V. von Aquitanien, wurde 1043 die 2. Gemahlin Kaiser Heinrichs III. und war nach dessen Tod 1056–62 Regentin für ihren Sohn Heinrich IV.

Agnetendorf, Kurort in Polen, →Jagniątków.

Agni [Sanskrit »Feuer«], ind. Gott des Feuers und des Opfers.

Agnomen [lat.] *das*, in der röm. Namengebung der Beiname, z. B. Lucius Cornelius Scipio »Barbatus« (»der Bärtige«). →Cognomen.

Agnon, Schmuel (Samuel) Josef, eigtl. J. S. **Czaczkes,** hebräischer Schriftsteller, *Buczacz (Galizien) 17. 7. 1888, †Rehovot (bei Tel Aviv-Jaffa) 17. 2. 1970; schrieb Erzählungen, Romane (»Die Aussteuer«, 1934; »Nur wie ein Gast zur Nacht«, 1938/39; »Gestern, Vorgestern«, 1936; »Schira«, hg. 1971; auch Gelehrter und Traditionsforscher. 1966 erhielt er mit Nelly Sachs den Nobelpreis für Literatur.

Agnosie [griech.] *die, Medizin:* Unfähigkeit, Gesprochenes, Gesehenes, Gehörtes oder Getastetes zu erkennen, obwohl die aufnehmenden Sinnesorgane unbeschädigt sind; beruht auf Funktionsstörungen des Gehirns.

Agnostizismus [zu griech. ágnostos »nicht erkennbar«] *der*, philosophische Position, die das Übersinnliche, insbes. das Göttliche, für unerkennbar hält, jedoch nicht unbedingt dessen Existenz leugnet. Erkenntnisse sind lediglich Innerweltliches. A. findet sich z. B. im →Kritizismus Kants, in der Frühzeit der →dialektischen Theologie, in →Positivismus und →Neopositivismus, in der →analytischen Philosophie.

Agnus Dei [lat. »Lamm Gottes«] *das,* **1)** Bez. Jesu als Lamm Gottes (nach Joh. 1, 29).
2) *Kunst:* symbol. Darstellung Christi als Lamm, dem Heiligenschein, Kreuz, Kreuzfahne und Kelch beigegeben werden können.

Ägina: Aphaiatempel (Ende 6. Jh. v. Chr.)

3) *lat. Liturgie:* dreimaliger Bittruf zum Brotbrechen vor der Kommunion; in den luther. Gottesdienst übergegangen.

Agogik [griech. agogḗ »Führung«] *die, Musik:* Lehre von der individuellen Gestaltung des Tempos beim Vortrag eines Musikstückes.

Agone [griech.] *die,* **Nulllinie,** Linie, die alle Punkte mit der Deklination null des erdmagnet. Feldes verbindet.

Agonie [griech.] *die,* **Todeskampf,** letzte Phase des Sterbens mit Bewusstseinsverlust, röchelndem Atmen und schwindendem Puls (→Tod).

Agora [griech. »Versammlung«] *die,* im griech. Altertum die Versammlung des Heeres oder des Volkes, danach: der Marktplatz als Mittelpunkt der griech. Stadt.

Agoraphobie [griech.] *die*, die →Platzangst.

Agoult [a'gu], Marie Catherine Sophie, Gräfin d'A., geb. de Flavigny, frz. Schriftstellerin (Pseud. Daniel Stern), *Frankfurt am Main 31. 12. 1805, †Paris 5. 3. 1876; schrieb Novellen, Erzählungen, Memoiren und geschichtl. Werke. Ihre Tochter Cosima, aus ihrer Verbindung mit F. Liszt, heiratete 1870 R. Wagner.

Agra, Stadt im Bundesstaat Uttar Pradesh, Indien, an der Yamuna, 1,26 Mio. Ew.; Univ. (gegr. 1927); Kunsthandwerk, Leder-, Textilind. u. a.; prachtvolle islam. Bauten: Festung (ab 1566 ausgebaut) mit zahlr. Palästen, Pavillons und der Perlmoschee (1646–53); außerhalb der Festung das Mausoleum des Itimad-ud-Daula (1622–28) und der →Taj Mahal (sämtlich UNESCO-Weltkulturerbe).

Agraffe [frz. agrafe »Spange«] *die,* Schmuckspange, Fibel.

Agrafie [griech.] *die,* **Agraphie,** *Medizin:* durch Hirnschädigung bedingte Unfähigkeit zu schreiben bei Intaktheit von Arm und Hand.

Agram, dt. Name der kroat. Hptst. →Zagreb.

Agranulozytose [lat.-griech.] *die, Medizin:* das Fehlen der körnchenhaltigen weißen Blutkörperchen (Granulozyten) im Blut, meist durch Arzneimittelallergie, führt zu oft lebensgefährl. Abwehrschwäche.

agrar..., agr... [lat. agrarius »die Felder betreffend«], landwirtschafts...

Agrarberufe, auch **grüne Berufe,** Aus- und Fortbildungsberufe im Agrarsektor, z. B. Landwirte, Tier-

Schmuel Josef Agnon

züchter, Gartenbauer, Fischerei-, Forst- und Jagdleute sowie Tierpfleger.

Agrar|ethnografie, Teilgebiet der Ethnografie, das die Landwirtschaft als Phänomen der Kultur erforscht.

Agrargesellschaft, vorindustrielle Form der Gesellschaft.

Agrari|er, Grundbesitzer, Landwirt; i. e. S. die Vertreter landwirtsch. Interessen im polit. Leben, bes. die Großgrundbesitzer in Preußen 1876–1918.

Agrarkommunismus, eine Agrarverfassung, die auf →Gemeineigentum an landwirtsch. Grund und Boden beruht. Der A. kann Bestandteil einer sozialist. Gesamtordnung der Wirtschaft sein (→Kollektivierung) oder das Gemeineigentum bleibt auf den landwirtsch. genutzten Boden beschränkt. Nach einer früher weit verbreiteten Theorie wurde der A. als typ. Form der Agrarverfassung in Frühstadien der wirtsch. und gesellschaftl. Entwicklung angesehen. Genossenschaftl. Formen des Eigentums (→Allmende) und der Nutzung (→Flur) entstanden indessen erst langsam im Zuge wachsender Bev.-Dichte. Neuere Beispiele für gemeinschaftl. Grundeigentum und genossenschaftl. Landbewirtschaftung außerhalb Europas sind die Ejidos in Mexiko und die Kibbuzim in Israel.

Agrarluftfahrt, →Landwirtschaftsfliegerei.

Agrarmarkt, Gesamtheit der auf landwirtsch. Erzeugnisse gerichteten Austauschbeziehungen zw. Angebot und Nachfrage. Aufgrund seiner Besonderheiten (jahreszeitl. Schwankungen, schwer vorauszubestimmende Produktmenge, weitgehend konstante Nachfrage, zyklische Preisschwankungen) sowie zum Schutz der eigenen Landwirtschaft greifen viele Staaten regulierend ein.

Agrarmarktordnungen der EG, System von Maßnahmen zur Regulierung der Märkte für landwirtsch. Erzeugnisse innerhalb der EG. Sie basieren auf dem EWG-Vertrag von 1957 (seit 1. 11. 1993: EG-Vertrag) und sind ein Kernstück der gemeinsamen Agrarpolitik. Ziel der A. d. EG ist es, durch Abgrenzung des EG-Binnenmarktes vom Weltmarkt Angebot und Nachfrage auf dem EG-Binnenmarkt zum Ausgleich zu bringen und die Preise zu stabilisieren. Marktordnungen bestehen für: Getreide, Reis, Schweine-, Rind-, Schaf-, Ziegen- und Geflügelfleisch, Eier, Milch und Milcherzeugnisse, Zucker und Isoglucose, Obst und Gemüse sowie deren Verarbeitungserzeugnisse, Wein, Olivenöl, Ölsaaten, lebende Pflanzen und Waren des Blumenhandels, Faserpflanzen (Flachs und Hanf, Baumwolle), Seidenraupen, Tabak, Hopfen, eiweißhaltige Pflanzen (Erbsen und Futterbohnen), Saatgut, Trockenfutter, Fischereierzeugnisse. Zum 1. 7. 1993 kam eine Marktordnung für Bananen hinzu.

Die Abgrenzung vom Weltmarkt erfolgt durch Zölle. Beim Export werden Ausfuhrerstattungen gewährt. Falls ein Teil der Ware auf dem Binnenmarkt zu einem bestimmten Preis nicht abgesetzt werden kann, sehen viele A. d. EG Interventionen vor, d. h., staatl. Interventionsstellen kaufen die Ware zum Interventionspreis. Die intervenierte Ware wird entweder wieder in den Binnenmarkt zurückgegeben oder exportiert. Einige A. d. EG schlossen bei der Konzeption Beihilfen für die Erzeuger der Produkte ein (z. B. für bestimmte Ackerfrüchte und für Rinder), andere Beihilfen für die Käufer bzw. Verarbeiter (z. B. für nachwachsende Rohstoffe).

Alle innerhalb der A. d. EG anzuwendenden Preise (administrierte Preise) werden jährlich vom Ministerrat festgelegt. Die Kosten der A. d. EG werden aus dem →Europäischen Ausrichtungs- und Garantiefonds für die Landwirtschaft bezahlt. (→Agrarpolitik)

Agrar|ökonomie, Zweig der Agrarwiss.en, der die landwirtsch. Betriebslehre, landwirtsch. Marktlehre und i. w. S. die →Agrarpolitik beinhaltet.

Agrarpolitik, Landwirtschaftspolitik, die Gesamtheit der Maßnahmen des Staates, internat. Organisationen, von Selbstverwaltungskörperschaften und Verbänden, die auf die Gestaltung wirtschaftl., sozialer und rechtl. Verhältnisse in Land- und Forstwirtschaft zielen. Innerhalb der EG ist die Zuständigkeit für wichtige Bereiche der A. von den Mitgl.-Staaten auf die Organe der Gemeinschaft übergegangen. Ziel der gemeinsamen A. ist die Erhöhung der Produktivität der Landwirtschaft und dadurch die Gewährleistung einer angemessenen Lebenshaltung für die in ihr tätigen Personen, die Stabilisierung der Märkte, die Sicherung der Versorgung und die Belieferung der Verbraucher zu angemessenen Preisen. Außerdem soll die Landwirtschaft einen Beitrag zur Erhaltung der Lebensfähigkeit ländl. Regionen und der Kulturlandschaft leisten. Grundsätze der gemeinsamen A. sind der freie Warenverkehr, die Präferenz der innergemeinschaftl. Produktion gegenüber Einfuhren und die gemeinsame Finanzierung. Die Problematik der A. besteht in den entwickelten Ländern darin, dass die Produktion aufgrund des techn. Fortschritts stärker wächst als die Nachfrage, bei der eine Sättigung deutlich wird. Der Dämpfung des dadurch notwendig werdenden Strukturwandels dienen Maßnahmen der Einkommensstützung, meist über eine Stützung der Erzeugerpreise. Die →Agrarmarktordnungen der EG führten auf wichtigen Märkten zur Überproduktion, die durch Intervention zu festgelegten Preisen aus dem Markt genommen wird und die – da eine Rückgabe in den Markt meist nicht möglich ist – mit Exporterstattungen auf dem Weltmarkt zu den dort wesentlich niedrigeren Preisen abgesetzt werden muss. Die damit verbundenen steigenden Kosten stießen an Grenzen der Finanzierbarkeit, und die subventionierten Exporte der EU gerieten zunehmend in die Kritik anderer Exportländer. 1992 einigte sich der Rat der EU auf eine Reform der gemeinsamen A., durch die für die wichtigsten Ackerbauprodukte und für Rindfleisch die Preisstützung gesenkt und dafür direkte Ausgleichszahlungen eingeführt wurden, die bei den Ackerbauprodukten an die Einhaltung einer bestimmten Flächenstilllegung gebunden sind. Mit der durch den Europ. Rat von Berlin verabschiedeten →Agenda 2000 wurden grundlegende Ziele der gemeinsamen A. der EG (GAP) bis zum Jahr 2006 abgesteckt, u. a. wurden weitere Kürzungen der Preisstützung gegen flächen- und tierbezogene Ausgleichszahlungen beschlossen. Langfristig sollen die Preise an das Weltmarktniveau herangeführt werden. – In den Entwicklungsländern konzentriert sich die A. auf die Steigerung der Produktion, um die wachsende, häufig zu großen Teilen unterernährte Bev. besser mit Nahrungsmitteln zu versorgen, um durch zusätzl. Einkommen in der Landwirtschaft die Armut zu bekämpfen und durch Exporte Devisen zu erlösen. Dazu bedarf es einer Preispolitik, die den Produzenten Anreize bietet, ferner Verbesserungen bei der Vermarktung, bei der Bereitstellung von Betriebsmitteln und beim Zugang zu Krediten. Aufgabe von Forschung und Beratung sind die Entwicklung und Verbreitung leistungsfähiger Sorten und standortgerechter Anbauverfahren. Von zentraler Bedeutung sind Agrarreformen, durch die das Eigentum am Boden gerechter gestaltet und die Effizienz seiner Nutzung verbessert wird.

Agrarpreisstützungen, Komplex von Maßnahmen, durch die die Preise für landwirtsch. Erzeugnisse auf einem bestimmten Niveau gehalten werden, z. B. Preis- und Abnahmegarantien, Verwendungsauflagen, Einfuhrbeschränkungen, Zölle, Abschöpfungen, Exportsubventionen, Anbaubeschränkungen, Interventionskäufe, produktgebundene Ausgleichszahlungen.

Agrarreform, grundlegende gesetzgeber. Umgestaltungen der Agrarverfassung. Ausgangspunkte können Feudalverfassungen, gutswirtsch. Agrarverfassungen (Großbetriebe mit entlohnten Arbeitskräften) oder Stammesverfassungen sein. Ziel von A. kann es sein, die bisherigen Agrarverfassungen in bäuerl. oder genossenschaftl. Agrarverfassungen zu überführen. In den Entwicklungsländern gehören A. heute zu den vordringlichsten Aufgaben, um eine gerechtere Verteilung des Bodens und dessen effizientere Nutzung zu erreichen.

Agrarrevolution, tief greifende Änderung der Agrarverfassung, meist infolge eines polit. Umsturzes: v. a. in Frankreich 1789, in Russland 1917 und nach 1945 in den anderen kommunistisch regierten Ländern sowie im Zuge der Entkolonialisierung in verschiedenen afrikan. und asiat. Staaten. In Mittel- und Osteuropa erfolgten ab 1990 erneut einschneidende Änderungen durch Privatisierungen.

Agrarsozialismus, unterschiedl. Theorien und Programme mit der Forderung nach Überführung des Bodens in Gemeineigentum. Die Spannweite agrarsozialist. Reformen reicht von der völligen Vergesellschaftung oder Verstaatlichung des Grund- und Bodeneigentums (→ Agrarkommunismus) im Agrarbereich bis hin zu weit gehenden Einschnitten in die Eigentumsrechte des Einzelnen. Zu einem reformorientierten A., der in letzter Konsequenz die kapitalist. Wirtschaftsweise nicht antastete, bekannten sich – in unterschiedl. Form – die dt. und österr. Sozialdemokratie bis nach dem Ersten Weltkrieg, die brit. Labour Party und die brit. Liberalen bis nach dem Zweiten Weltkrieg. In Russland propagierten die Narodniki den kollektiven Bodenbesitz, die Sozialrevolutionäre forderten die Vergesellschaftung des gesamten Landbesitzes unter »munizipaler« Verwaltung.

Agrarstaat, Staat, in dessen Wirtschaftsstruktur die Landwirtschaft überwiegt; Ggs. → Industriestaat.

Agrartechnik, Landtechnik, Sammelbegriff für die in der Landwirtschaft, bes. der Feld- und Hofwirtschaft, verwendete Technik. Die A. ist abhängig von geograf. Voraussetzungen (Klima, Boden), der wirtsch. Entwicklungsstufe und den gesellschaftl. Verhältnissen.

agrar- und ernährungspolitischer Bericht der Bundesregierung, Bericht über die Lage der Landwirtschaft und die agrar- und ernährungspolit. Aktivitäten der Bundesreg., der nach dem Landwirtschafts-Ges. vom 5. 9. 1955 dem Bundestag jährlich bis zum 15. 2. vorzulegen ist; ersetzte 1971 die seit 1956 erstellten »Grünen Berichte« und »Grünen Pläne«.

Agrarverfassung, Gesamtgefüge der ländl. Wirtschaft und Gesellschaft unter den jeweiligen polit., rechtl., sozialen Bedingungen.

Agrarwissenschaften, Landwirtschaftswissenschaften, Sammelbegriff der Forschungszweige, die sich auf die Landwirtschaft beziehen: Pflanzenproduktion (Acker- und Pflanzenbau, Pflanzenzucht, -ernährung, -krankheiten, Bodenkunde u. Ä.), Tierproduktion, Wirtschafts- und Sozialwiss.en des Landbaus (landwirtsch. Betriebslehre, landwirtsch. Marktlehre, Agrarsoziologie, → Agrarpolitik u. Ä.) und Technologie der Landwirtschaft (landwirtsch. Bauwesen, Landmaschinenkunde, Kulturkunde u. a.). I. w. S. gehören zu den A. auch Gartenbau-, Ernährungswiss.en und Ökologie.

Agrarzölle, Abgaben, die bei der Einfuhr (Einfuhrzölle) oder Ausfuhr (Ausfuhrzölle) landwirtsch. Erzeugnisse erhoben werden. In beiden Fällen kann es sich um Schutz- oder Finanzzölle handeln. In den → Agrarmarktordnungen der EG wurden die A. weitgehend durch → Abschöpfungen ersetzt.

Agre, Peter, amerikan. Chemiker und Mediziner, * Northfield (Minn.) 30. 1. 1949; Chemiestudium am Augsburg College in Minnesota, danach Medizinstudium an der Johns-Hopkins-Univ. in Baltimore (Md.), seit 1993 Prof. am Inst. für Biochemie und am Medizininst. In Baltimore fand er Ende der 1980er-Jahre die (später) als → Aquaporine bezeichneten Kanäle, durch die das Wasser in die Körperzellen des Menschen geschleust wird. 2000 veröffentlichte er gemeinsam mit anderen Forschergruppen die dreidimensionale Struktur des Proteins. Für die Entdeckung des Aquaporins erhielt er 2003 den Nobelpreis für Chemie (gemeinsam mit R. MacKinnon).

Agreement [ə'gri:mənt, engl.] *das,* 1) *allg.:* Zustimmung, Vereinbarung. **Gentlemen's Agreement,** privates oder auch polit. Übereinkommen auf Vertrauensgrundlage.

2) *internat. Recht:* Übereinkommen zw. Staaten, das i. d. R. keiner parlamentar. Zustimmung bzw. Ratifikation bedarf.

Agrégation [agrega'sjɔ̃; frz. »Anerkennung«] *die,* Staatsprüfung zur Erlangung des Lehramts an höheren Schulen und Univ. in Frankreich.

Agrément [agre'mɑ̃, frz.] *das,* auf vertraul. Anfrage des Entsendestaates erklärtes Einverständnis des Empfangsstaates mit der Person des zu ernennenden diplomat. Vertreters.

Agricola, 1) Alexander, eigtl. A. **Ackermann,** dt. oder niederländ. Komponist, * um 1446, † Valladolid 1506; schrieb Messen, Motetten und Chansons, wirkte in Italien, in den Niederlanden und ab 1500 in der Brüsseler Hofkapelle.

2) Georgius, eigtl. Georg **Bauer,** Humanist, Arzt, Mineraloge, * Glauchau 24. 3. 1494, † Chemnitz 21. 11. 1555; Forscher und Begründer der Mineralogie, der Bergbau- und Hüttenkunde des 16. Jahrhunderts.

3) Johann, latinisiert aus Schneider (Schnitter), * Eisleben 20. 4. 1494 (?), † Berlin 22. 9. 1566; Schüler Luthers, seit 1540 Hofprediger in Berlin, gab die ersten hochdt. Sprichwörtersammlungen heraus (3 Teile: 1528–48).

4) Johann Friedrich, Komponist und Musikschriftsteller, * Dobitschen (bei Altenburg) 4. 1. 1720, † Berlin 2. 12. 1774; seit 1759 als Nachfolger von K. H. Graun Leiter der Hofkapelle Friedrichs II.; schrieb Kirchenmusik, Lieder, ital. Opern.

5) Mikael, Reformator Finnlands, * Pernaja um 1509, † Uusikirkko 9. 4. 1557; Schüler Luthers und Melanchthons; ab 1554 Bischof von Åbo; übersetzte das N. T., die Psalmen, Teile des A. T., wobei er den süd-

Georgius Agricola

Agrigent 2): Reste des Herakestempels

Agrigent 2) Stadtwappen

Agrippina die Ältere

westfinn. Dialekt von Åbo benutzte, der zur Grundlage der finn. Schriftsprache wurde.

6) Rudolf, eigtl. Roelof **Huusman** oder **Huysman**, niederländ. Frühhumanist, *Baflo (bei Groningen) 17. 2. 1444, †Heidelberg 27. 10. 1485; lebte ab 1458 in Italien, dann in Brüssel und Heidelberg; Vermittler humanistischer Bildung.

Agrigent, ital. **Agrigento, 1)** Prov. in Sizilien, 3 042 km², 456 800 Einwohner.

2) Hptst. der Provinz A., Italien, nahe der S-Küste Siziliens, 58 900 Ew.; Fremdenverkehr, Handel und Industrie. Im SO der Stadt die zum UNESCO-Welterbe erklärten Ruinen des alten **Akragas**, einer griech. Kolonie, deren Blüte im 5. Jh. v. Chr. viele Baudenkmäler (bes. gut erhaltene dor. Tempel) bezeugen. – Von 406 bis 210 v. Chr. war A. im Besitz Karthagos.

Agrikultur, der Ackerbau, die Landwirtschaft.

Agrippa, Marcus Vipsanius, röm. Feldherr und Staatsmann, *63 v. Chr., †12 v. Chr.; Freund und Schwiegersohn des Kaisers Augustus, siegte 31 v. Chr. mit der Flotte des Augustus bei Aktium, ließ Bauwerke in Rom (Wasserleitungen, Thermen, Pantheon) errichten. Die Ergebnisse seiner Reichsvermessungen wurden in einer Weltkarte verwertet.

Agrippa von Nettesheim, eigtl. Heinrich **Cornelius,** Philosoph, Theologe, Arzt, Jurist, *Köln 14. 9. 1486, †Grenoble (oder Lyon) 18. 2. 1535; suchte im Rückgriff auf →Neuplatonismus, →Gnosis und →Kabbala nach den Mysterien der Natur; war Vorbild für die Gestalt des Faust in Goethes gleichnamigem Drama. – *Werke:* Drei Bücher von der geheimen Philosophie (1531); Über die Fragwürdigkeit, ja Nichtigkeit der Wiss.en, Künste und Gewerbe (1530; dt.).

Agrippina, 1) A. die **Ältere,** *14 v. Chr., †33 n. Chr.; Gemahlin des Germanicus, Mutter von 2) und des Caligula, wurde 29 n. Chr. von Tiberius verbannt; starb freiwillig den Hungertod.

2) A. die **Jüngere (Julia),** *Ara Ubiorum (heute Köln) 15 n. Chr., †(durch Nero ermordet) bei Baiae (Kampanien) 59 n. Chr., Tochter des Germanicus; Gemahlin des Kaisers Claudius (ihres Onkels), den sie vergiften ließ, um Nero, ihren Sohn aus erster Ehe, auf den Thron zu bringen.

Agrobacterium, mit den Rhizobien (→Knöllchenbakterien) verwandte Bakteriengattung. A. tumefaciens ist der Erreger von Pflanzentumoren (Wurzelhalsgallen, Pflanzenkrebs), da es nach Infektion des Gewebes tumorinduzierende →Plasmide in die Pflanzenzelle überträgt. Die Pflanzenzelle wird dadurch zu einer sich unbegrenzt teilenden Tumorzelle umgewandelt und dazu veranlasst, Substanzen (Octopin, Nopalin) zu synthetisieren, die sie selbst nicht verwerten kann, die aber das Bakterium zu seiner eigenen Vermehrung braucht. A. tumefaciens ist ein »natürliches« Beispiel für Genmanipulation bei höheren Pflanzen und hat somit Modellcharakter.

Agroforstwirtschaft, Form der Landnutzung in trop. und subtrop. Entwicklungsländern, bei der auf gleicher Fläche Forstwirtschaft, Ackerbau und/oder Weidewirtschaft kombiniert sind; dient der vielseitigen Bedarfsdeckung der Bev. bei gleichzeitiger Erhaltung der Bodenertragsfähigkeit.

Agronomie [griech.] *die,* die Lehre vom Ackerbau, Wiss. von der Landwirtschaft.

Agrumen [ital.], Sammelname für Zitrusfrüchte.

Agrypnie [griech.] *die,* **Insomnie,** Schlaflosigkeit (→Schlafstörungen).

Aguascalientes [span. »heiße Wässer«], **1)** Bundesstaat von Mexiko, 5 625 km², 1,05 Mio. Ew.

2) Hptst. des gleichnamigen mexikan. Bundesstaates, 594 100 Ew., 1 900 m ü. M.; Univ.; Eisenbahnwerkstätten, Hüttenwerk, Textil- u.a. Ind.; warme Heilquellen; mildes Klima.

Aguinaldo [aɣi-], Emilio, philippin. Politiker, *Kawit (Prov. Cavite) 22. 3. 1869, †Manila 6. 2. 1964; kämpfte gegen Spanien (1896–98) und die USA (1898–1901) für die Unabhängigkeit seines Landes. 1899 wurde er Präs. der ersten Philippin. Republik.

Aguirre [aˈɣirre], Lope de, span. Konquistador, *Oñate (Baskenland) 1518 (?), †Barquisimeto (heutiges Venezuela) 27. 10. 1561; als grausamer und rebell. Kolonialeroberer bekannt; begleitete ab 1560 eine Expedition, die das legendäre Eldorado im Innern des heutigen Kolumbien suchen sollte; riss unter blutigen Umständen Anfang 1561 am Oberlauf des Amazonas die Führung an sich; befuhr den Amazonas bis zu dessen Mündung, folgte der Küste Venezuelas und eroberte zeitweilig die Insel La Margarita; dort von seinen eigenen Leuten ermordet. – Film von W. Herzog (»A., der Zorn Gottes«, 1972).

Agulhas [aˈɡuljas], **Kap Agulhas, Nadelkap,** der südlichste Punkt Afrikas.

Agulhasstrom [aˈɡuljas-], eine starke, warme Meeresströmung im Ind. Ozean, vor der SO-Küste Afrikas.

Agutis [indian.], **Goldhasen,** meerschweinchenähnl. Familie der Nagetiere, bes. in Wäldern und an Flussufern S-Amerikas; etwa 40 cm lang.

Ägypten, arab. **Misr,** amtl. **Djumhurijjat Misr al-Arabijja,** dt. **Arabische Republik Ägypten,** Staat in NO-Afrika, grenzt im W an Libyen, im N an das Mittelmeer, im NO an Israel, im O an das Rote Meer und im S an die Republik Sudan.

Staat und Recht

Nach der Verf. vom 11. 9. 1971 (mehrfach, zuletzt 2005, revidiert) ist Ä. eine präsidiale Republik. Staatsoberhaupt und Oberbefehlshaber der Streitkräfte ist der (seit 2005) auf 6 Jahre direkt gewählte Präs. Er bestimmt die Richtlinien der Politik, kann per Dekret regieren und ernennt die Reg. unter Vorsitz des Min.-Präs. Legislativorgan ist die Nationalversammlung (Legislaturperiode 5 Jahre, 454 Abg.). Der Schura-Rat (264 Mitgl.) ist ein Beratungsorgan. Das 1979 modifizierte Parteiengesetz von 1977 legalisiert das Mehr-

Ägypten

parteiensystem, das von der Nationaldemokrat. Partei (NDP) dominiert wird. Ä. gliedert sich in 27 Governorate mit beschränkter Selbstverwaltung, an deren Spitze ernannte Gouverneure stehen. Hauptquelle der Gesetzgebung ist nach der Verf. die Scharia, das islam. Recht.

Landesnatur

Die etwa 1 550 km lange und 1–20 km breite Stromoase des Nils, sein Mündungsdelta, die Senke von Faijum sowie die übrigen Oasen sind landwirtschaftlich nutzbar (d. h. bewässert) und besiedelt. Das gesamte Kultur- und Siedlungsland nimmt nur 3,5 % der Staatsfläche ein. Westlich des Niltals erstreckt sich das Tafelland der Libyschen Wüste mit einer durchschnittl. Höhe von 1 000 m ü. M. Einzelne Oasen liegen in Senken z. T. unter Meeresniveau, wie die Kattarasenke (bis 137 m u. M.). Im O breitet sich die Arab. Wüste aus, die in steiler, über 1 000 m hoher Stufe zum Roten Meer abfällt. Die ebenfalls wüstenhafte Halbinsel Sinai (bis 2 637 m ü. M.) gehört geografisch bereits zu Vorderasien. Die Sommer sind heiß und trocken, die Winter mild mit geringen Niederschlägen im N. Mittlere Januartemperatur in Kairo 13,9 °C, Julimittel 28 °C; durchschnittlicher jährl. Niederschlag 29 mm. Im Frühjahr treten zeitweise heiße Sandstürme auf.

Bevölkerung

Die Bev. besteht zu 99 % aus Ägyptern. Die Religionsgruppe der Kopten (etwa 6–10 %) lebt vorwiegend in Ober-Ä. und in den Städten. Die ethn. Minderheit der etwa 100 000 Nubier (mit eigener Sprache) hat ihren histor. Siedlungsraum durch die Flutung des Nasserstausees verloren und wurde z. T. im oberägypt. Kom Ombo neu angesiedelt. Eine größere Zahl von ihnen wohnt auch in den Städten (v. a. in Kairo und Alexandria). Weiterhin leben in den Wüstenrandgebieten Beduinen, deren nomad. Lebens- und Wirtschaftsweise sich von den sesshaften Bauern (Fellachen) des Niltals abgrenzt. Ferner sind in Ä. kleinere Gruppen von Griechen, Italienern und Sudanesen sowie Berber (Siwaoasen) ansässig.

Die jährl. Bev.-Zunahme ist mit (2006) rd. 1,96 % hoch, die Bev.-Dichte beträgt im Landesdurchschnitt 70 Ew. je km², im kultivierten und bewohnten Land rd. 1 966 Ew. je km². Viele Ägypter ([2004] etwa 1,9 Mio.), v. a. mit qualifizierten Berufen, arbeiten im Ausland, bes. in den reichen arabischsprachigen Ländern. 42 % der Ew. lebten 2005 in Städten. – Rd. 90 % der Bev. sind sunnit. Muslime (der malikit. und schafiit. Rechtsschule). Die nach amtl. Schätzungen 6–7 Mio. Kopten sind ganz überwiegend kopt.-orthodoxe Christen (→koptische Kirche). Es besteht allg. Schulpflicht im Alter von 6 bis 14 Jahren. Die Alphabetisierungsrate liegt (2006) bei 71 % (Erwachsene) bzw. 85 % (Jugendliche).

Wirtschaft und Verkehr

Ä. ist eines der ärmeren nordafrikan. Mittelmeerländer. Es rangiert (2004) nach Libyen, Tunesien und Algerien, allerdings vor Marokko, an 120. Stelle des 177 Länder umfassenden Entwicklungsindexes der Vereinten Nationen. Wichtigste Wirtschaftsbereiche sind Erdölindustrie, Landwirtschaft und Tourismus. Bedeutende Einnahmen stellen weiterhin die Sueskanalgebühren und die Überweisungen der ägypt. Gastarbeiter dar. Die wichtigsten Entwicklungsprobleme,

Flagge

Wappen

Fläche: 1 001 449 km²
Einwohner: (2006) 71,24 Mio.
Hauptstadt: Kairo
Verwaltungsgliederung: 27 Governorate
Amtssprache: Arabisch
Nationalfeiertage: 23. 7. und 6. 10.
Währung: 1 Ägypt. Pfund (ägypt. £) = 100 Piaster (PT)
Zeitzone: MEZ +1 Std.

internationales Kfz-Kennzeichen

die Ä. zu bewältigen hat, bestehen neben der Außenabhängigkeit der Wirtschaft und einem überlasteten öffentl. Sektor v. a. in der Armut großer Teile der Bevölkerung. Mit der Privatisierungspolitik und dem Subventionsabbau vergrößern sich die Einkommensdisparitäten zusehends.

Der Agrarsektor, dessen Bedeutung in den vergangenen Jahren immer weiter abnimmt, ist noch immer durch Kleinbauern geprägt, die neben der Marktproduktion auch für den Eigenbedarf wirtschaften. Aufgrund günstiger klimat. Verhältnisse und der Umstellung von Flut- auf kontinuierl. Bewässerung sind in Ä. mehrere Ernten im Jahr möglich. Negative Folgen die-

Ägypten

Ägypten: Blick auf ein nubisches Dorf im Süden des Landes

ser Regulierung sind die zunehmende Bodenversalzung, der gebietsweise steigende Grundwasserspiegel und das Ausbleiben des fruchtbaren Nilschlamms, der früher als natürl. Dünger diente. Angebaut werden u. a. Weizen, Mais, Reis (v. a. im Nildelta), Futterklee, Baumwolle (ehem. Hauptexportprodukt, seit den 1970er-Jahren zugunsten von Weizen und Mais massiv zurückgefahren) und Zuckerrohr (v. a. im Niltal); in den Neulandgebieten dominieren Obst, Gemüse (bes. Tomaten) und Erdnüsse; Viehhaltung durch Fellachen und Beduinen. Der Nahrungsmittelbedarf der Bev. wird nicht aus eigenem Aufkommen gedeckt, sodass Nahrungsmittel (v. a. Getreide) eingeführt werden müssen. Erdöl und -gas sind die wichtigsten Rohstoffe und eine der Haupteinnahmequellen des Landes, daneben werden Phosphat, Eisenerz, Buntmetalle, Manganerz und Meersalz gefördert. Weitgehend ungenutzt sind die Vorkommen von Asbest, Kaolin, Titanerz, Schwefel, Talk, Steinkohle, Uranerz. Die verarbeitende Ind., im Nildelta und um die größeren Städte konzentriert (Textil-, Nahrungsmittel- und Genussmittel-, chem., pharmazeut., Schwer-, Maschinen-, Zement-, Glasind., Erdölraffinerien u. a. Betriebe), wurde zw. 1952 und 1963 weitgehend verstaatlicht; 1991 begann eine Privatisierung der Staatsbetriebe. Ein Hauptproblem der wirtschaftl. Entwicklung ist die Versorgung mit Energie bei steigender Nachfrage. Im Jahr 2003 deckte die Produktion den Eigenbedarf; es wurden etwa 74 Mrd. Kilowattstunden produziert (23 % durch Wasserkraft und 77 % durch fossile Brennstoffe [Erdöl]). Zudem sollen bis 2010 3 % der benötigten Energie aus Wind, Sonne und Biomasse gewonnen werden. Ein weiterer Schwerpunkt der Ind.-Politik ist der Aufbau neuer Ind.-Städte in der Wüste, um die knappen landwirtsch. Ressourcen und die dicht besiedelten städt. Zentren wie Kairo und Giseh zu schonen. – Ä. ist nach Marokko und Tunesien das beliebteste Reiseland Afrikas. 2003 kamen rd. 5,2 Mio. Auslandsgäste in das Land. Mit Einnahmen von ca. 3,8 Mrd. US-$ ist der Tourismus neben dem Erdölexport eine der wichtigsten Devisenquellen. Ä. bietet sowohl Möglichkeiten für den Erholungstourismus (Mittelmeer, Rotes Meer) als auch zahllose Sehenswürdigkeiten (Pyramiden von Giseh, Königsgräber bei Luxor).

Die jahrelang defizitäre Außenhandelsbilanz Ä.s scheint sich in den letzten Jahren etwas zu konsolidieren. Erdöl und Erdölprodukte sowie Fertigprodukte (v. a. Baumwolle, Textilartikel) sind die wichtigsten Exportgüter, Weizen, Mais, Holz und Stahl die wichtigsten Importgüter. Haupthandelspartner sind nach den EU-Ländern die USA, Australien und Japan.

Die Hauptverkehrslinien sind auf das Niltal und -delta konzentriert. Eisenbahn: 5 063 km; Straßen: 64 500 km, davon etwa die Hälfte befestigt; Straßentunnel unter dem und Brücke über den Sueskanal (1980 bzw. 2001 eingeweiht); Wasserstraßen rd. 3 100 km. 1987 wurde in Kairo die erste Untergrundbahn Afrikas eröffnet, das (2005) rd. 65 km lange Netz sowie eine 113 km lange Ringstraße um Kairo sollen eine Entlastung der im Autoverkehr erstickenden Stadt bringen. Haupthäfen: Alexandria, Port Said, Sues. Neben den internat. Flughäfen Kairo, Alexandria und Luxor dienen Port Said, Scharm el Scheich, Abu Simbel und Assuan dem Inlandverkehr. Die 320 km lange Sumed-Pipeline verbindet den Golf von Sues mit Alexandria.

Geschichte

Funde aus der frühen Altsteinzeit (Altpaläolithikum), die um 500 000 v. Chr. einsetzte (verstärkte Ansiedlung von Menschen im Niltal), sind in Ä. bisher nur vereinzelt zutage getreten. Weiter verbreitet sind Kulturreste des Mittelpaläolithikums (Moustérien und Atérien) aus der Zeit von 50 000 bis 24 000 v. Chr. Das Jungpaläolithikum ist durch mehrere regionale Kulturgruppen vertreten, die durch Ausgrabungen beim Bau des Assuanhochdamms (Kom Ombo) aufgedeckt wurden. Die jungsteinzeitl. und kupfersteinzeitl. Periode Ä.s (um 5500–3200 v. Chr.) weist zwei Hauptzweige auf, die Niltalkulturen Ober-Ä.s (Badari, Negade I und II) und die Deltakulturen Unter-Ä.s (Faijum A und B, Merimde, El-Omari, Maadi). Eine Beschleunigung des kulturellen Fortschritts (u. a. Vervollkommnung der Kupfergeräte, Schminkpaletten in Tiergestalt) kennzeichnet die Negade-II-Kultur, die

Ägypten: Nil bei Assuan

sich seit etwa 3300 v. Chr. auch über den N ausbreitete und schließlich in die Negade-III-Kultur mündete.

Altertum: Die allg. übliche Einteilung in 31 Dynastien von der Reichsgründung bis zu Alexander d. Gr. geht auf den ägypt. Geschichtsschreiber Manetho zurück. Sie wird heute aufgrund neuerer Funde ergänzt durch eine vorausgehende »Dynastie 0 (Null)«. Die Abschnitte Altes, Mittleres und Neues Reich wurden anscheinend schon im späten Neuen Reich ähnlich zusammengefasst. Die Ägypter bezogen sich in ihren Zeitangaben seit dem Ende des Alten Reiches auf die Regierungsjahre der einzelnen Könige. Für die älteste Zeit sind die Angaben jedoch unzuverlässig.

Am Beginn der geschichtl. Zeit, um 3200 v. Chr., standen die polit. Einigung des Landes und die Erfindung der Schrift. Die Vereinigung von Ober- und Unter-Ä. zu einem gesamtägypt. Staat fand nach neueren Erkenntnissen etwa 150 bis 200 Jahre vor der 1. Dynastie statt, also bereits zur Zeit der Negade-III-Kultur und der ihr folgenden Zeit der Dynastie 0, deren letzte Könige wohl schon über ganz Ä. herrschten. Auf den frühesten Schriftdenkmälern erscheinen die Könige »Skorpion«, Narmer und Aha, während in späterer Überlieferung der legendäre Herrscher Menes als Reichseiniger und Gründer von Memphis genannt wird. Die Heimat der 1. und 2. Dynastie (um 3007–2682 v. Chr.; Thiniten) war Thinis bei Abydos. In der 3. Dynastie wurde unter König Djoser die Stufenpyramide von Sakkara errichtet, die als erster monumentaler Steinbau der Welt gilt. Mit der von Snofru begründeten 4. Dynastie setzte die große Zeit der ägypt. Geschichte ein. Snofrus Nachfolger Cheops, Chephren und Mykerinos errichteten die drei bis heute erhaltenen Pyramiden von Giseh, die mit dem umliegenden Friedhof der königl. Familie und der höchsten Reichsbeamten die unbeschränkte Macht des an der Spitze eines straff zentralisierten Beamtenstaates stehenden Königs widerspiegeln. Dieser wurde zum »Sohn« des Sonnengottes, für den in der 5. Dynastie große Sonnenheiligtümer errichtet wurden. Unter der 6. Dynastie sank die Macht der Könige, die von oberägypt. Gaufürsten abhängig wurden. Nach dem Zusammenbruch des Alten Reiches gelang einem Fürsten aus dem oberägypt. Theben die erneute Reichseinigung. Unter der um 1976 v. Chr. einsetzenden 12. Dynastie erlebte Ä. eine zweite Blüte. Nach Verdrängung der Gaufürsten wurde die absolute Macht des Königs gefestigt, das Reich nach S bis zur zweiten Stromschnelle erweitert. Die 13. und 14. Dynastie mit ihren rasch wechselnden Herrschern stellte eine Zeit des Niedergangs dar. Um 1648/1645 v. Chr. drangen die asiat. Hyksos in das Nildelta ein und errichteten die erste Fremdherrschaft über Ä. (15. und 16. Dynastie, Zentrum Auaris im Nildelta). Eine in Theben beheimatete Familie von Unterkönigen (17. Dynastie) nahm den Befreiungskampf auf, König Amosis (um 1550–1525 v. Chr., Begründer der 18. Dynastie) vertrieb die Hyksos endgültig.

Unter Amenophis I. und Thutmosis I., II. und III. stieg Ä. zur Weltmacht auf (Neues Reich) und drang bis zum Euphrat vor. Großartige Baudenkmäler wie die Tempel von Luxor, Karnak und Theben-West entstanden, die inneren Verhältnisse wurden durch eine streng einheitl. Verwaltung gefestigt, die Gaufürsten zurückgedrängt. Unter Amenophis IV./Echnaton (um 1351/1350–1334 v. Chr.; Gemahl der Nofretete) kam es zu einer tief greifenden Revolution in Religion (alleinige Verehrung der Sonnenscheibe Aton), Kunst und Politik. Sethos I., der 2. König der 19. Dynastie, stellte in Syrien die ägypt. Herrschaft wieder her. Sein Sohn Ramses II. (um 1279–1213 v. Chr.) verlegte die Residenz in den Osten des Deltas und ließ zahlr. Bauten (Ramesseum, Abu Simbel) errichten. 1259 v. Chr. schloss er mit den Hethitern einen Friedensvertrag ab. Nach dem Tode von Ramses' Sohn Merenptah begann der wirtsch. und polit. Zerfall des Reiches, das von nun an von fremden Herrschern regiert wurde, zunächst von Libyern (22. bis 24. Dynastie). Ä. löste sich bald in kleine Fürstentümer auf und wurde erst von den nub. (kuschitischen) Königen der 25. Dynastie (um 753–664 v. Chr.) erneut geeint. 671 v. Chr. unterwarfen die Assyrer den N und regierten ihn durch Vasallen, bis der libysche Fürst Psammetich I. von Sais 664 v. Chr. das Land befreite und wieder vereinigte. Unter den Herrschern der 26. Dynastie (»Saiten«) erlebte Ä. noch einmal eine Blütezeit. Aber bereits 525 v. Chr. wurde es von den Persern unterworfen, deren Herrschaft durch die 28.–30. Dynastie unterbrochen wurde. 332 eroberte Alexander d. Gr. das Land. Er

Ägypten: bedeutende Stätten Altägyptens

Ägypten: Geschichte bis 1517

Vor- und frühdynastische Zeit (um 3200–2682):
Negade-III-Kultur: Schaffung des Einheitsreiches. Dynastie 0 (etwa 150 Jahre): Erste namentlich bekannte Könige (Skorpion, Narmer). 1.–2. Dynastie: Thinitenzeit, Frühzeit.

Altes Reich (um 2682–2191):
3.–6. Dynastie: Djoser, Snofru, Cheops, Chephren und Mykerinos erbauen Pyramiden. Der Sonnenglaube wird Staatsreligion.

I. Zwischenzeit (um 2191–2025):
7.–10. Dynastie: Dynastische Wirren.

Mittleres Reich (um 2025–1794/93):
11.–12. Dynastie: Erneute Einigung, Blüte unter den Königen Amenemhet und Sesostris.

II. Zwischenzeit (um 1794/93–1550):
13.–17. Dynastie: Niedergang unter schnell wechselnden Herrschern. 15./16. Dynastie (um 1648/45–1539/36): Fremdherrschaft der Hyksos, Beginn des Befreiungskrieges unter König Kamose.

Neues Reich (um 1550–1070/69):
18.–20. Dynastie: Vertreibung der Hyksos. Ägypten wird Weltmacht. *Bedeutende Könige:* Amenophis I., II., III., IV. (Echnaton, Residenz Amarna), Königin Hatschepsut, Thutmosis III., Sethos I., Ramses II., III.

III. Zwischenzeit (um 1070/69–664):
21.–25. Dynastie: Unter den libyschen Königen der 22./23. Dynastie Auflösung des Reiches, unter der 25. Dynastie (Kuschiten) Einfall der Assyrer (Zerstörung Thebens).

Spätzeit (664–332):
26.–31. Dynastie (u. a. Perser).

Griechische Zeit (332–30):
Alexander d. Gr., die Ptolemäer (zuletzt Kleopatra).

Römische Zeit (30 v. Chr. bis 395 n. Chr.):
Römische Provinz, Christianisierung.

Byzantinische Zeit (395–640/642)

Arabische Zeit (640/642–1516/17):
Kairo zeitweise Sitz von Kalifen. Herrschaft der Fatimiden, Aijubiden, Mamluken.

gründete Alexandria, das sich schnell zum Mittelpunkt des griech. Welthandels und der griech. Bildung entwickelte. Nach seinem Tod fiel Ä. an den Makedonen Ptolemaios I. (seit 305 König). Unter den Ptolemäern wurde es zum reichsten Staat der damaligen Welt, doch führte die Unfähigkeit der späteren Ptolemäer zum Niedergang des Landes; 51 v. Chr. kamen Ptolemaios XIV. und Kleopatra VII. unter die Vormundschaft des röm. Senats. Nach der Schlacht bei Aktium war Ä. von 30 v. Chr. bis 395 n. Chr. röm. Provinz, dann Teil des Oström. (Byzantin.) Reiches.

Mittelalter und Neuzeit: 640/642 eroberten die Araber das Niltal, aber erst im 8. Jh. wurde Ä. islamisiert. Bes. seit der Eroberung durch die Fatimiden (969) war Ä. unabhängig vom Kalifen von Bagdad; die Fatimiden gründeten Kairo und die Azhar-Moschee. Sultan Saladin aus dem Geschlecht der Aijubiden (1171–1250) brachte Ä. zu neuer Machtstellung. 1250 rissen die Mamluken die Herrschaft an sich. 1516/17 wurde das Land von den Türken unter Selim I. erobert und blieb bis 1798 türk. Provinz, die von den Mamlukenbeis weitgehend selbstständig verwaltet wurde. Der ägypt. Feldzug Napoleon Bonapartes (1798–1801) scheiterte trotz mehrerer Siege über die Mamluken und Türken. Der türk. Statthalter Mehmed Ali (1805–49) vernichtete 1811 die Mamlukenbeis und schuf sich eine fast unabhängige erbl. Herrschaft als Pascha; seit 1867 trugen die Statthalter den Titel »Khedive« (Vizekönig). 1869 Eröffnung des Sueskanals; 1882 brit. Besetzung des Landes; 1883 Aufstand des Mahdi im Sudan; 1898 Niederwerfung der Mahdisten durch die Engländer und Abtrennung des Sudans von Ä. Im Ersten Weltkrieg wurde Ä. brit. Protektorat. Unter dem Druck bes. des →Wafd hob die brit. Regierung dies 1922 auf und erkannte Fuad I. als König an; Ä. behielt aber eine brit. Besatzung, die jedoch nach Abschluss des britisch-ägypt. Bündnisvertrags (1936) auf die Sueskanalzone beschränkt wurde. 1945 war Ä. Mitbegründer der Arab. Liga und wandte sich mit anderen arab. Staaten im Palästinakrieg (1948/49) gegen die Gründung des Staates Israel. 1952 stürzte die Armee König Faruk (Reg. seit 1936). Nach Ausrufung der Republik (1953) übernahm General M. Nagib, 1954 Oberst G. Abd el-Nasser das Amt des Staatspräs. Die Parteien wurden verboten. Aufgrund des britisch-ägypt. Suesabkommens (1954) räumten die brit. Truppen in der Folgezeit die Kanalzone. Die Verstaatlichung der Sueskanalgesellschaft löste den Sueskrieg (1956) aus; Ä., 1958–61 mit Syrien in der »Vereinigten Arab. Republik« (VAR) verbunden, rückte immer stärker in den Brennpunkt des Nahostkonflikts. 1962–67 kämpften ägypt. Truppen im Bürgerkrieg im Jemen auf republikan. Seite.

Gestützt auf die Einheitspartei »Arab. Sozialist. Union« (gegr. 1961), suchte die ägypt. Regierung einen »arab. Sozialismus« zu verwirklichen. Mit (steigender) Militärhilfe bes. der UdSSR wollte Nasser den Nahostkonflikt zugunsten der arab. Staaten entscheiden. Mit der Sperrung des Golfes von Akaba für israel. Schiffe löste er 1967 den israelisch-arab. Sechstagekrieg aus; dabei besetzte Israel u. a. die Halbinsel →Sinai und den Gazastreifen (→Gaza). Durch einen »Abnutzungskrieg« gegen Israel (Aug. 1967 bis Aug. 1970) sowie durch die verstärkte Unterstützung der palästinens. Guerillaorganisationen versuchte Ä. die Folgen der Niederlage im Sechstagekrieg zu mildern.

Nach dem Tode Nassers (1970) setzte Präs. A. as-Sadat dessen Politik fort, schränkte aber allmählich den Einfluss der UdSSR zugunsten der westl. Ind.-Staaten ein. Im Okt. 1973 griffen Ä. und Syrien Israel an (Jom-Kippur-Krieg), mussten aber nach anfängl. Erfolgen in einen Waffenstillstand einwilligen. 1974 schloss Ä. mit Israel ein Truppenentflechtungsabkommen. Im Nov. 1977 leitete Präs. Sadat eine Friedensinitiative (gegenüber Israel) ein; er verhandelte 1978 in Camp David (USA) unter Vermittlung des amerikan. Präs. J. E. Carter mit dem israel. Min.-Präs. M. Begin über Rahmenbedingungen zur Lösung des Nahostkonflikts und schloss einen Friedensvertrag mit Israel (26. 3. 1979). Mit dem Austritt aus der Arab. Liga (1979) kam Ä. einem Ausschluss zuvor (Mai 1989 wieder aufgenommen). Bis April 1982 zog sich Israel von der Halbinsel Sinai zurück. – Gestützt auf die »Nationaldemokrat. Partei« (NDP; 1978 als Nachfolgerin der »Arab. Sozialist. Union« gegr.), suchte Sadat seine innenpolit. Machtstellung zu festigen. Nach seiner Ermordung (Okt. 1981) wurde H. Mubarak sein Nachfolger (1987, 1993 und 1999 sowie, nach Wahlrechtsänderung erstmals mit Gegenkandidaten, 2005 wieder gewählt). Bei den Parlamentswahlen vom Nov./Dez. 2005 errang die regierende NDP erneut die Zweidrittelmehrheit; starke Zugewinne erreichte die nur z. T. legalisierte →Muslimbruderschaft, die mit unabhängigen Kandidaten antrat.

Im 2. Golfkrieg 1991 beteiligte sich das Land als regionale Führungsmacht an der antiirak. Koalition. Daraufhin verstärkten islam. Fundamentalisten ihren Kampf für die Errichtung eines islam. Gottesstaates. Mit Attentaten u. a. auf hohe Staatsfunktionäre und öffentl. Einrichtungen sollte die innere Sicherheit erschüttert und die Wirtschaftskraft beeinträchtigt werden. Die Reg. reagierte 1992 mit einer drast. Verschärfung der Strafgesetze gegen Terroristen und radikale Kräfte. Im Nahostkonflikt förderte Ä. eine schrittweise Annäherung zw. PLO und Israel und unternahm seit 1996 zahlr. diplomat. Initiativen, um den Friedensprozess in Gang zu halten.

ägyptische Finsternis, *sprichwörtlich* für: tiefste Finsternis; im A. T. eine der →ägyptischen Plagen.

ägyptische Kunst, die aus versch. regionalen Kulturen durch Überlagerung oder Eroberung hervorgegangene Kunst des Altertums auf dem Gebiet Ägyptens. Durch fremde Bereiche im Wesentlichen unbeeinflusst, konnte die ä. K. ihren Formenschatz in großer Eigenständigkeit entwickeln und kam um 3000 v. Chr. zu einer ersten Blüte. Die ä. K. war vorwiegend funktional. Ihre Anfänge stehen in Zusammenhang mit den Jenseitsvorstellungen: dem Glauben an ein Fortleben nach dem Tod unter bestimmten Voraussetzungen. Bereits in der Jungsteinzeit des 4. Jt. v. Chr. wurden den Verstorbenen Beigaben mitgegeben: farbig verzierte Keramikgefäße, Schminkpaletten aus Stein, Zeugnisse der ältesten Reliefkunst sowie Bildwerke aus Ton oder Knochen (Menschen- und Tierfiguren).

In der *Baukunst* traten seit der Reichseinigung (um 3200/3100 v. Chr.) der Holz- und Schilfrohrbau der oberägypt. Nomaden und der Luftziegelbau der unterägypt. Bauern in Wechselwirkung. In monumentalen Bauten (in der Frühzeit aus Ziegeln, seit dem Alten Reich auch aus Stein) dokumentierte sich der Machtanspruch der Könige. Das Hügelgrab der Nomaden wandelte sich zur blockartigen, steinverkleideten →Mastaba mit Kultkammer. Aus ihr bildete sich (seit dem Alten Reich) die Stufenpyramide als Königsgrab heraus (z. B. die Pyramide des Djoser in Sakkara). In die 4. Dynastie fällt die Blüte der Pyramidenkunst (mit Totentempeln), deren Höhepunkt die gewaltigen Pyramiden der Könige Cheops (fast 147 m hoch), Chephren und Mykerinos in Giseh darstellen. Für Beamte legte man seit dem Alten Reich Felsengräber an; in solchen wurden im Neuen Reich auch Könige beigesetzt. Der ägypt. Tempel wurde als Prozessionstempel entlang einer geraden Achse errichtet: Eine Sphinxallee führte durch Tortürme (Pylonen) und einen von Säulenhallen umgebenen Hof in einen als dreischiffige Basilika angelegten Säulensaal, hinter dem das Allerheiligste mit dem Götterbild lag. Des Weiteren entstand eine dem griech. Peripteros ähnliche Tempelform.

ägyptische Kunst: Fresko im Grabmal des Königs Haremhab (Ende 14. Jh. v. Chr.) im Tal der Könige in Theben (Darstellung mit der Göttin Hathor)

Die *Plastik* in Tempeln und Gräbern wurde mit dem Fortleben des Menschen im Jenseits verbunden und bildete ihn daher so ab, wie man ihn seinem zeitlosen Wesen und seiner sozialen Funktion nach sah: frei von vergängl. Zufälligkeiten, unabhängig von Lebensalter, Bewegung und Tätigkeit. Daher fehlen Kinder- und Altersbildnisse fast völlig, und auch porträthafte Ähnlichkeit ist wohl nie angestrebt worden. Mann und Frau wurden durch ihre Tracht sowie verschiedenartige Grundstellung und Körperfarbe (Männer rotbraun, Frauen gelb) unterschieden. – Die ä. K. hielt an den Grundlagen der Personendarstellung mit wenigen Abweichungen oder Unterbrechungen (Amarna-Stil, →Amarna) durch alle Zeiten fest. Bis in die Spätzeit blieb die Form des »Würfelhockers« beliebt, die den Menschen auf eine fast reine Würfelform reduzierte. – Im gleichen Sinnzusammenhang wie die Plastik standen die Reliefs an den Wänden der Tempel und Gräber. Die Darstellungen sind unräumlich und unperspektivisch, ohne Schatten und lichtgebundenes Farbenspiel. Alle Objekte, auch Teile des menschl. Körpers, werden in der für sie charakterist. Ansicht dargestellt, also entweder von vorn oder von der Seite.

 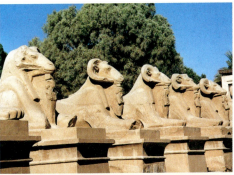

ägyptische Kunst: links Chephrenpyramide in Giseh (um 2500 v. Chr.) mit der ältesten erhaltenen ägyptischen Sphinx im Vordergrund; **rechts** Widder-Sphinx-Allee zum Amuntempel in Karnak (seit Ende des 3. Jt. v. Chr.)

Die Bilder wenden sich nicht an einen Betrachter, die Figuren blicken nicht aus der Bildfläche heraus. Die Zeitlosigkeit der Darstellung lässt in einem Bild oft mehrere Handlungsabläufe nebeneinander zu.

Eine eigenständige *Wandmalerei* neben den stets bemalten Reliefs entfaltete sich erst mit der Gestaltung von Gräbern und Palästen des Neuen Reiches (Amarna).

Das *Kunsthandwerk* zeichnete sich zu allen Zeiten durch vollendete Stein-, Metall-, Holz- und Glastechnik sowie durch strenge, zweckgemäße Schönheit der Form aus.

Die Grenzen zw. Kunst und Schrift sind fließend; jede Hieroglyphe kann als ein kleines Kunstwerk gestaltet, Bilder können »gelesen« werden. Für abstrakte Vorstellungen wie etwa Zeit, Licht oder Schöpfung wurden prägnante Bildzeichen geschaffen.

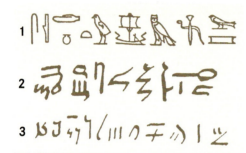

ägyptische Schrift: 1 Hieroglyphen, 2 hieratische Schrift, 3 demotische Schrift

ägyptische Literatur. Auf Stein, Papyrus, Holz, Leder, Leinen und Scherben sind Urkunden des öffentl. und privaten Lebens aus allen Zeiten erhalten. Sie zählen zur **Gebrauchsliteratur** (kult., wiss. und administratives Schrifttum); ihr gegenüber ist der Anteil der **eigentl.** (oder schönen) **Literatur** (belehrendes und unterhaltendes Schrifttum) verhältnismäßig gering und wohl nur ein Bruchteil des einst Vorhandenen.

Die Gräber der hohen Beamten waren mit *Grabinschriften* dekoriert, v.a. mit biograf. Selbstdarstellungen des Grabherrn. – Zur *Totenliteratur* zählen die Pyramidentexte (Spruchsammlung für den Toten im Jenseits), die seit dem Ende der 5. und während der 6. Dynastie in den Sargkammern der Pyramiden aufgezeichnet wurden. Im Neuen Reich entstanden die Unterweltsbücher mit der Beschreibung des Jenseits und das Totenbuch (den Toten als Papyrusrolle mitgegeben) mit Sprüchen gegen Gefahren und Entbehrungen im Jenseits. – Aus dem Bereich der *wiss. Literatur* sind Lehrbücher für Mathematik und Medizin erhalten.

Die eigentl. Literatur hatte ihren Ort in der Erziehung und diente der Bildung im weitesten Sinne. Bücher wurden als ein lebensbegleitender Schatz auswendig gelernt. Zur *Weisheitsliteratur* gehören Lebenslehren (für das rechte Verhalten) und Klagen (zu eth. Problemen). – Die *Schulliteratur* vermittelte u.a. stilist. Formeln oder gab das Für und Wider von Berufen an (»Lehre des Cheti«, 12. Dynastie). – Aus der *erzählenden Literatur* ragen die »Geschichte des Sinuhe« und das »Märchen von den zwei Brüdern« hervor.

Die moderne ägypt. Literatur ist im Rahmen der →arabischen Literatur zu sehen.

ägyptische Musik. Schrift- und Bilddokumente bezeugen eine schon im Alten Reich hoch entwickelte Musikkultur. Das Instrumentarium bestand aus Harfen, Flöten, Leiern, Oboen, Trompeten und versch. Rhythmus- und Geräuschinstrumenten, um 2000 kam die Laute hinzu. Eine Trennung zw. magisch-kult. und profaner Musik ist von der 4. Dynastie an (um 2590–2470 v.Chr.) festzustellen. Nach dem Verfall des Neuen Reiches war die ä. M. vielen äußeren Einflüssen unterworfen. Seit der Islamisierung Ägyptens war die arab. Musik vorherrschend.

ägyptische Plagen, nach 2. Mos. 7, 14–12, 30 die zehn von Gott über Ägypten verhängten Katastrophen, um vom Pharao die Freilassung der Israeliten zu erzwingen, u.a. die **ägypt. Finsternis.**

ägyptische Religion. In der Frühzeit begegnen die göttl. Mächte in Gestalt von Tieren und Fetischen, ab etwa 3000 v.Chr. in Menschengestalt, wobei gewisse Tieraspekte als Attribute beibehalten werden: so der falkenköpfige Horus, der widderköpfige Amun. Die Vielzahl der Gottheiten bleibt im Wesentlichen bestehen, bei bevorzugter Stellung des Sonnengottes Re, der sich später mit →Amun zum Reichsgott Amun-Re verbindet. Amenophis IV. (Echnaton) suchte die Verehrung eines einzigen abstrakten Gottes durchzusetzen; nach seinem Tod kehrte man jedoch zum Polytheismus zurück. Dessen Systematisierung dient der Schöpfungsmythos: Der Urgott Amun schafft aus seinem feuchten Atem das Götterpaar Schu (»Luft«) und Tefnut (»Feuchtigkeit«), die Geb, den Erdgott, und Nut, die Himmelsgöttin, erzeugen; deren Kinder sind →Osiris und →Seth mit ihren Schwestern und Gemahlinnen →Isis und →Nephtys. Horus, Sohn der Isis und des Osiris, nahm im jeweiligen Pharao menschl. Gestalt an. Damit galt der Pharao als Gott und stand im Zentrum des ägypt. Staatskults.

Weitere Charakteristika der ä.R. sind Jenseitsorientierung und Totenkult. Jeder Verstorbene muss sich im Totengericht vor Osiris, dem Totenrichter, verantworten. Handeln und Gesinnung seiner Seele (Ba) werden auf ihre Übereinstimmung mit Maat, der natürlichen wie auch staatlichen und zwischenmenschlichen Ordnung, hin überprüft. Selbst die Götter sind Alter und Tod unterworfen. Berühmt ist der Mythos des Osiris, dessen Wiederauferstehung dem Menschen die Hoffnung auf Überwindung des Todes gibt.

ägyptische Schrift, in mehreren Formen auftretende Schrift, in der die ägypt. Sprache überliefert ist. Die **Hieroglyphen** wurden kurz vor 3000 erfunden. Ihr Prinzip beruht darauf, dass zunächst zeichenbare Dinge standardisiert gezeichnet werden. Diese Zeichen werden dann für Worte ähnlicher Lautung verwendet. **Hieratisch** ist die Kursivform der Hieroglyphen. Die Zeichen verlieren ihren Bildcharakter und werden zu Strichen und Strichgruppen verkürzt. In der Spätzeit (ab 715 v.Chr.) wird das Hieratische durch eine für die formelhafte Verwaltungssprache entwickelte weitere Verkürzung, das **Demotische,** verdrängt; nur die religiösen Texte werden weiterhin hieratisch geschrieben. – Etwa seit der 2. Hälfte des 2.Jh. n.Chr. schreiben christl. Ägypter ihre Sprache ausschließlich mit einem erweiterten griech. Alphabet. Diese Schrift wird als **kopt. Schrift** bezeichnet. Die Entzifferung der ä.S. gelang erst 1822 J. F. Champollion.

ägyptische Sprache. Die Sprache der alten Ägypter gehört zur Gruppe der afroasiat. Sprachen.

Sprachgeschichtlich unterscheidet man: das **Frühägyptische**, nur kurze, schwer verständl. Inschriften; das **Altägyptische**, die Schriftsprache des Alten Reichs; das **Mittelägyptische**, die später als klassisch empfundene Sprache des Mittleren Reichs, in Urkunden des Neuen Reichs fortlebend; das **Neuägyptische**, die Volkssprache des Neuen Reichs, als Urkundensprache bis ins 5. Jh. n. Chr. fortlebend **(Demotisch)**, und das **Koptische**, die Volkssprache der Spätzeit.

Ägyptologie die, Wiss., die sich der Erforschung des ägypt. Altertums in Sprache, Geschichte und Kultur widmet.

Ah, auch A · h, Einheitenzeichen für Amperestunde.

Ahab, Achab, nach 1. Kön. 16, 28 ff. König von Israel (873–853 v. Chr.), duldete den Baalkult in Samaria (→Elias).

Ahaggar, Hoggar, Gebirgsmassiv in der zentralen Sahara, SO-Algerien; Hochgebirgswüste mit Höhen von fast 3000 m ü. M.; hier leben die zu den Tuareg gehörenden A. mit ihren Herden. Zentrum ist Tamanrasset.

Ahas, Achas, König von Juda (741–725 v. Chr.), verlor sein Land an die Assyrer (2. Kön. 16, 1 ff.).

Ahasver [hebr. »Fürst«], **Ahasverus, 1)** im A. T. Name des Perserkönigs Xerxes.
2) in der Volkssage der →Ewige Jude.

Ahaus, Stadt im Kr. Borken, NRW, 50 m ü. M., im westl. Münsterland, nahe der niederländ. Grenze, 38 100 Ew.; Holz, Metall und Kunststoff verarbeitende Industrie. – Barockschloss. – 1406 kam die Herrschaft A. an den Bischof von Münster.

Ahern [əˈhəːn], Bartholemew Patrick (Bertie), irischer Politiker, * Dublin 12. 9. 1951; ab 1977 Parlamentsabg., 1991–94 Finanzmin., wurde 1994 Vors. der Fianna Fáil und 1997 Min.-Präs. (2002 und 2007 im Amt des Reg.-Chefs bestätigt).

Ahidjo [aiˈdʒo], Ahmadou, Politiker in Kamerun, * Garoua 24. 8. 1924, † Dakar 30. 11. 1989; 1958/59 Premiermin., nach Proklamation der Unabhängigkeit Kameruns 1960–82 Staatspräsident.

Ahlbeck, Ostseebad in waldreicher Umgebung auf der Insel Usedom, Teil der Gem. →Heringsdorf, Meckl.-Vorp., nahe der Grenze zu Polen; Seebrücke (280 m); Fremdenverkehr.

Ahle, Pfriem, nadelartiges Werkzeug zum Vorstechen oder Aufweiten von Löchern, z. B. in Leder.

Ahle, Organisten in Mühlhausen/Thüringen: Johann Rudolf (* 1625, † 1673) schrieb bes. geistl. Konzerte, sein Sohn Johann Georg (* 1651, † 1706) geistl. und weltl. Lieder.

Ahlen, Stadt im Kr. Warendorf, NRW, 80 m ü. M., im südöstl. Münsterland, 55 300 Ew.; Eisen, Blech und Stahl verarbeitende Industrie.

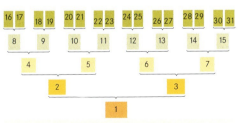

Ahnentafel: Schema; 1 Proband, dessen Ahnen nachgewiesen werden, 2 und 3 Eltern, 4–7 Großeltern, 8–15 Urgroßeltern, 16–31 Ururgroßeltern

Ahlener Programm, →Christlich-Demokratische Union.

Ahlkirsche, die →Traubenkirsche.

Ahlsen, Leopold, eigtl. Helmut Alzmann, Schriftsteller, * München 12. 1. 1927; schrieb Dramen, Hör- und Fernsehspiele (»Philemon und Baucis«, 1956; Serie »Die Wiesingers«, 1984), auch Romane (u. a. »Vom Webstuhl zur Weltmacht«, 1983, über die Familie Fugger) und Novellen.

Ahmadabad, Ahmedabad, Stadt in Gujarat, Indien, 3,52 Mio. Ew.; Univ.; Baumwoll-Handelszentrum, Textilind.; internat. Flughafen. – Moscheen und Grabmäler aus dem 15. Jh. Eine Besonderheit ist die Einteilung in in sich geschlossene Viertel (»pols«) als Ausdruck eines strengen Kastenwesens. – 1411 gegründet.

Ahmadi [ˈax-], **Al-Ahmadi,** Stadt in Kuwait, 26 900 Ew.; Zentrum des kuwait. Erdölfördergebietes, Erdölraffinerie, Erdölleitung zum östlich gelegenen Hafen Mina al-A.; Sitz der Kuwait Oil Co. – 1946 gegr., nach Scheich Ahmad (1921–50) benannt.

Ahmadija [ax-], aus dem sunnit. Islam Ende des 19. Jh. hervorgegangene Glaubensgemeinschaft, die weltweit Mission betreibt (u. a. Übertragung des Korans in versch. Sprachen), innerhalb des Weltislam jedoch – v. a. wegen der Proklamation eines neuen Propheten nach Mohammed – als häretisch gilt. Zentrum der A.-Bewegung ist Pakistan; nach Eigenangaben zählt sie rd. 12 Mio. Mitgl. in über 100 Ländern.

Ahmadinejad [æhmædiːneˈʒɑːd], Mahmud, iran. Politiker, * Garmsar (Prov. Semnan) 28. 10. 1956; Bauingenieur; seit 2003 Oberbürgermeister von Teheran, wurde der ultrakonservative Politiker 2005 zum Staatspräs. gewählt.

Ahming [griech. ámē »Eimer«], Tiefgangsskale am Vor- oder Achtersteven von Schiffen.

Ahmose [ax-], **Ahmes,** ägypt. Mathematiker (?) unter einem König Apophis der Hyksoszeit (1650–1550 v. Chr.), schrieb den Papyrus Rhind, die wichtigste Quelle der ägypt. Mathematik.

Ahnen, lat. **Aszendenten, Vorfahren,** alle Personen, von denen ein Mensch abstammt, seine Verwandten in →aufsteigender Linie.

Ahnenkunde, seltener **Ahnenforschung,** svw. →Genealogie.

Ahnenprobe, Nachweis adliger und ehel. Abstammung über eine bestimmte Geschlechterfolge hin (Adels- und Filiationsprobe); bes. vom 14. bis zum 16. Jh. bed., u. a. für Mitgl. eines Ritterordens oder – allg. – für die Lehnsfähigkeit.

Ahnentafel, Aszendenztafel, familienkundl. Aufstellung mit Angabe der Ahnen einer Person in aufsteigender Linie.

Ahnenverehrung, Ahnenkult, die über die ganze Erde verbreitete Sitte der Verehrung der verstorbenen Vorfahren des eigenen Geschlechts oder Stammes; bes. verbreitet in der chin. und jap. (→Shintō) Kultur und wesentl. Bestandteil traditioneller afrikan. Religionen.

Ähnlichkeit, 1) *Biologie:* Die Ä. der Lebewesen oder einzelner Organe geht entweder auf die gemeinsame Abstammung oder auf die Anpassung an gleiche Umweltbedingungen zurück. **Analoge Organe** sind versch. Ursprungs, leisten aber Ähnliches oder Vergleichbares, **homologe Organe** haben gleichen Ursprung, erbringen aber unterschiedl. Leistungen.

2) *Geometrie:* Gleichheit der Form geometr. Figuren, nicht notwendig ihre Deckungsgleichheit (→kon-

Bertie Ahern

Mahmud Ahmadinejad

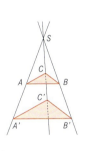
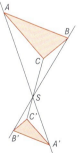

Ähnlichkeit 2): Ähnlichkeitsabbildungen (*ABC* Urbild, *A'B'C'* Bild, *S* Schnittpunkt der Abbildungsstrahlen)

gruent). Ähnl. Figuren stimmen in den entsprechenden Winkeln überein, das Größenverhältnis entsprechender Seiten ist gleich. Sie lassen sich durch Verschiebung, Drehung oder Spiegelung erzeugen.

Ähnlichkeitsregel, *Medizin:* Grundannahme der →Homöopathie, wonach Krankheiten durch Arzneimittel geheilt werden können, die bei Gesunden ein dem vorliegenden Krankheitsfall möglichst ähnl. Symptomenbild hervorrufen.

Ähnlichkeitstheorie, *Physik:* Theorie zur method. Auffindung und Untersuchung von Vorgängen in theoretisch schwer zugängl. oder ungenügend behandelbaren physikal. Teilgebieten wie der Strömungslehre. Hilfsmittel der Ä. sind v. a. dimensionslose Parameter (→Kennzahl), die das Verhältnis bestimmter physikal. Größen zueinander wiedergeben.

Aho, Juhani, eigtl. Johan **Brofeldt,** finn. Schriftsteller, * Lapinlahti 11. 9. 1861, † Helsinki 8. 8. 1921; Wegbereiter des finn. Realismus, schrieb Romane und Novellen.

ahoi [niederdt.], seemänn. Anruf für ein Schiff oder Boot.

Ahom, Gruppe der Shan-Völker, die im 13. Jh. Assam eroberte und nach Zerstörung ihres Reiches durch die Birmanen (Anfang 19. Jh.) als eigene Kaste in der Hindubevölkerung aufging.

Ahorn, *Acer,* Gattung der Ahorngewächse (Aceraceae), bis 30 m hohe Bäume mit strahligen Blüten und geflügelten Spaltfrüchten. Einheim. Arten: **Spitz-A.** (Acer platanoides), in der Ebene; **Berg-A.** (Acer pseudoplatanus), in bergigem Land; **Feld-A., Maßholder** (Acer campestre), in ganz Europa. Nordamerikan. Arten in Mitteleuropa sind z. B. der **Zucker-A.** (Acer saccharum), der in seiner Heimat A.-Zucker liefert, und der z. T. weißbunt belaubte **Eschen-A.** (Acer negundo). Japan. A.-Arten werden als Ziergehölze kultiviert. A.-Holz ist helles, hochwertiges Nutzholz. Maserholz von nordamerikan. Arten (Vogelahornholz) wird u. a. zu Möbeln verarbeitet.

Ahr *die,* linker Nebenfluss des Rheins aus der Eifel, 89 km lang, mündet unterhalb von Sinzig; im unteren Talstück (**Ahrgau**) Weinbau. Die bestockte Rebfläche des Weinbaugebietes beträgt (2005) 544 ha, die Weinerzeugung rd. 39 000 hl; wichtigste Rebsorte ist Spätburgunder.

Ähre, Blütenstand; seitlich an der verlängerten Hauptachse sitzen ungestielte Blüten (z. B. Wegerich). Die Ä. der Gräser ist aus einzelnen Ä. (**Ährchen**) zusammengesetzt.

Ährenlili|e, der →Beinbrech.

Ahrensburg, Stadt im Kr. Stormarn, Schlesw.-Holst., 30 100 Ew.; Großdruckerei, Gewürzwerk, Röntgen- und Fototechnik, Kunststoffverarbeitung, Maschinenbau. – Schloss (1595, heute Museum). – Fundort der **Ahrensburger Kultur** (etwa 8800–8000 v. Chr.): späteiszeitl. Siedlungs- und Jagdplätze von Rentierjägern.

Ahrenshoop, Ostseebad im Kr. Nordvorpommern, Meckl.-Vorp., 800 Ew.; Künstlerkolonie. – Um 1760 entstanden.

Ahriman [mittelpers. »arger Geist«], in der Religion des Zarathustra, dem →Parsismus, die Macht der Finsternis und der Geist des Bösen. Sein Widersacher ist →Ahura Masda.

Ahronovitch [-tʃ], Yuri (Juri Michailowitsch), israel. Dirigent russ. Herkunft, * Leningrad (heute Sankt Petersburg) 13. 5. 1932, † Köln 31. 10. 2002; 1964–72 Chefdirigent des Allunions-Rundfunkorchesters in Moskau, dann Emigration nach Israel; u. a. 1982–87 Chefdirigent des Stockholmer Philharmon. Orchesters.

Ahrweiler, 1) Stadtteil von →Bad Neuenahr-Ahrweiler.

2) Landkreis in Rheinl.-Pf., 787 km², 129 900 Ew.; Kreisstadt Bad Neuenahr-Ahrweiler.

Ahtamar [ˈax-], Insel im Vansee, Türkei, mit der 915–921 erbauten armen. Kreuzkuppelkirche vom Hl. Kreuz. Ehem. Residenz des armen. Königreiches Waspurakan.

Ahtisaari, Martti, finn. Politiker, * Viipuri (heute Wyborg) 23. 6. 1937; Mitgl. der Sozialdemokrat. Partei; zunächst Lehrer, dann Diplomat, 1977–86 und 1989–90 UN-Kommissar bzw. Sonderbeauftragter des UN-Gen.-Sekr. für Namibia; 1994–2000 Staatspräs. von Finnland. A. übernahm wiederholt Vermittlungsmissionen in Konflikten; ab 2005 UN-Sondergesandter im Kosovo.

Ahura Masda [altiran. »der weise Herr«], mittelpers. **Ormuzd,** in der Religion des Zarathustra, dem →Parsismus, die Macht des Lichts, der Schöpfer und Erhalter der Welt und des Menschen. Sein Widersacher ist →Ahriman.

Ahvaz, Stadt in Iran, →Ahwas.

Ahwas, Ahvaz, Hptst. der Prov. Khusistan, Iran, am Fluss Karun, 724 700 Ew.; Univ.; Handelszentrum; chem., Eisen- und Stahlind.; Erdölfeld; Flughafen.

ai, auch **AI,** Abk. für →Amnesty International.

Ai [ˈaːi, port.-indian.] *das,* ein Faultier.

Aia, lat. **Aea,** *griech. Mythologie:* das Sonnenland im Osten, Ziel der Fahrt der →Argonauten, später mit →Kolchis gleichgesetzt.

Aias, Ajax, *griech. Mythologie:* **1) A. der Kleine,** gen. **der Lokrer,** Heerführer der Griechen vor Troja, kam auf der Rückfahrt von Troja wegen des an →Kassandra verübten Frevels um.

2) A. der Große, Heerführer der Griechen vor Troja, Sohn des Telamon, König von Salamis, verfiel in Wahnsinn und tötete sich vor Troja selbst, als nicht ihm, sondern Odysseus die Waffen des gefallenen Achill zugesprochen wurden.

Aibling, Bad, →Bad Aibling.

Aichach, Kreisstadt des Landkr. Aichach-Friedberg, Bayern, 446 m ü. M., 20 900 Ew.; Textil-, Metall und Kunststoff verarbeitende Ind. – Spätgot. Pfarrkirche und Spitalkirche, zwei Stadttore (15. Jh.). Bei A. lag die 1209 zerstörte Burg Wittelsbach.

Aichach-Friedberg, Landkreis im Reg.-Bez. Schwaben, Bayern, 781 km², 127 400 Ew.; Krst. ist Aichach.

Aicher, Otl, eigtl. Otto **A.,** Grafiker, Designer und Schriftsteller, * Ulm 13. 5. 1922, † (Verkehrsunfall) Günzburg 1. 9. 1991; gründete zus. mit seiner Frau Inge Aicher-Scholl die Ulmer Hochschule für Gestaltung, der er 1962–64 als Rektor vorstand; 1968–72 Gestaltungsbeauftragter für die Olymp. Spiele in München. A. leistete mit seinen Arbeiten (u. a. Piktogramme) einen bed. Beitrag auf dem Gebiet der visuellen Kommunikation.

Aichhorn, August, österr. Pädagoge, * Wien 27. 7. 1878, † ebd. 13. 10. 1949; begründete die psychoanalyt. Pädagogik.

Aichinger, Ilse, österr. Schriftstellerin, * Wien 1. 11. 1921; ⚭ mit G. Eich; vermittelt in Erzählungen, Hörspielen, Prosatexten und Gedichten mit sparsamer, präziser Sprache existenzielle menschl. Zustände und Gefühle (Erzählband »Der Gefesselte«,

Ahorn: Bergahorn (oben) und Spitzahorn (unten)

Martti Ahtisaari

Ilse Aichinger

1953; Lyrik und Prosa »Kleist, Moos, Fasane«, 1987; Prosa »Film und Verhängnis. Blitzlichter auf ein Leben«, 2001).

Aide-mémoire [ɛːdmeˈmwaːr; frz. »Gedächtnishilfe«] *das,* Niederschrift einer mündl. Erklärung im diplomat. Verkehr.

Aidịd, Mohammed Farah Hasan, somal. General und Politiker, * Beled Weyne 1935, † Mogadischu 1. 8. 1996; 1969–75 inhaftiert, nahm 1977 am Ogadenkrieg teil; nach der Vertreibung M. S. Barres 1991 lieferten sich seine Truppen heftige Kämpfe mit rivalisierenden Milizen. A. war 1993/94 hauptverantwortlich für das Scheitern der UN-Befriedungs- und Hilfsaktion für Somalia.

Aids [eɪdz; Kw. aus engl. **a**cquired **i**mmune **d**eficiency **s**yndrome, »erworbenes Immunschwächesyndrom«], erstmals 1981 in den USA beschriebene, sich weltweit ausbreitende Virusinfektionskrankheit, die zu einer schweren Störung oder zum Zusammenbruch der körpereigenen Abwehrkräfte (zelluläre Immunschwäche) führt. Da das Abwehrsystem stark geschwächt ist, führen selbst sonst harmlose Infektionen zu schweren, oft tödl. Erkrankungen. Erreger ist das humane Immuninsuffizienz-Virus (HIV Typ 1 und 2). Nach der primären Infektion beginnt eine starke Virusvermehrung. Mit der Immunantwort sinkt die Viruslast, und es kommt zur Bildung von Antikörpern im Serum, die nach 4–16 Wochen nachweisbar sind. Im Ansteckungsfall können bis zum Auftreten von charakterist. Krankheitszeichen $1\frac{1}{2}$ bis acht (auch 15) Jahre vergehen. HIV wurde in Körperflüssigkeiten (u. a. in Blut, Sperma, Scheidensekret, Muttermilch) nachgewiesen. Gesichert ist bisher nur die Übertragung durch virushaltige Körperflüssigkeiten, insbes. beim ungeschützten Geschlechtsverkehr, durch Schleimhautverletzungen, Injektionen oder Transfusionen. Selbst Neugeborene können durch die Mutter (vor und während der Geburt) und als Säuglinge durch die Muttermilch infiziert sein. Außerhalb der genannten Wege ist eine HIV-Übertragung praktisch auszuschließen. Auch bei engen Alltagskontakten mit HIV-infizierten Menschen besteht kein Ansteckungsrisiko.

Merkmal und Wirkung: Das hervorstechende Merkmal des HIV ist, dass es gerade jene Zellen befällt, die vom Organismus zur Abwehr eindringender Krankheitserreger eingesetzt werden. Diese sog. T-Helferzellen haben Rezeptoren, an denen die Viren andocken können. Diese bauen ihre Erbinformationen in die Helferzellen ein und zwingen sie so, neue Viren zu produzieren. Viele der neuen Viren weisen dabei veränderte Oberflächenproteine auf und sind so für Antikörper schwerer zu erkennen. Die HIV-infizierten Zellen stören außerdem das komplexe Zusammenspiel der vielfältigen Formen der Immunantwort; eingeschränkte, fehlgeleitete oder überschießende Abwehrreaktionen sind die Folge.

Epidemiologie: In Dtl. wird die Gesamtzahl derjenigen, die sich seit Beginn der Epidemie mit HIV infiziert haben, auf etwa 70 000 geschätzt, von denen mehr als 28 000 an A. erkrankt und mehr als 20 000 verstorben sind. Etwa 87 % davon sind Männer, 13 % Frauen, weniger als 1 % Kinder. Die Zahl der Neuinfektionen liegt bei 2 000–2 500 pro Jahr. Weltweit waren nach Einschätzung von Weltgesundheitsorganisation und UNAIDS (dem Programm der Vereinten Nationen gegen A.) 2006 fast 40 Mio. Menschen mit HIV infiziert (bei 4,3 Mio. Neuinfektionen), und etwa

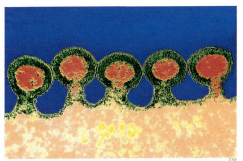

Aids: HI-Viren knospen aus einem T-Lymphozyten aus und erhalten hier ihre grüne Virenmembran (elektronenmikroskopische Falschfarbenaufnahme).

2,9 Mio. Menschen sind in diesem Jahr an A. verstorben. Mit etwa 25 Mio. lebt der Großteil der HIV-infizierten Menschen in Afrika, dort v. a. in den Regionen südlich der Sahara, insbes. im südl. Afrika.

Symptome: Im Anschluss an eine Infektion kommt es bei etwa 50 % der Patienten nach 3–6 Wochen zur **Serokonversionskrankheit** mit grippeähnl. Beschwerden wie Fieber, Gelenkschmerzen, Abgeschlagenheit und Müdigkeit, Lymphknotenschwellungen sowie eventuell Hauterscheinungen. Bei der überwiegenden Mehrzahl der HIV-Infizierten schließt sich an die Phase der Serokonversion ein mehrere Jahre dauernder Zeitraum ohne ausgeprägte Erkrankungen und Symptome an, der klinisch als **Latenzzeit** bezeichnet wird. Die HIV-Infektion führt nach 7–10 Jahren unbehandelt bei der Mehrzahl der Infizierten zu unterschiedl. Symptomen, die auf eine zunehmende Immunschwäche oder direkte Organschädigungen durch HIV zurückgeführt werden können, z. B. chron. Lymphknotenschwellungen, Hautveränderungen, ausgeprägter Gewichtsverlust oder gesteigerte Anfälligkeit gegenüber Infekten, neurolog. Ausfälle oder Nierenschädigungen. Diese Phase wird als **ARC** (**A**ids **r**elated **c**omplex) vom sog. **Vollbild Aids** mit aidsdefinierenden Erkrankungen (z. B. opportunist. Infektionen, Tumoren) abgegrenzt.

Prävention: Die Verhinderung der Übertragung bildet die entscheidende Grundlage für die Eingrenzung der Epidemie. Während in den meisten Ind.-Ländern (v. a. in Westeuropa und Nordamerika) vorbeugende Maßnahmen und leistungsfähige Gesundheitssysteme die Ausbreitung bisher stark einschränken konnten, breitet sich HIV in vielen Ländern der Dritten Welt (v. a. in Asien und Afrika) noch fast ungehindert aus. Wirksame Vorbeugung erfordert die offene

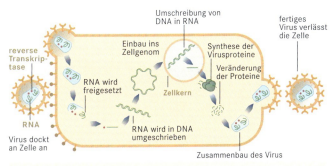

Aids: Vermehrung von HIV innerhalb einer Zelle

Aigues-Mortes: Die vollständig erhaltene Stadtmauer umschließt die mittelalterliche Stadtanlage.

und öffentl. Thematisierung von Sexualität und (auch illegalem) Drogengebrauch sowie der damit verbundenen Infektionsgefahren. Religiöse, moral. oder gesellschaftspolit. Widerstände behindern jedoch in vielen Ländern solche vorbeugenden Maßnahmen.

Behandlung: Eine ursächl. Therapie und eine Impfung stehen noch nicht zur Verfügung. Im Vordergrund der medizin. Versorgung stehen neben der Beratung und Begleitung die Vorbeugung und Therapie der opportunist. Infektionen sowie die frühzeitige Anwendung antiretroviraler Arzneimittel, die das Fortschreiten der Erkrankung verzögern. Dabei handelt es sich um Hemmstoffe viraler Enzyme, die essenzielle Funktionen im Vermehrungszyklus des Virus wahrnehmen (Transkriptase- und Proteasehemmer), sowie Fusionshemmer, die das Andocken des Virus an die Wirtszelle verhindern sollen. Limitierende Faktoren der antiretroviralen Therapie sind einerseits Resistenzbildungen gegen die eingesetzten Medikamente, die bis zu einem vollständigen Verlust der Wirksamkeit führen können, und die z. T. massiven Nebenwirkungen der Arzneimittel.

Aigeus, Ägeus, *griech. Mythologie:* König von Athen, Vater des Theseus. Er stürzte sich, weil er seinen Sohn vom Minotaurus getötet wähnte, ins (»Ägäische«) Meer.

Aigis [griech.] *die,* **Ägis,** der von dem griech. Gott Hephaistos geschmiedete Schild des Zeus, auch der Athene; trägt in der Mitte das Haupt der →Gorgo Medusa. A. ist das Sinnbild der schirmenden Obhut (»Ägide«) der Götter.

Aigle [ɛːgl], Bezirkshauptort im Kt. Waadt, Schweiz, an der Rhone, 415 m ü. M.; 7 700 Ew.; Wein-, Salzmuseum; Obst-, Weinbau; Uhrenind., Erdölraffinerie; Fremdenverkehr.

Aigospotamoi [griech. »Ziegenflüsse«], **Ägospotamoi,** Zufluss des Hellespont auf der Thrak. Chersones (→Griechenland, Geschichte).

Aigues-Mortes [ɛgˈmɔrt], Stadt im südfrz. Dép. Gard, inmitten von Lagunen und Kanälen am W-Rand der Camargue, 5 000 Ew.; Meersalzgewinnung, Fremdenverkehr. A.-M. war im 13. Jh. wichtiger Hafen. – Mittelalterl. Stadtanlage mit gitternetzförmigem Grundriss, zentralem Marktplatz und rechteckigem Mauerkranz (14 Türme und 10 Tore).

Aiguille [ɛˈgɥij; frz. »Nadel«], im frz. Sprachgebiet der Alpen Name steiler, zugespitzter Berggipfel, z. B. A. du Midi (3 842 m ü. M.; Seilbahn von Chamonix).

Aijubiden, ägyptisch-syr. Herrschergeschlecht (1171–1263) kurd. Ursprungs, gegr. von Sultan Saladin, dem Sohn Aijubs.

Aiken [ˈeɪkɪn], **1)** Conrad Potter, amerikan. Schriftsteller, *Savannah (Ga.) 5. 8. 1889, †ebd. 17. 8. 1973, Vater von 2); beeinflusst von E. A. Poe, G. Santayana, S. Freud und R. Emerson; schrieb Lyrik, Romane, Kurzgeschichten; bed. Kritiker.

2) Joan Delano, engl. Schriftstellerin, *Rye (Cty. Sussex) 4. 9. 1924, †Petworth (Cty. West Sussex) 4. 1. 2004, Tochter von 1); schrieb unterhaltende Literatur, v. a. Schauergeschichten, Psychothriller (»Stimmen in einem leeren Haus«, 1975) und Kinderbücher (»Schattengäste«, 1980) sowie auch histor. und Gesellschaftsromane.

Aiken-Code [ˈeɪkɪnkoːt; nach dem amerikan. Mathematiker H. H. Aiken, *1900, †1973], aus 4-Bit-Einheiten (Tetraden) symmetrisch aufgebauter Binärcode für Dezimalziffern. Die Ziffern 0–4 werden durch die ersten fünf, die Ziffern 5–9 durch die letzten fünf Tetraden der natürl. Dualzahlenfolge codiert. Die in der Mitte liegenden sechs als Pseudotetraden bezeichneten Biteinheiten sind beim A.-C. ungültig.

Aikido [jap. ai »Harmonie«, ki »Geist«, do »Weg«] *das,* humane und elegante Form der Selbstverteidigung ohne Wettkampfcharakter, bei der die Mittelachse des Angreifers so verändert werden soll, dass dieser in Kreisbewegungen hineingezogen wird und so sein Gleichgewicht verliert.

Ailanthus [von malaiisch aylanto »Himmelsbaum«], die Pflanzengattung →Götterbaum.

Ailanthusspinner, großer ostasiat. Augenspinner, dessen Raupe auf Ailanthus glandulosa (Götterbaum) lebt und Seide (Eriseide) liefert.

Ailey [ˈeɪlɪ], Alvin, amerikan. Tänzer und Choreograf, *Rogers (Tex.) 5. 1. 1931, †New York 1. 12. 1989; schuf eine neue Art von Jazzdance. 1958 gründete A. das American Dance Theatre.

AIM, Abk. für →American Indian Movement.

Aimara, span. **Aymará,** Indianervolk im Gebiet des Titicacasees (Peru und Bolivien). Die A.-Sprache wird von mehr als 2 Mio. Menschen gesprochen. – Auf die A. gehen möglicherweise Bauten der Vorinkazeit (z. B. →Tiahuanaco) zurück.

Ain [ɛ̃] **1)** *der,* rechter Nebenfluss der Rhone, 200 km lang, entspringt im Jura, mündet östlich von Lyon; Wasserkraftwerke.

2) Dép. in SO-Frankreich, 5 762 km², 539 000 Ew.; Hptst.: Bourg-en-Bresse.

Ainu [»Menschen«], Selbstbez. eines zu den Paläosibiriern gehörenden Volkes; etwa 14 000 A. leben auf Hokkaidō, Sachalin und den Kurilen.

Air [ɛːr, frz.] *das,* **1)** *allg.:* Aussehen, Haltung.

2) *Musik:* allg. vokale und instrumentale Melodie; Gesangstück in häufig zweiteiliger Form (z. B. in der Oper) sowie Tanzsatz (Ballett, Suite).

Aïr, Gebirgslandschaft in der Sahara, Rep. Niger, im Mittel 700 m, Vulkanstöcke bis 2 310 m ü. M.; Hauptoasen: Iférouane und Timia; von Tuareg bewohnt; Uranerzabbau (Arlit, Akouta); UNESCO-Weltnaturerbe.

Airbag [ˈɛəbæg, engl.] *der,* Sicherheitsvorrichtung (»Luftsack«) in Kfz, die sich z. B. bei einem Aufprall in Millisekunden vor dem Fahrer oder Beifahrer aufbläst und diese gegenüber dem Fahrzeug abstützt. Fahrzeuge mit Beifahrer-A. müssen seit September 1997 mit einer Warnhinweisplakette versehen sein, weil rückwärts gerichtete Kindersitze dort nicht eingebaut werden dürfen. Der **Seiten-A.** bietet zusätzl. Schutz bei einem Schräg- oder Seitenaufprall. Neuere Entwicklungen richten sich bes. auf **intelligente A.**, bei denen Füllgeschwindigkeit bzw. Füllvolumen selbsttätig angepasst werden können.

Airbrushtechnik [ˈeəbrʌʃ-], Spritzpistolentechnik, die v. a. in der Werbegrafik, aber auch in der Kunst angewendet wird, um besondere opt. Wirkungen (z. B. metall. Effekte) zu erzielen.

Airbus [ˈeə-], Großraumflugzeug für Strecken mit hohem Passagieraufkommen im Kurz-, Mittel- und Langstreckenbereich.

Air Canada [ˈeə ˈkænədə], Abk. **A. C.**, seit 1989 privatisierte staatl. kanad. Luftverkehrsgesellschaft, gegr. 1937 durch Parlamentsbeschluss als **Trans Canada Airlines**, 1965 in A. C. umbenannt. (→Luftverkehrsgesellschaften, Übersicht)

Airconditioning [ˈeəkɔndɪʃnɪŋ, engl.] *das,* engl. Bez. für Klimaanlage.

Aire [ˈeə] *der,* rechter Nebenfluss des Ouse in NO-England, 110 km lang, entspringt im Pennin. Gebirge. Nach dem Flusstal (Airedale) ist eine urspr. hier gezüchtete Hunderasse, der **Airedaleterrier,** benannt.

Airfoil-Fluggerät [ˈeəfɔɪl-; engl. airfoil »Tragfläche«], Fluggerät, das durch Ausnutzung des →Bodeneffekts beim Flug dicht über ebenen Oberflächen (Wasserflächen) eine hohe Wirtschaftlichkeit des Betriebs erreicht.

Air Force [ˈeə ˈfɔːs, engl.] *die,* die (engl. und amerikan.) Luftwaffe.

Air France [ɛːr ˈfrɑ̃ːs], kurz für **Compagnie Nationale Air France,** Abk. **AF,** frz. Luftverkehrsgesellschaft, gegr. 1933; Fusion mit Air Inter, Übernahme der privaten Fluggesellschaft UTA (Union des Transports Aériens), gehört zur Luftverkehrsallianz Skyteam. (→Luftverkehrsgesellschaften, Übersicht)

Airglow [ˈeəgləʊ, engl.] *das,* durch fotochem. Reaktionen in der Ionosphäre erzeugtes schwaches Leuchten.

Air-India Limited [ˈeə ˈɪndɪəˈlɪmɪtɪd], Abk. **AI,** staatl. ind. Luftverkehrsgesellschaft, gegr. 1948.

Airlift-Reaktor [ˈeə-], *Verfahrenstechnik:* Bioreaktor (→Fermenter) mit rein pneumat. Durchmischung der Flüssigkeit.

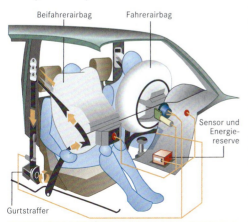

Airbag: Schema der Wirkungsweise von Airbag und Gurtstraffer in einem modernen Personenkraftwagen

Airbus A 340 der Deutschen Lufthansa AG

Airmail [ˈeəmeɪl, engl.] *die,* →Luftpost.

Airolo, Gemeinde und Luftkurort im Kt. Tessin, Schweiz, 1 178 m ü. M., am Südausgang des Gotthardtunnels, 1 700 Einwohner.

Airport [ˈeəpɔːt, engl.] *der,* Flughafen.

Airsurfing [ˈeəsəːfɪŋ] *das,* **Skysurfing,** Mischform aus Surfen und Fallschirmspringen: Absprung aus einem Flugzeug, Gleiten auf einem (modifizierten) Surfboard, Öffnen des Fallschirms.

Aischa, Ayesha, Lieblingsfrau Mohammeds, * um 613/614, † Medina 678; Tochter des Abu Bakr, nach Mohammeds Tod von großem Einfluss, bekämpfte den 4. Kalifen Ali.

Ais|chines, Äschines, griech. Redner, * Athen 389 v. Chr., † auf Rhodos um 315 v. Chr.; war als Anhänger Philipps II. von Makedonien Gegner des →Demosthenes.

Ais|chylos [-çylɔs], **Äschylus,** griech. Dichter, * Eleusis 525 v. Chr., † Gela (Sizilien) 456 v. Chr.; kämpfte in den Schlachten bei Marathon und Salamis. A. wurde durch die Einführung des zweiten Schauspielers der eigentl. Begründer der Tragödie als literar. Kunstform. Überzeugt von der göttl. Gerechtigkeit, steht der Mensch erschauernd vor der Allmacht der Götter, die ihn strafend dem sicheren Untergang weihen, sobald er sich gegen ihr Gesetz auflehnt und es in seiner Hybris überschreitet. Von seinen überlieferungsgemäß 90, dem Titel nach bekannten 80 Tragödien sind nur sieben erhalten: »Die Perser« (zuerst aufgeführt 472); »Sieben gegen Theben« (467); »Schutzflehende« (463?); »Agamemnon«, »Choephoren«, »Eumeniden« (bilden zus. die »Orestie«, aufgeführt zuerst 458); »Gefesselter Prometheus« (Datierung unsicher).

Aisne [ɛːn], **1)** *die,* linker Nebenfluss der Oise, 280 km lang, entspringt in den S-Argonnen, mündet bei Compiègne. Mit der Maas durch den **Ardennenkanal** verbunden; über 160 km schiffbar.

2) Dép. in N-Frankreich, in der Picardie, 7 369 km², 535 000 Ew.; Hptst.: Laon.

Aistulf, König der Langobarden (749–756), beendete die byzantin. Herrschaft nördlich des Apennins (Eroberung Ravennas 751) und bedrohte 755/756 Rom, dessen Einnahme der Frankenkönig Pippin d. J. verhinderte. A. musste die eroberten Gebiete zur Erweiterung des →Kirchenstaats wieder herausgeben (»Pippinsche Schenkung«).

Aït-Benhaddou [-bɛnaˈdu], Ort in Marokko, nordwestlich von Ouarzazate, gegr. im 16. Jh., typ. Beispiel der berber. Hochhausarchitektur aus Stampflehm und Lehmziegeln (UNESCO-Weltkulturerbe).

Air Canada

Air France

Air-India Limited

Aischylos (Marmorbüste, Ende 4. Jh. v. Chr.; Kopenhagen, Ny Carlsberg Glyptotek)

Tschingis Aitmatow

Ajaccio
Stadtwappen

Aitmatow, Tschingis, kirgis. Schriftsteller, * Scheker 12. 12. 1928; schreibt poet. Erzählungen und Kurzromane in russ. und kirgis. Sprache, u. a. »Dshamila« (1958), »Ein Tag länger als ein Leben« (1981), »Der Richtplatz« (1986), »Das Kassandramal« (1995); weiterhin erschienen die Erinnerungen »Kindheit in Kirgisien« (1998) und der Bildband »Ferne Heimat Kirgisien« (1999); seit 1990 nach langjähriger Tätigkeit für versch. sowjet. Zeitschriften und im Schriftstellerverband der UdSSR wiederholt als Diplomat in Westeuropa akkreditiert.

Aix-en-Provence [εksãprɔˈvãs], Stadt im südfrz. Dép. Bouches-du-Rhône, 123 800 Ew.; A.-en-P., als **Aquae Sextiae (Salluviorum)** schon zur Römerzeit geschätztes Heilbad mit warmen Quellen, ist Mittelpunkt des Oliven-, Wein- und Mandelbaues; kath. Erzbischofssitz, Univ. (gegr. 1409; heute Teil der Universität Aix-Marseille); Atelier P. Cézanne, Victor-Vasarély-Stiftung; Kathedrale und Kloster Saint-Sauveur (12.–15. Jh.). – 102 v. Chr. schlug hier Marius die Teutonen. Im 12. Jh. Hptst. der Grafen der Provence.

Aix-les-Bains [εkslεˈbɛ̃], Stadt im frz. Dép. Savoie, 23 500 Ew.; schon zur röm. Kaiserzeit (**Aquae Gratianae**) Badeort in einem klimatisch milden Gebirgstal am Ostufer des Lac du Bourget (Schwefelthermen); Museen; Wintersportort.

Aizu-Wakamatsu [aizu-], Stadt im N-Teil der Insel Honshū, Japan, 119 000 Ew.; seit dem 16. Jh. Herstellung von Lacken. – Die Burg der Fürsten Aizu, Tsuruga-jō (16. Jh.), galt als stärkste Festung in NO-Japan.

Ajaccio [frz. aʒakˈsjo, ital. aˈjattʃo], Hptst. der frz. Insel Korsika und des Dép. Corse-du-Sud, am Golf von A., 58 300 Ew., Geburtsort Napoleons I.; landwirtsch. Ind.; Handels- und Fischereihafen; Bade-, Winterkurort.

Ajanta [-dʒ-], buddhist. Höhlenanlage im Bundesstaat Maharashtra, Indien, im nördl. Dekhan, mit zahlr. in den Fels gehauenen Tempel- und Klosterräumen aus dem 1. Jh. v. Chr. und dem 5.–7. Jh. n. Chr. (UNESCO-Weltkulturerbe).

Ajatollah, → Ayatollah.

Ajax, griech. Mythologie: → Aias.

Ajka [ˈɔjkɔ], Stadt im zentralen W-Ungarn, 31 600 Ew.; Aluminiumverhüttung auf Grundlage naher Bauxitvorkommen.

Ajman [adʒˈmaːn], Scheichtum der → Vereinigten Arabischen Emirate.

Ajmer [ædʒˈmɪə, engl.], Stadt im Bundesstaat Rajasthan, Indien, 485 000 Ew.; Eisenbahnknotenpunkt; bed. muslim. Pilgerstätte Südasiens; Hofmoschee, Palast Akbars, Grabmal des Sufi Muin-ud-din Chishti.

Ajourfassung [aˈʒuːr-, zu frz. ajouré »durchbrochen«], Juwelenfassung, deren Rückseite so durchbrochen gearbeitet ist, dass die höchstmögl. Durchleuchtung der gefassten Steine erreicht wird.

Ajourgewebe [aˈʒuːr-, zu frz. ajouré »durchbrochen«], **Ajourgewirke, Ajourgestricke, Durchbruchgewebe,** Textilien mit Durchbruchmusterung. **Ajourstickerei,** Durchbruchstickerei ohne Fadenauszug auf Gewebe in Leinwandbindung (Siebleinen); der Durchbrucheffekt entsteht durch straffes Anziehen des Stickfadens beim Umstechen der Gewebefäden.

AKA   Ausfuhrkredit-Gesellschaft   mbH, Frankfurt am Main, Spezialinstitut für mittel- und langfristige Exportfinanzierung, 1952 von einem Bankenkonsortium als Ausfuhrkredit AG (AKA) gegründet; 1966 in eine GmbH umgewandelt.

Akaba, Aqaba, 1) Stadt in Jordanien, 62 400 Ew.; moderner Tiefseehafen am Golf von A. (Umschlag von Phosphaten); Flughafen. 2001 wurde eine Sonderwirtschaftszone (375 km²), die auch die Stadt A. umfasst, eingerichtet.

2) **Golf von A.,** nordöstl. Bucht des Roten Meeres, zw. Arabien und der Halbinsel Sinai, etwa 170 km lang, bis zu 29 km breit und 1 828 m tief. Am Golfeingang Korallenriffe und kleine Inseln. Wichtige Hafenstädte sind das jordan. Akaba und das israel. Elath.

Akademgorodok [russ. »akadem. Städtchen«], 1957–66 gebaute Instituts- und Wohnsiedlung für Wissenschaftler und deren Familien am Rande von Nowosibirsk, Russland, etwa 30 000 Ew.; Univ., zahlr. Institute der Russ. Akad. der Wissenschaften.

Akademie [griech.] die, die von Platon um 385 v. Chr. gegründete Philosophenschule, benannt nach einem nahe gelegenen Heiligtum des altatt. Heros Akademos; bestand bis in die Zeit Justinians. In neuerer Zeit werden unter A. Einrichtungen zur Förderung von Wiss. und Forschung sowie Zusammenschlüsse bes. im Rahmen berufl. Ausbildung (heute z. T. Fachhochschulen) verstanden. Unterschieden werden heute: 1) A. der Wiss.en. 2) wiss. Fach-A. (Berg-, Bau-, Handels-, Kunst-, Musik-, Sport-, medizin., Militär-, Verwaltungs-A. u. a.). 3) kirchl. (ev., kath.) Einrichtungen der akadem. Öffentlichkeitsarbeit (Tagungen, Arbeitskreise). 4) nicht akadem. Ausbildungslehrgänge für besondere Tätigkeiten (Sportarten, Schneiderei, Kochen). 5) Sing-A. (Vereinigungen zur Pflege des Chorgesanges).

Akademie der Naturwissenschaften Schweiz, Abk. **SCNAT,** wiss. Vereinigung zur Förderung der Naturwiss.en mit Sitz in Bern; 1815 als Schweizerische Naturforschende Gesellschaft (SNG) gegr., seit 1983 im Rechtsstatus einer Akademie; fördert bes. den Austausch und die Zusammenarbeit auf nat. und internat. Ebene.

Aix-en-Provence: der südlich gelegene Kreuzgang (12. Jh.) der Kathedrale Saint-Sauveur

Akademie der Wissenschaften, Vereinigung von Gelehrten zur Pflege wiss. Austausches und zur Förderung der Forschung. Die Grenzen gegenüber Gelehrten-Gesellschaften und Gesellschaften der Wiss. sind fließend. Die A. d. W. gliedern sich i. d. R. in eine **mathematisch-naturwiss. Klasse** (Mathematik, Naturwiss., Medizin, techn. Wiss.) und eine **philosophisch-histor. Klasse** (Philosophie, Geschichte, Altertumskunde, Kunst- und Musikwiss., Sprach- und Literaturwiss., Geografie, Völkerkunde, Rechts-, Staats-, Wirtschaftswiss.); es kommen aber bis zu zehn Klassen vor. In den roman. Ländern sind die Dichter, Schriftsteller und Künstler meist mit den Gelehrten in den A. d. W. vereinigt. – Die Zahl der Mitglieder einer A. d. W. ist durch Satzung festgelegt; Ergänzung durch Zuwahl. Die Wahl gilt als Auszeichnung. Es gibt ordentl. (meist am Ort) und korrespondierende Mitglieder.

Geschichte: An Platons →Akademie knüpfte der Gelehrtenkreis an, den Alkuin am Hof Karls d. Gr. versammelte. Die erste A. d. W. der Neuzeit wurde 1470 unter Cosimo de' Medici in Florenz gegründet (Accademia Platonica). Auf weitere ital. Gründungen folgten 1635 die von Richelieu eröffnete Académie française in Paris (→Institut de France), 1652 die Leopoldinisch-Carolin. Dt. Akademie der Naturforscher (→Leopoldina, seit 1878 in Halle [Saale]), die →Royal Society (1660), die Preuß. A. d. W. in Berlin (1700 als Churfürstlich-Brandenburgische Societät der Wissenschaften gegr.) und die A. d. W. in Sankt Petersburg (1725).

Akademie für Sprache und Dichtung, →Deutsche Akademie für Sprache und Dichtung.

Akademiestück, urspr. Probearbeit für die Aufnahme in eine Kunstakademie; im 19. Jh. dann abschätzig für den Regeln folgende, aber leblose, eklekt. Malerei.

Akademiker, 1) Mitglied einer Akademie.
2) Hochschulabsolvent, Person mit abgeschlossener Hochschulbildung.

akademische Freiheit, besondere Rechte der Hochschulen und ihrer Angehörigen. Aus älteren Wurzeln stammend, gehört die a. F. bes. seit der humboldtschen Universitätsreform zu den Fundamenten der dt. Hochschulverfassung. Sie umfasst 1) die **akadem. Freizügigkeit,** d. h. das Recht der Studierenden, den Hochschulort beliebig zu wechseln, das aber durch Zulassungsbeschränkungen praktisch erheblich eingeschränkt ist; 2) die **akadem. Lernfreiheit,** d. h. das Recht der Studierenden, über Anlage und Aufbau ihres Studiums frei zu bestimmen, das allerdings in wachsendem Maße durch feste Studienordnungen eingeengt wird; 3) die **akadem. Lehr- und Forschungsfreiheit,** die in den meisten Verfassungen grundrechtlich gesichert ist (Art. 142 Weimarer Verf.; Art. 5 Abs. 3 GG). Die **akadem. Gerichtsbarkeit** ist seit 1879 aufgehoben.

akademische Grade, werden von Hochschulen aufgrund schriftl. und mündl. Abschlussprüfungen verliehen: →Diplom (an einer Fachhochschule mit dem Zusatz [FH], an einer Berufsakademie mit dem Zusatz [BA]), →Magister, auch →Lizenziat, →Doktor, →Habilitation. Im Zuge des sog. Bologna-Prozesses wurden der →Bachelor und der →Master eingeführt; diese sollen künftig europaweit gelten und in Dtl. das Diplom ersetzen.

akademisches Viertel, die Viertelstunde, um die im akadem. Leben eine Veranstaltung später beginnt als angegeben, bezeichnet durch **c. t.** (cum tempore, »mit Zeit«), im Ggs. zu **s. t.** (sine tempore, »ohne Zeit«).

Akadi|en, frz. l'Acadie, engl. **Acadia,** Name der ehemaligen frz. Besitzungen in Kanada südöstlich der Mündung des Sankt-Lorenz-Stromes, umfasste etwa die heutigen Prov. Nova Scotia und New Brunswick sowie Teile Quebecs und des amerikan. Bundesstaats Maine; wurde 1713 z. T., 1763 vollständig britisch.

Akajew, Askar, kirgis. Politiker, * Kyzyl Bayrak 10. 11. 1944; Physiker, war 1981–91 Mitgl. der KPdSU, wurde 1987 Vize-Präs., 1989 Präs. der Akademie der Wiss.en Kirgistans; 1990 vom Parlament zum Staatspräs. gewählt (1991, 1995 und 2000 durch Wahlen im Amt bestätigt), regierte er seit Ende der 1990er-Jahre zunehmend autoritärer. Im März 2005 wurde A. von der Opposition gestürzt; nach Moskau geflüchtet, erklärte er am 4. 4. 2005 seinen Rücktritt.

Akan, zu den Kwasprachen gehörende Sprachengruppe in Westafrika.

Akanthit [griech.] der, Mineral, monokliner Silberglanz.

Akanthose die, Zellvermehrung und Verbreiterung der Stachelzellschicht der Oberhaut, auftretend z. B. beim →Ekzem; als **Acanthosis nigricans** mit zusätzlich dunkler Verfärbung der Haut bes. im Bereich der großen Körperfalten durch die Einnahme von Arzneimitteln, Diabetes mellitus, versch. Erbkrankheiten und häufig auch Krebserkrankungen.

Akanthus [griech.-lat.] der, 1) Botanik: Bärenklau, **Acanthus,** staudige Gattung der Familie A.-Gewächse; Arten aus dem Mittelmeergebiet mit gefiederten, sattgrünen Blättern und Lippenblütenrispen sind Zierpflanzen.

2) Kunst: ein Ornament, aus der Palmette nach dem Vorbild der stark gezackten Blattform von A.-Arten entwickelt. Das A.-Blatt wurde seit dem 5. Jh. v. Chr. in der griech. Kunst, v. a. in der Architektur, ein beliebtes Dekorationselement. Als Blätterkelch am korinth. Kapitell lebte der A. in der späteren europ. Kunst weiter.

Akanthus 2)

Akarinose [zu griech. akari »Milbe«] die, durch Milben verursachte Kräuselkrankheit des Weinstocks.

Akarizide, Wirkstoffe zur Bekämpfung von Pflanzen schädigenden Milben.

Akarnani|en, neugriech. **Akarnania,** Bergland in W-Griechenland, zw. Ambrak. Golf und Acheloos, bis 1 600 m ü. M. Hauptorte A.s im Altertum waren Oiniadai an der Mündung des Acheloos, weiter flussaufwärts Stratos.

Akashi [-ʃ-], alte Burgstadt auf der Insel Honshū, Japan, 270 700 Ew.; Fährhafen, Textilind., Motoren- und Maschinenbau. 1998 wurde die 3 911 m lange A.-Kaikyō-Brücke mit der weltweit größten Spannweite von 1 991 m eröffnet (Teil einer Verbindung zw. Honshū und Shikoku). Der durch A. laufende 135. Meridian östlich von Greenwich bestimmt die jap. Normalzeit (**A.-Zeit**).

akatalektisch [griech.], antike Metrik: Vers, der mit einem vollständigen Versfuß endet; Ggs.: →katalektisch.

Akazi|e [griech.] die, **Acacia,** baum- und strauchförmige Pflanzengattung der Mimosengewächse in wärmeren Gebieten, oft dornig. Anstelle der feinfiedrigen Blätter haben viele austral. A. (Wattle) blattartige Stiele. Die gelben oder weißen Blüten sind weidenkätzchenähnlich gehäuft. Vorwiegend afrikanisch-arab. A. liefern Pflanzengummi (**Gummiarabikum**), andere Arten sind wichtige Gerbstoffpflanzen oder liefern Holz. Die →Robinie wird manchmal fälschlich A. genannt.

Akbar [arab. »der Große«], eigtl. Djalal ad-Din Mohammed, Großmogul von Indien (seit 1556), * Umarkot (Sind) 15. 10. 1542, † Agra 26. 10. 1605; erweiterte seine Herrschaft über Nordindien und das östl. Afghanistan; versuchte, die Völker und Religionen seines Reiches durch Stiftung einer Einheitsreligion (**Din Ilahi**) aus hinduist., islam., christl. und pars. Elementen auszusöhnen; förderte Handel, Kunst und Wissenschaft.

Akelei: Gemeine Akelei

Akelei [lat. aquilegia »Wassersammlerin«] *die,* **Aquilegia,** altweltl. Gattung der Hahnenfußgewächse mit fünfspornigen Blüten. Die geschützte, in Laubwäldern wachsende, meist blauviolett blühende **Gemeine A.** (Aquilegia vulgaris) wird auch als Gartenzierpflanze in vielen Farbvarianten kultiviert.

Aken (Elbe), Industrie- und Hafenstadt im Landkr. Köthen, Sa.-Anh., unmittelbar am Biosphärenreservat Mittlere Elbe, an der Elbe, 9 000 Ew.; Metallindustrie, Herstellung von feuerfesten Stoffen und Fahrzeugglas, Werft; Hafen.

Akerlof [ˈækər-], George A., amerikan. Volkswirtschaftler, * New Haven (Conn.) 17. 6. 1940; Prof. an der University of California, Berkeley (1977–78 sowie seit 1980); erhielt 2001 zus. mit A. M. Spence und J. E. Stiglitz den Nobelpreis für Wirtschaftswiss.en für die Analyse von Märkten mit asymmetr. Information.

Akershus [-hyːs], Verw.-Gebiet (Fylke) in S-Norwegen, 4 917 km^2, 424 900 Ew.; Verw.-Sitz ist Oslo.

Akhisar, Stadt im westl. Anatolien, Türkei, nordöstlich von Manisa, 74 000 Ew.; Tabak-, Baumwollindustrie.

Akiba Ben Joseph, jüd. Schriftgelehrter und Märtyrer, * um 50, † 136 n. Chr.; entwarf eine Methode zur Gesetzesauslegung, wonach kein Buchstabe der Bibel nebensächlich sei; er schuf auch die erste Mischnasammlung; wurde beim Bar-Kochba-Aufstand von den Römern hingerichtet.

Akihito, Kaiser von Japan

Akihito, Kaiser von Japan (seit 1989), * Tokio 23. 12. 1933; ältester Sohn von →Hirohito, ∞ seit 1959 mit Michiko Shōda (aus bürgerl. Haus); übernahm nach dem Tod seines Vaters (Jan. 1989) die Regentschaft (Devise: »Heisei«, dt. »Frieden schaffen«) und wurde am 12. 11. 1990 inthronisiert.

Akinese [griech.] *die,* 1) *Medizin:* Bewegungsarmut bis Bewegungslosigkeit; Symptom bei Erkrankungen bestimmter Gehirngebiete, z. B. Parkinson-Krankheit.
2) *Zoologie:* reflexbedingte Bewegungslosigkeit, z. B. bei vielen Insekten das Sich-tot-Stellen.

Akita, Hptst. der Präfektur A., auf der Insel Honshū, Japan, 318 000 Ew.; Univ.; Holz-, Seiden-, Silberwaren-Ind., Erdölraffinerie; Flughafen; nahebei die wichtigsten Erdölfelder Japans.

Akka, Stadt in Israel, →Akko.

Akkad, Akkade, alte Stadt in N-Babylonien, genaue Lage unbekannt, wurde um 2334 v. Chr. durch Sargon von A., den Begründer der Dynastie von A., als Hauptstadt des ersten semit. Großreiches auf mesopotam. Boden gegründet; auch Name für N-Babylonien.

Akkadisch, semit. Sprache Babyloniens und Assyriens; in Keilschrifturkunden seit etwa 2550 v. Chr. bis ins 1. Jh. n. Chr. bezeugt, als Umgangssprache schon im 1. Jt. v. Chr. vom Aramäischen verdrängt.

akkadische Kunst, →sumerisch-akkadische Kunst.

Akkerman, →früherer Name von Belgorod-Dnjestrowski.

Akklamation [lat. »Zuruf«] *die,* 1) Zustimmung, Beifall.
2) Wahl durch Zuruf ohne Einzelabstimmung, im MA. bei Königs- und Papstwahlen üblich.

Akklimatisation [lat.-griech.] *die,* i. w. S. die Anpassung an veränderte Umweltbedingungen, i. e. S. die Gewöhnung an ein fremdes Klima. Je größer und klimatisch verschiedenartiger der ursprüngl. Verbreitungsbezirk einer Art war und je weniger schroff sich die Verpflanzung vollzog, desto leichter verläuft die Gewöhnung. Der Wechsel von einem wärmeren Klima in ein kälteres ist unkomplizierter als umgekehrt.

Akko, Acco, Acca, Akka, Stadt in Israel, 43 600 Ew.; Eisen- und Stahlwerk u. a. Industrie. Der Hafen an der Bucht von A. nördl. von Haifa ist versandet. – In der orientalisch geprägten Altstadt steht die 1781 erbaute Djassar-Moschee, die größte und bedeutendste Moschee Israels. Gegenüber der Moschee liegt der Eingang der (heute) unterird. Kreuzfahrerstadt (1291 zugeschüttet), von der große Teile 1955–64 freigelegt wurden. A. gehört zum UNESCO-Weltkulturerbe. – Das alte A. (**Colonia Ptolemais**) war 1191–1291 wichtiger Stützpunkt der Kreuzfahrer.

Akkolade [frz. »Umhalsung«] *die,* 1) *Buchdruck:* geschweifte Klammer, die mehrere Zeilen oder math. Ausdrücke zusammenfasst.
2) *Musik:* geschweifte Klammer, die in Partituren mehrere Notensysteme gleichzeitig erklingender Stimmen zusammenfasst.
3) *Orden:* feierl. Umarmung, z. B. bei Aufnahme in einen Ritterorden oder bei Ordensverleihungen.

Akkommodation [lat.] *die,* 1) *allg.:* Anpassung.
2) *Physiologie:* Einstellung des →Auges auf eine bestimmte Entfernung.
3) *Psychologie:* in der Theorie J. Piagets im Unterschied zur →Assimilation die Anpassung der Verhaltens- und Denkschemata eines Subjektes an äußere Wahrnehmungsinhalte.

Akkompagnement [akɔ̃paŋˈmã, frz.] *das, Musik:* Begleitung.

Akkord [frz.] *der, Musik:* sinnvolle Verbindung mehrerer Töne zu einem Zusammenklang. Man unterteilt die A. a) nach der Zahl der Töne in zwei-, drei-, vier- usw. -stimmige A.; b) nach dem harmon. Verhältnis in konsonante und dissonante A.; c) nach der Stellung der Bassnote in Stamm- und abgeleitete A.; d) nach dem Tongeschlecht in Dur- und Moll-A. Die Verbindung der A. im musikal. Satz behandelt die Harmonielehre.

Akkordarbeit, (auf Schnelligkeit ausgerichtetes) Arbeiten im Stücklohn (Akkordlohn).

Akkordeon [frz.] *das,* von C. Demian 1829 in Wien entwickeltes Harmonikainstrument mit feststehenden, durch Knopfdruck (bis 140 Knöpfe) ausgelösten Akkorden auf der (linken) Bass- oder Begleitseite und mit verkleinerter Klaviertastatur auf der (rechten) Diskant- oder Melodieseite. Die von frei schwingenden Zungen erzeugten Töne sind im Unterschied zur Handharmonika bei Zug und Druck des Blase- oder Faltenbalges gleich.

Akkra, Hauptstadt von Ghana, →Accra.

Akkreditierung [frz.], 1) *Hochschulwesen:* die Anerkennung von Hochschuleinrichtungen oder Studienprogrammen nach bestimmten Kriterien. Eine institutionelle A. findet bei Privathochschulen, die eine staatl. Anerkennung beantragen, durch den →Wissenschaftsrat statt. Die A. von Studiengängen an staatlich anerkannten Hochschulen wird von A.-Agenturen durchgeführt, die Grundsätze dafür werden vom A.-Rat (seit 2005 Stiftung) festgelegt.
2) *Medien:* die offizielle Zulassung z. B. von Journalisten, Fotografen und Kamerateams, die ihnen freien Zutritt zu Behörden, Unternehmen oder zu bestimmten (Groß-)Veranstaltungen gewährt.
3) *Völkerrecht:* die Beglaubigung eines diplomat. Vertreters eines Landes, der als Missionschef – Botschafter oder Gesandter – fungiert.

Akkreditiv *das,* 1) *Bankwesen:* Auftrag eines Kunden an seine Bank, ihm oder einem Dritten unter bestimmten Bedingungen einen bestimmten Geldbetrag auszuzahlen. Nach der Art der Bedingungen unterscheidet man das Bar-A. (bei dem sich der Begünstigte lediglich legitimiert) und das Dokumenten-A. (bei dem der Begünstigte genau bezeichnete Dokumente einreichen muss).
2) *Völkerrecht:* Beglaubigungsschreiben eines diplomat. Vertreters, das dem Staatsoberhaupt des fremden Landes überreicht wird.

Akkreszenz [lat.] *die, Recht:* die →Anwachsung.

Akkretion [lat.] *die, Astronomie:* Prozess, durch den ein kosm. Objekt Materie aus seiner Umgebung aufnimmt und dadurch seine Masse vergrößert, z. B. in engen Doppelsternsystemen durch das Überströmen von Materie von einer Komponente auf die andere. Bei hohen relativen Drehimpulsen der zuströmenden Materie bildet sich um das Masse aufsammelnde Objekt eine rotierende **A.-Scheibe.**

Akkulturation [lat.] *die,* Anpassung an eine fremde Kultur; kann mit der Übernahme von techn. Errungenschaften, mit Missionierung und sprachl. Beeinflussungen beginnen, aber auch bewirkt werden durch Eroberung und Besetzung (A. wirkt nicht nur beim Unterworfenen, sondern auch beim Eroberer). Für das vollständige Aufgehen in einer fremden Kultur steht der Begriff →Assimilation, für die Rückbesinnung auf die ursprünglich-eigene (»angeborene«) Kultur der Begriff →Nativismus.

Akkumulation [lat.] *die,* 1) *allg.:* Anhäufung.
2) *Botanik:* Anreicherung der durch die Wurzeln oder Blätter von außen aufgenommenen Nährsalze entgegen dem Konzentrationsgefälle in den Vakuolen der Zellen (→Bioakkumulation).
3) *Geologie:* Ablagerung, Bez. für Vorgang und Produkt der mechan. Anhäufung von vulkan. oder sedimentären Lockermassen (→Ablagerung).
4) *Volkswirtschaftslehre:* Begriff der klass. Nationalökonomie und des Marxismus für die Anhäufung von Reichtum, v. a. von Produktionsmitteln. Volkswirtschaftlich ist A. in Form von Erweiterungsinvestitionen Voraussetzung für Wirtschaftswachstum.

Akkumulator [lat.] *der,* 1) *Elektrochemie:* **Sammler,** kurz **Akku,** wiederaufladbarer elektrochem. Energiespeicher. Die chem. Reaktionen, die bei der Aufladung stattfinden, vollziehen sich bei der Entladung in umgekehrter Richtung (reversibler Prozess), dadurch ist eine abwechselnde Abgabe (Entladung) und Speicherung (Aufladung) elektr. Energie möglich. Im Ggs. zur Primärzelle (→Batterie) wird daher der A. als **Sekundärzelle, Sekundärelement** bezeichnet. Eine A.-Zelle besteht aus zwei →Elektroden, die in einen Elektrolyten eintauchen (elektrisch leitende, manchmal eingedickte Flüssigkeit, seltener ein sog. Festelektrolyt; →galvanische Elemente).

Der **Blei-A.,** der zu den wichtigsten A. gehört, besteht aus gitterförmig gestalteten Bleielektroden mit einer in den Maschen gefüllten »aktiven Masse«. Auf der positiven Seite ist dies Bleidioxid (PbO_2), auf der negativen fein verteiltes poröses Blei. Der Elektrolyt ist 20%ige Schwefelsäure (H_2SO_4); die Entladespannung je Zelle beträgt etwa 2 V. In einer Batterie aus Blei-A., einer **A.-Batterie,** sind mehrere Zellen hintereinandergeschaltet, so z. B. bei der Kfz-Batterie meist sechs Zellen mit einer Spannung von 12 V. Der Wirkungsgrad der Energiespeicherung beträgt etwa 75%.

Von histor. Interesse sind **Nickel-Eisen-A.** (Edison-A.), die mit Elektroden aus Nickelhydroxid, $Ni(OH)_3$, und Eisen in Kalilauge eine Zellenspannung von 1,3 V liefern (energet. Nutzeffekt: 50%). Zur Stromversorgung elektron. Geräte (Rundfunkgeräte, Mobiltelefone, Taschenrechner u. a.) werden z. B. gasdichte **Nickel-Cadmium-A.** mit einer Nennspannung von 1,2 V je Zelle, cadmiumfreie **Nickel-Metallhydrid-A.** und RAM™-Zellen (→Alkali-Mangan-Zelle) verwendet. Seit Mitte der 1990er-Jahre finden **Lithium-A.** (z. B. Lithiumchlorid- oder Lithiumionenzellen für Elektromobile, Laptops, Videokameras) mit einer Zellspannung von 4 bis 5 V zunehmende Verbreitung. Sie zeichnen sich durch eine bes. lange Haltbarkeit aus, können die Energie sehr lange speichern (lange Stand-by-Zeit der Geräte) und der v. a. bei den Nickel-Cadmium-A. auftretende →Memory-Effekt fehlt völlig. A. mit Festelektrolyten sind z. B. **Natrium-Schwe-**

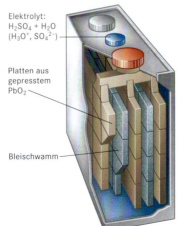

Elektrolyt:
$H_2SO_4 + H_2O$
(H_3O^+, SO_4^{2-})

Platten aus gepresstem PbO_2

Bleischwamm

Vorgänge beim Entladen:

Pb-Elektrode (Anode):

$Pb \xrightarrow{H_2O} Pb^{2+} + 2e^-$
$Pb^{2+} + SO_4^{2-} \rightarrow PbSO_4\downarrow$

PbO_2-Elektrode (Kathode):

$PbO_2 + 4H_3O^+ + 2e^- \rightarrow Pb^{2+} + 6H_2O$
$Pb^{2+} + SO_4^{2-} \rightarrow PbSO_4\downarrow$

Akkumulator 1): links schematische Darstellung eines Bleiakkumulators und rechts die Reaktionsgleichungen während des Entladens

Akt 2): Amedeo Modigliani, »Akt auf blauem Kissen« (1917; Washington, D.C., National Gallery of Art)

fel-A. (Hochenergie-A.) oder die Lithium-Schwefel-Batterie.
2) *Energietechnik:* **hydraul. A., Druckflüssigkeitsspeicher,** Vorrichtung zur Speicherung mechan. Energie in einer Flüssigkeit, in Hydraulikanlagen als Druckenergie **(Druckwindkessel, Gasdruckspeicher)** oder als potenzielle Energie **(Gewichts-A., Feder-A.),** in Wasserkraftanlagen in dem in einen Speichersee hochgepumpten Wasser.
3) *Informatik:* ein Register innerhalb des Rechenwerks eines Computers. Im A. wird vor der Ausführung einer Operation einer der Operanden gespeichert. Nach der Ausführung von Befehlen befinden sich auch Zwischenergebnisse im A., die sofort weiterverarbeitet werden können, sodass das Zurückschreiben von Zwischenergebnissen oft entfallen kann.

Akkusativ [lat.] *der,* Wenfall, 4. Fall der →Deklination; bezeichnet eine Person oder Sache, auf die sich eine durch das Verb ausgedrückte Handlung direkt richtet: Ich lese *das Buch,* er kauft *ein Haus.*

Akline [griech.] *die,* der erdmagnet. →Äquator.

Akme [griech. »Spitze«] *die,* Höhepunkt, z. B. einer Krankheit, des Fiebers.

Akmeismus [griech.] *der,* Strömung in der russ. Literatur, die 1912 als Reaktion auf den Symbolismus entstand und v. a. von den Lyrikern N. S. Gumiljow, Anna A. Achmatowa und O. E. Mandelstam geprägt wurde. Sie forderten eine weltzugewandte und klare Poesie.

Akmola, Aqmola, 1992–98 Name der neuen kasach. Hauptstadt →Astana.

Akne [griech.] *die,* **Acne vulgaris, Finnenausschlag,** häufige Hauterkrankung im Gesicht sowie im talgdrüsenreichen Bereich von Brust, Schultern und Rücken; beginnt meist in der Pubertät aufgrund genet. Veranlagung, Seborrhö, hormoneller Fehlregulation, Besiedlung der Talgdrüsenausführungsgänge mit Propionobakterien und einer Verhornungsstörung der Haarfollikel. Kennzeichen sind Mitesser, Pusteln, Knötchen und Abszesse. Die Behandlung wird örtlich und allg. durchgeführt. Neben der Reinigung der Haut mit milden Seifen oder alkohol. Lotionen werden fettarme Grundlagen mit Benzoylperoxid oder Vitamin-A-Säure zur Lösung der Hornpfröpfe und mit Antibiotika und Azelainsäure zur Verringerung von Bakterienzahl und Entzündung aufgetragen.

Die system. Behandlung wendet bei schweren Fällen v. a. Antibiotika, Isotretinoin sowie bei Frauen östrogen- bzw. antiandrogenhaltige Arzneimittel an. – A.-artige Hautveränderungen können auch durch Arzneimittel (u. a. Nebennierenrindenhormone, Isoniazid), Chemikalien (Halogene, v. a. Chlor, Brom und Jod) sowie durch techn. Öle und Fette (Vaseline, Paraffine) hervorgerufen werden.

Akontozahlung, Abschlagszahlung in vereinbarter oder vom Schuldner bestimmter Höhe auf bestehende Schuld.

Akosombodamm, Staudamm am mittleren →Volta, in Ghana, Westafrika, etwa 100 km nördlich von Accra; 660 m lang, 114 m hoch, 1966 fertiggestellt; Wasserkraftwerk (912 MW); 24 km flussabwärts das Kraftwerk Kpong (160 MW).

AKP-Staaten, Gruppe von 79 Entwicklungsländern aus **A**frika (48), der **K**aribik (16) und dem **P**azifik (15), die mit den EU-Staaten durch das Abkommen von Cotonou (→Lomé-Abkommen) assoziiert sind.

Akquisition [lat.] *die,* alle Tätigkeiten der in den Verkaufsprozess involvierten Organe eines Unternehmens zur Gewinnung neuer Kunden oder weiterer Aufträge von bestehenden Kunden.

Akragas, altgriech. Name von →Agrigent.

Akren [griech.], die Körperenden, z. B. Nase, Kinn, Hände oder Füße.

Akribie [griech.] *die,* äußerste Genauigkeit, Gründlichkeit.

akro... [griech.], hoch(ragend) ..., spitz (zulaufend) ...

Akrobat [griech. »Zehengänger«] *der,* Artist (urspr. Seiltänzer) oder Sportler der Akrobatik.

Akrobatik *die,* virtuose Körperbeherrschung und Geschicklichkeit; akrobat. Übungen, die (meist im Zirkus oder Varieté) von Akrobaten mit oder ohne Gerät ausgeführt werden. Wird die A. als sportl. Wettkampf betrieben, spricht man von →Sportakrobatik.

Akrokorinth [griech. »Hochkorinth«], der stark befestigte, steile, felsige Burgberg (575 m) des alten →Korinth.

Akromegalie [griech.] *die,* Größenzunahme der Körperenden (bes. Hände, Füße, Unterkiefer, Nase und Zunge) nach Abschluss des normalen Wachstums infolge vermehrter Produktion von Wachstumshormon durch einen meist gutartigen Hypophysentumor.

Akron [ˈækrən], Ind.-Stadt in NO-Ohio, USA, 212 200 Ew.; Univ.; Zentrum der Gummiindustrie.

Akronym [griech.] *das,* Kurzwort aus den Anfangsbuchstaben mehrerer Wörter, z. B. NATO, UNO.

akropetal [griech. pétalon »Blatt«], *Botanik:* am Grund beginnend, nach der Spitze zu fortschreitend, z. B. die Entwicklung der Blätter am Spross. Ggs.: basipetal.

Akropolis [griech. »Oberstadt«] *die,* altgriech. Bez. für die Burg der Stadt (Polis). Die Befestigungen der A. in Athen reichen bis in myken. Zeit zurück. Die ältesten Bauten wurden 480 v. Chr. von den Persern zerstört. Perikles ließ sie seit 447 v. Chr. unter Leitung von Phidias neu erbauen, beginnend mit dem →Parthenon und den →Propyläen. Nach seinem Tod wurden der Niketempel und das →Erechtheion (bis 406 v. Chr.) errichtet.

Akrostichon [griech.] *das,* poet. Form, bei der die Anfangsbuchstaben, -silben oder -wörter aufeinanderfolgender Verse oder Strophen, im Zusammenhang gelesen, einen Namen oder einen Spruch ergeben. Häufig in der Barocklyrik.

Akroterion [griech.] *das,* **Akroter,** *Architektur:* Bekrönung von Ecken und der Mitte eines Giebels oder von Relieftafeln in Form von Ranken, Palmetten oder Figuren.

Aksu, Oasenort am N-Rand des Tarimbeckens, China, am A., dem größten Quellfluss des Tarim, 140 000 Ew.; Textilind.; Karawanenstützpunkt an der alten Seidenstraße.

Aksum, Axum, Stadt im Regionalstaat Tigray, Äthiopien, 42 800 Ew.; Flughafen. – Im 1.–5. Jh. Zentrum des Reiches von A.; Reste von Palast- und Grabanlagen, aus vorchristl. Zeit die turmhausartigen Stelen mit dem größten Monolith der Erde (größte Stele, 33,30 m lang, zerbrochen am Boden); Marienkirche (17. Jh., auf einen Bau aus dem 4. Jh. zurückgehend). Die Ruinen von A. sind UNESCO-Weltkulturerbe.

Akt [lat. actus »Handlung«] *der,* **1)** *allg.:* Handlung, Vorgang.
2) *Kunst:* Darstellung des nackten menschl. Körpers, v. a. in der griech. Kunst und seit der Renaissance.
2) *Literatur, Theater:* größerer, in sich geschlossener Abschnitt im dramat. Text oder in einer Theateraufführung.
4) *Philosophie:* → Potenz.
5) *Psychologie:* zeitlich begrenzter, durch Ichbewusstsein gesteuerter Teilvorgang im Strom des Erlebens, der auf einen Gegenstand der Wahrnehmung, des Denkens oder Wollens gerichtet ist.

Aktaion, Aktäon, *griech. Mythologie:* Held aus Böotien, überraschte auf der Jagd Artemis (im röm. Mythos Diana) im Bade, wurde von ihr zur Strafe in einen Hirsch verwandelt und von seinen eigenen Hunden zerrissen.

Aktant [lat.-frz.] *der,* *Sprachwissenschaft:* vom Verb gefordertes, für die Bildung eines grammat. Satzes obligator. Satzglied. Anzahl und Art der A. werden durch die → Valenz des Verbs bestimmt.

Aktau, Aqtaū, 1964–91 **Schewtschenko,** Hptst. des Gebiets Mangistau in Kasachstan, am Kasp. Meer, 133 000 Ew.; Univ.; Erdöl- und Erdgasverarbeitung, chem. Ind. (Kunststoff); Hafen, Eisenbahnfähre nach Baku (Aserbaidschan).

Akten [lat. acta »Geschehenes«], die, über eine Angelegenheit oder Person gesammelten amtl. Schriftstücke. **A.-Zeichen** (Abk. **Az.**) dienen der besseren Übersicht und Auffindbarkeit.

Insbesondere im Straf- und Verwaltungsverfahren spielt das Recht auf **A.-Einsicht** eine wichtige Rolle. Im Strafverfahren kann der Verteidiger, nicht der Beschuldigte, A.-Einsicht nehmen (§ 147 StPO). Einem Beschuldigten, der keinen Verteidiger hat, können Auskünfte oder Abschriften erteilt werden. Dritten ist die Einsicht nur in eng begrenzten Fällen und nur durch einen Rechtsanwalt zu gewähren. Im Verwaltungsverfahren und im Verwaltungsprozess steht dieses Recht den Beteiligten zu (§ 29 Verwaltungsverfahrens-Ges., § 100 Verwaltungsgerichtsordnung). Einsicht in die vollständigen Personal-A. steht Beamten und jedem Arbeitnehmer zu. Zum allgemeinen Einsichtsrecht in Behördenakten → Informationsfreiheit.

Aktie [von lat. actio »Handlung«] *die,* Anteil am Grundkapital einer → Aktiengesellschaft (AG) und die Urkunde darüber, die dem Inhaber seine Rechte verbrieft (Stimmrecht in der Hauptversammlung, Recht auf Dividende). Die A. ist ein → Wertpapier. Sie ist **In**haber-A., wenn das in ihr verbriefte Mitgliedschaftsrecht vom jeweiligen Inhaber der A. geltend gemacht werden kann, **Namens-A.,** wenn in ihr eine bestimmte Person als Berechtigter bezeichnet ist, die im **A.-Buch** der AG einzutragen ist. A., die diese typischen A.-Rechte verbriefen, heißen **Stamm-A.** (kurz: **Stämme**), im Unterschied zu den **Vorzugs-A.** (**Prioritäts-A.**), die Vorrechte, bes. bei der Gewinnverteilung, gewähren; allerdings kann ihr Stimmrecht ausgeschlossen werden. A. können als Nennbetrags- oder → Stückaktien begründet werden (§ 8 A.-Gesetz). Der Mindestnennbetrag einer A. ist 1 €, der Anteil einer Stück-A. am Grundkapital der AG darf 1 € nicht unterschreiten. Der Handelswert der A. wird bei börsennotierten AGs durch die Börse ermittelt. (→ Belegschaftsaktien, → Volksaktien)

Akti|enanleihe, Reverse-Convertible-Bond, Anleihe, bei der der Emittent das Wahlrecht hat, die Rückzahlung zum Nennwert in bar oder in Aktien vorzunehmen. Dabei wird in den Anleihebedingungen vorab festgelegt, welche Aktie dafür in Betracht kommt und in welchem Verhältnis diese zur Tilgung des Nennwertes verwendet werden kann (z. B. 4 XY-Aktien je 100 € Nennwert). Faktisch entspricht dies einer Verkaufsoption (→ Optionsgeschäft), die der Erwerber der A. dem Emittenten gewährt. Der Emittent als Käufer dieser Verkaufsoption wird die Tilgung mittels Aktien bevorzugen, sofern Letztere schwach notieren (im oben genannten Beispiel unter 25 €), anderenfalls lässt er die Verkaufsoption verfallen. Als Entgelt für das daraus resultierende beachtl. Optionsrisiko erhält der Erwerber einer A. über dem Marktzins liegende Nominalverzinsung (Zinsaufschlag als Optionsprämie).

Akti|enfonds [-fɔ̃], → Investmentfonds.

Akti|engesellschaft, Abk. **AG, A.-G.** oder **A. G.,** Kapitalgesellschaft mit eigener Rechtspersönlichkeit, deren Gesellschafter (Aktionäre, Anteilseigner) mit Einlagen auf das in Aktien zerlegte Grundkapital beteiligt sind, ohne persönlich für die Verbindlichkeiten

Aktaion: Tizian, »Diana und Aktaion« (1556–59; London, Bridgewater Gallery)

Aktienindex: Internationale Aktienindizes

Indexname	Staat/Region	Aktienanzahl
DAX®	Deutschland	30
TecDax®	Deutschland	30
FT-SE 100	Großbritannien	100
CAC 40	Frankreich	40
SMI-Index	Schweiz	27
Dow Jones STOXX℠ 600	Europa	600
Dow Jones Euro STOXX℠	EWU	ca. 300
Dow Jones Euro STOXX℠ 50	EWU	50
Nikkei 225	Japan	225
Dow Jones Industrial Average	USA	30

der AG zu haften; für die Verbindlichkeiten der AG haftet den Gläubigern nur das Gesellschaftsvermögen (Aktiengesetz vom 6. 9. 1965). An der Gründung einer AG müssen sich eine oder mehrere Personen beteiligen, die die Aktien gegen Einlagen übernehmen (**Simultan-** oder **Einheitsgründung**). Der Gesellschaftsvertrag (**Satzung**) muss notariell beurkundet werden und bestimmten gesetzl. Erfordernissen entsprechen. Die AG entsteht erst durch die Eintragung im Handelsregister. Die Einlagen der Aktionäre können in Geld bestehen (**Bareinlage**) oder in anderen Vermögenswerten (**Sacheinlage**). Der Mindestnennbetrag des Grundkapitals ist 50 000 €.

Organe der AG sind: Vorstand, Aufsichtsrat und Hauptversammlung. Der **Vorstand** kann aus einer oder mehreren Personen bestehen; die Mitgl. werden vom Aufsichtsrat auf höchstens fünf Jahre bestellt. Dem Vorstand obliegt die Geschäftsführung und die Vertretung der AG nach außen, er hat den Jahresabschluss aufzustellen und einen Lagebericht zu erstatten. Jahresabschluss, Lagebericht und der Vorschlag über die Verwendung des Bilanzgewinns sind vom Aufsichtsrat zu prüfen. Der **Aufsichtsrat** hat mindestens drei und höchstens 21 Mitglieder; über seine Zusammensetzung nach dem Mitbestimmungsgesetz →Mitbestimmung. Der Aufsichtsrat hat die Geschäftsführung zu überwachen. Maßnahmen der Geschäftsführung können ihm nicht übertragen werden, jedoch hat die Satzung oder der Aufsichtsrat zu bestimmen, dass bestimmte Geschäfte nur mit seiner Zustimmung vorgenommen werden dürfen. Er hat der Hauptversammlung über das Geschäftsjahr zu berichten und vertritt die Gesellschaft gegenüber dem Vorstand. Die **Hauptversammlung**, der alle Aktionäre angehören, wird i. d. R. vom Vorstand einberufen; sie kann auch durch den Aufsichtsrat oder auf Verlangen von Aktionären mit zus. wenigstens 5 % Grundkapital einberufen werden. Sie wählt die Vertreter der Anteilseigner im Aufsichtsrat und den Abschlussprüfer, beschließt jährlich über die Gewinnverwendung (→Dividende) sowie die Entlastung des Vorstands und Aufsichtsrats und entscheidet über Satzungsänderungen (hier $^3/_4$-Mehrheit erforderlich) u. a. – Die rechtl. Regelung der AG, die i. d. R. auf große Unternehmen zugeschnitten ist, wurde durch Gesetz vom 2. 8. 1994 geändert, wodurch mittelständ. Unternehmen in der Rechtsform der GmbH die Möglichkeit geboten wird, die Rechtsform der AG zu übernehmen (sog. kleine AG) und sich damit Eigenkapital über die Börse zu beschaffen. Eine besondere Form der AG ist die →Kommanditgesellschaft auf Aktien. Die →Europäische Aktiengesellschaft, Societas Europaea, SE, eingeführt durch VO der EG (in Kraft seit 8. 10. 2004), soll die gemeinschaftsweite Tätigkeit von Unternehmen erleichtern. (→Corporate Governance)

Hauptquelle des *österr.* Aktienrechts ist das Aktien-Ges. von 1965, das im Wesentlichen den dt. Regelungen entspricht (u. a. Gleichbezeichnung der Organe). Der Mindestnennbetrag des Grundkapitals ist 70 000 €. Aktien können entweder als Nennbetragsoder als Stückaktien begründet werden. Nennbetragsaktien müssen auf mindestens 1 € oder ein Vielfaches davon lauten. In der *Schweiz* ist das Aktienrecht in Art. 620 ff. OR ähnlich wie in Dtl. geregelt. Die Zahl der Gründer muss mindestens drei, das Aktienkapital mindestens 100 000 Fr., der Nennwert der Aktie mindestens 1 Rappen betragen. Die Organe sind die Generalversammlung der Aktionäre, die Verwaltung bzw. der Verwaltungsrat, die Revisionsstelle.

Akti|enindex, Kennziffer, die die Kursentwicklung eines gesamten Aktienmarktes einzelner Aktiengruppen, z. B. bestimmter Branchen (**Branchenindizes**), verdeutlicht. A. werden unterschieden nach der Anzahl der einbezogenen Aktien (Gesamt- bzw. Composite-Index, Teil-, v. a. Branchenindizes), nach der Art der Gewichtung der Kurse (mit dem Grundkapital) und nach der Berücksichtigung von Dividendenabschlägen. Sie werden auf einen bestimmten zurückliegenden Zeitpunkt (Basisjahr) bezogen, dessen Wert i. d. R. gleich 100 (beim →DAX® = 1000) gesetzt wird. Zu unterscheiden sind **Preisindizes**, die allein auf die Kurse abstellen, und **Performance-Indizes**, die darüber hinaus Dividendenzahlungen berücksichtigen, indem sie durch die Ausschüttung eintretende Kursabschläge korrigieren.

Aktienoption, →Stockoption.

Akt̲i̲ni|en [griech.], **Seeanemonen, Seerosen, Actiniaria,** sechsstrahlige Korallentiere, meist einzeln lebend, mit zylindr., meist am Untergrund festsitzendem Körper. Die Mundöffnung ist von Fangarmen mit Nesselkapseln umgeben. Einige A. leben mit Einsiedlerkrebsen in Symbiose. In europ. Meeren kommen etwa 70 Arten vor, z. B. die bis 6 cm hohe **Pferdeaktinie** (Actinia equina) und die bis 30 cm hohe **Seenelke** (Metridium senile).

akt̲i̲nische Krankheiten, *Medizin:* →Lichtschäden.

aktino... [griech.], strahl..., strahlungs...

Aktinolith [griech.] *der,* →Strahlstein.

Aktinien: Zwei Pferdeaktinien; das rechte Tier greift mit seinen Nesselkapseln gerade den zu nahe gekommenen Artgenossen an.

aktinomorph [griech.], *Botanik:* strahlig gebaut.
Aktinomykose [griech.] *die,* **Strahlenpilzkrankheit,** meist chron. Infektion mit dem Bakterium Actinomyces israelii (sog. Strahlenpilz), die zu eitriger Einschmelzung und Fistelbildung neigt und am häufigsten in der Haut des Gesichts- und Halsbereichs auftritt. Außerdem können Lungen, Darm, selten auch andere Organe befallen werden.
Aktinomyzeten, Actinomycetales, **Strahlenpilze,** Ordnung von v. a. im Boden lebenden grampositiven Bakterien; zahlr. Arten liefern Antibiotika, einige Arten sind krankheitserregend bei Mensch und Tier, z. B. einige Mykobakterien und Nocardien.
Aktionär [frz.] *der,* Anteilseigner einer AG.
Aktionismus *der,* 1) übertriebener Tätigkeitsdrang (meist abwertend); 2) Bestreben, das Bewusstsein der Menschen oder aktuelle Zustände in Gesellschaft, Kunst oder Literatur durch gezielte (provozierende, revolutionäre) Aktionen zu verändern.
Aktion Mensch, Deutsche Behindertenhilfe A. M. e. V., Hilfsaktion zur Unterstützung von gemeinnützigen Einrichtungen und Initiativen der Behindertenhilfe und -selbsthilfe; 1964 vom Zweiten Dt. Fernsehen (ZDF) und den Spitzenverbänden der Freien Wohlfahrtspflege unter dem Namen **Aktion Sorgenkind** ins Leben gerufen. Die A. M. unterstützt behinderte Menschen aller Altersgruppen und finanziert sich zum größten Teil aus den Erlösen der Lotterie der A. M. im ZDF.
Aktionsforschung, *Sozialwissenschaften:* das → Action-Research.
Aktionskunst, Ersetzung eines Kunstobjektes durch künstler. Aktion, zuerst um 1918 im Dadaismus, seit 1959 durch A. Kaprow als → Happening; parallel dazu die musikal. Fluxusaktionen von J. Cage und die rituellen Aktionen von J. Beuys.
Aktion Sorgenkind, → Aktion Mensch.
Aktionspotenzial, *Physiologie:* elektr. Spannungsänderung an den Membranen lebender Zellen, bes. von Nerven und Muskeln, die zu einem Aktionsstrom führt und Grundlage u. a. der Nervenleitung ist. Die Membran einer Zelle ist aufgrund ihrer unterschiedl. Durchlässigkeit bes. für Natrium- und Kaliumionen im Ruhezustand außen positiv, innen negativ geladen; es herrscht elektr. Spannung (Ruhe- oder Membranpotenzial). Bei Erregung kommt es durch Änderung der Membrandurchlässigkeit zu einer kurzfristigen Änderung und Umkehr (Spitzenpotenzial) dieser Spannung, dem Aktionspotenzial.
Aktionsradius, 1) ohne Ergänzung des Kraftstoffvorrates mögl. Fahr- oder Flugstrecke eines Fahr- oder Flugzeugs (meist hin und zurück).
2) *übertragen:* Wirkungsbereich.
Aktionsstrom, ein entlang einer Nervenfaser fortgeleitetes → Aktionspotenzial.
Aktionsturbine, die → Gleichdruckturbine.
Aktion Sühnezeichen Friedensdienste e. V., Abk. **ASF,** ökumenisch ausgerichtete christl. Aktionsgemeinschaft (Sitz: Berlin), gegr. 1958 auf Initiative ehem. Mitgl. der Bekennenden Kirche auf der Synode der EKD. Ausgangspunkt war die Anerkennung der histor. Schuld, die mit dem Handeln Deutscher während der Zeit des Nationalsozialismus verbunden ist. Die ASF ist in der Friedens- und Erinnerungsarbeit sowie auf versch. Feldern der Sozialarbeit tätig; Schwerpunkte bilden Freiwilligendienste im In- und Ausland, bes. in Ländern, die direkt oder indirekt unter der nat.-soz. Herrschaft gelitten haben.

Aktium, neugriech. **Aktion,** flache Landzunge an der W-Küste Griechenlands, am Eingang des Ambrak. Golfs; Flughafen von Prevesa. – 31 v. Chr. Sieg Oktavians über die Flotte von Antonius und Kleopatra.
Aktiv [lat.] *das, Grammatik:* Tätigkeitsform, verbale Kategorie, bei der der Urheber der Handlung grammat. Subjekt ist. Ggs.: → Passiv.
Aktiva [fachsprachl. ′ak-; lat.], **Aktiven,** Vermögensteile eines Unternehmens, die auf der **Aktivseite** (Sollseite) der → Bilanz erfasst (**Aktivierung**) und ausgewiesen werden: Anlagekapital, Umlaufvermögen und Rechnungsabgrenzungsposten; Ggs.: → Passiva.
Aktivator [lat.] *der,* 1) *Chemie:* Stoff, der schon in geringer Konzentration die Wirkung von Katalysatoren und Enzymen bedeutend verstärkt. (→ Katalyse)
2) *Physik:* Stoff, durch dessen Zusatz eine nicht leuchtfähige Substanz zum Leuchtstoff wird; auch eine Störstelle im Festkörper, die ihn zur Lumineszenz befähigt.
3) *Zahnmedizin:* Behandlungsgerät der Funktionskieferorthopädie zur Korrektur der Lage des Unterkiefers zum Oberkiefer (→ Kieferorthopädie).
aktive Galaxien, extragalakt. Sternsysteme, in deren Kerngebieten Prozesse mit extrem hohen Energieumsätzen ablaufen, z. B. die Seyfert-Galaxien.
aktive Optik, optisch-mechan. Zusatzeinrichtungen zur Kompensation der infolge mechan. oder therm. Effekte bedingten Abweichung dünner Teleskopspiegel von der optimalen Form. Dazu wird der Spiegel auf einem System computergesteuerter Stellelemente (Aktoren) gelagert.
Aktivgeschäfte, Bankgeschäfte, die sich auf der Aktivseite der Bilanz eines Kreditinst. niederschlagen (Kreditgewährung, Geldmarktanlagen u. a.).
Aktivierung, 1) *Betriebswirtschaftslehre:* kontenmäßiges Erfassen der Vermögensbestandteile eines Unternehmens auf der Aktivseite der Bilanz; die aktivierten Werte heißen Aktiva.
2) *Chemie:* Prozess, bei dem Stoffe in einen chemisch reaktionsfähigen Zustand versetzt werden, z. B. durch Temperaturerhöhung, Bestrahlung oder durch Zusatz von Katalysatoren.
3) *Kernphysik:* Bestrahlung eines Stoffes mit geladenen oder ungeladenen Teilchen (z. B. Neutronen), wodurch Kernreaktionen ausgelöst werden und als Endprodukte Radionuklide entstehen.
Aktivierungsanalyse, kernphysikal. Methode zum Nachweis geringster Mengen eines Elements. Dabei wird die Probe mit geladenen oder ungeladenen Teilchen (auch Gammaquanten) beschossen. Es entstehen radioaktive Nuklide (oder Kernisomere), die sich aufgrund charakterist. Zerfallseigenschaften qualitativ und quantitativ bestimmen lassen: Aus der Messung der Halbwertszeit sowie der Energie und Intensität ihrer Strahlung (v. a. mit Germaniumdetektoren) kann auf Art und Menge der in der Probe urspr. enthaltenen Nuklide geschlossen werden. Die A. wird meist als **Neutronen-A. (NAA)** durchgeführt.
Aktivismus [lat.] *der,* das Betonen des zielbewussten Handelns gegenüber reinem Erkenntnisstreben. Eine philosoph. Begründung des A. versuchten u. a. A. Comte, F. Nietzsche, G. Sorel.
Aktivist *der,* Person, die die Ziele einer Partei oder polit. Bewegung durch ihre Leistungen bes. fördert. – **Aktivistenbewegung,** Massenbewegung für hohe Arbeitsproduktivität, ausgelöst in der UdSSR 1935 durch A. G. Stachanow (* 1905, † 1977), in der SBZ/DDR 1948 durch A. Hennecke (* 1905, †1975).

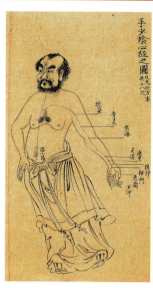

Akupunktur: Reizpunkte einer Hauptleitbahn; Darstellung aus der Qingzeit (1644–1911/12)

Aktivität [mlat.-frz.] *die,* **1)** *allg.:* aktives Verhalten, Tätigkeitsdrang; Wirksamkeit.
2) *Chemie:* Maß für die wirksame Konzentration von Atomen, Ionen und Molekülen in einer Lösung.
3) *Kernphysik:* **A. einer radioaktiven Substanz,** SI-Einheit ist das Becquerel, Bq (früher übliche, heute ungültige Einheit: Curie, Ci), Maß für die Zahl der Atomkerne, die in einer bestimmten Zeit zerfallen (→Radioaktivität).
4) *Optik:* →optische Aktivität.
Aktivitätsanalyse, Verfahren zur Behandlung bestimmter produktions- und allokationstheoret. Probleme. Ausgegangen wird von wirtsch. Aktivitäten, bei denen lineare Abhängigkeiten zw. den Faktoreinsatz- und den Güterausstoßmengen angenommen werden. (→Input-Output-Analyse)
Aktivkohle, vielporige, sehr stark adsorbierende Kohle zum Reinigen von Gasen und Flüssigkeiten (Wasseraufbereitung), zum Rückhalten von Benzindämpfen am Pkw oder als medizin. Kohle; Herstellung aus Rohstoffen wie Holz, Torf, Steinkohle, die durch Erhitzen und Zugabe von dehydratisierenden Chemikalien oder sauerstoffhaltigen Gasen in A. überführt werden.
Aktivlegitimation, *Prozessrecht:* →Sachlegitimation.
Aktjubinsk, kasach. **Aktöbe, Aqtöbe,** Gebietshptst. im NW von Kasachstan, 234 000 Ew. (überwiegend russ. Bev.); Eisen- und Chromverhüttung, Erdölchemie, Maschinenbau, Nahrungsmittelind. (Fleischverarbeitung).
Aktöbe, kasach. Name der Stadt →Aktjubinsk.
Aktor [lat.] *der,* Wandler, der elektr. Signale in mechan. Bewegung oder andere physikal. Größen (z. B. Druck, Temperatur) umsetzt; Ggs.: Sensor.
Aktrice [akˈtriːs, frz.] *die,* Schauspielerin.
Aktualität [lat.] *die,* Gegenwartsbezogenheit, Bedeutung für die Gegenwart.
Aktuar [lat.] *der,* im älteren Prozessrecht der Gerichtsschreiber, Protokollführer; heute wiss. leitender Versicherungs- und Wirtschaftsmathematiker.
Aktuogeologie, Teilgebiet der Geologie, das die Vorgänge der geolog. Vergangenheit unter Beobachtung der in der Gegenwart ablaufenden Prozesse zu erklären sucht.
Akupressur, →Akupunktur.
Akupunktur [lat.] *die,* altes Verfahren der chin. Heilkunde, das durch Einstechen von Nadeln in den Körper Heilung und Schmerzausschaltung zu erreichen sucht. Mit den Nadeln soll die zirkulierende Lebensenergie das durch Krankheit gestörte Energiegleichgewicht der Gegensätze Yin und Yang wiederherstellen. Angewendet wird die A. v. a. bei funktionellen Störungen, so bei Migräne, Asthma, Schmerzzuständen und chron. Verstopfung. Bei der **Akupressur** soll durch den Druck von stumpfen Gegenständen auf die A.-Punkte eine ähnl. Wirkung hervorgerufen werden.
Akureyri [ˈakyreːrɪ], Stadt in N-Island, 15 600 Ew.; Handelszentrum, Fischereihafen mit Fischverarbeitung. – A. besitzt seit 1786 Stadtrecht.
Akustik [griech.] *die,* **1)** Teil der Musikwiss., untersucht die Klangerscheinungen; wichtigstes Hilfsmittel ist die Klanganalyse (→Klang).
2) *Physik:* die Wiss. vom →Schall, Teilgebiet der Mechanik; i. w. S. auch die Untersuchung von Schwingungen und Wellen in elast. Medien, die nicht in den hörbaren Frequenzbereich (zw. 16 Hz und 20 kHz) fallen.
Akusto|elektronik, Teilgebiet der Elektronik, das die Beeinflussung von elektron. Funktionen in Festkörpern durch akust. Oberflächen- und Volumenwellen nutzt. Ursachen der akustoelektron. Effekte sind die Wechselwirkungen zw. Elektronen und Phononen in Kristallen. Die A. verwendet v. a. →Oberflächenwellenelemente, bei denen auf piezoelektr. Materialien akust. Wellen angeregt werden, die sich entlang der Festkörperoberfläche ausbreiten.
Akusto|optik, Teilgebiet der Akustoelektronik, das Wechselwirkungen zw. hochfrequenten Schallwellen (Frequenz 10^5 bis 10^9 Hz) und elektromagnet. Wellen untersucht und die dabei auftretenden Brechungs- und Beugungseffekte zum Bau von **akustoopt. Bauelementen** (wie Lichtablenker, Lichtmodulatoren, Lichtschalter) nutzt.
akut [lat. »spitz«], plötzlich auftretend, vordringlich. – **akute Krankheiten,** schnell einsetzende und heftig verlaufende, meist fieberhafte Erkrankungen. Ggs.: chronische Krankheiten.
Akut [lat.] *der,* Betonungszeichen für steigende Stimmführung [´; z. B. in René], →Akzent.
Akutagawa, Ryūnosuke, jap. Schriftsteller, * Tokio 1. 3. 1892, † (Selbsttötung) ebd. 24. 7. 1927; Vertreter eines dämon. Realismus; Novellen (»Rashōmon«, 1915).
AKV, Abk. für →Allgemeine Kreditvereinbarungen.
AKW, Abk. für Atomkraftwerk, allgemeinsprachlich für →Kernkraftwerk.
Akyab [engl. æˈkjæb], Stadt in Birma, →Sittwe.
Akzeleration [lat.] *die,* **1)** *allg.:* Beschleunigung.
2) *Astronomie:* nicht period. Änderung der Mondbewegung (**säkulare A.**), die bewirkt, dass sich der Mond in 100 Jahren um 8" (Bogensekunden) in seiner Bahn weiter fortbewegt als theoretisch angenommen.
3) *Medizin:* die →Entwicklungsbeschleunigung.
Akzelerationsprinzip, Beschleunigungsprinzip, volkswirtsch. Theorie, nach der eine positive (negative) Veränderung der Nachfrage nach Gütern zu einer Zunahme (Abnahme) der Nettoinvestitionen führt. Der **Akzelerator** als Proportionalitätskonstante

bestimmt die Höhe der Nettoinvestitionen in Abhängigkeit von der Nachfrageänderung. Das A. wird u.a. zur Konjunkturerklärung benutzt.

Akzent [lat., eigtl. das »Antönen«, »Beitönen«] *der,* **1)** *allg.:* typ. Lautform einer sprachl. Äußerung.
2) *Musik:* Hervorhebung einzelner Töne, bes. durch Tonstärke, Zeitdauer, Verzierung.

Akzent 2): durch sf (sforzato) bezeichnete Akzente im Finale der 7. Sinfonie A-Dur op. 92 (1811/12) von Ludwig van Beethoven

3) *Sprachwissenschaft:* Betonung, Hervorhebung der Silben durch Haupt-A. und Neben-A. im Wort oder der sinntragenden Wörter im Satz. Mittel zur Hervorhebung sind Atemdruck (**Druck-A.**, exspirator. Akzent) und Tonhöhe (**musikal. A.**), meist im Zusammenwirken beider A.-Arten u.a. Faktoren (Klangfarbe, Sprechtempo).
Die A.-Zeichen **Akut** [´], **Gravis** [`] und **Zirkumflex** [^] sind von griech. Grammatikern eingeführt worden; in den modernen Sprachen haben sie sehr versch., oft von der Betonung unabhängige Bedeutung. (→diakritisches Zeichen)

akzentuierendes Versprinzip, *Metrik:* rhythm. Gliederung der Sprache durch Wechsel von betonter und unbetonter Silbe (i. G. zum antiken quantitierenden Versprinzip, bei dem lange und kurze Silben wechseln).

Akzept [lat. »Angenommenes«] *das,* allg. Annahme, z. B. eines Angebots; auf einem Wechsel die Erklärung des Bezogenen (**Akzeptanten**), dass er den Wechsel zur Verfallzeit einlösen werde; auch der angenommene Wechsel selbst.

Akzeptabilität *die, Sprachwissenschaft:* Bez. für die Eigenschaft von Äußerungen, die im Einklang mit dem Sprachgefühl der Sprecher stehen. Als nicht akzeptabel können z. B. syntaktisch unübersichtl. oder widersprüchl. Äußerungen empfunden werden, obwohl sie grammatisch korrekt gebildet sind.

Akzeptkredit, Wechselkredit, bei dem ein Kreditinstitut einen Wechsel von meist dreimonatiger Laufzeit annimmt, den ein Kunde von erster Bonität mit Einverständnis des Instituts auf dieses gezogen hat. Sonderform →Rembourskredit.

Akzeptor [lat. »Annehmer«, »Empfänger«] *der,* **1)** *Chemie:* Molekül, das Elektronen eines anderen Moleküls aufnimmt oder Atome, Moleküle, Ionen anlagert.
2) *Physik:* →Halbleiter.

Akzession [lat.] *die,* **1)** *allg.:* Zuwachs, Zugang, Erwerb.
2) *Völkerrecht:* Vertrag, durch den ein Staat einem zw. anderen Staaten geschlossenen Vertrag (z.B. der NATO) beitritt.

akzessorisch [lat.], **1)** *allg.:* nebensächlich, hinzutretend.
2) *Recht:* **akzessorische Rechte,** Neben- oder Sicherungsrechte, die in ihrem Bestand vom Hauptrecht abhängig sind, z.B. die Hypothek, die das rechtl. Schicksal der Forderung, die sie sichert, teilt. Das *Strafrecht* kennt den akzessor. Charakter der Teilnahme, wonach der Teilnehmer (Gehilfe, Anstifter) nur bestraft werden kann, wenn eine vorsätzl. und rechtswidrige Haupttat vorliegt.

Akzidens [lat.] *das, Philosophie:* das Zufällige, Unwesentliche, Veränderliche und Wechselnde an einem Gegenstand; Ggs.: →Substanz.

Akzidentalien, Nebenabreden eines Rechtsgeschäfts, z. B. beim Kauf die Vereinbarung einer Vertragsstrafe, während Einigung über Ware und Preis wesentl. Bestandteile (**Essenzialien**) des Vertrags sind.

Akzidenz *die,* **Akzidenzdruck,** jede (kleinere) Druckarbeit außer Zeitschriften-, Zeitungs- oder Werkdruck, z. B. Visitenkarten.

Akzise [lat.] *die,* **Zise, Zeise,** in Dtl. vom MA. bis ins 19.Jh. Umsatz- und Verbrauchsteuer; Binnenzoll (**Torakzise**).

AKZO Nobel N.V., Arnheim, 1994 aus der Fusion von AKZO N.V. (gegr. 1911) und Nobel Industries AB (gegr. 1894 von A. Nobel) entstandener niederländ., multinationaler Chemiekonzern.

al, el, der arab. bestimmte Artikel für alle grammat. Kasus und Genera sowie für Singular, Dual und Plural.

Al, chem. Symbol für →Aluminium.

-al [lat.], *Chemie:* Suffix zur Kennzeichnung eines →Aldehyds.

à la [frz.], in der Art von ...: **à la baisse,** →Baisse; **à la carte,** nach der Karte (essen); **à la hausse,** →Hausse; →à la mode.

à la baisse [- ˈbɛːs, frz.], auf rückläufige Börsenkurse spekulieren; Ggs.: à la hausse.

Alabama [engl. æləˈbæmə], Abk. **Ala.,** Bundesstaat im SO der USA, 135 246 km², 4,56 Mio. Ew. (davon 26% Schwarze); Hptst.: Montgomery. A. ist zum größten Teil subtrop. Tiefland, das sich im N bis in die Ausläufer der Appalachen erstreckt; mehr als 60% des Landes sind bewaldet; Hauptfluss ist der →Alabama River. Anbau von Sojabohnen, Baumwolle, Mais, Erdnüssen. Bergbau auf Kohle und Eisen, Bauxitabbau, Erdöl- und Erdgasförderung. Eisen- und Stahlind. in Birmingham, daneben chem., Textil-, Papierind., Maschinenbau; in Huntsville Raketen- und Raumfahrtforschung. Haupthafen ist Mobile; Staatsuniv. in Tuscaloosa. – Das im 16.Jh. von Spaniern erkundete und seit 1702 von Franzosen besiedelte A. war Teil von Louisiana, das 1763 in brit. Besitz gelangte. Der S fiel 1783 an Spanien, das übrige Gebiet an die USA; 1819 als 22. Staat in die Union aufgenommen. 1955 Ausgangspunkt der Bürgerrechtsbewegung unter M. L. King.

Alabama River [æləˈbæmə ˈrɪvə], Fluss in Alabama, USA, entsteht oberhalb von Montgomery aus dem Zusammenfluss von **Coosa River** (mit diesem rd. 1 200 km lang) und **Tallapoosa River,** nimmt nach einem 507 km langen südl. Lauf den Tombigbee River auf und gabelt sich nördlich von Mobile in den **Mobile River** und den **Tensaw River,** die in den Golf von Mexiko münden; wichtige Schifffahrtsstraße.

Alabaster [griech.] *der,* feinkörnige, durchscheinende Art des Gipses, wird zu Gebrauchs- und Ziergegenständen verarbeitet.

Alabastron [griech.] *das,* im Altertum ein walzenförmiges, enghalsiges Salbgefäß, bes. aus Alabaster.

Alaca Hüyük [alaˈdʒa -], Ruinenhügel in Zentralanatolien, Türkei, etwa 25 km nördlich von Hattusa. Hier wurden eine bed. hethit. Stadt des 2.Jt. v.Chr. und Fürstengräber vom Ausgang des 3.Jt. v.Chr. ausgegraben.

Alacant, katalan. Schreibung für →Alicante.

Ala Dağ [- daː, türk. »bunter Berg«], Gebirgsmassiv im zentralen S der Türkei, höchster Teil des Taurus, Kalkgebirge, mehrere Gipfel über 3 700 m ü. M.; z. T. vergletschert.

Alabama Flagge

Aladins Wunderlampe, Märchen aus →Tausendundeiner Nacht: Aladin holt auf Geheiß eines Zauberers eine Wunderlampe aus einem Brunnen. Wenn man sie reibt, erscheint ein Geist, der jeden Wunsch erfüllt. Das Märchen, das erst durch den Übersetzer A. Galland in die Sammlung kam, ist weltweit bekannt.

Alagoas, Küstenstaat in NO-Brasilien, 27 933 km^2, 3,02 Mio. Ew., einer der am dichtesten bevölkerten Bundesstaaten Brasiliens; Hptst.: Maceió. Landwirtschaft; zunehmende Industrialisierung.

à la hausse [-'oːs, frz.], auf steigende Börsenkurse spekulieren; Ggs.: à la baisse.

Alaigebirge, Kettengebirge im S Kirgistans und in Tadschikistan, vom **Transalai** durch das **Alaital** getrennt; bis 5 539 m hoch; z. T. vergletschert.

Alain [aˈlɛ̃], eigtl. Émile **Chartier,** frz. Essayist und Philosoph, * Mortagne-au-Perche (Dép. Orne) 3. 3. 1868, † Le Vésinet (heute Dép. Yvelines) 2. 6. 1951; Schriften v. a. zur Ethik und Religionsphilosophie: »Les propos d'A.«, 2 Bde. (1920); »Die Pflicht, glücklich zu sein« (1925); »Gedanken über die Religion« (1938).

Al-Ain, zweitgrößte Stadt des Emirats Abu Dhabi (VAE), am Rand des Omangebirges, 348 000 Ew.; Sommersitz des Herrschers; Univ. (1976 gegr.), Mutarad-Moschee (1975); internat. Flughafen.

Alain-Fournier [aˈlɛ̃furˈnje], Henri, eigtl. Henri-Alban **Fournier,** frz. Schriftsteller, * La Chapelle d'Angillon (Dép. Cher) 3. 10. 1886, ⚔ bei Saint-Rémy 22. 9. 1914. Sein romant.-symbolist., sehr erfolgreiches Werk »Der große Kamerad« (R., 1913) wirkte stark auf den modernen frz. Roman.

Al-Aksa-Brigaden, →Fatah.

Al-Aksa-Moschee, Moschee in Jerusalem, zusammen mit dem Felsendom und dem ihn umgebenden hl. Bezirk wichtigste hl. Stätte der Muslime nach denen von Mekka und Medina; erbaut über den Trümmern des jüd. Tempelberges.

Alalie [griech.] *die,* Unfähigkeit zu gegliederter Lautbildung, v. a. bei gestörter oder verzögerter Sprachentwicklung.

Alant: Echter Alant

Alamannen, die →Alemannen.

Alameda [span.] *die,* baumbestandener Weg, Straße oder Platz in Spanien und Lateinamerika.

Alamein, El-**Alamein,** Ort in Ägypten, 100 km südwestlich von Alexandria. – Im Zweiten Weltkrieg brachte die brit. Armee bei El-A. im Juni/Juli 1942 die Offensive General Rommels zum Stehen.

Alamo [ˈæləməʊ], die ehem. befestigte Missionsstation (Nationaldenkmal) von San Antonio (Tex.), in der während des texan. Unabhängigkeitskampfes alle Verteidiger nach dreizehntägiger Belagerung (23. 2. bis 6. 3. 1836) beim Sturmangriff einer mexikan. Übermacht ums Leben kamen.

à la mode [-'mɔd, frz.], nach der neuesten Mode, modisch; im Dreißigjährigen Krieg die übertriebene Nachahmung frz. Kleidungsart und Lebensweise. **Alamodeliteratur,** die von frz. und ital. Sprache und Dichtung beeinflusste dt. Literatur des 17. Jh.

Aland, Nerfling, Art der Karpfenfische (→Orfe).

Ålandinseln [ˈoː-], finn. **Ahvenanmaa,** Inselgruppe mit Tausenden von Inseln und Schären am Südende des Bottn. Meerbusens, finn. Verw.-Bez. mit autonomem Status, 1 552 km^2, 26 300 Ew.; Hauptort: Mariehamn; Amts- und Schulsprache: Schwedisch; Landwirtschaft, Fremdenverkehr. – Die Å. waren seit dem MA. verwaltungsmäßig mit Finnland verbunden und kamen mit diesem 1809 an Russland. Nach 1917 wurden sie von Schweden beansprucht; als entmilitarisiertes Gebiet wurden sie 1921 vom Völkerbund Finnland zugesprochen.

Alanen, iran. Reitervolk nördlich des Kaukasus, im 4. Jh. von den Hunnen unterworfen; Teile zogen mit den Wandalen nach Spanien und Afrika. Von den A. stammen die heutigen →Osseten im mittleren Kaukasus ab.

Alang-Alang [malaiisch], **Imperata cylindrica,** Steppengras (auf verlassenem Kulturland), bes. in Indonesien.

Alanin *das,* Abk. **Ala,** nicht essenzielle Aminosäure (chemisch die Aminopropionsäure), wichtiger Eiweißbaustein; kommt u. a. in Coenzym A und Pantothensäure vor.

Alant *der,* **Inula,** in Eurasien und Afrika verbreitete Korbblütlergattung; der **Echte A.** (Helenenkraut, Inula helenium) mit gelben Blüten enthält →Inulin.

Alanya, Kurort und Seebad an der türk. »Riviera«, südöstl. von Antalya, 124 300 Ew.; Wirtschaftszentrum der östlich anschließenden 20 km langen Küstenebene. – Auf dem 250 m hohen Burgfelsen Zitadelle aus dem 13. Jh., in der alten Unterstadt der Rote Turm (1226) der Stadtbefestigung sowie eine Werft der Seldschuken.

Alapajewsk, Stadt am O-Rand des Mittleren Ural, Gebiet Swerdlowsk, Russland, 47 000 Ew.; Eisenerzförderung und -verhüttung (seit 1704).

Alarcón y Ariza [-aˈriθa], Pedro Antonio de, span. Schriftsteller, * Guadix 10. 3. 1833, † Valdemoro (bei Madrid) 10. 7. 1891; schrieb Erzählungen (»Der Dreispitz«, 1874), Romane (»Der Skandal«, 1875) und das viel gelesene Kriegstagebuch »Diario de un testigo de la guerra de África« (1859).

Alarcón y Mendoza [-θa], Juan Ruiz de, span. Dramatiker, →Ruiz de Alarcón y Mendoza.

Alarich, Könige der Westgoten:
1) A. I., * um 370, † Ende 410; seit 395 König, verwüstete Thrakien, Makedonien und Griechenland, eroberte 410 Rom. Er starb auf seinem Zug nach Süd-

Alanya: Blick auf den Roten Turm (1226) und die Hafenmole in der alten Unterstadt, im Hintergrund der neue Stadtteil und die verkarstete Kette des Ak Daği als Ausläufer des Taurus

italien; im Busento bei Consentia (heute Cosenza) begraben.

2) **A. II.**, †507; bestieg 484 den Thron, fiel in der Schlacht von Vouglé bei Poitiers gegen den Frankenkönig Chlodwig; mit ihm endete das Tolosan. Reich.

Alarm [ital. all'arme »zu den Waffen«] *der*, **1)** Warnung, Gefahrmeldung, bes. durch Signale (Katastrophen-A., Luft-A.).

2) *Militärwesen:* plötzlich angeordnete Marsch- und Gefechtsbereitschaft.

Alarmanlagen, Sicherungsanlagen, die eine erkannte Gefahr signalisieren und opt. und/oder akust. Warngeräte wie Hupen, Sirenen, Blinkleuchten einschalten oder eine Hilfe leistende Stelle alarmieren. Anwendungen sind Gefahrenmeldeanlagen, öffentl. Notrufanlagen (Feuermeldeanlagen, Polizeirufanlagen), Diebstahlwarnanlagen (Warensicherungsanlagen, Autodiebstahlsicherungen).

Alaska [engl. əˈlæskə], Abk. **Alas.**, nördlichster und größter Bundesstaat der USA, 1 596 063 km², 663 700 Ew.; Hptst.: Juneau. Zw. der vergletscherten A.-Kette im S (im Mount McKinley 6 198 m ü. M.) und der Brookskette im N fließt der Yukon in einem großen Becken nach W zum Beringmeer. Das Klima ist im Innern kontinental mit niedrigen Wintertemperaturen, an der W- und S-Küste gemäßigt und regenreich. 35 % der Staatsfläche nehmen Wälder ein. Im N (→Tundra) taut der Dauerfrostboden nur oberflächlich auf. – Von der Bev. wohnen rd. 60 % in Städten, rd. 16 % aller Ew. sind Eskimo und Indianer. – Staatsuniv. in Fairbanks (seit 1922), priv. Univ. mit Sitz in Anchorage und Juneau (seit 1960). – Hauptwirtschaftszweige sind Erdöl- und Erdgasförderung, Fischfang (Lachs, Kabeljau), Holzwirtschaft (Zellulosefabriken), Pelzgewinnung und Tourismus. Bodenschätze: Gold, Eisen-, Chrom-, Blei-, Kupfererz, reiche Kohlenlager. Das 1967/68 an der Prudhoe Bay am Nordpolarmeer entdeckte Erdöl wird seit 1977 gefördert und durch die 1 285 km lange Trans-Alaska-Pipeline zum eisfreien Hafen Valdez an der S-Küste gepumpt. Eine Gaspipeline, die von der Prudhoe Bay durch Kanada Erdgas in die USA liefern soll, ist seit 1977 zw. beiden Ländern vereinbart, aber bisher nicht verwirklicht worden. Dem Verkehr nach S dient der →Alaska Highway, ferner Flug- und Schiffsrouten über Seattle; im Innern bestehen rd. 900 Flugplätze; den wichtigsten Hafen und Flughafen besitzt Anchorage. – Das 1741 von V. J. Bering und A. I. Tschirikow entdeckte A. war als Monopolgebiet der 1799 gegründeten Russ.-Amerikan. Kompanie zunächst im Besitz Russlands. 1867 für 7,2 Mio. US-Dollar an die USA verkauft, wurde es 1959 deren 49. Bundesstaat.

Alaskagebirge, die Alaska durchziehenden Kordillerenketten Nordamerikas. Die stark vergletscherte **Alaskakette (Alaska Range)** mit dem Mount McKinley (6 198 m ü. M., höchster Berg Amerikas) setzt sich auf der Alaskahalbinsel und auf den Aleuten als **Aleutenkette (Aleutian Range,** mit zahlr. Vulkanen) fort.

Alaska Highway [əˈlæskə ˈhaɪweɪ], **Alcan Highway,** Autostraße von Dawson Creek (British Columbia) quer durch das Yukon Territory in NW-Kanada nach Fairbanks in Alaska (USA); 2 450 km lang; 1942 von der amerikan. Armee erbaut.

Alassio, Fischereihafen und Seebad in Ligurien, Prov. Savona, Italien, an der Riviera di Ponente, 10 800 Einwohner.

Alaska: die stark vergletscherte Alaskakette

à la suite [- ˈsɥit; frz. »im Gefolge von«], der Armee oder einem bestimmten Truppenteil ehrenhalber zugeteilt.

Alatau [kirgis. »buntes Gebirge«], Name mehrerer Gebirgszüge in Asien: **Dsungar. A.** im SO von Kasachstan, SO-Abdachung z. T. in China; **Transili-A.** im →Tienschan; **Kusnezker A.** in Südsibirien.

Alaune [von lat. alumen], Doppelsalze, bei denen je ein ein- bzw. dreiwertiges Metallion Me^I bzw. Me^{III} mit zwei Sulfationen verbunden ist, allg. Formel Me^{I}Me^{III}[SO$_4$]$_2$ · 12 H$_2$O; kristallisieren in Oktaedern oder Würfeln. Bekanntester Vertreter ist **Kaliumaluminiumalaun (Alaun),** KAl[SO$_4$]$_2$ · 12 H$_2$O, ursprünglich aus Alaunschiefern, heute durch Reaktion von Kalium- mit Aluminiumsulfat gewonnen; es findet für tintenfeste Papiere, in Färberei und Gerberei sowie als blutstillendes und mildes Ätzmittel **(Alumen)** Verwendung. **Alaunstein,** →Alunit.

Álava [ˈalaβa], Prov. im span. Baskenland, 3 037 km², 294 400 Ew., Hptst.: Vitoria-Gasteiz; hat Anteil am Kantabr. Gebirge und reicht im S bis an den Ebro.

Alawiten, Alauiten, islam. Religionsgemeinschaft, →Nusairier.

Alb, Alp, urspr. Bez. der →Elfen; dann nach dem Volksglauben ein menschen- oder tierähnl. Wesen, das nächtl. Beklemmungszustände verursacht. Als **Albdruck** (Alpdruck) werden daher Gefühle der Angst im Schlaf oder Halbschlaf bezeichnet, die verstärkt bei seel. Krisen und einschneidenden Entwicklungsphasen auftreten und im **Albtraum** (Alptraum) physisch erlebt werden können.

Alb *die,* Schichtstufenlandschaft in Süddeutschland, →Schwäbische Alb, →Fränkische Alb.

Alba, Stadt in Piemont, Prov. Cuneo, Italien, am Tanaro, 30 000 Ew.; Weinbauzentrum, Trüffelhandel. – Mittelalterl. Stadtbild mit Geschlechtertürmen.

Alba, Fernando **Álvarez de Toledo,** 3. Herzog von A., span. Feldherr und Staatsmann, *Piedrahita (Prov. Ávila) 29. 10. 1507, †Lissabon 11. 12. 1582; befehligte u. a. im Schmalkald. Krieg das Heer Kaiser Karls V. (1547 Sieg bei Mühlberg). 1567 wurde er von Philipp II. zum Statthalter der Niederlande ernannt; seine blutige Härte (Hinrichtung Egmonts und Hoorns) entfachte trotz seiner militär. Erfolge erneut den Aufstand gegen die span. Reg., sodass er 1573 abberufen wurde. 1580 eroberte er Portugal für Philipp II.

Alaska Flagge

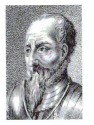

Herzog von Alba

Albacete [-θ-], **1)** Prov. in Kastilien-La Mancha, Spanien, 14 924 km², 376 600 Einwohner.
2) Hptst. von 1), in der Mancha, 155 100 Ew.; kunsthandwerkl. Herstellung von Messern, Dolchen, Goldschmiedearbeiten und Keramik, Verarbeitung landwirtsch. Produkte.

Alba Iulia, dt. **Karlsburg,** Hptst. des Kreises Alba in Siebenbürgen, Rumänien, an der Maros (Mureș), 66 900 Ew.; Univ. (1991 gegründet); keram., Nahrungsmittel-, Textil- und sonstige Leichtind.; in der Umgebung Obst- und Weinbau. – In der Festung roman. Kirche (12. Jh.) mit Grabmälern siebenbürg. Fürsten; Bibliothek (alte Handschriften und Inkunabeln). – Als **Apulum** Hptst. der röm. Provinz Dakien; im MA. Bălgrad, dt. Weißenburg genannt; im 16. und 17. Jh. der Sitz der Fürsten von Siebenbürgen. Die Festung Karlsburg wurde 1715–38 angelegt und nach Kaiser Karl VI. benannt. Hier erklärte am 1. 12. 1918 der Große rumän. Nationalrat den Anschluss Siebenbürgens an Rumänien (**Karlsburger Beschlüsse**).

Alba Longa, die älteste Hauptstadt des Latinerbundes, am Albaner See (Latium) an der Stelle des heutigen Castel Gandolfo gelegen; im 6. Jh. v. Chr. von den Römern zerstört.

Alban, erster Märtyrer Englands, um 303 in Verulamium bei London hingerichtet. Heiliger, Tag: 22. 6.

Albaner, serb. **Arbanasi,** türk. **Arnauten,** alban. **Shqiptar, Skipetaren,** Volk in Südosteuropa, Nachkommen thrakisch-illyr. Stämme mit eigener indogerman. Sprache, weltweit etwa 8 Mio., in Albanien rd. 3,3 Mio., in der (bis 1990 autonomen) Prov. Kosovo bis 1998 rd. 1,8 Mio. (→ Kosovaren); weitere A. bes. in Makedonien, Griechenland, S-Italien (Flüchtlinge seit 1990) und Montenegro; überwiegend Muslime, im N Katholiken, im S Orthodoxe. Die A. gliedern sich in Albanien in zwei Gruppen mit unterschiedl. Dialekt: die **Tosken** im S, die **Gegen** im Norden.

Albaner Berge, bewaldetes vulkan. Ringgebirge südöstlich von Rom, bis 956 m ü. M.; westlich der A. B. Kraterseen (**Albaner See, Nemisee**) und der Villenort Albano.

Flagge

Wappen

internationales Kfz-Kennzeichen

Albanien

Fläche: 28 748 km²
Einwohner: (2005) 3,13 Mio.
Hauptstadt: Tirana
Verwaltungsgliederung: 12 Präfekturen
Amtssprache: Albanisch
Nationalfeiertag: 28. 11.
Währung: 1 Lek = 100 Quindarka
Zeitzone: MEZ

Albanese, Licia, amerikan. Sängerin (Sopran) ital. Herkunft, * Bari 22. 7. 1913; war 1940–60 Mitgl. der Metropolitan Opera in New York; v. a. Puccini-, Verdi-Interpretin.

Albani, röm. Adelsfamilie, der Papst Klemens XI. (1700–21) entstammte. Kardinal Alessandro A. (* 1692, † 1779) gründete, beraten von J. J. Winckelmann, die Antikensammlung der **Villa Albani.**

Albani, Francesco, ital. Maler, * Bologna 17. 3. 1578, † ebd. 4. 10. 1660; schuf Fresken, Altarwerke und idyll. Landschaften u. a. mit Darstellungen aus der antiken Mythologie.

Albanien, alban. **Shqipëri,** amtl. **Republika e Shqipërisë,** dt. **Republik A.,** Staat in SO-Europa, auf der westl. Balkanhalbinsel, grenzt im NW an Montenegro, NO an Serbien, im O an Makedonien, im SO und S an Griechenland und im W an das Adriat. Meer.

Staat und Recht

Nach der Verf. vom 28. 11. 1998 (durch Referendum vom 22. 11. 1998 gebilligt) ist A. eine parlamentar. Rep. mit Mehrparteiensystem. Staatsoberhaupt und Oberbefehlshaber der Armee ist der vom Parlament auf fünf Jahre gewählte Präs.; die Legislative liegt bei der Volksversammlung (140 Abg., für vier Jahre gewählt). Die Reg. unter Vorsitz des Min.-Präs. wird vom Präs. berufen und muss vom Parlament bestätigt werden. Einflussreichste Parteien: Sozialist. Partei A.s (PSSh, bis 1991 Partei der Arbeit A.s), Demokrat. Partei A.s (PDSh), Republikan. Partei A.s (PRSh), Sozialdemokrat. Partei A.s (PSDSh), Neue Demokrat. Partei (PD[R]), Sozialist. Integrationsbewegung (LSI), Demokrat. Allianz (PAD), Union für Menschenrechte (PBDNJ).

Landesnatur

Im N grenzen die Nordalban. Alpen (im Jezercë bis 2 694 m ü. M.) an Montenegro. Südlich schließen sich Kalksteinmassive an, die im S bis zum Meer reichen. Beide Gebirgszüge umschließen ein tertiäres Hügelland (Nieder-A.), das meerwärts in eine Küstenebene übergeht. Das Klima ist insgesamt mediterran mit warmen, trockenen Sommern und regenreichen Wintern; in den Gebirgen des N und O herrscht kontinentales Klima. Die Vielfalt der artenreichen Vegetation reicht von mediterraner Hartlaubzone im Küstengebiet über Buschwald, Trockenwald, Nadelwald bis zu alpinen Matten im Gebirge. Das ehemals versumpfte Küstengebiet wurde zumeist für landwirtsch. Nutzung (Reisanbau) kultiviert. Hauptflüsse sind Drin und Mat (mit Staustufen), Shkumbin, Seman, Vjosë. Durch den Skutarisee verläuft die Grenze zu Montenegro, durch den Ohridsee zu Makedonien und durch den Prespasee zu Makedonien und Griechenland.

Bevölkerung

98 % der Bev. sind →Albaner, ethn. Minderheiten sind Griechen (im S), Slawen (Makedonen, serbischsprachige Montenegriner), Rumeri (Aromunen) und Roma (Zigeuner). Am dichtesten sind das Hügelland und das mittlere Küstentiefland besiedelt. Größte Städte sind neben der Hauptstadt die Hafenstadt Durrës, Elbasan, Shkodër, Vlorë und Korçë. Das jährl. natürl. Bev.-Wachstum liegt bei etwa 0,9 %. Trotzdem nimmt die Ew.-Zahl durch Auswanderung ab. Über 3 Mio. Albaner leben im Ausland; Hauptauswanderungsländer sind Griechenland und Italien. – Es besteht allg. achtjährige Schulpflicht. Die Alphabetisie-

rungsrate liegt (2006) bei 99%. – Zw. 65 und 70% der Bev. bekennen sich zum Islam, ganz überwiegend als Sunniten der hanefit. Rechtsschule (daneben →Bektaschi), rd. 25% zum Christentum (rd. 14% Katholiken, rd. 10% Orthodoxe, rd. 1% Protestanten). Von 1967 (Erklärung A.s zum »ersten atheist. Staat der Welt«) bis zur formellen Aufhebung des Religionsverbots 1990 war jegliche Religionsausübung unter Strafe gestellt.

Wirtschaft und Verkehr

Produktion und Handel waren vor 1991 vollständig verstaatlicht, eine staatl. Kreditaufnahme war verboten, die Aufwendungen für die Verteidigung waren außerordentlich hoch. Der Zerfall der sozialist. Ordnung nach 1991 war mit einem Zusammenbruch der Wirtschaft verbunden. Nach 1991 setzte eine marktwirtschaftl. Transformation ein. Gemessen an der Wirtschaftskraft und am Bruttoinlandsprodukt (BIP) pro Kopf von 2050 € (2004) gehört A. gegenwärtig zu den am wenigsten entwickelten Staaten Europas. Ausgehend von einem niedrigen Niveau, verzeichnet die alban. Wirtschaft seit etwa 2000 ein stetiges Wachstum (2001–05 jährlich zw. 4,7 und 7,6%). Die Arbeitslosenquote betrug 2004 offiziell 14,4%; problematisch ist der hohe Anteil der Schattenwirtschaft. 2005 erwirtschafteten die Landwirtschaft etwa 23%, die Ind. 19% und der Dienstleistungssektor 58% des BIP, wobei mehr als die Hälfte der Arbeitskräfte in der Landwirtschaft beschäftigt sind. Sie weist insbes. aufgrund fruchtbarer Böden (in der Tiefebene) und günstiger klimat. Bedingungen gute Entwicklungsvoraussetzungen auf, jedoch ist der Technisierungsgrad gering. A. ist reich an Bodenschätzen. Die Chromerzvorkommen am oberen Mat gehören zu den wichtigsten der Erde; weiterhin gibt es Eisen-, Nickel- und Kupferlagerstätten sowie Vorkommen von Erdöl, Erdgas, Bitumen und Braunkohle. Die Förderung der Rohstoffe war nach 1991 rückläufig. A. ist auf Energieimporte angewiesen, bedeutend ist der Energieerzeugung durch die Wasserkraftwerke am Drin. Im sozialist. A. wurde neben der Schwerind. bes. chem., Textil- und Baustoffind. ausgebaut, während der 1990er-Jahre war die Ind.-Produktion von einem starken Niedergang betroffen. Ein industrieller Neuanfang vollzieht sich v. a. im Bereich der Niedriglohnindustrien (Nahrungsmittel-, Textil- und Bekleidungsind.). Eine schnelle Entwicklung erfuhren der Handels-, Transport- und die anderen Dienstleistungsbereiche, in denen seit Beginn der 1990er-Jahre zahlr. Kleinbetriebe entstanden sind. Bedeutende ausländ. Investitionen werden v. a. in den Bereichen Gastronomie und Hotellerie, Einzelhandel, Bauwirtschaft sowie im Ausbau der Verkehrsinfrastruktur getätigt, in geringerem Umfang auch in Bergbau und Ind. – Bedeutende Handelspartner A.s sind Italien, Griechenland und Dtl. Wichtige Importgüter sind Textilien (Vorprodukte), Nahrungsmittel sowie mineral. Produkte und Baumaterialien; Exportgüter sind Textilien und Schuhe, Nahrungsmittel und Tabak sowie Metalle und Mineralprodukte. – Das Verkehrsnetz ist nach wie vor unterentwickelt. Das Hauptstraßennetz erreicht einen Umfang von rd. 7500 km (davon sind rd. 2900 km befestigt). Das Streckennetz der Eisenbahn ist einspurig, nicht elektrifiziert und umfasst 720 km. Haupthäfen sind Durrës und Vlorë; der einzige internat. Flughafen (»Mutter Teresa«) liegt in Rinas bei Tirana.

Geschichte

Seit der Bronzezeit von illyr. Stämmen besiedelt (daneben Gründung griech. Kolonien ab dem 7. Jh. v. Chr.), seit 168 v. Chr. römisch, seit 395 byzantinisch, war A. vom 10. bis 15. Jh. Streitobjekt der umliegenden Mächte; im 11. Jh. kam für die Bev. die Bez. Albaner in Gebrauch. Gegen das Vordringen des Osman. Reiches organisierte Fürst Gjergj Kastriota, gen. →Skanderbeg, den alban. Widerstand, der nach seinem Tod (1468) zusammenbrach; gegen die Türkenherrschaft (bis 1912) kam es zu häufigen Aufständen. Die Ausrufung der Unabhängigkeit (28. 11. 1912) wurde am 29. 7. 1913 von den Großmächten anerkannt (allerdings Abtrennung des →Kosovo). Seit 1921 geriet A. immer mehr in Abhängigkeit von Italien, bes. unter Ahmed Zogu (seit 1925 Staatspräs., 1928–39 als Zogu I. König). Im April 1939 besetzte Italien A., Zogu floh und Viktor Emanuel III. von Italien wurde auch König von A. Nach der Kapitulation Italiens besetzten dt. Truppen A. (Sept. 1943). Nach deren Abzug (1944) übernahmen kommunist. Partisanenverbände unter E. Hoxha die Macht; als Chef der KP (seit 1948 Alban. Partei der Arbeit) und (bis zu

Albanien

seinem Tod 1985) autokratisch herrschender Staatsführer wandelte er A. seit 1946 in eine »Demokrat. VR« (Bodenreform, Verstaatlichung der Industrie) um. Unter blutiger Ausschaltung der – auch innerparteil. – Opposition (v. a. 1948–52) betrieb er eine Politik, die A. bei enger Anlehnung an China (1961–78) zunehmend isolierte. Sein Nachfolger Ramiz Alia (1985–92) leitete eine Politik der vorsichtigen außenpolit. Öffnung ein.

Ab Dez. 1989 kam es auch in A. zu Demonstrationen gegen das KP-Regime (Zentrum zunächst Shkodër; Ende 1990 Zulassung von Oppositionsparteien). Im Nov. 1990 wurde das Religionsverbot von 1976 (faktisch von 1967) aufgehoben. Die ersten freien Parlamentswahlen im März 1991 brachten den regierenden Kommunisten (seit Juni 1991 Sozialisten, PSSh) eine Zweidrittelmehrheit. Eine unter dem Druck von Unruhen, Fluchtbewegungen (nach Italien, Griechenland und in das Kosovo; bis 1995 rd. 400 000) und v. a. eines Generalstreiks im Juni 1991 gebildete Mehrparteienreg. (Dez. 1991 auseinandergebrochen) bemühte sich, A. in einen demokrat. Rechtsstaat umzuwandeln und seine Wirtschaft auf marktwirtsch. Grundlage umzubauen. Nach dem Wahlsieg der Demokrat. Partei (PDSh) 1992 wählte das Parlament S. Berisha zum Staatspräs. Differenzen mit Griechenland über die in A. lebende griech. Minderheit wurden 1995 entschärft. – 1991 trat A. der KSZE, 1994 der NATO-Initiative »Partnerschaft für den Frieden« und 1995 dem Europarat bei. – Kriminelle Anlagengeschäfte, bei denen viele Albaner ihre Ersparnisse verloren, führten Anfang 1997 zu schweren bürgerkriegsähnl. Unruhen und zum zeitweiligen Zusammenbruch der staatl. Ordnung (Entsendung einer multinat. Friedenstruppe von März bis Aug. 1997 auf Ersuchen der Reg.). Bei den Parlamentswahlen 1997 siegte die PSSh und stellte mit F. Nano den Min.-Präs.; nach dem Rücktritt von Berisha wurde mit Rexhep Mejdani gleichfalls ein Sozialist Staatspräs. (Juli 1997). Im Sept. 1998 trat Nano nach Unruhen zurück, sein Nachfolger wurde Pandeli Majko, Ende Okt. 1999 Ilir Meta. Mit der Ausweitung der Kosovokrise (1998/99) kam es zur vorübergehenden Aufnahme von mehr als 500 000 vertriebenen Kosovaren; A. wurde Aufmarschgebiet der NATO-Militäraktion gegen Jugoslawien und erhielt enorme internat. Hilfe. Außenpolitisch vermochte A. die Kosovokrise zum engeren Anschluss an die internat. Gemeinschaft (EU, NATO) zu nutzen. Im Nov. 2000 war A. gemeinsam mit anderen Balkanstaaten der Status eines potenziellen Kandidaten für einen Beitritt zur EU zuerkannt worden (ohne Zeitplan). Die großen Probleme in der Innenpolitik behinderten weiterhin die Entwicklung (u. a. ruinöser Zustand der Wirtschaft, instabile polit. Ordnung, fortdauernde innenpolit. Zerrissenheit und Konfrontation). Bewaffnete Aktionen extremist. alban. Freischärler in Makedonien (»Nat. Befreiungsarmee«, UÇK) und Serbien (»Befreiungsarmee von Preševo, Medvedja und Bujanovac«, UÇMB) provozierten ab Frühjahr 2000 eine neue Balkankrise, die ab Jan. 2001 eskalierte und erst im Sommer mit dem Vertrag von Ohrid/Skopje entschärft wurde. Bei den Wahlen 2001 siegte die PSSh deutlich; Meta wurde im Aug. als Min.-Präs. erneut mit der Reg.-Bildung beauftragt, trat aber bereits im Januar 2002 zurück. Majko wurde zu seinem Nachfolger gewählt, am 20. 6. 2002 Alfred Moisiu als Kandidat von Reg. und Opposition zum neuen Staatspräs.; am 26. 7. übernahm Nano wieder das Amt des Min.-Präs.

Bei den Parlamentswahlen im Juli 2005 wurde die PDSh stärkste Kraft; ihr Vors. Berisha bildete als Min.-Präs. mit der Republikan. Partei (PRSh) eine Koalitionsregierung. 2006 schloss die EU mit A. ein Stabilisierungs- und Assoziierungsabkommen.

Albanische Alpen, Nordalbanische Alpen, Gebirge an der N-Grenze Albaniens zu Montenegro (Föderation Serbien und Montenegro), bis 2 694 m ü. M. (Jezercë); aus Kalken und Dolomiten aufgebaut.

albanische Sprache, selbstständiger Zweig der indogerman. Sprachen mit zwei Dialekten, dem Gegischen im N Albaniens und dem Toskischen im S (Amtssprache in Albanien); sie wird in Albanien, der serb. Provinz Kosovo und Teilen Montenegros und Makedoniens gesprochen. Die a. S. zählt zu den →Balkansprachen und wird seit 1908 in Lateinschrift geschrieben; rd. 5 Mio. Sprecher.

Zu den bedeutendsten Dichtern der **albanischen Literatur** gehören im 19. Jh. neben G. Fishta u. a. N. Frashëri und J. De Rada (* 1814, † 1903). Vertreter der neueren Prosa sind F. S. Noli (* 1903, † 1965) und E. Koliqi (* 1903, † 1975). Namhafte Autoren des alban. sozialist. Realismus und der zeitgenöss. Literatur sind u. a. S. Spasse (* 1914), D. Agolli (* 1931) und der auch internat. bekannte I. Kadare.

Albanologie [lat.-nlat.] die, Wiss. von der alban. Sprache und Literatur.

Albany [ˈɔːlbənɪ], 1) Fluss in der Prov. Ontario, Kanada, entspringt aus dem Cat Lake und mündet in die südwestl. James Bay, 982 km lang.

2) Hptst. des Bundesstaates New York, USA, am Hudson, 93 900 Ew.; bed. Binnenhafen; Teile der State University of New York, Hochschulen; Maschinenbau, Papierindustrie. – 1624 von Niederländern als Fort Orange gegründet; seit 1797 Hauptstadt.

Albarello [ital.] der, zylindr. Apothekergefäß aus Majolika (Fayence), urspr. im Orient, seit dem 16. Jh. in Italien angefertigt.

Albatrosse, Diomedeidae, Familie bis 1,3 m großer, zu den Röhrennasen gehörender Seevögel der südl. Ozeangebiete mit langen, schmalen Flügeln; sie sind ausdauernde Segelflieger. Der Wanderalbatros (Diomedea exulans) mit einer Flügelspannweite bis zu 3,5 m ist der größte Meeresvogel; er ernährt sich von Tintenfischen.

Alb-Donau-Kreis, Landkreis im Reg.-Bez. Tübingen, Bad.-Württ., 1 357 km², links und rechts der Do-

Albatrosse: Wanderalbatrosse

Leon Battista Alberti: Fassade der Kirche Santa Maria Novella in Florenz (1458 ff.)

nau im Alpenvorland und auf der Schwäb. Alb, 190 000 Ew.; Verw.-Sitz Ulm.

Albe [mhd., zu lat. albus »weiß«] *die*, langes, weißes liturg. Untergewand des kath. und anglikan. Priesters.

Albedo [lat.] *die*, in Astronomie und Meteorologie ein Maß für das Rückstrahlvermögen von diffus reflektierenden Oberflächen (z. B. der Sonnenstrahlung durch Erdoberfläche und Atmosphäre).

Albee [ˈɔːlbɪ], Edward, amerikan. Dramatiker, *Washington (D. C.) 12. 3. 1928; einer der einflussreichsten Nachkriegsdramatiker; vom experimentellen Off-Broadway-Theater geprägt; Meister psycholog. Analyse und präziser Dialoge, so u. a. in »Wer hat Angst vor Virginia Woolf?« (1962). – *Weitere Werke:* Der amerikan. Traum (1961); Empfindl. Gleichgewicht (1966); See-Eskapade (1974); Die Ziege oder Wer ist Sylvia? (2001).

Albemarle [ˈælbəmɑːl], **Isabela**, →Galápagosinseln.

Albéniz [alˈβeniθ], Isaac, span. Pianist und Komponist, *Camprodon (Prov. Girona) 29. 5. 1860, †Cambo-les-Bains (Dép. Pyrénées-Atlantiques) 18. 5. 1909; komponierte mit folklorist. Anklängen v. a. virtuose Klaviermusik, aber auch Lieder, Orchesterwerke, Opern und Zarzuelas.

Alberich [niederdt. »Elfenkönig«], Zwerg der german. Heldensage. Nach dem »Nibelungenlied« verliert er Tarnkappe und Nibelungenhort an Siegfried.

Alberobello, Stadt in Apulien, Prov. Bari, Italien, 10 900 Ew.; bekannt durch ihre eigentüml. Kegelbauten, die Trulli (→Trullo; UNESCO-Welterbe).

Albers, 1) Hans, Bühnen- und Filmschauspieler, *Hamburg 22. 9. 1891, †Kempfenhausen (heute zu Berg, Kr. Starnberg) 24. 7. 1960; Star des dt. Films der 1930/40er-Jahre, so u. a. in »Münchhausen« (1943), »Große Freiheit Nr. 7« (1944) und »Vor Sonnenuntergang« (1956); war auch Schlager- und Chansoninterpret.
2) Josef, Maler, *Bottrop 19. 3. 1888, †New Haven (Conn.) 25. 3. 1976; lehrte am Bauhaus, folgte nach dessen Schließung 1933 einer Berufung in die USA; übte als Maler und Kunsttheoretiker einen nachhaltigen Einfluss auf die Entwicklung der abstrakten Malerei aus, v. a. auf die Vertreter der Op-Art.

Albert, Herrscher:
Belgien: **1) A. I.,** König der Belgier (1909–34), *Brüssel 8. 4. 1875, †(verunglückt) bei Namur 17. 2. 1934; verteidigte als militär. Oberbefehlshaber die belg. Neutralität im Ersten Weltkrieg (Ehrenname »Koning-Ridder«, dt. »König-Ritter«).
2) A. II., König der Belgier (seit 1993), *Schloss Stuyvenberg (bei Brüssel) 6. 6. 1934; zweiter Sohn König Leopolds III. und dessen Frau Astrid, ⚭ seit 1959 mit Paola Ruffo di Calabria; folgte seinem älteren Bruder Baudouin I. (†1993) auf den Thron.
Großbritannien: **3) A.,** Prinzgemahl, *Schloss Rosenau (bei Coburg) 26. 8. 1819, †Windsor 14. 12. 1861; zweiter Sohn des Herzogs Ernst I. von Sachsen-Coburg-Gotha, heiratete 1840 seine Cousine, Königin →Viktoria, deren einflussreicher Ratgeber er wurde; Anhänger der liberalen dt. Einheitsbewegung.
Monaco: **4) A. II.,** Fürst von Monaco (seit 2005), *Monte Carlo 14. 3. 1958; aus dem Haus Grimaldi, Sohn von Rainier III. und Gracia Patricia. A. übernahm 2005 für seinen erkrankten Vater die Regentschaft und folgte ihm (entsprechend der monegass. Erbfolge anstelle seiner älteren Schwester) nach dessen Tod auf den Thron.
Sachsen: **5) A.,** König (1873–1902), *Dresden 23. 4. 1828, †Sibyllenort (heute Szczodre, bei Breslau) 19. 6. 1902; führte als Kronprinz 1866 (Dt. Krieg) das sächs. Heer gegen Preußen, 1870/71 (Dt.-Frz. Krieg) die Maasarmee gegen Frankreich; unter ihm bed. Industrialisierung, aber auch soziale Polarisierung in Sachsen.

Albert, 1) Eugen, auch Eugène **d'Albert,** Komponist und Pianist frz. Herkunft, *Glasgow 10. 4. 1864, †Riga 3. 3. 1932; Schüler von F. Liszt; über 20 Opern, u. a. »Tiefland« (1903), »Die toten Augen« (1916); Orchesterkonzerte, Kammermusik, Lieder.
2) Hans, Sozialwissenschaftler, *Köln 8. 2. 1921; einer der dt. Hauptvertreter des krit. Rationalismus, den er auf sozialwissenschaftl. und wissenschaftstheoret. Gebiet entwickelte. Er schrieb »Ökonom. Ideologie und polit. Theorie« (1954), »Kritik der reinen Erkenntnislehre« (1987), »Krit. Rationalismus. Vier Kapitel zur Kritik illusionären Denkens« (2000).

Alberta [ælˈbəːtə], die westlichste Prärieprovinz Kanadas, 661 848 km², 3,26 Mio. Ew.; Hptst. Edmonton; den größten Teil der Prov. nehmen die Interior Plains ein, im äußersten NO Anteil am Kanad. Schild, im SW an den Rocky Mountains (Nationalparks von Banff und Jaspers); Anbau von Weizen, Gerste; Viehzucht (Rinder, Schweine), Weidewirtschaft; hoch mechanisierte Farmen; große Erdöl- und Erdgasvorkommen, Abbau von Ölsanden am Athabasca River; Nahrungsmittel-, Metallind., Petrochemie.

Albert-Einstein-Friedenspreis, von der 1979 in Chicago gegründeten »Albert Einstein Peace Prize Foundation« gestiftete, mit 50 000 US-$ dotierte Auszeichnung für Verdienste um den Weltfrieden.

Alberti, 1) Leon Battista, ital. Humanist, Künstler und Gelehrter, *Genua 14. 2. 1404, †Rom 25. 4. 1472; eine führende Gestalt des ital. Frühhumanismus, von universaler Begabung (»uomo universale«); als Baumeister bahnbrechend für die Renaissance; bed. Kunsttheoretiker. – *Bauten:* Umbau für San Francesco, Rimini (ab 1446); Fassaden des Palazzo Rucellai (1446–51) und von Santa Maria Novella (ab 1458) in Florenz; Sant' Andrea, Mantua (ab 1470). – *Schriften:* »Über die Malerei« (1435); »Über die Baukunst« (1451).
2) Rafael, span. Lyriker, *El Puerto de Santa María (Prov. Cádiz) 16. 12. 1902, †ebd. 28. 10. 1999; 1939–77 im argentin. und röm. Exil. Die frühe Lyrik hat volks-

Edward Albee

Hans Albers

Albert I., König der Belgier

Albert II., König der Belgier

Albert II., Fürst von Monaco

Heinrich Albertz

Albi
Stadtwappen

tüml., dann surrealist. Züge, später behandelte er soziale und polit. Themen. Wichtige Werke u. a.: »Zu Lande, zu Wasser« (1925); »An die Malerei« (1945); dt. Ausw. u. d. T. »Ich war ein Dummkopf, und was ich gesehen habe, hat mich zu zwei Dummköpfen gemacht« (1982). Erhielt 1983 den Premio Miguel de Cervantes.

Albertina die, Sammlung von Handzeichnungen und Druckgrafik in Wien, gegr. 1769 von Herzog Albert (Albrecht) Kasimir von Sachsen-Teschen.

Albertinelli, Mariotto, eigtl. M. **di Biagio di Bindo** [- biˈaːdʒo -], ital. Maler, * Florenz 13. 10. 1474, † ebd. 5. 11. 1515; hatte 1509–13 eine Werkgemeinschaft mit Fra Bartolomeo, der A.s Werke stark beeinflusste.

Albertiner, auf Albrecht den Beherzten zurückgehende Linie der Wettiner; 1547–1806 Kurfürsten, 1806–1918 Könige von Sachsen.

Albertinum das, ehem. Zeughaus in Dresden, 1559 ff. erbaut, mehrmals umgebaut, seit 1887 als »A.« Skulpturenmuseum, im Zweiten Weltkrieg zerstört. Nach der Wiederherstellung kamen in das A. wesentl. Teile der Staatl. Kunstsamml. Dresden: die Skulpturensamml., Teile des →Grünen Gewölbes (bis 2004) und die Gemäldegalerie »Neue Meister«.

albertische Bässe, Bassbegleitung in gleichförmig sich wiederholenden Akkordbrechungen, benannt nach dem ital. Komponisten Domenico Alberti (* um 1710, † um 1740).

albertische Bässe: Wolfgang Amadeus Mozart, Sonate C-Dur KV 545 (1788)

Albertkanal, Großschifffahrtsweg in Belgien zw. Maas und Schelde, für Schiffe bis 2 000 t, verbindet Lüttich mit Antwerpen, 129 km lang, sechs Schleusen.

Albertnil, Abschnitt des →Nil nördlich (unterhalb) des Albertsees, Uganda.

Albertsee, der nördlichste See des Zentralafrikan. Grabens, in Uganda und der Demokrat. Rep. Kongo (dort 1972–97 Mobutu-Sese-Seko-See gen.), 619 ü. M., 5 374 km^2, bis 48 m tief; sehr fischreich; Hauptzuflüsse: Semliki, Victorianil; Abfluss über den Albertnil.

Albertus Magnus, Albert der Große, Naturforscher, Philosoph und Theologe, * Lauingen (Donau) um 1200, † Köln 15. 11. 1280; seit 1223 (oder 1229) Dominikaner, lehrte an versch. dt. Ordensschulen, an der Univ. Paris und in Köln. 1254–57 war er Provinzial der dt. Ordensprovinz, 1260–62 Bischof von Regensburg; seit etwa 1270 in Köln. A. M. machte im christl. MA. die Werke des Aristoteles zugänglich, vermittelte arab. und jüd. Wissenschaft. Im →Universalienstreit bezog er eine vermittelnde Position. Bes. auf dem Gebiet der Botanik und Zoologie gilt er als einer der größten Naturforscher seiner Zeit. Thomas von Aquin und Ulrich von Straßburg waren seine Schüler. Heiliger, Tag: 15. 11.

Albertville [albɛrˈvil], Stadt in SO-Frankreich, Dép. Savoie, in der Talung der Isère, 18 000 Ew.; elektrochem. Ind., Maschinen- und Motorenbau; Fremdenverkehr. XVI. Olympische Winterspiele 1992. – Auf einem Bergsporn liegt das befestigte mittelalterl. **Conflans,** das eine alte Handelsstraße beherrschte.

Albert von Sachsen, Albert von Helmstedt, Philosoph, * um 1316, † Halberstadt 1390; wurde 1365 erster Rektor der Univ. Wien, 1366 Bischof von Halberstadt; Anhänger W. von Ockhams.

Albertz, Heinrich, ev. Theologe und Politiker (SPD), * Breslau 22. 1. 1915, † Bremen 18. 5. 1993; Pfarrer, Mitgl. der Bekennenden Kirche, in Ndsachs. 1948–55 Min., in Berlin (West) u. a. 1966–67 Regierender Bürgermeister; 1970–79 Pfarrer in Berlin; in den frühen 1980er-Jahren in der Friedensbewegung engagiert.

Albi, Hptst. des südfrz. Dép. Tarn, am Tarn, 49 100 Ew.; kath. Erzbischofssitz; Marktzentrum; Tierfutterherstellung, elektrotechn. Industrie, Softwareentwicklung. – Festungsartige Kathedrale (1282–1390), Brücke aus dem 11. Jh.; Toulouse-Lautrec-Museum. – A. wurde im 8. Jh. Sitz einer Grafschaft (**Albigeois**), die Ende des 9. Jh. bis 1271 den Grafen von Toulouse gehörte; fiel dann an die frz. Krone.

Albigenser [nach der Stadt Albi], im MA. gebräuchl. Name für die →Katharer.

Albiker, Karl, Bildhauer, * Ühlingen (heute zu Ühlingen-Birkendorf, Kr. Waldshut) 16. 9. 1878, † Ettlingen 26. 2. 1961; Schüler von A. Rodin; schuf weibl. Akte, Porträtbüsten, Ehrenmale und monumentale Figuren für Bauten des nat.-soz. Deutschland.

Albinismus [span., zu lat. albus »weiß«] der, erbl. Farbstoffmangel durch Störung der Melaninbildung bei Mensch und Tieren, der einzelne Körperteile oder Organe betreffen kann (**partieller A.**), aber auch als genereller Farbstoffmangel in allen normalerweise pigmentierten Organen vorkommt (**totaler A.**). Die Merkmalsträger heißen **Albinos;** ihre Haut ist hellrosafarbig, die Haare sind weiß oder weißblond, die Augen (infolge des Durchschimmerns der Blutgefäße) rötlich. Partieller A. äußert sich in Weißscheckung der Haut oder der Haare (weiße Haarlocke). Vom A. zu unterscheiden ist der erworbene Farbstoffmangel, z. B. im Anschluss an Hautkrankheiten oder Vergiftungen.

Albinoni, Tomaso, ital. Komponist, * Venedig 14. 6. 1671, † ebd. 17. 1. 1750; seine »Concerti a 5« bieten frühe Beispiele der Solokantate. Daneben komponierte A. Kammermusik, Konzerte und etwa 50 Opern.

Albion, meist dichterisch gebrauchter älterer, wohl vorkelt. Name für Britannien.

Albis, schmaler, 20 km langer, bewaldeter Bergzug westlich des Zürichsees, bis 915 m ü. M., mit dem Aus-

Albertus Magnus (Fresko von Tommaso da Modena, 1352; Treviso, Kloster San Nicolò)

sichtspunkt **Üetliberg** (871 m ü. M., Bergbahn); **A.-Pass**, 791 m über dem Meeresspiegel.

Albit [zu lat. albus »weiß«] *der*, Mineral, →Feldspäte.

Aloin, König der Langobarden (seit etwa 565), †Verona 28. 6. 572; vernichtete 567 im Bund mit den Awaren das Gepidenreich, eroberte 568 Italien bis zum Tiber; unter Beihilfe seiner gepid. Gattin Rosamunde ermordet.

Ålborg ['ɔːlbɒr], früher **Aalborg**, Hptst. des Amtes Nordjütland, Dänemark, am Limfjord, 162 500 Ew.; Univ. (gegr. 1974); Zement-, Tabak-, Textilind., Branntweinbrennereien, Werft; Flughafen. – Eine der ältesten Städte Dänemarks; Stadtrecht seit 1342; got. Domkirche (um 1430).

Albrecht, Herrscher:
Hl. Röm. Reich: **1) A. I.**, Röm. König (1298 bis 1308), Herzog von Österreich und Steiermark (seit 1282), *Juli 1255, †bei Brugg (Schweiz) 1. 5. 1308; ältester Sohn Rudolfs I. von Habsburg; wurde bei der Königswahl 1282 zugunsten Adolfs von Nassau übergangen und erst nach dessen Absetzung und Tod 1298 zum König gewählt; brach den Widerstand der rhein. Kurfürsten gegen seine Hausmachtpolitik (Kurfürstenkrieg, 1301/02); von seinem Neffen Johann Parricida ermordet.

2) A. II., Röm. König (1438/39), als **A. V.** Herzog von Österreich (ab 1404), *16. 8. 1397, †Neszmély (Ungarn) 27. 10. 1439; seit 1421 ⚭ mit der Erbtochter Kaiser Sigismunds, wurde 1437/38 dessen Nachfolger als König von Böhmen und Ungarn; blieb als Röm. König ungekrönt.

Bayern: **3) A. IV., der Weise**, Herzog (1460 bis 1508), *München 15. 12. 1447, †ebd. 18. 3. 1508; regierte zunächst mit seinen Brüdern, seit 1467 allein, vereinigte, als 1503 die Linie Bayern-Landshut ausstarb, das ganze Herzogtum Bayern wieder in einer Hand.

4) A. V., Herzog (1550–79), *München 29. 2. 1528, †ebd. 24. 10. 1579; unterdrückte mithilfe der Jesuiten den Protestantismus in Bayern, baute München zur Kunststadt aus, begründete die Staatsbibliothek.

Brandenburg: **5) A. der Bär**, Markgraf, *um 1100, †Stendal 18. 11. 1170; Askanier, kämpfte ab 1138 mehrmals erfolglos mit den Welfen (Heinrich der Löwe) um das Herzogtum Sachsen, wurde 1134 Markgraf der Nordmark (Altmark), eroberte im Kampf gegen die Wenden die Prignitz und das Havelland mit Brandenburg, wo er niederdt. Siedler ansiedelte (Ausbau zur Mark Brandenburg).

6) A. III. Achilles, Kurfürst (1470–86), *Tangermünde 9. 11. 1414, †Frankfurt am Main 11. 3. 1486; Hohenzoller, dritter Sohn von Kurfürst Friedrich I., erhielt 1440 das Fürstentum Ansbach, 1464 auch Bayreuth; legte im **Achilleischen Hausgesetz (Dispositio Achillea)** vom 24. 2. 1473 die Primogenitur und die Unteilbarkeit der Mark Brandenburg fest.

7) A. Alcibiades, Markgraf (1541–54) von Brandenburg-Kulmbach, *Ansbach 28. 3. 1522, †Pforzheim 8. 1. 1557; wechselte als Söldner- und Reiterführer mehrfach zw. Kaiser Karl V. und prot. Fürsten; als er Franken befehdete, wurde er 1553 bei Sievershausen von Kurfürst Moritz von Sachsen besiegt; 1554 geächtet.

Mainz: **8) A. II.**, Erzbischof und Kurfürst, Markgraf von Brandenburg, *Berlin 28. 6. 1490, †Mainz 24. 9. 1545; 1513 Erzbischof von Magdeburg und Administrator des Bistums Halberstadt, 1514 Erzbischof von

Albi: der einschiffige Backsteinbau der Kathedrale Sainte-Cécile (erbaut 1282–1390)

Mainz, 1518 Kardinal. Sein verstärkter Ablasshandel veranlasste M. Luther 1517 zu seinen 95 Thesen. A. war ein Renaissancefürst, ein Förderer des Humanismus, seit dem Bauernkrieg (1524) ein Gegner der Reformation.

Mecklenburg: **9) A. III.**, Herzog, →Albrecht 15).

Meißen: **10) A. der Entartete**, Markgraf, *um 1240, †Erfurt 20. 11. 1315; Wettiner, erhielt 1265 die Landgrafschaft Thüringen und erbte 1291 die Markgrafschaft Meißen, geriet mit seiner Familie in langen Streit, verschwendete die Einnahmen, dankte 1307 ab.

Österreich: **11) A. I.**, Herzog, König, →Albrecht 1).

12) A. V., Herzog, König, →Albrecht 2).

Preußen: **13) A. der Ältere**, erster Herzog in Preußen (1525–68), *Ansbach 17. 5. 1490, †Tapiau 20. 3. 1568; Hohenzoller, Sohn des Markgrafen Friedrich von Brandenburg-Ansbach, wurde 1510 der letzte Hochmeister des Dt. Ordens und nahm auf Luthers Rat den Ordensstaat im Vertrag von Krakau (8. 4. 1525) als weltl. Erbherzogtum unter poln. Lehnsoberhoheit; führte die Reformation ein, gründete 1544 die Univ. Königsberg.

Sachsen: **14) A. der Beherzte**, Herzog (1464 bis 1500), *Grimma 31. 7. 1443, †Emden 12. 9. 1500; Wettiner, regierte seit 1464 mit seinem Bruder Ernst, erhielt bei der Leipziger Teilung von 1485 die Markgrafschaft Meißen mit dem nördl. Thüringen und wurde so der Stifter der **Albertin. Linie** (→Albertiner); baute die Albrechtsburg in Meißen aus.

Schweden: **15) A.**, König (1364–89), als **A. III.** Herzog von Mecklenburg (1385–88 und seit 1395), *um 1340, †Kloster Doberan (heute zu Bad Doberan) 31. 3. (1. 4. ?) 1412; von den gegen seinen Onkel Magnus Eriksson rebellierenden Ständen zum König gewählt; 1389 vom Heer der dän. Königin Margarete I. bei Falköping geschlagen; bis 1395 in dän. Gefangenschaft.

Albrecht, mittelhochdt. Dichter, erweiterte um 1270 die Titurelfragmente von Wolfram von Eschenbach zum »Jüngeren Titurel«, einem beliebten Ritterroman.

Albrecht, 1) Christoph, Theater- und Musikwissenschaftler, *Bad Elster 9. 12. 1944; u. a. 1972–77 Dramaturg und Chefdisponent an der Hamburg. Staatsoper, 1991–2003 Intendant der Sächs. Staatsoper Dresden (Semperoper), ab Sommer 2003 Präs. der Bayer. Theaterakademie in München.

Ålborg Stadtwappen

Albrecht II., Erzbischof und Kurfürst von Mainz (Ausschnitt aus einem Kupferstich von Albrecht Dürer, 1519)

2) Ernst, Politiker (CDU), *Heidelberg 29. 6. 1930; war 1958–70 bei der EWG-Kommission, 1970–90 MdL, 1976–90 Min.-Präs. von Niedersachsen.

3) Gerd, Dirigent, *Essen 19. 7. 1935; war u. a. 1975–80 Chefdirigent des Tonhalle-Orchesters Zürich und 1988–97 GMD der Hamburg. Staatsoper, daneben 1993–96 Chefdirigent der Tschech. Philharmonie. Seit 1998 ist A. Chefdirigent des Yomiuri Nippon Symphony Orchestra Tokyo und seit 2000 des Dän. Nationalen Radio-Sinfonie-Orchesters.

Albrechtsleute, →Evangelische Gemeinschaft.

Albrecht von Eyb, →Eyb, Albrecht von.

Albret [al'bʁɛ], südfrz. Adelsgeschlecht, das 1484 in den Besitz des Königreichs Navarra kam. **Johanna von A.** (Jeanne d'A., *1528, †1572), seit 1548 ⚭ mit Anton von Bourbon, war die Mutter König Heinrichs IV. von Frankreich und Navarra. Die Herrschaft A., seit 1556 Herzogtum, fiel 1607 an die frz. Krone.

Madeleine Albright

Albright ['ɔ:lbraɪt], Madeleine, amerikan. Politikerin, *Prag 15. 5. 1937; aus einer Diplomatenfamilie jüd. Herkunft, Politikwissenschaftlerin; gehörte 1978–81 zum Stab des Nat. Sicherheitsrates; unter Präs. B. Clinton 1993–97 Botschafterin ihres Landes bei der UNO und 1997–2001 als erste Frau in den USA Außenminister.

Albstadt, Große Kreisstadt im Zollernalbkreis, Bad.-Württ., 46 400 Ew.; am 1. 1. 1975 durch Vereinigung von Ebingen und Tailfingen entstanden; Textilmuseum; FH; Landessportschule; Maschinen- und Gerätebau, Herstellung von Nadeln, Strick- und Wirkwaren, Waagen, elektron. Ind., Informationstechnik (Software).

Albuch, Teil der nördl. Schwäb. Alb zw. Geislinger Steige und oberstem Brenztal; dicht bewaldet.

Albufeira [-'fejra], Seebad und Fischereihafen in der Algarve, Portugal, 19 500 Ew. – Maur. Stadtbild.

Albufera [arab. »Küstensee«], Name mehrerer Haffs an der span. Mittelmeerküste; z. B. die seichte, fischreiche **A. de Valencia** mit reicher Vogelwelt, 25 km südlich von Valencia, auch Reisanbau.

Abula *die*, Fluss im Kt. Graubünden, Schweiz, 36 km, **A.-Pass** (2 312 m ü. M.) und die **A.-Bahn** mit dem **A.-Tunnel** (5,9 km lang, mit Scheitelpunkt in 1 823 m ü. M.) verbinden ihr Tal mit dem Oberengadin.

Album [lat. »das Weiße«] *das,* bei den Römern weiße Holztafel für Bekanntmachungen, seit dem 17. Jh. Sammelbuch für Briefmarken, Bilder, Kompositionen.

Albumine [lat.], Gruppe der globulären Proteine, die gut wasserlöslich und kristallisierbar sind. Wichtige Vertreter sind das **Serumalbumin,** das Bedeutung für Transportprozesse und die Erhaltung des kolloidosmot. Druckes im Blut besitzt, das **Ovalbumin** im Hühnerei, das **Laktalbumin** in der Milch und die z. T. giftigen A. aus Pflanzensamen (Ricin, Leukosin).

Albumin|urie *die,* die →Proteinurie.

Albuquerque ['ælbəkə:kɪ], Stadt in New Mexico, USA, am Rio Grande, 1 619 m ü. M., 471 900 Ew.; zwei Univ.; Luftverkehrsknoten, Zentrum der Kern- und Raumfahrtforschung; in der Nähe Versuchsanlage zur Nutzung von Sonnenenergie; Bergbau auf Uranerze.

Afonso de Albuquerque

Albuquerque [-'kɛrkə], Afonso de, port. Seefahrer und Vizekönig von Indien (1509 bis 1515), *Alhandra (bei Lissabon) 1453 oder 1462, †vor Goa 16. 12. 1515; eroberte 1507 (erneut 1515) Hormus, 1510 Goa und 1511 Malakka.

Albus [lat. (denarius) albus »Weißpfennig«] *der,* silberne Groschenmünze, seit 1362 in Trier, dann am Rhein und in Westdtl. geprägt; als **Hessen-A.** in Hessen bis 1842 im Kurs.

Alcalá de Henares [-ðə e'nares], Stadt in der Region Madrid, im östl. Vorortbereich von Madrid, 188 500 Ew.; Geburtsort von Cervantes, ehemals bed. Univ. (1498 gegr., 1836 nach Madrid verlegt, heute noch philosoph. Fakultät); Textil- und chem. Industrie. – Kirchen und Paläste aus dem 16. und 17. Jh. Die ehem. Univ. (im 16. Jh. angelegt) und das histor. Zentrum gehören zum UNESCO-Weltkulturerbe.

Alcan Highway ['ælkən 'haɪweɪ], der →Alaska Highway.

Alcan Inc. ['ælkən ɪnˈkɔːpəreɪtɪd], in den Bereichen Aluminiumverarbeitung und Verpackung tätiger kanad. Industriekonzern, Sitz: Montreal; entstanden 2000 durch Fusion von Alusuisse Group AG und Alcan Aluminium Limited (gegr. 1902), seit 2001 jetzige Firmenbez. Nach Übernahme der frz. Pechiney S. A. (2003) entstand einer der weltweit größten Aluminiumproduzenten.

Alcántara [arab. »die Brücke«], Grenzstadt in der Region Extremadura, Prov. Cáceres, Spanien, 1 700 Ew. – Stadtmauer, röm. Granitbogenbrücke über den Tajo. – Der **Orden von A.,** einer der vier großen span. Ritterorden, wurde 1156 im Kampf gegen die Mauren gegründet.

Alcantara ® *das,* ein Kunstleder, das bes. für die Verwendung als Rock-, Jacken- oder Mantelstoff geeignet ist; besteht aus einem mit Polyurethan verfestigten Faservlies aus Polyester-Mikrofasern, hat Wildledercharakter, ist bes. haltbar, knitterarm und pflegeleicht.

Alcatel S. A., global (in über 130 Ländern) tätiger frz. Elektronik- und Telekommunikationskonzern, Sitz: Paris; entstanden 1991 durch Namensänderung der 1987 reprivatisierten Compagnie Générale d'Électricité als Alcatel Alsthom S. A.; firmiert seit 1998 unter dem heutigen Namen.

Alcatraz [ælkə'træz], kleine Felseninsel in der San Francisco Bay, USA. – Bekannt durch das Zuchtgefängnis (1934–63), das als eines der sichersten der Welt galt (unter den Häftlingen Al Capone). 1969–71 besetzten Indianer die Insel; heute Touristenattraktion.

Alcázar [al'kaθar; arab. »Burg«] *der,* **Alkazar,** Name vieler Schlösser, Burgen und Festen in Spanien (z. B. Segovia, Sevilla, Toledo), die nach der Eroberung weiter Teile des Landes durch die Araber (711) entstanden.

Alchemie [von arab. al-kīmiyā' »Chemie«] *die,* **Alchimie, Alchymie,** entstand im 2./3. Jh. im alexandrin. Ägypten und war im MA. bis zum Beginn der Neuzeit die Beschäftigung mit chem. Stoffen; meist erfolgte dies auf Grundlage der Empirie. Im 15. und 16. Jh. wurden durch Erneuerung der A. (v. a. durch Paracelsus) die ersten Grundsteine für die spätere wiss. Chemie gelegt. Die A. stand seither außerhalb der Naturwissenschaften. Mit ihren Bemühungen, Gold zu machen, den »Stein der Weisen«, das Universallösungsmittel »Alkahest« und lebensverlängernde Elixiere zu finden, stand sie für eine »geheime Kunst«.

Älchen, Sammelbez. für meist an Kulturpflanzen schmarotzende Fadenwürmer; u. a. das Rübenälchen.

Alchimie, die →Alchemie.

Alcoa Inc. ['ælkəʊə ɪnˈkɔːpəreɪtɪd], einer der weltweit führenden Aluminiumproduzenten (Herstellung von Hüttenaluminium, Aluminiumprodukten und Tonerde), Sitz: Pittsburgh (Pa.); gegr. 1888 als Pittsburgh Reduction Company, 1907 Umbenennung in

Aluminium Company of America, seit 1929 firmiert der Konzern unter jetziger Kurzform.

Alcobaça [alku'βasɐ], Stadt in Mittelportugal, in der Estremadura, 9 800 Ew.; Herstellung von Fayencen und Kristallglas; Obsthandel; Fremdenverkehr. – Die ehem. Zisterzienserabtei, 1147 von König Alfons I. nach dessen Sieg über die Mauren gestiftet, ist ein bed. frühgot. Baudenkmal (seit 1930 port. Nationalmonument) und wurde von der UNESCO zum Weltkulturerbe erklärt.

Alcoforado [alkufu'raðu], Mariana, port. Nonne, * Beja 22. 4. 1640, † ebd. 28. 7. 1723. Die ihr zugeschriebenen leidenschaftl., literarisch bed. Liebesbriefe (in frz. Fassung überliefert) an Noël Bouton de Chamilly, Graf von Saint-Léger, wurden wahrscheinlich von dem als Übersetzer genannten Franzosen Gabriel Joseph de Lavergne, Graf von Guilleragues (* 1628, † 1685), verfasst (»Portugies. Briefe«, 1669, dt. von R. M. Rilke 1913).

Alcopops [Kunstwort], **Alkopops**, alkoholhaltige Mixgetränke meist auf Rum-, Whisky- oder Ginbasis mit 5–6 Vol.-% Alkohol, die bes. bei Jugendlichen beliebt sind und für diese zur Einstiegsdroge werden können. Um dem Alkoholkonsum von Jugendlichen entgegenzuwirken, unterliegen A. in Dtl. seit dem 1. 7. 2004 einer **A.-Steuer**, durch die A. um 84 Cent je 0,275 l-Flasche verteuert wurden.

Alcotest ®, Verfahren zur Bestimmung des Alkoholgehaltes der ausgeatmeten Luft (**Alkoholtest**); beruht darauf, dass der Alkoholgehalt der aus den Lungen kommenden Luft stets in einem bestimmten Verhältnis zum Alkoholspiegel des Blutes steht. Die ausgeatmete Luft gelangt in ein Prüfröhrchen mit Chemikalien, die sich je nach Alkoholgehalt verfärben. Der Alkoholgehalt der Atemluft kann bei modernen Verfahren auch mit einem Infrarotgerät sehr genau bestimmt werden.

Alcoy [al'kɔi], span. Industrie- und Handelsstadt im Land Valencia, Prov. Alicante, 58 400 Ew.; Papier- und Textilindustrie.

Aldabra-Atoll, Aldabra-Inseln, aus vier Inseln bestehendes Atoll nördlich von Madagaskar, gehört zur Rep. Seychellen, einschließlich Lagune 150 km²; unberührtes ökolog. System mit endem. oder anderenorts ausgestorbenen Arten; Forschungsstation. – Naturschutzgebiet (UNESCO-Weltnaturerbe).

Aldan der, rechter Nebenfluss der Lena in O-Sibirien, Russland, in Jakutien, 2 273 km; am Oberlauf, im A.-Bergland, Goldgewinnung und Glimmerabbau.

Aldebaran [arab. »der (den Plejaden) Folgende«] der, Hauptstern (α) im Sternbild Stier mit stark rötl. Licht; ein Roter Riese.

Aldegrever, eigtl. **Trippenmecker,** Heinrich, Kupferstecher, Maler, Goldschmied, * Paderborn 1502, † Soest nach 1555; schuf etwa 300 meist kleine Kupferstiche, ferner fantasievolle Ornamentstiche.

Aldehyde [von Alcoholus dehydratus], organ. Verbindungen mit der **Aldehyd-** oder **Formylgruppe** HC=O, gebildet durch Dehydrierung primärer Alkohole, Oxidation von Alkoholen oder →Oxosynthese. Die systemat. Namen der aliphat. A. (**Alkanale**) werden aus dem zugehörigen Kohlenwasserstoff (Methan, Ethan usw.) und der Endsilbe -al gebildet (Methanal, Ethanal usw.). Verwendung der A. als Geschmacks- und Riechstoffe wie Benzaldehyd, Citral (Geruch nach bitteren Mandeln bzw. Zitrone) und Vanillin, aber auch als Desinfektionsmittel oder als Rohstoff für Kunststoffe (z. B. **Formaldehyd** oder Acrolein).

Aldenhoven, Gemeinde im Kr. Düren, NRW, 14 300 Ew.; Bergbaumuseum; pharmazeut. und Metallind., Logistik; früher Steinkohlenabbau und Braunkohlentagebau. Wallfahrtsort seit 1654. Beim Braunkohlenabbau konnte seit 1971 auf der Aldenhovener Platte eine Siedlungslandschaft der Jungsteinzeit (Linienbandkeramik bis Rössener Kultur) untersucht werden.

Alder, Kurt, Chemiker, * Königshütte 10. 7. 1902, † Köln 20. 6. 1958; erhielt mit O. Diels für die →Diensynthese 1950 den Nobelpreis für Chemie.

Alderman ['ɔːldəmən; engl. »Ältester«] der, **1)** bei den Angelsachsen der Vertreter des Königs in den Reichsteilen.
2) in Großbritannien und den USA Mitglied des Stadtrats.

Alderney ['ɔːldəni], die nördlichste der brit. Kanalinseln, 8 km², 2 100 Ew. meist brit. Herkunft; Viehzucht, Anbau von Frühkartoffeln.

Aldershot ['ɔːldəʃɒt], Stadt in der Cty. Hampshire, südwestlich von London, 32 700 Ew.; Garnisonstadt seit 1854.

Aldhelm, angelsächs. Dichter, * in Wessex um 640, † Doulting (Cty. Somerset) 25. 5. 709 als Bischof von Sherborne; verfasste Werke in gekünsteltem Stil; Heiliger, Tag: 25. 5.

ALDI-Gruppe, Mülheim a. d. Ruhr, von Theo (* 1922) und Karl Albrecht (* 1920) 1946 gegründetes Einzelhandelsunternehmen, bestehend aus zwei selbstständigen Regionalgesellschaften (ALDI Einkauf GmbH & Co. OHG-Nord und ALDI Einkauf GmbH & Co. OHG-Süd). ALDI (Abk. für **Al**brecht **Di**scount) verhalf den Discountläden zum Durchbruch.

Aldinen, Druckwerke von Aldus →Manutius, bes. seine zuverlässigen und sorgfältig gestalteten Ausgaben griech. und lat. Klassiker.

Aldington ['ɔːldɪŋtən], Richard, engl. Schriftsteller, * Portsmouth 8. 7. 1892, † Sury-en-Vaux (Dép. Cher, Frankreich) 27. 7. 1962; zählte als Lyriker zu den Begründern des →Imagismus, schrieb den Kriegsroman

Alchemie: Alchemistenküche des 15. Jh. im Collegium Maius in Krakau

»Heldentod« (1929), Biografien (»Der Fall T. E. Lawrence«, 1955).

Aldobrandini, florentin. Adelsfamilie, seit dem 16. Jh. in Rom. Ippolito A. (* 1536, † 1605) wurde als Klemens VIII. Papst; er erhob die Familie in den Fürstenstand.

Aldobrandinische Hochzeit, röm. Wandgemälde aus augusteischer Zeit, stellt Vorbereitungen zu einer Hochzeit dar; 1605 in Rom gefunden und nach seinem ersten Besitzer, Kardinal Cinzio Aldobrandini, benannt; seit 1818 in den Vatikan. Sammlungen in Rom.

Aldosen, Monosaccharide mit einer Aldehydgruppe.

Aldosteron [Kunstwort] *das,* Steroidhormon der Nebennierenrinde, wichtigstes Mineralocorticoid, regelt die Kochsalzrückresorption und die Kaliumausscheidung.

Aldrin [ˈɔːldrɪn], Edwin, amerikan. Astronaut, * Montclair (N.J.) 20. 1. 1930; 1969 erste Mondlandung mit N. → Armstrong.

Edwin Aldrin

Ale [eɪl, engl.] *das,* engl. obergäriges Bier, z. B. das helle, stark gehopfte **Pale-A.** oder das leicht gehopfte **Mild-A.** (→ Porter, → Stout).

alea iacta est [lat. »der Würfel ist geworfen«], sprichwörtlich: Die Entscheidung ist gefallen; angebl. Ausspruch Caesars, als er 49 v. Chr. den → Rubikon überschritt.

Aleander, Hieronymus, eigtl. Girolamo Aleandro, ital. Humanist und päpstl. Diplomat, * Motta di Livenza (Prov. Treviso) 13. 2. 1480, † Rom 1. 2. 1542; bekämpfte die Reformation und entwarf u. a. das Wormser Edikt. Als Legat in Dtl. (1531/32) suchte er den Nürnberger Religionsfrieden zu vereiteln; 1538 Kardinal.

Aleatorik [zu lat. alea »Würfel«] *die,* seit etwa 1951 Bez. für eine Kompositionsrichtung, bei der der Interpret Teile eines Stücks austauschen oder weglassen kann bzw. in der die improvisator. und insofern zufällige Realisierung einer Komposition durch den Interpreten breiten Raum einnimmt (P. Boulez, J. Cage, M. Kagel, K. Stockhausen u. a.).

Alechinsky [aleʃɛ̃ˈski], Pierre, belg. Maler und Grafiker, * Brüssel 19. 10. 1927; lebt seit 1951 in Bougival bei Paris, Mitbegründer der Gruppe → Cobra.

Alecsandri, Vasile, rumän. Dichter, * Bacău 14. 6. 1818 (2. 8. 1821?), † Mirceşti (Verw.-Geb. Iaşi) 22. 8. 1890; schrieb patriot. und volksliedhaft-schlichte Gedichte, sammelte rumän. Volkslieder, betonte die Latinität Rumäniens.

Aleixandre [aleiˈksandre], Vicente, span. Lyriker, * Sevilla 26. 4. 1898, † Madrid 14. 12. 1984; Vertreter eines romantisch-visionären Surrealismus unter Bevorzugung des Vers libre (u. a. »Die Zerstörung oder die Liebe«, 1935; »Nackt wie der glühende Stein«, 1963). Nobelpreis für Literatur 1977.

Vicente Aleixandre

Alekna, Virgilius, litauischer Leichtathlet (Diskuswerfer), * Terpeikiai (Bez. Panevėžys) 13. 2. 1972; u. a. Olympiasieger 2000 und 2004, Weltmeister 2003 und 2005 sowie Europameister 2006. Europas Leichtathlet des Jahres 2005.

Alemán, Mateo, span. Schriftsteller, getauft Sevilla 28. 9. 1547, † in Mexiko um 1614; schrieb den Schelmenroman »Das Leben des Guzmán von Alfarache« (1599–1604).

Alemannen, Alamannen, westgerman. Stamm; hervorgegangen aus elbgerman. Bev.-Gruppen, die nach Südwestdtl. zugewandert waren (→ Sweben). Der Neustamm der A. war seit dem 2./3. Jh. im Vorfeld des Limes ansässig (erste Erwähnung 213). Wiederholte Vorstöße führten zum Fall des Limes (259/60) und zur Besiedlung des → Dekumatlandes. Archäolog. Funde bezeugen einen ständigen Zuzug aus Mitteldtl. und Böhmen im 4./5. Jh. Nach 454 dehnten sich die A. bis ins Elsass und die N-Schweiz aus. 496 (erneut 506) wurden sie vom Frankenkönig Chlodwig I. unterworfen und aus dem Maintal verdrängt. Das im 8. Jh. erloschene alemann. Stammesherzogtum entstand im (späteren) Hl. Röm. Reich des 10. Jh. erneut als Herzogtum → Schwaben. Die geschichtl. Entwicklung führte in der Folgezeit zu einer Gliederung des Stamms in Schwaben, Deutschschweizer, Elsässer, Vorarlberger.

Alemannisch, eine der dt. Mundarten (→ Mundart).

Alembert [alɑ̃ˈbɛːr], Jean-Baptiste Le Rond d', frz. Mathematiker, Philosoph und Physiker, * Paris 16. 11. 1717, † ebd. 29. 10. 1783; gab mit D. Diderot seit 1751 die ersten sieben Bde. der »Encyclopédie« (→ Enzyklopädisten) heraus. Seine Erkenntnistheorie, in der er die Erfahrungswiss. zu begründen suchte, wurde grundlegend für den Positivismus. A. hat bed. Fortschritte in der Zahlentheorie und Analysis erzielt. In seinem wiss. Hauptwerk der Mechanik, »Traité de dynamique« (1743), stellte er das **d'alembertsche Prinzip** auf, eine Beschreibung von beschleunigenden Kräften, die es ermöglicht, dynam. Aufgaben wie stat. Gleichgewichtsaufgaben zu lösen (→ Extremalprinzipien).

Alençon [alɑ̃ˈsɔ̃], Hptst. des nordfrz. Dép. Orne, 30 400 Ew.; Textil-, Elektro- u. a. Ind., Fayenceherstellung. – Den Titel der Herzöge von A. trugen Mitglieder des frz. Königshauses. 1665 Gründung einer Spitzenmanufaktur.

Alendronsäure, zur Gruppe der → Bisphosphonate gehörender Wirkstoff, der zur Behandlung der Osteoporose eingesetzt wird.

Alentejo [alenˈteʒu], Landschaft und histor. Provinz in S-Portugal, erstreckt sich – mit Ausnahme des Ribatejo – südlich des Tejo bis zur Hochalgarve und von der span. Grenze bis zur W-Küste, heute aufgeteilt in die Distrikte Beja, Setúbal, Évora und Portalegre. Die wellige Landschaft erreicht selten Höhen über 200 m ü. d. M.; das Klima ist mediterran-kontinental mit geringen Niederschlägen. Der A. war das klass. Gebiet des port. Großgrundbesitzes mit überwiegend extensiver Landwirtschaft (Getreideanbau, Schaf- und Rinderzucht); auch Weinbau und Nutzung von Korkeichen. An Bodenschätzen wird v. a. Pyrit abgebaut.

Aleph *das,* **1)** Anfangsbuchstabe des hebräischen Alphabets (geschrieben א).

2) *Mathematik:* Zeichen für die → Mächtigkeit einer Menge.

Aleppo, arab. **Haleb,** Provinz-Hptst. im nördl. Syrien, 1,98 Mio. Ew.; eine der ältesten und bedeutendsten Städte des Orients, am Schnittpunkt wichtiger Handelsstraßen (Karawanenwege; heute Eisenbahnlinien, Autostraßen, Flugplatz) und Mittelpunkt der Textilind. Syriens; Univ., Staatsbibliothek, Nationalmuseum. – Die Altstadt ist UNESCO-Weltkulturerbe. Die 715 n. Chr. gegründete Omaijadenmoschee ist nach einem Brand 1169 wieder errichtet und im 14. und 15. Jh. stark verändert worden. Imposante Zitadelle (12.–16. Jh.) auf einem 50 m hohen Felshügel. – Die von Hethitern und Assyrern erwähnte Stadt

Jean-Baptiste Le Rond d'Alembert

wurde 638 von den Arabern erobert, erlebte im 10. Jh. eine Blütezeit, war 1516–1918 türkisch, kam dann an Syrien.

Aleppobeule, Orientbeule, →Leishmaniasen.

Aleppokiefer, Pinus halepensis, bis 15 m hohe, rein mediterrane Kiefernart mit schirmartiger Krone.

Alepponuss, Samen einer Pistazienart.

Aleš [ˈalɛʃ], Mikoláš, tschech. Maler, Zeichner und Illustrator, * Mirotice (bei Písek) 18. 11. 1852, † Prag 10. 7. 1913; schuf v. a. Historienbilder sowie zahlr. graf. Blätter mit Darstellungen aus Sage und Überlieferung.

Alès [aˈlɛs], Ind.-Stadt im südfrz. Dép. Gard, am Fuß der Cevennen, 41 100 Ew.; Textil-, chem., Metall verarbeitende Industrie. Der Steinkohlenbergbau wurde weitgehend eingestellt.

Alesia, Hauptort der kelt. Mandubier in Gallien, auf dem Mont Auxois (Dép. Côte-d'Or). A. war 52 v. Chr. Stätte des letzten Kampfes der Gallier unter Vercingetorix gegen Caesar.

Alessandria, 1) Prov. in Piemont, NW-Italien, 3 560 km^2, 423 100 Einwohner.

2) Hptst. von 1), in einer wasserreichen Ebene am Tanaro, 85 900 Ew.; Bischofssitz; Handelsstadt mit Messen und vielseitiger Ind. (Hüte, Maschinen, Möbel). – A. wurde 1168 von den lombard. Gegnern Kaiser Friedrich Barbarossas gegründet und nach Papst Alexander III. benannt; früher bed. Festung; 1348–1706 unter der Herrschaft der Visconti und der Sforza, Frankreichs und Spaniens, fiel dann an Savoyen.

Alessi, Galeazzo, ital. Architekt, * Perugia 1512, † ebd. 30. 12. 1572; baute im Stil der Hochrenaissance Villen, Paläste und Kirchen v. a. in Genua und Mailand, die wegweisend für die ital. Frühbarockarchitektur wurden; auch Befestigungen und Hafenbauten.

Alessi, 1921 von Giovanni Alessi gegründetes ital. Unternehmen, das v. a. Tisch- und Küchengeräte herstellt; heutiger Firmensitz ist Crusinallo am Ortasee. Die Produktion von Entwürfen namhafter Designer wie M. Graves, P. Starck und A. Rossi machte das Unternehmen zu einem führenden Hersteller postmoderner Designobjekte.

Ålesund [ˈoːləsyn], Hafenstadt, Fischereizentrum und Handelsplatz in W-Norwegen, auf mehreren Inseln vor dem Storfjord gelegen, 40 000 Ew.; Werften, Fischverarbeitung, Textilindustrie.

Aletschgletscher, Großer A., größter und längster Gletscher der Alpen, im schweizer. Kt. Wallis, Teil der Firnmasse der Finsteraarhorngruppe; rd. 81 km^2, Länge rd. 23 km. Vom Konkordiaplatz, wo sich die drei Nährgebiete des A.s vereinigen und das Eis eine max. Mächtigkeit von rd. 900 m erreicht, erstreckt sich die durchschnittlich rd. 1,5 km breite Gletscherzunge bogenförmig gegen Süden. Am SO-Rand des Aletschwaldreservats (256 ha; u. a. Arven); die Region Jungfrau-Aletsch-Bietschhorn im Grenzgebiet der Kantone Bern und Wallis gehört (seit 2001) zum UNESCO-Weltnaturerbe mit insgesamt 539 km^2.

Aletschhorn, zweithöchster Gipfel der Berner Alpen, zw. Lötschental und Aletschgletscher, 4 193 m ü. M., stark vergletschert.

Aleuron [griech.] *das,* Klebereiweiß, kristalliner Eiweißkörper in Pflanzensamen.

Aleuten, engl. **Aleutian Islands,** Kette von etwa 70 Inseln, die sich in einem Bogen (über 2 500 km) zw. Beringmeer und Pazif. Ozean erstrecken, zu Alaska, USA, gehörig, 17 666 km^2, rd. 8 200 Ew.; Hauptort: Dutch Harbor auf Unalaska; viele z. T. tätige Vulkane;

Aleppo: Den Eingang zur etwa 55 m steil über der Altstadt gelegenen Zitadelle (12.–16. Jh.) bilden Torbauten über dem künstlich angelegten Burggraben.

raues, nasskaltes Klima; Tundravegetation. Wirtschaftl. Bedeutung haben Fischfang und Pelztierfang. – Die Inseln, deren Südrand der bis 7 822 m tiefe **A.-Graben** begleitet, haben große strateg. Bedeutung. – 1741 durch V. Bering entdeckt, kamen die A. 1867 mit Alaska an die USA.

Aleuten, die Bewohner der Aleuten und des westl. Teils von Alaska, USA; sprachlich-kulturell den Eskimo nahestehend.

Aleviten, Alevis, schiit. Religionsgemeinschaft, →Nusairier.

Alexander, Herrscher:

Bulgarien: **1) A. I.,** Fürst, urspr. **Prinz von Battenberg,** * Verona 5. 4. 1857, † Graz 17. 11. 1893; wurde 1879 auf Vorschlag Russlands von der bulgar. Nationalversammlung zum Fürsten gewählt, vereinigte 1885 Ostrumelien mit Bulgarien und kämpfte siegreich gegen Serbien; 1886 durch eine von Russland initiierte Verschwörung zur Abdankung gezwungen.

Jugoslawien: **2) A. I.** Karadjordjević [-vitsj], König (1921–34), * Cetinje 17. 12. 1888, † Marseille 9. 10. 1934; seit 1914 Regent für seinen Vater Peter I. von Serbien, seit 1921 König der Serben, Kroaten und Slowenen. 1929 benannte er das Königreich in Jugoslawien um, löste das Parlament auf und errichtete eine Diktatur; von makedon. (IMRO) und kroat. Nationalisten ermordet.

Makedonien: **3) A. (III.) der Große,** König (336–323 v. Chr.), * Pella 356 v. Chr., † Babylon 10. 6. 323 v. Chr.; Sohn Philipps II. von Makedonien, Schüler des Aristoteles, entschied 338 den Sieg gegen die Thebaner bei Chaironeia und trat nach der Ermordung seines Vaters 336 die Regierung an. Nach der Niederwerfung eines Aufstandes in Griechenland (335 Zerstörung Thebens) begann er 334 als Oberfeldherr der Griechen den Feldzug gegen die Perser. Er besiegte die pers. Feldherren am Granikos (Mai 334), König Dareios III. bei Issos (Nov. 333). 332, nach der Eroberung von Tyros und Gaza, gewann er auch Ägypten, wo er Alexandria gründete und in der Oase Siwa von ägypt. Priestern als Sohn des Gottes Amun und damit als Nachfolger der Pharaonen anerkannt wurde. Bei Gaugamela schlug A. 331 erneut Dareios, besetzte 330 Babylon, Susa und Persepolis und erstrebte nun die Herrschaft über das gesamte Perserreich. Auf seinem Zug nach Osten überschritt er im Winter 330 den Hin-

Alessandria 2) Stadtwappen

Alexander der Große (römische Marmorkopie eines um 330 v. Chr. von Lysipp geschaffenen Bildnisses; Privatsammlung Schwarzenberg)

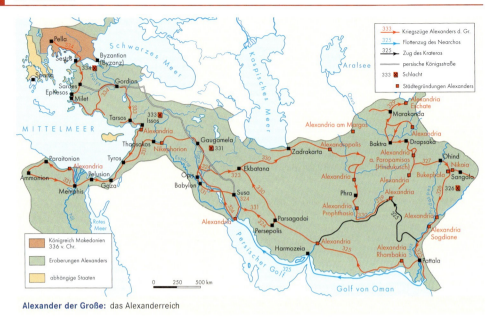

Alexander der Große: das Alexanderreich

Alexander I. Pawlowitsch, Kaiser von Russland (Ausschnitt aus einem Gemälde von Stepan Schtschukin, nach 1805; Moskau, Tropinin-Museum)

Alexander II. Nikolajewitsch, Kaiser von Russland (Ausschnitt aus einem Gemälde von Egor Bottman, 1856; Sankt Petersburg, Russisches Museum)

dukusch, eroberte 329/328 Baktrien und Sogdiana und vermählte sich mit Roxane, der Tochter des baktr. Fürsten Oxyartes. Im Frühjahr 327 drang A. gegen Indien vor, überschritt den Indus, schlug 326 König Poros am Hydaspes und gelangte bis an den Hyphasis, wo ihn sein Heer zur Rückkehr zwang. Durch den Alexanderzug wurde die griech. Kultur weit nach dem Osten getragen. A. suchte trotz heftiger Widerstände sein Reich durch Verbindung und Ausgleichung pers. und griech.-makedon. Wesens zu einer inneren Einheit zu formen (Beginn des Hellenismus). Er starb plötzlich während der Vorbereitungen zu einer Umsegelung Arabiens und wurde von Ptolemaios in Alexandria beigesetzt. Nach seinem Tod zerfiel das Weltreich (→ Diadochen). – In der *Kunst* ist A. vielfach verherrlicht worden (→ Alexandersarkophag, → Alexanderschlacht).

Römisches Reich: **4) A. Severus,** vollständiger Name: **Marcus Aurelius Severus A.,** Kaiser (222–235 n. Chr.), * 208, † 235; förderte den Senat und die Rechtspflege, wurde im Feldzug gegen die Germanen von den eigenen Soldaten ermordet.

Russland: **5) A. Newski,** Fürst von Nowgorod (1236–51), Großfürst von Wladimir (seit 1252), * um 1220 (30. 5. 1219?), † Gorodez an der Wolga (Gebiet Nischegorod) 14. 11. 1263; besiegte 1240 an der Newa die Schweden, 1242 den Dt. Orden auf dem Eis des Peipussees. Heiliger der russisch-orth. Kirche, Tag: 23. 11.

6) A. I. Pawlowitsch, Kaiser (1801–25), * Sankt Petersburg 23. 12. 1777, † Taganrog 1. 12. 1825; Sohn Pauls I.; von seiner Großmutter Katharina II. im Geist der Aufklärung erzogen, ergriff er innenpolit. Maßnahmen zur Übernahme neuzeitl. Staats- und Verfassungsgrundsätze mithilfe von Bildungsreformen; beteiligte sich 1805 an der 3. Koalition gegen Frankreich und schloss 1807 mit Napoleon I. den Frieden von Tilsit. Nach dem frz. Feldzug gegen Moskau (1812) verbündete sich A. mit Österreich und Preußen und setzte den Krieg bis zur Befreiung Europas und dem Sturz Napoleons fort. Auf dem Wiener Kongress (1814/15) erreichte A. die Anerkennung eines mit Russland verbundenen Königreiches Polen (→ Kongresspolen). 1815 stiftete er die → Heilige Allianz.

7) A. II. Nikolajewitsch, Kaiser (1855–81), * Moskau 29. 4. 1818, † (ermordet) Sankt Petersburg 13. 3. 1881, Vater von 8), Sohn Nikolaus' I.; beendete 1856 den Krimkrieg, hob 1861 in Russland die Leibeigenschaft auf und führte eine Neugestaltung des Rechts und der Verwaltung (Schaffung von Selbstverwaltungsorganen) durch. In seiner Regierungszeit kam es zum Zusammenschluss Russlands mit Dtl. und Österreich im → Dreikaiserbund von 1872. Der russisch-türk. Krieg von 1877/78 führte nur zu einem beschränkten Erfolg. A. wurde Opfer eines Attentats anarchist. Kräfte (Narodnaja Wolja).

8) A. III. Alexandrowitsch, Kaiser (1881–94), * Sankt Petersburg 10. 3. 1845, † Liwadija (bei Jalta, Krim) 1. 11. 1894, Sohn von 7); bestieg nach der Ermordung seines Vaters den Thron. A. versuchte durch reaktionäre innenpolit. Maßnahmen, aber auch durch erste Arbeiterschutzgesetze und Erleichterungen für die Bauern der radikalen Bewegung Herr zu werden; er begünstigte unter dem Einfluss seines ehem. Lehrers K. P. Pobedonoszew das Altrussentum und unterstützte die panslawist. Bestrebungen. Die Nichterneuerung des Rückversicherungsvertrags durch Dtl. (1890) hatte das Bündnis mit Frankreich zur Folge.

Serbien: **9) A. Karadjordjević** [-vitsj], Fürst (1842–58), * Topola 11. 10. 1806, † Temesvar 4. 5. 1885; Sohn des → Karadjordje, wurde gegen den Willen Russlands zum Fürsten gewählt; musste 1858 abdanken.

10) A. Obrenović [-vitsj], König (1889–1903), * Belgrad 14. 8. 1876, † ebd. (ermordet) 11. 6. 1903; wurde wegen seiner (seit 1893 ohne die Regenten geführten) autoritären Innenpolitik und seiner österreichfreundl. Expansionspolitik Opfer einer Offiziersverschwörung.

Alexander, Päpste:

1) A. III. (1159–81), früher Roland (Orlando) Bandinelli, * Siena, † Civita Castellana (Prov. Viterbo) 30. 8. 1181; bed. Kirchenrechtslehrer, begann den Kampf des Papsttums gegen die stauf. Kaiser, behauptete sich gegen Friedrich I., innerkirchlich gegen vier Gegenpäpste.

2) A. VI. (1492–1503), früher Rodrigo de Borja, ital. Borgia, *Játiva (heute Xátiva, Prov. Valencia) 1430 (?), † Rom 18.8.1503; förderte Kunst und Wiss., Urbild eines berechnenden, machtbewussten Renaissancefürsten, nutzte die päpstl. Macht zur Versorgung seiner Kinder (→Borgia). 1493/94 bestätigte er durch Schiedsspruch die Teilung der Neuen Welt (Vertrag von →Tordesillas).

Alexander, Meister A., auch **der wilde A.,** süddt. Fahrender, verfasste nach 1250 Minnelieder, religiöse Gedichte und Sprüche.

Alexander, Peter, eigtl. P. A. **Neumayer,** österr. Schlagersänger, *Wien 30.6.1926; spielte auch in zahlr. Filmen.

Alexanderarchipel, zu Alaska, USA, gehörende Inselgruppe vor der NW-Küste Nordamerikas; von Tlingit-Indianern bewohnt; Holzind., Fischerei.

Alexander-I.-Insel, Insel der Antarktis, 43 200 km², 378 km lang. – 1821 von F. G. von Bellingshausen entdeckt.

Alexander of Tunis [ˈælɪɡˈzɑːndə ɔv ˈtjuːnɪs], Harold Rupert Leofric George Alexander, Earl (1952), brit. Feldmarschall (1944), *London 10.12.1891, †Slough (Cty. Buckinghamshire) 16.6.1969; leitete 1940 die Evakuierung brit. und frz. Truppen bei Dünkirchen, wurde 1943 Stellvertreter General D. D. Eisenhowers, 1944/45 Oberbefehlshaber der Alliierten im Mittelmeerraum; 1952–54 Verteidigungsminister.

Alexandersage, die sagenhafte Ausschmückung der Taten Alexanders d. Gr. Auf antiken Quellen, griech. und oriental. Sagenmotiven fußen die Alexanderromane, die seit dem 10. Jh. in Prosa und in Versen überall im Abendland entstanden: in Dtl. u. a. das **Alexanderlied** des Pfaffen Lamprecht (um 1150), das auf ein frz. Epos des Alberic de Besançon (um 1130) zurückgeht.

Alexandersarkophag, reich verzierter att. Marmorsarkophag aus der Begräbnisstätte der Könige von Sidon, mit bemalten Reliefdarstellungen aus dem Leben Alexanders d. Gr. (um 330–320 v. Chr.; Istanbul, Archäolog. Museum).

Alexandersbad, Bad, →Bad Alexandersbad.

Alexanderschlacht, antikes Mosaikbild vom Ende des 3. Jh. bis Mitte 2. Jh. v. Chr. (5,12 m × 2,77 m), 1831 in Pompeji freigelegt (heute im Archäologischen Nationalmuseum in Neapel); stellt den Sieg Alexanders d. Gr. über Dareios III. dar; leicht veränderte Kopie nach einem griech. Tafelgemälde vom Ende des 4. Jh. v. Chr.

Alexander von Aphrodisias, peripatet. Philosoph und Logiker, lehrte um 200 n. Chr. in Athen; Aristoteles-Kommentator, tendiert zu einer naturalistisch-empirist. Aristoteles-Deutung. (→Universalienstreit)

Alexander von Hales [-heɪlz], engl. Scholastiker, Franziskaner, *Hales (Shropshire, England) um 1185, †Paris 21.8.1245; lehrte Theologie in Paris; begründete innerhalb der Scholastik die ältere Franziskanerschule; sein bedeutendster Schüler war →Bonaventura. (→englische Philosophie)

Alexander-von-Humboldt-Stiftung, →Humboldt-Stiftung.

Alexandra Fjodorowna, eigtl. Alice, letzte Kaiserin von Russland, *Darmstadt 6.6.1872, †(ermordet) Jekaterinburg 17.7.1918; Tochter des Großherzogs Ludwig IV. von Hessen, ∞seit 1894 mit Nikolaus II.; sie stand unter dem Einfluss von →Rasputin.

Alexandrette, türk. Hafenstadt, →İskenderun.

Alexandria, 1) [auch -ˈdriːa], arab. **El-Iskandarijja,** zweitgrößte Stadt und bed. Hafen Ägyptens, am W-Rand des Nildeltas, 3,75 Mio. Ew., bildet ein 2679 km² großes Verw.-Gebiet; Univ. (gegr. 1942), Museen, u. a. für griech.-röm. Altertümer, Bibliotheca Alexandrina (2002 eröffnet); bed. Ind., u. a. Erdölraffinerie, chem., Baumwoll-, Metall verarbeitende Ind.; Handels- und Fischereihafen; Fremdenverkehr, Seebad, internat. Flughafen. – Oriental. Altstadt. – A. war seit seiner Gründung durch Alexander d. Gr. 331 v. Chr. die griech. Hptst. Ägyptens. Die Königsburg (Brucheion) im O der Stadt umfasste außer Palästen und Gärten u. a. das Museion mit der →Alexandrinischen Bibliothek und das Dionysostheater, im W lagen das Serapeion und das Stadion. Die Stadt war mit der Insel Pharos, die den berühmten Leuchtturm (eines der →sieben Weltwunder) trug, durch einen Steindamm verbunden. Die Bevölkerung, in der Blütezeit 300 000 Freie, insgesamt über 600 000 Ew., bestand haupt-

Alexanderschlacht: Ausschnitt aus dem Mosaik, das die Schlacht Alexanders des Großen gegen den Perserkönig Dareios III. darstellt (Ende 2. Jh. v. Chr.; Neapel, Museo Archeologico Nazionale)

sächlich aus griech. Kolonisten, Ägyptern und Juden. Unter den Ptolemäern, die A. zum Königssitz und Mittelpunkt griech. Geistesbildung machten (→alexandrinisches Zeitalter), wuchs die Stadt durch Handel und hatte ihre Blütezeit erreicht, als sie 30 v. Chr. an die Römer fiel (zweitgrößte Stadt des Röm. Reiches), 642 kam A. unter arab., 1517 unter türk. Herrschaft. Den Aufstieg im 19. Jh. verdankt die Stadt Mehmed Ali, der sie durch einen neuen Kanal mit dem Nil verband.

2) [ælɪgˈzaːndrɪə], Stadt in Virginia, USA, auf dem westl. Ufer des Potomac gegenüber Washington, zunehmend dessen Wohnstadt, 128 900 Ew.; Handelszentrum Nordvirginias.

Alexandriner [nach dem altfrz. Alexanderroman, 12. Jh.] *der,* Vers aus 6 Jamben (mit Mittelzäsur), auch mit einer 13. Silbe (→Metrik, Übersicht).

Alexandrinische Bibliothek, wichtigste Bibliothek des Altertums, gegründet von Ptolemaios I. Soter (305–283 v. Chr.); war von entscheidender Bedeutung für die Ausbreitung des griech. Geistes und die Entwicklung der antiken Wiss. Der größere Teil der A. B. (im Museion) umfasste etwa 700 000 Buchrollen, der kleinere Teil (im Serapeion) ca. 40 000. Der größere Teil der Bibliothek wurde wahrscheinlich 272 n. Chr. im Zuge krieger. Auseinandersetzungen zerstört; der kleinere Teil existierte noch ca. 120 Jahre weiter und ging um 389 n. Chr. unter. – Auf dem Gelände der Bibliothek des Altertums wurde als Neubau die **Bibliotheca Alexandrina** errichtet (Eröffnung 2002), die Raum für 8 Mio. Bücher bietet.

alexandrinische Schule, 1) alexandrin. Philosophenschule, die dem Christentum aufgeschlossene Richtung des Neuplatonismus in Alexandria (Ägypten). Zu ihr gehörten: Ammonios Hermeiu, Synesios von Kyrene u. a.

2) alexandrin. Theologenschule, die von Alexandria aus wirkende Theologie, welche die frühe Kirche in versch. Hinsicht maßgeblich beeinflusste (Ende des 2.–5. Jh.). Sie suchte die christl. Glaubenslehre in Zusammenhang mit platon. und stoischen Gedanken zu begründen; stand im Ggs. zur →antiochenischen Schule. Ihre bedeutendsten Lehrer waren Klemens von Alexandria und Origenes.

alexandrinisches Zeitalter, i. w. S. die hellenist. Epoche griech. Wiss., Lit. und Kunst seit Alexander d. Gr. († 323 v. Chr.); i. e. S. die Zeit, in der Alexandria unter den Ptolemäern, unter Rom und Byzanz 323 v. Chr. bis 642 n. Chr. Mittelpunkt griechisch-hellenist. Kultur und Bildung war. In dem von Ptolemaios I. gegründeten **Museion** von Alexandria, einer bed. Forschungs- und Lehrstätte, konnten Gelehrte und Künstler gemeinsam arbeiten und leben (→Alexandrinische Bibliothek).

Alexandrit [nach Kaiser Alexander II.] *der,* seltener Schmuckstein, smaragdgrüne, bei künstl. Licht rote Varietät des Chrysoberylls.

Alexandrow, Stadt im Gebiet Wladimir, Russland, etwa 64 000 Ew. – Baudenkmäler aus dem 16. und 17. Jh. – Im 14. Jh. erstmals erwähnt, 1564–81 Residenz Iwans IV.

Alexandrowsk, bis 1921 Name von →Saporoschje.

Alexei, russ. Fürsten:
1) A. Michailowitsch, Zar (1645–76), * Moskau 19. 3. 1629, † ebd. 8. 2. 1676; Vater Peters d. Gr., erließ 1649 ein Gesetzbuch (»Uloschenije«), gewann von Polen u. a. 1654 die Ukraine links des Dnjepr, dehnte die russ. Herrschaft in Sibirien bis an die Grenzen Chinas aus; unterdrückte 1670/71 den Volksaufstand unter S. T. →Rasin.

2) A. Nikolajewitsch, Thronfolger, * Sankt Petersburg 12. 8. 1904, † Jekaterinburg 17. 7. 1918; Sohn des Kaisers Nikolaus II., litt an der Bluterkrankheit; wurde zus. mit der Zarenfamilie von Bolschewiki ermordet.

3) A. Petrowitsch, * Moskau 28. 2. 1690, † Sankt Petersburg 7. 7. 1718; Sohn Peters d. Gr. Der unter geistl. Einfluss erzogene Thronfolger geriet in Konflikt mit seinem Vater und dessen Reformpolitik, floh 1716 nach Österreich; nach Rückkehr entehrt und zum Tode verurteilt, starb wohl an den Folgen der Folter.

Alexi II., eigtl. Alexei Michailowitsch **Ridiger,** russ.-orth. Theologe baltendt. Herkunft, * Reval 23. 2. 1929; war 1988–90 Metropolit von Leningrad und Nowgorod; seit 1990 Patriarch von Moskau und ganz Russland.

Alexie [griech.] *die,* **Schriftblindheit,** Unfähigkeit, den Sinn von Geschriebenem zu verstehen, eine Form der →Agnosie.

Alexios I. Komnenos, byzantinischer Kaiser (1081–1118), * Konstantinopel 1048, † ebd. 15. 8. 1118; verdrängte mit Unterstützung Venedigs, dem im Gegenzug 1082 ein Handelsprivileg in Byzanz gewährt wurde, die Normannen aus SO-Europa, besiegte im Bündnis mit den Kumanen 1091 die ebenfalls das Byzantin. Reich bedrohenden Petschenegen und konnte mithilfe der Kreuzfahrer (1. Kreuzzug) einen Teil des von den Seldschuken eroberten Kleinasiens zurückgewinnen; betrieb im Innern eine Neuordnung von Verw. und Heer. – »Alexias«, Lebensbeschreibung, von seiner Tochter Anna Komnene verfasst.

Alexis, Willibald, eigtl. Wilhelm Häring, Schriftsteller, * Breslau 29. 6. 1798, † Arnstadt 16. 12. 1871; schrieb nach dem Vorbild von W. Scott histor. Romane (»Schloß Avalon«, 1827), auch zur preuß. Gesch. (»Die Hosen des Herrn von Bredow«, 1846).

Alexius, nach einer im 5. Jh. in Syrien entstandenen Legende ein vornehmer Römer, der in selbst gewählter Armut 17 Jahre in Edessa, dann unerkannt bis zu seinem Tod in seinem Elternhaus gelebt haben soll. Heiliger, Tag: 17. 7. (kath. Kirche), 17. 3. (griech.-orthodoxe Kirche), 12. 3. (syr. Kirchen).

Alexiuslied, altfrz. hagiograf. Text in gebundener Sprache aus der Mitte des 11. Jh., der die syr. Legende des hl. Alexius erzählt.

Alfa [arab.] *die,* **Halfa,** Faser des nordafrikanisch-span. Espartograses. **A.-Papier,** bes. gut druckfähiges Papier.

Alfarabi, islam. Philosoph, →Farabi.

Alfa Romeo S. p. A., Mailand, ital. Automobilunternehmen, gegr. 1909; 1987 von der Fiat SpA übernommen.

Al-Fatah [-ˈfaːtax], →Fatah.

Alfeld (Leine)
Stadtwappen

Alfeld (Leine), Stadt im Kreis Hildesheim, Ndsachs., im Leinetal, 21 100 Ew.; Papier-, Elektronik-, Metall verarbeitende und Kunststoff verarbeitende Industrie, Maschinen- und Anlagenbau. – Zahlreiche Renaissancebauten.

Schores Alferow

Alferow, Schores Iwanowitsch, russ. Physiker, * Witebsk (Weißrussland) 15. 3. 1930; arbeitete seit 1962 auf dem Gebiet der Halbleiterheterostrukturen, v. a. zur Entwicklung von Lasern, Solarzellen, Lumineszenzdioden (LED). Für seine grundlegenden Arbeiten zur Informationstechnologie erhielt A. mit J. Kilby und H. Kroemer 2000 den Nobelpreis für Physik.

Alfieri, 1) Benedetto Innocenzo, ital. Architekt des Spätbarock, *Rom 8. 6. 1696, †Turin 6. 12. 1767; baute u. a. den Palazzo Ghilini in Alessandria (um 1730–33), das königl. Theater in Turin (1740).

2) Vittorio Graf, ital. Schriftsteller, *Asti 16. 1. 1749, †Florenz 8. 10. 1803; wirkte mit dem Freiheitspathos seiner klassizist. Tragödien (u. a. »Cleopatra«, 1775; »Philipp II.«, 1783; »Saul«, 1783) auf das Risorgimento; ferner Lyrik, Komödien, polit. Werke und eine Autobiografie.

al fine [ital.], *Musik:* bis zum Schluss (zu spielen).

Alföld [ˈɔlføld] *das,* →Ungarisches Tiefland.

Alfons, span. **Alfonso,** port. **Afonso,** Könige:

Aragonien: **1) A. I.,** der Schlachtenkämpfer (1104 bis 1134), *1084 (?), †Poleñino (Prov. Huesca) 8. 9. 1134; eroberte 1118 Saragossa.

2) A. V., der Großmütige (1416–58), *1396, †Neapel 27. 6. 1458; Förderer des ital. Humanismus, eroberte 1442 das Königreich Neapel (A. I. von Neapel und Sizilien).

Asturien, León und Kastilien: **3) A. III.,** der Große, König von Asturien (866–910), *um 848, †Zamora 20. 12. 912; kämpfte siegreich gegen die Mauren und erweiterte sein Reich über den Duero hinaus.

4) A. VI., der Tapfere (1072–1109), König von León (seit 1065) und von Kastilien (seit 1072), *Juni 1040, †Toledo 30. 6. 1109; eroberte 1085 Toledo. Sein Zeitgenosse war der →Cid.

5) A. VIII., König von Kastilien (1158–1214), *Soria 11. 11. 1155, †bei Arévalo (Prov. Ávila) 6. 10. 1214; besiegte mit anderen christl. Herrschern die Mauren 1212 entscheidend bei Las Navas de Tolosa.

6) A. X., der Weise, König von Kastilien und León (1252–82), *Toledo 26. 11. 1221, †Sevilla 4. 4. 1284; wurde 1256 als Enkel Philipps von Schwaben zum dt. Gegenkönig gewählt, kam aber nie nach Dtl. 1262 nahm er das maur. Cádiz ein. 1282 wurde er von seinem Sohn abgesetzt. A. war einer der gelehrtesten Fürsten des MA.; er förderte Dichtung, Himmelskunde (→Alfonsinische Tafeln), Geschichtsschreibung; veranlasste eine umfangreiche Gesetzessammlung.

Portugal: **7) A. I.,** der Eroberer (1139–85), *Guimarães 1107/11, †Coimbra 6. 12. (?) 1185; setzte die Unabhängigkeit Portugals von Kastilien-León durch, eroberte 1147 Lissabon.

8) A. V., der Afrikaner (1438–81), *Sintra 15. 1. 1432, †ebd. 28. 8. 1481; setzte die von seinem Onkel Heinrich dem Seefahrer initiierten afrikan. Entdeckungsfahrten fort, eroberte 1471 Tanger.

Spanien: **9) A. XII.** (1874–85), *Madrid 28. 11. 1857, †Schloss El Pardo 25. 11. 1885; Sohn Isabellas II., beendete 1876 den 3. Karlistenkrieg (→Karlisten).

10) A. XIII. (1886–1931), *Madrid 17. 5. 1886, †Rom 28. 2. 1941, nachgeborener Sohn von 9). Bis 1902 führte seine Mutter, die österr. Erzherzogin Maria Christina, die Regentschaft. A. ermutigte 1923 General Primo de Rivera zur Errichtung der Diktatur, ließ ihn aber 1930 fallen. Nach Ausrufung der Republik (1931) ging A. ins Exil und dankte 1941 zugunsten seines Sohnes Juan ab.

Alfonsinische Tafeln, auf Anordnung von Alfons X. von Kastilien zw. 1248 und 1252 hergestellte Tabellen zur Berechnung der Örter der Sonne, des Mondes und der damals bekannten fünf Planeten.

Alfred der Große, eigtl. **Aelfred,** angelsächs. König von Wessex (871–899), *Wantage (Berkshire) 848 oder 849, †26. 10. 899; drängte in langen Kämpfen die Dänen zurück (878 Sieg bei Edington, 886 Eroberung Londons), ließ die angelsächs. Gesetze sammeln, übersetzte mit gelehrten Helfern theolog. und geschichtl. Werke ins Englische. In seiner Reg.-Zeit begann die Zusammenstellung der »Angelsächs. Chronik«.

Alfred-Toepfer-Stiftung F. V. S. [Abk. für Freiherr vom Stein], eine der größten gemeinnützigen privaten Stiftungen Dtl.s; gegr. 1931 von dem Großkaufmann A. C. Toepfer, Sitz: Hamburg. Sie vergibt Preise, Medaillen, Stipendien (europ. Kultur u. a.).

Alfred-Wegener-Institut für Polar- und Meeresforschung, Abk. **AWI,** Forschungseinrichtung der →Hermann von Helmholtz-Gemeinschaft Deutscher Forschungszentren; gegr. 1980; Sitz: Bremerhaven.

a(l) fresco [ital. »aufs Frische«], →Freskomalerei.

Al-Furat *der,* arab. Name für →Euphrat.

Alfvén [alˈveːn], Hannes, schwed. Physiker, *Norrköping 30. 5. 1908, †Djursholm (bei Stockholm) 2. 4. 1995; begründete die Magnetohydrodynamik (**A.-Wellen**), erhielt dafür 1970 den Nobelpreis für Physik (mit L. E. F. Néel).

Algardi, Alessandro, ital. Bildhauer und Architekt, *Bologna 31. 7. 1598, †Rom 10. 6. 1654; neben G. L. Bernini Hauptmeister der röm. Barockskulptur.

Algarve *die,* südlichste der histor. Provinzen Portugals, heute identisch mit dem Distrikt Faro. Der größte Teil der Bev. lebt in Küstennähe. Die 60–80 m hohe, buchtenreiche Steilküste flacht sich gegen O zunehmend ab. Große Bedeutung haben Fischfang und -verarbeitung, Korkverarbeitung, Meersalzgewinnung, Landwirtschaft und v. a. der Fremdenverkehr.

Algazel [-ˈzeːl], **al-Ghasali,** islam. Theologe, Philosoph und Mystiker, →Ghasali.

Algebra [arab.] *die,* Teilgebiet der Mathematik, im klass. Sinn die Lehre von den Lösungsmethoden **algebraischer Gleichungen.** Für lineare und quadrat. Gleichungen waren Lösungen schon im Altertum bekannt, im 16. Jh. fand man die Lösungen der Gleichungen 3. und 4. Grades. Der Fundamentalsatz der A. »Jede algebraische Gleichung n-ten Grades besitzt genau n Lösungen« wurde 1799 von C. F. Gauß bewiesen. Die moderne A. befasst sich mit der Untersuchung **algebraischer Strukturen** wie →Gruppe, →Ring, →Körper und ihrer Verknüpfungen. Begriffe und Methoden der A. werden in vielen Bereichen der Mathematik (wie Analysis, Topologie), in der theoret. Physik (v. a. in der Quanten- und Elementarteilchentheorie) und in der theoret. Informatik angewendet.

algebraische Kurve, jede Kurve, die als Menge aller Punkte definiert werden kann, deren kartes. Koordinaten durch eine algebraische Gleichung verknüpft sind, z. B. die Kegelschnitte.

algebraische Zahl, jede komplexe oder reelle Zahl, die sich als Lösung einer algebraischen Gleichung einer Variablen mit ganzzahligen Koeffizienten ergibt.

Algeciras [alxeˈθiras], Hafen- und Garnisonstadt in Andalusien, Prov. Cádiz, Spanien, an der von Gibraltarfelsen beherrschten Bucht von A., 108 800 Ew.; Erdölraffinerie, Stahlwerk; Seebad und Kurort; Autofähren nach Ceuta und Tanger. – A. bestand schon in pun. und röm. Zeit, war in maur. Zeit wichtiger Hafen. 1906 tagte hier die **A.-Konferenz** über die Marokkofrage.

Algen [lat.], artenreiche und vielgestaltige Pflanzengruppe (Organisationsstufe der Pflanzen mit etwa

Alfons XIII., König von Spanien

Hannes Alfvén

40 000 Arten), ein- bis vielzellig, verschieden gefärbt, meist autotroph und im Wasser lebend. Sie werden u. a. in die Abteilungen **Grün-A.** (Chlorophyta), **Rot-A.** (Rhodophyta), **Heterokontophyta** (u. a. mit den Klassen Braun-A., Kiesel-A., Gold-A. und Gelbgrün-A.) und **Haptophyta** unterteilt. Die traditionell als Blau A. bezeichneten →Cyanobakterien haben keinen echten Zellkern. Die Formenvielfalt der A. reicht von 1 µm großen Einzellern über Fäden bis hin zu tonnenschweren, bis 60 m langen Großtangen. Die meisten A. enthalten Chlorophyll, das von anderen Farbstoffen überdeckt sein kann. Verschiedene Meeres-A. dienen zur Gewinnung von Jod, Brom, Karrageen u. a., manche Grün-A. (so Chlorella) werden zur Erzeugung von Eiweiß genutzt. A. sind wichtig für die Selbstreinigung der Gewässer und die biolog. Abwasserreinigung. – Bislang wurde angenommen, dass mehrzellige cukaryot. A. die Erde seit 1 Mrd. Jahren besiedeln, neuere Funde lassen auf die Existenz von Braunalgen bereits vor 1,7 Mrd. Jahren schließen.

Flagge

Wappen

internationales Kfz-Kennzeichen

Fläche: 2 381 741 km²
Einwohner: (2006) 33,03 Mio.
Hauptstadt: Algier
Verwaltungsgliederung: 48 Wilajate
Amtssprache: Arabisch
Nationalfeiertage: 5. 7. und 1. 11.
Währung: 1 Alger. Dinar (DA) = 100 Centime (CT)
Zeitzone: MEZ

Algeri|en, arab. **Al-Djazair**, amtl. **Al-Djumhurijja al-Djazairijja al-Dimukratijja ash-Shabijja**, dt. **Demokrat. VR Algerien,** arab. Staat in Afrika, grenzt im NW an Marokko, im äußersten W an Westsahara, im SW an Mauretanien und Mali, im SO an Niger, im O an Libyen und Tunesien.

Staat und Recht

Nach der Verf. vom 7. 12. 1996 (am 28. 11. 1996 durch Referendum gebilligt) ist A. eine präsidiale Rep. mit Mehrparteiensystem. Staatsoberhaupt, Oberbefehlshaber der Streitkräfte und Verteidigungsmin. ist der auf fünf Jahre direkt gewählte Präs. (einmalige Wiederwahl zulässig). Er ist mit umfangreichen Machtbefugnissen ausgestattet. Die Reg. unter Vorsitz des Min.-Präs. ist dem Parlament verantwortlich. Die Legislative liegt beim Zweikammerparlament, bestehend aus der Nationalversammlung (389 Abg., für fünf Jahre gewählt) und dem Rat der Nation (144 Mitgl., davon zwei Drittel von den Kommunalräten gewählt und ein Drittel vom Präs. ernannt). A. ist in 48 Bezirke (Wilayate) mit beschränkter Selbstverw. gegliedert, an deren Spitze der Zentralreg. unterstellte Präfekten und Exekutivräte stehen. Einflussreichste Parteien: Front de Libération Nationale (FLN), Rassemblement National Démocratique (RND; zentristisch), Mouvement de la Réforme Nationale (MRN; Islamisten), Mouvement de la Société pour la Paix (MSP; islamistisch), Parti des Travailleurs (PT; trotzkistisch), Front National Algérien (FNA; nationalistisch) und Mouvement En-Nahdha (islamistisch). Der Front Islamique du Salut (FIS) ist seit 1992 verboten.

Landesnatur

A. reicht von der westl. Mittelmeerküste bis in die zentrale Sahara. Nord-A., mit mediterranem Klima, gliedert sich zonal in die Küstenebene am Mittelmeer und den anschließenden Tellatlas mit mehreren Gebirgsketten (bis 2 308 m ü. M.) und Becken sowie in das Hochland der Schotts und den bis 2 328 m hohen Saharaatlas. Süd-A. mit extrem trockenem Klima umfasst den alger. Anteil an der Sahara (rd. 80 % der Staatsfläche). Dieser besitzt ausgedehnte Dünen- (Großer Westl. Erg, Großer Östl. Erg), Feinkies- (Serire) und Felsschuttgebiete (Hammadas), im Ahaggar auch ein ausgedehntes Hochgebirge (bis 2 918 m ü. M.).

Bevölkerung

In Nord-A. leben 95 % der Bev., die sich aus Arabern (etwa zwei Drittel) und Berbern (u. a. Kabylen, Tuareg) zusammensetzt; weiterhin wenige Zehntausend Europäer. Neben der Amtssprache Arabisch werden v. a. Französisch (Geschäftssprache) und die Berbersprache Tamazight (2002 als nationale Sprache anerkannt) gesprochen. Das Bev.-Wachstum liegt bei etwa 1,5 %, knapp 60 % der Bev. leben in Städten. Über 99 % sind sunnit. Muslime, fast ausschließlich der malikit. Rechtsschule; daneben eine verschwindende christl. Minderheit. Es besteht allg. Schulpflicht im Alter von 6 bis 15 Jahren; geschätzte Alphabetisierungsrate 2006 70 % (alle über 15 Jahre) bzw. 90 % (15- bis 24-Jährige).

Wirtschaft und Verkehr

A. ist einer der wichtigsten Ind.-Staaten der arab. Welt. Die dominierenden Wirtschaftszweige sind die Förderung und Weiterverarbeitung von Erdöl und Erdgas. Die bedeutendsten Ind.-Zweige sind die staatlich kontrollierte Erdöl- und Erdgaswirtschaft (Hauptzentren sind Arzew und Skikda), ferner die Eisen- und Stahlind. (v. a. bei Annaba). Weitere wichtige Wirtschaftsbereiche sind Bau-, Nahrungs- und Genussmittel-, Holz- und Papier- sowie Textil- und Bekleidungsind., Kunsthandwerk. Nur etwa 18 % der Staatsfläche sind landwirtschaftlich nutzbar (3 % Äcker und Gärten, 15 % Steppenweiden). Ein schmaler Landstrich zw. Mittelmeer und dem Hochland der Schotts bietet günstige Voraussetzungen für den Anbau von Frühgemüse, Getreide, Wein, Ölbäumen, Südfrüchten; in den Oasen Dattelpalmenanbau. Das niederschlagsarme Steppengebiet des Hochlandes der Schotts dient neben der Viehzucht (bes. Schafe, Ziegen und Rinder) hauptsächlich der Alfagraswirtschaft. Forstwirtschaft: Korkgewinnung. Größte Bedeutung haben die Erdöl- und Erdgasgewinnung (die alger. Reserven werden auf 4 500 Mrd. m³ und darüber geschätzt) in der Sahara, mehrere Pipelines führen zu den Häfen; Flüssiggasexport in Spezialtankern. Erdöl- und Erdgasausfuhren tragen rd. 98 % zum Exportwert bei. Weitere Bergbauprodukte: Phosphate, Eisenerz, Zinkerz, Bleierz, Kupfererz, Quecksilber, Uranerz, Kieselgur, Schwerspat; nicht erschlossene Vorkommen an Mangan, Antimon, Bauxit, Wolfram und Zinn. – Hauptausfuhrgüter sind Erdöl und Erdgas; weiterhin Phosphate und Eisenerz; Wein, Zitrusfrüchte, Datteln. Eingeführt werden v. a. Maschinen, Fahrzeuge, elektrotechn. Produkte, Nahrungsmittel. Haupthandelspartner: Frankreich, Dtl., Italien, die USA und Spanien.

Im industrialisierten N dichtes Bahn- (insgesamt 4 820 km; Normal- und Schmalspur) und Straßennetz (rd. 104 000 km, davon etwa 70 000 km befestigt). Häfen: Algier, Annaba (v. a. für Phosphate und Eisenerz), Oran (v. a. für Agrarerzeugnisse), Arzew und Bejaïa (v. a. für Erdöl und Erdgas). Internat. Flughäfen: Algier, Oran, Annaba, Constantine, Tlemcen.

Geschichte

Im Altertum röm. Provinz (Numidien und Mauretanien), 429–534 unter der Herrschaft der Wandalen, dann der Byzantiner, im 7. Jh. von den Arabern erobert (gewaltsame Islamisierung der Berber). Seit 1509 span. Eroberungsversuche, seit 1519 osman. Oberherrschaft; 16.–19. Jh. Seeräuberstaat (Barbaresken). 1830–47 von Frankreich erobert (erst 1871 militärisch unter Kontrolle); Angliederung weiterer Saharagebiete 1899–1902.

1925 gründete Messali Hadj die erste Unabhängigkeitsbewegung. F. Abbas forderte 1943 die Autonomie A.s innerhalb des frz. Staates. Am 1. 11. 1954 löste die →FLN um A. Ben Bella einen Aufstand aus (von der Arab. Liga unterstützt). Zugeständnisse der frz. Regierung an die Aufständischen führten am 13. 5. 1958 zu einem Armeeputsch gegen die frz. Vierte Republik (→Frankreich, Geschichte). Gegen den Widerstand hoher Generäle (u. a. R. Salan) und der →OAS schloss Präs. C. de Gaulle 1962 mit der Provisor. Alger. Regierung das Abkommen von Évian, das A. die volle Unabhängigkeit gewährte.

Unter Führung von Ben Bella, 1962/63 Min.-Präs., seit 1963 Staatspräs., formierte sich die FLN als Einheitspartei. Nach einem Putsch (1965) übernahm Oberst H. Boumedienne die Staatsführung (seit 1977 Staatspräs.). Unter dem Leitgedanken des »islam. Sozialismus« setzte er das von Ben Bella begonnene Verstaatlichungsprogramm fort und forcierte seit Beginn der 1970er-Jahre die Industrialisierung. Seit 1976 entwickelte sich ein Konflikt mit Marokko um →Westsahara. Boumediennes Nachfolger Chadli Bendjedid (1978–92) setzte nach blutigen Auseinandersetzungen 1988 einen Reformprozess in Gang (v. a. Einführung eines Mehrparteiensystems). 1990 kehrte Ben Bella aus 10-jährigem Exil zurück.

Die 1989 legalisierte fundamentalist. Islam. Heilsfront (FIS) erstarkte zusehends und errang in den ersten freien Parlamentswahlen vom 26. 12. 1991 einen Wahlsieg. Nach Annullierung dieser Wahlen und dem Rücktritt von Staatspräs. Chadli Bendjedid übernahm das Hohe Staatskomitee am 14. 1. 1992 unter Vorsitz von M. Boudiaf die Macht, das am 9. 2. 1992 den Ausnahmezustand verhängte, den FIS verbot (März 1992), Internierungslager errichtete, Wahlen versprach und wirtsch. Reformen ankündigte. Nach der Ermordung Boudiafs übernahm am 29. 6. 1992 A. Kafi, am 30. 1. 1994 L. Zéroual den Vorsitz des Hohen Staatskomitees (Mai 1994 in den Nat. Übergangsrat umgebildet), das das Parlament bis zu den Wahlen

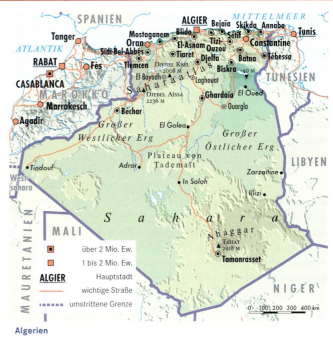

Algerien

1997 ersetzte. Trotz verschärfter Sicherheits- und Repressionsmaßnahmen seitens der Reg. hielten die Gewalttaten an, eskalierten bes. durch die Terroranschläge der Bewaffneten Islam. Gruppe (GIA) und weiteten sich zu einem Bürgerkrieg aus. Radikale Islamisten versuchten auch, durch gezielte Attentate auf Ausländer und durch Flugzeugentführungen den inneralger. Konflikt zu internationalisieren. Versuche der Staatsmacht, ihre Stellung durch Einbeziehung nicht islamist. oppositioneller Gruppen in die polit. Willensbildung zu stärken, scheiterten ebenso wie die Bemühungen zahlr. oppositioneller Kräfte, den FIS zu einem Dialog mit der Reg. zu bewegen. Bei Präsidentenwahlen 1995 bestätigte die Bev. Zéroual im Amt. Nach dem Rücktritt Zérouals wurde 1999 (bei vorgezogenen Neuwahlen) A. Bouteflika zum neuen Staats-

Algerien: Blick auf die Industrie- und Hafenstadt Oran, zweitgrößte Stadt des Landes

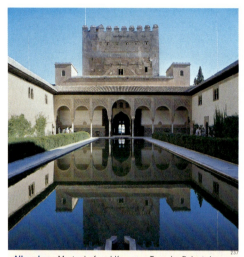
Alhambra: Myrtenhof und Komares-Turm im Palast der Nasriden (14. Jh.)

präs. gewählt (Wiederwahl 2004), der die Modernisierung der alger. Gesellschaft ankündigte und einen Friedensplan zur Beendigung des Bürgerkrieges unterbreitete. Bei den ersten Parlamentswahlen 2002 errang die FLN die absolute Mehrheit. Die seitdem regierende Koalition aus FLN, RND und MSP wurde bei den Parlamentswahlen vom Mai 2007 bestätigt. Die GIA kündigte jedoch bereits 2002 an, ihren bewaffneten Kampf für die Errichtung eines islam. Gottsstaates fortzusetzen

Obwohl islamist. Gewalttaten durch gezielte Aktionen der alger. Sicherheitskräfte allmählich zurückgingen, starben weiterhin Menschen bei Anschlägen bewaffneter Gruppen und Übergriffen von Sicherheitskräften. Zur Beendigung der Gewaltakte, bei denen seit Beginn der 1990er-Jahre bis Ende 2005 etwa 150 000 Menschen starben, wurde aber zugleich auf Dialog und Versöhnung orientiert. So votierte die Bev. im Sept. 2005 in einem Referendum für die Annahme einer »Charta für Frieden und nat. Versöhnung«, die von Präs. Bouteflika initiiert worden war. Die Charta sieht u. a. vor, dass Islamisten, die den bewaffneten Kampf aufgeben, nicht mehr gerichtlich verfolgt werden (außer bei Mord, Vergewaltigung, Terroranschlägen). Außerdem sollen Angehörige der von Militär und Polizei verschleppten und seitdem vermissten Personen (schätzungsweise 7 000 bis 18 000 Menschen) Entschädigungen erhalten, wenn sie auf eine jurist. Untersuchung verzichten.

algerische Literatur, →maghrebinische Literatur.

Al-Ghasali, islam. Theologe, Philosoph und Mystiker, →Ghasali.

Algier [ˈalʒiːr], frz. **Alger,** arab. **El-Djesair,** Hptst., Kultur- und Wirtschaftszentrum sowie wichtigster Hafen Algeriens, 2,03 Mio. Ew. (städt. Agglomeration 5,72 Mio. Ew.); zwei Univ. (gegr. 1879 und 1974), Forschungsinstitute, Museen; chem., Textil-, Metall-, Lederind. u. a.; internat. Flughafen in Dar-el-Beïda. – Die Altstadt (Kasba) mit der Zitadelle (16. Jh., heute Kaserne) gehört zum UNESCO-Weltkulturerbe. – A., um 950 von den Arabern gegr., war 1830–1962 französisch.

Alginsäure, stärkeähnl., wenig wasserlösl. Kohlenhydrat aus Braunalgen. Die Salze (**Alginate**) bilden mit Wasser hochviskose Lösungen oder Gele. Verwendung: Verdickungsmittel, kosmet. und Lebensmittelind., Klebstoffe, Appreturen, für elast. Abdruckmassen, chirurg. Nähfäden.

Algizide, Algenbekämpfungsmittel, z. B. für Haushalte oder Badeinrichtungen, z. B. Chlorkalk.

Algoa Bay, Bucht an der Küste der Prov. Ost-Kap, Rep. Südafrika, Hafenstadt: Port Elizabeth.

Algol [arab. »Medusenhaupt«] *der, Astronomie:* der Stern β im Sternbild Perseus, dessen Helligkeit zw. $2^m\!,\!1$ und $3^m\!,\!4$ schwankt; einer der bekanntesten veränderl. Sterne, um 1669 entdeckt. A. ist Prototyp einer Klasse von →Bedeckungsveränderlichen (**A.-Sterne**), die eine Lichtwechselperiode von 1 bis 5 Tagen haben.

ALGOL, Abk. für engl. **alg**orithmic **l**anguage, eine problemorientierte →Programmiersprache, heute praktisch bedeutungslos.

Algonkin, große indian. Sprachfamilie in Nordamerika; bes. im NO, O und Mittelwesten. (→Indianer)

Algonkium [nach dem Land der Algonkin] *das,* frühere Bez. für →Proterozoikum.

Algonquin Provincial Park [ælˈɡɔnkın prəˈvɪnʃəl ˈpaːk], Landschaftsschutzgebiet in der Prov. Ontario, Kanada, 7 537 km²; 1893 gegründet.

Algorithmus [griech.] *der,* Verarbeitungsvorschrift, die aus einer Folge von Anweisungen besteht und mit der eine Vielzahl gleichartiger Aufgaben gelöst werden kann. Damit ein A. mit einem Computer gelöst werden kann, muss er mit endl. Ressourcen (Anzahl der Anweisungen, Speicherplatz) realisierbar sein und in endl. Zeit ausgeführt werden können. Außerdem muss er für gleiche Eingabewerte unter gleichen Bedingungen stets die gleiche Ausgabe liefern.

Alhambra [arab. »die Rote«] *die,* im 13. und 14. Jh. erbaute Burg der Nasridenherrscher in Granada, Spanien, eine der großartigsten Schöpfungen islam. Baukunst (UNESCO-Weltkulturerbe).

Alhazen, lat. Namensform für den arab. Naturforscher Ibn al-Haitham (→Haitham).

Ali, A. Ibn Abi Talib, der 4. Kalif (seit 656), * Mekka um 600, † (ermordet) Kufa 24. 1. 661; Vetter und Schwiegersohn Mohammeds (∞ mit dessen Tochter Fatima), bekämpfte während seiner kurzen Regierung innere Gegner, u. a. →Aischa. Die Schiiten erkennen nur ihn und seine Nachfolger (**Aliden**) als rechtmäßige Nachfolger Mohammeds an. (→Imam)

Alianza Popular Revolucionaria Americana [-reßolusjo-, span.], Abk. **APRA,** polit. Bewegung in Lateinamerika, von Haya de la Torre 1924 gegr., in Peru polit. Partei; setzt sich u. a. für Landreformen und die Eingliederung der Indianer in die Gesellschaft ein.

alias [lat.], anders, auch … genannt.

Aliberti, Lucia, ital. Sängerin (Sopran), * Messina 12. 6. 1957; seit den 1980er-Jahren Auftritte an den führenden Bühnen Europas, ab 1988 auch an der Metropolitan Opera in New York; singt v. a. Partien des ital. Repertoires (u. a. V. Bellini, G. Donizetti, G. Verdi).

Alibi [lat. »anderswo«] *das,* der bes. im Strafprozess bedeutsame Nachweis der Abwesenheit des Beschuldigten vom Tatort zur Tatzeit.

Alicante, 1) Prov. im Land Valencia, Spanien, 5 817 km², 1,632 Mio. Einwohner.
2) katalan. **Alacant,** Hptst. von 1), 267 500 Ew.; Sitz des Europ. Markenamtes; Univ.; chem. Ind., Maschinenbau, Aluminiumverarbeitung; Fischereihafen; Ausfuhr von Wein, Rosinen, Südfrüchten, Frühgemüse, Öl u. a.; Seebad; Hafen, internat. Flughafen.

Algier Stadtwappen

Alicante 2) Stadtwappen

Alice Springs [ˈælɪs sprɪŋz], Stadt im Northern Territory, in Zentralaustralien, am S-Fuß der Macdonnell Ranges, 26 200 Ew.; kulturelles Zentrum der zentralaustral. Aborigines, biolog. Forschungsinstitute; an der Bahnlinie (»The Ghan«) und am Highway Adelaide–Darwin; Flughafen. – Gegr. 1872 als Telegrafenstation unter dem Namen Stuart.

Alien [ˈeɪljən, engl.] der oder das, außerird. Wesen.

Aligarh, Stadt im Bundesstaat Uttar Pradesh, Indien, im Gangestiefland, 668 000 Ew. Die A. Muslim University (1921 gegr.) ist das geistige Zentrum des ind. Islam; Bahnknotenpunkt.

Alighieri [-ˈgjeːri], →Dante Alighieri.

Alignement [aliɲəˈmã, frz.] das, 1) Astronomie: Verbindungslinie zw. markanten Sternen, deren (gedachte) Verlängerung zu anderen, aufzusuchenden Sternen führt. (→Bär)
2) Vorgeschichte: Pl., parallel zueinanderstehende Reihen (Alleen) von Menhiren. (→Carnac)

Alignment [əˈlaɪnmənt, engl. »Abgleich«] das, Molekularbiologie: Vergleich von DNA- oder Proteinsequenzen. Die Übereinstimmung der Sequenzen unterschiedl. Organismen ist i. d. R. umso höher, je näher diese verwandt sind, da sie auf einen gemeinsamen Vorfahren zurückgehen.

Alijew, 1) Heydar (Gejdar), aserbaidschan. Politiker, *Nachitschewan 10. 5. 1923, †Cleveland (Oh.) 12. 12. 2003; war 1967–69 Chef des KGB in Aserbaidschan, 1969–82 dort Erster Sekr. des ZK der KP; 1982–87 Mitgl. des Politbüros des ZK der KPdSU und stellv. Min.-Präs. der UdSSR, 1993 zum Vors. des aserbaidschan. Parlaments gewählt; war 1993–2003 Staatspräs. Als polit. »Erben« förderte der autoritär regierende und zuletzt schwer kranke A. seinen Sohn Ilham.
2) Ilham, aserbaidschan. Politiker, *Baku 24. 12. 1961; Sohn von 1); studierte Gesch. und Internat. Beziehungen in Moskau; wurde 1994 erster Vizepräs. der aserbaidschan. Ölgesellschaft (SOCAR), 1999 stellv. und 2001 erster stellv. Vors. der Partei »Neues Aserbaidschan« (NAP); war 2003 Min.-Präs.; nach umstrittenen Wahlen seit 2003 Staatspräsident.

alimentär [lat. alimentum »Nahrung«], durch die Ernährung bedingt.

Alimente [lat. »Nahrung«] Pl., Unterhaltsbeiträge, bes. die auf gesetzl. →Unterhaltspflicht beruhenden, z. B. die Leistungen des Vaters für sein Kind, mit dem er nicht in einem Haushalt lebt.

Aliphaten [griech.], **aliphatische Verbindungen,** alle organ. Verbindungen mit geraden oder verzweigten Kohlenwasserstoffketten, z. B. Fette, Öle, Benzin, Äthanol, Essigsäure.

Alişar Hüyük [aliˈʃar-], Ruinenhügel in Zentralanatolien, rund 130 km nördlich von Kayseri, Türkei; Siedlungsschichten seit dem Ausgang der Jungsteinzeit bis zur Bewohnung durch Hethiter und Phryger.

Alitalia, Linee Aeree Italiane S. p. A., teilprivatisierte ital. Luftverkehrsgesellschaft, gegr. 1946. (→Luftverkehrsgesellschaften, Übersicht)

Alitieren [Kunstwort], **Kalorisieren,** Erzeugen einer aluminiumreichen Oberflächenschicht auf Eisen und Stahl durch Glühen im Kontakt mit Aluminium bei Temperaturen von etwa 800 °C; Schutz v. a. gegen Verzundern (→Aluminieren).

Alizarin [span.] das, roter Beizenfarbstoff aus den Wurzeln der Färberröte (Krapp); heute synthetisch aus Anthrachinon hergestellt. Nach Verlackung mit Aluminiumsalzen entsteht ein leuchtend roter (**Türkischrot**), mit Eisensalzen ein violetter und mit Chromsalzen ein brauner Farblack. Diese **Krapplacke** spielten früher in der Textilfärberei eine wichtige Rolle.

alizyklische Verbindungen, alicyclische Verbindungen, Chemie: ringförmige, nicht aromat. organ. Verbindungen.

Aljochin, Aljechin, Alexander Alexandrowitsch, russ. Schachspieler, *Moskau 1. 11. 1892, †Estoril (bei Lissabon) 24. 3. 1946; Weltmeister 1927–35 und 1937–46; gilt als einer der bedeutendsten Schachspieler aller Zeiten.

Al-Jubayl [-dʒuˈbaɪl], →Jubail.

Alkahest [arab.] der oder das, in der Spätform der Alchemie eine angeblich alle Stoffe lösende Flüssigkeit.

Al Kaida, islamist. Terrornetzwerk, →al-Qaida.

Alkaios, Alkäus, griech. Dichter aus Mytilene auf Lesbos, um 600 v. Chr.; neben →Sappho bedeutendster äolischer Lyriker.

alkäische Strophe, nach Alkaios benanntes vierzeiliges, antikes Odenmaß (zwei Elfsilbler, ein Neunsilbler, ein Zehnsilbler); wurde von Horaz verwendet und auch in Dtl. nachgebildet (F. G. Klopstock, L. Ch. H. Hölty, F. Hölderlin u. a.).

Alkalde [span. aus arab.] der, **Alcalde,** Friedensrichter, Bürgermeister in Spanien.

Alkalien [arab. al-qāly »Pottasche«], Substanzen, deren wässrige Lösungen alkal. Reaktion zeigen, bitter schmecken und die Haut reizen. Heute spricht man meist von →Basen. I. e. S. sind A. die Hydroxide der Alkali- und Erdalkalimetalle sowie Ammoniumhydroxid. Ihrer stark ätzenden Eigenschaft wegen nennt man sie auch Ätz-A. oder kaust. A. (z. B. Ätznatron, NaOH, und Ätzkali, KOH). Die Carbonate der Alkalimetalle hießen früher milde Alkalien.

Alkali-Mangan-Zelle, elektrochem. Primärelement mit einer Nennspannung von 1,5 V. Die Elektroden bestehen aus Mangandioxid und Zink, Elektrolyt ist Kaliumhydroxid. Eine Weiterentwicklung ist das wieder aufladbare Sekundärelement, handelsüblich auch **RAM**^{TM}**-Zelle** (von engl. **r**echargeable **a**lkaline **m**anganese) genannt. Die A.-M.-Z. ist gegenüber herkömml. Nickel-Systemen umweltverträglicher und hat bei höheren Temperaturen eine geringere Selbstentladungsrate. Dadurch ergeben sich Anwendungsmöglichkeiten in wärmeren Klimazonen und für Solargeneratoren.

Alkalimetalle, die einwertigen Metalle Lithium, Natrium, Kalium, Rubidium, Cäsium und Francium.

Alkalimetrie die, Bestimmung der Konzentration von Basen mit Säuren bestimmter Konzentration (→Maßanalyse).

alkalische Reaktion, basische Reaktion, chem. Reaktion in wässriger Lösung, wenn die Konzentration der Hydroxidionen (OH$^-$) höher ist als die der Protonen (H$^+$) bzw. Hydroniumionen (H$_3$O$^+$). Alkalisch reagierende Lösungen haben einen pH-Wert größer als 7 und färben rotes Lackmuspapier blau. Ggs.: saure Reaktion.

Alkaloide, überwiegend in Pflanzen (v. a. Nachtschatten-, Mohn-, Hahnenfußgewächse, Hülsenfrüchtler) vorkommende alkalisch (basisch) reagierende, stickstoffhaltige Naturstoffe, die teilweise als Arzneistoffe verwendet werden, aber auch stark giftig sind. Sie bestehen chemisch meist aus einem oder mehreren heterozykl. Ringsystemen. Therapeutisch

Alitalia

genutzt werden z.B. Morphin und Codein zur Schmerzstillung, Chinin zur Malariabekämpfung, Chinidin bei Herzrhythmusstörungen, Atropin bei Koliken und in der Anästhesie und Ergotamin bei Migräne.

Alkalose *die,* eine Verschiebung des Säure-Basen-Gleichgewichts im Blut nach der alkal. Seite; Ggs.: →Acidose.

Alkamenes, griech. Bildhauer der 2. Hälfte des 5. Jh. v. Chr., Schüler des Phidias. Von seinen Werken sind Fragmente der Marmorgruppe »Prokne und Itys« auf der Akropolis von Athen erhalten.

Alkane, Paraffine, Sammelname für die gesättigten aliphat. →Kohlenwasserstoffe der Summenformel $C_n H_{2n+2}$. Die geradkettigen A. werden als **n-A. (Normal-A.),** die verzweigten als **i-A. (Iso-A.)** bezeichnet. **Cyclo-A.** sind ringförmige Kohlenwasserstoffe mit der allg. Summenformel $C_n H_{2n}$ (→Cyclohexan). Bei Raumtemperatur und Atmosphärendruck sind A. bis zu vier C-Atomen gasförmig, von 5 bis 16 C-Atomen (Hexadecan) flüssig und mit einer noch höheren C-Zahl wachsartig fest. Die A. werden mit der Endung **-an** im Namen gekennzeichnet, z.B. Methan (CH_4), Ethan (C_2H_6), Propan (C_3H_8), Butan (C_4H_{10}). – Von längerkettigen A. (ab Butan) existieren mehrere Isomere (→Isomerie). Als wesentl. Bestandteil von Erdgas und Erdöl dienen A. als Brenn- und Kraftstoffe, Lösungsmittel und Rohstoffe für die →Petrochemie. **n-A.** sind wichtige Ausgangsstoffe für die Herstellung biologisch abbaubarer Waschrohstoffe.

Alkannawurzel [ital., von arab. al-hinnā »Henna«], **Alkanna tinctoria,** staudiges, blau blühendes Borretschgewächs des östl. Mittelmeerbereichs. Mit dem **Alkannarot (Alkannin)** der Wurzel färbt man u. a. Öle, Wachse, Pomaden, Leder.

Alkäus, →Alkaios.

Alkazar [-ˈkaːzar, -kaˈzaːr], →Alcázar.

Alken [schwed.], **Alcidae,** Familie bis 45 cm großer Meeresvögel der N-Halbkugel, die tauchend fischen und unter Wasser nur die Flügel bewegen. Zur Brutzeit sind die A. gesellig. Fast alle A. legen nur je ein Ei. Wichtige Arten: **Trottellumme** (Uria aalge), 43 cm groß, Brutvogel Helgolands; **Tordalk** (Alca torda), 42 cm groß; **Papageitaucher** (Fratercula arctica), 32 cm groß, mit buntem Schnabel; **Krabbentaucher** (Plautus alle), in der Arktis brütend. Der **Riesenalk** (Pinguinus impennis) starb Anfang des 19. Jh. aus.

Alkene, Olefine, ungesättigte aliphat. →Kohlenwasserstoffe mit einer Doppelbindung und der allg. Summenformel $C_n H_{2n}$. Verbindungen mit mehreren Doppelbindungen werden **Alkadiene** (Diene), **Alkatriene** oder allg. →Polyene genannt. Die Namen der A. werden aus dem Wortstamm der entsprechenden →Alkane und der Endsilbe **-en** gebildet. Bekannte Glieder: Ethen (Ethylen, C_2H_4), Propen (Propylen, C_3H_6), Buten (Butylen, C_4H_8). – Kurzkettige A. sind

Alken: Papageitaucher

wichtige Zwischenprodukte der →Petrochemie. A. lassen sich u. a. durch →Dehydratisierung von Alkoholen und →Dehydrierung von Alkanen herstellen, außerdem durch →Metathese.

Alkestis, Alkeste, *griech. Mythologie:* Gemahlin des Admetos, die freiwillig anstelle ihres dem Tode verfallenen Gatten starb; sie wurde von Herakles aus dem Hades befreit. Schauspiel von Euripides, Opern von Händel (1727), Gluck (1767) u. a.

Alkibiades, athen. Staatsmann und Feldherr, *Athen um 450 v. Chr., †Melissa (Phrygien) 404 v. Chr.; Schüler des Sokrates, in Platons »Gastmahl« charakterisiert. Er setzte 415 den Beschluss zur →Sizilischen Expedition durch, floh, eines Frevels an den Mysterien angeklagt, nach Sparta und 412 zu dem pers. Statthalter Tissaphernes. Mit Athen wieder versöhnt, wurde er abermals an die Spitze des Heeres gestellt, siegte 411 über die Spartaner bei Abydos, 410 über Spartaner und Perser bei Kyzikos und kehrte 408 nach Athen zurück. Wegen der Niederlage seines Unterfeldherrn Antiochos bei Notion (407) wurde er verbannt und auf Betreiben Spartas ermordet. Biografien von Cornelius Nepos und Plutarch.

al-Kindi, islam. Philosoph, →Kindi.

Alkine, Acetylene, ungesättigte aliphat. Kohlenwasserstoffe der Summenformel $C_n H_{2n-2}$, die eine Kohlenstoff-Kohlenstoff-Dreifachbindung enthalten. Die Namen der A. werden aus dem Wortstamm der entsprechenden →Alkane und der Endsilbe **-in** gebildet; z.B. Ethin (C_2H_2, →Acetylen), Propin (C_3H_4), Butin (C_4H_6).

Alkino|os, *griech. Mythologie:* König der →Phäaken, Vater der Nausikaa; er nahm Odysseus gastlich auf und ließ ihn heimgeleiten; schützte auch die Argonauten.

Alkmaar, Stadt in der Prov. Nordholland, Niederlande, 94 100 Ew.; Käsemarkt; Metall-, Möbel- u. a. Industrie. – Zahlreiche spätgot. Bauten. – Erhielt 1254 Stadtrecht.

Alkmaioniden, altes athen. Adelsgeschlecht, das sich von dem griech. Heros **Alkmaion,** einem Urenkel des Nestor, herleitete. Die A. kämpften gegen die Tyrannis. Der A. Kleisthenes schuf die demokrat. Verfassung Athens (507 v. Chr.).

Alkman, griech. Dichter des 7. Jh. v. Chr.; Chormeister in Sparta; einer der Schöpfer griech. Chorlyrik (Hymnen, Parthenien).

Alkmene, *griech. Mythologie:* Gemahlin des →Amphitryon; durch Zeus Mutter des Herakles.

Alkohol [arab. al-kuḥl »(Augenschminke aus) Antimon«] *der,* i. w. S. →Alkohole, i. e. S. der Ethylalkohol (→Ethanol).

Alkoholblutprobe, →Blutprobe.

Alkohole, organ. Verbindungen, in denen ein oder mehrere Hydroxylgruppen (–OH) an gesättigte C-Atome gebunden sind. A. sind wasserhelle Flüssigkeiten, bei höherer Molekülmasse feste kristalline Körper. Die Namen der gesättigten aliphat. A. (Alkanole) werden aus denen der Alkane mit gleicher C-Anzahl und der Endsilbe **-ol** gebildet, z.B. Methanol, Ethanol. Je nach Anzahl der OH-Gruppen im Molekül werden ein-, zweiwertige (Glykole) oder mehrwertige A. unterschieden. Bei einwertigen A. unterscheidet man – abhängig von der Stellung der OH-Gruppe im Molekül – primäre, sekundäre und tertiäre Alkohole.

Alkoholgenuss wirkt in kleinen Mengen anregend, in größeren berauschend (→Alkoholkrankheit, →Alkoholvergiftung). Die Alkoholwirkung ist abhängig von der Höhe der Alkoholkonzentration im Blut, individueller Verträglichkeit und Trinkgeschwindigkeit. (*Recht:* →Rauschtat, →Fahruntüchtigkeit)

alkoholische Getränke, Alkoholika, durch alkohol. Gärung (Wein, Bier), zusätzl. Destillation (Obst- u. a. Branntweine, Weinbrand) oder Alkoholzusatz (Liköre) gewonnene Getränke. Der Alkoholgehalt liegt i. d. R. zw. 4 Vol.-% (Bier) und 40 Vol.-% (Branntwein). – Die Herstellung a. G. war schon den Ägyptern, Babyloniern, Griechen und Römern bekannt; in Europa wird die Destillation erstmals um 1000 n. Chr. verzeichnet.

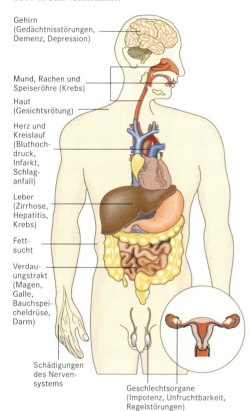

Alkoholkrankheit: Langzeitschädigungen durch Alkohol

Alkoholkrankheit, Alkoholismus, Trunksucht, durch ständiges oder vermehrtes period. Trinken von Alkohol hervorgerufene krankhafte Störungen mit körperl., psych. und sozialer Schädigung. Als Ursache werden genet. Faktoren, die Lebensbedingungen in Industriegesellschaften, das Lernen von Trinkmustern bereits in der Jugend, bestimmte Persönlichkeitsmerkmale, aber auch die soziale Situation und psych. Einflüsse (z. B. Krisensituation bei Arbeitslosigkeit) angenommen. In den meisten industrialisierten Ländern wird die Häufigkeit der A. auf etwa 3–5 % der Bev. geschätzt. Unterschieden wird zw. dem gewohnheitsmäßigen, nicht abhängigen Alkoholkonsumenten und dem abhängigen Alkoholkranken, der an Kontrollverlust und/oder einer Unfähigkeit zur Abstinenz (mit ggf. körperl. Entzugssymptomen wie Zittern, Schwitzen, Herzrasen, Delirium tremens) leidet. Zu den wichtigsten organ. Folgen der A. gehören die chron. Magenschleimhautentzündung, Magen-Darm-Geschwüre, Bauchspeicheldrüsenentzündung, Fettleber, Leberzirrhose und Schädigungen des Nervensystems. Die Behandlung besteht aus der Entgiftungsphase mit →Entziehungskur und der darauf folgenden Entwöhnung mit völliger Alkoholabstinenz, dem Abbau alter Fehlverhaltensweisen und dem Aufbau neuer, positiver Einstellungen, möglichst unter Einbeziehung von Bezugspersonen.

Alkoholmonopol, das →Branntweinmonopol.

Alkoholometrie *die,* Ermittlung des Alkoholgehaltes in Mischungen von Alkohol und Wasser mit dem Aräometer.

Alkoholsteuern, Verbrauchsteuern auf alkoholhaltige Getränke (→Biersteuer, →Branntweinsteuer, →Schaumweinsteuer).

Alkoholtest, →Alcotest.

Alkoholverbot, die →Prohibition.

Alkoholvergiftung, durch einmaligen Genuss einer großen Alkoholmenge (mehr als 100 g innerhalb kurzer Zeit) auftretende akute Vergiftungserscheinungen; führt über ein Erregungs- zu einem Schlaf- und einem Narkosestadium. Der Tod kann durch Lähmung des Atemzentrums eintreten. Die ersten beiden Stadien werden meist überwunden (Kater), im Narkose- und Lähmungsfall wird ärztl. Eingreifen notwendig.

Alkor [arab.] *der,* **Reiterlein,** spektroskop. Doppelstern im Großen Bären, mit bloßem Auge noch sichtbar (»Augenprüfer«).

Alkoven [frz. aus span. von arab. al-qubba^h »Kuppel«] *der,* Bettnische, fensterloses Nebengemach.

Alkuin, Alcuinus, angelsächs. Theologe, * York um 730, † Tours 19. 5. 804; wurde 781 ins Frankenreich berufen, war als Leiter der Aachener Hofschule ein einflussreicher Berater Karls d. Gr.; förderte Wiss. und Kultur (karoling. Renaissance).

Alkydharze, dickölige bis zähplast. Polyester, die durch Polykondensation mehrwertiger Alkohole mit Dicarbonsäuren entstehen; dienen u. a. als Bindemittel für wetterbeständige Lacke.

Alkyl-, Bez. für eine einwertige Kohlenwasserstoffgruppe, die formal aus den →Alkanen durch Abtrennung eines H-Atoms entsteht, z. B. Methyl ($-CH_3$), Ethyl ($-C_2H_5$), Propyl ($-C_3H_7$).

Alkylbenzolsulfonate, Salze der Alkylbenzolsulfonsäure, die als Tenside in Vollwaschmitteln verwendet werden.

Alkyone *die,* hellster Stern der →Plejaden.

alla breve [ital. »auf kurz«], *Musik:* Taktvorzeichen; der $^2/_2$- oder $^4/_2$-Takt, in dem die halbe Note und nicht die Viertelnote als Zählzeit gilt (Zeichen: ¢).

Allah [arab. al-ilā^h »Gott«], Hauptbezeichnung Gottes im Islam, aber auch im arab. Christentum. Die Grundaussagen der islam. Gottesvorstellung finden sich im Koran, nach muslim. Glauben das geoffenbarte Wort Gottes. Ausgesagt werden: rigoroser Monotheismus (»Es gibt keinen Gott außer Gott«; →Schahada), Gottes Allmacht und Absolutheit, Gerechtigkeit, Güte und Barmherzigkeit, Gott als Schöpfer und Erhalter der Welt und Richter der Menschen am Jüngsten Tag. In der muslim. Frömmigkeit spielen die *»Schönen Namen A.s«* – traditionell neunundneunzig – als »Selbstbeschreibungen« Gottes eine wichtige Rolle, werden über sie doch seine Eigenschaften für den Glaubenden »greifbar«. Diskussionen um das Gottesbild im Sinne einer theolog. Kritik der im Koran gegebenen Aussagen über Gott werden generell abgelehnt.

Maurice Allais

Allahabad, Stadt im Bundesstaat Uttar Pradesh, Indien, am Zusammenfluss von Yamuna und Ganges, 1,1 Mio. Ew.; bed. Wallfahrtsort der Hindus (jährl. Badefest, bes. aber das alle 12 Jahre stattfindende Fest Kumbhamela); Univ. (gegr. 1887); vielseitige Ind., bes. Zucker- und Papierfabriken; Agrarhandelszentrum. – Die heutige Stadt und das Fort wurden 1583 vom Mogulherrscher Akbar angelegt.

Allahu akbar [arab. »Gott ist groß«], Bestandteil des islam. Gebetsrufs (arab. adhan), mit dem der Muezzin die Muslime zum tägl. Gebet (→Salat) auffordert.

Allais [a'lɛ], Maurice, frz. Volkswirtschaftler, *Paris 31. 5. 1911; erhielt 1988 für seine Arbeiten zu den math. Grundlagen der Gleichgewichtstheorie den Nobelpreis für Wirtschaftswissenschaften.

alla marcia [-'martʃa, ital.], *Musik:* in der Art eines Marsches.

alla prima [ital. »auf erste (Art)«], Malverfahren ohne Untermalung und Lasuren; verwendet von den frz. Impressionisten.

Allasch [nach dem Ort Allaži bei Riga] *der,* ein Kümmellikör.

Alldeutscher Verband, nationalist. Vereinigung, 1891 unter Mitwirkung von A. Hugenberg und C. Peters gegr. (Name zunächst [bis 1894] **Allg. Dt. Verband**); propagierte die »Zusammenfassung aller dt. Elemente auf der Erde«, den Kampf für das Deutschtum im Ausland und einen rass. Radikalnationalismus; er war antisemitisch und vertrat ein Deutschtum auf dem Boden des Rassegedankens, seine Ziele waren die imperialist. Kolonialexpansion, der Ausbau der dt. Flotte und die Bekämpfung von Minderheiten und Reichsfeinden. Im Frühjahr 1939 wurde der A. V. verboten.

Alle *die,* poln. **Łyna,** russ. **Lawa,** linker Nebenfluss des Pregels in Polen und Russland, 264 km.

Allee [frz., eigtl. »Gang«] *die,* von hohen Bäumen dicht gesäumte Straße.

Alleghenygebirge ['ælɪɡɪnɪ-], **Allegheny Mountains, Alleghenies,** Gebirge im östl. Nordamerika, Teil der Appalachen. Höchste Erhebung ist der Spruce Knob, 1 481 m ü. M. Das im W anschließende **Alleghenyplateau** ist reich an Bodenschätzen, bes. Kohle, Erdgas, Erdöl.

Allegheny River ['ælɪɡɪnɪ 'rɪvə], Fluss in Pennsylvania, USA, 523 km, rechter Quellfluss des →Ohio.

Allegorie [griech. allegoría »das Anderssagen«] *die,* die Verbildlichung eines abstrakten Begriffs oder Vorgangs; oft durch Verkörperung als Person, z. B. der Tod als Sensenmann. Im Unterschied zum sinnfälligen →Symbol enthält die A. eine gedanklich-konstruktive Beziehung zw. dem Dargestellten und dem Gemeinten. Als literar. Ausdrucksmittel wurde die A. bes. in der Antike, im MA. und im Barock verwendet.

allegretto [ital., Verkleinerungsform von allegro], *Musik:* mäßig lebhaft. **Allegretto,** mäßig lebhaftes Musikstück.

Allegri, Gregorio, ital. Komponist, * Rom um 1582, † ebd. 17. 2. 1652. Berühmt wurde sein neunstimmiges »Miserere«, das alljährlich in der Karwoche in der Sixtinischen Kapelle gesungen wurde.

allegro [ital. »heiter«, »lustig«], *Musik:* lebhaft, rasch, ein Hauptzeitmaß, oft mit Zusätzen, z. B. **a. ma non troppo** (nicht zu sehr). **Allegro,** schneller Satz, in Sonaten, Sinfonien.

Alleinerziehender, ein Elternteil, der tatsächlich allein für sein Kind sorgt; unabhängig davon, wem das Personensorgerecht (→elterliche Sorge) zusteht. Nach heutiger sozialwiss. Definition repräsentieren die A. eine Lebensform, für die der Begriff der **Eineltern-Familie** gebildet wurde (eine Familie, in der ein Elternteil mit einem oder mehreren Kindern zusammenlebt) und die in Europa angesichts der deutl. Zunahme A. (überwiegend alleinerziehender Mütter) in den letzten Jahrzehnten eine Familienform mit wachsender Bedeutung und spezifischen gesellschaftspolit. Herausforderungen darstellt. (→nicht eheliche Kinder, →Familie, →Entlastungsbetrag für Alleinerziehende)

Allele [griech.], *Genetik:* paarweise einander zugeordnete Zustandsformen eines Gens auf homologen Chromosomen, die sich hinsichtlich ihrer räuml. Anordnung und Funktion gleichen, durch Mutation jedoch ungleich beschaffen sein können.

Allelopathie [griech.] *die,* die gegenseitige Beeinflussung von höheren und niederen Pflanzen durch Stoffwechselprodukte, die als Gase oder in gelöster Form aus lebenden oder abgestorbenen Teilen der Pflanzen bzw. aus Mikroorganismen ausgeschieden werden, z. B. Ethylen aus Früchten.

Alleluja, →Halleluja.

Allemande [al'mãd; frz. »deutscher (Tanz)«] *die,* im 16.–18. Jh. Tanzsatz v. a. in geradem Takt und zweiteiliger Form: Gesellschaftstanz und einzelnes Instrumentalstück sowie häufig Bestandteil der Suite.

Allen [griech.] *das,* **Propadien,** einfachste Verbindung aus der Gruppe der →Diene mit kumulierter Doppelbindung; wird als Schweiß- und Schneidgas und für organ. Synthesen verwendet. A. ist ein farbloses Gas, das Augen- und Atemwegsreizungen verursacht.

Allen ['ælən], **1) Lough A.,** Binnensee in der Cty. Leitrim, Irland.

2) Bog of A., größtes Torfmoorgebiet Irlands, zw. Tullamore und Dublin; Torfgewinnung, Torfkraftwerke.

Allen ['ælən], **1)** Geri, amerikan. Jazzmusikerin (Klavier, Komposition), * Pontiac (Mich.) 12. 6. 1957; brillante Pianistin, spielte u. a. mit O. Coleman, R. Carter und C. Haden.

2) Woody, eigtl. Allen Stewart **Konigsberg,** amerikan. Filmregisseur, -schauspieler, Schriftsteller, * New York 1. 12. 1935; Vertreter einer kritisch-intellektuellen Komik; Durchbruch als Autor und Schauspieler der Filmkomödie »Was gibt's Neues, Pussy« (1965); schuf zahlr. Filmsatiren (Drehbuch, Regie und häufig

Woody Allen mit Julia Roberts in seinem Film »Alle sagen: I love you« (1996)

auch Akteur), meist über scheiternde Liebesgeschichten, in deren Mittelpunkt Neurosen und Phobien der Protagonisten stehen; seit »Der Stadtneurotiker« (1977) stärker über die Lebensproblematik (Identität) der Helden. – *Weitere Filme:* Was Sie schon immer über Sex wissen wollten, aber nie zu fragen wagten (1972); Die letzte Nacht des Boris Gruschenko (1975); Manhattan (1978); Zelig (1983); The Purple Rose of Cairo (1985); Geliebte Aphrodite (1995); Alle sagen: I love you (1996); Harry außer sich (1997); Celebrity (1998); Im Bann des Jade Skorpions (2001); Anything else (2004); Match Point (2005); Scoop – Der Knüller (2006).

Allende [aˈjende], Isabel, chilen. Schriftstellerin, *Lima 2. 8. 1942; Nichte von S. Allende Gossens, lebte 1975–88 in Venezuela, seit 1989 in den USA; schreibt Romane, u. a. die Chronik einer chilen. Familie der Oberschicht »Das Geisterhaus« (1982), und wurde in der Folge zur Bestsellerautorin, der bisweilen der Vorwurf der mechan. Imitation von Klischees der Boomliteratur gemacht wird. – *Weitere Werke:* Von Liebe u. Schatten (1984); Eva Luna (1987); Der unendl. Plan (1991); Paula (1994); Aphrodite (1997); Fortunas Tochter (1999); Porträt in Sepia (2000).

Allende Gossens [aˈjende -], Salvador, chilen. Politiker (Sozialist), *Valparaiso 26. 7. 1908, †Santiago de Chile 11. 9. 1973; Arzt, Mitbegründer der Sozialist. Partei Chiles; als Kandidat des Frente Revolucionario de Acción Popular (Volksfront) im Okt. 1970 zum Staatspräs. gewählt; versuchte, ein sozialist. Wirtschaftsprogramm durchzusetzen; durch den Putsch des Generals Pinochet Ugarte gestürzt, kam dabei ums Leben (wahrscheinlich Selbsttötung).

Allendorf, Stadtteil von →Bad Sooden-Allendorf.

All England Championships [ɔːl ˈɪŋglənd ˈtʃæmpjənʃɪps, engl.], *Tennis:* seit 1877 (Frauen: 1919) jährlich ausgetragenes Grand-Slam-Turnier (Austragungsort: Wimbledon; Rasenplatz).

Allen-Regel [ˈælən-, nach dem amerikanischen Zoologen Joel Asaph Allen, *1838, †1921], *Tiergeografie:* Regel, nach der die relative Größe von Körperanhängen (Ohren, Schwanz) und Gliedmaßen bei nah verwandten Tieren davon abhängig ist, ob der Lebensraum in wärmeren oder kälteren Zonen liegt. So hat z. B. der Eisfuchs kleine Ohren und kurze Gliedmaßen (kleine Oberfläche, daher eingeschränkter Wärmeaustausch mit der Umgebung), der Wüstenfuchs dagegen große Ohren und lange Gliedmaßen (Oberflächenvergrößerung, verstärkter Wärmeaustausch mit der Umgebung); die in gemäßigten Breiten lebenden Füchse haben Ohren mittlerer Größe. Die A.-R., die streng wiss. nur für den Artbegriff gilt, beschreibt somit die Anpassung von Lebewesen an die Umgebungstemperaturen.

Allensbach, Gemeinde im Landkreis Konstanz, Bad.-Württ., am Bodensee (Gnadensee), 7 100 Ew.; Sitz des Instituts für Demoskopie A.; Fremdenverkehr. – A. gehörte zum Kloster Reichenau (gegr. 724), erhielt Ende 10. Jh. Marktrecht; kam 1803 an Baden.

Allenstein, dt. Name der poln. Stadt →Olsztyn.

Allentown [ˈæləntaʊn], Stadt in Pennsylvania, USA, 106 000 Ew.; bildet mit Easton und Bethlehem eine Metropolitan Area und ein bed. Ind.-Zentrum; Universität.

Alleppey [engl. əˈlepɪ], Hafenstadt an der Malabarküste im Bundesstaat Kerala, Indien, 104 000 Ew.; kath. Bischofssitz; Zentrum der ind. Kokoswirtschaft (Kokosmattenherstellung).

Aller *die,* rechter Nebenfluss der Weser, entspringt in der Magdeburger Börde, mündet unterhalb von Verden (Aller), 211 km, ab Celle schiffbar.

Allergie [griech.] *die,* Zustand der erworbenen Überempfindlichkeit des Organismus gegen eine als körperfremd empfundene Substanz (**Allergen**). Die A. ist eine Sonderform der Antigen-Antikörper-Reaktion: Beim ersten Kontakt kommt es zur Antikörperbildung (Sensibilisierung), bei wiederholtem Allergenkontakt zur (übermäßigen) allerg. Reaktion. Diese kann gekennzeichnet sein durch Bindehautentzündung, Fließschnupfen, Asthma, Hautausschlag, Nesselsucht, Durchfall bis hin zum Schock mit tödl. Kreislaufversagen. Allergene können tier. Ursprungs (Epithelien, Federn, Gifte), pflanzl. Ursprungs (Baum-, Gräserpollen, Pilzsporen, Nahrungsmittel) oder chem. Ursprungs (Metallsalze, Arzneimittel) sein. Die A. kann als Sofortreaktion ablaufen (z. B. bei dem häufig tödl. anaphylakt. Schock) oder als Spätreaktion (z. B. bei Entzündung der Haut oder Schleimhaut durch Kontakt mit Nickel oder bei Mundschleimhautentzündung durch Zahnprothesen). Die Behandlung der A. umfasst das Vermeiden des auslösenden Allergens (z. B. Haustier, Kosmetika, Arzneimittel). Wenn dies nicht vollständig möglich ist (z. B. bei Pollen), kann häufig die allerg. Reaktion durch eine →Hyposensibilisierung mit dem Allergen behandelt werden. Medikamentös werden v. a. →Antihistaminika und Glucocorticoide verwendet.

Allerheiligen, kath. Fest (1. 11.) zum Gedächtnis aller Heiligen (zum Brauchtum →Allerseelen); orth. Kirche: 1. Sonntag nach Pfingsten.

Allerheiligenbucht, port. **Baía de Todos os Santos,** 1 052 km² große Bucht des Atlantiks bei Salvador an der O-Küste Brasiliens.

Allerheiligeninseln, Îles des Saintes, frz. Inselgruppe der Kleinen Antillen, gehört zum frz. Übersee-Dép. Guadeloupe, 15 km², rd. 3 000 Einwohner.

Allerheiligstes, 1) *A. T.:* der hinterste Raum der →Stiftshütte und später des Tempels in Jerusalem; Aufbewahrungsort der →Bundeslade.
2) in der kath. Liturgiesprache die geweihte (konsekrierte) Hostie.

Allermannsharnisch, eine Lauchart, →Lauch.

Allerseelen, in der kath. Kirche das am 2. 11. gefeierte Gedächtnis aller verstorbenen Gläubigen. – Die praktizierten *Brauchformen* um Allerheiligen und A., bes. in den Alpenländern, bestehen u. a. in: A.-Predigt; Gräberbesuch; Brotspenden für die Armen im Gedenken an die Verstorbenen; Recht der Kinder, mit Heischesprüchen »Seelenwecken« einzusammeln.

Isabel Allende

Salvador Allende Gossens

Allergie: Allergierisiko eines Neugeborenen

Alles-oder-nichts-Gesetz, *Physiologie:* Regel für die Antwortbereitschaft von erregbaren Zellen (Muskel- und Nervenzellen) bei Vorhandensein von Reizen mit einer Mindeststärke. Sobald diese erreicht ist, kommt es zu einer Erregung, die in ihrer Intensität nicht abgestuft, sondern sofort maximal ist.

Allfinanz, Unternehmensstrategie von Kreditinstituten und Versicherungen, über ihre traditionellen Tätigkeitsfelder hinauszugehen, um ein breiteres Spektrum von Finanzdienstleistungen (Versicherungsprodukte, Bausparverträge, Immobilienvermittlung) anbieten zu können. Durch Verflechtung bzw. Kooperationen zw. Banken und Versicherungen entstanden so zunehmend **Allfinanzgruppen.**

Allgäu *das,* Landschaft in Bayern, Bad.-Württ. und Österreich, umfasst das Voralpengebiet zw. Lech und Bodensee, ein aus Molaserücken und Moränenwällen bestehendes Berg- und Hügelland bis zu den letzten eiszeitl. Endmoränen im N, sowie die → Allgäuer Alpen. Kennzeichnend für das A. sind ergiebige Niederschläge (über 1000 mm im Jahr). Wälder und Wiesen, zahlr. kleine Seen, Weiher und Moore bestimmen das Landschaftsbild. – Hauptwirtschaftszweige sind Grünlandwirtschaft mit Vieh- und Milchwirtschaft; Fremdenverkehr. In größeren Orten auch Leinen- und Baumwollspinnereien, feinmechan. Industrie. Hauptorte: Kempten (Allgäu) mit Butter- und Käsebörse, Oberstdorf, Sonthofen. – Als **Albgau** (817 erwähnt) galten bis 1525 nur der S und W des A.s. Seit 1815 gehört der größere Teil zu Bayern, der W zu Bad.-Württ., das Kleine Walsertal zu Österreich.

Allgäuer Alpen, Teil der nördl. Kalkalpen zw. Iller und Lech, die höchsten Berge sind Großer Krottenkopf (2657 m ü. M.), Mädelegabel (2645 m ü. M.) und Hochvogel (2593 m ü. M.).

Allgemeine Deutsche Bibliothek, von F. Nicolai 1765 in Berlin gegründete Ztschr. (1793–1805 als **Neue A. D. B.**); gibt ein Bild der zeitgenöss. dt. Kultur vom Standpunkt der Aufklärung.

allgemeine Geschäftsbedingungen, Abk. **AGB,** → Geschäftsbedingungen.

Allgemeine Kreditvereinbarungen, Abk. **AKV,** Verpflichtung der Länder der → Zehnergruppe (seit 1962) und der Schweiz (seit 1984), dem IWF bei Bedarf zusätzl. Kredite in Landeswährung zu marktbezogenen Zinssätzen zur Verfügung zu stellen, um Beeinträchtigungen des internat. Währungssystems zu verhüten oder zu beheben. Die AKV wurden mehrfach modifiziert und verlängert (zuletzt mit Wirkung vom Dezember 2003 um eine weitere Fünfjahresperiode). Das Kreditvolumen wurde von anfänglich 6,4 Mrd. SZR auf 17 Mrd. SZR sowie zusätzlich 1,5 Mrd. SZR gemäß dem seit 1983 bestehenden Assoziierungsabkommen mit Saudi-Arabien erhöht. Im Rahmen der seit 1997 bestehenden **Neuen Kreditvereinbarungen (NKV)** stehen bei Bedarf 26 Teilnehmerländer und Institutionen bereit, dem IWF bis zu 34 Mrd. SZR zu leihen.

Allgemeine Ortskrankenkasse, Abk. **AOK,** → Krankenversicherung.

Allgemeiner Deutscher Arbeiterverein, → Sozialdemokratie.

Allgemeiner Deutscher Automobil-Club e. V., → ADAC.

Allgemeiner Deutscher Fahrrad-Club e. V., → ADFC.

Allgemeiner Deutscher Frauenverein, erster dt. Frauenverein, gegr. 1865, wichtig für die Organisation der dt. Frauenbewegung.

Allgemeiner Deutscher Gewerkschaftsbund, Abk. **ADGB,** → Gewerkschaften.

Allgemeiner Studentenausschuss, Abk. **AStA,** → Studentenschaft.

Allgemeines Bürgerliches Gesetzbuch, Abk. **ABGB,** das seit 1812 in Österreich geltende Zivilgesetzbuch; durch Teilnovellen (1914/16) und Sondergesetze mehrfach geändert und ergänzt. Nach kurzer Einleitung regelt der erste Teil Personen- und Familienrecht, der zweite Teil Sachen-, Erb- und Schuldrecht, der dritte Teil gemeinschaftl. Bestimmungen der Personen- und Sachenrechte.

Allgemeines Landrecht, Abk. **ALR,** → Preußisches Allgemeines Landrecht.

Allgemeines Lexikon der bildenden Künstler von der Antike bis zur Gegenwart, → Thieme-Becker.

Allgemeines Zoll- und Handelsabkommen, → GATT.

allgemeine Versicherungsbedingungen, Abk. **AVB,** vom Versicherer ausgearbeitete Vertragsbestimmungen, die seinen Versicherungsverträgen einer Sparte zugrunde gelegt werden, z. B. AVB für die Haftpflichtversicherung.

Allgemeinverbindlicherklärung, *Recht:* ein staatl. Mitwirkungsakt, der auf Antrag die verbindl. Wirkung eines Tarifvertrags über die Mitglieder der abschließenden Verbände hinaus ausdehnt, wenn öffentl. Interesse besteht und die tarifgebundenen Arbeitgeber mindestens 50 % der Arbeitnehmer ihres Bereichs beschäftigen.

Allianz [frz. alliance] *die,* Bündnis, Vertragsgemeinschaft. *Völkerrecht:* → Bündnis.

Allianz AG, München/Berlin, Obergesellschaft einer der größten dt. und europ. Versicherungsgruppen, gegr. 1890; zahlreiche Beteiligungsgesellschaften im In- und Ausland. 2001 wurde die Fusion mit der Dresdner Bank AG zum führenden Finanzdienstleister vollzogen.

Allianzwappen, 1) die in unterschiedl. Form in einem Wappen vereinigten Wappen von (meistens) in Personalunion verbundenen Ländern, z. B. von Schottland und England 1603–1707, Sachsen und Polen 1697–1763.

2) das → Ehewappen.

Allier [al'je], 1) *der,* linker Nebenfluss der Loire, 410 km lang, entspringt in den Cevennen, mündet bei Nevers.

2) Dép. in Mittelfrankreich, 7340 km², 342000 Ew.; Hptst.: Moulins.

Alligatoren [von span. el lagarto »die Eidechse«], **Alligatoridae,** Familie der Krokodile im trop. und subtrop. Amerika und in China. Der rd. 4 m lange, durch Bejagen selten gewordene amerikan. **Mississippi-A.** (A. mississippiensis) wird oft in Farmen gehalten. Weitere A. → Kaimane.

Alliierte, allg. Staaten, die durch eine Allianz verbunden sind, v. a. im Krieg. Als A. bezeichneten sich u. a. die Kriegsgegner der Mittelmächte im Ersten Weltkrieg und die der Achsenmächte im Zweiten Weltkrieg (in Letzterem v. a. die USA, Großbritannien und die UdSSR). Im Ersten Weltkrieg traten den A. weitere Staaten als »assoziierte« (nicht vertraglich gebundene) Mächte zur Seite, daher Bez. **A. und assoziierte Mächte.** Die in einem Bündnis zusammengeschlossenen Streitkräfte mehrerer Staaten, zumeist geführt von einem gemeinsamen Oberkommando, werden als **alliierte Streitkräfte** bezeichnet.

Alliierte Hohe Kommission, Abk. **AHK,** das oberste Aufsichtsorgan der Westmächte in der Bundesrep. Dtl. und den Westsektoren von Berlin, das vom 21. 9. 1949 bis zum 5. 5. 1955 tätig war; geleitet von Hochkommissaren. Daneben bestand die Sowjet. Kontrollkommission (1949–53; →Sowjetische Militäradministration in Deutschland).

Alliierter Kontrollrat, →Kontrollrat.

all-inclusive [ɔːlɪnˈkluːsɪf; engl. »alles (ist im Preis) enthalten«], Angebotsform bei Dienstleistungen, bes. von Reiseveranstaltern, bei der für alle Leistungen (z. B. Tagesausflüge, Getränke) ein Festpreis vereinbart ist.

Alliteration [lat.] *die,* gleicher Anlaut aufeinanderfolgender Wörter (german. Stabreim). →Metrik (Übersicht).

Allmacht, lat. **Omnipotenz,** in zahlr. Philosophien und Religionen die dem höchsten Wesen (**der Allmächtige**) eigene unbegrenzte Macht.

Allmende [mhd. »was allen gemein ist«] *die,* in Westfalen und Niedersachsen **Mark,** Teil der Gemeindeflur, die als Gemeindeeigentum der Ortsgemeinde für alle Ortsansässigen frei nutzbar war, i. d. R. Weide, Wald und Ödland.

allo..., vor Vokalen **all...** [griech. állos], anders, fremd, gegensätzlich.

Allobroger, kelt. Volksstamm zw. Genfer See, Rhone, Isère und den Alpen, 121 v. Chr. von den Römern unterworfen.

allochthon [griech. »aus fremder Erde«], nicht an Ort und Stelle entstanden (Lebewesen, Gesteine); Ggs.: →autochthon.

Allod [ahd. »Ganzbesitz«] *das,* im MA. lehnsfreies Land. **Allodialgut,** Eigengut eines Fürsten im Unterschied zum Staatsgut. **Allodifikation, Allodifizierung,** Umwandlung eines Lehens in freies Eigentum.

Allogamie [griech.] *die,* Fremdbestäubung (→Bestäubung).

Allograf [griech.], stellungsbedingte Variante eines →Graphems, die in einer bestimmten graphem. Umgebung vorkommt (z. B. wissen, weiß); auch graf. Variante eines Graphems, z. B. griech. Sigma als ς (im absoluten Auslaut) und σ.

Allokation [lat.] *die,* Verteilung der begrenzten Produktionsfaktoren einer Volkswirtschaft auf unterschiedl. Verwendungszwecke. Kriterien für eine optimale A. werden in der Wohlfahrtsökonomik untersucht. Unter marktwirtschaftl. Bedingungen fällt dem Preis auf den versch. Märkten A.-Funktion zu.

Allometrie [griech.-lat.] *die,* Proportionsverschiebung durch unterschiedl. Wachstumsgeschwindigkeit von Organen oder Körperteilen während der Entwicklung eines Lebewesens.

Allomorph [griech.] *das,* die in der Wortbildung stellungsbedingte, im Text tatsächlich auftretende Variante eines →Morphems, z. B. das engl. Pluralsuffix s in lips [-s], dogs [-z], horses [-ɪz].

Allomorphie [griech.] *die, Chemie:* →Allotropie.

Allonge [aˈlõːʒ, frz.] *die,* im Wechselrecht ein mit dem Wechsel verbundenes Blatt, auf dem Vermerke (z. B. Wechselprotest) angebracht werden, für die auf der Rückseite des Wechsels kein Platz mehr ist.

Allongeperücke [aˈlõːʒ-, frz.], langhaarige Lockenperücke; kam um 1670 auf (unter Ludwig XIV.); heute noch z. T. von Amtspersonen getragen.

allons [aˈlõ; frz. »gehen wir!«], vorwärts!, los! **Allons, enfants de la patrie!** (Auf, Kinder des Vaterlands!), Anfang der →Marseillaise.

Alligatoren: junger Mississippialligator

Allopathie [griech. állos »anderer«] *die,* nach S. Hahnemann die in der Schulmedizin übl. Behandlung mit Arzneimitteln, die den Krankheitssymptomen entgegenwirken; Ggs.: →Homöopathie.

Allophon [griech.] *das,* in der Wortbildung stellungsbedingte Variante eines →Phonems, z. B. ch in brach [-x] und brich [-ç].

Alloplastik, Ersatz bestimmter Körperteile durch körperfremdes Material (v. a. Kunststoffe); z. B. Gelenkteile (**Arthroplastik**), Herzklappen, Adern, weibl. Brust.

allothigen [griech.], *Geologie:* Ggs. von →authigen.

Allotropie [griech.] *die,* **Allomorphie,** *Chemie:* das Auftreten eines chem. Elements in versch. Kristallformen und dadurch mit unterschiedl. Erscheinungsbild, z. B. Kohlenstoff als Diamant und Grafit.

all'ottava [ital.], Abk. **all'ott.,** 8va, *Musik:* Anweisung in der Notenschrift (über oder unter den Noten), eine Oktave höher oder tiefer zu spielen.

Allpass, elektr. Filter, dessen Übertragungsfunktion in Abhängigkeit von der Frequenz nur Phasenänderungen festlegt, jedoch keine Betragsänderungen der Amplitude; verwendet zur Phasenentzerrung und in Laufzeitketten zur Signalverzögerung.

Allradantrieb, bei Fahrzeugen für alle Räder wirkender Antrieb, hat wesentlich höhere Zugkraft als ein Hinterrad- oder ein Vorderradantrieb.

all right [ɔːlˈraɪt, engl.], richtig, in Ordnung, einverstanden.

Allschwil, Stadt im Kt. Basel-Landschaft, Schweiz, westl. an Basel anschließend, 284 m ü. M., 18 400 Ew.; Heimatmuseum; Papier-, Leder-, Schuh-, chem. Ind. sowie Apparatebau.

All-Star-Band [ɔːlˈstaːbænd, engl.] *die,* Jazzband, die nur aus Spitzenmusikern besteht; erstklassige Tanz- und Unterhaltungskapelle.

Allstedt, Stadt im Kreis Sangerhausen, Sa.-Anh., am O-Rand der Goldenen Aue, 3 100 Ew.; mittelständ. Gewerbe. – Schloss (16. Jh.). – Anfang des 9. Jh. (Wigbertikirche) bzw. 935 als königl. Hof erwähnt, war bis um 1200 eine bedeutende Königspfalz; um 1500 Stadtrecht, 1523/24 Wirkungsstätte von T. Müntzer.

Allstromgerät, elektr. Gerät, das wahlweise mit Gleich- oder Wechselstrom betrieben werden kann.

Alltagsgeschichte, historische Alltagsforschung, seit den 1970er-Jahren Forschungsrichtung in der Geschichtswiss., die in interdisziplinären An-

Allongeperücke

sätzen und Methoden bemüht ist, die anthropolog. Dimension der Gesch. zur Richtschnur und zum Darstellungsrahmen der Forschung zu machen; zentraler Forschungsgegenstand ist die spezif. Ausprägung der Lebensverhältnisse und des Lebensgefühls bzw. der Erfahrungsräume in vergangenen Epochen. Unter dem Schlagwort »Gesch. von unten« wurde A. ein wesentlicher Teil der →historischen Anthropologie. Die interdisziplinäre Forschung wurde dabei bereichert auch durch Fragestellungen und Methoden der histor. Soziologie (insbes. der histor. Familienforschung), der Kultursoziologie und der Sozialanthropologie, des Interaktionismus u. a. In der Hinwendung zur →Mikrogeschichte ist sie bestrebt, das Alltagsleben der Vergangenheit mit allen seinen Einflüssen auf die Herrschafts- und Volkskultur zu rekonstruieren.

Alltagskultur, Begriff der histor. und kulturwiss. (volkskundl.) sowie der kultursoziolog. und wissenssoziolog. Forschung, der Praxisformen, kulturelle Verhaltensmuster und Lebensstile, Orientierungen und Leitvorstellungen im Alltag sowie Gegenstände der alltagsbezogenen Kultur u. a. entsprechender Objektbereiche im Wandel kultureller Traditionen und Umbrüche bezeichnet; beinhaltet in einem weiten Spektrum auch die popularkulturellen Muster (Brauchformen) sowie Feier/Event und Tradition; der Begriff A. weist dabei auch Überschneidungen zu →Volkskultur und Massen- bzw. Populärkultur auf.

Die Sozialwiss.en stellen bezüglich der A. westl. Gesellschaften fünf »Grundkomponenten« heraus, die in ihrer Sicht maßgeblich die heutige »Kultur auf der Ebene des Alltags« prägen: Erwerbstätigkeit (Berufsarbeit), Freizeit, Konsum, Unterhaltung und Alltagskunst.

Alltagssprache, *Sprachwissenschaft:* Gesamtheit der sprachl. Mittel, die in der alltägl. mündl. und schriftl. Kommunikation verwendet werden.

Alluvionen [lat.], geologisch junge (holozäne) Anschwemmungen an Ufern und Küsten.

Alluvium [lat. »Angeschwemmtes«] *das,* veraltet für →Holozän.

Allversöhnung, →Apokatastasis.

Allwetterlandung, →Landeführungssysteme.

Allwettertauglichkeit, Eignung eines Luftfahrzeugs zum Einsatz unter allen Wetterbedingungen. Die **Allwetterflugfähigkeit** verlangt die Ausrüstung mit Geräten für sichtunabhängige Flugführung (Flugführungs-, Navigations- und Nachrichtengeräte) sowie Wetterradar, Enteisungsanlagen. Für den **Allwetterflugbetrieb** wurden internat. einheitlich geregelte Mindestbedingungen für Präzisionsinstrumentenanflug und Landung festgelegt. Je nach Pistensicht, der für den jeweiligen Piloten festgelegten Entscheidungshöhe sowie der Ausrüstung von Flughäfen und Flugzeugen unterscheidet man fünf versch. Betriebsstufen.

Allyl..., Bez. für die einbindige Atomgruppe $CH_2=CH-CH_2-$, z. B. im **Allylalkohol,** Ausgangsstoff zur Herstellung von Polymeren. **Allylharze,** synthet. Harze aus Allylestern von Di- und Polycarbonsäuren.

Alm, Alp, oberhalb der Dauersiedlung gelegene Gebirgsweide, mit Sennhütten, Ställen u. a.; in den Sommermonaten z. T. bewohnt. **Almfahrt** im Frühling und **Almabfahrt** im Herbst werden festlich begangen.

ALMA [Abk. für engl. Atacama Large Millimeter Array], in internat. Zusammenarbeit aufgebautes Netzwerk (Interferometer) von 50 hochpräzisen

Almaty: Blick über Stadt und Kathedrale, im Hintergrund der Transili-Alatau

12-m-Radioteleskopen auf dem Hochplateau Llano de Chajnantor in rd. 5 000 m ü. M. in der Atacama-Wüste (N-Chile). ALMA ist eines der großen Projekte der erdgebundenen Astronomie der nächsten Jahre und soll der Erforschung von Millimeter- und Submillimeterstrahlung (im Wellenlängenbereich von 0,33 bis 10 mm) dienen. Es entsteht in Kooperation zw. Europa, Japan, Nordamerika, den USA sowie der VR China. – Der Bau von ALMA begann 2003. Ein Teilbetrieb soll ab 2007 beginnen, die endgültige Fertigstellung ist für 2011/12 vorgesehen.

Alma-Ata, früherer Name der Stadt →Almaty.

Almada [-ða], Stadt gegenüber von Lissabon, südlich der Tejomündung (2 300 m lange Brücke), 159 600 Ew.; Werft, Holzverarbeitung u. a. Ind.; Wohnvorort.

Almadén [-'ðen], Bergbaustadt im SW der Region Kastilien-La Mancha, Prov. Ciudad Real, Spanien, 6 800 Ew.; die schon Römern und Arabern bekannten Quecksilbervorkommen waren die reichsten der Erde; 2003 wurde das Bergwerk stillgelegt.

Almagest, Verstümmelung des Titels der arab. Übersetzung von »al-magisti«, des astronom. Handbuchs von Ptolemäus; beschreibt das ptolemäische Weltsystem.

Almagro, Diego de, span. Konquistador, *1475, †Cuzco 8. 7. 1538; eroberte 1532–33 mit F. Pizarro Peru (Inkareich), 1535–37 Teile Chiles; auf Befehl Pizarros erdrosselt.

Almalyk, usbek. **Olmaliq,** Stadt im Gebiet Taschkent, Usbekistan, 116 000 Ew.; Abbau und Verhüttung von Buntmetallerzen.

Alma Mater [lat. »die nährende Mutter«] *die,* urspr. Beiwort für die röm. Göttinnen der fördernden Naturkräfte (z. B. Tellus und Ceres); in übertragener Bedeutung Bez. für Hochschule, Universität.

Almanach [mlat.] *der,* urspr. astronom. Tafelwerk für mehrere Jahre, Vorläufer der heutigen astronom. →Jahrbücher. Später ist A. gleichbedeutend mit »Astronom. Kalender«, der seit dem 16. Jh. jährlich erscheint, bald bereichert durch prakt. Notizen. Im 18. Jh. gewannen literar. Beigaben das Übergewicht. Die A. wurden zu →Musenalmanachen; außer den literar. gibt es seitdem genealog., histor. und diplomat., auch Theater- und Verlagsalmanache.

Almandin *der,* blutroter Schmuckstein aus der Gruppe der →Granate.

Almansor, arab. Kalifen, →Mansur.

Almaty, bis 1921 **Werny,** bis 1994 **Alma-Ata,** gebietsunabhängige Stadt in Kasachstan, am Transili-Alatau, 1,05 Mio. Ew.; Kasach. Akad. der Wiss.en, Univ. und weitere Hochschulen; Nahrungsmittel-, Textilind., Maschinenbau; Handels- und Dienstleistungszentrum, in der Umgebung Anbau von Obst, Gemüse und Blumen; internat. Flughafen. – A. wurde 1854 als russ. Grenzfestung gegründet und war bis 1997 Landeshauptstadt.

Almeida [al'maiða], Francisco de, port. Eroberer, *Lissabon um 1450, †(im Kampf mit Khoikhoin) an der Saldanhabai (Kapland) 1. 3. 1510; 1505–09 erster Vizekönig Portugals in Indien. Sein Sieg über die ägypt. Flotte bei Diu 1509 sicherte Portugal für ein Jahrhundert die Herrschaft über den Ind. Ozean.

Almelo, Stadt in der niederländ. Prov. Overijssel, in der Twente, 65 600 Ew.; Wollverarbeitung, Baumwoll- u. a. Ind.; Urananreicherungsanlage.

Almería, 1) Prov. in Andalusien, Spanien, am Mittelmeer, 8 775 km², 565 300 Einwohner.

2) Hptst. von 1), Hafenstadt und Seebad an der Costa del Sol, 161 600 Ew.; Ausfuhr von Erzen, Zitrusfrüchten und Alfagras; Fischerei, Meersalzgewinnung; internat. Flughafen. In der Nähe, auf dem **Calar Alto** (2 168 m ü. M.), dt.-spanisches astronom. Zentrum.

Almeríakultur, spätneolith. Fundgruppe in SO-Spanien, bes. um Almería, erstmals größere Siedlungen und Nekropolen aus nicht megalith. Kollektivgräbern.

Almetjewsk, Stadt in Tatarstan, Russland, 141 000 Ew.; Zentrum der Erdöl- und Erdgasförderung, petrochem. Ind., Maschinenbau; Ausgangspunkt von Erdölpipelines (u. a. nach Mitteleuropa).

Almodóvar, Pedro, span. Filmregisseur, *Calzada de Calatrava (Ciudad Real) 24. 9. 1949 (nach anderen Angaben 25. 9. 1951); dreht seit den 1980er-Jahren skurrile Filme über Figuren auf der Suche nach der eigenen Identität. In den Filmen verschmelzen Komik und Satire mit melodramat. Tristesse. – *Filme:* Frauen am Rande des Nervenzusammenbruchs (1988); Kika (1993); Mein blühendes Geheimnis (1995); Alles über meine Mutter (1999); Sprich mit ihr (2002); Volver (2006).

Almohaden [arab. »Bekenner der Einheit Gottes«], maurisch-span. Herrschergeschlecht (1147 bis 1269), hervorgegangen aus einer 1121 von Mohammed Ibn Tumart (*1080, †1130) gegründeten islam. Glaubenspartei. Die A. stürzten das Reich der Almoraviden in Afrika und eroberten 1195 Spanien; wurden 1212 aus Spanien vertrieben, 1269 in Marokko von den Meriniden vernichtet.

Almoraviden [arab. »Grenzkämpfer«], maurisch-span. Dynastie (1061–1147), hervorgegangen aus einer von Abd Allah Ibn Jasin († 1058) gegründeten, streng orthodoxen islam. Glaubensbewegung. Die A. herrschten über das marokkan. Gebiet und unterwarfen zw. 1086 und 1090 das arab. Spanien; von den → Almohaden gestürzt.

Almosen [griech. »Mitleid«] *das,* Gabe zur Unterstützung der sozial Schwachen und der freiwillig Armen (z. B. der Bettelmönche); in vielen Religionen eth. Gebot; im MA. und im 16./17.Jh. Hauptquelle der (städt.) Versorgung der in Armut Lebenden.

Almqvist, Osvald, schwed. Architekt, *Trankil (Värmland) 2. 10. 1884, † Stockholm 6. 4. 1950; mit G. Asplund einer der ersten schwed. Funktionalisten, von bed. Einfluss auf die Verbreitung der Grundprinzipien des →internationalen Stils in Skandinavien.

Almrausch, Almenrausch, alpenländ. Bez. für Alpenrosen; → Rhododendron, → Zwergalpenrose.

Almsick, Franziska van, Schwimmerin, *Berlin 5. 4. 1978; u. a. Weltmeisterin 1994 (200 m Freistil), sechsfache Europameisterin 1993 und fünffache Europameisterin 1995 (einschließlich Staffeln), Weltmeisterin 1998 (4 x 200 m) und Europameisterin 1999 (4 x 100 m, 4 x 200 m) sowie fünffache Europameisterin 2002 (einschließlich Staffeln). In Dtl. Sportlerin des Jahres 1993, 1995 und 2002.

Almukantarat [arab.] *der, Astronomie:* der →Azimutalkreis.

Alo|e [griech.] *die,* Liliengewächs-Gatt. mit über 200 Arten in wärmeren Gebieten der Alten Welt, bes. in Savannen und Gebirgen Afrikas; oft mit dornig gezähnten, rosettenartig angeordneten Blättern; auch Zimmerpflanze. Der eingedickte Saft aus Blättern versch. trop. Arten hat eine abführende Wirkung. Der Wirkstoff Aloin besitzt jedoch auch ein karzinogenes Potenzial.

Alois, A. Philipp Maria, Erbprinz von und zu Liechtenstein, *Zürich 11. 6. 1968; übernahm am 15. 8. 2004 (Ernennung zum Stellv. des Regierenden Fürsten) die fürstl. Hoheitsrechte von seinem Vater Hans-Adam II.

Alonso, 1) Alicia, kuban. Tänzerin, Choreografin, Ballettdirektorin, *Havanna 21. 12. 1921; gründete 1948 das Ballet Alicia Alonso (seit 1959 Ballet Nacional de Cuba); tanzte alle klass. sowie moderne Ballerinenrollen.

2) Fernando, span. Automobilrennfahrer, *Oviedo 29. 7. 1981; Formel-1-Fahrer seit 2001 (2001/02 bei »Minardi«, 2002–06 bei »Renault«, ab 2007 bei »McLaren-Mercedes«); bestritt bis Saisonende 2006 87 Grand-Prix-Rennen (15 Siege); Weltmeister 2005 und 2006.

Alopezie [griech.] *die,* → Haarausfall.

Alor, eine der Kleinen Sundainseln, Indonesien, nordwestlich von Timor, etwa 125 000 Ew., Hauptort ist Kalabahi; Fischfang, Handel; Anbau von Reis, Mais, Baumwolle.

Alor Setar, früher **Alor Star,** Hptst. des Bundesstaates Kedah, Malaysia, 125 000 Ew.; Zentrum eines Reisanbaugebietes.

Pedro Almodóvar

Aloe: Aloe arborescens

Almería 2): Blick auf die Stadt mit der Alcazaba, einer großen Zitadelle (8. Jh. ff.)

Alpen: Hauptkamm der Hohen Tauern mit dem Großglocknermassiv, Österreich

Alost, frz. Name der belg. Stadt →Aalst.
Aloysius, ital. **Luigi, A. von Gonzaga,** ital. Jesuit, *Castiglione (bei Mantua) 9. 3. 1568, † Rom 21. 6. 1591; in der Pestkrankenpflege tätig, starb an der Seuche. Heiliger, Tag: 21. 6.; Patron der Jugend.
Alp, →Alb.
Alpaka [span.] *das,* **Vicugna pacos,** Haustierform des zu den Neuweltkamelen gehörenden Vikunjas (→Kamele), aus dem Hochland Perus und Boliviens; Körperlänge 128–151 cm, Schwanzlänge bis 24 cm, mit langem, weichem Haar, das die A.-Wolle (glänzend, wenig gewellt, vorwiegend in Grau- oder Brauntönen) liefert. A. werden auf den Hochsteppen der Anden in großen Herden halbwild gehalten.
Alpaka® *das,* veraltete Bez. für →Neusilber.
Alpe-d'Huez [alpə'dyɛz], Wintersportzentrum in den Frz. Alpen, Dép. Isère, 1860 m ü. M., Höhenflugplatz; seit 1931 entstanden.
Alpen, höchstes Gebirge Europas, höchster Gipfel ist der Montblanc (4810 m ü. M., Neuvermessung 2001). Die A. reichen im S bis an den Apennin; der Pass von Altare, 459 m ü. M., bei Genua gilt als Grenze. Von dort ziehen sie in großem Bogen nach W und N bis den Genfer See und von dort ostwärts bis zur Donau bei Wien. Im NO gehen die A. in die Karpaten, im SO in das Dinar. Gebirge über. Im O grenzen sie an das Ungar. Tiefland und im S an die Poebene. Im N ist das A.-Vorland vorgelagert; es reicht im N bis zur Donau, im W mit dem Schweizer Mittelland bis zum Genfer See und zum Jura. In dieser Umrahmung sind die A. etwa 1 200 km lang, 150–250 km breit, Letzteres in der Mitte und am O-Ende, wo die einzelnen Gebirgsketten nach NO und SO auseinander strahlen; sie bedecken eine Fläche von 220 000 km². Die A. bilden in ihrem Zentralteil die Wasserscheide zw. Nordsee und Mittelmeer, im Ostteil (östlich des Arlberg) zw. Schwarzem Meer und Mittelmeer; sie sind damit auch eine bed. Klimascheide. An den A. haben Anteil: Frankreich, Italien, die Schweiz, Dtl., Liechtenstein, Österreich und Slowenien.
Aufbau, Gliederung: Die A. sind ein erdgeschichtlich junges Faltengebirge, das seine Struktur im Wesentlichen in der Kreide und im Tertiär, seine heutigen Formen erst im Quartär erhalten hat. Ihr Bau ist durch Faltungen und weit reichende Überschiebungen (Deckenbau) gekennzeichnet. Dem Bau nach unterscheidet man West-A. und Ost-A., die durch die Tiefenlinie Bodensee–Rheintal–Splügenpass–Comer See voneinander getrennt sind. In den **West-A.** brechen die inneren und höchsten Gebirgsstöcke (innere Gneis-A.) scharf zur Poebene ab. Nach außen lagert sich ihnen ein zweiter Zug kristalliner Gebirgsstöcke, die äußeren Gneis-A., und schließlich eine Kalkzone vor, die aber nur in den frz. Kalk-A. selbstständig, dagegen in den Schweizer A. eng mit den Gneis-A. verfaltet ist. Die **Ost-A.** haben einen regelmäßigeren, fast gleichseitigen Aufbau. Auf die innere kristalline Zone, die z. T. vergletscherten Zentral-A., folgen beiderseits schmale, niedrigere Schieferzonen und die breiter angelegten, schroffen, z. T. verkarsteten Kalk-A., im N noch eine Voralpenzone, in der Molasse- und Flyschfelsen vorherrschen.

Oberflächengestalt: Die A. sind das formenreichste Gebirge Europas. Sie verdanken das der Mannigfaltigkeit ihrer Gesteine und der umgestaltenden Wirkung der Eiszeit, in der durch mächtige Gletscherströme die Täler und Pässe ausgeweitet wurden; am A.-Rand bildeten sich tiefe Talseen, z. B. Bodensee, Genfer See, Vierwaldstätter See, die oberital. Seen, und im Vorland wurden mächtige Moränenringe aufgeschüttet, die z. T. Seebecken umschließen (Chiemsee, Gardasee). Kennzeichnend sind ferner der Stufenbau der Hochtäler mit Wechsel von engen Klammen und breiten Becken, Wasserfälle an der Einmündung von Nebentälern ins Haupttal, steilwandige Hangnischen (Kare), oft mit kleinen Seen im Gipfelbezirk. Heute sind nur noch die inneren und höchsten Teile der A. vergletschert (z. B. Großer Aletschgletscher, Mer de Glace) bei seit den 1990er-Jahren verstärkt zunehmendem Gletscherschwund infolge der Erderwärmung. Östlich der Linie Salzburg–Villach, wo die Gipfelhöhe auf unter 3 000 m ü. M. sinkt, haben die A. vielfach mittelgebirgsartige Formen. – Die Gewässer der A. gehören zu den Stromgebieten von Rhone, Rhein, Donau und Po.

Klima, Pflanzen- und Tierwelt: Die A. wirken aufgrund ihrer großen Höhe und der bed. W-O-Erstreckung gegenüber dem Vorland als Scheide zw. drei großen Klimazonen. W- und N-Rand der A. liegen im Bereich der Westwindzone und erhalten während des ganzen Jahres hohe Niederschläge. Der S des Gebirges wird von Ausläufern des winterfeuchten Mittelmeerklimas bestimmt, nach O erfolgt ein allmählicher Übergang zu kontinentaleren Klimabereichen. Die West-, Nord- und Südränder haben durch ihre Luvlage z. T. höhere Niederschläge als das Vorland, die Tal- und Beckenlandschaften im Inneren sind stellenweise trockener. Mit steigender Höhe nehmen i. Allg. die Temperaturen ab, etwa 0,58 Celsiusgrade auf je 100 m, während die Intensität der Sonnenstrahlung zunimmt. Die Winde sind als Berg- und Talwind und →Föhn stark von den örtl. Verhältnissen beeinflusst.

Die Klimagürtel prägen sich deutlich in der Pflanzenwelt aus. An den Gebirgsrändern wachsen im N mitteleurop., im S mediterrane und im SO pannon. Pflanzen. Der Höhenlage nach folgt auf eine Kulturland- und Laubwaldzone in 800–1 000 m Höhe die Nadelwaldzone, die bei der Waldgrenze (in 1 500–2 200 m Höhe) in die Zone des Krummholzes und der Almen (Hochgebirgsmatten) übergeht. Die Schneegrenze liegt in den Randgebieten zw. 2 500 und 2 600 m ü. M., im Inneren zw. 2 800 und 3 100 m ü. M. In den West-A. reichen einzelne Gletscher bis in die besiedelten Gebiete herab. Die Tierwelt der A. ist durch Hochgebirgstiere gekennzeichnet, wie Steinbock, Murmeltier, Gämse, Steinadler (heute geschützt), Alpenkrähe.

Siedlungen: Die A. gehören zu den dichtestbesiedelten Hochgebirgen der Erde. Bäuerl. Dauersiedlungen reichen im Durchschnitt bis in 1 500 m, vereinzelt bis in 2 100 m Höhe. Die im Sommer besiedelten Almen liegen noch 800–1 200 m höher.

Bevölkerung, Wirtschaft: Rätoromanen (Ladiner u. a.) stammen aus der Zeit vor der Völkerwanderung. Vom Vorland aus drangen Deutsche, Italiener, Franzosen und Slowenen in die A. ein. Haupterwerbszweige sind Viehzucht (Almwirtschaft), Holzverarbeitung, Ackerbau in den Tälern, Wein- und Obstbau (in Becken und am S-Rand), ferner Bergbau auf Eisen-, Kupfer-, Blei-, Zink- und Silbererze, Grafit, Magnesit und Salz in den Ost-A.; eine lange Tradition hat auch die Textilindustrie. Wichtig für die industrielle Erschließung war die Elektrizitätsgewinnung durch Ausnutzung der Wasserkraft. Aufgrund von Sol-, Mineral- und Thermalquellen haben sich zahlr. Heilbäder entwickelt. Von größter wirtsch. Bedeutung ist der ganzjährige Fremdenverkehr, der sich in den letzten Jahrzehnten zum Massentourismus internat. Prägung entwickelte. Das ökolog. Gleichgewicht ist durch die z. T. maßlose Erschließung bes. für den Wintersport stark bedroht. Zur Verringerung der Belastungen durch den stark wachsenden Transitschwerverkehr ist vorgesehen, den Güterverkehr zunehmend von der Straße auf die Schiene zu verlagern. Sowohl Österreich als auch die Schweiz errichten dazu Basistunnel (→ Alpentransit).

Alpendohle, → Rabenvögel.

Alpendost *der,* **Adenostyles,** Korbblütler, Hochstaude in europ. und kleinasiat. Gebirgen. Der **Graue A.** (Adenostyles alliariae) hat rote, violette oder weiße Blütenköpfchen, die in Doldenrispen angeordnet sind.

Alpengarten, Felsgarten am natürl. Standort.

Alpen: Gardasee, Blick auf Campione und Monte Baldo, Italien

Alpen: Der Lautersee und die Kette des Karwendelgebirges in den Nordtiroler Kalkalpen, Deutschland

Alpenglöckchen, Troddelblume, Soldanella, Primelgewächs-Gatt. mit violetter, glocken- bis trichterförmiger, troddelfransenartig zerschlitzter Blumenkrone.

Alpenglühen, Widerschein des nach Sonnenuntergang auftretenden Purpurlichtes an den nach W gewandten Fels- und Eisgipfeln; i. w. S. auch die rötl. Beleuchtung der Berge durch die untergehende Sonne.

Alpenheide, Heidekrautgewächs, → Loiseleuria.

Alpenjäger, *Militärwesen:* Hochgebirgstruppe; in Frankreich die **Chasseurs alpins,** in Italien die **Alpini;** urspr. die von Garibaldi 1859 organisierten Freischaren.

Alpenkonvention, die 1991 unterzeichnete und 1995 in Kraft getretene Konvention, in der sich die Alpenstaaten und die EU zu einer Verstärkung sowie der räuml. und fachl. Erweiterung ihrer grenzüberschreitenden Zusammenarbeit für den Alpenraum verpflichten (u. a. soll Tourismus dezentralisiert und an Umwelterfordernisse angepasst werden).

Alpenpflanzen, dem Gürtel zw. Wald und ewigem Schnee angepasste Pflanzen. Charakterist. Eigentümlichkeiten: niedriger Wuchs, Dickblättrigkeit, Verdunstungsschutz durch Verkleinerung und Einrollung oder Behaarung der Blätter, große farbenprächtige Blüten. Viele A. stehen unter Naturschutz.

Alpenrose, → Rhododendron, → Zwergalpenrose.

Alpensalamander, Salamandra atra, bis 16 cm langer, glänzend schwarzer Schwanzlurch (Familie Salamander) in den Alpen in 700–3 000 m Höhe, steht unter Naturschutz.

Alpentransit, der Lkw- und Bahngütertransport durch bzw. über die Alpen. Zur Verringerung der Umweltbelastungen (Lärm und Abgase) ist vorgesehen, den Güterverkehr zunehmend von der Straße auf die Schiene zu verlagern. – Am 30. 4. 2004 wurde zw. Österreich und Italien ein Staatsvertrag zum Bau des Brennerbasistunnels (geplante Fertigstellung um 2015) für die Eisenbahn geschlossen, der Innsbruck mit Franzensfeste (Fortezza) verbinden wird. Dadurch soll eine stärkere Verlagerung des Gütertransports auf die Schiene und eine Entlastung der Brennerautobahn erreicht werden. Mit dem Bau des geplanten (Eisenbahn-)Semmeringbasistunnels auf der Strecke Wien–Graz werden Wien und Niederösterreich eine günstigere Anbindung an den oberital. Wirtschaftsraum erhalten. – In der Schweiz sind wichtige Maßnahmen zur Reduzierung des Transitverkehrs die Einführung einer fahrleistungsabhängigen Schwerverkehrsabgabe zum 1. 1. 2001, das Landverkehrsabkommen mit der EU, in dem sich die EU zur Anerkennung der schweizer. Verkehrspolitik verpflichtet und die Schweiz im Gegenzug eine Erhöhung des zulässigen Gesamtgewichts für Lkw von 28 auf 40 t erlaubt, das Verkehrsverlagerungsgesetz, das vorsieht, die Zahl der alpenquerenden Lkw-Fahrten bis 2009 auf 650 000 zu reduzieren, sowie – im Rahmen der →Neuen Eisenbahn-Alpentransversale – der Ausbau der Schienentransitverbindungen über Lötschberg (geplante Eröffnung 2007) und Gotthard (geplante Eröffnung 2014).

Alpentransversale, die →Neue Eisenbahn-Alpentransversale.

Alpenveilchen, Cyclamen, Primelgewächs-Gatt., bes. in den Mittelmeerländern; ausdauernde Kräuter mit scheibenförmiger Knolle, lang gestielten, meist herzförmigen Blättern und einzeln stehenden, langstieligen Blüten; z. T. Zierpflanzen.

Alpenvereine, Alpenklubs, Vereinigungen zur Förderung des Bergsteigens und -wanderns sowie zur Erschließung und Erforschung der Bergwelt. In *Deutschland* gibt es den 1869 gegründeten **Dt. Alpenverein (DAV),** einen DOSB-Spitzenverband, Sitz: München (eingeschlossen die »Jugend des Dt. Alpenvereins«, JDAV). Die A. *Österreichs* bilden den 1949 in Wien gegründeten **Verband Alpiner Vereine Österreichs (VAVÖ),** dem der **Österr. Alpenverein (ÖAV),** der **Österr. Alpenklub (ÖAK)** und die **Österr. Bergsteigervereinigung (ÖBV)** angehören. In der *Schweiz* bestehen der **Schweizer Alpen-Club (SAC)** und der **Schweizer. Frauen-Alpen-Club (SFAC).** Der älteste A. ist der 1857/58 in London gegründete engl. **Alpine Club.**

Alpes-de-Haute-Provence [alp də oːt prɔˈvãs], bis 1970 **Basses-Alpes,** Dép. in SO-Frankreich, 6 925 km², 145 000 Ew.; Hptst.: Digne-les-Bains.

Alpenveilchen: Wildes Alpenveilchen

Alphorn: Alphornbläser

Alpes-Maritimes [alp mariˈtiːm], Dép. in SO-Frankreich, 4 299 km², 1,046 Mio. Ew.; Hptst.: Nizza.

al pezzo [ital.], *Bankwesen:* Verkauf nach Stück.

Alpha *das,* Zeichen **A, α,** der erste Buchstabe des griech. Alphabets.

Alphabet [nach den griech. Buchstaben Alpha und Beta] *das,* **Abc, 1)** Gesamtheit der Schriftzeichen eines Schriftsystems in ihrer herkömml. Anordnung. Die Buchstabenfolge der europ. A. geht auf das älteste semit. A. zurück, bei dem die Bildähnlichkeit der Zeichen eine Rolle spielte (Bilder aus demselben Sachgebiet wurden zusammengestellt). Das arab. A. ist dagegen nach der Form der Buchstaben, die ind. A. sind nach lautl. Gesichtspunkten geordnet.

2) *Informatik:* eine endl., geordnete Menge von unterscheidbaren Zeichen. Ein A. stellt den Zeichenvorrat einer formalen Sprache dar. Wichtige A. für Rechenanlagen sind ASCII und BCD.

Alphablocker, die →Alpharezeptorenblocker.

Alpha Centauri, Toliman, hellster Stern im Sternbild Kentaur (lat. Centaurus) und dritthellster Stern am Himmel; das Doppelsternsystem und der sonnennächste Stern **Proxima Centauri** (Entfernung 4,22 Lichtjahre) umkreisen einander.

Alphafetoprote|in, Glykoprotein, das vom Fetus gebildet wird, aber auch beim Erwachsenen vorhanden ist. Beim Vorliegen bestimmter Fehlbildungen wie Neuralrohrdefekten ist der Gehalt im Fruchtwasser und im mütterl. Blut erhöht (→Pränataldiagnostik). Bei Feten mit bestimmten Chromosomenanomalien (z. B. Down-Syndrom) finden sich erniedrigte Werte im Blutserum der Schwangeren.

alphanumerisch, alphamerisch, *Informatik:* Bez. für Daten, die neben numer. Zeichen (Ziffern) auch Buchstaben und Sonderzeichen enthalten.

Alphard [arab.], hellster Stern (α) im Sternbild Nördliche Wasserschlange (lat. Hydra).

Alpharezeptorenblocker, Alphablocker, Alphasympatholytika, Stoffe, die als →Sympatholytika die Wirkung von Adrenalin u. a. Substanzen auf den Sympathikus dadurch hemmen, dass sie die hierauf empfindlich reagierenden **Alpharezeptoren** in den Gefäßen blockieren. Sie bewirken über diese Rezeptoren eine Gefäßerweiterung und Blutdrucksenkung (Behandlung peripherer Durchblutungsstörungen).

Alphastrahlen, α-Strahlen, *Physik:* hochenerget. Korpuskularstrahlung, die beim Zerfall schwerer radioaktiver Nuklide auftritt (→Radioaktivität). Die A. bestehen aus den sehr stabilen **Alphateilchen,** d. h. zweifach positiv geladenen Heliumkernen (zwei Protonen und zwei Neutronen, ⁴He). Sie sind magnetisch ablenkbar; die mittlere Reichweite in Luft beträgt bis zu 8,6 cm. Von den drei radioaktiven Strahlungsarten sind die A. damit die am wenigsten durchdringenden. A. rufen auf Leuchtschirmen Lichtblitze hervor, können in Nebelkammern indirekt sichtbar gemacht werden und lassen sich u. a. mit Halbleiterdetektoren und Szintillationszählern nachweisen. Sie zeigen starke Ionisationswirkung und sind biologisch hoch schädigend. Die Energie zw. 4,05 und 10,4 MeV ist für einen Alphastrahler charakteristisch.

Alpheios, neugriech. **Alfios** *der,* größter Fluss auf der Peloponnes, 110 km lang; entspringt in Arkadien, mündet in das Ion. Meer.

Alphorn, in versch. europ. Gebirgsregionen beheimatete Holztrompete von lang gestreckter Form, leicht aufgebogenem Schalltrichter und meist bis zu

4 m (selten 10 m) Länge, heute v. a. in der Schweiz (Nationalinstrument) gebräuchlich.

alpin, die Alpen (auch jedes Hochgebirge) betreffend.

alpine Disziplinen, *Skisport:* die vorwiegend in alpinen Skigebieten entwickelten Wettkampfdisziplinen Abfahrtslauf, Slalom, Riesenslalom und Super-G im Unterschied zu den →nordischen Disziplinen.

alpine Kombination, *alpiner Skisport:* Doppelwettbewerb für Männer und Frauen, bestehend aus einer →Kombinationsabfahrt und zwei Slalomläufen (→Slalom), ausgetragen an zwei Tagen. Zur Ermittlung des Siegers werden die Zeiten der einzelnen Wettbewerbe addiert. Es gewinnt derjenige Läufer, der in der Addition aller Läufe die geringste Zeit benötigt hat. Die **Superkombination** besteht ebenfalls aus einer Kombinationsabfahrt, aber nur einem Slalomlauf, ausgetragen am gleichen Tag.

alpines Notsignal, →Notsignale.

Alpini [ital.], die ital. →Alpenjäger.

Alpinismus, Alpinistik, i. w. S. die Alpenkunde, die wiss. Erforschung des Hochgebirges und dessen Besteigung; i. e. S. das als Sport ausgeübte Bergsteigen in den Alpen und anderen Hochgebirgen, meist von Zweier- bis Viererseilschaften ausgeführt. Daneben gibt es Alleingänge, der Aufstieg in der direkten Falllinie (der »Direttissima«), seit etwa 1930 Ziel der Bergsteiger, die nach der Erstbesteigung fast aller bekannten Gipfel immer schwierigere Routen und Wände wählen. Die unterschiedl. Schwierigkeitsgrade werden internat. einheitlich bewertet. – Als »Vater des A.« wird Petrarca bezeichnet, der 1336 den Mont Ventoux (1912 m ü. M.) bestieg. Von A. im heutigen Sinn kann man aber erst seit dem Ende des 18. Jh. sprechen. Bed. Erstbesteigungen: Montblanc 1786 (J. Balmat, M. Paccard), Großglockner 1800, Matterhorn 1865 (E. Whymper), Annapurna I 1950 (M. Herzog, L. Lachenal), Nanga Parbat 1953 (H. Buhl), Mount Everest 1953 (E. Hillary, Tenzing Norgay). Seit der Besteigung des Nanga Parbat durch R. Messner ohne zusätzl. Sauerstoffzufuhr (1970) sind weitere derartige Expeditionen unternommen worden (u. a. 1978 auf den Mount Everest durch R. Messner und P. Habeler).

Alpinum [lat.] *das,* Steingarten im Tiefland mit Alpenpflanzen.

Alpirsbach, Stadt im Landkr. Freudenstadt, Bad.-Württ., 6900 Ew.; Luftkurort, 441 m ü. M., im Kinzigtal, Schwarzwald; Metall- und Kunststoff verarbeitende Industrie, Brauerei. – Ehem. Benediktinerkloster (gegr. 1095, Kirche 1125 vollendet).

Alpnach, Gemeinde im schweizer. Kanton Obwalden, nahe dem Südende des Alpnacher Sees (Teil des Vierwaldstätter Sees), 463 m ü. M., 5100 Ew.; Kalksteinbruch, Holzverarbeitung; Ausgangspunkt (in Alpnachstad) der Zahnradbahn auf den Pilatus.

Alptraum, →Alb.

al-Qaida [-ˈkaːida, arab. »Die Basis«], **al-Qaeda, Al Kaida, El Kaida,** islamist. Terrornetzwerk; entstand im Zusammenhang mit dem muslim. Widerstand gegen die sowjet. Besetzung Afghanistans (1979–89), von radikalislam. Ideologen in einen religiösen Verteidigungskampf (→Djihad) umgedeutet. Schlüsselfigur bei der Schaffung eines internat. »Djihadisten«-Netzwerkes war Osama →Bin Laden. Seine Rekrutierungsorganisation nannte sich seit etwa 1987/88 al-Q. und unterhielt Hauptquartiere in Afghanistan und Pakistan (Peshawar). Nach Errichtung einer Religionsdiktatur durch die →Taliban knüpfte Bin Laden seit 1996 intensive Kontakte zu anderen islamist. Terrorgruppen und vereinte sie schließlich 1998 gemeinsam mit dem Chef der ägypt. Gruppe »Islam. Djihad«, Aiman al-Sawahiri (*1951), zur »Internationalen Islam. Kampffront gegen Juden und Kreuzfahrer«, einer Art »Terror-Holding« für versch. Gruppen und Tausende »unverbundener Einzelkämpfer« aus über 50 Staaten. Weltweit wurden Djihad-Freiwillige rekrutiert, die in islamist. Trainingscamps in Afghanistan eine terrorist. Ausbildung erhielten (v. a. für einen Einsatz als Selbstmordattentäter). Größere Anschläge von al-Q. wurden seit 1993 ausgeführt (damals ein erster auf das World Trade Center, dann u. a. 1998 auf die US-Botschaften in Nairobi und Daressalam); Höhepunkt waren die Anschläge vom 11. 9. 2001 in New York und auf das Pentagon, die rd. 3000 Menschen das Leben kosteten.

Nach der Zerstörung der Trainingscamps und der Al-Q.-Strukturen in Afghanistan im Rahmen der amerikan. Militärintervention 2001 reorganisierte sich das Terrornetzwerk. Da zahlr. Führungskräfte (nicht aber Bin Laden und sein Stellvertreter al-Sawahiri) gefasst oder ausgeschaltet und Hunderte mutmaßl. Taliban und Al-Q.-Aktivisten Anfang 2002 auf dem US-Militärstützpunkt Guantánamo (Kuba) interniert worden waren, formierten geflohene Führungs-Mitgl. und frühere »Rekruten« kleine regionale Al-Q.-Zellen. Nach der amerikanisch-brit. Militärintervention im Irak (2003) wurde die Region zum verstärkten Handlungsraum von islamist., z. T. zu al-Q. gehörenden Terrorzellen (u.a. die von dem Jordanier Abu Musab al-Sarkawi (*1966, †2006) gebildete und durch Anschläge sowie blutige Geiselnahmen hervorgetretene Gruppe). Al-Q.-Zellen bzw. dem Netzwerk nahestehende Gruppen verübten auch mehrere opferreiche Terroranschläge in W-Europa (2004 in Madrid, 2005 in London). →Antiterrorkrieg.

ALR, Abk. für →Preußisches Allgemeines Landrecht.

Alraune [ahd. alruna, von runa »Geheimnis«] *die,* **Alraun, Heckmännchen, Galgenmännchen,** Wurzel des Nachtschattengewächses →Mandragora. Sie hat menschenähnl. Gestalt und soll als »Zaubermittel« Glück, Reichtum und Liebe bringen.

Alsace [alˈzas], frz. Name des Elsass.

Alsdorf, Stadt im Kr. Aachen, NRW, 46400 Ew., 165 m ü. M.; der Steinkohlenbergbau wurde 1992 eingestellt; DVD-, Arzneimittelproduktion.

Alse, Maifisch, *Alosa alosa,* bis 60 cm langer, silbrig weißer Heringsfisch im westl. Mittelmeer und in den westl. Küstengewässern des Atlantiks; wandert zur Laichzeit in die Flüsse.

al segno [- ˈseɲo; ital. »bis zum Zeichen«], Abk. **al s.,** *Musik:* Anweisung zum Wiederholen eines Musikstücks bis zu der mit 𝄋 bezeichneten Stelle. (→dal segno)

Alsen, dän. **Als,** Insel im Kleinen Belt, Dänemark, 312 km², 51600 Ew., durch eine Brücke (über den Alsfjord) mit dem Festland verbunden, Hauptort: Sonderburg.

Alsfeld, Stadt im Vogelsbergkreis, Hessen, 268 m ü. M., an der Schwalm, 17300 Ew.; Regionalmuseum. – A. hat einen denkmalgeschützten mittelalterl. Stadtkern mit zwei Kirchen aus dem 14.–15. Jh., dem Fachwerkrathaus (1512–16), dem Weinhaus (1538) und dem Hochzeitshaus (1564–71).

Alsleben (Saale), Stadt im Landkreis Bernburg, Sa.-Anh., an der Saale, 2700 Ew.; Mühle.

Alster die, rechter Nebenfluss der unteren Elbe, mit der sie schiffbare Fleete verbinden, 53 km lang; in Hamburg seenartig zur **Außen-A.** und **Binnen-A.** aufgestaut.

Alt [ital. alto »hoch«] der, Musik: **1)** die tiefere Frauen- und Knabenstimme, zweite Oberstimme; Normalumfang: a–f'' (Altlage); urspr. durch hohe Männerstimmen ausgeführt.

2) Tonlagenbezeichnung bei Instrumentenfamilien. Altinstrumente sind meist eine Quart oder Quinte tiefer gestimmt als die entsprechenden Sopraninstrumente.

Alt der, rumän. **Olt**, linker Nebenfluss der Donau in Rumänien, 670 km lang; entspringt in den siebenbürg. Ostkarpaten, durchbricht die Südkarpaten (Rotenturmpass); nicht schiffbar, Wasserkraftwerke. Nach dem Karpatendurchbruch gilt der A. als Grenze zw. der Kleinen (Oltenien) und Großen (Muntenien) Walachei.

Alt, 1) Otmar, Maler und Grafiker, * Wernigerode 17. 7. 1940; beeinflusst von Comicstrip und Pop-Art, schuf Bilder mit puzzleartig zusammengesetzten Farbflächen, auch Plastiken, v. a. bemalte Kleinfiguren, sowie Keramiken.

2) Rudolf von (seit 1892), österr. Maler, * Wien 28. 8. 1812, † ebd. 12. 3. 1905; Schüler seines Vaters Jakob A. (* 1789, † 1872). A. gilt als der bedeutendste Meister des österr. Vedutenaquarells im 19. Jh. Sein Bruder Franz A. (* 1821, † 1914) malte bes. Architektur- und Landschaftsaquarelle.

Alta, Stadt in Norwegen, Prov. Finnmark, an der Südküste des Altafjords; 15 000 Ew.; Schulungszentrum; Fischwirtschaft, Holzverarbeitung; Schiefergewinnung; südlich von A. am Altaelv Wasserkraftwerk. – Nahebei eine bed. Fundstätte aus der jüngeren Steinzeit: die Felszeichnungen von Hjemmeluft (UNESCO-Weltkulturerbe).

Altai der, Gebirgssystem in Zentralasien (in Kasachstan, Russland, China und der Mongolei), gliedert sich in den Russ., Mongol. und Gobi-A. Der **Russ. A.,** der im W bis nach Kasachstan hineinreicht, wird im W vom Irtysch, im O vom Westl. Sajan und im N vom Westsibir. Tiefland begrenzt; er ist ein paläozoisches Rumpfschollengebirge, in dem isolierte Hochflächen und Mittelgebirgszüge von 1 500 bis 2 500 m Höhe und weite, oft abgeschlossene Hochtalbecken (»Steppen«) vorherrschen. Nur im Zentrum und O erheben sich vergletscherte Hochgebirgsketten (Katun-, Tschujakette u. a.) bis 4 506 m ü. M. (Belucha). Tannen- und Zirbelkiefernwälder bedecken rd. 70 % der Fläche. Die Waldgrenze liegt im N bei 1 700–2 000 m, im Zentrum und O bei 2 200–2 450 m. Gebirgssteppen treten im N bis 600 m, im S bis 1 500 m und in geschützten Becken bis 2 200 m ü. M. auf. Rund 1 000 Gletscher und mehr als 3 500 Seen, darunter der Telezker See. Am vergletscherten Gebirgsstock des Tawan Bogd Uul (4 374 m ü. M.) zweigt der rd. 1 000 km lange **Mongol. A.** ab. Kennzeichnend ist eine zunehmende Trockenheit. Seine südöstl. Fortsetzung ist der rd. 500 km lange, vom Ich Bogd Uul bis 3 957 m hohe **Gobi-A.,** mit vorherrschender Wüstensteppen- und Wüstenvegetation.

Altai, zwei »Föderationssubjekte« Russlands im S Sibiriens: **1) Region A.,** in Russland, im S Sibiriens, im Vorland des Russ. Altai und an seinem N-Fuß, 168 000 km², (2006) 2,54 Mio. Ew.; Hptst. ist Barnaul; vom oberen Ob durchflossen, im W die Kalundasteppe, im O Hügelland; Bergbau (Nichteisen- und Edelmetalle, Salz), Landwirtschaft (Getreide, Kartoffeln, Zuckerrüben), Viehzucht (Schafe, Rinder, Yaks), Maschinen- und Waggonbau, Metall und Holz verarbeitende, chem., Nahrungs- und Futtermittelind. Im äußersten W der Region besteht ein autonomer Bez. der Deutschen (2002: rd. 79 500) mit dem Verw.-Zentrum Halbstadt (russ. Galbstadt).

2) Republik A., 1948–92 **Autonomes Gebiet, Bergaltai, Gorno-Altai,** Teilrep. Russlands, im S Sibiriens, im Altai, 92 900 km², (2006) 205 000 Ew. (davon 58 % Russen, 31 % Altaier, 5,9 % Kasachen, 5,1 % andere Volksgruppen); Hptst. ist Gorno-Altaisk; Bergbau mit Gold-, Quecksilber-, Wolfram- und Molybdängewinnung, Abbau von Marmor, Holz-, Leder- und Nahrungsmittelind. Die **Altaier,** ein turksprachiges Volk, treiben Viehzucht (Schafe, Rinder, A.-Pferde, Yaks) und in den Tälern Ackerbau (Futterpflanzen, Getreide). – 1922 wurde das Autonome Oirotengebiet (Name bis 1948) innerhalb der Region A. gebildet; 1992 schied dieses Gebiet als eigenständige Rep. aus der Region aus.

altaische Sprachen, →uralaltaische Sprachen.

alt|amerikanische Kulturen, →andine Hochkulturen, →mesoamerikanische Hochkulturen.

Altamira, Höhle bei Santillana del Mar, Kantabrien, Spanien. Hier wurden 1879 bei Ausgrabungen die ersten Höhlenbilder der Altsteinzeit entdeckt. Die mehrfarbigen Deckenbilder mit Tierdarstellungen bilden einen Höhepunkt der eiszeitl. Kunst (UNESCO-Weltkulturerbe). Im Juli 2001 wurde in Santillana del Mar eine exakte Nachbildung der Höhle, die 1979 für Besucher geschlossen wurde, eröffnet.

Alta Moda [ital.] die, ital. Bez. für →Haute Couture (bes. in Rom).

Altamura, Stadt in Apulien, Prov. Bari, Italien, 65 800 Ew.; Agrarzentrum (Weizenanbau, Weideland). – Roman. Kathedrale (13. Jahrhundert).

Altan [ital.] der, **Söller,** offene, in den Obergeschossen ins Freie führende Plattform, die von Mauern, Säulen oder Pfeilern gestützt wird.

Altar [lat. »Aufsatz auf dem Opfertisch«] der, erhöhte Opferstätte im Freien oder in einem geschlossenen Raum; urspr. ein Steinblock, später oft kunstvoll gestaltet (Zeus-A. in Pergamon, Ara Pacis Augustae in Rom). Seit frühgeschichtl. Zeit ist der A. als heilige Stätte und Ort der Nähe Gottes in allen entwickelten Religionen bekannt. Der christl. A., erst Ende des 1. Jh. üblich, zunächst ein einfacher Tisch (Mensa,

Altamira: stehender Wisent, Höhlenmalerei aus dem mittleren Magdalénien (um 15 000–13 000 v. Chr.)

Tisch des Herrn, 1. Kor. 10, 21) zur Abendmahlsfeier, wurde in der kath. Kirche, deren Theologie die Messe als Vergegenwärtigung des Kreuzesopfers Jesu Christi auffasst, wieder zur »Opferstätte« und zum Mittelpunkt des Gotteshauses. Die ev. Kirchen kehrten zum Abendmahlstisch zurück; sie kennen nur den einfachen Tisch mit Kruzifix und Bibel, haben aber die alten Altäre meist beibehalten als Sinnbild der Gegenwart Gottes. Seit dem 6. Jh. kamen in der kath. Kirche neben dem im Chor stehenden **Haupt-A. (Hoch-A., Front-A.)** für die Heiligenverehrung Neben- und Seitenaltäre auf. Auf Reisen wurde die Messe oft an einem **Trag-A.** (Portatile) gelesen.

Entwicklung des christl. A.: Überdachungen in Gestalt eines Baldachins (Ziborium, Tabernakel) kommen schon in frühchristl. Zeit vor. Den A.-Tisch bekleidete ein Antependium. In Dtl. wurde der A. vielfach mit dem Lettner verbunden. Seit dem 11. Jh. errichtete man über dem rückwändigen Teil des A.-Tischs einen urspr. für Reliquien bestimmten **A.-Aufsatz** (Retabel), aus dem sich seit dem 14. Jh. der **Flügel-A.** entwickelte. Er besteht aus einem (meist mit geschnitzten Darstellungen oder Malereien) gefüllten Mittelschrein und einem bewegl. Flügelpaar (**Triptychon**), später auch mit beiderseits mehreren Flügeln (**Wandel-A.**), mit denen der nur bei bestimmten Anlässen präsentierte Mittelteil zu schließen ist. Die Flügel sind wie auch die **Staffel** oder **Predella**, über sich der Schrein erhebt, mit geschnitzten oder gemalten Darstellungen versehen. Im späteren 16. Jh. setzte sich der in Italien übl. A. ohne bewegl. Flügel allg. durch. Im Barock wurde der architekton. Aufbau des A., dessen Mittelteil ein Gemälde (**A.-Blatt**) oder eine plast. Gruppe bildet, aufs Reichste ausgestaltet. Auf ev. Kirchen beschränkt blieb der **Kanzel-A.**, bei dem die Kanzel über dem A. eingebaut ist.

Altar der, lat. **Ara**, kleines Sternbild des Südhimmels zw. den Sternbildern Skorpion und Südl. Dreieck; von Mitteleuropa aus nicht sichtbar.

Alt|asiaten, → Paläosibirier.

Alt|auto, Altfahrzeug, nach der Altfahrzeug-VO vom 21. 6. 2002 ein Kraftwagen mit einer Masse bis zu 3,5 t, der Abfall ist. Hersteller und Importeure sind verpflichtet, A. ihrer Marke kostenfrei vom letzten Halter zurückzunehmen und umweltfreundlich unter Einhaltung von Wiederverwertungsquoten zu entsorgen. Die Rücknahmepflicht galt zunächst nur für A., die ab 1. 7. 2002 in Verkehr gebracht wurden; für vorher zugelassene A. trat sie am 1. 1. 2007 in Kraft.

Alt|azimut [lat. altus »hoch«], astronom. Instrument zur Messung von Höhe und Azimut eines Gestirns.

Altbayern, Bez. für das rechtsrhein. bayer. Staatsgebiet vor 1802 (Ober- und Niederbayern, Oberpfalz).

Altbier, aus stark gebrannten Malzen obergärig gebrautes dunkles Bier aus dem Raum Düsseldorf.

Altbulgarisch, → Kirchenslawisch.

altchristlich, → frühchristlich.

altdeutsch, veraltete Bez. für dt. Malerei und Plastik des 15. und frühen 16. Jh. (Spätgotik, Renaissance), auch für Möbel und Gläser der Neorenaissance (2. Hälfte des 19. Jh.), die diesen Stil nachahmen; i. w. S. die altüberlieferten Äußerungen dt. Kultur in Sitte, Kleidung, Sprache und Literatur.

Altdorf, 1) **Altdorf b. Nürnberg,** Stadt im Landkreis Nürnberger Land, Bayern, östlich von Nürnberg im Vorland der Fränk. Alb, 445 m ü. M., 15 300 Ew.; Universitätsmuseum; elektrotechn. u. a. Industrie;

Albrecht Altdorfer: Das Martyrium des heiligen Sebastian (Tafel aus dem Sebastiansaltar, 1509–18; Sankt Florian, Stiftssammlung)

1623–1809 Sitz einer Univ. – Gut erhaltenes mittelalterl. Stadtbild.

2) **Altdorf (UR),** Hauptort des Kt. Uri, Schweiz, 3 km vom S-Ufer des Urner Sees entfernt, im Reusstal, an der Gotthardbahn und -straße, 8 500 Ew.; Histor. Museum Uri, Naturkundemuseum, Kantonsbibliothek, Staatsarchiv; Kabel-, Gummi-, Kunststoffwerke; klassizist. Pfarrkirche St. Martin (1801–10); Kapuzinerkloster (gegr. 1581); Patrizierhäuser. – A. ist nach der Tellsage Schauplatz des Apfelschusses (Tellspiele; Telldenkmal).

Altdorfer, Albrecht, Maler und Grafiker, * Regensburg (?) um 1480, † ebd. 1538; Ratsherr und Stadtbaumeister, schuf Bilder zu Themen der Bibel, der Heiligenlegenden und der Antike, deren Gestalten er in enger Verbindung mit Gebirgs- und Waldlandschaften, Ruinen und Architekturen darstellte. In seiner Kunst verbinden sich volkstümlich erzählende Fantasie, miniaturhafte Wiedergabe der Einzelheiten und ein der Romantik verwandtes Naturgefühl zu maler. Einheit. A. war ein bed. Meister der → Donauschule. Von ihm stammt eines der frühesten reinen Landschaftsbilder der europ. Kunst (»Donaulandschaft mit Schloss Wörth bei Regensburg«, 1520–25; München, Alte Pinakothek); bed. grafisches Werk.

Weitere Werke: Laubwald mit dem Drachenkampf des hl. Georg (1510; München, Alte Pinakothek); Ruhe auf der Flucht (1510; Berlin, Gemäldegalerie); Sebastiansaltar (1509–18; Sankt Florian, Stiftssammlungen, und Wien, Kunsthistor. Museum); Geburt Mariä (1520; München, alte Pinakothek); Susanna im Bade (um 1526–28; ebd.); Alexanderschlacht (1529; ebd.).

Altena, Stadt im Märk. Kreis, NRW, an der Lenne, 21 100 Ew.; Dt. Drahtmuseum; bed. Draht-, Metall-, elektrotechn. Industrie. – Die Burg (1122 erwähnt, 1906–15 wieder aufgebaut) ist Heimatmuseum.

Gerhard Altenbourg: »Frühling«, Kreidezeichnung (1961)

Altenberg, 1) Stadt im Weißeritzkreis, Sachsen, im Osterzgebirge, rund 750 m ü. M., 6 100 Ew.; Armaturenbau, Likörfabrik; Wintersportplatz. Bis 1991 Zinnerzabbau.

2) Ortsteil von Odenthal im Rheinisch-Berg. Kreis, NRW, mit dem »Bergischen Dom«, der Kirche (1259–1379, nach Brand 1815 Wiederaufbau 1835–47 als Simultankirche; Glasmalereien des 13.–15. Jh.) des ehem. Zisterzienserklosters A. (1133–1803).

Altenbourg [-burg], Gerhard, eigtl. **G. Ströch**, Maler, Grafiker, Bildhauer und Dichter, * Schnepfenthal-Rödichen (heute zu Waltershausen) 22. 11. 1926, † (Autounfall) Meißen 30. 12. 1989; befasste sich bevorzugt mit Landschafts- und skurrilen Personenskizzen, gelegentlich auch mit sozialkrit. Themen. Seine subtilen, von sensibler surrealer Poesie durchdrungenen Arbeiten werden häufig dem fantast. Realismus zugeordnet.

Altenburg 1) Stadtwappen

Altenburg, 1) Krst. des Landkreises Altenburger Land (Große kreisangehörige Stadt), Thür., westlich der Pleiße, 37 500 Ew.; Thüring. Staatsarchiv, Armaturen-, Elektrogeräte-, Fahrzeugbau, Spielkartenherstellung, Brauerei; Schloss- und Spielkartenmuseum, Lindenau-Museum; Flughafen A.-Nobitz. – Die Stadt wird überragt vom Schloss (im Wesentlichen 18. Jh.) und den »Roten Spitzen«, den Türmen des ehem. »Bergklosters«; Renaissance-Rathaus (1561–64), spätgot. Bartholomäus-(Stadt-)Kirche (Ende 15. Jh.). – Der Burgward ist 976 bezeugt. Seit 1254/1328 im Besitz der Wettiner, kam A. 1485 an die ernestin. Linie; 1603–72 und 1826–1918 war A. die Hptst. des Herzogtums **Sachsen-Altenburg**.

In A., seit dem 17. Jh. ein Zentrum der Spielkartenherstellung, entstand um 1813/15 das Skatspiel; 1866 beschloss hier der 1. Dt. Skatkongress die Regeln des Skatspiels; seit 1927 tagt in A. das Dt. Skatgericht. (→ Sächsischer Prinzenraub)

2) Gem. bei Horn im Waldviertel, NÖ, 800 Ew. – Das 1144 gegründete Benediktinerkloster wurde seit Mitte des 17. Jh. umgestaltet; beteiligte Künstler u. a. J. Munggenast (Kirche und 208 m langes hochbarockes Gebäude mit Kaisertrakt und Bibliothek), P. Troger (Fresken), F. J. Holzinger (Stuckplastik).

Altenburger Land, Landkreis in Thür., 569 km², 105 600 Ew., Krst. ist Altenburg.

Altenesch, ehem. Name von Lemwerder, Ndsachs. – Bei A. besiegte am 27. 5. 1234 Erzbischof Gerhard II. von Bremen die Stedinger.

Altenheim, Seniorenheim, ältere Bez.: **Altersheim**, Einrichtung, in der alte Menschen wohnen und betreut werden. Für Pflegebedürftige sind spezielle Pflegeabteilungen angegliedert; leben in einem A. nur pflegebedürftige alte Menschen, heißt die Einrichtung **Altenpflegeheim**. In **Altenwohnheimen** stehen abgeschlossene Wohnungen zur Verfügung. Träger der A. sind Kommunen, Organisationen der freien Wohlfahrtspflege und Private. A. stehen unter staatl. Heimaufsicht. Dem Schutz der Bewohner dient das Heimgesetz.

Altenherrschaft, Gerontokratie, *Völkerkunde*: die Leitung einer Gemeinschaft durch ein Gremium von Alten, deren Erfahrung für die Gemeinschaft genutzt werden soll. (→ Geronten)

Altenhilfe, Angebote und soziale Dienste für ältere Menschen. Zur **offenen A.** gehören Freizeitangebote (z. B. Altenbegegnungsstätten, Altenklubs), zur **ambulanten A.** gehören Sozialstationen und mobile Dienste (z. B. Kranken- und Hauspflege, »Essen auf Rädern«). Die **stationäre A.** umfasst Wohn- und Pflegeheime für Ältere. Wegen der Zunahme älterer Menschen mit Pflegebedürftigkeit bevorzugt man auch aus Kostengründen die ambulante A., betreutes Wohnen sowie neue Institutionen der Tages-, Nacht- und Kurzzeitpflege. Bei Hilfe- bzw. Pflegebedarf können Leistungen der Pflegeversicherung und/oder der Sozialhilfe in Anspruch genommen werden.

Altenkirchen (Westerwald), 1) Landkreis in Rheinl.-Pf., 642 km², 136 000 Einwohner.

2) Krst. von 1), im oberen Wiedtal, 6 300 Ew.; Kunststoffindustrie.

Altenstein, Karl Freiherr vom **Stein zum A.**, preuß. Staatsmann, * Ansbach 1. 10. 1770, † Berlin 14. 5. 1840; war 1817–38 Kultusmin.; förderte Wiss.en und Schulen; seine Kirchenpolitik löste 1817 die Kämpfe um die ev. Union und 1837 den Kölner Kirchenstreit um die gemischten Ehen aus.

Altenburg 1): Renaissance-Rathaus (1562–64)

Altenteil, Ausgedinge, Auszug, Leibgedinge, bei der Übergabe eines Bauernhofes die auf Lebenszeit vereinbarten Leistungen des Übernehmers an den abgebenden Altenteiler (Wohnung, Rente); ergänzt durch die →Alterssicherung der Landwirte.

Altentreptow [-to], Stadt im Landkreis Demmin, Meckl.-Vorp., an der Tollense, 6200 Ew.; Nahrungsmittel-, Baustoffindustrie.

Alter, die Zeit des Bestehens, ausgedrückt in Zeiteinheiten, z. B. das A. eines Menschen (**Lebens-A.**), der Erde, des Kosmos; auch die Altersstufen. Hinsichtlich der **Lebensdauer** wird unterschieden zw. mittlerer (durchschnittl.) und potenzieller (höchstmögl.) Lebensdauer. In den letzten Jahrhunderten und bes. im 20. Jh. ist die mittlere →Lebenserwartung der Menschen als Folge der verbesserten hygien. Verhältnisse und erfolgreicher Krankheitsbekämpfung im Durchschnitt sprunghaft angestiegen.

Alteration [lat.] *die, Musik:* Veränderung eines Akkordtones um einen chromat. Halbton (**alterierter Akkord**).

Alter Bund, Bez. der christl. Theologie für die Periode der Heilsgeschichte vom Bund Gottes mit Abraham bis zum Auftreten Jesu Christi. (→Bund)

Alter Dessauer, Beiname von Fürst →Leopold I. von Anhalt-Dessau.

Alter Ego [lat. »das andere (zweite) Ich«] *das,*
1) sehr vertrauter Freund.
2) in der Tiefenpsychologie bei S. Freud das Es, bei C. G. Jung »Schatten« oder Personifikation der verdrängten Inhalte der Psyche.

Alter Herr, Abk. **A. H.,** Mitgl. einer student. Verbindung nach Hochschulabgang.

Altern, Prozess, der in Abhängigkeit von der Zeit zu charakterist. Zustandsveränderungen führt. A. ist ein universaler, multifaktoriell bedingter, irreversibler Vorgang, dem Belebtes und Unbelebtes unterliegen. Ursache der Alterungsprozesse beim Menschen sind Stoffwechselveränderungen infolge verminderter Aufnahme- und Ausscheidungsfähigkeit. Es kommt zu Ablagerungen, Elastizitätsverlust, Wasserverarmung, Erschlaffung der Haut, verringerter Regenerationsfähigkeit, Brüchigwerden der Knochen, einer Abnahme der Leistungsfähigkeit aller Organe. Die Wiss. vom Altern heißt →Gerontologie, die Altersheilkunde →Geriatrie.

Alternat [mlat. »Abwechslung«] *das,* Regel, dass bei Unterzeichnung völkerrechtl. Verträge jeder Staat in der für ihn bestimmten Ausfertigung zuerst genannt wird und unterschreibt.

Alternation [von lat. alter »der andere«] *die,* **Alternanz, 1)** *allg.:* Abwechslung, Wechsel.
2) *Sprachwissenschaft:* Lautwechsel, z. B. beim →Ablaut.

Alternative [von lat. alter »der Andere«] *die,* Entscheidungsmöglichkeit zw. zwei sich ausschließenden Möglichkeiten; auch die zweite Möglichkeit selbst.

alternative Bewegung, Sammelbez. für die seit den 1970er-Jahren entstandenen Gruppierungen vorwiegend jüngerer Menschen, die die Lebens- und Organisationsformen der modernen Ind.-Gesellschaft ablehnen und versuchen, ihre Lebensverhältnisse in einer anderen wirtsch., gesellschaftl. und polit. Form selbst zu bestimmen und damit eine **Alternativkultur** zu schaffen; Verflechtungen z. T. mit der Umwelt- und Naturschutzbewegung, der Friedens- sowie der Frauenbewegung und politisch v. a. mit den grünen Parteien. Vorläufer waren u. a. anarchistisch-syndikalist. Vorstellungen neuer Lebens- und Arbeitsorganisationsformen und bes. die →Lebensreformbewegung um 1900. Inzwischen sind einige der (einstmals) neuen Lebensformen und Zielsetzungen zu einem Teil der allg. Kultur und Wertauffassung geworden (z. B. offenere Lebens- und Partnerschaftsformen, gewandelte Erziehungsstile), andere Zielsetzungen erwiesen sich als nicht realisierbar oder vermittelbar.

alternative Handelssysteme, Alternative-Trading-Systems [ɔːlˈtɛːnətɪv ˈtreɪdɪŋ ˈsɪstəms], Abk. **ATS,** Oberbegriff für versch. außerbörsl., computergestützte Handelsplattformen (z. B. Nasdaq Europe oder VirtX), auf denen Wertpapiertransaktionen direkt zw. Banken und/oder Maklern abgewickelt werden; Träger sind i. d. R. international tätige Groß- und Investmentbanken sowie Maklergesellschaften. Den rechtl. Rahmen in Dtl. bilden §§ 58 ff. Börsen-Ges. vom 21. 6. 2002.

alternative Investments, Anlagestrategien, die das klass. Spektrum an Kapitalanlagen (z. B. Aktien, Anleihen, Geldmarktpapiere) erweitern und darauf abzielen, bei jeder Marktentwicklung – auch wenn klass. Anlagen Kursverluste erleiden – Gewinne zu realisieren. Neben den →Hedge-Fonds gelten u. a. **Private Equity** (nicht öffentlich gehandelte Unternehmensbeteiligungen) und **Managed Futures** (Investmentfonds, die u. a. in Futures und Optionen investieren) als Teilgebiete der a. I.; Daten zur Marktentwicklung vermittelt u. a. der **Bundesverband alternative Investments e. V.** (BAI; Sitz: Bonn, gegr. 1997).

alternative Medizin, die →komplementäre Medizin.

alternativer Landbau, →ökologischer Landbau.

alternativer Nobelpreis, →Nobelpreis.

Alternativkosten, die →Opportunitätskosten.

Alternativkraftstoffe, →Kraftstoffe.

Alternativ|obligation, die →Wahlschuld.

alternierender Vers, *Metrik:* Verszeile mit regelmäßigem Wechsel kurzer und langer (antikes quantitierendes Versprinzip) bzw. unbetonter und betonter (heutiges akzentuierendes Versprinzip) Silben, z. B. jambische Verse.

Alternsforschung, die →Gerontologie.

Alter Orient, das Gebiet der frühen Hochkulturen in Palästina und Syrien, Kleinasien, Mesopotamien, im iran. Hochland und i. w. S. in Ägypten, vom 7. Jt. v. Chr. bis z. Z. Alexanders d. Gr. (4. Jh. v. Chr.).

Altersaufbau, die →Altersgliederung.

Altersbeschwerden, Beschwerden, die auf Veränderungen als Folge des Alterns beruhen, für sich allein jedoch keine Krankheit darstellen, z. B. eingeschränkte Leistungsfähigkeit des Bewegungssystems und größere Ermüdbarkeit, Leistungsschwäche des Immunsystems oder des Kreislaufs, geringere Konzentrationsfähigkeit. Ursache ist der allmähl. Abbau von Organ- und Gewebefunktionen. Vorbeugung: gesunde Lebensführung, d. h. ausreichende körperl. Bewegung und Training von Herz und Kreislauf, gesunde Ernährung sowie geistige Betätigung.

Altersbestimmung, Datierung von vorgeschichtl. Ereignissen, Abschätzung des Alters von Objekten (z. B. bei Tieren nach dem Gebiss, bei Bäumen nach Jahresringen, bei fossilen Knochen mit der →Aminosäuredatierung). Bei der **relativen A.** werden die Ereignisse und Objekte relativ zueinander zeitlich eingeordnet, z. B. ist bei einer ungestörten Ablagerung von geolog. Schichten die obere Schicht die jüngere

(→Stratigrafie). Kann angegeben werden (innerhalb gewisser Fehlergrenzen), wie viele Jahre seit einem Ereignis verstrichen sind, spricht man von **numer. (absoluter) A.** Sie beruht v.a. auf physikal. (radiometr.) Methoden, die den Zerfall der in dem zu datierenden Material enthaltenen radioaktiven Nuklide ausnutzen. Andere Methoden, wie die Zählung der Warven (Jahresschichten des Bändertons) oder die Dendrochronologie ergeben ebenfalls absolute Alterswerte. – Verfahren zur physikalisch-chem. A. sind u.a. die →Radiokohlenstoffmethode, die →Aktivierungsanalyse, die →ESR-Datierung und die →Lumineszenzmethoden. In der Astronomie werden zur A. des Mondes, von Planeten (insbes. der Erde) und Meteoriten u.a. radioaktive Uran-, Thorium-, Rubidium- und Kaliumisotope herangezogen. Danach ist die Erde 4,57 ± 0,03 Mrd. Jahre alt und unser Planetensystem vor etwa 4,6 bis 5 Mrd. Jahren entstanden (→Erde, →Kosmologie). Aus der Theorie der Sternentwicklung und der Expansion des Weltalls (→Hubble-Effekt, →Urknall) wird meist ein zw. 15 und 20 Mrd. Jahren liegendes Weltalter angenommen.

Altersdemenz, frühere Bez. für senile →Demenz.

Alterseinkünfte, Ruhestandseinkünfte, Einkünfte eines Menschen nach altersbedingter Beendigung der Erwerbstätigkeit, v.a. Sozialversicherungsrenten, Beamtenpensionen, Bezüge aus betriebl. Direktversicherungen, Pensionskassen, -fonds sowie aus privater kapitalgedeckter Altersvorsorge (Lebensversicherungen, Riester-Rente u.a.). Nach dem Grundsatz der nur einmaligen Besteuerung des Lebenseinkommens ist die Besteuerung von A. mit der Besteuerung der Aufwendungen zur Altersvorsorge so abzustimmen, dass entweder die Vorsorgeaufwendungen steuerfrei bleiben und die Altersbezüge besteuert werden (**nachgelagerte Besteuerung**) oder die Vorsorgeaufwendungen aus versteuertem Einkommen getätigt werden müssen und die A. steuerfrei bleiben (**vorgelagerte Besteuerung**).

Die frühere einkommensteuerl. Behandlung von A. war uneinheitlich und unsystematisch: Bei der gesetzl. Rentenversicherung blieben die Arbeitgeberbeiträge als Betriebsausgaben vollständig und die Arbeitnehmerbeiträge als Sonderausgaben (Vorsorgeaufwendungen) zum großen Teil unbesteuert, während die späteren Sozialversicherungsrenten nur mit einem Ertragsanteil (z.B. bei Rentenbeginn im 65. Lebensjahr: 27%) zu versteuern waren. Die steuerl. Behandlung der Beamtenpensionen (Ruhegehalt) entsprach und entspricht dagegen grundsätzlich dem nachgelagerten Verfahren: Pensionen werden als (seinerzeit vorenthaltene, erst im Ruhestand ausgezahlte) Einkünfte aus nicht selbstständiger Arbeit grundsätzlich in voller Höhe der Einkommensteuer unterworfen. Auch die bisherige steuerl. Behandlung der betriebl. Altersversorgung war uneinheitlich: Während die Versorgung über eine Direktversicherung bei kapitalisierter Auszahlung vorgelagert und bei Auszahlung in Form einer Rente mit dem Ertragsanteil besteuert wurde, kam es bei Versorgungsleistungen über Direktzusagen und Unterstützungskassen als Lohneinkünfte aus einem früheren Dienstverhältnis sowie Leistungen aus Pensionskassen und -fonds als sonstige Einkünfte grundsätzlich zur nachgelagerten Besteuerung. Kapitallebensversicherungen hatten nach der bisherigen Regelung ein Steuerprivileg (Abzug der Beiträge als Sonderausgaben und Steuerfreiheit der Erträge).

Das **Alterseinkünfte-Ges.** vom 5. 7. 2004 sieht als Neuregelung einen schrittweisen Übergang (2005–40) zur allg. nachgelagerten Besteuerung der A. vor: Beiträge zu Leibrentenversicherungen, die eine lebenslange Rente nicht vor Vollendung des 60. Lebensjahres vorsehen und bei denen die Anwartschaften nicht beleihbar, nicht vererblich, nicht veräußerbar, nicht übertragbar und nicht kapitalisierbar sind (also z. B. gesetzl. und private kapitalgedeckte Rentenversicherungen), sind zunächst (2005) zu 60% (maximal 12 000 €) als Sonderausgaben bei der Ermittlung des steuerpflichtigen Einkommens abziehbar. Dieser Satz steigt jährlich um 2 Prozentpunkte bis 2025 auf 100% (maximal 20 000 €). Alternativ bleibt bis mindestens 2014 der bisherige Abzug von Vorsorgeaufwendungen zulässig, falls dieser günstiger ist. Bezogene Leibrenten aus den erwähnten Versicherungen gehen ab 2005 mit 50% in die Bemessungsgrundlage der Einkommensteuer ein. Für jeden neu hinzukommenden Rentnerjahrgang steigt dieser Prozentsatz bis zum Jahre 2020 um jährlich 2 Prozentpunkte, danach jährlich um 1 Prozentpunkt, sodass bei den Neurentnern des Jahres 2040 die Leibrente erstmals in voller Höhe besteuert wird. Zur Sicherstellung der Besteuerung müssen die Versicherungsträger Rentenbezugsmitteilungen an die Finanzverwaltung senden.

Da Leibrenten, Betriebsrenten und Beamtenpensionen ab 2040 steuerlich gleich behandelt werden sollen, werden der (urspr. zum Ausgleich der Ungleichbehandlung von Renten und Pensionen eingeführte) Versorgungsfreibetrag und der Altersentlastungsbetrag schrittweise in dem Maße abgebaut, in dem die Besteuerungsanteile der Leibrenten steigen; ferner wird für Bezieher von Beamtenpensionen und Betriebsrenten der Arbeitnehmer-Pauschbetrag von bislang 920 € an den Werbungskosten-Pauschbetrag der Rentenbezieher (102 €) angepasst. Das bisherige Steuerprivileg für Kapitallebensversicherungen wird für nach dem 1. 1. 2005 abgeschlossene Verträge eingeschränkt, aber nicht vollständig beseitigt: Sofern die Auszahlung nach dem 60. Lebensjahr und nach mindestens 12-jähriger Laufzeit erfolgt, müssen die Erträge nur zur Hälfte besteuert werden. (→Alterssicherung, →betriebliche Altersversorgung, →private Altersversorgung)

Altersentlastungsbetrag, steuerrechtl. Freibetrag zugunsten von Steuerpflichtigen ab 64 Jahre für Einkünfte, die weder Sozialrenten noch Pensionen u. Ä. sind. Der A. betrug 2004 im Jahr 40% des Arbeitslohns und der positiven Summe der Einkünfte, die nicht solche aus nicht selbstständiger Arbeit sind, höchstens aber 1 908 € (§ 24 a EStG). Ab 2005 wird der A. im Rahmen der Neuregelung der Besteuerung von →Alterseinkünften schrittweise in dem Maße abgebaut, in dem die Besteuerungsanteile der Leibrenten steigen.

Altersgliederung, Altersaufbau, Altersstruktur, *Bevölkerungswissenschaft* und *Ökologie:* die altersmäßige Zusammensetzung einer Bevölkerung bzw. einer Population, z. B. nach Jahren (in der Ökologie bei kurzlebigen Spezies auch kürzere Zeitabschnitte), dargestellt als Tabelle oder in graf. Form. Bei gleichmäßig wachsender Bev. ergibt die A., grafisch dargestellt, die Form einer Pyramide; infolge des Geburtenrückgangs und der steigenden Lebenserwartung in den Ind.-Ländern wird daraus eine Glocke oder schließlich eine Zwiebel. Die A. gehört neben der Gliederung nach dem Geschlecht zu den wichtigsten Be-

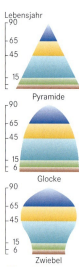

Altersgliederung: Formen der Altersgliederung

urteilungskriterien einer Bevölkerung. Statist. Grundlagen für die A. liefern Volkszählungen und deren Fortschreibungen.

Altersgrenze, 1) *gesetzl. Rentenversicherung:* das Erreichen eines bestimmten Alters (das vollendete 65. Lebensjahr mit Ausnahmen) als Grundvoraussetzung für den Anspruch auf Altersrente; wird von 2012 bis 2029 schrittweise auf 67 Jahre angehoben (→Rentenversicherung).
2) *öffentl. Dienst:* das Lebensalter, mit dessen Erreichen öffentlich Bedienstete ihre Berufstätigkeit beenden und, bes. Beamte auf Lebenszeit, in den Ruhestand treten; in Dtl. i.d.R. mit Vollendung des 65. Lebensjahres (abweichende Regelungen für Berufssoldaten, Polizisten; die A. soll ebenso wie in der Rentenversicherung angehoben werden).

Altersheilkunde, die →Geriatrie.

Altersheim, ältere Bez. für →Altenheim.

Alters-, Hinterlassenen- und Invalidenversicherung, Abk. **AHV/IV,** in der *Schweiz* die seit 1948 bzw. 1960 bestehende, obligator. Sozialversicherung (Rentenversicherung).

Altersklasse, *Völkerkunde:* Einteilung einer Gesellschaft nach Lebensabschnitten; der Übertritt in die nächsthöhere A. ist mit Übergangsriten verbunden.

Alterskrankheiten, Krankheiten, die im Alter erstmals auftreten oder in ihrer Häufigkeitsverteilung eng an das höhere Lebensalter geknüpft sind und deren Ursachen in physiolog. Abbauvorgängen des Organismus begründet sind: Wegen des schwächer reagierenden Immunsystems treten Infektionen häufiger auf und eine Wiedergesundung dauert länger. Das Herz-Kreislauf-System ist meist durch einen höheren Blutdruck belastet; es kann zu Herzasthma, Lungenödem, Altersemphysem und Flüssigkeitsansammlungen in der Bauchhöhle kommen. Das Vorkommen der chron. Bronchitis steigt schon nach dem 40. Lebensjahr steil an, Lungenentzündungen sind im Alter häufig. Erkrankungen des Magen-Darm-Kanals sind u.a. Geschwüre, Verstopfung, Eingeweidesenkung, Dickdarmdivertikulose und -entzündung. Das Bewegungssystem wird oft durch Arthrose und Osteoporose erheblich beeinträchtigt. Häufig tritt im Alter eine Harninkontinenz auf. Auch bösartige Tumoren sind mit zunehmendem Alter häufiger. Das Sehen wird durch das Glaukom und die Alterskatarakt beeinträchtigt. Neurologisch sind insbes. der Schlaganfall aufgrund seiner oft schwerwiegenden Folgen sowie die Parkinson-Krankheit von Bedeutung. Psych. Veränderungen kennzeichnen die Altersdemenz. Häufigste Erkrankungen mit tödl. Ausgang sind Herz- und Kreislauferkrankungen, entzündl. Veränderungen des Bronchialsystems sowie bösartige Tumoren und Erkrankungen der Nieren.

Alterspräsident, ältestes Mitgl. einer öffentl. Körperschaft (bes. eines Parlaments); führt nach einer Neuwahl bis zur Wahl eines Präs. die Geschäfte.

Altersrente, Altersruhegeld, finanzielle Leistung, die einer Person nach Erreichung der Altersgrenze regelmäßig gezahlt wird, meist von einer →Rentenversicherung.

Altersschwäche, meist im höheren Lebensalter auftretende Abnahme der körperl. **(Altersmarasmus)** und oft auch der geistigen Kräfte **(Seneszenz, Senilität).**

Altersschwerhörigkeit, Presbyakusis, bei vielen Menschen schon im 5. und 6. Lebensjahrzehnt auftretende, stets auf beiden Ohren fast unmerklich beginnende und langsam zunehmende Schwerhörigkeit zunächst bei hohen Tönen, die auf Abnutzung und Schwund der Nerven- und Sinneszellen im Innenohr (Schnecke) beruht. Abhilfe erfolgt durch →Hörgeräte.

Alterssicherung, Altersvorsorge, in der *Sozialpolitik* zusammenfassende, nicht einheitlich abgegrenzte Bez. für alle Maßnahmen oder Regelsysteme, die darauf zielen, alten Menschen Leistungen (v. a. finanzieller Art) zukommen zu lassen. Der zuweilen auch synonym gebrauchte Begriff **Altersversorgung** fasst begrifflich die versch. Einrichtungen und Systeme sowie deren Leistungen zusammen, die von bestimmten Personen in Anspruch genommen werden können, wenn sie eine gewisse Altersgrenze erreicht haben. Alle Systeme bieten des Weiteren auch Leistungen bei Invalidität und vorzeitigem Tod.
In den meisten Ind.-Staaten hat sich eine A. nach dem sog. »Drei-Säulen-Konzept« herausgebildet. Neben der staatl. A. (→Rentenversicherung, Künstlersozialversicherung, Alterssicherung der Landwirte, Beamtenversorgung) existiert die →betriebliche Altersversorgung sowie als dritte Form die Nutzung privater Mittel für das Alter (z. B. Lebensversicherung, →private Altersversorgung).

Alterssicherung der Landwirte, von den landwirtsch. Alterskassen getragene Rentenversicherung der Landwirte, geregelt durch Ges. vom 29. 7. 1994. Versicherungspflichtig sind land- und forstwirtsch. Unternehmer sowie deren Ehegatten und mitarbeitende Familienangehörige. Die Leistungen der A.d.L. umfassen neben Renten an Versicherte und Hinterbliebene die medizin. Rehabilitation und die Betriebs- und Haushaltshilfe. Die als »Altershilfe für Landwirte« 1957 eingeführte A.d.L. wurde mehrfach grundlegend geändert (u.a. Schaffung einer eigenständigen Alterssicherung der Ehegatten von Landwirten, finanzielle Stabilisierung mittels Defizitdeckung durch den Bund, gerechtere Beitragsausgestaltung, Überleitung auf die neuen Bundesländer).

Alterssichtigkeit, Presbyopie, die mit zunehmendem Alter abnehmende Akkommodationsfähigkeit des Auges als Folge des Elastizitätsverlustes der Linse; dadurch wird das Sehen in der Nähe erschwert, Kurzsichtigkeit z.T. kompensiert. Bei Normalsichtigen macht sich dies etwa mit 45 Jahren bemerkbar. Ein Ausgleich erfolgt durch Konvexgläser (Sammellinsen). (→Kurzsichtigkeit)

Altersteilzeitarbeit, Form der Teilzeitarbeit, durch die älteren Arbeitnehmern ein gleitender Übergang vom Erwerbsleben in die Altersrente ermöglicht werden soll. Begünstigt sind Arbeitnehmer, die das 55. Lebensjahr vollendet haben, nach dem 14. 2. 1996 aufgrund einer Vereinbarung mit ihrem Arbeitgeber ihre Arbeitszeit auf die Hälfte vermindert haben und versicherungspflichtig nach dem SGB III beschäftigt sind (Altersteilzeit-Ges. vom 23. 7. 1996). Diese Vereinbarung muss sich zumindest auf die Zeit erstrecken, nach deren Ablauf eine Altersrente beantragt werden kann. Der Arbeitnehmer muss in den letzten fünf Jahren vor der A. mindestens 1080 Kalendertage versicherungspflichtig beschäftigt gewesen sein. Er kann während der A. täglich, wöchentlich, monatlich verkürzt arbeiten oder er kann nach einer gewissen Zeitspanne, in der er voll gearbeitet hat, völlig mit der Arbeit aussetzen, bis er Altersruhegeld beanspruchen kann (A. im Blockmodell).

Der Arbeitgeber, der bis zum 30. 6. 2004 einen Altersteilzeitvertrag geschlossen hat, kann die teilweise Erstattung der Altersteilzeitleistungen von der Arbeitsagentur verlangen, 1) wenn er das Bruttoarbeitsentgelt des Arbeitnehmers um mindestens 20 % auf mindestens 70 % des bisherigen Entgelts aufstockt und für den Arbeitnehmer zusätzl. Beiträge zur gesetzl. Rentenversicherung zahlt, sodass mindestens 90 % des bisherigen Entgelts versichert sind, 2) wenn er den frei gemachten oder einen durch Umsetzung frei gewordenen Arbeitsplatz mit einem Arbeitslosen besetzt oder einen Auszubildenden übernimmt oder neu beschäftigt und 3) ein Überforderungsschutz des Arbeitgebers sichergestellt ist. Bei ab 1. 7. 2004 abgeschlossenen Altersteilzeitvereinbarungen hat der Arbeitgeber einen Aufstockungsbetrag von 20 % des für die A. gezahlten regelmäßigen Arbeitsentgelts zu leisten. Dabei sind nicht laufend gezahlte Entgeltbestandteile nicht zu berücksichtigen. Die Erstattung durch die Bundesagentur für Arbeit an den Arbeitgeber (für längstens sechs Jahre) ist auf den Aufstockungsbetrag und den zusätzl. Rentenversicherungsbeitrag begrenzt. Auch teilzeitbeschäftigte Arbeitnehmer können A. ausüben. Ab dem 60. Lebensjahr ist nach mindestens 24 Kalendermonaten A. die vorzeitige Inanspruchnahme der Altersrente möglich, jedoch müssen i. d. R. Rentenabschläge in Kauf genommen werden. Der Insolvenzschutz des Arbeitsentgelts wird durch § 8 a Altersteilzeit-Ges. (in Kraft seit 1. 7. 2004) verbessert.

alter Stil, Abk. **a. St.,** seit 1582 Bez. der Tagesdaten nach dem julian. →Kalender.

Altersversorgung, →Alterssicherung.

Altersvorsorge, Maßnahmen zur Sicherstellung späterer Alterseinkünfte; häufig synonym zu →Alterssicherung gebraucht.

Altersvorsorge-Sondervermögen, Kurz-Bez. **AS-Fonds,** von einer Investmentgesellschaft verwalteter thesaurierender Fonds, dessen Vermögenswerte (Wertpapiere, Schuldscheindarlehen, Immobilien, stille Beteiligungen) mit dem Ziel langfristigen Vorsorgesparens von einer Depotbank verwahrt werden. Für die Anlage sind nicht nur Limite (maximal 75 % der Anteile dürfen in Aktien und stillen Beteiligungen angelegt werden), sondern im Hinblick auf langfristige Performancevorteile auch Mindestquoten (Mindestanteil von Aktien und Immobilien 51 %) gesetzlich (§§ 37 h–m Ges. über die Kapitalanlagegesellschaften i. d. F. v. 9. 9. 1998) vorgeschrieben. Spekulative Geschäfte mit Derivaten sind nicht zulässig. Mit dem Erwerber eines Anteilscheins ist eine Vertragsdauer von mindestens 18 Jahren (oder mindestens bis zur Vollendung des 60. Lebensjahrs) zu vereinbaren.

Altertum, der Zeitraum vom Beginn erster schriftl. Aufzeichnungen im Alten Orient (um 3000 v. Chr.) bis zum Ausgang der griech.-röm. Antike (oft als **klass. A.** bezeichnet); als Endpunkt gilt meist das Jahr 476 n. Chr. (Untergang des Weström. Reiches).

Altertümer, alle aus dem klass. Altertum oder aus der Frühvergangenheit eines Volkes oder einer Kultur stammenden Überreste und Denkmäler; sie fallen in den Bereich der Vorgeschichte, der Archäologie und der klass. Altertumswissenschaft.

Altertumsvereine, seit der späten Romantik gegründete Vereine zur Erhaltung der Altertümer und Denkmäler eines Landes, Errichtung von Museen, Herausgabe von Zeitschriften und Pflege der landes- und ortsgeschichtl. Altertumskunde.

Altertumswissenschaft, Altertumskunde, von F. A. Wolf eingeführter Name für die Erforschung des griech.-röm. Altertums, in neuerer Zeit auf die nicht klass. alten Kulturen Europas, Vorderasiens und Nordafrikas ausgedehnt. (→Archäologie, →klassische Philologie)

Alterung, *Werkstofftechnik:* mit der Zeit zunehmende, irreversible Veränderungen der Struktur und Eigenschaften von Materialien (v. a. Metalle, Kunststoffe) durch Gebrauch oder Lagerung; wird durch natürl. Vorgänge hervorgerufen (Temperaturschwankungen, Lichteinfall u. a.), kann aber zur Erzielung gewünschter Eigenschaften auch gewollt sein (**künstl. A.**), z. B. Abschreck A. zur Härtung von Stahl und →Burn-in.

Alterungsrückstellung, Rückstellung, die in der privaten Krankenversicherung zur Deckung des mit dem Alter des Versicherten wachsenden Krankheitskostenrisikos gebildet wird.

Alter vom Berge, übl. Übersetzung des Titels »Scheich al-Djebel« (Gebieter des Gebirges) des Oberhauptes der syr. →Assassinen.

Altes Land, fruchtbare Flussmarsch am linken Ufer der Unterelbe zw. Hamburg-Harburg und Stade; Landwirtschaft und Obstbau (bes. Kirschen, Äpfel); Gewerbeansiedlung; Naherholungsgebiet.

Altes Reich, nach 1870/71 aufgekommener Name für das Heilige Röm. Reich (911/918–1806); auch **altes deutsches Reich** genannt.

Ältestenrat, Seniorenkonvent, Organ des Bundestages, bestehend aus dem Bundestagspräs., seinen Stellv. und 23 von den Fraktionen benannten Mitgliedern. Der Ä. hat den Bundestagspräs. bei der Führung der Geschäfte zu unterstützen.

Altes Testament, Abk. **A. T.,** →Bibel.

Alte Welt, die schon im Altertum bekannten Erdteile Europa, Asien und Afrika, im Ggs. zu Amerika, der →Neuen Welt.

altfürstliche Häuser, Fürstenhäuser, die schon auf dem Reichstag von Augsburg 1582 im Fürstenrat saßen; hatten eine →Virilstimme.

Altglas, Sammelbegriff für gebrauchte Glasbehälter; A. wird (sortiert nach Farben) gesammelt und als Rohstoff in der Glasind. wieder verwendet.

Altgläubige, *russ.-orth. Kirche:* →Raskolniki.

Althaea, Gatt. der Malvengewächse, →Eibisch.

Althaus, Dieter, Politiker (CDU), *Heiligenstadt 29. 6. 1958; Lehrer; in Thüringen ab 1990 MdL, ab Februar 1992 Kultusmin. (bis 1999), ab 1999 Vors. der Landtagsfraktion, ab 2003 Ministerpräsident.

Altheide, Bad, Kurort in Polen, →Polanica Zdrój.

Altheim, Franz, Althistoriker, *Frankfurt am Main 6. 10. 1898, †Münster 17. 10. 1976; ab 1936 Prof. in Halle (Saale), 1950–65 in Berlin (FU). – *Werke:* Röm. Religionsgesch., 3 Bde. (1931–33); Italien u. Rom, 2 Bde. (1941–43); Die Araber in der Alten Welt, 5 Bde. (1964–69, mit R. Stiehl); Gesch. Mittelasiens im Altertum (1970, mit R. Stiehl); Christentum am Roten Meer, 2 Bde. (1971–73, mit R. Stiehl).

Althing [isländ.] *das,* urspr. die Bez. der Volksversammlung einzelner Stammesgebiete in Norwegen, seit 930 die Volksvertretung in Island.

Althochdeutsch, die älteste Stufe der dt. Sprache, vom Beginn der schriftl. Überlieferung (etwa 750) bis Mitte/Ende des 11. Jh. (→deutsche Sprache, →Mundart).

Dieter Althaus

Althusius, Althaus, Johannes, Rechtsgelehrter, * Diedenshausen (heute zu Bad Berleburg) 1557, † Emden 12. 8. 1638; entwickelte unter dem Namen »Politik« eine systemat. Sozialllehre, die alles gesellschaftl. Leben auf eine ursprüngl. Bereitschaft des Menschen zur »Symbiose«, zur Lebensgemeinschaft mit anderen (lat. »consociatio«), zurückführt; sie spricht die höchste Gewalt im Staat (»maiestas«) unveräußerlich und unteilbar dem Volk zu (Volkssouveränität).

Althusser [frz. alty'sɛr], Louis, frz. marxist. Philosoph, * Birmandreïs (bei Algier) 16. 10. 1918, † Paris 22. 10. 1990; Mitgl. der frz. KP, bemühte sich um eine neue Deutung von Marx' späten Schriften »Zur Kritik der polit. Ökonomie« (1859); sah in seiner Interpretation des marxschen Denkens einen Bruch zw. dem frühen, von L. Feuerbach beeinflussten, und dem späten, ökonomisch orientierten Marx.

Altig, Rudi, Straßenradsportler, * Mannheim 18. 3. 1937; u. a. als Profi 1960 und 1961 Weltmeister im Verfolgungsfahren und 1966 im Straßenrennen; 1971–75 Bundestrainer. In der BRD Sportler des Jahres 1966.

Altindisch, altindoar. Sprache, die Sprache der indogerman. Stämme, die im 2. Jt. v. Chr. in NW-Indien einwanderten. Sie ist im vedischen → Sanskrit erhalten und lebte im ep. und im klass. Sanskrit fort. Seit etwa 300 v. Chr. ist sie nicht mehr Umgangssprache.

Altiplano der, bis 200 km breites Hochland in S-Peru und Bolivien (→ Anden).

Altkastili|en, span. **Castilla la Vieja,** histor. Landschaft im mittleren und nördl. Spanien, der nördl. Teil Kastiliens; entspricht der heutigen Region → Kastilien und León.

Altkatholiken, kath. Kirchengemeinschaft, die sich aus Anlass der Unfehlbarkeitserklärung des Papstes (1870) von Rom lossagte, seit 1874 mit bischöfl. Verfassung. Theologisch formierten sich die A. bes. unter dem Einfluss I. Döllingers, organisatorisch nach dem 1. altkath. Kongress in München (1871), in dessen Gefolge altkath. Gemeinden und Bistümer entstanden. Verbindendes Organ mehrerer altkath. Kirchen in Europa und Nordamerika ist die Internat. Altkath. Bischofskonferenz (**Utrechter Union;** gegr. 1889), die rd. 500 000 der weltweit über 6 Mio. Altkatholiken repräsentiert.

Die A. bekennen sich zum Glauben der alten ungeteilten Kirche des 1. Jt., erkennen den Ehrenprimat des Bischofs von Rom an, nicht jedoch die Unfehlbarkeit des Papstes. Die Zölibatsverpflichtung für Geistliche wird abgelehnt. 1994 beschloss die Synode der altkath. Kirche in Dtl. die Zulassung von Frauen zum geistl. Amt (erste Priesterinnenweihe 1996). Seither wurden Frauen auch in den altkath. Kirchen Österreichs (1998), der Niederlande (1999) und der Schweiz (2000) zu Priesterinnen geweiht.

Altkirchenslawisch, Altbulgarisch, → Kirchenslawisch.

Altkönig, Berg im Taunus, bis 798 m ü. M.; mit Wallanlage aus der älteren La-Tène-Zeit (etwa 4. Jh. v. Chr.).

Altlasten, zusammenfassende Bez. für stillgelegte Deponien, Grubenverfüllungen, Aufschüttungen sowie Bodenschichten unter ehem. Industriebetrieben, Militärstandorten u. Ä., die mit unbekannten Mengen von Schad- und Giftstoffen versetzt sind und eine Gefahr für die Umgebung, bes. das Grundwasser, darstellen; auch Bez. für die Schad- und Giftstoffe selbst. Solche Altablagerungen und Altstandorte werden auch als **Altlastverdachtsflächen** bezeichnet, wenn konkrete Hinweise auf potenzielle Bodenverunreinigungen vorliegen.

Altlastenbeitrag, in Österreich seit 1990 erhobene Bundesabgabe auf das Deponieren und die Ausfuhr von Abfällen sowie auf das Zwischenlagern von Abfällen nach Ablauf eines Jahres.

Altlutheraner, die Mitgl. der ev.-luther. Freikirchen, die im 19. Jh. auf dem Boden der dt. ev. Landeskirchen aus dem Ggs. zu den prot. Unionsbestrebungen (→ unierte Kirchen) und im strengen Anschluss an die luther. Bekenntnisschriften bes. in Preußen, Hannover, Hessen, Baden und Sachsen entstanden. Die Bildung luther. Freikirchen begann im Jahr 1830, dem Jubiläumsjahr der Augsburg. Konfession, in Preußen. Einigungsbemühungen zw. den ev.-luther. Freikirchen seit Anfang des 20. Jh. führten über versch. Formen der Zusammenarbeit und kirchl. Gemeinschaft 1972 zur Bildung der → Selbständigen Evangelisch-Lutherischen Kirche.

Altman, 1) Natan (Nathan) Issajewitsch, russ. Maler, Grafiker, Bildhauer und Bühnenbildner, * Winniza 22. 12. 1889, † Leningrad 12. 12. 1970; schuf Landschaften, Porträts, Stillleben in z. T. vom Kubismus beeinflusster Formensprache; nach 1917 beteiligte er sich an der Realisierung des leninschen Plans der Monumentalpropaganda.

2) ['ɔːltmən], Robert, amerikan. Filmregisseur, * Kansas City (Miss.) 20. 2. 1925, † Los Angeles (Calif.) 20. 11. 2006; drehte zunächst Fernsehserien (»Bonanza«), ab 1966 Spielfilme, häufig Genreparodien, so die Militärsatire »M. A. S. H.« (1969) oder die Parodie auf Western und Musikfilm »Nashville«. – *Weitere Werke:* Ein perfektes Paar (1978); Verrückt vor Liebe

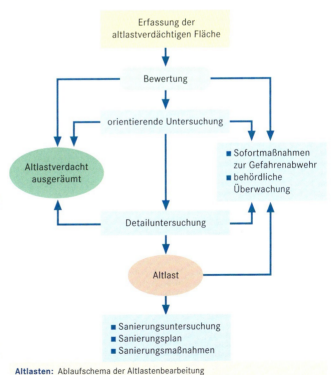

Altlasten: Ablaufschema der Altlastenbearbeitung

Altmühl: Kottingwörth im unteren Altmühltal

Sidney Altman

(1986); The Player (1992); Short cuts (1994); Prêt-à-Porter (1994); Kansas City (1996); Gosford Park (2002); The Company (2003); Last Radio Show (2006).

3) [ˈɔːltmən], Sidney, kanad. Biochemiker, * Montreal 8. 5. 1939; seit 1980 Prof. an der Yale University in New Haven (Conn.); entdeckte, dass Nukleinsäuren als Biokatalysatoren wirken können, erhielt dafür 1989 mit T. Cech den Nobelpreis für Chemie.

Altmark, Landschaft westlich der mittleren Elbe, Sa.-Anh.; im N flachwellige, im S leicht hügelige Landschaft mit ausgedehnten Kiefernforsten; Milchwirtschaft; Zentren sind Stendal und Salzwedel. – Bis zum 14. Jh. als **Nordmark** bezeichnet, kam 1134 als Teil der Mark Brandenburg an Albrecht den Bären, 1807 zu das napoleon. Königreich Westfalen, 1816 zur preuß. Prov. Sachsen (Reg.-Bez. Magdeburg).

Altmarkkreis Salzwedel, Landkreis in Sa.-Anh., 2 292 km^2, 95 400 Ew.; Kreisstadt ist Salzwedel; im SW der Naturpark Drömling (Wiesenniederung).

Altmetallverhüttung, Gewinnung von reinen Metallen und Legierungen aus Schrott und metall. Produktionsabfällen; besondere Bedeutung hat die A. von Eisen, Blei, Kupfer und Aluminium.

Altminute, Geometrie: →Minute.

Altmühl die, linker Nebenfluss der oberen Donau, 220 km lang, entspringt auf der Frankenhöhe, durchbricht zw. Treuchtlingen und Dollnstein die Jura, mündet unterhalb von Kelheim. Ihr kanalisierter Unterlauf (ab Dietfurt) ist Teil des Main-Donau-Kanals (→Rhein-Main-Donau-Großschifffahrtsweg). In ihrem Tal bestehen mehrere Steinbrüche des an Fossilien reichen Solnhofer Plattenkalks. Im unteren A.-Tal finden sich mehrere Höhlen mit altsteinzeitl. Siedlungsresten. Die mittelpaläolith. **Altmühlgruppe** ist durch blattförmige Steingeräte (Messer, Speerspitzen) gekennzeichnet.

Altmünster, Markt-Gem., Ferien- und Kurort im Bez. Gmunden, Oberösterreich, am Traunsee, 9 600 Ew.; Landesmusikschule; Holzverarbeitung, Metall-Ind., Maschinenbau.

Altniederdeutsch, Altsächsisch, die älteste bezeugte Stufe der niederdt. Sprache (9.–12. Jh.), überliefert in den Denkmälern →Heliand und →Genesis.

Unterschiede im Laut- und Formenstand lassen bereits eine mundartl. Gliederung erkennen.

altnordische Literatur, ältestes Schrifttum Norwegens und Islands; umfasst den Zeitraum von etwa 800 bis zur Einführung des Buchdrucks. Die ältesten überlieferten Handschriften datieren aus der Mitte des 12. Jh. – Die stabgereimten Götter- und Heldenlieder der →Edda in sechs- bis achtgliedrigen Strophen behandeln in schlichter Sprache Stoffe aus der german. Göttersage sowie der südgerman. und nord. Heldensage. Die »Snorra-Edda« ist ein von Snorri Sturluson verfasstes Skaldenlehrbuch. Die lyr. →Skaldendichtung in gereimten Strophen umfasst Preislieder, Spott- und Schmähverse, Liebesdichtung u. a. Zur »Sagaliteratur« (→Saga) auf Island zählen epische Formen, wie z. B. die Isländersaga (Familiensagas aus der Zeit der isländ. Landnahme bis ins Hoch-MA.), die Königssaga (über die nord. Königsgeschichte, z. B. die »Heimskringla« des Snorri Sturluson) sowie die Vorzeitsaga (über die Wikingerzeit und Stoffe der Heldensage); i. w. S. auch Rittersaga, Heiligenerzählungen, altnord. Übersetzungslit. und Heldensagenbearbeitungen (z. B. »Thidrekssaga«).

altnordische Mythologie, die durch (wenige) Bildwerke, im Wesentlichen aber durch die Lieder der →Edda und die →Skaldendichtung überlieferte Welt der nordgerman. Götter. Diese Texte sind z. T. christlich überformt, z. T. auch schwer deutbar, die ursprüngl. Mythen, die mit der prakt. Religionsausübung in Zusammenhang standen, sind daraus kaum mehr zu rekonstruieren. Die in diesen Quellen am häufigsten genannten Namen sind z. T. auch unabhängig davon überliefert (Odin, Thor, Freyr). Zu Götterwelt und Mythen →germanische Religion und Mythologie.

altnordische Sprache, die Sprache der german. Bev. Skandinaviens mit Einschluss des Isländischen und Färöischen von 800 bis zum 15. Jh. Die a. S. geht auf das Urnordische zurück (→altnordische Literatur). In der Wikingerzeit (800 – 1050) teilte sich die a. S. in **Ostnordisch** (Altdänisch, Altschwedisch) und **Westnordisch** (Altnorwegisch, Altisländisch).

Alto Adige [- ˈaːdidʒe; ital. »obere Etsch«], ital. Name für →Südtirol.

Altokumulus, Altocumulus, Wolkengattung, →Wolken.

Alt|öl, nach der Richtlinie 75/439/EWG vom 16. 7. 1975 über die Beseitigung von A. jedes mineral. Schmier- oder Industrieöl, das für den Verwendungszweck, für den es urspr. bestimmt war, ungeeignet ist. Nach der A.-VO vom 16. 4. 2002 (§ 1 a) sind A. Öle, die als Abfall anfallen und die ganz oder tlw. aus Mineralöl, synthet. oder biogenem Öl bestehen. Bei der Entsorgung unterscheidet man für eine stoffl. Verwertung geeignetes A., thermisch verwertbares A. und A. für die Sonderabfallentsorgung.

Altomonte, Martino, eigtl. Martin Hohenberg, Maler, * Neapel 8. 5. 1657 (?), † Wien 14. oder 15. (?) 9. 1745; einer der führenden Meister der österr. Barockmalerei.

Altona, seit 1937 Stadtteil von Hamburg; aus einer Fischersiedlung vor 1537 entstanden, kam 1640 zum königlich-dän. Anteil von Holstein und erhielt 1664 Stadtrecht, kam 1867 an Preußen (sein Hafen wurde in Konkurrenz zu Hamburg ausgebaut).

Altonaer System, ein von E. Schlee 1878 in Altona geschaffenes Modell der →Reformanstalten.

Altorientalistik, die Wiss. vom Alten Orient. Sie erforscht philologisch, historisch und archäologisch

Völker und Kulturen sowie Schriften und Sprachen des alten Vorderasien seit der Jungsteinzeit und bes. seit dem Einsetzen schriftl. Zeugnisse in frühgeschichtl. Zeit (um 3000 v. Chr.) bis zum Erlöschen der alten Sprachen und Kulturen im Hellenismus. Sprachen wie Aramäisch, Hebräisch und Phönikisch sowie kulturelle Kontinuitäten verfolgt sie über die Zeitenwende hinaus.

Altostratus, Wolkengattung, →Wolken.

Altötting, 1) Landkreis im Reg.-Bez. Oberbayern, Bayern, 569 km², 109 000 Einwohner. **2)** Krst. in Oberbayern, südlich des Inn, 403 m ü. M., 12 800 Ew. – Bedeutender Wallfahrtsort; in der Hl. Kapelle (Innere Kapelle karolingisch) befinden sich ein als wundertätig verehrtes Marienbild und Urnen mit den Herzen der Wittelsbacher. Spätgot. Stiftskirche mit Schatzkammer und Tillykapelle (um 1425).

Altpaläolithikum, Abschnitt der →Altsteinzeit.

Altpapier, Papier-, Karton- und Pappenabfälle, die als Rohstoff für die Papierherstellung gesammelt werden; etwa 13 % der dt. Papierproduktion entstammen A. (→Recycling).

Altphilologie, Wiss. von den Sprachen und Literaturen des klass. Altertums.

Altpreußen, die →Prußen.

Altpreußen, 1) das Gebiet des ehem. Dt. Ordens, die späteren preuß. Prov. Ost- und Westpreußen. **2)** die schon vor 1806 preuß. Gebiete, im Gegensatz zu den preuß. Erwerbungen nach 1815.

Altpreußische Union, →Evangelische Kirche der Union.

Altranstädt, Teil der Gemeinde Großlehna im Landkr. Leipzig, Sachsen, westlich von Markranstädt. Über den **Frieden von A.** (24. 9. 1706) →Nordische Kriege. – In der **Konvention von A.** vom 1. 9. 1707 erreichte der schwed. König Karl XII. von Kaiser Joseph I. die Duldung der schles. Protestanten und den Bau von →Gnadenkirchen.

Altria Group, Inc. [- gruːp ˈkɔːpəreɪtɪd, engl.], weltweit tätiger amerikan. Nahrungs- und Genussmittelkonzern; Sitz: New York; entstanden 2003 durch Umfirmierung der →Philip Morris Companies Inc. Über die Tochtergesellschaften Philip Morris USA, Philip Morris International und Kraft Food Inc. zählt der Konzern zu den weltweit größten Produzenten von Tabakwaren und Lebensmitteln.

Altruismus [lat.] *der,* Selbstlosigkeit, Uneigennützigkeit; Ggs.: →Egoismus. Nach sozialpsycholog. Forschung ist der A. oft abhängig von sozialen Normen sowie Persönlichkeitsfaktoren und Situationsvariablen (z. B. Unselbstständigkeit des anderen).

Altsächsisch, →Altniederdeutsch.

Altschewsk, 1931–61 **Woroschilowsk,** 1961–92 **Kommunarsk,** Stadt in der Ukraine, im Donez-Steinkohlebecken, im Gebiet Lugansk, 119 000 Ew.; TH; Eisen- und Stahlind., Eisenverhüttung, Schwermaschinenbau.

Altschlüssel, *Musik:* ein Notenschlüssel (→Schlüssel).

Altschulden, Schulden, die vor einem »kritischen« Zeitpunkt entstanden sind und die für den jetzigen Schuldner keinen Mittelzufluss gebracht hatten. Man unterscheidet bei den öffentl. A. 1) die aus der Auslandsverschuldung des Dt. Reichs herrührenden Verbindlichkeiten (→Londoner Schuldenabkommen, →Reichsschulden), 2) die mit Einführung der DM 1948 geschaffenen Ausgleichsforderungen und 3) versch. Verbindlichkeiten aus der Zeit der DDR (→Erblastentilgungsfonds).

Altsekunde, *Geometrie:* →Sekunde.

Altsibirier, →Paläosibirier.

Altsiedelland, die Gebiete Mitteleuropas, die schon vor dem 8. Jh. (Beginn des mittelalterl. Landesausbaus durch innere Kolonisation und dt. Ostsiedlung) kontinuierlich besiedelt waren.

Altsilber, durch chem. Mittel künstlich nachgedunkelte silberne oder versilberte Schmuckwaren.

altsprachlicher Unterricht, der Unterricht in den »alten« Sprachen, insbes. den Fächern Latein und Griechisch, z. T. auch Hebräisch, an den allgemeinbildenden Schulen, im Ggs. zum →neusprachlichen Unterricht.

Altstadt, der siedlungsgeschichtlich älteste Kern einer Stadt; oft im MA., bei Planstädten (geometr. Grundriss) in der Renaissance oder im Barock entstanden.

Altstadtsanierung, →Stadt.

Altstätten, Stadt im Kanton St. Gallen, Schweiz, im Rheintal südlich des Bodensees, 10 500 Ew.; vielseitige Industrie.

Altsteinzeit, Paläolithikum, die älteste und längste Epoche der Menschheitsgeschichte. Sie begann in Afrika vor etwa 2,5–3 Mio. Jahren in der Übergangsphase vom Tertiär zum Quartär und dauerte bis zum Ende des Eiszeitalters um 8000 v. Chr. (→Vorgeschichte, Übersicht). Die Gliederung der A. richtet sich nach den technolog. und typolog. Merkmalen des Fundstoffes (in den ältesten Phasen fast nur Steingeräte). Bevorzugter Werkstoff waren harte, spaltbare Gesteinsarten wie Feuerstein, Quarz und Quarzit. Steine, die durch Bearbeitung Werkzeugcharakter erhalten haben, werden **Artefakte** genannt. Die Steinbearbeitung erfolgte durch Schlag mit Schlagsteinen oder Schlaginstrumenten aus Knochen, Holz oder Geweih, am Ende der A. auch unter Verwendung von Zwischenstücken. Seit der jüngeren A. war der Steinschliff bekannt. Die Steinartefakte lassen sich nach Form und Herstellungsart in Typen ordnen. Bestimmte Typenkomplexe **(Technokomplexe)** ergeben

Altsteinzeit: der »Löwenmensch« aus dem Hohlensteinstadel im Lonetal bei Ulm, 28,1 cm hohe Elfenbeinfigur mit Tierkopf, 35 000–30 000 v. Chr. (Ulmer Museum)

Formengruppen, die sich in der Art und Zusammensetzung des Geräteinventars (»Industrie«) von anderen Gruppen abheben. – Die A. wird in vier Hauptabschnitte eingeteilt: Alt-, Mittel-, Jung- und Spätpaläolithikum.

Das **Altpaläolithikum** (bis etwa 200 000 v. Chr.) beginnt in vielen Gebieten mit Geräten aus behauenen Steingeröllen (engl. Pebble-Tools: einseitige Chopper bzw. zweiseitig behauene Chopping-Tools); die entsprechenden Formengruppen werden als Geröllgerätkulturen bezeichnet. Die älteste Steinbearbeitung begann in Afrika vor etwa 2,5 Mio. Jahren. Das die erste fest umrissene Stufe bildende **Acheuléen** ist in seiner frühesten Periode (früher als **Abbevillien** oder **Chelléen** bezeichnet) durch roh gefertigte Faustkeile mit unregelmäßigen Seitenkanten, später durch feiner gearbeitete Faustkeile gekennzeichnet. Sonderformen von Steingeräten aus Funden bei Clacton-on-Sea werden als **Clactonien** bezeichnet. – Das Auftreten der Levalloistechnik kennzeichnet den Beginn des **Mittelpaläolithikums** (bis etwa 35 000 v. Chr.), zu dem das **Micoquien** und das **Moustérien** (unterschiedl. Faustkeiltypen, Dreieckspitzen) gerechnet werden. – Das **Jungpaläolithikum** (bis etwa 10 000 v. Chr.) umfasst in West- und Mitteleuropa die Kulturgruppen **Châtelperronien** (Übergangsphase in Frankreich), Aurignacien, Gravettien, Solutréen, Magdalénien. Es ist durch schmalere und leichtere Feuersteingeräte bestimmt, die eine größere Differenzierung und Spezialisierung der Arbeitsfunktionen erkennen lassen. – Dem **Spätpaläolithikum** (bis etwa 9000/8000 v. Chr.) zugeordnet werden die **Federmessergruppen** und die **Ahrensburger Kultur** (→ Ahrensburg), in W-Europa gilt das **Azilien**, früher zumeist der Mittelsteinzeit zugerechnet, heute ebenfalls als spätpaläolith. Technokomplex.

Die altsteinzeitlichen Menschen: Das Altpaläolithikum war anfangs noch die Zeit der Australopithecinen (etwa vor 4–1,5 Mio. Jahren) und des »geschickten Menschen« Homo habilis (etwa vor 2,5–1,5 Mio. Jahren; Geröllgeräte), dann des »aufrechten Menschen« Homo erectus (etwa vor 2 Mio.–300 000 Jahren; erste Nutzung des Feuers, Großwildjagd) und, gegen Ende der Epoche, des archaischen Homo sapiens (etwa vor 300 000–150 000 Jahren; Vervollkommnung der Feuersteinwerkzeuge, Tieropfer), nach einer gängigen Hypothese die gemeinsame Vorform des Neandertalers und des anatomisch modernen Jetztmenschen. Das Mittelpaläolithikum war die Zeit der Neandertaler (älteste Bestattungen), das Jungpaläolithikum die Zeit des frühen Homo sapiens sapiens (in Europa der Cro-Magnon-Mensch). Das Sammeln von Früchten und Pflanzen und das Jagen von Wildtieren bildeten die Lebensgrundlage der Menschen, die entweder in Freilandsiedlungen (Hütten, Zelte) oder in den Vorräumen von Höhlen (Abris) wohnten.

Die paläolith. Steingeräte in ihrer allmähl. Vervollkommnung geben Anhaltspunkte über die früheste Entwicklung der Technik. Die Erfindung von Spezialwaffen (Speerschleuder, Pfeil und Bogen, Harpune) war die Voraussetzung für eine Intensivierung der Jagd. Die Nutzung des Feuers ermöglichte eine bessere Erschließung und auf höherer Entwicklungsstufe auch die Konservierung der Nahrung. Das Feuer gewährte zudem einen wirksamen Schutz vor wilden Tieren und war Voraussetzung für die Besiedlung kühler Klimazonen.

Die ältesten Zeugnisse der *Kunst* (Werke der Kleinkunst, → Felsbilder) stammen aus dem Aurignacien (menschl. Statuetten, Tierfiguren aus Elfenbein, Stein und Ton; in Stein geritzte Sexualsymbole, Gravierungen, Malereien an Höhlenwänden). Bestattungen und Opferfunde bilden die ältesten Zeugnisse für die Religion der A. Die ältesten Bestattungen stammen aus dem Moustérien. (→Jungsteinzeit, →Mensch, → Mitteleuropa, →Mittelsteinzeit, →Vorgeschichte)

Alt|tier, weibl. Tier vom Elch-, Rot- und Damwild, beim Reh **Altreh**, nach dem ersten Setzen; Ggs.: Schmaltier.

Altun Shan [- ʃaːn], **Altyn Tagh,** 900 km langer Gebirgszug in Sinkiang, China, trennt das Tarim- vom Qaidambecken, bis 6 161 m hoch.

Alt|uppsala, schwed. **Gamla Uppsala,** 4 km nördlich von Uppsala gelegenes ehem. politisch-religiöses Zentrum des Reiches der →Svear; erhalten ist die Königsnekropole aus dem 6./7. Jh. mit drei mächtigen Grabhügeln.

Altvatergebirge, Hohes Gesenke, tschech. **Hrubý Jeseník,** Teil der südöstl. Sudeten in der Tschech. Rep., im Altvater (Praděd) 1 491 m ü. M., sinkt im SO zum 400–600 m hohen Plateau des **Niederen Gesenkes** (Nízký Jeseník) ab. Früher Bergbau (Edelmetalle, Eisenerz), jetzt Fremdenverkehr und Waldwirtschaft; Landschaftsschutzgebiet.

Altwasser, 1) *Geomorphologie:* **Altarm,** eine durch natürl. oder künstl. Begradigung vom Flusslauf abgeschnittene, noch wassererfüllte Flussschlinge.
2) *Meereskunde:* stagnierendes Tiefen- oder Bodenwasser in nahezu abgeschlossenen Meeresbecken mit geringer Sauerstoffzufuhr.

Altweibersommer, *Klimatologie:* in Mitteleuropa fast regelmäßig in der zweiten Septemberhälfte einsetzende Schönwetterlage; in Nordamerika entspricht dem A. der **Indian Summer.** – Typisch für den A. sind Spinnfäden (Marienfäden) von meist jugendl. Spinnen, an denen diese durch den Wind fortgetragen werden. Der Volksglaube hält diese Fäden für ein Gespinst von Elfen, Zwergen, myth. Spinnerinnen oder der Jungfrau Maria.

Altyn Tagh, Gebirgszug in China, →Altun Shan.
Altzella, ehem. Zisterzienserkloster bei Nossen, Landkreis Meißen, Sachsen; gegr. um 1162 durch die Wettiner, zeitweise deren Grablege. Nach der Säkularisation (1540) verfiel es. Erhalten ist das Konversenhaus (im Erdgeschossbereich romanisch, 1506 aufgestockt), das heute für Ausstellungen genutzt wird. An der Stelle des Sanktuariums der Kirche wurde 1676–80 eine Begräbniskapelle errichtet, deren Umbau zum klassizist. Mausoleum als Gedenkstätte der hier beerdigten Markgrafen von Meißen 1787–1804 erfolgte. Engl. Landschaftspark (um 1800).

ALU, Abk. für engl. **a**rithmetic and **l**ogic **u**nit, *Informatik:* die Arithmetik- und Logikeinheit, →Rechenwerk.

Alumen [lat.] *das,* blutstillendes Mittel, →Alaune.
Aluminate, Salze der Aluminiumsäure, entstehen durch Auflösen von Aluminiumhydroxid in Alkalilaugen; in wasserfreier Form →Spinelle.
Aluminieren, das Aufbringen von Überzügen aus Aluminium auf andere Werkstoffe, z. B. durch →Plat-

Altsteinzeit: oben »Venus von Willendorf«, 11 cm hohe Figur aus Kalksandstein, benannt nach dem Fundort Willendorf in der Wachau, Niederösterreich, 30 000–20 000 v. Chr. (Wien, Naturhistorisches Museum); **unten** Faustkeil aus einer Tongrube bei Mülheim-Kärlich am Mittelrhein, etwa 400 000 Jahre alt (Mülheim-Kärlich, Stadtmuseum)

tieren, nach dem Schmelztauchverfahren, nach dem →Metallspritzverfahren, durch Diffusion (→Alitieren), →Aufdampfen und nach dem Vakuumaufdampfverfahren.

Aluminium [zu lat. alumen »Alaun«] *das*, chem. Symbol **Al**, metall. Element aus der 3. Hauptgruppe des Periodensystems, Ordnungszahl 13, relative Atommasse 26,9815, Dichte (bei 25 °C) 2,7 g/cm³, Schmelzpunkt 660,32 °C, Siedepunkt 2519 °C. – A. ist ein silberweißes, sehr dehnbares Leichtmetall mit hoher elektr. Leitfähigkeit, das durch Legierungszusätze sehr gute mechan. Eigenschaften aufweist. Es ist gegen Sauerstoff und Feuchtigkeit unempfindlich, da es nach anfängl. Oxidation eine dünne dichte Oxidschicht bildet, die vor weiterem Angriff schützt (→Passivierung). In der Natur kommt A. nicht elementar vor, ist aber in seinen Verbindungen (z. B. Feldspat, Glimmer und Tone) mit 8,1 % am Aufbau der zugängl. Erdkruste beteiligt. In dieser ist es das dritthäufigste Element. Wichtigster Rohstoff für die *A.-Gewinnung* ist der Bauxit. Aus diesem wird nach dem **Bayer-Verfahren** reines A.-Oxid gewonnen, das anschließend in einer Kryolithschmelze gelöst und im **Söderberg-Ofen** elektrolytisch zersetzt wird (→Elektrolyse). Beim Bayer-Verfahren nutzt man aus, dass sich die A.-Hydroxide des fein gemahlenen Bauxits in Natronlauge bei höherer Temperatur leicht unter Bildung von Natriumaluminat lösen. Die Aluminatlauge wird vom Rückstand (Rotschlamm) abgetrennt, und beim Abkühlen scheidet sich reines A.-Hydroxid ab. Dieses wird anschließend durch Kalzinieren in A.-Oxid überführt. A. ist das wichtigste Leichtmetall und wird rein oder legiert als Werkstoff verwendet, bes. im Fahrzeug- und Flugzeugbau, in der Elektroind. und im Bauwesen.

Aluminiumfoli|en, **Alufolien**, sehr dünn (bis etwa 0,004 mm) ausgewalztes Aluminium; von guter Gas-, Aroma-, Fett- und Wasserdampfdichtigkeit; verwendet für Verpackungen, Isolationen und in der Elektrotechnik.

Aluminiumoxid, **Tonerde**, Al_2O_3, natürlich als →Korund vorkommendes Mineral; wird als Adsorbens, Trockenmittel und keram. Werkstoff (Biokeramik) verwendet.

Aluminiumsulfat, $Al_2(SO_4)_3$, Verbindung, die zur Papierleimung, Abwasserreinigung, Hydrophobierung von Textilien, als Beizmittel in der Färberei und bei der Gerberei verwendet wird.

Aluminothermie *die*, Verfahren zur Gewinnung von Schwermetallen aus ihren Oxiden, die mit Aluminium bei hoher Temperatur (bis 2000 °C) umgesetzt und dabei reduziert werden; wird auch beim aluminotherm. Schweißen (**Thermitschweißen**), bes. von Schienen, angewendet (Umsetzen von Fe_3O_4 mit Al). Die A. wurde 1894 von H. Goldschmidt eingeführt.

Alumnat [lat.] *das*, Schülerwohnheim. Im MA. waren A. Erziehungsanstalten kirchl. Organisationen. Die Schüler (**Alumnen**) erhielten Wohnung, Kost und Unterricht. Heute sind bes. Aufbauschulen und Schulen an Klöstern mit A. verbunden (Internat, Konvikt).

Alunit [lat.] *der*, **Alaunstein**, weißes, feinkörniges Mineral, $KAl_3[(OH)_6|(SO_4)_2]$, in der Nähe von Schwefelquellen und als Zersetzungsprodukt trachyt. Gesteine vorkommend; dient zur Alaungewinnung.

Alunno, Niccolò, eigtl. N. **di Liberatore di Giacomo di Mariano**, ital. Maler, * Foligno um 1430, † ebd. 1502; schuf Altarwerke und Andachtsbilder in zeichnerisch-sensiblem Stil.

Alusuisse Group AG [aly'sɥis gruːp -], Kurzbez. **Algroup**, Zürich, schweizer. Aluminiumkonzern, gegr. 1888, bis 1999 Alusuisse-Lonza Holding AG; 2000 Fusion mit der Alcan Aluminium Ltd. zur → Alcan Inc. Der Chemiebereich wurde 1999 abgespalten und als eigenständiges Unternehmen (Lonza Group AG, Sitz: Zürich) weitergeführt.

Alvarado [alβa'raðo], Pedro de, span. Konquistador, * Badajoz um 1485, † Guadalajara (Mexiko) 4. 7. 1541; unterwarf 1524 Guatemala und wurde 1527 dessen erster Generalkapitän.

Alvarez ['ælvərɪz], Luis Walter, amerikan. Physiker, * San Francisco 13. 6. 1911, † Berkeley (Calif.) 1. 9. 1988; konstruierte Wasserstoffblasenkammern, mit denen er kurzlebige Elementarteilchen (Massenresonanzen) nachwies, u. a. 1961 das Omegameson; erhielt 1968 den Nobelpreis für Physik.

Alveolar *der*, mit der Zungenspitze am Zahnfleisch gebildeter →Laut.

Alveolen [lat. alveolus »kleine Wanne«], **1)** bläschenförmige Endstücke von Drüsen.
2) Lungenbläschen (**Lungenalveolen**).
3) knöcherne Zahnfächer der Kiefer (Zahn-A.). Als **Alveolarfortsatz** wird der die Zahnfächer enthaltende Kieferteil bezeichnet.

Alveolitis *die*, **1)** Entzündung einer Zahnalveole, kann v. a. nach dem Ziehen eines Zahnes auftreten.
2) entzündl., zur Schrumpfung (Lungenfibrose) neigende Reaktion in den Lungenbläschenmembranen, v. a. durch äußere (beruflich bedingte) Einwirkungen (Einatmen von Heu-, Getreide-, Holzstaub).

Älvsborg [-bɔrj], bis 1997 Verw.-Gebiet (Län) in W-Schweden, 11 395 km², 448 100 Ew.; Verw.-Sitz war Vänersborg; seit 1998 Teil des Verw.-Gebietes Västra Götaland.

ALWEG-Bahn, →Einschienenbahn.

Alyattes, König von Lydien, † um 560 v. Chr., Vater des Krösus.

Alz *die*, rechter Nebenfluss des Inn, 87 km lang; Abfluss des Chiemsees, mündet bei Neuötting; wird zur Energiegewinnung genutzt.

Alzenau i. UFr., Stadt in Unterfranken, Landkr. Aschaffenburg, Bayern, im Vorspessart, 19 000 Ew.; Maschinenbau, Kunststoff verarbeitende, medizin- und solartechn. Industrie.

Alzette [al'zɛt] *die*, **Alzig**, rechter Nebenfluss der Sauer in Luxemburg, 70 km lang; fließt durch die Stadt Luxemburg und mündet bei Ettelbruck.

Alzey, Stadt in Rheinl.-Pf., Krst. des Landkr. A.-Worms, an der Selz, 173 m ü. M., 18 300 Ew.; Landesamt für Rebenzüchtung; Weinbau und Weinhandel. – A. wird schon im Nibelungenlied gen.; Burg der Pfalzgrafen.

Alzey-Worms, Landkreis in Rheinl.-Pf., 588 km², 126 100 Ew.; v. a. ein Acker- und Weinbauland mit schwach entwickelter Industrie. Krst. ist Alzey.

Alzheimer-Krankheit [nach dem Neurologen A. Alzheimer, * 1864, † 1915], seltene, meist zw. dem 50. und 60. Lebensjahr auftretende degenerative Erkrankung der Großhirnrinde mit charakteristischen neuropatholog. und neurochem. Veränderungen und unaufhaltsam fortschreitender →Demenz. Erste Anzeichen sind hochgradige Vergesslichkeit und Aphasie. Als Ursache kommen v. a. genet. und andere Faktoren, z. B. Stoffwechselstörungen, in Betracht.

Am, chem. Symbol für →Americium.

AM, Abk. für **A**mplituden**m**odulation (→Modulation).

Luis Walter Alvarez

A 400 M, militär. Transportflugzeug, dessen Entwicklung und Beschaffung 2001 zw. Dtl., Belgien, Spanien, Großbritannien, Portugal, Frankreich und der Türkei beschlossen wurde. Bei der das Flugzeug produzierenden Airbus Military Company (Abk. AMC) mit Sitz in Toulouse gaben bislang 8 Nationen insgesamt 183 Maschinen in Auftrag, so Dtl. 60. Die ersten A 400 M sollen nicht vor 2008 ausgeliefert werden und die →Transall C-160 sukzessive ablösen.

Techn. Daten: Reichweite etwa 4000 km, max. Reisegeschwindigkeit 780 km/h, Länge 42,2 m, Flügelspannweite 42,4 m. Die Vorteile des A 400 M gegenüber der Transall sind die erheblich niedrigeren Transportkosten, die Möglichkeit der Luftbetankung, des Verwundetentransports und v. a. die höhere Ladekapazität von max. 37 t Nutzlast.

a. m., Abk. für ante meridiem, vormittags.

amabile [ital.], *Musik:* lieblich, sanft.

Amadeus, ital. **Amadeo,** Herrscher:

Savoyen: **1) A. V., der Große,** Graf, *Le Bourget um 1250, †Avignon 16. 10. 1323; seit 1312 Reichsfürst und Generalvikar der Lombardei.

2) A. VI., Graf (seit 1343), gen. **Conte Verde** (der »grüne Graf«), ital. Nationalheld, *Chambéry 4. 1. 1334, †in Apulien 1. 3. 1383; konnte sich zw. Frankreich und Mailand behaupten, als bed. Heerführer weitere Territorien erwerben und die Verw. seines Fürstentums wirksam verbessern.

3) A. VIII., Graf (seit 1391), Herzog (1416–34), *Chambéry 4. 9. 1383, †Genf 7. 1. 1451; erwarb die Grafschaften Genf, Piemont mit Turin, dazu Nizza und einen Teil von Montferrat; wurde 1434 Kartäuser und war 1439/40–49 als Felix V. letzter Gegenpapst.

Spanien: **4) A.,** Herzog von Aosta, König, *Turin 30. 5. 1845, †ebd. 18. 1. 1890; am 16. 11. 1870 zum König gewählt, konnte er sich nicht gegen Karlisten sowie Republikaner durchsetzen und dankte am 11. 2. 1873 ab.

Amadeussee, Lake Amadeus, 145 km langer Salzsee im Amadeusbecken, Zentralaustralien (Northern Territory); Erdgasvorkommen.

Amadis von Gaula [Gaula: Wales, nicht Gallien], Held eines im 16. Jh. in ganz Europa verbreiteten Ritterromans. Die Urform (vor 1325) ist wahrscheinlich portugiesisch; die erste erhaltene Bearbeitung, die immer wieder um neue Abenteuer erweitert wurde, stammt von dem Spanier Garci Rodríguez de Montalvo (1508); u. a. von Nicolas d'Herberay des Essarts 1540–48 (8 Bde.) ins Französische übertragen; der erste dt. Amadisroman erschien 1569–94 in 24 Bänden.

Amado, Jorge, brasilian. Schriftsteller, *Ilhéus (Bahia) 10. 8. 1912, †Salvador (Bahia) 6. 8. 2001; schrieb unterhaltende, dabei engagiert sozialkrit. Romane über die unteren Schichten der Bev. von Bahia. – *Werke:* Tote See (1936); Gabriela wie Zimt u. Nelken (1958); Das Verschwinden der heiligen Barbara (1988).

Amadora [amaˈðora], Stadt in Portugal, im nordwestl. Vorstadtbereich von Lissabon, 174 800 Ew.; Waggonfabrik.

Amagasaki, Stadt in der Wirtschaftsregion Hanshin (um Ōsaka) auf Honshū, Japan, 500 000 Ew.; Schwer-, chem. und Baumwollind.; Hafen.

Amager, dän. Insel im Øresund, 96 km²; der nördl. Teil mit bedeutender Ind. gehört zum Stadtgebiet von Kopenhagen; im O der Großflughafen Kastrup.

Amalarich, König der Westgoten (526–531), *502, †(ermordet) Barcelona 531; Enkel Theoderichs d. Gr., unterlag 531 bei Narbonne den Franken unter Childebert I.; mit ihm erlosch das Geschlecht der →Balthen.

Amalasuntha, Amalaswintha, Regentin der Ostgoten, †(ermordet) auf der Insel Martana im Bolsenasee 30. 4. 535; Tochter Theoderichs d. Gr., regierte seit 526 für ihren unmündigen Sohn Athalarich, erhob nach dessen Tod (534) ihren Vetter Theodahad zum König und Mitregenten.

Amalekiter, Nomadenvolk in bibl. Zeit, lebte im N der Halbinsel Sinai, befand sich in ständiger krieger. Auseinandersetzung mit den israelit. Stämmen; von Saul und David endgültig unterworfen (1. Sam. 15 und 30).

Amaler, ostgot. Königsgeschlecht (die **Amelungen** der Heldensage); wichtigste Vertreter sind Ermanarich und Theoderich d. Gr.; erlosch 536 mit Theodahad (→Amalasuntha).

Amalfi, Seebad und Kurort in Kampanien, Prov. Salerno, Italien, steil an der zum UNESCO-Welterbe erklärten Felsküste des Golfs von Salerno aufragend, 5500 Ew.; Erzbischofssitz. – Dom (11. Jh., mehrfach verändert). – A., zuerst im 6. Jh. erwähnt, entwickelte sich im 10./11. Jh. zu einer blühenden Seehandelsstadt; die Seerechtskodifikation der **Tabula amalphitana** war im ganzen Mittelmeergebiet gültig. 1073 wurde A. von den Normannen abhängig, 1135/37 von Pisa, im 13. Jh. von Neapel.

Amalgam [arab. al-malġam »erweichende Salbe«] *das,* Legierung von Quecksilber mit Metallen, z. B. Silber. **Zahn-A.,** aus Silber-Zinn-Legierungen mit Zusätzen anderer Metalle (Kupfer, Zink) durch Verreiben mit Quecksilber hergestellt, ist das verbreitetste Mittel für Zahnfüllungen; es geriet wegen des Verdachts der Quecksilberabgabe immer wieder in die Kritik. Eine allgemein schädigende Wirkung von Zahn-A. ist wiss. jedoch nicht nachgewiesen (abgesehen von der sehr seltenen Quecksilberallergie). **Amalgamation,** Verfahren zur Gewinnung von Gold und Silber aus Erz mithilfe von Quecksilber.

Amali|e, Herrscherinnen:

Hessen-Kassel: **1) A. Elisabeth,** Landgräfin, *Hanau 29. 1. 1602, †Kassel 3. 8. 1651; war 1637–50 Regentin für ihren unmündigen Sohn Wilhelm VI. 1648 erhielt sie das Stift Hersfeld und einen Teil der Grafschaft Schaumburg; erreichte für ihr Land die Gleichberechtigung von Reformierten und Lutheranern.

Preußen: **2) A.,** Prinzessin, *Berlin 9. 11. 1723, †ebd. 30. 9. 1787; Schwester von König Friedrich II., d. Gr. von Preußen, Äbtissin von Quedlinburg; bekannt durch ihre Beziehung zu Friedrich Freiherr von der →Trenck.

Sachsen-Weimar-Eisenach: **3) Anna Amalia,** Herzogin, →Anna (Sachsen-Weimar-Eisenach).

Amalrik, Andrei Alexejewitsch, russ. Schriftsteller, *Moskau 12. 5. 1938, †(Autounfall) bei Guadalajara (Spanien) 12. 11. 1980; wurde als Kritiker des sowjet. Systems mehrfach zu Haft und Verbannung verurteilt; schrieb Dramen, den Essay »Kann die Sowjetunion das Jahr 1984 erleben?« (1969) sowie den Bericht »Unfreiwillige Reise nach Sibirien« (1970), durfte 1976 ins westl. Ausland ausreisen.

Amalthea, ein Mond des Planeten →Jupiter.

Amaltheia, lat. **Amalthea,** *griech. Mythologie:* Nymphe oder Ziege, die Nährmutter des Zeus, die dieser aus Dankbarkeit als Stern an den Himmel versetzte.

Amambayplateau [-plato:], Sandsteinplateau im O von Paraguay, 600–700 m ü. M.

Jorge Amado

Amann, Jürg, schweizer. Schriftsteller, * Winterthur 2. 7. 1947; schreibt genau recherchierte biografisch-histor. Prosa (»Verirren oder das plötzl. Schweigen des Robert Walser«, 1978; »Nachgerufen. 11 Monologe und eine Novelle«, 1983). In den Romanen (»Ikarus«, 1998) und Erzählungen (»Rondo«, 1982; »Mutter töten«, 2003) spielt die Vater-Sohn- bzw. Mutter-Sohn-Beziehung eine wesentl. Rolle. Er verfasst auch Essays (»Kafka«, 2000), Dramen und Hörspiele.

Amanos, Amanus, der 180 km lange SW-Flügel des äußeren O-Taurus, in der Türkei, zu den Küstengebirgen Syriens überleitend, bis 2 263 m ü. M.

Amanshauser, Gerhard, österr. Schriftsteller, * Salzburg 2. 1. 1928, † ebd. 2. 9. 2006; schrieb philosoph. Prosa jenseits der konventionellen Gattungen, die nachdenklich-satirisch menschl. Verhaltensweisen sowie den Kunst- und Literaturbetrieb reflektierte (»Aufzeichnungen einer Sonde. Parodien«, 1979; »Lektüre«, 1991; »Mansardenbuch«, 1999; »Als Barbar im Prater. Autobiographie einer Jugend«, 2001).

Aman Ullah, afghan. Herrscher (1919–29), * Paghman (Prov. Kabul) 1. 6. 1892, † Zürich 25. 4. 1960; setzte nach seiner Ausrufung zum Emir (1919) gegenüber Großbritannien die Unabhängigkeit seines Landes durch; nahm 1926 den Königstitel an, musste 1929 abdanken und ging ins Exil.

Amapá, Bundesstaat in Brasilien, umfasst den SO des Berglandes von Guayana, 143 454 km², 594 600 Ew.; Hptst.: Macapá.

Amarant [griech. amárantos »unverwelklich«] *der,* **Fuchsschwanz, Amaranthus,** Pflanzengattung der Familie **Amarantgewächse,** meist trop. Kräuter mit in Knäueln stehenden Blüten, die eine bleibende trockenhäutige Hülle haben. Zierpflanzen, u. a. der dunkelpurpur blühende **Gartenfuchsschwanz** (Amaranthus caudatus).

Amarelle [zu ital. amaro »bitter«] *die,* eine Sauerkirsche.

Amarillo [æməˈrɪləʊ], Stadt in NW-Texas, USA, 178 600 Ew.; Univ.; Verkehrsknotenpunkt inmitten eines Weizen- und Baumwollanbaugebietes, Mittelpunkt von Erdöl- und Erdgasförderung; Erdölraffinerien; Kupferverarbeitung.

Amarna, Tell el-Amarna, Ruinenstätte in Mittelägypten, war als **Achetaton** die dem →Aton geweihte Residenz des altägypt. Königs Amenophis IV. (Echnaton, um 1351/1350–1334 v. Chr.). Bei Ausgrabungen wurden Stadtzentrum, Villen der Oberschicht, eine Arbeitersiedlung, mehrere Tempel und Paläste freigelegt, die wertvolle Funde brachten (u. a. die bemalte Kalksteinbüste der Königin Nofretete, Ägypt. Museum, Berlin). Die Kunstwerke der **A.-Zeit** zeigen einen von der Kunsttradition Ägyptens abweichenden Stil (**A.-Stil**), der bei der Darstellung körperl. Merkmale expressive Züge trägt. Die 1887 entdeckten **A.-Briefe,** ein Tontafelarchiv mit einer Korrespondenz in babylon. Keilschrift, sind eine bedeutende histor. Quelle für Syrien und Kanaan sowie für die ägypt. Politik in Vorderasien.

Amaryllisgewächse [griech.], **Amaryllidaceae,** Familie einkeimblättriger Stauden, vorwiegend in trockenen Gebieten der Tropen und Subtropen verbreitet. Ausdauernde Kräuter mit Zwiebeln oder Knollen als Speicherorgane. Zimmerpflanzen sind u. a. Clivie, Ritterstern, Gartenpflanzen u. a. Narzisse, Schneeglöckchen.

Amasis, ägypt. **Ahmose,** ägypt. König (570–526 v. Chr.) der 26. Dynastie, förderte den Handel mit den Griechen, brachte Ägypten zu hoher wirtsch. Blüte und stärkte die Flotte.

Amasya, Hptst. der Prov. A., Türkei, im nördl. Inneranatolien, 55 600 Ew. – Felsgräber der Könige des Pont. Reiches, seldschuk. und frühosman. Moscheen.

Amaterasu [jap. »vom Himmel leuchtend«], Sonnengöttin des Shintoismus, legendäre Ahnmutter des jap. Kaiserhauses.

Amateur [amaˈtøːr, frz.], **1)** jemand, der eine Beschäftigung aus Liebhaberei, nicht beruflich betreibt.
2) Sportler, der seinen Lebensunterhalt nicht aus dem Sport bestreitet. Der Begriff ist umstritten, v. a. weil eine Abgrenzung zum →Berufssportler in vielen Sportarten fließend ist. Üblich geworden sind Aufwandsentschädigungen (Fahrtkosten, Tagegelder u. a.), Materialkostenübernahme (v. a. durch Unternehmen) und die teilweise oder völlige Sicherung des Lebensunterhalts während der Zeit der sportl. Betätigung. (Vertrags-A., →Vertragsspieler)

Amateurfunk [amaˈtøːr, frz.], aus persönl., nicht kommerziellem Interesse mit eigener Sende-Empfangs-Anlage betriebene Nachrichtenübermittlung zw. **Funkamateuren** in der ganzen Welt (im Ggs. zum →CB-Funk). In Dtl. ist der Betrieb einer Funkanlage auf bestimmten Bändern im Kurz- und Ultrakurzwellenbereich nur nach Ablegung einer Prüfung erlaubt.

Amathus, altoriental., vorphönik. Stadt an der S-Küste von Zypern, nahe dem heutigen Limassol, ein Haupttheiligtum der kypr. Aphrodite (**Amathusia**).

Amati, ital. Geigenbauerfamilie in Cremona. Ihr ältester bekannter Vertreter Andrea A. (* um 1500/05, † vor 1580) schuf den fast schon endgültigen Violintyp, den seine Söhne Antonio A. (* um 1538, † um 1595) und Girolamo A. (* um 1561, † 1630) noch verbesserten. Am bedeutendsten war Nicola A. (* 1596, † 1684), ein Sohn Girolamos, Lehrer von A. Guarneri und A. Stradivari.

Amato, Giuliano, ital. Politiker, * Turin 13. 5. 1938; Prof. für Verf.-Recht, 1983–87 Staatssekr., 1987–89 Schatzmin., 1992–93 Min.-Präs., 1994–98 Präs. des Kartellamts, 1998–2000 wiederum Schatzmin., 2000–01 als Parteiloser Min.-Präs. einer Mitte-links-Regierung (»L'Ulivo«). Nach dem Wahlsieg des Mitte-links-Bündnisses »L'Unione« übernahm A. im Mai 2006 im zweiten Kabinett Prodi das Innenministerium.

Amaurose [griech.] *die,* völlige →Blindheit.

Amazonas, 1) *der,* der größte Strom Südamerikas mit dem größten Stromgebiet der Erde (7 Mio. km²), 6 518 km; er entsteht aus den von den Anden kommenden Quellflüssen Marañón, Huallaga und Ucayali, durchfließt bis zu seiner Mündung das **A.-Tiefland** (→Amazonien); der Mittellauf (bis zur Mündung des Rio Negro) wird Solimões genannt. Der A. ist unterhalb Manaus' nirgends (außer bei Óbidos: 1,8 km) weniger als 5 km breit; die Mündung, von V. Y. Pinzón 1500 entdeckt, ist 250 km breit. Bis Manaus aufwärts ist der A. für 10 000-t-Seeschiffe, bis Iquitos (Peru) aufwärts für 3 000-t-Seeschiffe befahrbar.
2) nördlichster und größter Bundesstaat Brasiliens, im W von Amazonien; 1 577 820 km², 3,23 Mio. Ew., Hptst.: Manaus.
3) Territorium von →Venezuela.

Amazone *die,* griech. *Mythologie:* Angehörige eines krieger. Frauenvolkes in Asien. Nur einmal im Jahr hatten die A. mit Männern benachbarter Völker Um-

Jürg Amann

gang zur Erhaltung ihres Geschlechts. Sie zogen nur die Mädchen auf und brannten ihnen die rechte Brust aus, damit sie beim Bogenspannen nicht hinderlich sei; so erklärte man in antiker Zeit den Namen A., d. h. »Brustlose«. Herakles und Theseus vermählten sich mit A.-Königinnen; im Trojan. Krieg kämpften die A. unter →Penthesilea auf der Seite der Troer. Ein histor. Urbild der A. lässt sich nicht nennen. – Von den A.-Statuen des Phidias, Polyklet, Kresilas und Phradmon für Ephesos sind Nachbildungen erhalten. Neuere Darstellungen sind u. a. die A.-Schlacht von Rubens (vor 1619; München) und das Bronzebildwerk der reitenden A. von Tuaillon (1895; Berlin).

Amazonen, Amazona, Gattung der Papageien in den Urwäldern Süd- und Mittelamerikas.

Amazoni|en, das riesige, größtenteils mit trop. Regenwald bedeckte, in der Regenzeit weithin überschwemmte Amazonastiefland, das mit einer Fläche von etwa 5,8 Mio. km² über $^1/_5$ Südamerikas umfasst; gehört hauptsächlich zu Brasilien, daneben zu Kolumbien, Ecuador, Peru und Bolivien. Erst die Gewinnung von Kautschuk brachte im 19. Jh. eine Erschließung. Mit dem 1970 begonnenen Bau der »Transamazônica«, einer durch das südl. A. führenden Fernverkehrsstraße, der Anlage des nördl. Straßensystems »Perimetral Norte« sowie der Süd-Nord-Fernstraßen Cuiabá–Santarém und Pôrto Velho–Manaus begann auch längs der Trassen eine weitflächige Waldrodung durch Agrarkolonisten, später durch extensive Rinderzucht betreibende Großgrundbesitzer. Die hier noch lebenden Amazonasindianer (etwa 300 000) wurden dabei größtenteils aus ihren Stammesgebieten verdrängt. Zahlr. Stämme (v. a. aus der Gruppe der Xinguindianer) sind vom Aussterben bedroht, etwa 100 leben in Reservationen. Die Entdeckung und bergbaul. Erschließung riesiger Eisenerzvorkommen im Bergland von Carajás, von Zinn-, Gold-, Erdöl- und Bauxitlagerstätten führte zu einer weiteren großräumigen Rodung des trop. Regenwaldes, die nach wie vor anhält und bereits zu ökolog. Schäden mit mögl. negativen Auswirkungen auf das Klima der Erde geführt hat.

Ambarzumjan, Wiktor Amasaspowitsch, armen. Astrophysiker, * Tiflis 18. 9. 1908, † Jerewan 12. 8. 1996; bed. Arbeiten u. a. zum Sternaufbau und zur Sternentwicklung; entdeckte 1947 die Sternassoziationen.

Ambato, Prov.-Hptst. in Ecuador, 160 300 Ew., 2 600 m ü. M., Erholungsort; Textil- und Nahrungsmittelind.; 1949 schwere Erdbebenschäden.

Amberbaum, Liquidambar, Gattung der Hamamelisgewächse in Asien und Amerika; der oriental. A. (Liquidambar orientalis) liefert Storaxharz.

Amberg, kreisfreie Stadt und Verw.-Sitz des Landkreises A.-Sulzbach, Bayern, am Ostrand der Fränk. Alb, 373 m ü. M., 44 600 Ew.; elektrotechnisch-elektron., Kunststoff und Metall verarbeitende, Glas-, Porzellan- u. a. Ind., Gießerei, Brauereien. – Ummauerte Altstadt mit Nabburger Tor und Vilstor, spätgot. Rathaus (14.–16. Jh., Pfarrkirche St. Georg (14. Jh.), auf Vorgängerbau; 17./18. Jh. barockisiert, St. Martin (15. Jh.); im Heimatmuseum befinden sich die Fayencen der **Amberger Manufaktur.**

Amberger, Christoph, Maler, * um 1505, † Augsburg zw. 1. 11. 1561 und 19. 10. 1562; bedeutend seine Porträts (Karl V., um 1532; Berlin, Gemäldegalerie).

Amberg-Sulzbach, Landkreis im Reg.-Bez. Oberpfalz, Bayern, 1 256 km², 108 000 Ew.; Kreisstadt ist Amberg.

Ambesser, Axel von, eigtl. **A. von Oesterreich,** Regisseur, Schauspieler und Schriftsteller, * Hamburg 22. 6. 1910, † München 6. 9. 1988; spielte und inszenierte am Theater, schrieb Komödien, daneben Filmrollen und Filmregie.

AMB Generali AG, Management-Holding einer der größten dt. Versicherungsgruppen, Sitz: Aachen; 1998 nach Übernahme durch die Assicurazioni Generali S. p. A. (Triest) aus der Aachener und Münchener Versicherungsgruppe hervorgegangen. Unter dem Dach der strateg. Management-Holding firmieren eigenverantwortl. Versicherungs- und Finanzdienstleistungsunternehmen, z. B. Aachener und Münchener Lebensversicherung AG, Aachener und Münchener Versicherung AG, AdvoCard Rechtsschutzversicherung AG, Central Krankenversicherung AG, Cosmos Versicherung AG, Cosmos Lebensversicherungs-AG, Dt. Bausparkasse Badenia AG, Generali Versicherung AG, Generali Lebensversicherung AG, Generali Lloyd AG, Volksfürsorge Dt. Lebensversicherung AG, Volksfürsorge Dt. Sachversicherung AG, Volksfürsorge Dt. Krankenversicherung AG.

ambi..., ambo... [lat.], doppel..., beid...

Ambidextrie die, Beidhändigkeit; gleiche Geschicklichkeit beider Hände.

Ambiente [ital.] das, Umwelt, Milieu, in dem eine Person lebt und durch das sie geprägt wird; Atmosphäre, die eine Person oder einen Raum umgibt; in der Kunst →Environment.

Ambiguität [von lat. ambiguus »zweifelhaft«] die, Doppelsinnigkeit, Mehrdeutigkeit.

Ambiguitätstoleranz, das Ertragenkönnen von Mehrdeutigkeiten in der Wahrnehmung, auf emotionaler und auf kognitiver Ebene; wird u. a. als notwendiges Sozialisierungsergebnis einer Gesellschaft mit versch. Wertgeltungen gedeutet und als Eigenschaft einer kreativen Persönlichkeit aufgefasst.

Ambiorix [kelt. rix »König«], Fürst der →Eburonen.

Ambitus [lat.] der, **1)** *Architektur:* Chorumgang. **2)** *Musik:* Tonhöhenumfang einer Melodie, einer Stimme oder eines Musikinstruments.

Ambivalenz [lat.] die, **1)** *allg.:* das gleichzeitige Auftreten von einander widersprechenden Vorstellungen, Gefühlen (z. B. Hassliebe) und Willensregungen.

2) *Phonetik:* lautl. Doppelwertigkeit eines Buchstabens, der zwei Phoneme bezeichnet.

Ambler [ˈæmblə], Eric, engl. Schriftsteller, * London 28. 6. 1909, † ebd. 22. 10. 1998; schrieb spannungsreiche Kriminal- (»Topkapi«, 1962), Abenteuer- und Spionageromane.

Amblyopie [griech.-lat.] die, die →Schwachsichtigkeit.

Ambo [griech.] der, kanzelartiges Lesepult an oder vor den Chorschranken in frühchristl. Basiliken; nach dem 2. Vatikan. Konzil vielfach an die Stelle der Kanzel getreten. Als A. dienen heute einfache Lesepulte.

Ambo, Ovambo, Volk mit Bantusprache in Namibia (etwa die Hälfte der Bev.) und S-Angola; →Ovamboland.

Amboina, die Molukkeninsel →Ambon.

Amboise [ãˈbwaːz], Stadt in Mittelfrankreich, Dép. Indre-et-Loire, an der Loire, 11 500 Ew.; beherrscht von einem Schloss (15. Jh. ff.), einer Residenz der Valois, später Staatsgefängnis.

Ambon, Amboina, Molukkeninsel bei Ceram, Indonesien, 813 km²; ehem. Mittelpunkt der Gewürznelken- und Muskatnusskultur. Der Hauptort Ambon (206 000 Ew.) ist Verw.-Sitz der indones. Prov. Maluku. – Die Portugiesen (ab 1512) wurden ab 1599 von den Niederländern vertrieben; später brit., 1942–45 japanisch; gehörte 1950 zur Rep. der Süd-Molukken (→Molukken). Nach deren Zusammenbruch emigrierten rd. 12 000 Ambonesen in die Niederlande.

Amboss, 1) *Anatomie:* das mittlere der drei Gehörknöchelchen im inneren Ohr.
2) *Metallbearbeitung:* Stahlblock als ebene Unterlage mit Fortsätzen (Hörnern) von rundem oder viereckigem Querschnitt; zum Bearbeiten von Werkstücken beim Schmieden von Hand.

Ambra [arab.] *die*, **Amber**, wohlriechendes, wachsähnl. Stoffwechselprodukt aus dem Darm des Pottwals; wohl eine krankhafte, möglicherweise dem Wundverschluss dienende Bildung. Vormals kostbarer Rohstoff für die Parfümindustrie, sind A.-Riechstoffe heute synthetisch zugänglich.

Ambrakia, antiker Name der griech. Stadt →Arta.

Ambras, Schloss im Innsbrucker Stadtteil Amras. Im 11. Jh. Sitz der Grafen von Andechs, kam es 1263 an Meinhard II. von Tirol. 1561 kaufte es Kaiser Ferdinand I. für seinen zweiten Sohn Ferdinand II., der es seiner Frau Philippine Welser gab und zum Renaissanceschloss umbauen ließ. Ferdinand II. legte die **Ambraser Sammlungen** an (Bibliothek, Kunst- und Rüstkammer). Zu ihnen gehören das **Ambraser Heldenbuch**, eine Sammlung mhd. Epen, und das **Ambraser Liederbuch**, eine der reichhaltigsten Liedersammlungen des 16. Jahrhunderts.

Ameisenbären: Südlicher Tamandua

Ambrette [frz.] *die*, **Ambrettekörner,** Samen eines trop. Malvengewächses, liefern A.- oder Moschuskörneröl.

Ambrosia [griech.] *die,* **1)** *Biologie:* **Ambrosi|e,** Gattung der Korbblütengewächse mit hauptsächlich in Nordamerika heimischen Arten. In Europa, bes. in Südeuropa, eingebürgert wurde u. a. das **Beifußblättrige Traubenkraut** (Ambrosia artemisiifolia), mit gelbl. Blüten. Problematisch ist die Verbreitung des Pollenstaubs, der Allergien hervorrufen kann.
2) *griech. Mythos:* die Speise, die den Göttern Unsterblichkeit verleiht (→Nektar).

Ambrosiana *die*, Bibliothek (**Biblioteca A.**) und Gemäldegalerie (**Pinacoteca A.**) in Mailand, Anfang des 17. Jh. gegr., mit kostbaren frühen Handschriften (Ilias), Inkunabeln, Schriften und Zeichnungen von Leonardo da Vinci.

ambrosianischer Gesang, der Gesang der mailänd. Liturgie, benannt nach dem hl. Ambrosius; **ambrosianischer Lobgesang,** das fälschlich Ambrosius zugeschriebene →Tedeum.

Ambrosius, lat. Kirchenlehrer, *Trier um 340, †Mailand 4. 4. 397; seit 374 Bischof von Mailand, bekämpfte den Arianismus und setzte die allg. Geltung des →Nicänischen Glaubensbekenntnisses durch, führte nach östl. Vorbild den hymn. Kirchengesang ein. Heiliger, Tag: 7. 12.

ambulant [zu lat. ambulare »umhergehen«],
1) *allg.:* nicht ortsfest, umherziehend, z. B. das ambulante Gewerbe.
2) *Medizin:* **ambulatorisch,** in der Sprechstunde (behandelt); Ggs.: stationär.

Ambulanz *die,* **1) Ambulatorium,** Abteilung zur ambulanten Behandlung in größeren Krankenhäusern.
2) Krankentransportwagen.

Ameisen, Emsen, Formicoidea, 1 bis 40 mm lange Hautflügler mit etwa 15 000 meist trop. Arten. Fast alle A. bilden gut organisierte Staaten mit Arbeiterinnen und zunächst geflügelten Weibchen und Männchen. Nach der Befruchtung werfen die Weibchen die Flügel ab, und die Männchen sterben. Die befruchteten Weibchen werden als Königinnen bezeichnet. Die Arbeiterinnen sind geschlechtlich verkümmerte, flügellose Weibchen; ihre Aufgaben sind Nestbau und -schutz (Soldaten), Futtersuche und Brutpflege. Viele Arten haben einen Giftstachel; bei Arten mit zurückgebildetem Stachel wird ameisensäurereiches Gift aus dem Hinterleibsende ausgespritzt, z. B. bei den Roten Waldameisen. A. ernähren sich von Kleintieren, Nektar, Pflanzensaft und Samen, manche auch von zuckerreichen Ausscheidungen z. B. der Blattläuse (A.-Gäste). Wohnbauten sind u. a. die »A.-Haufen«, Erdhöhlen mit Aufbauten aus trockenen Pflanzenteilen. In Mitteleuropa verbreitet sind z. B. die Roten →Waldameisen und die Riesenameise (→Rossameisen). In trop. Gebieten gefürchtet sind die →Treiberameisen. Nicht zu den A. gehören die Weißen Ameisen (→Termiten).

Ameisenbären, Myrmecophagidae, in Mittel- und Südamerika lebende Säugetiere aus der Ordnung Zahnarme; zahnlose, auf Insektennahrung spezialisierte Baum- oder Bodenbewohner mit sehr kleiner Mundöffnung und langer klebriger Fangzunge. Der **Große A.** (Myrmecophaga tridactyla) wird ohne Schwanz bis 130 cm lang, der vorwiegend auf Bäumen lebende **Südliche Tamandua** (Tamandua tetradactyla) erreicht eine Länge bis zu 67 cm, der **Zwerg-A.** (Cyclopes didactylus) wird etwa eichhörnchengroß.

Ameisengäste, Myrmekophilen, meist Gliedertiere, die mit Ameisen zusammenleben, z. B. Blattläuse. Viele A. gleichen ihren Wirtsameisen (Ameisenmimikry).

Ameisenigel, Schnabeligel, Tachyglossidae, Fam. bis 80 cm langer Kloakentiere Australiens und benachbarter Inseln, die Termiten, Ameisen u. a. Insekten fressen; zahnlos, mit zylindr., schnabelähnl. Schnauze, klebriger Zunge, mit Haaren, Stacheln und kräftigen Grabkrallen.

Ameisenlöwen, die Larven der **Ameisenjungfern** (Familie libellenähnlicher Netzflügler); sie legen in sandigem Boden Trichter an und fangen die in den Trichter fallenden Tiere.

Ameisenpflanzen, myrmekophile Pflanzen, Myrmekophyten, trop. Pflanzen, die mit Ameisen in Symbiose leben.

Ameisen: Große Rote Waldameise; **a** Arbeiterin, **b** Männchen, **c** Weibchen

Ameisensäure

American Airlines Inc.

Ameisensäure, stechend riechende, ätzende und reduzierend wirkende Flüssigkeit; die stärkste und einfachste der Carbonsäuren, Bestandteil des Ameisen- und Brennnesselgiftes, Wirkstoff des →Ameisenspiritus. Ihre Salze und Ester heißen **Formiate.** A. fällt als Nebenprodukt bei der Essigsäureherstellung an und wird bes. in der Textil- und Lederindustrie verwendet. Ihre Ester riechen obstartig und dienen zur Herstellung von Essenzen (→Ameisensäureethylester).

Ameisensäureethylester, $HCOOC_2H_5$, würzig riechende Flüssigkeit; als Rumessenz (Rumether) und Fungizid verwendet.

Ameisenspiritus, Mischung von Ameisensäure, Wasser und verdünntem Alkohol; dient als Hautreizmittel bei Rheuma.

Ameiven, Gattung der →Schienenechsen.

Ameland, westfries. Insel vor der niederländ. Nordseeküste, 57 km^2, 3400 Ew.; Seebäder; Erdgasvorkommen.

Amelie [griech.] *die,* angeborenes Fehlen einer ganzen Gliedmaße (Arm oder Bein).

Amelungen, →Amaler.

Amen [hebr. »Ja, gewiss!«], aus dem Judentum in die christl. Liturgie übernommene Zustimmungsformel der Gemeinde zu Rede, Gebet und Segen.

Amendement [amɑ̃dˈmɑ̃, frz.] *das,* verfassungsrechtl. Bez. für →Änderungsantrag.

Amendment [əˈmendmənt, engl. »Berichtigung«] *das,* beantragte oder erfolgte Abänderung oder Ergänzung eines Gesetzes; in den USA Zusatzartikel zur Verf. von 1787 (bisher 27 A.) oder den Verf. der Einzelstaaten.

Amenemhet III., ägypt. König (etwa 1853 bis 1806/05 v. Chr.) der 12. Dynastie; vollendete durch Deich- und Schleusenanlagen die Seelandschaft des Faijum (→Mörissee).

Amenophis [griech.], ägypt. **Amenhotep,** »Amun ist gnädig«, Name von vier ägypt. Königen der 18. Dynastie, darunter:

Amenophis IV.: der König mit Gemahlin und Tochter beim Opfer für den Sonnengott, Alabasterrelief (um 1350 v.Chr.; Kairo, Ägyptisches Museum)

1) **A. III.** (um 1388–1351/1350 v. Chr.), erbaute den Tempel von Luxor.

2) **A. IV.,** später **Echnaton** (1351/1350–1334 v. Chr.), Sohn von 1), verheiratet mit Nofretete; erhob die Sonnenscheibe (Aton, Aten) zum einzigen Gott und baute sich in Mittelägypten die neue Hauptstadt Achetaton (heute →Amarna). Seinen Namen A. legte er ab und nannte sich Echnaton (»der dem Aton wohlgefällig ist«).

Amenorrhö [griech.] *die,* das Ausbleiben der →Menstruation.

American Airlines Inc. [əˈmerɪkən ˈeəlaɪnz ɪnˈkɔːpəreɪtɪd], Abk. **AA,** nordamerikan. Luftfahrtgesellschaft, gegr. 1934 (→Luftverkehrsgesellschaften, Übersicht).

American Dream [əˈmerɪkən driːm], Inbegriff für den Traum der Einwanderer in Amerika bzw. den USA vom wirtsch. Erfolg bei Wahrung der persönl. Freiheit; geprägt von der Vorstellung, dass Amerika ein »Land der unbegrenzten Möglichkeiten« mit großen individuellen Aufstiegschancen sei.

American Express Company [əˈmerɪkən ɪksˈpres ˈkʌmpəni], Abk. **AMEXCO,** eines der weltweit größten Finanzdienstleistungs-, Transport- und Reiseunternehmen, Sitz: New York, gegr. 1850, führte 1891 den Travellerscheck ein, heute größter Emittent von Reiseschecks; auch bekannt durch die Ausgabe von Kreditkarten. Die Tochtergesellschaft American Express Bank Ltd. (gegr. 1919) betreibt internat. Bankgeschäfte, auch Brokerdienstleistungen und Vermögensplanung.

American Federation of Labor-Congress of Industrial Organizations [əˈmerɪkən fedəˈreɪʃn ɔv ˈleɪbə ˈkɔŋgres ɔv ɪnˈdʌstrɪəl ɔːgənaɪˈzeɪʃnz], →AFL/CIO.

American Football [əˈmerɪkən ˈfʊtbɔːl], →Football.

American Forces Network Europe [əˈmerɪkən ˈfɔːsɪz ˈnetwəːk ˈjʊərəp], Abk. **AFN,** Rundfunkdienst (Hörfunkprogramme und Fernsehen) für die Angehörigen der amerikan. Streitkräfte und ihre Familien in Europa, gegr. 1943 in London; in Dtl. Zentrale in Mannheim.

American Indian Movement [əˈmerɪkən ˈɪndjən ˈmuːvmənt], Abk. **AIM,** 1968 in Minneapolis (Minn.) gegründete Indianerorganisation der USA, zog bes. durch spektakuläre Protestaktionen im Rahmen der →Redpower (u. a. Besetzung der Gefängnisinsel Alcatraz 1969–71, des Bureau of Indian Affairs in Washington D. C., 1972, und von Wounded Knee 1973) Aufmerksamkeit auf sich; heute v. a. lokal aktiv (Basisarbeit u. a. in den »Survival Schools«, die sich auf die Vermittlung indian. Kultur und Sprache konzentrieren).

American International Group, Inc. [əˈmerɪkən ɪntəˈnæʃnl ˈgruːp ɪnˈkɔːpəreɪtɪd], Abk. **AIG,** weltweit (in rd. 130 Ländern) tätiger amerikan. Versicherungs- und Finanzdienstleistungskonzern, gegr. 1919 in Shanghai; Sitz: New York; zu den zahlr. Tochterunternehmen zählt die **AIG Privatbank** (gegr. 1965, Sitz: Zürich).

American Stock Exchange [əˈmerɪkən stɔk ɪksˈtʃeɪndʒ], Abk. **AMEX,** amerikan. Wertpapierbörse, an der v. a. die an der →New York Stock Exchange nicht zugelassenen Papiere gehandelt werden, Sitz: New York.

American Telephone and Telegraph Company [əˈmerɪkən ˈtelɪfəʊn ænd ˈtelɪgræf ˈkʌmpəni],

Abk. AT&T, eine der weltgrößten privaten Telefongesellschaften, gegr. 1885, Sitz: New York; hervorgegangen aus der Bell Telephone Company (gegr. 1877); betrieb bis zur Entflechtung 1984 den überwiegenden Teil des inneramerikan. und interkontinentalen Fernmeldeverkehrs von den USA nach Übersee. Im Zuge der Entflechtung wurden eine neue AT&T als reines Elektronikunternehmen sowie sieben selbstständige Holdinggesellschaften gegründet, die in ihren jeweiligen Gebieten Telekommunikationsdienstleistungen anbieten.

America's Cup [əˈmerɪkəz kʌp, engl.], bedeutendster Wettbewerb im Hochseesegeln, bei dem zwei Yachten (Syndikate) in mehreren Wettfahrten gegeneinander antreten. Die Yachten müssen im Land des angemeldeten Teams gebaut werden. Der Cupverteidiger ist automatisch qualifiziert und bestimmt das Segelrevier. Der Herausforderer wird durch den Louis Vuitton Cup ermittelt. Erstmals 1851 ausgetragen, startet 2007 der 32. A.C. vor der Küste Valencias.

Americium [nlat., nach dem Erdteil Amerika] *das,* **Am,** künstl. radioaktives Metall, ein Actinoid und Transuran, Ordnungszahl 95, Dichte (bei 20°C) 13,67 g/cm³, Schmelzpunkt 1176°C. – Bekannte Isotope: 237–247. Die langlebigen Isotope 241 und 243 (Halbwertszeit 433 bzw. 7370 Jahre) sind Alphastrahler und fallen beim Betrieb von Kernreaktoren an. Sie gehören zu den giftigsten Radionukliden; ^{241}Am wurde als erstes A.-Isotop 1944 von G.T. Seaborg u.a. hergestellt.

Amerika [nach Amerigo Vespucci], die beiden Erdteile →Nordamerika und →Südamerika, die als »Neue Welt« der »Alten Welt« gegenübergestellt werden und durch die Land- und Inselbrücke →Mittelamerikas miteinander verbunden sind. Der Doppelkontinent kommt Asien im NW der Beringstraße auf 85 km nahe, ist aber im Übrigen durch den Pazif. Ozean im W, den Atlant. Ozean und das Nordpolarmeer im O und N deutlich von den anderen Erdteilen getrennt. A. erstreckt sich von 83°07′ n. Br. (einschl. der Insel Grönland von 83°39′ n. Br.) bis fast 54° (einschl. der Inseln 56°) s. Br., also über insgesamt 14 000–15 500 km. Nord- und Süd-A. haben gemeinsame Grundzüge in Bau und Oberflächengestalt: entlang der W-Küste die Hochgebirgsketten der Kordilleren, an die sich ostwärts große Tafelländer, Stromtiefländer und alte Gebirgsrümpfe nahe der O-Küste anschließen.

Zw. 25 000 und 8000 v. Chr. (neuere Untersuchungen gehen auch von früheren Einwanderungsschüben aus) wanderten von NO-Asien aus über eine Landbrücke im Gebiet der heutigen Beringstraße die ersten Menschen in A. ein. Von Alaska aus bevölkerten die Ureinwohner im Laufe von Jahrtausenden den gesamten Doppelkontinent (→Indianer und, aus einer späteren Einwanderungswelle, →Eskimo). Nach der Landung von C. Kolumbus auf der Bahamainsel Guanahani 1492 (gilt trotz vorheriger A.-Fahrten der Wikinger u.a. Seefahrer als eigentl. Zeitpunkt der Entdeckung) wurde Nord-A. überwiegend durch Briten **(Anglo-A.),** Mittel- und Süd-A. durch Spanier und Portugiesen **(Latein-A.)** besiedelt. Bis zu seiner Niederlage im Siebenjährigen Krieg (1756–63) hatte Frankreich große Teile Nord-A. in seinem Besitz (→Louisiana, Gebiete in Kanada), besiedelte diese jedoch nur schwach. Auf den Westindischen Inseln wurden die Indianer nahezu ausgerottet, in Nord-A. stark dezimiert; ihre Zahl nimmt aber wieder zu. In Zentral- und Süd-A. haben sie sich stark mit den europ. Einwanderern vermischt (Mestizen). Unterschiedlich groß ist in versch. Gebieten der Anteil von Nachkommen der als Sklaven nach A. verschleppten Schwarzafrikaner, die sich großenteils ebenfalls vermischt haben (Mulatten). Dazu kamen im 19./20. Jh. weitere Einwanderer aus Europa und Asien.

amerikanische Kunst: Kapitol in Washington (D.C.), nach Plänen von William Thornton erbaut (1793 ff.)

Amerikahäuser, seit 1946 Informations- und Kultur-Inst. der USA in Dtl. und Österreich (hier bis 1998); Angebote: Vorträge, Seminare, Bibliotheken (seit 1995 Information Resource Centers gen.). Daneben bestehen Dt.-Amerikan. Institute, die überwiegend von Bund, Land und Stadt des Standorts finanziert werden und z.T. Aufgaben ehem. A. weiterverfolgen. Auch in zahlr. anderen Ländern gibt es ähnl. Einrichtungen.

Amerikanerreben, Rebsorten aus Amerika, die gegen die Reblaus und einige Pilze resistent sind und im Pfropfrebenbau als Unterlage dienen.

amerikanische Kunst, im allg. Sprachgebrauch die Kunst der Vereinigten Staaten von Amerika. Sieht man von der anfangs weitgehend zerstörten und erst in der jüngsten Vergangenheit schrittweise wieder entdeckten Kunst der nordamerikan. Indianer ab, so hat die a. K. erst relativ spät zu ihrer Identität gefunden. In den ersten Jahrhunderten der Besiedlung des nordamerikan. Kontinents spielte die Kunst eine sekundäre Rolle; später wurde vorwiegend an frz., engl., niederländ. und im Westen v.a. span. Kulturtraditionen angeknüpft. Gemäß der polit. Struktur der versch. Landesteile handelte es sich um Kolonialkunst, wie dies auch in der Benennung der Stilperiode vor 1776 (»Colonial Period«) zum Ausdruck kommt.

Nach der Unabhängigkeitserklärung von 1776 und bes. in der »Federal Period« genannten Stilphase (etwa 1780–1825) entwickelte sich ein an Vorbildern der Antike orientierter Repräsentationsstil (»Greek Revival«), der v.a. öffentl. Bauten bestimmte. 1791 wurde der frz. Architekt P.C. L'Enfant mit der Ausarbeitung eines Plans für die neue Hauptstadt Washington beauftragt. T. Jefferson entwarf den exemplar. Campus der Univ. von Virginia in Charlottesville (1817–26). Weitere hervorragende Architekten dieser Zeit waren C. Bulfinch, J. Hoban, B.H. Latrobe, W. Thornton und T.U. Walter. Gegen Mitte des 19. Jh. entstanden auch Bauten im Stil des »Gothic Revival« (J. Renwick, R. Upjohn).

amerikanische Kunst

amerikanische Kunst: Edward Hopper, »Hotel Room« (1931; Madrid, Palacio Villahermosa)

Die Malerei der Zeit wurde durch die in England arbeitenden Künstler B. West und J. S. Copley bestimmt. Spezifisch lokale Züge treten erstmals in den Werken von J. J. Audubon, G. Catlin und E. Hicks auf. Die Landschaftsbilder von W. Allston sowie der »Hudson River school« (T. Cole, F. E. Church, A. B. Durand, J. F. Kensett) und der an sie anknüpfenden Maler G. Inness, G. C. Bingham und A. Bierstadt vergegenwärtigen die einheim. Topografie in einem Stil zw. Romantik und Realismus. In der Porträtmalerei traten bes. T. Sully sowie E. Johnson hervor, der sich auch als Genremaler einen Namen machte. Meister des Stilllebens waren R. Peal und W. M. Harnett. Die Skulptur der Zeit steht mit den Marmorbildnissen und Statuen von H. Powers (»Griechische Sklavin«, 1843) und H. Greenough (»George Washington«, 1841) in der Tradition des Klassizismus.

Seit der Mitte des 19. Jh. fand die a. K. ihre Eigenständigkeit, u. a. in den auf industrielle Konstruktionsmethoden und das Material Gusseisen gerichteten Bauten von J. Bogardus und D. D. Badger, in den Hängebrücken von J. A. Röbling, in den öffentl. Parkanlagen von F. L. Olmsted (Central Park, New York, 1858 ff.) sowie in den Geschäftshäusern von H. H. Richardson, die die Hochhausarchitektur einleiteten. Durch L. H. Sullivan und die Architekten der Schule von Chicago und v. a. durch F. L. →Wright nahm die a. K. im Bereich der Architektur an der Wende zum 20. Jh. bereits eine internat. Vorrangstellung ein. In der Malerei (W. Homer, J. McNeill Whistler, J. S. Sargent, Mary Cassatt, T. Eakins, M. Prendergast) und der Skulptur (A. Saint-Gaudens, D. C. French) dominierten noch europ. Einflüsse (v. a. Realismus, Impressionismus, Neoimpressionismus). F. Remington wurde als Maler des amerikan. Westens berühmt.

Die amerikan. Architektur im 20. Jh. zeichnet sich durch ihre Universalität aus, indem sie Anregungen aus allen Teilen der Welt aufnimmt und nach einer schöpfer. Transformation wieder zurückgibt. Vor allem im Werk von F. L. Wright findet dies den überzeugendsten Ausdruck, doch auch in den Bauten vieler Emigranten wie Eliel und Eero Saarinen, W. Gropius, L. Mies van der Rohe, E. Mendelsohn, J. L. Sert, M. Breuer, R. M. Schindler und R. Neutra. Sonderleistungen stellen die Gestaltung des Hochhauses sowie die auf neue Struktursysteme gerichteten Bauformen von R. B. Fuller dar.

Malerei und Skulptur der 1. Hälfte des 20. Jh. verbleiben stärker im Zusammenhang mit der europ. Entwicklung, und auch hier sind die Einwirkungen von Emigranten beträchtlich (A. Archipenko, J. Albers, N. Gabo, Louise Nevelson, J. Lipchitz, M. Ernst, H. Hofmann, L. Moholy-Nagy). In den Bildern von C. Demuth, Georgia O'Keefe, C. Sheeler sowie von T. Benton und G. Wood fand eine z. T. krit. Auseinandersetzung mit der städt. und ländl. Zivilisation Amerikas statt. Ihnen thematisch verbunden, jedoch von unterschiedl. Bildsprache sind die Werke J. Marins, M. Webers und E. Hoppers. Spezif. Merkmale a. K. dokumentieren auch die Fotografen A. Stieglitz, E. Steichen und M. Ray, die »Mobiles« A. Calders sowie die monumentalen Porträts von vier amerikan. Präsidenten des →Mount Rushmore National Memorial von G. Borglum. Populärste Vertreterin der naiven Malerei war Grandma Moses. Durch C. Still, M. Rothko, A. Reinhardt und J. Pollock wurde in der Malerei die Phase des →abstrakten Expressionismus eingeleitet.

Seit etwa 1950 wurde die a. K. in allen Bereichen international stilbestimmend. Die Architekturtheorie wurde am nachhaltigsten von L. I. Kahn geprägt. In dieser Tradition stehen R. Venturi und C. Moore. Der aus Europa (Bauhaus, Le Corbusier) importierte →internationale Stil wurde vom Architektenbüro Skidmore, Owings & Merrill unter führender Beteiligung von G. Bunshaft umgesetzt und erreichte große Popularität. Zu den namhaften Architekten gehören auch P. C. Johnson, M. Yamasaki, Pei Ieoh Ming, P. M. Rudolph, K. Roche, H. Jahn, F. O. Gehry und D. Libeskind. Aus der Gruppe »The New York Five« (P. Eisenman, C. Gwathmey, R. A. Meier, J. Hejduk, M. Graves) ragen die Arbeiten von Meier heraus.

Die Malerei hat seit den 1950er-Jahren viele Stilmöglichkeiten erschlossen, die die Vielfalt der a. K. dokumentieren: u. a. →Op-Art (R. Anuszkiewicz), →Pop-Art (R. Lichtenstein, R. Rauschenberg, J. Johns, A. Warhol), →Farbfeldmalerei (B. Newman, M. Louis, Helen Frankenthaler, K. Noland, E. Kelly, F. Stella), →Fotorealismus (P. Pearlstein, H. Kanowitz, R. Estes), →Pattern-Painting (Miriam Shapiro, R. Kushner) und →Graffiti (K. Haring). In den 1980er-Jahren gelangten J. Borofsky, Susan Rothenberg, J. Schnabel und D. Salle zu internat. Anerkennung. Im Bereich der Skulptur

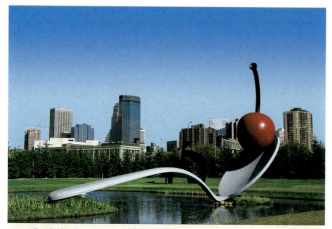

amerikanische Kunst: Claes Oldenburg, »Spoon and Cherry« (1976; Minneapolis, Minnesota) entwickelte sich die →Minimal Art (D. Judd, R. Morris, C. Andre, D. Smith). In verschiedenen zeitgenöss. Stilströmungen arbeiten die Bildhauer G. Segal, D. Hanson, C. Oldenburg, R. Morris und R. Serra. Daneben gibt es Experimente in der →Land-Art (R. Smithson, W. de Maria, M. Heizer), →Body-Art (V. Acconci, D. Oppenheim), →Videokunst (Paik Nam June, B. Nauman, T. Oursler), Computerkunst (J. Crandall), Concept-Art (J. Kosuth) sowie in →Happening (A. Kaprow), →Fluxus (Paik Nam June, G. Brecht), →Performance (Laurie Anderson), →Environment (E. Kienholz) und Installation (J. A. Turrell). Mit elektron. Schriftbändern arbeitet Jenny Holzer. Auf dem Gebiet der künstler. Fotografie sind v. a. die Arbeiten von E. Weston, P. Strand, A. Adams (Landschaftsfotografie), von Diane Arbus und R. Mapplethorpe (Porträtfotografie) sowie Annie Leibovitz (»Off-stage«-Fotos von Rockgruppen und Prominenten) von Bedeutung.

amerikanische Literatur, im allg. Sprachgebrauch die Literatur der Vereinigten Staaten von Amerika.

Die Anfänge

Die frühesten literar. Zeugnisse stehen in der Tradition der europ. Länder, die an der Entdeckung und Besiedelung Amerikas beteiligt waren. Diese Werke verarbeiten Visionen einer »Neuen Welt«, in denen sowohl der Wunsch nach materiellem Wohlstand als auch das religiös motivierte Bemühen um ein gottgefälliges Leben fern von der »Alten Welt« zum Ausdruck kommen.

Frühe Kolonialzeit, Aufklärung und Unabhängigkeitsbewegung: An der Atlantikküste setzten die Siedler zunächst engl. Literaturtraditionen fort; Erfahrungen bei der Landnahme, Reiseberichte und Chroniken schrieben Captain J. Smith, L. Hammond, D. Denton und W. Penn. Die Kulturkonflikte zw. Indianern und Europäern fanden Eingang in die »captivity narratives«. Die Puritaner Neuenglands entwickelten ein umfangreiches religiöses Schrifttum, das v. a. Geschichtsschreibung, Predigten, Tagebücher und theolog. Streitschriften umfasste. Bes. wichtig sind hier die Werke von J. Winthrop, W. Bradford, C. Mather, J. Edwards und G. Woolman sowie die Schriften von J. Cotton, E. Johnson, R. Williams und I. Mather; eindrucksvolle Lyrik schrieben M. Wigglesworth, Anne Bradstreet und E. Taylor. Repräsentativ für die Epoche der Aufklärung ist B. Franklin, der prakt. Tätigkeiten als Drucker und Erfinder sowie als Geschäftsmann und Politiker mit literar. Arbeit verband. Geistiger Wegbereiter der Unabhängigkeit war v. a. T. Paine mit seinen patriotisch-radikalen Werken. Während der Unabhängigkeitsbewegung verfassten v. a. T. Jefferson, der die Unabhängigkeitserklärung redigierte, J. Adams und A. Hamilton polit. Prosaschriften. Crèvecœurs Schilderungen des Landlebens und der Natur, des Optimismus der neuen Gesellschaft und der Vision von Amerika als »melting pot« beeinflussten das romant. Amerikabild in Europa.

19. Jahrhundert

Romantik: Frühe Erscheinungsformen romant. Tendenzen entwickelten sich bei P. Freneau, der sowohl Gedichte zur polit. Unabhängigkeit als auch Naturlyrik verfasste. Die Romanliteratur entwickelte sich nach der polit. Unabhängigkeit zunächst nach europ. Vorbild (W. H. Brown) und verband literar. Stilmittel aus Europa mit Themen aus Amerika (C. B. Brown, H. H. Brackenridge). Noch überwiegend in der europ. Vergangenheit suchte W. Irving, der bekannteste Autor der Gruppe der »Knickerbocker« in New York, seine Themen. Einen eigenständig amerikan., äußerst einflussreichen Beitrag zur Schauerromantik lieferte E. A. Poe. Sein starker Stilwille prägte seine formvollendete Lyrik ebenso wie die modernen Formen der Kurzgeschichte, der Detektiverzählung, der Literaturkritik und Literaturtheorie. Vergleichbar bed. waren die Romane von J. F. Cooper. Seine »Lederstrumpf«-Serie stellte zum ersten Mal das Erlebnis der »Frontier« und den amerikan. Westen in den Mittelpunkt.

New England Renaissance: Seit dem 2. Viertel des 19. Jh. entfaltete sich auf der Grundlage früherer romant. Strömungen eine häufig als »New England Renaissance« bezeichnete literar. Bewegung. R. W. Emerson entfernte sich von seiner theolog. Ausbildung und suchte das Göttliche im Menschen selbst und in der Natur. Die Wirkung seiner Essays, Reden und Gedichte ist kaum zu überschätzen. Seine Ideen wurden von H. D. Thoreau aufgegriffen und weiterentwickelt. Die Bürde der puritan. Vergangenheit und das Leiden an der gesellschaftl. Situation seiner Zeit verbinden sich in den histor. Romanen und Erzählungen von N. Hawthorne, in denen seine Auseinandersetzung mit histor. Schuld und Sünde zum Ausdruck kommen. Der zu Lebzeiten tlw. verkannte H. Melville schrieb nach frühen Abenteuerromanen den Roman »Moby Dick« (1851), in dessen Zentrum das Ringen um Überleben und Lebenssinn in einer Welt der Entfremdung steht.

Vom Bürgerkrieg bis zur Jahrhundertwende (Realismus, Naturalismus): Der tiefe Konflikt der amerikan. Gesellschaft, der bei der Auslösung des amerikan. Bürgerkrieges eine entscheidende Rolle spielen sollte, die Versklavung der Afroamerikaner, spiegelte sich sowohl in den »slave narratives« der schwarzen Sklaven als auch im Roman »Onkel Toms Hütte« (1852) von Harriet Beecher Stowe. In der Lyrik waren die »Cambridge poets« bei zeitgenöss. Lesern populär; H. W. Longfellow, O. W. Holmes und J. R. Lowell vermittelten in ihren Gedichten Bildungsgut und europ. Traditionen. Eine eigene amerikan. Lyrik entwickelte sich erst mit den präzisen, introspektiven Gedichten Emily Dickinsons, die allerdings zu deren Lebzeiten unbekannt waren, und mit der Lyrik von W. Whitman, deren befreiende Kraft und sinnl. Bildlichkeit bis heute ihre Wirkung ausüben. Eine neue Form der Prosa, in der realist. und gesellschaftskrit. Elemente überwiegen und die den Dialekt des Südens und die Umgangssprache verwendet, entwickelte M. Twain. Von seinen zahlr. Erzählungen und Romanen wurde v. a. »Die Abenteuer Huckleberry Finns« (1884) weltweit bekannt. Die Gattung Kurzgeschichte (Short Story) entwickelte sich durch das Aufgreifen von Themen des amerikan. Westens weiter. Hauptvertreter dieser Tendenz waren B. Harte und A. Bierce. So, wie M. Twain und Harte Erfahrungen des amerikan. Westens verarbeiteten, betonten auch andere Schriftsteller, oft als »local color writers« bezeichnet, das Spezifische bestimmter Regionen, u. a. Sarah O. Jewett, Mary Eleanor Wilkins Freeman, G. W. Cable und Kate Chopin. Zur beherrschenden Gestalt der neuen realist. Erzählweise wurde zunächst W. D. Howells. H. James entwickelte in zahlreichen, z. T. sehr komplexen Romanen die psycholog. Analyse als Feld realist. Erzählens. Die weiter wachsende Zahl weibl. Autoren, unter ihnen Chopin, erweiterte das Spektrum der a. L. dieser Epoche. Am Ende des 19. Jh. griffen die naturalist. Prosaschriftsteller sozialdarwinist. Gedanken auf und bezogen sich kritisch auf die Folgen der Industrialisierung (H. Garland, S. Crane, F. Norris und J. London).

20. Jahrhundert

Bis zum Ersten Weltkrieg: Die Epoche begann mit der Verschärfung der krit. Auseinandersetzung mit gesellschaftl. Missständen, am direktesten in den (überwiegend journalist.) Werken der »Muckrakers« (u. a. Ida M. Tarbell, L. Steffens, U. Sinclair), auch T. Dreiser führte die Tradition des Realismus in diesem Sinn weiter (»Eine amerikan. Tragödie«, R., 1925). Weibl. Autoren waren an dieser Entwicklung in spezif. Weise beteiligt, u. a. Ellen Glasgow, Edith Wharton und Willa Cather. In der Kurzgeschichte setzten sich psychologisierende Erzählhaltungen durch. Neue Kommunikations- und Sprachformen entwickelten sich zunächst in der Lyrik. E. L. Masters griff in freien Rhythmen die Realität des Kleinstadtalltags auf, C. Sandburg das Lebensgefühl in der Großstadt; E. A. Robinson und R. L. Frost nahmen an der Hinwendung zur Alltagssprache teil. W. C. Williams vertrat diese Poetisierung des Alltäglichen mit besonderer Deutlichkeit. Die Tendenz zu präziser Bildlichkeit prägte die Gedichte von Marianne Moore. Herausragend war auch die Lyrik von W. Stevens, C. Aiken und E. E. Cummings. Der eigentl. Durchbruch der modernen Lyrik ist v. a. mit dem Werk von E. Pound und T. S. Eliot eng verknüpft. Ihre formale Brillanz und subtile Verarbeitung modernen Lebensgefühls begründeten ihren großen Einfluss auf die zeitgenöss. Lyrik. Die Zeitschrift »Poetry« machte ab 1912 die von den Imagisten vertretenen Grundsätze in den USA bekannt.

Zwischen den beiden Weltkriegen: J. Dos Passos entwickelte seine innovative, auch vom Film angeregte Montagetechnik und schuf eine neue Form des realist. Romans, die der Auflösung des bürgerl. Individuums und der Übermacht gesellschaftl. Gegensätze Rechnung tragen sollte (»Manhattan Transfer«, 1925; »USA-Trilogie«, 1930–36). F. S. Fitzgerald verband die histor. Hoffnungen des American Dream mit der Kritik an ihrem Scheitern (»Der große Gatsby«, 1925). S. Lewis stellte die Provinz des Mittleren Westens mit satir. Mitteln dar (»Babbitt«, 1922), während S. Anderson die Kritik an provinziellen Deformationen mit einem spezif. Vitalitätsglauben verband. Die radikalen, innovativen Sprachexperimente von Gertrude Stein wirkten als Anregungen auf andere Autoren. Die Erzählungen und Romane von E. Hemingway wurden bestimmt von der Reinigung der Sprache von Emotionen, die ihm als überholt galten, sowie von der Suche nach individualist. tragfähigen Handlungsprinzipien in einer von Krieg, Sinnlosigkeit und Zerstörung determinierten Welt. Die mythisierte Geschichte des amerikan. Südens wurde in den komplexen Romanen von W. Faulkner zum Raum extremer Verfallserscheinungen. Die in China aufgewachsene Pearl S. Buck gestaltete in ihren Bestsellern mit schlichter Kraft menschl. Schicksale in China. Weltgeltung erlangte das amerikan. Drama mit Werken von E. O'Neill, die Gesellschaftskritik und psycholog. Analyse mit kraftvollen Formexperimenten verbanden. Die Literatur und Kultur der Afroamerikaner hatte einen Höhepunkt in der »Harlem Renaissance« der 1920er-Jahre in New York, die mit ihrer das afrikan. kulturelle Erbe bewusst aufgreifenden und weiterführenden geistigen Haltung weit über Harlem und die 1920er-Jahre hinaus wirkte. Sie zog u. a. Autoren wie C. McKay, L. Hughes und C. Cullen zeitweise an sich. Im Verlauf der Krise von Wirtschaft und Gesellschaft nach 1929 verschärfte sich die Kritik zahlreicher Autoren. Diese Tendenz zeigte sich u. a. in Dramen von C. Odets, in Romanen von J. Steinbeck (»Früchte des Zorns«, 1939) und in Reportagen und Analysen von E. Wilson. T. C. Wolfe griff in epischer Breite die Form des Entwicklungsromans auf. Eine neue Phase afroamerikan. Literatur setzte sich im Werk von R. Wright durch. Humanistisch-konservative Gedanken prägten die Werke von T. Wilder. Angesichts der ökonom. und intellektuellen Krise wurden mit dem »Federal Writers' Project« und dem »Federal Theater Project« erstmals staatl. Förderungsmaßnahmen auch für Schriftsteller ergriffen. Erst mit dem Ende des Zweiten Weltkrieges erzielten die Dramatiker T. Williams und A. Miller öffentl. Wirkung.

Seit dem Zweiten Weltkrieg: In der folgenden Generation von Dramatikern wurde u. a. E. Albee bekannt. Neuere Entwicklungen in diesem Genre zeigen sich u. a. bei J.-C. Van Itallie, A. Kopit, S. Shepard, L. Wilson und R. Wilson. In der nach dem Zweiten Weltkrieg wirksamen Lyrik zeichnen sich neue bekenntnishafte Züge ab, etwa in den Gedichten von R. Lowell, T. Roethke und Sylvia Plath. Anregungen für andere Lyriker kamen auch von den Werken J. Olsons und seinem Konzept des projektiven Gedichts. Der differenzierte Ausdruck subjektiver Erfahrungen prägt die Lyrik von Elizabeth Bishop, J. Dickey, Denise Levertov, J. Berryman und R. Creeley. Teilweise eine Rückkehr zu traditionellen Formen findet sich in der Lyrik von F. Morgan, A. Hecht, D. Wagoner und J. Hollander. Bekannt wurde die Gruppe der New-York-Dichter um F. O'Hara, K. Koch, J. Ashbery u. a. In den Nachkriegsjahren fand sich eine Gruppe von Schriftstellern zusammen, die an Boheme-Traditionen, wie vorher schon H. Miller, anknüpfte, Protestliteratur schrieb und als »Beatgeneration« bekannt wurde. Als einflussreichste Vertreter dieser Gegenkultur gelten der Lyriker A. Ginsberg, der Romanautor J. Kerouac und der Verfasser experimenteller Prosatexte W. S. Burroughs. Das Lebensgefühl einer Jugend, die auf die sterile, prosperierende Entwicklung einer Wohlstandsgesellschaft der Nachkriegsjahre nicht mit Protest, sondern mit Rückzug in die Innerlichkeit und mit Leiden reagierte, findet sich in der Prosa von J. D. Salinger. Carson McCullers schildert in ihrer Prosa einsame und haltlose Menschen, während Mary McCarthy satir. Gesellschaftsanalysen gibt. Die Aufbruchstimmung der 1960er-Jahre äußerte sich nicht überwiegend in literar. Form, findet sich jedoch z. B. in Romanen von K. Kesey und in einigen Beispielen des »New Journalism« bei T. K. Wolfe und H. S. Thompson.

Verstärkt wahrgenommen wurde in den letzten Jahrzehnten die ethn. Vielfalt der amerikan. Kultur. Hauptvertreter der jüdisch-amerikan. Literatur sind I. B. Singer, B. Malamud, S. Bellow, N. Mailer, P. Roth, Cynthia Ozick und C. Potok. Unter der großen Zahl afroamerikan. Autoren sind bes. einflussreich R. W. Ellison, der die Identitätsproblematik der Schwarzen in Amerika literarisch gestaltete; J. Baldwin, der sich eindringlich mit den psych. Folgen der Rassendiskriminierung auseinandersetzte; die revolutionären Autoren der Black-Power-Bewegung LeRoi Jones (seit 1966 Imamu Amiri Baraka), E. Cleaver und der Führer der Black Muslims Malcolm X mit seiner Autobiografie (1964). Größeres Interesse findet mittlerweile auch die Literatur der Amerikaner mexikan. Abstammung (»Chicano«-Literatur) und der indian. Ureinwohner. Immer deutlicher entwickelt sich in der a. L. eine spezif. Perspektive weibl. Autoren, auch im Bereich afroamerikan. Kultur, wie z. B. bei Toni Morrison, Alice Walker, die nicht nur die Rassendiskriminierung in der amerikan. Gesellschaft, sondern auch die Unterdrückung der schwarzen Frauen durch schwarze Männer und das erfolgreiche Aufbegehren schwarzer Frauen thematisiert. Von Bedeutung sind auch die Werke von u. a. Marilyn French, Adrienne Rich, Sylvia Plath, Joan Didion, Susan Sontag, J. C. Oates und Nikki Giovanni.

Seit den 1960er-Jahren tritt die Problematisierung der Zusammenhänge zw. literarischem Werk und gesellschaftl. Realität in den Vordergrund. Dabei werden Elemente des schwarzen Humors, der Science-Fiction, der Massenliteratur, des Journalismus und Formen der Satire, Montage und Collage oft gleichzeitig benutzt, um Modelle der Diskontinuität zu entwerfen. Diese Entwicklung zeichnet sich bereits ab im hoch entwickelten Formbewusstsein der Romane von V. Nabokov sowie in den »Cut-up«-Texten von W. Burroughs. Teil dieser Problematik ist der Versuch von T. Capote und N. Mailer, in einzelnen Werken Tatsachenbeschreibung und Romanerzählung zu einer neuen Romanform zu verschmelzen, dem »Non-Fiction«-Roman. Auch in der Erzählstruktur der Romane von J. Purdy, J. Heller, H. Selby und R. Brautigan finden sich z. T. weit entwickelte Ansätze dieser Problematik. Besonders deutlich ausgeprägt ist diese Tendenz bei einer Reihe von Autoren, für die Schriftsteller (wie J. Barth) und Kritiker den Begriff »Postmodernismus« prägten. Zu ihnen zählen: K. Vonnegut, W. H. Gass, J. Hawkes, S. Elkin, J. Barth, D. Barthelme, W. Abish, R. Coover, P. Auster, J. McInerney, R. Carver, S. Katz, D. DeLillo, Amy Tan, T. Pynchon und Susan Sontag. Entwicklungstraditionen der Südstaaten greifen u. a. Cormac McCarthy sowie die Autorinnen Eudora Welty und Anne Tyler auf. Neben der Literatur, die u. a. auch über ihre Verfilmung ein Massenpublikum erreicht (u. a. Stephen King, M. Crichton, J. Grisham), galten Postmodernismus (W. Gaddis), Frauenliteratur und die Literatur ethn. Minderheiten (u. a. →Indianerliteratur) in den letzten Jahrzehnten als bes. produktive Tendenzen der amerikan. Literatur.

Neuere Entwicklungen eines verstärkten Realismus (»dirty realism«) zeichnen sich ab in den Werken von R. Carver, R. Ford, J. McInerney und B. E. Ellis. Mit realistisch-desillusionierenden und z. T. iron. Gestaltungen der amerikan. Mittelklasse treten Autoren wie J. Franzen oder J. Eugenides hervor.

Bisher erhielten neun amerikan. Schriftsteller den Nobelpreis für Literatur: S. Lewis (1930), E. O'Neill (1936), Pearl S. Buck (1938), W. Faulkner (1949), E. Hemingway (1954), J. Steinbeck (1962), S. Bellow (1976), I. Singer (1978) und Toni Morrison (1993).

amerikanische Musik, im allg. Sprachgebrauch die Musik der Vereinigten Staaten von Amerika. Vor den schriftlich überlieferten Quellen der ersten europ. Einwanderer existierte die Musikausübung der indian. Ureinwohner. Obwohl keine schriftlich fixierten Dokumente erhalten sind, lassen die aufgefundenen Instrumente, die z. T. mit Zeichnungen und Schnitzereien versehen sind, auf einen rituellen Gebrauch von Musik schließen. Eine schriftlich dokumentierte Musikgesch. setzt erst mit dem Gemeindegesang der im 17. Jh. eingewanderten Puritaner ein. Die Texte ihrer Hymnen und Psalmen sind in dem 1640 erschienenen »Bay Psalm Book« enthalten; Melodien finden sich erst in späteren Ausgaben ab 1698. Während der 1. Hälfte des 19. Jh. wurden in den Städten der USA Musikgesellschaften, Chöre und Orchester gegründet (1842 die New Yorker Philharmon. Gesellschaft).

Seit 1800 bildete sich das Negrospiritual und die Minstrelshow (→Minstrel) als eine spezif. US-amerikan. Form heraus. – An klassisch-romant. Traditionen orientierten sich die »Bostoner Klassizisten« (A. Foote, G. Chadwick, E. MacDowell u. a.). Dagegen bezogen die »Amerikanisten« folklorist. Elemente ein, so A. Copland und A. Farwell. Spätromant. Traditionen verpflichtet sind u. a. W. Piston und S. Barber. Zur gemäßigten Moderne zählen u. a. C. T. Griffes, R. Sessions, V. Thomson, W. Schuman und L. Bernstein. Als bedeutendster amerikan. Komponist gilt der universale C. Ives; G. Gershwin ist mit »Porgy and Bess« (1935) Schöpfer der US-amerikan. »Volksoper«. – Als spezif. Form des populären Musiktheaters entwickelte sich in den 1920er-Jahren das →Musical.

Nach 1933 wirkten europ. Komponisten wie A. Schönberg, H. Eisler, P. Hindemith, I. Strawinsky und B. Bartók in den USA und bestärkten bereits bestehende avantgardist. Bestrebungen: u. a. H. D. Cowell, G. Antheil und E. Varèse. Den stärksten Einfluss hatten der Neoklassizismus und Schönbergs Zwölftontechnik, u. a. bei M. Babbitt. Eine Verschmelzung von Jazz und sinfon. Musik strebte u. a. G. Schuller an. Seit Mitte der 1950er-Jahre wirkte J. Cage mit seinen anarchistisch-dadaist. Konzeptionen entscheidend auch auf die europ. Avantgarde. Von ihm beeinflusst sind u. a. L. Hiller (Computerkompositionen), E. Brown, M. Feldman, C. Wolff und F. Rzewski. Zu den Vertretern der Minimal Music gehören T. Riley, La Monte Young, S. Reich und P. Glass.

Entsprechend der wesentlich längeren Gesch. der Frauenemanzipation in den USA im Vergleich zu manchen europ. Ländern ist eine Reihe namhafter Komponistinnen hervorgetreten, u. a. Amy Marcy Beach, Peggy Glanville-Hicks, Pauline Oli, Gloria Coates, Meredith Monk und die Performancekünstlerin Laurie Anderson.

Abgesehen vom Jazz mit seiner relativ eigenständigen Entwicklung wurde der afroamerikan. Blues bes. fruchtbar; städt. Weiterbildungen (Rhythm and Blues) setzten sich seit den 1940er-Jahren zunehmend als Teil der populären Musik durch. Wie in den Rock 'n' Roll seit Mitte der 1950er-Jahre gehen auch in die neuere Rockmusik neben der Countrymusic v. a. des Mittelwestens und Südens immer wieder Elemente afroamerikan. städtischer Musik (Gospel, Soul) ein. In jüngerer Zeit wurde auch die Musik anderer farbiger Minderheiten (Salsa der Puertoricaner) oder exot. Volksmusik in größerem Maße einbezogen. (→lateinamerikanische Musik)

amerikanische Philosophie, nordamerikanische Philosophie, Sammelbegriff für die philosoph. Theorien Nordamerikas, die den dort bestehenden pluralist. Kulturbestand spiegeln. Ein Grundzug der a. P. ist die pragmat. Orientierung, auch wenn in der Frühzeit der →Idealismus noch eine stärkere Rolle spielte.

Im 18. Jh. fanden zunächst calvinistisch-puritan. Gedanken Eingang. Der Übergang zur Aufklärung wurde von Samuel Johnson (*1696, †1772) unter dem Einfluss von G. Berkeley, der 1728–31 in Amerika lebte, und von B. Franklin vollzogen. Die entschei-

Jean Améry

Amethyst
(geschliffen)

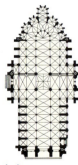

Amiens:
Grundriss der
Kathedrale
Notre-Dame

den Tendenzen dieser Epoche waren die materialist. Metaphysik von J. Priestley, die deistische Religionsphilosophie von T. Paine und der optimist. Humanismus von T. Jefferson. In der Mitte des 19. Jh. entwickelte sich unter dem Einfluss des dt. Idealismus der Neuengland-Transzendentalismus (Frederic Henry Hedge, * 1805, † 1890; R. W. Emerson, H. D. Thoreau).

In der Übergangszeit vom 19. zum 20. Jh. wurde der → Pragmatismus von C. S. Peirce begründet, von W. James zu einer Wahrheitslehre, die theoret. Verifikation und psycholog. Begründung vereint, und von J. Dewey zum Instrumentalismus weiterentwickelt. Der an W. James anknüpfende Neorealismus (Ralph Barton Perry, * 1876, † 1957; William Pepperell Montague, * 1873, † 1953; Edwin Bissell Holt, * 1873, † 1946, u. a.) richtete sich gegen den erkenntnistheoret. Subjektivismus. Als krit. Realisten verstanden sich G. Santayana, Roy Wood Sellars (* 1880, † 1973) und Arthur Oncken Lovejoy (* 1873, † 1962). A. N. Whitehead arbeitete ein spekulatives naturphilosoph. System auf der Grundlage der Mathematik aus.

Beherrschend für die jüngere a. P. sind (neben phänomenolog. Forschungen) die analyt. Philosophie und der log. Positivismus, der durch eingewanderte Repräsentanten des Wiener Kreises (R. Carnap, H. Feigl u. a.) sowie den Polen A. Tarski zur herrschenden Strömung wurde. Diese Richtung sieht ihre Aufgabe v. a. in der wiss. Grundlagenforschung (W. V. O. Quine, N. Goodman, A. Church, Arthur Pap, * 1921, † 1959; R. M. Chisholm).

Der log. Empirismus wurde von der sprachwiss. Analyse abgelöst, die bes. von Max Black (* 1909, † 1988), Norman Adrian Malcolm (* 1911, † 1990), N. Chomsky, J. R. Searle, S. A. Kripke sowie H. Putnam vertreten wird.

Neben der analyt. Philosophie gibt es eine Hinwendung zu den philosoph. Grundlagen und zur europ. Philosophie (Wilfrid S. Sellars, * 1912, † 1989; R. Rorty u. a.). In jüngster Zeit hat R. B. Brandom für einen weit gefassten Begriff des Pragmatismus plädiert (»Vorrang des Praktischen«), der die Hoffnung auf eine Synthese von pragmatist., analyt. und kontinentalen Denktraditionen nährt. – In der theoret. Philosophie wird intensiv an dem Projekt einer systemat. Theorie der Bedeutung gearbeitet (D. Davidson, Brandom u. a.).

Zur Philosophie in Lateinamerika → lateinamerikanische Philosophie.

Amerikanischer Bürgerkrieg, der → Sezessionskrieg.

Amerikanische Revolution, der Prozess der Loslösung der 13 brit. Kolonien in Nordamerika vom Mutterland, der nach dem Unabhängigkeitskrieg (1775–83) zur Gründung der Vereinigten Staaten von Amerika als Bundesstaat führte.

Amerikanisches Mittelmeer, Nebenmeer des Atlant. Ozeans zw. Nord-, Zentral-, Südamerika und den Antillen, besteht aus dem Karib. Meer und dem Golf von Mexiko.

Amerikanisch-Samoa, → Samoainseln.

Amerikanismen, Wörter, Schreibungen und Lautungen, die dem amerikan. Englisch eigen sind oder aus dem amerikan. Englisch in fremde Sprachen übernommen wurden. (→ Anglizismen)

Amerikanistik die, 1) Zweig der Völkerkunde, der sich mit Vorgeschichte, Geschichte, Sprache und Kultur der amerikan. Indianer beschäftigt.

2) die Wiss. von der Gesellschaft, Sprache und Literatur der USA.

Amersfoort, Stadt in der Prov. Utrecht, Niederlande, Mittelpunkt des Gelderse Vallei, 120 500 Ew.; Elektro-, Fahrzeug-, Maschinenbau-, chem., Textil-, Nahrungs- und Genussmittelindustrie. – Mittelalterl. Umwallung, got. Kirchen.

Amery, Carl, eigtl. Christian Anton **Mayer,** Schriftsteller, * München 9. 4. 1922, † ebd. 24. 5. 2005; schrieb zeitkrit. Romane und Essays, widmete sich seit den 1970er-Jahren v. a. Umweltproblemen.

Améry [ameˈri], Jean, eigtl. Hans **Mayer,** österr. Schriftsteller, * Wien 31. 10. 1912, † (Selbsttötung) Salzburg 17. 10. 1978; emigrierte 1938 nach Belgien, war 1943–45 im KZ, lebte dann in Brüssel; schrieb autobiografisch geprägte Essays um existenzielle Probleme, so »Jenseits von Schuld und Sühne« (1966), »Über das Altern« (1968), »Unmeisterl. Wanderjahre« (1971), »Hand an sich legen« (1976), »Weiterleben, aber wie?« (hg. 1982) und Literaturkritiken.

Amethyst [griech. amethystos »nicht trunken« (der Stein sollte vor Trunkenheit schützen)] der, Mineral, violette bis purpurrote Schmucksteinvarietät des Quarzes.

Ametropie [griech.] die, **Fehlsichtigkeit,** → Brechungsfehler des Auges.

AMEXCO, Abk. für → **A**merican **Ex**press **Co**mpany.

Amfortas, Anfortas, im → Parzival von Wolfram von Eschenbach der König des Grals.

Amhara, hamit. Volk im Hochland von Äthiopien, um den Tanasee, etwa 18 Mio. Menschen, früher staatstragendes Volk in Äthiopien. Die A. gehören der äthiop. Kirche an. **Amharisch** ist Amtssprache in Äthiopien.

Amicis [aˈmiːtʃis], Edmondo De A., ital. Schriftsteller, → De Amicis.

Amida, jap. Form für → Amitabha.

Amide [lat.], 1) **Säureamide,** Verbindungen, die sich aus Säuren durch Ersatz der Hydroxylgruppe ($-OH$) durch die Aminogruppe ($-NH_2$) oder substituierte Aminogruppen ($-NH-R$, $-NR_2$) ableiten.

2) **Metallamide,** Abkömmlinge des Ammoniaks, in denen ein Wasserstoffatom durch ein Metallatom ersetzt ist.

Amiens [aˈmjɛ̃], Hptst. des Dép. Somme und der Region Picardie, Frankreich, 136 200 Ew., wichtigster Eisenbahnknotenpunkt N-Frankreichs, in einer fruchtbaren Ebene an der Somme; Univ. (seit 1964); Apparatebau, chem., Reifen-, Schuh-, Metall verarbeitende, Nahrungsmittel- und Textilindustrie. – Die Kathedrale Notre-Dame (1220 begonnen; UNESCO-Weltkulturerbe) ist ein Meisterwerk der Gotik; Basilika mit dreischiffigem Lang- und Querhaus, fünfschiffigem Kapellenumgangschor, reich geschmückter W-Seite mit Turmstümpfen. – A., das röm. **Ambianum (Samarobriva),** kam 1185 an die frz. Krone. Der **Friede von A.** (27. 3. 1802) zw. Großbritannien und Frankreich beendete den 2. Koalitionskrieg (→ Französische Revolutionskriege).

Amiet [ˈamiɛt], Cuno, schweizer. Maler, * Solothurn 28. 3. 1868, † Oschwand (Kt. Bern) 6. 7. 1961; Mitgl. der Künstlergemeinschaft »Die Brücke«; malte Landschaften, figurale Kompositionen und Porträts in kraftvollen Farben.

Amimie [griech.-lat.] die, Verlust der mim. Ausdrucksfähigkeit. Das Gesicht wirkt durch starre Mimik maskenartig (»Maskengesicht«); Vorkommen z. B. bei Parkinson-Krankheit.

Amiens: Westfassade der Kathedrale Notre-Dame (1220 begonnen)

Amin Dada, Idi, ugand. General, * in NW-Uganda 1925 (?), † Djidda 16. 8. 2003; seit 1966 Oberbefehlshaber der Armee, wurde 1971 durch Militärputsch Staatspräs. und errichtete eine Terrorherrschaft; 1979 gestürzt, floh nach Saudi-Arabien.

Amine, organ. Basen, abgeleitet vom Ammoniak, dessen Wasserstoffatome durch Alkyl- (aliphat. A.) oder Arylgruppen (aromat. A.) ersetzt sind. Nach der Zahl der ersetzten H-Atome unterscheidet man primäre, sekundäre und tertiäre Amine.

Aminobenzol, das → Anilin.

Aminoglykoside, Antibiotikagruppe mit breitem Wirkungsspektrum, die als gemeinsamen Bestandteil Streptamin oder Streptaminderivate enthält; zu den A. zählen Streptomycin, die Neomycin- sowie die Kanamycin-Gentamicin-Gruppe.

Aminophenole, die drei isomeren Aminoderivate des Phenols (2-, 3- und 4-A.; die Nummerierung zeigt die Stellung der Aminogruppe zur OH-Gruppe an); Verwendung: Farbstoffsynthese, Entwicklersubstanzen, Pharmazeutika, Antioxidanzien.

Aminoplaste, härtbare Kunstharze und Pressmassen auf der Grundlage z. B. von Formaldehyd mit Harnstoff (Harnstoffharze), Melamin (Melaminharze) oder anderer organ. Verbindungen mit Aminogruppen.

Aminopropionsäure, das → Alanin.

Aminosalicylsäure, para-A., Abk. **PAS,** Arzneimittel, das hoch dosiert die Vermehrung von Tuberkelbakterien hemmt.

Aminosäuredatierung, Racematmethode, Verfahren zur numer. (absoluten) Altersbestimmung von fossilen Knochen und Zähnen, das die → optische Aktivität von Aminosäuren ausnutzt. Im lebenden Organismus kommt i.d.R. nur die linksdrehende L-Form der Aminosäuren vor, die sich nach dem Absterben in die rechtsdrehende D-Form umwandelt, bis ein Gleichgewicht (Racemat) erreicht ist. Daher kann aus dem Verhältnis von L- und D-Form das Alter der fossilen Funde bestimmt werden. Hierbei sind Datierungen über Zeitspannen von einigen Tsd. Jahren bis wenigen Mio. Jahren möglich.

Aminosäuren, Carbonsäuren mit einer oder mehreren Aminogruppen (−NH$_2$). Die einfachste A. ist die **Aminoessigsäure** (Glycin). Aus ihr leitet sich durch Ersatz des einen H-Atoms der CH$_2$-Gruppe eine Reihe von A. ab. Proteine sind Polypeptide mit sehr vielen A.-Bausteinen, die in bestimmter Reihenfolge (Sequenz) verknüpft sind. Einige A. sind lebensnotwendig (**essenzielle A.**), beim Menschen z. B. Lysin, Methionin und Threonin; da diese nicht im Körper synthetisiert werden können, müssen sie im Gegensatz zu den **nicht essenziellen A.** mit der Nahrung zugeführt werden.

Amis ['eɪmɪs], **1)** Sir (ab 1990) Kingsley, engl. Schriftsteller, * London 16. 4. 1922, † ebd. 22. 10. 1995, Vater von 2); gehörte zum Umfeld der »Angry Young Men«, schrieb kritisch-humorvolle Romane, so u. a. »Glück für Jim« (1954), »Die Falle am Fluß« (1973), »You can't do both« (1994).
2) Martin, engl. Schriftsteller, * Oxford 25. 8. 1949; Sohn von 1); schreibt in der Tradition der Gothic Novel postmoderne, satir. Romane über die Identitätssuche in einer Zeit verfallender Ideale, so u. a. »Gierig« (1984) oder »Yellow dog« (2003). 2000 erschien seine Autobiografie »Die Hauptsachen«.

Amische, engl. **Amish,** Gruppe der Mennoniten, die sich 1693 von diesen trennte und v. a. nach Pennsylvania auswanderte. Die A. haben Lebensart (u. a. die Kleidung) und Sprache (Pennsylvania Dutch) ihrer Vorfahren bewahrt, verzichten bewusst auf techn. Errungenschaften und führen ein einfaches Leben, überwiegend als Farmer. Heute leben rd. 40 000 A. in den USA und in Kanada.

Amitabha [Sanskrit »von unermessl. Licht«], chin. **Amituo,** jap. **Amida,** im Mahayana- und Vajrayana-Buddhismus die himml. Entsprechung des histor. Buddha; nimmt die ihm gläubig Ergebenen nach dem Tod in sein Reich, das Paradies Sukhavati, auf. – Im tibet. Buddhismus gilt der Pantschen-Lama als Inkarnation des Buddha-Amitabha.

CH$_3$−NH$_2$
Methylamin

CH$_3$−NH−CH$_3$
Dimethylamin

N(CH$_3$)$_3$
Trimethylamin
Amine

Aminosäuren (allgemeine Formel)

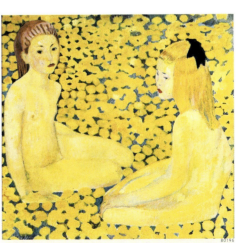

Cuno Amiet: Die gelben Mädchen (1931; Bern, Kunstmuseum)

Bartolomeo Ammanati: »Faun«, Detail vom Neptunbrunnen auf der Piazza della Signoria in Florenz (vollendet 1575)

Amitose [griech.] *die, Biologie:* Form der →Kernteilung.

Amman, Hptst. von Jordanien, im jordan. Bergland im N des Landes, 1,3 Mio. Ew. (Agglomeration: 2 Mio. Ew.); im Wadi A. und einem Nebental das ältere Geschäftsviertel, auf den Höhen weit ausgedehnt moderne Wohnquartiere, Geschäfts- und Regierungsviertel; Univ. (gegr. 1962), Nationalmuseum; Leichtindustrie am südl. Stadtrand; Verkehrsknotenpunkt, an der Hidjasbahn, Flughafen. – Gut erhaltenes röm. Amphitheater. – A. war als **Rabbath Ammon** Hptst. der Ammoniter; seit hellenist. Zeit **Philadelphia** genannt; nach röm. Herrschaft seit 635 arabisch; wurde 1948 Hptst. des neu gegr. Königreichs Jordanien.

Amman, Ammann, Jost, Zeichner für den Holzschnitt und Kupferstecher, getauft Zürich 13. 6. 1539, begraben Nürnberg 17. 3. 1591; schuf ebd. zahlreiche Holzschnitte aus dem Leben seiner Zeit (u. a. Ständebuch von 1568).

Ammanati, Bartolomeo di Antonio, ital. Baumeister und Bildhauer, * Settignano 18. 6. 1511, † Florenz 13. 4. 1592; ein Hauptmeister des Manierismus, tätig in Florenz: Neptunbrunnen (um 1560–75), Ausbau des Palazzo Pitti (1560 ff.), Ponte della Trinità (1567–70).

Ammann, in der Schweiz Bezirks- oder Gemeindevorsteher. **Land-A.,** in einigen Schweizer Kantonen Bez. für den Regierungsvorsitzenden.

Ammassalik, Ort in Grönland, →Angmagssalik.

Amme, Frau, die einen fremden Säugling stillt.

Ammenzeugung, Generationswechsel bei Salpen (Gruppe der Manteltiere) mit regelmäßigem Wechsel einer geschlechtl. Generation und einer ungeschlechtlich sprossenden, deren Nachkommen **Ammen** heißen.

Ammer *die,* linker Nebenfluss der Isar, 170 km, entspringt an der Kreuzspitze im A.-Gebirge, durchfließt den A.-See, danach **Amper** genannt, mündet bei Moosburg.

Ammerland, 1) Landschaft in Ndsachs., nordwestlich von Oldenburg, im S das Zwischenahner Meer; Viehzucht, Baumschulen (Rhododendronkulturen).

2) Landkreis in Ndsachs., 728 km^2, 116 300 Ew.; Krst. ist Westerstede.

Ammern, Emberizidae, mit den Finken nahe verwandte, vorwiegend in Europa heim. Familie der Sperlingsvögel mit kräftigem Schnabel: z. B. **Goldammer** (Emberiza citrinella), Männchen zitronengelb und rostbraun, **Ortolan** (Emberiza hortulana), rostrot und graugrün (Bestände »stark gefährdet«) und die im Sumpfland lebende, 15 cm große **Rohrammer** (Emberiza schoeniclus).

Ammersee, See in Oberbayern, 531 m ü. M., 46,6 km^2, bis 81 m tief (Zungenbecken eines eiszeitl. Gletschers), von der Ammer durchflossen; Fremdenverkehr.

Ammianus Marcellinus, röm. Geschichtsschreiber, * Antiochia am Orontes um 330, † um 395; schrieb Ende des 4. Jh. eine Geschichte des Röm. Reiches von 96 n. Chr. bis 378 in 31 Büchern, von denen die ersten 96 (bis zum Jahre 352) nicht erhalten sind.

Ammon, der ägypt. Gott →Amun.

Ammon-Gelite, handhabungssichere, wasserbeständige Sprengstoffe aus Ammoniumnitrat und Nitroglykol.

Ammoniak [lat. sal ammoniacum »Salmiak«] *das,* NH_3, farbloses Gas von stechendem Geruch, wird bei 800–900 kPa Druck bei 20° C flüssig (Dichte 0,682 g/cm^3 bei 0° C) und kommt so, in Stahlflaschen komprimiert oder als 35 %ige wässrige Lösung in den Handel. A. entsteht bei der Zersetzung organ. Stickstoffverbindungen. In Wasser leicht löslich; die als **Salmiakgeist** bezeichnete Lösung enthält etwa 10 % Ammoniak. 70 % der Weltproduktion an A. stellt man aus Luftstickstoff her (Haber-Bosch-Verfahren); Verarbeitung u. a. zu Düngemitteln, Salpetersäure, Harnstoff, Chemiefasern, Sulfonamiden; Verwendung als Kühlmittel. **Ammoniakate (Amminsalze)** sind Komplexe des A. mit Metallsalzen.

Ammoniakvergiftung, entsteht durch Einatmen von Ammoniak (Erstickungsanfälle, Lungenödem u. a.), ferner durch Trinken von Ammoniaklösung (Salmiakgeist), äußert sich wie eine →Laugenvergiftung.

Ammonion, im Altertum Name der ägypt. Oase →Siwa in der Libyschen Wüste.

Ammonite, pulverförmige Gesteinssprengstoffe aus Ammoniumnitrat und aromat. Nitroverbindungen.

Ammoniten [griech., nach dem ägypt. Gott Ammon = Amun, der u. a. mit Widderhörnern dargestellt wurde], **Ammonshörner,** am Ende des Erd-MA. ausgestorbene marine Kopffüßer. Ihre Kalkschalen waren meist zu einer Spirale gerollt, Schalendurchmesser 5 mm bis 2 m; wichtige Leitfossilien.

Ammoniter, A. T.: semit. Volk, das nach 1200 v. Chr. im Ostjordanland sesshaft wurde; mit den Israeliten nahe verwandt, aber häufig verfeindet.

Ammonium *das,* Kurzform **Ammon,** die frei nicht auftretende Atomgruppe NH_4, die in Verbindungen (A.-Salze) die Stelle eines einwertigen Metalls vertritt. A.-Salze sind wichtige Düngemittel.

Ammoniumcarbonat, Hirschhornsalz, $(NH_4)_2CO_3$, weißes Salz; entsteht z. B. durch Einleiten von Kohlendioxid in Ammoniakwasser. A. zerfällt bei 58° C in seine Bestandteile. Verwendung als Treibmittel für Backwarenteige, Beize, für Katalysatoren, Schaumstoffe u. a.

Ammoniumchlorid, der →Salmiak.

Ammoniumnitrat, NH_4NO_3, farbloses, gut kristallisierendes, an feuchter Luft zerfließendes Salz; mit kohlenstoffhaltigen Substanzen gemischt, ergibt es Sicherheitssprengstoffe, mit Kaliumchlorid Düngemittel.

Ammoniumsulfat, $(NH_4)_2SO_4$, durch Einleiten von Ammoniak in 80 %ige Schwefelsäure oder durch Umsetzung von Ammoniak, Kohlendioxid und Wasser mit Gips hergestelltes Salz; wichtiges Düngemittel.

Ammonolyse *die,* der Hydrolyse analoge Reaktion einer chem. Verbindung mit Ammoniak.

Ammonshörner, die →Ammoniten.

Ammern: Rohrammer (Männchen)

Amnesie [griech.] *die,* zeitlich begrenzte Erinnerungslücke, →Gedächtnisstörungen.

Amnestie [griech. »das Vergessen«] *die,* Straferlass für eine unbekannte Zahl von Fällen (im Unterschied zur →Begnadigung), entweder durch Erlass bereits rechtskräftig verhängter Strafen oder durch Einstellen der Strafverfolgung oder anhängiger Verfahren bei bestimmten strafrelevanten Handlungen. In Dtl. kann A. nur durch Gesetz gewährt werden (Straffreiheits-Ges.). Die Niederschlagung eines einzelnen schwebenden Verfahrens (→Abolition) ist unzulässig. In *Österreich* und der *Schweiz* erfolgt die A. ebenfalls durch ein Bundesgesetz.

Amnesty International [ˈæmnəstɪ ɪntəˈnæʃnl, engl.], Abk. **ai** oder **AI,** internat. Organisation, gegr. 1961; betreut Menschen, die aus polit., weltanschaul. oder rass. Gründen in Haft sind; setzt sich für die Einhaltung der Menschenrechte, für ordentl. Prozesse, Strafmilderung und Freilassung, gegen Todesstrafe und Folter ein. Internat. Sekretariat: London; Sektion Dtl.: Bonn. – Friedensnobelpreis.

Amnion [griech.] *das,* **Schafshaut,** die innerste der Embryonalhüllen, →Mutterkuchen.

Amnioskopie [griech.] *die,* nur noch selten durchgeführte Untersuchung zur endoskop. Besichtigung des Fruchtwassers (Fruchtwasserspiegelung) durch die Eihäute hindurch (→Fruchtwasserdiagnostik).

Amnioten, Wirbeltiere (Reptilien, Vögel, Säugetiere), die im Unterschied zu den →Anamniern in der Embryonalentwicklung ein Amnion (Hülle) bilden.

Amniozentese [griech.] *die,* Punktion der Fruchtblase, →Schwangerschaftsuntersuchungen.

Amöben [griech. »Veränderliche«], **Wechseltierchen,** einzellige Wurzelfüßer ohne feste Körperform, die lappige Scheinfüßchen (Pseudopodien) ausfließen lassen, sich so fortbewegen (**amöboide Bewegung**) und Nahrung aufnehmen; Fortpflanzung meist durch Zweiteilung. Die meisten Süßwasserarten sind nackt, einige beschalt. Manche A. leben als Parasiten, z. B. **Entamoeba histolytica,** der Erreger der mit schleimig-blutigen Durchfällen einhergehenden A.-Ruhr (Amöbiasis).

Amok [malaiisch »Wut«] *der,* **Amoklaufen,** eine plötzl. Geistesgestörtheit mit stark aggressivem Bewegungsdrang; kann beim Befallenen wutartige, wahllose Zerstörungs- oder Tötungsversuche auslösen; zuerst bei malaiischen Eingeborenen beobachtet.

Amon, der ägypt. Gott →Amun.

Amöneburg, Stadt im Landkreis Marburg-Biedenkopf, Hessen, 365 m ü. M., 5 300 Ew.; auf einem Basaltkegel im fruchtbaren **Amöneburger Becken,** Basaltbrüche. – 721 gründete Bonifatius hier das erste hess. Kloster; Burgruine (13./14. Jahrhundert).

Amor [lat.], der röm. Liebesgott, dem griech. →Eros entsprechend; »A. und Psyche«, Erzählung des röm. Schriftstellers →Apuleius.

Amoralismus [lat.] *der,* **Immoralismus, Antimoralismus,** Lebensanschauung, die allg. die Gültigkeit moral. Gesetze oder der herrschenden Moral leugnet (z. B. F. W. Nietzsche).

Amorbach, Stadt im Landkreis Miltenberg, Bayern, Luftkurort im Odenwald, 168 m ü. M., 4 100 Ew.; Fremdenverkehr. – Die ehem. Benediktinerabtei (gegr. 734) ist seit 1803 Besitz der Grafen von Leiningen (Bibliothek, Grüner Saal). Die ehem. Klosterkirche ist ev. Pfarrkirche (Neubau 1742–47; Barockorgel aus der Werkstatt der Brüder Stumm); kath. Gangolfskirche (1752–54). In der Umgebung von A. die Wallfahrtskapelle Amorsbrunn, die Ruine **Wildenberg** und Schloss Waldleiningen.

Amorette [ital.] *die,* kleiner Liebesgott; geflügelte Kindergestalt, Putte.

Amorgos, griech. Kykladeninsel, 121 km², bis 781 m hoch, 1 700 Ew.; Bauxitvorkommen. Hauptort: Amorgos; an der O-Küste die fünfstöckige Klosterfestung Chossoviotissa (11. Jahrhundert).

Amoriter, Amurru, 1) nach 2000 v. Chr. über N-Syrien nach Mesopotamien eingedrungene semit. Nomaden.

2) kanaanäischer Kleinstaat in Syrien-Palästina (etwa 1350–1200 v. Chr.).

amoroso [ital. »verliebt«], *Musik:* zärtlich, innig.

amorph [griech.], form-, gestaltlos; a. heißen Festkörper, deren Moleküle nicht als Kristallgitter regelmäßig angeordnet sind (z. B. Gläser, Harze und Opal).

Amortisation [lat.] *die,* 1) (planmäßige) langfristige Tilgung einer Schuld, bes. von Anleihen und Hypotheken.

2) Rückfluss des investierten Kapitals durch Verkaufserlöse.

3) ratenweise Herabsetzung des Grund- oder Stammkapitals bei Kapitalgesellschaften durch planmäßige Einziehung und Löschung der Aktien (AG) oder der Geschäftsanteile (GmbH).

Amortisationsanleihe, →Tilgungsanleihe.

Amos, judäischer Prophet, trat unter Jerobeam II. in Israel auf, geißelte die sozialen Missstände und den veräußerlichten Gottesdienst im Lande und sagte ein Strafgericht Gottes über Israel voraus.

Amosis, ägypt. **Ahmose, 1) A. I.,** ägypt. König (um 1550–1525 v. Chr.) der 18. Dynastie; beendete den Befreiungskampf gegen die Fremdherrschaft der Hyksos und galt daher später als Begründer des Neuen Reiches.

Amnesty International (Sektion Deutschland)

Amöben (von oben): Süßwasseramöbe (Amoeba proteus) mit V Vakuole, Z Zellkern, N Nahrungseinschluss und rechts Scheinfüßchen, die eine Alge umfließen; Difflugia (beschalte Amöbe)

Amorbach: Innenraum der ehemaligen Klosterkirche (1742–47)

Amphibien: links Wechselkröte (Bufo viridis, Froschlurch); rechts Feuersalamander (Salamandra salamandra, Schwanzlurch).

2) A. II., der König →Amasis.

Amo**y,** Stadt in China, →Xiamen.

Ampel [von lat. ampulla »kleine Flasche«], **1)** schalenförmige Hängeleuchte.

2) Verkehrsampel, Gerät zur Verkehrsregelung durch Lichtzeichen. (→Verkehrszeichen).

Ampelografie [griech. ámpelos »Weinstock«] *die,* Rebsortenkunde.

Amper *die,* Unterlauf der →Ammer.

Ampere [am'pɛːr; nach A. M. Ampère] *das,* Einheitenzeichen **A**, SI-Basiseinheit der elektr. Stromstärke. Das A. ist die Stärke eines konstanten elektr. Stroms, der zw. zwei parallelen, geradlinigen, unendlich langen Leitern, die im Vakuum im Abstand von 1 m angeordnet sind, eine Kraft von $2 \cdot 10^{-7}$ Newton je Meter Leiterlänge ausüben würde.

Ampère [ã'pɛːr], André Marie, frz. Physiker und Mathematiker, *Lyon 22. 1. 1775, †Marseille 10. 6. 1836; entdeckte Anziehung, Abstoßung und magnet. Wirkung elektr. Ströme, erklärte den Magnetismus durch Molekularströme und stellte die erste mathematisch fundierte elektrodynam. Theorie auf (1827 erschienen).

Amperemeter [ampɛːr-], *der* →Strommesser.

ampèresche Regel [ã'pɛːr-], Regel zur Richtungsbestimmung des von einem elektr. Strom auf eine Magnetnadel ausgeübten Drehmoments: Bewegt sich ein Schwimmer in Stromrichtung und blickt zur Magnetnadel, so bewegt sich deren Nordpol in Richtung des ausgestreckten Armes. (→Handregeln)

ampèresches Gesetz [ã'pɛːr-], elementares, von A. M. Ampère 1820 formuliertes Gesetz der Elektrodynamik: Parallele und gleich gerichtete elektr. Ströme ziehen sich an, parallele, aber entgegengesetzt gerichtete Ströme stoßen sich ab.

ampèresches Verkettungsgesetz [ã'pɛːr-], *Elektrodynamik:* →Durchflutung.

Ampere|sekunde [am'pɛːr-], Einheitenzeichen **As** oder **A · s**, das →Coulomb.

Ampere|stunde [am'pɛːr-], Einheitenzeichen **Ah** oder **A · h**, SI-fremde Einheit der Elektrizitätsmenge, 1 Ah = 3 600 As.

Ampex®-Verfahren, →magnetische Bildaufzeichnung.

Ampezzo, Valle d'A., Tallandschaft des Boite in den östl. Dolomiten, Venetien, Italien; Alm- und Holzwirtschaft, Fremdenverkehr; Hauptort ist Cortina d'Ampezzo (Wintersportgebiet).

Ampfer [ahd. amphāro »sauer«], **Rumex,** Gattung der Knöterichgewächse mit meist unscheinbaren Blüten; z. T. als Wildgemüse verwendet, z. B. der oxalsäurehaltige **Wiesensauerampfer** (Rumex acetosa). Der Garten-A. (Rumex patientia) wird als Blattgemüse (Ewiger Spinat) angebaut.

Amphetamin *das,* Stoff aus der Gruppe der →Weckamine.

amphi... [griech.], Wortbildungselement mit der Bedeutung doppel..., beid..., zwei...; herum, ringsum.

Amphibien [griech. »doppellebig«], **Lurche,** Amphibia, Klasse wechselwarmer, knapp 1 cm bis (maximal) 1,5 m langer, fast weltweit verbreiteter Wirbeltiere mit rund 6 000 rezenten Arten in den Ordnungen →Blindwühlen, →Schwanzlurche und →Froschlurche. Körper lang gestreckt bis plump; Haut nackt, drüsenreich, nicht selten bunt gefärbt; meist vier Gliedmaßen; Schwanz lang bis vollkommen rückgebildet; Herz ohne Trennwand; bei erwachsenen Tieren ist ein Lungenkreislauf ausgebildet. Die A. leben überwiegend in feuchten Biotopen, wobei sich die Ei- und Larvenentwicklung sowie die Begattung fast stets im Wasser vollziehen. Manche Arten treiben Brutpflege, einige sind lebend gebärend. Die Larven haben innere oder äußere Kiemen.

Amphibi|enfahrzeug, schwimm- oder tauchfähiges Landfahrzeug, an Land auf Rädern oder Ketten,

André Marie Ampère

Amphitheater: dreigeschossiges römisches Amphitheater in El-Djem (Anfang 3. Jh.)

im Wasser durch Schiffsschraube angetrieben; Lenkung mit Rädern oder Hilfsrudern. Das erste A. wurde 1934 konstruiert.

Amphibi|enflugzeug, Wasserflugzeug mit ausfahrbarem Fahrgestell; kann daher auch an Land starten und landen.

amphibisch, im Wasser und auf dem Land lebend.

Amphibole [griech.], wichtige gesteinsbildende Calcium-Magnesium- oder Natrium-Magnesium-Silikatminerale (mit oder ohne Aluminium- oder Eisenanteil), meist monoklin, selten rhombisch. Der grüne Strahlstein (**Aktinolith**) kommt auch feinfaserig als **Hornblendeasbest** oder als harter, zäher **Nephrit** vor. Eisenreich und daher dunkelgrün bis schwarz ist die **Hornblende**.

Amphibolie [griech.] *die*, Doppel-, Mehrdeutigkeit.

Amphibolit [griech.] *der*, vorwiegend aus Plagioklas und Hornblende bestehendes metamorphes Gestein.

Amphiktyonie [griech.] *die*, bes. im antiken Griechenland der kultisch-polit. Verband der **Amphiktyonen** (»Umwohner«) eines großen Heiligtums zu dessen Schutz und zum gemeinsamen Begehen der Feste. Am bekanntesten sind die A. von Delphi und Delos.

Amphineura [griech.], die →Urmollusken.

Amphiprostylos [griech.] *der*, Tempel mit offener, viersäuliger Vor- und Rückhalle.

Amphissa, Amfissa, Stadt in Griechenland unweit Delphi, 7 200 Ew.; Zentrum des Olivenanbaus, Bauxitgruben. – Im Altertum die bedeutendste Stadt der westl. Lokrer; 338 v. Chr. durch Philipp II. von Makedonien zerstört.

Amphitheater [griech.], antikes Theater mit ellipt. Arena und ringsumher stufenweise ansteigenden Sitzreihen; v. a. von den Römern für sportl. Wettkämpfe, Tierhetzen und Gladiatorenkämpfe genutzt. Das älteste erhaltene A. befindet sich in Pompeji, das gewaltigste und vollendetste ist das →Kolosseum in Rom.

Amphitrite, *griech. Mythologie:* die Tochter des Meergottes Nereus oder des Okeanos, Gemahlin des Poseidon und Königin des Meeres.

Amphitryon, *griech. Mythologie:* König von Tiryns, Gemahl der Alkmene. Diese wurde durch Zeus (in A.s Gestalt) Mutter des Herakles. – Der A.-Stoff wurde u. a. von Plautus, Molière, H. von Kleist, G. Kaiser, J. Giraudoux, P. Hacks dramatisiert.

Ampholyt [griech.] *der*, Molekül oder Ion mit sowohl saurer als auch bas. hydrophiler Gruppe, das nach der →Säure-Base-Theorie je nach Versuchsbedingungen als Säure oder als Base reagieren kann.

Amphora [griech.] *die*, **Amphore,** in der Antike ein bauchiger Tonkrug mit engem Hals und zwei Henkeln; bes. für Wein, Öl.

amphoter [griech. amphóteros »zu beiden Seiten gehörig«], *Chemie:* Bez. für die Fähigkeit von Verbindungen, Wasserstoffionen (H^+) sowohl aufnehmen als auch abgeben zu können und sich daher stärkeren Säuren gegenüber wie eine Base, stärkeren Basen gegenüber wie eine Säure zu verhalten.

Amplifier [ˈæmplɪfaɪə, engl.] *der*, engl. für →Verstärker.

Amplifikation [lat.] *die*, **1)** *Psychotherapie:* nach C. G. Jung die Anreicherung von Trauminhalten (z. B. durch persönl. Erfahrungen, religiöse Sinnbilder, Ana-

Amphora: ostgriechische Halsamphora, im Stil der Fikelluravasen an Hals und Fuß friesartig, im Mittelfeld mit tanzenden Einzelfiguren bemalt (Mitte des 6. Jh. v. Chr.; Altenburg, Lindenau-Museum)

logien aus Mythen und Sagen) im Gespräch zw. Arzt und Patient.

2) *Rhetorik:* kunstvolle Ausweitung einer Aussage; Ausschmückung.

Amplikon [lat.] *das*, ein Nukleinsäureabschnitt, der in vivo oder in vitro selektiv vervielfältigt wird.

Amplitude [lat. »Weite«] *die*, **Schwingungsweite,** der größte Wert einer sich periodisch ändernden Größe innerhalb einer Periode. (→Schwingung)

Amplitudengang, →Frequenzgang.

Amplitudenmodulation, *Nachrichtentechnik:* →Modulation.

Ampulle [lat. ampulla »kleine Flasche«] *die*, **1)** *Anatomie:* eine Erweiterung oder Ausbuchtung eines Hohlorgans, z. B. des Mastdarms.

2) *Pharmazie:* zugeschmolzenes Glasfläschchen mit leicht abzubrechender Spitze für sterile Injektionslösungen.

Amputation [lat.] *die*, chirurg. Abtrennen eines endständigen Körperteils.

Amrit, Ruinenstätte des antiken **Marathos** an der syr. Mittelmeerküste bei Tartus, u. a. mit Quellheiligtum und in den Fels gehauenen Schachtkammergräbern aus spätphönik. Zeit (5./4. Jh. v. Chr.) sowie einem Stadion aus hellenist. Zeit (3./2. Jh. v. Chr.).

Amritsar, Stadt im Bundesstaat Punjab, Indien, 976 000 Ew.; Univ.; Handel, Kunsthandwerk und Ind. (Chemie, Textilien, Glas, Stahl); internat. Flughafen. – Der inmitten eines heiligen Sees gelegene »Goldene Tempel« ist das Haupheiligtum der Sikhs.

Amrum, nordfries. Nordseeinsel vor der W-Küste Schlesw.-Holst., 20,5 km^2, 2 300 Ew.; Badeorte: Wittdün, Nebel und Norddorf.

Amsel, Schwarzdrossel, Turdus merula, bis 25 cm langer Singvogel der Familie Drosseln; Männchen schwarz mit gelbem Schnabel, Weibchen und flügge Junge braun mit hellerer Kehle.

Amsel: Amselmännchen beim Füttern der Jungen

Amsterdam: Grachtenhäuser, teilweise mit Seilzugvorrichtung am Giebel

Amsterdam
Stadtwappen

Amselfeld, serb. **Kosovo polje,** Hochbecken in der Prov. Kosovo, im SW von Serbien, rd. 70 km lang, bis 15 km breit; Braunkohleabbau, fruchtbares Agrargebiet (u. a. Weinbau); städt. Zentrum ist Priština. – Auf dem A. siegten die Türken unter Murad I. am 28. 6. (Vidovdan) 1389 über die Serben, unter Murad II. am 19. 10. 1448 über die Ungarn.

Amstel die, kanalisierter Fluss in den Prov. Süd- und Nordholland, Niederlande, fließt durch Amsterdam zum IJ.

Amsterdam, Hptst. der Niederlande, in der Prov. Nordholland, an der Mündung der Amstel in das →IJ, durch den Nordseekanal mit dem Meer, durch den A.-Rhein-Kanal mit dem Hinterland verbunden, 718 100 Ew. A. ist ein kultureller Mittelpunkt der Niederlande (zahlr. Museen, zwei Univ., Akademie der Wiss.en, Akademie der Künste, Tropeninst., Tropenmuseum), ein bed. Handels- und Stapelplatz bes. für Tabak, Kaffee, Kakao, Chinarinde, Hölzer, Reis, Getreide, Kautschuk, Kohle, Erdöl mit Börse. Wichtiger ist heute die Ind.: chem. Werke, Büromaschinen- und Maschinenbau, Metallind., Flugzeug- und Fahrzeugbau, elektrotechn. Ind., Druckereien, Diamantschleiferei; bed. See- und Binnenhafen, internat. Großflughafen Schiphol.

Stadtbild: Mittelpunkt der von Kanälen (Grachten) durchzogenen, auf Pfählen erbauten Altstadt ist der »Dam« mit dem Königl. Palast, früher Rathaus (17. Jh.). Die Befestigungsanlagen der Stadt sind UNESCO-Weltkulturerbe. Bemerkenswert sind ferner die Kirchen Oude Kerk (14., 16. Jh.) und Nieuwe Kerk (Ende 14. Jh. begonnen) sowie eine Fülle wertvoller Profanbauten, u. a. das Rembrandthaus und das Trippenhuis (17. Jh.); geschlossene histor. Bebauung mit zahlr. schönen Bürgerhäusern an der Herengracht, Keizersgracht und der Prinsengracht; im Reichsmuseum (Rijksmuseum) Werke der niederländ. Malerei, im Städt. (Stedelijk) Museum moderne Kunst; außerdem Van-Gogh-Museum mit Erweiterungsbau von K. Kurokawa (1999). Zahlr. architektonisch bed. Neubauten, u. a. von H. Kollhoff (Piraeus, 1994), R. Piano (New Metropolis Science Center, 1997).

Geschichte: A. wurde 1275 erstmals erwähnt, erhielt um 1300 Stadtrechte und kam 1317 an die Grafen von Holland. Im 14./15. Jh. erlebte es einen wirtsch. Aufstieg durch den Ostseehandel (Mitgl. der Hanse); 1367 trat es der Kölner Konföderation gegen König Waldemar IV. von Dänemark bei. Dem Aufstand Hollands gegen die Spanier schloss es sich 1578 an. Nach der Eroberung Antwerpens durch die Spanier (1585) wuchs A. rasch und war im 17. Jh. die führende Handelsstadt Europas. Der Krieg gegen Großbritannien 1780–84 und die frz. Besetzung 1795 führten zum wirtsch. Niedergang; seit 1813 Hptst. der Niederlande.

Amsterdamer Vertrag, →Vertrag von Amsterdam.

Amsterdam-Rhein-Kanal, Großschifffahrtsweg für Schiffe bis 4 300 t, 72 km, der verbesserte Merwedekanal, führt von Amsterdam zum Lek und Waal; seit 1952 in Betrieb.

Amstetten, Bez.-Hptst. in Niederösterreich, an der Ybbs, 23 100 Ew.; Handelsakad. u. a. Lehranstalten (u. a. Bundeslehranstalt für Kindergartenpädagogik); Holz-, Metall-, Baustoff-, Chemie-, Papier-, Bekleidungs-, Lebensmittelind.; Verkehrsknotenpunkt.

Amt, *Verwaltungsrecht:* 1) die Gesamtheit der Aufgaben, die einer Person in einem bestimmten Bereich zugewiesen sind und die sich daraus ergebende Stellung. Man unterscheidet private und öffentl. Ämter, je nachdem, ob es sich um Geschäfte privater oder öffentl. Einrichtungen handelt. I. e. S. ist A. nur das **öffentliche A.** Der Zugang zu öffentl. Ämtern ist durch das GG grundrechtsähnlich nach Befähigung, Eignung und Leistung gesichert (Art. 33). Der Verlust der individuellen Amtsfähigkeit kann strafrechtl. Nebenfolge oder Nebenstrafe sein (→Aberkennung). **Ehrenämter** werden unentgeltlich und nebenberuflich verwaltet. 2) Institution (insbes. Behörde oder Behördenteil) mit bestimmtem Geschäftsbereich. 3) in einigen dt. Bundesländern Bez. für einen Zusammenschluss von Gemeinden zur Wahrnehmung bestimmter Aufgaben.

amtlicher Markt, Marktsegment des dt. Börsenhandels mit dem größten Handelsvolumen und den strengsten Zulassungsvoraussetzungen. Um am a. m. zum Handel zugelassen zu werden, muss ein Unternehmen mindestens drei Jahre existieren, einen Emissionsprospekt veröffentlichen und regelmäßig weitere Publikationspflichten erfüllen (§§ 30 ff. Börsen-Ges. vom 22. 6. 2002 und §§ 1 ff. Börsenzulassungs-VO). Die Kurse werden durch Skontroführer festgesetzt und im amtl. Kursblatt der Börse veröffentlicht.

Amtmann, seit dem späten MA. Verwaltungsbeamter für einen Bezirk der Landesherrschaft (auch Meier, Pfleger, Vogt). Heute beamtenrechtl. Amtsbezeichnung (gehobener Dienst).

Amtsanmaßung, unbefugte Ausübung eines öffentl. Amts, mit Freiheitsstrafe bis zu zwei Jahren oder mit Geldstrafe bedroht (§ 132 StGB); ähnlich in *Österreich* (§ 314 StGB) und der *Schweiz* (Art. 287 StGB).

Amtsanwalt, Vertreter der Staatsanwaltschaft, der die Funktion nur bei Amtsgerichten ausüben darf.

Amtsarzt, in der öffentl. Gesundheitsverwaltung (Gesundheitsämter) tätiger Arzt, i. w. S. auch der sozialversicherungsrechtl. Vertrauensarzt.

Amtsblatt, behördl. Mitteilungsblatt für amtl., öffentlich bekannt zu machende Verlautbarungen.

Amtsdelikte, die strafrechtlich, nicht nur disziplinarisch zu ahndenden Verletzungen der Amtspflicht (**Amtsvergehen, Amtsverbrechen,** §§ 331 ff. StGB). Echte A. können nur von Beamten begangen werden (z. B. Rechtsbeugung), **unechte A.** auch von anderen Personen, sie werden aber härter bestraft, wenn sie von Beamten begangen wurden (z. B. Körperverletzung im Amt). In *Österreich* sind A. strafbar nach §§ 302–313 StGB, in der *Schweiz* nach Art. 312–320 StGB.

Amtseid, Diensteid, der Eid, den Träger öffentl. Ämter vor Dienstantritt zur Bekräftigung ihrer Amtspflichten leisten. Der A. ist ein promissor. Eid, dessen Verletzung kein Meineid oder Eidbruch ist.

Amtsenthebung, →Impeachment.

Amtsgeheimnis, Dienstgeheimnis, Angelegenheit, mit der eine Behörde befasst ist, deren Kenntnis nicht über einen bestimmten Personenkreis hinausgeht und deren Geheimhaltung nach gesetzl. Vorschriften, dienstl. Anordnungen oder der Natur der Sache erforderlich ist. Die Verletzung des A. kann disziplinar-, arbeits-, strafrechtl. Folgen haben.

Amtsgericht, unterstes Gericht der ordentl. Gerichtsbarkeit in Dtl. Die A. sind mit mehreren Richtern (Amtsbezeichnung »Richter am A.«) besetzt, die in Zivilsachen als Einzelrichter entscheiden. In Strafsachen ist der Strafrichter als Einzelrichter oder das →Schöffengericht zuständig. Die A. stehen unter der Dienstaufsicht eines ihrer Mitglieder (Direktor des A., bei großen A.: Präs. des A.). Zur Zuständigkeit der A. in Zivil- und Strafsachen →Gericht (Übersicht). In der freiwilligen Gerichtsbarkeit ist das A. z. B. Nachlass-, Register- und Vormundschaftsgericht sowie Grundbuchamt. Es ist ferner Familien-, Vollstreckungs- und Insolvenzgericht.

amtsgerichtliches Verfahren, Verfahren vor dem Amtsgericht in Zivilsachen. Im Allg. finden die Vorschriften der ZPO über das landgerichtl. Verfahren Anwendung (§ 495 ZPO), doch besteht kein Anwaltszwang. Schriftsätze brauchen grundsätzlich nicht gewechselt zu werden. Die Parteien können selbst alle Prozesshandlungen vornehmen oder sich eines Prozessbevollmächtigten, der nicht Anwalt sein muss, bedienen.

Amtsgrundsatz, Offizialmaxime, Verpflichtung eines Gerichts oder einer Verwaltungsbehörde, von Amts wegen über Beginn, Gegenstand und Ende eines Verfahrens zu bestimmen. Der A. findet v. a. im öffentl. Recht Anwendung. Im Strafprozess ist der A. durch das →Legalitätsprinzip ausgeprägt. Für den Zivilprozess →Verhandlungsmaxime.

Amtshaftung, →Staatshaftung.

Amtshilfe, Hilfeleistung (z. B. durch Auskünfte) der Verwaltungsbehörden untereinander (→Rechtshilfe), geregelt in Art. 35 GG, einfachgesetzlich z. B. in §§ 4 ff. Verw.-Verfahrensgesetz.

Amtspflegschaft, Pflegschaft des Jugendamts für einen Minderjährigen (bestellte A.) oder früher für ein nicht ehel. Kind (gesetzl. A.). Die gesetzl. A. wurde zum 1. 7. 1998 beseitigt und durch eine freiwillige Beistandschaft ersetzt (→Beistand).

Amtsrat, Amtsbez. für einen Beamten des gehobenen Dienstes; Rangstufe über dem Amtmann.

Amtssprache, Geschäftssprache, offizielle Sprache in einem Staat (Behörden, Gerichte u. a.) oder einer internat. Organisation. In Dtl. ist die Amts- und Gerichtssprache Deutsch. Sorben dürfen in ihren Heimatkreisen vor Gericht und bei Verwaltungsbehörden auch die sorb. Sprache benutzen. In *Österreich* lässt das Volksgruppen-Ges. vom 7. 7. 1976 neben der dt. Sprache im Verkehr mit Behörden auch die Sprache einer Volksgruppe zu. In der *Schweiz* sind Deutsch, Französisch, Italienisch und Rätoromanisch gleichberechtigte Landessprachen (Art. 4 Bundesverfassung).

Amtstrachten, für bestimmte Amtshandlungen vorgeschriebene Kleidung bestimmter Berufsgruppen, in deren Erscheinungsbild althergebrachte Kostümformen weiterleben; dienten der Betonung von Amtsautorität und sind heute noch gebräuchlich bei Geistlichen (Ornat), vor Gericht bei Richtern und Anwälten (Talar, Robe, Barett) sowie z. T. im Hochschulbereich.

Amtsvormundschaft, Vormundschaft, die von einer Behörde, insbes. vom **Jugendamt,** wahrgenommen wird. Die gesetzl. A. des Jugendamtes (§ 1791 c BGB) tritt mit Geburt eines Kindes, dessen Eltern nicht miteinander verheiratet sind, nur noch ein, wenn das Kind eines Vormundes bedarf (z. B. weil die Mutter minderjährig ist) und nicht bereits das Vormundschaftsgericht einen Einzelvormund (Privatperson) bestellt hat. Die bestellte A. des Jugendamtes kann durch Verfügung des Vormundschaftsgerichts für ein Mündel eingesetzt werden, wenn eine als Einzelvormund geeignete Person nicht vorhanden ist (§ 1791 b BGB). Ähnl. amtliche Vormundschaften finden sich in *Österreich* und in der *Schweiz*.

Amudarja *der,* in der Antike **Oxus,** Fluss in Mittelasien (Tadschikistan, Turkmenistan, Usbekistan), 2540 km, Quellflüsse im Hindukusch und im Pamir, mündet in niederschlagsreichen Jahren in den Aralsee.

Amulett [lat.] *das,* kleiner, i. d. R. als Anhänger getragener Gegenstand, der seinem Träger Schutz und Kraft verleihen soll. Häufig sind Nachbildungen von menschl. Körperteilen, Münzen, sinnbildl. Darstellungen von Sonne oder Mond. Der Glaube an A. entstammt dem mag. Denken.

Amun, Amon, Ammon, ägypt. Gott; urspr. Stadtgott von Theben, wurde er mit Thebens Aufstieg Reichsgott und Götterkönig (→ägyptische Religion). Nach dem Verfall Thebens blühte sein Kult in Äthiopien und den Oasen fort. Den Griechen und Römern war A. als Gott der Oase →Siwa vertraut, sie setzten ihn mit Zeus bzw. Jupiter gleich.

Amundsen, Roald, norweg. Polarforscher, * Borge 16. 7. 1872, verschollen seit 18. 6. 1928; erreichte mit Hundeschlitten am 14. 12. 1911 (rd. fünf Wochen vor R. F. →Scott) als Erster den Südpol und entdeckte auf dem Rückweg das Königin-Maud-Gebirge; überflog im Mai 1926 im Luftschiff »Norge« zus. mit L. Ellsworth und U. Nobile den Nordpol. 1928 an der Rettungsaktion für die Nobile-Expedition beteiligt, kehrte A. von einem Flug nach Spitzbergen nicht zurück. – *Werke:* Die Eroberung des Südpols, 2 Bde. (1912); Mein Leben als Entdecker (1927).

Roald Amundsen

Amur *der,* chin. **Heilong Jiang, Heilungkiang,** mongol. **Chara-Muren,** schiffbarer Strom in Ostasien, 2824 km, auf 1893 km Länge Grenzfluss zw. Russland und China, entsteht aus den Quellflüssen Schilka und Argun (mit Argun 4440 km), mündet in den Tatarensund (Ochotsk. Meer).

Amurbahn, Teil der Transsibir. Eisenbahn zw. Karymskoje (Gebiet Tschita) und Chabarowsk, 1997 km lang, 1908–16 von Russland zur Umgehung der Ostchin. Bahn erbaut.

Amy [a'mi], Gilbert, frz. Komponist und Dirigent, * Paris 29. 8. 1936; Schüler von D. Milhaud, O. Messiaen und P. Boulez. 1967–73 Nachfolger von Boulez als Leiter der Konzertreihe »Domaine musical« in Paris, 1984 wurde er Direktor des Conservatoire in Lyon.

Amygdala [griech.], **Mandelkern,** beidseitig angelegte, mandelförmige Hirnregion im Schläfenlappen des Großhirns. Die A. stellt einen Teil des limbischen Systems dar und erfüllt Funktionen bei der emotionalen Bewertung von neuronalen Informationen. Die elektr. Reizung der A. ruft bei Mensch und Tier emotionale und vegetative Reaktionen hervor (Pupillenerweiterung, Änderung der Herz- und Atemfrequenz, Speichel- und Magensaftsekretion etc.). Fehlfunktionen der A. werden beim Menschen mit psychiatr. Störungen in Zusammenhang gebracht.

Amygdalin [zu griech. amygdále »Mandel«] *das,* Glykosid in bitteren Mandeln und Obstkernen; kann Blausäure freisetzen.

Amyklai, Amyklä, Heiligtum des Apollon Amyklaios, südlich von Sparta (Griechenland); bekannt durch den **amykläischen Thron,** ein mit reichem Bildschmuck verziertes, gegen Ende des 6. Jh. v. Chr. errichtetes Bauwerk für die archaische Statue des Apoll.

Amyl... [griech. ámylon »Stärke«], veraltete Bez. für →Pentyl...

Amyl|alkohole, die →Pentanole.

Amylasen [griech.], Enzyme, die Stärke und Glykogen direkt oder über Dextrine zu Maltose und Glucose abbauen können. Die α-A. kommt u. a. im Speichel und im Bauchspeicheldrüsensekret von Mensch und Tieren vor sowie in Malz, wo auch die β-A. auftritt; Verwendung u. a. zur Herstellung von Bier.

Amylene, die →Pentene.

Amylnitrit *das,* **3-Methylbutylnitrit,** Ester der salpetrigen Säure mit Isoamylalkohol; nur noch selten verwendetes Mittel zur Bekämpfung akuter Anfälle von Angina Pectoris. A. hat techn. Bedeutung bei der Herstellung von Diazoniumverbindungen.

Amylo|idose [griech.] *die,* **Amyloidentartung,** Ablagerungen des krankhaften Eiweißkörpers **Amyloid,** v. a. in Milz, Leber, Niere; tritt auf bei chron. Erkrankungen (z. B. Knochenmarkentzündung, Tuberkulose) und infolge immunolog. (Antigen-Antikörper-)Reaktionen. Die befallenen Organe erhalten ein glasiges, oft speckiges Aussehen und können bis zum Funktionsausfall beeinträchtigt werden.

Amylopektin *das,* →Stärke.

Amylose *die,* →Stärke.

amyotrophische Lateralsklerose [griech.-lat.], **myatrophische Lateralsklerose,** Systemerkrankung des Rückenmarks mit atroph. und spast. Lähmungen durch Degeneration der Pyramidenbahn, der Vorderhornzellen im Rückenmark sowie der motor. Hirnnervenkerne.

an... [griech.], Präfix, →a...

ana... [griech.], Präfix, 1) wieder..., z. B. Anabaptisten; 2) nach Art, entsprechend, z. B. Analogie.

Anabaptisten [griech.-lat.], polem. Bez. für die →Täufer.

Anabasis [griech. »Hinaufstieg«] *die,* Name zweier Geschichtswerke des Altertums: A. des →Xenophon über den Feldzug Kyros' d. J. und den Rückmarsch seiner 10 000 griech. Söldner und A. des →Arrian über die Feldzüge Alexanders d. Gr.

Anabiose [griech.] *die,* das Vermögen von Lebewesen und ihren Keimen (z. B. Flechten, Sporen), ungünstige Lebensbedingungen (extreme Kälte oder Trockenheit) längere Zeit scheintot zu überdauern.

Anabolika, vom Testosteron abgeleitete synthet. Substanzen, deren androgene Wirkung verringert ist, die aber anabol mit vermehrtem Aufbau von Eiweiß und Muskelmasse wirken. Sie werden therapeutisch z. B. bei bösartigen Tumoren, Muskeldystrophie oder Knochenmarkaplasie eingesetzt. Die (missbräuchl.) Anwendung als Doping- und Masthilfsmittel ist verboten. Anwendung im Kindes- und Jugendalter kann zu vorzeitigem Epiphysenschluss mit vermindertem Längenwachstums führen. Bei der Frau kommt es zu Vermännlichungserscheinungen wie Akne, Bartwuchs und Klitoriswachstum. Durch das Missverhältnis zw. dem vergrößerten Herzmuskel und dem gleichbleibenden Sauerstoffangebot treten vermehrt Herzinfarkte auf.

Anabolismus [griech.] *der,* Gesamtheit der assimilator. **(anabolen)** Vorgänge in Lebewesen, die dem Aufbau körpereigener Stoffe, bes. Proteinstrukturen wie Muskelsubstanz, dienen; Ggs.: Katabolismus. Im jugendl. Alter überwiegen die anabolen Vorgänge; sie werden von Hormonen stimuliert. Den A. fördernde Stoffe **(Anabolika)** werden als Arzneimittel und – missbräuchlich – beim Doping verwendet.

Anachoret [griech. »Zurückgezogener«] *der,* Einsiedler, in der Einsamkeit lebender christl. Asket.

Anachronismus [griech.] *der,* falsche zeitl. Einordnung; nicht mehr zeitgemäße Einrichtung.

An|acidität [griech.-lat.] *die,* das Fehlen freier Salzsäure (Säurelosigkeit) im Magensaft.

Anaconda [ænəˈkɔndə], Stadt im Bundesstaat Montana, USA, 9 000 Ew. – 1883 als **Copperopolis** vom A.-Konzern gegr., der dort ein riesiges Kupferhüttenwerk errichtete.

Anadolu, türk. Name für Anatolien (→Kleinasien).

Anadyr, 1) *der,* Fluss im Fernen Osten Russlands, im Autonomen Kreis Tschukotka, 1 150 km, entspringt im A.-Bergland, mündet in die **Onemenbucht** in Beringmeer.

2) Stadt und Verw.-Sitz des Autonomen Kreises →Tschukotka, im Fernen Osten Russlands, 11 000 Ew.; Fischfang und -verarbeitung; Hafen, Flughafen.

An|aerobi|er, Anaerobionten, zeitweise oder ständig ohne Sauerstoff **(anaerob)** lebende Organismen; Ggs.: Aerobier.

Anagenese [griech.] *die,* Höherentwicklung in der Stammesgeschichte einer Organismengruppe; kommt z. B. in der Optimierung des Bauplanes eines Lebewesens zum Ausdruck.

Anaglyphen [zu griech. anáglyphos »erhaben«], zwei zusammengehörende, im Augenabstand in Komplementärfarben übereinander gedruckte oder projizierte Bilder (→Stereoskopie).

Anagoge [griech.-lat.] *die,* im Platonismus und Neuplatonismus »Hinaufführung« zur Erkenntnis des Guten, Wahren und Schönen, des Göttlichen; in der aristotel. Syllogistik bedeutet A. das Verfahren, das die Gültigkeit unvollkommener Schlüsse durch die Rückführung auf vollkommene erweist.

Anagramm [griech.] *das,* Umstellung von Buchstaben eines Wortes oder einer Wortgruppe zu einer neuen sinnvollen Buchstabenfolge, z. B. für Decknamen.

Anaheim [ˈænəhaɪm], Stadt im Bundesstaat Kalifornien, USA, 40 km südöstlich von Los Angeles, 332 400 Ew.; Elektronik- und Leichtmetallind.; Vergnügungspark »Disneyland«. – A. wurde 1857 von dt. Einwanderern gegründet.

Anakoluth [griech.] *das* oder *der,* **Anakoluthie,** Satzbruch als Stilmittel. (→Redefiguren)

Anakonda, Eunectus murinus, mit 8–9 m Länge größte Boaschlange, in den trop. Regenwäldern Südamerikas.

Anakreon, griech. Dichter aus Teos in Ionien; * um 575, † nach 495 v. Chr.; besang in anmutigen Versen

v. a. Liebe und Wein, lebte am Hofe des Polykrates auf Samos, später in Athen. Die **Anakreontea,** etwa 60 Lieder in anakreont. Art, stammen meist aus röm. Zeit.

Anakreontiker, dt. Dichterkreise des 18. Jh.'s, die nach dem Vorbild des griech. Dichters Anakreon Wein, Liebe und Geselligkeit besangen, so u. a. der Halberstädter Kreis um J. W. L. Gleim.

Anakusis [griech.-lat.] *die,* →Taubheit.

anal [von lat. anus »After«], den After betreffend, in der Aftergegend gelegen.

Analcim [griech.] *der,* farbloses, weißes bis graues oder rötl. kubisches Mineral, Natrium-Aluminium-Silikat, ein →Feldspatvertreter.

anale Phase, nach S. Freud die der oralen Phase folgende frühkindl. Entwicklungsstufe der Sexualität, bei der die Afterregion und Ausscheidungsvorgänge im Vordergrund stehen.

Analeptika [griech.], die →Anregungsmittel.

Anal|erotik, Sexualempfinden und -praktiken, die mit dem Analbereich verbunden sind.

Analgesie [griech.] *die, Medizin:* Schmerzlosigkeit.

Analgetika [griech.], die →schmerzstillenden Mittel.

analog [griech.], **1)** *allg.:* entsprechend, gleichartig; übertragbar, sinngemäß anwendbar; ähnlich.
2) *Informatik, Physik, Technik:* stufenlos, kontinuierlich (Ggs.: →digital); analoge Größen (**Analoggrößen**) können innerhalb eines bestimmten Bereichs jeden beliebigen Wert annehmen.

Analog-digital-Umsetzer, Abk. **ADU, Analog-digital-Converter,** Abk. **ADC, A-D-Wandler,** elektron. Funktionseinheit zur Umwandlung einer analogen Größe (meist als elektr. Spannung vorliegendes Eingangssignal) in eine digitale Größe (quantisiertes Ausgangssignal, z. B. Impulsfolge) unter Veränderung der Signalstruktur; Anwendung v. a. in der digitalen Messtechnik und Übertragungstechnik, in Datenverarbeitungsanlagen und bei der Steuerung von Werkzeugmaschinen.

Analogie [griech. »Übereinstimmung«] *die,*
1) *allg.:* Gleichmäßigkeit, Ähnlichkeit, Entsprechung.
2) *Biologie:* Übereinstimmung in der Funktion (von versch. Organen).
3) *Philosophie:* Verhältnis der Entsprechung zw. ähnl., aber nicht ident. Gegenständen oder Vorgängen. – Der scholast. Begriff **Analogia entis** (»Ähnlichkeit des Seienden«) bedeutet, dass der Ausdruck »Seiendes« in Bezug auf Gott und Geschöpf, auf Substanz und Akzidens nicht in genau demselben Sinn benutzt wird. Nach Thomas von Aquin wird dem Geschaffenen »Seiendes« oder »Sein« im Vergleich zum Schöpfer, der wesenhaft das Sein selbst ist, nur nachgeordnet zugesprochen, da es Sein nicht ist, sondern *hat* (im Sinne einer Teilhabe am Sein). – Der **A.-Schluss** in der Erkenntnisfindung basiert auf einer strukturellen A., d. h. einer teilweisen oder völligen Übereinstimmung der Struktur zweier Gegenstände bzw. Systeme (z. B. Erkenntnisobjekt und Modell). – Von **funktionaler A.** spricht man, wenn zwei Gegenstände (Systeme) die gleiche Funktion erfüllen (z. B. funktional analoge Rechenprogramme).
4) *Recht:* die sinngemäße Anwendung eines Rechtssatzes auf einen vom Gesetz nicht geregelten Tatbestand. Im Strafrecht ist die A. zum Nachteil des Täters nicht zulässig.

Analogiebildung, *Sprachwissenschaft:* Bildung oder Umbildung einer sprachl. Form nach dem Muster einer anderen, z. B. »Diskothek« nach »Bibliothek«.

Analogiezauber, im *Aberglauben* Bez. für mag. Praktiken, mit denen Wirkung durch Nachahmung erreicht werden soll, z. B. Beschwörungsformeln und Zauberriten; i. w. S. auch der Heilzauber (→Zauber).

An|alphabetismus [griech.] *der,* mangelhafte oder fehlende Kenntnis und Beherrschung des Lesens und Schreibens. Nach einer Definition der UNESCO von 1951 gilt jeder als **Analphabet** oder »illettré«, der unfähig ist, in einer selbst gewählten Sprache einen einfachen Text verstehend zu lesen oder einen einfachen Brief zu schreiben. Personen, die nur lesen, aber nicht schreiben können, werden als **Semianalphabeten** bezeichnet; **Sekundäranalphabeten** haben eine früher erworbene Lese- und Schreibfähigkeit verloren. **Funktionale Analphabeten** sind Personen, deren Lese-, Schreib- und Rechenfertigkeiten nicht ausreichen, um angemessen am kulturellen, gesellschaftl. und polit. Leben teilnehmen zu können.

Analysator [griech.] *der,* opt. Bauelement zum Nachweis der →Polarisation des Lichts; jeder Polarisator kann als A. dienen.

Analyse [griech.] *die,* **1)** *allg.:* Zerlegung, Zergliederung eines Ganzen in seine Teile, systemat. Untersuchung eines Sachverhalts unter Berücksichtigung seiner Teilaspekte.
2) *Chemie:* Bestimmung von Art (qualitativ) und Menge (quantitativ) der Bestandteile einer Substanz mit Methoden der **analyt. Chemie.** Ein komplettes A.-Verfahren beinhaltet die Probenahme, Probenvorbereitung, ggf. die Stofftrennung und die Bestimmung (Identifizierung), wobei in der organ. Chemie v. a. die **Strukturanalyse** große Bedeutung hat. Sie beantwortet die Frage nach dem Molekülaufbau. Der qualitativen A. geht meist eine Vorprüfung voraus, bei der man beobachtet, wie sich der Stoff unter versch. Bedingungen, z. B. Erhitzen, verhält. Dann wird der Stoff in Lösung gebracht (Aufschluss). Zu den *chem. A.-Methoden* gehören versch. Verfahren der Gewichtsanalyse (z. B. die →Elementaranalyse) oder →Gravimetrie sowie die →Maßanalyse (Titrationen), desweiteren elektrochem. Methoden wie z. B. die →Elektrophorese sowie Methoden der →Chromatografie. Am häufigsten werden *physikalisch-chem.* und rein *physikal.* Methoden verwendet, z. B. Methoden der →Spektroskopie. Die moderne A. kennzeichnen Forschungen zur Verminderung der Nachweisgrenze eines Stoffes sowie die Automatisierung und die Kopplung mehrerer Methoden zu A.-Systemen.
3) *Psychologie:* Bez. für die der →Tiefenpsychologie zugerechneten Schulen bzw. Richtungen, aber auch für den individuellen Prozess, sich mithilfe eines Psychoanalytikers einer (meist mehrjährigen) psychotherapeut. Selbsterfahrung zu unterziehen (→Psychoanalyse).

Analysenwaage, urspr. hoch empfindl., in einem verglasten Gehäuse aufgestellte Balkenwaage; heute meist **Einschalenwaage** mit Schaltgewichtneigungseinrichtung. **Elektron. A.** sind mit elektr. Tarierautomatik, vollautomat. Gewichtsschaltung und Digitalanzeige ausgerüstet. (→Mikrowaage)

Analysis [griech.] *die,* zentrales Teilgebiet der Mathematik, das auf den Begriffen Funktion, Stetigkeit und Grenzwert aufbaut. Zur klass. A. gehören u. a. →Differenzialrechnung, →Integralrechnung, →Variationsrechnung sowie die →Funktionentheorie. Moderne Bereiche der A. sind die →Funktionalanalysis, die Theorie der →Distributionen und die Maßtheorie (→Maß). Aus der Anwendung der A. in anderen mathemat. Disziplinen haben sich u. a. die →Differenzialgeometrie, die →Topologie und die analyt. →Zahlentheorie entwickelt.

analytische Chemie, Analytik, →Chemie, →Analyse.

analytische Geometrie, Teilgebiet der Mathematik, in dem geometr. Gebilde und Sachverhalte mit algebraischen Mitteln (v. a. Mengen von Zahlenpaaren, -tripeln usw. und algebraischen Gleichungen) beschrieben und behandelt werden. Wesentliches Hilfsmittel ist dabei die Einführung von Koordinaten und Koordinatensystemen.

analytische Malerei, Kunstrichtung, die die Grundlagen und Möglichkeiten der Malerei mit maler. Mitteln analysiert; entstand Ende der 1960er-Jahre, ausgelöst durch die analyt. Untersuchungen der Concept-Art.

analytische Philosophie, seit der 1. Hälfte des 20. Jh. eine der internat. einflussreichsten philosoph. Bewegungen. Anstöße erhielt die a. P. u. a. von G. Frege, B. Russell, G. E. Moore, L. Wittgenstein sowie vom log. Empirismus (→Neopositivismus) im Wiener Kreis (mit R. Carnap, M. Schlick, O. Neurath u. a.). Charakteristisch für die a. P. ist, dass sie die philosoph. Analyse als Sprachanalyse auffasst. Man sucht Sachfragen, insbes. metaphys. Fragen, als Sprachprobleme zu entlarven. Bevor man eine philosoph. Frage zu beantworten versucht, muss die Bedeutung der Frage geklärt sein. Waren die frühen Beiträge der a. P. v. a. sinnkritisch ausgerichtet, so setzte in der 2. Hälfte des 20. Jh. eine konstruktive Phase ein. P. F. Strawson, M. A. Dummett, W. V. O. Quine, D. H. Davidson u. a. versuchen, traditionelle Probleme der Philosophie mit dem verbesserten analyt. Instrumentarium zu klären. Die themat. Selbstbeschränkungen wurden nach und nach abgebaut. Heute gibt es deshalb nicht nur analyt. Sprachphilosophie, Wiss.- und Erkenntnistheorie, sondern auch analyt. Ethik, Ästhetik, Metaphysik und Religionsphilosophie.

analytische Psychologie, die Psychologie C. G. →Jungs.

analytische Sprachen, Sprachen, die grammat. Beziehungen durch lose Partikeln ausdrücken, wie in frz. »de la rose« gegenüber lat. »rosae«.

analytisches Urteil, nach I. Kant ein Urteil, dessen Prädikat schon im Subjekt enthalten ist, z. B. »Alle Körper sind ausgedehnt«. Ggs.: synthet. Urteil.

Anämie [griech. »Blutlosigkeit«] *die*, **Blutarmut,** Verringerung der Zahl der roten Blutkörperchen und/oder des Blutfarbstoffs Hämoglobin. Ursachen der A. sind akuter oder chron. Blutverlust, verminderter Aufbau der roten Blutkörperchen oder des Blutfarbstoffs (z. B. Eisenmangel, Mangel an Vitamin B_{12}, →perniziöse Anämie), verstärkter Abbau roter Blutkörperchen (hämolyt. A., z. B. durch angeborene Defekte, medikamentöse Schädigung) oder andere Krankheiten (z. B. Infektionen, Nierenkrankheiten). Kennzeichen sind u. a. Schwäche, Konzentrationsverlust, Kopfdruck, Belastungsluftnot, Ohnmachtsneigung und Blässe. Behandlung: vitaminreiche Kost und Eisenpräparate; bei großen Blutverlusten Bluttransfusionen.

Anamnese [griech. »Erinnerung«] *die,* das Erfragen der Vorgeschichte einer Krankheit, meist im Gespräch mit dem behandelnden Arzt.

Anamnesis [griech.] *die,* Wiedererinnerung, bei Platon die Deutung der Erkenntnis als Wiedererinnerung an Ideen, die die Seele vorgeburtlich geschaut hat.

Anamni|er [griech.], Wirbeltiere (Amphibien, Fische), deren Embryonalentwicklung ohne die Bildung eines Amnions (Hülle) abläuft. (→Amnioten)

Anamorphot [griech.] *der,* Abbildungssystem aus Prismenkombinationen, gekreuzten Zylinderlinsen oder aus einem Prismensatz, kombiniert mit Zylinderlinsen. A. ändern den Bildwinkel und damit den Abbildungsmaßstab in einer Richtung und dienen z. B. als Spezialobjektive in der Filmtechnik.

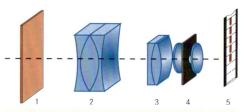

Anamorphot: Aufbau eines Aufnahme-Anamorphots nach Henry Jacques Chrétien: 1 aufzunehmendes Objekt, 2 negative Zylinderlinse, 3 positive Zylinderlinse, 4 sphärisches Objektiv, 5 Aufzeichnungsfilm

Anamur, Stadt in der Türkei, nahe der Mittelmeerküste, am Fuß des Taurus, 37 300 Ew.; am Kap A. Ruinenstätte der in der Antike bed. Stadt **Anemurion.** Auf einer Landzunge südöstlich von A. liegt die gewaltige, im 13. Jh. von den Herrschern des kleinarmen. Königreiches von Kilikien errichtete Festung Anamur mit 36 Türmen, die noch von den Osmanen benutzt wurde.

Ananas [port., von indian. (a)naná] *die,* rotgelbe, vom Blattschopf gekrönte, zapfenähnl. Sammelfrucht einer urspr. mittelamerikan. Rosettenstaude (A. comosus) der **A.-Gewächse;** saftreiches trop. Obst.

Ananasgalle, ananasförmige Verbildung von Fichtentrieben, durch Fichtengallläuse verursacht.

Anand [engl. ˈɑːnænd], **1)** Mulk Raj, ind. Schriftsteller engl. Sprache, * Peshawar 12. 12. 1905, † Pune 28. 9. 2004; etablierte mit R. K. Narayan und R. Rao die ind. Literatur in engl. Sprache; setzt sich mit Kolonialismus und dem Kastensystem kritisch auseinander (»Der Unberührbare«, R., 1935; »Gauri«, R., 1980).

2) Viswanathan, ind. Schachspieler, * Madras 11. 12. 1969; seit 1987 Großmeister, 2000/01 FIDE-Weltmeister.

Ananas: Pflanze mit reifer Frucht

Anankasmus [griech.] *der*, Bez. für ängstl. und äußerst gewissenhaftes Verhalten; i.e.S. Auftreten von Zwangsphänomenen (Zwangshandlung, Denkzwang), die als unsinnig erkannt werden.

Ananke [griech. »Zwang«], **1)** Göttin des unabwendbaren Schicksals, dem auch die Götter selbst unterworfen waren.

2) ein Mond des Planeten →Jupiter.

Anapäst [griech.] *der, Metrik:* antiker Versfuß aus zwei kurzen und einer langen Silbe, heute aus zwei unbetonten und einer betonten Silbe. (→Metrik, Übersicht).

Anaphase, *Biologie:* Phase der Kernteilung (→Mitose).

Anapher [griech. »das Emportragen«] *die*, eindrucksteigernde Wiederholung eines Wortes am Anfang einander folgender Sätze, Satzteile, Verse oder Strophen (→Redefiguren, Übersicht).

Anaphylaxie [griech.] *die, Medizin:* heftige Überempfindlichkeitsreaktion, Sonderform der →Allergie (z.B. anaphylakt. Schock).

Anarchie [zu griech. ánarchos »führerlos«] *die*, Herrschaftslosigkeit, Gesetzlosigkeit.

Anarchismus *der*, polit. Ideologie, die darauf zielt, jede Herrschaft von Menschen über Menschen, jede gesetzl. Zwangsordnung, bes. den Staat, zu beseitigen und ein autoritäts- und herrschaftsloses Zusammenleben herbeizuführen. Urspr. von rein individualist. Prinzipien bestimmt, hat sich der A. später mit kollektivist. Ideen verbunden. Während er anfänglich die extreme Gewaltlosigkeit lehrte, hat er später teilweise auch den individuellen und kollektiven Terror als Instrument revolutionärer Umsturzbewegungen propagiert und praktiziert.

Man unterscheidet 1) den **individualist. A.**, der schrankenlose Freiheit für den Einzelnen, absolute Vereinigungsfreiheit und unbeschränktes Privateigentum fordert (William Godwin, M. Stirner, P.-J. →Proudhon), 2) den **kollektivist. A.** (**revolutionären A.**), der auf eine staaten- und klassenlose Kollektivordnung (im Ggs. zum marxschen »autoritären« Sozialismus) und auf Kollektiveigentum zielt, sei es an den Produktionsmitteln (M. A. Bakunin) oder auch an den Konsumgütern (P. A. Kropotkin).

Die erste revolutionär-anarchist. Organisation (gegr. von Bakunin und S. G. Netschajew: »Propaganda der Tat«) verübte zahlr. Attentate und Sabotageakte; sie verlor Anfang des 20.Jh. an Bedeutung. Zunehmenden Einfluss übte seitdem der **Anarchosyndikalismus** (→Syndikalismus) bes. in den roman. Ländern aus. Seit etwa 1960 fand anarchist. Gedankengut bes. Bakunins bei der →Neuen Linken Beachtung. Spuren des A. finden sich auch in Formen des zivilen Ungehorsams sowie in eher unpolit. Verweigerungshaltungen (Hippies, Punks u.a.).

Anasarka [griech.] *die*, ausgedehnte Wasseransammlung im Unterhautbindegewebe, v. a. infolge eines Nieren- oder Herzversagens.

Anasazikultur, altindian. Kultur im SW der USA (etwa 200 v. Chr. bis zum 16. Jh.), Blütezeit zw. 1100 und 1300; hinterließ die Siedlungsform der **Cliff-Dwellings**, in natürl. Felsüberhänge (Abris) gebaute Hauskomplexe oder weitläufige Siedlungen (z.B. Mesa Verde und Chaco Canyon, Letzteres als Chaco Culture National Historical Park mit dem Pueblo Bonito ein UNESCO-Weltkulturerbe).

Anastasia, Großfürstin A. Nikolajewna, jüngste Tochter des russ. Kaisers Nikolaus II., * Peterhof 18.6.

Anasazikultur: der Klippenpalast (Cliff Palace), eine aus dem 13. Jh. stammende festungsartige Wohnsiedlung im Mesa Verde National Park (Colorado)

1901, wohl zus. mit ihrer Familie ermordet in Jekaterinburg am 17. 7. 1918. Mehrere Frauen behaupteten später, A. zu sein; bes. bekannt wurde in diesem Zusammenhang Anna Anderson-Manahan († 1984), deren Identität mit A. aber nach Entdeckung des Zarengrabes aufgrund einer Genanalyse (1994) ausgeschlossen werden konnte.

Anästhesie [griech.] *die, Medizin:* **1)** Empfindungslosigkeit; krankhafte Unerregbarkeit von Empfindungs- und Sinnesnerven.

2) vom Arzt (Anästhesist) herbeigeführte Schmerzausschaltung, bes. bei chirurg. Eingriffen. Während bei der allg. Betäubung (→Narkose) eine Bewusstlosigkeit herbeigeführt wird, bleibt das Bewusstsein bei der örtl. Betäubung (**Lokal-A.**) erhalten. Hierbei werden von Kokain und Procain abgeleitete chem. Substanzen bei der Oberflächen-A. auf die Körperoberfläche (bes. die Schleimhäute) aufgebracht, bei der **Infiltrations-A.** in das entsprechende Gewebe und bei der Leitungs-A. in den Nerv oder seine Umgebung eingespritzt; so bei Sonderformen der **Leitungs-A.** in die Rückenmarkflüssigkeit (**Lumbal-A.** zur A. der unteren Körperhälfte) oder an die harte Rückenmarkhaut heran (**Peridural-A., Sakral-A.**, z. B. bei geburtshilfl. Eingriffen).

Anastigmat [griech.] *der, Optik:* Linsensystem (fotograf. Objektiv), bei dem Astigmatismus und Bildwölbung (z. B. durch Verwendung spezieller opt. Glassorten) beseitigt sind.

Anastomose [griech.] *die*, natürl. oder künstl. Verbindung von Hohlorganen (z. B. Blut- und Lymphgefäße). Operativ angelegte A. sind Verbindungen zw. urspr. getrennten Hohlorganen oder Gefäßen (z. B. zw. Gallenwegen und Darm).

Anat, phönizisch-kanaanit. Fruchtbarkeits- und Kriegsgöttin; Schwester und Geliebte des →Baal.

Anatas [griech.] *der*, gelbes bis schwarzblaues tetragonales Mineral; chemisch Titandioxid.

Anathema [griech.] *das*, bei den Griechen das Gottgeweihte (Weihgeschenk), dann in christl. Sprachgebrauch die Verdammung als Häretiker und der Ausschluss aus der Religionsgemeinschaft.

Anatolien [griech. anatole »Morgenland«], →Kleinasien.

Anatomie [griech. »Zergliederung«] *die*, die Wiss. vom Bau der Lebewesen. Die systemat. A. untersucht und beschreibt den Körper nach Organsystemen (u. a. Gefäß-, Atmungs-, Nervensystem). Die Lehre vom feineren Bau der Organe (**mikroskop. A.**) fußt auf der Zellen- und Gewebelehre (Histologie). Die **topograf. A.** behandelt Lageverhältnisse der Körperteile und Organe in den versch. Körperregionen zueinander; als **angewandte A.** dient sie chirurg. Maßnahmen. Die **vergleichende A.** untersucht einander entsprechende Systeme oder Organe der Tiergruppen und des Menschen.

Geschichte: Im Altertum und MA. verhinderten vielfach religiöse Ansichten die Zergliederung menschl. Leichen. Bed. Anatomen waren Herophilos, Erasistratos (um 300 v. Chr.), Galen (2. Jh. n. Chr.). Als Begründer der modernen A. gilt A. Vesal (16. Jh.). Teildisziplinen der A. entwickelten sich im 18./19. Jh. zu selbstständigen Wiss.en (u. a. Physiologie, Pathologie, Histologie).

Anau, vorgeschichtl. Wohnhügel (Tepe) bei Aschchabad, Turkmenistan, Reste von Kulturschichten aus Jungstein- und Bronzezeit. Die älteren Funde (ca. 4. Jt. v. Chr.) mit bemalter Keramik wurden als nördl. Ausläufer iran. Kulturen erkannt.

Anaxagoras, griech. Philosoph aus Klazomenai in Ionien, *um 500 v. Chr., †Lampsakos (Hellespont) 428 v. Chr.; Lehrer in Athen, von wo er, der Gottlosigkeit angeklagt, fliehen musste. Er erklärte die Wirklichkeit aus einer vom Nus, dem Weltgeist, verursachten Wirbelbewegung unendlich vieler Urteilchen, die sich qualitativ voneinander unterscheiden.

Anaximander, Anaximandros, griech. Naturphilosoph aus Milet, *um 610 v. Chr., †um 546 v. Chr.; Schüler des Thales, lehrte, dass alle Dinge aus einem quantitativ wie qualitativ unbestimmten Urstoff, dem Apeiron (das »Grenzenlose«), durch Trennung in Gegensätze hervorgehen und in das Apeiron zurückkehren.

Anaximenes, griech. Naturphilosoph aus Milet, *um 585 v. Chr., †um 526 v. Chr.; Schüler des Anaximander, verstand als Urstoff nicht mehr wie dieser das Apeiron, sondern die Luft, aus der durch Verdichtung und Verdünnung alles entsteht und vergeht.

Anbaubeschränkung, Maßnahme der Agrarpreisstützung. Bei Überproduktion soll durch A. eine Angebotsverringerung erzielt und damit das Absinken der Preise verhindert werden.

Anbaugeräte, landwirtsch. Maschinen oder Geräte, die fest an die Dreipunktanhängung des Schleppers angebaut werden. Ggs.: →Anhängegeräte.

ANC, Abk. für →African National Congress.

Anchises, *griech. Mythologie:* Held aus dem Königshaus von Troja, Geliebter der Aphrodite, Vater des Äneas.

Anchorage [ˈæŋkərɪdʒ], größte Stadt Alaskas, USA, an einer Bucht des Cook Inlet, 271 000 Ew.; Univ. (gegr. 1960); Sitz von Erdölgesellschaften; internat. Flughafen (Polarroute), Eisenbahn nach Fairbanks und Seward, Hafen. – A. wurde 1915 beim Eisenbahnbau gegründet; 1964 durch ein schweres Erdbeben teilweise zerstört.

Anchorman [ˈæŋkəmən, engl.] *der*, Journalist, der im Rundfunk, Fernsehen bes. in Nachrichtensendungen die einzelnen journalist. Beiträge vorstellt, die verbindenden Worte und Kommentare spricht. **Anchorwoman** [ˈæŋkəwʊmən] *die*, Journalistin für die gleichen Aufgaben.

Anchovis [span., port.] *die*, **Anschovis, Sardelle,** Heringsfisch S- und W-Europas; auch filetierte, in Salz, Marinade o. Ä. eingelegte Sardelle.

Anciennitätsprinzip [ãsjɛni-; frz.], Prinzip der Beförderung nach dem Dienstalter, nicht nach Leistung; z. B. bei Beamten.

Ancien Régime [ã'sjɛ̃ re'ʒiːm; frz.], »alte Regierungsform« *das*, das absolutistisch regierte (bourbon.) Frankreich vor 1789; allg. die polit. und gesellschaftl. Verhältnisse im Europa des 17./18. Jh., bes. der privilegierten Adelswelt.

Ancona, 1) Prov. in der Region Marken, Italien, 1 940 km², 457 600 Einwohner.
2) Hptst. der Provinz A. und der Region Marken, Italien, 101 400 Ew.; Erzbischofssitz; Univ. (1969 gegr.); Handels- und Kriegshafen an der Adria; Fischerei; Schiffbau, Zucker-, Papierind., Musikinstrumentenbau. – Auf einer Anhöhe der roman. Dom, Trajansbogen aus röm. Zeit. – A., im Jahr 390 v. Chr. von Griechen gegr. (Ancon Dorica), war seit 278 v. Chr. röm. Flottenstation und Handelsstadt. 774 von Karl d. Gr. dem Papst geschenkt, behauptete es im MA. seine Selbstständigkeit. 1532–1860 gehörte A. zum Kirchenstaat.

Ancus Marcius, nach der Sage der 4. König Roms (etwa 642 bis 617 v. Chr.), soll das linke Tiberufer befestigt und Ostia gegründet haben.

Ancylostoma [griech.], Gattung der →Hakenwürmer.

Ancylus, Gattung der Wasserlungenschnecken in Süßgewässern Europas. Nach ihrem gehäuften Auftreten wird ein nacheiszeitl. Stadium der Ostsee **A.-See** genannt.

Anda [ˈɔndɔ], Géza, schweizer. Pianist ungar. Herkunft, *Budapest 19. 11. 1921, †Zürich 13. 6. 1976; Interpret bes. von Werken W. A. Mozarts, F. Chopins, B. Bartóks.

Andachtsbild, 1) Christus-, Marien- oder Heiligenbild, das im Gebetbuch aufbewahrt wird.
2) Bildwerk des MA., v. a. Vesperbild (**Pietà**), Schmerzensmann (**Erbärmdebild**), Jesus-und-Johannes-Gruppe. In der geistl. Literatur vorbereitet, begegnet es im 13. Jh. zuerst in Dtl., wo es sich in der Gestaltung durch eine besondere Betonung des Gefühls auszeichnet.

Åndalsnes [ˈɔndalsneːs], Hafenort am Romsdalsfjord, W-Norwegen, 3 000 Ew.; Fremdenverkehr.

Andalusien, span. **Andalucía,** histor. Landschaft und autonome Region in S-Spanien, umfasst die Prov. Sevilla, Huelva, Cádiz, Córdoba, Jaén, Granada, Má-

Andachtsbild 2): Jan Mostaert, »Schmerzensmann« (um 1520; Moskau, Puschkin-Museum)

laga und Almería, zus. 87 595 km², 7,607 Mio. Ew. **Nieder-A.** umfasst das Guadalquivirbecken, ein welliges Hügelland, dessen nördl. Abschluss die Sierra Morena bildet. Das von der Betischen Kordillere (Sierra Nevada 3 481 m) durchzogene **Hoch-A.** bricht mit buchtenreicher Steilküste zum Mittelmeer ab. A. besitzt im S ein rein ausgeprägtes Mittelmeerklima, Hoch-A. unterliegt zunehmend kontinentalen Einflüssen. Angebaut werden, meist mithilfe von Bewässerung, Weizen, Mais, Gemüse, Südfrüchte, Oliven, Korkeichen, Zuckerrohr und Baumwolle. Weinbau wird v. a. um Jerez de la Frontera und Málaga betrieben. In den südl. Marschlandschaften (Marismas) werden Pferde und Kampfstiere gezüchtet, die Sierra Morena ist ein riesiges Sommerweidegebiet für Schafherden. Hoch-A. ist reich an Erzlagerstätten: Eisen, Kupfer, Blei, Zink. Bedeutend sind Fremdenverkehr an der Küste und Bildungstourismus in den Großstädten; in der Sierra Nevada Wintersport.

A., einst das Reich →Tartessos, später die röm. Prov. Baetica, war im 5. Jh. vorübergehend Sitz der Vandalen, dann westgotisch. 711 kam es unter arab. Herrschaft. **Al-Andalus** war die arab. Bez. für Spanien. 1212 begann die Rückeroberung A.s durch Kastilien, die 1492 mit der Gründung des Reiches Granada abschloss. – 1982 erhielt A. ein Autonomiestatut.

Andalusit der, grünes, rötl. oder graues rhomb. Mineral in metamorphen Gesteinen, chemisch Tonerdesilikat. **Chiastolith** ist ein A. mit dunkler, orientierter Kohlenstoffeinlagerung; er zeigt im Querschnitt ein weißes Kreuz.

Andamanen, Inselkette mit mehr als 200 Inseln zw. dem Golf von Bengalen und der Andamanensee, seit 1947 Teil des ind. Unionsterritoriums **A. und Nikobaren** (8 249 km², [2006] 420 000 Ew., Hptst. Port Blair). Die A. haben feuchtheißes trop. Klima; Anbau von Reis; Kaffee-, Holz- und Kopra-Erzeugung. Die Ureinwohner, die **Andamaner,** ein Wildbeutervolk, werden den Negritos zugerechnet und sprechen eine nichtaustrones. Sprache. Sie sind vom Aussterben bedroht. – Am 26. 12. 2004 erfolgten durch einen Tsunami, der durch ein sehr starkes Seebeben (Epizentrum vor der NW-Küste Sumatras) ausgelöst wurde, Zerstörungen und Überflutungen v. a. auf Kleinandaman im S der Inselgruppe und im Hauptort Port Blair. – Die seit 1789 von den Engländern in Besitz genommenen Inseln dienten 1858–1942 als Strafkolonie von Britisch-Indien; 1942–45 von Japan besetzt.

Andamanensee, Randmeer des Ind. Ozeans, zw. Andamanen, Nikobaren und der Malaiischen Halbinsel, bis 4 267 m tief.

andante [ital. »gehend«], *Musik:* mäßig langsam. **Andante,** mäßig langsamer Satz (einer Sonate, Sinfonie).

andantino [ital., Verkleinerungsform von andante], *Musik:* leichter und schwebender als andante. **Andantino,** ein musikal. Satz dieses Charakters.

Andechs, Gem. im Landkreis Starnberg, Oberbayern, auf dem Hl. Berg (760 m ü. M.) östl. des Ammersees, 3 200 Ew.; Benediktinerpriorat und Wallfahrtsort mit Klosterbrauerei. – Die ehem. got. Kirche wurde in einen Rokokobau umgewandelt, Stuckaturen und Malereien von J. B. Zimmermann; Klosterbibliothek. – Urspr. Stammburg der 1248 im Mannesstamm ausgestorbenen Grafen von A., seit 1180/81 A.-(Meranien).

Anden, Cordillera de los Andes, Gebirge in Südamerika, durchzieht den Subkontinent auf der W-Seite von Feuerland bis zum Karib. Meer, etwa

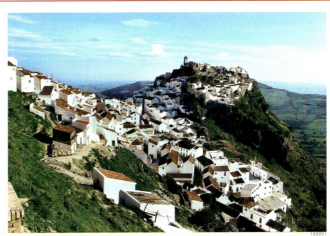

Andalusien: das Dorf Casares, im Hinterland der Costa del Sol, mit den Ruinen eines arabischen Alcázars im Hintergrund

7 500 km lang, 200–800 km breit; Teil der bis nach Alaska reichenden →Kordilleren. Landschaftlich sind die A. das mannigfaltigste Gebirge der Erde, da sie an fast allen Klimazonen Anteil haben. Sie werden von hohen (Aconcagua 6 962 m ü. M.), z. T. vulkan. Gipfeln (Nevado Sajama 6 520 m ü. M.) überragt. Im mittleren Teil nehmen die A. eine größere Breite (bis 800 km) ein. Die weniger hohe Küstenkordillere ist nach N durch das Große Längstal Chiles vom Hauptkamm getrennt. Dieser teilt sich in die Westkordillere und die Ostkordillere, zw. denen sich in 3 600–4 200 m ü. M. eine abflusslose Hochfläche (**Altiplano**) mit vielen Salzpfannen und Seen (Titicacasee) erstreckt. Die Schneegrenze steigt von 500 m ü. M. auf Feuerland bis über 6 000 m am Wendekreis und fällt bis zum Äquator wieder auf 4 700 m. Nur wenige Bahnlinien (→Transandenbahnen) und Straßen queren sie. Die A. sind reich an Erzen aller Art, bes. Kupfer, Zinn, Zink, Blei, Silber, sowie an Salz, Salpeter, Borax, Jod und Erdöl (am A.- und Kontinentalrand).

Andengemeinschaft, span. **Comunidad Andina,** Verbund lateinamerikan. Staaten, bis 1996 als **Andenpakt** bezeichnet. Mitgl. sind Bolivien, Ecuador, Kolumbien und Peru; Venezuela trat 2006 aus. Ziel ist ein Ausgleich struktureller Unterschiede im sozioökonom. Gebiet. Die seit dem 31. 1. 1993 bestehende Freihandelszone soll schrittweise zu einem gemeinsamen Markt ausgebaut werden.

Andenpakt, ältestes lateinamerikan. Integrationsbündnis, gegr. 1969; 1996 in →Andengemeinschaft umbenannt.

Andentanne, eine →Araukarie.

Andalusit: Querschnitt durch einen Chiastolithen

Anderkonto, Bankkonto auf den Namen eines Treuhänders (z. B. Notar) über Vermögenswerte, die der Treuhänder verwaltet; darf nicht dessen eigenen Zwecken dienen.

Anderlecht, Industriestadt im SW der Agglomeration Brüssel, Belgien, 87 900 Ew.; Schlachthöfe von Brüssel.

Andermatt, Hauptort des Urserentals, am Fuß des Sankt Gotthard, im Kt. Uri, Schweiz, 1 444 m ü. M., 1 300 Ew.; Verkehrsknotenpunkt; Höhenluftkurort und Wintersportgemeinde. – Kirche St. Kolumban (13. Jh.), Pfarrkirche (17. Jh.).

Andernach, Stadt im Landkreis Mayen-Koblenz, Rheinl.-Pf., am Rhein, 51 m ü. M., 29 400 Ew.; Stadtmuseum; Metallverarbeitung, Maschinenbau, Mineralölvertrieb, Softwareherstellung, Nahrungsmittel-, Baustoff- und Kunststoffindustrie; Fremdenverkehr; Rheinhafen. – Teile der Stadtmauer (15. Jh.) mit Rheintor (12. Jh.), Liebfrauenkirche (um 1200), ein Hauptwerk der rhein. Romanik. – A., das röm. **Antunnacum,** war im frühen MA. fränk. Königspfalz.

Anders, Günther, eigtl. G. **Stern,** Schriftsteller, *Breslau 12. 7. 1902, † Wien 17. 12. 1992; studierte Philosophie bei E. Cassirer, M. Heidegger und E. Husserl; nach Emigration seit 1950 in Wien; schrieb den antifaschist. Roman »Die molussische Katakombe« (1992 erschienen), kultur- und technikkritische Essays u. a. in »Die Antiquiertheit des Menschen« (2 Bde., 1956 und 1980), Analysen zu Rundfunk und Fernsehen; aktiv in der Antiatom- und der Antivietnamkriegsbewegung.

Alfred Andersch

Andersch, Alfred, Schriftsteller, *München 4. 2. 1914, † Berzona (bei Locarno, Kt. Tessin) 21. 2. 1980; behandelte bes. das Thema des Ausbruchs aus der Unfreiheit, so in »Die Kirschen der Freiheit« (autobiografisch, 1952), dem Roman »Sansibar oder der letzte Grund« (1957) und in der Erz. »Der Vater eines Mörders« (hg. 1980); ferner: »Die Rote« (1960), »Efraim« (1967), »Winterspelt« (1974); Essays, Hörspiele.

Andersen, 1) Hans Christian, dän. Schriftsteller, *Odense 2. 4. 1805, † Kopenhagen 4. 8. 1875; errang Weltruhm durch seine Märchen, v. a. »Des Kaisers neue Kleider«, »Die Prinzessin auf der Erbse«, »Das hässliche Entlein«, »Der standhafte Zinnsoldat«, »Die kleine Seejungfrau«, die in scheinbar naivem, impressionist. Stil Humor und Resignation verbinden; ferner Romane, Reiseberichte.

Hans Christian Andersen

2) Lale, eigtl. Lise-Lotte Helene Berta **Beul,** geb. **Bunnenberg,** Chansonsängerin und Schauspielerin, *Lehe (heute zu Bremerhaven) 23. 3. 1905, † Wien 29. 8. 1972; wurde durch das 1941 von dem Soldatensender Belgrad verbreitete Lied »Lili Marleen« (1938; Text H. Leip) weltweit bekannt.

Andersen Nexø [-ˈnɛgsø], Martin, dän. Schriftsteller, *Kopenhagen 26. 6. 1869, † Dresden 1. 6. 1954; war Arbeiter, Lehrer, schloss sich nach dem Ersten Weltkrieg dem Kommunismus an. Sein Entwicklungsroman »Pelle der Eroberer« (4 Bde., 1906–10) schildert das Leben eines Landarbeitersohnes; »Ditte Menschenkind« (R., 5 Bde., 1917–21) beschreibt das trostlose Dasein des Mädchens Ditte.

Anderson [ˈændəsn], **1)** Carl David, amerikan. Physiker, *New York 3. 9. 1905, † San Marino (Calif.) 11. 1. 1991; entdeckte 1932 das →Positron (hierfür 1936 zus. mit F. Hess Nobelpreis für Physik) und 1937 das Myon.

2) June, amerikan. Sängerin (Sopran), *Boston (Mass.) 30. 12. 1952; trat in den 1980er-Jahren überwiegend in Europa auf, bes. in Partien des ital. Fachs; auch gefragte Konzert- und Oratoriensängerin.

3) Laurie, amerikanische Performance-Künstlerin, Komponistin, Musikerin, Kunstkritikerin, *Chicago 5. 6. 1947. Mit ihren →Performances, die sich moderner Medien bedienen und eine Kombination u. a. von Gestik, Sprache, Musik, Textbildern, Dia- und Filmprojektionen bieten, gehört sie zu den herausragenden Vertretern dieses Genres.

4) Maxwell, amerikan. Dramatiker, *Atlantic (Pa.) 15. 12. 1888, † Stamford (Conn.) 28. 2. 1959; hatte großen Erfolg mit dem kriegskrit. Drama »Rivalen« (1924); schrieb auch histor. Versdramen, z. B. »Johanna von Lothringen« (1947).

5) [ˈandɛrsɔn], Oskar Johann Viktor, Statistiker, *Minsk 2. 8. 1887, † München 12. 2. 1960; leitete 1915 eine der ersten großen Stichprobenerhebungen, gehört zu den Initiatoren der Ökonometrie.

6) Philip Warren, amerikan. Physiker, *Indianapolis (Ind.) 13. 12. 1923; erhielt 1977 mit J. H. Van Vleck und Sir N. F. Mott den Nobelpreis für Physik für grundlegende theoret. Untersuchungen der elektron. Struktur magnet. und ungeordneter Strukturen.

7) Sherwood, amerikan. Schriftsteller, *Camden (Ohio) 13. 9. 1876, † Colón (Panama) 8. 3. 1941; schrieb psychologisch-naturalist. Kurzgeschichten (»Winesburg, Ohio«, 1919) und Romane (»Dunkles Lachen«, 1925).

Andersson, Lars Gunnar, schwed. Schriftsteller, *Karlskoga 23. 3. 1954; gestaltet Identitätssuche in einer Mischung von Realismus, Mythos und Utopie. –

andine Hochkulturen

Werke: *Romane*: Brandlyra (1994); Schneelicht (1979); Pestkungens legend (1988); Artemis (1995); Vägen till Gondwana (2004).

Änderungsantrag, im Parlament ein Abänderungsvorschlag zu Gesetzentwürfen, Anträgen und anderem.

Andesin [nach den Andesitgesteinen der Anden] *der*, Mineral, →Feldspäte.

Andesit *der*, porphyr. Ergussgestein, bes. der Anden; Einsprenglinge: Plagioklas, Biotit, Hornblende oder Pyroxen.

Andhra Pradesh [- -ʃ], Bundesstaat im SO von Indien; 275045 km^2, (2006) 80,71 Mio. Ew.; Hptst. ist Hyderabad. – Wurde 1953 aus den nördl. Gebieten von Madras errichtet, 1956 um Teile des ehem. Staates Hyderabad erweitert.

andine Hochkulturen, Kulturen, die sich im Gebiet der heutigen Staaten Kolumbien, Ecuador, Peru, Bolivien, Argentinien und Chile vor der Ankunft der span. Eroberer (1531) herausbildeten und zeitweise hochkulturelle Gesellschafts- und Wirtschaftssysteme entwickelten. Die a. H. sind in Horizonte eingeteilt, da bestimmte kulturelle Erscheinungen über große Teile des Andenraums verbreitet zu finden sind. Der frühe Horizont (etwa 1.Jt. v.Chr.) ist von stilist. Impulsen aus dem nördlich-zentralen Andengebiet (Chavín de Huántar) geprägt. Der mittlere Horizont (500–1000 n.Chr.) zeichnet sich durch die Verbreitung stilist. Merkmale der Tiahuanaco-Kultur (südlich-zentraler Andenraum) aus, während im späten Horizont die kulturellen Normen der Inkakultur (ausgehend vom südperuan. Hochland) ausschlaggebend sind. Die Zwischenperioden sind gekennzeichnet von regional bedeutenden Kulturen wie z.B. Mochica (N-Küste) und Nazca (S-Küste) in der frühen Zwischenperiode, Chimú (N-Küste) und Ica-Chincha (S-Küste) in der späten Zwischenperiode. Die Inka stellen in der andinen Kulturentwicklung eine relativ späte Erscheinung dar, die jedoch in organisator. und polit. Hinsicht über die Vorgängerkulturen hinauswuchs. In nur 100 Jahren (1438 bis 1532) gelang es ihnen, ihren polit. Einfluss über 5000 km in N-S-Richtung zw. S-Kolumbien und N-Chile auszudehnen.

Basis der *Wirtschaft* war der Feldbau (ohne Pflug), in den Küstentälern mit Bewässerung (Bohnen, Mais, Kürbis). Im Hochgebirge wurde die Anbaufläche durch Terrassierung der Berghänge erweitert. Mais und Kartoffeln waren den unterschiedl. Höhenzonen durch Züchtung zahlr. Sorten angepasst. Als Haustiere wurden Alpaka (Wolle), Lama (Wolle, Fleisch; auch als Lasttiere), Meerschweinchen (Fleisch) und Hund gehalten; als Fleischlieferanten spielten Wildtiere die größere Rolle; Milchprodukte waren unbekannt. Da es Rad und Wagen nicht gab, wurden Haustiere nicht als Zugtiere verwendet. Ein gut ausgebautes Straßennetz (eine Hauptstrecke in den Anden 5200 km, eine an der Küste rd. 4000 km lang) errichteten die Inka.

Die *Bauten* an der Küste wurden aus Lehmziegeln (Adobe) errichtet. Ab etwa 100 n.Chr. entwickelten sich religiöse Zentren mit größeren Pyramiden- und Tempelbauten (z.B. Moche im N) sowie stadtähnl. Gemeinwesen (z.B. Cahuachi zur Nazcazeit im S), was durch Bevölkerungskonzentration, eine bereits stark geschichtete Gesellschaft und große Machtentfaltung bedingt war. Ab etwa 1000 n.Chr. nahm die Entwicklung zur Stadtkultur einen großen Aufschwung (z.B. Chan Chan, Hauptstadt des Chimúreiches mit 18 km^2 Fläche). Im Hochland wurden die Häuser aus Stein errichtet; die Entwicklung zu religiösen und weltl. Zentren und Städten war der der Küste im Zeitverlauf ähnlich (z.B. Tiahuanaco, Cuzco). Zur Inkazeit wurden im Hochland Befestigungsanlagen aus Stein errichtet (Sacsayhuamán, Machu Picchu). – *Steinplastiken* kult. Bedeutung wurden in den frühen Perioden hergestellt (San Agustín, Chavín), später in Tiahuanaco, Huari, im Tafí-Tal (N-Argentinien). – Die Herstellung von *Keramik* (ohne Töpferscheibe, z.T. mit Modeln) erreichte Höhepunkte in den Kulturen von Nazca (vielfarbige Bemalung, polierte Oberfläche), Mochica (Gefäße mit oft realist. Lebensszenen und Porträts) und Tiahuanaco (vielfarbig, glänzend poliert); Glas war unbekannt. – *Metalle* (Gold, Silber, Kupfer, in Ecuador auch Platin; außerdem Legierungen: Bronze; Tumbaga bes. in Kolumbien) wurden meist zu Schmuck verarbeitet (Treiben, Hämmern, Gießen). Bronze wurde bei den Inka auch für Waffen verwendet, Eisen war unbekannt. Hervorragende Goldarbeiten gab es in den Kulturen von Chavín, Quimbaya, Chimú, Muisca. – Die Herstellung von *Tex-*

andine Hochkulturen: Goldfigur der Quimbaya-Kultur, Kolumbien (Madrid, Amerikamuseum)

Tadao Andō: Modern Art Museum in Fort Worth (1997–2002)

...tilien aus Wolle und Baumwolle erreichte in Nazca und Paracas einen Höhepunkt. Federn meist von trop. Vögeln verzierten prächtige Umhänge, Kronen und Schilde (Huari, Inka). – *Malerei* findet sich auf Felsbildern, an den Wänden von Grabkammern sowie auf Textilien und Keramik, realist. Darstellungen aus dem Alltagsleben bes. auf den Gefäßen der Mochicakultur; großflächige Scharrbilder im Gebiet von Nazca. – Eine *Schrift* scheint nicht bekannt gewesen zu sein, Knotenschnüre (→Quipu) dienten wohl als Gedächtnishilfen.

andinotyp [nach den Anden], Bez. für einfach gebaute Faltengebirge mit hohem Anteil an synorogenen Intrusionen mit jüngeren, oft intermediären Vulkaniten.

Andischan, usbek. **Andijon,** Hptst. des Gebiets A., Usbekistan, im südöstl. Ferganabecken, 363 000 Ew.; Hochschulen; Maschinenbau, chem. Ind., Baumwoll- und Obstverarbeitung; nahebei Erdöl- und Erdgasförderung.

Andō, Tadao, jap. Architekt, *Ōsaka 13. 9. 1941. Seine von einer eher asket. Grundhaltung geprägte Architektur, die sich an Prinzipien des traditionellen jap. Wohnhauses anlehnt, wirkt durch klare geometr. Formen und glatte Sichtbetonoberflächen (u. a. Kunstmuseum für Kinder in Himeji, 1987–89; Konferenzzentrum der Firma Vitra in Weil am Rhein, 1993; Modern Art Museum in Fort Worth [Tex.], 1997–2002; Langen Foundation, Insel Hombroich bei Neuss, 2002–04). A. erhielt 1995 den Pritzker-Preis, 1996 den Kunstpreis Praemium Imperiale. – Abb. S. 171

Andō Hiroshige [-ʃ-], jap. Maler und Meister des Farbholzschnitts, *Edo (heute Tokio) 1797, †ebd. 12. 10. 1858; Folgen von Landschaftsholzschnitten und die z. T. nach der Natur gezeichnete Farbholzschnittfolge »53 Stationen des Tōkaidō« (1833–34). Seine »100 Ansichten von Edo« (1856–58) hatten starken Einfluss auf die frz. Impressionisten.

Andorn, Marrubium, Lippenblütlergatt., weiß blühende, taubnesselähnl. Stauden mit äther. Öl.

Andorra, amtl. katalan. **Principat d'A.,** dt. **Fürstentum A.,** Kleinstaat in den östl. Pyrenäen (bis 2 942 m ü. M.), zw. Spanien und Frankreich.

Andō Hiroshige: Heftiger Schauer über der Ohashi-Brücke, Farbholzschnitt aus der Folge »100 Ansichten von Edo« (1856–58; Köln, Museum für Ostasiatische Kunst)

Staat und Recht

Nach der am 4. 5. 1993 in Kraft getretenen Verf. ist A. ein souveränes parlamentar. Fürstentum. Als Staatsoberhaupt mit repräsentativer Funktion fungieren der Präs. von Frankreich und der span. Bischof von Urgell (Kofürsten). Die Legislative liegt beim Generalrat (28 bis 42 Abg., für 4 Jahre gewählt), der auch den Chef der Reg. (Exekutivrat) wählt. Dieser beruft seinerseits die Minister. Verf.-Änderungen setzen ein Referendum sowie eine Zweidrittelmehrheit im Parlament voraus. – Wichtigste Parteien: Partit Liberal d'Andorra (PLA), Partit Socialdemòcrata (PS) und Centre Demòcrata Andorrá (CDA).

Landesnatur

A. liegt inmitten bis über 3 000 m hoher Gebirgsmassive (darunter die von der UNESCO zum Weltkulturerbe erklärte Berglandschaft Vall del Madriu-Perafita-Claror) zw. Spanien und Frankreich. Kerngebiet ist das Talbecken von Andorra la Vella (800–1 100 m ü. M.), das durch eine Straße durch das Valiratal mit der span. Stadt Seo de Urgel und über einen 2 408 m hohen Pass (Port d'Envalira; höchste Passstraße der Pyrenäen) mit dem frz. Ariègetal verbunden ist.

Bevölkerung

Nur 36 % der Bev. sind Katalanisch sprechende Andorraner, 35,7 % sind Spanier, 14,4 % Portugiesen und 6,5 % Franzosen. Viele Franzosen und Spanier haben aus Steuergründen in A. ihren Zweitwohnsitz. Rd.

Flagge

Wappen

(AND)
internationales
Kfz-Kennzeichen

Andorra

Fläche: 468 km²
Einwohner: (2005) 78 500
Hauptstadt: Andorra la Vella
Amtssprache: Katalanisch
Nationalfeiertag: 8. 9.
Währung: 1 Euro (EUR, €) = 100 Cent
Zeitzone: MEZ

96 % der Bev. gehören der kath. Kirche an, dem span. Bistum Urgell zugehörig; daneben gibt es wenige Protestanten und eine kleine jüd. Gemeinde. – Es besteht allg. Schulpflicht im Alter von 6 bis 16 Jahren; Univ. von A. (gegr. 1997).

Wirtschaft und Verkehr

Haupterwerbszweig ist der Fremdenverkehr (11,5 Mio. Touristen). Daneben trägt der Bankensektor zur Wirtschaftskraft des Landes bei. Durch die günstige Zoll- und Steuerpolitik floriert der Handel mit Luxusgütern (Schmuck, Lederwaren, Bekleidung, Kosmetika). Im gewerbl. Sektor dominiert die Tabak- und Holzverarbeitung, pharmazeut. und opt. Industrie; Schaf-, Pferde- und Rinderzucht. A. ist auf Importe an Brennstoffen und Elektrizität angewiesen (v. a. aus Spanien und Frankreich). Das einzige Wasserkraftwerk deckt nur etwa 18 % der Energie bei einem Gesamtverbrauch von 519 GWh.

Geschichte

Das bereits 805 in einer karoling. Urkunde erwähnte A. war jahrhundertelang Streitobjekt zw. den span. Bischöfen von Urgel (Sitz Seo de Urgel) und den frz. Adelsgeschlecht Castelbon (dessen Ansprüche 1206 auch den Grafen von Foix übergingen); ein 1278 abgeschlossener Paréage-Vertrag (vom Papst bestätigt) legte eine gemeinsame Herrschaft fest. Im 16. Jh. gingen die Rechte der Grafen von Foix auf die Könige von Navarra und 1607 auf Frankreich über, das 1793 auf sie verzichtete; Napoleon I. stellte sie 1806 wieder her. Im Rahmen einer Reformbewegung (1866–68) wurde der Generalrat eingeführt (Wahlrecht für Familienoberhäupter, erst seit 1970 auch für Frauen). 1993 trat A. der UNO, 1994 dem Europarat bei.

Andorra la Vella, Hauptstadt des Fürstentums Andorra, 1 029 m ü. M., 23 600 Ew. Im Stadtzentrum liegen die Kirche Sant Esteve (12. Jh., mehrfach umgestaltet) sowie die Casa de la Val (16. Jh., heute Sitz des Parlaments).

Andrade [-di], Carlos Drummond de, brasilian. Lyriker, * Itabira (Minas Gerais) 31. 10. 1902, † Rio de Janeiro 17. 8. 1987; war einer der bedeutendsten Lyriker Lateinamerikas; ging aus dem avantgardist. Modernismo hervor; poetisierte das Prosaische und Alltägliche; typisch waren satir. Provokationen und die Einbeziehung der »unlyr.« Gegenwart.
Ausgabe: Gedichte (port. u. dt. Ausw. 1982).

Andragogik [griech.] *die,* Lehre von der → Erwachsenenbildung.

Andrássy [ˈɔndrɑːʃi], **A. von Csíkszentkirály und Krasznahorka,** ungar. Adelsgeschlecht: **1)** *Gyula* (Julius) d. Ä., Graf, österr.-ungar. Politiker, * Kaschau (heute Košice) 3. 3. 1823, † Volosca (heute Volosko bei Opatija) 18. 2. 1890, Vater von 2); brachte mit F. → Deák den österr.-ungar. Ausgleich von 1867 zustande; 1867–71 ungar. Min.-Präs., 1871–79 österr.-ungar. Außenmin. Er stimmte sich eng mit dem Dt. Reich ab (Dreikaiserbund 1872/73, Zweibund 1879).
2) *Gyula* (Julius) d. J., Graf, ungar. Politiker, * Tőketerebes (heute Trebišov, Slowak. Rep.) 30. 6. 1860, † Budapest 11. 6. 1929, Sohn von 1); bot als letzter österr.-ungar. Außenmin. am 28. 10. 1918 der Entente einen Sonderfrieden an.

Andrault [ɑ̃ˈdro], Michel, frz. Architekt, * Montrouge 17. 12. 1926; sucht (in Zusammenarbeit mit seinen Partnern) einer uniformen Architektur durch Einsatz kontrastierender Materialien und Formen entgegenzuwirken: Wohnsiedlungen (u. a. »Ville nouvelle« in Évry, Wettbewerbssieg 1971), Hochhaus- und Verwaltungsbauten, Vielzweckhallen (Palais Omnisports in Paris-Bercy, 1979–84; CNIT-Ausstellungshalle in Paris-La Défense, 1989).

Andre [ˈændrɪ], Carl, amerikan. Plastiker, * Quincey (Mass.) 16. 9. 1935; schuf 1965 die erste horizontale Plastik als ein System flach auf dem Boden liegender Platten, die ein wichtiger Beitrag zur Minimal Art ist.

André [ɑ̃ˈdre], Musiker- und Verlegerfamilie in Offenbach am Main. Gründer (1784) des dort noch heute bestehenden Musikverlags war *Johann A.* (* 1741, † 1799), der auch Singspiele, Balladen und Lieder vertonte. Sein Sohn *Johann Anton A.* (* 1775, † 1842) erweiterte den Verlag, bes. bemüht um die Überlieferung der Werke W. A. Mozarts.

André [ɑ̃ˈdre], *Maurice,* frz. Trompeter, * Alès 21. 5. 1933. Sein Repertoire reicht von der Musik des Barock bis zu zeitgenöss. Werken.

Andreä, *Johann Valentin,* ev. Theologe, * Herrenberg 17. 8. 1586, † Stuttgart 27. 6. 1654; wirkte für eine innere Erneuerung des Christentums, regte die ersten Schriften der → Rosenkreuzer an.

Andrea da Firenze, eigtl. Andrea di Bonaiuto, ital. Maler, * Florenz, † Pisa oder Florenz Ende 1377 oder Anfang 1378; nachweisbar 1343–77, tätig in Florenz und Pisa; schuf 1366–69 in der »Span. Kapelle« von S. Maria Novella zu Florenz einen Freskenzyklus mit Darstellungen der scholast. Gedankenwelt.

Andreae, *Volkmar,* schweizer. Komponist und Dirigent, * Bern 5. 7. 1879, † Zürich 19. 6. 1962; schrieb zwei Opern, Chor-, Orchester- und Kammermusikwerke.

Andreas, Apostel, Bruder des Petrus (Mk. 1, 16); nach der Legende Apostel Kleinasiens, Konstantinopels und der Russen, soll am 30. 11. 60 n. Chr. in Patras an einem Kreuz mit schrägen Balken (**A.-Kreuz**) gekreuzigt worden sein. Heiliger, Patron u. a. von Griechenland, Russland, Schottland. Der **A.-Tag** (30. 11.) leitet im Brauchwesen die Adventszeit ein.

Andreas, Könige von Ungarn:
1) *A. I.* (1046–60), * um 1014, † Zirc Dez. 1060; Arpade; kämpfte gegen Kaiser Heinrich III. und konnte die dt. Lehnsoberhoheit beenden (1058).
2) *A. II.* (1205–35), * um 1176, † Ofen (heute als Buda zu Budapest) 21. 9. 1235; Arpade, Sohn Bélas III., Vater der hl. Elisabeth von Thüringen; verlieh 1222 dem Adel große Vorrechte, den Siebenbürger Sachsen den Freibrief (**Privilegium Andreanum**) von 1224.

Andreaskreuz, Diagonalkreuz in Form eines griech. X (benannt nach dem Apostel Andreas); heraldisch **Schragen** genannt.

Andreasorden, 1698–1917 höchster russ. Orden, von Peter d. Gr. gestiftet.

Andreas-Salomé, *Lou,* Schriftstellerin, * Petersburg 12. 2. 1861, † Göttingen 5. 2. 1937; Freundin F. Nietzsches und R. M. Rilkes. Neben literar. Arbeiten (Erzählungen, Essays, Lyrik) verfasste sie theoret. Schriften zu Psychoanalyse und Anthropologie.

Andree, *Richard,* Geograf und Ethnologe, * Braunschweig 26. 2. 1835, † München 22. 2. 1912; wurde 1873 Leiter und Teilhaber der geograf. Anstalt des Verlages Velhagen & Klasing. Sein Hauptwerk ist der »Allgemeine Handatlas« (1881).

Andrée, *Salomon August,* schwed. Ingenieur und Polarforscher, * Gränna 18. 10. 1854, † auf Kvitøy 1897; stieg am 11. 7. 1897 mit zwei Begleitern im Freiballon

Lou Andreas-Salomé

Ivo Andrić

von Spitzbergen auf, um erstmals den Nordpol zu überfliegen. Die Teilnehmer der Expedition blieben verschollen, bis man 1930 im NO Spitzbergens Überreste fand, darunter Tagebücher und Fotografien, später hg. als »Dem Pol entgegen« (dt. 1930).

Andrejew, Leonid Nikolajewitsch, russ. Schriftsteller, * Orel 21. 8. 1871, † Mustamäki (Finnland) 12. 9. 1919; stellte in Erzählungen (»Das rote Lachen«, 1904; »Die Geschichte von den sieben Gehängten«, 1908) und Dramen (»Das Leben des Menschen«, 1907) seel. und soziale Konflikte dar.

Andreotti, Giulio, ital. Politiker (DC), * Rom 14. 1. 1919; Jurist, seit 1954 an den meisten Regierungen beteiligt (u. a. Innen-, Finanz-, Außenmin.), siebenmal Min.-Präs.; Rücktritt im Zusammenhang mit der ital. Staatskrise; Senator auf Lebenszeit; seit 1995 Anklagen wegen Beteiligung an einer kriminellen Vereinigung und Anstiftung zum Mord; endgültiger Freispruch 2003.

Andres, Stefan, Schriftsteller, * Breitwies (Landkreis Bernkastel-Wittlich) 26. 6. 1906, † Rom 29. 6. 1970; verband in seinen Erzählwerken antike Sinnenhaftigkeit und christl. Mystik, so in den Novellen »El Greco malt den Großinquisitor« (1936) und »Wir sind Utopia« (1943) sowie in den Romanen »Die Hochzeit der Feinde« (1947), »Der Knabe im Brunnen« (autobiografisch, 1953) und »Die Versuchung des Synesios« (hg. 1971).

Andrews [ˈændruːz], **1)** John, austral.-kanad. Architekt, * Sydney 29. 10. 1933; Vertreter des →Brutalismus, wurde bekannt mit dem Bau des Scarborough College der Univ. Toronto (1963–69).

2) Julie, eigtl. Julia Elizabeth **Wells,** brit. Schauspielerin und Sängerin, * Walton-on-Thames (Cty. Surrey) 1. 10. 1935; spielte in Musicals am Broadway, so 1956 in der Premiere von »My fair Lady«, später u. a. in den Filmen »Mary Poppins« (1964), »Victor/Victoria« (1982), »Our Sons« (1991).

Andrews Sisters, The [ðɪ ˈændruːz ˈsɪstəz], amerikan. Frauen-Vokalgruppe, gegr. 1932 von LaVern Sofia Andrews (* 1911, † 1967), Maxene Angelyn Andrews (* 1916, †1995) und Patti (eigtl. Patricia Marie Andrews (* 1918). Das Trio hatte 1938 mit »Bei mir bist du schön«, der Swing-Fassung eines jidd. Liedes, seinen ersten Hit. Bis 1967 veröffentlichten die A. S. über 1800 Songs und wirkten in 17 Spielfilmen mit.

Andria, Stadt in Apulien, Prov. Bari, Italien, 96 600 Ew.; Agrarzentrum mit Ölmühlen und Töpfereien. – Dom mit frühroman. Krypta. 15 km südwestlich das →Castel del Monte.

Andrić [ˈandritɕ], Ivo, bosnisch-serb. Schriftsteller, * Dolac (bei Travnik, Bosnien) 10. 10. 1892, † Belgrad 13. 3. 1975; schrieb Essays, Romane (u. a. »Die Brücke über die Drina«, 1945) und Erzählungen aus der Geschichte Bosniens; verband philosoph. Thematik mit großer Sprachkunst; 1961 Nobelpreis für Literatur.

andro... [griech.], Mann..., männlich.

Androgene, die, männl. →Geschlechtshormone.

Androgenese [griech.] *die,* experimentell erzeugte Eientwicklung ohne Eikern, allein unter Entwicklung des Samenkerns.

Androgynie [griech.] *die,* Bez. für den männl. →Pseudohermaphroditismus.

Andrologie [griech.] *die,* Lehre von Bau, Funktion und Erkrankungen der männl. Geschlechtsorgane, v. a. in Bezug auf die Zeugungsfähigkeit und deren Störungen.

Andromache, *griech. Mythologie:* Gemahlin Hektors, Mutter des Astyanax. Berühmt der 6. Gesang der »Ilias«, der ihren Abschied von Hektor vor seinem Tod in der Schlacht vor Troja schildert. Dramat. Bearbeitungen u. a. von Euripides, J. Racine, W. Jens.

Andromeda, 1) *Astronomie:* Sternbild am Nordhimmel, im Herbst und Winter am Abendhimmel beobachtbar. Die hellsten Sterne sind Alpheratz, Mirach und Alamak, das bekannteste Objekt dieses Sternbilds ist der A.-Nebel. Den Stern υ Andromedae umkreisen mindestens drei Planeten.

2) *griech. Mythologie:* Tochter des Äthiopiers Kepheus und der Kassiopeia. Als diese sich rühmte, schöner als die Nereiden zu sein, musste A. einem Meerungeheuer preisgegeben werden. Perseus rettete sie und nahm sie zur Frau, später wurde sie in ein Sternbild verwandelt.

Andromedanebel, das im Sternbild Andromeda sichtbare nächste extragalakt. →Sternsystem. Die Entfernung von der Erde beträgt ca. 2,9 Mio. Lichtjahre. Aufnahmen zeigen den A. als spiralförmig gebautes System mit einem bes. dichten Kern im Zentrum; sein größter Durchmesser beträgt etwa 160 000 Lichtjahre. Der A. hat zwei ellipt. Sternsysteme (M 32 und M 110) sowie noch drei nahezu kugelförmige Zwerggalaxien als Begleiter.

Andromediden, ein Ende November auftretender →Meteorstrom, dessen Radiant im Sternbild Andromeda liegt. Als Reste des →Bielaschen Kometen werden die A. auch **Bieliden** genannt.

Andropause [griech.], das Aufhören der Sexualfunktion beim Mann. Ein genereller Zeitpunkt für den Eintritt der A. kann nicht festgelegt werden, da die Sexualfunktion des Mannes bis ins hohe Alter erhalten bleiben kann.

Andropow, Juri Wladimirowitsch, sowjet. Politiker, * Nagutskaja (Region Stawropol) 15. 6. 1914, † Moskau 9. 2. 1984; war 1953–57 Botschafter in Ungarn, 1967–82 Leiter des KGB, 1973–84 Mitgl. des Politbüros und 1982–84 Gen.-Sekr. des ZK der KPdSU, 1983–84 auch Staatsoberhaupt. Förderer M. S. Gorbatschows.

Andros, 1) nördlichste Insel der griech. Kykladen, bis 1 000 m hoch, bewaldet, 380 km², 9 000 Einwohner.

2) [engl. ˈændrəs], die größte Insel der Bahamas, 5 957 km², bewaldet, 7 700 Ew.; Hauptsiedlung ist Mangrove Cay.

Andromeda 1): mit bloßem Auge sichtbare Sterne des Sternbildes Andromeda sowie ausgewählte Objekte

Androsteron [griech.] *das,* männl. Geschlechtshormon aus den Zwischenzellen des Hodens, wird im Harn ausgeschieden.

Andruck, Probedruck nach Beendigung der Druckformenherstellung.

Andrzejewski [andʒɛ-], Jerzy, poln. Schriftsteller, *Warschau 19. 8. 1909, †ebd. 20. 4. 1983; schrieb die Romane »Asche und Diamant« (1948), »Finsternis bedeckt die Erde« (1957), »Die Appellation« (1968).

Äneas, *griech.-röm. Mythologie:* ein trojan. Held, Sohn des Anchises und der Aphrodite, nach Hektor der tapferste Trojaner. Ä. rettete die heim. Götterbilder, seinen Vater und seinen Sohn aus der brennenden Stadt und kam nach langen Irrfahrten nach Italien, wo seine Nachkommen Rom gründeten. Ä.' Sohn Ascanius wurde unter dem Namen Iulus Ahnherr des Geschlechts der Julier; Epos »Aeneis« von Vergil.

Aneignung, *Recht:* Besitzergreifung einer →herrenlosen Sache.

Anekdote [griech. »nicht Herausgegebenes«] *die,* skizzenhaft-kurze, pointierte Erzählung einer bemerkenswerten Begebenheit bzw. eines wahren oder erfundenen charakterist. Ausspruchs einer bekannten Persönlichkeit. Literarisch bedeutende A. schrieben u. a. J. P. Hebel (volkstümlich-lehrhaft), H. von Kleist (dramatisch akzentuiert), im 20. Jh. u. a. A. Roda Roda, F. C. Weißkopf und B. Brecht.

Anemometer [zu griech. ánemon »Wind«] *das,* Gerät zur Messung der Windgeschwindigkeit.

Anemometrie, die →Windmessung.

Anemone [griech.] *die,* Gattung der Hahnenfußgewächse, ausdauernde Kräuter mit geteilten Blättern und meist Nüsschenfrüchten; z. B. das weiß bis rosa blühende **Buschwindröschen** (A. nemorosa), auch Osterblume genannt, das **Gelbe Windröschen** (A. ranunculoides) sowie das alpine **Berghähnlein** (A. narcissiflora).

Anemonenfische, die →Clownfische.

Anemostat® *der, Klimatechnik:* Deckenluftauslass mit horizontaler Ablenkung der Luft.

Anerbenrecht, Sondererbrecht für ländlichen Grundbesitz, wonach das Gut ungeteilt auf einen Erben (den **Anerben**) übergeht (→Höferecht).

Anergie [griech.] *die, techn. Thermodynamik:* →Exergie.

Anerio, Felice, ital. Kirchenmusiker, *Rom um 1560, †ebd. 26./27. 9. 1614, und sein Bruder Giovanni Francesco A., *Rom um 1567, begraben Graz 12. 6. 1630; Vertreter der →römischen Schule. Sie schrieben geistl. Musik, Madrigale, Kanzonetten, Tanzsätze.

Anerkenntnis, *Recht:* 1) vertragl. Anerkennung eines bestehenden oder Begründung eines neuen Schuldverhältnisses (**Schuld-A.,** § 781 BGB); bedarf grundsätzlich der Schriftform, unterbricht die Verjährung.
2) Erklärung des Beklagten im Zivilprozess, dass der Anspruch des Klägers berechtigt sei. Sie bildet die Grundlage des **A.-Urteils** (§ 307 ZPO).

Anerkennung, 1) *Familienrecht:* Soweit die Vaterschaft nicht durch die Ehe begründet wird, ist ihre A. durch den Mann gemäß § 1592 Nr. 2 BGB möglich. Sie bedarf der Zustimmung der Mutter und ist öffentlich zu beurkunden.
2) *Völkerrecht:* vorläufige, ausdrückl., konkludente oder endgültige Willenserklärung eines Völkerrechtssubjekts gegenüber einem anderen Völkerrechtssubjekt zur Regelung ungewisser oder umstrittener Tatbestände. Hauptfälle: A. von Staaten, einer Reg. bei

Anemone: Buschwindröschen

Umwälzungen mit ungewissem Ausgang, von Aufständischen als Kriegführende, eines Gebietserwerbs.

Aneroidbarometer, →Barometer.

Anethol [griech.-lat.] *das,* der wesentl. Bestandteil des Anis- und Sternanisöls, ein Phenolether, verwendet z. B. für Liköre und Mundpflegemittel.

Aneto, Pico de A., höchster Gipfel der Pyrenäen, in der Maladettagruppe, 3 404 m ü. M.; über den A. verläuft die spanisch-frz. Grenze.

Aneurysma [griech. »Erweiterung«] *das,* umschriebene Erweiterung einer Arterie oder des Herzwand. A. entstehen durch Arterienverkalkung, Syphilis, sonstige Schädigung der Gefäßwand, beim Herzen durch Infarkt. Große A. verdrängen Nachbarorgane; das Bersten eines A. kann zur Verblutung führen. Die Feststellung erfolgt durch Ultraschalldiagnostik, Röntgenuntersuchung oder Computertomografie; Behandlung meist operativ.

Anfall, *Medizin:* plötzl., vorübergehendes Auftreten krankhafter Erscheinungen bei unterschiedl. Krankheitsbildern, oft aus dem Wohlbefinden heraus. Als Anfallskrankheiten i. e. S. bezeichnet man die zerebralen Anfallsleiden (→Epilepsie).

Anfallrecht, →Heimfall.

Anfechtung, Beseitigung der Rechtsfolgen einer Willenserklärung oder eines Rechtsverhältnisses wegen Irrtums, falscher Übermittlung (§§ 119, 120 BGB), arglistiger Täuschung oder widerrechtl. Drohung (§ 123 BGB). Anfechtungsberechtigt ist, wer die anfechtbare Willenserklärung abgegeben hat; beim Testament derjenige, den seine Aufhebung unmittelbar begünstigen würde. Die A. geschieht durch einseitige, formlose Erklärung. Sie hat unverzüglich (§§ 119, 120) oder binnen Jahresfrist (§ 123) zu erfolgen. Die Irrtums-A. kann Ersatzpflichten begründen.

Anfechtungsklage, 1) *Verwaltungsprozess:* die Klage, mit der ein in seinen Rechten Betroffener den Abwehranspruch gegen einen rechtswidrigen Verw.-Akt geltend macht. Die A. hat i. d. R. ein Widerspruchsverfahren vorauszugehen, nach dessen erfolglosem Verlauf (negativer Widerspruchsbescheid) binnen eines Monats die A. zu erheben ist.
2) *Zivilprozess:* eine Gestaltungsklage, die auf die Aufhebung eines Rechtsverhältnisses oder bestimmter gerichtl. Entscheidungen zielt (z. B. Anfechtung der Vaterschaft).

Anfinsen [ˈæn-], Christian Boehmer, amerikan. Biochemiker, *Monessen (Pa.) 26. 3. 1916, †Randallstown (Md.) 14. 5. 1995; erhielt 1972 zus. mit W. H. Stein und S. Moore für Forschungen an dem Enzym Ribonuklease den Nobelpreis für Chemie.

Anflug, *Luftfahrt:* Annäherung eines Flugzeugs an ein bestimmtes Ziel, z. B. einen Flughafen (Landeanflug). **A.-Geschwindigkeit,** beim Lande-A. einzuhaltende Geschwindigkeit, die zur Erzielung einer kurzen

a

b

Aneurysma: a echtes Aneurysma (Aneurysma verum); b unechtes Aneurysma (Aneurysma spurium)

Christian Anfinsen

Landestrecke möglichst niedrig, zur Gewährleistung sicherer Steuerbarkeit ausreichend hoch sein soll. **A.-Grundlinie,** meist gekennzeichnete, in A.-Richtung zum Flughafen verlängerte Mittellinie der Landebahn.

Anfrage, das Ersuchen von Abgeordneten an die Regierung um Auskunft. Die Geschäftsordnung des Bundestages unterscheidet **kleine** und **große (parlamentar.) A.** Beide sind schriftlich einzureichen und müssen von einer Mindestanzahl von Abg. unterzeichnet sein. Kleine A. werden schriftlich beantwortet. Die Antwort auf große A. kann Gegenstand einer Beratung des Parlaments sein. Jedes Mitgl. des Bundestags ist außerdem berechtigt, Fragen zur mündl. (»Fragestunde«) oder schriftl. Beantwortung an die Bundesreg. zu stellen.

Anführungszeichen, umgangssprachlich: **Gänsefüßchen,** →Satzzeichen (Übersicht).

Angara die, rechter Nebenfluss des Jenissei, in Ostsibirien, 1779 km lang, entströmt dem Baikalsee, mündet in der Region Krasnojarsk; Wasserkraftwerke (**A.-Kaskade**), große Stauseen.

Angarsk, Stadt in S-Sibirien, Russland, im Gebiet Irkutsk, an der Angara und der Transsibir. Eisenbahn, 247 000 Ew.; Erdölraffinerie, chem. Industrie. – Gegr. 1948.

Angebinde, urspr. das Patengeschenk, das dem Täufling in das Wickelkissen eingebunden wurde; seit dem 17. Jh. für Geburtstags- oder Namenstagsgeschenke, dann für Geschenk überhaupt.

angeboren, bei der Geburt vorhanden; angeborene Krankheiten sind erbbedingt (**kongenital,** →genetische Krankheiten) bzw. während der vorgeburtl. Entwicklung im Mutterleib oder der Geburt erworben (**konnatal,** →Embryopathie, →Fetopathie, →Geburtsschäden).

angeborene Ideen, angeborene Wahrheiten, bes. im Idealismus (Platon, →Anamnesis) und Rationalismus (→Descartes) vertretene Auffassung, dass bestimmte Denkinhalte nicht aus der Erfahrung stammen, sondern im Bewusstsein vorgegeben sind. I. Kant ersetzte diese Vorstellung, an Leibniz anknüpfend, durch die Annahme aprior. Komponenten des Erkenntnisvermögens.

Angelfall: Der höchste bekannte Wasserfall der Erde stürzt von der Nordostflanke des über 2 000 m hohen Tafelberges Auyán-Tepuy in die Tiefe.

angeborener Auslösemechanismus, Abk. **AAM,** die Fähigkeit bei Tier und Mensch, ohne vorangegangene Erfahrung sinnvoll auf bestimmte Umweltsituationen zu reagieren. Über AAM werden aus der Vielzahl der Umweltreize die lebenswichtigen erkannt (auch Kenn- oder früher Schlüsselreize gen.) und situationsgerechte Verhaltensweisen ausgelöst; z. B. wird beim Reiz »Futter« die Nahrungsaufnahme eingeleitet, in analoger Weise sind Feinde und Abwehrverhalten oder Sexualpartner und →Balz verknüpft. (→Motivation)

angeborene Rechte, Rechte, die jedem Menschen ohne staatl. Verleihung kraft seiner menschl. Natur zustehen, z. B. die Menschenwürde (→Grundrechte).

Angebot, 1) *Wirtschaft:* die Gesamtheit der vom Verkäufer auf den Markt gebrachten Güter; die A.-Menge steigt theoretisch mit steigendem Preis. Der funktionale Zusammenhang zw. A.-Menge und Preis wird in der Wirtschaftstheorie als **A.-Funktion** bezeichnet und grafisch mithilfe der **A.-Kurve** dargestellt. Ggs.: Nachfrage.

2) *Zivilrecht:* grundsätzlich bindende, auf einen Vertragsabschluss gerichtete Willenserklärung.

Angehörige, der zu einer Familie gehörende Personenkreis. Im Strafrecht (§ 11 StGB) sind A. Verwandte und Verschwägerte gerader Linie, Adoptiveltern und -kinder, Pflegeeltern und -kinder, Ehegatten, eingetragene Lebenspartner, Geschwister und deren Ehegatten sowie Verlobte. Sie genießen gewisse Vorrechte, bes. das Zeugnisverweigerungsrecht. Im *österr.* Strafrecht (§ 72 StGB) umfasst dieser Begriff auch außerehel. Lebensgemeinschaften, nicht jedoch Verlobte, im *schweizer.* Strafrecht (Art. 110 StGB) Ehegatten, Geschwister, Verwandte gerader Linie, Adoptiveltern und -kinder, nicht aber Verschwägerte und Verlobte.

Angeklagter, einer Straftat beschuldigte Person, gegen die die Eröffnung des Hauptverfahrens beschlossen ist (§ 157 StPO); so auch in *Österreich* (§ 38 StPO). In der *Schweiz* wird der Beschuldigte bereits nach der Anklageerhebung A. genannt.

Angel, 1) *Bautechnik:* Zapfen am Beschlag, um den sich ein Tür- oder Fensterflügel mit den A.-Bändern dreht.

2) *Fischereigerät,* besteht aus einem Haken, der, durch Köder getarnt, den anbeißenden Fisch festhalten soll, dem Vorfach aus Kunstfaser oder Draht und der A.-Schnur aus Kunstfaser (Hand-, Wurf-, Grund-, Schlepp- und Leg-A.); die Ruten-A. besteht aus einem biegsamen, zerlegbaren Stab mit Rolle für die Schnur. Der aus Blei gefertigte Senker und der Schwimmer aus Kork oder Kunststoff lassen den Köder in bestimmter Wassertiefe schweben; außerdem zeigt der Schwimmer an, ob ein Fisch den Köder angenommen hat.

3) an *Werkzeugen* spitz zulaufender Fortsatz zur Befestigung des Handgriffs.

Angela Merici [ˈandʒela meˈriːtʃi], ital. Ordensgründerin, *Desenzano (Prov. Brescia) 1. 3. 1474, † Brescia 27. 1. 1540; Stifterin und erste Äbtissin der →Ursulinen (1535). Heilige, Tag: 27. 1.

Ángeles [ˈaŋxeles], Victoria de, eigtl. Victoria **López i García,** span. Sängerin (Sopran), → Los Ángeles.

Angelfall [ˈɛɪndʒəl-], **Salto Ángel,** höchster Wasserfall der Erde, im Bergland von Guayana, Venezuela, Fallhöhe 978 m. Gehört zum Nationalpark Canaima (UNESCO-Weltnaturerbe).

Angelica [griech.] *die,* die Gattung →Engelwurz.

Angelico [anˈdʒɛːliko], **Fra A., Beato A.,** ital. Maler, eigtl. Guido **di Pietro,** als Mönch **Fra Giovanni da Fiesole,** * bei Vicchio (Prov. Florenz) etwa zw. 1395 und 1400, † Rom 18. 2. 1455; wurde zw. 1418 und 1423 Dominikanermönch in Fiesole. Er wirkte in Florenz, auch in Cortona, Orvieto und Rom. Seine Kunst steht an der Schwelle von Spätgotik und Renaissance. – 1984 wurde Fra A. seliggesprochen.

Angell [ˈeɪndʒəl], Sir (ab 1931) Norman Lane, eigtl. Ralph N. A. **Lane,** engl. Schriftsteller, * Holbeach (Cty. Lincolnshire) 26. 12. 1874, † Croydon (heute zu London) 7. 10. 1967; schrieb Werke sozial-liberaler und pazifist. Richtung; Friedensnobelpreis 1933.

Angeln, german. Volksstamm, als Mitgl. des Nerthusbundes 98 n. Chr. von Tacitus genannt. Die zu den Elbgermanen zählenden A. siedelten v. a. in SO-Schleswig, bes. in der Landschaft Angeln. Zus. mit Sachsen und Jüten wanderten sie im 5. Jh. aus und gründeten die angelsächs. Reiche in Britannien, das nach ihnen den Namen England (Anglia) erhielt (→ Angelsachsen).

Angelopoulos [aŋɛˈlɔpulɔs], Theodoros, griech. Filmregisseur, * Athen 27. 4. 1937 (nach anderen Angaben 1936); begann als Filmkritiker, dreht seit den 1970er-Jahren psycholog. und philosoph. Spielfilme, u. a. »Die Wanderschauspieler« (1975). – *Weitere Filme:* Trilogie des Schweigens: Die Reise nach Kythera (1984), Der Bienenzüchter (1986), Landschaft im Nebel (1988); Der schwebende Schritt des Storches (1991); Die Ewigkeit und ein Tag (1998); Eleni – Die Erde weint (2004).

Angelou [ˈændʒəluː], Maya, afroamerikan. Schriftstellerin, * Saint Louis (Mo.) 4. 4. 1928; schreibt autobiograf. Werke (»Ich weiß, daß der gefangene Vogel singt«, 1970) über Erfahrungen schwarzer Frauen; auch Lyrik, Dramen, Filmskripte.

Angelsachsen, 1) die german. Stämme der Angeln, Sachsen und Jüten, die seit Beginn des 5. Jh. vom Festland aus (N-Ndsachs., Schlesw.-Holst.) Britannien eroberten und Hauptanteil des engl. Volkes wurden. 596 begann die Christianisierung. Die seit dem 6. Jh. entstandenen Kleinkönigreiche der A. – Kent, Sussex, Essex, Wessex, East Anglia, Mercia, Northumbria – wurden seit König Egbert von Wessex (802–839) zu einem Gesamtstaat vereinigt, der nach schweren Kämpfen gegen die dän. und norweg. Wikinger 1066 dem Herzog der Normandie, Wilhelm dem Eroberer, unterlag.

2) in den USA Bez. für aus England stammende Amerikaner.

Angelsport, das →Sportangeln.

Angelus Domini [lat. »Engel des Herrn«] *der, kath. Kirche:* das Gebet zum Gedächtnis der Menschwerdung Jesu, gesprochen täglich morgens, mittags und abends zum **Angelusläuten,** in der österl. Zeit an seiner Stelle das »Regina coeli«.

Angelus Silesius [lat. »schles. Bote«], eigtl. Johann **Scheffler,** geistl. Dichter, getauft Breslau 25. 12. 1624, † ebd. 9. 7. 1677; Sohn eines luther. Arztes, seit 1649 herzogl. Leibarzt in Oels; wandte sich der schles. Mystik zu (J. Böhme, D. Czepko), trat 1653 zur kath. Kirche über und wurde 1661 Priester. In den »Geistreichen Sinn- und Schlußreimen« (1657, seit 1674 »Cherubin. Wandersmann«) artikulierte er epigrammatisch zugespitzt das myst. Erlebnis des Einsseins mit Gott. In den Liedern der »Heiligen Seelenlust« (4 Bücher, 1657; neue Aufl. mit 5. Buch 1668) gibt er einer inbrünstigen Liebe zu Jesus Ausdruck.

Fra Angelico: Altartafel »Verkündigung Mariä« (1430–32; Madrid, Prado)

Angerapp *die,* poln. **Węgorapa,** russ. **Angrapa,** Fluss in Polen und Russland (Gebiet Kaliningrad), 140 km, entspringt aus den Masur. Seen, vereinigt sich unterhalb von Tschernjachowsk (Insterburg) mit der Inster zum Pregel.

Angerburg, dt. Name der poln. Stadt →Węgorzewo.

Ångermanland [ˈɔŋər-], Landschaft in N-Schweden, wald- und wasserreiches Berg- und Hügelland, im mittleren Norrland. Das Å. wird durchflossen vom **Ångermanälv,** 450 km, der bei Härnösand in den Bottn. Meerbusen mündet (Wasserkraftwerke).

Angermünde, Stadt im Landkreis Uckermark, Bbg., 15 100 Ew.; E.-Welk-Literaturmuseum; Emaillierwerk; Eisenbahnknotenpunkt. – Entstand um eine Burg (wohl um 1233; Ersterwähnung der Stadt 1284 belegt).

Angers [ãˈʒe], Hptst. des Dép. Maine-et-Loire, Frankreich, an der Maine, 141 400 Ew.; Fakultät der Univ. Nantes, kath. Univ.; Textil-, Elektro-, Maschinenindustrie; Handel. – Kathedrale (12./13. Jh.) mit bed. Glasfenstern. Die gewaltige Schlossanlage (1228–38) ist eine von einer 950 m langen Ringmauer mit 17 Türmen umgebene Feudalburg. Dort befindet sich ein Zyklus von 70 Bildteppichen aus der Kathedrale mit Darstellungen der Johannesapokalypse (1375 bis 1379). – Im MA. war A. die Hptst. der Grafschaft Anjou. – Abb. S. 178

Angeschuldigter, Beschuldigter, gegen den die öffentl. Klage erhoben, jedoch noch nicht das Hauptverfahren beschlossen worden ist (§ 157 StPO).

Angestellte, Bez. einer uneinheitl. Gruppe abhängig Beschäftigter im öffentl. Dienst oder in der privaten Wirtschaft. Eine genaue Abgrenzung zu der Gruppe der Arbeiter ist in vielen Fällen nicht mehr möglich, weil die bisher trennenden Merkmale (monatl. Gehaltszahlung, überwiegend geistige Arbeit u. a.) an Bedeutung verloren haben. Die Unterscheidung zw. A. und Arbeitern hat arbeits- und sozialver-

Angers
Stadtwappen

Angers: Stadtansicht, im Vordergrund das Schloss mit Ringmauer und 17 Rundtürmen (1228–38)

sicherungsrechtlich kaum noch Bedeutung. Bis 2005 war sie noch maßgebend für die Zuständigkeit der Rentenversicherungsträger. Die berufsqualifikator. Breite des A.-Begriffs reicht von un- und angelernten Tätigkeiten bis zu Spitzenpositionen in der Wirtschaft.

Angestelltengewerkschaften, Vereinigungen, die die wirtsch., sozialen und berufl. Interessen der Angestellten wahren wollen. In Dtl. entwickelten sie sich seit 1900 neben den Arbeitergewerkschaften und waren ebenso wie diese weltanschaulich, politisch und konfessionell gespalten. Spitzenverbände waren nach 1918 der **Allg. Freie Angestelltenbund (AFA-Bund),** der **Gesamtverband dt. A.** mit dem **Deutschnationalen Handlungsgehilfenverband (DHV)** und der **Gewerkschaftsbund der Angestellten (GDA);** sie wurden 1933 verboten oder gingen in der Dt. Arbeitsfront auf. Seit 1949 gehören Angestellte den Industriegewerkschaften des Dt. Gewerkschaftsbundes (DGB) an. Daneben bestand 1945–2001 die **Dt. Angestellten-Gewerkschaft (DAG),** Sitz: Hamburg (kaufmänn., techn., Bank-, Sparkassen- und Versicherungsangestellte, öffentl. Dienst), die in die neu gegr. Vereinte Dienstleistungsgewerkschaft (→ver.di) einging. Internat. gibt es das 2000 aus dem Zusammenschluss von 4 Verbänden (u. a. dem **Internat. Bund der Privatangestellten**) hervorgegangene **Union Network International (UNI),** Sitz: Genf, das dem →Internationalen Gewerkschaftsbund und dem →Europäischen Gewerkschaftsbund angehört.

Angevinisches Reich [ãʒə-, frz.], Bez. für das unter der Herrschaft des Hauses Anjou in Personalunion regierte Königreich England sowie weite Teile W-Frankreichs seit der Thronbesteigung König Heinrichs II. von England 1154 bis zur frz. Eroberung der letzten Besitzungen um Bordeaux und Bayonne 1453.

Angilbert, Geistlicher und Dichter, *um 750, †18. 2. 814; lebte als Hofgeistlicher am Hof Karls d. Gr. (»Homerus« genannt). Aus seiner nicht ehel. Verbindung mit Karls Tochter Bertha (Vorbild für die Sage von Eginhard und Emma) ging der Geschichtsschreiber →Nithard hervor. Heiliger, Tag: 18. 2.

Angina [lat.] *die,* beim Menschen bes. die →Mandelentzündung; auch die →Angina Pectoris.

Angina Pectoris [lat. »Brustenge«] *die,* **Herzenge, Stenokardie,** Anfälle von heftigen Herzschmerzen, die im Brustbereich auftreten, oft in Schulter oder Arm ausstrahlen und mit Angstzuständen verbunden sind. Ursache ist eine Funktionsstörung der Herzkranzgefäße, oft im Zusammenhang mit körperl. oder psych. Belastung. Bei maximaler Durchblutungsnot tritt ein →Herzinfarkt auf. Behandlung: im Anfall Arzneimittel zur Erweiterung der Herzkranzgefäße (z. B. Nitroglycerin) und Ruhe, sonst körperl. Training und Ausschaltung von Risikofaktoren (z. B. Bluthochdruck, erhöhte Blutfettwerte, Rauchen). Bei ausgeprägten Gefäßverengungen kann eine Ballondilatation mit Einsatz eines oder mehrerer →Stents durchgeführt werden.

Angiografie [griech.] *die,* **Angiographie,** auch **Vasografie,** Röntgendarstellung von Blutgefäßen nach Injektion eines Kontrastmittels (meist über Katheter) in die Gefäßbahn; z. B. **Aortografie** (A. der Aorta und von ihr abzweigender Arterien); **Arteriografie** (A. arterieller Gefäße); **Venografie** bzw. **Phlebografie** (A. der Venen); **Lymphografie** (Darstellung der Lymphgefäße).

Angiokardiografie [griech.] *die,* **Angiokardiographie,** Röntgendarstellung von Herzhöhlen und herznahen Blutgefäßen nach Einbringen von Kontrastmittel durch Herzkatheterisierung.

Angiologie [griech.] *die,* die Lehre von den Blut- und Lymphgefäßen und ihren Erkrankungen.

Angiom [griech.] *das,* Blutschwamm, Geschwulst des Gefäßgewebes, v. a. Hämangiom (→Blutgefäßmal).

Angioplastie, Öffnen von verengten Herzkranzgefäßen mit einem Ballonkatheter (Dilatation).

Angiospermen, die →Bedecktsamer.

Angiotensine, niedermolekulare Peptide des Blutplasmas, die z. B. in der Regulation von Blutdruck, Kreislauf, Harnausscheidung wichtig sind.

Angkor, Ruinenstätte (UNESCO-Weltkulturerbe) in Kambodscha; zw. dem 9. und 15. Jh. Zentrum des Khmer-Reiches mit einer für Südostasien einzigartigen Stadtarchitektur. – 889 als **Yashodharapura** gegründet, 1177 durch Brand zerstört und anschließend als **A. Thom** monumental wieder aufgebaut, 1431 durch die Thai zerstört; heute ausgedehnte Ruinenstätte, u. a. mit der Tempelanlage **A. Vat** (12. Jh.) und

Angkor: Gesamtansicht der Tempelanlage Angkor Vat

dem Zentralheiligtum (Tempelberg) **Bayon** (um 1200).

Anglaise [ã'glɛːz; frz. »englischer (Tanz)«] *die*, aus England stammende Gesellschaftstanzart volkstüml. Herkunft im 17.–19. Jh.; in Dtl. im 18./19. Jh. beliebt.

Ang Lee [aŋ liː], taiwanes. Filmregisseur, →Lee, Ang.

Anglerfische, **Lophiidae**, Familie bis 1,5 m langer Armflosser, v. a. an den Küsten der trop. und gemäßigten Zonen; Bodenfische mit sehr großem Kopf und großem, mit vielen Zähnen bewehrtem Maul; mit vorderste, an der Spitze mit einem fleischigen Hautlappen versehene Stachelstrahl der Rückenflosse ist beweglich und dient dem Anlocken von Beute.

Anglesey ['æŋlsɪ], walis. **Ynys Môn**, Insel vor der NW-Küste von Wales, 714 km², 69 000 Ew.; durch zwei Brücken mit dem Festland verbunden. Verw.-Zentrum ist Llangefni; Schaf- und Rinderzucht. – Im Altertum als **Mona** Zentrum kelt. Kultur und Religion (Druiden-Kult), 61–78 n. Chr. von den Römern unterworfen, hieß im MA. **Anglorum Insula**.

Anglesit [nach dem Vorkommen in Anglesey] *der*, helles, fettglänzendes rhomb. Mineral, Bleisulfat; Oxidationsprodukt von Bleiglanz.

anglikanisch, Konfessions-Bez. der Angehörigen der →Anglikanischen Kirchengemeinschaft.

Anglikanische Kirchengemeinschaft, die Gemeinschaft der bischöflich verfassten, aus der →Kirche von England (anglikan. Kirche) hervorgegangenen, rechtlich jedoch selbstständigen National- und Partikularkirchen (rd. 78 Mio. Anglikaner; anglikan. Kirchen und Gemeinden in über 160 Ländern, bes. in der Staatengemeinschaft des Commonwealth). Primas ist der anglikan. Erzbischof von Canterbury, die Versammlung aller anglikan. Bischöfe sind die →Lambeth-Konferenzen.

Anglistik *die*, Wiss. von der engl. Sprache und Literatur.

Anglizismen, in eine andere Sprache übertragene engl. Wörter (z. B. Boss, Stress) und Wendungen (z. B. das macht keinen Unterschied, entsprechend zu »that makes no difference«).

Angloamerika, im Unterschied zu →Lateinamerika das überwiegend englischsprachige Nordamerika (USA und Kanada).

Angloamerikaner, i. e. S.: Amerikaner, deren Muttersprache Englisch ist; auch: Amerikaner engl. Abstammung; i. w. S.: Briten und Nordamerikaner.

angloamerikanisches Recht, die vom →Common Law geprägten Rechtsordnungen Großbritanniens, der USA, Kanadas u. a. Staaten.

Anglonormannisch, **Anglofranzösisch**, der nordfrz. Dialekt, der durch die normann. Eroberung (1066) in England bis ins 13. Jh. die Sprache des Hofes, der oberen Gesellschaftsschichten und der Literatur war. Als Verw.- und Gerichtssprache konnte es sich bis ins 15. Jh. halten.

Angmagssalik, **Ammassalik**, grönländ. **Tasiilaq**, mit 2 600 Ew. größte Siedlung O-Grönlands; Handelsplatz; Wetterstation.

Ango, fränk. Lanze mit extrem langer und dünner Eisenspitze (0,80–1,84 m); aus german. Widerhakenlanzen entwickelt.

Angola, amtl. port. **República de A.**, dt. **Republik A.**, Staat im südwestl. Afrika, grenzt im N und NO an die Demokrat. Rep. Kongo, im O an Sambia und im S an Namibia. An der Atlantikküste liegt an der Grenze zur Rep. Kongo die Exklave →Cabinda.

Angola

Flagge

Wappen

Fläche: 1 246 700 km²
Einwohner: (2006) 13,16 Mio.
Hauptstadt: Luanda
Verwaltungsgliederung: 18 Provinzen
Amtssprache: Portugiesisch
Nationalfeiertag: 11. 11.
Währung: 1 Kwanza (Kz) = 100 Cêntimo
Zeitzone: MEZ

Staat und Recht

Nach der mehrfach revidierten Verf. vom 27. 8. 1992 ist A. eine präsidiale Rep. mit Mehrparteiensystem. Als Staatsoberhaupt, oberste exekutive Instanz (derzeit auch Reg.-Chef), Oberbefehlshaber der Streitkräfte und Vors. des Nat. Sicherheitsrates fungiert der auf 5 Jahre direkt gewählte Präs. Er verfügt über weitgehende Vollmachten und ernennt den Premier-Min., die Gouv. der Prov. und die Richter des Obersten Gerichtshofes. Die Legislative liegt bei der Volksversammlung (223 Abg., für 4 Jahre gewählt; infolge des Bürgerkrieges wurde die Legislaturperiode durch Notstandsregelungen mehrfach verlängert). – Einflussreichste Parteien: Movimento Popular de Libertação de Angola – Partido de Trabalho (MPLA) und União Nacional para a Independência Total de Angola (UNITA).

Landesnatur

A. ist eine von Flüssen (Cuanza, Kunene, Cubango u. a.) zerschnittene, 1 000 bis 1 800 m ü. M. gelegene Hochfläche (im Serra Moco 2 620 m ü. M.), die im W in Terrassen steil zum 30–100 km breiten Küstensaum abfällt und durch Flüsse mit Katarakten und Schnellen durchbrochen wird. Das Klima ist tropisch; die Temperaturen sind im Innern durch die Höhenlage, im Küstengebiet durch den Benguelastrom gemildert. Im N herrscht Feucht-, im S Trockensavanne vor, die im SO in Dornsavanne (Kalahari) und im SW in Wüste (Namib) übergeht.

Bevölkerung

A. ist nur sehr dünn und ungleichmäßig besiedelt. Die Bev. setzt sich aus etwa 120 bantusprachigen Völkern zusammen (die größten sind Ovimbundu, Mbundu, Kongo und Chokwe); im S und SO auch vereinzelte Gruppen von Buschleuten und Pygmäen. Außerdem leben im Land etwa 150 000 (etwa 2 %) Mischlinge (mesticos). Die Anzahl der in A. lebenden Europäer (v. a. Portugiesen) wird auf etwa 1 % der Bev. geschätzt. Etwa 26 % der Ew. leben in Städten, die größten Städte sind Luanda, Huambo, Lobito und Benguela. Es besteht eine vierjährige allg. Schulpflicht. Die Erwachsenen-Alphabetisierungsrate beträgt (2006) rd. 83 % bei den Männern und 54 % bei den Frauen. – Rd. 60 % der Bev. sind Christen (mehrheitlich Katholiken), etwa 40 % werden traditionellen Religionen zugerechnet (z. T. fließende Übergänge zu den unabhängigen Kirchen).

Wirtschaft und Verkehr

Obwohl reich an Bodenschätzen und fruchtbarem Land, gehört A. zu den am meisten verschuldeten Ländern der Welt. Bis zu 80 % der Bev. lebt unterhalb der Armutsgrenze. Die Wirtschaft ist durch den lang anhaltenden Bürgerkrieg stark zerrüttet. Erdölförderung und -verarbeitung sind die wichtigsten Zweige der angolan. Wirtschaft. Etwa 85 % der Bev. lebt von der Landwirtschaft (vorwiegend Subsistenzwirtschaft), aber nur 3 % der Staatsfläche werden für den Ackerbau genutzt. Kaffee ist das wichtigste Agrarprodukt. Der Anbau für die Eigenversorgung umfasst u. a. Maniok, Mais, Bananen und Süßkartoffeln; Rinderhaltung im SW des Landes; Zuckerproduktion aus Zuckerrohr. Ein Großteil des Nahrungsmittel muss importiert werden. Wichtigste Bodenschätze sind Erdöl und Diamanten sowie Eisenerz, weiter Vorkommen an Mangan, Kupfer, Bauxit und Uranerz sowie Phosphaten; reiche Wasserkraftreserven. Das produzierende Gewerbe ist infolge der Kriegshandlungen weitgehend zusammengebrochen. Wichtige Branchen sind die Verarbeitung von Erdöl sowie das Nahrungsmittel- und Textilgewerbe. Sie konzentrieren sich auf die Hauptstadt Luanda u. a. größere Hafenstädte. Die Handelsbilanz ist dank der Erdöleinnahmen seit Jahrzehnten stets positiv. Exportiert werden v. a. Erdöl, Erdgas, Erdölprodukte, Diamanten und Kaffee. Eingeführt werden vorwiegend Nahrungsmittel und Konsumgüter. Die USA und die EU-Länder (bes. Portugal, Spanien und Frankreich) sind die wichtigsten Handelspartner.

Das Eisenbahnnetz hat eine Länge von rd. 2 800 km, davon 1 348 km Hauptstrecke der Benguelabahn; von 51 000 km Straßen sind etwa 5 300 km asphaltiert. Die wichtigsten Seehäfen sind Luanda, Lobito, Namibe und Cabinda (Erdölhafen); internat. Flughafen bei Luanda.

Geschichte

Vor etwa 8 000 Jahren lebten im Gebiet des heutigen A. bereits Khoisan als Sammler und Kleintierjäger. Ab 500 n. Chr. gelangten Bantus in die Gebiete und waren in den Trockengebieten Jäger und Sammler, in den fruchtbaren Gegenden nomadisierende Rinderhirten, die z. T. auch Ackerbau betrieben. Ab etwa 1400 gehörten versch. Staaten im N zum mächtigen Königreich Kongo, u. a. das Reich Kimbundu, dessen König den Titel »Ngola« trug; davon leitet sich der Name »Angola« ab. Seit dem 15. Jh. gewann Portugal in A. bes. durch die Mission Einfluss. Bis ins 19. Jh., in dem A. seine heutigen Grenzen erreichte, betrieben die Portugiesen Sklavenhandel (bes. nach Brasilien). Im 20. Jh. suchte Portugal A. (seit 1951 Überseeprovinz) wirtsch. zu erschließen.

Nach der Entlassung A.s in die Unabhängigkeit (1975) entwickelte sich ein Bürgerkrieg zw. den versch., ab 1951 im Kampf gegen die port. Kolonialherrschaft entstandenen Befreiungsbewegungen, bes. zw. dem marxist. Movimento Popular de Libertação de A. (MPLA) und der União Nacional para a Independência Total de A. (UNITA). Gestützt auf militärtechn. Hilfe der UdSSR und Kubas, rief die MPLA am 11. 11. 1975 unter ihrem Führer A. Neto die »Volksrepublik« A. aus und errichtete eine Staats- und Gesellschaftsordnung nach marxistisch-leninist. Muster (Verstaatlichungs- und Kollektivierungsprogramm, Einparteiensystem, enge Verflechtung von Partei- und Staatsführung). Ab Nov./Dez. 1975 durch die Stationierung kuban. Truppen in A. militärisch abgesichert, setzte sich die MPLA 1976 endgültig gegenüber den von der Rep. Südafrika unterstützten konkurrierenden Befreiungsbewegungen militärisch durch. Nach dem Tod Netos (1979) übernahm J. E. Dos Santos dessen Nachfolge als Staatspräs. und Führer der MPLA (seit 1977 MPLA/PT, mit dem Zusatz Partido de Trabalho).

In den 1980er-Jahren unternahmen südafrikan. Truppen Vorstöße nach Süd-A. gegen dort gelegene SWAPO-Stützpunkte (→ Namibia). Am 22. 12. 1988 schlossen A., Kuba und die Rep. Südafrika unter Vermittlung der USA sowie unter Einschaltung der UN ein Abkommen über die Unabhängigkeit Namibias und den Abzug der südafrikan. und kuban. Truppen aus A. nach versch. Anläufen zur Beendigung des Bürgerkrieges zw. der Reg. Dos Santos und der UNITA unter J. Savimbi schlossen beide Seiten am 31. 5. 1991 ein Friedensabkommen. Nach den ersten Präsidentschafts- und Parlamentswahlen 1992 (auf der Grundlage eines 1991 beschlossenen Mehrparteiensystems), bei denen Präs. Dos Santos im Amt und die MPLA/PT als stärkste Kraft im Lande bestätigt wurden, setzte die UNITA die Kämpfe mit der Reg. fort. Nach wechselvollen Kämpfen schlossen die Bürgerkriegsparteien im Nov. 1994 erneut ein Friedensabkommen, in dem u. a. der UNITA eine Reg.-Beteiligung zugesagt wurde. Der Friedensprozess schritt 1997 mit der Bildung einer »Reg. der nat. Einheit und Versöhnung«, der bis 1998 auch die UNITA angehörte, zunächst voran.

Nachdem die angolan. Armee bereits 1997 im Bürgerkrieg in der Rep. Kongo interveniert hatte, kam es ab 1998 zu weiteren Interventionen angolan. Truppen in der Demokrat. Rep. Kongo sowie ab 1999 erneut zu krieger. Auseinandersetzungen zw. der Armee und Einheiten der UNITA, in deren Verlauf im Febr. 2002 UNITA-Führer Savimbi erschossen wurde. Am 4. 4. 2002 konnte schließlich zw. Reg. und UNITA erneut ein Waffenstillstandsabkommen unterzeichnet werden, das den fast 30 Jahre währenden Bürgerkrieg beendete, der mindestens 1 Mio. Tote und etwa 4 Mio. Flüchtlinge forderte. Das Abkommen regelt u. a. die Entwaffnung und Demobilisierung der schätzungsweise 50 000 UNITA-Kämpfer. Ende 2002 hob der UN-Sicherheitsrat die seit 1993 bestehenden Sanktionen gegen die UNITA auf. Bis August 2004 kehrten etwa 90 % der Kriegsflüchtlinge in ihre Heimat zurück.

Angora, früherer Name von → Ankara.

Angorawolle, Bez. für Wolle aus dem Haar von Angorakaninchen (→ Kaninchen).

Angosturarinde, Rinde vom Cuspa- oder Angosturabaum, einem Rautengewächs aus Kolumbien; Rohstoff für **Angosturabitter,** der zur Bereitung von Bitterlikören dient.

Angoulême [ăgu'lɛːm], Hptst. des westfrz. Dép. Charente, 42 900 Ew.; Papierind., Maschinenbau u. a. Ind.; Zentrum eines Weinbaugebietes, Weinhandel. – Bischofsstadt mit spätroman. Kathedrale Saint-Pierre

Angoulême
Stadtwappen

(1128 geweiht). – Im 4. Jh. gegr., seit dem 7. Jh. als Hauptort der Grafschaft A. (**Angoumois**) beim Herzogtum Aquitanien.

Angra do Heroísmo [- ðu iˈrui̯ʒmu], Hafenstadt an der S-Küste der Azoreninsel Terceira, Portugal, 12 200 Ew.; Fisch- und Tabakverarbeitung. – Das Stadtzentrum mit Kathedrale im Emanuelstil (1568, 1983 durch Brand zerstört, wieder aufgebaut), Kirche da Conceição (17. Jh.), Kloster São Francisco und Barockfeste São João Batista gehört zum UNESCO-Weltkulturerbe; 1980 starke Zerstörungen durch Erdbeben. – 1534 gegründet, war bis 1832 Hauptstadt der Azoren.

Angren, Stadt in Usbekistan, 131 000 Ew.; Zentrum eines Braunkohlenreviers. – Gegr. 1946.

Angriff, 1) *Militärwesen:* **Offensive,** die aktivste Gefechtsart mit dem Ziel, den Gegner überraschend zu treffen und zu schlagen. Der Vorteil des Angreifers liegt in der Wahl des Zeit- und des Schwerpunktes sowie der Stoßrichtung.

2) *Völkerrecht:* die einseitige Anwendung von Gewalt durch einen Staat gegenüber einem anderen. Diese fällt, soweit sie nicht im Rahmen des Systems kollektiver Sicherheit durch den UN-Sicherheitsrat autorisiert ist, unter das **Gewaltverbot** der UN-Charta. Gegen einen rechtswidrigen A. steht jedem Staat das Recht zur Selbstverteidigung zu.

Angry Young Men [ˈæŋgrɪ ˈjʌŋ ˈmen; engl. »zornige junge Männer«], in den 1950er-Jahren junge Generation sozialkrit. engl. Autoren, die eine radikale Protesthaltung gegen das Establishment und die Gesellschaftsordnung der Zeit verband und die diese in drast. Sprache darstellten; benannt nach dem Charakter der Hauptfigur in J. Osbornes Drama »Blick zurück im Zorn« (1956); weitere Vertreter: die Dramatiker J. Arden, B. Behan, S. Delaney, H. Pinter, A. Wesker, die Erzähler K. Amis, J. Braine, I. Murdoch, A. Sillitoe, J. Wain.

Angst [verwandt mit lat. angustus »eng«], 1) *allg.:* Affekt oder Gefühlszustand, der im Unterschied zur Furcht einer unbestimmten Lebensbedrohung entspricht. A. steht oft in Zusammenhang mit körperl. Erscheinungen, bes. an den Atmungsorganen und am Herzen, auch an den Verdauungs- und Harnorganen. Als Krankheitszeichen ohne erkennbare körperl. Krankheit kommt A. u. a. bei neurot. Störungen, z. B. Phobie, vor.

2) *Philosophie:* In der antiken Philosophie (Stoa, epikureische Schule) werden A. und Furcht als nichtige, künstl. Gefühle bewertet, die mit Gelassenheit zu ertragen oder zu negieren sind. Nach S. Kierkegaard erwächst A. aus der menschl. Freiheit zur Entscheidung und damit aus der Möglichkeit des Selbstverlusts. Hieran anknüpfend interpretiert M. Heidegger A. als Grundbefindlichkeit menschl. Existenz: In der A. erschließe sich, dass der Mensch in die Welt geworfen sei und endlich existiere. An Heidegger orientieren sich J.-P. Sartre, E. Fromm und E. Drewermann in ihren Theorien der Angst.

Angster [lat. angustus »eng«] *der,* bes. vom 14./15. bis 18. Jh. hergestelltes beliebtes Vexierglas mit zwiebelförmigem Bauch und einem vielfach gewundenen Hals.

Ångström [ˈɔŋ-; nach A. J. Ångström] *das,* Einheitenzeichen **Å,** nicht gesetzl. Längeneinheit: 1 Å = 10^{-10} m = 0,1 nm.

Ångström [ˈɔŋ-], Anders Jonas, schwed. Astronom und Physiker, * Lögdö (Västernorrland) 13. 8. 1814,

† Uppsala 21. 6. 1874; Mitbegründer der Astrophysik, entdeckte im Sonnenspektrum 1862 Spektrallinien des Wasserstoffs.

Anguilla [engl. æŋˈgwɪlə], brit. Kolonie, bestehend aus den Inseln A. (91 km²), Sombrero (5 km²) und kleinen Koralleninseln, (2005) 13 300 Ew.; Verw.-Sitz The Valley; Fremdenverkehr; Offshorebankgeschäft. – A. war 1650–1967 brit. Kolonie, gehörte 1967–80 zu Saint Kitts und Nevis, seitdem als Gebiet mit innerer Autonomie von Großbritannien abhängig.

angular [lat.], auf den Winkel bezogen, einen Winkel betreffend.

Angus [ˈæŋgəs], Verw.-Gebiet im O Schottlands, an der Nordsee, 2 185 km², 109 000 Ew.; umfasst das nördl. Hinterland von Dundee.

Anhalt, histor. Land an der Mittelelbe, unteren Mulde und Saale bis zum Unterharz, Hptst. war Dessau. 1170–1212/18 wurden aus dem askan. Stammland am Ostharz (Ballenstedt, Aschersleben, Bernburg) und das von → Albrecht dem Bären erworbene Land an der Elbe südöstlich von Magdeburg (Köthen, Dessau) ein Fürstentum, benannt nach der Burg A. im Selketal. 1526–34 wurde die Reformation eingeführt. Die Zerbster Linie starb 1793, die Köthener 1847, die Bernburger 1863 aus; so blieb nur die Dessauer Linie (Leopold I., der »Alte Dessauer«). 1806/07 wurden **A.-Dessau, A.-Bernburg** und **A.-Köthen** Herzogtümer (ab 1859 gemeinsame Verf.). 1918 wurde A. zum Freistaat erklärt und 1945 mit der preuß. Provinz Sachsen zu Sachsen-A. vereinigt; 1952–90 war der größere Teil A.s dem DDR-Bez. Halle, der kleinere dem DDR-Bez. Magdeburg zugeordnet; seitdem wieder Teil von Sachsen-Anhalt.

Anhalt-Zerbst, Landkreis in Sachs.-Anh., 1 132 km², 68 600 Ew.; Verw.-Sitz ist Zerbst/Anhalt. Im S liegt der östl. Teil des UNESCO-Biosphärenreservats Mittlere Elbe.

Anhängegeräte, fahrbare landwirtsch. Maschinen oder Geräte, die an den Schlepper angehängt werden. Ggs.: →Anbaugeräte.

Anhängigkeit, →Rechtshängigkeit.

Anhidrose [griech.] *die,* Verminderung der Schweißabsonderung.

Anhui, Anhwei, Binnen-Prov. im östl. Mittelchina, beiderseits des Jangtsekiang und des Huai He, 139 400 km², 65,2 Mio. Ew.; Hptst.: Hefei. Auf fruchtbaren Böden Anbau von Weizen, Reis, Gerste, Sojabohnen, Süßkartoffeln, Tee, Baumwolle; bed. Kohlebergbau, Eisen- und Kupferbergbau sowie -verhüttung. Verkehrsmäßig gut erschlossen, bislang jedoch eine industriell und wirtschaftlich noch schwach entwickelte Region Chinas; Eisen- und Stahlwerk in Maanshan, petrochem. Unternehmen in Anqing.

Anhydrid [zu griech. ánhydros »wasserfrei«] *das,* chem. Verbindung, die durch die reversible Abspaltung von Wasser aus einer Säure (Säure-A.) entsteht; seltener auch Basen-A., die aus einer Base hervorgehen.

Anhydrit [griech.] *der,* weißes, zuweilen blau oder rötlich gefärbtes rhomb. Mineral, wasserfreies Calciumsulfat. Oft in großen Mengen mit Steinsalz in Salzlagerstätten; durch Wasseraufnahme Übergang in Gips.

Ani, Ruinenstadt in Ostanatolien, östlich von Kars; 451 n. Chr. als Festung erwähnt, seit Aschot III. (953–977) Hauptstadt der armenisch-georg. Bagratiden mit damals rd. 100 000 Ew. Auf der Berghöhe entstand die Stadt mit der Zitadelle anstelle einer älteren

Anders Ångström

Anhalt
Wappen des Herzogtums

Anhalt
Wappen des Freistaats

Anis

Burg sowie vielen, heute z. T. stark zerstörten Kirchen: u. a. Kathedrale (989–1001, Kuppelbasilika), Rundkirche des Hl. Gregorius (1001–20), Apostelkirche (988–1001). Die Blüte von A. endete mit der Eroberung durch die Byzantiner (1045) und Seldschuken (1072). 1235 wurde die Stadt durch die Mongolen zerstört.

Aniene *der*, **Teverone**, im Altertum **Anio**, linker Nebenfluss des Tiber, 110 km lang, entspringt in den südl. Simbruiner Bergen, bildet bei Tivoli die berühmten Wasserfälle; mündet oberhalb von Rom.

Anilin [zu Sanskrit nila »dunkelblau«] *das*, **Aminobenzol, Phenylamin**, $C_6H_5NH_2$, einfachstes und technisch wichtigstes aromat. Amin, 1826 von O. Unverdorben (* 1806, † 1873) bei der trockenen Destillation von Indigo entdeckt. Ausgangsstoff für viele Verbindungen, wie Farbstoffe (z. B. **A.-Blau**), Arzneimittel, Kunststoffe, Fotochemikalien. Mit Säuren liefert A. Salze, z. B. mit Salzsäure das in der Farbenind. verwendete **A.-Salz. A.-Harze** sind aus A. und Formaldehyd hergestellte thermoplast. Harze (**Aminharze**).

Anilinvergiftung, Vergiftung durch Einatmen von Anilindämpfen, gekennzeichnet durch taumelnden Gang, Kopfschmerzen, Krämpfe. Behandlung: warmes Reinigungsbad, Sauerstoffbeatmung, Bluttransfusion.

Anima [lat. »Seele«] *die*, ein →Archetypus in der analyt. Psychologie von C. G. Jung; die Personifizierung der verdrängten gegengeschlechtl. Züge eines männl. Individuums (bei der Frau: **Animus**), deren Bewusstmachung im Individuationsprozess zum »Selbst« führt.

Animalismus [lat.] *der*, →Tierkult.

Animation [lat.-engl.] *die*, Bez. für Verfahren, unbewegten Objekten Bewegung zu verleihen. Die Darstellung bewegter und mehrdimensionaler Bilder wird zunehmend mithilfe von Computern realisiert.

Animationsfilm, Trickfilm, Gattungs-Bez. für Filme, die die Bewegung unbelebter Zeichnungen und Gegenstände vortäuschen. Im Ggs. zum →Realfilm, der mit der Kamera Bewegungen abfilmt, werden beim A. Einzelbildaufnahmen von Zeichnungen oder Objekten gemacht bzw. per Computer generiert, die bei der Filmvorführung als Bewegung wahrgenommen werden. Subgattungen sind Zeichentrickfilm, Silhouettenfilm, Knet- und Objektanimation sowie Puppentrickfilm.

animato [ital.], **con anima**, *Musik:* belebt, beseelt.

Anime [Kw. für Animation] *der*, jap. Bez. für den Zeichentrickfilm.

Animismus *der*, bes. bei Naturvölkern der Glaube an die Beseeltheit der Natur und der Naturkräfte. Als Vorstufe gilt der Glaube an die Allbelebtheit (**Animatismus**).

Animus [lat. »Geist«, »Gemüt«] *der*, →Anima.

Anion [griech.] *das*, negativ geladenes Ion, das im elektr. Feld zur Anode wandert.

Aniridie [griech.] *die*, vollständiges oder teilweises Fehlen der Regenbogenhaut (Iris) des Auges.

Anis [griech. áneson »Dill«] *der*, **Pimpinella anisum**, weiß bis rötlich blühender Doldenblütler, urspr. aus dem östl. Mittelmeerbereich; bes. die weichhaarigen, ovalen Spaltfrüchte enthalten äther. Öl (**A.-Öl**) von würzigem Geruch und süßl. Geschmack; Verwendung als Würz- und Heilmittel.

Anisaldehyd, 4-Methoxybenzaldehyd, nach Mimose, Weißdorn und Flieder duftender synthet. Seifenriechstoff.

Anisol *das*, **Methylphenylether**, eine angenehm riechende, und leicht entflammbare Flüssigkeit, $C_6H_5-O-CH_3$; Lösungs- und Wärmeübertragungsmittel, Zwischenprodukt bei Riechstoffsynthesen.

anisotrop [griech.], nicht →isotrop.

Anisotropie *die*, *Physik:* die Richtungsabhängigkeit verschiedener physikal. und chem. Eigenschaften eines Stoffes, insbes. bei →Kristallen.

Anjar, Andjar, Ruinenstätte der Omaijadendynastie (661–750), rd. 40 km südwestlich von Baalbek (Libanon), eine Residenz Walids I. (705–715). Die Anlage, nach antikem Stadtbauschema mit rechtwinklig sich kreuzenden Straßen, ist von turmbewehrten Mauern im Rechteck umzogen (UNESCO-Weltkulturerbe).

Anjou [ã'ʒu], ehem. Grafschaft (ab 1360 Herzogtum) in W-Frankreich mit der Hptst. →Angers, von der oberen Loire durchflossen. Das Gebiet war in der 2. Hälfte des 9. Jh. in der Hand der Robertiner (später Kapetinger); seit Mitte des 10. Jh. übten die Grafen von A. eine selbstständige, einflussreiche Herrschaft aus. Gottfried (Geoffroy) V. (1128–51) mit dem Beinamen →Plantagenet nahm Mitte des 12. Jh. die Normandie in Besitz; sein Sohn gewann 1152 Aquitanien und wurde 1154 als Heinrich II. engl. König. Mit der Eroberung des Angevinischen Reiches (1204) durch den frz. König Philipp II. August kam A. an die frz. Krone, die es als Apanage jüngerer Prinzen vergab. Karl von A., der Bruder Ludwigs IX., gewann 1245 die Provence, 1265 das Königreich Neapel. Die von ihm ausgehende **ältere Linie A.-Neapel** erlangte auch die Kronen Ungarns (1308–82) und Polens (1370–86). Mit Ludwig I. von A., dem Sohn König Johanns II. von Frankreich, den 1380 Johanna I. von Neapel adoptierte, begann die **jüngere Linie A.-Neapel**, die 1481 ausstarb. »Duc d'A.« wurde ein Titel königl. Prinzen.

Anka ['æŋkə], Paul, amerikan. Popsänger, * Ottawa 30. 7. 1941; begann seine Karriere 1957 mit dem Song »Diana«, dem zahlr. weitere höchst erfolgreiche Veröffentlichungen folgten (u. a. »Put your head on my shoulder«). Der auch in Dtl. populäre Nachkomme

Animationsfilm: Nick Park, Szene aus »Wallace und Gromit unter Schafen« (1995), in dem die beiden animierten Knetfiguren absurde Abenteuer durchleben

syr. Eltern schrieb den Song »My way«, der 1968 mit großem Erfolg von F. Sinatra gesungen wurde.

Ankara, früher **Angora,** Hptst. der Türkei und der Provinz A., im nördl. Inneranatolien, zw. 800 und 1 200 m ü. M.; 3,6 Mio. Ew. (davon leben rd. 60 % in Gecekondusiedlungen, bes. im N und O, die inzwischen partiell durch modernere Stadtviertel ersetzt werden). A. ist Sitz sämtl. Ministerien und zentraler Behörden, hat drei staatl. und vier private Univ., Konservatorium, TU; archäolog. u. a. Museen. A. ist nach Istanbul, İzmir und Bursa wichtigster Industriestandort und bedeutendes Handelszentrum des Landes (Nahrungsmittel-, Textil-, Baustoffind., Maschinenbau), ist Verkehrsmittelpunkt, hat ein wachsendes Netz von U- und S-Bahnlinien (Ankaray) und internat. Flughafen. – Die Stadt wird von einer alten, auf einem Felskegel stehenden Zitadelle (7. [?] und 9. Jh.) überragt. In beherrschender Lage das Atatürk-Mausoleum (1944–53). 1986 wurde die 24 000 Betende fassende Moschee Kocatepe Camii eingeweiht. – A., das antike **Ankyra,** war Hptst. der Phryger, dann der Tektosagen, später der röm. Provinz Galatien. Die Außenwand des Tempels der Göttin Roma und des Augustus trägt Abschrift und griech. Übersetzung des von Augustus verfassten Tatenberichts (**Monumentum Ancyranum**). 1361 wurde die Stadt osmanisch. Seit 1923 ist A. Hptst. der Türkei.

Ankathete, zu einem der beiden spitzen Winkel eines rechtwinkligen Dreiecks diejenige Kathete, die einen Schenkel des Winkels bildet.

Anker [von lat. ancora], 1) *Bautechnik:* stab- oder litzenförmiges Bauelement aus Stahl, Stahlbeton oder Kunststoff, das ein Bauwerk zusammenhält, z. B. Balken mit Mauer. Im Fels- und Tiefbau meist einbetonierter Rundstahl mit Gewinde und Schraubenmutter zur Sicherung von Baugruben- oder Tunnelwänden.

2) *Einheiten:* alte Volumeneinheit für Wein, Branntwein und Öl (etwa 34–46 Liter).

3) *Elektrotechnik:* bei rotierenden elektr. Maschinen der Teil, in dessen Wicklungen Spannungen induziert werden, die für die Arbeitsweise der Maschine bestimmend sind. Der als rotierender oder linear bewegter Läufer (bei Außenpolmaschinen) oder als fester Ständer oder Stator (bei Innenpolmaschinen) gebaute A. ist zur Vermeidung von Wirbelströmen aus geschichteten Dynamoblechen zusammengesetzt, wobei die **A.-Wicklung** (z. B. beim Trommel-A.) in Nuten eingebettet ist. – Auch Bez. für den bewegl. Teil bei Schütz und Relais, der die Kontakte betätigt.

4) *Schifffahrt:* Gerät zum Festlegen von Schiffen gegen Wind, Strom und See. Unter den stählernen A., die mit hakenartigen Armen (Flunken) in den Grund selbsttätig eingraben, sind v. a. üblich: **Stock-** oder **Admiralitäts-A.** (der quer zum A.-Schaft oben angebrachte Stock legt sich bei Zug auf die A.-Kette flach, ein Flunken gräbt sich ein; heute auf Sport- und Segelschiffen oder zur Reserve verwendet); **stocklose (Patent-)A.,** wie Hall-A., Inglefield-A. u. a. (gegen den Schaft klappbare Flunken graben sich beide ein; heute allg. auf See- und Binnenschiffen verwendet); **Pilz-** oder **Schirm-A.** (bei Dauerliegern wie Feuerschiffen üblich, wird eingespült); **Draggen** (vier Flunken, kein Stock; wird von Flussschiffen oder als Such-A. benutzt). Ohne Bodenberührung leistet der **Treib-A.** Widerstand nur im Wasser: Ein trichterförmiger Segeltuchsack verringert die Abdrift. Gewicht des A. und Stärke der **A.-Kette** müssen der Schiffsgröße entspre-

Ankara: die auf einem 120 m hohen Andesitrücken erbaute Zitadelle

chen. Die Kette führt von **A.-Klüse** über **A.-Spill** zum Kettenkasten. Das **A.-Spill** wird von Hand, durch Dampf oder elektrisch betrieben. Die durch Bojenreep mit dem A. verbundene **A.-Boje** kennzeichnet die Lage des Ankers. – Der A. war in der frühchristl. Kunst Symbol der Hoffnung, oft in Verbindung mit dem Kreuz.

5) *Uhrentechnik:* in mechan. Uhren A.-Hebel, der ein Drehmoment in eine Hin- und Herbewegung umwandelt.

Anking, Stadt in China, → Anqing.

Anklage, bei Gericht gestellter Antrag auf Einleitung des Strafverfahrens gegen eine bestimmte Person. Die A. wird i. d. R. durch die Staatsanwaltschaft (§ 152 StPO, **öffentl. Klage**), in den Ausnahmefällen der → Privatklage durch den Verletzten erhoben. Die A.-Erhebung erfolgt a) durch Einreichung der **A.-Schrift** bei Gericht (§ 170 StPO) oder b) in bestimmten Fällen mündlich in der Hauptverhandlung (§ 266 StPO); → Klageerzwingungsverfahren, → Nebenklage. – Ähnl. Regelungen in *Österreich* (§§ 207 ff. StPO) und in der *Schweiz*.

Anklageprozess, der vom Anklageprinzip beherrschte Strafprozess. Im Ggs. zum → Inquisitionsprozess liegen die Strafverfolgungs- und die Urteilstätigkeit bei jeweils versch. Organen. Im dt. Strafprozessrecht hängt das Tätigwerden des Gerichts von der Anklage der Staatsanwaltschaft ab, das Gericht übt alsdann aber gemäß dem Untersuchungsgrundsatz die Prozessführung aus.

Anklam, Kreisstadt des Landkreises Ostvorpommern, Meckl.-Vorp., am Unterlauf der Peene, 14 300 Ew.; Museum und Denkmal für O. Lilienthal; Zucker-, Möbelfabrik, Baugewerbe; Binnenhafen, Flugplatz. – Got. Marienkirche. – A. erhielt vor 1264 Lüb. Recht; um 1283 war die Stadt Mitgl. der Hanse.

Anklopfen, *Telekommunikation:* Dienstmerkmal in Telekommunikationsfestnetzen und Mobilfunknetzen, das dem Anwender durch ein dezentes akust. Geräusch (**Anklopfton**) anzeigt, dass ein weiteres Gespräch auf seinem Telefon eingeht. Der neue Anruf kann angenommen werden, während das aktuelle Gespräch geparkt wird (→ Makeln).

Anker 4): Ankerformen: Draggen (oben), Stockanker (Mitte) und Patentanker (unten)

Ankogel *der,* der zweithöchste Gipfel (3246 m ü. M.) der **A.-Gruppe** in den Hohen Tauern, Österreich; vergletschert; Wintersportgebiet.

Ankreis, der Kreis, der eine Seite eines Dreiecks von außen und die Verlängerungen der beiden anderen Seiten von innen berührt.

Ankylose [griech.] *die,* →Gelenkversteifung nach einer Erkrankung.

Ankylostomiasis [griech.] *die,* die →Hakenwurmkrankheit.

Ankyra, antike Stadt in Kleinasien, das heutige →Ankara.

Anlage, 1) *Biologie:* die in der Entwicklung eines Lebewesens feststellbare erste Andeutung eines bestimmten Organs oder Organbereichs, z.B. die A. der Kiemen. Die befruchtete, noch ungeteilte Eizelle und die entsprechende pflanzl. Samenanlage enthalten die A. zu allen Organen des endgültigen Körpers.
2) *Psychologie* und *Verhaltensgenetik:* die in der Gesamtheit der →Chromosomen eines Genoms festgelegte genet. Information, mit der die biolog., morpholog. und psycholog. Ausprägung des Menschen gesteuert wird. Allerdings ist auch ein hoher Anteil der individuellen Unterschiedlichkeit der psycholog. Merkmale auf Einflüsse der Umwelt zurückzuführen. A.-Einflüsse prägen sich in Auseinandersetzung mit der Umwelt zu bestimmten Verhaltensbereitschaften, Fähigkeiten oder Krankheitsneigungen aus. Inwieweit die A.-Kapazität in der Entwicklung eines Individuums zum Durchbruch kommt, hängt von der Stärke und der Durchsetzungskraft bestimmter Merkmalsausprägungen innerhalb der Gesamtheit der individuellen A. ab.

Anlagepapiere, Wertpapiere mit geringen Kursschwankungen und stabilem Ertrag, die als langfristige Kapitalanlage geeignet sind, v.a. festverzinsl. Staatsanleihen und Pfandbriefe, aber auch Aktien starker Unternehmen. Ggs.: Spekulationspapiere.

Anlagevermögen, investierte Vermögensteile, die zur Dauerverwendung in einem Unternehmen bestimmt sind: Sachanlagen (Grundstücke, Gebäude, Maschinen) und immaterielle Anlagen (z.B. Patente). Ggs.: Umlaufvermögen.

Anlandung, Verbreiterung des Ufers, die durch allmähl. Anspülung und Ablagerung oder durch Senkung des Gewässers entsteht.

Anlassen, 1) *Elektrotechnik:* alle Maßnahmen, die zum Anlauf von (elektr.) Maschinen notwendig sind.
2) *Werkstoffkunde:* die Wärmebehandlung von Metallen, bes. von Stahl, bei Temperaturen unterhalb 600°C zum Abbau innerer Spannungen bei verminderter Sprödigkeit und größerer Zähigkeit; das Werkstück wird nach vorausgegangenem Härten oder Kaltverformen erwärmt, eine bestimmte Zeit (**Anlassdauer**) auf dieser Temperatur gehalten und wieder abgekühlt.

Anlasser, 1) *Elektrotechnik:* regelbarer Widerstand, der beim Anlassen eines Elektromotors eingeschaltet wird. Er verhindert unzulässige Stromaufnahme, solange der Motor noch nicht seine Betriebsdrehzahl erreicht hat.
2) *Kraftfahrzeugtechnik:* der →Starter.

Anlassfarben, *Metallkunde:* auf blanken Metalloberflächen beim Erhitzen durch die allmählich dicker werdenden Oxidschichten erzeugte Farben. Sie entstehen durch Interferenz und verlaufen z.B. bei Stahl von Gelb, Rot, Blau nach Grau. Die A. geben einen Anhalt für die erreichte Temperatur.

Anlaufen, unerwünschte Veränderungen der Oberfläche eines Anstriches, bei Metallen die Bildung einer dünnen Oxid- oder Sulfidschicht.

Anlaufstrom, der beim Einschalten eines Elektromotors auftretende Stromstoß.

Anlaut, der erste Laut einer Silbe (**Silben-A.**), eines Wortes (**Wort-A.**) oder Satzes (**Satz-A.**).

Anlegerschutz, Kapital-A., der Schutz, den die Rechtsordnung Personen gewährt, die Geld über Dritte anlegen. Das 1995 in Kraft getretene Wertpapierhandels-Ges. (WpHG) enthält zentrale Vorschriften zum mittelbaren A. Nach § 38 WpHG können Personen, die bei Geschäften mit Finanzinstrumenten Insiderwissen verwenden, bestraft werden (→Insidergeschäfte). Börsennotierte Emittenten müssen kursrelevante Informationen ebenso veröffentlichen (→Ad-hoc-Publizität) wie Führungspersonen ihre Geschäfte mit Aktien ihres Unternehmens (§ 15a WpHG). Das Verbot der Marktmanipulation (§ 20a WpHG) sorgt dafür, dass Anleger Wertpapiere an der Börse zu fairen Preisen erwerben können. Zudem müssen Kredit- und Finanzdienstleistungsinstitute Wertpapierdienstleistungen mit der erforderl. Sorgfalt und Sachkenntnis im Interesse des Kunden erbringen (§ 31 WpHG). Die Institute sind verpflichtet, von ihren Kunden Angaben über deren Kenntnisse im Wertpapiergeschäft zu verlangen und dem Anleger alle zweckdienl. Informationen über die mögl. Geschäfte mitzuteilen. Sie haben u.a. den Auftrag und hierzu erteilte Anweisungen des Kunden aufzuzeichnen und die Unterlagen aufzubewahren. Dem unmittelbaren A. dienen u.a. die Vorschriften über die Prospekthaftung des Börsen-Ges. (→Prospekt) und die Haftung des Emittenten von Finanzinstrumenten für falsche und unterlassene Kapitalmarktinformationen (§§ 37b f. WpHG).

Anleihe, langfristige Kreditaufnahme am in- oder ausländ. Kapitalmarkt durch öffentl. oder private Schuldner. Zur Verbriefung der A.-Forderungen werden **A.-Papiere** (Schuldverschreibungen, Pfandbriefe, Obligationen) ausgegeben. Diese sind Wertpapiere mit festem Zinsertrag (im Ggs. zu Beteiligungen, z.B. Aktien). Zu **öffentl. A.** →Staatsschulden. **Private A.** dienen großen Unternehmen als eine Form langfristiger Fremdfinanzierung (→Industrieobligation).

Anlieger, Eigentümer oder Nutzungsberechtigter eines Grundstücks, das an einer öffentl. Straße oder einem Wasserlauf liegt. Dem A. steht der freie und i.d.R. unentgeltl. **A.-Gebrauch,** der über den →Gemeingebrauch hinausgeht, zu (z.B. Aufstellen von Gerüsten im öffentl. Straßenraum). **A.-Beiträge** sind Abgaben, die die Gemeinden vom A. für Ver- und Entsorgungseinrichtungen neben Erschließungskosten erheben.

anluven, den Kurs eines Segelschiffes nach →Luv ändern; Ggs.: abfallen.

Anmeldung, Erklärung gegenüber Behörden oder Gerichten über Tatsachen oder Rechte; oft besteht eine rechtl. Pflicht zur A., z.B. bei der A. eines Gewerbes (→Meldepflicht). Bei Forderungen, Rechten bedeutet A. deren Geltendmachung.

Anmusterung, →Heuerverhältnis.

Anna, Mutter der Jungfrau Maria; Schutzheilige der Mütter, der Armen sowie der Berg- und Kaufleute. Heilige, Tag: 26.7. (Annentag). →Anna selbdritt.

Anna, Herrscherinnen:
England: **1) A. Boleyn** [ˈbʊlɪn], Königin, *1507 (?), † London 19.5.1536; ab 1533 zweite Gemahlin Hein-

Anna Boleyn (Zeichnung von Hans Holbein d.J., 16. Jh.)

richs VIII., wegen (unbewiesenen) Ehebruchs enthauptet; Mutter von Elisabeth I.

2) A. Stuart [ˈstjʊət], Königin (1702–14) von England, Schottland (seit 1707 von Großbritannien) und Irland, * London 6. 2. 1665, † Kensington (heute zu London) 1. 8. 1714; zweite Tochter Jakobs II., seit 1683 ∞ mit dem dän. Prinzen Georg, Nachfolgerin ihres Schwagers Wilhelm III. von Oranien. Unter ihr wurde der Span. Erbfolgekrieg erfolgreich beendet (→ Marlborough). Streng prot.-hochkirchlich gesinnt, regierte sie ab 1710 mit den Tories; letztes Mitgl. der Stuarts auf dem Thron.

Frankreich: **3) A. von Österreich,** Königin und Regentin, * Valladolid 22. 9. 1601, † Paris 20. 1. 1666; Habsburgerin, seit 1615 ∞ mit Ludwig XIII. von Frankreich, 1643–51 Regentin für ihren Sohn Ludwig XIV. mit Mazarin als leitendem Minister.

Russland: **4) A. Iwanowna,** Kaiserin (1730–40), * Moskau 7. 2. 1693, † Sankt Petersburg 28. 10. 1740; Tochter Iwans V.; 1730 vom Hochadel zur Kaiserin erhoben, stellte sie die Autokratie wieder her und regierte durch ihren Günstling E. J. → Biron.

Sachsen-Weimar-Eisenach: **5) A. Amalia,** Herzogin, * Wolfenbüttel 24. 10. 1739, † Weimar 10. 4. 1807; Nichte Friedrichs II., d. Gr.; braunschweig. Prinzessin; 1756 ∞ mit Herzog Ernst August Konstantin, 1758–75 Regentin für ihren Sohn Karl August. Durch die Berufung Wielands (1772) und die Förderung Goethes bahnte sie die große Zeit Weimars im dt. Geistesleben an. (→ Herzogin Anna Amalia Bibliothek)

Annaba, früher frz. **Bône,** Hauptstadt des gleichnamigen Wilajats an der NO-Küste Algeriens, 235 100 Ew.; Univ. (seit 1975); Export von Phosphat, Roheisen, -stahl, Kupfer, Agrarprodukten, Düngemittelwerk; nahebei Hüttenwerk; Hafen, internat. Flughafen.

Annaberg, 1) Landkreis im Reg.-Bez. Chemnitz, Sachsen, 438 km², 83 400 Ew.; Krst. ist Annaberg-Buchholz.

2) poln. **Góra Świętej Anny,** höchste Erhebung Oberschlesiens, Polen, Basaltkuppe nordwestlich von Gliwice, 385 m ü. M., Wallfahrtsort.

Annaberg-Buchholz, Krst. des Landkreises Annaberg, Sachsen, im oberen Erzgebirge, am Pöhlberg, Große Krst., 537–832 m ü. M., 23 100 Ew.; Posamenten-, Elektro- und Metall-, Maschinenbau-, Kunststoff verarbeitende, Bau-, Textil-, Leder-, Holzverarbeitungsind. sowie Fremdenverkehrsgewerbe, Techn. Museum »Frohnauer Hammer« (Hammerwerk aus dem 17. Jh. im Ortsteil **Frohnau**), Besucherbergwerk. – 1496 als Bergbauort gegr., entwickelte sich **Annaberg** rasch durch den Silberbergbau. 1499–1525 entstand die reich ausgestattete Stadtkirche St. Annen (u. a. Bauplastik »Schöne Tür« von H. Witten). Im 16. Jh. wurde Annaberg zum Welthandelsplatz für Erzeugnisse der Posamentenmacherei und Spitzenklöppelei. – 1945 wurde Annaberg mit **Buchholz** (1497 als Bergbaugemeinde gegr.; Katharinenkirche, 16. Jh.) vereinigt.

Annaburg, Stadt im Landkreis Wittenberg, Sa.-Anh., im Waldgebiet der Annaburger Heide, 3 700 Ew.; Porzellanwerk und Fahrzeugindustrie. – Renaissanceschloss (1572–75). – Bis 1572 **Lochau** gen.; mit dem Schloss benannt nach Anna, Gemahlin des Kurfürsten August I. von Sachsen.

Annahme, *Recht:* Entgegennahme eines Gegenstandes als Erfüllung einer Verpflichtung; geht in der rechtl. Wirkung über die tatsächl. Inbesitznahme (Abnahme) hinaus; ferner die Erklärung, mit einem Vertragsangebot einverstanden zu sein (§ 147 BGB).

Anna Amalia: Abendgesellschaft bei der Herzogin Anna Amalia (Aquarell von G. M. Kraus; um 1795, Weimar, Goethe-Nationalmuseum)

Annahme als Kind, Annahme an Kindes statt, **Adoption,** zulässige Begründung eines neuen Verwandtschaftsverhältnisses, wenn dies dem Wohle des Kindes dient und zu erwarten ist, dass zw. dem Annehmenden und dem Kind ein Eltern-Kind-Verhältnis entsteht (§§ 1741 ff. BGB). Die A. a. K. soll primär ein Mittel der Fürsorge für elternlose und verlassene Kinder sein. Dementsprechend wird zw. A. a. K. von Minderjährigen und von Volljährigen unterschieden. Der Annehmende kann ledig sein, er muss das 25. Lebensjahr vollendet haben, bei annehmenden Ehepaaren muss der andere Partner mindestens 21 Jahre alt sein. Kinderlosigkeit der Annehmenden wird nicht vorausgesetzt. Die A. a. K. bedarf der Einwilligung des Kindes (bis zu dessen 14. Lebensjahr der des gesetzl. Vertreters) und der leibl. Eltern (auch bei nicht miteinander verheirateten Eltern); die Einwilligung kann nicht erteilt werden, bevor das Kind acht Wochen alt ist. Das Kind soll voll in die Familie des Annehmenden integriert werden. Daher erhält es bei Annahme durch

Annaberg-Buchholz: spätgotische Stadtkirche Sankt Annen (1499–1525)

Eheleute die Stellung eines gemeinschaftl. Kindes. Die Verwandtschaft zur bisherigen Familie und das Erbrecht dieser gegenüber erlöschen. Das Kind erhält den Familiennamen und ggf. die Staatsangehörigkeit des Annehmenden.

Die A. a. K. wird auf Antrag des Annehmenden vom Vormundschaftsgericht ausgesprochen. Die Vermittlung von Adoptionen ist aufgrund des Adoptionsvermittlungs-Ges. in der Fassung vom 27. 11. 1989 Sache der Jugendämter und der freien Wohlfahrtsverbände. Die Aufhebung der A. a. K. ist bei schwerwiegenden Gründen auf (fristgebundenen) Antrag hin möglich (§§ 1760 ff. BGB) und wirkt nur für die Zukunft. – Die Adoption Volljähriger soll nur erfolgen, wenn sie sittlich gerechtfertigt ist.

In *Österreich* sind für die Annahme an Kindes statt die Vorschriften der §§ 179 ff. ABGB maßgebend. Mindestalter der Wahleltern: Vater 30, Mutter 28 Jahre. – In der *Schweiz* muss der Annehmende das 35. Lebensjahr vollendet haben, bei annehmenden Ehepaaren muss die Ehe mindestens fünf Jahre bestehen (Art. 264 a ZGB).

Annahme an Erfüllungs statt, Annahme an Zahlungs statt, das Erlöschen eines Schuldverhältnisses durch die Annahme einer anderen als der geschuldeten Leistung (§ 364 BGB), z. B. Annahme von Waren statt des geschuldeten Geldbetrages.

Annahmeverzug, *Recht:* der →Gläubigerverzug.

Annalen [zu lat. annus »Jahr«] *Pl.*, Aufzeichnungen, in denen Ereignisse nach der Abfolge der Jahre geschildert werden.

Annales [-'nal], Kurzbez. für eine 1929 von M. Bloch und L. Febvre gegründete geschichtswiss. Zeitschrift in Frankreich, die namengebend für eine internat. einflussreiche historiograf. Schule (**A.-Schule, École des A.**) wurde. In den »A.« verband sich Blochs strukturgeschichtl. Forschungsansatz mit Febvres »histoire totale«, die den Zusammenhang von Geografie und Geschichte thematisierte (Deutung des geschichtl. Raumes unter Erfassung möglichst vieler Faktoren, z. B. Wirtschaft, Politik, Religion und Glaube, Lebensstil, Mentalität).

Annam, Anam, ehem. Kaiserreich in Indochina, das Kernland von →Vietnam; Hptst.: Huê.

Annamiten, früherer Name der →Vietnamesen.

Annamitische Kordillere [- kɔrdɪl'jeːrə], vietnames. **Truong Son,** rd. 1 000 km langer Gebirgszug im mittleren Teil Vietnams, im südl. Teil bis 2 405 m ü. M., im nördl. 2 711 m über dem Meeresspiegel.

Annan, Kofi, ghanaischer Politiker und Diplomat, * Kumasi 8. 4. 1938; studierte Ökonomie in den USA und in der Schweiz. Er trat 1962 in den Dienst der UNO und arbeitete 1976–83 in führenden Funktionen des UNHCR. 1983 übernahm er Funktionen in der Zentrale der UNO, v. a. im Personal- und Budgetbereich. Als stellv. Gen.-Sekr. (1993–95) leitete er die Abteilung für die friedenserhaltenden Missionen. 1995–96 arbeitete er als UN-Vermittler im früheren Jugoslawien. Im Dez. 1996 wählte ihn die Generalversammlung der UNO zum Gen.-Sekr. (Amtsantritt: 1. 1. 1997); im Juni 2001 wurde er für eine weitere Amtszeit (Ende: 31. 12. 2006) von fünf Jahren wiedergewählt. 2001 wurde der Friedensnobelpreis in zwei gleichen Teilen an die Vereinten Nationen und ihren Generalsekretär A. für deren Arbeit für eine besser organisierte und friedlichere Welt vergeben.

Annapolis [əˈnæpəlɪs], Hptst. des Bundesstaates Maryland, USA, 36 200 Ew.; Marineakademie; Einfuhrhafen, Handelszentrum. – 1649 durch Puritaner gegründet.

Annapurna, Gebirgsmassiv im Himalaja, Zentralnepal, mit **A. I** (8 091 m ü. M., als erster Achttausender 1950 durch die zweite frz. Himalaja-Expedition unter Leitung von M. Herzog erstiegen) und **Annapurna II** (7 937 m ü. M.) sowie mehreren Siebentausendern.

Ann Arbor [ˈæn ˈɑːbə], Stadt im SO von Michigan, USA, 114 500 Ew.; Univ. (gegr. 1817), Forschungsinstitute.

Anna selbdritt, seit dem 14. Jh. Darstellung der hl. Anna mit ihrer Tochter Maria und dem Jesusknaben.

Annecy [anˈsi], Stadt in SO-Frankreich, Verw.-Sitz des Dép. Haute-Savoie, 448 m ü. M., am See von A. (14 km lang, 27 km²), 49 600 Ew.; Kurort; Bischofssitz; Elektro-, Maschinen-, Apparateind., Baumwollspinnerei. – Kathedrale (16. Jh.), über der Stadt Schloss Menthon.

annehmbare Qualitätsgrenzlage, →AQL.

Anneliden [lat.], die →Ringelwürmer.

Annex [lat.] *der,* Zubehör, Anhängsel.

Annexion *die,* Besitzergreifung, bes. die Einverleibung fremden Staatsgebiets nach Eroberung. Seit dem Briand-Kellogg-Pakt (1928) und nach der Satzung der UNO sind gewaltsame A. sowie **Annexionismus** (auf A. basierende Politik) völkerrechtswidrig.

anni currentis [lat.], Abk. **a. c.,** laufenden Jahres.

Annihilation [lat.] *die,* **1)** *allg.:* Vernichtung, Nichtigkeitserklärung.

2) *Physik:* die Zerstrahlung von Teilchen-Antiteilchen-Paaren, im Ggs. zur →Paarbildung.

Anniviers [anɪˈvje], **Val d'A.,** dt. **Eifischtal,** Hochalpental im Kt. Wallis, Schweiz, von der Navisence durchflossen; 22 km lang, reicht von den Gletschern der Dent Blanche (4 357 m ü. M.), des Obergabelhorns (4 063 m ü. M.) und des Weisshorns (4 505 m ü. M.) nördlich bis zum Rhonetal bei Siders; Hauptort ist Vissoie; Almwirtschaft, Fremdenverkehr, Kraftwerke.

anno [lat.], Abk. **a.,** im Jahre, **Anno Domini,** Abk. **A. D.,** im Jahre des Herrn. →ante Christum (natum), →post Christum (natum).

Anno II., Erzbischof von Köln (seit 1056), * um 1010, † Siegburg 4. 12. 1075; bemächtigte sich 1062 in Kaiserswerth des jungen Heinrich IV., leitete die Reichspolitik, seit 1063 mit Erzbischof Adalbert von Bremen. Heiliger, Tag: 4. 12.

Annobón, von 1973 bis 1979 **Pagalu,** vulkan. Insel im Golf von Guinea, Äquatorialguinea, 17 km², bis 750 m ü. M.; 4 100 Ew.; Hauptort ist Palé.

Annolied, um 1080 (oder nach 1105?) verfasste frühmittelhochdt. Dichtung (828 Verse) über Leben und Wirken des Erzbischofs →Anno II. von Köln; vermutlich verfasst von einem Mönch aus dem Kloster Siegburg.

Annonce [aˈnɔ̃sə, frz.] *die,* →Anzeige.

Annotation [lat.] *die,* Aufzeichnung, Anmerkung.

Annuario Pontificio [- -ˈfiːtʃo; ital. »Päpstl. Jahrbuch«], das jeweils zu Jahresbeginn (seit 1912) erscheinende amtl. Handbuch über die kath. Kirche; herausgegeben vom Päpstl. Staatssekretariat.

Annuarium [lat.] *das,* Kalender, Jahrbuch.

annuell [frz.], →einjährig.

Annuität [lat.] *die,* jährl. Zahlungsrate zur Abtragung einer Geldschuld. Sie besteht aus einem Zins- und einem Tilgungsanteil. Üblich ist die **feste A.** mit gleichbleibendem Ratenbetrag. Da durch die Tilgungszahlung der geschuldete Geldbetrag ständig

Kofi Annan

Annecy
Stadtwappen

sinkt, vermindert sich die Zinsbelastung; der Tilgungsanteil an den Rückzahlungsraten erhöht sich entsprechend.

Annulene [zu lat. annulus »kleiner Ring«], ungesättigte, zykl. Kohlenwasserstoffe mit großer, stets gerader Anzahl von Kohlenstoffatomen im Ring und durchlaufend konjugierten Doppelbindungen.

annullieren [lat.], für ungültig, nichtig erklären.

Annunzio, Gabriele D', ital. Schriftsteller, →D'Annunzio.

annus [lat.], Jahr; **a. civilis**, bürgerl. Jahr; **a. communis**, Gemeinjahr; **a. ecclesiasticus**, Kirchenjahr; **a. intercalaris**, Schaltjahr.

Annweiler am Trifels, Stadt im Kreis Südl. Weinstraße, Rheinl.-Pf., an der Queich, 183 m ü. M., 7 200 Ew.; Luftkurort; Kartonagenfabrik, Messgeräteherstellung; im Stadtteil Gräfenhausen Weinbau. – Oberhalb der Stadt die Burg →Trifels.

Anode [griech.] *die*, positiv geladene →Elektrode (Pluspol) einer elektrolyt. Zelle sowie einer Elektronen- oder Entladungsröhre; Ggs. →Kathode. Den Atomen oder negativ geladenen Ionen (Anionen), die in einem elektrochem. Element zur A. wandern, werden dort Elektronen entzogen. Dabei kann **anodische Oxidation** stattfinden, wobei die A. die Elektronen aufnimmt. Wenn sie aus einem Metall besteht, entstehen mitunter Metallkationen, die in Lösung gehen, d. h., die A. löst sich auf.

Bei Akkumulatoren und Batterien fließen die von den Anionen abgegebenen Elektronen über die A. in den äußeren Stromkreis, d. h., scheinbar gibt die A. Elektronen ab. In →galvanischen Elementen wirkt die A. deshalb als Minuspol. In Elektronenröhren wird jener Elektronenstrom, der von der Kathode durch die Gitter zur A. fließt, als **A.-Strom** bezeichnet, die zw. Kathode und A. liegende Spannung als **A.-Spannung**.

Anodenschlamm, meist edelmetallhaltiger Rückstand bei der elektrolyt. Raffination von Metallen, wie Blei, Kupfer, Zinn.

anodische Oxidation, *Oberflächentechnik:* elektrolyt. Herstellung von oxid. Schutzschichten auf Metallen, v. a. auf Aluminium und seinen Legierungen (»eloxieren«). Bei der Elektrolyse geeigneter Lösungen (bes. von Schwefel-, Oxal- und Chromsäure) bildet sich auf der Oberfläche der als Anode geschalteten Metallteile eine Oxidschicht, die sich färben und nachbehandeln lässt (z. B. Verdichten); dient bes. zum Schutz gegen Korrosion und Abrieb (»Hartanodisieren«), als elektr. Isolation oder als dekorativer Überzug. (→Anode)

Anodontie *die*, angeborenes Fehlen aller Zähne in beiden oder in einem Kiefer.

An|ökumene [griech.], der unbewohnbare Teil der Erde (Polargebiete, Hochgebirge, Trockenwüsten); Ggs. zur Ökumene.

Anol® *das*, Kurzbez. für →Cyclohexanol.

Anomalie [zu griech. anómalos »uneben«] *die*, **1)** *allg.:* Abweichung von der Regel.
2) *Astronomie:* drei Winkelgrößen zur math. Beschreibung der Stellung eines Himmelskörpers in seiner Bahn um einen anderen, z. B. eines Planeten um die Sonne.
3) *Physik:* **A. des Wassers**, Eigenschaft von Wasser, sich im Ggs. zu fast allen anderen Stoffen beim Erstarren (Gefrieren) auszudehnen. Sein Volumen vergrößert sich um etwa 10 %, die Dichte wird dadurch kleiner, d. h., Eis ist leichter als Wasser und schwimmt auf diesem. Wasser verhält sich erst oberhalb von 4 °C »normal«, d. h., es dehnt sich dann beim Erwärmen aus. Das Dichtemaximum des Wassers liegt bei 4 °C ($\varrho = 1\,\text{g/cm}^3$). Da die dichtesten Wasserschichten von 4 °C am schwersten sind und nach unten absinken, friert im See von oben nach unten und behält selbst bei großer Kälte in den tieferen Wasserschichten eine Temperatur von 4 °C. Dadurch können Wassertiere überleben. Außerdem schichten sich Seen regelmäßig um, sodass auch die tieferen Schichten wieder mit Sauerstoff versorgt werden. Dies geschieht, weil beim Tauen des Eises die Dichte wieder zunimmt, d. h., die oberen sauerstoffreichen Schichten des Wassers sinken im Frühjahr ab; im Herbst erfolgt die Umschichtung während des Abkühlens bis zum Gefrieren.

Anomie [griech. »Gesetzlosigkeit«] *die, Soziologie:* Zustand mangelnder individueller oder kollektiver Anpassung an neue soziale Tatbestände (bes. in Zeiten gesellschaftl. Umbrüche) durch Fehlen entsprechender sozialer Normen; äußert sich u. a. in der (partiellen) Destabilisierung der sozialen Beziehungen sowie der spürbaren Zunahme abweichenden Verhaltens (z. B. Selbsttötungen, Kriminalität).

anonym [griech. »namenlos«], ohne Namensnennung; anonyme Werke (**Anonyma**, v. a. anonyme Schriften) sind urheberrechtlich geschützt. **Anonymus**, unbekannter Verfasser.

Anonyme Alkoholiker, Abk. **A. A.**, Selbsthilfeorganisation alkoholkranker Menschen zum Zweck der Abstinenz bei Wahrung der Anonymität des Einzelnen. (→Suchtkrankenhilfe)

anonyme Konten, →Nummernkonto.

Anopheles [griech. »unnütz«] *die*, →Fiebermücken.

Anorak [eskimoisch] *der*, Kajakjacke der Eskimo aus Fell; eine wetterfeste Sportjacke mit Kapuze.

Anordnung, **1)** *allg.:* räumlich und zeitlich nebeneinander wirkende Teile eines Gegenstandes, der nicht notwendig eine körperl. Substanz hervorbringen muss, z. B. eine elektr. Schaltung; eine der Patentkategorien.
2) *Mathematik:* Kennzeichen von algebraischen Strukturen, deren Elemente einer linearen Ordnungsrelation unterliegen (z. B. die Kleiner- oder Größerrelation) und in denen Monotonie und Transitivität gelten (angeordnete Struktur).

Anorektika [griech.], die →Appetitzügler.

Anorexie [griech.] *die*, Appetitlosigkeit. **Anorexia nervosa (Pubertätsmagersucht)**, psychogene Essstörung mit beabsichtigtem Gewichtsverlust (→Magersucht).

an|organisch [griech.], zur unbelebten Natur gehörig; **anorgan. Chemie**, →Chemie.

An|orgasmie [griech.] *die*, das Ausbleiben des Höhepunktes beim Geschlechtsverkehr (→Orgasmus) bei ansonsten ungestörter sexueller Erregung; bei Frauen häufiger als bei Männern.

An|orthit [griech.] *der*, Mineral, →Feldspäte.

An|orthosit [griech.] *der*, ein Tiefengestein, das fast nur aus Plagioklas besteht.

An|osmie [griech.] *die*, Fehlen des Geruchsvermögens.

A-Note, Eiskunstlauf, Rollkunstlauf: techn. Wertung der Kür, beurteilt den sportl. Wert nach den gebotenen Schwierigkeiten (z. B. Sprünge, Pirouetten, Schrittkombinationen), außerdem Sicherheit und Mannigfaltigkeit der Übungen. Die **B-Note** beurteilt den Gesamteindruck: die rhythm. und fließende Be-

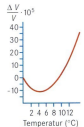

Anomalie 3): oben Diagramm der temperaturabhängigen Volumenänderung von Wasser, unten Temperaturschichtung beim Gefrieren eines Sees

Jean Anouilh

Ansbach 2) Stadtwappen

wegung im Takt der Musik, den harmon. Aufbau der Kür sowie Schwung, Haltung und Raumaufteilung.

Anouilh [aˈnuj], Jean, frz. Dramatiker, * Bordeaux 23. 6. 1910, † Lausanne 3. 10. 1987; dramatisierte scharfsinnige psycholog. Konstruktionen mit geistreichen, iron. Dialogen; eine pessimist. Menschen- und Weltsicht beherrscht die meisten Dramen, die häufig tradierte Stoffe neu bearbeiten (u. a. »Eurydike«, 1942; »Antigone«, 1946; »Jeanne oder Die Lerche«, 1953; »Becket oder Die Ehre Gottes«, 1959). Die späten Werke zeigen skurrile Züge (u. a. »Seltsame Vögel«, 1977; »Der Nabel«, 1981); Erinnerungen: »Das Leben ist unerhört« (1987).

Anpassung, 1) *Elektrotechnik:* das Herbeiführen eines optimalen Betriebszustandes in einem elektr. Stromkreis durch Angleichung des Widerstandes eines Stromverbrauchers an den der Stromquelle.
2) *Physiologie:* **Adaptation,** die Angleichung von Organen und Organismen an bestimmte Umwelt-Reiz-Bedingungen. Sie betrifft Gestalt, Farbe, Körpervorgänge und Verhalten. Beispiele: Akklimatisation (stammesgeschichtl. Prozess durch Auslese), Herzvergrößerung (durch funktionelle Beanspruchung bei Ausdauertraining), Farbwechsel des Chamäleons (kurzfristig, vorübergehend).
3) *Soziologie:* **Adjustment,** die Angleichung des menschl. Verhaltens an die normativen Forderungen der sozialen Umwelt, meist mit Sanktionen (Belohnung, Strafe) verknüpft.

Anqing [-tʃ-], **Anking,** früher **Huaining,** Stadt in der Prov. Anhui, China, am Jangtsekiang, 364 000 Ew.; Eisen-, Stahl-, Textilindustrie.

Anquetil [ãkˈtil], Jacques, frz. Straßenradsportler, * Mont-Saint-Aignan (bei Rouen) 8. 1. 1934, † Rouen 18. 11. 1987; gewann u. a. fünfmal die Tour de France (zw. 1957 und 1964), den Giro d'Italia (1960, 1964) und die Spanienrundfahrt (1963).

Anrainer, Anlieger, Grenznachbar, z. B. A.-Staat.

Anrechnungszeiten, früher **Ausfallzeiten,** in der gesetzl. Rentenversicherung Zeiten, in denen der Versicherte aus bestimmten persönl. Gründen keine Beiträge zahlen konnte. Als A. gelten: Krankheit, medizin. Heilbehandlung oder Berufsförderung, Schwangerschaft, Schutzfristen bei Mutterschaft, Arbeitslosigkeit, Schulausbildung nach dem 17. Lebensjahr, Rentenbezugszeiten bis zum 55. Lebensjahr, danach, soweit die Rente mit einer Zurechnungszeit zusammenfällt. A. zählen für die 35-jährige Wartezeit bei Altersrente für langjährig Versicherte und für schwerbehinderte Menschen.

Anrede, Titel oder Fürwort für eine angesprochene Person. A.-Formen: Anstelle des einst übl. »Ihr« und des vom 15. bis 18. Jh. gebräuchl. »Er« ist das »Du« für den Verkehr mit Näherstehenden, das »Sie« für Fernerstehende üblich geworden. Bei einigen Titeln (Majestät, Exzellenz, Magnifizenz usw.) findet sich noch das Fürwort »Eure« (Abk. Ew.).

Anregung, *Physik:* der durch Energiezufuhr (therm. A., Strahlungs-A., Stoß-A. u. a.) bewirkte Übergang eines mikrophysikal. Systems (Atom, Atomkern, Molekül) in einen energetisch höheren (angeregten) Zustand.

Anregungsmittel, **Stimulantia, Analeptika,** i. w. S. Mittel, die Hirn-, Herz-Kreislauf-Funktion, Atmung oder Stoffwechsel anregen; i. e. S. Mittel, die auf Teile des Zentralnervensystems, bes. Atmungs- und Kreislaufzentrum, anregend wirken (z. B. →Weckamine).

Anreicherung, 1) *Chemie:* Bez. für chem. und physikal. Verfahren, mit denen die Konzentration eines Stoffes erhöht wird
2) *Wasserbau:* →Grundwasseranreicherung.

Anreicherungstyp, *Elektronik:* →MOSFET.

Anreizsystem, Gratifikationsmaßnahmen, um Arbeitnehmer zum Verbleiben im Unternehmen bzw. zur Steigerung der Arbeitsleistung zu gewinnen.

Anrichte, schrankartiges Möbel zum Abstellen der Speisen und zum Aufbewahren von Geschirr; auch der Raum zw. Essraum und Küche.

ANRS [Abk. für engl. **a**utomatic **n**oise **r**eduction **s**ystem], ein →Rauschunterdrückungssystem.

Anrufbeantworter, Gerät zur selbstständigen Entgegennahme, Speicherung und späteren Wiedergabe ankommender Anrufe. Der Anrufer hört einen voreingestellten Ansagetext und kann nach einem Signalton seine Nachricht hinterlassen. A. können auch als integrierte Geräte (z. B. im Telefon) ausgeführt sein. – Moderne Varianten von A. sind →Mailbox sowie Softwarelösungen, bei denen der Anruf auf einen (eingeschalteten) Computer umgeleitet wird.

Anrufer|identifikation, CLI [Abk. für engl. **c**alling **l**ine **i**dentification], *Telekommunikation:* Dienstmerkmal in Telekommunikationsnetzen zur Anzeige von Rufnummer, Name und/oder Verbindungsart (z. B. Amt, intern) des Anrufers.

ANSA, Abk. für ital. **A**genzia **N**azionale **S**tampa **A**ssociata, führende ital. Nachrichtenagentur, Sitz: Rom; 1945 gegr., Nachfolgerin der Agenzia Telegrafica Stefani (gegr. 1853).

Ansatz, 1) *Mathematik:* das probeweise Darstellen der gesuchten Lösung eines Problems durch eine Funktion, die nur noch wenige freie Parameter enthält. Diese Parameter können dann oft recht einfach bestimmt werden, allerdings schließt man bei dieser Methode u. U. von vornherein die richtige Lösung aus.
2) *Musik:* beim Gesang die Einstellung des Kehlkopfes und der resonanzverstärkenden Mund- und Rachenhohlräume im Moment des Tonbeginns.

Ansbach, 1) Landkreis im Reg.-Bez. Mittelfranken, Bayern, 1 972 km², 184 000 Ew.; Verw.-Sitz ist Ansbach.
2) kreisfreie Stadt in Bayern, Sitz der Verw. des Reg.-Bez. Mittelfranken und des Landkreises A., im Tal der Fränk. Rezat, 40 600 Ew.; Kfz-Zuliefer-, elektrotechn., feinmechan., opt., Metall und Kunststoff verarbeitende sowie Nahrungsmittelind., Uhrenherstellung. – Die Jahrhunderte als Fürstenresidenz der Hohenzollern prägten das Stadtbild sowohl der Altstadt (Stiftskirche St. Gumbert, Johanniskirche, Landhaus – jetzt Stadthaus –, Hofkanzlei, Fachwerkhäuser) als auch der barocken »Markgrafenstadt« (Rokokoschloss, Orangerie, Hofgarten). – A. entstand neben einem im 8. Jh. gegründeten Benediktinerkloster.

Ansbach-Bayreuth, ehem. fränk. Markgrafschaft, entstand um die Plassenburg oberhalb Kulmbachs. Die hohenzoller. Burggrafen von Nürnberg erwarben nach 1260 Bayreuth, 1331 Ansbach, 1338 Kulmbach. Mehrfach geteilt und wieder vereinigt, kam A.-B. 1791 an Preußen, 1805 fiel Ansbach, 1810 Bayreuth an Bayern.

Anschan, Stadt in China, →Anshan.

Anschauung, 1) *Philosophie:* die sinnl. Wahrnehmung der empir. Wirklichkeit (Sensualismus); aber auch die übersinnl. geistige Schau idealer Erkenntnisgegenstände (Idealismus). – I. Kant unterscheidet **reine A.,** die die A.-Formen Zeit und Raum enthält und der Erfahrung besonderer Erscheinungen vorausgeht, von durch Empfindung vermittelter empirischer A. Da menschl. A. immer rezeptiv, d. h. sinnlich ist, kommt intellektuelle A., die ihre Objekte selbsttätig hervorbringt, allein einem »Urwesen« (göttl. Verstand) zu.

2) *Psychologie:* die auf (bes. optischen) Sinneswahrnehmungen beruhende Aufnahme der Wirklichkeit, auch jegliches deutl. Erleben eines Gegenstandes ohne besondere begriffl. Vorarbeit.

Anschero-Sudschensk, Stadt im Gebiet Kemerowo, Russland, in W-Sibirien, im →Kusnezker Steinkohlenbecken, an der Transsibir. Eisenbahn, 94 000 Ew.; Steinkohlenbergbau, Maschinenbau. – 1897 gegründet.

Anschlag, 1) *allg.:* Angriff, Attentat.
2) *Schießen:* schussbereite Stellung des Schützen (liegend, kniend, stehend).
3) *Technik:* Vorsprung am Maschinenteil zur Begrenzung seiner Bewegung; Mauerfalz zur Aufnahme von Tür- oder Fensterblendrahmen.

Anschlagwinkel, Messwerkzeug mit einer Anschlagkante zum Prüfen, Anzeichnen oder Ausrichten von rechten Winkeln.

Anschliff, für Untersuchungen mittels Auflichtmikroskops geschliffenes und poliertes Erz-, Gesteins- oder Kohlestück. (→Dünnschliff)

Anschlussbahn, bes. bei der ehem. Dt. Reichsbahn gebräuchl. Begriff für Gleisanschluss.

Anschlussberufung, dem Berufungsbeklagten zustehender Rechtsbehelf, durch Anschließung an die Berufung des Gegners ein ihm günstiges Urteil zu erlangen (§§ 524 ff. ZPO, § 127 VwGO); die **Anschlussrevision** (§ 554 ZPO) und die **Anschlussbeschwerde** (§ 567 ZPO) folgen im Wesentlichen den gleichen Grundsätzen.

Anschlussbewegung, die Bestrebungen zur staatl. Vereinigung Österreichs mit dem Dt. Reich (→Österreich, Geschichte).

Anschlusspfändung, die Pfändung bereits gepfändeter Sachen durch einen anderen Gläubiger oder wegen einer anderen Forderung, um am Erlös teilzuhaben (§ 826 ZPO).

Anschlussstelle, →Autobahn.

Anschluss- und Benutzungszwang, der durch Gemeindesatzung auferlegte Zwang, bei dringendem öffentl. Bedürfnis Grundstücke an Wasserleitung, Kanalisation, Müllabfuhr u. a. öffentl. Einrichtungen anzuschließen und diese zu benutzen.

Anschlusszone, *Seerecht:* eine an die →Küstengewässer angrenzende Zone, in welcher dem Küstenstaat Kontrollbefugnisse zustehen, um Verstöße gegen seine Zoll- und sonstigen Finanz-, Einreise- oder Gesundheitsgesetze zu verhindern bzw. zu ahnden. Die A. darf sich nicht weiter als 24 Seemeilen über die Basislinien hinaus erstrecken, von denen aus die Breite des Küstenmeeres gemessen wird.

Anschnittsteuerung, die →Phasenanschnittsteuerung.

Anschovis, →Anchovis.

Anschuldigung, falsche A., →Verdächtigung.

Anschütz-Kaempfe, Hermann, Ingenieur, *Zweibrücken 3. 10. 1872, †München 6. 5. 1931; Erfinder des Kreiselkompasses (1904).

Anseilen, *Bergsteigen:* das Verbinden der Bergsteiger durch ein Seil (Seilschaft), das an einer Gurtkombination aus Brust- und Sitzgurt oder einem einteiligen, verstellbaren, variablen Kombigurt am Körper befestigt ist.

Anselm von Canterbury [-'kæntəbəri], scholast. Theologe und Philosoph, * Aosta 1033, † Canterbury 21. 4. 1109; Benediktinerabt in Bec (Normandie), später Erzbischof von Canterbury, gilt als Vater der Mystik und Scholastik (Grundsatz: →credo, ut intelligam). Berühmt ist sein ontolog. →Gottesbeweis. Heiliger, Tag: 21. 4.

Ansermet [ãsɛr'mɛ], Ernest, schweizer. Dirigent, * Vevey 11. 11. 1883, † Genf 20. 2. 1969; war 1915–23 musikal. Leiter der Ballets Russes; gründete 1918 das »Orchestre de la Suisse Romande«.

Ansgar, Anskar, Anscharius, * in der Picardie 801, † Bremen 3. 2. 865; erster Bischof von Hamburg, seit 864 Erzbischof von Hamburg-Bremen, förderte die Ausbreitung des Christentums in Schweden, Jütland und Schleswig (»Apostel des Nordens«). Heiliger, Tag: 3. 2.

Anshan [-ʃ-], **Anschan,** Industriestadt in NO-China, Prov. Liaoning, 1,74 Mio. Ew.; in der Umgebung reiche Eisenerz- und Kohlenlager, Grundlage einer metallurg. Großanlage (Kokereien, Hüttenwerke, Gießereien, Walzwerke).

ANSI ['ænsi], Abk. für American National Standards Institute, nat. Normenausschuss der USA.

Ansichtssendung, Probesendung von Waren ohne Kaufzwang. Bestellte A. sind bei Nichtannahme auf eigene Kosten zurückzusenden. Ist die A. nicht bestellt, entsteht für den Empfänger keine Kauf- und Rücksendeverpflichtung, er muss sie nur eine angemessene Zeit zur Abholung durch den Absender bereithalten.

Ansip, Andrus, estn. Politiker, *Tartu 1. 10. 1956; Chemiker; bis Ende der 1990er-Jahre v. a. im Bank- und Investmentbereich tätig; war 1998–2004 Oberbürgermeister von Tartu, 2004–05 Min. für Wirtschaft und Kommunikation; wurde 2004 Vors. der Reformpartei und 2005 Ministerpräsident.

Ansitz, *Jägersprache:* →Anstand.

Anspruch, das Recht, von einem anderen ein Tun oder Unterlassen zu verlangen (§ 194 BGB), z. B. A. auf Schadensersatz.

Anstalt des öffentlichen Rechts, jurist. Person des öffentl. Rechts, die als organisatorisch oder rechtlich selbstständige Verw.-Einheit von persönl. oder sachl. Mitteln zur Erfüllung einer besonderen Verw.-Aufgabe errichtet wurde. Kraft Gesetzes besitzen A. d. ö. R. Anstaltsgewalt, in deren Rahmen sie ihre innere Organisation durch Anstaltsordnungen (Satzungen) regeln. Die Benutzung von A. d. ö. R. kann als Rechtsanspruch oder als Benutzungszwang ausgestaltet werden. Zu den A. d. ö. R. gehören u. a. kommunale Sparkassen, Rundfunkanstalten.

Anstaltslast, Verpflichtung von Kommunen oder Bundesländern, öffentlich-rechtl. Unternehmen mit den zur Erfüllung ihrer Aufgaben erforderl. Mitteln auszustatten und sie funktionsfähig zu halten, wirkt wie eine Bürgschaft. Die A. für die Sparkassen wurde 2005 abgeschafft.

Anstand, *Jägersprache:* Jagdart, bei der von verdeckter Stelle aus im Stehen oder Sitzen (**Ansitz**) Wild beobachtet oder erlegt wird, auch dieser Platz selbst; meist getarnter **Hochstand (Hochsitz, Jagdkanzel).**

ansteckende Krankheiten, die →Infektionskrankheiten.

Ansteckung, die →Infektion.

Anstehendes, anstehende Gesteine, Gesteine, die sich im natürl. Verband befinden und leicht zugänglich sind (»gewachsener Fels«).

Anselm von Canterbury

Anstellwinkel, *Luftfahrt:* der Winkel zw. einer bestimmten Bezugslinie im Flügelprofil (meist Sehne) und der Anströmungs- oder Bewegungsrichtung; wesentl. Einflussgröße für den Auftriebsbeiwert.

Anstiftung, *Recht:* vorsätzl. Verleitung eines anderen zu einer vorsätzl. Straftat. Der **Anstifter** wird gleich dem Täter bestraft (§ 26 StGB, ebenso § 12 österr. und Art. 24 *schweizer.* StGB).

Anstoß, *Fußball:* das Anspielen des Balles zu Spielbeginn, nach einem Treffer, zu Beginn der zweiten Halbzeit und zu jeder Spielhälfte einer Verlängerung. Der A. wird im Mittelpunkt des Mittelkreises ausgeführt, wenn der Schiedsrichter durch einen Pfiff das Zeichen dazu gegeben hat. Aus einem A. kann ein Treffer direkt erzielt werden.

Anstrich, Überzug auf Holz, Metall, Mauerwerk usw., teils zum Schutz gegen äußere Einflüsse (z. B. Nässe), teils zur Verschönerung.

ant... [griech.], → anti...

Antagonismus [griech.] *der,* 1) *allg.:* Widerstreit, Gegenwirkung, Gegensatz.
2) *marxistisch-leninist. Theorie:* → Widerspruch.
3) *Physiologie:* die entgegengesetzte Wirkung zweier Komponenten (**Antagonisten**), z. B. von Muskeln (Beuger und Strecker), Nerven (Sympathikus und Parasympathikus) oder auch von chem. Substanzen, z. B. Hormonen (Insulin und Glucagon).

Antaios, lat. **Antaeus,** *griech. Mythologie:* ein Riese, Sohn des Poseidon und der Gaia (Erde). Er war unbesiegbar, solange er die Erde berührte; daher erwürgte Herakles ihn in der Luft.

Antakya, Hptst. der Prov. Hatay, in S-Anatolien, Türkei, am Orontes, 144 900 Ew.; Zitrus-, Ölbaumpflanzungen; archäolog. Museum. – A. ist das antike → Antiochia.

Antalkidas, spartan. Stratege und Politiker, † 367 (?) v. Chr.; handelte 387 v. Chr. mit dem pers. Großkönig Artaxerxes II. den → Königsfrieden (Friede des A.) aus.

Antall [ˈɔntɔl], József, ungar. Politiker (Ungar. Demokrat. Forum, UDF), * Budapest 7. 4. 1932, † ebd. 12. 12. 1993; Historiker, nahm am ungar. Volksaufstand 1956 teil und wurde nach dessen Niederschlagung verhaftet; einer der Gründer des UDF und seit 1989 dessen Vors. (im Dez. 1990 wieder gewählt); war ab April 1990 Ministerpräsident.

Antalya, früher **Adalia,** Hptst. der südtürk. Prov. A., internat. Seebad an der »türk. Riviera«, überragt vom W-Taurus, 828 000 Ew.; Univ., archäolog. Museum; Textil-, Maschinen- und chem. Ind.; mit Hafen (Freihandelszone) am Golf von A., internat. Flughafen. – Über einer Steilküste auf einer ausgedehnten Travertinterrasse gelegene, größtenteils restaurierte osman. Altstadt; aus röm. Zeit als Rest der Stadtmauer das Hadrianstor (um 130); ausgedehnte Neustadtteile, im N überragt von Gecekondusiedlungen im Halbkreis um die Altstadt bis an den W-Taurus.

Antananarivo, bis 1976 **Tananarive,** Hptst. von Madagaskar, im zentralen Hochland 1 200 bis 1 450 m ü. M., 1,46 Mio. Ew. (Agglomeration 1,69 Mio. Ew.); Sitz der Reg. und des Parlaments und eines kath. Erzbischofs, Univ. (gegr. 1961); Forschungsinstitute, Goethe-Inst.; Nahrungsmittel- und Textilind.; internat. Flughafen. – In der Oberstadt Festung (17. Jh.) mit Palast der Königin (1839 aus Holz erbaut, später mit viertürmigem Steinbau umgeben) und weiteren Königspalästen (histor. Museen) und -grabstätten. Nördlich von A. liegt **Ambohimanga,** die Anfang des 18. Jh. gegründete Residenz und hl. Stadt der Merinakönige (UNESCO-Welterbe). – A. wurde 1794 Hptst. des Königreichs der Merina (→ Madagaskar, Geschichte).

Antara Ibn Schaddād, Antar Ibn Schaddād, vorislam. arab. Dichter, † um 615; Held des **Antarromans,** eines beliebten arab. Volksbuchs (um 1300).

Antares [griech.] *der,* hellster Stern (α) im Sternbild Skorpion; rd. 600 Lichtjahre von der Sonne entfernter Roter Überriese.

Antarktika *die,* der Kontinent des Südpolargebiets (→ Antarktis).

Antarktis *die,* Land- und Meeresgebiete um den Südpol. Im System der math.-astronom. Zonen gilt der südl. Polarkreis (66° 33′ s. Br.) als Abgrenzung, die so definierte A. umfasst damit rd. 21,2 Mio. km². Während um den Nordpol eine mit Treibeis bedeckte Tiefsee liegt, befindet sich der Südpol in der Mitte einer großen Landmasse, **Antarktika** (12,4 Mio. km², einschl. der Schelfeistafeln rd. 14 Mio. km²); mehr als 97 % des antarkt. Kontinents liegen unter bis zu 4 km dickem Eis. Am Rand ragen hohe Gebirge aus der Eisdecke auf. An den Rändern des Kontinents fließt das Eis in großen Auslassgletschern ab oder schiebt sich als schwimmendes Schelfeis in breiter Front über den Schelf und bildet große Mengen Eisberge und Treibeis. Im Eis Antarktikas sind etwa 80 % der Süßwasservorräte der Erde gebunden.

Der höchste Punkt der A. ist der Mount Vinson (5 140 m ü. M.) in der Sentinel Range. Das eisfreie Gebiet nimmt eine Fläche von etwa 350 000 km² (weniger als 3 %) ein. Die Berge sind tlw. eisfrei. An den Küsten gibt es durch Niederschlagsmangel und Fallwinde be-

Antananarivo Stadtwappen

Antarktis: Entdeckung und Erforschung

1772–75	J. Cook überquert bei seiner Weltumsegelung erstmals den südlichen Polarkreis.
1819–21	Erste russische Antarktisexpedition unter F. G. von Bellingshausen, der 1821 die Alexander-I.-Insel und Peter-I.-Insel entdeckt
1822/23	J. Weddell dringt bis 74° 15′ s. Br. in das nach ihm benannte Weddell-Meer vor.
1839–43	J. C. Ross entdeckt Victorialand, das Ross-Schelfeis, die Rossinsel mit dem Vulkan Mount Erebus und gelangt in die Nähe des südlichen Magnetpols.
1840	Nachweis der Existenz eines antarktischen Kontinents durch die Küstenfahrten von C. Wilkes; Entdeckung von Wilkesland
1898–1900	C. E. Borchgrevink unternimmt erste Forschungen auf dem Festland (Norden von Victorialand), erreicht im Rossmeer 78° 50′ s. Br.
1901–03	Deutsche »Gauß«-Expedition (E. von Drygalski) entdeckt die Wilhelm-II.-Küste.
1909	D. Mawson, Teilnehmer einer britischen Expedition unter E. Shackleton, findet den südlichen Magnetpol.
1911/12	R. Amundsen (14. 12. 1911) und R. F. Scott (18. 1. 1912) erreichen den geografischen Südpol.
1928–30	Amerikanische Expedition unter R. E. Byrd, der am 29. 11. 1929 den ersten Flug über den Südpol unternimmt
1938/39	Deutsche »Schwabenland«-Expedition unter A. Ritscher erkundet Neuschwabenland.
1946/47	Amerikanische Großexpedition unter R. E. Byrd
1956–58	Beginn intensiver antarkt. Forschungen; verschiedene Nationen errichten ständige Forschungsstationen.
1957/58	Erste Transantarktisexpedition (V. E. Fuchs und E. Hillary)
1959	Antarktisvertrag unterzeichnet; 1961 in Kraft getreten
1981	Errichtung der deutschen Georg-von-Neumayer-Station (1992 durch die Neumayer-Station ersetzt)
1989/90	R. Messner und A. Fuchs durchqueren ohne technische Hilfsmittel und Hundeschlitten die Antarktis zu Fuß.

Antarktis

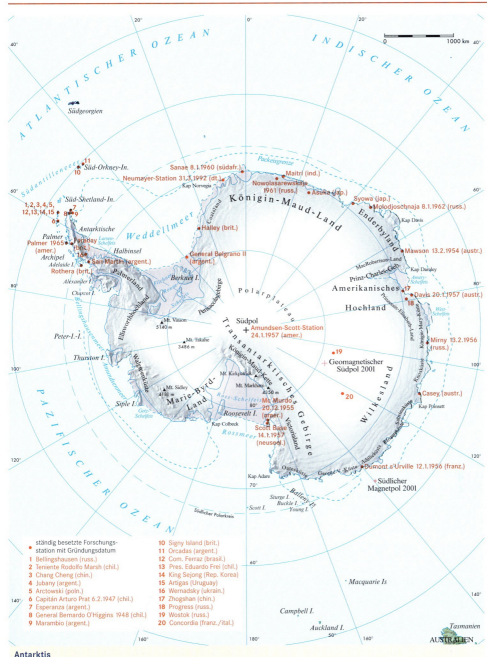

Antarktis

dingte eisfreie Gebiete (»Oasen«, Trockentäler). Die Kettengebirge der Anden Südamerikas setzen sich in der Antarktis fort; sie durchziehen, **Antarktanden** genannt, die Antarkt. Halbinsel in der West-A., im Mount Jackson sind sie 4 191 m hoch. Randlich wird der Gebirgszug von z. T. aktiven Vulkanen begleitet. Südlich schließt sich das Ellsworthhochland an. Vom pazif. Rand der Ost-A. bis zur O-Seite des Filchnerschelfeises erstreckt sich das etwa 3 000 km lange alpine Transantarkt. Gebirge. Es wird an der Außenseite von einer großen Verwerfung begleitet, in deren Umfeld sich tätige Vulkane (Mount Erebus, 3 794 m ü. M.) befinden.

Die A. ist, abgesehen von Forschungsstationen, unbesiedelt. Größte Forschungsstation ist die US-amerikan. McMurdo-Station auf der Rossinsel (im Sommer Basis für bis zu 1 000 Personen). 1981 wurde die ganzjährig besetzte dt. Georg-von-Neumayer-Station eingerichtet (1992 durch die Neumayer-Station auf dem Ekströmschelfeis ersetzt).

Klima: Es herrscht polares Klima: sehr kalte Winter, kühle, kurze Sommer, sehr geringe Niederschläge, außerordentlich trockene Luft. Die Mitteltemperaturen des Winters liegen zw. −40 und −60 °C, die des Sommers überschreiten 0 °C nur in Teilen der Antarkt. Halbinsel. Im Sept. 1983 wurde mit −89,2 °C die

Antarktis: im Weddellmeer treibende Eisberge

tiefste Temperatur der Erde in der A. gemessen. Besonderheiten des antarkt. Klimas sind kalte Fallwinde, die zu schweren Stürmen werden (sturmreichstes Gebiet ist →Adélieland), und der →Whiteout.

Pflanzen- und Tierwelt: Die A. ist das lebensfeindlichste Gebiet der Erde. Vorherrschend sind Flechten, Moose und Algen. Die Tierwelt wird im Kontinentinneren durch wirbellose Tiere (Insekten, Milben und Blattfußkrebse u. a.), im Küstenbereich, in und auf den antarkt. Meeren im Wesentlichen von Seevögeln (Adélie- und Kaiserpinguin sowie fünf weitere Pinguinarten, Sturmvögel, Möwen) und Meeressäugern (Krabbenfresserrobbe, Seeleopard, Rossrobbe, Weddellrobbe, Finnwal, Glattwal) gebildet.

Völkerrecht: Die Besitz- und Nutzungsrechte für das Südpolargebiet sind durch den **A.-Vertrag** vom 1. 12. 1959 (in Kraft seit 23. 6. 1961) geregelt. Danach ist die A. ein internat. Gemeinschaftsraum. Die stimmberechtigten Signatarstaaten verpflichteten sich, das antarkt. Gebiet südlich von 60° s. Br. ausschließlich friedlich und unter Wahrung der Freiheit der wiss. Forschung zu nutzen, die diesbezügliche wiss. Zusammenarbeit zu fördern und die A. von Kernwaffen und radioaktiven Abfällen freizuhalten. Gebietsansprüche einzelner Staaten sind zurückgestellt. Der Vertrag wird durch die Konvention über die Ausbeutung von Bodenschätzen (nachgewiesen sind u. a. Erdöl, Kohle, Eisen- und Kupfererze, Nickel u. a.) in der A. vom 2. 6. 1988 und das Madrider Umweltschutzprotokoll vom 4. 10. 1991 ergänzt, wonach u. a. der Abbau von Bodenschätzen für 50 Jahre verboten ist.

Antarktische Halbinsel, früher **Grahamland,** zw. Weddell- und Bellingshausenmeer gelegene Halbinsel der Westantarktis, etwa 1 200 km lang, von den bis 4 191 m hohen Antarktanden durchzogen; mehrere Forschungsstationen.

Antarktisvertrag, →Antarktis.

Ante [griech.] *die,* pfeilerartiger Abschluss einer vorspringenden Mauer. Der **Antentempel** hat eine Vorhalle, deren Säulen zw. Anten stehen.

ante Christum (natum) [lat.], Abk. **a. Chr. (n.),** vor Christi Geburt.

Anteil, Beteiligung an gemeinschaftl. Unternehmen, z. B. Aktie, Geschäfts-A. einer GmbH; der **Anteilschein** ist die Urkunde über einen solchen Anteil.

Antelami, Benedetto, ital. Bildhauer, *um 1150, † Parma (?) um 1220; übertrug den in Frankreich ausgebildeten Typus der Statuenzyklen auf ital. Kirchenfassaden (Fidenza, Domfassade; Parma, Baptisterium).

ante meri̱di̱|em [lat.], Abk. **a. m.,** vormittags.

Antenne [lat. antenna »(Segel)stange«] *die,* **1)** *Elektrotechnik:* Vorrichtung zum Senden und Empfangen elektromagnet. Wellen; die Aufgabe der A. besteht in der Umwandlung der leitungsgeführten Energie des Senders in Strahlungsenergie (**Sende-A.**) bzw. der Strahlungsenergie in leitungsgeführte Energie für den Empfänger (**Empfangs-A.**). Der konstruktive Aufbau hängt von Anwendungsfall und Frequenzbereich ab. **Linear-A.,** die man als offenen elektr. Schwingkreis betrachten kann, werden in zahlreichen Bauformen in der Hochfrequenztechnik sowie im Lang-, Mittel- und Kurzwellenbereich eingesetzt. Grundelement der Linear-A. ist ein elektr. →Dipol, der als Einzeldraht (Halbdipol), Metallstabpaar, Falt-, Schleifen- oder Schlitzdipol realisiert wird. In der Höchstfrequenztechnik (Radar, Radioteleskop, Richtfunkverbindung) werden **Flächenstrahler-A.** in verschiedenen Bauformen eingesetzt. Üblich ist die Kombination von Primärstrahler und Sekundärreflektor. Als Primärstrahler dient ein Dipol oder ein trichterförmig erweiterter offener Hohlleiter (**Hohlleiterstrahler, Hornstrahler**) im Brennpunkt eines metall. Parabolspiegels (**Parabol-A.**) oder eines Paraboloidausschnittes, wobei die parabol. Fläche als Sekundärreflektor wirkt; damit wird eine erhebl. Richtwirkung erzielt. – Eine wichtige Kenngröße für eine Richt-A. ist der **A.-Gewinn,** der bei der Sende-A. definiert ist als Verhältnis der Leistungen, die man einer Bezugs-A. und der betrachteten A. zuführen muss, damit der Empfänger in Hauptstrahlrichtung die gleiche Empfangsleistung aufnimmt.

2) *Zoologie:* sehr verschiedenartig ausgebildeter Fühler am Kopf der Insekten, Krebstiere, Tausendfüßer und Stummelfüßer; die paarig angelegten A. tragen v. a. Geruchs- und Tastsinnesorgane.

Antennenverstärker, elektron. Gerät, mit dem in Gemeinschaftsantennenanlagen der Leistungspegel erhöht und die Kabeldämpfung ausgeglichen wird.

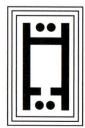
Ante: Grundriss eines Antentempels (oben) und eines Doppelantentempels (unten)

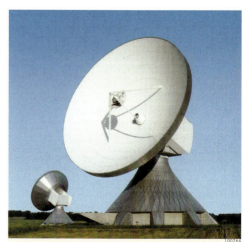
Antenne 1): Parabolantenne

Anthropologie

Antependium [lat.] *das,* den Altarunterbau schmückende Verkleidung.

Antequera [-'kera], Stadt in Andalusien, Spanien, nordwestlich von Málaga, 35 200 Ew.; Verarbeitung von Agrarprodukten, Textilind. – Bei A. Megalithgräber (Cueva de Menga).

Antes, Horst, Maler, Grafiker, Bildhauer und Keramiker, *Heppenheim (Bergstraße) 28. 10. 1936; stellt nach informellen Anfängen seit Beginn der 1960er-Jahre eine von ihm erfundene Kunstfigur, den »Kopffüßler«, signethaft in den Mittelpunkt seines Schaffens; einer der ersten Vertreter der →Neuen Figuration. – Abb. S. 194

Antezedenz [lat.] *die, Geomorphologie:* Art der Talbildung, bei der ein Fluss bei einer Hebung des Untergrundes nicht seinen Lauf verlegt, sondern in dem Maß in die Tiefe erodiert, in dem sich das Gebirge hebt. Ein **antezedentes Tal** ist z. B. das Engtal des Rheins zw. Bingen und Koblenz.

Anthelminthika [griech.], die →Wurmmittel.

Anthem ['ænθəm, engl.] *das,* in der engl. Kirchenmusik seit dem 16. Jh. eine motetten- oder kantatenartige Vertonung eines bibl. Textes.

Anthemion [griech. »Blüte«] *das,* in der griech. Baukunst und Malerei ein aus Palmetten und Lotosblüten gebildetes Ornamentfries.

Anthere [griech.] *die,* **Staubbeutel,** Teil der →Blüte.

Antheridium [griech.] *das,* männl. Geschlechtsorgan der Farnpflanzen, Moose und mancher Algen.

Anthocyane [griech. »Blütenblau«], wasserlösl. blaue, violette, schwarze und rote glykosid. Blütenfarbstoffe; auch in Blättern und Früchten.

Anthologie [zu griech. ánthos »Blüte«] *die,* **Blütenlese,** Sammlung thematisch ausgewählter Gedichte, Sprüche, auch kurzer Prosastücke.

Anthozoen [griech.], die Blumentiere, →Korallen.

Anthracen [griech.] *das,* in Steinkohlenteer enthaltener, in gelbl. Blättchen kristallisierender aromat. Kohlenwasserstoff, der fast ausschl. zu Anthrachinon oxidiert und zu Farbstoffen weiterverarbeitet wird.

Anthrachinon [griech.] *das,* organ. Verbindung, gelbe Kristalle, die bei der Einwirkung von Sauerstoff auf Anthracen entstehen; Ausgangsprodukt für die **A.-Farbstoffe** (u. a. Alizarin). In den Indanthrenfarbstoffen sind A.-Kerne in komplizierten Ringsystemen gebunden.

Anthrakose [griech.] *die,* **Kohlenstaublunge,** eine gesundheitlich meist unbedenkl. Ablagerung von Kohlenstaub in der Lunge.

Anthrax [griech. »Kohle«] *der, Medizin:* der →Milzbrand.

Anthrazit [zu griech. ánthrax »Kohle«] *der,* harte, hochwertige, gasarme →Kohle.

anthropisches Prinzip, Hypothese zur Erklärung der Struktur des Universums und seiner Bewohnbarkeit durch Menschen; in seiner weiter gehenden Version (**starkes a. P.**) von dem brit. Physiker Brandon Carter (*1942) postulierte (hypothet.) Aussage, dass das Universum in seinen Naturgesetzen und -konstanten so beschaffen ist, dass es irgendwann Leben und Intelligenz hervorbringen musste.

anthropo... [griech. ánthropos »Mensch«], Wortbildungselement mit der Bedeutung Mensch...

Anthropogäa [griech. gaía »Erde«] *die,* die vom Menschen durch Besiedlung sowie durch land- und gartenbaul. Nutzung gestaltete Landschaft.

Anthropogenetik, die →Humangenetik.

Anthropogenie [griech.] *die,* Entstehung des Menschen (→Abstammungslehre).

Anthropogeografie, Humangeografie, die Geografie des Menschen, der menschl. Gemeinschaften und insgesamt der Gesellschaft als Träger raumwirksamer Prozesse; Teil der allgemeinen Geografie, die sich mit den Wechselwirkungen zw. Erde (Raum) und Mensch befasst.

Anthropologie [griech.] *die,* die Wiss. vom Menschen unter biologischen, versch. geisteswiss. und theolog. Aspekten.

Die Schwerpunkte der **biologischen A.** liegen in der Erforschung der menschl. Phylogenese (Stammesgeschichte), der Ontogenese (Individualentwicklung) von der befruchteten Eizelle bis zum Tod des Individuums, der geograf. Variabilität des Menschen und genet. Fragestellungen. Weitere Forschungsgegenstände sind die anatom. Ausprägung des menschl. Körpers und die Erscheinungen des kulturellen und sozialen Lebens (Kultur-A.).

Als der eigentl. Begründer der neuzeitl. A. gilt J. F. Blumenbach, dessen Einteilung der Menschen von 1775 in einigen Punkten noch heute Anwendung findet. I. Kant erkannte bereits die große Bedeutung der Vererbung für Stammesentwicklung und innerartl. Differenzierung. Im 19. Jh. wurde der Mensch von C. Darwin und E. Haeckel auch in die neuen Vorstellungen einer Evolution der gesamten Organismenreiche einbezogen. 1927 wurde das Kaiser-Wilhelm-Inst. für A., menschl. Erblehre und Eugenik in Berlin gegründet. Die NS-Zeit und der Zweite Weltkrieg führten zu einem zeitweisen Niedergang des Fachs, der durch rassist. Missbrauch gekennzeichnet war. Nach dem Zweiten Weltkrieg begann eine neue Blüte der Palä-A. durch L. und M. Leakey, die 1948 Proconsul africanus entdeckten. Die Fortschritte der genet. Methodik (z. B. Polymerase-Kettenreaktion) erlauben heute viel präzisere Aussagen zu verwandtschaftl. Beziehungen von Menschenaffen, ausgestorbenen und rezenten Menschen und damit beispielsweise mit der Besiedlung der Kontinente auch zur Entstehung der Vielfalt versch. Menschenformen und ihrer Kulturen.

Die **philosophische A.** i. e. S. ist die systemat. Erforschung und Beschreibung der Wesensmerkmale des

Antenne 1): Linearantenne

Anthracen

Antependium: Frontseite des Antependiums aus dem Baseler Münster (um 1020; Paris, Musée de Cluny)

Menschen; i. w. S. umfasst sie die Gesch. der menschl. Selbstdeutung von den Griechen bis heute. – Obwohl immer auch Thema der Philosophie, wurde der Mensch als Mensch erst spät ihr zentrales Objekt. In seiner Besonderheit kam der Mensch v. a. mit L. Feuerbach, S. Kierkegaard, F. Nietzsche und anderen Lebensphilosophen in den Blick; er wird als konkret existierendes, Welt deutendes, selbstbezügl. sowie als auf sich zurückgeworfenes und endl. Wesen gedeutet.

Als Beginn der A. im Sinne einer philosoph. Disziplin kann das Jahr 1928 gelten, in dem sowohl M. Schelers »Die Stellung des Menschen im Kosmos« als auch H. Plessners »Die Stufen des Organischen und der Mensch« erschienen sind. In seiner »Weltoffenheit«, d. h. der durch den »Geist« verbürgten Möglichkeit, sich von seiner Umwelt und Triebbestimmtheit zu distanzieren, erblickt Scheler die »Sonderstellung« des Menschen. A. Gehlen definiert den Menschen (aufgrund seiner im Unterschied zum Tier zu beobachtenden Instinktreduktion) als Kultur produzierendes »Mängelwesen«.

Die **pädagogische A.** befasst sich mit der Bestimmung und dem Selbstverständnis des Menschseins unter dem Zentralaspekt der Erziehung. Als »A. des Kindes« begreift sie Entwicklung als »geistige Individualgesch.«. Eine zentrale Frage richtet sich darauf, ob die Pädagogik einer aus sich bestimmten vorgegebenen Sinngebung des Menschseins verpflichtet sei oder dieses selbst eine »offene Frage« ist, die in der Sinn- und Zielbestimmung der Erziehung immer neu beantwortet werden muss. Sucht die pädagog. A. die prakt. Aufgabe der Erziehung festzuhalten und über die Phänomenalanalyse hinaus systematisch zu begründen, dann gliedert sie sich einer pädagog. Gesamttheorie ein, die auch die Theorie des pädagog. Handelns und der Bildung mit Bezug auf die Konstitution des Menschlichen umschließt.

Die **theologische A.** baut auf den Aussagen über den Menschen auf, die in den hl. Schriften der Religionen gemacht werden. – Grundlegend für die christl. Theologie ist die Aussage 1. Mos. 1, 26 über die →Gottebenbildlichkeit des Menschen, der durch seine Geistbegabung zur Wahrheitserkenntnis und zur Verantwortung befähigt ist. Die Möglichkeit, dieser Wesensbestimmung entsprechend zu leben, ist durch die Sünde (→Erbsünde) nach kath. Lehre beeinträchtigt (»verwundet«), nach ev. Auffassung in stärkerem Ausmaß geschädigt oder gar umfassend zerstört. Die orth. Theologie unterscheidet zw. der Gottebenbildlichkeit und Gottähnlichkeit des Menschen. Dem Bilde Gottes »ähnlich« (homoiusios) geschaffen, verlor der Mensch nach seinem Versuch, sein zu wollen wie Gott (→Sündenfall), die Gottähnlichkeit. Die Gottebenbildlichkeit aber blieb. Nach übereinstimmender christl. Glaubenslehre wendet sich dem durch falsche Selbstbehauptung in Sünde gefallenen Menschen in Jesus Christus die Liebe Gottes zu (Lk. 15, 11–32: das Gleichnis vom verlorenen Sohn). Sie erlöst und befreit zur »neuen Schöpfung« (2. Kor. 5, 17) eines wahrhaft menschl. Lebens kraft der Gnade des Heiligen Geistes.

Für die islam. Theologie liegt das Schicksal des Menschen ganz in der Hand Gottes, der ihn erschaffen hat. Diese »Schöpfertätigkeit« Gottes wiederholt sich bei jeder Empfängnis und jeder Geburt. Der Koran betont den Menschen als die gute Schöpfung Gottes, beschreibt ihn aber auch als von Natur aus schwach (Sure 4, 28), kleinmütig, ungerecht, unwissend und unbeständig im Glauben. Bereits das erste Menschenpaar übertrat das Gebot Gottes (→Adam und Eva). Die christl. Lehre von der Erbsünde wird jedoch abgelehnt. Vielfältigen Versuchungen ausgesetzt und von sich aus zum Guten unfähig, hat der Mensch die unbedingte Pflicht, dem im Koran offenbarten Willen Gottes zu folgen.

Anthropometrie, Oberbegriff für zahlr. Verfahren der Anthropologie und Humanbiologie zur metr. und numer. Bestimmung von Körper- und Skelettmerkmalen des Menschen.

Anthropomorphismus [griech.] *der*, Übertragung menschl. Eigenschaften auf Außermenschliches (bes. Götter, Gestirne).

Anthroponym [griech.] *das*, Personenname.

Anthropophage [griech.] *der*, Menschenfresser; **Anthropophagie** →Kannibalismus.

Anthroposophie [griech.] *die*, von R. Steiner 1902 begründete Weltanschauungs- und Erkenntnislehre; vereinigt u. a. Elemente des dt. Idealismus, der Weltanschauung Goethes, der Gnosis sowie der naturwiss. Erkenntnisse seiner Zeit. Die A. sieht die Welt in stufenweiser Entwicklung begriffen, deren Sinnbestimmung der Mensch ist. Dieser ist aus Geistigem hervorgegangen, erfährt in seinem fortschreitenden Erkennen das Sinnlich-Anschauliche der Welt als Geistiges und vollzieht so seine Selbstwerdung als erkennend freiheitsfähiges Wesen.

Anthropotechnik, engl. **Human Engineering,** Zweig der Industrieanthropologie, der sich mit der Konstruktion techn. Einrichtungen (z. B. Maschinen, Verkehrsmittel, Arbeitsplätze) und den Abläufen von Arbeitsvorgängen befasst; hierbei soll eine Optimierung des zu konstruierenden Geräts hinsichtlich der körperl. Eigenschaften des menschl. Organismus sowie eine Anpassung an die körperl., seel. und sozialen Erfordernisse des Menschen erreicht werden (→Ergonomie).

Anthropozoonose *die*, die →Zoonose.

Anthurie [griech.] *die*, die →Flamingoblume.

Horst Antes: Figur mit rotem Band (1962; München, Bayerische Staatsgemäldesammlungen)

anti... [griech.], vor Selbstlauten und h: **ant...**, Wortbildungselement mit der Bedeutung gegen, gegenüber; z. B. Antithese, Antagonismus.

Anti-Aging [-'eɪdʒɪŋ; engl.] *das*, Bez. für Maßnahmen zur Erhaltung von Gesundheit, Wohlbefinden und Leistungsfähigkeit bis ins hohe Alter durch geeignete Veränderungen im Lebensstil. Um dieses Ziel zu erreichen, sind eine ausgewogene Ernährung mit eingeschränkter Kalorienaufnahme, Fitnessprogramme mit ausreichender Bewegung und stressabbauende Entspannung hilfreich. Daneben wird auch die Behandlung mit Hormonen als Strategie angeboten, um den natürl. Alterungsprozess aufzuhalten. Aufgrund der nicht unerhebl. Nebenwirkungen und nicht gesicherten Ergebnisse ist dieser Ansatz umstritten. Genauso zweifelhaft ist der Nutzen von Nahrungsergänzungsmitteln und Vitaminpräparaten.

Anti|androgene [griech.], Stoffe, die die Wirkung des männl. Keimdrüsenhormons Testosteron auf die Körperzellen hemmen.

Anti|angiogenese [griech.] *die*, Hemmung der Gefäßneubildung in einem Gewebe, insbes. in einem Tumorgewebe. Dadurch werden die Tumorzellen von der Nährstoffversorgung abgeschnitten. Diese Möglichkeit wird zur Behandlung von Tumorerkrankungen erprobt, da ein Tumor, selbst zur Angiogenese nicht fähig, über mikroskop. Größe hinaus nur wachsen kann, wenn er Bindegewebe zur Gefäßbildung anregt.

Anti|atelektasefaktor, *das* →Surfactant.

Anti|atlas, *dem* →Atlas südlich vorgelagerter Gebirgszug in Marokko, am NW-Rand der Sahara, bis 2531 m ü. M., spärl. Vegetation, Schaf- und Ziegenweide.

anti|autoritäre Erziehung, nicht autoritäre Erziehung, eine in den 1960er-Jahren im Zusammenhang mit der damaligen Studentenbewegung entstandene Erziehungskonzeption, gestützt auf Theorien der Psychoanalyse (W. Reich, S. Bernfeld), Gesellschaftskritik (T. W. Adorno) und Reformpädagogik (A. S. Neill). Ziel war es, durch eine veränderte Erziehungspraxis der Entwicklung einer autoritären Persönlichkeit entgegenzuwirken. Die a. E. wurde v. a. im Rahmen alternativer Lebensformen (z. B. Kommunen) oder in eigenen Einrichtungen (z. B. Kinderläden) praktiziert, sie wird heute jedoch weitgehend infrage gestellt. Innerhalb der wiss. Pädagogik ist sie v. a. von historisch-systemat. Interesse.

Antibabypille [-'beːbi-], →Empfängnisverhütung.

Antibalkan *der*, Gebirge in Bulgarien, →Sredna gora.

Antibarbarus [griech.-nlat.] *der*, histor. Bez. für Bücher, die Verstöße gegen den richtigen Sprachgebrauch aufführen und berichtigen.

Antibes [ã'tib], Stadt an der frz. Mittelmeerküste, Dép. Alpes-Maritimes, 62 900 Ew.; mit den Badeorten **Cap d'A.** und **Juan-les-Pins**; Kasino, Seewasseraquarium, Museum (Picasso-Slg.); Rosenzucht. – Bei A. landete Napoleon I. am 1. 3. 1815 bei seiner Rückkehr von Elba.

Antibiose [griech.] *die*, hemmende oder schädigende Wirkung der Stoffwechselprodukte versch. Mikroorganismen (z. B. von Bakterien, Pilzen, Flechten) auf andere Mikroorganismen.

Antibiotika [griech.], natürliche oder halbsynthet. Stoffwechselprodukte von Bakterien, Pilzen u. a., die Mikroorganismen abtöten (**bakterizide A.**) oder deren Vermehrung hemmen (**bakteriostat. A.**). Inzwischen wird der Begriff A. vielfach auch erweitert gebraucht für alle zur Behandlung von Infektionen verwendeten Wirkstoffe, d. h. auch für vollsynthetisch hergestellte Substanzen. Nach der Zahl der versch. Keime, gegen die das Antibiotikum wirksam ist, unterscheidet man A. mit einem engen (Schmalspektrum-A.) und einem breiten Wirkungsspektrum (Breitband- oder Breitspektrum-A.). Das erste Antibiotikum (**Penicillin**, zu den Betalactam-A. gehörend) wurde von A. →Fleming im Schimmelpilz Penicillium notatum entdeckt. Weitere Gruppen von A. sind Aminoglycosid-A. (z. B. Gentamicin), Makrolide (z. B. Erythromycin), Tetracycline (z. B. Doxycyclin), Glykopeptide (z. B. Vancomycin) und Peptid-A. (z. B. Bacitracin). A. dienen zur Bekämpfung von Krankheitserregern. Ihre Verwendung bei der Tiermast wurde gesetzlich eingeschränkt, da A.-Rückstände im Fleisch zur A.-Resistenz bei Krankheitserregern sowie zu allerg. Reaktionen beim Menschen führen können.

Antibiotikaresistenz, Widerstandsfähigkeit (Unempfindlichkeit) von Krankheitserregern gegen Antibiotika. Bei der **primären A.** sind die betreffenden Erreger schon vor der Behandlung unempfindlich, bei der **sekundären A.** wird diese erst durch Mutation oder Übertragung von Erbmaterial anderer Keime (Resistenzplasmidübertragung) erworben.

Antiblockiersystem, →ABS.

Antichrist [griech.], **Widerchrist,** bei Luther: **Endchrist,** aus dem N. T. (1. Joh. 2, 18 und 22; 4, 3; 2. Joh. 7) übernommene Vorstellung von einem Gegenspieler Christi, der vor der Wiederkunft Christi gegen das Reich Gottes auftritt, aber durch Christus überwunden wird; in der Geschichte immer wieder mit realen Personen (z. B. Kaiser Nero) identifiziert.

Anticosti Island [æntɪ'kɒstɪ 'aɪlənd], **Île d'Anticosti** [il-], Insel im Sankt-Lorenz-Golf, 7941 km², rd. 400 Ew.; Hauptsiedlung ist der Fischereihafen **Port Menier**. – A. war bis 1763 in frz. Privatbesitz und gehört seit 1774 zu Kanada.

Antidepressiva [griech.-lat.], →Psychopharmaka zur Behandlung von Depressionen.

Antidiabetika [griech.], Mittel zum Senken des Blutzuckers bei →Diabetes mellitus.

Antidiarrhoika [griech.], →stopfende Mittel zur Behandlung des Durchfalls.

Anti-Dive [-daɪv; engl. to dive »tauchen«] *der*, Bremsnickausgleich, konstruktive Maßnahme an der Radaufhängung, die die Nickbewegung von Motorrädern auf unebenen Straßen bzw. beim Bremsen mindert.

Antidot [griech.-lat.] *das*, Gegenmittel bei Vergiftungen.

Anti-D-Prophylaxe, Verabreichen eines Anti-D-Immunglobulins (Anti-Rh-Globulin) an eine Mutter mit negativem Rhesusfaktor nach der Geburt eines Kindes mit positivem Rhesusfaktor. Einer Sensibilisierung durch Bildung von Rhesusantikörpern gegen die kindl. Blutkörperchen, die eine Gefahr für eine erneute Schwangerschaft mit einem Rh-positiven Kind bildet, wird dadurch vorgebeugt.

Anti|emetika [griech.], **Antemetika,** Mittel zur Behandlung von Übelkeit und Erbrechen.

Antifaschismus, die Gegnerschaft gegen Faschismus und Nationalsozialismus; urspr. die in Italien seit 1922 entstandene Opposition gegen die faschist. Herrschaft. Nach der Machtübernahme durch den Nationalsozialismus in Dtl. gewann der A. internat. polit. Bedeutung. Während des Zweiten Welt-

Antibes
Stadtwappen

kriegs fand sich unter der Bez. A. eine Vielzahl verschiedenartiger polit. und weltanschaul. Richtungen zusammen (→ Widerstandsbewegung), oft verbunden mit dem Widerstand gegen die dt. Besatzungsmacht und die mit ihr zusammenarbeitenden Regierungen.

Nach dem Zusammenbruch von Faschismus und Nationalsozialismus (1944/45) bildeten sich antifaschist. Blöcke (»Antifa-Bewegungen«) mit dem Ziel, die ehem. Anhänger der bekämpften Herrschaftsform auszuschalten und das Wiederaufleben faschist. Richtungen zu verhindern. Darüber hinaus entwickelten die Kommunisten ihrerseits die antifaschist. Blöcke zugleich zu einem takt. Werkzeug der Machtübernahme in den Gebieten Mittel-, Ost- und Südosteuropas.

Antiferromagnetismus, Form der magnet. Ordnung in den → Übergangselementen und ihren Verbindungen (**Antiferromagnete**), z. B. Mangan-, Eisen-, Kobalt- und Nickeloxide und -fluoride. Die magnet. Momente der versch. Untergitter kompensieren sich gegenseitig, sodass im Ggs. zu Ferromagneten keine spontane Magnetisierung auftritt.

Antifon [griech. »Gegengesang«] *die,* **Antiphon,** urspr. Gesang von Männer- und Frauenchören, in der christl. → Psalmodie v. a. Wechselgesang zw. zwei einstimmigen Chören. I. e. S. sind die A. Kehr- und Rahmenverse eines Psalms, im weiteren und späteren Gebrauch Chorgesänge überhaupt. (→ Antifonar)

Antifonar [griech.-lat.] *das,* **Antifonale,** das liturg. Buch, das die Gesänge für das Offizium enthält (Antifonen, Responsorien, Hymnen u. a.).

Antigen-Antikörper-Reaktion, Abk. **AAR,** Vereinigung eines Antigens mit dem spezif. Antikörper zu einem **Antigen-Antikörper-Komplex** (Immunkomplex). Die AAR ist Grundvorgang der → Abwehr von Organismen, von → Immunität und Überempfindlichkeitsreaktionen (z. B. → Allergie) und die Voraussetzung vieler Tests zur Konzentrationsbestimmung eines Antigens.

Antigene [griech.], Stoffe, die nach Berührung mit dem Organismus in Mensch und Tier die Bildung von → Antikörpern hervorrufen, z. B. wirken artfremde Eiweißstoffe tier. und pflanzl. Herkunft als A. (**Voll-A.**); über **Halb-A.** → Haptene.

Antigone, *griech. Mythologie:* Tochter des Ödipus und der Iokaste, begleitete den blinden, verbannten Vater nach Kolonos, kehrte später nach Theben zurück, bestattete gegen Kreons Gebot ihren Bruder Polyneikes nach dessen Niederlage im Krieg der → Sieben gegen Theben und wurde zur Strafe auf Kreons Befehl lebendig eingemauert. Als Vorbild der Erfüllung gottgewollter Pflicht gegen Menschenwillkür wurde A. von Sophokles in der Tragödie »A.« gestaltet (Übersetzung von F. Hölderlin). Der Stoff ist bis in die Gegenwart einer der am häufigsten neu interpretierten der antiken Überlieferung (Dramen u. a. von J. Anouilh, B. Brecht, W. Hasenclever, Opern von C. Orff und A. Honegger).

Antigonos, Könige des Altertums:
Judäa: **1) A. II. Mattathias,** König (40 – 37 v. Chr.), der letzte Makkabäer, eroberte 40 v. Chr. Jerusalem, wurde von Herodes d. Gr. gestürzt und von den Römern in Antiochia hingerichtet.
Makedonien: **2) A. I. Monophthalmos,** König (seit 306 v. Chr.), * 382 v. Chr., ✕ bei Ipsos in Phrygien 301 v. Chr.; Feldherr Alexanders d. Gr., einer der → Diadochen, beherrschte 323/321–301 v. Chr. große Teile Vorderasiens.
3) A. II. Gonatas, König (seit 276 v. Chr.), * um 319 v. Chr., † 239 v. Chr.; Neubegründer der makedon. Monarchie, Freund Zenons von Kition.

Antigua, Insel der Kleinen Antillen, Teil von → Antigua und Barbuda.

Antigua und Barbuda, amtlich engl. **Antigua and Barbuda,** Inselstaat im Karib. Meer, umfasst die Antilleninseln (Kleine Antillen) Antigua (280 km²), Barbuda (160,5 km²) und Redonda (1,5 km², unbewohnt).

Staat und Recht

Nach der Verf. vom 1. 11. 1981 ist A. u. B. eine konstitutionelle Monarchie im Commonwealth. Staatsoberhaupt ist der brit. Monarch, vertreten durch einen einheim. Gen.-Gouv.; das Zweikammerparlament besteht aus Senat (17 vom Gen.-Gouv. ernannte Mitgl.) und Repräsentantenhaus (17 – 19 Abg., auf 5 Jahre direkt gewählt), Reg.-Chef ist der vom Gen.-Gouv. berufene Premiermin. – Einflussreichste Parteien: United Progressive Party (UPP) und Antigua Labour Party (ALP).

Landesnatur

Antigua ist vulkan. Ursprungs, im NO mit Kalken überdeckt (bis 403 m ü. M.). Barbuda ist eine tertiäre Kalktafel, Redonda ein Fels aus Vulkangestein. Alle Inseln sind von Korallenriffen umgeben. Das Klima ist tropisch mit mittleren Jahrestemperaturen von 24 – 30 °C und Niederschlägen von etwa 1 200 mm (v. a. in der Regenzeit von Mai bis Nov., ab Juli mit Wirbelstürmen).

Bevölkerung

Etwa 90 % der Bev. sind schwarzafrikan. Abstammung, über 95 % sind Christen (bes. Anglikaner). Es besteht allg. Schulpflicht vom 5. bis zum 16. Lebensjahr. Die Alphabetisierungsrate wird mit (2002) 87 % angegeben.

Wirtschaft und Verkehr

Wirtsch. Grundlage sind der Fremdenverkehr (mehr als die Hälfte des Bruttoinlandsprodukts [BIP]) sowie die Entwicklung zum Offshorefinanzzentrum;

Flagge

Wappen

Fläche: 442 km²
Einwohner: (2005) 68 700
Hauptstadt: Saint John's
Amtssprache: Englisch
Nationalfeiertag: 1. 11.
Währung: 1 Ostkarib. Dollar (EC$) = 100 Cent
Zeitzone: MEZ – 5 Std.

daneben Gemüse-, Obstbau, Baumwoll- und Zuckerrohranbau. Wichtigste Handelspartner sind Frankreich, Dtl. und die USA. – Hauptbedeutung hat der Straßenverkehr (etwa 2500 km Straßen); Tiefseehafen in Saint John's (für Kreuzfahrtschiffe), internat. Flughafen V. C. Bird (7 km nordöstlich von Saint John's) auf Antigua.

Geschichte

Die Insel Antigua wurde 1493 von Kolumbus entdeckt und 1632 (Barbuda 1628) von engl. Siedlern kolonisiert. 1674 begann der intensive Zuckerrohranbau mit afrikan. Sklaven als Arbeitskräften. 1834 wurde die Sklaverei abgeschafft. 1871–1956 war das Gebiet Teil der brit. Kolonie Leeward Islands Federation, gehörte 1958–62 zur Westind. Föderation (seit 1960 mit Selbstverwaltungsverf.), wurde 1967 Mitgl. der Westind. Assoziierten Staaten, seit 1981 selbstständig. Premiermin. waren Vere C. Bird (*1909, †1999), später sein Sohn Lester B. Bird (*1938) und ab 2004 Baldwin Spencer (*1948).

Antihistaminika, Histaminantagonisten, Mittel, die die Wirkungen des Histamins auf das Gewebe aufheben oder abschwächen und deshalb bei allerg. Erkrankungen (→Allergie) angewendet werden.

Anti-Hitler-Koalition, die 1941–45 verbündeten Gegner (bes. Großbritannien, UdSSR, USA) des nat.-soz. Dtl. (Zweiter →Weltkrieg).

Antijudaismus der, traditionelle (religiöse) Form der Judenfeindschaft; Vor- und Nebenform des →Antisemitismus.

Antike [zu lat. antiquus »alt«] die, das griech.-röm. Altertum. Als geschichtl. Beginn der A. gilt der frühgriech. Einwanderung in Hellas im 2. Jt. v. Chr; das Ende wird unterschiedlich angesetzt, als Epochenjahr wurden u. a. vorgeschlagen: 324 n. Chr. (Beginn der Alleinherrschaft Konstantins d. Gr., endgültiger Sieg des Christentums), 395 (Tod Theodosius' I., Ende der Einheit des Röm. Reiches) und 476 (Ende des weström. Kaisertums). Ebenfalls als Epochenjahr angesehen wird das Todesjahr Justinians I. (565), der Italien von der Herrschaft der Ostgoten befreite. Es wird aber auch – wie in der Kunstgeschichte – das Ende der A. mit dem Einbruch der Araber (7. Jh.) angesetzt. Die histor. Einheit der A. beruht weniger auf polit. Kontinuität als vielmehr auf einem durchgehenden kulturellen Traditionsbewusstsein. Die polit. Entwicklung teilt die A. in drei Abschnitte. Als eigentl. **griech. Geschichte** bezeichnet man die Epoche der Polis, der Stadtstaaten, die niemals eine polit. Einheit bildeten. Die **hellenist. Geschichte** wird von dem Großreich Alexanders d. Gr. und den aus ihm entstandenen Diadochenreichen bestimmt. Der letzte Abschnitt umfasst die **Geschichte des Röm. Reiches** bis zu seinem Untergang. Die antike Tradition wurde teils vom lat. MA. übernommen und an die Neuzeit weitergegeben (u. a. das röm. Recht), teils im Zuge einer Neubesinnung (v. a. →Renaissance) wieder entdeckt.

antiklinal [griech.-nlat.], sattelförmig (von geolog. Falten).

Antiklinale [griech.] die, **Antikline,** Sattel einer geolog. →Falte.

Antiklopfmittel, Klopfbremsen, Zusatzstoffe, die die →Klopffestigkeit und Oktanzahl von Ottokraftstoffen erhöhen, z. B. Methanol, Methyl-tert.-butylether (MTBE), tert.-Butylalkohol (TBA). Bleihaltige A. sind in Dtl. seit 1998 verboten.

Antigua und Barbuda: die Bucht English Harbour mit Nelson's Dockyard auf Antigua, im 18. und 19. Jh. bedeutendster britischer Flottenstützpunkt in der Karibik

Antikoagulanzien [griech.], blutgerinnungshemmende Mittel, die zur Vermeidung von Thrombosen (z. B. nach Operationen) eingesetzt werden.

Antikominternpakt, dt.-jap. Abkommen von 1936 zur Abwehr der →Komintern; 1937 trat Italien bei, im Zweiten Weltkrieg weitere Verbündete.

Antikommunismus, vielschichtiger Begriff zur Bez. der geistig-polit. Gegnerschaft zum Kommunismus und bes. zu kommunistisch strukturierten Gesellschaftssystemen; während des Kalten Krieges exemplarisch in der A.-Kampagne des amerikan. Senators J. R. McCarthy 1950–54. Der Einfluss des A. auf das polit. Klima in den westl. Ländern nahm seit den 1960er-Jahren ab.

antikonzeptionelle Mittel [lat.], empfängnisverhütende Mittel (→Empfängnisverhütung).

Antikörper, den Immunglobulinen zugehörige Proteine, die vom Organismus nach Kontakt mit Antigenen (z. B. Krankheitserregern) gebildet werden und diese unschädlich machen; Teil der Immunabwehr (→Antigen-Antikörper-Reaktion). (→monoklonale Antikörper)

Antikörpertherapie, Behandlungsmethode, bei der natürlich gebildete oder gentechnologisch hergestellte →Antikörper therapeutisch genutzt werden. So werden bei der passiven Immunisierung in Tieren oder Menschen produzierte Antikörper (Immunglobuline) den Patienten injiziert. Vorteilhaft ist der sofortige Wirkungseintritt, nachteilig die kurze Dauer des Schutzes, die bei tier. Antikörpern nur 8–14 Tage, bei menschl. Immunglobulinen einige Wochen beträgt.

In Pferden oder Kaninchen gebildete Antikörper gegen Lymphozyten (Antilymphozyten-Globuline) dienen zur Verhinderung sowie Behandlung von Abstoßungsreaktionen nach Organtransplantationen. Ebenfalls zur Unterdrückung von Immunreaktionen werden versch. gentechnologisch gewonnene →monoklonale Antikörper, z. B. Basiliximab oder Infliximab, verwendet. Da Tumorzellen verstärkt bestimmte Oberflächenantigene ausbilden, können Antikörper auch gegen diese Strukturen eingesetzt werden.

Antilibanon, arab. **Djebel esch-Scharki,** Gebirge in Westasien, bildet den Ostrand des Syr. Grabens, dessen Westrand der Libanon ist; verkarstet, erhält nur spärl. Niederschläge. Höchste Erhebung ist der Tall Musa (2 629 m ü. M.).

Antilipidämika [griech.], die →Lipidsenker.

Antillen *Pl.*, die Inselwelt Mittelamerikas (außer den Bahamas) im Karib. Meer; umfasst im N die **Großen A.** (Kuba, Hispaniola [mit Haiti und der Dominikan. Rep.], Jamaika, Puerto Rico), östlich und südlich davon die **Kleinen A.** mit den Inseln über dem Winde (Virgin Islands bis Trinidad) und den Inseln unter dem Winde (Aruba bis Isla de Margarita, vor der Küste Venezuelas). Die großen Inseln sind vorwiegend gebirgig (auf der Insel Haiti bis 3175 m ü. M.), z. T. mit tätigen Vulkanen (Montagne Pelée auf Martinique). Das Klima ist tropisch mit häufigen Wirbelstürmen. (→Westindische Inseln)

Antilopen [zu mittelgriech. anthólōps »Blumenauge«], umgangssprachl. Sammelbez. für viele Arten der Hornitere Afrikas und Asiens.

Antimachiavell [-makia-] *der*, Titel einer vom späteren preuß. König Friedrich II., d. Gr., 1739 (als Kronprinz) entworfenen Schrift zur Widerlegung Machiavellis (erschien 1740 und 1741 anonym in zwei von Voltaire bearbeiteten Fassungen).

Antimateri|e, Form der Materie, deren atomare Bausteine (die **Antiatome**) ausschl. aus →Antiteilchen bestehen. Beim Zusammentreffen eines Teilchens mit dem entsprechenden Antiteilchen kommt es zur vollständigen Zerstrahlung. Für sich ist A. jedoch ebenso stabil wie Materie. Die A. wurde erstmals von P. A. M. Dirac postuliert, wenig später wies C. D. Anderson Positronen nach. 1995 gelang es in einem Speicherring am CERN erstmals, einzelne Atome (Antiwasserstoff) aus A. herzustellen und nachzuweisen. Die »kalte« Produktion von Antiwasserstoff gelang 2002 zwei unabhängigen Forscherteams am CERN, indem sie in Teilchenfallen eingefangene Antiprotonen und Positronen bei tiefen Temperaturen zusammenbrachten. – Es erscheint prinzipiell möglich, dass weit entfernte Sternsysteme aus A. aufgebaut sein könnten; man geht jedoch zumeist davon aus, dass das Universum ausschl. Materie enthält.

Antimetabolite [griech.], Stoffe, die aufgrund ihrer chem. Ähnlichkeit mit bestimmten Zellbestandteilen (Metaboliten) deren Platz am Enzym einnehmen. Dadurch treten Stoffwechselstörungen oder Hemmung der Zellteilung auf. A. werden z. T. als zytostat. Mittel und zur Chemotherapie von Bakterieninfektionen verwendet.

Antimilitarismus [auch 'an-] *der*, grundsätzl. Ablehnung jegl. Form militär. Rüstung.

Antimodernisten|eid, *kath. Kirche:* →Modernismus.

Antimon *das*, lat. **Stibium**, chem. Symbol **Sb**, silberweißes, sehr sprödes Halbmetall aus der 5. Hauptgruppe des Periodensystems, Ordnungszahl 51, relative Atommasse 121,75, Dichte (bei 20 °C) 6,691 g/cm³, Schmelzpunkt 630,63 °C, Siedepunkt 1 578 °C; giftig. – In der Natur kommt A. als sulfid. Erz vor. Durch Rösten der Erze erhält man das Oxid und gewinnt daraus A. durch Reduktion. Techn. Bedeutung hat A. u. a. als härtender Legierungszusatz, seine Verbindungen dienen zur Herstellung von Zündhölzern (**A.-Sulfid**) und Farbstoffen.

Antimonblüte, Valentinit, Sb_2O_3, farbloses bis graues rhomb. Mineral.

Antimonit *der*, **Antimonglanz, Grauspießglanz, Stibnit**, Sb_2S_3, bleigraues, metallisch glänzendes, rhomb. Mineral; wichtigstes Antimonerz.

Antimonpentasulfid, Goldschwefel, Sb_2S_5, orangerotes Pulver, früher zum Vulkanisieren von Kautschuk, heute für Zündhölzer, Feuerwerksartikel und Pigmente verwendet.

Antimonwasserstoff, SbH_3, farbloses, brennbares, sehr giftiges Gas, entsteht aus Magnesiumantimonid und Salzsäure; verwendet bei der →Dotierung von Siliciumhalbleitern.

Antimykotika [zu griech. mýkēs »Pilz«], Mittel zur Behandlung von Pilzinfektionen, v. a. der Haut.

Antineuralgika [griech.], →schmerzstillende Mittel.

Antineutrino, *Physik:* →Neutrino.

Antineutron, *Physik:* →Neutron.

Antinomie [zu griech. nómos »Gesetz«] *die*,
1) *allg.:* unvereinbarer Widerspruch.
2) *math. Logik:* die Aussage, dass ein Satz *A* und seine Negation ¬ *A* (nicht-*A*) gleichzeitig gültig sind.
3) *Philosophie:* der Widerstreit zweier entgegengesetzter Urteile, die beide in sich begründet kann.
4) *Recht:* Widerspruch zw. zwei Rechtssätzen desselben Gesetzes.

Antinomismus [griech.] *der*, die grundsätzl. Gegnerschaft gegen Gesetz und Gesetzlichkeit, die sich auch in anarchist. Ablehnung gesetzgeber. Autorität des Staates ausdrücken kann.

Antino|os, junger Bithynier, * 110 n. Chr.; Liebling des röm. Kaisers Hadrian, ertrank 130 im Nil. Hadrian ließ ihn als göttlich verehren und durch Festspiele (**Antinoea**) feiern.

antiochenische Schule, theolog. Richtung des 4. und 5. Jh., bes. im syr. Antiochia, die sich v. a. mit christolog. Problemen befasste; betonte das Menschsein Christi und zeichnete sich durch eine historisch orientierte Bibelauslegung aus. Hauptvertreter: Diodor von Tarsus, Theodor von Mopsuestia, Johannes Chrysostomos und Theodoretos von Kyrrhos. Sie stand im Ggs. zur →alexandrinischen Schule.

Antiochia, 1) **A. am Orontes,** 300 v. Chr. gegr. Hptst. der Seleukiden in Syrien, eine der reichsten Handelsstädte des Altertums mit prächtigen Bauwerken, später Sitz des röm. Statthalters von Syrien. Hier entstand die erste heidenchristl. Gemeinde. – Nach der Eroberung durch die Perser (540 n. Chr.) und Araber (637) verfiel A., wurde 1098 von den Kreuzfahrern eingenommen und Hptst. des christl. Fürstentums **Antiochien**. Ab 1268 arabisch, kam 1516 an die Türkei; Nachfolgesiedlung ist →Antakya.
2) **A. in Pisidien,** antike Stadt des Seleukidenreiches in Kleinasien. Das hier entdeckte **Monumentum Antiochenum** ist als Tatenbericht des Augustus Gegenstück zum Monumentum Ancyranum (→Ankara).

Antiochos, Könige des Seleukidenreichs:
1) **A. I. Soter** [griech. »Retter«], König 281–261 v. Chr., * Ende 324 v. Chr., † 2. 6. 261 v. Chr.; gründete zahlr. Städte und führte im Seleukidenreich den Herrscherkult ein.

2) **A. III., der Große,** König 223–187 v. Chr., * 243/242 v. Chr., † bei Susa 187 v. Chr., Urenkel von 1); schlug die Parther und Baktrer, eroberte Phönikien und Palästina, unterlag gegen die Römer (**Antiochischer Krieg,** 192–189 v. Chr.) und musste Kleinasien westlich des Taurus abgeben.

Antiope, *griech. Mythologie:* Tochter des Königs Nykteus von Theben, gebar dem Zeus Amphion und Zethos.

Antioxidanzi|en [griech.], Substanzen, die Kraft- und Kunststoffen, Kosmetika, Leder, Lebensmitteln,

Antiochos III., der Große (antike Kopie; Paris, Louvre)

Schmierölen und anderen Produkten in kleinen Mengen zugegeben werden, um eine Qualitätsverschlechterung infolge von Oxidationsprozessen zu verhindern. Verwendet werden Phenole, Amine, Schwefelverbindungen. In Lebensmitteln verhindern A. v. a. die Oxidation von Fetten (Ranzigwerden), bei Obst und Gemüse verhindern sie die Bräunung. Zugelassen sind laut Lebensmittelkennzeichnungs-VO z. B. Salze der Ascorbinsäure und Tocopherole. Einige dieser Stoffe kommen auch natürlich in Lebensmitteln vor. Gallate und Butylhydroxyanisol (BHA) dürfen nur für bestimmte Lebensmittel verwendet werden, u. a. auch in Fetten für die Tierernährung. – Im Körper dienen antioxidativ wirkende Vitamine (v. a. Retinol, Tocopherol und Ascorbinsäure) als Radikalfänger (d. h., sie neutralisieren in der Zelle freie →Radikale) und unterstützen z. B. die Infektionsabwehr. Zur Vorbeugung einer Unterversorgung mit A. empfehlen Ernährungswissenschaftler eine ausgewogene Ernährung mit mehreren kleinen, über den Tag verteilten Portionen Obst und Gemüse.

Antipädagogik, in den 1970er-Jahren entstandene Protestbewegung innerhalb der Pädagogik, die jegl. Art von Erziehung (auch die →antiautoritäre Erziehung) ablehnt. Die A. übt Kritik an der Vorstellung, dass das Kind ein nicht vollwertiges und damit prinzipiell erziehungsbedürftiges Wesen sei, sie geht stattdessen davon aus, dass Kinder bereits von Geburt an selbstbestimmt handeln können. Im Verständnis der A. sollen Kinder nicht erzogen, sondern »unterstützt« bzw. »begleitet« werden.

antiparallel, in entgegengesetzter Richtung parallel verlaufend.

Antiparallelschaltung, eine elektr. Schaltungsanordnung zweier stromrichtungsabhängiger Bauteile so, dass sie von entgegengesetzt gerichteten Strömen durchflossen werden, z. B. Wechselstromsteller mit zwei Thyristoren.

Antipathie [griech.] *die,* Abneigung gegen eine Person oder Sache; kann instinktiv, anerzogen oder durch Erfahrung erworben sein. Ggs.: Sympathie.

Antipersonenmine, Abk. **APM,** eine Landmine (→Mine); v. a. in innerstaatl. Konflikten als Mittel des Terrors gegen die Zivilbev. eingesetzt. Weltweit sind nach UN-Angaben etwa 100 Mio. Landminen (hauptsächlich APM) in insgesamt über 80 Ländern verlegt. Der im Dez. 1997 in Ottawa von 125 Staaten unterzeichnete »Vertrag über die weltweite Ächtung von Landminen« (in Kraft seit März 1999) verbietet Entwicklung, Herstellung, Lagerung und Export von APM. Eine erste Überprüfungskonferenz fand im Dez. 2004 in Nairobi (Kenia) statt, auf der die inzwischen 144 Vertragsstaaten (nicht unterzeichnet haben u. a. China, Russland, USA) einen Aktionsplan für die nächsten fünf Jahre verabschiedeten, da die Forderung der Konvention, bis 2009 alle APM zu räumen und zu vernichten, unrealistisch sei. Immerhin wurden bis Ende 2004 jedoch mehr als 62 Mio. noch nicht verlegte Minen vernichtet und über 1 100 km² vermintes Gelände geräumt. Auch ist der legale Minenhandel komplett zum Erliegen gekommen.

Antiphlogistika [griech.], →entzündungshemmende Mittel.

Antiphon, att. Redner, *Rhamnus 480 v. Chr., † (hingerichtet) 411 v. Chr. als Führer der oligarch. Partei. Von ihm erhalten sind drei Prozessreden, Fragmente seiner eigenen Verteidigungsrede sowie 12 Musterreden, deren Echtheit angezweifelt wird.

Antiphrase [griech.-lat. »Gegenbenennung«] *die, Rhetorik:* Wortfigur, die das Gegenteil des Gesagten meint, z. B. »Eine schöne Bescherung!«

Antipode [griech. »Gegenfüßler«] *der,* **1)** *allg.:* Bewohner an einem diametral entgegengesetzten Punkt der Erde; übertragen: jemand, der einen entgegengesetzten Standpunkt vertritt.
2) *Chemie:* →Asymmetrie.

Antipoden|inseln, unbewohnte zu Neuseeland gehörende Felseninseln, im S-Pazifik, 62 km² Landfläche; liegen 178° 50′ östl. Länge und 49° 42′ südl. Breite und damit nahezu antipodisch zu Greenwich (0° und 51° 29′ n. Br.); 1800 entdeckt.

Antiproton, *Physik:* →Proton.

Antipyretika [zu griech. pyr »Feuer«], fiebersenkende Mittel (→Fiebermittel).

ANTIQUA Antiqua
Renaissance-Antiqua (Mediaeval, Garamond-Antiqua)

ANTIQUA Antiqua
Klassizistische Antiqua, Bodoni

ANTIQUA Antiqua
Grotesk, Futura

ANTIQUA Antiqua
Kursive, Garamond-Kursive

ANTIQUA Antiqua
Neuzeitliche Antiqua, Palatino

Antiqua: verschiedene Schriftformen

Antiqua, Littera antiqua [lat. »alte Schrift«] *die,* die im zweiten Jahrzehnt des 15. Jh. in Italien aufgekommene handgeschriebene Buchschrift (im Unterschied zur spätmittelalterlichen got. »littera moderna«). Der Humanismus förderte die Ausbreitung der A. und bewirkte den allmähl. Rückgang der got. Schriftarten (→Fraktur).

Antiquariatsbuchhandel, Antiquariat, der Zweig des Buchhandels, der sich mit dem An- und Verkauf alter Bücher, Kunstblätter, Handschriften, Zeitschriften, Musiknoten usw. befasst, für die keine Preisbindung (mehr) besteht. Neben dem bibliophilen und dem wiss. existiert das **moderne Antiquariat,** welches Restauflagen verlagsneuer Bücher, die zum ursprüngl. Ladenpreis nicht mehr abgesetzt werden können, verwertet (»verramscht«).

Antiquitäten, *Sg.* **Antiquität** *die,* kunsthandwerkl. und kunstgewerbl. Gegenstände, die ein bestimmtes Alter (i. d. R. mindestens einhundert Jahre) erreicht haben.

Antirakete, Antiraketenrakete, eine →Raketenwaffe zur Bekämpfung einer im Flug befindlichen gegner. Rakete.

Antirheumatika [griech.], Mittel zur Behandlung von →rheumatischen Erkrankungen.

Antisatellitenwaffen, Waffensysteme zur Bekämpfung militär. Satelliten; hierzu zählen v. a. »Killersatelliten«.

Antischaummittel, Substanzen (z. B. Silikonöle und Polyethylenglykolether), die an Gas-Flüssigkeits-Grenzflächen einen geschlossenen Film bilden und damit ein Schäumen verhindern **(Schaumverhütungsmittel)** oder einen vorhandenen Schaum zerstören

(Entschäumer). **Schaumregulatoren** mindern die Schaumentwicklung der Tenside in Waschmitteln.

Antisemitismus der, Abneigung und Feindseligkeit gegenüber den Juden; insofern irreführend, als nicht die Gesamtheit der semit. Völker gemeint ist. Urspr. entzündete sich diese Feindschaft an der religiösen und sozialen Absonderung der Juden in den Gastländern, seit sie über die Welt verstreut wurden (Diaspora), sodass die jüd. Minderheiten schon vor der Durchsetzung des Christentums als fremdartig erschienen. Von dieser traditionellen Judenfeindschaft (**Antijudaismus**; Judenverfolgungen im Röm. Reich, Kampf gegen das Judentum im MA., →Judenabzeichen) ist der moderne, v. a. gegen die Judenemanzipation (rechtl. und gesellschaftl. Gleichstellung seit dem 18./19. Jh.) gerichtete A. zu unterscheiden. Er wurde vorwiegend wirtsch. und politisch begründet und benutzt (z. B. J. A. de Gobineau, H. S. Chamberlain). Seit dem Ende des 19. Jh. gewann der rassist. A. v. a. in Dtl., Österreich-Ungarn und auch in Osteuropa wachsenden polit. Einfluss. Nach dem Ersten Weltkrieg wurde er für breite Schichten in diesen Ländern zur irrationalen Schlüsselerklärung der sozialen und polit. Strukturkrise. Die hemmungslose antisemit. Agitation erklärte den Einfluss von Menschen jüd. Herkunft und Tradition in Wirtschaft, Kunst und Literatur als »zersetzend«; sie stellte Liberalismus, Kapitalismus und Sozialismus nur als versch. Ausprägungen einer zielgerichteten, »parasitären« jüd. »Unterwanderung« dar (Weltverschwörungstheorien, u. a. sog. →Protokolle der Weisen von Zion). Dieser bereits in seiner Gesinnung gewalttätige A. führte als fester Bestandteil der nat.-soz. Ideologie in Dtl. zu einer ständig sich steigernden Judenverfolgung von der Ausschaltung der Juden aus dem öffentl. Leben, der Rassengesetzgebung (→Nürnberger Gesetze), der staatl. Provozierung von Pogromen bis zum →Holocaust, der Ermordung von etwa 6 Mio. Juden während des Zweiten Weltkriegs.

Nach 1945 ist der A. als kollektives Vorurteil weltweit keineswegs überwunden (z. B. Anschläge rechtsradikal-antisemit. Gruppen auf jüd. Einrichtungen in Dtl.). In Osteuropa und in der Sowjetunion wurde der A. durch den Stalinismus wiederholt taktisch zu Säuberungen und zur Diskriminierung der Opposition ausgenutzt; seit 1989/92 ist in den postkommunist. Ländern ein neues Aufkeimen des ([partei]polit.) A. zu verzeichnen. In den angelsächs. Ländern hat der A. religiösen, wirtsch. oder gesellschaftlich-diskriminierenden Charakter. In den islam.-arab. Ländern entstand, v. a. nach dem Sechstagekrieg 1967 (Nahostkonflikt), ein A. eigener (ideolog.) Art im Kampf der Araber gegen den Zionismus und den Staat Israel. Auch sonst zeigen sich in neuerer Zeit Übergänge zw. A. und Antizionismus; dessen Motive können (unbewusst oder aus ideolog. Gründen) zu antisemit. Konsequenzen führen.

Der Beseitigung des A. dienen u. a. die internat. Verträge und die Bemühungen der UNO zur Gewährleistung der Menschenrechte sowie die innerstaatl. Verbote der unterschiedl. Behandlung von Menschen wegen ihrer Abstammung, Rasse, Herkunft, ihres Glaubens oder ihrer polit. Anschauung. Die →Gesellschaften für christlich-jüdische Zusammenarbeit bemühen sich, antisemit. Vorurteile an ihrer Wurzel zu bekämpfen; versch. kirchl. Studien und Beschlüsse versuchten, das Verhältnis zw. Juden und Christen theologisch neu zu bestimmen.

Antisense-RNA [-sens-, engl.], Nukleotidsequenz, die komplementär (gegensinnig) zu einer mRNA ist; in die Zielzelle eingeführt, lagert sie sich nach dem Schlüssel-Schloss-Prinzip an die mRNA an und blockiert so die Umsetzung der Erbinformation in das entsprechende Protein. Therapeutisch interessant, aber noch weitgehend im Versuchsstadium, ist die Hemmung der Synthese von krankheitsverursachenden oder -fördernden Proteinen mithilfe von Antisensemolekülen, z. B. zur Bekämpfung von Krebs.

Antisepsis [griech.] die, **Antiseptik,** die Abtötung der Krankheitserreger in der Wunde mit chem. Mitteln (**Antiseptika**). (→Asepsis)

Antisklavereiakte, am 25. 9. 1926 in Genf unterzeichnetes Abkommen, das die Beteiligten zur Beseitigung des Sklavenhandels verpflichtet.

Antispasmodika, die →krampflösenden Mittel.

Antistatika, antistatische Mittel, grenzflächenaktive Stoffe, die die elektrostat. Aufladung bes. bei Kunststoffgegenständen und Chemiefasertextilien verhindern sollen.

Antisthenes, griech. Philosoph aus Athen, * um 445 v. Chr., † um 360 v. Chr.; Schüler des Sokrates, Gründer der kynischen Philosophenschule (→Kyniker). A. vertrat das Ideal der äußersten Bedürfnislosigkeit und Unabhängigkeit von äußeren Dingen. Nach Platon war A. Sensualist und Materialist: Er anerkannte nur sinnl. Vorstellungen, jedoch keine allg. Begriffe und Ideen.

Anti-Stokes-Lini|e [-ˈstəʊks-], →Raman-Effekt.

Antiteilchen, Elementarteilchen, das sich vom zugehörigen Teilchen nur durch das Vorzeichen der Ladung (→Ladungskonjugation), bei Fermionen zusätzlich der Parität, unterscheidet; für Teilchen und A. sind deshalb z. B. Masse, Lebensdauer, Spin und Isospin gleich. Eine Deutung für das Auftreten von A. gibt die Quantenmechanik in ihrer relativist. Verallgemeinerung (P. A. M. Dirac), nach der die Teilchen neben positiven auch negative Energiezustände besitzen können (→Löchertheorie). Teilchen und A. verschwinden (zerstrahlen) ebenso gemeinsam (Paarvernichtung), wie sie gemeinsam entstehen (Paarbildung). Positron (Antielektron), Antiproton und Antineutron sind die elementaren Bausteine von Antiatomen (→Antimaterie). Das Teilchen-A.-Konzept wird theoretisch durch das →CPT-Theorem gestützt.

Antiterrorgesetz, →Terrorismus.

Antiterrorkrieg, Schlagwort für die Gegenmaßnahmen nach den Terroranschlägen islamist. Extremisten vom 11. 9. 2001 in den USA. I. e. S. zunächst die ab dem 7. 10. 2001 durchgeführte amerikan. Militäraktion gegen das Terrornetzwerk »al-Qaida« und die Taliban in Afghanistan; i. w. S. das weltweite Vorgehen unter Führung der USA gegen extremist., gewalttätige Gruppen und Organisationen sowie die sie unterstützenden Regime. US-Präs. G. W. Bush kündigte einen »langen Feldzug« gegen den internat. Terrorismus an, in dem auch nicht militär. Mittel eingesetzt würden. Die USA bemühten sich dabei um die Unterstützung der UN, ihrer westl. Verbündeten (erstmaliges Ausrufen des Bündnisfalles durch die NATO am 2. 10. 2001) sowie zahlr. weiterer Staaten in einer **Antiterrorkoalition** (darunter auch Russland, das das harte Vorgehen gegen muslim. Rebellen in Tschetschenien ebenfalls in den Zusammenhang des internat. Antiterrorkampfes einordnet). Das ermöglichte auch die Bildung neuer »strateg. Partnerschaften« (z. B. der im Mai 2002 vertiefte NATO-Russland-Rat). Im Rahmen des

A. verstärkten die USA u. a. ihre Militärpräsenz in versch. asiat. Staaten. Trotz internat. Kritik und ohne UN-Mandat führte eine »präventive« amerikanisch-brit. Militäraktion 2003 den Regimewechsel im Irak herbei. Insbesondere die jahrelange Erfolglosigkeit der amerikan. Nachkriegspolitik im Irak stellte aber eine primär militärisch orientierte Antiterrorstrategie infrage und führte nicht nur international, sondern auch in den USA zu Forderungen nach einem Strategiewechsel (u. a. Abschlussbericht der Baker-Kommission vom Dez. 2006, →Baker, James).

Neben den USA (u. a. Gründung eines »Ministeriums für Heimatschutz«) trafen auch andere Staaten Sicherheitsmaßnahmen (z. B. Erlass von Antiterrorgesetzen, schärfere Kontrolle bei Zuwanderung, Aufstockung des Verteidigungsetats), die mit einer Ausweitung der Vollmachten von staatl. Institutionen und einer Einschränkung bürgerl. Freiheiten korrespondieren (exemplarisch der amerikan. »Patriot Act« vom Herbst 2001). Zu den bisher weitgehend ungelösten Aufgaben gehört schließlich die wirksame Auseinandersetzung mit den Wurzeln terrorist. bzw. extremist. Bewegungen.

Antithese [griech.], 1) *Philosophie:* Gegenbehauptung, Gegenthese (→Dialektik).
2) *Stilistik:* Zusammenstellung gegensätzl. Begriffe und Urteile, z. B. »Feuer und Wasser«.

Antitoxin [griech.], Gegengift, wird im menschl. und tier. Körper zur Unschädlichmachung eingedrungener Gifte (Toxine) gebildet; gehört zu den →Antikörpern.

Antitrinitari|er, *Kirchengeschichte:* zusammenfassende Bez. für christl. Gruppen, die die Einheit Gottes betonen und die Lehre von der →Trinität ablehnen. (→Sozinianer, →Unitarier)

Antitrustgesetze [-'trʌst-], Gesetze gegen Wettbewerbsbeschränkungen und Monopolisierung in den USA, bes. der »Sherman Act« (1890, gegen Kartelle) und der »Clayton Act« (1914, gegen Preisdiskriminierung u. a.). (→Trust)

Antium, das antike →Anzio.

Antiutopie [zu griech. anti »gegen« und →Utopie, eigtl. »Gegen-Utopie«], literar. Gestaltung einer nicht funktionierenden bzw. scheiternden Utopie (negative Utopie, Dystopie).

Antivalenz, *Logik:* die Verknüpfung zweier Aussagen *A* und *B* durch »entweder – oder« (**ausschließende** oder **vollständige Disjunktion**); die Gesamtaussage ist wahr, wenn genau eine der Aussagen *A*, *B* wahr ist. In der →Schaltalgebra wird die Antivalenz als EXOR-Verknüpfung bezeichnet.

Antivitamine, **Vitaminantagonisten**, chem. Stoffe (Antimetabolite), die die Wirksamkeit von Vitaminen zu hemmen vermögen. A. erlauben einen Eingriff in vitamingesteuerte Stoffwechselvorgänge; z. B. Vitamin-K-Antagonisten als gerinnungshemmende Mittel.

Antizionismus *der,* Bez. für Hass oder Gegnerschaft zum Staat Israel; de facto Nebenform des →Antisemitismus.

Antizipation [lat.] *die,* 1) *allg.:* (gedankl.) Vorwegnahme zukünftiger Geschehens.
2) *Betriebswirtschaft:* Zahlung vor Fälligkeitstermin; hat z. T. Zinsvergütung oder Diskont zur Folge.
3) *Finanzwesen:* Vorgriff des Staates auf spätere (Steuer-)Einnahmen.
4) *Musik:* melodisch die Vorwegnahme einer Melodienote (*), häufig der letzten Note einer Kadenz (a); harmonisch die meist dissonierende Vorwegnahme eines oder mehrerer Töne (*), die erst der folgenden Harmonie angehören (b); rhythmisch (hier auch **pathetische A.**) das verfrühte Eintreten einer betonten Silbe (*), z. B. in Beethovens Sinfonie Nr. 9 d-Moll op. 125, 1822–24 (c).

Antizipation 4)

antizipative Posten, →Rechnungsabgrenzung.
antizyklisch, 1) *allg.:* in unregelmäßiger Folge wiederkehrend.
2) *Wirtschaft:* Konjunkturschwankungen entgegenwirkend, z. B. durch Maßnahmen der Finanz- oder Konjunkturpolitik.

Antizyklone [griech. »Gegenwirbel«], das →Hochdruckgebiet.

Antlia [lat.], das Sternbild →Luftpumpe.

Antofagasta, Hptst. der Provinz A. in N-Chile, 296 900 Ew.; Univ.; kath. Erzbischofssitz; wichtigster Erzausfuhrhafen Chiles (bes. Kupfererz), z. T. auch für Bolivien; Erzaufbereitung, Fischfang und -verarbeitung, Werften; auch Badeort. – Seit 1884 zu Chile.

Antoine [ã'twan], André, frz. Bühnenleiter, *Limoges 31. 1. 1858, † Le Pouliguen (Dép. Loire-Atlantique) 19. 10. 1943; gründete 1887 das »Théâtre Libre« in Paris, wo er einen streng naturalist. Stil einführte; wirkte revolutionierend für das frz. Theater.

Anton, Herrscher:
Braunschweig-Wolfenbüttel: 1) **A. Ulrich**, Herzog (1704–14), *Hitzacker (Landkreis Lüchow-Dannenberg) 4. 10. 1633, † Salzdahlum (heute zu Wolfenbüttel) 27. 3. 1714; unterwarf 1671 die Stadt Braunschweig, wurde 1710 kath.; war Mitgl. der literar. »Fruchtbringenden Gesellschaft«, verfasste Kirchenlieder, Singspiele, Romane.
Navarra: 2) **A. von Bourbon** [- bur'bõ], König (1555–62), *La Fère-en-Tardenois (Dép. Aisne) 22. 4. 1518, ⚔ Les Andelys (bei Rouen) 17. 11. 1562; Vater Heinrichs IV.; heiratete 1548 die Erbin des Königreichs Navarra, Johanna von Albret; seit 1557 ein Führer der Hugenotten, wurde aber 1561 wieder kath.; fiel im 1. Hugenottenkrieg als Befehlshaber des kath. Heeres.

Antonello da Messina, ital. Maler, *Messina um 1430, † ebd. zw. 14. und 25. 2. 1479; mit seiner von fläm. Vorbildern beeinflussten Maltechnik (Ölfarben und Lasuren) sowie seinen formalen Lösungen für Altarbild und Porträt hatte er entscheidenden Einfluss v. a. auf die venezian. Renaissancemalerei.

Antonescu, Ion, rumän. Marschall, *Pitești 14. 6. 1882, †(hingerichtet) Jilava (heute zu Bukarest) 1. 6. 1946; seit 1940 Militärdiktator, erzwang die Abdankung König Karls II., nahm 1941 am Krieg gegen die UdSSR teil; ab Aug. 1944 in Haft, 1946 durch ein rumän. Volks-Ger. als Kriegsverbrecher verurteilt.

Antoninus Pius, röm. Kaiser (138–161 n. Chr.), *Lanuvium (heute Lanuvio, bei Velletri) 19. 9. 86, † Lorium (bei Rom) 7. 3. 161; Adoptivsohn Hadrians, ein friedliebender, gerechter Herrscher. Er erweiterte

Michelangelo Antonioni

Marcus Antonius (Bildnis auf einer etwa 40 v. Chr. geprägten Goldmünze)

Antwerpen 1) Provinzwappen

Antwerpen 2) Stadtwappen

in Mauretanien und Britannien das röm. Gebiet und ließ in Schottland einen Grenzwall (**Antoninuswall**) errichten.

Antonioni, Michelangelo, ital. Filmregisseur, * Ferrara 29. 9. 1912; dreht realistisch-pessimist., gesellschaftskrit. und psycholog. Filme, so u. a. »Die Rote Wüste« (1964), »Blow-up« (1966) und »Zabriskie Point« (1970). – *Weitere Filme:* Der Schrei (1957); Die Nacht (1961); Liebe 62 (1962); Beruf: Reporter (1975); Identifikation einer Frau (1983); Jenseits der Wolken (mit W. Wenders, 1995).

Antonius, Marcus, **Mark Anton,** röm. Staatsmann und Feldherr, * um 82 v. Chr., † 30 v. Chr.; Anhänger Caesars, wurde 44 mit diesem Konsul und bemächtigte sich nach dessen Ermordung der Herrschaft in Rom. Mit Octavian (→ Augustus) und Lepidus schloss er 43 das 2. Triumvirat. 40 erhielt er bei der Aufteilung des Oberbefehls den Osten, Octavian den Westen, Lepidus zunächst Afrika. Misshelligkeiten zw. Octavian und A., der stark unter dem Einfluss der Kleopatra stand, führten zum Krieg und 31 zur Niederlage A.' bei Aktium; er floh nach Alexandria und tötete sich selbst. – Trauerspiel »A. und Kleopatra« von W. Shakespeare.

Antonius der Große, der »Vater des Mönchtums«, * Kome (heute Keman, Mittelägypten) 251/252, † 356; lebte als Einsiedler in der Wüste und prägte als Vorbild das asket. Leben der Einsiedler. Heiliger, Schutzpatron der Haustiere und gegen Feuergefahr. Tag: 17. 1.; Kennzeichen: Stab mit T-förmigem Kreuz (→Antoniuskreuz) und Glocke. In der Kunst häufig dargestellt werden die Versuchungen des A. (u. a. von M. Schongauer, M. Grünewald, H. Bosch, S. Dalí, M. Ernst).

Antoniuskreuz, Kreuz in Form des griech. Buchstabens Tau (deshalb auch **Taukreuz**), wobei der waagerechte Querbalken auf dem oberen Ende des senkrechten Balkens liegt.

Antonius von Padua, Kirchenlehrer, * Lissabon 1195, † Arcella (heute zu Padua) 13. 6. 1231; erster Lehrer des Franziskanerordens; Schutzheiliger der Ehe, Bäcker, Bergleute, Pferde und verlorener Sachen; Tag: 13. 6. – Szenen aus seinem Leben zeigen u. a. die Bronzereliefs von Donatello am Hochaltar seiner Grabeskirche, der Basilika Sant'Antonio, und ein Fresko von Tizian in der Scuola del Santo (beide in Padua).

Antonomasie [griech. »andere Benennung«] *die,* 1) Umschreibung eines Eigennamens durch die Benennung nach besonderen Kennzeichen oder Eigenschaften des Benannten (z. B. »der Korse« für Napoleon I.); 2) Ersetzung der Bez. einer Gattung durch den Eigennamen eines ihrer typ. Vertreter (z. B. »Krösus« für reicher Mann).

Antonym [griech. »Gegenwort«] *das,* Wort von entgegengesetzter Bedeutung, z. B. »groß« im Verhältnis zu »klein«; Ggs. →Synonym.

Antrag, 1) *Recht:* schriftl. Gesuch als Voraussetzung behördl., bes. gerichtl. Tätigkeit; im Zivilprozess Voraussetzung für jede richterl. Tätigkeit, deren Ziel und Begrenzung der A. angibt; im bürgerl. Recht die Aufforderung zum Vertragsabschluss (**Offerte**).
2) *Staatsrecht:* Vorschlag für einen Beschluss des Parlaments oder eines Beschlussorgans.

Antragsdelikt, *Recht:* strafbare Handlung, die nur auf Antrag des Verletzten oder anderer Antragsberechtigter verfolgt wird (z. B. Beleidigung). Das Recht, den Antrag zu stellen, erlischt nach drei Monaten, beginnend mit dem Tage, an dem der Berechtigte von der Handlung und der Person des Täters Kenntnis erlangt hat (§ 77 b StGB).

Antrieb, 1) *Psychologie:* Bez. für alle Kräfte, die psych. Aktivitäten und Handlungen auslösen, z. B. Trieb, Drang, Instinkt u. Ä.; heute meist unter dem Begriff →Motivation thematisiert.
2) *Technik:* 1) der einem Körper zugeführte Impuls; auch die Kraftmaschine, die den mechan. A. liefert (z. B. Elektromotoren, Wärme-, Wasser- und Windkraftmaschinen); 2) die Teile einer Maschine oder Anlage, die die Bewegung vermitteln. Man unterscheidet nach dem Kraftmittel Hand-, Fuß-, elektr., hydraul. und pneumat. Antrieb.

Antriebsschlupfregelung, Abk. **ASR,** eine Antriebsregelung zum schlupffreien Beschleunigen von Kfz. Die A. verhindert im Zusammenspiel mit dem Antiblockiersystem das Durchdrehen der Antriebsräder auf rutschiger Fahrbahn. Sie arbeitet mit Motoreingriff oder mit Motor- und Bremseingriff.

Antriebswelle, Maschinenelement zur Übertragung von Motorleistung (z. B. durch Kardanwellen) auf andere Maschinen oder Maschinenteile.

Antrim ['æntrɪm], Distr. in Nordirland, 421 km², 51 000 Ew.; weitgehend ein Basaltplateau mit Kliffküste (u. a. →Giant's Causeway).

Antsirabe, Stadt im zentralen Hochland Madagaskars, 1 270 m ü. M., 187 700 Ew.; kath. Bischofssitz; Thermalbad; wichtiger Industriestandort am Endpunkt der Bahnlinie von Antananarivo, Flughafen.

Antsiranana, früher **Diégo-Suarez,** Prov.-Hptst. in N-Madagaskar, 85 000 Ew.; kath. Erzbischofssitz; Univ.-Zentrum der University of Madagascar; Lebensmittelind.; Hafen, Flughafen.

Antunes [-ʃ], António Lobo, port. Schriftsteller, * Lissabon 1. 9. 1942; Arzt, leistete Militärdienst in Angola, war als Gegner Salazars in Gefängnishaft; schreibt internat. erfolgreiche Romane mit z. T. autobiograf. Hintergrund (u. a. »Judaskuß«, 1979; »Der Reigen der Verdammten«, 1985; »Geh nicht so schnell in diese dunkle Nacht«, 2000). Die jüngste Geschichte Portugals bildet den Hintergrund der Trilogie »Handbuch der Inquisitoren« (1996), »Portugals strahlende Größe« (1997) und »Anweisungen an die Krokodile« (1999). – *Weitere Werke: Romane:* Die Rückkehr der Karavellen (1988); Der Tod des Carlos Gardel (1997); Geh nicht so schnell in diese dunkle Nacht (2001).

Antung, Stadt in China, →Dandong.

Antwerpen, frz. **Anvers, 1)** Prov. in Belgien, 2 867 km², 1,67 Mio. Einwohner.
2) Hptst. der belg. Prov. A., am rechten Ufer der Schelde, 88 km oberhalb der Mündung in die Nordsee, 455 100 Ew.; kultureller Mittelpunkt der Flamen; königl. Museum der Schönen Künste (mit Hauptwerken der fläm. Malerei), Rubenshaus, Oper, die drei Univ. (gegr. 1852, 1965 und 1971) sind 2003 zur Univ. A. zusammengefügt worden, Inst. für trop. Medizin, Akad. der Schönen Künste, Konservatorium, Handelshochschule, Marineakademie, Schifffahrtsmuseum. Wichtige Handelsstadt (mit Diamantenbörse); die Ind. umfasst Erdölraffinerien, Eisen- und Stahlind., Großchemie, Automobilfabriken, Werften, Textilind.; Diamantenschleifereien. – Der ausgedehnte Hafen in den Marschen des Scheldebogens ist durch Kanäle mit Maas und Rhein verbunden. A. besitzt eine U-Bahn sowie einen internat. Flughafen.
Stadtbild: Bed. Bauwerke der Altstadt sind die Kathedrale (14.–16. Jh., das Hauptwerk der fläm. Spätgotik; mit Altarbildern von Rubens), spätgot. Jakobs-

kirche, Rathaus im Renaissancestil (16. Jh.) am Grote Markt, ehem. Zunfthäuser, königl. Rokokopalast. Der Steen an der Schelde ist ein Rest der alten Burg (von den Normannen 836 zerstört).

Geschichte: A. (früher auch **Antorf** gen.) wurde um 1000 Sitz eines Markgrafen und fiel Ende des 11. Jh. an Brabant; es erhielt 1291 Stadtrecht und war ab 1313 Mitgl. der Hanse. Mit Brabant kam A. 1430 zu den burgund., dann habsburg. Niederlanden und stieg nach der Versandung Brügges zur ersten Handelsstadt Europas (bes. unter Karl V.) auf. Nachdem A. während des niederländ. Aufstands 1585 von den Spaniern zurückerobert worden war und die Niederländer die Scheldemündung sperrten, verlor es seine wirtsch. Stellung an Amsterdam. Im 19. Jh. entwickelte sich A. wieder zu einem der größten Handelsplätze des europ. Festlands mit einer der stärksten Festungen Europas (seit 1859; 1918 und 1945 geschleift).

Antwortschein, internationaler A., Gutschein für Postwertzeichen im Wert des Portos für einen Auslandsbrief; gültig im Bereich des Weltpostvereins.

Anubis, ägypt. Totengott in Schakalgestalt oder als Mensch mit Schakalkopf; Totengott und Schutzherr der Gräber; von den Griechen als **Hermanubis** dem Götterboten Hermes gleichgesetzt.

ANUGA, Abk. für Allgemeine Nahrungs- und Genussmittelausstellung, zuerst 1919 in Stuttgart, seit 1951 alle zwei Jahre in Köln abgehaltene Ausstellung der Nahrungs- und Genussmittelproduzenten.

Anuradhapura, Prov.-Hptst. in Sri Lanka, 46 000 Ew. – A. war vom 5.(?)/3. Jh. v. Chr. bis zum 8. Jh. n. Chr. Hptst. von Ceylon; die Ruinenstätte (UNESCO-Welterbe) ist Pilgerziel der Buddhisten; zu den wichtigsten Heiligtümern gehören die Thuparama- und die Ruanweli-Dagoba sowie der Felsentempel Issurumuniya u. a. mit den »Mondsteinen«.

An|urie [griech.] *die,* fehlende oder eingeschränkte Harnausscheidung.

Anus [lat. »Ring«] *der,* der → After; **A. praeternaturalis** (kurz **A. praeter**), der → Kunstafter.

Anuszkiewicz [ænʊʃˈkjɛvɪtʃ], Richard, amerikan. Maler, * Erie (Pa.) 23. 5. 1930; einer der bekanntesten Vertreter der amerikan. Op-Art.

Anvers [ãˈvɛːr], frz. Name von → Antwerpen.

Anwachsung, Akkreszenz, die kraft Gesetzes eintretende Erhöhung eines Anteils an einer Vermögensmasse, insbesondere die Erhöhung des Erbteils eines eingesetzten Erben infolge Wegfalls eines Miterben (§§ 2094, 2095 BGB).

Anwalt, → Rechtsanwalt.

Anwaltsgerichte, Berufsgerichte für Rechtsanwälte, die bes. schuldhafte Verstöße gegen die Standespflichten ahnden und Streitigkeiten über Zulassungsfragen entscheiden; Rechtsmittelgerichte: Anwaltsgerichtshof beim OLG und Bundesgerichtshof.

Anwaltszwang, der gesetzl. Zwang, sich in bestimmten Gerichtsverfahren (**Anwaltsprozess**) durch einen bei dem Prozessgericht zugelassenen Rechtsanwalt vertreten zu lassen. Der A. soll vornehmlich dem Schutz der Parteien dienen. A. besteht im Zivilprozess für alle Streitigkeiten ab dem Landgericht (vor dem Amtsgericht nur, soweit es als Familiengericht tagt, § 78 ZPO), im Arbeitsgerichtsprozess vor dem Bundes- und Landesarbeitsgericht, ferner vor dem Bundesverwaltungs- und Bundessozialgericht.

Anwartschaft, im Zivilrecht die rechtlich begründete, aber unsichere Aussicht auf einen zukünftigen Rechtserwerb; als **A.-Recht** (kann nicht mehr gegen den Willen des Inhabers entzogen werden) bedeutsam v. a. im Sachen- und Grundstücksrecht.

Anweisung, 1) *Informatik:* in einer höheren Programmiersprache abgefasste Arbeitsvorschrift; Teil eines Programms, das dessen Zustand (z. B. Werte von Variablen) verändert.

2) *Privatrecht:* schriftl. Willenserklärung, durch die jemand einen anderen anweist, einem Dritten (dem Begünstigten) Geld, Wertpapiere oder andere vertretbare Sachen zu leisten, und zugleich den Dritten ermächtigt, die Leistung im eigenen Namen zu erheben (§§ 783 ff. BGB). Besondere Arten der A. sind Wechsel, Scheck und die kaufmänn. A. (§ 363 HGB). Die Post-A. ist keine A. im Rechtssinn.

Antwerpen 2): der »Grote Markt« mit ehemaligen Zunfthäusern (16. Jh.)

Anubis: Darstellung des Gottes auf einem Wandgemälde im Grab des Königs Haremhab (um 1306 v. Chr.; Theben, Tal der Könige)

Anwendungsprogramm, *Informatik:* ein Programm, das zur Bearbeitung von Aufgaben aus einem bestimmten IT-Anwendungsbereich dient, z. B. Textverarbeitung, Grafik- und Buchhaltungssoftware.

Anzahlung, bei Vertragsabschluss gegebene Teilzahlung.

Anzapfung, 1) *Elektrotechnik:* Maßnahme zur stufenweisen Änderung des Übersetzungsverhältnisses und damit der Spannungswerte von Transformatoren. **2)** *Geomorphologie:* durch rückschreitende Erosion bewirktes Eingreifen eines Flusses in das Tal eines anderen Flusses.

Anzeichen, *Medizin:* →Symptom.

Anzeige, 1) *Publizistik:* **Annonce, Inserat,** in Zeitungen, Zeitschriften oder anderen Druckschriften aufgrund eines A.-Vertrages zw. Verleger und Auftraggeber abgedruckte Bild- und/oder Textinformation. Formal zu unterscheiden sind **offene A.** und **geheime A. (Kennwort-A.** oder **Chiffre-A.),** inhaltlich v. a. **private A., amtliche A.** und **geschäftliche A.** Letztere ist wegen ihrer vielfältigen formalen und inhaltl. Ausgestaltbarkeit, kurzfristigen Disponierbarkeit, zielgruppenspezif. Streubarkeit und relativ geringen Kosten eines der am häufigsten eingesetzten Werbemittel. **2)** *Recht:* die Mitteilung des Verdachts einer Straftat. A. können von jedermann bei der Staatsanwaltschaft, der Polizei und den Amtsgerichten schriftlich oder mündlich erstattet werden (§ 158 StPO; →Verdächtigung). Die A. ist vom →Strafantrag zu unterscheiden.

Anzeigenblatt, meist wöchentlich erscheinendes Presseerzeugnis, bei dem um relativ wenige und i. d. R. anspruchslose redaktionelle Beiträge (z. B. Veranstaltungshinweise, Lokalberichterstattung) Inserate gruppiert werden. Das A. wird meist in einem regional begrenzten Gebiet (z. B. Stadtviertel) unentgeltlich an die Haushalte verteilt und eignet sich bes. für die Werbung des lokalen Einzelhandels und für private Kleinanzeigen.

Anzeigepflicht, 1) *Recht:* allg. die auf Gesetz oder Vertrag beruhende Rechtspflicht, Behörden, Vertragspartnern oder sonstigen Dritten bestimmte Tatsachen zur Kenntnis zu bringen (v. a. im Gewerbe-, Steuer- und Arbeitsrecht); im Strafrecht die Pflicht zur Anzeige bestimmter Verbrechen. Gemäß § 138 StGB ist die unterlassene Anzeige z. B. bei Hochverrat, Landesverrat, Mord, Totschlag, Menschenhandel strafbar, wenn glaubhafte Kenntnis von dem Vorhaben oder Beginn der Tat besteht und solange die Ausführung oder der Erfolg noch abgewendet werden kann. (→Meldepflicht) **2)** *Versicherung:* Der Versicherungsnehmer unterliegt mehrfach der A. Bei Vertragsabschluss muss er dem Versicherer alle gefahrerhebl. Umstände, während der Laufzeit jede Gefahrerhöhung, bei Eintritt des Versicherungsfalles diesen Eintritt anzeigen.

Anzengruber, Ludwig, österr. Schriftsteller, * Wien 29. 11. 1839, † ebd. 10. 12. 1889; schrieb naturalist. Volksstücke (»Der Meineidbauer«, 1871), Kalendergeschichten und Dorfromane (»Der Sternsteinhof«, 1885).

Anziehungskraft, Kraft, die den Abstand zw. zwei Körpern oder Teilchen zu verringern sucht, z. B. Gravitationskraft (→Gravitation), →Austauschkraft, →Kernkräfte.

Anzin [ã'zɛ̃], Industriestadt im Dép. Nord, Frankreich, in der Agglomeration Valenciennes, 14 000 Ew.; Mittelpunkt des nordfrz. Steinkohlenbergbaus; Hüttenwerke, Stahlverarbeitung.

Anzio, Hafenstadt und Badeort in Latium, Italien, südlich von Rom, 39 500 Ew. – Das **Antium** der Volsker (338 v. Chr. von Rom unterworfen) war schon in röm. Zeit Villen- und Badeort; hier wurden viele antike Kunstwerke gefunden, u. a. das »Mädchen von Anzio« und der »Apoll vom Belvedere«.

ANZUS-Pakt [ˈænzəs-; Abk. für engl. **A**ustralia, **N**ew **Z**ealand, **U**nited **S**tates], am 1. 9. 1951 von Australien, Neuseeland und den USA abgeschlossenes und 1952 in Kraft getretenes Verteidigungsbündnis; 1954–77 durch den Südostasiat. Sicherheitsvertrag (→SEATO) ergänzt; 1986 Ausschluss Neuseelands wegen seiner Kernwaffen ablehnenden Politik.

a. o., Abk. für **a**ußer**o**rdentlich; a. o. Prof., außerordentl. Professor.

AOK, Abk. für **1)** →**A**rmee**o**ber**k**ommando. **2)** **A**llgemeine **O**rts**k**rankenkasse (→Krankenversicherung).

AOL® [Abk. für engl. **A**merica **O**n**l**ine], ein Onlinedienst, →Time Warner Inc.

Äoler, Äolier, griech. Volksstamm, v. a. in Thessalien, Böotien sowie auf der Peloponnes beheimatet; besiedelten zw. 1100 und 700 v. Chr. von Thessalien aus die nach ihnen benannte Landschaft **Äolien.**

äolisch [nach Äolus], vom Wind geformt oder abgelagert.

Äolische Inseln, die →Liparischen Inseln.

äolischer Kirchenton, auf dem Grundton a stehende →Kirchentonart.

Äolsharfe, Windharfe, Geisterharfe, seit der Antike bekanntes Saiteninstrument, dessen über einen hölzernen Resonanzkörper gespannte, auf den gleichen Ton gestimmte Saiten unterschiedl. Dicke durch Luftzug in Schwingung versetzt werden und versch. Obertöne des Grundtons erklingen lassen.

Äolus, griech. **Aiolos,** griech. Gott der Winde.

Aomen, amtlich chinesisch für →Macau.

Aomori, Hptst. der jap. Präfektur A., auf Honshū, 298 000 Ew.; Hafen durch Eisenbahnfähre und Seikantunnel mit Hakodate auf Hokkaidō verbunden; Holzumschlag; bed. Fischerei.

Äon [griech. aiṓn »Zeit«] *das,* Pl. **Äonen,** Ewigkeit, Weltalter.

Aoraki, Maoriname des Mount →Cook.

Aorist [griech. »unbegrenzt«] *der,* Zeitform des Verbs (u. a. im Altind., Altgriech., den slaw. Sprachen), die eine punktuelle Handlung ausdrückt, gewöhnlich die abgeschlossene Vergangenheitsform.

Aorta [griech.] *die,* **Hauptschlagader,** die aus dem Aortenvorhof der linken Herzkammer entspringende Arterie; sie gliedert sich anschließend in **aufsteigende A., Aortenbogen** und **absteigende A.,** die bis zum Aortenschlitz des Zwerchfells als **Brust-A.** und unterhalb davon als **Bauch-A.** bezeichnet wird. Aus der A. gehen alle Arterien des Körperkreislaufs hervor.

Aortenbifurkation, Ort der Aufzweigung der Hauptschlagader (Aorta) in die beiden Beckenschlagadern (Arteria iliaca).

Aortenbogensyndrom, Verschluss oder Teilverschluss eines oder mehrerer im Aortenbogen entspringender, großer Kopf- und Armgefäße, z. B. infolge einer schweren Brustkorbverletzung oder als angeborene Fehlbildung. Außer der typ. Blutdruckdifferenz zw. den oberen und den unteren Gliedmaßen treten als Folgen des zu niedrigen Blutdrucks in den versch. Versorgungsbereichen z. B. Sehstörungen, In-

Ludwig Anzengruber

nenohrstörungen oder Durchblutungsstörungen an den Händen auf. – Die Behandlung erfolgt mit gerinnungshemmenden Mitteln, Glucocorticoiden oder operativ durch rekonstruktive Gefäßchirurgie.

Aorten|isthmusstenose *die,* angeborene Verengung der Aorta, die meist zw. Aortenbogen und absteigender Aorta liegt. Hauptsymptome sind arterieller Bluthochdruck bereits im Jugendalter, weiterhin die Erweiterung der Umgehungsblutgefäße (Kollateralen), die in den Zwischenrippenräumen verlaufen und durch ihre Pulsation Aussparungen an den Rippen verursachen. – Die A. ist durch Operation verhältnismäßig leicht und mit sehr gutem Erfolg behandelbar.

Aosta, Hptst. der autonomen Region Aostatal, Italien, im Tal der Dora Baltea, 34 200 Ew., 583 m ü. M., südl. Ausgangspunkt der Passstraße über den Großen Sankt Bernhard; Bischofssitz; Metallindustrie. – Zahlreiche röm. Baudenkmäler, got. Kathedrale, got. Kollegiatskirche Sant'Orso mit roman. Kreuzgang.

Aostatal, ital. **Valle d'Aosta,** autonome Region im NW Italiens, 3 263 km², 122 000 Ew.; Hptst.: Aosta; im N von den Walliser Alpen, im W vom Montblancmassiv und im S von den Grajischen Alpen (Nationalpark Gran Paradiso) umrahmt; Ausgangspunkt der Passstraßen über den Großen und Kleinen St. Bernhard sowie zum Montblanc-Straßentunnel; Fremdenverkehr (bes. Wintersport); Weinbau. – Das A. gehörte seit 1191 zu Savoyen; als dieses 1860 zu Frankreich kam, blieb das A. bei Italien. Die Autonomiebestrebungen der überwiegend Französisch sprechenden Bev. brachten 1948 dem A. eine gewisse Selbstständigkeit.

AP [eɪˈpiː], Abk. für The **A**ssociated **P**ress, amerikan. Nachrichtenagentur, gegr. 1846; Sitz: New York.

a. p., auch **a. pr.,** Abk. für lat. **a**nni **p**raesentis, gegenwärtigen Jahres, auch für: **a**nni **p**raeteriti, vergangenen Jahres.

APA, Abk. für **A**ustria **P**resse **A**gentur, österr. Nachrichtenagentur, gegr. 1946; Sitz: Wien.

Apachen [-xən, auch -tʃən], **Apatschen,** Sammel-Bez. für versch. Indianerstämme v. a. in Arizona und New Mexico, USA, etwa 40 000 Menschen; sie leben heute in Reservationen, meist als Viehzüchter oder Ackerbauern.

Aostatal: Blick auf das Dorf La Thuile

Apanage [-ʒə; frz., zu mlat. appanare »ausstatten«] *die,* Zuwendung (Geld oder Grundbesitz) an nicht regierende Mitglieder von Dynastien zur Sicherung ihres standesgemäßen Lebens.

Apartheid [afrikaans »Trennung«] *die,* in der Rep. Südafrika 1948–94 die bes. von den Buren, politisch von der Nat. Partei getragene Politik der Rassentrennung zw. weißer und nicht weißer (Bantu, Mischlinge, Asiaten) Bev., die die Vorherrschaft der Weißen und die »gesonderte Entwicklung« der versch. ethn. Bev.-Teile sichern sollte. 1950 wurde jeder Südafrikaner durch Gesetz einer Rasse zugeordnet (Population Registration Act) und einem bestimmten Wohngebiet zugewiesen; die Weißen besaßen alle polit., sozialen und kulturellen Privilegien. In öffentl. Einrichtungen herrschte strikte Rassentrennung (»kleine A.«). Zur räuml. Segregation der Bantubev. entstanden v. a. im Bereich der großen Städte →Townships und auf Gesamtstaatsebene Homelands (»große A.«). Der Kampf gegen das A.-System wurde v. a. getragen vom →African National Congress (ANC). Staatspräs. F. W. de Klerk (1989–94) leitete eine vorsichtige Abkehr von der A. ein. 1990 begannen Gespräche zw. Reg. und ANC (unter ihrem Führer N. Mandela) über den Abbau des A.-Systems (→Südafrika). So wurde u. a. 1990 die gesetzlich fixierte Trennung von Weißen und Nichtweißen in öffentl. Einrichtungen, 1991 die Rassentrennung in Wohngebieten aufgehoben. Kontroverse Auffassungen der versch. Organisationen der Schwarzen (v. a. ANC, →Inkatha und →Pan African Congress) über den Weg zur Beseitigung der A. führten z. T. zu blutigen Auseinandersetzungen. Bei einem Referendum der weißen Bev. im März 1992 entschied sich die Mehrheit für die endgültige Abschaffung der A. Mit dem Inkrafttreten der zw. der Reg. de Klerk und bes. dem ANC ausgehandelten Übergangsverfassung im April 1994 wurde die A.-Gesetzgebung endgültig außer Kraft gesetzt.

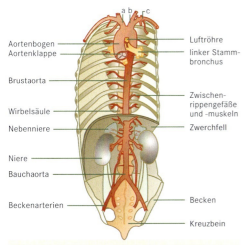

Aorta mit Aortenklappe; a Arterienstamm für rechte Arm- und Kopfseite, b Arterie für die linke Kopfseite, c linke Schlüsselbeinarterie

Apatit:
Kristall der
Varietät
Spargelstein

Apartment [ə'pɑ:tmənt, engl.] *das,* moderne, komfortable Kleinwohnung.

Apastron [griech.] *das,* die Sternferne (→ Apsiden).

Apathie [griech.] *die,* **1)** *allg.:* Teilnahmslosigkeit, Gleichgültigkeit.
2) *Medizin:* das Fehlen von Gefühlen, Affekten bei starker Erschöpfung, Depression, Schizophrenie.
3) *Philosophie:* in der Ethik der →Stoa das Freisein von Affekten.

Apatit [griech.] *der,* hexagonales Mineral, Calciumphosphat mit Chlor (Chlor-A.) oder Fluor (Fluor-A.), $Ca_5[(F,Cl)|(PO_4)_3]$. Durch Ersatz der Kationen und Anionen entstehen zahlr. Varietäten (z. B. Hydroxyl-A., Carbonat-A.). A. ist farblos, grün (**Spargelstein**) oder andersfarbig, klar bis durchscheinend; technisch wichtig als Düngemittel und zur Phosphorgewinnung. A. ist Knochen- und Zahnbestandteil. (→Phosphorit)

Apatosaurus, wiss. Bez. für →Brontosaurus.

a. p. Chr. (n.) [lat.], Abk. für **a**nno **p**ost **Chr**istum (**n**atum), im Jahre nach Christi (Geburt).

APEC [Abk. für engl. **A**sian-**P**acific **E**conomic **C**ooperation], **Asiatisch-pazifische wirtschaftliche Zusammenarbeit,** Wirtschaftsforum von (2005) 21 Staaten des asiatisch-pazif. Raumes; 1989 in Canberra (Australien) gegr.; Sitz des Sekretariats: Singapur; Hauptziele: Abbau von Handelshemmnissen, regionale und wirtsch. Zusammenarbeit (v. a. Technologietransfer), gemeinsame Interessenvertretung im Rahmen internat. Organisationen. 1994 wurde die Schaffung einer Freihandelszone beschlossen.

Apeiron *das,* →Anaximander.

Apel, Karl-Otto, Philosoph, * Düsseldorf 15. 3. 1922; knüpft mit seiner »Transformation der Philosophie« (1973) an die analyt. und die hermeneut. Philosophie sowie an den Pragmatismus von C. S. Peirce an.

Apeldoorn, Gartenstadt in der niederländ. Prov. Gelderland, 156 000 Ew.; Schulstadt; Metall-, Textil-, Papier-, opt., chem. Industrie. – In der Nähe das königl. Schloss **Het Loo** (1685 begonnen).

Apella [griech.] *die,* die Volksversammlung im alten Sparta.

Apelles, griech. Maler des 4. Jh. v. Chr.; galt noch im MA. und in der Renaissance als bedeutendster Maler der Antike, obwohl keines seiner Werke erhalten geblieben ist.

Apennin *der,* **Apenninen,** ital. **L'Appennino,** das Italien südlich der Poebene durchziehende Gebirge; Hauptwasserscheide und wichtige Klimascheide. Der A. beginnt am Ligurischen Golf, zieht sich von dort zur adriat. Küste nach Osten und biegt an ihr nach Südosten um, wo er in den Abruzzen seine größte Höhe erreicht (Gran Sasso d'Italia 2 912 m ü. M.), und anschließend nach Süden, sodass er wieder die Westseite der Halbinsel (**A.-Halbinsel**) erreicht; er endet an der kalabr. Halbinsel. Er ist ein 1 500 km langes, bis zu 100 km breites neogenes Faltengebirge und besteht aus mesozoischen Kalken und Dolomiten, känozoischen Sandsteinen, Schiefern, Mergeln und Tonen. Die Höhen zeigen wenig wechselnde, sanfte Formen, nur die Kalke in den Karstmassen der Abruzzen sind wild zerklüftet. Im Klima unterscheidet sich der A. vom übrigen Italien durch geringere Wärme, schärfere Temperaturgegensätze und größere Niederschläge (bis 2 000 mm). Die Pflanzenwelt zeigt nur Reste des natürl. Waldkleides (Buchen, Nadelhölzer), sonst Sträucher und Grasland. Wichtig für den Verkehr sind die zahlr. Pässe.

Apenrade, dän. **Åbenrå,** Stadt in Nordschleswig, Verw.-Sitz der Amtskommune Südl. Jütland, Dänemark, 22 200 Ew.; alte Handels- und Hafenstadt mit Ind. (Motorenwerk, Milch, Futtermittel), Kraftwerk.

aper [ahd. abar], *süddt., österr., schweizer.* für schneefrei. Als **Aperwind** wird in den Alpen ein Wind bezeichnet, der Tauwetter bringt.

Aperçu [-'sy, frz.] *das,* geistreiche, prägnant formulierte Bemerkung.

Aperghis [a'perjis], George, griech. Komponist, * Athen 27. 12. 1945; lebt seit 1963 in Paris; komponierte u. a. Musiktheaterstücke (»Jojo«, 1990), Konzerte (»Die Wände haben Ohren«, 1972, für Orchester), Opern (»Jacques le fataliste«, 1974; »Tristes Tropiques«, 1996), Hörspiel »Strasbourginstantanés« (1997).

aperiodisch, **unperiodisch.** Eine gedämpfte →Schwingung heißt a., wenn sich infolge der Dämpfung kein period. Schwingungsverlauf herausbildet. Der **aperiod. Grenzfall** bildet die Grenze zw. gedämpfter period. und aperiod. Schwingung (**aperiod. Kriechfall**), bei dem die Bewegung nach Erreichen eines Maximums ohne Schwingung asymptotisch gegen die Ruhelage geht. (→Dämpfung)

Aperitif [frz., zu lat. aperire »öffnen«] *der,* appetitanregendes (alkohol.) Getränk (z. B. Wermutwein, Sherry, aromat. Weinessig).

Apertur [lat. »Öffnung«] *die,* **1)** *Medizin:* Eingang, Öffnung, bes. von Körperkanälen.
2) *Optik:* der Sinus des Öffnungswinkels σ eines kegelförmigen Strahlenbündels. Die **numer. A.** $A = n \cdot \sin \sigma$ (*n* Brechzahl des opt. Mediums) bestimmt →Auflösungsvermögen und Bildhelligkeit opt. Systeme. Die **A.-Blende** (Öffnungsblende) dient der Begrenzung des Öffnungswinkels σ.

Apertursynthese, **Antennensynthese,** interferometr. Verfahren der Radioastronomie zur genauen Positionsbestimmung und Beobachtung von kosm. Radioquellen. Die als **Array** oder **Syntheseteleskop** bezeichnete Kombination verschiebbarer →Radioteleskope erreicht unter Ausnutzung der Erdrotation das Beobachtungsbild eines Großteleskops.

apetal [griech.], ohne Blütenblätter (→Blüte).

Apex [lat.] *der,* **1)** *Astronomie:* der im Sternbild Herkules gelegene Punkt des Himmels, auf den sich die Sonne (und das Planetensystem) relativ zu den sie umgebenden Sternen mit einer Geschwindigkeit von etwa 19,4 km/s hinbewegt; der entgegengesetzte Punkt heißt **Antapex.**
2) *Metrik:* Zeichen (´) zur Kennzeichnung betonter Silben.
3) *Sprachwissenschaft:* diakrit. Zeichen (ˆ oder ´) zur Kennzeichnung langer Silben.

Apfel, **Apfelbaum, Malus,** eine weltweit in der nördl. gemäßigten Zone verbreitete Rosengewächsgattung. Als Stammformen des **Kulturapfelbaumes** bzw. **Gartenapfelbaumes** (Malus domestica) gelten

Apfel: verschiedene Apfelsorten; von links nach rechts: Golden Delicious, Goldparmäne, Granny Smith, Morgenduft

u. a. der **Holzapfelbaum** (Malus sylvestris) und der **Süßapfelbaum** (Malus pumila). Der Kulturapfelbaum hat eiförmige zugespitzte Blätter, weiße bis rosafarbene Blüten sowie Früchte mit säuerlich-süßem Fleisch. Aus dem Fruchtknoten entsteht nur der Kernhausbereich mit fünf pergamentartigen Fruchtfächern. Das eigentl. Fleisch bildet sich aus dem Kelchgrund und aus der Blütenachse (Scheinfrucht). Für den Erwerbsanbau eignen sich u. a. die Sorten **Golden Delicious** (gelbe Winterapfelsorte, süß), **Jonagold** (Winterapfelsorte, grünlichgelb mit roter Deckfarbe, süßsäuerlich) und **Granny Smith** (grüne Winterapfelsorte, säuerlich). Verschiedene Apfelbaumarten, Varietäten und Bastarde werden wegen ihrer auffallenden Blüten und Früchte als Zierpflanzen angebaut. – Der A. ist in der Mythologie, im Volksglauben und -brauch Sinnbild der Fruchtbarkeit und Liebe; in der christl. Kunst gilt er als Symbol des Sündenfalles (Eva mit dem A.), auf Mariendarstellungen seit dem 12. Jh. als Symbol der Weltherrschaft; aus der griech. Mythologie kommt der Zank-A. (→ Eris).

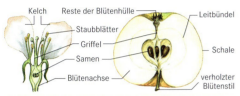

Apfel: Blüte (links) und Frucht im Längsschnitt (rechts)

Apfelblattsauger, Apfelblattfloh, Psylla mali, Apfelbaumschädling; seine Larven saugen an Jungtrieben und Blüten.

Apfelblütenstecher, Anthonomus pomorum, Rüsselkäfer, dessen Larve (**Kaiwurm**) die Apfelblütenknospen zerstört; die Knospe bleibt geschlossen, wird braun.

Apfelmännchen, *Mathematik:* die →Mandelbrot-Menge.

Apfelsäure, Äpfelsäure, organ. Säure, enthalten in unreifen Äpfeln, Vogelbeeren u. a.; ein Zwischenprodukt im →Zitronensäurezyklus. Die Salze und Ester der A. heißen **Malate.** Verwendung in der Lebensmittelindustrie.

Apfelschimmel, grau geflecktes weißes Pferd.

Apfelsine [aus niederländ. appelsien »Apfel aus China«] *die,* **Orange,** gelbrote, apfelgroße, süß-säuerl. vitaminreiche Frucht der **A.-Pflanze** (Citrus sinensis), immergrüner Strauch oder kleiner Baum mit länglicheiförmigen, ledrigen Blättern und weißen, stark duftenden Blüten. Hauptanbaugebiete sind die Mittelmeerländer, Kalifornien, Florida, Brasilien und China. Blutorangen (wegen des roten Fruchtfleischs) kommen aus Sizilien; bei Navelorangen bildet sich an der Spitze der Frucht eine Nebenfrucht.

Apfelwein, Obstwein aus vergorenem Saft frischer Äpfel (mit hohem Säuregehalt).

Apfelwickler, Schmetterling, →Obstmaden.

APGAR-Schema [nach der amerikan. Ärztin Virginia Apgar, *1909, †1974], internat. verwendetes Punktsystem zur Beurteilung des Gesundheitszustandes (**A**tmung, **P**uls, **G**rundtonus, **A**ussehen, **R**eflexe) Neugeborener unmittelbar nach der Geburt.

Aphaia [griech.], lat. **Aphaea,** urspr. von Kreta stammende Göttin, der der große Tempel auf →Ägina geweiht war.

Aphakie [griech.] *die,* das Fehlen der Linse im Auge nach Verletzung oder Operation.

Aphärese [griech.] *die,* **Deglutination,** Abfall eines oder mehrerer Laute am Wortanfang, z. B. *rein* (statt *herein*).

Aphasie [griech.] *die,* zerebral bedingte Sprachstörung bei intakter Funktion der Sprechorgane (Zunge, Kehlkopf). Unterformen: 1) **motor. A.,** Störung des Sprechvermögens mit Wortverstümmelung u. a.; 2) **sensor. A.,** starke Störung des Sprachverständnisses; 3) **amnest. A.,** Wortfindungsstörungen bei erhaltenem Sprachfluss.

Aphel [griech.] *das,* der sonnenfernste Punkt der Bahn eines Körpers um die Sonne. (→ Apsiden)

Aphonie [griech.] *die,* Stimmlosigkeit; beruht auf Störungen der Stimmlippenbeweglichkeit, aber auch auf Entzündungen oder Tumoren.

Aphorismus [griech.] *der,* knapper, prägnant geformter Satz, der überraschend eine Erkenntnis vermittelt; dt. A. schrieben u. a. G. C. Lichtenberg, Novalis, F. Nietzsche, E. Jünger.

Aphrodisiaka [nach Aphrodite], Mittel zur Steigerung von Geschlechtstrieb und Potenz, z. B. bestimmte Gewürze, Yohimbin, Hormone.

Aphrodite [zu griech. aphrós »Schaum« (die Schaumgeborene)], griech. Göttin der sinnl. Liebe, der Schönheit und Verführung, von den Römern der Venus gleichgestellt. A. war urspr. wahrscheinlich eine semit. Gottheit, die von den Griechen wohl in myken. Zeit über Zypern (Beiname »Kypris«) und die Kykladen übernommen wurde. Semit. Ursprungs ist auch die Verbindung der A. mit Adonis und die Tempelprostitution in Korinth. Im Mythos ist A. die Gemahlin des Hephaistos, auch Geliebte des Ares und des Anchises, dem sie Äneas gebar. – Eine künstler. Darstellung der A. findet sich schon kurz vor der Mitte des 7. Jh. auf Naxos. Der Ludovis. Thron zeigt vermutlich die Geburt der Göttin. Berühmte antike Statuen sind die A. von Knidos (von Praxiteles; Rom, Vatikan. Sammlungen), die A. von Melos (auch Venus von Milo genannt) aus dem späten 2. Jh. v. Chr. (Paris, Louvre) und die Mediceische Venus (Florenz, Uffizien) aus dem 1. Jh. v. Chr.

Aphthen [griech.] *die,* entzündl., bis linsengroße Veränderungen der Mundschleimhaut, mit weißl. Belag auf gerötetem Untergrund; oft infektiöser Natur.

Aphthenseuche, die →Maul- und Klauenseuche.

$$\begin{array}{c} COOH \\ | \\ CH_2 \\ | \\ CHOH \\ | \\ COOH \end{array}$$

Apfelsäure

Apfelsine: Blüte (oben) und Frucht im Querschnitt (unten)

Aphrodite mit Pan und dem geflügelten Eros (Marmorgruppe aus Delos, 2.–1. Jh. v. Chr.; Athen, Archäologisches Nationalmuseum)

Apoll: der musizierende Gott (Ausschnitt aus dem Fresko »Parnass« von Raffael, 1509; Rom, Vatikan, Stanza della Segnatura)

Apia, Hptst. von Samoa auf der Insel Upolu, 38 800 Ew.; meteorolog., vulkanolog. Beobachtungsstationen; Handelszentrum; Hafen, internat. Flughafen.

Apianus, Petrus, eigtl. Peter **Bienewitz** oder **Bennewitz,** Astronom und Geograf, * Leisnig 16. 4. 1495, † Ingolstadt 21. 4. 1552; schlug in seiner »Cosmographia« (1524) die Messung von Mondentfernungen zur Bestimmung geograf. Längen vor, beobachtete 1531, dass der Schweif eines Kometen stets von der Sonne abgewendet ist.

apikal [lat.], *Medizin* und *Biologie:* an der Spitze, am Scheitel, am Kopfende gelegen; nach oben gerichtet (bezogen auf das Wachstum einer Pflanze).

Apikotomie, die → Wurzelspitzenresektion.

Apis [griech.], ägypt. **Hapi,** im alten Ägypten der hl. Stier, der in Memphis als Erscheinungsform des Gottes Ptah verehrt wurde. In der Ptolemäerzeit verschmolz der A.-Kult mit dem des →Sarapis.

Apitz, Bruno, Schriftsteller, * Leipzig 28. 4. 1900, † Berlin (Ost) 7. 4. 1979; sein Roman »Nackt unter Wölfen« (1958), der nach authent. Ereignissen von der Rettung eines Kindes im KZ Buchenwald erzählt, wurde ein Welterfolg.

Aplanat [lat.] *der, Optik:* Linsensystem mit verringertem Astigmatismus und ohne Verzeichnung, Koma und sphär. und chromat. Aberration (→Abbildungsfehler).

Aplit [griech.-lat.] *der,* helles, feinkörniges Ganggestein, das v. a. aus Feldspäten und Quarz besteht.

Aplomb [a'plɔ̃, frz.] *der, Ballett:* das Abfangen einer Bewegung in den unbewegten Stand.

APM, Abk. für →Antipersonenmine.

Apnoe [griech.] *die,* →Atemstillstand.

Apo, Mount [maʊnt -], aktiver Vulkan, mit 2 954 m ü. M. höchster Berg der Philippinen, auf Mindanao.

apo... [griech.], vor Selbstlauten und vor h: **ap...,** Wortbildungselement mit der Bedeutung zurück, ab, fern, weg, z. B. *Apokope, Apostasie.*

APO, Abk. für →**a**ußer**p**arlamentarische **O**pposition.

Apochromat [zu griech. chrôma »Farbe«] *der, Optik:* Linsensystem mit bes. guter Korrektur der Farbfehler; verwendet z. B. als Objektiv für Mikroskope und Fernrohre.

apodiktisch [griech. »beweiskräftig«], unwiderleglich, notwendig; jeden Widerspruch von vornherein ausschließend. In der *Logik* Urteile, die log. Notwendigkeit oder unmittelbare Gewissheit ausdrücken. Als **Apodiktik** wird die Wiss. vom Beweis bezeichnet.

Apogäum [griech.] *das,* der erdfernste Punkt einer Satellitenbahn. (→Apsiden)

Apokalypse [griech. »Offenbarung«] *die,* prophet. Schrift über das Weltende (→Apokalyptik).

Apokalypse des Johannes, Offenbarung des Johannes, Geheime Offenbarung, Abk.: **Apk.,** das letzte Buch des N. T., um 96 n. Chr. entstanden; wegen Abweichungen in Sprache und Anschauungen vermutlich nicht vom Verfasser des Johannesevangeliums. Sie schildert in eindrucksvollen, schwer deutbaren Bildern den Zusammenbruch der Welt, dem nach Überwindung des Satans die Vollendung des Gottesreiches folgt. – In der *Kunst* wurde die A. d. J. oft dargestellt, u. a. in der Buchmalerei (z. B. um 1000 in der Bamberger Apokalypse), auf den Bildteppichen von Angers (1375–79) und in Holzschnitten Dürers (1498).

Apokalyptik [griech.] *die,* allg. eine Sonderform der Eschatologie; i. e. S. die Gesamtheit der Literaturgattung der Apokalypsen sowie die in ihnen enthaltenen Vorstellungen von den Ereignissen des Weltendes (Weltgericht und neue Welt). Die altchristl. A. (2.–7. Jh.) schließt sich geistig und literarisch an die spätjüd. A. an, die mit Bildern altoriental. Mythen ausgestattet ist.

apokalyptische Reiter, im N. T. (nach Apk. 6, 1–8) vier Reiter, die Pest, Krieg, Hunger und Tod versinnbildlichen.

Apokatastasis [griech. »Wiederherstellung«] *die,* nach Apg. 3, 21 die Erfüllung aller göttl. Verheißungen in der Endvollendung und die daraus gezogene Konsequenz, dass alle Menschen einst ewig gerettet werden (»Allversöhnung«). Anhänger waren u. a. Origenes, J. H. Jung-Stilling und F. D. E. Schleiermacher. Die A. wird in der christl. Glaubenslehre weitgehend abgelehnt.

Apokope [griech.] *die,* Wegfall eines oder mehrerer Laute am Wortende, z. B. *könnt' ich.*

apokryph [griech. »verborgen«], 1) zu den →Apokryphen gehörend; 2) später hinzugefügt, unecht, zweifelhaft.

Apokryphen [griech. »verborgene (Schriften)«], nicht zum bibl. →Kanon gerechnete jüd. oder christl. Zusatzschriften zum A. T. oder N. T. Die A. des A. T. werden von der kath. Kirche meist als deuterokanonisch zur Bibel gerechnet; sie bezeichnet die Pseudepigrafen als A. Die A. des N. T. – u. a. die in →Nag Hammadi gefundenen Texte (v. a. »Evangelium nach Thomas«) – bilden wertvolle Quellen für die Erforschung der altkirchl. Theologie und Frömmigkeit.

Apolda, Krst. des Landkreises Weimarer Land, Thüringen, am O-Rand des Thüringer Beckens, 24 300 Ew.; Glockenmuseum (1772–1988 bestand in A. eine Glockengießerei); Herstellung von Strick- und Wirk-

Apolda
Stadtwappen

waren, Lederwaren, Lebensmitteln sowie feinwerktechn., opt. und chem. Erzeugnissen, Druckgewerbe, Metall verarbeitende Industrie. – Martinskirche (12. Jh.). – A. als Siedlung ist seit 1119 bezeugt, die Burg seit 1123.

Apoll, griech. **Apollon,** lat. **Apollo,** einer der griech. Hauptgötter. A. ist kleinasiat. Ursprungs und vereinigte viele, z. T. vorgriech. Kulte in sich (über 200 Kultnamen: so war er als **Phoibos** Gott des Lichtes, als **Musagetes** der Gott der Künste und »Führer der Musen«). Auch die Römer verehrten ihn seit dem 4.Jh. v.Chr. Augustus erhob ihn zu seinem Schutzgott. Nach dem Mythos war A. der Sohn des Zeus und der Leto, wurde mit seiner Zwillingsschwester Artemis auf der Insel Delos geboren, tötete den Drachen Python und übernahm das Orakel in Delphi, seinem Hauptkultort, wo ihm zu Ehren die Pythischen Spiele gefeiert wurden. Attribute A.s sind Bogen, Leier, Lorbeer. – Die griech. Kunst verkörperte A. meist als nackten Jüngling, am hoheitsvollsten im W-Giebel des Zeustempels von Olympia (460 v.Chr.). Der »Kasseler A.« geht wohl auf ein Werk des Phidias, der »A. vom Belvedere« (Vatikan. Museen) vielleicht auf ein Werk des Leochares zurück.

Apollinaire [apɔliˈnɛːr], Guillaume, eigtl. Wilhelm Apollinaris **de Kostrowitsky,** frz. Schriftsteller, * Rom 26. 8. 1880, † Paris 9. 11. 1918; machte als Essayist die kubist. Malerei bekannt (»Die Maler des Kubismus«, 1913) und erlangte in Lyrik, Prosa und Drama entscheidenden Einfluss auf die Entwicklung des Surrealismus; seine wichtigsten Werke sind die Lyrikbände »Alkohol« (1913) und »Calligrammes« (1918), die Erzählungen »Der gemordete Dichter« (1916) sowie das Drama »Die Brüste des Teiresias« (UA 1917).

Apollinaris, Bischof von Ravenna, Märtyrer, lebte um 200 n.Chr. (?), legendärer Begleiter des Petrus. Heiliger, Tag: 23. 7.

Apollo, 1) 1932 entdeckter Planetoid, nach dem die Gruppe der → Apollo-Objekte benannt wurde.
2) amerikan. Raumfahrzeug, → Apollo-Programm.

Apollodor aus Damaskus, der bedeutendste Architekt der röm. Kaiserzeit, wirkte in der 1. Hälfte des 2.Jh. n.Chr.; baute u. a. das Trajansforum in Rom (107–113) sowie die über 1 km lange Donaubrücke (102–105) in Drobeta-Turnu Severin (Rumänien).

Apollofalter, Parnassius, Tagfalter aus der Familie Edelfalter, meist mit roten, schwarz eingefassten Flecken; vom Aussterben bedroht.

Apollonia, Märtyrerin aus Alexandria, †249; Schutzheilige gegen Zahn-, Kopfschmerzen; Tag: 9. 2.

Apollonios, 1) **A. Dyskolos,** griech. Grammatiker in Alexandria im 2.Jh. n.Chr.; verfasste nach eingehender Analyse des Satzes die erste altgriech. Syntax.
2) **A. von Perge,** griech. Mathematiker und Astronom, * Perge (Pamphylien, Kleinasien) um 262 v.Chr., † um 190 v.Chr.; lehrte in Alexandria; verdient um die Theorie der Kegelschnitte, führte die Bez. Ellipse, Parabel und Hyperbel ein, entwickelte die →Epizykeltheorie der Planetenbewegung.
3) **A. von Rhodos,** griech. Dichter und Gelehrter des 3.Jh. v.Chr., Leiter der → Alexandrinischen Bibliothek. Sein Epos »Argonautika« beeinflusste stark die röm. Literatur (Vergil).

apollonischer Kreis [nach Apollonios von Perge], ein zwei festen Punkten A und B zugeordneter Kreis, für dessen sämtl. Peripheriepunkte C gilt, dass das Verhältnis ihrer Entfernungen von den Punkten A und B konstant ist: $\overline{AC} : \overline{BC} = k = $ const.

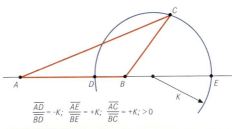

$\dfrac{\overline{AD}}{\overline{BD}} = -K; \quad \dfrac{\overline{AE}}{\overline{BE}} = +K; \quad \dfrac{\overline{AC}}{\overline{BC}} = +K; > 0$

apollonischer Kreis

Apollo-Objekte, Planetoiden (wie Adonis, Apollo, Hermes, Icarus u. a.), deren große Bahnhalbachse größer als 1 AE, deren Perihelentfernung aber kleiner als 1,017 AE (Aphelentfernung der Erde) ist und die damit »von außen kommend« die Erdbahn kreuzen.

Apollo-Programm, Raumfahrtprogramm der USA, durchgeführt von der NASA zw. 1968 und 1972 im Anschluss an das → Mercury-Programm und → Gemini-Programm, mit drei Hauptzielen: 1. bemannte Mondflüge; 2. erdnahe Orbitallabors und Orbitalobservatorien; 3. unbemannte Sonden zu Mars und Venus. Für das A.-P. waren mehrere Raumfahrzeugeinheiten nötig: die rd. 5,8 t schwere Raumkapsel (selbstständige Kommando- und Rückkehreinheit, engl. Command Module, CM) mit dem Basisdurchmesser von 3,85 m, die Betriebs- und Versorgungseinheit (engl. Service Module, SM) von rd. 25 t, davon über 18 t Treibstoffe, und die 16 t schwere Mondlandeeinheit (engl. Lunar Module, LM), bestehend aus dem Lande- und Wiederaufstiegssystem. Als Trägerrakete diente eine dreistufige Saturn 5.

Die wiss. Hauptaufgaben des A.-P. auf dem Mond bestanden im Aufsammeln und Überbringen von Bodenproben, in der Aufstellung von kleineren Forschungsgeräten mit Radionuklidgenerator und in der fotograf. Dokumentation. Es gab insgesamt 17 Flüge; Apollo 7 bis 10 waren bemannte Flüge mit Erd- und Mondumlaufbahnen, mit Apollo 11 gelang am 20. 7. 1969 die erste Mondlandung (N. → Armstrong), die sechste und letzte Mondlandung erfolgte mit Apollo 17 und schloss das A.-P. ab. – Das **Apollo-Nachfolgeprogramm** umfasste die bemannten amerikan. Unternehmen → Skylab (1973/74) und das amerikanisch-sowjet. Programm → Apollo-Sojus (1975).

Apollo-Sojus, engl. Apollo Soyuz Test Project, Abk. **ASTP,** sowjetisch-amerikan. Raumfahrtprogramm zur Erprobung von Rendezvous- und Kopplungsvorrichtungen bemannter, unterschiedl. Raumfahrzeuge; Start von Sojus 19 am 15. 7. 1975, etwa $7^{1}/_{2}$ Stunden vor einer Apollo-Raumkapsel der NASA, Kopplung am 17. 7., Trennung am 19. 7. A.-S. war für die USA der letzte bemannte Raumflug bis zum ersten Start eines → Spaceshuttles.

Apollofalter
(Parnassius apollo, Flügelspannweite bis 7,5 cm)

Guillaume Apollinaire (Zeichnung von Pablo Picasso)

Apologet [griech.] *der*, Verteidiger einer Anschauung.

Apologeten, Schriftsteller des 2. Jh., die das Christentum gegen die Vorwürfe der nicht christl. Religionen verteidigten (Justinus der Märtyrer, Tatian, Athenagoras u. a.).

Apologetik [griech.-mlat.] *die, Christentum:* die theolog. (wiss.-rationale) Rechtfertigung und Verteidigung der in der Offenbarung Gottes in Jesus Christus begründeten christl. Glaubenslehre; bereits in der frühen Kirche belegt (→Apologeten).

Apologie [griech.] *die,* Verteidigung(srede), Rechtfertigung gegenüber Angriffen, bes. in religiösen und weltanschaul. Auseinandersetzungen, z. B. Platons »A. des Sokrates«.

Aponeurose [griech.-nlat.] *die,* flächenhafte Sehne; dient Muskeln als Ursprung oder Ansatz.

Apophthegma [griech.] *das,* kurzer, treffender Sinnspruch; »geflügeltes Wort«, Sentenz.

Apophyse [griech.] *die, Anatomie:* Knochenvorsprung.

Apoplexie [griech. apoplexia »Schlagfluss«] *die, Medizin:* der →Schlaganfall.

Apoptose [griech.] *die,* programmierter Zelltod, der für die Entwicklung und Erhaltung vielzelliger Organismen wichtig ist; ein genau kontrolliertes Ereignis, bei dem in Zellen, die planmäßig entfernt werden sollen, die DNA im Zellkern in Bruchstücke zerlegt wird, woraufhin die betroffene Zelle abstirbt. Durch A. wird z. B. die Gebärmutter nach der Geburt zurückgebildet.

Aporie [griech. »Weglosigkeit«] *die, Philosophie:* Unlösbarkeit eines log. Problems wegen immanenten Widerspruchs.

Apostasie [griech.] *die,* der Abfall vom Glauben.

Apostel [griech. »Sendbote«] *der,* **1)** die 12 von Jesus zur Verkündigung seiner Lehre ausgewählten Jünger: Petrus, Andreas, Jakobus d. Ä. (Jakobus Zebedäi), Johannes, Philippus, Bartholomäus, Matthäus, Thomas, Jakobus d. J. (Jakobus Alphäi), Thaddäus, Simon und Judas, nach dessen Verrat Matthias hinzugewählt wurde (Mt. 10, 1–4; Mk. 3, 13–19; Lk. 6, 13–16). Als A. der Heiden nahm auch Paulus die unmittelbare Berufung durch Christus in Anspruch (Gal. 1). – In der *bildenden Kunst* wird versucht, die A. zu typisieren, zuerst durch versch. Kopftypen, seit dem 13. Jh. durch Attribute; allg. Kennzeichen sind Schriftrolle oder Buch. Im MA. und später begegnen die A. häufig in Verbindung mit den Propheten (Goldene Pforte des Freiberger Doms; Merseburger Taufbecken; Bamberger Dom). **2)** Ehrenname für bed. Missionare des Christentums, bes. der ersten zehn Jahrhunderte (z. B. Bonifatius, der A. der Deutschen, die Slawen-A. Kyrillos und Methodios).

Apostel, Hans Erich, österr. Komponist, *Karlsruhe 22. 1. 1901, †Wien 30. 11. 1972; Schüler von A. Schönberg und A. Berg; schrieb Orchester-, Klavier- und Vokalmusik.

Apostelgeschichte, lat. **Acta Apostolorum,** Abk. **Apg.,** Fortsetzung des Lukasevangeliums des N. T., nach Stil und Grundgedanken vom gleichen Verfasser; schildert die Ausbreitung der Kirche nach Jesu Auferstehung von Jerusalem bis Rom, bes. die Aufnahme der Heidenchristen durch die Mission des Paulus.

Apostelkonzil, Zusammenkunft des Paulus u. a. Abgesandter der antiochen. Gemeinde mit der Urgemeinde in Jerusalem (etwa 48 n. Chr.) zur Klärung der Stellung der Heidenchristen zum jüd. Gesetz (Gal. 2; Apg. 15).

a posteriori [lat. »aus dem Späteren«], *Philosophie:* aus der Erfahrung gewonnen; bei I. Kant erkenntnistheoret. Begriff. Ggs.: a priori.

Apostilb, Einheitenzeichen **asb,** veraltete Einheit der Leuchtdichte, Untereinheit des →Stilb; 1 asb = $(1/\pi) \, cd/m^2 \approx 0{,}318 \, cd/m^2$.

Apostille [griech.-nlat.] *die,* →Legalisation.

Apostolat [griech.-lat.] *das,* auch *der,* das Apostelamt, d. h. die Aufgabe, als Apostel zu wirken; in den christl. Kirchen (bes. im kath. Kirchenrecht) beschrieben als die in Taufe und Firmung begründete Sendung jedes Christen, den Glauben zu bezeugen und so für ihn zu werben (→Laienapostolat).

Apostolische Majestät, Titel der Könige von Ungarn, zur Erinnerung an das apostol. Wirken Stephans I., des Heiligen.

apostolische Nachfolge, apostolische Sukzession, die Weitergabe der bischöfl. Amtsgewalt von Bischof zu Bischof in einer auf die Apostel zurückgeführten ununterbrochenen Reihenfolge.

Apostolischer Delegat, Gesandter des Papstes für die kirchl. Beaufsichtigung und Berichterstattung ohne diplomat. Status, bes. in Staaten, die keine diplomat. Beziehungen zum Hl. Stuhl unterhalten.

Apostolischer Nuntius, →Nuntius.

apostolischer Segen, vom Papst oder mit dessen Vollmacht von Bischöfen und Priestern gespendeter Segen.

Apostolischer Stuhl, Heiliger Stuhl, Päpstlicher Stuhl, 1) der Bischofssitz des Papstes als Nachfolger des Apostels Petrus in Rom.
2) die päpstl. Regierung. (→Kurie)

Apostolisches Glaubensbekenntnis, Apostolisches Symbolum, lat. **Apostolicum,** christl. Glaubensbekenntnis (»Ich glaube an Gott, den Vater …«), nach kirchl. Überlieferung auf die Apostel selbst zurückgehend; in seiner ältesten Form wohl Anfang des 2. Jh. in Rom entstanden; gemeinsames Glaubensbekenntnis der Kirchen westl. Tradition (kath., evang., anglikanisch).

apostolische Sukzession, die →apostolische Nachfolge.

Apostolisches Zeitalter, die vom Wirken der →Apostel bestimmte Zeit des Urchristentums vom Tod Jesu bis zum Anfang des 2. Jahrhunderts.

apostolische Väter, altchristl. Schriftsteller, deren Werke nicht in das N. T. aufgenommen, zeitweise den neutestamentl. Schriften gleichgestellt oder ihnen zugezählt wurden (Klemens von Rom, Ignatius von Antiochia, Hirt des →Hermas u. a.).

Apostroph [griech.] *der,* Auslassungszeichen ('), steht für ausgelassene Laute bzw. Buchstaben oder zur Kennzeichnung des Genitivs bei Namen, die auf s, z oder x enden.

Apothecaries-System [əˈpɒθɪkərɪz-, engl.], Gewichtssystem in Großbritannien und den USA für Medikamente, gekennzeichnet durch die Abk. »apoth« in Großbritannien und »ap« in den USA hinter dem Einheitenzeichen.

Apotheke [griech. »Lager«, »Speicher«] *die,* Gewerbebetrieb zur Herstellung und Prüfung von Arzneimitteln und zu deren Abgabe gegen ärztl. Rezept oder in der Selbstmedikation. **Voll-A.** bestehen mindestens aus Verkaufsraum (**Offizin**), ausreichendem Lagerraum, Laboratorium und Nachtdienstzimmer. Das A.-Wesen ist durch das A.-Ges. i. d. F. v. 15. 10.

1980 bundeseinheitlich geregelt (Errichtung bedarf der Erlaubnis). In *Österreich* werden nach dem A.-Ges. vom 18.12.1906 i. d. F. v. 2004 Konzessionen nach Prüfung des Bedarfs verliehen; in der *Schweiz* ist das A.-Wesen kantonal geregelt.

Apotheker *der,* durch Approbation zur Leitung einer Apotheke befähigte Person (**Pharmazeut**). Aufgabe des A. ist die Prüfung, Herstellung und Abgabe von Arzneimitteln nach ärztl. Rezept oder im Handverkauf. Die Gesamtausbildungszeit beträgt 5 Jahre, d. h. 4 Jahre Universitätsstudium (einschließlich Famulatur von 8 Wochen) sowie ein sich daran anschließendes Praktikum von 12 Monaten.

Apotheose [griech.] *die,* Vergöttlichung, Erhebung eines Menschen zum Gott oder Halbgott; eine Vorstufe zur vollen A. war in Griechenland der Heroenkult. Göttl. Verehrung eines Herrschers findet sich u. a. bei Alexander d. Gr., bei den Römern sowie in Japan (bis zum Ende des Zweiten Weltkrieges); in der bildenden Kunst meist durch Wagenauffahrt oder Entrückung (z. B. auf einem Adler) dargestellt.

Appalachen, engl. **Appalachian Mountains,** Gebirgssystem im O Nordamerikas, von Neufundland (Kanada) bis Alabama (USA) reichend, rd. 2 600 km lang, 200–300 km breit; aus paläozoischen Gesteinen aufgebautes Rumpfgebirge mit Mittelgebirgscharakter. Die Hudson-Mohawk-Furche trennt die nördlichen A. von den südlichen A.; die südlichen A. gliedern sich in die A.-Plateaus, das →Alleghenygebirge, die Blue Ridge und das Piedmontplateau, getrennt durch Längstalzonen (zum Beispiel Great Valley).

Apparat [lat.] *der,* **1)** Gesamtheit von Menschen und Hilfsmitteln für besondere Aufgaben in einer Organisation.
2) aus meist zahlr. Bau- und Funktionselementen zusammengesetztes techn. Gerät, z. B. Fotoapparat.
3) Zusammenstellung von Spezialliteratur als Hilfsmittel für eine wiss. Arbeit oder Lehrveranstaltung (**Handapparat**); in Bibliotheken die Gesamtheit der vorhandenen bibliograf. Nachschlagewerke (**bibliograf. Apparat**); Gesamtheit der krit. und philolog. Anmerkungen (**krit. Apparat**) in einer krit. bzw. historisch-krit. Ausgabe literar. Werke.

Apparatschik [lat.-russ.] *der,* (abwertende) Bez. für einen Funktionär im Staats- und Parteiapparat v. a. kommunist. Staaten, der Weisungen und Maßnahmen bürokratisch durchzusetzen versucht.

Appartement [apart'mã, frz.] *das,* Zimmerflucht (im Hotel); zusammenhängende Wohnraumgruppe, auch gleichbedeutend mit →Apartment gebraucht.

Appeal [ə'pi:l, engl.] *der,* **1)** *allg.:* Anziehungskraft, Anreiz, z. B. Sexappeal.
2) *Recht:* ordentl. Rechtsmittel im engl. und amerikan. Prozessrecht, das nicht wie das kontinentaleurop. Recht scharf zw. Berufung und Revision unterscheidet.

Appeasement [ə'pi:zmənt, engl.] *das,* Beruhigung, Beschwichtigung, insbes. Bez. für die von der brit. Reg. 1933–39 verfolgte Politik des Ausgleichs mit dem nat.-soz. Dtl. (Höhepunkt →Münchener Abkommen 1938).

Appel, Karel, niederländ. Maler, Grafiker, Zeichner, Bildhauer, Kunsthandwerker, * Amsterdam 25. 4. 1921, † Zürich 3. 5. 2006; Mitbegründer der Gruppe →Cobra; lebte ab 1950 in Paris, New York und Zürich. Ausgehend von einer pastos aufgetragenen Farbmaterie strebte A. als Neoexpressionist zu bewusst primitiv wirkenden gegenständl. Assoziationen.

Appell [lat.-frz.] *der, allg.:* Aufruf, Mahnruf (zu einem bestimmten Verhalten).

Appellation contrôlée [apəla'sjõ kõtro'le], Abk. **A. C., Appellation d'origine contrôlée,** Abk. **A. O. C.,** in Frankreich auf dem Flaschenetikett erscheinende Kennzeichnung für Weine, die bestimmten, gesetzlich vorgeschriebenen Herkunfts- und Qualitätsnormen genügen müssen.

Appellativ [lat.] *das,* der →Gattungsname.

Appendektomie [griech.] *die,* die Entfernung des Wurmfortsatzes des Blinddarms (Appendix vermiformis) durch Bauchschnitt. (→Blinddarmentzündung).

Appendikularien [lat. »kleine Anhängsel«], im Meer schwimmende walzenförmige Manteltiere mit Ruderschwanz.

Appendix [lat.] *der,* **1)** *allg.:* Anhang eines Buches.
2) *Anatomie:* Anhangsgebilde an Organen, z. B. der Wurmfortsatz des →Blinddarms.

Appendizitis *die,* →Blinddarmentzündung.

Appenzell, Land im NO der Schweiz, im Bereich von Alpstein und dessen Vorland bis nahe an den Rhein und Bodensee; heute geteilt in die Kt. A. Innerrhoden und A. Ausserrhoden. Die Grundherrschaft im Gebiet des Dorfes A. hatte die Abtei St. Gallen, im 14. Jh. erwarb sie die Vogteirechte; als die Vogtei zur vollen Landesherrschaft ausgebaut werden sollte, erhoben sich die Landgemeinden 1403–08 gegen die Abtei im **Appenzeller Krieg,** der bis zum Bodensee und ins Allgäu übergriff. 1411 schloss A. ein Bündnis mit der Eidgenossenschaft und wurde 1513 gleichberechtigt in sie aufgenommen. Die der Reformation folgende Gegenreformation führte 1597 zur Spaltung in die heutigen Kantone A. Ausserrhoden und A. Innerrhoden.

Appenzell, Hauptort des Kt. Appenzell Innerrhoden, Schweiz, im Tal der Sitter, an der Appenzeller Bahn, 780 m ü. M., 5 600 Ew.; Kantonsarchiv; Textil- und Möbelindustrie; Fremdenverkehr (Seilbahn, Lifte); Pfarrkirche St. Mauritius (1071), Rathaus (1561–63); charakteristisch sind die z. T. bemalten Holzhäuser.

Appenzell Ausserrhoden, Kanton im NO der Schweiz, 243 km^2, (2005) 52 600 Ew. (überwiegend dt.-sprachig; rd. 50 % ev., rd. 30 % kath.); Hauptort ist Herisau. A. A. ist außer im SO (angrenzend an den Kt. Appenzell Innerrhoden) ganz vom Kt. Sankt Gallen umschlossen und umfasst die Täler der Sitter, Goldach und Urnäsch. In der voralpinen Landschaft bilden die höchsten Erhebungen Hochalp (1 530 m ü. M.) im Hinterland und Gäbris (1 251 m ü. M.) im Mittelland. Etwas mehr als die Hälfte der Kantonsfläche wird landwirtschaftlich genutzt (vorwiegend Viehwirtschaft), rd. ein Drittel ist Wald. Die Entstehung der Textilheimindustrie führte schon früh zu vergleichsweise dichter Besiedlung.

Wirtschaft: Stark landwirtschaftlich geprägter Kt. (Almwirtschaft) mit entwickeltem Dienstleistungssektor. Traditionell hat die Textilindustrie Bedeutung, darunter Stickerei, Seiden- und Baumwollweberei (früher z. T. in Heimarbeit betrieben), in jüngerer Zeit verlor dieser Industriezweig jedoch an Bedeutung. Wichtige Branchen sind Elektronik, Maschinen- und Gerätebau sowie die Holzindustrie. Der Tourismus entwickelte sich zu einem wichtigen Wirtschaftszweig. Die abwechslungsreiche Hügellandschaft ist v. a. während der Sommermonate Ziel eines starken Tages- und Wochenendtourismus. Das Appenzellerland gilt als attraktives Bergwandergebiet und wird

Appenzell Ausserrhoden
Kantonswappen

geschätzt für seine Kurhotels und für die Pflege des heim. Brauchwesens.

Verfassung: Nach der Verf. vom 30.4.1995 (mit Änderungen) übt der Kt.-Rat (65 Abg., für 4 Jahre gewählt; Stimm- und Wahlrecht für Frauen seit 1989) die gesetzgebende und der Reg.-Rat (7 Mitgl.) die vollziehende Gewalt aus. Die →Landsgemeinde wurde 1997 auf Beschluss des Stimmvolkes abgeschafft.

Geschichte: →Appenzell (Land).

Appenzell Innerrhoden Kantonswappen

Appenzell Innerrhoden, Kanton im NO der Schweiz, 173 km², (2005) 15 200 überwiegend deutschsprachige Ew. (rd. 81% kath., rd. 10% ev.); Hauptort ist Appenzell. A.I. wird im S und O vom Kt. Sankt Gallen und im N und W vom Kt. Appenzell Ausserrhoden umschlossen und umfasst das obere Sittergebiet am N-Hang des Alpsteins (Säntis mit 2 503 m ü. M. als höchste Erhebung). Aufgrund des Aufstiegs feuchter Luftmassen am frei stehenden Alpsteinmassiv liegen die jährl. Niederschlagsmengen (von 1 500 mm bis 2 500 mm auf dem Säntis) und die Anzahl der Tage mit Niederschlag (Säntis: 173) vergleichsweise hoch. Die Siedlungsstruktur im Kt. ist durch Streusiedlungen geprägt, die Bev.-Dichte liegt deutlich unter dem schweizer. Durchschnitt.

Wirtschaft: A.I. ist der am stärksten landwirtschaftlich geprägte Kt., auch wenn die Landwirtschaft zugunsten des Dienstleistungsbereichs an Bedeutung verliert. Aufgrund der Höhenlage ist Viehwirtschaft vorherrschend. Wichtige Branchen sind außerdem die Holz- und die Metall verarbeitende Industrie sowie die Elektro- und die traditionell bedeutsame Textilindustrie. Der Tourismus hat sich zu einem wichtigen Wirtschaftszweig entwickelt. Während der Sommermonate ist der Kt. Ziel eines starken Tages- und Wochenendtourismus. Das Appenzellerland gilt als attraktives Bergwandergebiet; Schwebebahnen von der Schwägalp auf den Säntis und von Brüsilau auf den Hohen Kasten; Schaukäsereien.

Verfassung: Nach der Verf. vom 24.12.1872 (mit Änderungen) liegt die gesetzgebende Gewalt bei der →Landsgemeinde und beim Großen Rat. Die jährlich einmal tagende Landsgemeinde (Wahl- und Stimmrecht für Frauen seit 1990) wählt u.a. die Standeskommission (Reg.), entscheidet über Verf.-Änderungen, Gesetze, Initiativbegehren und Finanzreferenden. Der Große Rat (49 auf 4 Jahre gewählte Abg. und die Mitgl. der Standeskommission mit beratender Stimme und Antragsrecht) bereitet Gesetze vor, erlässt Verordnungen und beschließt über das Budget.

Geschichte: →Appenzell (Land).

Apperzeption [lat.] *die, Philosophie, Psychologie:* das klare und bewusste Erfassen eines Erlebnis-, Wahrnehmungs- oder Denkinhalts. Die **reine A. (transzendentale A.)** bei Kant ist die Fähigkeit des Bewusstseins, Begriffe und Anschauungen zur Einheit der Vorstellung eines Gegenstandes zu verknüpfen.

Appetenzverhalten, *Verhaltensphysiologie:* durch ein physiolog. Ungleichgewicht ausgelöstes Verhalten, das der Ausführung der Endhandlung und damit der Beseitigung des Ungleichgewichts dient. Beispiel: Hunger beruht auf einem leeren Magen, die Tiere werden unruhig, schweifen umher, schlagen Beute (Appetenzverhalten) und verzehren sie (Endhandlung).

Appetit [lat. »Verlangen«] *der,* seelisch-körperl. Verlangen nach Nahrungsaufnahme, das durch Hunger, aber auch durch zahlr. andere Einflüsse ausgelöst werden kann. Im Verlauf versch. Krankheiten kann es zu **A.-Steigerung** (z.B. bei Diabetes mellitus), aber auch zu **Appetitlosigkeit** kommen. Auch aus psych. Gründen kann A.-Steigerung (→Fettsucht) oder Appetitlosigkeit (→Anorexie) auftreten.

Appetitzügler, Anorektika, Arzneimittel mit appetitvermindernder Wirkung, die bei Übergewicht eingenommen werden können. Ständiger unkontrollierter Gebrauch führt zu gesundheitl. Schäden.

Appian, lat. **Appianus,** griech. Geschichtsschreiber des 2. Jh. n. Chr. aus Alexandria; unter Mark Aurel kaiserl. Prokurator in Ägypten. Seine in griech. Sprache geschriebene röm. Geschichte reicht von den Anfängen bis ins 2. Jh. n. Chr.

Apple Computer, Inc. [ˈæpl kɔmˈpjuːtər -], amerikan. Computerunternehmen (Hauptgeschäftsfelder: Computer, Unterhaltungselektronik, Betriebssysteme und Anwendungssoftware), gegr. 1976 von Steven Wozniak (*1950) und Steve Jobs (*1955), die einen der ersten Mikrocomputer (»Apple I«) auf den Markt brachten; Sitz: Cupertino (Calif.); Hersteller der PC-Familie »Macintosh« sowie des Betriebssystems »Mac OS«.

Applet [ˈæplɪt, engl.], ein kleines Computerprogramm, das von einem Browser ausgeführt wird; meist in der Programmiersprache Java geschrieben.

Appleton [ˈæpltən], Sir (seit 1941) Edward Victor, engl. Physiker, *Bradford 6.9.1892, †Edinburgh 21.4.1965; erforschte die Ionosphäre und entdeckte dabei die oberhalb der Heaviside-Schicht (heute E-Schicht) gelegene F-Schicht (dafür Nobelpreis für Physik 1947); entwickelte die Radarortung von Flugzeugen mit.

Edward Victor Appleton

Applikation [lat. applicare »anwenden«, »anfügen«] *die,* **1)** *Informatik:* ein Anwendungsprogramm.
2) *Medizin:* Anwendung von Heilmitteln oder -verfahren.
3) *Textiltechnik:* Technik, bei der Stoff- oder Lederteile als Verzierung aufgenäht oder aufgeklebt werden (**A.-Arbeit**).

Applikatur [lat.] *die, Musik:* der →Fingersatz.

Appoggiatura [apɔdˈdʒa-, ital.] *die, Musik:* der →Vorschlag.

Appomattox Court House [æpəˈmætəks kɔːt haʊs], Nationalmonument (seit 1954 histor. Park) in Virginia, USA; ehem. Verw.-Sitz des Appomattox County. Hier kapitulierte am 9.4.1865 R.E. Lee mit den Truppen der Konföderierten vor U.S. Grant (→Sezessionskrieg).

apportieren [frz.], Gegenstände (im Jagdwesen auch Wild) herbeibringen (von einem Hunden).

Apposition [lat. »Zusatz«] *die,* Beisatz, Beiordnung eines erläuternden Satzgliedes. (→Syntax, Übersicht)

Appretur [frz.] *die,* **Ausrüstung,** alle Arbeitsvorgänge oder Verfahren, durch deren Anwendung Textilien besseres Aussehen oder höhere Gebrauchseigenschaften erhalten. Die A.-Mittel werden meist im →Foulard auf- oder eingebracht.

Approbation [lat. »Billigung«] *die,* **1)** *kath. Kirchenrecht:* amtl. Genehmigung, Bestätigung eines Beschlusses der kirchl. Gemeinschaft, Billigung eines Buches; Ermächtigung, z.B. eines Priesters, zur Spendung des Bußsakraments.
2) *Recht:* staatl. Zulassung für die höheren Heilberufe des Arztes, Tierarztes, Zahnarztes, Psychologischen Psychotherapeuten, Kinder- und Jugendlichenpsychotherapeuten und Apothekers. Die Voraussetzungen ihrer Erteilung, ihres Erlöschens und ihrer Rücknahme bestimmen sich für Ärzte nach der Bun-

desärzteordnung i. d. F. v. 16. 4. 1987 und der A.-Ordnung vom 27. 6. 2002, für Zahnärzte nach dem Ges. über die Ausübung der Zahnheilkunde i. d. F. v. 16. 4. 1987 und der A.-Ordnung für Zahnärzte vom 26. 1. 1955, für Apotheker nach der Bundesapothekerordnung i. d. F. v. 19. 7. 1989 und der A.-Ordnung vom 19. 7. 1989, für Tierärzte nach der Bundestierärzteordnung i. d. F. v. 20. 11. 1981 und der A.-Ordnung vom 10. 11. 1999. In der Bundesärzteordnung und entsprechenden Vorschriften für andere Heilberufe sind Bestimmungen über die Anerkennung von ärztl. Diplomen und sonstigen Befähigungsnachweisen aus Mitgl.staaten der EU enthalten. Ähnl. Bestimmungen gelten für *Österreich* und die *Schweiz.*

Approximation [lat.] *die, Mathematik:* →Näherung.

APRA, polit. Bewegung in Lateinamerika, →Alianza Popular Revolucionaria Americana.

Apraxie [griech.] *die,* durch Hirnschädigung bedingte Unfähigkeit, gezielte Bewegungen auszuführen, trotz Intaktheit von Muskeln und Nerven.

a. p. R. c., Abk. für lat. **a**nno **p**ost **R**omam **c**onditam, im Jahre nach der Gründung Roms (753 v. Chr.).

Aprikose [niederländ. abrikoos, über span. und arab., aus lat. praecoquus »frühreif«] *die,* **Marille, Prunus armeniaca,** Steinobst, ein Rosengewächs, blüht im März/April (weiß bis rosa, fast stiellos); die orangegelbe Frucht ist säuerlich-süß.

April, der 4. Monat des Jahres, 30 Tage; Sinnbild des Wetterwendischen (A.-Wetter, A.-Schauer). – Alter dt. Name: **Ostermond.** – Der erste A. gilt als Geburts- oder Todestag von Judas, daher als Unglückstag. Der Brauch, jemanden »in den A. zu schicken«, d. h., ihn zu foppen (**A.-Scherz**), ist in den meisten Ländern Europas, auch in den USA, in Dtl. seit dem 17. Jh. bezeugt.

Aprilthesen, von Lenin nach seiner Rückkehr aus dem Exil am 17. 4. 1917 in Petrograd (heute Sankt Petersburg) verkündetes Aktionsprogramm für die Bolschewiki; forderte unter der Losung »Alle Macht den Sowjets« u. a. die Errichtung einer Sowjetrepublik, die Verstaatlichung von Boden und Banken, die Aufsicht der Arbeiter über Produktion und Verteilung der Güter sowie die sofortige Beendigung des Krieges von russ. Seite. Die Bolschewiki sollten die allein entscheidende Kraft in Russland werden.

a prima vista [ital. »auf den ersten Blick«], **a vista,** vom Blatt spielen oder singen, d. h. ohne vorheriges Üben oder Proben.

a priori [lat. »vom Früheren her«], **apriorisch,** Grundbegriff der Logik und Erkenntnistheorie. Er bezeichnet eine Erkenntnis oder Beweismethode, die aus in sich gegründeter Einsicht geschieht. Aprior. Erkenntnis gilt nach I. Kant unabhängig von der Erfahrung (aus bloßen Vernunftgründen), z. B. Sätze der Mathematik.

Apriorismus *der,* philosoph. Lehre, die eine Erkenntnis a priori für möglich hält, v. a. Idealismus und Rationalismus (→angeborene Ideen); auch in krit. Sinn vom Empirismus zur Kennzeichnung aller Richtungen gebraucht, die von Existenz und Erkennbarkeit erfahrungsunabhängiger Wahrheiten ausgehen.

Apscheron, Halbinsel am W-Ufer des Kasp. Meeres, in Aserbaidschan; Erdölförderung (auch vor der Küste) bei Baku.

Apsiden [griech.], die beiden Punkte der ellipt. Bahn eines Himmelskörpers, in denen dieser dem Zentralkörper (Gravitationszentrum) am nächsten oder am fernsten ist; bei der Erdbahn **Perihel** (Sonnennähe) und **Aphel** (Sonnenferne), bei der Mondbahn und den Bahnen künstl. Erdsatelliten **Perigäum** (Erdnähe) und **Apogäum** (Erdferne), bei Doppelsternbahnen **Periastron** (Sternnähe) und **Apastron** (Sternferne).

Apsis [griech. »Bogen«, »Wölbung«] *die,* **Apside,** halbrunder, später auch vielseitiger, meist mit einer Halbkuppel überwölbter Raumteil; im frühchristl. und roman. Kirchenbau der Chorabschluss des Langhauses, oft mit kleineren Neben-A. an den Kreuzarmen oder am Chorumgang.

Apterygota [griech.], die →Urinsekten.

Apuleius, Lucius, röm. Schriftsteller, * Madaura (Numidien) um 125 n. Chr., † zw. 161 und 180; schrieb den Roman »Metamorphosen« (auch u. d. T. »Der goldene Esel«), der die Abenteuer eines in einen Esel verwandelten Mannes und seine Erlösung durch die Göttin Isis behandelt. In die Handlung sind zahlr. Novellen eingeflochten, darunter die Erzählung über die Liebe von »Amor und Psyche«, die von Amors Mutter Venus zunächst grausam verfolgt wird. Die Schriften »Über den Geist des Sokrates« und »Über Platon und seine Lehre« wurden zu einer Hauptquelle des Platonismus.

Apuli|en, ital. Puglia, Landschaft in SO-Italien, als Region 19 362 km², 4,04 Mio. Ew.; Hptst. ist Bari. A. besteht aus einer trockenen, fast siedlungsleeren Kalkhochfläche im Innern (Schafweide) und den fruchtbaren Küstenebenen mit Getreide-, Wein-, Mandel- und Olivenbau. Wichtige städt. Zentren sind neben den Hafenstädten Bari, Brindisi und Tarent noch Foggia und Lecce im Landesinneren. – A. war seit dem 4./3. Jh. v. Chr. römisch, wurde im 6. Jh. n. Chr. z. T. langobardisch (Herzogtum Benevent), der S blieb byzantinisch, 1059 wurde A. von den Normannen erobert und als Herzogtum A. päpstl. Lehen, 1130 Teil des Königreichs Sizilien (Blüte unter den Staufern seit 1189), teilte seit 1282 die Geschichte des Königreichs Neapel.

Apure *der,* **Río A.,** linker Nebenfluss des Orinoco in Venezuela, 1 600 km lang, entspringt in der Kordillere von Mérida, mündet unterhalb von San Fernando de Apure.

Apurímac *der,* **Río A.,** linker Quellfluss des Ucayali in Peru, entspringt in der südl. Westkordillere, rund 900 km lang.

Apus [griech. »ohne Fuß«], das Sternbild →Paradiesvogel.

AQL [Abk. für engl. **a**cceptable **q**uality **l**evel], **annehmbare Qualitätsgrenzlage,** Wert für den maxima-

Aprikose: Blüte und ganze Frucht (oben); Blätter und Frucht im Längsschnitt (unten)

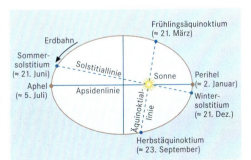

Apsiden: Schematische Darstellung von Perihel (Sonnennähe) und Aphel (Sonnenferne) der Erdbahn um die Sonne; die Datumsangaben beziehen sich (näherungsweise) auf die Zeitpunkte, zu denen die Erde auf ihrer Jahresbahn in den markierten Punkten steht.

Aquädukt: Pont du Gard, Aquädukt über den Fluss Gard zwischen Nîmes und Avignon (Anfang 1. Jh. n. Chr.)

len Prozentsatz fehlerhafter Teile in einer Lieferung, der vom Kunden entsprechend den Lieferbedingungen noch akzeptiert wird.

Aqtöbe, Stadt in Kasachstan, →Aktjubinsk.

Aquädukt [lat. »Wasserleitung«] *der*, brückenartiges Steinbauwerk zur Überführung von Freispiegelwasserleitungen mit natürl. Gefälle über Täler oder andere Bodenunebenheiten. Großartige A. wurden für die Versorgung Roms in der Campagna gebaut (der erste 312 v. Chr. von Appius Claudius; um 110 n. Chr. gab es zehn A. von insges. 450 km Länge); antike A. ferner in Frankreich (Pont du Gard bei Nîmes) u. a. Ländern.

Aquae [lat. »Quellen«], röm. Name vieler Badeorte, z. B. **A.** (Baden bei Wien), **A. Aureliae** (Baden-Baden), **A. Granni** (Aachen), **A. Mattiacorum** (Wiesbaden), **A. Sextiae** (Aix-en-Provence).

Aquakultur, planmäßige Bewirtschaftung und Nutzung von Wasserflächen (Meer, Seen, Flüsse) unter Anwendung von biolog. und techn. Erkenntnissen mit dem Ziel dauerhafter Erträge von Algen, Muscheln, Schnecken, Krebsen, Fischen u. a. Wasserorganismen.

Aquamanile [zu lat. aqua »Wasser« und manus »Hand«] *das, kath. Kirche:* Gießgefäß und Schüssel zum Händewaschen beim Hochamt des Bischofs; im MA. oft in Form eines Tieres (Löwe, Drache) aus Silber, Bronze oder Messing gebildet; urspr. nur Bez. für die Schüssel, in der das Wasser aufgefangen wurde.

Aquamarin [lat.] *der*, Mineral, →Beryll.

Aquaplaning [engl., zu lat. aqua »Wasser« und engl. to plane »gleiten«] *das,* **Wasserglätte,** Gleiten eines Autoreifens über einen Wasserfilm, verbunden mit dem Verlust der Antriebs-, Brems- und Lenkkräfte; kann bei nasser Straße, hoher Geschwindigkeit und geringer Profiltiefe eintreten.

Aquaporine, eine Gruppe von Proteinen, die einen Wasser leitenden Kanal durch die Zelloberfläche bilden; sie finden sich in der Zellmembran vieler Bak-

Aquaplaning: Bei einer Fahrgeschwindigkeit von 60 km/h wird das Wasser abgeleitet, der Bodenkontakt mit voller Reifenaufstandsfläche bleibt erhalten (**oben**); bei einer Fahrgeschwindigkeit von 125 km/h schiebt sich ein Wasserkeil unter den Reifen, der Bodenkontakt geht verloren (**unten**).

terien, Pflanzen und Tiere und verhindern, dass die Zellen z. B. bei einer Änderung der Salzkonzentration in der Umgebung platzen (→Osmose). Beim Menschen regulieren A. (über zehn Varianten sind bekannt) u. a. den Wasserhaushalt in der Niere, in den roten Blutkörperchen, in der Augenlinse und im Gehirn. Ihre Struktur hatte Ende der 1980er-Jahre der amerikan. Chemiker P. Agre gefunden, der dafür 2003 den Chemienobelpreis erhielt.

Aquarellmalerei [ital.], Malerei mit Wasserfarben, die aus feinsten Pigmenten, Pflanzenleim oder Dextrin und Netz- und Feuchthaltemitteln bestehen. A. lässt im Unterschied zur →Gouachemalerei den Malgrund durchscheinen. Beim Aquarell legt man das Bild meist erst in leichten Farbtönen an und übermalt diese, sobald sie getrocknet sind, mit stärkeren Farben. Weiße Stellen werden vom Malgrund ausgespart. In neuerer Zeit wird auch ohne Untertuschung mit nass ineinander verfließenden Farben gemalt. – Mit **Aquarellfarben** malten schon die alten Ägypter. Die Buchmaler des MA. bevorzugten Deckfarben, die auch im 16. Jh. neben Aquarellfarben verwendet wurden. Im 19. Jh. war die A. bes. in England beliebt, bei den dt. Romantikern die aquarellierte Zeichnung. Im 20. Jh. entwickelte sich bes. bei den Expressionisten (E. Nolde, C. Rohlfs, K. Schmidt-Rottluff, A. Macke u. a.) ein neuer Stil der A. Herausragende Werke des 20. Jh. u. a. von P. Klee, M. Chagall, O. Kokoschka und L. Feininger.

Aquarellmalerei: August Macke, »Markt in Tunis I« (1914; Münster, Westfälisches Landesmuseum)

Aquarium [lat.] *das,* Behälter zur Züchtung und Haltung von Wassertieren und -pflanzen. Ein **Süßwasser-A.,** als **Kalt-** oder **Warmwasser-A.** (mit Heizung für trop. Zierfische) eingerichtet, hat meist Kiesboden, der mit sauberem Flusssand 3 cm hoch überschichtet ist. Für die Wasserpflanzen ist eine mäßige Beleuchtung erforderlich. Als **Aquarienpflanzen** eignen sich z. B. von wurzelnden Unterwasserpflanzen: Hornkraut, Quellmoos, Wasserpest; von frei schwimmenden Pflanzen: Froschbiss, Wasserlinse und die tiefangenden Pflanzen Wasserfalle und Wasserschlauch. Als **Aquarientiere** werden Würmer, Moostierchen, Muscheln, Krebse und Insekten gehalten, von einheim. Fischen z. B. Bitterling, Elritze, Gründling, Stichling, von fremdländischen z. B. Buntbarsch, Labyrinthfisch, Sonnenbarsch, Zahnkarpfen. – Im **Meerwasser-A.** bzw. **Seewasser-A.** verwendet man dem Meer entnommenes Wasser oder Leitungswasser, dem bestimmte chem. Substanzen zugesetzt werden. Im Meerwasser-A. lassen sich z. B. Seerosen, Einsiedlerkrebse, Seesterne, Seeigel und Korallenfische, jedoch nur wenige Meerespflanzen halten.

Aquarius [lat.], das Sternbild → Wassermann.

Aquatinta [lat.-ital. »gefärbtes Wasser«] *die*, graf. Tiefdruckverfahren, bei dem auf die Kupferplatte nach dem Einritzen der Zeichnung gleichmäßig säurefeste Staubkörner (z. B. Kolophonium) aufgetragen und durch Erhitzen körnig angeschmolzen werden, sodass die Säure die Kupferplatte nur punktförmig angreift; eignet sich für die Herstellung großer, gleichmäßiger Flächen (F. Goya, M. Klinger).

Äquator [lat. »Gleichmacher«] *der*, 1) *Astronomie:* Himmels-Ä., Schnittlinie der Ebene des Erd-Ä. mit der Himmelskugel. Er steht senkrecht auf der Himmelsachse und teilt den Himmel in die nördl. und die südl. Halbkugel. Eine Hälfte des Himmels-Ä. befindet sich über dem Horizont, die andere darunter. Steht die Sonne im Ä., herrscht Tagundnachtgleiche (→Äquinoktium). Die Ä.-Höhe ist der Winkel zw. der Ä.-Ebene und dem Horizont.
2) *Geografie:* Erd-Ä., der größte Breitenkreis (→Breite) des Erdellipsoids oder der Erdkugel (→Erde), dessen Ebene auf der Erdachse senkrecht steht und von den Erdpolen einen Winkelabstand von 90° hat, teilt die Erde in die Nord- und Südhälfte. Er wird von den →Meridianen senkrecht geschnitten und in Längengrade (→Länge) geteilt. Seine Länge beträgt rd. 40 075 km.
3) *Geophysik:* erdmagnet. Ä., Akline, Linie auf der Erdoberfläche, die Punkte mit der Inklination null des erdmagnet. Feldes (→Erdmagnetismus) verbindet; steht senkrecht auf der magnet. Achse der Erde.
4) *Meteorologie:* 1) **therm. Ä.** (Wärme-Ä.), breitenkreisähnl. Linie, die Orte mit den durchschnittlich höchsten Temperaturen der Erde verbindet, liegt größtenteils nördlich des Erd-Ä.; 2) **meteorolog. Ä.**, Konvergenzzone des NO- und SO-Passats, Grenzlinie zw. der nord- und südhemisphär. →Zirkulation der Atmosphäre.

Äquatorialguinea [-gineːa], amtlich span. **República de Guinea Ecuatorial**, dt. **Republik Ä.,** Staat in Westafrika, am Golf von Guinea, grenzt im N an Kamerun, im O und S an Gabun; umfasst die Inseln Bioko (früher Fernando Póo) vor der Küste Kameruns und Pagalu (Annobón) 400 km vor der Küste Gabuns sowie das zw. Kamerun und Gabun gelegene festländ. Mbini (Río Muni) mit den Elobey-Inseln und der Insel Corisco.

Staat und Recht

Nach der Verf. vom 4. 12. 1991 (mehrfach, zuletzt 2003, modifiziert) ist Ä. eine präsidiale Rep. Staatsoberhaupt, Oberbefehlshaber der Streitkräfte und oberster Inhaber der Exekutive ist der mit weitgehenden Vollmachten ausgestattete Präs. (auf 7 Jahre direkt gewählt; unbegrenzte Wiederwahl möglich). Die

Äquatorialguinea

Fläche: 28 051 km²
Einwohner: (2006) 515 000
Hauptstadt: Malabo
Verwaltungsgliederung: 7 Provinzen
Amtssprachen: Spanisch und Französisch
Nationalfeiertag: 12. 10.
Währung: 1 CFA-Franc
Zeitzone: MEZ

Flagge

Wappen

Legislative liegt bei der Nationalversammlung (100 Abg., für 5 Jahre gewählt), Exekutivorgan ist die Reg. unter Vorsitz des Min.-Präs. (vom Präs. ernannt). – Einflussreichste Partei im 1992 eingeführten Mehrparteiensystem ist die Demokrat. Partei Ä.s (PDGE). Daneben spielen ein Acht-Parteien-Bündnis (bestehend u. a. aus Allianz für Demokratie und Fortschritt [ADP], Liberaldemokrat. Konvention [CLDJ] sowie versch. Oppositionsparteien (z. B. Sozialdemokrat. Vereinigung [CPDS]) eine Rolle.

Landesnatur

Der festländ. Landesteil umfasst eine breite Küstenebene, die nach O zu einem Bergland (bis 1 200 m ü. M.) ansteigt. Die Inseln im Golf von Guinea gehören zur Vulkankette der Kamerunlinie, die auf Bioko auf über 3 000 m ü. M. ansteigt. Ä. besitzt äquatoriales Regenklima mit hohen Temperaturen und hoher Luftfeuchtigkeit. Trop. Regenwald ist weit verbreitet; an den Küsten Mangroven.

Bevölkerung

Die Bev. setzt sich aus versch. Bantuvölkern (z. B. Fang auf dem Festland und Bubi auf Bioko) zusammen; über 90 % sind Christen (fast ausschließlich Katholiken), daneben Anhänger traditioneller afrikan. Religionen. Es besteht allg. Schulpflicht vom 6. bis 14. Lebensjahr. Die Alphabetisierungsrate (2006) wird auf 87 % (alle über 15 Jahre) bzw. 95 % (15- bis 24-Jährige) geschätzt.

Wirtschaft und Verkehr

Ä. gehört zu den ärmsten Staaten Afrikas. Grundlage der Wirtschaft bildet die 1992 begonnene Erdölförderung, daneben dominieren der Anbau von Kakao und Kaffee (v. a. auf Bioko) sowie die Gewinnung von trop. Edelhölzern (Mahagoni, Eben-, Teak- und Okouméholz) in Mbini. Weitere Anbauprodukte sind Maniok, Bataten, Bananen und Kokosnüsse; Ölbaumkulturen v. a. an der Küste von Mbini. Auf dem Festland wird Gold abgebaut. – Exportiert werden Erdöl, Kakao und trop. Hölzer, importiert v. a. Nahrungsmittel,

Äquatorialguinea: Mangrovenküste bei Malabo

Maschinen und Fahrzeuge, bearbeitete Erzeugnisse (z. B. Eisen, Stahl, Metallwaren) sowie chem. Erzeugnisse. Wichtigster Handelspartner sind die USA, Spanien, Frankreich, Kamerun und China.

Eisenbahnen fehlen (bis auf eine Werkbahn für den Holztransport). Das Straßennetz hat eine Gesamtlänge von rd. 2800 km, davon sind 20 % befestigt. Wichtigste Seehäfen sind Malabo und Luba auf Bioko sowie Bata auf dem Festland; internat. Flughäfen haben Malabo und Bata.

Geschichte

Schon vor 8000 Jahren lebten die Buschleute (San) als Sammler und Kleintierjäger in den dichten Regenwäldern. Ab 1000 n. Chr. wanderten Bantus ein, die von Wanderackerbau und Viehzucht lebten. 1778 traten die Portugiesen die Inseln, die sie 1469 entdeckt hatten, sowie die dahinterliegende Festlandszone (heute Kamerun, Ä., Gabun) an Spanien ab. Fernando Póo und Río Muni (seit 1900 im heutigen Umfang spanisch) wurden 1968 als Ä. unabhängig. Gestützt auf ihm ergebene polit. Organisationen, errichtete Staatspräs. F. Macías Nguema ein Terrorregime. 1979 wurde er durch einen Putsch gestürzt und später hingerichtet. Seitdem führt General T. Obiang Nguema Mbasogo als Staatspräs. – seit 1992 im Rahmen eines Mehrparteiensystems – das Land (1989, 1996 und 2002 im Amt bestätigt). Im Kontrast zu den formal demokrat. Herrschaftsstrukturen seit 1991 trägt das Reg.-System Mbasogos jedoch diktator. Züge. In einer »Plattform« vereinigte Opposition rief bei den Parlamentswahlen von 1993, bei der die PDGE fast alle Mandate gewann, zum Wahlboykott auf. Die absolute Mehrheit sicherte sich die PDGE auch bei den von der Opposition als Farce bezeichneten Parlamentswahlen 1999. Nach den Parlamentswahlen 2004, die nach Einschätzung von Beobachtern relativ demokratisch verliefen, verfügt die Opposition nur über zwei Sitze im Parlament. Die Beziehungen zur ehem. Kolonialmacht Spanien sind gespannt, da zahlr. Oppositionelle im span. Exil leben.

Äquatorialprojektion, Abbildungsform bei →Kartennetzentwürfen.

Äquatorialströme, Meeresströmungen im →Atlantischen Ozean, →Indischen Ozean und →Pazifischen Ozean.

Äquatortaufe, Linientaufe, seemänn. Brauch, nach dem Mitgl. der Schiffsbesatzung, die erstmalig den Äquator passieren, in derber Form für ihren Übertritt auf die südl. Erdhalbkugel »gereinigt« werden; heute auch auf Passagiere ausgedehnt.

à quatre [aˈkatr, frz.], zu vieren; *Musik:* **à quatre mains,** vierhändig; **à quatre parties,** vierstimmig.

Aquavit [lat. aqua vitae »Lebenswasser«] *der,* mit Kümmel u. a. Gewürzen aromatisierter Branntwein (mindestens 38 Vol.-% Alkohol).

Äquer, mittelitalisches Bergvolk, das im Altertum östlich von Latium siedelte, 304 v. Chr. von den Römern unterworfen.

Äquidensiten [lat.], Linien oder Flächen gleicher Schwärzung (Dichte) oder Helligkeit in fotograf. Negativen.

Aquifer [lat.] *der,* **Grundwasserleiter,** ein Gesteinskörper, der Grundwasser enthält und geeignet ist, es weiterzuleiten.

Aquila, lat. Bez. des Sternbilds →Adler.

Aquila degli Abruzzi [- ˈdeʎi -], Stadt in Italien, →L'Aquila.

Aquileja, ital. **Aquileia,** Gem. in Friaul-Julisch Venetien, Prov. Udine, Italien, im Isonzodelta, 9 km von der Adria, 3500 Ew.; Fremdenverkehr. – Reste röm. Bauten, roman. Basilika mit frühchristl. Mosaikfußboden, karoling. Krypta (gehören zum UNESCO-Weltkulturerbe). – 181 v. Chr. als röm. Kolonie gegr., in der Kaiserzeit eine der größten Städte Italiens, 452 n. Chr. durch Attila zerstört. Mitte des 6. Jh. wurde A. Sitz eines Patriarchen, der beim Langobardeneinfall 568 nach Grado übersiedelte. So entstanden zwei (1180 von Rom anerkannte) Patriarchate, Alt- und Neu-A. Seit 1421 gehörte A. zu Venedig. Das Patriarchat Alt-A. war für die kaiserl. Italienpolitik von großer Bedeutung. Es verlor 1445 seine weltl. Herrschaft; 1751 von Papst Benedikt XIV. aufgelöst.

Äquilibration [lat. »gleiche Abwägung«] *die, Entwicklungspsychologie:* nach J. Piaget der Prozess der Herstellung eines Gleichgewichtes zw. in Wechselwirkung stehenden Grundfunktionen des Denkens. Durch den Prozess der Ä. werden auftretende Widersprüche und Konflikte im kindl. Denken gelöst und führen zur Ausbildung von neuen Denkstrukturen. Die Ä.-Theorie beschreibt kognitive Entwicklung als aktive Auseinandersetzung des Kindes mit der Umwelt und führt den Entwicklungsfortschritt neben den Einflüssen der Erfahrung auch auf die Eigenleistung des Kindes in der Herausbildung neuer Denkstrukturen zurück.

Äquilibrist [zu lat. aequilibrium »Gleichgewicht«] *der,* **Equilibrist,** Artist, der die Kunst des Gleichgewichthaltens beherrscht (v. a. Seiltänzer).

Aquincum, röm. Legionslager und Siedlung am pannon. Limes auf dem Gebiet des heutigen Budapest. Im 2. und 3. Jh. n. Chr. war A. Hauptstadt der Prov. Pannonia inferior; erhalten sind röm. Baureste.

Aquino, Stadt in Latium, Prov. Frosinone, Italien, 5400 Ew. Auf der nahen Burg Roccasecca wurde Thomas von Aquin geboren.

Äquinoktialstürme, regelmäßig zur Zeit der Äquinoktien (Tagundnachtgleichen) v. a. in den Subtropen auftretende Stürme.

Äquinoktium [lat.] *das,* Zeitpunkt der **Tagundnachtgleiche,** am Frühlingsanfang um den 21. März (Frühlings-Ä.) und am Herbstanfang um den 23. September (Herbst-Ä.). Die Sonne steht dann im Himmelsäquator und geht um 6 Uhr Ortszeit auf, um 18 Uhr unter. Die beiden Punkte, an denen sich die Sonne zur Zeit der Tagundnachtgleichen befindet, heißen **Äquinoktialpunkte** (Frühlings- oder Widderpunkt und Herbst- oder Waagepunkt).

Äquipotenzialfläche, in einem physikal. Feld Flächen gleichen Potenzials.

Aquitani|en, histor. Landschaft und Region in SW-Frankreich, 41 309 km², 3,072 Mio. Ew.; Hptst.: Bordeaux. Die Region umfasst den Kernraum des Aquitan. Beckens, einer Hügellandschaft im Einzugsgebiet von Garonne und Dordogne, und der westl. Pyrenäen. Angebaut werden v. a. Getreide, Gemüse, Tabak und Obst; das Bordelais ist das größte frz. Weinbaugebiet. Erdgasvorkommen bei Lacq; nach dem Zweiten Weltkrieg Ausbau der Ind.: Erdölraffinerien, chem., Aluminiumind., Flugzeug- und Schiffbau u. a. An der Dünenküste bed. Fremdenverkehr. – Im alten Gallien das Land zw. den Pyrenäen, der Garonne und dem Atlantik. Die röm. Provinz A. reichte bis zur Loire. 418 kam A. an die Westgoten, 507 an die Franken. Die Grafen von Poitou wurden um 950 Herzöge von A.; dieses Herzogtum fiel 1152 (mit der Heirat Elenores von A. mit Heinrich Plantagenet) an das Haus →Anjou und damit 1154 an England. Der N (Poitou) war seit 1224 meist unter frz. Herrschaft (für das engl. A. galt seitdem der Name **Guyenne**). 1453 wurde A. mit Frankreich vereinigt.

Äquivalent [lat.] *das,* **1)** *allg.:* Gegenwert, vollwertiger Ersatz.
2) *Chemie:* 1) Ä.-Teilchen, gedachter Bruchteil $1/z$ eines Teilchens (Atom, Ion, Molekül), wobei z ganzzahlig ist und die stöchiometr. Wertigkeit darstellt; 2) elektrochem. Ä. (→faradaysche Gesetze).
3) *Physik:* 1) mechan. Wärme-Ä.; 2) elektr. Wärme-Ä. (→Wärme).

Äquivalentdosis, Strahlenschutz: →Dosis.

Äquivalentkonzentration, Stoffmengenkonzentration der Äquivalente, früher **Normalität,** *Chemie:* Formelzeichen c_{eq}, SI-Einheit ist mol/m³ (häufig wird auch mol/l verwendet); der Quotient aus der Äquivalentmenge n_{eq} eines gelösten Stoffes und dem Volumen V der Lösung, $c_{eq} = n_{eq}/V$. Die Äquivalentmenge ist das Produkt aus Stoffmenge n und Wertigkeit z des gelösten Stoffes. Ist ein Stoff einwertig, so ist die Ä. gleich der Stoffmengenkonzentration.

Äquivalentmasse, relative Ä., veraltet **Äquivalentgewicht,** der Quotient aus der relativen Masse eines Stoffteilchens (Atom, Ion, Molekül) und der Wertigkeit, mit der es in einer bestimmten Verbindung auftritt.

Äquivalenz [lat.] *die,* **1)** *allg.:* Gleichwertigkeit, Entsprechung.
2) *Digitaltechnik:* Verknüpfungsfunktion der →Schaltalgebra.
3) *Logik:* →Bedingung.
4) *Physik:* 1) Ä. von Masse und Energie, **Masse-Energie-Ä., einsteinsches Gesetz,** von A. Einstein 1905 in der speziellen Relativitätstheorie aufgestellte Beziehung über die Gleichwertigkeit von Ruhemasse m_0 und Energie E, $E = m_0 c^2$ (c Lichtgeschwindigkeit).
2) Ä. von träger und schwerer Masse (→Eötvös, →Relativitätstheorie). 3) Ä.-Prinzip, das Relativitätsprinzip über die Gleichwertigkeit von Koordinatensystemen (→Relativitätstheorie).
5) *Psychologie:* die Gleichwertigkeit von einander ähnl. Reizen, die einander ersetzen und gleichartige Reaktionen hervorrufen können; auch von gleich gebauten Testaufgaben, die zur Prüfung der →Reliabilität auf dasselbe Merkmal ausgerichtet sind.

Äquivalenzprinzip, Grundsatz in der Rechts- und der Finanzwiss., wonach zw. dem Wert einzelner Leistungen der öffentl. Verwaltung und der dafür geforderten Gebühr ein ausgewogenes Verhältnis bestehen muss. (→Kostendeckungsprinzip)

Äquivalenztheorie, *Recht:* →Verursachung.

Äquivokation [lat.] *die,* Mehrdeutigkeit gleichlautender (**äquivoker**) Begriffe, z. B. Feder (Schreibfeder, Vogelfeder).

Ar, 1) chem. Symbol für →Argon.
2) [lat. area »Fläche«], Einheitenzeichen **a,** gesetzl. Einheit zur Angabe der Fläche von Grund- und Flurstücken: 1 a = 100 m².

AR, *Astronomie:* Abk. für lat. **a**scensio **r**ecta, →Rektaszension.

Ara [indian.] *der,* Gattung bis 1 m großer, langschwänziger, in den trop. Regenwäldern Mittel- und Südamerikas lebender Papageien, z. B. der **Gelbbrust-A.** (**Ararauna,** *A. ararauna*) und der **Hellrote A.** (*A. macao*).

Ara [lat.], das Sternbild →Altar.

Ära [lat.] *die,* **1) Zeitrechnung,** auch **Jahrrechnung,** die Reihenfolge der von einer bestimmten Epoche an gezählten Jahre; Zeitalter. Den Anfangspunkt einer Ä. bildet ein Epochentag (Epoche), gewöhnlich durch ein wichtiges geschichtl. Ereignis gekennzeichnet, nach dem die Ä. benannt wird. Jede Ä. setzt das Vorhandensein des astronom. Jahresbegriffs, sei es eines Sonnen- oder eines Mondjahres, voraus, ferner ein Geschichtsbewusstsein, ohne das kein Bedürfnis nach der Festlegung einer Ä. besteht (→Chronologie, →Kalender).

Die wichtigsten der noch gebräuchl. Ären sind: 1) die **christliche Ä.,** die nach Jahren seit Christi Geburt

Ara: Gelbbrust-Ara

rechnet; im 6. Jh. durch den röm. Mönch Dionysius Exiguus zum ersten Mal angewendet, durch Beda im 8. Jh. in die Historiografie eingeführt, für die vorchristl. Geschichte erst im 18. Jh. üblich geworden, erlangte im Verlauf der Neuzeit auch über den abendländisch-christl. Kulturkreis hinaus nahezu weltweit Verbreitung; 2) die **jüd. Welt-Ä.**, von den Juden seit dem 11. Jh. gebraucht, in Israel neuerdings auch zur offiziellen Paralleldatierung; Anfang: 7. 10. 3761 v. Chr. (nach jüd. Quellen die Erschaffung der Welt); 3) die **muslim. Ä. (Ä. der Hidjra)**, beginnt mit der Flucht des Propheten am 16. 7. 622 n. Chr., weist zahlr. Ungenauigkeiten auf, ist deshalb im 20. Jh. durch den gregorian. Kalender ersetzt worden; 4) die **buddhist. Ä. (Nirvana)**, als ihr Anfang gilt das Todesjahr Buddhas (meist 483 v. Chr. angesetzt); 5) die **jap. Ä. (Nengō)**, wurde erstmals nach chin. Vorbild unter Kaiser Kotoku (645–654 n. Chr.) verwendet, blieb auch nach Einführung des gregorian. Kalenders 1872 grundlegend für histor. Datierung (Jahreszählung gemäß den kaiserl. Regierungszeiten mit vom Kaiser festgelegten Jahresdevisen, Nengō).
2) *Geologie:* →Erdzeitalter.

Araber, urspr. nur die semit. Stämme der Arab. Halbinsel, heute alle, die Arabisch als Muttersprache sprechen (über 230 Mio.). In Afrika liegt ihr zahlenmäßiges Schwergewicht (abgesehen von den über 40 Mio. Arabisch sprechenden Ägyptern) in den Staaten des Maghreb bis nach Mauretanien. Die A. gehören im Bereich der Arab. Halbinsel ausschließlich, in den anderen Gebieten größtenteils dem Islam an. – Je nach Lebensraum und Wirtschaftsform waren die A. von alters her Nomaden (→Beduinen), Bauern (→Fellachen) mit hoch entwickelter Bewässerungstechnik sowie Handwerker und v. a. Händler, die zw. Asien, Afrika und Europa Handel trieben. – Nach einer verbreiteten Ansicht ist die Arab. Halbinsel die urspr. Heimat der A. Seit dem 7. Jh. n. Chr. haben die A. mit der Ausbreitung des Islam ihre heutige Ausdehnung erlangt. Über die Bestrebungen der A., über sprachl. und kulturelle Gemeinsamkeiten hinaus auch zu einer polit. Zusammenarbeit zu finden, →Arabische Liga, →panarabische Bewegung.

Arabeske [frz. aus ital.] *die,* 1) *Dekorationskunst:* stilisiertes Blattrankenornament in der islam. Kunst. Die A. entwickelte sich aus dem hellenistisch-röm. Rankenornament. Im 16. Jh. kam sie mit der maur. Kunst nach Europa und wurde dort zur →Maureske umgebildet.
2) *Musik:* Charakterstück, meist für Klavier, mit reich verzierter Melodik.

Arabesque [ara'bɛsk, frz.] *die,* eine Grundhaltung im klass. Tanz mit gestrecktem Standbein und um 90° gestreckt nach hinten gehobenem Spielbein.

Arabi|en, im histor. und polit. Sinn gebrauchtes Synonym für →Arabische Halbinsel.

Arabinose *die,* eine Zuckerart, →Zucker.

arabische Bewegung, →panarabische Bewegung.

Arabische Emirate, Föderation am Pers. Golf, →Vereinigte Arabische Emirate.

Arabische Halbinsel, Arabien, arab. **Djesirat el-Arab,** pers. und türk. **Arabistan,** die westlichste der drei großen südasiat. Halbinseln, rd. 3,5 Mio. km², fast ausschl. von →Arabern bewohnt. Staatlich gliedert sie sich in Saudi-Arabien, Jemen, Oman, die Vereinigten Arab. Emirate, Katar, Kuwait. Im N haben Irak und Jordanien Anteil; im Pers. Golf vorgelagert liegt Bahrain.

Landesnatur: Die A. H. ist von Afrika durch das Rote Meer, von den anatolisch-iran. Faltenketten durch eine lang gestreckte Senkungszone (Pers. Golf–Mesopotamien) getrennt. Im S ist sie am stärksten herausgehoben (bis 3760 m ü. M.) und bricht steil zum Roten Meer ab. Nach NO zu dacht sie sich langsam ab; auflagernde Sedimente bilden hier ein Schichtstufenland. Große Senken und Mulden der zentralen A. H. sind Sandwüste, v. a. die Wüste Nefud im NW und die Große Arab. Wüste (Rub al-Chali) im SO. Weit verbreitet sind eintönige Basaltblockfelder jungvulkan. Ergüsse. Klimatisch gehört die A. H. zum Trockengürtel der Alten Welt. Nur der N und die Gebirge von Oman erhalten (nach O zu abnehmend) spärl. Winterregen, der S (Jemen) etwas reichlichere Sommerregen; an den Küsten hohe Luftfeuchtigkeit. Im Inneren sind die Wärmeschwankungen zw. Sommer und Winter sowie zw. Tag und Nacht erheblich. Die A. H. ist sehr dünn besiedelt. Ihre wirtsch. Bedeutung liegt in dem Reichtum an Erdöllagerstätten.

Geschichte: Der Süden der A. H. (Arabia Felix, arab. Jemen), Land des Weihrauchs und der Karawanenstapelplätze, hatte in vorislam. Zeit ein kontinuierl. staatl. Leben und eine eigene Kultur. Hier bestanden im 1. Jt. v. Chr. versch. selbstständige Reiche, so die der Sabäer (Hptst. Marib) und der Minäer, und um 300 n. Chr. ein südarab. Großreich (→Himjar). Das Gebiet stand dann 525–575 n. Chr. unter abessin., danach unter pers. Oberhoheit. Im Innern der A. H. einschl. des heutigen Hidjas entwickelten sich infolge des unsteten Lebens der Beduinen die Handelsniederlassungen entlang der Weihrauchstraße (wie Mekka) erst dann zu Staaten, als der Islam in die A. H. religiös und politisch unter Einschluss des S einte (7. Jh.), allerdings nur vorübergehend, denn das polit. Zentrum des islam. Weltreichs verlagerte sich schon Mitte des 7. Jh. von Medina nach Damaskus. Die Randgebiete, bes. der S und O, verselbstständigten sich wieder. Zu Beginn der Neuzeit setzten sich die Portugiesen in Maskat fest (1506), während die Osmanen mit wechselndem Erfolg versuchten, den Jemen und das Hidjas (mit Mekka und Medina) unter ihre Herrschaft zu bringen. Im Innern, im Nedjd, kam es um 1740 unter den Wahhabiten zur Bildung eines arab. Staates, der 1818 osmanisch wurde und aus dem im 20. Jh. Saudi-Arabien (seit 1932) entstand. Von 1930/32 (Irak) bis 1971 (Vereinigte Arab. Emirate) erreichten die Länder der A. H. ihre Unabhängigkeit; die meisten (Saudi-Arabien, Irak, Kuwait, Bahrain, Katar, Vereinigte Arab. Emirate, Oman) kamen durch Erdölexporte zu Reichtum, 1981 wurde der Golfrat gegründet. Im Spannungsfeld von islam. Traditionen, arab. Nationalismus und dem →Nahostkonflikt ist der arab. Raum zu einer Krisenregion geworden (→Golfkrieg, →Antiterrorkrieg).

arabische Kunst, →islamische Kunst.

Arabische Legion, militär. Verband, 1921 als »Wüstenpatrouille« in (Trans-)Jordanien gegr., wurde von Glubb Pascha zu einer jordan. Elitetruppe geformt; ging 1956 in der Armee auf.

Arabische Liga, Zusammenschluss von 21 arab. Staaten und der Palästinens. Befreiungsorganisation (PLO); gegr. am 22. 3. 1945 von Ägypten (1979–89 war dessen Mitgliedschaft suspendiert), Irak, Jemen, (Trans-)Jordanien, Libanon, Saudi-Arabien und Syrien; Sitz: Kairo. Die A. L. erstrebt die polit., militär., wirtsch. und kulturelle Zusammenarbeit ihrer Mitglieder. Oberstes Beschlussorgan ist der Rat, in den jedes Mitgl. einen Vertreter entsendet. Der Rat kann

arabische Wissenschaft

kein Mitgl. gegen dessen Willen (Vetorecht) an einen Beschluss binden. Neben ihm bestehen mehrere Ausschüsse, bes. der Ausschuss der Außenminister. Geschäftsführendes Organ ist das Generalsekretariat, an dessen Spitze ein Generalsekretär steht. Spannungen zw. den Mitgl. beeinträchtigen oft die Zusammenarbeit.

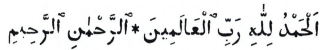

arabische Schrift: Anfang der ersten Sure des Korans: »Lob sei Gott, dem Herrn der Welten, dem Barmherzigen, dem ...«

arabische Literatur. Die Dichtung auf der Arab. Halbinsel war schon in *vorislam. Zeit* entwickelt und es existierte eine zunächst mündlich überlieferte Beduinenpoesie (später in Diwanen aufgezeichnet; Kassiden, u. a. in der Sammlung »Muallakat«).

Innerhalb der *klass. und nachklass. a. L.* findet sich neben der Dichtung auch Prosa, darunter v. a. die gelehrte Literatur, aber auch Volksliteratur.

Zur Dichtung zählte nun auch eine urbane Poesie (u. a. mit Liebes- und Trinkliedern sowie Schmähgedichten auf polit. Gegner des jeweiligen Herrschers), aber auch religiöse, myst. (Halladj) sowie philosoph. (Abu l-Ala al-Maarri) Poesie.

Auf der Grundlage des Korans entwickelte sich die islam.-arab. Prosaliteratur, v. a. die belehrend-unterhaltende Literatur (Adab), aber auch Reimprosa, v. a. in Form der Makame (A. Hamadhani, Hariri). Zur gelehrten Literatur zählen Werke der Philologie (Grammatiken, Wörterbücher, Etymologien, Poetiken), der Theologie (Korankommentare), des Rechts, der Geschichte, der Geografie (Reisebeschreibungen, Kartenwerke) und Biografien. Die bei den Gebildeten verachtete Volksliteratur erlebte mit der Sammlung →Tausendundeine Nacht eine Blüte, die allerdings erst nach ihrem Siegeszug durch Europa auch im Orient Ansehen erlangte.

Nach Jahrhunderten der Erstarrung entstand die a. L. *ab der 2. Hälfte des 19. Jh.* neu, zunächst in Syrien, im Libanon und in Ägypten. Der Anstoß ging von Europa aus. Literaten und Übersetzer passten dabei die klass. Literatursprache den Bedürfnissen des modernen Lebens an. Die erzählende Prosa trat zunächst mit realist. Erzählungen und Romanen hervor (Taha Husain; Taufik al-Hakim, * 1898, † 1987) und widmete sich v. a. der krit. Darstellung sozialer Probleme (N. Mahfus, E. Charrat) bzw. der Verflechtung von Geschichte und Gegenwart (G. Ghitani). Autorinnen thematisierten die Rolle der Frau und Geschlechterbeziehungen in patriarchal. Gesellschaften (Nawal as-Saadawi).

Seit Ende des 19./Anfang des 20. Jh. entstanden (sozialkrit.) Dramen, die häufig auch Lesedramen waren.

Auch die Lyrik fand zu neuen zeitkrit. Inhalten und modernen Formen wie freie Reime und Rhythmen (Adonis).

Bisher erhielt ein arab. Schriftsteller den Nobelpreis für Literatur: N. Mahfus (1988).

arabische Musik, →orientalische Musik.

arabische Philosophie, →arabisch-islamische Philosophie.

arabische Schrift. Sie geht auf die altsemit. Konsonantenschrift zurück. Seit dem 7. Jh. n. Chr. gibt es zwei Formen: eine eckige Monumentalschrift (die nicht mehr gebräuchl. **kufische Schrift**) und eine runde Kursivschrift, die bis heute übl. **Neschi-Schrift**. Die a. S. läuft von rechts nach links.

Arabisches Meer, arab. **Bahr el-Hind,** der nordwestl., zw. der Arab. Halbinsel und dem Ind. Subkontinent gelegene Teil des Ind. Ozeans mit dem Golf von Aden und dem Golf von Oman, 3 000–4 000 m tief.

arabische Sprache. Die a. S. bildet mit der äthiop. den südwestl. Teil des semit. Sprachstammes. Das **Südarabische** lebt nur noch in wenigen Volksdialekten fort, das **Nordarabische** hat durch den Siegeszug des Islam (7. Jh.) nicht nur die südarab. Schriftsprache verdrängt, sondern das Arabische in Vorderasien bis nach Zentral- und Südostasien, in Nordafrika und in Spanien verbreitet. Auch die islam. Völker, die der Arabisierung widerstanden (Perser, Türken, Inder, Malaien, Berber u. a.), übernahmen das Arabische als Schriftsprache in Religion und Wissenschaft. Daneben haben sich seit dem MA. arab. Dialekte entwickelt, die als Umgangssprache des tägl. Lebens im Gebrauch sind; es gibt fünf Hauptgruppen: 1) Halbinsel-Arabisch, 2) Irakisch, 3) Syrisch-Palästinensisch, 4) Ägyptisch, 5) Maghrebinisch.

arabische Wissenschaft, Sammelbegriff für die im islam. Kulturkreis etwa vom 8. Jh. bis zum Eindringen der neuzeitl. europ. Wiss. in arab. Sprache betrie-

arabische Schrift

Name	Zeichen	wissenschaftl. Umschrift	gängige Wiedergaben	Name	Zeichen	wissenschaftl. Umschrift	gängige Wiedergaben
Alif	ا	ʼ	–	Dad	ض	ḍ	d
Ba	ب	b	b	Ta	ط	ṭ	t
Ta	ت	t	t	Tsa	ظ	z̧	s, z
Tha	ث	ṯ	th	Ain	ع	ʽ	–
Djim (Dschim)	ج	ǧ	dj, dsch, g, j	Ghain	غ	ġ	gh, g
Ha	ح	ḥ	h, ch	Fa	ف	f	f
Cha	خ	ḫ	ch, kh	Qaf	ق	q	k, q
Dal	د	d	d	Kaf	ك	k	k
Dhal	ذ	ḏ	dh, ds, s	Lam	ل	l	l
Ra	ر	r	r	Mim	م	m	m
Saj	ز	z	s, z	Nun	ن	n	n
Sin	س	s	s, ß	Ha	ه	h	h
Schin	ش	š	sch, sh	Waw	و	w	w, v
Sad	ص	ṣ	s, ss, ß	Ja	ي	y	j, y

benen und geförderten Wiss.en. Um 750 begann in Arabien eine breite Rezeption wichtiger wiss. Werke zunächst aus dem indisch-pers. Raum (Medizin, Astronomie, Mathematik), dann aus dem griech. (Medizin, Astronomie, Mathematik, Geodäsie, Optik, Zoologie), alles in enger Verbindung mit der aristotel. Philosophie. Im Verlauf von etwa 150 Jahren wurden so die wichtigsten wiss. Arbeiten der Antike ins Arabische übertragen. Einheim. Gelehrte, z. T. nicht arab. Herkunft, verarbeiteten das neue Wissensgut und entwickelten es selbstständig weiter, so die Philosophen al-Kindi, al-Farabi, Ibn Sina (Avicenna), die Mediziner al-Razi (Rhazes, †925), Ali ibn Abbas (Hali Abbas, †994), Abul Kasim (Abulcasis, †um 1013), die Mathematiker al-Charismi, Thabit Ibn Kurra (†901), Omar-e Chajjam, die Physiker Haitham (Alhazen) und Chasini (um 1125), die Astronomen al-Battani (Albategnius) und Chodjandi (†um 1000). Ihre Synthese oriental. und antiken Geistes hat die islam. Kultur entscheidend geformt. Manche Wiss.-Zweige, z. B. Religionswiss., Chronologie, Experimentalphysik, Trigonometrie und Algebra, sind von islam. Gelehrten geschaffen worden oder fanden bei ihnen ihre erste gültige Ausprägung. Es sind v. a. die mathematisch-naturwiss. und techn. Disziplinen, deren Hochblüte im Ggs. zu den anderen Wiss.en das 10.–12. Jh. überdauerte. Der westl. Zweig der islam. Kultur (Spanien, Maghreb) brachte bed. Männer wie die Astronomen Sarkala (Arzachel, †1100) und Djabir Ibn Aflach (Geber, 12. Jh.), den Pharmakologen Ibn al-Baitar (†1248), die Philosophen Ibn Ruschd (Averroes) und Ibn Badjdja (Avempace) sowie den Historiker Ibn Chaldun hervor.

Im 11. bis 13. Jh. setzte bes. in Spanien und Sizilien eine lebhafte Übersetzungstätigkeit aus dem Arabischen ins Lateinische ein. Eine begrenzte Auswahl der a. W. wurde an das Abendland übermittelt, v. a. aber die griech. Klassiker, so fast der gesamte Aristoteles und damit die wiss. Tradition des Griechentums (→arabisch-islamische Philosophie). Ende des 15. Jh. erstarrte die a. W. insgesamt, stand aber bis zum Einsetzen der Renaissance in hohem Ansehen. Vom Einfluss der arab. Astronomie zeugen Ausdrücke wie Zenit, Azimut und viele Sternnamen; in der Mathematik Begriffe wie Algebra, Algorithmus, Sinus und Kosinus.

Arabische Wüste, Gebirgswüste in Ägypten, zw. Nil und Rotem Meer, bis 2187 m hoch.

arabische Ziffern, die heute gebräuchl. →Ziffern, die von den Arabern übernommenen, urspr. ind. Zahlzeichen für die Zahlen 1 bis 9 und die Null. Die in Europa übl. Form entstand im 10. Jh. in Katalonien; im 15. Jh. verdrängten die a. Z. in Dtl. die röm. Ziffern.

arabisch-islamische Philosophie, eine mehr oder weniger direkte Fortsetzung der von Aristoteles und seinen Kommentatoren geprägten spätantiken griech. Philosophie im Raum des mittelalterl. Islam; arabisch wird sie gen., weil sie in arab. Sprache formuliert wurde, islamisch, weil sie im islam. Kulturkreis verbreitet war und viele ihrer Vertreter einen Ausgleich mit den Lehren des Koran suchten. Zur a.-i. P. kann man auch den →Kalam rechnen, eine primär an den Fragen von Gottes Allmacht und menschl. Willensfreiheit interessierte Theologie. – Im 9. Jh. standen neben dem »Philosophen der Araber«, al-Kindi, die halb aufklärerisch, halb politisch agierenden »Lauteren Brüder« von Basra mit einer Emanationslehre. Im 10. Jh. wirkten u. a. der pers. Arzt und Philosoph ar-Razi (Rhazes, *865, †925) mit der Lehre vom Hervorgehen der Welt aus fünf Urprinzipien sowie al-Farabi. Ibn Sina (lat. Avicenna) schuf im 11. Jh. die für die Folgezeit maßgebl. Form der aristotelisch-neuplaton. Metaphysik. Sein Gegner war al-Ghasali, der eine Einheit zw. der religiösen Pflichtenlehre, der spekulativen Theologie und der Mystik zu stiften suchte. In Spanien entfaltete sich die a.-i. P. seit 900 in enger Verbindung mit der jüd. Philosophie. Ibn Badjdja (Avempace) war der erste Aristoteliker des islam. Spanien. Ibn Ruschd (Averroes) gewann als der maßgebl. Kommentator des Aristoteles für die christl. Scholastik größte Bedeutung. →arabische Wissenschaft.

Arabistik die, die kulturhistor., politolog., ökonom. und soziolog. Erforschung des arab. Raumes.

Aracajú [-ka'ʒu], Hauptstadt des Bundesstaates Sergipe, NO-Brasilien, 479 800 Ew.; Erzbischofssitz; Handels- und Industriezentrum (Häute, Zucker, Baumwolle, Ölfrüchte) mit Hafen.

Arachidonsäure, 5,8,11,14-Eicosatetraensäure, vierfach ungesättigte essenzielle Fettsäure, chemisch $C_{20}H_{32}O_2$, die vom Körper nicht in ausreichender Menge hergestellt werden kann und daher über die Nahrung aufgenommen werden muss. Aus der A., die v. a. in tier. Lebensmitteln enthalten ist, synthetisiert der Organismus die Eikosanoide, eine wichtige Familie von Gewebehormonen. Zu dieser Familie zählen in erster Linie die Prostaglandine, die Entzündungsreaktionen im Körper vermitteln.

Arachnida [griech.], die →Spinnentiere.

Arad, 1) Hptst. des Kreises A. in Rumänien, an der Maros, 172 000 Ew.; Univ. (gegr. 1990); Textilind., Maschinen- und Waggonbau; Flughafen. – A., 1551 von den Türken, 1685 von den Österreichern erobert, im ungar. Aufstand 1848/49 (Märzrevolution) zeitweise Sitz der Reg. Kossuth, kam 1920 an Rumänien.

2) Stadt in Israel, im Negev, 12 400 Ew.; als Wohnstadt für die Arbeiter der Kaliwerke am Toten Meer 1963 gegründet.

Arad, Ron, brit. Designer israel. Herkunft, *Tel Aviv 24. 4. 1951; siedelte 1973 nach Großbritannien über und gründete 1981 in London ein Designstudio. Seine Entwürfe reichen von Kleinmöbeln, insbes. Stühlen (z. B. »Well Temperad Chair«; 1986, »Big Heavy«, 1989), bis hin zu ganzen Raumkonzepten. Charakteristisch für A. sind organ. Formen, der Verzicht auf den rechten Winkel und die Verwendung innovativer Werkstoffe. Der funktionale Sinn seiner Objekte erschließt sich mitunter erst bei der Benutzung (z. B. Bücherregal »Bookworm«, 1993).

Arafat, Jasir Mohammed, (zeitweiliger) Deckname **Abu Ammar,** palästinens. Politiker, *Kairo (nach autobiograf. Legende: Jerusalem) 27. 8. 1929, †Clamart (Dép. Hauts-de-Seine, Frankreich) 11. 11. 2004; urspr. Bauingenieur, Gründer (1958) und Führer der Guerillaorganisation Al-Fatah, seit 1969 Vors. des ZK der PLO. Für den Abschluss des »Gaza-Jericho-Abkommens« (Sept. 1993) erhielt er gemeinsam mit I. Rabin und S. Peres 1994 den Friedensnobelpreis. Im Jan. 1996 wählte ihn die Bev. in den autonomen Gebieten zum Präs. (»Rais«). Insbes. seit der Amtszeit von A. Scharon als israel. Min.-Präs. (ab März 2001) galt A. für die israel. Seite als nicht mehr verhandlungswürdig. Unter internat. Druck wurde er im Frühjahr 2003 gezwungen, die Wahl eines Min.-Präs. (M. Abbas, ab Herbst 2003 A. Qurei) zuzulassen. Anfang Nov. 2004 todkrank in ein frz. Militärhospital nach Paris gebracht, verstarb er dort.

Jasir Arafat

Arafurasee, Randmeer des Pazif. Ozeans, zw. Neuguinea und Australien, greift mit dem Carpentariagolf tief in die austral. N-Küste ein.

Aragaz, Aragac, türk. **Alagöz,** erloschenes Vulkanmassiv im Hochland von Armenien, Rep. Armenien, bis 4090 m ü. M.; astrophysikal. Observatorium.

Arago, Dominique François Jean, frz. Physiker und Astronom, * Estagel (bei Perpignan) 26. 2. 1786, † Paris 2. 10. 1853; Untersuchungen zur Polarisation des Lichtes und zur magnet. Wirkung elektr. Ströme.

Aragon [-'gɔ̃], Louis, frz. Schriftsteller, * Paris 3. 10. 1897, † ebd. 24. 12. 1982; ∞ mit Elsa Triolet; begann als Dadaist, Mitbegründer der surrealist. Bewegung; nach Hinwendung zum Marxismus (1927) schrieb er politisch engagierte Romanzyklen (»Die wirkl. Welt« mit den Bänden »Die Glocken von Basel«, 1934; »Die Viertel der Reichen«, 1936; »Die Reisenden der Oberklasse«, 1942; »Aurélien«, 1944) sowie »Die Kommunisten« (5 Bde.), 1949–51). Mit dem vielschichtigen histor. Roman »Die Karwoche« (1958) beginnt die Abkehr von der marxist. Weltsicht und der realist. Schreibweise.

Weitere Werke: Romane: Spiegelbilder (1965); Blanche oder das Vergessen (1967). – *Lyrik:* Le crève-cœur (1941); Les yeux d'Elsa (1941); Le fou d'Elsa (1963).

Aragón der, linker Nebenfluss des Ebro in Aragonien und Navarra, N-Spanien, 192 km lang, entspringt in den Pyrenäen am Somport und durchfließt das nordwestliche Ebrobecken.

Aragoni|en, span. **Aragón,** Region in NO-Spanien, umfasst die drei Provinzen Huesca, Saragossa und Teruel, 47 720 km^2, 1,23 Mio. Ew. A. hat Anteil an den Pyrenäen, am Ebrobecken und dem Iber. Randgebirge. Kontinentales Klima mit kalten Wintern, heißen Sommern und geringen Niederschlägen herrscht vor. Die Besiedlung ist dünn und auf die Täler beschränkt, wo Bewässerungsanlagen neben Viehzucht (Rinder, Schafe, Ziegen) auch den Anbau von Weizen, Zuckerrüben, Wein, Oliven, Safran gestatten. Im Bergland ist nur extensive Weidewirtschaft möglich. Durch Stauanlagen mit Kraftwerken wird die industrielle Verarbeitung bes. von Zuckerrüben und Oliven ermöglicht. Im S von A. werden Kohle, Blei- und Eisenerz sowie Schwefel und Marmor abgebaut, im N Salzlager.

Geschichte: A. gehörte im Altertum zur röm. Prov. Tarraconensis, wurde 415 n. Chr. von den Westgoten und 713 von den Mauren unterworfen. Die selbstständige Grafschaft A., vom Anfang des 10. Jh. bis 1035 und 1076–1134 mit Navarra vereinigt, wurde unter Ramiro I. (1035–63) Königreich und 1089 päpstl. Lehen. 1118 wurde Saragossa (fortan Hauptstadt) erobert. Der Zusammenschluss mit Katalonien (1137) und Valencia (1238) begründete die Vormachtstellung A. im westl. Mittelmeer. Durch die Heirat Ferdinands II. mit Isabella I. von Kastilien (1469) entstand der span. Gesamtstaat. 1982 erhielt die Region A. ein Autonomiestatut (→Spanien, Geschichte).

Aragonit [nach Aragonien] *der,* rhomb. Mineral, $CaCO_3$, sehr ähnlich dem Calcit; farblos, weiß oder verschiedenfarbig; oft Mehrlingskristalle. Vorkommen in Hohlräumen von Ergussgesteinen, in Sedimenten und heißen Quellen als Krusten (**Sprudelstein**) oder als Kügelchen (**Erbsenstein, Pisolith**); weiße, verzweigte Aggregate (**Eisenblüte**). A. ist Bestandteil der Schalen und Gerüste vieler Tiere.

Arago-Punkt, →Himmelsstrahlung.

Araguaia der, linker Nebenfluss des Rio Tocantins in Brasilien, rd. 2600 km lang, entspringt im Mato Grosso. Im Mittellauf die **Ilha do Bananal,** mit rd. 20 000 km^2 eine der größten Flussinseln der Erde; Nationalpark, Indianerreservat.

Araisch, El-A., Stadt in Marokko, →Larache.

Araiza [aˈraisa], Francisco, mexikan. Sänger (Tenor), * Mexiko (Stadt) 4. 10. 1950; gastiert an den führenden Opernhäusern der Welt; tritt bes. als Mozart- und Rossini-Interpret hervor; auch Lied- und Konzertsänger.

Arakan, birman. **Rakhine,** Küstenlandschaft im westl. Birma, im A.-Gebirge bis 3053 m hoch. Das Gebiet wird vom **Rakhinestaat,** einem Minoritätengebiet im Range eines Bundesstaates, eingenommen.

Araks, Fluss in Transkaukasien, →Arax.

Araktschejew, Alexei Andrejewitsch, russ. General, * Garussowo (Gebiet Twer) 4. 10. 1769, † Grusino (Gebiet Nowgorod) 3. 5. 1834; 1808–10 Kriegsmin., seit 1817 Leiter der wegen Zwang und Härte verhassten Militärkolonien; einflussreicher Günstling Alexanders I.

Aral AG & Co. KG, Bochum, Vertriebsgesellschaft für Mineralölerzeugnisse, gegr. 1898; gehört seit 2002 zur Dt. BP AG.

Arali|engewächse, Efeugewächse, Araliaceae, Pflanzenfamilie mit etwa 700 meist trop. Arten, Holzpflanzen mit kleinen Blüten und beerenartigen Früchten; z. B. Efeu, Ginseng.

Aralsee, abflussloser und seit 1960 stark austrocknender See im Tiefland von Turan, in Kasachstan und Usbekistan, gespeist vom Amudarja, der den See jedoch nur noch in niederschlagsreichen Jahren erreicht. Der Syrdarja, urspr. der zweite große Zufluss, versiegt schon vollständig vor Erreichen des Sees. Der urspr. viertgrößte See der Erde (1960 noch 64 100 km^2) ist durch menschl. Einfluss bis 2004 auf eine Fläche von 17 200 km^2 geschrumpft und in einen großen und einen kleinen A. geteilt. Der Salzgehalt beträgt heute 36‰ (früher 10 bis 14‰). Das Austrocknen des A., eine der größten Umweltkatastrophen der Gegenwart, ist auf die starke Wasserentnahme aus seinen Zuflüssen zurückzuführen, die v. a. durch den Baumwollanbau und die mit steigendem Wasserverbrauch verbundene Industrialisierung verursacht wurde. Als Folge der Seespiegelabsenkung und durch die zunehmende Versalzung des Seewassers ist seit Mitte der 1980er-Jahre kein Fischfang mehr möglich. Die Deltagebiete der beiden Zuflüsse sind inzwischen weit vom Seeufer entfernt. In den trockenfallenden Gebieten des A.s entsteht eine Salzwüste, die **Aralkum;** durch die Austrocknung kommt es verstärkt zu Auswehungen des Salzstaubs und Sandstürmen.

Aram [»Hochland«], Aramäa, im A.T. das Gebiet zw. Libanon, Taurus, Armenien, dem oberen Tigris, dem Euphrat und der Arab. Wüste. Die **Aramäer** (in hethit. und assyr. Quellen **Achlamu**) sind ein semit. Nomadenvolk aus der Arab. Wüste. Ihre Reiche in Nordsyrien wurden im 9. und 8. Jh. v. Chr. von den Assyrern erobert. Von der **aramäischen Kultur** ist wenig bekannt. Sie zeigt starke Einflüsse aus Mesopotamien, Syrien und Kleinasien, in der Religion v. a. aus Mesopotamien; Hauptgott war Hadad. Für die Baukunst ist bei den Tor- und Palastanlagen die Verkleidung der Wände mit Orthostaten aus Basalt kennzeichnend. Aus dem nordsyrisch-aramäischen Raum stammen die meisten der mit Relief versehenen Metallschalen von Zypern.

Louis Aragon

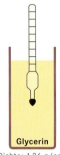
Glycerin
Dichte: 1,26 g/cm³

Wasser
Dichte: 1,0 g/cm³

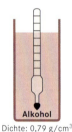
Alkohol
Dichte: 0,79 g/cm³

Aräometer:
Das Aräometer sinkt in einer Flüssigkeit umso tiefer ein, je geringer die Dichte der Flüssigkeit ist (von oben).

aramäische Sprache, gehört zum nordwestsemit. Zweig der semit. Sprachen; altaramäische Inschriften stammen aus dem 10.–8. Jh. v. Chr. Seit 1000 v. Chr. verdrängte die a. S. die älteren Sprachen Babyloniens, Assyriens, Syriens und Palästinas. Auch die von der phönik. Konsonantenschrift abgeleitete **aramäische Schrift** wurde weithin, bes. im Perserreich, übernommen. Erst im 7. Jh. n. Chr. wich das Aramäische dem Arabischen.

Aramide, aromat. Polyamide von hoher Festigkeit und Temperaturbeständigkeit, die zu flammgeschützten Fasern, elektr. Isoliermaterialien und Reifencord verarbeitet werden.

Aran|inseln [ˈærən-], Inselgruppe vor der Galwaybucht, Rep. Irland, insgesamt 47 km²; die 1 400 Bewohner leben auf den Hauptinseln **Inishmore, Inishmaan** und **Inisheer.** Prähistor. und frühchristl. Kulturdenkmäler.

Aranjuez [aranˈxu̯εθ], Stadt in der span. Prov. Madrid, am Tajo, 38 200 Ew.; Sommerresidenz der span. Könige mit königl. Palast (16., 18. Jh.). Die Kulturlandschaft von A. gehört zum UNESCO-Weltkulturerbe. – Von A. ging 1808 die Erhebung gegen Frankreich aus.

Arany [ˈɔrɔnj], János, ungar. Dichter, * Nagyszalonta (heute Salonta, Rumänien) 2. 3. 1817, † Budapest 22. 10. 1882; neben S. Petőfi bedeutendster ungar. Lyriker des 19. Jh. Sein volkstüml. Versepos »Toldi« (1846) gilt als erstes klass. Werk des ungar. Realismus.

Aräometer [griech.], **Senkwaage,** auf dem archimed. Prinzip beruhendes Gerät zur Bestimmung der Dichte von Flüssigkeiten. Es besteht aus einem mit einer Skala versehenen Glaskörper, der wegen des hydrostatischen →Auftriebs je nach Dichte der Flüssigkeit unterschiedlich tief eintaucht. Auf der empirisch geeichten Skala wird die Dichte abgelesen.

Ara Pacis Augustae [lat. »Altar des Augustusfriedens«], Altar, den der röm. Senat 13 v. Chr. für die Heimkehr des Augustus nach Befriedung aller Provinzen stiftete, 9 v. Chr. auf dem Marsfeld in Rom geweiht. Der Altar ist umgeben von einer Umfassungsmauer mit ornamentalen und figürl. Reliefs mythol. Gestalten und einer Opferprozession der Priester, der kaiserl. Familie und röm. Bürger; das Hauptwerk der klass. Kunst der Augusteischen Zeit wurde 1937/38 aus Originalstücken und Abgüssen in der Nähe des Augustusmausoleums wieder aufgebaut und ist heute Mittelpunkt des 2006 eröffneten Augustus-Museums.

Ara Pacis Augustae: Außenansicht (13–9 v. Chr.)

Arapaima [indian.] *der,* südamerikan. Süßwasserfisch, →Knochenzüngler.

Ärar [zu Ärarium] *das,* österr.: Fiskus, Staatskasse, Staatsvermögen.

Ararat|hochland, Armenisches Hochland, im W zur Türkei, im O zu Armenien, im S zu Iran gehörendes Hochland mit rauem, meist trockenem Klima. Es wird von Beckenlandschaften mit Seen (z. B. Vansee) und Hochplateaus aufgebaut, über die Gebirgsrücken bis über 3 000 m und Vulkanberge bis über 5 000 m aufragen. Zu Letzteren gehört der zweigipfelige **Ararat,** im Hauptgipfel **Großer Ararat** (5 137 m ü. M.). Nur in den Becken findet sich Getreidebau, in Vorzugslagen etwas Obstbau (Ufer des Vansees), im übrigen Steppenland Weidewirtschaft.

Ärarium [lat.] *das,* bei den Römern der Staatsschatz im Saturntempel.

Araukaner, Sprach- und Kulturgruppe südamerikan. Indianer in den S-Anden (Chile: Mapuche, Huilliche; Argentinien: Pehuenche, Tehuelche). Die A. waren Ackerbauern, viele wanderten aber in die Städte ab. Sie leisteten sowohl der Eroberung ihres Landes durch die Inka als auch den span. Kolonisatoren heftigen Widerstand. Erst im letzten A.-Krieg von 1880 bis 1881 konnten chilen. Truppen die A. endgültig unterwerfen und in Reservate zurückdrängen.

Araukari|e *die,* Araucaria, Nadelbaumgattung, bis 60 m hohe Bäume. Nadeln hat die A. der Norfolkinsel (**Norfolktanne,** im Jugendzustand **Zimmertanne**), Schuppenblätter die **Chilen. A. (Andentanne).**

Arax *der,* **Araks, Aras,** Nebenfluss der Kura, in Armenien, 1 072 km lang, entspringt in der Türkei, z. T. türkisch-armen. und iranisch-aserbaidschan. Grenzfluss, mündet in Aserbaidschan; Bewässerungsanlagen.

Arazzi [ital.], Wandteppiche, die in Arras (auch anderen flandr. Städten) nach den Entwürfen bed. Maler gewirkt wurden.

Arbanassi, Dorf mit Klöstern in N-Bulgarien, Bez. Lowetsch. Bei der türk. Eroberung 1393 nicht zerstört, verfiel jedoch bis ins 17. Jh.; 1680 Bau neuer Kirchen, Klosterneugründung 1716. In der Christi-Geburt-Kirche und der Erzengelkirche bedeutende Wandmalereien (16.–18. Jh.) und Ikonostasen (18. und Anfang 19. Jh.).

Arbe, ital. Name der dalmatin. Insel →Rab.

Arbeit [ahd. ar(a)beit »Mühe«, »Plage«], **1)** bewusstes, zielgerichtetes Handeln des Menschen zum Zweck der Existenzsicherung wie der Befriedigung von Einzelbedürfnissen; zugleich wesentl. Moment der Daseinserfüllung.

In der Volkswirtschaftslehre wird A. als einer der →Produktionsfaktoren definiert, dem entscheidende Bedeutung für die Erzeugung wirtsch. Güter zukommt. Im Einzelnen richtet sich die A. im ökonom. Sinn auf Vorproduktion (Gewinnung von Naturerzeugnissen), Gewerbe (Rohstoffveredlung und -verarbeitung), Vermittlung und Verteilung von Gütern (Handel, Verkehr), Wirtschaftsdisposition (Geldverkehr, Verwaltung) sowie Erzeugung und Pflege kultureller Werte. Die Grenze zw. körperl. und geistiger A. ist fließend. – Die betriebswirtschaftlich orientierte Definition unterscheidet zw. dem Elementarfaktor der **ausführenden A.** und der **dispositiven A.** (planende und leitende Tätigkeiten). Steuerrechtlich relevant ist v. a. die Unterscheidung von **selbstständiger A.** (Tätigkeit in eigener Verantwortung und auf eigene Rechnung) und **unselbstständiger A.** (Tätigkeit auf Anweisung eines Arbeitgebers, d. h. auf fremde Rechnung). Die **Arbeitskapazität** einer Bev. wird bes. durch Altersaufbau, Gesundheit und Ausbildungsstand, die **Arbeitsproduktivität** (Leistung je Arbeitsstunde) durch optimale Kombination mit den übrigen Produktionsfaktoren bestimmt.

Die Industrialisierung hat den Charakter der A. stark verändert (→industrielle Revolution). Durch zunehmende →Arbeitsteilung, Steigerung des Arbeitstempos mittels Technisierung und Mechanisierung ging für den Arbeiter z. T. der Überblick über Arbeitsverrichtung und Arbeitsobjekte als Ganzes verloren; hieraus ergaben sich Gefahren der Monotonie und Ermüdung. Seit den 1970er-Jahren entwickelte sich die Forderung nach **Humanisierung der A.**, d. h. einer menschengerechten Gestaltung der Arbeitsplätze durch Berücksichtigung der Forschungsergebnisse der →Arbeitswissenschaft, bes. der →Ergonomie, was seinen Ausdruck in den entwickelten Industrieländern u. a. in der weitgehenden Automatisierung gesundheitsgefährdender Tätigkeiten und der kontinuierl. Optimierung von Arbeitsplätzen gemäß der sich wandelnden ergonom. Anforderungen (z. B. an PC-Arbeitsplätzen) findet, aber auch in der (wachsenden) Zahl von Arbeitnehmern, die (selbst)verantwortlich in die Planung und Kontrolle von Arbeitsabläufen und -ergebnissen eingebunden werden.

Kulturgeschichte: Die Einschätzung der A. hat sich im Lauf der abendländ. Geschichte entscheidend gewandelt. Im klass. Altertum wurde die ausführende, bes. die körperl. A. im Unterschied zur wiss. und polit. Tätigkeit als eines freien Menschen unwürdig betrachtet und meist von Sklaven ausgeübt. Nach den Aussagen des A. T. ist A. Mühsal und geschieht im Schweiße des Angesichts (1. Mos. 3,17 und 19). Die erfüllte Ruhe nach der A. wird beispielhaft im 7. Schöpfungstag gesehen. Zunächst wurde weltl. A. nur als Lebenspflicht und Buße verstanden, seit der Reformation aber als Gottesdienst und als Dienst am Mitmenschen gesehen, im Calvinismus allerdings auch an ihrem Erfolgswert gemessen. Neben diesen religiösen, eth. und prakt. Aspekten wurde die A. v. a. seit G. W. F. Hegel, der sie als Mittel der Selbstbewusstwerdung und zur Befreiung des Menschen charakterisierte, und von ihm ausgehend im histor. Materialismus von K. Marx theoretisch-systematisch behandelt, wobei Marx ihren Charakter als für den Arbeiter »entfremdete A.« hervorhob (→Entfremdung), der allein durch die Abschaffung der kapitalist. Gesellschaft aufgehoben werden könne. Als bestimmendes Merkmal innerhalb der Definition des Wesens des Menschen wird die A. auch in der neuzeitl. philosoph. Anthropologie angesehen.

Dieser hohe Stellenwert prägt weithin, wenn auch nicht ungebrochen, das Verständnis von A. in den modernen westl. Gesellschaften, die sich nach wie vor mehrheitlich als →Leistungsgesellschaften definieren, in denen die bürgerl. Existenz, die soziale Anerkennung und die gesellschaftl. Reputation des Einzelnen vorrangig an seine Stellung innerhalb der Arbeitswelt gebunden sind. Seit den 1990er-Jahren ist allerdings, wesentlich bestimmt durch die mit dem weltweiten wirtsch. Strukturwandel (Globalisierung) verbundenen sozialen Probleme, eine grundsätzl. Diskussion um die Rolle und Definition der A. in der zukünftigen Gesellschaft in Gang gekommen. In Dtl. stehen dabei bes. Fragen der gesellschaftl. Neubestimmung des Verhältnisses von bezahlter Erwerbs-A. und für die Gesellschaft notwendiger (bislang überwiegend unentgeltlich geleisteter) A., der mit der forcierten Einführung neuer Technologien verbundenen Arbeitsmarktrisiken und neuen Beschäftigungspotenziale und Fragen einer neuen (gerechteren) Verteilung von A., Arbeitszeit (inbegriffen die Lebensarbeitszeit) und (A.-)Einkommen in der Gesellschaft im Mittelpunkt.

2) *Physik:* Formelzeichen W, früher auch A, SI-Einheit der A. ist das Joule (J); in der Mechanik definiert als das skalare Produkt $W = F \cdot s = F \cdot s \cdot \cos\alpha$ aus der an einem Körper oder Massenpunkt angreifenden konstanten Kraft F und dem unter ihrer Einwirkung von ihm zurückgelegten geradlinigen Weg s (α Winkel zw. Kraft und Wegrichtung); haben Kraft und Weg die gleiche Richtung, so gilt $W = F \cdot s$. Ändert sich die Kraft längs des Weges und/oder ist der Weg gekrümmt, muss über jedes infinitesimale Wegelement ds mit den jeweils angreifenden Kraftvektoren integriert werden, sodass für die von s_1 nach s_2 verrichtete A. folgt:

$$W = \int_{s_1}^{s_2} F \cdot \mathrm{d}s$$

Bei dieser Definition der A. wird bei $W > 0$ von der Kraft A. verrichtet, bei $W < 0$ gegen die Kraft A. auf-

Ararathochland: der Große Ararat (5 137 m ü. M.)

Arbanassi: Gastmahl Abrahams (Fresko in der Nordgalerie der Christi-Geburt-Kirche)

gewendet. – Ein Spezialfall der mechan. A. ist z. B. die **Hub-A.**, die erforderlich ist, einen Körper der Masse m gegen die →Schwerkraft um die Höhe h zu heben: $W = m \cdot g \cdot h$ (g Erdbeschleunigung). Der gehobene Körper ist in der Lage, bei Rückkehr in seine Ausgangslage A. zu verrichten. Die einem Körper zugeführte A. wird als →Energie gespeichert.

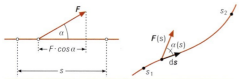

Arbeit 2): geradliniger Weg unter Einwirkung einer konstanten Kraft (**links**); krummliniger Weg in einem Kraftfeld (**rechts**)

Der Begriff A. ist auch auf anderen Gebieten der Physik zentral: Im elektr. Feld muss eine **elektr. A.** $W_{el} = Q \cdot U$ aufgewendet werden, um eine Ladung Q gegen eine Spannung U zw. zwei Punkten zu bewegen; wegen $I = Q/t$ ergibt sich daraus $W_{el} = U \cdot I \cdot t$, wenn ein konstanter Strom I während der Zeitdauer t fließt. Beispiel für die **thermodynam. A.**, die durch Änderung der äußeren Parameter an thermodynam. Systemen geleistet wird, ist die Kompressions- oder Volumenarbeit $W = -\int p\, dV$ beim Komprimieren eines Gases mit dem Druck p und dem Volumen V.

Arbeiter, 1) *allg.:* jeder (körperlich oder geistig) arbeitende Mensch; i. e. S. jedoch die Lohn-A., die ihre Arbeitskraft dem Arbeitgeber gegen Entgelt zur Verfügung stellen und insbes. ausführende, oft überwiegend körperl. Arbeit verrichten. Die Wirtschaftsstatistik zählt die A. zu den unselbstständig oder abhängig Beschäftigten; arbeitsrechtlich gehören die A. mit den Angestellten zu den Arbeitnehmern. – Nach berufl. Vorbildung und Qualifikation unterteilt man A. in **ungelernte A.** (Hilfs-A.), die für die auszuübende Tätigkeit in wenigen Tagen oder Stunden angelernt werden können, in **angelernte A.**, deren Anlernzeit mindestens drei Monate umfasst, sowie in **gelernte A.** oder **Fach-A.**, die eine geregelte Berufsausbildung absolviert oder eine entsprechende Qualifikation durch mehrjährige Berufstätigkeit erlangt haben.
2) *Zoologie:* in Insektenstaaten Tiere (meist Weibchen, bei Termiten auch Männchen), deren Keimdrüsen verkümmert sind und die für Nestbau, Brutpflege, Nahrungsbeschaffung sowie für Verteidigung sorgen.

Arbeiterbewegung, organisierte Bestrebungen der abhängigen Lohnarbeiter zur Verbesserung ihrer Lebensbedingungen. Die Verelendung der mit der Industrialisierung entstehenden Industriearbeiterschaft und die damit verbundene Verschärfung der sozialen Spannungen führten seit Beginn des 19. Jh. in Großbritannien zu Protestaktionen (»Maschinenstürmerei«) und zu Zusammenschlüssen der Arbeiter (→Chartismus). In Dtl. entwickelten zuerst in der Ind. beschäftigte Handwerksgesellen Selbsthilfeorganisationsformen; 1863 gründete F. Lassalle den »Allg. Dt. Arbeiterverein« (ADAV). 1869 entstand unter Führung von A. Bebel und W. Liebknecht die »Sozialdemokrat. Arbeiterpartei«. Beide Organisationen vereinigten sich 1875 zur »Sozialist. Arbeiterpartei Deutschlands« (seit 1890 SPD), an der sich später die meisten europ. Arbeiterparteien orientierten. Parallel dazu entwickelte sich 1868 eine dt. Gewerkschaftsbewegung, teils auf marxistisch-sozialist., teils auf liberal-christl. Basis. 1864 wurde unter dem Einfluss von K. Marx und F. Engels in London die Internat. Arbeiterassoziation geschaffen (→Internationale). Der Erste Weltkrieg führte zur Auflösung der internat. und nat. Einheit der sozialist. A.; nach 1918/20 kam es zu einer z. T. strengen Teilung in Kommunisten und Sozialisten bzw. Sozialdemokraten. Seit den 1970er-Jahren verlor die klass. A., bedingt auch durch das sinkende Gewicht der Industriearbeiterschaft innerhalb der erwerbstätigen Bev. und in den Arbeiterparteien, zunehmend ihre eigentl. Existenzgrundlage. Der Zusammenbruch der kommunist. Regime in Mittel-, O- und SO-Europa 1989/91, die Auflösung der ehemals herrschenden kommunist. Parteien und ihre Wandlung in sozialist. oder sozialdemokrat. Parteien sowie die Neugründung von Parteien haben eine theoret. Neuorientierung der internat. A. eingeleitet. Der sich vollziehenden umfassenden gesellschaftl. Wandel (Informationsgesellschaft, Globalisierung) ändern sich zugleich die Rahmenbedingungen des Kampfes für eine humane Arbeits- und Lebenswelt. (→Kommunismus, →Sozialdemokratie)

Arbeiterliteratur, Sammelbez. für von Arbeitern geschriebene Werke über ihre Lebensbedingungen in der industriellen Welt; gegen Ende des 19. Jh. entstanden, in den 1920er-Jahren oft hymnisch-romantisch (H. Lersch, K. Bröger, C. Engelke u. a.), aber auch am Marxismus orientiert (Bund proletarisch-revolutionärer Schriftsteller), bes. nach dem Zweiten Weltkrieg kritisch-realistisch (Dortmunder »Gruppe 61«, M. von der Grün u. a.; davon abgespalten die »Werkkreise«). In der DDR wurde in den 1960er-Jahren im Zusammenhang mit dem →Bitterfelder Weg die »Bewegung schreibender Arbeiter« propagiert.

Arbeiterbewegung: Statut des Allgemeinen Deutschen Arbeitervereins (gegründet 1863 von Ferdinand Lassalle)

Arbeiterpriester, kath. Priester, die als Arbeiter tätig sind, um als Seelsorger unter Arbeitern wirken zu können; als priesterl. Lebensform Anfang der 1940er-Jahre in Frankreich entstanden.

Arbeiter-Samariter-Bund Deutschland e. V., Abk. **ASB,** Organisation der freien Wohlfahrtspflege, gegr. 1888, Sitz: Köln; tätig u. a. im Rettungsdienst, in sozialen Diensten, in der Kinder- und Jugendhilfe.

Arbeiter-und-Bauern-Fakultät, Abk. **ABF,** in der DDR eine Vorstudieneinrichtung für Arbeiter- und Bauernkinder an Univ. und Hochschulen; seit 1961 schrittweise aufgelöst.

Arbeiter- und Soldatenräte, →Rätesystem.

Arbeiterwohlfahrt e. V., Abk. **AWO,** Spitzenverband der freien Wohlfahrtspflege, hervorgegangen aus der dt. Arbeiterbewegung, gegr. 1919, Sitz: Bonn, tätig auf allen Gebieten der Sozialarbeit, seit 1959 auch in der Entwicklungshilfe. Die AWO arbeitet mit zahlr. Partnern in Europa zus. und ist auf europ. Ebene über das Brüsseler Büro der europ. Verbändegemeinschaft SOLIDAR vertreten.

Arbeitgeber, natürl. oder jurist. Person, die einen anderen als →Arbeitnehmer beschäftigt. Gesetzl. Vertreter jurist. Personen, z. B. Vorstandsmitglieder von AGs, Geschäftsführer von GmbHs, üben die Funktion von A. aus, sind aber aufgrund ihrer Anstellung Arbeitnehmer der jurist. Person. Entsprechendes gilt für →leitende Angestellte. Im Rahmen u. a. des Betriebsverfassungs- und des Kündigungsschutz-Ges. gelten diese jedoch nicht als Arbeitnehmer.

Arbeitgeberanteil, der Beitragsanteil des Arbeitgebers zur Sozialversicherung seiner Arbeitnehmer. In der Arbeitslosen-, Renten-, Kranken- und Pflegeversicherung betragen der A. und der **Arbeitnehmeranteil** grundsätzlich jeweils 50 % des Beitrages. In der Pflegeversicherung sind die Länder verpflichtet, zur Entlastung der Arbeitgeber einen gesetzl., landesweiten Feiertag aufzuheben, andernfalls entfällt ein höherer Beitragssatz auf die Arbeitnehmer (so in Sachsen). In der Krankenversicherung tragen die Versicherten seit 1. 7. 2005 einen zusätzl. Beitragssatz allein, in der Unfallversicherung tragen die Arbeitgeber den gesamten Beitrag. In *Österreich* (**Dienstgeberanteil**) gilt eine ähnl. Regelung, in der *Schweiz* nur zum Teil (kein A. in der Krankenversicherung).

Arbeitgeberdarlehen, Überlassung eines bestimmten Geldkapitals oder einer anderen vertretbaren Leistung durch den Arbeitgeber zur freien oder zweckgebundenen Nutzung durch den Arbeitnehmer. A. sind bei Vereinbarung einer angemessenen Verzinsung und regelmäßiger Rückzahlungsraten lohnsteuerfrei. Zinsersparnisse bei zinslosen oder zinsverbilligten A. sind als Sachbezüge zu versteuern, wenn das Restdarlehen zum Zeitpunkt des Lohnzahlungszeitraums 2 600 € übersteigt. Zinsersparnis ist gegeben, soweit der Effektivzins niedriger als 5,0 % ist.

Arbeitgeberverbände, freiwillige Zusammenschlüsse von Arbeitgebern (v. a. als Vertrags- und Verhandlungspartner [»Tarifpartner«] der Gewerkschaften) in Form privatrechtl. Vereine mit fachl. und regionaler Untergliederung. In Dtl. sind die A. in der **Bundesvereinigung der Dt. A. e. V. (BDA),** Berlin, zusammengeschlossen. Diese hat die Aufgabe, die gemeinschaftl. sozialpolit. Belange zu wahren. Die A. sind über die BDA dem Gemeinschaftsausschuss der Dt. Gewerbl. Wirtschaft (Sitz: Berlin) und der Internat. Arbeitgeberorganisation (IOE; Genf) sowie der Union der Industrie- und Arbeitgeberverbände Europas (UNICE; Brüssel) angeschlossen.

Arbeitnehmer, jeder, der sich einem anderen (Arbeitgeber) gegen Entgelt (Lohn, Gehalt) zur Leistung von Diensten verpflichtet hat. Nach Art des Arbeitsbereichs zählen die A. zum öffentl. Dienst oder zur privaten Wirtschaft. Man unterscheidet →Angestellte und →Arbeiter, dazu kommen Volontäre, Praktikanten, Auszubildende. In der Heimarbeit Beschäftigte u. a. gelten als **arbeitnehmerähnl. Personen.** Nicht zu den A. zählen Beamte, Selbstständige, mithelfende Familienangehörige. Freiwillige Zusammenschlüsse der A. sind die →Gewerkschaften.

Arbeitnehmeranteil, →Arbeitgeberanteil.

Arbeitnehmer|erfindung, nach dem Gesetz über A. von 1957 patent- oder gebrauchsmusterfähige Erfindung eines Arbeitnehmers während der Dauer eines Arbeitsverhältnisses. Erfindungen, die aus der Tätigkeit im Betrieb entstanden sind oder auf Erfahrungen aus dieser Tätigkeit beruhen (**Diensterfindungen**), sind dem Arbeitgeber zu melden; dieser kann sie gegen eine angemessene Vergütung beschränkt oder unbeschränkt in Anspruch nehmen. Für alle anderen Erfindungen (**freie Erfindungen**) besteht gegenüber dem Arbeitgeber Mitteilungspflicht und Anbietungspflicht zur nicht ausschließl. Benutzung. Davon ausgenommen sind Erfindungen, die für den Betrieb des Arbeitgebers offensichtlich nicht verwendbar sind. **Technische Verbesserungsvorschläge** (nicht patent- oder gebrauchsmusterfähige techn. Neuerungen) können ohne Weiteres vom Arbeitgeber gegen Vergütung übernommen werden.

Arbeitnehmerfreibetrag, →Arbeitnehmer-Pauschbetrag.

Arbeitnehmerfreizügigkeit, eine der im EG-Vertrag (Art. 39 ff.) normierten Grundfreiheiten; sie umfasst das Recht der Arbeitnehmer, a) sich ungehindert um angebotene Stellen in Mitgliedsstaaten zu bewerben, b) sich aus diesem Grund im Hoheitsgebiet der Mitgliedsstaaten frei zu bewegen, c) sich im jeweiligen Mitgliedsstaat aufzuhalten, um nach dem dort für Arbeitnehmer geltenden Recht zu arbeiten, d) nach Beendigung der Beschäftigung in diesem Mitgliedsstaat unter bestimmten Bedingungen zu verbleiben. Neben dem Recht auf A. besteht in der EU ein allgemeines Recht auf →Freizügigkeit.

Arbeitnehmerhaftung, das Einstehenmüssen eines Arbeitnehmers für einen Schaden, den er bei einer durch den Betrieb veranlassten Arbeit und aufgrund eines Arbeitsverhältnisses am Vermögen des Arbeitgebers verursacht hat. Nach der neueren Rechtsprechung muss ein Arbeitnehmer i. d. R. nur noch voll für derartige Schäden haften, wenn er vorsätzlich oder grob fahrlässig gehandelt hat. Diese Haftungsbeschränkung galt urspr. nur für gefahrgeneigte Arbeit. Beruht der Schaden auf leichter Fahrlässigkeit, hat der Arbeitgeber für ihn aufzukommen. Bei mittlerer Fahrlässigkeit sind die Schadensfolgen zw. den Parteien aufzuteilen. Abweichend von den allg. Haftungsregeln hat der Arbeitnehmer dem Arbeitgeber Ersatz für den aus der Verletzung einer Pflicht aus dem Arbeitsverhältnis entstehenden Schaden nur zu leisten, wenn er die Pflichtverletzung zu vertreten hat (§ 619 a BGB).

Arbeitnehmerkammern, Pflichtzusammenschlüsse der Arbeitnehmer zur Vertretung ihrer wirtschaftl., gesellschaftl. und kulturellen Interessen; sind Körperschaften des öffentl. Rechts (in Dtl. in Bremen und im Saarland gebildet). – In *Österreich* wur-

Arbeiter-Samariter-Bund Deutschland e. V.

Arbeiterwohlfahrt e. V.

den durch Gesetz vom Februar 1920 Kammern für Arbeiter und Angestellte in neun Bundesländern errichtet, bundesweite Dachorganisation ist die Bundeskammer für Arbeiter und Angestellte (Bundesarbeitskammer).

Arbeitnehmer-Pauschbetrag, seit 1990 im Einkommensteuerrecht (§ 9 a EStG) verankerter pauschaler Abzug (seit 1. 1. 2004: 920 €) für Werbungskosten bei Einnahmen aus nicht selbstständiger Arbeit; ersetzte Werbungskosten-Pauschbetrag, Arbeitnehmer- und Weihnachts-Freibetrag.

Arbeitnehmerüberlassung, Personalleasing, zeitlich begrenzte Überlassung von Arbeitnehmern (Leiharbeitnehmer) durch ihren Arbeitgeber (Verleiher) an Dritte (Entleiher) zur Arbeitsleistung. Die A. bedarf der Zustimmung des Arbeitnehmers. Der Arbeitnehmer unterliegt dem Weisungsrecht des Entleihers, behält aber den Vergütungsanspruch gegen seinen eigentl. Arbeitgeber (Verleiher); sozialversicherungsrechtlich haften Ver- und Entleiher. – Die gewerbl. A., bei der der Arbeitnehmer von vornherein zur Arbeitsleistung bei einem Dritten eingestellt wird, bedarf nach dem A.-Ges. i. d. F. v. 3. 2. 1995 (mit Änderungen) der behördl. Erlaubnis; im Baugewerbe ist sie gesetzlich eingeschränkt. Die Arbeitsbedingungen des Leiharbeitnehmers sollen denen im entleihenden Betrieb entsprechen, Abweichungen sind für sechs Wochen oder nach Tarifvertrag zulässig. Die Dauer einer A. im Einzelfall ist nicht mehr beschränkt. Einstellungsverbote für den Entleiher nach Beendigung des Leiharbeitsverhältnisses sind unwirksam.

Arbeits|amt, bis 2003 Bez. für die →Agentur für Arbeit.

Arbeitsbeschaffungsmaßnahmen, Abk. **ABM,** Leistungen der Bundesagentur für Arbeit, die dazu dienen, bes. in regional und beruflich ungünstigen Teilarbeitsmärkten Arbeitslosigkeit abzubauen und Arbeitslosen zur Erhaltung und Wiedererlangung der Beschäftigungsfähigkeit zumindest vorübergehend eine Beschäftigung zu ermöglichen (§§ 260 ff. SGB III). 2004 wurden A. rechtlich verändert und mit Strukturanpassungsmaßnahmen zusammengefasst. Arbeiten, die zusätzlich sind und im öffentl. Interesse liegen, können durch Gewährung von Zuschüssen an deren Träger (jurist. Personen des öffentl. Rechts, Unternehmen des privaten Rechts) gefördert werden. Zuschüsse zu den Lohnkosten werden in pauschalierter, nach Qualifikationsstufen gestaffelter Form erbracht. Arbeitnehmer dürfen grundsätzlich längstens zwölf Monate in einer ABM tätig sein, Arbeitnehmer ab dem 55. Lebensjahr können drei Jahre gefördert werden. Beschäftigte in ABM sind nicht mehr beitragspflichtig zur Arbeitslosenversicherung und begründen keinen Anspruch auf Arbeitslosengeld mehr.

Arbeitsbescheinigung, Bescheinigung, die vom Arbeitgeber bei Beendigung des Arbeitsverhältnisses dem Arbeitnehmer über alle Tatsachen, die bei der Beanspruchung von Arbeitslosengeld erheblich sein können, auszustellen ist (Art der Tätigkeit, Beginn, Ende und Unterbrechungen des Arbeitsverhältnisses, Verdienst, Abfindungen, Grund des Ausscheidens); sie ist vom Zeugnis zu unterscheiden.

Arbeits-, Betriebs- und Organisationspsychologie, Abk. **ABO-Psychologie,** Teilbereich der Psychologie, hat die Beschreibung, Analyse, Erklärung, Prognose und Gestaltung menschl. Arbeit und deren Organisation zum Inhalt. Sie untersucht die Beziehungen zw. Arbeitsbedingungen und menschl. Verhalten sowie Erleben wie auch die sozialpsycholog. Zusammenhänge und das Verhalten von Individuen oder Gruppen in arbeitsteiligen Organisationen (z. B. Industriebetriebe). In enger Beziehung zur ABO-Psychologie stehen vorwiegend angewandte Disziplinen wie die Markt-, Werbe- und Wirtschaftspsychologie, die physiolog. und die pädagog. Psychologie sowie die Unfallforschung.

Arbeitsbewertung, arbeitswiss. Methode, die für die Arbeitsschwierigkeit, ausgedrückt durch die körperl., geistigen und seel. Anforderungen an einen personalen Arbeitsträger zur Erfüllung einer bestimmten Arbeitsaufgabe, eine Wertzahl (**Arbeitswert**) ermittelt; dient der Bestimmung eines anforderungsgerechten Lohnes und dem rationellen Einsatz der Arbeitskräfte.

Arbeitsdienst, 1920 in Bulgarien entstandene und von mehreren Ländern übernommene Einrichtung, um Jugendliche zur Ableistung gemeinsamer Arbeit für den Staat gegen bescheidenes Entgelt zusammenzufassen, auch zu Notstandsarbeiten in Zeiten der Arbeitslosigkeit. Ein freiwilliger A. bestand in den Niederlanden, Polen und den USA (1936–43). In Dtl. wurde 1931 von der Reg. Brüning der freiwillige A. auf gesetzl. Grundlagen gestellt. Eine A.-Pflicht gab es in Dtl. 1935–45 (→Reichsarbeitsdienst).

Arbeitsdirektor, das für Sozial- und Personalangelegenheiten zuständige Mitgl. des zur gesetzl. Vertretung befugten Organs in Unternehmen, die dem Mitbestimmungs-Ges. unterliegen. Nach § 33 Mitbestimmungs-Ges. vom 4. 5. 1976 ist in AGs, GmbHs u. a., die i. d. R. mehr als 2 000 Arbeitnehmer beschäftigen, ein A. zu bestellen. Er ist nach den allg. Vorschriften über die Wahl eines Vorstandsmitglieds einzusetzen (also keine Zustimmung der Arbeitnehmer erforderlich). Der bereits nach dem Montan-Mitbestimmungs-Ges. vom 21. 5. 1951 vorgesehene A. darf jedoch nicht gegen die Stimmen der Mehrheit der Arbeitnehmervertreter im Aufsichtsrat bestellt werden. Der A. ist als gleichberechtigtes Mitgl. in den Vorstand der Geschäftsführung eingebunden.

Arbeitseinkommen, Entgelt für unmittelbar geleistete Arbeit, das einem Wirtschaftssubjekt aus unselbstständiger (z. B. Lohn, Gehalt) sowie aus selbstständiger Tätigkeit (kalkulator. Unternehmerlohn) zufließt. Vom A. zu unterscheiden sind →Transfereinkommen und →Vermögenseinkommen.

Arbeitseinkommensquote, Verhältnis von gesamtwirtsch. Arbeits- und Volkseinkommen. Zu Ersterem zählen die Bruttoeinkommen aus unselbstständiger Arbeit sowie die Arbeitseinkommen der Selbstständigen und ihrer mithelfenden Familienangehörigen, wobei unterstellt wird, dass jeder Selbstständige bzw. jeder mithelfende Familienangehörige das durchschnittl. Bruttoeinkommen eines beschäftigten Arbeitnehmers erhält.

Arbeitsbeschaffungsmaßnahmen:
Ausgaben der Bundesagentur für Arbeit für Arbeitsbeschaffungsmaßnahmen

Jahr	Ausgaben (in Mio. €)	
	früheres Bundesgebiet	neue Länder
1992	1 284	3 980
1997	1 018	2 692
2002	694	1 639
2005	81	180

Arbeitserlaubnis, Genehmigung der Arbeitsverwaltung, die ausländ. Staatsangehörige grundsätzlich für eine Beschäftigung in Dtl. benötigen. Seit der Neuregelung der Erlaubnispflicht durch das Zuwanderungs-Ges. (in Kraft ab 1. 1. 2005) wird keine gesonderte A. mehr ausgestellt, sondern im Aufenthaltstitel (Aufenthalts- bzw. Niederlassungserlaubnis) wird ein Vermerk aufgenommen, ob und ggf. in welchem Umfang eine Beschäftigung im Inland ausgeübt werden darf. Ausgenommen von der Genehmigungspflicht sind ausländ. Arbeitnehmer, denen Freizügigkeit nach den Rechtsvorschriften der EG oder nach dem EWR-Abkommen zu gewähren ist (gilt für Staaten, die bereits vor dem 1. 5. 2004 Mitglied der EG waren). Für Angehörige aus den Beitrittsstaaten gelten die §§ 284 ff. SGB III, ihnen wird ein uneingeschränkter Zutritt zum inländ. Arbeitsmarkt i. d. R. erst nach einer Übergangsfrist von sieben Jahren gewährt. Erleichterten Zugang erhalten ausländ. Studenten (§ 16 Aufenthalts-Ges.) und hoch qualifizierte Arbeitnehmer (§ 19 Aufenthalts-Ges.).

Arbeitsförderung, Leistungen der Bundesagentur für Arbeit, durch die der Ausgleich von Angebot und Nachfrage am Arbeitsmarkt unterstützt werden soll, indem Ausbildung- und Arbeitsuchende über Lage und Entwicklung des Arbeitsmarkts und der Berufe beraten, offene Stellen zügig besetzt und die Möglichkeiten von benachteiligten Ausbildung- und Arbeitsuchenden für eine Erwerbstätigkeit verbessert und dadurch Zeiten der Arbeitslosigkeit vermieden oder verkürzt werden. Ein Teil der A. ist die Arbeitslosenversicherung. Leistungen der A. (geregelt im SGB III) sind u. a. →Berufsberatung, Ausbildungs- und Arbeitsvermittlung, →Trainingsmaßnahmen, Mobilitätshilfen, Übergangsgeld, Berufsausbildungsbeihilfen, →Arbeitslosengeld, Kurzarbeitergeld (→Kurzarbeit), →Insolvenzgeld, →Saison-Kurzarbeitergeld, in bestimmten Fällen Zuschüsse an Arbeitgeber zu Arbeits- und Ausbildungsentgelten, Arbeitsbeschaffungsmaßnahmen. (→Arbeitsmarktreform)

Arbeitsgemeinschaft christlicher Kirchen in Deutschland e.V., Abk. ACK, ökumen. Zusammenschluss christl. Kirchen und Glaubensgemeinschaften in Dtl., 1948 als Forum des ökumen. Gesprächs und Instrument zur Koordination praktischer kirchl. Zusammenarbeit gegr.; (2006) 16 Mitgliedskirchen und -gemeinschaften und 4 Gastmitglieder. Sitz: Frankfurt am Main.

Arbeitsgerichtsbarkeit, besondere Gerichtsbarkeit für Arbeitssachen, geregelt im Arbeitsgerichts-Ges. i. d. F. v. 2. 7. 1979; ergänzend gilt die ZPO. Dazu gehören bes. bürgerl. Rechtsstreitigkeiten zw. Arbeitnehmern und Arbeitgebern aus dem Arbeitsverhältnis, zw. Tarifvertragsparteien, ferner solche, die sich aus den Betriebsverfassungs- und den Mitbestimmungs-Ges. ergeben. Zuständig sind die **Arbeitsgerichte** als 1. Instanz, die **Landesarbeitsgerichte** als Berufungs- und Beschwerdeinstanz und das **Bundesarbeitsgericht** als Revisionsinstanz. Berufung ist zulässig, wenn der Wert des Beschwerdegegenstandes 600 € übersteigt oder sie vom Arbeitsgericht zugelassen wurde sowie in Rechtsstreitigkeiten über das Bestehen, das Nichtbestehen oder die Kündigung eines Arbeitsverhältnisses, Revision ist zulässig, wenn das Landesarbeitsgericht die Revision für zulässig erklärt hat. Die Kammern der Arbeits- und der Landesarbeitsgerichte sind mit einem Vorsitzenden (Berufsrichter) und zwei ehrenamtl. Richtern besetzt, beim Bundesarbeitsgericht – hier entscheiden Senate – um zwei Berufsrichter erweitert. Bei Letzterem besteht ein Großer Senat, der entscheidet, wenn ein Senat in einer Rechtsfrage von der Entscheidung eines anderen Senats oder des Großen Senats abweichen will.

Soll das arbeitsgerichtl. Verfahren durch Urteil (also nicht durch Beschluss) enden, hat die mündl. Verhandlung mit einem Güteverfahren zu beginnen. Die Gerichtskosten sind von Gesetzes wegen gemindert. In *Österreich* wurde die A. durch das Arbeits- und Sozialgerichts-Ges. vom 7. 3. 1985 neu gestaltet. In der *Schweiz* haben die Kantone für arbeitsrechtl. Streitigkeiten bis 30 000 Franken ein einfaches, rasches Verfahren vorzusehen (Art. 343 OR).

Arbeitsgruppe Alternative Wirtschaftspolitik, Memorandumgruppe, Zusammenschluss von Wirtschafts- und Sozialwissenschaftlern, die sich als Kritiker des Sachverständigenrats zur Begutachtung der gesamtwirtschaftl. Entwicklung (SVR) verstehen und seit 1975 jährlich ein Gegengutachten (Memorandum) zum SVR-Gutachten veröffentlichen.

Arbeitshygi|ene, →Arbeitsmedizin.

Arbeitsintensität, Verhältnis des in der Produktion von Gütern eingesetzten Faktors Arbeit zum eingesetzten Kapital. Wirtschaftszweige, Unternehmen, Herstellungsverfahren werden als **arbeitsintensiv** bezeichnet, wenn der Anteil der menschl. Arbeit gegenüber anderen Produktionsfaktoren (z. B. dem Kapital) überwiegt.

Arbeitskampf, im Rahmen von Art. 9 Abs. 3 GG zulässige kollektive Kampfmaßnahme von Arbeitnehmern oder Arbeitgebern zur Durchsetzung oder Abwehr von Forderungen in Bezug auf Vergütungen und sonstige Arbeitsbedingungen (→Streik, →Aussperrung, →Boykott).

Arbeitskosten, Personalkosten, →Lohnkosten.

Arbeitslied, ein während körperl. Arbeit oft im Wechsel zw. Vorsänger und Chor gesungenes Gruppenlied, dessen Taktart, Rhythmus und sprachl. Aussage einer gruppenspezif. Arbeitsbewegung (Mähen, Rudern u. a.) angepasst sind.

Arbeitslohn, Leistungsentgelt, →Lohn.

Arbeitslosengeld, eine sog. Entgeltersatzleistung aus der →Arbeitslosenversicherung, die an die Stelle des Arbeitsentgelts treten kann. Anspruch auf A. hat, wer arbeitslos ist (vorübergehend nicht in einem Beschäftigungsverhältnis steht und eine versicherungspflichtige Beschäftigung von mindestens 15 Stunden wöchentlich sucht), sich bei der Arbeitsagentur arbeitslos gemeldet und die Anwartschaftszeit erfüllt hat (in den letzten zwei Jahren mindestens zwölf Monate beitragspflichtig beschäftigt war) und einen Antrag auf A. gestellt hat (§§ 117 ff. SGB III). Die Anspruchsdauer bemisst sich v. a. nach der Dauer der vorherigen beitragspflichtigen Beschäftigung und dem Lebensalter bei Entstehung des Anspruchs (§§ 127 f. SGB III). Bei Ansprüchen, die ab 1. 2. 2006 entstehen, beträgt die Grundanspruchsdauer nach einer Beschäftigung von 12 Monaten 6 Monate, sie erhöht sich bei einer Beschäftigung von zumindest 24 Monaten auf 12 Monate und für Arbeitslose nach Vollendung des 55. Lebensjahres und einer Vorbeschäftigungszeit von 36 Monaten auf 18 Monate. Das A. beträgt für Arbeitslose mit Kind 67 %, für die Übrigen 60 % des pauschalierten Nettoarbeitsentgelts. Es kann versagt werden (Sperrzeit, bis zu 12 Wochen), wenn der Arbeitslose z. B. eine Arbeitsstelle ohne wichtigen Grund aufgibt.

Arbeitslosengeld II, in der →Grundsicherung für Arbeitsuchende die wichtigste Leistung zur Sicherung des Lebensunterhalts für erwerbsfähige Hilfebedürftige (§§ 19–27 SGB II), die bis Ende 2004 entweder Arbeitslosenhilfe nach dem SGB III oder Sozialhilfe (Hilfe zum Lebensunterhalt, Hilfe zur Arbeit) beziehen konnten. Das steuerfinanzierte A. II wird auf Antrag nach einer Bedürftigkeitsprüfung gewährt. Es besteht aus einer Regelleistung zur Sicherung des Lebensunterhalts einschl. der angemessenen Kosten für Unterkunft und Heizung, aus Leistungen für den Mehrbedarf beim Lebensunterhalt und aus einem befristeten Zuschlag (zwei Jahre) nach Bezug von Arbeitslosengeld. Die Regelleistung zur Sicherung des **Lebensunterhalts** beträgt monatlich für Personen, die alleinstehend oder alleinerziehend sind oder deren Partner minderjährig ist, 345 € (bis 30. 6. 2006 in den neuen Ländern 331 €). Die Regelleistung für sonstige erwerbsfähige Angehörige der Bedarfsgemeinschaft (auch unverheiratete Kinder bis 25 Jahre) beträgt 80 % der gen. Summe, haben zwei Partner der Bedarfsgemeinschaft das 18. Lebensjahr vollendet, beträgt sie jeweils 90 %. Erwerbsfähige Personen unter 25 Jahren, die ohne Zustimmung des kommunalen Trägers in eine eigene Wohnung umziehen, erhalten bis zur Vollendung des 25. Lebensjahres nur 80 % der Regelleistung und nur in Ausnahmefällen Leistungen für Unterkunft und Heizung. Leistungen für **Mehrbedarfe** erhalten unter bestimmten Voraussetzungen werdende Mütter und Kinder erziehende Personen. Die Kosten für **Unterkunft und Heizung** werden in Höhe der tatsächl. Aufwendungen berücksichtigt, soweit diese angemessen sind. Hilfe suchende Personen und mit ihnen in einer Bedarfsgemeinschaft lebende Personen haben Einkommen und Vermögen in bestimmten Grenzen einzusetzen. (→Sozialgeld, →Einstiegsgeld)

Arbeitslosenhilfe, bis 31. 12. 2004 eine aus Bundesmitteln finanzierte Leistung der Arbeitslosenversicherung an bedürftige Arbeitslose, die keinen Anspruch auf Arbeitslosengeld (mehr) hatten; 57 %, bei Arbeitslosen ohne steuerlich zu berücksichtigende Kinder 53 % des pauschalierten Nettoarbeitsentgelts. Zum 1. 1. 2005 wurden die A. und die Sozialhilfe für erwerbsfähige Hilfebedürftige zu einer neuen Leistung, der →Grundsicherung für Arbeitsuchende, zusammengeführt. (→Arbeitslosengeld II)

Arbeitslosenquote, Zahl der registrierten Arbeitslosen in Prozent der Anzahl der zivilen Erwerbspersonen (abhängige Erwerbstätige [ohne Soldaten], Selbstständige sowie registrierte Arbeitslose). Daneben wird die A. auch als Prozentsatz der abhängigen zivilen Erwerbspersonen angegeben. In Dtl. sind **registrierte Arbeitslose** i. Ggs. zu den Erwerbslosen Arbeitsuchende zw. 15 und 65 Jahren, die sich bei der Agentur für Arbeit gemeldet haben und der Arbeitsvermittlung zur Verfügung stehen, die eine zumutbare, die Beitragspflicht begründende abhängige Beschäftigung ausüben können und dürfen, dazu auch bereit sind und für die Agentur für Arbeit täglich erreichbar sind, die ferner zum Zeitpunkt der Meldung weniger als 15 Stunden pro Woche oder gar nicht arbeiten. Angaben über registrierte Arbeitslose und A. sind aufgrund unterschiedl. nat. Definitionen und Erhebungen für zwischenstaatl. Vergleiche nur bedingt nutzbar. Aus diesem Grund werden die vom Statist. Amt der EU (Eurostat) verwendeten Angaben zu Erwerbslosen herangezogen, die auf dem »Labour-force«-Konzept der Internat. Arbeitsorganisation (ILO) basieren. Die so ermittelte **Erwerbslosenquote** stellt den Anteil der Erwerbslosen an allen Erwerbspersonen (bestehend aus Erwerbstätigen und Erwerbslosen) dar. Die Erwerbslosenquote fällt in Dtl. niedriger aus als die Arbeitslosenquote.

Arbeitslosenversicherung, die staatl. Pflichtversicherung der Arbeitnehmer gegen die wirtsch. Folgen der Arbeitslosigkeit, geregelt im SGB III. Träger ist die Bundesagentur für Arbeit mit ihren Regionaldirektionen und den Agenturen für Arbeit. Finanziert wird die A. je zur Hälfte von Arbeitnehmern und Arbeitgebern (Beitrag von jeweils 2,1 % ab 1. 1. 2007, bisher je 3,25 % des Bruttoarbeitsentgelts bis zur Beitragsbemessungsgrenze der Rentenversicherung) sowie durch Bundeszuschüsse. Versicherungspflichtig sind alle gegen Entgelt oder zu ihrer Berufsausbildung beschäftigten Arbeitnehmer (auch Heimarbeiter). Seit 2006 können sich Selbstständige, Personen, die Angehörige pflegen, und im Ausland außerhalb der EU beschäftigte Arbeitnehmer freiwillig in der A. versichern. Versicherungsfrei sind v. a. Beamte, geringfügig Beschäftigte und Arbeitnehmer in Arbeitsbeschaffungsmaßnahmen. Hauptleistungen sind →Arbeitslosengeld, →Arbeitslosengeld II, Kurzarbeitergeld (→Kurzarbeit), Insolvenzgeld, →Saison-Kurzarbeitergeld, →Arbeitsbeschaffungsmaßnahmen, Förderung der berufl. Bildung (→Umschulung), Maßnahmen der Rehabilitation und Existenzgründungshilfen (→Gründungszuschuss). Während des Bezugs von Leistungen zahlt die Arbeitsagentur in bestimmten Fällen auch die Sozialversicherungsbeiträge der Leistungsempfänger. (→Arbeitsmarktreform)

Auch in *Österreich* ist die A. staatl. Pflichtversicherung. Versicherungspflichtig sind u. a. Dienstnehmer, Lehrlinge, Heimarbeiter. Leistungen: Arbeitslosengeld, nach dessen Auslaufen Notstandshilfe (mit Bedürftigkeitsprüfung). In der *Schweiz* wurde die A. 1976 obligatorisch. Versicherungspflichtig sind bes. die Pflichtversicherten der Alters- und Hinterlassenenversicherung. Leistungen: Arbeitslosenentschädigungen in Form von Tagegeldern, bestehend aus Grundentschädigung und Zulagen für Unterhalts- und Unterstützungspflichtige; Kurzarbeits-, Schlechtwetter- und Insolvenzentschädigungen.

Arbeitslosigkeit, Ungleichgewicht des Arbeitsmarkts, bei dem die angebotene Art und Menge der Arbeitsleistungen die nachgefragte Art und Menge der Arbeitsleistungen übersteigt, sodass ein Teil der

Arbeitslosigkeit: Jahresdurchschnittliche Arbeitslosenquoten[1] (in %)						
Staat	1995	1997	1999	2001	2003	2005
EU-Staaten (15)	10,1	9,9	8,6	7,3	8,0	7,9
darunter:						
Deutschland[2]	8,0	9,1	7,9	7,4	9,0	9,5
Frankreich	11,1	11,5	10,5	8,4	9,5	9,5
Großbritannien und Nordirland	8,5	6,8	5,9	5,0	4,9	4,7
Irland	12,3	9,9	5,7	4,0	4,7	4,3
Italien	11,2	11,3	10,9	9,1	8,4	7,7
Niederlande	6,6	4,9	3,2	2,2	3,7	4,7
Spanien	18,4	16,7	12,5	10,3	11,1	9,2
Japan	3,1	3,4	4,7	5,0	5,3	4,4
USA	5,6	4,9	4,2	4,8	6,0	5,1

[1] Anteil der registrierten Arbeitslosen an der zivilen Erwerbsbevölkerung. Quelle: Eurostat und OECD. – [2] Einschließlich neuer Bundesländer.

Erwerbspersonen zeitweise ohne Beschäftigung ist. Man unterscheidet: die mit dem Wechsel des Arbeitsplatzes gewöhnlich verbundene, vorübergehende **friktionelle A.**; die **saisonale A.** als Folge der Saisonabhängigkeit bestimmter Berufe; die **konjunkturelle A.**, die durch eine (temporäre) Nachfrageschwäche hervorgerufen wird; die **strukturelle A.**, die auf anhaltenden berufl. Diskrepanzen zw. Angebot und Nachfrage oder auf unzureichendem Wirtschaftswachstum einschl. techn. Fortschritts durch Prozess- und Produktinnovationen (**technolog. A.**) und schließlich auf Strukturwandel einer Volkswirtschaft bei gegebenen Inflexibilitäten, z. B. bei Höhe und Struktur der Löhne, basiert. – Hinsichtlich der statist. Erfassung wird zw. registrierter und nicht registrierter A. unterschieden. Letztere ist gegeben, wenn sich Arbeitslose nicht bei der Agentur für Arbeit melden. Verdeckte A. liegt vor, wenn Arbeitskräfte aus dem Erwerbsleben (zeitweilig) ausscheiden oder später ins Arbeitsleben eintreten, wenn die Arbeitszeit vorübergehend verringert wird (Kurzarbeit), wenn sich die Arbeitnehmer in Umschulungsmaßnahmen befinden oder unproduktiv beschäftigt sind. Die Größe dieser als **stille Reserve** bezeichneten Personengruppe kann nur geschätzt werden. In den letzten Jahren stellt die **Langzeit-A.** (d. h. A., die ein Jahr oder länger andauert) ein besonderes Problem dar, sowohl für die Betroffenen (psych. Belastung, Einkommensverluste, Verarmung) als auch für die Volkswirtschaft (Steuerausfälle, geringere Sozialversicherungseinnahmen, Nachfragerückgang, steigende Ausgaben für Arbeitslosenversicherung und Sozialhilfe sowie die Finanzierung arbeitsmarktpolit. Maßnahmen) und die Gesellschaft. Die gesamtfiskal. Kosten der A. beliefen sich 2004 im früheren Bundesgebiet auf 57,7 Mrd. € (neue Bundesländer: 27,9 Mrd. €) oder durchschnittlich 20 800 € (17 500 €) pro Arbeitslosen und Jahr; davon entfielen 48,5 % (49,1 %) auf Ausgaben der Bundesanstalt für Arbeit (seit 2004 Bundesagentur für Arbeit), 27,2 % (28,7 %) auf Mindereinnahmen in der Sozialversicherung und 18,5 % (18,3 %) auf Mindereinnahmen bei den Steuern. Statt »A. zu finanzieren« wurden die Bemühungen verstärkt, Gelder für Schaffung oder Erhalt von Arbeitsplätzen bereitzustellen (→ Arbeitsbeschaffungsmaßnahmen).

Die Weltwirtschaftskrise brachte erstmals das Phänomen der **Massen-A.** (6 Mio. Arbeitslose im Winter 1932/33 in Dtl.). Seit Mitte der 1970er-Jahre und im Gefolge der Rezession Anfang der 1990er-Jahre ist die A. in fast allen Industrieländern wieder zu einem gravierenden gesellschaftl. Problem geworden. Zur Bekämpfung konjunktureller A. fordert der Keynesianismus eine expansive Beeinflussung der gesamtwirtsch. Nachfrage durch antizykl. Geld- und Fiskalpolitik (→ Globalsteuerung). Vertreter der neoklassisch-monetarist. Position fordern hingegen einen Verzicht auf antizykl. Eingriffe und eine verstetigte, am gesamtwirtsch. Produktionspotenzial orientierte Geld- und Fiskalpolitik und allg. eine Verbesserung der Angebotsbedingungen. (→ Arbeitsmarktreform, → Arbeitslosengeld II, → Grundsicherung für Arbeitsuchende).

Arbeitsmarkt, Zusammentreffen von Angebot an und Nachfrage nach menschl. Arbeitsleistung. Der A. kann in Teilmärkte, z. B. für bestimmte Berufe oder Qualifikationen, aufgeteilt werden. Auf dem A. werden Höhe des Arbeitsentgeltes und Arbeitsbedingungen von den Beteiligten ausgehandelt. Die Arbeitnehmer haben sich zur Stärkung ihrer Stellung in Gewerkschaften, die Arbeitgeber in Arbeitgeberverbänden organisiert. Diese Monopolisierung von Arbeitsangebot und -nachfrage macht den A. zu einem bilateralen Monopol. Damit wird die Preisbildung, d. h. die Lohnhöhe, durch die Machtpositionen am A. beeinflusst.

Die **A.-Politik** umfasst – in Abgrenzung zur Beschäftigungspolitik – Maßnahmen zur Unterstützung des Ausgleichs am A., also Abbau und/oder Verhinderung von Arbeitslosigkeit oder Arbeitskräftemangel. Dazu zählen v. a. berufl. Weiterbildung und Arbeitsbeschaffungsmaßnahmen. Für Letztere ist die Bez. »Zweiter A.« aufgekommen. Für die A.-Politik zuständige Institutionen sind in Dtl. die Bundesagentur für Arbeit, in *Österreich* das Bundesministerium für Arbeit und Soziales, in der *Schweiz* das Staatssekretariat für Wirtschaft.

Arbeitsmarktreform, von der Hartz-Kommission (durch die Bundesreg. eingesetzt, Leitung P. Hartz, ehemaliger VW-Manager) 2002 erarbeitete Vorschläge zur Reform des Arbeitsmarkts, durch die die Arbeitslosigkeit in Dtl. bis 2005 nachhaltig gesenkt werden sollte. Eckpunkte: 1) Schaffung neuer Arbeitsplätze z. B. durch Einführung von Personal-Service-Agenturen, d. h. von bes. bei Zeitarbeitsfirmen angesiedelten Agenturen, die befristet Arbeitslose in Betriebe entleihen, Förderung der Beschäftigung in privaten Haushalten, Vergabe von zinsgünstigen Krediten an Unternehmen, die Arbeitslose einstellen (Programm »Kredit für Arbeit«), Förderung von Arbeitslosen zur Aufnahme einer selbstständigen Tätigkeit (Ich-AG); 2) Zusammenbringen von Arbeitslosen und offenen Stellen durch Verbesserung der Arbeitsvermittlung (Einführung von Jobcentern als erste Anlaufstelle für Arbeitsuchende, Angebot von persönlich zugeschnittener Beratung und Unterstützung durch die Jobcenter, Zusammenführung der Zuständigkeiten für erwerbsfähige Arbeitsuchende bei gleichzeitiger Leistungsabsenkung [Arbeitslosengeld II]), Verbesserung des Angebots zur Kinderbetreuung, Neuregelung der Zumutbarkeitskriterien für eine neue Stelle, Förderung der Ausbildung und Beschäftigung junger Menschen; 3) Neuorientierung der Bundesagentur für Arbeit und der Arbeitsagenturen zu einem kundennahen Dienstleister, Vereinfachung der Instrumente der Arbeitsförderung

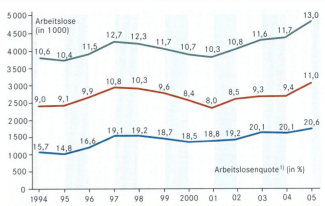

Arbeitslosigkeit: Entwicklung der Arbeitslosigkeit 1994–2005 in den alten (rote Kurve) und den neuen Bundesländern (blaue Kurve) sowie in Gesamtdeutschland (grüne Kurve). – [1] Zahl der Erwerbslosen in Prozent aller abhängigen zivilen Erwerbspersonen; ab 1994 neue Bundesländer einschließlich Berlin (West), alte Bundesländer ohne Berlin (West).

und Stärkung des Wettbewerbs. Die erhoffte Entlastung des Arbeitsmarktes ist bisher allerdings hinter den Erwartungen zurückgeblieben.

Arbeitsmarktservice Österreich [-sə:vis -], 1994 gebildete neue »Arbeitsmarkt-Verw.« Österreichs; wurde aus der Hoheitsverw. ausgegliedert und als A. Ö. unter Beteiligung der Sozialpartner mit einer leistungsorientierten unternehmer. Organisationsstruktur neu etabliert.

Arbeitsmaschinen, Maschinen, die von Menschen- oder Tierkraft oder Kraftmaschinen angetrieben werden und eine Arbeit verrichten, z. B. Krane, Bagger, Landmaschinen, Werkzeugmaschinen.

Arbeitsmedizin, Fachgebiet der Medizin, das sich mit den Wechselbeziehungen zw. berufl. Arbeit sowie Gesundheit und Krankheiten des Menschen befasst; die A. beinhaltet Arbeitshygiene, -physiologie, -pathologie, teilweise auch -psychologie und wirkt sich auf Arbeitsschutz- und Sozialgesetzgebung aus.

Arbeitsnorm, Bemessungsgrundsätze für die Arbeitsleistung und ihre Entlohnung, v. a. bei Akkord- und Prämienlöhnen.

Arbeitspapiere, alle Urkunden, die im Zusammenhang mit einem Arbeitsverhältnis stehen, z. B. Zeugnis, Lohnsteuerkarte, Versicherungsnachweise, Arbeitsbescheinigung; sie sind dem Arbeitnehmer bei Lösung des Arbeitsverhältnisses auszuhändigen.

Arbeitsphysiologie, *Leistungsphysiologie,* Teilgebiet der Arbeitsmedizin; erstrebt schonenden Einsatz der menschl. Arbeitskraft und zeigt Wege zu effektiven Arbeitsformen.

Arbeitsplatz, jede funktional definierte oder räumlich gebundene Stelle im Betrieb, an der eine Person beschäftigt ist. Der Aufbau des A. beeinflusst das Arbeitsergebnis, die Belastung und Sicherheit des arbeitenden Menschen. Grundlage der **A.-Gestaltung** bildet die personenunabhängige **A.-Beschreibung;** hierbei wird von arbeitswiss. Erkenntnissen ausgegangen (→Arbeitsstudie).

Arbeitsproduktivität, Verhältnis von gesamter Produktionsmenge zur Einsatzmenge des Faktors Arbeit. Die amtl. Statistik berechnet die A. und den A.-Index als Produktionsergebnis je Beschäftigten, je Beschäftigtenstunde, je Arbeiter oder je Arbeiterstunde für den Bergbau und das verarbeitende Gewerbe. Die Beschäftigtenstunden ergeben sich aus den geleisteten Arbeitsstunden und der durchschnittl. Arbeitszeit der Angestellten. Der Index der **gesamtwirtschaftlichen A.** ist das Verhältnis von Bruttoinlandsprodukt oder -wertschöpfung in konstanten Preisen zur durchschnittl. Anzahl der Erwerbstätigen oder Erwerbstätigenstunden.

Arbeitsrecht, Teil des Rechts, der die Stellung des unselbstständigen Arbeitnehmers regelt. Es ist in eine Vielzahl von Einzelgesetzen zersplittert. – Der älteste Teil des A. ist das Recht des →Arbeitsvertrages, der im Mittelpunkt des **Individual-A.** steht. Das A. dient dem Schutz des wirtschaftlich schwächeren Arbeitnehmers. Nach dem Inhalt ist zu unterscheiden zw. Schutz gegen Gefahr bei Ausführung der Arbeit und Vorschriften über die Arbeitszeit. Der Erstere ist u. a. geregelt in der Arbeitsstätten-VO vom 12. 8. 2004, die einheitl. Anforderungen an die Sicherheit von Arbeitsstätten aufstellt. Der Rahmen für die Arbeitszeit ist im Arbeitszeit-Ges. vom 6. 6. 1994 festgelegt. Ferner bestehen Schutzbestimmungen für einzelne Gruppen von Arbeitnehmern, z. B. werdende Mütter, Schwerbehinderte. Ein weiterer, wesentl. Teil des A. ist das Kündigungsschutzrecht, das das freie vertragl. Kündigungsrecht einschränkt (→Kündigung). Durch die Anerkennung der Gewerkschaften als gleichberechtigte Tarifvertragspartner entstand das **kollektive A.,** das das Tarifvertrags- und →Betriebsverfassungsgesetz sowie das Mitbestimmungsrecht (→Mitbestimmung) umfasst. Auch das Recht der Arbeitsstreitigkeiten ist Bestandteil des A. (→Arbeitsgerichtsbarkeit, →Schlichtung). Für →Beamte gelten die Sonderregelungen des Beamtenrechts.

In *Österreich* haben zahlr. Sonder-Ges. die Geltung der §§ 1153–1164 ABGB zurückgedrängt. (Ungünstigen) Einzelverträgen gehen zudem die zahlr. bestehenden Kollektivverträge und Betriebsvereinbarungen vor. Verschiedene Schutz-Ges. sichern Leben und Gesundheit von Arbeitnehmern. In der *Schweiz* ist das A. weitgehend Bundessache. Den Arbeitsvertrag regelt das OR (Art. 319 ff.), doch gehen dem Einzelvertrag auf weiten Gebieten die Gesamtarbeitsverträge vor, die nach Ges. von 1956 allg. verbindlich erklärt werden können. Das Arbeits-Ges. vom 13. 3. 1964 (zuletzt 2002 geändert) regelt das öffentl. A. bezüglich Arbeitszeit, Gesundheitsschutz, Schutz von jugendl. Arbeitnehmern und Frauen.

Arbeitsschule, *Reformpädagogik:* eine Unterrichtsweise, die die Selbsttätigkeit des Schülers pflegt und ihn zum selbstständigen Schaffen anregen soll. Grundgedanken der A. finden sich bei den Philanthropen, bei J. H. Pestalozzi und F. Fröbel. Zum anerkannten Grundsatz des Schulunterrichts (**Arbeitsunterricht**) wurde die A. ab Beginn des 20. Jh. durch G. Kerschensteiner, später durch H. Gaudig. Arbeit bedeutete zunächst Handtätigkeit, dann immer mehr Selbsttätigkeit überhaupt (in fast allen Fächern).

Arbeitsschutz, Gesamtheit sozialpolit. und techn. Maßnahmen zum Schutz der abhängig Arbeitenden gegen Schädigungen und Gefahren aus der berufl. Tätigkeit. Zum A. gehören die Verhütung von Arbeitsunfällen und Berufskrankheiten (techn. und gesundheitl. A.), der Arbeitszeit-, Kinder-, Jugendlichen-, Frauen-, Mutter- und Schwerbehindertenschutz, der Schutz bei Lohnpfändung (sozialer A.) und der Datenschutz. Teil des A. ist der →Betriebsschutz. Grundsätzlich verantwortlich für den A. ist der Arbeitgeber. (→Gewerbeaufsicht)

Arbeitsspeicher, *Hauptspeicher, Informatik:* ein Speicher, der die gerade ablaufenden Programme und die dazu benötigten Daten enthält. Der A. ist ein flüchtiger Speicher, d. h., die in ihm enthaltenen Daten gehen verloren, wenn die Stromversorgung unterbrochen wird.

Arbeitsstätte, *Statistik:* Betriebseinheit, z. B. Betriebe des produzierenden Gewerbes, Dienstleistungsunternehmen, freiberufl. Praxen, öffentl. Institutionen. Als A. gilt grundsätzlich die räumlich abgegrenzte Einheit, d. h. das umgrenzte Grundstück oder der Grundstückskomplex, auf dem mindestens eine Person ständig (haupt- oder nebenberuflich) tätig ist.

Arbeitsstudi|e, Oberbegriff für alle betriebl. Methoden zur systemat. Untersuchung der menschl. Arbeit mit dem Ziel, die Arbeit ökonomisch und menschengerecht zu gestalten, ihren Umfang zu messen und ihre Anforderungen zu analysieren. Daraus folgend werden drei method. Instrumente zusammengefasst: 1) Die **Arbeitsgestaltungsstudie** dient durch Analyse der Arbeitsvorgänge und des Arbeitsplatzaufbaus (Arbeitsplatzstudie) v. a. der Rationalisierung des Arbeitsablaufs. 2) Mithilfe der **Arbeitszeit-**

studie soll eine Leistungsvorgabe für die Arbeitskraft ermittelt werden; dazu sind Vorgabezeiten zu errechnen und Leistungsgrade zu schätzen. 3) Die **Arbeitswertstudie** erfasst die Arbeitsschwierigkeit zur Angabe von Anforderungsprofilen für Arbeitskräfte, die eine bestimmte Arbeit ausführen.

Arbeitstakt, Takt eines Verbrennungsmotors, bei dem durch die Verbrennungsgase Arbeit an den Kolben abgegeben wird.

Arbeitsteilung, 1) *Biologie:* Aufgabenteilung der Lebensfunktionen bei Organismen. Die A. einzelliger Pflanzen und Tiere zeigt sich darin, dass bestimmte Teile der Zelle (Organellen) besondere Funktionen übernehmen. Bei vielzelligen Lebewesen besteht durch Differenzierung der Zellen in Gewebe und Organe ebenfalls eine A. In den Tierstaaten der Hautflügler treten sterile Weibchen auf, die versch. Arbeiten verrichten. Bei den Kolonien bildenden Hohltieren, Moostierchen und Manteltieren nehmen alle in ihrer Anlage gleichen Einzelwesen durch Differenzierung eine funktionsentsprechende Gestalt an (bes. die Staatsquallen). A. brutpflegender Wirbeltiere gibt es bei Bewachung und Nahrungsversorgung.
2) *Soziologie* und *Wirtschaftswissenschaft:* Aufgliederung von Arbeitsprozessen in Teilverrichtungen und deren Verteilung auf versch. Erwerbszweige und Berufe. Formen der A.: **Arbeitszerlegung,** die Aufgliederung von Produktionsprozessen in Teilprozesse; **räuml. A.,** Spezialisierung auf die standortmäßig günstigste Produktion, mit dem Spezialfall der **internat. A.,** deren theoret. Grundlage das Theorem der →komparativen Kosten bildet. Vorteile der A.: Produktionssteigerungen und bessere Ausnutzung der Arbeitskraft, Kostensenkung; Nachteile: geringere Möglichkeiten des Berufswechsels, Monotonie, bei weitgehender internat. A. mögliche Abhängigkeit der Volkswirtschaften von Schwankungen der Weltmarktpreise. – Theorien der A. wurden bes. von A. Ferguson, É. Durkheim, G. von Schmoller und K. Marx entwickelt.

Arbeitstherapie, Behandlung von Kranken, bes. bei lang dauerndem Klinikaufenthalt, durch Arbeit, meist in Form leichter Industrieanfertigungen. Die A. hat u.a. zum Ziel, den Übergang zum tägl. Leben zu erleichtern (Rehabilitationsmaßnahme). A. und Beschäftigungstherapie werden unter der Bez. Ergotherapie zusammengefasst.

Arbeitsunfähigkeit, durch Krankheit bewirktes Unvermögen zur Arbeit. Bei A. treten Entgeltfortzahlung und/oder die Leistungen der Kranken- und ggf. der Unfallversicherung ein.

Arbeitsunfall, Unfall, den ein Versicherter der gesetzl. Unfallversicherung bei einer versicherten Tätigkeit, bes. bei Verrichtung einer abhängigen Arbeit oder auf dem Weg zur oder von der Arbeitsstätte (»Wegeunfall«), erleidet. Ein Unfall ist ein zeitlich begrenztes, von außen auf den Körper einwirkendes Ereignis, das zu einem Gesundheitsschaden oder zum Tod führt. Dem A. ist in der Unfallversicherung der Eintritt bestimmter Berufskrankheiten gleichgestellt.

Arbeitsverhältnis, das zw. Arbeitgeber und Arbeitnehmer bestehende Rechtsverhältnis, gleichgültig, ob dies durch einen förml. Arbeitsvertrag oder durch tatsächl. Arbeitsaufnahme (**fakt. A.**) begründet wurde. Die sich aus dem A. ergebenden Rechte und Pflichten sind z.T. durch Gesetz geregelt (z.B. BGB, HGB, GewO), z.T. durch Tarifvertrag und Betriebsvereinbarung. Zusätzlich zu den Grundpflichten des Arbeitgebers (Lohnzahlung, Urlaubsgewährung) und des Arbeitnehmers (Arbeitsleistung) wirken Nebenpflichten (→Fürsorgepflicht, →Treuepflicht).

Arbeitsvermittlung, Vermittlung geeigneter Arbeitsstellen an Arbeitsuchende und umgekehrt. Die A. war Monopol der Bundesagentur für Arbeit. Nach § 37 SGB III kann die Agentur für Arbeit zu ihrer Unterstützung Dritte mit der A. oder mit Teilaufgaben der Vermittlung beauftragen. Dies gilt bes. dann, wenn dadurch die berufl. Eingliederung erleichtert wird (§ 37 SGB III).

Arbeitsvertrag, privatrechtlicher, schuldrechtl. Vertrag, durch den sich ein Arbeitnehmer zur Leistung abhängiger Arbeit und der Arbeitgeber zur Zahlung der Arbeitsvergütung und anderer Leistungen verpflichtet; Schriftform ist nicht erforderlich. Der A. ist eine Unterart des Dienstvertrags (§§ 611 ff. BGB). Sonderbestimmungen enthält das HGB für kaufmänn. Angestellte, die GewO für gewerbl. Arbeitnehmer, das Teilzeit- und Befristungs-Ges. für befristete Arbeitsverhältnisse. Ergänzend gelten Tarifverträge und Betriebsvereinbarungen. Wird der A. nicht schriftlich abgeschlossen, hat der Arbeitgeber die wesentl. Arbeitsbedingungen schriftlich zu fixieren und die Niederschrift dem Arbeitnehmer auszuhändigen, soweit nicht nur eine vorübergehende Beschäftigung vorliegt. Der A. endet durch Zeitablauf, Kündigung, Aufhebungsvertrag oder Tod des Arbeitnehmers, nicht aber durch Betriebsübergang.

Arbeitsverweigerung, auf Widersetzlichkeit beruhendes, unbefugtes Verweigern der Arbeitsleistung. A. wird nach Abmahnung die ordentl. →Kündigung rechtfertigen und in schweren Fällen ein Grund zur fristlosen Entlassung sein; gilt aber nicht bei Streik.

Arbeitsvorbereitung, Maßnahmen der Produktionsprozessplanung und -steuerung mit dem Ziel, einen reibungslosen, termingerechten und ökonomisch effizienten Ablauf der industriellen Fertigung sicherzustellen.

Arbeitswerttheorie, von A. Smith, D. Ricardo, K. Marx u.a. vertretene objektive Werttheorie, die den Tauschwert (Preis) der Güter aus dem Wert der Arbeit als dem alleinigen Produktionsfaktor erklärt. Nach Smith kosten alle Produkte nur Arbeit, daher ist ihr Wert allein durch diese bestimmt. Nach Ricardo werden die Güter im Verhältnis der auf sie verwendeten Arbeit, gemessen an der Zeit, getauscht. Nach Marx ist Arbeit sowohl Substanz (abstrakte Arbeit) als auch Maß des Wertes (gesellschaftlich notwendige Arbeitszeit), zu dem die Waren auf dem Markt getauscht werden. Die A. bildet eine der Hauptthesen der marxist. Kritik am Kapitalismus.

Arbeitswissenschaft, interdisziplinär angewandte Wiss., die sich mit allen Fragen menschl. Arbeit im Betrieb befasst. Im Mittelpunkt steht der ökonom. Einsatz menschl. Arbeitskraft unter Anpassung der Arbeitsbedingungen an die körperl., geistigen und seel. Eigenschaften des Menschen.

Arbeitszeit, durch Tarifvertrag, Betriebsvereinbarungen oder Arbeitsvertrag geregelte Zeit vom Beginn bis zum Ende der Arbeit (ohne Ruhepausen). Unterschieden werden muss zw. tariflich festgelegter A., geleisteter A. (mit Überstunden) und bezahlter A. (die auch Urlaub, Krankheit u.a. einschließt). – Ein Abgehen von der starren A.-Regelung brachte der Übergang zur gleitenden A., bei der die Arbeitnehmer um eine feste Kernzeit ihre Arbeitsstunden (bei Einhaltung einer Gesamtstundenzahl) variieren können

(Gleitzeit). Die Ausgestaltung der Gleitzeit wird meist in einer Betriebsvereinbarung geregelt. – Den rechtl. Rahmen bildet das Arbeitszeit-Ges. (ArbZG) vom 6.6. 1994, das die Arbeitszeitordnung (AZO) von 1938 ablöste. Das ArbZG regelt den öffentlich-rechtl. Arbeitsschutz, v. a. die gesetzl. Höchstarbeitszeiten (acht Stunden werktags, bei entsprechendem Ausgleich bis zu zehn Stunden, 48 Stunden pro Woche), Mindestruhepausen und -zeiten sowie den Nachtarbeitnehmerschutz. Es gilt grundsätzlich für alle Arbeitnehmer in sämtl. Beschäftigungszweigen (enthält Ausnahmen u. a. für Bäckereien, Handelsschiffe). Bei verkürzter A. (→ Teilzeitarbeit) gelten die Bestimmungen des Teilzeit- und Befristungsgesetzes.

Im Kampf um die Verkürzung der A. hat sich in vielen Staaten erst nach 1918 der Achtstundentag allg. durchgesetzt (48-Stunden-Woche). In Dtl. traten die Gewerkschaften seit Mitte der 1950er-Jahre für eine tarifvertragl. Regelung der A. ein und erzielten eine Herabsetzung der A. bei vollem Lohnausgleich. Angesichts hoher Arbeitslosigkeit wird heute kontrovers über den Abbau der immer noch hohen Zahl von geleisteten Überstunden diskutiert. Z. T. wurden in den vergangenen Jahren auch Vereinbarungen zur Erhöhung der wöchentl. A. abgeschlossen. Im Interesse einer größeren Flexibilität ist weiterhin eine Vielfalt von A.-Modellen (→ Arbeitszeitkonto) zu beobachten.

Arbeitszeitkonto, betriebl. Konto eines Arbeitnehmers, auf dem über die vertragl. Arbeitszeit hinaus geleistete Arbeitszeit dokumentiert (gesammelt) wird, um zu einem späteren Zeitpunkt einen Freizeitausgleich (bezahlte Freistellung) zu schaffen; ein Modell der Arbeitszeitflexibilisierung. Unterschieden wird zw. **Kurzzeitkonto** (z. B. Jahresarbeitszeitkonto), bei dem der Ausgleich innerhalb des vereinbarten Zeitraums stattfindet, und **Langzeitkonto** (auch Lebensarbeitszeitkonto), das dem Sammeln von Arbeitszeit mit dem Ziel eines zeitweiligen (z. B. Sabbatjahr) oder vorzeitigen Ausstiegs aus dem Berufsleben dient. Ein mehr als sechsmonatiger Ausgleichszeitraum kann nur durch Tarifvertrag oder Betriebsvereinbarung aufgrund eines Tarifvertrags vereinbart werden. Während der Freistellung besteht gemäß § 7 Abs. 1a SGB IV der volle Sozialversicherungsschutz für den Arbeitnehmer. Nach § 7 d SGB IV ist das während der Freistellung zu zahlende Arbeitsentgelt einschließlich des darauf entfallenden Arbeitgeberanteils am Gesamtsozialversicherungsbeitrag gegen Insolvenz des Arbeitgebers zu versichern, wenn der Betrag das Dreifache der monatl. Bezugsgröße (§ 18 SGB IV) übersteigt und der Ausgleichszeitraum länger als 27 Monate ist.

Arbeitszimmer, *Steuerrecht:* Aufwendungen für ein häusl. A. sowie Kosten der Ausstattung sind bei der Einkommensteuer als Werbungskosten oder Betriebsausgaben bis zu einem Betrag von 1 250 € jährlich abzugsfähig, wenn mehr als 50 % der gesamten betriebl. und berufl. Tätigkeit im A. ausgeübt wird oder kein anderer Arbeitsplatz zur Verfügung steht. Diese Begrenzung gilt nicht, wenn das A. den Mittelpunkt der gesamten betriebl. und berufl. Betätigung des Steuerpflichtigen bildet.

Arber *der,* höchste Berggruppe des Böhmerwaldes, auf bayer. Gebiet, mit dem **Großen A.** (1 456 m ü. M.) und dem **Kleinen A.** (1 384 m ü. M.) und zwei Karseen (Großer und Kleiner Arbersee).

Arber, Werner, schweizer. Mikrobiologe, * Gränichen (Kt. Aargau) 3. 6. 1929; Prof. für Molekularbiologie in Basel; erhielt 1978 für die Entdeckung der →Restriktionsenzyme in der Molekulargenetik mit D. Nathans und H. O. Smith den Nobelpreis für Physiologie oder Medizin.

Arbil, Stadt im Irak, →Erbil.

Arbitrage [-ˈtraːʒə; frz., aus lat. arbitrium »Entscheidung«] *die,* **1)** *Börsenwesen:* die Ausnutzung von Preis-, Zins- und Kursunterschieden zw. verschiedenen Börsenplätzen durch Kauf an Plätzen mit niedrigem und gleichzeitigem Verkauf an Plätzen mit hohem Preis. Je nach der Art der betreffenden Börsenwerte unterscheidet man Devisen-, Edelmetall- (Gold-), Zins-, Effekten-, Warenarbitrage.

2) *Handelsrecht:* je nach örtl. Handelsbrauch die Erledigung von Meinungsverschiedenheiten tatsächl. Art durch Schiedsgutachter oder die Entscheidung eines Streits durch ein Schiedsgericht; ferner eine Klausel, wonach der Käufer beanstandete Ware behalten muss und nur ein Minderungsrecht hat.

Arbitration [engl. ɑːbɪˈtreɪʃən] *die,* Schiedsverfahren, Schiedsgerichtsverfahren; die außergerichtl. Erledigung von Streitigkeiten im angelsächs. Recht sowie im internat. Handelsverkehr; auch im Völkerrecht ein Mittel der Streitbeilegung.

Arbois [arˈbwa], Stadt im Dép. Jura, Frankreich, 3 900 Ew.; Weinbauzentrum mit Weinbaumuseum; roman. Kirche. – In der Nähe große Höhlen (Grottes des Planches, unterird. Flusslauf; Grottes des Moidous, Tropfsteinhöhle).

Arbon, Bezirkshauptort im Kt. Thurgau, Schweiz, am Bodensee, 12 900 Ew.; Maschinen- und Fahrzeugbau, Wärmetechnik; Textilindustrie. – An der Stelle des Römerkastells **Arbor Felix** liegt heute das Schloss (10.–16. Jh.); Umfriedung des Kastells in der Schlossbefestigung erhalten.

Arbor Day [ˈɑːbə deɪ; engl. »Tag des Baumes«], in den USA ein Schul- und Volksfeiertag, wird im Frühjahr mit dem Pflanzen von Bäumen begangen.

Arboretum [lat.] *das,* Anpflanzung in- und ausländ. Gehölze in Anlagen, botan. Gärten oder Forstgärten.

Arbour [arˈbuːr], Louise, kanad. Richterin, * Montreal 10. 2. 1947; arbeitete nach dem Jurastudium in Montreal zunächst als Anwältin, ab 1977 am Obersten Gerichtshof von Ontario (seit 1987 als Richterin) und 1990–96 am Berufungsgericht von Ontario. Im Okt. 1996 wurde A. Chefanklägerin des 1993 eingerichteten Internat. Strafgerichts für Verbrechen im ehem. Jugoslawien und in Ruanda (→Kriegsverbrechertribunal). Dieses Amt übte sie bis Sept. 1999 aus. Danach arbeitete sie als Richterin am Obersten Gerichtshof in Kanada und wurde im Febr. 2004 zur UN-Hochkommissarin für Menschenrechte gewählt (Amtsantritt: Juni 2004).

Arboviren, kurz für engl. **ar**thropod-**bo**rne viruses [»in Gliederfüßern entstandene Viren«], taxonomisch uneinheitl. Gruppe von über 250 Viren, die, von stechenden Insekten übertragen, bei warmblütigen Wirbeltieren und beim Menschen schwere Krankheiten (**Arbovirosen**) hervorrufen (z. B. Gelbfieber, Gehirnentzündung).

Arbroath [ˈɑːbrəʊθ], Stadt im Verw.-Gebiet Angus, Schottland, 22 800 Ew.; Maschinenbau, Schiffbau; Fischereihafen. – In der 1178 vom schott. König Wilhelm I. gegründeten A. Abbey erfolgte 1320 die Declaration of A., die die Unabhängigkeit Schottlands nach dem Sieg über die Engländer 1314 bei Bannockburn bestätigte.

Werner Arber

Arbus ['α:bəs], Diane, amerikan. Fotografin, * New York 14. 3. 1923, † (Selbsttötung ebd.) 26. 7. 1971; wurde mit sachl., sozialkrit. Porträtaufnahmen von Randgruppen der Gesellschaft sowie von körperlich und geistig Behinderten bekannt.

Arbusow, Alexei Nikolajewitsch, russ. Dramatiker, * Moskau 26. 5. 1908, † ebd. 20. 4. 1986; verfasste Dramen über gesellschaftl. Probleme, bes. der Jugend (»Tanja«, 1938; »Irkutsker Geschichte«, 1959).

arc, Abk. für arcus, *Mathematik:* →Bogenmaß.

Arcachon [arka'ʃõ], frz. Seebad an der S-Küste des Bassin d'Arcachon, Dép. Gironde, 13 300 Ew.; Austernzucht, Bootsbau, Jachthafen. Südlich von A. Seebäder, u. a. Pilat-Plage mit der höchsten Düne Europas (über 100 m hoch).

Arcadelt, Jacob, niederländ. Komponist, * um 1500, † Paris 14. 10. 1568; bedeutender Meister des Madrigals.

Arc de Triomphe [ark də tri'ɔ̃:f, frz.] *der,* Triumphbogen; bes. der A.de T. de l'Étoile in Paris (1806–36).

Arcelor S. A. [arsə-], luxemburg. Stahlkonzern, Sitz: Luxemburg, entstanden 2002 durch Fusion der luxemburg. ARBED S. A. (gegr. 1882) mit der frz. Usinor S. A. und der span. Aceralia S. A.; zählt zu den weltgrößten Stahlproduzenten. 2006 erfolgte die Fusion mit der Mittal Steel Company N. V. zur **Arcelor Mittal S. A.** (Sitz: Luxemburg).

Arc-et-Senans [arkesə'nã], Gem. in Frankreich, im Dép. Doubs, nördlich von Arbois, 1 300 Ew.; Salzmuseum, Ledoux-Museum. – Die königl. Salinen nach Entwürfen von C. N. Ledoux (1774–79; nur z. T. ausgeführt) gehören zum UNESCO-Weltkulturerbe.

Archaebakteri|en [griech.], **Archaea, Archaeen,** von den »echten« Bakterien (→Eubakterien) zu unterscheidende Lebensformen, deren Zellwände kein Murein als Stützsubstanz enthalten und die gegen chemisch-physikal. Einflüsse äußerst widerstandsfähig sind. A. entdeckte man auf island. Vulkanfeldern in schwefelreichem Wasser extrem heißer Quellen. Die Abtrennung der A. von den übrigen Bakterien wurde 1977/78 vorgeschlagen, sie werden heute in eine eigene Domäne (Archaea) gestellt.

Archaeopteryx [griech. »Urvogel«] *der,* fossile Gattung etwa taubengroßer vogelähnl. Tiere aus dem Oberen Jura; zeigt noch Merkmale der Reptilien (z.B. bezahnte Kiefer). Der A. gilt modellhaft als Übergangsform zw. Reptilien und Vögeln. Bisher wurden zehn Exemplare als Fossilien, alle im Solnhofener Plattenkalk, gefunden (u. a. in Eichstätt, Berlin und London ausgestellt).

Archaikum *das,* **Archäikum,** Hauptabschnitt des →Präkambriums.

archaisch [griech. archaios »ursprünglich«, »alt«], altertümlich, aus alter Zeit stammend; a. wird bes. die der Klassik vorangehende Epoche der →griechischen Kunst genannt (7. und 6. Jh. v. Chr.).

Archaismus [griech.] *der,* Rückgriff auf ältere Sprach- und Stilformen, Altertümelei.

Archanes, Ort auf Kreta, Griechenland, 3 700 Ew., 10 km südlich von Knossos. In A. wurden Teile einer palastartigen minoischen Anlage ausgegraben, die in die 2. Hälfte des 3. Jt. v. Chr. zurückreicht.

Archangelsk, Hptst. des Gebiets A. im europ. N Russlands, an der Nördl. Dwina, 45 km oberhalb ihrer Mündung ins Weiße Meer, 355 000 Ew.; techn. Univ., mehrere Hochschulen; Werft, Holz- und Papierind., Fischverarbeitung, Maschinenbau; Eisenbahnendpunkt; Hafen, der sechs Monate im Jahr mit Eisbrechern eisfrei gehalten wird. Im Gebiet A. Diamantenförderung. – 1584 in der Nähe einer von Engländern 1553 errichteten Faktorei gegr., erhielt 1613 den heutigen Namen.

Archanthropinen [griech.], veralteter Begriff für die heute unter der Bez. Homo erectus (→Mensch) zusammengefassten Hominiden.

Archäologie [griech.] *die,* Altertumskunde; urspr. die Erforschung nicht zur Sprachwissenschaft gehörender Gebiete des Altertums (Geschichte, Sitten, Mythen), dann seit K. O. Müller (* 1797, † 1840) die Wiss. von den Kunst- und Baudenkmälern des Altertums; heute wieder allgemeiner gefasst als die Wiss. vom Altertum und anderen frühen Hochkulturen, soweit sich diese aus Denkmälern, Bodenfunden und Schriftquellen erschließen lassen.

Die **klass. A.** erforscht seit der Renaissance die griech.-röm. Antike. Die zunehmende Materialfülle

Arc de Triomphe de l'Étoile in Paris (1806–36)

Archangelsk historisches Stadtwappen

Archäologie: Luftaufnahme vom Grundriss eines römischen Bauerngehöfts. Stellen mit Mauerresten unter der Erde zeigen eine Gelbfärbung.

ließ Spezialbereiche entstehen (kretisch-myken. A., etrusk. A., provinzialröm. A.); zeitlich schließt die christliche A. an. Weitere Zweige der A., meist im Bereich anderer Wiss.en angesiedelt, sind bibl. A., ind. A., nordamerikan. A., mittel- und südamerikan. A. und chin. A., größere Eigenständigkeit besitzen Vor- und Frühgeschichte und die A. des Alten Orients.

Die heutige A., die nicht mehr vorwiegend kunsthistorisch orientiert ist (Kunst-A., seit J. J. Winckelmann), bemüht sich aufgrund der Auswertung von Denkmälern, Bodenfunden und Schriftquellen, das Bild einer geografisch und zeitlich begrenzten Kultur nachzuzeichnen. Im Zentrum stehen die Fragen nach Wirtschafts- und Siedlungswesen, Formen des Alltagslebens, Totenbrauchtum und religiösen Vorstellungen. Soweit möglich durchdringen sich theoret. und prakt. Forschung, bei der zunehmend auch moderne Technik eingesetzt wird (Luftbild-A., Unterwasser-A.). Bei der Auswertung von Bodenfunden und Denkmälern einschl. ihrer Datierung gewinnt die Zusammenarbeit mit Anthropologie, Paläobotanik, Geologie, Physik und Chemie zunehmend an Bedeutung. – Durch Ausgrabungen, systemat. Erfassung von Museumsbeständen und Denkmälerklassen, die Gründung der ersten archäolog. Auslandsinstitute und die Institutionalisierung eines selbstständigen Faches A. an den dt. Univ. wurden im 19. Jh. die wesentl. Grundlagen für die heutige Forschung geschaffen.

Archäometrie [griech.] *die,* Gesamtheit der naturwiss. Methoden, die in der Archäologie, Vorgeschichtsforschung, Kunst- und Kulturgesch. herangezogen werden, um z. B. Objekte aufzufinden, zu untersuchen und zu bestimmen (Datierung einschl. Aussagen über Herkunft, Verwendung, Gewinnungs- und Herstellungstechniken, i. w. S. auch zur Echtheitsbestimmung und Konservierung von Kunstwerken).

Die Lokalisierung von Fundstätten erfolgt heute mithilfe von Luftbildaufnahmen, in bestimmten Fällen auch mit Unterwasserfotografie. Geophysikal. Untersuchungsmethoden (wie Messungen der Bodenleitfähigkeit, von Anomalien des erdmagnet. Feldes) ermöglichen eine präzise, zerstörungsfreie Lokalisierung auch von kleineren Objekten.

Archäozoikum *das,* Teil des → Präkambriums.

Archäozo|ologie, Zooarchäologie, Teilgebiet der Archäometrie, das tier. Reste in natürl. und archäolog. Ablagerungen mit dem kulturhistor. Ziel untersucht, die ökolog. und ökonom. Grundlagen der Menschheitsgeschichte zu erforschen. Archäozoolog. Untersuchungsobjekte sind v. a. Skelettreste (Knochen, Zähne, Geweih), aber auch Reste von Molluskenschalen, Leder, Federn, Haare, Wolle und Insekten. Aus der Bestimmung der Tierarten ergeben sich Hinweise zum ehem. Biotop und Klima, zur Domestikation und Nutzung der Haustiere sowie zum Ernährungs- und Jagdverhalten der frühen Menschen.

Arche [griech.] *die,* Anfang, Urgrund, Grundsetzlichkeit, Prinzip (→ griechische Philosophie).

Arche [lat. arca »Kasten«] *die,* hausartiges Schiff, in dem Noah mit seiner Familie und einem Paar von jeder Tierart vor der → Sintflut gerettet wurde (1. Mos. 6–8).

Archegonium [griech.] *das,* flaschenförmiger Eizellenbehälter der Moose und Farnpflanzen.

Arches National Park [ˈɑːtʃɪz ˈnæʃnl pɑːk], Nationalpark in O-Utah, USA, über der Schlucht des Colorado, 297 km^2; gegr. 1929. In rötl. Sandsteinschichten des Mesozoikums entstanden hier durch Verwitterung und Erosion über 90 Naturbrücken, -bögen und -türme.

Archetypus [griech. »Urtypus«, »Urbild«] *der,*
1) in der spätantiken Philosophie Urbild oder Idee; ähnlich in der Psychologie C. G. Jungs urtüml., angeborene Leitbilder von Verhalten, Vorstellung und Erfahrung im → kollektiven Unbewussten.
2) älteste Überlieferungsstufe eines Textes, die aus erhaltenen Textzeugen (Handschriften, Drucken) erschlossen wird.

Archidiakon [auch -ˈdi-; griech. »oberster Diener«], **Archidiakonus,** in der alten und frühmittelalterl. Kirche der erste Gehilfe und Vertreter des Bischofs; später der Vorsteher eines dem Dekanat vergleichbaren Kirchensprengels (**Archidiakonat**); in der anglikan. Kirche besteht das Amt des A. noch heute.

Archilochos, neben Kallinos der älteste Lyriker der Griechen, * auf Paros, lebte um 650 v. Chr.; schrieb Spottverse und Gedichte, die in Fragmenten überliefert sind.

Archimandrit [griech.] *der, Ostkirchen:* der Abt einer Klosteranlage oder eines Klosterverbandes; auch Ehrentitel von Mönchspriestern mit besonderen Aufgaben.

Archimedes, griech. Mechaniker und Mathematiker, * Syrakus um 285 v. Chr., † ebd. 212; getötet bei der röm. Eroberung (→ noli turbare circulos meos). A. gilt als der bekannteste antike Mathematiker, obwohl man über sein Leben nur wenig weiß. Von seinen mathemat. Leistungen besonders hervorzuheben ist die näherungsweise Bestimmung von Flächeninhalten krummlinig begrenzter Flächenstücke mithilfe der Exhaustionsmethode, die die Grundidee für die später von Leibniz und Newton entwickelte Differenzial- und Integralrechnung lieferte. U. a. fand A. damit einen Näherungswert für die Zahl π (= Flächeninhalt eines Kreises mit dem Radius 1). Weitere mathemat. Arbeiten behandeln die **archimed. Spirale,** ein Verfahren zur Darstellung beliebig großer Zahlen (»Sandrechnungen«) und Polyeder, die gewisse Regelmäßigkeiten aufweisen (**archimed. Körper**). Einige grundlegende Gesetze der Mechanik gehen ebenfalls auf A. zurück. Er erkannte die große prakt. Bedeutung des Hebelgesetzes, entdeckte das Auftriebsgesetz (**archimed. Prinzip,** »heureka«) und erfand die **archimed. Schraube,** ein Gerät, mit dem Wasser auf ein höheres Niveau befördert werden kann. Seinen Zeitgenossen war A. v. a. durch seine Kriegsmaschinen (Schleudern, Hebewerke) bekannt, die die von ihm gefundenen mechan. Gesetze ausnutzten. Der Legende nach soll A. mithilfe von Brennspiegeln die vor Syrakus liegende röm. Flotte in Brand gesetzt haben.

archimedisches Prinzip, Lehrsatz vom statischen → Auftrieb.

Archipel *der,* Inselgruppe.

Archipelagos, die Inselwelt im Ägäischen Meer zw. Griechenland und Kleinasien.

Archipel GULAG, Der, Titel eines literarisch-dokumentar. Berichtes über das sowjetische Straflagersystem von A. I. Solschenizyn, 3 Bde. (Paris 1973–75); wurde zum Inbegriff der stalinist. Unterdrückungs- und Verfolgungsmaschinerie mit ihrer inhumanen Zwangsarbeitspraxis.

Archipenko, Alexander, amerikan. Bildhauer ukrain. Herkunft, * Kiew 30. 5. 1887, † New York 25. 2. 1964; ging 1908 nach Paris, lebte seit 1923 in den USA;

schuf v. a. weibl. Akte von stark abstrahierender Gestaltung.

Archipoeta [lat.-griech. »Erzdichter«], bedeutendster mlat. Vagantenlyriker, der eigentl. Name ist unbekannt, * in Dtl. zw. 1130 und 1140. Seine »Vagantenbeichte« ist in den »Carmina Burana« überliefert.

Architekt [griech. »Baumeister«] *der,* Bauberuf (meist als freier Beruf ausgeübt), dessen Aufgabe in der Gestaltung der baul. Umwelt besteht und der die Fähigkeit erfordert, individuelle und gesellschaftl. Ansprüche in ein technisch und wirtschaftlich realisierbares Ordnungskonzept umzusetzen und diesem auch eine künstlerisch befriedigende Form zu geben. Seine Tätigkeit umfasst Planung und Betreuung von Bauwerken aller Art, die Lösung städtebaul. Aufgaben, ggf. auch die Konzeption von Inneneinrichtungen und Gartenanlagen, auf die sich **Innen-A., Garten-** und **Landschafts-A.** spezialisiert haben. Letzteren obliegt auch die Landschafts- und Grünordnungsplanung. Die berufl. Ausbildung erfolgt an Fachhochschulen oder Hochschulen.

Architektur [griech.] *die,* Baukunst. Unter A. versteht man i. Allg. den Hochbau, in dem sich, im Unterschied zum Tiefbau, Zweckerfüllung mit künstler. Gestaltung verbindet. Nach den versch. Aufgabenbereichen unterscheidet man **Sakralbau** (Kirchen, Tempel) und **Profanbau** (öffentl. und private Bauten, Paläste, Burgen, Schlösser). In den Frühzeiten entwickelten sich Kunst und Technik vornehmlich in Verbindung mit Sakralbauten. Durch den Herrscherkult bedingt, erreichten in den Hochkulturen die profanen Grabbauten und Paläste Ausmaße und Wesen der sakralen Architektur. Die Geschichte der griech. A. ist eine Geschichte des Tempelbaus. Die Römer waren im Abendland die Ersten, die zeitweise dem **Zweckbau** (Aquädukte, Brücken, Thermen, Platz- und Stadtanlagen) den Vorrang vor der Sakral-A. gaben. Das MA. ist durch ein Nebeneinander von Sakral- und Zweckbau (Wehr-, Wohn-, Verwaltungsbau) gekennzeichnet. Im Abendland wurden erstmals im Hellenismus Einzelbauten durch Achsen und Plätze im Sinn einer **Stadtbaukunst** geordnet. Sie galt erneut in der Renaissance als höchstes gestalter. Ziel der Architekten. Nachdem im 19. Jh. der Sinn dafür vielfach verloren gegangen war, suchte das 20. Jh. in seinen besten Leistungen wieder A. als Ausdruck eines Ordnungswillens zu verwirklichen (→ moderne Architektur). – Über die Geschichte der A. vgl. die Artikel über die Kunst der einzelnen Völker (z. B. dt. Kunst) und Epochen (z. B. Barock).

Architekturbild, Gattung der Malerei, die Innen- oder Außenansichten von Bauwerken darstellt; hatte seine Blütezeit im 17. Jh. in den Niederlanden.

Architekturmodell, dreidimensionale, plast. Darstellung eines Bauwerks in verkleinertem Maßstab; dient v. a. als Entwurfsmodell, auch für Lehr- und Anschauungszwecke. Das älteste beglaubigte A. ist das des Tempels von Delphi. Seit dem 14. Jh. tauchte das A. zuerst wieder in Italien auf und gewann an Bedeutung in der Renaissance und im Barock.

Architrav [lat.] *der,* griech. **Epistylion,** von einer Säulen- oder Pfeilerreihe getragener Balken. Im Altertum bestand der A. bei größeren Bauten aus zwei oder drei Balken.

Archiv [lat., aus griech. archeîon »Rathaus«] *das,* Einrichtung zur systemat. Erfassung, Ordnung, Verwahrung, Verwaltung und Verwertung von Schriftgut, Bild- und/oder Tonträgern (Archivalien). Seit dem 19. Jh. werden die A. v. a. für die Geschichtsforschung benutzt. Bed. Zentral-A.: (Dt.) Bundes-A. in Koblenz, Schweizer. Bundes-A. in Bern, Österr. Staats-A. in Wien.

Archivale [lat.] *das,* Dokument, Schrift-, Aktenstück, Urkunde aus einem Archiv.

Archivar *der,* in einem Archiv Beschäftigter; im öffentl. gehobenen Dienst Beruf mit 3-jähriger Ausbildungszeit; Zugangsvoraussetzung: Fachhochschul- oder Hochschulreife. A. ordnen und erschließen Schriftgut, Film-, Bild-, Tondokumente sowie EDV-Materialien der Verwaltungen.

Archivistik *die,* die Wiss. von Organisation, Struktur und Gesch. von Archiven, von dem Archivrecht und der Archivtechnik.

Archivolte [lat.] *die,* profilierte Stirnseite eines Rundbogens, im Scheitel oft mit einem Schlussstein; auch Bogenlauf eines mittelalterl. Portals als Fortsetzung der Gewändegliederung.

Archon [griech. »Herrscher«] *der,* Pl. **Archonten,** Amtsname der obersten Staatsbeamten in manchen griech. Stadtstaaten. Nach dem an der Spitze stehenden A. **Eponymos** (»Namengeber«) wurde das Jahr benannt.

Arcimboldo [-tʃ-], **Arcimboldi,** Giuseppe, ital. Maler, * Mailand 1527, † ebd. 11. 7. 1593. Bed. sind seine allegor. Bilder, meist Köpfe, die aus realistisch gemaltem Obst und Gemüse, Fischen, Büchern u. a. zusammengesetzt sind.

Arco, Georg Graf von, Physiker und Ingenieur, * Großgorschütz (heute Gorzyce bei Racibórz) 30. 8. 1869, † Berlin 5. 5. 1940; führte den Hochfrequenzmaschinensender mit magnet. Frequenzwandler in der Funktechnik ein.

Arcos de la Frontera, Stadt in S-Spanien, Prov. Cádiz, am Rand des Andalus. Gebirges nahe des Guadalete (Stausee), 27 700 Ew.; Weinkellereien, Brennereien. – Schloss der Herzöge von Arcos.

Arctostaphylos *der,* Pflanzengattung, →Bärentraube.

Architrav

Archivolte

Giuseppe Arcimboldo: Rudolf II. als Vertumnus (um 1590; Schloss Skokloster bei Uppsala)

ARD

Manfred von Ardenne

Arcus [lat. »Bogen«] *der, Mathematik:* → Bogenmaß.
ARD, Abk. für Arbeitsgemeinschaft der öffentlich-rechtlichen Rundfunkanstalten der Bundesrepublik Deutschland, → Rundfunk.
Ardeatinische Höhlen, Fosse Ardeatine, am südl. Stadtrand von Rom gelegenes Höhlensystem. Hier wurden am 24. 3. 1944 (einen Tag nach dem blutigen Bombenanschlag der ital. Resistenza auf Südtiroler Soldaten des Polizeiregiments »Bozen«) als Repressalie auf Befehl Hitlers 335 Zivilisten von der SS erschossen.
Ardebil, Ardabil, Hauptstadt der iran. Prov. Ost-Aserbaidschan, 1 300 m ü. M., 390 000 Ew.; Teppichknüpfereien, Handelszentrum. – Das Mausoleum des Scheichs Safi, des Gründers der Safawidendynastie, ist Wallfahrtsort der iran. Schiiten.
Ardèche [ar'dɛʃ], **1)** *die,* rechter Nebenfluss der Rhône, 120 km lang, entspringt in den Cevennen und mündet bei Pont-Saint-Esprit.
2) Dép. in Südfrankreich, 5 529 km², 295 000 Ew.; Hptst.: Privas.
Arden [ɑ:dn], John, engl. Dramatiker, * Barnsley (Yorkshire) 26. 10. 1930; schreibt realist. Dramen, u. a. »Der Tanz des Sergeanten Musgrave« (1959).
Ardenne, Manfred Baron von, Physiker, * Hamburg 20. 1. 1907, † Dresden 26. 5. 1997; auf A. gehen u. a. grundlegende Erfindungen in Funk- und Fernsehtechnik und Elektronenoptik zurück (z. B. Breitbandverstärker 1925, erste elektron. Fernsehübertragung 1930, Rasterelektronenmikroskop 1937). A. war 1945–55 Kernphysiker und Direktor des Instituts für industrielle Isotopentrennung in der UdSSR und leitete dann (bis 1990) das Forschungsinstitut »M. v. A.« in Dresden; führte Forschungen zur Krebsbehandlung und Zellregeneration (Sauerstoff-Mehrschritt-Therapie) durch; leitete das 1991 gegründete A.-Institut für angewandte medizin. Forschung. – Autobiografie: »Ein glückl. Leben für Technik u. Forschung« (1972).
Ardennen, in Luxemburg **Ösling,** frz. **Ardennes,** die westl. Fortsetzung des Rhein. Schiefergebirges in Luxemburg, Südbelgien und dem angrenzenden Nordfrankreich. Die **Hoch-A.** im S sind im Hohen Venn bis 694 m hoch und bilden ein waldreiches Hochland aus Quarziten, Schiefern und Grauwacken, von windungsreichen Tälern, bes. von Maas und Semois, durchschnitten. Sie sind ein Gebiet der Forst- und Viehwirtschaft, in den Tälern mit Kleineisen-, Stein- und Textilindustrie. Die nördlich anschließenden **Nieder-A.** sind ein 200–350 m hohes Hügelland, fruchtbarer und dichter besiedelt. Den Nordrand bildet die industriereiche Sambre-Maas-Furche.
Ardennenoffensive, im Zweiten → Weltkrieg die am 16. 12. 1944 begonnene letzte große militär. Offensive der Wehrmacht an der Westfront.
Ardennes [ar'dɛn], Dép. in N-Frankreich, in der Champagne, 5 229 km², 289 000 Ew.; Hptst.: Charleville-Mézières.
Ardey, *der,* westl. Ausläufer der Haar am östl. Rand des Ruhrgebiets, bis 278 m ü. M., aus Gesteinen des Karbons aufgebaut.
Ardipithecus, älteste Form der → Hominiden (5,8–4,2 Mio. Jahre).
Areafunktionen, die Umkehrfunktionen der → Hyperbelfunktionen.
Areal [lat.] *das,* abgegrenztes Gebiet, Gelände, Grundstück; Verbreitungsgebiet, bes. von Tieren, Pflanzen, sprachl. Erscheinungen.

Arecibo [are'siβo], Hafenstadt an der N-Küste von Puerto Rico, 101 300 Ew.; Beobachtungsstation für Ionosphärenforschung, weltweit größtes Radioteleskop (Durchmesser 304 m).
Arecolin *das,* Hauptalkaloid der Betelnuss.
Arelat, von der Hptst. Arles abgeleiteter Name für das Königreich → Burgund.
Arena [lat. »Sand«] *die,* urspr. mit Sand bestreuter Kampfplatz im Amphitheater, Zirkus und Stadion; heute Austragungsort sportl. Wettkämpfe, Kampfbahn.
Arendal, Stadt in Norwegen, an der Mündung des Nidelvs in das Skagerrak, 38 700 Ew.; Verw.-Sitz der Prov. (Fylke) Aust-Agder; Elektro- und Holz verarbeitende Industrie. – A. wurde auf sieben Inseln an steilen Hängen erbaut; das Rathaus ist einer der größten Holzbauten Norwegens (1813).
Arendsee (Altmark), Stadt im Altmarkkreis Salzwedel, Sa.-Anh., 5,1 km², 2 900 Ew.; liegt am steilen S-Ufer des 822 und 1685 durch Erdfälle vergrößerten Arendsees; Holzverarbeitung.
Arendt, 1) Erich, Schriftsteller, * Neuruppin 15. 4. 1903, † Berlin (Ost) 25. 9. 1984; schuf eleg. Gedichte in bildhafter Sprache; bed. Nachdichter span. und lateinamerikan. Lyrik.
2) Hannah, amerikan. polit. Theoretikerin und Philosophin dt. Herkunft, * Hannover 14. 10. 1906, † New York 4. 12. 1975; Schülerin von M. Heidegger, E. Husserl und K. Jaspers, 1929–37 ∞ mit G. Anders, musste als Jüdin 1933 nach Frankreich, 1941 in die USA emigrieren; war u. a. Prof. für Politik in Chicago (Ill.) und New York. Sie befasste sich v. a. mit der Erforschung des Totalitarismus und politisch-philosoph. Grundsatzfragen. – *Werke:* Denktagebuch (1950–1973); Elemente und Ursprünge totaler Herrschaft (1951); Rahel Varnhagen (1959); Vita activa oder Vom tätigen Leben (1960); Eichmann in Jerusalem (1963); Über die Revolution (1963).
Arene, aromat. Kohlenwasserstoffe mit mindestens einem Benzolring.
Arenit *der,* Bez. für klast. Carbonatsedimente (Korngröße 0,063–2,0 mm).
Arensburg, Stadt in Estland, → Kuressaare.
Arenski, Anton Stepanowitsch, russ. Komponist, * Nowgorod 12. 7. 1861, † Terioki (heute Selenogorsk, bei Petersburg) 25. 2. 1906; steht in seinen Werken (Opern, Sinfonien, Kammermusik) P. I. Tschaikowsky nahe.
Areopag [griech. »Areshügel«] *der,* Hügel in Athen westlich der Akropolis, auf dem der nach ihm benannte Alte Rat tagte. Dieser war nach Beseitigung des Königtums die eigentl. Regierungsbehörde, seit dem 5. Jh. v. Chr. nur noch auf die Blutgerichtsbarkeit und auf religiöse Funktionen beschränkt.
Areopag|rede, *N. T.:* die Rede, die der Apostel Paulus nach der Apg. während seiner 2. Missionsreise auf dem Areopag in Athen gehalten hat (Apg. 17, 22–31); erstes Zeugnis der bewussten geistigen Auseinandersetzung des christl. Glaubens mit der griech. Philosophie.
Arequipa [-'ki-], Hptst. des Dep. A., Peru, am Westabhang der Anden, 2 363 m ü. M., 939 800 Ew.; Erzbischofssitz, 2 Univ.; Handelszentrum S-Perus; Textil- und Nahrungsmittelindustrie. – Das histor. Stadtzentrum mit seinen kolonialzeitl. Bauten wurde von der UNESCO zum Weltkulturerbe erklärt.
Ares, der griech. Kriegsgott, Sohn des Zeus und der Hera, Liebhaber der Aphrodite, von den Römern dem

Mars gleichgesetzt; wurde als bärtiger Krieger, später als kräftiger, jugendl. Mann dargestellt (Parthenonfries; A. Ludovisi).

Arete [griech.] *die*, in der Antike allg. Tüchtigkeit. – Seit Sokrates hat das Wort in der philosoph. Ethik die Bedeutung »Tugend«.

Aretino, Pietro, ital. Schriftsteller, * Arezzo 20. 4. 1492, † Venedig 21. 10. 1556. Zu seinen Werken gehören gefürchtete Schmähschriften, burleske und satir. Komödien, eine Tragödie (»L'Orazia«, 1546), die »Ragionamenti« (2 Tle., 1533–36; dt. u. a. als »Kurtisanengespräche«) und sein Briefwechsel (»Lettere«, 6 Bde., 1537–57) mit bed. Zeitgenossen.

Arets, Wiel, niederländ. Architekt, * Heerlen 6. 5. 1955; gründete 1984 ein eigenes Architekturbüro in Heerlen, später Büros in Amsterdam und Maastricht; seit 1986 Lehrtätigkeit (seit 2004 Prof. an der Univ. der Künste Berlin); A. gehört zu den international führenden Architekten der Gegenwart. Anknüpfend an die klassische niederländ. Moderne setzt er die Tradition der klaren konstruktiven Bauform fort. Sichtbeton, Glas, Holz und Metall sind bevorzugte Materialien. Raffinierte Raumkonzepte, Staffelung der Baumassen und Raumschichten sowie Akzentuierung von Materialkontrasten ermöglichen ein vielschichtiges Entdecken der Architektur. – *Werke:* Erweiterungsbau der Akad. für Kunst und Architektur in Maastricht (1989–93); Hauptsitz der Pensionskasse AZL in Heerlen (1990–95); Polizeistation in Vaals (1993–95); Hauptsitz des Möbelherstellers Lensvelt in Breda (1999); Univ.-Bibliothek in Utrecht (1997–2004).

Arezzo, 1) Provinz im O der Toskana, Mittelitalien, 3 232 km², 330 100 Einwohner.
2) Hptst. von 1), Toskana, Italien, am Arno, 93 800 Ew.; Kunstakademie; Handel mit Wein und anderen landwirtsch. Produkten; Textilind., Maschinenbau, Schmuckherstellung, keram. Werkstätten. – Got. Kirche San Francesco mit Fresken von Piero della Francesca, roman. Pfarrkirche Santa Maria della Pieve aus dem 12. Jh., Paläste und Loggien. – A. war im Altertum als **Arretium** eine der wichtigsten altetrusk. Städte.

Argelander, Friedrich Wilhelm August, Astronom, * Memel (heute Klaipėda) 22. 3. 1799, † Bonn 17. 2. 1875; erwarb sich große Verdienste um die Erfassung der Position, Helligkeit und Eigenbewegung von Sternen, führte 1852–61 die Bonner Durchmusterung ein.

Argenteuil [arʒɑ̃'tœj], Industriestadt im nordwestl. Vorortbereich von Paris, an der Seine, im Dép. Val d'Oise, 94 200 Ew.; Maschinen- und Flugzeugbau, chem. Industrie; Spargelanbau.

Argentini|en, amtl. span. **República Argentina,** zweitgrößter Staat Südamerikas, grenzt im N an Bolivien und Paraguay, im O an Brasilien und Uruguay, südl. des Río de la Plata an den Atlant. Ozean sowie im W an Chile. A. erhebt Anspruch auf einen Sektor der Antarktis, die Falklandinseln sowie andere südatlant. Inseln (Südgeorgien, Süd-Shetland-, Süd-Sandwich- und Süd-Orkney-Inseln).

Staat und Recht

Nach der Verf. vom 24. 8. 1994 ist A. eine präsidiale Bundesrep. Staatsoberhaupt, oberster Inhaber der Exekutive und Oberbefehlshaber der Streitkräfte ist der auf 4 Jahre direkt gewählte Präs. Er ernennt das Kabinett unter Vorsitz des Kabinettschefs, dessen Handlungsspielraum durch die Bindung an Weisungen des Präs. eingeengt ist. Die Legislative liegt beim

Argentinien

Fläche: 2 780 400 km²
Einwohner: (2005) 38,592 Mio.
Hauptstadt: Buenos Aires
Verwaltungsgliederung: 23 Provinzen und 1 Bundesdistrikt
Amtssprache: Spanisch
Nationalfeiertage: 25. 5., 10. 6. und 9. 7.
Währung: 1 Argentin. Peso (arg $) = 100 Centavo (c)
Zeitzone: MEZ – 4 Std.

Flagge

Wappen

internationales Kfz-Kennzeichen

Kongress, bestehend aus Senat (72 Mitgl., Amtszeit 6 Jahre) und Deputiertenkammer (257 Abg., Legislaturperiode 4 Jahre). Einflussreichste Parteien: Partido Justicialista (PJ; Peronisten), Unión Cívica Radical (UCR; Radikale Bürgerunion), Frente para Victoria (FPV) und Alternativa para una República de Iguales (ARI).

Landesnatur

A. erstreckt sich von 22° s. Br. nach S über rd. 3 700 km bis 55° s. Br. im S von Feuerland und vom Kamm der Anden nach O bis zur Küste des Atlantiks (größte Breite 1 577 km). Histor. und wirtsch. Kerngebiet ist das fruchtbare Tiefland der →Pampa am unteren Paraná und am Río de la Plata, eine weit gespannte, geologisch junge Aufschüttungsebene mit weiten Grasfluren, die nach N in die subtrop. Trockenwald- und Buschsavannen des →Gran Chaco übergehen. In das Tiefland zw. den sumpfigen Stromauen des Paraná und Uruguay (»Zwischenstromland«) reichen im NO bewaldete Ausläufer des Brasilian. Berglands. Südl. des Colorado schließt sich an die Pampa das bis auf 1 500 m ansteigende, von karger Steppe bedeckte Tafel- und Schichtstufenland →Patagoniens an, das mit buchtenreicher, felsiger Steilküste zum Meer abfällt. Im W reicht A. bis auf die Höhe der Anden (Aconcagua 6 962 m ü. M.) mit vielen aufgesetzten Vulkanen. Ihnen vorgelagert sind als einzelne isolierte Bergzüge die →Pampinen Sierren. Zw. den Ketten der Anden erstrecken sich im N wüstenhafte Hochgebirgsbecken (→Puna). Wichtigstes Flusssystem ist das des Paraná. – Das Klima ist im größten Teil des Landes gemäßigt, im N tropisch. Trockengebiete im Regenschatten der Anden nehmen etwa zwei Drittel des Staatsgebietes ein, der O ist niederschlagsreicher.

Bevölkerung

Sie ist aufgrund der starken Einwanderung seit etwa 1850 (bis 1970 etwa 8 Mio.) überwiegend europ. Abstammung (bes. Spanier, Italiener, rd. 230 000 Deutschstämmige); kleine Restgruppen von Indianern (rd. 40 000) leben im Chaco und in Patagonien,

Indianermischlinge (Mestizen, rd. 5% der Bev.) nahe den Grenzen zu Bolivien, Chile und Paraguay. Die Zahl der Einwanderer geht seit Jahren zurück; die Auswanderung insbesondere qualifizierter Personen nimmt zu. Die Wirtschaftskrise zw. 1998 und 2002 führte in A. zur größten Rückwanderungswelle seiner Geschichte. Rund 50% der Bev. leben am Rande der Armutsgrenze; die Arbeitslosigkeit liegt seit Ende 2001 bei fast 20%. In der Agglomeration Buenos Aires leben rd. 34% der Gesamtbevölkerung. Dagegen beträgt die Bev.-Dichte im S des Landes (Patagonien) weniger als 2 Ew. je km². Der jährl. Bev.-Zuwachs erreicht durchschnittlich 1,1%. – Es besteht allg. Schulpflicht im Alter von 5 bis 14 Jahren. Die Alphabetisierungsrate (2006) wird auf 97% geschätzt. Rd. 97% der Bev. sind Christen (rd. 90% Katholiken, rd. 7% Protestanten). Die rd. 200 000 argentin. Juden bilden die größte jüd. Gemeinschaft Lateinamerikas.

Wirtschaft und Verkehr

Nach dem Bruttonationaleinkommen je Kopf der Bev. zählt A. zu den Entwicklungsländern mit mittlerem Einkommen, z. T. wird A. auch zu den Schwellenländern gerechnet. Im Ganzen marktwirtschaftlich orientiert, nahm der Staat wichtige Zweige (Kohle, Stahl, Erdöl, Transportwesen) unter Kontrolle. Seit Beginn der 1990er-Jahre erfolgte eine grundlegende wirtsch. Umorientierung, u. a. Liberalisierung der Wirtschaft und Privatisierung von Staatsbetrieben. Infolge anhaltender polit. und wirtsch. Instabilität, v. a. seit Mitte der 1990er-Jahre (schwere Wirtschafts- und Finanzkrise), stagnierte das Wirtschaftswachstum und erhöhten sich die Auslandsschulden erheblich (drohende Zahlungsunfähigkeit des Landes). Die seit 1998 anhaltende Wirtschaftskrise hat vielfältige Ursachen: Durch die Überbewertung der Währung als Folge der Dollarbindung verlor die argentin. Wirtschaft massiv an internat. Wettbewerbsfähigkeit, insbes. im Vergleich zu Brasilien und innerhalb des Mercosur. Dies und die einseitige Handelsliberalisierung bedingten eine massive Deindustrialisierung. Gleichzeitig sind die sinkenden Kapitalzuflüsse aus dem Ausland durch staatl. Neuverschuldung kompensiert worden, was den Schuldenstand Ende 2001 auf 146 Mrd. Dollar ansteigen ließ. Zur Überwindung der Finanz- und Wirtschaftskrise wurde eine Abkehr von der freien Marktwirtschaft angekündigt, die Anbindung des argentin. Peso an den Dollar aufgehoben und die Entdollarisierung der argentin. Ökonomie eingeleitet sowie ein Programm zur Wiederbelebung der Wirtschaft verkündet. Seit Mitte 2002 hat sich die Wirtschaft auf niedrigem Niveau wieder stabilisiert. Das kräftige Wirtschaftswachstum der Jahre 2003 und 2004 ist vor dem Hintergrund des dramat. Einbruchs in den Jahren zuvor zu sehen. – Die stark mechanisierte Landwirtschaft, die rd. 65% der Gesamtfläche nutzt, erbringt zwar nur rd. 11% des Bruttoinlandsprodukts, ist jedoch Hauptdevisenbringer. Der größte Teil der landwirtsch. Betriebsflächen ist Eigentum nur weniger Familien. Kerngebiet ist die Pampa. Haupterzeugnisse sind Weizen, Mais, Sorghum, ferner Leinsamen, Soja, Sonnenblumenkerne, Erdnüsse, Baumwolle, Zuckerrohr, Gemüse, Obst, Wein, Tabak, Matetee. A. ist trotz abnehmender Tendenz einer der größten Fleischproduzenten (Rinder, Schafe) der Welt (Dauerwiesen und -weiden nehmen 52% der Gesamtfläche A.s ein). Die Schafzucht konzentriert sich v. a. auf Ostpatagonien. Die Forstwirtschaft (Wald nimmt 13% der Landesfläche ein, meist Busch- und Trockenwald) ist überwiegend Ausbeutungswirtschaft. Aus dem Quebrachobaum wird der Gerbstoff Tannin gewonnen. Der Fischfang (Küsten- und Hochseefischerei) zeigt aufsteigende Tendenzen. – Wichtigste Bodenschätze sind Erdöl und Erdgas. Weitere wie Blei, Zink, Silber, Gold, Kupfer, Zinn, Eisen, Kobalt, Uran und Steinkohle werden erst in geringem Ausmaß genutzt. – Die Ind., die sich bes. um Buenos Aires sowie in Rosario und Córdoba konzentriert, erbringt rd. 32% des Bruttoinlandsprodukts; im industriellen Sektor hat eine qualitative Umschichtung von der

Argentinien

Leicht- und Konsumgüterind. (v. a. Nahrungs- und Genussmittel) zur chem., Erdöl-, Eisen-, Stahl- und Elektroind. sowie zum Maschinen- und Fahrzeugbau stattgefunden. Die Elektroenergieproduktion erfolgt zu 41 % durch Wasserkraftwerke und zu 52 % durch Wärmekraftwerke; Kernkraftwerke bestehen in Atucha und Río Tercero. – Exportiert werden v. a. Bergbauprodukte und Brennstoffe, pflanzl. Produkte, Nahrungs- und Genussmittel und organ. Öle und Fette; Haupteinfuhrgüter sind Maschinen, Instrumente und Elektronik, Vorprodukte für die Ind. sowie Transportausrüstungen. Haupthandelspartner A.s sind Brasilien, die USA und die VR China. – *Verkehr:* Das Schienennetz (34 000 km) ist 1992 überwiegend privatisiert worden, verbunden mit Streckenstilllegungen und dem Abbau des Personenfernverkehrs. Über zwei transandine Strecken ist A. mit dem chilen. Eisenbahnnetz verbunden. Die Länge des Straßennetzes beträgt 215 471 km (davon ca. ein Drittel asphaltiert). Mehrere transandine Passstraßen verbinden das argentin. Straßennetz mit Chile. Der Paraná ist der wichtigste Binnenschifffahrtsweg (für Hochseeschiffe bis Rosario, z. T. auch bis Santa Fe). Haupthäfen sind Buenos Aires, Rosario und La Plata. Wichtigster internat. Flughafen ist der von Buenos Aires.

Argentinien: Mündungsgebiet des Paraná in den Uruguay; hier entsteht der Río de la Plata.

Geschichte

Anfang 1516 wurde die Mündung des La Plata von den Spaniern entdeckt und 1536 Buenos Aires gegründet; nach seinem vermuteten Silberreichtum erhielt das Land den Namen (lat. argentum »Silber«). Seit 1776 bildete es das span. Vizekönigreich Buenos Aires oder La Plata. Die Kreolen begannen 1810 den Aufstand gegen Spanien und erklärten 1816 ihre Unabhängigkeit. Der sich anschließende Parteienkampf zw. den Unitariern (Buenos Aires) und den Föderalisten des Binnenlandes mündete in einen Bürgerkrieg, aus dem 1825 die Föderalisten als Sieger hervorgingen. Ihr Führer, General Rosas, Diktator von A. 1829–52, schuf die Grundlage der argentin. Staatseinheit. Nach seinem Sturz kam 1853 eine föderalist. Verf. zustande. 1865–70 nahm A. am Krieg gegen Paraguay teil. Die Entwicklung zum Einheitsstaat mit der Hptst. Buenos Aires war erst 1880 abgeschlossen. In dieser Zeit wurde auch Patagonien unterworfen. Das Wirtschaftsleben nahm einen raschen Aufschwung: A. wurde eines der großen Getreide- und Wollausfuhrländer der Welt. Im Kampf gegen die Reg., die den Interessen der Großgrundbesitzer nahestand, organisierte sich der städt. Mittelstand zur »Unión Cívica Radical« (Aufstände 1890 und 1893). Ihr Führer Irigoyen war 1916–22 und 1928–30 Präs.; im Ersten Weltkrieg, der den Beginn der Industrialisierung brachte, bewahrte A. strenge Neutralität. Während der Weltwirtschaftskrise gelangten durch einen Militärputsch 1930 wieder die Konservativen an die Macht, die 1943 durch eine Militärdiktatur abgelöst wurden. Im März 1945 erklärte A. Japan und Dtl. den Krieg. In der Zeit der Militärdiktatur gewann J. D. Perón mithilfe der Gewerkschaften und der Arbeiterpartei (gegr. 1945; Peronisten) eine große Anhängerschaft bes. unter den ärmsten Schichten. Nach seiner Wahl zum Präs. (1946) unterwarf er die Wirtschaft der Kontrolle des Staates, leitete eine finanziell aufwendige Industrialisierung ein und führte unter dem Einfluss seiner Frau, Eva Duarte, Reformen durch (u. a. Frauenwahlrecht, Sozialversicherung). Seine diktator. Herrschaft unterdrückte jede Opposition und führte den Staat in eine schwere Finanzkrise. 1955 stürzte die Armee Perón, der ins Exil ging. Nach dem Verbot der Arbeiterpartei bildeten die Gewerkschaften das Rückgrat des Peronismus. Die Sanierung von Wirtschaft und Staatsfinanzen, die Auseinandersetzung mit den Peronisten und der Kampf gegen den Terrorismus stellten die wechselnden Zivil- und Militärreg. vor nicht zu lösende innenpolit. Probleme. Unter dem Druck seiner Anhänger konnte Perón 1973 nach A. zurückkehren (Versuch eines gesellschaftl. und polit. Ausgleichs durch einen »Sozialpakt«). Nach seinem Tod (1974) wurde seine Witwe und Nachfolgerin, Isabel Perón, 1976 durch einen Militärputsch unter Führung von General J. R. Videla gestürzt.

Gestützt auf eine von den Oberbefehlshabern von Heer, Marine und Luftwaffe gebildete Junta, errichtete die Militärführung unter Staatspräs. J. R. Videla (1976–81) und seinen Nachfolgern ein diktator. Regierungssystem, das im Zeichen eines sich ständig steigernden Staatsterrorismus nicht allein die terrorist. Aktivitäten linksperonist. und sozialist. Gruppen bekämpfte, sondern die gesamte Opposition unterdrückte (Proteste v. a. der »Mütter der Plaza del Mayo«). 1982 scheiterte ein Versuch, mit militär. Mitteln die argentin. Ansprüche auf die →Falklandinseln gewaltsam gegenüber Großbritannien durchzusetzen.

Nach dem Sturz der regierenden Militärjunta und der Einleitung eines Demokratisierungsprozesses (1982) wählte die Bev. R. Alfonsín 1983 zum Staatspräs., seine Partei, die UCR, gewann die absolute Mehrheit. Nachdem 1985 Angehörige der früheren Militärjunta z. T. zu hohen Gefängnisstrafen verurteilt worden waren, spielte die Frage einer Amnestie bei wachsendem Widerstand in den Streitkräften (1987 und 1988 Putschversuche) eine innenpolitisch stark umstrittene Rolle. Bei den allgemeinen Wahlen von 1989 gewann der Peronist M. C. S. Menem das Amt des Staatspräs. (1995 wieder gewählt), seine Partei, der peronist. Partido Justicialista (PJ), die absolute Mehrheit der Mandate im Parlament. Mit einem radikalen neoliberalen Wirtschaftsprogramm bemühte sich Menem mit unterschiedl. Erfolg um die Sanierung der Wirtschaft (1995 schwere Finanzkrise). In der Außenpolitik trat A. dem Kernwaffensperrvertrag bei. Der letzte Grenzkonflikt mit Chile wurde 1998 beigelegt. Das innenpolit. Klima der 1990er-Jahre wurde immer noch von der Auseinandersetzung mit den Menschenrechtsverletzungen unter der Militärdiktatur beeinflusst. Die Präsidentschaftswahlen 1999 gewann F. De la Rúa von der UCR. Seine vordringlichste Aufgabe, der Abbau der Staatsschuld, wurde durch erneute Finanzkrisen jeweils Ende 2000 und 2001 sowie eine seit 1999 andauernde Rezession erschwert. Kredite des IWF und ein im Sommer 2001 von De la Rúa angekündigtes Umschuldungs- und Sparprogramm konnten die Wirtschafts- und Finanzkrise nicht beenden, die sich Ende 2001 zu einer Staatskrise ausweitete. Nach Demonstrationen und Protesten der Bev. gegen die Reg. sowie schweren Unruhen (v. a. in Buenos Aires) trat am 20. 12. 2001 Staatspräs. De la Rúa zurück. Am 30. 12. 2001 wählte (nach mehreren Übergangspräsidenten) schließlich der Kongress, in dem seit den Parlamentswahlen vom Oktober 2001 die Peronisten über eine Mehrheit in beiden Kammern verfügen, E. Duhalde von der PJ für die verbleibende Legislaturperiode bis Dez. 2003 zum neuen Staatspräs. Zur Überwindung der Finanzkrise kündigte Duhalde eine Abkehr von der freien Marktwirtschaft an; gleichzeitig wurde vom Kongress ein Notstandsgesetz verabschiedet, das der Reg. weit reichende Befugnisse zur Neuordnung der Staatsfinanzen erteilte, sowie ein Programm zur Wiederbelebung der Wirtschaft verkündet. Bei der Präsidentschaftswahl am 27. 4. 2003 konnte keiner der Kandidaten die notwendige absolute Mehrheit erzielen. Da jedoch wenige Tage vor der Stichwahl Menem seine Kandidatur zurückzog, wurde am 25. 5. 2003 der Peronist und ehem. Provinzgouv. von Santa Cruz, N. Kirchner, als neuer Staatspräs. vereidigt. Im Aug. 2003 wurden Amnestiegesetze für die unter der Militärdiktatur 1976–83 begangenen Verbrechen aufgehoben. Damit wurden Strafverfahren gegen ehem. Polizei- und Militärangehörige möglich; schätzungsweise 30 000 Menschen kamen während der Zeit der Diktatur in A. ums Leben.

argentinische Literatur, zählt zur lateinamerikan. Literatur in span. Sprache. Nach Anfängen im 18. Jh. entwickelten sich im 19. Jh. eine – die orale Poesie der Gauchos nachahmende – »volkstümelnde« und eine elitäre (neoklass.) literar. Tradition. Die sog. gaucheske Literatur führte zu einem der bedeutendsten Werke ganz Lateinamerikas im 19. Jh., dem Versepos »Martín Fierro« (1872–79) von J. Hernández. Ihm folgte u. a. R. Güiraldes. Zur elitären Literatur des 19. Jh. zählten v. a. F. Sarmiento (*1811, †1888) und E. Echeverría (*1805, †1851) mit dessen im Zeichen der Romantik stehender »Asociación de Mayo«. Das brutale Regime von J. M. de Rosas (1829–52) führte zu politisch engagierten Werken, u. a. von Sarmiento und J. Marmol. Ab 1880 wuchs das Interesse am Roman. Naturalist. Autoren waren Eugenio Cambaceres (*1843, †1888) und José Miró (*1867, †1896). Mit R. Darío begann in Buenos Aires der Modernismus (L. Lugones Argüello, E. R. Larreta). Die Avantgarde setzte 1921 mit dem Ultraismus ein, den J. L. Borges aus Spanien eingeführt hatte. Daneben entwickelte sich auch eine sozialkrit. Richtung (R. Arlt; später Héctor Álvarez Murena, *1923, †1975; A. Di Benedetto). Als Romanciers und Essayisten vertieften E. Martínez Estrada, E. Mallea und später E. Sábato den existenziellen Pessimismus Arlts. Die Dramatik erstand Ende des 19. Jh. aus dem Zirkus (»Circo criollo«) und den gauchesken Reiterspielen neu; es entwickelte sich ein realist. bäuerl. Drama und in den 1930er-Jahren schließlich aus dem – mit Tangoliedern ausgeschmückten – musikal. Unterhaltungstheater (»Sainete«) eine eigenständige bitter-humorist. Gattung, das sog. Grotesco criollo (A. Discépolo), worauf das gesamte neuere argentin. Theater aufbaut (Griselda Gambaro). Seit den 1940er-Jahren stellt die fantast. Erzählung (Borges, A. Bioy Casares) das zentrale Paradigma der a. L. dar. Wichtigster Vertreter des »Neo-Fantastik« war in den 1960er-Jahren J. Cortázar. Typisch für die Prosa der frühen 1970er-Jahre war der Collagenroman (M. Puig). Die Lyrik war geprägt von der Großstadtthematik, einem Hang zur Metaphysik und einem Austausch mit der Dialektdichtung Buenos Aires' (Lunfardo) und der Populärkultur (Tangotexte). Nach der Machtübernahme durch die Militärs 1976 kam das kulturelle Leben fast zum Erliegen, zahlr. Autoren mussten emigrieren, sind verschollen oder wurden ermordet. Zur künstler. Bewältigung dieser Phase zählen u. a. die Romane R. Piglias (*1941). Die jüngere Generation hält an der Technik des fantast. Erzählens fest, nicht ohne Tendenzen zur postmodernen Dekonstruktion. Rund um 1992 blühte der histor. Roman auf (F. Andahazi). In der Lyrik machen sich Einflüsse der Populärkultur (Latin Rock, Rap) bemerkbar.

Argentino [arxɛn-], **Lago A.,** See im östl. Vorland der argentin. Südkordillere, seine westl. Arme werden von Gletschern gespeist; gehört zum Los-Glaciares-Nationalpark, 1 414 km² groß.

Argentit [lat.] *der,* Silbererz, →Silberglanz.

Argentum [lat.] *das,* →Silber.

ärgere Hand, nach altem dt. Recht der dem Stand nach niedrigere Ehegatte. Das Kind einer solchen »ungleichen Ehe« gehörte meist auch dem niederen Stand an (→linke Hand).

Argerich [arxeˈritʃ], Martha, argentin. Pianistin, *Buenos Aires 5. 6. 1941; v. a. bekannt als Interpretin virtuoser Klaviermusik der Romantik und Nachromantik.

Ärgernis, Verletzung bes. des sittl. Gefühls. Nach § 183a StGB ist die absichtl. Erregung öffentl. Ä. durch die Vornahme sexueller Handlungen in der Öffentlichkeit strafbar; ähnlich in *Österreich.* Nach Art. 198 *schweizer.* StGB ist strafbar, wer vor jemandem, der dies nicht erwartet, eine sexuelle Handlung vornimmt und dadurch Ä. erregt.

Argeş [ˈardʒeʃ] *der,* linker Nebenfluss der Donau in Rumänien, 344 km, entspringt in den Südkarpaten, mündet bei Olteniţa, nicht schiffbar; mehrere Wasserkraftwerke.

Argillit [lat.] *der,* verfestigtes Tongestein.

Arginin [griech.] *das,* Abk. **Arg,** halbessenzielle (für Kinder essenzielle), stark bas. Aminosäure. A. kommt bes. in Histonen (bas. Proteine der Zellkerne) vor.

Argiver, 1) die Bewohner von Argos.
2) bei Homer alle Griechen.

arglistige Täuschung, vorsätzl. Erregung oder Erhaltung eines Irrtums in einem anderen durch bewusste Angabe falscher oder Unterdrückung wahrer Tatsachen. Wer zur Abgabe einer Willenserklärung durch a. T. bestimmt worden ist, kann die Erklärung binnen Jahresfrist nach Entdeckung der Täuschung anfechten (§§ 123, 124 BGB). Durch die Anfechtung wird das Rechtsgeschäft nichtig (§ 142 BGB).

Argo *die,* **1)** *Astronomie:* → Schiff Argo.
2) *griech. Mythologie:* das Schiff der → Argonauten, mithilfe der Göttin Athene gebaut.

Argolis, Landschaft und Verw.-Bez. (Nomos) im NO des Peloponnes, Griechenland, 97 600 Ew. gliedert sich in die gebirgige Halbinsel Akti und das fruchtbare Becken von Argos (Intensivkulturen, v. a. Zitrusfrüchte, und Getreide). Wichtigste Städte sind Argos und Nauplion (Hafen). Kernland der myken. Kultur (→ Mykene).

Argon [griech. argós »untätig«] *das,* chem. Symbol **Ar,** chem. Element, ein Edelgas; Ordnungszahl 18, Dichte (bei 0°C) 1,7837 kg/m^3, Schmelzpunkt −189,3°C, Siedepunkt −185,9°C, krit. Temperatur −122,5°C. Vorkommen v. a. in der Luft, in Mineralquellen; Verwendung als Glühlampen- und Leuchtröhrenfüllung, als Schutzgas beim elektr. Schweißen.

Argonauten [griech.], *griech. Mythologie:* die Helden (u. a. die Dioskuren, Herakles, Theseus, Orpheus), die unter Führung Jasons mit dem Schiff Argo nach → Kolchis fuhren, um das von einem Drachen bewachte Goldene Vlies nach Griechenland zu holen. Das Unternehmen gelang, v. a. mithilfe → Medeas. Die Abenteuer der A. wurden vielfältig künstlerisch und literarisch gestaltet (u. a. Epos von Apollonios von Rhodos, Drama von Grillparzer, Erzählung von A. Seghers).

Argonnen, Argonnerwald, frz. **L'Argonne,** dicht bewaldete Hochebene in NO-Frankreich, zw. der oberen Aisne im W und dem Airetal im O, bis über 300 m hoch.

Argos, Stadt in der → Argolis, Griechenland, 21 900 Ew. – 146 v. Chr. kam A. unter röm. Herrschaft. Reste der griechisch-röm. Stadt wurden am Fuß des Burghügels Larissa ausgegraben.

Argot [ar'go, frz.] *das* oder *der,* die Sondersprache einer begrenzten gesellschaftl. Gruppe (engl. **Slang,** dt. **Rotwelsch**). Seit dem MA. ist das A. der Gauner und Diebe bezeugt, später haben andere Gruppen (Studenten, Soldaten u. a.) ein eigenes A. entwickelt.

Argument [lat.] *das,* **1)** *allg.:* Beweisgrund.
2) *Mathematik:* 1) die unabhängige Variable einer → Funktion; 2) der Winkel φ in der Polarkoordinatendarstellung $z = |z|(\cos\varphi + i\sin\varphi)$ einer → komplexen Zahl z.

Argun, Ergun He, im Oberlauf **Hailar,** rechter Quellfluss des Amur in Ostasien, 1 620 km, entspringt im Großen Chingan, bildet auf 944 km die chinesisch-russ. Grenze.

Argus, griech. **Argos,** *griech. Mythologie:* ein vieläugiger Riese, von Hera zum Wächter der → Io bestellt, wurde von Hermes getötet. **Argusaugen,** scharf beobachtende Augen.

Argusfasan [nach den »1 000 Augen« auf seinen Flügeln], **Argusianus argus,** Pfau der trop. Regenwälder des festländischen Südostasiens, Sumatras und Borneos.

Argyropulos, Johannes, byzantin. Humanist, *Konstantinopel um 1415, † Rom 26. 6. 1487; übersetzte und kommentierte bes. Aristoteles, begründete die griech. Philologie in Italien; Lehrer u. a. von A. Poliziano, M. Ficino, J. Reuchlin.

Arhat [Sanskrit »ehrwürdig«], ein buddhist. Heiliger, der auf dem Weg der Lehre die höchste Stufe erreicht hat und unmittelbar nach seinem Tod ins Nirwana eingeht. Ideal des älteren Buddhismus (Hinayana); zum A. im jüngeren Buddhismus (Mahayana) → Bodhisattva.

Århus ['ɔrhus], früher **Aarhus,** zweitgrößte Stadt Dänemarks, wichtiger Handelshafen an der Ostküste Jütlands, 281 400 Ew.; Bischofssitz (seit 948), Univ. (gegr. 1928) u. a. Hochschulen, Museen (nahebei das Freilichtmuseum »Den Gamle By«); Pflanzenöl-, Maschinen-, Textil- u. a. Ind., Werften; Flughafen. – Roman. Dom.

Århus
Stadtwappen

ARI, Abk. für Autofahrer-Rundfunk-Information, → Verkehrsfunk.

Ariadne, *griech. Mythologie:* die Tochter des Königs Minos von Kreta, wohl urspr. eine dort und auf den Ägäischen Inseln heim. Vegetationsgöttin. A. gab → Theseus das Garnknäuel, mit dem er aus dem → Labyrinth herausfand, nachdem er den Minotaurus getötet hatte (**A.-Faden**). A. flüchtete mit ihm, wurde aber von ihm auf Naxos zurückgelassen; Dionysos machte sie zu seiner Gattin. Von der antiken Kunst wurde A. dargestellt in Bildwerken des Minotaurus-Abenteuers, später als verlassene Ariadne. Neuzeitl. Darstellungen: Gemälde von Tizian (1523, London, Nationalgalerie), Fresko von A. Carracci (Rom, Palazzo Farnese). Dramen von T. Corneille, A. Gide, Opern von C. Monteverdi, R. Strauss.

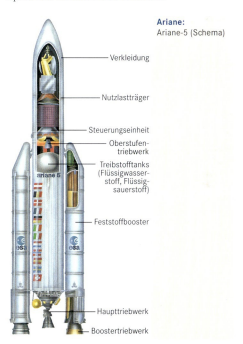

Ariane:
Ariane-5 (Schema)

– Verkleidung
– Nutzlastträger
– Steuerungseinheit
– Oberstufentriebwerk
– Treibstofftanks (Flüssigwasserstoff, Flüssigsauerstoff)
– Feststoffbooster
– Haupttriebwerk
– Boostertriebwerk

Ariane, dreistufige Trägerrakete der → ESA, wurde nach dem Scheitern der früheren Europaraketen zw. 1973 und 1981 unter frz. Führung entwickelt, um Europa eine von anderen Nationen unabhängige Startkapazität zu geben. Der A.-1 (1979) folgten die Ausführungen A.-2 und A.-3. Im Juni 1988 kam erstmals die verbesserte Version A.-4 zum Einsatz (letzter Aufstieg Anfang 2003). Der erste erfolgreiche Start der neuen Version A.-5G (51 m Höhe, 725–735 t Startmasse insgesamt) fand am 30. 10. 1997 statt. Der erste gelungene Start einer verstärkten Trägerrakete, der A.-5-ECA (»A.-5-Plus«, »Zehn-Tonnen-A.«), erfolgte am 12. 2. 2005. Die Rakete brachte zwei Satelliten ins All und ist gegenüber dem Vorgängermodell A.-5G um rd. 35% leistungsstärker.

Oscar Arias Sánchez

Arianespace [-'speɪs, engl.], 1980 gegründeter europ. Raumfahrtkonzern (Sitz: Evry-Courcouronnes [Dép. Essonne, Frankreich]) für kommerzielle Raketenstarts, um Satelliten in einen geostationären Transferorbit (GTO) zu bringen. A. vermarktet weltweit europ. Trägersysteme (v. a. für Ariane-4-, Ariane-5-, Sojus-Transportunternehmen). Die Starts erfolgen in → Kourou.

Arianismus *der,* Lehre des alexandrin. Priesters → Arius, nach der Christus nicht gottgleich und ewig, sondern vornehmlich Geschöpf Gottes sei, als »Logos« eine Zwischenstellung zw. Gott und Welt einnehme. Der A. wurde auf den Konzilen von Nikaia (Nicäa) 325 und Konstantinopel 381 verdammt. German. Stämme (Goten, Wandalen, Langobarden) waren z. T. bis ins 6. Jh. **Arianer.**

Ariary, seit 2005 Währungseinheit in Madagaskar, 1 A. (Ar) = 5 Iraimbilanja.

Arias Sánchez [-s], Oscar, costa-rican. Politiker, * Heredia 13. 9. 1941; Rechtsanwalt, Gen.-Sekr. des »Partido de la Liberación Nacional« (PLN), setzte sich als Präs. seines Landes (1986–90) für den Frieden in Zentralamerika, bes. in Nicaragua, ein und erhielt dafür 1987 den Friedensnobelpreis. Im Febr. 2006 wurde er erneut zum Präs. des Landes gewählt (Amtsantritt: 8. 5. 2006).

Arica, Hafenstadt in N-Chile, südlich der peruan. Grenze, 185 300 Ew.; Seebad; Erzausfuhr. Bahnen nach La Paz (Bolivien) und Tacna (Peru); Erdölleitung von Santa Cruz (Bolivien).

arid, trocken, dürr. Im **ariden Klima** ist die Verdunstung stärker als der Niederschlag.

Arie [ital. aria] *die,* in sich geschlossenes, instrumental begleitetes Sologesangstück, meist Teil eines größeren Musikwerks (Oper, Oratorium, Kantate) oder selbstständig als **Konzertarie.** Die A. bildete sich um 1600 als Gegenpol zum deklamator. Sprechgesang des Rezitativs heraus. Bei der in der ital. Oper des 17. Jh. entwickelten **Da-capo-A.** wird der Hauptteil nach dem Mittelteil wiederholt. Virtuose A. sind die **Koloratur-** oder **Bravourarie.**

Ariège [a'rjɛːʒ], **1)** *die,* rechter Nebenfluss der Garonne in S-Frankreich, entspringt in den östl. Pyrenäen, mündet oberhalb von Toulouse, 170 km lang.
2) Dép. im südl. Frankreich, 4 890 km², 140 000 Ew.; Hptst.: Foix.

Ariel [hebr.], **1)** zarter Luftgeist in Shakespeares »Sturm« (1611); von Goethe als Führer der Elfen in den »Faust« übernommen.
2) ein Mond des Planeten Uranus.

Arier [altind. arya »der Edle«], die Völker, die eine der **arischen Sprachen** (indogerman. Sprachfamilie) sprechen. A. nannten sich urspr. indogerman. Adelsgruppen in Vorderasien und Indien. – Von der europ. Sprachwissenschaft des 19. Jh. wurden die zunächst rein sprachwiss. Begriffe »A.« und »arisch« zeitweise den Begriffen »Indogermanen, indogermanisch« gleichgesetzt; in Anthropologie und Rassenkunde nahmen sie allmählich die Bedeutung »Angehörige der nord. Rasse«, schließlich im Nationalsozialismus in willkürlicher und falscher Einengung die Bedeutung »Nichtjuden« an.

Aries [lat.] *der,* das Sternbild → Widder.

Arillus [lat. »Mantel«] *der,* Samenmantel, z. B. bei der → Eibe.

Arine, instabile zykl. Verbindungen mit zwei Doppel- und einer Dreifachbindung im gleichen Ring.

Arion, griech. Dichter und Sänger aus Methymna auf Lesbos, um 600 v. Chr.; gilt als Erfinder des Dithyrambos. Nach der Legende wollten ihn Schiffer auf hoher See ausrauben; A. sang noch einmal zur Leier, stürzte sich ins Meer und wurde von einem Delfin gerettet.

arioso [ital.], *Musik:* arienhaft. **Arioso,** kurzes Gesangstück in der Haltung zw. Rezitativ und Arie.

Ariosti, Attilio, ital. Komponist, * Bologna 5. 11. 1666, † in England 1729 (?); Mönch (seit 1688), war Hofkomponist in Berlin, danach Opernkomponist in London (Rivale G. F. Händels).

Ariosto, Ludovico, ital. Dichter, * Reggio nell'Emilia 8. 9. 1474, † Ferrara 6. 7. 1533; verfasste ital. und lat. Gedichte und Lustspiele nach lat. Muster, ferner Satiren und Episteln. In seinem Hauptwerk, dem Stanzenepos »Orlando furioso« (»Der rasende Roland«) in 40 Gesängen (1516–21; 1532 auf 46 Gesänge erweitert), entfaltet sich die Renaissancepoesie in vollem Glanz. In ihm wird die zu Liebeswahn gesteigerte Liebe Orlandos zu der morgenländ. Prinzessin Angelica und damit die Welt des sich zu Ende neigenden Rittertums ironisch und mit vielen kom. Zügen dargestellt.

Ariovist, Heerführer der german. Sweben, † um 54 v. Chr.; drang 71 v. Chr. über den Rhein vor und unterstützte die Sequaner gegen die Aeduer, die er 61 besiegte; siedelte danach german. Stämme im heutigen Rheinhessen, im Elsass und in der Pfalz an. A. wurde von Caesar 58 v. Chr. in der Gegend von Mülhausen geschlagen.

Arisch, El-Arisch, ägypt. Stadt nahe der N-Küste der Halbinsel Sinai, am Wadi El-Arisch, 100 400 Ew. Liegt an der Stelle des alten **Rhinokorura,** des Verbannungsorts der Pharaonen; zur Zeit der Kreuzzüge hieß es **Laris.** – 1967–79 von Israel besetzt.

Aristarchos von Samos, griech. Astronom, * Samos um 310 v. Chr., † um 230 v. Chr.; vertrat als Erster das heliozentr. Weltsystem; versuchte das Verhältnis der Entfernungen von Sonne und Mond zu bestimmen.

Aristarchos von Samothrake, bed. Textkritiker des Altertums, * um 217, † auf Zypern 145 v. Chr.; lebte in Alexandria; kommentierte griech. Dichter, bes. Homer.

Aristide [-'tid], Jean-Bertrand, haitian. Politiker, * Port-Salut 15. 7. 1953; war als Priester des Salesianerordens Vertreter der Befreiungstheologie, im Dez. 1990 bei den ersten freien Präsidentschaftswahlen in Haiti zum Präs. gewählt (Amtsantritt Febr. 1991); im Sept. 1991 durch einen Militärputsch gestürzt, da-

Ludovico Ariosto (umstrittenes Porträt), Gemälde von Tizian (um 1512; London, National Gallery)

nach im Exil, konnte auf internat. militär. Druck und unter dem Schutz der USA 1994 zurückkehren. 2000 wurde er für eine weitere Amtsperiode wieder gewählt (Amtsantritt 7. 2. 2001), war nach blutigen innenpolit. Auseinandersetzungen am 29. 2. 2004 zum Rücktritt gezwungen und floh ins Ausland.

Aristides, griech. **Aristeides,** athen. Staatsmann und Feldherr, * um 550 v. Chr., † um 467 v. Chr.; war bei Marathon (490) einer der zehn Strategen, wurde 482 als Gegner des Themistokles aus Athen verbannt, 480 zurückgerufen. Er kämpfte bei Salamis, führte 479 die Athener in der Schlacht bei Plataä und hatte entscheidenden Anteil an der Gründung des 1. Att. Seebundes (477).

Aristion|stele, Grabrelief des Kriegers Aristion, um 510 v. Chr. von dem Bildhauer Aristokles geschaffen, mit Resten einstiger Bemalung (Athen, Archäolog. Nationalmuseum).

Aristippos, griech. Philosoph aus Kyrene, * um 435 v. Chr., † um 366 v. Chr.; Schüler des Sokrates, gründete die kyrenaische Schule (→Kyrenaiker). Als Erkenntnisgründe ließ er nur die Empfindungen gelten, als höchsten Wert die Lust (→Hedonismus).

Aristokratie [griech. »Herrschaft der Vornehmsten«] *die,* **1)** Staatsform, bei der ein durch vornehme Geburt, bestimmte Funktionen (Priester, Krieger) oder durch Besitz bevorrechteter Stand die Staatsgewalt innehat. Oft sind Elemente aristokrat. Herrschaft mit solchen der Monarchie oder der Demokratie verbunden.

2) der bevorrechtete Stand selbst. (→Adel)

Aristolochia [griech.] *die,* die Pflanzengattung →Osterluzei.

Aristophanes, griech. Komödiendichter, * Athen um 445 v. Chr., † ebd. um 385 v. Chr.; bed. Vertreter der att. Komödie; elf Werke sind erhalten, sie bilden eine reiche Quelle zur Kenntnis der Staatspolitik, des geistigen Lebens und der Sitten seiner Zeit. Themen- und Figurenvielfalt, Fantasie, Anmut und derbe Realistik, hohe Dichtersprache und Vulgarismen kennzeichnen seine Stücke.

Werke: Die Acharner (425); Die Ritter (424); Die Wolken (423); Die Wespen (422); Der Friede (421); Die Vögel (414); Lysistrate (411); Die Weiber beim Feste der Demeter Thesmophoros (411); Die Frösche (405); Die Weibervolksversammlung (vielleicht 392); Der Reichtum (388).

Aristophanes von Byzanz, griech. Philologe, * um 257 v. Chr., † 180 v. Chr.; Vorsteher der →Alexandrinischen Bibliothek, stellte krit. Textversionen u. a. der Werke von Homer und Hesiod her.

Aristoteles, griech. Philosoph, * Stagira in Makedonien 384 v. Chr., † Chalkis auf Euböa 322 v. Chr.; nach seinem Geburtsort Stagirit genannt, Schüler Platons, wurde 343/42 als Erzieher Alexanders d. Gr. an den makedon. Hof berufen, 335/334 Rückkehr nach Athen, begründete im Lykaion eine Philosophenschule, die nach den dortigen Wandelgängen (peripatoi) die **Peripatet. Schule** genannt wurde. Nach Alexanders Tod (323) musste A. Athen verlassen.

A. band das umfangreiche Erfahrungswissen seiner Zeit in eine durch spekulative Grundhaltung gekennzeichnete Systematik, als deren Instrument er die formale →Logik entwickelte. Die Prinzipien, aus denen die Einzelerkenntnisse abgeleitet werden können (z. B. der Satz vom ausgeschlossenen Widerspruch), untersuchte er im Einzelnen in seiner Metaphysik und entwickelte einen für das Abendland richtungweisenden begriffl. Apparat mit Begriffspaaren wie Substanz – Akzidens, Stoff – Form, Potenz – Akt. Insbes. bestimmte er das Verhältnis der wechselnden Erscheinungen (des Seienden) zum Sein, indem er Bewegung, das Werden und das Geschehen als Verwirklichung (Form, Akt) einer Möglichkeit (Stoff, Potenz) kennzeichnete. Die Zielbestimmung des an sich unbestimmten Stoffes unterliegt einem zweckmäßig gestaltenden Formprinzip (→Entelechie): So ist ihm die Seele »Entelechie« des Leibes. Ursache allen Werdens ist nach A. der unbewegte Beweger als reine Form, reiner Akt und vollkommenes Sein. In seiner Ethik, die um die Frage der Glückseligkeit als das höchste Gut kreist, schuf er eine Jh. überdauernde Tugendlehre. Sie mündet in die Staatslehre, die den Menschen als »Zoon politikon«, ein auf Gemeinschaft hin veranlagtes Wesen, definiert und eine Einteilung und Kritik der Staatsformen unternimmt: Monarchie, Aristokratie, Politie (Bürgerstaat), Tyrannis, Oligarchie, Demokratie. Seine »Poetik« wirkte bes. durch die Definition der Tragödie, als deren Ziel er die »Katharsis«, die Reinigung der Seele von Affekten, bestimmt.

Weitere Werke: Organon (enthält die log. Schriften); Physik; Metaphysik; Über die Seele; Nikomachische Ethik; Politik; Rhetorik.

Aristotelismus *der,* Sammelbez. für Rezeption, Aus- und Umbau der philosoph. Lehren des Aristoteles. Von den Neuplatonikern wurden seine Werke mit Kommentaren versehen. Durch Vermittlung der arab. (al-Kindi, al-Farabi, Ibn Sina, Ibn Ruschd) und jüd. (Abraham Ibn Daud, Maimonides, Levi ben Gerson, Crescas) Philosophen fanden sie im 12. Jh. im Abendland Verbreitung. Sie wurden im 13. Jh. ins Lateinische übersetzt und bes. von Thomas von Aquin (mit wesentl., durch das Christentum bedingten Änderungen) in die christl. Philosophie der Scholastik aufgenommen. Obwohl der A. seit Descartes und der Entwicklung der neuzeitl. Naturwissenschaft an Bedeutung verlor, regte seine Lehre z. B. noch Leibniz, C. Wolff, G. W. F. Hegel, F. A. Trendelenburg u. a. entscheidend an. In Verbindung mit der Erneuerung thomist. Theologie im 19. Jh. erhielt der A. eine neue, in der Diskussion fortdauernde Bedeutung.

Aristoxenos von Tarent, griech. Philosoph, * Tarent um 370 v. Chr., † Athen um 300 v. Chr.; Forschungen zur Musiktheorie; Schüler des Aristoteles.

Aritaporzellan [nach dem jap. Ort Arita auf der Insel Kyūshū], **Imariporzellan,** jap. Porzellan des 17. Jh.; anfangs im Stil chin. Blauweißporzellans, wurde es später mit buntem Schmelzfarbendekor verfeinert.

Arithmetik [griech.] *die,* Teilgebiet der Mathematik, das sich mit den Zahlen und ihren Verknüpfungen nach bestimmten Rechenregeln befasst. Zur A. gehören v. a. das Rechnen in den vier Grundrechenarten und deren Erweiterungen; sie umfasst auch das Rechnen mit arithmet. und geometr. Folgen und Reihen sowie Teile der Kombinatorik. Wegen vielfacher Überschneidungen ist eine klare Abgrenzung zu anderen Gebieten, z. B. zu Algebra, Analysis und Zahlentheorie nicht möglich.

arithmetisches Mittel, *Statistik:* →Mittelwert.

Arius, altkirchl. Theologe, * in Libyen um 260 (?), † Konstantinopel 336; seit dem frühen 4. Jh. Priester (Presbyter) in Alexandria; wegen seiner Christologie (→Arianismus) als Häretiker verurteilt und exkommuniziert.

Aristoteles (hellenistische Marmorbüste, Paris, Louvre)

Arizona
Flagge

Arkade

Arkansas
Flagge

Arizona [engl. æri'zəʊnə], Abk. **Ariz.**, Bundesstaat im SW der USA, 295 254 km², 5,94 Mio. Ew.; Hptst.: Phoenix.
Der N wird vom Coloradoplateau, einem 1 500 bis 3 000 m hohen, von tiefen Cañons (Grand Canyon) zerschnittenen Tafelland, eingenommen, das nach S und W steil abfällt. Die sich südlich daran anschließende Basin and Range Province umfasst im SW die ebene Gilawüste. Trotz hoher Sommerniederschläge herrscht im Großteil des Staates ausgesprochene Trockenheit. Strauchsteppe, Riesenkakteen und Yuccabäume bestimmen die Vegetation. – A. hat die größte Anzahl an Indianern unter den Bundesstaaten (Apachen, Navajo, Hopi), bedeutend ist auch der Anteil an Spanisch sprechenden Einwohnern. Haupterzeugnisse der Landwirtschaft sind Weizen, auf bewässerten Flächen (Stauanlage Hoover Dam) Baumwolle, Südfrüchte und Wintergemüse. A. ist ein bed. Zuwanderungsland mit neuen Industriesiedlungen, bes. im Flugzeug- und Raketenbau. Kupfererzförderung, außerdem Molybdän, Kohle, Erdöl; daneben Bedeutung als Reiseland (Grand Canyon, Petrified Forest National Park, prähistor. Indianerbauten). – Das im 16. Jh. von Spaniern besiedelte A. wurde zw. 1848 (Vertrag von Guadalupe Hidalgo) und 1853 (Gadsden-Kaufvertrag) von Mexiko an die USA abgetreten; seit 1912 48. Bundesstaat.

Arjouni, Jakob, Schriftsteller, * Frankfurt am Main 8. 10. 1964; schreibt sozialkrit. Romane mit kriminalist. Hintergrund (»Happy birthday, Türke!«, 1985; »Ein Mann, ein Mord«, 1991; »Magic Hoffmann«, 1996; »Kismet«, 2001), als Zukunftsvision »Chez Max« (2006); auch Erzählungen und Theaterstücke.

Arkade [frz., zu lat. arcus »Bogen«] *die, Architektur:* von zwei Pfeilern oder Säulen getragener Bogen, meist als fortlaufende Reihe; auch der davon eingefasste, mindestens nach einer Seite offene Gang (Bogengang).

Arkadi|en, gebirgige Landschaft und Verw.-Bez. (Nomos) auf der Peloponnes, Griechenland, 105 300 Ew. zw. schroffen Karstgebirgen (bis 2 376 m ü. M.) liegen eine Reihe von z. T. versumpften Becken. Hauptort: Tripolis. In den Becken intensive Landwirtschaft, in den Bergen Weide-, z. T. auch Waldwirtschaft. – A. ging in die bukol. Dichtung wie in die Schäferdichtung des 17. Jh. als Schauplatz idyll. Landlebens ein.

Arkadios, Arkadius, erster oström. Kaiser (395–408), * in Spanien um 377, † Konstantinopel 1. 5. 408; Sohn Theodosius' I., stand unter dem Einfluss seiner Beamten Rufinus und Eutropius sowie seiner Gattin Eudoxia.

arkadische Dichtung, die →Schäferdichtung.

Arkandisziplin [lat. arcanus »geheim«], Geheimhaltung von Lehre und Kult einer Religionsgemeinschaft vor Außenstehenden.

Arkansas [engl. 'ɑːkənsɔː], Abk. **Ark.**, Bundesstaat im SO der USA, westlich vom Mississippi, 137 732 km², 2,78 Mio. Ew.; Hptst.: Little Rock. A. hat Anteil an der Schwemmlandebene des Mississippi und an der Golfküstenebene sowie an Teilen des Ozarkplateaus und der Ouachita Mountains. Das Klima bringt milde Winter, warme Sommer und reichlich Niederschläge während des ganzen Jahres. Etwa die Hälfte des Bundesstaates ist bewaldet. Wichtigster Wirtschaftszweig ist die Landwirtschaft: Anbau von Sojabohnen, Reis, Obst, Weizen und Baumwolle; Geflügelzucht; Waldwirtschaft und Holz verarbeitende Industrie. A. besitzt reiche Bodenschätze: v. a. Bauxit, Kohle, Erdöl, Erdgas; Textil- und Nahrungsmittelindustrie. – A. gehörte im 18. Jh. zur frz. Kolonie Louisiana. 1803 kam es durch Kauf an die USA und wurde 1836 deren 25. Bundesstaat.

Arkansas River ['ɑːkənsɔː 'rɪvə], rechter Nebenfluss des Mississippi, entspringt der Sawatchkette der Rocky Mountains, mündet nördlich von Greenville, 2 349 km lang, seit 1971 bis zum Mississippi schiffbar.

Arkanum [lat.] *das,* Geheimnis; Geheimmittel, bes. in der Alchemie.

Arkebuse [frz. arquebuse, vielleicht aus niederländ. haakbus »Hakenbüchse«] *die,* urspr. eine Armbrust, seit dem 15. Jh. ein Feuerrohr, wurde beim Schießen auf eine Hakenstange gelegt.

Arkesilaos, griech. Philosoph, * Pitane in Äolien um 316 v. Chr., † 241 v. Chr.; führte den →Skeptizismus in die platon. Akademie ein (»mittlere Akademie«).

Arkona, Kap, das nördl., steil aufragende Vorgebirge der Insel Rügen, Meckl.-Vorp., 46 m hoch, besteht aus Kreidegestein, trägt Leuchttürme und Signalstation. – An der O-Seite der 10–13 m hohe Wall der Burg; barg das letzte slaw. Heiligtum, das 10 m hohe viergesichtige Holzstandbild des Gottes **Swantewit,** beides bei der Eroberung A.s durch den Dänenkönig Waldemar I. 1168 zerstört. – Ausgrabungen seit 1863 (zuletzt 1994) erbrachten den Nachweis normann. Besiedlung (Wikinger).

Arkose [frz.] *die,* Sandstein mit mehr als 25 % Feldspat.

Arkosolium [lat.] *das,* **Arkosol,** mit Tonnengewölbe oder Bogen überspanntes Nischengrab in antiken Felsgräbern und Katakomben.

Arktis [zu griech. árktos »Bär«, »Großer Bär« (Nordgestirn)] *die,* die um den Nordpol gelegenen Land- und Meergebiete; im System der mathematisch-astronom. Zonen gilt der nördl. Polarkreis (66°33' n. Br.) als Abgrenzung, die A. umfasst somit 21,2 Mio. km²; im System der Klima- und Landschaftszonen wird sie durch die 10 °C-Juli-Isotherme bzw. die polare Waldgrenze begrenzt und hat so eine Größe von 26 Mio. km², davon 8 Mio. km² Land und 18 Mio. km² Meer. Zentrum der A. ist das vereiste Nordpolarmeer mit den Nebenmeeren Barents-, Kara-, Laptew-, Ostsibir.-, Tschuktschen-, Beaufort- und

Kap Arkona

Arktis

Arktis

Grönlandsee. Zur terrestr. A. gehören die nördlichsten Teile Amerikas, Skandinaviens und Russlands sowie als wichtigste Inselgruppen und Inseln der Kanadisch-Arkt. Archipel, Grönland, Jan Mayen, Bäreninsel, Spitzbergen, Franz-Joseph-Land, Nowaja Semlja, Sewernaja Semlja, Neusibir. Inseln, Wrangelinsel. Island liegt am Rande (Subarktis). – Hauptlandschaftstypen sind Eis- und Frostschuttwüsten sowie Tundren (mit Flechten, Moosen, Gräsern, niedrigen Gebüschen aus Rhododendron und Wacholder oder kriechenden Weiden und Birken). – Das Klima zeichnet sich durch sehr niedrige Jahresmitteltemperaturen mit kalten Wintern und kühlen Sommern aus (Monatsmittel für Juli etwa zw. 1 und 8 °C, für Februar bis unter −40 °C). Das arkt. Klima ist meist trocken, jedoch mit häufigen Nebeln, bes. an den Küsten und im Sommer. – Die Tierwelt ist artenarm: Eisbär, Polarfuchs, Lemming, Polarhase, Rentier, Vielfraß, Hermelin und Polarwolf; in Kanada und auf Grönland der Moschusochse; zahlr. See- und Wasservögel; in den Küstengewässern Fische, Robben, Seehunde, Wale. – Die Bev. setzte sich noch vor wenigen Jahrzehnten vorwiegend aus Polarvölkern zusammen, z. B. Eskimo, Lappen, Jakuten, Nenzen, Tschuktschen, Athapasken, Algonkin, von denen viele einem starken kulturellen Wandel unterworfen sind (An-

Arktis: Entdeckung und Erforschung

982	Erich der Rote gelangt von Island aus nach Grönland.
1194	Erstentdeckung Spitzbergens durch Normannen
1497	G. Caboto entdeckt Labrador.
1553	R. Chancellor erreicht von Norden die Dwinamündung.
1576	M. Frobisher entdeckt Baffin Island.
1594–96	W. Barents erreicht die Westküste von Nowaja Semlja und findet u. a. die Bäreninsel (Wiederentdeckung Spitzbergens).
1616	W. Baffin gelangt längs der grönländischen Westküste in die nach ihm benannte Meeresbucht und erreicht 78° n. Br.
1648	S. I. Deschnjow erreicht das Nordostkap Asiens.
1733–43	Die russische »Große Nordische Expedition« unter V. Bering u. a. erforscht die Nordküste Sibiriens, die Beringstraße, Alaska und die Aleuten.
1778	J. Cook erkundet die Beringstraße und dringt auf der Suche nach der Nordwestpassage Im Nordpolarmeer bis zur Eisgrenze vor.
1831	J. C. Ross bestimmt auf der kanadischen Halbinsel Boothia die Lage des nördlichen Magnetpols.
1845–48	Die Franklin-Expedition versucht, die Nordwestpassage zu finden.
1848–79	Bei etwa 40 Expeditionen zur Aufklärung des Schicksals von J. Franklin (Entdeckung wichtiger Spuren 1859) werden große Teile des Kanadisch-Arktischen Archipels entdeckt.
1869–70	Österreichisch-ungarische Nordpolarexpedition unter C. Weyprecht und J. Payer mit dem Schiff »Tegetthoff« entdeckt die Inselgruppe Franz-Josef-Land.
1878/79	A. E. Nordenskiöld gelingt (mit der »Vega«) erstmals die Nordostpassage.
1893–96	F. Nansens Driftfahrt mit der »Fram«; Schlittenvorstoß bis 86° 14' n. Br.
1903–06	R. Amundsen bezwingt erstmals die Nordwestpassage ganz und mit nur einem Schiff (der »Gjöa«).
1908	F. A. Cook (umstritten) und
1909	R. E. Peary (nahe) am geograf. Nordpol
1921–24	»Thule«-Expedition K. Rasmussens von Grönland bis zur Beringstraße
1926	Flüge zum Nordpol mit dem Flugzeug (R. E. Byrd; Angabe umstritten) und mit dem Luftschiff (U. Nobile zusammen mit R. Amundsen)
1937/38	Sowjetische Forschungsstation unter I. D. Papanin driftet auf einer Eisscholle vom Nordpol bis zur Südostküste Grönlands.
1958	Amerikanisches U-Boot »Nautilus« (mit Kernenergieantrieb) unterquert den Nordpol.
1977	Sowjetischer Atomeisbrecher »Arktika« erreicht von der Laptewsee den Nordpol.
1990	Einrichtung des nicht staatlichen »International Arctic Science Committee« (IASC) zur Planung, Förderung und Zusammenarbeit in allen Bereichen der Arktisforschung
1991	Errichtung der deutschen Koldewey-Station auf Spitzbergen

passung an moderne Lebens- und Wirtschaftsformen). Gegenwärtig leben in der A. 1,5–2 Mio. Menschen, die überwiegend von Gebieten außerhalb der A. stammen.

Arktur [griech. »Bärenhüter«], **Arctur,** Stern erster Größe (α) im Sternbild Bärenhüter.

Arkus [lat.] *der, Mathematik:* →Bogenmaß.

Arkusfunktionen, die Umkehrfunktionen der →Winkelfunktionen.

Arlberg, Alpenpass in Österreich, 1 793 m ü. M., auf der Wasserscheide zw. Donau und Rhein, Grenze zw. Tirol und Vorarlberg. Das A.-Gebiet ist ein internat. Wintersportgebiet. Die **A.-Bahn** (Tunnel 10,3 km) und **A.-Straße** (Tunnel 13,97 km) unterfahren den Pass.

Arlecchino [arleˈkiːno, ital.] *der,* derb-komische Dienergestalt der →Commedia dell'Arte (→Harlekin).

Arles [arl], Stadt im frz. Dép. Bouches-du-Rhône, 52 600 Ew., am Beginn des Rhônedeltas; Antikenmuseum mit Forschungsinstitut zur Antike; Meersalzgewinnung, Reisanbau, chem. und metallurg. Ind., Herstellung von Erdölbohrgeräten. – Röm. Amphitheater (um 46 v. Chr. errichtet und im MA. als Festung umgebaut; heute Stierkampfarena); Kathedrale Saint-Trophime (auf karoling. Vorgängerbau, v. a. 12. Jh.; Umgangschor 1454–1517) mit bed. Skulpturen (Westfassade, Kreuzgang). Die röm. und roman. Denkmäler von A. wurden von der UNESCO zum Weltkulturerbe erklärt. – A., eine griech. Gründung aus dem 6. Jh. v. Chr. **(Theline),** wurde 46 v. Chr. röm. Kolonie und Ende des 4. Jh. Hauptort Galliens. Seit 536 unter fränk. Herrschaft, war A. Hptst. der Provence, später des Königreichs Arelat; kam 1481 an die frz. Krone.

Arlesheim, Bezirkshauptort im Kanton Basel-Landschaft, Schweiz, rechts der Birs, 8 900 Ew. – Barocke Domkirche.

Arlington [ˈɑːlɪŋtən], Wohnvorort von Washington (D. C.), USA, auf der gegenüberliegenden Seite des Potomac, in Virginia; Sitz des US-Verteidigungsministeriums (Pentagon); seit 1864 Nationalfriedhof mit Gräbern von Soldaten, bed. Staatsmännern und Persönlichkeiten.

Arlon [arˈlɔ̃], dt. **Arel,** fläm. **Aarlen,** Hptst. der belg. Prov. Luxemburg, 24 500 Ew.; Museen; Fremdenverkehr.

Arm, *Anatomie:* obere oder vordere paarige Gliedmaße des Menschen und des Affen; besteht aus Ober-A., Unter-A. und →Hand. Das Skelett des Ober-A. wird aus dem Oberarmknochen (Humerus), das des Unter-A. aus Elle (Ulna) und Speiche (Radius) gebildet. Der A. entspricht dem Vorderbein bzw. Flügel bei anderen Wirbeltieren.

Armada [span. »bewaffnete Macht«] *die,* starke Kriegsflotte, bes. die 1588 unter Philipp II. gegen England ausgesandte große spanische Flotte (130 Kriegsschiffe) unter dem Herzog von Medina Sidonia; wurde in den Kanalschlachten vom 31. 7. bis 8. 8. 1588 von den nach der Zahl der Schiffe unterlegenen Engländern unter C. Howard und F. Drake besiegt; der Rest ging auf der Rückfahrt großenteils durch Stürme zugrunde.

Armageddon [wohl aus hebr. har-Maǧiddô »Berg von Megiddo«] *das,* →Harmagedon.

Armagh [ɑːˈmɑː], **1)** Distrikt in Nordirland, 671 km², 56 000 Einwohner.
2) Verw.-Sitz von 1), 20 000 Ew.; Sitz eines kath. und eines anglikan. Erzbischofs; Textilind., Fleischverarbeitung.

Armagnac [-ˈɲak] *der,* Weinbrand aus dem Weinbaugebiet Armagnac.

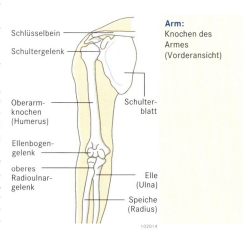

Arm: Knochen des Armes (Vorderansicht)

Arktis: links die Küste von Spitzbergen mit Treibeis; rechts Tundra im Gebiet des Mackenzie River

Armagnac [-'ɲak], Landschaft in S-Frankreich; Kerngebiet der Gascogne; etwa das heutige Dép. Gers (Verw.-Sitz Auch). Landwirtschaft und Weinbau stehen im Vordergrund. – Die im 10. Jh. als karoling. Gau entstandene Grafschaft fiel 1607 an die frz. Krone. Die **Armagnaken** (in Dtl. **Arme Gecken** gen.) waren zügellose Söldner (seit 1410) des Grafen von A., der zeitweise Frankreich beherrschte. Die von König Karl VII. und Kaiser Friedrich III. gegen die Schweizer gesandten Armagnaken wurden 1444 in der Schlacht bei St. Jakob an der Birs abgewehrt; verheerten danach das Elsass und Schwaben (bis 1445).

Armalcolit [nach den Apollo-11-Astronauten N. A. **Arm**strong, E. E. **Al**drin und M. **Collins**] *der*, rhomb. Mineral (Fe,Mg)Ti$_2$O$_5$, erstmals in Mondgestein (zus. mit Ilmenit), neuerdings auch in terrestr. Impakt- und Tiefseegesteinen nachgewiesen.

Armani, Giorgio, ital. Modeschöpfer und Unternehmer, * Piacenza 11. 7. 1934; gründete 1975 ein eigenes Modeunternehmen. Seine aus edlen Stoffen in neutralen Farben gefertigten Damen- und Herrenkollektionen wirken durch ihre ruhige, purist. Eleganz. Seit 1981 Zweitkollektion »Emporio Armani«. Weitere Linien (»A/X Armani Exchange«, »Armani Collezioni«).

Armatur [lat. »Bewaffnung«] *die,* im Maschinen- und Rohrleitungsbau Regel-, Steuer-, Mess- oder Absperrorgan v. a. für Flüssigkeiten und Gas. Anzeigende und registrierende A. sind in der **Armaturentafel,** beim Kfz im **Armaturenbrett** angeordnet.

Armawir, Stadt in der Region Krasnodar, Russ. Föderation, am N-Fuß des Großen Kaukasus, am Kuban, 192 000 Ew.; Bahnknotenpunkt; Metallverarbeitung, Maschinenbau, Nahrungsmittelindustrie.

Armband, band- oder ringförmiger Armreif, am Ober- oder Unterarm; bei versch. Völkern Rangabzeichen. Im MA. gehörte es zum Krönungsornat der dt. Kaiser und Könige.

Armbrust [aus lat. arcuballista], Fernwaffe, entwickelt aus dem Bogen, bestehend aus Bogen, Sehne und Säule; Geschosse waren Pfeile, Bolzen oder Kugeln; im 15. Jh. von der Handfeuerwaffe abgelöst.

Armee [frz., zu lat. armare »bewaffnen«] *die,* i. w. S. die gesamten Streitkräfte oder auch nur die Landstreitkräfte eines Staates; i. e. S. ein großer Heeresverband.

Armee im Lande, →Armia Krajowa.
Armeekorps [-koːr], →Korps.
Armeeoberkommando, Abk. **AOK,** im Ersten und Zweiten Weltkrieg gebildeter Stab zur operativen und logist. Führung einer Armee und ihres rückwärtigen Gebietes.

Ärmelkanal, Der Kanal, engl. **English Channel,** frz. **La Manche,** die Verbindung von Atlantik und Nordsee zw. der frz. N- und der engl. S-Küste, mittlere Tiefe 50 m, an der engsten Stelle 32 km breit. 1986 wurde zw. Frankreich und Großbritannien der Bau eines Eisenbahntunnels zw. Fréthun (bei Calais) und Cheriton (bei Folkestone) vereinbart, der 1994 eröffnet wurde. (→Eurotunnel)

Armenbibel, lat. **Biblia Pauperum,** Bez. für die Ende des 13. Jh. entstandenen Bilderbibeln, in denen auf jeder Seite eine Begebenheit aus dem N. T. dargestellt ist, umgeben von vier Prophetenfiguren und zwei Szenen aus dem A. T., die mit diesem in heilsge-

Armenbibel: Seite einer Armenbibel (1. Hälfte des 15. Jh.; Rom, Biblioteca Apostolica Vaticana)

schichtl. Zusammenhang stehen. – Die Bez. »A.« im Sinne einer Bibel für Arme ist irreführend; die Herstellungskosten sprechen gegen eine volkstüml. Verbreitung. Umstritten ist die Annahme, die A. sei für des Lesens Unkundige bestimmt gewesen; »arm« ist wohl eher geistlich-allegorisch als im bildungsmäßigen Sinn zu verstehen.

Armenia, Hptst. des Dép. Quindío, Kolumbien, 1 550 m ü. M., am W-Hang der Zentralkordilleren, 303 900 Ew.; Univ.; Kaffeeanbauzentrum.

Flagge

Wappen

internationales Kfz-Kennzeichen

Fläche: 29 740 km²
Einwohner: (2005) 3,22 Mio.
Hauptstadt: Jerewan
Verwaltungsgliederung: 10 Gebiete und die Hauptstadt Jerewan
Amtssprache: Armenisch
Nationalfeiertage: 28. 5. und 21. 9.
Währung: 1 Dram (ARD) = 100 Luma (Lm)
Zeitzone: MEZ + 3 Std.

Armenien, amtl. armen. **Hayastani Hanrapetut'yun,** dt. **Republik A.,** Binnenstaat im S Transkaukasiens, in W-Asien, grenzt im N an Georgien, im NO, O und SO an Aserbaidschan (im S an dessen Teilrep. Nachitschewan), im SO an Iran sowie im W und SW an die Türkei.

Staat und Recht

Gemäß der Verf. vom 5. 7. 1995 ist A. eine präsidiale Rep. mit Mehrparteiensystem. Staatsoberhaupt und Oberbefehlshaber der Streitkräfte ist der mit weitreichenden Vollmachten ausgestattete Präs. (für 5 Jahre direkt gewählt, einmalige Wiederwahl möglich); die Legislative liegt bei der Nationalversammlung (131 Abg., auf 4 Jahre gewählt), die Exekutive bei der Reg. unter Vorsitz des vom Präs. ernannten Min.-Präs. – Wichtigste Parteien: Republikan. Partei (HHK), Volkspartei (HZhK), Demokrat. Partei (HDK), Rechtsstaatpartei (OY), Revolutionäre Armenische Föderation (Daschnakzutjun; HHD), Nat. Einheitspartei (AMK), Vereinigte Arbeitspartei (MAK) und Kommunist. Partei (HKK).

Landesnatur

A. ist ein erdbebengefährdetes Gebirgsland in Transkaukasien; etwa 90 % des Territoriums liegen über 1 000 m ü. M., 40 % über 2 000 m ü. M. Es umfasst im N die Gebirgsketten des Kleinen Kaukasus, die von einem dichten Netz tief eingeschnittener Täler durchzogen sind. Der W des Landes wird vom nordöstl. Ararathochland (im Aragaz 4 090 m ü. M.) eingenommen. Das Hochland wird durch einzelne Becken gegliedert (u. a. das Becken des 1 905 m ü. M. gelegenen Sewansees). Im SW am Grenzfluss Arax hat A. Anteil am O-Teil des rauen Hochlands von Kars und an der steppenhaften Araratebene in 800 m bis 1 000 m ü. M. Das Klima ist in den Tälern und Vorgebirgen durch trockene, heiße Sommer und kalte, schneearme Winter gekennzeichnet; auf den Hochebenen und in mittleren Höhenlagen ist es gemäßigt. Das Gebirgsland weist überwiegend Halbwüsten- und Steppenvegetation auf, nur 15 % der Fläche sind von Sträuchern und lichten Kiefern-, Hainbuchen-, Eichen- und Wacholderwäldern bedeckt.

Bevölkerung

2001 waren von den Bewohnern 98 % Armenier; weiterhin leben in A. Minderheiten von Kurden (1,3 %), Russen (0,5 %) und Angehörige anderer Nationalitäten (0,2 %), bes. Ukrainer, Assyrer und Griechen. Die 1989 noch rd. 2,6 % Aserbaidschaner wurden vertrieben oder sind weitgehend ausgewandert. Etwa 64 % der Bewohner leben in Städten. Mit Ausnahme der Gebirge und der Plateaus ist das Land relativ dicht besiedelt (durchschnittlich 108 Ew./km²), bes. die Araratebene um Jerewan. Die Armenier sind Christen und gehören der → armenischen Kirche an. Es besteht allg. Schulpflicht im Alter von 7 bis 14 Jahren. Die Alphabetisierungsrate (2006) liegt bei 99 %.

Wirtschaft und Verkehr

Die Volkswirtschaft A.s ist stark agrarisch geprägt. Die ersten Jahre der polit. Unabhängigkeit nach 1991 waren durch eine schwere Wirtschaftskrise, einen starken Rückgang der wirtschaftl. Leistung und eine Verschlechterung der sozialen Lage gekennzeichnet. Seit Mitte der 1990er-Jahre befindet sich die armen. Wirtschaft auf einem Konsolidierungskurs. Bei der ökonom. Transformation, der Privatisierung, der Durchsetzung von Reformen und der Integration A.s in die Weltwirtschaft wird das Land nicht nur durch die Folgen der sowjetisch geprägten Planwirtschaft belastet, sondern auch durch den Krieg mit Aserbaidschan um Bergkarabach und die konfliktreiche geopolit. Situation in der Region (Ausgaben für Flüchtlingsfürsorge und Verteidigung, Blockademaßnahmen Aserbaidschans und der Türkei, hohe Transitgebühren im Warenverkehr durch Georgien). Seit 1998 weist das Bruttoinlandsprodukt (BIP) ein Wachstum auf (1998–2004 zw. 3,3 % und 13,9 %), das zum großen Teil durch Investitionen wohlhabender Auslandsarmenier getragen wird. Nach Schätzungen arbeiten etwa 700 000 Armenier zeitweilig im Ausland. Der informelle Sektor ist sehr stark ausgeprägt. – Ungünstige natürl. Bedingungen lassen eine landwirtsch. Nutzung nur auf 44 % der Landesfläche zu, die Landwirtschaft erwirtschaftet etwa 30 % des BIP. Das Ackerland befindet sich vorwiegend in der Araratebene um Jerewan sowie in einigen Flusstälern. Ertragreicher Pflanzenbau ist nur mittels Bewässerung möglich. Bis in Höhenlagen von 900 m werden Baumwolle, Reis, Tabak, Zuckerrüben, Melonen, Wein und Obst angebaut, bis 2 300 m teilweise Getreide. Neben Schafzucht wird auch Rinderzucht betrieben. – In dem rohstoffarmen Land werden geringe Mengen an Kupfer, Molybdän, Nephelin, Zink und Gold gewonnen. Die wichtigsten Industriebranchen sind Leicht- (Herstellung von Textilien, Bekleidung, Schuhen), Nahrungs- und Genussmittelind. (u. a. Wein- und

Weinbrandherstellung, Verarbeitung von Südfrüchten und Gemüse, Herstellung äther. Öle); weiterhin sind Maschinenbau, elektrotechnisch-elektron. und chem. Ind. (u. a. Kautschuk, Düngemittel, Kunststoffe) von Bedeutung. Die Buntmetallurgie produziert v. a. Kupfer, Aluminium und Molybdänkonzentrate. Ein spezieller Wirtschaftszweig ist die Bearbeitung importierter Rohdiamanten. Die Energieerzeugung erfolgt überwiegend durch Wärmekraftwerke auf der Basis von importiertem Erdgas und Erdöl, durch die Sewan-Rasdan-Wasserkraftwerke und durch das Kernkraftwerk Mezamor bei Jerewan. In der Ind. werden rd. 37 % des BIP erwirtschaftet. – Wichtige Handelspartner A.s sind die USA, Russland, Israel, Iran, Belgien, die Schweiz, Dtl. und Georgien. Beim Export dominiert die Warengruppe Diamanten (Export nach Belgien, Israel und in die Schweiz), Edelsteine und Schmuck; weiterhin exportiert werden Buntmetalle, Maschinen, Ausrüstungen sowie Produkte der Leichtindustrie (Textilien, Nahrungs- und Genussmittel), Chemieerzeugnisse (bes. synthet. Kautschuk). Importiert werden Brennstoffe, Eisen und Stahl, Rohstoffe, Konsumgüter und Getreide. – Aufgrund des Gebirgsreliefs ist der Bau von Verkehrswegen sehr schwierig und kostenaufwendig. Weite Teile der Hochlandgebiete sind nur schwer zugänglich. Das Verkehrsnetz umfasst (1999) 852 km Eisenbahnlinien (wichtigste Strecke ist Eisenbahn Tiflis–Jerewan–Baku) und knapp 16 000 km Straßen, die größtenteils modernisierungsbedürftig sind.

Geschichte

Das Gebiet der heutigen Rep. A. umfasst nur einen Teil des histor. Siedlungsraumes der Armenier, der sich etwa zw. dem anatol. und iran. Hochland sowie zw. dem Kaukasus und der Tiefebene Mesopotamiens erstreckte (→ Ararathochland). Dieses Territorium, bereits im 3. Jt. v. Chr. Ziel von Kriegszügen altmesopotam. Herrscher, wurde erstmals im Reich Urartu (9.–6. Jh. v. Chr.) vereint. In dessen westl. und südl. Grenzgebieten siedelten sich im 7. Jh. v. Chr. die aus SO-Europa kommenden Armenier an und verschmolzen unter med. (um 585 v. Chr.), dann pers. (um 550 v. Chr.) Oberhoheit mit der Bev. von Urartu. Der Name A. wird zuerst in einer Inschrift Dareios' I., d. Gr., genannt. A. gehörte dem Achaimenidenreich an, später nominell dem Reich Alexanders d. Gr., der es weiterhin durch pers. oder einheim. Satrapen regieren ließ, in hellenist. Zeit war es Bestandteil des Herrschaftsraumes der Seleukiden. Die Niederlage des Seleukidenkönigs Antiochos III. gegen die Römer 190 v. Chr. führte zur Bildung zweier armen. Staaten, des östl. Groß-A. und des westl. Klein-A. Das von der Dynastie der Artaxiden geführte Groß-A. erlebte unter Tigranes II. (95 bis um 55 v. Chr.) den Höhepunkt seiner Macht, verlor jedoch nach einer Niederlage (69 v. Chr.) gegen Rom alle Eroberungen und musste sich diesem 66 v. Chr. unterwerfen. Im 1. Jh. n. Chr. kam das Land an die parth. Arsakiden, im 3. Jh. an die pers. Sassaniden; es befreite sich mit röm. Hilfe wieder und trat 301 unter Tiridates zum Christentum über. 387 wurde Groß-A. zw. Ostrom und Persien geteilt. Im 7. Jh. unterwarfen die Araber große Teile von A., bis 885 der Armenier Aschot I. wieder eine selbstständige Herrschaft (Königtum der Bagratiden) schuf. Mitte des 11. Jh. bemächtigten sich die Byzantiner des Landes, nach 1171 eroberten es die Seldschuken. Daraufhin setzte sich der Bagratide Ruben in Kilikien fest. Sein Reich nahm den Namen »Klein-A.« an; es unterlag 1375 den ägyptischen Mamluken und wurde später dem Osman. Reich eingegliedert.

1235/36 eroberten die Mongolen Armenien. Von Timur um 1390 verwüstet, geriet A. 1468 unter die Herrschaft der Turkmenen, 1472 der Perser, die 1541 den Hauptteil des Landes an die Türken verloren.

Im 19. Jh. entrissen die Russen Persien das Gebiet von Jerewan (1828), der Türkei das Gebiet von Kars, Ardahan und Batumi (1878). Die anwachsende Nationalbewegung (Autonomie- und Reformforderungen, revolutionäre Organisationen) der Armenier unter türk. Hoheit beantwortete die osman. Reg. mit einem repressiven Kurs. Die blutigen Armenierverfolgungen – Pogrome 1894–96 und 1909, während des Ersten Weltkriegs unter jungtürk. Herrschaft 1915/16 Deportation und Völkermord (umstrittene Opferzahl zw. mehreren Hunderttausend und 1,5 Mio. Arme-

Armenien: eine der typischen armenischen Kreuzkuppelkirchen am Sewansee (erbaut 874)

Armenien

nier) – führten zur Flucht aus Türkisch-A. in den russ. Landesteil (wo es im Gefolge türk. Militärvorstöße ab 1917/18 zu weiteren Massakern an Armeniern kam) und in andere Staaten. Der Frieden von Sèvres (1920) sah ein großes freies A. vor, aber der W blieb unter türk. Herrschaft. Den O (Russisch-A.) proklamierte ein von der Partei der Daschnaken geführter »Armen. Nationalrat« am 28.5.1918 zur unabhängigen Rep. A., gegen die die Türkei 1920 Krieg führte. Am 29.11.1920 errichteten die Bolschewiki mithilfe der Roten Armee in A. eine Sowjetrep., die (nach Abtretung von Kars u. a. Gebieten 1921 an die Türkei) 1922–36 zus. mit Georgien und Aserbaidschan die Transkaukas. Sozialist. Föderative Sowjetrep. bildete. 1921 wurden Bergkarabach und Nachitschewan administrativ Aserbaidschan unterstellt.

Seit 1936 Unionsrep. der UdSSR, verkündete A. am 23.8.1990 den Beginn einer Übergangsperiode zur Erlangung staatl. Unabhängigkeit (Umbenennung der Armen. SSR in Republik A.). Nach einem Referendum vom 21.9.1991 wurde am 23.9.1991 vom Parlament die Unabhängigkeit A.s proklamiert. Die KP löste sich im Sept. 1991 nur vorübergehend auf. Die 1990 entstandene Armen. Pan-nationale Bewegung entwickelte sich zeitweise zur einflussreichsten Partei; die »histor.« Partei Daschnakzutjun (gegr. 1890, mit starken Verbindungen ins Ausland) war 1994–98 verboten.

Unter Präs. L. Ter-Petrosjan (1991–98) trat A. im Dez. 1991 der Gemeinschaft Unabhängiger Staaten (GUS) bei. Der Streit zw. A. und Aserbaidschan um die mehrheitlich von Armeniern bewohnte aserbaidschan. Enklave →Bergkarabach löste 1992 einen militär. Konflikt zw. beiden Republiken aus. 1994 vermittelte Russland einen Waffenstillstand. Bereits 1993 hatte A. mit Russland ein Abkommen über Freundschaft und Zusammenarbeit geschlossen, 1995 folgte ein Stützpunktvertrag (Stationierung russ. Truppen an der Grenze zur Türkei). 1994 trat A. der NATO-Initiative »Partnerschaft für den Frieden« bei und schloss mit der Europ. Union 1996 ein Kooperationsabkommen (in Kraft seit 1.7.1999).

Bei einem Anschlag nationalist. Kräfte auf das Parlament in Jerewan am 27.10.1999 kamen der damalige Min.-Präs. und sieben weitere Politiker ums Leben. 2001 erfolgte die Aufnahme A.s in den Europarat. Der seit 1998 amtierende Staatspräs. R. Kotscharjan wurde 2003 für weitere fünf Jahre bestätigt.

Arme̱ni|er, Eigenbez. **Haikh,** indogerman. Volk, seit dem 7. Jh. v. Chr. in Armenien ansässig. Weltweit etwa 8 Mio. Menschen; davon leben etwa 3,2 Mio. in Armenien und rd. 2,5 Mio. (als russ. Staatsbürger) in Russland. Nach blutigen Verfolgungen der A. durch das Osman. Reich (Pogrome 1894–96 und 1909, Deportation und Völkermord 1915/16, erneute Massaker 1917/18–21) flüchteten viele der Überlebenden bzw. wanderten aus; es entstand eine große armen. Diaspora (v. a. in Frankreich, Russland, Iran, Libanon, Syrien und in den USA). Die A. haben trotz Zersplitterung und Akkulturation im Ausland ethn. Relikte und religiöse Traditionen bewahrt.

armenische Kirche, armenische apostolische Kirche, die christl. Kirche der Armenier, die um 300 durch Bischof Gregor, den Erleuchter (daher auch **gregorian. Kirche** gen.), und die Bibelübersetzung des armen. Kirchenvaters Mesrop (5. Jh.) festen Bestand erhielt. Ihre Lehre (seit dem 5. Jh. als eigene Lehrtradition ausgebildet) wird traditionell als »monophysitisch«, von der a. K. selbst allerdings als »miaphysitisch« (eine vereinigte Natur Christi) beschrieben. Verfassung und Gottesdienst sind ähnlich der orth. Kirche; liturgische Sprache ist Altarmenisch. Oberhaupt des größeren Teils der a. K. ist der Katholikos (»allgemeiner Bischof«) mit Sitz in Etschmiadsin (seit 1443); ihm zugeordnet sind die Patriarchate von Jerusalem (seit 1311) und Istanbul (seit 1438); daneben besteht seit dem 11. Jh. ein selbstständiges Katholikat in Kilikien (Sis; 1921 nach Antelyas bei Beirut verlegt); weltweit etwa 5–6 Mio. armen. Christen. Ein kleiner Teil der a. K. hat sich (dauerhaft seit dem 17. Jh.) mit der kath. Kirche vereinigt (**Unierte Armenier,** Sitz des armen. kath. Patriarchen: Beirut), jedoch mit eigener Kirchenordnung. (→Mechitharisten)

armenische Kunst, erste Zeugnisse auf armen. Gebiet gibt es seit dem 4. Jt. v. Chr. Die christl. Kunst setzte seit dem 4. Jh. mit einer bed. Baukunst ein. Ihr Ausgangspunkt waren ein- oder dreischiffige Langhausbauten, die seit dem 6. Jh. Kuppeln erhielten. Durch Raumverkürzung entstanden parallel zur byzantin. Entwicklung Kreuzkuppelkirchen (Kathedrale in Etschmiadsin, 7. Jh.?). Der Reichtum der armen. Baukunst entfaltete sich bes. in den Zentralbauten mit Kuppelquadrat und Apsiden in den Achsen: Hripsimekirche in Etschmiadsin (Gründungsbau 618), Johanneskirche in Mastara bei Aschtarak (Mitte 7. Jh.), mit Innenstützen: Bagaran (624–631; zerstört). Die vollendete Umsetzung fremder Anregungen in eine armen. Formensprache zeigen die Bauten der Bagratidenzeit: Kirche in Ahtamar (915–921), Apostelkirche in Ani (988–1001). Daneben spielten seit dem 11. Jh. Vier-, Sechs- und Achtpassanlagen eine große Rolle. Infolge der tataromongol. Heerzüge sowie der persisch-türk. Herrschaft kam die armen. Baukunst für mehrere Jahrhunderte nahezu zum Erliegen. – Die

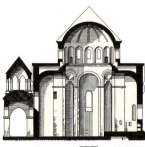

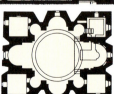

armenische Kunst: Hripsimekirche in Etschmiadsin; **oben** Schnitt (mit Glockenvorbau des 17. Jh. an der linken Seite), **unten** Grundriss

Plastik blieb i. Allg. auf figürl. und dekorative Reliefs und Schmuckbänder am Außenbau sowie an Kapitellen beschränkt, am bemerkenswertesten in Ahtamar. Im 4.–8. Jh. entstanden rundum reliefierte Gedenkstelen, die von Kapitell und Steinkreuz bekrönt wurden. Ab dem 9. Jh. ersetzten Kreuzsteine mit Lebensbaumsymbolik (sog. Chatschkare) die Stelen. Ihren Höhepunkt erreichte diese Reliefkunst im 12.–13. Jahrhundert. – Fresken und v. a. eine reiche Buchmalerei sind erhalten (Evangeliar der Königin Mlke von Waspurakan, 862, Venedig, San Lazzaro; Etschmiadsin-Evangeliar, 989, mit 4 Blättern des 7. Jh., heute im Matenadaran, Jerewan).

armenische Literatur. Alt- und mittelarmenische Literatur (5.–17. Jahrhundert): Am Beginn der altarmen. Literatur stand das Schaffen des Heiligen Mesrop (Überarbeitung der alten armen. Schrift, um 405, und Bibelübersetzung, 433 abgeschlossen). Die Dichtung begann mit geistl. Hymnen (Mesrop, Katholikos Sahak), gefolgt von einer regen Übersetzertätigkeit (frühchristl. und antike Werke). Anonyme weltl. Texte (Epen, Balladen) wurden vorgetragen, z. T. auch schriftlich festgehalten (so das vom 7. bis 13. Jh. entstandene Nationalepos »Sasna Dsrer«). Im 10. Jh. übernahm die geistl. Dichtung Elemente aus der Volksdichtung, z. T. auch westeurop. Formen (überragend der Mystiker Grigor Narekazi, weiterhin der Patriarch-Katholikos Nerses IV. Pahlawuni und sein Amtsnachfolger Grigor Tra). In der Liebeslyrik wurden seit dem 13. Jh. türk. und pers. Einflüsse deutlich. Parallel dazu entwickelte sich seit dem 5. Jh. die Prosa, zunächst die Historiografie (Mowses Chorenazi), später auch fiktionale Texte (so im 12./13. Jh. die Fabeln der Mönche Wardan Ajgekzi und Mchitar Gosch).

Als Liturgie- und Gelehrtensprache überlebte Altarmenisch v. a. dank der philolog. und pädagog. Leistungen der armenisch-unierten Mechitharistenkongregationen zu Wien und Venedig (San Lazzaro).

Neuarmenische Literatur (seit dem 18. Jahrhundert): Am Beginn der Literatur in neuarmen. Umgangssprache standen der Buchdruck (seit 1512 in der Diaspora praktiziert) und aufklärer. Publizistik. Prototyp einer erzieherisch ausgerichteten Zeitchronik ist der Roman »Armeniens Leiden« (1858 posthum veröffentlicht) von C. Abowjan. Sein produktivster Nachfolger war Raffi, der in Romanen aufklärer. mit romant. Elementen verband. Alle Werke sind von einem tiefen Patriotismus geprägt. Dominiert wurde die neuarmen. Literatur zunächst von der Lyrik, die an der Wende vom 19. zum 20. Jh. v. a. auf eine myth. Vergangenheit zurückgriff (symbolistisch beeinflusst z. B. Missak Metsarenz, realistisch orientiert die Poeme von Howhannes Tumanjan, originell die Zyklen von Daniel Waruschan in ihrer Verbindung romant. und symbolist. Gestaltung). In den 1920er-Jahren fand Jerische Tscharenz, der 1937 Opfer des Stalinterrors wurde, zu einer eigenständigen lyr. Sprache, während Parujr Sewak als Erster in der »Tauwetterperiode« das Genozid an den Armeniern thematisierte. Im 20. Jh. übernahmen armen. Autoren auch moderne Erzähltechniken (Multiperspektive, innerer Monolog), beherrschende Themen blieben die nat. Geschichte und dörfl. Leben (in der 2. Hälfte des 20. Jh. z. B. Erzählungen und Novellen von A. Bakunz und Hrant Matewosjan, Romane von Sorajr Chalapjan und Ruben Howsepjan).

armenische Musik, die von der griech., byzantin. und pers. Musikkultur beeinflusste Musik der Armenier. Sie ist im Wesentlichen einstimmig, Lied- und Tanzmelodik sind reich ornamentiert und in klangl. und metrisch-rhythm. Hinsicht sehr vielfältig. Träger der Volksmusik waren jahrhundertelang die umherziehenden dichtenden Sänger, die eine hohe Improvisationskunst entwickelten. Typische armen. Musikinstrumente sind Blul, Düdük, Zurna (Blasinstrumente), Kamangha, Saz, Santur, Tar (Saiteninstrumente) und Dohol (Trommel).

Bedeutendes bei der Herausbildung des eigenständigen armen. Nationalstils leistete um 1900 Komitas

armenische Kunst: Hripsimekirche in Etschmiadsin (Gründungsbau 618, 1652 erneuert)

(eigtl. S. G. Sogomonjan). Um die Entwicklung der nationalen klass. Sinfonik machte sich A. Spendiarow verdient. Zu den bedeutenden armen. Komponisten des 20. Jh. zählen u. a. A. Chatschaturjan, A. Arutjunjan, A. Babadschanjan, L. Sarjan, A. Terterjan, E. Oganesjan und T. Mansurjan.

armenische Schrift, von Mesrop um 400 n. Chr. geschaffene Schrift, wahrscheinlich auf der Grundlage des griech. Alphabets, mit 38 Zeichen.

Armenisches Hochland, →Ararathochland.

armenische Sprache. Die a. S. ist ein eigenständiger Zweig der indogerman. Sprachfamilie. Durch eine Lautverschiebung hat sich ihr Lautsystem stark vom Indogermanischen entfernt, Kasussystem, Syntax, Verbalsystem blieben (gegenüber dem Indogermanischen stark vereinfacht) weitgehend erhalten.

Armenrecht, →Prozesskostenhilfe.

Armenschulen, mittelalterl. Elementarschulen, gegr. von Städten oder Orden, oft für Waisen und Verwahrloste. Durch die Schulgründungen von A. H. Francke, J. H. Pestalozzi, P. E. Fellenberg, Don Bosco verschwanden sie allmählich.

Armer Konrad, geheimer aufständ. Bauernbund in Württemberg. (→Bauernkrieg)

Armero, Stadt in Kolumbien, an der Mündung des Río Lagunillas; durch einen Ausbruch des Vulkans Nevado del →Ruiz im November 1985 fast völlig zerstört.

arme Seelen, nach traditioneller kath. Lehre die noch im →Fegefeuer befindl. Seelen.

Armflosser, Lophiiformes, Ordnung der Knochenfische. Mit den verlängerten Wurzelknochen der Brustflossen können die A. am Boden kriechen.

Armfüßer, Brachiopoda, festsitzende Meerestiere, muschelartig von zweiklappiger Schale umschlossen; die im Erdaltertum sehr formenreiche Gruppe umfasst heute nur noch wenige Arten.

Armia Krajowa [poln. »Armee im Lande«, »Heimatarmee«], Abk. **AK,** poln. Untergrundarmee im Zweiten Weltkrieg, militär. Arm der in London residierenden poln. Exilregierung. Die 1942 gebildete AK

Lance Armstrong

(1944 etwa 350 000 Mann) kämpfte gegen die dt. Besatzungsmacht in Polen und entfesselte 1944 den →Warschauer Aufstand; einzelne Gruppen leisteten bis etwa 1947 bewaffneten Widerstand gegen das sich etablierende kommunist. System in Polen.

Armia Ludowa [poln. »Volksarmee«], Abk. **AL**, poln. kommunist. Partisanenarmee im Zweiten Weltkrieg, 1944 gebildet. Die AL, deren Kern die 1942 gegr. **Gwardia Ludowa** (»Volksgarde«) bildete, war der militär. Arm des kommunistisch geführten »Landesnationalrates«. Sie kämpfte, teils konkurrierend, teils zusammenwirkend mit der →Armia Krajowa, gegen die dt. Besatzungsmacht.

Armierung die, *Bautechnik:* Stahleinlagen für Beton.

Armillarsphäre [lat.-griech.], **Armilla,** altes astronom. Messgerät zur Bestimmung der astronom. Koordinatensysteme; die konzentr., teilweise bewegl. Ringe stellen die wichtigsten Kreise der Himmelskugel dar, v. a. Äquator, Ekliptik, Wendekreise, Polarkreise, Horizont.

Neil Armstrong

Arminianer, Remonstranten, Anhänger einer von dem ref. Pfarrer und Professor Jakob Arminius (* 1560, † 1609) gegr. und von der ref. Kirche der Niederlande abgetrennten Gruppe. Die A. verwarfen unter Hinweis auf die menschl. Willensfreiheit die unbedingte Prädestinationslehre Calvins und betonten den Vorrang der Bibel vor den kirchl. Bekenntnissen; gründeten eigene Gemeinden (Niederlande, England, USA).

Arminius, Armin, verdeutscht **Hermann,** Cheruskerfürst, * zw. 18 und 16 v. Chr., † um 21 n. Chr.; ∞ mit Thusnelda, stand zunächst in röm. Kriegsdiensten und erhielt das röm. Bürgerrecht sowie die Ritterwürde; vereinigte nach seiner Rückkehr die Cherusker und andere Stämme zur Erhebung gegen die Römer und vernichtete 9 n. Chr. das Heer des röm. Statthalters in Germanien, Varus (→Teutoburger Wald). Nach Kämpfen (seit 17 n. Chr.) gegen den Markomannenkönig Marbod wurde A. von Verwandten ermordet.

Armitage [ˈɑːmɪtɪdʒ], Kenneth, engl. Bildhauer, * Leeds 18. 7. 1916, † London 22. 1. 2002; nach elementaren Ausdruckswerten strebende Plastik mit vereinfachten Figuren (v. a. in Bronze).

Armleder, John M. (Michael), schweizer. Künstler, * Genf 24. 6. 1948; nach Anfängen im Umkreis der »Fluxus-Bewegung« entwickelte er seit den 1980er-Jahren eine konzeptuell geprägte Kunst.

Armleuchteralgen, Charales, Ordnung regelmäßig quirlig gegliederter Grünalgen im Schlamm von Seen und Bächen; sind durch Rhizoiden im Boden verankert.

Armorial [frz.] *das,* Wappenbuch (→Wappen).

Armorikanisches Gebirge [lat. Armorica »Bretagne«], Teil des →Variskischen Gebirges.

Armory Show [ˈɑːmərɪ ʃəʊ], erste umfassende Ausstellung moderner europ. Kunst in den USA, 1913 im Zeughaus (Armory) des 69. Regiments in New York; gezeigt wurden v. a. Werke der Impressionisten, Kubisten und Fauvisten.

Armstrong [ˈɑːm-], **1)** Lance, amerikan. Straßenradsportler, * Austin (Tex.) 18. 9. 1971; gewann als Profi (seit 1992) u. a. die Straßeneinzelweltmeisterschaft (1993) und siebenmal hintereinander die Tour de France (1999–2005); Gewinner der Tour de Suisse 2001; Weltsportler des Jahres 2003. – A. überwand 1996/97 ein Krebsleiden.

2) Louis, gen. **Satchmo,** amerikan. Jazztrompeter und -sänger, * New Orleans 4. 8. 1901, † New York 6. 7. 1971; bed. Vertreter des klass. Jazzstils; jahrzehntelang für sein Instrument schulebildend; als Vokalist trug er maßgeblich zur Entwicklung des Scatgesangs bei.

3) Neil Alden, amerikan. Astronaut, * Wapakoneta (Oh.) 5. 8. 1930; setzte im Rahmen des Apollo-11-Fluges mit E. E. Aldrin am 20. 7. 1969 mit der Mondfähre »Eagle« auf dem Mond im Meer der Ruhe auf; betrat am 21. 7. 1969 als erster Mensch den Mond. Die Kommando- und Rückkehreinheit wurde von Michael Collins (* 1930) gesteuert.

Armut, eine Lebenslage, in der es Einzelnen, Gruppen oder ganzen Bevölkerungen nicht möglich ist, ihren Lebensbedarf (Existenzminimum) aus eigenen Kräften und Ressourcen zu sichern (**objektive A.**). **Subjektive A.** ist ein Gefühl des Mangels an Mitteln zur Bedürfnisbefriedigung. Als **absolute A.** gilt eine Mangelsituation, in der die phys. Existenz von Menschen unmittelbar oder mittelbar bedroht ist. Bei **relativer A.** ist zwar das phys. Existenzminimum gesichert, jedoch wird das soziokulturelle Existenzminimum deutlich unterschritten. Absolute A. stellt insbes. in Entwicklungsländern ein dauerhaftes Problem dar, relative A. besteht auch in hoch industrialisierten Ländern in größerem Umfang. Von **objektiv gemessener A.** wird gesprochen, wenn A. durch wiss. Experten aufgrund von begründeten Standards unabhängig von den Urteilen der Betroffenen festgestellt wird. Eine **subjektive A.-Situation** liegt vor, wenn sich die Betroffenen selbst als arm definieren. Neuerdings wird A. verstärkt im Sinne sozialer Ausgrenzung und

Louis Armstrong

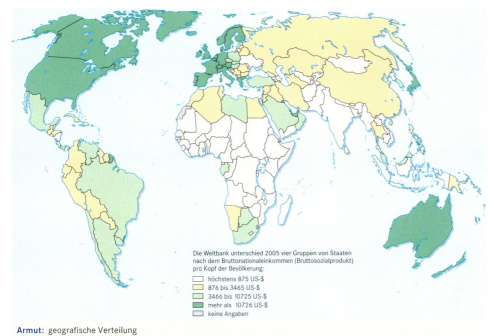

Armut: geografische Verteilung

nicht mehr gewährleisteter Teilhabe definiert: Demzufolge liegt A. vor, wenn die Handlungsspielräume von Personen in gravierender Weise eingeschränkt und gleichberechtigte Teilhabechancen an den Aktivitäten und Lebensbedingungen der Gesellschaft ausgeschlossen sind.

Den ersten offiziellen Bericht zu A. und Reichtum in Dtl. legte die Bundesreg. im April 2001 mit dem Bericht »Lebenslagen in Dtl.« (Datenbasis: 1973–98) vor, dem 2005 ein zweiter folgte. Darin wurde für Dtl. ein Anstieg des Armutsrisikos für die Jahre 1983 bis 1998 aufgezeigt, der sich von 1998 bis 2003 fortgesetzt hat. Das letzte »Auffangnetz« des Sozialstaats in Dtl. ist die →Sozialhilfe. Die Inanspruchnahme von Sozialhilfe ist in den letzten Jahrzehnten stark gestiegen. Dabei hat sich die Überrepräsentation älterer Menschen in den 1960er-Jahren (**Alters-A.**) in eine Überrepräsentation von Kindern und Jugendlichen seit den 1990er-Jahren (**Kinder-A.**) verändert. Zur Bekämpfung der sog. **verschämten A.** wird seit 2003 in Dtl. die bedarfsorientierte Grundsicherung vorgesehen. Anfang 2005 wurden die steuerabhängigen Sozialleistungssysteme Arbeitslosenhilfe und Sozialhilfe für Erwerbsfähige in einer Grundsicherung für Arbeitsuchende zusammengeführt (→Arbeitslosengeld II).

Geschichtliches: Absolute A. war eine ständige Bedrohung der frühen menschl. Gesellschaften, v. a. im Zusammenhang mit Naturkatastrophen (Überschwemmungen, Missernten, Schädlingsfraß u. a.) und Naturprozessen wie Klimaveränderungen. Mit der im MA. zu einem Abschluss gelangenden, zunächst an Grundbesitz und dann zunehmend an Produktionseinrichtungen gebundenen Schichtung der Gesellschaft (ständ. Schichtung, frühe Klassenbildung) trat relative A. – neben der absoluten A. in Kriegs- und Krisenzeiten – als Dauererscheinung auf. Mit dem Übergang zu Vorformen der Fernhandels- und Manufakturgesellschaft trat als chancenbestimmender Faktor das Geld an die Seite des gegenständl. Besitzes. Geldvermögenslosigkeit begründete, trotz theoretisch renditefähigen Eigentums (Boden, Werkstatt), relative A. und bezog so bislang nicht als arm angesehene Stände (Bauern, Handwerker) ein. Beim Übergang zur Neuzeit wurden Kapital-, Grund- und Produktionsvermögen in einer absolut gesehen dünnen Bevölkerungsschicht konzentriert; damit wurde die große Mehrheit der Bev. von A. gefährdet, da Einkommenslosigkeit bei fehlenden Ressourcen (Renditevermögen, zureichende Unterhaltsansprüche) unverzüglich zu relativer, meist auch absoluter A. führte. Dem in der ersten, ungezügelten Phase der industriellen Revolution im 19. Jh. ausgelösten Prozess der sozialen Entwurzelung und materiellen Verelendung großer Teile der Bev. traten die Politik mit dem Konzept des Wohlfahrtsstaates, die Kirchen mit der Begründung einer breit gefächerten kirchl. Sozialarbeit und die bürgerl. Gesellschaft mit einer Welle vielfältigen sozialen Engagements entgegen. Mit der Einführung der gesetzl. Sozialversicherung (1883–89 in Dtl.) konnte die absolute A. in Europa zurückgedrängt werden, wohingegen die relative A. als gesellschaftl. Problem erhalten blieb.

Die in versch. *Religionen* gelebte freiwillige A. ist im religiösen Verständnis zum einen ein Weg, die von den eigentlichen Heilszielen ablenkenden Formen des Lebens- und Daseinsgenusses zu überwinden, z. B. im Buddhismus, oder der bewusste Versuch, das eigene Leben am Leben des Religionsstifters auszurichten, wie z. B. in den christl. Bettelorden und mittelalterl. Armutsbewegungen (Waldenser u. a.).

Armwrestling [-ˈwreslɪŋ, engl. »Armringen«], die in reglementierte, sportl. Bahnen gelenkte Form des »klass.« Armdrückens, gekennzeichnet durch Kraft, Technik, Schnelligkeit, Bewegungsgefühl und sportl. Aggressivität.

Arnauld [arˈno], frz. Familie, aus der Jesuitengegner und führende Jansenisten (→Jansenismus) kamen, u. a. Antoine A. (* 1612, † 1694); umfangreiches literar. Schaffen gegen Jesuiten und Calvinisten.

Arnauten, Name der Albaner bei Bulgaren und Türken, aus dem neugriech. **Arwanites** entlehnt.

Arndt, Ernst Moritz, Schriftsteller, Historiker und Politiker, * Schoritz (bei Garz auf Rügen) 26. 12. 1769, † Bonn 29. 1. 1860; trat für die Einheit Dtl.s und eine Verf. ein, schrieb antinapoleon., patriot. Schriften (»Geist der Zeit«, 4 Bde., 1806–18) und Lieder, die von christl.-konservativem Geist geprägt waren (»Was ist des Deutschen Vaterland?«, »Der Gott, der Eisen wachsen ließ«); floh 1806–09 vor Napoleon nach Schweden, war 1812–15 Privatsekretär des Freiherrn vom Stein; 1848/49 Mitgl. der Frankfurter Nationalversammlung.

Ernst Moritz Arndt

Arnheim, niederländ. **Arnhem,** Hptst. der niederländ. Prov. Gelderland, am Neder-Rijn, 136 200 Ew.; Akademien und Museen; Metallind., Gummi- und Chemiefasererzeugung, Nahrungsmittel-, Maschinen-, Druckindustrie. – Bauten aus dem 15. und 16. Jh., u. a. die Grote Kerk am Marktplatz. – A., 893 erstmals urkundlich erwähnt, erhielt 1233 Stadtrecht und war seit 1440 Mitgl. der Hanse; wurde unter Kaiser Karl V. Verw.-Zentrum Gelderns; 1672–74 und 1795–1813 frz.; 1944 in der Schlacht bei A. um die Übergänge über Maas, Rhein und Waal erlitt die Stadt schwerste Zerstörungen.

Arnheim, Hans Georg von, → Arnim.

Arnhemland [ˈɑːnəmlænd], gebirgige Halbinsel in N-Australien, zw. Timorsee und Carpentariagolf, z. T. mit trop. Regenwald bestanden. Die Nutzung der bed. Uran- und Bauxitlager ist bedenklich, da A. größtenteils Reservat für die Aborigines und auch Naturschutzgebiet ist.

Arni [Hindi] *der,* → Büffel.

Arnika [nlat.] *die,* **Wohlverleih, Arnica,** Korbblütlergattung; der **Bergwohlverleih** (Arnica montana) ist eine geschützte Staude feuchter Bergwiesen, mit dottergelbem Blütenkörbchen; Heilpflanze; **A.-Tinktur** wird zur Wundheilung und gegen Blutergüsse verwendet.

Arnim, märk. Adelsgeschlecht. Die Boitzenburger Linie, seit 1786 gräflich, besaß die großen Herrschaften Boitzenburg (Uckermark) und Muskau.

1) Achim (Ludwig Joachim) von, Schriftsteller, * Berlin 26. 1. 1781, † Wiepersdorf (bei Jüterbog) 21. 1. 1831, war ab 1811 ⚭ mit 2); gab mit C. Brentano in Heidelberg die Volksliedsammlung »Des Knaben Wunderhorn« (3 Bde., 1806–08) heraus. A. gilt als bedeutender Vertreter der Romantik. Seine oft fantast. und groteske Züge tragenden Werke verschmolzen Poesie und Geschichte und waren einem konservativen Weltbild und harmonisierend-volkserzieher. Absichten verpflichtet, so die Erzählung »Isabella von Ägyp-

Achim von Arnim

ten« (1812), der Roman »Die Kronenwächter« (1817) und die Novelle »Der tolle Invalide auf dem Fort Ratonneau« (1818).

2) Bettina (Bettine, eigtl. Anna Elisabeth) von, geb. **Brentano,** Schriftstellerin, * Frankfurt am Main 4. 4. 1785, † Berlin 20. 1. 1859, Tochter der Maximiliane La Roche, Schwester von C. Brentano, ab 1811 ⚭ mit 1). Ihre Briefsammlungen (»Goethes Briefwechsel mit einem Kinde«, 1835; »Die Günderode«, 1840; »Clemens Brentanos Frühlingskranz«, 1844) schufen aus authent. und fiktiven Texten romantisierende Dichterbilder. Sie entstanden wie ihre Bücher zu sozialen und polit. Fragen (»Dies Buch gehört dem König«, 1843) erst nach dem Tod ihres Mannes Achim von A. Bereits von den Zeitgenossen wurde sie als selbstbewusste, unkonventionelle Frau wahrgenommen.

3) auch **Arnheim,** Hans Georg von, Feldmarschall (seit 1628), * Boitzenburg (vermutlich) 1583, † Dresden 28. 4. 1641; strenger Lutheraner; in schwed., poln., dann in kaiserl. Diensten, 1631–35 befehligte er das kursächs. Heer gegen die Kaiserlichen; als Gegner der schwed. Politik verhandelte er 1632/33 mit Wallenstein (deshalb 1637 verhaftet, entkam jedoch); danach in sächs. und kaiserl. Diensten.

Arno [lat. Arnus] *der,* Fluss in Italien, 241 km, entspringt in 1 358 m Höhe am Monte Falterona im Etrusk. Apennin, mündet bei Pisa in das Ligur. Meer.

Arnold, 1) Gottfried, ev. Theologe, * Annaberg (heute zu Annaberg-Buchholz) 5. 9. 1666, † Perleberg 30. 5. 1714; Anhänger des Pietismus; verfasste die »Unparteiische Kirchen- und Ketzerhistorie« (2 Bde., 1699–1700), eine Darstellung der Kirchengeschichte aus überkonfessionellem Blickwinkel, in der er die als Ketzer und Schwärmer Verurteilten als Repräsentanten der lebendigen (Ur-)Kirche der »erstarrten« Kirche seiner Zeit gegenüberstellt.

2) Karl, Karikaturist, * Neustadt b. Coburg 1. 4. 1883, † München 29. 11. 1953; schuf humorvoll-satir. Zeichnungen, bes. für den »Simplicissimus«.

3) Karl, Politiker (CDU), * Herrlishöfen (Landkreis Biberach) 21. 3. 1901, † Düsseldorf 29. 6. 1958; bis 1933 in der Zentrumspartei und der christl. Gewerkschaftsbewegung tätig, 1945 Mitbegründer der CDU, 1947–56 Min.-Präs. von NRW.

4) [ɑːnld], Sir (seit 1993) Malcolm, brit. Komponist, * Northampton 21. 10. 1921, † Norwich 23. 9. 2006; war 1942–44 und 1946–48 erster Solotrompeter des London Philharmonic Orchestra, danach als Komponist tätig, schuf u. a. Opern, Ballette, Orchesterwerke, Filmmusik (»Die Brücke am Kwai«, 1958).

5) [ˈɑːnld], Matthew, engl. Dichter und Kritiker, * Laleham (heute zu Staines) 24. 12. 1822, † Liverpool 15. 4. 1888; schrieb v. a. Gedichte, Essays, kulturphilosoph. Schriften. A. prägte die Formel, Dichtung sei Kritik oder Deutung des Lebens.

6) Walther, Bildhauer, Grafiker und Zeichner, * Leipzig 27. 8. 1909, † Dresden 11. 7. 1979; 1946–49 Prof. in Leipzig, 1949–76 in Dresden; entwickelte seine Formensprache v. a. in Auseinandersetzung mit dem Expressionismus. Während seine Werke der Nachkriegsjahre an jene der 1930er-Jahre anknüpfen, suchte er später zeitweilig den Forderungen nach »Ausprägung des sozialist. Menschenbildes« nachzukommen.

Arnoldson, Klas Pontus, schwed. Schriftsteller, * Göteborg 27. 10. 1844, † Stockholm 20. 2. 1916; verfasste pazifist. Schriften, gründete 1883 die schwed.

Arnika: Bergwohlverleih (Höhe 20–60 cm)

Bettina von Arnim: anonymes Medaillon (um 1800; Klassik Stiftung Weimar)

Gesellschaft für Frieden und Schiedsgerichtsbarkeit; erhielt den Friedensnobelpreis 1908 (mit F. Bajer).

Arnold von Brescia [-'breʃʃa], Augustinerchorherr, * Brescia um 1100, † Rom um 1155; Schüler Abaelards in Paris, predigte in Brescia gegen die Verweltlichung der Geistlichkeit und später in Rom gegen die weltl. Herrschaft des Papsttums; unter Papst Hadrian IV. 1155 aus Rom vertrieben, von Kaiser Friedrich I. ausgeliefert und in Rom vom päpstl. Stadtpräfekten hingerichtet.

Arnold von Westfalen, Baumeister, * Leipzig (?) um 1425, † vor Pfingsten 1482; urkundlich belegt zw. 1459 und 1482; wurde 1471 oberster Werkmeister der kurfürstl. Schlossbauten (u. a. Meißen, Dresden, Hartenfels bei Torgau). Sein Hauptwerk, die Albrechtsburg in Meißen (1470 begonnen), wurde nach dem Vorbild frz. Schlösser des 15. Jh. errichtet.

Arnolfo di Cambio, ital. Baumeister und Bildhauer, * Colle di Val d'Elsa um 1240/45, † Florenz zw. 1302 und 1310; dort Dombaumeister, als Bildhauer bes. in Rom tätig (Grabmäler und Tabernakel).

Arnsberg, 1) Reg.-Bez. in NRW, 8 002 km², 3,780 Mio. Ew.; umfasst die kreisfreien Städte Bochum, Dortmund, Hagen, Hamm, Herne, die Kreise Ennepe-Ruhr-Kreis, Hochsauerlandkreis, Märkischer Kreis, Olpe, Siegen-Wittgenstein, Soest und Unna.
2) Stadt im Hochsauerlandkreis und Sitz der Verwaltung des Reg.-Bez. A., NRW, 212 m ü. M., an der Ruhr, Luftkurort zw. **Arnsberger Wald** und Lennegebirge, 77 000 Ew.; in Neheim-Hüsten Herstellung von Metallwaren, Beleuchtungskörpern; Leuchtenmuseum; in Oeventrop Holzverarbeitung. – Kath. Propsteikirche St. Laurentius (got.), Hirschberger Tor (1753 von J. C. Schlaun), altes Rathaus (1710). – Seit dem 11. Jh. Sitz der Grafen von A., besitzt spätestens seit 1238 Stadtrechte, 1368 an Kurköln übertragen. In A. stand der Oberfreistuhl der westfäl. Femegerichte.

Arnstadt, Krst. des Ilm-Kreises, Thür., 285 m ü. M., an der Gera, 25 700 Ew.; elektrotechn. Industrie, Maschinenbau, Gießerei, Chemieanlagenbau, Lebensmittelindustrie; Eisenbahnknotenpunkt. – Bachkirche (1676–83), Liebfrauenkirche in spätromanisch-frühgot. Formen (um 1200 begonnen), Rathaus (1582–86), Neues Palais (zw. 1728 und 1739). – A., 704 erwähnt, geistl. Besitz von Utrecht und Hersfeld, erhielt 1266 Stadtrecht und kam 1332 an die Grafen von Schwarzburg(-Käferburg); 1684–1716 Residenz.

Arnulf, Herrscher:
Bayern: **1) A. der Böse,** Herzog (907–937), † Regensburg 14. 7. 937; Sohn des Markgrafen Luitpold, erneuerte das bayer. Stammesherzogtum.

Metz: **2) A. von Metz,** * um 582, † Remiremont 18. 7. 640 (?); Ahnherr der →Karolinger, wurde 614 Bischof von Metz und regierte seit 623 unter König Dagobert I. mit dem Hausmeier Pippin das ostfränk. Teilreich Austrasien; ging um 629 als Einsiedler in die Vogesen. Heiliger (Tag: 19. 8.).

Ostfränk. Reich: **3) A. von Kärnten,** König der Franken (887–899), * um 850, † Regensburg 8. 12. 899; natürl. Sohn des ostfränk. Königs Karlmann, erhielt 876 die Markgrafschaft Kärnten, wurde 887 zum König erhoben, besiegte 891 die Normannen bei Löwen. 894 und 895 zog er nach Italien und wurde 896 in Rom zum Kaiser gekrönt.

Arolsen, Bad, Stadt in Hessen, →Bad Arolsen.

Aroma [griech.] *das,* Wohlgeruch, meist bewirkt durch flüchtige äther. Öle, die viele Pflanzen (auch Tiere, →Ambra) absondern. Künstl. A. sind meist Gemische synthet. Geschmacksstoffe, abgerundet durch Zusätze von echten Fruchtextrakten.

Aromaten, aromatische Verbindungen, zykl. organ. Verbindungen mit einer bestimmten Anzahl an konjugierten →Doppelbindungen im Molekül. Deren π-Bindungen befinden sich nicht nur jeweils zw. zwei benachbarten C-Atomen, sondern verteilen sich gleichmäßig über das gesamte Ringsystem, d. h., sie sind delokalisiert. Einfach- und Doppelbindungen sind in derartigen **aromatischen Ringsystemen** gleichwertig oder zumindest stark angeglichen. A. sind daher bes. stabil. Im Ggs. zu offenkettigen (aliphat.) Molekülen mit Doppelbindungen, die bevorzugt Additionsreaktionen eingehen, unterliegen A. bevorzugt Substitutionsreaktionen. Die Stellung von Substituenten am Benzolring kann durch Bezifferung oder Verwendung der Präfixe **ortho...**, **meta...** und **para...** (Abk. **o-, m-, p-**) angegeben werden.

Bes. wichtig sind A., die sich vom →Benzol ableiten (**benzoide aromatische Verbindungen**), also einen Benzolring im Molekül haben. Der aromat. Zustand wird durch mesomere Grenzstrukturen (→Mesomerie) oder durch einen Kreis im Formelbild dargestellt. Aromatizität können auch zykl. Verbindungen mit Heteroatomen zeigen (z. B. Pyridin). Sie werden als **Heteroaromaten** bezeichnet. Techn. Bedeutung haben die **BTX-A.** (Abk. für **B**enzol, **T**oluol, **X**ylol), die aus aromatenreichen Benzinfraktionen isoliert werden.

Aromatherapie [griech.-lat.] *die,* die Anwendung von aus Pflanzen gewonnenen äther. Ölen zu Heilzwecken; durchgeführt z. B. als Inhalation, Einreibung, Massage oder Bad.

Aromatika [griech.], Drogen (Fenchel, Pfefferminze u. a.) und synthet. Stoffe, die würzige Substanzen (v. a. äther. Öle) enthalten; sie wirken leicht erregend auf die Nerven und regen die Magen- und Darmtätigkeit an.

Aromunen, Nachkommen der alteingesessenen romanisierten Balkanbevölkerung mit makedorumän. Sprache, etwa 400 000 bis 1,5 Mio Menschen. Früher über die ganze Balkanhalbinsel südlich der Donau verbreitet, leben sie heute in Sprachinseln in Griechenland, Bulgarien, Makedonien und Albanien. Von anderen Völkern werden sie **Walachen,** von den Serben **Zinzaren,** von den Griechen **Kutzowalachen** genannt.

Arnsberg 2) Stadtwappen

Arnstadt Stadtwappen

Aronstab: Fruchtstand (**links**) und Pflanze (**rechts**) des Gefleckten Aronstabes

Aron, Bruder des Moses, →Aaron.

Aronstab, Arum, Gattung der **A.-Gewächse** (Araceae), einkeimblättrige Pflanzen mit grundständigen pfeilspitzenförmigen Blättern. Der in seinem oberen Teil übel riechende Blütenkolben steht in einem meist weißen Hüllblatt. Die Früchte sind rote, giftige Beeren. In mittel- und südeurop. Laubwäldern wächst der giftige **Gefleckte A.** (Arum maculatum) mit oft braunfleckigen Blättern.

Arosa, Kur- und Wintersportort im Kt. Graubünden, Schweiz, oberhalb Chur, 1 800 m ü. M., 2 300 Ew.; Sternwarte; Bergbahnen.

Arouet [aˈrwɛ], Familienname von →Voltaire.

Arp, Hans, Schriftsteller, Maler, Bildhauer, * Straßburg 16. 9. 1887, † Basel 7. 6. 1966; war 1916 Mitbegründer des Dadaismus, später Surrealist, schrieb wortspieler. Lyrik (»die wolkenpumpe«, 1920; »wortträume und schwarze sterne«, 1954). Als bildender Künstler Vertreter der konkreten Kunst.

Árpád [ˈaːrpaːd], erster Großfürst der Ungarn, † um 907; führte die von den Angriffen der Petschenegen bedrohten Ungarn 895/896 in ihr jetziges Gebiet. Das von ihm begründete ungar. Herrscherhaus der **Arpaden** starb 1301 mit Andreas III. (* um 1265, † 1301, König 1290–1301) im Mannesstamm aus; ihm entstammte auch die hl. Elisabeth von Thüringen.

arpeggio [-ddʒo; ital. von arpa »Harfe«], Spielart für Akkorde auf Tasten-, Streich- und Zupfinstrumenten, bei der die Töne harfenartig nacheinander (meist von unten nach oben) erklingen; Zeichen ⸘.

Arrabal, Fernando, span. Schriftsteller, * Melilla 11. 8. 1932; Gegner des Francoregimes, lebt seit 1955 in Frankreich, schreibt überwiegend in frz. Sprache, beeinflusst vom Surrealismus und A. Artauds »Theater der Grausamkeit«, im Geist des →absurden Theaters. Dramen: »Der Architekt und der Kaiser von Assyrien« (1966), »Garten der Lüste« (1969), »Der Turm von Babel« (1976); Romane: »Baal Babylon« (1959; 1971 von ihm selbst verfilmt), »Hohe Türme trifft der Blitz« (1983), »La tueuse du jardin d'hiver« (1994); Gedichte, Essays.

Arrak [arab.] *der,* **Arak, Rack,** oriental. Branntwein aus Reis, Kokospalmensaft und Zuckerrohrmelasse; **Original-A.** mit 60 Vol.-%, **Echter A.** mit 38 Vol.-% Alkohol in Trinkstärke.

Arrangement [arɑ̃ʒˈmɑ̃, frz.] *das,* 1) *allg.:* Anordnung, Vorbereitung; Übereinkommen.
2) *Musik:* Bearbeitung eines Musikstücks für eine bestimmte Besetzung, insbesondere in der Tanzmusik und im Jazz.
3) *Psychologie:* in der Individualpsychologie A. Adlers ein unbewusster, meist neurot. Abwehrmechanismus zur Sicherung der eigenen Geltung gegenüber der Umwelt.

Arras, Hptst. des Dép. Pas-de-Calais (Frankreich), an der Scarpe, 39 000 Ew.; früher Mittelpunkt der Bildwirkerei (→Arazzi); Wollind., Maschinen- und Fahrzeugbau. – Fläm. Stadtbild. – A., die Hptst. der gall. Atrebaten, wurde 450 von Attila und 880 von den Normannen zerstört. 1093 wurde es Bischofssitz, 1237 Hptst. der Grafschaft →Artois.

Claudio Arrau

Arrau, Claudio, chilen. Pianist, * Chillán 6. 2. 1903, † Mürzzuschlag (Österreich) 9. 6. 1991; herausragender Interpret klass. und romant. Klaviermusik.

Arrauschildkröte, Podocnemis expansa, südamerikan. Flussschildkröte, bis 75 cm lang.

Array [əˈreɪ; engl. »Reihe«] *das,* 1) *Astronomie:* →Aperturesynthese.
2) *Elektronik:* matrixförmige Anordnung von gleichartigen elektron. Bauelementen, log. Schaltungen oder Datenspeicherelementen.
3) *Informatik:* **Feld,** Zusammenfassung von Daten gleichen Typs in einer ein- oder mehrdimensionalen Anordnung. Auf die einzelnen Elemente eines A. wird mithilfe von Indizes zugegriffen, die die Position des Elements innerhalb des A. beschreiben.
4) *Nachrichtentechnik:* spezielle Antennenanordnung.

ARRC, Abk. für engl. **A**llied **R**apid **R**eaction **C**orps, seit 1995 bestehender multinationaler NATO-Eingreifverband im Kommandobereich →ACO; Hauptquartier: Mönchengladbach, Oberbefehlshaber: →SACEUR, Oberkommando: →SHAPE. Das aus bis zu acht Divisionen bestehende ARRC ist innerhalb kürzester Zeit einsatzbereit. Das Hauptquartier des ARRC (2006 etwa 450 Mann aus 17 Nationen) führte bzw. führt u. a. die NATO-Truppen bei den Missionen von →IFOR 1995, →KFOR 1999 und von →ISAF ab 2006.

Arrecife [arreˈθife], Hauptort der Kanareninsel Lanzarote, Spanien, 36 600 Ew.; Fischerei- und Handelshafen mit Festungen an der O-Küste.

Arrest [mlat.] *der,* 1) *Strafrecht:* →Jugendarrest. – *Wehrstrafrecht:* →Strafarrest.
2) im *Zivilprozess* ähnlich der einstweiligen Verfügung ein im Eilverfahren zu beantragendes Mittel zur Sicherung der Zwangsvollstreckung wegen Geldforderungen, wenn die künftige Vollstreckung gefährdet ist (§§ 916–934 ZPO). Der A. findet entweder als **dinglicher A.** gegen Vermögensgegenstände des Schuldners oder als **persönlicher A.** gegen die Person des Schuldners (Haft) statt. Der A. bedarf gerichtl. Entscheidung, gegen die Rechtsmittel zulässig sind (→offener Arrest).

arretinische Keramik, →Terra sigillata.

Arrha [lat.] *die,* *Recht:* die →Draufgabe.

Arrhenius, Svante August, schwed. Physikochemiker, * Gut Vik bei Uppsala 19. 2. 1859, † Stockholm 2. 10. 1927; entwickelte seit 1882 die Lehre von der elektrolyt. Dissoziation, wofür er 1903 den Nobelpreis für Chemie erhielt; seit 1905 Leiter des Nobelinstituts für physikal. Chemie in Stockholm. Die **A.-Gleichung** gibt die Abhängigkeit der Reaktionsgeschwindigkeiten von der Temperatur an (→Säure-Base-Theorie).

Arrhythmie [griech., »Ungleichmäßigkeit«] *die,* Rhythmusstörung der regelmäßigen Herzschlagfolge.

Arrian, griech. **Arrianos,** lat. **Arrianus,** Flavius, griech. Schriftsteller, * um 95, † 175; aus Nikomedeia in Bithynien; war etwa 128/129 röm. Konsul, nach 130 Statthalter von Kappadokien. Sein Hauptwerk, die »Anabasis Alexanders d. Gr.«, ist eine wichtige Quelle für dessen Geschichte.

Arrigo, Angelo d', frz.-ital. Paraglider und Hängegleiterpilot, Vogelkundler, * Paris 3. 4. 1961, † Comiso (Sizilien) 26. 3. 2006; wurde durch extreme Flugprojekte bekannt (u. a. im Jahr 2004 Flug über den Mount Everest). Er beschäftigte sich intensiv mit dem Vogelzug und begleitete Zugvögel auf ihren Wanderungen. A. studierte die Technik und das Verhalten der Tiere während des Flugs und wandte diese Erkenntnisse bei seinem Flug mit dem Hängegleiter an. Um ein Gespür für die optimale Ausnutzung von Thermik und Luftströmungen zu bekommen, überflog er z. B. gemeinsam mit einem Wanderfalken die Sahara und das Mittelmeer. Wichtiges Anliegen war ihm die Erhaltung bedrohter Vogelarten. A. war zweimal Weltmeister im Drachenfliegen.

Svante August Arrhenius

arrondieren [frz.], Auf- oder Abrundung eines Wertpapierbestandes durch Zu- oder Verkauf.

Arrondissement [arɔ̃disˈmã, frz.] *das,* Unterbezirk eines frz. Départements, in Paris die kommunalen Verwaltungsbezirke.

Arrosion [lat. »Annagung«] *die, Medizin:* Schädigung von Geweben, v. a. von Gefäßwänden, durch Geschwüre u. a.

Arrow [ˈærəʊ], Kenneth Joseph, amerikan. Volkswirtschaftler, * New York 23. 8. 1921; erhielt 1972 den Nobelpreis für Wirtschaftswiss.en (mit J. Hicks); beschäftigte sich v. a. mit der allg. Theorie des ökonom. Gleichgewichts sowie mit Problemen der Wohlfahrts- und Wachstumstheorie.

Arrowroot [ˈærəʊruːt, engl.] *das,* Stärkeart aus Wurzeln und Knollen trop. Pflanzen; Nahrungsmittel in S-Amerika (→ Maniok, → Marante).

Arroyo [aˈrrojo], Eduardo, span. Maler, Grafiker, Bühnenbildner und Autor, * Madrid 26. 2. 1937; verließ Spanien 1958 und emigrierte nach Paris, seit 1985 lebt er wieder zeitweilig in Madrid. A. formulierte in Figurenbildern sein polit. Engagement gegen das Regime Francos. Er arbeitet beim Kombinieren realist. Bildzitate mit Methoden, die auch in Film und Fotografie angewendet werden.

Arruda, Diego de, port. Baumeister, † Évora um 1531; Werkmeister des Klosters in Tomar, wo er bedeutende Beispiele des Emanuelstils schuf. Nach Plänen seines Bruders Francisco († 1547) wurde der Torre de Belém in Lissabon errichtet.

Ars [lat.] *die,* Pl. **Artes,** Kunst, in der urspr. Bedeutung bis zum MA. auch Wissenschaft, Geschicklichkeit. **Artes liberales,** → freie Künste.

Arsakiden, parth. Dynastie, benannt nach dem Gründer Arsakes I.; herrschte vom 3. Jh. v. Chr. bis 224 n. Chr. in Iran. Die A. leisteten erfolgreichen Widerstand gegen das Ausgreifen der röm. Herrschaft. Eine Seitenlinie regierte vom 1. Jh. n. Chr. bis 428 n. Chr. in Großarmenien (→ Armenien).

Ars Amandi [lat.] *die,* Liebeskunst; **Ars amatoria,** ein Lehrgedicht von Ovid.

Ars antiqua [lat. »alte Kunst«] *die,* Gegenbegriff zur → Ars nova, bezeichnet die wesentlich auf Frankreich zentrierte, an die Anfänge der Mensuralnotation gebundene mehrstimmige Musik um 1230 bis 1320. Hauptform ist die Motette.

Arsen *das,* chem. Symbol **As,** dem Phosphor und Antimon verwandtes → Halbmetall aus der 5. Hauptgruppe des Periodensystems, Ordnungszahl 33, relative Atommasse 74,9216; das einzige stabile Isotop ist ^{75}As. – Die beständigste Form ist eine graue metall. Modifikation, daneben treten eine gelbe nicht metall. und einige amorphe Formen auf. Natürlich vorkommendes gediegenes A. heißt **Scherbenkobalt.** Zur Gewinnung von A. werden A.-Minerale (z. B. A.-Kies) erhitzt und der Dampf in eisernen Vorlagen verdichtet. A. wird zur Härtung von Blei- und Kupferlegierungen sowie zur Herstellung von Halbleitern (z. B. Galliumarsenid) verwendet. A. und seine Verbindungen sind sehr giftig.

Arsenal [ital.] *das,* früher der Aufbewahrungsort für Vorräte an Kriegsmaterial.

Arsenik *das,* **Arsentrioxid,** As_2O_3, giftige Arsenverbindung, wird für Katalysatoren und bei der Glasherstellung (Spezialgläser) verwendet und ist Ausgangsstoff für alle übrigen Arsenverbindungen.

Arsenkies, Arsenopyrit, FeAsS, silbergraues, monoklines Mineral, wichtiges Arsenerz, häufig auf Erzgängen.

Arsenpilz, Penicillium brevicaule, Schimmelpilz, dient als Nachweis von Arsenspuren.

Arsenvergiftung, Vergiftung durch Arsenverbindungen. Die **akute A.** nach Verschlucken des Giftes äußert sich in heftigen Durchfällen, Verwirrtheit, Krämpfen und Nierenversagen. Die **chron. A.** tritt meist als berufsbedingte Vergiftung auf mit **Arsenmelanose** (dunkelgraue Hautverfärbung), peripheren Lähmungen sowie Krebs an Haut, Lunge oder Leber (**Arsenkrebs**). A. sind entschädigungspflichtige Berufskrankheiten.

Arsenwasserstoff, AsH_3, farbloses, sehr giftiges, widerlich riechendes Gas, entsteht bei Einwirkung von naszierendem Wasserstoff auf Arsenik. A. dient zum Dotieren von Silicium-Halbleitern. Wird A. durch ein erhitztes Glasrohr geleitet, bildet sich hinter der erhitzten Stelle ein dunkler, glänzender Belag von metall. Arsen (Arsenspiegel; Marsh-Probe zum Nachweis von Arsen).

Arsinoë II., Tochter Ptolemaios' I., * um 316 v. Chr., † 9. 7. 270 v. Chr.; heiratete den thrak. König Lysimachos, dann ihren Stiefbruder Ptolemaios Keraunos, um 279 ihren leibl. Bruder Ptolemaios II. Philadelphos. Beide wurden schon zu Lebzeiten als die »Geschwistergötter« verehrt.

Arsis [griech. »Hebung«] *die, Musik:* der unbetonte (leichte) Taktteil; Ggs.: → Thesis.

Arslan-Taş [-taʃ], Ruinenstätte östlich des oberen Euphrat bei Karkemisch, an der Stelle der altassyr. Stadt Hadatu. Ausgrabungen (seit 1928) legten Palast- und Tempelbauten frei.

Ars Moriendi [lat. »die Kunst zu sterben«] *die,* Erbauungsbuch des späten MA., das in einer Folge von Bildern den Kampf der Engel und Teufel um die Seele des Sterbenden darstellt.

Ars multiplicata [lat. »vervielfältigte Kunst«, Titel einer Ausstellung in Köln 1968] *die,* Bez. für Werke v. a. zeitgenöss. Kunst, die im Unterschied zur bloßen Reproduktion Originalität auch in der Vervielfältigung bewahren, z. B. Papierabzüge desselben Holzstocks (Auflagengrafik, → Multiples).

Ars nova [lat. »neue Kunst«] *die,* die mehrstimmige Musik des 14. Jh. bes. in Frankreich mit gegenüber der → Ars antiqua weiterentwickelter Mensuralnotation und differenzierterer Satztechnik.

Ars poetica [lat.] *die,* Dichtkunst, insbesondere das gleichnamige Werk des Horaz.

Art, Spezies, lat. **Species,** Abk. **spec.,** Grundeinheit im System der Lebewesen (→ Systematik). Die Individuen einer A. bilden i. Allg. eine natürl. Fortpflanzungsgemeinschaft, die sich nicht mit anderen A. vermischt und sich durch bestimmte Merkmale von ihnen unterscheidet.

Kenneth Arrow

Arsenkies (Kristalle)

Antonin Artaud
(Selbstbildnis, 1946)

ARTE

Arta, das antike **Ambrakia,** Stadt in Epirus, W-Griechenland, 19100 Ew.; Sitz eines orth. Erzbischofs; landwirtsch. Handelszentrum. – Kirche Panhagia Parigoritissa (Ende 13. Jh.).

Artaud [ar'to], Antonin, frz. Schriftsteller, * Marseille 4. 9. 1896, † Ivry-sur-Seine 4. 3. 1948; Schauspieler und Regisseur; hatte mit seinen theoret. Schriften (Sammlung »Das Theater und sein Double«, 1938; darin das Manifest »Le théâtre de la cruauté« [»Das Theater der Grausamkeit«]) großen Einfluss auf die Dramatiker der Avantgarde nach dem Zweiten Weltkrieg; auch surrealistische Prosagedichte und ein Drama (»Les Cenci«; UA 1935).

Art autre [a:r ˈo:trə, frz.], auf M. Tapié und sein 1952 veröffentlichtes gleichnamiges Buch zurückgehende Bez. für die →informelle Kunst.

Artaxerxes, persische Könige:
1) **A. I. Makrocheir** [griech. »Langhand«], † um 424 v. Chr.; Sohn Xerxes' I., regierte seit 464; schloss 449/448 mit Athen den →Kalliasfrieden, der die Perserkriege beendete.
2) **A. II. Mnemon** [griech. »der Gedenkende«], * um 451 (oder 443) v. Chr., † um 359/358 v. Chr.; Sohn Dareios' II., regierte seit 404. Der von A. nach dem Sieg über die Flotte Spartas bei Knidos (394) diktierte »Friede des Antalkidas« (→Königsfriede) 387/386 machte den Perserkönig zum Schiedsrichter der zerstrittenen griech. Stadtstaaten.

Art brut [a:r ˈbryt; frz. »unverbildete Kunst«] *die* und *das,* auch *der,* - -, zusammenfassende Bez. für eigenwillige Werke bildender Kunst, geschaffen von Laien, v. a. aus Europa, die obsessiv ihren Gestaltungsideen folgen. Den Terminus prägte J. Dubuffet 1945, um eine Alternative zur anerkannten Kunst begrifflich zu fassen.

Art Cologne [a:r kɔˈlɔn, frz.] *die,* - -, jährlich in Köln stattfindende, bedeutendste Kunstmesse in Dtl., 1967 gegr. Im Zentrum des Messeangebots steht die Gegenwartskunst, aber auch die Kunstrichtungen des 20. Jh. sind qualitativ sehr gut vertreten.

Art concret [a:r kɔ̃ˈkrɛ, frz.] *die,* →konkrete Kunst.

Art déco [a:r deˈko, frz.] *die,* von der 1925 in Paris stattgefundenen Ausstellung für Kunstgewerbe (frz. »arts décoratifs«) abgeleitete Stilbez. für Kunsthandwerk und Malerei zw. 1920 und 1930. A. d. ging vom späten Jugendstil aus, hatte eine üppig ornamentale, gelegentlich exot. Richtung und war vom Kubismus und Futurismus beeinflusst.

Artdirector [ˈɑːtdɪrektə, engl.] *der,* künstler. Herstellungsleiter in publizist. Unternehmen, der sich v. a. dem Layout widmet; Produktionsleiter in einer Werbeagentur.

ARTE, Abk. für frz. **A**ssociation **R**elative à la **T**élévision **E**uropéenne, von ARD, ZDF und dem frz. Sender ARTE France (Paris) betriebener europ. Fernsehkanal (Kulturprogramm), Sitz: Straßburg (für ARTE Deutschland TV GmbH: Baden-Baden); Sendestart: 1992.

Arte cifra [-ˈtʃifra; ital. »Ziffer«, »Chiffre«] *die,* eine Richtung der ital. Kunst, die sich seit Mitte der 1970er-Jahre als Gegenreaktion auf die Concept-Art und Arte povera entwickelte.

Artefakt [lat.] *das, allg.:* von Menschenhand Geschaffenes, Kunstprodukt.
2) *Histologie:* Ergebnisverfälschung an einem Präparat durch Nebeneinflüsse oder apparative Störgrößen.
3) *Vorgeschichte:* Stein, der durch Bearbeitung Werkzeugcharakter erhalten hat; auch die Abschläge bei der Steinbearbeitung.

Artel [russ.] *das,* im zarist. Russland verbreitete genossenschaftsähnl. Vereinigung von Personen gleichen Berufs (Handwerker, Bauern), die sich auf gemeinsame Rechnung zur Arbeit verdingten und z. T. zusammen siedelten; war in der Sowjetunion eine Form des genossenschaftl. Zusammenschlusses von Produzenten in versch. Bereichen (z. B. Landwirtschaft, Handwerk, Fischereiwesen).

Artemidoros von Ephesos, griech. Geograf, um 100 v. Chr.; beschrieb die ganze damals bekannte Welt in den elf fragmentarisch erhaltenen Büchern »Geographumena«, die Strabo als Quelle dienten.

Artemis, griech. Göttin, Zwillingsschwester des Apoll, von den Römern der Diana gleichgestellt; als Göttin der Jagd und Fruchtbarkeit verehrt. In der archaischen Kunst wird A. zw. Hirschen, Löwen und Vögeln dargestellt, in der klass. als Jagdgöttin mit Bogen und Köcher. Als Göttin der Geburt trägt sie Züge einer alten kleinasiat. Muttergottheit. Deren bedeutendstes Heiligtum (**Artemision**) war das von Ephesos mit einer berühmten Kultstatue. Es wurde im 6. Jh. v. Chr. von Chersiphron als ion. Großtempel errichtet, 356 von Herostratos in Brand gesteckt, im 4./3. Jh. wieder aufgebaut; galt als eines der →sieben Weltwunder.

Artemisia [griech.] *die,* →Beifuß.

Artenschutz, der durch versch., v. a. behördl. Maßnahmen angestrebte Lebensschutz von Pflanzen und Tieren in der freien Natur. Grundlage ist das →Washingtoner Artenschutzabkommen. Dadurch wird der gewerbsmäßige Handel mit Exemplaren gefährdeter Arten frei lebender Tiere und Pflanzen erfasst (z. B. in der →Roten Liste), verboten bzw. kontrolliert. Auf nat. Ebene werden Belange des A. durch das Bundesnaturschutzgesetz und die entsprechenden Landesgesetze geregelt. Weitere Bestimmungen und v. a. die einzelnen bes. geschützten Pflanzen- und Tierarten sind in der Bundesartenschutzverordnung und der der EG-Artenschutzverordnung aufgeführt. Zum A. gehört auch der Biotopschutz (→Biotop).

Arte povera [ital. »arme Kunst«] *die,* eine Form der Objektkunst, v. a. in Italien in den späten 1960er-

Artemis: Nachbildung der vielbrüstigen Artemis von Ephesos (1. Jh. n. Chr.; Selçuk, Ephesos-Museum)

und frühen 1970er-Jahren; will mit der Verwendung »armer« Materialien wie Erde, Holz, Schnur, Filz, aber auch Neonröhren u. a. die poet. Komplexität und kreative Ausstrahlungskraft dieser Dinge aufzeigen; z. T. Überschneidung mit der Concept-Art und der Minimal Art; Vertreter der A. p. sind u. a. M. Merz, G. Penone und J. Kounellis.

Arteri|en [griech.], **Schlagadern, Pulsadern,** das Blut vom Herzen wegführende Gefäße. Die A.-Wand besteht aus drei Schichten (**Interna, Media, Externa**) und ist im Vergleich zu den Venen bedeutend stärker gebaut. Die mittlere, stärkste Schicht der Gefäßwand (Media) enthält elast. Fasern und glatte Muskulatur. Man unterscheidet **A. elast. Typs** (Aorta sowie die von ihr abgehenden großen A.) von **A. muskulösen Typs** (A. im peripheren Teil des Blutkreislaufs). Erstere fangen bevorzugt Querspannungen ab, Letztere regulieren die Gefäßweite.

Arteri|enverkalkung, →Arteriosklerose.

Arteriografie [griech.] *die,* **Arteriographie,** die Darstellung der Körperarterien im Röntgenbild nach Einspritzen eines Kontrastmittels; sie dient dem Nachweis von Gefäßwandveränderungen, Fehlbildungen, Durchblutungsstörungen, Geschwülsten.

Arteriolen [griech.], kleinste Arterien, die sich in die Kapillaren aufspalten.

Arteriosklerose *die,* **Arterienverkalkung, Atherosklerose,** variable Kombination von Veränderungen der Arterieninnenwand (Intima), bestehend aus herdförmigen Ansammlungen von Lipiden, Kohlenhydraten, Blut und Blutbestandteilen, Bindegewebe sowie Ablagerungen von Kalksalzen, die mit Veränderungen der mittleren Arterienwandschicht (Media) verbunden sind. Die teils herdförmigen, teils diffusen Gefäßwandveränderungen treten als Verdickung oder Einengung des Gefäßlumens (Stenose) sowie als Verhärtung und Elastizitätsverlust in Erscheinung. A. ist v. a. für die arteriellen Durchblutungsstörungen, die häufigste Todesursache (etwa 50 %) in den Industriestaaten, verantwortlich. Bestimmte Risikofaktoren (erhöhte Blutfettwerte, Rauchen, Bluthochdruck, Diabetes mellitus, Gicht, Übergewicht, Bewegungsmangel, genet. Veranlagung) fördern die Entwicklung einer A. – Die Behandlung umfasst die medikamentöse und diätet. Beeinflussung von Bluthochdruck, Diabetes mellitus und anderen Begleitkrankheiten sowie das Ausschalten der Risikofaktoren (Übergewicht, Rauchen, Bewegungsmangel). Bei Durchblutungsstörungen werden neben der Gabe von blutgerinnungshemmenden Mitteln auch gefäßchirurg. Eingriffe durchgeführt.

Artern/Unstrut, Stadt im Kyffhäuserkreis, Thür., am Rand der Goldenen Aue, an der Unstrut, 6 200 Ew.; Salinepark mit Soleschwimmbad; Maschinenbau, Presswerk (Fertigung von Metallteilen für den Fahrzeugbau). – A., 786 erstmals erwähnt, erhielt im 14. Jh. Stadtrecht; kam 1579 zu Kursachsen, 1815 zu Preußen. Bis 1994 Kreisstadt des Landkreises Artern.

artesischer Brunnen, →Brunnen.

Artes liberales [lat.], die →freien Künste.

Artevelde, Jakob van, fläm. Volksführer, *Gent um 1290, † ebd. 17. 7. 1345; wurde nach einem von ihm geführten Aufstand gegen den Grafen von Flandern 1338 Stadthauptmann von Gent und erlangte die Herrschaft über ganz Flandern mit dem Ziel, die wirtsch. Interessen der flandr. Tuchhersteller gegen die Feudalherrschaft durchzusetzen; wurde während

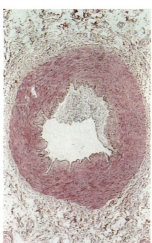

Arteriosklerose: Querschnitt durch eine arteriosklerotisch veränderte Arterie; die innere Gefäßwandschicht (Endothel) ist zur Hälfte bindegewebig verdickt und enthält einen Zerfallsherd mit Cholesterolablagerungen

eines Weberaufstandes ermordet. Sein Sohn Philipp A. (* 1340, † 1382) wurde nach der Einnahme von Brügge 1382 Statthalter von Flandern; fiel im Kampf gegen die Franzosen.

Arthritis [griech.] *die,* Gelenkentzündung (→Gelenkkrankheiten).

arthro... [griech. árthron »Gelenk«], Gelenk..., Glied(er)...

Arthrodese [griech.] *die,* →Gelenkversteifung.

Arthroplastik, der operative Gelenkersatz schwer geschädigter Gelenke (z. B. →Hüftgelenkersatz). **Auto-A.,** Einpflanzen von körpereigenem Gewebe zw. die Gelenkflächen nach Entfernen des Gelenkknorpels. **Allo-A.,** Verwendung von Fremdmaterial (Endoprothesen), v. a. aus korrosionsfesten Legierungen, Kunststoffen, Keramik.

Arthropoden, die →Gliederfüßer.

Arthrose [griech.] *die,* nicht entzündliche Gelenkerkrankung, z. B. **Arthrosis deformans** (→Gelenkkrankheiten).

Arthroskopie [griech.] *die,* Gelenkspiegelung; endoskop. Untersuchung eines Gelenkinnenraumes.

Artikel [aus lat. articulus »kleines Gelenk«, »Glied«] *der,* **1)** *allg.:* Abk. **Art.,** Teil, Abschnitt (z. B. eines Gesetzes); Warengattung; schriftsteller. oder publizist. Beitrag.
2) *Sprachwissenschaft:* Wortart mit identifizierender, individualisierender und generalisierender Funktion; kennzeichnet im Deutschen Genus (daher: **Geschlechtswort**), Numerus und Kasus eines Substantivs. Der **bestimmte A.** (im Deutschen »der«, »die«, »das«) steht meist vor, in einigen Sprachen (z. B. im Rumänischen, Bulgarischen und in den skandinav. Sprachen) jedoch hinter dem Substantiv. In manchen Sprachen werden die Gegenstände, die nicht bestimmt sind, als solche durch einen **unbestimmten A.** gekennzeichnet (im Deutschen »ein«, »eine«, hervorgegangen aus dem Zahlwort »eins«). Es gibt auch artikellose Sprachen, z. B. das Lateinische, Russische und Finnische.

Artikularkirchen, Bez. für die ev. Holzkirchen, die in Oberungarn (der heutigen Slowakei) auf der Grundlage der vom Ödenburger Landtag 1681 erlassenen Beschlüsse (»Artikuli«; Art. 25 und 26) gebaut wurden, nachdem Kaiser Leopold I. im Angesicht der wachsenden Bedrängnis durch die Türken seine gegenreformator. Politik gelockert hatte. Die A. durften nur an den Ortsrändern (in Städten außerhalb der Stadtmauern) errichtet werden, weder Turm noch Glocken haben und der Bau musste ohne hartes Material (Stein, Ziegel, Metallnägel) ausgeführt werden.

Artikulaten [lat.], **Articulata,** die →Gliedertiere.

Artikulation [lat.] *die,* **1)** *Musik:* die Kunst, sinnvoll zu gliedern und durch die Art der gegenseitigen Abgrenzung der einzelnen Töne (Akkorde) sprechenden Ausdruck zu erreichen.

2) *Phonetik:* die Gesamtheit der Vorgänge, die die Sprachlaute erzeugen. Mit der A.-Art (z. B. Verschluss, orale und nasale Öffnung) wird die spezif. Einstellung der A.-Organe (z. B. Zunge, Lippen; **A.-Apparat**) an der **A.-Stelle** (die Stelle, an der der Laut entsteht) beschrieben. Nach dieser unterscheidet man Labiale, Dentale usw. (→Laut). Die **A.-Basis** ist die Grundeinstellung der Sprechwerkzeuge vor Beginn und nach Abschluss der Artikulation.

3) *Zahnheilkunde:* komplexe Bewegungsabläufe (Öffnen, Schließen, Vor- und Seitwärtsbewegung) der Zahnreihen des Ober- und Unterkiefers, bes. beim Kauen.

Artillerie [frz., zu altfrz. artill(i)er »mit Kriegsgerät ausrüsten«] *die,* 1) Bez. sowohl für eine Anzahl von Geschützen als auch i. w. S. für deren Gesamtheit; 2) **Artillerietruppe,** mit Geschützen und Raketenwerfern ausgerüstete Truppengattung der Landstreitkräfte. Sie dient der Unterstützung der Kampftruppen in allen Gefechtsarten.

Die A. wird unterteilt in die Schießende A. und die Aufklärende A. Zur **Schießenden A.** gehören die Panzer-A., die Feld-A. und die Raketen-A. Für besondere Einsatzarten (Kampf im Gebirge, Luftlandeunternehmen) gibt es die mit speziellem Material ausgestattete Gebirgs-A. und Luftlande-A., zum Schutz von Küstenabschnitten die meist zur Marine gehörende Küsten-A. Die Geschützbestückung größerer Kriegsschiffe wird als Schiffs-A. bezeichnet. Flugabwehrgeschütze werden i. d. R. nicht zur A. gerechnet; sie sind in der Flugabwehrtruppe zusammengefasst.

Die **Aufklärende A.** hat die Aufgabe, durch Zielortung und Gefechtsfeldüberwachung ein genaues Feindbild zu vermitteln; sie bedient sich hierzu techn. Verfahren wie Schallmessung, Lichtmessung und Radaraufklärung. Diese Aufklärungsmittel sind in Beobachtungsbatterien zusammengefasst. Daneben steht u. a. der Bundeswehr das Lenkflugkörpersystem →Drohne zur Verfügung.

Geschichte: Bereits vor der ersten waffentechn. Verwendung des Schießpulvers setzte sich im Hoch- und Spät-MA. der Name A. als Gattungsbegriff für die seit dem Altertum bekannten Kriegsmaschinen durch. Die Bez. wurde dann mit dem Aufkommen der Feuerwaffen auf die neuen Pulvergeschütze (»A.-Geschütze«) übertragen.

In der zweiten Hälfte des 15. Jh. erfuhr das A.-Wesen v. a. durch Karl den Kühnen und Kaiser Maximilian I. einen großen Aufschwung. Im 17. Jh. führte der schwed. König Gustav II. Adolf kleine Begleitgeschütze für die Infanterie ein. Im 18. Jh. verbesserte Friedrich d. Gr. durch die Bildung einer Reitenden A. die Beweglichkeit und den takt. Einsatz der A. Napoleon I. baute die frz. A. zu einer eigenständigen Truppengattung aus. – In der zweiten Hälfte des 19. Jh. wurde die A. durch waffentechn. Neuerungen (Hinterlader, gezogene Rohre, Langgeschosse) entscheidend verbessert. Zu dieser Zeit unterschied man **Feld-A.** (leichte und mittlere Geschütze) und **Fuß-A.** (schwere und schwerste Geschütze mit Kalibern bis zu 42 cm) sowie **Festungsartillerie.** – Im Zweiten Weltkrieg wurde v. a. die Beweglichkeit der bis dahin pferdebespannten A. kontinuierlich gesteigert, bes. mit motorisierten Zugmaschinen und Selbstfahrlafetten. Die **Flak-A.,** seit 1935 eine Waffengattung im Rahmen der Luftwaffe, verfügte über Flugabwehrgeschütze des leichten bis mittleren Kaliberbereichs (2–12 cm). Die Raketen-A. wurde im Zweiten Weltkrieg geschaffen; bekannt geworden sind v. a. die dt. »Nebelwerfer« und die sowjet. »Katjuscha«.

Art informel [aːr ɛ̃fɔrˈmɛl, frz.] *die,* →informelle Kunst.

Artischocke [ital.], **Cynara scolymus,** distelartiger Korbblütler, der bes. in Südeuropa angebaut wird, bis 2 m hoch, mit starken blauroten Blütenköpfen. Essbar sind der fleischige Blütenhüllboden und die Unterteile der Blattschuppen der Blütenhülle.

Artist [zu lat. ars »Kunst«] *der,* (bes. im Zirkus oder Varieté auftretender) Künstler, der v. a. Geschicklichkeitsübungen präsentiert. Der Begriff des A. ist nicht scharf abgegrenzt und schließt u. a. Akrobaten, Jongleure, Schlangenmenschen, Seil- und Trapezkünstler ein.

Artjomowsk, ukrain. **Artemiwsk,** bis 1924 **Bachmut,** Stadt in der Ukraine, im Gebiet Donezk, 83 000 Ew.; Steinsalzabbau und -verarbeitung; Maschinenbau, Leichtindustrie.

Artmann, H. C. (Hans Carl), österr. Schriftsteller, * Wien 12. 6. 1921, † ebd. 4. 12. 2000; wurde als Mitgl. der »Wiener Gruppe« mit Wiener Dialektgedichten »med ana schwoazzn dintn« (1958) bekannt; verfasste zahlr. Werke in der Tradition barocker österr. Sprachartistik (Dramensammlung »Die Fahrt zur Insel Nantucket«, 1969; Lyriksammlung »Ein lilienweißer Brief aus Lincolnshire«, 1969; »gedichte von der wollust des dichtens in worte gefaßt«, 1989); auch Übersetzungen z. B. der Werke von F. Villon. Georg-Büchner-Preis 1997.

Art nouveau [aːr nuˈvo, frz.] *die,* in Frankreich und Belgien verwendete Bez. für den →Jugendstil.

Artois [arˈtwa] *das,* histor. Landschaft in N-Frankreich zw. Picardie und der flandr. Ebene, Hptst. Arras, umfasst etwa das Gebiet des heutigen Dép. Pas-de-Calais; intensiver Weizen- und Zuckerrübenanbau. – Das A. gehörte vom 9. bis 12. Jh. den Grafen von Flandern, kam 1180 an Frankreich, 1384 an Burgund. 1477 erbte der spätere Kaiser Maximilian I. das A. Im Pyrenäenfrieden von 1659 fiel der größere Teil, im Frieden von Nimwegen von 1678 der Rest an Frankreich.

Artothek [lat.-griech.] *die,* Sammel- und Verleihstelle (z. B. Galerie oder Museum) für Kunstwerke.

Arts and Crafts Movement [ˈɑːts ənd ˈkrɑːfts ˈmuːvmənt] *das,* engl. Bewegung zur Reform des Kunsthandwerks im 19. Jh. Sie ging von W. Morris aus, der 1861 mit Architekten und präraffaelit. Malern eine Gesellschaft zur Herstellung kunsthandwerklicher Gegenstände gründete, um der industriellen Massenproduktion minderwertiger Gebrauchsgegenstände entgegenzuwirken. Aus dieser Bewegung ging die 1888 gegründete **Arts and Crafts Society** hervor, die kunstgewerbl. Ausstellungen veranstaltete. Einflussreich auf die Erneuerung des Kunstgewerbes um 1900 (Jugendstil), auf den Dt. Werkbund und das Bauhaus.

Artschwager, Richard, amerikan. Maler und Bildhauer, * Washington (D. C.) 26. 12. 1924; gestaltet Bilder nach fotograf. Vorlagen auf grobkörnigem Malgrund; auch kub. Skulpturen und Möbelobjekte.

Artischocke: geschlossener (oben) und offener Blütenstand

Artus, Arthus, Arthur, sagenhafter brit. König; nach der »Historia Britonum« des Nennius Heerführer, der um 500 n. Chr. gegen die eindringenden Sachsen gekämpft haben und in der Schlacht am Camlann 537 gefallen sein soll (die Verbindung zu kelt. Mythen ist nicht haltbar). In der »Historia regum Britanniae« (um 1135) des Geoffrey of Monmouth wird A. vom lokalen Helden zum glanzvollen Herrscher von weltpolit. Bedeutung erhoben, der mit seiner Gattin Guanhamara (Guinevere) prunkvoll Hof hält. In einer Schlacht gegen seinen Neffen Modred, der ihn um Reich und Gattin betrog, wird er schwer verwundet und auf die Feeninsel Avalon entrückt; von dort soll er einst wiederkehren. Der anglonormann. Dichter Wace stilisierte A. in seiner frz. Übersetzung (»Roman de Brut«, 1155) zum feudalhöf. Kriegsherrn. Er berichtete als Erster von **König Artus' Tafelrunde** auserwählter und vorbildl. Ritter. Diese Sage, der u. a. die Sagen von Parzival, dem Gral und von Tristan angegliedert wurden, verbreitete sich in Prosa- und Verserzählungen in ganz Europa. Den Stoff gestaltete vorbildhaft Chrétien de Troyes, im dt. Sprachraum schlossen sich Hartmann von Aue, Gottfried von Straßburg und Wolfram von Eschenbach an. Thomas Malory fasste im 15. Jh. die versch. Erzählstränge zusammen. Von H. Purcells Oper »King Arthur« (1691, Text J. Dryden) abgesehen, wurde der Stoff erst wieder im 19. Jh. aufgegriffen (A. Tennyson, Mark Twain, R. Wagner), die zahlr. späteren Bearbeitungen (u. a. von J. Cocteau, T. Dorst, C. Hein, A. Muschg) suchen nach immer neuen Interpretationen. Parallel dazu fand der A.-Stoff seit den 1980er-Jahren Eingang in die moderne Unterhaltungsliteratur (histor. Romane, Fantasy) und in Comics.

Artus: der König im Kreis der Ritter der Tafelrunde mit dem Gral in der Mitte (Miniatur, 15. Jh.; Paris, Bibliothèque Nationale de France)

Artushof, Junkerhof, mittelalterl. Festvereinigung, deren Mittelpunkt Gralsspiele oder Tafelrunden zur Erinnerung an König Artus bildeten. Der Name übertrug sich auch auf die Versammlungshallen (bedeutend der A. in Danzig, im 14./15. Jh. erbaut, nach 1552 umgestaltet).

Aruba, westlichste der niederländ. Inseln der Kleinen Antillen, vor der Nordküste Südamerikas, 193 km², (2005) 71 600 Ew.; Hptst. (Freihafen): Oranjestad. Phosphatlager; seit 1970 zunehmender Fremdenverkehr. – A. gehörte seit 1642 der niederländ. Westind. Kompanie und wurde 1791 direkter Regierungskontrolle unterstellt. Seit 1986 hat die Insel einen eigenen Status innerhalb der autonomen Inselgemeinschaft »Union der Niederländ. Antillen und Aruba«. (→ Niederländische Antillen)

Aruinseln, Inselgruppe der S-Molukken, sechs Haupt- und 80 kleine Inseln zw. Neuguinea und Australien, zu Indonesien gehörig; 8 563 km², rd. 34 000 Ew.; Fischerei; Haupt- und Hafen ist **Dobo.**

Arunachal Pradesh [engl. ærʊˈnɑːtʃəl prəˈdeɪʃ], Bundesstaat (seit 1987, vorher Territorium) in NO-Indien, 83 743 km², (2006) 1,17 Mio. Ew.; Hauptstadt ist Itanagar; erstreckt sich entlang der Grenze zu Bhutan, China und Birma; durchweg gebirgig.

Arusha [-ʃ-], Hptst. der Region A. in NO-Tansania, Verkehrsknotenpunkt am Südfuß des Meru, 341 200 Ew.; Sitz eines kath. Bischofs; techn. College. Von 1967 bis 1977 und seit 1999 Sitz der Ostafrikan. Gemeinschaft (EAC); Sitz eines UN-Kriegsverbrechertribunals (Ruanda-Tribunal); internat. Konferenzort; Handels- und Ind.-Zentrum. Nördlich v. A. liegt der **A.-Nationalpark** (137 km²), der den Ngurdotokrater und den Meru umfasst; hier leben v. a. Büffel u. a. Großtiere.

Aruwimi der, rechter Nebenfluss des Kongo, in der Demokrat. Rep. Kongo, entspringt westlich des Albertsees, mündet bei Basoko; rd. 1 300 km lang. Am Oberlauf, **Ituri** gen., leben die Mbuti (→ Pygmäen).

Arve, Zirbelkiefer (→ Kiefer).

Arve [arv] die, linker Nebenfluss der Rhone, 100 km lang, entspringt im Montblancmassiv, mündet unterhalb von Genf.

Arverner, kelt. Volk im Gebiet der heutigen Auvergne; der A. Vercingetorix war 52 v. Chr. Führer des gesamtgall. Aufstandes gegen Caesar.

Aryballos [griech.] der, kleines altgriech. Salbgefäß; kugelig mit urspr. einem Henkel.

Aryl..., Bez. für die einbindigen aromat. Kohlenwasserstoffgruppen, die formal durch Abtrennung eines H-Atoms aus einem Arenmolekül entstehen, z. B. Phenyl, C_6H_5-.

Arzberg, Stadt im Landkreis Wunsiedel i. Fichtelgebirge, Bayern, 6 000 Ew.; Metall verarbeitende (u. a. Glasschmelzanlagen) und Nahrungsmittelind. (Lebkuchen, Fleischverarbeitung).

Arzimowitsch, Lew Andrejewitsch, russ. Physiker, * Moskau 25. 2. 1909, † ebd. 1. 3. 1973; Arbeiten zur Plasmaphysik und zur gesteuerten Kernfusion.

Arzneibuch, Pharmakopöe, amtl. Sammlung wiss. anerkannter Regeln über Bereitung, Qualität, Prüfung, Lagerung, Abgabe, Dosierung und Bez. von Arzneimitteln.

Arzneimittel, Medikamente, Pharmaka, Zubereitungen aus natürlich vorkommenden oder synthetisch (auch gentechnologisch) hergestellten **Arzneistoffen** zur Heilung, Verhütung, Linderung oder Erkennung von Krankheiten, Leiden, Körperschäden oder krankhaften Beschwerden, Erkennung der Beschaffenheit, des Zustandes oder der Funktion des Körpers oder seel. Zustände oder zum Ersatz körpereigener Stoffe. Zur innerl. Anwendung können Arzneistoffe z. B. in Form von Pulvern, Kapseln, Tabletten, Dragees, Injektionslösungen oder Zäpfchen verarbeitet werden. Zur äußerl. Anwendung auf Haut oder Schleimhäuten werden Arzneistoffe z. B. in Lösungen, Salben, Pasten, Cremes, Pudern oder Pflastern verarbeitet.

Die Dosis eines A. ist die angewendete Menge, Maximaldosis die festgelegte Höchstmenge für eine einmalige oder tägl. Anwendung. Werden versch. A. gleichzeitig eingenommen, können sie sich in ihrer Wirkung gegenseitig beeinflussen. Bei Überdosierung sind zahlr. A. giftig. Durch das **A.-Gesetz** vom 24. 8. 1976 i. d. F. v. 11. 12. 1998 werden Herstellung, Kennzeichnung, Verschreibung (Rezeptpflicht), Abgabe

Lew Arzimowitsch

(Apothekenpflicht) u. a. geregelt. Von A. (rechtlich) abzugrenzen sind insbes. Lebensmittel, Tabakerzeugnisse, kosmet. Mittel und Medizinprodukte.

Arzneimittelentwicklung, Untersuchungen mit dem Ziel, wirksamere, d. h. effektivere und besser verträgl. Arzneimittel zu finden. Die Basis bildet die Synthese oder Isolierung potenzieller Arzneistoffe, die nach chem. Charakterisierung einer Vielzahl von Prüfungen unterworfen werden. Auf jeder Stufe muss die Entwicklung eines Teils der Substanzen wegen unzureichender Wirkung, eines ungünstigen Wirkprofils oder tox. Effekte abgebrochen werden, sodass letztendlich von 8 000 – 10 000 Verbindungen nur eine in die Therapie eingeführt werden kann.

Da der Erstanwendung am Menschen zwingend eine eingehende Charakterisierung an einzelnen Zellen, an isolierten tier. Geweben sowie bei verschiedenen Tierarten vorauszugehen hat, unterscheidet man zwischen einer präklin. und klin. Prüfung. Der gesetzl. Rahmen hierfür ist im Arzneimittelgesetz vom 24. 8. 1976 i. d. F. v. 11. 12. 1998 festgelegt. Darüber hinaus sind die Richtlinien der europ. Gesundheitsbehörden sowie die Empfehlungen von internationalen Fachgesellschaften zu beachten.

Arzneipflanzen, die →Heilpflanzen.

Arzt [ahd. arzāt, von griech. archíatros »Oberheilkundiger«], Berufsbez. für Männer oder Frauen (**Ärztinnen**), die nach einer wiss. Ausbildung den Heilberuf ausüben und zum Führen dieser Bez. aufgrund der Approbation berechtigt sind. Aufgaben des A. sind, Krankheiten zu erkennen, zu heilen oder zu lindern und das Leben, auch das werdende, zu schützen. Ein A. hat der Gesundheit des Einzelnen wie der Gesamtbev. zu dienen. Dazu gehören auch Gesundheitsberatung, Krankheitsvorsorge, -früherkennung und Wiedereingliederung (Rehabilitation) Kranker und Behinderter in die Gesellschaft.

In Dtl. findet die *Ausbildung* zum A. auf der Grundlage der Hochschulreife an den medizin. Fakultäten der wiss. Hochschulen statt. Sie gliedert sich in einen vorklin. (bes. theoretisch-naturwiss.) Teil und einen klin. Teil. Nach Bestehen der Prüfungen erteilt der Staat die Anerkennung der Berechtigung zur Berufsausübung (Approbation). Mit der *Weiterbildung* nach der Approbation erwirbt der A. eingehende Kenntnisse und Erfahrungen in speziellen Gebieten, Teilgebieten und Bereichen der Medizin. Von der formellen Weiterbildung zu unterscheiden ist die *Fortbildung*, durch die der A. seine Kenntnisse und Berufserfahrungen stets auf dem gesicherten Stand der medizin. Wiss. und des ärztl. Handelns halten soll. Der A. ist durch das »Arztgelöbnis« (früher »Eid des Hippokrates«) verpflichtet, seinen Beruf mit Gewissenhaftigkeit und Würde auszuüben. Über die Einhaltung der eth. Verhaltensnormen und der vom Berufsstand selbst aufgestellten Berufsordnung wachen die Ärztekammern. Der ärztl. Beruf ist kein Gewerbe, sondern ein freier Beruf. Jeder A. gehört kraft des Gesetzes der für ihn örtlich zuständigen Ärztekammer an; wenn er vertragsärztlich tätig sein will, gehört er auch obligatorisch der zuständigen Kassenärztlichen Vereinigung an.

Privat versicherte Patienten schließen mit dem A. einen Behandlungsvertrag ab, aus dem sich auch der Vergütungsanspruch des A. gegenüber dem Patienten ergibt. Grundlage für die Berechnung ist die Gebührenordnung für Ärzte. Demgegenüber bestehen im System der gesetzl. Krankenversicherung keine vertragl. Beziehungen zw. den an der vertragsärztl. Versorgung teilnehmenden Ä. und den versicherten Patienten. Hier richtet sich der Anspruch der Versicherten auf ärztl. Behandlung gegen die jeweils zuständige Krankenkasse, die die Leistungen als Sachleistungen zur Verfügung zu stellen hat. Eine *Behandlungspflicht* besteht außer in Notfällen für den A. nicht. Eine *Haftung* des A. für ein Fehlverhalten ergibt sich insbes. aus dem Zivilrecht und dem Strafrecht. Das häufigste haftungsauslösende Fehlverhalten ist der ärztl. Behandlungsfehler, der die Gesundheit des Patienten schädigt. Der A. hat dem Kranken gegenüber eine *Aufklärungspflicht* bezüglich Natur und Behandlung von dessen Leiden; der A. muss wenigstens »im Großen und Ganzen« den Patienten über die mit der Behandlung verbundenen Gefahren informieren. Außerdem besteht für die ärztl. Tätigkeit eine *Dokumentationspflicht* mit Aufzeichnungen zur Anamnese, Diagnostik und Behandlung. Da das Vertrauensverhältnis zw. A. und Patient voraussetzt, dass nichts von dem bekannt wird, was der Patient seinem A. anvertraut, unterliegen neben der generellen Tatsache einer ärztl. Behandlung insbes. Untersuchungsbefunde, Diagnosen, Behandlungsverfahren sowie persönl. Lebensumstände des Patienten der *Schweigepflicht*. Von der grundsätzl. Schweigepflicht bestehen gesetzl. Ausnahmen, v. a. die *Meldepflicht* bei bestimmten Infektionskrankheiten, Schwangerschaftsabbrüchen, Geburten und Berufskrankheiten.

Ärzte ohne Grenzen e. V., frz. **Médecins sans Frontières,** Abk. **MSF,** private, internationale medizin. Hilfsorganisation, die Ärzte, Pflegepersonal und Logistiker in Gebiete entsendet, in denen Menschen durch Katastrophen oder krieger. Auseinandersetzungen in Not geraten sind und die lokale Infrastruktur zusammengebrochen ist. Sie hat sich zur Neutralität und Unparteilichkeit verpflichtet und ist unabhängig von polit., religiösen oder weltanschaul. Einflüssen. Die urspr. frz. Organisation, die am 20. 12. 1971 in Paris gegründet wurde, hat sich zu einem weltweiten Netzwerk entwickelt. Fünf operationale Zentren in Paris, Brüssel, Amsterdam, Barcelona und Genf planen und koordinieren die Projekte. Unterstützt werden sie durch 13 europ. und außereurop. Sektionen. Die dt. Sektion wurde im November 1993 (Sitz: Berlin) gegründet. Die Organisation finanziert sich größtenteils durch Privatspenden und einen geringen Teil öffentl. Mittel. Sie erhielt 1999 den Friedensnobelpreis.

Arztwahl, freie A., freie Wahl unter den zugelassenen Ärzten (Kassenärzte) für Mitglieder einer gesetzl. Krankenversicherung.

as, 1) *das,* Halbton unter a.

2) Zeichen für: as-Moll. **As,** Zeichen für: As-Dur.

As [lat.] *der,* Masseneinheit und Münze im alten Rom, unterteilt in 12 Unzen; in republikan. Zeit Grundlage der röm. Geldrechnung, als Münze später im Wert stark vermindert.

As, 1) chem. Symbol für →Arsen.

2) Einheitenzeichen für **A**mpere**s**ekunde, die heute →Coulomb genannte Ladungsmenge.

Aš [aʃ], dt. **Asch,** Stadt in Westböhmen, Tschech. Rep., zw. Fichtel- und Erzgebirge, 12 700 Ew.; Textil- u. a. Industrie.

A./S., dän. und norweg. Abk. für **A**ktie**s**elskab bzw. **A**ksje**s**elskap (Aktiengesellschaft).

ASA [eɪesˈeɪ], Abk. für engl. **A**merican **S**tandards **A**ssociation, Normenstelle der USA, u. a. für die Empfindlichkeitsbestimmung fotografischen Materials (z. B. 50 ASA ≙ 50 ISO ≙ 18°).

Asad, Hafis al-, →Assad.

Asahikawa, Stadt auf der Insel Hokkaidō, Japan, 363 000 Ew., am Stadtrand Ainudorf mit Museum; Holz verarbeitende u. a. Industrie.

Asam, bayer. Künstlerfamilie des 17./18. Jh.: **Cosmas Damian A.,** Maler und Baumeister, getauft Benediktbeuern 28. 9. 1686, †München 10. 5. 1739; sein Bruder **Egid Quirin A.,** Bildhauer und Baumeister, getauft Tegernsee 1. 9. 1692, †Mannheim 29. 4. 1750; Söhne des Kirchenfreskenmalers **Hans Georg A.,** *Rott a. Inn 10. 10. 1649, begraben Sulzbach (heute zu Sulzbach-Rosenberg) 7. 3. 1711; beide Söhne wurden in Rom ausgebildet und wirkten als Vielbeschäftigte meist gemeinsam für südt. Kirchen und Klöster. Cosmas schuf v. a. Deckenfresken, Egid Bildwerke und Stuckaturen. Ihre Meisterwerke: Klosterkirchen in Weltenburg (seit 1716) und Rohr (1717–22), Umgestaltung des Doms in Freising (1723/24, Johanneskapelle um 1729), Johann-Nepomuk-Kirche in München (seit 1733).

Asama der, einer der aktivsten Vulkane Japans, 140 km nordwestl. von Tokio, 2 542 m ü. M.; verheerender Ausbruch 1783.

Asant der, **Stink|asant, Teufelsdreck, Asa foetida,** unangenehm riechendes und schmeckendes Gummiharz versch. Arten der Doldenblütlergattung Ferula.

Asarhaddon, Assyrerkönig (seit 680 v. Chr.), †669 v. Chr., eroberte 671 Ägypten bis Memphis.

asb, Einheitenzeichen für →Apostilb.

Asbest [griech.] der, verfilzte, faserige Silikatminerale. Die gröberen A. sind Amphibole (**Hornblende-A.**), die feineren **Serpentin-A.** (Faserserpentin, Chrysotil). Sie sind weiß oder hellgrün oder -braun, säure- und feuerbeständig. Verwendung: früher für feuerfeste Schutzkleidung, Dichtungen, als Isolator für Wärme und Elektrizität (A.-Platten) u. a. Die Verarbeitung und techn. Anwendung von A. erzeugt Staub, der sich in Korngrößen unter 3 µm als erheblich gesundheitsschädlich erwiesen hat (→Asbestose). Als TRK-Wert werden für A.-Feinstaub 0,1 mg/m³ und für asbesthaltigen Feinstaub 4,0 mg/m³ angegeben. Laut Gefahrstoff-VO i. d. F. v. 23. 12. 2004 ist die Herstellung und Verwendung von A., Zubereitungen und Erzeugnissen mit mehr als 0,1 % A. in Dtl. verboten (seit November 1993). Zur Substitution von A. können z. B. verwendet werden: Keramikfasern bis 1450 °C, Grafitfasern bis 2000 °C. Hauptfundstätten für A. sind Russland, Kanada und die VR China.

Asbest, bis 1933 **Kudelka,** Stadt im Gebiet Swerdlowsk, Russland, am O-Rand des Ural, 74 000 Ew.; in der Nähe Asbestvorkommen, Asbestverarbeitung.

Asbestose die, eine Staubinhalationskrankheit durch jahrelanges Einatmen von Asbeststaub; äußert sich in Atemfunktionsstörungen, Anfälligkeit für Bronchialkrebs; Berufskrankheit.

Asbestzement, Gemisch aus Asbestfasern und Zement unter Wasserzugabe, für Bauplatten u. a.; Import, Produktion und Anwendung von A. sind seit 1994 in Dtl. verboten (ersetzt durch →Faserzement).

Asbuka die, das kyrill. Alphabet nach seinen ersten beiden Buchstaben a (slaw. as) und b (slaw. buki). **Graschdanskaja A.** (»bürgerl. Alphabet«), die kyrill. Schrift, die Peter d. Gr. 1708 in Amsterdam gießen ließ und für nicht religiöse Veröffentlichungen verbindlich machte.

Asam: Blick zum Chor der von Cosmas Damian und Egid Quirin Asam ausgestalteten Johann-Nepomuk-Kirche in München (auch »Asamkirche« genannt, 1733–46)

Ascanius, griech.-röm. Mythologie: Sohn des →Äneas.

Ascaris [griech.], Gattung der Spulwürmer. **Ascaridiasis,** Erkrankung durch Spulwürmer.

Ascension [əˈsenʃən], **Himmelfahrtsinsel,** brit. Vulkaninsel im südl. Atlantik, 88 km², rd. 1 000 Ew.; Hauptort ist Georgetown; Satellitenstation.

Asch, tschech. Stadt, = Aš.

Asch, Schalom, jidd. Schriftsteller, *Kutno (Wwschaft Płock, Polen) 1. 11. 1880, †London 10. 7. 1957; Milieuschilderungen des Ostjudentums, Stoffe aus der jüd. Geschichte; schrieb Romane (u. a. »Vor der Sintflut«, Trilogie, 1927–32) und Dramen (u. a. »Der Gott der Rache«, 1907).

Aschaffenburg, 1) Landkreis im Reg.-Bez. Unterfranken, Bayern, 699 km², 175 000 Einwohner.

2) kreisfreie Stadt, im Reg.-Bez. Unterfranken, Bayern, Verw.-Sitz des Landkreises Aschaffenburg, 129 m ü. M., auf der W-Seite des Spessarts, am Main, 68 600 Ew.; Museen; Maschinen- und Fahrzeugbau, Mess-, Steuer- und Regelungstechnik, Bekleidungsind. – Stiftskirche St. Peter und Alexander (12.–13. Jh.) mit Werk Grünewalds, Renaissanceschloss der Erzbischöfe von Mainz (erbaut 1605–14). – A. entstand um das 975 gegründete und seit 982 zum Mainzer Erzstift gehörende Stift St. Peter; erhielt Ende des 12. Jh. Stadtrechte; war ab etwa 1220 Nebenresidenz der Mainzer Erzbischöfe. Die Stadt erlebte als **Fürstentum A.** 1803–10 bzw. als Departement des Großherzogtums Frankfurt 1810–13 eine kulturelle Blütezeit; kam 1814 an Bayern. – Abb. S. 264

Aschanti, Asante, Volk in Ghana, →Ashanti.

Aschchabad, turkmen. **Aşgabat,** Hptst. von Turkmenistan und des Verw.-Gebiets Ahal, in einer Oase am Kopet-Dag, an der Transkasp. Eisenbahn

Schalom Asch

Aschaffenburg 2) Stadtwappen

Aschaffenburg 2): das vierflügelige Renaissanceschloss (1605–14)

Aschersleben
Stadtwappen

Ludwig Aschoff

und am Karakumkanal, 545 000 Ew.; Univ. und Turkmen. Akad. der Wiss.en, Hochschulen, Konservatorium; Textilind., Maschinenbau, Nahrungsmittelind.; internat. Flughafen. – Durch ein Erdbeben wurde A. 1948 schwer zerstört, danach wieder aufgebaut.

Aschdod, Stadt in Israel, →Ashdod.

Asche, 1) die bei der restlosen Verbrennung pflanzl. oder tier. Stoffe zurückbleibenden anorgan. Bestandteile. **Pflanzen-A.** enthält als wasserlösl. Bestandteile Kalium- und Natriumcarbonate, -sulfate und -chloride. **Kohlen-A.** enthält bes. Ton, Eisenoxid und Sulfate. **Knochen-A.** besteht im Wesentlichen aus Calciumphosphat; sie ist ein wertvoller Rohstoff für künstl. Phosphatdünger.

2) vulkan. A., staubartiges bis sandiges vulkan. Lockermaterial, das über weite Strecken und in sehr große Höhen getragen werden kann.

Äsche, Europäische Ä., Thymallus thymallus, nord- und mitteleurop. Lachsfisch, bis 50 cm lang, der als Standfisch in der »Äschenregion« schnell fließender, klarer Flüsse, im N auch in Seen vorkommt.

Aschenbrödel [mhd. aschenbrodele »Küchenjunge«], **Aschenputtel,** engl. **Cinderella,** Figur aus europ. Märchen; die jüngste von drei Schwestern, die zu Hause erniedrigt wird und dennoch den Königssohn gewinnt; Stoff auch für Oper (G. Rossini), Ballett (S. Prokofjew) und Film (u. a. W. Disney).

Aschenpflanze, die Pflanzengattung →Zinerarie.

Äscher, *Lederherstellung:* Prozess zum Enthaaren und Auflockern der zu gerbenden Häute, auch die dazu verwendeten chem. Mittel: Kalkmilch mit Natriumsulfid und Calciumhydroxid.

Aschermittwoch, *lat. Liturgie:* der Tag nach Fastnacht (Karneval), der 1. Tag der 40-tägigen Fastenzeit; an ihm wird den Gläubigen zur Bußmahnung ein kleines Aschenkreuz auf die Stirn gestrichen. – Der Brauch des Aschenkreuzes ist in der kath. Kirche seit Ende des 11. Jh. üblich.

Aschersleben, Krst. des Landkreises A.-Staßfurt, Sa.-Anh., am NO-Rand des Harzes, 25 900 Ew.; Forschungs-Inst. für Pflanzenzüchtung; Museum; Tierpark; kleine Industriebetriebe. – Alte Stadtbefestigung (15 Türme), Rathaus (Kernbau 1518, im 19. Jh. verändert), Stephanskirche (1406–1507), Franziskanerkirche (13. Jh.). – A., Besitz der Askanier, erhielt 1266 Stadtrecht, kam 1322 an das Bistum Halberstadt, 1648 an Brandenburg-Preußen; gehörte 1807–13 zum Königreich Westfalen.

Aschersleben-Staßfurt, Landkreis in Sa.-Anh., 655 km², 94 600 Ew.; Verw.-Sitz ist Aschersleben.

Aschheim-Zondek-Reaktion [nach dem Gynäkologen S. Aschheim, * 1878, † 1965, und B. Zondek, * 1891, † 1966], erster sicherer biolog. Schwangerschaftstest (1927); inzwischen ist der immunolog. →Schwangerschaftstest üblich.

Äsche

Aschkelon, Stadt in Israel, →Ashqelon.

Aschkenasim, mittel- und osteurop. Juden, im Unterschied zu den spanisch-port. Juden (→Sephardim).

Aschoff, Ludwig, Pathologe, * Berlin 10. 1. 1866, † Freiburg im Breisgau 24. 6. 1942; Prof. in Marburg und Freiburg im Breisgau; erforschte u. a. das »Erregungsleitungssystem« des Herzens und stellte die Lehre vom Monozyten-Makrophagen-System auf, Entdecker des A.-Rheumaknotens im Herzmuskel.

Aschoka, Ashoka, Aśoka, ind. Herrscher (seit 273 oder 269/268 v. Chr.) aus der Dynastie der Maurya, † 232 v. Chr.; errichtete das erste ind. Großreich, das große Teile des ind. Subkontinents und Gebiete Afghanistans umfasste; Anhänger und Förderer des Buddhismus; hinterließ zahlr. Fels- und Säuleninschriften.

Äschylus, griech. Dichter, →Aischylos.

ASCII, Abk. für engl. **A**merican **s**tandard **c**ode for **i**nformation **i**nterchange, *Informatik:* ein 7-Bit-Code für Ziffern, Buchstaben und Sonderzeichen.

Ascoli Piceno [- pi'tʃɛːno], **1)** Prov. in der mittelital. Region Marken, 2 087 km², 376 300 Einwohner.

2) Hptst. der ital. Prov. A. P., 51 700 Ew.; Bischofssitz; Museen; Papier-, Glas-, Keramik-, Seidenherstellung. – Bauwerke der Gotik und der Renaissance, u. a. die Piazza del Popolo mit Palazzo del Popolo, Loggia

Aschersleben: Rathaus (errichtet 1518, danach mehrfach umgebaut)

der Kaufleute, Kirche San Francesco, Geschlechtertürme. – A. P., das röm. **Asculum** in der Landschaft Picenum war vor der röm. Annexion 268 v.Chr. Hauptort der Picenter. In A. P. ist der Buchdruck früh nachweisbar (1477).

Ascomycetes [griech.], die →Schlauchpilze.

Ascona, Kurort am Lago Maggiore, Kt. Tessin, Schweiz, 5 000 Ew.; maler. Ortskern mit Parks und Gärten mit subtrop. Vegetation; Museum. Seit 1369 namentlich belegt; urspr. ein Fischerdorf, seit Ende des 19./Anfang des 20. Jh. Wohnort vieler Künstler. In A. entstand um 1900 am →Monte Verità eine Reformkolonie bzw. »Kommune« (**A.-Kreis),** die zu den Urformen der Alternativkultur (→Lebensreformbewegung) gerechnet werden kann.

Ascorbinsäure, VitaminC, $C_6H_8O_6$, bildet leicht wasserlösl., farblose Kristalle, sehr sauerstoffempfindlich, bes. in Gegenwart von Schwermetallen (→Vitamine).

Ascot ['æskət], Ort in der engl. Unitary Authority Windsor and Maidenhead, südwestlich von Windsor, 8 000 Ew.; Galopprennbahn (seit 1711), auf der u. a. alljährlich im Juni die A.-Rennwoche stattfindet.

ASEAN ['eɪziæn], Abk. für engl. Association of South East Asian Nations, Vereinigung südostasiat. Staaten zur Förderung der wirtsch., polit. und sozialen Zusammenarbeit, gegr. 1967; Sitz Jakarta. Mitgl.-Staaten sind Indonesien, Malaysia, die Philippinen, Singapur, Thailand, Brunei (seit 1984), Vietnam (seit 1995), Birma und Laos (seit 1997) sowie Kambodscha (seit 1999). Bis 2020 soll eine alle ASEAN-Staaten umfassende Wirtschaftsgemeinschaft (mit einem gemeinsamen Markt für Güter, Dienstleistungen und Investitionen) entstehen. – 2002 trat die →AFTA in Kraft.

a secco [ital. »aufs Trockene«], **al secco,** Wandmalerei auf den trockenen Putz, im Ggs. zur →Freskomalerei.

Asen, *altnord. Mythologie:* das mächtigste Göttergeschlecht, zu dem Odin als Herrscher und Thor, Tyr, Baldr, Heimdall sowie die Göttinnen Frija, Nanna, Sif gehören; ihnen steht das ältere Göttergeschlecht, die →Vanen, gegenüber. Der Untergang der A. bedeutet das Ende der Welt, die Götterdämmerung (→Ragnarök) und den Beginn einer lichtvollen Zukunft.

Asepsis [griech.] *die,* durch die **Aseptik** (Keimabtötung außerhalb des Wundbereichs, Sterilisation) angestrebte Keimfreiheit, z. B. bei Wundbehandlung, Operation oder Pflege von Frühgeborenen.

Aserbaidschan, histor. Gebiet in Vorderasien, zw. dem südl. Kaukasus, dem Armen. Hochland und dem Kasp. Meer. A. umfasst die Republik →Aserbaidschan (86 600 km², 7,91 Mio. Ew.) sowie die iran. Provinzen Ost-A. (Hptst. Täbris), West-A. (Hptst. Urmia) und Ardebil (Hptst. Ardebil), zusammen rd. 105 000 km², 7,63 Mio. Ew.; ein vulkan. Hochland (bis 4 811 m) mit heißen Quellen. Die Täler und Becken sind dicht besiedelt (Aserbaidschaner und Kurden); intensive landwirtschaftl. Nutzung, z. T. mit Bewässerung (Getreide, Reis, Baumwolle, auch Wein und Obst). Teppichknüpfereien bes. in Täbris, das zugleich bedeutender Handelsplatz Irans ist. – A., von den Römern **Albania** genannt, gehörte seit dem 3. Jh. zum Sassanidenreich und wurde im 7. Jh. von den Arabern erobert (Einführung des Islam). Nach Einwanderung türk. Stämme im 11. Jh. (Seldschukenherrschaft) und dem Einfall der Mongolen im 13. Jh. war A. vom 16. bis 18. Jh. Streitobjekt zw. Persien und der Türkei. 1828 kam der N-Teil an Russland. Das bei Persien verbliebene restl. Gebiet war 1909–17 von russ., danach bis 1921 von brit. Truppen besetzt und geriet zeitweise unter türk. Einfluss. Nach Besetzung durch die UdSSR (1941–46) fiel es wieder an Iran.

Aserbaidschan

Fläche: 86 600 km²
Einwohner: (2005) 8,4 Mio.
Hauptstadt: Baku
Verwaltungsgliederung: 65 Landkreise und 11 kreisfreie Städte
Amtssprache: Aserbaidschanisch (Aseri)
Nationalfeiertag: 28. 5.
Währung: 1 Aserbaidschan-Manat (A. M.) = 100 Gepik (G)
Zeitzone: MEZ + 3 Std.

Flagge

Wappen

internationales Kfz-Kennzeichen

Aserbaidschan, amtl. aserbaidschan. **Azərbaycan Respublikası,** dt. **Aserbaidschanische Republik,** Staat in Transkaukasien, in SW-Asien, grenzt im NW an Georgien, im N an Russland, im O an das Kasp. Meer, im S an den Iran und die Türkei sowie im W an Armenien. Zu A. gehört als territoriale Exklave (durch armen. Gebiet getrennt) die Autonome Rep. Nachitschewan (aserbaidschan. Naxçıvan). Innerhalb A.s liegt das separatistische, von Armenien beanspruchte Gebiet →Bergkarabach.

Staat und Recht

Nach der am 12. 11. 1995 per Referendum verabschiedeten Verf. (2002 novelliert) ist A. eine Rep. mit Präsidialsystem. Staatsoberhaupt mit weitgehenden exekutiven Vollmachten ist der auf 5 Jahre direkt gewählte Präs. (einmalige unmittelbare Wiederwahl zulässig). Er ernennt und entlässt die Reg. unter Vorsitz des Min.-Präs. und verfügt über das Recht auf Gesetzesinitiative. Die Legislative liegt beim Einkammerparlament (125 Abg., für 5 Jahre gewählt). Das Mehrparteiensystem wird u. a. von der Partei Neues A. (YAP), der Volksfront-Partei A.s, der Nat. Unabhängigkeitspartei (Istiklal) und der Mussawad-Partei repräsentiert.

Landesnatur

A. liegt im östl. Teil Transkaukasiens; es erstreckt sich vom Großen Kaukasus im N bis ins Ararathochland im SW und zur Küste des Kasp. Meeres im O. Im Kernland breitet sich die Kura-Arax-Ebene aus, die größtenteils unter 200 m ü. M., im östl. Teil unter dem Meeresniveau liegt. Im N umfasst A. den östl. Haupt- und Seitenkamm des Großen Kaukasus (bis 4 466 m ü. M.) sowie Teile des Kleinen Kaukasus mit dem vulkan. Hochland von Karabach. Im NO gehen die Hochgebirgsketten des Großen Kaukasus in niedrige Gebirgsrücken über, die auf der Halbinsel Apscheron in das Kasp. Meer ragen. Das Tiefland von Lenkoran als südlichste Küstenzone der Kura-Arax-Ebene wird vom Talyschgebirge begrenzt, das bis in den Iran hineinreicht. Der größte Strom ist die Kura; Arax und Alasani sind ihre wichtigsten Nebenflüsse. In der subtrop. Zone gelegen, zeigt das Klima starke reliefbedingte Unterschiede. Halbwüsten- und Steppenklima herrscht in den Niederungen vor, subtropisch feuchtes im Tiefland von Lenkoran. Bes. niederschlagsarm ist die Halbinsel Apscheron. Eichen-, Buchen-, Kastanienwälder und Strauchformationen bedecken rd. 11 % der Fläche. In der Kura-Arax-Ebene breiten sich Halbwüsten, stellenweise auch Wüsten aus.

Bevölkerung

Nach der Volkszählung von 1999 waren von den Bewohnern 90,6 % Aserbaidschaner (Aseri), 2,2 % Lesginen, 1,8 % Russen, 1,5 % Armenier sowie 3,9 % weitere ethn. Gruppen (Ukrainer, Georgier, Tataren u. a.). Viele Armenier (1989 noch 5,6 %) sind wegen der kriegerischen Konflikte zw. A. und Armenien ausgewandert; der größte Teil der heute in A. lebenden Armenier siedelt im Gebiet Bergkarabach. Bes. dicht besiedelt sind die Halbinsel Apscheron um Baku sowie das Tiefland von Lenkoran. Rd. 88 % der Bev. sind Muslime (rd. 62 % Schiiten [Imamiten und Ismailiten], rd. 26 % Sunniten der hanefit. Rechtsschule). Es besteht allg. Schulpflicht im Alter von 6 bis 15 Jahren. Die Alphabetisierungsrate beträgt (2006) rd. 99 %.

Wirtschaft und Verkehr

Bereits zu sowjet. Zeit war die aserbaidschan. Wirtschaft einseitig auf die Bereitstellung von Grundstoffen, v. a. Erdöl, ausgerichtet. Mit der staatl. Unabhängigkeit 1991 begann eine marktwirtschaftlich orientierte ökonom. Transformation. Der Krieg mit Armenien verschärfte die wirtschaftl. Situation während der 1990er-Jahre. Der wichtigste Wirtschaftsbereich ist die in staatl. Besitz verbliebene Erdöl- und Erdgasförderung, auf der die hohen wirtschaftl. Wachstumsraten seit 1997 beruhen. Außerhalb des Erdölsektors ist die Wirtschaft insgesamt schwach entwickelt und hinsichtlich ihres Modernisierungsstandes rückständig. Hoch ist der Anteil des informellen Sektors. Die Landwirtschaft erwirtschaftet rd. 14 % des BIP. Etwa die Hälfte des Territoriums wird landwirtschaftlich genutzt, davon entfallen auf Ackerland 1,8 Mio. ha (zu 70 % Bewässerungsflächen) und auf Weideflächen 2,1 Mio. ha, der Rest auf Obst- und Weinbaugebiete, Teeplantagen und Anbauflächen für Spezialkulturen. Neben den fruchtbaren Gebieten in Zentral- und Nord-A., wo Getreide, Baumwolle, Wein, Tabak und Maulbeerbäume für die traditionelle Seidenraupenzucht angebaut werden, gehört das Gebiet von Lenkoran zum Anbaugebiet von Reis, Zitrusfrüchten, Safran und Tee. Die Winterweiden im Flachland und Sommerweiden im Gebirge werden für die Viehzucht (Schafe und Rinder) genutzt. – Die wichtigsten Rohstoffe sind Erdöl und Erdgas. Die industrielle Erschließung des qualitativ hochwertigen Erdöls begann 1871, Ende des 19. Jh. entwickelte sich die Region um Baku zum weltweit bedeutendsten Zentrum der Ölind. Heute befinden sich die Fördergebiete v. a. auf der Halbinsel Apscheron und im Offshorebereich. Erdgas wird auch in der Kura-Arax-Ebene gewonnen. 1994 schloss die aserbaidschan. Reg. den »Jahrhundertvertrag« zw. der nationalen Erdölgesellschaft und einem Konsortium international tätiger Ölunternehmen über neue Erschließungs- und Förderaktivitäten zur Ausbeutung von Öl- und Gasfeldern im aserbaidschan. Sektor des Kasp. Meeres ab. Weiterhin verfügt A. über Vorkommen von Eisen-, Kupfer-, Molybdän- und Baryterzen, Gold, Alunit, Marmor, Schwefelkies und Steinsalz. Fossile Energieträger (Wärmekraftwerke auf der Basis von Heizöl und Erdgas) tragen zu 90 % zur Energieerzeugung bei, Wasserkraft zu 10 %. – Ein Großteil der Ind. konzentriert sich auf der Halbinsel Apscheron mit der Agglomeration Baku–Sumgait, in der Erdölförderung und -verarbeitung sowie Petrochemie und Anlagenbau (für die Ölförderung) bestimmend sind. Weitere Ind.-Branchen sind Eisen- und Buntmetallurgie, Aluminiumherstellung, Metall verarbeitende, chem., Textil- (darunter traditionelle Seiden- und Teppichweberei) sowie Nahrungsmittelindustrie. – Auf Erdöl und Ölprodukte entfallen über 80 % des Exports, weitere Exportgüter sind Textilwaren, Agrar- und Chemieprodukte, importiert werden v. a. Produkte der verarbeitenden Ind., Konsumgüter und Nahrungsmittel. Die wichtigsten Handelspartner sind die EU-Staaten als Abnehmer des Erdöls, Russland, die Türkei und Kasachstan. – Das Eisenbahnnetz hat eine Streckenlänge von 2 070 km, das Straßennetz umfasst rd. 24 300 km. Von Baku, in dessen Nähe sich der internat. Flughafen befindet, führen Schiffsverbindungen nach Turkmenbaschi (Turkmenistan), Aktau (Kasachstan) und Bender Ansali (Iran). Erdölpipelines verlaufen von Baku zum Erdölterminal Noworossisk (Russland) und von Baku zum Schwarzmeerhafen Supsa (Georgien).

Geschichte

Das histor. Gebiet in Vorderasien, westlich des Kasp. Meeres gelegen, gehört heute mit dem nördl. Teil zur Republik A. und mit seinem südl. Teil zur gleichnamigen iran. Provinz. In der Antike war A. im Wesentlichen unter dem Namen Albania bekannt. 643 wurde es von den Arabern erobert, die den Islam einführten. Im 11. Jh. wanderten türk. Stämme ein; A. kam unter die Herrschaft der Seldschuken und wurde türkisiert. 1120 gerieten Teile von A. unter georg.

Aserbaidschan

Herrschaft (bis ins 13. Jh.). 1221/22 und 1235/39 mongol. Invasionen; nach dem Zerfall des mongol. Großreiches zw. den Teilreichen der Ilkhane und der Goldenen Horde umkämpft. Unter der pers. Dynastie der Safawiden erlebte A. einen wirtsch. Aufschwung. Nach kurzer Herrschaft der Osmanen eroberte Schah Abbas I., der Große, A. 1603 zurück. Das nördl. A. fiel 1828 an Russland.

1918 errichteten bolschewist. Kräfte im russ. Teil von A. zunächst eine Rätemacht (Bakuer Kommune), gegen die sich mit türk. Hilfe im Sommer 1918 die von einem »Muslim. Nationalrat« am 28. 5. 1918 in Tiflis proklamierte »Aserbaidschan. Republik« durchsetzte. Nach Besetzung durch die Rote Armee wurde A. 1920 Sowjetrepublik. Diese bildete 1922–36 zus. mit Armenien und Georgien die Transkaukas. Sozialist. Föderative Sowjetrepublik. 1921 wurden Bergkarabach und Naxçıvan administrativ A. unterstellt. Seit 1936 Unionsrep. der UdSSR, erklärte A. am 30. 8. 1991 seine Unabhängigkeit (am 18. 10. 1991 vom Parlament formal in Kraft gesetzt). Im Sept. 1991 löste sich die KP auf. Im Dez. 1991 schloss sich A. der Gemeinschaft Unabhängiger Staaten (GUS) an (1992–93 Aussetzung der Mitgliedschaft) und entwickelte auch enge Beziehungen zur Türkei. 1994 unterzeichnete A. das NATO-Dokument »Partnerschaft für den Frieden«, 1996 ein Kooperationsabkommen mit der EU (in Kraft getreten am 1. 7. 1999).

Der 1988 ausgebrochene Streit zw. A. und Armenien um das mehrheitlich von Armeniern bewohnte →Bergkarabach führte 1990 zur bewaffneten Intervention der sowjet. Zentralgewalt (etwa 170 Todesopfer in Baku) und 1992 zum militär. Konflikt zw. den beiden Republiken, in dessen Verlauf etwa 20 % des aserbaidschan. Territoriums von armen. Truppen aus Bergkarabach besetzt wurden; 1994 vermittelte Russland einen Waffenstillstand.

Der Konflikt um Bergkarabach löste in Verbindung mit anderen Problemen (u. a. die bisherige ökonom. Fremdbestimmung und die Kontrolle der im Islam wurzelnden Kultur durch die sowjet. Herrschaft) eine intensive Suche nach nat. Identität aus, eine facettenreiche Bewegung, die auch zu schweren Auseinandersetzungen zw. der national orientierten Volksfront A.s und der »alten« Machtelite aus sowjet. Zeit führte. Vor diesem Hintergrund kam es zu häufigen Putschversuchen und Machtwechseln. Nach dem Sturz des seit 1992 amtierenden Präs. A. Eltschibej (Volksfront A.s) übernahm 1993 Heydar Alijew (u. a. 1969–82 Erster Sekr. des ZK der aserbaidschan. KP, seit 1992 Vors. der Partei Neues A.) dessen Nachfolge; im Okt. 1998 wurde er durch Wahlen im Amt des Staatspräs. bestätigt. Im April 2000 schloss A. mit US-amerikan. Konzernen Verträge über die Nutzung von Erdölvorkommen im Kasp. Meer; im Nov. 1999 vereinbarte es mit der Türkei und Georgien die Errichtung einer (Russland und Iran umgehenden) Erdölpipeline von Baku an die türk. Mittelmeerküste (Baubeginn mit Unterstützung der USA im Sept. 2002). Im Jan. 2001 wurde A. Mitgl. des Europarates.

Die Parlamentswahlen im Nov. 2000 konnte erneut die regierende Partei »Neues A.« für sich entscheiden, zugleich nahm der Druck auf die Opposition weiter zu, internat. Wahlbeobachter kritisierten Wahlfälschungen (Wahlwiederholung in einigen Wahlkreisen im Januar 2001). Der autoritär regierende Präsident Alijew hatte seit Ende der 1990er-Jahre seinen Sohn I. Alijew systematisch zu seinem Nachfolger aufgebaut. Im August 2003 wurde er (auf Empfehlung seines Vaters, der sich wegen schwerer Erkrankung ins Ausland begeben hatte und im Dezember 2003 in den USA starb) vom Parlament zum Min.-Präs. gewählt. Mit dem Sieg I. Alijews bei den umstrittenen Präsidentschaftswahlen im Oktober 2003 erfolgte zum ersten Mal in einem postsowjet. Staat die polit. Erbfolge im höchsten Amt einer Präsidialrep. Die nachfolgenden Massenproteste wurden unterdrückt (Verhaftung zahlr. Oppositioneller). Dem Versuch einer Machtkonsolidierung des neuen Präs. dienten der Ausbau des Polizeiregimes und die weitere vorsichtige Annäherung an Russland, das zum Ziel einer starken Arbeitsmigration aus A. wurde. Zunehmende innenpolit. Stagnation, ausbleibende Wirtschafts- und Rechtsreformen in dem von enormer Korruption betroffenen Land und die Schwächung des polit. Einflusses der offiziellen Opposition ließen im Untergrund auch islamisch motivierten Widerstand anwachsen. Mit der Entlassung und Verhaftung mehrerer Min. und hochrangiger Funktionäre unter dem Vorwurf der Vorbereitung eines Staatsstreiches im Okt. 2005 suchte Präs. Alijew seine innenpolit. Position weiter zu stärken. Bei den (erneut von der Opposition und internat. Beobachtern kritisierten) Parlamentswahlen am 6. 11. 2005 sicherte sich die Reg.-Partei »Neues A.« 58 der 125 Sitze; an die Opposition gingen nur 10 Mandate, die übrigen an unabhängige bzw. regierungsnahe Kandidaten. Gegen den Wahlausgang und die Reg. richteten sich wochenlange Proteste (in Anlehnung an das ukrain. Beispiel mit orangefarbenen Fahnen und Transparenten) der Opposition.

Aserbaidschan: Hochgebirgsweide an der Südabdachung des Großen Kaukasus

Aserbaidschaner, Eigenbez. **Aseri, Azeri,** turksprachiges Volk in Aserbaidschan (etwa 8 Mio.), Georgien, Russland u. a. Republiken der GUS (insgesamt etwa 1 Mio.) sowie in Iran (etwa 17 Mio.); gehören ethnisch zu den transkaukas. Gruppen (Albaner, Meder, Kaspier); betreiben Acker- und Gartenbau, Viehzucht und Handel; sind bekannt für ihre Teppichknüpferei. Die A. sind zumeist schiit. Muslime.

Aserbaidschan-Manat, Abk. **A. M.,** Währungseinheit in Aserbaidschan; 1 A. M. = 100 Gepik.

AS-Fonds, Kurz-Bez. für →Altersvorsorge-Sondervermögen.

Asgard, der Wohnsitz der →Asen.

Ashanti [-ʃ-], **Aschanti, Asante,** Volk in S-Ghana, Westafrika, etwa 3,1 Mio. Das Gebiet des Königreichs

Ashanti: Fruchtbarkeitsstatuetten der Ashanti (Paris, Musée national des Arts d'Afrique et d'Océanie)

A. (im 17. Jh. gegr., bis 1900 von Großbritannien unterworfen) bildet heute die Regionen Brong-Ahofo und A.; reiche Gold- und Bauxitlager. Kultureller Mittelpunkt der A. ist →Kumasi. Bed. Goldschmiedekunst, Weberei, Töpferei, Holzschnitzkunst.

Ashar-Moschee [-ʃ-], Moschee und islam. Hochschule (**Ashar-Universität**) in Kairo, gegr. 972; geistiges Zentrum des sunnit. Islam.

Ashby [ˈæʃbɪ], Hal, amerikan. Filmregisseur, * Ogden (Utah) 1939, † Malibu (Calif.) 27. 12. 1988; thematisierte das Unkonventionelle, das sich auflehnende Protestpotenzial in der modernen Massengesellschaft. Filme: u. a. »Harold und Maude« (1971), »Shampoo« (1974), »Coming home – Sie kehren heim« (1977), »Die Frau des Profis« (1985).

Ashcroft [ˈæʃkrɔft], Dame (seit 1956) Peggy, engl. Schauspielerin, * Croydon (heute zu London) 22. 12. 1907, † London 14. 6. 1991; herausragende Shakespeare-Darstellerin, auch Filmrollen (»39 Stufen«, 1935; »Reise nach Indien«, 1984).

Ashdod [-ʃ-], **Aschdod**, Stadt (1956 gegr.) in Israel, südlich von Tel Aviv, 187 500 Ew.; Hauptausfuhrhafen Israels, Erdölraffinerie, chem., kosmet., Fahrzeug- u. a. Industrie, Diamantschleifereien. – Das alte A., 3 km weiter südlich, war in bibl. Zeit Mitgl. des Fünfstädtebundes der Philister, bis in die byzantin. Zeit besiedelt.

Ashikaga [-ʃ-], Stadt auf Honshū, nördlich Tokio, Japan, 167 700 Ew.; Zentrum der Seidenverarbeitung in der Kantō-Ebene, Kunstfaserindustrie.

Ashikaga [-ʃ-], jap. Adelsfamilie, die 1338–1573 herrschte und 15 →Shōgune stellte; ben. nach ihrem Stammsitz, der Stadt Ashikaga. Ihre Reg.-Zeit wird als **Muromachi-Shogunat** bezeichnet (nach der Residenz Muromachi, einem Stadtviertel von Kyōto).

Wladimir Ashkenazy

Ashkenazy [aʃkeˈnazi], Wladimir Dawidowitsch, russ. Pianist und Dirigent, * Gorki (heute Nischni Nowgorod) 6. 7. 1937; emigrierte 1963 nach London, lebt seit 1982 in der Schweiz; trat bes. als Interpret der Werke von L. v. Beethoven, F. Chopin, S. W. Rachmaninow und J. Sibelius hervor. Von 1996–2003 war A. Musikdirektor der Tschech. Philharmonie in Prag, 2004 übernahm er diese Funktion beim NHK Symphony Orchestra in Tokio.

Ashley [ˈæʃlɪ], Laura, brit. Modedesignerin, * Merthyr Tydfil (Wales) 7. 9. 1925, † Coventry 17. 9. 1985; gründete 1954 eine Produktion für bedruckte Haushaltswäsche und ab 1961 auch von Kleidern; 1965 erstes eigenes Geschäft in London; nostalgisch-romant. Linie, die wadenlange, mit Rüschen verzierte Kleider aus selbst bedrucktem Baumwollstoff bevorzugt; auch Dekorstoffe und Inneneinrichtungen. Seit 1985 erarbeitet ein Designerteam die Entwürfe.

Ashoka [aʃ-], →Aschoka.

Ashqelon [-ʃk-], **Aschkelon**, Hafenstadt und Seebad an der südl. Mittelmeerküste Israels, 64 200 Ew.; rd. 18 km nordöstl. von Gaza, 1949 als Gartenstadt neu gegründet; Betonröhrenfabrik, Holzverarbeitung. – Das alte **Askalon** war Mitgl. des Fünfstädtebundes der Philister; seit 104 v. Chr. selbstständiger Stadtstaat; unter röm. Protektorat (4.–6. Jh.) bed. Handelsstadt; seit 640 arabisch, im 12. Jh. mehrmals von Kreuzfahrern und Arabern erobert, 1270 durch die Mamluken zerstört. Die Ruinenstadt ist heute Nationalpark.

Ashton [ˈæʃtən], Sir (seit 1962) Frederick William Mallandaine, brit. Tänzer und Choreograf, * Guayaquil (Ecuador) 17. 9. 1904, † Suffolk 18. 8. 1988; zählt zu den Begründern des Neoklassizismus und des klass. Balletts.

Ashton-under-Lyne [ˈæʃtən ˈʌndə laɪn], Industriestadt in der Metrop. Cty. Greater Manchester, England, 43 200 Ew.; Maschinenbau und Konsumgüterindustrie.

Ashura-Tag [zu arab. »ashr« »zehn«], *Islam:* der zehnte Tag des hl. Monats Muharram, des ersten Monats des islam. Kalenders; traditioneller muslim. Fasttag; als Tag der Trauer um den Prophetenenkel →Husain und des Gedächtnisses an seinen Märtyrertod (begangen mit Prozessionen, szen. Darstellungen des Lebens und Leidens Husains und z. T. ekstat.-exzessiven Trauerritualen) von überragender Bedeutung im schiit. Islam.

Ashvagosha [aʃvaˈgoːʃa], buddhist. Sanskritdichter, um 100 n. Chr.; schrieb u. a. das »Buddhacarita«, eine dichter. Buddhabiografie.

Asianismus *der,* in Kleinasien (um 250 v. Chr.) ausgebildete Form der griech. Rhetorik, die durch einen übertrieben pathet. Stil und einen unruhigen Satzrhythmus gekennzeichnet war (→Attizismus).

Asiatische Entwicklungsbank, engl. **Asian Development Bank,** Abk. **ADB,** Finanzinstitut zur Förderung der wirtsch. Entwicklung im asiatisch-pazif. Raum, gegr. 1966, Sitz: Manila; (2005) 46 regionale und 18 nicht regionale Mitgl. 1999 wurde der Abbau von Armut zum Leitziel erklärt.

Asiatischer Wildesel, der →Halbesel.

Asiatische Spiele, die →Asienspiele.

ASIC [ˈeɪsɪk; Abk. für engl. **a**pplication **s**pecific **i**ntegrated **c**ircuit, »anwendungsspezifische integrierte Schaltung«], *Elektronik:* Bez. für jede hochintegrierte Digitalschaltung, deren Funktion vom Kunden bestimmt wird.

Asien, der größte Erdteil, umfasst einschl. seiner Inseln 33 % der Landfläche der Erde. Flächenmäßig ist A. viermal so groß wie Europa, beide Erdteile bilden die zusammenhängende Landmasse **Eurasien.**

Lage: Die konventionelle Abgrenzung A.s gegen Europa bilden Gebirge und Fluss Ural, Kasp. Meer, Manytschniederung, Schwarzes Meer, Bosporus, Marmarameer, Dardanellen und Ägäisches Meer, gegen Afrika Sueskanal und Rotes Meer, gegen Amerika die Beringstraße und gegen Australien – unter Einschluss des Malaiischen Archipels – eine östl. der Molukken und Timors gedachte Linie. So erstreckt sich A. von 26° 04′ ö. L. bis 169° 40′ w. L. und von 77° 43′ n. Br. bis 1° 16′ s. Br. In dieser Abgrenzung hat es mit seiner Inselwelt und seinen Binnenmeeren eine Fläche von 45,1 Mio. km².

Asien: Staatliche Gliederung (2006)

Staat	Staatsform	Fläche (in km²)	Ew. (in 1 000)	Hauptstadt
Afghanistan	Republik	652 090	31 100	Kabul
Armenien	Republik	29 740	3 220[1]	Jerewan
Aserbaidschan	Republik	86 600	8 400[1]	Baku
Bahrain	Königreich	717	739	Menama
Bangladesh	Republik	147 570	144 400	Dhaka
Bhutan	Königreich	47 000	796	Thimphu
Birma (Myanmar)	Republik	676 577	54 000	Naypyidaw
Brunei	Sultanat	5 765	382	Bandar Seri Begawan
China[2]	Republik	9 617 600	1 324 000	Peking
Georgien	Republik	69 700	4 690[3]	Tiflis (Tbilissi)
Indien	Republik	3 287 263[4]	1 112 220	Neu-Delhi (Delhi)
Indonesien[5]	Republik	1 890 754	225 500	Jakarta
Irak	Republik	434 128	26 800	Bagdad
Iran	Republik	1 648 195	69 400	Teheran
Israel	Republik	22 145[6]	6 850[3]	Jerusalem
Japan	Kaiserreich	377 915	128 200	Tokio
Jemen[7]	Republik	536 869	21 500	Sanaa
Jordanien	Königreich	89 342	5 840	Amman
Kambodscha	Königreich	181 035	14 350	Phnom Penh
Kasachstan (mit europäischem Teil)	Republik	2 724 900	15 220	Astana
Katar	Emirat	11 437	885	Doha
Kirgistan	Republik	199 900	5 260[1]	Bischkek
Korea (Nord)	Republik	122 762	23 300	Pjöngjang
Korea (Süd)	Republik	99 538	48 900	Seoul
Kuwait	Emirat	17 818	2 630	Kuwait
Laos	Republik	236 800	6 100	Vientiane
Libanon	Republik	10 452	3 900	Beirut
Malaysia	Wahlmonarchie	329 758	25 800	Kuala Lumpur
Malediven	Republik	298	337	Male
Mongolei	Republik	1 564 100	2 700	Ulan-Bator
Nepal	Königreich	147 181	27 700	Kathmandu
Oman	Sultanat	309 500	3 100	Maskat
Osttimor	Republik	14 604	947	Dili
Pakistan	Republik	796 095	161 200	Islamabad
Philippinen	Republik	300 000	84 500	Manila
Russland (asiatischer Teil)	Republik	13 115 600	37 500[1]	–
Saudi-Arabien	Königreich	2 150 000	25 200	Riad
Singapur	Republik	693	4 490	Singapur
Sri Lanka	Republik	65 610	20 900	Colombo
Syrien	Republik	185 180	18 880	Damaskus
Tadschikistan	Republik	143 100	6 510[1]	Duschanbe
Taiwan	Republik	36 175	22 900	Taipeh
Thailand	Königreich	513 115	64 800	Bangkok
Türkei (mit europäischem Teil)	Republik	773 473	74 200	Ankara
Turkmenistan	Republik	488 100	4 860[3]	Aschchabad
Usbekistan	Republik	447 500	26 590[1]	Taschkent
Vereinigte Arabische Emirate	Föderation	83 600	4 600	Abu Dhabi
Vietnam	Republik	329 560	84 400	Hanoi
Zypern	Republik	9 251	980[1]	Nikosia

[1] 2005. – [2] Einschließlich der Sonderverwaltungsregionen Hongkong und Macau. – [3] 2004. – [4] Einschließlich der von Pakistan und China kontrollierten Teile von Kaschmir. – [5] Mit Papua. – [6] Einschließlich Ost-Jerusalem und Golanhöhen. – [7] Mit Sokotra.

Oberflächengestalt: Die Festlandmasse ist nur wenig durch Randmeere gegliedert. Die wichtigsten Halbinseln sind: Kleinasien, die Arab. Halbinsel, der Dekhan (die eigentl. Halbinsel Süd-A.s) und die große Halbinsel Südost-A.s, Korea, Kamtschatka und die Tschuktschenhalbinsel. Mit Afrika steht A. durch die Landenge von Sues in Verbindung, nach Australien leitet die Inselbrücke des Malaiischen Archipels hinüber, nach Amerika die Beringstraße und die Aleuten. Im O sind dem Festland Japan, die Philippinen und im

Asien

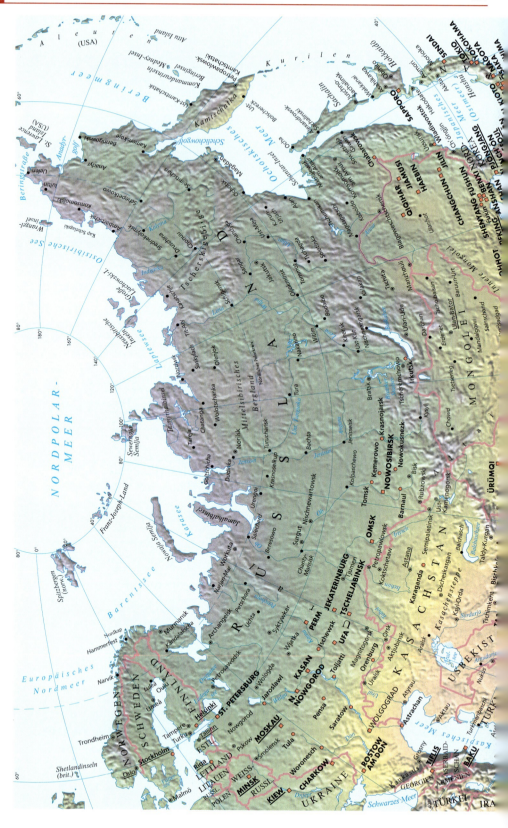

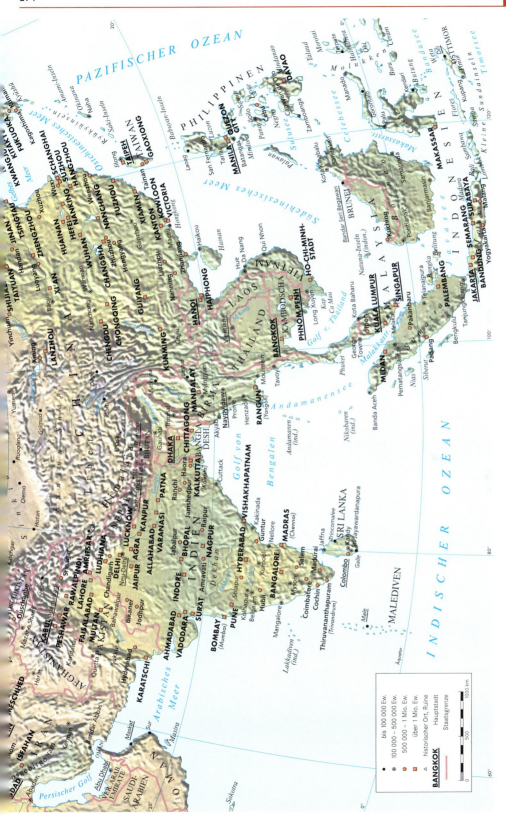

Asien: Bergdorf Rimi im Himalaja im Norden von Nepal

SO die Malaiischen Inseln vorgelagert. Charakteristisch für weite Teile der den N Asiens einnehmenden Sibirischen Tafel ist der Dauerfrostboden. Im Inneren des Festlands liegen die ausgedehntesten Hochländer der Erde: das Tarimbecken, die Dsungarei, das Hochland der Mongolei und schließlich das Hochland von Tibet (etwa 4 000 m ü. M.), dessen Randgebirge die höchsten Gipfel der Erde tragen, z. B. den Mount Everest im Himalaja mit 8 850 m ü. M. Sie gehören zu dem Zug junger Faltengebirge, die im W Europas (Pyrenäen) ihren Ausgang nehmen und den gesamten asiat. Kontinent in mehreren Bogen durchziehen. Der Karakorum, das am stärksten vergletscherte Gebirge A.s, wurde schon im Paläozoikum gefaltet. Den NW A.s nehmen Tiefländer (z. B. Turan, Westsibirien) und Tafelländer ein; die Arab. Halbinsel und der Dekhan sind Tafelländer mit randl. Stromtiefebenen. Ein großer Teil Inner-A.s und weite Gebiete West-A.s sind ohne Abfluss zum Weltmeer; die Gewässer fließen zum Kasp. Meer, dem Aralsee oder anderen Binnenmeeren, verdunsten oder enden in Salzsümpfen. Zum Einzugsgebiet des Nordpolarmeers gehören u. a. das Ob-Irtysch-System, die Lena und der Jenissei, zu dem des Pazifiks Amur, Hwangho und Jangtsekiang, zu dem des Ind. Ozeans Ganges, Indus, Euphrat und Tigris.

Klima, Vegetation: Die große Ausdehnung und wechselnde Höhenlage bewirken starke klimat. Unterschiede. Das Klima A.s ist in weiten Teilen kontinental mit großen tägl. und jahreszeitl. Temperaturschwankungen, in Ostsibirien mit äußerster Winterkälte (Kältepol der Nordhalbkugel Oimjakon mit Temperaturen unter −70 °C) und mäßig warmem Sommer, auf der Arab. Halbinsel und in Mittel-A. mit heißem Sommer und großer Trockenheit, in West-A. mäßig winterfeucht (Mittelmeerklima). Die südl. und südöstl. Randgebiete stehen unter dem Einfluss der Monsune, mit Wechsel von Regen- und Trockenzeit und an der Regenseite der Gebirge z. T. hohen Niederschlagsmengen (NO-Indien bis über 10 000 mm im Jahresmittel). Die Südspitze des kontinentalen Südostasiens, Ceylon und die Malaiischen Inseln haben heißes, immerfeuchtes Tropenklima. – Entlang der Küste des Nordpolarmeeres erstreckt sich die bis 1 000 km breite Tundra, eine Steppe, in der nur Moose, Flechten und Zwergsträucher wachsen; sie geht südwärts in den von Sümpfen und Gebirgstundra durchsetzten Gürtel des sibir. Nadelwalds (Taiga) über. West- und Mittel-A. bis in die Mandschurei sind mit Ausnahme der Gebirge und Küsten von Steppen, Salzsteppen und Wüsten mit Fluss- und Grundwasseroasen bedeckt. In Süd- und Ost-A. wechseln Steppen und Buschland mit zur Regenzeit grünen Laub- und Mischwäldern, in den feuchtheißen Tropengebieten herrschen im äußersten Süden immergrüne Regenwälder vor.

Tierwelt: Der äußerste Norden des Kontinents birgt eine artenarme, an arkt. Verhältnisse angepasste Tundrenfauna; dort leben Rentier, Lemming, Schneehase, Eisbär. Weitaus artenreicher ist die sich südlich anschließende Waldregion mit Bär, Wolf, Elch und vielen Pelztieren. In den Steppen Mittel-A.s kommen Antilopen, Wildesel, Wolf, Nagetiere, Wildkamele vor. In den Hochlagen der Gebirge treten Wildschaf, Wildziege, Schneeleopard u. a. auf. Die Tierwelt West-A.s schließt sich eng an die Mittelmeerfauna an. Die Tierwelt Süd- und Südost-A.s ist durchweg tropisch geprägt mit Halbaffen, Affen, Nashorn, Elefant, Königstiger, vielen Schlangen, Kloakentieren, trop. Vögeln und Insekten.

Bevölkerung: A. ist Heimat und Hauptverbreitungsgebiet der Mongoliden, Ursprungsland der Indianiden und Eskimiden. Von W und SW drangen Europide weit nach A. hinein. Durch prähistor. Wanderzüge gelangten sie bis in den äußersten NO des Kontinents, wo die Ainu einen letzten Rest darstellen. Europide haben am Bevölkerungsaufbau Süd-A.s mit armeniden und orientalid-mediterranen Elementen von West-A. bis Indien (Indide) wesentl. Anteil. Die »Turkvölker« des asiat. Steppengürtels sind eine durch Ver-

Asien: Palmenküste am Südchinesischen Meer bei Nha Trang, Vietnam

mischungsprozesse entstandene europid-mongolide Zwischen- und Übergangsform. In Süd- und Südost-A. finden sich neben Elementen europider und mongolider Herkunft Reste älterer Siedlungsschichten, z. B. der Wedda, der kleinwüchsigen Negritos und anderer Restgruppen. – Die Ew.-Zahl A.s betrug 1895 nur 830 Mio., 1950 bereits 1,3 Mrd.; seitdem hat sie fast explosionsartig zugenommen und betrug 2004 mit mehr als 3,89 Mrd. Ew. über 60 % der Erdbev. Gründe sind die hohen Geburtenziffern, der Rückgang der Säuglingssterblichkeit sowie die höhere Lebenserwartung dank der Fortschritte von Medizin und Hygiene. Die bevölkerungsreichsten Staaten sind China, Indien, Indonesien, Japan.

Religion: In A. sind alle großen Religionen entstanden. Die vier zahlenmäßig stärksten umfassen nach religionsstatist. Projektionen heute über 62 % der Bev. A.s: rd. 22,5 % Muslime, rd. 21,8 % Hindus, rd. 9,6 % Buddhisten, rd. 8,5 % Christen. Die östlich des Hindukusch entstandenen Religionen (Hinduismus, Dschainismus, Buddhismus, Konfuzianismus, Daoismus, Shintoismus) sind – ausgenommen ihre durch Migration entstandene Diaspora – ausschließlich in Süd- und Südost-A. sowie Zentral- und Ost-A. (China, Korea, Japan) anzutreffen. Dagegen haben sich die westlich des Hindukusch entstandenen Religionen (Parsismus, Judentum, Christentum, Islam) weit über ihr Entstehungsgebiet hinaus in die östl. Hälfte A.s ausgedehnt (Christen v. a. in Indien, Süd-Korea, Vietnam, auf den Philippinen und im asiat. Teil Russlands; Muslime in Afghanistan, Pakistan, Indien, Malaysia, Indonesien und China; kleine jüd. Gem. in Indien, Hongkong und Japan; Parsen in Indien). Schamanistisch geprägte Religionen (→Schamanismus) sind in Sibirien, Zentral- und Ost-A. (Tibet, Mongolei, Korea) verbreitet, andere traditionelle (Volks-)Religionen (Ahnenverehrung, Verehrung von lokalen Göttern und Naturgottheiten) bes. in China und Indonesien.

Geschichte: Funde aus der Altsteinzeit sind aus vielen Teilen A.s bekannt. Die Madras-Kultur S-Indiens und das Pacitanian in Java sind dem Chelléen-Acheuléen formverwandt. Die meisten altpaläolith. Formenkreise Südost-A.s führen anstelle von Faustkeilen Hau- und Schabgeräte aus Steingeröllen (Choppers); so das Soanien in NW-Indien, das Anyathian in Birma und die vom Sinanthropus geprägte Kultur von Zhoukoudian in N-China. Das Jungpaläolithikum ist in Nord-A. (Sibirien) und in Vorder-A. durch Klingenkulturen aus dem Formenkreis des Aurignacien vertreten. In Süd- und Ost-A. wurden jungpaläolith. Kulturen mit Haugeräten (Chopping-Tools) vereinzelt nachgewiesen.

Für die Jungsteinzeit ist A. von weltgeschichtl. Bedeutung. In Vorder-A. vollzog sich erstmals der Übergang von der mittelsteinzeitl. Jägerkultur zum sesshaften Bauerntum mit Ackerbau und Viehzucht (8./7. Jt. v. Chr.). Schwerpunkte des bäuerl. Neolithikums liegen im nördl. Zweistromland, in Syrien-Palästina, in Iran, in Indien und China. In NW-Indien entstanden im 4. Jt. zahlreiche Bergdörfer und Flachansiedlungen mit bäuerl. Wirtschaftsgrundlage. In China, wo sich neolith. Kulturen auf Henan und Gansu konzentrierten, war die Bevölkerungsdichte schon im 3. Jt. erheblich. Die Yangshaokultur weist in ihrer Töpferkunst Beziehungen zu Vorder-A. und O-Europa auf.

Indien erlebte mit der zur Bronzezeit überleitenden Induskultur (3./2. Jt. v. Chr.) die ersten Stadtgründungen (Mohenjo-Daro, Harappa). In China entfaltete

Asien: schwimmender Markt in Thon Buri, einem Stadtteil von Bangkok, Thailand

sich in der Shangzeit (etwa 16.–11. Jh. v. Chr.) eine bronzezeitliche Kultur auf städt. Grundlage mit hoher Wirtschafts- und Kulturblüte. In Nord-A. (Sibirien) bildete die Agrarproduktion neben der Jagd die Lebensgrundlage der spätneolith. Afanasjewokultur. Die Andronowokultur der Bronzezeit verbindet Nord-A. mit O-Europa. In der spätbronzezeitl. Karassukkultur wurden die Beziehungen Sibiriens zu China bes. eng. Die eigentl. Bronzezeit beginnt in Vorder-A., bes. in Mesopotamien, Anatolien und Syrien, mit dem 2. Jt. Der Übergang zur Eisenzeit erfolgte in den nahöstl. Hochkulturen im 9. Jh. v. Chr. Weiteres →Sibirien, →Vorderindien.

Im Altertum wurde der Ggs. zw. den Stromtalkulturen (Zweistromland, Indien, China) und den Nomaden der innerasiat. Steppen und Arabiens bestimmend. Vorder-A. stand seit Alexander d. Gr. in engen kulturellen Beziehungen zu Europa; Teile von Vorder-A. gehörten zum Röm. und zum Byzantin. Reich. Letzteres hielt bis 1453 (Fall Konstantinopels) den Eroberungsversuchen der Osmanen stand, die auch bis nach S-Europa vordrangen, während die aus Inner-A. kommenden Nomadenvölker (Hunnen, Awaren, Ungarn, Turkvölker) teilweise bis W-Europa gelangten. Das nach zahlr. Heerzügen von Dschingis Khan im 13. Jh. begründete Weltreich der Mongolen vereinte erstmals große Teile von Vorder-, Mittel- und Ost-A. China, das als »Reich der Mitte« lange Zeit eine dominierende Stellung innehatte (mit starkem kulturellem Einfluss auf die Nachbarvölker), geriet im 13./14. Jh. unter mongol. Herrschaft und konnte erst unter der Mingdynastie (1368–1644) wieder imperiale Ausmaße erreichen.

Seit der Entdeckung des Seeweges nach Indien (1498) durch Vasco da Gama erschlossen die Portugiesen, Niederländer, Spanier, seit dem 18. Jh. die Briten und seit dem 19. Jh. die Franzosen A. als Kolonialgebiet. Mit dem Rückgang des Einflusses des Osman. Reiches, der Safawiden in Iran und der Großmoguln in Indien wurde Russland zum Machtfaktor in Nord- und Ost-A. (seit 1581 Eroberung Sibiriens, in

Asien: Entdeckung und Erforschung

um 510 v. Chr.	Skylax von Karyanda befährt mit dem Schiff den Indus und (von dessen Mündung bis zum Persischen Golf) die Küste des Indischen Ozeans.
um 450 v. Chr.	Herodot bereist Kleinasien, Syrien und Mesopotamien.
329–324 v. Chr.	Alexander d. Gr. dringt auf seinen Feldzügen in Zentralasien bis zum Oxus (Amudarja) und Jaxartes (Syrdarja) sowie in Indien bis über den Indus vor.
um 160 n. Chr.	Ptolemäus fasst das antike Wissen über Asien zusammen (Zentralasien bis zum Syrdarja, die Küsten Vorder- und Hinterindiens bis an die Grenzen Chinas und Teile des Malaiischen Archipels).
um 850	Der andalusische Kaufmann Soliman bereist die muslimischen Länder Vorderasiens.
seit Ende des 11. Jh.	Kreuzzüge erweitern die Kenntnisse des Abendlandes von Vorderasien.
1246	Der Franziskaner G. Carpini gelangt als päpstlicher Gesandter nach Karakorum, dem Sitz des mongolischen Großkhans; nach ihm treffen dort auch die Missionare A. von Longjumeau und W. von Rubruk ein.
1271–75	M. Polo reist nach eigener Darstellung durch Innerasien nach China (bis ins 16. Jh. wichtigster Bericht über Asien) und erkundet das Land bis zu seiner Heimfahrt (1292–95).
1325–49	Ibn Battuta besucht Vorderasien, Indien, die Sundainseln sowie China und erreicht im Norden Samarkand.
um 1330	Der Franziskaner O. da Pordenone durchzieht als erster Europäer Tibet.
1419–44	Der Venezianer N. dei Conti erkundet das Innere Indiens und gelangt zum Malaiischen Archipel.
1497/98	V. da Gama findet den Seeweg nach Indien.
1511	A. de Albuquerque erobert Malakka; D. Fernandes gelangt nach Siam (Thailand).
1512	A. de Abreu findet die Gewürzinseln (Molukken); F. Perez de Andrade entdeckt die Malediven und erkundet Sumatra.
1521	F. de Magalhães erreicht auf seiner Weltumsegelung die Philippinen.
1542	F. M. Pinto gelangt als erster Europäer nach Japan.
1581	Kosaken unter Jermak Timofejewitsch beginnen mit der Eroberung Sibiriens.
1635–39	A. Olearius bereist Kaukasien und Persien.
1639	Kosaken erreichen das Ochotskische Meer.
1643	M. de Vries entdeckt die südlichen Kurilen, Nordhokkaidō und Südsachalin.
1648	S. I. Deschnjow umsegelt das Nordostkap Asiens.
1661	J. Grueber und A. Dorville erreichen von Peking aus Lhasa und als erste Europäer Nepal.
1668	Schiffbrüchige Holländer finden Korea.
1690–92	E. Kaempfer erforscht Japan.
1697–99	W. W. Atlassow erkundet und erobert Kamtschatka.
1733–43	Die russische »Große Nordische Expedition« unter V. Bering und A. I. Tschirikow erforscht Nord- und Südsibirien.
1761–67	C. Niebuhr auf der Arabischen Halbinsel, in Indien, Persien, Mesopotamien und Palästina
1768–74	P. S. Pallas bereist Westsibirien, den Altai und Transbaikalien.
1787	J. F. la Pérouse erforscht fernöstliche Küstengebiete (Korea, Sachalin) und entdeckt die nach ihm benannte Meeresstraße.
1809–17	J. Burckhardt bereist Syrien und die arabischen Küstengebiete am Roten Meer (1814/15 in Mekka und Medina).
1821	J. Crawfurd bereist Thailand (Siam) sowie Südvietnam (Cochinchina). Als engl. Gesandter erkundet er 1826–27 Birma und das Irawadital.
1823–30 und 1859–62	P. F. von Siebold hält sich im niederländischen Auftrag in Japan auf und erweitert die europäischen Kenntnisse über das Land beträchtlich.
1829	A. von Humboldt bereist Sibirien bis zum Altai und zur Dsungarei.
1839–48 und 1855–64	F. W. Junghuhn unternimmt zahlreiche Reisen durch Java und Teile Sumatras.
1856	Die Gebrüder Schlagintweit überqueren Himalaja und Karakorum, das Hochland von Tibet, den Kunlun und dringen bis ins Tarimbecken vor.
1861–65	A. Bastian durchquert Hinterindien und erforscht die malaiische Inselwelt.
1868–72	F. von Richthofen erforscht China.
1870–85	Vier Reisen N. Prschewalskis durch die Mongolei, Nordtibet, die Wüste Gobi und das Tarimbecken
1887	F. E. Younghusband gelingt die erste Durchquerung Innerasiens.
1894–1935	S. Hedin erforscht auf mehreren Reisen Innerasien.
1900/01, 1906–08 und 1913–16	A. Steins Reisen durch Zentralasien, wo er den alten Handelsstraßen folgt und Ruinenfelder (u. a. Hotan in Ostturkestan) entdeckt
1917	H. Philby durchquert Arabien vom Persischen Golf zum Roten Meer.
1926	S. W. Obrutschew entdeckt das Tscherskigebirge (Nordostsibirien).
1926–28 und 1934–38	W. Filchner führt erdmagnetische Messungen in Zentralasien (Tibet) durch.
1931	B. Thomas durchquert als erster Europäer die Rub al-Chali.

der 2. Hälfte des 19. Jh. Kasachstans und W-Turkestans). China verlor im 19. Jh. Gebietsteile im N und W an Russland. Innere Auseinandersetzungen, der Opiumkrieg (1839–42) und der Lorchakrieg (1856–60) sowie der Boxeraufstand (1900) offenbarten Chinas Schwäche, die trotz des Versuchs einer inneren Umgestaltung (Reformbewegung 1898, Revolution 1911) weiter anhielt. Japan stieg seit seiner erzwungenen

Öffnung für Amerikaner und Europäer (1854) und der 1868 einsetzenden gesellschaftl. Modernisierung (Meijireform) rasch zu einer Großmacht auf, behauptete seine Stellung in den Kriegen gegen China (1894/95) und Russland (1904/05) und dehnte mit der Annexion Koreas (1910), der Mandschurei (1931) und großer Teile Chinas (ab 1937) seinen Machtbereich in Ost-A. aus. Mit dem Zusammenbruch des Osman. Reiches im Ersten Weltkrieg (1918) gerieten Palästina und Irak unter brit. Einfluss, Syrien unter frz. Herrschaft. Die Türkei unter Kemal Atatürk und Iran unter Resa Schah erfuhren eine sich an Europa orientierende innere Erneuerung. Arabien wurde durch Ibn Saud größtenteils geeinigt. In den Kolonialgebieten Süd- und Südost-A.s (Britisch-Indien, Niederländisch-Indien, Französisch-Indochina) erstarkten die seit Beginn des 20. Jh. entstandenen Nationalbewegungen bes. während der beiden Weltkriege.

Im Zweiten Weltkrieg nutzte das zum →Dreimächtepakt gehörende Japan die Schwäche der europ. Kolonialmächte, um Indochina, die Philippinen, Niederländisch-Indien und Teile der Malaiischen Halbinsel zu besetzen, und konnte erst durch die militärisch überlegenen USA besiegt werden. Mit der in der Nachkriegszeit einsetzenden Entkolonialisierung und dem oft erzwungenen Rückzug der europ. Mächte aus ihren Herrschaftsgebieten entstanden dort neue Staaten, u. a. Indien, Pakistan, Indonesien, Malaysia; die Länder Indochinas – Laos, Kambodscha und Vietnam – erlangten die staatl. Unabhängigkeit, Vietnam jedoch in Gestalt zweier Staaten mit konträren gesellschaftl. Systemen, die Demokrat. Republik (Nord-)Vietnam und der Republik (Süd-)Vietnam. Zahlreiche asiat. Länder sahen sich nach Erlangung ihrer Unabhängigkeit mit enormen wirtsch. Problemen, einer anhaltenden Bevölkerungsexplosion (bes. China und Indien), einer Vielzahl ethnisch-religiöser Konflikte (u. a. Indien, Indonesien, Sri Lanka), Gebietsstreitigkeiten (z. B. zw. Indien und Pakistan um Kaschmir) und mit Bürgerkriegen (z. B. China 1945–49, [das geteilte] Vietnam 1957–75, Ostpakistan [heute Bangladesh] 1971/72, Kambodscha 1970–75 und 1979–91, Libanon 1975–91, Jemen 1962–70, 1986 und 1994) konfrontiert. Die Neugliederung in versch. Regionen A.s führte zu großen Flüchtlingsbewegungen, z. B. in Indien und Südost-A. (→Boatpeople).

Der europ. Einfluss in A. wurde durch ein wachsendes politisch-militär. Gewicht der USA zurückgedrängt (Anlage eines Netzes militär. Stützpunkte, Abschluss der Militärpakte SEATO, CENTO). In vielfältigen Missionen suchten die Vereinten Nationen (→UN) bis heute friedenserhaltend oder friedensstiftend zu wirken (jüngere Beispiele u. a. die UN-Übergangsverwaltungen in Kambodscha 1992/93 und in Osttimor 1999–2002).

Seit der Bandungkonferenz (1955) bemühten sich die nicht paktgebundenen Staaten A.s zus. mit denen Afrikas im Rahmen der Bewegung blockfreier Staaten um ein eigenes weltpolit. Gewicht. Als regional bedeutsame Vereinigung südostasiat. Staaten entstand 1967 die ASEAN. Japan konnte trotz seiner Niederlage im Zweiten Weltkrieg im Verlauf der 1950er- und 1960er-Jahre wieder eine bed. Stellung in Ost-A. gewinnen und sich zu einer wirtsch. Großmacht entwickeln, die in ökonom. Konkurrenz zu den USA und den in der EG verbundenen europ. Staaten trat. Neben Japan stiegen in den 1970er-Jahren die sog. »Vier kleinen Drachen« (Süd-Korea, Taiwan, Singapur und die damalige Kronkolonie Hongkong), in den 1980er-Jahren die »Drei kleinen Tiger« (Indonesien, Malaysia und Thailand) zu »Newly industrializing countries« auf (→Schwellenländer). Zur Unterstützung des regionalen Zusammenwirkens in A. wurden 1983 die Südasiat. Vereinigung für regionale Kooperation (engl. South Asian Association for Regional Cooperation, Abk. SAARC) und 1989 die Asiatisch-Pazif. Wirtsch. Zusammenarbeit (engl. Asian-Pacific Economic Cooperation, Abk. APEC) gegründet.

China, seit 1949 eine Volksrepublik nach kommunist. Muster, wurde zu einer weltpolitisch bedeutsamen Macht und geriet seit 1958 in einen Interessengegensatz zur Sowjetunion. Neben der VR China und der Mongol. VR etablierten sich zunächst in Nord-Korea (1948) und Nord-Vietnam (seit 1955), später auch in Laos und Kambodscha kommunist. Regierungssysteme.

Im Spannungsfeld des Ost-West-Ggs. kam es zum →Koreakrieg (1950–53) und zu zwei Indochinakriegen (1946–54 gegen Frankreich, 1964–73 gegen die USA und andere westl. Kombattanten). Im ersten Indochinakrieg wurde Nord-Vietnam hauptsächlich von China, im zweiten in erster Linie von der UdSSR unterstützt; seit 1970 waren auch Kambodscha und Laos in diesen militär. Konflikt einbezogen (→Vietnamkrieg). Nach seinem Sieg besetzte das seit 1976 unter kommunist. Bedingungen vereinigte Vietnam 1979 das bis dahin von den →Roten Khmer unter Pol Pot beherrschte Kambodscha, was zu einem Krieg mit China (Febr./März 1979) und langjähriger chinesisch-vietnames. Gegnerschaft führte (erst 1991 Normalisierung der Beziehungen).

Im Unterschied zu Mittel- und Osteuropa konnten sich auch nach 1989 in China (blutige Niederschlagung der Demokratiebewegung), Vietnam, Laos und Nord-Korea kommunist. Gesellschafts- und Reg.-Systeme an der Macht halten, waren jedoch zu wirtsch. (bes. China) und z. T. polit. (Vietnam) Reformen gezwungen. Lediglich Nord-Korea hielt trotz seines wirtsch. Desasters (verbunden mit schweren Hungersnöten) an erstarrten und dogmat. Formen der kommunist. Einparteidiktatur mit übersteigertem Personenkult fest.

Die VR China suchte ihre Rolle als asiat. Regionalmacht auszubauen; ungeachtet der China von westl. Staaten vorgeworfenen Menschenrechtsverletzungen (u. a. repressive Politik in Tibet) konnte es die Handelsbeziehungen zu den westeurop. Industriestaaten und den USA erweitern. Ein 1984 zw. China und Großbritannien geschlossener Vertrag führte zur Rückgabe der brit. Kronkolonie Hongkong am 1. 7. 1997 an China, das in einem weiteren Abkommen mit Portugal (1987) auch die Rückführung Macaos 1999 erreichte und des Weiteren die Vereinigung mit Taiwan zu seinem Ziel erhob.

Ausgehend von der Proklamation einer »Islam. Republik« in Iran (1979) verstärkten sich in den mehrheitlich von Muslimen bewohnten Staaten Bestrebungen, den Islam unmittelbar in Staat und Gesellschaft zu verankern (in einer Reihe von Ländern Erhebung des Islam zur Staatsreligion, z. T. Einführung der Scharia).

Machtkämpfe innerhalb der kommunist. Führungsschicht Afghanistans nutzte die Sowjetunion 1979 unter dem Protest der Weltöffentlichkeit, bes. jedoch der islam. Welt, zu einer militär. Intervention in diesem Land. Sie löste damit in der Folgezeit jedoch

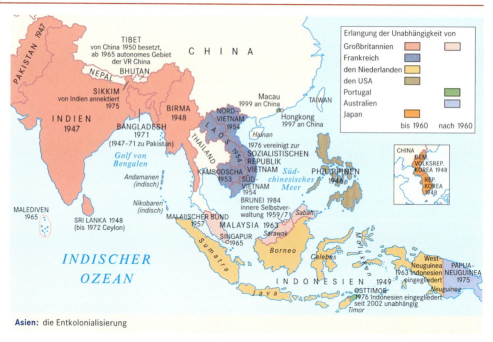

Asien: die Entkolonialisierung

zugleich einen Aufstand fundamentalistisch-islam. Kräfte (→Mudjahedin) gegen das kommunist. Reg.-System Afghanistans und die zu seinem Schutz operierenden sowjet. Truppen aus. Nach dem Rückzug der sowjet. Streitkräfte 1988–89 brach das kommunist. Regime 1992 zusammen. Im Zeichen religiöser und ethn. Gegensätze zw. den versch. fundamentalistisch-islam. Kräften setzte sich der Bürgerkrieg mit anderen politisch-militär. Fronten fort.

In Vorder-A. führte die Bildung des Staates Israel (1948) zum →Nahostkonflikt, der sich in mehreren arabisch-israel. Kriegen und im Terrorismus v. a. palästinensisch-arab. Gruppen entlud. Blieb der ägyptisch-israel. Friedensvertrag von 1979 weitgehend ohne sichtbare Folgen für den Frieden in der gesamten Nahostregion, so bot das Ende des Ost-West-Konfliktes nach 1989 neue Möglichkeiten, den Friedensprozess im Nahen Osten voranzubringen: 1991 fand in Madrid eine erste Nahostkonferenz statt. Mit dem Gaza-Jericho-Abkommen (1993) und seinen Folgeabkommen (1994, 1995 und 1998/99) kam es zur teilweisen Autonomie im Gazastreifen und im Westjordanland; die ab 1999 zu vereinbarende Endstatusregelung unterblieb jedoch bisher (u. a. ergebnisloser Gipfel in Camp David, Juli 2000), stattdessen eskalierte der Konflikt erneut (→Palästina).

Zu Beginn der 1980er-Jahre bildete sich ein neuer Krisenherd am Pers. Golf heraus, wo es 1980–88 zu einem iranisch-irak. Krieg und 1991 zum Krieg zw. Irak und einer von den USA geführten internat. Militärallianz zur Befreiung des 1990 von irak. Truppen besetzten Kuwait kam (→Golfkrieg).

Zu einem brisanten Problem in Vorder-A. entwickelte sich auch der Kampf des v. a. auf dem Territorium der Türkei, Iraks, Irans und Syriens lebenden Volkes der →Kurden für seine nat. Eigenständigkeit (»Kurdistan«), in der Türkei 1984–99 gewaltsam von der →PKK betrieben.

Der Zerfall der Sowjetunion in unabhängige Staaten (im asiat. Raum neben Armenien, Aserbaidschan und Georgien fünf mittelasiat. Republiken), die Bildung der GUS (1991) sowie der Ausbruch teilweise gravierender Nationalitätenkonflikte (z. B. in Abchasien, Bergkarabach) haben neben politisch oder religiös bedingten Auseinandersetzungen (u. a. Bürgerkrieg in Tadschikistan 1992–97/98) das polit. Gefüge A.s grundlegend verändert. Auch unter den sibir. und v. a. kaukas. Republiken und Gebietseinheiten der Russ. Föderation verstärkte sich das Streben nach größerer Selbstständigkeit (besondere Zuspitzung des Konflikts in zwei opferreichen Militärinterventionen Russlands in dem nach Unabhängigkeit strebenden Tschetschenien 1994–96 und ab 1999, danach anhaltender Partisanenkrieg).

Durch die Anbahnung vielfältiger Kontakte zu den muslimisch geprägten früheren Gliedstaaten der UdSSR suchten sich die Türkei (die 1996–97 erstmals eine islamist. Reg. hatte) und Iran als Mittelmächte im vorder- und mittelasiat. Raum zu profilieren.

Das erste asiatisch-europ. Gipfeltreffen 1996 in Bangkok, an dem die EU-Staaten, die Mitgl. der ASEAN sowie China, Japan und Süd-Korea teilnahmen, diente der Verbesserung der wirtsch. und polit. Beziehungen und der Zusammenarbeit (zweites Gipfeltreffen dieses Asia-Europe Meetings (ASEM) 1998 in London, drittes 2000 in Seoul). 1997/98 wurden viele ost- und südostasiat. Länder (darunter Japan und die wirtsch. »Tigerstaaten«) von einer schweren Banken- und Wirtschaftskrise erfasst (z. T. mit polit. Folgen, u. a. Sturz der Reg. Suharto in Indonesien). Zu neuen Spannungen zw. Indien und Pakistan führten 1998/99 und erneut 2001/02 deren Rivalität in der Kernwaffenentwicklung und -rüstung sowie das Wiederaufbrechen des Konflikts um Kaschmir. Die instabile polit. Situation in zahlr. asiat. Ländern äußerte sich auch im verschiedentl. Wechsel von parlamentar. Reg. zu Militäradministrationen (u. a. seit 1988 in Birma, 1999 erneut in Pakistan). Den polit. Durchbruch für eine Annäherung zw. den beiden korean. Staaten brachte das erste Gipfeltreffen zw. den Staatschefs Nord- und Süd-Koreas im Juni 2000, auch wenn sich die Weiterentwicklung der beiderseitigen Beziehungen schwierig gestaltete (u. a. angesichts einer danach wieder härteren Haltung der USA gegenüber Nord-Korea, bes. wegen dessen vertragswidrigen Atomprogramms).

Nach Errichtung der radikalislam. Herrschaft der →Taliban in Afghanistan stieß diese bald auf internat. Ablehnung; die Rolle Afghanistans als weltgrößter Heroinproduzent und Unterschlupfgebiet von Terroristen zog Sanktionen der UNO nach sich. Als sich nach den Terroranschlägen auf die USA vom 11. 9. 2001, für die man den in Afghanistan aufgenommenen saud. Extremisten Osama Bin Laden verantwortlich machte, eine amerikan. Militäraktion gegen die Terroristenstützpunkte und die Taliban richtete, schlossen sich (trotz z. T. heftiger antiamerikan. Proteste islamist. Kräfte in einzelnen Ländern, z. B. in Pakistan und Indonesien) die meisten asiat. Staaten der internat. Antiterrorallianz an. Im Zusammenhang mit dem →Antiterrorkrieg verstärkten die USA ihre Militärpräsenz sowie ihren Einfluss in zahlr. asiat. Staaten. Trotz fehlenden UN-Mandats fand 2003 eine amerikan.-brit. Militärintervention in Irak statt, die zum Sturz des Regimes von Saddam Husain führte. Zugleich erhöhten die USA in der Region ihren Druck gegenüber Syrien und Iran und verstärkten ihr Engagement zur Regelung des Nahostkonflikts.

Von der Flutkatastrophe am 26. 12. 2004, die durch ein Seebeben vor Sumatra im Ind. Ozean ausgelöst wurde, waren die meisten süd- und südostasiat. Anrainerstaaten betroffen (v. a. Indonesien, Sri Lanka, Indien, Thailand, in geringerem Maße Birma, Malaysia und die Malediven). Insgesamt verloren (nach Schätzungen von Anfang Januar 2005) rd. 150000 Menschen ihr Leben; Mio. von Ew. in den Küstengebieten wurden obdachlos. Unmittelbar nach dieser Naturkatastrophe lief eine bis dahin beispiellose internat. Hilfsaktion an. Ein internat. Krisengipfel vom 6. 1. 2005 in Jakarta beschloss die Schaffung eines Tsunami-Frühwarnsystems für die Region und die Koordinierung der Hilfsmaßnahmen sowie des Wiederaufbaus durch die UNO.

Asi|enspiele, **Asiatische Spiele,** zum ersten Mal 1951 von Vertretungen asiat. Länder in Neu-Delhi ausgetragene Spiele mit olymp. Programm; seit 1954 im Vierjahresrhythmus durchgeführt. – Seit 1986 (Sapporo) werden in unregelmäßigem Abstand auch *Winterspiele* veranstaltet.

Asimov [əˈsiːmɔv], Isaac, amerikan. Biochemiker und Schriftsteller russ. Herkunft, * Petrowsk (Gebiet Saratow) 2. 1. 1920, † New York 6. 4. 1992; verfasste zahlreiche naturwiss. Abhandlungen, Kriminalromane und Science-Fiction.

Asine, felsige Höhe am Argol. Golf südöstlich der griech. Stadt Nauplion auf der Peloponnes, mit hellenist. Wehrmauer; auf Terrassen über dem Meer Reste früh- bis späthellad. Siedlungen.

Asi Nehri, Fluss in Vorderasien, →Orontes.

Asinius Pollio, Gaius, röm. Staatsmann und Schriftsteller, * 76 v. Chr., † 5 n. Chr.; förderte u. a. Vergil und Horaz, stiftete die erste öffentl. Bibliothek in Rom (39 v. Chr.). Von seinen Werken sind nur Reste erhalten.

Asir, Landschaft und Prov. im SW von Saudi-Arabien, Bergland, das von der Küstenebene bis auf 2800 m ansteigt; sommerl. Regenfeldbau, in den Gebirgstälern Bewässerungsfeldbau.

Asjut, Stadt in Ägypten, →Assiut.

Askalon, Stadt in Israel, →Ashqelon.

Askani|er [nach der Grafschaft Aschersleben (= Ascharien; daraus mythologisierend Askanien, zu Ascanius)], dt. Grafen- und Fürstengeschlecht; stammte urspr. aus Schwaben, ältester bekannter Angehöriger ist im 11. Jh. Esiko von Ballenstedt. Albrecht der Bär, Gründer der Mark Brandenburg, unterlag Heinrich dem Löwen im Streit um das Herzogtum Sachsen, doch wurde sein Sohn Bernhard nach dessen Tod (1180) Herzog von Sachsen; dessen Sohn Heinrich I. gründete die Linie Anhalt, die, geschwächt durch mehrere Teilungen (zuletzt im 17. Jh.), bis 1918 herrschte. Die anderen Linien starben frühzeitig aus (Brandenburg 1319, [Sachsen-]Wittenberg 1422, [Sachsen-]Lauenburg 1689).

Askanija Nowa, Biosphärenreservat im Gebiet Cherson, Ukraine, in der Schwarzmeerniederung, 333 km² (davon Naturschutzgebiet 110 km²); Federgrassteppe; zoolog. und botan. Forschungsinstitut. A. N. geht auf eine Stiftung der dt. Gutsbesitzerfamilie von Falz-Fein (1888) zurück.

Askari [arab., türk. »Soldat«] *der,* im ostafrikan. Sprachraum früher gebräuchl. Bez. für farbige Soldaten, bes. der dt. Schutztruppe (1890–1918) in Dt.-Ostafrika.

Askenase, Stefan, belg. Pianist poln. Herkunft, * Lemberg 10. 7. 1896, † Bonn 18. 10. 1985; trat besonders mit überragenden Interpretationen der Werke F. Chopins hervor.

Askese [griech. »Übung«] *die,* urspr. die Zucht, das Training und die Enthaltsamkeit der Athleten; dann allg. die religiös-ethisch begründete Enthaltsamkeit mit versch. Ausprägungen und Stufen: Enthaltung von bestimmten Speisen und Getränken, von Geschlechtsverkehr, von lustbezogenen Verhaltensweisen und Konsummöglichkeiten, völlige Abkehr von weltl. Freuden auch auf der psychisch-kognitiven Ebene, bis hin zu rigorist. Übertreibungen. Die A. ist in fast allen Religionen zu finden, bes. im Hinduismus und Buddhismus, aber auch im Christentum.

Asklepiades, griech. Arzt, * Prusa in Bithynien 124 v. Chr., † Rom um 60 v. Chr.; baute auf der atomist. Philosophie eine Lebens- und Krankheitslehre auf.

Asklepios, griech. Heilgott, →Äskulap.

Äskulap, griech. **Asklepios,** lat. **Aesculapius,** der griech. Heilgott, urspr. wohl thessal. Erddämon, galt als Sohn des Apoll und der Koronis, als seine Tochter (oder Gemahlin) galt die Göttin Hygieia; anlässlich einer Seuche in Rom 293 v. Chr. wurde der Kult des Ä. auch dort eingeführt. Das berühmteste seiner Heiligtümer **(Asklepieion)** stand in Epidauros. Abzeichen des Ä. ist die **Ä.-Schlange** oder der schlangenumwundene **Ä.-Stab** (Zeichen des ärztl. Standes). In der Kunst wurde Ä. seit Ende des 5. Jh. v. Chr. als in einen Mantel gehüllter bärtiger Mann mit dem meist von der hl. Schlange umwundenen Stab dargestellt.

Äskulapnatter, **Elaphe longissima,** eine bis 2 m lange, ungiftige Natter; in Dtl. nur bei Schlangenbad, Hirschhorn, Lörrach und Passau in geringen Beständen vorkommend; nach der Roten Liste vom Aussterben bedroht. – Abb. S. 278

Aslan, Raoul Maria, österr. Schauspieler und Regisseur armen. Herkunft, * Saloniki 16. 10. 1886, † Litzlberg (Gem. Seewalchen am Attersee) 18. 6. 1958; war 1945–48 Direktor des Wiener Burgtheaters; spielte v. a. Heldenrollen.

Äskulap: Äskulapstab

Äskulapnatter

Asmara, Hptst. von Eritrea, am Steilrand des äthiop. Hochlandes, 2340 m ü. M., 578 900 Ew.; Univ. (seit 1968); Textil- u. a. Ind., Handelszentrum eines Kaffeeanbaugebietes; internat. Flughafen.

Asmodi, im A.T. Name eines Dämons (Tob. 3,8); im Talmud Fürst der Dämonen.

Asmus, Dieter, Maler, * Hamburg 1. 3. 1939; 1965 Mitbegründer der Gruppe Zebra, malt nach fotograf. Vorlagen in einem plastisch übersteigerten Realismus.

Asmussen, Hans Christian, ev. Theologe, * Flensburg 21. 8. 1898, † Speyer 30. 12. 1968; führend in der Bekennenden Kirche; 1949–55 Propst von Kiel.

Asnam, Stadt in Algerien, →El-Asnam.

Asnières-sur-Seine [aˈnjɛːrsyrˈsɛːn], Stadt nordwestlich von Paris, Dép. Hauts-de-Seine, 71 100 Ew.; Metall-, Textil-, Lebensmittel-, Parfüm- und pharmazeut. Ind.; Wohnstadt.

Asomnie [griech.-lat.] *die,* →Schlafstörungen.

Äsop, griech. **Aisopos,** lat. **Aesopus,** legendärer griech. Fabeldichter, in Delphi ermordet. Erstmals von Herodot erwähnt, wird sein Schicksal ausführlich erzählt im »Ä.-Roman« (1. Jh. n. Chr.), dessen Quellen bis ins 6. Jh. v. Chr. reichen. Danach war Ä. ein phryg. Sklave, der den Mächtigen mit seinen Fabeln die Stirn bot. Die unter seinem Namen erhaltene Sammlung (**Äsopische Fabeln**) stammt aus dem 1.–6. Jh. Sie prägte die gesamte europ. Fabeldichtung.

Asow, Hafenstadt im Gebiet Rostow, Russland, am Don, oberhalb seiner Mündung ins Asowsche Meer, 83 000 Ew.; Werft, Fischerei, Fischverarbeitung. – In der Nähe von A. lag die antike Stadt **Tanais** (um 250 n. Chr. zerstört).

Asowsches Meer, nordöstl. Nebenmeer des Schwarzen Meeres, durch die Straße von Kertsch mit diesem verbunden, 38 000 km², nur bis 14,5 m tief; Fischfang. Haupthäfen: Taganrog, Mariupol, Jeisk, Berdjansk.

Asparagin [zu griech. aspáragos »Spargel«] *das,* Abk. **Asn,** nicht essenzielle Aminosäure in vielen Eiweißen; findet sich u. a. in Spargel und Keimlingen von Schmetterlingsblütlern. A. wird durch das Enzym Asparaginase in A.-Säure und Ammoniak gespalten.

Asparaginsäure, Abk. **Asp,** in der Natur weit verbreitete nicht essenzielle Aminosäure; spielt eine zentrale Rolle in der Biosynthese der Pyrimidine und Purine. Die Salze der A. heißen **Aspartate.**

```
COOH
 |
 CH—NH₂
 |
 CH₂
 |
 CO—NH₂
```
Asparagin

Aspartam [Kunstwort] *das,* weiße kristalline Verbindung, in der die Aminosäuren Asparaginsäure und Phenylalanin durch eine Peptidbindung miteinander verknüpft sind und die wie ein Eiweißstoff im Körper abgebaut wird. A. ist ein Süßstoff mit etwa der 200-fachen Süßkraft des Rohrzuckers, u. a. für Diätgetränke verwendet.

Asparuch, Isperich, Ispor, Khan der Protobulgaren, * um 644, † um 702; gründete nach Eroberung der damals byzantin. Dobrudscha um 679/680 das 1. Bulgar. Reich (Hauptstadt Pliska), das nach vergebl. Unterwerfungsversuchen 681 von Kaiser Konstantin IV. Pogonatos anerkannt wurde.

Aspasia, eine der berühmtesten Frauen des griech. Altertums, 2. Gattin des Perikles, aus Milet, kam bald nach 450 v. Chr. nach Athen, wo sie in den gebildeten Kreisen eine bedeutende Rolle spielte. Geistreich und von großem Einfluss auf ihren Gatten, wurde sie das Angriffsziel seiner polit. Gegner.

Aspekt [lat. aspectus »Hinsehen«] *der,* 1) *allg.:* Gesichtspunkt; Blickwinkel.

2) *Astronomie:* die →Konstellation.

3) *Sprachwissenschaft:* grammat. Kategorie des Verbs, bes. in den slaw. Sprachen. Der **imperfektive** A. stellt einen Sachverhalt in seinem Verlauf (unvollendet), der **perfektive** A. als Tatsache (vollendet) dar.

Aspen [ˈæspən], Stadt in W-Colorado, USA, 2400 m ü. M. in den Rocky Mountains, 5900 Ew.; nach dem Rückgang des Silberbergbaus bed. Fremdenverkehrszentrum (Wintersport).

asper [lat.], rau; **Spiritus a.,** →Spiritus.

Asper, 1) Hans, schweizer. Maler, * Zürich 1499, † ebd. 21. 3. 1571; neben H. Holbein d. J. einer der bedeutendsten Porträtmaler seiner Zeit.

2) Hans Conrad, schweizer. Bildhauer und Baumeister, * Zürich um 1588, † Konstanz (?) um 1666; einer der Wegbereiter des Frühbarock, beteiligt u. a. am Bau von Kirche und Kloster der Karmeliten in München (1654–60).

Asperg, Stadt im Landkreis Ludwigsburg, Bad.-Württ., 260 m ü. M., am Fuß der ehem. Festung →Hohenasperg, 12 900 Ew.; Handwerks- und Dienstleistungsbetriebe, Weinbau.

Aspergill [lat.] *das,* **Weihwasserwedel,** liturg. Gerät (Hohlkugel mit Löchern, Wedel) zum Besprengen mit Weihwasser (lat. Aspersion).

Aspermie [griech.] *die,* das Fehlen von Samenzellen und Samenreifungszellen im Sperma.

Äsop: Illustration zur Fabel vom Fuchs und den Trauben (Holzschnitt aus der Ulmer Äsop-Ausgabe von 1476)

Aspern, seit 1905 Stadtteil von Wien, seit 1938 Teil des 22. Bezirks. – Die **Schlacht bei A. und Eßling** am 21./22. 5. 1809 war die erste, in der Napoleon I. besiegt wurde: Die Österreicher unter Erzherzog Karl verhinderten den Donau-Übergang der Franzosen.

Asphalt [von griech. ásphaltos »Erdpech«] *der, Materialkunde:* natürl. oder künstl. braunes bis schwarzes, zähes Gemisch aus →Bitumen und Mineralstoffen. **Natur-A.** entsteht aus der Oxidation und Polymerisation der schwerflüchtigen Erdölbestandteile. Technisch hergestellter A. wird überwiegend für den Straßenbau verwendet (→Gussasphalt). **Asphaltite** sind Natur-A. von großer Härte und niedrigem Mineralstoffgehalt. **A.-Lack,** schwarzes, oft glänzendes, lufttrocknendes Anstrichmittel als Korrosionsschutz.

Asphyxie [griech. »Pulslosigkeit«] *die,* das Aussetzen der Atmung durch Störung des Atemzentrums; Notfallsituation, erfordert Wiederbelebung; i.w.S. alle Fälle lebensbedrohenden Atmungsausfalls bei Neugeborenen, z.B. auch durch Nabelschnurumschlingung.

Aspidistra [zu griech. aspís »Schild«] *die,* **Schildblume,** jap. Liliengewächs mit braungelben, halb in der Erde steckenden Blüten und dem Boden aufliegendem Wurzelstock.

Aspik [frz.] *der,* auch *das,* Fisch-, Fleisch-, Geflügel- oder Wildgelee; auch die damit bereiteten Speisen.

Aspirant [lat. aspirare »anhauchen«, »hinstreben«] *der,* Anwärter, Bewerber.

Aspirata *die,* Hauchlaut (→Laut).

Aspiration *die,* **1)** *Medizin:* das Eindringen von Fremdkörpern (z.B. Blut oder Mageninhalt) in die Atemwege während der Einatmung, bes. bei Bewusstlosen.
2) *Phonetik:* Behauchung (eines →Lautes).

Aspirationskürettage [-ʒə], Methode zur Gewinnung von Gebärmutterschleimhaut (→Ausschabung) zu diagnost. Zwecken.

Aspirationslipektomie, Operationstechnik der kosmet. Chirurgie zur Fettabsaugung; dabei werden begrenzte Fettpolster (z.B. Doppelkinn) entfernt; erfolgt mit einer speziellen Apparatur und hinterlässt nur kleine Narben.

Aspirin® *das,* Handelsname eines häufig verwendeten Schmerzmittels, chemisch Acetylsalicylsäure, wirkt u.a. auch fiebersenkend und entzündungshemmend.

Aspisviper [griech. aspís »Natter«], der Kreuzotter ähnl., bis 75 cm lange, giftige Viper; bes. in den Pyrenäen (in Dtl. nur im S-Schwarzwald).

Asplund, Gunnar, schwed. Architekt, * Stockholm 22. 9. 1885, † ebd. 20. 10. 1940; vollzog in Schweden den Übergang zur klassizist. zur modernen Architektur (Stadtbibliothek Stockholm, 1917–29; Bauten der Stockholmer Ausstellung, 1930).

Aspropotamos *der,* griech. Fluss, →Acheloos.

Asquith [ˈæskwɪθ], Herbert Henry, Earl of Oxford and A. (seit 1925), brit. liberaler Politiker, * Morley (Cty. West Yorkshire) 12. 9. 1852, † London 15. 2. 1928; war 1892–95 Innenmin., 1908–16 Premiermin., danach Führer der liberalen Opposition.

ASR, Abk. für →Antriebsschlupfregelung.

Ass [frz.] *das,* höchstes Blatt der frz. Spielkarten; im Würfelspiel die Eins. (→Daus)

Assad, Asad, **1)** Baschar al-, syr. Politiker, * Damaskus 11. 9. 1965, Sohn von 2); Augenarzt; wurde nach dem Tod seines Vaters 2000 dessen Nachfolger in allen Ämtern.

Assemblage: Joseph Beuys, »Hommage à Vesalius«, drei Objektkästen (1970; Ludwigshafen am Rhein, Wilhelm-Hack-Museum)

2) Hafis al-, syr. General und Politiker, * Kardaha (bei Latakia) 6. 10. 1930, † Damaskus 10. 6. 2000, Vater von 1); 1966–70 Luftwaffenchef und Verteidigungsmin.; nach Militärputsch 1970/71 Min.-Präs. und seit 1971 (autokratisch herrschender) Staatspräs.; erstrebte eine Führungsrolle Syriens in der arab. Welt.

assai [ital. »genug«, »ziemlich«], gibt die Steigerung einer musikal. Tempo- oder Vortragsbezeichnung an, z.B. adagio a.: recht langsam.

Assam, Bundesstaat im NO Indiens; 78 438 km², (2006) 28,67 Mio. Ew.; Hauptstadt ist Dispur; umfasst das hochgebirgsumrahmte Brahmaputratal, hat feuchtheißes Klima mit den höchsten Niederschlägen der Erde (10 800 mm/Jahr). Die Bev. besteht zu etwa 70 % aus Hindus, zu 20 % aus Muslimen und zu 10 % aus Christen. Anbau: 80 % des ind. Tees (Teeanbau seit 1830); Reis, Baumwolle, Jute; Erdöl-, Erdgas- und Kohlevorkommen. – Nach Eroberung durch die →Ahom seit dem 13. Jh. ein eigenes Reich, wurde A. 1816 von Birmanen besetzt und stand seit 1826 unter brit. Herrschaft; seit 1950 Staat der Ind. Union. Versch. Gebiete wurden später ausgegliedert (→Arunachal Pradesh, →Meghalaya, →Mizoram, →Nagaland).

assamische Sprache, Hauptsprache des ind. Bundesstaates Assam, die östlichste der neunidoar. Sprachen.

Assassinen [arab. »Haschischraucher«], wohl erst später übl. Bez. eines gegen Ende des 11. Jh. von den Ismailiten abgespaltenen islam. Geheimbundes in Persien sowie Syrien (der dortige Führer trug den Titel Scheich »al-Djebel«, dt. eigtl. »Gebieter des Gebirges«, gebräuchl. Übersetzung »Alter vom Berge«); bedrohte durch Meuchelmörder bis ins 13. Jh. islam. Fürsten und die Kreuzfahrer. Kleine religiöse Gruppen der seit langer Zeit friedl. A. leben noch in Syrien.

Asse *die,* Höhenrücken im nördl. Harzvorland. Ein ehem. Salzbergwerk bei Wolfenbüttel diente zu Forschungszwecken für die Einlagerung schwach- und mittelradioaktiver Abfälle.

Assekuranz [lat.] *die,* →Versicherung.

Asseln, Isopoda, Krebstiere mit meist plattem Körper und gegliedertem Rumpf. Körperlänge: 1–27 cm, die größte Art ist die Riesen-A. (Bathymus giganteus) der Tiefsee. Die Wasser-A. leben im Süßwasser. Ein Luftatmer an feuchten Orten ist die Keller-A. (Porcellio scaber).

Assemblage [asãˈblaːʒ, frz.] *die,* Technik des Materialbildes, bei der vorgefundene oder vorgefertigte plast. Objekte bzw. Materialfragmente auf der Fläche montiert werden und dadurch räumlich-plast. Wirkung erhalten; Weiterentwicklung der →Collage.

Herbert Henry Asquith

Baschar al-Assad

Tobias Asser

Assemblée [asɑ̃'ble, frz.] *die,* Versammlung, in Frankreich v. a. Bezeichnung für Volksvertretungen und öffentl. Körperschaften. **A. nationale,** →Nationalversammlung. **A. nationale constituante,** die verfassunggebende Nationalversammlung, z. B. die 1789 aus den Generalständen hervorgegangene.

Assembler [ə'semblə, engl.] *der,* 1) kurz für **A.-Sprache**; eine spezielle Programmiersprache, die die Maschinensprache eines bestimmten Prozessors in durch den Menschen lesbarer Form repräsentiert. 2) Übersetzungsprogramm, das ein in einer A.-Sprache geschriebenes Programm in Maschinensprache übersetzt.

Assen ['asə], Hptst. der Prov. Drente, Niederlande, 56 300 Ew.; Drentemuseum; graf. Gewerbe; durch Kanäle mit Zwolle, Groningen und Leeuwarden verbunden.

Asser, Tobias Michael Carel, niederländ. Rechtsgelehrter, * Amsterdam 28. 4. 1838, † Den Haag 29. 7. 1913; 1862–93 Prof. der Rechte, 1893 Mitgl. des Staatsrats, 1904 Staatsmin.; erhielt 1911 den Friedensnobelpreis.

Assertion [lat.] *die,* Feststellung, Behauptung. Aussagen oder Urteile, die ohne Beweis Gültigkeit beanspruchen, heißen in der Logik **assertorisch**.

Asservat [lat.] *das,* amtlich aufbewahrte Sache (z. B. bei Gericht verwahrte Beweisgegenstände). **Asservatenkammern,** bei Polizeistellen oder Gerichten eingerichtete Aufbewahrungsorte für A. **Asservatenkonto,** gesperrtes Verwahrkonto bei einer Bank.

Assessment-Center [ə'sesmənt 'sentə; engl. »Beurteilungszentrum«], in der Personalauswahl und -entwicklung eingesetztes eignungsdiagnost. Instrument, bei dem Berufssituationen möglichst realitätsnah in standardisierten Spiel- und Testsituationen simuliert werden.

Assessor [lat. »Beisitzer«], früher Dienstbez. für auf Probe eingestellte Richter und Beamte des höheren Dienstes. Heute wird die Bez. des Eingangsamtes mit dem Zusatz »z. A.« (zur Anstellung) geführt. Die Bez. A. darf nach landesrechtl. Regelungen führen, wer die 2. jurist. Staatsprüfung bestanden hat; in einigen Bundesländern gilt das auch für den Bereich der Lehramtsausbildung.
Im *spätröm. Recht* war der Titel A. für die Berater des Kaisers bei dessen Rechtsprechung üblich. Seit dem MA. waren A. am Reichskammergericht und Reichshofrat, bei den Instanzgerichten der Territorien und an den jurist. Fakultäten tätig, wo sie oft zeitlich begrenzt Recht sprechen.

Asset-Allocation ['æset-ælə'keɪʃn, engl.], einem bestimmten Anlagekonzept (richtet sich nach Risikoprofil, Zeithorizont und finanziellen Möglichkeiten des Investors) folgende Aufteilung des Kapitals auf verschiedene Anlageformen, Währungen oder Regionen, um die Rendite und das Risiko eines Portefeuilles zu optimieren.

Asset-backed-Securities ['æsətbæktsɪ'kjʊərətɪz, engl.], Abk. **ABS,** durch Aktiva (engl. asset) gedeckte bzw. abgesicherte (engl. backed) Wertpapiere (engl. securities). →Securitization.

Asset-Management ['æset 'mænɪdʒmənt], →Vermögensverwaltung.

Assibilierung [lat.], *Sprachwissenschaft:* die Verwandlung eines Verschlusslautes [k, t] in eine Affrikata [ts, tʃ] oder in einen Zischlaut [s, ʃ], z. B. wird lat. causa zu frz. chose [ʃo:z].

Assignaten [frz., zu lat. assignare »anweisen«], das Papiergeld der Frz. Revolution; 1797 für ungültig erklärt.

Assimilation [lat. »das Ähnlichmachen«] *die,*
1) *Biologie:* die unter Energieverbrauch erfolgende Bildung körpereigener, organ. Substanz aus von außen aufgenommenen, anorgan. (bei den meisten Pflanzen) oder vorwiegend organ. Stoffen (u. a. bei allen Pilzen, vielen Bakterien, den Tieren und Menschen). Die **Kohlendioxid-A.** der Pflanzen bildet die Grundlage des Lebens auf der Erde. Dabei werden aus dem Kohlendioxid der Luft und aus Wasser mittels Lichtenergie (**Fotosynthese**) oder chem. Energie (**Chemosynthese**) Kohlenhydrate (Zucker, Stärke) u. a. org. Verbindungen gebildet.
2) *Petrologie:* **magmat. A., Syntexis,** die Aufnahme, Umwandlung und Einschmelzung von Fremdgestein in Magma, wobei dieses chemisch wesentlich verändert wird.
3) *Phonetik:* Abstimmung zweier Laute hinsichtlich ihrer Artikulationsstelle oder Artikulationsart; z. B. wird mhd. *lamb* zu lat. *Lamm.*
4) *Psychologie:* in der Theorie J. Piagets im Unterschied zur →Akkommodation die Einpassung von Umwelterfahrungen durch die Person mithilfe bereits entwickelter kognitiver Strukturen.
5) *Soziologie:* Vorgang, bei dem Einzelne oder Gruppen die Traditionen, Gefühle und Einstellungen anderer Gruppen übernehmen und in diesen allmählich aufgehen (z. B. Einschmelzung verschiedenartiger Einwanderergruppen in den USA); ferner jede Angleichung des Einzelnen an die umgebenden Gruppen (Familie, Berufsverband, Staat u. a.).

Assiniboine [əsɪnɪ'bɔɪn] *der,* Fluss in S-Kanada, rd. 1 070 km lang, mündet bei Winnipeg in den Red River. Das **A.-Tal** ist eines der wichtigsten Weizenanbaugebiete Kanadas.

Assise [frz., zu asseoir »setzen«] *die,* 1) Sitzung; seit dem 12. Jh. in der Normandie und in England die Versammlung der Vasallen unter Vorsitz des Lehnsherrn, dann auch die von ihnen beschlossenen Gesetze; z. B. die A. von Jerusalem (Ende 12. bis Ende 13. Jh.), das in den Königreichen Jerusalem und Zypern geltende Rechtsbuch.
2) Schwurgericht in Frankreich und einigen Kantonen der Schweiz (sog. Geschworenengericht).

Assisi, Stadt in Umbrien, Prov. Perugia, Italien, 26 000 Ew. In der Unterstadt Textil-, Nahrungsmittel-, Metallindustrie. – Die Oberstadt ist Wallfahrtsort mit mittelalterl. Stadtbild; Bischofssitz. Das A. des MA. wurde für die christl. Welt als Heimat des hl. Franz von A. bekannt, dessen Leichnam im Grabgewölbe der Doppelkirche San Francesco (1228–53, Fresken von Cimabue, Giotto u. a.) ruht. Weitere bed. Kirchen sind u. a. Santa Maria sopra Minerva (über einem röm. Minervatempel) und Santa Chiara (1257–60, Grablege der hl. Klara). Infolge des schweren Erdbebens 1997 wurden einige Kunstschätze von A. unwiederbringlich zerstört. Die erhaltenen mittelalterl. Architektur- und Kunstdenkmäler erklärte die UNESCO 2000 zum Weltkulturerbe.

Assistent [lat.] *der,* jemand, der einen anderen bei der Arbeit unterstützt bzw. einen leitenden Tätigen entlastet; Gehilfe, Mitarbeiter.

Assiut, Asyut, Asjut, Governoratshptst. in Oberägypten, am linken Nilufer, 429 600 Ew.; Univ. (gegr. 1957), islam. Hochschule; Baumwoll-, Düngemittelind.; Kunsthandwerk; Nilhafen, Flughafen. – Nördlich von A. ist der Nil durch den 833 m langen, 12,5 m hohen **A.-Damm** (1902 errichtet, 1938 umgebaut) gestaut; dort zweigt der Ibrahimkanal ab, der Mittel- und Unterägypten mit Wasser versorgt.

Aßlar, Stadt im Lahn-Dill-Kreis, Hessen, im Dilltal, 13 900 Ew.; Metall verarbeitende (u. a. Drahtzieherei), Kunststoff- und opt. Ind., Maschinen- und Anlagenbau.

Aßmann, Richard, Meteorologe, * Magdeburg 13. 4. 1845, † Gießen 28. 5. 1918; förderte durch instrumentelle Entwicklungen die Aerologie, entdeckte 1902 die Stratosphäre. (→ Atmosphäre)

Assmannshausen, Stadtteil von Rüdesheim am Rhein, Hessen, 86 m ü. M., am rechten Rheinufer unterhalb des Binger Lochs, am Fuß des Niederwalds; Fremdenverkehrsort mit Weinbau (v. a. Assmannshäuser Rotwein), Thermalquelle.

Asso, Abk. für **Asso**ziation revolutionärer bildender Künstler Dtl.s, Zusammenschluss (1928) von der KPD angehörenden Künstlern, seit 1930 auch von ihr nahestehenden Künstlern. Dem Gründerkreis in Berlin schlossen sich u. a. die »Abstrakten« um O. Nerlinger an, in Köln die »Progressiven« um H. Hoerle, in Worpswede H. Vogeler. Die meisten standen künstlerisch dem Verismus nahe (O. Dix, G. Grosz, J. Heartfield). Die A. (seit 1931: Bund revolutionärer bildender Künstler Dtl.s) hatte bei der Auflösung 1933 über 500 Mitgl., die in 16 Ortsgruppen organisiert waren.

Associated Press [əˈsaʊʃɪeɪtɪd pres], → AP.

Assoluta [ital.] *die,* weibl. Spitzenstar in Ballett und Oper.

Assonanz [lat. »Anklang«] *die,* Gleichklang von betonten Vokalen ohne Konsonantenübereinstimmung, auch als unreiner oder unvollständiger Reim bezeichnet. (→ Metrik, Übersicht)

Assoziation [lat.] *die,* **1)** *allg.:* Vereinigung, Zusammenschluss.
2) *Astronomie:* → Sternassoziation.
3) *Chemie:* Zusammenlagerung zweier oder mehrerer Einzelmoleküle zu Molekülkomplexen.
4) *Pflanzengeografie:* Grundeinheit der Pflanzengesellschaften, für die eine bestimmte Zusammensetzung von Pflanzenarten vorausgesetzt wird.
5) *Psychologie:* Verknüpfung zweier oder mehrerer Erlebnisinhalte. Auf diese Weise können A.-Ketten entstehen, die als Grundlage der Gedächtnisleistung gelten. Zunächst beschäftigte sich die Philosophie (Aristoteles, engl. Empirismus u. a.) mit der Beobachtung, Beschreibung und Erfassung der A., bevor sie Gegenstand psycholog. Forschung wurde (J. F. Herbart, H. Ebbinghaus, G. E. Müller u. a.). Das Ergebnis waren die **A.-Gesetze:** Hiernach entstehen A. bes. durch Ähnlichkeit, Kontrast und räuml. wie zeitl. Nachbarschaft. Abwandlungen sind gegeben u. a. durch Dauer, Stellung, Festigkeit der A. und individuelle Unterschiede der Assoziierenden. A. können sowohl bewusster als auch unbewusster Art sein und in Wechselbeziehung (z. B. Hemmung, Verstärkung) miteinander stehen, zudem durch Inhalte des Bewussten wie Unbewussten gesteuert werden. Die Erkenntnisse fanden Anwendung in der Lernpsychologie (H. Ebbinghaus, C. L. Hull, B. F. Skinner) und Diagnostik. **Unmittelbare A. (freie A.)** dienen in der Psychoanalyse dazu, unbewusste Regungen aufzuspüren und verdrängte Erlebnisse aufzudecken. **Gerichtete A.** zu Träumen sind in der Psychotherapie der Schlüssel zur Traumanalyse. **Mittelbare A.** zu standardisiertem Material, z. B. Wortvorlagen, Klecksbilder (projektive Tests), sind ein wichtiger Zugangsweg zur Persönlichkeitsdiagnose.

6) *Recht:* Vereinigung von Personen oder Kapitalien zu einem gemeinschaftl. Zweck, z. B. Genossenschaften und Koalitionen.

Assoziativgesetz, *Mathematik:* die Aussage, dass das Ergebnis einer zweistelligen Verknüpfung von drei Elementen einer Menge M für jedes Tripel $\{a, b, c\}$ unabhängig von der Klammersetzung ist. Z. B. gilt für die Addition und Multiplikation von Zahlen $(a + b) + c = a + (b + c)$ und $(a \cdot b) \cdot c = a \cdot (b \cdot c)$. Das A. gilt u. a. nicht für die Subtraktion und die Division sowie für das Skalarprodukt von Vektoren. Es ist eines der Axiome einer → Gruppe.

Assoziativspeicher, *Informatik:* ein Speicher mit wahlfreiem Zugriff, bei dem die Speicherzellen nicht über eine Adresse, sondern durch eine Beschreibung des Speicherinhalts angesprochen werden.

Assoziierung, Form der Beteiligung eines Staates an einer Staatenverbindung, bes. Wirtschaftsunion. Die A. bedeutet keine Vollmitgliedschaft.

ASSR, Abk. für → **A**utonome **S**ozialistische **S**owjetrepublik.

Assuan, Aswan, Governoratshptst. in Oberägypten, am rechten Nilufer unterhalb des »ersten Katarakts« (eine Granitschwelle), 243 700 Ew.; Univ. (seit 1986); bed. Handelsplatz und Ind.-Standort; Düngemittelfabrik, Wasserkraftwerke, Eisenbahnstation, Flughafen; starker Fremdenverkehr (→ Elephantine, → Abu Simbel, → Kalabscha, Agilkia mit dem Tempel von → Philae). – Südlich von A. liegt der **Assuanstaudamm** (1902 fertiggestellt), 7 km südlich davon der neue, 111 m hohe und 5 km lange **Assuanhochdamm** (1960–70 erbaut), der den → Nil zum → Nassersee staut.

Assumption [lat.] *die,* **Assumptio,** *Religionsgeschichte:* die Aufnahme eines Menschen mit Leib und Seele in den Himmel; bes. die Aufnahme Marias (→ Himmelfahrt Mariä).

Assunta [ital. »die Aufgenommene«] *die,* Name für die in den Himmel aufgenommene Maria und die Darstellung ihrer Himmelfahrt.

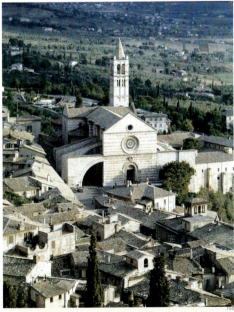

Assisi: die einschiffige Kirche Santa Chiara in Form eines lateinischen Kreuzes (1257–60)

assyrische Kunst: verwundete Löwin (Detail eines Alabasterreliefs aus Ninive, um 600 v. Chr.; London, Britisches Museum)

Assur, Aschur, Hauptgott der Stadt Assur, Reichsgott von Assyrien.

Assur, Aschur, alte assyr. Stadt, heute der Ruinenhügel **Kalat Scherkat (Qalat Scherqat)** am rechten Tigrisufer, Irak; im 2. Jt. v. Chr. Hptst. Assyriens; wurde von Kalach und Ninive zurückgedrängt, 614 v. Chr. von den Medern zerstört; erlebte eine späte Blüte unter den Parthern (140 v. Chr. bis 256 n. Chr.); 1903–14 z. T. ausgegraben (Festungswerke, Tempel). A. wurde 2003 zum UNESCO-Weltkulturerbe erklärt und gleichzeitig in die »Rote Liste« des gefährdeten Welterbes eingetragen.

Assurbanipal, assyr. König (668 bis 631/627 v. Chr.), Sohn des Asarhaddon; eroberte 648 v. Chr. Babylon, verlor Ägypten. Seine in Ninive gefundene Tontafelbibliothek ist die bedeutendste Sammlung babylonisch-assyr. Literaturdenkmäler (heute zum größten Teil im Brit. Museum, London).

Assyrer, die Bewohner von Assyrien.

Assyri|en, im Altertum das Gebiet am mittleren Tigris um die Stadt →Assur (heute der N-Teil von Irak), umfasste etwa die Landschaft nördlich des Djebel Hamrin bis in die Täler der armen. und kurd. Berge im N und O. Das Gebiet des späteren A. war bereits im 4. Jt. v. Chr. besiedelt. Seit dem 2. Jt. v. Chr. ist Assur als Zentrum eines Kleinstaates nachweisbar. Um 1950 v. Chr. machte sich A. von Babylon unabhängig. Später kam das assyr. Reich zeitweise unter die Oberherrschaft von Mitanni, bis Assur-Uballit I. (1365–1328) die Unabhängigkeit erstritt. Tukulti-Ninurta I. (1243–1207) beherrschte sogar für kurze Zeit Babylon; danach folgte ein rascher Niedergang. Tiglatpileser I. (1115–1077) konnte bis zum Mittelmeer und zum Vansee vordringen; doch erst unter Adad-nerari II. (911–891; Babylon kam wieder unter assyr. Oberhoheit) und bes. Assurnasirpal II. (883–859; mit seiner neuen Residenz Kalach) wurde A. zur wichtigsten Macht Vorderasiens (**Neuassyrisches Reich**). Salmanassar V. (726–722) eroberte 722 Samaria und deportierte die Bevölkerung Israels; Sargon II. (722–704, neue Residenz Dur-Scharrukin) schlug Urartu entscheidend und kämpfte gegen das aufständ. Babylon, das sein Sohn Sanherib (704–681, Residenz Ninive) 689 zerstörte. Asarhaddon (680–669) eroberte 671 Ägypten. Ein letztes Mal gelang es seinem jüngeren Sohn Assurbanipal (669 bis etwa 627), das Reich geeint zu erhalten. 625 wurde Babylonien unabhängig. 614 fiel Assur, 612 fielen Ninive und Kalach unter dem Druck der Meder und Babylonier.

Assyriologie die, **1)** frühere Bez. für →Altorientalistik.

2) seit dem 19. Jh. eine Disziplin der Altorientalistik, die sich mit Geschichte, Kultur, Religion, Recht, Wirtschaft der alten Länder Sumer, Akkad, Babylonien, Assyrien sowie deren in Keilschrift geschriebenen Sprachen Sumerisch und Akkadisch beschäftigt.

Assyrische Kirche, eine der Ostkirchen, →Nestorianer.

assyrische Kunst, die Kunst der Assyrer, die immer in Wechselbeziehung zur babylon., aber auch zur hurrit. und hethit. Kunst stand; sie umfasst drei Epochen: die **altassyrische Kunst** (etwa 2000–1750 v. Chr.), nach dem Machtzerfall Assyriens in den folgenden Jahrhunderten die **mittelassyrische Kunst** (etwa 1400–1000 v. Chr.) und die **neuassyrische Kunst** (etwa 1000–600 v. Chr.), in der die a. K. ihren Höhepunkt erreicht.

Von der assyr. Baukunst sind in den assyr. Residenzen Assur, Ninive, Kalach u. a. im Wesentlichen nur die Grundrisse von Befestigungsmauern, Palästen, Tempeln, Tempeltürmen (→Zikkurat) und Wohnhäusern erhalten. Von assyr. Plastik ist wenig erhalten. Kennzeichnend sind ihre Starre und Monumentalität. Vollendet sind die Reliefs, die sich in der neuassyr. Epoche von starrer schemat. Komposition zu freier Gestaltung fortentwickeln. Die Tierdarstellung zeichnet sich durch genaue Wiedergabe des Vorbildes aus. Die Kriegstaten der Könige werden in detailliertem Realismus geschildert; im Mittelpunkt der religiösen Darstellungen steht das Symbol des heiligen Baumes. In der Kleinkunst nimmt die Siegelkunst mit dem Rollsiegel (→Siegel) einen besonderen Platz ein.

assyrische Sprache, Dialekt der akkad. Sprache, gehört zu den →semitischen Sprachen. Man unterscheidet **Altassyrisch** (etwa 1950–1750 v. Chr.), **Mittelassyrisch** (etwa 1500–1000 v. Chr.) und **Neuassyrisch** (etwa 1000–600 v. Chr.).

a. St., *Zeitrechnung:* Abk. für →alter Stil.

AStA, Abk. für Allgemeiner Studentenausschuss (→Studentenschaft).

Astafjew, Wiktor Petrowitsch, russ. Schriftsteller, * Owsjanka (Region Krasnojarsk) 1. 5. 1924, † Krasnojarsk 29. 11. 2001; schrieb autobiografisch gefärbte Prosa über das Leben in den Dörfern seiner sibir. Heimat (Zyklus »Ferne Jahre der Kindheit«; 1968) und übte Kritik an der Verrohung vieler Menschen unter dem Sowjetregime (im Roman »Der traurige Detektiv«; 1986). Sein Hauptthema waren die seel. Folgen des Krieges (Roman »Prokljaty i ubity«; 1992–94).

assyrische Kunst: Sargon II. (Detail von einem Relief aus Dur-Scharrukin, 8. Jh. v. Chr.; Paris, Louvre)

Astaire [əsˈteə], Fred, eigtl. Frederick **Austerlitz**, amerikan. Filmschauspieler, *Omaha (Nebr.) 10. 5. 1899, † Los Angeles 22. 6. 1987; war Tänzer und Sänger in Musik-, Revue- und Tanzfilmen.

Astana, bis 1992 **Zelinograd,** 1992–98 **Akmola** oder **Aqmola,** russ. **Akmolinsk,** Hptst. von Kasachstan (seit 1997), am Ischim, 550 000 Ew.; Hochschule für Landwirtschaft, PH, mehrere Museen, Theater; Landmaschinenbau, Nahrungsmittel- und Baustoffind.; Zentrum eines Agrargebiets; bedeutender Verkehrsknotenpunkt, internat. Flughafen.

Geschichte: Um 1830 als russ. Festung (Akmolinsk) gegründet, seit 1862 Stadt. Während der 1950er-Jahre wurde das Gebiet ein Schwerpunkt der landwirtsch. »Neulandgewinnung«. 1994 zur neuen Hauptstadt Kasachstans bestimmt, 1998 Umzug von Regierung und Parlament von Almaty. A. soll bis 2030 als Hauptstadt ausgebaut werden, bisher wurden Regierungs- und Verw.-Gebäude, Technologieparks sowie neue Wohnviertel errichtet.

Astarte, keilinschriftlich **Aschtirat,** die der babylon. Ischtar entsprechende Fruchtbarkeits- und Kriegsgöttin Palästina-Syriens.

Astasierung [griech.], Beseitigung der Einwirkung elektr. und magnet. Störfelder bei Präzisionsmessgeräten.

Astat [griech.] *das,* früher **Astatin,** chem. Symbol **At,** radioaktives instabiles Element aus der Gruppe der →Halogene; Ordnungszahl 85, bekannt sind über 30 Isotope (Massenzahlen 193 bis 223) mit Halbwertszeiten zwischen 0,1 µs und 83 Stunden (^{210}At). A. ist das seltenste aller Elemente (die größte bislang erzeugte Menge betrug 50 µg); chemisch ist A. dem Polonium ähnlicher als dem Jod.

Aster [griech. »Stern«], Gattung der Korbblütler mit etwa 600 Arten, meist ein- bis mehrjährige Kräuter. Die **Alpen-A.** (A. alpinus) hat goldgelbe Röhren- und violettblaue Zungenblüten, das **Alpenmaßlieb** (A. bellidiastrum) weiße bis rötl. Zungenblüten. Auf Heideweisen, Triften und buschigen Hügeln wächst die **Goldhaar-A.** (A. linosyris), eine Kompasspflanze; die **Strand-A.** (A. tripolium) wächst nur auf salzigem Boden. Eine nordamerikan. Zuchtform ist die **Herbst-A.** (**Stauden-A.**). Die **Garten-A.** (**Sommer-A.,** A. chinensis) ist formenreich.

Asteriskus [griech.] *der, Sprachwissenschaft:* Zeichen (*) vor nicht belegten, sondern nur erschlossenen Formen, z. B. indogerman. *pətēr »Vater«.

Asterismus [zu griech. astḗr »Stern«] *der,* Eigenschaft mancher Kristalle, auffallendes Licht in Form heller Streifen, Kreise oder Sterne zu reflektieren; Ursachen sind feine Hohlkanäle oder fremdmineral. Einschlüsse.

Asterix, Titelheld einer frz. Comicserie (ab 1959) von R. Goscinny und dem Zeichner A. Uderzo, der seit Goscinnys Tod die Serie allein weiterführt. Die pseudohistor. Handlung um A., einen listigen Gallier in röm. Zeit, ist von satir. Anspielungen auf die Gegenwart durchdrungen. – A. wurde auch Held zahlr. Zeichentrickfilme und Realverfilmungen.

Asteroiden [griech.], die →Planetoiden.

Asthenie [griech. »Kraftlosigkeit«] *die,* schnelle Ermüdbarkeit, Schwäche, (krankheitsbedingter) Kräfteverfall.

Astheniker, Leptosome, veraltete Bez. für einen Menschen von hoch aufgeschossener, schlanker Gestalt (→Konstitutionstypen).

Asthenopie [griech.] *die,* **Sehschwäche,** Ermüd-

Fred Astaire mit Ginger Rogers in »Swing Time« (1936)

barkeit der Augen beim Sehen in der Nähe, die z. B. auf nicht oder falsch korrigierten Brechungsfehlern des Auges oder auf Überanstrengung der bei der Naharbeit wirksamen Augenmuskeln beruht.

Asthenosphäre [griech.], plastisch reagierende Schicht (Fließzone) des oberen Erdmantels unterhalb der Lithosphäre.

Ästhet [griech.] *der,* Mensch, dessen besonderes Interesse v. a. dem Schönen und der Kunst gilt (→Ästhetizismus).

Ästhetik [griech. »Wahrnehmung«] *die,* philosoph. Disziplin, die i. w. S. allgemeine Probleme der Kunst (Kunst-, Literatur-, Musiktheorie), i. e. S. spezif. Grundkategorien sinnl. Erfahrung (das Schöne, Erhabene, Hässliche, Tragische, Komische usw.) reflektiert. Sie untersucht zum einen die Bedingungen der Entstehung von Kunstwerken und künstler. Prozessen, die Strukturen des ästhet. Gegenstandes in Kunst und Natur sowie das Verhältnis von Kunst und Wirklichkeit; zum anderen die Bedingungen und Formen der ästhet. Rezeption durch den Einzelnen und durch

Aster: Herbstaster (Aster novae-angliae)

die Gesellschaft. Als philosoph. Disziplin wurde die Ä. von A. G. Baumgarten mit seinem 1750–58 erschienenen Werk »Aesthetica« begründet; daneben gewann sie im 19. Jh. auch im Rahmen empirisch-einzelwiss. Forschung (Soziologie, Psychologie) Bedeutung. – Gebunden an ästhet. Erfahrung als eine besondere Form sinnl. Wahrnehmung, reicht die Ä. in alle Gebiete menschl. Lebensgestaltung (Architektur, Wohnen, Alltag, Design).

Geschichtliches: Heraklit sah die Schönheit in einer zu harmonischer Einheit gefassten Mannigfaltigkeit begründet. Polyklet fand sie in einem nach Maß und Zahl geordneten Formverhältnis. Bei Platon steht die Schönheit im Zusammenhang mit dem Wahren (Gutheit) unter vorwiegend metaphysisch-ontolog. Aspekten. Kunstwerke entstehen durch Nachahmung (Mimesis) der sinnl. Gegenstände. Aristoteles betont den schöpfer. Prozess sowie die Bedeutung von Symmetrie und Geordnetheit, der Neuplatonismus (Plotin) wieder die geistige Schönheit (Identifizierung von schön, göttlich und sittlich). Die Renaissance nahm die antike Proportionslehre auf und suchte das Schöne vom Menschen her (als Lebensideal) zu bestimmen. Weiterentwickelt wurde die Ä. im 18. Jh. in England, Frankreich und Dtl.; eine erste zusammenhängende Ä. im Geist rationalist. Schulphilosophie schrieb A. G. Baumgarten. A. Shaftesbury sieht das Universum als schön an und postuliert die Identität der Schönheit und des Guten. Für J.-J. Rousseau und D. Diderot gibt die Natur – im Ggs. zu Kunstregeln – die Richtschnur für das Schöne. I. Kant bezeichnet als das Schöne das, was »ohne Interesse« gefällt; das ästhet. Urteil des »interesselosen Wohlgefallens« ist subjektiv, besitzt jedoch Anspruch auf Verallgemeinerung. Goethes Begriff des Schönen ist bezogen auf Natur in ihrer Gesetzlichkeit und auf Lebendiges in seiner Vollkommenheit. Für Schiller verwirklicht die Kunst als Spiel, in der Vereinigung von Stofftrieb und Formtrieb, das Schöne. Für G. W. F. Hegel ist das Schöne das »sinnl. Scheinen der Idee«, Kunst gilt ihm in der Entwicklungsgesch. des Geistes als eine gegenüber der Philosophie niedrigere Stufe. Bei F. W. J. Schelling ist sie dagegen der Philosophie gleichgestellt, einige Romantiker geben ihr als »absoluter Kunst« den höchsten Rang. Für A. Schopenhauer bedeutet Kunst Darstellung der reinen ewigen Ideen. Die Ä. F. Nietzsches stellt den irrationalen Prozess des Rausches, die Momente der »Zerstörung« und des »Exzesses« im Sinne des Dionysischen in den Mittelpunkt und bereitet auf diese Weise die Selbstbeschreibung der Kunst der Avantgarde vor.

Im weiteren Verlauf des 19. Jh. wurde die Ä. allmählich mehr psychologisch betrachtet (F. T. Vischer, J. Volkelt); diese Art der Ä. wirkte im 20. Jh. zunächst noch weiter (T. Lipps u. a.), wobei der Begriff Einfühlung im Zentrum stand; sie wurde aber durch die von E. Husserl ausgehende phänomenolog. Ä. überwunden: Sie führt den Begriff des »ästhet. Gegenstandes« ein, der vom Auffassenden im »ästhet. Erleben« realisiert wird. Von der Phänomenologie gingen auch H.-G. Gadamer, der eine hermeneut. Kunstphilosophie entwickelte, und M. Heidegger aus, der der Kunst (unter Verzicht auf den Begriff Ä.) im Rahmen seiner Theorie der Seinsgesch. eine zentrale Bedeutung zuspricht: Kunst ist »Dichtung« und eine Stiftung (ein »ins Werk setzen«) von Wahrheit. Im Anschluss an Heidegger entwickelt J. Derrida die Differenz-Ä. der Dekonstruktion, J. F. Lyotard eine Ä. des Erhabenen. Für die marxistisch beeinflusste Ä. ist Kunst zu verstehen als Widerspiegelung der Wirklichkeit (G. Lukács). Ästhet. Verhalten erscheint aber auch, über das Schaffen von Kunst hinaus, als allg. Verhalten zur Wirklichkeit. Die neomarxist. Ä. (etwa T. W. Adorno) sieht im Kunstwerk ein zugleich autonomes und gesellschaftl. Phänomen; Kunst ist auf Wahrheit gerichtet und (E. Bloch) eine Vorwegnahme einer utopisch freien Gesellschaft. Die semant. Ä., vom Neopositivismus beeinflusst, betont die sinnlich erfassbaren Strukturen des Kunstwerks, deren ästhet. Zeichenkomplexe (quantitativ in der Informations-Ä. von M. Bense) entschlüsselt werden können. Ä. wird damit zu einer Kommunikationswissenschaft. Im Umkreis der amerikan. Handlungs- und Symboltheorie wurde eine Kunsttheorie entwickelt, die die ästhet. Produktion aus der Erzeugung singulärer Metaphern (A. C. Danto) bzw. als »exemplifikator.« Geste (N. Goodman) versteht; deren Logik liegt nicht in der Darstellung oder Bezeichnung von etwas, sondern in der epistem. Struktur des »Zeigens«, »Vorführens« oder »Verweisens«.

ästhetische Chirurgie, Teilgebiet der → plastischen Chirurgie zur Verbesserung des äußeren Erscheinungsbildes durch formverändernde Operationen der Körperoberfläche und der Körperkonturen. Die Entscheidung zur Operation ergibt sich aus dem Anliegen des Patienten, der sich durch sein Erscheinungsbild beeinträchtigt fühlt. Zu den am häufigsten durchgeführten ästhet. Operationen gehören Fettabsaugung, Brustvergrößerung oder -verkleinerung, Bauchdeckenstraffung, Augenlidstraffung, Nasenformkorrektur, Gesichts- und Halsstraffung.

Ästhetizismus *der,* die Auffassung, die im Ästhetischen, bes. in der Kunst, den höchsten aller Werte und das Ziel der Kultur sieht, dem sich Religion, Sittlichkeit, Wiss. usw. unterzuordnen haben. Neigung zum Ä. zeigen bes. die Renaissance, die dt. Romantik, die → Dekadenz des »Fin de Siècle« und die Bewegung des → L'art pour l'art.

Asthma [griech. »Beklemmung«] *das,* anfallsweise auftretende Atemnot. 1) **Bronchial-A.** (A. bronchiale) beruht auf einer Verengung der bronchialen Atemwege, bes. der feineren Luftröhrenäste mit Schwel-

Asthma: Entstehung des Bronchialasthmas

lung der Schleimhaut und zähflüssigem weißl. Auswurf. Im Anfall, der bes. nachts auftritt, sind die Lungen gebläht, die Atmung pfeifend. Bronchial-A. kann durch Allergie, oft auf erbl. Grundlage, ausgelöst werden (z. B. Heu-A., →Heuschnupfen); es kann auch nach Infektionen der Luftwege, bei körperl. Anstrengung und durch andere Inhalationsreize (z. B. Kälte, Rauch) auftreten oder psychisch bedingt sein. Der schwere, lang dauernde Asthmaanfall führt zum Status asthmaticus, der durch Überlastung des Herzens und der Atemmuskulatur lebensbedrohlich sein kann. Die Behandlung erfolgt je nach Ursache und Schweregrad im akuten Anfall mit die Bronchien erweiternden Mitteln, v. a. über einen Vernebler, sowie mit Glucocorticoiden. 2) **Herz-A. (A. cardiale),** eine anfallweise auftretende Atemnot infolge Blutstauung in den Lungen bei Linksherzschwäche (→Herzinsuffizienz). Der Übergang in ein →Lungenödem ist möglich. Zu den Sofortmaßnahmen gehören die Hochlagerung des Oberkörpers und eine medikamentöse Unterstützung des Herzens (harntreibende Mittel, Nitroglycerin).

Asti, 1) Prov. in Piemont, Italien, 1 511 km², 212 200 Ew.; Hptst.: Asti. **2)** Hptst. von 1), 73 100 Ew.; Bischofssitz; got. Kathedrale, roman. Baptisterium; Textil- und Nahrungsmittelind., Handels- und Weinbauzentrum (u. a. Schaumwein: **Asti spumante**). A. ist das antike Hasta.

Astigmatismus [griech. »Nichtpunktmäßigkeit«] *der,* **1)** *Medizin:* **Stabsichtigkeit,** auf abnormer Wölbung der Hornhaut beruhender →Brechungsfehler des Auges. **2)** *Physik:* ein →Abbildungsfehler.

Astilbe *die,* **Scheingeißbart,** Gattung der Steinbrechgewächse; Zierpflanzen mit weißen bis rötl. Blütenrispen.

Aston [ˈæstən], Francis William, brit. Chemiker, * Harborne (heute zu Birmingham) 1. 9. 1877, † Cambridge 20. 11. 1945; wurde 1909 Mitarbeiter von J. J. Thomson bei dessen Versuchen über Ionenstrahlen, fand dabei die Existenz von zwei Neonisotopen; entwickelte den Massenspektrografen. Ab 1921 war A. Mitglied der Royal Society, 1922 erhielt er den Nobelpreis für Chemie.

Astor, Johannes Jakob, amerikan. Unternehmer, * Walldorf (bei Heidelberg) 17. 7. 1763, † New York 29. 3. 1848; wanderte 1783 nach Amerika aus, erwarb durch Pelzhandel und Grundstücksgeschäfte ein beträchtliches Vermögen; stiftete die **A.-Bibliothek** in New York (seit 1895 New York Public Library).

Astorga, Stadt in der Region Kastilien und León, Prov. León, Spanien, in Spornlage am Rand der Montes de León, 12 700 Ew. – Reste der röm. Stadtmauer, got. Kathedrale, bischöfl. Palast (von A. Gaudí, 1887–93).

ASTP, Abk. für engl. Apollo Soyuz Test Project, →Apollo-Sojus.

Astra, Name eines Systems von 13 (2006) europ. Nachrichtensatelliten der Betreibergesellschaft **SES** (frz. Société Européenne des Satellites, Sitz: Luxemburg) zum Direktempfang von Fernseh- und Rundfunkinhalten sowie zur Übertragung von Multimediadiensten. Die A.-Satelliten decken mit ihren Reichweiten den gesamten europ. Raum ab. Sie strahlen über 1 300 nat. und internat. Fernseh- und Rundfunkprogramme analog oder digital aus, die in Direktausstrahlung vom Nutzer über Satellitenantenne empfangen werden können.

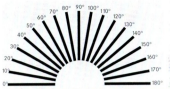
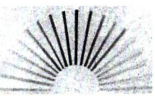

Astigmatismus 1): von einem gesunden Auge **(links)** und von einem kurzsichtigen astigmatischen Auge **(rechts)** gesehene Strahlenfigur

Als erster Satellit nahm A. 1 A im Februar 1989 seinen Betrieb auf; es folgten A. 1 B (1991), 1 C (1993), 1 D (1994), 1 E (1995), 1 F (1996), 1 G (1997), 1 H (1999), A. 2 A (1998), 2 B (2000), 2 C (2001), 2 D (2000) und A. 3 A (2002).

Astrabad, früherer Name der iran. Stadt →Gorgan.

Astrachan *der,* das Fell jung geschlachteter Lämmer des **A.-Schafs,** einer Art der Fettschwanzschafe aus der kirgis. Steppe.

Astrachan, Hptst. des Gebiets A., Russland, im Wolgadelta, 506 000 Ew.; Hochschulen; Fluss-, See-, Fischerei- und Flughafen; Fischverarbeitung (Kaviar); Schiff- und Maschinenbau, chem. u. a. Ind.; im Gebiet A. Erdöl- und Erdgasförderung. – 1459–1556 Hptst. des gleichnamigen Khanats, 1556 von den Truppen Iwans IV. erobert, danach russ. Grenzfestung und Zentrum des Orienthandels; Kreml (1580), Uspenski-Kathedrale (1700–17).

Astragal [griech.] *der,* **Perlstab,** *Baukunst:* kleines Rundprofil, durch runde oder längl. Perlen zwischen doppelten flachen Scheiben gegliedert.

astral [griech.], auf die Gestirne bezogen.

Astralleib, Ätherleib, in der Anthroposophie der ätherisch gedachte Träger des Lebens im Körper des Menschen. Die Vorstellung vom A. geht auf Aristoteles' Ätherbegriff (→Quintessenz) und Platons →Weltseele zurück.

Astralmythologie, Astrolatrie, die religiöse Verehrung der Gestirne als Götter oder Sitze von Göttern. Entsprechende Mythen gehen meist mit genauen Himmelsbeobachtungen einher und finden sich in auffallender Übereinstimmung in allen Kulturkreisen (babylonisch-assyr., griech., röm., german. Mythologie, Hauptbestandteil der ägypt. Mythologie; Gleichsetzung der Hauptgötter mit Planeten).

AstraZeneca PLC [ˈæstrəˈzenɪkə piːelˈsiː], weltweit tätiger brit. Pharmakonzern, Sitz: London; entstanden 1999 durch Fusion von Zeneca Group plc und Astra AB.

Astrilden [afrikaans], die →Prachtfinken.

astro... [griech. ástron »Gestirn«], stern..., weltraum...

Astrobiologie, →Kosmobiologie.

Astroblem [griech.] *das,* die Aufschlagstelle von Meteoriten (Meteoritenkrater) auf der Erde.

Astrofotografie, die Anwendung der Fotografie zur Aufnahme von Himmelskörpern mit Fernrohren.

Astrofotometrie [griech.] *die,* Messung der Strahlung und scheinbaren Helligkeit von Himmelskörpern unter Einsatz visueller, fotograf., foto- und thermoelektr. Methoden.

Astroide [griech.] *die,* **Sternkurve,** sternförmige ebene Figur mit vier Spitzen, die ein Punkt eines Kreises vom Radius r beschreibt, der innen auf einem Kreis vom Radius $R = 4r$ abrollt; Evolute einer Ellipse.

Astroide

Astrolabium [griech.] *das, Astronomie:* 1) antike Bez. für die Armillarsphäre; 2) die aus der Armillarsphäre entwickelte **Planisphäre**, ein schon von Ptolemäus benutztes, von den Arabern überliefertes astronom. Instrument in Scheibenform mit Visiergerät zur mechan. Lösung von astronom., astronomisch-geograf. und astrolog. Aufgaben; 3) astronomisch-geodät. Beobachtungsinstrument (→ Prismenastrolabium).

Astrologe *der,* Sterndeuter. Im 15./16. Jh. waren viele christl. Gelehrte und Theologen (auch Päpste), bis ins 17. Jh. Astronomen zugleich auch A. (u. a. T. Brahe, J. Kepler); berühmte A.: Nostradamus, G. B. Seni.

Astrologie [griech.] *die,* **Sterndeutung,** bis zum 4. Jh. Synonym zu Astronomie, später nur noch die Sterndeutekunst, die individuelles Schicksal und Charakter, aber auch Ereignisse wie Krieg, Frieden, Katastrophen oder Glück verheißende Tage aus dem Einfluss der Gestirnkonstellationen deutet oder vorhersagt.

Astrolog. Lehren finden sich bei Naturvölkern und in allen Hochkulturen.

Grundlage der stark mystisch-symbol. Deutungen bilden die den Planeten zugeschriebenen »Wesenskräfte« wie Aktivität (Mars), Intellekt (Merkur) und Erfahrung (Saturn). Dabei wird den 12 Abschnitten bzw. Sternbildern des → Tierkreises (**Tierkreiszeichen**) Zusatzwirkung zugeschrieben, die je nach Sternbild und Stellung der Planeten zu ihnen verschieden sein soll. Als wichtig gilt die Gestirnkonstellation im Augenblick der Geburt (u. a. Rolle des Aszendenten; → Horoskop). In der Gewinnung rechner. Anhaltspunkte, in der Aufstellung der → Konstellation, war die A. mit der Entwicklung der Mathematik und Astronomie verknüpft. Im 20. Jh. bezogen Anthroposophie und Psychologie astrolog. Lehren ein. Auch einige Naturwiss.en bemühen sich um wiss. Untersuchung kosm. Einflüsse.

Geschichte: Die Anfänge der A. liegen in Babylonien, Assyrien und Ägypten. Davon zeugen die Keilinschriften aus der Bibliothek Assurbanipals (um 640 v. Chr.) und der noch heute verwendete **Tetrabiblos** (»Werk in vier Büchern«) des Ptolemäus (um 150 n. Chr.). Im MA. (als den Menschen einbeziehender Teil der Astronomie) zu den Artes liberales zählend, erlangte die A. Einfluss auf alle Angelegenheiten im Alltagsleben der Menschen und prägte stark den Volksglauben.

Mit dem kopernikan. Weltbild und der Aufklärung (18. Jh.) wurde die A., der es nie an erbitterten Gegnern gefehlt hat, zurückgedrängt. Um 1900 kam die »statist. A.« auf; astrolog. Deutungen des Menschen erlangten seit den 1920er-Jahren in Verbindung mit der Psychoanalyse und Tiefenpsychologie eine neue Ausrichtung (»neue« bzw. »anthroposoph. A.«, »therapeut. A.«). Bes. durch das Aufkommen der Esoterik in den 1980er-Jahren lebte auch die Aufmerksamkeit für die A. (»esoter. A.«, »karm. A.«, »transpersonale A.«) und sog. kosm. Heilenergien (»Chakras«) in gewisser Weise neu auf. Die weitverbreiteten Zeitungs- (erstmals 1899), Rundfunk- und Fernsehhoroskope u. Ä. werden nicht zur A. im eigentl. Sinn gezählt. (→ chinesische Astrologie)

Astromantie [griech.] *die,* Wahrsagung aus den Planeten und Tierkreisbildern.

Astrometrie [griech.] *die,* **Positionsastronomie,** Teilgebiet der Astronomie, das sich v. a. mit der Messung von Sternörtern (→ astronomischer Ort) befasst. Astrometr. Messungen sind die Grundlage für die Stellarastronomie und die astronom. Orts- und Zeitbestimmung.

Astronaut *der,* → Raumfahrer.

Astronautik [griech.-lat.] *die,* → Raumfahrt.

Astronomie [griech.] *die,* **Himmelskunde, Sternkunde,** zusammenfassende Bez. für die Wissenschaften, die sich mit der Erforschung des Universums befassen. Die A. untersucht Verteilung, Bewegung, physikal. Zustand und Aufbau der kosm. Materie sowie deren Entstehung und Entwicklung. Grundlage ist die Analyse der aus dem Kosmos ankommenden elektromagnet. Strahlung. Zu den klass. Teilgebieten der A. gehören **Astrometrie** und **Himmelsmechanik,** die sich mit der Bestimmung von Position (Ort, Bahn) bzw. Bewegung der Himmelskörper unter dem Einfluss der Gravitation befassen, sowie die **Stellar-A.** (insbes. die Stellarstatistik und Stellardynamik), die die Verteilung und Dynamik von Sternen innerhalb versch. Systeme (z. B. Milchstraße) analysiert. Die Ausdehnung des beobachteten Spektralbereichs der elektromagnet. Strahlung über das sichtbare Licht (**optische A.**) hinaus brachte u. a. spezielle Methoden wie Ballon-, Raketen- und Satelliten-A. hervor sowie (entsprechend den beobachteten Wellenlängenbereichen) die **Gamma-, Röntgen-, Ultraviolett-, Infrarot-, Submillimeter-** und **Radioastronomie.** Sie lieferten zahlr. neue Erkenntnisse über die unterschiedlichsten kosm. Strahlungsquellen, die in der → Astrophysik behandelt werden und z. B. auch für die → Kosmologie von Bedeutung sind. Über die elektromagnet. Strahlung hinaus werden u. a. auch die von der Sonne ausgehenden Neutrinos (**Neutrino-A.**) untersucht, ferner gibt es Versuche, → Gravitationswellen nachzuweisen.

Geschichte: Um 3000 v. Chr. begannen Chinesen, Inder, Ägypter und Babylonier mit systemat. Himmels-

Astrolabium: planisphärisches Astrolabium, bestehend aus einer ebenen (stereografischen) Projektion des Sternhimmels, die gegen eine nach Breitengraden veränderliche Darstellung des Horizonts drehbar ausgeführt ist

Astronomie: links Detailansicht der Mondoberfläche mit dem Krater Daedalus; rechts die Spiralgalaxie M 100 im Sternbild Haar der Berenike

beobachtungen v. a. zur Kalender- und Zeitbestimmung. Die Babylonier führten u. a. den zwölfteiligen Tierkreis, die Ekliptik (nach 2000 v. Chr.) und um 500 v. Chr. den 19-jährigen Schaltzyklus für das Mond-Sonnen-Jahr ein. Griech. Gelehrte bemühten sich seit etwa 600 v. Chr. um Erklärung der Himmelserscheinungen. Aristarchos von Samos schlug bereits um 260 v. Chr. ein heliozentr. Weltbild vor, das u. a. auf der Kenntnis der Kugelgestalt der Erde und deren Eigendrehung basierte. Dennoch blieb das geozentr. Weltbild, das Ptolemäus um 150 n. Chr. in seinem »Almagest« zusammenfasste (**ptolemäisches Weltbild**), bis ins ausgehende MA. unangefochten.

Die Erneuerung der A. ging im 15. Jh. von Dtl. aus (z. B. von Regiomontanus). Besondere Bedeutung haben die Arbeiten von N. Kopernikus, der die Grundlagen für das heliozentr. Weltbild schuf, von T. Brahe und von J. Kepler, der die Gesetze der Planetenbewegung formulierte (→ keplersche Gesetze). Die Erfindung des Fernrohrs um 1608 (H. Lippershey) ermöglichte weitere und genauere Beobachtungen: Entdeckung der Jupitermonde durch G. Galilei 1610, der Sonnenflecke durch J. Fabricius, C. Scheiner und Galilei 1611, des Andromedanebels durch Simon Mayr 1612. Die ersten Sternwarten wurden in Paris (1669) und Greenwich (1676) gegründet; 1675 bestimmte O. Römer die Lichtgeschwindigkeit. Endgültig anerkannt wurde das **kopernikanische Weltbild** aber erst mit der Formulierung des Gravitationsgesetzes durch I. Newton 1666. – Im 18. Jh. wurde die theoret. A. durch L. Euler, A. C. Clairaut, J.-B. d'Alembert, J. L. Lagrange und P. S. Laplace, die prakt. A. u. a. durch J. Bradley (Aberration des Lichtes), E. Halley (Sonnenparallaxe), F. W. Herschel (Uranus, Doppelsterne, Sternhaufen, Nebel), P. L. Maupertuis (Abplattung der Erde) gefördert. Im 19. Jh. gab C. F. Gauß neue Methoden der Bahnbestimmung der Planeten und Kometen an, F. W. Bessel bestimmte erstmals die Entfernung eines Fixsterns, J. G. Galle entdeckte aufgrund der Berechnungen von U. J. J. Le Verrier und J. C. Adams den Neptun.

Durch verstärkte Anwendung physikal. Erkenntnisse und Messmethoden (Fotometrie, Spektroskopie u. a.) etablierte sich die Astrophysik, sodass die Untersuchung von Sternspektren (→ Hertzsprung-Russell-Diagramm, 1931), Nebeln, Galaxien und deren Entfernungen zueinander (→ Hubble-Effekt, 1929) zu weiteren Erkenntnissen über die Sternentwicklung und den Bau des Weltalls führte. Mit der Begründung der Radio-A., die zur Entdeckung der Quasare und Pulsare führte, wurde auch die Beobachtung der interstellaren Materie möglich. Von großer Bedeutung für die astronom. Forschung waren der Nachweis der kosm. Hintergrundstrahlung (1965) und die Entdeckung der ersten Gravitationslinsen. – Ein neues Zeitalter für die A. begann mit dem Start des ersten künstl. Erdsatelliten »Sputnik« am 4. 10. 1957. Durch die Entwicklung der Raumfahrt und die Entsendung unbemannter Raumsonden (z. B. Voyager, Giotto) haben v. a. die Planeten- und Kometenforschung einen starken Auftrieb erfahren. Die Erfolge moderner astronom. Forschung sind eng verbunden mit den Fortschritten techn. Entwicklungen, insbes. in den Bereichen Optik, Computertechnik sowie Informations- und Bildverarbeitung.

Astronomiesatelliten, astronomische Satelliten, der astronom. Forschung dienende künstl. → Satelliten der Erde (z. B. Ultraviolett-, Röntgen-, Infrarotsatelliten) im Unterschied zu → Raumsonden, die

Astronomie: Die 3 600 Jahre alte »Himmelsscheibe von Nebra« gilt als älteste konkrete Himmelsdarstellung. Im oberen Teil rechts ist der Sternhaufen der Plejaden zu erkennen (Halle/Saale, Landesmuseum für Vorgeschichte).

den engeren Anziehungsbereich der Erde verlassen. Astronom. Beobachtungen und Experimente, vorgenommen mithilfe von A., werden unter der Bez. **Satellitenastronomie** zusammengefasst.

Astronomische Einheit, Einheitenzeichen **AE**, international auch **AU** (von engl. **a**stronomical **u**nit), Längeneinheit in der Astronomie: 1 AE = 149 597 870 km, entspricht etwa dem mittleren Abstand Erde–Sonne.

Astronomische Gesellschaft, internat. Vereinigung von Astronomen und Freunden der Himmelskunde, gegr. 1863 in Leipzig, Sitz: Hamburg. Die A. G. ist Mitgl. der Internat. Astronom. Union.

astronomische Instrumente, Geräte zur Beobachtung und Messung der von kosm. Objekten ausgesandten Strahlung, meistens fest (z. B. in Sternwarten) aufgestellt. Als Instrumententräger dienen u. a. auch Raketen, Satelliten und Raumsonden. Wichtigstes Beobachtungsinstrument ist das Fernrohr. Der fotograf. Refraktor (Astrograf) wird zur Aufnahme und Überwachung von Sternfeldern eingesetzt, zur astronom. Zeitbestimmung der →Meridiankreis und das →Durchgangsinstrument, zur Bestimmung von Polhöhenschwankungen das →Zenitteleskop. Besondere a. I. zur Sonnenforschung sind der →Spektroheliograf und der →Koronograf. – Durch Zusatzinstrumente wie Spektralapparate, Thermoelemente und Interferometer kann die aufgenommene Strahlung hinsichtlich versch. Parameter untersucht werden. Entsprechend den Forschungsaufgaben werden spezielle Geräte eingesetzt, z. B. die Radioteleskope in der Radioastronomie.

astronomische Jahrbücher, →Jahrbücher.

astronomische Koordinaten, Zahlenpaar zur Festlegung der astronom. Örter der Gestirne an der Himmelskugel. A. K. sind jeweils durch einen **Grundkreis** (Grundebene) um den Ursprung (z. B. den Beobachter, Erdmittelpunkt) und zwei Pole bestimmt und weisen sechs. Großkreise auf.

1) Grundkreis für das **Azimut-** oder **Horizontalsystem** (mit dem Beobachter im Zentrum) ist der Horizont; die beiden a. K. sind das Azimut A und die Höhe h über dem Horizont. A wird von S über W, N und O (von 0° bis 360°) gezählt; statt h wird auch die Zenitdistanz z vom Zenit zum Horizont ($z = 90° - h$) angegeben.

2) Grundkreis des **Äquatorsystems** (mit dem Erdmittelpunkt im Zentrum) ist der Himmelsäquator. Beim **festen Äquator-** oder **Stundenwinkelsystem** (für die Beobachtung am Fernrohr) ist der Stundenwinkel τ (→Stundenkreis) die erste, die Deklination δ die zweite a. K.; τ wird längs des Himmelsäquators von dessen Schnittpunkt mit dem Meridian in westl. Richtung (von 0 bis 24 Stunden) gezählt, δ vom Himmelsäquator in Richtung der Pole (von 0° bis ±90°). Die a. K. beim **bewegl. Äquator-** oder **Rektaszensionssystem** (für Sternkarten, Kataloge) sind die Rektaszension α und die Deklination.

3) Grundkreis für das **ekliptikale System** (zur Positionsbestimmung von Körpern des Sonnensystems) ist die Ekliptik. Die beiden a. K. sind die ekliptikale Länge λ und die ekliptikale Breite β.

4) Grundebene beim **galakt. System** (für die Untersuchung der Milchstraße) ist die Milchstraßenebene (galakt. Äquator), von der aus die galakt. Länge l und die galakt. Breite b gemessen werden.

astronomischer Ort, Sternort, Position eines Gestirns an der Himmelskugel, wird meist durch Rektaszension und Deklination, selten durch Länge und Breite angegeben. (→astronomische Koordinaten)

astronomische Uhr, 1) Uhr, die außer der Zeit auch den Planetenlauf, Gezeiten, bewegl. Feste, Himmelserscheinungen u. a. anzeigt, z. B. die 1574 von I. Habrecht fertiggestellte Uhr im Straßburger Münster oder die a. U. am Altstädter Rathaus in Prag (1490); 2) Präzisionsuhr in Observatorien oder geodät. Instituten zur astronom. Beobachtung und zur Zeithaltung zw. astronom. Zeitbestimmungen.

astronomische Zeichen, Symbole für Planeten (sowie die ihnen in der Antike und im MA. zugeordneten Wochentage und Metalle), Zeichen des Tierkreises, der Konstellationen u. a. Sie entstanden als Abkürzungen ihrer griech. Namen oder aus Bildern; in der verbreiteten Form sind sie (bis auf die Zeichen für die später entdeckten Planeten Uranus, Neptun und Pluto) seit dem Spät-MA. in Gebrauch.

Astrophysik [griech.], Teilgebiet der →Astronomie, das sich mit der Untersuchung der physikal. Eigenschaften kosm. Objekte (wie Planeten, Sonne, Sterne, Sternsysteme, interplanetare und interstellare Materie) sowie kosm. Magnetfelder und Teilchenströme befasst und dabei Gesetze und Methoden der Physik anwendet (z. B. Spektralanalyse, Fotometrie). Die A. liefert u. a. Aussagen über den inneren Aufbau der Himmelskörper, die Energieerzeugung im Sterninnern und die →Sternentwicklung.

Astrospektroskopie [griech.] *die,* die Anwendung der →Spektralanalyse auf kosm. Objekte.

Ästuar [lat.] *das,* unter dem Einfluss der Gezeitenströme schlauch- oder trichterförmig erweiterte Flussmündung (**Trichtermündung**), z. B. bei Elbe, Themse, Garonne.

Asturias, Miguel Ángel, guatemaltek. Schriftsteller, * Guatemala 19. 10. 1899, † Madrid 9. 6. 1974; war ab 1944 im diplomat. Dienst, 1954–66 im Exil; schrieb Werke im Stil des »mag. Realismus«, teils auf indian. Mythen aufbauend, teils politisch engagiert und sozialkritisch; 1967 Nobelpreis für Literatur. Verfasste Romane (»Der Herr Präsident«, 1946; »Die Maismänner«, 1949; »Bananen-Trilogie«, 1950–60), Erz. (»Weekend in Guatemala«, 1956), Lyrik, Dramen.

Asturi|en, span. **Asturias,** histor. Landschaft in NW-Spanien, am Nordhang des Kantabr. Gebirges (in den Picos de Europa bis 2 648 m ü. M.); umfasst heute als Region die Prov. Oviedo, 10 604 km², 1,075 Mio. Ew.; auf der Grundlage von Steinkohlen- und Erzbergbau entwickelte sich A. im 19. Jh. zu einem Zentrum

Miguel Ángel Asturias

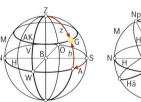

astronomische Koordinaten: links Azimut- oder Horizontsystem; **Mitte** festes Äquator- oder Stundenwinkelsystem; **rechts** Ekliptikalsystem; A Azimut, AK Azimutalkreis, B Beobachter, D Deklinations-, Stundenkreis, E Ekliptik, Ep Pol der Ekliptik, G Gestirn, H Horizont, Ha Himmelsachse, Hä Himmelsäquator, L Längenkreis, M Meridian, N Nordpunkt, Na Nadir, Np Nordpol, O Ostpunkt, Pd Poldistanz, S Südpunkt, Sp Südpol, V erster Vertikal, W Westpunkt, Z Zenit, h Höhe, z Zenitdistanz, α Rektaszension, β ekliptikale Breite, δ Deklination, ε Ekliptikschiefe (23°27'), λ ekliptikale Länge, ♈ Frühlingspunkt, τ Stundenwinkel, $\tau + \alpha$ = Stundenwinkel des Frühlingspunktes, φ geographische Breite

der Montanind.; außerdem Aluminiumerzeugung, Schiffbau, Metallverarbeitung, chem. Ind. und Maschinenbau; im Hinterland Obst- und Maisanbau, Viehwirtschaft (im N Rinder und Schweine, im S Schafe).

Geschichte: Die iber. Asturer wurden 25 v. Chr. von den Römern unterworfen. In A. hielten sich nach der Eroberung Spaniens durch die Araber (711–713) die letzten Westgoten. Mit dem astur. Sieg bei Covadonga 722 begann die christl. →Reconquista. Alfons III. (866–910) dehnte die astur. Herrschaft über den Duero hinaus aus. Die Hptst. wurde 925 nach León verlegt. 1230 ging A.-León im Königreich Kastilien auf. 1982 erhielt A. ein Autonomiestatut.

Astwerk, spätgot. Ornament der Zeit um 1500, das verschlungenen blattlosen Ästen mit Stümpfen nachgebildet ist.

Asunción [asun'sjɔn], Hptst. von Paraguay, am linken Ufer des Paraguay, 513 400 Ew.; Verwaltungs-, Kultur-, Wirtschafts- und Verkehrszentrum des Landes; zwei Univ.; kath. Erzbischofssitz; Erdölraffinerien, Textil-, Tabakind.; Flusshafen, internat. Flughafen. – 1537 gegr., war A. während der frühen Kolonialzeit Hptst. der span. La-Plata-Länder; Kolonisationszentrum der Spanier im südöstl. Südamerika (seit 1588 Missionstätigkeit der Jesuiten unter den Guaraní-Indianern); 1868–76 brasilianisch.

Aswan, Stadt in Oberägypten, →Assuan.

ASW-Flugzeug [Abk. für engl. **a**nti**s**ubmarine **w**arfare], Militärflugzeug mit extremer Reichweite und Flugdauer, zur Bekämpfung von U-Booten mit besonderen Zielsuchgeräten sowie Angriffswaffen ausgerüstet.

Asyl [griech. ásylon »Freistatt«] *das,* Heim, Unterkunft; Zufluchtsstätte.

Asylrecht, *allgemein* und *historisch* das Recht auf Schutz vor politisch motivierter Verfolgung. Schon in frühen Kulturen erlangten Verfolgte Schutz durch das Betreten hl. Stätten oder durch Berühren hl. Gegenstände. Verletzung des A. galt als Frevel. Während das A. bes. bei Juden und Griechen geachtet wurde, schwächten es die Römer dort ab, wo es mit ihrem Machtanspruch kollidierte. Seit Kaiser Konstantin I. wurde das A. in christl. Stätten, Kirchen, Klöstern u. Ä. respektiert. Die kath. Kirche hält seit 1983 am kirchl. Asyl formell nicht mehr fest, wie überhaupt das in der jüngeren A.-Diskussion oft zitierte **Kirchenasyl** zugunsten von Abschiebung Bedrohter staatsrechtlich keinen Schutz genießt.

Völkerrecht: Das allgemeine Völkerrecht gibt dem Einzelnen kein Recht, in einem Staat seiner Wahl Zuflucht zu suchen, garantiert den Staaten aber das Recht, Asyl zu gewähren, sei es auf seinem Territorium (territoriales Asyl) oder in seiner Auslandsvertretung (diplomat. Asyl).

Geltendes A.: Das dt. GG gewährt politisch Verfolgten auch nach den zur Jahresmitte 1993 in Kraft getretenen Änderungen des A. unter bestimmten Voraussetzungen einen gerichtlich durchsetzbaren Anspruch auf Asyl (Art. 16 a Abs. 1). Politisch Verfolgter ist jeder, der wegen seiner Rasse, Religion, Nationalität, Zugehörigkeit zu einer sozialen Gruppe oder wegen seiner polit. Überzeugung verfolgt und bedroht wird. Auf dieses Recht kann sich aber nicht berufen, wer aus einem Staat der Europ. Union oder aus einem anderen vor Verfolgung »sicheren Drittstaat« einreist (Art. 16 a Abs. 2). Asylbewerber, die aus diesen Staaten einzureisen suchen, können sofort zurückgewiesen werden. Grundgedanke hierfür ist die Vorstellung, dass diese Staatengruppe einen dem dt. A. vergleichbaren Rechtsstandard bietet. Darüber hinaus sieht der bes. heftig umstrittene Art. 16 a Abs. 3 vor, dass Asylbewerber aus gesetzlich benannten »sicheren Herkunftsstaaten«, in denen anhand gesetzlich fixierter Kriterien polit. Verfolgung oder unmenschl. oder erniedrigende Behandlung ausgeschlossen erscheinen, das A. nur in Anspruch nehmen können, wenn sie Tatsachen vorbringen können, aus denen auf ihre Verfolgung zu schließen ist. Beide Staatengruppen werden durch Gesetz bestimmt.

Grundlage der Verfahren ist das Asylverfahrens-Ges. i. d. F. v. 27. 7. 1993. Von großer prakt. Bedeutung ist die »Flughafenregelung«, die es erlaubt, Asylbewerber, die auf dem Luftweg nach Dtl. einreisen, bis

Himmelskörper	Wochentag	Metall	Tierkreis	
☉ Sonne	Sonntag	Gold	♈ Widder	♎ Waage
☿ Merkur	Mittwoch	Quecksilber	♉ Stier	♏ Skorpion
♀ Venus	Freitag	Kupfer	♊ Zwillinge	♐ Schütze
♁ Erde		Antimon	♋ Krebs	♑ Steinbock
☾ Mond	Montag	Silber	♌ Löwe	♒ Wassermann
♂ Mars	Dienstag	Eisen	♍ Jungfrau	♓ Fische
♃ Jupiter	Donnerstag	Zinn		
♄ Saturn	Samstag	Blei	**Aspekt**	**Mondphase**
⛢ Uranus			☌ Konjunktion	● Neumond
♆ Neptun			□ Quadratur	☽ erstes Viertel
♇ Pluto			☍ Opposition	○ Vollmond
				☾ letztes Viertel

astronomische Zeichen

Astwerk: Astwerkportal der Schlosskirche in Chemnitz (Detail); um 1525

zu 19 Tage auf dem Flughafengelände festzuhalten und das Asylverfahren dort durchzuführen.

In *Österreich* gelten für Asylbewerber v. a. die Bestimmungen des Fremden-Ges. 1997 und des Asyl-Ges. 1997. Ein Fremder hat Anspruch auf Asyl, sofern er nicht bereits in einem anderen Staat vor Verfolgung sicher war (sicherer Drittstaat). In der *Schweiz* ist am 1. 10. 1999 das umfassend revidierte Asyl-Ges. vom 26. 6. 1998 in Kraft getreten, das neben der Asylgewährung und der Rechtsstellung der Flüchtlinge den vorübergehenden Schutz von Schutzbedürftigen und deren Rückkehr regelt.

Asymmetrie [griech.] *die, Chemie:* ein Begriff aus der →Stereochemie. A. liegt vor, wenn in einer molekularen Struktureinheit (ein Atom mit seinen unmittelbaren Bindungspartnern) keine Symmetrieelemente vorhanden sind. Dies ist der Fall, wenn vier unterschiedl. Atome oder Atomgruppen tetraedrisch um ein Zentralatom angeordnet sind. Von asymmetr. Verbindungen gibt es zwei Formen (→Isomerie), die sich in ihrem räuml. Bau wie Bild und Spiegelbild verhalten (→Chiralität). Sie werden als **Enantiomere** oder als (**opt.**) **Antipoden** bezeichnet, da die A. Ursache für ihre →optische Aktivität ist (**asymmetr. Kohlenstoffatom**).

Asymmetriefehler, *Physik:* ein →Abbildungsfehler.

Asymptote [zu griech. asýmptōtos »nicht zusammenfallend«] *die, Mathematik:* Gerade, an die sich eine Kurve beliebig nähert, ohne sie jedoch (im Endlichen) zu erreichen.

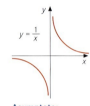

Asymptote:
x- und y-Achse als Asymptoten der Hyperbel $y = 1/x$

asynchron [griech.], nicht gleichzeitig, zeitlich nicht angeglichen.

Asynchronmotor, →Elektromotor.

Asyndeton [griech. »Unverbundenes«] *das,* Anreihung gleichgeordneter Wörter, Wortgruppen, Sätze oder Satzglieder ohne Konjunktion. (→Redefiguren, Übersicht)

Aszendent *der,* 1) *Astrologie:* Aufgangspunkt eines Gestirns.
2) *Genealogie* und *Recht:* Vorfahr (→Ahnen).

Aszendenz *die, Genealogie:* Hauptform genealog. Forschung, bei der (im Unterschied zur Deszendenz) in →aufsteigender Linie die Aszendenten (Ahnen) eines Probanden (Eltern, Großeltern, Urgroßeltern usw.) erforscht werden; allg. auch Bez. für Verwandtschaft in aufsteigender Linie.

Aszendenztafel, die, →Ahnentafel.

Aszites [griech.-lat.] *der,* die →Bauchwassersucht.

at, Einheitenzeichen für techn. →Atmosphäre.

At, chem. Symbol für →Astat.

A. T., Abk. für Altes Testament. (→Bibel)

Atabeg [türk. »Vater, Fürst«] *der,* **Atabek,** urspr. eine Bez. für den Erzieher und Vormund türk. Prinzen, später ein türk. Titel für Emire. Bei den Mamluken war der **Atabeg al-Assakir** der Oberbefehlshaber der Armee.

Atacama, Wüstengebiet im nördl. Chile; besteht aus einer Reihe von abflusslosen Becken zw. der Küstenkordillere und den Andenketten. Auf dem Hochland der Anden erstreckt sich die **Puna de A.** mit Hochbecken, in denen z. T. ausgedehnte Salzpfannen liegen. Die A. birgt reiche Bodenschätze. Wichtig bleiben Kupfererzabbau (seit dem 19. Jh.) und -verhüttung, v. a. in Chuquicamata; der früher bed. Salpeterabbau (Salpeterkrieg gegen Peru und Bolivien) ist heute auf einen Betrieb beschränkt (auch Jodgewinnung). Die Guanolager an der Küste sind erschöpft.

Atacamit [nach der Wüste Atacama] *der,* sekundäres, grünes, rhomb. Kupfermineral, $Cu_2(OH)_3Cl$; Fundorte in Australien, Südamerika, S-Afrika.

Atahualpa, letzter Herrscher des Inkareichs, * 1502, † Cajamarca (Peru) 29. 8. 1533; stürzte 1532 seinen Stiefbruder Huáscar; von Pizarro gefangen genommen und hingerichtet.

Atair [arab. »der fliegende (Adler)«], **Altair,** hellster Stern (α) im Sternbild Adler.

Atakora, Gebirge in W-Afrika, Teil des →Togo-Atakora-Gebirges.

Atalante, *griech. Mythologie:* arkad. Jägerin; sie erlegte den Kalydonischen Eber und nahm am Argonautenzug teil.

Ataman *der,* russ. Bez. für den Führer der Kosaken (→Hetman).

Ataraktika [griech.] *Pl.,* Gruppe der →Psychopharmaka.

Ataraxie [griech.] *die,* Freiheit von seelischen Erschütterungen und Lust der Ruhe: der zu erstrebende Seelenzustand im →Hedonismus des Epikur.

Atatürk, türk. Politiker, →Kemal Atatürk.

Atavismus [zu lat. atavus »Vorfahr«] *der,* **Rückschlag,** 1) *allg.:* Rückfall in urtüml. Zustände.
2) *Biologie:* das Wiederauftreten von Eigenschaften weit entfernter Vorfahren, beim Menschen z. B. extrem starke Körperbehaarung, überzählige Schneide- und Backenzähne.

Ataxie [griech. »Unordnung«] *die,* Störung des geordneten Zusammenwirkens ganzer Muskelgruppen bei Bewegungsabläufen; bedingt durch Schädigung des Gehirns oder des Rückenmarks.

Atbara, 1) *der,* rechter Nebenfluss des Nils, 1 120 km lang, entspringt nördl. vom Tanasee in Äthiopien, mündet bei der Stadt A. (Rep. Sudan); bei Hochwasser schiffbar; gestaut bei Khashm el-Girba.
2) Stadt im Sudan, an der Mündung des Flusses A. in den Nil, 109 700 Ew.; Zementwerk, Verkehrsknotenpunkt; Flughafen.

Atelier [atə'lje, frz.] *das,* Werkstatt eines Malers, Bildhauers, Maßschneiders; auch Raum für Film-, Fernseh- oder Fotoaufnahmen.

Atelier 5 [atə'lje: -], 1955 in Bern gegründete Architektengemeinschaft (urspr. fünf Partner). Die zunächst in engem Anschluss an Le Corbusier erfolgte Auseinandersetzung mit Form und Funktion führte zu einem prototyp. Bauen, bes. städtebauliche Ensembles (u. a. Kunstmuseum Bern, 1976–83; Bankgebäude der HypoVereinsbank in Luxemburg, 1993–2000).

Atellanen *Pl.,* **Atellanae Fabulae,** unteritalische Possenspiele des Altertums von drast. Komik, benannt nach ihrer Herkunft aus Atella bei Capua; Typenkomödien mit Masken und vier wiederkehrenden Charakteren: Maccus, der Clown; Bucco, der Aufschneider; Pappus, der törichte Alte; Dossennus, der pfiffige Bucklige. Urspr. in osk. Sprache, vor Plautus latinisiert, fanden sie zu Beginn des 1. Jh. v. Chr. Eingang in die lat. Literatur.

Atem, der Luftstrom, der beim Ausatmen durch die Lungen entweicht (→Atmung).

Atemgeräte, 1) Vorrichtungen zur Durchführung der künstl. Beatmung (→künstliche Atmung).
2) →Atemschutzgeräte.

Atemgeräusch, Atmungsgeräusch, Geräusch, das beim Abhorchen (Auskultation) des Atemvorganges wahrgenommen wird; gibt Hinweise auf Erkrankungen der Atmungsorgane.

Atemgifte, gesundheitsschädl. Stoffe, die v. a. über die Atemwege aufgenommen werden. Einige A., z. B. die Reizgase Schwefeldioxid, Chlor und Phosgen, schädigen das Lungengewebe, andere A. wirken erst nach Aufnahme in das Blut und stören versch. Stoffwechselvorgänge, z. B. Blausäure, Phosphorsäureester. Über den militär. Einsatz →Kampfstoffe.

Atemgymnastik, Atemtherapie, physiotherapeut. Behandlungsverfahren mit Übungen zur Verbesserung der Atmung und Kräftigung der Atmungsorgane; z. B. bei chron. Bronchitis und Bronchialasthma angewendet.

Atemnot, Kurzatmigkeit, Dyspnoe, erschwertes Atmen mit Beklemmungs- und Angstgefühl durch Sauerstoffmangel und Kohlendioxidanhäufung im Blut; bes. bei körperl. Anstrengungen, Lungen- und Kreislaufkrankheiten. Zu **anfallweiser A.** →Asthma.

a tempo [ital.], Abk. **a. t.,** *Musik:* Vorschrift für die Wiederaufnahme des Grundzeitmaßes nach vorübergehender Änderung des Tempos.

Atemschutzgeräte, Arbeits- und/oder Rettungsgeräte zum Schutz oder zur Aufrechterhaltung der Atmung. A. ermöglichen ein Arbeiten in schädl. (bes. kohlenoxidhaltigen) Gasen (Bergbau, Feuerwehr) oder in großen Höhen; es gibt Filter-, Schlauch- (→Frischluftgeräte), Behälter- und Regenerationsgeräte (→Sauerstoffgeräte).

Atemschutzmaske, Gesichtsmaske zum gasdichten Anschluss von Atemschutzgeräten (z. B. über Atemfilter); als Voll- oder Halbmaske. Vollsichtmasken sind mit einem Sichtfenster und eingebauter Funksprechverbindung ausgerüstet.

Atemspende, Verfahren der →künstlichen Atmung.

Atemstillstand, Apnoe, das Aufhören der Atembewegungen infolge zentraler oder peripherer Atemlähmung oder einer Fremdkörperaspiration. Die Sofortbehandlung umfasst Freimachen und Freihalten der Atemwege, Beatmung oder Atemspende.

Atemwege, Sammel-Bez. für die Zu- und Ableitungswege der Atemluft bei lungenatmenden Wirbeltieren und beim Menschen; sie umfassen den Nasen-Rachen-Raum, die Luftröhre und die Bronchien, wobei man die **oberen A.** (bis zum Kehlkopf) von den **unteren A.** unterscheidet.

Atemwurzeln, aus der Erde herauswachsende Wurzeln trop. Sumpfpflanzen (z. B. Mangroven), die der Sauerstoffversorgung des übrigen Wurzelsystems dienen.

Aterau, Stadt in Kasachstan, →Atyrau.

Atget [adˈʒe], Jean-Eugène-Auguste, frz. Fotograf, * Libourne (Dép. Gironde) 12. 2. 1857, † Paris 4. 8. 1927; schuf die umfassende »Photograph. Sammlung des alten Paris«; Wegbereiter der modernen Fotografie in den 1920er-Jahren.

Äth..., allgemeinsprachl. Schreibweise für chem. Verbindungen mit dem Bestandteil →Eth..., z. B. Äthanol (statt: Ethanol).

Athabasca [engl. æθəˈbæskə] *der,* **Athapaska,** Fluss in Kanada, südlichster der Mackenziequellflüsse, 1 231 km, entspringt in den kanad. Rocky Mountains, mündet in den **Athabascasee** (7 936 km^2); längs des A.-Tales Ölsandvorkommen (Abbau bei →Fort McMurray).

Athabasca, Mount [engl. maʊnt æθəˈbæskə] *der,* Berg in den kanad. Rocky Mountains, in der Prov. Alberta, nahe der Grenze gegen British Columbia, 3 491 m ü. M., am Rand des Columbia Icefield.

Atelier 5: Kunstmuseum in Bern (1976–83)

Äthan, das →Ethan.

Äthanal *das, der* →Acetaldehyd.

Athanasianisches Glaubensbekenntnis, das →Quicumque, altkirchl. Glaubensbekenntnis, bis ins 17. Jh. fälschlich Athanasios zugeschrieben; eines der drei ökumenischen Symbole.

Athanasios, Athanasius, griech. Kirchenlehrer, * um 295, † Alexandria 2. 5. 373; seit 328 Bischof in Alexandria; vertrat im Kampf gegen den →Arianismus die Lehre von der Wesensgleichheit Christi mit Gott (→homousios). Heiliger, Tag: 2. 5.

Äthanol, das →Ethanol.

Äthanolamine, die →Ethanolamine.

Athapasken, Sprachfamilie nordamerikan. Indianer in Kanada und USA (Alaska, Oregon, Kalifornien); auch die athapask. Sprachen sprechenden Navaho, Apachen u. a.

Athaulf, König der Westgoten (seit 410), † (ermordet) Barcelona 415; führte die Goten 412 nach Gallien, heiratete 414 →Galla Placidia, die Tochter Kaiser Theodosius' I. Vom röm. Heer nach Spanien abgedrängt, fiel er der Blutrache zum Opfer.

Atheismus [zu griech. átheos »ohne Gott«] *der,* die Leugnung der Existenz eines Gottes jenseits der erfahrbaren Welt, einer göttl. Weltordnung oder des geltenden Gottesbegriffs.

Geschichte: Früheste Formen des A. finden sich in alten ind. Religionen ohne Gott, wie dem →Dschainismus, dem →Samkhya und dem ursprüngl. Buddhismus. Letzterer spricht zwar von Göttern, sie sind aber wie die Menschen in den innerweltl. Kreislauf des Werdens und Vergehens eingebunden, kommen also für die menschl. Erlösung nicht in Betracht. In der griech. Philosophie zeugen die Fragmente mancher Vorsokratiker von einem A., wie die des Demokrit und Kritias, die die Götter als menschl. Erfindung deuten, die ein wirksames Schreckmittel zur Erhaltung der moral. Ordnung bereitstellen sollen. Im Allg. jedoch blieb der A. Sache intellektueller Einzelgänger, da in der Antike noch ein naturreligiöses Lebensgefühl vorherrschte. Im christl. MA. gab es zwar keinen ausformulierten A., seit dem 13. Jh. nahm die Skepsis gegenüber den kirchl. Lehren aber zu. So wendete sich z. B. Siger von Brabant, beeinflusst von Schriften des arab. Aristoteleskommentators Averroes (→Ibn Ruschd), gegen die christl. Schöpfungs- und Seelenlehre (→Averroismus). Zur Ausbildung eines verallgemeinerten A. im westl. Geistesleben der Neuzeit tragen v. a. drei Ursachen bei:

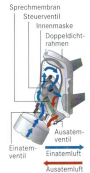

Atemschutzmaske: Darstellung der Atemluftwege bei einer Vollmaske

Athen: Odeion des Herodes-Attikus am Südhang der Akropolis

1) der christl. Schöpfungsglaube selbst; er führt zur Entsakralisierung und Entgötterung der Natur; 2) die Entwicklung der Wiss.en, v. a. der Physik; sie praktizieren einen **methodischen A.**, indem sie die Welt ohne Zuhilfenahme Gottes als Erklärungsgrund zu verstehen suchen. Vom methodischen A. führte die Entwicklung zum **doktrinären A.** einiger frz. Aufklärer (Voltaire), zu den dt. Materialisten des 19. Jh. (L. Büchner, E. Haeckel) bis zur Systematisierung des dialekt. Materialismus (→ Marxismus) durch F. Engels; 3) die Entwicklung der Lehre vom Menschen; dem **humanist. A.** erscheint die Annahme eines Gottes nicht mit der freien Selbstverwirklichung des Menschen vereinbar. So verwerfen L. Feuerbach, der auf ihm aufbauende **marxist. A.** und die Existenzphilosophie (J.-P. Sartre) Gott als »Konkurrenten«.

Sprachkritisch argumentieren demgegenüber der →Positivismus und die versch. Richtungen des Neopositivismus. Weil aus sprachtheoret. Gründen das Wort »Gott« bedeutungsleer sei, führen diese Philosophien zum **skeptischen** bzw. **agnostischen Atheismus**.

Athen
Stadtwappen

Athen, neugriech. **Athina** [aˈθinɛ], **Athinä** [-θ-], Hptst. von Griechenland und des Verwaltungsgebiets Attika, 745 500 Ew., städt. Agglomeration (einschl. Piräus) 3,8 Mio. Ew. (über $1/3$ der griech. Bevölkerung). A. liegt in Attika, 5 km vom Meer entfernt, umgeben von Hymettos (1028 m), Pentelikon (1109 m), Parnes (1413 m) und Ägaleos (468 m), und wird durch die »Türkenberge« (bis 338 m) geteilt, die sich im Lykabettos (277 m) und südlich davon noch einmal in der Akropolis (156 m) erheben. A. ist Sitz der Reg. und des Parlaments; eine lebhafte Geschäfts- und Handelsstadt, Industriezentrum (im Raum A.-Piräus bes. Textil- und chem. Ind., Erdölraffinerie, Werften), Wirtschaftsmittelpunkt und Finanzzentrum Griechenlands, Mittler im See- und Luftverkehr (der Flughafen Eleftherios Venizelos östlich von A. wurde 2001 eröffnet) mit dem Orient, zahlr. Sportstätten (erbaut für die Olymp. Sommerspiele 2004), geistiger Mittelpunkt mit Univ., TH und anderen Hochschulen, Museen (National-, Akropolis-, Byzantin. Museum u. a.), Sitz des Oberhaupts der griech.-orth. Staatskirche. Mit Piräus ist A. durch Schnellstraße, Eisenbahn und Schnellbahn verbunden.

Stadtbild: Im *Altertum* war A. die Hptst. von Attika. Der älteste Teil ist die →Akropolis (UNESCO-Weltkulturerbe), die im Laufe der Jahrhunderte mit bed. Schöpfungen griech. Baukunst ausgestaltet wurde. Rings um die Akropolis lag die Stadt, die ebenfalls reich war an glanzvollen Bauwerken, darunter v. a. Hallen (Stoa poikile) und Tempel um die Agora nördlich der Akropolis, viele Stadttore (Dipylon), das Dionysostheater am S-Hang der Akropolis und das Olympieion im SO der Stadt. Die Areopaghöhe wurde Sitz des Adelsrates. Die Stadt erhielt unter Themistokles einen Mauerring und wurde unter Perikles durch die »Langen Mauern« mit dem Hafen Piräus verbunden. Außerhalb im SO der Stadt ließ Lykurg das panathenäische Stadion ausheben (später in Marmor errichtet).

Geschichte: Die Besiedlung von A., bes. auf der Akropolis, ist seit dem 3. Jt. v. Chr. nachweisbar. Der Sage nach unter Theseus, tatsächlich in jahrhundertelangem Prozess der Vereinigung (Synoikismos) Attikas, wurde A. Staat. A. durchlief in archaischer und vorklass. Zeit den innenpolit. Entwicklungsprozess von der Monarchie zur Demokratie, wobei die aristokrat. Oberschicht lange Zeit starke polit. und wirtsch. Geltung besaß. Nach der Gesetzgebung Drakons um 624 (621?) schuf bes. Solon (ab 594) die Grundlagen der athen. Demokratie, die nach der Tyrannis der Peisistratiden in der Staatsordnung des Kleisthenes (ab 508/507) und schließlich des Ephialtes (462) ihre Form fand. Die Gründung des Attisch-Delischen Seebundes (477) dokumentierte den Aufstieg A.s zur Vormacht der Griechen. Die athen. Machtstellung wurde im Peloponnes. Krieg (431–404) durch Sparta erschüttert, in der Schlacht bei Chaironeia (338) endgültig zerschlagen. A. wurde 86 v. Chr. von Sulla erobert, war dann röm., später byzantin. Provinzstadt; 529 schloss Justinian I. die Akademie. Seit 1204 im Besitz der Kreuzfahrer; ab 1205 vom burgund. Geschlecht de la Roche, 1311–86 von der Katalan. Kompanie, dann von der florentin. Patrizierfamilie Acciaiuoli beherrscht. 1456 wurde A. türkisch, 1834 (nach der griech. Unabhängigkeit) Hptst. Griechenlands und Residenz des Königs.

Äthen, das →Ethylen.

Athenagoras I., eigtl. Aristokles **Spyrou,** orth. Theologe, *Tsaraplana (heute Vassilikon, Epirus) 25. 3. 1886, † Istanbul 7. 7. 1972; 1949–72 Ökumen. Patriarch. Seine Begegnungen mit Papst Paul VI. (1964, 1967) stehen am Anfang einer neuen Gesprächsbereitschaft zw. Orthodoxie und kath. Kirche.

Athene: Ausschnitt aus einem Marmorrelief (um 460 v. Chr.; Athen, Akropolis-Museum)

Athenäum *das,* griech. **Athenaion,** lat. **Athenaeum,** urspr. ein Heiligtum der Göttin Athene; dann die von Hadrian in Rom gegr. Schule für Rhetorik, in der Dichter und Gelehrte ihre Werke vortrugen.

Athenäum, von den Brüdern A. W. und F. Schlegel 1798–1800 in Berlin herausgegebene literar. Ztschr.; führende Ztschr. der dt. Romantik.

Athene, Pallas A., griech. Göttin der Städte, des Ackerbaus, der Wiss. und der Künste, Schutzherrin vieler Helden. Sie galt als Tochter des Zeus, dem Haupt ihres Vaters entsprungen und ewig jungfräulich (**A. Parthenos**). Ihre Attribute waren Ölbaum und Eule. Von den Römern wurde A. der Minerva gleichgesetzt. In der Kunst erscheint sie schon im 6. Jh. v. Chr. mit Helm, →Aigis und Speer, so auf den Giebeln des Aphaiatempels in Ägina. Ihre in der Antike berühmteste Darstellung war das nicht mehr erhaltene Goldelfenbeinbild des Phidias im Parthenon in Athen.

Äther [griech. aithér »die obere Luft«] *der,* **1)** in der griech. Kosmologie die obere Himmelsregion, auch die sie ausfüllende Substanz (→Quintessenz). **2)** *Chemie:* allgemeinsprachl., in der Fachsprache kaum noch übl. Schreibung für →Ether. **3)** *Physik:* im 19. Jh. Vorstellung eines allgegenwärtigen Stoffes als Träger der Lichtwellen; durch die spezielle →Relativitätstheorie widerlegt.

ätherische Öle, etherische Öle, flüchtige, stark riechende Öle, die sich bes. in Blüten (Blütenöle), Samen und Blättern von Pflanzen finden. Geruchsbestimmend sind →Terpene und Sesquiterpene. Gewinnung meist durch Destillation mit Wasser oder Wasserdampf und Abtrennung vom Kondenswasser; ä. Ö. sind bed. für die Riechstoffind., Pharmazie, Kosmetik, viele Zweige der Lebensmittelindustrie.

Ätherleib, →Astralleib.

atherman [griech.], **adiatherman,** wärmeundurchlässig; die Eigenschaft von Körpern, Wärmestrahlung nicht hindurchzulassen, sondern sie zu absorbieren; Ggs.: diatherman.

Atherom [griech.] *das,* **Balggeschwulst, Grützbeutel,** Zyste in der Haut im Bereich der Haarfollikel, die Talg und Hornmaterial enthält; sie entsteht durch Keimversprengung von Talgdrüsenepithelien (»echtes A.«) oder durch Verstopfung des Talgdrüsenausführungsganges (»falsches A.«). Entzündungen sind möglich. Die Entfernung erfolgt operativ.

Athin, das →Acetylen.

Athiná [-θ-], **Athina** [aˈθinɛ], neugriech. für →Athen.

Äthiopiden, veraltete typologisch-rassensystemat. Kategorie für die geograf. Variante der im äthiop. Raum lebenden indigenen Bev., die sich in der Kontaktzone von Europäern und Schwarzafrikanern als eine relativ homogene Form herausgebildet hat und eigenständige Merkmale zeigt: schlanker, langgliedriger, hoher Wuchs, mäßig krauses Kopfhaar, mittelbraune bis dunkle Hautfarbe.

Äthiopi|en, amhar. **Ityop'ya,** dt. **Demokratische Bundesrepublik Ä.,** Binnenstaat in NO-Afrika, grenzt im NO an Eritrea, im O und SO an Djibouti und Somalia, im S an Kenia und im W an die Rep. Sudan.

Staat und Recht

Nach der Verf. vom 22. 8. 1995 ist Ä. eine parlamentar. Rep. mit bundesstaatl. Ordnung; den verschiedenen ethn. Gruppen wird weitgehende Autonomie gewährt. Die Regionalstaaten haben das Recht auf Se-

Äthiopien

Fläche: 1 127 127 km²
Einwohner: (2006) 72,24 Mio.
Hauptstadt: Addis Abeba
Verwaltungsgliederung: 9 Regionalstaaten mit den Sonderverwaltungsgebieten Addis Abeba und Dire Dawa
Amtssprache: Amharisch
Nationalfeiertag: 28. 5.
Währung: 1 Birr (Br) = 100 Cent (ct.)
Zeitzone: MEZ + 2 Std.

Flagge

Wappen

internationales Kfz-Kennzeichen

zession. Staatsoberhaupt mit vorwiegend repräsentativen Aufgaben ist der vom Parlament auf 6 Jahre gewählte Präs.; die Exekutivgewalt liegt beim Min.-Präs., der auch Oberbefehlshaber der Streitkräfte ist, die Legislative auf Bundesebene beim Zweikammerparlament (Shengo, Legislaturperiode 5 Jahre), bestehend aus dem Rat der Volksvertreter (maximal 550 Abg., direkt gewählt) und dem Bundesrat (120 Mitgl.). Die 9 Regionalstaaten verfügen über eigene Verf. sowie Legislativ- und Exekutivorgane. Einflussreichste polit. Kraft ist das Bündnis Ethiopian People's Revolutionary Democratic Front (EPRDF), das von der Tigray People's Liberation Front (TPLF) dominiert wird.

Landesnatur

Ä. ist das höchstgelegene Land Afrikas; 50 % der Fläche liegen höher als 1 200 m, mehr als 25 % über

Äthiopien

Äthiopien

Äthiopien: im Äthiopischen Hochland

1 800 m, über 5 % erreichen noch Höhen über 3 500 m ü. M. Dennoch hat der größte Teil des Hochlands Mittelgebirgscharakter. Der Ostafrikan. Graben teilt Ä. in das Äthiop. Hochland im W (im Ras Dashan bis 4 620 m ü. M.) und das nach SO geneigte Somalihochland. In den Grabenzonen ist die vulkan. Tätigkeit bis heute noch nicht erloschen. In die von mächtigen Basaltdecken überlagerten Hochländer haben die wasserreichen Flüsse (Atbara, Blauer Nil u. a.) tiefe cañonartige Täler eingeschnitten. Im Ostafrikan. Graben liegt eine Reihe abflussloser Seen.

Ä. liegt im trop. Klimabereich; die starken klimat. Unterschiede sind in erster Linie durch die großen Höhenunterschiede bedingt. Die Niederschläge steigen allg. mit der Höhe an, außerdem wird es kühler. Das wüstenhafte Tiefland der Afarsenke im NO erhält nur mäßige Winterregen und ist im Sommer trocken; in den übrigen Landesteilen fallen die Niederschläge vorwiegend im Sommer. Es haben sich besondere Klima- und Vegetationsstufen herausgebildet: Bis 1 800 m ü. M. reicht die tropisch heiße Kolla (Halbwüste, Dornsavanne, versch. Typen der Trockensavanne); von 1 800 bis 2 500 m ü. M. die warmgemäßigte Woina Dega (urspr. Bergwälder, heute weitgehend Kulturland); darüber die kühle Dega (baumarmes Höhengrasland; bevorzugtes Weidegebiet), über 3 900 m ü. M. die Fels- und Eisregion der Tschoke.

Bevölkerung

Die Äthiopier sind nach Abstammung und Kultur sehr verschieden, etwa 80 Sprachen sind heute in Ä. nachgewiesen. Die im Hochland lebenden →Amhara (26 %), Tigray (6 %) und Gurage (2 %) sowie Tigrinja und Harari sprechen semit. Sprachen, sind meist Christen und gehören mehrheitlich der →äthiopischen Kirche an; es bestehen zahlenmäßig starke prot. Minderheitskirchen (Lutheraner, Baptisten). Die Oromo (40 %), die Somal (6 %), Sidama (9 %), Afar und Bedja sprechen kuschit. Sprachen und sind überwiegend sunnit. Muslime; schwarzafrikan. Gruppen (4 %) mit afroasiat. und nilot. Sprachen leben vorwiegend im S des Landes. Die äthiop. Juden verließen in zwei Auswanderungsaktionen 1984/85 und 1991 Ä. und konnten sich in Israel ansiedeln (→Falascha). Es besteht allg. Schulpflicht für Kinder im Alter von 6 bis 14 Jahren; geschätzte Alphabetisierungsrate (2004) rd. 42 % (alle über 15 Jahre) bzw. 57 % (15- bis 24-Jährige); staatl. Univ. in Addis Abeba (gegr. 1950).

Wirtschaft und Verkehr

Ä. ist eines der ärmsten Länder der Erde, das durch den Bürgerkrieg wirtsch. stark zerrüttet wurde. Grundlage ist die Landwirtschaft, von ihr leben rd. 90 % der Bev. Dürrebedingte Ernteausfälle führten zu Hungerkatastrophen und Flüchtlingselend. Der Versuch, die wirtsch. Lage durch die sozialist. Planwirtschaft (seit 1975 Verstaatlichung von Banken, Versicherungen und Großunternehmen, Enteignung des Adel und Kirche gehörenden Großgrundbesitzes) zu stabilisieren, scheiterte. – Größte Bedeutung hat der Anbau von Kaffee (etwa 55 % des Ausfuhrwertes) und Kath, für den Export werden in geringen Mengen auch Obst, Gemüse, Zuckerrohr, für den Eigenbedarf Getreide (bes. die Hirseart Teff), Hülsenfrüchte und Ölsaaten sowie die Bananenpflanze Ensete (Scheinstamm und Rhizom werden gegessen, auch als Brotfrucht; Fasergewinnung) erzeugt. Trotz großer Viehbestände spielt die nomadisch betriebene Viehhaltung eine untergeordnete Rolle. Die Bodenschätze (Gold, Platin, Nickel, Kupfer, Zink, Kali- und Steinsalz) sind noch wenig erschlossen und werden nur in kleinem Umfang abgebaut. Die Ind. ist von geringer Bedeutung (überwiegend in Addis Abeba konzentriert) und verarbeitet meist landwirtsch. Erzeugnisse. – Außenhandel: Ausfuhr von Agrarprodukten, Einfuhr von Nahrungsmitteln, Erdöl, Maschinen, Fahrzeugen und Gebrauchsgütern. Wichtigste Handelspartner sind die USA, Dtl. und Japan. Der Außenhandel erfolgt überwiegend über die Häfen von Djibouti (Djibouti), Berbera (Somalia) und Mombasa (Kenia).

Es existieren nur ein weitläufiges Straßennetz (23 100 km Straßen, davon etwa 4 100 km befestigt) und 778 km (davon 681 km in Ä.) Eisenbahnlinie der für den Außenhandel wichtigen Strecke Addis Abeba–Djibouti. Ä. hat internat. Flughäfen in Addis Abeba, Dire Dawa, Bahir Dar und Mekele sowie mehrere nat. Flughäfen.

Geschichte

Der Name Ä., griech. **Aithiopia**, hebr. **Kusch**, bezeichnete urspr. das Land südlich des ersten Nilkatarakts (Assuan), also etwa das heutige Nubien (Sudan und Ägypten), in griech.-röm. Zeit das ganze afrikan.

Äthiopien: im Awash-Nationalpark (UNESCO-Weltnaturerbe)

Land südl. von Ägypten, danach auch Länder östl. des Roten Meeres.

Lange vor Christi Geburt wanderten südarab. (semit.) Stämme, v. a. die Habaschat, von denen sich der Name **Abessinien** für Ä. ableitet, und die Geez in Ä. ein; sie gründeten →Aksum. Im Altertum stand Ä. unter ägypt. und griech. Einfluss und nahm im 4. Jh. das Christentum an. Das Eindringen der Muslime (16. Jh.) und der heidn. Oromo sowie innere Streitigkeiten bedrohten das Reich wiederholt. Ä. war ein Gesamtstaat unter einem Herrscher (Negus) und mehreren Statthaltern (Ras), bis diese sich im 18. Jh. unabhängig machten. 1853/54 eroberte Ras Kasa von Gondar das ganze Land und regierte 1855–68 als Tewodros II., Negus Negesti (König der Könige). Sein Nachfolger, Johannes IV., kämpfte erfolgreich gegen Ägypten und Italien, das sich seit 1882 in Eritrea festsetzte, fiel aber 1889 im Kampf gegen die Anhänger des Mahdi. Der Erneuerer Ä.s, Kaiser Menelik II. (1889–1909/10), eroberte weite Gebiete und schloss mit mehreren europ. Staaten Handels- und Freundschaftsverträge. Als Italien die Herrschaft über das ganze Land beanspruchte, verteidigte sich Ä. und erreichte nach dem Sieg bei Adua am 1. 3. 1896 die Anerkennung der Unabhängigkeit.

Auf Menelik II. folgte 1910/11 sein Enkel Lij (»Prinz«) Iyasu, nach seinem Sturz (1916) Meneliks Tochter Zauditu; Regent war ihr Neffe Ras Tafari Makonnen, der nach ihrem Tod als Haile Selassie 1930 zum Kaiser gekrönt wurde und Ä. eine Verf. gab (1931). 1935/36 eroberte Italien das Land, vereinigte es mit Eritrea und Somaliland zu Italienisch-Ostafrika; 1941 wurde Ä. von den Briten zurückerobert (5. 5. 1941 Rückkehr des Kaisers). Diese stellten 1942 die Unabhängigkeit Ä.s wieder her. 1952–62 wurde Eritrea schrittweise in den Staat eingegliedert. Außenpolitisch schloss sich Ä. den →blockfreien Staaten an; 1963 trug Haile Selassie entscheidend zur Gründung der »Organisation für Afrikan. Einheit« (OAU) bei. Nach Unruhen (Febr. 1974) musste er auf Druck der Armee im Nov. 1974 abdanken. Der »Provisorische Militärverwaltungsrat« (Reg.) setzte sich bes. die Zerschlagung des Feudalsystems zum Ziel und rief 1975 die Rep. aus. Nach blutigen Revolten (1974 und 1977) setzte sich Mengistu Haile Mariam als Staats- und Regierungschef durch. Er leitete die Umwandlung Ä.s nach marxist. Vorbild ein. Jede Opposition wurde durch Terrormaßnahmen unterdrückt. Die Agrarreform (1975) steigerte sich zur »grünen Revolution« (seit 1979). Mithilfe sowjet. Waffenlieferungen und kuban. Truppen bekämpfte Ä. 1978 den Aufstand in →Ogaden (1977/78) und →Eritrea, in dem seit 1974 die »Eritreische Volksbefreiungsfront« (EPLF) mit Waffengewalt die staatl. Unabhängigkeit durchzusetzen versuchte. Die Kämpfe in Ogaden entwickelten sich zu einem Krieg mit Somalia, das seinerseits Ansprüche auf das Ogadengebiet erhob. Ein Autonomieangebot der Reg. an die Prov. Eritrea wurde 1987 von der EPLF abgelehnt. Der Krieg mit Somalia wurde 1988 in einem Friedensvertrag beendet.

1984 etablierte sich die marxist. »Äthiopische Arbeiterpartei« unter Mengistu Haile Mariam. Mit Inkrafttreten einer neuen Verfassung 1987 ging die Militärherrschaft in ein ziviles Regierungssystem über; Staatspräs. wurde Mengistu Haile Mariam. Inzwischen hatte sich im Kampf gegen das kommunist. Regierungssystem die in der Prov. Tigre operierende »Volksbefreiungsarmee von Tigre« (TPLF) gebildet, die im März 1989 die Provinz-Hptst. Makale eroberte. Getragen vor allem von der TPLF, bildete sich dort im selben Jahr als polit. Formation der Aufstandsbewegung die Äthiopische Volksrevolutionäre Demokratische Front (EPRDF). Im Febr. 1991 begannen die TPLF (von Tigre aus) und die EPLF (von Eritrea aus) eine gemeinsame militär. Offensive gegen die Zentral-Reg. in Addis Abeba. Im Mai 1991 nahmen sie Addis Abeba ein und stürzten das kommunist. Regierungssystem. Mengistu Haile Mariam floh nach Simbabwe; er wurde nach einem 12 Jahre währenden Prozess im Dez. 2006 von einem äthiop. Gericht wegen Völkermordes während seiner Herrschaft schuldig gesprochen. Neuer Staatspräs. wurde im Juli 1991 Meles Zenawi, der Führer der EPRDF. Mit der Bildung einer eigenen Regierung für Eritrea erreichte diese Prov. faktisch ihre Unabhängigkeit und schied 1993 endgültig aus dem äthiop. Staatsverband aus. 1994 wurde eine verfassunggebende Versammlung gewählt, in der die EPRDF die Mehrheit stellte, und eine neue Verf. angenommen (1995 in Kraft getreten). Aus den Parlamentswahlen von 1995 (ebenso 2000 und 2005) ging die EPRDF als weitaus stärkste Partei hervor und stellt seitdem mit Meles Zenawi den Min.-Präs.; Staatspräs. der nun neu benannten »Demokrat. Bundesrepublik Ä.« wurde 1995 Negasso Gidada. 1998 kam es wegen differierender Gebietsansprüche zu einem Krieg zw. Ä. und Eritrea, der 2000 durch ein Waffenstillstandsabkommen und einen Friedensvertrag beendet werden konnte. Im Okt. 2001 wählte das Parlament Girma Wolde Giorgis zum neuen Staatspräsidenten.

Der lang anhaltende Bürgerkrieg sowie übergroße Dürre führten mehrfach zu Hungerkatastrophen. Zusätzlich belastet wird die Situation durch Flüchtlinge aus den von jahrelangem Bürgerkrieg gekennzeichneten Nachbarländern Somalia und Sudan. Zu Spannungen mit Somalia kam es, als dort im Juni 2006 die Scharia-Milizen Mogadischu sowie weite Landesteile eingenommen hatten und Ä. nun eine Invasion befürchtete, v. a. in der mehrheitlich von Somalis bewohnten Region Ogaden. Ab Dezember 2006 unterstützten äthiop. Streitkräfte aktiv die somal. Truppen in ihrem Kampf gegen die Schariamilizen, die schließlich bis Anfang Januar 2007 in Somalia besiegt werden konnten. Am 23. 1. 2007 begann der schrittweise Abzug der Truppen Äthiopiens aus Somalia.

äthiopische Kirche, 1) früher **abessin. Kirche,** die christl. Nationalkirche Äthiopiens. Anfang des

äthiopische Kirche 1): die Ikonostase (geweiht 1996) in der äthiopischen orthodoxen Kirche in Köln

äthiopische Kunst: Luftaufnahme der Felskirche Beta Giyorgis (Georgskirche) in Lalibela (12. Jh.)

4. Jh. entstanden, wurde die ä. K. unter König Ezana (341?) Staatskirche und bestand als solche, mit großem Landbesitz und zahlr. Privilegien ausgestattet, ununterbrochen bis zum Militärputsch Mengistu Haile Mariams 1974. Oberhaupt war bis 1959 der kopt. Patriarch von Alexandria. Seit 1959 (Erlangung der Autokephalie) wird die ä. K. von einem eigenen Patriarch-Katholikos geleitet, erkennt als Tochterkirche der →koptischen Kirche jedoch den Ehrenvorrang des kopt. Patriarchen an. Dieser entließ 1998 die **eritreisch-orthodoxe Kirche** aus der Jurisdiktion des äthiop. Patriarchen und unterstellte sie einem eigenen eritreischen Patriarchen. – Theologisch bildete die ä. K. nach dem Konzil von Chalcedon (451), dessen Beschlüsse sie nicht anerkannte, eine eigene, traditionell als »monophysitisch«, von der ä. K. selbst jedoch als »miaphysitisch« (eine vereinigte Natur Christi) beschriebene Lehrtradition aus. Liturgisch hat sie viele alte Bräuche (u. a. die Beschneidung) bewahrt.

2) unierte ä. K., die kirchl. Gemeinschaft der mit der kath. Kirche unierten äthiop. Christen; im 19. Jh. als kath. Ostkirche des alexandrin. Ritus entstanden; jurisdiktionell verfasst als Metropolie Addis Abeba mit Eparchien in Äthiopien und Eritrea.

äthiopische Kunst, die Kunst auf dem Gebiet des heutigen Äthiopien; sie lässt sich in die beiden großen Bereiche christl. und nicht christl. Kunst untergliedern.

Christliche Kunst: Die Einführung des Christentums 327 n. Chr. leitete eine reichhaltige Tradition der Ikonen- und Buchmalerei sowie der Kirchenausgestaltungen ein. Zu den frühesten architekton. Zeugnissen (5. Jh. n. Chr.) gehören die steinernen Stelen, Reste von Palast- und Grabanlagen u. a. in Aksum. Berühmt wurden die im 12. Jh. entstandenen, z. T. monolith. Felskirchen von →Lalibela, die Klöster und Kirchen auf Inseln im Tanasee, Palast- und Kirchenbauten des 17.–19. Jh. in Gondar. Die christl. Malerei stand unter koptisch-byzantin. Einfluss (Wandmalereien in Kirchen; illuminierte Handschriften bes. aus dem 14./15. Jh.). Die traditionelle Volkskunst äußert sich in profaner Malerei und v. a. in Metallarbeiten (Silber, Messing).

Nicht christl. Kunst: Vor allem in S-Äthiopien finden sich Holz- und Steinskulpturen altafrikan. Tradition.

Im Gebiet der Gurage, südlich von Addis Abeba, wurden vorgeschichtl. Megalithstatuen mit reliefierten Darstellungen entdeckt; ebenso weiter südlich bei den Darassa und Gudji.

äthiopische Sprachen, die zum südsemit. Zweig der semit. Sprachfamilie gehörenden Sprachen Äthiopiens. Das **Altäthiopische (Geez)** differenzierte sich im N in das **Tigre** und das **Tigrinja.** Das Geez ist die Sprache der äthiop. Literatur und bis heute Kirchensprache. Zu den südäthiop. Sprachen gehören das **Amharische,** das **Gurage** und **Harari.**

Athlet [griech. athletés »Wettkämpfer«] der, urspr. Teilnehmer an den antiken Festspielen; heute Bez. für (Hoch-)Leistungssportler.

Athletik die, in Griechenland seit dem 5. Jh. v. Chr. der berufsmäßige Wettkampf der Athleten. Heute unterscheidet man →Leichtathletik und →Schwerathletik.

Athletiker der, veraltete Bez. für einen Menschen mit starkem Knochenbau und kräftiger Muskelentwicklung (→Konstitutionstypen).

Athos, griech. **Hagion Oros,** neugriech. **Ajion Oros,** die östlichste Halbinsel der Chalkidike, N-Griechenland, aus Marmor und metamorphen Schiefern aufgebaut und weitgehend mit Macchie und Wald bedeckt, an ihrer Südspitze der **Berg A.** (2 033 m ü. M.). Die Halbinsel wird eingenommen von der autonomen, jedoch nicht souveränen **Mönchsrepublik A.,** 336 km², etwa 2 000 Ew.; Verwaltungsort: Karyä. – Die Mönchsrepublik umfasst 20 Großklöster (UNESCO-Weltkulturerbe). Das erste Kloster, die Große Lawra, wurde 963 gegründet; seit 980 entstanden weitere befestigte Klöster, die zu einem religiösen Mittelpunkt der Orthodoxie wurden; bed. Handschriftensammlung. Eine nach strengem ikonograf. Programm ausgerichtete A.-Schule der Malerei wurde durch das »Malerbuch vom Berge A.« begründet. – Bei einem Großbrand am 4. 3. 2004 im Kloster Chiliandariu, einem der 20 Großklöster, wurden erhebl. Teile der Bauten zerstört bzw. beschädigt. Verschont blieben die

Athos: Kloster Grigoriou (gegründet im 14. Jh.)

Hauptkirche und die neueren Gebäude der Anlage, darunter das Archiv, das wertvolle Ikonen und Handschriften beherbergt.

Äthyl *das,* →Ethyl.

Äthylen, *das* →Ethylen.

Athyrium [griech.] *das,* die Gattung →Frauenfarn.

Ätiologie [griech. aitía »Ursache«] *die,* Lehre von den Krankheitsursachen.

ätiologisch, ursächlich, begründend; in der *Medizin* die Ätiologie betreffend. – **Ätiologische Mythen,** Bez. für Mythen bzw. Sagen, in denen der beobachtende Mensch bei ungewöhnl. Naturgebilden, Bauwerken, Namen, Bräuchen u. a. die Frage nach ihrem Wesen und ihrer Herkunft mit den Mitteln des mythisch-mag. Weltbildes und des assoziativen Denkens und Fantasierens beantwortet.

Atitlánsee, Lago de Atitlán, See im zentralen Hochland SW-Guatemalas, 126 km², bis 384 m tief, 1562 m ü. M. am Fuß des Vulkans **Atitlán** (3537 m ü. M.); Fremdenverkehr.

Atjeh [-tʃ-], frühere Schreibweise von →Aceh.

Atjoli [-tʃ-], nilot. Stamm, →Acholi.

Atkinson ['ætkɪnsn], Rowan, brit. Komiker und Filmschauspieler, * Newcastle-upon-Tyne 6. 1. 1955; bekannt v. a. durch die von ihm selbst geschaffene Figur des »Mr. Bean«, die er in der gleichnamigen Fernsehserie (1989–95) ohne Sprache, nur mit witzig-brillanter Körper- und Gesichtsakrobatik darstellte; Spielfilme: »Vier Hochzeiten und ein Todesfall« (1994); »Bean« (1997).

Atlant [nach dem Himmelsträger Atlas] *der,* **Telamon,** männl. Stützfigur, die anstelle eines Pfeilers oder einer Säule das Gebälk trägt.

Atlanta [ət'læntə], Hptst. des Bundesstaates Georgia, USA, am Fuß der südl. Appalachen, 423000 Ew., Metropolitan Area 4,61 Mio. Ew.; kath. Erzbischofssitz; mehrere Univ.; Verkehrsknotenpunkt mit vielseitiger Ind., Sitz zahlr. Wirtschaftsunternehmen der Südstaaten. – Museen, Theater, Vergnügungsparks. – Seit 1868 Hptst. von Georgia. Austragungsort der XXVI. Olymp. Spiele 1996.

Atlantic City [ət'læntɪk 'sɪtɪ], Seebad an der Atlantikküste, im SO von New Jersey, USA, 40400 Ew.; Fischereihafen; seit 1978 erstes legales Spielkasino der USA außerhalb Nevadas.

Atlantik *der,* der →Atlantische Ozean.

Atlantikcharta [-'kartɑ], die während des Zweiten Weltkrieges am 14. 8. 1941 im Nordatlantik auf dem brit. Schlachtschiff »Prince of Wales« veröffentlichte Grundsatzerklärung des amerikan. Präs. F. D. Roosevelt und des brit. Premiermin. W. Churchill über die künftige Friedensordnung; forderte u. a. Verzicht auf Annexionen und Gewalt, Anerkennung des Selbstbestimmungsrechts der Völker, freien und gleichen Zugang zu den Rohstoffen der Erde sowie den Aufbau eines kollektiven Sicherheitssystems unter vollständiger Entmilitarisierung von Staaten, die sich der Aggression schuldig gemacht haben (bes. gerichtet gegen die Achsenmächte Dtl., Italien und Japan). Die Prinzipien und Ziele der A. gingen 1945 in die »Charta der Vereinten Nationen« ein.

Atlantikwall, im Zweiten Weltkrieg errichtete dt. Befestigungsanlagen an der niederländ., belg. und frz. Küste; 1942–44 von der Organisation Todt unter Einsatz von Zwangsarbeitern gebaut; sollte amphib. Großlandungen der Alliierten verhindern, wurde aber bereits am ersten Tag der Invasion in der Normandie (6. 6. 1944) durchbrochen.

Athos

Atlantis, 1) antiker Name einer sagenhaften Insel, nach Platon im (Atlant.) Ozean gelegen und durch ein Erdbeben verschwunden. Die Frage nach histor. Realität und Lage von A. ist umstritten; die meisten Wissenschaftler halten Platons Bericht für ein Gleichnis, mit dem er seinen Zeitgenossen einen Idealstaat und dessen Untergang als göttl. Strafe für sittl. Verfall schildern wollte.

2) Name des vierten amerikan. →Spaceshuttles (erste A.-Mission 1985).

Atlantische Gemeinschaft, häufige Bez. für die NATO-Staaten.

Atlantischer Ozean, Atlantik, der zw. Europa und Afrika im O und Amerika im W gelegene Teil des Weltmeeres, der zweitgrößte der drei Ozeane, 84,11 Mio. km², mit Nebenmeeren (Nordpolarmeer, Europ. und Amerikan. Mittelmeer, Nord-, Ostsee, Ärmelkanal, Ir. See, Hudson Bay, St.-Lorenz-Golf) 106,57 Mio. km² groß, enthält 350,91 Mio. km³ Wasser, bedeckt über 15 % der Erdoberfläche; mittlere Tiefe 3293 m (mit Nebenmeeren) oder 3844 m (ohne Nebenmeere); größte Tiefe (9219 m) ist die Milwaukeetiefe im Puerto-Rico-Graben, 32,5 % des A. Os (ohne Nebenmeere) sind 4000–5000 m tief. Ein zusammenhängendes unterseeisches Gebirge (Mittelatlant. Rücken) durchzieht den A. O. vom Nordpolarmeer bis 50° s. Br. und gliedert ihn mit einigen Querrücken in große Tiefseebecken. Winde, unterschiedl. Wassertemperaturen und -salzgehalte verursachen warme und kalte Strömungen; die wichtigsten warmen sind der von den Passaten nach W getriebene Nord- und Südäquatorialstrom, der zw. beiden rückläufige Guineastrom und der aus dem Antillen- und dem Floridastrom entstehende →Golfstrom mit nordöstl. Richtung; kalte Po-

Atlanta: der anlässlich der Olympischen Sommerspiele angelegte Centennial Olympic Park (1996) und rechts das Geschäftsgebäude »Inforum« (1989)

Atlas: Wanderhirten mit Ziegenherde vor dem schneebedeckten Hohen Atlas in Marokko

larströme sind im N der Labrador- und der Ostgrönlandstrom, im S der Falkland- und der Benguelastrom. Der A. O. ist, bes. in den kälteren Teilen, sehr fischreich (Kabeljau, Hering, Schellfisch). Offshorebohrungen haben Erdöl- und Erdgasfelder unter dem Schelf erschlossen. Im überseeischen Weltfrachtverkehr ist der A. O. ein wichtiger Verkehrsträger. – Die Erforschung des A. O.s begann 1873–76 mit der brit. »Challenger«-Expedition, 1925–27 schloss sich die dt. »Meteor«-Expedition an. In neuer Zeit wird die Erforschung v. a. durch ausgelegte Messsysteme betrieben, die über längere Zeit aufrechterhalten werden.

Atlas [nach dem Titanen Atlas], **1)** *der, Anatomie:* erster Halswirbel; trägt den Schädel und gewährleistet zus. mit dem zweiten Halswirbel (→Axis) Dreh- und Nickbewegungen des Kopfes.
2) *der, Astronomie:* ein Mond des Planeten →Saturn.
3) *der, Kartografie:* seit Mercator (1585 ff.) eine Sammlung von geogr. und/oder themat. Karten.
4) *die, Raketentechnik:* →Atlasrakete.
Atlas [arab. »glatt«, »fein«] *der,* Satin, Gewebe in →Atlasbindung mit einer glatten Oberfläche. **A.-Trikot,** Kettenwirkware besonderer Maschenlegung.
Atlas, griech. *Mythologie:* Sohn des Titanen Iapetos, Bruder des Prometheus. Im äußersten Westen der Erde trug er den Himmel auf seinen Schultern.
Atlas *der,* Faltengebirgssystem in NW-Afrika: An der marokkan. Mittelmeerküste liegt der **Rif-A.,** in Zentralmarokko der **Mittlere A.** Südlich davon erstreckt sich der **Hohe A.,** im Djebel Toubkal, der höchsten Erhebung des A., 4 165 m ü. M. (Manganerzabbau). Im N von Algerien verläuft küstenparallel der **Tell-A.** Die südlichste Gebirgskette ist der **Sahara-A.** Zw. Tell- und Sahara-A. liegt das Hochland der Schotts, hauptsächlich Weidegebiet der Nomaden. Im N des A. herrscht Mittelmeerklima, nach S zu Übergang zum Trockenklima der Sahara. Im Gebirge Viehhaltung, in den Tälern Bewässerungsfeldbau. Der wesentlich ältere, zur Randzone des afrikan. Blocks gehörende **Anti-A.** bildet im Süden von Marokko ein Randgebirge der Sahara.
Atlasbindung, eine der drei Grundbindungen in der Weberei: Auf der Schauseite des Gewebes treten entweder Kett- oder Schussfäden bes. hervor.
Atlasrakete, Serie amerikan. Raketen, 1954–58 als Interkontinentalrakete entwickelt, seit 1958 in zahlr. Versionen als Trägerrakete für bemannte Raumfahrzeuge sowie unbemannte Raumflugkörper eingesetzt. Die A. wurde ständig weiterentwickelt und verstärkt. Atlas 3 startete erstmals im Jahr 2000, Atlas 4 wurde ausgelassen, sodass die jüngste Entwicklung Atlas 5 darstellt. Diese ca. 60 m hohe Rakete startete erstmals im August 2002.
Atlasspinner, Attacus atlas, Schmetterling SO-Asiens mit bis 25 cm Spannweite, seine Kokons liefern die Fagaraseide.

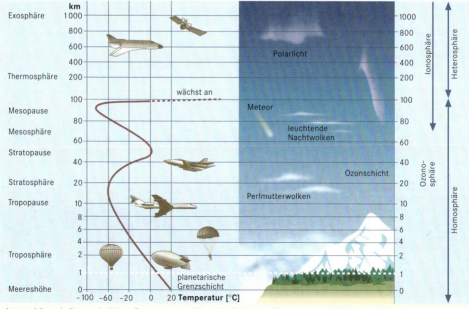

Atmosphäre: Aufbau und mittlere Temperaturverteilung der Erdatmosphäre

atm, Einheitenzeichen für physikal. →Atmosphäre.

ATM ['eɪtiːem, Abk. für engl. **a**synchronous **t**ransfer **m**ode], sehr schnelles, asynchrones Verfahren der Datenübertragung, bei dem die Daten in eine variable Anzahl von Paketen fester Größe aufgeteilt werden, was eine variable Bandbreite ermöglicht. (→ISDN)

Atman [Sanskrit »Seele«, »Hauch«] *der oder das, ind. Philosophie:* der unvergängl. Wesenskern des menschl. Individuums, letztlich eins mit der Weltseele, mit Brahman als dem eigentl. Sein der Welt.

Atmosphäre [zu griech. atmós »Dunst«, sphaîra »Kugel«] *die,* im Schwerefeld der Erde festgehaltene Lufthülle, etwa 1 000 bis 3 000 km mächtig, die aus einem Gemisch von Gasen besteht. Mittlere Zusammensetzung in Bodennähe (in Vol.-%): 78,08 Stickstoff, 20,95 Sauerstoff, weniger als 1 Edelgase (Argon, Neon, Krypton, Xenon), etwa 0,04 Kohlendioxid, Wasserdampf in stark wechselndem Anteil zw. 0 und 4, außerdem variable Mengen Staub, Meeressalz und Spurenstoffe einschl. Abgasen. Bis etwa 110 km Höhe ändert sich die Stoffzusammensetzung bis auf die Anteile von Wasserdampf und Sauerstoff nicht (**Homosphäre**), darüber aber mit zunehmender Höhe (**Heterosphäre**). Die Luftdichte nimmt mit der Höhe ab; im Meeresniveau beträgt sie $1{,}293 \cdot 10^{-3}$ g/cm^3, in 5 km Höhe nur noch $0{,}736 \cdot 10^{-3}$ g/cm^3. In den unteren 20 km der A. sind 90 % ihrer Gesamtmasse enthalten. Die **Normal-A. (Standard-A.)** ist mit einem Luftdruck von 1 013,25 hPa und einer Temperatur von 15 °C an der Erdoberfläche definiert, wobei die Temperaturabnahme mit der Höhe 0,65 K/100 m (bis in etwa 10 km Höhe) beträgt. Durch teilweise Absorption der Sonnenstrahlung und der Wärmeabstrahlung der Erdoberfläche (Treibhauseffekt), durch Energieaustausch mit der Erdoberfläche und durch Energie- und Wasserdampftransport mit der atmosphär. Zirkulation ist die A. Medium des Wetters und wesentl. Klimabildner.

Vertikale Gliederung nach der therm. Struktur: unterste Schicht ist die **Troposphäre,** in der die Wettervorgänge ablaufen; sie untergliedert sich in die Grundschicht (Peplosphäre), in der sich der Energie- und Stoffaustausch mit der Erdoberfläche vollzieht, die Bodenreibung wirksam wird und die Hauptdunstmasse enthalten ist, und die »freie« Troposphäre, in der die Temperatur mit der Höhe abnimmt. Die obere Grenze der Troposphäre wird als **Tropopause** bezeichnet und liegt (breiten- und wetterlagenabhängig) zw. 9 und 18 km Höhe mit Temperaturen zw. −50 °C und −80 °C. Die anschließende **Stratosphäre** erstreckt sich bis etwa 50 km Höhe und enthält wegen ihres geringen Wasserdampfgehaltes keine Wolken (außer Perlmutterwolken). Die Temperaturen oberhalb der Tropopause bleiben zunächst mit zunehmender Höhe wenig verändert und nehmen dann in der oberen Stratosphäre bis 10 °C zu, infolge der Absorption der solaren UV-Strahlung durch das hier angereicherte Ozon. Über der Stratosphäre liegt die **Mesosphäre** (obere Durchmischungsschicht), innerhalb derer die Temperatur mit zunehmender Höhe wieder abnimmt. Die Obergrenze (**Mesopause**) liegt mit etwa −80 °C bei 85 km Höhe. Die folgende **Thermosphäre** reicht bis etwa 450 km und geht unter Temperaturanstieg durch Sonnenabstrahlungsabsorption bestimmter Wellenlängen dann in die **Exosphäre (Dissipationssphäre)** über, die die Stoffaustauschzone mit dem interplanetaren Raum darstellt. − Vertikale Gliederung nach

atmosphärische Optik: Haupt- und Nebenregenbogen mit dazwischenliegender alexanderscher Dunkelzone

dem Ionisationsgrad: in die **Neutrosphäre** (bis etwa 65 km), die kaum ionisiert ist, und in die **Ionosphäre** (zw. 65 und etwa 500 km) mit versch. Maxima der Elektronen- bzw. Ionendichten. Ionosphäre und Exosphäre werden auch als Hoch-A. bezeichnet.

Atmosphäre, Einheiten: 1) **physikal. A.,** Einheitenzeichen **atm,** veraltete Einheit des Drucks, entspricht dem mittleren Luftdruck auf Meereshöhe; 1 atm = 101 325 Pa = 760 Torr = 1,01325 bar; 2) **techn. A.,** Einheitenzeichen **at,** veraltete Einheit des Druckes; 1 at = 1 kp/cm^2 = 98 066,5 Pa = 0,980665 bar.

Atmosphärili|en, die chemisch und physikalisch wirksamen Stoffe in der Atmosphäre, z. B. Sauerstoff, Ozon, Kohlendioxid, Salpetersäure, Wasserdampf.

atmosphärische Optik, meteorologische Optik, Teilgebiet der physikal. Optik, Meteorologie und Geophysik, das sich mit den opt. Erscheinungen in der Atmosphäre befasst. Dazu gehören die durch Brechung, Reflexion und/oder Beugung der Lichtstrahlen an Wassertropfen bzw. Eiskristallen verursachten Erscheinungen wie Halo, Kranz, Glorie, Regenbogen, ferner die durch Interferenz und Streuung an Luftmolekülen (Rayleigh-Streuung) und/oder Aerosolteilchen (Mie-Streuung) bewirkten Effekte wie das Him-

atmosphärische Optik: Dämmerungserscheinung (Abenddämmerung)

Atmung
(von oben): Bei tiefer Einatmung wird der Brustkorb gehoben und erweitert, das Zwerchfell kontrahiert und tritt nach unten, bei Ausatmung sinkt der Brustkorb und verengt sich, das Zwerchfell erschlafft und wird nach oben gewölbt.

melsblau, die versch. Dämmerungserscheinungen und die Lufttrübung (mit ihren Auswirkungen auf die Sichtverhältnisse), schließlich die auf der atmosphär. Refraktion beruhenden versch. Formen der Luftspiegelung sowie die Szintillation.

Atmung, Respiration, bei Lebewesen die Aufnahme von Sauerstoff aus der Umgebung zur Energiegewinnung für die Verbrennung von Nahrungs- oder Körperstoffen und die Abgabe des bei diesen Stoffwechselvorgängen entstehenden Kohlendioxids. Diesen Gasaustausch ermöglichen bei der **äußeren A.** besondere **Atmungs-** oder **Respirationsorgane:** Lungen bei Mensch und Tier, Kiemen bei Fischen und anderen Wassertieren, Tracheen bei Insekten, Spaltöffnungen bei Pflanzen. Gasaustausch nur durch die Oberfläche, wie bei der **Haut-A.,** haben einfache und sehr kleine Lebewesen. Die A. der Pflanzen, die in lebenden pflanzl. Zellen jederzeit vor sich geht, ist nicht mit der →Assimilation des Kohlendioxids zu verwechseln.

Beim Menschen werden die **äußere A. (Lungen-A.)** und die **innere A. (Zell-A.)** durch den Blutkreislauf aufrechterhalten. Der Aufnahme des Luftsauerstoffs dient die Lunge. Durch die Lungenbläschen (Alveolen, Oberfläche etwa 100 m^2), die von einem dichten Kapillarnetz umsponnen sind, kommt die eingeatmete Luft mit dem Blut in engen Kontakt. Die roten Blutkörperchen, die Sauerstoff (O_2) und Kohlendioxid (CO_2) transportieren, haben eine Oberfläche, die etwa das 2000-Fache der Körperoberfläche beträgt. Die Verlangsamung des Blutstromes in den Lungenkapillaren ermöglicht rasche Aufladung des Blutes mit O_2 und schnelle Abgabe des CO_2 aus dem Blut.

Bei der **äußeren A.** tritt das Zwerchfell bei Einatmung (Inspiration) tiefer, bei Ausatmung (Exspiration) höher, der Brustkorb wird bei der Einatmung erweitert (Rippen und Brustbein werden gehoben, die Alveolen entfalten sich) und bei der Ausatmung verkleinert (Rippen und Brustbein senken sich, die Lungen ziehen sich durch Eigenelastizität zusammen). Die Einatmungsluft enthält 21 Vol.-% O_2 und 0,03 Vol.-% CO_2, die Alveolarluft, die in der späten Phase der Ausatmung abgegeben wird, rd. 14 Vol.-% O_2, 5,6 Vol.-% CO_2. Bei A. in Ruhe werden beim Erwachsenen etwa 16-mal in der Minute je 0,5 l Luft (Atemzugvolumen) hin- und herbewegt. Die Menge der bei stärkster Ein- und Ausatmung in der Lunge bewegten Luft ist die **Vitalkapazität,** der Luftrest, der auch bei stärkster Ausatmung noch in der Lunge verbleibt, das **Residualvolumen.** Vitalkapazität und Residualvolumen ergeben die **Totalkapazität.** Die Atemfrequenz (Atemzüge je Minute) beträgt beim Säugling 40–50, beim Fünfjährigen 20–30, beim Erwachsenen durchschnittlich 16–20.

Die **innere A.** besteht in der Aufnahme von O_2 aus dem Blut in die Körperzellen und der Abgabe des CO_2 in das Blut. Der Gasaustausch folgt dem jeweiligen Sauerstoffdruckgefälle, d.h., der Sauerstoffpartialdruck in der Lungenalveole ist größer als im Lungenblut, daher kann das Blut O_2 aufnehmen. Im Gewebe wird die Sauerstoffaufnahme durch ein Sauerstoffdruckgefälle vom Blut in dieses möglich. Für CO_2 hat das Druckgefälle vom Gewebe über das Blut in die Lungenalveole die umgekehrte Richtung. Die Atmungsvorgänge unterliegen der Steuerung durch das **Atemzentrum,** das im verlängerten Mark liegt. Es reguliert Atemtiefe, Atemrhythmus und Form der Atmung.

Atmungskette, aus vielen hintereinandergeordneten Einzelschritten bestehende Kette von chem. Redoxreaktionen, in der die Endoxidation als letzter Teil der Zellatmung stattfindet. Die A. ist aus hintereinandergeschalteten Multienzymkomplexen (NADH-Dehydrogenase, Succinat-Dehydrogenase, Ubichinol-Cytochrom-c-Reduktase, Cytochrom-c-Oxidase) aufgebaut und in der inneren Mitochondrienmembran bei Bakterien in der Plasmamembran lokalisiert. Ausgangssubstanz ist das in der →Glykolyse und im →Zitronensäurezyklus entstandene, mit Wasserstoff verbundene, energiereiche Nikotinsäureadenindinukleotid (mit Wasserstoff NADH + H$^+$). Es überträgt Elektronen auf den ersten Enzymkomplex der A. und setzt dabei den Wasserstoff frei. Die Elektronen führen an den versch. Enzymkomplexen zu immer neuen Redoxreaktionen, bis schließlich Sauerstoff oxidiert wird, der sich mit Protonen zum Endprodukt Wasser (H_2O) verbindet. Die in den einzelnen Schritten der A. frei werdende Energie wird i.d.R. zum Aufbau von Adenosintriphosphat (ATP) verwendet **(A.-Phosphorylierung, oxidative Phosphorylierung).** Im tier. Organismus wird über die A. der größte Teil der chem. Energie (in Form von ATP) gewonnen. Da der Körper zur Aufrechterhaltung seiner Funktionen laufend Energie benötigt, führt eine Hemmung der A. durch Gifte wie Cyanide, Schwefelwasserstoff und Kohlenmonoxid sehr schnell zu einer Abnahme der verfügbaren Energie, auf die v.a. das Nervensystem sehr empfindlich reagiert und die letztlich zum Tod führt.

Ätna der, ital. **Etna,** höchster Vulkan Europas, an der O-Küste Siziliens, mit 3350 m ü. M. höchster Gipfel des außeralpinen Italien; Flankenausbrüche übersäen den Ä. mit kleinen Nebenkratern; aktiver Vulkan, letzte größere Ausbrüche 1991/92, 2000, 2001, 2002, 2004 und 2006.

Ätoli|en, Landschaft im westl. Mittelgriechenland, vom Acheloos durchflossen; gewann an histor. Bedeutung, als sich seine Bewohner, die **Ätoler,** im 4. Jh. v. Chr. zum **Ätol. Bund** zusammenschlossen. Im Krieg Roms gegen Philipp V. von Makedonien waren die Ätoler 215–205 und 200–197 v. Chr. Verbündete, seit 197 v. Chr. Gegner der Römer, von denen sie 189 v. Chr. vernichtend geschlagen wurden.

Atoll [malaiisch] *das,* ringförmige Koralleninsel trop. Meere; meist aus großer Tiefe auf den Gipfeln untermeer. Vulkane nur wenige Meter über den Meeresspiegel aufsteigend; umschließt eine seichte La-

Atoll nördlich von Male, Malediven

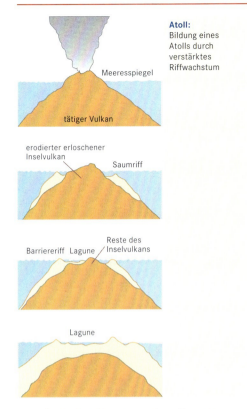

Atoll: Bildung eines Atolls durch verstärktes Riffwachstum

gune, die durch Riffkanäle mit dem offenen Meer verbunden ist.

Atom [aus griech. átomos »unteilbar«] *das*, kleinstes, mit chem. Methoden nicht weiter zerlegbares Teilchen eines Elements, das dessen physikal. und chem. Eigenschaften bestimmt; es besteht aus einem **A.-Kern,** dessen Radius etwa 10^{-12} cm beträgt und der fast die gesamte Masse des A. (99,9 %) enthält, und einer **A.-Hülle (Elektronenhülle)** mit einem Radius von etwa 10^{-8} cm. Der Kern besteht aus Z elektrisch positiv geladenen →Protonen und N elektrisch neutralen →Neutronen; die Kernbausteine heißen **Nukleonen.** Die Hülle wird aus Z negativ geladenen →Elektronen gebildet, sodass das A. als Ganzes elektrisch neutral ist. Z ist die **Kernladungszahl** (Protonenzahl), N die **Neutronenzahl** und A die **Massenzahl** (Nukleonenzahl): $A = Z + N$. Die Nukleonen haben einen Eigendrehimpuls (→Spin), der durch Überlagerung zu einem (Gesamt-)**Kernspin** führt. Die Masse des A.-Kerns ist etwas kleiner als die Summe der Protonen- und Neutronenmassen (→Massendefekt). Der Zusammenhalt der A.-Kerne wird durch die **Kernkräfte** bewirkt. Kerne, bei denen das Verhältnis von Neutronen zu Protonen bestimmte Grenzwerte überschreitet, zerfallen (→Radioaktivität). A.-Arten mit gleichen Kernladungs-, aber versch. Massenzahlen heißen **Isotope** (symbolisch, z. B. bei Uran: ^{238}U, ^{235}U, ^{234}U). Durch Abgabe oder Aufnahme von Elektronen wird aus einem A. ein elektrisch geladenes **Ion,** das andere chem. und physikal. Eigenschaften als das ursprüngl. A. hat.

Moleküle und Ordnungszahlen: Aus mehreren gleichen oder versch. A. können sich durch →chemische Bindung **Moleküle** bilden. Die chem. Eigenschaften der Stoffe beruhen im Wesentlichen auf der Struktur der Elektronenhüllen ihrer A. und Moleküle. Die Dichte und Anordnung der A. und Moleküle bestimmen den →Aggregatzustand eines Stoffes. Bisher sind 115 natürl. und künstliche chem. Elemente mit z. T. nur sehr kurzer Lebensdauer bekannt (→Transurane). Das leichteste A. ist das des Wasserstoffs mit $Z = 1$, $N = 0$ und der Masse $1{,}6736 \cdot 10^{-24}$ g. Im →Periodensystem der chemischen Elemente sind die A. nach steigenden Kernladungszahlen geordnet, die auch **Ordnungszahlen** heißen. – Hinweise auf die Existenz kleinster chem. Einheiten im makroskop. Bereich geben die daltonschen Gesetze. Beweise für die Existenz der A. liefern z. B. die →kinetische Gastheorie, die →mechanische Wärmetheorie und die →Kristallstrukturanalyse, des Weiteren die Bahnspuren schneller atomarer Teilchen in Spurenkammern, die Massenspektroskopie und die Streuung von Teilchenstrahlen an Materie; mithilfe von Rastermikroskopen kann die Lage einzelner A. auf Oberflächen sichtbar gemacht werden.

Atombau: Der A.-Bau lässt sich durch spektroskop. Methoden aufklären. Da den einzelnen Elektronenzuständen genau definierte Energien zugeordnet sind, muss beim Übergang eines Elektrons von einem Zustand in einen anderen der entsprechende Energiedifferenzbetrag abgegeben oder aufgenommen werden, i. Allg. in Form elektromagnet. Strahlung wie Licht oder Röntgenstrahlen. Eine exakte Beschreibung des A.-Baus gelang erst mithilfe der →Quantenmechanik unter Einbeziehung des →Pauli-Prinzips, das den Spin der Elektronen berücksichtigt. Danach ist jeder Energiezustand eines Elektrons im A. durch vier →Quantenzahlen festgelegt. Die sich als Lösung der →Schrödinger-Gleichung ergebenden Wellenfunktionen beschreiben das räumlich-zeitl. Verhalten der Elektronen. Der klassische Begriff der »Bahn« eines Elektrons wird unzulässig, da sich der Ort eines Elektrons nicht mehr genau vorhersagen lässt. Man kann nur eine Aufenthaltswahrscheinlichkeit des Elektrons angeben.

Atommodelle: Die Modellvorstellungen über den Aufbau der A. spiegeln die rasche Entwicklung auf dem Gebiet der A.-Physik, bes. seit Anfang des 20. Jh., wider. Das **Kugelmodell (daltonsches Atommodell)** beschreibt das A. als mehr oder weniger starre Kugel; sie kann Schwingungen um ein Zentrum ausführen und Kraftwirkungen auf die Umgebung ausüben; mit ihm lassen sich u. a. die Gasgesetze sowie Diffusion, Wär-

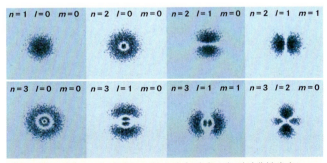

Atom: Die quantenmechanisch berechnete Aufenthaltswahrscheinlichkeit des Hüllenelektrons für verschiedene Zustände des Wasserstoffatoms, die durch die Quantenzahlen n, l, m charakterisiert sind. Durch Rotation der Einzeldarstellungen um die vertikale Achse durch das jeweilige Zentrum (Ort des Atomkerns) ergeben sich die zugehörigen räumlichen Darstellungen. Der Zustand mit $n = 1$ ist der Grundzustand. Für die größenrichtige Wiedergabe müssen die Darstellungen um den jeweiligen Wert für n vergrößert werden.

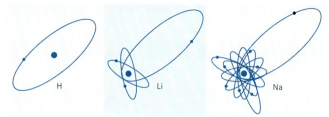

Atom: Das bohrsche Atommodell wurde durch A. Sommerfeld maßgeblich erweitert. Er nahm für die Elektronenbahnen der Atome neben den bohrschen Kreisbahnen noch die Existenz von elliptischen Bahnen an. Die Abbildung zeigt Elektronenbahnen in den Hüllen der Atome von Wasserstoff (H), Lithium (Li) und Natrium (Na).

meleitung und Osmose erklären. Nach dem **Rutherford-Bohr-Atommodell** besteht das A. aus einem Kern positiver Ladung, den die Elektronen in der A.-Hülle auf genau definierten Kreisbahnen umkreisen. Energie und Drehimpuls der Elektronen können nach den bohrschen Postulaten nur ganz bestimmte Werte annehmen. Im **Bohr-Sommerfeld-Atommodell** sind neben Kreisbahnen auch Ellipsenbahnen vorhanden. Beim **De-Broglie-Schrödinger-Modell** werden die stationären Quantenbahnen der Elektronen durch Materiewellen beschrieben; es sind nur solche Wellenlängen möglich, die zu stehenden Wellen um den A.-Kern führen (→Wellenmechanik). Im **Orbitalmodell** wird jedes Elektron durch eine Aufenthaltswahrscheinlichkeit (Dichteverteilung) im Raum um den A.-Kern charakterisiert.

Geschichte: Im Altertum vertraten die griech. Philosophen Leukipp und Demokrit (um 500 v. Chr.) als Erste die Auffassung, Materie sei nicht unbeschränkt teilbar. Diese Gedanken wurden erst wieder aufgegriffen, als J. Dalton 1808 erkannte, dass sich die chem. Elemente nur in ganz bestimmten Massenverhältnissen zu Verbindungen vereinigen; er erklärte dies mit dem Zusammenbau aus gleichartigen kleinen Teilchen. J. Loschmidt gelang es 1865, die Zahl der Teilchen in einem Mol zu ermitteln. Etwa gleichzeitig wurde die Natur der Elektrizität entdeckt (M. Faraday, H. L. F. von Helmholtz, P. Lenard, H. R. Hertz) und die elektr. Elementarladung bestimmt. Die kinet. Gastheorie (R. J. E. Clausius, J. C. Maxwell, L. Boltzmann) zur Aufklärung der therm. Eigenschaften der Materie gab ebenfalls einen deutl. Hinweis auf die atomist. Struktur der Materie. – Die Untersuchungen des A.-Baus begannen mit den Versuchen von E. Rutherford zur Streuung von Alphateilchen an Folien und von P. Lenard über den Durchgang von Elektronenstrahlen durch Materie. Um 1913 gelang es N. Bohr, mithilfe der Quantengesetze (M. Planck) das Wasserstoffspektrum und den Bau des Wasserstoff-A. aufzuklären. Die Arbeiten von L.-V. de Broglie (1924) über die Doppelnatur des Lichtes (elektromagnet. Welle oder Elementarteilchen) erlaubten es E. Schrödinger, ein wellenmechan. A.-Modell und schließlich W. Heisenberg, ein quantenmechan. A.-Modell zu entwerfen.

Atom..., in zusammengesetzten Begriffen oft ungenau für Kern... oder Nuklear...; z. B. Atomreaktor statt Kernreaktor.

Atomabsorptionsspektroskopie, Abk. **AAS**, chem. Analyseverfahren, bes. zur qualitativen und quantitativen Bestimmung von Metallionen. Es beruht darauf, dass Atome selektiv Licht einer bestimmten Wellenlänge absorbieren. Diese Absorption ist proportional zur Konzentration des bestrahlten Stoffes.

Atomantrieb, umgangssprachlich für →Kernenergieantrieb.

atomare Masseneinheit, Einheitenzeichen **u**, in Atom- und Kernphysik verwendete gesetzl. Einheit der Masse. Die a. M. ist der zwölfte Teil der Masse eines Atoms des Nuklids ^{12}C: $1\,u = 1{,}660\,540\,2 \cdot 10^{-27}$ kg.

atomares Patt, nukleares Patt, Zustand strateg. Gleichgewichts, das auf der annähernd gleichwertigen Ausrüstung von potenziellen Kriegsgegnern mit Atomwaffen (→ABC-Waffen) und der dadurch gegebenen gegenseitigen Vernichtungsmöglichkeit, auch im Falle eines nuklearen Überraschungsangriffes, beruht.

Atom|ausstieg, das geordnete Beenden der Kernenergienutzung. Die Reg. der Bundesrep. Dtl. und die führenden Energieversorgungsunternehmen (EVU) einigten sich am 14. 6. 2000 auf eine Vereinbarung, die den Ausstieg aus der Kernenergienutzung regelt. Am 11. 6. 2001 wurde die »Vereinbarung zur geordneten Beendigung der Kernenergienutzung« von der Bundesreg. und den EVU (vertreten durch die Energiekonzerne HEW, EnBW, E.ON und RWE) unterzeichnet; sie ist juristisch im Atom-Ges. (→Kernenergierecht) abgesichert. Das Gesetz verbietet den Neubau von kommerziellen Kernkraftwerken und von Anlagen zur Aufarbeitung bestrahlter Kernbrennstoffe (→Wiederaufarbeitung), befristet die Regellaufzeit der bestehenden Kernkraftwerke und legt für jedes eine künftig noch zu produzierende Reststrommenge fest.

Restlaufzeit: Für jedes einzelne Kernkraftwerk wurde (gerechnet ab dem 1. 1. 2000) eine Strommenge festgelegt, die künftig noch produziert werden darf (Reststrommenge). Sie basiert auf einer vereinbarten Regellaufzeit von 32 Kalenderjahren nach Abzug der bisherigen Laufzeit. Sobald diese Strommenge erreicht ist, ist das Kernkraftwerk stillzulegen. Die Reststrommenge (das Produktionsrecht) kann auch von einem (älteren) Kernkraftwerk auf ein anderes übertragen werden, um die Wirtschaftlichkeit der Anlagen zu gewährleisten.

Entsorgung und Endlagerung: Für die verbleibende Nutzungsdauer gewährleistet die Bundesreg. unter

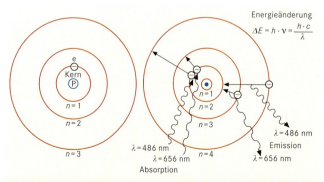

Atom: bohrsches Atommodell (links) des aus einem Proton (p) und einem Elektron (e) bestehenden Wasserstoffatoms; die Abstände der Quantenbahnen des Grundzustandes ($n = 1$) und der angeregten Zustände ($n = 2, 3 \dots$) vom Kern sind nicht maßstabgerecht; rechts: Elektronenübergänge (Quantensprünge) durch Energiezufuhr oder -abgabe bei Absorption oder Emission von Licht definierter Frequenz (hier Linien der Balmer-Serie des Wasserstoffspektrums)

Einhaltung der atomrechtl. Anforderungen den ungestörten Betrieb der Kernkraftwerke sowie deren Entsorgung. Die EVU errichten an den Standorten der vorhandenen Kernkraftwerke oder in deren Nähe umgehend weitere Zwischenlager. Die vier genehmigten Interimslager sowie acht der genehmigten Standort-Zwischenlager haben bis Ende 2006 ihren Betrieb aufgenommen, die vier weiteren Standort-Zwischenlager werden voraussichtlich 2007 betriebsbereit sein. Seit dem 1. 7. 2005 wurde die Entsorgung radioaktiver Abfälle auf die direkte Endlagerung beschränkt. Bis zu diesem Zeitpunkt waren Transporte zur Wiederaufarbeitung von Brennelementen zulässig und die angelieferten Mengen durften verarbeitet werden.

Atombindung, →chemische Bindung.

Atombombe, →ABC-Waffen.

Atomenergie, umgangssprachlich für →Kernenergie.

Atomfalle, *Physik:* →Teilchenfalle.

Atomgesetz, →Kernenergierecht.

Atominterferometer, Atomstrahlinterferometer, Gerät, in dem analog zum opt. →Interferometer ein Teilchenstrahl an einem Strahlteiler in kohärente Teilstrahlen aufgespalten wird, die nach Durchlaufen unterschiedl. Wege zur Interferenz gebracht werden. Als Strahlteiler dienen Laserstrahlen. Mit A. lassen sich z. B. die De-Broglie-Wellenlänge (→Materiewelle) der Teilchen messen und durch äußere Felder hervorgerufene Phasenverschiebungen untersuchen.

Atomistik *die,* **Atomismus,** die naturphilosoph. Lehre, nach der das Naturgeschehen von einer Vielzahl bewegter, kleinster, unteilbarer Teilchen (Atome) im unbegrenzten leeren Raum verursacht wird; vertreten von Demokrit, P. Gassendi, I. Newton, J. Dalton u. a. Erst 1860 konnte S. Cannizzaro der A. in der Chemie zum Durchbruch verhelfen. Die Erkenntnis, dass Atome eine innere Struktur besitzen, führte schließlich zur Atomphysik (Physik der Atomhülle), zur Kernphysik (Physik der Atomkerne) und zur Elementarteilchenphysik.

Atomium *das,* Symbol der Brüsseler Weltausstellung von 1958, ein 102 m hohes Bauwerk in Form einer 165-milliardenfachen Vergrößerung der Elementarzelle eines α-Eisenkristalls.

Atomkern, →Atom, →Kernmodelle.

Atomkraftwerk, Abk. **AKW,** umgangssprachl. Bez. für →Kernkraftwerk.

Atomkrieg, Krieg mit Atomwaffen (→ABC-Waffen).

Atomlaser [-lɛɪzə], **Atomstrahllaser,** laserähnl. Strahlungsquelle, die anstelle von Licht Atome emittiert. Aufgrund des Welle-Teilchen-Dualismus besitzen Atome neben Materie- auch Welleneigenschaften. Dies führt dazu, dass sie sich zu einer einzigen Teilchenwelle vereinigen, wenn sie unter eine krit. Temperatur nahe dem absoluten Nullpunkt abgekühlt werden (→Bose-Einstein-Kondensation). Diese Teilchenwelle weist physikalisch die gleichen Eigenschaften auf wie ein Laserstrahl aus Licht. Werden die Atome aus der Kühlfalle herausgelenkt und in einen gerichteten Strahl überführt, entsteht ein A.-Strahl. – A. stellen eine ideale Materiequelle für hochgenaue atominterferometr. Messungen dar und eröffnen vollkommen neue Anwendungsbereiche u. a. in der Optik, Nanotechnologie und Oberflächenphysik.

Atomlithografie, Atomstrahllithografie, die Herstellung von Strukturen integrierter Halbleiterbauelemente mit Methoden der Atomoptik. Wegen der im Vergleich zur Lichtwellenlänge kleineren Materiewellenlänge von Atomstrahlen lassen sich mit der A. Nanostrukturen unterhalb von 100 nm herstellen, die mit der →Fotolithografie derzeit nicht gefertigt werden können.

Atommasse, 1) relative **A.,** mitunter noch als **Atomgewicht** bezeichnet, Formelzeichen A_r; die jedem →Nuklid zugeordnete dimensionslose Verhältniszahl, die angibt, wievielmal die Ruhemasse m_a eines Atoms dieses Nuklids größer ist als ein bestimmter Standard. Als solcher gilt seit 1961 das Kohlenstoffisotop ^{12}C, dessen relative A. mit 12,000000 festgelegt wurde. Die relative A. eines Nuklids beträgt daher $A_r = m_a/m_u$, wobei $m_u = 1$ u die **Atommassenkonstante** ($^1/_{12}$ der Masse eines ^{12}C-Atoms $= 1,6605402(10) \cdot 10^{-27}$ kg) bedeutet.

2) **absolute A.,** die tatsächl. Masse m_a von einzelnen Atomen eines Nuklids; sie wird in →atomaren Masseneinheiten u angegeben, dadurch ist ihr Zahlenwert gleich der relativen A. dieses Nuklids. Die A.-Angaben des Periodensystems berücksichtigen die natürl. Isotopenverteilung der versch. Elemente, stellen also Durchschnittswerte dar (natürl. Kohlenstoff z. B. besteht nicht nur aus ^{12}C-Atomen, sondern enthält auch ^{13}C- und ^{14}C-Atome). Aus den A. der Elemente kann man die →Molekülmasse einer Verbindung berechnen.

Atommodell, →Atom.

Atommüll, umgangssprachlich für →radioaktive Abfälle.

Atom|optik, Teilgebiet der Atomphysik, das sich mit den Eigenschaften von →Materiewellen neutraler Teilchen (Atome, Moleküle, Cluster) beschäftigt. Da nach der Quantenmechanik einem Teilchen mit dem Impuls p die Wellenlänge $\lambda = h/p$ (h plancksches Wirkungsquantum) entspricht, gelten für Materiewellen analoge Gesetze wie für Lichtwellen (→Dualismus). Wegen der relativ großen Masse der Teilchen ist ihr Impuls ebenfalls relativ groß, daher kann die Wellenlänge der Materiewellen wesentlich kleiner als die Lichtwellenlänge sein. – Analog zur »Lichtoptik« (→Optik) unterscheidet man in der A. zw. Beugung (**diffraktive A.**) und Brechung (**refraktive A.**) von Materiewellen.

Strahlungsquellen für die A. sind inkohärente Atomstrahlen, die z. B. entstehen, wenn Gase mit hohem Druck durch eine ultrafeine Düse gepresst werden. Mit der Entwicklung des →Atomlasers stehen auch kohärente Atomstrahlen zur Verfügung, die den Laserstrahlen der Optik entsprechen.

Atomphysik, um 1900 entstandenes Teilgebiet der Physik, das sich mit den Atomen und dem mit dem Atomkonzept erklärbaren physikal. Erscheinungen befasste. Heute versteht man unter A. i. Allg. die Physik der Atomhülle und der in ihr ablaufenden Vorgänge; die Physik der Atomkerne dagegen wird als →Kernphysik bezeichnet. Grundlage der A. ist die →Quantenmechanik.

Atomrakete, Rakete mit atomarem Sprengkopf (→ABC-Waffen).

Atomreaktor, umgangssprachlich für →Kernreaktor.

Atomrecht, →Kernenergierecht.

Atomsprengkörper, *Militärwesen:* Sprengkörper, die das Material für eine ungehinderte, explosionsartig ablaufende →Kettenreaktion von Kernspaltungen (nukleare A.) oder Kernverschmelzungen (thermonukleare A.) sowie das zu ihrer Auslösung erforderl. Zündsystem enthalten.

Atomstrahlen, aus einer großen Anzahl neutraler Atome bestehende Teilchenstrahlen in einem Vakuum.

Atomstrahlresonanzmethode, Rabi-Methode ['reɪbɪ-], nach I. I. Rabi benannte Methode der Hochfrequenzspektroskopie zur Bestimmung magnet. Kernmomente und Hyperfeinstrukturaufspaltungen mittels Atom- oder Molekülstrahlen durch Resonanz eines magnet. Wechselfeldes mit einer an den Kernen künstlich erzeugten Präzessionsbewegung.

Atomteststoppabkommen, → Teststoppabkommen.

Atomuhr, eine für Zeit- und Frequenzmessungen höchster Genauigkeit sowie für genaue Zeithaltung (Primäruhr in Zentraluhranlagen) verwendete Hochfrequenzapparatur. In dieser ruft ein Hochfrequenzfeld bestimmter Frequenz in geeigneten Atomen oder (bei einer **Molekülunr**) in geeigneten Molekülen (Cäsium, Rubidium, Wasserstoff, Ammoniak u. a.) durch Resonanzabsorption Atom- bzw. Molekülschwingungen oder -übergänge hervor, deren Resonanzfrequenz dann als Vergleichsmaß dient. I. d. R. wird eine solche von äußeren Einflüssen (v. a. der Temperatur) praktisch unabhängige A. zur Frequenzkontrolle und Steuerung einer angeschlossenen Quarzuhr benutzt.

Die im Langzeitbetrieb derzeit genauesten A. sind die **Cäsiumatomstrahluhren** (→ Cäsiumuhren). Neuere Entwicklungen sind Ionenuhren (→ optische Uhr). Sie können Genauigkeiten erreichen, die diejenigen der heutigen Mikrowellenfrequenznormale um mehrere Größenordnungen übersteigen.

Atomwaffen, → ABC-Waffen.

atomwaffenfreie Zone, Gebiet, in dem aufgrund internat. Vereinbarungen oder einseitiger Erklärungen keine Atomwaffen hergestellt, stationiert oder eingesetzt werden sollen.

Atomwaffensperrvertrag, der → Kernwaffensperrvertrag.

Atomzeitalter, Nuklearzeitalter, Bez. für die vom Beginn der 1950er- bis in die 1980er-Jahre reichende Phase des → industriellen Zeitalters, die Ausdruck für die (mit der Entwicklung der Atombombe begonnene) techn. Nutzung der Kernenergie sowie für deren Risiken und Gefahren ist.

Atomzerfall, der radioaktive Zerfall (→ Radioaktivität).

Aton [ägypt. »Sonnenscheibe«], der altägypt. Sonnengott, wurde von Echnaton (Amenophis IV.) zur alleinigen Gottheit erklärt und ist damit der erste bekannte Gott der Religionsgeschichte, der monotheistisch gedacht und verehrt wurde. Nach des Pharaos Tod brach der Kult wieder zusammen.

atonale Musik, Musik, die nicht auf dem Prinzip der Tonalität beruht. In der a. M. ist der harmon. Ablauf nicht mehr durch den Ggs. Konsonanz–Dissonanz geregelt, die Beziehung auf einen Grundton ist verloren gegangen. Daher muss der durch die Tonalität garantierte Zusammenhang neu geschaffen werden (z. B. aufgrund von Intervallstrukturen). A. M. ist erstmals vollgültig ausgeprägt in den fünf George-Liedern op. 3 (1907/08) von A. Webern und in den drei Klavierstücken op. 11 (1909) von A. Schönberg. Anfang der 1920er-Jahre verfestigte sich die freie Atonalität zur Methode der → Zwölftontechnik.

Atonie [griech.] *die,* Erschlaffung, herabgesetzter Spannungszustand (Tonus) von Muskeln, auch der von muskulösen Hohlorganen (z. B. Magen, Gebärmutter).

Atopie [griech.-nlat.] *die,* vererbbare Neigung zur Entwicklung von Allergien der Haut und Schleimhäute gegen Umweltstoffe; meist verbunden mit Immunglobulin-E-Antikörperbildung. Zu den atop. Erkrankungen zählen Heuschnupfen, allerg. Bronchialasthma und atop. Ekzem.

atopisches Ekzem, Neurodermitis, endogenes Ekzem, chronisch-entzündl. Hauterkrankung, die überwiegend auf eine angeborene allerg. Überempfindlichkeit zurückzuführen ist; tritt meist schon im frühen Kindesalter in Form von ekzemartigen Hautveränderungen an den Wangen und dem behaarten Kopf (»Milchschorf«), später an Gelenkbeugen, Gesäß, auch Gesicht, Hals und am übrigen Körper auf und ist v. a. durch den anfallartigen quälenden Juckreiz (bes. nachts) gekennzeichnet; häufig mit weiteren allerg. Beschwerden wie Heuschnupfen und Bronchialasthma verbunden. Die Einwirkung äußerer Allergene (Hausstaubmilben, Tierhaare, Nahrungsmittel, Baum- und Gräserpollen) oder psych. Einflüsse (Stress) kann zu einer akuten Verschlimmerung führen. Mit zunehmendem Alter lassen die Hauterscheinungen nach, eventuell verschwinden sie vollständig.

Die Behandlung wird im akuten Stadium mit Antihistaminika oder Glucocorticoiden durchgeführt, im Übrigen mit allgemeinen Hautpflegemaßnahmen, unterstützt durch Klimatherapie (Gebirgs- und Meeresklima) sowie UV-A-Licht und psycholog. Betreuung.

Atout [a'tuː, frz.] *das,* auch *der,* Trumpf im Kartenspiel.

ATP, Abk. für **A**denosin**t**ri**p**hosphat, biochemisch wichtiges Triphosphat des → Adenosins.

ATP [eɪtiː'piː, engl.], Abk. für **A**ssociation of **T**ennis **P**rofessionals, der internat. Dachverband im Profitennis der Männer (gegr. 1972, Sitz: Monte Carlo); Frauen: → WTA.

Atrato, Río *der,* Fluss in NW-Kolumbien, 750 km lang, entspringt in der Westkordillere, mündet mit einem breiten Delta in den Golf von Urabá des Karib. Meeres; am Oberlauf Gold- und Platinseifen.

Atrazin *das,* Gebrauchsname des als Basis für viele Herbizide verwendeten 2-Chlor-4-ethylamino-6-isopropylamino-1,3,5-triazins. Seine Wirkung beruht auf einer Hemmung der Fotosynthese. A. wird zur Unkrautbekämpfung im Mais-, Spargel-, Tomaten- und Kartoffelanbau eingesetzt. Da A. und dessen Hauptabbauprodukt Desethyl-A. bis ins Grundwasser gelangen und damit auch im Trinkwasser nachgewiesen werden können, ist die Anwendung von A. seit 1991 in Dtl. verboten.

Atresie [griech.] *die,* Verschluss natürl. Körperöffnungen und Hohlorgane (z. B. After, Scheide, Speiseröhre); meist angeboren.

Atreus, *griech. Mythologie:* König von Mykene, Vater von Agamemnon und Menelaos, die nach ihm die **Atriden** hießen; von Ägisth wegen Freveltaten, die er an seinem Bruder begangen hatte, erschlagen. – Als Schatzhaus des A. wird das größte der bei Mykene erhaltenen Königsgräber bezeichnet.

A Tribe Called Quest [ə traɪb kɔːld kwest], amerikan. Hip-Hop-Trio, 1989 in New York gegr., bestehend aus Q-Tip, eigtl. Jonathan Davis (* 1970), Phife Dawg, eigtl. Malik Taylor (* 1970) und Ali Shaheed Muhammad (* 1970). Die zumal in Europa erfolgreiche Gruppe verzichtete als eine der ersten Hip-Hop-Formationen zugunsten einer vorsichtigen Annäherung an den Jazz (»The low end theory«, 1991) auf die überkommenen Posen von Straßengewalt und Sexismus. 1998 löste sich das Trio auf.

Atrium [lat.] *das,* **1)** *Anatomie:* Vorhof, Vorkammer des Herzens.

2) *Architektur:* im altitalischen Haus der Hauptraum mit Dachöffnung und Becken zum Auffangen des Regenwassers. Mit Übernahme des griech. Peristyls (Säulenhof) wurde das A. zum Empfangsraum. Im Kirchenbau bezeichnet man als A. den von Säulenhallen umgebenen Hof vor einer Basilikafassade. Das neuzeitl. **A.-Haus** mit angegliedertem Hof oder Garten innerhalb von Umfassungsmauern – knüpft an den Grundriss des antiken Wohnhauses an.

Atropa [griech.], die Pflanzengattung →Tollkirsche.

Atrophie [griech.] *die,* **Gewebeschwund,** Abnahme der Größe eines Organs oder Gewebes durch Verminderung von Zellgröße und -zahl. Ursachen sind z. B. falsche Ernährung, Alterungsprozesse, mangelnder Gebrauch oder Stoffwechselstörungen.

Atropin [griech.] *das,* hochgiftiges Alkaloid, das in Nachtschattengewächsen wie Tollkirsche, Stechapfel und Bilsenkraut enthalten ist, daraus gewonnen wird oder synthetisch hergestellt wird. Pharmakolog. Wirkung: Erweiterung der Pupillen, Hemmung von Schweiß- und Speichelabsonderung, Krampflösung bei Magen-Darm-Erkrankungen und der Bronchialmuskulatur bei Asthma sowie Pulsbeschleunigung. Nach Aufnahme einer größeren Menge tritt **A.-Vergiftung** auf; sie äußert sich in Hautrötung, Trockenheit der Schleimhäute, Durstgefühl, weiten starren Pupillen, Puls- und Atmungsbeschleunigung, Erregung und Verwirrung, schließlich Tod durch zentrale Atemlähmung. Die Behandlung erfolgt durch Magenspülung, Beatmung bei Atemlähmung und Physostigmingaben.

Atropos [griech. »die Unerbittliche«], eine der →Moiren.

ATS, Abk. für engl. **a**pplications **t**echnology **s**atellite (Satellit für angewandte Technologie), Serie von 6 zw. 1966 und 1974 gestarteten Erprobungssatelliten der NASA, eingesetzt für Meteorologie, Navigation und Erderkundung sowie als Nachrichtensatelliten.

Atschinsk, Stadt in Russland, in der ostsibir. Region Krasnojarsk, an der Transsibir. Bahn, in einem Braunkohlenrevier gelegen; 115 000 Ew.; Tonerdewerk, Erdölverarbeitung.

AT & T [eɪtiː ənd ˈtiː], Abk. für →**A**merican **T**elephone and **T**elegraph Company.

Attac [Abk. für frz. **A**ssociation pour une **t**axation des **t**ransactions financières pour l'**a**ide aux **c**itoyens »Vereinigung für die Besteuerung von Finanztransaktionen zum Wohl der Bürger«], 1998 in Frankreich gegr. und heute weltweit aktives Netzwerk von Personen und Organisationen, die unter dem Schlagwort »Die Welt ist keine Ware« globale polit., soziale und ökolog. Veränderungen im Zeitalter der Globalisierung bewirken wollen; seit 2000 auch dt. Sektion.

Attaché [ataˈʃeː, frz.] *der,* Rangbez. für die Eingangsstufe im diplomat. Dienst bzw. für einen Diplomaten, der einer Auslandsvertretung für besondere Fachaufgaben zugeteilt ist, z. B. Kulturattaché.

Attachment [əˈtætʃmənt, engl. »Verknüpfung«] *das,* eine Datei, die an eine →E-Mail angehängt und mit dieser verschickt wird. E-Mails mit A. sind durch ein spezielles Symbol (häufig eine Briefklammer) gekennzeichnet. Computerviren werden häufig über E-Mails mit A. verbreitet.

Attacke [frz.] *die, Militärwesen:* Angriff; früher bes. Reiterangriff im Galopp.

Attalos I. Soter, König von Pergamon (241–197 v. Chr.), * 269 v. Chr., † 197 v. Chr.; besiegte die Kelten und nahm daraufhin den Königstitel an; eroberte zeitweise Kleinasien bis zum Taurus; seit 212 Bundesgenosse der Römer. Sein Enkel **A. III. Philometor** (138–133 v. Chr.) vererbte das pergamen. Reich den Römern.

Attenborough [ˈætnbrə], Sir (seit 1976) Richard, brit. Bühnen- und Filmschauspieler, Filmregisseur und -produzent, * Cambridge 29. 8. 1923; zunächst Bühnenlaufbahn; auch Filmschauspieler (»Brighton Rock«, 1947; »Jurassic Park«, 1993). Sein größter Erfolg war die Regiearbeit »Gandhi« (1982). 1998 Auszeichnung mit dem Kunstpreis Praemium Imperiale. – *Weitere Filme: Regie:* Die Brücke von Arnheim (1977); A Chorus Line (1985); Shadowlands (1993).

Attendorn, Stadt im Kr. Olpe, NRW, im südl. Sauerland, 24 800 Ew.; Metallverarbeitung, Fremdenverkehr (1 km östl. die **Attahöhle,** eine Tropfsteinhöhle). – A., 1072 erstmals genannt, wurde 1222 Stadt; seit 1469 Hansestadt.

Attentat [frz.] *das,* politisch, religiös oder sittlich motivierter Angriff auf das Leben eines anderen, i. d. R. auf Politiker oder Inhaber herausragender Positionen in Staat und Gesellschaft. Mit der Entstehung eines weltweiten →Terrorismus richtet sich das A. nicht mehr allein gegen polit. Gegner in herausragender Stellung, sondern in starkem Maße auch gegen Personen und Personengruppen als Angehörige ihrer Partei, ihres Staates, ihrer Rasse oder ihrer Religion.

Attentismus [frz.] *der,* **1)** *allg.:* die (abwartende) Haltung derjenigen, die erst nach endgültiger Klärung der Machtverhältnisse Partei nehmen wollen.

2) *Börsenwesen:* abwartende Haltung von Kapitalanlegern (Kreditgebern) bei ungünstiger Wirtschaftslage; kann Zins- und Kursänderungen beschleunigen.

Atterberg [-bærj], Kurt Magnus, schwed. Komponist, * Göteborg 12. 12. 1887, † Stockholm 15. 2. 1974; schrieb fünf Opern in romantischem Stil (u. a. »Aladin«, 1941), sowie Orchester- und Kammermusik.

Atterbom [-bum], Per Daniel Amadeus, schwed. Schriftsteller, Literaturhistoriker, * Åsbo (Östergötland) 19. 1. 1790, † Uppsala 21. 7. 1855; bed. Vertreter der schwed. Romantik; schrieb Lyrik und das Märchendrama »Die Insel der Glückseligkeit« (1824–27).

Attersee, Kammersee, größter See des Salzkammerguts und der Österr. Alpen, im Attergau, 467 m ü. M., 20 km lang, 2–3 km breit, 45,9 km² groß, bis 169 m tief; fischreich; Feriengebiet.

Attersee, Christian Ludwig, österr. Maler und Grafiker, * Bratislava 28. 8. 1940; anfangs von Pop-Art und Surrealismus geprägte Bilder, wandte sich später mehr Problemen der maler. Form zu. Erhielt 1997 den Großen Österr. Staatspreis. – Abb. S. 306

Attest [lat.] *das,* schriftl. Bescheinigung, bes. eines Arztes.

Attich *der,* ein →Holunder.

Atticus, Titus Pomponius, * 110 v. Chr., † 32 v. Chr., hochgebildeter Römer, bed. als Geschichtsschreiber und Herausgeber zeitgenöss. Literatur. Cicero widmete ihm seine Schriften »Über das Alter« (»Cato maior de senectute«) und »Über die Freundschaft« (»Laelius de amicitia«).

Atrium 2): Grundriss eines altrömischen Hauses (**oben**); **a** Fauces (Eingang), **b** Atrium, **c** Impluvium (Regenwassersammelbecken), **d** Alae (Seitenräume), **e** Tablinum (Empfangs- und Wohnraum); Blick vom Eingang in ein Atrium (**unten**)

Christian Ludwig Attersee: Gedankenwasser (1983)

Attika [griech.] *die,* fensterloser Aufbau über dem Hauptgesims eines Gebäudes zur Verdeckung des Daches und zur Aufnahme von Inschriften oder Reliefs.

Attika, die südöstl. Halbinsel Mittelgriechenlands, mit der Hptst. Athen; umfasst als Region 3 808 km², 3,52 Mio. Ew. Kahle Gebirgszüge aus Kalkstein oder Marmor bestimmen das Landschaftsbild; in den fruchtbaren Ebenen Landwirtschaft, Haupterzeugnisse: Wein, Öl, Feigen, Tabak; Marmorbrüche, Blei- und Zinkerzabbau. – A. wurde um 2000 v. Chr. von Ioniern besiedelt; in myken. Zeit in viele Fürstentümer gegliedert, erhielt die Landschaft im 1. Jt. v. Chr. durch Athen ihre polit. Einheit.

Attila [got. »Väterchen«], nord. **Atli,** mhd. **Etzel,** König der Hunnen, † 453; Sohn des Mundzuk, regierte seit 434 mit seinem Bruder Bleda, nach dessen Ermordung (445) allein. Mittelpunkt seiner Herrschaft war Ungarn, sein Reich dehnte sich im O bis zum Kaukasus, im W fast bis zum Rhein. Er zwang 448 Ostrom zu einem jährl. Tribut, drang 451 bis zur Loire vor, wurde in der Schlacht auf den Katalaun. Feldern von den Westgoten, Burgundern, Franken u. a. Germanen unter dem weström. Feldherrn Aetius geschlagen. 452 fiel A. in Italien ein, kehrte jedoch vor Rom (von Papst Leo I. bewogen) wieder um; starb in Pannonien in der Hochzeitsnacht mit Ildiko. Sein Reich zerfiel, die Erinnerung an ihn lebte jedoch in Sagen und Liedern fort (→ Etzel).

Attinghausen, Gemeinde im Kt. Uri, Schweiz, 1 500 Ew.; die Burg der 1357 ausgestorbenen Freiherren von A. wurde im 1358 zerstört. Werner II. von A., der A. in Schillers »Tell«, war 1294–1321 Landammann von Uri.

Attis, Atys, der sterbende und wiederauferstehende Vegetationsgott im Kult der kleinasiat. Göttin Kybele, nach der griech. Mythologie ein schöner Hirt, den Kybele liebte. Sie versetzte ihn, als er ihr untreu wurde, in Raserei, sodass er sich entmannte. Das orgiast. Frühlingsfest mit entmannten Priestern verbreitete sich in der röm. Kaiserzeit bis nach Rom.

attisch, auf Attika, bes. Athen bezüglich.

Attisch-Delischer Seebund, 477 v. Chr. geschaffenes Bündnis der Insel- und Küstenstädte des Ägäischen Meeres unter Führung Athens zur Sicherung Griechenlands gegen die Perser, bestand, von Athen mehr und mehr zum Herrschaftsinstrument gemacht, bis 404 v. Chr. Ein zweiter Bund (**Att. Seebund,** 378–354) entstand zur Abwehr des spartan. Vorherrschaftsanspruchs.

attische Sprache, → griechische Sprache.

Attitüde [frz.] *die, Ballett:* eine Grundposition der klass. Tanztechnik: Bei gestrecktem Standbein wird das um 90° nach rückwärts abgewinkelte Spielbein im Knie gebogen.

Attizismus *der,* urspr. der Gebrauch der reinen att. Sprache; auch Name einer klassizist. literar. Bewegung (vom 1. Jh. v. Chr. an), die im Ggs. zum → Asianismus den schlichten und sachl. Prosastil der athen. Schriftsteller zum Vorbild erhob.

Attlee [ˈætlɪ], Clement Richard, Earl (seit 1955), brit. Politiker, * London 3. 1. 1883, † ebd. 8. 10. 1967; urspr. Rechtsanwalt, 1935–55 Führer der Labour Party im Unterhaus; 1940–45 mehrfach Min. Als Premiermin. (1945–51) führte er das Sozialisierungsprogramm seiner Partei durch und begründete den unentgeltlichen staatl. Gesundheitsdienst; 1951–55 Oppositionsführer.

Attnang-Puchheim, Stadt im Bezirk Vöcklabruck, Oberösterreich, an der Ager, 9 000 Ew.; Metall- und Holzverarbeitung, Maschinen-, Nahrungsmittel-, Möbel- und Matratzenherstellung, chem. Werk. – Burg der Herren von Puchheim (1180), mehrfach umgebaut, Wallfahrtskirche (1886–90).

Atto..., Vorsatzzeichen **a,** Vorsatz vor Einheiten für den Faktor 10^{-18} (Trillionstel); z. B. 1 Attometer = 1 am = 10^{-18} m.

Attorney [əˈtɔːnɪ, engl.] *der,* Anwalt, Bevollmächtigter, in den USA Rechts- oder Staatsanwalt; **Attorney General,** in Großbritannien: oberster Kronanwalt, Berater der Reg. in Rechtsfragen; in den USA: Justizmin. und oberster Staatsanwalt.

Attractants [əˈtræktənts, engl.], *Zoologie:* die → Lockstoffe.

Attraktor *der,* eine Punktmenge, der die in einem bestimmten Gebiet (**Attraktionsgebiet**) startenden Trajektorien eines dynam. Systems im Verlaufe der zeitl. Entwicklung zustreben. Auf einem A. startende Trajektorien verlassen diesen nicht mehr, d. h., der A. ist bezüglich der Dynamik des Systems invariant. Im einfachsten Fall besteht der A. aus einem Punkt (**Punkt-A.**), was z. B. für die gedämpfte Schwingung eines Pendels der Fall ist. Kompliziertere A. sind geschlossene Kurven (**period. A.**) und die sog. **seltsamen A.**, fraktale Mengen, die als A. chaotischer dynam. Systeme auftreten.

Attrappenversuche, *Verhaltensforschung:* Experimente mit Attrappen, d. h. künstl. Reizkonstellationen (Formen, Farben oder Laute), um verhaltensauslösende Merkmale herauszufinden.

Attribut [lat.] *das,* **1)** *allg.:* wesentl. Merkmal, Eigenschaft.

2) *bildende Kunst:* das einer Person beigegebene kennzeichnende Symbol (Dreizack des Poseidon, Drache des hl. Georg).

3) *Grammatik:* **Beifügung,** Satzglied, das als Substantiv, Pronomen, Adjektiv, Numerale, Adverb, Apposition, Infinitiv mit »zu« oder Infinitivgruppe oder als Nebensatz (A.-Satz) ein anderes Satzglied näher bestimmt. Ein **prädikatives A.** bezieht sich zugleich auf Subjekt und Prädikat (»Er kam *gesund* wieder.«).

Attribution [lat.] *die,* **Attribuierung,** *Psychologie:* Zuschreibung von Ursachen. A. dienen primär der sozialen Orientierung und der Selbstentlastung. Typ. **A.-Fehler** sind: 1) Selbstwertbezug: Erfolg in Leistungssituationen wird als persönl. Verdienst bewertet, Misserfolg der Übermacht oder Bosheit der Umwelt zugeschrieben; 2) falscher Konsens: Menschen neigen dazu, ihr eigenes Verhalten als weit verbreitet und »normal« anzusehen, die (unwillkommenen) Handlungen anderer dagegen als außergewöhnlich und unangemessen; 3) Vermenschlichung: die Neigung, Handlungen eher auf menschl. Einwirkungen oder persönl. Merkmale zurückzuführen als auf sachl. Einflussfaktoren.

atü, veraltetes Einheitenzeichen für die Angabe des Überdruckes in techn. →Atmosphären.

ATV-DVWK, Abk. für →Deutsche Vereinigung für Wasserwirtschaft, Abwasser und Abfall e. V.

Atwood ['ætwʊd], Margaret Eleanor, kanad. Schriftstellerin engl. Sprache, * Ottawa 18. 11. 1939; Leitthemen ihrer zahlr. Werke bilden die Problematik der Frau in der modernen Konsumgesellschaft, die Suche nach Lebensformen, die von Fremdbestimmung und Unterdrückung frei sind, sowie die kulturelle Identität Kanadas; wurde bekannt u. a. mit dem psycholog. Roman »Die eßbare Frau« (1969), hatte weitere Erfolge mit »Der Report der Magd« (1985), »Katzenauge« (1989) und »Oryx und Crake«« (2003); auch literaturkrit. Arbeiten (»Survival«, Essay, 1972) und Gedichtsamml. (»The circle game«, 1966). – *Weitere Werke: Romane:* Die Räuberbraut (1993); alias Grace (1996), Der blinde Mörder (2000).

Atyrau, kasach. **Aterau,** bis 1992 **Gurjew,** Gebietshauptstadt in Kasachstan, am Fluss Ural, 132 000 Ew.; Erdölraffinerie, chem., Zellstoffind., Maschinenbau, im Gebiet A. Erdölfördergebiet **Tengis** (Erdölleitung zum Erdölterminal Noworossisk, Russland); Hafen.

Ätz|alkali|en, die Hydroxide der Alkalimetalle, z. B. **Ätznatron,** Natriumhydroxid.

Ätzen, das Abtragen und Verändern der Oberfläche fester Stoffe durch Anwendung auflösender, mehr oder weniger chemisch aggressiver Substanzen (Ätzmittel), durch elektrochem. Einwirkung (v. a. bei Metallen) oder Strahleneinwirkung. 1) In der graf. Technik das Einarbeiten einer Zeichnung oder eines Bildes in eine Metallfläche durch ätzende Mittel. Für Hochdruckätzungen wird das Metall der Ätzplatten an den bildfreien Stellen aufgelöst; die Bildstellen werden durch Schutzschichten geschützt. Im Tiefdruck werden die Bildstellen eingeätzt. Im Offsetdruck versteht man unter Ätzung u. a. die Behandlung der Druckplatte mit chem. Mitteln, um die bildfreien Stellen wasseraufnahmefähig zu machen. 2) Glas wird durch Flusssäure (**Blank-Ä.,** Säurepolieren) oder durch Fluorwasserstoff (**Matt-Ä.**) geätzt. 3) Der Gefügeaufbau von Kristallen und Werkstoffen kann durch **Tief-Ä.** von Anschliffen aufgeklärt werden. 4) Lebendes Gewebe kann durch ätzende Substanzen (z. B. Silbernitrat) zerstört werden, meist um Wucherungen auf Haut, Schleimhäuten oder Wundrändern zu entfernen. 5) In der Stoffdruckerei erhalten vorgefärbte Gewebe nach Aufdruck reduzierender Chemikalien durch örtl. Zerstörung des Farbstoffs eine Musterung in Weiß oder Bunt.

Atzmon, Moshe, israel. Dirigent, * Budapest 30. 7. 1931; war u. a. 1969–71 Chefdirigent des Sydney Symphony Orchestra, 1972–76 des NDR-Sinfonieorchesters in Hamburg, 1972–77 Musikdirektor des Basler Sinfonieorchesters sowie 1991–94 künstler. Leiter der Oper in Dortmund. Von 1999-2005 leitete A. das Ålborg Symfonieorkester.

Au [lat. *aurum*], chem. Symbol für →Gold.

AU, Abk. für →Abgasuntersuchung.

AU, Abk. für →Afrikanische Union.

Aubade [o'bad(ə); von frz. *aube* »Morgenröte«] *die, Musik:* im 17./18. Jh. das instrumentale Morgenständchen.

Aube [o:b; von lat. *alba* »die Helle«], **1)** *die,* rechter Nebenfluss der Seine, 248 km, entspringt auf dem Plateau von Langres, mündet unterhalb von Romilly-sur-Seine.

2) Dép. in NO-Frankreich, 6 004 km², 294 000 Ew.; Hptst.: Troyes.

Auber [o'bɛːr], Daniel François Esprit, frz. Komponist, * Caen 29. 1. 1782, † Paris 12. oder 13. 5. 1871; neben F. A. Boieldieu Hauptvertreter der frz. kom. Oper; schrieb zahlr. Opern, darunter »Die Stumme von Portici« (1828) und »Fra Diavolo« (1830).

Aubergine [obɛr'ʒiːnə, frz.] *die,* **Eierfrucht,** ital. **Melanzana,** meist violette Frucht von *Solanum melongena,* einem einjährigen Nachtschattengewächs SO-Asiens; Gemüse- und Salatpflanze.

Aubervilliers [obɛrvil'je], früher **Notre-Dame-des-Vertus** [nɔtrə'dam dever'ty], nach der gleichnamigen Wallfahrtskirche, Stadt im frz. Dép. Seine-Saint-Denis, nördlich von Paris, 67 700 Ew.; Metall-, chem., Parfüm-, Glasindustrie.

Aubusson [oby'sɔ̃], Stadt im frz. Dép. Creuse, im Zentralmassiv, 6 200 Ew.; staatl. Kunstschule; seit 16. Jh. Zentrum der frz. Bildteppichkunst mit Herstellung von Gobelins und Teppichen (**A.-Teppiche**).

a. u. c. [lat.], Abk. für →ab urbe condita.

Aucassin et Nicolette [oka'sɛ̃ e nikɔ'lɛt], altfrz. Liebesnovelle vom Beginn des 13. Jh., von einem unbekannten Verfasser, in pikard. Mundart. Einzige erhaltene »chantefable«, eine Prosadichtung mit eingestreuten Liedern und Liedstrophen.

Auch [oːʃ], Hptst. des Dép. Gers in S-Frankreich, in der Gascogne, 24 700 Ew.; Sitz eines Erzbischofs (seit dem 9. Jh.); Museen; Handelszentrum des Armagnac mit Brennereien, Textil-, Schuh- und Kartonagenindustrie. – Kathedrale (15./16. Jh.), ehem. erzbischöfliches Palais (18. Jh.). – A., das röm. **Augusta Ausciorum,** war im MA. Hptst. der Grafschaft Armagnac.

Auckland ['ɔːklənd], größte Stadt Neuseelands, auf der Nordinsel, 1,2 Mio. Ew. (in der Agglomeration), hoher Anteil an Maori und polynes. Einwanderern;

Margaret Atwood

Moshe Atzmon

Daniel François Esprit Auber

Aubergine: blühende Pflanze mit Früchten

Auckland: Blick über den Hafen

Univ. (1882 gegr.); War Memorial Museum; bedeutender Ind.-Standort (Nahrungsmittel-, chem. und Textilind., Schiffbau) und größter Hafen des Landes; internat. Flughafen. – Gegr. 1840.

Auckland Islands [ˈɔːklənd ˈaɪləndz], unbewohnte Inselgruppe im SW von Neuseeland, 606 km²; gehört seit 1863 zu Neuseeland.

Aude [oːd], **1)** *die,* Fluss in S-Frankreich, entspringt in den O-Pyrenäen und mündet nordöstlich von Narbonne in den Golfe du Lion, 223 km lang. **2)** Dép. in S-Frankreich, 6139 km², 322 000 Ew.; Hptst.: Carcassonne.

Auden [ɔːdn], Wystan Hugh, engl. Schriftsteller, * York 21. 2. 1907, † Wien 28. 9. 1973; ging 1935 eine formale Ehe mit Erika Mann ein; lebte ab 1939 in den USA; schrieb Lyrik (Zyklus »Das Zeitalter der Angst«, 1947), Opernlibretti, Kritiken.

Audenarde [odˈnard, frz.], Stadt in Belgien, →Oudenaarde.

audi... [lat.], **audio...,** hör...

Audi AG, Autokonzern; Sitz: Ingolstadt; gegr. 1969 durch Fusion der NSU Motorenwerke AG (gegr. 1873) mit der Auto Union GmbH (gegr. 1949) als Audi NSU Auto Union AG; seit 1985 jetzige Bez.; Tochtergesellschaft der →Volkswagen AG, die Automobile der Marken Audi und Lamborghini produziert.

audiatur et altera pars [lat. »gehört werde auch der andere Teil«], Prozessgrundsatz: ein Urteil darf erst gefällt werden, wenn beide Teile gehört worden sind.

Audiberti [odi-], Jacques Séraphin, frz. Schriftsteller, * Antibes 25. 3. 1899, † Paris 10. 7. 1965; schrieb Gedichte, Romane, Essays sowie bühnenwirksame surrealist. und burleske Theaterstücke (»Quoat-Quoat«, 1946; »Der Glapioneffekt«, 1959; »Die Ameyss im Fleische«, 1961).

Audienz [lat. audientia »Gehör«] *die,* Empfang bei hohen Persönlichkeiten.

Audimax *das,* Kw. für **Audi**torium **max**imum, →Auditorium.

Audiobook [-bʊk] *das,* →Hörbuch.

Audiogramm, Aufzeichnung des Hörvermögens für Töne verschiedenster Lautstärke und Tonlagen mit einem elektroakust. Gerät, dem **Audiometer.**

Audiologie *die,* Teilbereich der Hals-Nasen-Ohren-Heilkunde, der sich mit den Funktionen und Störungen des Gehörs befasst.

Audiometrie *die,* Methode der Gehörüberprüfung mithilfe des Audiometers (→Audiogramm).

Audio-Video-Technik, Gesamtheit der techn. Verfahren und Mittel, die es ermöglichen, Ton- und Bildsignale aufzunehmen, zu übertragen, zu empfangen und wiederzugeben.

Audiovision, die Information durch Ton und Bild; auch die Technik des Aufnehmens, Speicherns und Wiedergebens von Ton und Bild (z. B. mit Videorekorder).

audiovisuell, zu gleicher Zeit hörbar und sichtbar, Hören und Sehen ansprechend.

audiovisueller Unterricht, Unterrichtsverfahren, das sich →audiovisueller Unterrichtsmedien bedient und sich dadurch vom herkömml. Unterricht und den dort übl. Unterrichtsmitteln abhebt.

Audition [lat.] *die,* religionswiss. Begriff; bezeichnet eine übernatürl. Hören, eine über das Gehör (in Form von Tönen oder als Stimme) geschehende Offenbarung Gottes bzw. der Götter an Propheten oder Ekstatiker.

Audition [ɔˈdɪʃn, engl.] *die,* Veranstaltung, auf der Sänger, Tänzer, Schauspieler wegen eines Engagements vorsingen, vortanzen, vorsprechen.

auditiv [lat.], das Hören betreffend, auf die Wahrnehmung des Gehörs bezogen.

Auditorium [lat.] *das,* Zuhörerschaft, Hörsaal, Lehrsaal (bes. der Hochschulen). **A. maximum (Audi**max**),** der größte Hörsaal.

Audubon [ˈɔːdəbɒn], John James, amerikan. Maler, Zeichner und Naturforscher, * Les Cayes (Haiti) 26. 4. 1785, † New York 27. 1. 1851. Seine Kupferstiche und Mappenwerke mit Darstellungen von Vögeln und anderen Tieren Nordamerikas sind von dokumentar. Authentizität (u. a. »The birds of America«, 1827–38; Nachdr. 1982).

Aue, Au, der bei Hochwasser überflutete und mit Sedimenten (A.-Lehm, A.-Boden) überlagerte Teil des Talbodens.

Aue, Krst. des Landkreises Aue-Schwarzenberg, Sachsen, an der Zwickauer Mulde, 18 500 Ew.; Bergbaumuseum; Produktion von Tisch- und Bettwäsche, Textilmaschinen-, Maschinen- und Werkzeugbau, Nickelhütte, 1946–91 Uranerzbergbau. – Erhielt um 1490 stadtähnl. Privilegien, 1839 eine volle Stadtverfassung.

Aue Stadtwappen

Aue, Hartmann von, mittelhochdt. Dichter, →Hartmann von Aue.

Auenwald, Pflanzengesellschaft in den Flussauen; man unterscheidet die **Weichholz-A.** (regelmäßig überflutet; Weiden, Grauerlen) und die **Hartholz-A.** (selten überflutet; Ulmen, Eschen, Stieleichen).

Auerbach, 1) Berthold, eigtl. Moses Baruch **Auerbacher,** Schriftsteller, * Nordstetten (heute zu Horb am Neckar) 28. 2. 1812, † Cannes 8. 2. 1882; war mit seinen »Schwarzwälder Dorfgeschichten« (4 Bde., 1843–54; 10 Bde., 1884) einer der meistgelesenen Erzähler der 2. Hälfte des 19. Jh. Er war Verfechter jüd. Emanzipation.

2) Erich, Romanist, * Berlin 9. 11. 1892, † Wallingford (Conn., USA) 13. 10. 1957; untersuchte in seinem Hauptwerk »Mimesis« (1946) die Entwicklung des Realismus in der europ. Literatur.

Auerbachsprung, *Wasserspringen:* ein Sprung, bei dem der Absprung vorwärts und die anschließenden Drehungen rückwärts ausgeführt werden.

Auerbach/Vogtl., Stadt im Vogtlandkreis, Sachsen, im oberen Göltzschtal, 460 m ü. M., 21 300 Ew.;

Auerbachsprung

Werkzeugmaschinenbau, Wäschefabrik. – Stadtrecht seit 1402; bis 1996 Kreisstadt.

Auerberg, Molasseberg im Allgäu, Bayern, 1 055 m ü. M., Reste kelt. und röm. Befestigungen.

Auerhuhn, Auerwild, Raufußhuhn in den Wäldern Eurasiens, zählt zum Hochwild; **Auerhahn** bis 6 kg, Henne bis 3 kg schwer. Die Balz dauert von März bis Mai; die 6–10 Eier werden 26–28 Tage bebrütet, nach 13 Tagen sind die Jungen flugfähig.

Auerochse, ausgestorbenes Wildrind, → Ur.

Auersberg, bewaldeter Gipfel im westl. Erzgebirge, südöstlich von Eibenstock, 1 018 m ü. M.; Wintersport.

Auersperg, Adelsgeschlecht aus Krain, seit dem 17. Jh. gräflich. Ein Zweig wurde 1653 reichsfürstlich; er besaß die Herrschaft (seit 1792 Herzogtum) Gottschee. Das Geschlecht stellte dem österr. Staat zahlr. Beamte und Offiziere. – Anton Alexander Graf von A., österr. Dichter, → Grün, Anastasius.

Auerstedt, Gemeinde im Landkreis Weimarer Land, Thür., 500 Ew. In der **Doppelschlacht von Jena und A.** wurden am 14. 10. 1806 die verbündeten preuß. und sächs. Truppen unter Herzog Karl von Braunschweig von den Franzosen unter Napoleon I. und Marschall L. N. Davout vernichtend geschlagen.

Auerswald, dt. Adelsgeschlecht, Stammsitz bei Chemnitz, kam 1498 nach Westpreußen. – Hans Jakob von A., * Plauth (heute Pławty Wielki, Wwschaft Pommern) 25. 7. 1757, † Königsberg (Pr) 3. 4. 1833; 1808–24 Oberpräs. von Ostpreußen, Westpreußen und Litauen. Seine eigenmächtige Einberufung des ostpreuß. Landtages leitete die Erhebung gegen Napoleon I. ein (Jan. 1813).

Auer von Welsbach, Carl Freiherr von (seit 1901), österr. Chemiker und Industrieller, * Wien 1. 9. 1858, † Schloss Welsbach (Kärnten) 4. 8. 1929; entdeckte die Seltenerdmetalle Lutetium, Neodym und Praseodym; erfand das **Auerlicht** (→ Gasbeleuchtung), die Metallfadenlampe (Osmiumglühlampe) und das Auermetall (Cereisen) für Zündsteine.

Aue-Schwarzenberg, Landkreis im Reg.-Bez. Chemnitz, Sachsen, 528 km², 130 900 Ew.; Krst. ist Aue.

Aufbauschulen, weiterführende schul. Einrichtungen, die den gegenüber der Normalform späteren Übergang von einer Schulart zur anderen erleichtern sollen, häufig als **Aufbauzug** an Schulen in Normalform geführt: Aufbaugymnasien (für Hauptschüler im Anschluss an das 6. oder 7., für Realschüler an das 9. oder 10. Schuljahr), die zur Hochschulreife führen, Aufbaurealschulen und → Berufsaufbauschulen.

Aufbereitung, 1) *Kerntechnik:* a) die A. der Uranerze (Brennstoff-A.), Teil des Kernbrennstoffkreislaufs; b) die → Wiederaufarbeitung.

2) *Verfahrenstechnik:* Trennung von Stoffen und Stoffgemischen, meist mineral. Rohstoffe wie Erz, Kohle, Salz, Kalkstein, Kies, Sand, Erdöl, nach Teilchengrößen und/oder in ihre Stoffkomponenten, d. h. ihre wertigen (Konzentrate) und unwertigen Bestandteile (Abgänge, Berge), z. B. Erz-A., Steinkohle-A. A.-Stufen: Zerkleinerung, Klassierung, Sortierung, Entwässerung, → Trocknung.

3) *Wasserwirtschaft:* → Wasseraufbereitung.

Aufbewahrungspflicht, handels- und steuerrechtl. Verpflichtung des Kaufmanns, Handelsbücher, Bilanzen und Inventare 10 Jahre, Geschäftskorrespondenz 6 Jahre aufzubewahren.

Aufblähung, Trommelsucht, Tympanie, abnorme Gasansammlung im Magen-Darm-Kanal von Haustieren, bes. im Pansen der Wiederkäuer, z. B. durch Fütterungsfehler.

Aufdampfen, Aufbringen von Überzügen aus Metallen u. a. anorgan. Stoffen (Oxiden, Fluoriden) auf Metalle, Kunststoffe, Glas u. a. Die Materialien werden im Vakuum verdampft, die Dämpfe auf den zu überziehenden Teilen niedergeschlagen.

Auferstehung, A. der Toten, religiöse Vorstellung, dass am Weltende die Verstorbenen mit Leib und Seele zu ewigem Leben auferstehen (→ Eschatologie). Für das Christentum ist die auf der → Auferstehung Christi gründende A. der Toten Gegenstand der christl. Hoffnung.

Auferstehung Christi, die im N.T. (Mt. 28,9 f.; Lk. 24,13 f.; Röm. 10,9; 1. Thess. 4,14; 1. Kor. 15,4; Apg. 1,22) bezeugte Wiederkehr Jesu Christi in das Leben am dritten Tag nach seinem Kreuzestod (→ Ostern); Inhalt der neutestamentl. Verkündigung und grundlegende Aussage des christl. Glaubens.

Bildende Kunst: In frühchristl. Zeit beschränkte man sich auf sinnbildl. Darstellungen (Jonas, vom Walfisch ausgespien, der Gang der Frauen zum Grabe u. a.). Seit dem 11. Jh. wurde auch die A. C. selbst dargestellt, zunächst noch mehr symbolisch, später in zunehmend realist. Sinn: Jesus Christus mit der Kreuzfahne dem Grab entsteigend, auf ihm stehend, sitzend oder über ihm schwebend (Multscher, Schongauer, Dürer, Grünewald, Altdorfer).

Auffahrwarngerät, Abstandswarngerät, Gerät (Kleinsender und -rechner) zur Warnung eines Kraftfahrers bei zu geringem Abstand von einem vor ihm befindl. Fahrzeug oder einem Verkehrshindernis.

Auffanggesellschaft, eine den Geschäftsbetrieb eines insolventen Unternehmens fortführende Gesellschaft, i. d. R. von dessen Gläubigern zum Zweck der Sanierung gegründet.

Aufforderungscharakter, Valenz, Begriff der → Gestaltpsychologie (K. Lewin), der die Eigenschaft der Wahrnehmungsgegenstände bezeichnet, unterschwellig auf menschl. Stimmungen, Bedürfnisse und Strebungen eine Reizwirkung auszuüben, die ein bestimmtes Verhalten begünstigt; von der Psychodiagnostik und der Werbepsychologie genutzt.

Carl Auer von Welsbach

Auferstehung Christi (Gemälde von Paolo Veronese, um 1580; Moskau, Puschkin-Museum)

Aufkimmungswinkel
Aufkimmung
Aufkimmung

Aufforstung, Anlage von Wald (Bestandgründung) auf bisher nicht mit Wirtschaftsholzarten bestandenen Flächen; auch die Wiederbepflanzung von durch Baumsterben, Wind- und Schneebruch oder Kahlschläge entstandenen forstl. Lücken.

Aufführungspraxis, →musikalische Aufführungspraxis.

Aufführungsrecht, ausschließl. Recht des Urhebers eines Musik- oder Bühnenwerkes, das Werk öffentlich aufzuführen. Aufführungen von urheberrechtlich geschützten Werken durch andere sind deshalb genehmigungs- und vergütungspflichtig (Ausnahme: Aufführungen ohne Erwerbszweck, kirchl. Veranstaltungen). Die musikal. Urheberrechte verwaltet die →GEMA. (→Verwertungsgesellschaften)

Aufgabe, *Börsenwesen:* Bekanntgabe des Namens des Kontrahenten durch den freien Makler, der zunächst selbst als Kontrahent auftritt, bis er einen endgültigen Käufer oder Verkäufer gefunden hat.

Aufgalopp, Aufkantern, *Galopprennen:* Vorbeireiten der Teilnehmer vor den Tribünen zum Start.

Aufgang, das Erscheinen eines Gestirns am Horizont, das auf der Drehung der Erde von W nach O beruht: Der **heliak. A.** ist der erste sichtbare A. eines Gestirns in der Morgendämmerung. Beim **akronyt. A.** erscheint das Gestirn bei Sonnenuntergang, beim **kosm. A.** gleichzeitig mit der Sonne.

Aufgebot, 1) *kath. Kirchenrecht:* die Ergänzung der Feststellungen des Brautexamens durch Befragung der Heimatgemeinde nach etwaigen Ehehindernissen (→Eherecht).
2) *Zivilrecht:* allg. die öffentliche gerichtl. Aufforderung an unbekannte Beteiligte zur Anmeldung von Rechten, um Rechtsnachteile zu vermeiden, z. B. das A. der Nachlassgläubiger oder vor der Kraftloserklärung von Urkunden. Für das **A.-Verfahren** ist das Amtsgericht zuständig (§§ 946–1024 ZPO). – Im Eherecht war das A. die öffentl. Bekanntmachung einer beabsichtigten Eheschließung zu dem Zweck, dem Standesamt bislang unbekannt gebliebene Eheverbote (→Eherecht) zur Kenntnis zu bringen; zum 1. 7. 1998 abgeschafft. In Österreich ist das eherechtl. A. durch Ges. von 1983 beseitigt worden. Das *schweizer.* Eherecht kennt eine zehntägige Verkündungsfrist.

Aufgeld, *Bankwesen:* Zuschlag, →Agio.

Aufgesang, aus zwei metrisch gleich gebauten Teilen (Stollen) bestehender, erster Teil der Stollen- bzw. Kanzonenstrophe, auf den der kürzere →Abgesang folgt.

Aufguss, Infusum, frisch zubereiteter Auszug aus Arzneipflanzenteilen mit siedendem Wasser.

Aufhebungsvertrag, einvernehmlich geschlossene Vereinbarung, bestehende Rechtsbeziehungen zu beenden. A. werden im Arbeitsrecht oft geschlossen, um Kündigungen zu vermeiden. Soll der A. indes das Arbeitsverhältnis vor Ablauf der Kündigungsfrist beenden, drohen dem Arbeitnehmer Nachteile, weil eine Sperrzeit vor dem Bezug von Arbeitslosengeld eintreten kann und eine im A. vereinbarte Abfindung das Ruhen des Arbeitslosengeldes bewirken kann. Der A. bedarf zu seiner Wirksamkeit der Schriftform.

Aufhellung, *Textilveredelung:* Verbesserung des Weißgrades ungefärbter Textilien und Papiere mithilfe fluoreszierender Substanzen (**opt. Aufheller, Weißtöner, Weißmacher**), die wie Farbstoffe aufgebracht werden. Sie wandeln kurzwellige, nicht sichtbare Strahlung in längerwelliges, sichtbares Licht um, wodurch die gelbl. Eigenfarbe kompensiert wird.

Aufkimmung, seitliches Ansteigen des Schiffsbodens gegen die Horizontale.

Aufklärung, 1) Bez. für eine geistesgeschichtl. Epoche, das **Zeitalter der A.,** engl. **Age of Enlightenment,** frz. **Siècle des Lumières,** die Ende des 17. Jh. in England ihren Ausgang nahm und im 18. Jh. das geistige Leben in ganz Europa und Nordamerika bestimmte. Sie wurde im Wesentlichen vom Bürgertum getragen. Ihr traditions- und institutionenkrit. Grundanliegen war es, dem Menschen unter Bezugnahme auf sein Vernunft- und Erkenntnisvermögen zum »Ausgang aus seiner selbst verschuldeten Unmündigkeit« (I. Kant) zu verhelfen und damit vorgegebene Denkgewohnheiten und Verhaltensmuster zu hinterfragen.
Der Begriff A. fasst versch. geistige und kulturelle Strömungen zusammen; allen gemeinsam war die Kritik am absoluten Wahrheitsanspruch der Offenbarungsreligionen, eine Neigung zum Deismus und teilweise zum Atheismus. An den Humanismus anknüpfend, brachte in der Philosophie zuerst der Rationalismus neue Denkansätze hervor (Niederlande: B. de Spinoza, Frankreich: R. Descartes, Dtl.: G. W. Leibniz, C. Thomasius, C. Wolff). Descartes' Theorie von den angeborenen Ideen setzte der Empirismus (England: J. Locke, D. Hume, G. Berkeley) die Abhängigkeit allen Wissens von der sinnl. Erfahrung entgegen. Zw. beiden Richtungen vermittelte Ende des 18. Jh. I. Kant. Der Erkenntnisfortschritt der Naturwiss.en – bes. durch I. Newton – bewirkte die Ausarbeitung eines deist. (z. B. bei Voltaire), später auch eines materialistisch-atheist. Weltbildes (u. a. bei D. Diderot, J. O. de La Mettrie, P. H. d'Holbach). Staats- und Rechtslehre erhielten neue Grundlagen: An die Stelle göttl. Legitimation des Monarchen trat der auf das Naturrecht gegründete Gesellschaftsvertrag (J.-J. Rousseau, →Vertragslehre). Gegenüber dem Machtanspruch des Staates seien die Menschenrechte unverzichtbar und gültig. Darum betonte auch die Verfassungslehre bes. die Rechte des Einzelnen und die sich aus ihnen ergebenden Grenzen der Staatsgewalt sowie den Gedanken der →Gewaltenteilung (Locke, C. Montesquieu). Das neue Gesellschaftsideal sollte durch Anleitung zum freiheitl., autonomen Vernunftgebrauch möglich werden. Auf dieser Grundlage sei dann die stete Vervollkommnung und Verwirklichung eines freiheitl., menschenwürdigen und glückl. Daseins in einer neuen Gesellschaft möglich (Fortschrittsoptimismus).
Der Gedanke des Fortschritts führte zu eingehender Beschäftigung mit der Geschichte: P. Bayle begründete schon Ende des 17. Jh. die Quellenkritik; umfassende Werke der Geschichtsschreibung (Hume, E. Gibbon, Voltaire) und Geschichtsphilosophie (Montesquieu, M. J. A. Condorcet, J. G. Herder) entstanden. Die Reaktion der Machtinhaber auf die neuen Ideen war unterschiedlich: Friedrich d. Gr. und Kaiser Joseph II. bemühten sich um Reformen (aufgeklärter →Absolutismus), in Frankreich unterdrückte das Ancien Régime alle Ansätze zu Veränderungen; Schriften mit aufklär. Inhalt mussten meist illegal erscheinen. Hier brachte die A. ihre radikalsten Vertreter hervor. Die Sammlung und Aufbereitung aller Wissensgebiete im Sinne der A. gelang den →Enzyklopädisten. Die Unabhängigkeitserklärung der USA und die Frz. Revolution, bes. in ihren Anfängen, waren

dann entscheidend von den Gedanken der A. bestimmt, in der Folge auch der →Liberalismus des 19. Jh. Ost- und Südosteuropa nahmen die A. (ohne deren kirchenfeindl. Tendenz) in der 2. Hälfte des 18. Jh. auf. Sie trug hier zur nat. Emanzipation (v. a. gegen das Osman. Reich) bei.

In der *Theologie* führten Rationalismus, Optimismus, Antiklerikalismus, Individualismus und Utilitarismus in Auseinandersetzung mit der kirchl. Orthodoxie zur Entwicklung einer eigenständigen Theologie der Aufklärung. Jesus erschien als Weisheitslehrer und Prophet der »natürl. Religion« (→Deismus), das Evangelium als Lehre von der Weltverbesserung; der Mensch ist mündiges Individuum, die Vernunft normative Instanz zur Beurteilung des christl. Dogmas, die Predigt zweckgerichtete Nützlichkeitsrede über die prakt. Dinge des Alltags; das Ideal der allg. geforderten religiösen Toleranz fand vollendeten Ausdruck in G. E. Lessings Drama »Nathan der Weise«. In Dtl. erreichte die Theologie der A. ihren Höhepunkt in der Neologie; als Gegenbewegung formierte sich der Pietismus; Kulturprotestantismus, kath. Modernismus und die historisch-krit. Bibelwiss. des 19. Jh. haben ihre Wurzeln in den der Theologie durch die A. des 18. Jh. vermittelten Impulsen.

Das *Erziehungswesen* ist für die A. stets von besonderem Interesse gewesen. Sie forderte eine Erziehung zu naturgemäßer, nicht von Überlieferungen, sondern von Vernunft (und auch Gefühl) bestimmter sittl. Lebensweise und die Anwendung wiss. Verfahrensweisen auch auf prakt. Tätigkeiten (Realbildung, landwirtsch. und gewerbl. Erziehung), Ausdehnung der Erziehungsbestrebungen auf alle Volksschichten, auch auf die Frauen, und Weiterbildung der Erwachsenen. Diese Gedanken wurden von Rousseau, J. B. Basedow, J. H. Campe und J. H. Pestalozzi vertieft und im höheren und Volksschulwesen, z. T. in neuen Schulformen, verwirklicht.

Im *gesellschaftl. Leben* trat neben der höf. Kultur die bürgerl. stärker hervor. Gegen den heiteren Lebensgenuss des Rokoko, der auch in manche bürgerl. Kreise Eingang gefunden hatte (Leipzig als »Klein-Paris«), wandte sich ein betonter bürgerl. Moralismus. Starken Einfluss gewannen aufklärer. Geheimgesellschaften (Freimaurer, Rosenkreuzer). In einseitiger Nachfolge des Pietismus entwickelte sich als Gegenströmung zum Rationalismus ein Gefühls- und Freundschaftskult (→Empfindsamkeit).

Neue Inhalte und Formen fand die *Literatur* der A. in den »Moral. Wochenschriften«, auch die Belletristik hatte oft stark didakt. Charakter. Neue Genres waren bürgerl. Trauerspiel, Rührstück, Idylle und bürgerl. Roman (bes. in Briefform), auch Fabel und Satire wurden gepflegt. Hauptvertreter der dt. Literatur der A. waren J. C. Gottsched, C. F. Gellert, F. G. Klopstock, G. E. Lessing und die →Anakreontiker.

Die *Musik* des A.-Zeitalters folgte eigenen Gesetzen (neue Formen der Instrumentalmusik; Vorklassik und Wiener Klassik), zeigt aber auch direkte Verbindungen zur Geistes- und Sozialgeschichte (bürgerl. →Singspiel, Ausdruck humanitärer Gedanken in Oper und sinfon. Musik).

In der *bildenden Kunst* vollzog sich zunächst der Übergang vom Barock zu dessen Spätblüte, dem Rokoko: Helle Farben, heiter schwingende Linien, weltl. Inhalte und Verweltlichung religiöser Darstellungen wurden kennzeichnend. Seit der Mitte des 18. Jh. wurde das Rokoko allmählich abgelöst durch den strengeren Klassizismus, dessen oberstes künstler. Ziel die Nachahmung antiker Kunst war. Wie das Religiöse suchte man auch das Künstlerische verstandesmäßig zu erfassen. So entstand eine systemat. Kunstkritik als neuer Zweig der Philosophie die Ästhetik (A. G. Baumgarten).

Seit den letzten Jahrzehnten des 18. Jh. wurde die A. von neuen, z. T. gegenläufigen Geistesbewegungen (→Romantik, →Sturm und Drang) überlagert. Der Fortschrittsoptimismus der A. wirkte im 19. Jh. fort, er erfuhr erst durch die beiden Weltkriege und die nat.-soz. Herrschaft eine wesentl. Relativierung. Für die Entwicklung der Wiss.en, für die Humanisierung des sozialen und kulturellen Lebens, für die Achtung der Menschenwürde und die Anerkennung der Gleichheit aller Menschen hat die A. jedoch Entscheidendes geleistet und prägt damit auch noch das gegenwärtige Selbstverständnis moderner demokrat. Gesellschaften. Unter den in neuerer Zeit entstandenen Bezugnahmen ragt bes. das im Rahmen der krit. Theorie der Frankfurter Schule entwickelte Programm einer »zweiten A.« heraus (Befreiung des Einzelnen aus fremdbestimmten Zwängen).

2) *Militärwesen:* die gezielte Beschaffung von Informationen, insbesondere über die Lage beim Gegner, die Erkundung des Geländes, des Wetters und der Witterungseinflüsse, als Grundlage für die Entschlussfassung der eigenen Führung; der A. dienen Flugkörper, Satelliten, Flugzeuge, Spezialeinheiten (A.-Truppen) u. a. Mittel, z. B. Nachrichtendienst.

3) *Pädagogik:* **sexuelle A.,** i. w. S. alle Handlungen und Maßnahmen zur sexuellen Erziehung von Kindern, Jugendlichen und Erwachsenen mit dem Ziel, diese zu einem der jeweiligen Kultur, in der sie leben, angemessenen Umgang mit Sexualität zu führen (Sexualerziehung); i. e. S. die Behandlung des Themas Sexualität im Rahmen des Sexualkundeunterrichts in der Schule. (→Sexualpädagogik)

Aufladegebläse, Kompressor, von einem Motor mechanisch oder von einer Abgasturbine angetriebener Luftverdichter (meist Drehkolbenverdichter) zur →Aufladung von Verbrennungsmotoren.

Aufladung, 1) elektrostatische oder **elektrische A.,** das Aufnehmen positiver oder negativer elektr. Ladung durch einen Körper, Stoff u. a., insbesondere das Vorhandensein einer solchen Ladung im Überschuss als Folge von Reibung.

2) elektrochemische A., Zuführung und Speicherung von elektr. Energie in einem →Akkumulator.

3) die Vorverdichtung der Verbrennungsluft oder des Luft-Kraftstoff-Gemisches bei Verbrennungsmotoren zur Leistungssteigerung, z. B. durch vom Motor mechanisch angetriebene →Aufladegebläse oder durch Abgasturbolader (→Abgasturbine).

Auflage, 1) *Druckgrafik:* die Anzahl der von einer Druckform gedruckten Blätter. Seit Ende des 19. Jh. wird jedes Blatt der Auflage i. d. R. vom Künstler nummeriert und signiert.

2) *Privatrecht:* die einer Schenkung oder letztwilligen Verfügung hinzugefügte Bestimmung, dass der Empfänger zu einer Leistung verpflichtet sein soll; oft schwer von einer Bedingung zu unterscheiden.

3) *Strafrecht:* zusätzliche strafähnl. Maßnahme, die das Gericht einem Verurteilten, dessen Strafe zur Bewährung ausgesetzt ist, auferlegen kann (§ 56 b StGB, z. B. Wiedergutmachung des Schadens).

4) *Verlagswesen:* a) Anzahl der (nach einer nicht veränderten Satzvorlage) gleichzeitig hergestellten

Exemplare eines Druckerzeugnisses; b) Gesamtzahl der Exemplare, die der Verleger nach dem Ges. oder dem Verlagsvertrag herzustellen berechtigt ist. Enthält der Vertrag keine Bestimmung über die A.-Höhe, darf der Verleger 1 000 Abzüge herstellen (§ 5 Verlags-Ges.), ohne Einrechnung der Zuschuss- und Freiexemplare. Dem Verleger kann vertraglich das Recht eingeräumt werden, weitere A. herzustellen.

5) *Verwaltungsrecht:* die selbstständige Nebenbestimmung zu einem Verwaltungsakt, die ein Tun, Dulden oder Unterlassen vorschreibt (z. B. bei Erteilung einer Baugenehmigung, das Baugelände durch eine Stützmauer zu sichern); nicht erfüllte A. können erzwungen bzw. der Verwaltungsakt kann wegen der nicht erfüllten A. widerrufen werden (§§ 36, 49 Verwaltungsverfahrensgesetz).

Auflager, Körper aus Stahl, Beton, Stahlbeton, Stein, auf denen Bauteile wie Träger, Platten, Schalen ruhen und die die Bauwerksbelastung in den Unterbau übertragen.

auflandig, von der See zum Land gerichtet (bei Winden und Strömungen).

Auflandung, Bodenerhöhung in Gewässern, entsteht durch Sinkstoffablagerung (→Landgewinnung).

Auflassung, *Recht:* als abstrakter dingl. Vertrag die Einigung zw. Veräußerer und Erwerber über die Eigentumsübertragung an einem Grundstück bei gleichzeitiger Anwesenheit beider Teile vor dem Notar (§ 925 BGB); im *österr.* und *schweizer.* Recht unbekannt.

Auflaufbremse, Bremsanlage für Kfz-Anhänger, deren Wirkung durch die Auflaufkraft des Anhängers auf das Zugfahrzeug erzeugt wird.

Aufliegen, Dekubitus, Druckschädigung der Haut bes. durch lange Bettlägerigkeit, die sich in der Bildung von Wunden, Nekrosen oder Geschwüren äußert. Vorbeugung: Lagewechsel, glatte, weiche und trockene Unterlage, Polsterung, Wasserkissen, Hautpflege durch Abreiben, bes. mit Franzbranntwein.

Auflösen von Gleichungen, das Finden von Lösungen, die einer oder mehreren Gleichungen mit einer oder mehreren Unbekannten genügen, z. B. wird die Gleichung $5 + x = 8$ durch $x = 3$ aufgelöst. Mit dem A. v. G. befasst sich die klass. →Algebra.

Auflösung 1): Dissonanzauflösung nach e-Moll oder C-Dur

Auflösung, 1) *Musik:* das Fortschreiten der Stimmen eines dissonanten Intervalls oder Akkords zur Konsonanz; auch die durch das A.-Zeichen ♮ bewirkte Aufhebung eines Versetzungszeichens.

2) *Optik:* bei der Abbildung mit einem opt. System Bildzerlegung in getrennt wahrnehmbare Elemente.

3) *Parlamentsrecht:* die vorzeitige Beendigung der Legislaturperiode einer gewählten Volksvertretung. In Dtl. kann nur der Bundespräs. in eng begrenzten Ausnahmefällen (Art. 63 Abs. 4, Art. 68 GG) die A. des Bundestags vornehmen.

Auflösungsvermögen, 1) *Messtechnik:* Maß für die Fähigkeit einer Messanordnung, zwei in einer räuml., zeitl., energet. oder sonstigen Abfolge erhaltene Messwerte oder -impulse gerade noch getrennt zu registrieren.

2) *Optik:* kleinster linearer Abstand oder Winkelabstand zweier Objektstrukturen, die vom Auge oder einem opt. System noch getrennt wahrgenommen oder abgebildet werden können.

Aufmerksamkeit, *Psychologie:* psych. Zustand gesteigerter Wachheit und Aufnahmebereitschaft, bei dem das Bewusstsein auf bestimmte Objekte, Vorgänge, Gedanken ausgerichtet ist. Die A. kann willkürlich (z. B. durch Interessen) gelenkt oder unwillkürlich (passiv) durch Reize erregt werden.

Aufmerksamkeitsdefizit-Hyperaktivitätsstörung, Abk. **ADHS, Aufmerksamkeitsdefizitsyndrom,** Abk. **ADS,** umgangssprachlich auch **Zappelphilippsyndrom,** Kombination von Aufmerksamkeitsstörungen mit ausgeprägter motor. Unruhe (Hyperaktivitätsstörung) und impulsivem Verhalten. 3 – 5 % der Schulkinder, insbes. Jungen (dreimal häufiger als Mädchen), sind betroffen. Ursächlich kommen genet., konstitutionelle und biolog. Faktoren in Betracht. Zu den Behandlungsmaßnahmen gehören Beratung der Betroffenen und ihrer Familien, Elterntraining, spezielle Betreuung im Kindergarten bzw. in der Schule, verhaltenstherapeut. Maßnahmen und die Einnahme von Psychopharmaka.

Aufopferung, *Recht:* Sonderopfer eines Bürgers aufgrund eines rechtmäßigen, zum Wohl der Allgemeinheit vorgenommenen hoheitl. Eingriffs in private immaterielle Rechte (Leben, Gesundheit, Freiheit); daraus resultiert ein Anspruch gegen den Staat auf Entschädigung. (Anwendungsfall: z. B. Schäden bei Pflichtimpfungen.)

Aufrechnung, Kompensation, *Recht:* wechselseitige Schuldtilgung durch einseitige Erklärung. Schulden zwei Personen einander Leistungen, die ihrem Gegenstand nach gleichartig sind (v. a. Geld), so ist jeder Teil berechtigt, seine Forderung gegen die des anderen aufzurechnen, sobald er die ihm gebührende Leistung fordern und die ihm obliegende Leistung bewirken kann (§§ 387 – 396 BGB). In *Österreich:* ABGB §§ 1438 ff.; in der *Schweiz* (als Verrechnung): Art. 120 bis 126 OR.

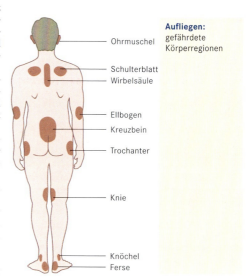

Aufliegen: gefährdete Körperregionen

Aufriss, *Mathematik:* das Bild eines Gegenstandes bei senkrechter Parallelprojektion (→Projektion) auf eine vertikale Ebene.

Aufruf, *Informatik:* Anweisung, die die Ausführung einer vordefinierten Befehlsfolge veranlasst, z. B. die Verzweigung aus einem Programm in ein Unterprogramm.

Aufsatz, 1) *allg.:* kurze Abhandlung über ein bestimmtes Thema, z. B. als Schulaufgabe.

2) *Militärwesen:* Zieleinrichtung eines Geschützes. (→Visiereinrichtung)

Grundriss
Aufriss

3) *Orgel:* der Schallbecher der Zungenpfeifen, der den Ton verstärkt und die Klangfarbe beeinflusst.

aufsaugende Mittel, Adsorbenzien, meist pulverförmige Arzneimittel (z. B. medizin. Kohle), die Gifte u. a. Stoffe binden können. Anwendung: im Magen-Darm-Kanal bei Vergiftungen und Durchfällen.

Aufschlag, *Sport:* das Ins-Spiel-Bringen des Balles, z. B. beim Tennis.

Aufschlämmen, Trennverfahren für Gemische aus Feststoffen unterschiedl. Dichte und/oder Teilchengröße aufgrund ihrer unterschiedl. Sedimentationsgeschwindigkeit in einer Flüssigkeit.

Aufschleppe, Slip, geneigte Ebene mit auf Gleisen laufenden Slipwagen zum Befördern von Schiffen ins oder aus dem Wasser.

aufschließen, schwer lösl. Stoffe in lösl. Verbindungen überführen, meist durch Zugabe von konzentrierten Säuren (Aufschlussmittel) bei höherer Temperatur (die in der Schmelze) (auch Mikrowellen- oder UV-Licht-Bestrahlung wird angewendet).

Aufschluss, Stelle, an der ein Gestein oder Erz zutage liegt. **A.-Verfahren,** Methoden zur Erforschung der Erdkruste, bes. zur Erkundung von Lagerstätten. Hilfsmittel sind u. a.: Luftaufnahmen, Bohrungen, Gravimetrie, Messungen künstl. Erdbebenwellen und der Radioaktivität.

Aufschrumpfen, Verfahren zur festen Verbindung einander umschließender Metallteile, z. B. Welle und Ring (Eisenbahnräder). Das äußere Teil wird erwärmt, dehnt sich hierbei aus und wird aufgezogen. Beim Erkalten schrumpft es und presst sich dem inneren Teil auf.

Aufschwung, 1) *Turnen:* Positionswechsel vom Hang in den Stütz, wobei der Körper eine ganze Drehung um die Breitenachse ausführt. Als **Felg-A.** Übungsteil an Reck, Barren, Stufenbarren, Ringen.
2) *Wirtschaft:* Konjunkturphase, die dem unteren Wendepunkt folgt (→Konjunktur).

Aufsichtspflicht, gesetzl. Pflicht zur Beaufsichtigung von Personen, die wegen Minderjährigkeit oder wegen ihres körperl. oder geistigen Zustandes der Beaufsichtigung bedürfen. Eine A. haben z. B. Eltern, Vormund, Lehrer u. a. Die Vernachlässigung der A. verpflichtet grundsätzlich zum Ersatz des Schadens, den der zu Beaufsichtigende widerrechtlich einem Dritten zufügt (§ 832 BGB).

Aufsichtsrat, gesetzl. vorgeschriebenes Organ von →Aktiengesellschaften, Kommanditgesellschaften auf Aktien und Genossenschaften zur Bestellung und Überwachung der Geschäftsführung (auch bei GmbH mit über 500 Arbeitnehmern und VVaG, →Mitbestimmung). **Aufsichtsratsteuer,** Einkommensteuer, die von A.-Mitgliedern inländ. Kapitalgesellschaften mittels Steuerabzug erhoben wird (30 % der Vergütungen, § 50 a EStG).

Aufsichtsratsteuer, Quellensteuer auf Vergütungen, die beschränkt steuerpflichtigen Mitgl. des Aufsichtsrats (Verwaltungsrats) von inländ. Aktiengesellschaften, KGaAs, Berggewerkschaften, GmbHs und sonstigen Kapitalgesellschaften, Genossenschaften und Personenvereinigungen des öffentl. und privaten Rechts für die Überwachung der Geschäftsführung gewährt werden; sie beträgt 30 % der Vergütungen.

aufsteigende Li**n**i**e,** *Genealogie:* Abstammungsreihe der →Aszendenz; die Darstellung erfolgt in Form der Ahnentafel.

Aufstockung, Vergrößerung der Nutzfläche eines landwirtsch. Betriebes, um seine Rentabilität zu steigern; z. T. in Verbindung mit →Flurbereinigung.

Aufstrich, bei Streichinstrumenten die Bogenführung von der Spitze zum →Frosch; in der Notenschrift: ∨.

Auftakt, 1) *Metrik:* Beginn eines Verses mit unbetonter Silbe (oder mehreren unbetonten Silben) vor der ersten betonten Silbe (Hebung).
2) *Musik:* Anfang einer musikal. Sinneinheit, z. B. eines Motivs oder Themas, auf unbetontem Taktteil.

Auftakt 2): Johannes Brahms, 4. Sinfonie e-Moll op. 98 (1884/85)

Auftauboden, oberste Schicht eines Dauerfrostbodens, die im Sommer bis 2 m tief auftaut, vielfach wasserdurchtränkt ist und schon bei geringer Hangneigung zur Fließerde (→Solifluktion) neigt.

Auftrag, 1) *Recht:* die Annahme eines Angebots zur entgeltl. Lieferung von Waren und Dienstleistungen. Im *bürgerl. Recht* Vertrag, durch den sich der Beauftragte verpflichtet, ein ihm vom Auftraggeber übertragenes Geschäft unentgeltlich zu besorgen; Aufwendungen sind dem Beauftragten zu ersetzen (§§ 662 ff. BGB).
2) *Wirtschaft:* Vertragsabschluss auf Lieferung von Waren oder Erbringung von Leistungen.

Auftragsangelegenheiten, Aufgaben des Staates, deren Durchführung nachgeordneten Verwaltungseinheiten übertragen ist, bes. den Gemeinden, z. B. Durchführung von Wahlen, Polizeiverwaltung (→Selbstverwaltung). Die A. sind von der **Auftragsverwaltung** zu unterscheiden, d. h. der Ausführung von Bundesgesetzen im Auftrag des Bundes durch die Länder, z. B. die Finanzverwaltung. (→Staatsaufsicht)

Auftragstaktik, militär. Führungstechnik, die dem Untergebenen größtmögl. Ermessensspielraum in der Erfüllung seines »Auftrages« lässt; bes. in den dt. Streitkräften entwickelt und angewendet; Ggs.: →Befehlstaktik.

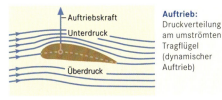

Auftrieb: Druckverteilung am umströmten Tragflügel (dynamischer Auftrieb)

Auftrieb, 1) *stat. A.,* eine der Gewichtskraft eines Körpers entgegenwirkende Kraft, die dieser aufgrund der senkrecht zu seiner Oberfläche gerichteten Druckkräfte einer ruhenden umgebenden Flüssigkeit (hydrostat. A.) oder eines ruhenden Gases (aerostat. A.) erfährt. Ihr Betrag ist gleich der Gewichtskraft der von dem Körper verdrängten Gas- oder Flüssigkeitsmenge (**archimed. Prinzip**). Ist der stat. Auftrieb gleich dem Körpergewicht, so kommt es zum Schweben des Körpers im umgebenden Medium, ist der stat. Auftrieb in einer Flüssigkeit größer als das Körpergewicht, so kommt es zum Schwimmen des Körpers an der Flüssigkeitsoberfläche. 2) **dynam. A.,** die auf einen umströmten Körper senkrecht zur Anströmrichtung

Auftriebswasser

wirkende Kraft mit einer der Gewichtskraft entgegengerichteten Komponente. Er entsteht bei bewegten, geeignet geformten Körpern durch Strömungsunterschiede zw. Ober- und Unterseite, die Druckunterschiede hervorrufen (z. B. an den Tragflügeln der Flugzeuge).

Auftrieb: Das archimedische Prinzip besagt, dass der Auftrieb des eintauchenden Körpers K von der Gewichtskraft G kompensiert wird (statischer Auftrieb).

Auftriebswasser, durch Aufwärtsbewegung aus tieferen, kälteren Schichten an die Meeresoberfläche gelangtes Wasser; es ist salz- und sauerstoffärmer, aber nährstoffreicher und führt zu besonderem Plankton- und Fischreichtum.

Auftritt, *Theater:* **1)** das Erscheinen eines Darstellers auf der Bühne.
2) Szene; kleinste Einheit des Aktes, begrenzt durch das Auf- oder Abtreten eines Charakters.

Aufwandsentschädigung, Vergütung für Aufwendungen im Rahmen der Berufsausübung; ferner Entschädigung der Abgeordneten (→Diäten). Aus öffentl. Kassen gewährte A. und Reisekosten sind steuerfrei nach §3 Nr. 12, 13 EStG, die A. privater Arbeitgeber nur in bestimmten Fällen, z. B. Erstattung von Reise- und Umzugskosten oder Mehraufwendungen bei doppelter Haushaltsführung (§3 Nr. 16 EStG).

Aufwandssubvention, öffentl. Wohnungsbaufördermittel, die als Aufwendungszuschüsse oder -darlehen zur Deckung der laufenden Aufwendungen vergeben werden.

Aufwendungen, 1) *Betriebswirtschaftslehre:* Ausgaben eines Unternehmens für die während einer Abrechnungsperiode verbrauchten Güter (→Gewinn- und-Verlust-Rechnung).
2) *Recht:* jede freiwillige Verwendung von Vermögen für bestimmte Zwecke, z. B. die Auslagen eines Beauftragten für den Geschäftsherrn.

Aufwertung, *Wirtschaft:* **1)** die nachträgl. Erhöhung des Nennbetrags vorher abgewerteter Geldschulden unter Berücksichtigung der Kaufkraft des Geldes zur Zeit ihrer Entstehung.
2) Revalvation, Erhöhung des Außenwertes einer Währung; Ggs.: Abwertung. Bei flexiblen Wechselkursen folgt die A. aus einer Überschussnachfrage nach dieser Währung am Devisenmarkt. Bei festen Wechselkursen wird die A. i. d. R. von den nat. Reg. vorgenommen; sie dient dem Abbau von Leistungsbilanzüberschüssen und kann zur Importerleichterung (Verbilligung der Importwaren) sowie Exporterschwerung (Verteuerung der Exportgüter) führen. Über A. wird v. a. versucht, spekulativer Nachfrage nach einer Währung und den damit verbundenen Interventionsverpflichtungen zu begegnen.

Aufwind, aufwärtsgerichtete Luftströmung. Man unterscheidet: **Gelände-A.** (→Stau), **Wärme-A.** (→Thermik) und **Scherungs-A.**, der entsteht, wenn bei einer Zunahme des Horizontalwindes mit der Höhe dort der Druck fällt. A. führt häufig zu Wolkenbildung. Die größten Geschwindigkeiten um 50 m/s treten als turbulenter A. an der Vorderseite von Gewittern auf. (→Segelflug)

Aufwuchs, *Militärwesen:* Bez. für die Erhöhung der Personalstärke von Streitkräften durch mobilmachungsabhängige Truppenteile, um polit. Erfordernissen flexibel gerecht werden zu können.

Aufzeichnungsverfahren, Methoden zur Speicherung von Informationen, Daten, Signalen auf geeigneten Trägermaterialien, von denen sie jederzeit abgerufen werden können; i. e. S. die Speicherung von akust. und opt. Signalen auf Ton- und Bildträgern wie Schallplatte, CD, Videoband zur zeitlich beliebigen Wiedergabe, Bearbeitung oder Archivierung. Je nach Anwendungsgebiet werden z. B. mechan., elektr. (kapazitive, elektrostat.), magnet. und opt. A. eingesetzt.

Aufzinsung, finanzmath. Rechnung zur Ermittlung des Endkapitals aus einem gegebenen Anfangskapital (→Zinseszins).

Aufzug, 1) *Technik:* **Fahrstuhl, Lift,** ortsfeste Förderanlage für Personen oder Lasten. In einer Führung gleitet der Fahrkorb (Kabine) hinauf und hinab, wobei über eine Antriebsscheibe laufende Drahtseile samt Gegengewicht die Tragkraft liefern. Die Antriebsscheibe ist durch eine Kupplung und eine Bremse mit dem Getriebe und dem Elektromotor verbunden. Schaltgeräte eines A. sind Schütze, Steuer- und Hilfsrelais, speicherprogrammierbare Steuerungen, Stockwerks- sowie Schutz- und Notschalter. Die Steuerung erfolgt bei Personen-A. über Druckknöpfe (Selbstbedienung) oder Hebel (Lasten-A.). – Beim **Paternoster-A.** laufen mehrere Fahrkörbe an zwei endlosen Ketten stetig um. Das Betreten und Verlassen der offenen Fahrkörbe geschieht während der Fahrt. Paternoster dürfen für Personenverkehr nicht mehr gebaut werden.
2) *Theater:* →Akt.

Auge, 1) *Anatomie:* **Oculus,** lichtempfindl. Sinnesorgan bei Tieren und beim Menschen. Über die die →Sehfarbstoffe enthaltenden →Sehzellen werden Lichtreize wahrgenommen und somit Informationen über die Umwelt vermittelt (→Lichtsinn).

Die einfachsten Sehorganellen sind Karotinoide enthaltende Plasmabezirke, die **A.-Flecke (Stigmen)** vieler Einzeller. Die einfachsten Sehorgane der Mehrzeller sind einzelne **Lichtsinneszellen** (z. B. des Regen-

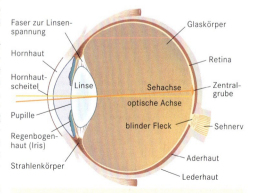

Auge 1): schematisierter Schnitt durch das Auge des Menschen

wurms), die in oder unter der durchsichtigen Haut liegen und eine lichtempfindl. Substanz in einer Vakuole enthalten. Beide A.-Formen ermöglichen jedoch nur ein Helligkeitssehen. Beim **Pigmentbecher-Ocellus** (z. B. bei niederen Würmern, Schnecken) sind die Sehzellen von einer halbkugelförmigen Schicht aus Pigmentzellen umgeben, die den Lichteinfall nur von der dem Pigmentbecher abgewandten Seite zulässt und somit Richtungssehen ermöglicht. Liegen die Sehzellen durch Einsenkung der Epidermis am Grund oder an den Wänden der gebildeten Grube, entsteht ein **Gruben-A. (Napf-A.),** z. B. bei Schnecken. Bei Einengung der Grubenöffnung zu einem engen Loch bildet sich das **Kamera-A. (Loch-A.),** z. B. beim Perlboot,

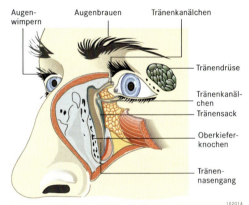

Auge 1): Schutzeinrichtungen des Auges

in dem ein umgekehrtes, lichtschwaches Bild auf der Netzhaut entsteht. Ist die Grube vollkommen geschlossen, entsteht das **Blasen-A.,** in dessen Innerem ein lichtbrechendes Sekret vorkommt, das als Linse bezeichnet wird (z. B. bei der Weinbergschnecke). Das Blasen-A. kann deshalb als einfache Form des **Linsen-A.** betrachtet werden. Die leistungsfähigsten Linsen-A. haben die Wirbeltiere (einschl. des Menschen) und die Kopffüßer. Das **Facetten-** oder **Komplex-A.** der Gliederfüßer stellt eine besondere Entwicklung zum Bildsehen hin dar. Es besteht aus vielen wabenartig zusammengesetzten Einzel-A. (Sehkeile, Ommatidien); das wahrgenommene Bild setzt sich mosaikartig aus den Bildpunkten der Einzel-A. zusammen (→ Scheitelauge).

Hat ein A. mehrere Sehzellen, die sich in ihrer Lichtempfindlichkeit unterscheiden, können versch. Farben wahrgenommen werden (→ Farbensehen). Überschneiden sich die Sehfelder paarig angelegter A. (binokulares Sehen), werden versch. weit entfernte Gegenstände auf versch. Stellen der Netzhaut abgebildet. Aus der Lage der erregten Netzhautstellen kann die Entfernung des Gegenstandes durch das Gehirn erfasst werden (Entfernungssehen). Bewirkt die Bewegung eines Objektes eine raumzeitl. Verschiebung des opt. Musters auf der Netzhaut, so kann diese Verschiebung nach Richtung und Geschwindigkeit ausgewertet werden (Bewegungssehen).

Das **A. des Menschen** hat einen Durchmesser von etwa 24 mm. Der kugelige **Augapfel (Bulbus oculi)** liegt geschützt in der **Augenhöhle (Orbita)** und umschließt die mit Kammerwasser gefüllte vordere und hintere Augenkammer sowie den Glaskörper (Corpus vitreum). Seine Beweglichkeit erhält er durch sechs **Augenmuskeln.** Der Augapfel wird von der Lederhaut, Aderhaut und Netzhaut ausgekleidet. Die aus derbem Bindegewebe bestehende **Lederhaut (Sclera)** bildet die äußerste Schicht. Sie geht im vorderen Teil des A. in die durchsichtige **Hornhaut (Cornea)** über. Die Hornhaut richtet die Lichtfülle, die die Augenoberfläche trifft, als Sammellinse nach innen und hilft sie zu ordnen, sodass auf der Netzhaut ein scharfes Bild entstehen kann. Auf die Lederhaut folgt nach innen zu die gut durchblutete **Aderhaut.** Pigmente in bzw. vor der Aderhaut absorbieren das Licht, das die Netzhaut durchdringt. An die Aderhaut schließt sich nach innen zu die **Netzhaut (Retina)** an, von der die einfallenden Lichtreize aufgenommen und die entsprechenden Erregungen über den Sehnerv zum Gehirn weitergeleitet werden. Die vordere Augenkammer wird hinten durch die ringförmige **Regenbogenhaut (Iris)** begrenzt, die sowohl aus Teilen der Aderhaut als auch der Netzhaut gebildet wird. Sie gibt dem A. durch eingelagerte Pigmente die charakterist. Färbung und absorbiert außerhalb der Sehöffnung einfallendes Licht. Die Regenbogenhaut liegt der Augenlinse auf und umgrenzt die **Pupille,** die die Sehöffnung darstellt.

Hinter Pupille und Regenbogenhaut, in eine Ausbuchtung des Glaskörpers eingebettet, liegt die **Linse.** Sie ist aus Schichten unterschiedl. Brechkraft aufgebaut und wird von einer durchsichtigen, elast. Membran umschlossen. Die Aufhängevorrichtung, durch die die Linse in ihrer Lage festgehalten wird, besteht aus Zonulafasern, die am **Strahlenkörper (Ziliarkörper)** des A. entspringen. Der Strahlenkörper besitzt einen ringförmigen Muskelstreifen (Ziliarmuskel), bei dessen Kontraktion die Zonulafasern erschlaffen, sodass die Linsenwölbung zunimmt. Erschlafft der Muskel, so wird die Linse durch Zugwirkung der Zonulafasern flach gezogen. Durch diese Veränderung ihrer Brechkraft ermöglicht die Linse das Nah- und Fernsehen (**Akkommodation**). Ist die Linse stärker gewölbt, findet eine stärkere Brechung der Lichtstrahlen statt, wodurch eine Scharfeinstellung für das Nahsehen erreicht wird. Der umgekehrte Vorgang findet beim Sehen in die Ferne statt.

Hornhaut, Linse, vordere Augenkammer und Glaskörper bilden den bildentwerfenden (dioptr.) Apparat des Auges. Das von diesem entworfene Bild wird von der Netzhaut aufgenommen und in Nervenimpulse umgewandelt. In der Netzhaut liegen die farbempfindl. **Zapfen** und die hell-dunkel-empfindl. **Stäbchen.** Die Stäbchen sind etwa 10 000-mal lichtempfindlicher als die Zapfen und überwiegen am äußeren Rand der Netzhaut. Im Zentrum der Netzhaut überwiegen die Zapfen, deren drei Typen für die Farbeindrücke Rot, Grün oder Blau ihre höchste Empfindlichkeit haben. Am dichtesten liegen die Zapfen in der Zentralgrube (Sehgrube, Fovea centralis), die inmitten des gelben Flecks liegt. Der **gelbe Fleck** ist daher als Ort der besten Auflösung (und Farbunterscheidung) die Zone der größten Sehschärfe. In der Netzhaut liegen etwa 125 Mio. Sehzellen, dabei etwa 20-mal mehr Stäbchen als Zapfen.

Die linsenseitig gelegenen Fortsätze der Netzhautganglienzellen vereinigen sich zum Sehnerv (Nervus opticus), der nahe dem Netzhautzentrum die Netzhaut durchdringt und nach hinten aus dem A. austritt. An dieser Stelle, dem **blinden Fleck,** enthält die Netzhaut keine Sehzellen, sodass eine Lichtempfindung fehlt. Die von den beiden A. wegführenden Nerven laufen zum Gehirn und bilden an der Basis des Zwischenhirns die x-förmige Sehnervenkreuzung (Chiasma opticum), in der sich die Nervenfasern teilweise überkreuzen. Dadurch können versch. Bilder, die von beiden A. stammen, im Gehirn übereinander projiziert werden, sodass es zu einer Vorstellung der räuml. Tiefe und der dreidimensionalen Gestalt eines Gegenstandes kommt (stereoskop. Sehen).

Dem Schutz und der Pflege des A. dienen die **Augenlider.** An ihren Rändern tragen sie die nach außen gebogenen Wimpern. An der Innenkante liegen die **Meibom-Drüsen,** die die Lider einfetten und damit zum vollkommenen Lidschluss beitragen. Gleichzeitig hindert ihr Sekret die Tränenflüssigkeit, den Lidrand zu überspülen. Die Tränenflüssigkeit wird von der **Tränendrüse** abgesondert und durch den Lidschlag auf den gesamten Augapfel verteilt. Die nicht zur Feuchthaltung des Augapfels gebrauchte Tränenflüssigkeit wird vom Tränennasengang in die Nasenhöhle abgeleitet.

Über Augenkrankheiten →Bindehautentzündung, →Blindheit, →Brechungsfehler des Auges, →Glaukom, →Hornhautentzündung, →Katarakt, →Regenbogenhautentzündung, →Trachom.

2) *Baukunst:* rundes Fenster, Lichtöffnung im Scheitel einer Kuppel.

3) *Botanik:* Knospe, Knospenansatz.

4) *Meteorologie:* windstilles und wolkenloses Gebiet von rd. 20 km Durchmesser im Zentrum eines trop. Wirbelsturms.

Augenbank, Gewebebank zum Bereithalten konservierter Hornhäute von menschl. Augen für Hornhautüberpflanzungen. Die Augen werden von Multiorganspendern zur Transplantation freigegeben, sofort nach dem Tod entnommen, die Hornhaut des vorderen Augensegmentes des Spenderauges wird für die spätere Hornhautüberpflanzung konserviert. Die erste dt. A. entstand 1972 in Würzburg.

Augenbrauen, am oberen Rand der Augenhöhle in einem Halbbogen stehende Haare, die Staub und Schweiß von den Augen abhalten.

Augendiagnose, Irisdiagnose, Erkennung von Krankheiten allein aus äußerlich sichtbaren Veränderungen der Iris (Regenbogenhaut); von der Schulmedizin abgelehnte Außenseitermethode.

Augendruck, Augeninnendruck, intraokularer Druck, der auf die Augeninnenwand lastende Druck; liegt beim gesunden Auge zw. 16 und 29 mbar (12 bis 22 mm Hg). Der A. wird vom Zwischenhirn aus reguliert. Erhöhung des A. durch Abflussbehinderung des Kammerwassers im Kammerwinkel führt zum →Glaukom.

Augenfalter, Satyridae, Familie der Schmetterlinge mit augenähnlichen Flecken, z. B. das Ochsenauge.

Augenfleck, 1) auch als Stigma bezeichneter Pigmentfleck einiger Einzeller (z. B. Euglena), der zusammen mit dem Fotorezeptor an der Basis der Geißel als Lichtsinnesorganell dient; 2) dem Wirbeltierauge ähnlich sehende und der Abschreckung von Fressfeinden dienende Farbmarkierung bei vielen Tieren, z. B. bei Raupen oder auf den Flügeln des Tagpfauenauges.

Augenheilkunde, Ophthalmologie, Fachgebiet der Medizin, das sich mit Erkennung und Behandlung der Augenkrankheiten beschäftigt.

Augenhintergrund, bei Augenspiegelung sichtbarer hinterer Teil der inneren Augapfelwand. Bei vielen Erkrankungen (z. B. Diabetes mellitus, Hochdruckkrankheit) erhärten die charakterist. Veränderungen am Auge, v. a. von Netzhautgefäßen sowie gelbem und blindem Fleck, die Diagnose.

Augenpunkt, *darstellende Geometrie:* Projektionszentrum einer →Perspektive.

Augenschein, gerichtl. Beweismittel, das die Prüfung einer Sache durch unmittelbare Sinneswahrnehmung durch die Richter bezweckt, z. B. im Rahmen eines Ortstermins außerhalb des Gerichts.

Augenspiegel, Ophthalmoskop, Instrument zur Untersuchung des Augenhintergrunds; früher ein in der Mitte durchlochter Konkavspiegel, inzwischen tragen A. eine elektr. Lichtquelle in sich, die Strom (z. B. aus einer Batterie) im Handgriff erhält. Brechungsfehler werden beim Spiegeln durch eingebaute Linsen, die sich rasch in die Durchblicksöffnung einschalten lassen, ausgeglichen.

Augenspinner, Saturniidae, Familie meist trop. oder subtrop. Schmetterlinge mit farbigen Augenflecken oder durchsichtigen »Fenstern« auf den Flügeln; Hinterflügel oft geschwänzt; z. B. Atlasspinner, Nachtpfauenauge.

Augentripper, Gonoblennorrhö, akute Bindehautentzündung infolge Infektion mit Gonokokken; tritt bei Neugeborenen durch Ansteckung im Geburtsweg auf, wenn die Mutter tripperkrank ist. Die Behandlung erfolgt mit Penicillin oder Cephalosporinen. Zur Vorbeugung gegen eine mögl. Gonokokkeninfektion wird allen Neugeborenen unmittelbar nach der Geburt eine 1%ige Silbernitratlösung in den Augenbindehautsack eingeträufelt.

Augentrost, Euphrasia, krautige Gattung der Rachenblütler mit weißen oder bläul. zweilippigen Blüten; Halbschmarotzer. Die Wirkung des **Gemeinen A.** (Euphrasia officinalis), der in der Volksmedizin bei Augenleiden verwendet wurde, ist umstritten.

Augentrost: Gemeiner Augentrost

Augenzähne, die Eckzähne des Oberkiefers.

Augenzittern, Nystagmus, unwillkürl. dauerndes Hin- und Herbewegen der Augen; physiolog. Erscheinung oder Zeichen bei zentralnervösen Störungen. Häufigste Form ist der **Pendelnystagmus** infolge angeborener oder in frühester Kindheit erworbener Schwachsichtigkeit.

Auger-Effekt [oˈʒe-; nach dem frz. Physiker P. V. Auger, *1899, †1993], strahlungsloser Übergang innerhalb der Elektronenhülle eines Atoms. Wird ein Elektron einer inneren Elektronenschale durch Energiezufuhr (Photon oder Elektron) herausgelöst, wird die frei werdende Energie nicht als Photon emittiert, sondern zur Ablösung eines weiteren Hüllenelektrons (Auger-Elektron) genutzt. Auf dem A.-E. basiert die **Auger-Elektronenspektroskopie (AES)** zur analyt. Untersuchung von Festkörperoberflächen.

Augias, myth. König aus dem griech. Elis, dessen völlig verschmutzte Rinderställe (daher **A.-Stall**) Herakles an einem Tage reinigen sollte. Er leitete einen Fluss hindurch.

Augit [zu griech. augē »Glanz«] *der,* Mineral, →Pyroxene.

Augment [lat. »Zuwachs«] *das,* in einigen indogerman. Sprachen vokal. Vorsilbe zur Bez. von Präteritalformen, z. B. griech. »phero« (»ich trage«), »epheron« (»ich trug«).

Augmentation [lat.] *die, Musik:* 1) in der Mensuralnotation die Verlängerung einer Note um die Hälfte ihres Wertes.

2) die Vergrößerung der Notenwerte z. B. eines Kanons oder des Themas einer Fuge (meist um das Doppelte ihres Wertes); Ggs.: →Diminution.

Augmentativum das, **Amplifikativum,** Vergrößerungsform bei Substantiv und Adjektiv: z. B. »Unmenge«.

Augsburg, 1) Landkreis im Reg.-Bez. Schwaben, Bayern, 1071 km², 241 000 Ew.; Verw.-Sitz ist die Stadt Augsburg.

2) kreisfreie Stadt in Bayern, Verw.-Sitz des Landkreises Augsburg und des Reg.-Bez. Schwaben, an der Mündung der Wertach in den Lech, 489 m ü. M., 263 000 Ew., eines der bedeutenden kulturellen und ökonom. Zentren Süddtl.s; kath. Bischofssitz; Univ., Hoch- und Fachschulen, Bayer. Inst. für Angewandte Umweltforschung und -technik; Dt. Barockgalerie (Gemäldegalerie), Museen, Freilichtoper, Marionettentheater »Augsburger Puppenkiste«; Maschinenbau, Luft- und Raumfahrttechnik, Metall verarbeitende, elektrotechnisch-elektron. und Papierind.; Flughafen. – An ihre Blüte in der Zeit der Fugger und Welser erinnern die Renaissancehäuser der Maximilianstraße, die Fuggerei (1514 gegr., geschlossene Siedlung für arme Bürger), das Rathaus von E. Holl (1615–20); Kirchen: Dom (roman. Bau mit 1431 geweihtem got. Ostchor), St.-Anna-Kirche (15.–18. Jh.) mit Grabkapelle der Fugger (Frührenaissancestil), St. Ulrich und Afra (1467–1603, ehem. Benediktinerstift). – A. ging aus der 15 v. Chr. gegr. röm. Militärkolonie **Augusta Vindelicorum** hervor; im 9. Jh. entstand mit dem Bistum die mittelalterl. Stadt, die Bischof Ulrich 955 (Schlacht auf dem Lechfeld bei A.) gegen die Ungarn verteidigte; 1276 Reichsstadt mit eigenem Stadtrecht; im 15. und 16. Jh. ein Mittelpunkt des dt. Wirtschafts- und Geisteslebens (Fugger, Welser; Burgkmair, Holbein d. Ä., Peutinger). Im Zeitalter der Reformation, der sich die Stadt anschloss, wurde auf dem Reichstag von 1530 die →Augsburgische Konfession überreicht, 1548 von Kaiser Karl V. das Augsburger →Interim erlassen, 1555 der →Augsburger Religionsfriede geschlossen. 1806 kam die Reichsstadt an Bayern.

3) Bistum, vermutlich im 4. Jh. erstmals gegründet; Neugründung im 6./7. Jh., seit 829 zur Kirchenprovinz Mainz gehörend (umfasste schwäb. und bayer. Gebiete). 1817 wurde es Suffraganbistum von München-Freising; 1821 neu umschrieben.

4) Hochstift, das vom Oberallgäu bis über die Donau reichte; ab dem 15. Jh. war Dillingen (erworben 1258) Neben-, im 16.–18. Jh. Hauptresidenz; kam 1802/03 an Bayern.

Augsburger Religionsfriede, Reichsgesetz, am 25. 9. 1555 nach Verhandlungen zw. König Ferdinand I. und den Reichsständen auf dem Augsburger Reichstag verkündet. Den Anhängern der Augsburg. Konfession wurden der Friede und der gegenwärtige Besitzstand gesichert. Den weltl. Reichsständen wurde die Religionsfreiheit gestattet; sie entschieden zugleich für die Untertanen, denen dann die Auswanderung blieb (→Cuius regio, eius religio). Geistl. Fürsten verloren jedoch beim Glaubenswechsel ihre Würde (→Geistlicher Vorbehalt).

Augsburgische Konfession, lat. **Confessio Augustana,** die grundlegende Bekenntnisschrift der luther. Kirche. Sie wurde aufgrund des kursächs. Sonderbekenntnisses von Melanchthon lateinisch und deutsch verfasst und von den Protestanten auf dem Reichstag in Augsburg 1530 Kaiser Karl V. überreicht.

Augsburg 2): Stadtzentrum mit dem Stadtturm Perlach und dem Rathaus (1615–20)

Sie besteht aus 28 Artikeln und behandelt in 2 Teilen den Glauben und die Lehre des Protestantismus und die von ihm beseitigten Missbräuche der kath. Kirche. In den späteren Ausgaben hat Melanchthon mehrfach Änderungen vorgenommen; bes. bedeutsam ist die lat. Ausgabe von 1540 (**Confessio variata**), die in der Abendmahlslehre eine die Ansichten Luthers und Calvins vereinigende Formel enthält. Erst seit dem Religionsgespräch in Weimar (1560) griff die luther. Orthodoxie auf die »unveränderte« A. K. (**Confessio invariata**) als den allein gültigen Ausdruck der reinen luther. Lehre zurück und erklärte die »veränderte« A. K. (variata) für ungültig. Die Anerkennung der Confessio variata durch Calvin (1541) ermöglichte es, auch die Reformierten im Westfäl. Frieden als **Augsburg. Konfessionsverwandte** zu behandeln.

Augsburg 2) Stadtwappen

Augspurg, Anita, Frauenrechtlerin, * Verden (Aller) 22. 9. 1857, † Zürich 20. 12. 1943; begründete 1903 den »Dt. Verband für Frauenstimmrecht«, Mitgründerin und Führerin der »Internat. Frauenliga für Frieden und Freiheit«, 1933 emigriert.

Augstein, Rudolf, Pseudonyme **Jens Daniel, Moritz Pfeil,** Publizist, * Hannover 5. 11. 1923, † Hamburg 7. 11. 2002; seit 1946/47 Herausgeber des Nachrichtenmagazins »Der Spiegel«; schrieb u. a. »Deutschland, einig Vaterland? Ein Streitgespräch« (1990; mit G. Grass).

Auguren [lat. »Vogelschauer«], altröm. Priester, die aus Vorzeichen (**Augurien**), insbesondere bei der Beobachtung von Vögeln, im Hinblick auf wichtige Staatshandlungen den göttl. Willen zu erforschen hatten (→Auspizien).

August [nach Kaiser Augustus], Abk. **Aug.,** der 8. Monat unserer Zeitrechnung, mit 31 Tagen, der 6. (Sextilis) im vorjulian. und im julian. Kalender (nach Reform der 8.); frühere dt. Namen: **Ähren-** oder **Erntemonat (-mond), Ernting.**

August, Herrscher:
Braunschweig-Wolfenbüttel: **1) A. d. J.,** Herzog (1635–66), * Dannenberg 10. 4. 1579, † Wolfenbüttel 17. 9. 1666; einer der gelehrtesten Fürsten seiner Zeit, Gründer der Bibliotheca Augusta.

August, Kurfürst von Sachsen

Auguste Viktoria

Sachsen: **2) A.,** Kurfürst (1553–86), * Freiberg 31. 7. 1526, † Dresden 12. 2. 1586; erwarb die Stifte Merseburg, Naumburg und Meißen, das Vogtland und eroberte Gotha. Seine Reichspolitik war auf die Erhaltung des Friedens gerichtet, gegen den streitbaren Calvinismus der Kurpfalz. Im Geist strengsten Luthertums verfolgte er seit 1574 die Anhänger Melanchthons in Sachsen (»Kryptocalvinisten«). Er förderte Industrie und Handel (Leipziger Messen), ordnete Verwaltung, Münzwesen und Gesetzgebung (Codex Augusteus) und gründete die Dresdner Kunstsammlungen.

Sachsen-Polen: **3) A. II., der Starke,** als **Friedrich A. I.** Kurfürst von Sachsen (seit 1694), König von Polen (1697–1706, 1709–33, gewählt nach Übertritt zum Katholizismus), *Dresden 12. 5. 1670, † Warschau 1. 2. 1733, Vater von 4); nahm am Nord. Krieg (seit 1700) gegen den Schwedenkönig Karl XII. teil; infolge mehrerer Niederlagen musste er 1706 im Frieden von Altranstädt auf Polen verzichten, gewann es aber mit russ. Hilfe zurück (Schlacht bei Poltawa 1709). Vergebens suchte er die poln. Königsgewalt absolutistisch zu stärken. Seine Pracht- und Kunstliebe (nach dem Vorbild Ludwigs XIV. von Frankreich) führte in Warschau und Dresden zu großartigen Bauten (Dresdner Barock); in seiner Herrschaftszeit begann die Entwicklung des Meißner Porzellans (J. F. Böttger). – Zahlr. Mätressen (u. a. Gräfin Anna Constantia von Cosel).

4) A. III., als **Friedrich A. II.** Kurfürst von Sachsen (seit 1733), König von Polen (seit 1733), *Dresden 17. 10. 1696, † ebd. 5. 10. 1763, Sohn von 3); wurde 1712 katholisch. Die poln. Krone erlangte er durch die Hilfe Russlands im Poln. Thronfolgekrieg (1733–35). Er überließ die Regierung weitgehend Heinrich Graf von →Brühl.

Augusta [weibl. Form von Augustus], **1)** Ehrentitel der Gattin oder der nächsten weibl. Verwandten eines röm. Kaisers.

2) in röm. Zeit seit Augustus Name oder Beiname von Städten und Militärkolonien, z. B. A. Treverorum (Trier).

Augusta, 1) [ɔˈgʌstə], Hauptstadt des Bundesstaates Maine, USA, am Kennebec River, 18 600 Ew.; Staatsbibliothek; Papierwaren-, Textilindustrie. – Entstand um 1628 als Handelsstation.

2) Hafenstadt auf einer Insel (Altstadt) vor der O-Küste Siziliens, Prov. Syrakus, Italien, durch Brücken mit dem Land verbunden, 33 800 Ew.; Marine- und Handelshafen (Porto Megarese); Erdölraffinerie, chem. Industrie, Meeressalinen. – Stauf. Kastell, Dom (18. Jh.).

Augusta, dt. Kaiserin und Königin von Preußen, * Weimar 30. 9. 1811, † Berlin 7. 1. 1890; sachsen-weimar. Prinzessin, seit 1829 ⚭ mit dem späteren Kaiser Wilhelm I., den sie stark beeinflusste; Gegnerin O. von Bismarcks.

Augustenburger, Herzöge von Schleswig-Holstein-Sonderburg-Augustenburg, ein Zweig der Oldenburger. Bedeutung im 19. Jh. (→Schleswig-Holstein, Geschichte).

Auguste Viktoria, letzte dt. Kaiserin und Königin von Preußen, *Dolzig (heute Dolsk, Wwschaft Westpommern) 22. 10. 1858, † Haus Doorn (Niederlande) 11. 4. 1921; Tochter des Herzogs Friedrich von Schleswig-Holstein-Sonderburg-Augustenburg, ⚭ seit 1881 mit dem späteren Kaiser Wilhelm II.

Augustin, Ernst, Schriftsteller, *Hirschberg im Riesengebirge 31. 10. 1927; Mediziner und Psychiater (zunächst in Ost-Berlin), lebt seit 1961 in München; schreibt Romane mit Tendenz zum Fantastischen und Surrealen, u. a. »Der Kopf«, 1962; »Raumlicht, der Fall Evelyn B.« (1976), »Eastend« (1982); die neueren Werke tragen auch satir. Züge (»Die Schule der Nackten«, 2003).

Augustiner, zusammenfassende Bez. für zahlr. kath. Ordensgemeinschaften, die nach der auf Schriften des hl. Augustinus beruhenden »Augustinusregel« leben:

1) A.-Chorherren. Im 11. Jh. schlossen sich die Domherren, die in klösterl. Gemeinschaft lebten, zusammen. Hauptaufgabenfelder sind heute Seelsorge und Unterricht.

2) A.-Eremiten, ein im 13. Jh. gegründeter Bettelorden, seit dem 16. Jh. mit drei Zweigen (Orden der Brüder des hl. Augustinus, beschuhte und unbeschuhte A.). Der sächs. Ordensprovinz gehörten Luther und J. Staupitz an.

3) Augustinerinnen, i. w. S. alle weibl. Ordensgemeinschaften mit der Augustinusregel, i. e. S. der weibl. Zweig der A. (Zweiter Orden).

Augustinus, 1) Aurelius, lateinischer Kirchenlehrer, *Tagaste (Numidien) 13. 11. 354, † Hippo Regius (N-Afrika) 28. 8. 430; Sohn der Christin Monnika, war Lehrer der Rhetorik in Tagaste, Karthago, Rom, Mailand, wandte sich erst dem Manichäismus und dem Neuplatonismus zu, wurde nach seiner Bekehrung (386) von Ambrosius 387 getauft und war seit 395 Bischof von Hippo Regius. Einblick in seine innere Entwicklung geben seine »Confessiones« (»Bekenntnisse«). Seine Schriften waren von größtem Einfluss auf die abendländ. Theologie und Philosophie. Seine theolog. und philosoph. Auffassungen entwickelte er bes. auch in Auseinandersetzungen mit der →Donatisten und dem →Pelagianismus. Die Philosophie des A. ist ein christlicher, Wissen und Glauben dialektisch vermittelnder Platonismus (Neuplatonismus); zusammengefasst in der berühmt gewordenen Formel: »Crede ut intelligas; intellige, ut credas« (Glaube, um zu erkennen; erkenne, um zu glauben). Die Menschheitsgeschichte sieht A. im Ggs. zur antiken Auffassung nicht als ewig sich wiederholenden Kreislauf,

August II., der Starke (Gemälde von Louis de Silvestre, 1726; Dresden, Schloss Moritzburg)

sondern als einmaligen Ablauf von der Weltschöpfung bis zum Weltgericht und begründete so eine neue Geschichtsphilosophie. Heiliger, Tag: 28. 8. – *Weiteres Werk:* De civitate Dei (»Über den Gottesstaat«).

2) Apostel der Angelsachsen, † 26. 5. 604; Benediktiner, von Papst Gregor I. 596 nach England zu dessen Missionierung entsandt, 601 erster Erzbischof von Canterbury. Heiliger, Tag: 27. 5.; Gedenktag in der anglikan. Kirche: 26. 5.

Augustus [lat. »der Erhabene«], Ehrenname der röm. Kaiser, erstmals 27 v. Chr. Gaius Octavianus verliehen.

Augustus: Marmorstatue von Prima Porta, vermutlich die Kopie eines zwischen 20 und 17 v. Chr. entstandenen Originals aus Bronze oder Gold (14 n. Chr.; Rom, Vatikanische Sammlungen)

Augustus, urspr. **Gaius Octavius,** nach seiner Adoption **Octavianus,** der erste röm. Kaiser, * Rom 23. 9. 63 v. Chr., † Nola 19. 8. 14 n. Chr.; Großneffe, Adoptivsohn und Erbe von Iulius Caesar, bekämpfte nach dessen Ermordung (44) Antonius, verband sich aber 43 mit ihm und Lepidus zum 2. Triumvirat. Mit Antonius besiegte er 42 bei →Philippi die Caesarmörder Brutus und Cassius. Durch den Brundisin. Vergleich (40) erhielt er den Westen, Antonius den Osten des Röm. Reichs, Lepidus Afrika. Nach dem Sieg über Antonius und Kleopatra bei Actium 31 wurde A. Alleinherrscher, 27 mit dem Ehrennamen A. (»der Erhabene«) ausgezeichnet. Bis zum Jahre 23 v. Chr. bekleidete A. jährlich das Konsulat; nach dessen Niederlegung gewann er die volle »tribunicia potestas«, d. h. alle Rechte eines Volkstribunen (v. a. das Veto- und Gesetzgebungsrecht). 2 v. Chr. erhielt er den Titel »pater patriae« (»Vater des Vaterlandes«). A. weitete die Grenzen des Röm. Reiches aus, sicherte sie und stellte den inneren Frieden wieder her (»Pax Augusta«); er förderte Wiss. und Künste und zog die bekanntesten Dichter seiner Zeit (Vergil, Horaz, Ovid u. a.) nach Rom (**Augusteisches Zeitalter**). A. ist der Begründer des röm. Kaisertums (→Prinzipat).

Augustusburg, Stadt im Landkreis Freiberg, Sachsen, zw. Zschopau- und Flöhatal, 5 300 Ew. – Über A. das 1567–72 von H. Lotter für die sächs. Kurfürsten erbaute Schloss (heute Motorrad-, Jagdtier- und Vogelkundemuseum, Kutschensammlung).

Aujeszky-Krankheit, Pseudowut, *Tiermedizin:* anzeigepflichtige Herpesvirusinfektion, an der außer Primaten fast alle Säugetierarten erkranken können. Das Schwein ist der Hauptwirt und das einzige Virusreservoir. Symptome sind Fieber, Muskelzuckungen, Bewegungsstörungen, starker Juckreiz und Krämpfe; meist tödl. Verlauf.

Auktion [lat.] *die,* →Versteigerung.

Aul *der,* Sippenverband bei den zentralasiat. Turkvölkern, auch ihre dörfl. Siedlung.

Aula [lat., aus griech.] *die,* schon bei Homer der Hof, z. B. im Palast, aber auch im ländl. Gehöft; in klass. Zeit der Innenhof des griech. Hauses; später Bez. für große Hausanlagen, bes. der Königs- und Kaiserpaläste (A. regia), entsprechend unserem »Hof«. In neuerer Zeit nennt man die Versammlungs- und Fersträume in Universitäten und Schulen A., z. T. auch das Univ.-Gebäude (»Alte A.« und »Neue A.«, Tübingen).

Aulenti, Gae, eigtl. Gaetana **A.,** ital. Architektin, Architekturtheoretikerin, Designerin und Bühnenbildnerin, * Palazzolo dello Stella (Prov. Udine) 4. 12. 1927; lebt in Mailand; gehört zu den bedeutendsten und vielseitigsten Künstlern Italiens; erwarb internat. Anerkennung durch ihre Fähigkeit, moderne gestalter. Konzepte fantasievoll in Vorhandenes im Sinne eines postmodernen Rationalismus zu integrieren (u. a. Musée d'Orsay in Paris, 1980–86; Palazzo Grassi in Venedig, 1985; Umbau Asian Art Museum in San Francisco, 1997–2003), ebenso als Gestalterin von Repräsentations-, Geschäfts- und Ausstellungsräumen, als Möbeldesignerin sowie als Bühnenbildnerin. Sie erhielt 1991 den Kunstpreis Praemium Imperiale.

Aulis, Ort an der Küste Böotiens, südlich von Chalkis; Artemisheiligtum. Hier soll sich im Trojanischen Krieg die griech. Flotte gesammelt haben; Schauplatz der Sage von Iphigenie.

Aulos [griech. »Röhre«] *der,* antikes griech. Blasinstrument aus zwei separaten Spielpfeifen mit doppeltem oder einfachem Rohrblatt und einer Röhre aus Schilf, Holz oder Bronze, mit zunächst drei oder vier, später bis zu 15 Grifflöchern; wurde von einem Spieler, dem **Auleten,** bei dionys. Kulten und mus. Wettkämpfen gespielt.

Aumann [ˈɔːmən], Robert J., amerikanisch-israel. Volkswirtschaftler, * Frankfurt am Main 8. 6. 1930; beschäftigt sich mit gesellschaftl. Kooperations- und Konfliktbeziehungen und deren formaler Modellierung unter Anwendung der Spieltheorie; 2005 erhielt er (mit T. C. Schelling) den Nobelpreis für Wirtschaftswissenschaften.

Aum-Sekte [oːm-], jap. **Ōm-Shinrikyō,** jap. neureligiöse Gemeinschaft, die sich auf Elemente des (ti-

Aulos: »Flötenspieler«, etruskische Wandmalerei aus dem »Grab des Leoparden« in Tarquinia (um 480 v. Chr.)

bet.) Buddhismus beruft und sich als auserwählte Endzeitgemeinschaft versteht; 1995 nach einem Giftgasanschlag auf die Tokioter U-Bahn (→ Terrorismus) Entzug des Status einer anerkannten Religionsgemeinschaft und Verhaftung des Gemeinschaftsgründers und -führers Asahara Shōko (eigtl. Matsumoto Chizuo, * 1955); seit 1999 unter neuem Namen registriert.

A und O, erster und letzter Buchstabe des griech. Alphabets (Alpha und Omega); im N. T. Sinnbild für Gott (Christus) als Anfang und Ende (Offb. 1,8; 21,6; 22,13); übertragen: das Wesentliche.

Aung San, birman. General und Politiker, * Natmauk 13. 2. 1915, † (ermordet) Rangun 19. 7. 1947; kämpfte als Befehlshaber einer »Birman. Unabhängigkeitsarmee« zus. mit den Japanern gegen die brit. Kolonialmacht, 1945 gegen die jap. Besatzungsmacht; 1944–47 Präs. der Anti-Fascist People's Freedom League; schloss 1947 mit dem brit. Premiermin. C. Attlee einen Vertrag über die Unabhängigkeit Birmas.

Aung San Suu Kyi

Aung San Suu Kyi [- dʒi], birman. Politikerin, * Rangun 19. 6. 1945; Tochter von Aung San, lebte 1960–88 im Ausland, Mitbegründerin und Gen.-Sekr. (1988–91, erneut seit 1995) der National League for Democracy (NLD). Wegen ihrer führenden Rolle in der Opposition von der Militärjunta 1989–95, 2000–02 und erneut seit 2003 unter Hausarrest gestellt. Sie erhielt 1991 den Friedensnobelpreis.

Aunjetitzer Kultur, Kulturgruppe der frühen Bronzezeit, benannt nach einem mit reichen Metallgerätschaften ausgestatteten Gräberfeld bei Aunjetitz (tschech. Únětice, nordwestl. von Prag), verbreitet in Mähren, Böhmen, Sachsen, Thüringen, Schlesien, Brandenburg, Niederösterreich, W-Polen.

au pair [oˈpɛːr, frz.], auf Gegenleistung, ohne Bezahlung. – **Au-pair-Mädchen,** Mädchen, meist Schülerin oder Studentin, das gegen Verpflegung, Unterkunft und Taschengeld im Ausland bei Familien im Haushalt arbeitet, um die Landessprache zu erlernen.

Aura [lat. »Hauch«] die, 1) allg.: von einem Menschen ausgehende Wirkung, besondere (geheimnisvolle) Ausstrahlung.

2) Medizin: psych. Erlebnisse oder körperl. Empfindungen, die epilept. Krampfanfällen vorangehen können.

3) Okkultismus: lichtartiger Schein, der (halluzinatorisch) von Sensitiven um einzelne Menschen gesehen wird; dem Heiligenschein vergleichbar.

Aurich 2) Stadtwappen

Aurignacien: Elfenbeinstatuette eines Wildpferdes aus der Vogelherdhöhle bei Ulm, nur 4,8 cm groß (etwa 35 000 Jahre alt; Tübingen, Institut für Vor- und Frühgeschichte)

Aurangabad, Stadt im westind. Bundesstaat Maharashtra, 873 000 Ew.; Univ., Baumwollmarkt und -industrie. – 1610 unter dem Namen **Kirki** gegr., im 17. Jh. Residenz des Großmoguls Aurangseb. Aus dieser Zeit stammen zahlr. Bauwerke, u. a. Mausoleum der Lieblingsfrau Aurangsebs.

Aurangseb, Großmogul von Indien (1658 bis 1707), * Dhod (Malwa) 3. 11. 1618, † Ahmadnagar 3. 3. 1707; stürzte 1658 seinen Vater Shah Jahan, ermordete seine Brüder und bestieg den Thron als **Alamgir** (»Welteroberer«). Unter A. erreichte das Mogulreich seine größte Ausdehnung.

Aurbacher, Ludwig, Schriftsteller, * Türkheim (Kreis Unterallgäu) 26. 8. 1784, † München 25. 5. 1847; verfasste das »Volksbüchlein« (2 Bde., 1827–29), das die »Abenteuer von den sieben Schwaben« enthält u. a. Bearbeitungen alten Volksgutes.

Aurelian, eigtl. **Lucius Domitius Aurelianus,** rom. Kaiser (270–275), * bei Sirmium (Pannonien, heute Sremska Mitrovica) 9. 9. 214, † (ermordet) bei Byzanz 275; besiegte 270 die Goten und Wandalen an der Donaugrenze, 271 in Italien die Alemannen und Markomannen und begann mit dem Bau der letzten großen Befestigungsmauer Roms (**Aurelian. Mauer**). 271–273 unterwarf er das Reich von Palmyra.

Aureole [zu lat. »golden«] die, 1) atmosphär. Optik: **Hof,** atmosphärische Leuchterscheinung in Form eines weißen bis blassblauen Kranzes mit rötl. Rand um Sonne oder Mond, entsteht durch Beugung des Lichts an Wassertröpfchen oder Eiskristallen.

2) Bergbau: fahlblauer Flammensaum an der Flamme einer → Wetterlampe.

3) bildende Kunst: der die ganze Gestalt umgebende → Heiligenschein.

Aurès [ɔˈrɛs], höchstes Massiv des Saharaatlas, im O Algeriens, bis 2 328 m hoch, von Berberstämmen bewohnt.

Aure|us [lat.] der, altröm. Goldmünze, unter Caesar in größerem Umfang geprägt (1 A. = 100 Sesterzen), in der Kaiserzeit Währungsgrundlage.

Auric [ɔˈrik], Georges, frz. Komponist, * Lodève (Dép. Hérault) 15. 2. 1899, † Paris 23. 7. 1983; schrieb Filmmusiken, aber auch Opern und Ballette.

Aurich, 1) Landkreis in Ndsachs., 1 287 km², 190 300 Einwohner.

2) Krst. in Ndsachs., am Ems-Jade-Kanal, 40 600 Ew., Wasser- und Schifffahrtsdirektion; Großviehauktionen; Elektro- und Metallbauindustrie, Herstellung von Windenergieanlagen, Verlage, Fremdenverkehr. – Klassizistische Kirche und Bürgerhäuser. – Bei A. liegt der Hügel Upstalsboom, der bis zum 14. Jh. den Friesen als Versammlungsstätte diente. 1561 wurde A. Residenz von Ostfriesland, 1744 Hptst. der preuß. Prov. Ostfriesland.

Auriga [lat.] der, das Sternbild → Fuhrmann.

Aurignacien [oriɲaˈsjɛ̃; frz., nach dem Ort Aurignac, Dép. Haute-Garonne] das, Stufe der jüngeren Altsteinzeit. Typisch für das zw. 35 000 und 30 000 v. Chr. vom Don bis zum Atlantik verbreitete A. sind retuschierte Klingen und Speerspitzen aus Knochen. Das A. umfasst etwa die mittlere Würm-Kaltzeit und bildet das älteste Zeugnis für das Auftreten des Homo sapiens sapiens, des heutigen Menschen (**Aurignac-Mensch**); Funde in → Cro-Magnon.

Aurikel [von lat. auricula »Öhrchen«; nach der Form der Blätter] die, Bez. einiger Arten der Gattung Schlüsselblume (Primula). Als Zierpflanze blüht die A. in vielen Farben.

aurikular [zu lat. auris »Ohr«], die Ohren betreffend.

Aurikuloakupunktur, die →Ohrakupunktur.

Aurillac [ɔriˈjak], Hptst. des südfrz. Dép. Cantal, in der Auvergne, 30 800 Ew.; Museen; Vieh- und Käsemarkt; Möbel-, Schuh-, Nahrungsmittelindustrie. – A. war im MA. eine Stätte bed. Gelehrsamkeit (Abtei Saint-Géraud); Kirche Notre-Dame-des-Neiges (16. Jh.) mit »Schwarzer Madonna«.

Auriol [ɔˈrjɔl], Vincent, frz. Politiker (Sozialist), * Revel (Dép. Haute-Garonne) 27. 8. 1884, † Paris 1. 1. 1966; seit 1936 wiederholt Minister; 1947–54 erster Präs. der Vierten Republik.

Auripigment, Rauschgelb, Arsentrisulfid As_2S_3, monoklines Mineral, gelb, durchscheinend.

Aurobindo [oro-], Sri, eigtl. **A. Ghose,** ind. Philosoph des Neuhinduismus, * Kalkutta 15. 8. 1872, † Pondicherry 5. 12. 1950; erstrebte eine dogmenfreie Verbindung aller dem Menschen dienenden Religionen mit dem »Integralen Yoga«.

Aurora [lat.], röm. Göttin der Morgenröte; sie entspricht der griech. Göttin →Eos.

Aurorafalter, Anthocharis cardamines, Tagfalter aus der Familie der Weißlinge, Männchen mit orangeroten Vorderflügelspitzen; die Raupe lebt bes. an Wiesenschaumkraut.

Aurum das, lat. Bez. für →Gold.

Ausbeute, Recht: Ertrag, der über die natürl. Erzeugnisse hinaus aus einer Sache gezogen wird, z. B. die einem Grundstück außer den Früchten entnommene Gartenerde (§ 99 BGB).

Ausbeutung, 1) allg.: Verwertung von Bodenschätzen und Rohstoffen, auch von Land. 2) Wirtschaftstheorie: **Exploitation,** Aneignung unbezahlter fremder Arbeit durch ökonom. und außerökonom. (phys.) Zwang; nach der marxist. A.-Theorie gesellschaftl. Verhältnis zw. Klassen mit unterschiedl. Stellung zu den Produktionsmitteln. Die Arbeitenden erhalten als Lohn nicht den vollen Tauschwert der von ihnen geschaffenen Waren, sondern nur das zur Deckung des eigenen Reproduktionsaufwands Benötigte; die Differenz ist der →Mehrwert. Nach der Volkswirtschaftstheorie liegt A. vor, wenn unter dem Grenzwertprodukt der Arbeit entlohnt wird (→Grenzproduktivitätstheorie). Die **A.-Theorien** sind Einkommensverteilungstheorien, nach denen die Produktionsmitteleigentümer eine monopoläLhnl. Stellung gegenüber den eigentumslosen Arbeitern haben, wodurch neben den Arbeitseinkommen durch Abzug vom Lohn oder durch Aufschlag auf den Preis Nichtarbeitseinkommen (»leistungslose« Besitzeinkommen) entstehen.

Ausbildender, im Berufsbildungs-Ges. (→berufliche Bildung) Bez. für einen Unternehmer, der einen Auszubildenden (Lehrling) zur Berufsausbildung einstellt. Wenn der A. die persönl. und fachl. Eignung besitzt, kann er die Berufsausbildung selbst durchführen, andernfalls muss er einen **Ausbilder** beauftragen.

Ausbildungsberufe, Bez. für Berufe, die im Rahmen einer berufl. Erstausbildung erworben werden. Anerkannte A. sind Ausbildungsgänge, die auf Grundlage von § 4 Berufsbildungs-Ges. (BBiG) bzw. § 25 Handwerksordnung (HwO) durch Ausbildungsordnungen bundeseinheitlich geregelt sind.

Ausbildungsförderung, Ausbildungszulagen, Ausbildungsbeihilfen, finanzielle Unterstützung zum Besuch u. a. von weiterführenden allgemeinbil-

Aurorafalter (Flügelspannweite etwa 4 cm)

denden Schulen, Hochschulen, Fachschulen, Berufsfachschulen. A. wird heute v. a. aufgrund des Bundesausbildungsförderungs-Ges. (Abk. BAföG) i. d. F. v. 6. 6. 1983 gewährt. Es besteht ein Rechtsanspruch auf A. für eine der Neigung, Eignung und Leistung entsprechende Ausbildung, wenn die Auszubildenden bedürftig sind, ihnen also die erforderl. Mittel nicht anderweitig zur Verfügung stehen. Der Umfang der A. richtet sich wesentlich nach der Höhe des Nettoeinkommens der Eltern, des Ehegatten und des Auszubildenden. Die Förderung der Schüler erfolgt vollständig als Zuschuss, die Leistungen müssen nicht zurückgezahlt werden. Seit 1990 wird A. für Studierende an Hochschulen und Fachhochschulen je zur Hälfte als Zuschuss und als unverzinsl. Darlehen vergeben, bei bestimmten Ausbildungen als verzinsl. Bankdarlehen. Das Ausbildungsförderungsreform-Ges. vom 19. 3. 2001 brachte u. a. die Anhebung der für die anrechenbaren Einkommen maßgebl. Freibeträge und der Bedarfssätze sowie die Begrenzung der Gesamtdarlehensbelastung auf 10 000 €. Zuständig für die Anträge auf A. sind die Ämter für A. (bei der Kreisverwaltung, den Studentenwerken).

A. für die Berufsausbildung wird nach dem Sozialgesetzbuch III (§§ 59 ff.) und der Anordnung des Verwaltungsrats der Bundesagentur für Arbeit über die individuelle Förderung der berufl. Ausbildung geleistet. Darüber hinaus sind Ausbildungsbeihilfen u. a. im öffentl. Dienst vorgesehen. Diese werden auf etwaige Leistungen nach dem BAföG angerechnet. Zahlr. Ausbildungsbeihilfen und Förderungsmaßnahmen werden auch von privater Seite (bes. Stiftungen) gewährt. Durch das Aufstiegsfortbildungsförderungs-Ges. vom 10. 1. 2002 haben Nachwuchskräfte (ohne Altersbegrenzung) in Handwerk oder Industrie, die die Meisterprüfung anstreben, einen Anspruch auf finanzielle Unterstützung (»Meister-BAföG«).

Ausbildungsfreibetrag, steuerl. Freibetrag (seit 2002: 924 €) zur Abgeltung des Sonderbedarfs eines volljährigen Kindes, das sich in Berufsausbildung befindet, auswärtig untergebracht ist und für das Anspruch auf einen Kinderfreibetrag oder auf Kindergeld besteht. Der A. vermindert sich um eigene Einkünfte und Bezüge des Kindes über 1 848 € pro Jahr sowie öffentl. Ausbildungsbeihilfen. Der allg. Ausbildungsbedarf eines jeden Kindes wird seit 2002 nicht mehr durch den A. gemäß § 33 a EStG, sondern durch den Freibetrag für den Betreuungs- und Erziehungs- oder Ausbildungsbedarf (§ 32 Abs. 6 EStG; →Kinderbetreuungskosten) abgegolten.

Ausbildungsordnung, im Sinne des Berufsbildungs-Ges. (BBiG) die formale Grundlage für die geordnete und einheitl. Ausbildung in einem anerkannten Ausbildungsberuf. In der A. sind mindestens festgelegt: Berufs-Bez., Ausbildungsdauer, Berufsbild, Ausbildungsrahmenplan und Prüfungsanforderun-

Auschwitz: Selektion auf der Rampe von Auschwitz Birkenau nach der Ankunft eines Eisenbahntransports aus einem jüdischen Getto (Foto, Sommer 1942)

gen. Weiterhin festgelegt können sein z. B. eine Stufenausbildung, eine zweiphasige Abschlussprüfung oder die Anrechnung von bereits erbrachten Leistungen.

Ausblühung, 1) *Bautechnik:* Schäden an Bauwerken durch Ausscheidungen von Salzen auf Mauerwerk und Beton durch Trocknungsprozesse oder Witterungseinflüsse.

2) *Bodenkunde:* das Auskristallisieren von Salzen auf Böden in Trockengebieten.

Ausbreitungsgeschwindigkeit, die →Fortpflanzungsgeschwindigkeit einer Welle.

Ausbürgerung, die Aberkennung der →Staatsangehörigkeit.

Auschwitz, poln. **Oświęcim,** Stadt in Polen, in der Wwschaft Kleinpolen, an der Mündung der Soła in die Weichsel, 43 900 Ew.; internat. Begegnungszentrum; chem., Metallind., Maschinenbau. – 1940 errichtete die SS in A. ein KZ und erweiterte es 1941 zum Vernichtungslager mit drei Hauptlagern (A I-Stammlager, A II-Birkenau und A III-Monowitz) sowie 39 Außen- und Nebenlagern. Die von Febr. 1942 bis Nov. 1944 fabrikmäßig betriebenen Gaskammern (Zyklon B) ließen A. weltweit zum Synonym der Massenvernichtung europ. Juden (Holocaust) werden. Über die Zahl der Opfer, die bis zur Befreiung des Lagers durch sowjet. Truppen (27. 1. 1945 [seit 1996 Gedenktag in Dtl.]; 60 000 v. a. nichtjüd. Überlebende) getötet und in Krematorien verbrannt wurden oder an Entkräftung, Seuchen u. Ä. starben, werden versch. Angaben gemacht. Die neuere Forschung geht von mind. 1,1 Mio. Opfern aus (v. a. Juden, aber auch Sinti und Roma [Februar 1943 bis August 1944] und Angehörige anderer Nationalitäten). – Die 1947 eingerichtete Mahn- und Gedenkstätte A.-Birkenau gehört zum UNESCO-Welterbe.

Auschwitz-Lüge, urspr. von Rechtsextremisten und antisemitisch-(neo)nazist. Kreisen in den 1950er-Jahren geprägte Propagandaformel, heute (sprachlich unkorrekte) schlagwortartige Bez. für die Leugnung der nat.-soz. Judenverfolgung und der Massenmorde, die in den NS-Vernichtungslagern, namentlich in Auschwitz, während der nat.-soz. Gewaltherrschaft in Dtl. und Europa 1941–44/45 verübt wurden (→Holocaust); wird in vielen Ländern strafrechtlich verfolgt (→Volksverhetzung).

Ausdehnung, 1) *Kosmologie:* die angenommene zeitlich fortschreitende →Expansion des Weltalls.

2) *Physik, Technik:* einerseits die Raumfüllung von Körpern, andererseits jede Volumenzunahme (Expansion), insbes. die Änderung der Länge (**lineare A.**) oder des Volumens (**kubische A.**) von Körpern durch Erwärmung. Der **A.-Koeffizient** gibt den Bruchteil an, um den Länge bzw. Rauminhalt je Grad Temperaturerhöhung zunehmen.

Ausdehnungsgefäß, Gefäß zur Aufnahme der in flüssigkeitsgefüllten Behältern oder Leitungen (z. B. Warmwasserheizungen) durch die Wärmeausdehnung hervorgerufenen Flüssigkeitsvolumenzunahme.

Ausdruck, 1) *Musik:* die Gesamtwirkung objektiv nicht greifbarer Interpretationsmittel, z. B. Schattierung der Dynamik, Temposchwankungen, Differenzierung der Klanggestaltung.

2) *Psychologie:* körperl. oder gegenständl., willentl. oder unwillentl. Äußerungen, die als Zeichen psych. Momente (bes. von Emotionen) gedeutet werden. I. e. S. umfasst A. alle Formen der Körpersprache (→nicht verbale Kommunikation). I. w. S. zählen hierzu auch die objektivierten Formen, alle von der Person geschaffenen Gestaltungen, in erster Linie die Handschrift und alle Werkerzeugnisse. – Die **A.-Psychologie** suchte teils aus den relativ konstanten Ausdrucksmerkmalen (z. B. Gesichtszüge, Körperhaltung, Stimme, Handschrift [→Grafologie], teils aus A.-Bewegungen (z. B. Mimik, Gestik, Gang) Aussagen über die Persönlichkeit bzw. den Charakter abzuleiten.

3) *Sprachwissenschaft:* 1) sprachl. Einheit von beliebiger Länge, z. B. eine Folge von Wörtern oder Sätzen; 2) im Unterschied zum Inhalt die sinnlich wahrnehmbare Seite des sprachl. Zeichens (die gehörten und gesprochenen Laute, ebenso die Schriftzeichen).

Ausdruckstanz, →Tanz.

Auseinandersetzung, die zur Auflösung von Gemeinschaftsverhältnissen erforderliche Aufteilung des gemeinschaftl. Vermögens. Sie erfolgt gemäß §§ 752 ff. BGB nach Abzug der auf dem Vermögen lastenden Schuld i. d. R. durch Teilung in Natur oder Verkauf und Teilung des Erlöses. Für die Gesellschaft, die ehel. Gütergemeinschaften und im Erbrecht (→Miterbe) gelten besondere Regeln.

auserwähltes Volk, im A. T. (2. Mos. 19, 5 ff., 5. Mos. 7, 6 ff.) das Volk Israel; im N. T. (Röm. 11, 7) wird die Auserwählung auf die Gemeinschaft der Christen übertragen.

Ausfall, *Fechten:* Vorschnellen des Ausfallbeins, während das Standbein gestreckt wird, zus. mit dem Stoß oder Hieb ein direkter Angriff auf den Gegner.

Ausfallbürgschaft, eine Bürgschaft nur für den Schaden, den ein Gläubiger durch den Ausfall einer Forderung erleidet.

Ausfällen, *Chemie:* die →Fällung.

Ausfallrate, relativer Anteil der Ausfälle techn. Einrichtungen je Zeiteinheit; eine der wichtigsten Kenngrößen der Zuverlässigkeit techn. Erzeugnisse.

Ausfertigung, *Recht:* die ordnungsgemäß unterschriebene und mit Siegel versehene Abschrift eines amtl. Schriftstücks (z. B. Urteil). – Im *Staatsrecht* die A. von beschlossenen Gesetzen als Teil des Gesetzgebungsverfahrens, vollzieht sich in Dtl. durch Unterschrift des Bundespräs. nach Gegenzeichnung durch den Bundeskanzler und den zuständigen Bundesmin. (Bundes-Ges.), sonst der Min.-Präs. der Länder unter das Original des Gesetzestextes.

Ausflockung, die Umwandlung eines Sols in ein Gel, z. B. durch Zugabe eines Elektrolyten (→Koagulation).

Ausfluss, 1) *Medizin:* **Fluor genitalis,** Absonderung aus den weibl. Geschlechtswegen. Heller, weißl. A. (Weißfluss, Fluor albus) ist meist hormonell oder durch Allgemeinkrankheiten bedingt. Blutiger oder eitriger A. dagegen ist immer ein Zeichen von Erkrankungen der Geschlechtsorgane.
2) *Physik:* das Ausströmen von Flüssigkeit oder Gas durch Öffnung eines Gefäßes unter Einfluss der Schwerkraft. Die **A.-** oder **Ausströmgeschwindigkeit** einer inkompressiblen Flüssigkeit ist proportional der Quadratwurzel aus dem Produkt der Fallbeschleunigung und der Höhe der Flüssigkeitssäule über der A.-Öffnung (**A.-Gesetz** nach Torricelli).

Ausfrieren, therm. Trennverfahren zum Konzentrieren von Lösungen sowie zum Reinigen und Trocknen von Lösungsmitteln. Man nutzt dabei aus, dass beim Abkühlen von Lösungen zunächst reines Lösungsmittel auskristallisiert.

Ausfuhr, Export, das Verbringen von Gütern in ein fremdes Wirtschaftsgebiet sowie das Erbringen bestimmter Dienstleistungen für ausländ. Auftraggeber. Die A. ist Teil des →Außenhandels, sie kann durch **A.-Zuschüsse** und **A.-Prämien** gefördert, aber auch in bestimmten Fällen unterbunden werden (**A.-Verbot**). Das **A.-Risiko,** im Voraus nicht abschätzbare Wagnisse im Exportgeschäft, ist je nach Vereinbarung vom Käufer oder Verkäufer zu tragen, kann aber durch staatl. **A.-Bürgschaften** und **A.-Garantien** abgesichert werden.

Ausführungsgesetze, Ausführungsverordnungen, auf dem Gesetzes- oder Verordnungsweg erlassene Bestimmungen, die die Einzelheiten der Ausführung eines anderen Gesetzes regeln, das mit diesen Einzelheiten nicht befrachtet werden sollte.

Ausfuhrverbot, staatl. Verbot der Ausfuhr strategisch wichtiger Güter in bestimmte Länder (z. B. Waffen, Rohstoffe) sowie von Kunstwerken nat. Bedeutung.

Ausgabe, 1) *Buchhandel, Literatur:* Veröffentlichung eines Druckwerks, ferner Kennzeichnung seiner Art nach Format (bei Büchern Breite mal Höhe), Ausstattung (Dünndruck-A., Pracht-A.), Bearbeitungsweise (vollständige, gekürzte A.), Erscheinungsart (Einzel-A., Gesamt-A.), Bestimmung (Schul-A.), Gelegenheit (Jubiläums-A.) oder Stellung im Gesamtwerk eines Autors (Erst-A., A. letzter Hand).
2) *Informatik:* **Output** [ˈaʊtpʊt, engl.], das Übertragen verarbeiteter Daten an ein **A.-Gerät** (z. B. Bildschirm, Drucker) mit dem Ziel, die Daten für den Benutzer wahrnehmbar zu machen.
3) *Publizistik:* die Gesamtzahl, auch das Einzelstück einer Zeitungs- oder Zeitschriftenauflage, die den Verlag zu einer bestimmten Tageszeit (Morgen-A.), für ein bestimmtes Verbreitungsgebiet (Lokal-A. oder Regional-A.) oder aus einem besonderen Anlass (Sonder-A.) verlässt.

Ausgabekurs, Emissionskurs, Kurs, zu dem neue Wertpapiere ausgegeben werden (→Emission).

Ausgaben, Zahlungen (bar, Scheck, Überweisung) zw. Wirtschaftssubjekten; zu unterscheiden von →Aufwendungen und →Kosten.

Ausgabensteuer, allgemeine A., Konsumsteuer, Besteuerung der Konsumausgaben privater Haushalte. Im Ggs. zur Umsatzsteuer erfolgt der Steuerzugriff unmittelbar beim Konsumenten und setzt im Unterschied zur Einkommensteuer bei der Einkommensverwendung an. In diesem Sinne ist die A. eine spezielle Verbrauchsteuer wie z. B. die Tabak- oder die Mineralölsteuer. Wird der individuellen Leistungsfähigkeit wie bei der Einkommensteuer durch persönl. Freibeträge und durch progressive Tarifgestaltung Rechnung getragen, spricht man von **persönl. Ausgabensteuer.**

Ausgangsleistung, die an den Ausgangsklemmen einer elektr. Schaltung abgreifbare Wirkleistung.

Ausgedinge, →Altenteil.

Ausgleich, 1) in Österreich der insolvenzrechtl. Ausdruck für das Vergleichsverfahren, das in der Ausgleichsordnung vom 10. 12. 1914 geregelt ist.
2) die 1867–1918 gültigen Abmachungen über das staatsrechtl. Verhältnis zw. der österr. und der ungar. Reichshälfte der »Doppelmonarchie« →Österreich-Ungarn (laut Vertrag vom 15. 3. 1867).

Ausgleichgetriebe, Differenzialgetriebe, Zahnradgetriebe in Kraftwagen, das die Drehzahlunterschiede der Räder in Kurven ausgleicht und das Antriebsmoment gleichmäßig verteilt.

Ausgleichsabgaben, zweckgebundene, steuerartige Sonderabgaben, die i. d. R. in Sondervermögen außerhalb der öffentl. Haushalte verwaltet werden. A. dienen sozialpolit. (Schwerbehindertenabgabe) und wirtschaftspolit. Zielen und kommen bestimmten Gruppen (z. B. durch Kriegsschäden Betroffene im Rahmen des →Lastenausgleichs) oder Wirtschaftszweigen zugute. (→Quasisteuern)

Ausgleichsfonds [-fɔ̃], Sondervermögen des →Lastenausgleichs.

Ausgleichsfonds Währungsumstellung [-fɔ̃ -], 1990 geschaffene Anstalt des öffentl. Rechts zur Verw. der durch die Währungsumstellung auf DM entstandenen Ausgleichsforderungen und -verbindlichkeiten ostdt. Banken und Außenhandelsbetriebe; Geschäftsbesorgung (auch Zins- und Tilgungsdienst) liegt seit 1994 bei der Kreditanstalt für Wiederaufbau.

Ausgleichsleistungen, →Lastenausgleich.

Ausgleichsrechnung, statist. Methode zur Bestimmung einer Funktion *f*, die eine möglichst gute Näherung für *N* gegebene, fehlerbehaftete Messwerte darstellt. (→Methode der kleinsten Quadrate, →Regression)

Ausgleichsrennen, *Galopprennen:* →Handikap.

Ausgleichszahlungen, Maßnahmen zur direkten Stützung landwirtsch. Einkommen. Bei produktgebundenen A. erhalten die Erzeuger die Differenz zw. einem Garantiepreis und dem Preis, der sich bei freier Preisbildung auf dem Markt ergibt. Bei produktneutralen A. werden Einkommensübertragungen unabhängig von der Produktmenge (z. B. nach Arbeitskräften oder der Nutzfläche) vorgenommen.

Ausgleichungspflicht, Kollation, *Erbrecht:* die Verpflichtung der Abkömmlinge, die als gesetzl. Erben zur Erbfolge gelangen, dasjenige, was sie vom Erblasser als Ausstattung (z. B. für Berufsausbildung) erhalten haben, bei der Erbauseinandersetzung untereinander zur Ausgleichung zu bringen (§§ 2050 ff. BGB). Dasselbe gilt zugunsten des Abkömmlings, der in besonderer Weise durch eigene Leistungen das Vermögen des Erblassers gemehrt oder erhalten hat oder ihn unter Verzicht auf berufl. Einkommen längere Zeit gepflegt hat.

Ausgrabung, die Freilegung verschütteter Überreste der Vergangenheit; wichtiges Hilfsmittel der archäolog., prähistor. und paläontolog. Forschung. Erste A. fanden in der Renaissance (Raffael in Rom) statt mit dem Zweck, Monumente des Altertums kennenzulernen. Spätere A. galten bes. der Bergung schöner

Ausgrabung (von links): Vermessung römischer Brandgräber mithilfe eines Messrahmens im Gräberfeld Heidelberg-Neuenheim; Funde im Gräberfeld Heidelberg-Neuenheim, im Vordergrund das Skelett eines Bestatteten, dahinter durch Eisenspangen versiegelte Steinkisten

oder merkwürdiger Gegenstände für Sammlungen und Museen. Im 19. Jh. wurden wiss. A.-Methoden, bes. der Schichtenbeobachtung zur Klärung histor. Abfolgen (W. Dörpfeld in Olympia), entwickelt. Moderne A. zielen weniger auf Gewinnung kostbarer Einzelfunde als auf Aufdeckung histor. und kulturhistorisch relevanter Befunde; Notgrabungen dienen der Rettung bedrohter Altertümer.

Die *Methoden* einer A. differieren je nach Objekt (Abri, Pfahlbau, Tempel, Stadt, Nekropole) so stark, dass allg. Kriterien kaum existieren. Neuerdings wird der Einsatz techn. und naturwiss. Hilfsmittel verstärkt (→ Radiokohlenstoffmethode, → Altersbestimmung). Eine A. beginnt mit der Bestimmung des Grabungsplatzes durch Zufall oder systemat. Auswahl (Begehung, Luftbildarchäologie); sie erfordert die Mitarbeit fachfremder Spezialisten (Geologen, Botaniker, Architekten, Werkstoffwissenschaftler u. a.). Ähnl., der besonderen Situation angepasste Maßnahmen werden zur Untersuchung von heute unter Wasser gelegenen Baulichkeiten oder Schiffen angewendet (→ Unterwasserarchäologie). Nach der Publikation der Ergebnisse stellt sich heute oft die Forderung nach denkmalpfleger. Konservierung und ggf. Rekonstruktion vor Ort, um der Öffentlichkeit Zugang und Information zu vermitteln. Die kulturgeschichtl. Bodenaltertümer sind in fast allen Staaten geschützt. Jeder Fund ist meldepflichtig. In Dtl. dürfen Ausgrabungen nur von amtl. Stellen vorgenommen werden.

Ausheilen, *Physik:* Entfernen eines Gitterfehlers (Versetzung) im Kristall durch Wärmebehandlung.

Auskolkung, 1) *Geomorphologie:* → Kolk.

2) *Metallbearbeitung:* Verschleißerscheinung auf der Spanfläche eines Werkzeugs durch Abrieb, die schließlich zum Bruch der Schneidkante führt.

Auskragung, Ausladung, Bau- und Konstruktionsteil, das frei über ein Auflager hinausragt: Balken, Träger, Erker, Geschoss.

Auskultation [zu lat. auscultare »horchen«] *die,* das Abhorchen des Körpers, bes. von Herz und Lunge, meist mithilfe schallleitender Geräte (→ Stethoskop).

Auskunftpflicht, die auf Gesetz oder Vertrag beruhende Pflicht zur Vermittlung bestimmter Kenntnisse, z. B. die A. einer Behörde über Rechte und Pflichten von Betroffenen im Verwaltungsverfahren (§ 25 Verwaltungsverfahrens-Ges.) oder die A. des Beauftragten (§ 666 BGB). Seit 1. 1. 2006 hat jeder gemäß Informationsfreiheits-Ges. vom 5. 9. 2005 gegenüber den Behörden des Bundes einen Anspruch auf Zugang zu amtl. Informationen, der nur aus wichtigen Gründen versagt werden kann, z. B. wegen des Datenschutzes, des Schutzes von Betriebs- und Geschäftsgeheimnissen oder von Belangen der inneren und äußeren Sicherheit (→ Informationsfreiheit).

Auskunftsverweigerungsrecht, → Zeuge.

Auslage, 1) *Boxen:* Kampfstellung, bei der entweder die rechte oder linke (Führungs-)Hand und das entsprechende Bein vorgeschoben sind (**Rechts-A.** oder **Links-A.**).

2) *Fechten:* die kampfbereite Ausgangsstellung, wobei dem Gegner, um die Trefffläche zu verringern, die Körperseite zugewandt ist.

Auslagen, 1) *bürgerl. Recht:* → Aufwendungen eines Beauftragten zugunsten des Auftraggebers.

2) *Kostenrecht:* die bei einem behördl. Verfahren, bei Gericht oder einem Rechtsanwalt entstandenen Kosten. Vom Gericht erhobene A. und Gebühren nennt man → Gerichtskosten; sie werden zus. mit den außergerichtl. Kosten (z. B. Rechtsanwaltsgebühren) generell als »Kosten« bezeichnet.

Ausland, das nicht zum eigenen Staatsgebiet (Inland) gehörige Gebiet, einschließlich der nicht unter Staatshoheit stehenden Gebiete des offenen Meeres.

Ausländer, *Recht:* eine Person, die eine andere Staatsangehörigkeit als die ihres Aufenthaltslandes besitzt.

Die Stellung der A. ist in Dtl. im Wesentlichen in folgenden Rechtsquellen erfasst: Grundgesetz (GG), Aufenthalts-Ges., Asylverfahrens-Ges., Ges. über die Rechtsstellung heimatloser A., Freizügigkeits-Ges./EU. A. im staatsrechtl. Sinn ist, wer weder die dt. Staatsangehörigkeit besitzt noch als Flüchtling oder Vertriebener dt. Volkszugehörigkeit oder als dessen Ehegatte oder Abkömmling im Gebiet des Dt. Reiches nach dem Stand vom 31. 12. 1937 Aufnahme gefunden hat (§ 2 Aufenthalts-Ges., Art. 116 GG).

Zentrale Grundlage des A.-Rechts in Dtl. ist seit Anfang 2005 das **Aufenthaltsgesetz** vom 30. 7. 2004 (erlassen als Art. 1 des Zuwanderungs-Ges.). Das Aufenthalts-Ges. löst das Ausländer-Ges. vom 9. 7. 1990 ab. In den nächsten Jahren ist mit weiteren umfangreichen Ges.-Änderungen aufgrund europarechtl. Vorgaben zu rechnen.

A. brauchen für die Einreise und den Aufenthalt im Bundesgebiet grundsätzlich einen Pass und einen Aufenthaltstitel, d. h. ein Visum, eine Aufenthalts- oder eine Niederlassungserlaubnis (§§ 4–9 Aufent-

Auskragung zweier Geschosse an einem Fachwerkhaus

halts-Ges.). Auf die Erteilung eines Aufenthaltstitels besteht i. Allg. kein Anspruch; sie ist grundsätzlich ausgeschlossen, wenn der Lebensunterhalt der betroffenen Person nicht gesichert oder ihre Identität ungeklärt ist, ihr Aufenthalt Interessen der Bundesrepublik beeinträchtigt oder ein Ausweisungsgrund vorliegt (§ 5).

Die bisher bestehende Differenzierung der Aufenthaltstitel in Aufenthaltserlaubnis, -berechtigung, -befugnis und -bewilligung ist aufgegeben worden. Zentraler Titel ist nunmehr die (stets nur befristete) **Aufenthaltserlaubnis** (§ 7 Aufenthalts-Ges.), die zu unterschiedl. Zwecken erteilt werden kann. Wer fünf Jahre eine Aufenthaltserlaubnis besitzt, hat Anspruch auf eine (unbefristete) Niederlassungserlaubnis (§ 9), wenn eine Reihe von Voraussetzungen erfüllt sind. Für Asylberechtigte und Flüchtlinge beträgt die Frist drei Jahre. Im Übrigen kann, wer eine Aufenthaltserlaubnis aus humanitären Gründen besitzt, nach sieben Jahren eine Niederlassungserlaubnis erhalten (§ 26).

Hoch qualifizierte Arbeitnehmer können von Anfang an ein Daueraufenthaltsrecht erhalten (§ 19 Aufenthalts-Ges.); Selbstständige erhalten i. d. R. eine Aufenthaltserlaubnis bei einer Investition von mindestens 1 Mio. € und der Schaffung von mindestens zehn Arbeitsplätzen (§ 21). Der Aufenthaltstitel schließt die bisher zusätzlich erforderl. Arbeitsgenehmigung ein; die Bundesagentur für Arbeit ist intern zu beteiligen (§ 39).

Schließlich können die Landesreg. anordnen, dass auf Empfehlung einer Härtefallkommission unabhängig von gesetzl. Voraussetzungen eine Aufenthaltserlaubnis erteilt werden kann (§ 23 a).

Gesetzlich verbriefte Ansprüche auf Erteilung der Aufenthaltserlaubnis bestehen unter bestimmten Bedingungen zum **Familiennachzug** (Ehegatten oder Lebenspartner; Kinder bis zum 16., in bestimmten Fällen bis zum 18. Lebensjahr). Jungen A., die nicht selten gegen ihren Willen mit ihren Familien in ihre Heimat zurückkehren, obwohl sie bereits einen erhebl. Teil ihrer Schulzeit oder Ausbildung im Bundesgebiet absolviert haben, wird eine Wiederkehroption gewährt (§ 37).

Durch das Zuwanderungsgesetz wird erstmals die **Integration** von A. (§§ 43–45 Aufenthalts-Ges.) gesetzlich geregelt. Der Staat ist zur Förderung der Integration verpflichtet. Er hat ein Grundangebot (Integrationskurs) zur Verfügung zu stellen. Das Bundesministerium des Innern oder eine von ihm bestimmte Stelle hat ein bundesweites Integrationsprogramm zu entwickeln (§ 45).

Einem A. kann – auch bei Bestehen eines Aufenthaltstitels – der weitere Aufenthalt im Bundesgebiet durch **Ausweisung** untersagt werden (§§ 53 ff. Aufenthalts-Ges.). Die Ausweisungsgründe sind gesetzlich festgelegt; zu unterscheiden ist nach dem der Behörde eingeräumten Spielraum zw. Ist-, Regel- und Ermessensausweisung.

In Bezug auf die **Abschiebung** zur zwangsweisen Durchsetzung der Ausweisung bestehen Regelungen über unterschiedliche obligator. und fakultative Abschiebungshindernisse (§ 60). Anders als urspr. beabsichtigt, wurde die Möglichkeit einer – grundsätzlich vorübergehenden – **Duldung** beibehalten (§ 60 a).

A. können, soweit ihnen kein Grundrechtsschutz zur Seite steht, in ihrer polit. Betätigung beschränkt werden. Bei Wahlen in Kreisen und Gemeinden sind A., die die Staatsangehörigkeit eines Mitgl.-Staates der EG besitzen, nach Maßgabe von EG-Recht wahlberechtigt und wählbar (Art. 28 Abs. 1 GG). A. unterliegen nicht der Wehrpflicht, wohl aber der Steuerpflicht und der sonstigen gesetzl. Ordnung.

Der Sonderbereich Asyl begehrender A. ist im Asylverfahrens-Ges. vom 26. 6. 1992 normiert. Eine weitere Sonderstellung nehmen im Rahmen des EG-Vertrags und auf der Grundlage des Ges. über die allg. Freizügigkeit von Unionsbürgern (Freizügigkeits-Ges./EU vom 30. 7. 2004) die Staatsangehörigen der EU-Mitgl.-Staaten ein, denen grundsätzlich Freizügigkeit gewährt wird.

Situation der A. in Deutschland: 2003 lag der Anteil von A. an der Wohnbev. in Dtl. bei 7,3 Mio., das entspricht etwa 8,9 % der Bevölkerung. Neben der Suche nach Schutz etwa vor polit. Verfolgung (Asyl) stellt die Suche nach Arbeit immer noch die Hauptursache für die Migration nach Dtl. dar. Dies drückt sich auch in der räuml. Verteilung aus; so liegt der A.-Anteil in den Großstädten und in den industriellen Ballungszentren wesentlich höher (2003 in Frankfurt am Main 27 %, in Stuttgart 22,3 % und in München 23 %) als in strukturschwachen ländl. Gebieten. Die meisten A. sind im erwerbsfähigen Alter und männl. Geschlechts. 34 % der A. hielten sich 2003 20 Jahre und länger in Dtl. auf, was deutlich darauf hinweist, dass es sich bei dieser Verstetigung der Mobilität um Immigration handelt. Während sich im Laufe der 1980er-Jahre einerseits Migrantenkulturen, soziale, religiöse und polit. Organisationen ausländ. Mitbürger festigten, haben andererseits verstärkt seit der dt. Wiedervereinigung (1990) ausländerfeindl. Straftaten und fremdenfeindl. Einstellungen zugenommen.

A.-Recht in Österreich und der Schweiz: In *Österreich* unterliegt der Aufenthalt von A. dem Fremden-Ges. 1997. Danach benötigen A. zur Einreise nach und zum Aufenthalt in Österreich einen gültigen Reisepass und einen Sichtvermerk, soweit nicht zwischenstaatlich anderes vereinbart wurde; Bürger aus dem Europ. Wirtschaftsraum (EWR) genießen Sichtvermerks- und Niederlassungsfreiheit. Bei Rechtsverstößen droht A. Ausweisung bzw. Aufenthaltsverbot. – In der *Schweiz* schreibt das Recht für A., die sich für länger als drei Monate dort aufhalten wollen, eine befristete Aufenthaltsbewilligung vor, deren Erteilung im Ermessen der Fremdenpolizei liegt. Dauernder Aufenthalt wird A. nur unter bestimmten Voraussetzungen (z. B. enge Bindung an die Schweiz, genügendes Vermögen) erteilt. Sonderregeln gelten für Bürger von EWR-Staaten.

Ausländer, Rose, eigtl. Rosalie **Scherzer-A.**, Lyrikerin, * Czernowitz (heute Tschernowzy) 11. 5. 1901, † Düsseldorf 3. 1. 1988; lebte 1941–44 versteckt im Getto von Czernowitz, ab 1946 in den USA, ab 1965 in Düsseldorf; schrieb in dt. und engl. Sprache, häufig über Judenverfolgung und Exil. – *Werke:* Blinder Sommer (1965); 36 Gerechte (1967); Andere Zeichen (1974); Mutterland (1978).

Ausländerklausel, *Sport:* Bestimmung einiger nat. Sportfachverbände, die besagt, wie viele ausländ. Spieler in Spielen einer Mannschaft unter Beachtung der Vorschriften der internat. zuständigen Verbände mitwirken dürfen.

ausländische Arbeitnehmer, Erwerbspersonen, die (vorübergehend) in einem Land arbeiten, dessen Staatsangehörigkeit sie nicht besitzen. Ar-

Rose Ausländer

Auslandsanleihen

ausländische Arbeitnehmer¹⁾ in Deutschland²⁾ nach Herkunftsländern (in 1000)

Jahr	insgesamt	Ausländeranteil³⁾	Türkei	ehemaliges Jugoslawien	Italien	Griechenland	Spanien
1960	279	1,3	2	9	122	13	9
1970	1807	8,5	323	374	364	230	163
1980	2018	9,6	578	354	305	132	86
1990	1775	7,9	598	312	170	103	61
1995	2121	9,4	602	418	202	117	50
2000	1963	7,1	557	209	208	112	41
2001	2008	7,2	554	197	206	111	41
2002	1960	7,1	534	184	198	108	39
2003	1874	7,0	502	165	185	101	38
2004	1805	6,8	478	153	177	95	36
2005	1755	6,7	458	135	171	91	34

¹⁾Sozialversicherungspflichtig Beschäftigte (ohne Beamte, Selbstständige und mithelfende Familienangehörige), jeweils Ende Juni. – ²⁾Ab 2000 einschließlich neuer Bundesländer. – ³⁾In Prozent aller sozialversicherungspflichtig Beschäftigten (Ausländerquote).

beitsmigration gibt es, seit der Nationalstaat konkrete Formen angenommen hat. Gründe für solche Wanderungen sind neben Krieg, Verfolgung und Überbevölkerung auch immer wirtsch. Gegebenheiten wie die Freisetzung ländl. Bev. auf der einen Seite, Bedarf an Arbeitskräften für Industrie, Landwirtschaft oder Dienstleistungen auf der anderen Seite und allg. bessere wirtsch. Aussichten in einem anderen Land.

Die Bedeutung ausländ. Arbeitskräfte für den dt. Arbeitsmarkt ist mit (2005) rd. 3 Mio. erheblich; die Zahl der sozialversicherungspflichtig beschäftigten a. A. beträgt 1,76 Mio. – Während 1960 mit 0,3 Mio. noch wenige a. A. beschäftigt waren, stieg deren Zahl in der Folgezeit rasch an und erreichte zu Beginn der Rezession 1966/67 mit 1,3 Mio. einen ersten Höhepunkt. Die Rezession zeigte, dass a. A. auf bes. konjunkturabhängigen Arbeitsplätzen beschäftigt waren – und sind – (»Konjunkturpuffer«) und v. a. Arbeiten ausführen, für die dt. Arbeitnehmer (trotz zunehmender Arbeitslosigkeit) nicht zu gewinnen sind. Nachdem die Beschäftigung a. A. 1974 mit über 2,4 Mio. ihren vorläufigen Höchststand erreicht hatte, sank sie bis Ende der 1970er-Jahre auf 2,2 Mio. In den 1990er-Jahren verharrte die Anzahl a. A. (einschl. ausländ. Arbeitsloser) bei rd. 2,8 Mio. In den letzten Jahren haben sowohl die Saisonarbeit (zumeist von Osteuropäern) als auch die grenzüberschreitende Mobilität von Fach- und Führungspersonal (v. a. in Banken und multinat. Konzernen) zugenommen, hingegen ist die Beschäftigung von EU-Bürgern nach einem leichten Anstieg während der dt. Vereinigung rückläufig. Die illegale Beschäftigung von a. A. ist weiter gestiegen.

Sie sind auch vielfach als Selbstständige (v. a. in Einzelhandel und Gastronomie) tätig.

Auslandsanleihen, Auslandsbonds, *Börsenwesen:* 1) Anleihen inländ. Emittenten, die im Ausland aufgelegt werden und auf ausländ. Währung lauten; 2) inländ. festverzinsl. Wertpapiere, die auf ausländ. Währung lauten.

Auslandsdelikte, →Strafrecht.

Auslandsdeutsche, →Deutsche.

Auslandsschulden, Verbindlichkeiten inländ. Schuldner (Staat, private Unternehmen) gegenüber ausländ. Gläubigern, entstanden durch internat. Kapitaltransaktionen oder Emission von →Auslandsanleihen. Aussagefähiger ist der Saldo aus A. und Auslandsvermögen, weil ein Land zugleich Verbindlichkeiten und Forderungen gegenüber dem Ausland haben kann. Die Tilgung der dt. A. aus der Zeit vor dem Zweiten Weltkrieg wurde durch das →Londoner Schuldenabkommen geregelt.

Auslandsschulen, Schulen auf fremdem Staatsgebiet; sie werden von vielen Staaten in fast allen Teilen der Welt unterhalten. – Die dt. A. sind i. d. R. Privatschulen, die von Kirchen und Schulvereinen getragen werden und sich zum größten Teil über Schulgeld finanzieren. Es gilt das Schulrecht des Gastlandes. Je nach Typ erfolgt der Unterricht ganz oder teilweise in dt. Sprache; die Schulen werden auch von Kindern Einheimischer besucht.

Auslandsvermögen, durch Warenexport, Kapitalexport oder Erbschaft entstandene, im Ausland befindl. Vermögenswerte natürl. oder jurist. Personen sowie das ausländ. Vermögen der öffentl. Hand. Das A. ist zu unterscheiden in Real- (Grundstücke, Gebäude, Patentrechte, Warenzeichen u. a.) und Finanzvermögen (Wertpapiere, Forderungen).

Ausläufer, Stolo, verlängerter Seitenspross der Pflanze, der in einigem Abstand wurzelt und unter Absterben des Zwischenteils eine selbstständige Pflanze ergibt, z. B. bei der Erdbeere.

Auslaugung, 1) *Chemie:* →Extraktion.

2) *Geomorphologie:* Wegführung lösl. Substanzen aus Gesteinen durch Einwirkung von Wasser (→Karsterscheinungen).

Auslaut, letzter Laut eines Satzes, eines Wortes oder einer Silbe.

Ausleger, 1) *Bootsbau:* 1) an beiden Seiten von Sportruderbooten angebrachte Verstrebungen zur Aufnahme der Riemen oder Skulls. Die A. vergrößern den Hebelarm und damit die Durchzugskraft des Ruderers; 2) ein mit dem Boot gleich gerichteter, durch Stangen seitlich mit ihm verbundener Schwimmkörper, der das Boot vor dem Kentern schützt (A.-Boot); zuweilen auf beiden Seiten des Bootes angebracht (Doppel-A.); gebräuchlich u. a. bei Völkern Indonesiens und Ozeaniens.

2) *Technik:* über die Unterstützung hinausragendes Tragerät; z. B. A.-Krane, A.-Brücken (→Kran).

Auslegung, 1) *allg.:* die Interpretation, z. B. von Schriften (→Exegese, →Hermeneutik), Urkunden.

2) *Recht:* Klarstellung des Sinnes von Rechtssätzen, Rechtsgeschäften u. Ä. Bei der A. von Willenserklärungen ist der wahre Wille der Beteiligten zu erforschen und nicht am buchstäbl. Ausdruck zu haften (§ 133 BGB). Verträge sind so auszulegen, wie

Treu und Glauben mit Rücksicht auf die Verkehrssitte es erfordern (§ 157 BGB). Methoden der A. sind die grammatikal. A., die histor. A. (berücksichtigt die Entstehungsgesch. des Rechtssatzes), die teleolog. A. (fragt nach Sinn und Zweck) und die systemat. A. (fragt nach dem Zusammenhang). Je nach Ergebnis gelangt man zu einer den Wortsinn einschränkenden oder erweiternden Auslegung. – Im *Staatsrecht* meint verfassungskonforme A., einer unklaren Norm einen Sinn zu geben, der mit der Verf. im Einklang steht.

Auslegungsstörfall, *Kerntechnik:* →Störfall.

Auslenkung, Elongation, die Entfernung eines Körpers von seiner stabilen Ruhelage. Bei Schwingungen ist die A. der Momentanwert der sich periodisch ändernden Größe.

Auslese, 1) *Biologie:* **Selektion,** wichtiger Faktor der Evolution. Die A. bewirkt in der Natur (**natürl. A.**) und Züchtung (**künstl. A.**) eine unterschiedlich starke, nicht zufallsmäßige Vermehrung von unterschiedlich gut angepassten Individuen (→Darwinismus).
2) *Weinbau:* Wein von vollreifen, meist auch edelfaulen Beeren (**Beeren-, Trockenbeerenauslese**); dritte Stufe der Qualitätsweine mit Prädikat.

Auslieferung, im Rahmen internat. Rechtshilfe die Übergabe einer Person an eine ausländ. Staatsgewalt zur Strafverfolgung oder -vollstreckung. Eine völkerrechtl. Verpflichtung zur A. besteht nur kraft eines A.-Abkommens. Nach Art. 16 GG darf ein Deutscher nicht an das Ausland ausgeliefert werden. Durch Ges. kann jedoch eine abweichende Regelung für A. an einen Mitgliedsstaat der EU oder an einen internat. Gerichtshof getroffen werden (Ges. zur Änderung des Art. 16 GG vom 29. 11. 2000). Von dieser Möglichkeit hat der Gesetzgeber im Hinblick auf die Zusammenarbeit mit dem Internationalen Strafgerichtshof (IStGH) und auf die Einführung des →Europäischen Haftbefehls Gebrauch gemacht. Politisch verfolgte Ausländer oder Staatenlose genießen →Asylrecht. Der A. geht i. d. R. eine gerichtl. Prüfung voraus. – In *Österreich* und in der *Schweiz* gelten ähnl. Bestimmungen.

Auslieferungsschein, Ablieferungsschein, vom Eigentümer einer Ware ausgestellter Schein, der andere, z. B. den Käufer, gegenüber dem Lagerhalter zur Entgegennahme der Ware ermächtigt.

Auslieger, Ausliegerberg, der →Zeugenberg.

Auslobung, öffentlich bekannt gemachte, bindende Zusicherung einer Belohnung für eine Handlung, bes. für die Herbeiführung eines Erfolges, z. B. die Ermittlung eines Straftäters (§§ 657 ff. BGB).

Auslöser, *Technik:* Vorrichtung oder Mechanismus zum Ingangsetzen (Auslösen) eines techn. Ablaufs durch Knopfdruck (z. B. an elektr. Schaltgeräten zum selbsttätigen Ausschalten oder an fotograf. Kameras zum Betätigen des Verschlusses).

Auslosung, *Börsenwesen:* Verfahren zur Tilgung von Schuldverschreibungen während ihrer Laufzeit. Nach Ablauf einer tilgungsfreien Zeit wird jeweils zu den Zinsterminen anhand der Stücknummern eine bestimmte Anzahl von Wertpapieren wie bei der Lotterie durch Ziehung ermittelt und zurückgezahlt.

Ausnahmegericht, →Sondergerichte.

Ausnahmegesetz, früher Bez. für ein Ges., das bestimmte Personengruppen einer diskriminierenden oder privilegierenden Sonderbehandlung unterwirft; ist als Verstoß gegen die Gleichheit vor dem Gesetz (Art. 3 GG) unzulässig.

Ausnahmezustand, staatl. Notstand – v. a. durch Krieg, Aufruhr, Katastrophen –, der zu außerordentl. Maßnahmen nötigt, um ihn zu meistern. Nach der Weimarer Reichsverf. von 1919 konnte bei erhebl. Störung oder Gefährdung der öffentl. Sicherheit und Ordnung der Reichspräs. ohne besondere Anordnung des A. die erforderl. Maßnahmen ergreifen, bes. →Notverordnungen erlassen (Art. 48). Das GG kennt den Begriff A. nicht, enthält jedoch die →Notstandsverfassung. In *Österreich* sieht Art. 18 Bundesverfassungs-Ges. ein beschränktes Notverordnungsrecht des Bundespräs. vor; in der *Schweiz* kann die Bundesversammlung in dringlichen Fällen von Gesetzgebungsregeln der Verf. abweichen (Art. 165 Bundesverfassung).

Ausonius, Decimus Magnus, lat. Dichter, * Burdigala (heute Bordeaux) um 310, † ebd. um 395; schrieb Hof- und Gelegenheitsgedichte, von Bedeutung sind v. a. das Gedicht »Mosella« über eine Rhein-Mosel-Fahrt von Bingen bis Trier und ein Liederzyklus »Bissula« über eine Kriegsgefangene aus Schwaben.

Auspizi|en [lat. auspicium »Vogelschau«], bei den Römern geübter Brauch zur Erkundung des Willens der Götter durch Beobachtung des Vogelfluges u. a. vor wichtigen Entscheidungen. Er wurde von Beamten ausgeübt und von den →Auguren überwacht.

Auspuff, bei Verbrennungsmotoren das Ausströmen der Abgase, bei Dampfkraftmaschinen des Abdampfs; auch die **A.-Anlage** selbst. Bei Verbrennungskraftmaschinen wird der **A.-Schall** durch den **A.-Topf** gedämpft (**Schalldämpfer**), der den Druck der Abgase durch Absorption, Reflexion, Interferenz entspannt.

Ausrufezeichen, Ausrufungszeichen, 1) *Mathematik:* Zeichen für die →Fakultät.
2) *Sprachwissenschaft:* das Satzzeichen »!« (→Satzzeichen, Übersicht).

Ausrüstung, *Papierherstellung:* die endgültige Fertigstellung von Papier oder Karton ohne stoffl. Veränderung.

Aussaat, natürliche **A.,** Selbstverbreitung einer Pflanze (Pflanzenart) durch Samen und Sporen. Ihr dienen z. B. Ausstreuvorrichtungen (u. a. Springkraut, Mohn) der Mutterpflanze, Flug- und Schwimmanpassungen (lufthaltige Zellen) der Samen und Sporen.

Aussage, 1) *Logik:* die Formulierung eines Sachverhalts in Form eines Behauptungssatzes; bei Aristoteles **Apophansis** (»Satz, der wahr oder falsch sein kann«) genannt. Im Einzelnen wird unterschieden: a) die sprachl. Gestalt, b) die log. Struktur (untersucht in der Aussagenlogik), c) die Bedeutung (der gemeinte Sachverhalt) eines A.-Satzes.
2) *Recht:* Äußerung über tatsächl. oder vermeintl. Wahrnehmungen. *Prozessrechtlich* haben grundsätzlich →Zeugen und Sachverständige eine A.-Pflicht, es sei denn, sie können sich auf ein Auskunfts- oder Zeugnisverweigerungsrecht berufen. Im Straf- oder Ordnungswidrigkeitenverfahren ist der Beschuldigte nur verpflichtet, Angaben zur Person zu machen; im Übrigen kann er stets die A. verweigern (§ 136 StPO). *Strafrechtlich* können unwahre A. vor Gericht als Falsch-A. oder Meineid verfolgt werden. Das Strafmaß kann sich im Falle eines A.-Notstandes mildern, wenn der Täter durch die A. sich selbst oder einen Angehörigen schützen wollte (§ 157 StGB).

Aussagenlogik, →mathematische Logik.

Aussatz, *Medizin:* die →Lepra.

Ausschabung, Auskratzung, Abrasio, Kürettage, partielle (**Strichkürettage**) oder weitgehende Entfernung der Schleimhaut aus der Gebärmutterhöhle mittels eines scharfrandigen, durchlochten Instrumentes (Kürette).

Ausscheider, *Medizin:* der →Dauerausscheider.

Ausscheidung, 1) *Biologie:* bei Mensch und Tier die →Exkretion.

2) *Chemie:* das Auskristallisieren (Kristallbildung) eines gelösten Stoffes aus einer Lösung (oder Schmelze) bei Überschreiten des Löslichkeitsproduktes, z. B. beim Abkühlen.

Ausschlag, *Medizin:* **Exanthem,** örtlich begrenzte oder ausgebreitete krankhafte Veränderungen der Haut (**Effloreszenzen**) wie Flecken, Knötchen, Bläschen, z. B. beim →Ekzem, →Erythem, bei Infektionskrankheiten.

Ausschlagung, *Erbrecht:* die vor der Annahme der Erbschaft dem Nachlassgericht gegenüber abgegebene Willenserklärung des Erben oder Vermächtnisnehmers, durch die dieser seine Rechtsstellung aufgibt (§§ 1942 ff., 2176 BGB). Die A.-Frist beträgt 6 Wochen nach Kenntnis des Erbanfalls.

ausschließliche Wirtschaftszone, ein jenseits der →Küstengewässer gelegenes und an diese angrenzendes Gebiet, das einer besonderen Rechtsordnung unterliegt. Die Breite der a. W. wird vom Küstenstaat festgelegt. Sie darf sich jedoch nicht weiter als 200 Seemeilen von den Basislinien erstrecken, von denen aus die Breite der Küstengewässer gemessen wird. Die →Freiheit der Meere wird durch die a. W. nicht berührt.

Ausschließung, *Recht:* das Verbot für Gerichts- oder Amtspersonen, in bestimmten gesetzlich geregelten Fällen an Verfahren mitzuwirken. Ein Richter (Urkundsbeamter, Rechtspfleger u. a.) darf in einem Zivil- oder Strafprozess nicht mitwirken, wenn bestimmte persönl. Beziehungen zu der Prozesssache oder den Parteien bestehen (z. B. Verwandtschaft). Die Parteien können die Gerichtsperson ablehnen (→Ablehnung). Die Mitwirkung einer ausgeschlossenen Gerichtsperson am Prozess ist ein Grund für Berufung, Revision oder Nichtigkeitsklage (§§ 41–49 ZPO; §§ 22–31 StPO). Ähnlich in Österreich und der Schweiz. – Im *Gesellschaftsrecht* können Gesellschafter aus wichtigem Grund ausgeschlossen werden.

Ausschließungsprinzip, paulisches A., das →Pauli-Prinzip.

Ausschluss, Verhinderung (Verbot) der Teilnahme, A. der →Öffentlichkeit.

Ausschlussfrist, →Frist.

Ausschreibung, 1) *Finanzwissenschaft:* Aufforderung zur Einreichung von Angeboten bei der Vergabe von Aufträgen der öffentl. Hand (→öffentliche Auftragsvergabe).

2) *Recht:* Verfahren zur Besetzung freier Stellen in Wirtschaft und öffentl. Verw., um den Bewerbern gleiche Chancen, den Ausschreibenden bestmögl. Auswahl zu eröffnen.

3) *Sport:* die Bekanntgabe von Ort, Zeit, Teilnahme- und Durchführungsbestimmungen für eine Sportveranstaltung.

Ausschreibung zur Festnahme, historisch überkommene Bez. **Steckbrief,** das schriftlich an alle Behörden, bes. an die Polizei ergehende Ersuchen, einen flüchtigen oder sich verborgen haltenden Beschuldigten oder bereits Verurteilten festzunehmen und ihn der ersuchenden Behörde zu übergeben (§§ 131, 457 StPO). Die A. z. F. kann im Strafverfahren vom Richter oder Staatsanwalt aufgrund eines Haft- oder Unterbringungsbefehls erlassen werden, bei Gefahr im Verzug auch von ihren Ermittlungspersonen. Liegen die Voraussetzungen für den Erlass eines Haftbefehls vor, kann dieser aber nicht abgewartet werden, ist eine *Ausschreibung zur vorläufigen Festnahme* zulässig (§ 131 Abs. 2 StPO). Die A. z. F. soll die verfolgte Person und ihre Tat genau beschreiben. Sie kann im Strafregister niedergelegt werden und wird in Fahndungsblättern abgedruckt und kann durch Anschlag oder in den Medien bekannt gemacht werden. – Nach *österr.* Recht dürfen Steckbriefe nur vom Gericht in Verbrechensfällen oder bei vorsätzlich begangenen Vergehen mit einer Strafdrohung von über einem Jahr erlassen werden (§ 416 StPO). Das Verfahren nach den *schweizer.* kantonalen StPO, soweit überhaupt geregelt, entspricht im Wesentlichen dem deutschen, ebenso auch Art. 222 Vorentwurf zu einer schweizer. StPO.

Ausschuss, 1) *Staatsrecht:* aus größeren Körperschaften gewählter engerer Kreis (Komitee) zur Erledigung von Aufgaben, die das größere Gremium nur schwer wahrnehmen kann. So z. B. wird in den Parlaments-A. der wesentl. Teil der Arbeit dieser Körperschaft geleistet, deren Ergebnis dem Plenum zur Abstimmung vorgelegt wird. Eine Besonderheit ist der →Gemeinsame Ausschuss.

2) *Technik:* fehlerhafte Werkstoffe, Werkstücke oder Fertigwaren, die für ihren Verwendungszweck unbrauchbar sind.

Ausschuss der Regionen, unabhängiges, beratendes Organ (Art. 263–265 EG-Vertrag), mit dem die kommunalen und regionalen Gebietskörperschaften im Rahmen der EU an den Meinungsbildungs- und Entscheidungsprozessen beteiligt werden.

Ausschütteln, Flüssig-Flüssig-Extraktion von gelösten Stoffen durch Schütteln mit geeigneten Lösungsmitteln.

Ausschwitzung, Exsudation, bei Entzündungen, bes. der Brust- und Bauchorgane, auftretende Absonderung von Flüssigkeit aus Blut- und Lymphgefäßen. Die abgesonderte eiweißreiche und meist zellhaltige Flüssigkeit, das **Exsudat,** sammelt sich oft in Hohlräumen (Herzbeutel, Bauchhöhle).

Aussee, Bad, →Bad Aussee.

Außenbeitrag, in der volkswirtsch. Gesamtrechnung die Differenz zw. der Ein- und Ausfuhr von Waren, Dienst- und Faktorleistungen.

Außenbordmotor, am Bootsheck befestigter kippbarer Bootsmotor mit senkrecht stehender Kurbelwelle.

Außenganghaus, Laubenganghaus, mehrgeschossiges Wohnhaus, in dem an einem offenen Gang Wohnungen nebeneinanderliegen. Die Außengänge sind über ein Treppenhaus zugänglich.

Außenhandel, der Teil des Warenumsatzes, der über die Landesgrenzen geht (Einfuhr und Ausfuhr), im Unterschied zum Binnenhandel. Einfuhren und Ausfuhren werden in der **A.-Bilanz** (Handelsbilanz) gegenübergestellt. Das A.-Volumen ergibt sich aus den Ein- und Ausfuhrmengen, bewertet mit den jeweiligen Preisen eines Basisjahres. Die A.-Statistik unterscheidet **Generalhandel,** Ein- und Ausfuhr einschließlich Veredelungs- und Lagerverkehr mit Ausnahme der Durchfuhr, **Spezialhandel,** Ein- und Ausfuhr im freien Verkehr oder zur Veredelung und derjenige Teil des Lagerverkehrs, der nach Verzollung importiert wird (im Unterschied zum Generalhandel wird hier nur der grenzüberschreitende Warenverkehr mit dem

Zollgebiet erfasst), **Durchfuhr (Transit)**, Warenverkehr, der durch das Erhebungsgebiet ohne Be- und Verarbeitung zum Bestimmungsland befördert wird, **Lagerverkehr**, vom Ausland in Freizonen (→Freihafen) und Zolllager eingeführte Waren sowie deren Import nach Verzollung in den inländ. Verkehr oder deren Export ohne Verzollung ins Ausland, und **Veredelungsverkehr**, Waren, die zum Zwecke der Veredelung (Be- oder Verarbeitung) zollbegünstigt die Zollgrenze eines Landes passieren, aber nicht in den freien Verkehr innerhalb des Zollgebietes gelangen. (→Außenwirtschaft, →Extrahandel, →Intrahandel)

Außenhandelsbanken, Kreditinstitute, die v.a. die mit dem Außenhandel verbundenen Kredit-, Zahlungsverkehrs- und sonstigen Dienstleistungsgeschäfte durchführen.

Außenhandelsmonopol, Zentralisierung des Außenhandels in der Hand des Staates oder einer vom Staat dazu bestimmten Institution; wesentl. Bestandteil zentral gelenkter Wirtschaftssysteme.

Außenhaut, bei Flugzeugen die äußere Wandung (Blech, Verbundwerkstoffe, Holz, Gewebe); bei Schiffen die Platten oder Planken der Außenseite, bei Faltbooten imprägniertes Gewebe, im Bootsbau zunehmend faserverstärkte Kunststoffe.

Außenminister, der für die Führung der auswärtigen Politik zuständige Minister. In *Dtl.* führt der A. den Titel »Bundesminister des Auswärtigen«, in *Österreich* »Bundesminister für auswärtige Angelegenheiten«. In der *Schweiz* übt die Funktion des A. der Bundesrat aus, der das Eidgenöss. Departement für auswärtige Angelegenheiten leitet.

Außenpolitik, die Gestaltung der Beziehungen eines Staates zu anderen Staaten und zu internat. Organisationen, bes. die Herstellung zweiseitiger (bilateraler) oder mehrseitiger (multilateraler) polit., militär., wirtsch., rechtl. oder kultureller Beziehungen. Die A. wird durch geograf. Lage, Größe und strateg. Position eines Staates im internat. Kräfteverhältnis, v.a. aber durch seine innenpolit. Verfassung und Organisation bestimmt. Zu den Mitteln der A. gehören Diplomatie, Verträge, Bündnisse, Außenwirtschaftspolitik, aber auch Androhung oder Einsatz militär. Gewalt. Träger der A. sind die mit der Wahrnehmung der →auswärtigen Angelegenheiten betrauten Staatsorgane, internat. und supranat. Organisationen sowie Nichtregierungsorganisationen (NGO).

Außenprüfung, früher **Betriebsprüfung,** Maßnahme des Finanzamtes, um anhand schriftl. Unterlagen die steuerl. Verhältnisse von Steuerpflichtigen mit Einkünften aus Gewerbebetrieb, Land- und Forstwirtschaft oder freier Berufstätigkeit zu ermitteln (§§ 193 ff. AO). Die A. kann versch. Steuerarten und Besteuerungszeiträume umfassen oder sich auf bestimmte Sachverhalte beschränken.

Außenseiter, 1) *Arbeitsrecht:* nicht durch Tarifvertrag erfasste Arbeitgeber oder Arbeitnehmer.
2) *Soziologie:* **Outsider,** aufgrund ihres Verhaltens oder bestimmter körperl., psych. oder kultureller Merkmale als am Rande der Gesellschaft stehend angesehene Individuen oder soziale Gruppen. (→Minderheit)

Außenstände, Forderungen aus Warenlieferungen und Leistungen; gehören in der Bilanz zum Umlaufvermögen.

Außensteuergesetz, Abk. **AStG,** Ges. über die Besteuerung bei Auslandsbeziehungen vom 8. 9. 1972 (mehrfach, zuletzt am 9. 12. 2004, geändert) zur Beseitigung ungerechtfertigter Steuervorteile durch Nutzen des internat. Steuergefälles. (→Steuerflucht)

Außenversicherung, in ortsgebundenen Versicherungszweigen die zuschlagfreie Haftungserweiterung für bewegl. Sachen außerhalb des Versicherungsortes.

Außenwert, 1) der Wert einer Währung, gemessen in fremder Währung. Wird z. B. der US-Dollar am Devisenmarkt zu 1,10 € je US-$ gehandelt, dann beträgt der A. des Euro 0,91 US-$. 2) die reale Kaufkraft einer über den Wechselkurs umgerechneten inländ. Währung im Ausland (→Kaufkraftparität).

Außenwinkel, der Nebenwinkel eines Innenwinkels beim konvexen Polygon.

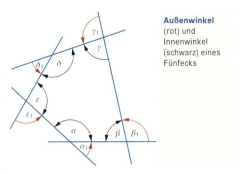

Außenwinkel (rot) und Innenwinkel (schwarz) eines Fünfecks

Außenwirtschaft, alle Wirtschaftsbeziehungen zw. Staatsräumen. Die A. umfasst Waren-, Dienstleistungs-, Kapital-, Zahlungs- und sonstigen Wirtschaftsverkehr zw. In- und Ausland. **A.-Politik** bedeutet staatl. Eingreifen in die A., um allgemeine wirtschaftspolit. Ziele zu unterstützen; sie kann aber auch auf außerökonom. (außenpolit. und/oder militär.) Ziele gerichtet sein. Die Maßnahmen sind nach Art und Umfang sowohl von der herrschenden Wirtschaftsauffassung (Freihandel, Protektionismus, Autarkie) als auch von der bestehenden oder geplanten Weltwirtschaftsordnung abhängig.

Für die liberale A.-Politik gelten die Grundlagen der Marktwirtschaft (Freihandel, Konvertierbarkeit der Währung); so beschränken sich ihre Maßnahmen auf allgemeinen Rechtsschutz nach außen, Zolleingriffe und Abschluss von Handelsverträgen sowie Doppelbesteuerungsabkommen. – Die autonome A.-Politik als Ergebnis zentraler Wirtschaftslenkung umfasst alle Zwischenstufen des staatl. Einflusses von der absoluten Beherrschung der A. (z. B. Außenhandelsmonopol) bis zu güterwirtsch. und/oder monetären Eingriffen wie Kontingentierung, Devisenbewirtschaftung und Einfuhrverboten, v.a. im Hinblick auf die allgemeinen wirtschaftspolit. Ziele: Zahlungsbilanzausgleich, Geldwertstabilität, Vollbeschäftigung.

Die Instrumente der A.-Politik werden unterteilt in: a) mengenregulierende Maßnahmen (Kontingentierung), b) preisverändernde Eingriffe (Zölle, Subventionen u.a.), c) währungspolit. Maßnahmen (z.B. Auf- und Abwertungen), d) integrationspolit. Maßnahmen: Schaffung internat. Rahmenbedingungen für Außenhandel und internat. Kapitalverkehr durch WTO, IWF u.a. sowie Bildung von Freihandelszonen (z.B. NAFTA, AFTA) und Wirtschafts- und Währungsunionen (z.B. EWWU). – Die **A.-Theorie** als Teilgebiet der Wirtschaftstheorie befasst sich mit den Warenströmen des Außenhandels (reale [reine] A.-

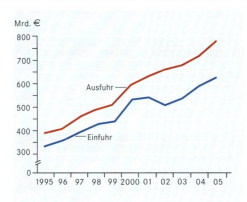

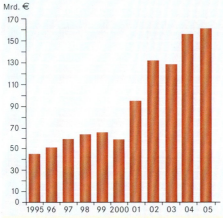

Außenwirtschaft: Entwicklung des deutschen Außenhandels (alte und neue Bundesländer): Gesamtentwicklung (**oben**) und Ausfuhrüberschuss (**unten**)

Theorie) und mit Problemen der Zahlungsbilanz und deren Einflussfaktoren (monetäre A.-Theorie).

außereheliche Kinder, →nicht eheliche Kinder.

Äußere Mongolei, das Staatsgebiet der →Mongolei.

äußeres Produkt, das →Vektorprodukt.

außergalaktisch, →extragalaktisch.

außergewöhnliche Belastungen, bei der Einkommensteuer zu berücksichtigende Aufwendungen, die höher sind als die Aufwendungen der Steuerpflichtigen gleicher Einkommens- und Vermögensverhältnisse sowie gleichen Familienstandes und zwangsläufig (aus rechtl., tatsächl. oder sittl. Gründen) erwachsen, z. B. Unfall- oder Beerdigungskosten.

außergewöhnliche Belastungen: Höhe der zumutbaren Belastung
(in % des Gesamtbetrags der Einkünfte)

Gesamtbetrag der Einkünfte:	bis 15 340 €	15 341 € bis 51 130 €	über 51 130 €
Steuerpflichtige ohne Kinder			
Alleinstehende sowie getrennt lebende oder getrennt veranlagte Eheleute	5	6	7
zusammenveranlagte Eheleute	4	5	6
Steuerpflichtige mit			
einem Kind oder zwei Kindern	2	3	4
drei oder mehr Kindern	1	1	2

Steuermindernd abzugsfähig ist der Teil der a. B., der die **zumutbare Belastung** (gestaffelt nach Einkommen, Familienstand, Kinderzahl) übersteigt. – Für spezielle Fälle werden pauschale Abzüge gewährt, z. B. für Unterhaltsaufwendungen, für Aufwendungen zur Berufsausbildung eines auswärtig untergebrachten Kindes (→Ausbildungsfreibetrag), für die Beschäftigung einer Haushaltshilfe, für Pflegeaufwendungen, für →Kinderbetreuungskosten. Ferner gibt es Pauschbeträge für Blinde, Körperbehinderte und Hinterbliebene.

außerirdisches Leben, extraterrestrisches Leben, die aus naturwiss. Sicht nicht auszuschließende Überlegung, dass außer dem ird. Leben auch auf anderen Himmelskörpern Leben entstanden sein könnte. Sie wird durch den Nachweis »organischer« (abiologisch entstandener) Moleküle im interstellaren Raum sowie durch Experimente zur Bildung lebensnotwendiger komplexer Moleküle aus einem Gasgemisch kosmisch häufiger Elemente unterstützt. Versuche, Botschaften von außerird. Intelligenzen bzw. Zivilisationen mithilfe starker Radioteleskope zu empfangen, blieben bisher ohne Erfolg (→CETI, →SETI).

außerordentlicher Strahl, *Optik:* →Doppelbrechung.

außerparlamentarische Opposition, Abk. **APO,** 1966 in der Bundesrep. Dtl. nach der Bildung der Großen Koalition aus CDU/CSU und SPD entstandene Gruppen v. a. von Studenten und Jugendlichen, die sich im Streit um Notstandsgesetze, Hochschulreform und Pressekonzentration nicht durch die Parteien des Bundestages vertreten sahen. Unter Führung des Sozialist. Dt. Studentenbundes (SDS) entwickelte sich die APO zu einer antiautoritären Bewegung, die durch provokative, oft gewaltsame Methoden gesellschaftl. Veränderungen zu erreichen suchte (Höhepunkt: 1968, deshalb auch »Achtundsechziger«). (→Neue Linke)

Ausserrhoden, schweizer. Kanton, →Appenzell-Ausserrhoden.

außersinnliche Wahrnehmung, Abk. **ASW,** Bez. für die von der →Parapsychologie untersuchten Formen einer Wahrnehmung außerhalb der bekannten Sinnesorgane: →Telepathie, →Hellsehen oder →Präkognition.

Aussetzung, 1) *Strafprozess:* das Abbrechen der Hauptverhandlung aus bestimmtem Grund (z. B. zur gerichtl. Klärung einer bürgerlich-rechtl. Streitigkeit, § 262 Abs. 2 StPO) mit der Wirkung, dass die Verhandlung von Neuem aufgenommen werden muss; A. ist von →Unterbrechung zu unterscheiden. Die A. eines Haftbefehls ist nach § 116 StPO möglich, wenn weniger einschneidende Maßnahmen die Erwartung begründen, dass der Zweck der Untersuchungshaft auch durch sie erreicht werden kann. (→Strafaussetzung zur Bewährung)

2) *Strafrecht:* nach § 221 StGB das Verbringen einer wegen jugendl. Alters, Gebrechlichkeit oder Krankheit hilflosen Person aus einem bisher geschützten Zustand in einen Leben oder Gesundheit gefährdenden. Die A. wird mit Freiheitsentzug bestraft. Ähnl. Bestimmungen enthalten das *österr.* (§ 82 StGB) und das *schweizer.* Recht (Art. 127 StGB).

3) *Zivilprozessrecht:* **A. des Verfahrens,** der durch gerichtl. Beschluss angeordnete Stillstand des Verfahrens, wenn der Ausgang des Rechtsstreits von der Entscheidung anderer Gerichte abhängig ist (§§ 148 ff.,

246 ff. ZPO); in *Österreich* **Unterbrechung** genannt (§§ 155 ff. österr. ZPO).

Aussiedler, dt. Staats- und/oder Volkszugehörige, die nach Abschluss der allg. Vertreibungsmaßnahmen (ab 1951) und vor dem 1. 7. 1990 oder danach im Wege des Aufnahmeverfahrens vor dem 1. 1. 1993 die früheren dt. Ostgebiete, Albanien, Bulgarien, China, Danzig, Estland, das ehem. Jugoslawien, Lettland, Litauen, Polen, Rumänien, die ehem. Sowjetunion, die ehem. Tschechoslowakei oder Ungarn verlassen haben. A. sind Vertriebene und Deutsche gemäß Art. 116 Abs. 1 GG. Ihre Rechtsstellung sowie ihre wirtsch. und soziale Eingliederung werden durch das Bundesvertriebenen-Ges., das Fremdrenten-Ges. und das Lastenausgleichs-Ges. geregelt. 1950–92 sind 2,85 Mio. A., überwiegend ehem. Russlanddeutsche sowie ehem. Polendeutsche und Rumäniendeutsche, nach Dtl. gekommen. Ab 1993 nach Dtl. gekommene A. werden als →Spätaussiedler bezeichnet.

Aussiedlung, die Verlegung eines landwirtsch. Betriebes aus beengter Dorflage in die Feldmark, meist verbunden mit einer →Flurbereinigung.

Aussig, Stadt in der Tschech. Rep., →Ústí nad Labem.

Aussolen, Gewinnung von Steinsalz durch unterird. Auflösen mit Wasser. Die Sole wird über Tage weiterverarbeitet.

Aussonderung, im Insolvenzverfahren die Herausnahme der Gegenstände, die dem Schuldner nicht gehören, aus der Insolvenzmasse zur Rückgabe an die Berechtigten.

Ausspähung von Staatsgeheimnissen, →Landesverrat.

Aussperrung, Arbeitskampfmaßnahme der Arbeitgeber, bei der diese die Arbeitsverhältnisse mit allen Arbeitnehmern oder einem Teil von ihnen aufheben. Die A. ist keine Kündigung, sodass keine Fristen zu wahren sind. Sie hat i. d. R. nur suspendierende, keine lösende Wirkung, d. h., nach Beendigung des Arbeitskampfes leben die Arbeitsverhältnisse wieder auf. Nach der Rechtsprechung ist die A., die nach überwiegender Meinung aufgrund von Art. 9 GG zulässig ist, an das Verhältnismäßigkeitsprinzip gebunden.

Aussprache, Artikulation von Sprachlauten oder ihr Ergebnis; sie kann in →Lautschrift wiedergegeben werden.

Ausstand, →Streik.

Ausstattung, 1) *Börsenwesen:* Festlegung von Laufzeit, Verzinsung und Tilgungsmodalitäten von Anleihen.
2) *Familienrecht:* Zuwendungen, die einem Kind von den Eltern zur Heirat, zur Selbstständigmachung oder zur Erhaltung der Selbstständigkeit gemacht werden (§ 1624 BGB). Eine Art der A. ist die sog. **Aussteuer,** d. h. die Zuwendungen, die einer Tochter bei der Verheiratung zur Einrichtung des Haushaltes gewährt werden. Ein gesetzl. Anspruch des Kindes auf Gewährung der A. besteht nicht. Gesetzl. Erben müssen das, was sie vom Erblasser als A. erhalten haben, bei der Erbauseinandersetzung untereinander ausgleichen (§ 2050 BGB). Das *österr.* Recht unterscheidet **Heiratsgut,** das Vermögen, das dem Ehemann von der Ehefrau oder Dritten übergeben wird, und A., die Zuwendungen, die der jeweilige Ehegatte wegen der Heirat von Eltern oder Großeltern erhält (§§ 1218 ff. ABGB). Das *schweizer.* Recht kennt keine Rechtspflicht der Eltern auf Gewährung einer A., nur Unterstützungspflicht im Falle der Not.
3) *Theater:* Gesamtheit der für eine Aufführung verwendeten Gegenstände (Kulissen, Requisiten, Kostüme, Masken, in die Aufführung einbezogene Geräte zur Ton- und Bilderzeugung).

Ausstattungsfilm, Genrebez. für Spielfilme, für deren (kostspielige) Produktion ein bes. hoher Aufwand für Bauten, Requisiten, Dekorationen und Kostüme (**Kostümfilm**) betrieben wird. Die Filmhandlung ist dabei meist in der Historie angesiedelt (**Historienfilm**) und lebt von der pracht- und prunkvollen Darstellung vergangener Lebenssphären.

Aussteifungen, Stäbe, mit denen dünne Tragwände verstärkt oder ein Bauteil oder Bauwerk gegen den Angriff waagerechter Kräfte (z. B. Winddruck, Erddruck) standfest gemacht werden.

Ausstellung, die Zurschaustellung wirtschaftlicher, techn., künstler. u. a. Erzeugnisse. Man unterscheidet Fach-A. und allg. A., zu denen v. a. die →Weltausstellungen gehören; zu unterscheiden von der →Messe.

Ausstellungsrecht, das dem Urheber eines unveröffentlichten Werkes der bildenden Kunst oder der Lichtbildkunst vom Urheberrechts-Ges. ausdrücklich als Verwertungsrecht zuerkannte Recht, sein Werk öffentlich auszustellen.

Ausstellungsschutz, zeitweiliger Schutz der Priorität für neue Marken und Gebrauchsmuster (Modelle), die auf Ausstellungen gezeigt werden, sowie Erfindungen, die auf bestimmten internat. Ausstellungen präsentiert werden, falls sie binnen sechs Monaten nach Eröffnung der Ausstellung beim Patentamt angemeldet werden.

Aussterben, das Verschwinden von Arten, Gattungen, Stämmen von Lebewesen, die sich biot. oder abiot. Umweltänderungen nicht anpassen konnten (alternde Stammesreihen). Oft gehen aber auch Stammesreihen ohne erkennbare morpholog. oder patholog. Degenerationserscheinungen zugrunde. Mögl. Ursachen des A.: 1) Verdrängung durch konkurrenzüberlegene Formen; 2) zu einseitige Spezialisierung (Riesenformen); 3) stärkere Umweltänderungen; 4) Weiterentwicklung in der eigenen Gruppe: intraspezif. Konkurrenz als normaler Ablauf der Stammesentwicklung. Die Datierung von Fossilien ergab, dass das Ausmaß des A. von Tier- und Pflanzenarten zeitl. Schwankungen unterworfen war. So sind – neben mehreren kleinen – fünf große Ereig-

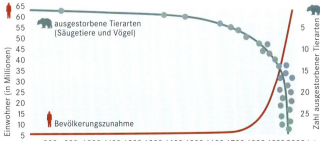

Aussterben: Mit Zunahme der Bevölkerung in Deutschland und der damit verbundenen verstärkten Landnutzung sterben in immer schnellerer Zeitfolge immer mehr Tierarten aus. Jeder Punkt bezeichnet eine ausgestorbene Tierart, die Kurve gibt die Anzahl der ausgestorbenen Tierarten (aus den Klassen Säugetiere und Vögel) bis zum jeweiligen Zeitpunkt an.

Aussterben: Mastodon (links), Riesenfaultier und Riesengürteltier (rechts) wurden vom Menschen ausgerottet.

nisse von **Massensterben** bekannt. Sie zeigen in ihrem Auftreten eine gewisse Periodizität, die die Einwirkung äußerer physikal. Einflüsse vermuten lässt, entweder als einmaliges Ereignis und dessen Folgen (Katastrophentheorie) oder als eine allmähl. Änderung der Lebensbedingungen. Für das A. vieler Großtiere in der Eis- und Nacheiszeit ist z.T. der Mensch verantwortlich (**Ausrottung**). Ausgerottet wurden z.B. Auerochse (Ur), Quagga, Dronte, Mastodon, Moa, Riesenalk, Riesenfaultier, Riesengürteltier und Stellersche Seekuh v.a. durch Jagd und Urbarmachung. Ursachen für das verstärkte A. von Arten in neuerer Zeit sind z.B. die Zerstörung des natürl. Lebensraumes und der Nahrungsgrundlagen (u.a. durch steigende Umweltverschmutzung) und die ausgedehnte Anwendung von Schädlingsbekämpfungsmitteln. (→Rote Liste)

Aussteuer, →Ausstattung (Familienrecht).

Aussteuerung, 1) *Elektronik:* das Anlegen einer Steuer- oder Signalspannung an ein aktives Bauelement (z.B. Transistor), um ein Ausgangssignal zu erhalten, das in proportionalem Zusammenhang zur Eingangsgröße steht und meist verstärkt ist. Die Signalamplituden dürfen dabei einen bestimmten Spannungs- und Stromstärkebereich nicht überschreiten (**A.-Bereich**). Bei Grenzüberschreitung spricht man von **Übersteuerung**.

2) *Sozialversicherung:* das Erlöschen des Anspruchs eines arbeitsunfähig erkrankten Arbeitnehmers auf Krankengeld nach Ablauf des Krankengeldzeitraumes (78 Wochen). Steht er zu diesem Zeitpunkt noch dem Arbeitsmarkt für eine begrenzte Vermittlung zur Verfügung, kann er nach Ablauf des Krankengeldzeitraumes und trotz fortbestehenden Arbeitsverhältnisses Arbeitslosengeld beantragen (§ 125 SGB III).

Ausstiegsklausel, *Lizenzfußball:* Vertragspassus, der es dem Spieler erlaubt, den Verein unter besonderen Umständen ohne bzw. mit vertraglich festgeschriebener Ablösesumme vor Vertragsablauf zu verlassen (z.B. bei Abstieg).

Ausstrahlung, *Physik:* die Aussendung von elektromagnet. →Strahlung wie Licht und Wärme; i.e.S. die Wärmeabgabe von der Erdoberfläche an die darüberliegenden Luftschichten sowie der gesamten Atmosphäre an den Weltraum; *übertragen:* starke Wirkung.

Ausstrich, Ausstreichen, Ausbiss, *Geologie:* Schnitt einer Gesteinsschicht mit der Erdoberfläche.

Ausströmen, *Physik:* →Ausfluss.

Austastlücke, *Fernsehtechnik:* 1) horizontale A., die Zeitspanne, die der Elektronenstrahl in der Bildröhre benötigt, um von einem Zeilenende zum nächsten Zeilenanfang zu springen; 2) **vertikale A.,** die Zeit, die zur Rückführung des Elektronenstrahls nach jedem Halbbild an den oberen Bildschirmrand nötig ist. Während beider Vorgänge ist der Elektronenstrahl dunkelgetastet, d.h., er hinterlässt kein sichtbares Bild. Die vertikale A. wird u.a. zur Übertragung von Videotext genutzt.

Austausch, 1) *Makrophysik:* der wechselseitige Übergang von Materie, Wärmeenergie oder Impuls zw. zwei oder mehreren Systemen oder deren Komponenten (v.a. in Thermodynamik, Strömungslehre).

2) *Mikrophysik:* der bei atomaren Systemen auf der →Nichtunterscheidbarkeit gleichartiger Teilchen beruhende quantenmechan. Effekt der Vertauschbarkeit ihrer Quantenzustände (Ladung, Spin u.a.).

Austauscher, →Ionenaustauscher, →Wärmeaustauscher.

Austauschkraft, eine zuerst in der Quantentheorie der chem. Bindung, speziell der Bindung zw. unpolaren Atomen (homöopolare Bindung) entdeckte anziehende Kraft (Wechselwirkung), die durch ständigen Austausch von Elektronen zustande kommt. – In der Quantenfeldtheorie deutet man alle Wechselwirkungskräfte, insbes. die Kernkräfte, als Folge eines Austausches von Elementarteilchen. Die auszutauschenden Partikel werden dabei erst im Austauschprozess selbst erzeugt und wieder absorbiert; z.B. wird die elektr. Abstoßung zw. Elektronen durch den Austausch von Lichtquanten vermittelt.

Austen ['ɔːstɪn], Jane, engl. Schriftstellerin, * Steventon (Cty. Hampshire) 16. 12. 1775, † Winchester 18. 7. 1817; schilderte mit feiner Ironie die oft selbstgerechte Welt des gehobenen engl. Landadels und der oberen Mittelklasse, schrieb u.a. die Romane: »Verstand und Gefühl« (1811), »Stolz und Vorurteil« (1813), »Emma« (1816), »Die Abtei von Northanger« (1818).

Jane Austen

Austenit der, Bez. für die kubisch-flächenzentrierte Modifikation des Eisens (γ-Phase). Diese ist bei Temperaturen zw. 911 und 1392 °C stabil und kann maximal 2% Kohlenstoff lösen (→Eisen-Kohlenstoff-Diagramm, →Stahl). **Austenitischer Stahl** ist unmagnetisch und nicht härtbar; Legierungen mit Chrom, Nickel und Mangan sind hitze- und korrosionsfest.

Auster ['ɔːstə], Paul, amerikan. Schriftsteller, * Newark (N. J.) 3. 2. 1947; bekannt wurden v.a. seine die Grenze zw. Fiktion und Realität verwischenden New-York-Romane (u.a. »Mond über Manhattan«, 1989); auch Drehbuchautor. – *Weitere Werke: Romane:* Levi-

Paul Auster

athan (1992); Mr. Vertigo (1994); Das Buch der Illusionen (2002); Nacht des Orakels (2004).

Austerity [ɔˈsterɪtɪ; engl. »Einfachheit«, »Strenge«] *die,* Schlagwort für die in Großbritannien 1947–50 von dem Schatzkanzler S. Cripps betriebene Politik wirtsch. Sparsamkeit; seitdem allg. auf ähnl. Sparprogramme angewandt.

Austerlitz, tschech. **Slavkov u Brna,** Stadt in Südmähren, Tschech. Rep., etwa 5 900 Ew. – In der **Dreikaiserschlacht** bei A. am 2.12.1805 besiegte der frz. Kaiser Napoleon I. die Truppen des österr. Kaisers Franz II. und des russ. Kaisers Alexander I.

Austern [griech.-lat.], **Ostreidae,** Familie der Muscheln mit ungleichmäßiger Schale und verkümmertem Fuß; meist auf hartem, festem Untergrund warmer und gemäßigter Meere festgewachsen. A. sind zwittrig; ihre Larven heften sich am Meeresboden fest und vollziehen ihre Verwandlung. **A.-Bänke** sind Ansammlungen von oft vielen Millionen Tieren. Sie leben von kleinsten tier. und pflanzl. Schwebeorganismen, die mit dem Atemwasser eingestrudelt und durch die Kiemen abfiltriert werden.

Für die Kultur der essbaren **Europ. Auster** (Ostrea edulis) werden »Collecteure« (z. B. Buschwerk, gekalkte Dachziegel) in den Wattengebieten ausgelegt, an denen sich A.-Larven ansiedeln. Nach etwa einem Jahr werden die Jungtiere (**Saat-A.**) von der Unterlage abgepflückt, für 1 $\frac{1}{2}$ Jahre in Zuchtparks oder in Holzkästen ausgelegt und danach in Mastparks (frz. »claires«) zur Marktreife gebracht.

Neben der Gatt. Ostrea bezeichnet man als A. z. B. auch Arten der Gatt. Crassostrea: die **Portugies. Auster** (Crassostrea angulata), im europ. Bereich, und die **Amerikan. Auster** (Crassostrea virginica), jenseits des Atlantiks; beide sind essbar, jedoch getrenntgeschlechtlich und bilden äußerlich tiefere Schalen als die Europ. Auster. – Wie viele Muscheln bilden A. gelegentlich auch Perlen.

Austernfischer, Haematopodidae, Familie schwarzweißer Watvögel mit roten Beinen und langem rotem Schnabel. In Europa weit verbreitet ist der 43 cm große **A.** (Haematopus ostralegus).

Austernseitling, Austernpilz, Muschelpilz, Pleurotus ostreatus, essbarer Blätterpilz mit oberseits dunklem, unterseits weißem, bis 15 cm breitem Hut; wächst in Büscheln an Laubholz; kann auf totem Holz kultiviert werden.

Austin [ˈɔːstɪn], Hptst. des Bundesstaates Texas, USA, am Colorado River, 672 000 Ew.; kath. und Staatsuniv.; industrielles Forschungs- und Entwicklungszentrum, Elektronik-, Motoren- u. a. Industrie.

Austin [ˈɔːstɪn], John Langshaw, engl. Philosoph, *Lancaster 26. 3. 1911, †Oxford 8. 2. 1960; Begründer der Sprechakttheorie (→ Sprechakt, → analytische Philosophie).

Austrägalgericht, ab dem 14. Jh. für Streitigkeiten zw. Fürsten, Prälaten, Städten und Rittern zuständiges Schiedsgericht. Im Dt. Bund wurde die richterl. Gewalt für Streitigkeiten zw. Bundesgliedern der Bundesversammlung als **Austrägalinstanz** übertragen. In Österreich (Austrägalsenat) bis 1918 Institution zur Entscheidung von Kompetenzkonflikten zw. Reichsgericht und Verwaltungsgerichtshof.

Australasiatisches Mittelmeer, Nebenmeer des → Pazifischen Ozeans.

Australasi|en, → Malaiischer Archipel.

Australian Capital Territory [ɔsˈtreɪljən ˈkæpɪtəl ˈterɪtərɪ], Abk. **A. C. T.,** von der austral. Bundesregierung (→ Australien) teilweise verwaltetes Territorium (seit 1988 weitgehende Selbstverwaltung) im N der Austral. Alpen, 2 430 km², (2006) 329 000 Ew., umfasst neben der Bundeshptst. Canberra ein weitgehend bewaldetes Gebiet; die Marinebasis Jervis Bay ist dem A. C. T. angeschlossen.

Australian Open [ɔsˈtreɪljən əʊpn], *Tennis:* die offenen Meisterschaften von Australien, seit 1908 (Frauen: 1926) jährlich ausgetragenes Grand-Slam-Turnier (Austragungsort: Melbourne; Hartplatz).

Australiden, veraltete typologisch-rassensystemat. Kategorie für die geograf. Variante der in Australien und Neuguinea lebenden indigenen Bev. mit weitgehend übereinstimmenden Merkmalen: robuste Gestalt, länglich-schmaler Kopf mit fliehender Stirn und kräftigen Überaugenwülsten, breite Nase mit eingezogener Nasenwurzel, welliges, meist lockiges Kopfhaar, dichte Bart- und Körperbehaarung, dunkle Pigmentierung. (→ Australier)

Australi|en [lat. terra australis »Südland«], der kleinste Erdteil. Er umfasst das austral. Festland sowie die Inseln Tasmanien, die Furneaux Islands, Kings Island und Hunter Islands in der Bass-Straße, die Inseln in der Torresstraße im N und die Inseln vor der austral. W-Küste. Das austral. Festland und die Inseln bilden politisch den Bundesstaat → Australien. In der geograf. Literatur werden A. und Neuseeland oft gemeinsam mit der melanes. Inselwelt als Australasien bzw. dazu mit Mikronesien und Polynesien insgesamt als A. und Ozeanien bezeichnet.

A. liegt auf der Südhalbkugel beiderseits des südl. Wendekreises zw. Ind. und Pazif. Ozean; Fläche: 7,68 Mio. km². Es reicht im N im Kap York bis 10° 41' s. Br., im SO mit dem South Point (Kap Wilson) bis 39° 08' s. Br., mit dem Südostkap Tasmaniens bis 43° 39' s. Br.; westlichster Punkt (Steep Point) 113° 09' ö. L., östlichster (Kap Byron) 153° 39' ö. L.; größte N-S-Erstreckung 3 680 km, größte W-O-Erstreckung 4 100 km.

Landesnatur: Die Küsten A.s sind wenig gegliedert, nur die Große Austral. Bucht im S und der Carpentariagolf im N greifen tief ins Land ein. Auf den Halbinseln im N und S, im SW und SO besitzt A. Riaküsten mit z. T. ausgezeichneten Naturhäfen. Vor der NO-Küste erstreckt sich das der Schifffahrt hinderl. Große Barriereriff (Korallenriff). – A. ist ein Land der Weite und Gleichförmigkeit mit geringen Höhenunterschieden. Es gliedert sich in das parallel zur O-Küste verlaufende Schollengebirge (Great Dividing Range, im Mount Kosciusko 2 228 m ü. M.), die vorgelagerte mittelaustral. Senke (mit der Murray-Darling-Senke und dem tiefsten Punkt des Kontinents, der 15 m u. M. liegenden Depression des Eyresees); die Mitte und den W des Erdteils nimmt der Austral. Schild ein (von Mittelgebirgen durchsetzte weite Tafelländer). Rd.

Austernseitling

Austernfischer:
Haematopus
ostralegus

Australien

334

Australien: Entdeckung und Erforschung

1606	W. Jansz. erreicht Australien am Carpentariagolf; L. V. de Torres durchfährt die später nach ihm benannte Meeresstraße.
1616	D. Hartog landet an der Westküste.
1642	A. J. Tasman entdeckt Van Diemen's Land (Tasmanien); auf einer zweiten Reise (1644) erkundet er die Nordküste.
1770	J. Cook gelangt an die Ostküste, überwindet das Große Barriereriff und passiert die Torresstraße.
1788	Beginn der britischen Besiedlung durch Gründung einer Sträflingskolonie beim heutigen Sydney
1795–1803	M. Flinders erforscht die Südküste (der ihn begleitende G. Bass entdeckt 1798 die nach ihm benannte Meeresstraße); 1814 schlägt Flinders den Namen Australien vor (zuvor Neuholland).
1813	G. Blaxland, W. Lawson und W. C. Wentworth leiten die Erforschung des Landesinneren ein.
1828–30	C. Sturt erkundet den Darling und den Murray.
1839–41	E. J. Eyre entdeckt den Torrens- und den Eyresee.
1844/45	L. Leichhardt durchquert Australien von der Moreton Bay (Ostküste) bis zum Van-Diemen-Golf (Arnhemland).
1860/61	Erste Durchquerung von Süd (Melbourne) nach Nord (Carpentariagolf) durch R. O'Hara Burke
1873–76	P. E. Warburton, die Brüder J. und A. Forrest und E. Giles durchziehen West- und Nordwestaustralien.
1891	D. Lindsay erforscht die westaustralischen Wüsten.

60% der Fläche A.s sind abflusslos. Die Endseen bilden in der Trockenzeit Salzpfannen, viele Flüsse führen nur periodisch Wasser. Die große Wasserarmut des Kontinents wird durch artesische Wasservorkommen, die in den Trockenräumen einen wichtigen Wirtschaftsfaktor (Weidewirtschaft) darstellen, gemildert.

Klima: A. ist der trockenste bewohnte Kontinent. Der südl. Wendekreis teilt A. in ein nördl. tropisches und in ein südl. subtropisches Gebiet; Tasmanien gehört zum gemäßigten Bereich. Durch den jahreszeitl. Wechsel wird mit Ausnahme des SO ausgeprägte Regen- und Trockenzeiten bestimmt. Der zentrale Teil und der NW sind extrem regenarm, dagegen bringen die SO-Passate der O-Küste hohe Niederschläge.

Pflanzen- und Tierwelt: Die Vegetation bildet mit der Tasmaniens ein eigenes, das austral. Florenreich. Den trop. Regenwäldern im N und NO schließen sich Baum-, Busch- und Grassavannen an; charakterist. Pflanzenarten sind Eukalyptus, Akazie, Flaschenbaum, Grasbaum, Kasuarine und Spinifex. Die Schutzgebiete der Regenwälder im mittleren O A.s gehören zum UNESCO-Weltnaturerbe. Auch die Tierwelt nimmt eine Sonderstellung ein. Die Säugetierfauna setzt sich v. a. aus Beuteltieren zusammen (Känguru, Koalabär), außerdem leben in A. Vertreter der primitiven Kloakentiere wie Schnabeltier und Ameisenigel. Von den größeren Raubbeutlern ist der Beutelwolf ausgerottet worden, der kleinere Beutelteufel auf Tasmanien beschränkt. Außergewöhnlich artenreich ist die Vogelfauna mit u. a. Emu, Leierschwanz, Kakadus und Echten Papageien. Der Dingo ist wohl eine verwilderte primitive Form des Haushundes, die vor knapp 4 000 Jahren durch den Menschen eingeführt wurde. Die sich stark vermehrenden Wildkaninchen sind europ. Herkunft.

Vorgeschichte: Die Besiedlung A.s erfolgte wahrscheinlich von Asien aus. Die ältesten Menschenfunde stammen aus der Zeit vor 62 000 Jahren. Etwa 43 000 bis 47 000 Jahre alt sind Steinwerkzeuge, die bei Sydney gefunden wurden; vor rd. 25 000 Jahren wurde an der austral. S-Küste (Koonaldahöhle) erstmals Feuerstein abgebaut. Der Bumerang ist seit etwa 8000 v. Chr. belegt; die für A. typ. Felsbilder (Tier- und Menschendarstellungen) sind z. T. 5 000 Jahre alt. In Tasmanien, das um 8000 v. Chr. durch die sich bildende Bass-Straße von A. getrennt wurde, blieb die Kultur auf dem Stand der austral. Frühzeit. Nachdem sich in den letzten 2 Jt. die Fähigkeit der austral. Ureinwohner, Steingeräte herzustellen, allmählich zurückbildete, bestanden zur Zeit der Entdeckung A.s ihre Waffen und Geräte meist aus Holz.

Australien, amtlich engl. **Commonwealth of Australia,** dt. **Australischer Bund,** Bundesstaat auf dem Kontinent Australien. Der Verwaltung unterstehen als Außengebiete u. a. Norfolk, die Kokos-, Macquarie-, Heard- und McDonald-Inseln sowie Christmas Island.

Staat und Recht

Nach der am 1. 1. 1901 in Kraft getretenen Verf. (mit Änderungen) ist A. eine bundesstaatliche parlamentar. Monarchie innerhalb des Commonwealth; Staatsoberhaupt ist der brit. Monarch, vertreten durch einen Gen.-Gouv. Die Legislative liegt beim Bundesparlament, bestehend aus der brit. Krone, dem Senat (76 für 6 Jahre gewählte Mitgl.) und dem Repräsentantenhaus (150 Abg., für 3 Jahre gewählt). Es besteht Wahlpflicht ab dem 18. Lebensjahr. Höchstes Exekutivorgan ist das Kabinett unter Vorsitz des vom Gen.-Gouv. ernannten Premiermin. Die Bundesstaaten, die über eigene Verf., Parlamente und Reg. verfügen, sind in inneren Angelegenheiten selbstständig. - Einflussreichste Parteien: Liberal Party of Australia (LP), Australian Labor Party (ALP), National Party of Australia und Australian Greens.

Landesnatur

→ Australien (Erdteil).

Bevölkerung

Die Ureinwohner A.s sind die Aborigines (→ Australier); sie bilden zusammen mit den Inselbewohnern

Flagge

Wappen

internationales Kfz-Kennzeichen

Fläche: 7 692 030 km²
Einwohner: (2006) 20,6 Mio.
Hauptstadt: Canberra
Verwaltungsgliederung: 6 Bundesstaaten, 2 Bundesgebiete
Amtssprache: Englisch
Nationalfeiertag: 26. 1.
Währung: 1 Austral. Dollar ($A) = 100 Cent (c)
Zeitzone: MEZ + 7, 8 ½ und 9 Std. (von W nach O)

der Torresstraße eine Minderheit von (2001) rd. 460 000 Menschen, davon sind rd. 90% Mischlinge. Sie haben einen Anteil von etwa 2,4% an der Gesamtbev. Zum Schutz der Kultur der Aborigines wurden Gesetze erlassen. Die Mehrheitsbev. wird durch die Ew. europ. Abstammung (96%) gebildet. Ihre Einwanderung begann 1788, nachdem A. von Großbritannien in Besitz genommen worden war. Nach den Briten waren Deutsche (verstärkt seit 1838) die zweitgrößte Einwanderergruppe in A. bis zum Ersten Weltkrieg. Seit 1860 betrieb Großbritannien eine kontrollierte Einwanderungspolitik, die vom Austral. Bund (Gründung 1901) de facto fortgesetzt wurde. Nach dem Zweiten Weltkrieg wurde die Einwanderung von Europäern aktiv gefördert. Seit Ende der 1970er-Jahre wandern zunehmend auch Menschen aus Asien (v. a. China, Indien, Vietnam), dem Nahen Osten und Südafrika ein. 90% der Ew. leben in Städten; im SO und O des Kontinents, südlich der Linie Brisbane–Adelaide konzentrieren sich fast 90% der Bev. Die Wüsten und Halbwüsten des Innern (»Outback«) sind fast völlig menschenleer. – Rd. 80% der Bev. sind Christen (bes. Katholiken und Anglikaner); daneben religiöse Minderheiten der Muslime, Buddhisten und Juden. – Es besteht allg. Schulpflicht im Alter von 6 bis 15 Jahren (Tasmanien und South Australia bis 16 Jahre).

Wirtschaft und Verkehr

A. gehört heute zur Gruppe der westl. Industrieländer; weltweite Bedeutung hat A. als einer der wichtigsten Exporteure landwirtsch. Produkte und mineral. Rohstoffe, das Land ist jedoch auch stark abhängig von Preisschwankungen auf den Weltrohstoffmärkten. Rd. 58% des Territoriums werden landwirtschaftlich genutzt, wegen fehlender Bewässerungsmöglichkeiten größtenteils durch extensive Weidewirtschaft, nur etwa 0,5% durch intensiven bewässerten Anbau. Die Landwirtschaft ist in hohem Maße mechanisiert, jedoch auch durch jahrelang anhaltende Dürreperioden bedroht. Als wichtigste Agrarprodukte werden (z. T. im Bewässerungsfeldbau) Weizen, Zuckerrohr, Baumwolle, Gerste und Reis angebaut. In den trockenen Teilen des Landes überwiegt die Viehzucht (Schafe, Rinder); wichtige Exportprodukte sind Weizen, Wein, Schafwolle, Rindfleisch, Zucker und Milchprodukte. Der hoch entwickelte Bergbau (bes. in West-A. und Queensland) gründet auf den reichen Vorkommen von Bodenschätzen (Kohle, Erdöl, Erdgas, Uran, Nickel, Eisenerz, Bauxit, Diamanten, Kupfer, Blei, Zink, Opale, Gold und Silber); A. ist einer der größten Produzenten und Exporteure von Kohle, Eisenerz, Bauxit, Gold, Erdöl, Uran, Kupfer, Nickel, Blei und Zink. Bei der Förderung von Bauxit und Bleierzen steht A. weltweit an erster, bei Zink- und Uranerzen an zweiter Stelle. In der Ind.-Struktur steht die Nahrungs- und Genussmittelind. an erster Stelle, bedeutend sind Maschinen- und Anlagenbau, Metallurgie (u. a. Stahl, Aluminium, Kupfer), Metall verarbeitende und chem. Ind. (einschließlich Kohle- und Erdölverarbeitung). In der Fahrzeugind. haben große US-amerikan. und jap. Hersteller eigene Produktionsstätten in A. Auf die Bundesstaaten Victoria und New South Wales entfallen zu fast gleichen Teilen nahezu zwei Drittel der Ind.-Produktion. – Im Außenhandel sind Japan, die USA, China, Neuseeland und Großbritannien die Hauptabnehmerländer für austral. Güter. Mit Neuseeland besteht seit 1983, mit den USA seit 2004 ein Freihandelsabkommen. – Das gut entwickelte Verkehrswesen ist geprägt durch die riesigen Entfernungen, durch die Konzentration der Bev. in den Küstenräumen, bes. im O, SO und SW, sowie durch die Insellage (große Bedeutung der Küsten- und Seeschifffahrt). Das Eisenbahnnetz (2003: 41 588 km; versch. Spurweiten) und das Straßennetz (2003: 810 240 km, davon 39% befestigt) sind im SO am dichtesten. Ein bed. Teil des Transports wird über den Straßenverkehr abgewickelt. Es besteht eine durchgängige transkontinentale Eisenbahnverbindung von der W- zur O-Küste (Perth–Sydney) und seit 2005 von der S- zur N-Küste (Adelaide–Darwin). Die dünn besiedelten Gebiete (Zentral-A. und West-A.) werden überwiegend durch den Luftverkehr erschlossen. Von den 12 internat. Flughäfen liegen die wichtigsten bei Sydney, Melbourne und Brisbane. Der Schifffahrt im Küsten- und Überseeverkehr dienen 97 Seehäfen. Die Haupthäfen sind Sydney, Newcastle, Port Kembla, Melbourne, Geelong, Whyalla, Kwinana, Brisbane und Fremantle; nach dem Güterumschlag steht der Eisenerzexporthafen Port Hedland (Western Australia) mit 70 Mio. t an erster Stelle.

Australien: der See Oberon in der Western Arthurs Range im Southwest National Park (Tasmanien)

Australien: Verwaltungsgliederung (2006)

Bundesstaaten und Bundesgebiete	Fläche (in km²)	Ew. (in 1 000)	Ew. (je km²)	Hauptstadt
Australian Capital Territory[1]	2 430	329	135,4	Canberra
New South Wales	800 640	6 828	8,5	Sydney
Northern Territory	1 349 130	207	0,2	Darwin
Queensland	1 730 650	4 053	2,3	Brisbane
South Australia	983 480	1 555	1,6	Adelaide
Tasmania	68 400	489	7,1	Hobart
Victoria	227 420	5 092	22,4	Melbourne
Western Australia	2 529 880	2 051	0,8	Perth
Australien[2]	7 692 030	20 604	2,7	Canberra

[1] Einschließlich Jervis Bay Territory. – [2] Einschließlich der Außenbesitzungen Heard-Insel, McDonald-Inseln, Kokosinseln, Norfolkinsel und Christmas Island.

Australien: Boote im Hafen von Sydney

Geschichte

Die O-Küste des seit Beginn des 17. Jh. v. a. von Holländern erkundeten A. (daher **Neuholland** genannt) wurde 1770 von J. Cook für Großbritannien in Besitz genommen (New South Wales). 1788 begann dort mit der Gründung einer brit. Sträflingskolonie (heutiges Sydney) die Besiedlung; ab 1793 kamen auch freie Siedler nach A. (Einführung der Schafzucht). Die ab 1825 eigenständige Kolonie Van Diemen's Land erhielt 1853 den Namen Tasmanien. Als weitere brit. Kolonien entstanden 1829 Western Australia, 1836 South Australia und 1851 Victoria. 1851 lösten Goldfunde eine große Einwanderungswelle aus. Die Ureinwohner (→ Australier) wurden in unfruchtbare Gebiete abgedrängt und z. T. getötet (in Tasmania bis 1876 ausgerottet). Nach 1850 (Australian Colonies Government Act) erhielten die Kolonien New South Wales, Victoria, Tasmania und South Australia fast uneingeschränkte Autonomie (mit parlamentar. Verf.), 1859 Queensland und 1890 Western Australia; sie schlossen sich am 1. 1. 1901 zu einem Bundesstaat (Commonwealth of Australia) im Rahmen des British Empire zusammen; dieser erhielt 1907 Dominionstatus. 1911 kam das Northern Territory hinzu. Die Rivalitäten zw. den Städten Sydney und Melbourne führten 1913 zur Gründung der neutralen Hauptstadt Canberra (Australian Capital Territory). Im Ersten Weltkrieg unterstützte A. das Mutterland Großbritannien; im Zweiten Weltkrieg kämpfte es aufseiten der Alliierten v. a. gegen Japan.

In der Nachkriegszeit wechselten Koalitionsregierungen aus Liberal Party und National Country Party bzw. National Party (1949–72, 1975–83, seit 1996) mit Kabinetten der Labor Party (1941–49, 1972–75 und 1983–96). 1975 erlangte das bis dahin von A. verwaltete Papua-Neuguinea seine Unabhängigkeit, blieb jedoch weiterhin auf hohe austral. Hilfszahlungen angewiesen. Mit dem Australia Act (1986) wurden die verfassungsgemäßen Bindungen zw. A. und Großbritannien weiter gelockert und neu bestimmt. Im Native Title Act von 1993 (durch den Obersten Gerichtshof 1995 bestätigt) kam die Reg. den Aborigines, die erst 1967 die Bürgerrechte erhalten hatten, in der Frage des Rechtsanspruchs auf Land etwas entgegen (bereits mit dem Native Title Amendment Act von 1998 wieder eingeschränkt). Nachdem sich der Verfassungskonvent im Febr. 1998 für den Übergang A.s von einer konstitutionellen Monarchie zu einer Rep. zum 1. 1. 2001 ausgesprochen hatte, scheiterte dieses Vorhaben durch die Volksabstimmung vom 6. 11. 1999 (nur rd. 45 % der Wahlberechtigten votierten für die Abschaffung der Monarchie). Die ab 1996 amtierende (durch Parlamentswahlen 1998, 2001 und 2004 bestätigte) Reg.-Koalition aus Liberal und National Party unter Premiermin. J. Howard konnte sich wirtschaftlich auf eine stabile Konjunktur stützen. Aufmerksamkeit im In- und Ausland erregte die restriktive Asyl- und Flüchtlingspolitik der Regierung.

In der Außenpolitik verstärkte A. seit dem Zweiten Weltkrieg die Zusammenarbeit mit den USA (Gründungsmitgl. des ANZUS-Paktes und der SEATO, Teil-

Australien: der Inselberg Ayers Rock im Südwesten des Northern Territory

nahme am Korea- und Vietnamkrieg) und seit den 1980er-Jahren seine Kooperation mit den asiat. Staaten. Auf Initiative A.s entstand 1989 die Asia Pacific Economic Cooperation (APEC). 2001 schloss sich A. der Antiterrorkoalition an und stellte Truppen für amerikan. Militäroperationen zur Verfügung. Trotz massiver innenpolit. Proteste unterstützte Premiermin. J. Howard die amerikanisch-brit. Militäraktion gegen das Regime Saddam Husains im März/April 2003 (Entsendung von 2000 Soldaten). Seit 2003 engagierte sich A. verstärkt in südpazif. Krisengebieten (u. a. Führung einer multinat. Friedenstruppe auf den Salomoninseln).

Australi|er, die Ureinwohner Australiens. Z. Z. der Ankunft der Europäer etwa 700 000 bis 1 Mio. Menschen, aufgegliedert in etwa 500 Stämme. Heute gibt es etwa 460 000 A. Nur noch wenige leben in ihrer traditionellen Kultur. Ihre Sprachen werden in 26 Sprachfamilien zusammengefasst. Für zahlr. Gruppen gibt es Eigenbez. Der materielle Kulturbesitz bestand aus wenigen Waffen und Geräten: Speere, Speerschleudern, Keulen, Bumerangs; Grabstöcke. Töpferei sowie Metalle waren unbekannt. Die polit. Einheit war die Lokalgruppe, bestehend aus einer Verwandtschaftsgruppe (Klan). Lokalgruppen mit gleicher Sprache bildeten gelegentlich einen Stamm; die wichtigste Rolle bei allen Entscheidungen spielte der Altenrat. Daneben gab es überterritoriale totemist. Klanverbindungen und Heiratsklassen. Das *Geistes- und Kultleben* wurzelte in der Vorstellung von einer myth. Ur- und Schöpfungszeit (»Traumzeit«). Die Kultobjekte (»Tjuringas«) waren Manifestationen der Lebens- und Schöpferkraft der myth. Ahnen. Das zentrale Ereignis im Leben eines Mannes war die Initiation, bei der er nach z. T. langer Lehrzeit in die Traditionen seiner Gruppe eingeführt und beschnitten wurde. Alle Lebensbereiche der traditionellen Gesellschaft waren mit künstler. Tun (Felsbilder, Felsmalereien und -gravierungen, Tänze) verbunden. Als erstes nat. Museum der austral. Ureinwohner wurde das »Shepperton International Aboriginal Village« eingerichtet. Heute gibt es über 170 Kulturzentren und regionale Museen, die die Kultur der Ureinwohner dokumentieren. Trotz einer allmähl. Verbesserung der gesetzl. Situation (volle Bürgerrechte seit 1967, Native Title Act 1993) und des wachsenden Einsatzes der A. für ihre Rechte (bes. Landrechte) bleiben ein sehr niedriger Lebensstandard der Ureinwohner und ihre innerhalb der austral. Gesellschaft benachteiligte wirtschaftlich-soziale Lage charakteristisch. (→Australien, Geschichte)

australische Kunst: Glenn Murcutt (in Zusammenarbeit mit Wendy Lewin und Reg Lark), »Arthur & Yvonne Boyd Education Centre« in Riversdale, New South Wales (1996–99); Außenansicht **(oben)** und Detailansicht mit Blick auf die Innenarchitektur **(unten)**

Australier: Aborigine im Northern Territory

australische Kunst, 1) die noch lebendige Kunst der →Australier; 2) die seit dem 19. Jh. in Anlehnung an europ. Stilrichtungen entstandene Kunst der Einwanderer. Auf dem Gebiet der *Architektur* fand die a. K. nach Bauten in allen historischen europ. Stilen in den letzten Jahren Anschluss an den internat. Standard; bekannt wurden vor allem H. Seidler und G. Murcutt. Anerkennung fand der Entwurf des dän. Architekten J. Utzon für das Opernhaus in Sydney (1973 vollendet). – *Malerei* und *Plastik:* Besondere Bedeutung wurde stets der Landschaftsmalerei beigemessen, nahmhafte Vertreter sind u. a. C. Martens, A. Streeton, R. Drysdale. In den 1940er-Jahren erfolgte eine Zuwendung zur abstrakten Kunst. Internationale Aufmerksamkeit erregen seit den 1990er-Jahren die hyperrealen Plastiken von R. Mueck.

australische Literatur. Die Anfänge einer eigenständigen a. L. in engl. Sprache fallen in die 2. Hälfte des 19. Jh. (A. L. Gordon, H. Kendall, H. Kingsley); um die Jahrhundertwende erlebte sie eine erste Blüte: H. Lawson, J. Furphy, B. O'Dowd, A. G. Stephens, B. Paterson u. a. Das 20. Jh. brachte den Anschluss an europ. und amerikan. literarische Entwicklungen: H. H. Richardson (eigtl. Ethel F. Robertson), E. V. Palmer, Katherine Susannah Prichard, M. Boyd; Lyriker: C. Brennan, W. Baylebridge u. a. Seit dem Zweiten Weltkrieg traten hervor: P. White, T. Keneally, Rodney

Hall, D. Malouf, C. McCullough, die Lyriker K. Slessor, R. D. Fitzgerald, Judith Wright, A. D. Hope und Les A. Murray, die Dramatiker R. Lawler, D. Steward, Alan Seymour. Vertreter der jüngeren Schriftstellergeneration sind u. a. Kate Grenville, Janine Burke, N. Jose und T. Winton; prominentester schwarzaustral. Schriftsteller ist M. Narogin. – Bisher erhielt ein austral. Schriftsteller den Nobelpreis für Literatur: P. White (1973).

australische Musik, die Musik der Ureinwohner Australiens, deren ältestes Stadium die älteste erhaltene Musikschicht darstellt. Die a. M. kennt keine melodiefähigen Instrumente. Im Vordergrund steht die Vokalmusik, sie wird bei Geburt, Tod und kult. Handlungen vorgetragen. Chorgesänge werden oft vom einzigen Blasinstrument, der Holztrompete Didgeridoo, begleitet. Ein eigenständiges Musikleben im Anschluss an abendländ. Traditionen entwickelte sich nur zögernd. Um 1850 kamen verstärkt Operntruppen aus Übersee. Mit der Gründung der ersten Rundfunkanstalt 1932 begann die Etablierung eines ständigen Konzertwesens.

Australopithecinen [griech.-lat. »südl. Affenartige«], ausgestorbene, ausschließlich afrikan., taxonom. Untereinheit der →Hominiden. Fossilfunde von A. stammen vom Tschad im W bis nach Hadar (Äthiopien) im O und entlang des ostafrikan. Grabenbruchs (z. B. Olduvai, Omo) bis nach Südafrika (z. B. Sterkfontein, Makapansgat). Zu den A. gehören die Gattungen Ardipithecus und Australopithecus, wahrscheinlich auch Sahelanthropus und Orrorin. Je Zuordnung der versch. Funde umfasst ihr Auftreten einen Zeitraum, der vor 7–4,4 Mio. Jahren begann und vor 1,5–0,7 Mio. Jahren endete; weit über 1 Mio. Jahre waren diese Menschenartigen also Zeitgenossen der echten Menschen. Mindestens einige der A. waren Aufrechtgänger. – Bei **Ardipithecus ramidus** handelt es sich um der derzeit ältesten sicheren Hominiden mit einem Zeitrahmen von 5,8–4,2 Mio. Jahren. Der Gattung **Australopithecus** werden u. a. folgende Arten zugerechnet: Australopithecus anamensis (derzeit ältester Vertreter der Gattung mit einem Alter von 4,3–3,9 Mio. Jahren), Australopithecus afarensis (3,7–2,9 Mio. Jahre; mit einem ungewöhnlich kompletten Skelett, der weltberühmt gewordenen »Lucy«), Australopithecus africanus mit Übergängen vom schimpansenartigen Körperbau zu dem des Menschen und Australopithecus robustus (1,9–1,6 Mio. Jahre, ein bes. robuster, vegetarisch lebender Seitenzweig).

Austrasi|en, Austrien, unter den Merowingern der östl. Teil des Fränk. Reichs mit den Residenzen Reims und Metz, im Unterschied zum Westreich →Neustrien.

Austreibung, *Physiologie:* 1) Phase der Tätigkeit des →Herzens; 2) Periode bei der →Geburt.

Austria, lat. für Österreich.

Austrian Airlines [ˈɔːstrɪən ˈɛəlaɪnz, engl.], Abk. **AUA,** staatl. österr. Luftverkehrsgesellschaft, gegr. 1957, Sitz: Wien. (→Luftverkehrsgesellschaften, Übersicht)

Austria Tabak AG, Wien, internat. tätiger österr. Konzern mit den Geschäftsbereichen Produktion und Vermarktung von Tabakwaren; gegr. 1784 von Maria Theresia; seit 1939 AG; 1949–96 Verwalter des Tabakmonopols des österr. Staates, das sich seit dem Beitritt Österreichs zur EU auf das Produktions- und Einzelhandelsmonopol beschränkt; seit 1997 schrittweise privatisiert, 2001 an den brit. Tabakkonzern Gallaher Group Plc verkauft.

Austriazismus *der,* spezifisch österr. sprachliche Ausdrucksweise.

Austri|en [»Ostreich«], →Austrasien.

Austrittsarbeit, die Energie, die benötigt wird, um ein →Elektron aus einem Festkörper herauszulösen. Sie kann z. B. durch Erhitzung (→Glühemission), Lichtabsorption (→Fotoeffekt) oder Stoßionisation zugeführt werden.

austroasiatische Sprachen, Sprachfamilie in S- und SO-Asien, zw. Kaschmir und dem Südchin. Meer in vielen Sprachinseln verbreitet. Sie werden in zwei Gruppen eingeteilt: Zur Westgruppe gehören die Munda-, zur Ostgruppe die Mon-Khmer-Sprachen.

austrocknende Mittel, Exsikkanzien, Stoffe, die bei nässenden Erkrankungen der Haut oder der Schleimhäute Flüssigkeit binden, z. B. Talkum (Magnesiumsilikat).

Austromarxismus, seit 1904 entwickelte österr. Schule des →Marxismus; betonte im Ggs. zum revolutionären Marxismus-Leninismus das Prinzip der Mehrheitsherrschaft im Rahmen parlamentarisch-demokrat. Organisationen. Hauptvertreter: O. Bauer, M. Adler, R. Hilferding und K. Renner.

austronesische Sprachen, Sprachfamilie mit einem Verbreitungsgebiet von Madagaskar über den Malaiischen Archipel und Neuguinea bis zur Osterinsel und von Formosa (Taiwan) bis Neuseeland.

Austroslawismus *der,* in der 2. Hälfte des 19. Jh. eine polit. Richtung unter den Slawen (v. a. den Tschechen) im Habsburgerreich, die innerhalb des Gesamtstaates eine stärkere polit. Entfaltung der einzelnen Völker anstrebte.

Ausverkauf, veraltet für →Räumungsverkauf.

Auswahl, *Statistik:* Verfahren der Ziehung von gezielten oder zufälligen →Stichproben aus einer Gesamtheit von statist. Einheiten.

Auswahlregeln, *Mikrophysik:* in der Quantenmechanik auf Erhaltungsgrößen basierende Regeln, die angeben, welche Zustandsübergänge in einem physikal. System (z. B. Atom oder Molekül) möglich oder ausgeschlossen sind.

Auswanderung, die Verlegung des ständigen Wohnsitzes vom Heimatstaat in ein anderes Staatsgebiet. – Größere A.-Bewegungen sind seit dem 16. Jh. feststellbar (von Europa nach Nord- und Südamerika), in neuerer Zeit seit etwa 1820 (bis 1932 etwa 60 Mio. Menschen aus Europa, davon 45 Mio. nach den USA, nach Argentinien, Kanada). Motive für A. sind heute in Europa meist wirtsch. Art. Religiöse und polit. Gründe spielen gegenwärtig v. a. in Afrika und Asien eine Rolle. (→ Emigration, →Flüchtling)

auswärtige Angelegenheiten, die Beziehungen eines Staates zu anderen Staaten oder zu internat. Organisationen, i. d. R. vom Außenministerium unter Leitung des Außenmin. wahrgenommen. Dazu gehören die Unterhaltung diplomat. und konsular. Beziehungen, der Abschluss von internat. Verträgen, die Teilnahme an internat. Konferenzen, die Mitgliedschaft in internat. Organisationen und Gerichtshöfen, der Schutz der Interessen der eigenen Staatsangehörigen im Ausland u. a. Die völkerrechtl. Vertretung Dtl.s obliegt dem Bundespräs. (Art. 59 GG). Ähnl. Regelungen bestehen in *Österreich* und der *Schweiz.*

Auswärtiges Amt, Bundesministerium des Auswärtigen, Abk. **AA,** die Zentralbehörde der Bundes-

Austrian Airlines

rep. Dtl. für die →auswärtigen Angelegenheiten, geleitet vom **Bundesminister des Auswärtigen**.

Auswaschen, 1) *Bodenkunde:* Herauslösen von Nährstoffen, Ionen und feinster Bodensubstanz (z. B. Tone) aus der oberen Bodenschicht (**Auswaschungshorizont**) durch Niederschläge.
2) *Chemie:* Reinigung eines Filtrationsniederschlages mit Waschflüssigkeit.

Ausweichung, *Musik:* das vorübergehende Verlassen der Haupttonart.

Ausweis, Urkunde, die eine Person oder Mitgliedschaft beglaubigt (Legitimation). Über 16 Jahre alte, meldepflichtige Deutsche müssen einen →Personalausweis besitzen (**Ausweispflicht**). (→Pass)

Ausweisung, *Recht:* →Ausländer.

Auswintern, *Pflanzenbau:* das Absterben überwinternder Kulturpflanzen durch Erfrieren oder Schädigung des Wurzelsystems bei wechselndem Frost- und Tauwetter, Ersticken der Pflanzen bei verdichteter Schneedecke oder Eiskruste oder, bes. bei Roggen, Befall von Schneeschimmel.

Auswuchten, das maschinelle Prüfen und Korrigieren der Massenverteilung von Drehsystemen mit dem Zweck, die Drehachse zur Deckung mit der Hauptträgheitsachse zu bringen, zum Beispiel Radauswuchten. (→Unwucht)

Auswurf, **Sputum**, aus den Luftwegen des Körpers durch Husten (Auswerfen, **Expektoration**) entleertes Bronchialsekret. Die Zusammensetzung des A. ist bei Erkrankungen der Luftwege verändert. Die Untersuchung des A. erfolgt makroskopisch, mikroskopisch und bakteriologisch.

Auswürflinge, bei Vulkanausbrüchen ausgeworfene Gesteinsbrocken, z. B. Lapilli, Schlacke.

Auszehrung, die →Kachexie.

Auszeit, *Sport:* in einigen Mannschaftssportarten Spielunterbrechung, bes. zur takt. Beratung. Im *Basketball* stehen z. B. jeder Mannschaft pro Spielviertel eine, im letzten Viertel zwei A. (je 1 min), im *Volleyball* pro Satz zwei A. (je 30 s) zu, im *Eishockey* eine je Spiel (von 30 s Dauer) und im *Handball* eine je Halbzeit (1 min).

Auszubildender, Kw. **Azubi**, Jugendlicher oder Erwachsener, der einen Ausbildungsberuf in einem Betrieb der Wirtschaft, in vergleichbaren Einrichtungen (öffentl. Dienst, freie Berufe) oder Haushalten erlernt; früher als **Lehrling** bezeichnet. Die Rechte und Pflichten der A. sind im Berufsbildungs-Ges. (→berufliche Bildung) geregelt.

Autarkie [griech.] *die,* Selbstgenügsamkeit, Bedürfnislosigkeit. Wirtschaftlich **autark** ist ein Land, das alles selbst besitzt oder erzeugt, was es benötigt (natürl. A.), oder das seinen Bedarf auf das beschränkt, was es selbst besitzt oder erzeugt (künstl. A.). Instrumente der A.-Politik sind u. a. Einfuhrbeschränkung durch Zölle, Verwendungszwang inländ. Güter, Förderung der Importsubstitution. A. führt meist zu Wohlstandsverlusten und behindert die internat. Arbeitsteilung.

Auteuil [o'tœj], westl. Stadtteil von Paris zw. Bois de Boulogne u. Seine; Pferderennbahn.

authentisch [griech.], 1) *allg.:* verbürgt, echt.
2) in der *Musik* werden seit dem 9. Jh. die Haupttonarten des 1., 3., 5. und 7. Kirchentons als a. bezeichnet. – In der Harmonielehre heißt a. die Klangfolge Dominante – Tonika.

authigen, Bez. für die bei der Entstehung eines Gesteins neu gebildeten Minerale; Ggs.: allothigen.

Autismus [griech.] *der,* Kontaktstörung mit Rückzug auf die eigene Vorstellungs- und Gedankenwelt, mit Isolation von der Umwelt, charakterisiert durch extreme Selbstbezogenheit, Insichgekehrtheit sowie durch psychot. (meist schizophrene) Persönlichkeitsstörungen. **Frühkindlicher A.** ist ein eigenständiges Krankheitsbild mit massiver Beeinträchtigung des sozialen Kontaktverhaltens und der Kommunikation, stereotypen Verhaltensmustern, Angst vor Veränderungen in der Umwelt, Wutausbrüchen, aggressivem Verhalten, Selbstverletzungen und Aufmerksamkeitsstörungen. Als Ursache wird eine Störung der Wahrnehmungsverarbeitung im Gehirn angenommen. Umwelteinflüsse (v. a. die Mutter-Kind-Beziehung) spielen kausal keine Rolle.

auto... [griech.], vor Vokalen meist **aut...**, selbst..., eigen...

Auto [kurz für Automobil], →Kraftwagen.

Auto [span.-port., von lat. actus »Vorgang«] *das,* einaktiges geistl. Spiel des spätmittelalterlichen span. und humanistischen port. Theaters, aufgeführt an den Festtagen des Kirchenjahres. Seit Mitte des 16. Jh. bildete sich das →**Auto sacramental**, das am Fronleichnamsfest auf Bühnenwagen aufgeführt wurde.

Autoaggression, gegen die eigene Person gerichtete →Aggression. Sie beruht auf Verdrängung der ursprüngl. Aggressionstendenzen aufgrund von äußeren Zwängen oder psych. Störungen.

Autoaggressionskrankheiten, die →Autoimmunkrankheiten.

Autobahn, Fernverkehrsstraße, die nur dem Schnellverkehr mit Kfz dient. A. besitzen durch begrünte Mittelstreifen, Leitplanken u. a. getrennte, zwei- oder mehrspurige Richtungsfahrbahnen, an vielen Streckenteilen auch mit **Standspur** und/oder Zusatzspuren (**Kriechspur** an Steigungen), sind kreuzungsfrei und mit dem übrigen Straßennetz durch Anschlussstellen verbunden. Der Übergang von einer A. auf eine andere erfolgt kreuzungsfrei durch spezielle Brückenbauwerke (**A.-Kreuz**), bei Abzweigungen durch ein **A.-Dreieck**. In Dtl. dürfen die A. (**Bundes-A.**) nur von Fahrzeugen mit einer Mindestgeschwindigkeit von 60 km/h befahren werden. – Als erste europ. A. wurde 1932 die A. Köln–Bonn dem Verkehr übergeben.

Autobahngebühren, →Straßenverkehrsabgaben.

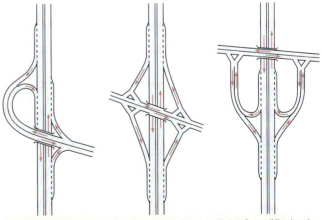

Autobahn: Bauformen von Anschlussstellen: Trompete **(links)**, Raute **(Mitte)** und halbes Kleeblatt **(rechts)**

Autobahnkirchen, für die geistl. Einkehr von Autoreisenden zweckbestimmte Kirchen und Kapellen in der Nähe von Autobahnen (2006: 30 A. in Dtl.).

Autobiografie, die literar. Darstellung des eigenen Lebens, auch einzelner Lebensphasen, aus der Erinnerung des Erzählenden heraus. Damit verwandt sind Memoiren, Tagebücher und autobiograf. Romane. Literarisch bedeutende A. schrieben u. a. Augustinus, B. Cellini, J. H. Jung-Stilling, J.-J. Rousseau, U. Bräker, G. G. Casanova, J. W. von Goethe, J.-P. Sartre. (→Biografie)

autochthon [griech.], am Fundort entstanden; alteingesessen, eingeboren (→allochthon).

Autocross, *Automobilsport:* →Rallycross.

Autodafé [port. »Glaubensakt«] *das,* in Spanien und Portugal urspr. die öffentl. Verkündigung, dann auch die feierl. Vollstreckung eines Inquisitionsurteils nach einem Gottesdienst. Das erste A. soll 1481 in Sevilla, das letzte 1815 in Mexiko abgehalten worden sein.

Autodidakt [griech.] *der,* jemand, der durch Selbstunterricht Wissen und Bildung erworben hat.

Autoerotik [griech.], auf die eigene Person, nicht auf einen Partner gerichtete erot. Regungen; auch Bez. für Formen des Sexualverhaltens, bei denen sexuelle Erregung und Befriedigung ohne äußere Reize typisch sind, z. B. bei erot. Träumen oder sexuellen Fantasien; in der Psychoanalyse frühkindl. Sexualverhalten als Vorstufe der Objektliebe. A. bei Erwachsenen wird psychoanalytisch auf eine narzisst. Fixierung der Libido zurückgeführt (→Narzissmus).

Autofokus [griech.-lat.] *der,* Vorrichtung an Kameras und Diaprojektoren für eine automat. Einstellung der Bildschärfe.

Autogamie [griech. gameïn »heiraten«] *die,* Form der Selbstbefruchtung, z. B. Bestäubung einer Zwitterblüte durch sich selbst oder bei Einzellern die Vereinigung zweier Zellkerne, die durch Zellteilung aus einem Individuum entstanden sind.

Autogas, →Flüssiggas.

autogen [griech. »aus sich selbst geboren«], ursprünglich, selbsttätig.

autogenes Training [-'trɛ-], ein von J. H. Schultz (ab 1928) entwickeltes psychotherapeut. Verfahren der »konzentrativen Selbstentspannung«. Durch stufenweise erlernbare autosuggestive Übungen erreicht der Patient die Beeinflussung von Muskelspannung, Puls, Atmung, Hautdurchblutung und eine allg. affektive und psych. Entspannung.

Autogiro [-'ʒi:ro] *das,* →Tragschrauber.

Autograf [griech. »Selbstgeschriebenes«] *das,* **Autograph,** vom Verfasser eigenhändig geschriebenes Schriftstück; Sammlungen von A. berühmter Persönlichkeiten kommen seit Ende des 16. Jh. vor.

Autogramm [griech.] *das,* eigenhändige Unterschrift (einer bekannten Persönlichkeit).

Autograph, →Autograf.

Autoimmunkrankheiten, Autoaggressionskrankheiten, Krankheiten, die auf krankhaften immunolog. Reaktionen des Organismus gegen körpereigenes Gewebe beruhen (Autoaggression). Die für die Krankheitserscheinungen verantwortl. Gewebeschädigungen entstehen durch Autoantikörper oder T-Lymphozyten, die die Zellen angreifen und dadurch Funktionsausfälle verursachen. Theoretisch kann jedes Gewebe des Organismus als fremd erkannt werden und dadurch eine A. entstehen. Gesichert erscheint der Zusammenhang bei bestimmten Formen der Blutarmut, bei Schilddrüsen-, Nieren- und Nebennierenerkrankungen sowie bei Krankheiten anderer Organe mit innerer Sekretion (z. B. jugendl. Diabetes mellitus), des Nervensystems und den Kollagenkrankheiten (v. a. rheumatoide Arthritis). Bei der Behandlung steht neben der Behebung oder Besserung der durch die A. hervorgerufenen Funktionsstörungen betroffener Organe die →Immunsuppression durch Glucocorticoide u. a. Substanzen im Vordergrund.

Autoinfektion [griech.-lat.], Selbstansteckung durch bereits im Körper vorhandene Krankheitserreger; meist infolge Abwehrschwäche.

Autointoxikation [griech.-lat.], Selbstvergiftung durch Stoffe, die im Körper gebildet werden, entweder durch Anhäufung normaler oder durch Bildung abnormer Zwischen- oder Endprodukte der Verdauung oder des Stoffwechsels; erfolgt z. B. bei Leber- oder Niereninsuffizienz.

Autokatalyse [griech.], Form der Katalyse, bei der das Reaktionsprodukt eine chem. Reaktion beschleunigt.

autokephal [griech.], eigenständig, mit eigenem (Ober-)Haupt (griech. »kephal«); kirchenrechtl. Begriff der orth. Kirche; bezeichnet die Unabhängigkeit der regionalen orth. (Landes-)Kirchen (**Autokephalie**) in Fragen der Kirchenorganisation und der Weiterentwicklung einzelner Kultformen (z. B. eigene liturg. Sprachen und Landesheilige) bei gleichzeitiger Anerkennung des Ehrenprimats des Ökumen. Patriarchen innerhalb der Gesamtorthodoxie. (→Ostkirchen)

Autokino, Freilichtkino, bei dem man den Film vom Auto aus betrachtet.

Autoklav [frz. autoclave »Schnellkochtopf«] *der,* verschließbares, meist heizbares, auf Überdruck geprüftes Metallgefäß für Druckreaktionen (z. B. Hydrierungen, Polymerisationen) sowie zur Sterilisierung von medizin. Geräten und Dosenkonserven.

Autokollimation [griech.-lat.] *die,* empfindliches opt. Verfahren zur Richtungsprüfung, bei dem eine Marke beobachtbar auf sich selbst abgebildet wird. Die A. wird mit einem **A.-Fernrohr** (Kombination aus Kollimator und Fernrohr) ausgeführt.

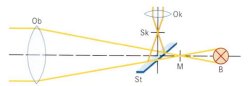

Autokollimation: Strahlengang beim Autokollimationsfernrohr: B Beleuchtung, M Messmarke, Ob Objektiv, Ok Okular, Sk Skale, St Strahlenteiler

Autokratie [griech. »Selbstherrschaft«] *die,* Sonderform der Monarchie, bei der der Herrscher (Autokrat) die unumschränkte Staatsgewalt auf sich vereinigt. A. waren das Herrschaftssystem des oströmisch-byzantin. Kaisers, der →Absolutismus und die »Selbstherrschaft« der russ. Zaren (Kaiser).

Autolack, speziell für die Serien- und Reparaturlackierung von Fahrzeugen hergestelltes Lackmaterial (→Lacke). Zu Beginn der automobilen Produktion verwendete man die gleichen ölhaltigen Lackmaterialien wie für die Kutschenlackierung; später setzte H. Ford Infrarotöfen ein, mit denen sich die Trocknungszeiten halbieren ließen. In der weiteren Entwicklung folgten dünnflüssigere Cellulosenitratlacke, später Kunstharzlacke (Alkyd- und Acrylharze), außerdem Neuerungen bei der Lackapplikation; seit den 1970er-Jahren Zweischichtlackierung, wobei die Farbschicht (Basislack) gegenüber mechan. und chem. Einflüssen durch die Klarlackschicht geschützt wird.

Autolyse [griech.] *die*, **Autodigestion**, die Selbstverdauung absterbender Zellen bzw. Gewebe durch die aus Lysosomen frei werdenden Enzyme.

Automat [von griech. autómatos »sich selbst bewegend«] *der*, **1)** ein System (Maschine, Vorrichtung), bei dem nach einer Schaltbetätigung (Auslösung) ein vorprogrammierter Prozess selbsttätig abläuft. **Münz-A.** geben nach Einwurf der entsprechenden Münzen (oder Wertmarken) bestimmte Waren (**Waren-A.**), Berechtigungsnachweise (z. B. Fahrkarten, Briefmarken) oder Leistungen (**Leistungs-A.** z. B. Geldausgabe-A.) aus. In elektr. Anlagen gewährleisten **Schalt-A.** und **Sicherungs-A.** das rechtzeitige Abschalten bei Kurzschluss oder Überlastung. Bei **Halb-A.** laufen nur Teilvorgänge automatisch ab (→ Spielautomat). **Handhabungs-A.** werden meist als **Roboter** (Industrieroboter, Manipulatoren) bezeichnet, **Rechen-A.** zur Datenverarbeitung sind die Computer.
2) *Informatik:* ein System, das Informationen aufnimmt, mithilfe eines Programms verarbeitet und daraus eine Ausgabe erzeugt. Wesentliches Merkmal eines A. ist das Vorhandensein mindestens einer Verzweigung im Programm. Modelle solcher Systeme werden in der **A.-Theorie** untersucht.
3) *künstliche Intelligenz:* →lernende Automaten.
4) *Technik:* eine →automatische Werkzeugmaschine.

Automatendiebstahl, Entwendung von Gegenständen aus Warenautomaten; ist als Diebstahl zu bestrafen (§ 242 StGB). Die unbefugte Benutzung von Leistungsautomaten (z. B. bei Telefonautomaten) stellt **Automatenmissbrauch** dar (§ 265 a StGB, →Erschleichung).

Automatenlegierungen, Werkstoffe, die sich zum Zerspanen auf →automatischen Werkzeugmaschinen eignen. **Automatenstähle** enthalten als Legierungsbestandteile v. a. Schwefel, Blei, Tellur und Selen, Leichtmetalle v. a. Mangan, Eisen und Cadmium.

Automatensteuer, →Vergnügungsteuer.

Automatie [griech.-nlat.] *die*, *Physiologie:* Fähigkeit versch. Organe (z. B. Herz), ihre im Organismus ausgeübte Tätigkeit auch nach völliger Isolation vom Organismus fortzusetzen.

Automatik *die*, Vorrichtung, die einen durch bestimmte Impulse eingeleiteten techn. Vorgang steuert oder regelt und diesen selbsttätig ablaufen lässt; auch Bezeichnung für den Vorgang der Selbststeuerung.

Automation *die*, die →Automatisierung.

automatische Flugzeugsteuerung, →Autopilot.

automatische Werkzeugmaschine, vielfach auch als **Automat** bezeichnetes Fertigungssystem (→Fertigungstechnik), das aus einem Rohteil aufgrund eines Wirkprozesses zw. Material, Energie und Information ein Fertigteil erstellt, wobei alle Gruppen- oder Einzelfunktionen, die zur Fertigstellung erforderlich sind, je nach dem Grad der →Automatisierung selbsttätig ausgelöst und durchgeführt werden. (→Numerikmaschinen)

Automatisierung, **Automation**, Einrichtung und Durchführung von Arbeits- und Produktions-

Automat 1): Freeway-Pakete, Pluspäckchen, unfreie Pakete, Retourensendungen und Pakete können über den Paketannahmeautomaten auf den Weg zum Empfänger gebracht werden.

prozessen durch Einsatz geeigneter techn. Aggregate (automat. Einrichtungen), sodass der Mensch weder ständig noch in einem erzwungenen Rhythmus für ihren Ablauf unmittelbar tätig zu werden braucht. Ziel der A. ist es, techn. Anlagen mit einem Höchstmaß an Wirtschaftlichkeit, Sicherheit und Zuverlässigkeit zu betreiben und den Menschen weitgehend von Routinearbeiten zu entlasten. Durch die A. wird menschl. Arbeit eingespart und auf Konstruktions-, Installierungs-, Programmierungs-, Überwachungs- und Reparaturfunktionen beschränkt. – Unter wirtsch. Aspekt ist A. ein Teilbereich der Rationalisierung. Im Produktionsbereich wird durch die computergestützte Konstruktion (→CAD) und Fertigung (→CAM) sowie deren Verknüpfung der gesamte Produktionsablauf automatisiert. Endstufe dieser Entwicklung ist die vollautomatisierte Fabrik (→CIM).

Automatismus *der*, **1)** *allg.:* das Ablaufen von Tätigkeiten ohne bewusstes, willentl. Eingreifen, z. B. Instinktbewegungen, viele erlernte, geübte oder angewöhnte Verhaltensweisen, gewisse dem Willen nicht unterworfene Handlungen.
2) *Kunst:* spontaner Malvorgang ohne rationale Kontrolle, von A. Breton im 1. Manifest des →Surrealismus 1924 theoretisch begründet. Diese Methode erschloss psych. Quellen und instinktive Regungen des Künstlers, der sich betont als unverbildetes Individuum verstand, so M. Ernst, A. Masson, A. Gorky. – Abb. S. 344

Automobil [griech.-lat. »Selbstbeweger«] *das*, *der* →Kraftwagen.

Automobil-Club Verkehr Bundesrepublik Deutschland, →ACV.

Automobilclub von Deutschland e. V., →AvD.

Automatismus 2): Jean-Paul Riopelle, »Komposition in Blau« (1954; Ludwigshafen am Rhein, Wilhelm-Hack-Museum)

Automobil|industrie, Wirtschaftszweig für die Herstellung von Kfz (i. e. S. Kraftwagen), Anhängern, Aufbauten, Containern, Kfz-Teilen und Zubehör. Kennzeichnend für die A. ist ein hoher Grad der Unternehmenskonzentration, bedingt v. a. durch den Zwang zur Großserienproduktion, die fortschreitende Automatisierung und der damit verbundene hohe Kapitaleinsatz. Die Verflechtung der A. mit anderen Ind.-Zweigen ist volkswirtschaftlich außerordentlich bedeutend, das Export-Import-Geschäft ist ausgeprägt und die Internationalisierung der Fertigung einschl. Kooperation einzelner Kfz-Konzerne recht groß.

Automobilsport, sportl. Wettbewerbe mit Automobilen, z. B. Geschwindigkeitswettbewerbe, Zuverlässigkeitsprüfungen, Stern- und Orientierungsfahrten, Geschicklichkeitswettbewerbe. (→Motorsport)

autonom [griech.], **1)** *allg.:* eigengesetzlich, unabhängig.
2) *Biologie:* nicht willkürlich beeinflussbar, durch innere Ursachen erfolgend.

Autonome, polit. Gruppierungen in der Bundesrep. Dtl. aus dem linken Spektrum, meist locker organisiert. Sie streben eine herrschaftsfreie Gesellschaft an, auch unter Anwendung gewalttätiger Mittel.

autonomer Kreis, Abk. **AK,** Verwaltungseinheit einer nat. Minderheit in Russland, meist innerhalb eines Gebietes oder einer Region.

autonomes Gebiet, Abk. **AG,** Teil eines Staates mit einer gewissen Selbstständigkeit; er wird zum Teil auch **autonome Region** genannt (z. B. China, Russland; →Autonomie).

autonomes Nervensystem, das →vegetative Nervensystem.

Autonome Sozialistische Sowjetrepublik, Abk. **ASSR,** in der Sowjetunion Verwaltungseinheit für größere nat. Minderheiten. Daraus gingen die heutigen Teilrepubliken in Russland, Aserbaidschan, Georgien und Usbekistan hervor.

Autonomie [griech.] *die,* **1)** *allg.:* Selbstständigkeit, Unabhängigkeit.
2) *Ethik:* die Selbstgesetzgebung oder Selbstbestimmung des freien Willens, deren der Mensch als vernünftiges Wesen fähig ist. Sie impliziert nach I. Kant die Unabhängigkeit des Willens von materialen Bestimmungsgründen, ist Grund allen moral. Handelns und »oberstes Prinzip der Sittlichkeit« (→kategorischer Imperativ); Ggs.: Heteronomie.
3) *Recht:* **Selbstgesetzgebung, Selbstsatzung,** das Recht eines Gemeinwesens, die Rechtsverhältnisse seiner Angehörigen durch Aufstellung bindender Rechtssätze eigenständig zu regeln. Bis 1806 hatten Adelsgenossenschaften (Adelsvereinigungen), kirchl. Gemeinschaften, Universitäten die A.; geblieben ist sie bis heute als wesentl. Teil der →Selbstverwaltung in Gemeinden und Gemeindeverbänden, bei Universitäten u. a. Körperschaften des öffentl. Rechts. – Im Staats- und Völkerrecht ist die A. die rechtlich gesicherte Selbstständigkeit von Teilgebieten eines Staates, denen in bestimmten Fragen, bes. zum Schutz nat. Minderheiten, eine Selbstverwaltung gewährleistet wird. Zentren von A.-Bestrebungen seit dem 19. Jh. waren bes. die Vielvölkerstaaten Russland und Österreich-Ungarn. A.-Bestrebungen zeigten sich auch bei den Flamen in Belgien, den Katalanen und Basken in Spanien, den Iren in Großbritannien, den Korsen in Frankreich. Nach 1919 entstanden neue A.-Bewegungen in den Nachfolgestaaten Österreich-Ungarns (v. a. Tschechoslowakei und Jugoslawien), seit Ende der 1980er-Jahre verstärkt auch in der Sowjetunion und in Jugoslawien, die zu Beginn der 1990er-Jahre zum Zerfall dieser Vielvölkerstaaten und im Kosovo 1999 zum militär. Eingreifen der NATO führten. Außerhalb Europas treten v. a. die Frankokanadier, die Palästinenser (→Gaza-Jericho-Abkommen, →Palästina) und die Kurden mit A.-Forderungen hervor.

Autopilot, automatische Flugzeugsteuerung, Gerätesystem zur selbsttätigen Steuerung von Luftfahrzeugen, ersetzt in Fernlenkflugzeugen oder Lenkflugkörpern den Piloten oder entlastet diesen in bemannten Flugzeugen. Mithilfe eines →Flugreglers und einer hydraul. Kraftsteuerung der Ruder werden Fluglage und -bahnen konstant gehalten oder über eine Fernlenkanlage und einen programmierten Flugplan beeinflusst werden. (→Landeführungssysteme)

Autoplastik [griech.], **autogene Transplantation,** Verpflanzung von Gewebe von einer Körperregion in eine andere; Spender und Empfänger sind identisch.

Autopsie [griech.] *die,* Leichenöffnung (→Sektion).

Autor [lat.] *der,* Urheber, Verfasser.

Autoradiografie, radiolog. Verfahren zum Nachweis der örtl. Verteilung von Radionukliden, deren emittierte Strahlung spezielle Fotoemulsionen schwärzt. Das entstandene Schwärzungsbild (**Autoradiogramm**) dient v. a. der Auswertung radioaktiver Proben bzw. Präparate aus der Medizin (z. B. zur Feststellung von Gewebeveränderungen), Biologie (z. B. für die Sequenzanalyse von DNA und RNA) und Metallurgie.

Autoreisezug, Eisenbahnzug, der mit den Reisenden auch deren Pkw befördert.

Autoreparaturlacke, speziell für die Beseitigung von Lackschäden an Kraftfahrzeugen entwickelte Materialien (→Lacke). Grundsätzlich hat sich die Entwicklung der A. an den Serienlacken (→Autolack) orientiert. Stand der Technik ist auch hier die Zweischichtlackierung (→Lackierverfahren) mit Wasser-Basislacken und Klarlacken. Basislacke werden als Konzentrate angeboten, die mit wässrigen Komponenten auf Spritzviskosität verdünnt werden. Man erhält sie als Einkomponentenmaterialien oder als Mikrogel.

In der Regel wird ein A. aus verschiedenfarbigen Grundlacken nach Rezeptur zusammengemischt. Mit speziellen Techniken wie der Beilackierung lässt sich eine Schadensstelle so reparieren, dass ein Unterschied zum ursprüngl. Aussehen nicht oder kaum zu erkennen ist. Wie bei der Serienlackierung stellen die Trocknungszeiten einen entscheidenden Faktor im Ablauf der Lackierung dar. Aufgrund der im Fahrzeug vorhandenen Kunststoff- und Elektronikteile werden A. bei 60 °C, maximal bei 80 °C forciert getrocknet.

autoritärer Staat, ein Staat, in dem alle polit. Machtbefugnisse auf einen einzigen Machtträger (Einzelperson, Partei u. Ä.) konzentriert sind, der Entscheidungen ohne Kontrolle durch eine Volksvertretung trifft; die polit. Opposition ist ausgeschaltet. A. S. können u. a. Monarchien, Präsidialdiktaturen, Militärregime oder bestimmte Einparteiensysteme sein.

Autorität [von lat. auctoritas »Geltung«, »Ansehen«] *die,* Ansehen, Würde, Macht, Einfluss von Personen oder Institutionen aufgrund äußerer Befugnisse oder Symbole, aber auch aufgrund innerer Überlegenheit, größeren Ansehens oder besonderen Sachverstandes.

Auto sacramental [span.] *das,* span. Fronleichnamsspiel, wurde seit dem Ende des 16. Jh. auf öffentl. Plätzen auf Bühnenwagen (Carros) aufgeführt; Höhepunkt war die Verherrlichung der Eucharistie im Schlussbild. Vollendete Form fand das A. s. bei Lope de Vega Carpio, Tirso de Molina und bes. P. Calderón de la Barca. 1765 wurden die Aufführungen wegen starker Verweltlichung und aus Kostengründen verboten.

Autosuggestion [griech.-lat.], die Selbstbeeinflussung, →Suggestion.

Autotomie [griech.] *die,* das Vermögen vieler Tiere, bei Gefahr einen Körperteil abzuwerfen (z. B. Eidechsenschwanz) und anschließend wieder zu regenerieren.

Autotrophie [griech. »Selbsternährung«] *die,* Fähigkeit chlorophyllhaltiger Pflanzen, alle lebensnotwendigen Stoffe aus Wasser, Kohlendioxid und anorgan. Salzen selbst aufzubauen.

Autotypie [griech. »Selbstdruck«] *die,* **Rasterätzung, Netzätzung,** fotochem. Reproduktionsverfahren (erfunden 1881 von G. Meisenbach) zur Wiedergabe von Halbtonvorlagen (Fotografien, Gemälden u. a.); auch die entsprechende Druckplatte im Buchdruck wird als A. bezeichnet. Durch fotograf. Aufnahme unter Vorschaltung eines →Rasters erhält man Rasternegative, in denen die Vorlage entsprechend den Helligkeitswerten in verschieden große Punkte zerlegt wird. Die Rasternegative kopiert man auf eine lichtempfindl. Schicht versehene Metallplatten, die anschließend geätzt werden. Ähnlich werden **Mehrfarben-A.** hergestellt.

Auto Union GmbH, Vorläufer der →Audi AG; 1932 aus der Fusion von Horch AG, Audi-Werke AG (beide Zwickau), Zschopauer Motorenwerke J. S. Rasmussen AG (Zschopau; Marke DKW) und anschließender Übernahme der Automobilabteilung der Wanderer-Werke AG (Siegmar bei Chemnitz) entstanden, 1949 in Ingolstadt neu gegründet.

Autovakzine *die,* ein Impfstoff aus Erregern, die dem Blut des Kranken entnommen werden.

Autun [o'tœ], Stadt im frz. Dép. Saône-et-Loire, 16 400 Ew.; Möbel-, Flugzeug-, Metall verarbeitende Ind., Maschinen- und Fahrzeugbau. – Kathedrale aus dem 12. Jh., Reste röm. Bauten.

Auvergne [o'vɛrɲ], Landschaft und Region (26 013 km²; 1,33 Mio. Ew.) im südl. Mittelfrankreich, waldarmes, seenreiches Hochland (über 600 m) mit mehr als 60 erloschenen Vulkanen, wie dem Cantal (1 858 m ü. M.), Puy de Sancy (1 886 m ü. M.), Puy de Dôme (1 465 m ü. M.). In den Tälern ist auf den wenigen ertragreichen Böden Ackerbau möglich, in den hoch gelegenen Teilen Viehwirtschaft. Die A. ist reich an Mineralquellen; es bestehen Wasserkraftwerke, Aluminium-, Elektro-, Flugzeug- und Pharmaind. Hauptort: Clermont-Ferrand. – Die A., das Land der kelt. Arverner, gehörte zur röm. Prov. Aquitania und war im MA. eine Grafschaft; der größte Teil kam 1527 an die frz. Krone.

Auxerre [o'sɛːr], Hptst. des Dép. Yonne, Frankreich, 40 300 Ew.; zentraler Handelsort im nördl. Burgund; Holz-, Metall-, Lebensmittelindustrie; Weinbau in der Umgebung. – Got. Kathedrale Saint-Étienne (13.–16. Jh., Krypta aus dem 11. Jh.), Kirche der ehem. Benediktinerabtei Saint-Germain (13.–15. Jh.) mit karoling. Krypta (Fresken des 9. Jh.).

Auxine [griech.], Pflanzenwuchsstoffe, die durch Beeinflussung der Zellstreckung das Wachstum fördern. Hauptvertreter der A. ist die **Indolylessigsäure.**

Ava, Frau A., erste namentlich bezeugte Autorin, die in dt. Sprache schrieb; verfasste heilsgeschichtl. Dichtungen; wird identifiziert mit der Einsiedlerin Ava, deren Tod am 7. 2. 1127 in den Annalen des Klosters Melk verzeichnet ist.

Aval [frz.] *der,* selten *das,* Wechsel- oder Scheckbürgschaft; sie wird erklärt, indem der Bürge (**Avalist**) seinen Namen mit auf den Wechsel (Scheck) setzt. Ein **A.-Kredit** ist ein Wechselkredit, bei dem die bezogene Bank nur eine Bürgschaft übernimmt.

Avalancheeffekt [avaˈlãʃ-, frz.], **Lawineneffekt,** bei Halbleitern die lawinenartige Erhöhung der Ladungsträgerzahl an einer Sperrschicht aufgrund einer in Sperrichtung anliegenden Spannung.

Avalokiteshvara [-ˈteʃ-; Sanskrit »von unermessl. Lichtglanz«] *der,* ein im Mahayana-Buddhismus viel verehrter →Bodhisattva des Mitleids; in Tibet als Schirmherr des Buddhismus verehrt, der sich nach tibetisch-buddhist. Auffassung im Dalai-Lama verkörpert.

Avalon [ˈævəlɔn], **Avalun,** kelt. Mythologie: gallisch-britann. Name (Aballo, später Avallon »Apfelgarten«) des kelt. Elysiums; in der Artussage der Aufenthalt der Helden nach dem Tode.

Avalon [ˈævəlɔn], Halbinsel im SO Neufundlands, Kanada, mit vielen Häfen und dem Hauptort Neufundlands, St. John's.

Avantgarde [avãˈgard, frz.] *die,* Gruppe von Vorkämpfern (für eine Idee), bes. Vertreter literar. oder künstler. Strömungen, die überlieferte Formen sprengen und neue Entwicklungen einleiten wollen.

avant la lettre [aˈvã la ˈlɛtrə, frz.], →avec la lettre.

AvD, Abk. für **A**utomobilclub **v**on **D**eutschland e. V., ältester dt. Kfz-Klub (gegr. 1899), Sitz: Frankfurt am Main; Mitgliederservice (Garantiefragen, Ver-

Auvergne historisches Wappen

AvD

kehrsrechtsauskunft, Sicherheitstrainung u. a.), auch Förderer des Motorsports.

avdp, Abk. für a**v**oir**d**u**p**ois, →Avoirdupois-System.

Ave [lat.] *das,* Sei gegrüßt! Heil! Lebe wohl! **A.,** imperator, morituri te salutant, »Heil dir, Kaiser, die dem Tode Geweihten grüßen dich«, Gladiatorengruß an den röm. Kaiser Claudius.

Avebury [ˈeɪvbərɪ], Ort in der Grafschaft Wiltshire, Großbritannien, mit spätneolithisch-frühbronzezeitl., zu den eindrucksvollsten megalith. Anlagen in Europa gehörenden Kultstätten (UNESCO-Weltkulturerbe).

avec la lettre [aˈvɛk laˈlɛtr; frz. »mit der Schrift«], bei graf. Blättern die Drucke der fertigen Auflage nach Anbringung von Titel, Künstlernamen und Verlegeradresse; **avant la lettre** [frz. »vor der Schrift«], die vor Einstechen der Schrift abgezogenen Probedrucke; **après la lettre** [frz. »nach der Schrift«], die nach Ausschleifen der Unterschrift von der meist abgenutzten Platte gedruckten, weniger wertvollen Abzüge.

Avedon [ˈævədən], Richard, amerikan. Fotograf, * New York 15. 5. 1923, † San Antonio (Tex.) 1. 10. 2004; neben Auftragsarbeiten für Zeitschriften wie »Vogue« und »Elle« machten ihn v. a. die sachlich gehaltenen, dokumentar. Porträtaufnahmen amerikan. Stars, Literaten und Politiker bekannt.

Aveiro [aˈveiru], Distr.-Hptst. in N-Portugal, alte von Kanälen durchzogene Hafenstadt an einem 30 km langen Haff (Ria de A.), 53 500 Ew.; Universität; Schiff- und Fahrzeugbau, Meersalzgewinnung. – Kathedrale (15. –18. Jh.).

Avellaneda [aβeʝaˈneða], Stadt in Argentinien, im Bereich der Agglomeration Buenos Aires, 329 000 Ew.; Hafen (große Dockanlagen) am Río de la Plata, Werften, Erdölraffinerien, bed. Fleisch verarbeitende Industrie.

Avellino, 1) Provinz in Kampanien, Italien, östl. von Neapel, 2 792 km², 436 100 Einwohner.

2) Hptst. von 1), 56 400 Ew.; Nahrungsmittel- und Textilind.; Bischofssitz; Dom (12. Jh.). In der Nähe der Wallfahrtsort Monte Vergine.

Ave-Maria [lat. »Gegrüßt seist du, Maria«] *das, kath. Kirche:* Gebet zur Verehrung Marias; Gruß des Engels Gabriel an Maria (Lk. 1, 28), daher **Englischer Gruß** (d. h. Engelsgruß).

Avempace [-ˈpaːtse], arab. Philosoph, →Ibn Badjdja.

Avena [lat.], wiss. Bezeichnung für →Hafer.

Avenarius, Richard, Philosoph, * Paris 19. 11. 1843, † Zürich 18. 8. 1896; suchte mit einem krit. Empirismus (»Empiriokritizismus«) eine von traditioneller Metaphysik unabhängige Wirklichkeitslehre zu geben (→Positivismus). Lenin sah in A.' Philosophie einen subjektivist. Idealismus und bekämpfte ihre starke Wirkung auf die russ. Philosophie.

Werke: Kritik der reinen Erfahrung, 2 Bde. (1888–90); Der menschl. Weltbegriff (1891).

Avencebrol, jüd. Philosoph, →Ibn Gabirol.

Avenches [aˈvɑ̃ʃ], Bezirkshauptort im Kt. Waadt, Schweiz, 2 500 Ew. – Röm. Ruinen (6 km lange Ringmauer, Theater u. a.), mittelalterl. Stadtbefestigung. – A., als **Aventicum** der Hauptort der Helvetier, dann eine röm. Stadt, wurde um 260 n. Chr. von den Alemannen zerstört.

Aventin *der,* **Aventinischer Hügel,** einer der sieben Hügel Roms; bis zum 1. Jh. n. Chr. vorwiegend von Plebejern bewohnt.

Aventinianer, die Abgeordneten der antifaschist. Opposition im ital. Parlament, die nach der Ermordung G. Matteottis (10. 6. 1924) das Parlament verließen; 1926 wurden ihnen ihre Mandate entzogen.

Aventinus, Geschichtsschreiber, →Turmair.

Aventis S. A. [- sɔsjeˈtə anɔˈnim], weltweit tätiger dt.-frz. Pharma- und Agrochemiekonzern; Sitz: Straßburg, entstanden 1999 durch Fusion von Hoechst AG und Rhône-Poulenc S. A.; fusionierte 2004 mit der Sanofi-Synthélabo S A zur →Sanofi-Aventis S A.

Aventurin *der,* farbiger Quarz mit metall. Schimmer dank seiner Einschlüsse von Glimmer, Hämatit u. a.; Schmuckstein.

Aventurinfeldspat, Sonnenstein, durch eingelagerte feine Eisenglanzplättchen rötlich oder gelblich schimmernder Feldspat; Schmuckstein.

Averro|es, arab. Philosoph und Arzt, →Ibn Ruschd.

Averroismus, die Weiterführung von Gedanken des Averroes (→Ibn Ruschd) etwa seit 1250 in Paris, (Siger von Brabant, Boethius von Dacien), im 14. Jh. vertreten von Marsilius von Padua. Der A. übernahm von Ibn Ruschd die Lehren vom Primat der Vernunft, von der Ewigkeit der Welt und von der einen, allen Menschen gemeinsamen Vernunft. (→Atheismus)

Avers [lat. adversus »zugekehrt«] *der,* Vorderseite einer Münze; Ggs.: Revers.

Avers [-f-], Hochtal im Kt. Graubünden, Schweiz, vom Averser Rhein (rechter Nebenfluss des Hinterrheins) durchflossen; Hauptort ist Cresta (1 959 m ü. M.). Der Weiler **Juf** (2 126 m ü. M.) ist die höchstgelegene ganzjährig bewohnte Siedlung der Schweiz.

Aversa, Stadt in Kampanien, Prov. Caserta, Italien, nördlich von Neapel, 52 900 Ew.; bekannt v. a. durch ihren Weißwein (**Asprino**) und den Weichkäse (**Mozzarella**).

Aversion [frz.] *die,* Abneigung, Widerwille.

Aves [lat.], wiss. Name für die →Vögel, eine Klasse der Wirbeltiere.

Avesta, →Awesta.

Aveyron [aveˈrɔ̃], **1)** *der,* rechter Nebenfluss des Tarn in S-Frankreich, 250 km lang, entspringt im südl. Zentralmassiv, mündet bei Montauban.

2) Dép. in Südfrankreich, 8 735 km², 267 000 Ew.; Hptst. Rodez.

Avianca [-β-], Abk. für **A**ero**v**ías **N**acionales de **Co**lombia SA, kolumbian. Luftverkehrsgesellschaft, gegr. 1919, Sitz: Bogotá.

Avianus, Avianius, lat. Dichter, schuf wohl zu Beginn des 4. Jh. n. Chr. Fabeln in lat. Distichen, die im MA. eine weit verbreitete Schullektüre waren.

Avicenna [lat.], pers. Philosoph und Arzt, →Ibn Sina.

Avidin [lat.] *das,* Glykoprotein u. a. im Eiklar, das Biotin (→Vitamine) zu binden vermag.

Avignon [aviˈɲɔ̃], Hptst. des frz. Dép. Vaucluse in der Provence, an der Mündung der Durance in die Rhone, 88 300 Ew.; Erzbischofssitz; Univ.-Zentrum (seit 1973), Museen, Theaterfestspiele; Handels- und Verw.-Zentrum; Flusshafen, Konservenherstellung, Zement- und Düngemittelind., Landmaschinenbau; Fremdenverkehr. – A., eine mittelalterl. Stadt mit gewaltigen Mauern (1349–68), wird von der roman. Kathedrale (12. Jh.) und dem festungsartigen Papstpalast (14. Jh.) überragt (UNESCO-Weltkulturerbe). Die Brücke (Pont d'A.) aus dem 12. Jh. wurde 1668 bis auf vier Bögen zerstört; sie gilt als Wahrzeichen der Stadt. – A., das röm. **Avenio,** stand im MA. zunächst unter der

Avignon
Stadtwappen

Avignon: Blick über die Rhône auf den festungsartigen Papstpalast (14. Jh.)

gemeinsamen Herrschaft der Grafen von Toulouse und der Provence; 1309–76 Residenz der Päpste (**Avignonesisches Exil**), die hier unter frz. Einfluss standen; 1348–1797 päpstl. Besitz mit bedeutender Univ. (1303–1791).

Ávila [ˈaβila], **1)** Prov. in der Region Kastilien und León, Spanien, 8050 km², 165 500 Einwohner. **2)** Hptst. von 1), 1114 m ü. M., am N-Rand des Kastil. Scheidegebirges, 52 100 Ew.; Kath. Univ., Zentrum eines Agrargebiets; Nahrungsmittel-, Textil- und Automobilind.; Fremdenverkehr. – Die Altstadt mit ihren Klöstern und Kirchen ist UNESCO-Weltkulturerbe. Die mittelalterl. Befestigungsanlagen sind mit über 80 Türmen erhalten. – Á. wurde spätestens im 4. Jh. Bischofssitz; war von 704 bis 1088 eine maur. Festung und hatte 1550–1807 eine Universität.

Avionik die, zu **Avi**atik und Elektr**onik**, die Gesamtheit elektron. Luftfahrtgeräte sowie die Wiss. und Technik dieser Geräte und Systeme.

Avis [aˈvi, frz.] der oder das, **1)** Ankündigung (z. B. einer Sendung an den Empfänger). **2)** Mitteilung des Ausstellers eines Wechsels oder Schecks an den Bezogenen über die Deckung der Wechsel- bzw. Schecksumme; daher die A.-Klausel (»laut Bericht« oder »ohne Bericht«).

Aviso [span.] der, schnelles, leicht bewaffnetes Depeschenboot und Aufklärungsschiff, Vorläufer des Kleinen Kreuzers.

a vista, →a prima vista.

Avitaminosen, Vitaminmangelkrankheiten (→Vitamine).

Aviva plc. [- piːəlˈsiː], global (in 30 Ländern) tätiger brit. Versicherungskonzern; Sitz: London, entstanden 2000 durch Fusion von CGU plc. (gegr. 1998) und Norwich Union (gegr. 1797).

AVNOJ, Abk. für Antifašističko vijeće narodnog oslobodjenja Jugoslavije, dt. Antifaschist. Volksbefreiungsrat Jugoslawiens, gegr. 1942.

Avocado [span.] die, **Avocato, Avocadobirne, Advokatenbirne, Alligatorbirne,** birnenähnl. dunkelgrüne Frucht des südamerikan. Lorbeergewächses **Persea americana**; als Frischobst, Salat oder Mus gegessen. Anbaugebiete sind u. a. Kalifornien, Südafrika und Israel.

Avogadro-Konstante [nach dem ital. Physiker Amedeo Avogadro, *1776, †1856], physikal. Naturkonstante (Formelzeichen N_A); gibt die Anzahl der Atome oder Moleküle an, die in einem →Mol eines Stoffes enthalten sind: $N_A \approx 6{,}022 \cdot 10^{23} \,\text{mol}^{-1}$; der reine Zahlenwert dieser Größe wird auch als **Avogadro-Zahl** bezeichnet. In der älteren Fachliteratur heißt die A.-K. manchmal →Loschmidt-Konstante.

avogadrosches Gesetz, von dem ital. Physiker A. Avogadro 1811 formuliertes Gesetz: Gleiche Volumina idealer Gase enthalten bei gleichem Druck und der gleichen Temperatur die gleiche Anzahl von Atomen oder Molekülen.

Avoirdupois-System [ævədəˈpɔɪz-, engl.], das brit. und amerikan. System von Masseneinheiten, bestehend aus den Einheiten Ton, Hundredweight, Cental, Grain, Dram, Ounce, Pound, Quarter, Stone. Bei Verwechslungsgefahr mit gleichnamigen Einheiten des Apothecaries-Systems (für Medikamente) und des Troy-Systems (für Edelsteine und Edelmetalle) kann die Abk. **avdp** zur Einheit hinzugefügt werden.

Avon [ˈeɪvən, auch ˈævən], **1)** zwei Flüsse in England: 1) **Upper A.,** linker Nebenfluss des Severn, entspringt in der Grafschaft Northampton, mündet bei Tewkesbury, 155 km lang. 2) **Lower A.,** Fluss in SW-England, entspringt in den Cotswold Hills, mündet bei Avonmouth in den Bristolkanal, 121 km lang. **2)** ehem. Cty. in SW-England, 1346 km²; jetzt untergliedert in die Unitary Authorities →Bristol und Bath and North East Somerset (→Bath).

Avranches [aˈvrɑ̃ʃ], frz. Stadt an der NW-Küste der Normandie, 8500 Ew. – Im Zweiten Weltkrieg gelang den amerikan. Truppen bei A. am 30./31. 7. 1944 der entscheidende Durchbruch der dt. Linien.

Avus die, Abk. für **A**utomobil-**V**erkehrs- und **Ü**bungs-**S**traße, ehem. Automobilrennstrecke in Berlin, zw. Grunewald und Nikolassee; 9,8 km lang; 1921 fertiggestellt; Prototyp der Autobahnen. Im April 1998 gab es auf der A. das letzte Automobilrennen

Avocado: aufgeschnittene Frucht mit Steinkern

(Tourenwagen). Die Strecke ist heute Teil der A 115 und bildet die südwestl. Einfahrt nach Berlin.

AWACS [engl. 'eɪwæks; Abk. für **a**irborne early **w**arning **a**nd **c**ontrol **s**ystem], luftgestütztes Frühwarn- und Einsatzführungssystem der NATO (zentraler Stützpunkt: Geilenkirchen); besteht neben Bodenradaranlagen v. a. aus entsprechend ausgerüsteten Flugzeugen vom Typ Boeing 707–320, Version E-3A »Sentry«, mit einem auf dem Flugzeugrumpf angebrachten und rotierenden Radarpilz, um Schiffe und Flugzeuge auf eine Entfernung von etwa 500 km zu orten und zu identifizieren. Das jederzeit aktuelle Lagebild kann an andere A., an Führungsstellen der Luftverteidigung sowie an entsprechende Kommandobehörden direkt übermittelt werden; ebenso ist es möglich, speziell ausgerüstete Jagdflugzeuge an zu bekämpfende Ziele heranzuführen. – Russland verfügt über zwei vergleichbare luftgestützte Frühwarn- und Einsatzführungssysteme.

Awami-Liga, polit. Partei in →Bangladesh.

Award [əˈwɔːd; engl. »Urteil«, »Entscheidung«] *der,* von einer Jury vergebener Preis, bes. in der Film- und Musikbranche.

Awaren, 1) Avaren, asiat. Reitervolk, das im 6. Jh. von den Türken aus dem Steppengebiet östl. der Wolga verdrängt wurde. Die A. besiegten im Bunde mit den Langobarden 567 die Gepiden in Ungarn (Pannonien), wo sie um 570 ein eigenes Reich gründeten. Ihr Vordringen auf die Balkanhalbinsel bedrohte zeitweise Byzanz, 626 erlitten die A. jedoch vor Konstantinopel eine Niederlage; ihr Reich wurde 791–803 endgültig durch Karl d. Gr. zerstört.
2) Volk im östl. Kaukasus, in Dagestan und in Aserbaidschan, etwa 600 000 Menschen.

awarische Sprache, →kaukasische Sprachen.

Awash [-ʃ], Fluss in O-Äthiopien, 900 km lang, entspringt bei Addis Abeba, endet im Abbésee nahe der Grenze zu Djibouti; am Oberlauf **A.-Nationalpark** (320 km²; UNESCO-Weltnaturerbe), am Unterlauf wurde ebenfalls ein Seitental des prähistor. Funden zum UNESCO-Weltnaturerbe erklärt.

Awesta [von mittelpersisch apastak »Grund-(schrift)«] *das,* **Avesta,** die religiösen Texte der Anhänger Zarathustras, in altiran. Sprache **(Awestisch)** verfasst und in Bruchstücken erhalten. Die ältesten Teile (etwa 7. Jh. v. Chr.) werden Zarathustra selbst zugeschrieben (→Gathas).

Awwakum, Petrowitsch, russ. Oberpriester (Protopope), * Grigorowo (bei Nischni Nowgorod) 1620 oder 1621, † (verbrannt) Pustosjorsk (bei Narjan-Mar) 14. 4. 1682; Führer der Altgläubigen (→Raskolniki). Seine Sendschreiben und Auslegungen sowie die anschaulich verfasste Autobiografie gehören zu den bed. Werken der älteren russ. Literatur.

Ax [æks], Emanuel, amerikan. Pianist poln. Herkunft, * Lemberg 8. 6. 1949; konzertiert seit Anfang der 1970er-Jahre mit führenden Orchestern der USA und Europas; sein Repertoire umfasst sowohl die klass. Klavierliteratur als auch Werke des 20. Jahrhunderts.

AXA-Gruppe, weltweit tätiger frz. Versicherungs- und Finanzdienstleistungskonzern, gegr. 1816, heutiger Name seit 1985; Sitz: Paris. Zu den zahlr. Tochtergesellschaften gehört u. a. die **AXA Konzern AG** (Sitz: Köln), die 2001 aus der Colonia Konzern AG hervorging und u. a. folgende Gesellschaften umfasst: AXA Versicherung AG, AXA Lebensversicherung AG, AXA Krankenversicherung AG, AXA Bausparkasse AG, AXA Bank AG und AXA Art Versicherung AG.

Axakow, 1) Konstantin Sergejewitsch, russ. Schriftsteller, * Nowo-Axakowo (Gouv. Orenburg) 10. 4. 1817, † auf Zakynthos 19. 12. 1860, Sohn von 2); führender Theoretiker der Slawophilen.
2) Sergei Timofejewitsch, russ. Schriftsteller, * Ufa 1. 10. 1791, † Moskau 12. 5. 1859, Vater von Iwan Sergejewitsch Axakow (* 1823, † 1886) und 1); neben Turgenjew einer der Begründer der Erzählliteratur des russ. Realismus.

Axel [æksl], Richard, amerikan. Mediziner, * New York 2. 7. 1946; arbeitete an der Johns Hopkins University in Baltimore (Md.), seit 1984 ist er am Howard Medical Institute der Columbia University in New York tätig. A. ist durch Forschungsarbeiten maßgeblich an der Aufklärung des Geruchssinns beteiligt; erhielt 2004 mit Buck für Arbeiten über Geruchsrezeptoren und den Geruchssinn den Nobelpreis für Physiologie oder Medizin.

Axel Heiberg Island [ˈæksl ˈhaɪbəːɡ ˈaɪlənd, engl.], größte Insel der Sverdrup Islands (→Sverdrup), im N des Kanadisch-Arkt. Archipels, 43 178 km²; bis 2 211 m ü. M. – 1899 entdeckt.

Axel-Paulsen-Sprung [nach dem norweg. Eisläufer A. Paulsen, * 1855, † 1938], kurz **Axel,** *Eiskunstlauf, Rollkunstlauf:* Sprung auf das andere Bein von vorwärts-auswärts mit eineinhalbfacher (einfacher Axel), zweieinhalbfacher (Doppelaxel) oder dreieinhalbfacher (dreifacher Axel) Drehung auf rückwärts-auswärts.

Axelrod [ˈæksəlrɒd], Julius, amerikan. Biochemiker, * New York 30. 5. 1912, † Rockville (Md.) 29. 12. 2004; erhielt 1970 mit U. von Euler-Chelpin und B. Katz für neurophysiolog. Arbeiten auf dem Gebiet der Informationsübertragung im Organismus den Nobelpreis für Physiologie oder Medizin.

Axel Springer AG, Medienkonzern, gegr. 1946 von A. C. Springer mit dem Hammerich & Lesser Verlag (gegr. 1789) seines Vaters Hinrich (* 1880, † 1949); AG seit 1970, bis 2003 **Axel Springer Verlag AG;** Sitz: Berlin (seit 1967, vorher Hamburg). Das Unternehmen ist der größte dt. Anbieter von Tageszeitungen (z. B. »Bild«, »Die Welt«, »Hamburger Abendblatt«) und Sonntagszeitungen (»Welt am Sonntag«, »Bild am Sonntag«, »Euro am Sonntag«). Zeitschriften sind u. a. »Bild der Frau«, »Sport Bild«, »Computer Bild« und die Programmzeitschrift »Hörzu«; zahlr. Titel auch in anderen europ. Ländern. Romanreihen erscheinen im Cora Verlag. Weitere Beteiligungen u. a. an der Sportrechteagentur ISPR. Zum Konzern zählen auch Druckereien und Vertriebsorganisationen. In den elektron. Medien ist er beteiligt an privaten Hörfunksendern (u. a. Radio Schleswig-Holstein, Antenne Bayern) und war Mitgründer des Privatfernsehsenders Sat.1.

Axenstraße, Straße mit vielen Tunneln und Galerien am O-Ufer des Urner Sees (Vierwaldstätter See), Schweiz; erste Anlage 1863–65.

Axialturbine, eine Turbine mit parallel zur Welle durchströmtem Laufrad; Ggs.: Radialturbine.

axillar [lat. axilla »Achselhöhle«], **1)** *Botanik:* unmittelbar über der Ansatzstelle eines Blattes stehend. **2)** *Medizin:* in der Achselhöhle gelegen.

Axiologie [griech.] *die, Philosophie:* die Theorie der Werte (→Wertphilosophie).

Axiom [griech. »Forderung«] *das, Logik, Mathematik:* ein Grundsatz, der nicht von anderen Sätzen

Awaren 1): frühawarische Pseudogoldschnalle aus Ungarn, Tépe (Anfang 7. Jh.)

abgeleitet, d. h. nicht bewiesen werden kann. Die A. sind aber darum nicht unbegründete Annahmen, sondern gelten als unmittelbar einsichtig. Logische A. sind z. B. der Satz vom ausgeschlossenen Dritten (→Tertium non datur) und der Satz vom →Widerspruch. Unter **Axiomatik** versteht man sowohl die Begründung eines Gedankensystems durch Ableitung aus A. als auch die Lehre von der Aufstellung eines **Axiomensystems,** das widerspruchsfrei, unabhängig und vollständig sein muss. Die **axiomat. Methode,** d. h. die Untersuchung der log. Folgerungen aus Aussagen unabhängig von der Bedeutung der in ihr vorkommenden Prädikate, kennzeichnet die moderne Mathematik, v. a. die Algebra und Topologie; sie hat (auch unter dem Namen **Modelltheorie**) Eingang in die empir. Wiss.en (Physik, Wirtschaftstheorie u. a.) gefunden.

A̱xis [lat. »Achse«] *der,* **Dreher,** früher **Epistropheus,** zweiter, mit einem nach aufwärtsgerichteten Fortsatz ausgestatteter Halswirbel, um den sich der ringförmige erste Halswirbel (→Atlas) drehen kann.

Axjonow, Wassili Pawlowitsch, russ. Schriftsteller, *Kasan 20. 8. 1932; schrieb seit den 1960er-Jahren Romane und Erzählungen über Probleme der mit dem Sowjetregime unzufriedenen Jugend und Intelligenz (»Fahrkarte zu den Sternen«, 1961; »Defizitposten Faßleergut«, 1968); emigrierte in die USA und veröffentlichte dort u. a. die Romane »Gebrannt« (1980) und »Die Insel Krim« (1981); seit 2002 lebt A. in Frankreich.

Axminsterteppich ['æks-], samtartig gewebter Teppich des 19. Jh. mit aufgeschnittenem Flor, zuerst in Axminster (Cty. Devon), später v. a. in Wilton (Cty. Wiltshire) und in fast allen europ. Ländern hergestellt.

Axo̱lo̱tl [aztek. »Wasserspiel«] *der,* **Ambystoma mexicanum,** frei nur im Xochimilcosee in Mexiko lebender Querzahnmolch; er behält seine (wassergebundene) Larvenform bei und pflanzt sich als solche fort.

Axonometrie [griech.], zweidimensionale Darstellung räuml. Gebilde in Bezug auf ein geeignet gewähltes Koordinatensystem.

Axt, Werkzeug zum Fällen von Bäumen und zur Holzbearbeitung, unterscheidet sich vom Beil durch schmalere Schneide, längeren Stiel und größeres Gewicht. Spezielle Formen sind für den Waldarbeiter die leichte **Fäll-A.** und **Äst-A.** und die schwere **Spalt-A.,** für Zimmerleute die **Zimmermanns-A.** oder **Bund-A.** zum Behauen der Balken, **Stoß-A.** oder **Stich-A.** zum Herausarbeiten von Zapfenlöchern und Zapfen. Der **Kaukamm** dient Bergleuten zum Zurechthauen von Grubenhölzern. – Die A. ist schon aus vorgeschichtl. Zeit als Werkzeug oder Waffe (**Streit-A.**) bekannt.

Ayacucho [aja'kutʃo], Hptst. des Dep. Ayacucho, Peru, am O-Hang der Westkordillere, 2 745 m ü. M., 119 000 Ew.; Univ.; kath. Erzbischofssitz; Touristenzentrum mit traditionellem Handwerk. – Kolonialzeitl. Stadtbild mit zahlr. Kirchen; in der Umgebung Quecksilbergruben. – A. erhielt seinen Namen 1825 zur Erinnerung an die Schlacht beim Dorf Ayacucho, in der die Truppen S. Bolívars am 9. 12. 1824 das letzte span. Heer in Südamerika besiegten.

Ayatollah [pers. »Zeichen (Wunder, Spiegelbild) Gottes«] *der,* **Ajatollah,** *Islam:* bei den Zwölferschiiten (→Schiiten) Ehrentitel für herausragende Religionsgelehrte, die zu selbstständiger Rechtsfindung befugt sind und infolge ihres Ansehens zu einer Instanz werden, an die sich andere Theologen und Gläubige wenden. Der Ranghöchste wird als **A. al-usma** (»größtes Zeichen Gottes«) bezeichnet.

Ayckbourn ['eɪkbɔːn], Alan, engl. Dramatiker, *London 12. 4. 1939; war Schauspieler, Regisseur und Produzent an versch. Theatern. Viele seiner Dramen sind Farcen, die genaue Beobachtungen der engl. Klassenstruktur mit theatral. Witz verbinden (»Haus & Garten«, 1999). – *Weitere Werke:* Frohe Feste (1974); Trilogie: Normans Eroberungen: Tischmanieren, Trautes Heim, Quer durch den Garten (1975); Der Held des Tages (1990); Time of my life (1993); Doppeltüren (1995).

Aydın, Hptst. der Prov. Aydın in W-Anatolien, in der fruchtbaren Ebene des Büyük Menderes, Türkei, 142 300 Ew.; Baumwoll- und Tabakverarbeitung.

Aye-Aye ['aj'aj, madagass.] *der,* ein Halbaffe (→Fingertiere).

Ayer ['eə], Alfred Jules, engl. Philosoph, *London 29. 10. 1910, †ebd. 28. 6. 1989; Vertreter der analyt. Philosophie in der Nachfolge B. Russells und des Wiener Kreises; schrieb u. a. »Sprache, Wahrheit und Logik« (1936), »Die Hauptfragen der Philosophie« (1973).

Ayers Ro̱ck ['eəz-], in der Sprache der Aborigines **Uluru,** einer der größten Inselberge der Erde, in Australien südwestlich von Alice Springs, aus rotem Sandstein, 9 km Umfang, rd. 350 m über die Ebene aufragend. – Der A. R. ist ein myth. Ort der Aborigines (→Australier), mit Felsbildern und heiligen Stätten; gehört zum Nationalpark Uluru-Kata Tjuta (UNESCO-Welterbe).

Aylesbury ['eɪlzbərɪ], Hptst. der Cty. Buckinghamshire, England, 69 000 Ew., Entlastungsort für London; Nahrungsmittel-, Druck- u. a. Leichtindustrie.

Aymará, →Aimara.

Aymé [ɛ'me], Marcel, frz. Schriftsteller, *Joigny (Dép. Yonne) 29. 3. 1902, †Paris 14. 10. 1967; schrieb realist. und derb-humorist. Romane, so »Die grüne Stute« (1933), später meist fantast. Romane, so »Der schöne Wahn« (1941), Novellen (»Der Mann, der durch die Wand gehen konnte«, 1943), Tiermärchen und Theaterstücke.

Aymonino, Carlo, ital. Architekt, *Rom 18. 7. 1926; Vertreter der rationalen Architektur in Italien, entwarf u. a. das Wohnquartier »Gallaratese II« in Mailand (1967–72; mit A. Rossi u. a.) und die Wiss. Hochschule in Pesaro (1970–73).

Ayr ['eə], Stadt an der SW-Küste Schottlands, am Firth of Clyde, zentraler Ort von South Ayrshire, 46 400 Ew., Seebad, Hafen, chem. Ind., Maschinenbau.

Ayrshire ['eəʃɪə], Gebiet in SW-Schottland am Firth of Clyde, gegliedert in die Local Authorities East Ayrshire, North Ayrshire, South Ayrshire.

Ayub Kha̱n, Mohammed, pakistan. Feldmarschall und Politiker (Muslim-Liga), *Abbottabad (North West Frontier Province) 14. 5. 1907, †Islamabad 20. 4. 1974; war 1958–69 Staatspräs. und Min.-Präs.; führte 1960 das System der »basic democracies« ein.

Ayuntamie̱nto [span.] *das,* auch *der,* in Spanien die Selbstverwaltung der Gemeinden; Gemeinderat; auch Stadtbezirk.

Ayurve̱da [Sanskrit] *der,* Sammlung der wichtigsten Lehrbücher der alten ind. Heilkunde (Wiss. vom langen Leben), die den Menschen als komplexes Wesen in seiner Beziehung zur Umwelt betrachtet; zur Behandlung dienen v. a. pflanzl. Präparate.

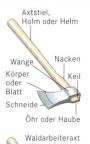

Waldarbeiteraxt (Harzer Form)

Zimmermannsaxt

Kaukamm mit Nagelzieher

Axt

Alan Ayckbourn

Mohammed Ayub Khan

Ayutthaya, thailänd. **Krung Kao,** Prov.-Hptst. in Thailand, nördlich von Bangkok am Menam Chao Phraya, 75 900 Ew.; war 1350–1767 Hptst. Siams (aus dieser Zeit stammen ausgedehnte Palast- und Tempelanlagen [UNESCO-Weltkulturerbe]); Fremdenverkehr.

Azalee [griech. azaléos »dürr«] *die,* **Azalie,** ostasiat. Heidekrautgewächs der Gatt. Rhododendron, Ziersträucher mit großen roten, rosa, gelben oder weißen Blüten; auch Topfpflanze.

Azaña y Díaz [a'θaɲa i 'ðiaθ], Manuel, span. Politiker und Schriftsteller, * Alcalá de Henares 10. 1. 1880, † Montauban 4. 11. 1940; Führer der republikanisch-sozialist. Bewegung, 1931 bis 1933 Min.-Präs.; unter seiner Reg. ergingen u. a. Agrarreformen und antikirchl. Gesetze; 1936–39 war er Staatspräs. der Rep. und ging 1939 ins Exil.

Azarole [span.-arab.] *die,* **Azaroldorn,** *Botanik:* ein Weißdorn.

Azeglio [ad'dzeʎʎo], Massimo Tapparelli, Marchese d'A., ital. Staatsmann, Schriftsteller und Maler, * Turin 24. 10. 1798, † ebd. 15. 1. 1866; trat, auch mit romant.-patriot. historischen Romanen, für die Einigung Italiens ein, war 1849–52 Min.-Präs. des Königreichs Sardinien.

azeotropes Gemisch [griech.], flüssiges Gemisch, das bei gegebenem Druck einen konstanten Siedepunkt aufweist, der niedriger ist als derjenige der Einzelkomponenten. Man kann ein a. G. deshalb nicht durch einfache Destillation trennen, sondern setzt einen Hilfsstoff (Schleppmittel) zu, der mit einer Komponente ein a. G. bildet (**Azeotropdestillation**).

Azetat, das →Acetat.

Azide [von frz. azote »Stickstoff«], die Salze der Stickstoffwasserstoffsäure. (→Stickstoff)

Azidimetrie, die →Acidimetrie.

Azidität, die →Acidität.

Azilien [azi'ljɛ̃; nach dem Fundort Le Mas-d'Azil, Dép. Ariège] *das,* Kulturstufe der späten Altsteinzeit in S-Frankreich und an der span. Küste (etwa 11 000–9 000 v. Chr.; Übergangszeit zur Mittelsteinzeit, früher dieser zugerechnet).

Azimut [arab. as-sumūt »Richtungskreis«] *das,* auch *der,* Winkel auf dem Horizontalkreis zw. dem Südpunkt und dem Schnittpunkt des Vertikalkreises eines Gestirns mit dem Horizont. (→astronomische Koordinaten)

Azimutalkreis, Almukantarat, jeder dem Horizont parallele Kreis der Himmelskugel.

Azimutalprojektion, ein →Kartennetzentwurf.

Azincourt [azɛ̃'kuːr], früher **Agincourt,** Ort bei Arras im Dép. Pas-de-Calais, Frankreich. Im Hundertjährigen Krieg besiegten hier die Engländer unter Heinrich V. am 25. 10. 1415 ein wesentlich stärkeres frz. Heer.

Azine, heterozykl. Kohlenwasserstoffe, die in einem sechsgliedrigen Ring mindestens ein Stickstoffatom enthalten.

Azinfarbstoffe, vom Phenazin abgeleitete organ. Farbstoffe, z. B. die Safranine und Induline; verwandt ist der Farbstoff →Methylenblau.

Aznar López [að'nar 'lopeθ], José María, span. Politiker, * Madrid 25. 2. 1953; 1982–87 Gen.-Sekr. der Alianza Popular (AP), 1987–89 Min.-Präs. der Region Kastilien und León, seit 1990 Vors. des Partido Popular (PP); wurde nach dem Wahlsieg seiner Partei 1996 Min.-Präs. (bestätigt 2000); seit Nov. 2001 Präs. der Christlich-Demokrat. Internationale. Zu den Parlamentswahlen am 14. 3. 2004 trat er nach zwei Amtsperioden nicht erneut an und gab auch den Parteivorsitz im Okt. 2004 ab.

Aznavour [azna'vuːr], Charles, eigtl. Varenagh **Aznavourian,** frz. Chansonnier und Filmschauspieler armen. Herkunft, * Paris 22. 5. 1924; schrieb zahlr. Chansons, auch Filmmusik und die Operette »Monsieur Carnaval« (1965).

Azofarbstoffe, wichtigste Gruppe synthetischer organ. Farbstoffe, v. a. im gelben bis roten Bereich; enthalten eine oder mehrere Azogruppen ($-N=N-$) als →Chromophore. Die A. dienen zum Färben von Textilien, Wachsen, Holz, Papier u. a.; Bedeutung als Indikatorfarbstoffe haben Methylorange und Methylrot. (→Azoverbindungen)

Azoren, port. **Açores,** Inselgruppe im Atlant. Ozean, etwa 1 400 km westlich von Portugal, bildet eine autonome Region Portugals, 2 322 km², 241 800 Ew.; Hptst. Ponta Delgada. Die A. sind vulkan. Ursprungs. Die neun größeren Inseln ordnen sich auf dem Mittelatlant. Rücken in drei Gruppen an; im O die Hauptinsel São Miguel und Santa Maria (nebst den Formigas-Inseln), in der Mitte Terceira, Graciosa, São Jorge, Pico und Faial, im NW Flores und Corvo. Ihre Vulkane ragen bis 2 345 m ü. M. auf und sind z. T. bis in die heutige Zeit tätig. Das Klima ist ozeanisch mild, sommertrocken und winterfeucht mit stürm. Winden. Haupterwerb ist die Landwirtschaft. Ausgeführt werden Molkereiprodukte und Schlachtrinder (nach Festlandportugal), Ananas, Wein, Feigen und Blumenzwiebeln. Die vielfach rechtwinklig ummauerten Felder wurden am nordwestl. Rand der Insel Pico wegen ihrer lebensfähigen und authent. Weinbaukultur zum UNESCO-Weltkulturerbe ernannt. Die geotherm. Energie wird durch ein Kraftwerk genutzt. Ein großer Stützpunkt der USA befindet sich in Lajes da Terceira. Durch die jahrzehntelange Auswanderung bestehen starke Bindungen der Bewohner nach den USA und Kanada. Der internat. Flughafen liegt auf Santa Maria, Flugplätze haben São Miguel, Faial und Flores. – Die A. waren schon den Karthagern, Normannen und Arabern bekannt. 1427 wurden sie von den Portugiesen wieder entdeckt. – 1980 Autonomiestatut.

Azorenhoch, das in der Umgebung der Azoren durch Aufstau subtrop. Warmluft fast immer anzutreffende Hochdruckgebiet; von großer Bedeutung für den Wetterablauf in Europa.

Azorín [aθo'rin], Pseudonym des span. Schriftstellers →Martínez Ruiz.

Charles Aznavour

Azoren

Azotobacter, Gattung Luftstickstoff bindender Bakterien, die im Boden und in Gewässern vorkommen.

Azoverbindungen, organ. Verbindungen, in denen die **Azogruppe** (−N=N−) mit Alkyl- oder Arylgruppen verknüpft ist. **Azobenzol,** ein orangeroter Feststoff, ist Stammsubstanz der technisch wichtigen →Azofarbstoffe.

Azteken, im 13. Jh. in das Hochtal von Mexiko eingewanderte Bev.-Gruppe, die z.Z. der span. Eroberung die führende polit. Macht in Mexiko war (Eigenbez. Mexica). Nach einer langen Wanderungsphase gründeten die A. um 1325 auf einer Insel im Texcocosee ihre Hauptstadt →Tenochtitlán. Die *Gesellschaft* der A. gliederte sich in Adel und Volk, zu dem alle Bauern, Handwerker und Händler zählten. Die *Wirtschaft* beruhte auf der Landwirtschaft (Hackbau), einem ausgeprägten Handelswesen und dem Tributsystem. Auf z.T. terrassierten Feldern mit Bewässerung, im S der Hauptstadt auch auf »schwimmenden Gärten«, wurden v.a. Mais, Bohnen, Kürbis, Tomaten und Chili angebaut; Nutztiere waren Truthühner und Hunde, die gegessen wurden. Der Fernhandel und das Tributsystem lieferten v.a. Luxusgüter wie Kakao, Tabak, Federn, Edelsteine und Edelmetalle sowie Stoffe und Waffen. Die A. übernahmen die Grundzüge der Kultur der vor ihnen auf dem Hochland lebenden Völker (→mesoamerikanische Hochkulturen) und entwickelten sie weiter. Die Religion war durch die Verehrung zahlr. Götter gekennzeichnet; als wichtigste lassen sich unterscheiden: Tezcatlipoca (eine Art Schicksalsgott), der Kriegs- und Stammesgott Huitzilopochtli, der Regengott Tlaloc und Quetzalcoatl, Schöpfungsgott und Schutzpatron der Künste und Wiss.en. Durch Opfer mussten die Götter günstig gestimmt werden. Bes. dem Sonnengott Tonatiuh wurden auch Menschenopfer, v.a. Kriegsgefangene, dargebracht, deren Anzahl jedoch in der Literatur übertrieben wird. Die A. entwickelten eine Bilderschrift und einen auf astronom. Beobachtungen fußenden Kalender. Wesentl. Bereiche der Wiss. (Medizin) und Literatur (Gesänge, formelle Reden u.a.) sind durch Aufzeichnungen nach der span. Eroberung überliefert, v.a. durch den Franziskaner →Bernardino de Sahagún. Die Zahl der heute lebenden Nahuatl sprechenden Mexikaner beträgt etwa 1,2 Mio. (→Nahua)

Azubi, Kw. für →Auszubildender.

Azteken: Abzapfen von Blut als Bußübung und Opfer an die Götter, Darstellung aus dem Codex Magliabechiano (Mitte 16. Jh.; Florenz, Biblioteca Nacionale Centrale)

Azulejos [aθu'lɛxɔs; span., zu azul »blau«], bunt glasierte Fayencefliesen (v.a. dunkelgrün, blau, violett, rot, weiß und gelb) mit geometr. oder pflanzl. Mustern, von den Mauren im 14. Jh. in Spanien eingeführt; besonders reiche Entfaltung in Portugal. – Für das Bodenpflaster verwendete A. heißen **Olambrillas.**

Azulene [zu span. azul »blau«], blaue, unbeständige Kohlenwasserstoffe, die sich vom Grundkörper **Azulen** (einem bizyklisch aromat. Kohlenwasserstoff mit einem Fünfer- und einem Siebenerring) ableiten; entzündungshemmende Wirkstoffe mancher äther. Öle (Kamillenblüte, Schafgarbe).

Azur [frz.-arab.] *der, das* →Himmelsblau.

Azurblau, dunkle Varietät der Smalte, ein Kobaltpigment.

Azurit [von Azur] *der,* **Kupferlasur, Chessylith,** blaues, durchscheinendes, monoklines Mineral, $Cu_3[OH|CO_3]_2$; kurzsäulige oder tafelige Kristalle, auch derbe Aggregate; kommen in Kupfererzlagerstätten vor.

azyklische Verbindungen, acyclische Verbindungen, organ. Verbindungen mit linearen oder verzweigten, nicht geschlossenen Kohlenstoffketten (→Kohlenwasserstoffe).

Azoverbindungen

B

b, B [be:] *das,* **1)** Konsonant; der 2. Buchstabe des dt. und vieler anderer Alphabete; stimmhafter bilabialer Verschlusslaut; geht über das Griechische auf semit. Alphabete zurück.
2) B oder **B.,** bei röm. Namen Abk. für **B**albus, **B**rutus.
3) *Börsenwesen:* **B,** auf dt. Kurszetteln Abk. für **B**rief; **b.,** Abk. für **b**ezahlt.
4) *Chemie:* **B,** Symbol für →Bor.
5) *Formelzeichen: B* für die →magnetische Flussdichte.
6) *Münzwesen:* **B,** neuzeitlich die 2. dt. Münzstätte (1866–78 Hannover).
7) *Musik:* **B,** der Halbton über A: das um einen Halbton erniedrigte H. Im angelsächs. Sprachraum bezeichnet B den Ganzton über A, also den Ton H. Als Versetzungszeichen bewirkt ♭ Erniedrigung um einen Halbton. Als Tonartbez. bedeutet **B** B-Dur, **b** b-Moll.

Ba, chem. Symbol für →Barium.

Ba-, Vorsilbe in Bantusprachen; bezeichnet eine Mehrzahl von Personen, z. B. bei Stammesnamen wie Bahutu (→Hutu).

B. A. [biːˈeɪ], Abk. für engl. **B**achelor of **A**rts, →Bachelor.

Baade, Wilhelm Heinrich Walter, dt.-amerikan. Astronom, * Schröttinghausen (heute zu Preußisch Oldendorf) 24. 3. 1893, † Göttingen 25. 6. 1960; erforschte v. a. die Struktur von Spiralnebeln, Sternpopulationen.

Baader, 1) Franz Xaver von, Philosoph und kath. Theologe, * München 27. 3. 1765, † ebd. 23. 5. 1841, Bruder von 2); bed. Denker aus der kath. Romantikerkreisen Münchens; v. a. von J. Böhme, Meister Eckhart und der Gnosis beeinflusst, wirkte er stark auf Schelling und vertrat, wie dieser, gegen den Rationalismus die Selbstbegrenzung der menschl. Vernunft: Wir können nur deshalb erkennen, weil Gott uns und die Welt denkt.
2) Joseph von, Ingenieur, * München 30. 9. 1763, † ebd. 20. 11. 1835, Bruder von 1); förderte das Eisenbahnwesen in Dtl.; 1807 erste Entwürfe von Eisenbahnen.

Baal [hebr. »Herr«] *der,* oft als Stier oder in Menschengestalt dargestellter Wetter- und Fruchtbarkeitsgott der Westsemiten, urspr. Titel versch. Stadtgottheiten. Der B. von Tyrus wurde seit dem 9. Jh. v. Chr. in Israel vielfach verehrt und von den alttestamentl. Propheten (Elias, Hosea) bekämpft. Dem B. entsprach in Babylonien →Bel.

Baalbek, Balbek, Prov.-Hptst. in Libanon, etwa 20 000 Ew. – B., in hellenist. Zeit wegen des Sonnenkultes **Heliopolis,** war seit Augustus röm. Kolonie. Der Tempelbezirk (mächtige Ruinen des 1.–3. Jh. n. Chr.) gehört zu den größten in Vorderasien (UNESCO-Weltkulturerbe).

Baal Schem Tov [hebr. »Herr des (göttl.) Namens«], Beiname des Mystikers Rabbi Israel ben Elieser B. S. T., Gestalt des osteurop. Judentums, * Okop (Podolien) um 1700, † Międzyboż (Podolien) 1760; wirkte als Wundertäter; vertrat die Lehre vom Einssein Gottes mit seiner Schöpfung, der jedem Wesen innewohnenden Göttlichkeit. (→Chassidim)

Baar, 1) *die,* Landschaft an der O-Abdachung des südl. Schwarzwalds um Donaueschingen; vorwiegend Hochflächen in etwa 700 m ü. M., Teil des südwestdt. Schichtstufenlandes. – Die **Landgrafschaft B.** (seit 12. Jh.) kam im 13. Jh. an die Fürsten von Fürstenberg, 1806 an Baden.
2) Ind.-Stadt im schweizer. Kt. Zug, 20 200 Ew.; Maschinen-, Apparatebau, Baumwollspinnerei, chem. u. a. Industrie, Obstbau.

Baath(-Partei) [arab. »Wiedergeburt«], **Bath(-Partei),** im April 1947 in Damaskus gegründete, urspr. panarabisch und sozialistisch orientierte polit. Partei, in einigen ostarab. Ländern verbreitet und von einem »Nat. Kommando« geleitet; gelangte 1963 in Syrien und Irak an die Macht, in Letzterem endgültig 1968 (dort 2003 Entmachtung des B.-Regimes durch eine amerikanisch-brit. Militärintervention).

Bab, Julius, Schriftsteller, Theaterkritiker, * Berlin 11. 12. 1880, † Roslyn Heights (N. Y.) 12. 2. 1955; emigrierte 1938; verfasste etwa 90 theaterwiss. Werke und Biografien; bed. u. a. »Der Mensch auf der Bühne«, eine Dramaturgie für Schauspieler (3 Bde., 1910/11).

Baba [türk. »Vater«] *der,* türk. Ehrentitel für alte Männer und zur Bez. von Derwischheiligen und -oberhäuptern.

Baba, Corneliu, rumän. Maler, * Craiova 18. 11. 1906, † Bukarest 28. 12. 1997; gestaltete in expressiven Farben und Formen Landschaftsbilder, Stillleben und v. a. Porträts.

Babaco, Carica pentagona, gurkenförmige Verwandte der Papayafrucht (→Melonenbaum); die Frucht kann mit der Schale gegessen werden.

Babbage [ˈbæbɪdʒ], Charles, brit. Mathematiker, * Teignmouth (Devonshire) 26. 12. 1791, † London 18. 10. 1871; entwarf um 1834 die erste automat. Rechenmaschine mit Speicher, deren Realisierung an den damals unzureichenden techn. Mitteln scheiterte.

Babbitt [ˈbæbɪt], Milton Byron, amerikan. Komponist, * Philadelphia 10. 5. 1916; beschäftigt sich v. a. mit Zwölftontechnik; auch math. Forschungen.

Babel, bibl. (hebr.) Name von →Babylon.

Babel, Isaak Emmanuilowitsch, russ. Schriftsteller, * Odessa 13. 7. 1894, † (erschossen) Moskau 27. 1. 1940; war Meister der kleinen Form und Vertreter der »ornamentalen Prosa« (farbiger Detailreichtum); schrieb Erzählzyklen (»Budjonnys Reiterarmee«, 1926; »Odessaer Erzählungen«, 1923 ff.); starb als Opfer des stalinist. Terrors, wurde erst 1957 rehabilitiert.

Bab el-Mandeb [arab. »Tor der Wehklage«], 26 km breite Meeresstraße zw. dem Roten Meer und dem Golf von Aden (Ind. Ozean).

Babelsberg, Stadtteil (seit 1939) von Potsdam; Bereiche der Univ. Potsdam, Hochschule für Film und Fernsehen, internat. Multimediastandort (»Medienstadt B.«, drittgrößter Standort Dtl.s mit rd. 130 Unternehmen), bes. mit Filmstudios, Dienstleistungs-, Freizeitzentren auf dem Gelände der ehem. UfA- und

---

b, B 1): Druckschriftvarianten;
1 altsemitisch,
2 altgriechisch (archaisch),
3 römische Kapitalschrift, 4 Unziale,
5 karolingische Minuskel, 6 Textur,
7 humanistische Kursive, 8 Fraktur

DEFA-Studios. – Schloss, von F. K. Schinkel 1834/35 begonnen, 1844–49 in engl. Neugotik vollendet. – 1751 von König Friedrich II., d. Gr., als Kolonie böhm. und sächs. Weber gegr., wurde 1924 Stadt (Nowawes; seit 1938 B.).

Babenberger, Fürstengeschlecht in Bayern und Österreich, seit 976 Markgrafen, seit 1156 Herzöge der Ostmark (Österreich), 1246 ausgestorben. (→Österreich, Geschichte)

Babesia [nach dem rumän. Bakteriologen V. Babeş, *1854, †1926], Protozoengattung der Piroplasmen; besiedeln, durch Zecken übertragen, die roten Blutkörperchen, bes. von Rind, Pferd, Hund, und verursachen die **Babesiosen,** z. B. Texasfieber.

Babeuf [ba'bœf], **Babœuf,** François Noël, frz. Revolutionär, *Saint-Quentin 23. 11. 1760, †(guillotiniert) Vendôme 28. 5. 1797; Jakobiner, trat unter dem Namen »Gracchus« für Aufteilung von Grund und Boden und gleiche Verteilung des Ertrages ein. B. ist Vorläufer des revolutionären Sozialismus; die Ideen der Sozialisierung der Produktionsmittel und der Diktatur des Proletariats gehen auf ihn zurück. Seine »Verschwörung der Gleichen« gegen das Direktorium (1796) wurde vorzeitig verraten.

Babi Jar, Schlucht nördlich von Kiew, Ukraine, in der im Sept. 1941 mehr als 33 000 Juden von einem Sonderkommando der dt. Einsatzgruppen ermordet wurden.

Babimost, dt. **Bomst,** Stadt in Polen, in der Wwschaft Lebus, am O-Rand der Lebuser Seenplatte, im Tal der Faulen Obra, 4 200 Ew. – Stadtrecht seit dem 16. Jahrhundert.

Babinet-Punkt [babi'nɛ-; nach dem frz. Physiker und Astronomen Jaques Babinet, *1794, †1872], →Himmelsstrahlung.

Babinski-Zeichen, Babinski-Phänomen, ein von dem frz. Nervenarzt J. F. F. Babinski (*1857, †1932) gefundenes Anzeichen für eine organ. Schädigung der Pyramidenbahn: Aufwärtsbiegen der großen Zehe bei Bestreichen des Fußsohlenrandes.

Babirusa, Babirussa, Hirscheber, Art der →Schweine.

Babismus der, religiöse Bewegung des 19.Jh. in Persien, gestiftet von Sajjid Ali Mohammed, gen. **Bab** (»Pforte« der Erkenntnis), *1820, †(hingerichtet) 1850. Ausgehend vom schiit. Islam und seiner Auslegung im myst. Sinn, erstrebte Bab soziale Reformen, gehobenere Stellung der Frau, Menschheitsverbrüderung. Seine Anhänger wurden ermordet oder wanderten aus. Der B. lebt in der →Bahai-Religion fort.

Babits [ˈbɔbitʃ], Mihály, ungar. Dichter, *Szekszárd (Bez. Tolna) 26. 11. 1883, †Budapest 4. 8. 1941; schrieb Gedankenlyrik, Romane (»Der Storchkalif«, 1916), Essays; Übersetzungen.

Babrios, griech. Fabeldichter, lebte Ende des 1.Jh. n.Chr. Seine Sammlung äsop. Fabeln in Versen war seit der Spätantike als Schulbuch verbreitet.

Babrujsk, Stadt in Weißrussland, →Bobrujsk.

Babuin [frz.] der, afrikan. Art der Paviane.

Babur, Babar, Baber, Sahired-din Mohammed, Gründer der ind. Dynastie der Großmogul, *14. 2. 1483, †Agra 26. 12. 1530; Nachkomme Timurs und (mütterlicherseits) Dschingis Khans, errang nach dem Sieg bei Panipat (1526) die Herrschaft über Indien; zugleich war B. ein bed. Dichter (Hauptwerk: Seine Erinnerungen »Babur-Name«).

Babuyaninseln, vulkan. Inselgruppe vor der N-Küste von Luzon, Philippinen; 885 km².

Baalbek: der gut erhaltene »Bacchustempel« (Venustempel; 2. Jh.)

Babybonds [ˈbeɪbɪ-, engl.], →Bonds.

Babylon [»Tor Gottes«], babylon. **Babili,** hebr. **Babel,** Ruinenstadt in Irak, an einem alten Euphratlauf; erstmals Ende des 3. Jt. v. Chr. erwähnt. – Unter Hammurapi (18. Jh. v. Chr.) gelangte B. zu polit. Bedeutung als Hptst. und Kulturmetropole Babyloniens; es wurde mehrfach von Assyrern zerstört, im 7. und 6. Jh. v. Chr. durch Nabopolassar und Nebukadnezar II. zur Weltstadt ausgebaut; nach der Eroberung durch die Perser 539 v. Chr. eine der drei Hauptstädte des Perserreiches. Unter den Seleukiden wurde B. bedeutungslos. Ausgrabungen (1899–1916) der Dt. Orientgesellschaft unter Leitung von R. Koldewey konnten (wegen des Grundwasserspiegels) nur Teile der von Mauern und Toren (u. a. Ischtartor) umgebenen neubabylon. Stadt Nebukadnezars II. freilegen: Prozessionsstraße, Tempelbezirk des Marduk (Esagila), den →Babylonischen Turm sowie die Südburg mit Thronsaal (Existenz und Lokalisierung der früher hier angenommenen →Hängenden Gärten ist umstritten).

Babylonien, geschichtliche Landschaft am Unterlauf der Flüsse Euphrat und Tigris (südl. Zweistromland, Irak) mit alter Kultur.

Geschichte: Gegen Ende des 4./Anfang des 3.Jt. v. Chr. schufen die →Sumerer Stadtstaaten, die von den semit. Akkadern unter Sargon I. (um 2334–2279) unterworfen und zu einem Gesamtreich vereinigt wurden. Der folgenden Herrschaft der Gutäer (etwa 2100–2050) schloss sich abermals eine Zeit der kulturellen Blüte unter den Sumerern an. Das semit. Element wurde immer stärker. Nach 1950 v. Chr. zerfiel das Reich in viele Kleinstaaten. Unter Hammurapi (1728–1686) errang Babylon die Vormachtstellung, wurde Hptst. des Landes. Nach der Eroberung durch die Hethiter beherrschten die Kassiten das Land (etwa 1530–1155). Seit 1350 v. Chr. stieg der Einfluss der Assyrer. Erst Nabopolassar (626–605) befreite B. von der assyr. Herrschaft (**Neubabylon. Reich,** →Assyrien, Karte). Sein Sohn Nebukadnezar II. (605–562) eroberte die westl. Provinzen des Assyrerreiches, Syrien und Palästina; B. wurde nochmals Großmacht und Babylon Weltstadt. Unter Nabonid (555–539) fiel das Reich 539 v. Chr. an den Perserkönig Kyros II., d. Gr., und verlor für immer seine Selbstständigkeit.

babylonisch-assyrische Literatur, die in Akkadisch, der semit. Sprache Babyloniens und Assyriens, auf Keilschrifttafeln seit etwa 2500 v. Chr. bis ins 1.Jh. n. Chr. überlieferte, i. w. S. auch in sumer. Sprache geschriebene Lit. des alten Zweistromlandes. Sie um-

Isaak Babel

François Babeuf

fasst Königs- und Götterhymnen sowie religiöse Texte, Mythen und Epen (→Gilgamesch), außerdem Schrifttafeln privaten und geschäftl. Inhalts. Ein großer Teil auch des älteren wiss. und dichter. Schrifttums ist in Abschriften erhalten, die der assyr. König Assurbanipal (um 650 v. Chr.) in seiner Tontafelbibliothek in Ninive vereinigte.

babylonisch-assyrische Religion. Sie ist sumer. Ursprungs. Jede Stadt verehrte ihren eigenen Gott, dem ein »Hofstaat« kleinerer »Dienergottheiten« zugeordnet war. Die später einwandernden Semiten haben die sumer. Götter übernommen und ihrem Verständnis angeglichen. Enlil von Nippur galt weiterhin als Götterherr, Enki von Eridu, Gott des unterird. Süßwasserozeans, lebte als Ea, Vater des Marduk und Gott der Weisheit, weiter. Der sumer. Inanna, Tochter des Himmelsgottes An von Uruk, entsprach die sinnlich-erot. Ischtar der Babylonier. Stärker wurden die neuen Einflüsse bei anderen Gottheiten bemerkbar: Der Sonnengott Utu fand nun als Schamasch, Reichsgott, Herr der Weissagung und des Gerichts große Verehrung. Der Sturm- und Gewittergott Ischkur, bei den Sumerern unbedeutend, wurde als Adad im Segen oder Zerstörung bringender Fruchtbarkeitsgott und eine zentrale Gestalt des Pantheons. Mit der Erhebung Babylons zur Hauptstadt (um 1700 v. Chr.) wurde der Stadtgott von Babylon, Marduk, zugleich auch oberster Reichsgott, in Assyrien nahm diese Funktion der Stadtgott Assur ein.

Babylonische Gefangenschaft, Babylonisches Exil, 1) der Aufenthalt der Juden in Babylon nach der Zerstörung Jerusalems durch Nebukadnezar II. (587 v. Chr.) bis zur von Kyros II. erlaubten Rückkehr (538 v. Chr.).

2) *übertragen:* der Aufenthalt der Päpste in Avignon (1309–76).

babylonische Kultur. Um die Wende des 4. und 3. Jt. v. Chr. legten die Sumerer die Grundlagen zur b. K., indem sie die Keilschrift und das Zahlensystem, die Hauptgestalten des Götterglaubens und die Anfänge der Kunst schufen. – Das *Recht* war hoch entwickelt; die bedeutendste überlieferte Gesetzessammlung ist die Hammurapis (um 1700 v. Chr.). Das babylon. Recht wurde für weite Teile Vorderasiens gültig, ebenso Keilschrift und Zahlensystem sowie die Zeitrechnung. Unter den *Wissenschaften,* die religiös gebunden blieben und großenteils zu mag. Zwecken angewandt wurden, traten die Medizin, die Mathematik und bes. die Astronomie hervor, zuerst als Astrologie, später als berechnende Astronomie. Die b. K. übte eine stark angleichende Kraft auf die eindringenden Fremdvölker (Akkader, westsemit. Völker) aus, wirkte über Babylonien hinaus auf große Teile Vorderasiens und überdauerte in ihren Auswirkungen den Sturz des neubabylon. Reichs. Durch die Ausgrabungen des späten 19. und des 20. Jh. ist sie in ihrem vollen Ausmaß wieder bekannt geworden.

babylonische Kultur: Kopfteil der in Susa gefundenen Gesetzesstele Hammurapis von Babylon mit einer Reliefdarstellung des Königs vor dem thronenden Sonnengott Schamasch; Diorit (18. Jh. v. Chr.; Paris, Louvre)

babylonische Kunst. Kunst S-Mesopotamiens seit Beginn des 2. Jt. v. Chr. Sie knüpfte an künstler. Traditionen des späten 3. Jt. v. Chr. an und hatte ihre erste Blütezeit unter Hammurapi (Gesetzesstele Hammurapis, Terrakotten, Rollsiegel). Nach Niedergang und Zerstörung Babylons begann Ende des 7. Jh. v. Chr. eine erneute Blüte (neubabylon. Kunst).

Die vorherrschende Form des Kultbaus war der Tempel mit breit gelagertem Kultraum, wie er bereits in sumer. Zeit üblich war. Manche Tempel wurden auf Terrassen errichtet, die allmählich bis zur Form der →Zikkurat erhöht wurden, des später für Babylonien typ. Tempelturms. Eine spätere Form des Tempelbaus war die Anordnung von Cella und Nebenräumen um einen Hof. Nach festen architekton. Gesetzen wurden sonst nur Befestigungen und Paläste angelegt, alle mit einem System von Höfen und je nach Verwendung versch. gestalteten Gebäudeteilen. Weltberühmt waren die →Hängenden Gärten. Auch die Anlage der Prozessionsstraße in Babylon durch Nebukadnezar II. ist eine großartige städtebaul. Leistung. Tempel und Paläste waren oft mit Wandmalereien geschmückt (z. B. in Mari). Nach 1600 v. Chr. wurden die Wandflächen mit farbig glasierten Ziegeln verkleidet, die Fabelwesen und pflanzl. Motive in leuchtenden Farben darstellen (Ischtartor, Thronsaal Nebukadnezars II., Prozessionsstraße in Babylon). Bei den Werken der Plastik kam es nicht zu der Monumentalität wie in Assyrien. Kleine, gut proportionierte Tierfiguren, Statuetten von Betern wurden geschaffen. Der Höhepunkt plast. Gestaltung wurde in altbabylon. Zeit (etwa 1950–1530 v. Chr.) erreicht (»Hammurapi-Kopf«, Paris, Louvre), danach fehlen Werke der Plastik fast völlig. Von besonderer Bedeutung ist die Reliefkunst (auf Grenzsteinen, Stelen, Weihplatten), in deren besten Werken in realist. Schilderung mehrere dargestellte Handlungen, v. a. aus Schlachten, durch die einheitl. Landschaft zu einem Gesamtbild vereinigt sind; Friese von Tieren und Menschen in Muschelkalk oder Ton waren als Gebäudeschmuck bes. in der Frühzeit gebräuchlich. In der Steinschneidekunst kommt dem

babylonische Kultur: Kultdiener, Ausschnitt aus einem Wandgemälde im Palast des Zimrilim in Mari (um 1700 v. Chr.; Paris, Louvre)

Rollsiegel (→ Siegel) eine besondere Funktion zu: Bis in neubabylon. Zeit benutzt, wird an seinen Darstellungen der Stilwandel in der Kunst Babyloniens deutlich. Die b. K. wirkte schon früh nach außen, so auf die ägypt., syr., kleinasiat., assyr. Kunst.

Babylonischer Turm, Turm zu Babel, an den sich die bibl. Erzählung von der → babylonischen Sprachverwirrung (1. Mos. 11) knüpft; hinter dieser Legende steht sicher der histor. Tempelturm (Zikkurat) Etemenanki des Mardukheiligtums in Babylon mit seinen gewaltigen Ausmaßen (quadrat. Grundriss mit 91,5 m Seitenlänge, etwa gleiche Höhe).

babylonische Sprachverwirrung, im A.T. (1. Mos. 11) die Erklärung der Vielfalt der Sprachen. Die ätiolog. Sage berichtet, wie der Weiterbau des Turms zu Babel durch Gott verhindert wurde, indem er die Menschen wegen ihres Hochmuts, den → Babylonischen Turm bis in den Himmel zu bauen, in unterschiedl. Sprachen sprechen ließ, sodass sie sich nicht mehr verständigen konnten. – *Übertragen:* verwirrende Vielfalt von Sprachen, die an einem Ort gesprochen werden (**babylon. Sprachengewirr**).

Babyruf [ˈbeːbi-, engl. ˈbeɪbɪ-], → Direktruf.

Bacall [bəˈkɔːl], Lauren, eigtl. Betty Joan **Perske,** amerikan. Filmschauspielerin, * New York 16. 9. 1924; spielte häufig mit H. Bogart (∞ ab 1945). – *Filme:* Haben u. Nichthaben (1944); Tote schlafen fest (1946); Wie angelt man sich einen Millionär (1953); Mr. North (1988); Prêt-à-Porter (1995); Dogville (2003).

Bacău [baˈkəu], Hptst. des Kr. Bacău in der Moldau (Moldova), Rumänien, an der Bistritz, 185 000 Ew.; Univ.; Metall-, Papier-, Nahrungsmittelind., Maschinenbau; Verkehrsknoten, Flughafen; in der Nähe Erdölförderung.

Baccalaure|us [lat.], → Bakkalaureus.

Baccarat [-ˈra, frz.] *das,* Kartenglücksspiel, → Bakkarat.

Bacchanal [nach dem röm. Gott Bacchus] *das,* rauschhafte, z. T. exzessive altröm. Kultfeiern zu Ehren des Bacchus (→ Dionysos).

Bacchant [-×-, lat.-griech.] *der,* Teilnehmer am Bacchusfest; im MA.: fahrender Schüler. **Bacchantin,** Mänade, Bacchusdienerin.

Bacchelli [bakˈkelli], Riccardo, ital. Schriftsteller, * Bologna 19. 4. 1891, † Monza 8. 10. 1985; schrieb Lyrik (»Versi e rime«, Ged., 3 Bde., 1971–73), Dramen, Novellen u. v. a. (histor.) Romane, in denen er sich psycholog. und sozialen Fragen zuwendet (»Die Mühle am Po«, 3 Bde., 1938–40).

Bacchus [-×-], röm. Gott der Fruchtbarkeit und des Weins (griech. → Dionysos).

Bach, Musikerfamilie des 17. und 18. Jh., vorwiegend in Thüringen und Franken ansässig. Der erste nachweisbar Musik betreibende Vertreter ist der Müller Veit B. (* um 1550, † 1619), der zum Stammvater mehrerer Linien wurde, von denen die bedeutendste zu Johann Sebastian B. und seinen Söhnen führt.

1) Carl Philipp Emanuel, »Berliner« oder »Hamburger B.«, Komponist, * Weimar 8. 3. 1714, † Hamburg 14. 12. 1788, Sohn von 4); wurde 1741 in Berlin Kammercembalist Friedrichs II., d. Gr., 1768 Kirchenmusikdirektor in Hamburg. Vertreter des empfindsamen Stils und des musikal. Sturm und Drang. Als Meister themat. Verwandlung beeinflusste er J. Haydn und den jungen L. van Beethoven. Er bildete die Sonatenform aus und schuf Klavierkonzerte, -sonaten, Sinfonien, Kammermusik, geistl. Vokalmusik, Oden. – Der seit dem Zweiten Weltkrieg verschollene musikal. Nachlass des Komponisten (Dokumente des Vaters, seiner Brüder und eigene Kompositionen) wurde im Juli 1999 in einem Kiewer Archiv gefunden.

2) Johann Christian, »Mailänder« oder »Londoner B.«, Komponist, * Leipzig 5. 9. 1735, † London 1. 1. 1782, jüngster Sohn von 4); wurde nach seiner Konversion 1760 kath. Domorganist in Mailand, 1762 »Musikmeister der Königin« in London und gründete dort 1765 mit C. F. Abel die »Bach-Abel-Konzerte« (bis 1782). B. schuf ital. Opern, zwei Oratorien, Kantaten, Arien, Sinfonien, Klavierkonzerte, -sonaten, Kammermusik. Seine kantable Melodik wirkte sich bis in die Spätwerke W. A. Mozarts aus.

3) Johann Christoph Friedrich, »Bückeburger B.«, Komponist, * Leipzig 21. 6. 1732, † Bückeburg 26. 1. 1795, Sohn von 4); seit 1758 Hofkapellmeister ebd.; schuf Motetten, Kantaten, Oratorien, Kammermusik, Klaviersonaten.

4) Johann Sebastian, Komponist, * Eisenach 21. 3. 1685, † Leipzig 28. 7. 1750; Sohn des Stadtmusikers Ambrosius B. (* 1645, † 1695), war anfangs Schüler seines Bruders Johann Christoph B. (* 1671, † 1721) in Ohrdruf; 1700 Schüler der Michaelisschule zu Lüneburg, 1703 Organist in Arnstadt (1705 Fußreise zu D. Buxtehude nach Lübeck), 1707 Organist in Mühlhausen/Thür., 1708 Hoforganist und seit 1713 auch Hofkonzertmeister in Weimar, 1717 Hofkapellmeister in Köthen (Anhalt), seit 1723 Thomaskantor in Leipzig. – ∞ seit 1707 in 1. Ehe mit seiner Cousine Maria Barbara B. (* 1684, † 1720, Tochter des Komponisten Johann Michael B. [* 1648, † 1694]), in 2. Ehe seit 1721 mit Anna Magdalena Wilcke (auch Wülcken; * 1701, † 1760); beiden Ehen entstammten insgesamt 20 Kinder. In seinen letzten Lebensjahren litt B. an einem Augenleiden, das 1749 zur Erblindung führte.

Die Musik B.s, der Abschluss des musikal. Barock, verbindet die alte polyfone Satzkunst mit dem neuen harmonisch bestimmten Konzertstil zu einer genialen Einheit. Die strenge kontrapunkt. Form der Fuge hat durch ihn ihre höchste Durchbildung erfahren. Gegenüber der traditionellen Kontrapunktik ist die Einzelstimme bei ihm stärker harmonisch determiniert; die Stimmen sind nicht nur Gegenstände kontrapunkt. Verarbeitung, sondern werden von charakterist. Themen geprägt. Grundlage seiner geistl. Musik ist das Kirchenlied; in späterer Zeit bevorzugte B. reine Choraltexte, bes. aus der Reformationszeit. In den Chören und Arien seiner Kantaten und Passionen entwickelte B. vom Inhalt des Textes her musikal. Motive von großer Eindringlichkeit. Seine Spätwerke las-

Carl Philipp Emanuel Bach, Ausschnitt aus einem anonymen zeitgenössischen Porträt (Berlin, Staatsbibliothek)

Johann Christian Bach, zeitgenössisches Gemälde von Thomas Gainsborough (Bologna, Liceo Musicale)

Johann Sebastian Bach, Gemälde von Elias Gottlob Haußmann (1746; Leipzig, Stadtgeschichtliches Museum)

Wilhelm Friedemann Bach, Ausschnitt aus einem zeitgenössischen Gemälde von Friedrich Georg Weitsch (Halle, Händel-Haus)

Michelle Bachelet

Ingeborg Bachmann

sen erstmals die Idee einer reinen, absoluten (Instrumental-)Musik erkennen. – Bei seinen Zeitgenossen war B. v. a. als virtuoser Organist berühmt, jedoch erlahmte dann das Interesse an seiner Musik. Erst die Aufführung der Matthäuspassion durch F. Mendelssohn Bartholdy, die 1829 in Berlin stattfand, wirkte entscheidend für die Erkenntnis seiner Bedeutung. 1850 wurde die **B.-Gesellschaft,** 1900 die **Neue B.-Gesellschaft** gegründet.

Werke: Vokalmusik: etwa 200 Kirchenkantaten; Weihnachts- und Osteroratorium; Passionsmusik nach den Evangelien des Johannes (1724) und Matthäus (1729); lat. Messe in h-Moll (1724 bis um 1747/49), 4 kleine Messen, lat. Magnificat in D-Dur; Trauerode; Motetten; geistl. Lieder; weltl. Kantaten (Kaffee-, Bauernkantate; Festkantaten); Quodlibets. – *Orgelwerke:* Präludien und Fugen, Toccaten, Fantasien, Choralvorspiele und -variationen, Triosonaten, Konzerte. – *Klavierwerke:* 2-stimmige Inventionen und 3-stimmige Sinfonien; 6 engl. und 6 frz. Suiten, 6 dt. Partiten; Goldberg-Variationen; Das Wohltemperierte Klavier (48 Präludien und Fugen für alle Dur- und Molltonarten); Chromat. Fantasie und Fuge; Toccaten; Konzerte. – *Kammer- und Orchesterwerke:* Sonaten für Flöte, Violine, Gambe. Konzerte für Cembalo (z. T. nach Geigenkonzerten Vivaldis), für Violine. 6 »Brandenburg. Konzerte« (Concerti grossi), 4 Suiten für Orchester, 6 Suiten für Violoncello solo. – *Kontrapunkt. Spätwerke:* Das musikal. Opfer (über ein Thema Friedrichs d. Gr. mit wechselnder Besetzung) und die »Kunst der Fuge« ohne Besetzungsangabe.

5) Wilhelm Friedemann, Komponist, *Weimar 22. 11. 1710, †Berlin 1. 7. 1784, ältester Sohn von 4); 1733–46 Organist in Dresden und bis 1764 in Halle (Saale), lebte seitdem ohne feste Stellung in versch. Städten; schrieb Werke für Orgel, Klavier, Orchester sowie geistl. und weltl. Vokalmusik.

Bach, 1) Alexander Freiherr von (seit 1854), östr. Staatsmann, *Loosdorf (heute zu Fallbach, Bez. Mistelbach) 4. 1. 1813, †Schloss Schönberg (bei Wiener Neustadt) 12. 11. 1893; wurde 1848 Justizmin. und 1849 Min. des Innern; nach dem Tod von Felix Fürst zu Schwarzenberg (1852) einflussreichstes Reg.-Mitgl.; vertrat ein klerikal-zentralistisch-absolutist. Reg.-System; wegen außenpolit. Misserfolge 1859 entlassen.

2) Thomas, Sportfunktionär, *Würzburg 29. 12. 1953; als Florettfechter u. a. Olympiasieger 1976 sowie Weltmeister 1976 und 1977 (jeweils Mannschaft); seit 1982 Mitgl. des NOK für Dtl., seit 1991 IOK-Mitgl., 2000–04 und seit 2006 IOK-Vizepräsident; erster Präs. des 2006 gegründeten →Deutschen Olympischen Sportbundes.

Bacharach, Stadt im Landkreis Mainz-Bingen, Rheinl.-Pf., am Rhein, 2100 Ew.; Weinbau, Sekt-, Weingroßkellereien; Fremdenverkehr. – Ausflugsort mit malerischem mittelalterl. Stadtbild (u. a. roman. Peterskirche, 12./13. Jh.). – Stadtrechte seit 1356. Über B. Burg Stahleck (12. bis 14. Jh.), jetzt Jugendherberge.

Bach-Blütentherapie, von dem brit. Homöopathen Edward Bach (*1886, †1936) entwickeltes System aus 38 Essenzen, durch deren Einnahme definierte seelisch-geistige Zustände beeinflusst werden sollen; in Dtl. nicht als Arzneimittel zugelassen.

Bache [aus altfrz. bacon »Schweinehälfte«], weibl. Wildschwein, das mindestens einmal Junge geworfen hat oder über zwei Jahre alt ist.

Bachelet [-tʃ-], Michelle, chilen. Politikerin, *Santiago de Chile 29. 9. 1951; ausgebildete Kinderärztin, ab 2000 Gesundheits-, ab 2002 Verteidigungsmin., im Jan. 2006 als erste Frau zur Präsidentin Chiles gewählt (Amtsantritt 11. 3. 2006).

Bachelor [ˈbætʃələ, engl.] *der,* in Anlehnung an das angelsächs. System der gestuften Studienabschlüsse auch in Dtl. eingeführter unterster akadem. Grad, der von Hochschulen (u. a. Univ., FH) nach einer Regelstudienzeit von mindestens drei bzw. höchstens vier Jahren und bestandenen Prüfungen verliehen wird. Dieser Abschluss ermöglicht entweder den direkten Einstieg in das Berufsleben oder die Fortsetzung des Studiums in einem Masterstudiengang. Bei der Gradbezeichnung wird zwischen versch. Fächergruppen unterschieden (→Master, Übersicht). Der **Bachelor of Arts** (Abk. B. A.) ist gebräuchl. Gradbezeichnung in den Geisteswiss.en, der **Bachelor of Science** (Abk. B. Sc.) in den Naturwissenschaften.

Bachem, Bele, eigtl. Renate Gabriele **Böhmer,** Zeichnerin, *Düsseldorf 17. 5. 1916, †München 5. 6. 2005; schuf Illustrationen und Theaterdekorationen sowie Vorlagen für Porzellanmalereien und Tapeten in einer teils skurrilen Bildsprache.

Bachler, Klaus, östr. Schauspieler und Regisseur, *Judenburg 29. 3. 1951; Engagements u. a. in Salzburg, Berlin, Hamburg; 1991–96 Intendant der Wiener Festwochen, danach der Volksoper Wien; ab 1999/2000 Direktor des Wiener Burgtheaters.

Bachmann, 1) Guido, schweizer. Schriftsteller, *Luzern 28. 1. 1940, †Sankt Gallen 19. 10. 2003; thematisierte häufig Verlust und Heimatlosigkeit, so in der Romantrilogie »Zeit und Ewigkeit« (1966–82). Autobiografisch waren die Texte »lebenslänglich. Eine Jugend« (1997) und »bedingt entlassen« (2000). – *Weitere Werke:* Die Wirklichkeitsmaschine (1994); Sommerweide (2002).

2) Ingeborg, österr. Schriftstellerin, *Klagenfurt 25. 6. 1926, †(Unfall?) Rom 17. 10. 1973; gehörte zur Gruppe 47, lebte ab 1965 ständig in Rom; schrieb intellektuell geprägte, bildhafte und prägnante Lyrik (»Die gestundete Zeit«, 1953; »Anrufung des großen Bären«, 1956) sowie Prosawerke über die Existenzbedrohung durch die reale Welt. Von dem Romanprojekt »Todesarten« wurde nur »Malina« (1971) vollendet. Sie schrieb auch Hörspiele (»Der gute Gott von Manhattan«, 1958) und Libretti. Georg-Büchner-Preis 1964.

Bachmut, Stadt in der Ukraine, →Artjomowsk.

Bachofen, Johann Jakob, schweizer. Rechtshistoriker, Altertumsforscher, *Basel 22. 12. 1815, †ebd. 25. 11. 1887; Schüler F. C. von Savignys, versuchte eine romant. Deutung der antiken Mythologie und Symbolik. B. prägte den Begriff des Mutterrechts.

Werke: Versuch über die Gräbersymbolik der Alten (1859); Das Mutterrecht (1861); Die Sage von Tanaquil (1870).

Bachstelze, ein Singvogel, →Stelzen.

Bachtaran, Bakhtaran, Stadt in Iran, →Kermanschah.

Bachtiar, Bakhtiar, Bahtiar, Schapur (Shapur), iran. Politiker, *um 1914 (nach anderen Angaben 1916), †(ermordet) Suresnes (bei Paris) 6. 8. 1991; Rechtsanwalt, versuchte als Min.-Präs. (Jan. bis Febr. 1979) eine demokrat. Entwicklung in Iran einzuleiten und damit v. a. die radikal islam. Kräfte zu neutralisieren. Nach deren Sieg ging er nach Frankreich ins Exil; Opfer eines von Iranern verübten Attentates.

Bachtiaren, Bergvolk im Zagrosgebirge, SW-Iran, mit den →Luren verwandt.

Bachtschissarai, Stadt im S der Halbinsel (Teilrepublik) Krim, etwa 28 000 Ew.; kulturelles Zentrum der Krimtataren; Herstellung von äther. Ölen, Weberei. – Palast der Khane (16. Jh., 1787 nach einem Brand neu errichtet; heute historisch-archäolog. Museum), zahlr. Mausoleen und Medresen. Nahebei astrophysikal. Observatorium.

Bacillus [lat. »Stäbchen«] *der,* **Bazillus,** Bakteriengattung, deren Vertreter hitzeresistente Endosporen bilden. Die meisten B.-Arten leben saprophytisch in Böden und Gewässern, einige sind pathogen, z. B. **B. anthracis,** der Erreger des Milzbrandes, **B. cereus** kann zu Durchfall u. a. Krankheiten führen. **B. thuringiensis** ist pathogen für Insekten und daher für den Pflanzenschutz von großer Bedeutung.

Bačka [ˈbaːtʃka], die →Batschka.

Backbonenetz [ˈbækbəʊn-, zu engl. backbone »Rückgrat«], das Hauptstrangsystem eines Netzwerks, das den größten Teil des Datenverkehrs trägt oder mehrere lokale Netze (→LAN) miteinander verbindet.

Backbord, *Schifffahrt:* linke Schiffsseite; Ggs.: Steuerbord; **backbord(s),** links; durch rote Positionslaternen gekennzeichnet.

Backe, 1) *Anatomie:* **Wange,** Seitenwand der Mundhöhle.
2) *Technik:* paarweise aufeinander wirkende Teile an Werkzeugen, z. B. die B. des Schraubstocks und der Bremsen (B.-Bremse).

Backentaschen, seitl. Ausstülpungen der Backenhaut mancher Säugetiere zum Sammeln und Transport von Nahrung, z. B. bei Hamstern.

Backfitting [ˈbæk-, engl.] *das,* die Ausrüstung einer techn. Anlage (z. B. eines Kraftwerks) mit zusätzl. Geräten, Geräteteilen, Sicherheitseinrichtungen u. a., die in der ursprüngl. Planung nicht vorgesehen waren.

Backgammon [bækˈgæmən] *das,* Würfelbrettspiel für zwei Personen mit je 15 weißen und schwarzen Steinen sowie zwei Würfeln; eine angloamerikan. Variante des Puff.

Background [ˈbækgraʊnd, engl.] *der,* 1) *allg.:* geistige Herkunft, Milieu; Berufserfahrung, Kenntnisse.
2) *Film:* Film- oder Diaprojektion bzw. Großfotografie als Hintergrund (u. a. für die Realisierung von Spezialeffekten).
3) Klanghintergrund im Jazz und in der neueren Unterhaltungsmusik.

Backhaus, Wilhelm, Pianist, * Leipzig 26. 3. 1884, † Villach 5. 7. 1969; Schüler von E. d'Albert, bes. Beethoven-Interpret.

Backley [ˈbækli], Steve, brit. Leichtathlet (Speerwerfer), * Sidcup (zu London) 12. 2. 1969; u. a. Europameister 1990, 1994, 1998 und 2002.

Backnang, Große Krst. im Rems-Murr-Kreis, Bad.-Württ., an der Murr, 35 700 Ew.; ehemals süddt. Gerberstadt; Nachrichtentechnik. – Altstadt mit Fachwerkhäusern (Rathaus, um 1600). – B. kam 1324 von Baden an Württemberg.

Backofen, Backoffen, Hans, Steinbildhauer, * Sulzbach um 1470, † Mainz 21. 9. 1519; schuf v. a. Grabmäler (Bischofsgrabmäler im Mainzer Dom) und Kreuzigungsgruppen (Dom in Frankfurt am Main) von kraftvoller Gestaltung.

Backpulver, Stoffe, die während des Backens Gase freisetzen (meist Kohlendioxid) und damit zur Teiglockerung beitragen.

Backsteinbau: Schaufassade des Rathauses in Tangermünde (um 1430)

Backslash [ˈbækslæʃ, engl.] *der, Informatik:* umgekehrter Schrägstrich; ein Sonderzeichen, das bei den Betriebssystemen MS-DOS und Windows dazu dient, die Verzeichnisnamen eines Pfades zu trennen.

Backsteinbau, Bau aus Ziegeln oder Klinkern, berappt, verputzt, verkleidet oder nicht verputzt.

Bauten aus handgeformten, luftgetrockneten Lehmziegeln sind seit vorgeschichtl. Zeit aus Kleinasien, Mesopotamien und Ägypten bekannt. Seit der 2. Hälfte des 4. Jt. wurden auch (dauerhaftere) Bauwerke aus gebrannten Ziegeln errichtet (Mesopotamien). In der röm. Architektur spielte der B. eine überragende Rolle, da komplizierte Grundriss- und Aufrissformen sich mit flachen gebrannten Ziegeln am besten bewältigen ließen; der Außenbau war meist mit wertvollerem Material (v. a. Marmorplatten) verkleidet. Die röm. Tradition lebte weiter im byzantin. B. und v. a. im oberital. Raum, der bis ins Jahrhunderte hin ein Zentrum des B. wurde. In der islam. Architektur waren Ziegelbauten sehr verbreitet (Blütezeit im 8./9. Jh. in Iran). Der Schmuck dieser Bauten bestand aus unterschiedlich zusammengesetzten Ziegelformen, später im Wechsel von natürlich belassenen und farbig glasierten Ziegeln. Nach Mitte des 12. Jh. verbreitete sich der B. in Norddtl. und Bayern.

Mit der norddt. **Backsteingotik** bildete sich ein eigner Stil von großer Geschlossenheit und reicher Flächenbehandlung durch farbig glasierte Ziegel und Formsteine heraus, bes. in den mit Spitzbogenblenden und Maßwerk geschmückten Schaugiebeln. Von den Niederlanden bis zum Deutschordensgebiet entstand eine Fülle von B. (Kirchen, Burgen, Schlösser, Rathäuser, Stadttore), auch in Skandinavien und England. Seit der Renaissance verwendete man, bes. in den Niederlanden, eine gemischte Bauweise, indem man die Mauerflächen in Backstein, einzelne Bauglieder wie Gesimse, Fenster- und Türgewände dagegen aus Haustein ausführte. Im 19. Jh. ging eine Erneuerung des B. von der Schinkel-Schule aus. Im 20. Jh. erstrebte man v. a. wieder eine werkstoffgerechte Verar-

Wilhelm Backhaus

Backnang Stadtwappen

beitung; Klinkerverblendungen sollen durch ihre Färbung die Flächen beleben. Unter den Baumeistern, die den B. bevorzugten, ragten F. Schumacher und F. Höger (Chilehaus) in Hamburg hervor. Eine neue Belebung erfährt der B. durch niederländ., engl. und bes. skandinav. Architekten (J. Stirling, A. Jacobsen, A. Aalto), die ihn auch mit Sichtbeton kombinieren.

Back-up [ˈbækʌp, engl.] *das* oder *der, Informatik:* das Sichern von Daten auf einem zweiten Datenträger; Sicherungskopie.

Backwarddiode [ˈbækwəd-, engl.], eine Halbleiterdiode mit Tunneleffektwirkung, die im Unterschied zur Tunneldiode einen stark herabgesetzten Schwellenstrom aufweist. Wegen des bes. flachen Verlaufs ihrer Strom-Spannungs-Kennlinie wird sie in umgekehrter Richtung (negative Flussspannung) betrieben; verwendet u. a. zur Gleichrichtung kleiner Wechselspannungen bei sehr hohen Frequenzen (meist im Mikrowellenbereich).

Backwoods [ˈbækwʊdz; engl. »Hinterwälder«], in der nordamerikan. Kolonisationszeit die Urwälder im Hinterland der ersten Ansiedler; **B.-Men** waren die Pioniere, die in diese Wälder eindrangen.

Bacolod, Hptst. der Prov. Negros Occidental der Philippinen, 429 000 Ew.; Univ.; Zuckerindustrie; Hafen.

Bacon [ˈbeɪkən], **1)** Francis, Baron von Verulam (seit 1618), engl. Philosoph und Staatsmann, *London 22. 1. 1561, †ebd. 9. 4. 1626; Advokat, u. a. Lordkanzler (seit 1618), verlor 1621 alle öffentl. Ämter wegen einer Bestechungsaffäre. – B. verfasste wichtige Beiträge zum neuen Wissensbegriff der Renaissance: Statt Magie und Zufall in der Naturforschung fordert B. streng wiss. Vorgehensweise, statt ableitender die induktive Methode auf der Grundlage von Erfahrung (Beobachtung und Experiment), statt Wissen um der bloßen Wahrheit willen Wissen zum Zwecke menschl. Nutzbarmachung, d. h. Naturerkenntnis mit dem Ziel der Naturbeherrschung zur Vervollkommnung der Kultur. Seine Utopie »Nova Atlantis« (1627) schildert einen technisch perfekten Zukunftsstaat unter der Herrschaft wiss.-techn. orientierter Weiser.

Weitere Werke: Essays (1597, 1625); Novum Organum (1620); De dignitate et augmentis scientiarum (1623).

Francis Bacon, Baron von Verulam

2) Francis, brit. Maler, *Dublin 28. 10. 1909, †Madrid 28. 4. 1992; entwickelte eine in ihrer Krassheit schockierende Darstellung des Menschen. Seine isolierten Figuren sind ins Schemenhafte verwischt und entstellt. Oft behandelte Themen sind die Kreuzigung (ab 1933; nach M. Grünewald und Cimabue) und Papst Innozenz X. (ab 1949; nach Velázquez).

3) Roger, engl. Theologe und Naturphilosoph, *bei Ilchester (Cty. Somerset) um 1214, †Oxford um 1292; lehrte 1241–46 in Paris aristotel. Naturphilosophie; prägte als »doctor mirabilis« (bewundernswürdiger Lehrer) der mittelalterl. Erfahrungswiss. den Begriff des Naturgesetzes, stellte der scholast. Methode die math.-naturwiss., dem Autoritätenbeweis Erfahrungs- und Quellenstudium entgegen.

Bad, 1) Kurzbez. für einen staatlich anerkannten Kurort mit Heilquellen.

2) das Eintauchen des Körpers (Vollbad) oder bestimmter Körperteile (Teilbad) in Wasser o. a. flüssige Medien; im übertragenen Sinn auch das Sonnen-, Luft-, Heißluft- und Sand-B. Wasser-B. dienen der Reinigung, therapeut. Zwecken, Bewegungsaktivitäten oder dem Vergnügen. In der →Balneologie werden B. wegen ihrer physikal. Wirkungen (Wärme, Kälte, Auftrieb, hydrostat. Druck, Viskosität) oder als Träger von chem. Heilwassereigenschaften mit dem Ziel der Krankheitsheilung, Symptomlinderung, Funktionsverbesserung oder Vorbeugung verwendet. Die positiven Wirkungen treten dabei meist erst nach mehrwöchiger serieller Anwendung (medizin. Kur) ein. Die Heilanzeigen umfassen Haut-, Herz-Kreislauf-, rheumat. und Nervenkrankheiten sowie Erkältungskrankheiten. Wegen mögl. unerwünschter Nebenwirkungen und Risiken müssen therapeut. B. stets ärztlich verordnet werden.

Bad Abbach, Marktgem. im Landkreis Kelheim, Bayern, an der Donau, 355 m ü. M., 11 000 Ew.; Heil- und Moorbad mit Schwefelquellen, Rheumatherapie- und Orthopädiezentrum.

Bad Aibling, Stadt im Landkreis Rosenheim, Oberbayern, 481 m ü. M., 17 800 Ew.; Moorheilbad (das älteste Bayerns); Kureinrichtungen.

Badajoz [-ðaˈxɔθ], **1)** span. Provinz in Extremadura, 21 766 km², 663 100 Ew.; umfasst das Guadianabecken und Teile der Iber. Masse; Anbau von Weizen, Reis, Baumwolle; Ölbaumkulturen; Viehhaltung.

2) Hptst. der Provinz Badajoz, Spanien, 138 500 Ew.; Univ.; Verarbeitung von Agrarprodukten (Baumwolle, Wolle). – Arab. Stadtmauer (Türme), Palast der Herzöge de la Roca (Mudéjarstil).

Bad Alexandersbad, Gem. im Landkreis Wunsiedel im Fichtelgebirge, Bayern, 590 m ü. M., 1 200 Ew.; Heilbad mit Luisenquelle (kohlensäure- und eisenhaltige Mineralquelle) und Moorbädern; in der Nähe die →Luisenburg. – Seit 1979 Bad.

Badalona, Stadt in Katalonien, Spanien, im Vorortbereich von Barcelona, 214 400 Ew.; Textil-, Stahl-, Glasind.; Druckereien; Hafen.

Bad Altheide, Kurort in Polen, →Polanica Zdrój.

Francis Bacon: Papst Innozenz X. (1951; Aberdeen, Art Gallery)

Bad Arolsen, Stadt im Landkreis Waldeck-Frankenberg, Hessen, auf der Waldecker Hochfläche, 290 m ü. M., 16 800 Ew.; Sitz des Internat. Suchdienstes des Roten Kreuzes; Kunststoff verarbeitende und Elektroind., Maschinenbau. – Seit 1131 bestand in A. ein Augustinerinnenkloster. Mit der Einführung der Reformation wurde es säkularisiert (1526) und zu einem Schloss umgebaut. Von 1728 bis 1918 war A. die Residenz des Fürstentums Waldeck. Anerkanntes Heilbad seit 1977.

Bad Aussee, Stadt und Kurort in der Steiermark, Österreich, an der Traun, 659 m ü. M., 4 900 Ew.; Saline; Soleheilbad, Solaleitung (8 km) von **Altaussee** (1 900 Ew.); Salzbergbau seit 1147) am **Altausseer See** (2,1 km^2, bis 53 m tief); Gipsplatten-, Maschinen- und Möbelstoffherstellung, Fremdenverkehr; got. Pfarrkirche (um 1300).

Badawi, Abdullah bin Haji Ahmed, malays. Politiker, * Penang 26. 11. 1939; studierte islam. Theologie; ab 1978 Abg. des Parlaments, war 1984–86 Erziehungs-, 1986–87 Verteidigungs- und 1991–99 Außenmin., wurde 1981 Mitgl. des Präsidiums der UMNO, 1999 stellv. Premiermin. und Innenmin.; seit 2003 als Nachfolger von Mahathir bin Mohammed Premierminister.

Bad Bellingen, Heilbad im Landkreis Lörrach, Bad.-Württ., im Oberrhein. Tiefland, 250 m ü. M., 3 900 Ew.; Thermalquellen.

Bad Bentheim, Stadt im Landkreis Grafschaft Bentheim, Ndsachs., nahe der niederländ. Grenze, 15 600 Ew.; Heilbad (Schwefelquellen, Moor); Spielbank; Freilichtbühne; Erdöl- und Erdgasindustrie sowie Fremdenverkehr. – Schloss Bentheim (13. bis 19. Jh.) war Sitz der Grafen von Bentheim; seit 1865 Stadt, seit 1979 Bad.

Bad Bergzabern, Stadt im Landkreis Südl. Weinstraße, Rheinl.-Pf., 170 m ü. M., 8 000 Ew.; heilklimat. Kurort und Kneippheilbad (seit 1975 Staatsbad) am O-Rand des Pfälzer Waldes; Stadtmuseum, Zinnfiguren-Museum; Weinbau und -handel. – Schloss (16. Jh.), Renaissancehäuser.

Bad Berka, Stadt im Landkreis Weimarer Land, Thür., 270–450 m ü. M., 7 600 Ew.; Kurort und Heilbad (Mineralquellen, Calcium-Sulfat-Hydrogencarbonatwasser) im Landschaftsschutzgebiet »Mittleres Ilmtal«. – Barocke Pfarrkirche.

Bad Berleburg, Stadt im Kr. Siegen-Wittgenstein, NRW, in waldreicher Umgebung am Südhang des Rothaargebirges, 21 000 Ew.; Metall-, Kunststoff- und Holzverarbeitung, Musikinstrumentenherstellung; Kurkliniken, Tourismus. – Graf Casimir zu Sayn-Wittgenstein-Berleburg (Erbauer des heutigen Schlosses 1732–39) veranlasste die Herausgabe der **Berleburger Bibel** (Bibelübersetzung 1726–42).

Bad Berneck im Fichtelgebirge, Stadt im Landkreis Bayreuth, Bayern, 4 700 Ew.; Kneippheilbad, Kureinrichtungen; Fremdenverkehr. – Stadtrechte seit 1357.

Bad Bertrich, Heilbad (Staatsbad) im Landkreis Cochem-Zell, Rheinl.-Pf., in der Voreifel, 165 m ü. M., 1 200 Ew.; Glaubersalztherme (32 °C).

Bad Bevensen, Stadt im Landkreis Uelzen, Ndsachs., in der Lüneburger Heide, 39 m ü. M., 8 800 Ew.; Kneippkurort und Heilbad (Thermal-Jod-Sole-Quelle). – 1162 erstmals erwähnt, seit 1929 Stadt, seit 1976 Bad.

Bad Blankenburg, Stadt im Landkreis Saalfeld-Rudolstadt, Thür., an der Schwarza, am Thüringer Schiefergebirge, 7 400 Ew.; Luftkurort; Fröbelmuseum; Elektrotechnik/Elektronik und Gummiverarbeitung. – Ruine der Burg Greifenstein (13./14. Jh.). – In B. gründete F. Fröbel 1840 den ersten dt. Kindergarten.

Bad Bleiberg, bis 1978 **Bleiberg ob Villach,** Markt-Gem. und Kurort in Kärnten, Österreich, in einem Hochtal am N-Fuß des Dobratsch, 902 m ü. M., 2 600 Ew.; Thermalheilbad; Erlebnisbergwerk in 250 m Tiefe, Fremdenverkehr. – 1332 erstmals erwähnt, entstand als Bergbausiedlung (Abbau von Blei-Zink-Erzen 1993 eingestellt).

Bad Blumau, Gem. in der Oststeiermark, Bez. Fürstenfeld, Österreich, 1 600 Ew.; Thermalbad, als Einheit einer der Natur angepassten Bauweise von F. Hundertwasser als »Hügelwiesenland« konzipiert und 1997 eröffnet; seit 2001 Bad und Kurort.

Bad Bocklet, Marktgem. im Landkreis Bad Kissingen, Bayern, im Tal der Fränk. Saale, 210 m ü. M., 4 600 Ew.; Staatsbad mit Kureinrichtungen dank eisenhaltiger Mineralquelle. – Kuranlagen des 18. und 19. Jahrhunderts.

Bad Boll, Ortsteil von →Boll.

Bad Brambach, Heilbad (seit 1957 Staatsbad) im Vogtlandkreis, Sa., am S-Hang des Elstergebirges, 560 m ü. M., 2 200 Ew.; radon- und kohlesäurehaltige Quellen (entdeckt 1910); Mineralwasserabfüllung.

Bad Bramstedt, Stadt im Kreis Segeberg, Schlesw.-Holst., 13 500 Ew.; Heilbad (Solquellen, Moor) mit Rheumaklinik; Fremdenverkehr. – Seit 1910 Stadt und Bad.

Bad Breisig, Stadt im Landkreis Ahrweiler, Rheinl.-Pf., am Rhein, 61 m ü. M., 9 000 Ew.; Heilbad (Thermalquellen).

Bad Brückenau, Stadt im Landkreis Bad Kissingen, Bayern, auf der SW-Seite der Rhön im Tal der Sinn, 300 m ü. M., 7 200 Ew.; Heilbad (kohlensaure Mineralquellen; Moorbäder); Metall und Holz verarbeitende Industrie. – B. ist seit 1310 Stadt, seit 1970 Bad.

Bad Buchau, Stadt im Landkreis Biberach, Bad.-Württ., am Federsee, 4 100 Ew.; Federseemuseum (Zweigmuseum des archäolog. Landesmuseums), Stiftsmuseum; Moorheilbad (seit 1963) mit Thermalquelle; Maschinenbau. – Buchau erhielt im 13. Jh. Stadtrecht und war bis 1802 Reichsstadt. Im verlandeten Teil des Federsees wurde eine Siedlung der Urnenfelderzeit mit Holzhäusern innerhalb einer Ringpalisade ausgegraben.

Bad Camberg, Stadt im Landkreis Limburg-Weilburg, Hessen, am Rand des Taunus, 14 400 Ew.; Holzverarbeitung; Kneippheilbad (seit 1982); in Oberselters Mineralquellen (Selterswasser). – Zahlreiche Fachwerkhäuser (v. a. 17.–19. Jh.). – 1281 wurde C. zur Stadt erhoben, seit 1982 Bad.

Bad Cannstatt, Stadtbezirk von Stuttgart; Mineralquellen. Der **Cannstatter Wasen** ist ein traditionelles Volksfest in der Talaue des Neckars.

Baddeleyit [bɛdleˈiːt; nach dem brit. Reisenden J. Baddeley] der, monoklines, gelbes bis schwarzes Zirkonmineral, ZrO_2; Rohstoff für feuerfeste Steine.

Bad Deutsch-Altenburg, Markt in NÖ, 1 400 Ew.; Museum Carnuntinum (→Carnuntum); Schwefeltherme. – Spätroman. Karner (Mitte 13. Jh.), frühbarockes Wasserschloss (17. Jh.).

Bad Ditzenbach, Heilbad im Landkreis Göppingen, Bad.-Württ., auf der Schwäb. Alb, 3 800 Ew.; Thermal- und Mineralquellen.

Bad Doberan, 1) Landkreis in Meckl.-Vorp., 1 362 km^2, 119 600 Einwohner.

2) Krst. von 1), in Meckl.-Vorp., westlich von Rostock, 11 400 Ew.; Moorbad; Stadt- und Bädermuseum »Möckelhaus«, Literaturmuseum »Ehm Welk-Haus«; Getränkeindustrie. – Ehem. Klosterkirche (got. Backsteinbau, 1368 fertiggestellt). Von hier Kleinbahn (»Molli«) nach Kühlungsborn über den an der Ostseeküste gelegenen Ortsteil **Heiligendamm**, das älteste (gegr. 1793) dt. Ostseebad mit klassizist. Bauten. – Doberan erhielt 1261 Markt-, 1879 Stadtrecht.

Bad Driburg, Stadt im Kr. Höxter, NRW, in einem Talkessel am O-Abhang des Eggegebirges, 19 600 Ew.; Missionsmuseum; Thermalbad, Heilbad (kohlensäurehaltige Eisenquelle, Schwefelmoorbäder); Fachklinik für Stoffwechselkrankheiten; Glasherstellung, Kohlensäurewerke, Eisengießerei. – Stadtrechte für 1290 belegt. Nahebei Reste der Iburg (urspr. sächs., dann karoling. Ringwall, Burg, 12. Jh).

Bad Düben, Stadt im Landkreis Delitzsch, Sa., am S-Rand der Dübener Heide, an der Mulde, 8 900 Ew.; Landschaftsmuseum; Kurzentrum, -klinik; Burg (981 erstmals erwähnt; Museum).

Bad Dürkheim, 1) Landkreis in Rheinl.-Pf., 595 km^2, 134 900 Einwohner.
2) Krst. von 1), in Rheinl.-Pf., an der Haardt, 132 m ü. M., 18 800 Ew.; Heilbad (Arsenolquellen, Thermalsolbad, Gradierwerk); Pfalzmuseum für Naturkunde (Pollichia-Museum); Spielbank; Weinbau und -handel. Alljährlich »Dürkheimer Wurstmarkt« (Weinfest, hervorgegangen aus einem erstmals 1417 bezeugten Markt). – Ruinen der Hardenburg (13. Jh.) und des Klosters Limburg (11. Jh.). – 946 erstmals erwähnt, 1360 erstmals als Stadt bezeichnet. 1725–94 Residenz der Grafen (seit 1779 Fürsten) von Leiningen; 1794–1813 unter frz. Herrschaft, danach unter österr.-bayer., 1816 an Bayern. Badeort seit 1847 (seit 1905 Bad).

Bad Dürrenberg, Stadt im Landkreis Merseburg-Querfurt, Sa.-Anh., im W der Leipziger Tieflandsbucht, an der Saale, 11 300 Ew.; Borlach-Museum (Geschichte der Salzgewinnung); 1845–1963 Kurort (dank 1763 erbohrter Solquelle); Gradierwerk (886 m lang). – Förderturm und Siedehäuser (1763–85, 1812/13) heute techn. Denkmal.

Bad Dürrheim, Stadt und Kurort im Schwarzwald-Baar-Kr., Bad.-Württ., im südl. Schwarzwald, 700–941 m ü. M., 12 900 Ew.; Solbad und heilklimat.

Bad Elster: Kurhaus

Kurort; Mineralwasserabfüllung; schwäbisch-alemann. Narrenmuseum.

Bad Eilsen, Gem. im Landkreis Schaumburg, Ndsachs., 2 300 Ew.; Schlamm- und Schwefelbad (seit 1802).

Bad Elster, Stadt im Vogtlandkreis, Sa., an der Weißen Elster, 470 m ü. M., 4 100 Ew.; Mineral- und Moorheilbad (Sächs. Staatsbad); Forschungsinst. für Balneologie und Kurortwiss.; Kur- (1895), Badehaus (1851–1927), Kurtheater. – Badebetrieb seit 1846; seit 1935 Stadt.

Bad Ems, Krst. des Rhein-Lahn-Kr., Rheinl.-Pf., in Naturpark Nassau an der unteren Lahn, 70–240 m ü. M., 9 500 Ew.; Heilbad (Staatsbad) mit Thermal- und Mineralquellen und heilklimat. Kurort; Statist. Landesamt; medizintechn. Betriebe, Herstellung von Emser Salz und Emser Pastillen; Spielbank; Jacques-Offenbach-Festival; Kurwaldbahn (Standseilbahn). – Im 1.–3. Jh. n. Chr. bestand im röm. Kastell, das den hier die Lahn kreuzenden Limes (seit 2005 UNESCO-Weltkulturerbe) sicherte. Das Dorf E. entstand im 6. Jh. als fränk. Siedlung. Das Emser Bad (Heilbad seit dem 14. Jh.) galt im 19. Jh. als »Weltbad«; seit 1863 wurden Ort und Bad zur Stadt E. vereinigt (seit 1913 B. E.), die 1866 an Preußen fiel. – (→ Emser Depesche)

Bad Emstal, Kurort im Landkreis Kassel, Hessen, im Habichtswald, 6 300 Ew.; Heilquelle. – Seit 1991 Bad.

Baden, 1) histor. Land am Oberrhein, erstreckte sich vom Main bei Wertheim bis vor Basel; Hptst. war (ab 1715) Karlsruhe. – *Geschichte:* Die jüngere Linie der → Zähringer, seit 1112 Markgrafen in B., besaß im 12. Jh. u. a. die Grafschaft im Breisgau und in der Ortenau. Um 1250 wurden die Gebiete um Pforzheim und die Stadt Baden zum Kernstück der Markgrafschaft. Gebietszuwachs und eine straffe Verw. machten B. im 15. Jh. zu einem bed. Staat am Oberrhein. Durch die Teilung von 1535 entstanden die Markgrafschaften **B.-Baden** (mehrfache Konfessionswechsel, seit 1571 kath.) und **B.-Durlach** (seit 1566 ev.); Markgraf Ludwig Wilhelm von B.-Baden (1677–1707) baute Rastatt, Markgraf Karl Wilhelm von B.-Durlach (1709–38) Karlsruhe zur Residenz aus. Karl Friedrich von B.-Durlach (1738/46 bis 1811) vereinigte 1771 die Markgrafschaft; im Bündnis mit Frankreich (Mitgl. des Rheinbundes 1806–13) erreichte er, auch dank der Diplomatie des Min. S. von Reitzenstein, des eigentl. Schöpfers des modernen B., zw. 1803 und 1810 beträchtl. Gebietserweiterungen (u. a. die rechtsrhein. Kurpfalz mit Heidelberg und Mannheim, der österr. Breisgau, mehrere geistl. Gebiete und Reichsstädte) sowie die Erhebung B.s zum Kurfürstentum (1803) bzw. Großherzogtum (1806). Dieses erhielt eine neue Regierungs- und Verwaltungsorganisation, 1810 das bad. Landrecht nach frz. Vorbild sowie 1818 eine liberale Verf. Die Zweite Kammer des Landtages galt bis 1848 als Sprachrohr der liberalen und nat. Bewegung. 1848/49 kam es unter Führung von F. Hecker und G. von Struve zu drei Aufständen, wobei der schwerste und letzte (Mai/Juni 1849) mit preuß. Truppen niedergeworfen wurde. Nach der Reaktionszeit lenkte Großherzog Friedrich I. (1856–1907) mit der »neuen Ära« (1860–66) wieder in eine liberale Richtung (Min. Lamey, Roggenbach) ein und konnte sich nach Rückkehr zur konstitutionellen Regierungsweise (Min. Mathy, Jolly) ebenso wie sein Nachfolger, Friedrich II. (1907–18), auf die Nationalliberalen als politisch maßgebl. Kraft stützen. 1870/71 beteiligte sich B. aktiv an der dt. Reichsgründung. Der bis 1914 dauernde Kulturkampf in B. erreichte 1864–76 seine größte Schärfe. 1905 wurde das Zentrum stärkste Partei. Die Novemberrevolution führte zur Abdankung Friedrichs II. (22. 11. 1918) und zur Bildung des Freistaates B. (Verf. von 1919), in dem das Zentrum führenden Einfluss besaß. 1933–45 unterstand B. einem nat.-soz. Reichsstatthalter. 1945 wurde Nord-B. (mit Karlsruhe, amerikanisch besetzt) mit N-Württemberg zum Land **Württemberg-B.** vereinigt, Süd-B. (mit Freiburg, frz. besetzt) bildete das Land **B.** (Verf. von 1947). 1951/52 wurde aus B. mit Württemberg und Hohenzollern das Land →Baden-Württemberg gebildet.

2) bis 1931 Name der Stadt →Baden-Baden.

3) Bez.-Hptst. südlich von Wien, NÖ, am Ausgang des Schwechattals aus dem Wienerwald, 240 m ü. M., 25 200 Ew.; vielfältige Bildungsstätten; Fremdenverkehr, Nahrungsmittelind.; Kurort dank seit der Römerzeit genutzten Schwefelthermalquellen; Spielkasino.

4) Hauptort des Bez. Baden im Kt. Aargau, Schweiz, am Durchbruch der Limmat durch die Lägernkette, 16 200 Ew.; B. gliedert sich in die über dem Fluss gelegene Altstadt, die Bäderstadt (Schwefelquellen) und die neueren Siedlungen mit der Ind. (Elektromaschinenfabrik, Armaturenfabrik, Buntmetallgießerei). In der Umgebung Weinbau. – Das spätgot. Landvogteischloss an der alten Brücke ist jetzt histor. Museum. – B., das röm. **Aquae Helveticae**, wurde 1264 habsburg. Verwaltungszentrum und erhielt 1297 Stadtrecht; kam 1415 an die Schweiz. Hier versammelte sich 1424–1712 die »Tagsatzung« der Eidgenossen.

Baden-Baden, bis 1931 **Baden**, kreisfreie Stadt im Reg.-Bez. Karlsruhe, Bad.-Württ., 54 700 Ew.; entwickelte sich dank der Natriumchloridthermen (68 °C), der schönen Lage im von bewaldeten Höhen umrahmten, windgeschützten Talkessel der Oos im nordwestl. Schwarzwald und des milden Klimas zu einer internat. anerkannten Kurstadt mit Spielbank und Pferderennbahn (im benachbarten Iffezheim); Staatl. Kunsthalle, Museum »Sammlung Frieder Burda« (ein Neubau von R. A. Meier, 2004 eröffnet) und andere Museen, Festspielhaus (1998 eröffnet); Sitz des Südwestrundfunks; elektrotechn. Ind., Maschinenbau, Herstellung von Kosmetika und Pharmazeutika. – Pfarrkirche St. Peter und Paul (1391, 1453–77 ausgebaut), Neues Schloss (ab 1370, 1573 im Renaissancestil verändert), Kurhaus (1822–24, von F. Weinbrenner). – Im 1. Jh. n. Chr. als röm. Siedlung **Aquae** (»Heilbad«) gegr., bis um 260 Badeort (internat. bekannt seit dem 19. Jh.), seit 1052 im Besitz der Zähringer, die sich ab 1112 Markgrafen »von Baden« nannten (die Stadt war 1535–1700 Residenz der Markgrafschaft Baden-Baden); 1689 von den Franzosen zerstört; 1945–55 Sitz der frz. Besatzungsmacht.

Bad Endorf, bis 1988 **Endorf i. OB, Markt Bad Endorf,** Marktgem. im Landkreis Rosenheim, Oberbayern, 525 m ü. M., 7 700 Ew.; Kurort dank Jod-Sole-Thermalquelle (35–90 °C).

Badener Friede, →Spanischer Erbfolgekrieg.

Badeni, Kasimir Felix Graf, österr. Politiker, * Surochów (Galizien) 14. 10. 1846, † Krasne (Galizien) 9. 7. 1909; wurde 1895 Min.-Präs. und Innenmin. Österreich-Ungarns. Seine Sprachenverordnung von 1897 (Tschechisch als 2. Amtssprache in Böhmen und Mähren, auch in rein dt. Gebieten) stieß auf Widerstand der dt. Parteien und löste die **B.-Krise** aus, in deren Verlauf B. am 27. 11. 1897 zurücktrat.

Baden-Baden: in der Bildmitte die ehemalige Stiftskirche, heute katholische Pfarrkirche Sankt Peter und Paul

Baden-Powell [ˈbeɪdn ˈpəʊəl], Robert Stephenson Smyth, Baron (seit 1929), brit. General, * London 22. 2. 1857, † Nyeri (Kenia) 8. 1. 1941; nahm am Burenkrieg teil (1899–1900 Verteidigung der südafrikan. Stadt Mafeking [heute Mafikeng]); gründete 1907/08 die Pfadfinderbewegung (**Boy Scouts**).

Badenweiler, Thermalbad im Landkreis Breisgau-Hochschwarzwald, in Bad.-Württ., im südlichen Schwarzwald, 450 m ü. M., 3 900 Ew. – Ruinen röm. Badeanlagen, architektonisch bedeutsames modernes Kurhaus (K. Humpert, 1970 ff.).

Baden-Württemberg, Land der Bundesrep. Dtl., 35 752 km², (2006) 10,74 Mio. Ew.; Hptst.: Stuttgart.

Landesnatur: B.-W. umfasst Teile der Oberrheinebene mit dem Kaiserstuhl, den Schwarzwald mit dem Feldberg (1 493 m ü. M.) als höchster Erhebung des Landes, den Kraichgau, den südl. Odenwald und das westl. Süddeutsche Schichtstufenland mit der Schwäb. Alb; im S zw. Bodensee und Iller (Allgäu) hat B.-W. Anteil am Alpenvorland. Fruchtbare Hochflächen und bewaldete Höhen liegen beiderseits des Neckars und seiner Seitentäler. Hauptflüsse sind Rhein, Donau und Neckar.

Bevölkerung: Die Bev. ist im S urspr. schwäbischalemann., im N fränkischer Herkunft, wobei im ehemals kurpfälz. Gebiet vorwiegend Pfälzisch, im Tauberland und im Hohenlohischen Ostfränkisch gesprochen wird. Besonders dicht besiedelt ist der Großraum Stuttgart (> 500 Ew. je km²). – 38,7 % der Bev. gehören der kath. Kirche an, 34,3 % den ev. Landeskirchen. – B.-W. hat (2006) neun staatl. Univ. (in Freiburg im Breisgau, Heidelberg, Hohenheim, Karlsruhe, Konstanz, Mannheim, Stuttgart, Tübingen, Ulm); sechs PHs; vier private, staatl. anerkannte wiss. Hochschulen; elf Kunst- und Musikhochschulen sowie 32 FHs (staatlich und staatlich anerkannt).

Wirtschaft: B.-W. ist das am stärksten industrialisierte Land in Dtl. Neben internat. bed. Großunternehmen dominieren kleine und mittlere Unternehmen; wichtige Branchen sind Maschinen- und Fahrzeugbau, Kfz-Zuliefer-, elektrotechnisch-elektron., Software-, chem., Metall verarbeitende, Kunststoff- und Textilind., im Schwarzwald auch Holzind. In einigen technologieintensiven Bereichen wie Maschinenbau und Unternehmenssoftware gehört B.-W. zu

Baden 3)
Stadtwappen

Baden-Baden
Stadtwappen

Baden-Württemberg
Kleines Landeswappen

Robert
Baden-Powell

Baden-Württemberg

den führenden Regionen Europas. Die Energieversorgung basiert auf Erdöl, Erdgas und Kohle sowie auf Kernkraftwerken (v. a. im nördl. Landesteil) und Wasserkraftwerken (v. a. am Hochrhein). B.-W. verfügt nur über wenige Bodenschätze: Steinsalz (am Kocher), Fluss- und Schwerspat, Kalk und Quarz sowie Mineralquellen (Baden-Baden, Bad Mergentheim, Bad Wildbad u. a.). – 41 % der Gesamtfläche B.-W.s werden landwirtschaftlich genutzt, davon sind rd. 40 % Dauergrünland, es überwiegt Milcherzeugung und -verarbeitung (Allgäu, Schwarzwald). Im Ackerbau herrschen Futterpflanzen vor. Sonst wird bes. Weizen, im Schwarzwald Hafer und Roggen angebaut. In klimabegünstigten Räumen (Neckar und Nebentäler, Bodensee, Oberrheinebene) wird Wein-, Obst- und Tabakbau, bei Schwetzingen Spargelanbau betrieben. Insgesamt ist B.-W. durch Eisen- und Autobahnen sehr gut erschlossen. Der Oberrheingraben dient als Verkehrsleitlinie. Der Binnenschifffahrt stehen der begradigte Rhein ab Rheinfelden und der ab Plochingen schiffbare Neckar zur Verfügung. Bed. Binnenhäfen besitzen Karlsruhe, Mannheim und Heilbronn; einen internat. Flughafen hat Stuttgart.

Verfassung: Nach der Verf. vom 11. 11. 1953 (mit Änderungen) übt der Landtag (derzeit 128 Abg., für 5 Jahre gewählt) die Legislative aus. Er wählt den Min.-Präs., der die Reg. beruft. Die Verf. sieht Volksbegehren und -entscheid vor und fixiert Staatsziele wie Stärkung der EU, Umweltschutz und Schutz für Behinderte.

Geschichte: Das Land B.-W. wurde nach der Volksabstimmung vom 6. 12. 1951 aus Württemberg-Baden, Württemberg-Hohenzollern und Baden gebildet. Eine zweite Volksabstimmung am 7. 6. 1970 bestätigte die Neubildung. Die CDU wurde stärkste Partei (1972–92 absolute Mehrheit) und stellt nach R. Maier (1952–53;

Baden-Württemberg

FDP) seit 1953 den Min.-Präs.: G. Müller (1953–58); K. G. Kiesinger (1958–66); H. Filbinger (1966–78); L. Späth (1978–91); E. Teufel (1991–2005); G. Oettinger (seit 2005; 2006 bestätigt). 1996 wurde eine Koalitionsreg. mit der FDP gebildet (zuletzt 2006 bestätigt).

Bader, veraltete Bez. für eine Person, die eine öffentl. Badestube (daher auch oft **Stübner** gen.) führte und auch als Barbier und Wundarzt tätig war.

Bader, Johannes, luther. Theologe, * Straßburg um 1487, † Landau in der Pfalz vor dem 16. 8. 1545. Sein »Gespräch Büchlein« von 1526 war der erste ev. Katechismus.

Bäderkunde, die →Balneologie.

Bad Fallingbostel, Krst. des Landkreises Soltau-F., Ndsachs., in der südl. Lüneburger Heide, 11 800 Ew.; Kneippheilbad und Luftkurort. – Südöstlich von F., im Truppenübungsplatz Bergen, liegen die **Sieben Steinhäuser,** eine Gruppe von Großsteingräbern aus der Jungsteinzeit. – Das 993 erwähnte F. erhielt 1949 Stadtrecht und wurde 1954 Kneippkurort.

Bad Faulenbach, Ortsteil von →Füssen.

Bad Feilnbach, Gem. im Landkreis Rosenheim, Oberbayern, im Voralpenland der Schlierseer Berge, 540 m ü. M., 7 200 Ew.; Moorheilbad.

Bad Fischau-Brunn, Markt-Gem. im Bez. Wiener Neustadt, NÖ, 288 m ü. M., 2 800 Ew.; Kurort dank radioaktiver Thermalquelle; Schottergewinnung; Eisensteinhöhle und Höhlenmuseum.

Bad Flinsberg, Kurort in Polen, →Świeradów Zdrój.

Bad Frankenhausen/Kyffhäuser, Stadt im Kyffhäuserkreis, Thür., 8 700 Ew.; Kinderheilbad und Kurbad (seit 1876; Solquellen); Knopf- und Strickwarenherstellung, Bau von Laboröfen. Nahebei die →Barbarossahöhle. – Unterkirche (1691–1701), Schloss (17. Jh., Museum), Renaissance- und Barockbürgerhäuser; etwa 1 km nördlich auf dem Schlachtberg Bauernkriegsgedenkstätte mit monumentalem Panoramabild (14 m × 123 m) von W. Tübke (1976–87). – Vor 1000 gegründet; Kurbetrieb seit 19. Jh., kam 1920 zu Thür., Bad seit 1927. – Mit der Niederlage der Bauern in der **Schlacht bei Frankenhausen** (14./15. 5. 1525; Gefangennahme T. Müntzers) endete der Bauernkrieg in Thüringen.

Bad Freienwalde (Oder), Stadt im Landkreis Märkisch Oderland, Bbg., am W-Rand des Oderbruchs, 12 800 Ew.; Moorbad; Oderlandmuseum; Ziegelwerk. Im Ortsteil **Hohenwutzen** seit 1993 neuer Grenzübergang nach Polen. – Klassizist. Schloss (D. Gilly), Landhaus (C. G. Langhans). – 1316 Ersterwähnung, vor 1364 Stadt, bis 1993 Krst.; Badeort seit 1683.

Bad Friedrichshall, Stadt im Landkreis Heilbronn, Bad.-Württ., an der Mündung von Kocher (Kochendorf) und Jagst (Jagstfeld) in den Neckar, 18 800 Ew.; Solbad; Gewinnung von Industrie- und Speisesalzen, Metallverarbeitung. – Seit 1951 Stadt.

Bad Füssing, Gem. im Landkreis Passau, Niederbayern, im Inntal, 6 600 Ew.; Heilbad mit Mineral- und Thermalquellen (Natrium-Hydrogencarbonat-Chlorid-Quellen), Kureinrichtungen, Sanatorien.

Bad Gandersheim, Stadt im Landkreis Northeim, Ndsachs., westlich des Harzes, 10 800 Ew.; Solbad; Heimatmuseum; Domfestspiele; Glashütte, Metall-, Elektroind., Fleischverarbeitung. – Entstand bei einem 852 gegr. Reichsstift; Blüte im 10. Jh. (→Hrotsvith von Gandersheim); seit 1589 ev. Damenstift (1810 aufgelöst). Seit dem 13. Jh. Stadt, seit 1932 Bad.

Bad Gastein, Kurbad in Österreich, →Gastein.

Badge [bædʒ; engl. »Abzeichen«] *die,* heraldisch ein neben dem Wappen geführtes Kennzeichen, z. B. die rote Rose des Hauses Lancaster; heute noch Bez. für die brit. Regimentsabzeichen.

Bad Gleichenberg, Kurort in der SO-Steiermark, Österreich, 317 m ü. M., 2 100 Ew.; mehrere kohlensäurehaltige Mineralquellen.

Bad Gögging, Ortsteil von →Neustadt a. d. Donau.

Bad Goisern, Markt-Gem. am N-Ufer des Hallstätter Sees, OÖ, im Salzkammergut, 490–900 m ü. M., 7 600 Ew.; Kurort (brom- und jodhaltige Schwefelquelle) und Wintersportort; Fremdenverkehr. – Ehem. Salzarbeitersiedlung, seit 1955 Bad.

Bad Gottleuba-Berggießhübel, Stadt im Landkreis Sächs. Schweiz, Sa., im Osterzgebirge, 6 100 Ew.; Moorbad; nahebei seit 1974 die Gottleubatalsperre (0,7 km², Stauraum 13 Mio. m³). – 1999 aus den Kurorten Bad Gottleuba und Berggießhübel hervorgegangen.

Bad Griesbach, Kurort im Schwarzwald, →Bad Peterstal-Griesbach.

Bad Griesbach im Rottal, Stadt und Kurort im Landkreis Passau, Niederbayern, 441 m ü. M., 8 500 Ew.; Fremdenverkehr. In **Bad G.-Therme,** 4 km südlich des Stadtzentrums, seit 1979 staatlich anerkannter Heilquellen-Kurbetrieb mit drei Thermal-Mineralquellen. – Seit 1953 Stadt.

Bad Grund (Harz), Stadt im Landkreis Osterode am Harz, Ndsachs., 2 500 Ew.; Luftkurort und Moorheilbad, Untertage-Klimatherapie; Iberger Tropfsteinhöhle; Bergbaumuseum. – Der Ort Gittelde im Grund (1495 so erwähnt) erhielt als älteste der sieben Oberharzer Bergstädte 1532 Bergfreiheit; Blei-Zink-Erz-Abbau seit dem 12. Jh. bis 1992.

Bad Hall, Marktgem. westlich von Steyr, im Alpenvorland, OÖ, 380 m ü. M., 4 800 Ew.; Kurort dank jod- und bromhaltiger Kochsalzquellen; Fremdenverkehr. – Bereits 777 wurde hier eine Saline betrieben.

Bad Harzburg, Stadt im Landkreis Goslar, Ndsachs., 22 600 Ew.; Heilbad mit Sole-, Schwefelquelle und Moorbädern sowie heilklimat. Kurort am N-Rand des Harzes; Spielbank. – Unterhalb der Harzburg (1066 erbaut, 1074 von den aufständ. Sachsen zerstört, 1180 wieder aufgebaut; 1650–54 abgebrochen) entwickelte sich die »Neustadt«, die 1894 als B. H. Stadt wurde.

Bad Heilbrunn, bis 1934 **Steinbach,** Gem. im Landkreis Bad Tölz-Wolfratshausen, Oberbayern, 682 m ü. M., 3 800 Ew.; Heilbad (Jod- und Solquellen, Moorbäder), Kureinrichtungen.

Bad Herrenalb, Stadt im Landkreis Calw, Bad.-Württ., im Albtal des nördl. Schwarzwaldes, 375 m ü. M., 7 500 Ew.; Heilbad (mineralreiche Thermalquelle) und heilklimat. Kurort; Sitz der Evang. Akademie der Landeskirche Baden. – Ruinen der Zisterzienserabtei Herrenalb (1149–1535). – Seit 1840 Kurbetrieb, seit 1887 Stadt, seit 1971 Bad.

Bad Hersfeld, Krst. des Landkreises Hersfeld-Rotenburg, Hessen, an der Fulda, 209 m ü. M., 30 500 Ew.; Staatsbad (Mineralquellen, Moor); Nordhess. Landesbühne; Maschinen- und Gerätebau, chem. u. a. Industrie. – Die Stadt (Stadtrecht seit 1170) entwickelte sich aus einer Marktsiedlung um die 769 von dem Bonifatiusschüler Lullus gegr. Benediktinerabtei (seit 775 Reichsabtei); die (als Ruine erhaltene) 1144 geweihte Stiftskirche gilt als ein Hauptwerk salischer Baukunst

Bad Harzburg
Stadtwappen

(in ihr seit 1951 alljährlich Festspiele). Renaissancerathaus, got. Stadtkirche, Stein- und Fachwerkhäuser des 15.–17. Jh. In der Nähe Wasserschloss Eichhof (14./16. Jh.).

Bad Hindelang, Marktgem. im Landkreis Oberallgäu, Bayern, im Ostrachtal der Allgäuer Alpen, 850–1150 m ü. M., 4900 Ew.; heilklimat. Kneippkurort und Kneippheilbad mit Schwefelmoorbad (im Ortsteil Bad Oberdorf), Wintersportort; Keramikwerk. – Kirche mit Madonnenbildnis von H. Holbein d. Ä. und Schnitzaltar von J. Lederer (1519). – Seit 2002 Bad.

Bad Hofgastein, Kurort in Österreich, →Gastein.

Bad Homburg v. d. Höhe [vor der Höhe (des Taunus, von Frankfurt am Main aus gesehen)], Krst. des Hochtaunuskreises, Hessen, 197 m ü. M., 51 800 Ew.; Sitz der Bundeswertpapierverwaltung und des Bundesausgleichsamtes; Städt. und Hutmuseum; Kurort (dank Heilquellen) und Wohngemeinde (Stadtbahnverbindung mit Frankfurt); Spielbank (seit 1834); Kurkliniken, gesundheitsorientierte Dienstleistungen, Maschinen- und Gerätebau. – H. erhielt um 1330 Stadtrechte; 1583 kam es an Hessen-Darmstadt; 1622–1866 Residenz, Schloss (1680–85; z. T. Museum); seit 1834 Kurbetrieb (im 19. Jh. internat. Bedeutung; Kurhaus von 1841–43, Neubau 1950–52, 1984 umgebaut). Ab 1866 zu Preußen, erhielt H. 1912 den heutigen Namen.

Bad Honnef, Stadt im Rhein-Sieg-Kr., NRW, am Fuß des Siebengebirges, am rechten Rheinufer, 25 300 Ew.; Maschinen- und Apparatebau, Transformatorenherstellung, Mineralwasserabfüllung, Weinbau. Im Ortsteil **Rhöndorf** Konrad-Adenauer-Haus. – Spätgot. Pfarrkirche (um 1500) mit roman. Turm. – B. H. erhielt 1862 Stadtrecht.

Bad Hönningen, Stadt im Landkreis Neuwied, Rheinl.-Pf., am rechten Rheinufer, 5700 Ew.; Heilbad dank Mineralquelle; chem. Industrie. – Seit dem 11. Jh. zum Erzstift Trier, fiel 1803 an das Herzogtum Nassau, seit 1969 Stadt.

Bad Iburg, Stadt im Landkreis Osnabrück, Ndsachs., 11 600 Ew.; Museen (u. a. Schloss- und Uhrenmuseum); Kneippheilbad; klein- und mittelständisch geprägte Wirtschaft, Nahrungsmittel- und Metall verarbeitende Ind. (u. a. Drahtseilerei). – Ehem. Benediktinerabtei (gegr. im 11. Jh.) und bischöfl. Schloss (bis 1673).

Badings, Henk (Hendrik), niederländ. Komponist, * Bandung (Java) 17. 1. 1907, † Maarheeze (Prov. Nordbrabant) 26. 6. 1987; schrieb u. a. Opern (z. B. »Die Nachtwache«, 1950), Ballette (z. B. »Kain«, 1956), ein Oratorium (»Jonah«, 1962), Orchester-, Kammermusik.

Badische Anilin- & Soda-Fabrik AG, →BASF AG.

Badisches Landrecht, das bis 1900 geltende bad. Recht aus den Jahren 1588, 1622 bzw. 1810, wobei Letzteres stark vom frz. Code civil beeinflusst war.

badische Weine, Weine aus dem dt. Anbaugebiet Baden, mit den Bereichen (von N nach S) Tauberfranken, Bad. Bergstraße, Kraichgau, Ortenau, Breisgau, Kaiserstuhl, Tuniberg, Markgräfler Land und Bodensee, gehört zur Weinbauzone B; rd. 16 000 ha Anbaufläche (2005) mit rd. 1,3 Mio. hl Ertrag; etwa 60 % Weißweine, Spätburgunder und Müller-Thurgau sind die wichtigsten Rebsorten.

Bad Ischl, Stadt in OÖ, Mittelpunkt des Salzkammergutes, in der waldreichen Kalkalpenlandschaft an der Traun, 469 m ü. M., 14 100 Ew.; Kurort mit Sole- und Kohlensäurebädern, Fremdenverkehr. – 1262 erstmals erwähnt; ab 1823 Kurort (seit 1906 Bad); 1854–1914 Sommerresidenz Kaiser Franz Josephs I.; 1940 Stadtrecht.

Bad Karlshafen, Stadt im Landkreis Kassel, Hessen, an der Mündung der Diemel in die Weser, 111 m ü. M., 4100 Ew.; Solbad; keram. Industrie. – Gut erhaltenes Stadtbild (planmäßig angelegte Barockstadt). – K. wurde 1699 von Landgraf Karl von Hessen als Weserhafen gegründet, wo er Hugenotten ansiedelte.

Bad Kissingen, 1) Landkreis im Reg.-Bez. Unterfranken, Bayern, 1137 km^2, 108 000 Ew.; Kreisstadt ist Bad Kissingen.

2) Krst. von 1), Große Krst., an der Fränk. Saale, am Naturpark Bayer. Rhön, 21 300 Ew.; Staatsbad (mit Mineralquellen und Moorbad), Kureinrichtungen. – Kurhaus (1738 und 19. Jh.), klassizist. Pfarrkirche (1772–75). – 801 erstmals erwähnt, seit 13. Jh. Stadt; 1520 als Kurort bezeugt, nach 1737 rascher Aufschwung des Badebetriebs. (→Kissinger Diktat)

Bad Kleinkirchheim, Heilbad und Höhenluftkurort in Kärnten, Österreich, 1087 m ü. M., 1800 Ew.; Mittelpunkt eines Wintersportgebiets in den westl. Gurktaler Alpen; Fremdenverkehr, Holzverarbeitung.

Bad Klosterlausnitz, Gem. im Saale-Holzland-Kreis, Thür., 320 m ü. M., auf der waldreichen Saale-Elster-Platte, 3500 Ew.; Kur- und Erholungsort (Heilbad). – Ehem. Augustinerchorfrauenstift (1132 gegr.); roman. Klosterkirche (1152–80; seit dem 16. Jh. verfallen, 1855–66 wieder aufgebaut).

Bad Kohlgrub, Gem. im Landkreis Garmisch-Partenkirchen, Oberbayern, 800–950 m ü. M., 2500 Ew.; Fremdenverkehrsort, Moorheilbad.

Bad König, Stadt im Odenwaldkreis, Hessen, an der Mümling, 183 m ü. M., 9500 Ew.; Heilbad mit Thermal- und Mineralquellen. – Pfarrkirche (15.–18. Jh.), Schloss (1559). – B. K. ist seit 1980 Stadt.

Bad Königshofen i. Grabfeld, Stadt im Landkreis Rhön-Grabfeld, Bayern, an der Fränk. Saale, 277 m ü. M., 7000 Ew.; Heilbad (mit Mineralquellen, Moorbad); Maschinenbau. – Pfarrkirche (1442–1502), Rathaus (16. Jh.). – Königshofen, 741 erstmals erwähnt, erhielt 1323 Marktrecht; seit 1974 Bad.

Bad Kösen, Stadt im Burgenlandkreis, Sa.-Anh., im Saaletal, 120 m ü. M., 5400 Ew.; Solbad mit Gradierwerk (seit 1780), Plüschtierfabrik; um B. K. Wein- und Obstbau; Heimatmuseum. – Roman. Haus (12. Jh.), Gradierwerk mit alten Soleförderanlagen, saaleaufwärts Muschelkalkfelsen über dem Fluss mit den Ruinen Rudelsburg (1171 erwähnt, 14./15. Jh. ausgebaut) und Saaleck (1140 erwähnt, Kernburg 1. Hälfte 12. Jh.). – Zu B. K. gehört das nahe gelegene →Schulpforta. – Der Ort (Flößersiedlung 1258 erstmals erwähnt) entwickelte sich Anfang des 19. Jh. zum Kur- und Badeort, seit 1868 Stadtrecht; 1902–51 befanden sich hier die Puppenwerkstätten von Käthe Kruse (Puppensammlung).

Bad Köstritz, Stadt im Landkreis Greiz, Thür., an der Weißen Elster, 3900 Ew.; Heinrich-Schütz-Gedenkstätte; Schwarzbierbrauerei; Chemiewerk; Dahlien- und Rosenzucht; Kurort (Solbad).

Bad Kötzting, Stadt im Landkreis Cham, Bayern, am Weißen Regen; 7300 Ew.; Kneippkurort; Holz und Metall verarbeitende Ind. – 1085 erstmals erwähnt; seit 1412 alljährl. »Pfingstritt«, eine Bittprozession zu Pferde; Stadt seit 1953; seit 2005 Bad.

Bad Lauchstädt: Bade- oder Duschpavillon

Bad Langensalza
Stadtwappen

Bad Kreuznach, 1) Landkreis in Rheinl.-Pf., 864 km², 158 000 Ew.; Hauptwirtschaftszweige sind Industrie, Fremdenverkehr und Weinbau.
2) Krst. von 1), an der Nahe, 43 800 Ew.; Heilbad (Solquellen, Tonerde, Radonstollen); Dienstleistungszentrum Ländlicher Raum Rheinhessen-Nahe-Hunsrück; Maschinen-, Apparate- und Wohnwagenbau, Reifenherstellung, Kunststoff verarbeitende, opt. Industrie; Weinbau und -handel; Schlossparkmuseum und Römerhalle. – Wahrzeichen der Stadt sind die Brückenhäuser (15.–17. Jh.) auf der achtbogigen Nahebrücke (Anlage 14. Jh.; heute im Wesentl. Stahl- bzw. Spannbetonkonstruktion von 1955 ff.); ev. Pauluskirche (1332 geweiht), kath. Nikolauskirche (1308 geweiht, neugotisch verändert), Reste der mittelalterl. Kauzenburg. – Neben einer keltisch-röm. Siedlung entstand im 4. Jh. ein Kastell, in dem später ein fränk. Königshof errichtet wurde. Der heutige Ort wurde im 12. Jh. gegründet (ab 1270 Stadtrechte) und kam zunächst teilweise, ab 1708 ganz an Kurpfalz, 1792 an Frankreich, 1815 an Preußen; 1817 begann der Kurbetrieb.

Bad Krozingen, Gem. im Landkreis Breisgau-Hochschwarzwald, Bad.-Württ., 17 400 Ew.; Heilbad (seit 1911) mit kohlensäurehaltigen Thermalquellen. – St.-Ulrichs-Kapelle im Glöcklehof mit Fresken (1. Hälfte des 11. Jh.s), Schloss (16.–18. Jh.) mit Sammlung histor. Tasteninstrumente.

Bad Kudowa, Kurort in Polen, →Kudowa Zdrój.
Bad Laasphe [- ˈlaːsfə], Stadt im Kr. Siegen-Wittgenstein, NRW, 331 m ü. M. im Naturpark Rothaargebirge, 15 200 Ew.; Kneippheilbad; Maschinenbau, Metall- und Holzindustrie. – Überragt von Schloss Wittgenstein (17.–18. Jh.). – Seit 1277 Stadt.
Bad Laer [- laːr], Gem. im Landkreis Osnabrück, Ndsachs., am S-Hang des Teutoburger Waldes, 9 200 Ew.; Solbad.
Bad Landeck in Schlesi|en, Kurort in Polen, →Lądek Zdrój.
Badlands [ˈbædlændz], vegetationsarmes, fast wüstenhaftes Gebiet in der westl. Prärietafel der USA, in South Dakota; durch starke Erosion in Schluchten und Kämme aufgelöste Landoberfläche; zahlr. Fossilienfunde; z. T. unter Naturschutz: **B. National Park** (984 km²).
Bad Langensalza, Stadt im Unstrut-Hainich-Kreis, Thür., an Salza und Unstrut, 18 700 Ew.; Heimatmuseum; Travertingewinnung, Getreidemühle, Fenster- und Türenbau, Wollgarnspinnerei, Automobilzulieferer; Schwefelbad. – Spätgot. Hallenkirche St. Bonifatius (14./15. Jh.), Rathaus (1742–52), Friederikenschlösschen (1749/50), mittelalterl. Stadtmauerring mit 17 Wehrtürmen. – 932 erwähnt, nach 1212 Stadt; fiel 1346 an die Wettiner, 1815 an Preußen; ab 1811/12 Kur- und Badeort. – Vom 27. bis 29. 6. 1866 Schlacht bei Langensalza (→Deutscher Krieg 1866).

Bad Lauchstädt, Stadt im Landkreis Merseburg-Querfurt, Sa.-Anh., 5 000 Ew.; Außenstelle des Helmholtz-Zentrums für Umweltforschung UFZ; im 18. und Anfang des 19. Jh. Heilbad (heute nur noch Mineralwasserversand). – Rathaus (1678), Stadtpfarrkirche (1684–85), Schloss (15. bis 17. Jh.), histor. Kuranlagen (2. Hälfte 18. Jh.), klassizist. Theater (1802) von G. Gentz, unter Mitwirkung Goethes erbaut. – Um 900 erstmals erwähnt, kam L. (1430 Stadtrecht) 1444 an das Hochstift Merseburg; 1738 wurde es kursächsisch, 1815 preußisch. Ab 1710 Badebetrieb; nach 1905 industriemäßige Nutzung des Lauchstädter Brunnens.

Bad Lausick, Stadt im Muldentalkreis, Sa., 9 000 Ew.; Kurort. – Stadtkirche St. Kilian (roman. Pfeilerbasilika, 1105) mit Orgel von G. Silbermann.

Bad Lauterberg im Harz, Stadt im Landkreis Osterode am Harz, Ndsachs., Kneippheilbad am S-Rand des Harzes, 300 m ü. M., 11 700 Ew.; Pinselherstellung, Holzind. und Metall verarbeitende Ind.; der Schwerspatbergbau wurde 2007 eingestellt. – Nach 1450 gegr.; seit 1929 Stadt.

Bad Leonfelden, Markt.-Gem. und Kurort im nördl. Mühlviertel, OÖ, nahe der tschech. Grenze, 4 000 Ew.; Moorbad; Schulzentrum; Textil- und Lebkuchenherstellung, Fremdenverkehr.

Bad Liebenstein, Stadt im Wartburgkreis, Thür., 305–350 m ü. M., an der SW-Abdachung des Thüringer Waldes, 4 100 Ew.; Heilbad mit kohlensauren Mangan-Eisen-Arsen-Quellen; Fröbelgedenkstätte. – Entstand 1590 als Sauerborn; erhielt 1712 Marktrecht; 1801 in Liebenstein umbenannt, seit 1907 Stadt.

Bad Liebenwerda, Stadt im Landkreis Elbe-Elster, Bbg., an der Schwarzen Elster, 10 700 Ew.; Moorheilbad; Holzbearbeitung. – 1301 als Stadt bezeugt; bis 1993 Kreisstadt.

Bad Liebenzell, Stadt im Landkreis Calw, Bad.-Württ., Heilbad mit warmen Quellen und Luftkurort im nördl. Schwarzwald, 310–710 m ü. M., 9 500 Ew.;

Bad Lausick: Sachsenklinik

Bade- und Trinkkuren. – 1091 erstmals erwähnt, seit 1384 Stadt.

Bad Lippspringe, Stadt im Kr. Paderborn, NRW, an der Lippequelle, 150 m ü. M., 15 100 Ew.; heilklimat. Kurort (Thermalquellen); Möbelind., Schaumstoffwerke, Spezialweberei für Lichtbildwände. – Stadtrechte seit 1445; ab 1913 Bad.

Bad Lobenstein, Stadt im Saale-Orla-Kreis, Thür., am N-Rand des Frankenwaldes, 505 m ü. M., 6 900 Ew.; Kur- und Erholungsort; Feingusswerk, elektron. und Holzindustrie. – Oberhalb des altfränk. Marktes die Ruine der mittelalterl. Burg; barockes Neues Schloss (1714–18). – 1250 erstmals erwähnt; bis 1994 Kreisstadt. Seit 2005 Bad.

Bad Marienberg (Westerwald), Stadt im Westerwaldkr., Rheinl.-Pf., 5 900 Ew.; Kneippheilbad im hohen Westerwald; Basaltabbau, Maschinen- und Fahrzeugbau, Textil-, Bekleidungs-, elektrotechn. Industrie. – Seit 1939 Stadt.

Bad Meinberg, Ortsteil von →Horn-Bad Meinberg.

Bad Mergentheim, Stadt (Große Krst.) im Main-Tauber-Kreis, Bad.-Württ., im Tal der Tauber, 22 400 Ew.; Heilbad mit drei an Glauber- und Bittersalz reichen Kochsalzquellen; Parkettfabrik, Glasind., Maschinen- und Apparatebau. – Deutschmeisterschloss (13. Jh., ab 1568 im Renaissancestil umgebaut); Schlosskirche (1730–36), Stadtpfarrkirche St. Johannes (13. Jh.), Rathaus (1562–64). – 1058 als Marktort genannt; seit 1340 Stadtrecht; 1527–1809 Sitz der Hoch- und Deutschmeister des Dt. Ordens; kam 1809 an Württemberg.

Badminton [ˈbædmɪntən, engl.] *das,* Rückschlagspiel, wettkampfmäßig in der Halle für zwei (Einzel) und vier Spieler (Doppel) mit einem sehr leichten tennisähnl. Schläger und Federball (4,74 bis 5,50 g schwer). Der Federball ist abwechselnd so über das Netz zu spielen, dass der Gegner den Ballwechsel nicht regelgerecht fortsetzen kann. Gespielt wird im →Rally-Point-System auf zwei Gewinnsätze (jeweils bis 21 Punkte), wobei am Satzende ein Vorsprung von mindestens zwei Punkten erreicht sein muss. – Das als Freizeitsport (im Freien auf ebenen Plätzen, mit Mittelschnur) betriebene B. wird **Federball** genannt. (→Sportarten, Übersicht)

Bad Mitterndorf, Markt-Gem. im steir. Salzkammergut, Österreich, 809 m ü. M., 3 200 Ew.; heilklimat. Kurort mit Akratotherme (Thermalquelle), Wintersportort (Tauplitzalpe, 1 647 m ü. M.); Fremdenverkehr.

Bad Münder am Deister, Stadt im Landkreis Hameln-Pyrmont, Ndsachs., 18 400 Ew.; Heilbad (Sole, Schwefel-, Eisenquelle); Möbelfabriken, Glashütte. – Im 9. Jh. erstmals erwähnt; die Mineralquellen wurden schon 1033 genutzt.

Bad Münster am Stein-Ebernburg, Stadt im Landkreis Bad Kreuznach, Rheinl.-Pf., an der Nahe, 3 800 Ew.; Radon- und Thermalheilbad und heilklimat. Kurort; Weinbau. – Auf steilem Felsen über der Nahe die Ruine Rheingrafenstein, etwas flussaufwärts die →Ebernburg. – Seit 1978 Stadt.

Bad Münstereifel, Stadt im Kr. Euskirchen, NRW, in der nördl. Eifel, 280 m ü. M., 19 000 Ew.; Kneippheilbad; FH für Rechtspflege; zwei Radioteleskope (→Effelsberg); bed. Fremdenverkehr. – Mittelalterl. Stadtbild, Stiftskirche (roman. Pfeilerbasilika mit Westwerk und Hallenkrypta), Roman. Haus (um 1167), Stadtbefestigung. – 1298 erstmals als Stadt genannt; seit 1967 Bad.

Bad Muskau, sorb. **Mužakow,** Stadt im Niederschles. Oberlausitzkreis, Sa., an der Lausitzer Neiße (Grenze zu Polen), 4 000 Ew.; Moorheilbad mit starker Eisenvitriolquelle. – Altes Schloss (14. Jh.), Neues Schloss (16. Jh., 1863–66 umgebaut, seit 1945 Ruine, seit 1993 Wiederaufbau), umgeben von ausgedehntem Park (545 ha) beiderseits der dt.-poln. Grenze, von H. Fürst von Pückler-Muskau 1815–45 im engl. Stil angelegt (seit 2004 UNESCO-Weltkulturerbe). – Seit 1452 Stadt.

Bad Nauheim, Stadt im Wetteraukreis, Hessen, am O-Abfall des Taunus zur Wetterau, 30 800 Ew.; Heilbad dank mineralreicher Kochsalzthermen; Max-Planck-Inst. für physiolog. und klin. Forschung; Salzmuseum; Kurkliniken, gesundheitsorientierte Dienstleistungen, Herstellung von Medizintechnik. – Sanatorien, Kur- und Badeanlagen im Jugendstil (1905–11). – Seit dem 1. Jh. v. Chr. ist die Salzgewinnung bezeugt. 1222 erstmals urkundlich erwähnt, seit 1854 Stadt, seit 1869 Bad.

Bad Nenndorf, Stadt im Landkreis Schaumburg, Ndsachs., 10 300 Ew.; Heilbad (Thermal-Schwefel-Sole-Quellen, Schlammbäder). – Das Bad wurde 1787 durch Landgraf Wilhelm IX. von Hessen-Kassel gegründet.

Bad Neuenahr-Ahrweiler, Krst. des Landkreises Ahrweiler, Rheinl.-Pf., an der unteren Ahr, 27 600 Ew.; **Bad Neuenahr** ist Heilbad (seit 1858) dank mineralreicher warmer Quellen und Fango; ausgedehnte Kuranlagen, Spielbank. **Ahrweiler** (893 erstmals urkundlich erwähnt) ist Mittelpunkt des Weinhandels und Fremdenverkehrs; Pfarrkirche St. Laurentius (13. Jh.). – Gut erhaltene Altstadt mit Stadtmauer. – 1969 wurden Bad Neuenahr, Ahrweiler sowie fünf weitere Gem. zur heutigen Stadt vereinigt.

Bad Neustadt a. d. Saale, Krst. des Landkreises Rhön-Grabfeld, Bayern, an der Fränk. Saale, am O-Fuß der Rhön, 16 100 Ew.; elektron. und Verpackungsind., Werkzeugbau; Fachkliniken (Herz-, Gefäß-, Handchirurgie, Neurologie); Karmeliterkirche (17. Jh.). Am Fuß der Ruine Salzburg im Stadtteil Neuhaus (1934 eingemeindet) Kurbetrieb (seit 1853, kohlensäurehaltige Kochsalzquellen); Sol-, Moorbäder. – 1232 Ersterwähnung.

Bad Niedernau, Stadtteil von →Rottenburg am Neckar.

Badminton: Spielfeld

Bad Oeynhausen [-ˈøːn-], Stadt im Kr. Minden-Lübbecke, NRW, nahe der Mündung der Werre in die Weser, 49 600 Ew.; Museen; Heilbad (Staatsbad) dank mineralreicher Thermalsolequellen, Spielbank; Möbel- und Kunststoff verarbeitende Industrie. – Badebetrieb seit 1839; seit 1859 selbstständige Stadt.

Badoglio [-ˈdɔʎʎo], Pietro, ital. Marschall (seit 1926) und Politiker, *Grazzano Monferrato (heute Grazzano Badoglio, Prov. Asti) 28. 9. 1871, † ebd. 1. 11. 1956; 1928–33 Gen.-Gouv. von Libyen, 1935/36 Oberbefehlshaber im Krieg gegen Äthiopien, 1936/37 Vizekönig von Italienisch-Ostafrika; schloss als Min.-Präs. (1943/44) am 3. 9. 1943 den Waffenstillstand mit den Alliierten, 1945 wegen Begünstigung des Faschismus aus dem Senat ausgeschlossen, 1947 rehabilitiert.

Bad Oldesloe [- -loː], Krst. des Kr. Stormarn, Schlesw.-Holst., an der Trave, 24 100 Ew.; Herstellung von Armaturen, Feuerlöschanlagen, Büromöbeln; Maschinenbau, Drahtseilerei. – 1238 als Stadt bezeichnet. Salzgewinnung vom 12. Jh. bis 1865.

Bad Orb, Stadt im Main-Kinzig-Kreis, Hessen, im nördl. Spessart, 170 m ü. M., 10 000 Ew.; Heil- und Moorbad (kohlensaure, eisenhaltige Natriumchloridquellen, seit karoling. Zeit genutzt). – Seit 1292 Stadt, seit 1909 Bad.

Bad Peterstal-Griesbach, Gem. im Ortenaukr., Bad.-Württ., im Schwarzwald, 2 800 Ew.; Heilbad (Mineralquellen und Moor) sowie Kneippkurort, Mineralwasserversand. – Bad Peterstal (1293 erstmals und bereits 1584 als Heilbad erwähnt) und Bad Griesbach (Ersterwähnung 1330, Badebetrieb seit 1578) wurden 1973 zu einer Gem. vereinigt.

Bad Polzin, dt. Name der poln. Stadt →Połczyn Zdrój.

Bad Pyrmont, Stadt im Landkreis Hameln-Pyrmont, Ndsachs., an der Emmer, einem linken Nebenfluss der Weser, 21 400 Ew.; Heilbad (Staatsbad dank Eisensäuerlingen, kohlensäurereicher Kochsalzquellen und Quellgas sowie Moorbehandlungen); Mineralwasserabfüllung, Textilindustrie. – Wasserschloss der Grafen, seit 1682 Fürsten von Waldeck (16. Jh.); Mitteltrakt 1706–10 zum barocken Wohnschloss umgebaut). – Der Ort entstand um die seit dem 1. Jh. v. Chr. bekannten Heilquellen; 1668 Anlage der heutigen Siedlung (seit 1720 städt. Privilegien); seit 1922 staatl. Badeort.

Bad Radkersburg, Bez.-Hptst. in der Steiermark, an der Mur, Österreich, nahe der slowen. Grenze, 1 400 Ew.; Thermalbad, Weinbau; Aluminiumgeschirr- und Metallwarenfabrik, Mineralwasserabfüllung. – Stadtpfarrkirche (15. Jh.), Rathaus und mehrere Palais (15.–18. Jh.). – Entstand im 12. Jh.; 1546–86 als Festung gegen die Türken ausgebaut.

Bad Ragaz, Kurort im Kt. St. Gallen, Schweiz, am Austritt der Taminaschlucht ins Rheintal, 517 m ü. M., 5 000 Ew.; Thermalbad mit radioaktiver Therme (37 °C; Quelle in der Schlucht, dort das alte Bad Pfäfers, Bad seit 1382); Elektronik-, Kunststoffind.: Seilbahn.

Bad Rappenau, Stadt im Landkreis Heilbronn, Bad.-Württ., im Kraichgau, 20 700 Ew.; Heilbad dank Solequelle; Salzbergbaumuseum; Maschinenbau. – Seit 1834 Badebetrieb, seit 1973 Stadt.

Bad Reichenhall, Krst. des Landkreises Berchtesgadener Land, Große Krst. in Bayern, im Talkessel der Saalach, 470 m ü. M., 17 200 Ew.; Kurort und Heilbad (Staatsbad; seit 1899) mit Solquellen, Gradierwerk, Sanatorien, Rehabilitationsklinik; Salzgewinnung (mit Schaubergwerk); Bundeswehrstandort; Kabinenseilbahn auf den Predigtstuhl (1613 m). – Gut erhaltene Altstadt; Augustinerchorherrenstift St. Zeno (gegr. 1136) mit roman. Kirche (spätgotisch umgebaut); St.-Nikolaus-Kirche (1181, 1861–64 erweitert); Schloss Gruttenstein (13.–17. Jh.); Alte Saline (1836–51) mit Salzmuseum. – Die Solquellen wurden schon in vor- und frühgeschichtl. Zeit zur Salzgewinnung genutzt. 696 erhielt Rupert, späterer erster Bischof von Salzburg, Anteile an der Sole für seine Siedlungstätigkeit hier. Jahrhundertelang war der Ort zw. Salzburg, Bayern und Berchtesgaden umstritten; seit 1846 Badebetrieb, seit 1890 Bad.

Bad Reinerz, dt. Name der poln. Stadt →Duszniki Zdrój.

Bad Rippoldsau-Schapbach, Gem. im Landkreis Freudenstadt, Bad.-Württ., im N-Schwarzwald, am Fuß des Kniebis, 564 m ü. M., 2 300 Ew.; Heilbad (Mineralquellen, Moorbehandlungen).

Bad Rodach, Stadt im Landkreis Coburg, Bayern, an der Rodach, 6 500 Ew.; Heilbad mit Thermalquelle; Kunststoff und Holz verarbeitende Ind., Herstellung von Spielwaren. – 899 Ersterwähnung, seit 1362 Stadt.

Bad Rotenfels, Ortsteil von →Gaggenau.

Bad Rothenfelde, Gem. im Landkreis Osnabrück, Ndsachs., im Teutoburger Wald, 7 300 Ew.; Automuseum; Heilbad dank kohlensäurereicher und radiumhaltiger Solquellen, Gradierwerke; ursprünglich Salzwerk. – Seit 1856 Badebetrieb.

Bad Saarow-Pieskow [-ˈzaːro ˈpiːsko], Gem. im Landkreis Oder-Spree, Bbg., südöstlich von Berlin, am Scharmützelsee, 4 800 Ew.; Ausflugsort; Maxim-Gorki-Gedenkstätte.

Bad Sachsa, Stadt im Landkreis Osterode am Harz, Ndsachs., 8 100 Ew.; heilklimat. Kurort und Wintersportplatz. – 1219 erstmals erwähnt; seit 1905 Bad.

Bad Säckingen, Stadt im Landkreis Waldshut, Bad.-Württ., am Hochrhein, 16 800 Ew.; Thermalbad; Textil-, Metallindustrie. – Got., barockisiertes Fridolinsmünster, gedeckte Holzbrücke und neue Brücke über den Rhein. – Der Ort entstand um das 878 gegründete Benediktinerinnenkloster (1805 aufgehoben); erhielt vor 1250 Stadtrecht, kam 1173 mit Kloster an Habsburg, gehörte bis 1805 zu Vorderösterreich und fiel dann an Baden; seit 1978 Bad.

Bad Salzbrunn, dt. Name der poln. Stadt →Szczawno Zdrój.

Bad Salzdetfurth, Stadt im Landkreis Hildesheim, Ndsachs., 14 300 Ew.; Heilbad (Solequelle, Moorbehandlungen); Salzbergbaumuseum (das Kalisalzbergwerk wurde 1992 geschlossen); Betriebe für Nachrichtenübertragungstechnik. – 1195 erstmals urkundlich erwähnt; seit 1949 Stadt.

Bad Salzelmen, →Schönebeck (Elbe).

Bad Salzhausen, Ortsteil von →Nidda.

Bad Salzig, Ortsteil von →Boppard.

Bad Salzschlirf, Gem. im Landkreis Fulda, Hessen, zw. Rhön und Vogelsberg, 250 m ü. M., 3 100 Ew.; Heil- und Moorbad (kohlensaure Solquellen). – 885 erstmals erwähnt; Badebetrieb seit 1838.

Bad Salzuflen, Stadt im Kr. Lippe, NRW, im Werretal, 54 800 Ew.; Heilbad mit Sol- und Thermalquellen; Diagnost. Zentralinst. der Univ. Münster; Möbel-, Kunststoff- und andere Industrie. – Spätgot. Rathaus (1545) mit Renaissancegiebel. – Salzgewinnung ab 1048 bezeugt; seit 1488 Stadt, ab 1818 Badebetrieb.

Bad Salzungen, Krst. des Wartburgkreises, Thür., an der Werra, 240 m ü. M., 16 500 Ew.; Kurort

Bad Pyrmont
Stadtwappen

(Soleheilbad mit Gradierwerk); ehem. Pressenwerk (heute Veranstaltungsort). – Klassizist. Stadtkirche (1789–91), spätgot. Husenkirche (um 1500), spätbarockes Rathaus (1790). – 775 als Königshof erwähnt; 1306 Stadt gen., seit 1801 Nutzung der Sole zu Heilzwecken; seit 1923 Bad. Das erste Badehaus wurde 1837 erbaut.

Bad Sankt Leonhard im Lavanttal, Stadt in Kärnten, Österreich, als Großgem. mit 112 km², 4800 Ew.; Schwefelheilbad; Metallindustrie. – Got. Pfarrkirche (14. Jh.), got. Karner (um 1400), Schloss Ehrenfels (16. Jh.). – Stadtrechte seit 1325; seit 1934 Bad.

Bad Sassendorf, Gem. im Kr. Soest, NRW, 12000 Ew.; Moor- und Solbad (Heilbad seit 1975); landwirtsch. Versuchsgüter.

Bad Saulgau, Stadt im Landkreis Sigmaringen, Bad.-Württ., in Oberschwaben, 17700 Ew.; Landmaschinen-, Möbelind., Fertighauswerk; Schwefeltherme. – Erhielt um 1230 Stadtrecht.

Bad Schandau, Stadt im Landkreis Sächs. Schweiz, Sa., im Engtal der Elbe, 125 m ü. M., 3100 Ew.; Kneippkurort und Fremdenverkehrsort im Elbsandsteingebirge; Holz- und Sandsteinind., Bootsbau; im Stadtteil **Schmilka** Grenzübergang zur Tschech. Rep.; Kleinbahn (Kirnitzschtalbahn) zum Lichtenhainer Wasserfall. – 1437 erstmals erwähnt; seit 1920 Bad.

Bad Schlema, Gem. im Landkreis Aue-Schwarzenberg, Sa., im Westerzgebirge, 5500 Ew.; Kurort (radonhaltige Quellen). – Der Ortsteil Oberschlema war 1918–46 Radiumbad. Ab 1946 bis 1989 Uranabbau, ab 1990 Beseitigung der hierdurch verursachten verheerenden Folgen für den Ort und seine Umgebung, 1993 Wiederaufnahme des Kurbetriebs (seit 2005 Bad).

Bad Schmiedeberg, Stadt im Landkreis Wittenberg, Sa.-Anh., am O-Rand der Dübener Heide, 4200 Ew.; Kurort (Moor- und Mineralheilbad). – Seit 1350 Stadt; seit 1878 Bad.

Bad Schönborn, Kurort im Landkreis Karlsruhe, Bad.-Württ., 12200 Ew.; Schwefel- und Thermalquelle; Textil-, Holzind., Maschinenbau. – Entstand 1971 (Name seit 1972) durch Zusammenschluss von **Bad Mingolsheim** (773 erstmals erwähnt, seit 1964 Bad) und **Bad Langenbrücken** (1269 erstmals erwähnt, seit 1965 Bad).

Bad Schussenried, Stadt im Landkreis Biberach, Bad.-Württ., 570 m ü. M., 8400 Ew.; Freilichtmuseum Kürnbach; Moorheilbad; Brauerei; Textil- und Bekleidungsind., Maschinenbau. – Ehem. Prämonstratenserkloster (1183 gestiftet, 1750–70 neu errichtet nach Plänen von D. Zimmermann) mit Bibliothekssaal (1755–63). – Funde einer jungsteinzeitl. Siedlung wurden namengebend für die **Schussenriedgruppe** der jüngeren Jungsteinzeit.

Bad Schwalbach, bis 1927 **Langenschwalbach,** Krst. des Rheingau-Taunus-Kr., Hessen, in einem Seitental des Aartals, 289–380 m ü. M., 11000 Ew.; Heilbad (heute Staatsbad) mit eisenhaltigen, kohlensauren Quellen; Moorbehandlungen. – Seit 1818 Stadt.

Bad Schwartau, Stadt im Kr. Ostholstein, Schlesw.-Holst., nördlich von Lübeck, 19800 Ew.; Heilbad dank Jod-Sole-Quelle und Moorbehandlungen; Marmeladen- und Süßwarenfabrik; fotograf. und medizintechn. Industrie. – 1215 erstmals erwähnt, seit Entdeckung der Heilquelle (1895) Bad, seit 1912 Stadt.

Bad Sebastiansweiler, Ortsteil von →Mössingen.

Bad Segeberg, Kreisstadt des Kr. Segeberg, Schlesw.-Holst., an der Trave, 15900 Ew.; Imker-, Landwirtschaftsschule, Lehranstalt für Forstwirtschaft; Fremdenverkehr. Über der Stadt erhebt sich der 91 m hohe Kalkberg, ein Gipsfelsen mit Kalkhöhlen und Freilichttheater (seit 1952 Karl-May-Festspiele). – Marienkirche (1156 bis Anfang 13. Jh., das Äußere 1863–66 neuromanisch ummantelt) mit kostbarem Schnitzaltar (um 1515). – Die Marktsiedlung, die zw. dem Kloster Segeberg und der Sigeburg (beide gegen 1134 angelegt) erwuchs, erhielt um 1260 Stadtrecht; Kurbetrieb (1884 wurde eine Solequelle erbohrt) bis zum Zweiten Weltkrieg.

Bad Sobernheim, Stadt im Landkreis Bad Kreuznach, Rheinl.-Pf., im mittleren Nahetal, 6500 Ew.; Felkekurort; Freilichtmuseum für Rheinland-Pfalz. – Spätgot. Pfarrkirche (mit Glasfenstern von G. Meistermann). – Seit 1330 Stadt; seit 1995 Bad.

Bad Soden am Taunus, Stadt im Main-Taunus-Kr., Hessen, am S-Hang des Taunus, 141 m ü. M., 21300 Ew.; Heilbad dank zahlr. kohlensaurer und kochsalzhaltiger Mineral- und Thermalquellen, therapeut. Einrichtungen; pharmazeut. Industrie; Wohnort für Frankfurt am Main. – 1191 erstmals erwähnt; seit 1913 Bad.

Bad Soden-Salmünster, Stadt im Main-Kinzig-Kr., Hessen, im Tal der Kinzig, 13800 Ew.; Heilbad dank Solquellen; Gummi- und Kunststoffindustrie. – 1974 durch Zusammenschluss von Bad Soden (seit 1296 Stadt, seit 1928 Bad) und Salmünster gebildet.

Bad Sooden-Allendorf, Stadt und Kurort im Werra-Meißner-Kr., Hessen, an der Werra, 8800 Ew.; Heilbad dank Solquellen (776 erstmals erwähnt); Möbelindustrie. – Allendorf hat ein geschlossenes Stadtbild mit bedeutenden Fachwerkbauten (17.–19. Jh.), in der Wache des Söder Tors (1704/05) Heimatmuseum. – Sooden wurde 1555 selbstständiger Ort, seit 1881 Soleheilbad und 1929 mit Allendorf (seit 1218 Stadt) vereinigt.

Bad Staffelstein, Stadt im Landkreis Lichtenfels, Bayern, am Rande der Fränk. Alb, am Fuß des Staffelberges (539 m ü. M.), 10700 Ew.; Maschinen- und Akkumulatorenbau, Porzellanherstellung, Möbelind.; Kurbetrieb dank eisen- und kohlensäurehaltiger Solquelle (Obermaintherme). Nahebei →Banz und →Vierzehnheiligen. – Seit 1418 Stadt, seit 2001 Bad.

Bad Steben, Marktgem. im Landkreis Hof, Bayern, 600 m ü. M., im Naturpark Frankenwald, 3600 Ew.; Heilbad (seit 1832 Bayer. Staatsbad) dank radon- und eisenhaltiger Mineralquellen, Wintersportort; Textil- und Möbelindustrie.

Bad Sulza, Stadt im Landkreis Weimarer Land, Thür., an der Ilm, 3100 Ew.; Solbad mit Gradierwerk, Salinenmuseum; Futtermittelindustrie. – Die seit 1064 bezeugte Salzgewinnung wurde 1966 eingestellt.

Bad Sülze, Stadt im Landkreis Nordvorpommern, Meckl.-Vorp., an der Recknitz, 1900 Ew.; Sol- und Moorbad, Rheumaheilstätte; Stadtmuseum (Salzmuseum); Baugewerbe, landwirtsch. Betriebe. – Stadtkirche (13. Jh.). – Die Salzgewinnung der schon vor 1229 bezeugten Saline wurde 1907 eingestellt; Solbad seit 1822.

Bad Tatzmannsdorf, Kurort im südl. Burgenland, Österreich, 1300 Ew.; Heilbad dank alkalisch-eisenhaltiger Quellen (Mineralwasserabfüllung), Moorbäder; Brot- und Kurmuseum, Burgenländ. Freilichtmuseum.

Bad Teinach-Zavelstein, Stadt im Landkreis Calw, Bad.-Württ., im tief eingeschnittenen Teinachtal des nordöstl. Schwarzwalds, 400–600 m ü. M., 3000 Ew.; Heilbad dank Mineralquellen; Mineralwasserversand. – Der heutige Ortsteil Zavelstein erhielt um 1367 Stadtrecht.

Bad Tölz, Krst. des Landkreises Bad Tölz-Wolfratshausen, Bayern, im oberen Isartal, 17 700 Ew.; Heilbad (jodhaltige Quellen, Moorbad) und heilklimat. Kurort; Zentrum der gerontolog. Forschung. – Pfarrkirche (1466, 1612 umgestaltet), Franziskanerkirche (1733–35), Wallfahrtskirche Mariahilf (1735–37). – 1281 erstmals erwähnt; seit 1906 Stadt.

Bad Tölz-Wolfratshausen, Landkreis im Reg.-Bez. Oberbayern, Bayern, 1 111 km^2, 121 000 Ew., Krst. ist Bad Tölz.

Bad Überkingen, Gem. im Landkreis Göppingen, Bad.-Württ., am Rand der Schwäb. Alb, 4000 Ew.; Heilbad mit Mineral- und Thermalquellen; Mineralwasserabfüllung. – Badeanlagen von 1559 und 1582 bis 1602; 1108 erstmals erwähnt.

Bad Urach, Stadt im Landkreis Reutlingen, Bad.-Württ., 464 m ü. M., am Fuß der Schwäb. Alb, 12 700 Ew.; Heilbad mit Thermalmineralquelle (erbohrt 1970); Stahl- und Maschinenbau. – Evang. Pfarrkirche (1479–1500), Schloss (1443 begonnen), Fachwerkhäuser. – Der Ort entstand im 11. Jh. und wurde 1316 erstmals als Stadt bezeugt; seit 1983 Bad.

Bad Vilbel [- f-], Stadt im Wetteraukreis, Hessen, an der Nidda, im nordöstl. Umland von Frankfurt am Main, 31 000 Ew.; Heilbad dank kohlensäurehaltiger Mineralquellen; Mineralwasserabfüllung, pharmazeut. Ind. – Brunnen- und Heimatmuseum (in der Wasserburg, 15. Jh.), Fachwerkrathaus (1747). – Seit 1852 Stadt, seit 1948 Bad.

Bad Vöslau [- f-], Stadt im Bez. Baden, NÖ, 11 200 Ew.; Heilbad dank Thermalquellen (24 °C); Höhere Lehranstalt für Forstwirtschaft sowie für Wein- und Obstbau; Stadt- und Weinmuseum; Tafelwasserversand, Weinbau. – Rathaus (ehem. Wasserburg, 1740 barockisiert). – Nutzung der Quellen als Heilquellen seit 1822, seit 1928 Bad; seit 1954 Stadt.

Bad Waldliesborn, Ortsteil von →Lippstadt.

Bad Waldsee, Stadt im Landkreis Ravensburg, Bad.-Württ., auf der oberschwäb. Hochebene, 19 700 Ew.; Moorheilbad und Kneippkurort; Wohnmobil- und Wohnwagenbau u. a. Industrie. – Ehem. Augustinerchorherrenstiftskirche (15. Jh.; 1712–18 durch D. Zimmermann barockisiert), Schloss (16./18. Jh.), spätgot. Rathaus (1426, Fassadengiebel 1657). – Seit 1298 Stadt, kam 1331 an Österreich, 1806 an Württemberg; seit 1956 Bad.

Bad Warmbrunn, poln. **Cieplice Śląskie Zdrój,** Stadtteil von →Jelenia Góra.

Bad Westernkotten, Stadtteil von →Erwitte.

Bad Wiessee, Gem. im Landkreis Miesbach, Bayern, am W-Ufer des Tegernsees, 735 m ü. M., 4500 Ew.; Heilbad mit Jod-Schwefel-Quellen, Spielbank; Fremdenverkehr.

Bad Wildbad, bis 1991 **Wildbad im Schwarzwald,** Stadt im Landkreis Calw, Bad.-Württ., 430 m ü. M., im Enztal des nördl. Schwarzwalds, 11 000 Ew.; Heilbad dank Thermalquellen (33–37 °C); Holzverarbeitung, Metallind.; Bergbahn zum Sommerberg (420–720 m ü. M.). – Barocke Pfarrkirche. – 1345 erstmals erwähnt, seit 1367 Stadt.

Bad Wildungen, Stadt und Kurort im Landkreis Waldeck-Frankenberg, Hessen, am Rand des Kellerwaldes, 330 m ü. M., 17 900 Ew.; Holzfachschule; Stadt- und Kurmuseum, Museum Schloss Friedrichstein; Heilbad (seit 1945 Staatsbad) dank Mineralquellen, Kurkliniken; Nahrungsmittel-, Kunststoff und Metall verarbeitende Ind. – Stadtkirche (14./15. Jh.) mit Flügelaltar von Konrad von Soest (1403), Rathaus (1851–54), Fachwerkhäuser (16. bis 18. Jh.). – 800 erstmals erwähnt, seit 1242 Stadt; Badebetrieb seit 1580, seit 1906 Bad.

Bad Wilsnack, Stadt im Landkreis Prignitz, Bbg., am Rand der Elbniederung, südöstlich von Wittenberge, in waldreicher Umgebung, 2800 Ew.; Moorheilbad. – Ehem. Wallfahrtskirche St. Nikolaus (1388–1401, reiche Ausstattung). – Badebetrieb seit 1907, seit 1929 Bad.

Bad Wimpfen, Stadt im Landkreis Heilbronn, Bad.-Württ., gegenüber der Mündung der Jagst in den Neckar, 6900 Ew. – Zentrum ist **Wimpfen am Berg,** eine Gründung der Staufer, die hier um 1200 eine Pfalz anlegten; sie ist die besterhaltene Kaiserpfalz mit Pfalzkapelle, Palas, Steinhaus, Blauem und Rotem Turm, Hohenstaufentor. In der Bergstadt liegen ferner das Solbad (Heilbad seit 1930), die got. Stadtkirche (Chor um 1300, Langhaus 1468–1516), die Dominikanerklosterkirche (13. Jh., 1713 barockisiert), das Heiliggeistspital (weitgehend 18. Jh.), das got. Fachwerk-Bürgerspital, der Wormser Hof (um 1230; seit 1551 umgebaut) und zahlr. Fachwerkhäuser des 16./17. Jh. In **Wimpfen im Tal** am Neckarufer liegt die Benediktinerklosterkirche St. Peter und Paul (10.–13. Jh.; Kreuzgang 14./15. Jh.). – Die Talsiedlung, auf ein röm. Limeskastell zurückgehend, 965 erstmals urkundlich erwähnt, kam im 15. Jh. an Wimpfen am Berg (seit 1250 Stadt), das bis 1803 freie Reichsstadt war und danach bis 1952 hess. Exklave.

Bad Wimsbach-Neydharting, Markt-Gem. in OÖ, im Alpenvorland, oberhalb der Traun, 387 m ü. M., 2400 Ew.; Moorbad (in Neydharting), Moormuseum, Hammerschmiedemuseum; Stahlbau, Holzverarbeitung, Knopffabrik.

Bad Windsheim, Stadt im Landkreis Neustadt a. d. Aisch-Bad Windsheim, Bayern, an der Aisch, 12 100 Ew.; Reichsstadt-, Fränk. Freilandmuseum; Heilbad (Sol- und Mineralquellen), Mineralwasserabfüllung; Maschinenbau und Metall verarbeitende Ind. – Stadtpfarrkirche (15. Jh., 1730 Wiederaufbau der spätgot. Staffelhalle); got. Spitalkirche (14. Jh., 1730 barockisiert); spätgot. Marienkapelle; Rathaus (1713–17); Bauhof (15. Jh.). – Seit 1284 Stadt, (1295–1803 Reichsstadt); seit 1961 Bad.

Bad Wörishofen, Stadt im Landkreis Unterallgäu, Bayern, im Wertachtal, 14 000 Ew.; Hotelfachschule; Kneipp-Museum; ältester Kneippkurort, entstanden durch die Wasserheilkuren des ab 1855 hier ansässigen S. →Kneipp; Fremdenverkehr. – Seit 1920 Bad, seit 1949 Stadt.

Bad Wurzach, Stadt im Landkreis Ravensburg, Bad.-Württ., am Wurzacher Ried (mit dem größten Hochmoor Mitteleuropas, Naturschutzgebiet, 650 m ü. M., 1387 ha), in Oberschwaben, 14 600 Ew.; Moorheilbad; Glas-, Kunststoffindustrie. – Neues Schloss (1723–28). – Seit 1333 Stadt, seit 1675 Residenz der Grafen (seit 1903 Fürsten) von **Waldburg-Zeil-Wurzach;** 1936 Errichtung der Moorbadeanstalt, seit 1950 Heilbad (seitdem Namensbeifügung »Bad«).

Bad Zwesten, Kurort im Schwalm-Eder-Kr., Hessen, im Schwalmtal, 4200 Ew.; Heilquelle. – Seit 1992 Bad.

Leo Baeck

Karl Ernst von Baer

Adolf von Baeyer

Bad Zwischenahn, Gem. im Landkreis Ammerland, Ndsachs., 27 100 Ew.; Moorheilbad am Zwischenahner Meer (5,5 km²); Fleischwarenind., Aalräucherei, Baumschulen. – Johanniskirche (12./13. Jh.).

Baeck [bɛk], Leo, Rabbiner, * Lissa (heute Leszno) 23. 5. 1873, † London 2. 11. 1956; einer der führenden Gelehrten des Judentums seiner Zeit; ab 1933 Präs. der Reichsvertretung der dt. Juden; 1942 nach Theresienstadt deportiert; nach 1945 u. a. Lehrtätigkeit in den USA. Sein Werk »Das Wesen des Judentums« (1923) ist das klass. Denkmal eines liberalen jüd. Theologie. Zum Andenken an B. wurde 1954/55 in New York das **Leo-Baeck-Institut** gegründet; es hat die Aufgabe, die Geschichte der deutschsprachigen Juden im 19. und 20. Jh. zu erforschen und aufzuzeichnen; Zweigstellen in Jerusalem, London.

Baedeker, Buchhändlerfamilie, zurückgehend auf Dietrich B. (* 1680, † 1716; zuletzt Buchdrucker in Bielefeld). Karl B. (* 1801, † 1859) gründete 1827 in Koblenz den Verlag Karl B. und begann mit diesem 1832 das Geschäft mit Reiseführern. Die Karl B. GmbH (ab 1987) wurde 1997 von der Verlagsgruppe Mairs Geograph. Verlag (heute MairDumont) erworben.

Baer, Karl Ernst Ritter von, Zoologe, * auf Gut Piep (bei Järvamaa, Estland) 29. 2. 1792, † Dorpat (heute Tartu) 28. 11. 1876; Prof. in Königsberg und Sankt Petersburg; gilt als Begründer der Entwicklungsgeschichte (»Über Entwickelungsgeschichte der Thiere«, 2 Bde., 1828–37).

Baesweiler [ˈbaːs-], Stadt im Kr. Aachen, NRW, in der Jülicher Börde, 27 700 Ew.; Wohn- und Gewerbestandort.

BAe Systems PLC [ˈbiːˈeə ˈsɪstəmz piːəlˈsiː, engl.], weltweit tätiger brit. Luft-, Raumfahrt- und Rüstungskonzern, entstanden 1999 durch Fusion von British Aerospace PLC und Marconi Electronic Systems plc; Sitz: Farnborough.

Baeyer [ˈbaɪər], Adolf Ritter von (seit 1885), Chemiker, * Berlin 31. 10. 1835, † Starnberg 20. 8. 1917; synthetisierte 1878 erstmalig →Indigo und ermittelte 1883 dessen exakte Strukturformel; 1905 erhielt er den Nobelpreis für Chemie.

Baez [ˈbaɪəz], Joan, amerikan. Folksängerin, * New York 9. 1. 1941; begann mit angloamerikan. Volksliedern und Balladen, sang ab 1963 v. a. politisch engagierte Lieder. In den 1980er-Jahren trat sie bes. durch ihr pazifist. Engagement hervor.

Baffin [ˈbæfɪn], William, engl. Seefahrer, * 1584, × bei der Belagerung von Hormus 23. 1. 1622; nahm als Steuermann an der Suche nach der Nordwestpassage teil, gelangte 1616 durch die später nach ihm benannte Baffinmeer bis zum Smithsund.

Baffin Island [ˈbæfɪn ˈaɪlənd], **Baffinland,** größte Insel im arkt. Bereich Kanadas, 507 451 km², bis 2 600 m ansteigend, stark vergletschert; Tundrenvegetation; rd. 9 700 Ew. (überwiegend Eskimo) leben bes. im Südosten.

Baffinmeer [ˈbæfɪn-], **Baffin Bay, Baffinbai,** Meeresgebiet zw. Grönland im O und Baffin Island im W, durch die Davisstraße mit dem Atlantik verbunden, 0,7 Mio. km².

BAFin, Abk. für →Bundesanstalt für Finanzdienstleistungsaufsicht.

BAföG, Abk. für Bundesausbildungsförderungsgesetz, →Ausbildungsförderung.

Bafoussam [bafuˈsam], Prov.-Hptst. in W-Kamerun, an der Transafrikastraße Mombasa–Lagos, 290 800 Ew.; Bischofssitz; Handelszentrum für Kaffee, Tabak, Tee; Flughafen.

Bagamoyo, Stadt in Tansania, an der Küste des Ind. Ozeans, gegenüber der Insel Unguja Island (früher Sansibar), 82 600 Ew.; einst Mittelpunkt des ostafrikan. Sklavenhandels. – 1885–96 Hptst. von Dt.-Ostafrika.

Bagan, Ort in Birma, →Pagan.

Baganda, Volk in Uganda, →Ganda.

Bagasse [frz.] *die,* ausgepresste Zuckerrohrstängel; werden zur Energiegewinnung verbrannt.

Bagatelle [frz.] *die,* kurzes, leichtes Musik-, bes. Klavierstück.

Bagatellsachen, im dt. Recht nicht verwendete Bez. für geringfügige Rechtsstreitigkeiten, für die in einigen Staaten ein vereinfachtes Verfahren gilt. Im *Strafverfahren* kann die Staatsanwaltschaft mit Zustimmung des Gerichts bei geringfügigen Strafsachen (Vergehen) von der Strafverfolgung absehen, wenn die Schuld des Täters gering ist und ein öffentl. Interesse an der Strafverfolgung nicht besteht (§§ 153 ff. StPO, Opportunitätsprinzip). Im *Zivilprozess* gestattet § 495a ZPO bei Streitwerten bis 600 € ein Verfahren nach billigem Ermessen im grundsätzlich schriftl. Verfahren.

Bagatellsteuern, Steuern mit im Verhältnis zum gesamten Steueraufkommen geringem (weniger als 0,1 %) Aufkommen. Nach Abschaffung der Leuchtmittel-, Salz-, Tee- und Zuckersteuer (1993) werden in Dtl. auf Bundesebene keine B. mehr erhoben. Sie existieren nur noch auf Landes- (Feuerschutzsteuer) und Gemeindeebene (Hunde-, Jagd-, Vergnügung-, Zweitwohnungsteuer).

Bagdad, Baghdad, Hptst. von Irak, am Tigris; 5,95 Mio. Ew., als Agglomeration 7,06 Mio. Ew.; Verwaltungs-, Wirtschafts- und Kulturzentrum des Landes mit internat. Flughafen; vier Univ., Kunstinst. und archäolog. Institute, Museen. – In der Altstadt Zitadelle mit Abbasidenpalast (Mitte 13. Jh.), Marjanmoschee (von 1356) u. a. Moscheen; die »Goldene Moschee« (16. Jh., v. a. im 19. Jh. restauriert) in der Vorstadt Kadhimain (al-Kasimija) ist ein bed. schiitischer Wallfahrtsort. – B., 762 von Al-Mansur als Hptst. des abbasid. Kalifats unter dem Namen **Medinet as-Salaam** gegr., erlebte seine Blütezeit vom 9. bis 11. Jh. (Hochburg arab. Kunst und Wiss.); wurde 1258 von den Mongolen zerstört; kam 1534 zum Osman. Reich und ist seit 1920 Hptst. Iraks. Im 2.

Bagdad: die »Goldene Moschee« in der Vorstadt Kadhimain (16. Jh.)

(1991) und 3. Golfkrieg (2003) wurde B. stark zerstört.

Bagdadbahn, die Eisenbahnstrecke von Konya, Türkei, über Bagdad nach Basra am Pers. Golf (2 450 km), die als Fortsetzung der Anatol. Bahn (Istanbul–Konya) unter maßgebl. dt. Beteiligung 1903 begonnen und 1940 fertiggestellt wurde.

Bagdadpakt, →CENTO.

Bagger [niederdt. baggeren »ausschlammen«], Maschine zum Abtragen von Schüttgütern, z. B. Erdmassen, in stetiger oder unterbrochener Arbeitsweise. Man unterscheidet B. nach ihrer Bauform und Funktion. Der **Löffel-B.** hat an dem auf dem Fahrwerk drehbaren Oberteil einen Ausleger, an den der Grablöffel angesetzt ist. Beim **Eimerketten-B.** läuft an einer heb- und senkbaren Eimerleiter eine endlose, mit Schürfeimern besetzte Kette um; beim **Schräm-B.** sind die Eimer durch schaufelnde Kratzeisen ersetzt. Beim **Schaufelrad-B.** löst ein an einem bewegl. Ausleger umlaufendes Schaufelrad das Gut und gibt es auf ein Förderband. Zur Gruppe der **Flach-B.** werden **Planierraupen** (Dozer), **Schürfkübel-B.** (Scraper), **Radlader** und **Grader** (Straßenhobel) gezählt. Neben dem Gewinnen von Erdstoffen dienen sie v.a. auch ihrem Transport. **Nass-** oder **Schwimm-B.** sind heute meist **Saug-B.,** die mittels Pumpen ein Gemisch von Wasser und festen Teilen vom Gewässergrund absaugen.

Baggesen, Jens, dän. Dichter, * Korsør 15. 2. 1764, † Hamburg 3. 10. 1826; lebte zeitweise in Dtl., Anhänger von F. G. Klopstock, F. Schiller und I. Kant.

Bagherhat, Bagerhat, histor. Moscheestadt im zentralen Teil von Bangladesh, 30 km südöstlich von Khulna. Die aus acht Moscheen und einem Friedhofskomplex bestehende Anlage ist UNESCO-Weltkulturerbe.

Bagirmi, Savannenlandschaft östlich des unteren Schari, in der Rep. Tschad. Seit dem 15. Jh. bestand hier das islam. Reich B., das 1897 von Frankreich erobert wurde.

Bagnères-de-Bigorre [baˈɲɛːr də biˈgɔːr], Stadt im Dép. Hautes-Pyrénées, S-Frankreich, 550 m ü. M., am Adour, 8 400 Ew.; Badeort dank Thermalbad (Sulfat- und Eisenquellen).

Bagnères-de-Luchon [baˈɲɛːr də lyˈʃɔ̃], Stadt im Dép. Haute-Garonne, S-Frankreich, 630 m ü. M., 3 000 Ew.; Badeort (heiße, z. T. schwefelhaltige stark radioaktive Quellen), oberhalb der Stadt die Wintersportstation **Superbagnères.**

Bagni di Lucca [ˈbaɲi -], Badeort in der Toskana, Italien, 6 600 Ew.; Schwefeltherme.

Bagno [ˈbaɲo; ital. »Bad«] *das,* frz. **Bagne,** urspr. die Bäder des Serails in Konstantinopel, bei denen sich ein Gefängnis für Sklaven befand; seit dem 17. Jh. in frz. Seestädten die Gefängnisse für Schwerverbrecher, die früher auf Galeeren, dann in Häfen Zwangsarbeit leisten mussten.

Bagpipe [ˈbægpaɪp, engl. »Sackpfeife«] *die,* →Dudelsack.

Bagratiden, bed. armenisch-georg. Fürstenhaus. Die B. herrschten in Armenien (als Könige, 885–1079; Residenz: Ani) und Georgien (888–1801).

Bagrationowsk, bis 1946 **Preußisch Eylau,** Stadt im Gebiet Kaliningrad, Russland, im ehem. Ostpreußen, 6 800 Ew.; Grenzübergang nach Polen. – Die bei einer Burg des Dt. Ordens im 14. Jh. entstandene Siedlung wurde 1585 Stadt. – Über die Schlacht bei Preußisch Eylau (7./8. 2. 1807) →Napoleonische Kriege.

Baguio [baˈɣjo], Stadt auf Luzon, Philippinen, 250 km nördl. Manila, 1 500 m ü. M., 227 000 Ew.; mehrere Univ., März bis Mai Sommerresidenz der Oberschicht; Goldbergbau; Flughafen.

Bahai-Religion, Bahaismus, aus dem →Babismus hervorgegangene Religionsgemeinschaft, ben. nach ihrem Gründer Mirza Husain Ali, gen. Baha Ullah (»Glanz Gottes«, * 1817, † 1892), der 1863 als der vom Bab (dem Begründer des Babismus) angekündigte Bote Gottes an die Öffentlichkeit trat. Die B.-R. lehrt einen transzendenten Gott, der sich in Propheten, u. a. Zarathustra, Jesus, Mohammed und Baha Ullah, manifestiere, und erstrebt ein neues Zeitalter des Friedens; vertritt die Gleichheit und gegenseitige Liebe aller Menschen ohne Ansehen von Geschlecht, Rasse und Nation. Nach eigenen Angaben hat die B.-R. weltweit über 7 Mio. Mitgl., davon rd. 460 000 in Iran, wo die Bahais seit der Errichtung der Islam. Republik (1979) als dem Islam »Abtrünnige« rechtlich nicht als Religionsgemeinschaft anerkannt und in ihren staatsbürgerl. Rechten zahlr. staatl. Beschränkungen ausgesetzt sind.

Bahamakonferenz, Treffen (Dez. 1962) zw. Präs. J. F. Kennedy (USA) und Premiermin. H. Macmillan (Großbritannien) in Nassau (Bahamas); die im Abkommen von Nassau vereinbarte »Multilaterale Atomstreitmacht« (MLF) der NATO (nicht realisiert) nahm der frz. Präs. C. de Gaulle zum Anlass, Frankreich 1966 aus der militär. Integration der NATO herauszulösen (Frankreich blieb jedoch Mitgl. der NATO).

Bahamas

Flagge

Wappen

internationales Kfz-Kennzeichen

Fläche: 13 940 km²
Einwohner: (2005) 301 800
Hauptstadt: Nassau
Verwaltungsgliederung: 21 Distrikte
Amtssprache: Englisch
Nationalfeiertag: 10. 7.
Währung: 1 Bahama-Dollar (B$) = 100 Cent (c)
Zeitzone: MEZ – 6 Std.

Bahamas, amtl. **The Commonwealth of the B.,** Inselstaat im Atlant. Ozean nördlich von Kuba, umfasst etwa 700 Inseln, davon nur 29 bewohnt, und 2 400 Riffe (Cays).

Staat und Recht

Nach der Verf. von 1973 sind die B. eine parlamentar. Monarchie im Commonwealth. Staatsoberhaupt ist der brit. Monarch, vertreten durch den Gen.-Gouv. Die gesetzgebende Gewalt liegt beim Zweikammerparlament (Legislaturperiode: 5 Jahre), bestehend aus

baha | Bahasa Indonesia

Bahamas

Senat (16 Mitgl.) und Abg.-Haus (40 Abg.). Die Exekutive wird von der Reg. unter Vorsitz des Premiermin. (vom Gen.-Gouv. ernannt) ausgeübt. - Wichtigste Parteien: Free National Movement (FNM), Progressive Liberal Party (PLP).

Landesnatur

Die **Bahamainseln** erstrecken sich über rd. 1 000 km in einem Bogen von der SO-Küste Floridas bis zur NW-Küste Haitis. Sie bilden ausgedehnte flache, von Korallenriffen umgebene Inseln an der Oberfläche alter, aus großer Meerestiefe (3 000 bis 4 000 m) aufragender Gebirge (**Große Bahamabank** und **Kleine Bahamabank**). Das Klima ist ozeanisch-subtropisch; im Herbst treten verheerende Wirbelstürme auf.

Bevölkerung

Die Bev. hat sich seit den 1960er-Jahren verdoppelt; von den Bewohnern sind etwa 14 % Nachkommen der Engländer, 72 % Schwarze und 14 % Mischlinge. Rd. 86 % der Bev. sind Christen (mehrheitlich Protestanten). – Es besteht allg. Schulpflicht im Alter von 5 bis 16 Jahren. Die Alphabetisierungsrate liegt bei 95 %.

Wirtschaft und Verkehr

Der Fremdenverkehr ist der wichtigste Wirtschaftszweig, er erbringt etwa 60 % des Bruttoinlandsprodukts und beschäftigt 50 % der Erwerbstätigen. Hauptaturlaubsziele sind die Inseln New Providence und Grand Bahama. Weitgehende Steuerfreiheit und vorteilhafte Bankgesetze begünstigen die Ansiedlung ausländ. Unternehmen (Ind.-Zone von Freeport) und Banken. Mit über 400 Finanzinstituten entwickelte sich Nassau zu einem der wichtigsten internat. Finanzplätze, v. a. für Offshoremärkte. Rd. drei Viertel des Nahrungsmittelbedarfs müssen durch Importe gedeckt werden. Fischfang wird für die Eigenversorgung und den Export (Langusten) betrieben. Haupthandelspartner sind die USA, Deutschland, Süd-Korea und Spanien. – Häfen in Freeport und Nassau (Tiefwasserhafen), internat. Flughäfen bei Nassau und Freeport.

Geschichte

Auf einer der Bahamainseln (vermutlich San Salvador) betrat Kolumbus am 12. 10. 1492 zuerst amerikan. Boden. Im 17. Jh. waren die B. ein Freibeuterstützpunkt; 1718 wurden sie britisch; 1973 erhielten sie im Rahmen des Commonwealth die staatl. Unabhängigkeit. Stärkste Partei war jahrzehntelang die PLP, seit 1967 mit L. O. Pindling als Min.-Präs. 1992 gewann erstmals das FNM unter seinem Vors. H. A. Ingraham die Parlamentswahlen. Seit 2002 regiert wieder die PLP mit Premiermin. P. G. Christie.

Bahasa Indonesia [»indones. Sprache«] *die*, seit 1945 die Amtssprache der Rep. Indonesien, eine Weiterentwicklung der →malaiischen Sprache. Zahlr. Lehnwörter, u. a. aus dem Sanskrit und anderen ind. Sprachen.

Bahasa Malaysia [»malays. Sprache«] *die*, 1969 geprägter Name für die Amtssprache Malaysias, eine Weiterentwicklung der →malaiischen Sprache.

Bahawalpur, Stadt in Pakistan, am Sutlej im Pandschab, 180 000 Ew.; Univ.; Baumwoll- und Seifenindustrie.

Bahia [ba'ia], **1)** früherer Name von →Salvador.
2) brasilian. Bundesstaat, an der O-Küste, 567 295 km^2, 13,82 Mio. Ew.; Hptst.: Salvador; Anbau von Zuckerrohr, Tabak, Kaffee und Kakao im Küstengebiet, von Baumwolle im Hochland; Erdölförderung; Energieerzeugung.

Bahía Blanca [ba'ia -], Stadt in Argentinien, an der Meeresbucht Bahía Blanca, 274 500 Ew.; Univ.; Fischerei; Erdölraffinerie; bed. Ausfuhrhafen.

Bahla [ˈbaxla], Oase im N von Oman, nahe der Stadt Nizwa. In beherrschender Lage über dem Wadi das Fort Hisn Tamah (17. Jh.), ein Musterbeispiel der oman. Lehmarchitektur (UNESCO-Weltkulturerbe).

Bahn, 1) *allg.:* der Weg, den ein Körper zurücklegt; auch Sammelbez. für Verkehrsmittel, deren Fahrzeuge auf Schienen oder an Seilen geführt werden (Eisenbahn).
2) *Astronomie:* Man unterscheidet die **wahre B.** von Himmelskörpern, die unter der Wirkung der Schwerkraft um den Schwerpunkt des Systems beschrieben wird, die **scheinbare B.** durch das Zusammenspiel der Bewegungen der Erde und des Himmelskörpers sowie die **relative B.**, die auf einen als ruhend angenommenen anderen Körper bezogen ist. Die wahre B. ist angenähert ein Kegelschnitt (Ellipse, Parabel oder Hyperbel). Zur B.-Bestimmung dienen die **B.-Elemente,** die sich aus Positionsbeobachtungen berechnen lassen: Zeitpunkt des Periheldurchgangs (T), Knotenabstand des Perihels (ω), Länge des aufsteigenden Knotens (Ω), B.-Neigung gegen die Ekliptik (i), lineare Exzentrizität (e).
3) *Mechanik:* die Gesamtheit der von einem Massenpunkt bei seiner Bewegung durchlaufenen Raumpunkte (auch **B.-Kurve**) mit der Zeit t als Kurvenparameter. – In der Ballistik heißt die B.-Kurve von Geschossen auch Flugbahn.

BahnCard [-ˈkaːd] *die*, mit Passbild versehene kostenpflichtige Rabattkarte für Reisen mit der Dt. Bahn. Die ein Jahr gültige B. bietet zu einem Pauschalpreis Rabatte für beliebig viele Fahrten.

Bahnengolf, das →Minigolf.

Bahnhof, Anlage zur Abwicklung des Personen- und Güterverkehrs der Eisenbahn (auch S- und U-Bahn), wo Züge beginnen, enden, sich kreuzen, sich überholen oder mit Gleiswechsel wenden. Hinsichtlich der Grundrissform unterscheidet man: **Kopf-B.** (auch Sack-B.), bei dem die Hauptgleise stumpf enden, und **Durchgangs-B.,** bei dem die Hauptgleise durch den B. gehen (Form der meisten B.). Beim **Trennungs-B.** zweigt eine Bahnlinie am Empfangsgebäude ab, beim **Insel-B.** ist dieses Gebäude von den Hauptgleisen inselartig eingeschlossen, beim **Turm-** oder **Brücken-B.** liegen die durchlaufenden Bahnlinien nicht in gleicher Höhe, sondern kreuzen sich in versch. Höhe auf Brücken.

Bahnhofsmission, von konfessionellen Verbänden auf größeren Bahnhöfen eingerichtete und finanziell getragene Fürsorgeeinrichtung zur unentgeltl. Betreuung hilfsbedürftiger Reisender.

Bahnkörper, →Eisenbahnbau.

Bahnkorrekturantrieb, Raketenantrieb zur Korrektur der Flug- und Umlaufbahnen von Satelliten und Raumflugkörpern; meist werden für einmalige Bahnänderung Feststoff-, für mehrmalige Korrektur Flüssigkeitstriebwerke verwendet.

Bahnpolizei, →Bundespolizei.

Bahnradsport, im Unterschied zum →Straßenradsport alle auf ovalen Bahnen mit überhöhten Kurven ausgetragenen Wettbewerbe, z. B. →Sprinterrennen, →Verfolgungsrennen, →Steherrennen, →Zeitfahren. Auf Hallenbahnen werden auch →Sechstagerennen ausgetragen.

Bahnreform, 1994 in Kraft getretene Strukturreform der Bundeseisenbahnen in Dtl., um deren Wirtschaftlichkeit und Wettbewerbsfähigkeit zu erhöhen. Mit ihr wurde die EG-Richtlinie 91/440/EWG von 1991 umgesetzt, die unternehmer. Unabhängigkeit der Eisenbahnen, ihre finanzielle Sanierung, eine zumindest rechner. Trennung von Infrastruktur und Transport sowie die Öffnung des Schienennetzes für Wettbewerber verlangt. Zunächst wurden die Sondervermögen der Dt. Bundesbahn (DB) und Dt. Reichsbahn (DR) in der einheitl. Institution **Bundeseisenbahnvermögen** (BEV, Frankfurt am Main) zusammengefasst und dann der unternehmer. Bereich als privatrechtl. →Deutsche Bahn AG (DB AG) ausgegliedert.

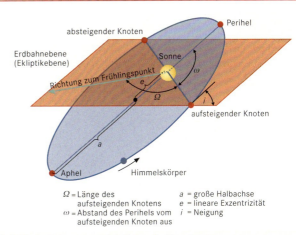

Bahn 2): die Bahnelemente bei Körpern des Planetensystems

Die hoheitl. Aufgaben gingen auf das neu errichtete Eisenbahnbundesamt, Bonn, über. Die nach Ausgliederung der DB AG verbliebenen Verwaltungsaufgaben wurden von der BEV-Behörde wahrgenommen. Endgültiges Ziel der B. bleibt die Kapitalmarktfähigkeit und die Notierung der DB AG an der Börse voraussichtlich bis 2008.

Bahnung, die Erscheinung, dass psychophys. Funktionen umso flüssiger ablaufen, je öfter sie wiederholt werden; von Bedeutung für die Theorie des Lernens, des Gedächtnisses, der bedingten Reflexe.

Bahr [ˈbaxər], arab. für Meer, Fluss.

Bahr, 1) Egon, Politiker (SPD), * Treffurt (Wartburgkreis) 18. 3. 1922; Journalist, beteiligte sich unter dem Leitgedanken »Wandel durch Annäherung« (schon 1963 von ihm geprägt) führend an der Konzeption der von Bundeskanzler W. Brandt 1969/70 eingeleiteten Ost- und Deutschlandpolitik. 1972–74 war B. Bundesmin. für besondere Aufgaben, 1976–81 Bundesgeschäftsführer der SPD; 1972–90 MdB.

2) Hermann, österr. Schriftsteller, * Linz 19. 7. 1863, † München 15. 1. 1934; kam vom Naturalismus über Impressionismus, Symbolismus zum Expressionismus (Essays »Zur Kritik der Moderne«, 1890; »Ex-

Bahnhofsmission

Bahnhof: links Kopfbahnhof Frankfurt am Main; rechts Rangierbahnhof Maschen bei Hamburg

pressionismus«, 1916); schrieb u. a. witzige Gesellschaftsstücke (»Das Konzert«, 1909), auch Romane (»Die Rotte Korahs«, 1919). Die späten Werke, v. a. ein nicht abgeschlossener Romanzyklus, belegen die Hinwendung zu kath.-konservativer Position.

George Bähr: Grundriss der Frauenkirche in Dresden (lichte Weite der von acht Pfeilern getragenen Kuppel 23,5 m)

Bähr, Baehr, George, Baumeister, * Fürstenwalde (heute zu Geising, Weißeritzkreis) 15. 3. 1666, † Dresden 16. 3. 1738; schuf seit 1726 die Frauenkirche in Dresden, einen Zentralbau mit Kuppel (Durchmesser 23,5 m) aus Stein, den bedeutendsten prot. Barockkirchenbau, das Wahrzeichen Dresdens (1945 zerstört, Wiederaufbau seit 1994, Weihe 2005).

Flagge

Wappen

internationales Kfz-Kennzeichen

Bahrain

Fläche: 717 km²
Einwohner: (2006) 739 000
Hauptstadt: Menama
Verwaltungsgliederung: 12 Verwaltungsregionen (Mantiqa)
Amtssprache: Arabisch
Nationalfeiertag: 16. 12.
Währung: 1 Bahrain-Dinar (BD) = 1000 Fils
Zeitzone: MEZ + 3 Std.

Bahrain [baxˈraɪn], amtlich arabisch **Mamlakat Daulat al-B.,** dt. **Königreich B.,** Inselstaat vor der NO-Küste der Arab. Halbinsel, im Pers. Golf.

Staat und Recht

Seit der Reform (14./15. 2. 2002) der am 6. 12. 1973 in Kraft getretenen Verf. ist B. eine konstitutionelle Monarchie (Königreich). Der König als Staatsoberhaupt ernennt und entlässt die Reg. unter Vorsitz des Premierministers. Die Legislative liegt beim Zweikammerparlament (Nationalversammlung), bestehend aus der Abgeordnetenkammer (40 Abg., für 4 Jahre gewählt; Frauen verfügen über aktives und passives Wahlrecht) und dem Konsultativrat (40 vom König ernannte Mitgl. mit beratender Funktion). Parteien sind nicht erlaubt.

Landesnatur

Der Staat besteht aus 36 Inseln. An die Hauptinsel B. (578 km²) sind die Inseln Muharrak (23 km²) im NO und Sitra (30 km²) im O mit Brücken angeschlossen. Über die Insel Umm Nasan (19 km²; Palast des Herrschers) im W führt ein 25 km langer Straßendamm nach Saudi-Arabien. Grenzstreitigkeiten mit Katar wegen der unbewohnten Insel Hawar (51 km²) sind seit 2001 beigelegt. Das flache Kalkplateau der Hauptinsel (die übrigen Inseln sind Sandakkumulationen) erreicht eine maximale Höhe von 134 m ü. M. – Das Klima ist wüstenhaft, mit unregelmäßigen Niederschlägen (durchschnittlich 80 mm/Jahr).

Bevölkerung

Nur die vier genannten Inseln sind besiedelt. 38 % der Bev. sind Ausländer (aus Südasien, Iran), die v. a. als Gastarbeiter im privaten Sektor arbeiten. Über 82 % der Bev. sind Muslime (davon rd. 60 % Schiiten und 40 % Sunniten); daneben religiöse Minderheiten von Christen und Hindus unter den Ausländern. Der Islam ist Staatsreligion. Das Herrscherhaus bekennt sich zum sunnit. Islam. – Es besteht allg. Schulpflicht im Alter von 6 bis 15 Jahren. Die Erwachsenen-Alphabetisierungsrate liegt (2006) bei 86 %.

Wirtschaft und Verkehr

B. zählt zu den wirtschaftlich am besten entwickelten Golfstaaten. Ein Ende der Erdölförderung (seit 1932) ist wegen der schwindenden Vorräte absehbar. Wirtschaftlich wichtiger wird daher die weiterverarbeitende Ind. Die seit 1936 betriebene Erdölraffinerie von Sitra verarbeitet vorwiegend Rohöl, das Saudi-Arabien bereitstellt. Erdgas ist Grundlage der petrochem. und der sich verstärkt entwickelnden Aluminiumind. Mit dem noch reichlich verfügbaren Erdgas arbeiten auch die Roheisen-Reduktionsanlagen, Elektrizitäts- und Meerwasserentsalzungsanlagen. B. ist ein führendes Finanzzentrum in der arab. Golfregion. Die Landwirtschaft (1 000 ha) produziert Gemüse, Geflügel, Eier, Milch, Obst; wachsender Tourismus aus Saudi-Arabien und aller Welt. – Tiefwasserhafen Mina Sulman, internat. Flughafen in Muharrak.

Geschichte

B., seit vorgeschichtl. Zeit besiedelt, war im 3. Jt. v. Chr. (Tilmun oder Dilmun gen.) wichtiger Umschlagplatz zw. Babylonien und dem Industal; in der Spätantike vom Perserreich (4.–7. Jh.), seit 634 vom Kalifat abhängig. 894–1078 bestand ein unabhängiger Staat der Karmaten. Im 13./14. Jh. und 1602–1783 erneut unter pers. Herrschaft. Seit 1783 Teil des Scheichtums B. (mit Katar), das 1861 einen Protektoratsvertrag mit Großbritannien abschloss; 1935–58 war B. wichtigster brit. Stützpunkt im Pers. Golf. 1971 löste Großbritannien den Protektoratsvertrag mit B. Scheich Isa Ibn Salman al-Chalifa (1961–99) führte 1975 wieder ein autoritäres Reg.-System (absolute Monarchie) ein. Im 2. Golfkrieg (1991) war B. eine Stationierungsbasis für die Truppen der antiirak. Front unter Führung der USA. Die starke Opposition gegen das Herrscherhaus v. a. im schiit. Bev.-Teil führte 1994–99 zu Unruhen. Anfang März 1999 wurde Scheich Hamad Ibn Isa al-Chalifa (* 1950) Staatsoberhaupt; er veranlasste 2002 eine Verf.-Reform (Umwandlung in konstitutionelle Monarchie) sowie eine vorsichtige demokrat. Öffnung. Ebenfalls 2002 fanden erstmals seit 1973 wieder Parlamentswahlen statt; in die Reg. wurden auch ehem. Oppositionelle eingebunden, 2004 wurde ein weibl. Kabinettsmitgl. ernannt. Bei den Parlamentswahlen 2006 siegten die Islamisten, wobei die schiit. Opposition vor den sunnit. Vereinigungen stärkste polit. Kraft wurde.

Bahr el-Ghasal [ˈbaxər ɛl gaˈzal; arab. »Gazellenfluss«], linker Nebenfluss des Weißen Nil, 240 km lang.

Bahro, Rudolf, Journalist, * Bad Flinsberg (heute Świeradów Zdrój, Polen) 18. 11. 1935, † Berlin 5. 12. 1997; Mitgl. der SED (1954–77), kritisierte mit der Schrift »Die Alternative« (1976) das gesellschaftl. System der DDR; 1978–79 dort in Haft; 1979 in die Bundesrep. Dtl. entlassen; 1980–85 Mitgl. der Grünen; schrieb u. a. »Logik der Rettung« (1987).

Baht, Abk. ฿, *der*, Währungseinheit in Thailand; 1 B. = 100 Stang (St., Stg.).

Bai [niederländ.] *die*, frz. **Baie**, engl. **Bay**, ital. **Baia**, port. **Baía**, Meeresbucht; Bestandteil geograf. Namen.

Baia Mare, Hptst. des Kr. Maramureș in Siebenbürgen, NW-Rumänien, 143 000 Ew.; Univ. (1991 gegr.); Zentrum der Buntmetallurgie (in der Region Blei-, Kupfer-, Gold-, Silbererzbergbau), Maschinenbau u. a. Industrie.

Baiern, früher **Bajuwaren, Bajoarier,** german. Stamm, hervorgegangen aus verschiedenen nach Bayern eingewanderten Bev.-Gruppen. Zw. 490 und 530 besetzten die B. die Gebiete südlich der Donau; es folgte das Vordringen in die Alpentäler bis zur Etsch. Nach SO hin wurden die B. die Träger der dt. Grenzsicherung und Ostsiedlung; so wurden von ihnen seit dem 8. Jh. die von Slowenen besiedelten Gebiete Kärnten und Steiermark unterworfen. Das bayer. Stammesherzogtum wurde im 10. bis 12. Jh. auf das heutige Altbayern beschränkt (→ Bayern, Geschichte). → Deutsche.

Baiersbronn, Gem. im Landkreis Freudenstadt, Bad.-Württ., 16 100 Ew.; viel besuchter Erholungsort im nördl. Schwarzwald, der Ortsteil Schönmünzach-Schwarzenberg ist Kneippkurort, 460 bis 1 150 m ü. M.; Wintersportzentrum; Holzverarbeitung.

Baikal-Amur-Magistrale, Abk. **BAM,** 3 145 km lange Eisenbahnlinie in Ostsibirien und im Fernen Osten Russlands, von Ust-Kut an der Lena nach Komsomolsk am Amur, nördlich der Transsibir. Eisenbahn; ab 1974 gebaut, im Wesentl. in den 1980er-Jahren fertiggestellt, seit 1989 regulär in Betrieb, der letzte Tunnel (im Nördl. Mujagebirge, 15,7 km lang) wurde 2002 dem Verkehr übergeben.

Baikali|en, Gebirgsland im Umkreis des Baikalsees, Russland.

Baikalsee, mongol. **Dalai-Nur,** größter Gebirgssee Asiens, einer der wasser- und fischreichsten Süßwasserseen der Erde, in Südsibirien, Russland, 31 500 km², 636 km lang, durchschnittlich 40 km, maximal bis 80 km breit, Wasserinhalt 23 600 km³ (etwa 20 % der Süßwasservorräte der Erde); tiefster See der Erde (bis 1 637 m); 730 km² große Insel Olchon (bis 1 276 m ü. M.). Der B., seit 1996 Weltnaturerbe, hat eine überwiegend endem. Tierwelt (Restfauna aus dem Tertiär, u. a. Baikalrobbe und Flohkrebs) und ist sehr fischreich. Ein Zellstoffwerk an seinem S-Ufer in Baikalsk führt bis heute trotz eines vorhandenen »Gesetzes zum Schutz des B.s« weiterhin zu Umweltschäden.

Den B. umgeben hohe, bewaldete Gebirge, im NW das **Baikalgebirge** (bis 2 572 m hoch). Hauptzuflüsse sind Obere Angara, Bargusin und Selenga, Abfluss ist die Angara.

Baikonur, kasach. **Baikonyr,** Raumfahrtzentrum (Kosmodrom), früher der UdSSR, heute Russlands, östlich des Aralsees, in Kasachstan, im Gebiet Ksyl-Orda; erbaut 1955–57 zus. mit der während sowjet. Zeit geschlossenen, für die Beschäftigten des Raumfahrtzentrums errichteten Stadt **Leninsk** (seit 1995 Baikonur). Das Raumfahrtzentrum und die Wohnstadt (insgesamt rd. 7 400 km²) haben aufgrund einer Vereinbarung zw. Russland und Kasachstan (1995) einen Sonderstatus und wurden für 20 Jahre von Russland gepachtet.

Bailli [baˈji, frz.], mlat. **Ballivus,** engl. **Bailiff,** im MA. Beamtentitel; wurde unter den Normannen in England und Süditalien Funktionär der Lokalverwaltung, Übernahme des Titels durch Ritterorden (→ Balei); in Frankreich der königl. Gouv. einer Prov., dessen Amtsbezirk die **Bailliage** war.

Bairak [türk. »Fahne«, »Banner«] *der*, **Bayrak,** in der Türkei das Feldzeichen. Bei den Nordalbanern waren die Stämme in B. gegliedert.

Bairam *der*, türk. Bez. der beiden islam. Hauptfeste. Der **Kleine B.** beendet als »Fest des Fastenbrechens« den Fastenmonat Ramadan und dauert drei Tage; der **Große B.** wird 70 Tage später gefeiert, dauert vier Tage und bildet als »Opferfest« den Höhepunkt und Abschluss der Wallfahrt nach Mekka (Hadjdj).

Baird [ˈbɛəd], John Logie, brit. Ingenieur, * Helensburgh (Strathclyde Region) 13. 8. 1888, † Bexhill-on-Sea (Cty. East Sussex) 14. 6. 1946; Fernsehpionier; ihm gelang u. a. 1928 die erste transatlant. Fernsehübertragung London–New York.

Bairisch, eine dt. → Mundart.

Baiser [bɛˈzeː, frz. »Kuss«] *das*, **Meringe,** Gebäck aus Eischnee und Zucker.

Baisse [ˈbɛːs(ə), frz.] *die*, starkes Sinken der Börsenkurse oder der Preise überhaupt; Ggs.: Hausse. Der **Baissier** (engl. Bear) spekuliert »à la baisse«, d. h. auf fallende Kurse.

Baja California [ˈβaxa -], dt. **Niederkalifornien,** rd. 1 200 km lange, 40–240 km breite Halbinsel im NW Mexikos, meist wüstenhaft. Durch Bewässerung wurde das Coloradodelta im N zum bed. Baumwollanbaugebiet; im Übrigen oasenhafter Acker- und Gartenbau sowie Fischerei und Fisch verarbeitende Ind.; Salzgewinnung, Kupfererzbergbau; Fremdenverkehr (bes. in Tijuana). Der N bildet den Bundesstaat **Baja California Norte** (71 546 km², 2,84 Mio. Ew.), Hptst. Mexicali, der S den Bundesstaat **Baja California Sur** (73 943 km², 516 800 Ew.), Hptst. La Paz.

Bajadere [port.] *die*, ind. Tänzerin, i. e. S. die im Tempeldienst beschäftigte **Devadasi** (Dienerin eines Gottes), die auch religiöse Prostitution ausübt.

Bajasid I., osman. Sultan (1389–1402), * 1347 oder 1354 (?), † Aşehir 8. 3. 1403; unterwarf Serbien, besiegte 1396 König Sigismund von Ungarn, 1402 von Timur geschlagen.

Bajazzo [von ital. pagliaccio »Strohsack«, »Spaßmacher«] *der*, Possenreißer (im ital. Volkslustspiel); Narr.

Bajer, Fredrik, dän. Politiker, * Vester Egede (bei Næstved) 21. 4. 1837, † Kopenhagen 22. 1. 1922; gründete 1891 das Internat. Friedensbüro in Bern und war bis 1907 dessen Präs.; 1908 Friedensnobelpreis mit K. P. Arnoldson.

Fredrik Bajer

Bajonett: links historisches Bajonett; rechts Seitengewehr

Bajonettverschluss (schematisch)

Ba Jin [badʒɪn], **Pa Chin,** auch **Ba Kin,** nach den russ. Anarchisten M. Bakunin und P. A. Kropotkin gewähltes Pseud. des chin. Schriftstellers **Li Feigan,** * Chengdu 25. 11. 1904, † Schanghai 17. 10. 2005; begann während seines Studiums in Frankreich mit der Abfassung autobiograf. Romane, die den Umbruch der konfuzian. Gesellschaftsordnung schildern. Am bekanntesten ist sein Romanzyklus »Die Familie« (ab 1931 in Fortsetzung in einer Zeitschrift erschienen, 1933 selbstständig publiziert; dt.), »Frühling« (1938, dt.), »Herbst« (1940, dt.); war zudem Übersetzer und Inhaber hoher Kulturämter (während der Kulturrevolution Publikationsverbot; 1978 rehabilitiert), u. a. ab 1981 Vorsitzender des chin. Schriftstellerverbandes.

Bajonett [frz., nach der Stadt Bayonne] *das,* eine am vorderen Ende des Gewehr-(Karabiner-)Schaftes angebrachte Stoßwaffe für den Nahkampf; urspr. mit dem Gewehr fest verbunden, später als Seitenwaffe (ähnlich dem Seitengewehr) mitgeführt und nur im Bedarfsfall aufgepflanzt.

Bajonettverschluss, schnell herstell- und lösbare mechan. Verbindung zweier zylindr. Teile, ähnlich der Verbindung eines Bajonetts mit dem Gewehrlauf. Die Teile werden durch Ineinanderstecken und gegenseitiges Verdrehen verbunden und entsprechend wieder gelöst.

Bajuwaren, alter Name der →Baiern.

Bakchylides, griech. Chorlyriker, * Julis auf Keos; lebte in der 1. Hälfte des 5. Jh. v. Chr., war am Hofe des Hieron von Syrakus. Bes. reizvoll sind seine balladenhaften Sagenerzählungen.

Bake [niederdt.], 1) *allg.:* Absteckpfahl, Merkzeichen bei Vermessungen (→Fluchtstab).
2) *Eisenbahn:* rechteckige Tafeln mit drei, zwei oder einem schwarzen Schrägstrich auf weißem Grund, 250, 175 und 100 m vor Vorsignalen.
3) *Luftfahrt:* opt. oder Funksignal, u. a. zur Einflugschneisen-, Lande- oder Startbahnbefeuerung.
4) *Schifffahrt:* fest stehendes Schifffahrtszeichen (meist Orientierungszeichen) mit Kennung durch Form und/oder Farbe (→Seezeichen).
5) *Straßenverkehr:* a) vor Bahnübergängen beiderseits der Straße stehende Tafeln mit drei, zwei oder einem roten, rückstrahlenden Schrägstrich auf weißem Grund, 240, 160 und 80 m vor dem Übergang; b) blaue Tafeln mit drei, zwei oder einem weißen Schrägstreifen 300, 200 und 100 m vor den Autobahnabfahrten.

Baker [ˈbeɪkə], 1) Chet, eigtl. Chesney H. **B.,** amerikan. Jazzmusiker (Trompeter), * Yale (Okla.) 23. 12. 1929, † Amsterdam 13. 5. 1988; Vertreter des Cool Jazz und des Westcoast-Jazz.
2) James Addison, amerikan. Politiker (Republikan. Partei), * Houston (Tex.) 28. 4. 1930; Jurist, 1981–85 und 1992–93 Stabschef des Weißen Hauses, 1985–88 Finanzmin., 1989–92 Außenminister. – Die von ihm und dem Demokraten Lee H. Hamilton geleitete unabhängige Kommission zur amerikan. Irakpolitik (kurz **Baker-Kommission**) schlug 2006 angesichts der bisherigen Erfolglosigkeit der US-Strategie eine Neuausrichtung der Irak- und Nahostpolitik vor (bes. eine Verlagerung von der bisher stark militär. zu einer mehr politisch-diplomat. Vorgehensweise).
3) Dame (seit 1976) Janet, brit. Sängerin (Mezzosopran), * Hatfield (Cty. South Yorkshire) 21. 8. 1933; wurde als Konzert- und Oratoriensängerin bekannt. Als Opernsängerin trat sie v. a. in Partien von H. Purcell, G. F. Händel und B. Britten auf.
4) Josephine, frz. Tänzerin und Chansonsängerin afroamerikan. Herkunft, * Saint Louis (Mo.) 3. 6. 1906, † Paris 12. 4. 1975; wirkte auch in Filmen mit; im Zweiten Weltkrieg Mitgl. der Résistance.
5) Sir Samuel White, brit. Afrikareisender, * London 8. 6. 1821, † Sandford Orleigh (Cty. Devon) 30. 12. 1893; entdeckte auf der Suche nach den Nilquellen 1864 den Albertsee.

Baki, eigtl. Mahmud **Abdülbaki,** türk. Lyriker, * Konstantinopel 1526, † ebd. 7. 4. 1600; schrieb Gedichte in persisch beeinflusstem klass. Stil, die Gedankenschärfe mit hoher Wortkunst verbinden.

Bakijew, Kurmanbek, kirgis. Politiker, * Masadan 1. 8. 1949; war 2000–02 Min.-Präs.; im März 2005 als Führer der Opposition maßgeblich am Sturz von Präs. A. Akajew beteiligt, wurde B. zum Reg.-Chef und Übergangspräs. ernannt und am 10. 7. 2005 durch Direktwahlen als Staatspräs. bestätigt.

Bakkalaureus [mlat.] *der,* **Baccalaureus,** an den mittelalterl. Univ. seit dem 13. Jh. unterster akadem. Grad; als solcher weiter gebräuchlich in den angelsächs., neu auch in den europ. Ländern (**Bachelor,** Abk. **B.**), z. B.: B. A. (B. of Arts), B. S. (B. of Science); in Frankreich in den Bez. **bachélier** (»Abiturient«) und **baccalauréat** (»Abitur«) erhalten.

Bakkarat [frz. -ˈra] *das,* **Baccarat,** Kartenglücksspiel mit mindestens drei vollen frz. Kartenspielen zu je 52 Blatt zw. Bankhalter und einem Gegner, bei dem sich weitere Spieler beteiligen können.

Bakonywald [ˈbɔkonj-], **Bakonygebirge,** westl. Teil des Ungar. Mittelgebirges, bis 704 m ü. M. (Kőrishegy); Vorkommen von Bauxit, Mangan, Braunkohle; Hochflächen bewaldet.

Bakst, Léon, eigtl. Lew Samoilowitsch **Rosenberg,** russ.-frz. Bühnenbildner und Maler, * Grodno 8. 2. 1866, † Paris 27. 12. 1924; prägte durch seine Theaterdekorationen den Stil der →Ballets Russes entscheidend mit.

Bakterien [griech. baktēría »Stock«, »Stab«], einzellige Mikroorganismen ohne echten Zellkern, die sich in die Untergruppen **Archaebacteria** und **Eubacteria** aufspalten. Die →Archaebakterien unterscheiden sich von den Eubakterien in wesentl. Merkmalen, z. B. sind Ribosomen, Zellwände und Membranlipide unterschiedlich strukturiert. Die eigentl. B., die Eubakterien, wurden nach der Art ihrer Fortpflanzung

Léon Bakst: Bühnenbildentwurf zu Maurice Ravels Ballett »Daphnis et Chloé« (1912; Sankt Petersburg, Russisches Museum)

Bakteriologie

durch Zweiteilung früher Spaltpilze (Schizomyzeten) genannt. Ihre Größe liegt i. d. R. bei 1–10 µm. Sie lassen sich auf die Grundformen der Kugel (Kokken), des geraden Zylinders (Stäbchen) oder des gekrümmten Zylinders (Vibrionen), z. T. mit schraubigen Windungen (Spirillen), zurückführen. Durch Aneinanderhaften nach den Teilungen können sich Zellhaufen (Staphylokokken), Zellpakete (Sarcinen), Zellfäden (Streptokokken) bilden. Eine Zellwand gibt den B. ihre Form und Festigkeit; ihre Anfärbbarkeit mit einer bestimmten Technik (Gramfärbung) dient als Unterscheidungsmerkmal zw. grampositiven (Zellwand mit mehrschichtigem Mureinnetz) und gramnegativen B. (mit dünner Mureinschicht und äußerer Membran). Oft ist die Wand der B. von einer Schleimhülle oder -kapsel umgeben, die Schutz vor →Phagozytose bietet.

Das Innere der B.-Zelle ist mit zahlr. Ribosomen sowie mit Reservestoff-Einschlüssen (Reservestoffgranula) angefüllt. B. besitzen keinen echten Kern, sondern ein Nukleoid, d. h. Kernmaterial in Form eines ringförmigen B.-Chromosoms, daneben kleine ringförmige, doppelsträngige DNA-Moleküle, die sog. Plasmide. Bestimmte B. sind in der Lage, bei ungünstigen Umweltbedingungen widerstandsfähige Dauerformen (Sporen) zu bilden. Bazillen sind eine bestimmte Gruppe von B., die Sporen bilden (oft fälschlich für B. verwendet). Manche B. haben spezielle Geißeln zur Fortbewegung. Obwohl B. sich nur ungeschlechtlich durch Teilung vermehren, kommt es zur Übertragung von Erbinformationen durch spezielle Mechanismen wie →Konjugation, →Transformation und →Transduktion. Mit der Übertragung menschl. Gene auf B. (→Gentechnik) können große Mengen z. B. von Hormonen wie Insulin produziert werden.

B. sind auf der Erde ubiquitär, d. h. im Boden, im Wasser, in der Luft, in Lebewesen usw. verbreitet. Fruchtbarer Ackerboden enthält in 1 g über 2 500 Mio. B. Stark verschmutztes Abwasser hat etwa 1 Mio. B. in 1 cm³, Trinkwasser höchstens 100. Wachstum und Vermehrung der B. werden von zahlr. Faktoren des umgebenden Milieus und vom Nährstoffangebot bestimmt. Die Mehrzahl der B. ernährt sich heterotroph, d. h., der Kohlenstoffbedarf wird durch Abbauvorgänge (Fäulnis, Verwesung) aus organisch gebundenem Kohlenstoff gedeckt; die anderen sind autotroph, d. h., sie decken ihren Kohlenstoffbedarf aus dem Kohlendioxid der Luft und gewinnen die hierzu nötige Energie entweder durch →Fotosynthese oder →Chemosynthese. Manche B. ertragen extreme Temperaturen. Aerobe B. können nur in sauerstoffhaltiger Umgebung leben, anaerobe nur in Abwesenheit von Sauerstoff; manche sind jedoch nicht streng (fakultativ) auf die Abwesenheit von Sauerstoff festgelegt. B., die sich auf totem, organ. oder anorgan. Material vermehren, werden als Saprophyten bezeichnet, solche, die auf einen lebenden Organismus angewiesen sind, als Parasiten, wenn sie den Organismus schädigen, als Kommensalen, wenn sie ihn nicht schädigen. Von grundlegender biolog. Bedeutung sind die B. als Vermittler des Wechsels der Materie zw. belebter und unbelebter Natur. Vorwiegend im Erdboden werden alle organ. Stoffe durch die Stoffwechseltätigkeit von B. mineralisiert (zu anorgan. Stoffen abgebaut) und so den Pflanzen als Nährstoffe wieder verfügbar gemacht. Krankheitserregende (pathogene) B. sind Erreger von →Infektionskrankheiten bei Mensch, Tier und Pflanze. Ihre krank machende Wirkung beruht auf Strukturelementen der B. (z. B. Kapsel), Enzymen oder Toxinen, die, in die Umgebung abgegeben, die Körpersubstanz des Wirtes schädigen. Von Nutzen ist die **B.-Flora** (Gesamtheit der Kommensalen) bei Mensch und Tier, die Haut, Schleimhaut und Magen-Darm-Kanal ihres Wirtes bewohnen und als Gewebeschutz und Verdauungshilfe dient. Wirtsch. Anwendung findet die B.-Tätigkeit bei vielen techn. Prozessen (z. B. Säuerung der Milch, Reifung von Käse) und bei der biotechnolog. Produktion von Vitaminen, Antibiotika, Hormonen u. a. Durch Züchtung auf künstl. Nährböden (**B.-Kultur**) lassen sich B. isolieren und charakterisieren.

Bakteri|enfilter, Filter zum Abtrennen von Bakterien aus Flüssigkeiten und Gasen, die durch geringe Porengröße (etwa 0,2 µm) und/oder Absorption wirken; dafür verwendete Materialien sind z. B. gesintertes Glas, Kieselgur.

Bakteri|engifte, Bakteriotoxine, von Bakterien erzeugte Gifte; einige sind schon in geringen Konzentrationen extrem toxisch und können tödlich wirken (z. B. Diphtherie-, Tetanus- und Botulinumtoxin).

Bakteriologie [griech.] *die,* Wiss. von den Bakterien, Teilgebiet der Mikrobiologie. Die B. untersucht den Aufbau der Bakterien, ihre Formen und Lebenserscheinungen. Die **medizin. B.** beschäftigt sich mit krankheitserregenden Bakterien, die **landwirtsch. B.** vorwiegend mit Bodenbakterien, die **techn. B.** mit Bakterien, deren Stoffwechselprodukte technisch verwertbar sind (Käserei, Antibiotikagewinnung, Schadstoffabbau). Begründer der B. waren L. Pasteur (Ar-

Josephine Baker

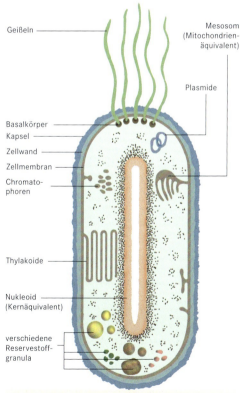

Bakterien: Schematischer Schnitt durch eine Bakterienzelle; Thylakoide finden sich nur in fotosynthetisch aktiven Bakterien.

Labels: Geißeln, Basalkörper, Kapsel, Zellwand, Zellmembran, Chromatophoren, Thylakoide, Nukleoid (Kernäquivalent), verschiedene Reservestoffgranula, Mesosom (Mitochondrienäquivalent), Plasmide

Michail Bakunin

Balalaika

George Balanchine

beiten über Milchsäure- und alkohol. Gärung) und R. Koch (entdeckte 1882 die Tuberkelbakterien und 1883 den Choleraerreger).

bakteriologische Waffen, →ABC-Waffen.

Bakteriolysine [griech.], spezif. Antikörper, die bei Mensch und Tier nach einer Infektion im Blut auftreten und die entsprechenden Bakterien durch Auflösung der Bakterienwand zerstören.

Bakteriophagen [griech.], **Phagen,** Viren, die Bakterien befallen und unter eigener Vermehrung auflösen. Sie können kubisch, fadenförmig oder unregelmäßig gestaltet (pleomorph) sein, in den allermeisten Fällen sind sie jedoch aus Kopf- und Schwanzteil aufgebaut, wobei der schwanzförmige Fortsatz zum Anheften an die Bakterienwand dient.

bakteriostatisch [griech.], Vermehrung der Bakterien hemmend; b. wirken z. B. Antibiotika.

Bakteri|urie [griech.] *die,* Ausscheidung von Bakterien im Harn; krankhaft bei Keimzahlen ab 10^5/ml.

bakterizid [griech.-lat.], Bakterien abtötend.

Baktri|en, im Altertum die von den Baktrern seit etwa 800 v. Chr. bewohnte Landschaft in Asien zw. dem Fluss Margos (heute Murgab) im SW, dem Hindukusch im S und dem Gissargebirge im NO, mit der Hptst. **Baktra** (→Balch). B. war urspr. ein selbstständiges Reich, das im 7. Jh. v. Chr. an die Meder und um 555 an die Perser fiel. 329 wurde es von Alexander d. Gr. erobert. Um 230 v. Chr. bildete sich ein unabhängiges **Gräkobaktr. (Hellenobaktr.) Reich,** das um 130 v. Chr. unterging.

Baku, aserbaidschan. Bakı, Hptst. von Aserbaidschan, auf der Halbinsel Apscheron am Kasp. Meer, 1,83 Mio. Ew.; Univ., TU, Akad. der Wiss.en, mehrere Hochschulen, islam. Institut; größtes aserbaidschan. Ind.-Zentrum inmitten eines Erdölfördergebiets (seit 1947 v. a. offshore), Erdölverarbeitung, Förderanlagenbau. U-Bahn, internat. Flughafen, Eisenbahnfähre nach Turkmenbaschi (Turkmenistan), Erdölhafen, Erdölleitungen zu den am Schwarzen Meer gelegenen Hafenstädten Noworossijsk (Russland) sowie Batumi und Supsa (Georgien). – Die Altstadt zeigt z. T. noch oriental. Charakter, am Ufer die Ind.-Viertel (Maschinen- und Schiffbau, Chemikalienfabriken, Raffinerien). – B., im 5. Jh. erstmals erwähnt, war seit dem 12. Jh. Residenz der Khane von Schirwan. 1501 eroberten die Truppen der Safawiden unter Ismail die Stadt; sie wurde in den 80er-Jahren des 16. Jh. türkisch, 1604 wieder persisch. 1723 von Peter d. Gr. erobert, 1735 an Persien zurückgegeben, fiel B. 1806 wieder an Russland. Die industriell betriebene Erdölförderung begann in den 1870er-Jahren; Ende des 19. Jh. weltweit bedeutendstes Zentrum der Ölind. Nach der Oktoberrevolution wurde von den Bolschewiki im April 1918 die »Bakuer Kommune« gegründet, die sich aber nur wenige Monate halten konnte. 1918 besetzten brit. und türk. Truppen die Stadt, die von Sept. 1918 bis April 1920 Sitz der aserbaidschan. Mussawat-Reg. war. Nach Einnahme der Stadt durch die Rote Armee wurde B. 1920 Hptst. Aserbaidschans. – Ende der 1980er-Jahre entwickelte sich B. zum Zentrum der aserbaidschan. Unabhängigkeitsbewegung; 1991 wurde in B. die Unabhängigkeit Aserbaidschans proklamiert.

Bakufu [jap. »Zeltregierung«] *der,* in Japan urspr. das Feldlager des Großfeldherrn; 1192–1867 Bez. der Militärreg., in der westl. Literatur meist **Shogunat** (→Shōgun) genannt.

Bakunin, Michail Alexandrowitsch, russ. Revolutionär und Anarchist, *Prjamuchino (Gouv. Twer) 30. 5. 1814, †Bern 1. 7. 1876; trat 1844 in Paris mit P.-J. Proudhon und K. Marx in Verbindung. Im Mai 1849 war er in Dresden am Aufstand beteiligt, anschließend inhaftiert, wurde 1851 an Russland ausgeliefert und 1857 nach Sibirien verschickt, von wo er 1861 nach London floh. Hier beteiligte er sich an der Ersten Internationale (1872 ausgeschlossen). (→Anarchismus) – *Werke:* Gott und der Staat (1871); L'empire knouto-germanique et la révolution sociale (1871); Staatlichkeit und Anarchie (1873).

Balakirew, Mili Alexejewitsch, russ. Komponist, *Nischni Nowgorod 2. 1. 1837, †Sankt Petersburg 29. 5. 1910; bildete mit M. P. Mussorgski, Z. A. Kjui, N. A. Rimski-Korsakow und A. P. Borodin die »Gruppe der Fünf«, die eine Erneuerung der russ. Kunstmusik durch Einbeziehung der russ. Folklore anstrebte.

Balakowo, Stadt im Gebiet Saratow, Russland, am linken Ufer des Kuibyschewer Wolgastausees, 199 000 Ew.; Maschinenbau, Chemiefaser- und Nahrungsmittelind.; Hafen. In der Nähe Kernkraftwerk (seit 1985 in Betrieb, vier Blöcke, insgesamt 3 700 MW).

Balalaika *die,* russ. Volksmusikinstrument mit dreieckigem Schallkörper, gebauchtem Boden und langem Hals mit Bünden; die drei Darmsaiten werden mit einem Plektron oder mit der Hand angerissen.

Balancement [balãsˈmã, frz.] *das, Musik:* die →Bebung.

Balance of Power [ˈbæləns əv ˈpauə; engl. »Gleichgewicht der Macht«], →europäisches Gleichgewicht.

Balanchine [frz. balɑ̃ˈʃiːn], George, eigtl. Georgi Melitonowitsch **Balantschiwadse,** amerikan. Choreograf und Ballettdirektor russ. Herkunft, *Sankt Petersburg 22. 1. 1904, †New York 30. 4. 1983; ging 1925 zu S. Diaghilew nach Paris, 1934 nach New York und gründete dort 1946 die »Ballet Society«, aus der 1948 das »New York City Ballet« hervorging. B. gilt mit seiner Choreografie zu I. Strawinskys Ballett »Apollon Musagète« als Begründer des tänzer. Neoklassizismus.

Balanitis [griech.] *die,* **Eichelentzündung,** Entzündung der Eichel des männl. Gliedes, an der fast stets das innere Vorhautblatt beteiligt ist (**Balanoposthitis**); häufige Ursachen der B. sind neben →Vorhautverengung Hefepilz- und Virusinfektionen. Zw. Eichel und innerem Vorhautblatt kommt es meist zu einer eitrigen Absonderung; auch als **Eicheltripper** bezeichnet, aber nicht mit →Tripper identisch.

Balata [auch baˈla-, indian.] *die,* eingetrockneter Milchsaft des im Orinocogebiet und in Guayana heim. Baumes **Mimusops balata;** ist im Ggs. zum Kautschuk zäh und hart.

Balaton [ˈbɔlɔton], See in Ungarn, →Plattensee.

Balbo, Italo, ital. Luftmarschall, *Quartesana (Prov. Ferrara) 5. 6. 1896, †(abgeschossen) Tobruk 28. 6. 1940; führend in der faschist. Bewegung (Mitorganisator des »Marschs auf Rom«), seit 1933 Gen.-Gouv. von Libyen.

Balboa, Abk. **B/.,** *der,* Währungseinheit in Panama; 1 B. = 100 Centésimo.

Balboa, Vasco Núñez de, span. Konquistador, *Jerez de los Caballeros um 1475, †(hingerichtet) Acla (Panama) wohl Jan. 1517; gelangte 1513 als erster Europäer über die Landenge von Panama an den Pazif. Ozean, den er »Südsee« nannte.

Balch, Balkh, **Wazirabad,** Stadt in N-Afghanistan, etwa 3 000 Ew.; an der Stelle des alten **Baktra** (der Hauptstadt von Baktrien) gelegen; zahlr. Bauten aus timurid. Zeit.

Balch [bɔːltʃ], Emily Greene, amerikan. Wirtschaftswissenschaftlerin und Pazifistin, * Jamaica Plain (heute zu Boston, Mass.) 8. 1. 1867, † Cambridge (Mass.) 9. 1. 1961; war führend tätig in der »Internationalen Frauenliga für Frieden und Freiheit«; Friedensnobelpreis 1946 mit J. R. Mott.

Balchasch, kasach. **Balkasch,** Ind.-Stadt in Kasachstan, am N-Ufer des Balchaschsees, 65 000 Ew.; Kupferverhüttung und Walzwerk (bei B. Kupfererzbergbau).

Balchaschsee, abflussloser, fischreicher Steppensee im SO Kasachstans, 340 m ü. M., 605 km lang, 17 000–20 000 km² groß (je nach Wasserstand), mittlere Tiefe 6 m, größte Tiefe 26 m; Hauptzufluss: Ili; durch Verengung geteilt, enthält im O-Teil salzhaltiges Wasser.

Baldachin [ital. baldacchino »kostbarer Seidenstoff aus Bagdad«] *der,* **1)** Traghimmel aus Stoff, zuerst bei oriental. Herrschern, seit 1163 bei hohen geistl. Würdenträgern; bei kirchl. Prozessionen noch heute üblich.
2) die Überdachung des Thrones.
3) Überdachung eines Altars oder einer Statue.

Balden, Theo, Bildhauer und Grafiker, * Blumenau (Brasilien) 6. 2. 1904, † Berlin 30. 9. 1995; 1935–47 Emigration, lebte seit 1947 in Berlin. Beeinflusst von E. Barlach, schuf er expressive (Bronze-)Plastiken und Grafiken.

Baldeneysee, Stausee in der Ruhr im S von Essen, NRW, 2,6 km², 8,3 Mio. m³ Fassungsvermögen.

Balder, altgerman. Gott, →Baldr.

Baldessari, John, amerikan. Künstler, * National City (Calif.) 17. 6. 1931; Vertreter der Narrative Art.

Baldo, Gebirge in Italien, →Monte Baldo.

Baldr, Balder, Baldur, altgerman. Lichtgott, der Sohn Odins und der Frija. Nach der Edda war er tapfer, milde und schön. Da das Schicksal der Götter von B. abhängt, nimmt Frija allen Wesen und Dingen einen Eid ab, B. nicht zu verletzen. Loki gibt den nicht vereidigten Mistelzweig dem blinden Hödr, der B. damit tötet. B.s Tod leitet den Untergang der Götter ein. Nach Erneuerung der Welt kehren B. und Hödr gemeinsam zurück.

Baldrian *der,* **Valeriana,** Gattung der Baldriangewächse mit etwa 250 Arten; Kräuter oder Halbsträucher. Der europäisch-asiat. **Gemeine B.** (**Echter B.,** *Valeriana officinalis*) hat gefiederte Blätter und rötlich weiße Blüten. Aus der Wurzel werden leichte Beruhigungsmittel hergestellt.

Hans Baldung: Zwei Wetterhexen (1523; Frankfurt am Main, Städelsches Kunstinstitut)

Balduin, Herrscher:
Jerusalem: **1) B. I.,** * 1058, † Arisch 2. 4. 1118; Bruder Gottfrieds von Bouillon, 1098–1100 Graf von Edessa, 1100–18 König von Jerusalem.
Konstantinopel: **2) B. I.,** lat. Kaiser (1204/05), * Valenciennes 1171, † 1205; Graf von Flandern (als **B. IX.**) und Hennegau (als **B. VI.**); Führer im 4. Kreuzzug (→Byzantinisches Reich).
3) B. II., letzter lat. Kaiser (1228–61), * 1217, † 1273; verlor 1261 das verarmte Reich wieder an die Byzantiner.
Trier: **4)** Erzbischof und Kurfürst (seit 1307), * 1285, † Trier 21. 1. 1354; Luxemburger, bewirkte als »Königsmacher« 1308 die Wahl seines Bruders Heinrich VII., den er nach Italien begleitete, 1314 die Ludwigs IV., des Bayern, dem er sich jedoch entfremdete, 1346 die seines Großneffen Karl IV.; führend am Kurverein von Rhense beteiligt.

Baldung, Hans, gen. **Grien,** Maler und Grafiker, * Schwäbisch Gmünd zw. Juli 1484 und Juli 1485, † Straßburg September 1545; Schüler A. Dürers in Nürnberg, dann ansässig in Straßburg und 1512–17 in Freiburg tätig, wo er den Hochaltar im Münster ausführte. Außer religiösen Darstellungen (u. a. »Ruhe auf der Flucht«; Wien, Akademie der Bildenden Künste) schuf er allegor. und mytholog. Bilder, in denen erot. und Todesmotive (»Der Tod und das Mädchen«; Basel, Kunstmuseum) sowie Hexendarstellungen (»Zwei Wetterhexen«; Frankfurt am Main, Städelsches Kunstinstitut) vorherrschen. Im Vergleich zu Dürer sind seine Bilder leuchtkräftiger in den Farben, leidenschaftlicher und sinnenfroher. Seine ausdrucksstarken Holzschnitte gehören zu den besten Leistungen dt. Grafik. B. schuf auch meisterhafte Bildnisse.

Baldur, altgerman. Gott, →Baldr.

Theo Balden: Mahnung; Alabaster, Höhe 53 cm (1946; Berlin, Nationalgalerie)

Emily Greene Balch

Balearen

Baldus de Ubaldis, ital. Rechtsgelehrter, * Perugia um 1327, † Pavia 28. 4. 1400; Postglossator. Er schrieb Kommentare zum Corpus Iuris Civilis sowie zu Dekretalen und verfasste außerdem Konsilien (Rechtsgutachten).

Baldwin [ˈbɔːldwɪn], **1)** James, afroamerikan. Schriftsteller, * New York 2. 8. 1924, † Saint-Paul-de-Vence (Dép. Alpes-Maritimes) 1. 12. 1987; bed. Sprecher der schwarzen Amerikaner; schrieb Romane (»Eine andere Welt«, 1962; »Sag mir, wie lange ist der Zug schon fort«, 1968), Erzählungen, Dramen (»Blues für Mister Charlie«, 1964) und Essays (»Das Gesicht der Macht bleibt weiß«, 1985).

2) James Mark, amerikan. Psychologe und Philosoph, * Columbia (S. C.) 12. 1. 1861, † Paris 8. 11. 1934; verfasste vom Evolutionismus (C. Darwin) beeinflusste, sozialpsycholog. Analysen der allg. und individuellen geistigen Entwicklung des Menschen, insbes. des Kindes.

3) Stanley, Earl (seit 1937) B. of Bewdley, brit. Politiker, * Bewdley (Cty. Hereford and Worcester) 3. 8. 1867, † Astley Hall (Cty. Hereford and Worcester) 14. 12. 1947; Großindustrieller, als konservativer Parteiführer 1923/24, 1924–29 und 1935–37 Premiermin.; trug 1936 zur Abdankung Eduards VIII. bei.

Balearen, span. **Islas Baleares,** gebirgige Inselgruppe und span. Prov. im westl. Mittelmeer, bildet eine autonome Region (und Prov.) Spaniens, 4 992 km², 947 400 Ew.; Hptst. ist Palma de Mallorca; umfasst Mallorca, Menorca, Ibiza und Formentera (die beiden Letzteren bilden mit den umliegenden Eilanden die Gruppe der Pityusen) sowie Cabrera und mehrere kleine Felseninseln. Schwache Temperaturgegensätze (Mitteltemperatur im Jan. 9–11 °C, Aug. 24–26 °C) kennzeichnen das für den Fremdenverkehr (Hauptwirtschaftszweig) günstige Klima. Die Bewohner sprechen eine katalan. Mundart. Die Landwirtschaft umfasst Zitrus-, Tomaten- (Bewässerung) und Fruchtbaumkulturen (Mandeln, Aprikosen, Oliven, Johannisbrot) sowie Weinbau, Haferanbau und Schweinemast. – Die spätbronze- und früheisenzeitl. B.-Kultur reichte bis in röm. Zeit. Die Inseln wurden von phönik. und griech. Seefahrern besucht, standen bis 201 v. Chr. unter karthag., seit 123 v. Chr. unter röm. Herrschaft; in der Völkerwanderungszeit wurden sie von Wandalen, Westgoten, Byzantinern und Franken besetzt, bis 903 von den Arabern erobert, seit 1229/87 waren sie in span. Hand, 1262–1348 Teil des Königreichs Mallorca (mit Festlandsbesitz, Hptst. Perpignan), dann zu Aragonien. Menorca war 1708–56, 1763–82 und 1798–1802 britisch.

Balenciaga [-ˈθiaɣa], Cristóbal, span. Modeschöpfer, * Guetaria (bei San Sebastián) 21. 1. 1895, † Javea (Prov. Alicante) 23. 3. 1972; unterhielt 1937–68 in Paris einen Haute-Couture-Salon. B., der Mode als Kunst begriff, vertrat einen eleganten Stil, in dem er z. T. künftige Linien vorwegnahm und auf Taillenbetonung verzichtete; kreierte auch Parfüm.

Balfour [ˈbælfə], Arthur James, Earl of B. (seit 1922), brit. Politiker (Konservative Partei), * Whittingehame (Lothian Region) 25. 7. 1848, † Woking (Cty. Surrey) 19. 3. 1930; war 1887–91 Irlandmin., 1902–05 Premiermin. (Schul-Ges., 1902; Entente cordiale, 1904), 1916–19 Außenmin. (→Balfour-Deklaration) und 1919–22 sowie 1925–29 Lordpräs. (Exponent der Idee des »British Commonwealth«).

Balfour-Deklaration [ˈbælfə-], engl. **Balfour Declaration,** Erklärung des brit. Außenmin. A. J. Balfour, mit der er die Schaffung einer nat. Heimstätte (»national home«) für die Juden in Palästina zusicherte (Brief vom 2. 11. 1917 an Lord Rothschild).

Balg [ahd.], **1)** abgezogenes Fell von Raubwild, Hasen, Vögeln.

2) Luftbehälter bei Musikinstrumenten (z. B. Orgel, Akkordeon) zur Zuführung des Spielwinds.

Balge, Balje, schiffbare Wasserrinne im Watt.

Balgen, ausziehbare lichtdichte Hülle, z. B. bei Klappkameras zw. Gehäuse und Objektiv.

Balgfrucht, Balgkapsel, Trockenfrucht, die längs einer Naht aufspringt (z. B. beim Rittersporn).

Balggeschwulst, das →Atherom.

Balhorn, Ballhorn, Johann, Buchdrucker, * Lübeck um 1528, † ebd. um 1603. Auf seinen Namen werden die Ausdrücke **ballhornisieren, verballhornen,** d. h., ein Schriftstück verschlechtern (indem man es zu verbessern meint), zurückgeführt. Bei ihm erschien eine fehlerhaft korrigierte Ausgabe des lüb. Rechts.

Arthur James Balfour

Bali, westlichste der Kleinen Sundainseln, Indonesien, von O-Java durch die an der engsten Stelle nur 2,5 km breite B.-Straße getrennt, 5501 km², als Prov. B. (mit vorgelagerten Inseln) 5563 km², 3,15 Mio. Ew.; Hptst. Denpasar. B. ist überwiegend vulkan. Ursprungs mit vier größeren Vulkankegelmassiven im O; im W tief zertalte Gebirgsketten; nur im S ist eine größere Ebene ausgebildet. Die Wirtschaft bestimmt v. a. der intensive Reisanbau mit künstl. Bewässerung, daneben der Fremdenverkehr (beeinträchtigt durch islamist. Bombenanschläge 2002 und 2005). Hinduismus und Elemente des Buddhismus sind bestimmend für die Kultur.

Balıkesir [ba'lı-], Hptst. der Provinz B. im NW der Türkei, 215400 Ew.; in einem Agrargebiet (Tabakbau, Schafhaltung); Textilindustrie.

Balikpapan, Stadt an der O-Küste von Borneo, Indonesien, 409000 Ew.; Erdölexporthafen (Pipelines von den Erdölfeldern u. a. bei Samarinda), Erdölraffinerie; Flughafen.

Balingen, Große Krst. des Zollernalbkreises, Bad.-Württ., am Fuß der Schwäb. Alb, 34400 Ew.; Fachschule für Technik; Museum für Waagen und Gewichte; Herstellung von Waagen, Werkzeug- und Maschinenbau, elektrotechn. und Textilindustrie. – Stadtkirche (ehemals St. Nikolaus, geweiht 1443) und Friedhofskirche (11. Jh.). – B., 1255 von den Grafen von Zollern als Stadt oberhalb des Dorfes B. (seit 863) gegr., wurde 1403 württembergisch.

Balint, Michael, brit. Psychoanalytiker ungar. Herkunft, *Budapest 3. 12. 1896, †London 31. 12. 1970; schuf die B.-Gruppen (Erfahrungsaustausch v. a. zw. Ärzten unter Anleitung eines Therapeuten); entwickelte die →Fokalanalyse.

Balk, Hermann, erster Landmeister des Dt. Ordens in Preußen, †Würzburg(?) 5. 3. 1239; wurde 1230 an der Spitze von Deutschordensrittern zur Unterwerfung des Preußenlandes ausgesandt; legte die Fundamente des preuß. Ordensterritoriums durch eine Verbindung seiner militär. Eroberungen mit einer bürgerlich-bäuerl. Siedlungspolitik und der Gründung von Städten (u. a. Thorn, Culm, Marienwerder); vollzog 1237 den Anschluss des Schwertbrüderordens und war 1237/38 Heermeister in Livland.

Balkan [türk. »Gebirge«] der, bulgar. **Stara planina,** im Altertum **Haemus,** Gebirgszug auf der Balkanhalbinsel; erstreckt sich in einem geschwungenen Bogen vom Timok bis zum Schwarzen Meer (600 km lang, 30–50 km breit; im Botew 2376 m hoch) und trennt das nördl. **Donaubulgarien** vom südl. **Hochbulgarien.** Er fällt im S steil zum Maritzabecken ab und geht im N allmählich in das bulgar. Tiefland über. Waldreichtum, Weidewirtschaft und der Abbau von Steinkohle, Eisen-, Blei-, Kupfer- und Zinkerz bestimmen die Wirtschaft. Viele befahrbare Pässe, u. a. →Schipkapass.

Balkangrippe, das →Q-Fieber.

Balkanhalbinsel, ins Mittelmeer ragende Halbinsel in SO-Europa, südlich von Save und Donau; stark gebirgig (höchste Erhebung ist die Mussala, 2925 m ü. M., im Rilagebirge), reich gegliederte Küste (am Adriatischen, Ionischen und Ägäischen Meer). Größere Tiefländer finden sich nur im östl. Thrakien, in Ostrumelien und an der unteren Donau (Walachei). Es herrscht binnenländ. Klima mit warmen Sommern und kalten Wintern, Mittelmeerklima nur an der W-Küste und im S. Die Vegetation zeigt im N mitteleurop. Züge, im S mediterrane (mit den Kulturpflanzen Öl- und Feigenbäume, Weinreben, Reis).

Balkanisierung, polit. Schlagwort für die Zerstückelung größerer polit. und wirtsch. Einheiten; bezog sich vor dem Ersten Weltkrieg auf die von den damaligen Großmächten geförderte Auflösung des Osman. Reiches in kleine Staaten, später auch auf die Entstehung kleinerer Staaten auf dem Territorium Österreich-Ungarns.

Balkankriege, die militär. Auseinandersetzungen zw. den christl. Balkanstaaten und dem Osman. Reich. Im **Ersten B.** (Okt. 1912 bis Mai 1913) kämpfte der Balkanbund (Serbien, Bulgarien, Griechenland, Montenegro) gegen die Türkei, um das türk. Makedonien aufzuteilen. Er führte 1913 zur Schaffung eines unabhängigen Albanien, Kosovo kam an Serbien; die Türkei musste ihre europ. Besitzungen zum größten Teil aufgeben. Der erneute Streit um die Aufteilung Makedoniens führte zum **Zweiten B.** Bulgarien griff am 29. 6. 1913 seine bisherigen Verbündeten an; seine Armee wurde jedoch aus Makedonien vertrieben. Im Frieden von Bukarest (10. 8. 1913) musste Bulgarien die südl. Dobrudscha an Rumänien und einen Großteil der vorherigen Gewinne (das nördl. Makedonien an Serbien und die ägäische Küste an Griechenland) abtreten; die Türkei behielt Adrianopel.

Balkanpakt, 1) am 9. 2. 1934 in Athen unterzeichneter Vertrag zw. Griechenland, Jugoslawien, Rumänien und der Türkei, um bulgar. Absichten auf Revision der Grenze abzuwehren. Der ital. Angriff auf Griechenland war das Ende des Pakts.

2) am 9. 8. 1954 auf 20 Jahre in Bled abgeschlossener Vertrag zw. Griechenland, Jugoslawien und der Türkei mit dem Ziel der gegenseitigen Sicherung der territorialen Integrität, der polit. Unabhängigkeit und des

Balingen
Stadtwappen

Balkankriege: Entwicklung der Balkanstaaten 1878-1915

gegenseitigen militär. Beistands im Fall eines Angriffs; verlor nach 1955 an Bedeutung.

Balkansprachen, die im Balkanraum verbreiteten Sprachen, insoweit sie sich trotz ihrer unterschiedl. Herkunft aufgrund zahlr. sprachl. Gemeinsamkeiten zu einem »Sprachbund« (balkan. Sprachbund) zusammenschließen lassen: die alban., rumän., bulgar., makedon., griech. (neugriech.) und – bedingt – die serb. und kroat. Sprache. Ihre Erforschung ist Gegenstand der **Balkanlinguistik.**

Balkaren, Turkvolk an den Nordhängen des Kaukasus, etwa 78 300 B.; sie betreiben Ackerbau und Viehzucht, sind zumeist Muslime und sprechen eine Turksprache.

Balkasch, Stadt in Kasachstan, →Balchasch.

Balken, 1) *Bau:* meist stabförmiges Tragglied, vorrangig auf Biegung beansprucht, aber auch für Zug- und Druckkräfte; ruht auf zwei (einfacher B.) oder mehreren (durchlaufender B.) Auflagern.

2) *Heraldik:* ein in der Schildmitte liegender waagerechter Streifen von etwa einem Drittel der Schildhöhe.

3) *Medizin:* die Verbindung zw. beiden Großhirnhälften aus Nervenfasern und Bindegewebe.

Balkencode [-ko:t], →Strichcode.

Balkenende, Jan Peter, niederländ. Politiker, * Kapelle (Zeeland) 7. 5. 1956; ab 1993 Prof. für christlichsoziales Denken in Amsterdam; schloss sich dem Christlich Demokrat. Appell (CDA) an; 2001–02 Vors. der Parlamentsfraktion des CDA. Ab Juli 2002 Min.-Präs. einer aus CDA, Volkspartei für Freiheit und Demokratie (VVD) sowie der »Liste Pim Fortuyn« gebildeten Mitte-rechts-Regierung, ab Mai 2003 einer Koalition aus CDA, VVD und Democraten '66 (D '66). Nach dem Austritt von D '66 aus der Koalition im Juni 2006 erklärte er seinen Rücktritt. Bei Neuwahlen im Nov. 2006 blieb seine CDA stärkste Partei; seit Febr. 2007 regiert er mit einem Mitte-links-Bündnis.

Jan Peter Balkenende

Balkenhol, Stephan, Bildhauer, * Fritzlar 10. 2. 1957; gilt als Protagonist der dt. Holzbildhauerei der Gegenwart; gestaltet z. T. vielfigurige Reihen, die Menschen, Tiere und Dinge sowohl lebensgroß als auch miniaturisiert darstellen und z. T. auf jede Interaktion verzichten.

Balkenspirale, Balkengalaxie, Form eines →Sternsystems.

Balkon [-'kɔŋ, auch -'ko:n; frz., wohl zu ahd. balko »Balken«] *der,* nicht überdeckte, begehbare Auskragung in den Geschossen eines Hauses, auch im Innern von Gebäuden, z. B. in Sälen und Theatern.

Ball, Hugo, Schriftsteller, * Pirmasens 22. 2. 1886, † Sant' Abbondio (heute zu Gentilino, Kt. Tessin) 14. 9. 1927; war Schauspieler und Dramaturg; war 1916 in Zürich Mitbegründer des »Cabaret Voltaire«; war scharfer Zeitkritiker (»Zur Kritik der dt. Intelligenz«, 1919) und Pazifist; verfasste als geistiger Vater des Dadaismus dessen Manifeste; beschäftigte sich nach seiner Konversion zum kathol. Glauben mit theolog. Studien.

Ballack, Michael, Fußballer (Mittelfeldspieler), * Görlitz 26. 9. 1976; Stationen (seit 1988): FC Karl-Marx-Stadt bzw. Chemnitzer FC, 1. FC Kaiserslautern, Bayer 04 Leverkusen, FC Bayern München und FC Chelsea London; erstes Länderspiel 1999; Vizeweltmeister 2002, WM-Dritter 2006; in Dtl. Fußballer des Jahres 2002, 2003 und 2005.

Ballade [ital. ballata, provenzal. balada »Tanzlied«] *die,* **1)** *Literatur:* zum einen in den roman. Literaturen des MA. die stroph. Tanzlieder provenzal. Herkunft mit Refrain, zum anderen die strenge Kunstform, die in Frankreich (u. a. bei E. Deschamps, Charles d'Orléans, F. Villon) im 14. und 15. Jh. zur Blüte gelangte: 3–5 acht- oder zehnzeilige Strophen, auf die ein vierzeiliges Geleit (»envoi«) folgen kann; im ganzen Gedicht werden nur drei Reime verwendet; alle Strophen wie auch das Geleit schließen mit der gleichen Zeile (Refrain).

Im 18. Jh. wurde der Name B. in England auf die alten erzählenden Volkslieder übertragen, die von A. Ramsay und T. Percy gesammelt wurden. Hiernach wurde er auch für entsprechende Lieder (handlungsreich, epischer Charakter, oft dramatisch zugespitzt) anderer Literaturen übernommen. Die Blütezeit der **dt. Volks-B.** liegt zw. 1250 und 1450. Mit dem 16. Jh. kommen andere Erzähllieder in Umlauf (Zeitungslied, Bänkelsang, Schauer-B.). Die span. Volks-B. ist die →Romanze. Auch die slaw. Völker haben eine reiche Volksballadendichtung.

Die englisch-schott. Geister-B. regten um 1770 die dt. **Kunstballadendichtung** an (L. Hölty, G. A. Bürger). Sie erreichte ihren Höhepunkt im »Balladenjahr« 1797, in dem Goethe und Schiller in enger geistiger Gemeinschaft die berühmten B. schufen (von Goethe u. a. »Der Zauberlehrling«, von Schiller u. a. »Der Handschuh«). Die B. der dt. Romantik nehmen häufig den Volksliedton auf und haben einen geheimnisvollen, unheiml. oder auch heroischen Charakter (L. Uhland, A. von Chamisso, H. Heine), weitere Beispiele dt. B.-Dichtung kamen im 19. Jh. von E. Mörike, A. von Droste-Hülshoff, T. Fontane und C. F. Meyer, im frühen 20. Jh. von B. von Münchhausen, A. Miegel, R. A. Schröder und E. Lasker-Schüler. Engl. Dichter von Kunst-B. sind im 19. Jh. W. Wordsworth und S. T. Coleridge, bes. bekannt wurde die »B. vom Zuchthaus zu Reading« von O. Wilde (1898). Im frühen 20. Jh. griffen die B.-Dichter auch auf Traditionen des Bänkelsangs zurück, v. a. für das Kabarett entstanden iron. und groteske B. (F. Wedekind, J. Ringelnatz, K. Tucholsky, E. Kästner). B. Brecht knüpfte an die frechzyn. B. F. Villons an. B. unterschiedl. Charakters, vom schlichten Erzählgedicht bis zur Satire, schrieben auch C. Zuckmayer, P. Rühmkorf, C. Reinig, J. Bobrowski, H. Piontek und G. Grass. – In Amerika wird die Volksballadendichtung (zur Gitarrenbegleitung gesungen) als **Folksong** mit politisch-agitator. Einschlag gepflegt.

2) *Musik:* In der einstimmigen Musik des MA. ist B. ein stroph. Tanzlied mit Refrain. Daraus entwickelte sich in der Kunstmusik des 14. Jh. die mehrstimmige frz. B. für eine Singstimme mit 1–3 Instrumentalstimmen (Hauptmeister: G. de Machaut). Die gleichzeitige mehrstimmige ital. Ballata ähnelt mehr der frz. →Virelai. Erst seit dem 18. Jh. bedeutet B. die Komposition der erzählenden Gedichte für Solostimme mit Klavier- oder Orchesterbegleitung. Gegen Ende des 18. Jh. vertonten J. André, J. F. Reichardt, J. R. Zumsteeg und C. F. Zelter B. von G. A. Bürger, Schiller und Goethe; F. Schubert und C. Loewe führten die Klavier-B. zu einem ersten künstler. Höhepunkt. Ihnen folgten R. Schumann, der die Chor-B. schuf, J. Brahms und H. Wolf. – Aus der Vokalmusik hat F. Chopin die B. in die Instrumentalmusik (Klavier-B.) eingeführt.

Ballad-Opera ['bæləd 'ɔpərə] *die,* engl. Singspiel mit kom. und parodist. Text, dem volkstüml. Weisen und bekannte Opernmelodien zugrunde liegen, v. a. in der 1. Hälfte des 18. Jh. beliebt. Bekannt wurde bes.

»The Beggar's Opera« (1728, dt. »Bettleroper«) von J. Gay, Musik von J. C. Pepusch, eine Parodie auf die ital. Barockoper.

Ballarat [ˈbæləræt], Stadt in Victoria, Australien, 84 000 Ew.; Landwirtschaftszentrum (u. a. Gemüsebau, Schafhaltung), Nahrungsmittel- und Baustoffindustrie.

Ballast *der,* Material von erhebl. Gewicht, aber geringem Wert (z. B. Wasser, Sand, Gusseisen), das zum Gewichtsausgleich mitgeführt wird (u. a. bei Schiffen, Freiballons).

Ballaststoffe, unverdaul., jedoch die Darmtätigkeit fördernde pflanzl. Nahrungsbestandteile.

Ballei *die,* bei den Ritterorden (Johanniter und bes. Dt. Orden) ein Verwaltungsbezirk unter einem **Ballivus** (→Bailli) mit mehreren Prioraten (Komtureien, Kommenden).

Ballen, 1) alte dt. Masseneinheit für Baumwolle; je nach Ursprungsland 75–250 kg. **2)** Zählmaß (Papier 10 000 Bogen; Tuch 10 oder 12 Stück; Leder 120 Stück).

Ballenblume, *Architektur:* knospenartige Hohlkehlenverzierung.

Ballenstedt, Stadt im Landkreis Quedlinburg, Sa.-Anh., am N-Rand des Unterharzes, an der »Straße der Romanik«, 7 800 Ew.; Feinwerktechnik, Messgerätebau, Fremdenverkehr. – B., 1030 erstmals erwähnt, war Stammsitz der Askanier (Burg B.) und 1765–1863 Residenz der Herzöge von Anhalt-Bernburg. 1543 Stadtrecht.

Ballerina [ital.] *die,* Tänzerin. **Primaballerina,** erste Solotänzerin an einem Theater.

Ballerinaschuh, Ballerinas, weit ausgeschnittener Schlupfschuh mit flachem Absatz, der sich Ende der 1940er-Jahre in den USA aus dem Sprungschuh der Ballerinas entwickelte.

Ballets Russes [balɛ ˈrys, frz.], von S. Diaghilew gegründete Ballettkompanie, die, aus Mitgliedern des Petersburger und Moskauer Hofballetts gebildet, 1909 in Paris erstmals auftrat; bestand bis 1929. Mit bed. Tänzern (T. Karsawina, A. Pawlowa, W. Nijinski), Choreografen (M. Fokin, L. Massine, G. Balanchine), Ausstattern (L. Bakst, H. Matisse, G. Rouault, A. Derain, P. Picasso) und Komponisten (I. Strawinsky, M. Ravel, C. Debussy) wurden die B. R. für das moderne Ballett wegweisend.

Ballett [ital. balletto, Diminutiv von ballo »Tanz«] *das,* von Musik begleiteter künstler. Bühnentanz, auch das Bühnenensemble, das diesen Tanz ausführt, und das aufgeführte Stück. Seinen Ursprung hat das B. an den ital. und frz. Fürstenhöfen der Renaissance, wo bei Festlichkeiten prunkvolle Aufzüge, allegor. Darstellungen und Maskenspiele mit Pantomime und Tanz dargeboten wurden. Die Blütezeit des B. begann unter Ludwig XIV. in Frankreich; 1661 wurde in Paris die erste Tanzakademie gegründet. Von der frz. Aufklärung beeinflusst, wandte sich J. G. Noverre gegen das erstarrte barocke Prunk-B. und verhalf einer auf natürl. Ausdruck gerichteten dramat. B.-Kunst (Handlungs-B.) zum Durchbruch. Seine endgültige Gestalt nahm das B. in der Romantik an. Der Spitzentanz und die verschiedensten nat. Charaktertänze ermöglichten eine Erweiterung der klass. B.-Technik. Einen neuen Höhepunkt erreichte das klass. B. im 19. Jh. in Petersburg, wo M. Petipa für das kaiserl. Marien-Theater P. Tschaikowskys »Dornröschen«, »Schwanensee«, »Der Nußknacker« u. a. choreografierte. Die russ. Tradition setzte sich am Bolschoitheater in Moskau fort. Die von S. Diaghilew gegründeten →Ballets Russes (erster Auftritt 1909 in Paris) gaben den Anstoß zu einem Aufschwung des B. in W-Europa und den USA. Seit Anfang des 20. Jh. trat neben den klass. Tanz der Ausdruckstanz; wegweisend wirkten hier I. Duncan, R. von Laban, M. Wigman und K. Joos. In Form des amerikan. Modern Dance (u. a. R. Saint Denis, T. Shawn, M. Graham) hat der Ausdruckstanz das moderne B. entscheidend geprägt. Neue große B.-Kompanien wurden von ehemaligen Mitgliedern der Ballets Russes geschaffen, so das engl. Royal Ballet (Vorbild u. a. für das B. in Stuttgart unter J. Cranko und M. Haydée) von N. de Valois, das New York City Ballet von G. Balanchine (zus. mit M. Graham Vorbild aller jüngeren amerikan. Choreografen), das B. der Pariser Oper unter S. Lifar. Von den vielfältigen B.-Typen und ihren Vertretern in neuerer Zeit sind v. a. hervorzuheben: das Handlungs-B. (J. Neumeier), die Ballettoper (F. Ashton, L. Massine), das durchchoreografierte Musical (J. Robbins), das B.-Theater (M. Béjart), das konzertante B. (G. Balanchine, H. van Manen) und das Tanztheater (P. Bausch).

Ballhaus, urspr. ein Gebäude für das →Jeu de Paume, den Vorläufer des modernen Tennisspiels; später, als Ballspiele aus der Mode kamen, Stätte für große Festlichkeiten.

Ballhausplatz, Platz in Wien, ben. nach dem 1740–1880 hier befindl. Hofballhaus. Am B. steht der Barockbau (1717–19 von J. L. von Hildebrandt) des österr. Bundeskanzleramts mit dem Ministerium für Auswärtige Angelegenheiten.

Ballhorn, Johann, →Balhorn.

Ballin, Albert, Reeder, *Hamburg 15. 8. 1857, †(Selbsttötung) ebd. 9. 11. 1918; machte die HAPAG zu einer der größten Reedereien. B. engagierte sich für eine polit. und wirtsch. Zusammenarbeit mit Großbritannien.

Balliste [zu Ballistik] *die,* im Altertum Wurfgeschütz, v. a. zum Schleudern von Steinen.

Ballistik [zu griech. bállein »werfen«] *die,* Lehre von der Bewegung geworfener, geschossener oder durch Rückstoß angetriebener Körper, i. e. S. die Lehre von der Geschossbewegung. (→Flugbahn)

ballistisches Pendel, Stoßpendel zur Bestimmung der Geschwindigkeit von Geschossen.

Ballett: »Jeu de cartes« nach Igor Strawinsky in einer Aufführung des Stuttgarter Balletts, choreografiert von John Cranko

Ballon [ba'lɔŋ, ba'lɔ̃, auch ba'loːn] *der*, **1)** *Chemie:* bauchiger Glasbehälter mit kurzem, engem Hals.
2) *Luftfahrt:* Luftfahrzeug, das durch den stat. Auftrieb eines Füllgases von geringerer Dichte als Luft (Wasserstoff, Helium, Heißluft) getragen wird. (→Fesselballon, →Freiballon)

Ballonastronomie [ba'lɔŋ-], Zweig der Astronomie. Höhenballons (bis 100 m ⌀) bringen Messinstrumente in 30–45 km Höhe, sodass astronom. Beobachtungen (z. B. im Bereich der Gamma- und Röntgenstrahlung) unter stark reduziertem Einfluss der Atmosphäre möglich sind.

Ballondilatation [ba'lɔŋ-], **Ballonangioplastie, PTCA** [Abk. für **p**erkutane **t**ransluminale **C**oronar**a**ngioplastie], Aufdehnung einer Koronararterie mithilfe eines Ballonkatheters. Dabei wird die das Gefäß einengende wandständige Plaque (→Arteriosklerose) durch den hohen Druck im Ballon so zusammengedrückt, dass der Blutfluss wiederhergestellt wird. Die B. wird in der Kardiologie zur Behandlung von Patienten mit koronarer Herzkrankheit (Angina Pectoris, Herzinfarkt) und angiografisch nachgewiesener umschriebener Verengung einer oder mehrerer Herzkranzgefäße angewendet. Im Anschluss an eine Aufdehnung wird meist eine Gefäßstütze (→Stent) eingesetzt, um die Wahrscheinlichkeit einer Wiederverengung an der erweiterten Stelle zu verringern.

Ballonfahren [ba'lɔŋ-], allgemeinsprachl. Bez. für →Freiballonsport.

Ballonreifen [ba'lɔŋ-], Luftreifen mit großem Luftvolumen, hoher Elastizität, geringem Luftdruck.

Ballonsatelliten [ba'lɔŋ-], in den Anfangsjahren der Raumfahrt Satelliten aus einer beim Start zusammengelegten dünnwandigen Hülle, die auf der Umlaufbahn durch chem. Gasentwicklung zu einem Ballon aufgeblasen wird.

Ballot [ˈbælət; engl., eigtl. »kleine Kugel« (zum Abstimmen)] *das*, im angloamerikan. Recht die geheime Abstimmung.

Ballotade [frz.] *die, Reitsport:* Sprung mit angezogenen Beinen und rückwärts gerichteten Hufen.

Ballotage [-'taːʒə; frz., zu Ballot] *die*, urspr. die geheime Abstimmung durch verdeckte Abgabe von weißen (ja) oder schwarzen (nein) Kugeln; in Frankreich heute die Stichwahl.

Ballspiele, *Sport:* Sammelbez. für vielfältige, meist weit verbreitete Spiele mit einem Ball. Werden die B. wettbewerbsmäßig ausgeübt, spricht man von **Ballsportarten.** B. gehören zu den ursprünglichsten Formen des Sports und sind heute in der ganzen Welt entweder in international festgelegter Form verbreitet (z. B. Fußball) oder in national und regional eigenständiger Form auf wenige Länder beschränkt oder volkstypisch (z. B. Kricket in den Commonwealth-Ländern, Pelota in Spanien). Man unterscheidet B. einerseits danach, ob sie von Mannschaften (z. B. Basketball) oder von Einzelspielern (z. B. Golf) bzw. Doppeln oder Paaren ausgetragen werden, andererseits teilt man sie nach ihrem grundlegenden Charakter in B.-Gattungen ein. Die B. gehören zur großen Gruppe der Bewegungsspiele. – In den mesoamerikan. Kulturen war das B. ein wichtiger religiöser Kultakt. B.-Plätze gab es an vielen Kultstätten, bes. der klass. und nachklass. Periode der Maya, Zapoteken, Tolteken, Mixteken, Azteken.

Ballungsgebiet, Ballungsraum, Agglomeration, Gebiet mit einer Konzentration von Bevölkerung und Produktionsstätten auf engem Raum. In Dtl. spricht man (nach G. Isenberg) von B., wenn mehr als eine halbe Million Menschen bei einer Wohndichte von rd. 1 000 Ew. je km² auf zusammenhängender Fläche leben.

Balmain [-'mɛ̃], Pierre, frz. Modeschöpfer, * Saint-Jean-de-Maurienne (Dép. Savoie) 18. 5. 1914, † Neuilly-sur-Seine 29. 6. 1982; hatte ab 1945 einen eigenen Salon in Paris; feminine, figurbetonte Kleider unter dem berühmten Namen »Jolie Madame« (1952–57); auch Theater- und Filmkostüme, Parfüm.

Balme, nischenartige Höhlung unter einem Felsüberhang, entsteht durch Herauswittern einer weicheren Schicht unter widerstandsfähiger Deckschicht (meist Kalk- oder Sandstein); in der Alt- und Mittelsteinzeit als Wohnstätte (→Abri) benutzt.

Balmer, Johann Jakob, schweizer. Mathematiker, * Lausen (Kt. Basel-Landschaft) 1. 5. 1825, † Basel 12. 3. 1898; stellte 1884/85 erstmals eine Formel für die Spektrallinien des Wasserstoffs (**B.-Serie**) auf.

Balmoral Castle [bælˈmɔrəl kɑːsl], Schloss in Schottland in den Grampian Mountains; Sommersitz des brit. Königshauses; erbaut 1853–56 an der Stelle eines älteren Schlosses.

Balmung, in der dt. Sage das Schwert, das Siegfried bei der Teilung des Nibelungenhortes gewann.

Balneologie [lat.-griech.] *die*, **Bäderkunde,** Wiss. von den Methoden der Behandlung mit Bädern aus natürl. Heilquellen, Gasen, Moorschlamm, Schlick u. a. sowie von deren biolog. Wirkungen auf den Organismus; umfasst auch Seebäder (→Thalassotherapie), Trinkkuren und Inhalationen.

Balsa [span.], **1)** *das*, äußerst leichtes Nutzholz des **B.-Baumes,** gelblich weiß bis blassrötlich braun; u. a. als Floßmaterial, Wärmedämmstoff, für Modellflugzeugbau verwendet.
2) *die*, in Lateinamerika Floß aus dem Holz des südamerikan. B.-Baumes; i. w. S. auch Boot aus anderen Materialien, z. B. aus Binsenrollen.

Balsambaumgewächse, Burseraceae, tropische Pflanzenfamilie mit 600 Arten in 20 Gatt., stark harzhaltige Bäume oder Sträucher mit Sprossdornen; liefern u. a. Myrrhe und Weihrauch.

Balsame [hebr.], dickflüssige Säfte aus den Rinden bestimmter Bäume, die u. a. Lösungen von festen Holzbestandteilen in äther. Ölen sind; erhärten allmählich an Luft; Verwendung in der Medizin, Parfümerie und Mikroskopiertechnik. (→Einbalsamieren)

Balsamine *die*, →Springkraut.

Balsamo, Giuseppe, ital. Abenteurer, →Cagliostro.

Balser, Ewald, Bühnen- und Filmschauspieler, * Elberfeld (heute zu Wuppertal) 5. 10. 1898, † Wien 17. 4. 1978; seit 1925 (seit 1945 ständig) am Wiener Burgtheater; Charakterrollen in vielen Filmen (»Rembrandt«, 1942; »Eroica«, 1949; »Sauerbruch – Das war mein Leben«, 1953).

Balta *die*, vogelreiches Sumpfgebiet an der unteren Donau.

Balten, 1) die Gesamtbev. der balt. Staaten Litauen, Lettland und Estland.
2) i. e. S. die Angehörigen der balt. Sprach- und Kulturfamilie.

Baltendeutsch, eine dt. →Mundart, die Sprache der Deutschbalten.

Baltendeutsche, →Deutschbalten.

Balthasar, Hans Urs von, schweizer. kath. Theologe, * Luzern 12. 8. 1905, † Basel 26. 6. 1988; Jesuit, Schriftsteller, zeigte an christl. Gestalten geistesgeschichtl. Strömungen im Christentum auf und suchte die Theologie in philosophisch-ästhet. Sicht einsehbar zu machen.

Werke: Karl Barth. Darstellung u. Deutung seiner Theologie (1951); Einsame Zwiesprache. Martin Buber u. das Christentum (1958); Herrlichkeit. Eine theolog. Ästhetik, 3 Bde. (1961–69).

Balthasar, einer der Hl. →Drei Könige.

Balthen, Königsgeschlecht der Westgoten, das mit Alarich I. (395–410) an die Spitze des Volkes trat und mit Amalarich 531 erlosch.

Balthus [bal'tys], eigtl. Balthazar Klossowski de **Rola,** frz. Maler, *Paris 29. 2. 1908, †Rossinière (Kt. Waadt) 18. 2. 2001, Bruder des Schriftstellers und Malers P. →Klossowski; begann als Autodidakt, stand in den 1930er-Jahren dem Surrealismus nahe; bed. Einzelgänger der figürl. Malerei im 20. Jh. (Bilder junger Mädchen von hintergründiger Erotik und geheimnisvoller Poesie). B. entwarf auch Bühnenbilder und Illustrationen. Erhielt 1991 den Kunstpreis Praemium Imperiale.

Bălți ['baltsi], 1990–94 **Belz,** russ. **Belzy,** Stadt in N-Moldawien, 151 000 Ew.; Nahrungsmittelindustrie. – Seit 1818 Stadt.

Baltikum *das,* früher die balt. Prov. Russlands (Estland, Livland, Kurland), aus denen 1918 die Staaten Estland und Lettland hervorgingen; seitdem wird auch Litauen zum B. gerechnet.

Baltimore ['bɔːltɪmɔː], Stadt in Maryland, USA, an der Chesapeakebai des Atlantiks, 628 700 Ew.; bed. Kulturzentrum, zwei Univ., Museen; Schiffbau und -reparatur, Maschinenfabriken, Stahlerzeugung, Konserven-, chem. Ind.; einer der größten Seehäfen der USA; internat. Flughafen. – B. wurde 1729 gegründet und nach Lord Baltimore, dem Gründer der Kolonie Maryland, benannt.

Baltimore ['bɔːltɪmɔː], David, amerikan. Mikrobiologe, *New York 7. 3. 1938; Prof. am Krebsforschungszentrum des Massachusetts Institute of Technology in Cambridge (Mass.); erhielt 1975 mit H. Temin und R. Dulbecco für Arbeiten über krebserregende Viren den Nobelpreis für Physiologie oder Medizin.

Baltischer Landrücken, Baltische Seenplatte, die hügelige, seenreiche Moränenlandschaft an der Südküste der Ostsee, ein Aufschüttungsgebiet der letzten Eiszeit; durch Weichsel, Oder und Trave in den Masur. (Preuß.), Pommerschen, Mecklenburg. und Holstein. Landrücken unterteilt.

Baltischer Rat, im Mai 1990 wieder gegründetes gemeinsames Gremium der balt. Rep. Estland, Lettland und Litauen zur polit. und wirtsch. Zusammenarbeit; zunächst v. a. auf die Durchsetzung der Unabhängigkeit gerichtet (im Aug. 1991 erreicht), seitdem bes. auf eine abgestimmte Politik gegenüber Russland sowie auf die baldige Aufnahme in die EU und die NATO (beides erfolgte 2004). – Als Vorläufer bestand 1934–40 die **Balt. Entente,** die nach der Annexion des Baltikums durch die Sowjetunion aufgelöst wurde.

Baltischer Schild, präkambr. Festlandskern, der S-Norwegen, Schweden, Finnland und die Halbinsel Kola umfasst und überwiegend aus metamorphen Gesteinen besteht.

Baltisches Meer, die →Ostsee.

baltische Sprachen, indogerman. Sprachgruppe, umfasst die Sprachen Lettisch und Litauisch sowie das im 17. Jh. ausgestorbene Altpreußisch und die nur aus Eigennamen bekannten Dialekte Selisch und Kurisch.

Baltisk, bis 1946 dt. **Pillau,** Stadt im Gebiet Kaliningrad, Russland, 33 000 Ew.; auf der S-Spitze der Samlandküste, am **Pillauer Seetief** (Verbindung zw. Frischem Haff und der Ostsee) und am Ende des Königsberger Seekanals (42 km), Vorhafen von Königsberg (Kaliningrad), Fischerei-, Erdöl- und Marinehafen, Flottenmuseum. – Schon 1550 befestigt, war Pillau eine wichtige Zollstelle; wurde 1680 brandenburg. Kriegshafen und erhielt 1725 Stadtrecht.

Baltistan, Klein-Tibet, Hochgebirgslandschaft in Kaschmir, zw. Himalaja und Karakorum; Hauptort: Skardu.

Baltrum, eine der Ostfries. Inseln, zw. Norderney und Langeoog, 6,5 km^2, 600 Ew.; Nordseeheilbad; Zugangshäfen sind Neßmersiel und Norddeich.

Baltsa, Agnes, griech. Sängerin (Mezzosopran), *Leukas 19. 11. 1944; v. a. Mozart-, Rossini- und Strauss-Sängerin.

Baltschik, Balčik, Hafenstadt und Seebad an der bulgar. Schwarzmeerküste, nordöstlich von Warna, 22 000 Ew.; botan. Garten.

Baluba, Bantuvolk im S der Demokrat. Rep. Kongo, →Luba.

Baluchistan [-tʃ-], Gebirgsland in Vorderasien, →Belutschistan.

Balunda, Bantuvolk, →Lunda.

Balustrade [frz.] *die,* Brüstung mit kleinen Säulen (**Balustern, Docken**); häufig in der Renaissance und im Barock.

Balve, Stadt im Märk. Kreis, NRW, 12 500 Ew.; Luisenhütte (1748 erbaut, älteste erhaltene Hochofenanlage Dtl.s mit vollständig erhaltener Inneneinrichtung). In der Umgebung die **Balver Höhle** (größte in der letzten Eiszeit bewohnte Höhle Dtl.s, heute für Kulturveranstaltungen genutzt); die alt- und jungsteinzeitl. Funde befinden sich im Sauerlandmuseum von Arnsberg. – Um 865 erstmals erwähnt, Stadtrecht 1430.

Balz, Werbeverhalten und Paarungsvorspiel der Tiere zum Anlocken, Auswählen und Stimulieren eines Sexualpartners. Dabei werden opt., akust. und chem. Signale (→Pheromone) eingesetzt.

Balzac [bal'zak], Honoré de, frz. Schriftsteller, *Tours 20. 5. 1799, †Paris 18. 8. 1850; nach Bankrott als Verleger und Druckereiunternehmer in den Jahren 1825–27 bis kurz vor seinem Tod ständig in Schulden; arbeitete rastlos, lange unter dem Einfluss seiner mütterl. Geliebten Madame de Berny. B. errang seinen ersten literar. Erfolg 1829 mit dem Roman »Die Chouans ...«. Sein Hauptwerk ist die »Comédie humaine« (»Menschl. Komödie«; erschienen 1829–54), ein groß angelegter Zyklus, der mit mehr als 90 Romanen und Novellen nur etwa zwei Drittel des geplanten Umfangs erreichte. B. gilt damit als Begründer des »soziolog. Realismus«. Die Romane und Erzählungen des Zyklus zeichnen sich durch glänzende Milieuschilderungen und lebensechte Porträts trotz Typisierung (Motivierung durch Machtstreben) aus; zu den bekanntesten gehören: »Das Chagrinleder« (1831), »Oberst Chabert« (1832), »Die Frau von 30 Jahren« (1831–34), »Der Landarzt« (2 Bde., 1833), »Eugénie Grandet« (1834), »Vater Goriot« (1835), »Glanz und Elend der Kurtisanen« (1839–47), »Tante Lisbeth« (1846), »Vetter Pons« (2 Bde., 1847); in der Nachfolge Rabelais' stehen die »Tolldreisten Geschichten« (3 Bde., 1832–37).

David Baltimore

Honoré de Balzac (Ausschnitt aus einem Pastell nach einer 1842 entstandenen Daguerreotypie; Paris, Musée Balzac)

Bamberg 2): Blick über die Altstadt zum Dom (1237 geweiht)

Bamberg 2) Stadtwappen

Bam [bæm], Oasenstadt in SO-Iran, am W-Rand der Lut, 180 km südöstlich von Kerman, Zentrum des Dattelhandels. – Von den Sassaniden gegründet, 642 von den Arabern besetzt, die um 650 die Hazrat-e-Rasul-Moschee errichteten; Festung und Arg-Moschee des 10. Jh. Unweit der ehem. Altstadt entstand Bam-e nou, die Neustadt, die zuletzt etwa 100 000 Ew. hatte.

Im Dez. 2003 wurde B. einschl. der Festung durch ein starkes Erdbeben (mehr als 35 000 Tote) zu über 90 % zerstört.

BAM, Abk. für →Baikal-Amur-Magistrale.

Bamako, Hptst. der Rep. Mali, am Niger, 1,3 Mio. Ew.; kath. Erzbischofssitz; Univ. (seit 1966); Hochschulen, Nationalmuseum; Verkehrs- und Wirtschaftszentrum des Landes; Eisenbahn nach Dakar (Senegal); Flusshafen, internat. Flughafen. – Gegr. 1650.

Bambara, Banmana, Mandingvolk am oberen Niger in Mali (über 3 Mio. Menschen), vorwiegend Ackerbauern; bekannt durch seine Holzschnitzereien.

Bamberg, 1) Landkreis im Reg.-Bez. Oberfranken, Bayern, 1 167 km², 145 000 Einwohner.

2) kreisfreie Stadt im Reg.-Bez. Oberfranken, Bayern, Verw.-Sitz von 1), 262 m ü. M., an der Regnitz, 70 100 Ew.; Univ.; Erzbischofssitz; Staatsbibliothek und -archiv, Astronom. Institut der Univ. Erlangen-Nürnberg sowie weitere Bildungseinrichtungen und Museen (u. a. Diözesanmuseum, Histor. Museum); Konzerthaus; elektrotechn., Textil- und Bekleidungsind., Lederverarbeitung; Hafen am Rhein-Main-Donau-Großschifffahrtsweg. – In der Altstadt (UNESCO-Weltkulturerbe) u. a. →Bamberger Dom, Alte Hofhaltung mit Resten der Königspfalz, Neue Residenz (östl. Teil 1695–1703 von J. L. Dientzenhofer), Altes Rathaus (heutiger Bau v. a. 18. Jh.), roman. Basilika St. Jakob (11./12. Jh., später verändert), Michaelskirche (12. Jh., im 17. Jh. barockisiert), Stephanskirche (urspr. 11. Jh., Neubau 17. Jh.), Basilika St. Gangolf (11. Jh., im 18. Jh. barockisiert), Obere Pfarrkirche (14./15. Jh., im 18. Jh. barockisiert), ehem. Jesuitenkirche (1686–96), Böttingerhaus (1715–22). – 902 als Burg der Babenberger erstmals erwähnt; ab 1007 Bischofssitz.

3) Erzbistum (seit 1817), hervorgegangen v. a. aus dem 1007 von Kaiser Heinrich II. gegründeten Bistum B., das im MA. ein polit. und geistiger Mittelpunkt des Reiches war. Das bischöfl. Territorium fiel 1803 an Bayern.

Bamberger Dom, ein Hauptdenkmal der spätroman. und frühgot. Kunst; über dem Grundriss des von Heinrich II. erbauten, durch Brand zerstörten Doms errichtet; doppelchörig, viertürmig, mit westl. Querschiff, 1237 geweiht. Die gleichzeitig entstandenen Bildwerke gehören zu den bedeutendsten des 13. Jh.: die Chorschrankenreliefs der Propheten und Apostel, die Standbilder der Maria und der bislang als hl. Elisabeth gedeuteten Sibylle im Ostchor sowie der Ecclesia und Synagoge vom Fürstenportal (heute im Ostchor), bes. aber die Steinplastik des **Bamberger Reiters**. Bildwerke aus späterer Zeit sind das Grabmal Kaiser Heinrichs II. und seiner Gemahlin Kunigunde von T. Riemenschneider (1499–1513) und der »Bamberger Altar« von V. Stoß (1520–23).

Bambergische Halsgerichtsordnung, Bambergensis, die 1507 von Johann Freiherr von Schwarzenberg verfasste, 1516 von den Markgrafen von Brandenburg in ihren fränk. Besitzungen eingeführte Strafgerichtsordnung; Vorbild der →Carolina.

Bambi, 1) Zeichentrickfigur von W. Disney; ein Rehkitz; nach einem Roman von F. Salten.

2) nach 1) benannter dt. Medienpreis für Verdienste in Film und Fernsehen, seit 1948 jährlich (heute vom Burda-Verlag) verliehen.

Bambocciade [-'tʃaːdə, ital.] *die,* Bez. für Bilder aus dem Volks- und Bauernleben, so benannt nach dem Spottnamen **Bamboccio** (»Knirps«) des niederländ. Malers Pieter van Laer (* 1599, † 1642).

Bambus [malaiisch] *der,* **Bambusa,** Grasgattung, in wärmeren Gebieten heimisch; ausdauernd, mit hohlen, knotigen Stängeln und rispig stehenden Blütenähren. Der röhrenförmige, gekammerte, sehr harte Stamm (**B.-Rohr**) kann bis 40 m hoch sein. B. dient als Bauholz, zur Herstellung von Möbeln, Stöcken, Matten, die Jungtriebe als Gemüse. Kieselsäureausscheidungen aus den Höhlungen der Stängelglieder sind im Orient Volksarznei (z. B. **B.-Zucker**).

Bamberger Dom: Bamberger Reiter, Sandstein (um 1230–40)

Bambusbär, der Große Panda (→ Pandas).

Bamian, Ort in Afghanistan, in einem breiten, fruchtbaren Hochtal im Hindukusch, 2600 m ü. M., 8700 Ew. (überwiegend Hazara); Flugplatz. – Aus dem das Tal begrenzenden senkrechten Felshang wurden im 5./6. Jh. zwei Buddhastatuen (53 und 36 m hoch) herausgemeißelt (2001 – ungeachtet weltweiter Proteste [u. a. UNESCO] – auf Anweisung der Taliban-Führung zerstört). Die Kulturlandschaft und die archäolog. Stätten des B.-Tals wurden 2003 zum UNESCO-Weltkulturerbe erklärt und gleichzeitig in die »Rote Liste« des gefährdeten Welterbes eingetragen. – B. war vom 3. bis 7. Jh. eine bedeutende buddhist. Klostersiedlung. Die Region wurde erst im 11. Jh. islamisiert, 1222 die alte Stadt (Shahr-e Gholgola) durch Dschingis Khan völlig zerstört.

Bamm, Peter, eigtl. Curt **Emmrich,** Schriftsteller, * Hochneukirch (heute zu Jüchen, Rhein-Kreis Neuss) 20. 10. 1897, † Zollikon 30. 3. 1975; war Arzt in Berlin, schrieb Essays, Reiseberichte, histor. Werke, Erinnerungen aus dem Zweiten Weltkrieg (»Die unsichtbare Flagge«, 1953).

Bamum, Volk im Kameruner Grasland, etwa 200 000 Menschen. Die B. hatten, bes. unter Sultan Njoya um 1900, eine hoch entwickelte höf. Kultur (Holzschnitzerei, Bildguss, B.-Schrift).

Ban [slaw.] *der,* **Banus, 1)** urspr. der höchste Würdenträger nach den kroat. Fürsten; außerdem Bez. für die Befehlshaber in den östl. ungar. Grenzmarken (→ Banat) sowie im 12. und 13. Jh. die der bosn. Herrscher.
2) das Haupt der kroatisch-slawon. Landesreg. (bis 1918).

Banach-Raum [nach dem poln. Mathematiker S. Banach, * 1892, † 1945], fundamentaler Begriff der → Funktionalanalysis, der den in der analytischen Geometrie verwendeten Begriff es n-dimensionalen → Vektorraumes verallgemeinert. Ein B.-R. R ist definiert als vollständiger normierter Vektorraum: Die auf R erklärte Norm $||.||$ legt durch die Definition $\rho(x, y) = ||x - y||$ eine Metrik fest und bezüglich dieser Metrik ist R vollständig, d. h., jede Cauchy-Folge mit Elementen aus R konvergiert bezüglich ρ gegen ein Element aus R. – Ein Spezialfall des B.-R. ist der → Hilbert-Raum.

Banane [afrikan.], **Musa,** Gattung der Bananengewächse mit bis zu 100 trop. und subtrop. Arten. 2–9 m hohe Stauden mit einem aus den Blattscheiden gebildeten hohlen Scheinstamm und einem Strauß mächtiger Blattspreiten. Der endständige Blütenstand ist eine überhängende, oft bunt beblätterte Traube, deren Früchte in längsfaseriger Schale musartiges stärke- und/oder zuckerreiches Fleisch enthalten. Bei der **Obst-B.** (Musa paradisiaca sapientum) wandelt sich die Fruchtstärke während der Reife z. T. in Zucker um. Die Früchte werden »grünreif« geerntet und in Reiferäumen bis zur Genussreife nachgereift. Sie enthalten rd. 20 % verdaul. Kohlenhydrate sowie etwa 0,38 mg Vitamin A und 12 mg Vitamin C. Hauptproduzenten von Obst-B. sind Indien, Brasilien und Ecuador. Die roh ungenießbaren Früchte der **Mehl-B.** (Musa paradisiaca normalis) sind in zahlr. tropischen Ländern Grundnahrungsmittel. Die nur 2–3 m hohe, kleinfrüchtige **Zwerg-B.** (Musa nana) wird auf versch. Inseln (z. B. auf den Kanar. Inseln) angebaut. Die Blattscheidenfasern von indones. Arten (**Abaka, Faser-B.,** Musa textilis) verarbeitet man als Manilafaser zu Tauen, Netzen und groben Garnen. Zur Vermehrung dienen Wurzelschösslinge und Wurzelstockteile.

Banane: Bananenstaude mit heranreifenden Früchten und Blüte

Bananenfresser, trop. Waldvögel, → Turakos.
Bananenstecker, einpoliger Steckverbinder mit federnden Kontaktflächen.

Banat *das,* histor. Landschaft zw. Theiß, Donau, Maros und den Südkarpaten; größte Stadt ist Temesvar; im fruchtbaren Tiefland Weizen-, Mais-, Tabakanbau, Weinbau und Viehzucht; im **Banater Gebirge** (bis 1445 m hoch) Kohlen- und Erzbergbau.

Geschichte: B. hießen im MA. mehrere südungar. Grenzmarken, die einem → Ban unterstanden. Seit 1718 war der Name auf das **Temescher B.** beschränkt. Diese Landschaft, seit 1028 zum Königreich Ungarn gehörend, unter der Türkenherrschaft im 16. und 17. Jh. ganz verödet, fiel 1718 an Österreich; sie wurde großenteils mit Deutschen (→ Banater Schwaben) neu besiedelt und 1779 mit Ungarn vereinigt, südl. und östl. Teile gehörten weiter zur 1742 eingerichteten **Banater Militärgrenze** (bis 1872). Durch die Verträge von Trianon und Sèvres (1920) wurde das B. zw. Rumänien (Hauptteil, das Nord- und Ost-B. um Temesvar), Jugoslawien (kleinerer Teil im W und S; O-Teil der Wojwodina) und Ungarn (um Szeged) geteilt.

Banater Schwaben, Bez. für die im Banat lebenden Deutschen; nach neueren Angaben (Volkszählung 2002) etwa 24000; Nachkommen der 1722–87 angesiedelten dt. Bauern (etwa 60000), die im Wesentlichen aus dem W und SW des Hl. Röm. Reiches kamen (»Donauschwaben«). Bis 1939 bed. Bev.-Gruppe; 1944/45–1948/49 stark vermindert (Flucht, Massenexekutionen, Vertreibung, Deportation in Zwangsarbeitslager der UdSSR). . Seit den 1980er-Jahren wanderten die B. S. wie alle → Rumäniendeutschen – v. a. 1989/90–92 – verstärkt nach Dtl. aus (Spätaussiedler); genießen in Rumänien seit 1992 Minderheitenschutz.

Banca d'Italia, die ital. Zentralbank, gegr. 1893, Sitz: Rom; alleiniges Notenausgaberecht seit 1926; seit 1. 1. 1999 integraler Bestandteil des Europ. Systems der Zentralbanken (→ Europäische Zentralbank).

Banca Intesa S. p. A., führende ital. Bankengruppe, Sitz: Mailand; entstanden 1998 durch Fusion von Cassa di Risparmio delle Provincie Lombarde (CARIPLO; gegr. 1823) und Banco Ambrosiano Veneto (entstanden 1989 durch Fusion); übernahm 2001 die

Sirimavo Bandaranaike

Banca Commerciale Italiana S. p. A.; fusionierte 2007 mit der Sanpaolo IMI S. p. A. zur →Intesa Sanpaolo S. p. A.

Ban Chiang [- tʃ-], Ort im NO von Thailand, auf dem Koratplateau, Prov. Udon Thani, etwa 3 000 Einwohner. – Hier befindet sich eine vorgeschichtl. Fundstelle mit reichen Siedlungs- und Bestattungsresten (sechs Phasen) vom frühen 4. Jt. v. Chr. bis etwa 400 n. Chr. (UNESCO-Weltkulturerbe).

Banchieri [baŋˈkjɛːri], Adriano, ital. Komponist, Organist und Musiktheoretiker, * Bologna 3. 9. 1568, † ebd. 1634. Seine Kompositionen (u. a. »Concerti ecclesiastici«, 1595; Messen, Motetten, Madrigale) sind frühe Beispiele der Generalbasspraxis.

Banco Santander Central Hispano S. A. [- senˈtral -], Abk. **SCH,** span. Bank, entstanden 1999 durch Fusion von Banco Santander (gegr. 1857) und BCII (entstanden 1991 durch Zusammenschluss von Banco Central [gegr. 1919] und Banco Hispano Americano [gegr. 1900]), Sitz: Madrid; entwickelte sich 2004 durch Übernahme der brit. Abbey National plc zu einer der größten europ. Banken.

Bancroft [ˈbænkrɔft], **1)** Anne, eigtl. Anna Maria **Italiano,** amerikan. Bühnen- und Filmschauspielerin, * New York 17. 9. 1931, † ebd. 6. 6. 2005; war u. a. mit dem Filmregisseur M. Brooks; anerkannte Darstellerin am Broadway sowie im Film (»Die Reifeprüfung«, 1967). – *Weitere Filme:* Die Göttliche (1984); Agnes – Engel im Feuer (1985); Codename: Nina (1993).

2) George, amerikan. Historiker, * Worcester (Mass.) 3. 10. 1800, † Washington (D. C.) 17. 1. 1891; 1845–46 Marinemin., 1846–49 Gesandter in London und 1867–74 in Berlin; idealisiert in seinen histor. Werken, bes. »The history of the United States« (10 Bde., 1834–74), die amerikan. Geschichte als eine Illustration der Freiheit.

Band [ahd.] *das,* **1) Ligament,** bindegewebige Verbindung gegeneinander bewegl. Teile des Körpers.
2) gesimsartige Stufe in Fels, Geröll, Schnee, Eis.
3) Kurzbez. für →Magnetband, →Videoband.
4) Kurzbez. für →Frequenzband.
5) kurz für Fließ-B., Förder-B., endlos über Trommeln umlaufender Gurt aus flexiblem Material zum kontinuierl. Transport von Gütern (z. B. Kohle, Sand; →Fördermittel).

Band *der,* Abk. **Bd.,** *Pl.* **Bde.,** *Buchwesen:* (umfangreiches) Buch; bei mehrteiligen Werken Bez. für den einzelnen Teil eines größeren Druckwerks oder einer Buchreihe.

Band [bænd, engl.] *die,* im Jazz und in der Unterhaltungsmusik Bez. für ein kleineres Ensemble im Unterschied zur →Big Band.

Banda Aceh [-tʃ-], Hauptstadt des autonomen Sonderbezirks Aceh, Indonesien, an der NW-Küste von Sumatra; 155 000 Ew.; Hafen und Flughafen. Große Moschee (1881). – Am 26. 12. 2004 wurde B. A. durch den von einem Seebeben (Epizentrum vor der NW-Küste von →Sumatra) ausgelösten Tsunami erheblich zerstört und Tausende von Einwohnern getötet.

Bandai, aktive Vulkangruppe auf Honshū, Japan, bis 1819 m ü. M.; im B.-Asahi-Nationalpark (1997 km²), mit Thermalquellen, Kraterseen.

Bandama, längster Fluss der Rep. Elfenbeinküste, 950 km lang, mündet bei Grand Lahou in den Atlantik; im Weißen B. (linker Quellfluss) der **Kossou-Stausee** (180 km lang, Kraftwerk); weiteres Kraftwerk am Unterlauf.

Bandaranaike, Sirimavo, Politikerin in Sri Lanka, * Balangoda (bei Ratnapura) 17. 4. 1916, † bei Colombo 10. 10. 2000; übernahm anstelle ihres 1959 ermordeten Mannes Solomon B. (* 1899, Premiermin. ab 1956) die Führung der Freiheitspartei Sri Lankas; 1960–65, 1970–77 und erneut 1994–2000 Premierministerin.

Bandar Seri Begawan, bis 1970 **Brunei,** Hptst. des Sultanats Brunei, oberhalb der Mündung des Sungai Brunei in das Südchin. Meer; 81 500 Ew.; Hafen; in der Altstadt (Kampung Ayer) u. a. Pfahlbauten unterhalb der Omar-Ali-Saifuddin-Moschee (1958 errichtet); prächtiger Sultanspalast (1984).

Bandasee, Teil des Australasiat. Mittelmeers zw. Celebes, Buru, Ceram, Aru- und Tanimbarinseln, Timor und Flores, 742 000 km²; südlich von Ceram die vulkan. **Bandainseln** (180 km²).

Bandbreite, 1) *Datenübertragung:* bei einem analogen Kommunikationssystem der Frequenzbereich, in dem die elektr. Signale mit ausreichender Qualität übertragen werden; bei der digitalen Datenübertragung die →Datenübertragungsrate.
2) *Elektronik:* die Differenz zw. der oberen und der unteren →Grenzfrequenz eines Übertragungsglieds (Schwingkreis, Filter, Verstärker u. a.).
3) *Währungspolitik:* in einem System fester Wechselkurse die Spanne, innerhalb der der Wechselkurs um die festgelegte Parität schwanken darf, ohne dass die Notenbank kursregulierend eingreifen muss. (→Europäisches Währungssystem)

Bande [frz. »Schar«, zu got. bandwa »Fahne«], urspr. die »unter einer Fahne gesammelte Schar« (Fähnlein), später Söldnerhaufen, Freischärlertruppe. Im *Strafrecht* ist die B. ein Zusammenschluss von drei und mehr Personen zur Begehung von im Einzelnen noch nicht festgelegten Straftaten; die bandenmäßige Ausführung von Straftaten wirkt strafverschärfend.

Bandel, Ernst von, Bildhauer, * Ansbach 17. 5. 1800, † Neudeck (heute zu Donauwörth) 25. 9. 1876; schuf das Hermannsdenkmal im Teutoburger Wald.

Bandelier [frz.] *das, Militärwesen:* breiter Schulterriemen, an dem z. B. Pulverflasche und Kugelbeutel befestigt wurden.

Bandello, Matteo, ital. Dichter, * Castelnuovo (Piemont) um 1485, † Agen (Frankreich) um 1561; Dominikaner, 1550–55 Bischof von Agen. Seine 1554–73 (4 Tle.) erschienene Sammlung »Novellen« mit 214 Erzählungen bot Anregungen, die von Shakespeare (»Romeo und Julia«), Lope de Vega, später von G. D'Annunzio aufgegriffen wurden.

Bandelwerk, Bandlwerk, Ornamentform aus vielfältig verschlungenen Bändern, die in Verbindung mit Ranken bes. im 1. Drittel des 18. Jh. als Flächenfüllung diente.

Bandenspektrum, →Spektrum.

Bandera, Stepan, ukrain. Nationalist, * 1909, † München (ermordet) 15. 10. 1959; ab 1940 an der Spitze des radikalen Flügels der Organisation Ukrain. Nationalisten (OUN); suchte im Zweiten Weltkrieg ein Bündnis mit den dt. Besatzungsbehörden, wurde jedoch kurz nach Ausrufung der ukrain. Unabhängigkeit (30. 6. 1941) in Lemberg von diesen verhaftet (bis 1944 im KZ); anschließend im antisowjet. Untergrundkampf der Ukrain. Aufständ. Armee in der W-Ukraine und Polen; ging 1946 ins Exil.

Banderas, José Antonio Dominguez, span. Schauspieler, * Málaga 10. 8. 1960; seit 1996 ⚭ mit M. Griffith, arbeitete häufig unter der Regie von P. Almodóvar (u. a. »Fessle mich!«, 1990), internat. Durchbruch mit »The Mambo Kings« (1992). – *Weitere Filme:* Evita (1996); Die Maske des Zorro (1998).

Banderilla [-'rilja, span.] *die,* geschmückter Speer mit Widerhaken, den der **Banderillero** bei Stiergefechten dem Stier ins Genick setzt.

Bändermodell, *Physik:* das →Energiebändermodell der Festkörper.

Banderole [ital.-frz.] *die,* Steuerzeichen in Form eines Papierbandes (Steuerband, Bandrolle). Die **B.-Steuer** ist eine auf verpackte Konsumgüter (z. B. Tabakwaren) erhobene Verbrauchsteuer. Steuerschuldner ist der Hersteller.

Bänderung, *Geologie:* Wechsel von verschieden gefärbten oder stofflich unterschiedl. Lagen in Gesteinen, z. B. Bänderton.

Bänderzerrung, *Medizin:* →Verstauchung.

Bandfilter, Filter zum Aussieben eines Frequenzbandes oder zur Kopplung von Hochfrequenz- oder Zwischenfrequenzverstärkerstufen in Rundfunkempfängern.

Bandförderer, Gurtförderer, →Fördermittel.

Bandgenerator, Van-de-Graaff-Generator, von dem amerikan. Physiker R. J. van de Graaff (*1901, †1967) entwickeltes Gerät zur Erzeugung hoher Gleichspannungen (bis mehrere Mio. Volt) durch Ladungstrennung an einem endlosen Band aus Isoliermaterial; dient als Teilchenbeschleuniger.

Bandiagara, Ort in Mali, südöstlich von Mopti, auf dem B.-Plateau, 450 m ü. M., 6 900 Ew.; Zentrum der →Dogon. Die sich mehr als 150 km ausdehnenden, 100 bis 500 m hohen Sandsteinklippen auf dem B.-Plateau gehören zum UNESCO-Weltnaturerbe.

Bandikuts, Beutelachse, Nasenbeutler, Peramelidae, Beuteltierfamilie in Australien, Tasmanien und auf benachbarten Inseln; Allesfresser mit verlängerten Hinterbeinen, känguruartige Bewegungen.

Bandit [ital., eigtl. »Geächteter«] *der,* urspr. Person, die durch den über sie verhängten Bann (ital. bando) außerhalb der Gesetze gestellt und dadurch zu Verzweiflungstaten getrieben wurde; dann i. e. S. gewerbsmäßiger Verbrecher.

bandkeramische Kultur, Bandkeramik, älteste frühneolith. Kultur Mitteleuropas (6.–5. Jt. v. Chr.), benannt nach der bandartigen Verzierung ihrer Tongefäße: Kerngebiete: Niederösterreich, Mähren, Böhmen, Süddtl.; u. a. teilweise befestigte Dörfer, Hockerbestattungen in Gräberfeldern. Der ältere Abschnitt der b. K. wird als **Linien-** oder **Linearbandkeramik,** der jüngere Abschnitt als **Stichbandkeramik** bezeichnet.

Bandleader ['bændli:də, engl.] *der,* Leiter einer →Band.

Bandlücke, *Physik:* verbotene Zone im →Energiebändermodell der Festkörper.

Bandol [bã'dɔl], Jan, niederländ. Maler aus Brügge, seit 1368 Hofmaler Karls V. von Frankreich, entwarf die Bildteppiche der Apokalypse von →Angers.

Bandoneon [nach dem Erfinder H. Band, *1821, †1860] *das,* ein um 1846 erstmals gebautes Harmonikainstrument.

Band|ornament, Bandwerk, eine der Grundformen ornamentaler Gestaltung seit vorgeschichtl. Zeit (z. B. in der bandkeram. Kultur), in der Antike der Mäander.

Bandpass, elektr. Filter, das nur Schwingungen innerhalb eines bestimmten Frequenzbandes durchlässt, alle anderen Bereiche sind dagegen gesperrt; Ggs.: →Bandsperre.

Bandscheibe, Zwischenwirbelscheibe, eine bei Mensch und Wirbeltieren zw. je zwei benachbarten Wirbeln liegende Scheibe, die aus äußerem Faserknorpelring und innerem Gallertkern besteht und als elast. Puffer und Druckverteiler wirkt. Bei Verlagerung der B. (**B.-Vorfall, B.-Prolaps**) drückt der Gallertkern den unelastisch gewordenen Faserknorpel zw. den Wirbelkörpern vor oder quillt selbst durch die Spalten des B.-Gewebes. Der B.-Vorfall nach der Seite bewirkt durch Druck auf die austretenden Nervenwurzeln starke Schmerzen (z. B. →Hexenschuss, →Ischias). Der B.-Vorfall nach hinten kann durch Schädigung des Rückenmarks zur Querschnittslähmung führen. Behandlung durch konservative oder chirurg. Maßnahmen.

Bandscheider, Förderband, das auf der Abwurfseite einen →Magnetscheider hat.

Bandsperre, elektr. Filter, das die Schwingungen innerhalb eines bestimmten Frequenzbandes sperrt; in allen anderen Bereichen ist es durchlässig; Ggs.: →Bandpass.

Bandstahl, in Bandform ausgewalzter und zu einer Rolle aufgewickelter Flachstahl; von 20 bis über 600 mm breit; Dicken wie bei →Blech.

Bandstruktur, Gesamtheit der mögl. Energiezustände von Elektronen in einem →Festkörper.

Bandung, Prov.-Hptst. im Innern des westl. Java, Indonesien, auf dem (etwa 700 m hohen) Prianger Hochland, 2,14 Mio. Ew.; Techn. Univ., Forschungsinstitute; Nahrungsmittel-, Textil-, Rüstungsind.; Flughafen. – 1488 erstmals erwähnt, wurde B. im 19. Jh. (1880 Eisenbahnverbindung Batavia-B.) von den Niederländern zum kulturellen Zentrum der Region ausgebaut; 1942–45 von Japan besetzt. 1955 war die Stadt Tagungsort der →Bandungkonferenz.

Bandungkonferenz, Konferenz von 29 unabhängigen afrikan. und asiat. Staaten, die vom 18. bis 24. 4. 1955 in Bandung stattfand. Die Teilnehmer formulierten als gemeinsame Ziele: Beendigung der Kolonialherrschaft in allen noch von europ. Staaten abhängigen Gebieten, Selbstbestimmungsrecht der Völker, Gleichwertigkeit der Rassen und Nationen, atomare Abrüstung und friedl. Zusammenarbeit. Die B., auf der bes. die Min.-Präs. J. Nehru (Indien) und Zhou En-

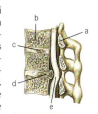

Bandscheibe: normale Bandscheibe (**oben**) und Bandscheibenvorfall (**unten**); a Wirbelbogen (durchtrennt), b Wirbelkörper, c Kern der Bandscheibe, d Vorfall, e verdrängtes Rückenmark

bandkeramische Kultur: mit Ritzlinien und hornartigen Zapfen verziertes Tongefäß, Grabfund aus Oberlauterbach in Niederbayern (5. Jt. v. Chr.)

Bandurria

lai (China) hervortraten, gilt als erster Versuch der nicht paktgebundenen (blockfreien) Staaten, das weltpolit. Gewicht der →Dritten Welt zu erhöhen.

Bandura [griech.-russ.] *die,* ukrain. Sonderform der →Laute.

Bandurria [griech.-span.] *die,* **Bandola,** kleines span. Zupfinstrument, das mit Plektron gespielt wird.

Bandwürmer, Cestoda, Klasse der Plattwürmer mit Wirtswechsel; Schmarotzer des Menschen und der Wirbeltiere. Ihr 0,5–2 mm dicker Kopf (**Scolex**) hat Saugnäpfe und z. T. Haken. Der anschließende Halsteil bildet fortgesetzt neue Glieder (**Proglottiden**), wobei jedes Glied ein vollständiges zwittriges Geschlechtssystem (Hoden und Ovarien) ausbildet. Das ganze Band haftet mit dem Kopfteil an der inneren Darmwand des Hauptwirts, die Ernährung erfolgt durch die Haut. Die mit Eiern gefüllten abgelösten Glieder gehen mit dem Kot des Wirts ab. Mit Wasser, Pflanzenfutter u. a. gelangen die Eier in einen Zwischenwirt, in dessen Darm sich die Larven entwickeln. Die Larve durchbohrt die Darmwand, wandert in bestimmte Organe ein und wird dort zu einem blasigen Gebilde (**Blasenwurm, Finne**), in dem sich ein B.-Kopf entwickelt. Kommt finnendurchsetztes Fleisch in den Darm des Hauptwirts (z. B. des Menschen), so entsteht unter Ausstülpung und Verankerung des Kopfes der gegliederte Bandwurm. Die B. des Menschen sind (benannt nach ihren Zwischenwirten) v. a. der bis 4 m lange **Schweine-B.** (Taenia solium) sowie die oft viel längeren Arten **Rinder-B.** (T. saginata) und **Fisch-B.** (Grubenkopf, Diphyllobothrium latum). Der nur 5 mm lange **Hunde-B.** (Echinococcus granulosus) kann ebenso wie der Schweine-B. (→Finnenkrankheiten) den Menschen auch als Zwischenwirt befallen. In Leber, Lunge und anderen Organen entsteht die Finne, in der sich eine Menge von Köpfen entwickelt (**Hülsenwurm**). – Der B. kann gesteigerten Appetit, Gewichtsverlust, Mattigkeit und Anämien verursachen. Den einzig wirksamen Schutz gegen B. bildet das Vermeiden des Genusses rohen oder halb rohen Schweine- und Rindfleisches sowie roher Fische.

Bandy [ˈbændɪ, engl.] *das,* auf dem Eisfläche betriebenes Torspiel zweier Mannschaften von je 11 Spielern (ein Torhüter und 10 Feldspieler), die mit Schlittschuhen und Schlägern (außer dem Torhüter) ausgerüstet sind. Ein Korkball von 6 cm Durchmesser soll möglichst oft in das gegner. Tor getrieben werden. Die reguläre Spielzeit beträgt 2 × 45 Minuten. Einige Regeln ähneln denen des Eishockeys. Aufgrund der Spielfeldgröße (90 bis 105 m lang, 50 bis 70 m breit) wird dieses Spiel nur im Freien ausgetragen. Deshalb sind Länder mit ausgeprägten natürl. Eisflächen wie Kanada, Norwegen, Russland (Sibirien) für das Spiel besonders geeignet. Dort besitzt es Volkssportcharakter.

Banér, Johan, schwed. Feldherr, * Djursholm (heute zu Stockholm) 23. 6. 1596, † Halberstadt 10. 5. 1641; hielt nach dem Tod Gustav Adolfs (1632) Schwedens militär. Stellung in Dtl., u. a. durch die Siege bei Wittstock 1636 und Chemnitz 1639; war ab 1638 Gen.-Gouv. in Pommern.

Banff National Park [ˈbæmf ˈnæʃnl pɑːk], ältester Nationalpark (UNESCO-Weltnaturerbe) in den kanad. Rocky Mountains (gegr. 1885), Prov. Alberta, 6 641 km², mit den Touristenzentren Banff (1 380 m ü. M.; 7 100 Ew.) und Lake Louise; auch Wintersportgebiet.

Bang, Herman, dän. Schriftsteller, * Asserballe (auf Alsen) 20. 4. 1857, † Ogden (Utah, USA) 29. 1. 1912; bedeutendster dän. Vertreter des literar. Impressionismus, schrieb Novellen und Romane (»Hoffnungslose Geschlechter«, 1880; »Michael«, 1904; »Die Vaterlandslosen«, 1906) sowie Erinnerungen, u. a. »Das graue Haus« (1901).

Bangalore [ˈbæŋɡəlɔː, engl.], Hptst. des ind. Bundesstaates Karnataka, 4,9 Mio. Ew., als Agglomeration 6,1 Mio. Ew.; zahlr. Univ., Institute und Fachschulen, Indian Institute of Science, Nat. Juristenhochschule, Zentrum der ind. Informationstechnologie mit bedeutender elektron. und elektrotechn. Industrie und Softwareproduktion; Sitz der Indian Space Research Organisation (ISRO) für Raketen- und Satellitenherstellung; Flugzeugbau, Textilind., Eisenbahnwerkstätten; internat. Flughafen. – B. entstand aus einer Siedlung um ein 1537 gegründetes Fort.

Banggaiinseln, Inselgruppe östlich von Celebes, Indonesien, 3 164 km², Hauptinsel ist Peleng.

Bangka, Banka, Insel östlich von Sumatra, Indonesien, 11 942 km², etwa 400 000 Ew.; Zinntagebau, Pfefferanbau.

Bangkok, thailänd. **Krung Thep,** Hptst. von Thailand, am Menam Chao Phraya oberhalb seiner Mündung; mit Thon Buri (am rechten Ufer) 6,6 Mio. Ew. (inoffiziell > 10 Mio. Ew.); Verwaltungs-, Kultur- (Kunstakademie, Nationalbibliothek), Wiss.- (zwei Univ., Pasteur-Inst.) und Wirtschaftszentrum Thailands. Das dichte Netz von Kanälen (Khlongs) ist größtenteils durch breite Straßenzüge ersetzt worden. Hauptprobleme der Stadt, die wenige Meter über Meeresniveau liegt, sind gegenwärtig das extreme Verkehrsaufkommen, die starke Umweltbelastung

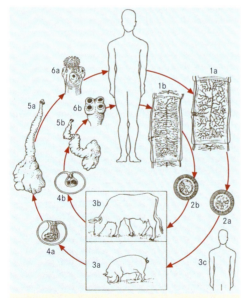

Bandwürmer: Entwicklungszyklus des Schweine- und Rinderbandwurms (Taenia solium und Taenia saginata): 1 eihaltiges Endglied von Taenia solium (a) und Taenia saginata (b); 2a und b freigesetzte Eier mit Larve; 3a und b Finnenträger für Taenia solium (Schwein) und Taenia saginata (Rind), 3c der Mensch als gelegentlicher Finnenträger für Taenia solium; 4 infektiöse Finnen (a Cysticercus cellulosae, b Cysticercus bovis); 5a und b die gleichen Finnen mit ausgestülpter Haftorgananlage; 6 Haftorgane der Bandwürmer mit vier Saugnäpfen und Hakenkranz bei Taenia solium (a) oder nur vier Saugnäpfen bei Taenia saginata (b)

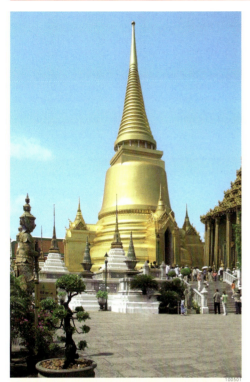

Bangkok: Tempelanlage Wat Phra Keo mit der Goldenen Pagode (erbaut 1785)

und der sinkende Untergrund (zu starke Wasserentnahme und Druckbelastung durch Hochbauten) sowie der daher immer langsamere Abfluss des Oberflächenwassers. Hochbahn Sky Train, U-Bahn; Hafen auch für Seeschiffe; seit 2006 neuer internat. Flughafen (Suvarnabhami Airport), der den bisherigen internat. Flughafen Don Muang, 30 km nördlich der Stadt, in seiner Bedeutung als Luftverkehrskreuz SO-Asiens ablöste. – Große Tempelanlagen (Vats), Regierungspaläste, buddhist. Klöster und Pagoden. – Nach der Zerstörung Ayutthayas durch die Birmanen (1767) wurde gegenüber am linken Ufer durch König Rama I. (1782–1809) B. als neue Residenzstadt errichtet.

Bang-Krankheit, →Brucellosen.

Bangladesh [-ʃ]**, Bangladesch,** amtl. Bengali: **Gana Prajatantri B., dt. Volksrepublik B.,** Staat in S-Asien; grenzt im S an den Golf von Bengalen, im W, N und O an Indien und im SO an Birma.

Staat und Recht

Nach der durch Referendum vom 15. 9. 1991 gebilligten Änderung der Verf. von 1972 ist B. eine parlamentar. Republik. Staatsoberhaupt ist der vom Parlament auf 5 Jahre gewählte Präs., der überwiegend repräsentative Aufgaben wahrnimmt. Die Exekutive liegt bei der Reg. unter Vorsitz des Premiermin., der der Nationalversammlung (330 Abg., für 5 Jahre gewählt, davon 30 für Frauen reserviert) als Legislative verantwortlich ist. Laut jüngster Verf.-Revision (2004) sollen bei den nächsten Parlamentswahlen die Frauenmandate auf 45 und damit die Gesamtzahl der Abg. auf 345 erhöht werden. – Wichtigste Parteien: Awami-Liga (AL), Bangladesh Nationalist Party (BNP), Jamaat-e-Islami Bangladesh (JIB), Jatiya Dal (JD); das Bündnis Islami Jatiya Oikya Front (IJOF) wird von der JD dominiert.

Landesnatur

B. nimmt den größeren östl. Teil des fruchtbaren Bengalen ein. Kernlandschaft ist das Deltagebiet von Ganges und Brahmaputra, in dem 70 % der Bev. leben und das meerwärts von den Mangrovensümpfen der →Sundarbans abgeschlossen wird. Im SO erstrecken sich die Bergzüge der Chittagong Hills (Keokradong: 1 230 m ü. M.). Das Klima ist mild (geringe jahreszeitl. Temperaturunterschiede); reichl. Niederschläge (3 500–5 000 mm jährlich, im W 1 500 mm), bes. in der Monsunzeit. Das zeitl. Zusammentreffen von Monsunregen, Schneeschmelze im Gebirge und trop. Wirbelstürmen im Küstenbereich führt häufig zu verheerenden Überschwemmungskatastrophen, die die Ernte vernichten und große Landflächen überfluten. Ein verspätetes Einsetzen des Monsuns hat dagegen Dürreschäden zur Folge.

Bevölkerung

Sie besteht hauptsächlich aus Bengalen; zu den Minderheiten zählen v. a. die 1–1,5 Mio. Bihari (1947 aus dem benachbarten ind. Bundesstaat ausgewandert) und Angehörige versch. Bergstämme in den Grenzgebieten gegen Birma. Mit fast 1 000 Ew./km² weist B. die größte Bev.-Dichte aller Flächenstaaten der Erde auf; jährl. Bev.-Zuwachs 1,5 %; die Verstädterung (24 %) nimmt zu. – Rd. 86 % der Bev. sind Muslime (überwiegend Sunniten der hanefit. Rechtsschule), rd. 12 % Hindus; daneben religiöse Minderheiten von Buddhisten und Christen. – Es besteht allg. Schulpflicht im Alter von 6 bis 11 Jahren. Die Alphabetisierungsrate der Männer beträgt (2004) ca. 50 %, die der Frauen ca. 31 %.

Wirtschaft und Verkehr

B. zählt zu den ärmsten Entwicklungsländern. Die Armut und Unterbeschäftigung weiter Bev.-Teile, der Mangel an Bodenschätzen, die gering entwickelte Infrastruktur sowie häufige Naturkatastrophen sind die

Bangladesh

Fläche: 147 570 km²
Einwohner: (2006) 144,4 Mio.
Hauptstadt: Dhaka
Verwaltungsgliederung: 6 Bezirke
Amtssprache: Bengali
Nationalfeiertag: 26. 3.
Währung: 1 Taka (Tk.) = 100 Poisha (ps.)
Zeitzone: MEZ + 5 Std.

Flagge

Wappen

internationales Kfz-Kennzeichen

Bangladesh: traditionelle Boote auf dem Burigangafluss

Haupthemmnisse für die wirtsch. Entwicklung. Haupterwerbszweig ist die Landwirtschaft (v. a. Subsistenzwirtschaft). Angebaut werden Reis (auf 73 % der Anbaufläche), Weizen, Hülsen- und Ölfrüchte; wichtige Rohstoffe für die weiterverarbeitende Ind. sind Jute, Baumwolle, Tabak, Tee und Zuckerrohr. Bes. infolge der Überflutungen besteht eine hohe Importabhängigkeit bei Nahrungsmitteln. – Grundlage der Energiewirtschaft im NO-Teil des Landes sind die Erdölsvorkommen bzw. Titas und Sylhet. – Die Ind. zeigt seit der Unabhängigkeit kaum Fortschritte (dominierend sind Nahrungsmittel- und Textilind.). Führende Ind.-Stadt ist Chittagong (Sonderwirtschaftszone) mit Stahlwerk, Erdölraffinerie, Schiffbau u. a. – Ausgeführt werden v. a. Textilwaren, Garnelen, Fisch, Häute und Felle sowie Tee; Haupthandelspartner sind die EU-Länder, USA, Japan, Indien, China, Singapur. – Hauptverkehrsträger sind die Binnenwasserstraßen, auf denen der größte Teil des Gütertransports abgewickelt wird. Mit der Vollendung des 1994 begonnenen Brückenbaus über den Brahmaputra wurde 1998 die erste O-W-Verbindung auf dem Landweg geschaffen. Es gibt rd. 9 700 km Straßen mit fester Decke und 2 700 km Eisenbahnstrecken. – Seehäfen haben Chittagong und Mongla (südl. Khulna am Rand der Sundarbans), internat. Flughäfen Dhaka und Chittagong.

Geschichte

Bei der Teilung Indiens (1947) kam der mehrheitlich von Muslimen bewohnte Teil Bengalens an Pakistan und bildete dessen östl. Staatshälfte; diese war etwa 1 500 km – durch das Territorium der Ind. Union – von Westpakistan getrennt. Eine von der Awami-Liga (gegr. 1949) unter Mujibur Rahman getragene Autonomiebewegung konnte mit militär. Hilfe Indiens 1971/72 in Ostpakistan den unabhängigen Staat B. errichten (am 26. 3. 1971 Proklamation der Rep., am 17. 4. 1971 der »Volksrepublik B.; im Jan. 1972 Bildung der Reg., 1975 Einführung eines Präsidialregimes).

Nach einem blutigen Militärputsch 1975, in dessen Verlauf Staatspräs. Mujibur Rahman ermordet wurde, und inneren Machtkämpfen 1975/76 leitete General Zia ur-Rahman (seit Dez. 1976 Oberster Kriegsrechtsadministrator und seit 1977 Staatspräs.) den Übergang zu einer zivilen Reg. ein (1979 Wahlsieg der neu gegr. BNP). 1981 wurde Zia ur-Rahman bei einem fehlgeschlagenen Putsch ermordet. 1982 ergriff das Militär erneut die Macht und verhängte das Kriegsrecht (bis 1986); der Kriegsrechtsadministrator General Hussain Mohammad Ershad ernannte sich 1983 zum Staatspräs. (1986 durch Wahlen bestätigt, 1986 und 1988 Wahlsieg der von ihm geführten JD). 1988 wurde der Islam zur Staatsreligion erhoben; danach verstärkte sich in B. das Wirken muslimisch-fundamentalistischer Gruppierungen (u. a. Forderung nach Einführung eines Blasphemie-Ges., Verfolgung der islamkrit. Schriftstellerin Taslima Nasrin).

Nach anhaltenden Unruhen gegen sein Regime musste Präs. Ershad im Dez. 1990 zurücktreten.

Nach den Parlamentswahlen vom Febr. 1991, bei denen die BNP stärkste Partei geworden war, übernahm deren Vorsitzende Khaleda Zia im März 1991 das Amt der Premierministerin. Nach einer Verf.-Änderung per Referendum im Sept. 1991 (Ersetzung des Präsidialregimes durch ein parlamentar. System) wurde im Okt. 1991 Abdur Rahman Biswas zum Staatspräs. gewählt.

Die militär. Verfolgung von in Birma lebenden Muslimen (der ethnisch mit den Bengalen verwandten Rohingya im Rakhinestaat) löste deren Massenflucht nach B. aus (bis Mitte 1992 rd. 250 000 Menschen); nach Spannungen zw. B. und Birma (Grenzübergriff durch birman. Soldaten im Dez. 1991) wurde zw. beiden Staaten am 28. 4. 1992 eine Rückführung der muslim. Flüchtlinge vereinbart (bis 1997 etwa 200 000 repatriiert).

Mit Demonstrationen und Generalstreiks, die die Wirtschaft des ohnehin auf Entwicklungshilfe angewiesenen Landes schwer beeinträchtigten, sowie einem Boykott des Parlaments (seit 1994) suchten die Oppositionsparteien, v. a. die Awami-Liga und die JD, die von Khaleda Zia geführte Reg. zum Rücktritt zu zwingen. Nachdem die Opposition darüber hinaus im Febr. 1996 die angesetzten Wahlen boykottiert hatte, gaben Khaleda Zia und ihr Kabinett im März 1996 auf. Aus den von einer Übergangsregierung organisierten Neuwahlen ging im Juni 1996 die Awami-Liga als Siegerin und ihre Vorsitzende Sheikh Hasina Wajed als Premierministerin hervor. Im Okt. 1996 trat Shahabuddin Ahmad, ein pensionierter Oberster Richter, das Amt des Staatspräs. an. Im Dez. 1997 schloss die Reg. mit der Untergrundbewegung der buddhist. Chakma (»Shanti Bahini«), die seit den 1970er-Jahren einen Guerillakampf in der Bergregion um Chittagong im SO führte, einen Friedensvertrag. Die von blutigen Zwischenfällen überschatteten Parlamentswahlen am 1. 10. 2001 gewann ein von der BNP mit zwei islamist. Parteien (JIP und IJOF) gebildetes Bündnis, das eine Zweidrittelmehrheit erlangte; Premierministerin wurde daraufhin die Oppositionsführerin Khaleda Zia. Nach der nur kurzen Amtszeit von Badruddoza Chowdhury als Staatspräs. (Nov. 2001 bis Juni 2002; Rücktritt) folgte ihm im Sept. 2002 der frühere Universitätslehrer Yazuddin Ahmed als Staatsoberhaupt. Auch die Zeit danach war gekennzeichnet durch anhaltende innenpolit. Instabilität (weitere Generalstreiks, Proteste) und eine ausufernde Korruption, durch religiöse Gewalt (Anschläge islamist. Extremisten gegen Pilgerstätten) sowie eine Zunahme polit. Morde, die meist unaufgeklärt blieben. Am 21. 8. 2004 entging Sheikh Wajed nach einer Massenkundgebung in Dhaka nur knapp einem Bombenanschlag.

Bangor [ˈbæŋgə], Marktzentrum und Bischofssitz (der Church in Wales) in der Cty. Gwynedd, N-Wales, 20 000 Ew.; University College of North Wales.

Bangui [-ˈgi], Hptst. der Zentralafrikan. Rep., am Ubangi, 684 200 Ew.; Erzbischofssitz; Univ., Forschungsinstitute, Museum; Wirtschaftszentrum mit Industriebetrieben, Hafen und internat. Flughafen.

Bangweolosee, allmählich verlandendes, 5 m tiefes Süßwasserbecken in O-Sambia, vom Luapula (Nebenfluss des Lualaba, →Kongo) entwässert; 1 147 m ü. M., Fläche (schwankend) 4 500–10 000 km².

Banias, Baniyas, syr. Stadt am Mittelmeer, 40 000 Ew.; Hafen; Endpunkt von zwei (stillgelegten) Erdölleitungen aus Kirkuk (Irak).

Banja Luka, Stadt in Bosnien und Herzegowina, am Vrbas, Hauptstadt der Serb. Republik (»Republika Srpska«), 237 000 Ew.; Sitz eines kath. und eines serbisch-orth. Bischofs; Univ. (gegr. 1975), PH, Wirtschaftshochschule; Holz-, Elektro-, Nahrungsmittelind., Maschinenbau, Lederverarbeitung; internat. Flughafen. – Die islamisch geprägte Altstadt (16 größere Moscheen) wurde 1993 stark zerstört. – Erstmals 1494 erwähnt. Im Bürgerkrieg 1992–95 Vertreibung der kroat. und bosniak. Bev. und Ansiedlung serb. Flüchtlinge; im Abkommen von Dayton (1995) den bosn. Serben zugesprochen.

Banjarmasin [-dʒ-], früher **Bandjarmasin,** Prov.-Hptst. von Kalimantan Selatan, im S von Borneo, Indonesien, 527 400 Ew.; Univ.; Flug-, Seehafen.

Banjo [ˈbændʒo, engl.] *das,* Schlaggitarre mit langem Hals, einem dem Tamburin ähnl. Korpus und 4–7 (seltener 9) Saiten; u. a. im Jazz verwendet.

Banjul, bis 1973 **Bathurst,** Hptst. und wichtigster Hafen Gambias, an der Mündung des Gambia in den Atlant. Ozean, 60 000 Ew. (städt. Agglomeration 523 600 Ew.); Brauerei; Hafen; westl. von B. an der Atlantikküste Touristikkomplexe; internat. Flughafen in Yundum.

Bank, 1) Sitzmöbel für mehrere Personen. **2)** zentrale Sammelstelle, z. B. Blut-B., Datenbank. **3)** *Geologie:* feste, von Fugen begrenzte Gesteinsschicht. Eine deutl. Gliederung einer Schichtreihe in dickere Bänke bezeichnet man als **Bankung. 4)** *Geomorphologie:* Erhebung des Fluss- oder Meeresbodens, z. B. Sand-B., untermeer. Rücken. **5)** *Ringen:* Verteidigungsstellung des Untermannes in der Bodenlage; Arme durchgedrückt aufgestützt, Bauch und Oberkörper frei von der Matte. **6)** *Wirtschaft:* ein Kreditinstitut, →Banken.

Banka, indonesische Insel, →Bangka.

Bankakte, die 1844 von R. Peel geschaffene gesetzl. Grundlage der Bank von England und des brit. Notenumlaufs **(Peelsakte).** Sie baute auf der →Currencytheorie auf; 1939 aufgehoben.

Bankakzept, auf ein Kreditinstitut gezogener und von diesem akzeptierter Wechsel.

Bank Austria Creditanstalt AG, Abk. **BA-CA,** eines der größten Kreditinstitute Österreichs, entstanden 2002 durch Fusion von Bank Austria AG (gegr. 1991 durch Zusammenschluss von Österr. Länderbank AG und Zentralsparkasse und Kommerzbank AG) und Creditanstalt AG (gegr. 1855), Sitz: Wien; gehört zur Bayerischen Hypo- und Vereinsbank AG (HVB-Gruppe).

Bankausweis, Notenbankausweis, Gegenüberstellung der nat. und internat. Aktiva und Passiva einer Zentralbank; von der Dt. Bundesbank bis Ende 1998 zu den Ausweisstichtagen 7., 15., 23. und Ultimo jeden Monats unter der Bez. Wochenausweis veröffentlicht. Von der EZB wird seit 1. 1. 1999 wöchentlich ein B. als »Konsolidierter Ausweis des Europ. Systems der Zentralbanken (Eurosystem)« aufgestellt und publiziert.

Bank deutscher Länder, vom 1. 3. 1948 bis 31. 7. 1957 die Zentralbank der Bundesrep. Dtl., Sitz: Frankfurt am Main (→Deutsche Bundesbank).

Bänkelsänger, im 17.–19. Jh. fahrende Leute, die, meist auf Jahrmärkten, aktuelle Lieder (**Bänkelsang,** →Moritat) von einer Bank (»Bänkel«) herab vortrugen.

Banken, Unternehmen für Geldanlage und Finanzierung und zur Durchführung des bargeldlosen Zahlungsverkehrs; nach allg. Sprachgebrauch identisch mit Kreditinstituten, zuweilen wird der Begriff Bank dem der Sparkasse gegenübergestellt und die Bez. Kreditinstitut als Oberbegriff verwendet. In Dtl. ist die Bez. Bank nach § 39 des Kreditwesen-Ges. (KWG) ein geschützter Begriff für Kreditinstitute, die eine Erlaubnis nach § 32 KWG zum Betreiben von Bankgeschäften besitzen. Sie werden nach § 1 KWG als Unternehmen definiert, die Bankgeschäfte betreiben und dabei einen in kaufmänn. Weise eingerichteten Geschäftsbetrieb unterhalten. Als **Bankgeschäfte** gelten u. a. Einlagen-, Kredit-, Diskont-, Effekten-, Depot-, Garantie-, Girogeschäft. Betriebswirtschaftlich werden diese eingeteilt in **Aktivgeschäfte** (u. a. Gewährung von Kontokorrent-, Diskont-, Lombard-, Aval- und Akzeptkrediten sowie langfristigen Krediten mit und ohne Sicherung durch Grundpfandrechte), **Passivgeschäfte** (u. a. Entgegennahme von Sicht-, Termin- und Spareinlagen, Ausgabe von Pfandbriefen, Kommunalobligationen) und **Dienstleistungsgeschäfte** (Zahlungsverkehrs- und Inkassogeschäfte, Wertpapiergeschäfte wie Effektenhandel für fremde Rechnung, Depot-, Emissions-, Geldwechselgeschäft; sonstige Dienstleistungen wie Vermögensverwaltung, Beratung, Treuhänderaufgaben).

Arten der B.: **Universal-B.** betreiben alle Bankgeschäfte mit Ausnahme der Notenausgabe; **Spezial-B.** sind auf bestimmte Geschäfte spezialisiert: **Depositen-B.** betreiben vorwiegend das Einlagen- und Kreditgeschäft, daneben auch Zahlungsverkehrsgeschäfte. **Effekten-B., Finanzierungs-B.** dienen v. a. der Unternehmensfinanzierung, bes. bei Aktien- und Anleiheemissionen, Gründungen von Aktiengesellschaften und dem Effektenverkehr. **Pfandbrief-B.** und **öffentlich-rechtl. Kreditinstitute** beschaffen sich ihre Finanzmittel vorwiegend durch Ausgabe von Pfandbriefen und Kommunalobligationen. Ihre Finanzmittelanlage besteht in der Gewährung von Hypothekarkrediten und Kommunaldarlehen. Des Weiteren gibt es **Teilzahlungs-B., Außenhandels-B.** und **Sparkassen. Noten-B.** haben allein das Recht zur Notenausgabe; sie gelten nicht als Kreditinstitute. Kreditinstitute mit Sonderaufgaben sind z. B. die →Deutsche Ausgleichsbank und auf internat. Ebene die Weltbank, der Internat. Währungsfonds (IWF), die Bank für Internat. Zahlungsausgleich und regionale Entwicklungsbanken. – Nach der Rechtsform unterscheidet man private, öffentlich-rechtl. und genossenschaftl. Kreditinstitute. Aufgrund des KWG untersteht in Dtl. das Bankwesen der Bankaufsicht durch die →Bundesanstalt für Finanzdienstleistungsaufsicht.

Die volkswirtsch. Bedeutung der B. liegt v. a. in der Vermittlungsfunktion von Angebot und Nachfrage nach Geld und Kapital, wobei die B. eine Transforma-

Banjo

tion in mehrfacher Hinsicht vornehmen: 1) Fristentransformation, indem kürzerfristig überlassene Gelder (Sicht-, Termin-, Spareinlagen) für längerfristige Kredite verwendet werden; 2) Losgrößentransformation, d.h. Umwandlung der vielfach kleinen Beträge der Einleger, bes. der Sparer, in die für Kreditnehmer notwendigen größeren Summen; 3) Risikotransformation, indem die den B. überlassenen Gelder auf eine große Zahl Kreditsuchender verteilt werden, sodass sich das Ausfallrisiko insgesamt verringert. Sicherungseinrichtungen sorgen in Dtl. dafür, dass kein privater Einleger bei einer Bankinsolvenz sein Geld verliert (→ Einlagensicherung).

Geschichte: Schon in der Antike entwickelten sich B., die Natural-, später Gelddarlehen tätigten. Das abendländ. Bankwesen entstand aus den Münzwechselgeschäften an den großen Handelsplätzen. Da in Oberitalien (Lombardei) der Handelsaustausch bes. rege war, wurde das Italienische zur Bankfachsprache. Das Bankwesen dieser Art breitete sich rasch über alle Handelsplätze bis in den Orient aus. Im 14. und 15. Jh. wurde das Wechselgeschäft durch Depositen- und Girogeschäfte ergänzt. Die Kurie, Könige und Fürsten nahmen die Dienste der großen Bankiers (→ Fugger, → Medici) in Anspruch. Für die Entwicklung in Dtl. war die Zuwanderung Antwerpener Geldwechsler und Bankiers bedeutend. Im 19. Jh. dominierten zunächst große Privatbankiers (Rothschild u. a.), doch setzten sich in den 1850er-Jahren verhältnismäßig schnell die Aktien-B. durch. Sie wirkten als Emissionshäuser, Gründungs- und Finanzierungsunternehmen (»Wirtschafts-B.«). Neben die großen Finanzierungs-B. traten im 19. Jh. auch Spezialinstitute, so die Hypotheken-B. (heute Pfandbriefbanken), Kreditgenossenschaften und Sparkassen. Das urspr. zahlreichen B. eingeräumte Recht zur Notenausgabe wurde ihnen mit der Zentralisierung des Notenbankwesens wieder entzogen.

Seit den 1990er-Jahren haben v. a. die Internationalisierung des Bankgeschäfts, Deregulierungen im Finanzsektor sowie moderne Informations- und Kommunikationstechnologien zu einer veränderten Wettbewerbssituation und zum Umbruch der Finanzbranche beigetragen. Die nat. B. überschreiten immer systematischer ihre Landesgrenzen und erwirtschaften immer größere Anteile des Geschäftsvolumens im Ausland. Die Globalisierung des Kreditsystems, Finanzinnovationen (v. a. Derivate) sowie das Wachstum internat. Devisen- und Börsentransaktionen sind Schrittmacher dieser Entwicklung. Neben das traditionelle Auslandsgeschäft (Exportfinanzierung) treten verstärkt internat. Wertpapier- und Kreditgeschäfte, und viele B. verfügen inzwischen über ein weltumspannendes Netz von Niederlassungen, Tochtergesellschaften und Korrespondenzbankverbindungen. Auch der europ. Binnenmarkt und die damit verbundene Liberalisierungspolitik bringen für die B. größere Konkurrenz durch ausländ. Kreditinstitute, aber auch branchenfremde Dienstleister. Versicherungsunternehmen, Versand- und Einzelhandel sowie Discountbroker usw. drängen immer stärker in den traditionellen B.-Markt, bes. in das Depositen- und Konsumentenkreditgeschäft. Der Konzentrationsprozess im Bankwesen gewinnt an Dynamik und führt zu neuen Fusionen und Kapitalbeteiligungen. Eine immer stärkere Vernetzung der Geldgeschäfte aufgrund wachsender Interdependenzen im Wirtschaftsleben zwingt die B. zur Verbreiterung ihrer Aktivitäten. Diese Allfinanzstrategien sehen vor, Geschäftsbank, Brokerhaus, Anlageberatung, Bausparkasse, Versicherung, Realkreditinstitut u. a. unter einem Dach zu vereinen. – Den veränderten Wettbe-

Banken: Die größten Banken in Deutschland (Stand Ende 2005, Auswahl)

Rang	Name, Sitz	Bilanzsumme[1] (in Mio. €)	Geschäftsstellen	Mitarbeiter[2]	Institutsgruppe[3]
1	Deutsche Bank AG, Frankfurt am Main	992 161	1 588	63 427	p
2	Bayerische Hypo- und Vereinsbank AG (HVB Group), München	493 523	2 316	61 251	p
3	Dresdner Bank AG, Frankfurt am Main	461 372	960	28 774	p
4	Commerzbank AG, Frankfurt am Main	444 861	500	33 056	p
5	Landesbank Baden-Württemberg, Stuttgart	405 915	240	12 551	ö
6	DZ Bank AG, Frankfurt am Main	401 638	30	3 834	g
7	KFW-Bankengruppe, Frankfurt am Main	341 143	3	3 740	ö
8	Bayerische Landesbank Girozentrale, München	340 854	1	9 754	ö
9	WestLB AG, Düsseldorf	264 955	19	6 353	ö
10	Eurohypo AG, Frankfurt am Main	234 303	29	2 392	p
11	Norddeutsche Landesbank Girozentrale, Hannover	197 810	150	5 998	ö
12	HSH Nordbank AG, Hamburg/Kiel	185 065	4	4 528	p
13	Landesbank Hessen-Thüringen Girozentrale, Frankfurt am Main	164 422	12	5 400	ö
14	Hypo Real Estate Holding AG, München	152 460	15	1 233	p
15	Bankgesellschaft Berlin AG, Berlin	144 520	200	8 459	p
16	Postbank AG, Bonn	140 280	9 000	9 235	p
17	NRW Bank, Düsseldorf	128 115	2	1 035	ö
18	DekaBank Deutsche Girozentrale, Frankfurt am Main	114 982	3	3 453	ö
19	Hypothekenbank in Essen AG, Essen	92 781	5	170	p
20	Landesbank Berlin Girozentrale, Berlin	90 390	6	5 348	ö

[1] Konzernbilanzzahlen. – [2] Beschäftigte einschließlich Auszubildender und Teilzeitkräften; in der Regel Jahresendwerte. – [3] p = privat, ö = öffentlich-rechtlich, g = genossenschaftlich.

werbsbedingungen versuchen die B. v. a. mit der Reorganisation ihrer Aufbau- und Ablauforganisation, Rationalisierung und Erschließung neuer Vertriebswege (Tele-, Online- und Internetbanking) sowie Neuordnung durch Fusionen und Übernahmen zu begegnen.

Bankenaufsicht, staatl. Kontrolle von Kredit- und Finanzdienstleistungsinstituten mit dem Ziel, die Funktionsfähigkeit der Kreditwirtschaft zu erhalten und Institutsgläubiger vor Verlusten zu bewahren (Einlegerschutz). Die B. umfasst v. a. die Erlaubnis zum Geschäftsbetrieb eines Kredit- und Finanzdienstleistungsinstituts sowie die Kontrolle der laufenden Geschäftstätigkeit hinsichtlich Einhaltung von Vorschriften über Eigenkapital, Liquidität, Begrenzung von Beteiligungen und Depotprüfungen. Die Institute unterliegen einer umfassenden Anzeige- und Meldepflicht, die sich z. B. auf die Einreichung von Monatsausweisen, Jahresabschlüssen, Anzeigen von Großkrediten erstreckt. Bei unzureichendem Eigenkapital bzw. unzureichender Liquidität können Gewinnausschüttungen, Entnahmen und Kreditgewährung beschränkt bzw. das Institut geschlossen werden. Nat. Regelungen der B. werden im Zuge europa- und weltweiter Harmonisierungsbemühungen durch Vorgaben internat. B.-Gremien (z. B. Rat der EU, Ausschuss für B. der Bank für Internat. Zahlungsausgleich) beeinflusst. In *Deutschland* obliegt die B. nach dem Kreditwesen-Ges. der →Bundesanstalt für Finanzdienstleistungsaufsicht.

Bankett [frz.] *das,* **Bankette,** unbefestigter Seitenstreifen neben der Fahrbahn.

Bankfeiertage, Wochentage, an denen die Kreditinstitute geschlossen sind. In Krisenzeiten können B. auch angeordnet werden, um dem Ansturm auf die Schalter zu begegnen.

Bank für Internationalen Zahlungsausgleich, Abk. **BIZ,** internat. Bank in der Rechtsform einer AG (Stammkapital: 1,5 Mrd. Goldfranken), gegr. 1930 von mehreren Notenbanken und einer amerikan. Bankengruppe; Sitz Basel. Aufgaben: Förderung der Zusammenarbeit der Zentralbanken und internat. Organisationen, Erleichterung internat. Finanztransaktionen, Übernahme von Treuhandschaften bei internat. Zahlungsgeschäften.

Bankgeheimnis, die Verpflichtung eines Kreditinstituts, die Geschäftsbeziehungen und die Einkommens- und Vermögensverhältnisse seiner Kunden gegenüber Dritten geheim zu halten. Die Schweigepflicht ist in den weitgehend vereinheitlichten allgemeinen Geschäftsbedingungen (AGB) der Banken ausdrücklich geregelt. Bankangestellte haben ein Zeugnisverweigerungsrecht (§ 383 ZPO) im Zivilprozess, entsprechende Regeln fehlen im Strafverfahren. Bei Auskunftsersuchen der Finanzbehörden wegen konkreten Verdachts der Steuerhinterziehung können sich Kreditinstitute nicht auf das B. berufen (§§ 93, 102 AO). Liegt kein konkreter Anhaltspunkt für Steuerhinterziehung vor, dürfen Finanzbehörden von Banken jedoch nicht die Mitteilung von Konten bestimmter Art und Höhe verlangen und sie dürfen nicht bei der steuerl. Prüfung einer Bank Guthabenkonten von Kunden abschreiben oder Kontrollmitteilungen ausschreiben (§ 30a AO). Das Kreditwesen-Ges. verpflichtet Kreditinstitute, u. a. bestimmte Kundenkredite (Groß-, Millionen- und Organkredite) anzuzeigen und die Beaufsichtigung durch die Bundesanstalt für Finanzdienstleistungsaufsicht (BaFin) zu dulden sowie Anzeigepflichten aufgrund des Geldwäsche-Ges. wahrzunehmen. Seit 1. 4. 2003 kann die BaFin (inzwischen erweitert auf untergeordnete Finanz- und Sozialbehörden) bestimmte personenbezogene Daten (keine Salden/Umsätze) der Inhaber/Verfügungsberechtigten eines Kontos/Depots beim Kreditinstitut automatisiert abrufen, um z. B. Angaben eines Steuerpflichtigen überprüfen zu können (§ 24c Abs. 2 Kreditwesen-Ges., §§ 93 Abs. 7, 93b AO).

In *Österreich* ist das B. im § 38 Bankwesen-Ges. verankert und hat Verfassungsrang. Besondere Regeln gelten bei Verdacht der Geldwäsche und der Terrorismusfinanzierung (§§ 40, 41 Bankwesen-Ges.). In der *Schweiz* ist das B. strafrechtlich geschützt.

Bankgesellschaft Berlin AG, Finanzkonzern, Sitz: Berlin, gegr. 1994 durch Zusammenführung mehrerer ehemals im Besitz des Landes Berlin befindl. Kreditinstitute; über Tochter- und Beteiligungsgesellschaften, u. a. Berliner Sparkasse, Landesbank Berlin – Girozentrale (gegr. 1990), Berliner Bank AG, Weberbank Privatbankiers KGaA, Berlin Hyp AG, im Privatkunden-, Firmenkunden-, Vermögensanlage-, Immobilien-, Projektfinanzierungs- und Kapitalmarktgeschäft tätig. Seit August 2006 firmiert das Unternehmen als **Landesbank Berlin Holding AG,** an der das Land Berlin mit 81 % und die DekaBank Dt. Girozentrale mit 10 % beteiligt sind. Über die Tochtergesellschaft Landesbank Berlin AG ist der Konzern an der Berlin Hyp AG und der LBB Invest beteiligt. Die Berliner Bank AG & Co. KG wurde ab 1. 1. 2007 von der Dt. Bank AG übernommen.

Bankhalter, derjenige Spieler beim Glücksspiel, der die Kasse (die »Bank«) verwaltet und damit meist gegen die übrigen Teilnehmer spielt.

Bankier [baŋˈkjeː, frz.], engl. **Banker,** Kaufmann, der berufsmäßig Bankgeschäfte betreibt.

Ban Ki Moon [-muːn], **Ban Ki-moon,** südkoreanischer Diplomat und Politiker, *Chʼungju (Prov. Chʼungchʼŏngbuk-do 13. 6. 1944); seit 2004 südkorean. Außen- und Handelsmin.; am 13. 10. 2006 durch die UN-Generalversammlung für eine fünfjährige Amtsperiode ab 1. 1. 2007 zum UN-Generalsekretär gewählt.

Ban Ki Moon

Bankingtheorie [ˈbæŋkɪŋ-, engl.], Anfang des 19. Jh. entwickelte Geldtheorie, nach der nicht nur Münzen (Banknoten und Geld i. e. S.) Geldfunktion ausüben und somit das Preisniveau beeinflussen, sondern auch Geldsurrogate (z. B. Handelswechsel, Kredite); daher müssen auch diese in die für das Preisniveau maßgebl. monetären Größen einbezogen werden. – Ggs.: Currencytheorie.

Bankivahuhn, *Gallus gallus,* von Kaschmir bis S-China und Java verbreitetes, bis 70 cm langes Huhn, Stammform des →Haushuhns.

Bankleitzahl, Abk. **BLZ,** 1970 eingeführte achtstellige Ziffer zur numer. Kennzeichnung der Bankstellen (Kreditinstitute, Filialen, Zweigstellen) im bargeldlosen Zahlungsverkehr; wird von der Dt. Bundesbank vergeben. Im Zuge der Internationalisierung werden seit 2002 zusätzlich auch die →internationale Bankidentifikation und die →internationale Kontonummer genutzt.

Banknote, Geldschein, der auf einen runden Währungsbetrag lautet und von einer dazu befugten Notenbank ausgegeben wird (**Papiergeld**). Die B. sind gesetzl. Zahlungsmittel und müssen unbegrenzt entgegengenommen werden (**definitives Geld**). In Dtl. hatte die Dt. Bundesbank das Notenausgabemonopol,

Banknote: Sicherheitsmerkmale der 100-Euro-Banknote

1 Stichtiefdruck (Relief)
2 Wasserzeichen
3 Sicherheitsfaden
4 Durchsichtsregister
5 Spezialfolienelement (Hologramm)
6 variables Farbelement

mit Beginn der dritten Stufe der Europ. Wirtschafts- und Währungsunion (1. 1. 1999) gingen die wesentl. Notenbankfunktionen auf die Europ. Zentralbank (EZB) über. – Um Fälschungen zu erschweren, enthalten B. Echtheitszeichen (z. B. Sicherheitsfaden aus Aluminium, Wasserzeichen). Auch in die neuen Euro-B. wurden eine Reihe **Sicherheitsmerkmale** eingearbeitet. Euro-B. werden auf Spezialpapier aus reiner Baumwolle gedruckt, das eine griffige Oberflächenstruktur aufweist. Durch Anwendung des *Stichtiefdrucks* sind einige Schriftzüge (z. B. die Abk. für Europ. Zentralbank in fünf Varianten – BCE, ECB, EZB, EKT, EKP), die Wertzahl sowie die Merkmale für Sehbehinderte relieffartig hervorgehoben. Hält man die B. gegen das Licht, wird das *Wasserzeichen* (vorherrschendes Architekturmotiv und Wertzahl) sichtbar. Euro-B. verfügen über einen im Gegenlicht sichtbaren *Sicherheitsfaden,* innerhalb dessen das Wort »EURO« und die Wertzahl erkennbar sind. Das *Durchsichtsregister* in der linken oberen Ecke der Vorderseite bildet im Gegenlicht die entsprechende Wertzahl. Im rechten Teil der Vorderseite der Euro-B. befinden sich *Spezialfolienelemente.* Bei den B. mit niedrigem Nennwert (5, 10 und 20 Euro) handelt es sich um vertikale silberne Streifen (Kinegramme, →optisch variables Grafiksystem), auf denen beim Kippen, je nach Betrachtungswinkel, das Euro-Symbol oder die Wertzahl erscheint. Bei den B. mit hohem Nennwert (50, 100, 200, 500 Euro) erscheint, je nach Betrachtungswinkel, die Wertzahl oder das jeweilige Architekturmotiv in wechselnden Farben als Hologramm. Auf der Rückseite der 5-, 10- und 20-Euro-B. ist jeweils mittig, neben dem Sicherheitsfaden, ein *Perlglanzstreifen* aufgebracht, der beim Kippen gegen eine Lichtquelle von hell- bis goldgelb glänzt und als Aussparungen das Euro-Symbol und die jeweilige Wertzahl aufweist. 50-, 100-, 200- und 500-Euro-B. verfügen über ein *optisch variables Farbelement.* Die Wertzahl in der rechten unteren Ecke der Rückseite erscheint je nach Betrachtungswinkel purpurrot, olivgrün oder braun.

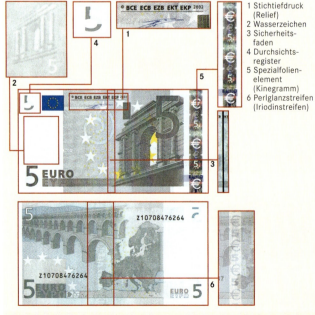

Banknote: Sicherheitsmerkmale der 5-Euro-Banknote

1 Stichtiefdruck (Relief)
2 Wasserzeichen
3 Sicherheitsfaden
4 Durchsichtsregister
5 Spezialfolienelement (Kinegramm)
6 Perlglanzstreifen (Iriodinstreifen)

Bank of America Corp. [bæŋk ɔv əˈmerɪkə kɔːpəˈreɪʃən], US-amerikan., international tätiger Finanzkonzern; entstanden 1998 durch Fusion der Bank America Corp. und der Nations Bank Corp.; Sitz: Charlotte (N. C.), zählt zu den weltgrößten Banken und ist in 190 Ländern tätig; fusionierte 2004 mit der Fleet National Bank und 2006 mit dem Kreditkartenunternehmen MBNA Corp.

Bank of China Ltd. [ˈbæŋk ɔv ˈtʃaɪnə], eine der ältesten und größten chin. Banken; Sitz: Peking, gegr. 1912; weltweit in 25 Ländern tätig. Die bisher staatl. Geschäftsbank wurde 2004 in eine AG umgewandelt.

Bank of Tokyo-Mitsubishi Ltd. [ˈbæŋk ɔv ˈtəʊkjəʊ mɪtsuˈbɪʃi ˈlɪmɪtɪd], jap. Bankkonzern, entstanden 1996 durch Fusion von Bank of Tokyo Ltd. (gegr. 1946) und Mitsubishi Bank Ltd. (gegr. 1880); Sitz: Tokio; seit 2002 Bestandteil der →Mitsubishi Tokyo Financial Group, Inc.

Bankrott [aus ital. banca rotta »zerbrochene Bank«] *der,* **Bankerott, Bankbruch,** Unvermögen eines Schuldners, seine Gläubiger zu befriedigen (→Insolvenzstraftaten). Nach §§ 283, 283a StGB werden Schuldner bestraft, die sich bei Überschuldung oder Zahlungsunfähigkeit sorgfaltswidrig verhalten, z. B. Vermögensteile verheimlichen oder beiseite schaffen, Schulden vortäuschen. Der B. ist mit ähnl. Tatbestandsmerkmalen auch in *Österreich* (§§ 156 ff. StGB) und der *Schweiz* (Art. 163 ff. StGB) strafbar.

Banks Island [ˈbæŋks ˈaɪlənd, engl.], westlichste Insel des Kanadisch-Arkt. Archipels, 70 028 km² groß; Luftstützpunkt (Sachs Harbour) an der SW-Küste, sonst, abgesehen von Trappern, unbewohnt.

Bankul, Kamiri, Kerzennussbaum, Aleurites moluccana, trop. Wolfsmilchgewächs, bes. in Südamerika und Westindien kultiviert. Die Samen enthalten etwa 60 % fettes Öl, aus dem Firnisse, Farben, Seifen und Arzneien bereitet werden.

Bank von England, engl. **Bank of England,** Zentralnotenbank Großbritanniens, Sitz: London, gegr. 1694 (1946 verstaatlicht); ihr heutiger Aufbau beruht auf der peelschen Bankakte von 1844, wonach zwei Bankabteilungen geschaffen wurden: »issue department« für die Notenausgabe, »banking department« für die Bankgeschäfte.

Bank von Frankreich, frz. **Banque de France,** Zentralnotenbank Frankreichs, Sitz: Paris, gegr. 1800 von Napoleon Bonaparte; erhielt 1848 das Notenprivileg für ganz Frankreich, 1946 verstaatlicht; seit 1. 1. 1999 integraler Bestandteil des Europ. Systems der Zentralbanken (ESZB, →Europäische Zentralbank).

Bank von Japan, jap. **Nippon Ginkō,** Zentralnotenbank Japans, Sitz: Tokio, gegr. 1882 nach dem Vorbild der Dt. Reichsbank.

Bann, 1) auf frühen Stufen des Rechtsdenkens das gegen Personen, Orte oder Gegenstände verhängte Gebot des Meidens. B. gegen Personen ist oft gleichbedeutend mit →Acht oder sozialer Isolierung. **2)** im MA., bes. im Fränk. Reich, das Hoheitsrecht der Könige und Grafen, bei Strafe zu gebieten und zu verbieten (**Königs-B., Grafen-B.**); der Befehl und das Verbot selbst. **3) Kirchenbann, Anathema,** →Exkommunikation.

Bannbruch, Zollvergehen, →Schmuggel.

Bannbulle, päpstl. Exkommunikationsbulle.

Banner [frz.], **Panier,** Feldzeichen, das im Unterschied zur Fahne an einer mit dem Schaft verbundenen Querstange befestigt ist, urspr. nur dem Landesherrn, später auch den höheren Lehnsherren (B.-Herren) vorbehalten.

Banneux [baˈnø], Marienwallfahrtsort bei Lüttich, Belgien, 1949 kirchlich anerkannt.

Bannforst, Wald- und Jagdgebiet, in dem nur dem Inhaber der Bannrechte Forstnutzung und Jagd erlaubt waren.

Banngut, Bannware, Konterbande, **1)** allg.: Schmuggelware. **2)** Völkerrecht: Bez. für kriegswichtige Güter, deren privater Seetransport in feindl. Häfen einem neutralen Staat deshalb durch einen Krieg führenden Staat verboten wurde. Das B. darf konfisziert werden (→Prise).

Bannmeile, Bannkreis, 1) Umgebung eines Ortes (im Umkreis von einer Meile), in der im MA. kein Fremder Handel oder ein Gewerbe treiben durfte. **2)** →befriedete Bezirke.

Bannrechte, Banngerechtigkeiten, Zwangs- und Bannrechte, Nutzungsrechte, aufgrund deren die Ew. eines Bezirks (**Bannbezirk**) gezwungen waren, die für den Haushalt und das wirtsch. Leben notwendigen Gegenstände bei bestimmten Berechtigten (**Bannherren**) zu erwerben (Mühlen-, Bäckerei-, Brauzwang). Die B. wurden 1873 durch die Gewerbeordnung aufgehoben.

Bannwald, Form des Schutzwaldes in Gebirgen, der Naturgefahren (Lawinen, Erosion und/oder Erdrutsch) entgegenwirken soll.

Banque Nationale de Paris [ˈbɑ̃k nasjɔˈnal də paˈri], weltweit tätige frz. Großbank, Sitz: Paris, 1966 entstanden durch Fusion der Banque Nationale pour le Commerce et l'Industrie (gegr. 1913) sowie des Comptoir National d'Escompte de Paris (gegr. 1889), 1993 privatisiert; firmiert seit Übernahme der Cie Financière de Paribas (1999) als **BNP Paribas.**

Banse, Juliane, dt. Sängerin (Sopran), *Tettnang 10. 7. 1969; debütierte nach ihrem Studium (u. a. bei Brigitte Fassbaender) 1989 an der Komischen Oper Berlin. Seitdem trat die Sängerin u. a. in Brüssel, Salzburg, Wien und Glyndebourne auf. Ein Schwerpunkt ihrer Arbeit sind v. a. Partien aus Werken von W. A. Mozart, sie trat aber auch mit der Interpretation zeitgenöss. Musik hervor.

Bansin, Ostseebad auf der Insel Usedom, Meckl.-Vorp., Teil der Gem. →Heringsdorf; Seebrücke (285 m); Fremdenverkehr. – 1897 als Seebad gegründet.

Banská Bystrica [-ˈbistritsa], dt. **Neusohl,** Stadt im zentralen Teil der Slowak. Rep., Verw.-Sitz des Bez. B. B., 86 000 Ew.; Univ.; elektrotechn., elektron., Kfz-Zulieferer- und Holz verarbeitende Ind., Fremdenverkehr. – Der Ort war im 15. und 16. Jh. eine dt. Bergstadt.

Banská Štiavnica [-ˈʃtjaunjitsa], dt. **Schemnitz,** Stadt im Mittelslowak. Gebiet, Slowak. Rep., 10 600 Ew.; Bergwerksmuseum, Forstakademie; Textil-, keram. u. a. Leichtind.; bedeutender Fremdenverkehr. – B. Š., im 13. Jh. von Deutschen gegründet, ist eine der sieben oberungar. Bergstädte (Gold- und Silberbergbau; Welterbe); Blütezeit im 14.–16. Jahrhundert.

Bantamgewicht [nach dem im Hahnenkampf eingesetzten Bantamhuhn], →Boxen (Übersicht), →Profiboxen (Übersicht).

Banteng [malaiisch] der, **Bos [Bibos] javanicus,** ein asiat. Wildrind; Stammform des als Haustier gehaltenen Balirindes.

Banting [ˈbæntɪŋ], Sir (seit 1934) Frederick Grant, kanad. Physiologe, *Alliston (Prov. Ontario) 14. 11. 1891, †(Flugzeugabsturz) Musgrave Harbour (Prov. Newfoundland) 22. 2. 1941; seit 1923 Prof. in Toronto; erhielt für seine Entdeckung des Insulins mit J. J. R. Macleod 1923 den Nobelpreis für Physiologie oder Medizin.

Bantu [afrikan. »Menschen«, »Leute«], zusammenfassende Bez. für die Völker und Stämme im südl. und zentralen Afrika, die eine B.-Sprache sprechen; etwa 140 Mio. Menschen; v. a. Ambo, Herero, Kikuyu, Kongo, Tswana, Xhosa, Zulu.

Bantusprachen, zu den →Benue-Kongo-Sprachen gehörende, morphologisch bes. einheitl. Gruppe (über 400 Sprachen) afrikan. Sprachen; in der südl. Hälfte Afrikas gesprochen. Sie sind im Wesentlichen Tonhöhensprachen; bis auf das Suaheli waren sie schriftlose Sprachen. Wichtige B. sind daneben u. a. die Sprache der Douala, die Pangwe-(Fang-)Dialekte und die Kongodialekte im NW, die Sprachen der Kikuyu, Ruanda, Rundi im NO sowie der Xhosa, Zulu, Swasi, Venda und Herero im Süden.

Banus, latinisierte Form von →Ban.

Banz, ehem. Benediktinerabtei (1071 gegr., 1803 säkularisiert) in Oberfranken, auf einer Anhöhe über dem rechten Mainufer, gegenüber von Vierzehnheiligen, bei Bad Staffelstein; Abtbau und die beiden Flügel des Konventbaus von J. L. Dientzenhofer (1698 ff.), Barockkirche (1709 bis 1719) von seinem Bruder J. Dientzenhofer. 1814–1920 im Besitz der Wittelsbacher, 1920–26 Trappistenkloster; heute Bildungszentrum. – Abb. S. 398

Baobab [westafrikan.] der, →Affenbrotbaum.

Bao Dai, Kaiser von Annam (1926–45), *Huê 22. 10. 1913, †Paris 31. 7. 1997; war 1949–55 Staatschef des mit der Frz. Union assoziierten Vietnam.

Frederick Banting

Banz: Klostergebäude der ehemaligen Benediktinerabtei (1698ff., Barockkirche, 1709–19)

Baoding, Paoting, 1913–49 **Tsingyüan,** Stadt in der Prov. Hebei, China, über 880 000 Ew.; Univ., Textil-, Nahrungsmittel-, Elektroindustrie.

Baoto|u, Paoto|u, Stadt in der Autonomen Region Innere Mongolei, China, am Hwangho, 1,27 Mio. Ew.; seit 1959 ein Zentrum der Stahlindustrie, Zuckerraffinerie; Flugplatz.

BAP [kölnisch »Vater«], 1977 gegründete Rockgruppe um den Sänger und Gitarristen Wolfgang Niedecken (* 1951), deren Markenzeichen politisch engagierte Lieder in Kölner Mundart sind.

Baptisten, die Mitgl. der größten ev. Freikirche. Die B. taufen nur Erwachsene (meist durch Untertauchen), weil nach ihrer Auffassung nur der bewusst an Christus Glaubende getauft werden sollte. Sie treten für die Unabhängigkeit der Kirche vom Staat ein und lehnen ebenso eine kirchl. Hierarchie ab. Die Gemeinden sind selbstständig, arbeiten aber in Unionen und Bünden zusammen. Der Gottesdienst besteht in Predigt, freiem Gesang und Gebet ohne liturg. Ordnung. Ein einheitl. baptist. Glaubensbekenntnis gibt es nicht; alleinige Richtschnur für Glauben und Leben ist die Bibel, die jeder Gläubige unter Leitung des Hl. Geistes auslegen kann. – Die Gemeinschaft entstand im 17. Jh. während der engl. Revolution und verbreitete sich bald in Nordamerika, seit 1834, initiiert durch den Kaufmann Johann Gerhard Oncken (* 1800, † 1884), auch in Dtl. Der 1905 gegründete Weltbund der B. (**Baptist World Alliance**) repräsentiert als Dachverband weltweit 211 regionale B.-Bünde mit rd. 80 Mio. B. (davon über 32 Mio. getaufte Erwachsene) in rd. 160 000 Gemeinden an.

Baptisterium [lat.] *das,* Taufkirche (frei stehend oder einer Basilika angebaut), die urspr. für die gruppenweise erfolgende Erwachsenentaufe (nach frühchristl. Ritus durch Untertauchen) als selbstständiger Kultraum errichtet wurde. Das vertiefte Taufbecken (Piscina) lag meist in der Mitte des Raums (in den Taufkirchen des Ostens auch in der Apsis), deshalb wurde als Bautyp der meist überkuppelte Zentralbau bevorzugt (kreisrund oder achteckig).

bar, Einheitenzeichen für →**Bar**.

Bar [Herkunft unbekannt] *der,* im Meistersang ein mehrstrophiges Lied mit ungerader Strophenanzahl.

Bar [engl.; aus altfrz. barre »Schranke«] *die,* 1) [bɑː, engl.], in Großbritannien und den USA die Rechtsanwaltschaft (→Barrister).

2) Gaststätte oder Raum in Hotels mit hoher Theke zur Einnahme von Getränken; auch die Theke selbst als Teil eines Raumes.

Bar [zu griech. barós »Schwere«, »Gewicht«] *das,* Einheitenzeichen **bar,** gesetzl. Einheit des Drucks. 1 bar = 10^5 Pa = 10^5 N/m².

Bar, 1) ehem. frz. Herzogtum, →Barrois.

2) ital. **Antivari,** Hafenstadt am Adriat. Meer in Montenegro, 13 300 Ew.; kath. Erzbischofssitz; Endpunkt der Eisenbahnlinie von Belgrad; Fähre nach Bari (Italien). – 4 km östlich in **Stari Bar** die Ruinen von **Antibar (Antipatris),** der ursprüngl. Stadt (11.–16. Jh.; u. a. von einer Ummauerung mit Türmen umgebene obere Festung, Bischofspalast, Aquädukt).

Bär [ahd. bero »der Braune«], 1) *Astronomie:* **Großer Bär** (lat. Ursa Maior) und **Kleiner Bär** (lat. Ursa Minor), zwei zirkumpolare Sternbilder am nördl. Himmel. Die jeweils sieben hellsten Sterne des Sternbilds Großer B. bilden den **Großen Wagen,** die des Kleinen B. den **Kleinen Wagen** mit je einem Trapez aus vier Sternen und einer »Deichsel« aus drei Sternen. Der Große B. besteht aus den vier Sternen Dubhe, Merak, Phekda, Megrez sowie den drei »Deichselsternen« Alioth, Mizar, Benetnasch. Durch das →Alignement der hinteren Trapezsterne **Merak** und **Dubhe** des Großen Bären findet man den ersten Deichselstern des Kleinen Bären, den **Polarstern.** Der mittlere Deichselstern des Großen B. ist ein mit bloßem Auge erkennbarer Doppelstern, **Mizar** und **Alkor** (das Reiterlein).

2) *Technik:* ein schwerer Stahlklotz in einer Ramme (**Ramm-B.**) oder einem Maschinenhammer (**Hammer-B.**), wirkt durch freien Fall oder zusätzl. Beschleunigung.

3) *Zoologie:* Säugetier, →Bären.

Barabasteppe, Barabinsker Steppe, Steppengebiet im S Westsibiriens, Russland, mit zahlr. Süß- und Salzwasserseen; Weizenanbau, Milchviehzucht.

Baradei [-'deɪ], Mohammed el-, ägypt. Diplomat, * Kairo 17. 6. 1942; Jurist; arbeitete ab 1964 im ägypt. Außenministerium, danach in der Ständigen Vertretung Ägyptens bei den Vereinten Nationen sowie bei der UN-Abrüstungskommission, beim UN-Weltentwicklungsprogramm (UNDP), bei der Internat. Arbeitsorganisation (ILO) sowie der Weltgesundheitsorganisation (WHO). 1984 wurde B. Repräsentant des

Generaldirektors der Internat. Atomenergie-Organisation (IAEO), war 1987–91 Direktor der Rechtsabteilung der IAEO; ist seit 1.12.1997 Generaldirektor der IAEO. Zus. mit der IAEO erhielt er für seine Bemühungen zur Verhinderung der militär. Anwendung von Atomenergie sowie darum, deren friedl. Nutzung so sicher wie möglich zu machen, 2005 den Friedensnobelpreis.

Bărăgan [bərə-], trockene Schwarzerdesteppe in Rumänien zw. dem südöstl. Karpatenvorland und der Donau, das wichtigste rumän. Getreideanbaugebiet.

Barak, Ehud, israel. General (seit 1982) und Politiker, * Mishmar Hasharon 12.2.1942; Ingenieur; u. a. 1991–94 Generalstabschef, 1997–2001 und seit 2007 Vors. der Israel. Arbeitspartei, 1999–2000 Min.-Präs. (erfolglos um endgültige Friedensregelung bemüht).

Baranowitschi, weißruss. **Baranawitschi,** Stadt im Gebiet Brest, Weißrussland, 169 000 Ew.; Eisenbahnknotenpunkt; Textil-, Nahrungsmittelind., Maschinenbau.

Bárány [ˈbaːraːni], Robert, österr. Hals-Nasen-Ohren-Arzt ungar. Herkunft, * Wien 22.4.1876, † Uppsala 8.4.1936; erhielt 1914 den Nobelpreis für Physiologie oder Medizin für seine Arbeit über den Vestibularapparat (Gleichgewichtsorgan).

Baranya [ˈbɔrɔnjɔ, ungar.] *die,* kroat. **Baranja,** früher dt. **Schwäb. Türkei,** fruchtbares Hügelland zw. Donau und unterer Drau; Anbau von Weizen, Mais, Reben und Obst. Der größte Teil gehört zu Ungarn (Bezirk B., 4 430 km², 402 000 Ew., Hptst.: Pécs), der südl. Teil zu Kroatien (Baranja in Ostslawonien; Hptst.: Osijek). – Ab 1718 wurde die B. von Deutschen besiedelt (Donauschwaben); 1920 (Vertrag von Trianon) kam der SO zum späteren Jugoslawien, von dort wurden die Donauschwaben 1945 vertrieben.

Baratterie [ital. »Betrügerei«] *die,* vorsätzl. Verfehlung des Kapitäns oder anderer Besatzungsmitglieder zum Nachteil des Reeders oder der Ladungsbeteiligten.

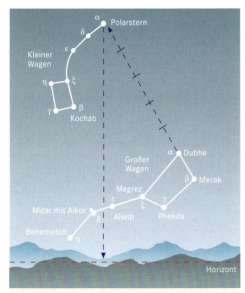

Bär 1): Die hellsten Sterne der Sternbilder Großer Bär und Kleiner Bär; durch fünffache Verlängerung (Alignement) der Hinterachse des Großen Wagens kann man den Polarstern auffinden.

Baratynski, Jewgeni Abramowitsch, russ. Dichter, * Mara (Gouv. Tambow) 2.3.1800, † Neapel 11.7.1844; schrieb schwermütige, gedankenreiche, syntaktisch komplizierte Lyrik, bes. Oden, Elegien, romant. Poeme.

Barbados

Fläche: 431 km²
Einwohner: (2005) 279 300
Hauptstadt: Bridgetown
Verwaltungsgliederung: 11 Bezirksgemeinden
Amtssprache: Englisch
Nationalfeiertag: 30.11.
Währung: 1 Barbados-Dollar (BDS$) = 100 Cent
Zeitzone: MEZ − 5 Std.

Barbados [engl. bɑːˈbeɪdəʊz], Staat im Karib. Meer, die östlichste Insel der Kleinen Antillen.

Staat und Recht

Nach der Verf. von 1966 ist B. eine parlamentar. Monarchie im Commonwealth. Staatsoberhaupt ist die brit. Krone, vertreten durch einen Gen.-Gouv. Die Legislative besteht aus Senat (21 Mitgl., vom Gen.-Gouv. ernannt) und Abgeordnetenhaus (30 Abg., auf 5 Jahre gewählt), die Exekutive liegt bei der Reg. unter Vorsitz des Premierministers. - Wichtigste Parteien: Barbados Labour Party (BLP) und Democratic Labour Party (DLP).

Landesnatur

Die Insel besteht aus einer flachen Tafel verkarsteter Kalke und Mergel, die nach NO ansteigt (Mount Hillaby: 340 m ü. M.); im S und W Sandstrände. Das Klima ist tropisch, mit einer Regenzeit von August bis November (Wirbelstürme). Die jährl. Mitteltemperatur beträgt 26 °C, der jährl. Niederschlag 1 250 bis 1 750 mm.

Bevölkerung

Die Bev., hauptsächlich Schwarze (80 %) und Mischlinge (16 %), gehört zu rd. 96 % christl. Kirchen an (überwiegend Anglikaner und Protestanten). Es besteht allg. Schulpflicht im Alter von 5 bis 16 Jahren. Die Alphabetisierungsrate liegt bei (2004) 100 %.

Wirtschaft und Verkehr

Die Wirtschaft von B. stützt sich auf den Dienstleistungsbereich (73 % des Bruttoinlandsprodukts), v.a. den Tourismus (Kreuzfahrtschiffe); Offshorezentrum. Der traditionelle Zuckerrohranbau (auf großen Plantagen im N) ist seit Jahren in der Krise; daneben werden Baumwolle und Nahrungspflanzen angebaut.

Flagge

Wappen

internationales Kfz-Kennzeichen

Auch die Krabbenfischerei ist exportorientiert. Wichtige Industriezweige sind Zuckerrohrverarbeitung, Leder-, Textil-, Möbelind., Elektroteilmontage; die Erdölraffinerie in Bridgetown (Tiefwasserhafen) produziert u. a. für den Reexport. Touristenzentren befinden sich v. a. an der mittleren W-Küste und der S-Küste östlich von Hastings.

Geschichte

B. wurde 1536 von den Spaniern entdeckt, seit 1627 von Engländern besiedelt, 1652 kam es durch Cromwell in engl. Besitz; bis zur Sklavenbefreiung (1834) war es Umschlagplatz für den Sklavenhandel. 1966 wurde B. im Rahmen des Commonwealth unabhängig. Die beiden Parteien BLP und DLP lösen einander seitdem in der Reg.-Verantwortung ab. Die Parlamentswahlen 1994 gewann die BLP, die auch bei den Wahlen 1999 und 2003 siegte; Min. Präs. ist seit 1994 Owen S. Arthur (* 1949). B. ist Gründungsmitglied der 1973 entstandenen Karib. Gemeinschaft.

Barbakane [ital.] *die,* bei mittelalterl. Befestigungsanlagen das Vorwerk zur Verteidigung des Burg- oder Stadttores; auch Brückenkopf.

Barbar [griech.], bei den Griechen urspr. jeder, der nicht griechisch sprach, seit den Perserkriegen mit der Bedeutung des Ungebildeten, Rohen und Grausamen verbunden; bei den Römern alle außerhalb des griech.-röm. Kulturkreises lebenden Völker; heute *umgangssprachlich* für: roher, ungebildeter Mensch.

Barbara, Märtyrerin, nach der Legende um 306 von ihrem Vater enthauptet; Nothelferin bei Blitzgefahr, Patronin der Berg- und Bauleute; Attribute: Turm, Kelch, Schwert. – Tag: 4. 12.; seit 1969 nicht mehr im Festkalender der kath. Kirche.

Barbarakraut, Barbenkraut, Barbarea, Kreuzblütlergattung. Das gelb blühende **Echte B. (Winterkresse,** Barbarea vulgaris) kann als Salatpflanze genutzt werden.

Barbaresco, ital. Rotwein aus Piemont, aus der Nebbiolotraube bereitet.

Barbari, Iacopo de', ital. Maler, Kupferstecher und Holzschneider, * Venedig, † vor 1516; lebte bis 1500 in Venedig, dann im Dienst dt. Fürsten, seit 1510 Hofmaler der Erzherzogin Margarete in Brüssel; beeinflusste auch A. Dürer.

Barbarossa, Fall B., militär. Deckname für den Angriff auf die UdSSR im Zweiten →Weltkrieg.

Barbarossa [ital. »Rotbart«], Beiname des Röm. (dt.) Kaisers Friedrich I. sowie zweier Herrscher von Algier, Horuk und Cheireddin.

Barbarossahöhle, im Zechstein des südl. Kyffhäusers gebildete Höhle (Gipsauslaugung), bei Rottleben nahe Bad Frankenhausen/Kyffhäuser, Thür., rd. 1 100 m lang (davon 800 m begehbar); der Sage nach soll in ihr Kaiser Friedrich I. schlafend sitzen.

Barbascowurzeln, mehrjährige Wurzelknollen mexikan. und zentralamerikan. Dioscorea-Arten, aus denen Diosgenin als Steroidrohstoff gewonnen wird. (→Jamswurzel)

Barbe, Helmut, Komponist, * Halle (Saale) 28. 12. 1927; wurde 1976 Prof. an der Hochschule der Künste in Berlin (Ost), bezog als einer der ersten Komponisten Zwölftontechnik in seine liturg. Werke ein. Außer geistl. Musik komponierte er Orchester- und Chorwerke, Orgelstücke und Bühnenmusiken.

Barbecue [ˈbɑːbɪkjuː, engl.] *das,* urspr. Gestell zum Rösten und Braten von Fleisch v. a. im Freien, dann auch das geröstete Stück Fleisch oder das (Garten-)Fest, bei dem solches Fleisch bereitet wird.

Barben [lat. »Bart«], **Barbinae,** Unterfamilie der Karpfenfische, bes. verbreitet in trop. und subtrop. Gebieten Asiens und Afrikas. Die mitteleurop. B. oder **Fluss-B.** (Barbus barbus) wird bis zu 50 cm (selten 90 cm) lang und bis zu 8,5 kg schwer. Kleinere, bes. asiat. B., sind Aquarienfische (**Pracht-B.,** Puntius conchonius).

Barber [ˈbɑːbə], **1)** Chris, eigtl. Donald Christopher **B.,** brit. Jazzposaunist und Bandleader, * Welwyn Garden City 17. 4. 1930; gründete 1953 eine Band, die bis Anfang der 1960er-Jahre zu den erfolgreichsten Formationen des traditionellen Jazz in Europa gehörte.

2) Samuel, amerikan. Komponist, * West Chester (Pa.) 9. 3. 1910, † New York 23. 1. 1981; bemühte sich in seinen Werken (u. a. Opern, Orchester-, Kammermusik- und Chorwerke) um eine eigenständige amerikan. Tonsprache.

Barbera, rote Rebsorte Norditaliens, v. a. im Piemont.

Barberina, La B., eigtl. B. **Emmrich** (seit 1789 Gräfin), ital. Tänzerin, * Parma 1721, † Barschau (heute Barzów, bei Breslau) 7. 6. 1799; die gefeierte Ballerina wirkte u. a. in Paris, London und 1744–48 an der Berliner Hofoper.

Barberini, röm. Adelsgeschlecht, aus dem Papst Urban VIII. (1623–44) stammt (Maffeo B.); es wurde von ihm in den Fürstenstand erhoben und starb 1738 aus. Der **Palazzo B.** in Rom (erbaut für Kardinal Francesco B., * 1597, † 1679) wurde von C. Maderno, F. Borromini und G. L. Bernini im Barockstil erbaut (vollendet 1633); er ist seit 1949 Staatsbesitz (Nationalgalerie). Die von Francesco B. angelegte **Bibliothek B.** erwarb Papst Leo XIII. 1902 für die Vatikanische Bibliothek.

Barbey d'Aurevilly [barbɛ dɔrviˈji], Jules, frz. Schriftsteller, * Saint-Sauveur-le-Vicomte (Dép. Manche) 2. 11. 1808, † Paris 23. 4. 1889; exzentr. Dandy, überzeugter Royalist und Katholik. Seine an Stendhal geschulten Romane und Novellen (»Die Teuflischen«, 1874) beeinflussten den psycholog. Roman des 20. Jh. (G. Bernanos, F. Mauriac).

Barbie®: Ruth Handler und die »Jubiläums-Barbie«, vorgestellt 1999 in New York anlässlich des 40. Geburtstages der Barbiepuppe

Barbican Centre [ˈbɑːbɪkən ˈsentə; engl. barbican »Vorwerk«, »Wachturm«], seit 1964 errichtetes Kulturzentrum und Wohngebiet östlich der Londoner City, 1982 eröffnet; umfasst 2 000 Wohnungen, u. a. eine Konzert- und Konferenzhalle, zwei Theater, Kinos, ein Galerie- und Ausstellungsforum, eine Bibliothek sowie die Guildhall School of Music and Drama.

Barbie® [ben. nach der Tochter (Barbara) von Ruth Handler], **Barbiepuppe,** Spielzeugpuppe aus Plastik; als neuartige »erwachsene Puppe« gegenüber den bis dahin übl. Babypuppen 1959 von der amerikan. Designerin Ruth Handler (* 1916, † 2002), aus der 1952 in Dtl. entstandenen Hartplastikpuppe »Lilli« entwickelt; in ihrer Gestaltung seither mehrmals dem Zeitgeist angepasst.

Barbirolli, Sir (seit 1949) John, eigtl. Giovanni Battista **B.,** brit. Dirigent, * London 2. 12. 1899, † ebd. 28. 7. 1970; zunächst Cellist, 1937–43 Chefdirigent des New York Philharmonic Orchestra, 1962–67 des Houston Symphony Orchestra.

Barbitursäure, durch Umsetzen von Harnstoff mit Malonsäurediethylester hergestellte farblose, kristalline, bitter schmeckende Substanz. Ihre Derivate **(Barbiturate)** werden als Narkosemittel und teilweise zur Behandlung der Epilepsie genutzt. Als Schlaf- und Beruhigungsmittel haben sie ihre Bedeutung weitgehend verloren. Bei wiederholter Anwendung führen Barbiturate zur Gewöhnung mit Entzugserscheinungen. Zu hohe Dosen können zum Tod durch Atemlähmung und Kreislaufversagen führen.

Barbizon [barbiˈzõ], Dorf bei Fontainebleau, Frankreich. Von der hier um die Mitte des 19. Jh. entstandenen Malerkolonie **(Schule von B.)** ging die frz. Malerei der »intimen Landschaft« aus, der schlichten und stimmungserfüllten Darstellung eines Naturausschnitts. Ihre Hauptmeister sind C. Corot, T. Rousseau, J.-F. Millet, J. Dupré, N. Diaz de la Peña, C.-F. Daubigny, C. Troyon.

Barbour [ˈbɑːbə], **Barber,** John, der erste bed. schott. Dichter, * 1325 (?), † Aberdeen 13. 3. 1395. Sein Werk »The Bruce« (1375) gilt als schott. Nationalepos.

Barbuda [engl. bɑːˈbuːdə], Insel der Kleinen Antillen, Karibik, →Antigua und Barbuda.

Barbusse [barˈbys], Henri, frz. Schriftsteller, * Asnières-sur-Seine (Dép. Hauts-de-Seine) 17. 5. 1873, † Moskau 30. 8. 1935. Sein Kriegsbuch »Das Feuer« (1916), das Brutalität und Sinnlosigkeit des Krieges in authent. Sprache schildert, wurde ein Welterfolg.

Barby/Elbe, Stadt im Landkreis Schönebeck, Sa.-Anh., an der Mündung der Saale in die Elbe, 4 500 Ew.; Metallverarbeitung, Baustoffind., Rehabilitationszentrum; Ökolog. und Solarzentrum Sa.-Anh.; Elbhafen; Tor zum Biosphärenreservat »Mittlere Elbe«; Marien- und Johanniskirche (beide 13. Jh.).

Barcelona [barsəˈlɔna, span. barθeˈlona], **1)** Provinz Spaniens, in Katalonien, 7 728 km², 5,05 Mio. Einwohner.
2) Hptst. von 1), 1,583 Mio. Ew.; bed. Ind.- und Handelsstadt, wichtiger Hafen der span. Mittelmeerküste, in bergumkränzter Küstenebene; Erzbischofssitz; drei Univ., techn. Hochschulen, Museen (u. a. Picasso-Museum, Museum für zeitgenöss. Kunst), Aquarium, Opernhaus (»Liceo«); Textil-, Metall-, Druck- und Papierind., Kfz- und Schiffbau; internat. Flughafen. – Ort der Weltausstellung 1929/30; Austragungsort der XXV. Olymp. Spiele 1992. – Got. Kathedrale (1298 begonnen), Temple de la Sagrada Família von A. Gaudí (1883 ff., unvollendet), Rathaus (14. Jh.). Im

Barcelona 2): Antoni Gaudí, Kathedrale Temple de la Sagrada Família (1883 begonnen, unvollendet)

Rahmen des Stadterneuerungsprogramms der 1980er- und 1990er-Jahre entstanden zahlr. Neubauten international bed. Architekten. Die Casa Milá, Park und Palau Güell von A. Gaudí sowie der Palau de la Música Catalana und das Hospital von Sant Pau wurden als außergewöhnl. Zeugnisse des katalan. Jugendstils von der UNESCO zum Weltkulturerbe erklärt. – Das röm. **Barcino,** im MA. **Barcinona,** wurde 415 von den Westgoten, 717/718 von den Arabern, 801 von den Franken erobert und zur Hptst. der Span. Mark gemacht. 1137 kam es an das Königreich Aragonien. Im Span. Erbfolgekrieg (bis 1714) kämpfte es gegen den Bourbonen Philipp V. Im 19. Jh. Mittelpunkt des katalan. Separatismus; 1932–39 und seit Dez. 1979 Hptst. Kataloniens.
3) Hptst. des Staates Anzoátegui, Venezuela, 328 000 Ew.; Erdölausfuhrhafen, internat. Flughafen; baulich mit →Puerto La Cruz zusammengewachsen.

Barchan [turkmen.] der, **Sicheldüne, Bogendüne,** halbmondförmige Wanderdüne mit flachem Anstieg auf der Windseite und Steilhang im Windschatten.

Barchent [arab. barrakān »grober Wollstoff«] der, linksseitig aufgerautes flanellartiges Gewebe. Die Kette ist aus feinerem und festerem Material als der Schuss.

Barclay [ˈbɑːklɪ], Alexander, engl. Dichter, * um 1475, † Croydon (heute zu London) 8. 6. 1552; Geistlicher, schrieb »The shyp of folys of the worlde« (1509) in Anlehnung an S. Brants »Narrenschiff«.

Barclay de Tolly, Michail Bogdanowitsch, Fürst (seit 1815), russ. Generalfeldmarschall (seit 1814), * Pomautsch/Scheimel (Litauen) 27. 12. 1761, † bei Insterburg 26. 5. 1818; 1810–12 russ. Kriegsmin., führte gegen Napoleon I. 1812 die 1. russ. Westarmee, wurde dann durch M. I. Kutusow ersetzt; nach dessen Tod (1813) Oberbefehlshaber der russ.-preuß. Truppen.

Barclays Bank PLC [ˈbɑːklɪz ˈbæŋk piːelˈsiː], 1896 gegründete brit. Großbank, Sitz: London.

Barcelona 2) Stadtwappen

John Bardeen

Brigitte Bardot

Daniel Barenboim

Barczewo [-'tʃɛvɔ], dt. **Wartenburg i. Ostpr.**, Stadt in der Wwschaft Ermland-Masuren, Polen, im Masur. Seenland, 7 500 Ew.; Holz und Metall verarbeitende, Textil- und Nahrungsmittelind.; got. Pfarrkirche (14. Jh.). – Östlich der bereits 1337 gen. Stadt Wartenburg (1353/54 durch die Litauer zerstört) wurde die Siedlung neu angelegt (als Burg des Bischofs von Ermland) und erhielt 1364 Stadtrecht.

Barde [irisch], kelt. Hofdichter, der Fürsten- und Helden(preis)lieder zum Vortrag brachte. In Gallien starb ihr Stand mit der Romanisierung aus. In Wales sowie in Irland und Schottland gab es B. bis ins 17./18. Jh. – Im 17. und 18. Jh. wurden von einer durch F. G. Klopstock, J. E. Schlegel u. a. getragenen, die altdt. Zeit verherrlichenden Richtung B. mit den altnord. Skalden und altgerman. Sängern gleichgesetzt. Die **Bardendichtung** entwickelte sich in Klopstocks Nachfolge und unter dem Einfluss von J. Macphersons »Ossian« zu einer kurzfristigen Modedichtung.

Bardeen [ˈbɑːdiːn], John, amerikan. Physiker, * Madison (Wis.) 23. 5. 1908, † Boston (Mass.) 30. 1. 1991; erhielt 1956 mit W. H. Brattain und W. Shockley für die Entdeckung des Transistoreffekts und 1972 mit L. N. Cooper und J. R. Schrieffer für die »BCS-Theorie« der Supraleitung den Nobelpreis für Physik.

Bardejov, dt. **Bartfeld**, ungar. **Bártfa**, Stadt im O der Slowak. Rep., 33 200 Ew.; Holz verarbeitende, Schuh- und Nahrungsmittelindustrie. – Die Altstadt mit fast vollständig erhaltener Befestigung (14. Jh., Rundtürme meist 16. Jh.) wurde zum UNESCO-Weltkulturerbe erklärt.

Bardem [-'ðen], Juan Antonio, span. Filmregisseur und Drehbuchautor, * Madrid 2. 7. 1922, † ebd. 30. 10. 2002; wichtiger Vertreter des span. Films nach dem Zweiten Weltkrieg; drehte v. a. in den 1950er-Jahren realist., sozialkrit. Filme. – *Filme:* Tod eines Radfahrers (1955); Hauptstraße (1956); Sieben Tage im Januar (1979).

Bar|depot [-po], unverzinsl. Zwangseinlagen, die Gebietsansässige bei der Zentralbank halten müssen, wenn sie im Ausland Kredite aufnehmen; Instrument zur Abwehr unerwünschter Kapitalimporte. Eine B.-Pflicht in Dtl. bestand zw. dem 1. 3. 1972 und dem 1. 10. 1974.

Bardot [bar'do], Brigitte, frz. Filmschauspielerin, * Paris 28. 9. 1934; spielte u. a. in den Filmen »Und immer lockt das Weib« (1956), »Die Wahrheit« (1960), »Viva Maria« (1965); setzt sich heute v. a. für den Tierschutz ein.

Bardowick [-viːk], Flecken im Landkr. Lüneburg, Ndsachs., 6 100 Ew.; Gemüsebau, Matratzen-, Polstermöbelfabrik; Dom (vor 1380 bis Ende des 15. Jh.). – 805 von Karl d. Gr. zum Grenzhandelsplatz für die Slawengebiete bestimmt, gewann es wirtsch. und polit. Bedeutung, trat aber seit Mitte des 12. Jh. hinter Lüneburg und Lübeck zurück.

Bareilly [bəˈreɪlɪ, engl.], Stadt in Uttar Pradesh, Indien, 699 800 Ew.; Univ. (1975 gegr.); Möbelindustrie.

Bären, 1) Ursidae, Familie großer bis sehr großer Säugetiere, Landraubtiere in Europa, Asien und Amerika; Körperlänge etwa 1–3 m, Körpergewicht bis 780 kg; plumpe Tiere mit kurzem, dickem Hals, relativ kurzen Beinen und kurzem bis rudimentärem Schwanz; Sohlengänger mit nicht einziehbaren Krallen; Geruch und Gehör gut entwickelt; Reißzähne nur schwach ausgebildet, dafür breite Backenzähne (Alles- bzw. Pflanzenfresser); in kalten Gebieten öfter unterbrochene Winterruhe.

Die bekannteste, weit über Eurasien und Nordamerika verbreitete Art ist der **Braunbär** (Ursus arctos; etwa 1,7–3 m lang). In Europa finden sich kleinere Populationen noch in Skandinavien, auf der Iberischen und der Apenninenhalbinsel sowie in den südl. Alpen (Brenta); größere Bestände sind noch in Ost- und Südosteuropa anzutreffen. Weltweit umfasst diese Art eine große Zahl von Unterarten, u. a. den nordamerikan. **Grizzlybär** (Ursus arctos horribilis; bis 2,3 m lang) und den bis zu 3 m langen **Alaska-** oder **Kodiakbären** (Ursus arctos middendorffi). Der **Eisbär** (Ursus maritimus; bis 2,5 m lang) lebt im Nordpolargebiet und ist ein guter Schwimmer und Taucher. Die drei in subtropisch-trop. Breiten vorkommenden Arten sind weniger nahe mit dem Braunbär verwandt: Der südamerikan. **Brillen-** oder **Andenbär** (Tremarctos ornatus) ist schwarz mit wechselnd großer Brillenzeichnung. Der in Hinterindien, Borneo und Sumatra lebende **Malaien-** oder **Sonnenbär** (Helarctos malayanus) ist der kleinste Bär (100–140 cm lang) und ein guter Kletterer. Der **Lippenbär** (Melursus ursinus) lebt in den Wäldern Vorderindiens und Sri Lankas, ernährt sich von Insekten. Der **Asiat. Schwarz-, Tibet-, Himalaja-** oder **Kragenbär** (Ursus thibetanus) lebt bis in Höhen von 4 000 m; er ist schwarz oder rotbraun, mit weißem V oder Y auf der Brust. Der **Amerikan. Schwarzbär** oder **Baribal** (Ursus americanus) ist schwarz mit braungelber Schnauzenspitze. Ausgestorben ist der →Höhlenbär. Die **Wasch-B., Nasen-B.** u. a. gehören zu den →Kleinbären. Nicht zu den B. gehören auch →Pandas und →Koala.

Der **Bärenkult** ist seit der mittleren Altsteinzeit nachweisbar (Höhlenbilder) und war von den Lappen über die sibir. Volksstämme und Ainu bis zu den In-

Bären 1) (von links): Amerikanischer Schwarzbär (Ursus americanus); Braunbären (Ursus arctos); Eisbär (Ursus maritimus)

dianern Nordamerikas verbreitet; die Vorstellung von der Abstammung des Menschen oder einzelner Helden von B. ist als Märchenmotiv erhalten; Zähne und Krallen von B. wurden als Amulett getragen und sollten »Bärenkräfte« verleihen.

2) die Schmetterlingsfamilie → Bärenspinner.

Barenboim, Daniel, israel. Pianist und Dirigent, *Buenos Aires 15. 11. 1942; wurde 1975 Chefdirigent des Orchestre de Paris (bis 1989) und leitete 1991–2006 das Chicago Symphony Orchestra. 1992 übernahm er die künstler. Leitung der Dt. Staatsoper Berlin. Seit 1999 veranstaltete B. mehrere Workshops, an denen junge Musiker aus Israel, Palästina, Ägypten, Syrien und Jordanien teilnehmen; aus den Workshops entstand The West-Eastern Divan Orchestra.

Bärenhüter, auch **Ochsentreiber,** lat. **Bootes,** Sternbild des Nordhimmels, das im Frühjahr am Abendhimmel sichtbar ist. Sein Hauptstern **Arktur** gehört zu den hellsten Sternen am Himmel. Der Stern ε Bootis (auch **Izar** oder **Pulcherrima** gen.) ist ein Doppelstern. Der Stern τ Bootis besitzt im Abstand von 6,9 Mio. km einen Planeten von etwa drei Jupitermassen.

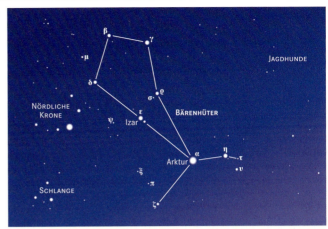

Bärenhüter: mit bloßem Auge sichtbare Sterne des Sternbildes Bärenhüter sowie ausgewählte Objekte

Bäreninsel, norweg. **Bjørnøya,** nach den dort lebenden Eisbären ben. Insel zw. dem europ. Nordkap und Spitzbergen, 178 km², bis 536 m ü. M.; Funk- und Wetterstation; 1596 von W. Barents entdeckt, seit 1925 norwegisch.

Bärenklau [nach der Blattform], 1) *Botanik:* **Heracleum, Bärenwurz,** Gattung der Doldenblütler mit etwa 60 Arten. Heimisch u. a. der bis 1,5 m hohe **Wiesen-B.** (Heracleum sphondylium) mit weißen oder grünl. Blüten auf Wiesen und an Wegrändern. An Straßen-, Weg- und Waldrändern wächst der sich einbürgernde **Riesen-B. (Herkulesstaude,** Heracleum mantegazzianum) aus dem Kaukasus; bis 3 m hoch, mit weißen Blüten und purpurfarben geflecktem Stängel; Hautkontakt ist zu vermeiden, kann vor allem bei Kindern zu schwer heilenden, brandblasenähnl. Entzündungen führen.

2) *Kunst:* → Akanthus.

Bärenmarder, der → Binturong.

Bärensee, → Großer Bärensee.

Bärenspinner, Bären, Arctiidae, Schmetterlingsfamilie mit rd. 5000 Arten; meist kleine bis mittelgroße Falter, v. a. auf den Hinterflügeln bunt, gelb oder rot mit schwarz gezeichnet. Die Raupen sind fast stets stark behaart **(Bärenraupe);** schädlich durch Fraß an über 50 Pflanzenarten.

Bärentraube, Arctostaphylos, Heidekrautgewächsgattung; die auf Heideboden und im Nadelwald wachsende **Echte B.** (Arctostasphylos uva-ursi) ist ein preiselbeerähnl. Halbstrauch mit roten, mehligen Früchten. Das Laub wirkt desinfizierend auf die Harnwege (Bärentraubenblättertee).

Barents, Barentsz, Willem, niederländ. Seefahrer, * auf Terschelling um 1550, † bei Nowaja Semlja 20. 6. 1597; erreichte auf der Suche nach der Nordostpassage 1594 die W-Küste Nowaja Semljas, entdeckte 1596 die Bäreninsel und Spitzbergen.

Barentsko|operation, internat. Vereinbarung, geschlossen am 11. 1. 1993 zw. Finnland, Norwegen, Russland und Schweden, begründet völkerrechtlich die Zusammenarbeit der vier Staaten auf dem Gebiet des Umweltschutzes und der wirtsch. Erschließung der nordpolaren Barentssee.

Barentssee [nach W. Barents] *die,* Teil des Nordpolarmeers zw. der Nordküste Europas, Nowaja Semlja, Franz-Josef-Land und Spitzbergen, 1,4 Mio. km²; im N-Teil großes Offshore-Erdgasfeld; bed. Fischfanggebiet. Wegen der früheren Versenkung von sowjet. Atommüll (bes. zw. 1963 und 1986) droht eine radioaktive Verseuchung. Die **Barentsinsel** (1330 km²) gehört zu Spitzbergen.

Barett [frz.] *das,* von Männern und Frauen getragene flache, mit Krempe versehene Kopfbedeckung des späten 15. und des 16. Jh.; breite, bunte B. gehörten zur Kleidung der Landsknechte und haben sich bis heute in jener der päpstl. Garde erhalten. Seit dem letzten Drittel des 16. Jh. zunehmend vom Hut verdrängt, lebt das B. in versch. Amtstrachten und Uniformen bis heute fort.

Barfrost, Blachfrost, Frost ohne Schneedecke.

Barfuss, Ina, Malerin, * Lüneburg 20. 2. 1949; aus dem Umfeld der »Neuen Malerei« stammend, kombiniert sie in einer aggressiv-expressiven Bildwelt um Themen wie Sexualität, Gesch., Tod und Gewalt die Klischees der zeitgenöss. Medien mit archetyp. Zeichen.

Barfuss, Lukas, schweizer. Schriftsteller, * Thun 30. 12. 1971; schreibt erfolgreiche Dramen, in denen er existenzielle eth. Probleme gestaltet, so in »Siebzehn Uhr Siebzehn« (UA 2000) und »Alices Reise in die Schweiz« (UA 2005), die Konfrontation des Einzelnen mit dem Tod.

Barfüßer, Barfüßerinnen, Mönche und Nonnen, deren Ordensregeln Fußbekleidung (außer Sandalen) verbieten, bes. Franziskaner und Kapuziner.

Bargecarrier [ˈbaːdʒkærɪə, engl.] *der,* Oberbegriff für versch. Behälterschiffe nach Art des → Lash.

Bargeld, Banknoten und Münzen, die als gesetzl. Zahlungsmittel im Umlauf sind; Ggs.: Buchgeld. – Tab. S. 404

Bargello [-ˈdʒello, ital.], **Palazzo del B.,** Palast (1255–1346 errichtet) und Nationalmuseum in Florenz, v. a. ital. Skulpturen, darunter Werke von Donatello, B. Cellini und Giambologna.

Bargheer, Eduard, Maler, * Hamburg 25. 12. 1901, † ebd. 1. 7. 1979; malte hellfarbige, stark abstrahierte Landschaften.

Bar-Hillel, Yehoshua, israel. Philosoph und Logiker, * Wien 8. 9. 1915, † Jerusalem 25. 9. 1975; seit 1954 Prof. in Jerusalem; wissenschaftstheoret. und sprachphilosoph. Untersuchungen zum method. Aufbau der

Bärentraube: Echte Bärentraube, Blüten **(oben)** und Früchte **(unten)**

Bargeld: Struktur des Bargeldumlaufs im Eurosystem (Ende 2006)

Banknotenumlauf Euronoten	in Mio. €	Anteil in %	Münzumlauf*⁾ Münzen	in Mio. €	Anteil in %
500	209 692	33,4	2 €	7 004	39,2
200	30 565	4,9	1 €	5 301	29,7
100	111 641	17,8	50 Cent	2 220	12,4
50	203 880	32,4	20 Cent	1 461	8,2
20	46 731	4,4	10 Cent	915	5,1
10	19 005	3,0	5 Cent	561	3,1
5	6 728	1,1	2 Cent	258	1,4
			1 Cent	157	0,9
insgesamt	**628 242**	**100**		**17 877**	**100**

*⁾ohne Gedenkmünzen

modernen Linguistik, zur maschinellen Sprachübersetzung u. a.; Arbeiten zu Grundproblemen der Mathematik.

Bari, 1) Prov. in der Region Apulien, Italien, 5138 km², 1,57 Mio. Einwohner.
2) Hptst. Apuliens und von 1), 314 200 Ew., Hafenstadt am Adriat. Meer, Erzbischofssitz; Univ.; Erdölraffinerie, Metall-, chem., Zement-, Textil- und Nahrungsmittelind., Werft; Fähren nach Dubrovnik, Bar und Korfu. – B., das röm. **Barium**, war 840–871 in den Händen der Sarazenen, vor- und nachher byzantinisch, seit 1071 normannisch, von den Staufern zum wichtigen Hafen ausgebaut, nach 1250 unter wechselnder Herrschaft, 1558 kam es zum Königreich Neapel.

Baribal der, Amerikan. Schwarzbär, →Bären.

Baricco, Alessandro, ital. Schriftsteller und Musikwissenschaftler, * Turin 25. 1. 1958. In parabelhaften Werken erschafft B. Fantasiewelten mit ungewöhnl. Charakteren, mischt Stile und Gattungen, Realität und Surrealität (szen. Monolog »Novecento«, 1994, verfilmt u. d. T. »Die Legende vom Ozeanpianisten«; Romane »Seide«, 1996; »Ohne Blut«, 2002). Er schreibt auch musikkrit. Essays.

Baring [ˈbærɪŋ], Anfang des 18. Jh. aus Bremen nach England eingewanderte Familie; Sir Francis B. gründete 1762 in London das Bankhaus **B. Brothers & Co.** (1995 von der niederländ. Finanzgruppe Internationale Nederlanden Groep übernommen). Die Familie stellte in Großbritannien mehrere Staatsmänner, u. a. Earl →Cromer.

Baring, Arnulf, Politologe und Historiker, * Dresden 8. 5. 1932; seit 1969 Prof. an der FU Berlin, befasst sich mit Fragen der dt. Zeitgeschichte.
Werke: Außenpolitik in Adenauers Kanzlerdemokratie (1969; Neuausg. u. d. T. Im Anfang war Adenauer, 1982); Machtwechsel. Die Ära Brandt-Scheel (1982); Scheitert Dtl.? (1997); Es lebe die Republik, es lebe Dtl.! Stationen demokrat. Erneuerung 1949–1999 (1999); Kanzler, Krisen, Koalitionen (2002, mit G. Schöllgen).

barisches Windgesetz, Gesetz über die Beziehung zw. Windrichtung und Luftdruckverteilung: Auf der Nordhalbkugel strömt der Wind im Uhrzeigersinn um ein Hochdruckgebiet, gegen den Uhrzeigersinn um ein Tiefdruckgebiet; auf der Südhalbkugel umgekehrt.

Barischnikow, Michail Nikolajewitsch, amerikan. Tänzer und Ballettdirektor russ. Herkunft, * Riga 27. 1. 1948; wurde 1967 Mitgl. des Leningrader Kirow-Balletts, 1974 des American Ballet Theatre, dessen künstler. Leitung er 1980–89 innehatte; gründete 1990 das White Oak Dance Project, das sich bis zu seiner Auflösung 2002 dem modernen Tanz widmete. Die Arbeit B.s konzentriert sich seit 2005 im International center for interdisciplinary experimentation and collaboration in New York.

Bariton [ital., zu griech. barýtonos »volltönend«] *der,* **1)** die männl. Singstimme zw. Tenor und Bass, Umfang A–e¹/g¹.
2) Tonlagenbez. bei Instrumenten, z. B. das B.-Horn (Baryton).

Baritonschlüssel, *Musik:* ein Notenschlüssel (→Schlüssel).

Barium [zu griech. barýs »schwer«] *das,* **Ba,** metall. Element aus der 2. Hauptgruppe des Periodensystems, Ordnungszahl 56, relative Atommasse 137,33, Dichte (bei 25 °C) 3,62 g/cm³, Schmelzpunkt 727 °C, Siedepunkt 1 897 °C. B. ist ein silberweißes, weiches, an der Luft schnell oxidierendes Erdalkalimetall, chemisch dem Calcium ähnlich. In der Natur kommt es nur in Verbindungen vor, insbesondere als →Schwerspat, $BaSO_4$. – Die Darstellung erfolgt durch Reduktion von B.-Oxid mit Aluminium oder Silicium bei 1200 °C im Vakuum. Verwendet wird B. v. a. in seinen Verbindungen; u. a. in Elektronenröhren und als Bestandteil von Hochtemperatur-Supraleitern (→Supraleiter).

Bariumcarbonat, $BaCO_3$, kommt in der Natur als **Witherit** vor; verwendet v. a. als Ausgangsstoff für andere Bariumverbindungen, in der Glasindustrie und Pyrotechnik (Grünfeuer).

Bariumchromat, Barytgelb, $BaCrO_4$, gelber Farbstoff.

Bariumhydroxid, Ätzbaryt, Barythydrat, $Ba(OH)_2$; verwendet u. a. zur Wasserenthärtung und zur Glasfabrikation. Die stark bas. wässrige Lösung **(Barytwasser)** ist u. a. Reagenz zum Nachweis von Kohlendioxid.

Barium|oxid, Baryterde, BaO, wird durch Glühen eines Kohle-Bariumcarbonat-Gemisches oder von Bariumcarbonat gewonnen; Absorptionsmittel für Kohlendioxid und Wasser, zur Herstellung von Bariumverbindungen und Spezialgläsern.

Bariumper|oxid, BaO_2, starkes Oxidationsmittel, verwendet zur Herstellung von Wasserstoffperoxid und für Zündsätze bei der Aluminothermie.

Bariumsulfat, $BaSO_4$, natürlich als **Schwerspat** vorkommend, fällt beim Versetzen gelöster Bariumsalze mit verdünnter Schwefelsäure als feiner, weißer Niederschlag aus; verwendet bei Ölbohrungen zur Herstellung von Bohrschlamm, als weißer Farbstoff

(Barytweiß), als Füllstoff für Papier und Kunststoffe sowie als Kontrastmittel für Röntgenuntersuchungen.

Bark [engl.] *die,* Dreimastsegler (→Segelschiff).

Barkarole [ital. barcarola, von barca »Barke«] *die,* Lied der venezian. Gondolieri, meist im ⁶/₈-Takt; in Oper u. a. Kunstmusik aufgenommen (z. B. von J. Offenbach, F. Chopin).

Barkasse [span.] *die,* Verkehrsmotorboot zur Personenbeförderung im Hafen.

Barkhausen, Heinrich, Physiker, *Bremen 2. 12. 1881, †Dresden 20. 2. 1956; arbeitete über Elektronenröhren und elektr. Schwingungen, entdeckte 1919 den **B.-Effekt:** Ferromagnetika magnetisieren im äußeren Feld sprunghaft durch Umklappen der weissschen Bezirke; dies lässt sich als **B.-Rauschen** nachweisen.

Barkla [ˈbɑːklə], Charles Glover, brit. Physiker, *Widnes (Cty. Lancashire) 7. 6. 1877, †Edinburgh 23. 10. 1944; Mitbegründer der Röntgenspektroskopie; 1917 Nobelpreis für Physik für die Entdeckung der charakterist. Röntgenstrahlung der chem. Elemente.

Bar Kochba [hebr. »der Sternensohn«], Beiname des Simon ben Kosiba, jüd. Freiheitsheld, ⚔ Bethar (bei Jerusalem) 135 n. Chr.; Führer des jüd. Aufstandes gegen die Römer in Palästina (132–135); galt als Messias und »Fürst Israels«.

Barla|am und Josaphat, Barla|am und Joasaph, bes. im MA. verbreiteter erbaul. Roman, der aus christl. und buddhist. Legenden und Parabeln zusammengetragen ist.

Barlach, Ernst, Bildhauer, Grafiker und Dichter, *Wedel (Holstein) 2. 1. 1870, †Rostock 24. 10. 1938; schuf in wuchtigen, das Naturvorbild vereinfachenden Formen v. a. Holz- und Bronzebildwerke von starker Ausdruckskraft, daneben Holzschnitte und Lithografien, z. T. für eigene Dichtungen. B. schrieb Prosa und bes. Schauspiele, die den Kampf zw. Mächten des Lebens, zw. Gut und Böse, Seele und Gott in reicher Bildsprache gestalten. – Den Nachlass B.s mit der umfangreichsten Sammlung seiner Werke aus allen Schaffensbereichen und -perioden bewahrt seit 1994 die **Ernst B. Stiftung** in Güstrow (Museen: Gertrudenkapelle, Atelierhaus, neues Ausstellungs- und Archivgebäude). Weitere Sammlungen: **Ernst B. Haus, Stiftung Hermann F. Reemtsma,** Hamburg, und **E.-B.-Gesellschaft,** Hamburg, mit Museen in Ratzeburg und Wedel.

Werke: Bildwerke: Ehrenmal im Dom zu Güstrow (»Schwebender«, 1927, eingeschmolzen; Neuguss nach der Plastik in der Kölner Antoniterkirche); »Geistkämpfer«, vor der Nikolaikirche, Kiel (1928); Nischenfiguren an der Katharinenkirche in Lübeck (1930–32); Kruzifix, Elisabethkirche, Marburg (1931); Mahnmal im Dom von Magdeburg (1929). – *Schauspiele:* Der tote Tag (1912); Der arme Vetter (1918); Die Sündflut (1924); Der blaue Boll (1926); Der Graf von Ratzeburg (1951). – *Prosa:* E. B. Ein selbsterzähltes Leben (1928); Seespeck (1948, entstanden 1913/14).

Bärlapp, Lycopodium, Gattung der B.-Gewächse (Lycopodiopsida; Farnpflanzen), über 400 Arten mit meist schlanken, gablig verzweigten, nadel- oder schuppenförmig beblätterten Sprossen. Auf trockenem Waldboden Mitteleuropas wachsen mit langen, immergrünen, kriechenden Sprossen und aufsteigenden Sporangienähren bes. **Sprossender B.** (Lycopodium annotinum) und **Keulen-B.** (Lycopodium clavatum). Die Sporen werden als »B.-Samen« oder »Hexenmehl« bezeichnet. Alle B.-Arten sind in Dtl. geschützt.

Bärlauch, Bärenlauch, Allium ursinum, Art der Gattung Lauch mit intensivem Knoblauchgeruch, wächst in feuchten Laubwäldern und bildet oft Massenbestände.

Bar-le-Duc [baʁləˈdyk], Hptst. des Dép. Meuse in Lothringen, Frankreich, am Rhein-Marne-Kanal, 16 900 Ew.; Textilind., Maschinenbau. – Ehem. Hauptstadt der Grafschaft Bar (→Barrois).

Barletta, Hafenstadt in Apulien, Prov. Bari, Italien, 92 800 Ew., chem., Papier-, Zementind.; Meersalzgewinnung. – Dom (12.–14. Jh.); stauf. Kastell (13. und 16. Jh.). Der **Koloss von B.** ist eine Bronzestatue eines röm. Kaisers (5. Jh.). – Südwestlich lag das Schlachtfeld von →Cannae.

Barley [ˈbɑːli], Nigel, brit. Ethnologe und Schriftsteller, *Kingston 25. 7. 1947; verfasste nach zweijährigem Feldforschungsaufenthalt in Kamerun (ab 1978) den Erfahrungsbericht »The innocent anthropologist« (1983; dt. »Traumatische Tropen«), ein Standardwerk der Ethnologie, in dem er humorvoll seine Versuche, fremde Kultur zu verstehen und darzustellen, sowie die Kluft zw. ethnolog. Forschung und afrikan. Wirklichkeit schildert.

Barlog, Boleslaw, Theaterleiter und Regisseur, *Breslau 28. 3. 1906, †Berlin 17. 3. 1999; 1945–72 Intendant des Schlossparktheaters, 1951–72 auch des Schillertheaters Berlin; schrieb die Erinnerungen »Theater lebenslänglich« (1981).

Barmen, östl. Stadtteil von →Wuppertal.

Barmer Ersatzkasse, Abk. **BEK,** mitgliederstarke gesetzl. Krankenkasse, 1884 errichtet, Sitz: Wuppertal.

Barmer Theologische Erklärung, →Bekennende Kirche.

Barmherzige Brüder, mehrere kath. Ordensgemeinschaften für die Krankenpflege, bes. der 1537 gestiftete **Hospitalorden des hl. Johannes von Gott.**

Charles Barkla

Ernst Barlach: »Der singende Mann«, Bronze (1928)

Barmherzige Schwestern, zahlr. weibl. Ordensgemeinschaften für die Krankenpflege: Vinzentinerinnen, Borromäerinnen, Elisabethinerinnen, Franziskanerinnen, Zellitinnen. In den ev. Kirchen entsprechen ihnen (in den Aufgaben) die →Diakonissinnen.

Barmherzigkeit, der den Gefühlsantrieb des →Mitleids aufnehmende Ausdruck der christl. →Nächstenliebe. B. gründet auf der von Jesus für das Reich Gottes und das Leben in seiner Nachfolge erhobenen Forderung (Mt. 9, 13; 23, 23).

Bar-Mizwa [aramäisch »Sohn des Gebots«], 1) der jüd. Junge, der das 13. Lebensjahr vollendet hat; 2) die feierl. Einführung des Jungen in die jüd. Glaubensgemeinschaft; im Reformjudentum analog bei zwölfjährigen Mädchen (**Bat-Mizwa** [»Tochter des Gebots«]) durchgeführt.

Barn [engl.] *das,* Einheitenzeichen **b**, nichtgesetzl. Flächeneinheit zur Angabe des Wirkungsquerschnitts in Atom- und Kernphysik: $1\,\text{b} = 10^{-28}\,\text{m}^2 = 100\,\text{fm}^2$ (Quadratfemtometer).

Barnabas, Beiname des Leviten Joseph aus Zypern (Apg. 4, 36); Begleiter des Apostels Paulus auf der ersten Missionsreise. Heiliger, Tag: 11. 6.

Barnack, Oskar, Feinmechaniker, *Lynow (Landkreis Luckenwalde) 1. 11. 1879, † Bad Nauheim 16. 1. 1936; konstruierte als Mitarbeiter der Firma Ernst Leitz (Wetzlar) eine die Verwendung von →Kinefilm ermöglichende Kleinbildkamera, die er bis 1913 zur »Ur-Leica« entwickelte; sie wurde ab 1925 als »Leica« (zu **Lei**tz und **Ca**mera) produziert.

Christiaan Barnard

Barnard [ˈbɑːnəd], **1)** Christiaan Neethling, südafrikan. Herzchirurg, *Beaufort West (Prov. West-Kap) 8. 11. 1922, † Paphos (Zypern) 1. 9. 2001; führte am 3. 12. 1967 die erste erfolgreiche Herztransplantation am Menschen aus.

2) Edward Emerson, amerikan. Astronom, *Nashville (Tenn.) 16. 12. 1857, † Williams Bay (Wis.) 6. 2. 1923; entdeckte zahlr. Kometen, Nebel und den 5. Jupitermond (Amalthea); erkannte die Natur der Dunkelwolken und fand 1916 auf fotograf. Aufnahmen den nach ihm benannten Pfeilstern.

Barnardscher Stern [ˈbɑːnəd -; nach E. E. Barnard], **Barnardscher Pfeilstern,** Stern im Sternbild Schlangenträger; er ist 5,9 Lichtjahre von der Sonne entfernt und hat die größte bislang bekannte Eigenbewegung von 10,34″ pro Jahr.

Barnaul, Hptst. der Region Altai, Russland, im S Westsibiriens, am oberen Ob, 631 000 Ew.; Univ., Hochschulen; Maschinen-, Motoren- und Waggonbau, chem., Kunststoff- und Textilind., Flusshafen, Flughafen.

Barnay, Ludwig, Schauspieler und Intendant, *Budapest 11. 2. 1842, † Hannover 1. 2. 1924; Mitgründer der Bühnengenossenschaft (1871) und des Berliner Dt. Theaters (1883).

Barnes [bɑːnz], **1)** Djuna, amerikan. Schriftstellerin und Malerin, *Cornwall-on-Hudson (N. Y.) 12. 6. 1892, † New York 18. 6. 1982; v. a. Prosa, bed. der psychoanalyt. Roman »Nachtgewächs« (1936), krit. Essays.

2) Julian Patrick, brit. Schriftsteller, *Leicester 19. 1. 1946; veröffentlichte unter dem Pseud. **Dan Kavanagh** Kriminalromane um den Detektiv Duffy; verfasst experimentelle (»Flauberts Papagei«, 1984; »Eine Geschichte der Welt in $10^{1}\!/_{2}$ Kapiteln«, 1989) und satir. Romane (»England, England«, 1998) sowie Kurzgeschichten (»Der Zitronentisch«, 2004).

Barnet, Miguel, kuban. Schriftsteller, *Havanna 28. 1. 1940; Ethnologe; veröffentlichte »dokumentar. Zeitzeugenromane«, so die auf Tonbandprotokollen basierende Biografie des Esteban Montejo »Der Cimarrón. Die Lebensgeschichte eines entflohenen Negersklaven aus Cuba…« (1966). 1985 erschien der Roman »Ein Kubaner in New York«, 1989 der autobiograf. Roman »Das Handwerk des Engels«.

Barnett-Effekt [ˈbɑːnɪt-; nach dem amerikan. Physiker S. J. Barnett, *1873, † 1956], ein →gyromagnetischer Effekt.

Barnim, 1) *der,* Moränenlandschaft zw. Oder, mittlerer Spree, Havel und Uckermark; überwiegend bewaldet; eingestreute weite Ackerflächen mit lang gestreckten Rinnenseen; der O-Teil bildet die Märk. Schweiz; bei Rüdersdorf b. Bln. Kalkgewinnung. – Das Barnimer Land kam um 1230 von Pommern an Brandenburg.

2) Landkreis in Brandenburg, nördlich von Berlin, 1 494 km², 176 900 Ew.; Verw.-Sitz ist Eberswalde.

Barnsley [ˈbɑːnzlɪ], Stadt in der engl. Metrop. Cty. South Yorkshire, 71 600 Ew.; Glas-, Maschinenbau-, Papier- u. a. Industrie.

Barnum [ˈbɑːnəm], Phineas Taylor, amerikan. Schausteller (gen. König des Humbugs), *Bethel (Conn.) 5. 7. 1810, † Bridgeport (Conn.) 7. 4. 1891; bes. erfolgreich im Showbusiness, dargeboten im »Amerikan. Museum« in New York; später auch Zirkusunternehmer.

baro…, Baro… [griech. *báros* »Schwere«], Schwere…, Luftdruck…

Barocci [baˈrɔttʃi], **Baroccio,** eigtl. Federico **Fiori,** ital. Maler, *Urbino 1535 (?), † ebd. 30. 9. 1612; schuf, ausgehend von Correggio, religiöse Bilder und zahlr. Porträts in lichten, pastellartigen Farben; leitete vom Manierismus zum Barock über.

Barock [aus frz. baroque, zurückgehend auf port. barroco, eigtl. »unregelmäßige, schiefe Perle«] *der* oder *das,* eine Epoche der Kunst hauptsächlich des 17. und beginnenden 18. Jh. Zunächst verwendete

Barocci: Christus und Magdalena (1590; München, Alte Pinakothek)

Barock

Barock: links Schloss Versailles (1661–1710 erbaut), Residenz der französischen Könige 1682–1789; **rechts** Johann Balthasar Neumann, Wallfahrtskirche Vierzehnheiligen (1743/44ff.), Blick in den Innenraum

man den Begriff B. abwertend im Sinn von »absonderlich«, »schwülstig«, seit dem 19. Jh. zur Kennzeichnung der Spätform von Kunstentwicklungen überhaupt. Im 20. Jh. wurde die Bez. B. zum Epochenbegriff, der auch Literatur und Musik des 17. Jh. umfasst. Der B. ist die Kunst der Gegenreformation und des Absolutismus; Kirche und Aristokratie waren ihre wichtigsten Förderer. Ihr Streben nach Repräsentation verwirklichte sich v.a. in Größe und Pathos des Kunstwerks. Ausgehend von Rom, kam die Kunst des B. v.a. in den kath. Ländern zu voller Entfaltung. Bes. die Jesuiten brachten sie nach Norden und nach Lateinamerika (Jesuitenstil). In den prot. Gebieten gab es kein geschlossenes Mäzenatentum, hier entstanden Einzelleistungen.

In der *Baukunst* löste der B.-Stil, dessen erste Elemente bereits in der Hochrenaissance auftreten, gegen Ende des 16. Jh. den Manierismus ab. Die Hauptkennzeichen der Architektur sind starke Bewegtheit in geschwungenen Grund- und Aufrissformen, Unterordnung aller Einzelglieder unter das Ganze, Betonung der Kraft und der Spannung, gebrochene Giebel, reiches Schmuckwerk und maler. Gestaltung der Innenräume, die ein festl. Raumgefühl hervorrufen. Maßgebend für die europ. Entwicklung des neuen Stils waren die Bauten G. L. Berninis und F. Borrominis in Rom. Eine mehr klassizist. Richtung knüpfte an die Bauten A. Palladios in Vicenza und Venedig an. In Frankreich verhinderte die in allen Jh. herrschende klassizist. Tendenz die Entfaltung einer hochbarocken Architektur. Es entstanden bes. Schlossbauten mit streng ausgerichteten Parkanlagen (Versailles). Unter den Baumeistern ragen hervor F. Mansart, H. Levau und J. Hardouin-Mansart, als Gartenarchitekt A. Le Nôtre. In Dtl., wo sich die B.-Baukunst erst im Spät-B. (seit etwa 1700) zu ihrer reichsten Blüte entfaltete, fand die europ. Entwicklung ihren glanzvollen Abschluss. In Österreich bauten J. B. Fischer von Erlach, L. von Hildebrandt und J. Prandtauer, in Böhmen die auch in Franken tätigen Baumeister der Familie Dientzenhofer. J. B. Neumann wirkte v.a. in Würzburg, A. Schlüter in Berlin, M. Pöppelmann und G. Bähr in Dresden, die Brüder Asam in Bayern. Die späten, kurz vor Beginn des Klassizismus bes. in Bayern entstandenen Bauten werden vielfach dem Rokoko zugerechnet, für das bes. in Bezug auf die dt. Baukunst auch der Begriff **Spät-B.** üblich ist. Der B. war das große Zeitalter der Stadtbaukunst. Stadtanlagen wurden nach großen Achsen hin orientiert (u.a. London, Amsterdam, Nancy, Mannheim, Kassel).

Kennzeichnend für die *Bildhauerkunst* des B. ist ihre freie und malerische, meist stark bewegte Art der Gestaltung, die sich ins Ekstatische steigern kann. Der weithin wirkende Schöpfer des neuen Stils war G. L. Bernini in Rom. In Frankreich, dessen Bildhauer eine maßvollere Haltung wahrten, war ihm P. Puget am nächsten verwandt. In Dtl. fanden H. Reichle, J. Zürn und G. Petel den Weg vom Manierismus zum Früh-B. Unter den Bildhauern des Hoch-B. ragen A. Schlüter, B. Permoser und M. Guggenbichler hervor, im Spät-B. P. Egell und E. Q. Asam. J. A. Feuchtmayer und I. Günther näherten sich bereits dem Rokoko, G. R. Donner dem Klassizismus.

In der *Malerei* des B. traten neben religiösen Bildern, die den alten Stoffen neue Gegenwartsnähe verliehen, weltl. Darstellungen, wie Genrebilder und Landschaften, stärker hervor. Der Begründer der neuen, den Manierismus überwindenden Malerei war M. da Caravaggio, dessen realist. Hell-Dunkel-Stil in ganz Europa bahnbrechend wirkte. Neben ihm war in Rom A. Carracci tätig, der von starkem Einfluss bes. auf die mehr akadem. Richtung der B.-Malerei war. Im Mittelpunkt der fläm. Malerei stand P. P. Rubens; neben ihm sind bes. A. van Dyck und J. Jordaens zu nennen. In den Niederlanden wirkten neben Rembrandt, der gleichermaßen bed. als Maler, Zeichner und Radierer war, F. Hals, Vermeer van Delft und J. Ruisdael. Die Hauptmeister Spaniens waren B. E. Velázquez, F. de Murillo und D. Zurbarán. Die Franzosen N. Poussin, der Meister der »heroischen«, und C. Lorrain, der Meister der »idyll. Landschaft«, lebten in Rom. In Italien sind auch die beiden bedeutendsten dt. Maler des Früh-B., A. Elsheimer in Rom und J. Liss in Venedig. Hervorragende Werke brachte die dt. Malerei dann wieder im Spät-B. hervor, als ihr die Baukunst große Aufgaben für die Deckengestaltung bot (→Deckenmalerei).

Der durch die Kunstgeschichtsforschung erarbeitete Stilbegriff »barock« führte um 1920 zu einer Neubewertung der bis dahin als schwülstig und überladen bewerteten *Dichtung* des 17. Jh. Scharfe Kontraste gelten als gemeinsamer Nenner aller barocken Erscheinungen: Leben und Tod, Zeit und Ewigkeit, Diesseitsfreude und Jenseitssehnsucht, Weltgenuss und religiöse Ekstase. Kennzeichnend ist der Hang zur Übersteigerung und zu kühner Bildhaftigkeit. Zum B. gehören in Spanien der Gongorismus (→Góngora y

Barock: Peter Paul Rubens, »Raub der Töchter des Leukippos« (1617; München, Alte Pinakothek)

Argote), auch das Drama von Lope de Vega und P. Calderón de la Barca, in England der →Euphuismus, die »metaphys. Dichtung«, auch vieles in Shakespeares Werken, in Italien der →Marinismus und die Anfänge der Oper. In der frz. Literatur werden die barocken Tendenzen bei den →Précieuses am deutlichsten. Über dt. B.-Dichtung →deutsche Literatur. Dichtung, Architektur, Malerei, Musik, Tanz, Schauspielkunst vereinigen sich im Gesamtkunstwerk des Theaters, dessen Entwicklung für die Epoche bes. charakteristisch ist.

Barockmusik heißt seit Anfang der 1920er-Jahre die Musik der Epoche von etwa 1600 bis 1750, nach ihren musikal. Merkmalen auch als **Generalbasszeitalter** oder als **Zeit des konzertierenden Stils** bezeichnet. Im vokalen Bereich beginnt die Epoche, als Reaktion auf die bisweilen übersteigerte polyfone Satzweise der Gotik und Renaissance, mit der Entdeckung der von Stützakkorden begleiteten, dem Text angepassten Einzelstimme (Monodie). Hieraus entwickelten sich ab etwa 1600 die Gattung Oper (G. Caccini, J. Peri, C. Monteverdi), Kantate, geistl. Konzert, Oratorium und weltl. Lied. Die Chormusik gelangte durch Verwendung breiter, akkordlich bestimmter Harmonieflächen zu neuer Blüte (G. Gabrieli). Auch in der Instrumentalmusik drängte das monod. Prinzip der führenden Oberstimme die polyfone Satzstruktur zurück. Für die Orchestermusik wurde das Concerto grosso Vorbild, für die Kammermusik die Triosonate, in der das Cembalo die beiden Melodieinstrumente, häufig zwei Geigen, akkordisch begleitet. Das Vorrecht der Einzelstimme führte zur Ausbildung konzertanter Gattungen, zunächst des Violinkonzerts. Diese Entwicklung des Solokonzerts führte unmittelbar zur Klassik hinüber. Die kontrapunkt. Satztechnik gelangte mit J. S. Bach und G. F. Händel zu einer letzten großen Blüte, bes. in der Fugenkunst Bachs. Sein kontrapunkt. Meisterwerk, die »Kunst der Fuge«, schloss 1750 gleichsam die Epoche der B.-Musik ab.

Die *Philosophie* des B.-Zeitalters war durch die großen Systeme des Rationalismus und Empirismus und die beginnende Aufklärung bestimmt. Neben diesen rationalen Zügen des Geisteslebens bestand v. a. im religiös-philosoph. Bereich ein Hang zur myst. Innerlichkeit.

Zugleich entstanden math.-naturwiss. Forschungen grundlegender Art. In der *Mathematik* wurden mit der analyt. Geometrie (Descartes) und der Differenzial- und Integralrechnung (Leibniz, Newton) die Grundlagen für die Mathematik der Neuzeit gelegt. In den *Naturwissenschaften* gelangen, bes. durch die Verbindung von Theorie und Beobachtung, eine Reihe entscheidender Entdeckungen (keplersche Gesetze, Newtons Gravitationstheorie). An diesem Aufschwung haben die Erfindungen von Mikroskop und Fernrohr um die Wende vom 16. zum 17. Jh. bed. Anteil. In der *Medizin* war die größte Entdeckung die des Blutkreislaufs (W. Harvey).

Baroda, Stadt in Indien, →Vadodara.

Baroja y Nessi [-'rɔxa -], Pío, span. Schriftsteller, * San Sebastián 28. 12. 1872, † Madrid 30. 10. 1956; behandelte mit meist pessimist. Grundhaltung in mehr als 70 Romanen soziale Probleme, Hauptwerk ist die Romanserie »Memorias de un hombre de acción« (22 Bde., 1913–35).

Barometer [griech. »Schweremesser«, »Druckmesser«], Gerät zum Messen des Luftdruckes. Bei den **Flüssigkeits-B.** hält der Luftdruck der auf die Flächeneinheit bezogenen Gewichtskraft einer Flüssigkeitssäule das Gleichgewicht. Die Länge der Flüssigkeitssäule ist ein Maß für den Luftdruck. Prototyp ist das auf Beobachtungen von Torricelli (1643) beruhende **Quecksilber-B.**, bestehend aus einer etwa 1 m langen luftleeren Glasröhre (Vakuum), deren oberes Ende geschlossen ist und deren unteres, offenes Ende entweder in ein Gefäß mit Quecksilber (Gefäß-B.) eintaucht oder heberförmig umgebogen (Heber-B.) ist. Es zeigt bei Normdruck (101 325 Pa) 760 mm Hg (→Millimeter-Quecksilbersäule) an. Bei dem 1847 von L. Vidie erfundenen **Aneroid-B.** (Dosen-, Feder- oder Metall-B.) wird die Durchbiegung einer fast luftleeren (evakuierten), flachen Membrandose als Maß für den Luftdruck angezeigt. **Hypsometer** (Siede-B.) bestimmen den Luftdruck aus der Siedetemperatur von Flüssigkeiten (meist Wasser).

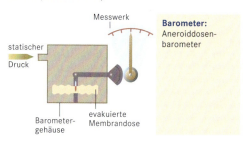

Barometer: Aneroiddosenbarometer

barometrische Höhenformel, Gleichung, die den Zusammenhang zw. Luftdruck p und Höhe h in der Atmosphäre beschreibt. Ist p_0 der Druck in der Höhe h_0, so gilt $p = p_0 \exp[-(h - h_0)/RT]$, R ist die molare Gaskonstante, T die (als konstant angenommene) absolute Temperatur; Anwendung in der barometr. Höhenmessung.

Baron [engl. 'bærən, frz. ba'rɔ̃] *der*, in England und Frankreich urspr. ein Kronvasall; heute in Großbritannien die unterste Stufe des hohen Adels; in Dtl. Anrede des →Freiherrn.

Baronet ['bærənɪt; engl. »kleiner Baron«] *der,* Abk. **Bar., Bart., Bt.** (hinter dem Namen), erbl. Titel des nie-

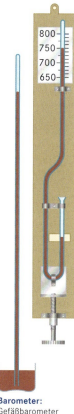

Barometer: Gefäßbarometer **(links)** und Heberbarometer **(rechts)**

deren engl. Adels. Den Trägern steht der Titel Sir (Lady) vor dem Taufnamen zu.

Baronie *die,* **Baronat,** 1) der Grundbesitz eines Barons; 2) Freiherrenwürde; 3) Gesamtheit der Barone eines Landes.

Barotseland, von den Rotse bewohnter westl. Landesteil Sambias (Western Province), beiderseits des oberen Sambesi; heiße Trockensavanne; Viehhaltung (Rinderweiden).

Barquisimeto [barki-], Hptst. des Bundesstaates Lara in Venezuela, am NO-Ende der Anden, 522 m ü. M., 811 000 Ew.; Erzbischofssitz; Univ.; Maschinenbau, Elektro-, Nahrungsmittelind.; Eisenbahn nach Puerto Cabello. – Als Nueva Segovia 1552 von Spaniern gegründet.

Barra [ˈbarɑ:], Ray, eigtl. Raymond Martin **Barallobre,** amerikan. Tänzer, Choreograf und Ballettdirektor, * San Francisco (Calif.) 3. 1. 1930; u. a. 1959–66 Solist beim Stuttgarter Ballett; als Ballettmeister an der Dt. Oper Berlin, in Frankfurt am Main und Hamburg; 1994–96 kommissar. Leiter des Balletts der Dt. Oper Berlin.

Barragán, Luis, mexikan. Architekt, * Guadalajara 9. 3. 1902, † Mexico City 22. 11. 1988. Im Frühwerk noch einer verspielten Variante des span. Kolonialstils verhaftet, fand er unter dem Einfluss von Le Corbusier zu einer rationalist. Formensprache und schließlich zu einer Architekturauffassung, die Elemente des europ. Funktionalismus leicht und souverän mit Farbe, Licht und Landschaft verbindet. Es entstanden feinfühlig in ihre Umgebung eingebettete skulpturale Architekturen vorwiegend in Mexico City: sein eigenes Wohnhaus »Casa B.« (1947; UNESCO-Weltkulturerbe), Wohnpark »El Pedregal« (1945–50), Siedlungen »Las Arboledas« (1958–61) und »Los Clubes« (1963–64). 1980 erhielt B. den Pritzker-Preis.

Barrakudas [span.], → Pfeilhechte.

Barramunda *der,* Fisch, → Knochenzüngler.

Barranquilla [-ˈkija], Dep.-Hptst., Hafenstadt in Kolumbien, am Río Magdalena 30 km vor seiner Mündung ins Karib. Meer, 1,33 Mio. Ew.; Erzbischofssitz; mehrere Univ.; Textil-, Elektro-, chem. u. a. Ind.; internat. Flughafen.

Barras, Paul François Jean Nicolas Vicomte de, frz. Politiker, * Fox-Amphoux (Dép. Var) 30. 6. 1755, † Chaillot (bei Paris) 29. 1. 1829; wurde 1792 Mitgl. der Bergpartei. Als Befehlshaber der Pariser Truppen 1794 entscheidend am Sturz Robespierres beteiligt, 1795 Mitgl. des Direktoriums. Obwohl einer der Förderer Napoleon Bonapartes, verwies ihn dieser 1799 aus Paris.

Barrault [baˈro], Jean-Louis, frz. Schauspieler, Regisseur, Intendant, * Le Vésinet (Dép. Yvelines) 8. 9. 1910, † Paris 22. 1. 1994; gründete 1946 mit seiner Frau M. → Renaud die »Compagnie Renaud-B.«, war 1959–68 Intendant des »Théâtre de France«, Gründer und 1974–79 Leiter des »Théâtre d'Orsay«, 1981–90 Fortsetzung seiner Arbeit im »Théâtre du Rond-Point« (ehem. Eispalast); spielte in vielen Filmen (u. a. in »Kinder des Olymp«, 1943–45).

Jean-Louis Barrault und Maria Casarès in dem Film »Kinder des Olymp« (1943–45) von Marcel Carné

Barre [frz. »Schranke«] *die,* Sand- und Schlammbank im Meer vor Flussmündungen, verursacht durch das Absetzen der Sinkstoffe an der Bewegungsgrenze der Gezeiten; erhebl. Schifffahrtshindernis.

Barre [ba:r], Mohammed Siad, Offizier und Politiker in Somalia, * im Distr. Lugh 1919 (Angaben umstritten), † Lagos (Nigeria) 2. oder 1. 1. 1995; nach militär. Ausbildung (u. a. in Italien) 1965 zum General befördert, führte 1969 den Putsch gegen die demokratisch gewählte Reg., war bis zum Umsturz 1991 Staatspräs. und Oberkommandierender der Streitkräfte, ging danach ins Exil.

Barrel [ˈbærəl; engl. »Fass«, »Tonne«] *das,* anglo-amerikan. Volumeneinheit unterschiedlicher Größe. Großbritannien: 1 B. = 36 Imperial gallons = 163,5645 dm^3; USA: **Dry Barrel,** 1 bbl = 115,6278 dm^3, für Trockensubstanzen; **Petroleumbarrel,** 1 ptr barrel = 158,987 dm^3, u. a. für Erdöl.

Barren, 1) Gussform für Edelmetalle (Gold, Silber). Die Goldbestände der Notenbanken werden als **B.-Gold** (je 12,5 kg) gehalten.

2) *Turnen:* von F. L. Jahn 1812 als Hilfsgerät für das Pferdturnen erfundenes Turngerät, das sich zu einem eigenständigen olymp. Turngerät entwickelt hat; auch Bez. für die Gerätedisziplin. Der B. ist i. d. R. 1,95 m (Oberkante ab Boden) hoch, die beiden parallel laufenden 3,50 m langen Holme sind in der Höhe zw. 1,20 m und 1,90 m bzw. in der Breite (sog. Holmengasse) zw. 0,42 und 0,52 m verstellbar und ruhen auf je zwei Säulen. Um 1934 wurde für das Frauenturnen der **Stufen-B.** entwickelt; als Wettkampfgerät ähnlich dem Reck mit zwei 240 cm langen und parallel waagerecht, aber auf unterschiedl. Höhe angebrachten Holmen.

Barren Grounds [ˈbærən ˈgraʊndz; engl. »unfruchtbare Böden«], die den Tundren der Alten Welt entsprechende Vegetationszone des nördl. kanad. Festlands mit subarkt. Tierwelt und geringer Besiedlung; Böden nur im Sommer oberflächlich auftauend.

Barrès [baˈrɛs], Maurice, frz. Schriftsteller, * Charmes-sur-Moselle (Dép. Vosges) 22. 9. 1862, † Neuilly-sur-Seine 4. 12. 1923; entwickelte in seinen ersten Romanen einen aristokrat. Ichkult; später wandte er sich einem roman. Kult der »Erde und der Toten«, einem antidt. Nationalismus und Chauvinismus zu (Trilogie »Le roman de l'énergie nationale«, 1897–1902). B. war einer der Führer der antisemit. Partei in der → Dreyfusaffäre.

Barrie [ˈbærɪ], Sir (ab 1913) James Matthew, schott. Erzähler und Dramatiker, * Kirriemuir (Angus) 9. 5.

1860, †London 19. 6. 1937; schrieb Erzählungen aus seiner schott. Heimat, ab 1900 v. a. Dramen. Großen Erfolg hatte sein Märchenspiel »Peter Pan« (1904).

Barrierefreiheit, →Zielvereinbarung.

Barriereriff, →Großes Barriereriff.

Barrique [ba'rik] *die,* alter Fasstyp des Bordelais mit etwa 200–228 l Rauminhalt.

Barrister ['bærɪstə, engl.] *der,* in Großbritannien der Anwalt, der im Ggs. zum →Solicitor bes. in der Verhandlung vor den höheren Gerichten auftritt.

Barr-Körperchen [nach dem kanad. Anatomen M. L. Barr], **Sexchromatin, Geschlechtschromatin,** randständige Chromatinanhäufung im Zellkern weibl. Körperzellen, ermöglicht die Geschlechtsdiagnose (→Geschlechtsbestimmung).

Barrois, Le B., Bar, Landschaft in O-Frankreich, Kalkplateau zu beiden Seiten der oberen Maas; Hauptort: Bar-le-Duc. – Im röm. **Pagus Barrensis** bildete sich im 8. Jh. eine Grafschaft; die Grafen von B. (ab 951) mussten ab 1301 für den links der Maas gelegenen Teil die frz. Oberhoheit anerkennen. Seitdem unterschied man das zu Frankreich gehörende **B. royal** (**B. mouvant**; mit Bar-le-Duc, Ligny, Gondrecourt) und das zum Reich zählende **B. ducal** (**B. non mouvant**; mit Saint-Mihiel, Pont-à-Mousson, Briey, Longwy). 1354 wurde die Grafschaft zum Herzogtum erhoben, kam 1431 an Lothringen und mit diesem 1766 an Frankreich.

Barrow ['bærəʊ, engl.] *der,* vorgeschichtl. Grabhügel in England. Die lang gestreckten **Long B.** gehören der Jungsteinzeit, die runden **Round B.** der frühen Bronzezeit an.

Barrowspitze ['bærəʊ-], engl. **Point Barrow,** das Nordkap Alaskas, nördlichster Punkt der USA; 71° 23' n. Br., 156° 28' w. L. Südlich von ihm die Eskimosiedlung **Barrow City** (4600 Ew.) mit Forschungsstation und Militärflughafen.

Barry ['bæri], Sir (seit 1852) Charles, engl. Baumeister, *London 23. 5. 1795, †ebd. 12. 5. 1860; baute in histor. Stilen u. a. Kirchen und Schulen, 1837 ff. zus. mit A. Pugin das Londoner Parlamentsgebäude in neugot. Stil.

Barschartige Fische, Perciformes, Percomorphi, Ordnung der Knochenfische mit rd. 180 Familien. Viele Arten sind Speise-, einige auch Aquarienfische. Der **Flussbarsch** (Perca fluviatilis) ist ein bis 50 cm langer Raubfisch europ. Gewässer, in Kleinasien und bis Sibirien verbreitet. Verwandte sind u. a. der →Kaulbarsch, der →Zander, der →Schrätzer.

Barschel, Uwe, Politiker (CDU), *Glienicke (bei Berlin) 13. 5. 1944, †(Selbsttötung) Genf 11. 10. 1987; Rechtsanwalt, 1979–82 Innen-Min., 1982–87 Min.-Präs. von Schlesw.-Holst. Die persönl. Verantwortung von B. für die Verleumdungskampagne gegen B. Engholm, von B. in Abrede gestellt, wurde von einem Untersuchungsausschuss des schleswig-holstein. Landtags festgestellt, in einem zweiten Schlussbericht (Okt. 1995) von ihm aber auf die polit. Verantwortung B.s begrenzt (**B.-[Pfeiffer-]Affäre**); 1998 bzw. 1999 erklärten dt. bzw. schweizer. Behörden ihre Ermittlungen zu einem mögl. »Fremdverschulden« an seinem Tod für beendet.

Barschtschina [russ.] *die,* **Barstschina,** die Fronarbeit der Leibeigenen in Russland; Relikte blieben auch nach Aufhebung der Leibeigenschaft (1861) in Form der »Abarbeit« erhalten.

Barsinghausen, Stadt in der Region Hannover, Ndsachs., am Deister, 34 200 Ew.; Kfz-Zulieferindustrie, Elektronikbetriebe, Keksfabrik, Maschinenbau. – 991 erstmals erwähnt.

Barsoi [russ. »der Schnelle«] *der,* sehr schlanker, etwa 75 cm schulterhoher Haushund mit sehr schmalem Kopf und langer Schnauze; weiß, mit gelbl., roten oder grauen Abzeichen.

Barsortiment, Art des Zwischenbuchhandels, aus dessen Lager(n) der Sortimentsbuchhandel aus einer Hand Bücher, elektron. Medien und Non-Books versch. Verlage beziehen kann (ursprünglich nur gegen Barzahlung, daher der Name); liefert auf eigene Rechnung.

Bart, die beim Menschen (und bei Affen) auf bestimmte Teile des Gesichts (Wangen, Kinn, Hals) beschränkte Behaarung, bes. als sekundäres männl. Geschlechtsmerkmal ausgeprägt. Abgesehen von rein mod. Trends, ist der B. Ausdruck von Standeszugehörigkeit und Alter sowie religiösen und polit. Weltanschauungen. Häufig richtet sich die B.-Mode auch nach dem Vorbild der jeweiligen Herrschers. Im alten Ägypten war ein künstlicher, separat umgebundener, geflochtener B. Kennzeichen der Königswürde. Israeliten, Babylonier, Assyrer, Meder und Perser trugen Voll-B., die Griechen bis zu Alexander d. Gr. kurze Voll-B., ebenso die Römer bis um 300 v. Chr. Die Germanen trugen zur Römerzeit starke B. Bes. seit dem MA. unterliegt die B.-Fasson mod. Wechsel. Um 1550 kam der kurze, spitze Kinn-B. nebst Schnurr-B. der span. Mode auf. Im 17. Jh. wurden dünne Schnurr- und Kinn-B. (Henri-Quatre) getragen; zur Rokokozeit verschwand der B. Im 19. Jh. kam der Backen-B. auf, eine Form davon (mit vollem Schnurr-B.) war in den 1860er- und 1870er-Jahren der Kaiser-Franz-Joseph-B. (Kaiser-Wilhelm-B.); in den 1860er-Jahren setzte sich auch eine Form des Knebel-B. durch, der Napoleon-III.-B. (mit gezwirbeltem Oberlippen-B.). In den 1930er-Jahren wurde nach dem Vorbild A. Hitlers ein Schnauzbart modern. In den 1950er-Jahren war ein schmaler Kinn-B. bei den Existenzialisten in Mode. Seit Ende des 20. Jh. sind Trendsetter, wie der Diskjockey Sven Väth für den »Goatie« (Ziegen-B.), maßgebend.

Barschartige Fische: Flussbarsch

Bartaffe, Wanderu, Macaca silenus, in SW-Indien beheimatete Art der Makaken mit auffallendem, grauem Backenbart; Körperlänge etwa 60 cm.

Barteln, Bartfäden, Hautanhänge als Träger von Tast- und chem. Sinnesorganen nahe der Mundregion vieler Fische (Störe, Welse, Karpfen u. a.).

Barten, Seihvorrichtung der Bartenwale (→Wale).

Bartenstein, dt. Name der poln. Stadt →Bartoszyce.

Bartergeschäft [engl. barter »Tausch«], →Kompensationsgeschäft.

Bártfa [-fɔ], Stadt in der Slowak. Rep. →Bardejov.

Bartfäden, die →Barteln.

Bartfeld, Stadt in der Slowak. Rep. →Bardejov.

Bartflechte, Bartfinne, Entzündung der Barthaarfollikel; Eitererreger (meist Staphylokokken) verursachen die **gewöhnl. B.** (Folliculitis barbae) mit kleinen, entzündl. Knötchen um den Haarbalg. Begünstigend wirken z. B. Diabetes mellitus oder Immundefekte. Behandlung mit entzündungshemmenden, antibakteriellen Mitteln (z. B. Antibiotika). – Die **tiefe B.** wird durch Pilze hervorgerufen (→Trichophytie).

Bartflechten, Usneaceae, Familie der Flechten mit strauchig aufrechtem oder bartförmig von Bäumen herabhängendem Thallus. Die B. i. e. S. gehören zur Gatt. **Usnea,** die bes. in den Nebellagen der Gebirge verbreitet ist.

Bartgeier, Lämmergeier, Gypaetus barbatus, bis 115 cm großer, langschwänziger Greifvogel der Felsengebirge Europas, Asiens, Afrikas, horstet an Felsschrofen; legt meist zwei Eier.

Bartgras, Sammelbez. für mehrere nahe verwandte Gattungen der Süßgräser mit einblütigen Ährchen; einige Arten liefern Parfümerieöle (Lemongrasöl, Zitronellöl).

Bartgrundel, →Schmerlen.

Barth, Stadt am Barther Bodden im Landkr. Nordvorpommern, Meckl.-Vorp., 9100 Ew.; Vineta-Museum; Schiffbau und Schiffsreparatur, Wassersportservice; Tourismus; Hafen mit Ostseeverbindung, Ostseeflughafen Stralsund-Barth.

Barth, 1) Heinrich, Afrikaforscher, *Hamburg 16. 2. 1821, †Berlin 25. 11. 1865; schloss sich 1849 der brit. Sudanexpedition unter J. Richardson an; bereiste 1850–55 nach Durchquerung der Sahara die Länder des Tschadgebietes und den W-Sudan, entdeckte 1851 den Benue und war in Timbuktu (1853/54). Seine Forschungen, für die er rd. 20 000 km zurücklegte und den arab. Namen **Abd el Kerim** (»Diener des Allerhöchsten«) annahm, waren bahnbrechend für die geografisch-ethnograf. und linguist. Kenntnis des zentralen Nordafrika.

2) Heinrich, schweizer. Philosoph, *Bern 3. 2. 1890, †Basel 22. 5. 1965, Bruder von 4); entwickelte, ausgehend vom Marburger Neukantianismus, eine christlich geprägte Existenzphilosophie.

3) [bɑ:θ], John, amerikan. Schriftsteller, *Cambridge (Md.) 27. 5. 1930; schreibt sprachlich und stilistisch virtuos durchgeformte satir. Romane: »Die schwimmende Oper« (1956), »Der Tabakhändler« (1960), »The tidewater tales« (1987) sowie Erzählungen: »Ambrose im Juxhaus« (1968).

4) Karl, schweizer. ref. Theologe, *Basel 10. 5. 1886, †ebd. 10. 12. 1968, Bruder von 2); 1921 Prof. in Göttingen, 1925 in Münster, 1930 in Bonn; war als Gegner des Nationalsozialismus im Kirchenkampf »Vater der →Bekennenden Kirche« und wurde daher 1935 seines Amtes enthoben; er wirkte seitdem bis 1962 als Prof. in Basel. B. war Mitbegründer und Wortführer der →dialektischen Theologie. Seine Kritik des liberalen Kulturprotestantismus ist ein Schleiermacher nicht bei der Frau zu beiden Seiten des Scheideneingangs
liegen und Schleim absondern.
Wendepunkt in der Geschichte der prot. Theologie. B. äußerte sich in Reden und Schriften als religiöser Sozialist und Mitgl. der schweizer. Sozialdemokrat. Partei zu vielen polit. Fragen.

Werke: Der Römerbrief (1919); Kirchliche Dogmatik, 4 Tle. (1932–59); Credo (1935).

Barthelme [bɑ:ˈθɛlmɪ], Donald, amerikan. Schriftsteller, *Philadelphia 7. 4. 1931, †Houston (Tex.) 23. 7. 1989; schrieb surrealistisch anmutende Erzählungen und gilt als einer der wichtigsten Vertreter der Postmoderne. Seine Werke waren u. a. Parodien (»Schneewittchen«, 1964), Collagen (»Komm wieder, Dr. Caligari«, 1964) oder Fragmente.

Barthes [bart], Roland, frz. Literatur- und Kulturkritiker, *Cherbourg 12. 11. 1915, †Paris 26. 3. 1980; ei-

Frédéric-Auguste Bartholdi: Freiheitsstatue auf Liberty Island am Hafeneingang von New York (1886 eingeweiht)

ner der Hauptvertreter der →Nouvelle Critique; untersuchte soziale und literar. Sachverhalte mit strukturalist. und semiolog. Methoden. Seine Literaturkritik sieht im Leser nicht den Konsumenten, sondern, durch die Rezeption, den Produzenten des Textes (»Elemente der Semiologie«, 1964).

Weitere Werke: Am Nullpunkt der Lit. (1953); Mythen des Alltags (1957); Sade, Fourier, Loyola (1971); Lust am Text (1973).

Bartholdi, Frédéric-Auguste, frz. Bildhauer, *Colmar 2. 8. 1834, †Paris 4. 10. 1904; schuf 1880 mit dem in den Fels gehauenen »Löwen von Belfort« ein imposantes Kriegerdenkmal (22 m lang), außerdem die Freiheitsstatue im Hafen von New York (in Kupfer getrieben, 46 m hoch; 1886 eingeweiht).

Bartholin-Drüsen [nach dem dän. Anatomen C. Bartholin, *1655, †1738], zwei kleine Drüsen, die bei der Frau zu beiden Seiten des Scheideneingangs liegen und Schleim absondern.

Bartholomaios I., eigtl. Dimitrios **Archondonis,** griech. orth. Theologe, *İmroz 12. 3. oder 29. 2. 1940; seit 1991 Ökumen. Patriarch.

Bartholomäus [aramäisch »Sohn des Tholmai«], einer der 12 Apostel Jesu (Mt. 10, 3 u. a.), soll nach der Legende in Indien oder Armenien gewirkt und dort den Märtyrertod erlitten haben. Seine Attribute sind Haut und Messer (weil zu Tode geschunden); Tag: 24. 8. (Bartholomäustag).

Bartholomäusnacht, Pariser Bluthochzeit, die Nacht zum 24. 8. (Bartholomäustag) 1572, in der Admiral G. de →Coligny u. a. Führer der Hugenotten, die anlässlich der Hochzeit des prot. Heinrich von Navarra (der spätere Heinrich IV. von Frankreich) mit Margarete von Valois in Paris versammelt waren, zus. mit Tausenden von Glaubensgenossen auf Befehl Katharinas von Medici ermordet wurden.

Barthou [-ˈtu], Jean Louis, frz. Politiker, *Oloron-Sainte-Marie (Dép. Pyrénées-Atlantiques) 25. 8. 1862, †Marseille 9. 10. 1934 (zus. mit König Alexander I. von

Karl Barth

Bartholomaios I.

Jugoslawien durch einen makedon. Terroristen erschossen); war 1894–1934 mehrfach Min., 1913 Min.-Präs.; plante als Außenmin. (1934) gegen das nat.-soz. Dtl. ein kollektives Sicherheitssystem.

Bärtierchen, Tardigrada, Stamm der Gliedertiere, mikroskopisch kleine Tiere mit vier Paar Klauen tragenden Stummelfüßen; stechen und saugen mit stilettförmigen Mundgliedmaßen. B. leben an feuchten Orten. Bei Hitze und Trockenheit entstehen Dauerstadien (»Tönnchen«).

Bartmeise, Panurus biarmicus, 16,5 cm großer, meisenähnl., langschwänziger Singvogel.

Bartning, Otto, Architekt, * Karlsruhe 12. 4. 1883, † Darmstadt 20. 2. 1959; war 1926–30 Direktor der Hochschule für Handwerk und Baukunst in Weimar, 1955–59 städtebaul. Berater in Berlin (West). B. arbeitete bes. auf dem Gebiet des prot. Kirchenbaues.

Barto [ˈbɑːtəʊ], Tzimon, amerikan. Pianist, Dirigent und Komponist, * Eustis (Fla.) 2. 1. 1963; v. a. Interpret virtuoser Klaviermusik des 19. und 20. Jahrhunderts.

Béla Bartók

Bartók [ungar. ˈbɔrtoːk], Béla, ungar. Komponist und Pianist, * Nagy Szent Miklós (heute Sânnicolau Mare, Rumänien) 25. 3. 1881, † New York 26. 9. 1945; Prof. in Budapest, emigrierte 1940 in die USA. Sein Klangstil, der oft hart an die Atonalität grenzt, ist reich an unaufgelösten Dissonanzen. In Melodie und Rhythmik wird die ungar. Folklore wirksam. – Werke: Herzog Blaubarts Burg (Oper, 1911); Der holzgeschnitzte Prinz (Ballett, 1914–16); Der wunderbare Mandarin (Pantomime, 1918–19). Orchester-, Klavierwerke (»Mikrokosmos«), Kammermusik. Forschungsarbeiten zur Volksmusik.

Bartoli, Cecilia, ital. Sängerin (Mezzosopran), * Rom 4. 6. 1966; gastiert an den führenden Opernhäusern Europas; wurde v. a. als Mozart- und Rossini-Interpretin, Konzert- und Liedsängerin bekannt.

Bartolini, Luigi, ital. Maler und Schriftsteller, * Cupramontana (Prov. Ancona) 8. 2. 1892, † Rom 16. 5. 1963; wurde mit seinem Roman »Fahrraddiebe« (1946, erweitert 1948; Vorlage zu V. De Sicas Film) ein bed. Vertreter des Neorealismus; auch polemische kulturkrit. Schriften sowie fantast. Radierungen (Landschaften, Tierdarstellungen).

Bartolomeo, B. della Porta, gen. **Fra B.,** ital. Maler, * Florenz 28. 3. 1472, † ebd. 31. 10. 1517; malte Altar- und Andachtsbilder, deren feierlich strenger und klarer Stil von starkem Einfluss bes. auf Raffael war. – Werke: Thronende Madonna mit Heiligen (1509; Florenz, Kloster San Marco); Beweinung Christi (um 1511; Florenz, Palazzo Pitti); Die myst. Vermählung der hl. Katharina (1512; Paris, Louvre).

Bartolus de Sassoferrato, ital. Jurist, * Venatura (bei Sassoferrato, Prov. Ancona) vermutlich 1314, † Perugia 10. 7. 1357; kommentierte das »Corpus Iuris Civilis«.

Barton [bɑːtn], Sir (seit 1972) Derek Harold Richard, brit. Chemiker, * Gravesend (Cty. Kent) 8. 9. 1918, † College Station (Tex.) 16. 3. 1998; erhielt 1969 für Forschungen zur →Konformation organ. Verbindungen mit O. Hassel den Nobelpreis für Chemie.

Derek Harold Richard Barton

Bartonellen, Gruppe von kleinen, gramnegativen, bewegl. Bakterien, Erreger von Infektionskrankheiten, die mit hämolyt. Anämie einhergehen. **Bartonella bacilliformis** wird durch Sandmücken übertragen und ist der Erreger des menschl. Oroya-Fiebers (Carrión-Krankheit). **Hämo-B.** befallen Hunde, Rinder, Katzen.

Bartoszewski [-ʃ-], Władysław, poln. Publizist, Historiker und Politiker, * Warschau 19. 2. 1922; war 1940/41 im KZ Auschwitz, 1944 am Warschauer Aufstand beteiligt, 1946–48 und 1949–54 inhaftiert; wurde Mitgl. der Gewerkschaft Solidarność, 1980/81 interniert. 1990–95 Botschafter in Österreich, 1995 und 2000/01 Außenmin. Sein schriftsteller. Werk befasst sich v. a. mit der Zeit von 1939 bis 1944. B. bemühte sich um Vermittlung zw. Christen und Juden sowie zw. Polen und Deutschen. 1986 Friedenspreis des Dt. Buchhandels.

Bartoszyce [-ˈʃitsɛ], dt. **Bartenstein,** Krst. in der Wwschaft Ermland-Masuren, Polen, an der Alle, 25 800 Ew.; Nahrungsmittel-, Holz und Metall verarbeitende Industrie. – Die Burg Bartenstein des Dt. Ordens wurde 1240 erbaut, 1454 zerstört. Die Stadt, um 1325 gegr., erhielt 1332 Culmer Recht. Seit 1945 gehört die Stadt zu Polen.

Baruch [hebr. »der Gesegnete«], Schüler und Sekretär des Propheten →Jeremia.

Baruch [bəˈruːk], Bernard Mannes, amerikan. Wirtschaftsfachmann, * Camden (S. C.) 19. 8. 1870, † New York 20. 6. 1965; Berater zahlr. Präsidenten, vertrat seit 1946 die USA in der Atomenergiekommission der UN und erarbeitete Vorschläge zur Kontrolle und friedl. Nutzung der Kernenergie (**B.-Plan**).

Barwert, →Zinseszins.

Bärwurz, Feinblättrige B., **Meum athamanticum,** Doldenblütler auf Bergwiesen in Süd- und Mitteldeutschland.

bary... [griech.], schwer..., tief...

Barye [baˈri], Antoine-Louis, frz. Bildhauer und Maler, * Paris 24. 9. 1795, † ebd. 25. 6. 1875; naturnahe Tierplastiken sowie Landschaftsaquarelle.

Baryonen [griech.], Familie schwerer Elementarteilchen mit halbzahliger Spinquantenzahl (Fermionen); zu ihnen gehören die **Nukleonen** (Proton, Antiproton, Neutron, Antineutron), **Hyperonen** (Lambda-, Sigma-, Xi-, Omegateilchen und ihre Antiteilchen) und deren kurzlebige angeregte Zustände, die **B.-Resonanzen** (→Massenresonanzen). Alle B. sind aus je drei →Quarks aufgebaut. Die **B.-Zahl,** eine ladungsartige Quantenzahl, ist für alle B. $+1$, für deren Antiteilchen -1.

Barysphäre, der schwere Erdkern.

Baryssaŭ [-saṷ], Stadt in Weißrussland, →Borissow.

Baryt [griech.] der, Mineral, →Schwerspat.

Barytgelb, das →Bariumchromat.

Baryton [griech.] das, ital. **Viola di bordone,** ein Streichinstrument (17.–19. Jh.) in Baritonlage mit 6–7 Spiel- und 9–28 Resonanzsaiten, die mit dem Daumen der linken Hand gezupft werden; auch Bez. für das Baritonhorn.

Barytwasser, →Bariumhydroxid.

baryzentrisch, Physik: auf den Schwerpunkt bezogen.

Barzel, Rainer, Politiker (CDU), * Braunsberg (Ostpreußen; heute Braniewo, Polen) 20. 6. 1924, † München 26. 8. 2006; 1957–87 MdB, 1962/63 Bundesmin. für gesamtdt. Fragen, 1964–73 Vors. der Bundestagsfraktion der CDU/CSU und 1971–73 Bundesvors. der CDU. Beim konstruktiven Misstrauensvotum gegen Bundeskanzler W. Brandt 1972 scheiterte er als Kanzlerkandidat der CDU/CSU-Fraktion im Bundestag sehr knapp. 1982–83 war er Bundesmin. für innerdt. Fragen; 1983–84 Bundestagspräsident.

basal, *Geologie:* die unterste Lage einer Schichtfolge betreffend.

Basaliom [griech.] *das,* →Hautkrebs.

Basalt [lat.] *der,* dunkles, bas., weit verbreitetes Ergussgestein mit Plagioklas und Pyroxen. Nach dem Anteil weiterer Minerale werden zahlr. Varietäten unterschieden. Dunkle Färbung durch fein verteilten Magnetit, Ilmenit und Pyroxen, Gefüge meist dicht (feinkristalline, z. T. glashaltige Grundmasse), oft porphyrisch (→Porphyr), selten körnig (**Dolerit**). B.-**Mandelsteine** enthalten hydrothermal gebildete Minerale in Blasenräumen. B. sondert häufig in senkrecht zur Abkühlungsfläche stehenden Säulen ab, er bildet Kuppen, Gänge und oft mächtige, treppenähnlich übereinanderliegende Decken (**Trapp**).

Basaltemperatur, **Aufwachtemperatur,** die morgens vor dem Aufstehen gemessene Körpertemperatur der Frau zur Bestimmung des Follikelsprungs; dieser bewirkt nach 1–2 Tagen einen Temperaturanstieg von 0,3–0,6 °C und fällt vor der Regelblutung wieder ab. Fehlt der Follikelsprung, bleibt der Temperaturanstieg aus. Die B. gibt Hinweise auf Funktionsstörungen der Eierstöcke (z. B. Zyklusstörungen, Sterilität), auf das →Befruchtungsoptimum (dient der →Empfängnisverhütung) und auf eine Schwangerschaft.

Basar [pers.] *der,* **Bazar,** arab. **Suk, Souk,** oriental. Markt, Geschäfts- oder Gewerbestraße oder -viertel.

Baschkiren, Turkvolk (etwa 1,7 Mio. Menschen), bes. in →Baschkortostan, Russ. Föderation, und den benachbarten Gebieten Russlands, kleinere Gruppen in Kasachstan, Usbekistan, Tadschikistan und Turkmenistan. Wohl schon im 10. Jh. islamisiert. Ihre Sprache gehört zur NW-Gruppe der Turksprachen und steht dem Tatarischen sehr nahe.

Baschkortostan, **Baschkirien,** Teilrepublik Russlands im südl. Ural und seinem westl. Vorland, 142 900 km², (2006) 4,06 Mio. Ew. (davon 36,5 % Russen, 29,8 % Baschkiren, 24,1 % Tataren, 2,9 % Tschuwaschen, 2,6 % Mari); Hptst. ist Ufa (seit 1922); umfasst den größten Teil des aus mehreren Gebirgszügen bestehenden Südurals (einschließlich seiner flachen Ostabdachung) sowie westlich davon das von der Belaja und ihrem Zufluss Ufa durchflossene, stark zertalte Uralvorland (400–500 m ü. M.) und das Belajatiefland im NW. Waldsteppen- und Steppenzone, im Gebirgsvorland und im Gebirge ausgedehnte Wälder; das Klima ist kontinental. Größte wirtschaftl. Bedeutung haben die Förderung von Erdöl (Ölfelder des Wolga-Ural-Erdölgebiets) und Erdgas sowie deren Verarbeitung. Abgebaut werden weiterhin Eisenerz, Kupfer- und Zinkerze. Wichtige Wirtschaftsbranchen sind Buntmetallurgie, Metall und Holz verarbeitende Ind. In der Landwirtschaft überwiegen der Getreide-, Sonnenblumen-, Zuckerrüben-, Kartoffelanbau (z. T. fruchtbare Schwarzerdeböden) und die Viehzucht (Milchrinder, Schweine, Pferde); ein traditioneller Erwerbszweig ist die Imkerei. – Das Gebiet wurde 1919 als Baschkir. ASSR erste ASSR innerhalb der RSFSR. Hohe baschkir. Bev.-Verluste durch den Bürgerkrieg und die Hungersnot von 1921, die administrative Angliederung einer großen tatar. Volksgruppe an B. (Grenzziehung zu Tatarstan 1922) und die starke Zuwanderung russ. Arbeitskräfte im Zusammenhang mit der forcierten Entwicklung von Erdöl- und Schwerind. trugen seit den 1930er-Jahren dazu bei, dass die muslim. Baschkiren eine Minderheit in ihrer Rep. wurden. 1990 erklärte sich diese für souverän und bildet seit 1992 als Rep. B. eine Teilrep. der Russ. Föderation mit wirtsch. Sonderrechten.

Baschmet, Juri Abramowitsch, russ. Bratschist, * Rostow am Don 24. 1. 1953; gehört zu den international führenden Bratschensolisten; spielt neben klass. Konzerten auch zahlr. Werke zeitgenöss. Musik.

Base, i. w. S. chem. Verbindung, die Protonen aufnehmen kann (→Säure-Base-Theorie); i. e. S. Verbindung, die mit Säuren durch Neutralisation Salze bildet und in wässriger Lösung durch Abspaltung von Hydroxidionen (OH^-) eine →alkalische Reaktion zeigt.

Baseball [ˈbeɪsbɔːl; engl. base »Mal«], Schlagball- und Abwurfspiel zw. zwei (Männer-)Mannschaften mit je neun Spielern, ein Duell zw. dem Schlagmann (engl. Batter) der Schlagpartei und dem Werfer (Pitcher) der Fangpartei. Diese besteht außerdem aus dem Fänger (Catcher), vier Innenfeld- und drei Außenfeldspielern. Für die Schlagpartei werden in einem Durchgang (Inning) bis zu vier Schlagmänner eingesetzt. Einen Punkt erzielt die offensive Partei, wenn es dem Schlagmann gelingt, in einem Lauf um das gesamte Viereck des inneren Spielfelds zu seinem Ausgangspunkt zurückzukehren. Ein Spiel hat neun Durchgänge je Mannschaft; bei Unentschieden wird verlängert. (→Softball; →Sportarten, Übersicht)

Baseballcap [ˈbeɪsbɔːlkæp], →Cap.

Basedow [-do], Johann Bernhard, Pädagoge, getauft Hamburg 11. 9. 1724, † Magdeburg 25. 7. 1790; Hauptvertreter des →Philanthropismus, gründete

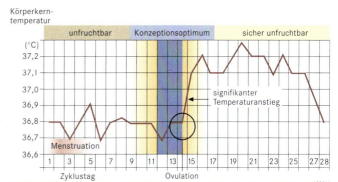

Basaltemperatur: Basaltemperaturkurve mit normalem Verlauf

Johann Bernhard Basedow

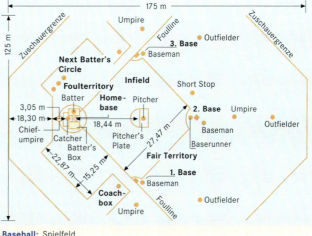

Baseball: Spielfeld

Basel 1): Rathaus (älteste Teile 1504–14, der heutige Komplex im Wesentlichen 16.–19. Jh.)

Basel 1)
Kantons- und Stadtwappen

Basel-Landschaft
Kantonswappen

1774 das »Philanthropin« (Erziehungsanstalt) in Dessau, trat im Sinne der Aufklärung für spielendes Lernen, körperl. Ertüchtigung, prakt. Weltorientierung, überkonfessionellen Religionsunterricht, Erziehung zur Glückseligkeit und Gemeinnützigkeit ein. – *Werke:* Vorstellung an Menschenfreunde (1768); Methodenbuch (1770); Elementarwerk, 4 Bde. (1774).

Basedow-Krankheit [-do-], eine zuerst von dem Merseburger Arzt K. A. von Basedow (* 1799, † 1854) beschriebene Form der Schilddrüsenüberfunktion (**Hyperthyreose**) mit den (»Merseburger Trias« genannten) Hauptkennzeichen: Kropf, Glanz- oder Glotzauge (kann auch fehlen) und Pulsbeschleunigung. Weitere Symptome sind Zittern, Unruhe, Angst, Gewichtsverlust trotz Appetit, Schweißausbrüche, Temperaturerhöhung, Durchfall und Haarausfall. Auslöser der Erkrankung sind Autoantikörper gegen Schilddrüsenzellen, die zur Produktion von Thyroxin anregen. – Die Behandlung erfolgt zunächst mit Thyreostatika. Ist dies nicht ausreichend, sollte die Schilddrüse operativ entfernt oder durch eine → Radiojodtherapie behandelt werden.

Basejumping [ˈbeɪsdʒʌmpɪŋ; Base: Abk. für engl. **b**uilding, **a**ntenna-tower, **s**pan, **e**arth] *das, Risikosport:* Sturz kopfüber aus großer Höhe von Felsvorsprüngen, Gebäuden, Staumauern, Brücken usw., wobei der Springer nach dem freien Fall einen Fallschirm auslöst.

Basel, 1) Hauptort des Kantons B.-Stadt, drittgrößte Stadt der Schweiz, 166 600 Ew., als Agglomeration 484 100 Ew.; im dt.-frz.-schweizer. »Dreiländereck«, beiderseits des Rheins, am linken Ufer das höher gelegene Groß-B. (mit der Altstadt und dem Großteil der Dienstleistungsbetriebe), am rechten Klein-B. (mit den meisten Industrieanlagen und der Messe),

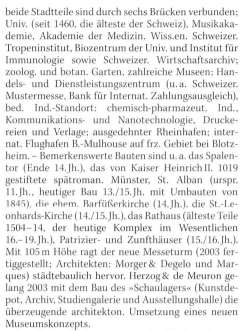

beide Stadtteile sind durch sechs Brücken verbunden; Univ. (seit 1460, die älteste der Schweiz), Musikademie, Akademie der Medizin. Wiss.en. Schweizer. Tropeninstitut, Biozentrum der Univ. und Institut für Immunologie sowie Schweizer. Wirtschaftsarchiv; zoolog. und botan. Garten, zahlreiche Museen; Handels- und Dienstleistungszentrum (u. a. Schweizer. Mustermesse, Bank für Internat. Zahlungsausgleich), bed. Ind.-Standort: chemisch-pharmazeut. Ind., Kommunikations- und Nanotechnologie, Druckereien und Verlage; ausgedehnter Rheinhafen; internat. Flughafen B.-Mulhouse auf frz. Gebiet bei Blotzheim. – Bemerkenswerte Bauten sind u. a. das Spalentor (Ende 14. Jh.), das von Kaiser Heinrich II. 1019 gestiftete spätroman. Münster, St. Alban (urspr. 11. Jh., heutiger Bau 13./15. Jh. mit Umbauten von 1845), die ehem. Barfüßerkirche (14. Jh.), die St.-Leonhards-Kirche (14./15. Jh.), das Rathaus (älteste Teile 1504–14, der heutige Komplex im Wesentlichen 16.–19. Jh.), Patrizier- und Zunfthäuser (15./16. Jh.). Mit 105 m Höhe ragt der neue Messeturm (2003 fertiggestellt; Architekten: Morger & Degelo und Marques) städtebaulich hervor. Herzog & de Meuron gelang 2003 mit dem Bau des »Schaulagers« (Kunstdepot, Archiv, Studiengalerie und Ausstellungshalle) die überzeugende architekton. Umsetzung eines neuen Museumskonzepts.

Geschichte: B. ging aus einer röm. Siedlung hervor, die allmählich die Funktion der weiter rheinaufwärts gelegenen röm. Grenzfestung **Augusta Raurica** (gegr. 44 v. Chr.; heute Augst, Ausgrabungen) übernahm. Später wurde **Basilia** (Name 374 n. Chr. erstmals bezeugt) von Alemannen besiedelt, im 5. Jh. an das Fränk. Reich (seit dem 7. Jh. Bischofssitz), 912 an Burgund, gehörte seit 1006 zum (späteren) Hl. Röm. Reich (1032 eingegliedert). Im 14. Jh. machte sich die Stadt von der bischöfl. Herrschaft frei, wurde Reichsstadt und trat 1501 der Schweizer. Eidgenossenschaft bei; 1529 führte sie die Reformation ein (unter Ökolampad). Die zur Stadt gehörende Landschaft stand zunächst im Untertanenverhältnis zur Bürgerschaft. Die 1798 erlassene rechtl. Gleichstellung wurde 1814 wieder aufgehoben; dies führte 1833 zum Bürgerkrieg und zur Teilung. 1875 erhielt die Stadt B. eine demokrat. Verfassung.

2) exemtes Bistum im NW der Schweiz (umfasst neun Kantone), Bischofssitz ist seit seiner Neuorganisation 1828–30 (Angliederung der schweizer. Teile des ehem. Bistums Konstanz) Solothurn. – Das in Augusta Raurica (heute Augst) gegründete Bistum umfasste im MA. Teile des Elsass und der Schweiz. Nachdem der Kt. B. die Reformation angenommen hatte, wich der Bischof nach Porrentruy aus, das Domkapitel 1529 nach Freiburg im Breisgau, 1678 nach Arlesheim; 1801 kamen die elsäss. Teile zum Bistum Straßburg.

Baselitz, Georg, eigtl. Hans-Georg **Kern,** Maler und Grafiker, * Deutschbaselitz (Landkr. Kamenz) 23. 1. 1938; Vertreter des Neoexpressionismus; großformatige Leinwände mit seit 1969 auf dem Kopf stehenden Motiven; seit 1980 auch Holzplastik, daneben Grafik. Erhielt 2004 den Kunstpreis Praemium Imperiale.

Basel-Landschaft, Kanton im NW der Schweiz, 518 km², (2005) 266 100 Ew. (überwiegend dt.-sprachig, rd. 43 % ev., rd. 32 % kath.); Hauptort ist Liestal. Der Kanton besitzt im N eine gemeinsame Grenze mit Dtl., im W mit Frankreich und umfasst das dicht besiedelte südl. Ind.-Vorortgebiet B.-L. (Bezirk Arlesheim) und das östlich anschließende, in den Jura hineinreichende **Baselbiet** (Bezirke Laufen, Liestal, Sissach, Waldenburg). Von N nach S verlaufen die Hügelzüge des Tafeljuras, südlich daran anschließend liegen die Bergkämme des Kettenjuras (im W bis 1 150 m ü. M.). Den nördl. Abschluss des Kt. bildet zw. Augst und Birsfelden das Hochrheintal, mit dem Rhein als Landesgrenze. Die Oberrhein. Tiefebene nimmt ihren südl. Anfang bei Aesch, wo die Birs aus dem Jura austritt, und verläuft nordwärts in Richtung Rhein. Aufgrund der Höhenunterschiede findet sich ein kleinräumig differenziertes Klima. Der Siedlungsschwerpunkt des Kt. liegt im Grenzgebiet zum Kt. Basel-Stadt, wo sich auf basel-landschaftl. Gebiet ein städt. Agglomerationsgürtel gebildet hat.

Wirtschaft: B.-L. ist ein stark industrialisierter Kanton mit entwickeltem Dienstleistungssektor, bedeutender chem. (v. a. Pharma-) Ind., Maschinenbau, Verlags- und Druckwesen, Herstellung von Präzisionsinstrumenten und Metallverarbeitung. Milchwirtschaft und Obstbau; Anziehungspunkt für Touristen ist z. B. die röm. Siedlung Augusta Raurica in Augst. Die starke wirtschaftl. Verflechtung der beiden Kt. B.-L. und Basel-Stadt mit den dt. und frz. Nachbargebieten führte zur Einrichtung des grenzüberscreifenden Planungsraums Regio Tri Rhena. Die beiden Rheinhäfen in Muttenz und Birsfelden bilden den Endpunkt der Rheinschifffahrt.

Verfassung: Nach der am 1. 1. 1987 in Kraft getretenen Verf. (mit Änderungen) liegt die Legislative beim Landrat (90 Abg., für 4 Jahre gewählt; Stimm- und Wahlrecht für Frauen seit 1968) die Exekutive beim Reg.-Rat (5 Mitgl.). Die Verf. sowie Gesetze können nur durch Volksabstimmung revidiert werden.

Zur *Geschichte* → Basel (Stadt).

Basel-Stadt, kleinster Kanton der Schweiz, 37 km², (2005) 185 600 Ew. (überwiegend dt.-sprachig; je rd. 25 % ev. und kath., mit über 30 % schweizweit höchster Anteil an Konfessionslosen); Hauptort ist → Basel (Stadt). Der Kt. liegt an der Nordbiegung des Rheins (Rheinknie), an der Grenze zu Dtl. und Frankreich und umfasst außer der Stadt Basel die rechtsrhein. Gem. Riehen und Bettingen. Auf über 70 % der Kantonsfläche erstrecken sich Siedlungsgebiete, der Anteil an Wald und landwirtschaftlich genutzten Arealen ist sehr gering. Die Lage des Kt. am Südende der Oberrhein. Tiefebene ergibt ein für schweizer. Verhältnisse mildes Klima. Die Stadt Basel ist nach Zürich und Genf die drittgrößte Schweizer Stadt. Die Bev.-Dichte B.-S.s liegt um ein Vielfaches höher als im schweizer. Durchschnitt. *Wirtschaft:* B.-S. ist einer der reichsten Kt. der Schweiz (an zweiter Stelle nach Zug). Obwohl über drei Viertel der Beschäftigten im Dienstleistungssektor arbeiten, gilt B.-S. nicht nur als Handels- und Dienstleistungszentrum (Hauptsitz zahlr. national und international bedeutender Dienstleistungsunternehmen), sondern auch als wichtige Ind.-Stadt (chem., Pharma-Ind.) der Schweiz. Charakteristisch ist die wirtschaftlich starke Auslandsorientierung in Bezug auf den Güter- wie auch den Arbeitsmarkt. Die starke wirtschaftl. Verflechtung der Kt. Basel-Landschaft und B.-S. mit den dt. und frz. Nachbargebieten führte zur Einrichtung des grenzübergreifenden Planungsraums Regio Tri Rhena. Die Stadt Basel bildet einen zentralen Verkehrsknotenpunkt im nat. wie auch im internat. Verkehr. Zusammen mit den basel-landschaftl. Häfen in Birsleben und Muttenz bilden die Basler Rheinhäfen den Endpunkt der Rheinschifffahrt. Auf frz. Staatsgebiet befindet sich der trinationale Euroairport Basel-Mulhouse-Freiburg.

Verfassung: Laut Verf. vom 30. 10. 2005 (seit 13. 7. 2006 in Kraft) ist der Große Rat (100 Abg.) das gesetzgebende Organ und der Reg.-Rat (7 Mitgl.) die oberste vollziehende Behörde. Beide Gremien werden gleichzeitig für 4 Jahre direkt gewählt (Frauenstimmrecht seit 1968). Verfassungsgebung und -änderung unterliegen dem obligator., Gesetze und Beschlüsse des Großen Rates dem fakultativen Referendum. 3 000 Stimmberechtigte können eine Volksinitiative einreichen.

Zur *Geschichte* → Basel (Stadt).

Basementstore [ˈbeɪsməntstɔː, engl.] *der,* Abteilung im Untergeschoss (teilweise auch im obersten Geschoss) von Warenhäusern mit eingeschränktem Sortiment zu herabgesetzten Preisen.

Basenji [engl. bəˈsendʒɪ] *der,* Haushunderasse der Ebenen und bewaldeten Gebiete Zentralafrikas; Schulterhöhe 40–42 cm; kurzes, seidiges Haar; braun-weiß gezeichnet.

Basensequenz, → Nukleotidsequenz.

Basescu, Traian, rumän. Politiker, * Basarabi (Bez. Constanța) 4. 11. 1951; Mitgl. der Demokrat. Partei (PD), war 1991–92 sowie 1996–2004 Verkehrsmin., 2000–04 Oberbürgermeister von Bukarest; wurde 2001 Vors. der PD und 2004 Staatspräsident.

BASF AG, weltweit tätiger Chemiekonzern, Sitz: Ludwigshafen am Rhein, gegr. 1865 in Mannheim, 1925–45 der I. G. Farbenindustrie AG eingegliedert, 1945–51 unter frz. Kontrolle, 1952 Neugründung, 1973 wurde die Abk. für Badische Anilin- & Soda-Fabrik offizieller Name.

Bashir [-ʃ-], Omar Hassan Ahmad al-, sudanes. Offizier und Politiker, * Hosh Banga (bei Shandi) 1944; nach militär. Ausbildung u. a. Teilnahme am 4. israelisch-arab. Krieg 1973 (Jom-Kippur-Krieg) auf ägypt. Seite, ernannte sich nach einem Militärputsch 1989 zum Oberkommandierenden der Streitkräfte und zum Staatsoberhaupt, 1993 formell zum Staatspräs. berufen, 1996 und 2000 bei den von der Opposition boykottierten Wahlen im Amt bestätigt.

Georg Baselitz: Pastorale (Die Nacht); 1985/86 (Köln, Museum Ludwig)

Basilikum

BASIC ['beɪsɪk; Kw. aus engl. **b**eginner's **a**ll-purpose **s**ymbolic **i**nstruction **c**ode, »symbol. Universalbefehlscode für Anfänger«] *das*, leicht erlernbare, imperative Programmiersprache, die meist durch einen →Interpreter verarbeitet wird. BASIC gehörte in den 1970er- und 1980er-Jahren zu den am weitesten verbreiteten Sprachen auf Kleinrechnern. Da in BASIC wesentl. Elemente der →strukturierten Programmierung fehlen, steht dem Vorteil der leichten Programmierung der Nachteil gegenüber, dass in BASIC erstellter Quellcode wenig strukturiert und unübersichtlich ausfällt (»Spaghetticode«). Auf der Grundlage von BASIC wurde in den 1990er-Jahren die objektorientierte Programmiersprache →Visual Basic entwickelt.

Basic English ['beɪsɪk 'ɪŋlɪʃ; engl. »Grundenglisch«] *das*, von C. K. Ogden 1930 unternommener Versuch der Vereinfachung des Englischen durch Beschränkung des Wortschatzes auf 850 Wörter mit ihren Ableitungen und vereinfachter Grammatik.

Basidiomyzeten, Basidiomycetes, Ständerpilze, formenreiche Klasse der höheren Pilze, bei der die Sporen auf Stielchen (**Basidien**) gebildet werden, so Rost-, Bauch-, Hutpilze.

Basie ['beɪsɪ], William (Bill), gen. **Count B.,** amerikan. Jazzpianist und Orchesterleiter, * Red Bank (N.J.) 21. 8. 1904, † Hollywood (Fla.) 26. 4. 1984; stilistisch dem Swing verpflichtet.

Basildon ['bæzɪldən], Stadt (New Town) östl. von London, in der engl. Cty. Essex, 99 900 Ew.; mehrere Ind.-Parks, Traktorenwerk.

Basile, Giambattista, ital. Dichter, * Neapel 1575, † Giugliano in Campania (Prov. Neapel) 23. 2. 1632; Verfasser einer in neapolitan. Dialekt geschriebenen Märchensammlung (1634 bis 1636, 1674 u. d. T. »Pentamerone«), der die Romantik Stoffe und Anregungen entnahm.

Basileios, byzantin. Kaiser: **1) B. I., der Makedonier** (867–886), * um 812, † 29. 8. 886; beseitigte 867 als Mitkaiser Michael III. und wurde dadurch Alleinherrscher.

2) B. II., der Bulgarentöter (976–1025), * wohl 955, † 15. 12. 1025, Sohn Romanos' II.; schlug Adelsaufstände mithilfe von Warägern nieder (seitdem deren bed. Stellung als kaiserl. Gardetruppe); unterwarf in langen Kämpfen (Entscheidungsschlacht 1014) bis 1018 das Bulgarenreich, annektierte Teile Georgiens und gewann die Oberhoheit über Armenien; unter ihm größte Ausdehnung des Byzantin. Reiches.

Basileus [griech. »König«], Herrschertitel der Antike, seit dem 7. Jh. offizieller Name der byzantin. Kaiser.

Basilianer, Bez. von fünf kleinen, nach Basilius dem Großen benannten Orden der unierten kath. →Ostkirchen: drei melchitischer, einer ruthen. und einer byzantin. (Grottaferrata) Tradition.

Basilicata, im Altertum und 1932–47 **Lucania,** Region im S Italiens, am Golf von Tarent, umfasst die Provinzen Matera und Potenza, 9 992 km², 597 000 Ew.; Hptst. ist Potenza.

Basili|enkraut, Lippenblütler, →Basilikum.

Basilika [griech. basiliké »Königshalle«] *die*, in hellenistisch-röm. Zeit eine lang gestreckte Gerichts- oder Markthalle von wechselnder Form, meist durch Stützen unterteilt, oft auch mit einer Apsis für den Sitz des Richters; auch Saal in Kaiserpalästen. Der Name B. wurde dann auf den christl. Kirchenbau übertragen. Die frühchristl. B. besteht aus einem Mittelschiff mit beidseitig je einem oder je zwei schmaleren und niedrigeren Seitenschiffen. Das Mittelschiff empfängt sein Licht durch Fenster im oberen Teil der die Seitenschiffe überragenden Mauern und endet in einer Apsis. Zw. Langhaus und Apsis wurde schon früh ein Querschiff eingeschoben. Vor der Eingangsseite liegt oft ein von Säulengängen umgebener Vorhof (Atrium, auch Paradies). In karoling. Zeit entstand der kreuzförmige Grundriss, bei dem das Langhaus das Querschiff durchdringt, über die Kreuzung (Vierung) hinausgeht und dann in der Apsis endet. Die B. blieb in mannigfachen Abwandlungen die im Abendland vorherrschende Grundform des Kirchenbaus.

Basilikum [zu griech. basilikós »königlich«] *das*, **Basilienkraut, Ocimum basilicum,** Lippenblütler aus S-Asien, 10–40 cm hohes, einjähriges, wärmebedürftiges Gewürzkraut mit rötlichen oder gelblich weißen Blüten. Das Kraut ergibt Tee gegen Verdauungsstörungen, das äther. B.-Öl ist ein wertvoller Rohstoff in der Parfümerie.

Basilisk [griech.] *der*, aus dem Orient übernommenes mittelalterl. Fabeltier, Mischwesen zw. Drache und Hahn mit tödl. Blick (**Basiliskenblick**). In der Symbolik stand der B. für Tod, Teufel und Antichrist.

Basilisken [griech.], **Basiliscus,** Reptiliengattung der Leguane in Amerika, meist Baumbewohner, Männchen mit aufrichtbaren Hautlappen auf Kopf und Rücken. Der **Helmbasilisk** (Basiliscus basiliscus) erreicht 80 cm Länge.

Basilius der Große, Kirchenlehrer, * Caesarea Cappadociae (heute Kayseri) um 330, † 1. 1. 379; seit 370 Bischof und Metropolit von Kappadokien; Förderer des Mönchtums. B. d. G. gehört mit Gregor von Nyssa und Gregor von Nazianz zu den führenden Theologen des späten 4. Jh. (den »drei großen Kappadokiern«), die die Trinitätslehre ausbauten und so die Beendigung des arian. Streites (381, →Arianismus) ermöglichten. Heiliger (Tag: Ostkirche 1. 1., kath. Kirche 2. 1.).

Basis [griech. »Sockel«, »Grundmauer«] *die*, **1)** *allg.:* Grundlage, Ausgangspunkt.

2) *Baukunst:* Fuß einer Säule oder eines Pfeilers, der den Übergang zw. dem vertikalen Säulenschaft und der waagerechten Fußplatte vermittelt, auch Standblock einer Plastik.

3) *Elektronik:* der Halbleiterbereich zw. den beiden pn-Übergängen eines Bipolartransistors (→Transistor).

4) *Geodäsie:* mit sehr hoher Genauigkeit gemessene Grundlinie zur Maßstabsfestlegung bei der →Triangulation.

5) *Kristallografie:* die in die Einheitszelle eingebauten Atome, Moleküle und Ionen, deren period. Wiederholung eine Kristallstruktur ergibt.

6) *Mathematik:* a) Grundlinie, Grundfläche; b) Grundzahl einer →Potenz, eines →Logarithmus oder eines Zahlensystems; c) in einem Vektorraum ein System linear unabhängiger Vektoren (**B.-Vektoren**).

7) *Politik:* a) die tragende(n) Schicht(en) einer Gesellschaft oder von gesellschaftl. Organisationen (Partei-B.) im Ggs. zur Führung; b) B. und Überbau, →Marxismus.

8) *Sprache:* a) ein mehreren Wörtern gemeinsamer Wortteil, an dem Erscheinungen des Ablauts auftreten; b) **B.-Komponente,** in der →Transformationsgrammatik die syntakt. Tiefenstruktur.

Basis|anschluss, *Telekommunikation:* ein ISDN-Anschluss (→ISDN) mit zwei Basiskanälen (**B-Kanäle**) mit je 64 Kbit/s und einem Kanal (**D-Kanal**) mit 16 Kbit/s für die Übertragung der Steuerinformationen. Die beiden B-Kanäle können gleichzeitig und unabhängig voneinander zur Datenübermittlung genutzt werden, das ermöglicht z. B. die parallele Nutzung von Telefon und Fax oder Internet.

Basisbreite, Abstand zw. zwei getrennt angeordneten Mikrofonen bei der Aufnahme bzw. zw. den äußeren Lautsprechern bei der Wiedergabe (→Stereofonie).

basische Reaktion, die →alkalische Reaktion.

Basisdemokratie, von den →neuen sozialen Bewegungen thematisierter Begriff, der grundsätzl. Kritik an den Erscheinungsformen v. a. der repräsentativen Demokratie, des Sozialstaats, des Staatsinterventionismus, der Parteien und Verbände mit direktdemokrat. Vorstellungen verbindet.

Basiseinheiten, früher **Grundeinheiten,** die voneinander unabhängigen Einheiten eines physikal. Größen- oder Einheitensystems, aus denen sich alle anderen Einheiten (**abgeleitete Einheiten**) in Form von Potenzprodukten ergeben. Die B. gehören meist zu den →Basisgrößen, von denen es in jedem →Einheitensystem stets ebenso viele wie B. gibt. Die zurzeit gültigen sieben B. des SI (→SI-Einheiten) werden durch die Generalkonferenz für Maß und Gewicht festgelegt und definiert.

Basisgemeinden, *kath. Kirche:* experimentelle Orts- oder Personalgemeinden (bes. in Lateinamerika), die christl. Gemeinschaften exemplarisch in überschaubaren gesellschaftl. Räumen realisieren wollen und v. a. in der aktiven Einbindung aller Gemeinde-Mitgl. auch ein Modell für die Reform traditioneller kirchl. Strukturen sehen.

Basisgrößen, früher **Grundgrößen,** zweckmäßig gewählte und vereinbarte, voneinander unabhängige physikal. Größen, z. B.: Länge, Zeit, Masse, elektr. Stromstärke, thermodynam. Temperatur, Stoffmenge und Lichtstärke. B. bilden die Grundlage eines →Größensystems, aus dem alle anderen Größen abgeleitet werden können.

Basisgruppen, kleine, vor Ort aktive polit. Gruppierungen, v. a. an Univ., in Schulen und Betrieben, in Ortsteilen und Kirchengemeinden; spontan oder gezielt gebildet zur Diskussion von Einzelfragen oder allgemeinpolit. Themen und/oder auch zur Suche nach neuen Formen des Miteinanderlebens und Miteinanderwirkens (→Basisdemokratie).

Basisjahr, *Statistik:* das Jahr, das die Bezugsgrundlage abgibt.

Basislack, farb- und effektgebendes Lackmaterial in der industriellen Serien- und Reparaturlackierung. Üblich sind heute Wasserlacke, die einen geringen Anteil organ. Lösungsmittel enthalten. Durch forciertes Trocknen mit Luft oder Wärme kann die Trocknungszeit deutlich reduziert werden.

Basisrente, Rürup-Rente, eine private kapitalgedeckte Rente, die steuerlich gefördert wird; zum 1. 1. 2005 eingeführt (→betriebliche Altersversorgung, →private Altersversorgung).

Basissätze, *Wissenschaftstheorie:* grundlegende Aussagen in der Form von Es-gibt-Sätzen (»an der und der Raum-Zeit-Stelle gibt es das und das«), die einen intersubjektiv beobachtbaren Sachverhalt beschreiben und deren Negation aus der Theorie folgt, zu der sie gehören. B. bilden die Grundlage der Sprache einer empir. Wissenschaft. (→Protokollsatz)

Basiszinssatz, →Referenzzinssatz.

Basizität *die,* Maß für die Basenstärke, ausgedrückt durch den →pH-Wert oder den →pK-Wert; allg. die Fähigkeit einer chem. Verbindung, als Protonenakzeptor oder Elektronenpaardonator zu wirken. (→Base)

Basken, bask. **Euskaldunak,** span. **Vascos,** frz. **Basques,** vorindogerman. Volk im Hinterland des Golfes von Biskaya, dem →Baskenland, in Frankreich etwa 100 000–200 000, in Spanien rd. 900 000 Menschen. Aufgrund ihrer ethn. und sprachl. Besonderheiten (→baskische Sprache und Literatur) haben sich die B. eine reiche Volkskultur erhalten (Schwert- und Stocktänze, Pelota, rhythm. Volksmusik, Mythen und Legenden).

Geschichte: Der Name **Vascones** taucht im 1. Jh. v. Chr. bei den Römern auf. Nach dem Sieg der Westgoten um 580 siedelten die B. auch nördlich der Pyrenäen. Die bask. Grafschaften, die sich der maur. und fränk. Herrschaft widersetzten, bildeten 905 das Königreich →Navarra. Die B. behaupteten in den folgenden Jahrhunderten gegenüber den Herrschern von Navarra, Aragonien, León und Kastilien ihre Sonderrechte (**fueros**); in Frankreich verloren sie diese 1789 und in Spanien wurden sie nach den Bürgerkriegen 1834–40 und 1873–76 im Wesentlichen aufgehoben. Innerhalb der span. Rep. 1936–39 besaßen sie Autonomie. Unter dem Franco-Regime waren alle regionalen Bestrebungen unterdrückt. Seit den 1960er-Jahren gewann die bask. Autonomiebewegung (→ETA) wieder starke innenpolit. Bedeutung in Spanien. Mit der neuen Verf. erhielten die span. B. 1979 wieder ein Autonomiestatut, 1980 eine Regionalreg. Die Auseinandersetzungen um eine staatl. Selbstständigkeit waren damit aber nicht beendet. Im Herbst 1999 erklärten die nationalist. Parteien das Autonomiestatut einseitig für beendet, weil es Unterordnung unter die Zentralreg. verlange. Seit 2004 betreibt der Reg.-Chef der Regionalreg. Juan José Ibarretxe (* 1957) einen bask. »Freistaatsplan«, demzufolge das B.-Land freiwillig an Spanien »assoziiert« sein soll.

Baskenland, bask. **Euskadi,** Land der →Basken, am Golf von Biskaya in Spanien und Frankreich, vom östl. Teil des Kantabr. Gebirges bis in die westl. Pyrenäen. Das span. B. bildet seit 1979 die autonome Region B. (span. **País Vasco**) mit den Prov. Guipúzcoa, Vizcaya und Álava; 7 234 km², 2,11 Mio. Ew., Hptst.: Vitoria (amtl. Vitoria-Gasteiz). Die Küstenregion ist stark industrialisiert mit Eisenerzverhüttung (seit dem 19. Jh., Zentrum Bilbao), Metall-, Elektro-, chem., Baustoffind., Maschinen- und Fahrzeugbau, Leder- und Holzverarbeitung. Im Landesinneren dominiert die Landwirtschaft (Viehhaltung, Maisanbau, Obst- und Weinbau).

Das frz. B. (frz. **Pays Basque**) entspricht dem westl. Teil des Dép. Pyrénées-Atlantiques mit den alten Prov. Labourd, Soule und Basse-Navarre, es umfasst den westlichsten Teil der frz. Pyrenäen bis in ihr Vorland und den Küstenabschnitt von der Adour- bis zur Bidassoamündung (**Côte Basque**); rd. 17 700 km². Im gebirgigen Inneren des B.s Streusiedlungen mit Weidewirtschaft, an der Küste Fischerei und Fremdenverkehr. Das frz. B. hat keine Bodenschätze, wenig Ind. und gehört zu den ärmeren Regionen Frankreichs.

Baskenmütze, schirm- und randlose Filzmütze, die sich um 1570 wahrscheinlich aus dem →Barett

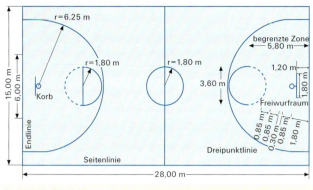

Basketball: Spielfeld

entwickelte und zur nat. Kopfbedeckung der Basken, auch allgemein der Fischer wurde.

Baskerville [ˈbæskəvɪl], John, engl. Schriftgießer und Buchdrucker, * Wolverley (Cty. Hereford and Worcester) 28. 1. 1706, † Birmingham 8. 1. 1775; schuf künstler. Antiqua- und Kursivschriften.

John Baskerville

Basketball [engl. basket »Korb«], zu den Tor-, Mal- und Korbspielen gehörendes Mannschafts-, meist Hallenspiel, bei dem zwei Mannschaften (je fünf Feld- und bis zu sieben Auswechselspieler) versuchen, einen Hohlball (75–78 cm Umfang, 600–650 g schwer, Frauen: 540 g) in den gegner., in 3,05 m Höhe auskragend an den Schmalseiten des Spielfeldes angebrachten Korb zu werfen. Ein Spiel dauert 4 × 10 Minuten effektive Spielzeit; jeder Treffer aus dem Spiel zählt zwei oder (Weitwürfe) drei Punkte, jeder verwandelte Freiwurf einen Punkt. Je Spielviertel ist eine Auszeit (im letzten Viertel zwei) pro Mannschaft erlaubt. Der im Ballbesitz befindl. Spieler darf den Ball nur 5 Sekunden halten. Zur Beschleunigung des Spiels trägt bei, dass die ballbesitzende Mannschaft den Ball innerhalb von 8 Sekunden aus der eigenen Hälfte herausspielen und bei einem Angriff innerhalb von 24 Sekunden einen Korbwurf unternehmen muss. – Über den amerikan. Profi-B. →NBA. (→Sportarten, Übersicht).

Basketmaker-Kultur [ˈbɑːskɪtmeɪkə-; engl. »Korbflechter«], ältere Stufe der prähistor. →Anasazikultur auf dem südl. Coloradoplateau im SW der USA.

Basketzertifikat [ˈbɑːskɪt-], Wertpapier, bei dem der Anleger entsprechend dem Bezugsverhältnis den Bruchteil eines Wertpapierkorbes erwirbt und an dessen Kursentwicklung partizipiert. Die Auswahlkriterien für die Zusammensetzung des Korbes (z. B. Aktien bestimmter Branchen oder Länder) bestimmt der Emittent vor Notierung des Zertifikats.

baskische Sprache und Literatur. Das Baskische (bask. euskera, eskuara) ist die einzige lebende vorindogerman. Sprache in Westeuropa (in Frankreich im Dép. Pyrénées-Atlantiques, in Spanien in den autonomen Regionen Baskenland und Navarra). Es hat in geschichtl. Zeit viel Lehngut aufgenommen, z. B. aus dem Keltischen, Germanischen, bes. aus dem Lateinischen und dem Romanischen. Der Ursprung der bask. Sprache ist bislang nicht geklärt. Sie ist mundartlich stark gespalten; eine einheitl. Schriftsprache besteht nicht. In allen Dialekten gibt es Literatur, zumindest religiöse, und Folklore (Lieder, Legenden, Märchen, volkstüml. Theaterstücke, Sprichwörter). Bed. Vertreter der zeitgenöss. Literatur sind u. a. J. L. Álvarez Enparantza, gen. Txillardegi (* 1929), R. Saizarbitoria (* 1944), X. Kintana (* 1946), J. Azurmendi (* 1941), X. Lete (* 1944), Arantxa Urretavizcaya (* 1947) und B. Atxaga (* 1951).

Basküleverschluss [frz. bascule »Schaukel«, »Wippe«], Fenster- oder Türverschluss, bei dem durch Drehen eines Griffs zwei Stangen riegelartig nach oben und unten geschoben werden.

Basküleverschluss (schematisch)

Basler Friede, am 5. 4. 1795 zw. Preußen (K. A. Freiherr von Hardenberg) und der Frz. Republik (F. Marquis Barthélemy) geschlossener Friede (→Französische Revolutionskriege, →Preußen, Geschichte).

Basler Konzil, →Reformkonzilien.

basophile Granulozyten, Basophile, →Blut.

Basquiat [basˈkja], Jean-Michel, amerikan. Maler haitianisch-puerto-rican. Herkunft, * New York 22. 12. 1960, † ebd. 12. 8. 1988; Autodidakt; entwickelte eine Bildsprache, in der er Elemente der Art brut mit skripturalen Zeichen und Comicfiguren kombinierte. In seinen Gemälden setzte er sich mit der urbanen Umwelt, mit sozialen Widersprüchen und Rassenfragen auseinander. B. gilt heute als einer der Protagonisten einer eigenständigen Kunst schwarzer Amerikaner.

Basra, Prov.-Hptst. und wichtigste Stadt im S des Irak, am Schatt el-Arab, 100 km oberhalb dessen Mündung in den Pers. Golf, 1,48 Mio. Ew., als Agglomeration 1,95 Mio. Ew.; Univ.; Zentrum großer Erdölfelder (Rumaila und West-Qurna westlich von B., Majnunfeld nördlich von B.); Erdölraffinerie, Grundstoffindustrie; Mittelpunkt eines Dattelanbaugebiets; internat. Flughafen. B. war früher der Haupthafen des Landes, da die Zufahrt aber ständig freigebaggert werden musste, wurde der Überseehafen →Umm Kasr angelegt. Im 1. Golfkrieg (1980–88) waren wegen der Frontnähe der Hafen, die Erdölverarbeitungs- und -verschiffungsanlagen und viele andere Ind.-Anlagen nicht mehr in Betrieb. Nach dem 2. Golfkrieg 1991 ging der Wiederaufbau nur zögernd voran und wurde durch den 3. Golfkrieg 2003 wieder unterbrochen. – Das alte B. (im mittelalterl. Europa **Balsora** oder **Bassora** gen.) wurde 638 gegründet und war im 8./9. Jh. eine blühende Handelsstadt sowie ein Zentrum arab. Kultur; ab dem 10. Jh. zerfiel es und wurde 1638 von den Türken erobert. Das heutige B. entstand im 17. Jahrhundert. Im 1. und 2. Golfkrieg von Zerstörungen betroffen; 1991 Zentrum eines blutig niedergeschlagenen Aufstands der Schiiten gegen das Regime von Saddam Husain.

Basrelief [ˈbareljɛf, frz.] das, flaches →Relief.

Bas-Rhin [baˈrɛ̃], Dép. im Elsass, Frankreich, 4755 km², 1,053 Mio. Ew.; Hptst.: Straßburg.

Bass [ital. basso »tief«] der, Abk. **B,** Musik:
1) tiefste Stimme im mehrstimmigen Tonsatz.
2) tiefste Männerstimme, Umfang etwa E bis d^1/f^1.
3) Tonlagenbezeichnung bei Instrumenten, z. B. B.-Posaune.

Bassai, Bassae, antikes Bergdorf, das zu der altgriech. Stadt Phigaleia (W-Peloponnes) gehörte; in der Nähe gut erhaltener Apollontempel (Ende des 5. Jh. v. Chr.; Weltkulturerbe); ein Fries des Tempels befindet sich heute im Brit. Museum (London).

Bassani, Giorgio, ital. Schriftsteller, * Bologna 4. 3. 1916, † Rom 13. 4. 2000. Seine an H. James geschulten psycholog. Erzählungen und Romane spielen in seinem langjährigen Wohnsitz Ferrara, u. a. »Ein Arzt aus Ferrara« (R., 1958), »Die Gärten der Finzi-Contini« (R., 1962), »Ferrareser Geschichten« (Erz.n, 1960); auch Essays und Lyrik.

Bassano, Jacopo, eigtl. J. da **Ponte,** ital. Maler, * Bassano del Grappa um 1510/15, † ebd. 13. 2. 1592; religiöse Bilder in satten Farben und mit kühnen Lichtwirkungen. Seine vier Söhne, bes. Francesco B. (*1549, † 1592) und Leandro B. (*1557, † 1622), setzten die Kunst des Vaters fort.

Bassano del Grappa, Stadt in Venetien in der Prov. Vicenza, Italien, an der Brenta; 41 100 Ew., Textil-, keram. Ind., Kunsthandwerk; Maschinenbau. – Reizvolles Stadtbild mit Palästen, z. T. mit Fresken und Laubengängen.

Basse Danse [bas'dãs, frz.] *die,* langsamer Schreit- oder Gleittanz, im 15./16. Jh. an den frz. und ital. Höfen verbreitet.

Bassein, Puthein, Prov.-Hptst. in Birma, im Irawadidelta, 219 700 Ew.; Mittelpunkt eines Reisanbaugebietes; Kunsthandwerk; Hafen und Flugplatz.

Basse-Normandie [basnɔrmã'di], Region im NW Frankreichs, umfasst die Dép. Calvados, Manche und Orne, 17 589 km², 1,445 Mio. Ew.; Hptst. ist Caen.

Bassermann, Albert, Schauspieler, * Mannheim 7. 9. 1867, † Zürich 15. 5. 1952; 1900–14 am Dt. und am Lessingtheater in Berlin, später an versch. Bühnen; emigrierte 1934, bis 1946 in den USA; berühmt für seinen realist. Schauspielstil (bes. Shakespeare- und Ibsen-Rollen), auch in Filmen.

Basset [ba'sɛ, frz.; 'bæsɪt, engl.] *der,* kurzbeiniger frz. Jagdhund (bis 38 cm Schulterhöhe); aus Kreuzung des B. mit dem engl. Bloodhound entstand der **B. Hound.**

Basseterre [bas'tɛːr], Hptst. von Saint Kitts und Nevis, auf Saint Kitts, 13 200 Ew.; Zuckerraffinerien; Hafen, Flughafen; geprägt durch georgian. Architektur.

Basse-Terre [bas'tɛːr], Hptst. des frz. Übersee-Dép. Guadeloupe, 12 400 Ew. (als Agglomeration 44 900 Ew.); Bischofssitz; Hafen, Flughafen.

Bassetthorn [ital.], um 1770 erstmals gebaute Altklarinette in F (Umfang F–f³), u. a. von W. A. Mozart verwendet.

Bassgeige, *der* →Kontrabass.

Basso continuo [ital. »ununterbrochener Bass«], Abk. **B. c.,** →Generalbass.

Basso ostinato [ital. »hartnäckiger Bass«], →Ostinato.

Bassai: Apollontempel (Ende 5. Jh. v. Chr.)

Bassow, Nikolai Gennadijewitsch, russ. Physiker, * Usman (bei Woronesch) 14. 12. 1922, † Moskau 1. 7. 2001; bed. Arbeiten zur Quantenelektronik; erhielt für seine Beiträge zur Entwicklung von Laser und Maser 1964 zus. mit A. M. Prochorow und C. H. Townes den Nobelpreis für Physik.

Bassreflexbox, Lautsprechergehäuse mit zusätzl. Schallloch zur verbesserten Abstrahlung niedriger Frequenzen bei kleinen Gehäuseabmessungen.

Bassschlüssel, *Musik:* ein Notenschlüssel (→Schlüssel).

Bass-Straße ['bæs-; nach ihrem Entdecker George Bass, 1798], 340 km lange, rd. 210 km breite Meerenge zw. Australien und Tasmanien; bed. Erdöl- und Erdgasförderung.

Basstölpel [nach der schott. Insel Bass Rock], →Tölpel.

Bast, 1) *Botanik:* in Spross und Wurzel vom Kambium nach außen neu gebildetes Gewebe, auch sekundäre Rinde; B.-Fasern können feste Stränge bilden; Binde-, Flecht-, Spinnstoff; u. a. von Flachs, Hanf, Jute, Sisal-, Manilahanf.

2) *Jägersprache:* behaarte Haut am wachsenden Geweih.

3) *Textiltechnik:* eine den Rohseidenfaden umhüllende Schicht (→Seide).

Bastard [aus altfrz. bastard, »anerkannter außerehel. Sohn eines Adligen«] *der,* **1)** *veraltet:* nicht ehel. Kind.

2) *Biologie:* **Hybride,** aus Kreuzungen genetisch unterschiedl. Elternformen hervorgegangenes Individuum.

Bastardfaden, *Heraldik:* links über den Schild gelegter Schrägfaden als Zeichen nicht ehel. Herkunft.

Bastardschriften, zw. zwei Stilarten, z. B. Antiqua und Fraktur, stehende Druckschriften.

Bastarnen, Bastarner, german. Volk, das im 3. Jh. v. Chr. von Mitteleuropa zum Schwarzen Meer abwanderte; 280 n. Chr. in Thrakien angesiedelt.

Bastei, die →Bastion.

Bastei *die,* Kreidesandsteinfelsen im Elbsandsteingebirge; 305 m ü. M., 194 m über der Elbe; Aussichtspunkt.

Baster, früher **Rehobother B.,** Afrikaans sprechende Volksgruppe in Namibia, etwa 55 000 Menschen; entstand im 19. Jh. vornehmlich aus Verbindungen zw. Frauen der Khoikhoin und Buren; siedelt um Rehoboth.

Bastet, ägypt. Göttin der Freude und Liebe (im Ggs. zur gefährl. →Sachmet), in Frauengestalt mit Katzenkopf oder ganz als Katze dargestellt. Hauptkultort war Bubastis.

Bastia [ital., frz. bas'tja], Hafenstadt auf der Insel Korsika, Frankreich, Verw.-Sitz des Dép. Haute-Corse, 39 000 Ew.; größte Handels- und Ind.-Stadt der Insel; Flughafen. – Zitadelle, ehem. Gouverneurspalast (14.–16. Jh.). – 1791–1810 Hptst. von Korsika.

Bastian, Adolf, Völkerkundler, * Bremen 26. 6. 1826, † Port of Spain (Trinidad) 2. 2. 1905; fuhr 1851 als Schiffsarzt nach Australien; bereiste danach viele Gebiete der Erde. 1868 legte B. mit seinen Sammlungen den Grundstock zum Museum für Völkerkunde in Berlin.

Werke: Der Mensch in der Geschichte, 3 Bde. (1860); Die Voelker des oestlichen Asien, 6 Bde. (1866–71).

Bastiat [bas'tja], Frédéric, frz. Volkswirtschaftler, * Bayonne 29. 6. 1801, † Rom 24. 12. 1850; erwartete als Vertreter der liberalen Nationalökonomie und des

Nikolai Bassow

Bastardfaden: Wappen des Grafen Jean Dunois, genannt Bastard von Orléans

Freihandels vom »laissez faire« die Lösung der sozialen Frage.

Bastille [basˈtiːj] *die,* 1370–82 erbaute, achttürmige Burg am Tor Saint-Antoine in Paris; seit dem 17. Jh. Staatsgefängnis; zu Beginn der Frz. Revolution am 14. 7. 1789 (seit 1880 frz. Nationalfeiertag) als Sinnbild königl. Tyrannei gestürmt und 1790 zerstört.

Bastion [frz.] *die,* **Bastei,** vorspringendes Bollwerk einer Festung zur Aufstellung von Geschützen, bes. nach der Bauart S. Vaubans.

Bastogne [basˈtɔn], niederländ. **Bastenaken,** dt. **Bastnacht,** Stadt in der Prov. Luxemburg, Belgien, 13 600 Ew. – B. war während der dt. Ardennen-Offensive im Dez. 1944 hart umkämpft.

Bastonade [ital., von bastone »Stock«] *die,* Prügelstrafe auf Fußsohlen und Rücken; in streng islam. Staaten auch noch heute offiziell angewendet.

Bastseide, noch nicht entbastete Rohseide mit gelblich weißer bis goldgelber Farbe; auch das aus B. gefertigte Gewebe.

Basuto, Volk im südlichen Afrika, →Sotho.

Basutoland, früherer Name von →Lesotho.

Bat, vorgeschichtl. Siedlung und Totenkultstätte des 4./3. Jt. v. Chr. in Oman. Siedlung und bronzezeitl. Nekropole gehören mit den benachbarten Stätten Al-Khutm und Al-Ain zum UNESCO-Weltkulturerbe.

BAT, Abk. für →**B**undes**a**ngestellten**t**arifvertrag.

Bata, Hauptort und Wirtschaftsmetropole des Festlandteils (Mbini) von Äquatorialguinea, 82 700 Ew.; Bischofssitz; Hafen, internat. Flughafen.

Bataille [baˈtaːj], Georges, frz. Schriftsteller, *Billom (Dép. Puy-de-Dôme) 10. 9. 1897, † Paris 9. 7. 1962. Sein Hauptthema ist das dialekt. Verhältnis von Tabu und Übertretung, u. a. in »Abbé C.« (R., 1950), »Der heilige Eros« (Essay, 1957).

Bataillon [frz. bataˈjɔ̃, dt. batalˈjoːn] *das,* militär. Verband von 3 bis 5 Kompanien (Batterien), etwa 400–800 Mann, i. d. R. geführt von einem Oberstleutnant (B.-Kommandeur); mehrere B. der gleichen Truppengattung bilden ein Regiment, solche verschiedenen Truppengattungen eine Brigade.

Batak, 1) zu den Aëta zu rechnende Negrito-Bev. der Philippineninsel Palawan; etwa 1 000 Menschen.
2) Bewohner des zentralen N-Sumatra; etwa 6,5 Mio. Menschen; betreiben Trocken- und Nassreisanbau, Schweine- und Büffelhaltung; patrilineare Verwandtschaftsorganisation; kennen Steinsetzungen (Megalithen), Ahnenkult und Magie; Christen (B.-Kirche) oder Muslime; wohnen traditionell in kunstvoll beschnitzten Holzhäusern mit hoch aufragenden, vorn überstehenden Dächern.

Batalha [baˈtaʎa; port. »Schlacht«], Ort nördlich von Lissabon, Portugal, 7 500 Ew.; ehem. Kloster **Santa Maria da Vitória** (UNESCO-Weltkulturerbe) im →Emanuelstil, gegr. von König Johann I. zur Erinnerung an den Sieg Portugals vom 14. 8. 1385 über Kastilien.

Batate [span., indian. Ursprungs] *die,* **Süßkartoffel,** die stärkereiche Knolle der Knollenwinde Ipomoea batatas; in den warmen Gebieten der Erde verbreitet, ersetzt sie dort die Kartoffel.

Bataver, german. Stamm an der Rheinmündung, erhob sich 69/70 n. Chr. unter Civilis erfolglos gegen die röm. Oberhoheit (seit Ende des 1. Jh. v. Chr.); ging im 4. Jh. in den Franken auf.

Batavia, bis 1950 Name von →Jakarta.

Batavische Republik, die von den Franzosen als erste der »Tochterrepubliken« errichtete niederländ. Republik (1795–1806); aus ihr wurde dann das Königreich Holland.

Batch-Betrieb [ˈbætʃ-, engl.], *Informatik:* die →Stapelverarbeitung.

Bates [beɪts], Sir (seit 2003) Alan, engl. Theater- und Filmschauspieler, *Allestree (Cty. Derbyshire) 17. 2. 1934, † London 27. 12. 2003; erster großer Theatererfolg 1956 am Royal Court Theatre in London in J. Osbornes »Blick zurück im Zorn«; wirkte in über 50 Filmen mit, u. a. als skrupelloser Krimineller in »Woher der Wind weht« (1961), als steifer engl. Schriftsteller in »Alexis Sorbas« (1964).

Bateson [beɪtsn], Gregory, amerikan. Biologe, Anthropologe und Psychologe brit. Herkunft, *Cambridge (Großbritannien) 9. 5. 1904, † San Francisco (Calif.) 11. 6. 1980; 1935–50 ∞ mit Margaret Mead; formulierte die **Double-Bind-Theorie** zur Rolle der Familie bei der Entstehung von Schizophrenie mit.

Bath [bɑːθ], Stadt in SW-England, 90 100 Ew., Zentrum der Unitary Authority **Bath and North East Somerset** (351 km^2) mit 170 000 Ew.; Sitz eines anglikan. Bischofs; Univ.; Badeort mit heißen Quellen (mit Resten der röm. Thermenanlage). – Abteikirche (16. Jh.) Stadtbild (18. Jh.) von einzigartiger Geschlossenheit (UNESCO-Weltkulturerbe).

Batholith [griech.] *der,* ausgedehnter, meist granit. Tiefengesteinskörper, der als magmat. Masse aus größeren Tiefen in die obere Erdkruste eingedrungen und dort erstarrt ist.

Bathorden [ˈbɑːθ-; engl. »Orden vom Bade«], **The most honourable order of the bath,** brit. Verdienstorden, wohl 1399 als Ritterorden gestiftet, ben. nach der Aufnahmezeremonie; 1725 erneuert.

Báthory [-ri], siebenbürg. Fürstengeschlecht, →Stephan (Polen).

Bathseba, in der Vulgata **Bethsabee,** im A. T. die von David verführte Gattin des Hethiters Uria (2. Sam. 11, 3), Mutter des Königs Salomo (2. Sam. 12, 24).

Bathurst [ˈbæθəst, engl.], bis 1973 Name der gamb. Hptst. →Banjul.

Bathyal [griech.] *das,* lichtarmer Meeresbereich zw. 200 und 3 000 m Wassertiefe.

Bathyskaph *der,* 1953 von A. Piccard entwickeltes, frei schwimmendes, steuerbares Tiefseeboot für Forschungszwecke. Der spindelförmige benzingefüllte Tragkörper trägt die Stahlkugel (2 m Durchmesser, 9 cm Wanddicke) für die Besatzung; größte Tauchtiefe (1953) 3 150 m. Mit der Weiterentwicklung »Trieste« tauchten J. Piccard und D. Walsh (1960) 10 916 m tief.

Bathysonde, in der Meeresforschung verwendete elektron. Messeinrichtung zur Bestimmung u. a. von Dichte, Temperatur, Salzgehalt und Strömung.

Bathysphäre, 1934 von O. Barton und W. Beebe gebaute, an einem Kabel hängende stählerne Kugel zur Tiefseeforschung; größte erreichte Tiefe (1948) 1 370 m.

Batik [malaiisch] *der,* auch *die,* aus Indonesien stammende Stofffärbetechnik, wobei auf die Stellen, die farbfrei bleiben sollen, heißes Wachs aufgegossen wird. Nach dessen Erkalten wird der Stoff kalt gefärbt und danach das Wachs im heißen Spülbad abgelöst. Für jede Farbe ist ein gesonderter Arbeitsgang erforderlich. Durch ggf. künstlich vermehrte Risse und Sprünge im Wachs kann ein farbiges Geäder erreicht werden.

Batist [frz.] *der,* sehr feines (Baumwoll-)Gewebe in Leinwandbindung.

Batista y Zaldívar [-i salˈdiβar], Fulgencio, kuban. Politiker, *Banes (Prov. Camagüey) 16. 1. 1901, †Marbella (Spanien) 6. 8. 1973; herrschte nach dem Sturz von Präs. G. Machado y Morales (1933) in Kuba mit diktator. Mitteln; Präs. 1940–44, 1952–58; durch F. Castro Ruz gestürzt.

Batman [ˈbætmən; engl. »Fledermausmann«], Titelfigur einer 1939 gestarteten amerikan. Comicserie; später auch Held zahlr. Spielfilme.

Batman, Prov.-Hptst. in der SO-Türkei, 246 700 Ew.; Zentrum der türk. Erdölförderung, Pipeline nach İskenderun.

Batna, Hauptstadt des gleichnamigen Wilajats in Algerien, 1 040 m ü. M., am N-Rand des Aurès, 265 100 Ew.; Univ.-Zentrum, Baumwollverarbeitung; Flughafen. – In der Nähe liegt →Timgad.

Baton Rouge [ˈbætn ˈruːʒ], Hptst. des Bundesstaates Louisiana, USA, am Mississippi, 225 100 Ew.; zwei Univ.; Erdölraffinerie, petrochem. Industrie.

Batrachomyomachie [griech. »Froschmäusekrieg«], fälschlich Homer zugeschriebene Parodie der »Ilias«, die im Stil des hohen Epos Kämpfe zw. Fröschen und Mäusen schildert; entstand im 5. (3.?) Jh. v. Chr.

Batschka die, serbokroat. **Bačka,** ungar. **Bácska,** Landschaft zw. unterer Theiß und Donau, in der Wojwodina (Serbien), kleiner Teil in Ungarn; Weizen-, Mais-, Zuckerrüben-, Sonnenblumen-, Hanfanbau, Viehzucht. Größte Städte sind Novi Sad und Subotica. – Nach den Türkenkriegen im 18. Jh. wurde die B. mit Deutschen, bes. aus SW-Dtl. (Donauschwaben), später auch Magyaren, Serben und Slowaken besiedelt. 1920 (Vertrag von Trianon) kam der größte Teil zu Jugoslawien, nur ein Sechstel blieb bei Ungarn. 1941–45 von Ungarn besetzt; 1944/45 Vertreibung der Deutschen (rd. 200 000).

Battambang, Prov.-Hptst. in NW-Kambodscha, 139 900 Ew.; Univ.; Reis- (»Reisprovinz«), Gemüse-, Juteanbau; Flughafen.

Battani, Mohammed ibn Djabir al, mlat. **Albategnius,** arab. Astronom, *in oder bei Harran vor 859, †bei Samarra 929; verfasste astronom. Tafeln, führte astronom. Bestimmungen durch und förderte die Trigonometrie.

Battement [batˈmã, frz.] das, Ballett: Bez. für Bewegungen, bei denen das Spielbein aus einer geschlossenen Position weg- und wieder zurückgezogen wird.

Battenberg, Name eines 1314 erloschenen hess. Grafengeschlechts aus der Stadt Battenberg (Eder), Landkr. Waldeck-Frankenberg; Prinzentitel (seit 1858) der Nachkommen des Prinzen Alexander von Hessen-Darmstadt aus seiner Ehe mit der poln. Gräfin Julie von Haucke. – Ludwig Alexander von B. (* 1854, † 1921) war brit. Admiral; er erhielt 1917 den Namen **Mountbatten** und die Würde eines Marquess of Milford Haven. (→Alexander, Bulgarien)

Batterie [frz.] die, 1) Elektrochemie: 1) die Zusammenschaltung von elektr. Bauelementen, z. B. von Bleiakkumulatoren zur Kraftfahrzeug-B. oder von Solarzellen zur Sonnen-B.; 2) Bez. für alle →galvanischen Elemente, die auf elektrochem. Wege reine elektr. Spannung erzeugen und elektr. Energie abgeben können. Im Ggs. zum →Akkumulator verlaufen die chem. Reaktionen in B. (**Primärzellen, Primärelemente**) nicht umkehrbar, d. h., B. können nicht wieder aufgeladen werden. Handelsübl. B. bestehen aus zwei Elektroden, die sich in einem Elektrolyten befinden. Meist werden heute Elektrolytlösungen verwendet, die mit einem Quellmittel eingedickt wurden (**Trocken-B.**). Weit verbreitet sind: Kohle-Zink-Zelle (→Leclanché-Element), Alkali-Mangan-Zelle, Silberoxid-Zink-Zelle und Lithiumzelle.

Entsorgung: Die B.-VO (»VO über die Rücknahme und Entsorgung gebrauchter B. und Akkumulatoren« vom 27. 3. 1998 in der Fassung vom 2. 7. 2001) verpflichtet Hersteller und Importeure, alle Alt-B. zurückzunehmen und zu entsorgen. Der Verbraucher ist verpflichtet, Alt-B. im Handel oder bei einer kommunalen Sammelstelle abzugeben, die B. zur umweltverträgl. Entsorgung an das von den B.-Herstellern eingerichtete »Gemeinsame Rücknahmesystem B.« weitergeben. Nach der VO dürfen bestimmte schadstoffhaltige B. nicht in den Verkehr gebracht werden.

2) *Militärwesen*: die der Kompanie entsprechende Einheit bei der Artillerie und der Flugabwehrtruppe.

3) *Musik*: frz. Bez. für Schlagzeug sowie für Trommelwirbel und Signale.

Batteriehaltung, Legehennenhaltung, bei der die Tiere in ein- oder mehrstöckigen Käfiganlagen (**Legebatterien**) gehalten werden. Fütterung, Entmistung, z. T. auch Einsammeln der Eier erfolgen automatisch. Die B. wird zunehmend als nicht tiergerecht kritisiert. 1999 verabschiedeten die Agrarminister der EU eine Richtlinie zur artgerechten Haltung von Legehennen in Legebatterien, nach der ab dem Jahr 2003 jeder Henne eine Fläche von 550 cm^2 zusteht. Von 2012 an sind die herkömml. Käfige in der EU verboten.

Batthyány [ˈbɔtjaːni], Lajos (Ludwig) Graf von, ungar. Staatsmann, * Pressburg 14. 2. 1806, †Pest (heute zu Budapest) 6. 10. 1849; wurde am 17. 3. 1848 Präs. des ersten ungar. Ministeriums; wegen angebl. Hochverrats hingerichtet.

Battle [bætl], Kathleen, amerikan. Sängerin (Sopran), * Portsmouth (Oh.) 13. 8. 1948; debütierte 1972 und singt seitdem an allen bed. Opernhäusern Europas und der USA. Sie ist v. a. als Mozart-, Rossini- und Strauss-Interpretin bekannt geworden; auch als Konzertsängerin geschätzt.

Battuta [ital.] *die, Musik:* Taktschlag; **a battuta,** (wieder) im strengen Takt.

Batu Khan, Mongolenfürst, *um 1205, †Saraj 1255; Enkel →Dschingis Khans, unterwarf 1237–40 die russ. Fürstentümer, verwüstete 1241/42 Polen, Schlesien (Schlacht bei Liegnitz am 9. 4. 1241) und Ungarn; herrschte über die →Goldene Horde, zuletzt von der von ihm 1254 gegründeten Residenz Saraj nahe der Wolgamündung.

Batumi, Hptst. der Autonomen Rep. Adscharien, Georgien, 122 000 Ew.; Kurort an der kaukas. Schwarzmeerküste; Delfinarium, Museen; Maschinen-, Schiffbau, chem. Ind., Teefabriken; Erdölraffinerie (Pipeline von Baku); im benachbarten Seebad **Seljony Mys** botan. Garten. – B., eine griech. Gründung (**Bathys**), gehörte seit Anfang des 17. Jh. zur Türkei und kam 1878 an Russland.

BAT-Wert, Abk. für **b**iologischer **A**rbeitsstofftoleranzwert, →MAK-Wert.

Batzen [frühnhd. »Klumpen«] *der,* alte Scheidemünze (4 Kreuzer, in der Schweiz: 10 Rappen).

Bau, Jägersprache: von Raubwild, Murmeltier und Wildkaninchen bewohnte Erdhöhle mit den Röhren (Gängen) und dem Kessel (Hauptraum).

Bauabnahme, →Bauüberwachung.

Bauabzugsteuer, zur Bekämpfung illegaler Beschäftigung am Bau seit 1. 1. 2002 erhobener (Quellen-)Steuerabzug (§ 48 EStG). Unternehmer (Leis-

Batzen der Bischöfe von Konstanz (Vorder- und Rückseite; nach 1510)

tungsempfänger), die als Bauherren ihrem Auftragnehmer (Leistender) Vergütungen (»Gegenleistungen«) für Bauleistungen (Herstellung, Instandsetzung, Instandhaltung, Änderung oder Beseitigung von Bauwerken) schulden, müssen von diesen Vergütungen 15 % für Rechnung der Leistenden einbehalten und an das zuständige Finanzamt abführen. Einbehaltene und angemeldete B.-Beträge werden dem Leistenden angerechnet auf die Lohnsteuer, die er für seine Mitarbeiter einbehalten muss, sowie auf zu entrichtende Einkommen- bzw. Körperschaftsteuer. Die B. entfällt, wenn der Bauleistende dem Bauherrn eine vom Finanzamt ausgestellte Freistellungsbescheinigung vorlegt oder wenn die Vergütung im laufenden Kalenderjahr voraussichtlich bestimmte Bagatellgrenzen nicht übersteigen wird (15 000 €, wenn der Leistungsempfänger ausschließlich steuerfreie Umsätze ausführt, 5 000 € in den übrigen Fällen).

Bauakustik, Lehre von der Schallausbreitung in Gebäuden in Form von Luft- und Körperschall; befasst sich mit Messverfahren zur Beurteilung des Schallschutzes von Bauteilen und der Entwicklung von Bauelementen mit hohem Schallschutz.

Baubetreuungsvertrag, Geschäftsbesorgungsvertrag, in dem der Baubetreuer sich verpflichtet, im Namen und für Rechnung des Bauherrn die Planung, Durchführung und Abrechnung des Bauvorhabens zu übernehmen. **Bauträger** ist dagegen, wer das Bauvorhaben im eigenen Namen durchführt, um es z. B. »schlüsselfertig« zu übergeben. Gewerbl. Baubetreuung und Bauträgerschaft sind erlaubnispflichtig (§ 34c GewO). Zum Schutze des Käufers gilt die Makler- und Bauträger-VO i. d. F. v. 7. 11. 1990.

Baubiologie, die Lehre von den ganzheitl. Beziehungen zw. Lebewesen und ihrer bebauten Umwelt. Die B. hat sich aufgrund wiss. Erkenntnisse der Humanökologie entwickelt. Nach den Grundsätzen der B. werden ausschließlich natürl. Baumaterialien (Lehm, Ziegel, Kalk, Holz) verwendet, und zwar u. a. wegen ihres günstigen Einflusses auf Wärmedämmung und Luftfeuchteregulation.

Baubo, griech. Mythologie: nach orph. Tradition eine alte Frau, die die trauernde Demeter mit obszönen Gesten erheiterte, eine wohl aus Kleinasien eingedrungene Personifikation weibl. Fruchtbarkeit.

Bauch, Abdomen, Venter, beim Menschen und den aufrecht gehenden Tieren der vordere untere, bei den übrigen Wirbeltieren der hintere untere Teil des Rumpfes, in dessen Innerem (B.-Höhle) sich die vom →Bauchfell umkleideten B.-Eingeweide befinden. Die B.-Muskulatur, die wesentl. Bestandteil der B.-Decke ist, betätigt die →Bauchpresse und dient zum Rumpfbeugen.

Bauchdeckenspannung, reflektor. unwillkürl. Anspannung der Bauchdeckenmuskulatur infolge entzündl. Bauchfellreizung, z. B. bei Blinddarmentzündung und Magenwanddurchbruch; wichtiges Symptom akuter Baucherkrankungen.

Bauchfell, Peritonaeum, Peritoneum, glatte, feuchte Haut, die die Innenwand der Bauchhöhle und die Oberfläche der meisten Baucheingeweide überkleidet. Das B. bildet einen in sich geschlossenen Sack (Bauchhöhle), in den die Eingeweide eingesenkt und durch Doppelblätter des B. (Gekröse) mit der Bauchwand verbunden sind. Der größte Teil des Darmes ist von einer mit Fett durchsetzten B.-Tasche (großes Netz) bedeckt.

Bauchfellentzündung, Peritonitis, Entzündung des Bauchfells durch Krankheitserreger, die z. B. bei Magendurchbruch (Magengeschwür), Entzündungen der Nieren oder der weibl. Geschlechtsorgane oder bei Bauchoperationen in die Bauchhöhle gelangen. Das Erscheinungsbild einer B. kann sehr unterschiedlich sein. Kennzeichen sind starke Bauchschmerzen mit Abwehrspannung der Bauchmuskeln, Störungen der Darmtätigkeit bis zum Darmverschluss, Übelkeit und Erbrechen. – Die Behandlung besteht in der Beseitigung des Entzündungsherdes, i. d. R. durch eine Operation mit Spülung der Bauchhöhle. Außerdem werden Antibiotika und ggf. intensivmedizin. Verfahren eingesetzt.

Bauchgangli|enkette, Bauchmark, Teil des Zentralnervensystems der Gliedertiere; paarweise an der Bauchseite gelegene Nervenknoten (Ganglien), durch Nervenstränge längs und quer miteinander verbunden (Strickleiternervensystem).

Bauchhoden, eine Form des →Kryptorchismus.

Bauchhöhle, beim Menschen und bei Säugetieren der durch das Zwerchfell von der Brusthöhle abgetrennte Raum; enthält die Verdauungs-, Ausscheidungs- und Fortpflanzungsorgane.

Bauchhöhlenschwangerschaft, eine Form der →Extrauteringravidität.

Bauchi ['baʊtʃi:], Hptst. des gleichnamigen Bundesstaates im zentralen Nigeria, 316 200 Ew. (vorwiegend Hausa); Handelszentrum am am O-Rand des **Hochlands von B. (Josplateau);** Univ. (gegr. 1988); Handelszentrum landwirtsch. Produkte, verarbeitende Industrie; Fahrzeugmontagewerk; Bahnstation; Flughafen.

Bauchmark, die →Bauchganglienkette.

Bauchpilze, Gastromycetes, Ständerpilze mit geschlossenen, meist oberirdisch wachsenden Fruchtkörpern, z. B. Bovist, oder mit auffälligen Formen wie Erdstern, Gitterpilz, Stinkmorchel, Tintenfischpilz.

Bauchpresse, Kontraktion aller Bauchmuskeln, der Beckenbodenmuskeln und des Zwerchfells zur Erhöhung des Drucks innerhalb der Bauchhöhle; führt zur Entleerung des Darmes und der Harnblase oder zur Austreibung des Kindes bei der Geburt.

Bauchredner, Ventriloquist, jemand, der imstande ist, mithilfe der Kehlkopfmuskulatur und des Gaumensegels Worte hervorzubringen, ohne den Mund zu bewegen, sodass der Eindruck entsteht, die Stimme käme aus dem Bauch.

Bauchspeicheldrüse, Pankreas, aus exokrinem (äußere Sekretion) und endokrinem (innere Sekretion) Teil aufgebaute Drüse; liegt beim Menschen im oberen Abschnitt der Bauchhöhle vor der Wirbelsäule und passt sich hinter dem Magen zw. Zwölffingerdarm und Milz ein. Der exokrine Teil bildet für die Verdauung notwendige Substanzen. Der Ausführungsgang (Ductus pancreaticus) mündet zus. mit dem Gallengang in den Zwölffingerdarm. Die inselartig in das exokrine Drüsengewebe eingelagerten endokrinen Zellhaufen (**Inselorgan, Langerhans-Inseln**) gehören zum Inkretsystem und produzieren für den Stoffwechsel der Kohlenhydrate notwendige Hormone, die A-Zellen das →Glucagon, die B-Zellen das →Insulin. – Krankheiten der B. sind: **B.-Entzündung (Pankreatitis),** bei der es zu einem plötzlich einsetzenden, ausgedehnten Untergang von Drüsengewebe (**akute B.-Entzündung**) mit abakterieller Entzündung infolge »Selbstverdauung« der B. (toxische Enzymopathie) kommt; häufigste Ursachen sind Gallensteine und Alkoholmissbrauch; schweres Krankheitsbild mit heftigen Leibschmerzen, Erbrechen, Darmlähmung und Kreislaufreaktionen. Die **chron. B.-Entzündung** ist ein langfristig schwelender, fortschreitender Entzündungsprozess, am häufigsten infolge Alkoholmissbrauchs; Kennzeichen: u. a. Oberbauchschmerzen, Verdauungsstörungen, Gewichtsverlust. Zu den **B.-Geschwülsten (Pankreastumoren)**, die i. Allg. erst spät entdeckt werden, zählen die Inselzelladenome und der relativ häufige B.-Krebs (Pankreaskarzinom).

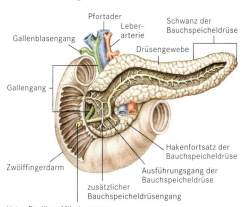

Bauchspeicheldrüse: schematische Darstellung des Organs beim Menschen (von vorn gesehen); Zwölffingerdarm und Drüse sind teilweise eröffnet, um das Ausführungssystem zu zeigen (etwa auf ⅓ der natürlichen Größe verkleinert)

Bauchspiegelung, *Medizin:* die →Laparoskopie.

Bauchtanz, Tanz des oriental. Kulturbereichs, der durch Rollen des Beckens oder rhythmisch kontinuierl. Bewegungen der Bauchmuskeln ausgeführt wird; meistens von Frauen getanzt. Urspr. wohl dem Fruchtbarkeitskult entstammend, ist der B. seit dem 19. Jh. v. a. als Schautanz bekannt.

Bauchwassersucht, Aszites, Flüssigkeitsansammlung in der freien Bauchhöhle, am häufigsten bei Stauung im Pfortaderkreislauf und bei Bauchfellerkrankungen.

Baucis, Baukis, →Philemon und Baucis.

Baud [baʊt, boːt; nach J. M. E. Baudot, *1845, †1903] *das,* Einheitenzeichen **Bd,** *Nachrichtentechnik:* die Einheit der Schrittgeschwindigkeit: 1 Bd = 1 Schritt je Sekunde = s⁻¹ (→Schritt).

Baudarlehen, öffentliches B., zinsloses oder niedrig verzinsl. Darlehen von Bund, Ländern und Gemeinden zur Förderung des Wohnungsbaus. Umfang, Rangfolge, Zins- und Tilgungsbedingungen richten sich nach den Vorschriften des Wohnungsbau-Ges., den Wohnungsbauförderungsbestimmungen der Länder sowie den Satzungen kommunaler Gebietskörperschaften.

Baude [tschech. bouda], alleinstehendes Haus im Gebirge (v. a. im Riesengebirge); heute meist Bez. für ein einfaches (Berg-)Gasthaus.

Baudelaire [boˈdlɛːr], Charles, frz. Dichter, Kunstkritiker und Essayist, *Paris 9. 4. 1821, †ebd. 31. 8. 1867; wurde v. a. durch seinen Gedichtband »Les fleurs du mal« (1857, dt. »Die Blumen des Bösen«) bekannt, der von der Spannung zw. Ideal, geistiger Würde, Schönheit und Kreatürlichkeit, Verdammnis und Melancholie lebt. B. stellt die Suche nach sich selbst und dem Absoluten (»spleen«) in der Liebe, in Drogen, im Fantastischen, Schönen und Bösen in makelloser Formvollendung dar. Als unmittelbarer Vorläufer des →Symbolismus wirkte er maßgeblich auf die moderne Lyrik. Weitere Werke sind »Die künstl. Paradiese« (1861), »Kleine Prosagedichte« (hg. 1869), »L'art romantique« (Aufsätze, 1869), »Journaux intimes« (hg. 1909).

Baudissin, 1) Wolf Heinrich Graf von, *Kopenhagen 30. 1. 1789, †Dresden 4. 4. 1878; Freund von L. Tieck und dessen Tochter Dorothea, mit der er 13 Dramen Shakespeares für die von Schlegel und Tieck besorgte Ausgabe übersetzte.

2) Wolf Stefan Traugott Graf von, Generalleutnant, *Trier 8. 5. 1907, †Hamburg 5. 6. 1993; war Angehöriger der Reichswehr, anschließend der Wehrmacht; leitete seit 1951 in der »Dienststelle Blank«, später bis 1958 im Bundesministerium der Verteidigung die Abteilung »Innere Führung«; war an der Entwicklung der Grundsätze der →Inneren Führung maßgeblich beteiligt. 1963–67 hoher Funktionär bei der NATO, 1971–84 Direktor des »Inst. für Friedens- und Sicherheitspolitik« an der Univ. Hamburg.

Baudouin I. [boˈdwɛ̃, frz.], fläm. **Boudewijn I.,** König der Belgier (1951–93), *Schloss Stuyvenberg (bei Brüssel) 7. 9. 1930, †Motril (Prov. Granada, Spanien) 31. 7. 1993; Sohn Leopolds III., ∞ seit 1960 mit Doña Fabiola de Mora y Aragón.

Baudouin I., König der Belgier

Bauelement, 1) *Bautechnik:* konstruktives Einzelteil eines Bauwerks, z. B. Decken-, Wand- oder Treppenteil, das maßhaltig vorgefertigt wird und mit anderen B. auf der Baustelle möglichst ohne Nacharbeit verbunden werden kann.

2) *Elektronik:* kleinste konstruktiv und funktionell bestimmbare Einheit in elektron. oder elektr. Schaltungen, die aufgrund ihrer speziellen physikal. Eigenschaften bestimmte Funktionen (wie Verstärken, Gleichrichten, Schalten) ausführen kann. Man unterscheidet **diskrete B.** als kleinste Funktionseinheiten (z. B. Widerstände, Dioden, Transistoren) und **integrierte B.,** bei denen viele Funktionselemente eine Einheit bilden (z. B. integrierte Schaltungen) – diese können aber konstruktiv als ein B. aufgefasst werden. **Aktive B.** (z. B. Transistoren) liefern oder verstärken Ströme oder Spannungen, **passive B.** (z. B. Widerstände, Kondensatoren, Spulen) verbrauchen elektr. Energie.

Bauer [ahd. giburo, eigtl. »Mitbewohner«], **1) Landwirt,** Eigentümer oder Pächter eines landwirtsch. Betriebes, der vorwiegend mit Familienange-

Charles Baudelaire (Ausschnitt aus einer Fotografie von Étienne Carjat, um 1863)

hörigen bewirtschaftet wird und den überwiegenden Teil des Familieneinkommens erbringt. Die Größe der bäuerl. Betriebe hängt von natürl. und wirtschaftl. Standortbedingungen sowie vom Entwicklungsstand der Volkswirtschaft ab.

Geschichte: Die Anfänge der bäuerl. Kultur lassen sich in Vorderasien bis ins 10. Jt. v. Chr. zurückverfolgen; aus den voll ausgebildeten Ackerbauern- und Viehzüchterkulturen (8. Jh. v. Chr.) entwickelten sich die ersten Hochkulturen (→ Alter Orient). Die griech. und röm. Kultur hatte bäuerl. Wurzeln, doch wurde das röm. Bauerntum durch Großbetriebe mit Sklavenarbeit zurückgedrängt und später zum schollengebundenen Kleinpächtertum (→ Kolonat). Das freie Bauerntum der Germanen (mit Privateigentum) wurde im Früh-MA. im Raum des fränk. Reiches und später in England weitgehend in die Organisationsform der →Grundherrschaft einbezogen; so entwickelten sich die meisten B. im 8./9. Jh. zu »halbfreien« (»hörigen«) Pächtern oder »Unfreien«, von denen viele aber später erbl. Besitztitel erhalten konnten. Im Hoch-MA. wurden mit dem Übergang der Grundherrschaft an das aufkommende Rittertum auch die meisten freien B. deren Abhängige und galten bald (im 12. Jh.) als eigener Stand (rustici). Wirtschaftlich selbstständiges Freibauerntum konnte sich v. a. in

Bauer 1): Die Votivbronze eines »Pflügers aus Arezzo« gibt Zeugnis vom bäuerlichen Leben in der Antike (5. Jh. v. Chr.; Rom, Museo Nazionale di Villa Giulia).

Schweden, in Tirol und in der Kernschweiz halten; in Südeuropa herrschte ein Pachtsystem. In Osteuropa und Ostmitteleuropa wurde unter Ausdehnung der →Gutsherrschaft der Bauernstand bis zum 18. Jh. zur Personal- oder, wie in Ostelbien, »Real«-Leibeigenschaft von »Untertanen« herabgedrückt. Die →Bauernbefreiung des 18./19. Jh. schloss die Aufhebung der Leibeigenschaft und Ablosung der bäuerl. Grundlasten ein (Frankreich 1789, Preußen 1807–50, Russland 1861). Im Industriezeitalter suchte das Bauerntum sich durch Genossenschaften, Interessenverbände und Bauernparteien zu behaupten. Rechtliche, techn. und betriebl. Veränderungen, Agrarreformen und -revolutionen (z. B. »Bodenreform«, Kollektivierung), aber auch weltwirtsch. Entwicklungen haben die Situation der europ. B. im 19./20. Jh. nachhaltig verändert. Der Beruf und der Lebensbereich des B. verloren ihre Sonderstellung.

Volkskunde: Seit dem Konzil von Trient (Tridentinum; zw. 1545 und 1563) richtete die kath. Kirche ihr Andachtswesen auf die B. aus, sie erhielten z. B. eigene Wallfahrten und Schutzpatrone (Isidor und Notburga). Das geistl. Volksschauspiel wurde gepflegt, Volksbrauch und -kunst religiöser Prägung gefördert. Im 18. Jh. entwickelte sich eine vielseitige bäuerl. Dorfkultur (Volkskunst, -tracht, B.-Möbel, B.-Schmuck). Allg. wurde der Arbeitsrhythmus im Jahr, der Wechsel der Jahreszeiten, der für das bäuerl. Wirtschafts- und Alltagsleben zentrale Bedeutung besaß, mit besonderen Feiern und Brauchformen belegt (Winteraustreiben, Maifeiern, Mittsommer, Erntedankfest).

2) Schachfigur (→ Schach).

Bauer, 1) Bruno, ev. Theologe und polit. Publizist, * Eisenberg (Thüringen) 6. 9. 1809, † Rixdorf (heute als Neukölln zu Berlin) 15. 4. 1882; seit 1834 Privatdozent für Theologie in Berlin, seit 1839 in Bonn. Anfänglich orthodoxer Hegelianer und Kritiker von D. F. Strauß, wandte er sich dann dem Linkshegelianismus zu. 1842 verlor er wegen seiner scharfen Bibelkritik und des Bestreitens der Historizität Jesu die Lehrerlaubnis und wurde später radikaler Atheist. Seine Schrift »Christus und die Cäsaren« (1877) wurde über K. Marx und F. Engels bedeutsam für den marxist. Sozialismus, den B. selbst ablehnte, und Nietzsches Religionskritik.

2) Gustav, Politiker (SPD), * Darkehmen (heute Osjorsk, Gebiet Kaliningrad) 6. 1. 1870, † Berlin 16. 9. 1944; Gewerkschaftsführer; Juni 1919 bis März 1920 Min.-Präs. bzw. Reichskanzler (Zustimmung zur Unterzeichnung des Versailler Vertrages).

3) Jutta, Illustratorin und Cartoonistin, * Hamburg 9. 1. 1955; charakterisiert ihre Figuren in lebensnahen Situationen mit nur wenigen Strichen und schwungvollen Umrisslinien; v. a. Bilderbücher (»Juli«-Reihe mit Kirsten Boie), auch Bildgeschichten, Cartoons, Trickfilme.

4) Otto, österr. Politiker, * Wien 5. 9. 1881, † Paris 4. 7. 1938; ein Hauptvertreter des →Austromarxismus; 1918/19 Staatssekretär des Auswärtigen; nach dem sozialdemokrat. Februaraufstand (1934) emigriert.

5) Wolfgang, österr. Schriftsteller, * Graz 18. 3. 1941, † ebd. 26. 8. 2005; schrieb das Erfolgsdrama »Magic Afternoon« (1965), das die Lebensproblematik einer Außenseiterschicht junger Menschen thematisierte. – *Weitere Werke: Dramen:* Change (1969); Gespenster (1974); Magnetküsse (1976); Memory-Hotel (1980); Foyer (2004).

Bauer-Gruppe, Heinrich Bauer Verlag KG, Zeitschriftenverlagsgruppe, gegr. 1875, Sitz: Hamburg; zahlr. Publikumszeitschriften (u. a. »Bravo«, »Neue Post«, »TV Movie«), Beteiligung am Privatfernsehender RTL II und an Radio Hamburg.

Bauernbefreiung, die Lösung der Bauern aus allen herrschaftl. Bindungen durch die Agrarreformen des 18. und 19. Jh.; sie umfasste die persönl. Befreiung aus der Leibeigenschaft oder Erbuntertänigkeit, die Grundentlastung, d. h. die Auflösung der Grundherrschaft oder →Gutsherrschaft, die Aufhebung der Gerichtsherrschaft, die Ablösung des Zehnten u. a. herrschaftl. Berechtigungen.

In Preußen bahnten schon König Friedrich Wilhelm I. und König Friedrich II., d. Gr., die B. an; Stein hob durch das Edikt vom 9. 10. 1807 die Gutsuntertänigkeit sämtl. Bauern auf; 1811 und 1816 wurde unter Hardenberg die Ablösung der Gutsherrschaft für die Groß- und Mittelbauern verordnet; zum Abschluss der Gesetzgebung kam es 1850. – In Österreich hob Kaiser Joseph II. bereits 1781 die Leibeigenschaft auf, während die bäuerl. Lasten erst durch das Gesetz vom 7. 9. 1848 beseitigt wurden. Auch in den anderen dt. Staaten war der Ablösungsprozess 1848 beendet.

Bauernhaus

Bauernhaus: **links** norddeutsches Wohnhallenhaus (erbaut 1853, erweitert 1934, restauriert 1995/96; Fachwerkgiebel mit typischer Pferdekopfgiebelzier; Eschede-Marwede, Lüneburger Heide); **rechts** Innerschweizer Bauernhaus »Mittler-Huprächtigen« (erbaut 1734, restauriert 1990; Gemeinde Nottwil, Kanton Luzern)

In England hatten die Bauern schon seit dem Ende des MA. die persönl. Freiheit erlangt. – In Frankreich hob die Nationalversammlung am 4.8.1789 alle persönl. und sachl. Abhängigkeiten der Bauern entschädigungslos auf. – In Dänemark und Schleswig-Holstein wurde die B. (nach Vorläufern) 1788 vom Staat begonnen. – In Kurland, Livland und Estland führte die dt. Ritterschaft die B. (nach Vorläufern im 18.Jh.) von 1804 bis zur Mitte des 19.Jh. durch. – In Russland erließ Alexander II. am 3.3.1861 ein Manifest, durch das die 23 Mio. Leibeigenen die persönl. Freiheit erhielten. – In Ungarn begann die B. 1853/54, in Rumänien 1864.

Bauerndichtung, die dichter. Darstellung des bäuerl. bzw. des dörfl. Lebens. Früheste Zeugnisse aus der dt. Lit. stammen aus dem 13.Jh.: das Epos »Helmbrecht« des Wernher der Gartenaere (1250) und die Gedichte Neidharts von Reuental und seiner Nachahmer, die den groben, unhöf. Bauern in Ggs. zum höfisch erzogenen Ritter stellen. Verspottung des Bauern aus bürgerl. Standesgegensatz heraus bringt das Fastnachtsspiel des 15.Jh.; mehr derb humoristisch wird der Bauer im Schwank des 16.Jh. (v.a. bei Hans Sachs) dargestellt. Die Idyllen des 18.Jh. von Maler Müller und J.H. Voss geben realist. Züge aus dem bäuerl. Leben wieder und leiten zu Dorfgeschichte und Dorfroman der dt.sprachigen Lit. des 19.Jh. über (J. Gotthelf, K. Immermann, G. Keller, B. Auerbach, F. Reuter, L. Anzengruber u.a.). Ende des 19.Jh. und Anfang des 20.Jh. beginnen Naturalismus und Heimatkunst bäuerl. Milieu zu schildern (u.a. P. Rosegger, W. von Polenz, L. Thoma, H. Löns, K. Schönherr, Lena Christ, K. Waggerl), wobei die teilweise myth. Überhöhung der bäuerl. Welt der →Blut-und-Boden-Dichtung den Weg bereitete. In der dt. Gegenwartslit. war der autobiograf. Bericht der Bäuerin Anna Wimschneider sehr erfolgreich. Auch das neue, heimatkrit. Volksstück ist meist im bäuerl. Milieu angesiedelt (u.a. F.X. Kroetz, R.W. Fassbinder).

Einen hohen Rang hat die B. der skandinav. Länder (B. Björnson, K. Hamsun, O. Duun, M. Andersen Nexö, G. Gunnarsson), auch die der Flamen (S. Streuvels), der Polen (W.S. Reymont) und Russen (I.S. Turgenjew, im 20.Jh. die Autoren der →Dorfprosa). Beispiele aus dem frz. Sprachbereich stammen von George Sand, H. de Balzac, C. Ramuz und J. Giono, für die ital. Literatur sind G. Verga und I. Silone zu nennen.

Bauerngerichte, Dorfgerichte, Heimgerichte, mittelalterl. Gerichte auf dem Land, die von einem **Bauermeister** (Heimbürgen) als Vors. und fünf bis sechs **Bauerngenossen** als Beisitzern abgehalten wurden; sie entschieden bes. über Flurangelegenheiten.

Bauern-, Gewerbe- und Bürgerpartei, 1918–71 Name der →Schweizerischen Volkspartei.

Bauernhaus, die Wohn- und Wirtschaftsstätte des Bauern (im Unterschied zum städt. →Bürgerhaus); sein Baumaterial war v.a. von der Umgebung abhängig. In Nadelwaldgebieten bot sich Holz zum **Blockbau** an. Die Dächer waren meist mit Schindeln gedeckt. Wo Laubwälder mit Eichenbeständen vorherrschten, setzte sich das B. aus **Fachwerk** durch mit Ständern aus Eichenholz und Gefachen aus Lehmflechtwerk u.a. Material; das Dach wurde bei genügendem Getreideanbau oft mit Stroh gedeckt. In den Übergangsbereichen vom Nadel- zum Laubwald zeigt sich häufig der **Bohlenständerbau,** bei dem die Gefa-

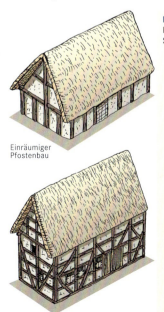

Bauernhaus: Pfostenbau und Ständerbau

Einräumiger Pfostenbau

Zweigeschossiger Ständerbau mit Schwellenfundament

che aus waagerechten Bohlen bestehen. In den durch die Kulturentwicklung waldarm gewordenen Gebieten wurden schon früh Steine (meist Bruchstein) genutzt. In regenarmen Gebieten dient Lehm als Baumaterial, mitunter in Form luftgetrockneter Ziegel, so im Innern der Iber. Halbinsel, in Nordafrika, Vorder- und Mittelasien, im mittleren und nördl. China und in entsprechenden Gebieten Amerikas.

Bei der Raumaufteilung der B. können Wohn- und Wirtschaftsgebäude getrennt oder in einem Gebäude untergebracht sein. Fehlt für die Anordnung der einzelnen Gebäude eine besondere Regel, handelt es sich um **Haufenhöfe** (z. B. in den Alpen, in Skandinavien, z. T. auch in der Normandie); mitunter erfolgt eine Anordnung der Gebäude um zwei Höfe (Wohnhof mit Wohnhaus, Küche, Speicher; Viehhof mit Ställen u. a.; **Zwie-, Paar-** oder **Ringhof**). Von den Haufenhöfen heben sich die geregelten Hofanlagen ab, die in Form von **Zweiseit-, Dreiseit-** oder **Vierseithöfen** erscheinen.

Den Hofanlagen aus mehreren Gebäuden steht der Mehrzweckbau, das **Einheitshaus** (auch **Einhaus** gen.) gegenüber, bei dem sich die Mehrzahl der Wohn- und Wirtschaftsräume unter einem Dach befinden. Diese Häuser treten zunächst mit zwei Ständerreihen auf, die das Dach tragen; zw. Ständern und Wand befinden sich die Kübbungen, die zum Aufstallen des Viehs dienen (**Kübbungshaus**). Im oberen Wesergebiet erscheint das längs geteilte Einheitshaus als **Vierständerhaus**.

Als Sonderform hat sich im 16. Jh. in den niederdt. Marschen das **Gulfhaus** (der **Haubarg** auf der Halbinsel Eiderstedt) entwickelt. Bei ihm ist die frühere Mitteldiele in ein Seitenschiff verwiesen; der Raum innerhalb des zentralen Ständervierecks (Gulf) diente der Stapelung der Getreideernte.

Bauernkalender, →Volkskalender.

Bauernkrieg, der Aufstand der Bauern und einiger Städte Süd- und Mitteldtl.s 1524/25; Höhepunkt einer Krise der spätmittelalterl. feudalen Ordnung, die sich seit dem 14. Jh. in zahlr. bäuerl. Unruhen u. a. in der Schweiz, in Oberschwaben, in Württemberg (Aufstand des »Armen Konrad« 1514), in Österreich sowie in den Verschwörungen des →Bundschuhs am Oberrhein (zw. 1493 und 1517) manifestierte. Die Bauern forderten, u. a. in den »Zwölf Artikeln«, das alte Recht und Herkommen anstelle des neuen röm. Landrechts, Einschränkung ihrer Lasten und Dienste, Aufhebung der Leibeigenschaft, Freiheit der Jagd und des Fischfangs, z. T. auch eine Neuordnung des Reichs unter Einschränkung der landesfürstl. Gewalt. Die Reformation förderte den Ausbruch. Der Aufstand breitete sich anfangs rasch aus, bes. in Schwaben, Franken, Thüringen, in der Schweiz und Österreich; die bedeutendsten Führer waren Wendel Hipler (in Franken), Michael Gaismair (in Tirol), Thomas Müntzer (in Thüringen), auch Ritter wie Florian Geyer und Götz von Berlichingen. Die Fürsten warfen den Aufstand überall blutig nieder, so in Süddtl. durch den Schwäb. Bund unter Georg Truchsess von Waldburg (»Bauernjörg«), in Thüringen durch die Schlacht bei Frankenhausen (15. 5. 1525). M. Luther hatte sich anfangs bemüht zu vermitteln, erklärte sich aber 1524 gegen die Aufständischen.

Bauernlegen, die Einziehung bäuerl. Stellen durch den Gutsherrn; auch die Einziehung wüst gewordener Bauernstellen, seit dem 15./16. Jh. in England, im östl. Dtl. und bes. im östl. Mitteleuropa.

Bauernmalerei, Bez. des Expressionismus bes. für volkstüml. Hinterglasmalerei, Votivbilder, bemalte Bauernmöbel u. a.

Bauernmöbel, volkstüml. Gebrauchsmöbelstücke, wurden im späten MA. mit dem Entstehen eines eigenen Tischlergewerbes gebräuchlich. Sie beharrten oft längere Zeit in dem einmal gefundenen Stil und bildeten landschaftstyp. Erscheinungen aus, z. B. Barockformen in Niederdtl., flächige Bemalung auf Weichholz in Franken, Schwaben, Bayern und Österreich, Schnitzdekor aus Hartholz.

Bauernparteien, polit. Zusammenschlüsse der Bauern, bes. der Klein- und Mittelbauern, die sich seit der Mitte des 19. Jh. v. a. in vielen Teilen Europas ausbildeten. In Dtl. waren die Bauernorganisationen parteipolitisch nicht gebunden, so der Bund der Landwirte, nach 1945 in der Bundesrep. Dtl. der →Deutsche Bauernverband e. V. und die →Deutsche Landwirtschafts-Gesellschaft e. V. Durch den polit. Umbruch im SO und O Europas 1989/91 entstanden in einigen Ländern die unter kommunist. Herrschaft aufgelösten B. neu; auch in N-Europa spielen sie – jetzt meist unter dem Namen Zentrum – noch eine maßgebl. Rolle.

Bauernregeln, Volkswetterregeln, volkstüml., oft gereimte Merksprüche zur Wettervorhersage für bestimmte Tage (Lostage) sowie Ernteweissagung u. Ä.; sie beruhen z. T. auf lokalen Wetterbeobachtungen. (→Volkskalender)

Bauerntheater, Aufführungen mit bäuerl. Laienspielern, urspr. an saisonale Ereignisse gekoppelt; heute meist als Mundartschwänke mit derben Pointen, teilweise von Berufsschauspielern und für den Fremdenverkehr aufgeführt. Seit dem 17. Jh. ist v. a. im süddt. Raum das →Passionsspiel verbreitet, das ebenfalls zum B. gezählt wird. (→Volksschauspiel, →Bauerndichtung)

Bauernverband, →Deutscher Bauernverband e. V.

Bauersfeld, Walther, Physiker und Ingenieur, * Berlin 23. 1. 1879, † Heidenheim an der Brenz 28. 10. 1959; leitender Mitarbeiter der Firma Zeiss in Jena, entwickelte das Zeiss-Projektionsplanetarium; Erfindungen zur Kinotechnik, Fotogrammetrie und angewandten Mechanik.

Baufinanzierung, Beschaffung und Einsatz der für Bauvorhaben erforderl. Geldmittel. Dazu zählen Kapitalmarktmittel (Darlehen von Pfandbriefinstituten, [Bau-]Sparkassen, Kreditbanken), öffentl. Mittel, Arbeitgeberdarlehen, →Baukostenzuschüsse, Eigenkapital. Die B. ist abhängig von der Art des Bauvorhabens (Wohngebäude, gewerbl. Bauten, öffentl. Bauten u. a.), dem Bauträger oder Bauherrn (öffentl. Hand, gewerbl. Wirtschaft, privater Einzelbauherr u. a.), der Ertragskraft und Risikoempfindlichkeit der jeweiligen Bauinvestitionen, der Kapitalmarktsituation, dem Umfang der Ersparnisse u. a. Die B. dient zur Deckung der Kosten des Baugrundstücks (Erwerbs- und Erschließungskosten) und der Baukosten.

Bauforderungen, geldwerte Ansprüche der Bauunternehmer und Bauhandwerker für die Ausführung eines Bauwerks. Für B. kann die Bestellung einer Sicherungshypothek an dem Baugrundstück verlangt werden, bei noch unvollendeten Werken für einen der geleisteten Arbeit entsprechenden Teil der Vergütung (§ 648 BGB; Ges. über die Sicherung von B. vom 1. 6. 1909; →Bauhandwerkersicherung).

Baugenehmigung, die bei Errichtung, Veränderung oder Abbruch eines Bauwerks erforderliche schriftl. Erklärung der Baubehörde, dass dem beabsichtigten Bauvorhaben nach dem jeweils geltenden öffentl. Recht keine Hindernisse entgegenstehen. Die B. ist in den Landesbauordnungen geregelt. Neuerdings stellen die Landesbauordnungen vermehrt bestimmte Baumaßnahmen baugenehmigungsfrei und beschränken sich z. T. auf Anzeigepflichten.

Baugenossenschaften, Wohnungsbaugenossenschaften, Unternehmen, die zwecks Vermietung oder Verkauf Wohnungen für die Genossenschaftsmitglieder bauen. Die B. entstanden ab 1860, um auf dem Wege der solidar. Selbsthilfe Wohnungen bes. für Arbeiter zu errichten. Mit Aufhebung der Gemeinnützigkeit 1990 entfielen für die B. Steuerbefreiungen, aber auch die daran geknüpften Bindungen hinsichtlich Geschäftskreis, Baupflicht, Preisbindung, Offenheit des betreuten Personenkreises.

Baugesetzbuch, Kodifikation des Baurechts in Dtl. i. d. F. v. 23. 9. 2004. Im B. sind die vorher im Bundesbau-Ges. und im Städtebauförderungs-Ges. enthaltenen Vorschriften zusammengefasst und z. T. geändert worden. Das B. stellt die Hauptquelle des dt. Bauplanungsrechts dar; ergänzt wird es durch die Landesbauordnungen der Bundesländer, die v. a. das Bauordnungsrecht normieren. Das B. enthält z. B. Bestimmungen über die →Bauleitplanung, die Regelung der baul. und sonstigen Nutzung, die Entschädigung, die Bodenordnung (Umlegung, Grenzregelung), die Enteignung, die Erschließung, städtebaul. Sanierungs- und Entwicklungsmaßnahmen und das gerichtl. Verfahren in Baulandsachen.

Baugewerbe, Bauwirtschaft, Bez. für alle Unternehmen des produzierenden Gewerbes, die in der Baustellenvorbereitung (z. B. Abbruch-, Enttrümmerungs-, Erdbewegungsarbeiten), im Hoch- (Wohnhäuser, öffentl. und industrielle Bauten) und Tiefbau (Straßen-, Brücken-, Tunnel-, Brunnen-, Schachtbau, Bau von Bahnverkehrsstrecken u. Ä.) sowie in der Bauinstallation (z. B. Elektro-, Dämmungs-, Klempnerarbeiten) und im sonstigen B. (Stuckateurgewerbe, Bautischlerei und -schlosserei, Fußboden- und Fliesenlegerei, Raumausstattung, Maler- und Glasergewerbe) tätig sind. Das Statist. Bundesamt unterscheidet zw. Bauhaupt- und Ausbaugewerbe. Zum **Bauhauptgewerbe** zählen die Unternehmen, die mit Baustellenarbeiten befasst sowie im Hoch- und Tiefbau (einschließlich Dachdeckerei und Bauspenglerei, Gerüstbau und Gebäudetrocknung) tätig sind. Das **Ausbaugewerbe** umfasst die Bauinstallation und das sonstige Ausbaugewerbe. Die Anzahl der Betriebe im dt. Bauhauptgewerbe sank von (1998) 81 301 Betrieben mit 1,16 Mio. Beschäftigten und einem Umsatz von 102,72 Mrd. € auf (2005) 76 075 Betriebe mit 717 000 Beschäftigten und einem Umsatz von 74,31 Mrd. €. Im Bereich Bauinstallation und sonstiges B. sank die Anzahl der Betriebe von (2000) 9 310 auf (2004) 6 322, die der Beschäftigten von 381 000 auf 268 000.

Baugruppe, *Elektronik:* konstruktive Funktionseinheit (z. B. bestückte Leiterplatten, Verstärker, Netzteile) aus →Bauelementen, die nicht in einem funktionellen Zusammenhang stehen müssen.

Bauhandwerkersicherung, der Anspruch eines Unternehmers (Bauhandwerker) gegen den Bauherrn (Besteller) auf Sicherheitsleistung für die vom Bauhandwerker zu erbringenden Vorleistungen bei der Erstellung eines Bauwerks. Nach § 648 a BGB kann der Unternehmer die Vorleistung verweigern, wenn

Bauhaus: Teil des Bauhaus-Schulgebäudes von Walter Gropius in Dessau (1925/26)

eine Sicherheitsleistung aus den zum Bau bereitstehenden Mitteln oder durch die Bürgschaft einer Bank nicht erbracht wird. (→Bauforderungen)

Bauhaus, Staatliches B., Schule mit Werkstätten für gestaltendes Handwerk, Architektur und bildende Künste, gegr. 1919 von W. Gropius in Weimar, 1925 als **Hochschule für Gestaltung** nach Dessau verlegt, 1932 nach Berlin, 1933 aufgelöst. Am B. lehrten die Architekten W. Gropius, L. Mies van der Rohe und Marcel Breuer, die Maler J. Itten, W. Kandinsky, L. Feininger, P. Klee, O. Schlemmer und G. Muche, der Bildhauer G. Marcks u. a. Die Architektur am B. war wesentlich durch die Konzepte seiner drei Direktoren (Gropius, Hannes Meyer und Mies van der Rohe) geprägt. Neben funktionalist. Ansätzen im Rahmen des →Neuen Bauens wurde das B. z. B. ab 1932 auch mit dem →internationalen Stil identifiziert. Vom B. gingen nachhaltige Wirkungen auf die Kunstpädagogik, die moderne Architektur, Wohnraumgestaltung und Industrieform aus. 1961 wurde in Darmstadt das B.-Archiv eröffnet (Sitz seit 1971 Berlin). 1976 beherbergte das rekonstruierte B. in Dessau zunächst das »Wiss.-kulturelle Zentrum B.« und ab 1984 das »Bildungszentrum B.«; 1987 erfolgte die Zusammenfassung beider Institutionen zum B. Dessau. 1994 wurde die Stiftung B. Dessau gegründet, die sich sowohl mit der Bewahrung und Vermittlung des B.-Erbes beschäftigt als auch Beiträge zur heutigen Gestaltung auf den Gebieten Architektur, Urbanistik, Design sowie darstellende und bildende Kunst leistet. 1999

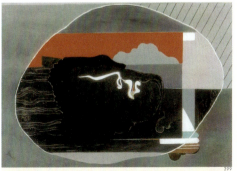

Bauhaus: Georg Muche, »Schwarze Maske« (1922; Klassik Stiftung Weimar)

Bauhaus: Marcel Breuer, Lattenstuhl (1924; Klassik Stiftung Weimar)

wurde das interdisziplinär ausgerichtete Internationale B. Kolleg als Ort der Forschung und Lehre eingerichtet.

Bauherr, derjenige, der selbst oder durch Dritte ein Bauvorhaben im eigenen Namen durchführt, insbesondere über seine Gestaltung entscheidet und es finanziert; im Bauvertragswesen der Auftraggeber.

Bauherrenmodell, Form der Kapitalanlage im Wohnungsbau, die durch Ausnutzung von Steuervorteilen überdurchschnittl. Kapitalerträge verspricht. Der Kapitalanleger errichtet als Bauherr Eigentumswohnungen zum Zweck der Vermietung; zur Durchführung des Bauvorhabens beauftragt er eine Baubetreuungsgesellschaft. Als Bauherr kann der Kapitalanleger einen Teil der Gesamtkosten (v. a. Geldbeschaffungskosten, Fremdkapitalzinsen, Vermittlungs- und Bearbeitungsgebühren) als Werbungskosten geltend machen, die seine einkommensteuerpflichtigen Einkünfte aus Vermietung und Verpachtung schmälern. Seit der verschärften Besteuerung von Verlustzuweisungsgesellschaften (1999) haben B. an Bedeutung verloren.

Bauhinia [nach dem schweizer. Arzt J. Bauhin, * 1541, † 1613] *die,* trop. Gattung der Hülsenfrüchtler, z. T. Schlingsträucher mit wellig gebogenen Stämmen (»Affentreppen«).

Bauhin-Klappe [nach dem schweizer. Anatomen C. Bauhin, * 1560, † 1624], Schleimhautfalte zw. Dünn- und Dickdarm, die einen Rückfluss des Darminhalts in den Dünndarm verhindert.

Bauholding Strabag SE [-həʊldɪŋ-], global tätiger österr. Baukonzern; Sitz: Wien; entstanden zw. 1998 und 2000 durch Zusammenführung von Bau Holding AG, Strabag AG und Stuag & Co. Gesellschaft mbH; entwickelte sich 2005 nach Übernahme der zur insolventen →Walter Bau-AG gehörenden Dywidag Holding GmbH sowie der Ed. Züblin AG zu einem der größten Baukonzerne Europas.

Bauhütte, mittelalterl. Werkstattverband der an einem Kirchenbau arbeitenden Steinmetzen und Maurer. Sie waren an eine Hüttenordnung gebunden, zur Geheimhaltung der Kunstregeln verpflichtet und frei von allen Verpflichtungen gegenüber der Gemeinde. In **B.-Büchern** wurden Baupläne, typisierte Figuren, Ornamente u. a. festgehalten (berühmt das B.-Buch von Villard de Honnecourt). Aus dem 12. Jh. ist eine **Baubruderschaft** in Südfrankreich bezeugt. In Dtl., wo sich die B. im 13. Jh. ausbreiteten, war die **Straßburger B.** führend. Mit der Reformation begann der Verfall der B., 1731 wurden sie aufgelöst. Ihre Bräuche und Sinnbilder übernahmen z. T. die Freimaurer.

Baukastensystem, Methode zum Aufbau komplizierter techn. Systeme mithilfe einfacher »Bausteine«, deren Herstellung, Überprüfung und Austausch bes. wirtschaftlich sind und die durch Kombinationsmöglichkeiten eine hohe Funktionsflexibilität des Gesamtsystems und eine wirtschaftlich optimale Anpassung an die Aufgabenstellung ermöglichen.

Baukeramik, Erzeugnisse aus gebranntem Ton, mit oder ohne Glasurüberzug, als Ziegeleierzeugnis (Mauer-, Decken-, Dachziegel, Klinker, Dränrohre, Terrakotten), als Steingut und Steinzeug (Wand- und Bodenfliesen, Spaltplatten, Kanalisationsrohre) und als Porzellan (Sanitärkeramik). – Schon die altorientale. Kunst verwendete plastisch geformte Ziegelsteine am Bau sowie Fayenceplatten, ornamentierte Kacheln und farbige Reliefziegel (Babylon, Susa). In Griechenland und Etrurien gingen keram. Firstziegel, Traufplatten und Metopen der Ausführung dieser Bauteile in Marmor voraus. Eine hohe Blüte erreichte die B. in der islam. Kunst, in der norddt. Backsteingotik und im 15. Jh. in Florenz (farbig glasierte Reliefs von L. und A. della Robbia). Zu den hervorragendsten Werken in Dtl. gehört die Fassade des Fürstenhofes in Wismar (Mitte 16. Jh.). In der Form der Wandverkleidung durch Fliesen erreichte die B. noch eine späte Blüte im 17. und 18. Jh. in den Niederlanden. In der modernen Architektur werden großformatige keram. Platten zur Fassadenverkleidung verwendet.

Baukindergeld, Regelung im Einkommensteuerrecht, mit der der Erwerb von selbst genutztem Wohneigentum durch Familien mit Kindern gefördert werden sollte. Danach durften bei nach dem 31. 12. 1990 angeschafften oder hergestellten Objekten im Jahre lang für jedes Kind 1 000 DM (512 €) von der Steuerschuld abgezogen werden. Mit Umstellung der Wohneigentumsförderung auf ein Zulagensystem (→Eigenheim) trat ab 1. 1. 1996 an die Stelle des B. eine **Kinderzulage** von 1 500 DM (767 €). Erfolgte die Anschaffung oder Herstellung des Eigenheims zw. dem 31. 12. 2003 und dem 31. 12. 2005, beträgt die Zulage je Kind 800 €.

Baukis, Baucis, →Philemon und Baucis.

Baukostenzuschuss, Geld- oder sonstige Leistungen des Mieters an den Vermieter zum Neubau, Wiederaufbau, Ausbau und zur Instandsetzung von Gebäuden. Man unterscheidet **verlorenen B.** (keine Anrechnung auf die Miete vereinbart) und **abwohnbaren B.** Der verlorene B. ist grundsätzlich zurückzuzahlen, soweit er nicht durch die Dauer des Mietverhältnisses als getilgt anzusehen ist (Ges. vom 21. 7. 1961). Der B. ist heute weitgehend durch Mieterdarlehen und Mietvorauszahlungen ersetzt.

Baukunst, die, →Architektur.

Bauland, Muschelkalkhochfläche zw. Odenwald und Taubergrund, Bad.-Württ., 135–450 m ü. M.;

Grünlandwirtschaft und Getreideanbau (z. T. auch Dinkel zur Grünkernherstellung).

Baulast, in einigen dt. Ländern vorgesehene, freiwillig von einem Grundstückseigentümer übernommene baurechtl. Verpflichtung zur Einhaltung besonderer Bauvorschriften; wird in das **Baulastenverzeichnis** eingetragen.

Bauleistungen, die zur Herstellung oder Instandhaltung eines Bauwerkes erforderl. Bauarbeiten (Baulose), einschl. Lieferung von Baustoffen und Bauteilen; techn. und rechtl. Regelungen enthält die **Verdingungsordnung für B.** (VOB).

Bauleiter, nach den Bauordnungen der Länder der vom Bauherrn mit der Überwachung und Ausführung eines Bauwerkes nach der Bauvorbereitung Beauftragte. Er ist den Aufsichtsbehörden verantwortlich.

Bauleitplanung, nach dem Baugesetzbuch die Vorbereitung und Leitung der baul. und sonstigen Nutzung der Grundstücke in einer Gem., um die städtebaul. Entwicklung zu ordnen. Sie erfolgt durch die Bauleitpläne, d. h. den →Flächennutzungsplan und den →Bebauungsplan.

Bauli|ni|e, früher **Bauflucht,** in einem Bebauungsplan festgesetzte Linie, auf der die Bauten errichtet werden müssen, um einen einheitl. Abstand oder ein einheitl. Bild zu erzielen. Hiervon zu unterscheiden sind die **Baugrenze,** die die räuml. Ausdehnung der baul. Anlagen begrenzt, und die **Bebauungstiefe,** die von der Straßengrenze an berechnet wird.

Baum, 1) *Botanik:* ausdauerndes Holzgewächs mit ausgeprägtem Stamm und einer Krone aus beblätterten Zweigen (**Kronen-B., Wipfel-B.**) oder aus großen Blättern (**Schopf-B.,** z. B. Palmen, B.-Farne). Die höchsten B. sind der kaliforn. Mammut-B. (bis 130 m) und der austral. Riesenekalyptus (bis 150 m). Man unterscheidet **immergrüne B.** und **laubwerfende B. (laubwechselnde B.).** Baumformen im Obst- und Gartenbau sind Hochstamm mit 1,8–2 m, Halbstamm mit 1,2–1,4 m, Viertelstamm oder Meterstamm mit 0,8–1 m, Busch-B. mit 60–80 cm, Zwergformen und Spindelbüsche mit bis zu 40 cm Stammhöhe. Zierformen sind Pyramiden, U-Formen, Fächerspaliere, Schnur-B. u. a.; Hängeformen heißen auch »Trauer-B.«.

In *Volkskultur* und *Brauch* treten heute v. a. das Eierbäumchen zu Ostern, der Mai-B., der Zuckertüten-B. im Schulbrauch sowie der Christ- oder Weihnachts-B. hervor. – Zur *religiösen Bedeutung* →Baumkult.

2) *Informatik:* eine dynam. Datenstruktur, die bei hierarch. Beziehungen und rekursiven Objektstrukturen verwendet wird.

3) *Mathematik:* zusammenhängender Graph, der keine geschlossenen Kantenzüge enthält.

4) *Schifffahrt:* jedes stärkere Rundholz, Stahl- oder Aluminiumrohr in der Takelage, z. B. Ladebaum.

5) *Textiltechnik:* an der Webmaschine eine Walze, auf der die Kettfäden (Kett-B.) oder das fertige Gewebe (Zeug-B.) aufgewickelt werden.

Baum, Vicki, österr. Schriftstellerin, * Wien 24. 1. 1888, † Los Angeles 29. 8. 1960; lebte ab 1931 in Kalifornien; schrieb den Roman »Menschen im Hotel« (1929), der in Hollywood verfilmt wurde. Ihre späteren, milieuechten Unterhaltungsromane (»Vor Rehen wird gewarnt«, 1951) schrieb sie z. T. auch in engl. Sprache.

Baumann, 1) Hermann, Ethnologe, * Freiburg im Breisgau 9. 2. 1902, † München 30. 6. 1972; arbeitete bes. über Probleme der afrikan. Kulturgeschichte und der systemat. Mythenforschung.

2) Oskar, österr. Forschungsreisender, * Wien 25. 6. 1864, † ebd. 12. 10. 1899; erforschte 1885 mit O. Lenz den Kongo; bereiste 1892/93 das Land der Masai und Ruanda und erkundete den Kagera.

Baumaschinen, alle im Hoch-, Tief- und Ingenieurbau (Brücken-, Eisenbahn-, Straßen-, Erd-, Tunnel-, Grund- und Wasserbau) benutzten maschinellen Hilfsmittel; im Erdbau: Bagger, Planierraupen, Straßenhobel, gleisgebundene und geländegängige Transportgeräte, Bodenverdichtungsgeräte; im Straßenbau: Erdbaumaschinen, Bodenverdichtungsgeräte, Splittstreuer, Deckenfertiger; im Eisenbahnbau: Gleishebe-, Gleisrück-, Gleisstopf-, Gleisbaumaschinen, Schotterräummaschinen; im Tunnelbau: Bohrgeräte, Schaufellader, Schrapper, Schildfräsen, Pressen; im Grundbau: Bohrer, Pumpen, Rammen, Pfahlzieher, Taucherglocken; im Ingenieur- und Hochbau: Krane, Förderbänder, Bauaufzüge, Rüttler, Stampfer, Geräte zur Materialaufbereitung (Brecher, Sieb-, Waschanlagen, Mischer).

Baumberge, mehrere Höhenrücken im westl. Münsterland, NRW, von NW nach SO verlaufend, mit bewaldeten Hängen, bis 186 m ü. M. Sie bestehen aus Kalksandsteinen (Steinbrüche) und Mergeln (Weideland) der Oberen Kreide.

Baum der Erkenntnis, nach 1. Mos. 2, 9 einer der beiden mit Namen benannten Bäume im Garten Eden, von dem zu essen Gott →Adam und Eva verboten hatte.

Baum der Reisenden, Art der Bananengewächse, →Ravenala.

Baumeister, Willi, Maler, * Stuttgart 22. 1. 1889, † ebd. 31. 8. 1955; Schüler von A. Hoelzel, begann mit den konstruktivist. »Mauerbildern« (seit 1919), wendete sich ab 1930 freien, zeichenhaften Gebilden zu (»Ideogramme«, »Eidosbilder«), nahm ab etwa 1942 in steigendem Maße archaische und exot. Anregungen (»Gilgamesch«) auf und gelangte schließlich zu visionären Bildern (»Monturi«, »Montaru«).

Bäumer, Gertrud, Schriftstellerin, * Hohenlimburg (heute zu Hagen) 12. 9. 1873, † Bethel (heute zu Bielefeld) 25. 3. 1954; setzte sich für die Gleichberechtigung der Frauen ein, war 1919–33 MdR für die Demokrat. Partei, zeitweilig Delegierte beim Völkerbund für Jugendpolitik; wurde 1933 ihrer Ämter enthoben. Mit Helene Lange gab sie die Zeitschrift »Die Frau«

Kugelbaum

Schirmbaum

Schopfbaum

Pyramidenbäume

Hängebaum

Kopfholz

Baum 1): verschiedene Wuchsformen

Willi Baumeister: Kegelspiel und Schaukel III (1955; Ludwigshafen am Rhein, Wilhelm-Hack-Museum)

Baumfarne: Baumfarn auf den Azoren

Baumwolle:
unreife (oben) und reife, geöffnete Kapsel (unten)

Baumwolle:
Samen mit Samenhaaren (oben) und Samenhaar (unten);
a Aufschnitt,
b Querschnitt

(1893–1944) sowie das »Handbuch der Frauenbewegung« (5 Bde., 1901 ff.) heraus. In ihren Romanen und Biografien bevorzugte sie histor. Themen.

Baumfarne, baumförmige Farne aus den Familien Dicksoniaceae und Cyatheaceae, bes. in subtrop. Regenwäldern, mit bis 10 m hohem Stamm. B. waren an der Bildung der Kohle beteiligt.

Baumgarten, 1) Alexander Gottlieb, Philosoph, * Berlin 17. 6. 1717, † Frankfurt (Oder) 26. 5. 1762; Schüler von C. Wolff; wurde durch seine Einteilung der Philosophie und seine philosoph. Begriffssprache einflussreich. Er begründete die wiss. Ästhetik in Dtl.; schrieb: »Metaphysica« (1739); »Aesthetica« (2 Bde., 1750–58).

2) Lothar, Künstler, * Rheinsberg 1944; der kulturkrit. Ansatz in seiner ortsbezogenen Arbeit steht im Spannungsverhältnis von Natur und Kultur, die manipulierte Realität vorgefundener Situationen erfährt ihre Bedeutung durch die ephemere Materialität seiner Skulpturen und Wandzeichnungen; u. a. auch Fotografien, Texte, Filme und Bücher.

Baumgrenze, klimabedingte (Kälte, Trockenheit u. a.) äußerste Grenzzone, bis zu der einzelne Bäume wachsen können, in den Alpen etwa bei 1 900 bis 2 400 m ü. M. (etwa 100 m oberhalb der →Waldgrenze).

Baumhaus, Variante des Pfahlhauses, bei der Bäume in die Konstruktion einbezogen werden; v. a. in Ozeanien verbreitet.

Baumholder, Stadt im Landkreis Birkenfeld, Rheinl.-Pf., im Nordpfälzer Bergland, 4 100 Ew.; Garnison mit großem Truppenübungsplatz.

Baumkult, die Verehrung von Bäumen, Baumgruppen oder heiligen Hainen; sie findet sich bei vielen Völkern (Ägyptern, Germanen, Griechen, Indern, Slawen u. a.) und kann in Verbindung mit persönl. Gottesvorstellungen sowohl den Bäumen selbst gelten (z. B. Bodhibaum, Weltenbaum), als auch den mit ihnen – als Orte ihrer Präsenz oder Epiphanie (z. B. Dodona) – verbundenen Gottheiten (z. B. Dryaden, Attis).

Baumläufer, Certhiidae, Familie kleiner, an Bäumen kletternder Singvögel mit rindenfarbener Oberseite und Stützschwanz. Das Nest wird in Spalten oder hinter loser Baumrinde gebaut.

Baummelone, die Papayafrucht, Frucht des →Melonenbaums.

Baumringchronologie, die →Dendrochronologie.

Baumsarg, 2–3 m langer Sarg aus einem längs gespaltenen, ausgehöhlten Baumstamm, erstmals in der späten Jungsteinzeit nachgewiesen, häufig in der frühen Bronzezeit Europas.

Baumschläfer, ein Nagetier, →Schlafmäuse.

Baumschule, 1) *Forstwirtschaft:* Pflanzkamp (→Kamp).

2) *Gartenbau:* Betriebsform zur Anzucht von Freilandgehölzen, oft auch von Stauden.

Baumschutz, als Teil des Umweltschutzes die Erhaltung und Pflege einzelner Bäume oder Baumgruppen, bes. in Baugebieten, u. a. auf der Grundlage des Baugesetzbuchs, von Verordnungen und kommunalen B.-Satzungen.

Baumstachler, Baumstachelschweine, Erethizonthidae, Familie 30–80 cm langer amerikan. Nagetiere; nachtaktive, dem Baumleben angepasste Pflanzenfresser.

Baumsterben, →Waldsterben.

Baumtomate, Tamarillo, Cyphomandra betacea, in Südamerika beheimatetes Nachtschattengewächs mit 8–10 cm langen, gelben oder roten essbaren Beerenfrüchten; das Fruchtfleisch schmeckt bittersüß und enthält viel Vitamin A und C.

Baumwachteln, Odontophorini, amerikan. Hühnervögel ohne Sporn; werden in den USA als Jagdwild gezüchtet.

Baumwanzen, Schildwanzen, Pentatomidae, Familie der Landwanzen, meist bräunlich oder grün. Einige B. saugen Früchte aus und geben ihnen ihren üblen Geruch, so die olivenbraune, 10–12 mm lange **Beerenwanze** (Dolycoris baccarum); andere Arten leben räuberisch von Insekten.

Baumwollbaum, Sammelbez. für Bäume mit Kapselfrüchten, deren Samenhaare als Faserrohstoff dienen, z. B. Kapok, Wollbaum.

Baumwolle, die Samenhaare mehrerer Arten der Baumwollpflanze (Gossypium), Nutzpflanze der Tropen und Subtropen; ein strauchiges Malvengewächs mit lappigen Blättern, weißen, gelben oder blassrosa bis purpurfarbenen Blüten und aufspringenden Kapselfrüchten. Der Anbau der B. ist nur möglich zw. 41° n. Br. und 28° s. Br. Etwa 8–9 Monate nach der Anpflanzung springen die walnussgroßen Fruchtkapseln auf, aus denen die schneeweißen Samenhaare (die B.) hervorquellen. Gepflückt werden sie mit der Hand, mit rechenartigen Geräten oder mit fahrbaren Maschinen, die mit vielen Saugarmen ausgerüstet sind (Vakuumpflücker), oder mit sich drehenden Spindeln, die die Fasern erfassen und eindrehen (Spindelpflücker). Nach der Ernte wird die B. zum Trocknen gelagert und dann in Entkernungsmaschinen (Egreniermaschinen) von den Samenkernen befreit, unter hohem Druck zu Ballen gepresst und in

Baumtomate: reife Früchte

Jutesäcke verpackt. – Zur Beurteilung der B.-Qualität spielen der Feinheitsgrad, die Farbe, v. a. aber die Faserlänge (der Stapel) eine Rolle. Man unterscheidet gewöhnlich: **kurzstapelige B.** (Faserlänge unter 22 mm), **mittelstapelige B.** (22–29 mm) und **langstapelige B.** (über 29 mm); diese Fasern (Lint) sind ein wichtiger Textilrohstoff, sie kommen in die →Spinnerei. Die kurzen Grundfasern der Samen (Linters) dienen als Rohstoff für die Zellstoffind. und die Chemiefaserherstellung. Aus den **B.-Samen** wird Speiseöl gewonnen. Die ausgepressten Samenreste (Samenschalen und Ölkuchen) dienen als Düngemittel und als eiweißreiches Kraftfutter für Wiederkäuer.

Wirtschaft: Die Weltproduktion an B.-Fasern betrug 2004 69,8 Mio. t. Haupterzeugerländer waren China, die USA, Indien und Pakistan; wichtigste Importeure sind Japan, Hongkong und die EU-Staaten.

Geschichte: Älteste Reste von B.-Geweben (etwa 3000 v. Chr.) wurden bei Ausgrabungen in Indien gefunden. Auch die amerikan. Völker kannten die B., lange bevor sie durch die Araber in Europa eingeführt wurde. Über Spanien und Italien (Venedig) drang sie seit dem 13. Jh. nach N vor. Augsburg wurde hier Mittelpunkt der B.-Verarbeitung (Barchenterstellung). Ihren großen Aufschwung nahm die B.-Industrie mit der Erfindung der Spinnmaschine im 18. Jh. zuerst in England, dann in Frankreich und Deutschland.

Baumwollsamenöl, Cottonöl, fettes, halbtrocknendes Öl aus den Samen der Baumwolle; wird als Speiseöl sowie in der Margarine- und Seifenherstellung verwendet.

Baunatal, Stadt im Landkreis Kassel, Hessen, 27 900 Ew.; Fahrzeugbau. – B. entstand 1964–72 durch Zusammenschluss von sieben Gemeinden; Stadt seit 1966.

Baunormen, in Dtl. die vereinheitlichten Festlegungen nach DIN für Bauteile und Baustoffe, für Planung, Entwurf, Vorbereitung und Ausführung der baul. Anlagen sowie für den Bautenschutz.

Bauopfer, früher weit verbreitete Sitte, dass in einen Neubau zur Abwehr künftigen Unheils Lebewesen (Tiere, seltener Menschen) oder Gegenstände (Lebensmittel, Wertgegenstände) in das Fundament eingemauert werden mussten.

Bauordnungsrecht, Bauaufsichtsrecht, Baupolizeirecht, die öffentlich-rechtl. Vorschriften, die die Voraussetzungen für Errichtung, Änderung und Abbruch baul. Anlagen bestimmen. Das B. ist Landesrecht (Landesbauordnungen). (→Baugenehmigung)

Bauphysik, die physikal. Grundlagen der Bautechnik; untersucht Baustoffe und -konstruktionen bes. bezüglich der Durchlässigkeit von Wärme, Schall, Feuchtigkeit und Luft.

Bauplastik, der im Zusammenhang mit einem Bauwerk geschaffene plast. Schmuck, sowohl für den Außenbau als auch für den Innenraum; sie zeigt weit über das Dekorative hinaus Sinn und Zweck des Bauwerks und seiner Teile und erscheint so, auch als tragendes Glied, im Giebelfeld, an Portalen und Wänden sowie in Nischen.

Baupolizei, rechtlich veraltete Bez. für die nach den Landesbauordnungen vorgesehenen Bauaufsichtsbehörden (→Bauordnungsrecht).

Baur, 1) Erwin, Genetiker und Botaniker, * Ichenheim (heute zu Neuried, Ortenaukreis) 16. 4. 1875, † Müncheberg 2. 12. 1933; Direktor des Kaiser-Wilhelm-Instituts für Züchtungsforschung in Müncheberg (seit 1938 »Erwin-Baur-Institut«); war bes. als Pflanzengenetiker tätig.

2) Ferdinand Christian, ev. Theologe, * Schmiden (heute zu Fellbach) 21. 6. 1792, † Tübingen 2. 12. 1860; seit 1836 Prof. in Tübingen, führte die historisch-krit. Methode in die neutestamentl. Forschung ein. B. verstand die Gesch. des Urchristentums als dialekt. Entwicklung vom Judenchristentum des Petrus (Gesetzeskirche) über das Heidenchristentum des Paulus (Geistkirche) zur vorläufigen Synthese der frühkath. Kirche.

Baurecht, die Gesamtheit der Vorschriften über das Bauen. Zum B. zählen im objektiven Sinn das **öffentl. B.**, v. a. das landesrechtlich geregelte →Bauordnungsrecht, ferner das Bauplanungsrecht und das Recht der Baubodenordnung, beide normiert im Baugesetzbuch. Es wird ergänzt durch die VO über die baul. Nutzung der Grundstücke. Im **privatrechtl. B.** ist v. a. das Nachbarrecht (BGB, Landesnachbarrechtsgesetze) zu beachten. Für den Bauvertrag sind die Bestimmungen über den Werkvertrag maßgebend. In *Österreich* ist das B. landesgesetzlich in Bauordnungen geregelt. In der *Schweiz* ist das B. Gegenstand kantonaler Bestimmungen, die zunehmend durch Bundesrecht überlagert werden. Im Zivilrecht ist das B. eine Dienstbarkeit, die dem Berechtigten die Befugnis gibt, auf fremdem Boden ein Bauwerk zu errichten (Art. 779–779l des ZGB).

Bausch, Pina, Tänzerin und Choreografin, * Solingen 27. 7. 1940; ausgebildet in Essen an der Folkwang-Hochschule und New York; übernahm 1973 die Leitung des Balletts der Wuppertaler Bühnen (seitdem »Tanztheater Wuppertal«). B. ist eine bed. Vertreterin des New Dance in Deutschland. 1999 Auszeichnung mit dem Kunstpreis Praemium Imperiale.

Bausparkasse Gemeinschaft der Freunde Wüstenrot gemeinnützige GmbH, →Wüstenrot Bausparkasse AG.

Bausparkassen, Kreditinstitute, deren Geschäftsbetrieb darauf gerichtet ist, Einlagen von Bausparern (Bauspareinlagen) entgegenzunehmen und aus den angesammelten Beträgen den Bausparern für wohnungswirtsch. Maßnahmen Gelddarlehen (Bauspardarlehen) zu gewähren (Bauspargeschäft). Das Bauspargeschäft darf nur von B. betrieben werden. Private B. müssen seit 1973 in der Rechtsform der AG geführt werden mit Ausnahme bestehender B. Die Rechtsform der öffentlich-rechtl. B. wird von den Ländern bestimmt. Generell haben die B. ihrem Geschäftsbetrieb allg. Geschäftsgrundsätze und allg. Bedingungen für →Bausparverträge zugrunde zu legen, die bestimmte Regelungen, z. B. über das Zuteilungsverfahren, enthalten müssen. – Die B. entstanden in Großbritannien (1775) und in den USA (1831). In Dtl. wurde 1924 die erste private Einrichtung (Bausparkasse Gemeinschaft der Freunde Wüstenrot gemeinnützige GmbH, heute →Wüstenrot Bausparkasse AG) und 1929 die erste öffentlich-rechtl. B. gegründet.

Bausparvertrag, Vertrag zw. der Bausparkasse und dem Bausparer über eine bestimmte Vertragssumme (Bausparsumme) zur Erlangung eines Baudarlehens. Die vereinbarte Bausparsumme besteht aus dem vom Bausparer aufzubringenden Spartguthaben (i. d. R. 40 % der Vertragssumme), das jährlich verzinst wird, und dem Bauspardarlehen (i. d. R. 60 % der Vertragssumme). Durch die Leistung von Sparbeiträgen erwirbt der Bausparer den Anspruch auf Gewährung eines vonseiten der Bausparkasse unkündbaren

Ferdinand Christian Baur

Bauspardarlehens. Die Vertragssumme wird nach Ablauf der Mindestsparzeit (meist 18 Monate) und dem Erreichen des Mindestsparguthabens (Leistungszahl) zugeteilt. Das Darlehen einschl. Zinsen muss in monatl. Raten zurückgezahlt werden. Zur Bausparförderung wird eine an eine bestimmte Einkommensgrenze gebundene staatl. Bausparprämie (→Wohnungsbauprämie) gewährt. B. unterliegen keinen Zinsschwankungen, womit sie die Baufinanzierung von Zinsentwicklungen am Kapitalmarkt unabhängiger machen. Auf einen B. können auch vermögenswirksame Leistungen erbracht werden.

Bausperre, →Veränderungssperre.

Baustahl, Sammelbez. für unlegierte oder niedrig legierte Stähle mit charakterist. Zugfestigkeit und Streckgrenze, die als Konstruktionswerkstoff in der Bautechnik (z. B. zur Bewehrung) in Form von Profilen, Stäben und Flachstahl verwendet werden.

Baustoffe, Sammelbez. für Stoffe zur Fertigung von Bauteilen und Bauwerken. Natürl. B. werden aus natürl. Vorkommen gewonnen, u. a. Bauholz, Kies, Sand, Naturstein, Lehm. Künstl. B. werden aus Rohstoffen durch Wärme- oder chem. Behandlung hergestellt, z. B. Stahl, Zement, Glas, Keramik (→Baukeramik).

Bautasteine, bis 6 m hohe, oft inschriftlose Gedenksteine in Skandinavien aus der jüngeren Bronze- und bes. der Wikingerzeit.

Bautechnik, Teilgebiet der Technik, das sich mit dem Bauen auf der Grundlage angewandter Naturwiss.en (u. a. Statik, Baustoffkunde und -forschung, Bodenmechanik, Vermessungstechnik) befasst.

Bautenschutz, Maßnahmen zum Schutz von Bauwerken und Baustoffen gegen schädliche chem. und physikal. Einflüsse, v. a. durch →Dämmstoffe und →Sperrstoffe.

Bauträger, →Baubetreuungsvertrag.

Bautzen, 1) Landkreis im Reg.-Bez. Dresden, Sachsen, 961 km², 150 000 Ew. (darunter Sorben). **2)** sorb. **Budyšin,** Krst. in der Oberlausitz, Sachsen, auf einer Granitplatte über dem Spreetal, 42 300 Ew.; Große Kreisstadt, Sitz des Sächs. Oberverwaltungsgerichtes; Zentrum der Sorben mit Domowina-Bund Lausitzer Sorben, Domowina-Verlag, Sorb. Inst., Sorb. Museum, Deutsch-Sorb. Volkstheater und Sorb. Nationalensemble; Stadtmuseum, Saurierpark im zu B. gehörenden Gemeindeteil Kleinwelka. Wichtigste Ind.-Zweige sind der Fahrzeug-, Werkzeug- und Maschinenbau sowie die Kunststoffverarbeitung. – B. hat ein reizvolles Stadtbild mit der Ortenburg (vermutlich 958, 1483–86, 1645–48), Teilen der Stadtmauer einschl. mehrerer Türme, darunter der Lauenturm (1403) und der Reichenturm (1490–92) sowie die Alte Wasserkunst (Techn. Museum; 1558), alten Bürgerhäusern und Kirchen (Dom St. Peter, erbaut 1293–1303 und 2. Hälfte 15. Jh., seit 1980 Konkathedrale des Bistums Dresden-Meißen). – An der Stelle des früheren Stammsitzes der westslaw. (sorb.) Milzener (Wohngau Milsca) entstand als Grenzfeste der Markgrafen von Meißen die Ortenburg. Im Anschluss an sie erwuchs aus teils sorb., teils dt. Siedlungen das 1002 erstmals erwähnte **Budis(s)in.** Seit 1031 fest in dt. Besitz, wurde B. (Stadtrecht 1240; seit 1319 zu Böhmen) zu einem Zentrum der Oberlausitz und besaß 1346–1815 eine führende Stellung im (Ober-)Lausitzer Sechsstädtebund; 1635 kam B. an Kursachsen. – 1945–50 bestand in B. ein sowjet. Internierungslager (Speziallager Nr. 4; insgesamt etwa 26 000 Internierte,

mind. 2 800 Tote). Das ehem. Untersuchungsgefängnis (B. II) war 1956–89 v. a. eine Sonderhaftanstalt des Ministeriums für Staatssicherheit der DDR für als bes. »gefährlich« eingeschätzte Staatsgegner; seit 1993 Gedenkstätte.

Im **Frieden von B.** (30. 1. 1018) kam die Lausitz als Reichslehen an Polen; König Bolesław I. Chrobry konnte seine Stellung gegenüber dem (werdenden) Hl. Röm. Reich festigen. – In der **Schlacht bei B.** (20./21. 5. 1813) besiegten frz. Truppen unter Napoleon I. die Alliierten (Rückzug nach Schlesien).

Bauüberwachung, Kontrolle der Ausführung genehmigungsbedürftiger Bauvorhaben durch die Bauaufsichtsbehörden. Zur B. gehört i. w. S. auch die **Bauabnahme** (Roh- und Schlussabnahme), über die ein Abnahmeschein ausgestellt wird.

Bauweise, Verfahren und Methode der Bauausführung, z. B. im Stahlbetonbau die Schüttbauweise; im Städtebau die Anordnung der Bebauung eines Geländes, z. B. offene oder geschlossene Bauweise.

Bauwich der, der durch Bauordnungen im Interesse von Licht und Luft geregelte Abstand der Gebäude zueinander.

Bauwirtschaft, das →Baugewerbe.

Bauxit [nach dem ersten Fundort Les Baux in Südfrankreich] der, Gemenge von Tonerdemineralen (Aluminiumoxide und -hydroxide, z. B. Hydrargillit und Diaspor), oft durch andere Minerale verunreinigt (Rotfärbung durch Eisenverbindungen), das den wichtigsten Rohstoff für die Aluminiumgewinnung darstellt. B. findet auch für die Herstellung von Schleifmitteln, feuerfesten Ziegeln, zur Schmierölraffination und als Katalysatorträger Verwendung. Reiche und hochwertige Vorkommen finden sich in Brasilien, im karib. Raum, in Westafrika und Australien. Die Weltförderung betrug (2002) 144 Mio. t.

Bavaria, lat. Name für Bayern; als Personifikation Bayerns Bronzestandbild in München (Höhe einschl. Sockel: 30 m, nach dem Modell von L. von Schwanthaler von F. von Miller 1844–48 gegossen, 1850 aufgestellt).

Bavaria Film GmbH, dt. Film- und Fernsehproduktionsfirma mit Sitz in Geiselgasteig (bei München). Anteilseigner sind v. a. öffentlich-rechtl. Rundfunksender.

BAWAG P. S. K., österr. Universalbank, Sitz: Wien, entstanden 2005 durch Fusion von Bank für Arbeit und Wirtschaft AG (gegr. 1922) und Österr. Postsparkasse AG (gegr. 1883), Alleineigentümer ist der Österr. Gewerkschaftsbund.

Bawean, Vulkaninsel zw. Java und Borneo, Indonesien, 199 km², 68 000 Ew.; Anbau von Indigo, Baumwolle, Tabak. – Südwestlich von B. fand vom 26. bis 28. 2. 1942 eine Seeschlacht zw. Alliierten und Japanern statt.

Bax [bæks], Sir (seit 1937) Arnold Edward Trevor, engl. Komponist, * Streatham (heute zu London) 8. 11. 1883, † Cork (Irland) 3. 10. 1953; vereint in seinen Werken (7 Sinfonien, sinfon. Dichtungen u. a.) Elemente irischer Folklore mit einem spätromant. Klangideal.

Bayar, Mahmud Celal, türk. Politiker, * Umurbey (Prov. Bursa) 15. 5. 1883, † Istanbul 22. 8. 1986; schloss sich 1919 der jungtürk. Bewegung an; 1932–37 Wirtschaftsmin., 1937–39 Min.-Präs., 1950–60 Staatspräs.; 1960 gestürzt, 1961 zum Tode verurteilt, 1966 begnadigt.

Bayer, 1) Herbert, amerikan. Maler, Grafiker, Fotograf und Architekt österr. Herkunft, * Haag am

Hausruck (Bez. Grieskirchen) 5. 4. 1900, † Montecito (Calif.) 30. 9. 1985; Meister für Typografie am Bauhaus in Dessau; emigrierte 1938 nach New York und war seit 1946 als Gestaltungsberater im Kunstzentrum in Aspen (Colo.) tätig.

2) Johann, Astronom, *Rain (Landkreis Donau-Ries) 1572, † Augsburg 7. 3. 1625; veröffentlichte 1603 den ersten großen Sternatlas »Uranometria«, dessen Karten erstmals auch den südl. Himmel korrekt darstellten.

Bayer AG, Chemiekonzern, Sitz: Leverkusen, gegr. 1863 von F. Bayer und F. Weskott, 1925–45 der → I. G. Farbenindustrie AG eingegliedert, 1952 als Farbenfabriken Bayer AG neu gegr. (jetziger Name seit 1972); bekannt u. a. durch die Entwicklung von Arzneimitteln und des ersten synthet. Kautschuks (1910). Seit 2002 übernahm die B. AG als strateg. Holding die Rolle der Konzernführungsgesellschaft; das operative Geschäft liegt bei den selbstständigen Teilkonzernen Bayer CropScience AG (Pflanzenschutzmittel), Bayer HealthCare AG (Pharmaka, Diagnostika, Tiergesundheit) und Bayer MaterialScience AG (Polycarbonate, Polyurethane, Lackrohstoffe). 2005 wurde die Trennung vom Teilkonzern Lanxess AG, der weite Teile des Chemie- sowie ein Drittel des Polymergeschäfts umfasst, vollzogen; 2006 erfolgte die Übernahme der Schering AG.

Bayerische Alpen, der zu Bayern gehörende Teil der Nördl. Kalkalpen zw. Lech im Westen und Saalach im Osten.

Bayerische Hypo- und Vereinsbank AG, Kurzbez. **HypoVereinsbank AG, HVB Group,** eine der größten dt. Banken, entstanden 1998 durch Fusion von Bayer. Hypotheken- und Wechselbank AG (gegr. 1835) und Bayer. Vereinsbank (gegr. 1869); Sitz: München. 2001 wurde die Fusion mit der Bank Austria AG vollzogen; 2003 wurde das gewerbl. Immobiliengeschäft in die rechtlich selbstständige **Hypo Real Estate Holding AG** abgespalten. 2005 erfolgte die Fusion mit der UniCredito Italiano S. p. A.

Bayerisch Eisenstein, Wintersport- und Luftkurort im Landkreis Regen, Niederbayern, am Fuß des Großen Arber, 724 m ü. M., 1 300 Ew.; Grenzübergang zur Tschech. Republik (nach Železná Ruda).

Bayerische Landesbank Girozentrale [-'ʒiro-], öffentlich-rechtl. Kreditinstitut, Sitz: München; 1972 aus der Fusion der Bayer. Landesbodenkreditanstalt mit der Bayer. Gemeindebank entstanden. Träger der B. L. G. ist die **Bayern LB Holding AG,** an der der Freistaat Bayern und der Bayer. Sparkassenverband zu je 50 % beteiligt sind. Die B. L. G. ist Hausbank des Freistaates Bayern sowie Zentralbank für die 82 bayer. Sparkassen und bildet gemeinsam mit den bayer. Sparkassen, der Versicherungskammer Bayern und der Bayer. Landesbausparkasse (LBS) die Sparkassen-Finanzgruppe Bayern.

Bayerische Motoren Werke AG, Abk. **BMW AG,** Automobilkonzern, Sitz München; gegr. 1916 als Bayer. Flugzeugwerke AG, seit 1922 jetziger Name; 1945–49 Beschlagnahmung des Vermögens und Demontage; danach rascher Wiederaufbau; seit der Umstrukturierung und Übernahme der Markenverantwortung für Rolls-Royce Motor Cars Ltd. (2003) bezeichnet sich der Konzern auch als **BMW Group;** Großaktionär ist die Quandt-Gruppe (46,6 %). Der 1994 von der British Aerospace PLC erworbene brit. Autokonzern Rover Group PLC wurde 2000 wieder veräußert.

Bayern: Oberammergau im Ammergebirge

Bayerischer Erbfolgekrieg, →Bayern (Geschichte).

Bayerischer Kreis, 1512–1806 einer der zehn →Reichskreise, umfasste u. a. das Erzstift Salzburg, die Hochstifte Freising, Regensburg und Passau, die Herzogtümer Bayern und Oberpfalz, die Grafschaften Haag und Ortenburg sowie die Reichsstadt Regensburg.

Bayerischer Rundfunk, Abk. **BR,** seit 1948 eine der dt. Rundfunkanstalten öffentl. Rechts, Sitz: München, gegr. 1922; seit 1954 am Fernsehprogramm der ARD beteiligt, verbreitet ein 3. Fernsehprogramm, 5 Hörfunkprogramme sowie auch Digitalprogramme. (→ Rundfunk)

Bayerischer Wald, waldreiches Mittelgebirge im Osten Bayerns; naturräumlich ein Teil des →Böhmerwaldes, der sich als **Vorderer Wald** zw. Donau und Regen erhebt (im Einödriegel 1 121 m ü. M.). Zunehmend schließt die Bez. B. W. (bes. als Fremdenverkehrsgebiet) heute auch den **Hinteren Wald** (im Großen Arber 1 456 m ü. M.) bis zur tschech. Grenze ein. Als **Nationalpark B. W.** ausgewiesen ist das Gebiet von Rachel und Lusen (242,5 km², 133 km² davon wurden 1981 als Biosphärenreservat anerkannt), sonst weitgehend Naturpark.

Bayerische Staatsbibliothek, München, gegr. 1558 von Herzog Albrecht V., die an Handschriften und Inkunabeln reichste dt. Bibliothek.

Bayerische Volkspartei, Abk. **BVP,** bayer. Regionalpartei, spaltete sich 1918 von der Zentrumspartei ab; vertrat eine betont konservative Linie und bildete 1920–33 in Bayern eine Reg.-Mehrheit; 1933 aufgelöst.

Bayern, Land (Freistaat) im S von Dtl., mit 70 549 km² flächenmäßig größtes, mit (2006) 12,478 Mio. Ew. nach der Bev.-Zahl zweitgrößtes dt. Bundesland. Hptst. ist München.

Landesnatur: B. hat im S Anteil an den Nördl. Kalkalpen mit Dtl.s höchstem Berg, der Zugspitze (2 962 m ü. M.). Ihnen schließt sich nördlich das Alpenvorland an, ein Moränengebiet mit Seen (Ammer-, Starnberger, Chiemsee u. a.). Nach N folgt bis zur Donau ein fruchtbares Hügelland, von teils moorigen Niederungen und Schotterfluren der Alpenflüsse unterbrochen. Das Mittelgebirgsland nördlich der Donau umfasst im O den Bayer. Wald (Nationalpark, Naturpark), den Oberpfälzer Wald, das Fichtelgebirge und den Frankenwald. Im N hat B. Anteil am waldreichen

Bayerischer Rundfunk

Bayern Staatswappen

Spessart und der Rhön (Biosphärenreservat). Dazwischen liegt der östl. Teil des Schwäbisch-Fränk. Stufenlandes mit Frankenhöhe, Steigerwald, Haßbergen und Fränk. Alb. Den größten Teil B.s entwässert die Donau mit ihren Nebenflüssen (Iller, Lech, Isar und Inn von S, Wörnitz, Altmühl, Naab und Regen von N), den NW der Main mit seinen Nebenflüssen (u. a. Regnitz, Tauber).

Bevölkerung: Die ursprüngl. Bev.-Gruppen sind im N vorwiegend die →Franken, im S die →Baiern und im SW die →Schwaben. Die Struktur veränderte sich nach dem Zweiten Weltkrieg durch den Zustrom von 2,4 Mio. Vertriebenen und Flüchtlingen. Große Gebiete (Oberpfalz, Niederbayern) sind verhältnismäßig dünn besiedelt; verdichtete Stadtregionen und Ballungsräume bilden die Großstädte (München, Augsburg, Erlangen, Nürnberg, Regensburg, Würzburg). – 59,2 % der Bev. gehören der kath. Kirche an, 21,9 % der ev.-luther. Landeskirche. – In B. gibt es (2006) zehn staatl. (München [Univ., TU und Univ. der Bundeswehr], Erlangen-Nürnberg, Würzburg, Regensburg, Augsburg, Bayreuth, Passau, Bamberg) und vier staatlich anerkannte Univ. (Kath. Univ. Eichstätt, PTH Benediktbeuern, Hochschule für Philosophie München, Augustana-Hochschule Neuendettelsau), des Weiteren acht Kunst- und Musikhochschulen und 20 staatl. bzw. staatlich anerkannte Fachhochschulen.

Wirtschaft: B. hat sich nach dem Zweiten Weltkrieg von einem überwiegend agrarisch geprägten Land zu einer technologieorientierten Ind.-Region mit hochentwickeltem Dienstleistungssektor gewandelt. Ind.-Zentren des Fahrzeugbaus, der Luft- und Raumfahrttechnik, des Maschinenbaus, der Elektrotechnik, Elektronik und chem. Ind. sind München, Augsburg, der Raum Nürnberg–Fürth–Erlangen, Ingolstadt und Regensburg. In B. finden sich z. T. weltweit bedeutende Standorte der Informations-, Kommunikations-, Bio- und Gentechnologie; weiterhin der Metall verarbeitenden Ind., der Porzellanherstellung (Oberfranken, Oberpfalz), der Spielwarenind. (Nürnberg, Fichtelgebirge), der Textil- und Bekleidungsind. (Oberfranken, Schwaben), der Nahrungsmittelind. (Käseherstellung, Mälzereien und Brauereien) sowie der Medizin- und Umwelttechnik. An Bodenschätzen werden Salz (bei Berchtesgaden), Grafit (bei Passau), Kaolin (Oberpfalz) und andere Ind.-Minerale (Betonit, Kieselerde)

Bayern

Bayern

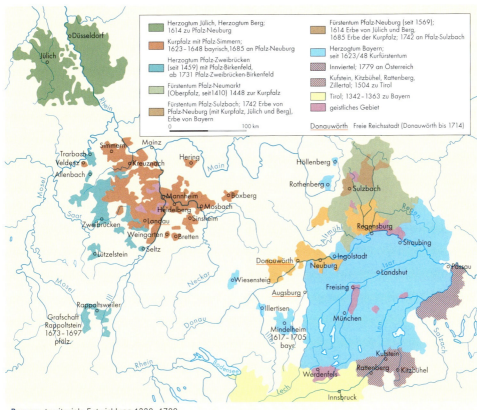

Bayern: territoriale Entwicklung 1329–1799

gewonnen. Bedeutend für die Energieversorgung sind fünf Kernkraftwerkblöcke (an drei Standorten), die rd. 65,4 %, und Wasserkraftwerke, die 15,4 % der Elektroenergie produzieren. – B. hat die größte landwirtsch. Nutzfläche (51,6 % der Landesfläche) unter den Bundesländern; Hauptkulturen sind Weizen, Gerste, Hackfrüchte (Kartoffeln und Zuckerrüben), Hopfen (Hallertau) und Weinreben (Franken). Ertragreichster Zweig ist die Viehwirtschaft, bes. im Alpenvorland; B. ist eine der größten Milcherzeugerregionen Europas. 34,8 % der Landesfläche sind bewaldet. Es ist bevorzugtes Fremdenverkehrsland (v. a. Oberbayern, Allgäu, Bayer. Wald). – B. ist durch ein dichtes Schienen- und Autobahnnetz gut erschlossen. Wichtige Wasserstraßen sind der Main (ab Bamberg für Schiffe bis 1 350 t befahrbar), die Donau (ab Kelheim) und der die beiden verbindende Main-Donau-Kanal, wodurch der Rhein-Main-Donau-Großschifffahrtsweg gebildet wird; in Deggendorf besteht ein Freihafen; wichtigster Hafen ist Regensburg; internat. Flughäfen besitzen München (im Erdinger Moos) und Nürnberg.

Verfassung: Nach der Verf. vom 2. 12. 1946 (mehrfach, zuletzt 2003 geändert) übt der Landtag (180 Abg., für 5 Jahre gewählt) die Legislative aus. Der Senat (60 Mitgl.) wurde 2000 aufgelöst. Das Parlament wählt den Min.-Präs., der die Reg. beruft und die Richtlinien der Politik bestimmt. Gesetze können außer vom Landtag auch durch Volksentscheid beschlossen werden; Verf.-Änderungen erfordern ein Referendum.

Geschichte: Im 6. Jh. entstand das (ältere) Stammesherzogtum der Baiern unter den Agilolfingern; geriet unter fränk. Oberhoheit. Um 740 organisierte Bonifatius die Bistümer Salzburg, Passau, Regensburg, Freising und Eichstätt. Karl d. Gr. setzte 788 den letzten Agilolfinger, Tassilo III., ab und machte B. zum karoling. Teilreich. Anfang des 10. Jh. entstand das jüngere Herzogtum B.; 976 wurde Kärnten abgetrennt. 1070 kam B. an die Welfen, 1139–56 gehörte es zwischenzeitlich den Babenbergern, die danach aber das von B. getrennte Österreich (seit 976 Markgrafschaft, seit 1156 Herzogtum) behielten; Herzogssitz war bis ins 13. Jh. Regensburg. Nach dem Sturz Heinrichs des Löwen kam B. 1180 an die →Wittelsbacher. Diese erwarben 1214 die Rheinpfalz und nach und nach die Oberpfalz; 1255 erfolgte die Aufteilung in Nieder- und Ober-B. (mit der Rheinpfalz), 1329 die Teilung in die (rhein.) Kurpfalz, die Oberpfalz sowie das restl. B. Die Erwerbungen Kaiser Ludwigs IV., des Bayern (1314–47), Brandenburg, Tirol, Holland, Seeland und Hennegau, gingen seinem Haus bald verloren. Nach den Teilungen in die Linien Landshut, Straubing, Ingolstadt und München wurde das Land 1506 wieder vereinigt. Die Reformation wurde unterdrückt. 1542 kamen die Jesuiten an die 1472 gegr. Landesuniv. Ingolstadt. Maximilian I. (1597–1651) übernahm neben den Habsburgern die Führung der Gegenreformation in Dtl.; er erhielt 1623 die Kurwürde, 1628 die Oberpfalz. Kurfürst Maximilian II. Emanuel (1679–1726) stand im Span. Erbfolgekrieg auf frz. Seite; sein Sohn Karl Albrecht kämpfte 1741–45 im Österr. Erbfolgekrieg gegen Maria Theresia und wurde als Karl VII. zum Kaiser gewählt (1742–45). Als die bayer. Linie der Wittelsbacher 1777 erlosch, folgte Karl Theodor aus

Bayeux: Kathedrale (12./13. Jh.)

der Linie Pfalz-Sulzbach, der schon die Kurpfalz und die Herzogtümer Jülich und Berg besaß. Der gegen die wittelsbach. Besitzvereinigung von Kaiser Joseph II. angebotene Tausch von Teilen B.s gegen Belgien (österr. Niederlande) beschwor den Bayer. Erbfolgekrieg (1778/79) zw. Österreich und Preußen herauf; im Frieden von Teschen 1779 kam nur das Innviertel an Österreich. 1799 gelangte Maximilian IV. Joseph aus der Linie Pfalz-Zweibrücken an die Regierung.

In der napoleon. Zeit wuchs B. durch den engen Anschluss an Frankreich, den der Min. M. Graf Montgelas 1801 vollzog, zum größten dt. Mittelstaat heran. Es musste zwar 1801 auf die Rheinpfalz sowie Jülich und 1806 auch auf Berg verzichten, konnte aber 1803–10 sein Gebiet nahezu verdoppeln: zu Alt-B. kamen weite schwäb. und v.a. fränk. sowie österr. Gebiete hinzu. Kurfürst Maximilian IV. Joseph nahm 1806 als Maximilian I. Joseph den Königstitel an und war gezwungen, dem napoleon. Rheinbund beizutreten; 1808 wurde die Leibeigenschaft aufgehoben. In den Befreiungskriegen ging B. durch den Vertrag von Ried (8.10.1813) zu den Gegnern Napoleons I. über; es musste nun die österr. Abtretungen zurückgeben, wurde aber 1815/16 durch das Großherzogtum Würzburg, Aschaffenburg und die linksrhein. Pfalz entschädigt. Nach dem Sturz von Montgelas kam 1817 das Konkordat zustande, das die bayer. Kirche reorganisierte (Kirchenprov. München und Bamberg). Am 26.5.1818 erhielt B. eine konstitutionelle Verf. mit zwei Kammern. Ludwig I. (1825–48) machte München zur Kunststadt und verlegte 1826 die Univ. dahin. B. wurde Mitbegründer des Dt. Zollvereins (1834); 1835 wurde in B. die erste dt. Eisenbahnlinie eröffnet (Nürnberg–Fürth). Unruhen in München (Anfang 1848, u.a. wegen der Sängerin Lola Montez) veranlassten Ludwig, zugunsten seines Sohnes Maximilian II. abzudanken. 1849 wurde der pfälz. Aufstand mithilfe preuß. Truppen niedergeworfen. 1866 kämpfte B. aufseiten Österreichs gegen Preußen. 1870/71 nahm es am Dt.-Frz. Krieg teil, 1871 trat es in das Dt. Reich ein. Nach dem Tod König Ludwigs II. (1864–86) wurde B. unter Prinzregent Luitpold (1886–1912) streng konstitutionell regiert; sein Sohn und Nachfolger bestieg 1913 als König Ludwig III. den Thron. Die »Patrioten«, die sich 1887 der Zentrumspartei anschlossen, besaßen 1869–87 und wieder seit 1899 die Landtagsmehrheit; 1912 wurde der Zentrumsführer G. Freiherr von Hertling Min.-Präs. (bis 1917).

Am 7./8.11.1918 wählte der Münchner Arbeiter- und Soldatenrat K. Eisner zum bayer. Min.-Präs.; dieser erklärte B. zur Republik. Stärkste Partei wurde die Bayer. Volkspartei (BVP; Nachfolgerin des Zentrums). Nachdem Landtag und Landesreg. angesichts der Unruhen im März 1919 nach Bamberg ausgewichen waren, riefen revolutionäre Gruppen in München die »Räterepublik Baiern« aus; sie brach jedoch mit der Besetzung Münchens durch Reichstruppen (1./2.5.1919) zusammen. Mit der »Bamberger Verf.« (in Kraft seit dem 15.9.1919), die B. zum Freistaat (1920 Anschluss Coburgs) innerhalb des Dt. Reiches machte, und der Weimarer Reichsverf. verlor B. fast alle Sonderrechte. Während des Kapp-Putsches im März 1920 erfolgte in B. eine scharfe polit. Wendung auf einen restaurativen Kurs (mit dem Ziel größerer Eigenständigkeit); das führte unter G. Ritter von Kahr (1920/21 Min.-Präs., ab Sept. 1923 als von der bayer. Reg. ernannter »Generalstaatskommissar«) zu heftigem Streit mit der Reichsreg.; im Nov. 1923 versuchte A. Hitler ihn zum Staatsstreich gegen die Reichsreg. zu bewegen (→ Hitlerputsch). Nach dem Rücktritt von Kahrs (1924) beendete der neue Min.-Präs., H. Held (1924–33), die Kontroverse mit dem Reich. 1924/25 kam es zu einem Konkordat mit dem Hl. Stuhl. Bei den Wahlen von 1932 konnte sich die BVP knapp vor der NSDAP behaupten. Nach deren Machtergreifung im Reich setzte die nat.-soz. Reg. am 9.3.1933 General F.X. Ritter von Epp als Reichsstatthalter im gleichgeschalteten B. ein. 1945 kam B. (mit Ausnahme Lindaus und der Pfalz) zur amerikan. Zone; während die Pfalz 1946 Rheinland-Pfalz eingegliedert wurde, kam 1945 die thüring. Enklave Ostheim zu B. 1946 trat eine neue Verf. in Kraft. Seit 1946 ist die CSU die stärkste Partei (1946–50 und seit 1962 in absoluter Mehrheit); unter dem Vorsitz von F.J. Strauß (1961–88) gewann sie auch auf Bundesebene Bedeutung; sie stellt (außer 1954–57: W. Hoegner, SPD) alle Min.-Präs.: H. Ehard (1946–54, 1960–62), H. Seidel (1957–60), A. Goppel (1962–78), F.J. Strauß (1978–88), M. Streibl (1988–93), E. Stoiber (seit 1993; Rücktritt Anfang 2007 für Herbst 2007 vereinbart).

Bayernpartei, Abk. **BP,** betont föderalist. Partei in Bayern, 1947 gegr.; errang 1949/50 bei Bundestags- und Landtagswahlen große Erfolge; seit 1953 nicht mehr im Bundestag, seit 1966 nicht mehr im bayer. Landtag vertreten.

Bayer-Verfahren [nach dem österr. Chemiker K.J. Bayer, *1847, †1904], Verfahren zur Gewinnung von → Aluminium aus Bauxit.

Bayeux [ba'jø], Stadt im Dép. Calvados, Frankreich, 15000 Ew.; normann. Kathedrale (12./13. Jh.); im Musée de la Tapisserie der kostbare, gestickte **Teppich von B.** (70 m lang, 50 cm hoch) aus dem 11. Jh. (stellt die Überfahrt Wilhelms des Eroberers nach England und seinen Sieg in der Schlacht bei Hastings 1066 dar).

Bayle [bɛl], Pierre, frz. Philosoph, * La Carla (heute Carla-Bayle, Dép. Ariège) 18. 11. 1647, † Rotterdam 28. 12. 1706; Calvinist, vorübergehend zum Katholizismus konvertiert, 1675–81 Prof. in Sedan, ab 1681 Prof. in Rotterdam, 1693 wegen seiner freisinnigen und skept. Ansichten seiner Professur enthoben. Als führender Denker der frz. Aufklärung bekämpfte er jeden Dogmatismus, lehrte die Unvereinbarkeit der Vernunft mit der Religion und verteidigte die Glaubensfreiheit sowie die Trennung von Kirche und Staat. B. verfasste u. a. ein »Dictionnaire historique et critique« (2 Bde., 1695–97; dt. »P. B.s Histor. und crit. Wörterbuch«, 4 Bde.).

Bayonne [baˈjɔn], Hafenstadt im Dép. Pyrénées-Atlantiques, Frankreich, am Adour, 41 800 Ew.; Kunstdüngererzeugung; Flugzeugbau, Bootsbau, elektron. Industrie. – Got. Kathedrale mit Kreuzgang (13.–16. Jahrhundert).

Bayreuth, 1) Landkreis im Reg.-Bez. Oberfranken, Bayern, 1 274 km², 109 000 Ew.; Verw.-Sitz ist die Stadt Bayreuth.

2) kreisfreie Stadt in Bayern, Hauptstadt des Reg.-Bez. Oberfranken und Sitz der Verw. des Landkreises Bayreuth, zw. Fichtelgebirge und Fränk. Jura am Roten Main, 74 000 Ew.; Univ.; Hochschule für ev. Kirchenmusik; Richard-Wagner-Museum im Haus →Wahnfried (mit Wagner-Nationalarchiv), Franz-Liszt-Museum, Jean-Paul-Museum; Lohengrin Therme; Textilind., elektrotechn., feinmechan., opt., Nahrungs- und Genussmittelind.; Tagungs- und Festspieltourismus. – Die älteren Stadtteile zeigen noch das Gepräge der barocken Residenz: Altes Schloss (16.–17. Jh.), Neues Schloss (1753 ff.) mit Hofgarten, Opernhaus (1745–48) u. a. Im O der Stadt befindet sich die Eremitage, eines der frühesten Beispiele eines sentimentalen Landschaftsgartens, mit Altem (1715–18 und 1736–44) und Neuem Schloss (1749–53). – In B. lebte 1872–83 R. Wagner. Im Richard-Wagner-Festspielhaus (erbaut 1872–75, erweitert 1925 und 1931) werden seit 1876, alljährlich (mit Pausenjahren) seit 1883, Opern von R. Wagner aufgeführt (**Bayreuther Festspiele**). – B. wird erstmals 1194 genannt; es kam 1260 an die Burggrafen von Nürnberg; seit 1398 gehörte es zum Fürstentum Kulmbach und wurde 1603 Hptst. von →Ansbach-Bayreuth.

Bayrischzell, Fremdenverkehrsgem. (v. a. Wintersport) im Landkreis Miesbach, Bayern, 800 m ü. M.; 1 600 Ew.; Philipp-Harth-Museum; Kabinenseilbahn zum Wendelstein (1 838 m ü. M.).

Bazaine [baˈzɛn], **1)** François Achille, frz. Marschall, * Versailles 13. 2. 1811, † Madrid 24. 9. 1888; befehligte 1863–67 die frz. Truppen in Mexiko, 1870 die Rheinarmee. Von den Deutschen in der Festung Metz eingeschlossen, kapitulierte er am 27. 10. 1870; 1873 zum Tode verurteilt, später zu Festungshaft begnadigt, aus der er 1874 entfloh.

2) Jean René, frz. abstrakter Maler, * Paris 21. 12. 1904, † Clamart (Dép. Hauts-de-Seine) 4. 3. 2001; begründete 1941 die Gruppe »Les Jeunes Peintres de la Tradition Française«, schuf auch Mosaiken (u. a. für das UNESCO-Gebäude in Paris), Glasfenster (v. a. für Kirchen) sowie Wandteppiche.

Bazar [-ˈzaːr], →Basar.

Bazillen [spätlat. bacillus »Stäbchen«], →Bacillus.

Bazillenträger, →Dauerausscheider.

Bazin [baˈzɛ̃], Hervé, eigtl. Jean-Pierre **Hervé-B.**, frz. Schriftsteller, * Angers 7. 4. 1911, † ebd. 17. 2. 1996; schrieb u. a. die Romane »Viper im Würgegriff« (1948), »Die sanften Löwinnen« (1967), »Glück auf dem Vulkan« (1970), »Madame X« (1975), »Le neuvième jour« (1994).

bb, Doppel-b, Zeichen ♭♭, *Musik:* Versetzungszeichen, erniedrigt die Note um zwei Halbtöne.

BBC [biːbiːˈsiː], Abk. für **B**ritish **B**roadcasting **C**orporation, brit. Rundfunkgesellschaft, 1922 gegr. als privatrechtl. Aktiengesellschaft British Broadcasting Company, seit 1927 öffentlich-rechtl. Körperschaft; verbreitet 10 landesweite, 6 regionale und 40 lokale Hörfunkprogramme, 8 landesweite Fernsehprogramme sowie Auslandsfernsehen und -hörfunk.

BBiG, Abk. für **B**erufsbildungsgesetz.

B-Bild-Verfahren [B Abk. für engl. brightness »Helligkeit«], **B-Bild-Methode, B-Scan,** Verfahren der →Ultraschalldiagnostik.

BBU, Abk. für →**B**undesverband **B**ürgerinitiativen **U**mweltschutz e. V.

B. c., *Musik:* Abk. für **B**asso **c**ontinuo, →Generalbass.

BCD-Code [-koːt, **BCD** Abk. für engl. **b**inary **c**oded **d**ecimals], genormtes Verfahren zur Codierung von Dezimalzahlen. Jede Stelle wird separat als Binärzahl dargestellt, wozu 4 Bits notwendig sind (Tetrade). Die binäre Codierung erfolgt mit der Gewichtung 8-4-2-1, sodass z. B. die Ziffer 6 die Darstellung 0110 ($= 0 \cdot 8 + 1 \cdot 4 + 1 \cdot 2 + 0 \cdot 1$) besitzt.

BCG, Abk. für **B**acillus **C**almette-**G**uérin, von A. Calmette (* 1863, † 1933) und C. Guérin (* 1872, † 1961) entwickelter Impfstoff zur Tuberkulose-Schutzimpfung; inzwischen nicht mehr empfohlen.

BCS-Theorie, von J. Bardeen, L. N. Cooper und J. R. Schrieffer 1957 entwickelte atomist. Theorie der Supraleitung, die die physikal. Effekte in →Supraleitern 1. Art quantitativ befriedigend beschreibt.

Bd, Einheitenzeichen für →Baud.

BDA, Abk. für **1)** →**B**und **D**eutscher **A**rchitekten.

2) Bundesvereinigung der **D**eutschen **A**rbeitgeberverbände e. V. (→Arbeitgeberverbände).

BDI, Abk. für **B**undesverband der **D**eutschen **I**ndustrie e. V.

BDM, Abk. für **B**und **D**eutscher **M**ädel, →Hitler-Jugend.

BdSt, Abk. für →**B**und **d**er **St**euerzahler e. V.

BdV, Abk. für →**B**und **d**er **V**ertriebenen.

Pierre Bayle

Bayreuth 2)
Stadtwappen

Bayreuth 2): Richard-Wagner-Festspielhaus von Otto Brückwald (1872–75, erweitert 1925 und 1931; das Fachwerk wurde 1961–73 in Beton erneuert)

Be, chem. Symbol für →Beryllium.
BE, Abk. für →Broteinheit.
Bea, Augustin, kath. Theologe, Jesuit (seit 1902); *Riedböhringen (heute zu Blumberg) 28. 5. 1881, † Rom 16. 11. 1968; Bibelwissenschaftler; hat als Kurienkardinal (ab 1959) und erster Präs. des 1960 gegr. Päpstl. Sekretariats für die Einheit der Christen maßgeblich zur ökumen. Öffnung der kath. Kirche beigetragen; erhielt 1966 gemeinsam mit W. A. Visser't Hooft den Friedenspreis des Dt. Buchhandels.
Beach Boys [ˈbiːtʃ ˈbɔɪz], amerikan. Rockgruppe, 1961 gegr.; gehörte mit ihren unbeschwerten Songs (»Surfin' USA«, »I get around«, »Good vibrations«) zu den bekanntesten Vertretern der kaliforn. Surfmusic.
Beachvolleyball [ˈbiːtʃ-], im Freien auf gleichmäßigem Sandbelag ausgeübtes Rückschlagspiel für Frauen und Männer mit je zwei Spielern, die mit einer oder beiden Händen einen Ball so über das Netz in der Spielfeldmitte spielen, dass ihn der Gegner möglichst nicht mehr regelgerecht zurückspielen kann. Spielfeld- und Netzabmessungen sowie Ballumfang entsprechen den Vorgaben wie beim →Volleyball. (→Sportarten, Übersicht)
Beaconsfield [ˈbiːkənzfiːld], Earl of, →Disraeli.
Beadle [biːdl], George Wells, amerikan. Biologe, *Wahoo (Nebr.) 22. 10. 1903, † Pomona (Calif.) 9. 6. 1989; erforschte die Wirkung von Genen beim Aufbau der Proteine; erhielt 1958 mit E. L. Tatum und J. Lederberg den Nobelpreis für Physiologie oder Medizin.
Beagle [biːgl] der, kurzbeiniger engl. Laufhund für die Jagd auf Hasen u. a. Wild; Schulterhöhe 33–40 cm.
Beaglekanal [ˈbiːgl-], Meeresstraße im Feuerlandarchipel, Südamerika, 5–13 km breit; ben. nach dem brit. Schiff, mit dem C. Darwin 1832–34 das Gebiet erforschte. Die umstrittenen Besitzansprüche über drei im Kanaleingang gelegene Inseln (La Nueva, Lennox und Picton) führten zu Konflikten zw. Argentinien und Chile. Unter vatikan. Vermittlung (seit 1979) schlossen beide Staaten ein Grenzabkommen (seit dem 2. 5. 1985 in Kraft), nach dem Chile zwar die Souveränität über die drei auf der Atlantikseite gelegenen Inseln, nicht aber über die zugehörigen Territorialgewässer erhielt.
Beamer [ˈbiːmə, engl.] der, Gerät zur Projektion des auf einem Computerbildschirm sichtbaren Bildes auf eine Leinwand o. Ä.
Beamon [ˈbiːmən], Robert (Bob), amerikan. Leichtathlet (Weitspringer), *New York 29. 8. 1946; stellte am 18. 10. 1968 bei den Olymp. Spielen in Mexiko mit 8,90 m einen sensationellen Weltrekord auf, der erst 1991 von M. Powell übertroffen wurde.
Beamte, nach engerem und eigentl. Verständnis Angehörige des öffentl. Dienstes, die zu ihrem Dienstherrn in einem öffentlich-rechtl. Dienst- und Treueverhältnis stehen, das durch Aushändigung einer Ernennungsurkunde mit den Worten »unter Berufung in das Beamtenverhältnis« begründet wurde (statusrechtl. B.-Begriff). Im Staatshaftungsrecht und im Strafrecht gelten spezif. Begriffsabgrenzungsregeln.
Bei der Ausgestaltung des **B.**-Rechts sind in Dtl. gemäß Art. 33 Abs. 5 GG die »hergebrachten Grundsätze des Berufsbeamtentums« (u. a. Institutsgarantie für das Beamtentum, Fürsorgepflicht des Dienstherrn) zu beachten. Für B. gelten zahlr. spezielle Ges. und VO, im Bund u. a. das Bundesbeamten-Ges. (BBG), das Bundesbesoldungs-Ges., die Bundesdisziplinarordnung und entsprechende Ges. in den Ländern, die zur Wahrung einer grundsätzl. Einheit der Rechtsverhältnisse bisher noch durch das bundesrechtl. Beamtenrechtsrahmen-Ges. verklammert sind. Mit der 2006 in Kraft getretenen Föderalismusreform wurden wesentl. Kompetenzen im Beamtenrecht auf die Länder übertragen, soweit es um Landes- und Kommunalbeamte geht. Der Bund kann insofern nur noch Statusrechte und -pflichten der Landesbeamten regeln. Die Rahmengesetzgebung wurde abgeschafft.
Die Berufung in das B.-Verhältnis ist nur zur Wahrnehmung hoheitsrechtl. oder solcher Aufgaben zulässig, die aus Gründen der Sicherheit des Staates oder des öffentl. Lebens nicht auf Personen in privaten Dienstverhältnissen übertragen werden dürfen. Von ihrem Dienstherrn werden B. als B. auf Lebenszeit, auf Probe, auf Widerruf oder auf Zeit (sog. Wahl-B., z. B. leitender Gemeinde-B.) ernannt; polit. B. sind B. in hohen Ämtern (z. B. beamtete Staatssekretäre), die mit den grundsätzl. Zielen der polit. Führung (z. B. Minister) übereinstimmen müssen; andernfalls können sie in den einstweiligen Ruhestand versetzt werden. Die Ernennung des B. ist ein förml. Verwaltungsakt, der mit Aushändigung der Ernennungsurkunde vollzogen wird. Ins B.-Verhältnis dürfen nur Deutsche oder Staatsangehörige aus Mitgliedsstaaten der EU berufen werden, welche die Gewähr für die Beachtung der freiheitlich-demokrat. Grundordnung bieten und die vorgeschriebene Vorbildung oder die erforderl. Lebens- und Berufserfahrung erworben haben (§ 7 BBG). Der Zugang zu einem öffentl. Amt nach den Grundsätzen der Gleichheit, Eignung, Befähigung und Leistung ist grundrechtsähnlich gewährleistet (Art. 33 Abs. 2 GG). B. haben ihr Amt mit ganzer Kraft (Genehmigungspflicht für Nebentätigkeiten), gerecht und unparteiisch zu führen sowie dem Wohl der Allgemeinheit zu dienen und auch nach Beendigung des Dienstverhältnisses Verschwiegenheit zu wahren (Amtsgeheimnis). Entsprechend dem Dienst- und Treueverhältnis besteht für B. kein Streikrecht. Ihrem Dienstherrn gegenüber haben B. Anspruch auf Sicherung eines angemessenen Lebensunterhalts durch Dienst- und Versorgungsbezüge. Für Dienstpflichtverletzungen haftet der B. als Person im Rahmen der Disziplinargewalt (→Disziplinarrecht), sein Anstellungsträger im Rahmen der →Staatshaftung. Das B.-Verhältnis endet außer durch Tod durch Entlassung, Verlust der B.-Rechte, Entfernung aus dem Dienst sowie durch Eintritt in den Ruhestand. Nach dem Dienstrang unterscheidet man B. des höheren, gehobenen, mittleren und einfachen Dienstes.

Beagle

Die Mitwirkungsrechte der B. in dienstrechtl. Angelegenheiten werden auf der Grundlage der Personalvertretungs-Ges. von gewählten Personalräten wahrgenommen. Mit der Übertragung hoheitl. Aufgaben auf supranat. Organisationen, bes. der EU, ist der Status des internat. B. zum Begriff geworden, für den in erster Linie die Statuten dieser Organisationen gelten. – Die Regeln des B.-Rechts wurden und werden vielfach als starr und leistungsfeindlich kritisiert. Im Rahmen von Reformen des Rechts des →öffentlichen Dienstes sind in den letzten Jahren einige leistungsbezogene Elemente in das B.-Recht aufgenommen worden, z. B. die Berücksichtigung der Leistung des B. bei der Besoldung durch Prämien sowie die Erleichterung von Versetzungen.

In *Österreich* gibt es Bundes-, Landes- und Gemeinde-B. als »ernannte berufsmäßige Verwaltungsorgane«, die von den Vertragsbediensteten unterschieden werden und deren Rechtsstellung der in Dtl. vergleichbar ist. In der *Schweiz* wurde mit dem am 1. 1. 2001 in Kraft getretenen Bundespersonal-Ges. der B.-Status auf Bundesebene abgeschafft (in den meisten Kantonen bereits vollzogen).

Bearbeitung, Adaption, *Urheberrecht:* die eigenschöpfer. Umformung eines urheberrechtlich geschützten Werkes, z. B. der Musik. Die B. wird urheberrechtlich wie ein selbstständiges Werk geschützt. – Zur B. im Sinne des BGB →Verarbeitung.

Beard [ˈbɪəd], Charles Austin, amerikan. Historiker, * bei Knightstown (Ind.) 27. 11. 1874, † New Haven (Conn.) 1. 9. 1948; verfasste u. a. Werke über die amerikan. Verfassung, T. Jeffersons demokrat. Bewegung und den Sezessionskrieg mit Betonung wirtsch. Faktoren; propagierte gegen F. D. Roosevelts Außenpolitik einen amerikan. »Kontinentalismus«.

Beardsley [ˈbɪədzlɪ], Aubrey Vincent, engl. Zeichner und Illustrator, * Brighton 21. 8. 1872, † Menton 16. 3. 1898. Seine von jap. Holzschnitten beeinflussten Werke sind geprägt von einer sparsamen und sensiblen Linienführung mit starken Schwarz-Weiß-Kontrasten (Illustrationen zu T. Malorys »Le morte Darthur«, 1893). B. bevorzugte erotisch-makabre Themen; Vertreter des engl. Jugendstils.

Béarn, histor. Gebiet im SW Frankreichs, umfasst die östl. W-Pyrenäen und ihr Vorland; Hauptort ist Pau. B. kam 1290 an die Grafen von Foix, 1484 an das Königreich Navarra und 1589 an Frankreich (1620 Krondomäne).

Béart [beˈar], Emmanuelle, frz. Bühnen- und Filmschauspielerin, * Gassin (Dép. Var) 14. 8. 1965; ausstrahlungsstarke Akteurin des frz. Films der Gegenwart. – *Filme:* Eine verbotene Liebe (1983); Die schöne Querulantin (1991); Ein Herz im Winter (1992); Eine frz. Frau (1995); Nelly und Monsieur Arnaud (1995); 8 Frauen (2002); Die Gesch. von Marie und Julien (2003).

Beastie Boys, The [ðə ˈbiːstɪ bɔɪz], amerikan. Hip-Hop-Gruppe, 1981 zunächst als Punk-Band von MCA (Master of Ceremony Adam), eigtl. Adam Yauch (* 1965), Mike D, eigtl. Michael Diamond (* 1965), und anderen gegründet. 1982 griffen Yauch und Diamond mit King Ad-Rock, eigtl. Adam Horowitz (* 1967), die Rap-Technik schwarzer Musiker auf und verbanden diese mit Elementen von Heavy-Metal-Rock (u. a. »License to ill«, 1986).

Beat [biːt; engl. »Schlag«] *der, Musik:* im Jazz und in der Popmusik Bez. für den durchgehenden gleichmäßigen Grundschlag der Rhythmusgruppe (→Offbeat); auch Kurzform für →Beatmusik.

Aubrey Vincent Beardsley: »Wie Sir Lanzelot von Lady Elaine erkannt wurde«, Illustration zu Thomas Malorys »Le morte Darthur« (1893)

Beatenberg, Kurort im Kt. Bern, Schweiz, 1 100 m ü. M., über dem N-Ufer des Thuner Sees, 1 200 Ew.; Kabinenseilbahn auf das Niederhorn (Steinbockschutzgebiet). Unterhalb von B. liegen die **Beatushöhlen** (z. T. erschlossen).

Beatgeneration [ˈbiːtdʒenəreɪʃən, engl.] *die,* literar. und gesellschaftl. Protestbewegung der späten 1950er-Jahre in den USA, deren Anhänger (z. T. abwertend) als **Beatniks** bezeichnet wurden. Literar. Hauptvertreter waren u. a. A. Ginsberg, J. Kerouac, W. Burroughs, zeitweise L. Ferlinghetti.

Beatles, The [ðə ˈbiːtlz], erfolgreiche Popgruppe aus Liverpool, gegr. 1959/60, formell aufgelöst 1970; zu ihr gehörten George Harrison (Melodiegitarre, Gesang), John Lennon (Rhythmusgitarre, Gesang), Paul McCartney (Bassgitarre, Gesang) und Ringo Starr (eigtl. Richard Starkey; Schlagzeug, Gesang). Sie schrieben, komponierten und arrangierten ihre Songs selbst und drehten auch Filme. Die B. beeinflussten die Pop- und Rockmusik nachhaltig und wurden zu einem Symbol für den Umbruch im Denken und Leben vieler Jugendlicher.

Beatmung, durch äußere Hilfe (z. B. mit B.-Geräten) erzeugte Lungenbelüftung (→künstliche Atmung).

Beatmusik [ˈbiːt-], **Beat,** eine vorwiegend in Großbritannien (London und Liverpool) zw. 1960 und 1970 gespielte Variante der →Rockmusik. Hauptvertreter: Beatles und Rolling Stones.

Beatrix, Herrscherinnen:

1) B. von Burgund, römisch-dt. Kaiserin, Gemahlin von Kaiser Friedrich I. Barbarossa, * um 1140, † 15. 11. 1184; Erbin der Freigrafschaft Burgund. Durch die Heirat fiel Burgund an das Heilige Röm. Reich.

2) B. Wilhelmina Armgard, Königin der Niederlande (seit 1980), * Schloss Soestdijk (bei Baarn) 31. 1. 1938; älteste Tochter der früheren Königin Juliana und des Prinzen Bernhard; seit 1966 ∞ mit Prinz Claus († 2002); erhielt 1996 den Internat. Karlspreis der Stadt Aachen.

Beatty [ˈbiːtɪ], **1)** David, Earl (seit 1919) B. of the North Sea and of Brooksby, brit. Großadmiral, * Borodale (Irland), nach anderen Angaben Stapeley (bei Nantwich, Cty. Cheshire) 17. 1. 1871, † London 11. 3. 1936; führte im Ersten Weltkrieg die Schlachtkreuzer u. a. in der Schlacht vor dem Skagerrak. 1916–19 war er Chef der Großen Flotte, 1919–27 Erster Seelord.

Béarn historisches Wappen

Beatrix, Königin der Niederlande

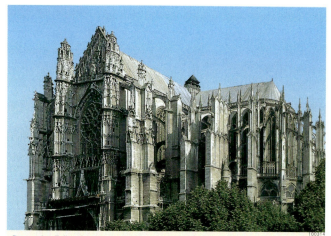
Beauvais: Teilansicht der unvollendeten Kathedrale Saint-Pierre (begonnen 1215)

Pierre de Beaumarchais, Ausschnitt aus einem Gemälde von Paul-Constant Soyer (nach Jean-Baptiste Greuze, 1885; Versailles, Musée National)

Simone de Beauvoir

2) Warren, amerikan. Filmschauspieler und -regisseur, *Richmond (Va.) 30. 3. 1937, Bruder von Shirley MacLaine; spielte u. a. in »Bonnie und Clyde« (1967) und »Bugsy« (1991); auch Regisseur und Produzent von Filmen, in denen er meist selbst die Hauptrolle übernimmt, wie z. B. »Der Himmel kann warten« (1978), »Reds« (1981, auch Drehbuch), »Dick Tracy« (1990) oder »Bulworth« (1998).

Beatus Rhenanus, eigtl. Beat **Bild,** dt. Humanist, *Schlettstadt 22. 8. 1485, †Straßburg 20. 7. 1547; schrieb u. a. das Werk zur dt. Geschichte des MA. »Rerum Germanicarum libri tres« (1531).

Beaubourg [boˈbuːr], Stadtviertel von Paris mit dem **Centre B.,** →Centre National d'Art et de Culture Georges Pompidou.

Beauce [boːs], fruchtbare Landschaft im Pariser Becken zw. Paris und Orléans; Getreide-, Zuckerrüben- und Maisanbau.

Beauchamps [boːˈʃã], **Beauchamp,** Pierre, frz. Tänzer, Choreograf und Ballettmeister, *Versailles 1636, †Paris 1705 oder um 1719; wurde nach 1650 Intendant des Königl. Balletts in Paris. Ihm wird die Kodifizierung der Ballettregeln mit den bis heute gültigen fünf Positionen zugeschrieben.

Beaufort-Skala [ˈbəʊfət-], Skala zur Abschätzung der Windstärke.

Beaufschlagung, die Zuführung des Treibmittels zu den Laufrädern von Turbinen.

Beauharnais [boarˈnɛ], frz. Adelsgeschlecht aus der Gegend von Orléans, seit Ende des 14. Jh. nachweisbar, bekannt durch seine Verbindung mit der Familie →Bonaparte.

1) Alexandre Vicomte de, frz. General, *Fort-Royal (Martinique) 28. 3. 1760, †Paris 23. 7. 1794; schloss sich der Frz. Revolution an, war 1793 Oberbefehlshaber der Rheinarmee, wurde der Mitschuld an der Übergabe von Mainz (23. 7. 1793) bezichtigt und hingerichtet.

2) Eugen (Eugène) de, Herzog von Leuchtenberg, Fürst von Eichstätt, *Paris 3. 9. 1781, †München 21. 2. 1824, Sohn von 1) und 4); wurde 1805 Vizekönig von Italien, 1807 von Napoleon I. adoptiert, 1809 und 1813/14 frz. Heerführer. Sein Schwiegervater König Maximilian I. Joseph von Bayern überließ ihm 1817 die Landgrafschaft Leuchtenberg mit dem Fürstentum Eichstätt.

3) Hortense de, Königin von Holland und Mutter Napoleons III., Tochter von 1) und 4), →Hortense.

4) Joséphine de, geb. Tascher de la Pagerie, erste Frau Napoleons I., Witwe von 1), →Joséphine.

Beaujolais [boʒɔˈlɛ], frz. Landschaft zw. Loire und Saône im südl. Burgund, Herkunftsgebiet berühmter Rotweine (aus der Gamaytraube; 22 000 ha Rebland). Bekannt wurde auch der **B. nouveau (B. primeur),** der neue Wein eines Jahrgangs, der einen Monat früher als andere neue Weine in Frankreich auf den Markt gebracht wird.

Beaumarchais [bomarˈʃɛ], Pierre Augustin Caron de, frz. Bühnenschriftsteller, *Paris 24. 1. 1732, †ebd. 18. 5. 1799. Seine Komödien »Der Barbier von Sevilla« (1775, von G. Rossini 1816 vertont) und »Der tolle Tag oder Die Hochzeit des Figaro« (1784, von W. A. Mozart 1786 vertont) verkörpern die radikale Kritik der Aufklärung am Ancien Régime, die in die Frz. Revolution mündete.

Beaumont [ˈbəʊmənt], Hafenstadt in Texas, USA, 112 400 Ew.; Univ.; Mittelpunkt des Ost-Texas-Ölreviers mit Erdölraffinerien, chem. Ind. und Werften.

Beaumont [ˈbəʊmənt], Francis, engl. Dramatiker, *Grace Dieu (Leicestershire) 1584, †London 28. 8. 1616; schrieb zus. mit John Fletcher (*1579, †1625) etwa 20 Dramen.

Beaune [boːn], Stadt im frz. Dép. Côte d'Or, 22 900 Ew.; Mittelpunkt des Weinbaugebietes **Côte de B.** (Burgund) mit Weinbaumuseum und -schule. – Kathedrale (12.–15. Jh.), Hospital Hôtel-Dieu (1443–51). – In spätröm. Zeit als Castrum **Berna** gegr.; kam im 10. Jh. in den Besitz der Herzöge von Burgund; 1203 Stadtrecht.

Beauty-Quark [ˈbjuːti, engl.], *Physik:* →Bottom.

Beauvais [boˈvɛ], Hptst. des frz. Dép. Oise, in der Picardie; 57 400 Ew.; kath. Bischofssitz; Teppich-, chem. Ind., Maschinen- und Fahrzeugbau. – Unvollendete got. Kathedrale. – Philippe de Rémy, Sire de Beaumanoir, verfasste um 1283 die **Coutumes de Beauvaisis,** das bekannteste frz. Rechtsbuch des Mittelalters.

Beauvoir [boˈvwaːr], Simone de, frz. Schriftstellerin, *Paris 9. 1. 1908, †ebd. 14. 4. 1986; Lebensgefährtin J.-P. Sartres; schrieb Romane (u. a. »Die Mandarins von Paris«, 1954), Essays (»Das Alter«, 1970), Reiseberichte und autobiograf. Werke (»Memoiren einer Tochter aus gutem Hause«, 1958; »In den besten Jahren«, 1960; »Der Lauf der Dinge«, 1963; »Alles in allem«, 1972; »Die Zeremonie des Abschieds«, 1981) auf der Basis des materialistisch-atheist. Existenzialismus, zu dessen literar. Verbreitung sie damit wesentlich beitrug. Ihr Eintreten für individuelle Freiheit und Verantwortung verband B. mit sozialem und polit. Engagement. Sie war eine der wichtigsten Theoretikerinnen der Frauenbewegung (»Das andere Geschlecht«, 2 Bde., 1949).

Beaverbrook [ˈbiːvəbrʊk], William Maxwell Aitken, Baron B. (seit 1917), brit. konservativer Politiker und Verleger, *Maple (Kanada) 25. 5. 1879, †Mickleham (Cty. Surrey) 9. 6. 1964; begründete mit seinen Zeitungen (»Daily Express«, »Evening Standard«, »Sunday Express«) einen einflussreichen Pressekonzern. B. war Mitgl. des Unterhauses (1910–16) und des Oberhauses (1916–54) sowie mehrfach Min. und Lordsiegelbewahrer.

Bebauungsdichte, *Baurecht:* 1) das Verhältnis der bebauten zur unbebauten Fläche einer Stadt. Als bebaut gilt in der Statistik das gesamte Baugrundstück; 2) das Verhältnis von Gebäudefläche zu unbebauter Fläche im Grundstück oder Baublock (Baudichte).

Bebauungsplan, der in Form einer Satzung von der Gemeinde verabschiedete verbindl. Bauleitplan; er enthält die zeichner. und schriftl. Darstellung der baul. und sonstigen Nutzung des von ihm erfassten Gebiets. Der B. kann u. a. festlegen: Art und Ausmaß der baul. Nutzung, die Bauweise, die überbaubaren Grundstücksflächen, Flächen für den Gemeinbedarf, für Land- und Forstwirtschaft, Verkehrsflächen.

Bebel, August, Politiker, * Deutz (heute zu Köln) 22. 2. 1840, † Passugg (bei Chur) 13. 8. 1913; seit 1865 Vors. des Arbeiterbildungsvereins Leipzig, seit 1867 (mit Unterbrechung 1881–83) MdR, wandte sich unter dem Einfluss von W. Liebknecht dem Marxismus zu. Zusammen mit ihm gründete er 1869 die Sozialdemokrat. Arbeiterpartei (SDAP). B. stieg in der Folgezeit zum unbestrittenen Führer der dt. Sozialdemokratie auf. 1872 wurde er (mit Liebknecht) wegen Vorbereitung des Hochverrats und Majestätsbeleidigung, 1886 wegen Geheimbündelei verurteilt; 1881–91 war B. MdL in Sachsen. Unter seiner Führung entwickelte sich die (1890 gegründete) SPD in den beiden folgenden Jahrzehnten zu einer Massenpartei. Im Richtungskampf innerhalb seiner Partei bekämpfte er sowohl den Revisionismus E. Bernsteins als auch den Radikalismus der Parteilinken und hob die wechselseitige Abhängigkeit von Theorie und Praxis hervor.

Bebenhausen, Ortsteil von Tübingen (seit 1975), am Rande des Schönbuchs. Die gut erhaltene ehem. Zisterzienserabtei, 1187 gegründet, wurde 1560 ev. Klosterschule und 1807 württemberg. Jagdschloss (heute u. a. Sitz des Hölderlin-Archivs, Landesbibliothek).

Bebington ['bebɪŋtən], Stadt in der engl. Metropolitan Cty. Merseyside, 57 100 Ew.; Seifen-, chem. Ind.; Industriearbeiter-Mustersiedlung Port Sunlight (gegr. 1888 von Lord Lever).

Bebop ['bi:bɔp, amerikan.] *der,* **Bop,** Anfang der 1940er-Jahre ausgeprägter Jazzstil, gekennzeichnet durch hektisch-nervöse Rhythmik und sprunghafte Melodik; wichtigste Vertreter waren C. Parker und D. Gillespie. Dem B. folgte der Cool Jazz. (→Jazz)

Bebra, Stadt im Landkreis Hersfeld-Rotenburg, Hessen, an der Fulda, 14 600 Ew.; Eisenbahn- und Spielzeugmuseum; Kunststoffverarbeitung, Kfz-Zulieferindustrie. – B. wurde erstmals 786 erwähnt; seit 1935 Stadt.

Bebung, frz. **Balancement,** *Musik:* in der empfindsamen Musik des späteren 18. Jh. eine dem Vibrato ähnl. Vortragsart auf dem Klavichord, die durch leichtes Beben des Fingers auf der Taste erreicht wird.

Bec, **Le Bec,** frz. Benediktinerabtei in der Normandie, im heutigen Le Bec-Hellouin (Dép. Eure), gegr. 1034; im MA Sitz einer berühmten Klosterschule, aus der u. a. Anselm von Canterbury (2. Abt von B. 1078–93 und ab 1063 selbst Leiter der Schule) hervorging.

Bécaud [be'ko], Gilbert, eigtl. François **Silly,** frz. Chansonkomponist und -sänger, * Toulon 24. 10. 1927, † Paris 18. 12. 2001; schrieb auch Filmmusiken und die Oper »L'opéra d'Aran« (1962).

Beccaria, 1) Cesare, Marchese de Bonesana, ital. Jurist, * Mailand 15. 3. 1738, † ebd. 28. 11. 1794; Vorkämpfer des modernen Strafrechts, forderte als einer der Ersten die Abschaffung von Todesstrafe und Folter. B. war einer der führenden Kriminalpolitiker der Aufklärung.

2) Giovanni Battista, ital. Physiker, * Mondovì 3. 10. 1716, † Turin 27. 5. 1781; Ordensgeistlicher, ab 1748 Prof. der Physik in Turin; beobachtete erstmals die chem. Wirkung einer elektr. Entladung; benutzte die Lichtempfindlichkeit von Chlorsilber zum Kopieren von Schattenrissen.

Bech, Joseph, luxemburg. Politiker, * Diekirch 17. 2. 1887, † Luxemburg 8. 3. 1975; Rechtsanwalt, Mitgl. der Christlich-Sozialen Volkspartei (CSV), förderte als Außenmin. (1926–58) und Min.-Präs. (1926–37, 1953–58) die europ. Einigungsidee. 1960 erhielt er den Internat. Karlspreis der Stadt Aachen.

Béchamelsoße [beʃa'mɛl-; nach dem Marquis de Béchamel, Haushofmeister Ludwigs XIV.], weiße Rahmsoße aus Milch, Mehl, Butter, wenig Zwiebeln und Gewürzen.

Béchar [be'ʃa:r, frz.], bis 1963 **Colomb-Béchar,** Hptst. des gleichnamigen Wilajats am N-Rand der Sahara, Algerien, 131 000 Ew.; Handelszentrum; Herstellung von Lederwaren und Schmuck; nahebei in Kenadsa Steinkohlenbergbau; Verkehrsknotenpunkt an der Transsaharaoute zum Niger (Mali); Flughafen.

Bêche-de-mer [bɛʃdə'mɛːr, frz.] *das,* dem →Pidginenglisch ähnl. Verkehrssprache in Melanesien.

Becher, 1) *allg.:* Trinkgefäß, meist ohne Henkel, aus Holz, Ton, Glas, Zinn, Edelmetall, Elfenbein u. a.; in bes. prächtiger Form als **Pokal** oder **Kelch.**

2) *Astronomie:* lat. **Crater,** Sternbild des südl. Himmels.

Becher, 1) Bernd, Fotograf, * Siegen 20. 8. 1931, und seine Frau Hilla, Fotografin, * Potsdam 2. 9. 1934; arbeiten seit 1959 zusammen und entwickelten mit der fotograf. Dokumentation v. a. der Industriearchitektur des 19. Jh. ein Konzept einer systemat. Industriefotografie.

2) Johannes R. (Robert), Schriftsteller, * München 22. 5. 1891, † Berlin (Ost) 11. 10. 1958; schloss sich 1923 der KPD an, emigrierte 1933, redigierte 1935–45 in Moskau die Zeitschrift »Internationale Literatur, Dt. Blätter«, kehrte 1945 nach Dtl. zurück und war ab 1954 Min. für Kultur in der DDR (trug Verantwortung für die zunehmende Bevormundung der Künste durch die SED).

Mit seiner Lyrik wandelte er sich vom linken Expressionisten (»Verfall und Triumph«, Lyrik und Prosa, 1914) zum Verfasser von polit. Zweck- und epigonaler Gefühlslyrik. B. schrieb auch Dramen, Erzählungen, Tagebücher und den Text der Nationalhymne der DDR (»Auferstanden aus Ruinen«).

3) Johann Joachim, Volkswirtschaftler, * Speyer 6. 5. 1635, † London im Okt. 1682 (oder 1685); bed. Vertreter des →Kameralismus.

4) Ulrich, Schriftsteller, * Berlin 2. 1. 1910, † Basel 15. 4. 1990; lebte 1933–48 in der Emigration; schrieb Dramen (»Der Bockerer«, 1946, mit P. Preses; »Samba«, 1950; »Feuerwasser«, 1951) und zeitkrit., sprachlich oft skurril wirkende Erzählwerke (»Murmeljagd«, 1969; »Williams Ex-Casino«, 1973; »Vom Unzulänglichen der Wirklichkeit«, 1983).

Becherflechten, Arten der Flechtengattung **Cladonia** mit braunen oder roten Fruchtkörpern, die auf hohlen, oft becherförmigen Lagerstielen sitzen; häufig in Wäldern und auf Heiden. (→Flechten)

Becherglas, becherförmiges wärmebeständiges Glasgefäß mit Ausguss; geeignet für chem. Untersuchungen (Erhitzen von Flüssigkeiten).

August Bebel

Bebra
Stadtwappen

Kurt Beck

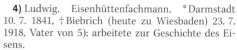

Ludwig Beck
(1880–1944)

Becherkeim, →Gastrulation.

Becherkulturen, veraltete Sammelbezeichnung für Kulturgruppen der ausgehenden Jungsteinzeit (→Schnurkeramik), gekennzeichnet durch becherförmige Tongefäße; der Begriff wird auch für die →Glockenbecherkultur verwendet.

Becherling, Becherpilz, Schüsselpilz, Sammelbegriff für becherförmige →Schlauchpilze, u. a. die Gatt. **Orangebecherling** (Aleuria); i. e. S. die Gatt. **Becherling** (Peziza).

Becherwerk, Elevator, *Fördertechnik:* Stetigförderer mit Band oder Kette, an dem Becher zum vertikalen Transport von Schüttgütern oder von Flüssigkeiten befestigt sind.

Bechet [beˈʃeɪ], Sidney, amerikan. Jazzmusiker (Klarinette, Sopransaxofon), * New Orleans 14. 5. 1897, † Garches (bei Paris) 14. 5. 1959; ließ sich 1951 in Frankreich nieder, zählt zu den wichtigsten Vertretern des New-Orleans-Jazz.

Bechstein, 1) Carl, Unternehmer, * Gotha 1. 6. 1826, † Berlin 6. 3. 1900; gründete 1853 in Berlin die Klavierfabrik B.; seit 1996 **C. Bechstein Pianofortefabrik AG** mit Sitz in Berlin. Zur B.-Gruppe gehören seit 1992 auch die Marken W. Hoffmann und Zimmermann, als Tochterunternehmen zusammengefasst in **Sächsische Pianofortefabrik GmbH** mit Sitz in Seifhennersdorf. Auch die Marke Euterpe ist Teil des Unternehmens, dessen Mehrheit seit 2002 der korean. Konzern Samick hält.

2) Ludwig, Schriftsteller, * Weimar 24. 11. 1801, † Meiningen 14. 5. 1860; war ab 1831 Bibliothekar des Herzogs von Sachsen-Meiningen; schrieb histor. Romane und Novellen; sammelte dt. Sagen und Märchen (»Dt. Märchenbuch«, 1845) und gab altdt. Handschriften heraus.

Bechterew, Wladimir Michailowitsch, russ. Psychiater und Neurologe, * Sorali (Gouv. Wjatka) 22. 1. 1857, † Leningrad (heute Sankt Petersburg) 24. 12. 1927; begründete mit I. P. Pawlow die Lehre von den →bedingten Reflexen; beschrieb die nach ihm benannte Bechterew-Krankheit.

Bechterew-Krankheit, Spondylitis ankylosans, Spondylarthritis ankylopoetica, den rheumat. Erkrankungen zuzuordnende Veränderung der Wirbelsäule mit chron. Entzündungen der Wirbel- sowie der rumpfnahen Gliedmaßengelenke. Hauptsymptom der Erkrankung ist die weit nach vorn gebeugte Haltung mit zunehmender Versteifung der Wirbelsäule (**Bambusstabwirbelsäule**) und der befallenen Gelenke. – Die Behandlung umfasst eine möglichst frühzeitig beginnende Gymnastik sowie die Gabe von entzündungshemmenden und schmerzstillenden Arzneimitteln.

Beck, 1) Conrad, schweizer. Komponist, * Lohn (bei Schaffhausen) 16. 6. 1901, † Basel 31. 10. 1989; bed. Vertreter der neueren schweizer. Musik.

2) Józef, poln. Politiker, * Warschau 4. 10. 1894, † Stănești (Rumänien) 5. 6. 1944; Mitarbeiter J. Piłsudskis; unterzeichnete als Außenmin. (1932–39) die Nichtangriffsverträge mit der UdSSR (1932) und dem Dt. Reich (1934); wollte Polen zur Führungsmacht O-Mitteleuropas machen.

3) Kurt, Politiker (SPD), * Bad Bergzabern 5. 2. 1949; Elektromechaniker, in Rheinl.-Pf. seit 1979 MdL (1991–93 Landesvors. der SPD-Landtagsfraktion), seit 1993 Landesvors. der SPD und seit 1994 Min.-Präs. (seit 2006 in absoluter Mehrheit), wurde 2003 auch stellv. sowie 2006 Bundesvors. der SPD.

4) Ludwig, Eisenhüttenfachmann, * Darmstadt 10. 7. 1841, † Biebrich (heute zu Wiesbaden) 23. 7. 1918, Vater von 5); arbeitete zur Geschichte des Eisens.

5) Ludwig, Generaloberst, * Biebrich (heute zu Wiesbaden) 29. 6. 1880, † (erschossen) Berlin 20. 7. 1944, Sohn von 4); wurde 1933 Chef des Truppenamtes, 1935 Chef des Generalstabs des Heeres. Er bekämpfte Hitlers Kriegspläne und trat während der Sudetenkrise 1938 zurück. Im Zweiten Weltkrieg rückte er immer stärker in das Zentrum der liberalkonservativen Widerstandsbewegung und war maßgeblich an den Vorbereitungen zum Attentat vom →Zwanzigsten Juli 1944 beteiligt.

6) Max Wladimir Freiherr von, österr. Politiker, * Wien 6. 9. 1854, † ebd. 20. 1. 1943; polit. Berater von Erzherzog Franz Ferdinand, setzte als Min.-Präs. (1906–08) das allgemeine und gleiche Wahlrecht in Österreich durch.

7) Ulrich, Soziologe, * Stolp (heute Słupsk) 15. 5. 1944, ∞ mit Elisabeth Beck-Gernsheim; Prof. für Soziologie in Münster, Bamberg und München (seit 1992); Arbeiten zur Berufs- und Bildungssoziologie und zum sozialen Wandel; entwickelte, ausgehend von der sozialwiss. Analyse der gegenwärtigen Industriegesellschaft, den Begriff der →Risikogesellschaft.

Becken, 1) *Anatomie:* bei Wirbeltieren und beim Menschen der die Bauchhöhle nach unten abschließende und die unteren Gliedmaßen mit dem Rumpf-

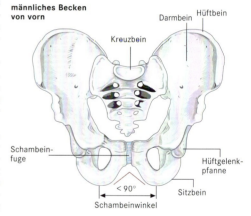

Becken 1): Darstellung des männlichen und des weiblichen Beckens

skelett (Wirbelsäule) verbindende Knochengürtel (B.-Gürtel, Pelvis). Das B. entsteht dadurch, dass sich die beiderseitigen **Hüftbeine** vorn in der Schambeinfuge fest und nach hinten gelenkig mit dem **Kreuzbein** verbinden; dieses steht nach unten mit dem **Steißbein**, nach oben mit dem untersten (5.) Lendenwirbel in Verbindung. Zum Hüftbein verschmelzen drei Knochen: **Darmbein, Schambein** und **Sitzbein**. Das Hüftbein bildet die halbkugelförmige Gelenkpfanne des Hüftgelenks zur Aufnahme des Oberschenkelkopfs. Man unterscheidet das von den Darmbeinschaufeln umgrenzte **große** B. von dem darunterliegenden Raum des **kleinen** B. Nach unten wird das B. durch den **B.-Boden** (Muskelplatte mit Öffnungen für Mastdarm, Scheide und Harnröhre) abgeschlossen. Das weibl. B. ist breiter gebaut als das männl.; bei stärkerer B.-Verengung ist der Geburtsablauf erschwert.

2) *Geologie:* meist tektonisch angelegter Senkungsbereich, in dem sich Sedimente ablagern; es gibt aktive B., in denen heute noch Ablagerung stattfindet (z. B. Rotes Meer, Nordsee), und inaktive B., die aufgefüllt und heute nicht mehr als frühere Senken zu erkennen sind (z. B. Thüringer und Pariser Becken).

3) *Geomorphologie:* größere, mehr oder weniger geschlossene schüsselförmige Eintiefung der Erdoberfläche mit rundem (Kessel) oder längl. (Wanne, Graben) Grundriss, z. B. Kongo-B., Hirschberger Kessel; Entstehung u. a. durch Meteoriteneinschlag.

4) *Musik:* Schlaginstrument asiat. Herkunft, aus zwei flachen, in der Mitte vertieften Metallscheiben (Messing, früher Bronze), die streifend aneinander oder mit Schlegeln einzeln geschlagen werden.

Beckenbauer, Franz, Fußballspieler, -funktionär, * München-Giesing 11. 9. 1945; 103 Länderspiele (1965–77); 1972 Europa- und 1974 Weltmeister; Europas Fußballer des Jahres 1972 und 1976, in der BRD Fußballer des Jahres 1966, 1968, 1974 und 1976; Ehrenspielführer der dt. Nationalmannschaft. 1984–90 Teamchef der dt. Nationalmannschaft (1990 Weltmeister); seit 1994 Präs. des FC Bayern, seit 1998 Vizepräs. des DFB. Er war Präs. des Organisationskomitees der WM 2006 in Dtl. und ist seit 2007 Mitgl. des FIFA-Exekutivkomitees.

Beckenendlage, Geburtslage des Kindes, bei der nicht der Kopf, sondern der Steiß und/oder die unteren Gliedmaßen zuerst geboren werden (bei etwa 3–5 % aller Geburten). Je nach dem Körperteil, der zuerst sichtbar wird, unterscheidet man (nach der Reihenfolge der Häufigkeit) Steiß-, Steißfuß-, Fuß- oder Knielage. Zu den Ursachen gehören v. a. das Ausbleiben der kindl. Drehung in der Gebärmutter oder eine Frühgeburt. Bei jeder B. ist ärztl. Hilfe notwendig.

Becker, 1) Boris, Tennisspieler, * Leimen 22. 11. 1967; ATP-Weltmeister 1992 und 1995, Grand-Slam-Cup-Sieger 1996, Olympiasieger 1992 (im Doppel mit M. Stich); gewann u. a. sechs Grand-Slam-Turniere: All England Championships (1985, 1986, 1989), Australian Open (1991, 1996), US Open (1989); in der BRD Sportler des Jahres 1985, 1986, 1989 und 1990. – 1998/99 Daviscup-Teamchef.

2) Enno, Steuerrechtler, * Oldenburg (Oldenburg) 17. 5. 1869, † München 31. 1. 1940; trug mit dazu bei, das Steuerrecht zu einer eigenständigen Disziplin der Rechtswiss. zu entwickeln.

3) [ˈbɛkə], Gary Stanley, amerikan. Volkswirtschaftler, * Pottsville (Pa.) 2. 12. 1930; u. a. Prof. an der Univ. Chicago (seit 1970); erhielt 1992 für die Ausdehnung der mikroökonom. Theorie auf weite Bereiche menschl. Verhaltens außerhalb von Märkten den Nobelpreis für Wirtschaftswissenschaften.

4) Hans-Josef, kath. Theologe, * Belecke (heute zu Warstein) 8. 6. 1948; 1977 Priesterweihe; 1995 Leiter der Zentralabteilung Pastorales Personal des Erzbistums Paderborn; ab 2000 Weihbischof in Paderborn, seit Juli 2003 Erzbischof von Paderborn.

5) Jurek, Schriftsteller poln. Herkunft, * Łódź 30. 9. 1937, † Berlin 14. 3. 1997; lebte nach 1945 in Berlin (Ost), ab 1977 in Berlin (West); schrieb tragisch-iron. Romane (»Jakob der Lügner«, 1969, verfilmt 1974; »Irreführung der Behörden«, 1973; »Der Boxer«, 1976; »Bronsteins Kinder«, 1986, verfilmt 1991; »Amanda herzlos«, 1992), in denen er die Nachwirkungen der Judenverfolgung und Lebensprobleme in der DDR thematisierte, sowie Drehbücher (u. a. »Liebling Kreuzberg«, TV-Serie 1986–90; »Neuner«, 1989, beide mit M. Krug in der Hauptrolle).

6) Jürgen, Schriftsteller, * Köln 10. 7. 1932; schreibt experimentelle Prosatexte (u. a. »Ränder«, 1968), experimentelle Hörspiele und Lyrik (u. a. »Odenthals Küste«, 1986). In dem autobiograf. Roman »Aus der Geschichte der Trennungen« (1999) arbeitet er jüngste dt. Geschichte aus individueller Sicht auf. Die Form des Journals, die sein Werk beherrscht, nahm er in »Schnee in den Ardennen. Journalroman« (2003) und dem Aufzeichnungsbuch »Die folgenden Seiten. Journalgeschichten« (2006) wieder auf.

7) Maria, Schauspielerin, * Berlin 28. 1. 1920; spielte u. a. in Zürich, Hamburg und Berlin klass. und moderne Rollen.

8) Philipp August, Romanist, * Mülhausen (Elsass) 1. 6. 1862, † Leipzig 21. 11. 1947; arbeitete bes. über die frz. Literatur des MA. und der Renaissance.

Becker-Modersohn, Paula, Malerin, → Modersohn.

Becket [ˈbɛkɪt], Thomas, engl. Erzbischof, * London 21. 12. 1118, † (ermordet) Canterbury 29. 12. 1170; kämpfte als Kanzler König Heinrichs II. (seit 1154) gegen das Papsttum, verfocht dann aber als Erzbischof von Canterbury (seit 1162) die kirchl. Machtansprüche gegen den König; er wurde von Anhängern Heinrichs in der Kathedrale erschlagen. Heilig gesprochen 1173; Tag: 29. 12. – Dramen von T. S. Eliot, J. Anouilh u. a.

Beckett [ˈbɛkɪt], Samuel, irisch-frz. Schriftsteller, * Dublin 13. 4. 1906, † Paris 22. 12. 1989; lebte ab 1937 meist in Paris, schrieb in engl. und frz. Sprache. B.s Werke spiegeln seine Überzeugung von der Absurdität des menschl. Daseins und damit das Endzeitbewusstsein des 20. Jh. wider. Kennzeichnend ist dabei das Prinzip der Reduktion, das sich in der Erzählprosa (»Murphy«, 1938; »Molloy«, 1951; »Malone stirbt«, 1951; »Der Namenlose«, 1953; »Wie es ist«, 1961) als Rückzug der Protagonisten aus der Umwelt ins eigene Innere äußert; symbol. Verschlüsselung mit Neigung zum Grotesken macht seine Prosa wie auch die zum → absurden Theater gehörenden Dramen (»Warten auf Godot«, 1952; »Endspiel«, 1957; »Das letzte Band«, 1959; »Glückliche Tage«, 1961; »Spiel«, 1963; »Nicht ich«, 1972) vielfältig deutbar. Er schrieb auch Essays, Ged., Drehbücher. Er erhielt 1969 den Nobelpreis für Literatur.

Beck-Gernsheim, Elisabeth, Soziologin und Sozialpsychologin, * Freiburg im Breisgau 26. 11. 1946, ⚭ mit U. Beck; seit 1994 Professorin an der Univ. Erlangen-Nürnberg; arbeitete bes. über die Folgen des sozialen Wandels für Frauen, wandte sich dann dem Thema Migration und Minderheiten zu.

Franz Beckenbauer

Boris Becker

Gary S. Becker

Jurek Becker

Samuel Beckett

Max Beckmann: Selbstbildnis als Clown (1921; Wuppertal, Von der Heydt-Museum)

Beckmann, Max, Maler und Grafiker, *Leipzig 12. 2. 1884, † New York 27. 12. 1950; war 1925–33 Prof. an der Städelschule in Frankfurt am Main, emigrierte 1937 nach Amsterdam, lebte seit 1947 in den USA. B. gelangte nach impressionist. Anfängen zu einem zeichnerisch scharfen und nüchternen Realismus, der in grotesken Figuren die Fragwürdigkeit des modernen Daseins zu versinnbildlichen sucht. Seine späten Werke, in denen die Farbe an Leuchtkraft gewann, sind von monumentaler Einfachheit; die neun Triptychen mit Themen bes. aus der Mythologie und der Zirkuswelt entstanden zw. 1930 und 1950; zahlr. Selbstbildnisse.

Beckmesser, Sixtus, Nürnberger Meistersinger, *um 1500, † vor 1539 (?); einer der von H. Sachs erwähnten 12 älteren Meister der Nürnberger Singschule.

Beckum, Stadt im Kr. Warendorf, NRW, 110 m ü. M. im südöstl. Münsterland, 39 200 Ew.; Mittelzentrum im hügeligen Teil des südöstl. Münsterlandes, in den **Beckumer Bergen,** im Quellgebiet der Werse; Maschinen- und Gerätebau, Baustoff- (Zement) und Holz verarbeitende (Möbel) Ind., Technologiezentrum. – Propsteikirche (14.–16. Jh.) mit roman. Turm. – Bei B. wurde ein fränk. Gräberfeld (6.–8. Jh.) ausgegraben.

Bécquer [ˈbekɛr], Gustavo Adolfo, eigtl. G. A. **Domínguez Bastida,** span. Dichter, *Sevilla 17. 2. 1836, † Madrid 22. 12. 1870. Seine schwermütigen, an H. Heine erinnernden »Rimas« (hg. 1871); »Gedichte«, auch u. d. T. »Span. Lieder«) beeinflussten die moderne Lyrik (u. a. R. Darío, J. R. Jiménez, R. Alberti).

Becquerel [-k-; nach A. H. Becquerel] *das,* Einheitenzeichen **Bq,** SI-Einheit für die Aktivität einer radioaktiven Substanz. 1 Bq ist die Aktivität einer Strahlungsquelle, bei der pro Sekunde im Mittel ein Atomkern eines radioaktiven Nuklids zerfällt: $1\,\text{Bq} = 1\,\text{s}^{-1}$.

Becquerel [bɛˈkrɛl], frz. Physikerfamilie: Antoine César B. (*17. 3. 1788, † 18. 1. 1878) entdeckte u. a. 1819 die Piezoelektrizität und erfand 1826 das Differenzialgalvanometer; sein Sohn Alexandre Edmond B. (*24. 3. 1820, † 11. 5. 1891) untersuchte insbesondere die Einwirkungen von Licht auf elektrochem. Vorgänge und Materie, er arbeitete auch über Phosphoreszenz, die er mit dem 1860 von ihm konstruierten »Phosphoroskop« an vielen Stoffen nachwies. Sein Sohn Antoine Henri B. (*15. 12. 1852, † 25. 8. 1908) untersuchte magnetoopt. Effekte und entdeckte 1896 durch Phosphoreszenzuntersuchungen an Uranmineralen die radioaktive Strahlung des Urans. Gemeinsam mit dem Ehepaar Curie erhielt er 1903 den Nobelpreis für Physik.

Antoine Henri Becquerel

Beda, Baeda, gen. **Venerabilis** [lat. »der Ehrwürdige«], engl. Benediktiner und Gelehrter, *bei Wearmouth (Northumberland) um 672/673, † Kloster Jarrow (Durham) 26. 5. 735. Seine auf älteren Gelehrten basierenden Schriften aus allen Wissensgebieten übten einen beherrschenden Einfluss auf das gesamte Geistesleben des Früh-MA. aus, seine Abhandlungen über die Prinzipien des christl. Kalenders und zur Berechnung der Osterfeste blieben jahrhundertelang maßgebl. Lehrbücher. B. führte die christl. Jahres- und Zeitrechnung (→ Ära) in die Historiografie ein. – Heiliger und (seit 1899) Kirchenlehrer, Tag: 25. 5.

Bedarf, Art und Menge der zur Befriedigung der Bedürfnisse notwendigen Güter. Nur ein Teil des B. (potenzielle Nachfrage) wird zur kaufkräftigen (effektiven) Nachfrage am Markt, z. B. aufgrund fehlender Kaufkraft oder B.-Deckung über Eigenproduktion.

Bedarfsdeckungsmonopole, öffentl. Unternehmen, die eine Monopolstellung besitzen (z. B. Versorgungsbetriebe), diese aber aus wirtschafts- und sozialpolit. Gründen preispolitisch nicht ausnutzen.

Bedburg, Stadt im Rhein-Erft-Kreis, NRW, an der Erft, 24 900 Ew.; Automobil-Museum; Braunkohlentagebau, Kraftwerke. – Wasserschloss (heutige Anlage aus dem 16. Jh.). – Etwa ein Drittel der Fläche des Stadtgebietes wurde bis Ende der 1980er-Jahre vom Braunkohletagebau in Anspruch genommen, 15 weitere Ortschaften wurden 1950–85 umgesiedelt.

Bedecktsamer, Magnoliophytina, Angiospermen, Unterabteilung der Samenpflanzen; ihre Samenanlagen sind in einem Fruchtknoten eingeschlossen, in dem sie zu Samen reifen; traditionell unterteilt in →Einkeimblättrige und →Zweikeimblättrige. Nach umfangreichen vergleichenden DNA-Sequenzanalysen werden jetzt die drei Klassen: Rosopsida und Magnoliopsida (zusammen die bisherigen Zweikeimblättrigen) sowie Liliopsida (entspricht den bisherigen Einkeimblättrigen) unterschieden.

Bedeckung, 1) *Astronomie:* teilweise oder völlige Verfinsterung eines Himmelskörpers durch einen anderen, der in die Sichtlinie zw. Erde und erstem Himmelskörper tritt; ein Beispiel ist die Sonnenfinsternis.
2) *Meteorologie:* →Bewölkung.

Bedeckungsveränderliche, optische Veränderliche, Doppelsterne, die mit fotometr. Methoden am period. Helligkeitswechsel **(Lichtkurve)** erkennbar sind, der durch die regelmäßige gegenseitige Bedeckung ihrer Komponenten zustande kommt. Aus der Periodizität der Lichtkurve und den spektroskop. Ver-

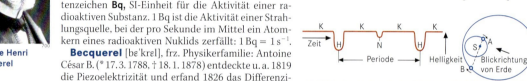

Bedeckungsveränderliche: links schematische Lichtkurve eines Algolsterns: H Hauptminimum (hellerer Stern wird bedeckt), N Nebenminimum (schwächerer Stern wird bedeckt), K konstante Helligkeit; **rechts** Bedeckungsveränderliche A und B mit Ellipsenbahnen um den Schwerpunkt S

änderungen der beteiligten Sterne lässt sich u. a. auf deren Radien, Massen und Atmosphären schließen. Nach der Form der Lichtkurve werden Algolsterne, Beta-Lyrae-Sterne und W-Ursae-Maioris-Sterne unterschieden.

Bedeutung, Inhalt, der etwas bezeichnet, benennt, einen Sinn hat, auch als Anzeichen oder bezogen auf die Wichtigkeit auf etwas hinweist.

Bedeutungslehre, →Semantik.

Bedeutungssystem, →Wortfeld.

Bedeutungswandel, die im Vergleich mit einem früheren Sprachzustand feststellbare Veränderung im Sachbezug oder in der Verwendung eines sprachl. Zeichens. B. kommt u. a. in Form von **Bedeutungsverengung** (z. B. mhd. varn »sich von einem Ort zum anderen bewegen« gegenüber nhd. fahren »ein Fahrzeug benutzen«) oder **Bedeutungserweiterung** (z. B. ahd. thing, ding »allg. Volksversammlung« gegenüber nhd. Ding »Gegenstand, Sache«) vor.

Bedford [ˈbedfəd], Stadt in der engl. Cty. Bedfordshire, 82 500 Ew.; alte Schulstadt; Maschinenbau, chem., Metall- und Kraftfahrzeugindustrie.

Bedfordshire [ˈbedfədʃɪə], Cty. nördlich von London, 1 192 km², 398 000 Ew.; Verw.-Sitz ist Bedford.

Bedienungstheorie, die →Warteschlangentheorie.

bedingte Reflexe, durch →Konditionierung erworbene Reflexe, im Unterschied zu den unbedingten (angeborenen). Ihre Erforschung geht auf die russ. Physiologen W. M. Bechterew und I. P. Pawlow zurück. Durch J. B. Watson fand die Lehre von den b. R. auch Eingang in den →Behaviorismus und nahm von hier aus starken Einfluss auf die →Lerntheorien.

bedingte Strafaussetzung, die →Strafaussetzung zur Bewährung.

bedingte Verurteilung, v. a. im Jugendstrafrecht mögliche Verurteilung, bei der das Gericht zwar die Schuld des Täters feststellt, aber noch nicht die Strafe verkündet, um dem Täter Gelegenheit zur Bewährung während einer Probezeit zu geben (im Unterschied zur →Strafaussetzung zur Bewährung, bei der die Strafe verhängt und registriert wird). Nach dieser Bewährungsfrist wird im Erfolgsfall der Schuldspruch getilgt.

Bedingung, 1) *allg.:* ein Zustand oder Geschehen, von dem ein anderes abhängt oder das ein anderes möglich macht, Voraussetzung.
2) *Logik:* Im Verhältnis von Grund und Folge ist der Grund die log. B. der Folge. – Sind A und B zwei Aussagen, dann bezeichnet die Implikation $A \Rightarrow B$ (gesprochen »wenn A, dann B«) die Aussage, dass B aus A folgt. A heißt **hinreichende B.** von B und B **notwendige B.** von A; gilt $A \Leftrightarrow B$ (»A genau dann, wenn B«), spricht man von **logischer Äquivalenz.**
3) *Recht:* ein zukünftiges ungewisses Ereignis, von dessen Eintritt oder Nichteintritt eine Rechtswirkung abhängt (positive und negative B.). Beginnt die Rechtswirkung erst mit dem Eintritt (Nichteintritt) des Ereignisses, so liegt eine **aufschiebende (suspensive) B.** vor; bei der **auflösenden (resolutiven) B.** dagegen hört mit deren Eintritt (Nichteintritt) die Rechtswirkung auf. Unzulässig ist die B. bei einigen einseitigen Rechtsgeschäften, z. B. Kündigung. Wird der Eintritt einer B. wider Treu und Glauben verhindert, gilt die B. als eingetreten; wird er wider Treu und Glauben von der Partei, zu deren Vorteil er gereicht, herbeigeführt, gilt die B. als nicht eingetreten (§§ 158 ff. BGB).

bedingungslose Kapitulation, →Kapitulation. – Mit der b. K. des nat.-soz. Dtl.s am 7. 5. 1945 in Reims und am 8./9. 5. 1945 in Berlin-Karlshorst endete der Zweite Weltkrieg in Europa, mit der Japans am 15. 8./2. 9. 1945 der Pazifikkrieg.

Bedingungssatz, Konditionalsatz (→Syntax, Übersicht).

Bedja [-dʒa], **Bedscha, Beja, Bega,** Gruppe nomad. Stämme zw. Nil und Rotem Meer, mit kuschit. Sprache, etwa 1,1 Mio. Menschen. Seit dem Altertum als krieger. Nomaden bekannt.

Bednorz, Johannes Georg, Mineraloge und Kristallograf, * Neuenkirchen 16. 5. 1950; arbeitet seit 1982 am IBM-Forschungsinstitut in Rüschlikon (bei Zürich); erhielt 1987 gemeinsam mit K. A. Müller für die Entdeckung der Supraleitung in oxidischen metall. Keramiken den Nobelpreis für Physik.

Bédos de Celles [beˈdos dəˈsɛl], Dom François, frz. Orgelbauer, * Caux (bei Béziers) 24. 1. 1709, † Saint-Denis 25. 11. 1779; schrieb das grundlegende Werk »Kunst des Orgelbauers« (1766–78).

Bedrettotal, ital. **Val Bedretto,** lawinengefährdetes Hochtal im schweizer. Kanton Tessin, zw. Nufenenpass und Airolo, dünn besiedelt.

bedrohte Pflanzen und Tiere, →gefährdete Pflanzen und Tiere.

bedrohte Völker, von Menschenrechtsorganisationen eingeführter Oberbegriff für meist kleine, benachteiligte oder in ihrer Existenz gefährdete Sprach- und Kulturgemeinschaften.

Bedrohung, Straftat, durch die der Täter einer anderen Person ernsthaft mit der Begehung eines Verbrechens gegen diese oder eine ihr nahestehende Person droht (§ 241 StGB).

Beduinen [arab. »Wüstenbewohner«], die in den Steppen und Wüsten Vorderasiens und N-Afrikas lebenden, zu den Arabern zählenden Hirtennomaden.

Bedürfnis, Gefühl eines Mangels und der Wunsch, diesem abzuhelfen. Die Art der B. kann durch Instinkt, Tradition, Bildung, soziale Stellung u. Ä., auch durch B.-Lenkung (Werbung), geprägt sein. Für die Wirtschaftswiss. stehen diejenigen B. im Vordergrund, die am Markt als effektive Nachfrage wirksam werden. Unterschieden werden existenzielle B. oder Grund-B. (z. B. Nahrung, Kleidung) von Wohlfahrts-, Luxus- und Prestige-B. sowie Individual-B. von Kollektiv-B. (z. B. öffentl. Sicherheit).

Bedürfnisprüfung, die Ermittlung eines wirtsch. Bedürfnisses für die Zulassung zu einem Beruf oder Gewerbe; in Dtl. ist es nur dann zulässig, die Zulassung von einer B. abhängig zu machen, wenn der Schutz eines »überragend wichtigen Gemeinschaftsgutes« dies erfordert.

Będzin [ˈbɛndʑin], dt. **Bendzin,** Krst. in der Wwschaft Schlesien, Polen, im O des Oberschles. Industriegebiets, 59 100 Ew.; Steinkohleabbau, Zinkhütte, Metall verarbeitende, Leicht- (u. a. Schuhherstellung) und Nahrungsmittelindustrie. – Schloss (auf hohem Kalksteinfelsen; urspr. 14. Jh., 1635 zerstört, 1834 wieder aufgebaut; im barocken Stil erneuerte Hl. Dreifaltigkeitskirche (14. Jh.). – Stadtrecht seit 1358.

Beebe [ˈbiːbɪ], William Charles, amerikan. Zoologe, * New York 29. 7. 1877, † Trinidad 4. 6. 1962; erforschte mit einer selbst konstruierten Tauscherkugel (Bathysphäre) die Lebewesen im Meer; schrieb »923 Meter unter dem Meeresspiegel« (1936).

Beecham [ˈbiːtʃəm], Sir (seit 1916) Thomas, engl. Dirigent, * Saint Helens (bei Liverpool) 29. 4. 1879,

Johannes Bednorz

† London 8. 3. 1961; gründete 1932 das London Philharmonic Orchestra, 1946 das Royal Philharmonic Orchestra.

Beecher Stowe [ˈbiːtʃəˈstoʊ], Harriet, amerikan. Schriftstellerin, →Stowe, Harriet Beecher.

Beefeaters [ˈbiːfiːtəz; engl. »Rindfleischesser«], volkstüml. Name der →Yeomen of the Guard.

Beefsteak [ˈbiːfsteːk; engl. beef »Rindfleisch«], Schnitte aus Filet, Rücken oder Keule vom Rind. Das **deutsche B.** ist ein Kloß aus gebratenem, gehacktem Fleisch. **B. Tatar** ist rohes, fein gehacktes Rindfleisch mit rohem Ei, Zwiebel und Gewürzen.

Bee Gees, The [ðə ˈbiː ˈdʒiːz], Abk. für The **B**rothers **G**ibb (»Die Brüder Gibb«), 1967 von den Brüdern Barry (* 1946), Maurice (* 1949, † 2003) und Robin Gibb (* 1949) gegründete austral. Popgruppe; mit Softrock weltweit erfolgreich.

Beelitz, Stadt im Landkreis Potsdam-Mittelmark, Bbg., 12 300 Ew.; Nahrungsmittelind.; bei B. die **B.-Heilstätten,** Sanatorien und Lungenheilstätte. – Got. Wallfahrtskirche (Wunderblutlegende).

Beelzebub [auch beˈɛl-], im A. T. der Stadtgott von Ekron im Land der Philister (2. Kön. 1, 2 ff.), eigtl. **Baal Zebul** [»erhabener Herr«], zum Dämon abgewertet und als **Baal Zebub** [»Herr der Fliegen«] verspottet. Im N. T. ist Beelzebub als »Fürst der Dämonen« der oberste Teufel (Mt. 12, 24). – »Den Teufel durch B. austreiben« (nach Mt. 12, 24–27) heißt, ein Übel durch ebenso Schlimmes oder Schlimmeres beseitigen.

Beer, Baumeisterfamilie des 17. und 18. Jh.; ihre Werke gehören mit denen der Familie Thumb und K. Moosbruggers der **Vorarlberger Bauschule** des südtl. Kirchenbaus an, die den röm. Barockkirchenbau zu Langbauten mit Emporen weiterbildete. Michael B. (* um 1605, † 1666) begann 1651 die Stiftskirche in Kempten, Franz B. (* 1660, † 1726) baute u. a. die Klosterkirchen Weingarten (seit 1715) und Weißenau bei Ravensburg (seit 1717), Johann Ferdinand B. (* 1731, † 1789) schuf die Neue Pfalz des Klosters St. Gallen (seit 1767).

Beer, 1) August, Physiker, * Trier 31. 7. 1825, † Bonn 18. 11. 1863; arbeitete v. a. über Lichtabsorption und Fotometrie; fand das **beersche Gesetz**, nach dem die spektrale Extinktion (Lichtschwächung) der Konzentration des absorbierenden Stoffs im flüssigen Lösungsmittel und der Dicke der durchstrahlten Schicht proportional ist.

2) Johann, Musiker und Schriftsteller. * Sankt Georgen (OÖ) 28. 2. 1655, † Weißenfels 6. 8. 1700; war Sänger am Hof des Herzogs von Sachsen-Weißenfels in Halle, später Geiger in Weißenfels, dann Konzertmeister und Bibliothekar. Erst im 20. Jh. wurde er als der neben H. J. C. von Grimmelshausen begabteste Erzähler und Satiriker seiner Zeit entdeckt (»Teutsche Winter-Naechte«, 1682; »Die kurtzweilige Sommer-Täge«, 1683).

Beerbaum, Ludger, Springreiter, * Adelebsen (Landkreis Göttingen) 26. 8. 1963; in der Einzelwertung Olympiasieger 1992, Europameister 1997 und 2001 sowie Weltcupgewinner 1993; mit der Mannschaft Olympiasieger 1988, 1996 und 2000, Weltmeister 1990, 1994 und 1998 sowie Europameister 1997, 1999, 2001 und 2003.

Beerberg, →Großer Beerberg.

Beerbohm [ˈbɪəbəʊm], Sir (ab 1939) Max, engl. Schriftsteller und Karikaturist, * London 24. 8. 1872, † Rapallo 20. 5. 1956; war Theaterkritiker. In seinen geistreich-witzigen Essays, Parodien und Karikaturen gab er ein Bild des Gesellschaftslebens im ausgehenden 19. Jahrhundert.

Beerdigung, →Bestattung.

Beere, Frucht mit saft- und zuckerreicher Mittel- und Innenschicht der Fruchtwand, mit zähhäutiger Außenschicht und meist vielen Samen.

Beerenauslese, zweithöchste Stufe von Qualitätswein mit Prädikat, aus ausgelesenen, edelfaulen, voll- oder überreifen Beeren (→Wein).

Beerenobst, →Obst.

Beerenwanze, eine →Baumwanze.

Beerenzapfen, beerenartiger Fruchtzapfen, z. B. beim Wacholder.

Beerfelden, Stadt und Erholungsort im Odenwaldkreis, Hessen, 450 m ü. M., 6 800 Ew.; Maschinen- und Werkzeugbau, Kunststoffverarbeitung, Bürstenfabrik. – Zwölfröhrenbrunnen der Mümlingquelle, Galgen (1597 errichtet). – 1032 erstmals erwähnt, seit 1328 Stadt.

Beer-Hofmann, Richard, österr. Schriftsteller, * Wien 11. 7. 1866, † New York 26. 9. 1945; schrieb die Erzählung über das Unbewusste »Der Tod Georgs« (1900) und schöpfte als Dramatiker aus dem geistigen Erbe des A. T., so in »Jaákovs Traum« (1918) und »Der junge David« (1933); war in Wien befreundet mit H. von Hofmannsthal und A. Schnitzler; emigrierte 1939 über Zürich nach New York.

Beernaert [-nɑːrt], Auguste, belg. Politiker, * Ostende 26. 7. 1829, † Luzern 6. 10. 1912; 1884–94 Min.-Präs. (Verf.-Reform mit Einführung des allgemeinen Wahlrechts); leitete die belg. Delegation bei den Haager Friedenskonferenzen 1899 und 1907; erhielt dafür 1909 zus. mit Baron de Constant de Rebecque d'Estournelles den Friedensnobelpreis.

Auguste Beernaert

Beer Sheva [- ʃ-], **Beerscheba,** Stadt in Israel, Verw.-Sitz des Süddistrikts, am N-Rand der Wüste Negev, 186 300 Ew.; Univ. mit Inst. für Wüstenforschung, Negev-Museum; v. a. chem., Baustoff-, Keramikindustrie. – B. S. war eine alte kanaanit. Kultstätte (1. Mo. 26) an der S-Grenze Palästinas.

Beeskow [-ko], Kreisstadt des Landkreises Oder-Spree, Bbg., an der Spree, 8 400 Ew.; Handels- und Dienstleistungszentrum, Spanplattenwerke; Eisenbahnknoten, Vernetzungsstandort Wassertourismus Spree. – Histor. Altstadtkern; die mittelalterl. Stadtmauer mit sechs Türmen (1321) ist weitgehend erhalten, ehem. Wasserburg (13. Jh., Anfang 16. Jh. erneuert) mit Bergfried (Heimatmuseum, Kultur- und Ausstellungszentrum); spätgot. Sankt Marienkirche (1380–1511; nach der Zerstörung 1945 Ruine, seit 1990 Wiederaufbau). – B. wurde im 13. Jh. gegründet.

Beethoven, Ludwig van, Komponist, getauft Bonn 17. 12. 1770, † Wien 26. 3. 1827; entstammte einer aus dem Flämischen eingewanderten Musikerfamilie. Schon 1784 wurde er Mitgl. des kurfürstl. Orchesters in Bonn. 1792 zog er nach Wien und wurde Schüler J. Haydns. 1795 trat er erstmals in Wien als Pianist öffentlich auf und veröffentlichte erste eigene Werke. Seitens des Wiener Hochadels erfuhr er wesentl. Förderung. Ein schweres Gehörleiden, das sich schon vor 1800 bemerkbar machte und um 1819 zu völliger Taubheit führte, ließ B. vereinsamen (»Heiligenstädter Testament«).

B.s Schaffen schloss sich an die Vorbilder der Wiener Klassiker, Haydn und W. A. Mozart, an; auch wurden Einflüsse von C. P. E. Bach und der →Mannheimer Schule wirksam. Die Klaviersonaten, Sinfonien und

Streichquartette bis 1802 gingen in der erweiterten Formanlage jedoch schon über die Vorbilder hinaus, auch in der Einführung des Scherzos anstelle des Menuetts. Der Schaffensabschnitt 1802–12 brachte den entscheidenden Durchbruch. Die Verarbeitung des themat. Materials, dessen melod. und rhythm. Aufspaltung in kleinste Themensplitter, wurde zielstrebig verfolgt, die →Durchführung rückte in den Vordergrund. – Nach einigen Jahren relativer Schaffenspause leiteten die letzten fünf Klaviersonaten 1817 den dritten Schaffensabschnitt ein. Charakteristisch für B.s Spätstil sind die Durchbrechung des klass. Formgehäuses, z. B. durch Überschreitung der Viersätzigkeit in den Streichquartetten, sowie das immer mehr zum Ausdruck kommende Anliegen des allgemein Menschlichen.

Ludwig van Beethoven (Gemälde von Joseph Karl Stieler, 1819)

Werke: Orchesterwerke: 9 Sinfonien: 1 C-Dur (1800); 2 D-Dur (1802); 3 Es-Dur (»Eroica«, 1804); 4 B-Dur (1806); 5 c-Moll (1808); 6 F-Dur (»Pastorale«, 1808); 7 A-Dur (1812); 8 F-Dur (1812); 9 d-Moll mit Schlusschor nach Schillers Ode »An die Freude« (1824). Ballett »Die Geschöpfe des Prometheus« (1801); Musik zu Goethes »Egmont« (1810); Ouvertüren: Coriolan (1807) und »Leonore« 1–3 (1805–06); Märsche, Tänze. – *Konzerte:* Violinkonzert D-Dur (1806); 5 Klavierkonzerte (C-Dur, 1795; B-Dur, 1795 [umgearbeitet 1798–1801]; c-Moll, 1800–02; G-Dur, 1805–06; Es-Dur, 1809). – *Klavierwerke:* 32 Sonaten, darunter Pathétique (c-Moll), Mondscheinsonate (cis-Moll), Waldsteinsonate (C-Dur), Appassionata (f-Moll), zahlr. Variationswerke, Einzelstücke. – *Kammermusik:* 10 Violinsonaten, darunter Kreutzersonate (A-Dur), 5 Violoncellosonaten, 6 Trios für Klavier, Violine, Violoncello, 16 Streichquartette, darunter »Rasumowsky-Quartette« 1–3 (1806); Septett (1799–1800); Oktett. – *Vokalmusik:* Oper Fidelio, urspr. Leonore (1805, umgearbeitet 1806 und 1814); Messe C-Dur (1807), Missa solemnis (1822/23); Oratorium »Christus am Ölberge« (1803), Lieder mit Klavierbegleitung.

Befähigungsnachweis, Nachweis fachl. Eignung und Vorbildung als subjektive Zulassungsvoraussetzung zur Berufs- oder Gewerbeausübung; bes. Meisterprüfung (sog. »großer B.«) im Handwerk; ist mit der Berufsfreiheit vereinbar.

Befangenheit, Parteilichkeit eines Beamten oder Richters hinsichtlich einer von ihm zu treffenden Entscheidung (→Ablehnung, →Ausschließung).

Befehl, 1) *Informatik:* die kleinste Funktionseinheit eines Programms. Die Bez. B. wird meist nur bei maschinenorientierten Sprachen verwendet, bei höheren Programmiersprachen spricht man von Anweisung. Die wichtigsten Bestandteile eines B. sind der Operationsteil, der dem Computer mitteilt, *was* er tun soll, und der Operandenteil, der ihm sagt, *womit* er dies tun soll.

2) *Militärwesen:* Anweisung zu einem bestimmten Verhalten, die ein militär. Vorgesetzter mit dem Anspruch auf Gehorsam erteilt; der B. darf unter besonderen Umständen verweigert werden.

Befehlsform, Imperativ (→Verb, Übersicht).

Befehlsstab, *Eisenbahn:* opt. Zeichen, mit dem der Fahrdienstleiter den Abfahrauftrag erteilt: bei Tag eine runde weiße Scheibe mit grünem Rand, bei Dunkelheit grünes Licht.

Befehlstaktik, militär. Führungstechnik, die im Befehl auch die Einzelheiten der Ausführung vorschreibt; Ggs.: →Auftragstaktik.

Befehls- und Kommandogewalt, die höchste militär. Weisungsbefugnis. In Dtl. hat die B.- u. K. nach Art. 65a GG im Frieden der Bundesverteidigungsmin., im Verteidigungsfall der Bundeskanzler.

Befestigung, 1) *Geografie:* widerstandsfähige Geländegestaltung (Ufer, Böschung), auch **Bodenbefestigung.**

2) *Militärwesen:* künstl. Anlage zum Schutz von Menschen und Material vor äußerer Bedrohung und – bes. im militär. Sinn – zur Verteidigung und Sicherung wichtiger Geländepunkte oder -abschnitte; darüber hinaus Sammelbez. für größere, von einer Anzahl einzeln stehender B. oder von zusammenhängenden B.-Anlagen umgebene Orte und Plätze wie →Burgen, befestigte Städte und größere →Festungen. In erster Linie Schutzanlagen, bieten B. darüber hinaus meist auch (als Gefechtsanlagen) Möglichkeiten zur aktiven Kampfführung.

Befeuerung, 1) *Luftfahrt:* Markierung der für die Durchführung des Flugbetriebs notwendigen Flugplatzanlagen durch elektr. Leuchtfeuer. Dabei unterscheidet man Anflug-B., Start- und Landebahn-B., Rollbahn-B., Flughafenleuchtfeuer und Hindernisbefeuerung.

2) *Schifffahrt:* Ausrüstung fester und schwimmender →Seezeichen mit Lichtquellen spezieller Kennung zur Orientierung oder Warnung der Schiffe bei Nacht.

Beffchen [niederdt., wahrscheinlich aus mlat. biffa »Überwurf«], aus dem Kragen der bürgerl. Kleidung des späten 17. Jh. entstandenes Gewandstück aus zwei schmalen, rechteckigen gestreiften Leinenstreifen; über dem Talar des ev. Pfarrers weiß.

Beffroi [bɛˈfrwa; frz.] *der,* →Belfried.

Beflockung, Verfahren zur Erzeugung wildleder-, samt- oder fellähnl. Oberflächeneffekte, in dem das textile Grundmaterial mustergerecht mit Kleber bestrichen und dann mit kurzen Fasern versehen wird. Die Fasern werden elektrostatisch oder durch Rütteln gerichtet.

Beförderung, *allgemein:* die Übertragung einer anspruchsvolleren Aufgabe bei gleichzeitigem Aufstieg in der Hierarchie einer Organisation; Soldaten erlangen durch die B. einen höheren Dienstgrad. Im *Beamtenrecht* die Ernennung, durch die dem Beamten ein anderes Amt mit höherem Endgrundgehalt und i. d. R. anderer Amtsbez. verliehen wird.

Beförderungspflicht, die gesetzlich begründete Pflicht von Betreibern öffentl. Verkehrsmittel (auch Taxen), Personen und Sachen entgeltlich zu befördern (→Kontrahierungszwang).

Befrachter, im Seefrachtverkehr der Absender der Güter, der den Frachtvertrag mit dem Verfrachter (Frachtführer) abschließt.

Befragung, Umfrage, in der →Meinungsforschung am häufigsten angewendete, variantenreiche Methode der Datenerhebung; Hauptformen sind die mündl. B. durch Interviewer und die schriftl. B. über Fragebögen.

Befreiungsbewegung, organisierter Widerstand, der meist auf Ablösung einer Kolonialherrschaft zielt, sich gegen ein nationales diktator. Regime richtet oder die Loslösung eines Teilgebietes aus einem Gesamtstaat anstrebt. Die Mittel des Widerstandes reichen von der Gewaltlosigkeit über den verdeckten Kampf (Guerilla) bis hin zum offenen **Befreiungskrieg.** Eine B. beansprucht das Vertretungsrecht für eine Nation, die nach ihrer Ansicht an der Ausübung ihres Selbstbestimmungsrechts gehindert wird. Eine frühe, im Rahmen der Entkolonialisierung nach dem Zweiten Weltkrieg beispielsetzende B. war der »Front de Libération Nationale« (FLN) in Algerien. Weitere B. entstanden z. B. in Vietnam, Moçambique, Angola, Eritrea, Südafrika, Namibia, Rhodesien (Simbabwe) und im Zuge des Nahostkonflikts.

Befreiungskriege, Freiheitskriege, die Kriege 1813–15, die Dtl., Italien und Spanien von der frz. Herrschaft befreiten und dem Kaiserreich Napoleons I. ein Ende bereiteten; Teil der Koalitionskriege. Sie entstanden nach Anfängen des Widerstandes in Preußen (seit 1806/07), dem span. Unabhängigkeitskrieg (seit 1809) und der österr. Erhebung (1809; A. Hofer) erst aus der Katastrophe des frz. Russlandfeldzugs (1812).

Frühjahrsfeldzug 1813: Nach dem Untergang der Großen Armee Napoleons im Russlandfeldzug von 1812 entschloss sich Kaiser Alexander I., nach W vorzustoßen. Die Konvention von →Tauroggen leitete am 30. 12. 1812 die Erhebung Preußens ein. Am 28. 2. 1813 schlossen Preußen und Russland das Bündnis von Kalisch, und am 17. 3. erließ König Friedrich Wilhelm III. in Breslau den Aufruf »An mein Volk«, doch folgte der König nur zögernd der patriot. Begeisterung des Volks. Napoleon schlug die Preußen am 2. 5. bei Groß-Görschen und am 20./21. 5. bei Bautzen und zwang die Verbündeten zum Rückzug nach Schlesien. Am 4. 6. schloss er den Waffenstillstand von Pläswitz (bis 10. 8.). Nachdem eine durch Metternich versuchte Vermittlung Österreichs (Prager Friedenskongress) erfolglos geblieben war, trat dieses gemäß dem Vertrag von Reichenbach (27. 6.) auf die Seite der Verbündeten, ebenso Großbritannien und Schweden.

Herbstfeldzug 1813: Die Koalition gegen Napoleon, der seine Hauptmacht um Dresden sammelte, stellte drei Heere auf: die Böhm. oder Hauptarmee unter dem österr. General Schwarzenberg, die Schles. Armee unter Blücher mit Gneisenau als Generalstabschef, der wesentl. Anteil an der Gesamtplanung des Feldzugs hatte, und die Nordarmee unter J.-B. Bernadotte. Die Verbündeten siegten über die nicht von Napoleon kommandierten Heere (Bülow bei Großbeeren am 23. 8., Blücher an der Katzbach am 26. 8.), während die Hauptarmee bei Dresden am 26./27. 8. durch Napoleon geschlagen wurde. Am 3. 10. erzwang Blücher den Elbübergang bei Wartenburg, worauf alle Verbündeten die Umfassung Napoleons einleiteten, der sich aus Dresden zurückzog. In der Völkerschlacht bei →Leipzig (16.–19. 10. 1813) wurde Napoleon vernichtend geschlagen; er selbst entkam über den Rhein. Bayern, dem die übrigen Rheinbundstaaten folgten, hatte sich im Vertrag von Ried (8. 10.) auf die Seite der Verbündeten gestellt. Der Rheinbund fiel auseinander, die frz. Herrschaft in Dtl. brach zusammen. In den Niederlanden wurde die frz. Herrschaft Ende Nov. beseitigt.

Feldzug 1814: Die Verbündeten (ohne Schweden) setzten den Krieg in Frankreich fort. Blücher schlug Napoleon bei La Rothière (1. 2.); anschließend mussten die Verbündeten jedoch eine Reihe von Niederlagen hinnehmen, bis der Sieg bei Arcis-sur-Aube (20./21. 3.) den Weg nach Paris öffnete, das am 30. 3. kapitulierte. Wellington drang von Spanien aus nach Bordeaux vor. Am 6. 4. musste Napoleon in Fontainebleau abdanken. Er wurde nach Elba verbannt, Ludwig XVIII. als König eingesetzt. Im 1. Pariser Frieden (30. 5.) erhielt Frankreich die Grenzen von 1792.

Feldzug 1815: Während der Wiener Kongress noch über die Neuordnung Europas verhandelte, landete Napoleon am 1. 3. 1815 in Cannes und zog am 20. 3. in Paris ein. Zwei Armeen wurden gegen ihn aufgestellt, eine britisch-deutsch-niederländ. unter Wellington und eine preuß. unter Blücher. Napoleon konnte die Armee Blüchers bei Ligny (16. 6.) schlagen, scheiterte aber am 18. 6. bei Belle-Alliance (→Waterloo). Napoleon ergab sich den Engländern und wurde nach Sankt Helena gebracht. Der 2. Pariser Friede mit dem wiederhergestellten bourbon. Königtum schloss die B. ab.

Befreiungstheologie, →Theologie der Befreiung.

befriedete Bezirke, durch Ges. vom 11. 8. 1999 gebildete Zonen um Gebäude der obersten Verfassungsorgane (in Bund und Ländern), in denen öffentl. Versammlungen (nur dann) zuzulassen sind, wenn eine Beeinträchtigung der Tätigkeit der Verfassungsorgane nicht zu erwarten ist (v. a. an sitzungsfreien Tagen). Die b. B. traten an die Stelle der **Bannmeilen,** in denen stärkere Einschränkungen galten. Das Bannmeilengesetz des Bundes wurde zum 1. 8. 2000 aufgehoben.

befristetes Arbeitsverhältnis, Zeitarbeitsverhältnis, ein auf bestimmte Zeit begründetes Arbeitsverhältnis. Die Befristung bedarf zu ihrer Wirksamkeit der Schriftform. Ein befristeter Arbeitsvertrag liegt vor, wenn seine Dauer kalendermäßig bestimmt ist (kalendermäßig befristeter Arbeitsvertrag) oder sich aus Art, Zweck oder Beschaffenheit der Arbeitsleistung ergibt (zweckbefristeter Arbeitsvertrag). Ein befristeter Arbeitsvertrag ist nach dem Teilzeit- und Befristungs-Ges., TzBfG, vom 21. 12. 2000 zulässig, wenn er durch einen sachl. Grund gerechtfertigt ist. Sachl. Gründe sind v. a. vorübergehender Bedarf, Befristung im Anschluss an eine Ausbildung, zur Vertretung, zur Erprobung, aufgrund eines gerichtl. Vergleichs.

Eine kalendermäßige Befristung ohne sachl. Grund ist bis zur Dauer von zwei Jahren zulässig, der Vertrag kann innerhalb dieser Frist auch dreimal verlängert werden. Ausgeschlossen ist die kalendermäßige Befristung ohne sachl. Grund, wenn zuvor mit demselben Arbeitgeber ein unbefristetes oder befristetes Arbeitsverhältnis bestanden hat. In den ersten vier Jahren nach der Gründung eines Unternehmens ist die kalendermäßige Befristung eines Arbeitsvertrages jedoch ohne Vorliegen eines sachl. Grundes zulässig (§ 14 Abs. 2 a TzBfG), ebenso die mehrfache Verlängerung der Befristung.

Befruchtung, der Fortpflanzung dienende Vereinigung einer männl. und einer weibl. Geschlechtszelle bei Mensch, Tier und Pflanze. Die B. führt zu einer Vereinigung der mütterl. und väterl. Erbanlagen. Beim Tier und beim Menschen vollzieht sich die B. (**Empfängnis, Konzeption**) durch den Eintritt einer Samenzelle (**Spermium**) in eine Eizelle (**Oozyte, Ei**). Vorher locken Befruchtungsstoffe (**Gamone**) der Eizelle die aktiv bewegl. Samenzellen an, von denen sich viele Millionen (z. B. beim Menschen) bis Milliarden (z. B. beim Pferd) in einem Samenerguss (**Ejakulat**) befinden können. Beim Menschen wandern die Spermien durch die Gebärmutter bis in den Eileiter, wo sie auf eine Eizelle stoßen, die nach Follikelreifung und Follikelsprung aus dem →Eierstock dahin gelangte. I. d. R. vermag nur ein Spermium mit seinem den Kern enthaltenden Kopf unter Verlust seines Schwanzteiles in das Ei einzudringen; eigene Befruchtungsstoffe ermöglichen die dazu nötige Auflösung der Eimembran (**Besamung**). Das Ei schützt sich durch Verfestigung seiner Membran (**Befruchtungsmembran**) vor dem Eindringen weiterer Spermien. Der männl. und der weibl. Vorkern besitzen aufgrund einer vorausgegangenen Reduktionsteilung nur je einen einfachen (haploiden) Chromosomensatz. Sie quellen in der Eizelle auf, die Kernhülle löst sich auf und die Chromosomen werden sichtbar. Unter Vereinigung der väterl. und mütterl. Erbanlagen entsteht die Ursprungszelle des neuen Lebewesens (**Zygote**), die nun wieder den vollen Chromosomensatz besitzt. Die Zygote beginnt durch Zellteilungen, die äußerlich an der **Furchung** erkennbar sind, mit ihrer →Entwicklung. Die unmittelbar anschließenden Stadien sind durch die Bildung von Maulbeerkeim (**Morula**) und Keimblase (**Blastula, Blastozyste**) gekennzeichnet. Als Blastozyste nistet sich der Keimling von Mensch und Säugetieren nach seiner Wanderung durch den Eileiter in die Schleimhaut der Gebärmutter ein (**Nidation**) und durchläuft hier eine weitere Entwicklung als →Embryo. Das Geschlecht des Keimlings (→Geschlechtsbestimmung) wird beim Menschen und den meisten Tieren bei der B. festgelegt und hängt bei Mensch, Säugetieren und Insekten vom Vorhandensein eines männl. (Y) oder weibl. (X) Geschlechtschromosoms (→Chromosomen) im Kern des Spermiums ab.

Unter den Pflanzen haben nur die Sporenpflanzen und einige Nacktsamer (z. B. Ginkgo) bewegl. Samenzellen, die die Eizelle zur B. aufsuchen. Bei den Samenpflanzen liegt die Eizelle in der **Samenanlage**, die bei Bedecktsamern im **Fruchtknoten** eingeschlossen ist, die männl. Zelle im **Blütenstaub-** oder **Pollenkorn**. Das Pollenkorn treibt, wenn es auf die Narbe der Blüte gestäubt ist, einen Schlauch, den **Pollenschlauch**. Dieser wächst mit den männl. Kernen, die sich in ihm befinden, zur Eizelle und ermöglicht die Befruchtung.

Über Samenübertragung →künstliche Besamung, →Insemination, →In-vitro-Fertilisation.

Befruchtungsoptimum, Konzeptionsoptimum, günstigster Zeitpunkt für die Empfängnis der Frau im monatl. Zyklus. Aufgrund der nur kurzen Lebensdauer von Ei- (wenige Stunden) und Samenzelle (2–3 Tage) liegt das B. um die Zeit des Follikelsprungs. Ungefähre Anhaltspunkte liefert die Knaus-Ogino-Methode, wonach das B. bei 28-tägigem Menstruationszyklus zw. dem 12. und 15. Tag liegt. Mehr Sicherheit bietet das Messen der →Basaltemperatur.

Befund, Feststellung; Ergebnis einer (ärztl.) Untersuchung.

Beg [»Herr«] *der,* türk. Titel, →Bei.

Begabtenförderung, besondere organisator., personelle und wirtsch. (meist finanzielle) Förderung von Kindern, Jugendlichen und jungen Erwachsenen, die eine besondere oder weit überdurchschnittl. Begabung (dann als →Hochbegabtenförderung) zeigen. Im Hochschulbereich dienen der B. – im Unterschied zur allg. →Ausbildungsförderung oder →Studienförderung – mehrere B.-Werke, z. B. Studienstiftung des dt. Volkes e. V., Stiftungen der polit. Parteien und der Kirchen (Cusanuswerk; Ev. Studienwerk e. V.).

Begabung, individuelle Möglichkeit zu bestimmten Leistungen. Die B. kann sich entweder auf eine Gesamtheit der Leistungsdisposition erstrecken oder in ganz bestimmter Richtung liegen (z. B. math., musikal., organisator. B.). Zu Beginn des 20. Jh. entwickelte sich die **B.-Forschung** als Teilgebiet der angewandten Psychologie. Sie versteht B. v. a. als Ergebnis eines Zusammenspiels von ererbten Anlagen und ihrer umweltbedingten Ausformung und erforscht B.-Merkmale in Abhängigkeit von typolog., soziolog., ethnolog. u. a. Momenten. Sie ist eine der Grundlagen der prakt. Pädagogik, Bildungsforschung, Erziehungs-, Schullaufbahn- und Berufsberatung; dient u. a. der →Hochbegabtenförderung. (→Intelligenz)

Begarden, →Beginen.

Begas, Berliner Künstlerfamilie; bedeutendstes Mitgl. war der Bildhauer Reinhold B. (*1831, †1911), Sohn des Malers Karl B. d. Ä. (*1794, †1854) und Bruder des Bildhauers Karl B. (*1845, †1916); Studien in Berlin und Rom, schuf neubarocke Bildwerke (Denkmäler und Bildnisbüsten; Neptunbrunnen in Berlin).

Begattung, Kopulation, Kopula, Paarung, körperl. Vereinigung, durch die männl. Samenzellen in den weibl. Körper gelangen, was zur →Befruchtung führen kann. Bei manchen Tieren geschieht das durch einfaches Aufeinanderlegen der Geschlechtsöffnungen, beim Menschen, bei den Säugetieren u. a. durch das Einführen eines Begattungsorgans (**Penis, Rute**) in die weibl. Geschlechtsöffnung (**Scheide**). Zur B. kommt es durch Instinkt, Sexualtrieb und entsprechende Auslöser (z. B. Balzverhalten des Pfaus, Duftsignale der läufigen Hündin). – Über die B. beim Menschen →Geschlechtsverkehr.

Beggar-my-Neighbour-Policy [ˈbegə maɪ ˈneɪbə ˈpɒlɪsɪ, engl.] *die,* außenwirtschaftspolit. Maßnahmen zur Verbesserung der Zahlungsbilanz (z. B.

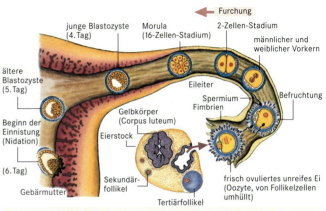

Befruchtung: der Weg der Eizelle vom Eierstock über den Eileiter, wo die Befruchtung erfolgt, zur Einnistungsstelle in der Schleimhaut der Gebärmutter

Abwertung der Währung, Importbeschränkung, Exportsubventionierung). Bezweckt werden Konjunkturaufschwung und erhöhte Beschäftigung im Inland zum Nachteil des Auslands.

Menachem Begin

Begin, Menachem, israel. Politiker, * Brest-Litowsk (heute Brest, Weißrussland) 16. 8. 1913, † Tel Aviv 9. 3. 1992; Rechtsanwalt; führte 1943–48 die →Irgun Zwai Leumi. Er beteiligte sich maßgeblich an der Bildung der Cherut und war bis 1983 deren Vors.; als Oppositionsführer im Parlament baute B. eine rechtsgerichtete Parteienverbindung auf (→Likud). Als Min.-Präs. (1977–83) förderte B. die Siedlungspolitik im Westjordanland und im Gazastreifen. Außenpolitisch ging er auf die Friedensinitiative des ägypt. Präs. A. as-Sadat ein (Friedensvertrag 1979). Für ihre Bemühungen um eine ägyptisch-israel. Annäherung (→Nahostkonflikt) erhielten B. und Sadat 1978 den Friedensnobelpreis.

Beginen, im 12. Jh. in Südbrabant entstandene Gemeinschaften unverheirateter Frauen und Witwen, die unter einer Vorsteherin ein klosterähnl. Leben (ohne Ordensgelübde) in »B.-Höfen« führten; verbreitet bes. im 13. und 14. Jh. in Dtl., Frankreich und den Niederlanden. Die B. verbanden soziales Engagement mit intensiver, z. T. mystisch orientierter Laienfrömmigkeit, wurden allerdings vielfach der Häresie verdächtigt. Berühmte B. waren Mechthild von Magdeburg, Margarete Porète, Hadewijch von Antwerpen. Die entsprechenden Männergemeinschaften im MA. wurden **Begarden,** auch **Lollarden,** genannt.

Beglaubigung, amtl. Bescheinigung der Richtigkeit einer Unterschrift oder Abschrift, als **öffentl. B.** durch einen Notar oder eine andere landesrechtlich zuständige Stelle; die allgemeine behördl. **amtl. B.** ist keine öffentl. Beglaubigung. – Im diplomat. Verkehr ist B. die Bevollmächtigung eines Missionschefs durch sein Staatsoberhaupt (**Akkreditierung**).

Begleiter, *Astronomie:* Bez. für den Satelliten eines Planeten, auch für die massenärmere oder lichtschwächere Komponente in einem Mehrfachsternsystem.

Begleitung, frz. **Akkompagnement,** *Musik:* das unterstützende und harmonisch ergänzende Mitgehen eines Tasteninstrumentes oder einer Instrumentalgruppe mit einer solist. Vokal- oder Instrumentalstimme.

Begley [ˈbɛɡleɪ], Louis, eigtl. Ludwik **Begleiter,** amerikan. Schriftsteller poln. Herkunft,* Stryj 6. 10. 1933; schreibt dezent iron. Romane in eleganter, metaphor. Erzählweise über Einsamkeit, Verletzlichkeit und Tod hinter der (angenehmen) Fassade gehobenen Lebensstils. – *Werke: Romane:* Lügen in Zeiten des Krieges (1991); Der Mann, der zu spät kam (1992); Wie Max es sah (1994); Schmidt (1996); Mistlers Abschied (1998); Schmidts Bewährung (2000); Schiffbruch (2003).

Begnadigung, Aufhebung der Wirkungen von rechtskräftigen Entscheidungen der Straf- und Disziplinargerichte durch Verfügung der Staatsgewalt. Die B. ist ein Gnadenerweis im Unterschied zur →Amnestie. Durch Rücksichtnahme auf das Gerechtigkeitsempfinden soll die Starrheit des positiven Rechts ausgeglichen werden. In Dtl. übt der Bundespräs. das B.-Recht für den Bund aus, sonst steht es den Ländern zu, die die zuständigen Organe gesetzlich festgelegt haben (überwiegend die Min.-Präs.), Art. 60 GG, § 452 StPO. – In *Österreich* hat der Bundespräs. das Recht der B. In der *Schweiz* wird die B. für die von einem Bundesgericht ausgesprochenen Strafen von der Bundesversammlung, im Übrigen von den Volksvertretungen der Kantone ausgeübt.

Begoni|e [frz.], **Schiefblatt, Begonia,** krautige und strauchige, größtenteils tropisch-amerikan. Gattung der **Schiefblattgewächse,** etwa 1 000 Arten, mit zartfleischigen Blättern und unsymmetr. Blattgrund, mit eingeschlechtl. Blüten in Scheindolden und geflügelten, vielsamigen Kapseln. Zierpflanzen sind die groß- und buntblättrigen **Blatt-B.** und die gefülltblütigen **Knollenbegonien.**

Begräbnis, →Bestattung.

Begriff, abstrakte, gedankl. Darstellung der wesentl. Merkmale von konkret Seiendem, im Ggs. zur empir. Anschauung, die das sinnlich gegebene Konkrete zum Gegenstand hat. Geklärt und gegeneinander abgegrenzt werden B. durch Definitionen und Einordnung in B.-Systeme. Aus der Zusammensetzung von B. entstehen Urteil und Schluss. Eine zentrale philosoph. Frage ist die nach der Seinsweise des im B. dargestellten Denkinhalts: Nach Platon drücken sich im B.-Inhalt Ideen aus, denen Realität in einem höheren Maße zukommt, als das für das konkret Seiende, die Abbilder der Ideen sind, der Fall ist. Aristoteles hingegen tendiert dazu, den B.-Inhalt als bloßes Produkt gedankl. Abstraktionsleistung zu deuten; eigentlich real sei lediglich der konkrete Gegenstand.

Eine weitere wichtige philosoph. Problematik betrifft das Verhältnis von Erfahrung und B.: Der Rationalismus behauptet die Existenz apriorischer B., die der Erfahrung vorausgehen, während der Empirismus alle B. allein aus der sinnl. Erfahrung abgeleitet ansieht. Kant sucht diesbezüglich die Synthese: Er unterscheidet empir. B., die der Erfahrung entspringen, von reinen Verstandes-B. (→Kategorie) und reinen Vernunft-B. (→Idee).

Mit Hegel gewinnt der Terminus »Begriff« wieder eine auf das Seiende selbst bezogene Bedeutung: B. bezeichnet das →Wesen einer Sache, und die dialekt. Bewegung des B. über Thesis, Antithesis und Synthesis gibt unmittelbar die Entwicklung der Wirklichkeit wieder. Dieser Absolutsetzung des B. setzen u. a. Kierkegaard, Nietzsche, die Lebens- und die Existenzphilosophie ihre Philosophien des konkret existierenden Lebens entgegen.

Begriffsbildung, psych. Prozess, in dem Wesen und Funktion eines Gegenstandes (Sachverhalts) erfasst werden. Die B. ist abhängig von den intellektuellen Anlagen und der Entwicklung eines Individuums sowie von kulturellen Bedingungen. Sie ist Voraussetzung der Kommunikation, durch die eine mentale Repräsentation der Umwelt, ihrer Gegenstände und Ereignisse gewonnen wird, sodass sich das Individuum in der Wirklichkeit einordnen kann. Die B. vollzieht sich stufenweise. Sie ist Forschungsgegenstand der Entwicklungs-, Denk-, Lern-, der kybernet. und (als »soziale Wahrnehmung«) der Sozialpsychologie. – Die philosoph. Erkenntnistheorie erklärt die B. aus ihren jeweiligen erkenntnistheoret. Voraussetzungen (Verständnis vom Begriff und vom menschl. Erkennen).

Begriffsjurisprudenz, im 19. Jh. entwickelte, international einflussreiche Methodenlehre, die davon ausgeht, dass die Rechtsordnung ein geschlossenes System von Rechtsbegriffen bildet, aus denen sich mit den Mitteln der formalen Logik neue Entscheidungssätze lückenlos gewinnen lassen, unter Ausschaltung wirtsch. und sozialer Gesichtspunkte. Die B. führte zu einer rein positivist. Rechtsauffassung (Rechtspositivismus), gegen die sich ab dem Ende des 19. Jh. Widerstand regte (→Freirechtslehre, →Interessenjurisprudenz). Vertreter waren u.a. G. F. Puchta und B. Windscheid.

Begründung, *Recht:* die schriftl. Darlegung der sachl. Gründe, die eine behördl. oder gerichtl. Entscheidung tragen. Die B. ist i.d.R. für Urteile vorgeschrieben, auch für gerichtl. Beschlüsse, soweit sie durch Rechtsmittel anfechtbar sind, über ein Rechtsmittel entscheiden oder einen Antrag ablehnen.

Begründungssatz, Kausalsatz (→Syntax, Übersicht).

Beguine [be'gi:n; frz. »Flirt«] *der,* fachsprachlich: *die,* lebhafter volkstüml. Tanz aus Martinique und Saint Lucia, im $^2/_4$-, $^4/_4$- oder $^2/_2$-Takt; um 1930 europ. Modetanz.

Begum [engl. 'begʌm, »meine Herrin«] *die,* im persisch-ind. Raum Titel für Fürstinnen; auch in Gebrauch für verheiratete bzw. verwitwete Frauen.

Begünstigung, der nach Begehung eines Verbrechens oder Vergehens dem Täter oder Teilnehmer geleistete Beistand, um ihm die Vorteile seiner Tat zu sichern (sachl. B.); nach § 257 StGB strafbar. Persönl. B. wird als →Strafvereitelung bestraft. In *Österreich* wird die Strafvereitelung als B. bezeichnet und nach § 299 StGB bestraft, während die (sachl.) B. als Hehlerei nach § 164 StGB geahndet wird. Auch in der *Schweiz* wird unter der Bez. B. die Strafvereitelung bestraft (Art. 305 StGB).

Behaghel, Otto, Germanist, * Karlsruhe 3. 5. 1854, † München 9. 10. 1936; einer der führenden Junggrammatiker; Arbeiten zur Sprachgesch. und Syntax war: »Die dt. Sprache« (1886), »Gesch. der dt. Sprache« (1889), »Dt. Syntax«, 4 Bde. (1923–32).

Behaim, Martin, Kosmograf, * Nürnberg 6. 10. 1459, † Lissabon 29. 7. 1507; seit 1476 Kaufmann in den Niederlanden, kam 1484 nach Lissabon. 1491–93 lebte er in Nürnberg und erstellte 1492 den »Erdapfel«, den ältesten heute noch erhaltenen Globus.

Beham, 1) Barthel, Hofmaler in München und Kupferstecher, * Nürnberg 1502, † Bologna 1540, Bruder von 2). Seine Kupferstiche trugen zur Verbreitung ital. Renaissanceformen in Dtl. bei.

2) Hans Sebald, Maler, Kupferstecher, Radierer und Zeichner für den Holzschnitt, * Nürnberg 1500, † Frankfurt am Main 22. 11. 1550, Bruder von 1); neben seinem Bruder und G. Pencz der bedeutendste der Nürnberger →Kleinmeister.

Behan ['bi:ən], Brendan, eigtl. Breandan **O'Beachain,** irischer Schriftsteller engl. und gäl. Sprache, * Dublin 9. 2. 1923, † ebd. 20. 3. 1964; schrieb die Dramen »Der Mann von morgen früh« (1956) und »Die Geisel« (1959) sowie die zweiteilige Autobiografie »Borstal Boy« (1958) und »Bekenntnisse eines irischen Rebellen« (hg. 1965).

Behandlungsfehler, Verstoß eines Arztes oder Zahnarztes gegen die »Regeln der ärztl. Kunst« (daher auch **Kunstfehler**). Ein B., durch Fahrlässigkeit oder Vorsatz verursacht, begründet auf dem Behandlungsvertrag zivilrechtl. Ansprüche auf Schadensersatz und ggf. Schmerzensgeld gegen den, der ihn begangen hat. Ist dieser als Erfüllungsgehilfe eines Dritten tätig geworden (etwa als Arzt im Krankenhaus), so richten sich die Ansprüche gegen diesen Dritten, also den Krankenhausträger. Unabhängig von dieser Haftung aus dem Vertrag kann ein Anspruch aus unerlaubter Handlung gemäß §§ 823 ff. BGB in Betracht kommen.

Sind zugleich strafrechtl. Tatbestände erfüllt (Körperverletzung oder Tod des Patienten als Folge des B.), so kann der Arzt oder Zahnarzt zusätzlich bestraft werden. Gutachterkommissionen oder Schlichtungsstellen, die Beschwerden von Patienten oder deren Angehörigen untersuchen, bestehen bei den Ärztekammern.

Behaviorismus [bihevjə-; zu engl.-amerikan. behavior »Verhalten«] *der,* Richtung der Psychologie, begründet von J. B. Watson Anfang des 20. Jh. Er verwarf wie I. P. Pawlow in der Lehre von den bedingten Reflexen die Methode der Selbstbeobachtung und der Übertragung eigener Erlebnisse auf andere Menschen und wollte die Psychologie auf das objektiv beobachtbare Verhalten unter wechselnden Umweltbedingungen gründen. Zunächst war der B. reine Reiz-Reaktion-Psychologie, später wurden nicht direkt beobachtbare Vorgänge einbezogen. Zentrales Forschungsfeld des B. wurde die Lernpsychologie. Bes. am Tierexperiment suchte man Gesetze des Verhaltens abzulesen (→Verhaltensforschung). Ein Vorläufer des B. war E. L. Thorndike; bedeutendste Vertreter des **Neo-B.** (ab 1930): C. L. Hull, E. C. Tolman und B. F. Skinner. Der B. findet seine klin. Anwendung in der modernen Verhaltenstherapie.

Behaviour-Art [bihevjə-], Form der →Prozesskunst, die das Bewusstsein über Erfahrungsbedingungen und Verhaltensvorgänge ausschl. anhand der menschl. Physiognomie demonstriert.

Beheim-Schwarzbach, Martin, Schriftsteller, * London 27. 4. 1900, † Hamburg 7. 6. 1985; Lyriker und Erzähler, der einem christlich-humanist. Menschenbild verpflichtet war (»Die Michaelskinder«, 1930), auch Übersetzer aus dem Englischen.

Behemoth [hebr. »Großtier«, Steigerungsplural von hebr. bĕhēmā »Tier«] *der,* im A.T. (Hiob 40, 15–24) das Nilpferd als Beispiel für die Schöpfermacht Gottes; in der jüd. Apokalyptik myth. Tier der Endzeit, das mit Leviathan geschlachtet werden wird.

Beherbergungsgewerbe, Teil des →Gastgewerbes.

Beherbergungsvertrag, Vertrag eigenen Typs mit Elementen des Miet-, Dienst-, Werk- und Kaufvertrages über die entgeltl. Überlassung eines Zimmers in einem Gasthof u.a. und die damit verbundenen Leistungen. Bei Sachschäden, die ein Gast erleidet, haftet der Gastwirt (§§ 701 ff. BGB). Für seine Leistungen hat der Gastwirt ein Pfandrecht an den eingebrachten Sachen des Gastes.

Beherrschungsvertrag, Organvertrag, Vertrag, durch den i.d.R. die Leitung einer AG oder KGaA einem anderen Unternehmen unterstellt wird (§ 291 Aktien-Ges.). Durch einen B. entsteht ein Konzern.

Behinderte, Menschen, deren körperl. Funktion, geistige Fähigkeit oder seel. Gesundheit mit hoher Wahrscheinlichkeit länger als sechs Monate von dem für das Lebensalter typ. Zustand abweichen und deren Teilhabe am Leben in der Gesellschaft daher beeinträchtigt ist (§ 2 Sozialgesetzbuch IX, Abk. SGB IX). Behinderung ist kausalitätsunabhängig, d.h., es spielt keine Rolle, ob der gesundheitl. Schaden angeboren, Unfall- oder Krankheitsfolge ist. Die rechtl. Feststellung von Behinderungen erfolgt durch die Versorgungsämter. Nach Art. 3 Abs. 3 GG darf niemand wegen seiner Behinderung benachteiligt werden. Deshalb sollen B. durch versch. Hilfen in das Schul- und Arbeitsleben sowie in die Gesellschaft integriert werden. Behindert zu sein oder von Behinde-

Günter Behnisch: Neubau der Akademie der Künste in Berlin (2005 eröffnet; Architekten: Behnisch, Behnisch & Partner, Werner Duth)

Günter Behnisch

Emil von Behring

rung bedroht zu werden, begründet nach dem SGB IX einen Anspruch auf Leistungen zur Teilhabe (→ Rehabilitation). – Die früher in versch. Gesetzen enthaltenen Vorschriften zur Rehabilitation und Eingliederung von B. wurden in dem am 1. 7. 2001 in Kraft getretenen SGB IX zusammengefasst (soweit sie für mehrere Rehabilitationsträger, auch für die Sozial- und öffentl. Jugendhilfe, einheitlich gelten) und weiterentwickelt, das Recht der → Schwerbehinderten wurde integriert. (→ Sonderpädagogik, → Betreuung)

Behindertensport, früher **Invalidensport, Versehrtensport,** Vereinssport von Personen mit körperl., geistiger oder seel. Funktionsbeeinträchtigung. B. ist stets auch ambulante Rehabilitation, die der aktiven Mitwirkung des Behinderten bedarf. Die Sportarten und -disziplinen des B. sind den unterschiedl. Funktionsbeeinträchtigungen der jeweiligen Behinderung angepasst. Der B. umfasst den Rehabilitationssport (ehemals ambulanter B.), einschl. der Versehrten-Leibesübungen, den Breitensport und den Leistungssport. Er entstand durch Zusammenschlüsse von Kriegsversehrten und hat sich inzwischen zu einer allgemeinen, auch staatlich geförderten, sozialpolit. Aufgabe entwickelt. Ziele des B. sind die Erhaltung und Steigerung der verbliebenen körperl. und geistigen Leistungsfähigkeit, die Aktivierung der Eigeninitiative, die Überwindung von Hemmungen und Hemmnissen sowie der Aufbau und die Festigung der inneren Stabilität.

Zu den wichtigsten Sportarten des B. gehören: Schwimmen, Leichtathletik, Ballspiele (Sitzball, Goalball, Rollstuhlbasketball, Fußball, Volleyball), Kegeln, Skilauf, Tischtennis und Bogenschießen. Bedeutendster Wettbewerb auf internat. Ebene sind die → Paralympics, weiterhin gibt es u. a. die Weltspiele der Gehörlosen (→ Gehörlosensport) sowie die Special Olympics für geistig Behinderte. Darüber hinaus können die Behinderten das »Dt. Sportabzeichen unter Behindertenbedingungen« erwerben. In Dtl. wird B. vom Dt. Behinderten-Sportverband (DBS; → Deutscher Sportbund, Übersicht) organisiert, der gleichzeitig das Nat. Paralymp. Komitee (NPC) für Dtl. verkörpert.

Behnisch, 1) Günter, Architekt, * Lockwitz (heute zu Dresden) 12.6. 1922; eigenes Büro seit 1952 in Stuttgart, ab 1966 in Büropartnerschaft mit anderen Architekten (ab 1979 unter der Bez. »B. & Partner«), 1989 ein zweites Büro in Stuttgart unter Leitung seines Sohnes Stefan (seit 1997 »B., B. & Partner«); 1967 – 87 Prof. an der TH Darmstadt; international bekannt durch seine Anlagen und Sportbauten der Olymp. Spiele 1972 in München (zus. mit Frei Otto). – *Weitere Werke:* u. a. Dt. Postmuseum in Frankfurt am Main (1990); Neubau des Bonner Bundestags (1992); St. Benno-Gymnasium in Dresden (1996); »Museum der Phantasie« in Bernried (Landkreis Weilheim-Schongau, Bayern) am Starnberger See (2001 eröffnet); Neubau der Akademie der Künste in Berlin (2005 eröffnet).

2) Stefan, Architekt, * Stuttgart 1. 6. 1957, Sohn von 1); trat 1987 in das Büro B. & Partner ein; 1989 Gründung eines Zweigbüros in Stuttgart, das 1991 unter seiner Leitung selbstständig wurde und seit 1997 unter dem Namen B., B. & Partner arbeitet; 1999 Gründung eines Zweigbüros »B. Architects« in Los Angeles (Calif.); widmet sich bes. dem ökolog. Bauen. – *Werke:* Verw.-Gebäude für die Landesbank Baden-Württemberg in Stuttgart (1997); Inst. für Forst- und Naturforschung in Wageningen, Niederlande (2001); Genzyme Center in Cambridge, Mass. (2003); Terrence Donnelly Centre for Cellular and Biomolecular Research in Toronto, Kanada (2005).

Behörde, jede Stelle, die als Organ des Staates oder eines selbstständigen Verwaltungsträgers Aufgaben der öffentl. Verwaltung wahrnimmt, ohne selbst rechtsfähig zu sein. Nach dem räuml. Bereich unterscheidet man Bundes-, Landes-, Kreis-, Gemeinde-B., nach der Tätigkeit Verwaltungs- und Justizbehörden. Im neueren Sprachgebrauch werden die Gerichte meist nicht den B. zugeordnet. Die Verwaltungs-B. desselben Geschäftsbereichs stehen zueinander im Verhältnis der Über- und Unterordnung (**Amtshierarchie**); daraus ergibt sich ein Aufsichts- und Weisungsrecht der übergeordneten Behörde. Wird der behördl. Wirkungskreis durch eine Person wahrgenommen (z. B. Reg.-Präs.), spricht man von einer **monokrat. B.,** bei mehreren Personen (z. B. Gemeinderat) von einer **kollegialen Behörde.**

Behrend, Siegfried, Gitarrist und Komponist, * Berlin 19. 11. 1933, † Hausham (Landkreis Miesbach) 20. 9. 1990; komponierte v. a. Werke für Gitarre, wobei er klass. Gitarrenrepertoire und Folklore verband.

Behrens, 1) Hildegard, Sängerin (Sopran), * Varel 9. 2. 1937; v. a. Wagner- und Strauss-Interpretin.

2) Katja, Schriftstellerin, * Berlin 18. 12. 1942; schreibt teils autobiografisch orientierte Erzählprosa, in deren Mittelpunkt Frauengestalten stehen, so die Erzählungen »Die weiße Frau« (1978), »Im Wasser tanzen« (Zyklus, 1990) und die Romane »Die dreizehnte Fee« (1983) und »Die Vagantin« (1997); auch Jugendbücher. – *Weitere Werke: Roman:* Zorro – im Jahr des Pferdes (1999). – *Biografie:* Alles Sehen kommt von der Seele. Die Lebensgeschichte der Helen Keller (2001).

3) Peter, Architekt und Designer, * Hamburg 14. 4. 1868, † Berlin 27. 2. 1940; urspr. Maler; 1899 in die Darmstädter Künstlerkolonie berufen; wirkte bahnbrechend für die neue sachl. Gesinnung in Architektur und Kunsthandwerk.

Werke: Turbinenhalle der AEG in Berlin (1909); Dt. Botschaft in Sankt Petersburg (1911/12); Verwaltungsgebäude Farbwerke Hoechst (1920 – 24).

Behring, Emil Adolph von (seit 1901), Serologe, * Hansdorf (Kr. Rosenberg; heute Susz, Wwschaft

Ermland-Masuren) 15. 3. 1854, † Marburg 31. 3. 1917; entdeckte 1890 das Diphtherie- und Tetanusantitoxin und begründete die Serumtherapie, v. a. ihre Anwendung gegen Diphtherie; erhielt 1901 den (ersten) Nobelpreis für Physiologie oder Medizin.

Bei [türk. »Herr«], **Bej, Beg, Bek, Bey,** ehem. türk. Titel, Rangstufe zw. Efendi und Pascha; heute svw. »Herr«. **Bejlerbej, Beglerbeg** [türk. »Herr der Herren«], früherer Titel eines türk. Prov.-Statthalters.

Beiboot, von Schiffen mitgeführtes kleines Ruder- oder Motorboot.

Beichtbrief, Ablassbrief, die bes. bis zum Tridentin. Konzil mit päpstl. Vollmacht gegen Geldspende ausgestellte Urkunde, die dazu berechtigte, bes. in der Todesstunde von einem selbst gewählten Beichtvater Lossprechung von allen Sünden und vollkommenen →Ablass zu erbitten.

Beichte [ahd. bijiht »Bekenntnis«], Sündenbekenntnis; findet sich auch bei vor- und nicht christl. Religionen. Die B. ist in der kath. Kirche verbindlich vorgeschrieben, bildet einen wesentl. Bestandteil des Bußsakramentes (→Buße) und wird als persönl. und geheimes Aussprechen eigener Schuld (**Ohrenbeichte**) vor einem →Beichtvater abgelegt, um Lossprechung (Absolution) zu erlangen. Die ev. Kirchen kennen die B. als **allgemeines Sündenbekenntnis** vor dem Abendmahl; sie ist jedoch kein Sakrament.

Beichtgeheimnis, die Verpflichtung des →Beichtvaters zum unbedingten Stillschweigen über das, was er durch eine Beichte erfahren hat. Die Verletzung des B. wird mit den schwersten Kirchenstrafen bedroht. Das B. wird auch im staatl. Recht als Teil des priesterl. Berufsgeheimnisses z. B. durch das Zeugnisverweigerungsrecht berücksichtigt (§ 383 ZPO, § 53 StPO).

Beichtspiegel, ein meist nach den Zehn Geboten geordnetes Verzeichnis häufig vorkommender Sünden zur Vorbereitung auf die →Beichte (seit der Mitte des 15. Jh.).

Beichtvater, lat. **Confessarius,** kath. Kirche: Priester, der die Beichte entgegennimmt und das Bußsakrament spendet; bedarf dazu der Bevollmächtigung durch den zuständigen Ortsbischof.

Beida [arab. »die Weiße«], **El-Beida, Al-Bayda,** Stadt in Libyen, an der Küste der Cyrenaika, 118 800 Ew.; islam. Univ., Staatsbibliothek; Flughafen. – 1963–69 eine der Hauptstädte des Landes.

Beiderbecke [ˈbeɪdəbekə], Bix, eigtl. Leon Bismarck B., amerikan. Jazzmusiker, * Davenport (Ia.) 10. 3. 1903, † New York 6. 8. 1931; als Trompeter bzw. Kornettist wichtiger Vertreter des Chicago-Stils.

Beiderwand [nach der ind. Stadt Bidar], leinwandbindiges, deshalb beidseitig gleich wirkendes Gewebe aus Baumwolle oder Chemiefasern.

Beidhänder, Bidenhänder, Schwert des 16. Jh., dessen Griff mit beiden Händen gefasst werden musste.

Beifang, bei der Fischerei, bes. mit Treib- und Schleppnetzen, versehentlich gefangene Meerestiere wie Delfine, Wale, Robben, Schildkröten, Krebstiere oder unerwünschte Fischarten, die meist tot oder verletzt zurück ins Meer geworfen werden.

Beifische, Nebenfische, in der Teichwirtschaft neben der Hauptfischart gehaltene Fischarten.

Beifügung, Grammatik: das →Attribut.

Beifuß, Artemisia, Korbblütlergattung, rd. 250 Arten, mit würzigen, meist geschlitzten Blättern und Blütenrispen oder -trauben, v. a. der nördl. gemäßig- ten Zone. Gewürze sind die bis 1,5 m hohe mitteleurop. Ödlandstaude **Gemeiner B.** (Artemisia vulgaris), →Estragon und **Eberraute** oder **Zitronenkraut** (Artemisia abrotanum). Weitere Arten: →Wermut, Zitwer (→Santonin).

beige [beːʃ, frz.], sandfarben, gelblich grau.

Beigeladener, Recht: →Beteiligter.

Beigeordneter, ein vom Gemeindeparlament auf Zeit gewählter, haupt- oder ehrenamtlich tätiger, für bestimmte Verw.-Bereiche zuständiger Beamter.

Beignet [bɛˈɲɛ, frz.] der, Fettgebackenes, Krapfen, auch Gemüse oder Früchte in Teighülle.

Beihai, Hafenstadt im autonomen Gebiet Guangxi Zhuang, China, 230 000 Ew.; seit 1984 für ausländ. Ind.-Investitionen ausgewiesene Sonderzone; Versorgungsbasis für Offshore-Erdölförderung.

Beihilfe, 1) allg.: finanzielle Unterstützung (bes. für Beamte); Stipendium.
2) Strafrecht: die wissentl. Hilfeleistung zur Begehung einer vorsätzl. und rechtswidrigen Straftat (§ 27 Abs. 1 StGB). Die Strafe richtet sich nach der für die Haupttat geltenden Strafandrohung, ist jedoch zu mildern. – Das österr. StGB behandelt die B. wie die Täterschaft (§ 12 StGB). Das schweizer. Recht (Art. 25 StGB) gleicht dem dt. Recht.

Bei Jiang [- dʒ-; chin. »Nordfluss«], **Peikiang,** Fluss in der südchin. Prov. Guangdong, 468 km lang, schiffbar, vereinigt sich westl. von Kanton mit dem Xi Jiang zum →Perlfluss.

Beijing [-dʒ-], Hptst. der Volksrep. China, →Peking.

Beil, Werkzeug zum Behauen und Nacharbeiten von Holzstücken, Fleisch u. a.; hat im Ggs. zur →Axt einen kürzeren Stiel und wird nur mit einer Hand geführt.

Beilackierung, Verfahren, um insbes. bei der Autoreparaturlackierung die Schadensstelle »unsichtbar« zu machen. Dabei wird von der Schadensstelle verlaufend in die angrenzenden Stellen eingespritzt, sodass das Auge eventuelle Farbdifferenzen nicht erkennt.

Beilngries, Stadt im Landkreis Eichstätt, Bayern, am Zusammenfluss von Sulz und Altmühl, 8 700 Ew.; staatlich anerkannter Erholungsort im »Naturpark Altmühltal«. – Gut erhaltene Ringmauer, Pfarrkirche St. Walburga (auf Vorgängerbau 1912/13 errichtet). – 1007 erwähnt, erhielt 1485 Stadtrecht.

Beifuß: Gemeiner Beifuß

Peter Behrens: Turbinenhalle der AEG in Berlin (1909)

Beilstein, Stadt im Landkreis Heilbronn, Bad.-Württ., am SW-Rand der Löwensteiner Berge, 6100 Ew.; Weinbau. – 1304 erstmals als Stadt erwähnt.

Beilstein, Friedrich Konrad, Chemiker, * Sankt Petersburg 17. 2. 1838, † ebd. 18. 10. 1906; Herausgeber des später nach ihm benannten »Hb. der organ. Chemie« (1880–83) für die sicher analysierten organ. Verbindungen (heute vom Beilstein-Inst. in Frankfurt am Main fortgeführt).

Bein [ahd. bein »Bein«, »Knochen«], **1)** *allg.:* Bez. für Knochen, z. B. Nasen-B., oder knochenähnl. Substanzen, z. B. Elfenbein.

2) *Anatomie:* paarige Gliedmaße der Tiere (Gliederfüßer und Wirbeltiere) und des Menschen zur Fortbewegung; bei aufrecht gehenden Tieren und beim Menschen untergliedert in: Oberschenkel, Unterschenkel und Fuß. Beim B. des Menschen besteht der **Oberschenkel** aus dem **Oberschenkelknochen (Femur),** dessen oberes kugeliges Gelenkende in der Hüftgelenkpfanne steckt und dessen unteres Ende mit zwei Gelenkhöckern die obere Gelenkfläche für das →Kniegelenk bildet. Die **Kniescheibe (Patella)** ist als »Sesambein« in die Sehne des Muskels eingelagert, der den Unterschenkel gegen den Oberschenkel streckt. Im **Unterschenkel** liegt nach innen das **Schien-B. (Tibia),** das mit scharfer Kante unter der Haut der Vorderseite des Unterschenkels vorspringt, und nach außen das schlankere **Waden-B. (Fibula).** Das obere Sprunggelenk, die Verbindung mit dem →Fuß, wird von je einem seitl. Fortsatz beider Knochen, den Knöcheln, gebildet, die das Sprungbein gabelförmig umgreifen.

Beiname, dem Eigennamen beigefügter Name zur Kennzeichnung seines Trägers, z. B. Albrecht *der Bär;* aus B. gingen z. T. Familiennamen hervor (→Personenname).

Beinbrech *der,* **Ährenlilie, Narthecium ossifragum,** kleinstaudiges Liliengewächs nordwestdt. Feuchtheiden und Hochmoore; geschützt.

Beingeschwür, Ulcus cruris, geschwüriger Haut-(Epithel-)Defekt an den Unterschenkeln (»offenes Bein«), tritt infolge venöser oder arterieller Durchblutungsstörungen bei Krampfadern, bei schwerer Arterienverkalkung und bes. bei Diabetes mellitus auf.

Beinhaus, der →Karner.

Beinhaut, →Knochen.

Beinhorn, Elly, Sportfliegerin, * Hannover 30. 5. 1907; stellte zw. 1931 und 1936 zahlr. Flugrekorde auf und führte Langstreckenflüge durch; heiratete 1936 den Automobilrennfahrer B. Rosemeyer.

Beinwell [mhd., zu wallen »verheilen«] *der,* **Symphytum,** rauhaarige, staudige Gattung der Borretschgewächse. Die Wurzel der europäisch-westasiat. violett bis weiß blühenden Art **Gemeiner B., Schwarzwurz** (Symphytum officinale), ist Volksarznei.

Beira ['beira], **1)** Landschaft im nördl. Mittelportugal, zw. Douro, Tejo und der Estremadura; umfasst die histor. Provinz B. Alta, eine trockene Rumpfflächenlandschaft mit extensiver Weidewirtschaft und intensivem Ackerbau in den Tälern, die wenig fruchtbare B. Baixa mit Ölbaumkulturen und Schafhaltung sowie die Küstenlandschaft B. Litoral (auch Beiramar), die wirtsch. am besten entwickelt ist; Zentren sind Coimbra und Guarda.

2) Prov.-Hptst. in Moçambique, liegt an sumpfiger Flachküste am Ind. Ozean; 515 900 Ew.; Transithafen für Simbabwe und Malawi; Kabelwerk, Holz- und Juteverarbeitung; Badestrände; internat. Flughafen.

Beirat, beratendes, oft ehrenamtl. Gremium u. a. bei zentralen Dienststellen (wiss. B.), Unternehmen, Schulen (Elternbeirat).

Beiratschaft, in der *Schweiz* die Beschränkung der Handlungsfähigkeit schutzbedürftiger Personen. Die Mitwirkung eines Beirats ist erforderlich zum Abschluss bestimmter Geschäfte (Grundstückskauf, Bürgschaft) und zur Prozessführung (Art. 395 ZGB). Im Rahmen der zurzeit (2006) hängigen Revision des Erwachsenenschutzrechts soll die B. abgeschafft werden. Neu soll es versch. Stufen der Beistandschaft geben. Im dt. Recht →Pflegschaft, →Betreuung.

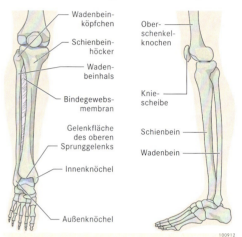

Bein 2): Knochen des Beins von vorn (links) und von außen

Beirendonck ['bɛj-], Walter Van, belg. Modedesigner, * Brecht (Prov. Antwerpen) 4. 2. 1957; betont jugendlich-sportive Mode in grellen Farben unter dem internat. Markennamen »W. & L. T.«.

Beirut, frz. **Beyrouth,** Hptst. Libanons, am Mittelmeer auf einer Halbinsel am Fuß des Libanongebirges, 2,2 Mio. Ew. Im W und S der Stadt leben v. a. Muslime (Sabra und Schatila als Stadtviertel der palästinens. Flüchtlinge, Haret Hreik als Viertel der Schiiten), im O die Christen (Viertel Gemmayze und v. a. Aschrafijeh). B. war als Überseehafen, Station des Weltluftverkehrs, Handelsplatz und Finanzzentrum bis zum Ausbruch des Bürgerkrieges um 1975 eine der wirtschaftlich aktivsten Städte Westasiens sowie kulturelles und religiöses Zentrum: Universitäten, Kunsthochschule, Fachschulen, Bibliotheken, Nationalmuseum; mehrere Bischofssitze. Der Bürgerkrieg (1975–90) in Libanon zw. den versch., auch vom Ausland aus operierenden Gruppen zerstörte große Teile der Stadt und brachte das Wirtschaftsleben zum Erliegen. Seit 1991 wurde verstärkt der Wiederaufbau in Angriff genommen. Die Entwicklung eines völlig neuen Stadtzentrums ab 1995 war fast abgeschlossen, als 2006 der israel. Luftangriff auf B. erfolgte, der zu großen Beschädigungen und Zerstörungen v. a. der südl. Stadtteile und Vororte (u. a. Haret Hreik) sowie der Verkehrsinfrastruktur führte. – B., das alte **Berytos,** war eine phönik. Seestadt, bezeugt seit dem 14. Jh. v. Chr., seit 14 v. Chr. römisch; seit dem 3. Jh. n. Chr. Sitz einer berühmten Rechtsschule. 635 wurde B. von den Arabern, 1110 und 1197 von den Kreuzfahrern erobert; später war es im Besitz der Drusen, seit 1516 türkisch. Infolge der Christenmorde in Damaskus (1860) siedelten sich viele Flüchtlinge in B. an.

Beisasse, im MA. der Städter ohne volles Bürgerrecht.

Beischlaf, bes. im Strafrecht gebräuchl. Begriff für →Geschlechtsverkehr.

Beischlag, 1) *Architektur:* eine dem Hauseingang in Höhe des Erdgeschosses nach der Straße zu vorgelegte kleine Terrasse mit Freitreppe.
2) *Numismatik:* Münznachprägung durch Unberechtigte.

Beisegel, Segel, das nur bei schwachem, günstigem Wind gebraucht wird, z. B. Spinnaker.

Beisel [von jidd. bajis »Haus«], **Beisl,** österr. für Kneipe, kleine einfache Gaststätte.

Beisetzung, →Bestattung.

Bei Shan [- ʃan], **Peischan,** Gebirge in der Prov. Gansu, China, bis 2790 m ü. M.; wüstenhaft; von der alten Seidenstraße überquert.

Beisitzer, neben dem Vors. das Mitgl. eines Gerichts oder einer kollegialen Verw.-Behörde; auch das Mitgl. eines Vereinsvorstands.

Beistand, Person (oder Behörde) zur Unterstützung eines Menschen, der zur Wahrnehmung bestimmter Aufgaben sachkundiger Hilfe bedarf. Im Familienrecht wird das Jugendamt auf Antrag eines sorgeberechtigten Elternteils B. des Kindes für die Aufgaben: Feststellung der Vaterschaft und Geltendmachung von Unterhaltsansprüchen (§§ 1712 ff. BGB); ersetzt die frühere (obligator.) gesetzl. Amtspflegschaft zur Unterstützung der Mütter von nicht ehel. Kindern. Im Prozessrecht ist der B. eine Person, die zur Unterstützung eines Angeklagten oder einer Partei in der Gerichtsverhandlung auftritt. In *Österreich* gab es bis 2001 (§ 269 ABGB) einen B. für Minderjährige zur Bewältigung begrenzter Aufgaben, soweit der Minderjährige nicht durch Eltern oder Vormund vertreten wurde. In der *Schweiz* kann behördlich ein B. ernannt werden zur Vertretung einer Person oder zur Verwaltung eines Vermögens (Art. 392 ff. ZGB).

Beistandskredite, die →Stand-by-Kredite.

Beistrich, Komma (→Satzzeichen, Übersicht).

Beitel, meißelartiges Werkzeug zum Bearbeiten von Holz durch Drücken oder Hammerschläge. Man unterscheidet: Hohl-, Stemm-, Loch- und Stechbeitel.

Beiträge, 1) *allg.:* regelmäßige Zahlungen aufgrund von Mitgliedschaft, z. B. bei Vereinen.
2) *öffentliches Recht:* i. e. S. von einer öffentl. Gebietskörperschaft einseitig festgesetzte Abgaben, die als Gegenleistung für eine besondere öffentl. Leistung erhoben werden, die im Unterschied zu Gebühren nicht einer einzelnen Person, sondern einer Gruppe von Personen zugleich zugute kommen; auf die tatsächl. Inanspruchnahme kommt es nicht an (Erschließungs-B., Anschluss-B., Kurtaxe); i. w. S. auch die Abgaben aufgrund der Zwangsmitgliedschaft in berufsständ. Organisationen (z. B. Industrie- und Handelskammern) und die Sozialversicherungsbeiträge.

Beitragsbemessungsgrenze, in der gesetzl. Renten-, Arbeitslosen-, Kranken- und Pflegeversicherung die Grenze (jährlich neu festgelegt), bis zu der das Bruttoarbeitsentgelt beitragspflichtig ist. Das die B. übersteigende Arbeitsentgelt wird zur Beitragszahlung nicht herangezogen.

Beitragserstattung, die Rückerstattung von Beiträgen in der gesetzl. Rentenversicherung, u. a., wenn die Versicherungspflicht entfällt und das Recht zur freiwilligen Weiterversicherung nicht besteht.

Beitragszeiten, für die →Rentenberechnung wichtige Zeiten, in denen Beiträge gezahlt wurden oder als gezahlt gelten. Hierzu gehören sowohl Pflichtbeiträge aus einer Beschäftigung oder selbstständigen Tätigkeit als auch freiwillige Beiträge. Zu den Pflicht-B. zählen auch Kindererziehungszeiten, Wehr- und Zivildienstzeiten, Zeiten mit Bezug von Vorruhestandsgeld, Lohnersatzleistungen (z. B. Kranken- und Arbeitslosengeld) und Pflegezeiten. Die **beitragsfreien Zeiten,** in denen zwar keine Beiträge gezahlt wurden, die aber dennoch die Rente erhöhen können, gehören ebenfalls zu den rentenrechtl. Zeiten (Anrechnungs-, Ersatz-, Zurechnungszeiten).

Beitreibung, zwangsweise Einziehung von Geldforderungen. Die B. privatrechtl. Forderungen erfolgt durch →Zwangsvollstreckung, die B. öffentlich-rechtl. Forderungen nach den Verwaltungsvollstreckungs-Ges. des Bundes und der Länder, der AO u. a. Vorschriften.

Beitz, Berthold, Industrieller, *Demmin 26. 9. 1913; 1953–67 Generalbevollmächtigter, 1970 bis 1989 Vors. des Aufsichtsrates der Friedrich Krupp GmbH, seit 1967 Vors. des Kuratoriums der Alfried-Krupp-von-Bohlen-und-Halbach-Stiftung.

Beitzger, ein Fisch, →Schmerlen.

Beiwagen, beim Kraftrad →Seitenwagen.

Beiwort, *Rhetorik:* **schmückendes Beiwort, Epitheton ornans,** lobend ausmalender Zusatz (→Redefiguren, Übersicht).

Beiz [von jidd. bajis »Haus«], *schweizer.* für Kneipe, einfaches Gasthaus.

Beize, 1) *Jagdkunde:* Jagd auf Feder- und Haarraubwild mit abgerichteten Greifvögeln, bes. Falken (**Beizfalken**). B. war im MA. in Dtl. sehr gebräuchlich, heute nicht in Steppen Asiens und Afrikas.
2) *Kochkunst:* die →Marinade.
3) *Technik:* →Beizen.

Beizeichen, Bruch, Merkmale an sonst gleichen Wappen zur Kennzeichnung versch. Personen oder Linien eines Geschlechts oder unechter Abstammung: Veränderung der Wappenfarben und Helmzierden, Vermehrung, Verminderung oder Verstümmelung von Figuren.

Beizen, Behandlung von Oberflächen bestimmter Werkstoffe und Verbrauchsgüter mit Lösungen von Säuren, Salzen u. a. (**Beize**) zur Weiterverarbeitung oder zum Verbrauch. Im Ggs. zum →Ätzen erstreckt sich das B. auf die gesamte Oberfläche. Holz wird farbstärker, Leder wird in seinem Fasergefüge lockerer, Metall verliert unerwünschte Oberflächenschichten und bildet Schutz- und Effektschichten; in der Landwirtschaft werden Saatgut (zur Bekämpfung von tier. und pflanzl. Schädlingen) und Tabak (zur Gärungsanregung) gebeizt.

Beja [ˈbeʒa], Distr.-Hptst. in Portugal, 23 400 Ew.; kath. Bischofssitz; wichtiger Agrarmarktort; NATO-Flughafen.

Béja [beˈʒa, frz.], Hptst. des gleichnamigen Governorats in N-Tunesien, 57 200 Ew.; Zentrum eines Agrargebiets (Getreide-, Zuckerrübenanbau); Bahnstation.

Bejaïa [beʒaˈja], bis 1963 **Bougie,** Hptst. des gleichnamigen Wilajats und wichtigster Handelshafen in Algerien, 164 100 Ew.; Ausfuhr von Erdöl, Endpunkt der Erdölleitung von Hassi Messaoud; vielseitige Ind.; Eisenbahnendpunkt; Flughafen.

Béjart [beˈʒaːr], Maurice, eigtl. M. **Berger,** frz. Choreograf, *Marseille 1. 1. 1927; 1960–87 Ballettdirektor in Brüssel. 1987 wurde B. Staatsbürger der Schweiz und gründete 1992 das Béjart Ballet Lau-

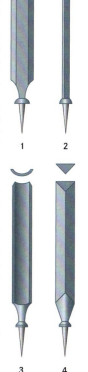

Beitel:
1 Stechbeitel,
2 Lochbeitel,
3 Hohlbeitel,
4 Kantbeitel
(mit Querschnitten)

Maurice Béjart

Georg von Békésy

Harry Belafonte

sanne; 2002 rief er die Ballettschule Rudra Béjart Lausanne ins Leben. Seit 1992 war B. Principal Guest Choreographer an der Dt. Staatsoper Berlin; Hauptvertreter des modernen Balletttheaters. 1993 Auszeichnung mit dem Kunstpreis Praemium Imperiale.

Bekanntmachung, amtliche Bekanntmachung, öffentl. Bekanntgabe behördl. Anordnungen. Gesetze und Verordnungen werden in Gesetz- oder Amtsblättern bekannt gemacht. Eine **öffentl. B.** ist in vielen Fällen gesetzlich vorgesehen, in denen nur Einzelpersonen betroffen sind, z. B. bei Aufgeboten, in Registersachen, bei Patenten und Marken.

Bekassine [frz.] *die,* Art der →Sumpfschnepfen.

Bekehrung, innere Wandlung, Sinnesänderung; im religiösen Sinn die Annahme eines Glaubens oder der Übertritt zu einem anderen Glauben, nicht selten aufgrund (starker) seel. Erschütterungen.

Bekennende Kirche, seit 1934 die Bewegung innerhalb der ev. Kirche Dtl.s, die der nationalsozialistisch bestimmten Haltung der Dt. Evang. Kirche und den von ihr gestützten →Deutschen Christen entgegentrat. Hervorgegangen aus dem von M. Niemöller 1933 in Berlin-Dahlem gegründeten »Pfarrernotbund«, der verfolgte Pfarrer unterstützte, seine Mitgl. zur alleinigen Bindung an die Bibel und die Bekenntnisse verpflichtete und der Sammlung von Laien in »Bekennenden Gemeinden« begann, breitete sich die B. K. in allen Teilen Dtl.s aus. Sie wandte sich auf den Bekenntnissynoden von Barmen (Mai 1934, Barmer Theolog. Erklärung), Dahlem (Okt. 1934) und Augsburg (Juni 1935) insbes. gegen die Abschaffung des A. T. und gegen die Arierparagraphen. Auf der 2. Bekenntnissynode in Dahlem wurde der Notstand der Kirche erklärt, den »Bruderräten« wurden die wichtigsten Aufgaben der Kirchenleitung übertragen. In Bekenntnisfragen erklärte sich die B. K. für allein rechtmäßig und verneinte den Macht- und Rechtsanspruch der Reichskirche. Ihre Haltung wurde vom nat.-soz. Regime als polit. Reaktion verstanden, sie hielt aber trotz Drohungen und Verfolgungen den Widerstand aufrecht und wuchs über die Bedeutung einer rein kirchl. Bewegung hinaus. Nach 1945 wirkte die B. K. führend bei der Neuordnung der →Evangelischen Kirche in Deutschland mit. – Wichtige Persönlichkeiten der B. K. waren die Bischöfe T. Wurm und H. Meiser, Präses Karl Koch (* 1876, † 1951), die Pastoren F. von Bodelschwingh, M. Niemöller, H. Asmussen sowie die Theologen K. Barth und D. Bonhoeffer. (→Kirchenkampf)

Bekenntnis, 1) die dem eigenen Identitätsbewusstsein und zur Abwehr von Irrlehren dienende Zusammenstellung des Glaubensinhalts einer religiösen Gemeinschaft, im Christentum bes. die →ökumenischen Symbole (Glaubens–B.) und sonstigen →Bekenntnisschriften; 2) die Zugehörigkeit zu einer Religionsgemeinschaft (**Konfession**).

Bekenntnisfreiheit, →Glaubens-, Gewissens- und Bekenntnisfreiheit.

Bekenntnisschriften, die für eine religiöse Gemeinschaft grundlegenden Zusammenfassungen ihrer Glaubenslehre. Zu ihnen gehören im Christentum konfessionsübergreifend die drei altkirchl. →ökumenischen Symbole (Glaubensbekenntnisse). In der *kath. Kirche* gelten als B. auch die Beschlüsse der →ökumenischen Konzile. Als eigtl. B. der *Ostkirchen* gelten die Lehrentscheidungen der ersten sieben ökum. Konzile, dann bes. das Glaubensbekenntnis des Petrus Mogila (1640). Die *Kirchen der Reformation* sind einer Reihe von B. verpflichtet: in den luther. Kirchen der →Augsburgischen Konfession, den →Schmalkaldischen Artikeln sowie Melanchthons Schrift »Von der Gewalt und Obrigkeit des Papstes« (mit der →Konkordienformel im Konkordienbuch zusammengefasst); in den ref. Kirchen dem →Genfer Katechismus, der 2. →Helvetischen Konfession, dem →Heidelberger Katechismus u. a.; in der anglikan. Kirche dem →Common Prayer Book.

Bekenntnisschule, →Konfessionsschule.

Békéscsaba [ˈbeːkeːʃtʃɔbɔ], Hptst. des ungar. Bez. Békés, zentraler Ort des südöstl. Ungar. Tieflands, 66 400 Ew.; u. a. Textil- und Lebensmittelind.; Eisenbahnknotenpunkt östlich der Theiß.

Békésy [ˈbeːkeːʃi], Georg von, amerikan. Physiker und Physiologe ungar. Herkunft, * Budapest 3. 6. 1899, † Honolulu 13. 6. 1972; seit 1947 in den USA, erhielt für seine Forschungen zur Physiologie des Gehörs 1961 den Nobelpreis für Physiologie und Medizin.

Beklagter, im Zivilprozess u. ä. Verfahren Gegenpartei des Klägers, gegen die sich eine Klage richtet.

Bekleidungsindustrie, Wirtschaftszweig, der die überwiegend industrielle Herstellung von Bekleidung (ohne Schuhind.) umfasst. Trotz Konzentrationserscheinungen überwiegt in Dtl. der mittelständ. Charakter der Betriebe, die einem starken Konkurrenzdruck durch Niedrigpreisländern (z. B. China, Indien, Bangladesh) ausgesetzt sind. Infolge des internat. Wettbewerbs ist die Bedeutung der dt. B. rückläufig, was sich v. a. in einem Arbeitsplatzabbau niederschlägt.

Bektaschi, Derwischorden in der Tradition des schiit. Islam, entstanden im 13. Jh. in Anatolien und von großem, auch polit. Einfluss im Osman. Reich; in der Türkei 1925 verboten, bestand der Orden v. a. in Albanien fort, wo er sich nach 1990 offiziell rekonstituieren konnte. Die B. fühlen sich nur bedingt an die islam. Pflichtenlehre gebunden, haben zahlr. vorislam. Elemente in die eigene Lehrtradition aufgenommen und ihre religiöse Praxis in einzelnen Teilen der christl. Glaubenspraxis nachgestaltet (rituelle Mahlzeiten, Beichte und Absolution u. a.).

Bel [bel, beːl; nach A. G. Bell] *das,* Einheit für Pegel- und Dämpfungsmaße; meist wird der zehnte Teil (→Dezibel) verwendet.

Bel [babylon. »Herr«], Beiname versch. babylon. Götter, bes. des Marduk, wurde mit seinem Aufstieg zum Reichsgott auch zum »Herren« schlechthin.

Belafonte [belaˈfɔntɪ], Harry, amerikan. Sänger und Filmschauspieler, * New York 1. 3. 1927; wurde v. a. durch seine Calypso-Interpretationen bekannt (»Banana boat song«, »Coconut woman«).

Belagerung, militär. Aktion, um eine →Befestigung oder einen von gegner. Truppen besetzten Ort zu erobern.

Belagerungszustand, Zustand, in dem unter dem Zwang eines Krieges oder innerer Unruhen die bürgerl. Gesetze durch Kriegsgesetze, die Verwaltungs- durch Militärbehörden und die ordentl. Strafgerichte durch Kriegsgerichte ersetzt werden (**Kriegszustand**). Das GG kennt den B. nicht.

Belaja [»die Weiße«] *die,* Name vieler Flüsse in Russland; wichtigster ist der linke Nebenfluss der Kama, 1 430 km, ab Ufa schiffbar.

Belaja Zerkow, ukrain. **Bila Zerkwa,** Stadt im Gebiet Kiew, Ukraine, 200 000 Ew.; Agrarhochschule, Arboretum und Landschaftspark »Alexandrija« (angelegt 1793–99); Maschinenbau, Reifenherstellung. –

Seit 1589 Stadt; im 17./18. Jh. wichtiger Kosakenstützpunkt.

Belarus, Staat in Osteuropa, →Weißrussland.

Belastung, 1) *Bautechnik:* die an Bauwerken wirkenden Kräfte, z. B. Gewichtskräfte, Windkräfte, die sich als Zug, Druck, Biegung, Drehung, Knickung auswirken (können). Zu unterscheiden sind Hauptlasten, d. h. die Summe der unveränderl. Lasten, sowie Zusatzlasten und Sonderlasten, die veränderl. oder bewegl. B. des Bauteils.
2) *Elektrotechnik:* die von einem elektr. Verbraucher in Anspruch genommene Ausgangsleistung einer Spannungs- oder Stromquelle, eines elektr. Bauelements, Geräts (z. B. Verstärker), einer Maschine u. a.
3) *Medizin, Psychologie:* starke körperl. und psych. Beanspruchung durch anhaltende äußere oder innere Aktivität oder Reizeinwirkung (z. B. Muskelarbeit, Konzentrations- und Denkleistung, erbl. B. durch organ. Disposition, Krankheit).
4) *Recht:* die Beschränkung des Eigentums an einem Grundstück durch Hypothek, Erbbaurecht u. a.
5) *Umweltschutz:* die Menge eines verschmutzenden Stoffes, die einem Gewässer oder der Luft innerhalb eines Zeitabschnittes zugeführt wird. Das Bundesimmissionsschutz-Ges. bezeichnet als **Untersuchungsgebiet** (früher **Belastungsgebiet**) ein Gebiet, in dem Luftverunreinigungen auftreten oder zu erwarten sind, die wegen ihrer Häufigkeit und Dauer, ihrer Konzentrationen oder der Gefahr des Zusammenwirkens versch. Immissionen schädl. Umwelteinwirkungen hervorrufen können. In Untersuchungsgebieten sind Art und Umfang von Luftverunreinigungen festzustellen, um u. a. Grundlagen für Abhilfe- und Vorsorgemaßnahmen zu gewinnen.

Belastungselektrokardiografie, Messung der körperl. Leistung unter dosierter Belastung mit einem Fahrradergometer (im Sitzen oder Liegen), insbes. zur Diagnose der koronaren Herzkrankheit.

Belau, Inselstaat im Pazif. Ozean, →Palau.

Belcanto [ital. »schöner Gesang«] *der,* **Belkanto,** Gesangsstil, bes. der ital. Oper des 17.–19. Jh., der um höchste Klangschönheit und Ausgeglichenheit der Stimme bemüht ist.

Bełchatów [bɛu̯'xatuf], Krst. in der Wwschaft Lodz, Polen, 63 200 Ew.; Metall verarbeitende, Textil- und Nahrungsmittelindustrie; Zentrum eines Braunkohlenreviers, Förderung im Tagebau seit 1981; Braunkohlenkraftwerk **Rogowiec** (4 300 MW). – Stadtrecht 1737 bis 1870 und erneut seit 1925.

Belchen *der,* **1)** dritthöchster Berg des Schwarzwaldes, 1 414 m hoch; **2) Großer B.,** frz. **Grand Ballon, Ballon de Guebwiller,** höchste Erhebung der Vogesen, 1 423 m hoch.

Belebtschlammverfahren, Belebungsverfahren, Verfahren der biolog. →Abwasserreinigung.

Beleg, *Buchführung:* Unterlage, die Geschäftsvorgänge dokumentiert (Rechnung, Quittung) und als Beweis bei der ordnungsgemäßen Buchung dient.

Belegexemplar, Belegstück, Exemplar eines Druckwerks, das zum Beweis seines Erscheinens dem Verfasser bzw. den Verfassern und bestimmten Bibliotheken (i. Allg. der zuständigen Landesbibliothek und der Deutschen Nationalbibliothek) zugestellt wird.

Belegschaft, Gesamtheit der Arbeitnehmer eines Unternehmens.

Belegschaftsaktilen, Aktien, die zu Vorzugskonditionen an eigene Mitarbeiter ausgegeben wer-

Belém 1): Torre de Belém (1515–21)

den. Eine Sperrfrist von sechs Jahren ist Voraussetzung für eine steuerl. Begünstigung. So ist der Vorteil beim Erwerb von B. zu einem Vorzugskurs steuerfrei, soweit er nicht höher ist als der halbe Wert der Vermögensbeteiligung und insgesamt 135 € (bis 2003: 154 €) pro Kalenderjahr nicht übersteigt (§ 19 a EStG).

Belehnung, Investitur, die feierliche Übertragung eines Lehens (→Lehnswesen).

Beleidigung, jede vorsätzl. Kränkung der Ehre eines anderen. Sie kann sich gegen einzelne Personen richten und, soweit diese einen einheitl. Willen bilden können, gegen Personengemeinschaften (z. B. Vereine); sie kann durch Worte oder durch Tätlichkeit erfolgen. Das StGB (§§ 185 ff.) unterscheidet: 1) einfache B. (Kundgebung herabsetzender Werturteile), 2) üble Nachrede (Behaupten oder Verbreiten ehrenrühriger, nicht erweislich wahrer Tatsachen), 3) Verleumdung (Behaupten oder Verbreiten unwahrer, ehrenrühriger oder kreditgefährdender Tatsachen wider besseres Wissen), 4) üble Nachrede und Verleumdung gegen Personen des polit. Lebens und 5) Verunglimpfung des Andenkens Verstorbener. Als Strafen sind Geld- oder Freiheitsstrafe vorgesehen. B. ist ein Antragsdelikt. – Das *österr.* StGB belegt die B. gemäß §§ 111 ff. mit Geld- oder Freiheitsstrafe, ebenso das *schweizer.* StGB (Art. 173 ff.).

Beleihung, 1) *Bank- und Börsenwesen:* Krediteinräumung gegen Verpfändung eines Gegenstandes oder Belastung eines Rechtes, z. B. bei Immobilienkrediten (Aufnahme einer Hypothek auf ein Haus). Der **B.-Wert** richtet sich nach dem jederzeit erzielbaren Erlös des B.-Objektes.
2) *Verwaltungsrecht:* Rechtsakt, mit dem an eine Privatperson (natürl. oder jurist. Person des Privatrechts) die Befugnis übertragen wird, im Staatsauftrag im eigenen Namen hoheitl. Verwaltungsaufgaben wahrzunehmen; erfolgt unmittelbar durch Ges. oder

aufgrund eines Ges. Beliehene sind z.B. bestimmte Prüfingenieure, Sachverständige beim TÜV.

Belém [beˈlẽj], **1)** Stadtteil von Lissabon; Wohnsitz des Präs.; der Torre de B. (1515–21), direkt an der Tejomündung, diente dem Schutz der Einfahrt in den Hafen von Lissabon (er war zeitweilig auch Staatsgefängnis); der Turm sowie das nahe gelegene Hieronymitenkloster (wahrscheinlich um 1502–72) wurden im Emanuelstil erbaut (beide UNESCO-Weltkulturerbe). – Abb. S. 457

2) Hptst. des brasilian. Bundesstaates Pará, im Mündungsgebiet des Amazonas, am Mündungstrichter von Rio Pará und Rio Tocantins, 1,33 Mio. Ew.; Sitz vieler staatl. Institutionen; Univ.; Erzbischofssitz; Hauptexporthafen und Handelsplatz für Produkte der Sammelwirtschaft Amazoniens; bed. Industriezentrum; internat. Flughafen. – 1616 von Portugiesen als Fort gegründet.

Belemniten [zu griech. bélemnos »Geschoss«], im Tertiär ausgestorbene Kopffüßer, verwandt mit den Tintenfischen. Das Rostrum, ein kegelförmiger Teil seiner Kalkschale (bis 0,5 m lang), häufig in Jura- und Kreideablagerungen, heißt im Volksmund **Donnerkeil** oder **Teufelsfinger.**

Beletage [bɛlɛˈtaːʒə; frz. »schönes Stockwerk«] *die,* Hauptgeschoss eines herrschaftl. Gebäudes, meist über dem Erdgeschoss gelegen.

Beleuchtungsmesser, →Luxmeter.

Beleuchtungsstärke, Formelzeichen E, E_v, SI-Einheit: Lux (lx); das Verhältnis des senkrecht auf eine Fläche fallenden Lichtstromes zur Fläche. Die B. ist eine wichtige fotometr. Größe zur Bewertung von Beleuchtungsanlagen. Die entsprechende Strahlungsgröße ist die →Bestrahlungsstärke.

Beleuchtungstechnik, →Lichttechnik.

Belfast, Hptst. von Nordirland, 268 000 Ew.; Mittelpunkt der Region und des Distr. B. (110 km^2); anglikan. und kath. Bischofssitz; kulturelles Zentrum mit Univ. (gegr. 1908), mehreren Museen, Theater und Oper; Erdölraffinerie, Schiff- und Flugzeugbau, Tabak-, Textil-, Lebensmittelind.; Seehafen, Flugplatz. – B. entstand bei einer wohl Ende des 12. Jh. erbauten norman. Burg, erlangte 1613 Stadtrechte und entwickelte sich im 17./18. Jh. zum Handelszentrum für NO-Irland; 1920 wurde B. Sitz der Verw.-Behörden Nordirlands.

Belfort [bɛlˈfɔːr], Stadt im N-Teil der Burgund. Pforte, im Tal der Savoureuse, Verw.-Sitz des Dép. Territoire de Belfort, 52 500 Ew.; Textil-, elektron. Ind., Maschinenbau. – Die Herrschaft B. im Sundgau kam im 12. Jh. an die Grafschaft Pfirt, mit dieser im 14. Jh. an die Habsburger, 1648 an Frankreich. Vauban baute B. 1687 zum Schutz der Burgund. Pforte (Trouée de B.) zur Festung aus. 1870/71 wurde diese von den Deutschen belagert; sie ergab sich erst nach dem Fall von Paris. Im Ersten und Zweiten Weltkrieg war sie ein wichtiges strateg. Hindernis.

Belfried, frz. **Beffroi,** Turm, bes. der Glockenturm der flandr. Städte des MA.; auch Bez. für den →Bergfried.

Belgard (Persante), Stadt in Polen, →Białogard.

Belgen, die nordgall. Stämme zw. Seine und Rhein, kelt., z. T. german. Abkunft. Die bedeutendsten waren die Bellovaker, Nervier, Aduatuker, Eburonen, Suessionen, Remer, Viromanduer, Ambianer, Atrebaten, Moriner und Menapier.

Belgern, Stadt im Landkreis Torgau-Oschatz, Sachsen, am Rand der Dahlener Heide und am linken Ufer der Elbe, 5 200 Ew.; Fleischverarbeitung, Steinzeugkeramik. – Der alte Stadtkern mit Bartholomäuskirche (1509–12) und Rathaus (1575, erneuert 1661) mit Rolandsfigur (1610) steht unter Denkmalschutz.

Belgica, röm. Provinz in Nordgallien, benannt nach den Belgen; Hptst. war Reims.

Belgi|en, amtl. frz. **Royaume de Belgique,** niederländ. **Koninkrijk België,** dt. **Königreich B.,** konstitutionelle Monarchie in W-Europa, grenzt im NW an die Nordsee, im N an die Niederlande, im O an Dtl., im SO an Luxemburg, im S und W an Frankreich.

Staat und Recht

Nach der Verf. vom 7. 2. 1831 (mehrfach, zuletzt 2004, geändert) ist B. eine konstitutionelle Monarchie, erblich im Hause Sachsen-Coburg. Mit der Staatsreform von 1993 wurden der Übergang vom Zentral- zum Bundesstaat vollzogen sowie die Kompetenzen der Regionen und Gemeinschaften erweitert. Staatsoberhaupt und Oberbefehlshaber der Streitkräfte ist der König. Er ernennt die Mitgl. des Kabinetts und verfügt über ein formales Vetorecht. Die Reg. unter Vorsitz des Premiermin. (vom König ernannt) ist dem Zweikammerparlament, bestehend aus Senat (71 Mitgl.) und Abgeordnetenhaus (150 Abg.), jeweils auf 4 Jahre gewählt, verantwortlich. Das Parteiensystem ist neben den polit. Gegensätzen vom Sprachkonflikt zw. Flamen und Wallonen geprägt. Die urspr. fläm. und wallon. Flügel der großen Parteien wurden zu selbstständigen Parteien: bei den Christdemokraten die Christen-Democratisch en Vlaams Partij (CD & V; bis 2001 Christelijke Volkspartij, CVP) und das Centre Démocrate Humaniste (CDH; bis 2002 Parti Social Chrétien, PSC), bei den Sozialisten die fläm. Sociale Progressief Alternatif (SP. A; bis 2001 Socialistische Partij, SP) und die frankofone Parti Socialiste (PS), bei den Liberalen die Vlaamse Liberalen en Demokraten (VLD) und die Parti Réformateur Libéral (PRL), bei den Grünen die GROEN (bis Ende 2003 Anders Gaan Leven – De Vlaamse Groenen, AGALEV) und die Écologistes confédérés pour l'Organisation de Luttes Originales (ÉCOLO). Daneben spielen u. a. der Vlaams

Belfast
Stadtwappen

Belgien

Belgien

Belang (VB, 2004 gegründete Nachfolgepartei des Vlaams Blok; fläm. Rechtsextreme), der Front National (FN; frankofone Rechtsextreme) und die Nieuw-Vlaamse Aliantie (N-VA; bis 2001 Volksunie, VU) eine Rolle. – Seit dem Föderalisierungs-Ges. von 1980 B. in 3 Regionen (Flandern, Wallonien und Brüsseler Region), 3 Gemeinschaften (flämisch-, französisch- und deutschsprachige) sowie 4 Sprachgebiete (das niederländ., das frz., das dt. und das zweisprachige Brüsseler Gebiet) gegliedert. Die Gemeinschaften und Regionen verfügen über eigene legislative und exekutive Körperschaften.

Landesnatur

Drei Großlandschaften prägen B.: Hinter der rd. 65 km langen Nordseeküste erstreckt sich das flandr. Tiefland (Nieder-B.); hier folgen landeinwärts einem bis 30 m hohen Dünenzug ein schmaler Marschensaum und von Sanden oder Löss bedeckte Geest, ein welliges bis hügeliges Gelände. In Mittel-B. schließen sich die von der Schelde und ihren Nebenflüssen entwässerten Lösslehmplatten an (Brabant, Haspengau, Hennegau). Im Gebiet südlich von Sambre und Maas (Hoch-B.) liegen die Ardennen (höchste Erhebung: Botrange mit 694 m im Hohen Venn) und ihr Vorland. Steile Schichtstufen leiten am S-Rand der Ardennen zum Pariser Becken über. Das Klima ist ozeanisch: wintermild, sommerkühl und feucht; im NO machen sich kontinentale Züge bemerkbar.

Bevölkerung

Sie lebt zu rd. 57,9 % im fläm. (Niederländisch sprechenden) Norden, zu rd. 32,5 % im wallon. (Frz. sprechenden) Süden. Die Sprachgrenze verläuft knapp südlich der Städtelinie Kortrijk–Ronse–Halle–Brüssel–Löwen–Tongern. Auf die dt.-sprachige Bev., die im Gebiet von Eupen und Sankt Vith wohnt, entfällt ein Anteil von 0,7 % der Gesamtbevölkerung. Die Region Brüssel mit rd. 9,6 % der Ew. ist eine zweisprachige Insel im fläm. Sprachgebiet. Die Bev.-Dichte ist in den Ardennen dünn, im Maastal und in Flandern hoch. – Rd. 83 % der Bev. sind Christen (ganz überwiegend [rd. 81 %] Katholiken). Nicht christl. Religionsgemeinschaften bilden die Muslime (rd. 360 000) und die Juden (rd. 33 000). – Es besteht allg. Schulpflicht im Alter von 6 bis 18 Jahren.

Wirtschaft und Verkehr

Wichtigster Wirtschaftszweig ist die verarbeitende, stark exportorientierte Ind., die bes. in den dicht bevölkerten fläm. Landesteilen im N konzentriert ist: Eisen- und Stahlind., Metall verarbeitende, feinmechan., opt., elektrotechn. Ind., Maschinen- und Fahrzeugbau, Glas-, Textil-, chem., petrochem., pharmazeut., Baustoff-, Papier-, Schuh-, Nahrungsmittel- und Genussmittelind., Diamantschleifereien. Einziger bedeutsamer Rohstoff war die Kohle. Sie war die Grundlage der wallon. Ind.-Gebiete, die sich von Lüttich über Charleroi bis zur frz. Grenze hinziehen. Seit Mitte der 1970er-Jahre wurde die wallon. Wirtschaft durch die Schließung von Steinkohlenbergwerken sehr geschwächt und verlor gegenüber der aufstrebenden Wirtschaft Flanderns (v. a. Raum Antwerpen) an Bedeutung. Mittlerweile sind sämtliche Zechen geschlossen. – Die in ihren Hektarerträgen hoch entwickelte Landwirtschaft deckt rd. vier Fünftel des Nahrungsmittelbedarfs des Landes, beschäftigt aber weniger als 2 % der Erwerbstätigen und erbringt rd. 1 % des Bruttoinlandsprodukts. Angebaut werden Getreide (v. a. Weizen und Braugerste), Kartoffeln, Futter- und Zuckerrüben, Flachs und Gemüse, außerdem bestehen Obstkulturen sowie Rinder- und Schweinezucht. – Sowohl bei der Einfuhr als auch bei der Ausfuhr erreichen Fahrzeuge und Fahrzeugteile, Maschinen, Metalle und Metallwaren, Chemikalien, Kunststoff- und Gummiwaren sowie Textilien hohe Werte. Einen großen Umfang besitzt die Einfuhr von Erzen, Kohle, Öl und Erdgas. – Haupthandelspartner sind die Niederlande, Dtl., Frankreich, Großbritannien und die USA. B. gehört zu den →Beneluxländern. – Das Verkehrsnetz ist eines der dichtesten der Erde (2003: 3 521 km Eisenbahnstrecken, 2002: 15 688 km Autobahnen, Regional- und Provinzialstraßen, 2001: 1 557 km Binnenwasserwege. Größter Seehafen ist Antwerpen; weitere Seehäfen bestehen in Zeebrugge, Ostende und Gent. Internat. Flughäfen haben Brüssel, Antwerpen, Lüttich, Charleroi, Ostende. Nat. Fluggesellschaft war bis 2001 SABENA.

Fläche: 30 528 km²
Einwohner: (2006) 10,511 Mio.
Hauptstadt: Brüssel
Verwaltungsgliederung: 10 Provinzen und die Region Brüssel
Amtssprachen: Französisch, Niederländisch und Deutsch
Nationalfeiertag: 21. 7.
Währung: 1 Euro (EUR, €) = 100 Cent
Zeitzone: MEZ

Flagge

Wappen

B
internationales Kfz-Kennzeichen

Belgien: Regionen und Sprachgebiete

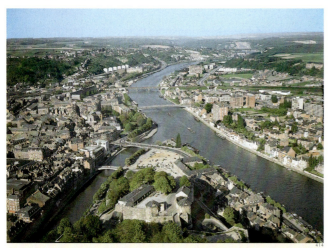

Belgien: Namur im Maastal, Blick über die Zitadelle auf die Stadt

Geschichte

Der Name B. geht zurück auf die Bez. der röm. Provinz (Gallia) Belgica, in der die keltisch-german. Belgen siedelten (57–51 v. Chr. von Caesar unterworfen). Zur Zeit der Völkerwanderung drangen fränk. Gruppen (v. a. sal. Franken) in den N ein. Seit dem 5. Jh. Teil des Fränk. Reichs, fielen die Gebiete des heutigen B. (bis auf Flandern) 880/925 an das Ostfränk. Reich, ab 1384 nach und nach an das Herzogtum →Burgund und mit diesem 1477 an die Habsburger (1556 an deren span. Linie). Nachdem die nördl. →Niederlande 1648 ihre Unabhängigkeit erlangt hatten, verblieb der südl. Teil, das spätere B., bei Spanien und kam nach dem Span. Erbfolgekrieg (1701–13/14) an die österr. Habsburger. Nach kurzzeitiger Unabhängigkeitserklärung der »Vereinigten Belg. Staaten« (1790) wurde das Gebiet 1794 von Frankreich besetzt. Der Wiener Kongress bildete 1815 aus den nördl. und südl. Niederlanden das Königreich der Vereinigten Niederlande. Der tiefe Gegensatz der beiden Landesteile führte 1830 in Brüssel zur »Septemberrevolution« (Unabhängigkeitserklärung B.s am 4. 10. 1830); 1831 wurde Prinz Leopold von Sachsen-Coburg zum König der Belgier gewählt. Die Londoner Konferenz der europ. Großmächte legte am 6. 10. 1831 die Trennung B.s und der Niederlande und die Neutralität B.s fest. Im Londoner Vertrag vom 19. 4. 1839 erkannten auch die Niederlande die Unabhängigkeit B.s an. König Leopold I. (1831–65) gewann trotz der parlamentar. Reg.-Form starken Einfluss. Der ab Mitte des 19. Jh. aufbrechende Gegensatz zw. Wallonen und Flamen (sog. Sprachenstreit) entwickelte sich zunehmend zu einem innenpolit. Grundproblem. Die →Flämische Bewegung widersetzte sich der Vorherrschaft der frz. Sprache und Kultur und erreichte die Anerkennung des Flämischen als zweite Schul-, Amts- und Gerichtssprache (Gesetze von 1873, 1878 und 1888). 1881–85 erwarb Leopold II. (1865 bis 1909) den Kongostaat als fakt. Privatbesitz, musste diesen aber nach internat. Kritik an dem dort eingerichteten menschenverachtenden Ausbeutungssystem (»Kongogräuel«) 1908 dem belg. Staat übergeben.

Im Ersten Weltkrieg wurde B. unter Bruch seiner Neutralität mit Ausnahme eines kleinen Teils von Flandern 1914–18 von Dtl. besetzt (Verw. durch dt. Generalgouverneure). Mit dem Vertrag von Versailles erhielt B. die preuß. Kreise Eupen, Malmedy und Sankt Vith sowie das Mandat des Völkerbundes über die ehem. dt.-ostafrikan. Gebiete Ruanda und Urundi; seine Neutralität wurde aufgehoben. B. schloss sich danach eng an Frankreich an (1919 Verteidigungsbündnis). Nach Einführung des allg. Wahlrechts verloren 1919 die Klerikalen ihre bisherige Parlamentsmehrheit; sie regierten fortan mit den Liberalen, zeitweise auch mit den Sozialisten. 1922 wurde die belgisch-luxemburg. Währungs- und Wirtschaftsunion abgeschlossen, der flämisch-wallon. Gegensatz durch Sprachengesetze gemildert (1932–38). Auf den tödlich verunglückten Albert I. (1909–34) folgte Leopold III., der 1936 das Bündnis mit Frankreich löste. Im Zweiten Weltkrieg wurde B. erneut von dt. Truppen besetzt (1940–44). Die faschist. Rexbewegung unter L. Degrelle arbeitete eng mit der dt. Militärverw. zusammen. Während sich die Reg. unter H. Pierlot ins Exil nach London begab, blieb Leopold III. als Kriegsgefangener in Belgien; er musste 1951 endgültig zugunsten seines Sohnes Baudouin I. abdanken. Nach dem Zweiten Weltkrieg schloss B. eine Zoll- und Währungsunion mit Luxemburg und den Niederlanden, trat 1948 dem Brüsseler Vertrag und 1949 der NATO bei; es war Gründungsmitgl. der Montanunion, der EWG und von EURATOM. 1960 wurde die Kolonie Belgisch-Kongo überstürzt in die Unabhängigkeit entlassen (heute Demokrat. Rep. Kongo), wobei belg. Politiker, Unternehmer und Militärs in der Folgezeit weiterhin auf die Entwicklung des Landes Einfluss zu nehmen versuchten (Verstrickung von Geheimdienstmitarbeitern in die Ermordung des ersten kongolesischen Min.-Präs. P. Lumumba). 1962 erfolgte die Freigabe von Ruanda (als Rwanda) und Urundi (als Burundi) in die Unabhängigkeit.

Seit Beginn der 1960er-Jahre stand das innenpolit. Leben ganz im Zeichen des Sprachenstreits; er dominierte die Probleme der Reg.-Bildung und verknüpfte sich oft mit ökonom. und sozialen Fragen. Vor diesem Hintergrund konnten die sprachlich orientierten Parteien, v. a. die fläm. »Volksunie« (gegr. 1954) und das wallon. »Rassemblement Wallon« (gegr. 1968; mit dem »Rassemblement Populaire Wallon« und dem »Front Indépendantiste Wallon« 1985 zum Parti Wallon zusammengeschlossen), eine wachsende Bedeutung erlangen. Es kam darüber hinaus zur Trennung der großen Parteien in selbstständige fläm. und wallon. Organisationen. Von der gesetzl. Festlegung der Sprachgrenze zw. dem Niederländischen und Französischen (1962) über die Regionalisierung (1970) und Föderalisierung (1980) führte der Umbau des urspr. unitarischen belg. Staates bis zur endgültigen Umwandlung in einen Bundesstaat durch die Verf.-Reformen von 1988 und 1993.

Nach 1945 wurde B. von wechselnden Koalitionskabinetten regiert, deren Premiermin. meist die Christdemokraten (→Christliche Volkspartei) stellten: u. a. G. Eyskens (1949–50, 1958–61, 1968–72), T. Lefèvre (1961–65), L. Tindemans (1974–78), W. Martens (1979–92 [mit Unterbrechung 1981]), J.-L. Dehaene (1992–99). Die Unzufriedenheit der Bev. mit der christlich-sozialist. Reg.-Koalition (seit 1988) ließ bei den Wahlen seit 1991 den rechtsextremen Vlaams Blok (gegr. 1979) erstarken, aber auch die Grünen wurden zu einer wichtigen polit. Kraft.

Nach dem Tod König Baudouins am 31. 7. 1993 bestieg sein jüngerer Bruder als Albert II. den Thron.

belgische Literatur

In den 1990er-Jahren wurde B. immer wieder von innenpolit. Krisen erschüttert, so von der bis in höchste polit. Kreise reichenden Bestechungsaffäre des ital. Agusta-Konzerns (»Agusta-Affäre«, daraufhin 1994/95 Amtsniederlegung mehrerer sozialist. Min. und 1995 Rücktritt des belg. NATO-Generalsekretärs W. Claes, der im Dez. 1998 wegen Korruption verurteilt wurde), außerdem von mehreren Justiz- und Polizeiskandalen (u. a. »Dutroux-Affäre« 1996–98), die heftige Proteste der Bev. (»Weißer Marsch« im Okt. 1996), mehrere Ministerrücktritte (1998) und die Vereinbarung einer Reform des Polizei- und Justizapparates nach sich zogen. Im Juli 1999 bildete der fläm. Liberale G. Verhofstadt eine Reg.-Koalition aus Liberalen, Sozialisten und Grünen, die nach den Parlamentswahlen im Mai 2003 (ohne die Grünen) fortgesetzt wurde. Ende Juni 2001 wurden den drei belg. Regionen per Verf.-Änderung größere Kompetenzen zugesprochen. Im März 2002 verabschiedete die Reg. einen Ges.-Entwurf zum langfristigen Ausstieg aus der Atomenergienutzung (bis spätestens 2025).

belgische Kunst, die Kunst Belgiens seit seiner Selbstständigkeit (1830); über die vorhergehende Zeit →niederländische Kunst. – In der Architektur herrschte der frz. Klassizismus in zunehmend barocker Abwandlung vor: T. F. Suys in Brüssel, L. Roelandt (Univ. und Justizpalast in Gent, 1846), P. Bourla in Antwerpen, J. P. Cluysenaar in Brüssel. Der Justizpalast in Brüssel, von J. Poelaert erbaut (1866–83), suchte die Wirkung machtvoller Repräsentation zu erreichen. H. van de Velde hatte maßgebenden Anteil an der Entstehung des Jugendstils und der modernen Baukunst, die durch V. Bourgeois, L. Stijnen, L. Kroll sowie J. Crepain (Loft Crepain, 1995–97, und Masterplan für die Stadt Antwerpen, 2001–02) wesentlich geprägt wurde. – In der von frz. Vorbildern ausgehenden Bildhauerkunst verband sich realist. mit barock

belgische Kunst: Guillaume Bijl, Freiluftinstallation »Sculpture trouvée« (1987)

bewegter Gestaltung. C. Meunier heroisierte in realist. Figuren den arbeitenden Menschen. G. Minne schuf Gestalten von zart verinnerlichtem Ausdruck, die den Expressionismus bes. in Dtl. beeinflussten. Unter den Plastikern der Gegenwart sind zu nennen P. Caille, R. D'Haese, P. Bury. – Die Historienmalerei des 19. Jh. orientierte sich zunächst an J. L. David und E. Delacroix, so v. a. G. Wappers und N. de Keyser, auf sachlichere Art H. Leys. A. Wiertz malte monumentale Bilder mit Schreckensszenen. Unter den Grafikern ragte F. Rops hervor, unter den Landschaftsmalern F. Courtens und A. Baertson. Bilder aus dem Leben der Bauern und Armen malte E. Laermans. Der Symbolist J. Ensor war ein Vorläufer des Expressionismus, zu dessen Malern in Belgien bes. C. Permeke gehörte. F. Masereel wurde durch seine Grafik bekannt, die v. a. zeit- und sozialkrit. Themen behandelt. Die bekanntesten Surrealisten Belgiens sind R. Magritte und P. Delvaux. 1945 bildete sich die avantgardist. Gruppe »Jeune Peinture Belge«. Einen wesentl. Beitrag zur abstrakten Kunst leisteten G. Vantongerloo, Mitgl. der Stijl-Gruppe, und P. Alechinsky, Mitbegründer der Gruppe →Cobra. Der informellen Malerei widmet sich M. Wyckaert, M. Broodthaers war ein Vertreter der Concept-Art, während Panamarenko utopisch-techn. Konstruktionen entwirft. Seit 1980 arbeiten in Belgien u. a. G. Bijl, T. de Cordier und J. Fabre, die sich mit raumgreifenden Objektinstallationen und ästhet. Verfremdungen beschäftigen. In jüngerer Zeit erlebte die gegenständl. Malerei einen Aufschwung (L. Tuymans). Mit Videoarbeiten erlangte u. a. D. Claerbout international Aufmerksamkeit.

belgische Kunst: René Magritte, »Der Schlüssel der Felder« (1933; Madrid, Palacio Villahermosa)

belgische Literatur, die in Belgien in frz. Sprache und in niederländ. Sprache in Flandern (fläm. Lit.) geschriebenen literar. Werke; zudem Literatur in wallon. Mundart.

Flämische Literatur: Als fläm. Lit. wird die Lit. in niederländ. Sprache bezeichnet, die seit dem 13. Jh. in →Flandern entstand und die sich nach der Vertreibung der Spanier (Achtzigjähriger Krieg, 1568–1648) allmählich gegenüber dem Nordniederländischen oder »Holländischen« als eigenständige Variante entwickelte. Seit der 2. Hälfte des 17. Jh. und v. a. nach der frz. Eroberung (1794) hatte sich die fläm. Lit. gegen die Französisierung des fläm. Lebens zu behaupten. In den Jahren des Vereinigten Königreichs der Niederlande (1815–30) und mit der Gründung des belg. Staates (1830) setzte eine Wiedergeburt der fläm. Lit. ein (→ niederländische Literatur). Die Romantik stand im Zeichen der → Flämischen Bewegung; diese Zeit war bes. von J. F. Willems, den Lyrikern K. L. Ledeganck, P. von Duyse bestimmt, danach traten u. a. H. Conscience, G. Gezelle, A. Rodenbach hervor.

Die Jahre des Impressionismus und Naturalismus (1875–1915) waren geprägt von der Erneuerung (Ztschr. »Van Nu en Straks«, 1893 gegr.) und der Verbundenheit mit der Fläm. Bewegung. Führend waren die Lyriker P. van Langendonck, der Kultur- und Kunsthistoriker A. Vermeylen sowie K. van de Woestijne. Im Naturalismus wurzeln die Erzählungen von C. Buysse und S. Streuvels. Weitere Erzähler: F. Timmermans, E. Claes, H. Teirlinck.

Der Expressionismus fand Widerhall bei P. A. van Ostaijen, W. Moens, K. van den Oever, Schlichtheit kennzeichnet die Werke von M. Roelants und R. Minne. 1930–40 meldete sich eine neue Generation zu Wort: J. Daisne, M. Coole, K. Jonkheere, R. Verbeeck, in der Prosa W. Elsschot, G. Walschap, F. de Pillecijn, M. Gijsen, A. Demedts, M. Gilliams; abseits stand der Hymniker und Essayist C. Verschaeve.

Nach dem Zweiten Weltkrieg konzentrierte sich das literar. Leben um Zeitschriften. In den letzten Jahrzehnten setzten sich in der Prosa, neben älteren Erzählern, die unbürgerlich eingestellten P. L. Boon und P. van Aken mit pessimist. Darstellungen des Arbeiterlebens durch, ferner: J. Daisne, I. Michiels. Neuere Lyriker: H. Claus (auch Dramatiker und Romancier), H. C. Pernath, P. Snoek. Experimentelle Romane schrieb P. de Wispelaere; ihm nahe stehen W. Roggeman und L. Veydt. Nach 1970 debütierten als Prosaschriftsteller P. Koeck und Monika van Paemel, ferner L. Pleysier, S. Hertmans, H. Brusselmans, P. Hoste u. a., als Lyriker J. 't Hooft und L. Nolens. Wichtige Autoren der 1980/90er-Jahre sind zudem die Dichter Dirk van Bastelaere und Erik Spinoy sowie die Prosaisten Kristien Hemmerechts, Tom Lanoye und Peter Verhelst.

Literatur in französischer Sprache: Die b. L. frz. Sprache ist – unabhängig von der Gründung des selbstständigen Staates Belgien (1830) – bis in die Gegenwart eng mit der frz. Lit. verbunden. Zwar waren und sind Schriftsteller aus Belgien in der Wahl ihrer Stoffe oft heim. Traditionen verpflichtet (C. de Coster), doch folgen sie den großen literar. Strömungen Frankreichs. Bekannte belg. Autoren des Symbolismus sind A. Mockel, É. Verhaeren, M. Maeterlinck und G. Rodenbach, den Naturalismus vertrat C. Lemonnier, zu den Surrealisten gehörte F. Hellens. Erfolgreiche Dramatiker waren (im Umkreis des Expressionismus) F. Crommelynck und M. de Ghelderode. In viele Sprachen übersetzt wurden die psychologisch fundierten Kriminalromane von G. Simenon. Die Vielseitigkeit der neueren b. L. mit ihren Widersprüchen und ihrer Infragestellung der eigenen Identität zeigt sich im Roman u. a. bei A. Bosquet de Thoran, C. Detrez, P. Mertens, J.-P. Otte und F. Weyergans, in der Lyrik u. a. bei J. Crickillon, C. Hubin und J.-P. Verheggen, im Drama u. a. bei J. de Decker, P. Willems und J. Louvet. Bes. populär sind seit den 1990er-Jahren die von schwarzem Humor geprägten Romane Amélie Nothombs.

Belgrad
Stadtwappen

Belgisch-Kongo, ehemalige belg. Kolonie in Afrika, → Kongo (Demokrat. Republik).

Belgorod, Gebietshauptstadt in Russland, am oberen Donez, 344 000 Ew.; Univ., Ingenieur- u. a. Hochschulen; Maschinenbau und Metallverarbeitung (u. a. Kraftwerksanlagen), Baustoffind., in der Nähe Kalkabbau. – 993 gegründet, seit 1593 Stadt.

Belgorod-Dnjestrowski, ukrain. **Bilhorod-Dnistrowskyi,** früher türk. **Akkerman,** rumän. **Cetatea Albă,** Hafenstadt am Dnjestr-Liman, in Bessarabien, Ukraine, 52 000 Ew.; medizin. Gerätebau, Fischverarbeitung, Weinkellereien. – B.-D. war im Altertum griech. Kolonie (Tyras), im MA. venezianisch und genuesisch, seit 1484 türkisch, seit 1812 russisch, 1918–40 und 1941–44 rumänisch; gehörte 1940–41 und ab 1944 zur Ukrain. SSR.

Belgrad, serb. **Beograd,** Hptst. der Rep. Serbien, an der Mündung der Save in die Donau, 1,12 Mio. Ew., in der Agglomeration etwa 1,57 Mio. Ew.; polit., wirtsch. und kulturelles Zentrum Serbiens; Sitz des Patriarchen der serbisch-orth. Kirche und eines kath. Erzbischofs; zwei Univ., TH, Theater, Nationalbibliothek, Akademien, Museen; Kernforschungszentrum, Observatorien und weitere Forschungsinstitute, botan. Garten. B. ist industrielles Zentrum des Landes, u. a. Maschinen-, Fahrzeug- und Schiffbau, elektrotechn., Nahrungsmittel-, Textil- und pharmazeut. Ind.; seit etwa 2002 Wachstum der Wirtschaft v. a. durch den Bau-, Immobilien- und Dienstleistungssektor, internat. Messen, bedeutender Verkehrsknotenpunkt mit Donauhafen und internat. Flughafen. – B. besitzt nur wenige histor. Bauten, darunter die Festung Kalemegdan (mehrfach umgebaut; erhaltene Bauten aus dem 18. Jh.) und das ehem. Königl. Schloss (1882). – B., das röm. **Singidunum,** gehörte seit dem 7. Jh. nacheinander Awaren, Bulgaren, Byzantinern und Serben (ab 1284); die Festung Kalemegdan war seit 1426/27 ungar. Grenzfestung gegen die Türken, 1521 wurde B. von Sultan Suleiman II. erobert (1688–90, 1717–39 und 1789–91 von Österreich besetzt). Im 19. Jh. entwickelte sich B. zum Mittelpunkt Serbiens (seit 1842 faktisch Hptst.); die Festung behielt noch bis 1867 eine türk. Besatzung. 1919/21 wurde B. Hptst. des späteren Jugoslawien. Durch Luftangriffe der NATO (→ Kosovo) wurden zw. dem 24. 3. und 10. 6. 1999 Militär- und Infrastruktureinrichtungen der Stadt zerstört.

Belgrader Konferenz, Konferenz der → blockfreien Staaten vom 1. bis 6. 9. 1961; forderte u. a. die Unabhängigkeit der noch unter Kolonialherrschaft stehenden Völker, die Beseitigung des wirtsch. Ungleichgewichts zw. den entwickelten und unterentwickelten Ländern, allgemeine kontrollierte Abrüstung, die Wiederherstellung der Rechte der arab. Bev. in → Palästina sowie eine friedl. Lösung der Berlin- und Deutschlandfrage.

Belial [hebr. »Bosheit«], Name des Teufels oder Antichrists (2. Kor. 6, 15).

Belichtung, Exposition, allg. der Vorgang, bei dem eine fotograf. Schicht einer Strahlung ausgesetzt wird, für die die Schicht empfindlich ist; im Besonderen das Produkt aus Beleuchtungsstärke und Einwirkungszeit beim Fotografieren. Es entsteht ein unsichtbares (latentes) Bild. Zu schwache Belichtung heißt **Unterbelichtung,** zu reichliche **Überbelichtung.**

Belichtungsautomatik, Vorrichtung an fotograf. Kameras, die in Abhängigkeit von Motivhelligkeit und Filmempfindlichkeit die Verschlusszeit und/oder Blende einstellen. Bei der **Blitzautomatik** entscheidet das Gerät aufgrund der Belichtungsmessung, ob ein Blitz gezündet wird oder nicht.

Belichtungsmesser, Messgerät zur Ermittlung der richtigen →Belichtung, das die vom Aufnahmegegenstand her auf die Kamera auffallende Strahlung (Objektmessung, Messung der Leuchtdichte) misst und die Filmempfindlichkeit berücksichtigt. Die **fotoelektr. B.** besitzen einen →Fotodetektor in Verbindung mit einem elektr. Messinstrument. Die Kameras haben meist einen eingebauten B., der i. d. R. Teil einer →Belichtungsautomatik ist. Bei der v. a. bei Spiegelreflexkameras übl. **Innenmessung** trifft das durch das Objektiv tretende Licht auf den eingebauten B. (TTL-Messung, von engl. through the lens). Messmethoden sind 1) Integralmessung: Ausmessung des gesamten Bildfeldes; 2) Mittelwertbildung unter stärkerer Berücksichtigung der Bildmitte; 3) Punkt- oder Spotmessung: Messung nur in der (meist für das Motiv wichtigsten) Bildmitte; 4) Zonenmessung: Berücksichtigung nur der unteren Bildhälfte, da oben meist der »unwichtigere« Himmel liegt; 5) CLC-Verfahren (von engl. contrast light compensator): Messung an zwei Motivpunkten und Mittelwertbildung. – Bei kinematograf. Aufnahmen misst man häufig mit **Beleuchtungsmessern** das auf das Objekt fallende Licht (Licht- oder Subjektmessung), um den Kontrastumfang zu ermitteln.

Belinda, ein Mond des Planeten Uranus.

Belinski, Wissarion Grigorjewitsch, russ. Literaturkritiker und Philosoph, * Sveaborg (heute zu Helsinki) 11. 6. 1811, † Sankt Petersburg 7. 6. 1848; gehörte zum Kreis der →Westler; forderte eine sozialkrit. Literatur und verhalf dieser Richtung in Russland zu einer lange währenden Vorherrschaft; wirkte durch seine Literaturkritiken und Briefe nachhaltig auf die russ. Intelligenz.

Belisar, Feldherr Kaiser Justinians I., * Germania (thrakisch-illyr. Grenze) um 505, † Konstantinopel März 565; zerschlug 533/534 das nordafrikan. Wandalenreich, kämpfte 535–540 und 544–548 gegen die Ostgoten und 541/542 gegen die Perser, verteidigte 559 Konstantinopel gegen die Hunnen. B. war 542 und ab 562 vorübergehend in Ungnade. Sein zweiter Sturz wird in der volkssprachlich-griech. B.-Dichtung behandelt.

Belitung, Billiton, indones. Insel zw. Sumatra und Borneo, 4 833 km²; Hauptort ist Tanjungpandan; Abbau von Zinnerz.

Belize [engl. bəˈliːz, span. beˈlise], Staat in Zentralamerika, an der O-Küste der Halbinsel Yucatán, grenzt im O und N an das Karib. Meer, im NW an Mexiko, im W und S an Guatemala.

Staat und Recht

Nach der Verf. vom 21. 9. 1981 ist B. eine parlamentar. Monarchie im Commonwealth. Staatsoberhaupt ist der brit. Monarch, vertreten durch einen Gen.-Gouv. Die Exekutive liegt bei der Reg. unter Vorsitz des Premiermin., die Legislative bei der Nationalversammlung, bestehend aus Senat (13 Mitgl. [seit 2005], vom Gen.-Gouv. ernannt) und Abgeordnetenhaus (29 Abg., auf 5 Jahre direkt gewählt). – Wichtigste Parteien: People's United Party (PUP) und United Democratic Party (UDP).

Landesnatur

B. hat Anteil am von Sümpfen durchsetzten karib. Küstentiefland. Der lagunenreichen Küste sind viele Inseln und Korallenriffe vorgelagert. Im zentralen S

Fläche: 22 966 km²
Einwohner: (2005) 279 500
Hauptstadt: Belmopan
Verwaltungsgliederung: 6 Distrikte
Amtssprache: Englisch
Nationalfeiertage: 10. 9., 21. 9.
Währung: 1 Belize-Dollar (Bz$) = 100 Cent (c)
Zeitzone: MEZ −7 Std.

Flagge

Wappen

BH
internationales Kfz-Kennzeichen

ragen mit den Maya Mountains (Victoria Peak, bis 1 160 m ü. M.) Ausläufer des zentralamerikan. Grundgebirges herein. Die Halbinsel Yucatán wird von einem Kalkhügelland eingenommen. Das Klima (subtropisch im N, tropisch im S mit zunehmenden Niederschlägen; Wirbelstürme) steht unter dem Einfluss des Nordostpassats. Der größte Teil des Landesinnern ist von trop. Regenwald bedeckt.

Bevölkerung

Die Bev. besteht aus 49 % Mestizen (Maya-Spanier), 11 % Indianern (Maya), 25 % Kreolen (englischsprachige Schwarze und Mulatten), 6 % Garifunas (Mischbev. aus Kariben und Nachkommen von Negersklaven) und 4 % Weißen. Über 90 % der Bev. sind Christen, davon rd. zwei Drittel Katholiken. – Es besteht allg. Schulpflicht im Alter von 6 bis 14 Jahren. Die Alphabetisierungsrate liegt bei (2004) 77 %.

Wirtschaft und Verkehr

Von der exportorientierten Landwirtschaft (v. a. Plantagenwirtschaft) leben rd. 27 % der Bev.; sie erbringt rd. 23 % des Exportwerts; ausgeführt werden bes. Zucker, Bananen, Zitrusfrüchte, Kleidung, Fische, Schalentiere, Holz (bes. Mahagoni). Der Tourismus hat sich in jüngerer Zeit zum Hauptdevisenbringer entwickelt. – Das Straßennetz mit einer Länge von rd. 2 900 km besteht hauptsächlich aus 4 Fernverbindungen. Bei der Stadt Belize internat. Flughafen.

Geschichte

Das Land war urspr. Siedlungsgebiet der Maya, wurde 1862 brit. Kolonie (Britisch-Honduras), erhielt 1964 innere Autonomie, seit 1973 unter dem Namen B.; es wurde 1981 in die Unabhängigkeit entlassen. Die UDP und die PUP lösten sich seitdem in der Reg.-Verantwortung ab. Seit 1998 regiert die PUP, die auch die Wahlen von 2003 gewann. Premiermin. ist S. W. Musa. Das benachbarte Guatemala, das das Territorium von B. für sich beansprucht, erkannte den Staat erst 1991 an.

Alexander Bell mit einem Prototyp des Telefons, wie es 1876 auf der Weltausstellung in Philadelphia vorgestellt wurde

Belize [engl. bəˈliːz, span. beˈlise], Hafenstadt am Golf von Honduras, Belize, 84 200 Ew.; Sägewerke; Haupthafen des Landes; 16 km nordwestl. internat. Flughafen. – Mitte des 17. Jh. von brit. Siedlern gegr., bis 1970 Hptst. von Britisch-Honduras; 1961 durch Hurrikan und Springflut fast völlig zerstört, Wiederaufbau ab 1964.

Bell, 1) Alexander Graham, britisch-amerikan. Erfinder, *Edinburgh 3. 3. 1847, †bei Baddeck (Nova Scotia, Kanada) 2. 8. 1922; wanderte 1870 nach Kanada aus und wurde 1873 Prof. für Stimmphysiologie an der Univ. Boston. B. entwickelte aus dem Telefon von A. S. G. Meucci das erste brauchbare, von T. A. Edison durch Verwendung des Kohlemikrofons verbesserte Telefon (1876 zu Unrecht patentiert; →Meucci). Sein Verdienst ist die großtechn. Umsetzung der Erfindung. B. gilt somit als »Vater der Telefonie«, obwohl P. Reis schon 1861 Töne auf elektr. Weg übertragen konnte. Aus der 1877 gegründeten **B. Telephone Company** ging 1885 die →American Telephone and Telegraph Company hervor.

2) Andrew, schott. Geistlicher und Pädagoge, *Saint Andrews (Schottland) 27. 3. 1753, †Cheltenham 27. 1. 1832; entwickelte in Indien eine Methode, bei der sich die Schüler als »Monitoren« (ähnlich wie bei J. Lancaster) gegenseitig unterrichten (Monitorsystem).

3) Daniel, amerikan. Soziologe, *New York 10. 5. 1919; von großem Einfluss durch seine Werke über die sozialen Konflikte in der postindustriellen Gesellschaft.

4) George, brit.-anglikan. Theologe, *Hayling Island (Cty. Hampshire) 4. 2. 1883, †Canterbury 3. 10. 1958; (ab 1929) Bischof von Chichester; war führend in der ökumen. Bewegung tätig; trat 1942 mit Vertretern der dt. Widerstandsbewegung (D. Bonhoeffer) in Verbindung und verschaffte vielen Juden Asyl in Großbritannien.

Belladonna [italien. »schöne Frau«] *die*, die Schwarze →Tollkirsche.

Bella gerant alii, tu, felix Austria, nube! [lat. »Kriege mögen andere führen, du, glückl. Österreich, heirate!«], Hexameter eines König Matthias I. Corvinus von Ungarn zugeschriebenen Distichons, das sich auf die Heiratspolitik der Habsburger bezieht.

Bellagio [belˈlaːdʒo], Kurort in der Lombardei, Prov. Como, Italien, am Comer See, 219 m ü. M., 3 000 Einwohner.

Bellamy [ˈbeləmɪ], Edward, amerikan. Journalist und Sozialreformer, *Chicopee Falls (Mass.) 26. 3. 1850, †ebd. 22. 5. 1898. Sein oft übersetzter utop. Roman »Ein Rückblick aus dem Jahr 2000 auf das Jahr 1887« (1888), der eine Lösung der Frage der materiellen und polit. Ungleichheit der Menschen versuchte, führte zur Bildung der **B.-Clubs**, die B.s soziale Ideen zu verwirklichen suchten.

Bellarmino, Roberto, ital. kath. Theologe und Kirchenlehrer, Jesuit, *Montepulciano 4. 10. 1542, †Rom 17. 9. 1621; seit 1599 Kardinal, 1602–05 Erzbischof von Capua; legte mit seinem Hauptwerk »Disputationes de controversiis christianae fidei...« (1586–93; dt. »Streitschriften über die Kampfpunkte des christl. Glaubens«) die erste umfassende Auseinandersetzung mit dem Protestantismus seitens der kath. Theologie vor. – Heiliger, Tag: 17. 9.

Bellatrix [lat. »Kriegerin«], Stern 2. Größe im Sternbild →Orion.

Belle-Alliance, La [la bɛlaˈljɑ̃s], Gehöft bei Brüssel, →Waterloo.

Belle Époque [bɛleˈpɔk; frz. »schöne Epoche«] *die*, in Frankreich etwa die Zeit von 1890 bis 1914, trotz innenpolit. Krisen gekennzeichnet durch äußeren Frieden, zunehmenden Wohlstand durch Modernisierung von Industrie und Technik, Verkehr und Wohnkultur sowie durch Betonung des gesellschaftl. Lebens, der leichten Vergnügungen auf Bällen, Redouten, in Theatern und bei Pferderennen. Die B. E. wurde getragen vom mittleren und gehobenen Bürgertum, das den Adel in wichtigen Positionen in Staat und Gesellschaft ablöste.

Belle-Île [bɛˈlil], die größte der breton. Inseln, Dép. Morbihan, Frankreich, 90 km², mit mächtigen Steilküsten; Hauptort ist Le Palais (2 400 Ew.); Fremdenverkehr, Fischerei.

Bellerophon, *griech. Mythologie:* Heros aus Korinth, Bändiger des Flügelrosses Pegasus. Auf diesem reitend, tötet B. die →Chimäre. Bei dem Versuch, mit Pegasus zum Olymp zu fliegen, stürzen ihn die Götter hinab und strafen ihn mit Wahnsinn.

Belletristik [zu frz. belles-lettres »schöne Wiss.en«] *die*, alle Lit. (vom Roman bis zum Essay), die nicht zur wiss. oder philosoph., Sach- und Fachlit. zählt.

Bellevue [bɛlˈvyː; frz. »schöner Blick«] *das*, seit dem Barock beliebter Name von Lustschlössern.

Belling, Rudolf, Bildhauer, *Berlin 26. 8. 1886, †München 9. 6. 1972; emigrierte 1937 nach Istanbul, kehrte 1966 nach Dtl. zurück; wandte sich in seinem Frühwerk (»Dreiklang«, 1919) und nach 1949 hauptsächlich abstrakter Gestaltung zu.

Bellingen, Bad, →Bad Bellingen.

Bellingshausen, Fabian Gottlieb von, russ. Admiral, *Insel Saaremaa (Estland) 20. 9. 1778, †Kronstadt (bei Sankt Petersburg) 25. 1. 1852; leitete

Rudolf Belling: Kopf in Messing (1925; Berlin, Nationalgalerie)

1819–21 die erste russ. Südpolarfahrt und umsegelte dabei das antarkt. Festland auf höherer Breite als J. Cook; entdeckte hier Inseln in dem nach ihm benannten **Bellingshausenmeer.**

Bellini, ital. Malerfamilie in Venedig, wichtige Vertreter:

1) Gentile, * Venedig um 1430, † ebd. 1507, Sohn von 3); malte Porträts, so von Sultan Mohammed II. (1480; London, National Gallery), in dessen Dienst er 1479–81 in Konstantinopel stand, und große vielfigurige Legendendarstellungen. – *Weitere Werke:* Prozession auf dem Markusplatz (1496; Venedig, Galleria dell'Accademia); Wunder des hl. Kreuzes (um 1500; ebd.).

2) Giovanni, gen. Giambellino, * Venedig zw. 1430 und 1436, † ebd. 29.11.1516, Sohn von 3); Hauptmeister der venezian. Frührenaissance, Schüler seines Vaters und seines Schwagers A. Mantegna; schuf formklare Altar- und Andachtsbilder mit malerisch-weicher Harmonie in der Farbgebung. – *Werke:* Marientriptychon (1488; Venedig, Frari-Kirche); Doge Leonardo Loredan (um 1501/02; London, National Gallery); Sacra Conversazione (1505; Venedig, San Zaccaria).

3) Jacopo, * Venedig um 1400, † ebd. vor dem 25.11.1471, Vater von 1) und 2); außer wenigen Gemälden sind von ihm viele Zeichnungen erhalten (Architekturdarstellungen, Landschaften u. a.).

Bellini, Vincenzo, ital. Komponist, * Catania 3.11.1801, † Puteaux (Dép. Hauts-de-Seine) 23.9.1835; beherrschte mit seinem ausdrucksvoll melod. Werken neben G. Rossini und G. Donizetti die Opernbühne. Seine bekanntesten Opern sind »Die Nachtwandlerin« (1831), »Norma« (1831), »Die Puritaner« (1835).

Bellinzona, Hauptort des schweizer. Kt. Tessin, 16 500 Ew. (Bellenzer); am Tessin und an der Gotthardbahn; Kultur- und Verkehrsmittelpunkt der ital. Schweiz; Museen, Kantonsbibliothek, Staatsarchiv; Holz verarbeitende und Papierind. – Kirchen mit bed. Fresken. – B., dt. **Bellenz,** Ende des 6. Jh. erstmals erwähnt, stand bis Ende des 13. Jh. unter der Herrschaft der Bischöfe von Como, kam später in den Besitz der Herzöge von Mailand und stand von 1500 bis 1798 unter der Herrschaft der Kantone Uri, Schwyz und Unterwalden, deren Zwingburgen, u. a. Castello Grande (12. Jh., Ausbau 1242, UNESCO-Weltkulturerbe) die Stadt überragen.

Bellman, Carl Michael, schwed. Dichter, * Stockholm 4.2.1740, † ebd. 11.2.1795; verband in seinen Liedern virtuose Sprachkunst, Realistik, Daseinsfreude, burlesken Humor und Verzweiflung; sie erschienen gesammelt in »Fredmans Episteln« (1790) und »Fredmans Gesänge« (Bibeltravestien, 1791).

Bellmer, Hans, dt.-frz. Zeichner und Grafiker, * Kattowitz 13.3.1902, † Paris 9.2.1975; schuf erot. Zeichnungen und Plastiken in surrealist. Formgebung; konstruierte in den 1930er-Jahren fetischartige »Puppen«.

Belloc [ˈbelək], Hilaire, engl. Schriftsteller, * La Celle-Saint-Cloud (Dép. Yvelines) 27.7.1870, † Guildford (Cty. Surrey) 16.7.1953. B.s Lyrik und Essays waren witzig und geistreich. Seine aus kath. Sicht verfasste »Geschichte Englands« (4 Bde., 1925–31) ist umstritten.

Bellotto, Bernardo, ital. Maler und Radierer, * Venedig 30.1.1721, † Warschau 17.11.1780; Neffe und Schüler von G. A. Canal, dessen Beinamen »Canaletto« er übernahm; stilistisch seinem Lehrer ähnlich, aber mit gedämpfter Farbgebung.

Giovanni Bellini: Der Doge Leonardo Loredan (nach 1501; London, National Gallery)

Bellovaker, lat. **Bellovaci,** ein Stamm der →Belgen mit dem Hauptort Bellovaci (heute Beauvais).

Bellow [ˈbeləʊ], Saul, amerikan. Schriftsteller, * Lachine (bei Montreal) 10.7.1915, † Brookline (Mass.) 5.4.2005; schuf mit seinen naturalist. und kulturkrit. Romanen und Novellen (»Die Abenteuer des Augie March«, 1953; »Herzog«, 1964; »Humboldts Vermächtnis«, 1975) Charakterstudien vornehmlich amerikan. Juden im Milieu der Großstadt; schrieb auch Erzählungen und Dramen (»Die letzte Analyse«, 1965). 1976 Nobelpreis für Literatur. – *Weitere Werke: Romane:* Der Regenkönig (1959); Mr. Sammlers Planet (1970); Mehr noch sterben an gebrochenem Herzen (1987); Ravelstein (2000). – *Erzählungen:* Bellarosa Connection (1989); Die einzig Wahre (1998).

Belluno, 1) Prov. in Italien, in der Region Venetien, 3 678 km², 211 500 Einwohner.

2) Hptst. von 1), in den Ostalpen, am Piave; 35 400 Ew.; Bischofssitz; Textil-, Möbelind.; landwirtsch. Handelszentrum. – Dom (16. Jh.). – Das antike **Bellunum** war einer der Hauptorte der Veneter, im MA. Herzogtum, später Grafschaft.

Belmondo, Jean-Paul, frz. Filmschauspieler, * Neuilly-sur-Seine 9.4.1933; wurde bekannt durch »Außer Atem« (1960) und war Star der Nouvelle Vague. – *Weitere Filme:* Eva und der Priester (1961); Cartouche, der Bandit (1962); Der Löwe (1988); Das unheiml. Haus (auch u. d. T. Der Unbekannte, 1992).

Belmopan [belˈməʊpaːn], seit 1970 Hptst. von Belize, im Landesinneren, 12 300 Ew. – Seit 1966 errichtet.

Belo, Carlos Filipe Ximenes, kath. Theologe, Salesianer, * Baucau (Osttimor) 3.2.1948; 1980 zum Priester geweiht; 1983–2002 Apostol. Administrator der osttimor. Diözese Dili (seit 1988 im Rang eines Bischofs), seit 2004 Missionar in Moçambique; erhielt 1996 (zus. mit J. →Ramos-Horta) den Friedensnobelpreis für seinen Einsatz für eine gerechte und friedl. Lösung des Konflikts in Osttimor.

Belo Horizonte [bɛloriˈzɔnti], Hptst. des brasilian. Bundesstaates Minas Gerais, 2,31 Mio. Ew.; zwei Univ., Erzbischofssitz; in einem wichtigen Agrargebiet und einem der größten Eisenerzlager der Erde gelegen mit bed. Eisen- und Stahlind., Zement-, Textilu. a. Ind.; internat. Flughafen.

Belopolski, Aristarch Apollonowitsch, russ. Astronom, * Moskau 1.7.1854, † Pulkowo 16.5.1934; ab 1888 Mitarbeiter, 1917–19 Direktor des Pulkowo-Ob-

Vincenzo Bellini

Saul Bellow

servatoriums; bed. Arbeiten bes. zur Sonnenforschung und Sternspektroskopie.

Belorezk, Stadt in Baschkortostan, Russland, an der Belaja im Südl. Ural, 69 700 Ew.; Eisenmetallurgie (Hüttenwerk). – 1762 gegr., war 1773/74 Zentrum des Pugatschow-Aufstandes.

Belorussland, →Weißrussland.

Below [-'lɔf], Wassili Iwanowitsch, russ. Schriftsteller, *Timonicha (Gebiet Wologda) 23. 10. 1932; schilderte als Vertreter der »Dorfprosa« in Erzählungen v. a. das nordruss. Dorfleben (»Sind wir ja gewohnt«, 1966). Der Roman »Vorabende« (2 Tle., 1971–77) behandelt die blutigen Klassenkämpfe der Jahre 1928–32.

Belsazar [griech. aus aramäisch »schütze sein Leben«], im A. T. der letzte König von Babylon, dem durch das →Menetekel der baldige Untergang des Reiches verkündet wurde (Dan. 5). – Dieses Ereignis ist Gegenstand eines Oratoriums von G. F. Händel (1745) und einer Ballade von H. Heine (1822).

Beltsee, flacher, buchtenreicher Teil der Ostsee, das Übergangsgebiet zum Kattegat, zw. Dänemark, Dtl. und Schweden. Zum Kattegat führen außer dem Sund im O die Meeresstraßen **Kleiner Belt** (zw. Fünen und Jütland, an der engsten Stelle nur 700 m breit), über den zwei Brücken führen (seit 1935 bzw. 1970), und **Großer Belt** (zw. Fünen und Seeland, 15–30 km breit, Fährverkehr). Zw. den beiden Küsten des Letzteren wurden die Eisenbahn- und Straßenbrücke (6,6 km lang) zw. Fünen und der Insel Sprogø (1994 eröffnet) sowie zw. Sprogø und Seeland (1997 eröffnet) und ein Eisenbahntunnel (7,4 km lang) gebaut. Eine Hängebrücke für den Autoverkehr (6,8 km lang), die Seeland mit dem dän. Festland verbindet, wurde 1998 fertiggestellt.

Belucha *die,* höchster Berg (Doppelgipfel) im Russ. Altai, 4 506 m ü. M., vergletschert.

Belüftung, 1) *Lüftungstechnik:* →Lüftung.
2) *Umwelttechnik:* Eintrag von Sauerstoff in Gewässer durch natürl. Aufnahme aus der Luft, durch Produktion von Sauerstoff durch grüne Pflanzen oder durch künstl. B., z. B. durch Wehre, Kaskaden, Turbinen-B., Düsenbelüfter.

Belutschen, Volk mit iran. Sprache in Belutschistan, kleine Gruppen auch in NO-Iran, Turkmenistan (um Mary) und Indien; etwa 4,5 Mio. B.; Muslime (Sunniten). Sie sind überwiegend Hirtennomaden, die sesshaften B. treiben Ackerbau.

Belutschistan, engl. **Baluchistan,** die von den Belutschen bewohnten Gebirgslandschaften im SO des Hochlands von Iran; im Sulaimangebirge bis über 3 000 m ü. M. ansteigend. Der W gehört zu Iran, der O zu Pakistan, der N zu Afghanistan. Das Klima ist subtropisch-trocken. Die Landwirtschaft ist auf Bewässerung angewiesen (Anbau von Weizen, Gerste, Hirse, Obst); hinzu kommt die Zucht von Schafen, Ziegen und Kamelen. Vorkommen von Erdöl und Erdgas, Kohle, Chromerzen sind nachgewiesen. Der iran. Teil gehört zur Prov. Sistan und Belutschistan, 178 431 km², 2,22 Mio. Ew. mit der Hptst. Zahedan. Die pakistan. Prov. B. umfasst 347 190 km² mit 7,7 Mio. Ew. (hauptsächlich Belutschen und Pathanen), ihre Hptst. ist Quetta. – Zunächst lose abhängig von Persien, gehörte B. 1595–1638 zum Mogulreich. In der 2. Hälfte des 18. Jh. war es praktisch unabhängig. Nach 1795 bemächtigte sich Persien des westl. Teils, 1876 kam der Rest an Britisch-Indien.

Belvedere [ital. »schöner Blick«] *das,* Aussichtspunkt mit schöner Fernsicht, auch ein dort errichtetes Bauwerk, wie der im 15. Jh. erbaute, nach Plänen Bramantes im 16. Jh. umgestaltete Flügel des Vatikans in Rom, in dem antike Bildwerke aufgestellt wurden (Apollo vom B., Belvederischer Torso). Das erste B. nördlich der Alpen ist das Lustschloss in Prag (1538–63), das bekannteste das von J. L. von Hildebrandt für Prinz Eugen geschaffene Gartenpalais in Wien (»Unteres B.«, 1714–16; »Oberes B.«, 1721–23).

Bely ['bjɛlij], Andrei, eigtl. Boris Nikolajewitsch **Bugajew,** russ. Schriftsteller, *Moskau 26. 10. 1880, †ebd. 8. 1. 1934; war Mystiker und Symbolist, schrieb Gedichte und Romane (»Die silberne Taube«, 1909; »Petersburg«, 1913/14); auch Autobiografisches, u. a. »Ich, ein Symbolist« (entstanden 1928).

Bełżec ['bɛu̯ʒɛts], Gem. in der Wwschaft Lublin, Polen. – Im Nov. 1941 begann der Bau eines nat.-soz. Vernichtungslagers, in dem 1942 etwa 600 000 Personen, v. a. Juden aus dem SO Polens, durch Motorabgase ermordet wurden (Zahlenangaben schwanken; Mindestzahl: 390 000 Todesopfer).

Belzig, Krst. des Landkreises Potsdam-Mittelmark, Bbg., am N-Rand des Hohen Fläming, 11 700 Ew. in 14 Ortsteilen; Heilquellenkurbetrieb. – Pfarrkirche (13. Jh.), Burg Eisenhardt (1161 urkundlich erwähnt).

Bema [griech.] *das,* in den Ostkirchen der erhöhte Raum für die Geistlichkeit; auch Kanzel, Altar.

Bembo, Pietro, ital. Humanist und Dichter, *Venedig 20. 5. 1470, †Rom 18. 1. 1547. Seine in lat. Sprache geschriebenen Schriften sind kaum bekannt, seine Werke in ital. Sprache dagegen, v. a. die »Rime« (1530) und »Prose della volgar lingua« (1525), haben die Entwicklung der ital. Dichtung stark beeinflusst und die Grundlage für die grammat. Normierung der Literatursprache geliefert.

Bemelmans ['beɪməlmænz], Ludwig, amerikan. Schriftsteller und Illustrator österreichisch-dt. Abkunft, *Meran 27. 4. 1898, †New York 1. 10. 1962; schrieb humorist. Romane und Erzählungen (»Hotel Splendid«, 1941; »Alle Jahre wieder«, 1954) sowie selbst illustrierte Kinderbücher.

Bemessungsgrundlage, →Steuerbemessungsgrundlage.

bémol [frz.], Bez. für das Erniedrigungszeichen (♭) in der Notenschrift.

Ben, Teil hebr. und arab. Namen mit der Bedeutung »Sohn von« oder »Enkel von«.

Benacerraf [benaˈsɛrɑːf], Baruj, amerikan. Mediziner venezolan. Herkunft, *Caracas 29. 10. 1920; erhielt 1980 mit G. D. Snell und J. Dausset für Arbeiten zur Transplantationsimmunologie den Nobelpreis für Physiologie oder Medizin.

Baruj Benacerraf

Benaco, weniger gebräuchl. Name für den →Gardasee.

Ben Ali, Zine el-Abidine, tunes. General und Politiker, *Sousse 3. 9. 1936; führendes Mitgl. der Demokrat. Verfassungsbewegung (RCD); war u. a. 1958–74 Chef des militär. Abwehrdienstes, ab 1984 verantwortlich für nat. Sicherheit, ab 1986 Innen-Min.; verfolgte einen harten Kurs gegen den islam. Fundamentalismus; setzte als Min.-Präs. (Okt.–Nov. 1987) im Nov. 1987 Staatspräs. H. Bourguiba ab und übernahm dessen Amt (1989, 1994, 1999 und 2004 durch Wahl bestätigt).

Zine el-Abidine Ben Ali

Benares, früherer Name der Stadt →Varanasi.

Benatzky, Ralph, österr. Komponist, *Mährisch-Budwitz (heute Moravské Budějovice) 5. 6. 1884, †Zürich 16. 10. 1957; schrieb neben Chansons v. a. Operetten, u. a. »Im weißen Rössl« (1930), »Meine Schwester und ich« (1930).

Benavente, Jacinto, span. Dramatiker, * Madrid 12. 8. 1866, † ebd. 14. 7. 1954; schrieb meist satir. Dramen (u. a. »Der tugendhafte Glücksritter«, 1907; »Die frohe Stadt des Leichtsinns«, 1916) mit teils realist. Gesellschaftsschilderungen, aber auch mit symbolist. Zügen. 1922 Nobelpreis für Literatur.

Ben Bella, Ahmed, alger. Politiker, * Marnia (heute Maghnia) 25. 12. 1919 (nach anderen Angaben 1916); 1954 führend am Aufstand gegen die frz. Herrschaft beteiligt, 1956–62 in frz. Haft, war ab 1962 Min.-Präs. und Gen.-Sekr. der FLN, ab 1963 Staatspräs.; wurde 1965 durch Militärputsch gestürzt, stand bis 1979 unter Hausarrest, ging danach ins Exil, gründete dort 1984 die »Bewegung für die Demokratie in Algerien« und kehrte 1990 nach Algerien zurück.

Bench [bentʃ; engl. »Bank«] *die,* im angloamerikan. Recht allg. der Sitz für Personen mit amtl. Eigenschaft, bes. im brit. Parlament die Abgeordnetenbank, v. a. die dem Parteiführer und seinen wichtigsten Mitarbeitern vorbehaltene vorderste Sitzreihe. Im Gericht ist B. der Sitz des Richters; von daher übertragen auf die Richterschaft selbst. Als **B. and Bar** wird der engl. Juristenstand bezeichnet.

Benchmark [ˈbentʃmɑːk; engl.] *die,* Maßstab, Richtgröße für den Vergleich von Leistungen. Im *Bank- und Börsenwesen* neutraler Bezugspunkt zur Beurteilung des Anlageerfolgs eines Spezialfonds oder Vermögensverwalters, der i. d. R. entsprechend den Anlagezielen des Kunden festgelegt wird. Die B. definiert ein Vergleichs- bzw. Referenzportfolio, anhand dessen die Performance des tatsächl. Portfolios bewertet werden kann.

Benchmarkanleihe [ˈbentʃmɑːk-], **Referenzanleihe,** Anleihe mit großem Emissionsvolumen, die aufgrund der Bonität ihres Emittenten (meist ein Staat), ihrer Konditionen und ihrer Liquidität am Anleihemarkt repräsentativ ist und für andere Emittenten Referenzcharakter hat.

Benchmarking [ˈbentʃmɑːkɪŋ; engl.] *das,* in den USA entwickeltes Instrument des strateg. →Controllings und der Marktanalyse, bei dem die Wertschöpfungsprozesse, Managementpraktiken sowie Produkte oder Dienstleistungen mit Konkurrenzunternehmen (**Wettbewerbs-B.**), Unternehmen anderer Branchen (**Branchen-B.**) oder zw. Geschäftseinheiten des eigenen Unternehmens (**internes B.**) verglichen werden. Ziel ist, Leistungsdefizite zur Benchmark (Marktführer, der als Vergleichsmaßstab dient) aufzudecken und Anregungen für Verbesserungen zu gewinnen.

Benchmark-Programm [ˈbentʃmɑːk-, engl.], *Informatik:* Programm zur Leistungsbewertung von Computern oder Computerbestandteilen. Bewertet wird meist die Geschwindigkeit, manchmal auch die Zuverlässigkeit und Präzision der Aufgabenbearbeitung.

Ben-Chorin, Schalom, früher Fritz **Rosenthal,** Journalist, Schriftsteller und Religionswissenschaftler, * München 20. 7. 1913, † Jerusalem 7. 5. 1999; zahlr. Publikationen zu jüd.-christl. Themen, einer der Wegbereiter der jüd.-dt. Verständigung und des jüd.-christl. Dialogs.

Benda, 1) Ernst, Jurist und Politiker (CDU), * Berlin 15. 1. 1925; 1957–71 MdB, 1968/69 Bundesinnenmin., war 1971–83 Präs. des Bundesverfassungsgerichts.

2) Franz, Violinist und Komponist, * Alt-Benatek (getauft Neu-Benatek, Böhmen, 22. 11.) 1709, † Neuendorf (bei Potsdam) 7. 3. 1786, Bruder von 3); seit 1733 Mitgl. der Kapelle des preuß. Kronprinzen (Friedrich II.).

3) Georg, Komponist, * Alt-Benatek (getauft Neu-Benatek, Böhmen, 30. 6.) 1722, † Köstritz 6. 11. 1795, Bruder von 2); seit 1742 Violinist der königl. Kapelle in Berlin, 1750–78 Hofkapellmeister in Gotha; Melodrama »Ariadne auf Naxos« (1775).

Bender, Hans, Schriftsteller, * Mühlhausen (Rhein-Neckar-Kreis) 1. 7. 1919; bis 1980 Herausgeber der literar. Ztschr. »Akzente«; schrieb in unpathet. Sprache Romane über zeitnahe Themen (»Eine Sache wie die Liebe«, 1954; »Wunschkost«, 1959), Gedichte, Erzählungen und Autobiografisches; auch Herausgeber. – *Weitere Werke: Erzählungen, Kurzgeschichten:* Das wiegende Haus (1961); Bruderherz (1987). – *Autobiografisches:* Einer von ihnen. Aufzeichnungen einiger Tage (1979); Postkarten aus Rom (1989); Ich erzähle, ich erinnere mich (2001).

Bender Abbas, Bandar Abbas, iran. Prov.-Hptst. und Hafenstadt am O-Ausgang des Pers. Golfes, 273 600 Ew.; hat die größte Umschlagkapazität aller iran. Häfen; internat. Flughafen.

Bender Ansali [- ænsæˈli], Bandar Ansali, 1926–80 **Bender Pahlewi,** iran. Stadt am Kasp. Meer, 98 500 Ew.; Fischereihafen (Kaviar); Badeort.

Bender Khomeini [- xomeiˈniː], Bandar Chomeini, bis 1980 **Bender Schahpur,** iran. Hafenstadt am N-Ende des Pers. Golfs, 55 900 Ew.; petrochem. Werke, Endpunkt der transiran. Bahn.

Bender Maschur [- mæˈʃuːr], Bandar Mashur, iran. Erdölhafen am Pers. Golf für die Raffinerieprodukte von Abadan, 88 400 Ew., petrochem. Werke, Erdgasverflüssigungsanlage.

Bender Pahlewi [- pæhlæˈviː], Bandar Pahlawi, 1926–80 Name der iran. Stadt →Bender Ansali.

Bender Schahpur [- ʃahˈpuːr], Bandar Shahpur, bis 1980 Name der iran. Stadt →Bender Khomeini.

Bendery, Stadt in Moldawien, →Tighina.

Bendigo [-gəʊ], Stadt in Victoria, Australien, 80 400 Ew.; Verw.- und Wirtschaftszentrum mit Ind., Bergbau und Agrarmarkt. – 1851 als Goldgräbersiedlung gegründet.

Bend of the Boyne [- ɔv ðə ˈbɔɪn], bedeutende vorgeschichtl. Kult- und Begräbnisstätte in O-Irland. Im Flussgebiet Boyne, nahe der Ortschaften Knowth, Dowth und Newgrange, erstrecken sich über eine Fläche von 780 ha zahlr. Grabhügel des 4./3. Jt. v. Chr. **(Boynekultur);** am berühmtesten ist das Königsgrab von Newgrange (UNESCO-Weltkulturerbe).

Bendorf, Stadt im Landkreis Mayen-Koblenz, Rheinl.-Pf., am Rhein, 17 500 Ew.; Stadtmuseum (Geschichte der Eisengießerei mit Kunstgussprodukten der Sayner Hütte 1824–30); Maschinen- und Gerätebau, chem. und Baustoff-Ind.; Fremdenverkehr; Autobahnbrücke über den Rhein, Hafen mit Festgüter- und Mineralölumschlag. – Im Ortsteil **Sayn** roman. Kirche der ehem. Prämonstratenserabtei (1202 gegr., 1803 aufgelöst), Burg Sayn (um 1200, seit 1633 Ruine) und die ehem. Gießhütte der 1769 gegründeten Eisenhütte (heute Industriedenkmal).

Bendzin, dt. Name der poln. Stadt →Będzin.

Beneckendorff, märk. Adelsgeschlecht, seit 1402 nachgewiesen; seit 1789 vereinigt mit Namen und Gütern des Adelsgeschlechts Hindenburg (B. und Hindenburg).

Benedek, Ludwig August Ritter von, österr. General, *Ödenburg (heute Sopron) 14. 7. 1804, † Graz 27. 4. 1881; wurde 1866 Führer der Nordarmee in Böhmen, verlor die Schlacht bei →Königgrätz.

Benedetti, 1) Mario, uruguayischer Schriftsteller, *Paso de los Toros 14. 9. 1920; einer der meistgelesenen Schriftsteller seines Landes; Erzähler (Roman »Frühling im Schatten«, 1982), Lyriker, Essayist und Dramatiker.

2) Vincent Graf (seit 1869), frz. Diplomat, *Bastia (Korsika) 29. 4. 1817, † Paris 28. 3. 1900; 1864–70 Botschafter in Berlin, stellte 1870 in Bad Ems an König Wilhelm I. sehr weitgehende Forderungen, deren Ablehnung (→Emser Depesche) den Anstoß zum Krieg von 1870/71 gab.

Benedetti Michelangeli [- mikeˈlandʒəli], Arturo, ital. Pianist, *Brescia 5. 1. 1920, † Lugano 12. 6. 1995; v. a. Interpret der Werke C. Debussys und M. Ravels.

Benedict [ˈbenɪdɪkt], Ruth, amerikan. Ethnologin, *New York 5. 6. 1887, † ebd. 17. 9. 1948; untersuchte die Anpassungsprozesse des Individuums an seine Kultur, schilderte, v. a. in ihrem Hauptwerk »Patterns of culture« (1934; dt. u. a. als »Urformen der Kultur«), die kulturbedingten Grundmuster des Verhaltens.

Benedictus [lat. »gesegnet«] *das,* ein Teil der kath. Messe, der Schlussteil des →Sanctus: »Gepriesen sei, der da kommt im Namen des Herrn.«

Benedikt, Päpste:

1) B. VIII. (1012–24), eigtl. **Theophylakt,** † Rom 9. 4. 1024; aus dem Geschlecht der Grafen von Tusculum,

Papst Benedikt XV.

krönte Heinrich II. 1014 zum Kaiser; wirkte für eine Erneuerung der Kirche (u. a. Erneuerung des Zölibats) und war politisch gegen die Sarazenen auf Sardinien und Byzanz in Unteritalien erfolgreich.

2) B. IX. (1032–45), eigtl. **Theophylakt,** † Tusculum (?) um 1056; aus dem Geschlecht der Grafen von Tusculum, beim Amtsantritt angeblich (wohl aber eher unwahrscheinlich) erst 12 Jahre alt; verzichtete 1045 gegen Geld zugunsten Gregors VI.; amtierte (ohne Rechtsgrundlage) noch einmal (1047–48).

3) B. XII. (1334–42), eigtl. Jacques **Fournier,** *Saverdun (Languedoc) um 1285, † Avignon 25. 4. 1342; Magister der Theologie und Zisterziensermönch, seit 1327 Kardinal; er war sittenstreng und hochgebildet; reformierte die kirchl. Ämterbesetzung und den Klerus; begann den Bau der Papstburg in Avignon.

4) B. XIV. (1740–58), eigtl. Prospero **Lambertini,** *Bologna 31. 3. 1675, † Rom 3. 5. 1758; Gelehrter von Rang und herausragender Förderer der Wiss.en; wegen seiner Toleranz selbst von Friedrich d. Gr. und Voltaire geschätzt; in der Kirchenpolitik den absolutist. Herrschern gegenüber auf Ausgleich bedacht.

5) B. XV. (1914–22), eigtl. Giacomo della **Chiesa,** *Genua 21. 11. 1854, † Rom 22. 1. 1922; bemühte sich im Ersten Weltkrieg um Milderung der Kriegshärten; seine Versuche einer Friedensvermittlung (bes. 1917) blieben erfolglos.

6) B. XVI. (seit 2005), eigtl. Joseph **Ratzinger,** *Marktl (Landkreis Altötting) 16. 4. 1927; Studium in Freising und München, nach der Priesterweihe (1951) Seelsorger in München und ab 1952 in der wiss. Lehre tätig, ab 1958 als Prof. für Dogmatik in Freising (1958), Bonn (1959–63), Münster (1963–66), Tübingen (1966–69) und Regensburg (1969–77); Konzilstheologe auf dem 2. Vatikan. Konzil (Berater des Kölner Erzbischofs J. Frings); 1977 zum Bischof geweiht und zum Kardinal ernannt, 1977–82 Erzbischof von München-Freising. Von 1981 (Ernennung am 25. 11.) bis zum Tod Papst Johannes Pauls II. (2. 4. 2005) war er Präfekt der →Glaubenskongregation. Seit Nov. 2002 stand er als Kardinaldekan dem Kardinalskollegium vor und hat in diesem Amt die Begräbnisfeierlichkeiten für Johannes Paul II. und das →Konklave zur Wahl eines neuen Papstes geleitet. Bereits am zweiten Tag des Konklaves, am 19. 4. 2005, wurde er zum Papst gewählt und nahm den Papstnamen Benedikt XVI. an. Die erste Auslandsreise seines Pontifikats unternahm B. im Aug. 2005 zum →Weltjugendtag der katholischen Kirche nach Köln, die 2002 an Johannes Paul II. ergangene Einladung aufnehmend. Die erste Pastoralreise eigener Planung außerhalb Italiens führte ihn im Mai 2006 nach Polen; den Anlass seiner zweiten Auslandsreise in diesem Jahr gab das 5. Weltfamilientreffen der kath. Kirche im Juli 2006 in Valencia. Auf seiner zweiten Deutschlandreise im September 2006 besuchte B. Städte und Orte in Bayern, die wichtige Stationen seines Lebensweges bildeten. Der Besuch der Türkei im Nov. 2006 stand im Zeichen eines besseren Verständnisses zw. den Religionen und Kulturen, insbes. zw. dem Christentum und dem Islam, und bildet einen Markstein im kath.-orth. ökumen. Gespräch. Im Fokus des Brasilienbesuchs im Mai 2007 standen aktuelle Herausforderungen der kath. Kirche in Lateinamerika. Am 25. 1. 2006 veröffentlichte B. seine erste Enzyklika (→Deus caritas est). – Als Präfekt der Glaubenskongregation hat sich Kardinal Ratzinger weltweit den Ruf eines der profiliertesten christl. Theologen der

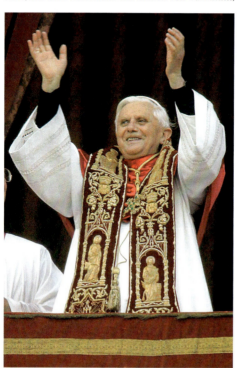

Papst Benedikt XVI. grüßt am Abend des 19. April 2005 nach seiner Wahl die auf dem Petersplatz versammelten Menschen vom Balkon der Peterskirche.

Gegenwart erworben, sah sich aber auch für von ihm verantwortete Entscheidungen des kirchl. Lehramtes gegen bestimmte Denkansätze in der Befreiungstheologie (u. a. L. Boff) inner- und außerkirchl. Kritik ausgesetzt. Verfasser zahlr. Bücher, hat er in jüngster Zeit bes. Grundfragen christl. Existenz und kirchl. Identität heute thematisiert und mit diesen Büchern einen Leserkreis weit über die kath. Kirche hinaus erreicht. – *Werke:* Der Gott des Glaubens u. der Gott der Philosophen (1960); Wendezeit für Europa? Diagnosen u. Prognosen zur Lage von Kirche u. Welt (1991); Salz der Erde. Christentum u. kath. Kirche an der Jahrtausendwende (1996); Aus meinem Leben. Erinnerungen (1998); Der Geist der Liturgie. Eine Einf. (2000); Glaube – Wahrheit – Toleranz. Das Christentum u. die Weltreligionen (2003).

Benedikt von Nursia, Ordensgründer, * bei Nursia (heute Norcia, Prov. Perugia) um 480, † Monte Cassino 21. 3. 547 (?), Abt der von ihm gegründeten Stammklosters der Benediktiner Monte Cassino bei Neapel (um 529); durch die von ihm verfasste »Regula« (→Benediktinerorden) Begründer des abendländ. Mönchtums.

Heiliger (Tag: 11. 7.); Patron Europas (seit 1964); traditionell u. a. als Patron für eine gute Sterbestunde verehrt. – Darstellung als Abt mit den Attributen Abtstab und Buch.

Benediktbeuern, Gem. im Landkreis Bad Tölz-Wolfratshausen, Oberbayern, im Alpenvorland, 640 m ü. M., 3 500 Ew. – Die um 740 gegründete Benediktinerabtei (Kirche 1681–86, Klostergebäude mit barocken Prunkräumen) ist jetzt philosophisch-theolog. Hochschule der Salesianer. In der Bibliothek befand sich urspr. die Liedersammlung »Carmina Burana«.

Benediktenkraut, Cnicus benedictus, distelähnl., filziger Korbblütler mit 50 cm hohem, fünfkantigem Stängel und gelben Röhrenblüten, in den Mittelmeerländern und in Vorderasien beheimatet; gerb- und bitterstoffreiche Heilpflanze.

Benediktinerorden, lat. **Ordo Sancti Benedicti,** Abk. **OSB,** kath. Mönchsorden mit (2005) rd. 8 000 Mitgl., bestehend aus 21 Kongregationen (Klosterverbänden selbstständiger Klöster), die seit 1893 in der **Vereinigung der Benediktiner** unter einem Abtprimas mit Sitz in Rom zusammengeschlossen sind. I. w. S. werden nicht nur die Mitgl. des B., sondern alle Mönche, die nach der Regel des Benedikt von Nursia (Benediktinerregel, lat. Regula Benedicti) leben, als **Benediktiner** bezeichnet. Die Benediktinerregel, bis in das 12. Jh. maßgeblich für das abendländ. Mönchtum, fordert Verbleiben im Heimatkloster, Abkehr vom weltl. Leben, Streben nach Vollkommenheit und Gehorsam unter dem Abt. Der B. wurde im 6. Jh. von Benedikt von Nursia gegründet, gehörte im MA. zu den bedeutendsten Trägern der abendländ. Wissenschaft und ist auch heute im großen Umfang wiss.-theologisch tätig. Die bedeutendsten dt. Benediktinerklöster sind Beuron, Ettal und Maria Laach. Aus dem B. gingen die Orden der →Kamaldulenser und →Zisterzienser hervor. – Der weibl. Zweig des B., die **Benediktinerinnen,** wird von der Tradition auf Benedikts Schwester →Scholastika zurückgeführt.

Benefizium [lat. »Wohltat«] *das,* 1) *Kirchenrecht:* →Pfründe.
2) *Recht:* eine Form der Landleihe, aus der sich seit dem 10. Jh. das Lehnswesen entwickelte.

Benediktbeuern: Klosteranlage mit der von 1681 bis 1686 erbauten Klosterkirche

Benefizvorstellung, Vorstellung (z. B. Musik, Theater) zu Ehren oder zugunsten eines Künstlers oder für einen wohltätigen Zweck.

Beneluxländer, Sammelname für **Bel**gien, die Niederlande (**Ne**derland) und **Lux**emburg, soweit sie wirtsch., kulturell und politisch zusammenwirken und nach außen als Einheit auftreten. Die seit 1944 geplante Zoll- und Wirtschaftseinheit wurde im Haager Vertrag vom 3. 2. 1958 auf zunächst 50 Jahre festgelegt; sie war zu diesem Zeitpunkt schon weitgehend verwirklicht (belgisch-luxemburg. Währungs- und Wirtschaftsunion seit 1922, Zollunion der drei Länder seit 1948). Die Wirtschaftsunion trat am 1. 11. 1960 in Kraft. Die B. sind Mitgl. der EU sowie der Eurozone. Organe: Ministerkomitee, Rat der Wirtschaftsunion, konsultativer interparlamentar. Rat, Wirtschafts- und Sozialbeirat, Generalsekretariat (Brüssel), Schiedsgericht und Gerichtshof.

Beneš [ˈbɛnɛʃ], Edvard, dt. Eduard **Benesch,** tschechoslowak. Politiker, * Kožlany (Westböhm. Bezirk) 28. 5. 1884, † Sezimovo Ústí (Südböhm. Bezirk) 3. 9. 1948; Dozent in Prag, kämpfte im Ersten Weltkrieg als Mitarbeiter T. G. Masaryks für die Errichtung der Tschechoslowakei. Nach ihrer Ausrufung als Rep. (1918) war er 1918–35 Außenmin. (1921/22 zugleich Min.-Präs.). Innenpolitisch schloss er sich der linksbürgerlich orientierten Tschechoslowak. Nationalsozialistischen Partei an. – Ziel der Außenpolitik B.' war es, die durch die Pariser Vorortverträge geschaffene politisch-territoriale Ordnung in Europa gegen Revisionsansprüche zu sichern. In diesem Sinne betrieb er u. a. 1920/21 die Gründung der Kleinen Entente. Am 18. 12. 1935 zum Staatspräs. gewählt, trat er nach Abschluss des Münchener Abkommens und der Abtretung des Sudetenlandes an Dtl. am 5. 10. 1938 zurück. Danach ging er ins Exil. 1940–45 war B. Präs. der tschechoslowak. Exilreg. in London. Ab Mai 1945 erneut Staatspräs., konnte er die gleitende kommunist. Machtübernahme in der Tschechoslowakei nicht verhindern (Rücktritt am 7. 6. 1948). – B. trägt Mitverantwortung an der ungelösten Nationalitätenfrage.

Beneš-Dekrete [ˈbɛnɛʃ-], Sammelbez. für eine Reihe von Erlassen des tschechoslowak. Präs. E. Beneš mit Gesetzescharakter zw. Mai und Okt. 1945 sowie das Amnestiegesetz vom 8. 5. 1946, die mit

Bengasi: Blick auf die Stadt am Mittelmeer, im Hintergrund die Kathedrale

David Ben Gurion

der kollektiven Entrechtung der Sudeten- und Karpatendeutschen sowie der Ungarn deren entschädigungslose Enteignung und Vertreibung aus der Tschechoslowakei ermöglichten. Die Regierungen der ČSSR bzw. der ČSR und der Tschech. Rep. lehnten eine formelle Nichtigkeitserklärung der B.-D. wiederholt ab, um Restitutionsansprüche auszuschließen.

Benet Goitia [beˈneðˈɣoitia], Juan, span. Schriftsteller, * Madrid 7. 10. 1927, † ebd. 5. 1. 1993; einer der bedeutendsten spanischsprachigen Autoren der Gegenwart. Beeinflusst von W. Faulkner, entwarf er in seinen Romanen (u. a. »Rostige Lanzen. Bücher I–VII«, 1983–85) und Erzählungen eine rätselhafte, zweideutige Welt, in der Personen Schemen und histor. Prozesse Symbole der Nichtigkeit werden.

Benetnasch [arab. »Klageweib«], der Deichselstern des Großen Wagens (→ Bär).

Benetton [engl. ˈbenɪtən], ital. Modefirma, 1966 von Luciano B. (* 1935) und seiner Schwester Giuliana bei Treviso gegr.; zunächst auf farbige Sweatshirts spezialisierte Jugendmarke. Auch bekannt für den provokanten Werbestil des ital. Fotografen Oliviero Toscani (* 1942).

Benetzung, mehr oder weniger starkes Haften einer Flüssigkeit an der Oberfläche eines festen Körpers, was zur Ausbildung eines kleinen Randwinkels zw. beiden führt. Je größer die →Oberflächenspannung einer Flüssigkeit, desto geringer ist die B.-Tendenz. Eine benetzende Flüssigkeit (z. B. Wasser) steht in einem Gefäß an den Wänden höher, eine nicht benetzende Flüssigkeit (z. B. Quecksilber) tiefer als in der Mitte. – B.-Erscheinungen sind wesentlich für die Wirkung von Waschmitteln.

Benevent, ital. **Benevento, 1)** südital. Provinz in Kampanien, 2 071 km², 287 600 Einwohner. **2)** Hptst. von 1), 61 600 Ew.; Univ., Erzbischofssitz; landwirtsch. Handel, Likörherstellung. – Röm. Triumphbogen, Theater und Brücke aus dem 2. Jh. n. Chr., Dom (9. und 12. Jh.), Kirche Santa Sofia (8. Jh.). – B., ursprünglich samnit. Stadt, wurde nach dem Sieg der Römer über Pyrrhos (275 v. Chr.) zur röm. Kolonie **Beneventum.** Das langobard. Herzogtum B. umfasste den größten Teil Unteritaliens. Die Stadt gehörte (mit Unterbrechung 1806–15) 1051–1860 zum Kirchenstaat.

Bengalen, fruchtbare, dicht besiedelte Landschaft im NO des ind. Subkontinents, umfasst das Mündungsdelta von Ganges und Brahmaputra sowie das Gebiet ihrer Unterläufe und die Sundarbans. Das Klima ist feuchtheiß und niederschlagsreich; zum Ende der Monsunzeit treten im Mündungsgebiet häufig Überschwemmungskatastrophen auf. Wirtschaftlich von Bedeutung sind Reisanbau und der Export von Jute. Staatlich gehört der westl. Teil zu Indien (West Bengal), der größere östl. ist der eigentl. Staatsraum von Bangladesch. – Um 1200 wurde das bis dahin buddhist. B. von den Muslimen erobert und gehörte seit 1576 zum Mogulreich, geriet 1757 (Sieg R. Clives über den bengal. Fürsten bei Plassey) unter brit. Herrschaft und erhielt 1854 eine eigene Verwaltung. 1905–12 war B. geteilt in die Prov. Ost-B. mit Assam und West-B. mit Bihar und Orissa. 1947 fiel das vorwiegend hinduist. West-B. an die Indische Union (seit 1956 Bundesstaat) und Ost-B. an Pakistan, von dem es sich mit ind. Hilfe 1971/72 als unabhängiger Staat →Bangladesch abspaltete.

Bengalen, Golf von, Bengalisches Meer, der zw. dem ind. Subkontinent, der vorgelagerten Insel Ceylon und dem kontinentalen SO-Asien liegende Meeresteil des Ind. Ozeans, weit nach S geöffnet, oft von verheerenden Wirbelstürmen heimgesucht. Wichtigster Hafen ist im N Kalkutta, auf der O-Seite Rangun, auf der W-Seite Madras.

Bengali, neuindoarische Sprache, die in Bangladesh, im ind. Bundesstaat West Bengal und in den benachbarten Bundesstaaten Assam, Bihar, Orissa gesprochen wird, neben Hindi die wichtigste Sprache auf dem ind. Subkontinent. Das Schrifttum beginnt im 10. Jh. mit buddhist. Schriften; im 14. Jh. Blüte der vishnuit. Dichtung. Die großen Sanskritepen wurden in vielen freien Nachdichtungen in B. volkstümlich. Im 19. Jh. entstand das Prosaschrifttum. Der bedeutendste neuzeitl. Dichter dieser Sprache ist Rabindranath Tagore.

bengalisches Feuer, Buntfeuer, →Pyrotechnik.

Bengasi, Banghasi, Hptst. der Cyrenaika, Libyen, Hafenstadt an der O-Küste der Großen Syrte, 650 600 Ew.; zwei Univ.; Meersalzgewinnung, Zementfabrik, Gerberei, Teppichherstellung; internat. Flughafen. – B., das antike **Berenike,** wurde 641 arabisch, 1551 türkisch, 1911 italienisch; im Zweiten Weltkrieg stark umkämpft und tlw. zerstört.

Bengbu, Stadt in der chin. Prov. Anhui, Flusshafen am Huai He, 449 200 Ew.; Handelszentrum, u. a. Nahrungsmittel- und Textilind., Maschinenbau.

Bengtson, Hermann, Althistoriker, * Ratzeburg 2. 7. 1909, † München 2. 11. 1989; Prof. in Jena, Würzburg, Tübingen, München; schrieb u. a. »Einführung in die alte Geschichte« (1949), »Griech. Geschichte« (1950), »Die hellenist. Weltkultur« (1988).

Benguela, Prov.-Hptst. mit Fischereihafen an der Atlantikküste Angolas, 134 500 Ew.; Bischofssitz; Ind.-Standort mit Werften, Fisch- und Tabakverarbeitung. – 1617 als port. Niederlassung gegründet.

Benguelabahn, transkontinentale Eisenbahnstrecke, die vom Atlantikhafen Lobito in Angola über Benguela zum Bergbaugebiet Katanga im S der Demokrat. Rep. Kongo und in den Kupfergürtel von Sambia führt; Anschluss zum Hafen Beira am Pazifik (in Moçambique).

Benguelastrom, kalte Meeresströmung im Südatlantik vor der W-Küste Afrikas, sehr fischreich.

Ben Gurion, David, eigtl. D. **Gruen,** israel. Staatsmann, * Płonsk (Polen) 16. 10. 1886, † Tel Aviv-Jaffa 1. 12. 1973; ab 1906 als Landarbeiter in Palästina, beteiligte sich maßgeblich am Aufbau der Histadrut (1921–35 deren Gen.-Sekr.) und der Mapai. Als Vors. der Jewish Agency (1935–48) organisierte er die Einwanderung jüd. Flüchtlinge aus Europa nach Palästina. 1944 wurde er Präs. der Zionist. Weltorganisation. Am 14. 5. 1948 rief er den Staat Israel aus. Als Min.-Präs. und Verteidigungsmin. (1948–53, erneut 1955–63) gelang es ihm, den Staat politisch, militärisch und wirtsch. zu festigen.

Beni [arab. »Söhne«], **Banu,** arab. Wort, das die Zugehörigkeit zu einer Gemeinschaft ausdrückt und deshalb vielen Stammesnamen vorangestellt ist.

Benidorm, Badeort an der Costa Blanca, im Land Valencia, Prov. Alicante, Spanien, 64 300 Ew.; bed. Fremdenverkehrszentrum.

Benigni [-ˈniɲi], Roberto, ital. Filmschauspieler und -regisseur, * Castiglion Fiorentino (Prov. Arezzo) 27. 10. 1952; erfolgreich als Stand-up-Comedian bei Theater und Fernsehen; Filmrollen z. B. in »Down by Law« (1986), »Die Stimme des Mondes« (1990), »Night on Earth« (1991); Regie und Hauptdarsteller in »Das Leben ist schön« (1998) und »Pinocchio« (2002).

Benignität [lat.] *die,* Gutartigkeit, z. B. von Geschwülsten; Ggs. Malignität.

Beni Hasan, Dorf in Oberägypten, am östl. Nilufer; nahebei Felsengräber (2000–1900 v. Chr.) mit Wandmalereien mit Szenen aus dem Alltagsleben.

Beni Israel, urspr. in Vorderindien ansässige Juden unbekannter Herkunft von brauner Hautfarbe, die Marathi sprechen und religiöse Sondertraditionen pflegen; Zentrum ist Bombay; sie leben heute größtenteils in Israel.

Benin, ehem. Königreich der Edo in Westafrika, im SW des heutigen Nigeria um die Residenzstadt Benin (heute Benin City). Das etwa im 13. Jh. gegründete Reich brachte eine hoch entwickelte höf. Kunst (Metallguss, Elfenbeinarbeiten) hervor. – B. war im 18./19. Jh. ein Hauptsitz des Sklavenhandels. 1897–99 von Großbritannien unterworfen, kam B. zum Protektorat Nigeria.

Flagge

Wappen

internationales Kfz-Kennzeichen

Fläche: 112 622 km²
Einwohner: (2006) 7,51 Mio.
Hauptstadt: Porto-Novo
Verwaltungsgliederung: 12 Départements
Amtssprache: Französisch
Nationalfeiertag: 1. 8.
Währung: CFA-Franc
Zeitzone: MEZ –1 Std.

Benin, amtl. frz. **République du Bénin,** bis 1975 **Dahomey,** Staat in Westafrika, grenzt im S an den Golf von Guinea (Atlant. Ozean), im W an Togo, im NW an Burkina Faso, im NO an Niger und im O an Nigeria.

Staat und Recht

Nach der Verf. vom 11. 12. 1990 (1997 verändert) ist B. eine präsidiale Rep. mit Mehrparteiensystem. Staatsoberhaupt, Reg.-Chef und Oberbefehlshaber der Streitkräfte ist der mit umfassenden Vollmachten ausgestattete Präs. (für 5 Jahre direkt gewählt). Die Exekutive liegt bei der Nationalversammlung (83 Abg., für 4 Jahre gewählt). Einflussreichste der vielfach in wechselnden Allianzen zusammengeschlossenen Parteien: Partei für die Wiedergeburt B.s (PRB), Partei der demokrat. Erneuerung (PRD), Aktionsfront für Erneuerung, Demokratie und Entwicklung (FARD-ALAFIA), Sozialdemokrat. Partei (PSD), Afrikan. Bewegung für Demokratie und Fortschritt (MADEP).

Landesnatur

B. erstreckt sich von der Bucht von B. 670 km nach N bis zum Niger. An die tropisch-feuchte Lagunenküste (115 km) mit sandigen Nehrungen schließt sich eine breite Küstenebene an, die von stark gelichteten Feuchtwäldern mit Ölpalmbeständen bedeckt ist. Das schon zu den wechselfeuchten Tropen zählende Innere ist weitgehend ein kristallines Tafelland, im S mit Feuchtsavanne, im N mit Busch- und Dornsavanne, begrenzt im W vom Togo-Atakora-Gebirge (bis zu 800 m ü. M.). Im N hat B. Anteil am Nigerbecken.

Bevölkerung

Die Bev. setzt sich aus bis zu 50 Ethnien zusammen, v. a. aus Fon, ferner Yoruba, Bariba, Fulbe, Dendi. Traditionelle afrikan. Religionen sind unter der Bev. – bei gleichzeitigem Wachstum von Christentum und Islam (vielfach Überlagerungen der Religionspraxis) – weit verbreitet; Schätzungen nennen Bev.-Anteile von rd. 35 % Christen (überwiegend Katholiken) und rd. 25 % Muslimen (Sunniten der malikit. Rechts-

Benin: Elfenbeinmaske (16. Jh.; London, Britisches Museum)

schule). – Es besteht allg. Schulpflicht im Alter von 6 bis 12 Jahren. Die Alphabetisierungsrate beträgt (2006) rd. 35 % (15-Jährige und älter) bzw. 45 % (15- bis 24-Jährige).

Wirtschaft und Verkehr

B. gehört zu den am wenigsten entwickelten Ländern der Erde. Haupterwerbsquelle ist die Landwirtschaft; sie beschäftigt über die Hälfte der Erwerbstätigen, erbringt fast 40 % des Bruttoinlandsprodukts und den Hauptanteil des Exports. Meist für den Eigenbedarf werden Jamswurzeln, Maniok, Mais, Hirse, Erdnüsse und Reis angebaut, bes. für den Export in Plantagen Baumwolle, Ölpalmen, Kaffee und Kakao. – Die Ind. beschränkt sich auf Ölmühlen, Baumwollentkernungsanlagen, Zement-, Zuckerfabrik und Textilbetriebe. – Im NW des Landes kleinere Goldvorräte, vor der Küste Erdölvorkommen. – Exportiert werden Baumwolle, Erdöl und Ölpalmprodukte; Haupthandelspartner: Nigeria und Frankreich. – Es bestehen 438 km Eisenbahnstrecken und 6 000 km Straßen (davon 15 % asphaltiert); Haupthafen und internat. Flughafen ist Cotonou.

Geschichte

Das in der 2. Hälfte des 17. Jh. gegründete Reich der Fon, dessen Mittelpunkt die Stadt Abomey war, wurde ab 1892 von den Franzosen unterworfen; als Kolonie **Dahomey** gehörte das Land 1904–57 zu Frz.-Westafrika, dann als autonome Rep. zur Frz. Gemeinschaft und wurde 1960 als Rep. Dahomey unabhängig. Nach dem Putsch von 1972 wurde unter Präs. M. Kérékou, der 1975 die »Revolutionäre Volkspartei von B.« gründete und die Volksrep. Benin ausrief, der Marxismus-Leninismus verpflichtende Ideologie. 1989/90 erzwangen Massenproteste die Einführung eines Mehrparteiensystems und die Abkehr vom Marxismus-Leninismus. 1990 wurde per Referendum eine neue Verf. angenommen und der Staatsname in »République du Bénin« geändert.

Beni Río, linker Quellfluss des Río Madeira in Bolivien, entspringt in der Cordillera Real, rd. 1 700 km lang.

Beni Suef, Bani Suwaif, Prov.-Hptst. in Oberägypten, am linken Nilufer, 172 000 Ew.; Baumwollentkernungsanlagen, Zuckerfabrik.

Benjamin [hebr. »Sohn der rechten Seite«], israelit. Stamm in Mittelpalästina, als dessen Stammvater B., der jüngste Sohn Jakobs und Rahels, gilt (1. Mos. 35, 18). Im übertragenen Sinne wird daher der Jüngste (einer Gruppe) als B. bezeichnet.

Benjamin, 1) Hilde, Politikerin (SED), * Bernburg (Saale) 5. 2. 1902, † Berlin (Ost) 18. 4. 1989; Juristin; fällte als Vizepräs. des Obersten Gerichts der DDR (1949–53) Urteile von großer Härte. Nach dem Aufstand vom 17. 6. 1953 war sie als Justizmin. (bis 1967) entscheidend an der Neuordnung des Strafrechts der DDR im stalinist. Sinn beteiligt.

2) Walter, Schriftsteller, * Berlin 15. 7. 1892, † (Selbsttötung) bei Portbou (Katalonien) 26. (27.?) 9. 1940; arbeitete nach Philosophiestudium für Zeitungen und Rundfunk, lebte ab 1933 unter schwierigsten Bedingungen im frz. Exil, nahm sich auf der Flucht aus Furcht vor der Auslieferung an die Gestapo das Leben.

B. war als Essayist und Kritiker sowohl einer materialistisch-dialekt. Geschichtsphilosophie als auch einem messianisch-eschatolog. Geschichtsverständnis zugewandt; er stand der →Frankfurter Schule nahe. Sein philosophisch-essayist. Werk artikulierte ein unabhängiges, neues Verständnis histor. Vorgänge und kulturhistor. Traditionen, das versuchte, Wege aus der durch den Faschismus offenbar gewordenen intellektuellen Krise zu zeigen (v. a. »Das Kunstwerk im Zeitalter seiner technischen Reproduzierbarkeit«, gekürzt frz. 1936, vollständig dt. 1963). Unvollendet blieb das umfangreiche »Passagen-Werk«, in dem B. die Passagen von Paris als Symbol des 19. Jh. deutete (hg. 1983). – *Weitere Werke:* Der Begriff der Kunstkritik in der dt. Romantik (1920); Dt. Menschen. Eine Folge von Briefen, hg. unter dem Pseud. D. Holz (1936); Berliner Kindheit um 1900 (vollständig hg. 1956); Versuche über Brecht (hg. 1966).

Walter Benjamin

Ben Jelloun [- dʒeˈluːn], Tahar, marokkan. Schriftsteller und Journalist frz. Sprache, * Fès 1. 12. 1944; lebt seit 1971 meist in Paris. Die Zersplitterung des Individuums zw. widersprüchl. Kulturen und Rollen bildet die Basis seines Werkes, in dem die Suche nach dem Eigenen durch myth. und märchenhafte Bilder marokkan. Erzähltradition führt. – *Werke:* Harrouda (1973); Die Nacht der Unschuld (1987); Tag der Stille in Tanger (1990); Der korrumpierte Mann (1994); Papa, was ist ein Fremder? (1998); Der letzte Freund (2004); Verlassen (2006).

Benn, Gottfried, Schriftsteller, * Mansfeld (Landkreis Prignitz) 2. 5. 1886, † Berlin 7. 7. 1956; war Arzt; begann mit expressionist. Lyrik (»Morgue«, 1912; »Fleisch«, 1917); zeichnete in seinem Frühwerk eine Welt von Krankheit und Verwesung und setzte der Rationalität das Streben nach dem Rauschhaft-Irrationalen entgegen; schrieb auch Essays (»Nach dem Nihilismus«, 1932). Seine späteren Werke (»Der Ptolemäer«, 1949; »Drei alte Männer«, 1949; »Ausdruckswelt«, 1949; »Doppelleben«, 1950; »Altern als Problem für Künstler«, 1954) und bes. die sprachkünstlerisch bedeutenden Gedichte (»Statische Gedichte«, 1948; »Aprèslude«, 1955) sind ein Bekenntnis zu Form und Stil, in denen sich der Geist inmitten des Wertezerfalls behauptet. B. war 1951 der erste Preisträger des Georg-Büchner-Preises.

Benneckenstein (Harz), Stadt im Landkreis Wernigerode, Sa.-Anh., 540 m ü. M., im Harz, an der Rappbode, 2 200 Ew.; Luftkurort und Wintersportplatz; Aus- und Fortbildungszentrum der Justiz des Landes Sa.-Anh.; Möbel- und Holzindustrie, Herstellung von Kfz-Zubehörteilen.

Bennent, Heinz, Schauspieler, * Stolberg (Rhld.) 18. 8. 1921, Vater der Schauspieler Anne B. und David B.; arbeitet als freier Schauspieler an allen großen dt.-sprachigen Bühnen; auch bed. Filmrollen, u. a. »Das Schlangenei« (1977), »Die Blechtrommel« (1979), »Die letzte Metro« (1980), »Der Tod des Mario Ricci« (1983).

Bennett [ˈbɛnɪt], Arnold, engl. Schriftsteller, * Hanley (Staffordshire) 27. 5. 1867, † London 27. 3. 1931; schilderte Alltag und Schicksal einfacher Menschen.

Ben Nevis, höchster Berg der Brit. Inseln, in den Grampian Mountains, Schottland, 1 343 m ü. M.

Bennigsen, 1) Levin Graf (seit 1813), russ. General, * Braunschweig 10. 2. 1745, † Banteln (Landkreis Hildesheim) 3. 10. 1826; hatte im Feldzug von 1807 gegen Napoleon I. den Oberbefehl (Schlachten bei Preußisch Eylau und Friedland); war 1812 Generalstabschef M. I. Kutusows, besiegte 1812 Marschall Murat und befehligte dann die russ. Reservearmee in der Völkerschlacht bei Leipzig.

2) Rudolf von, Politiker, *Lüneburg 10. 7. 1824, † Bennigsen (heute zu Springe) 7. 8. 1902; übernahm 1859 den Vorsitz des Dt. Nationalvereins; seit 1867 gehörte er dem Reichstag und dem preuß. Abgeordnetenhaus an (1873–79 Präs.). Als Führer der Nationalliberalen unterstützte er O. von Bismarck, brach aber mit ihm nach dem Sozialistengesetz und legte 1883 alle Mandate nieder. 1887–98 war er wieder MdR, 1888–98 auch Oberpräs. der Prov. Hannover.

Benno, Missionar der Wenden, Bischof von Meißen (seit 1066), † 16. 6. 1106; Heiliger, Patron Altbayerns, Münchens und des Bistums Dresden-Meißen (Tag: 16. 6.). Gegen die Heiligsprechung B.s (1523) richtete Luther seine Schrift »Wider den neuen Abgott …«.

Benommenheit, leichter Grad einer Bewusstseinsstörung, bei der Auffassung, Denk- und Gedächtnisvorgänge verlangsamt sind und die Orientierung über Ort und Zeit gestört ist.

Benoni, Stadt in der Prov. Gauteng, Rep. Südafrika, am Witwatersrand, 1 650 m ü. M., 605 400 Ew.; Goldbergbau, vielseitige Industrie.

BenQ-Group [-ˈkjuːgruːp], global tätiger taiwan. Elektronikkonzern (u. a. Produktion von LC-Displays, Scannern, Notebooks, PCs, Handys, Speichermedien, Plasma- und LCD-Bildschirmen, Digitalkameras); Sitz: Xinzhu, gegr. 1984 als Acer Communication & Multimedia (Tochtergesellschaft des Acer-Konzerns), seit 2001 eigenständiger Konzern unter der heutigen Firmenbez. Zu den mehr als 10 Konzernunternehmen gehören u. a. die Darfon Electronic Corp., die Daxon Technology Inc, die BenQ Corp. und die AU Optronics Corp. 2005 wurde die Handysparte der Siemens AG übernommen, die als BenQ Mobile in München firmierte (September 2006 Insolvenzantrag).

Benrath, seit 1929 Stadtteil von →Düsseldorf, NRW.

Benrath, Martin, Schauspieler, *Berlin 9. 11. 1926, † Herrsching a. Ammersee 31. 1. 2000; Engagements in Berlin, Düsseldorf, München (Bayerisches Staatsschauspiel 1961–69 und 1976–87), Hamburg, Wien, Salzburg und Zürich; arbeitete auch für Film und Fernsehen.

Benrather Lini|e, Maken-machen-Linie, Bez. für die sprachgeograf. Grenze zw. niederdt. und hochdt. Sprachraum. Sie überquert den Rhein nördlich von Benrath und bildet mit Sonderlinien (z. B. Uerdinger Linie, die die Sprachformen ik–ich trennt, und Speyerer Linie, die die Formen appel und apfel trennt) den rhein. Fächer der hochdt. →Lautverschiebung.

Bensberg, seit 1975 Teil von →Bergisch Gladbach.

Bense, Max, Philosoph, *Straßburg 7. 2. 1910, † Stuttgart 29. 4. 1990; arbeitete über Wissenschaftstheorie, Logik, Ästhetik und Semiotik. B. trat nachdrücklich für eine diesseitige humanist. Begründung von Weltanschauung und Ethik ein und bemühte sich um eine informationstheoret. Grundlegung der Ästhetik und um die maschinelle Erzeugung von Texten. Wichtige Werke sind u. a. »Aesthetica« (4 Bde., 1954–60, erweitert 1965), »Semiotik« (1967).

Bensheim, Stadt im Landkreis Bergstraße, Hessen, 115 m ü. M., am W-Hang des Odenwaldes; 39 600 Ew.; Konfessionskundl. Institut, Sitz der Dt. Akad. der Darstellenden Künste; Metall verarbeitende, Papier-, elektron., pharmazeut. und opt. Ind., Dentaltechnik, Informationstechnologie; Obst- und Weinbau. – B. hat einen alten Stadtkern mit Adelshöfen und Fachwerkhäusern, Pfarrkirche (1824–30); über dem Stadtteil Auerbach (Luftkurort) große Burganlage aus dem 13./14. Jh. (heute Ruine). – B. wurde erstmals 765 erwähnt und erhielt 1320 Stadtrechte.

Benthal [griech. bénthos »Tiefe«] *das,* Hydrologie: die Region des Gewässerbodens.

Bentham [ˈbentəm], Jeremy, engl. Jurist und Philosoph, *London 15. 2. 1748, † ebd. 6. 6. 1832; machte Hutchesons Prinzip des »größten Glücks der größten Zahl« zur Grundlage eines Systems des →Utilitarismus, das über die Wiss. hinaus auf das öffentl. Leben Einfluss gewann. B. war Liberaler, Pazifist und Verfechter des Freihandels.

Bentheim, Bad, →Bad Bentheim.

Benthos [griech. »Tiefe«] *das,* die Gesamtheit der festsitzenden (sessiles B.) und frei bewegl. (vagiles B.) Tier- und Pflanzenwelt am Gewässerboden.

Bentley [-lɪ], Richard, engl. klass. Philologe, *Oulton (Cty. Yorkshire) 6. 2. 1662, † Cambridge 14. 7. 1742; Meister der histor. und literar. Kritik.

Bentonit [nach dem Fundort Fort Benton, Montana, USA] *der,* durch Verwitterung vulkan. Aschen entstandener Ton, v. a. aus →Montmorillonit bestehend.

Bentz, Alfred, Geologe, *Heidenheim an der Brenz 26. 7. 1897, † bei Stratford-upon-Avon 11. 6. 1964; 1958–62 erster Präs. der Bundesanstalt für Bodenforschung, bed. Erdölspezialist.

Benu|e *der,* größter (linker) Nebenfluss des Niger in W-Afrika, entspringt im Hochland von Adamaua (Kamerun), mündet bei Lokoja (Nigeria), 1 300 km lang; fischreich. Zur Regenzeit sind 900 km schiffbar.

Benu|e-Kongo-Sprachen, größte Untergruppe der Niger-Kongo-Sprachen; etwa 600 Sprachen, den zahlenmäßig größten Anteil daran haben die →Bantusprachen.

Benutzeroberfläche, *Informatik:* der Teil des Betriebssystems oder eines Anwendungsprogramms, der dem Nutzer die Kommunikation mit dem Computer ermöglicht. Ursprünglich waren B. textorientiert und ermöglichten dem Benutzer lediglich die Eingabe von Befehlen per Tastatur. I. d. R. versteht man heute unter B. eine **graf. B.,** die weitestgehend per Maus bedient werden kann.

Benxi [-ci], chin. Stadt in der Prov. Liaoning, 1,1 Mio. Ew.; seit 1915 nach Anshan das wichtigste Stahlzentrum NO-Chinas (Kokskohle- und Eisenerzvorkommen in unmittelbarer Nähe); ferner Zementind., Bauxitvorkommen.

Benz, Carl Friedrich, Ingenieur und Automobilpionier, *Karlsruhe 25. 11. 1844, † Ladenburg 4. 4. 1929; gründete 1883 die Firma **Benz & Cie., Rheinische Gasmotorenfabrik** (→DaimlerChrysler AG) und baute 1885 (unabhängig von Daimler) einen Einzylinder-Viertakt-Benzinmotor als Antrieb für einen dreirädrigen Wagen (1886 vorgeführt) und schuf damit die Grundlagen des Kraftwagens. Der Kraftwagen von 1886 steht heute im Dt. Museum in München.

Benz…, Benzo…, 1) in der chem. Nomenklatur die Bez. dafür, dass ein Benzolring an ein carbo- oder heterozykl. Grundgerüst ankondensiert ist; 2) Vorsilbe in organ. Verbindungen, die einen Benzolring enthalten, z. B. Benzaldehyd.

Benz|aldehyd, einfachster aromat. Aldehyd, verwendet als künstl. Bittermandelöl, zur Farbstoff- und Riechstoffherstellung.

Benz|anthron *das,* aus vier annellierten Ringen bestehende organ. Verbindung; hergestellt aus Anthra-

Rudolf von Bennigsen

Max Bense

Carl Friedrich Benz

chinon; Ausgangsmaterial der sehr farbechten B.-Küpenfarbstoffe (Indanthrenviolett u. a.).

Benzidin *das,* **4,4'-Diaminobiphenyl,** aromat. →Amin zur Herstellung von Azofarbstoffen. B. oder seine Salze dürfen aufgrund der krebserregenden Wirkung nur bis zu einem Massengehalt unter 0,1 % hergestellt und verwendet werden.

Benzidinprobe, nicht mehr gebräuchl. rechtsmedizin. Verfahren zum Nachweis von Blut in Körperflüssigkeiten.

Benzin [ital. aus arab.] *das,* engl. **Petrol, Gasoline,** Sammelbegriff für Kohlenwasserstoffgemische im Siedebereich zw. Raumtemperatur und etwa 220 °C. Gewöhnl., meist aus Erdöl gewonnenes B. ist eine wasserhelle, leicht verdunstende, sehr feuergefährl. Flüssigkeit. Meist wird zw. niedriger siedendem (bis 100 °C) **Leicht-B.** und höher siedendem **Schwer-B.** unterschieden. Unmittelbar durch Erdöldestillation gewonnenes **Straightrun-B.** besteht v. a. aus Alkanen und Cycloalkanen, **Crack-B.** enthält außerdem Alkene. Der Gehalt an →Aromaten kann durch →Reformieren erhöht werden, dabei entsteht bes. klopffestes **Reformat-B.** Beim →Steamcracken anfallendes **Pyrolyse-B.** hat ebenfalls einen hohen Aromatengehalt. Synthet. B. kann durch →Kohlehydrierung oder →Fischer-Tropsch-Synthese hergestellt werden. Entschwefeltes Straightrun-B. ist unter der Bez. **Roh-B.** oder **Naphtha** wichtigster Rohstoff der →Petrochemie. **Siedegrenzen-B.** hat einen engen Siedebereich (z. B. 60 bis 95 °C oder 100 bis 140 °C); es wird als Lösungsmittel sowie für Extraktions- und Reinigungszwecke verwendet, ähnlich wie **Test-B.**, das zw. 130 und 220 °C siedet. Vergaserkraftstoff für Kraftfahrzeuge wird in Dtl. als **Normal-B., Super-B.** und **SuperPlus** angeboten. (→Ottokraftstoffe)

Benzoesäure

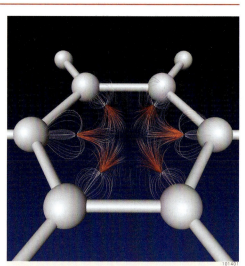

Benzol: Die Feldlinien im Benzolmolekül, die mithilfe computeranimierter Verfahren sichtbar werden, zeigen die Elektronendichte im Kern des Rings.

Benzineinspritzung, mechanisch selbsttätige oder elektronisch gesteuerte Kraftstoffzufuhr zur Erzeugung eines entzündbaren Kraftstoff-Luft-Gemisches bei Ottomotoren (**Einspritzmotoren**); erfolgt direkt in den Brennraum (innere Gemischbildung) oder vor die Einlassventile (äußere Gemischbildung, heute meist üblich). Vorteile gegenüber der Gemischbildung im Vergaser sind höhere Leistung, geringerer Verbrauch und weniger schädl. Abgasbestandteile. Eine technisch aufwendige elektronisch gesteuerte B. ist die **Motronic**; sie fasst Einspritzung und Zündung in einer digitalen Motorsteuerung zusammen.

Benzodiazepine, Gruppe von Verbindungen, deren Grundkörper das 1,4-Benzodiazepin-4-Oxid ist; wichtigste Gruppe bei den Tranquilizern sowie bei den Schlafmitteln; häufige Anwendung kann zur psych. und phys. Abhängigkeit führen.

Benzo|eharz, vanilleartig duftendes Baumharz südostasiat. und indones. Styraxarten; wird zur Herstellung wohlriechender Firnisse, Räuchermittel und Parfüme verwendet.

Benzo|esäure, einfachste aromat. Carbonsäure, C_6H_5-COOH, die in Spuren in zahlr. Lebensmitteln, z. B. in Milchprodukten, Obst und Honig, vorkommt. Zwischenprodukt bei der Herstellung von Alkyd-, Epoxid-, Phenolharzen und Caprolactam. B. und ihre Salze (z. B. **Natriumbenzoat**) werden wegen ihrer antimikrobiellen Eigenschaften zur Lebensmittelkonservierung verwendet.

Benzofuran, *das* →Cumaron.

Benzol *das,* Grundsubstanz der →Aromaten; eine farblose, lichtbrechende Flüssigkeit, die mit stark rußender Flamme brennt und im Erdöl enthalten ist; außerdem entsteht B. bei unvollständigen Verbrennungen. Bed. *Gewinnungsverfahren* sind die Extraktivdestillation und Extraktion aus Pyrolyse- und Reformatbenzin. Beim Steamcracken von Benzin entsteht B. aus den primären Spaltprodukten Butadien und Ethylen. Als wichtiges Primärprodukt der Petrochemie dient B. v. a. zur Herstellung von Polystyrol, Synthesekautschuk und Polyamiden. – Längeres Einatmen verdünnter B.-Dämpfe führt zum Krankheitsbild einer Anämie. B. gehört zu den Krebs erzeugenden Arbeits-

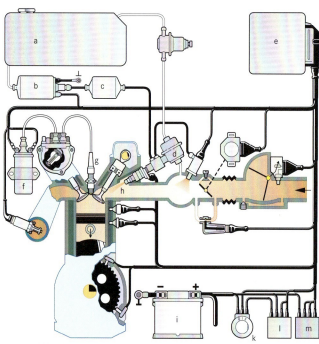

a	Kraftstoffbehälter	b	Kraftstoffpumpe	c	Kraftstofffilter	d	Druckregler
e	Steuergerät	f	Zündspule	g	Zündkerze	h	Einspritzventil
i	Batterie	k	Zündstartschalter	l	Hauptrelais	m	Pumpenrelais

Benzineinspritzung: Motronic

stoffen. In der 1865 von F. A. Kekulé nach der Summenformel von B., C_6H_6, aufgestellten Ringformel liegt ein typ. Fall von →Mesomerie vor. Genauere Vorstellungen über die Bindungsverhältnisse ergaben sich erst durch die Theorie der delokalisierten π-Bindungen.

Benzpyren *das,* **Benzoapyren, 1,2-Benzpyren,** pentazykl. aromat. Kohlenwasserstoff, Krebs erzeugender Bestandteil des Steinkohlenteers; auch in Kfz-Abgasen und im Zigarettenrauch enthalten.

Ben Zwi, Isaac, israel. Staatsmann, * Poltawa (Ukraine) 6. 12. 1884, † Jerusalem 23. 6. 1963; seit 1907 Lehrer in Palästina, begründete zus. mit D. Ben Gurion die »Histadrut« und die Mapai. 1931–48 war er Präs. des Jüd. Nationalrats, 1952–63 israel. Staatspräsident.

Benzyl..., Atomgruppe $C_6H_5-CH_2-$, Rest des Toluols. Technisch bedeutsam ist der **Benzylalkohol**, $C_6H_5-CH_2OH$, der in vielen Blütenölen vorkommt und als Lösungsmittel für Lacke und in der Farbfilmind. Verwendung findet.

Beo [indones.] *der,* **Hügelatzel,** Art der →Stare.

Beograd, serb. Name der Stadt →Belgrad.

BeOS, Abk. für **Be o**perating **s**ystem, objektorientiertes Betriebssystem der amerikan. Firma Be Inc., das urspr. u. a. für Power-Macintosh-Systeme konzipiert wurde. BeOS ist bes. für die Bearbeitung von Multimediaanwendungen geeignet und besitzt besondere Funktionen für die Datenkommunikation.

Beowulf, altengl. Heldenepos in Stabreimversen; ältestes und einziges vollständig erhaltenes altgerman. Heldenepos, überliefert in einer Handschrift des 10. Jh. Inhalt sind die Taten des Gautenfürsten B., der im Dänenland zwei Wasserunholde überwindet und zuletzt im Kampf mit einem Drachen tödlich verwundet wird. Der wohl ältere Sagenstoff wurde vermutlich von einem gelehrten Mönch im 8. oder 9. Jh. mit den Stilmitteln des german. Heldenlieds, aber im Anschluss an lat. Vorbilder (Aneis), als eine Art christl. Fürstenspiegel zum Epos gestaltet.

Beppu, bed. jap. Badeort auf der Insel Kyūshū, 126 500 Ew.; über 3 000 Thermalquellen; auch Fischereihafen.

Béranger [berã'ʒe], Pierre Jean de, frz. Dichter, * Paris 19. 8. 1780, † ebd. 16. 7. 1857; erfolgreichster und volkstümlichster Liederdichter Frankreichs im 19. Jh.; pflegte bes. die Erinnerung an Napoleon I.

Beratung, i. d. R. durch Fachleute erteilter Rat, der Informationen (z. B. über Konsumgüter, Miete, Beruf, Rente) umfassen, aber auch eher zu Selbstreflexion und Selbsthilfe anregen kann (z. B. auf den Gebieten Erziehung, Familie, Sucht, Sexualität, Schwangerschaft); in diesen Fällen wird mehr mit den Lebensproblemen, Konflikten und der (B.-)Beziehung gearbeitet. So kommt es zu inhaltl. und method. Übereinstimmungen mit der Psychotherapie. Spezialisierte B.-Stellen werden von öffentl. und freien Trägern der sozialen Arbeit (→Sozialarbeit) unterhalten.

Benzol: Strukturformel mit Elementsymbolen (oben), Grenzformeln der Mesomerie (unten links), Ringformel für die delokalisierten π-Bindungen (unten rechts)

Beowulf: Seite aus einer angelsächsischen Handschrift (10. Jh.; London, Britisches Museum)

Beratungshilfe, →Rechtsberatung.

Berben, Iris, Schauspielerin, * Detmold 12. 8. 1950; spielt seit den 1960er-Jahren Film- und Fernsehrollen, so ab 1984 in der Fernsehreihe »Sketchup«, ab 1994 in der Krimiserie »Rosa Roth« und u. a. in den Filmen »Frau Rettich, die Czerni und ich« sowie »Bin ich schön?« (beide 1998).

Berber, Eigenbez. **Amazigh** [»freier, edler Mann«], Sammelname für die älteste in NW-Afrika lebende Bevölkerung. Bis zur arabisch-islam. Invasion (7. Jh.) bewohnten die B. das Gebiet von den Kanar. Inseln bis zur Oase Siwa (W-Ägypten). Von den heute etwa 22 Mio. B. lebt der größte Teil in Marokko und Algerien. Zu den B. gehören auch die →Tuareg.

Berber, Friedrich, Völkerrechtler, * Marburg 27. 11. 1898, † Kreuth 23. 10. 1984; seit 1937 Prof. in Berlin, seit 1954 in München. Bedeutsam sind v. a. seine Forschungen über Kriegsverhütung und zum internat. Wassernutzungsrecht.

Berbera, Hafenstadt in NW-Somalia, am Golf von Aden, 242 400 Ew.; moderner Hochseehafen, Flughafen.

Berber|affe, der →Magot.

Berberian [bə:'berıən], Cathy, amerikan. Sängerin (Sopran), * Attleboro (Mass.) 4. 7. 1928, † Rom 6. 3. 1983; widmete sich bes. der Interpretation moderner Musik.

Berberitze *die,* **Berberis,** weltweit verbreitete Gattung der Sauerdorngewächse, strauch- und baumförmige Holzpflanzen mit Dornen und ungeteilten, büschelig stehenden Blättern und gelben Blüten mit Honigblättern. Die Frucht ist eine Beere. Die Gemeine B. (**Sauer-** oder **Essigdorn,** Berberis vulgaris) wächst an trockenen Orten, bes. auf Kalkboden. Das gelbe, harte Holz ist wertvoll. Wurzel und Rinde enthalten **Berberin,** ein Alkaloid, das galletreibend wirkt. Der Strauch ist Zwischenwirt des Getreiderostpilzes (daher in der Nähe von Getreidefeldern nicht zu dulden). Als Zierstrauch kommt die B. auch in rotblättriger Form (**Blutdorn**) mit gelben Früchten vor.

Berbersprache, zu den afroasiat. Sprachen gehörende Sprache, die in vielen Sprachinseln in NW-Afrika (→Berber) in verschiedenen Dialekten gesprochen wird; meist in arab. Schrift geschrieben.

Berceuse [bɛr'sø:z(ə), frz.] *die,* Wiegenlied; im 19. Jh. ein lyr. Instrumentalstück, meist für Klavier.

Nikolai Berdjajew

Berching, Stadt im Landkreis Neumarkt in der Oberpfalz, Bayern, auf der Fränk. Alb, am Main-Donau-Kanal, 8700 Ew.; Maschinen- und Anlagenbau, Umwelttechnik. – Spätmittelalterl. Stadtbild mit vollständig erhaltenem Mauergürtel; erhielt 1314 Stadtrecht.

Bercht, Gestalt aus dem Volksglauben, →Percht.

Berchtesgaden, Marktgem. im Landkreis Berchtesgadener Land, Bayern, 520–1100 m ü. M., zw. Untersberg, Watzmann und Hohem Göll, 7700 Ew.; heilklimat. Kurort (mit Solebädern), Wintersportzentrum; Fachschule für Holzschnitzerei; Salzbergwerk mit Museum; Dokumentation Obersalzberg – Orts- und Zeitgeschichte; bedeutender Fremdenverkehr. – Am alten Marktplatz romanisch-got. Stiftskirche mit ehemaligen Stiftsgebäuden (Schloss und Museum). – Die Pröpste des 1102 gegründeten Augustinerchorherrenstifts B. erhielten 1156 Forsthoheit und Schürfrechte auf Salz und Metall und erlangten die Landeshoheit. B. fiel 1803 an Erzherzog Ferdinand von Toskana, 1805 an Österreich, 1809/10 an Bayern.

Berchtesgadener Land, 1) Gebirgslandschaft in SO-Bayern, umfasst die **Berchtesgadener Alpen,** einen Teil der Salzburger Kalkalpen. Das Gebiet südl. von Berchtesgaden nimmt der 1979 eingerichtete **Nationalpark Berchtesgaden** ein (208 km²) mit dem tief eingesenkten Königssee im Zentrum. Der Fremdenverkehr unterliegt gewissen Einschränkungen, gefördert werden die traditionelle Alm- und Forstwirtschaft.
2) Landkreis im Reg.-Bez. Oberbayern, 840 km², 103 000 Ew.; Krst. ist Bad Reichenhall.

Berchtold, Leopold Graf, österr.-ungar. Politiker, *Wien 18. 4. 1863, †Schloss Peresznye bei Sopron 21. 11. 1942; 1906–11 Botschafter in Petersburg und 1912–15 Außenmin. Nach der Ermordung von Franz Ferdinand in Sarajevo löste sein Ultimatum an Serbien die zum Ersten Weltkrieg führende »Julikrise« aus.

Berdjajew, Nikolai Alexandrowitsch, russ. Philosoph, *Kiew 6. 3. 1874, †Clamart (Dép. Hauts-de-Seine) 23. 3. 1948; seit 1917 Prof. in Moskau; wurde 1922 ausgewiesen und lebte seit 1924 in Paris. Dort gründete er, wie schon früher in Moskau, eine »Religionsphilosoph. Akademie«. Als »prophet. Philosoph« und Verfechter einer spirituellen Lehre vom Menschen steht B. in der Tradition der ostkirchl. Mystik, der dt. philosoph. Gnosis (J. Böhme) und F. Nietzsches.

Berdjansk, 1939–58 **Ossipenko,** Hafen- und Ind.-Stadt in der Ukraine, am Asowschen Meer, 122 000 Ew.; Maschinenbau, Erdölverarbeitung, Glasfaser-, Kabelwerk; Weinkellereien. Nahebei See- und Heilbad.

Beregnung, Form der →Bewässerung.

Bereicherung, jeder Vermögenszuwachs (→ungerechtfertigte Bereicherung).

Bereitschaftspolizei, Polizeieinheiten innerhalb der Vollzugspolizei der dt. Bundesländer; zuständig für Ausbildung des Nachwuchses der polizei. Vollzugsdienstes bei größeren Einsätzen und zur Abwehr von Gefahren für Bund und Länder (Art. 91 GG).

Berendt, Joachim Ernst, Schriftsteller und Jazzkritiker, *Berlin 20. 7. 1922, †Hamburg 4. 2. 2000; 1950–87 Leiter der Jazzredaktion des Südwestfunks; schrieb erfolgreiche Werke zum Jazz, darunter das 1953 veröffentlichte »Jazzbuch«; produzierte zahlr. Schallplatten und Fernsehsendungen, gründete mehrere Jazzfestivals (u. a. Berliner Jazztage, seit 1964), widmete sich später dem philosoph. Aspekt des Hörens (u. a. Nada Brahma. Die Welt ist Klang, 1983; Das dritte Ohr. Vom Hören der Welt, 1985).

Berengar, Könige von Italien:
1) B. I., Markgraf von Friaul, *um 850/853, †(ermordet) Verona 7. 4. 924; Enkel Ludwig des Frommen, wurde 888 König, 915 Kaiser. 923 wurde er von Rudolf II. von Burgund besiegt.
2) B. II., Markgraf von Ivrea, *um 900, †Bamberg 6. 8. 966, Enkel von 1); seit 950 König, musste 952 unter Abtretung von Verona und Friaul die dt. Lehnshoheit anerkennen; wurde 963 von Otto d. Gr. nach Dtl. verbannt.

Berengar von Tours [-tu:r], scholast. Theologe, *Tours um 1000, †Saint-Côme (bei Tours) 1088; seit 1040 Leiter der Schule von Tours und Archidiakon von Angers; wurde wegen seiner symbol. Eucharistielehre (er nahm nur symbol. Präsenz Christi in Brot und Wein an) auf mehreren Synoden verurteilt.

Berenike II., ägypt. Königin, †(ermordet) 221 v. Chr.; Gemahlin von Ptolemaios III., opferte Aphrodite für die Heimkehr ihres Gatten aus dem 3. Syr. Krieg ihr Haupthaar. Danach wurde das Sternbild →Haar der Berenike benannt.

Berenson [ˈbɛrənsn], Bernard, amerikan. Kunsthistoriker litauischer Herkunft, *Buivydžiai (bei Wilna) 26. 6. 1865, †Settignano (bei Florenz) 6. 10. 1959; Kenner der italien. Renaissancemalerei; Standardwerke zur ital. Kunstgeschichte.

Beresina, die, weißruss. **Bjaresina,** rechter Nebenfluss des Dnjepr in Weißrussland, 613 km (505 km schiffbar), durch ein (veraltetes) Kanalsystem mit dem Flussgebiet der Düna verbunden. Vom 26. bis zum 28. 11. 1812 zogen sich die Reste der Großen Armee Napoleons I. von Moskau unter großen Verlusten über die B. zurück.

Beresniki, Stadt in der Region Perm, Russland, Flusshafen an der oberen Kama, 168 000 Ew.; chem. (Steinsalz- und Kalisalzlager), Nahrungsmittelind.; Erdölförderung.

Berg, jede deutlich die Umgebung überragende Geländeerhebung, durch die relative Größe vom Hügel unterschieden. Vom B.-Fuß leitet der Hang oder das Gehänge zum Scheitel (Gipfel). In der Regel ist ein B. Teil eines Gebirges; einzeln aus einer Ebene aufragende B. (Inselberge der Tropen, Vulkane) sind verhältnismäßig selten. B. können durch Aufschüttung (Vulkane) entstehen, sind aber meist durch Abtragungsvorgänge aus höher gelegenen Teilen der Erdkruste herauspräpariert worden. Vielfältig sind die Benennungen, meist nach der Form: **Tafel-B.** aus flach lagernden Schichtgesteinen oder flachen Lavadecken; breite **Rücken, Dome** aus alten Massen- und gefalteten Schichtgesteinen; **Türme, Zinnen, Zacken** und **Spitzen** in brüchigem Dolomit und Kalk; **Grat-B.** und **Pyramiden** (z. B. Matterhorn) bes. in ehemals vergletscherten Hochgebirgen in Schiefer und Gneis; unregelmäßige **Kuppen** (Vulkanrest-B.); regelmäßige **Kegel** (junge Vulkane). – B. gelten in vielen Religionen als Sitz von Göttern oder Geistern. Der heilige B., in dem sich Himmel und Erde berühren, wird zum Mittelpunkt der Welt: Fuji (Japan), Elburs (Iran), Olymp (Griechenland), Libanon (Phönikien). Die Sage spricht von Gestalten, die sich in der Tiefe von B. aufhalten (»verbergen«). Der Gottes-B. in der Wüste Sinai, der Horeb (2. Mose 19, 11 u. a.), ist die Offenbarungsstätte Jah-

Berg: Darstellung von Bergformen; Pyramide, Horn, Kegel, Zinnen, Kuppe, Tafel (von oben)

Berge (Auswahl; Höhe in m ü. M.)

Asien		Südamerika		Afrika			3798
						Großglockner	3798
Mount Everest	8850	Aconcagua	6962	Kibo (Kilimandscharo)	5892	Wildspitze	3768
K 2	8614	Ojos del Salado	6893	Mount Kenia	5199	Mulhacén	3478
Kangchendzönga	8586	Tupungato	6800	Margherita Peak (Ruwenzori)	5119	Pico de Aneto	3404
Lhotse	8516	Nevado de Huascarán	6768			Ätna	3350
Makalu	8463	Illimani (Pico Sur)	6438	Ras Dashan	4620	Marmolada	3342
Cho Oyu	8201	Illampu (Ancohuma)	6427	Meru	4567	Zugspitze	2962
Dhaulagiri	8167	Chimborazo	6310	Karisimbi (Virungavulkane)	4507	Olymp	2917
Manaslu	8163	Cotopaxi	5897	Mount Elgon	4321	Corno Grande (Gran Sasso)	2912
Nanga Parbat	8126			Toubkal	4165	Gerlsdorfer Spitze	2655
Annapurna I	8091	**Nord- und Mittelamerika**		Kamerunberg	4070	Glittertind (Jotunheim)	2472
Gasherbrum I	8068	Mount McKinley	6198	Thabana Ntlenyana (Drakensberge)	3482	Ben Nevis	1343
Broad Peak	8047	Mount Logan	5959			Fichtelberg	1214
Gasherbrum II	8035	Citlaltépetl (Pico de Orizaba)	5700	Djebel Marra	3088		
Xixabangma	8012			Mlanje	3002	**Australien, Ozeanien**	
Annapurna II	7937	Mount Saint Elias	5489			Puncak Jaya	4884
Tirich Mir	7690	Popocatépetl	5452	**Europa**		Mauna Kea	4205
Gongga Shan	7556	Iztaccíhuatl	5286	Montblanc	4809	Mount Cook	3754
Pik Ismail Samani	7495	Nevado de Toluca	4577	Dufourspitze (Monte Rosa)	4634	Mount Kosciusko	2228
Pik Pobedy	7439	Mount Whitney	4419	Matterhorn	4478		
Demawend	5671	Mount Elbert	4402	Finsteraarhorn	4274	**Antarktis**	
Elbrus	5642	Mount Rainier	4395	Jungfrau	4158	Vinsonmassiv	5140
Ararat	5137	Gunnbjørns Fjeld	3733	Gran Paradiso	4061	Mount Markham	4351
Fuji	3776			Piz Bernina	4049	Mount Erebus	3794

wes, ähnlich der B. Zion (Jes. 2, 2). Religiöse Gebäude ahmen oft B. nach, so die altorientale. Zikkurat, die Stufenpyramiden der Maya und die buddhist. Stupas.

Berg, histor. Territorium rechts des Niederrheins, zw. Ruhr und Sieg (Mittelpunkt: Düsseldorf). Die Grafschaft B. kam 1348 an die Grafen von Jülich und wurde 1380 Herzogtum. 1511 erbte das Haus Kleve B., 1614 fiel es an Pfalz-Neuburg und kam durch Erbschaft (über Pfalz-Sulzbach) 1777 an Bayern. 1806 schuf Napoleon I. für seinen Schwager J. Murat das selbstständige **Großherzogtum B.,** das auch eine Reihe von Nachbarterritorien umfasste; dies wurde 1815 preußisch.

Berg, 1) Alban, österr. Komponist, *Wien 9. 2. 1885, †ebd. 24. 12. 1935; Schüler A. Schönbergs, einer der bedeutendsten Vertreter der Zwölftonmusik (→Zwölftontechnik). Mit Schönberg und A. Webern gehört er zur »Wiener Schule«; schrieb die Opern »Wozzeck« (1921, Uraufführung 1925) nach G. Büchner und »Lulu« (1928–35, unvollendet; von F. Cerha ergänzt, 1979) nach F. Wedekind, Lieder, Orchester-, Kammermusik und ein Violinkonzert.

2) [bærj], Bengt, schwed. Zoologe, Tierfotograf, *Kalmar 9. 1. 1885, †Bokenäs (Verw.-Bez. Kalmar) 31. 7. 1967; hauptsächlich ornitholog. Forschungen, verfasste »Mit den Zugvögeln nach Afrika« (1924), »Die letzten Adler« (1927), »Tiger und Mensch« (1934).

3) [bærj], Carl Gustav Ragnar, schwed. Physiologe und Ernährungsforscher, *Göteborg 1. 9. 1873, †Borstel (Schlesw.-Holst.) 31. 3. 1956; arbeitete über den Mineral- und Proteinstoffwechsel und erkannte u. a., dass die Proteinverwertung durch Basenüberschuss in der Nahrung günstig beeinflusst wird.

4) [bə:g], Paul, amerikan. Biochemiker, *New York 30. 6. 1926; Prof. an der Washington und an der Stanford University; stellte als Erster ein Hybrid-(Rekombinat-)DNA-Molekül her und eröffnete so den Weg zur →Gentechnik. Dafür erhielt er den Nobelpreis für Chemie 1980 (mit W. Gilbert und F. Sanger).

5) Sibylle, Schriftstellerin, *Weimar 2. 6. 1962; erfolgreich mit Kolumnen (Sammlung u. d. T. »Gold«, 2000) und literar. Texten, deren Figuren, unter Verzicht auf kontinuierl. Handlung, sich in einer Kunst- und Medienwelt bewegen (Romane »Ein paar Leute suchen das Glück und lachen sich tot«, 1997; »Amerika«, 1999; Erzählungen »Das Unerfreuliche zuerst. Herrengeschichten«, 2001; »Ende gut«, 2004). Die Vertreterin der dt. Popliteratur schreibt auch Theaterstücke (u. a. »Hund Frau Mann«, Uraufführung 2002).

Bergakademie, Hochschule für Bergbau- und Hüttenkunde; in Dtl. nur noch in Freiberg (gegr. 1765; älteste montanwiss. Hochschule der Welt), seit 1993 »TU Bergakademie Freiberg«. Die früheren B. in Clausthal-Zellerfeld (1775), Aachen (1867) und Berlin (1770) bzw. die entsprechenden Studiengänge sind heute in die dortigen TUs integriert. In Österreich besteht die Montan-Univ. in Leoben (1840).

Bergamasca die, im 16.–17. Jh. volkstüml. schnelles Tanzlied im geraden Takt, benannt nach der ital. Stadt Bergamo.

Bergamasker Alpen, ital. **Alpi Orobie,** Teil der Südl. Kalkalpen in N-Italien, erreichen im Pizzo di Coca 3052 m über dem Meeresspiegel.

Bergamo, 1) Prov. in der Lombardei, Italien, 2723 km², 1,0 Mio. Einwohner.

2) Hptst. von 1), am Alpensüdrand, 114200 Ew.; Bischofssitz; Museen und Bibliotheken. Verkehrs- und Handelsmittelpunkt; Maschinen-, Textil- und Zementind., graf. Gewerbe in der Neustadt (Unterstadt). – In der alten Oberstadt u. a. Kirche Santa Maria Maggiore (12. Jh.), Dom (1456 ff. und 17.–19. Jh.), Baptisterium (14. Jh.), Palazzo della Ragione, Torre del Comune.

Bergamotte [ital.] die, Unterart der Pomeranze, aus der das äther. **Bergamottöl** gewonnen wird, das für

Alban Berg

Paul Berg

Parfüme und zum Aromatisieren von Tee (Earl Grey) verwendet wird.

Berganza, Teresa, span. Sängerin (Mezzosopran), * Madrid 16. 3. 1935; trat v. a. als Mozart- und Rossini-Interpretin hervor.

Bergaufsicht, →Bergbehörden.

Bergaufzug, *Bergbau:* →Bergparade.

Bergbadachschan, russ. **Gorno-Badachschan,** tadschik. **Kuchistoni Badachschon,** Autonome Rep. (seit 1992) im O von Tadschikistan, im Pamir, 63 700 km², (2004) 218 000 Ew., überwiegend Pamiri (eine tadschik. Bevölkerungsgruppe, schiit. Muslime); Hptst. Chorog; Viehzucht (Yaks, Schafe, Ziegen), Marmorgewinnung, Seidenerzeugung.

Bergbahnen, Bahnen zur Erschließung hoch gelegener, schwer zugängl. Ortschaften, von Berggipfeln, Sportgebieten u. Ä. Wegen der Höhenunterschiede sind B. mit Adhäsionsbetrieb (**Reibungsbahnen**) selten. Bei stärkeren Neigungen oder ungenügender Reibungskraft werden **Zahnradbahnen** gebaut (bis etwa 25 % Steigung; Pilatusbahn ausnahmsweise mit 48 %). Zur Fortbewegung greift ein unter dem Triebfahrzeug befindl. Zahnrad in die zwischen den Schienen verlegte Zahnstange ein. Bei gerader, meist kurzer Strecke baut man **Standseilbahnen:** Über ein umlaufendes, auf Rollen zw. den Schienen liegendes Seil werden an den Seilenden ein Fahrzeug bergwärts gezogen und das andere talwärts abgelassen. Bei sehr steilem und unregelmäßigem Gelände wird eine **Seilschwebebahn (Drahtseilbahn)** mit Kabinen (zwei gegenläufige Großkabinen oder zahlr. kleine Umlaufkabinen) angelegt, bei der Zweiseilbahn mit getrenntem Trag- und Zugseil. Bei der Einseilbahn, häufig in Form von Skilift und Sessellift, ist das Zugseil auch das Tragseil.

Bergbau, Wirtschaftszweig, der das Suchen nach (Explorieren), das Erschließen, den Abbau (das Fördern) und das Aufbereiten von Bodenschätzen umfasst (Gewinnungs-B.), daneben zur Wiedernutzbarmachung und Verwahrung stillgelegter B.-Anlagen den Sanierungs-B., weiterhin den Entsorgungsbergbau. Die zugehörigen Betriebe sind Bergwerke, Gruben oder Tagebaue bzw. Deponien oder Endlager. B. erstreckt sich auf Steinkohle, Braunkohle, Torf, Erdöl, Erdgas, Ölschiefer, Ölsande, Erze (zur Gewinnung von Metallen), Schwefel, Steinsalz, Kalisalze, Phosphate und Stickstoffminerale sowie auf Edelsteine und auf Steine und Erden aller Art. Abhängig von der geolog. Situation, der Beschaffenheit des Fördergutes und der Teufe (Tiefe), in der es gefunden wird, werden drei grundlegende Verfahrensarten der Erschließung angewandt: **Bohrungen** dienen der Gewinnung gasförmiger (z. B. Erdgas), flüssiger (z. B. Erdöl) und solcher Bodenschätze, die vergast oder verflüssigt werden können (z. B. Salze). Im **Tagebau** werden Lagerstätten abgebaut, die an oder nahe der Erdoberfläche liegen, v. a. Braunkohle und manche Erze, aber auch Steinkohle, Gold und Diamanten. **Untertage-B.** in **Bergwerken** wird bei tief unter der Erde liegenden Lagerstätten angewendet. Um diese zugänglich zu machen, muss man zunächst die **Ausrichtung** des Grubenfeldes betreiben, d. h. Stollen bis zur Lagerstätte vortreiben oder Schächte bauen und abteufen. Von den Schächten oder Stollen aus werden im Nebengestein weitere söhlige (waagerecht verlaufende) Ausrichtungsgrubenbaue angesetzt: die Richtstrecken und die etwa rechtwinklig von diesen abzweigenden, bis in die Lagerstätte vorgetriebenen Querschläge. Das so auf einem bestimmten Niveau entstehende Streckensystem heißt Sohle. Die Sohlen werden untereinander durch Blindschächte (→Schacht) oder Fahrrollen (→Rollloch) verbunden. Der Ausrichtung folgt die **Vorrichtung**, das Anlegen von Grubenbauen in der Lagerstätte selbst. Nach der Vorrichtung und nach dem Einbau der erforderl. Maschinen, Förderanlagen u. a. beginnt die Gewinnung, der **Abbau** des Minerals. Durch den Abbau entstehen ausgedehnte Hohlräume. Man kann entweder das Hangende über dem nicht mehr benötigten Abbauraum planmäßig »zu Bruch werfen« (Bruchbau) oder den leer geförderten Abschnitt wieder mit →Versatz füllen. Der Abbau lässt sich auch nur teilweise betreiben, sodass die Festigkeit erhalten bleibt. Der **Grubenausbau** schützt vor Einsturz und gegen hereinbrechendes Gestein. Wichtig sind weiterhin die Grubenbewetterung und die Wasserhaltung.

Geschichte: Vereinzelt hat es B. (auf Feuerstein u. a. Gesteinsarten) schon in der Steinzeit gegeben. In der Bronzezeit entstand der B. (auf Kupfer und Zinn) in allen alten Kulturlandschaften (China, Japan, Südamerika, Indien, Vorderasien, Nordafrika, Europa). Bedeutende Kupferbergwerke der Bronzezeit mit Scheide- und Schmelzplätzen fanden sich in Salzburg und Tirol. Eisenerze (in Anatolien von den Hethitern schon im 14. Jh. v. Chr. verarbeitet) wurden in Europa erst seit etwa 800 v. Chr. gewonnen. B. auf Steinsalz kennt man aus der Hallstatt- und La-Tène-Zeit (Hallein, Hallstatt u. a.). Der antike B. gründete sich vor allem auf die Lagerstätten in Zypern (Kupfer), Laurion in Attika (Silber, Blei, Zink, Kupfer), Spanien (Silber, Zinn), Irland und Cornwall (Zinn). Im Abendland war bis ins 16. Jh. der dt. B. führend, nicht nur in Dtl. selbst (Harz, Erzgebirge, Alpen, Schlesien, Böhmen), sondern durch dt. Bergleute auch im übrigen Europa (Ungarn, Spanien). Ende des 12. Jh. war die Entwicklung des →Bergrechts und des Bergregals im Wesentlichen schon abgeschlossen. Der B. wurde in Form der bergrechtl. Gewerkschaft betrieben, in die seit dem Ende des 15. Jh. allerdings auch große Geldgeber eintraten (Fugger). Das 16. Jh. brachte durch techn. Verbesserungen und Lehrbücher einen neuen Aufschwung. Im Absolutismus begann der Staat den B. zu beherr-

Bergbau: Streckenvortriebsmaschine im Steinkohlenbergbau

schen, die Bergleute wurden zu →Knappschaften zusammengeschlossen und Bergakademien gegründet. Die Dampfmaschine ermöglichte B. in größerer Tiefe und begünstigte industrielle Großbetriebe. Entscheidend wurden die Lagerstätten des Eisenerzes, der Stein- und Braunkohle. Ende des 18. Jh. gewann Großbritannien die Führung in der sich entwickelnden Schwerindustrie. Seit 1850 begann die Entwicklung der großen Reviere in Nordfrankreich, Belgien, Dtl. (Ruhr, Saar, Oberschlesien), Australien (Gold), den USA (Kohle, Kupfer, Erdöl, Eisen, Nickel) und Südafrika (Diamanten, Gold); seit dem Ende des Zweiten Weltkriegs kommt dem Abbau der Uranerze und der Gewinnung von Erdöl und Erdgas immer größere Bedeutung zu. Während die →Offshoretechnik beträchtl. Mengen an Erdöl und Erdgas liefert, liegt die Nutzung des marinen Erzbergbaus (→Meeresbergbau) noch in der Zukunft.

Bergbauberufe, Aus- und Fortbildungsberufe im Bergbau; anerkannte Ausbildungsberufe sind der Aufbereitungs- und Bergmechaniker, der Berg- und Maschinenmann sowie der Bergvermessungstechniker. Fort- und Weiterbildungsmöglichkeiten bestehen zum Assistenten für Geo-Informationssysteme und zum Stein-, Bohr- oder Umweltschutztechniker. Es gibt auch FH und Univ. mit Ausbildungsmöglichkeiten im Bereich Geoingenieurwesen, Geowiss.en, Geotechnik und Bergbau (→Bergakademie).

Bergbehörden, die nach dem Bundesberg-Ges. zur Aufsicht über den Bergbau eingerichteten (Landes-)Behörden. Untere B. sind die Bergämter, Aufsichts- und Beschwerdeinstanz bilden die Oberbergämter als mittlere B. Oberste B. sind die Wirtschaftsmin. oder -senatoren der Länder.

Bergdama, Dama, Damara, negrides Volk in Namibia, stark mit Nachbarvölkern vermischt, etwa 140 000; sie leben im mittleren NW des Landes (**Damaraland**), viele arbeiten jedoch in Städten, auf Farmen oder in Bergbaubetrieben. Die B. sprechen die Sprache der Nama.

Bergedorf, südöstl. Stadtbezirk von Hamburg, mit Sternwarte. – B. erhielt 1275 Stadtrecht, wurde 1420 von Lübeck erobert und war seitdem (bis 1868) gemeinsamer (»beiderstädtischer«) Besitz von Hamburg und Lübeck.

Bergell das, ital. **Val Bregaglia,** Tallandschaft im schweizer. Kt. Graubünden und in der ital. Prov. Sondrio, vom Malojapass (1 815 m ü. M.) bis Chiavenna (320 m ü. M.) reichend, von der Maira (ital. Mera) nach W durchflossen. Die rd. 1 500 schweizer. **Bergeller** in den fünf Gemeinden Bondo, Castasegna, Soglio, Stampa und Vicosoprano sind seit 1529 reformiert und sprechen eine italienisch-roman. Mundart (**Bargaiot**).

Bergen, 1) Stadt in Norwegen, neben Stavanger wichtigster Hafen der W-Küste und Erdölmetropole, Verw.-Sitz der Prov. Hordaland; am Inneren Byfjord, 237 400 Ew.; nach Oslo die bedeutendste norweg. Stadt mit Univ., Handelshochschule; Museen, Aquarium; Fischerei (Aquakulturen), Handelszentrum, Stahlerzeugung, Maschinenbau, Schiffbau, Erdöl-, Textil-, elektron. und Nahrungsmittelind.; internat. Flughafen Flesland. – B., um 1070 gegr., wurde im 14. Jh. ein wichtiger Handelsplatz der Hanse. Deren Niederlassung, die Tyske Byggen (»Dt. Brücke«, seit 1945 Bryggen; die Bauten wurden von der UNESCO zum Weltkulturerbe erklärt), beherrschte bis ins 16. Jh. Stadt und Handel (alte Lagerhäuser, Hanseat. Museum).

Bergen 4): der Ernst-Moritz-Arndt-Turm (1869–77) in Bergen auf Rügen

2) Stadt im Landkreis Celle, Ndsachs., in der südl. Lüneburger Heide, 13 400 Ew.; Betonsteinwerk. Südwestl. von B., nahe bei dem Ort Belsen, befand sich im Zweiten Weltkrieg das KZ **Bergen-Belsen**.

3) [ˈbɛrxə], fläm. Name der belg. Stadt →Mons.

4) B. auf Rügen, Krst. des Landkreises Rügen, Meckl.-Vorp., zentraler Ort der Insel, 14 600 Ew.; nahebei der **Rugard** (91 m ü. M.) mit Ernst-Moritz-Arndt-Turm. – Zisterzienserklosterkirche (13. Jh.) mit spätgot. Wandmalereien. – B. a. R., aus einer alten slaw. Siedlung entstanden, erhielt 1613 Stadtrecht.

5) B. op Zoom [ˈbɛrxə ɔp ˈzoːm], Stadt in der Prov. Nordbrabant, Niederlande, am Rande des Kempenlandes (op Zoom »am Saum«) gegen die Scheldemarsch, 66 100 Ew.; Austernzucht; Spargelanbau; Metallverarbeitung. – B. wurde 1577 von den aufständ. Niederländern eingenommen und wiederholt erfolgreich gegen die Spanier verteidigt; Reste der starken Befestigungsanlagen.

Bergengruen [-gry:n], Werner, Schriftsteller, * Riga 16. 9. 1892, † Baden-Baden 4. 9. 1964; bevorzugte als Erzähler Novelle und Anekdote. Sein in einem fiktiven Renaissancestaat spielender Roman »Der Großtyrann und das Gericht« (1935) wurde häufig als verschlüsselte Kritik an der nat.-soz. Diktatur aufgefasst. Charakteristisch für seine Lyrik ist der Titel »Die heile Welt« (1950); er schrieb auch Reisebücher und Memoiren und übersetzte russ. Literatur. – *Weitere Werke: Romane:* Herzog Karl der Kühne (1930); Trilogie: Der letzte Rittmeister (1952), Die Rittmeisterin (1954), Der dritte Kranz (1962).

Berger, 1) Erna, Sängerin, * Cossebaude (bei Dresden) 19. 10. 1900, † Essen 14. 6. 1990; gehörte zu den bedeutendsten dt. Koloratursopranistinnen ihrer Zeit.

Bergen 1) Stadtwappen

Werner Bergengruen

2) Hans, Psychiater und Neurologe, * Neuses (heute Stadtteil von Coburg) 21. 5. 1873, † Jena 1. 6. 1941; leitete als Erster das Hirnstrombild (→Elektroenzephalogramm) von der unversehrten Kopfhaut ab.

3) [ˈbəːgə], John, engl. Schriftsteller und Kunstkritiker, * London 5. 11. 1926; lebt in Savoyen. Sein sozialistisch orientiertes Interesse an Kunst wurde in zahlr. theoret. Arbeiten deutlich (u. a. »Glanz und Elend des Malers Pablo Picasso«, 1965); schrieb experimentelle Romane, so den metahistor. Roman »G« (1972) und das aus einer Montage von Textsorten bestehende Werk »Sau-Erde. Geschichten vom Lande« (1979), dessen Fortsetzungen »Spiel mir ein Lied« (1987) und »Flieder und Flagge« (1990) sind.

4) Oscar, guatemaltek. Politiker, * Guatemala-Stadt 11. 8. 1946; Jurist und Unternehmer, 1991–99 Bürgermeister von Guatemala-Stadt; im Dez. 2003 als Kandidat der Rechtsparteienbündnisses GANA im 2. Wahlgang zum Staatspräs. gewählt (Amtsantritt Jan. 2004).

5) Senta, österr. Bühnen- und Filmschauspielerin, * Wien 13. 5. 1941; ⚭ mit dem Regisseur M. Verhoeven; spielt seit den späten 1950er-Jahren Theaterrollen (in Wien, Salzburg, Hamburg, Berlin) und Filmrollen (»Es muß nicht immer Kaviar sein«, 1961; »Der scharlachrote Buchstabe«, 1972), seit den 1970er-Jahren v. a. in Fernsehproduktionen (in den Serien »Kir Royal«, 1985; »Die schnelle Gerdi«, 1989 und 2003).

6) [ˈbəːgə], Thomas Louis, amerikan. Schriftsteller, * Cincinnati (Oh.) 20. 7. 1924; schreibt hintergründige, Mythen des Alltags und Klischeevorstellungen des Lebens der amerikan. Mittelklasse entlarvende Romane; schuf den Typus des Protagonisten, der durch seine Humanität zum Antihelden wird. Am bekanntesten wurde die aus vier Romanen bestehende »Reinhart-Saga« (»Crazy in Berlin«, 1958; »Reinhart in love«, 1962; »Vital parts«, 1970; »Reinhart's women«, 1981) sowie die komisch-heroische Satire auf die Auseinandersetzungen der Weißen mit den Indianern »Der letzte Held« (1964; verfilmt).

Bergère [bɛrˈʒɛːr; frz. »Schäferin«] *die,* gepolstertes Sitzmöbel (Fauteuil) mit geschlossenen Armlehnen.

Berger-Mischung, als Nebelmittel verwendetes Gemisch aus Zink-, Magnesium- oder Aluminiumstaub sowie Hexachlorethan, das beim Entzünden einen schwarzen Rauch entwickelt, der aus dem jeweiligen Metallchlorid und Kohlenstoffteilchen besteht.

Bergfried, Belfried, Hauptturm einer →Burg.

Bergführer, hoch qualifizierter »Allrounder«, der als Führer und Ausbilder in den verschiedensten Bergsportdisziplinen im Sommer wie Winter weltweit unterwegs ist. Zusammengeschlossen sind die B. in nat. Verbänden und einer internat. Dachorganisation.

Berggeister, Bergdämonen in Riesengestalt als Personifikation der Berggewalten oder den Zwergen verwandte, meist hilfreiche **Bergmännchen**; bekannte B. sind →Bergmönch und →Rübezahl.

Berghaus, Ruth, Regisseurin und Theaterleiterin, * Dresden 2. 7. 1927, † Zeuthen (bei Berlin) 25. 1. 1996; ab 1954 ⚭ mit P. Dessau; arbeitete für Schauspiel- und Musiktheater sowie für die Oper; war zunächst Choreografin, ab 1967 beim Berliner Ensemble, 1971–77 dessen Leiterin; ab 1977 Regisseurin an der Dt. Staatsoper Berlin, internat. Gastinszenierungen; unkonventioneller, auch provokator. Inszenierungsstil.

Bergheim, Krst. des Rhein-Erft-Kreises, NRW, am Westfuß der Ville längs der Erft, 63 400 Ew.; Mittelzentrum; Braunkohlenkraftwerk, chem. Industrie. – Romanisch-got. Pfarrkirche St. Remigius, Teile der Stadtbefestigung (14.–15. Jh.); Stadtrecht um 1300.

Bergisches Land, Landschaft zw. Ruhr, Rhein und Sieg, NRW, westlich des Sauerlandes am Rand des Rhein. Schiefergebirges, im Gebiet des ehem. Herzogtums Berg. Die kuppige Mittelgebirgslandschaft (höchste Erhebung 506 m ü. M.) auf paläozoischen Gesteinen ist zu einem großen Teil mit Wald bestanden; auf Grünlandinseln Weiler und Einzelhöfe. Das dichte Gewässernetz (Wupper, Agger) wurde seit dem MA. von Gewerbebetrieben genutzt, aus denen sich seit dem 19. Jh. eine vielseitige Ind. entwickelt hat (bes. Wuppertal, Solingen, Remscheid); im 20. Jh. Anlage von Talsperren für das Ballungsgebiet Rhein-Ruhr. Der **Naturpark Bergisches Land** umfasst 1 910 km^2.

Bergisch Gladbach, Krst. des Rheinisch-Berg. Kreises, NRW, liegt am W-Rand des Berg. Landes, 110 000 Ew.; Erdbebenwarte der Univ. Köln, FH für Wirtschaft; Rheinisches Industriemuseum, Bergisches Museum für Handwerk, Bergbau und Gewerbe. Die Ind. erzeugt v. a. Papier und Papierwaren, Maschinen und Apparate, Dämmstoffe sowie elektrotechn. und Kunststoffartikel; ferner Verlage und Druckereien sowie Nahrungsmittelind.; Technologiepark. – 1856 Stadtrecht; seit 1933 Kreisstadt, 1975 durch die Zuordnung der Stadt Bensberg und des Ortes Schildgen vergrößert.

Bergisel [1305 als Purgusels erwähnt], **Berg Isel,** Berg im südl. Innsbrucker Stadtgebiet (von Autobahnen und Brennerbahn unterfahren), Österreich, 746 m ü. M., Olympia-Skisprungschanze; bekannt durch die Kämpfe von 1809 (→Hofer, Andreas).

Bergius, 1) C. C., eigtl. Egon Maria **Zimmer,** Schriftsteller, * Buer (heute zu Gelsenkirchen) 2. 7. 1910, † Vaduz 23. 3. 1996; war Flugkapitän und schrieb erfolgreiche Unterhaltungsromane, u. a. »Das Medaillon« (1971).

2) Friedrich, Chemiker, * Goldschmieden (heute zu Breslau) 11. 10. 1884, † Buenos Aires 31. 3. 1949; erfand u. a. Verfahren zur Kohleverflüssigung (→Kohlehydrierung; B.-Pier-Verfahren) und zur Holzverzuckerung; erhielt 1931 mit C. Bosch den Nobelpreis für Chemie.

Bergkamen, Stadt im Kreis Unna, NRW, südl. der Lippe, im östl. Ruhrgebiet, 52 300 Ew.; chemisch-pharmazeut. u. a. Ind., der Steinkohlenbergbau wurde 2001 eingestellt.

Bergkarabach, russ. **Nagorny Karabach,** Teilgebiet der Landschaft **Karabach** (armen. **Arzach**) im östl. Transkaukasien zw. den Mittelläufen von Kura und Arax, zugleich ehemals Autonomes Gebiet innerhalb Aserbaidschans (Autonomiestatus 1991 aufgehoben), von Armenien im Verlauf des Krieges mit Aserbaidschan (1992–94) um B. besetzt, internat. nicht anerkannter Sezessionsstaat, 4 400 km^2, (2000) etwa 150 000 Ew. (über 80 % Armenier), Hauptstadt ist Stepanakert. B. umfasst die O-Abdachung des Kleinen Kaukasus; Hauptwirtschaftszweige sind Tabak-, Getreide-, Obst- und Weinanbau sowie die Seidenraupen- und Viehzucht. Durch den Krieg ist die Wirtschaft stark geschädigt worden; hoher Anteil informeller Wirtschaftsaktivitäten, wirtsch. Abhängigkeit von Armenien. – Das mehrheitlich von christl. Armeniern bewohnte und von diesen »Arzach« gen. B. wurde 1921 administrativ Aserbaidschan angegliedert (seit 1923 Autonomes Gebiet). Bestrebungen des armen. Bev.-Teils, diese Region Armenien anzuschließen (1988 entsprechende Erklärung des Gebietssowjets, Bildung eines Karabach-Komitees in Jerewan), lehnte die aserbaidschan. Reg. ab. Nach wiederholten blutigen ethn. Auseinandersetzungen zw. Armeniern und Aserbaidschanern führte der Streit um B. 1990 zum Bürgerkrieg, der starke Flüchtlingsströme beider Nationalitäten auslöste und sich (nach Aufhebung des Autonomiestatus von B. durch das aserbaidschan. Parlament im Nov. 1991 und der einen Monat später folgenden Unabhängigkeitserklärung B.s) 1992 zu einem offenen Konflikt zw. den Rep. Armenien und Aserbaidschan ausweitete, der in einer Besetzung B.s durch armen. Truppen endete. 1992 eroberten Karabach-Armenier einen Landkorridor zur Rep. Armenien (nachfolgend Einnahme von ca. 20% des aserbaidschan. Territoriums). 1994 trat ein von Russland vermittelter Waffenstillstand in Kraft. Weiterführende Verhandlungen zur dauerhaften Friedensregelung unter der Schirmherrschaft der OSZE hatten jedoch in den Jahren danach angesichts der Unvereinbarkeit der Standpunkte zw. Aserbaidschan und Armenien keinen Erfolg. Daraufhin votierten die Bewohner B.s in einem Referendum am 10. 12. 2006 erneut für die – international nicht anerkannte – Unabhängigkeit ihres Gebiets und verabschiedeten erstmals eine Verfassung für die »Republik Bergkarabach«.

Bergkrankheit, die →Höhenkrankheit.
Bergkristall, sehr reine Form des →Quarzes.
Berglöwe, der →Puma.
Bergman ['bærj-], **1)** Hjalmar, schwed. Schriftsteller, * Örebro 19. 9. 1883, † Berlin 1. 1. 1931. Seine Schriften schildern meist das Schicksal einsamer Menschen (»Swedenhielms«, 1925).
2) Ingmar, schwed. Bühnen- und Filmregisseur, Drehbuchautor, * Uppsala 14. 7. 1918; gibt in seinen visuell äußerst erfindungsreichen Filmen psychologisch eindringl. Analysen der menschl. Existenz und der Problematik des Zusammenlebens (»Szenen einer Ehe«, 1973); schrieb die Autobiografie »Mein Leben« (1987). 1991 Kunstpreis Praemium Imperiale. – *Weitere Filme:* Abend der Gaukler (1953); Das siebente Siegel (1957); Wilde Erdbeeren (1957); Die Jungfrauenquelle (1960); Wie in einem Spiegel (1961); Licht im Winter (1963); Das Schweigen (1963); Persona (1966); Schreie und Flüstern (1972); Die Zauberflöte (1975); Fanny und Alexander (1982); Sarabande (2003).
3) Ingrid, schwed. Schauspielerin, * Stockholm 29. 8. 1915, † London 29. 8. 1982; spielte u. a. in dem Film »Casablanca« (1942); 1951–57 ⚭ mit dem ital. Regisseur R. Rossellini. – *Weitere Filme:* Wem die Stunde schlägt (1943); Johanna von Orleans (1948); Mord im Orientexpress (1974); Herbstsonate (1978).
Bergmann, →Bergbauberufe.
Bergmann, 1) Ernst von, Chirurg, * Riga 16. 12. 1836, † Wiesbaden 25. 3. 1907, Vater von 2); besondere Verdienste um Asepsis und Hirnchirurgie.
2) Gustav von, Internist, * Würzburg 24. 12. 1878, † München 16. 9. 1955, Sohn von 1); Mitbegründer des funktionellen Denkens in der Medizin; grundlegende Forschungen zur Entstehung des Magengeschwürs.
Bergmann-Regel, 1847 von dem deutschen Anatomen und Physiologen Carl Bergmann (* 1814, † 1865) aufgestellte Regel, nach der innerhalb einer Art die in nördlichen Regionen lebenden Individuen größer sind als die in südlichen und somit wärmeren Gebieten lebenden. Erklärt wird die Beobachtung damit, dass ein großer Körper eine relativ geringere (dem Wärmeaustausch dienende) Oberfläche hat als ein kleiner Körper und somit auch weniger Wärme nach außen abgibt. Die B.-R. ist nur mit Einschränkungen auf Warmblüter anwendbar, da solche Erscheinungen durch gegenläufige Anpassungsleistungen auch verdeckt sein können. Der B.-R. folgen z. B. die nördlichen Populationen von Hirsch, Wildschwein und Uhu.

Bergmannssprache, →Standessprachen.
Bergmönch, nach dem Volksglauben ein Berggeist, der in Kutte und Kapuze in Bergwerken erscheint, hilft und straft.
Bergner, Elisabeth, österr. Schauspielerin, * Drogobytsch (Galizien) 22. 8. 1897, † London 12. 5. 1986; kam über Wien, München nach Berlin; seit 1933 ⚭ mit dem Regisseur Paul Czinner; lebte seitdem in London. Auf der Bühne und in Filmen wie »Fräulein Else« (1929), »Ariane« (1931), »Der träumende Mund« (1932) und »Wie es euch gefällt« (1936) hatte sie mit ausdrucksvollen Frauenrollen Erfolg.
Bergneustadt, Stadt im Oberberg. Kreis, NRW, im südöstl. Berg. Land, 20 700 Ew.; Metallwaren-, Maschinenbau-, Papier-, chem. und Kunststoffind.; im Ortsteil Wiedenest romanisch-got. Kirche; nahebei die Aggertalsperre. – Bergneustadt erhielt 1301 Stadtrecht.
Bergonzi, Carlo, ital. Sänger (Tenor), * Polesine Parmense (Prov. Parma) 13. 7. 1924; wurde bes. als Verdi- und Puccini-Interpret bekannt.
Bergparade, Bergaufzug, traditioneller Festaufmarsch von Berg- und Hüttenleuten in histor. Festkleidung (Standes- bzw. **Bergmannstracht,** auch »Habit« bzw. »Berghabit« gen.); seit dem 16. Jh. überliefert, seit dem 18. Jh. zu Festtagen u. Ä. veranstaltet.
Bergpartei, frz. **Montagne,** in der Frz. Revolution im Ggs. zu den *Girondisten* die radikalste Gruppe des Konvents (1792–95), ben. nach ihren Sitzen auf den höher gelegenen Bänken. Führende Mitgl. (**Montagnards**) waren Danton, Marat und Robespierre.
Bergpredigt, die im Matthäusevangelium nach einer älteren Quelle aus Sprüchen Jesu zusammengestellte Rede Jesu auf einem Berg (Mt. 5–7). Kennzeichnend sind der sozialeth. Gehalt (u. a. Verzicht auf Besitz, Gewalt) und die Schärfe der sittl. Forderungen, die im Gebot der unbedingten Nächstenliebe münden. Wesentl. Bestandteile sind die →Seligpreisungen, das →Vaterunser und die →goldene Regel. Radikal bes. von sozial orientierten christl. Bewegungen rezipiert (z. B. Waldenser), erhielt die B. immer wieder auch aktuelle, z. T. politische Deutungen.
Bergrecht, das Sonderrecht, das für Aufsuchung und Gewinnung von Bodenschätzen gilt (→Bergbau). Das Bundesberg-Ges. (BBergG) vom 13. 8. 1980 löste die vorherigen, aus dem preuß. Allg. Berg-Ges. von 1865 hervorgegangenen landesrechtl. Vorschriften ab. Es unterscheidet **grundeigene Bodenschätze,** die im Eigentum des Grundeigentümers stehen, und **bergfreie Bodenschätze,** die nicht vom Eigentum am Grundstück erfasst werden, Letzteres also einschränken. Grundsätzlich bergfrei sind nahezu alle wichtigen Bodenschätze (Aufzählung § 3 BBergG). Für das Aufsuchen und Gewinnen von bergfreien Bodenschätzen ist eine **Bergbauberechtigung** erforderlich (Erlaubnis, Bewilligung, Bergwerkseigentum), die auf Antrag verliehen wird. Das BBergG enthält u. a. auch Bestimmungen über die Grundabtretung, die Festsetzung von Baubeschränkungen, die Bergaufsicht durch die →Bergbehörden und die Haftung für Bergschäden.

Ingmar Bergman

Ingrid Bergman

Neu einbezogen sind Vorschriften über die unterird. behälterlose Speicherung und die Gewinnung von Erdwärme. – Bis zur Mitte des 19. Jh. war die Grundlage des B. das **Bergregal**, d. h. das Hoheitsrecht des Königs, über bestimmte Minerale zu verfügen und den Abbau zu gestatten (meist in Verbindung mit einem **Bergzehnt**), das sich etwa im 12. Jh. entwickelt hatte. – In *Österreich* ist das B. im Mineralrohstoff-Ges. geregelt, in der *Schweiz* bildet das Bergbaurecht ein staatl. Hoheitsrecht der Kantone, dessen Umfang durch kantonale Gesetze oder Gewohnheitsrecht festgelegt ist.

bergrechtliche Gewerkschaft, eine (meist rechtsfähige) Personenvereinigung zur Nutzung von Bergwerkseigentum. Den Anteil an einer b. G. nennt man →Kux. Das Bundesberg-Ges. bestimmte die Auflösung der b. G. oder ihre Überführung in andere Rechtsformen zum 1. 1. 1986.

Bergreihen, Bergreigen, Sammlungen von weltl. und geistl. Liedgut, bes. der böhm., erzgebirg. und thüring. Bergleute, seit dem 16. Jh. bekannt.

Bergrepublik, eigtl. Autonome Sozialist. Sowjet. Bergrepublik, russ. Gorskaja Awtonomnaja Sowjetskaja Sozialistitscheskaja Respublika, Abk. **GASSR,** 1921–24 innerhalb der RSFSR auf dem Boden des ehem. Gebiets Terek bestehende Rep.; 73 000 km², etwa 786 000 Ew.; Hptst.: Wladikawkas. Neben sechs nordkaukas. Völkerschaften (Balkaren, Inguschen, Kabardiner, Karatschaier, Osseten und Tschetschenen) lebten hier auch Russen und Kosaken.

Bergrettungsdienst, die →Bergwacht.

Bergrutsch, der →Bergsturz.

Bergschaden, jeder durch Bergbaubetrieb an einem Grundstück, einer bewegl. Sache oder einer Person verursachte Schaden; vom Bergwerkseigentümer zu ersetzen.

Bergson, Henri, frz. Philosoph, * Paris 18. 10. 1859, † ebd. 4. 1. 1941; war Prof. am Collège de France; baute insbes. gegen den Positivismus in der Tradition der Mystik eine spiritualist. →Lebensphilosophie auf. Die Grundbegriffe seiner Philosophie sind: der gegen den naturwiss. Zeitbegriff gerichtete Begriff der subjektiven, unwiederholbaren Zeit, der »Dauer« (durée) und der antimechanist. Begriff des zweckgerichteten »Lebenstriebs« (élan vital). B. übte insbes. auf die nachnaturalist. Literatur Frankreichs (z. B. den Existenzialismus) bed. Einfluss aus; er hielt 1927 den Nobelpreis für Literatur. – Werke: Zeit und Freiheit (1889); Materie und Gedächtnis (1896); Die schöpferische Entwicklung (1907); Durée et simultanéité (1921).

Bergsteigen, die Technik des Gehens (Bergwandern) und Kletterns in Fels oder Eis. B. erfordert Ausdauer, Trittsicherheit, Schwindelfreiheit, Orientierungssinn und Bergerfahrung; als Ausrüstung dienen u. a. wetterfeste Kleidung, Bergschuhe, Rucksack und Pickel (in Gletschergebieten), zum Klettern auch Seil, Hammer und Haken. – B. als Sport wird als Freiklettern (→Freeclimbing) nach 11 Schwierigkeitsgraden, die künstl. Kletterei (→Klettern) nach 6 Schwierigkeitsgraden bewertet. (→Alpinismus)

Bergstraesser, Arnold, Kulturhistoriker und Soziologe, * Darmstadt 14. 7. 1896, † Freiburg im Breisgau 24. 2. 1964; seit 1929 Prof. in Heidelberg; emigrierte 1937 in die USA, seit 1954 Prof. für wiss. Politik und Soziologie in Freiburg im Breisgau; förderte maßgeblich den Ausbau der Politikwiss.en in Deutschland.

Bergstraße, 1) Name für den W-Rand des Odenwaldes zw. Darmstadt und Wiesloch, urspr. Name der hier verlaufenden röm. Straße (heute etwa entlang der B 3), daher im N geteilt in »Alte B.« unmittelbar am Fuß des Odenwaldes und »Neue B.« etwas weiter im Tiefland. Das Gebiet an der B. besitzt dank günstiger Klima- und Bodenverhältnisse (Lössböden) ertragreichen Obst-, Gemüse- und Weinbau (auch Mandeln, Edelkastanien, Walnüsse); Fremdenverkehr. – Die B., von den Römern erbaut, war seit dem MA. Heer-, Handels- und Geleitstraße durch Hessen, Kurmainz und Kurpfalz.

2) Landkreis im Reg.-Bez. Darmstadt, Hessen, 720 km², 266 000 Ew.; Krst. ist Heppenheim (Bergstr.).

Bergström [ˈbærjstrøːm], Sune, schwed. Biochemiker, * Stockholm 10. 1. 1916, † 15. 8. 2004; Prof. in Lund, arbeitete am Stockholmer Karolinska-Inst.; erhielt für grundlegende Arbeiten über Prostaglandine mit B. Samuelsson und J. R. Vane 1982 den Nobelpreis für Physiologie oder Medizin.

Bergsturz, Bergrutsch, Bergschlipf, Erdrutsch, Erdschlipf, Felssturz, das Abstürzen oder Abgleiten von größeren Fels-, Schutt- oder Erdmassen an Berghängen, verursacht durch Unterschneidung und Versteilung der Böschungen (infolge Verwitterung und Erosion), durch Erdbeben sowie durch Sprengungen und andere Eingriffe des Menschen. Bei kleineren Gesteinsmassen spricht man von Felssturz und →Steinschlag. B. treten auf an Steilstufen der Mittelgebirge (so am Trauf der Schwäb. Alb), am häufigsten an den Steilhängen der von eiszeitl. Gletschern ausgefurchten Täler junger Hochgebirge. In vorgeschichtl. Zeit fand bei Flims am Vorderrhein ein gewaltiger B. statt, bei dem etwa 12 000 Mio. m³ Gestein abstürzten und den Rhein 90 m hoch aufstauten.

Berg- und Talwind, ein im Gebirge auftretendes tagesperiod. Windsystem, bei dem die Winde tagsüber hangaufwärts, nachtsüber hangabwärts gerichtet sind und so auf Temperaturunterschieden beruhende Luftdruckunterschiede ausgleichen.

Bergung, *Recht:* die Rettung eines in Seenot geratenen Schiffes oder seiner Ladung, wenn die Schiffsbesatzung die tatsächl. Gewalt über das Schiff verloren hat (§§ 740 ff. HGB). Bei erfolgreicher B. steht dem Retter ein gesetzl. Anspruch auf **Berge-** oder **Hilfslohn** zu. Der Anspruch auf Bergelohn hat in der Neuzeit das ältere **Strandrecht** ersetzt, das den Küstenbewohnern ein Recht am verunglückten Schiff gab. Die Strandungsordnung von 1874 wurde 1990 aufgehoben, sodass nunmehr das allg. Sachenrecht, bes. in Bezug auf herrenlose Sachen, gilt.

Bergungsschiff, Spezialschiff 1) zum Heben (Hebeschiff) gesunkener Schiffe mithilfe bordeigener Kräne; 2) zum Freischleppen (Bergungsschlepper) auf Grund aufgelaufener sowie zum Schleppen manövrierunfähiger Schiffe.

Bergwacht, Bergrettungsdienst, Organisation, die bei Unglücksfällen in Gebirgen Hilfe leistet. Sie wird von Hochtouristikverbänden und von Krankenpflegeorganisationen (z. B. Rotes Kreuz) mit Unterstützung kommunaler und staatl. Stellen getragen. In *Dtl.* führen 11 Landesverbände im dt. Alpenraum und in den Mittelgebirgen den Rettungsdienst im unwegsamen Gelände durch. Die »B. Schwarzwald e. V.« ist der einzige selbstständige Verband, alle anderen Landesverbände sind Gemeinschaften des Dt. Roten Kreuzes (DRK). *Österreich* hat eine Bergwacht, die sich dem Naturschutz und dem Rettungswesen widmet, und den speziellen, 1946 gegründeten Österr. Bergrettungsdienst (ÖBRD) mit Sitz in Innsbruck. In

Sune Bergström

der *Schweiz* gibt es beim Schweizer Alpen-Club (SAC) den SAC-Rettungsdienst mit Sitz in Bern.

Bergwerk, ein →Bergbau unterhaltender Betrieb.

Bergwerkseigentum, das ausschließl. Recht auf Aufsuchung und Gewinnung des in der Verleihungsurkunde benannten Minerals innerhalb des vom Oberbergamt verliehenen Bergwerkfeldes (auf höchstens 50 Jahre befristetes Aneignungsrecht).

Bergzabern, Bad, Stadt in Rheinl.-Pf., →Bad Bergzabern.

Beriberi, Volk in W-Afrika, →Kanuri.

Beriberi [singhales.] *die,* Vitamin-B_1-Mangelkrankheit v.a. infolge ausschließl. Ernährung mit geschältem und poliertem Reis, tritt in Europa selten auf. Der Vitaminmangel führt zu Schädigungen des Nervensystems (Polyneuritis) und des Herzmuskels, die sich in Schwäche, Kopfschmerzen, schlaffer Lähmung, Empfindungsstörungen der Haut, Herzschwäche und Wassersucht äußern.

Bericht|erstatter, jemand, der mit der unparteiischen Darlegung eines Sachverhalts beauftragt ist, bes. als Mitgl. eines Gerichts oder Ausschusses; bei den Massenmedien der →Reporter.

Berichtigung, im Recht die nachträgl. Änderung einer falschen Angabe, z.B. bei Registereintragungen oder gerichtl. Entscheidungen auf Antrag oder von Amts wegen. Die rechtzeitige B. falscher Aussagen vor Gericht kann strafbefreiend oder strafmildernd sein (§ 158 StGB). →Gegendarstellung.

Berichtigungsakti|en, die →Gratisaktien.

Berija, Lawrenti Pawlowitsch, sowjet. Politiker, * Mercheuli (bei Suchumi) 29. 3. 1899, † (erschossen) Moskau 23. 12. (?) 1953; Ingenieur, leitete 1921/22 die georg. Tscheka, 1922–31 die transkaukas. GPU. 1931 wurde B. Erster Sekr. des ZK der KP Georgiens, 1932 des transkaukas. Parteiapparates. Als Nachfolger von N. I. Jeschow 1938–46 Volkskommissar für Inneres und damit Chef der Geheimdienstes beendete er formal die Große →Tschistka, organisierte das stalinist. Terrorsystem neu und rückte in den engsten Führungskreis um Stalin auf, zu dessen wichtigsten und skrupellosesten Erfüllungsgehilfen er gehörte. 1941–45 war B. Mitgl. des Staatl. Verteidigungskomitees, 1945 Marschall der Sowjetunion, 1946 Mitgl. des Politbüros. Nach dem Tod Stalins (März 1953) Erster stellv. Min.-Präs. sowie Innen- und Staatssicherheitsmin., wurde B. im Zug parteiinterner Machtkämpfe v. a. auf Betreiben N. S. Chruschtschows im Juni 1953 gestürzt und später unter der Beschuldigung des »Verrats« zum Tode verurteilt. Die genauen Umstände seines Todes blieben bisher ungeklärt.

Bering, Vitus Jonassen, dän. Seefahrer und Asienforscher, * Horsens 1681, † auf der Beringinsel 19. 12. 1741; seit 1703 Marineoffizier in russ. Diensten, erreichte 1728 das bereits von S. I. Deschnjow 1648 gefundene O-Kap Asiens und stellte die Trennung Asiens von Amerika durch die nach ihm benannte Meerenge (B.-Straße) fest. Seit 1733 leitete er die Große Nordische Expedition, auf der die NW-Küste Amerikas entdeckt wurde. Er selbst fand 1741 fast zeitgleich mit A. I. Tschirikow die S-Küste Alaskas und Teile der Aleuten.

Bering|insel [nach V. J. Bering], die größte der →Kommandeurinseln.

Beringmeer [nach V. J. Bering], nördlichstes Randmeer des Pazif. Ozeans, zw. der ostsibir. Küste, Alaska, den Aleuten und den Kommandeurinseln; 2,32 Mio. km². Sein nördl. Ausgang, die nur 85–100 km breite, 50–90 m tiefe **Beringstraße** zw. Kap Deschnjow (Asien) und Kap Prince of Wales (Nordamerika), führt ins Nordpolarmeer. Über eine hier in der letzten Eiszeit bestehende Landbrücke kamen wohl die ersten Menschen nach Nordamerika.

Beringung, das Anbringen von Erkennungsringen am Fuß frei lebender Vögel, um daraus nach Wiederfund bzw. -fang Einzelheiten ihrer Lebensweise folgern zu können (Vogelzug, Ortstreue, Lebensdauer).

Berio, Luciano, ital. Komponist, * Oneglia (heute Imperia) 24. 10. 1925, † Rom 27. 5. 2003; einer der führenden ital. Komponisten der Moderne mit seriellen und elektron. Kompositionen. Erhielt 1996 den Kunstpreis Praemium Imperiale.

Luciano Berio

Berisha [-ʃ-], Sali, alban. Politiker, * Tropojë (NO-Albanien) 15. 10. 1944, Kardiologe; war im Dezember 1990 Mitbegründer der »Demokrat. Partei« (PDSh) und wurde deren Vors.; war 1992–97 (Rücktritt) Staatspräs. Nach dem Wahlsieg der PDSh im Juli 2005 wurde B. Ministerpräsident.

Berka, Bad, Stadt in Thür., →Bad Berka.

Berkefeld-Filter [nach dem dt. Erfinder W. Berkefeld, * 1836, † 1897], kerzenförmiger Filter aus gebrannter Kieselgur zum Filtrieren von Flüssigkeiten, bes. zum Zurückhalten von Bakterien aus Trinkwasser.

Berkeley [ˈbəːklɪ], Stadt in Kalifornien, USA, an der Bucht von San Francisco, 102 700 Ew.; University of California (gegr. 1868) u.a. Bildungs- und Forschungsstätten.

Berkeley [ˈbəːklɪ], George, irischer Philosoph und Theologe, * Dysart Castle (Cty. Kilkenny) 12. 3. 1685, † Oxford 14. 1. 1753; seit 1734 Bischof von Cloyne (Irland). B. verschärfte die angelsächs. Rationalismuskritik bis hin zum extremen Sensualismus (Immaterialismus). Außer der Seele als Substanz gebe es nur göttl., im menschl. Geist waltende Vorstellungen. Die Existenz abstrakter Ideen wie der Außenwelt wird geleugnet; Gegenstände existieren nur, insofern sie wahrgenommen werden. – *Hauptwerk:* »Abhandlung über die Prinzipien der menschl. Erkenntnis« (1710).

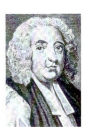

George Berkeley

Berkelium [nach der Stadt Berkeley] *das,* chem. Symbol **Bk,** künstl., stark radioaktives Element, ein Actinoid aus der Gruppe der Transurane, Ordnungszahl 97, Isotope 238–252 mit Halbwertszeiten zw. 2 Minuten und 1400 Jahren (^{247}Bk); B.-Nuklide lagern sich v.a. im Skelett ab.

Berkshire [ˈbɑːkʃɪə], ehem. Cty. in S-England; erfüllt nur noch zeremonielle Zwecke. Seit 1998 aufgeteilt in die Unitary Authorities Bracknell Forest, Reading, Slough, West Berkshire, Windsor and Maidenhead und Wokingham.

Berkshire Hathaway Inc. [ˈbɑːkʃɪə ˈhæðəwei ɪnˈkɔːpəreɪtɪd], amerikan. Holdinggesellschaft mit Tochterunternehmen in versch. Branchen (u.a. Herstellung von Schuhen, Teppichen und Fertighäusern, Großhandel, Medien, Versicherungswesen); Sitz: Omaha (Nebr.), hervorgegangen aus der 1962 von Warren Buffett (* 1930; Vors. der Holdinggesellschaft) übernommenen Textilfabrik Berkshire Hathaway.

Berlage [ˈbɛrlaːxə], Hendrik Petrus, niederländ. Architekt, * Amsterdam 21. 2. 1856, † Den Haag 12. 8. 1934; Wegbereiter einer neuen, sachl. Architekturauffassung (Börse in Amsterdam 1897–1903).

Berleburg, Bad, Stadt in NRW, →Bad Berleburg.

Berlichingen, Götz (Gottfried) von, fränk. Reichsritter, * Jagsthausen (Landkreis Heilbronn) 1480, † Burg Hornberg (heute zu Neckarzimmern)

23. 7. 1562; verlor 1504 im Landshuter Erbfolgekrieg die rechte Hand, die durch eine eiserne ersetzt wurde. Im Bauernkrieg 1525 übernahm er nur gezwungen die Führung des Neckartal-Odenwälder Haufens, verließ die Bauern aber vor der Entscheidungsschlacht (Königshofen, 2. 6. 1525). Sein Lebensbericht (1560, hg. 1731) diente Goethe als Quelle für sein Drama »Götz von B. mit der eisernen Hand« (1773).

Berlin, Hauptstadt Deutschlands, Sitz des Bundespräs. und der Bundesregierung sowie von Bundestag und Bundesrat, 892 km², (2006) 3,399 Mio. Ew., 3 811 Ew./km²; bildet das Bundesland B., seit 2001 in 12 Bezirke unterteilt.

Berlin
Stadtwappen

Lage: B. liegt mit seinem Stadtkern 36 m ü. M. in einer Verengung des eiszeitl. Warschau-Berliner Urstromtals, das hier von der Spree benutzt wird. Mitten im Stadtgebiet teilt sich die Spree, die in Spandau in die Havel mündet, in mehrere Arme; zw. dem Großen Müggelsee im SO und den Havelseen im W finden sich weitere Wasserstraßen (Teltow-, Landwehr-, B.-Spandauer Kanal u. a.). Die Hochflächen des Barnim im NO und des Teltow im S (rd. 60 m ü. M.) sind von Talungen mit schmalen Seen (Grunewaldseen) und Teichen durchzogen. Die Umgebung ist reich an Wäldern, bes. Kiefernwäldern: im W die des Havelseengebiets mit Grunewald (Schäferberg 103 m, Havelberg 97 m), Spandauer und Tegeler Forst, im O die um den Müggelsee (Müggelberge 115 m). Der Trümmerschuttberg am Teufelsee ist mit 120 m der höchste Punkt der Stadt.

Gliederung: Baulich und funktional lässt sich B. in drei Zonen gliedern: City, wilhelmin. Großstadtgürtel und Außenstadt. Die City, heute zum größten Teil der Bez. Mitte, umfasst das Gebiet der Stadtkerne Alt-B. und Alt-Cölln sowie die bis zur Mitte des 19. Jh. erbauten Vorstädte, bis zum Zweiten Weltkrieg Standort der wichtigsten zentralen Einrichtungen. Als Folge der Teilung 1945–90 entstanden neue Zentren um den Bahnhof Zoo und den Kurfürstendamm im ehem. B. (West) und um den Alexanderplatz im ehem. B. (Ost). Charakteristisch für den wilhelmin. Großstadtgürtel war die enge Mischung von Wohn- und Gewerbefunktion (Hinterhof- bzw. Flügelhausbetriebe, Kleingewerbe; bes. typisch in Kreuzberg und Wedding). Einen deutl. Kontrast boten die westl. Stadtteile Charlottenburg und Wilmersdorf als Wohngebiete des wohlhabenden Bürgertums. In der Außenstadt dominiert die lockere Bebauung. Die einzelnen Siedlungskerne lassen meist noch deutlich die alten Dorfanlagen erkennen. Hier entstanden aber auch, v. a. seit den 1920er-Jahren, neue Wohnsiedlungen. Zu den Naherholungsgebieten zählen v. a. die ausgedehnten Kiefernwaldgebiete der Stadtforste Grunewald, Spandau, Köpenick und Friedrichshagen sowie die Seen mit günstigen Wassersportmöglichkeiten wie Wannsee, Tegeler See, Großer Müggelsee, Langer See. In der Außenstadt liegen die wichtigsten Ind.-Betriebe, die sich z. T. zu eigenen Stadtteilen entwickelten, wie Borsigwalde oder Siemensstadt.

Bauwerke: Der weitaus größere Teil der histor. Bausubstanz befindet sich im Ostteil der Stadt, wo die Wiederherstellung der bedeutendsten Bauten nach den Zerstörungen des Zweiten Weltkriegs noch nicht abgeschlossen ist. Die ältesten kirchl. Bauwerke B.s sind die ehem. Franziskanerklosterkirche (um 1300; Ruine), die Nikolaikirche (1230–1470) und die Marienkirche (13./15. Jh.). Spuren der Renaissance sind in B. selten (Ribbeck-Haus neben dem Neuen Marstall, 1624; Jagdschloss Grunewald, 1542, 1593 erweitert, um 1770 ausgebaut; Zitadelle Spandau, 1560–94). Die Barockzeit prägte das Stadtbild wesentlich: Schloss Charlottenburg (begonnen 1695), Zeughaus (1695–1706, Reliefs und Schlusssteine von A. Schlüter; heute Dt. Histor. Museum, moderner Erweiterungsbau von Pei Ieoh Ming, 1999–2003) und das Schloss (1443–1853, seit 1699 unter Leitung von Schlüter), das 1950/51 gesprengt und abgetragen wurde (an seiner Stelle der Marx-Engels-Platz und das ehem. Staatsratsgebäude mit einem Barockportal des Schlosses) und auf Beschluss des Bundestages (2002/03) als »Humboldt-Forum« neu erbaut werden soll. Schlüters Reiterdenkmal des Großen Kurfürsten wurde 1951 vor dem Charlottenburger Schloss aufgestellt. Friedrich d. Gr. ließ durch G. W. von Knobelsdorff die Hofoper (1741–43; heute Dt. Staatsoper) und das Prinz-Heinrich-Palais (begonnen 1748, seit 1810 Univ.) bauen; daneben ließ er die Alte Bibliothek (1775–80, 1945 ausgebrannt, Außenbau 1967–69 wiederhergestellt) und die Hedwigskathedrale (1747–73; beim Wiederaufbau 1963 stark umgestaltet) errichten. Im Wesentlichen auf eine städtebaul. Planung Knobelsdorffs zurückgehend, bildeten diese Bauten das sog. Forum Fridericianum (heute Lindenforum). Im Klassizismus entstanden die Bauten K. F. Schinkels u. a. Neue Wache, 1816–18; Altes Museum, 1822–30; Schauspielhaus, 1818–21; Friedrichwerdersche Kirche, 1824–30, restauriert, seit 1987 Schinkel-Museum), das →Brandenburger Tor, das Wahrzeichen B.s, sowie Schloss Bellevue (Ende 18. Jh., heute Sitz des Bundespräs.). Einheitlichstes Bauensemble ist der Gendarmenmarkt mit Schinkels Schauspielhaus, flankiert von Dt. und Frz. Dom (1701–08, Kuppeltürme 1780–85). C. D. Rauchs Reiterstandbild Friedrichs d. Gr. (1839–51), nach dem Zweiten Weltkrieg im Park von Sanssouci aufgestellt, befindet sich

Berlin: Übersichtsplan

seit 1981 wieder Unter den Linden. Von den Bauten der Wilhelmin. Zeit ragen die Siegessäule auf dem Großen Stern im Tiergarten (1869–73) und das →Reichstagsgebäude und der Dom (1894–1904) heraus, bed. auch das Rote Rathaus (1861–69; in rotem Backstein mit Terrakotten); die Turmruine der zerstörten Kaiser-Wilhelm-Gedächtniskirche wurde in den Kirchenneubau von E. Eiermann 1963 einbezogen. Ein einmaliges Bauensemble ist die derzeit durch umfangreiche Sanierungs-, Restaurierungs- und Umbaumaßnahmen geprägte Museumsinsel mit Altem Museum (1822–30), Neuem Museum (1843–55, Wiederaufbau und Erweiterung nach Entwurf des brit. Architekten D. Chipperfield bis 2009 geplant), Nationalgalerie (1866–76), Bode- (1897–1904) und Pergamonmuseum (1909–30).

Das 20. Jh. weist eine Vielzahl von Beispielen moderner Architektur auf: Funkturm (H. Straumer, 1924–26), Haus des Rundfunks (H. Poelzig, 1929–31), Shellhaus (E. Fahrenkamp, 1930–32), Olympiastadion (W. March, 1934–36) und wegweisende Wohnsiedlungen, u. a. in Siemensstadt und Britz. 1948 wurde das Sowjet. Ehrenmal in B.-Tiergarten, 1949 das in B.-Treptow errichtet. Als Gedenkstätte für die Hingerichteten in Plötzensee entstand 1961–63 die Kirche Maria Regina Martyrum. Zu den vielen Neubauten nach dem Zweiten Weltkrieg gehören im Westteil der Stadt das von internat. Architekten erbaute Hansaviertel (1955–60), der Wohnblock (1956–58) von Le Corbusier am Olympiastadion, die Kongresshalle (1957; 1980 z. T. eingestürzt, 1986 wieder aufgebaut und 1989 als Haus der Kulturen der Welt eröffnet), die Philharmonie (H. Scharoun, 1963), die Neue Nationalgalerie (L. Mies van der Rohe, 1965–68), die neue Staatsbibliothek zu Berlin – Preußischer Kulturbesitz (1967–78), das Europa-Center (1963/64 von H. Hentrich und H. Petschnigg), das Internat. Congress Centrum (ICC, 1976–79), das Bauhaus-Archiv/Museum für Gestaltung (Entwurf W. Gropius 1964, verändert ausgeführt 1976–79). Neue Großsiedlungen für je 50 000 Ew. sind die Gropiusstadt im SO und das Märkische Viertel im N. Im Rahmen der Internat. Bauausstellung B. (IBA) 1987 wurden weitere Neubauungen und Sanierungen durchgeführt (südl. Friedrichstadt, Luisenstadt). Im östl. Stadtteil entstanden v. a. seit 1951 neue Wohn- und Einzelbauten, anfangs historisierend, v. a. aber in Großblock- und Großplattenbauweise (Karl-Marx-Allee [ehem. Frankfurter Straße und Frankfurter Allee, 1949–61 Stalin-Allee], Lückenbebauung Unter den Linden [u. a. Botschaftsgebäude], Wohngebiete Fischerinsel, Leipziger Straße, Rathausstraße). Die Randbebauung des Alexanderplatzes (u. a. Haus des Lehrers, Kongresshalle [seit 2003 Congress Center], Hotel »Stadt B.« [heute »Park Inn«]) sowie der 368 m hohe Fernsehturm wurden bis auf das Berolinahaus und das Warenhaus nach 1960 fertiggestellt. 1976 wurde der Palast der Republik, ehem. Sitz der Volkskammer, am Marx-Engels-Platz (heute Schlossplatz) eröffnet (Abriss 2006); 1984 entstand der neue Friedrichstadt-Palast als modernstes Revuetheater Europas; bis 1987 erfolgte der Wiederaufbau des Nikolaiviertels; 1988–95 wurde in der Oranienburger Straße die Neue Synagoge (1857 ff., 1943 zerstört) als Centrum Judaicum wieder aufgebaut. Mit der neuen Funktion B.s als Hauptstadt Dtl.s wurden zahlr. Gebäude errichtet bzw. bestehende Bauten modernisiert: u. a. Neugestaltung der Berliner Stadtmitte im Spreebogen (Regierungsviertel mit dem

Berlin: Mittelbau des Schlosses Charlottenburg (begonnen 1695)

1997–2001 neu erbauten Bundeskanzleramt), am Alexander-, Potsdamer, Leipziger und Pariser Platz (u. a. mit dem Neubau der Akademie der Künste, 2005 eingeweiht). Der neue Berliner Hauptbahnhof entstand 1998–2006 (Architekturbüro Gerkan, Marg & Partner). Das zentrale Holocaust-Mahnmal (»Denkmal für die ermordeten Juden Europas«), bestehend aus einem begehbaren, ca. 19 000 m² großen Feld mit 2 711 Betonstelen und unterird. »Ort der Information«, wurde in der Nähe des Brandenburger Tors nach dem Entwurf des amerikan. Architekten P. Eisenman errichtet (2000–04, eröffnet 2005). – In die Liste des UNESCO-Weltkulturerbes wurden aufgenommen: die Museumsinsel in B.-Mitte, Jagdschloss Glienicke (1682–86, spätere Veränderungen; 2003 bei einem Brand stark zerstört) mit dem von P. J. Lenné gestalteten Garten (1860–62, 1986–88 rekonstruiert), die Pfaueninsel sowie der an B. angrenzende, zu Potsdam gehörende Sacrower Schlosspark mit der Heilandskirche (1841/42).

Institutionen und Veranstaltungen: B. ist seit Anfang 1994 erster Amtssitz des Bundespräs. sowie seit 1998 Dienstsitz des Bundespräsidialamtes (Schloss Bellevue), des Bundestages und der Bundesregierung (seit 1999) sowie des Bundesrates (seit 2000), ferner Sitz mehrerer Bundesbehörden (u. a. Bundesversicherungsanstalt für Angestellte); Sitz des Bischofs der Evang. Kirche B.-Brandenburg-schles. Oberlausitz, des kath. Erzbischofs von B. (→Berlin, Erzbistum) und des russisch-orth. Erzbischofs (Moskauer Patriarchat) von B. und Dtl.; Humboldt-Univ. (gegr. 1809/10), Freie Univ. (gegr. 1948) und TU (gegr. 1946) sowie zahlr. andere Hochschulen (u. a. zwei Kunsthochschulen, Hochschule für Musik, Hochschule für Schauspielkunst und Staatl. Ballettschule, Europ. Wirtschaftshochschule, FHs); Institute der Max-Planck-Gesellschaft zur Förderung der Wiss.en (für Bildungsforschung, molekulare Genetik, Infektionsbiologie, Wissenschaftsgeschichte, Fritz-Haber-Institut), Institute der Fraunhofer-Gesellschaft zur Förderung der angewandten Forschung (u. a. für Rechnerarchitektur und Softwaretechnik, für offene Kommunikationssysteme, für Software- und Systemtechnik); Institute der

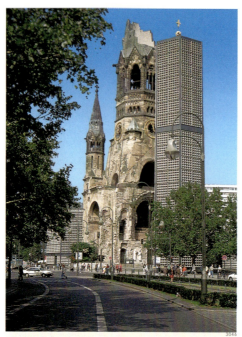

Berlin: Ruine der Kaiser-Wilhelm-Gedächtniskirche und Kirchenneubaukomplex im Vordergrund von Egon Eiermann (1959–63)

Wissenschaftsgemeinschaft Gottfried Wilhelm Leibniz (z. B. Dt. Inst. für Wirtschaftsforschung, Wissenschaftszentrum B. für Sozialforschung, Max-Born-Inst. für Nichtlineare Optik und Kurzzeitspektroskopie, Weierstraß-Inst. für Angewandte Analysis und Stochastik, Berliner Elektronenspeicherring-Gesellschaft für Synchrotronstrahlung, Paul-Drude-Institut für Festkörperelektronik, Ferdinand-Braun-Inst. für Höchstfrequenztechnik), Berlin-Brandenburgische Akademie der Wiss.en, Dt. Zentrum für Altersfragen, Dt. Inst. für Urbanistik, Konrad-Zuse-Zentrum für Informationstechnik, Wissenschaftskolleg zu Berlin. Bibliotheken: Univ.-Bibliothek der Humboldt-Univ., der TU und Freien Univ., die Bibliothek des Ibero-Amerikan. Inst., die Staatsbibliothek zu Berlin – Preuß. Kulturbesitz, die Amerika-Gedenkbibliothek, die Zentral- und Landesbibliothek B.; Dt. Oper Berlin, Staatsoper, Kom. Oper, 53 Theater (u. a. Schiller-Theater, Dt. Theater, Schloßpark-Theater, Berliner Ensemble, Maxim-Gorki-Theater, Schaubühne, Theater des Westens), Konzerthaus (im ehem. Schauspielhaus), Kleinkunstbühnen (»Stachelschweine«). Zahlr. Museen: v. a. Staatl. Museen – Preuß. Kulturbesitz (in B.-Mitte: Museumsinsel, Schinkel-Museum, Hamburger Bahnhof – Museum für Gegenwart; in B.-Charlottenburg: Museum für Vor- und Frühgesch. im Theaterbau des Charlottenburger Schlosses, Museum für Fotografie mit Helmut Newton Stiftung, Picasso und seine Zeit – die Sammlung Berggruen; in B.-Kreuzberg: Jüd. Museum; in B.-Dahlem: Museen für Ind. Kunst, für Ostasiat. Kunst, Ethnolog. Museum, Museum Europ. Kulturen; in B.-Tiergarten: Kunstgewerbemuseum, Neue Nationalgalerie, Gemäldegalerie am Kulturforum; in B.-Köpenick: Kunstgewerbemuseum), Bauhaus-Archiv/Museum für Gestaltung, Berlinische Galerie, Brücke-Museum, Bröhan-Museum, Dt. Technikmuseum, Dt. Histor. Museum, Berliner Landesmuseum für Kultur und Geschichte (Sammlungen u. a. im Märk. Museum, B.-Museum und im Museumsdorf Düppel), Dokumentationszentrum »Topographie des Terrors«, Dt. Fernsehmuseum (2006 eröffnet). Außerdem Kongresshalle, neuer Friedrichstadt-Palast, Ausstellungsgelände am Funkturm (alljährlich Internat. Grüne Woche und Internat. Funkausstellung), Internat. Tourismusbörse, botan. und zoolog. Gärten, zwei Sternwarten und zwei Planetarien. Sportstätten (Olympiastadion, Olymp. Spiele 1936). Wichtige kulturelle Veranstaltungen sind die Internat. Filmfestspiele, Berliner Festtage, Berliner Festwochen, Berliner Jazztage. – Bundesweit sendende Hörfunk- und Fernsehsender Rundfunk B.-Brandenburg, DeutschlandRadio Kultur, MTV, Sat.1, N24 und der türk. Sender TRT-INT; überregionale Tageszeitungen »Die Welt«, »tageszeitung« und »Neues Deutschland«.

Bevölkerung: Groß-B. hatte 1939 4,339 Mio. Ew. und 1943 mit fast 4,5 Mio. seinen maximalen Bev.-Stand erreicht. Nach dem Zweiten Weltkrieg stieg die Einwohnerzahl wieder auf (1950) 3,336 Mio. Seitdem ging in B. (West) aus den verschiedensten polit. und demograf. Gründen die Bev.-Zahl zurück (1970: 2,12 Mio., 1987: 1,88 Mio. Ew.). Der hohe Anteil der Ausländer (1985 rd. 250 000, davon rd. 110 000 Türken) verhinderte einen noch stärkeren Bev.-Schwund. Die Bev. von B. (Ost) hingegen nahm seit 1961 etwas zu (1970: 1,08 Mio., 1987: 1,24 Mio. Ew.). Nach der Vereinigung 1990 hatte B. 3,43 Mio. Ew. (2,16 Mio. Ew. im Westteil, 1,27 Mio. Ew. im Ostteil). – 22,3 % der Bev. gehören der Evang. Kirche Berlin-Brandenburgschles. Oberlausitz an, 9,1 % der kath. Kirche. Neben der kath. Kirche, der ev. Landeskirche, den orth. Kirchen und den klass. ev. Freikirchen (Adventisten, Baptisten, Brüdergemeine, Brüderbewegung, Heilsarmee, Lutheraner [SELK], Mennoniten, Methodisten u. a.) gibt es noch rd. 100 andere christl. Gemeinschaften. Die größte nicht christl. Religionsgemeinschaft bilden die rd. 200 000 Muslime. Die »Jüdische Gem. zu Berlin« ist mit über 11 000 Mitgl. die größte jüd. Gemeinde in Deutschland.

Wirtschaft: B. ist die größte dt. Ind.-Stadt und eines der bedeutendsten Wirtschaftszentren Europas. Dominierende Ind.-Zweige sind Elektrotechnik/Elektronik und Gerätebau, Nahrungs- und Genussmittelind., Maschinen- und Fahrzeugbau, gefolgt von chem., pharmazeut., Papierind.; die Textil- und Bekleidungs ind. hat an Bedeutung verloren. Im Dienstleistungsbereich hat der öffentl. Sektor ein überdurchschnittl. Gewicht. Weiterhin hat B. auch Bedeutung als Kongress- und Messestadt sowie als tourist. Ziel.

Verkehr: B. ist ein wichtiger Verkehrsknoten für den Fern- und Nahverkehr. Durch einen Ring um das Stadtgebiet wird der Eisenbahnverkehr aus allen Richtungen aufgenommen und zu den Fernbahnhöfen Hauptbahnhof (Neubau, Inbetriebnahme 2006), Ostbahnhof, Lichtenberg, Südkreuz (Inbetriebnahme 2006), Gesundbrunnen und Spandau geleitet. Die S-Bahn hat ein Streckennetz von etwa 331 km, die U-Bahn von über 144 km und die Straßenbahn (meist in Ost-B.) von 188 km Länge. Internat. Flughäfen in Schönefeld und Tegel sowie Teilnutzung des Flughafens Tempelhof. Durch den Oder-Spree-, Oder-Havel- und Teltowkanal ist B. mit dem europ. Wasserstraßennetz verbunden; Haupthäfen sind West- und Osthafen an der Spree. Ein Autobahnring umgibt das Stadtgebiet.

Verfassung: Nach der durch Referendum vom 22. 10. 1995 bestätigten neuen Verf. (in der geltenden Fassung vom 18. 11. 1999) ist B. Hauptstadt des vereinten Dtl.s und reguläres Bundesland. Die Legislative liegt beim Abg.-Haus (mindestens 130 Abg., für 5 Jahre gewählt; die Abg.-Zahl kann sich durch Überhang- und Ausgleichsmandate erhöhen). Träger der Exekutive ist der Senat (Landesreg.), der aus dem Regierenden Bürgermeister und höchstens 8 Senatoren, von denen 2 zu Bürgermeistern gewählt werden, besteht. Die Verf. fixiert Grundrechte und Staatsziele (z. B. Recht auf Arbeit) und lässt Volksbegehren, -entscheide und -initiativen zu.

Geschichte: Um die Burgen Köpenick und Spandau entstanden im 12. Jh. Siedlungen, gleichzeitig die auf der Spreeinsel gelegene Fernhandelssiedlung Cölln (erste urkundl. Erwähnung 1237). Zw. 1230 und 1240 gründeten die brandenburg. Markgrafen auf dem rechten Spreeufer die Stadt B. (erste urkundl. Erwähnung 1244). B. und Cölln wuchsen bald zur Doppelstadt (Magdeburger Stadtrecht) zus. (1307 Union; 1432 Vereinigung); seit 1470 ständige Residenzstadt der Kurfürsten von Brandenburg, seit 1685 starke Ansiedlung von Hugenotten. 1709 wurden (Alt-)B., Cölln und weitere Orte zur Residenzstadt B. mit 56 000 Ew. vereinigt (1800: 172 000 Ew.). 1809/10 Gründung der Univ. Im März 1848 lösten die Straßenkämpfe in B. die Revolution in Preußen aus. Nach 1871 Reichshptst., wurde B. zunehmend von der Ind. geprägt (1880: 1,32 Mio. Ew.). 1918/19 war B. Zentrum der Spartakuskämpfe (Novemberrevolution). 1920 wurde B. mit den umliegenden Städten und Dörfern zur 4-Mio.-Stadt *Groß-B.* vereinigt. Nach 1933 Ausbau zur NS-Reichshptst.; im Zweiten Weltkrieg wurde B. 1943–45 schwer zerstört (20. 4.–2. 5. 1945 »Schlacht um B.«). Im Mai 1945 in vier Besatzungssektoren eingeteilt und von den vier Siegermächten zunächst gemeinsam regiert, fungierte B. als Sitz des Alliierten Kontrollrats. Im Nov. 1945 gestand die UdSSR den Westalliierten drei Luftkorridore nach Westdtl. zu. Im Mai 1945 hatte der sowjet. Stadtkommandant einen kommunistisch beherrschten Magistrat unter dem parteilosen Oberbürgermeister A. Werner (1945/46) ernannt; die Wahlen in ganz B. im Okt. 1946 gewann die SPD, der 1947 zum Oberbürgermeister gewählte E. Reuter (SPD) wurde durch sowjet. Einspruch am Amtsantritt (bis Dez. 1948) gehindert; am 16. 6. 1948 zog sich die UdSSR aus der Alliierten Kommandantur für B. zurück. Die Durchführung der Währungsreform in den Westsektoren am 23. 6. 1948 hatte die →Berliner Blockade zur Folge, während der B. (West) über eine →Luftbrücke versorgt wurde. Im Sept. 1948 war B. schließlich politisch in B. (West) und B. (Ost) gespalten.

Berlin (West): Gezwungen vom Verhalten der SED und der sowjet. Besatzungsmacht, verlegten Magistrat und Abg.-Haus ihren Sitz im Sept. 1948 u. a. ins Rathaus Schöneberg im W der Stadt. Unter E. Reuter begann der wirtsch. und kulturelle Wiederaufbau; im Rahmen der Besatzungsvorbehalte entwickelten sich immer engere Beziehungen zur Bundesrep. Dtl., wobei die Westalliierten die Bestimmungen des GG für B. suspendiert hatten und an der Viermächteverantwortung für Groß-B. festhielten. Die Verf. von 1950 wies zwar B. (West) als Land der Bundesrep. Dtl. aus, doch galt diese Bestimmung bis 1990 nur eingeschränkt. Auch das Berlinabkommen von 1971 stellte fest, dass B. (West) »kein konstitutiver Teil« der Bundesrep. Dtl. sei. Die Hoheitsgewalt über B. (West) wurde von den drei Westalliierten ausgeübt: Die Vertreter von B. (West) im Bundestag (nicht von der Bev., sondern vom Abg.-Haus gewählt) und im Bundesrat hatten kein volles Stimmrecht. Bundesgesetze bedurften zu ihrer Gültigkeit in B. (West) der Zustimmung des Abg.-Hauses (Berlinklausel).

Außer 1953–55 (CDU-FDP-Koalition unter W. Schreiber) stellte die SPD bis 1981 den Regierenden Bürgermeister: O. Suhr (1955–57), W. Brandt (1957–66), H. Albertz (1966/67), K. Schütz (1967–77), D. Stobbe (1977–81), H.-J. Vogel (Jan.–Juni 1981), seitdem bildete die CDU unter R. von Weizsäcker den Senat (seit 1983 Koalition CDU/FDP), 1984–89 unter E. Diepgen. Die Febr. 1989 gebildete Koalition von SPD und Alternativer Liste (seit 1981 im Abg.-Haus) unter W. Momper brach Ende Nov. 1990 auseinander.

Berlin (Ost): Im Sept. 1948 wurde F. Ebert (SED) Oberbürgermeister im Ostsektor. Obwohl integraler Bestandteil der 1949 gegründeten DDR, behandelte die DDR-Reg. B. (Ost) widerrechtlich als Hptst. und praktisch wie einen Bez. der DDR (z. B. 1962 trotz entmilitarisiertem Status von Gesamt-B. Einführung der Wehrpflicht, seit 1981 Direktwahl der Ostberliner Abg. für die Volkskammer; dabei blieben alliierte Besatzungsvorbehalte (z. B. Bewegungsfreiheit alliierten Personals in Gesamt-B.) immer unangetastet. Am 17. 6. 1953 war B. (Ost) ein Zentrum des Arbeiter- und Volksaufstands gegen das SED-Regime. Nachdem das sowjet. Ultimatum von 1958 (Umwandlung von B. [West] in eine freie entmilitarisierte Stadt) eine neue B.-Krise ausgelöst hatte, führte der anhaltende Flüchtlingsstrom aus der DDR am 13. 8. 1961 zum Bau der →Berliner Mauer. Seitdem versuchte die SED, verstärkt seit den 1970er Jahren, B. (Ost) zum repräsentativen Machtzentrum auf- und auszubauen; gleichzeitig entwickelten sich aber auch eine Untergrund- und Gegenkultur (v. a. Prenzlauer Berg, Punks) sowie Anfänge einer Oppositions- und Bürgerbewegung. Anhaltende Proteste, in B. (Ost) zunächst am 6.–8. 10. 1989 am Rande der offiziellen Feiern zum 40. Jahrestag der DDR-Gründung (begleitet von brutalen Polizeieinsätzen), dann als Höhepunkt die Kundgebung am 4. 11. 1989 auf dem Alexanderplatz (über 500 000 Teilnehmer, schon unter legalen Bedingungen), führ-

Berlin: Blick auf das Berliner Reichstagsgebäude, das als Sitz des Bundestages 1995–99 umgestaltet (Architekt: Norman Foster) und am 19. 4. 1999 eröffnet wurde

ten am 9.11.1989 zur Öffnung der Berliner Mauer (am 22.12.1989 des Brandenburger Tores) und damit zu einem ungehinderten Zugang nach B. (West). Nach den ersten freien Kommunalwahlen in B. (Ost) am 7.5. 1990 begann unter Oberbürgermeister T. Schwierzina (SPD) eine verstärkte Zusammenarbeit beider Stadtteile.

Seit 1990: Im Zuge der Vereinigung der beiden dt. Staaten (1.7.1990 Aufhebung der Grenzkontrollen; 2.10.1990 Suspendierung der alliierten Hoheitsrechte; 3.10.1990 feierl. Staatsakt zum Beitritt der DDR zum GG vor dem Reichstagsgebäude) kam es auch zur Wiederherstellung der Einheit B.s. Die ersten freien Wahlen in Gesamt-B. seit 1946 am 2.12.1990 führten im Jan. 1991 zur Bildung eines CDU-SPD-Senats unter E. Diepgen als Regierendem Bürgermeister; im Zuge eines »konstruktiven Misstrauensvotums« gegen diesen kam am 16.6.2001 K. Wowereit (SPD) in dieses Amt, ab 17.1.2002 an der Spitze eines SPD-PDS-Senats (trotz knapper Mehrheit 2006 fortgesetzt).

Am 20.6.1991 beschloss der Bundestag, den Sitz von Parlament und Reg. nach einer Übergangszeit von Bonn nach B. zu verlegen (→Berlin/Bonn-Gesetz). Zum Ausbau von B. als Hauptstadt wurde am 25.8. 1992 in Abkommen zw. Bundesreg. sowie den Bundesländern B. und Brandenburg unterzeichnet (Hauptstadtvertrag). Eine geplante Vereinigung der Länder B. und Brandenburg zum Bundesland B.-Brandenburg (Staatsvertrag vom 2.4.1995) scheiterte in der Volksabstimmung vom 5.5.1996. Am 27.9.1996 beschloss auch der Bundesrat, seinen Sitz nach B. zu verlegen (zum 29.9.2000 erfolgt). Seit 1994 hat der Bundespräs. seinen Amtssitz, seit 1.9.1999 haben Dt. Bundestag und Bundesreg. ihren Sitz in Berlin.

Berlin, Erzbistum (seit 1994), hervorgegangen aus dem 1930 als Suffraganbistum des Erzbistums →Breslau gegründeten Bistum B., dessen Gebiet Berlin und die preuß. Prov. Brandenburg und Pommern umfasste. 1972 wurde das Bistum neu umschrieben (Abtrennung des in Polen liegenden Bistumsteils) und war als exemtes Bistum bis 1994 dem Apostol. Stuhl direkt unterstellt.

Berlin [ˈbəːlɪn], **1)** Irving, eigtl. Israel **Baline,** amerikan. Komponist, * Temun (Sibirien) 11.5.1888, † New York 22.9.1989; schrieb u.a. das Musical »Annie get your gun« (1946) und zahlr. Songs (u.a. »White Christmas«, 1942) sowie Filmmusiken.

2) Sir (seit 1957) Isaiah, brit. Philosoph russ. Herkunft, * Riga 6.6.1909, † Oxford 5.11.1997; trat als Ideenhistoriker hervor (u.a. »Karl Marx. Sein Leben und sein Werk«, 1939, dt.; »Freiheit. Vier Versuche«, 1969, dt.; »Die Wurzeln der Romantik«, hg. 1999, dt.).

Berlinabkommen, Kurzbez. für das **Viermächteabkommen über Berlin** vom 3.9.1971 zw. den USA, Großbritannien, Frankreich und der Sowjetunion, legte die polit. Bindungen und verkehrstechn. Verbindungen von Berlin (West) zur Bundesrep. Dtl. in ihren Grundzügen fest. Das B. war ein Rahmenabkommen, dessen Ziele durch besondere Abmachungen zw. der Bundesrep. Dtl. und der DDR (Verkehrsvertrag, Grundvertrag) ausgefüllt wurden. Mit der Wiederherstellung der dt. Einheit (3.10.1990) und dem Verzicht der vier Mächte auf noch bestehende Rechte und Verantwortlichkeiten in Bezug auf Berlin und Dtl. (»Suspendierungserklärung«) im →Zwei-plus-vier-Vertrag wurde das B. gegenstandslos.

Berlinale, Internationale Filmfestspiele Berlin, ab 1951 jährlich in Berlin (West), seit 1990 in ganz Berlin stattfindende →Filmfestspiele; die wichtigsten Preise sind der »Goldene Bär« und der »Silberne Bär«.

Berlin/Bonn-Gesetz, Bundes-Ges. vom 26.4. 1994, dessen Zweck es war, Grundsätze für die Verlagerung von Bundestag und Bundesreg. in die Bundeshptst. Berlin zu bestimmen sowie die Wahrnehmung von Reg.-Tätigkeiten in der Bundeshauptstadt Berlin und in der Bundesstadt Bonn zu sichern und einen Ausgleich für die Region Bonn zu gewährleisten. Bonn erhielt durch das Ges. die offizielle Bez. **Bundesstadt.**

Berline [nach der Stadt Berlin] *die,* viersitziger Reisewagen, erstmals im 17. Jh. in Gebrauch.

Berliner, der →Berliner Pfannkuchen.

Berliner, Emil, amerikan. Elektrotechniker dt. Herkunft, * Hannover 20.5.1851, † Washington (D.C.) 3.8.1929; seit 1870 in den USA, erfand 1877 ein Kontaktmikrofon für Fernsprecher und verbesserte 1887 den Phonographen Edisons durch Einführung runder Schellackplatten. Die Dt. Grammophon-Gesellschaft brachte diesen Apparat als **Grammophon**® auf den Markt.

Berliner Bank AG, Kreditinstitut, Sitz: Berlin; gegr. 1950; 1994–2006 Teil der →Bankgesellschaft Berlin AG; Anfang 2007 von der Dt. Bank AG übernommen.

Berliner Blau, Pariser Blau, Preußischblau, tiefblauer Farbstoff aus einer Lösung von Eisen(III)-Salz und gelbem Blutlaugensalz. Verwendung als Anstrichmittel und zum Tapetendruck. Gegenmittel bei Vergiftungen mit radioaktivem Cäsium.

Berliner Blockade, die von der sowjet. Besatzungsmacht in der SBZ verhängte Blockade (24.6. 1948 bis 12.5.1949) der Westsektoren Berlins durch Sperrung aller Land- und Wasserwege zu den westl. Besatzungszonen Dtl.s, zur SBZ und zum Ostsektor Berlins. Dieser Versuch der UdSSR, ganz Berlin unter ihre Kontrolle zu bringen, scheiterte am Widerstand der Westmächte (bes. der USA) und der Bev. von Berlin (West), die seit dem 26.6.1948 über eine →Luftbrücke versorgt wurde.

Berliner Ensemble [- ãˈsãbl], Abk. **BE,** Schauspieltheater und Theatergruppe, 1949 in Berlin (Ost) von B. Brecht und H. Weigel gegr., seit 1954 im eigenen Haus am Schiffbauerdamm, von Weigel geleitet bis zu ihrem Tod 1971. Das BE erarbeitete urspr. v.a. Modellaufführungen der Werke Brechts. Weitere Leiter des BE waren 1971–77 R. Berghaus, 1977–91 M. Wekwerth, 1993–95 vorübergehend ein Fünfergremium (P. Zadek, Heiner Müller, F. Marquardt, P. Palitzsch, M. Langhoff), zuletzt H. Müller allein, 1995–96 der Schauspieler M. Wuttke, 1996–99 der Regisseur S. Suschke; 1999 übernahm C. Peymann die Intendanz des Ensembles.

Berliner Kongress, Zusammenkunft leitender Staatsmänner der europ. Großmächte und des Osman. Reiches vom 13.6. bis 13.7.1878 in Berlin unter Vorsitz Bismarcks als »ehrl. Makler«, die die Bedingungen für den russisch-türk. Friedensschluss nach dem Russisch-Türk. Krieg 1877/78 und dem Vorfrieden von San Stefano endgültig festsetzte. Russland verzichtete auf ein Protektorat Groß-Bulgarien, das in ein Fürstentum unter türk. Oberhoheit und in eine türk. Prov. Ostrumelien geteilt wurde. Russland erhielt von Rumänien als Ausgleich Teile Bessarabiens. Makedonien wurde dem Osman. Reich zugesprochen. Rumänien, das seinerseits den größten Teil der Dobrudscha gewann, wurde mit Serbien und Montenegro für unabhängig erklärt. Österreich-Ungarn gewann das Mandat zur Besetzung von Bosnien und der Herzegowina. Großbritannien erhielt Zypern.

Berliner Mauer, von der DDR-Reg. mit Zustimmung der Mitgl. des Warschauer Pakts errichtetes, scharf bewachtes militär. Sperrsystem, das seit dem 13. 8. 1961 die Sektorengrenze zw. Berlin (Ost) und Berlin (West) bis auf sieben Übergänge (am bekanntesten Checkpoint Charlie) hermetisch abriegelte; sollte v. a. den steigenden Flüchtlingsstrom aus Berlin (Ost) stoppen. Die B. M. hatte eine Länge von 43,1 km durch Berlin (verlief direkt am Brandenburger Tor vorbei) und 111,9 km im städt. Umland. Die Grenzanlagen wurden ständig ausgebaut. Beim Versuch, die B. M. von O nach W zu überwinden, wurden aufgrund des →Schießbefehls (insgesamt in nahezu 1700 Fällen) in direkter Verbindung mit Fluchtversuchen 1961–89 mindestens 122 Menschen (vor dem 13. 8. 1961: 30) getötet. Unter Berücksichtigung auch der Todesfälle, die im mittelbaren Zusammenhang mit dem Grenzregime stehen, z. B. Selbstmorde von Grenzsoldaten oder Schusswaffenunfälle, ergeben sich höhere Opferzahlen (1961 bis März 1989: 190 Todesopfer, dazu auch mehrere tödlich verletzte Grenzsoldaten; insgesamt seit 1949 [einschließlich der Toten an den Sektorengrenzen bis 1961]: 227). Im Zusammenhang mit der polit. Umwälzungen in der DDR öffnete deren Reg. am späten Abend des 9. 11. 1989 die B. M.; am 1. 7. 1990 wurden die Grenzkontrollen eingestellt. Der Abbau der B. M. begann noch im Nov. 1989, offiziell ab Jan. 1990, und wurde im innerstädt. Bereich am 30. 11. 1990 abgeschlossen; Reste blieben an 6 Stellen als Denkmal oder Gedenkstätten erhalten (u. a. die 1,3 km lange »East-Side-Gallery« an der Mühlenstraße in Berlin-Friedrichshain).

Berliner Pfannkuchen, Berliner, mit Konfitüre oder Mus gefülltes, umzuckertes rundes Hefegebäck.

Berliner Philharmoniker, bis 2001 auch **Berliner Philharmonisches Orchester,** 1882 aus der 1867 gegründeten Kapelle des Dirigenten B. Bilse (* 1816, † 1902) hervorgegangenes Orchester; zählt zu den Spitzenorchestern der Welt; seit 2002 organisiert als selbstständige Stiftung »B. P.«. Dirigenten: H. von Bülow, A. Nikisch, W. Furtwängler, S. Celibidache, H. von Karajan, C. Abbado, Sir S. Rattle (seit 2002).

Berliner Porzellan, die Erzeugnisse der 1751 gegründeten Berliner Porzellanmanufaktur; unter Friedrich d. Gr. wurde sie 1763 Königl. Porzellan-Manufaktur (KPM). Die seit 1918 Staatl. Porzellan-Manufaktur wurde im Zweiten Weltkrieg zerstört, arbeitete vorübergehend in Selb, seit 1955 wieder in Berlin-Charlottenburg.

Berliner Testament, eine Form des gemeinschaftl. Testaments, in dem sich die Ehegatten gegenseitig als Alleinerben einsetzen und bestimmen, dass nach dem Tod des Längstlebenden der beiderseitige Nachlass an einen Dritten fallen soll (§ 2269 BGB).

Berliner Weiße, ein obergäriges naturtrübes Bier, wird meist mit Himbeer- oder Waldmeistersirup gemischt (»Weiße mit Schuss«).

Berliner Zimmer, großes Durchgangszimmer mit einem Fenster zum Hof in Berliner Mietshäusern (2. Hälfte 19. Jh.).

Berlinghieri [berliŋˈgjɛːri], Berlinghiero, ital. Maler, * vermutlich Volterra um 1175/80, † Lucca im Februar 1236. Sein Hauptwerk ist ein Kruzifix (um 1220) für das Kloster Santa Maria degli Angeli in Lucca.

Berliner Mauer: spontane Inbesitznahme von beiden Seiten Berlins am 10. November 1989

Berlinklausel, Berliner Klausel, jetzt gegenstandslose Gesetzes- bzw. völkerrechtl. Vertragsklausel, die vor der Wiedervereinigung die Geltung des Bundesrechts der Bundesrep. Dtl. und der völkerrechtl. Verträge der Bundesrep. Dtl. in Berlin (West) regelte. Aufgrund des Genehmigungsvorbehaltes der Besatzungsmächte galten die vom Bundestag beschlossenen Gesetze in Berlin (West) nicht unmittelbar, konnten jedoch im Gesetzgebungswege vom Berliner Abg.-Haus in Geltung gesetzt werden.

Berlioz [bɛrˈljɔs], Hector, frz. Komponist, * La Côte-Saint-André (Dép. Isère) 11. 12. 1803, † Paris 8. 3. 1869; studierte ab 1822 Komposition u. a. bei L. Cherubini in Paris und arbeitete bereits ab 1823 als Musikkritiker; mit seinen Kompositionen gilt er als Wegbereiter der Programmmusik. In seiner einflussreichen Instrumentationslehre stellte er die Klangfarbe gleichberechtigt neben den Orchestersatz. – *Werke: Sinfonien:* »Symphonie fantastique« (1830); »Harold in Italien« (1834); »Romeo und Julia« (mit Chor und Soli, 1839). – *Chorwerke mit Orchester:* »Messe solennelle« (um 1824); Requiem (1837); »Die Kindheit Christi« (1854); Te Deum (1855). – *Opern:* »Benvenuto Cellini« (1838) mit der Ouvertüre »Röm. Karneval«; »Die Trojaner« (1855–58); »Béatrice und Bénédict« (1862). – *Schrift:* »Instrumentationslehre« (1844).

Berlitz-Sprachschulen, weltweit tätige private Sprachschulen mit Sprachkursen für alle Altersgruppen sowohl im Einzelunterricht als auch in Zirkeln (meist acht Lernende); unterrichtet wird nur von Muttersprachlern. Die erste B.-S. wurde 1878 in Providence (R. I.) von dem Philologen Maximilian David Berlitz (* 1852, † 1921) gegründet. – Heute gibt es rd. 450 B.-S. in über 60 Ländern, davon rd. 45 in Dtl. Die B.-S. verfügen über eigene Verlage, in denen die Lehrmaterialien in etwa 20 Sprachen erscheinen.

Berlocke [frz.] *die,* zierlicher Schmuckanhänger, seit der 2. Hälfte des 18. Jh. bis um 1900 meist an der Uhrkette getragen.

Berlusconi [-ˈko-], Silvio, ital. Unternehmer und Politiker, * Mailand 29. 9. 1936; baute auf dem Bau-, Werbe- und Kommunikationssektor ein Wirtschaftsimperium mit großem polit. Einfluss auf (→Fininvest S. p. A.). 1993 gründete er die rechtsgerichtete Partei

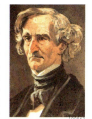

Hector Berlioz (Ausschnitt aus einem zeitgenössischen Gemälde, Honoré Daumier zugeschrieben)

Silvio Berlusconi

»Forza Italia«, die sich mit anderen Parteien zum Bündnis »Polo per la Libertà« verband und die Parlamentswahlen 1994 gewann. B. wurde im Mai 1994 Min.-Präs., musste aber nach Korruptionsvorwürfen bereits im Dez. wieder zurücktreten; 1997/98 wurde er u. a. wegen Bestechung verurteilt (Urteil wegen Verjährung 1999 aufgehoben). Vor den Parlamentswahlen 2001 erneuerte er sein Mitte-rechts-Bündnis unter dem Namen »Casa delle Libertà«, gewann in beiden Kammern die Mehrheit und bildete im Juni 2001 als Min.-Präs. die 59. ital. Nachkriegsregierung. Nach dem schlechten Abschneiden der Koalitionspartner bei Regionalwahlen im April 2005 trat B. zurück und bildete unter Fortführung der Koalition nach einer Kabinettsumbildung umgehend die 60. Nachkriegsregierung. Er unterlag aber mit seinem Mitte-rechts-Bündnis bei den Parlamentswahlen im April 2006 äußerst knapp dem neu formierten Mittelinks-Bündnis »L'Unione« unter Führung von R. Prodi und demissionierte am 2. 5. 2006.

Berme [niederländ.] *die,* waagerechter Absatz einer Böschung; auch schwach geneigter Randstreifen am Fuß eines Deiches.

Bermejo [-xo], **Río B.,** im Mittellauf **Río Teuco,** rechter Nebenfluss des Paraguay in N-Argentinien, entspringt in S-Bolivien, 1 050 km lang.

Bermudadreieck, Seegebiet im südwestl. Nordatlantik (Eckpunkte: Bermudainseln, Puerto Rico, Florida). Schiffs- und Flugzeugkatastrophen im B. werden gelegentlich mysteriösen oder übernatürl. Ursachen zugeschrieben. Diese Vorfälle lassen sich aber auch ohne bisher unbekannte Phänomene erklären.

Bermudagras, ein Futtergras, → Hundszahngras.

Bermuda|inseln, Bermudas, engl. **Bermuda Islands,** Inselgruppe im Atlant. Ozean, 920 km östl. von Kap Hatteras (USA), brit. Kronkolonie, 53 km², (2005) 65 400 Ew. (knapp zwei Drittel Schwarze und Mulatten); Hptst.: Hamilton. – Die Korallenkalkinseln (eine der nördlichsten Gruppen lebender Korallenriffe) erheben sich bis rd. 80 m ü. M. auf einem untermeer. Sockel aus vulkan. Gestein. Das Klima ist mild. Die Bev. lebt größtenteils auf der Hauptinsel **Great Bermuda** (39 km²). Grundlage der Wirtschaft ist der ganzjährige Fremdenverkehr. Die Bewohner zahlen weder Vermögen- noch Einkommensteuer, die öffentl. Einnahmen stammen zum größten Teil aus Zöllen und Pachteinnahmen; Sitz zahlr. Versicherungsgesellschaften und Offshorebanken; internat. Flughafen auf Saint David's Island. – Anfang des 16. Jh. von span. Seefahrern (nach der Überlieferung zuerst von J. Bermúdez) entdeckt; seit 1684 sind die B. brit. Kolonie mit Selbstverw. (durch die Verf. von 1968) unter einem Gouverneur. Ehemaliger Flotten- und Luftstützpunkt Großbritanniens (bis 1953 Garnison, bis 1976 Flottenbasis) und der USA (1941–95). Eine Volksabstimmung sprach sich 1995 gegen die Unabhängigkeit aus.

Bermudainseln
Wappen

Bermuda Race [bəˈmjuːdə reɪs], *Hochseesegeln:* Regatta von Brenton Reef bei Newport (R. I.) über 647 Seemeilen nach Hamilton auf der Bermudainsel Hamilton Island; wird seit 1906 alle zwei Jahre gesegelt.

Bermudashorts [-ʃɔrts], knielange Freizeithose beider Geschlechter; in den 1950er-Jahren benannt nach den Bermudainseln.

Bern, 1) zweitgrößter Kt. der Schweiz (flächenmäßig nach Graubünden, bevölkerungsmäßig nach Zürich), 5 959 km², (2005) 957 100 überwiegend (85 %) dt.-sprachige Ew. (rd. 67 % ev., rd. 16 % kath.), in den Bez. Courtelary, Moutier und La Neuveville überwiegt der frz.-sprachige Bev.-Anteil. Hauptort ist Bern. Der Kt. reicht vom Schweizer Mittelland nach N auf den Jura (Chasseral 1607 m ü. M.), nach S in das Berner Oberland (→ Berner Alpen). Kerngebiet ist das hügelige Mittelland (400–800 m ü. M.) beiderseits der Aare und Emme, das nach SO über ein Molassebergland aareaufwärts bis zum firnbedeckten Hochalpenkamm des Berner Oberlandes reicht (Jungfraujoch 3 471 m ü. M., Finsteraarhorn 4 274 m ü. M.). Von den Alpenrandseen gehören der Bieler, der Thuner und der Brienzer See zum Kt. B. Aufgrund der unterschiedl. Landschaften findet sich im Kt. B. eine relativ große klimat. Vielfalt. Als zweisprachiger Kt. nimmt B. eine wichtige Brückenfunktion zw. dem dt. und frz. Sprachraum ein.

Wirtschaft: Die wirtschaftl. Entwicklung konzentriert sich v. a. auf die Ballungsgebiete Bern und Biel (BE). Haupterwerbszweige sind v. a. die Elektro- und Nahrungsmittelind. (v. a. Großmolkereien und Käsereien), die Holzverarbeitung sowie als beschäftigungsintensivste Bereiche Maschinenbau (u. a. Landmaschinen) und Metallverarbeitung. Die einst im Berner Jura dominante Uhrenind. hat stark an Bedeutung eingebüßt, ist regional aber nach wie vor wichtig. Milchwirtschaft und Viehzucht, bes. im Emmen-, Simmen-, Saanetal sowie im Berner Oberland (bedeutendste Alpwirtschaft der Schweiz), haben große Bedeutung; Weinbau (Bieler und Thuner See). Das Berner Oberland mit den bekannten Kurorten Gstaad, Adelboden, Grindelwald und Interlaken zw. Brienzer und Thuner See ist eine der wichtigsten Fremdenverkehrsregionen der Schweiz.

Verfassung: Nach der am 1. 1. 1995 in Kraft getretenen Verf. liegt die Legislative beim Großen Rat (160 Abg.) und die Exekutive beim Reg.-Rat (7 Mitgl.). Beide Gremien werden für 4 Jahre gewählt (seit 1989 Stimmrecht für alle Kantonsbürger und -bürgerinnen, die das 18. Lebensjahr vollendet haben).

Zur *Geschichte* → Bern 2).

2) Hptst. der Schweiz (»Bundesstadt«) und Hauptort von 1), mit 128 600 Ew. viertgrößte Stadt der Schweiz, als Agglomeration 343 000 Ew.; liegt im Tal der Aare, über die sieben größere und mehrere kleinere Brücken führen. B. ist vorwiegend Verw.-Stadt mit Sitz der Bundesbehörden, ausländ. Vertretungen und internat. Organisationen (Weltpostverein, Zentralamt für den internat. Eisenbahnverkehr u. a.), wiss. und kultureller Gesellschaften; Univ. (1834 gegr.), Bundesarchiv, Schweizerische Landesbibliothek; Histor., Kunst-, Naturhistor. und Alpines Museum u. a. Sammlungen und Archive, Stadttheater, Sinfonieorchester; Botan. Garten, Tierpark; »Stade de Suisse« Wankdorf B.; Maschinen-, Apparate- und Fahrzeugbau, elektrotechn. und elektron., graf., Metall-, chem. Industrie.

Stadtbild: Die eng gebaute, auf einem Sporn in einer Flussschlinge liegende Altstadt hat mit ihren Lauben, alten Brunnen und Türmen, wie dem Zeitglockenturm und Käfigturm (mit Kulturzentrum), und ihren barocken Zunft- und Bürgerhäusern den Charakter einer wohlhabenden alten oberdt. Stadt bewahrt (UNESCO-Weltkulturerbe). Weitere Bauwerke sind das spätgot. Münster (1421–1598), die barocke Heiliggeistkirche (1726–29) und das Rathaus (1406–17, 1940–42 erneuert). Unter den zahlr. jüngeren Kultur- und Verwaltungsgebäuden ist bes. das 1852–1902 erbaute Bundeshaus (Parlament und Verwaltungsgebäude) erwähnenswert. Beispiele des Neuen Bauens,

Bern 1)
Kantonswappen

etwa von den Architekten des Atelier 5 (u. a. Kunstmuseum Bern, 1976–83), finden sich am Rande der Altstadt; dort wurde auch das Zentrum Paul Klee (umfassendste Sammlung der Werke des Künstlers) von R. Piano errichtet (2005 eröffnet).

Geschichte: B., 1191 durch Herzog Berchthold V. von Zähringen gegr., wurde 1218 Reichsstadt und trat 1353 der Schweizer. Eidgenossenschaft (wurde hier neben Zürich bedeutendste Stadt) bei. Die Stadt unterwarf sich allmählich das Umland, entriss den Habsburgern 1415 einen Teil des Aargaus, 1536 die Waadt den Savoyern. 1528 wurde die Reformation eingeführt. Unter der frz. Oberherrschaft (1798–1803) wurden der Aargau und die Waadt als selbstständige Kantone abgetrennt; dafür erhielt B. 1815 den Hauptteil des früheren Hochstifts Basel (Berner Jura). B. wurde Hptst. des neuen Kt. B. und 1815 Vorort der Schweiz. Die alte aristokrat. Verf. für Stadt und Kanton mit den Vorrechten der Hauptstadt wurde erst 1831 durch eine demokrat. ersetzt, die wiederholt ergänzt wurde (u. a. Einführung der Volksinitiative, 1893; Wahl des Reg.-Rats durch das Volk, 1906). Seit 1848 ist B. Hptst. der Schweiz. Nach Volksabstimmungen 1974 und 1978 wurde mit Wirkung vom 1. 1. 1979 der Kanton →Jura abgetrennt; am 1. 1. 1994 wechselte der Bezirk Laufen zum Kt. Basel-Landschaft.

3) Welsch-Bern, alter dt. Name der Stadt Verona; daher in der dt. Heldensage →Dietrich von Bern.

Bernadette [-ˈdɛt], eigtl. Maria Bernarda **Soubirous,** frz. kath. Ordensschwester, * Lourdes 17. 2. 1844, † Nevers 16. 4. 1879; erlebte 1858 in einer Höhle bei →Lourdes mehrere Marienvisionen (1862 kirchlich bestätigt); 1933 heiliggesprochen; Tag: 16. 4.

Bernadotte [-ˈdɔt], **1)** Folke, Graf von Wisborg, schwed. Diplomat, * Stockholm 2. 1. 1895, † Jerusalem 17. 9. 1948; seit 1946 Präs. des schwed. Roten Kreuzes. 1948 ging er im Auftrag der UNO nach Palästina, um einen israelisch-arab. Waffenstillstand zu vermitteln. Dort wurde er von jüd. Extremisten ermordet.

2) Gustaf Lennart, Graf von Wisborg, * Stockholm 8. 5. 1909, † Insel Mainau 21. 12. 2004, Neffe König Gustavs VI. Adolf; erhielt 1932 die Insel Mainau zum Geschenk und machte sie zu einem Garten- und Blumenparadies. 1951 rief B. die alljährl. Tagung der Nobelpreisträger in Lindau (Bodensee) ins Leben, 1955–82 war er Präs. der Dt. Gartenbaugesellschaft.

3) Jean Baptiste Jules, frz. Marschall, wurde als Karl XIV. Johann König von Schweden und Norwegen (→Karl, schwed. Könige); Stammvater der Dynastie Bernadotte.

Bernanke [bɛˈnæŋkɪ], Ben Shalom, amerikan. Volkswirtschaftler, * Augusta (Ga.) 13. 12. 1953; Prof. an der Princeton University (1985–2002); 2002–05 Mitgl. im Board of Governors of the →Federal Reserve System; im Juni 2005 von Präs. G. W. Bush zum Vors. des »Council of Economic Advisers« ernannt. B. löste am 1. 2. 2006 A. Greenspan als Vors. der Notenbank (→Federal Reserve System) ab.

Bernanos, Georges, frz. Schriftsteller, * Paris 20. 2. 1888, † Neuilly-sur-Seine 5. 7. 1948; Künder einer geistigen Erneuerung auf kath. Grundlage, schrieb religiöse Gewissensromane (»Die Sonne Satans«, 1926; »Tagebuch eines Landpfarrers«, 1935) und das Drama »Die begnadete Angst« (1948, nach Gertrud von Le Forts Novelle »Die Letzte am Schafott«). Er griff wiederholt mit Kampfschriften in öffentl. Auseinandersetzungen ein (z. B. gegen den span. Faschismus und das Vichy-Regime).

Bern 2): Blick auf die Stadt

Bernard [bɛrˈnaːr], Claude, frz. Physiologe, * Saint-Julien (Dép. Rhône) 12. 7. 1813, † Paris 10. 2. 1878; Prof. am Collège de France, Mitgl. der Académie française; erkannte u. a. die Bedeutung der Bauchspeicheldrüse für die Fettverdauung, wies die Zuckerbildung in der Leber nach.

Bernardino, Alpenpass, →San Bernardino.

Bernardino de Sahagún [bɛrnarˈðino ðe saaˈɣun], eigtl. Bernardino **Ribeira,** span. Franziskaner und Ethnologe, * Sahagún (bei León) vermutlich 1499 oder 1500, † Tlatelolco (heute zu Mexiko) 23. 10. 1590; seine von jungen Azteken diktierte »Historia general de las cosas de Nueva España« (12 Bde.) ist das bedeutendste Quellenwerk für die Kultur der Azteken vor der span. Eroberung.

Bernau bei Berlin, Stadt im Landkreis Barnim, Bbg., nordöstl. von Berlin, 35 300 Ew.; Kurklinik; Backwarenherstellung. – Pfarrkirche St. Marien (v. a. Ende 15. Jh.; bed. spätgot. Hochaltar aus der Werkstatt L. Cranachs d. Ä., um 1520). – B. b. B. wurde um 1230 gegr., 1296 erstmals als Stadt erwähnt. Bis 1993 war B. b. B. Kreisstadt.

Bernauer, Agnes, Tochter eines Baders in Augsburg, † Straubing 12. 10. 1435; mit ihr vermählte sich vermutlich 1432 heimlich (urkundlich nicht nachweisbar) Albrecht III. (* 1401, † 1460), seit 1438 Herzog von Bayern-München. Sein Vater Herzog Ernst ließ sie als Zauberin in der Donau bei Straubing ertränken. – Künstler. Behandlung: Drama von F. Hebbel (1855), Oper von C. Orff (1947).

Bernburg, 1) Landkreis in Sa.-Anh., 414 km², 64 900 Einwohner, Krst. ist Bernburg (Saale).

2) Bernburg (Saale), Krst. von 1), Sa.-Anh., an der Saale, 31 600 Ew.; FH Anhalt, Tierpark; Steinsalzbergbau, Zementwerk, Sodawerk, Serumwerk. – In der Bergstadt Renaissanceschloss (v. a. 16. Jh., Museum). – Aus den Siedlungskernen Altstadt (1205 erwähnt) mit Neustadt (um 1250; beide 1279 Stadtrecht), Tal- (1561) und Berg- oder Oberstadt (Mitte 15. Jh. Stadtrecht) zusammengewachsen; 1252–1468 war B. Residenz der älteren, 1603–1765 der jüngeren Linie **Anhalt-B.** (bis 1863; ab 1806 Herzogtum).

Bernburg 2)
Stadtwappen

Thomas Bernhard

Sarah Bernhardt

Berndorf, Ind.-Stadt in NÖ, im Triestingtal, am Rand des Wienerwaldes, 8 700 Ew.; Metall verarbeitende Industrie.

Berneck, Bad, Stadt in Bayern, → Bad Berneck im Fichtelgebirge.

Berner Alpen, Teil der Westalpen; sie umfassen das **Berner Oberland** (v. a. im Fremdenverkehr auch als Bez. für die gesamten B. A. gebraucht), d. h. den zum Kt. Bern, Schweiz, gehörenden Teil der Westalpen bis zum Thuner See im N und das anschließende Walliser Gebiet bis zur Rhone im W und S. Der westl. Teil reicht von den Diablerets (3 210 m) bis zum Wildstrubel (3 243 m); der östl. Teil zw. Gemmi- und Grimselpass erreicht seine größten Höhen in der Finsteraarhorngruppe mit Finsteraarhorn (4 274 m), Jungfrau (4 158 m), Mönch (4 107 m; Neuvermessung 1996) und Eiger (3 970 m); bekannte Fremdenverkehrsorte (z. B. Interlaken, Wengen, Mürren, Grindelwald, Gstaad, Kandersteg, Adelboden). Die Region Jungfrau-Aletsch-Bietschhorn ist UNESCO-Weltnaturerbe (→ Aletschgletscher).

Berner Klause, Engtalstrecke der Etsch, → Veroneser Klause.

Berner Oberland, insbes. im Fremdenverkehr gebräuchl. Bez. für die → Berner Alpen.

Berner Übereinkunft, ein völkerrechtl., in Bern am 9. 9. 1886 abgeschlossener Vertrag zum Schutz von Werken der Literatur und der Kunst. Er wurde wiederholt abgeändert (daher Revidierte B. Ü., Abk. RBÜ), u. a. 1896 und 1971 in Paris. Diese internat. Regelung des Urheberrechts verpflichtet die Verbandsländer **(Berner Union)** zur rechtl. Gleichstellung der Urheber aus den Vertragsstaaten mit den inländ. (Inländerbehandlung). Verbandsländer sind fast alle europ. sowie zahlr. außereurop. Staaten. Die USA und Russland waren zunächst nur Vertragsstaaten des → Welturheberrechtsabkommens, sind jedoch 1989 bzw. 1997 der RBÜ beigetreten.

Berneuchener Kreis, eine 1923 auf dem Gut Berneuchen (Neumark) gegründete, durch die Jugendbewegung beeinflusste Bewegung zur liturg. Erneuerung des ev. Gottesdienstes. Aus dem B. K. ging die → Michaelsbruderschaft hervor. (→ liturgische Bewegungen)

Bernfeld, Siegfried, Pädagoge und Psychologe, * Lemberg 7. 5. 1892, † San Francisco (Calif.) 2. 4. 1953; wirkte in Wien als Laienanalytiker (seit 1925 in Berlin), emigrierte 1937; Arbeiten v. a. über Sozialismus und Psychoanalyse sowie antiautoritäre Erziehung.

Bernhard, Herrscher:
Niederlande: **1)** B., Prinz der Niederlande, * Jena 29. 6. 1911, † Utrecht 1. 12. 2004; aus dem Hause Lippe-Biesterfeld, seit 1937 ∞ mit → Juliana (1948–80 Königin der Niederlande).

Sachsen-Weimar: **2)** B., Herzog, Feldherr des Dreißigjährigen Krieges, * Weimar 16. 8. 1604, † Neuenburg (Baden) 18. 7. 1639; auf protestant. Seite erfolgreich unter König Gustav II. Adolf von Schweden; erhielt 1633 das Herzogtum Franken (die Bistümer Würzburg und Bamberg) als schwed. Lehen und den Oberbefehl über das schwed. Heer in Süddtl., erlitt aber eine schwere Niederlage bei Nördlingen (6. 9. 1634) und verlor sein Herzogtum. 1635 trat B. in frz. Dienste mit der Anwartschaft auf das Elsass. Er kämpfte erfolgreich in Lothringen gegen die Kaiserlichen und eroberte 1638 Breisach.

Bernhard, 1) Christoph, Komponist, * Kolberg (heute Kołobrzeg, Wwschaft Westpommern) 1. 1. 1628, † Dresden 14. 11. 1692; 1681–88 Kapellmeister am Dresdner Hof; einer der bedeutendsten Vertreter norddt.-prot. Musiktradition.

2) Thomas, österr. Schriftsteller, * Heerlen (bei Maastricht) 9. 2. 1931, † Gmunden 12. 2. 1989. Im Anschluss an sein lyr. Frühwerk schrieb B. v. a. absurdgroteske Romane über scheiternde Existenzen in einer maroden Gesellschaft (»Frost«, 1963; »Das Kalkwerk«, 1970), in denen v. a. Krankheit und Tod eine spezielle Rolle spielen und für die er einen eigenen Stil entwickelte, der bes. mit Wiederholungen und indirekter Wiedergabe der – meist monolog. – Rede arbeitet. Außerdem verfasste er autobiograf. Prosa (»Die Ursache«, 1975) sowie tragikom. Dramen (»Alte Meister«, 1985), die im Spätwerk auf Provokation der österr. Gesellschaft zielten (»Heldenplatz«, 1988). 1970 erhielt B. den Georg-Büchner-Preis.

Weitere Werke: Ungenach (1968); Watten (1969); Wittgensteins Neffe (1982); Holzfällen. Eine Erregung (1984).

Bernhardiner, 1) *Biologie:* nach dem Kloster auf dem Großen Sankt Bernhard benannte Gebrauchshunderasse; kräftiger, muskulöser Rettungshund; Fell weiß mit gelben oder rotbraunen Platten. Schulterhöhe bis etwa 80 cm.

2) *kath. Kirche:* anderer Name für die → Zisterzienser.

Bernhardskrebs, Art der → Einsiedlerkrebse.

Bernhardt [bɛrˈnaːr], Sarah, eigtl. Henriette-Rosine **Bernard,** frz. Schauspielerin, * Paris 22. 10. 1844, † ebd. 26. 3. 1923; spielte ab 1862 an Pariser Bühnen, 1880 Gastspielreise nach Amerika, anschließend durch Europa; nach Welttournee 1891–93 kaufte B. das »Théâtre de la Renaissance« und eröffnete 1899 das »Théâtre Sarah Bernhardt«; galt nicht nur als hervorragende Sprecherin klass. und moderner Rollen, sondern verkörperte auch die Femme fatale als weibl. Symbolfigur des Fin de Siècle.

Bernhard von Clairvaux [- klɛrˈvo], Abt und Kirchenlehrer, * Schloss Fontaines (bei Dijon) 1091, † Clairvaux 20. 8. 1153; aus burgund. Adel, 1112 Mönch in Cîteaux, 1115 Gründer und Abt des Tochterklosters Clairvaux; brachte seinen Orden (→ Zisterzienser; nach ihm auch Bernhardiner gen.) zu hoher Blüte; warb im Auftrag Papst Eugens III., seines Schülers, für den 2. Kreuzzug (1147/49) und gewann Ludwig VII. und Konrad III. für diesen Gedanken. Die mittelalterl. Christusmystik und Marienverehrung wurden von seiner Art der Kontemplation bestimmt. Heiliger, Tag: 20. 8.

Bernina, Gebirgsgruppe in den Rätischen Alpen zw. Oberengadin (Graubünden, Schweiz) und Veltlin (Italien), aus Granit, Gneis und metamorphen Schiefern aufgebaut, vergletschert. Hauptgipfel: **Piz B.**

Bernhardiner 1)

(4049 m), Piz Zupo (3996 m), Piz Seerseen (3971 m), Piz Roseg (3937 m), Piz Palü (3905 m). Die O-Grenze bildet der **B.-Pass,** über den eine Straße (Scheitelpunkt 2328 m ü. M.) und die 1906–10 erbaute **B.-Bahn** (elektr. Schmalspurbahn) von Sankt Moritz über Pontresina nach Tirano im Veltlin führen.

Bernini, Giovanni Lorenzo (Gianlorenzo), ital. Baumeister, Bildhauer und Maler, * Neapel 7. 12. 1598, † Rom 28. 11. 1680. B. hat Skulptur und Architektur des 17. und 18. Jh. in Italien, Spanien und den Ländern nördl. der Alpen nachhaltig beeinflusst und das barocke Rom (u. a. ab 1629 leitender Architekt an St. Peter) maßgebend gestaltet. Er hinterließ auch ein umfangreiches zeichner. und maler. Werk. – *Hauptwerke* (in Rom): Bronzebaldachin für den Papstaltar in St. Peter (1624–33); Grabmal Urbans VIII., ebd. (1628–47); Verzückung der hl. Theresia in Santa Maria della Vittoria (1644–52); Apoll und Daphne, Galleria Borghese (1622–25); Vier-Ströme-Brunnen auf der Piazza Navona (1648 ff.); Kolonnaden des Petersplatzes (1656 ff.); Sant' Andrea al Quirinale (1658–70); Scala Regia im Vatikan (1664–66).

Bernkastel-Kues [-'ku:s], Stadt im Landkreis Bernkastel-Wittlich, Rheinl.-Pf., an der Mosel, 6800 Ew.; Moselweinmuseum; Weinbauschule; Weinbau und -handel, Sektkellerei; Moselhafen; Fremdenverkehr, Kurort (seit 1973). Fachwerkhäuser, Burg Landshut (seit 1693 Ruine); erhielt 1291 Stadtrecht; im Stadtteil Kues (1905 mit Bernkastel vereinigt) Hospital (1447 von Nikolaus von Kues gestiftet); sein Geburtshaus wurde im 16. Jh. umgebaut.

Bernkastel-Wittlich, Landkreis in Rheinl.-Pf., 1178 km², 113 800 Ew.; Krst. ist Wittlich; intensiver Weinbau, hauptsächlich Getreide- und Hackfruchtanbau.

Bernoulli [bɛrˈnʊli], **1)** *Daniel,* schweizer. Physiker, Mathematiker und Mediziner, * Groningen 8. 2. 1700, † Basel 17. 3. 1782, Sohn von 3); Prof. in Sankt Petersburg und Basel, begründete die Hydrodynamik und schuf erste Ansätze zu einer kinet. Gastheorie.

2) *Jakob,* schweizer. Mathematiker, * Basel 6. 1. 1655 (27. 12. 1654 alten Stils), † ebd. 16. 8. 1705, Bruder von 3); Prof. in Basel (seit 1687), trug mit seinem Bruder Johann entscheidend zur Anwendung der Infinitesimalrechnung auf Geometrie und Mechanik bei, förderte die Wahrscheinlichkeitsrechnung und lieferte wichtige Beiträge zur Theorie der Differenzialgleichungen.

3) *Johann,* schweizer. Mathematiker, * Basel 6. 8. (27. 7. alten Stils) 1667, † ebd. 1. 1. 1748, Vater von 1), Bruder von 2); Prof. in Groningen und seit 1705 in Basel; lieferte wichtige Beiträge zur Theorie der Differenzialgleichungen, wendete die Infinitesimalrechnung auf mechan. und hydraul. Probleme an und stellte den Satz von der »Erhaltung der lebendigen Kraft« (Energiesatz) auf.

Bernoulli-Gleichung [bɛrˈnʊli-; nach D. Bernoulli], hydrodynam. Grundgleichung für stationäre, reibungsfreie, inkompressible Flüssigkeiten und Gase; danach ist (ohne Berücksichtigung der Schwerkraft) die Summe aus stat. Druck p und dynam. Staudruck $\frac{1}{2} \varrho v^2$ konstant: $p + \frac{1}{2} \varrho v^2 = p_{ges}$ = konstant (ϱ Dichte des strömenden Mediums). Durch Messung von Gesamtdruck p_{ges} und stat. Druck lässt sich die Strömungsgeschwindigkeit v ermitteln.

Bernstein [von mnd. bernen »brennen«], **Succinit,** fossiles Harz von Nadelbäumen, das aus 73,7–78,6 % Kohlenstoff, 9,5–10,5 % Wasserstoff, 10,5–16,2 % Sauerstoff und 0,1–0,4 % Schwefel besteht. Der chem. Struktur nach ist B. ein Polyester aus Harzsäuren (v. a. Abietinsäure) u. a. Säuren (darunter 3–8 % B.-Säure); amorph, Dichte 1,05 bis 1,1 g/cm³, Härte 2–2,5, Schmelzpunkt zw. 290 und 384 °C, Farbe hellgelb bis schwarzbraun, undurchsichtig bis durchsichtig, brennbar, beim Reiben negativ elektrisch. – B. findet sich meist auf sekundärer Lagerstätte in Schichten vom Devon bis ins Quartär. Man unterscheidet See-B. oder maritimen B. und Land- oder

Bernstein: Zikade (**links**) und Gallmücke (**rechts**) in einem zum Schmuckstück geschliffenen dominikanischen Bernstein (Stuttgart, Staatliches Museum für Naturkunde)

Giovanni Lorenzo Bernini: Selbstporträt (1630; Serpuchow, Kunstmuseum)

Giovanni Lorenzo Bernini: Apoll und Daphne (1622–25; Rom, Galleria Borghese)

Erdbernstein. Das weltweit bekannteste Vorkommen mit Abbau befindet sich im Samland, z. T. mit Einschlüssen von Tieren (bes. Insekten) und Pflanzenteilen. Dtl.s ergiebigste B.-Lagerstätte lag (1975–93) bei Bitterfeld im Tagebau Goitsche. Gewonnen wird der B. im Tagebau, daneben durch Netzfischerei. B. wird für Schmuck, Zigarrenspitzen und Pfeifenmundstücke verwendet. Minderwertige Stücke werden u. a. zu Press-B. verarbeitet. – Der B. wurde früh und weit gehandelt. Im 13. Jh. bildete sich ein Eigentumsrecht des Landesherrn (**B.-Regal**) heraus, das von den Herzögen von Pommerellen auf den Dt. Orden und von diesem auf die Herzöge von Preußen überging. Seit dem 17. Jh. waren Königsberg (Pr) und Danzig die Mittelpunkte der künstler. Bearbeitung. Nach 1945 neue Bearbeitungsstätten u. a. in Idar-Oberstein und Erbach (Hessen).

Eduard Bernstein

Bernsteinschnecken: Die Verfärbung der Fühler der Gemeinen Bernsteinschnecke ist bedingt durch Befall mit dem Parasiten Leucochloridium macrostomum, einem mit dem Bilharzioseerreger verwandten Plattwurm.

Bernstein, 1) Eduard, Politiker, * Berlin 6. 1. 1850, † ebd. 18. 12. 1932; schloss sich 1872 der →Sozialdemokratie an, war führend in der Ausarbeitung des Gothaer Programms 1875 beteiligt; ab 1887 in London Kontakt zu F. Engels; kritisierte (»Die Voraussetzungen des Sozialismus und die Aufgaben der Sozialdemokratie«, 1899) den Marxismus und begründete damit den →Revisionismus. 1902–06, 1912–18 und 1920–28 MdR; war 1917–20 Mitgl. der USPD.

2) [ˈbəːnstaɪn], Leonard, amerikan. Komponist, Pianist und Dirigent, * Lawrence (Mass.) 25. 8. 1918, † New York 14. 10. 1990; 1958–69 Leiter der New Yorker Philharmoniker; trat auch als Operndirigent und Liedbegleiter hervor; schrieb Sinfonien, Kammer-, Bühnen-, Filmmusik, Musicals (»West side story«, 1957). Erhielt 1990 den Kunstpreis Praemium Imperiale.

Bernsteinküste, N- und NW-Küste des Samlandes, Gebiet Kaliningrad (Russland), Bernsteingewinnung, Tagebau bei Jantarny (dt. Palmnicken).

Bernsteinsäure, Butandisäure, eine Dicarbonsäure; 1546 von G. Agricola bei der Destillation von Bernstein entdeckt, kommt u. a. in Pflanzensäften vor. B. wird zur Herstellung von Farbstoffen, pharmazeut. Präparaten sowie Polyester- und Alkydharzen verwendet. Die Salze und Ester der B. heißen **Succinate** (z. B. Kochsalzersatz in Diätkost).

Bernsteinschnecken, Succineidae, Familie der Landlungenschnecken; an Sumpf- und Uferpflanzen die 2 cm lange **Gemeine B.** (Succinea putris) mit bernsteinfarbenem durchscheinendem Gehäuse.

Bernsteinzimmer, →Puschkin (Stadt).

Bernstorff, mecklenburg. Adelsgeschlecht:
1) Andreas Peter Graf von, dän. Staatsmann, * Hannover 28. 8. 1735, † Kopenhagen 21. 6. 1797, Neffe von 2); war 1773–80 Außenmin. und seit 1784 leitender Min. in Dänemark; führte 1788 die Bauernbefreiung in Dänemark durch und setzte sich in Schleswig-Holstein für die Aufhebung der Leibeigenschaft ein.

2) Johann Hartwig Ernst Graf von, dän. Staatsmann, * Hannover 13. 5. 1712, † Hamburg 18. 2. 1772, Onkel von 1); ab 1751 Außenmin., wurde 1770 durch J. F. Graf von Struensee gestürzt. Er wahrte im Siebenjährigen Krieg (1756–63) die dän. Neutralität, förderte innere Reformen im Geiste des aufgeklärten Absolutismus und unterstützte Gelehrte (C. Niebuhr) und Dichter (F. G. Klopstock).

3) Johann Heinrich Graf von, Diplomat, * London 14. 11. 1862, † Genf 6. 10. 1939; bemühte sich als Botschafter in Washington (1908–17) vergeblich, die Erklärung des uneingeschränkten U-Boot-Krieges und damit den Kriegseintritt der USA in den Ersten Weltkrieg zu verhindern.

Bernward, Bischof von Hildesheim (seit 993), * um 960, † Hildesheim 20. 11. 1022; Erzieher Kaiser Ottos III. Unter B., der selbst künstlerisch tätig war, wurde Hildesheim eines der wichtigsten Kunstzentren der Jahrtausendwende. Es entstanden die Michaeliskirche mit den bronzenen Türflügeln und der bronzenen Christussäule, ferner kostbares kirchl. Gerät wie Bernwardskreuz und Bernwardsleuchter (**Bernwardskunst**). Heiliger, Patron der Goldschmiede; Tag: 20. 11.

Béroff, Michel, frz. Pianist, * Épinal (Dép. Vosges) 9. 5. 1950; v. a. Interpret der Werke von C. Debussy, M. Ravel, O. Messiaen, I. Strawinsky, S. S. Prokofjew und B. Bartók.

Berolina, nlat. Name für Berlin.

Beromünster, Gemeinde im Kt. Luzern, Schweiz, zw. Baldegger See und Sempacher See, 2 300 Ew. – Roman. Stiftskirche (mit Krypta, Ende 17. Jh. und 18. Jh. umgestaltet; Kirchenschatz, seit dem 7./8. Jh.). In der Nähe Landessender.

Berostung, an Früchten die aufgeraute bräunl. Verkorkung auf der Fruchtschale, häufig bei Äpfeln.

Berruguete [-ˈɣete], Alonso de, span. Bildhauer und Maler, * Paredes de Nava (Prov. Palencia) zw. 1486

Leonard Bernstein während eines Konzerts 1984 in Ottobeuren

und 1489, † Toledo Sept. 1561; ausgebildet in Italien; sein bewegter, im Ausdruck ekstat. Stil wirkte schulbildend. Sein Vater Pedro B. (* um 1450, † 1504) vermittelte die ital. Renaissancemalerei nach Spanien.

Berry [be'ri], histor. Provinz (Herzogtum) in Mittelfrankreich, auf der von Cher, Indre und Creuse zerschnittenen Jurakalktafel des südl. Pariser Beckens, heute etwa die Dép. Cher und Indre. Kernlandschaft ist die **Champagne berrichonne** mit intensivem Getreideanbau, im O auch Weinbau.

Berry [be'ri], frz. Adelsgeschlecht:
1) Charles Ferdinand de Bourbon, Herzog von, * Versailles 24. 1. 1778, † Paris 13. 2. 1820, zweiter Sohn des Grafen von Artois, des späteren frz. Königs Karl X.; wurde als damaliger letzter bourbon. Thronerbe von L. P. Louvel ermordet.
2) Jean de France, Herzog von, * Vincennes 30. 11. 1340, † Paris 15. 6. 1416, Sohn des frz. Königs Johann II.; Mitregent für Karl VI.; Kunstmäzen. Die von ihm in Auftrag gegebenen Stundenbücher sind Hauptwerke der Buchmalerei.

Berry [-ri], Chuck, eigtl. Charles Edward **B.**, amerikan. Rockmusiker (Gitarrist und Sänger), * Saint Louis (Mo.) 18. 10. 1926; wurde durch seinen (von Mambo und Calypso angeregten) Rock 'n' Roll und seine typ. Gitarrenriffs zum Vorbild vieler späterer Rockgruppen (Beatles, Beach Boys).

Bersaglieri [bersaˈʎɛːri], urspr. (1836) sardin., später ital. Schützenregimenter (leichte Infanterie); traditionelle Kopfbedeckung: Filzhut mit Federbusch. B. sind heute Panzergrenadierregimenter in den Panzerdivisionen der ital. Streitkräfte.

Bersenbrück, Stadt im Landkreis Osnabrück, Ndsachs., 7 900 Ew., als Samtgemeinde 28 000 Ew.; Metall- und Kunststoffind. – Kirche aus dem 13. Jahrhundert.

Berserker [altnord. »Krieger im Bärenfell«] *der*, kampfwütiger Mann mit der Kraft von 12 Männern (in der nord. Mythologie).

Berstscheiben, mechanisch wirkende Sicherheitseinrichtungen für Druckanlagen, die bei auftretendem Überdruck brechen und die Anlage in ungefährl. Richtung öffnen.

Berstversuch, *Werkstoffprüfung:* die Belastung eines Hohlkörpers durch Innendruck bis zum Bruch, wobei Verformungs- und Festigkeitsverhalten ermittelt werden. Wichtige Kennwerte sind der Fließbeginn, der Höchstdruck und der Berstdruck.

Bertalanffy, Ludwig von, kanad. Biologe österr. Herkunft, * Atzgersdorf (heute zu Wien) 19. 9. 1901, † Buffalo (N. Y.) 12. 6. 1972; Prof. (ab 1940) u. a. in Wien, Ottawa und Edmonton. Arbeitsgebiete: Physiologie, Biophysik, Krebsforschung, Systemtheorie; prägte den Begriff des Fließgleichgewichts.

Bertelsmann AG, einer der weltgrößten Medienkonzerne, Sitz: Gütersloh; geht zurück auf den 1835 von Carl Bertelsmann (* 1791, † 1850) in Gütersloh gegründeten **Verlag C. Bertelsmann**; nach dem Zweiten Weltkrieg unter der Alleingeschäftsführung von R. Mohn wieder auf- und ausgebaut, 1971 in eine AG umgewandelt. – Mit zahlr. in- und ausländ. Verlagen und Gesellschaften ist die B. AG in folgenden Bereichen tätig: 1) *Buch* mit der Verlagsgruppe Random House, Inc. (u. a. Doubleday in den USA, Transworld in Großbritannien, C. Bertelsmann in Dtl.); 2) *Zeitungen und Zeitschriften* mit Gruner + Jahr AG & Co.; 3) *Film, Fernsehen, Hörfunk* mit der RTL Group S. A. (RTL, RTL II, Super RTL, VOX, n-tv, Antenne Bayern, Klassik Radio u. a.); 4) *Musik* mit der Bertelsmann Music Group (Sony BMG). Die DirectGroup ist verantwortlich für den Vertrieb der Produkte über Buch- und Musikklubs. – Gesellschafter der B. AG sind die Bertelsmann-Stiftung und die Familie Mohn.

Bertha, **Bertrada**, Königin im Fränk. Reich, * um 725, † Choisy (heute Choisy-au-Bac, Dép. Oise) 12. 6. 783; Gemahlin Pippins d. J. und Mutter Karls d. Gr., spielt im karoling. Sagenkreis als ausgesetzte, aber wiedergefundene Braut eine große Rolle (Grundlage der Genovevalegende).

Berthelot [bɛrtaˈlo], Marcelin Pierre Eugène, frz. Chemiker, * Paris 25. 10. 1827, † ebd. 18. 3. 1907; einer der Begründer der synthet. organ. Chemie. Arbeiten zur Thermochemie (→ Kalorimeter), zu Sprengstoffen und zur physiolog. Chemie.

Berthier [bɛrˈtje], Alexandre, frz. Marschall (1804), Fürst von Wagram (seit 1809), * Versailles 20. 11. 1753, † Bamberg 1. 6. 1815; 1800–07 Kriegsmin. und 1805–14 Generalstabschef Napoleons I., lief 1814 zu Ludwig XVIII. über und floh bei Napoleons Rückkehr nach Bamberg. – »Mémoires«, 2 Bde. (1827).

Berthold der Schwarze, **Bertholdus Niger**, Mönch (vermutlich Bernhardiner oder Franziskaner), lebte in der 2. Hälfte des 14. Jh. in Freiburg im Breisgau (?); gilt als Erfinder des Schießpulvers und der Steinbüchse, eines mauerbrechenden Geschützes.

Berthold von Henneberg, Erzbischof und Kurfürst von Mainz (1484–1504), * 1441/42, † 21. 12. 1504; Führer der fürstl. Bestrebungen nach einer Reichsreform, nötigte König Maximilian I. zur Einsetzung des Reichskammergerichts (1495) und eines ständ. Reichsregiments (1500).

Bertini, Gary, israel. Dirigent und Komponist, * Brichewo (Bessarabien) 1. 5. 1927, † Tel Hashomer (bei Ramat Gan) 17. 3. 2005; war u. a. 1987–90 Operndirektor in Frankfurt am Main, wurde 1994 Leiter der New Israeli Opera in Tel Aviv, 1997 Direktor des Opernhauses Rom.

Bertolucci [bertoˈluttʃi], Bernardo, ital. Filmregisseur, * Parma 16. 3. 1940; wurde bekannt mit dem wegen seiner drast. Darstellung des Sexus umstrittenen Film »Der letzte Tango in Paris« (1972); später drehte er die Historienepen »1900« (2 Teile, 1976) und »Der letzte Kaiser« (1987). – *Weitere Filme:* Die Strategie der Spinne (1970); Der große Irrtum (Il conformista, 1970); Die Träumer (2003).

Berton [bɛrˈtɔ̃], Pierre Montan, frz. Komponist und Dirigent, * Maubert-Fontaine (Dép. Ardennes) 7. 1. 1727, † Paris 14. 5. 1780; setzte sich als Leiter der Pariser Oper bes. für die Aufführung der Werke C. W. Glucks ein.

Bertone, Tarcisio, ital. kath. Theologe, Salesianer Don Boscos, * Romano Canavese (Piemont) 1. 12. 1934; war 1967–91 Prof. an der Univ. der Salesianer in Rom, 1989–91 auch deren Großrektor; nach der Bischofsweihe 1991 Erzbischof von Vercelli (1991–95), Sekr. der Glaubenskongregation (1995–2002) und seit Dez. 2002 Erzbischof von Genua; seit 2003 Kardinal. Im Juni 2006 ist B. von Papst Benedikt XVI. zum Kardinalstaatssekretär ernannt worden.

Bertram, Anacyclus, Korbblütlergattung; der *Röm. B.* (Anacyclus pyrethrum) wird in Europa und N-Afrika kultiviert.

Bertram, Maler, → Meister Bertram.

Bertran de Born [bɛrˈtrɑ̃ dəˈ-], Vicomte d'Hautefort, provenzal. Troubadour, * Schloss Hautefort bei Salagnac (Dép. Dordogne) um 1140, † Kloster Dalon

Bernardo Bertolucci

(Dép. Dordogne) vor 1215; bedeutendster Vertreter der krieger. Poesie und polit. Zeitsatire unter den Troubadours; über 40 überlieferte Dichtungen (Sirventes, Klagelieder, Kanzonen).

Bertrich, Bad, Stadt in Rheinl.-Pf., →Bad Bertrich.

Bertuch, Friedrich Justin, Schriftsteller und Buchhändler, * Weimar 30. 9. 1747, † ebd. 3. 4. 1822; Übersetzer und Herausgeber span. und port. Literatur, Mitbegründer der »Allg. Literaturzeitung« (1785).

Berücksichtigungszeiten, in der gesetzl. Rentenversicherung Zeiten, in denen aufgrund der Erziehung von Kindern bis zu deren 10. Lebensjahr keine Beiträge gezahlt wurden.

Beruf [zu mhd. beruof »Leumund«, seit Luther in der heutigen Bedeutung, zunächst als »Berufung«, dann auch für »Stand« und »Amt«], innerhalb einer bestimmten gesellschaftl. Organisationsform von Arbeit ein Muster spezialisierter Tätigkeiten, das zum Zwecke der (materiellen) Bedürfnisbefriedigung von Menschen übernommen wird (objektiver bzw. äußerer B.). Zugleich meint B. die auf Ausbildung bzw. auf spezielle Kenntnisse, Fertigkeiten und Erfahrungen gegründete, auf Dauer angelegte, sinnerfüllte innere Bindung einer Person an einen Funktionsausschnitt aus der arbeitsteilig strukturierten Gesellschaft (subjektiver bzw. innerer B.). Objektiver und subjektiver B. sind aufeinander bezogen. Ursachen für sich ändernde Auffassungen vom B. sind v. a. der Wandel traditioneller Wertorientierungen (z. B. abnehmende religiöse Bindungen) und die mit der wirtschaftlichtechn. Entwicklung verbundenen tief greifenden Veränderungen der B.-Inhalte und B.-Strukturen; heute v. a. gekennzeichnet durch die stetig wachsende Zahl neuer Erwerbsbiografien mit B.-Wechseln, permanenter berufl. Fortbildung und nicht selten auch Phasen der Arbeitslosigkeit als »Regelfällen«.

Geschichtlich wurzelt der traditionelle B.-Begriff wesentlich in dem von den Reformatoren (bes. M. Luther) formulierten prot. B.-Ethos, wonach jeder seinem Stand und seinen Fähigkeiten (seiner »Berufung«) gemäß wirken solle, um so Gott und den Mitmenschen zu dienen. Die dahinterstehende Einsicht der Abhängigkeit aller von allen, des »Gebrauchtwerdens« eines jeden und seiner Tätigkeit (die mehr ist als allein Mittel zur Sicherstellung individueller materieller Bedürfnisse) in der Gesellschaft, ist heute allerdings vor dem Hintergrund der oben genannten kulturellen und wirtschaftlich-techn. Wandlungsprozesse zunehmend schwieriger zu vermitteln. – Im Gegensatz zu der im Bewusstsein der Menschen nach wie vor auf Dauer angelegten B.-Arbeit, die mit vergleichsweise hoher persönl. Identifikation verbunden ist und Lebenssinn vermitteln kann, handelt es sich beim **Job** um eine eher kurzfristige Erwerbstätigkeit, die i. d. R. direkt auf den Verdienst abzielt.

Berufkraut, Erigeron, Gattung gelblich violett blühender Korbblütler mit fädigen Zungenblüten.

berufliche Bildung, Berufsbildung, Begriff, der die Vorbereitung, Ausbildung und Weiterbildung des Menschen im Rahmen seines berufl. Könnens umfasst, i. w. S. auch die umfassende Entwicklung seiner Persönlichkeit.

Die **Berufsausbildung** ist die Vermittlung von Fertigkeiten, Kenntnissen und Fähigkeiten, die für die Berufsausübung in einer sich wandelnden Arbeitswelt erforderlich sind (Erstausbildung in einem staatlich anerkannten Ausbildungsberuf in Industrie, Handwerk u. a.); erfolgt i. d. R. im dualen System, d. h. im Betrieb (z. T. in überbetriebl. Berufsbildungsstätten) und in der Berufsschule; die betriebl. Ausbildung wird von Handwerks-, Industrie- und Handelskammern überwacht. Rechtl. Grundlage ist das Berufsbildungs-Ges. vom 23. 3. 2005. Das Berufsausbildungsverhältnis wird durch einen schriftl. Berufsausbildungsvertrag zw. Auszubildenden und Ausbildenden begründet, dessen Mindestinhalt im Berufsbildungs-Ges. fixiert ist. Es endet mit einer Abschlussprüfung. Für die Berufsbildung im Handwerk gilt die Handwerksordnung. – Die **berufl. Fortbildung** (qualifizierende Weiterbildung) umfasst die auf einer Berufsausbildung oder auf berufl. Erfahrung aufbauende Erweiterung berufl. Kenntnisse und Fertigkeiten. (→Ausbildungsförderung)

berufliches Gymnasium, eine schul. Einrichtung der Sekundarstufe II, die in einem dreijährigen Bildungsgang in Vollzeitform für Schüler im Alter von 16 bis 19 Jahren neben allgemeinbildenden auch berufsbezogene Schwerpunkte und Fachrichtungen (z. B. Wirtschaft, Technik, Ernährung, Sozialpädagogik) anbietet; wird teilweise auch als **Fachgymnasium** bezeichnet. Zugangsvoraussetzung ist ein Realschul- oder gleichwertiger Abschluss. Das b. G. führt i. d. R. zur allg. Hochschulreife.

Berufsakademie, Abk. **BA,** eigenständige Bildungseinrichtung im tertiären Bereich, deren Abschlüsse den Abschlüssen an staatl. Fachhochschulen gleichgestellt sind. Das insgesamt dreijährige Studium und die Ausbildung im Betrieb entsprechend dem dualen System finden im vierteljährl. Wechsel an den staatl. Studienakademien (Lernort Theorie) und in den Betrieben (Lernort Praxis) statt.

Berufsarmee, Freiwilligenarmee, Streitkraft, die sich nur aus Berufssoldaten und Soldaten auf Zeit zusammensetzt. Ggs.: **Armee,** die sich zu einem bestimmten Prozentsatz aus Wehrpflichtigen zusammensetzt (auch als »Wehrpflichtarmee« bezeichnet). B. werden heute z. B. von Belgien, Großbritannien, Irland, Kanada, Luxemburg, den Niederlanden und den USA unterhalten.

Berufsaufbauschulen, Abk. **BAS,** Einrichtungen im Rahmen des zweiten Bildungswegs v. a. für Hauptschulabsolventen zur Erlangung der Fachoberschulreife als einjähriger Vollzeitunterricht nach oder als dreijähriger Teilzeitunterricht neben einer Berufsausbildung. Diese Art der Aufbauschule wurde seit Ende der 1960er-Jahre in einigen Bundesländern durch Fachoberschulen und den qualifizierten Hauptschulabschluss ersetzt.

Berufsberatung, Rat und Auskunft bei Berufswahl und Berufswechsel durch die Agenturen für Arbeit sowie private Berufsberater, bes. für die neu in das Berufsleben eintretenden Jugendlichen. Die B. soll dem Ratsuchenden zu einem seinen Anlagen und Neigungen entsprechenden Beruf verhelfen. Sie berücksichtigt dabei die Entwicklung des Arbeitsmarktes sowie den Nachwuchsbedarf der Berufe. Hilfsmittel der B. sind u. a. Veröffentlichungen der Bundesagentur für Arbeit, Eignungstests und Berufsinformationszentren.

Berufsbild, Beschreibung der Elemente eines Berufs (Vorbildung, Ausbildung, Tätigkeiten, Aufstiegschancen, Weiterbildungsformen, Verdienstmöglichkeiten), bes. eines Ausbildungsberufs (Lerninhalte, Prüfungen usw.); Bestandteil jeder →Ausbildungsordnung.

Berufsbildungsförderungsgesetz, Bundes-Ges. i. d. F. v. 12. 1. 1994, das neben den entsprechenden Landes-Ges. die staatl. Berufsbildungsplanung und -forschung regelte; jetzt in §§ 84 ff. Berufsbildungs-Ges. integriert. Auf der Grundlage des B. wurde das Bundesinstitut für Berufsbildung (Bonn) errichtet.

Berufsbildungsgesetz, Abk. **BBiG,** →berufliche Bildung.

Berufsbildungswerke, überregionale Einrichtungen zur berufl. Erstausbildung junger Menschen mit Behinderung; bieten Berufsausbildungen in anerkannten Ausbildungsberufen (mit der Möglichkeit besonderer Ausbildungsregelungen für Behinderte), oft auch berufsvorbereitende Bildungsmaßnahmen.

Berufsboxen, andere Bez. für →Profiboxen.

Berufsfachschule, ein- bis dreijährige berufl. Vollzeitschule im Rahmen der berufl. Erstausbildung, z. B. kaufmänn., soziale, hauswirtsch., techn., bergbaul., landwirtsch. B.; der Abschluss berechtigt zum Besuch einer Fachoberschule. (→Handelsschulen)

Berufsfeld, klassifikator. Zusammenfassung von Ausbildungsberufen für die Berufsgrundbildung unter dem Aspekt gemeinsamer Ausbildungsinhalte.

Berufsförderungswerke, Einrichtungen der berufl. Wiedereingliederung behinderter Erwachsener, die infolge Krankheit oder Unfall umgeschult werden. Grundlagen sind §§ 248 ff. SGB III und §§ 33 ff. SGB IX.

Berufsfreiheit, das Recht des Einzelnen, einen bestimmten Beruf frei zu wählen und auszuüben. Das GG gewährleistet in Art. 12 Abs. 1 allen Deutschen das Recht, Beruf, Arbeitsplatz und Ausbildungsstätte frei zu wählen. Als Beruf gelten alle erlaubten menschl. Betätigungen, die auf Dauer angelegt sind und der Schaffung und Erhaltung einer Lebensgrundlage dienen, also jede erlaubte gewerbl., freiberufl. oder arbeitsrechtlich unselbstständige Tätigkeit. Grundlegend für die Beurteilung der Rechtmäßigkeit von Eingriffen in die B. ist das »Apothekenurteil« des Bundesverfassungsgerichts vom 11. 6. 1958, das die sog. Stufentheorie entwickelt und zwischen Einschränkungen der Berufsausübung sowie subjektiven und objektiven Berufswahlbeschränkungen differenziert. – Die Freiheit vom Arbeitszwang und das Verbot der Zwangsarbeit (Art. 12 Abs. 2 und 3 GG) sind die Entsprechung zur Berufsfreiheit.

Berufsgeheimnis, eine bestimmten Personen in Ausübung ihres Berufes anvertraute oder bekannt gewordene Tatsache (Geheimnis). Anwälte, Notare, Wirtschaftsprüfer, Steuerberater, Ärzte, Apotheker, Seelsorger, im Sozialbereich beratend Tätige u. a. unterliegen der Verpflichtung, Privat-, Betriebs- oder Geschäftsgeheimnisse, die ihnen kraft ihres Berufs anvertraut oder sonst bekannt geworden sind, geheim zu halten (Schweigepflicht). Im Prozess sind B. durch das Zeugnisverweigerungsrecht geschützt. Verletzung des B. wird nach §§ 203, 353 b StGB bestraft. Die Offenbarung von B. kann jedoch v. a. bei Kenntnis bes. schwerer Straftaten gesetzlich geboten sein (Anzeigepflicht). In *Österreich* und der *Schweiz* ist die Rechtslage vergleichbar. (→Bankgeheimnis, →Beichtgeheimnis, →Pressegeheimnis)

Berufsgenossenschaft, Träger der gesetzl. →Unfallversicherung, bei der die Arbeitnehmer gegen Arbeitsunfälle und Berufskrankheiten versichert sind. Die 26 gewerbl. B. und die acht landwirtsch. B. sind Körperschaften des öffentl. Rechts mit Selbstverwaltung. Die Finanzierung erfolgt nach dem Umlageverfahren. Die Beitragshöhe richtet sich maßgeblich nach der Häufigkeit von Unfällen und Berufskrankheiten im Unternehmen und der Branche. Zur Vermeidung von Arbeitsunfällen, arbeitsbedingten Gesundheitsgefahren und Berufskrankheiten erlassen die B. Unfallverhütungsvorschriften, überwachen deren Einhaltung und beraten die Betriebe in Fragen der Arbeitssicherheit und des Gesundheitsschutzes.

Berufsgerichte, früher **Ehrengerichte,** Disziplinargerichte für die Angehörigen bestimmter Berufe, die die innere Ordnung des Berufsstandes sichern und Verstöße gegen die Berufspflichten ahnden sollen, z. B. für Ärzte, Anwälte (→Anwaltsgerichte).

Berufsgrundbildung, ein der berufl. Fachbildung vorausgehender, allg. vorbereitender Teil berufl. Bildung; soll auf der Breite eines Berufsfeldes eine Grundlage von Wissen und Fähigkeiten vermitteln; als B.-Jahr (Abk. BGJ) u. U. auf die Ausbildungszeit anrechenbar.

Berufskrankheiten, meist chron. Erkrankungen, die durch Arbeitsweise, -verfahren oder zu verarbeitende Stoffe bei Ausübung einer gegen Unfall versicherten Arbeit entstehen. Die in einer B.-Liste erfassten anerkannten B. sind dem Arbeitsunfall gleichgestellt (Entschädigung durch die gesetzl. Unfallversicherung). Bei Nachweis einer Berufskrankheit besteht für den behandelnden Arzt Anzeigepflicht beim Unfallversicherungsträger oder Gewerbearzt.

Berufskunde, sowohl Teil der Berufswiss. (Berufsforschung und Berufsklassifikation) als auch Grundlage der Berufsberatung und Bestandteil des Unterrichtsfachs Arbeitslehre in der Sekundarstufe I. Im Schulfach stellt B. den Schülern Berufsbilder vor und will zur Berufswahlreife führen.

Berufsoberschulen, Schulen des zweiten Bildungsweges mit Vollzeitunterricht, die in der Mittelstufe zur Fachhochschulreife, in der Oberstufe zur fachgebundenen Hochschulreife oder nach einer Ergänzungsprüfung in einer zweiten Fremdsprache zur allg. Hochschulreife führen; vorausgesetzt wird neben einem mittleren Schulabschluss eine abgeschlossene Berufsausbildung oder vergleichbare Berufserfahrung.

Berufsschule, Pflichtschule für Auszubildende, die als berufsbegleitende Schule i. d. R. 3 Jahre besucht werden muss, und Pflichtschule für Jugendliche ohne Ausbildungsvertrag. In der Teilzeitform werden wöchentlich 8–12 Stunden unterrichtet, in der Blockform (→Blockunterricht) werden jährlich 13 Wochen Vollzeitunterricht erteilt. Die **Berufsschulpflicht** endet mit dem 18. Lebensjahr oder später.

Berufssportler, engl. **Professional,** Kw. **Profi,** Sportler, der eine Sportart berufsmäßig betreibt. Für die Teilnahme an Wett- oder Schaukämpfen, für die Erbringung von Leistungen im Rahmen eines Vertrags werden B. v. a. durch Startgelder, Prämien und Gehälter entlohnt; einen zusätzl. Verdienst erzielen sie durch die Vermarktung ihres Namens und ihrer Erfolge.

Der Begriff des B. ist ebenso schwer einzugrenzen wie der des →Amateurs; die Grenzen zw. »B.« und »Nicht-B.« haben sich in den letzten Jahren und Jahrzehnten zunehmend verwischt. Die vom B. vollzogene Gestaltung von Training und Wettkampf hat sich auf alle Spitzensportler übertragen, sodass zw. Berufssport und »Spitzensport auf Zeit« objektiv nur geringe Unterschiede bestehen.

Berufssprachen, →Standessprachen.

Berufsunfähigkeit, durch Krankheit oder andere Gebrechen hervorgerufene Unmöglichkeit, den bisherigen Beruf auszuüben. In der gesetzl. Rentenversicherung wurden die Renten wegen verminderter Erwerbsfähigkeit (B.- und Erwerbsunfähigkeitsrente) bei Rentenbeginn ab 2001 durch eine zweistufige Rente wegen →Erwerbsminderung ersetzt. B. begründet jedoch für Versicherte, die am 1. 1. 2001 das 40. Lebensjahr bereits vollendet hatten, bei Erfüllung der Wartezeit auch in Zukunft einen Anspruch auf Teilrente wegen B. (Vertrauensschutzregelung). In diesem Fall ist B. gegeben, wenn die Erwerbsfähigkeit wegen Krankheit oder Behinderung im Vergleich zu derjenigen gesunder Versicherter mit ähnl. Ausbildung (Berufsschutz) auf weniger als sechs Stunden täglich gesunken ist und der Versicherte in keinem anderen zumutbaren Beruf in größerem Maß erwerbstätig sein kann.

Berufsverband, freie und unabhängige Vereinigung von Angehörigen von Berufsgruppen zur Vertretung gemeinsamer Interessen, im Ggs. zu den öffentlich-rechtl. berufsständischen Vereinigungen.

Berufsverbot, die Untersagung der Berufsausübung, in diktator. Systemen Mittel zur Unterdrückung von Opponenten. Im dt. *Strafrecht* die gerichtl. Untersagung der Berufsausübung als Maßnahme zur Sicherung der Allgemeinheit vor Straffälligen, die eine Straftat unter grober Verletzung der ihnen kraft ihres Berufs oder Gewerbes obliegenden Pflichten begangen haben und befürchten lassen, dass sie bei weiterer Ausübung des Berufs neue erhebl. Taten solcher Art begehen werden. Das B. wird für ein bis fünf Jahre, unter Umständen aber auch für immer ausgesprochen (§ 70 StGB). – Kritiker des →Radikalenerlasses sehen in dessen Bestimmungen eine politisch bestimmte Form des B. im öffentl. Dienst.

Berufsverbrecher, Menschen, die aus der Begehung von meist gleichartigen Straftaten ihren Lebensunterhalt bestreiten; der B. ist als Hangtäter mit Sicherungsverwahrung und als gewerbsmäßiger Straftäter mit härteren Strafen bedroht.

Berufswahl, →Berufsberatung, →Berufsfreiheit.

Berufung, 1) *Hochschulwesen:* Angebot zur Übernahme einer leitenden Stelle oder eines Lehrstuhles.

2) *Recht:* Rechtsmittel zur rechtl. und, nach der Neuregelung durch das Zivilprozessreform-Ges. (2002), eingeschränkten tatsächl. Nachprüfung eines Urteils durch Verhandlung vor dem nächsthöheren Gericht, der 2. Instanz. Im *Zivilprozess* ist B. gegen erstinstanzl. Endurteile zulässig, wenn bei vermögensrechtl. Streitigkeiten der Wert der →Beschwer 600 € übersteigt oder das Gericht der ersten Rechtszuges die B. im Urteil zugelassen hat. Die B. ist innerhalb eines Monats nach Zustellung des Urteils (**B.-Frist**) durch einen Rechtsanwalt schriftlich beim B.-Gericht einzulegen (§§ 511–544 ZPO) und binnen einer weiteren Frist zu begründen. Rechtsmittel gegen B.-Urteile ist die →Revision. Im *Strafprozess* findet die B. gegen amtsgerichtl. Urteile des Strafrichters und des Schöffengerichts statt; B.-Frist: eine Woche (§§ 312–332 StPO).

Im *österr.* Zivilprozess darf in der B.-Verhandlung i. d. R. weder ein neuer Anspruch noch eine neue Einrede erhoben werden; Frist: vier Wochen. Im Strafprozess ist mit B. nur der Ausspruch über das Strafmaß und über mitentschiedene privatrechtl. Ansprüche befristet anfechtbar. In der *Schweiz* ist die B. im Zivil- und Strafprozess noch kantonal verschieden geregelt.

Beruhigungsmittel, Sedativa, Arzneimittel, die die Erregbarkeit des Zentralnervensystems herabsetzen und dadurch erhöhte Reizbarkeit, Unruhe u. a. beseitigen, in höheren Dosen Müdigkeit und Schlaf erzeugen. Hierzu gehören z. B. pflanzl. Wirkstoffe wie Baldrianwurzelextrakte sowie synthet. Verbindungen wie →Benzodiazepine und Tranquilizer. Bei längerem Gebrauch können fast alle B. zu Gewöhnung und Abhängigkeit (Sucht) führen.

Berührung, *Mathematik:* Zwei Kurven bzw. Flächen oder eine Kurve und eine Fläche berühren sich, wenn deren Tangenten bzw. Tangentialebenen in einem Punkt (**B.-Punkt**) übereinstimmen.

Berührungsgifte, →Kontaktgifte.

Berührungsspannung, 1) *Elektrochemie:* **Kontaktspannung,** Potenzialdifferenz, die an der Grenzfläche zweier sich berührender chemisch versch. Stoffe auftritt, z. B. zw. zwei Metallen oder an der Phasengrenze Elektrode/Elektrolyt. Der eine Stoff gibt dabei Elektronen an den anderen ab und es entsteht eine elektr. Doppelschicht.

2) *Elektrotechnik:* die durch einen Defekt hervorgerufene Spannung, z. B. am Gehäuse eines elektr. Geräts, die bei Berührung einen Stromfluss durch den menschl. Körper zur Folge hat.

Beryll [griech.] *der,* Mineral, $Be_3Al_2[Si_6O_{18}]$, farblos oder gefärbt, klar bis durchscheinend, hexagonale Säulen, Dichte um 2,7 g/cm³, Härte 7,5–8; meist in Pegmatiten; wichtigster Berylliumrohstoff. **Gemeiner B.,** weißlich gelb, bis meterlange Kristalle; Edelsteinvarietäten: **Smaragd,** grün durch Chromoxid, in Glimmerschiefern; **Aquamarin,** blassblau, blau bis grünlich; **Goldberyll,** gelb, als **Heliodor** grünlich gelb; **Morganit,** rosenrot.

Beryllium *das,* chem. Symbol Be, metall. Element aus der 2. Hauptgruppe des Periodensystems (Erdalkalimetall), Ordnungszahl 4, relative Atommasse 9,01218, Dichte (bei 20 °C) 1,848 g/cm³, Schmelzpunkt 1 287 °C, Siedepunkt 2 471 °C. – B. ist ein stahlgraues, hartes, bei Zimmertemperatur sprödes, bei Rotglut dehnbares, leicht oxidierbares Leichtmetall, das sich in Säuren und Laugen löst und von Wasser nicht angegriffen wird. B. und seine Verbindungen sind toxisch. In der Natur kommt es selten vor (etwa 30 Minerale, v. a. Beryll). Es wird durch Reduktion von B.-Chlorid (Schmelzflusselektrolyse) oder B.-Fluorid (Reduktion mit Magnesium) dargestellt. – B. wird v. a. in der Raumfahrt und Raketentechnik verwendet. Als Legierungsbestandteil erhöht es Härte sowie Bruch- und Biegefestigkeit vieler Metalle. Es dient als Austrittsfenster für Röntgenstrahlen und als wichtiges Konstruktionsmaterial für Kernreaktoren. **B.-Oxid,** BeO, Schmelzpunkt 2 530 °C, wird für hoch feuerfeste, gasdichte Keramiken und Spezialgläser verwendet.

Berzelius, Jöns Jakob Freiherr von (seit 1835), schwed. Chemiker, * Väversunda Sörgård (bei Linköping) 20. 8. 1779, † Stockholm 7. 8. 1848; begründete die Elementaranalyse, führte die heute gebräuchl. chem. Symbole sowie die Begriffe organ. Chemie und Isomerie ein. Genaue Atommassenbestimmung sowie die Entdeckung der Elemente Cer, Selen, Lithium, Thorium und die Darstellung von Silicium, Zirkon und Tantal gehen auf ihn zurück. Seine dualist. elektrochem. Theorie besagt, dass die chem. Bindung durch elektrisch positiv und negativ geladene Atomgruppen zustande kommt.

Beryll: Edelsteinvarietät Smaragd

Jöns Jakob von Berzelius

Bes, zwerghafter ägypt. Schutzdämon, Beschützer bei der Geburt und Spender von Zeugungskraft; auch in Griechenland und Rom bekannt.

Besamung, *Biologie:* i. e. S. das Eindringen der Samenzelle in die Eizelle (→Befruchtung), i. w. S. das Einbringen der Samenflüssigkeit in die weibl. Geschlechtsorgane (→Begattung). Bei **künstl. B.** (fälschlich auch künstl. Befruchtung genannt) wird der Samen ohne Begattung übertragen (→künstliche Besamung).

Besan *der,* das längsschiffs stehende Segel (Schratsegel) des hintersten Mastes (B.-Mast oder Kreuzmast) eines mehrmastigen Segelschiffes.

Besançon [bəzã´sõ], Hptst. des frz. Dép. Doubs, am Doubs, 122 300 Ew.; Sitz eines Erzbischofs, Univ.; astronom. Observatorium; internat. Musikfestspiele; Metallwaren-, Textil-, Bekleidungsind., Zentrum der Uhrenind. des frz. Jura. Die Stadt wird von der Zitadelle (17. Jh.) überragt. – B. ist das **Vesontio** des Altertums, Hptst. der gall. Sequaner. Mit dem Königreich Burgund (Arelat) kam es 1032/34 an das Dt. Reich und war 1307–1648 Reichsstadt (dt. **Bisanz**); mit der Freigrafschaft Burgund wurde es 1678 französisch.

Besant [´beznt], Annie, geb. Wood, engl. Theosophin und Politikerin, *London 1. 10. 1847, †Adyar (Madras) 20. 9. 1933; war zunächst Freidenkerin und engagierte sich in der engl. Arbeiterbewegung. 1889 schloss sich B. der Lehre Helena Petrowna Blavatskys an und ging 1893 nach Indien. 1907 wurde sie Präs. der →Theosophischen Gesellschaft. In Indien setzte sie sich für die ind. Freiheitsbewegung ein und wurde 1918 zur Präs. des Ind. Nationalkongresses gewählt.

Besatz, 1) *Bekleidungsherstellung:* repräsentativ wirkende aufgenähte Kanten, Bänder u. a. an Kleidungsstücken.

2) *Bergbau* und *Tunnelbau:* inerter Stoff, zum Verschließen eines geladenen Bohrlochs.

3) *Tierzucht:* das Vorkommen bestimmter Tiere in einem Gebiet (→Bestockung).

Besatzungsrecht, von einer Besatzungsmacht für das besetzte Gebiet erlassene Rechtsvorschriften; i. e. S. die nach dem Zweiten Weltkrieg von den →Alliierten für das besetzte Dtl. erlassenen Rechtsvorschriften. In der Bundesrep. Dtl. wurde das B. 1949–55 von der Alliierten Hohen Kommission (→Besatzungsstatut), in der DDR 1949–55 durch die sowjet. Kontrollkommission bzw. durch die sowjet. Hohe Kommission ausgeübt. Die Reste des B. wurden durch den →Zwei-plus-vier-Vertrag aufgehoben.

Besatzungsschäden, in der Bundesrep. Dtl. die vom 1. 5. 1945 bis 5. 5. 1955 durch Maßnahmen der Besatzungsbehörden, der Besatzungsstreitkräfte u. a. an Personen und Sachen verursachten Schäden, die nicht durch Reparationslieferungen, Entflechtungen usw. entstanden waren. Die betroffenen Personen (**Besatzungsgeschädigte**) erhielten Entschädigungen, Härteausgleiche oder Bundesdarlehen, wenn die B. bes. durch widerrechtl. oder schuldhafte Handlungen entstanden waren (Ges. vom 1. 12. 1955). – Der im Okt. 1990 zw. der Bundesrep. Dtl. und der Sowjetunion geschlossene Vertrag über die Modalitäten des Abzugs der sowjet. Truppen enthält Regelungen über den Ersatz von bestimmten Schäden, für die sowjet. Truppen verantwortlich sind, durch dt. Behörden.

Besatzungsstatut, die am 21. 9. 1949 in Kraft gesetzte Grundregelung des Besatzungsrechts der Westmächte im Gebiet der Bundesrep. Dtl. Danach wurde dem Bund und den Ländern die bis dahin den Besatzungsmächten zustehende gesetzgebende, vollziehende und Recht sprechende Gewalt übertragen, ausgenommen Entwaffnung, Entmilitarisierung, Ruhrkontrolle, Restitutionen, Dekartellierung u. a. Die Besatzungsmächte wurden durch die Alliierte Hohe Kommission vertreten (→Alliierte). Das B. wurde am 6. 3. 1951 gelockert (die Bundesrep. Dtl. erhielt bes. das Recht zur selbstständigen Außenpolitik) und durch den →Deutschlandvertrag (1952), der im Rahmen der →Pariser Verträge (1955) in Kraft trat, aufgehoben.

Besatzungstruppen, die in einem eroberten oder besetzten Gebiet stationierten Truppen. – 1945 besetzten innerhalb von vier Besatzungszonen amerikan., sowjet., brit. und frz. Streitkräfte Dtl. Nach Aufhebung des →Besatzungsstatutes wurde 1955 in den →Pariser Verträgen die Rolle der westl. B. in der Bundesrep. Dtl. neu festgelegt. In einem Truppenvertrag mit der DDR regelte die UdSSR 1957 die Rechte ihrer dort stationierten Streitkräfte. Im →Zwei-plus-vier-Vertrag (1990) wurden die Rechte der B. in Bezug auf Dtl. als Ganzes aufgegeben.

Besatzungsvorbehalte, aus der Besetzung Dtl.s herrührende Rechte, die die drei westl. Besatzungsmächte bei Beendigung des Besatzungsregimes durch den →Deutschlandvertrag (1952) noch bis zur Herstellung der dt. staatl. Einheit am 3. 10. 1990 beibehielten. Das betraf Rechte in Bezug auf Berlin und auf Dtl. als Ganzes einschließlich der Wiedervereinigung Dtl.s und einer friedensvertragl. Regelung sowie Rechte auf Stationierung von Truppen.

Besatzungszone, von ausländ. Truppen besetztes Gebiet eines Staates, in dem eine fremde Staatsmacht die Gebietshoheit ausübt. B. entstanden u. a. in

Besançon
Stadtwappen

Besatzungszonen in Deutschland und Österreich nach dem Zweiten Weltkrieg (ab Juli 1945)

Dtl. nach dem Zweiten Weltkrieg auf dem Territorium des um seine Ostgebiete verkleinerten Dt. Reiches. Österreich war von Juli 1945 bis Juli 1955 ebenfalls in vier B. geteilt.

Beschaffung, diejenigen Tätigkeiten eines Unternehmens, die darauf gerichtet sind, alle für die Leistungserstellung notwendigen Produktionsfaktoren zu erlangen und bereitzustellen. Zu B.-Objekten zählen i. w. S. Material, Anlagegüter, Arbeitskräfte (→ Personalwesen) und finanzielle Mittel (→ Finanzierung), i. e. S. nur Sachgüter (Roh-, Hilfs-, Betriebsstoffe, Halbfabrikate) und Dienstleistungen (nebst Rechten und Informationen). Im Ggs. zum stark verrichtungsorientierten Begriff Einkauf wird durch den B.-Begriff die marktorientierte Ausrichtung der Versorgungsfunktion verdeutlicht. In der Praxis werden beide Begriffe gleichbedeutend verwendet.

Beschäftigung, allg. die Tätigkeit, die Erwerbstätigkeit; in der *Betriebswirtschaftslehre* die Ausnutzung der Kapazität (bes. von Betriebsmitteln); in der *Volkswirtschaftslehre* der Einsatz der Produktionsfaktoren Kapital und Arbeit. **B.-Politik** ist die Gesamtheit aller staatl. Maßnahmen, die darauf abzielen, Vollbeschäftigung zu erreichen. Der Staat kann beschäftigungspolitisch wirken, indem er das Verhalten der Tarifpartner beeinflusst oder externe und interne Störungen der Güter- und Faktormärkte mit prozess- und ordnungspolit. Maßnahmen abzufedern versucht. Träger der B.-Politik sind v. a. die nat. Gebietskörperschaften und Sonderorganisationen (z. B. Bundesagentur für Arbeit). Die Tarifvertragsparteien handeln Lohnsätze, Gehälter und Arbeitsbedingungen autonom aus (Tarifautonomie), sodass der Staat nur subsidiär durch die B.-Politik in den Arbeitsmarkt eingreift.

Die **B.-Theorie** als Teilgebiet der Wirtschaftstheorie befasst sich mit den Bestimmungsgründen des gesamtwirtsch. B.-Volumens bzw. B.-Grades mithilfe makroökonom. Modelle; sie geht v. a. auf J. M. Keynes zurück. Je nachdem, ob kurz- bis mittelfristige oder langfristige Gesichtspunkte vorherrschen, bestehen in B.-Theorie und B.-Politik enge Beziehungen zu den volkswirtsch. Teilgebieten Volkseinkommen und Konjunktur bzw. Wachstum. Die klass. Nationalökonomie und deren modelltheoret. Erweiterungen in der →Neoklassik bestreiten die Möglichkeit einer allg. unfreiwilligen Arbeitslosigkeit unter Berufung auf das »saysche Theorem«. Die volkswirtsch. Nachfrage kann danach theoretisch nie vom volkswirtsch. Angebot abweichen. Preis-, Lohn- und Zinsmechanismus sorgen dafür, dass die Voll-B. stets als stabiler Dauerzustand erhalten bleibt. Der →Monetarismus betont ebenfalls diese langfristige Betrachtung. Kernthese: Langfristig ist der private Sektor einer Volkswirtschaft stabil und im Gleichgewicht; Konjunktur- und B.-Schwankungen werden v. a. auf die kurzfristige staatl. Wirtschaftspolitik (Geld- und Fiskalpolitik) zurückgeführt. Die B.-Theorie von Keynes beschränkt sich auf die kurzfristige Betrachtung; volkswirtsch. Produktionsausrüstung (»Kapitalstock«), Arbeitspotenzial, Produktionstechnik, Lohnsatz und Preissystem werden als gegeben vorausgesetzt. Unter diesen Annahmen ist die Höhe der B. im Ggs. zum sayschen Theorem von der Höhe der effektiven Nachfrage abhängig, d. h. von der kaufkräftigen Nachfrage nach Konsum- und Investitionsgütern. Da diese nichts anderes als das Volkseinkommen darstellt, stellt sich die Frage, was die Höhe des Volkseinkommens bestimmt. Ist die Höhe des gleichgewichtigen Volkseinkommens determiniert, so ist damit der B.-Grad einer Volkswirtschaft bestimmt. Dabei kann das Gleichgewichtsvolkseinkommen kleiner sein als das Volkseinkommen bei Voll-B., da die durch einkommensabhängige Ersparnisse ausgefallene Konsumnachfrage durch zinsabhängige Investitionsnachfrage nicht automatisch ausgeglichen wird (**Gleichgewicht bei Unter-B.**). Neuere Ansätze der B.-Theorie gehen nicht mehr von der Gleichgewichtsvorstellung, sondern von der Nichträumung der Märkte aus (Ungleichgewichtstheorien im Rahmen der neuen →Mikroökonomik und der neuen →Makroökonomik).

Bezüglich der grundlegenden **beschäftigungspolit. Strategien** unterscheidet man keynesian. und neoklassisch-monetarist. B.-Politik sowie die Strategien im Rahmen der angebotsorientierten Wirtschaftspolitik. Keynes sah Unter-B. als Folge einer relativ zum Produktionspotenzial zu geringen gesamtwirtsch. Nachfrage an und bezweifelte die »Selbstheilungskräfte« der Marktwirtschaft. Keynesian. B.-Politik sieht im Rahmen der »Nachfragesteuerung« (Globalsteuerung) in Rezessionsphasen stimulierende staatl. Ausgabenerhöhungen (Defizitfinanzierung) oder Steuersenkungen zur Stärkung der privaten Konsum- bzw. Investitions- und damit der gesamtwirtsch. Endnachfrage vor (z. B. B.-Programme).

Der Keynesianismus geht davon aus, dass die Reallöhne nicht hinreichend nach unten flexibel sind, weshalb eine Abstimmung zw. den Tarifpartnern die Lohn-Preis-Lohn-Spirale durchbrechen und damit die Inflationsgefahr eindämmen soll. Es gibt aus keynesian. Sicht aber einen dauerhaften Zielkonflikt zw. Voll-B. und Preisniveaustabilität. Übersteigt die Inflationsrate die Zuwachsrate der Nominallohnsätze, dann sinkt der Reallohnsatz. Wenn der Reallohnsatz zunächst über dem Niveau bei Voll-B. lag, dann wird aufgrund des nunmehr verminderten Lohnsatzes eine Annäherung an das Arbeitsmarktgleichgewicht bewirkt; ein (unerwarteter) Anstieg der Inflationsrate hat auf diese Weise ein Sinken der Arbeitslosenquote zur Folge (Phillips-Kurve). Diese Sicht eines Zielkonflikts zw. Preisniveaustabilität und Voll-B. wird von den Monetaristen zurückgewiesen: Es gibt langfristig keinen Zielkonflikt, da die Inflationsratenentwicklung relativ rasch von den Wirtschaftssubjekten in ihr Verhalten einbezogen wird. Folglich wird eine inflationäre Geldpolitik als ungeeigneter Ansatzpunkt der B.-Politik angesehen.

Die monetaristisch-neoklass. Auffassung betrachtet als Hauptursachen von Arbeitslosigkeit überhöhte Reallohnsätze, verkrustete Arbeitsmarktstrukturen und eine die Wirtschaftssubjekte verunsichernde wirtschaftspolitische Stop-and-go-(Brems-und-Beschleunigungs-)Strategie. Produktivitätsorientierte Lohnpolitik, Verstetigung der Geld- und Fiskalpolitik (z. B. Zielvorgaben für das Wachstum der Geldmenge) sind deshalb Ansatzpunkte Erfolg versprechender B.-Politik. Hinzu kommen aus angebotstheoret. Sicht die Förderung der internat. Wettbewerbsfähigkeit durch eine hohe Investitions- und Innovationsdynamik (v. a. bei hohen Arbeitskosten), Deregulierung und Stärkung anpassungsfördernder Anreizsysteme (z. B. Reform der Arbeitslosenversicherung), um mehr B. dauerhaft rentabel zu machen.

In den Industriestaaten hat der Staat in den letzten Jahren verstärkt durch selektive Maßnahmen (Strukturpolitik) B.-Politik betrieben; hierzu zählen Maßnahmen der berufl. Bildung (z. B. Umschulung), Arbeitsbeschaffungsmaßnahmen und die Förderung der regionalen Mobilität der Produktionsfaktoren (Regionalpolitik). Die beschäftigungspolit. Wirksamkeit von Arbeitszeitverkürzung und -flexibilisierung wird kontrovers diskutiert. Keynesian. B.-Politik mit der kurzfristigen Ausrichtung der Konjunkturpolitik ist nach Erfolgen in den 1960er- und frühen 1970er-Jahren inzwischen fragwürdig geworden: Bei anhaltender Unter-B. ergaben sich in Verbindung mit dem konjunkturpolitisch bedingten Anstieg der Staatsausgaben hohe Haushaltsdefizite und öffentl. Schulden, welche die Zinsausgaben des Staates erhöhten, die Ausgabenflexibilität und die staatl. Investitionsausgaben aber nachhaltig einschränkten. Subventionen und protektionist. Maßnahmen in Verbindung mit staatl. B.- und Konjunkturprogrammen haben zudem die Fähigkeit der Unternehmen vermindert, sich Strukturveränderungen anzupassen. Seit den 1980er-Jahren setzt die B.-Politik der führenden Industrieländer mehr auf neoklassisch-angebotstheoret. Ansätze, die auf eine allmähl. Wiedergewinnung und langfristige Sicherung der Voll-B. zielen. Da durch die Globalisierung die Einflussmöglichkeiten einer nationalstaatlich-keynesianisch ausgerichteten Wirtschaftspolitik eingeschränkt werden, wird in den letzten Zeit eine international abgestimmte B.-Politik gefordert.

Beschäftigungsfähigkeit, Employability, Summe der fachl., persönl., sozialen und method. Kompetenzen, die eine Person benötigt, um sich auf dem Arbeitsmarkt erfolgreich etablieren zu können. B. ist u. a. Ziel der neuen Bachelorstudiengänge.

Beschäftigungsgesellschaft, Transfergesellschaft, jurist. Person des öffentl. und/oder privaten Rechts, die von Arbeitslosigkeit bedrohte Arbeitnehmer mithilfe öffentl. Förderung befristet beschäftigt bzw. beruflich qualifiziert; möglich im Rahmen von →Sozialplänen nach §§ 216a ff. SGB III.

Beschäftigungsgrad, 1) *Betriebswirtschaft:* **Kapazitätsausnutzungsgrad,** das Verhältnis von tatsächlicher zu möglicher Produktionsleistung (Kapazität) von Anlagen, Abteilungen oder Betrieben, wobei gilt: B. = (Istleistung × 100)/Maximalleistung. Als Messgröße dient v. a. die Zahl der Fertigungsstunden. **2)** *Volkswirtschaft:* Verhältnis der tatsächl. zur mögl. Beschäftigung (Auslastung) der Produktionsfaktoren Kapital und Arbeit.

Beschäftigungspflicht, *Arbeitsrecht:* die Pflicht des Arbeitgebers, den Arbeitnehmer gemäß der vereinbarten Tätigkeit zu beschäftigen; Ausnahme z. B. bei Auftragsmangel. Die B. basiert auf dem Persönlichkeitsrecht des Arbeitnehmers, das es dem Arbeitgeber verwehrt, mit der Arbeitskraft des Arbeitnehmers beliebig zu verfahren.

Beschäftigungspolitik, →Beschäftigung.

Beschäftigungssicherung, Maßnahmen und Regelungen zur Sicherung der Beschäftigung von Arbeitnehmern. Arbeitgeber haben bei ihren Entscheidungen die Auswirkungen auf den Arbeitsmarkt zu berücksichtigen und sollen die Agenturen für Arbeit frühzeitig über betriebl. Veränderungen unterrichten (§ 2 SGB III). Die Arbeitnehmer haben zur Vermeidung von Arbeitslosigkeit eine zumutbare Beschäftigung fortzusetzen oder aufzunehmen, ansonsten drohen sozialversicherungsrechtl. Nachteile. In Tarifverträgen wird zur B. durch Öffnungsklauseln z. B. vorgesehen, dass für einzelne Arbeitgeber die tarifl. Arbeitszeit verlängert wird und die Entgelte festgeschrieben werden, wenn das Unternehmen notleidend geworden ist und der Arbeitgeber für eine vorübergehende Zeit betriebsbedingte Kündigungen ausschließt. Ob beschäftigungssichernde Maßnahmen auch außerhalb des Tarifrechts in sog. Bündnissen für Arbeit möglich sind, ist umstritten. Nach § 80 a Nr. 8 Betriebsverfassungs-Ges. (BetrVG) hat der Betriebsrat die Beschäftigung im Betrieb zu sichern und zu fördern. Er kann dem Arbeitgeber hierzu Vorschläge machen (§ 92 a BetrVG).

Beschäftigungstheorie, →Beschäftigung.

Beschäftigungstherapie, Anleitung von Patienten und Behinderten bes. zu künstler. und handwerkl. Tätigkeit, bei Erkrankungen der Bewegungsorgane z. B. Vorstufe der →Arbeitstherapie; dient zur Verbesserung der eingeschränkten motorischen, sensor. und psych. Leistungsfunktionen oder zu deren Wiederherstellung (Rehabilitation). Die Ausbildung zum **Beschäftigungs- und Arbeitstherapeuten** erfolgt an Berufsfachschulen (drei Jahre).

Beschäler [von ahd. scelo »Zuchthengst«], für die Zucht eingesetzter Hengst (Deckhengst).

Beschälseuche, Dourine, durch Trypanosomen hervorgerufene, durch den Deckakt übertragene Infektionskrankheit des Pferdes; nach 1–4 Wochen kommt es zur Entzündung der Geschlechtsorgane, allg. Schwäche und Lähmung der Hintergliedmaßen; anzeigepflichtig.

Beschauzeichen, Punze, Gütestempel, i. d. R. Stadt- oder Meisterzeichen auf kunsthandwerkl. Arbeiten aus Metall (Gold, Silber, Zinn) zur Bestätigung des Feingehaltes.

Beschichten, 1) *allg.:* das Aufbringen fest haftender Schichten aus formlosem oder vorgeformtem Material auf einen Träger (z. B. Gewebe, Papier, Holz-, Kunststoff- oder Metallkörper); die Oberflächen werden dadurch z. B. gleichmäßig dicht, korrosions- und abriebfest, voluminös oder wasserundurchlässig.

2) *Fertigungstechnik:* das Aufbringen metall. oder nicht metall., anorgan. oder organ. Überzüge auf ein Werkstück; erfolgt aus dem gasförmigen Zustand (z. B. Aufdampfen), aus dem flüssigen oder pastenförmigen Zustand (z. B. Spritzlackieren), durch elektrochem. Abscheidung aus Lösungen (z. B. Galvanisieren) oder aus dem festen Zustand (z. B. Hammerplattieren).

3) *Holztechnik:* das Aufleimen tafel- oder bandförmiger Folien und Furniere auf Holz oder Holzwerkstoffe zum Schutz (Härte) oder zur Zierde.

Beschickung, *Hüttentechnik:* das meist maschinelle Einbringen von Brennstoff, Erzen und Zuschlägen in einen metallurg. Ofen.

Beschimpfung, *schweizerisch* für Beleidigung. In Dtl. ist die B. als bes. herabsetzende Form der Kränkung, wenn sie sich gegen den Staat oder seine Organe richtet, nach § 90 a StGB strafbar.

Beschlag, 1) *Geologie:* **Anflug,** feiner Überzug (auf Mineralen).

2) *Technik* und *Kunsthandwerk:* Verbindungsteil, das bei Türen, Fenstern, Möbeln u. Ä. die bewegl. Teile miteinander verbindet, gangbar und schließbar macht, z. B. Türbänder, Scharniere.

Beschlagnahme, zwangsweise behördl. Sicherstellung einer Sache zum Schutz öffentl. und privater Belange. Im Strafprozess erfolgt die B., um Gegenstände (z. B. Tatwaffen), die als Beweismittel für die Untersuchung von Bedeutung sein können oder dem Verfall oder der →Einziehung unterliegen, sicherzu-

Beschauzeichen: Nürnberger Beschauzeichen und Meisterzeichen des Zinngießers Albrecht Preißensin (2. Hälfte 16. Jh.)

stellen. Die Anordnung der B. steht grundsätzlich nur dem Richter zu, bei Gefahr im Verzug auch der Staatsanwaltschaft und deren Ermittlungspersonen (Polizei); doch unterliegt sie in diesen Fällen der gerichtl. Bestätigung (§§ 94 ff., 111b ff. StPO). Ähnlich in *Österreich* (§§ 143 ff. StPO) und der *Schweiz* (Art. 65 Ges. über die Bundesstrafrechtspflege). Über B. im Zivilprozess →Pfändung, →Zwangsvollstreckung.

Beschleuniger, 1) *Chemie:* unspezif. Bezeichnung z. B. für →Aktivator, →Katalysator.

2) *Physik:* →Teilchenbeschleuniger.

beschleunigtes Verfahren, Strafverfahren, das gemäß §§ 417 ff. StPO vor dem Strafrichter oder dem Schöffengericht mit abgekürzter Ladungsfrist geführt werden kann, wenn der Sachverhalt einfach oder die Beweislage klar und zur sofortigen Verhandlung geeignet ist.

Beschleunigung, *Physik:* Formelzeichen a, SI-Einheit: m/s^2; die zeitl. Änderung der Geschwindigkeit nach Betrag und/oder Richtung. Ein Körper erfährt eine **gleichförmige B.**, wenn in gleichen Zeitabschnitten Δt stets die gleiche Geschwindigkeitsänderung Δv eintritt, $a = \Delta v/\Delta t$. Sie beträgt beim freien Fall (→Fallbeschleunigung) $9{,}81\,m/s^2$. Die Momentan-B. einer **ungleichförmigen B.** berechnet sich aus der Ableitung der Geschwindigkeit v (bzw. des Ortsvektors r) nach der Zeit t, $a = dv/dt = d^2r/dt^2$. Da die B. ein Vektor ist, kann man sie in jedem Punkt der Bahn eines beschleunigten Körpers (Massenpunktes) in die Bahn- oder **Tangential-B.** in Richtung der Bahntangente und in die dazu senkrechte Normal- oder **Zentrifugal-B.** zerlegen.

Beschluss, *Prozessrecht:* gerichtl. Entscheidung, die weder Urteil noch Verfügung ist. B. ergehen meist ohne mündl. Verhandlung. Sie können i. d. R. durch Beschwerde angefochten werden. Das B.-Verfahren ist in allen Prozessordnungen vorgesehen. Ein besonderes B.-Verfahren gibt es im Arbeitsgerichts-Ges. zur Entscheidung über Streitigkeiten des kollektiven Arbeitsrechts und in bestimmten Verwaltungsverfahren, z. B. im Planfeststellungsverfahren.

Beschlussfähigkeit, die von der Anwesenheit einer bestimmten Anzahl von Mitgl. abhängige Fähigkeit eines Kollegialorgans, wirksame Beschlüsse zu fassen. Bei Volksvertretungen ist i. d. R. die Anwesenheit der Mehrheit der gesetzl. Mitgl. erforderlich.

Beschneidung, 1) *Medizin:* operatives Entfernen der Vorhaut des Penis (**Zirkumzision**); eine medizinisch angezeigte B. wird bei Vorhautverengung (Phimose) vorgenommen. Bei der Frau das operative Entfernen der von einem Tumor befallenen Klitoris (**Klitoridektomie**). – Die sog. weibl. B. (rituelle Entfernung der Klitoris) ist in vielen Ländern verboten.

2) *Völkerkunde* und *Religionsgeschichte:* der bei Naturvölkern, in traditionellen Stammesgesellschaften, aber auch im Judentum und im Islam verbreitete Ritus der →Initiation, in einem bestimmten Lebensalter den Knaben mit einem rituellen Eingriff die Vorhaut des Penis zu beschneiden (Zirkumzision) oder einzuschneiden (Inzision); im Judentum am achten Tag nach der Geburt vollzogen. Die B. an Mädchen, ausgeführt durch Entfernen der Klitoris oder der kleinen Schamlippen bzw. Verschließen des größten Teils der Scheide (Infibulation) ist weitgehend auf Afrika beschränkt, wo sie allerdings in über 20 (v. a. islam.) Ländern praktiziert wird. Kritik gegen diesen Ritus ist in jüngster Zeit bes. in Westeuropa und Nordamerika laut geworden, wo zahlr. Initiative afrikan. Frauengruppen in ihrem Kampf gegen die B. unterstützen.

beschränkt, *Mathematik:* Eine Menge M reeller Zahlen heißt b., wenn es reelle Zahlen o und u gibt, sodass für jedes Element x von M gilt: $x \leqq o$ (nach oben b.) und $x \geqq u$ (nach unten b.); o und u werden **obere** bzw. **untere Schranke** von M genannt.

Beschuldigter, der einer Straftat Verdächtige, gegen den die Strafverfolgungsbehörden die Ermittlungen aufgenommen haben. Der B. wird zum Angeschuldigten, wenn die öffentl. Klage gegen ihn erhoben, zum Angeklagten, wenn die Eröffnung des Hauptverfahrens beschlossen ist (§ 157 StPO).

Beschuss, Prüfung von Handfeuerwaffen auf Haltbarkeit durch Schießen mit verstärkter Ladung. Die geprüften Waffen erhalten ein Beschusszeichen.

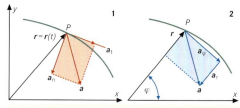

Beschleunigung: Zerlegung des Beschleunigungsvektors a nach Komponenten; **1** in Richtung der Bahntangente (a_t) und senkrecht dazu (a_n) sowie **2** in radialer (a_r) und azimutaler Richtung (a_φ)

Beschwer, Voraussetzung für die Einlegung von Rechtsmitteln, bes. im Zivilprozess. Eine B. liegt grundsätzlich dann vor, wenn das Urteil vom Antrag des Rechtsmittelführers ungünstig abweicht (**formelle B.**). In Ausnahmefällen genügt es, wenn die angefochtene Entscheidung für den Rechtsmittelführer irgendwie nachteilig ist (**materielle Beschwer**).

Beschwerde, 1) *Prozessrecht:* gerichtl. Rechtsmittel, das in Verfahrensordnungen vorgesehen ist und zur Nachprüfung einer gerichtl. Maßnahme (Beschluss, Verfügung, selten Urteil) führt. Sie ist bei dem Gericht einzulegen, dessen Entscheidung angefochten wird. Nach der ZPO kann sie auch beim (übergeordneten) Beschwerdegericht eingelegt werden. Ist die B. statthaft und hält sie das Gericht, gegen dessen Entscheidung sie sich richtet, für begründet, so hilft es ihr ab, andernfalls wird sie dem übergeordneten Gericht vorgelegt. Einfache B. (in der ZPO nicht mehr vorgesehen) können jederzeit, **sofortige B.** (im Gesetz ausdrücklich als solche bezeichnet) müssen innerhalb einer Woche (StPO) oder zwei Wochen (ZPO) eingelegt werden; B. gegen Kostenentscheidungen sind nur zulässig, wenn der Wert des Beschwerdegegenstands 200 € übersteigt (§ 567 ZPO). Die ZPO regelt neben der sofortigen B. die auch in anderen Verfahrensordnungen vorgesehene **Rechts-B.** (§§ 574–577), die statthaft ist, wenn dies im Ges. ausdrücklich bestimmt ist oder das B.-, das Berufungs- oder das Oberlandesgericht sie im Beschluss zugelassen hat. Sie ist in einer Frist von einem Monat nach Zustellung des Beschlusses einzulegen. Die StPO (§ 310) kennt zudem die **weitere B.** gegen die Entscheidung über die B. Grundsätzlich haben B. keine aufschiebende Wirkung (→Dienstaufsichtsbeschwerde, →Verfassungsbeschwerde). – Auch im *österr.* und *schweizer.* Recht gibt es verfahrensgestaltende B., im Zivilprozess Rekurs genannt. Staats-

rechtl. **B.** ist in der Schweiz die Verfassungsklage (Bundesgericht) gegen kantonale Entscheide.
2) *Staatsrecht:* →Petition.

Beschwörung, im Volksglauben die magische Abwehr von Unheil (z. B. Krankheiten) oder Zuwendung von Heil durch die Macht des rituellen Wortes (B.-Formeln) und entsprechender Gebärden, bestimmtes Einhalten von Ort und Zeit, mag. Zeichen und Anrufen mag. Mächte wie Geister, Hexen, Teufel. (→Besprechen)

Beseler, Georg, Jurist und Politiker, *Rödemis (heute zu Husum) 2. 11. 1809, †Bad Harzburg 28. 8. 1888. Sein Schüler war O. von Gierke. In der Frankfurter Nationalversammlung von 1848/49 war B. einer der Führer des rechten Zentrums und der Erbkaiserpartei; an der Ausarbeitung der Grundrechte hatte er großen Anteil.

Besenginster, Sarothamnus, Gattung der Schmetterlingsblütler mit meist gelben Blüten; bis 2 m hohe Sträucher, deren Zweige früher zu Besen verarbeitet wurden.

Besessenheit, ausgeprägter psychophys. Erregungszustand, oftmals verbunden mit Wahn- oder Krampfzuständen. – In vielen *Religionen* wird die B. auf den Einfluss böser Geister oder Dämonen zurückgeführt. Die Austreibung solcher Geister (→Exorzismus) wurde zu allen Zeiten durchgeführt.

Besetzung, 1) *Psychoanalyse:* die Vorstellung, dass ein Objekt oder eine Person »positiv« (als ein Erstrebtes) oder »negativ« (als ein zu Meidendes) mit einer bestimmten psych. Energie des Subjekts, einem »Affektbetrag«, verknüpft ist.
2) *Theater* und *Film:* Rollenverteilung.
3) *Völkerrecht:* **Okkupation,** Ausübung der tatsächl. Gewalt über ein fremdes Staatsgebiet. Die vorhandene Staatsgewalt wird für die Dauer der B. suspendiert, aber nicht beseitigt. Die **friedl. B.** beruht i. d. R. auf einem Vertrag, die **krieger. B.** (geregelt in der Haager Landkriegsordnung von 1907) setzt eine militärisch begründete Herrschaft über das Gebiet voraus. Die Besatzungsmacht soll die öffentl. Ordnung und das öffentl. Leben aufrechterhalten und die bestehende Rechtsordnung achten; sie kann eigene Gesetze erlassen (→Besatzungsstatut). Ihre Rechte sind durch die Genfer Konvention vom 12. 8. 1949 stark zugunsten der Zivilbevölkerung eingeschränkt.

Besetzungs|inversion, **Besetzungsumkehr,** Zustand eines atomaren Systems, bei dem mindestens ein angeregtes Energieniveau stärker besetzt ist als energetisch tiefer liegende Niveaus; Voraussetzung für den Betrieb von →Lasern.

Besetzungszahl, Anzahl gleichartiger Teilchen eines mikrophysikal. Systems, die einen bestimmten Energie- oder Quantenzustand besetzen. Für Fermionen (z. B. Elektronen eines →Atoms) ist die B. aufgrund des →Pauli-Prinzips immer 0 oder 1, für Bosonen besteht keine solche Einschränkung.

Besigheim, Stadt im Landkreis Ludwigsburg, Bad.-Württ., am Zusammenfluss von Neckar und Enz, 11 800 Ew.; Maschinen- und Werkzeugbau, Farbenfabrik; Weinbau. – Evang. got. Stadtkirche (14./15. Jh.) mit einem prächtigen Schnitzaltar. – Besigheim erhielt um 1220 Stadtrecht.

Bésigue [be'zi:k] *das,* **Bézigue, Bézique,** frz. Kartenspiel, meist zw. zwei Partnern mit zwei Spielen Pikettkarten (64 Blatt).

Besitz, die tatsächl. Herrschaft einer Person über eine Sache (§§ 854–872 BGB), im Unterschied zur

Besenginster (Sarothamnus scoparius)

rechtl. Herrschaft, dem Eigentum. Bei Rechtsverhältnissen wie Mietverhältnis, Pacht, Verwahrung ist der Mieter, Pächter usw. **unmittelbarer,** der Vermieter, Verpächter usw. **mittelbarer Besitzer.** Besitzen mehrere eine Sache gemeinsam, liegt Mit-B. des Einzelnen vor. Gegen widerrechtl. B.-Entziehung oder B.-Störung (»verbotene Eigenmacht«) darf der Besitzer sich mit Gewalt wehren (§ 859 BGB). Als weiteren **B.-Schutz** kennt das BGB die B.-Entziehungsklage, die auf Wiedereinräumung des B., und die B.-Störungsklage, die auf Beseitigung von B.-Störungen gerichtet ist (§§ 861, 862). – Das *österr.* Recht unterscheidet u. a. zw. rechtmäßigem und unrechtmäßigem B. (§§ 316, 317 ABGB). In der *Schweiz* (Art. 919–941 ZGB) ist der Begriff des B. derselbe wie im dt. Recht. Wer aus eigenem Recht die Gewalt über eine Sache hat (z. B. der Eigentümer), ist **selbstständiger Besitzer** im Ggs. zum **unselbstständigen Besitzer** (z. B. dem Mieter).

besitzanzeigendes Fürwort, das Possessivpronomen (→Pronomen).

Besitzgesellschaft, →Betriebsaufspaltung.

Besitzsteuern, an Einkommen, Vermögen und Ertrag anknüpfende Steuern, z. B. Gewerbe-, Körperschaft-, Einkommen-, Vermögen- und Erbschaftsteuer.

Beskiden, poln. **Beskidy,** tschech. und slowak. **Beskydy,** nördl. Teil der Westkarpaten, zw. der Mährischen Pforte und dem Quellgebiet von Theiß und Stryi; etwa 600 km lang, im W-Teil bis 1 725 m (poln. Babia Góra, slowak. Babiahora) hoch; Fremdenverkehrsgebiet (u. a. zwei Nationalparks in Polen seit 1973).

Besoldung, die Dienstbezüge öffentlicher Bediensteter mit Ausnahme der Angestellten und Arbeiter im öffentl. Dienst, deren Bezüge tarifvertraglich geregelt sind. Die B. ist bisher noch einheitlich für alle Beamten und Richter in Bund, Ländern und Gemeinden sowie für Berufssoldaten im Bundesbesoldungs-Ges. (BBesG) geregelt; Landes-Ges. enthalten nur Ergänzungs- und Durchführungsbestimmungen. Mit der Föderalismusreform ist 2006 die Rahmengesetzgebungskompetenz des Bundes abgeschafft worden; die Kompetenz zu B.-Regelungen für Landes- und Kommunalbeamte wurde auf die Länder verlagert. Die B. ist nach B.-Gruppen abgestuft und besteht aus Grundgehalt (bemessen nach B.-Gruppe und Dienstaltersstufen), Familienzuschlägen (abgestuft nach Familienstand und Anzahl der zu berücksichtigenden Kinder), Zulagen in besonderen Fällen (Stellen- und Amtszulagen) und ggf. Auslandsdienstbezügen. Die B. wird den allg. wirtsch. und finanziellen Verhältnissen regelmäßig angepasst. Zunehmend werden auch leistungsbezogene Kriterien bei der B. berücksichtigt.

Besprechen, das meist leise Sprechen von mag. Segens-, Gebets-, Spruchformeln (Zaubersprüche), um Krankheiten zu heilen. – Besprechungsformeln sind u. a. aus german. Zeit (Merseburger Zaubersprüche) bekannt.

Besprisornyje [russ. »Fürsorgelose«], in Sowjetrussland die durch Revolution, Bürgerkrieg und Hungersnot entwurzelten Minderjährigen (1922: rd. 7–9 Mio.). Sie zogen in Horden vagabundierend durch das Land, terrorisierten die Bev. und gefährdeten z. T. die öffentl. Ordnung. Der Pädagoge A. S. →Makarenko widmete sich ihrer Resozialisierung.

Bessarabi|en, Basarabia, histor. Landschaft zw. Pruth, Dnjestr, Donau und Schwarzem Meer, der Hauptteil gehört zu Moldawien, der südl. Teil zur Ukraine; fruchtbares Agrarland (Weizen, Mais, Sonnenblumen, Tabak, Obst, Wein). – B., benannt nach dem walach. Fürstenhaus der Basarab, das im 14. Jh. das Land eroberte, geriet 1538 unter türk. Herrschaft und kam durch den Frieden von Bukarest (1812) an Russland; zw. 1812 und 1842 Ansiedlung dt. Kolonisten (B.-Deutsche). Nach dem Krimkrieg 1856 wurde der südwestl. Teil an das Fürstentum Moldau abgetreten, er kam aber 1878 (Berliner Kongress) zurück an Russland. 1918 schloss sich B. an Rumänien an, 1940 musste es an die UdSSR abgetreten werden. 1941–44 gehörte B. nochmals zu Rumänien.

Bessarabi|endeutsche, Nachkommen der zw. 1812 und 1842 urspr. im S Bessarabiens (heute Ukraine) angesiedelten dt. Kolonisten (v. a. aus Schwaben und Mitteldtl.); zumeist pietist. Protestanten. Nach dem dt.-sowjet. Vertrag vom 5. 9. 1940 Aussiedlung der etwa 93 000 B. und Ansiedlung im Warthegau bzw. in Danzig-Westpreußen; 1945 Vertreibung.

Bessarion, Johannes, byzantin. Theologe und Humanist, * Trapezunt (heute Trabzon, Türkei) 2. 1. 1403 (?), † Ravenna 18. 11. 1472; wurde 1437 Erzbischof von Nikaia, 1439 Kardinal; förderte die Wiss.en und war auf dem Konzil zu Florenz (1439) maßgeblich beteiligt an den Unionsverhandlungen zw. der griech. und der lat. Kirche.

Friedrich Wilhelm Bessel

Bessel, Friedrich Wilhelm, Astronom und Mathematiker, * Minden 22. 7. 1784, † Königsberg (Pr) 17. 3. 1846; lieferte grundlegende Arbeiten über astronom. und geodät. Fundamentalgrößen (**B.-Normalellipsoid, B.-Jahr**), zur astronom. Refraktion, Potenzialtheorie und Theorie der planetar. Störungen. Er bestimmte 1838 als Erster eine Sternparallaxe.

Bessemer, Sir (seit 1879) Henry, brit. Ingenieur, * Charlton (bei Hitchin, Cty. Hertfordshire) 19. 1. 1813, † London 15. 3. 1898; erfand 1855 den nach ihm benannten **B.-Prozess,** ein Windfrischverfahren. Das Roheisen wird in einem mit feuerfesten, sauren Steinen ausgekleideten birnenförmigen Gefäß (**B.-Konverter, B.-Birne,** bis zu 60 t Fassungsvermögen) von unten mit Luft durchblasen. Dabei verbrennen die Eisenbegleiter, bes. der Kohlenstoff; heute nicht mehr angewendet.

Henry Bessemer

Besson [bɛˈsɔ̃], **1)** Benno, schweizer. Regisseur und Theaterleiter, * Yverdon 4. 11. 1922, † Berlin 23. 2. 2006; war Assistent B. Brechts am Berliner Ensemble (1949–58); ab 1969 künstler. Leiter, 1974–78 Intendant der Volksbühne Berlin; 1982–89 Direktor der Comédie in Genf; wirkte seitdem als freier Regisseur an europ. Theatern.

2) Luc, frz. Filmregisseur, * Paris 18. 3. 1959; erster Spielfilm 1982; Vertreter des spektakulären postmodernen Kinos. – *Filme:* Subway (1985); Im Rausch der Tiefe – The Big Blue (1988); Nikita (1990); Léon – der Profi (1994); Das fünfte Element (1997); Johanna von Orléans (1999).

BESSY GmbH, Abk. für **Berliner Elektronenspeicherring – Gesellschaft für Synchrotronstrahlung mbH,** 1979 gegründete Einrichtung, die den Bau, Betrieb und die Weiterentwicklung von Synchrotronstrahlungsquellen zum Ziel hat und →Synchrotronstrahlung im infraroten, vakuumultravioletten (VUV) und Röntgenbereich für Forschung und Ind. bereitstellt. – 1998 nahm der Elektronenspeicherring **BESSY II** in Berlin-Adlershof den Betrieb auf. Er löste das Elektronensynchrotron **BESSY I** ab, das 1982–99 v. a. VUV- und weiche Röntgenstrahlung lieferte. BESSY II ist für eine Speicherenergie von bis zu 1,7 GeV ausgelegt und kann gegenüber BESSY I eine bis zu 10 000-fach höhere Leuchtdichte und ein breiteres Spektrum der erzeugten Synchrotronstrahlung erzielen. Der Speicherring, in dem die Elektronen auf nahezu Lichtgeschwindigkeit beschleunigt werden und Synchrotronlicht abstrahlen, hat einen Umfang von 240 m. An 14 Stellen wurden Hochleistungsmagnete (Wiggler und Undulatoren) eingebaut, in denen der Elektronenstrahl periodisch oszilliert und durch opt. Interferenzeffekte eine wesentlich intensivere und schmalbandigere Strahlung liefert, als es herkömml. Ablenkmagnete erlauben. – Die Anlage wird u. a. in den Werkstoffwiss., der Mikro- und Nanotechnologie, der biolog. Strukturforschung sowie der Halbleiter- und Umwelttechnik genutzt.

Best, Charles Herbert, amerikan. Physiologe, * West Pembroke (Me.) 27. 2. 1899, † Toronto 31. 3. 1978; entdeckte 1921 mit F. Banting das Insulin.

Bestallung, veraltet für →Approbation; ferner die amtl. Bescheinigung des Vormunds, Betreuers oder Pflegers über seine Bestellung.

Bestand, durch Baumart, Alter und Wachstum von seiner Umgebung unterscheidbarer, mindestens 0,5 ha großer Waldteil.

Bestandteil, *Recht:* körperl. Sache, die nicht als selbstständig zu betrachten ist, sondern mit einer anderen so verbunden ist, dass das Ganze als einheitl. Sache erscheint, z. B. die Türen eines Autos (§§ 93 ff. BGB). B. teilen i. Allg. das rechtl. Schicksal der Hauptsache, können aber auch Gegenstand besonderer Rechte sein. Ist die Trennung eines B. nicht möglich, ohne dass der eine oder andere Teil zerstört oder in seinem Wesen verändert wird (**wesentliche B.**), so können an den Teilen besondere Rechte nicht begründet werden (Ausnahme: das Wohnungseigentum, das Gebäudeeigentum in den neuen Ländern, →Grundstück). – →Zubehör.

Bestandvertrag, in Österreich der zusammenfassende Ausdruck für Miete und Pacht (§§ 1090 ff. ABGB). Die Parteien werden als **Bestandgeber** (Vermieter, Verpächter) und **Bestandnehmer** (Mieter, Pächter) bezeichnet, der Gegenstand des B. als **Bestandsache.**

Bestattung, Beerdigung, Begräbnis, Totenbestattung, die Totenfeier und Beisetzung Verstorbener. Im europ. Kulturkreis sind – auch religiös bedingt – die Erd-B. und die →Feuerbestattung auf dem →Friedhof üblich; seltener sind Versenken ins Meer (See-B.), Einbalsamierung und Beisetzen in besonderen Bauten (Grüften) u. a. Ruheorten. – *Brauchtum:* Schon seit der Altsteinzeit verbanden versch. Bräuche (**Funeralriten**) Tod und B. (→Grab, →Grabmal, →Totenkult).

Handlungen zum Wohl des Verstorbenen sollen diesem die Jenseitsreise oder den Aufenthalt im →Totenreich erleichtern, z. B. durch →Grabbeigaben; Unheil abwehrende Handlungen der Hinterbliebenen sollen das Verbleiben der Toten im Haus oder seine Rückkehr (als →Wiedergänger) verhindern. Durch andere Riten glaubte man den Verstorbenen weiterhin mit den Lebenden verbunden, z. B. Haus-B., Heroen-, Heiligen- und Reliquienverehrung. Im europ. Kulturkreis konzentriert sich das Brauchtum auf die Vorbereitung der Leiche zur B., die Aufbahrung, die Leichenwache, den Leichenzug und das Totenmahl (Leichenschmaus). – *Rechtliches:* →Leiche.

Bestäubung, die bei den Samenpflanzen der Befruchtung vorausgehende Übertragung des Blütenstaubes (Pollen) auf die Narbe einer Blüte. Bei **Selbst-B. (Autogamie)** werden Pollen derselben Blüte übertragen, bei **Fremd-B. (Allogamie)** Pollen aus einer anderen Blüte gleicher Art. Überträger sind Wind, Wasser, Tiere. **Wasser-B.** ist selten und kommt bei untergetaucht wachsenden Wasserpflanzen vor (z. B. Seegras, Hornblatt). Bei der **Tier-B.** ist die **Insekten-B.** durch Bienen, Schmetterlinge oder Fliegen am häufigsten; in trop. und subtrop. Gebieten B. auch durch Vögel (z. B. Kolibris).

Bestechung, *Strafrecht:* das verbotene Anbieten, Versprechen oder Gewähren von Vorteilen (z. B. Geldgeschenke) an Amtsträger u. ä. Personen, damit diese als Gegenleistung eine Diensthandlung vornehmen und dadurch ihre Dienstpflichten verletzen (§ 334 StGB, **aktive B.,** Strafe: Freiheitsstrafe von drei Monaten bis zu fünf Jahren). Soll eine im Ermessen des Amtsträgers stehende Diensthandlung beeinflusst werden, ohne dass Dienstpflichten verletzt werden, liegt milder bestrafte **Vorteilsgewährung** vor (§ 333). Der **passiven B.** macht sich ein Amtsträger schuldig, der Vorteile fordert, annimmt oder sich versprechen lässt für eine Handlung, die eine Dienstpflicht verletzt (§ 332, **Bestechlichkeit,** Strafe: Freiheitsstrafe von sechs Monaten bis zu fünf Jahren), oder für eine in sich nicht pflichtwidrige Handlung (§ 331, **Vorteilsannahme**). Richter-B. wird härter bestraft. Die B. und Bestechlichkeit im **geschäftl. Verkehr** im Inland und mit dem Ausland (Angestellte der privaten Wirtschaft) sind nach § 299 ff. StGB mit Freiheitsstrafe bis zu drei Jahren oder Geldstrafe bedroht. B. von Abgeordneten (§ 108 e StGB) →Wahldelikte. In *Österreich* enthalten §§ 304 bis 308 StGB ähnl. Strafbestimmungen, in der *Schweiz* Art. 322ter ff. StGB.

Besteck, 1) *allg.:* **Essbesteck,** Gesamtheit der Geräte, mit denen man Essen zu sich nimmt, mit deren Hilfe man das Essen zerkleinert oder serviert, v. a. Gabel, Löffel, Messer.
2) *Medizin:* Sammlung von Instrumenten.
3) *Schifffahrt:* der nach geograf. Länge und Breite bestimmte Ort eines Schiffs auf hoher See. Das Bestecknehmen (**wahres** oder **beobachtetes B.**) erfolgt durch Peilungen und Abstandsbestimmung von Landmarken und Seezeichen (**terrestr. B.**), durch Messung von Gestirnshöhen (**astronom. B.**) oder durch Vergleich des vorhergehenden astronom. B. mit dem seither gesteuerten Kurs (**geschätztes** oder **gegisstes Besteck**).

Besteg, *Geologie:* feiner mineral. Belag auf Kluftflächen.

Besteuerung, →Steuern.

Best|haupt, Sterbhaupt, im MA. eine Art Erbschaftsteuer für hörige Bauern.

Bestiarium [zu lat. bestia »(wildes) Tier«] *das,* frz. **Bestiaire,** mittelalterl. allegor. Tierdichtung; Quelle ist der →Physiologus; die B. enthalten symbol. Deutungen von Tieren (z. B. der Löwe als Symbol Christi) und edlen Steinen in Bezug auf die christl. Heilslehre.

Bestimmung, *Biologie:* das Erkennen einer dem Betrachtenden unbekannten, aber bereits beschriebenen Pflanze oder eines Tieres; auch die Einordnung einer noch nicht beschriebenen Art in das biolog. →System 2). Als Hilfsmittel hierzu dient ein B.-Schlüssel, der durch das Abfragen von morpholog. Strukturen (Vorhandensein bestimmter Merkmale, Größe, Farbe, Form, Anzahl u. a.) eine zunehmende Spezifizierung bis hin zur genauen B. der Art oder weiterführend der Unterart (Rasse) ermöglicht.

Bestimmungslandprinzip, Prinzip des grenzüberschreitenden Waren- und Dienstleistungsverkehrs (v. a. bei der Umsatzbesteuerung): Die Besteuerung ist so zu gestalten, dass die Güter entsprechend den Steuerregeln des Verbrauchslandes belastet werden.

Bestimmungswort, in einer Zusammensetzung (Kompositum) ein das Grundwort näher bestimmendes Wort, z. B. das Adjektiv »alt« in »Altmetall«.

Bestockung, 1) *Botanik:* die Bildung von Seitentrieben aus tief stehenden Knospen, bes. bei Getreide das Sprossen von Seitenhalmen an den unterird. Halmknoten (B.-Knoten).
2) *Forstwirtschaft:* Bewuchs einer Fläche mit Waldbäumen.
3) *Tierzucht:* **Besatzdichte,** das Verhältnis von Viehzahl zur benutzten Weidefläche.

Bestrahlung, *Medizin:* →Strahlentherapie.

Bestrahlungsstärke, Formelzeichen E, E_e, SI-Einheit: W/m^2; eine Strahlungsgröße; der Quotient aus der auf eine Fläche auftreffenden Strahlungsleistung (→Strahlungsfluss) und dieser Fläche. Die entsprechende fotometr. Größe ist die →Beleuchtungsstärke.

Bestseller [zu engl. best »am besten« und to sell »verkaufen«] *der,* Buch mit überdurchschnittl. Verkaufszahlen (i. d. R. 100 000 und mehr Exemplare).

Bestwig, Gemeinde im Hochsauerlandkreis, NRW, an der oberen Ruhr, in bergigem Gelände, 290–745 m ü. M., 11 700 Ew.; Holz-, Eisen-, Metallverarbeitung und Steinindustrie, Besucherbergwerk (früher Blei- und Zinkmine) mit Bergbaumuseum.

Beta *das,* Zeichen B, β, der zweite Buchstabe des griech. Alphabets.

Betablocker, →Sympatholytika.

Betacyane, Pflanzenfarbstoffe, →Betalaine.

Betain *das,* **Trimethylglycin,** biogenes Amin, Zwitterion mit positiver und negativer Ladung, das in der Zuckerrübe (Beta vulgaris) und als Oxidationsprodukt des Cholins beim Eiweißstoffwechsel vorkommt. B. senkt den Blutcholesterinspiegel; angewendet bei Leberkrankheiten und zur Substitution von Magensalzsäure.

Betalactam|antibiotika, durch einen stickstoffhaltigen Vierring (Betalactamring) charakterisierte Antibiotika, zu denen neben →Penicillinen auch →Cephalosporine, →Carbapeneme und Monobactame (durch Bakterien gebildete monozykl. B.) gehören. B. hemmen die Zellwandsynthese von Bakterien. Sie zeichnen sich durch gute Wirksamkeit (bakterizid) sowie gute Verträglichkeit aus. Zu beachten ist jedoch die Gefahr allerg. Reaktionen.

Betalaine, rotviolette (**Betacyane**) oder gelbl. (**Betaxanthine**) Pflanzenfarbstoffe.

Beta-Lyrae-Sterne, *Astronomie:* eine Untergruppe der →Bedeckungsveränderlichen mit relativ kleinen Perioden des Lichtwechsels (aber größer als ein Tag).

Betanin *das,* Hauptfarbstoff der Roten Rübe, zum Färben von Lebensmitteln; gehört zu den Betalainen.

Betarezeptorenblocker, →Sympatholytika.

Betastrahlung, β-**Strahlung,** aus geladenen Teilchen bestehende Strahlung mit Energien bis zu mehreren Megaelektronenvolt (MeV), die bei einer bestimmten Art des radioaktiven Zerfalls (→Radioaktivität) von Atomkernen (**Betazerfall**) auftritt und stark ionisierend wirkt. Emittiert werden negativ geladene Elektronen ($β^-$-Strahlen) oder positiv geladene Positronen ($β^+$-Strahlen). Die ausgesendeten Teilchen heißen **Betateilchen,** die aussendenden Radionuklide **Betastrahler.** Bei den natürlich vorkommenden radioaktiven Kernen wird ein Neutron in ein Proton umgewandelt, dabei entstehen ein Elektron und ein Anti-Elektronneutrino, die abgestrahlt werden ($β^-$-**Zerfall, Elektronenemission**). Der $β^+$-**Zerfall** (**Positronenemission**) tritt nur bei künstlich hergestellten Radionukliden auf. Hier wird ein Proton in ein Neutron umgewandelt, wobei ein Positron und ein Elektronneutrino entstehen. I. w. S. zählen auch der Elektroneneinfang (→Einfangprozesse) und lepton. Zerfälle zum Betazerfall. Der **doppelte Betazerfall** (**Doppelbetazerfall**) mit Emission von zwei Elektronen (oder Positronen) tritt bei Isotopen auf, bei denen andere Zerfälle aus energet. Gründen nicht möglich sind.

Die Reichweite der B. hängt von der Strahlungsenergie und der Dichte des durchstrahlten Materials ab. Sie beträgt in Luft mehrere Meter, in festen Stoffen einige Millimeter. Elemente mit hoher Ordnungszahl oder großer Dichte schirmen B. ab (Blei, Eisen). Zum Nachweis und zur Intensitätsmessung dienen u. a. Nebel- und Ionisationskammern sowie Zählrohre. In der Werkstoffprüfung werden Betastrahler z. B. zur Dickenmessung angewendet. Die B. ruft als stark ionisierende Strahlung im menschl. Körper starke Schädigungen hervor und wird deshalb z. B. in der Krebstherapie (u. a. ^{60}Co) eingesetzt, aber auch bei physiologisch-chem. Untersuchungen (→Radioimmunassay) und bei biolog. Untersuchungen von Strahlenexpositionen.

Betatron [zu Beta**strahlen** und Elek**tron**] *das,* Anlage zur Beschleunigung von Elektronen (→Teilchenbeschleuniger), die nach dem Prinzip des Transformators arbeitet. Die Elektronen werden tangential in eine ringförmige Beschleunigungsröhre (im Hochvakuum) eingeschossen, die sich zw. den Polschuhen eines Elektromagneten befindet und dessen Eisenkern umschlingt. Unter dem Einfluss des magnet. Führungsfeldes umlaufen die Elektronen stabile Kreisbahnen und werden dabei von einem elektr. Wirbelfeld beschleunigt. Die Elektronen können nach etwa 10^6 Umläufen Energien bis zu 400 MeV erreichen; höhere Energien sind nicht möglich, da die bewegten Elektronen elektromagnet. Strahlung aussenden, deren Energie dann gleich der aufgewendeten Beschleunigungsenergie wird. Verwendung in der Kernphysik, in der Werkstoffprüfung und in der Medizin zur Strahlentherapie (bis etwa 50 MeV).

Betäubung, 1) die teilweise Ausschaltung des Bewusstseins durch mechan. Einwirkung (Stoß, Schlag oder Fall) auf das Gehirn, durch Substanzen, die auf das Großhirn lähmend wirken (z. B. Opium, Alkohol), oder auch durch heftige psych. Erregung; 2) der künstlich herbeigeführte Zustand der Unempfindlichkeit des Großhirns (→Narkose) oder einzelner Körperabschnitte (lokale →Anästhesie).

Betäubungsgewehr, *Narkosegewehr,* Gewehr, dessen Bolzen mit einem Betäubungs- oder Lähmungsmittel gefüllt ist. Das B. wird zum Fang von frei lebenden Tieren und Haustieren verwendet, ist bei der Jagdausübung in Dtl. jedoch verboten.

Betäubungsmittel, pharmakologisch uneinheitl. Gruppe von Arzneimitteln, die v. a. Schmerzen, Unlustgefühle, teilweise auch Müdigkeit und Abgespanntsein aufheben. Bei wiederholter Einnahme können sie zu Abhängigkeit und Sucht führen (→Drogenabhängigkeit). – Unter das B.-Ges. i. d. F. v. 1. 3. 1994 (früher *Opium-Ges.*) fallen rd. 150 versch. Naturstoffe oder künstl. chem. Verbindungen, z. B. Opioide, Amphetamine, Kokain, versch. Schlaf- und Beruhigungsmittel sowie Halluzinogene. Der Verkehr mit B. unterliegt der Erlaubnis und Überwachung durch das Bundesinstitut für Arzneimittel und Medizinprodukte; dies betrifft insbes. Einfuhr, Anbau, Herstellung und Handel.

Betaxanthine, Pflanzenfarbstoffe, →Betalaine.

Betazerfall, →Betastrahlung.

Bête [bɛːt; frz. »dumm«] *die,* Kartenspiel: Einsatz, Strafsatz oder das Geld des Verlierenden; B. **ziehen,** Satz oder Spiel gewinnen; B. **machen,** setzen; **bête sein,** (das Spiel) verloren haben.

Beteigeuze [arab.] *der,* zweithellster Stern im Sternbild →Orion (**α Orionis**), von rötl. Farbe; Riesenstern und nach der Sonne der Stern mit dem größten Winkeldurchmesser.

Beteiligter, Person, die in einem Gerichts- oder förml. Verwaltungsverfahren eine bestimmte Funktion ausübt (ohne das Verfahren zu führen) und berechtigt ist, Anträge zu stellen. Im Verw.-Prozess sind Kläger, Beklagte und Beigeladene (die, deren rechtl. Interessen durch das Verfahren berührt werden) sowie der Vertreter des öffentl. Interesses Beteiligte.

Beteiligung, Eigentum von Anteilen an einem Unternehmen (Aktien einer AG) zum Zwecke einer langfristigen kapitalmäßigen Bindung (z. B. Einflussnahme auf das B.-Unternehmen). Bei Kapitalgesellschaften gilt im Zweifel der Besitz von 25 % des Grund- oder Stammkapitals als B. (§ 20 Aktien-Ges.; →Sperrminorität). Als Minderheits-B. werden B. von unter 25 % (Minderheits-B. i. e. S.) bis 50 %, als Mehrheits-B. werden B. über 50 % bezeichnet. Durch die kapitalmäßige Verflechtung entsteht ein Verbund rechtlich selbstständig bleibender Unternehmen (verbundene Unternehmen, Konzern).

Beteiligungsgesellschaft, sowohl Synonym für eine Holdinggesellschaft als auch Bez. für eine Gesellschaft, die Unternehmen befristet Eigenkapital zur Verfügung stellt, indem sie eine Beteiligung (unter 50 %) auf Zeit eingeht.

Betel [malaiisch] *der,* Genussmittel zum Kauen, aus Betelnüssen, Blättern von Betelpfeffer, etwas gebranntem Kalk oder Tabak; schmeckt würzig bitter, wirkt anregend, färbt den Speichel rot, die Zähne dunkel; verbreitet in S-, SO-Asien, Melanesien, O-Afrika.

Betelnusspalme, *Areca catechu,* südasiat. Palme. Die Früchte sind pflaumen- bis hühnereiergroß und enthalten je einen Samen, die **Betelnuss;** reich an Gerbstoff und rotem Farbstoff; ganz kleine

Stücke werden zum **Betelkauen** (wirkt euphorisierend und stimulierend) genommen.

Beth, der zweite Buchstabe des hebr. Alphabets.

Bethani|en, Ort nordöstlich von Jerusalem, in N. T. Wohnort von Maria und Martha und deren Bruder Lazarus, der nach Joh. 11 hier durch Jesus vom Tod auferweckt wurde.

Bethe, Hans Albrecht, amerikan. Physiker dt. Herkunft, * Straßburg 2. 7. 1906, † Ithaca (N. Y.) 6. 3. 2005; 1943–46 als Direktor der Abteilung für theoret. Physik im Atomforschungsinstitut in Los Alamos maßgeblich an der Entwicklung der Atombombe, später auch der Wasserstoffbombe beteiligt. Wichtige Arbeitsgebiete waren die Theorie der Bremsung von Elektronen durch Materie 1934 (**B.-Heitler-Formel**), die Untersuchungen zur Energieerzeugung in Sternen 1939 (→ Bethe-Weizsäcker-Zyklus) und die theoret. Erklärung der Lamb-Shift 1947. 1967 erhielt B. den Nobelpreis für Physik für seine Theorie der Kernprozesse in Sternen.

Bethel [hebr. »Haus Gottes«], **1)** das heutige Baitin, Ort nördlich von Jerusalem gelegen; in vorisraelit. Zeit mit einer alten Kultstätte des El verbunden; im A. T. durch die Erzväter Abraham (1. Mos. 12, 8) und Jakob (1. Mos. 28, 10 ff.; → Jakobsleiter) als Jahweheiligtum legitimiert.
2) Ortsteil von Bielefeld mit den → Bodelschwinghschen Anstalten.

Bethe-Weizsäcker-Zyklus [nach H. A. Bethe und C. F. von Weizsäcker], **Kohlenstoff-Stickstoff-Sauerstoff-Zyklus, CNO-Zyklus,** ein Zyklus von Kernreaktionen mit Kohlenstoff- (C), Stickstoff- (N) und Sauerstoffkernen (O), bei dem Wasserstoff unter Energieabgabe in Helium umgewandelt wird. Der B.-W.-Z. liefert wahrscheinlich den Hauptteil der Strahlungsenergie massereicher Hauptreihensterne.

Bethlehem, 1) arab. **Bait Lahm,** Stadt im Westjordanland, 10 km südlich von Jerusalem, 28 100 Ew.; Fremdenverkehr (v. a. Pilger). – B., im A. T. auch **Efrat** gen., ist Heimat Davids und nach dem N. T. der Geburtsort Jesu. Über der als Geburtsstätte geltenden Grotte wurde von Konstantin d. Gr. 326–335 die fünfschiffige Geburtskirche erbaut (unter Justinian um 540 neu errichtet). – 1948 zu Jordanien, 1967 von Israel besetzt; 1995 der Palästinens. Autonomiebehörde übergeben.
2) [ˈbeθlɪhem], Stadt in Pennsylvania, USA, 72 600 Ew.; Univ. (gegr. 1865); Eisen- und Stahl- u. a. Industrie. – B. wurde 1741 von Missionaren der Brüdergemeine gegründet; jährl. Bachfest.

Bethlen von Bethlen, István (Stephan) Graf, ungar. Politiker, * Gernyeszeg (heute Gorneşti, Rumänien) 8. 10. 1874, † bei Moskau 14. 1. 1947; errichtete als Min.-Präs. (1921–31) ein autoritäres Regime, schloss 1927 ein Bündnis mit Italien; wurde 1945 in die UdSSR verschleppt.

Bethlen von Iktár, Gabriel, ungar. **Bethlen Gábor,** Fürst von Siebenbürgen (1613–29), * Marosillye (heute Ilia bei Hunedoara, Rumänien) 1580, † Weißenburg (heute Alba Iulia) 15. 11. 1629; Verbündeter der böhm. Protestanten (Calvinist). B. sah im Dreißigjährigen Krieg eine Chance, von Siebenbürgen aus das unabhängige Königreich Ungarn wiederherzustellen. 1619–26 führte er drei Kriege gegen die Habsburger (Kaiser Ferdinand II.) und zwang sie Ende 1621 zur Abtretung eines Teils von Oberungarn.

Bethmann, Bankiersfamilie in Frankfurt am Main. Johann Philipp B. (* 1715, † 1793) trat in das Handelsgeschäft seines Onkels Jakob Adami in Frankfurt am Main ein und gründete mit seinem Bruder Simon Moritz B. (* 1721, † 1782) das Bankhaus »Gebrüder B.«, eines der angesehensten Bankhäuser seiner Zeit, das seit 1983 zur Bayer. Hypo- und Vereinsbank AG gehört.

Bethmann Hollweg, Theobald von, Politiker, * Hohenfinow (bei Eberswalde) 29. 11. 1856, † ebd. 2. 1. 1921; wurde 1905 preuß. Innenmin., 1909 Reichskanzler und preuß. Min.-Präs. Ihm gelangen einige Reformwerke (Reichsfinanzreform, Reichsversicherungsordnung); er brachte die Verf. Elsass-Lothringens zum Abschluss. Erfolglos bemühte er sich um eine dt.-brit. Verständigung. Im Ersten Weltkrieg vermochte er sich gegenüber den Militärs als Gegner des unbeschränkten U-Boot-Kriegs nicht durchzusetzen und wurde im Juli 1917 verabschiedet.

Beti, Mongo, eigtl. Alexandre **Biyidi,** kamerun. Schriftsteller, * Mbalmayo (bei Yaoundé) 30. 6. 1932, † 8. 10. 2001; war seit 1976 frz. Staatsbürger; kritisierte in seinen Romanen die Auswirkungen von Kolonialismus und christl. Missionierung sowie die nachkoloniale nat. Reg. – *Werke: Romane:* Der arme Christ von Bomba (1956); Tam-Tam für den König (1958); Sturz einer Marionette (1979); Sonne, Liebe, Tod (1999).

Beton [beˈtɔŋ, beˈtɔ̃, österr. beˈtoːn; frz., aus lat. bitumen »Erdharz«] *der,* Baustoffgemenge aus Bindemitteln (z. B. Zement, Bitumen, Silikat, Ton), Zuschlagstoffen (z. B. Kies, Schotter, Splitt) und Wasser. Die Eigenschaften des B., wie hohe Druckfestigkeit, geringe Zugfestigkeit, Haftbarkeit an Stahl, Witterungs- und Feuerbeständigkeit, sind abhängig von der Art und Güte der Bindemittel, der Oberflächenbeschaffenheit und Kornform der Zuschlagstoffe, dem Wasser-Zement-Verhältnis (Wasserzementwert) und der Verdichtung. Nach der Rohdichte unterscheidet man **Schwer-B.** (über 2,8 t/m^3), **Normal-B.** (2,0–2,8 t/m^3) für den Tief-, Wasser- und Hochbau sowie **Leicht-B.** (unter 2,0 t/m^3) mit hohem Gehalt an Luftporen, die durch leichte Zuschlagstoffe (Blähschiefer, -ton) eingebracht oder durch Gasblasen künstlich erzeugt werden. Man unterscheidet **Frisch-B.** (noch nicht abgebunden) und **Fest-B.** (abgebunden, erhärtet).
Leicht-B. ist wärmedämmend und wird für Außen- und Innenwände eingesetzt. Im Bauwesen wird unter Anwendung versch. Betonierverfahren auf der Baustelle hergestellter (**Ort-B.**) oder aus Fertigbetonanlagen in Spezialfahrzeugen zur Verwendungsstelle transportierter B. (**Transport-B.**) verwendet: Stampf-B. wird erdfeucht eingestampft, Guss-B. über Rinnen geführt, Spritz-B. mit Druckluft durch Düsen gespritzt. Zur Erhöhung der Zugfestigkeit werden Stahleinlagen (Bewehrung) so in den B. eingelegt, dass sie die Zugkräfte aufnehmen (**Stahl-B.**); dies ist nur möglich, weil Stahl und B. eine annähernd gleiche Wärmedehnzahl aufweisen.

Betonbau [beˈtɔŋ-, beˈtɔ̃-], Bauweise, bei der unbewehrter Beton (im Ggs. zum Stahlbetonbau) angewendet wird, z. B. bei Wohnbauten, Brücken aus reinen Betongewölben.

Betoni|e *die,* Heilpflanze, → Ziest.

Betonmischmaschine [beˈtɔŋ-, beˈtɔ̃-], Maschine, die ein Gemisch aus Zuschlagstoffen, Zement und Wasser fertigt. **Freifallmischer** (Kipptrommel-, Durchlauf-, Umkehrtrommelmischer) arbeiten absatzweise. Durch einen Schrägaufzug werden Zu-

Hans Bethe

Theobald von Bethmann Hollweg

schlagstoffe und Zement in eine Mischtrommel eingefüllt, durch eine Abmessvorrichtung wird Wasser zugesetzt. Kleinere Mischer werden durch Schwenken entleert, größere meist durch Umsteuern der Drehrichtung und Entleerungsschaufeln. Auf Großbaustellen werden auch absatzlos arbeitende **Stetigmischer** angewendet.

Betonstahl [be'tɔŋ-, be'tõ-], Stahl zur Aufnahme der Zugspannungen im →Stahlbeton.

Betonung, *Sprachwissenschaft:* →Akzent.

Betonwerkstein [be'tɔŋ-, be'tõ-], **Betonstein,** Stein aus hochwertigem Beton, dessen Oberfläche geschliffen, poliert oder steinmetzmäßig bearbeitet ist.

Betpak-Dala, kirgis. Bez. für Nördl. Hungersteppe (→Hungersteppe).

Betrag, absoluter B., *Mathematik:* Zeichen | |. Der B. einer *reellen Zahl a* ist definiert als $|a| = a$ für $a > 0$, $|a| = -a$ für $a < 0$, $|a| = 0$ für $a = 0$. Der B. einer *komplexen Zahl* $z = x + iy$ ist die reelle Zahl $|z| = \sqrt{x^2 + y^2}$. – Die wichtigsten Gesetze für den B. lauten: $|a \cdot b| = |a| \cdot |b|$ und $|a + b| \leq |a| + |b|$ **(Dreiecksungleichung).** Der B. eines *Vektors* ist seine Norm bzw. anschaulich seine Länge.

Betreibung, in der *Schweiz* Bez. für die zwangsweise Einziehung von Geldforderungen. (→Zwangsvollstreckung)

Betreuung, Rechtsverhältnis zw. einem Betreuer (natürl. Person oder B.-Verein) und einem Volljährigen (Betreuter), der aufgrund einer psych. Krankheit oder einer körperl., geistigen oder seel. Behinderung seine (rechtl.) Angelegenheiten ganz oder teilweise nicht selbst besorgen kann und deshalb der Hilfe bedarf (§§ 1896 ff. BGB). Das B.-Recht (in Kraft seit 1. 1. 1992) soll die Rechtsstellung des Kranken oder Behinderten verbessern und hat zu diesem Zweck die Entmündigung abgeschafft. Die Vormundschaft über Volljährige und die Gebrechlichkeitspflegschaft wurden durch die B. ersetzt. Die Geschäftsfähigkeit des Betreuten wird im Ggs. zur Entmündigung nicht automatisch beschränkt. Der Betreuer hat nur bestimmte Aufgaben wahrzunehmen, die der Betreute aufgrund seiner Krankheit oder Behinderung nicht selbst erledigen kann. Nach österr. Recht wird für einen geistig oder psychisch kranken Volljährigen, der seine Angelegenheiten nicht selbst besorgen kann, bei Notwendigkeit ein **Sachwalter** zur Vertretung im Rechtsverkehr bestellt (§§ 273, 273a ABGB). In der *Schweiz* gelten zurzeit noch die Bestimmungen des Vormundschaftsrechts (Art. 360 ff. ZGB, →Entmündigung), die aber durch neue Regeln über den sog. Erwachsenenschutz ersetzt werden sollen.

Betreuungsverfügung, durch eine Person vorsorglich getroffene Regelungen für den Fall der Anordnung einer →Betreuung. In der B. kann der Betroffene Wünsche bezüglich seiner Lebensweise während der Betreuung, der Person des Betreuers u. Ä. äußern. Diese müssen dann bei der Bestellung und Ausübung der Betreuung berücksichtigt werden (§§ 1897 Abs. 4, 1901 Abs. 2 BGB). →Vorsorgevollmacht.

Betrieb, organisierte Wirtschaftseinheit, in der v. a. für den Bedarf Dritter Sachgüter produziert und Dienstleistungen erbracht werden. Die betriebl. Leistungserstellung dient i. d. R. der Bedienung fremder Nachfrage, im Ggs. etwa zum privaten Haushalt, der vorwiegend konsumiert und dessen Produktion auf die Deckung des Eigenbedarfs gerichtet ist.

Der B. im Sinne einer Produktionsstätte wird i. d. R. unterschieden vom →Unternehmen, das als wirtschaftlich und rechtlich selbstständige Einheit (Wirtschaftssubjekt) verstanden wird, einen oder mehrere B. umfassen kann und weitere, von der Produktion getrennte Funktionsbereiche (z. B. strateg. Unternehmensführung, Finanzwirtschaft, Marketing, Forschung und Entwicklung) einschließt. Daher ist nicht der B., sondern das Unternehmen Gegenstand einzelwirtsch. (mikroökonom.) Analyse im Rahmen der Volkswirtschaftslehre. Dagegen stehen für die Betriebswirtschaftslehre sowohl die wirtsch. Führung des Unternehmens als auch die technisch-wirtsch. Organisation der Produktionsprozesse im B. im Mittelpunkt. In der Betriebswirtschaftslehre wird der B. vorrangig als Kombination von Produktionsfaktoren (Arbeit, Werkstoffe, Betriebsmittel, Management) verstanden. Die Organisation der Produktionsprozesse im B. ist immer sowohl durch techn. als auch durch wirtsch. Bedingungen bestimmt. Zu diesen Bedingungen zählt aber auch, dass in den B. Menschen zweckgerichtet tätig sind und in Leistungsgemeinschaften zusammenarbeiten, der B. also auch den Charakter eines sozialen Gebildes hat (→Betriebssoziologie).

Arbeitsrechtlich wird unter B. die organisator. Einheit verstanden, innerhalb derer ein Arbeitgeber mit seinen Arbeitnehmern mithilfe von techn. und immateriellen Mitteln einen bestimmten arbeitstechn. Zweck verfolgt. Der B. ist i. d. R. der Ort der Arbeitsleistung; die Verhältnisse im B. und die Dauer der Zugehörigkeit zum B. sind für Kündigungsschutz, Urlaub u. a. von Bedeutung; nach der Art des B. bestimmt sich die berufl. Gliederung der Arbeitnehmer, die Zugehörigkeit zu Berufsverbänden und damit der Geltungsbereich der Tarifverträge. Der Sitz des B. ist für zahlr. Rechtsfragen entscheidend. Der Begriff **Gewerbe-B.** unterscheidet sich vom arbeitsrechtl. Begriff durch das zusätzl. Kriterium der Gewinnerzielung.

In der *Wirtschaftsstatistik* ist ein B. eine örtl. Einheit, d. h. die örtlich getrennte Niederlassung von Unternehmen des produzierenden Gewerbes.

Im *Steuerrecht* umfasst der Begriff B. **(B.-Stätte)** jede feste Geschäftseinrichtung oder Anlage, die der Ausübung des B. eines stehenden Gewerbes (stehender Gewerbe-B.) dient (§ 12 Abgabenordnung).

betriebliche Altersversorgung, jede Versorgungsleistung, die der Arbeitgeber i. d. R. ergänzend zu den Leistungen der gesetzl. Rentenversicherung entweder selbst erbringt oder über eine rechtlich selbstständige Versorgungseinrichtung erbringen lässt, für den Fall, dass sein Arbeitnehmer wegen Alter in den Ruhestand tritt oder Invalide wird oder dass er stirbt und seine Hinterbliebenen eine Unterstützung erhalten. Der Arbeitgeber hat die Möglichkeit, seinen Arbeitnehmer über eine Direktversicherung, eine Pensionskasse, eine Unterstützungskasse oder über eine unmittelbar vom Unternehmen erteilte Versorgungszusage (sog. Direktzusage) und seit 1. 1. 2002 auch über einen Pensionsfonds abzusichern. Für die b. A. gilt das Ges. zur Verbesserung der b. A. von 1974, Abk. BetrAVG, das durch das Altersvermögens-Ges. vom 26. 6. 2001 und das Alterseinkünfte-Ges. vom 5. 7. 2004 grundlegend geändert wurde. Geregelt werden in dem sog. Betriebsrenten-Ges., das obligator. Mindestbedingungen zum Schutz der Arbeitnehmer enthält und für alle Gestaltungsformen der b. A. gilt, nur bestimmte Teilbereiche, u. a. die Haftung des Arbeitgebers, die Zusageformen, die Unverfallbarkeit von Versorgungsanwartschaften, das Anrechnungs- und Auszehrungsverbot, die flexible Altersgrenze, die Anpassung und die Insolvenzsicherung von Versorgungszusagen. Rentenanwartschaften gehen im Falle eines Arbeitgeberwechsels nicht verloren, wenn der Arbeitnehmer das 30. Lebensjahr vollendet und die Versorgungszusage mindestens fünf Jahre bestanden hat. Entgeltumwandlungszusagen sind sofort unverfallbar. Bei seit 1. 1. 2005 erteilten Versorgungszusagen (Neuzusagen) haben Arbeitnehmer das Recht, das aufgebaute Betriebsrentenkapital zu einem neuen Arbeitgeber mitzunehmen (Portabilität), wenn die Versorgung über eine Pensionskasse, einen Pensionsfonds oder eine Direktversicherung durchgeführt wurde und der Übertragungswert insgesamt die Beitragsbemessungsgrenze der gesetzl. Rentenversicherung nicht übersteigt.

Finanziert wird die b. A. ganz oder überwiegend vom Arbeitgeber; zunehmend zeichnet sich ein Trend ab, den Arbeitnehmer an der Finanzierung zu beteiligen. Aufgrund der Rentenreform (Riester-Reform, Altersvermögens-Ges. vom 26. 6. 2001) haben pflichtversicherte Arbeitnehmer ab 2002 gegenüber ihrem Arbeitgeber einen individuellen Anspruch auf Umwandlung von Teilen ihres Entgelts (**Entgeltumwandlung**, höchstens 4 % der jeweiligen Beitragsbemessungsgrenze in der Rentenversicherung im Jahr) in Ansprüche auf eine b. A. Tarifl. Entgelt kann für den Aufbau einer Betriebsrente nur genutzt werden, wenn dies durch Tarifvertrag vorgesehen ist (§ 17 Abs. 5 BetrAVG). Über die Durchführung entscheiden Arbeitgeber und Arbeitnehmer gemeinsam durch Vereinbarung. Besteht eine betriebliche Pensionskasse oder wird ein Pensionsfonds eingerichtet, kann der Arbeitgeber den Arbeitnehmer darauf beschränken, ansonsten kann der Abschluss einer Direktversicherung verlangt werden. Für bestimmte Formen der b. A. (Pensionsfonds, Pensionskasse, Direktversicherung) können der Sonderausgabenabzug und direkte Zulagen (§§ 10 a, 82 Abs. 2 EStG) in Anspruch genommen werden für eine Eigenleistung des Arbeitnehmers aus versteuertem und verbeitragtem Einkommen. Ab 1. 1. 2005 kann des Weiteren ein Sonderausgabenabzug nach § 10 EStG (Basisrente oder Rürup-Rente) in Anspruch genommen werden. Eine zusätzl. Zertifizierung der b. A. ist anders als bei der privaten Altersversorgung wegen der bereits bestehenden gesetzl. Mindeststandards nicht nötig. Erforderlich ist aber, dass lebenslange Leistungen garantiert werden. (→ Alterseinkünfte)

Betriebsabrechnung, periodenbezogene innerbetriebl. Kosten- und Leistungsrechnung (→ Kostenrechnung).

Betriebsänderung, im Sinne des Betriebsverfassungs-Ges. (§§ 111–113) die Stilllegung, Einschränkung, Ver- oder Zusammenlegung von Betrieben oder Betriebsteilen, die Spaltung von Betrieben, ferner die Änderung von Zweck, Organisation oder Anlagen des Betriebs und die Einführung von grundlegend neuen Arbeitsmethoden. B. unterliegen in Betrieben mit i. d. R. mehr als 20 wahlberechtigten Arbeitnehmern dem Mitwirkungsrecht des Betriebsrates und können sozialplanpflichtig sein.

Betriebsart, 1) *Informatik:* die Art der Bearbeitung von Daten, z. B. Stapel-, Dialog-, Echtzeit- und Mehrprogrammbetrieb.

2) *Technik:* bei elektr. Maschinen die zeitl. Folge und Dauer der Betriebszustände (z. B. Leerlauf, Belastung, Stillstand), für die das Betriebsmittel ausgelegt ist. Unterschieden werden u. a. Nenn-, Dauer-, Kurzzeit-, Aussetz-, Reversierbetrieb.

Betriebsarzt, in Betrieben haupt- oder nebenberuflich tätiger Arzt, der den Arbeitgeber beim Arbeitsschutz (z. B. durch Betriebsbegehung) und bei der Unfallverhütung in allen Fragen der Arbeitsmedizin und des Gesundheitsschutzes unterstützt. Fachl. Voraussetzungen, Rechte und Pflichten sind u. a. im Arbeitssicherheits-Ges. vom 12. 12. 1973 (i. d. F. v. 21. 12. 2000) und in speziellen Unfallverhütungsvorschriften festgelegt.

Betriebsaufspaltung, Teilung eines Betriebes in zwei rechtlich selbstständige Unternehmen (Doppelgesellschaft) zur Steuerersparnis und Risikobegrenzung. Die **Besitzgesellschaft** behält als Personengesellschaft das Vermögen, die **Betriebsgesellschaft** als Kapitalgesellschaft trägt mit beschränkter Haftung die Risiken für die Produktion und des Vertriebes. Steuersparende Gewinnverschiebungen lassen sich z. B. durch entsprechende Vermietungs- und Geschäftsführerverträge erzielen.

Betriebsausgaben, *Einkommensteuerrecht:* Aufwendungen, die durch den Betrieb des Steuerpflichtigen veranlasst sind (§ 4 Abs. 4 EStG). B. werden bei der Gewinnermittlung den **Betriebseinnahmen** (betrieblich veranlasste Erträge in Geld oder Geldeswert, z. B. Entgelte aus Warenlieferungen) gegenübergestellt, mindern den steuerl. Gewinn und damit die Steuerbelastung. Zu den nicht oder nur beschränkt abzugsfähigen B. gehören z. B. Bewirtungskosten, Bestechungsgelder, Geschenke, Mitgliedsbeiträge und Spenden an polit. Parteien.

Betriebserlaubnis, behördl. Anerkennung der Vorschriftsmäßigkeit eines Kraftfahrzeugs oder (allg.) Fahrzeugtyps.

Betriebsfunk, zellular aufgebauter nicht öffentl. Mobilfunk, der v. a. von geschlossenen Benutzergruppen (Behörden, Betriebe) genutzt wird. Im Ggs. zum → Bündelfunk wird dem Anwender eine Frequenz zugeteilt, die dieser ausschließlich nutzen kann. Betreiber des weltweit größten B.-Netzes ist die Deutsche Bahn AG.

Betriebsgeheimnis, → Geschäftsgeheimnis.

Betriebsgesellschaft, → Betriebsaufspaltung.

Betriebsjustiz, fälschl. Bez. für betriebl. Disziplinarmaßnahmen (Verweis, Geldbuße u. a.; nicht Entlassung) bei Verstößen gegen die betriebl. Ordnung. Die Disziplinarmaßnahmen müssen in einer Betriebsvereinbarung (**Betriebsbußenordnung**) unter genauer Bez. des rügefähigen Sachverhalts angedroht sein; der Ausspruch bedarf der Zustimmung des Betriebsrats. Das Verfahren muss rechtsstaatl. Grundsätzen entsprechen. Gegen die getroffenen Maßnahmen steht der Weg zum Arbeitsgericht offen.

Betriebskapital, → Umlaufvermögen.

Betriebsklima, Gesamtheit sozialer, psycholog., organisator. u. a. Faktoren, die die Arbeitsbedingungen beeinflussen. Dazu gehören Führungsstil, die Zusammensetzung von Gruppen, Entlohnung, Arbeitsorganisation und Arbeitsplatzgestaltung.

Betriebskosten, die Kosten, die dem Eigentümer durch das Eigentum am Grundstück oder durch den bestimmungsgemäßen Gebrauch des Gebäudes und des Grundstücks laufend entstehen. Die B. darf der Vermieter, soweit eine Vereinbarung mit dem Mieter einer Wohnung getroffen wurde, neben der Grundmiete gesondert auf den Mieter umlegen (Aufzählung der einzelnen B.-Arten: § 2 B.-VO vom 25. 11. 2003, in

Kraft ab 1. 1. 2004). B. sind jährlich abzurechnen, die Abrechnung muss dem Mieter spätestens 12 Monate nach Ende des Abrechnungszeitraums vorliegen (§ 556 Abs. 3 BGB). Später ist eine Nachforderung von B. nicht mehr möglich, es sei denn, der Vermieter hat die verspätete Geltendmachung nicht zu vertreten.

Betriebskrankenkassen, Abk. **BKK,** Krankenkassen (Körperschaften des öffentl. Rechts), die mit Zustimmung der Mehrheit der Betriebsangehörigen vom Arbeitgeber für einen oder mehrere Betriebe errichtet werden können, sofern er regelmäßig mindestens 1 000 Versicherungspflichtige beschäftigt und die Leistungsfähigkeit der B. auf Dauer gesichert ist.

Betriebsordnung, die Regelung betriebl. Angelegenheiten, z. B. Arbeitszeit, Ruhepausen u. a.; sie erfolgt vielfach in →Betriebsvereinbarungen.

Betriebsrat, das gewählte Organ der betriebl. Mitbestimmung und die Interessenvertretung der Arbeitnehmer eines Betriebes der privaten Wirtschaft. Rechtl. Grundlage ist in Dtl. das →Betriebsverfassungsgesetz in der Neufassung vom 25. 9. 2001 (in öffentlich-rechtl. Betrieben gilt das Recht der →Personalvertretung). B. werden in Betrieben mit mindestens fünf wahlberechtigten Arbeitnehmern, von denen drei wählbar sind (aktiv wahlberechtigt alle Arbeitnehmer über 18 Jahre, das passive Wahlrecht erfordert eine sechsmonatige Betriebszugehörigkeit), errichtet. In Unternehmen mit mehreren Betrieben kann neben den einzelnen B. ein **Gesamt-B.,** in Konzernen ein **Konzern-B.,** in gemeinschaftsweit operierenden Unternehmen unter bestimmten Voraussetzungen ein **europäischer B.** gebildet werden. Die Zahl der Mitgl. des B. ist nach der Größe des Betriebs gestaffelt und ungerade; in Betrieben mit bis zu 20 wahlberechtigten Arbeitnehmern besteht der B. aus einer Person. Das Geschlecht, das in der Belegschaft in der Minderheit ist, muss mindestens entsprechend seinem zahlenmäßigen Verhältnis im B. vertreten sein, wenn dieser aus mindestens drei Mitgl. besteht. Der B. wird in geheimer, unmittelbarer Wahl gewählt; für Kleinbetriebe mit bis zu 50 wahlberechtigten Arbeitnehmern gilt ein vereinfachtes Wahlverfahren nach § 14 a Betriebsverfassungs-Ges. Die Amtszeit des B. beträgt vier Jahre, die Mitgl. sind im erforderl. Umfang von der Arbeit ohne Minderung des Arbeitsentgelts und ohne Rechtsnachteile freizustellen, sie genießen besonderen Kündigungsschutz und führen das Amt unentgeltlich. In Betrieben mit über 200 Arbeitnehmern müssen ein oder mehrere B.-Mitgl. von der Arbeit freigestellt werden.

Aufgaben des B.: Das Ges. stellt das Verhältnis zw. Arbeitgeber und B. unter den Grundsatz der vertrauensvollen Zusammenarbeit. Neben **allgemeinen Aufgaben** (z. B. Überwachung der Einhaltung der Ges., Unfallverhütung, Entgegennahme von Beschwerden, Förderung der Vereinbarkeit von Familie und Beruf, Förderung und Sicherung der Beschäftigung im Betrieb), die er wahrnimmt, wirkt er bes. in **sozialen Angelegenheiten** (z. B. Regelung der Arbeitszeit einschl. Pausen und Urlaub, Grundsätze der Lohngestaltung) und in **personellen Angelegenheiten** (Einstellungen, Versetzungen, Entlassungen) mit. Eine ohne vorherige Anhörung des B. erfolgte Kündigung ist unwirksam. In Unternehmen mit mehr als 100 ständigen Arbeitnehmern wird zur Unterrichtung des B. in wirtsch. Angelegenheiten ein →Wirtschaftsausschuss (nicht in Tendenzbetrieben) gebildet. – In *Österreich* haben die B. weitgehende Teilnahmerechte auf personellem und sozialem Gebiet (§§ 40 ff. Arbeitsverfassungs-Ges. vom 14. 12. 1973). In der *Schweiz* können nach dem Mitwirkungs-Ges. vom 17. 12. 1993 in Betrieben mit mindestens 50 Arbeitnehmern Vertretungen aus deren Mitte bestellt werden.

Betriebsrente, →betriebliche Altersversorgung.

Betriebsrisiko, das Lohnrisiko bei einem Arbeitsausfall infolge von Störungen, z. B. Stromausfall, die weder durch den Arbeitgeber noch durch die Arbeitnehmer verschuldet sind. I. d. R. trägt der Arbeitgeber das B., d. h., er muss den Lohn weiterzahlen, wenn die Störung nicht auf das Verhalten der Arbeitnehmer zurückzuführen ist. Wenn durch die Zahlung der vollen Löhne die Existenz des Betriebes gefährdet würde, müssen die Arbeitnehmer eine Kürzung oder den völligen Lohnausfall hinnehmen. Bei Betriebsstörung aufgrund Fernwirkung eines Streiks (sog. Arbeitskampfrisiko) können gemäß Rechtsprechung Vergütungsansprüche entfallen.

Betriebsschutz, Teil des →Arbeitsschutzes. Der Arbeitgeber hat die Arbeitnehmer vor Gefahren zu schützen, die mit der Arbeitsleistung verbunden sind (z. B. durch Wartung von Maschinen und Arbeitsräumen). Das Arbeitsschutz-Ges. vom 7. 8. 1996, das die früher für die gewerbl. Wirtschaft gültige Vorschrift (§ 120 a GewO) ablöste und über deren Wirkungsbereich hinausgeht, und zahlr. VO enthalten Bestimmungen, die den Aufsichtsbehörden (→Gewerbeaufsicht) die Möglichkeit der Überwachung und der Reaktion auf Verstöße geben. Auch die Unfallverhütungsvorschriften der Berufsgenossenschaften sowie das Ges. über techn. Arbeitsmittel und Verbraucherprodukte (»Geräte- und Produktsicherheits-Ges.«) vom 6. 1. 2004 dienen dem Betriebsschutz.

Betriebssoziologie, Teildisziplin innerhalb der →Wirtschaftssoziologie, die den Betrieb, insbesondere den industriellen Großbetrieb, als ein komplexes soziales System erforscht; untersucht u. a. die Rollen- und Autoritätsstruktur im Betrieb, das Betriebsklima (auch vor dem Hintergrund betriebl. Konfliktpotenziale) und die Auswirkungen von Rationalisierung, Automatisierung und Lohnsystemen.

Betriebsstätte, im *Steuerrecht* jede feste Geschäftseinrichtung oder Anlage, die der Tätigkeit eines Unternehmens dient. Als B. gelten: a) Stätten, an denen sich die Geschäftsleitung befindet, b) Zweigniederlassungen, Produktionsstätten, Warenlager, Ein- und Verkaufsstätten u. a. Geschäftseinrichtungen, c) Bauausführungen von über 6 Monaten. B. unterliegen der →Gewerbesteuer.

Betriebsstoffe, Fertigungsstoffe, die zur Herstellung der Erzeugnisse dienen, ohne in diese direkt einzugehen (z. B. Schmierstoffe).

Betriebssystem, *Informatik:* die Software, die die Hardware eines Computers steuert und den Ressourcenbedarf der Anwendungsprogramme koordiniert. Es wird beim Startvorgang in den Arbeitsspeicher geladen. Die meisten Arbeiten versieht das B. im Hintergrund; sie bleiben dem Benutzer also verborgen, weshalb das B. oft als Teil des Computers angesehen wird. Die wichtigsten Aufgaben eines B. sind das Verfügbarmachen der installierten Hardware, die Zuteilung von Ressourcen (z. B. Prozessorkapazität, Arbeitsspeicher), die Steuerung des Datenflusses zw. Software und Hardware sowie die Dateiverwaltung.

Betriebsübergang, die rechtsgeschäftl. Übertragung eines Betriebes oder Betriebsteils auf einen anderen Inhaber (Eigentümer, Pächter). Der neue Inhaber tritt gesamtschuldnerisch in die Rechte und Pflichten aus den zum Zeitpunkt des B. bestehenden Arbeitsverhältnissen ein (§ 613a BGB). B. ist kein Kündigungsgrund. Der bisherige Arbeitgeber oder der neue Inhaber hat die betroffenen Arbeitnehmer in Textform über den Zeitpunkt, den Grund, die rechtl., wirtsch. und sozialen Folgen des B. sowie über vorgesehene Maßnahmen zu unterrichten. Der Arbeitnehmer kann dem Übergang innerhalb eines Monats nach Zugang der Unterrichtung widersprechen.

Betriebsunfall, der → Arbeitsunfall.

Betriebsvereinbarung, schriftl. kollektivrechtl. Vereinbarung zw. Arbeitgeber und Betriebsrat über eine betriebsverfassungsrechtlich regelbare Materie, z. B. die Betriebsordnung. Die B. ist im Vergleich zu Ges. und Tarifvertrag nachrangig, gilt aber für alle Betriebsangehörigen unmittelbar. Sie endet durch Zeitablauf oder – mit Nachwirkung – durch Kündigung (§ 77 Betriebsverfassungsgesetz).

Betriebsverfassung, Gesamtheit der Regeln, die die Rechte und Pflichten des Arbeitgebers gegenüber dem Betriebsrat einerseits und die des Betriebsrats und der Betriebsversammlung als Organe der Belegschaft andererseits bestimmen. Die B. wird in Dtl. festgelegt durch das → Betriebsverfassungsgesetz.

Betriebsverfassungsgesetz, Abk. **BetrVG,** Bundes-Ges. vom 15. 1. 1972 i. d. F. v. 25. 9. 2001, dessen Erstfassung 1972 das BetrVG von 1952 abgelöst hat. Letzteres galt aber für die Mitbestimmung in bestimmten Unternehmen in Teilen weiter; diese Regelungen wurden jedoch durch das Drittelbeteiligungs-Ges. vom 18. 5. 2004 ersetzt. Das BetrVG regelt, ausgehend vom Grundsatz der »vertrauensvollen Zusammenarbeit«, die betriebl. Mitbestimmung, d. h. das Zusammenwirken von Arbeitgeber und Arbeitnehmern, Letztere in Gestalt von → Betriebsrat und → Betriebsversammlung als den bedeutsamsten betriebsverfassungsrechtl. Organen, sowie die Stellung der Gewerkschaften im Betrieb. Für leitende Angestellte gilt das Ges. nicht, auch nicht für den öffentl. Dienst, karitative oder religiöse Einrichtungen und nur eingeschränkt in Tendenzbetrieben. Es ist die Grundlage für die Arbeit der Betriebsräte und der Jugend- und Auszubildendenvertretung, legt die Grundzüge ihrer inneren Ordnung und die Aufgaben der Betriebsversammlung fest. Seinen Schwerpunkt bilden die Regeln über die freiwillige und die erzwingbare Mitbestimmung (→ Einigungsstelle), bes. bei personellen, sozialen und wirtsch. Angelegenheiten. Das am 28. 7. 2001 in Kraft getretene Ges. zur Reform des BetrVG soll die Betriebsverfassung an die tief greifenden Veränderungen der Arbeits- und Wirtschaftswelt in den vergangenen Jahrzehnten anpassen und die Mitbestimmung zukunftsfähig machen (u. a. durch Erweiterung der Aufgaben des Betriebsrats und Erhöhung der Mitgliederzahl, Regelung eines vereinfachten Wahlverfahrens für den Betriebsrat in Kleinbetrieben).

Betriebsvergleich, systematisch vergleichende Gegenüberstellung betriebsrelevanter Daten (z. B. Aufwands- und Ertragsgrößen, Vermögens- und Kapitalstruktur, Investitionen, Produktivität). Der **innerbetriebl. Vergleich** beruht auf dem Zahlenmaterial eines Betriebes (Unternehmens, Betriebsteils) und wird als Zeitvergleich (Vergleich von Istdaten gleichen Charakters versch. Perioden oder Stichtage) oder Soll-Ist-Vergleich durchgeführt. Der **zwischenbetriebl. Vergleich** erstreckt sich auf vergleichbare Daten versch. Bereiche (Unternehmen, Betriebe).

Betriebsvermögen, im *Steuerrecht* alle dem Betrieb als Anlage- und Umlaufvermögen dienenden Wirtschaftsgüter. Bei ausschl. betriebl. Nutzung (Fabrikgebäude u. a.) handelt es sich um **notwendiges B.**; Vermögensgegenstände, die man steuerrechtlich bindend entweder zu B. oder zu Privatvermögen erklären kann, sind **gewillkürtes B.** (z. B. Grundstücke).

Betriebsversammlung, als Organ der betriebl. Mitbestimmung die Versammlung aller Arbeitnehmer eines Betriebs. Sie ist einmal pro Kalendervierteljahr vom Betriebsrat einzuberufen und vom Vors. des Betriebsrats geleitet. Der Betriebsrat hat der B. seinen Tätigkeitsbericht zu erstatten, außerdem können Themen, die den Betrieb unmittelbar betreffen, erörtert werden. Der Arbeitgeber ist einzuladen und hat Rederecht, er hat einmal im Jahr über das Personal- und Sozialwesen (einschließlich Stand der Gleichstellung von Frauen und Männern und Integration ausländ. Arbeitnehmer), die wirtsch. Lage und den betriebl. Umweltschutz zu berichten. Außerordentl. B. sind auf Antrag des Arbeitgebers oder eines Viertels der wahlberechtigten Arbeitnehmer einzuberufen.

Betriebswasser, früher **Brauchwasser,** für gewerbl., industrielle, landwirtsch. oder ähnl. Zwecke bestimmtes Wasser, das nicht als → Trinkwasser benutzt werden darf.

Betriebswerke, Abk. **Bw,** früher **Bahnbetriebswerke,** ausführende Organe des Betriebsmaschinendienstes der Eisenbahn, denen Regelung des Einsatzes, Pflege und Instandhaltung von Fahrzeugen und maschinentechn. Anlagen sowie die Überwachung des gesamten Zugförderungsdienstes obliegen.

Betriebswirt, Berufs-Bez. für einen Wirtschaftswissenschaftler, der das Studium der Betriebswirtschaftslehre an einer wiss. Hochschule als **Diplom-Kaufmann, Diplom-B.** oder an einer Fachhochschule als **Diplom-B. (FH), Diplom-Kaufmann (FH), Diplom-Finanzwirt (FH)** abgeschlossen hat. Absolventen einer Fachschulausbildung führen die Bez. **staatlich geprüfter B., techn. B.** oder **prakt. B.,** Absolventen der Verwaltungs- und Wirtschaftsakademien die Bez. **B. (VWA),** Absolventen der Dt. Angestelltenakademie die Bez. **B. (DAA),** Absolventen der Berufsakademien die Bez. **B. (BA)** oder **Diplom-B. (BA).**

Betriebswirtschaftslehre, Abk. **BWL,** Lehre von der Führung (Organisation, Steuerung) von Unternehmen (Betrieben); der engl. Ausdruck → Business Administration ist nicht vollständig synonym zu BWL. Die BWL bildet neben der Volkswirtschaftslehre eine der beiden grundlegenden Teildisziplinen der Wirtschaftswissenschaft.

Gegenstand der BWL sind alle Unternehmen, die Sachgüter oder Dienstleistungen erstellen. Zu ihnen zählen neben gewinnorientierten (erwerbswirtsch.) auch öffentl. Unternehmen; teilweise werden auch öffentl. Verwaltungen als Gegenstand betrachtet. Ziele der BWL sind die Beschreibung und Erklärung einzelwirtsch. Handelns (**betriebswirtsch. Theorie**) sowie die Erarbeitung von Handlungsempfehlungen (Verfahrensregeln) für die Praxis (**angewandte BWL**). Die normativen Aussagesysteme der BWL betreffen die Festlegung von Unternehmenszielen, die Gestaltung und Steuerung betriebl. Leistungs- und Austauschprozesse, die Entscheidungen hinsichtlich Art und Menge der zu beschaffenden Produktionsfaktoren (menschl. Arbeit, Investitionsgüter, Roh-, Hilfs- und Betriebsstoffe, Informationen u. a.) und deren Einsatz

(Faktorkombination in der Leistungserstellung), die Verwertung der erbrachten Leistung auf dem Markt sowie finanzwirtsch. Entscheidungen (Liquiditätssicherung u. a.).

Die **allg. BWL** befasst sich mit Erscheinungen und Problemen, die allen Betrieben gemeinsam sind. Zu ihnen gehören v. a. Theorien über die strateg. und operative Unternehmensführung unter Berücksichtigung der absatz- und beschaffungsmarktbezogenen, gesamtwirtsch., politisch-rechtl. und sonstigen Rahmenbedingungen. Eine Sonderrolle spielt die betriebswirtsch. Steuerlehre, die zwar einen für alle Betriebe relevanten Teilaspekt der Rahmenbedingungen behandelt, üblicherweise jedoch nicht zur allg. BWL gezählt wird. Umgekehrt werden die Grundelemente der **betriebswirtsch. Funktionslehren** dem Kernbereich der allg. BWL zugerechnet, obwohl dort auch Aufgaben behandelt werden, die nicht für alle Betriebe von Bedeutung sind. Grundsätzlich kann zw. leistungs-, finanz- und steuerungsbezogenen Funktionslehren unterschieden werden. Zum Leistungssystem zählen die Teilfunktionen Beschaffung und Logistik (Materialwirtschaft), Produktion (Produktionswirtschaft) und Absatz (Absatzwirtschaft, Marketing einschließlich Werbung, Vertrieb und Marktforschung). Diese Bereiche werden ergänzt durch finanzwirtsch. Funktionen (Investition und Finanzierung). Aufgabe des Steuerungssystems (Lenkungssystem) ist zum einen die Schaffung der Voraussetzungen für eine koordinierte Wertschöpfung, zum anderen die Steuerung von Betrieben. Es umfasst die Bereiche Informationswirtschaft (Controlling, Rechnungswesen), Personalwesen (Personalwirtschaft) und Unternehmensführung (Organisation und Führung, Planung und Kontrolle).

Die Kernbereiche der allg. BWL werden ergänzt durch **spezielle Betriebswirtschaftslehren.** Hierzu zählen u. a. die **Wirtschaftszweiglehren,** die sich mit betriebswirtsch. Fragen einzelner Branchen befassen. Traditionell wird zw. Industrie-, Handels-, Bank-, Versicherungs- und landwirtsch. Betriebslehre sowie der Lehre von den öffentl. Betrieben und der öffentl. Verwaltung unterschieden. Zu den Wirtschaftszweiglehren sind ferner die Bereiche Wirtschaftsprüfung, Genossenschaftswesen und Tourismus zu zählen. Des Weiteren gibt es eine Reihe spezieller Betriebswirtschaftslehren, die den Aspekt der method. Unterstützung besonders hervorheben; hierzu zählen neben den Teildisziplinen Controlling und Rechnungswesen auch die Bereiche Operationsresearch (quantitativ-mathemat. Unternehmensforschung) und Wirtschaftsinformatik. Seit Ende der 1980er-Jahre haben sich mit der internat. und ökologieorientierten BWL zwei Richtungen etabliert, die sich mit unternehmensübergreifenden Fragen befassen. Angesichts ihres Querschnittscharakters ist es strittig, ob sie zu den speziellen Betriebswirtschaftslehren oder zur allg. BWL zu rechnen sind.

Betrug, Vermögensdelikt, das begeht, wer in der Absicht, sich oder einem Dritten einen rechtswidrigen Vermögensvorteil zu verschaffen, das Vermögen eines anderen dadurch schädigt, dass er durch Täuschung einen Irrtum erregt oder unterhält und den Getäuschten zu einer Vermögensverfügung veranlasst (§§ 263 ff. StGB). B. begeht z. B. jemand, der sich unter Vortäuschung seiner Zahlungsfähigkeit oder -willigkeit Kredite oder Warenlieferungen erschleicht. B. gegen Angehörige, Vormünder, Betreuer, Erzieher wird nur auf Antrag verfolgt. B. kann mit Freiheitsentzug bis zu fünf (in bes. schweren Fällen bis zu zehn) Jahren oder mit Geldstrafe bestraft werden. Gesondert geregelte Fälle des B. sind z. B. der Computer-B., der Kapitalanlage-B. und der Kreditbetrug. – Ähnl. Vorschriften bestehen auch in *Österreich* (§§ 146 ff., 166/167, 278 StGB) und in der *Schweiz* (Art. 146 ff. StGB).

Betsäule, → Bildstock.

Betschuanaland, trockenes Hochland im südl. Afrika, S-Teil der Kalahari, 800 bis 1 300 m ü. M., bewohnt von den Tswana (früher Betschuana gen.), gehört politisch z. T. zu Botswana, z. T. zur Rep. Südafrika.

Betstuhl, Betpult, Kniebank mit Pult zum Auflegen der Hände und des Gebetbuchs beim Gebet.

Bett, 1) *allg.:* Nachtlager, Holz- oder Metallgestell mit Matratze.

Geschichte: Als selbstständiges Möbel (Gestell mit Füßen) ist das B. seit dem 2. Jt. v. Chr. in Ägypten und im Vorderen Orient nachweisbar. Bei Griechen und Römern bestand das Gestell aus Holz, vereinzelt aus Metall; der mit vier oder sechs Füßen versehene Rahmen war mit Gurten oder Riemen bespannt. Es diente zugleich als Speisesofa (**Kline**). Im MA. benutzte man einen Holzkasten, der auf vier niedrigen Pfosten stand, als Bettstatt; es überwog das Mehr-Personen-B. Baldachine oder B.-Himmel finden sich seit dem 12. Jh. Die Benutzung des Einzel-B. galt als Vorrecht des Adels. In höf. Kreisen wurde das B. zum Prunkmöbel, seit dem 18. Jh. mit auskragendem Baldachin; um 1650 bekam das B. seinen Platz vielfach im Alkoven. Im 18. Jh. vollzog sich die Trennung von B. als Sofa und als Schlafstätte. Auf dem Land war v. a. das Himmel-B. verbreitet, z. T. auch das Wand-B. (Butze). Im 19. Jh. kam das aus eisernen Rohren bestehende B. mit Sprungfedermatratze auf. Moderne B.-Gestelle werden v. a. aus Holz, Stahl oder Stahlrohr gearbeitet und sind entsprechend lackiert, mit einem Furnier versehen oder gepolstert. In Form einer gekammerten, wassergefüllten und elektrisch beheizbaren Matratze, urspr. zum möglichst druckfreien Lagern von Kranken eingesetzt, fungiert in neuerer Zeit das **Wasserbett** auch als Möbel für den tägl. Gebrauch.

2) *Geomorphologie:* **Bach-, Fluss-, Strom-B.,** von fließenden Gewässern geschaffene und dauernd oder zeitweilig von Wasser erfüllte Geländerinne.

3) *Maschinenbau:* Mauerung oder meist kastenförmiges Untergestell einer Maschine zur Aufnahme aller Bewegungsteile und ihrer Führungen.

Bet|tag, in der *Schweiz* ein staatl. Feiertag mit patriotisch-religiösem Charakter (Eidgenöss. Dank-, Buß- und B.); 1832 eingeführt und auf den 3. Sonntag im September festgelegt.

Bettelheim, Bruno, österr.-amerikan. Psychologe, * Wien 25. 8. 1903, † (Selbsttötung) Silver Spring (Md.) 13. 3. 1990; Beiträge bes. zur Psychologie und Therapie v. a. autist. Kinder, zur Sozialpsychologie und zur Psychologie des Märchens.

Betteln, das Ansprechen von Fremden um Gaben (Almosen). Zu allen Zeiten und in fast allen Gesellschaften verbreitet, trat das Bettelwesen bes. im Spät-MA. in den anwachsenden Städten hervor (begünstigt durch ein religiös motiviertes Recht auf Hilfe bzw. die Pflicht zur Hilfeleistung). Im 19. Jh. trat die staatl. Armengesetzgebung allmählich neben die private und kirchl. Wohlfahrtspflege.

Bettelorden, Mendikanten, Bettelmönche, kath. Mönchsorden, in denen im Unterschied zu den »Besitzorden« nicht nur der einzelne Mönch, sondern auch die Gemeinschaft auf Besitz verzichtet und sich durch Arbeit oder Betteln erhält; sie betreiben Seelsorge. Die B. entstanden im 13. Jh. als Reaktion auf die Verweltlichung der Kirche (mittelalterl. Armutsbewegung). Als B. im ursprüngl. Sinn gelten die Franziskaner und Dominikaner, später wurden auch die Augustiner, Karmeliter und einige kleinere Orden zu ihnen gezählt.

Betti, Ugo, ital. Schriftsteller, * Camerino (Prov. Macerata) 4. 2. 1892, † Rom 9. 6. 1953; Richter; stellte in seinen psychoanalytisch gefärbten Dramen (u. a. »Korruption im Justizpalast«, 1944) Weltschmerz und Tragik des hilflosen Menschen dar; schrieb auch Novellen, Lyrik und einen Roman.

Bettleroper, → Ballad-Opera.

Bettlerzinken, ein Geheimzeichen, → Zinken.

Bettnässen, Enuresis, Enurese, ungewollter Harnabgang bei Tag oder Nacht; bei Kindern nach vollendetem 3. Lebensjahr eine meist psychisch bedingte Unfähigkeit (z. B. bei übermäßiger Angst), den Entleerungsmechanismus der Blase zu beherrschen. B. wird durch Arzneimittel und Psychotherapie erfolgreich behandelt.

Bettung, im *Straßenbau* Schotterunterlage, (Kies-)Sandschicht, in die Pflastersteine gesetzt oder gerammt werden; im *Eisenbahnbau* ein Teil des Oberbaus.

Bettwanze, → Plattwanze.

Betuwe ['be:ty:wə; niederländ. »Bataver-Aue«] *die,* fruchtbare Flussmarsch zw. Lek und Waal in der Provinz Gelderland, Niederlande; Zentren sind Arnheim und Nimwegen.

Betzdorf, Stadt im Landkr. Altenkirchen (Westerwald), Rheinl.-Pf., an der Sieg, 10 400 Ew.; Gartengeräteproduktion, Bürobedarf, Metall- und Textilind. – Betzdorf, 1382 erstmals erwähnt, wurde 1953 Stadt.

Beuel, ehem. Stadt, seit 1969 Teil von → Bonn, am rechten Rheinufer, NRW.

Beugemittel, Recht: → Ordnungsmittel, → Zwangsmittel.

Beugemuskeln, Beuger, Flexoren, Muskeln, die an zwei gelenkig miteinander verbundenen Knochen so angeheftet sind, dass sich die Knochen beim Zusammenziehen (Verkürzen) der Muskeln einander nähern. Ggs.: Streckmuskeln.

Beughelball ['bø:xəl-], *Sport:* niederländ. Spiel, bei dem eine Holzkugel mit einem hölzernen Schläger durch einen in den Boden gesteckten Reifen getrieben wird; wird auch auf dem Eis gespielt.

Beugung, 1) *Physik:* **Diffraktion,** bei Wellenvorgängen (Wasser-, Schall-, elektromagnet. Wellen) jede nicht durch Brechung, Reflexion oder Streuung bedingte Abweichung von der geradlinigen Ausbreitung, die insbes. durch Hindernisse (Kante, Spalt u. a.) oder Dichteänderungen des durchquerten Mediums verursacht wird; sie ist stets mit → Interferenz verbunden. Die B. lässt sich mit dem → huygensschen Prinzip erklären; sie wird merklich, wenn die Abmessungen des Hindernisses von ungefähr gleicher Größe oder kleiner als die Wellenlänge sind. B. tritt bei jeder Art von Wellen (auch bei Teilchenstrahlen) auf (→ Elektronenbeugung, → Neutronenbeugung). – Bei der eng mit Interferenzerscheinungen verknüpften B. des Lichts an einem Spalt sind auf einem Schirm abwechselnd dunkle (B.-Minima) und helle (B.-Maxima)

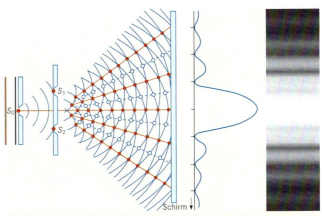

Beugung 1): Beugung und Interferenz am Doppelspalt; man erkennt an der aufgetragenen Helligkeitsverteilung, dass die Intensität der Beugungsmaxima mit zunehmendem Abstand vom Bildzentrum rasch abnimmt.

Streifen mit nach außen abnehmender Intensität als B.-Bild beobachtbar, aus deren Abstand mithilfe der Spaltbreite die Wellenlänge des Lichts berechnet werden kann. Die Erscheinung wird bes. deutlich, wenn anstelle eines Spalts ein B.-Gitter (→ Gitter) verwendet wird. Fällt nicht einfarbiges (monochromat.), sondern weißes Licht auf das Gitter, so entsteht das farbige B.-Spektrum (→ Spektrum). Die B. ist die Ursache für die Begrenzung des Auflösungsvermögens in opt. Systemen.

2) *Sprache:* die → Flexion.

Beule, Vorwölbung der Haut, hervorgerufen durch Ansammlung von Gewebeflüssigkeit, Blut oder Eiter.

Be|urkundung, von einer mit → öffentlichem Glauben versehenen Person (z. B. Notar) oder einer Behörde in der gesetzl. Form vorgenommene protokollar. Niederlegung der vor ihr abgegebenen Erklärungen; v. a. bei Grundstücksgeschäften notwendig.

Beuron, Gemeinde im Landkr. Sigmaringen, Bad.-Württ., 700 Ew.; Wallfahrtsort im oberen Donautal, mit dem Mutterkloster der **Beuroner Kongregation** der Benediktiner (als Augustinerstift 1075 gegr., 1803 säkularisiert, 1862 erneuert) mit Vetus-Latina-Inst. zur Herausgabe der altlat. Bibel und Palimpsestforschung.

Beuschel, Beuscherl, Bäuschel, in *Österreich* und *Bayern* Bez. für die essbaren Innereien (Herz, Lunge, Leber, Milz) bes. von Kalb und Lamm; als Gericht haschiert und pikant abgeschmeckt.

Beust, 1) Friedrich Ferdinand Graf (seit 1868) von, sächs. und österr. Politiker, * Dresden 13. 1. 1809, † Schloss Altenberg (bei Greifenstein, NÖ) 24. 10. 1886; wurde 1849 sächs. Außenmin., 1852 auch Innenmin. und 1858 Min.-Präs. Er vertrat unter dem Aspekt seiner → Triasidee zunehmend eine antipreuß. Politik. Nach dem Dt. Krieg (1866) trat er von seinen Ämtern in Sachsen zurück. Im Okt. 1866 wurde B. österr. Außenmin., 1867 Min.-Präs. und Reichskanzler (Rücktritt 1871). Er setzte den österr.-ungar. Ausgleich von 1867 und die Wiederherstellung der konstitutionellen Verf. durch.

2) Ole von, Politiker (CDU), * Hamburg 13. 4. 1955; Jurist; wurde 1971 Mitgl. der CDU, 1978 Mitgl. der Hamburg. Bürgerschaft, 1993 Vors. der CDU-Bürgerschaftsfraktion, am 31. 10. 2001 Erster Bürgermeister von Hamburg (bis 2004 in einer Koalition mit der

Friedrich Ferdinand von Beust

Ole von Beust

Beutelmeise (Remiz pendulinus) beim Nestbau

»Partei Rechtsstaatl. Offensive«, sog. »Schill-Partei«, und der FDP, ab 2004 in einer CDU-Alleinregierung.), errang in den Neuwahlen vom 29. 2. 2004 für seine Partei die absolute Mehrheit der Mandate.

Beute, 1) *allg.:* bei Krieg, Jagd, Plünderung, Diebstahl u. Ä. angeeignetes Gut, →Beuterecht.

2) *Imkerei:* die Wohnung eines Bienenvolkes.

Beutekunst, Bez. für im Zuge von Kriegen verschleppte Kulturgüter (z. B. Archivalien, Bibliotheksbestände, Kunstgegenstände), bes. die Wegnahme von Kulturgütern im oder nach dem Zweiten Weltkrieg einerseits durch den von Dtl. betriebenen Kunstraub, andererseits durch die Alliierten (insbes. die UdSSR). Das Völkerrecht (u. a. Haager Landkriegsordnung, Haager Kulturgutschutzkonvention) erstrebt das Verbot der Beschädigung und Wegnahme von Kulturgütern im Krieg (→Kulturgüterschutz).

Beutelbär, der →Koala.

Beuteldachse, die →Bandikuts.

William Beveridge of Tuggal

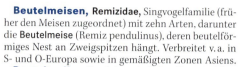

Joseph Beuys: Einschmelzaktion Zarenkrone – Friedenshase (1982; Kassel, documenta 7)

Beutelmeisen, Remizidae, Singvogelfamilie (früher den Meisen zugeordnet) mit zehn Arten, darunter die **Beutelmeise** (Remiz pendulinus), deren beutelförmiges Nest an Zweigspitzen hängt. Verbreitet v. a. in S- und O-Europa sowie in gemäßigten Zonen Asiens.

Beutelmulle, Beutelmaulwürfe, Notoryctidae, Familie bis 18 cm langer, stummelschwänziger Beuteltiere, die in Trockengebieten Australiens leben. Sie besitzen zu Grabschaufeln umgebildete Extremitäten und wühlen unterirdisch im Erdboden nach Würmern und Insektenlarven. Der kleine Beutel öffnet sich nach hinten.

Beutelratten, Didelphidae, Familie der Beuteltiere, maus- bis katzengroße langschwänzige Tiere in S- und im südl. N-Amerika, mit Greifschwanz, spitzer Schnauze und raubtierähnl. Gebiss; Allesfresser. (→Opossums)

Beuteltiere, Marsupialia, Ordnung (bzw. Unterklasse) der Säugetiere, in der Gegenwart fast nur in Australien, Neuguinea und Südamerika vorkommend. Die Jungen werden meist in einem sehr frühen Entwicklungsstadium geboren und während ihrer Weiterentwicklung in einer Hauttasche (Beutel) am Bauch des Weibchens getragen, die die Zitzen einschließt und von einem Paar Beutelknochen gestützt wird. Scheide und Gebärmutter sind doppelt ausgebildet (deshalb früher auch die Bez. **Didelphier**). Zu den B. gehören u. a. die Kängurus, Wombats und der Koala.

Beutelwolf, Beutelhund, Thylacinus cynocephalus, räuber. Beuteltier Tasmaniens, graubraun, schwarz getigert; ist wahrscheinlich 1936 ausgestorben. Seine Körperlänge betrug bis 2 m, das Gewicht bis 25 kg.

Beuterecht, das Recht einer Krieg führenden Macht, sich feindl. Gut anzueignen. Im Landkrieg ist feindl. Privateigentum geschützt; es darf nur bei dringender militär. Notwendigkeit weggenommen und nur für bestimmte Zwecke beschlagnahmt werden (→Requisition). Kulturgüter unterliegen dem B. nicht (→ Kulturgüterschutz). Der einzelne Soldat oder Zivilist, der sich feindl. Gut aneignet, begeht Plünderung. Über das B. im Seekrieg (Seebeute) →Prise.

Beuthen, dt. Name der poln. Stadt →Bytom.

Beuys [bɔis], Joseph, Plastiker, Zeichner und Aktionskünstler, * Krefeld 12. 5. 1921, † Düsseldorf 23. 1. 1986; 1961–72 Prof. an der Kunstakademie Düsseldorf; begann mit Zeichnungen, später folgten Objekte, Environments, rituelle Aktionen in Zusammenhang mit der Fluxusbewegung sowie polit. und ökolog. Aktionen, mit denen er seine Theorien künstler. Kreativität auf alle Lebensbereiche auszudehnen versuchte. Seinem gesamten Schaffen liegt die Suche nach dem verlorenen »ganzen« Menschen zugrunde, in dem Natur und Kultur, Mythos und Wissenschaft wieder eins werden.

Beveridge of Tuggal [ˈbevərɪdʒ əv -], William **Beveridge,** 1. Baron (seit 1946), brit. Sozial- und Wirtschaftspolitiker, * Rangpur (Bengalen, heute Bangladesh) 5. 3. 1879, † Oxford 16. 3. 1963; führte in Großbritannien Arbeitsämter und die Arbeitslosenversicherung ein. 1942 arbeitete er eine Denkschrift über Sozialversicherung aus (**B.-Plan**), die die brit. Sozialgesetzgebung von 1946 vorbereitete.

Beverley [ˈbevəlɪ], Stadt in der Unitary Authority East Riding of Yorkshire, NO-England, 29 100 Ew.; got. Münster (13.–15. Jh.; mit Percy Shrine, nach 1339, im Decorated Style); Bau von Fischtrawlern.

Beverly Hills [ˈbevəlɪ ˈhɪlz], Stadt in Kalifornien, USA, vom Stadtgebiet von Los Angeles umgeben, 34 900 Ew.; exklusives Wohngebiet.

Beverstausee, bis 2 km² großer Stausee in der Bever (Zufluss der Wupper), im Bergischen Land bei Hückeswagen.

Beverungen, Stadt im Kr. Höxter, NRW, an der oberen Weser, 15 100 Ew.; Korbmacher-Museum im Ortsteil Dalhausen; Holz verarbeitende Ind. – Burganlage des 14. Jh. – Seit 1417 Stadt.

Beverwijk [-ˈwɛjk], Gemeinde in der niederländ. Provinz Nordholland, im IJmuiden-Velsener Industriegebiet an der Mündung des Nordseekanals, 37 000 Ew.; Hafen; Gartenbau. Der Ortsteil **Wijk an Zee** ist Seebad. – Seit 1298 Stadt.

Bevin [bevn], Ernest, brit. Politiker (Labour Party) und Gewerkschafter, * Winsford (Cty. Somerset) 9. 3. 1881, † London 14. 4. 1951; war 1922–40 Gen.-Sekr. der von ihm gegründeten Transportarbeitergewerkschaft, 1940–45 Arbeitsmin.; förderte als Außenmin. (1945–51) den Abschluss des Brüsseler Vertrags und des Nordatlantikpakts.

Bevölkerung, die Gesamtheit aller Personen, die in einem bestimmten Gebiet leben. Je nach Fragestellung kann ein solches Gebiet die gesamte Erde umfassen (Welt-B.) oder sehr eng eingegrenzt sein (z. B. Stadtteil). B.-Zahlen werden durch Volkszählung ermittelt und durch Mikrozensus und Fortschreibung aktualisiert. Die B.-Zahl dient als Bezugsgröße für demograf. Kennzahlen (z. B. B.-Dichte, Geburtenziffer) und für Wirtschaftsstatistiken (z. B. Pro-Kopf-Einkommen, Fahrzeuge pro Ew.). Sie ist in regionaler Gliederung für Verwaltung (z. B. Finanzausgleich) und Planung (z. B. Wohnungs- und Straßenbau, Bildungswesen, Marktforschung) wichtig. Die B.-Zahl unterliegt durch die **natürl.** (biosoziale) **B.-Bewegung** (Geburten, Sterbefälle) und die **räuml. B.-Bewegung** (Wanderungen und Umzüge) einer ständigen Veränderung.

Bevölkerungsdichte, der Quotient aus der Bev.-Zahl und der Fläche, auf der diese Bev. lebt, i. d. R. angegeben in Ew. je km².

Bevölkerungsentwicklung, die Veränderung der Bev.-Zahl eines bestimmten Gebietes, die von den Faktoren Geburtenhäufigkeit, Sterblichkeit (Lebenserwartung) sowie (v. a. bei kleineren Raumeinheiten) Zu- und Abwanderung abhängig ist; diese wiederum werden entscheidend von der Altersstruktur bestimmt. Da sich die globale B. bislang immer nur durch einen Anstieg der Weltbev. auszeichnete, wird die Bez. **Bev.-Wachstum** in einem nahezu synonymen Sinn verwendet; aufgrund hoher Zuwachsraten und einer immer größeren absoluten Zunahme der Bev.-Zahl wird seit den 1970er-Jahren häufig von einer »Bev.-Explosion« gesprochen. Das Maß der B. ist die Wachstumsrate der Bev., die definiert ist als die jährl. Zu- oder Abnahme der Bev.-Zahl, ausgedrückt in Prozent. 1970 betrug die Weltbev. etwa 3,7 Mrd., 2005 etwa 6,46 Mrd. Menschen, die Wachstumsrate belief sich zw. 1995 und 2000 auf 1,35 %, was einer Verdopelungszeit von 58 Jahren entspricht. Die durchschnittliche jährl. Wachstumsrate der Bev. für 1995–2000 betrug in Afrika 2,41 %, in Mittel- und Südamerika 1,69 %, in Asien 1,41 %, in Australien und Ozeanien 1,37 %, in Nordamerika 0,9 % und in Europa −0,04 %.

Die Weltbev. vergrößerte sich in den Jahrhunderten vor Christi Geburt wie auch danach nur sehr langsam.

Bevölkerungsentwicklung:
Weltbevölkerung in Vergangenheit und Zukunft

Zeit	Bevölkerung (in Mio.)	Wachstumsrate (in %)	Verdopplungszeit (in Jahren)
8000–6000 v. Chr.	5–10	~0	>1000
1 n. Chr.	200–400	~0	>1000
1650	470–545	~0	>1000
1750	629–961	0,4	173
1850	1 128–1 402	0,5	139
1900	1 550–1 762	0,5	139
1950	2 519	0,8	83
1960	3 021	1,8	38
1970	3 696	2,0	34
1980	4 435	1,8	39
1990	5 264	1,7	41
2000	6 071	1,4	50
2025	7 851	1,0	68
2050	8 919	0,5	137

Bei einer Wachstumsrate von nahezu null bedurfte es mehrerer Jahrtausende, bis sich die Weltbev. verdoppelt hatte. Um 1650 gab es etwa 500 Mio. Menschen auf der Erde, die Wachstumsrate betrug 0,3 % jährlich; dies entsprach einer Verdoppelungszeit von rd. 250 Jahren. Seit etwa dem Ausgang des MA. unterliegt die B. derjenigen Völker, die sich in der Einflusssphäre des zivilisatorisch-techn. Fortschritts befinden, einem gesetzmäßigen Mechanismus (demograf. Übergang): Nach einer Periode relativ stabilen Gleichgewichts bzw. nur geringer Geburtenüberschüsse, in der hohen Geburtenraten entsprechend hohe Sterberaten gegenüberstehen, sinken infolge der Verbesserung der hygien. und medizin. Verhältnisse zunächst die Sterberaten, wodurch hohe Geburtenüberschüsse entstehen. Im weiteren Verlauf passen sich jedoch die Geburtenraten den – weiterhin abnehmenden – Sterberaten an, was zu einem erneuten Gleichgewicht führt, bei dem die Bev.-Zahl über lange Zeit stagniert oder sogar zurückgeht.

Bestimmende Faktoren hierfür sind der ökonom. und soziale Wandel: die Verstädterung, die Veränderung der Lebensgewohnheiten (z. B. höhere Aufwen-

Bevölkerungsentwicklung:
Entwicklung der Geburtenhäufigkeit in den Kontinenten und großen Regionen der Welt 1950–90 und Prognose der UN zur Entwicklung 2005–10

Kontinent/Region	Geburten je Frau*)		
	1950–55	1985–90	2005–10 (mittlere Variante)
Welt	5,02	3,38	2,55
Industrieländer	2,84	1,83	1,59
Entwicklungsländer	6,17	3,84	2,75
Europa	2,66	1,83	1,43
Afrika	6,72	6,11	4,68
Asien	5,89	3,40	2,35
Nordamerika	3,47	1,90	1,98
Lateinamerika	5,89	3,43	2,38
Australien und Ozeanien	3,87	2,55	2,23

*) Summe der altersspezifischen Geburtenziffern je 1 000 Frauen im Alter von 15 bis unter 45 Jahren

dungen für einen angemessenen Lebensstandard des Einzelnen) und v. a. der Lebenssicherung, da die soziale Sicherung durch Großfamilie und Sippenverband durch gesellschaftl. Einrichtungen (Sozialversicherung, Altersversorgung) ersetzt und somit die Kleinfamilie begünstigt wird. Erst in jüngster Zeit treten zusätzlich Familienplanung und Geburtenkontrolle in Erscheinung, verstärkt durch Frauenerwerbstätigkeit, Konsum- und Freizeitstreben sowie Individualisierung.

Während die westl. Ind.-Nationen diesen »Bev.-Zyklus« vollständig durchlaufen haben und im Wesentlichen stabile, wenn nicht zurückgehende Bev.-Zahlen aufweisen, befinden sich die Länder der Dritten Welt überwiegend noch in der Phase des schnellen, wenn auch teilweise rückläufigen Bev.-Wachstums. Bev.-Veränderungen vollziehen sich in der Dritten Welt vielfach in anderen Größenordnungen als in den Ind.-Nationen. Nach Schätzungen der UN wird die Weltbev. im Jahre 2015 etwa 7,2 Mrd. Menschen betragen. Davon werden 83 % in Entwicklungsländern leben, im Jahre 2050 86 % von 9,1 Mrd. Menschen.

Bevölkerungsgeografie, Teilgebiet der Anthropogeografie; befasst sich mit der Verteilung der Bev. auf der Erde und in deren Teilräumen sowie mit ihren Veränderungsprozessen und funktionalen Beziehungen.

Bevölkerungspolitik, zielgerichtete Maßnahmen, um Zahl und/oder Zusammensetzung einer Bev. zu beeinflussen. Man unterscheidet zw. einer **quantitativen B.,** die es mit den Problemen eines Zuviel oder Zuwenig an Menschen in einem Land zu tun hat, und einer **qualitativen B.,** die auf die Zusammensetzung der Bevölkerung einzuwirken sucht. Die qualitative B. ist im Hinblick auf die Beeinflussung der Geburtenentwicklung wegen ihrer mögl. rassist. Tendenzen (z. B. im nat.-soz. Dtl.) und ihrer Nähe zur Manipulation (Eugenik, Gentechnik) stark in Misskredit geraten. Ansatzpunkte einer B. können die Geburtenentwicklung, die Wanderungen sowie die Heirats- und Scheidungshäufigkeit sein. Wegen der vielfältigen Wechselwirkungen der für eine B. relevanten Entscheidungen im Mikrobereich der Familie (Geburten, Heirat, Scheidung, Umzug) mit Einflüssen aus dem Makrobereich von Staat und Gesellschaft (z. B. Arbeits-, Wohnverhältnisse, steuerl., sozialrechtl. Regelungen) ist eine Abstimmung der B. u. a. mit der Sozial-, Wohnungs-, Arbeitsmarkt-, Steuerpolitik, in Entwicklungsländern v. a. auch mit der globalen Entwicklungspolitik, unerlässlich. Während die Sterblichkeit durch die Gesundheitspolitik und die Wanderungen primär durch die Ausländer- und Raumordnungspolitik beeinflusst werden, versucht man auf die Geburtenentwicklung mittels familienpolit. Maßnahmen einzuwirken, in Entwicklungsländern v. a. über Familienplanungsprogramme.

Bevölkerungsprojektion, →Bevölkerungsstatistik.

Bevölkerungsstatistik, Zweig der angewandten Statistik, der zahlenmäßige Angaben über die Bev.-Entwicklung liefert und deren Analyse mit demograf. und bevölkerungsmath. Maßzahlen ermöglicht; i. e. S. Bez. für die Methodenlehre zur Analyse der bei der Bev.-Entwicklung ablaufenden Prozesse.

Die Statistik des Bev.-Standes ermittelt für einen Stichtag durch Volkszählung und Mikrozensus die Größe und Struktur der Bev. nach Alter, Geschlecht, Familienstand und Nationalität, ihre regionale Verteilung, ihre Zusammensetzung nach Bildung, Konfession, Beruf, Erwerbstätigkeit sowie ihre Gliederung in Haushalts- und Familienformen. Die Veränderung des Bev.-Standes wird mittels Statistiken der Bev.-Bewegung jährlich aktualisiert und fortgeschrieben oder auch in die Zukunft weitergeschätzt (**Bev.-Projektion**). Als Quellen dienen die monatlich und jährlich ausgewerteten Verw.-Unterlagen der Standesämter, Meldebehörden und Familiengerichte.

Bevölkerungswachstum, →Bevölkerungsentwicklung.

Bevölkerungswissenschaft, Demografie, Demographie, die Lehre von der Struktur und Entwicklung einer Bev. sowie von den dafür verantwortl. Ursachen und den daraus möglicherweise erwachsenden künftigen Wirkungen; wird häufig unterteilt in einen mehr quantitativ und in einen primär qualitativ orientierten Zweig. Der quantitative Zweig (Demografie i. e. S.) konzentriert sich auf die →Bevölkerungsstatistik, der qualitative (auch **Bevölkerungsforschung** gen.) untersucht Gestaltungsmöglichkeiten innerhalb der Bev.-Entwicklung, womit sich v. a. die Bev.-Politik befasst.

Geschichte: Die systemat. Beschäftigung mit Bev.-Problemen kann bereits bei frühen Denkern Asiens, der europ. Antike und des MA. nachgewiesen werden. Der Aufbau einer eigenständigen Wiss. setzte jedoch erst spät ein, da die Entdeckung quantitativer Beziehungen im Bev.-Aufbau und bei dessen Veränderungen zunächst lediglich als Beleg für die »göttl. Ordnung« (J. P. Süßmilch, 1741) verstanden wurde. Die von J. Graunt (1662), C. Neumann (1689), Sir W. Petty (1690) und E. Halley (1693) entwickelten Modelle zur Beschreibung der Absterbeordnung (→Sterbetafel) und der Reproduktion haben die Ausgangsbasis der Demografie geschaffen. Die Bev.-Theorie begann sich dann v. a. aus den Auseinandersetzungen zu entwickeln, die von der Streitschrift T. R. →Malthus' gegen die Armengesetzgebung (1798) ausgelöst wurden.

Bevollmächtigter, Inhaber einer →Vollmacht.

Bewaffnung, die Ausstattung eines Soldaten, einer militär. Einheit, eines Kampffahrzeugs, Kriegsschiffes oder Militärflugzeuges mit Waffen (einschließlich Abschuss- und Abwurfeinrichtungen).

Bewährungsfrist, →Strafaussetzung zur Bewährung; →bedingte Verurteilung.

Bewährungshelfer, vom Gericht bestellte Person, die die Lebensführung eines Verurteilten sowie die Erfüllung von Auflagen und Weisungen während der Bewährungsfrist überwacht und ihm helfend und betreuend zur Seite steht.

Bewässerung, die Zufuhr von Wasser an den Boden zur Förderung des Pflanzenwachstums, im Frühjahr auch zur Erhöhung der Bodentemperatur. Die B. kann auf einfache Weise durch **Überstauung** von mit Dämmen umgebenen Bodenflächen geschehen (Reis- und Zuckerrohranbauflächen). Das über einen längeren Zeitraum innerhalb der Dämme liegende Wasser kann jedoch zur Versauerung des Bodens führen; um dies zu vermeiden, wird die **Stauberieselung** angewandt, bei der ständig frisches Wasser zu- und verbrauchtes Wasser abgeführt wird. Bei natürl. oder künstlich erzeugtem Bodengefälle von mindestens 2 % wird, bes. für Grünland, oft reine **Berieselung** verwendet. Im Ackerbau wird auch die **Furchenberieselung (Grabeneinstauung)** angewendet, wobei der Wasserhaushalt im Boden durch Verschließen oder Öffnen der Entwässerungsgräben geregelt wird. In neuerer Zeit tritt die künstl. **Beregnung** immer mehr in den Vordergrund. Beregnungsanlagen bestehen aus einer Wasserpumpe, Rohr- oder Schlauchleitungen und den Spritzdüsen zum Versprühen des Wassers. Man unterscheidet zw. **Reihenregnerverfahren**, bei denen mehrere an die Rohrleitung angeschlossene Regner betrieben werden, sowie Einzelregner- und Tropfbewässerungsverfahren. Die **Einzelregnermaschinen** arbeiten mit Großflächenregnern mit Wurfweiten bis zu 100 m. Die **Tropf-B.** (engl. **Drip Irrigation**) für Obst- und Gemüseanlagen sowie Staudenkulturen führt das Wasser durch am Boden liegende, mit Löchern versehene Schläuche oder Rohre tropfenweise den Pflanzen zu.

Be- und Entwässerung sind uralte Verfahren der Bodenkultur. In Trockengebieten wie Ägypten, Indien oder China wurde die B. schon Jahrtausende v. Chr. betrieben. Auch in gemäßigten Klima von Europa spielte die B. schon frühzeitig eine Rolle.

Bewcastle [ˈbju:kɑ:sl], Gem. in der Cty. Cumbria, N-England. Hier steht der 4,30 m hohe Schaft eines Steinkreuzes mit angelsächs. Runeninschriften (7. Jh.).

Beweglichkeit, *Physik:* bei Ladungsträgern (z. B. Ionen in Elektrolyten) Quotient aus mittlerer Geschwindigkeit (Driftgeschwindigkeit) und elektr. Feldstärke.

Bewegung, 1) *Biologie:* ein Kennzeichen lebender Organismen, bes. der Tiere und Menschen, aber auch der Pflanzen. **Passive B.** ist die Ausnutzung fremder B.-Energie, z. B. die Verbreitung von Pflanzensamen durch den Wind, die Ausnutzung der Wellen-B. beim Schwimmen, der Transport kleinerer Organismen (Parasiten) durch größere. **Aktive B.** umfasst Lage- bzw. Ortsveränderungen, bei denen der Organismus die benötigte Energie selbst aufbringt; **indirekte B.** geschieht z. B. durch Sekretion von Gasen (Schwimmblase), bei Pflanzen auch durch Turgoränderung; **direkte B.** erfolgt durch reversible Strukturänderung der Eiweißmoleküle des lebenden Plasmas. Die wichtigsten Formen sind: **amöboide B.** durch Scheinfüßchen bei Einzellern, bei den weißen Blutkörperchen; **Zilien-** und **Geißel-B.** durch fadenförmige Plasmastrukturen von Zellen bei Pantoffeltierchen, Samenzellen, Strudelwürmern; **Muskel-B.** (**Kontraktions-B.**) durch größere Zellverbände bei mehrzelligen Tieren.

2) *Musik:* das Fortschreiten einer Melodie oder Einzelstimme. Beim mehrstimmigen Satz unterscheidet man im Verhältnis der einzelnen Stimmbewegungen zueinander die **Parallel-B.**, die **Gegen-B.** und die **Seitenbewegung.**

3) *Physik:* die Veränderung der Lage eines Körpers relativ zu einem Bezugssystem. Ruhe ist somit relativ. Bei einer **gleichförmigen B.** ist die Geschwindigkeit in Betrag und Richtung konstant, bei einer **ungleichförmigen B.** tritt eine Beschleunigung auf. Gleichmäßig beschleunigt ist eine B. bei konstant positiver, gleichmäßig verzögert bei konstant negativer Beschleunigung. Bei **krummlinigen B.** existiert eine zur Bahn senkrechte Beschleunigung. Bei **period. B.** kehren in regelmäßigen Abständen gleiche B.-Zustände wieder. Jede B. eines Körpers kann aus einer **fortschreitenden B.** (→Translation) und einer **Dreh-B.** (→Rotation) zusammengesetzt werden. – Die Formen der B. werden in der →Kinematik behandelt, die sie verursachenden Kräfte in der →Dynamik.

Bewegungs|energie, die kinet. →Energie.
Bewegungskrankheit, →Kinetose.
Bewegungskrieg, Kriegführung durch schnelle, raumgreifende Operationen; Ggs.: Stellungskrieg.
Bewegungs|sehen, Wahrnehmung der Ortsveränderung von Gegenständen (→Sehen). Beim B. sind v. a. drei Informationsquellen wirksam: 1) die strukturierte Umwelt, deren Elemente teilweise verdeckt oder freigegeben werden; 2) relative Positionsveränderung im Vergleich zu anderen Objekten der Umwelt; 3) Transformation des Objektes, das von unterschiedl. Seiten wahrgenommen wird. Beim B. gibt es zahlr. **Bewegungstäuschungen** (etwa Scheinbewegungen nicht bewegter Objekte; →Stroboskop).

Bewegungs|studi|e, Teilgebiet der Arbeitsstudie, untersucht mithilfe fotograf. und film. Aufnahmen die Arbeitsbewegungen des Menschen; isoliert Bewegungselemente, ermittelt den Zeitwert (abhängig von Weglänge, Genauigkeitsanforderung, Gewichtsbelastung) und dient der bestmögl. Gestaltung der Arbeitsbewegungen und der Werkzeuge.

Bewegungs|system, die Gesamtheit der Bewegungsorgane bei Mensch und Tier. Bei den Wirbeltieren und beim Menschen besteht das B. aus einem passiven (Knochen, Bänder, Gelenke) und einem aktiven Anteil (Muskeln, Sehnen, Sehnenscheiden, Schleimbeutel).

Bewegungstherapie, Kinesitherapie, Beeinflussung von Erkrankungen der Atemwege, des Herz-Kreislauf-Systems, des Stoffwechsels, des Bewegungssystems oder auch von psychosomat. Störungen durch zielgerichtete, wiederholt durchgeführte aktive und/oder passive Übungsbehandlungen.

Bewehrung, 1) *Bautechnik:* früher **Armierung,** zur Verstärkung von Baustoffen eingelegte Fasern und Stäbe, z. B. B.-Stäbe aus Betonstahl für Stahlbeton und Spannbeton.
2) *Elektrotechnik:* äußere Ummantelung eines Kabels.
3) *Heraldik:* Krallen, Schnäbel u. Ä. der Wappentiere.

Beweinung Christi, die Darstellung der nach der Kreuzabnahme um den Leib Christi Trauernden; seit 12. Jh. eines der Hauptthemen christl. Kunst.

Beweis, 1) *Logik, Wissenschaftstheorie:* Darlegung der Richtigkeit (**Verifikation**) oder Unrichtigkeit

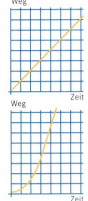

Bewegung 3): Bei gleichförmiger Bewegung ergibt sich im Bewegungsdiagramm eine Gerade (**oben**), bei gleichförmig beschleunigter Bewegung eine Parabel (**unten**).

Beweinung Christi: Fresko »Beweinung Christi« in der Klosterkirche des heiligen Pantaleon in Nerezi (1164)

(Falsifikation) von Urteilen durch log. oder empir. Gründe (→Deduktion, →Induktion). Ein B. ist somit ein gültiger →Schluss mit wahren →Prämissen und wahrer Konklusion.

2) *Recht:* die Erkenntnis, die dazu bestimmt ist, das Gericht von der Wahrheit oder Unwahrheit einer Tatsache zu überzeugen. In Verfahren, die der →Verhandlungsmaxime folgen, bes. im Zivilprozess, wird B. erhoben, wenn die Tatsachenbehauptung für die Entscheidung erheblich und beweisdürftig ist, d. h. vom Gegner bestritten ist. **B.-Mittel** sind Augenschein, Zeugen, Sachverständige, Urkunden und Parteienvernehmung. Der Zeugen-B. wird nur auf Antrag erhoben, andere B. auch von Amts wegen. Die **B.-Aufnahme** wird durch einen besonderen B.-Beschluss angeordnet. – Im Strafprozess hat das Gericht von sich aus zur Erforschung der Wahrheit die B.-Aufnahme auf alle entscheidungserhebl. Tatsachen zu erstrecken. Es muss zwar grundsätzlich den weiterführenden B.-Anträgen der Prozessbeteiligten folgen, kann diese aber unter gesetzlich bestimmten Voraussetzungen (bes. Ungeeignetheit der B.-Mittel, Prozessverschleppung) zurückweisen. Die B.-Erhebung unterliegt allg. dem Grundsatz der freien richterl. B.-Würdigung (z. B. § 286 ZPO), d. h., es kommt auf die richterl. Überzeugung an. Hierfür genügt ein hoher Grad an Wahrscheinlichkeit, den auch vernünftige Zweifel nicht beseitigen können.

Beweislast, die den Parteien im Zivilprozess obliegende Verpflichtung, ihre Tatsachenbehauptungen zu beweisen. Kann die Wahrheit oder Unwahrheit von Tatsachenbehauptungen nicht bewiesen werden, wird zuungunsten desjenigen entschieden, der die B. trägt.

Beweis|sicherung, *Zivilprozess:* in einem selbstständigen Beweisverfahren die vorsorgl. Beweisaufnahme außerhalb oder während des Urteilsverfahrens, die auf Antrag stattfindet, wenn der Gegner zustimmt oder die Gefahr besteht, dass das Beweismittel verloren geht oder seine Benutzung erschwert wird, oder wenn ein rechtl. Interesse an der Feststellung des Zustandes einer Sache besteht. Im Zivilprozess ist die B. Zweck eines selbstständigen Beweisverfahrens (§§ 485 ff. ZPO).

Bewerbung, Angebot eines Arbeitsuchenden an einen Arbeitgeber u. a. in der Wirtschaft oder im öffentl. Dienst zur Begründung eines Arbeits- oder Ausbildungsverhältnisses. Das **B.-Schreiben** soll Lebenslauf, Lichtbild, Zeugnisse und, soweit möglich, Referenzen enthalten.

Bewertung, die Zuordnung einer Geldgröße auf bestimmte Güter, Schulden, Finanzinstrumente oder Handlungsalternativen. Höhe und Art des Wertansatzes hängen vom Zweck der B. ab (z. B. Gewinnermittlung, Preisbildung). Die Wertansätze im Jahresabschluss (Bilanz, Gewinn-und-Verlust-Rechnung) gründen sich entsprechend den handels- und steuerrechtl. Vorschriften (v. a. §§ 252–256 und 279–283 HGB, § 6 EStG) auf die Anschaffungskosten, die Herstellungskosten und an dem Bilanzstichtag beizulegenden Wert. Bei der B. ganzer Unternehmen wird v. a. der Ertragswert als Barwert der künftigen Einnahmeüberschüsse oder der abgezinste →Cashflow herangezogen. – Handels- und steuerrechtl. B.-Grundsätze ergeben sich aus dem kaufmänn. Vorsichtsprinzip. Hiernach dürfen nur realisierte Wertsteigerungen als Gewinne berücksichtigt werden (**Realisationsprinzip**): Noch nicht abgesetzte Güter müssen mit den Anschaffungs- oder Herstellungskosten (**Anschaffungswertprinzip**), nur abgesetzte Leistungen dürfen mit dem (höheren) Marktpreis bewertet werden (Zeitpunkt der Forderungsentstehung). Noch nicht realisierte, aber schon abzusehende Wertminderungen (negative Erfolgsbeiträge) müssen bei Erkennen ergebnismindernd berücksichtigt werden (**Imparitätsprinzip**). Eine besondere Ausprägung des Imparitätsprinzips ist das handelsrechtl. **Niederstwertprinzip** (**Niedrigstwertprinzip**) nach §§ 253, 279 HGB: Weichen Anschaffungs- oder Herstellungskosten eines Wirtschaftsgutes und der aus dessen Markt- und Börsenpreis am Abschlussstichtag abgeleitete bzw. der beizulegende Wert voneinander ab, so darf nur der niedrigere Wert angesetzt werden (strenges Niederstwertprinzip). Dieses gilt z. B. für das Umlaufvermögen; für Anlagegüter kann der Anschaffungs- oder niedrigere →Teilwert ausgewiesen werden (gemildertes Niederstwertprinzip). Dem Niederstwertprinzip auf der Aktivseite der Bilanz entspricht auf der Passivseite das **Höchstwertprinzip**.

Bewetterung, *Bergbau:* die →Grubenbewetterung.

Bewick ['bju:ık], Thomas, engl. Grafiker, * Cherryburn (Cty. Northumberland) 12. (10.?) 8. 1753, † Gateshead (Cty. Tyne and Wear) 8. 11. 1828. Im Mittelpunkt seines Werkes standen Tierdarstellungen in der von ihm entwickelten Technik des Holzstichs (z. T. als Buchillustrationen veröffentlicht).

Bewirtschaftung, →Rationierung.

Bewölkung, Bedeckung des Himmels mit Wolken, einer sichtbaren Ansammlung in der Luft schwebender Wassertröpfchen, Eisteilchen oder beidem durch Kondensation des in der Luft vorhandenen Wasserdampfes bei Wasserdampfsättigung.

Bewusstlosigkeit, Verlust des Bewusstseins, z. B. durch Gehirnerschütterung bzw. -verletzung, Schock oder Schlaganfall; schwerster Grad der →Bewusstseinsstörung. Im Unterschied zum Schlaf besteht bei B. keine Ansprechbarkeit, je nach dem Schweregrad sind jedoch noch reflektor. Abwehrbewegungen auslösbar, beim Koma fehlt jede Reaktion.

Bewusstsein, die Summe der Icherfahrungen und Vorstellungen sowie die Tätigkeit des wachen, geistigen Gewahrwerdens von Eindrücken. In der *Psychologie* werden unterschieden: das, was einem bewusst ist oder sein kann, der B.-Inhalt (Objekt), dasjenige, dem etwas bewusst ist, das Ich (Subjekt), sowie die Beziehung des Ich auf einen inneren oder äußeren Gegenstand, das **Gegenstands-B.** Die B.-Inhalte stehen infolge ihrer durchgängigen Ichbezogenheit in einem einheitl. Zusammenhang (Einheit des B.). Das Wissen um die Identität des eigenen Subjekts und der Persönlichkeit in den versch. B.-Abläufen heißt **Ich-B.,** i. w. S. auch **Selbst-B.** Der Träger dieser B.-Einheit ist ein Einzelwesen (**Individual-B.**); im übertragenen Sinn kann er eine Gemeinschaft sein (**Kollektiv-B.,** **Gesamt-B.,** z. B. Standes-B.). Vorbewusste, vergessene und verdrängte Inhalte liegen im Unter-B. und bilden mit noch nicht Bewusstem und prinzipiell nicht Bewusstseinsfähigem das →Unbewusste. Die **B.-Schwelle** ist die Grenze, an der die unbewusste Inhalte ins B. treten. – Die Psychologie war bis Ende des 19. Jh. auf die Erforschung bewusster Seelenvorgänge beschränkt. Die Bedeutung des Unbewussten erkannt zu haben ist das Verdienst der Psychoanalyse.

In der *Philosophie* ist B. u. a. ein den Menschen charakterisierendes Wesensmerkmal, das einzig unbezweifelbar von allen Gegenständen des vermeintl. Wissens ist (R. Descartes) und als transzendentales B. die Bedingung der Möglichkeit von Erfahrung sowie Einheit stiftender Bezugspunkt der Wirklichkeitskonstitution (I. Kant: ursprünglich synthet. Apperzeption, Selbst-B.). Für realist. und materialist. Strömungen ist B. lediglich Epiphänomen einer außerhalb und unabhängig von ihm existierenden Wirklichkeit. So versteht der Materialismus B. als das höchste Entwicklungsprodukt der Materie und als ideelle Widerspiegelung der materiellen Welt. Neuere Ansätze gehen von der neurobiol. Grundlagen des B. aus. Im Anschluss an L. Wittgenstein werden im Rahmen der sprachanalyt. Philosophie die Verwendungsweisen des Wortes »B.« untersucht. (→Philosophie des Geistes)

Bewusstseins|störung, Oberbegriff für alle krankhaften Veränderungen des Bewusstseins. Man unterscheidet Störungen der Auffassung, der Merkfähigkeit und Erinnerung, Wahrnehmungs- und/oder Orientierungsstörungen **(qualitative B.)** von **quantitativen B.,** die den Bewusstseinsgrad, die Bewusstseinshelligkeit oder die Wachheit betreffen (→Benommenheit, →Dämmerzustand, →Delirium, →Somnolenz, →Sopor, →Koma). Zu den Hauptursachen von B. gehören neben Sauerstoffmangelzuständen v. a. Erkrankungen und Schädigungen des Gehirns, auch Stoffwechselstörungen bzw. Vergiftungen sowie seel. Ausnahmezustände und Erkrankungen.

Bewusstseins|strom, →Stream of Consciousness.

Bexbach, Stadt im Saarpfalz-Kreis, Saarland, 19 000 Ew.; Saarländ. Bergbaumuseum mit Schaubergwerk; Steinkohlenkraftwerk; Maschinenbau, Umwelttechnik, Kunststoffverarbeitung, Turbinenbau u. a. Industrie.

Bey, türk. Titel, →Bei.

Beyer, 1) Frank, Filmregisseur, * Nobitz (Landkr. Altenburger Land) 26. 5. 1932, † Berlin 1. 10. 2006; drehte Filme über polit. und zeitkrit. Themen. – *Filme: Spielfilme:* Nackt unter Wölfen (1963); Spur der Steine (1966); Jakob der Lügner (1974); Der Aufenthalt (1983); Hauptmann von Köpenick (1997). – *Fernsehfilme:* Geschlossene Gesellschaft (1978); Ende der Unschuld (1991); Nikolaikirche (1995; Kinofilm 1996); Abgehauen (1998).

2) Marcel, Schriftsteller, * Tailfingen (heute zu Albstadt) 23. 11. 1965; vielseitige publizist. und editor. Arbeit; erster Erfolg mit dem Roman »Flughunde« (1995), in dem er sich aus der Sicht der Enkelgeneration mit der nat.-soz. Vergangenheit auseinandersetzt. Schreibt auch Lyrik. – *Weitere Werke: Roman:* Spione (2000). – *Lyrik:* Braunwolke (1994); Falsches Futter (1997); Erdkunde (2002). – *Sonstige Prosa:* Nonfiction (2003); Vergeßt mich (2006).

3) Wilhelm, Bildhauer, Maler und Porzellanmodelleur, * Gotha 27. 12. 1725, † Schönbrunn (heute zu Wien) 23. 3. 1796; seit etwa 1760 Modellmeister der Porzellanmanufaktur Ludwigsburg, ging 1767 nach Wien; schuf 1773–80 klassizist. Gartenskulpturen in Schönbrunn.

Beyle [bɛl], Henri, frz. Schriftsteller, →Stendhal.

Beza [-za], Theodor, eigtl. **Théodore de Bèze,** schweizer. ref. Theologe frz. Herkunft, * Vézelay 24. 6. 1519, † Genf 13. 10. 1605; förderte die Reformation in Frankreich; 1564 Calvins Nachfolger.

bezahlt, Abk. **b., bez., bz.,** Angabe in Kurszettteln (→Kurs).

Bezeichnendes, *Sprachwiss.:* →Signifikant.
Bezeichnetes, *Sprachwiss.:* →Signifikat.
Bezeichnungslehre, *Sprachwiss.:* →Onomasiologie.

Beziehung, *Soziologie:* der Grad der Verbundenheit oder Distanz zw. Individuen, die in einem sozialen Prozess vereint sind; als Grundbegriff zur Beschreibung sozialer Systeme von G. Tarde, E. Dupréel, L. von Wiese und A. Vierkandt eingeführt.

Beziehungswahn, Wahnvorstellung, bei der der Kranke ihn nicht betreffende Gespräche, Handlungsweisen u. a. auf sich bezieht, z. B. bei Schizophrenie.

Beziehungszahlen, *Statistik:* →Verhältniszahlen.

Bézier-Kurve [beˈzje-, nach dem frz. Ingenieur und Mathematiker Pierre Etienne Bézier, * 1910, † 1999], Kurventyp, der beliebige Krümmungen einfach darstellen kann und mithilfe von Kontrollpunkten leicht handhabbar ist. Durch die Scheitel- und Endpunkte einer B.-K. werden Tangenten geführt, an deren Enden sich die Kontrollpunkte befinden. Das Verschieben dieser Punkte ändert die Krümmung. B.-K. werden in den meisten modernen Grafik- und Zeichenprogrammen sowie in CAD-Programmen benutzt. Sie dienen u. a. dazu, Konturen von Buchstaben (Schriften) zu beschreiben.

Béziers [beˈzje], Stadt im südfrz. Dép. Hérault, am Canal du Midi und am Orb, 71 400 Ew.; Weinbau und -handel (Weinmuseum); Traktorenbau, Düngemittelindustrie – Ehemalige Kathedrale Saint-Nazaire (12.–15.Jh.), Alte Brücke (13.Jh.). – Seit 119 v. Chr. röm., wurde um 418 westgot., 752 fränk.; 1209 in den Albigenserkriegen stark zerstört, kam 1247 zur frz. Krone.

bezifferter Bass, →Generalbass.

Bézigue [beˈziːk, frz.], **Bézique,** Kartenspiel, →Bésigue.

Bezirk (ahd., zu lat. *circus* »Kreis«), der räuml. Zuständigkeitsbereich einer Behörde oder eines Gerichts (Amts-B.), i. e. S. einer Verwaltungsinstanz (z. B. Verwaltungs-B., Regierungs-B.; in Österreich polit. Bezirk). In der DDR war B. die staatl. Gebietseinheit, die 1952 anstelle der Länder eingeführt wurde. Mit Wirkung vom 14. 10. 1990 wurden aus den 15 B. die Länder Bbg., Meckl.-Vorp., Sa., Sa.-Anh. und Thür. gebildet. O-Berlin, das als B. galt, wurde mit W-Berlin zum Land Berlin vereinigt.

Theodor Beza

Bezoarziege: männliches Tier

Bhadgaon: die Nyatapola-Pagode mit ihren fünf turmartigen Dächern (um 1700)

Bezirksgericht, 1) in der *DDR* seit 1952 die gerichtl. Mittelinstanz: Je ein B. war für einen der 15 Bez. zuständig. Nach dem Einigungsvertrag blieben die B. in den neuen Ländern zunächst bestehen, bis diese die im Gerichtsverfassungs-Ges. vorgesehenen Ger., zumeist Oberlandesger., eingerichtet hatten.

Bhubaneswar: rituelle Waschungen am Mukteshvara-Tempel

2) in *Österreich* und in einigen Kt. der *Schweiz* das Ger. erster Instanz, das, ähnlich dem dt. Amtsger., die Gerichtsbarkeit in Zivil- und Strafsachen ausübt.

Bezirkshauptmannschaft, in *Österreich* Organ der allg. staatl. Verw. erster Instanz mit breit gefächerter Zuständigkeit, geleitet vom **Bezirkshauptmann.**

Bezoar [arab., aus pers. »Gegengift«] *der,* bei Wiederkäuern die Zusammenballung von Pflanzenfasern im Magen oder Darm, bei Katzen und selten bei Kleinkindern auch aus verschluckten und verfilzten Haaren.

Bezoarziege, Capra aegagrus, bis 1,6 m hohe Wildziegenart, Stammform der Hausziege; früher in Gebirgen Vorderasiens und auf den griech. Inseln weit verbreitet, heute im Bestand bedroht. – Abb. S. 519

Bezogener, *Wechsel- und Scheckrecht:* derjenige, auf den ein Wechsel/Scheck gezogen ist, d. h., der bezahlen soll (**Trassat**).

bezügliches Fürwort, das Relativpronomen, →Pronomen.

Bezugsakti|en, neue (junge) Aktien, die von einer Aktiengesellschaft oder einer Kommanditgesellschaft auf Aktien bei einer bedingten Kapitalerhöhung ausgegeben werden.

Bezugsberechtigung, Begünstigung, *Versicherung:* das Recht einer vom Versicherungsnehmer genannten Person auf die Versicherungsleistung im Versicherungsfall (Tod des Versicherten).

Bezugsgruppe, *Soziologie:* Gruppe und soziales Gebilde (z. B. soziale Schicht), auf die sich eine Person bezieht und an der sie ihr Denken, Handeln, Vorstellen und Wollen (z. B. Aufstiegsorientierung) ausrichtet. Beliebige Gruppen werden zu B. erst durch ihre Bedeutung, die sie für Mitgl. als Eigengruppe (→Ingroup) oder für Nichtmitgl. als Fremdgruppe (→Outgroup) haben.

Bezugsperson, Person, an der sich das Denken und Verhalten einer anderen orientiert, z. B. die Mutter, der Vater für das Kleinkind.

Bezugsrecht, das (handelbare) Recht der Aktionäre, bei Kapitalerhöhungen neue Aktien im Verhältnis ihrer bisherigen Beteiligung zu erwerben (§ 186 Aktiengesetz).

Bezugs|satz, der Relativsatz (→Syntax, Übersicht).

Bezugs|system, 1) *Physik:* der Messung oder math. Beschreibung eines physikal. Sachverhalts zugrunde gelegtes Koordinatensystem, z. B. ein →Inertialsystem.

2) *Psychologie:* im Lauf der individuellen Entwicklung aufgebautes System von Normen, Bedeutungen und Erfahrungen, das (meist unbewusst) allen aktuellen Äußerungen und Wahrnehmungen bestimmend zugrunde liegt.

Bezugstemperatur, *Technik:* diejenige Temperatur, bei der Werkstücke und Messmittel die angegebene Größe und garantierte Messgenauigkeit haben; internat. auf 20 °C festgelegt.

BfA, Abk. für →Bundesversicherungsanstalt für Angestellte.

BfG Bank AG, Kreditinstitut, Sitz Frankfurt am Main; gegr. 1958 durch Verschmelzung von sechs Gemeinwirtschaftsbanken als Bank für Gemeinwirtschaft AG; 2000 von der schwed. Bankgruppe Skandinaviska Enskilda Banken (SEB) übernommen und 2001 in **SEB AG** umbenannt.

BFH, Abk. für →Bundesfinanzhof.

bfn, Abk. für →brutto für netto.

BGB, Abk. für →Bürgerliches Gesetzbuch.
BGBl, Abk. für →Bundesgesetzblatt.
BGH, Abk. für →Bundesgerichtshof.
BGS, früher Abk. für Bundesgrenzschutz (heute umbenannt in →Bundespolizei).
Bh, chem. Symbol für →Bohrium.
Bhadgaon, Bhaktapur, Stadt in Nepal, 1350 m ü. M., südöstlich von Kathmandu, 72 500 Ew.; Palast- und Pagodenanlagen (15.–18. Jahrhundert).
Bhadravati, Stadt in Karnataka, Indien, mit B. New Town 170 000 Ew.; Sitz der Karnataka Iron and Steel Ltd. (Herstellung von Gusseisen, Roh- und Spezialstahl), ferner Zement- und Papierindustrie.
Bhagalpur, Stadt in Bihar, Indien, am Ganges, 350 000 Ew.; Univ., Seidenforschungsinst.; Verkehrsknotenpunkt und Handelszentrum, bes. für Seide und Agrarerzeugnisse.
Bhagavadgita [altind. »Gesang des Erhabenen«] *die,* **Bhagawadgita,** religionsphilosoph. Gedicht, das eine Episode von 18 Gesängen im Rahmen des ind. Volksepos →Mahabharata bildet: Der Gott Vishnu in seiner menschl. Gestalt als Krishna steht als Wagenlenker dem Helden Ardschuna vor der furchtbarsten Schlacht der ind. Epik zur Seite; er flößt ihm Mut ein und verkündet seine Lehre des selbstlosen Tuns, des Erkennens und der Liebeshingabe (Bhakti). Die B. beinhaltet beispielhaft eine Synthese dieser drei wichtigsten ind. Erlösungswege, bildet eines der hl. Bücher des Hinduismus und ist das meistgelesene Erbauungsbuch Indiens.
Ausgabe: B.; Aschtavakragita: Indiens heilige Gesänge, übertragen u. kommentiert v. L. von Schroeder u. H. Zimmer. München (⁹2000).
Bhagvan [altind. »der Erhabene«], **Bhagwan,** Ehrentitel für religiöse Lehrer des Hinduismus.
Bhagvan-Bewegung, Selbstbezeichnung **Neo-Sannyas-Bewegung,** seit 1989 **Osho-Rajneesh-Bewegung,** religiöse Bewegung um den Inder C. M. →Rajneesh, der sich seit 1969 von seinen Anhängern als →Bhagvan, seit 1989 als →Osho verehren ließ; seit seinem Tod 1990 von einem Leitungskreis weitergeführt. Die B.-B. beruht auf der Verbindung von Therapieansätzen westlich–psycholog. Tradition (Selbsterfahrung, Bioenergetik) mit myst. Spiritualität östlich-religiöser Tradition (bes. des Hinduismus und Tantrismus).
Bhaktapur, Stadt in Nepal, →Bhadgaon.
Bhakti, neben den Wegen des Handelns und des Erkennens dritter Weg (durch fromme Liebeshingabe an Gott) zur Erlösung innerhalb der ind. Religion.
Bharata Natya, bekanntester klass. indischer Tanzstil, der vor mehr als 2 000 Jahren in Indien entstand (→indischer Tanz).
Bhartrihari, ind. Dichter und buddhist. Mönch des 4./5. Jh. n. Chr., unter dessen Namen drei Spruchsammlungen in Sanskrit überliefert sind.
Bhatpara, Stadt in West Bengal, Indien, am Hooghly, 442 000 Ew.; Jute-, Baumwollverarbeitung, Papierindustrie.
Bhave, Vinoba, ind. Sozialreformer, * Gagoda (Maharashtra) 11. 9. 1895, † Paunar Ashram 15. 11. 1982; Schüler Gandhis; versuchte seit 1947 als Wanderprediger, die Großgrundbesitzer zur Landübertragung an besitzlose Bauern zu bewegen. In der **Bhudan-Bewegung** (Landschenkungsbewegung) wurden seit 1951 rd. 2,5 Mio. ha übereignet. Seit 1955 entwickelte er die Bewegung zur Schenkung ganzer Dörfer an die Dorfgemeinschaft (**Gramdan-Bewegung**).

Bhavnagar, früher **Bhaunagar,** Stadt in Gujarat, Indien, Haupthafen der Halbinsel Kathiawar, 511 000 Ew.; Univ.; Textil-, Metall-, chem. Industrie.
BHE, →Gesamtdeutscher Block/Bund der Heimatvertriebenen und Entrechteten.
Bhil, Volk im NW von Indien, etwa 7 Mio. Menschen; Herkunft ungeklärt. Die B. nahmen Hindusitten an und sprechen heute Gujarati.
Bhilai Nagar, Ind.-Stadt in Madhya Pradesh, Indien, 923 600 Ew.; auf der Basis reicher Hämatitvorkommen südlich von B. seit 1959 Stahlwerk.
Bhopal, Hptst. von Madhya Pradesh, Indien, 1,43 Mio. Ew.; Univ.; Elektrogerätefabrik, Baumwollverarbeitung, Metall-, Papier-, chem. Ind.; Bahnknotenpunkt, Flugplatz. – Am 3. 12. 1984 kam es in B. zu einer Giftgaskatastrophe (etwa 3 000 sofortige Tote, bis 20 000 an Spätfolgen Verstorbene; etwa 200 000 Verletzte), verursacht durch Methylisocyanat, das einem defekten Tank im Werk des amerikan. Chemiekonzerns Union Carbide Corp. entströmte.
Bhotia, Volk im Himalaja, →Bhutija.
Bhubaneswar, Bhubaneshwar, Hptst. von Orissa, Indien, 647 000 Ew.; kath. Erzbischofssitz, Univ., landwirtsch. Hochschule; Zentrum des Jagannathkultes; Flugplatz. – Zahlr. Tempel im Stil der späten Guptazeit (8. Jh.) und aus dem 9.–11. Jh., mit bienenkorbförmigen Schreinen; weitere Tempelbauten aus dem 12.–15. Jahrhundert.
Bhumibol Aduljadeh, Rama IX., König von Thailand (seit 1946), * Cambridge (Mass.) 5. 12. 1927; kehrte nach seinem Jurastudium in der Schweiz 1950 nach Thailand zurück (Thronbesteigung im selben Jahr), seit 1950 ⚭ mit Sirikit (* 1932); auch Jazzmusiker und Komponist.

Bhumibol Aduljadeh

Fläche: 47 000 km²
Einwohner: (2006) 796 000
Hauptstadt: Thimphu
Verwaltungsgliederung: 20 Distrikte
Amtssprache: Dzongkha
Nationalfeiertag: 17. 12.
Währung: 1 Ngultrum (NU, Nu.) = 100 Chhetrum (CH, Ch.)
Zeitzone: MEZ + 4 ½ Std.

Flagge

Wappen

Bhutan, amtlich Dzongkha: **Druk Yul** [»Drachenreich«], dt. **Königreich B.,** Staat an der S-Abdachung des östl. Himalaja, grenzt im N an China (Tibet), im O, S und W an Indien.

Staat und Recht

B. ist eine absolute Monarchie; eine geschriebene Verf. existiert bisher nicht. Der von der verfassungge-

Bhutan: Kulturlandschaft in der Umgebung von Punakha

benden Versammlung (gebildet 2001, 39 Mitgl.) 2005 vorlegte Verf.-Entwurf (bedarf für die Inkraftsetzung eines Referendums) sieht u. a. vor, B. in eine demokrat. konstitutionelle Monarchie zu verwandeln, die Amtszeit des Königs zu begrenzen und ein Zweikammerparlament, bestehend aus Volkskammer (20 gewählte Abg.) und Nationalrat (5 ernannte Mitgl.), zu schaffen. Staatsoberhaupt und oberster Befehlshaber der Streitkräfte ist der König, dem der Königl. Beirat (9 Mitgl.) als Konsultativorgan zur Seite steht. Die Legislative liegt bei der Nationalversammlung (154 Mitgl.; Amtszeit 3 Jahre). Die Mitgl. der Reg. werden vom Parlament gewählt; die Minister bestimmen den Reg.-Chef nach dem Rotationsprinzip für jeweils ein Jahr. Parteien sind verboten.

Landesnatur

B. besitzt ausgesprochenen Gebirgscharakter. Im N im Bereich des Hohen Himalaja erheben sich die vergletscherten Hauptketten (6000–7000 m ü. M.) mit Gipfeln bis 7554 m ü. M. (Kula Kangri). Der südlich anschließende Vorderhimalaja mit Ketten zw. 2000–5000 m ü. M. wird von breiten, von N nach S verlaufenden Tälern der Nebenflüsse des Brahmaputra durchzogen, deren mittlere Talabschnitte die Hauptsiedlungsräume bilden. Über die Siwalikketten (bis 1300 m ü. M.) und eine vorgelagerte Hügelzone (bis 600 m) fällt das Land zum Ganges-Brahmaputra-Tiefland (Duars) ab. – Die Niederschläge des Südwestmonsuns (Juni bis Oktober) erreichen im Gebirgsstau bis zu 5000 mm im Jahr, in den intramontanen Tälern nur 500–700 mm.

Bevölkerung

60 % der Bev. sind Bhutija (tibet. Herkunft), die Dzongkha (eine sinotibet. Sprache) sprechen, 25 % gehören nepales. Volksgruppen an (religiös überwiegend Hindus), im S leben auch ind. Einwanderer. Rd. 70 % der Bev. sind Buddhisten; Hindus bilden eine religiöse Minderheit, daneben wenige Muslime. Der tibet. Buddhismus der Drukpa-Kagyü-Schule ist Staatsreligion. – Es besteht allg. Schulpflicht im Alter von 6 bis 17 Jahren. Die Alphabetisierungsrate beträgt ca. 48 %.

Benazir Bhutto

Wirtschaft und Verkehr

Vor 1960 war B. bis auf geringe Handelsbeziehungen zu Tibet und Indien ein geschlossenes Land. Der wichtigste Sektor der Wirtschaft ist die Landwirtschaft, die den größten Teil der Erwerbstätigen beschäftigt. Bes. in den Flusstälern und im südl. Hügelland erfolgt Reis-, Mais- und Weizenanbau, Obstkulturen, Viehzucht als Nebenerwerb. Etwa ein Drittel der Anbaufläche ist terrassiert, ein Zehntel wird im Wanderhackbau genutzt. Vorherrschend ist Subsistenzwirtschaft in kleinbäuerl. Familienbetrieben. Die Hydroenergie gewinnt immer mehr an Bedeutung. Von dem Wasserkraftwerk Chhuka (345 MW, weitere Ausbaustufen geplant; im Bau Wasserkraftwerk Tala [1 020 MW]) werden rd. 95 % des Stromes nach Indien exportiert. Neben dem traditionellen Handwerk (Weberei, Silberschmiedekunst, Holzverarbeitung) gibt es nur wenige Ind.-Großbetriebe. Wichtige Deviseneinnahmen erbringen der Verkauf von Briefmarken und der (zahlenmäßig limitierte) Tourismus. B. hat mit Indien ein Freihandelsabkommen, die Transportwege durch Indien stehen B. offen. Der (unbedeutende) Außenhandel wird fast ausschl. mit Indien abgewickelt; internat. Flughafen in Paro bei Thimphu.

Geschichte

Im 7./8. Jh. gelangte von Tibet und Indien aus der Buddhismus nach B.; an versch. Orten entstanden Felsenklöster, u. a. Taktsang (Tigernest) im Parotal. Etwa seit dem 9. Jh. wanderten die Bhutija aus Tibet in das Gebiet ein, in dem vom 10. bis zum 17. Jh. unabhängige Fürstentümer bestanden. Im 17. Jh. einigte ein tibet. Mönch das Land und errichtete die theokrat. Königsherrschaft; der tibet. Buddhismus der Drukpa-Kagyü-Schule, deren Anhänger im frühen 13. Jh. nach B. gekommen waren, wurde Staatsreligion. Nach mehreren brit. militär. Übergriffen (seit 1773/74) musste B. 1865 die Vormachtrolle Britisch-Indiens anerkennen (1910 Protektoratsvertrag). 1907 wurde die geistl. und weltl. Doppelherrschaft mit brit. Hilfe durch eine erbl. Monarchie abgelöst (die heute noch regierende Wangchuk-Dynastie). 1949 erkannte Indien formell die Unabhängigkeit von B. an, behielt sich aber die Wahrnehmung der außenpolit. Angelegenheiten vor. Seit 1971 Mitgl. der UNO, strebte B. unter König Jigme Singhye Wangchuk (* 1955; Monarch seit 1972) nach außenpolit. Emanzipation. Um die Dominanz der buddhist. Kultur gegenüber der religiösen Minderheit der Hindus und der ethn. Minderheit der Nepalesen zu sichern, leitete die königl. Regierung 1989 mit rigorosen Mitteln eine »Bhutanisierungskampagne« ein, die bei den betroffenen Minderheiten eine Fluchtbewegung nach Nepal und Indien auslöste. Im Zuge seiner Reformpolitik erweiterte der König 1998 die Rechte der Nationalversammlung erheblich. 2003 ging die Armee gegen die auf dem Territorium B.s agierenden nordostind. Rebellen vor. Nach Abdankung seines Vaters wurde 2006 Jigme Khesar Namgyal Wangchuk (* 1980) König von B., in dem 2008 erstmals Parlamentswahlen stattfinden sollen.

Bhutija, Bhotia, urspr. tibet. Volk in Bhutan (dort staatstragend), Sikkim und Nepal; Buddhisten.

Bhutto, 1) Benazir, pakistan. Politikerin, * Karatschi 21. 6. 1953, Tochter von 2); übernahm nach der Entmachtung ihres Vaters (1977) gemeinsam mit ihrer Mutter Nusrat B. eine leitende Rolle in der Pakistan People's Party (PPP), die 1993 unter ihre alleinige

Führung gelangte; während der Herrschaft Zia ul-Haqs 1977–84 unter Hausarrest und 1984–86 im Exil. 1988–90 als erste Frau in einem islam. Staat Premiermin., erneut 1993–96 in diesem Amt. Zweimal unter dem Vorwurf der Korruption entlassen, verließ sie 1999 das Land (Exil u. a. in Dubai); in Abwesenheit 1999 und (nach Aufhebung des ersten Urteils) 2001 zu Haftstrafen verurteilt. Die Teilnahme an den Parlamentswahlen 2002 wurde ihr untersagt.

2) Zulfikar Ali, pakistan. Politiker, * Larkana (Prov. Sind) 5. 1. 1928, † (hingerichtet) Rawalpindi 4. 4. 1979, Vater von 1); Rechtsanwalt, 1963–66 Außenmin., 1967 Gründer und seitdem Vors. der Pakistan People's Party (PPP), wandte sich entschieden gegen die Separationsbestrebungen von Ostpakistan (seit 1971 als Bangladesh selbstständig). 1971–73 war er Staatspräs., 1973–77 Premiermin. Außenpolitisch suchte er das Verhältnis seines Landes zu Bangladesh und Indien zu entspannen. Innenpolitisch verfolgte er zunehmend einen autoritären Reg.-Stil. 1977 wurde B. durch einen Militärputsch gestürzt, verhaftet und 1978 von einem Militärgericht (wegen Anstiftung zum Mord) zum Tode verurteilt.

BHW Holding AG, Finanzkonzern, Sitz: Hameln; gegr. 1928, seit 1991 heutiger Name. Der Konzern, zu dem u. a. die BHW Bausparkasse AG, die BHW Lebensversicherung AG, die BHW Bank AG und die Allg. HypothekenBank Rheinboden AG gehören, bietet neben Bauspargeschäft, Bau- und Immobilienfinanzierung auch Lebensversicherungen, betriebl. Altersvorsorge, Privatrenten und Investmentfonds; 2005 von der Dt. Postbank AG übernommen.

Bi [von lat. bismutum], chem. Symbol für →Wismut (fachsprachlich **Bi**smut).

Bi, Einheitenzeichen für →Biot.

bi... [lat.], doppel(t)..., zwei..., *Chemie:* 1) nicht mehr zulässiges Präfix für saure Salze, jetzt ersetzt durch →Hydrogen...; z. B. Bicarbonat = Hydrogencarbonat; 2) Präfix anstelle von →di... bei Verdopplung ident. Reste, z. B. Biphenyl.

Biafra, Name, unter dem 1967 die Ostregion →Nigerias einen selbstständigen Staat bildete (Reg. unter C. O. Ojukwu). Nach einem blutigen Bürgerkrieg (1967–70) wurde B. wieder dem nigerian. Staat eingegliedert. – Bis 1967 war B. nur im Namen der **Bucht von B.,** des östlich der Nigermündung gelegenen Teils des Golfs von Guinea, im Gebrauch; diese wird heute als **Bucht von Bonny** bezeichnet.

Biagiotti, [-'dʒɔtti], Laura, ital. Modeschöpferin, * Rom 4. 8. 1943; übernahm 1965 die Konfektions-Exportfirma ihrer Mutter und fertigte Kleider für namhafte ital. Grand Couturiers; gestaltete 1972 ihre erste eigene Kollektion; unkonventionelle Mode aus Strick-, Kaschmir- und Seidendruckstoffen; auch Accessoires, Kosmetik, Parfüm. Ihre Tochter Lavinia (* 1978) ist als Designerin ebenfalls im Unternehmen tätig.

Biała Podlaska ['bjaųa -], Stadtkreis und Krst. in der Wwschaft Lublin, im östl. Polen, am linken Bugzufluss Krzna, 58 100 Ew.; Holz verarbeitende, Textil- und Nahrungsmittelindustrie. – Ruine des ehem. Schlosses der Familie Radziwiłł (17./18. Jh.).

Bialik, Chajim Nachman, hebr. Dichter, * Rady (Wolhynien) 9. 1. 1873, † Wien 4. 7. 1934; schilderte in Gedichten und Erzählungen das ostjüd. Leben; trug zur Wiederbelebung der hebr. Sprache und geistigen Neuorientierung des Judentums bei.

Białogard [bja'ųɔ-], dt. **Belgard (Persante),** Krst. in der Wwschaft Westpommern, Polen, an der Persante, 24 500 Ew.; elektrotechn., chem., Holz und Metall verarbeitende, Leder- und Nahrungsmittelind.; Eisenbahnknoten. – Die Burgsiedlung erhielt 1299 Lüb. Stadtrecht, war zeitweilig Hansestadt und kam 1648 zu Preußen. Seit 1945 gehört die Stadt zu Polen.

Białostocki [bjaųɔs'tɔtski], Jan, poln. Kunsthistoriker, * Saratow 14. 8. 1921, † Warschau 25. 12. 1988; seit 1962 Prof. in Warschau. – *Werke:* Stil und Ikonographie. Gesammelte Aufsätze (1966); Propyläen-Kunstgesch., Bd. 7: Spät-MA. und beginnende Neuzeit. Die Kunst des 15. Jh. (1972); Dürer and his critics (1984).

Białowieżer Heide, Belowescher Heide, poln. **Puszcza Białowieska,** größtes urwaldähnl. Waldgebiet Mitteleuropas, beiderseits der weißrussisch-poln. Grenze, etwa 1 250 km², davon 580 km² in Polen; reiche Flora und Fauna (Wisente, Wildpferde, Elche, Wölfe); auf poln. Seite teilweise Nationalpark (UNESCO-Welterbe; 50,7 km²), auf weißruss. Seite Naturschutzgebiet.

Białystok [bja'ųɪ-], Hptst. der Wwschaft Podlachien, Polen, Stadtkreis und Krst., 292 000 Ew.; wirtsch. und kulturelles Zentrum NO-Polens; Univ., medizin. Akad.; Maschinenbau, elektrotechnisch-elektron., Metall und Holz verarbeitende, Textil- und Nahrungsmittelind.; Verkehrsknotenpunkt. – Im 14. Jh. gegr., im 17. Jh. Residenz der Magnatenfamilie Branicki; wurde 1795 preußisch, 1807 russisch. Bis 1846 Gouv.-Hptst., entwickelte sich B. im 19. Jh. zu einem Zentrum der Textilind. mit starkem jüd. Bev.-Anteil. 1939–41 gehörte es zur Weißruss. SSR. Während der dt. Besetzung (1941–44) kam es in dem 1941–43 bestehenden Getto im Sommer 1943 zu einem jüd. Aufstand.

Bianca, ein Mond des Planeten Uranus.

Biarritz, bask. **Miarritze,** frz. Stadt am Golf von Biskaya, Dép. Pyrénées-Atlantiques, 30 700 Ew.; Seebad mit Meeresmuseum, zwei Spielkasinos und internat. Reitturnieren.

Bias, griech. Staatsmann und Richter aus Priene in Ionien, lebte im 6. Jh. v. Chr.; einer der sieben Weisen Griechenlands.

Biathlon [griech. »Doppelkampf«] *das,* sportl. Skiwettkampf mit Kleinkalibergewehr; Fehlschüsse ergeben Strafzeiten (1 min) oder Strafrunden (≈ 150 m). B. umfasst für Männer Lauf über 10 km (Sprint) mit zwei, über 15 km (Massenstart) und über 20 km mit vier Schießübungen, für Frauen 7,5 km (Sprint) mit zwei, über 12,5 km (Massenstart) und über 15 km mit vier Schießübungen. Beim Jagd- oder Verfolgungsrennen (Frauen 10, Männer 12,5 km) mit je vier Schießübungen ergibt sich die Startreihenfolge (→Gundersen-Methode) aus dem Ergebnis des vorangegangenen Sprints. Im Staffelwettbewerb werden 4 × 7,5 km (Männer) bzw. 4 × 6 km (Frauen) mit je vier Schießübungen absolviert. Die Mixed-Staffel über eine Gesamtdistanz von 4 × 6 km (auch 2 × 6 km Frauen, 2 × 7,5 km Männer) formiert sich aus jeweils zwei Frauen und Männern, wobei die Frauen die jeweils ersten beiden Positionen besetzen. (→Sportarten, Übersicht)

Bibalo, Antonio, norweg. Komponist ital. Herkunft, * Triest 18. 1. 1922; schrieb Opern (»Das Lächeln am Fuße der Leiter«, 1965; »Fräulein Julie«, 1975, Neufassung 1984; »Macbeth«, 1990), Orchesterwerke, Kammer- und Klaviermusik sowie Chorwerke.

Bibbiena, ital. Künstlerfamilie, →Bibiena.

Bibel [griech. tà biblía »die Bücher«], **Buch der Bücher, Heilige Schrift,** die Schriften, die von den christl.

Zulfikar Ali Bhutto

Zielscheibe liegend

Zielscheibe stehend

Biathlon

Bibel

Bücher der Bibel

Vulgata[1),2)]	Lutherbibel[2)]	Loccumer Richtlinien[2),3)]	Abkürzungen[4)]	
Altes Testament (A.T.)				
Liber Genesis	1. Buch Mose	Genesis	Gen	*1. Mos.*
Liber Exodus	2. Buch Mose	Exodus	Ex	*2. Mos.*
Liber Leviticus	3. Buch Mose	Levitikus	Lev	*3. Mos.*
Liber Numeri	4. Buch Mose	Numeri	Num	*4. Mos.*
Liber Deuteronomii	5. Buch Mose	Deuteronomium	Dtn	*5. Mos.*
Liber Iosue	Buch Josua	Buch Josua	Jos	*Josua*
Liber Iudicum	Buch der Richter	Buch der Richter	Ri	*Ri.*
Liber Ruth	Buch Ruth	Buch Rut	Rut	*Ruth*
Liber I Samuelis	1. Buch Samuel	1. Buch Samuel	1 Sam	*1. Sam.*
Liber II Samuelis	2. Buch Samuel	2. Buch Samuel	2 Sam	*2. Sam.*
Liber I Regum	1. Buch von den Königen	1. Buch der Könige	1 Kön	*1. Kön.*
Liber II Regum	2. Buch von den Königen	2. Buch der Könige	2 Kön	*2. Kön.*
Liber I Paralipomenon	1. Buch der Chronik	1. Buch der Chronik	1 Chr	*1. Chron.*
Liber II Paralipomenon	2. Buch der Chronik	2. Buch der Chronik	2 Chr	*2. Chron.*
Liber Esdrae	Buch Esra	Buch Esra	Esra	*Esra*
Liber Nehemiae	Buch Nehemia	Buch Nehemia	Neh	*Neh.*
Liber Thobis[5)]	*Buch Tobias*	*Buch Tobit*	Tob	*Tob.*
Liber Iudith[5)]	*Buch Judith*	*Buch Judit*	Jdt	*Jdt.*
Liber Esther[6),7)]	Buch Esther	Buch Ester	Est	*Est.*
Liber Iob	Buch Hiob	Buch Ijob	Ijob	*Hiob*
Liber Psalmorum	Psalter	Psalmen	Ps	*Ps.*
Liber Proverbiorum	Sprüche Salomos	Buch der Sprichwörter	Spr	*Spr.*
Liber Ecclesiastes	Prediger Salomo	Kohelet	Koh	*Koh.*
Canticum canticorum	Hohelied Salomos	Hohelied	Hld	*Hld.*
Liber Sapientia[5)]	*Weisheit Salomos*	*Buch der Weisheit*	Weish	*Weish.*
Liber Ecclesiasticus	*Buch Jesus Sirach*	*Buch Jesus Sirach*	Sir	*Sir.*
Liber Isaiae	Prophet Jesaja	Buch Jesaja	Jes	*Jes.*
Liber Ieremiae	Prophet Jeremia	Buch Jeremia	Jer	*Jer.*
Lamentationes	Klagelieder Jeremias	Klagelieder des Jeremia	Klgl	*Klgl.*
Liber Baruch[5)]	*Buch Baruch*	*Buch Baruch*	Bar	*Baruch*
Prophetia Ezechielis	Prophet Hesekiel	Buch Ezechiel	Ez	*Ez.*
Prophetia Danielis[6),7)]	Prophet Daniel	Buch Daniel	Dan	*Dan.*
Prophetia Osee	Prophet Hosea	Buch Hosea	Hos	*Hosea*
Prophetia Ioel	Prophet Joel	Buch Joël	Joël	*Joel*
Prophetia Amos	Prophet Amos	Buch Amos	Am	*Amos*
Prophetia Abdiae	Prophet Obadja	Buch Obadja	Obd	*Ob.*
Prophetia Ionae	Prophet Jona	Buch Jona	Jona	*Jona*
Prophetia Michaeae	Prophet Micha	Buch Micha	Mi	*Mi.*
Prophetia Nahum	Prophet Nahum	Buch Nahum	Nah	*Nahum*
Prophetia Habacuc	Prophet Habakuk	Buch Habakuk	Hab	*Hab.*
Prophetia Sophoniae	Prophet Zephanja	Buch Zefanja	Zef	*Zeph.*
Prophetia Aggaei	Prophet Haggai	Buch Haggai	Hag	*Hag.*
Prophetia Zachariae	Prophet Sacharja	Buch Sacharja	Sach	*Sach.*
Prophetia Malachiae	Prophet Maleachi	Buch Maleachi	Mal	*Mal.*
Liber I Macchabaeorum[5)]	*1. Buch der Makkabäer*	*1. Buch der Makkabäer*	1 Makk	*1. Makk.*
Liber II Macchabaeorum[5)]	*2. Buch der Makkabäer*	*2. Buch der Makkabäer*	2 Makk	*2. Makk.*
Neues Testament (N.T.)				
Evangelium secundum Matthaeum	Evangelium des Matthäus	Evangelium nach Matthäus	Mt	*Mt.*
Evangelium secundum Marcum	Evangelium des Markus	Evangelium nach Markus	Mk	*Mk.*
Evangelium secundum Lucam	Evangelium des Lukas	Evangelium nach Lukas	Lk	*Lk.*
Evangelium secundum Iohannem	Evangelium des Johannes	Evangelium nach Johannes	Joh	*Joh.*
Actus Apostolorum	Apostelgeschichte des Lukas	Apostelgeschichte	Apg	*Apg.*
Epistula ad Romanos	Brief des Paulus an die Römer	Brief an die Römer	Röm	*Röm.*
Epistula ad Corinthios I/II	1. und 2. Brief des Paulus an die Korinther	1. und 2. Brief an die Korinther	1/2 Kor	*1./2. Kor.*
Epistula ad Galatas	Brief des Paulus an die Galater	Brief an die Galater	Gal	*Gal.*
Epistula ad Ephesios	Brief des Paulus an die Epheser	Brief an die Epheser	Eph	*Eph.*

Bücher der Bibel (Fortsetzung)

Vulgata[1), 2)]	Lutherbibel[2)]	Loccumer Richtlinien[2), 3)]	Abkürzungen[4)]	
Epistula ad Philippenses	Brief des Paulus an die Philipper	Brief an die Philipper	Phil	*Phil.*
Epistula ad Colossenses	Brief des Paulus an die Kolosser	Brief an die Kolosser	Kol	*Kol.*
Epistula ad Thessalonicenses I/II	1. und 2. Brief des Paulus an die Thessalonicher	1. und 2. Brief an die Thessalonicher	1/2 Thess	*1./2. Thess.*
Epistula ad Timotheum I/II	1. und 2. Brief des Paulus an Timotheus	1. und 2. Brief an Timotheus	1/2 Tim	*1./2. Tim.*
Epistula ad Titum	Brief des Paulus an Titus	Brief an Titus	Tit	*Tit.*
Epistula ad Philemonem	Brief des Paulus an Philemon	Brief an Philemon	Phlm	*Phlm.*
Epistula ad Hebraeos	Brief an die Hebräer	Brief an die Hebräer	Hebr	*Hebr.*
Epistula Iacobi	Brief des Jakobus	Brief des Jakobus	Jak	*Jak.*
Epistula Petri I/II	1. und 2. Brief des Petrus	1. und 2. Brief des Petrus	1/2 Petr	*1./2. Petr.*
Epistula Iohannis I/II/III	1., 2., 3. Brief des Johannes	1., 2., 3. Brief des Johannes	1/2/3 Joh	*1./2./3. Joh.*
Epistula Iudae	Brief des Judas	Brief des Judas	Jud	*Jud.*
Apocalypsis Iohannis	Offenbarung des Johannes	Offenbarung des Johannes	Offb	*Apk.*

[1)]Bezeichnungen der bibl. Bücher nach der Vulgata-Neuausgabe (»Nova Vulgata«) 1979. – [2)]*Kursiv* gesetzt sind die apokryphen bzw. deuterokanon. Bücher. – [3)]Entsprechend dem »Ökumen. Verzeichnis der bibl. Eigennamen nach den »Loccumer Richtlinien« (²1981). – [4)]Abkürzungen nach den »Loccumer Richtlinien«; *kursiv* sind die in diesem Lexikon verwendeten Abkürzungen gesetzt. – [5)]Griechisch. – [6)]Mit griechischen Zusätzen. – [7)]Unter die Apokryphen gezählte Zusätze.

Kirchen als Urkunden der göttl. Offenbarung (**Wort Gottes**) und als verbindlich für Glauben und Lehre angesehen werden (Kanon). Sie bestehen aus dem hebr. **Alten Testament** (A. T.) und dem griech. **Neuen Testament** (N. T.).

Entstehung und Gliederung: Die 39 alttestamentl. Schriften, die als **hebräische B.** auch die Hl. Schrift der Juden sind, wurden innerhalb der jüd. Gemeinde vom 5. bis zum 2. Jh. v. Chr. zusammengestellt; die Entstehung einzelner Bestandteile reicht in sehr viel frühere Zeit zurück. Das A. T. ist in drei Teile gegliedert: das Gesetz (Thora), die Propheten und die Schriften. Über seinen Schriftenbestand sind die christl. Kirchen untereinander und mit dem Judentum nicht völlig einer Meinung (→Apokryphen). Das N. T. ist zum großen Teil im 1. Jh. n. Chr. entstanden; schon Ende des 2. Jh. war es in seinem Bestand im Wesentlichen abgeschlossen, im 4. Jh. einheitlich in der christl. Kirche anerkannt. Es enthält 27 Bücher: 5 geschichtl. Bücher (Evangelien und Apostelgeschichte), 21 briefl. Lehrschriften und eine prophet. Schrift (Offenbarung des Johannes). Die heute übl. Gliederung der B. in Kapitel und Verse ist verhältnismäßig jungen Ursprungs. Die Kapiteleinteilung geht auf den engl. Theologen Stephen Langton (* um 1150/55, † 1228) zurück, der den Vulgatatext in Kapitel gliederte; die Verseinteilung des N. T. stammt von dem frz. Drucker Robert Estienne (* um 1503, † 1559) und findet sich zuerst in der von ihm 1551 in Genf gedruckten frz. Bibelübersetzung.

Handschriften: Die alttestamentl. Schriften verteilen sich nach ihrer Entstehung etwa über ein Jahrtausend und sind mehrfach überarbeitet worden. Der hebr. Wortlaut verfestigte sich seit dem 2. Jh. n. Chr. und wurde seit dem 7. Jh. von jüd. Schriftgelehrten, den Masoreten, überwacht (→Masora). Die ältesten Handschriften von Teilen der B. stammen aus den Funden in der Genisa (Schatzkammer) der Synagoge von Kairo und den ersten Funden aus den Höhlen bei →Qumran (2. Jh. v. Chr.); fast alle Handschriften des griech. A. T. sind christl. Herkunft. Die Schriften des N. T. sind wahrscheinlich gleich nach ihrer Entstehung vielfach abgeschrieben worden. Die wichtigsten neutestamentl. Handschriften sind neben den bis ins 2. Jh. zurückreichenden Papyri (Bodmer-Papyri, Chester-Beatty-Papyri) der →Codex Sinaiticus (4. Jh.; in London), der →Codex Vaticanus (4. Jh.; in Rom), der Codex Alexandrinus (5. Jh.; in London) und der Codex Ephraemi Syri rescriptus (5. Jh.; in Paris). Diese Handschriften enthalten auch ganz oder z. T. das Alte Testament.

Übersetzungen: Die älteste griech. Übersetzung des A. T. ist die →Septuaginta. Die wichtigsten B.-Übersetzungen sind die bis ins 2. Jh. zurückreichenden syr., die kopt. und die lat. Übersetzung, die in der kath. Kirche als →Vulgata für authentisch erklärt wurde, die got. Übersetzung des Wulfila (um 370 n. Chr.) und die dt. Übersetzung Luthers aus dem Urtext (1521 das N. T., Erstausg. 1522, sog. Septembertestament; 1523–34 das A. T.), die für die ev. Kirchen maßgebend wurde (jüngste Revision der Lutherübersetzung:

Bibel: Buchmalerei aus dem Kommentar zu den Sprüchen Salomos in der »Gutenberg-Bibel« (gedruckt 1456 in Mainz)

Bibelgesellschaften

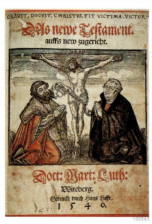

Bibel: Titelblatt einer 1546 in Wittenberg gedruckten Ausgabe von Martin Luthers deutscher Übersetzung des Neuen Testaments mit der Darstellung Martin Luthers und des sächsischen Kurfürsten Johann Friedrich I. betend unter dem Kreuz

1984). Wiedergaben von Teilen des N. T. sind der →Heliand und die →Evangelienharmonie. Ins Hochdeutsche wurde die B. aus der Vulgata schon im 14. Jh. übersetzt und bis 1518 hochdeutsch vierzehnmal, niederdeutsch viermal gedruckt. Die Übersetzung der B. ist bes. Aufgabe der →Bibelgesellschaften. Vollständige Übersetzungen der B. liegen heute (Anfang 2007) in 429 Sprachen, Übersetzungen des N. T. in 1145 Sprachen, Voll- und Teilübersetzungen in insgesamt 2426 Sprachen und Dialekten vor.

Dt. B.-Übersetzungen (Auswahl): Neben der Luther-B. hat auf ev. Seite bes. die – geschichtlich in der Tradition der von U. Zwingli initiierten B.-Übersetzung stehende – **Zürcher B.** (1931; letzte [2.] Textrevision 1998) eine weite Verbreitung gefunden. Auf kath. Seite begann eine selbstständige B.-Übersetzung im 16. Jh. durch Hieronymus Emser (*1478, †1527), J. Eck und Johannes Dietenberger (*um 1475, †1537). Die verbreitetste heutige kath. B.-Übersetzung ist die **Neue Jerusalemer B.** (Erstausgabe 1965 u. d. T. Herder-B.). Eine ev.-kath. →Einheitsübersetzung der Heiligen Schrift (begonnen 1962) erschien 1980. Sie wurde von der Ev. Kirche in Dtl. nur für das N. T. und die Psalmen anerkannt. Besondere sprachl. und religionsgeschichtl. Bedeutung erlangte die Übersetzung der hebr. B. von M. Buber und F. Rosenzweig (1926–62).

Andere B.-Übersetzungen (Auswahl): **Great Bible** (1539; 1611: Authorized Version, King James Version [»King-James-Bibel«], 1982 revidiert: New King James Version), **New American Standard Bible** (1963 [N. T.], 1971 [A. T. und N. T.]): *englisch.* – **La Bible. Nouvelle traduction** (2001; erarbeitet von 27 Theologen und 20 Schriftstellern): *französisch.* – **Nieuwe Bijbelvertaling** (2004; neue Standardübersetzung): *niederländisch.*

Bibelgesellschaften, christl. Vereine zur Herstellung, Übersetzung und Verbreitung von Bibeln und Bibelteilen; kirchengeschichtlich auf dem Boden des Protestantismus entstanden, initiiert durch den Pietismus und die Erweckungsbewegung. Die älteste B. ist die 1710 von Freiherr C. H. von Canstein in Halle (Saale) gegr. »**von Cansteinsche Bibelanstalt**«. In der ersten Hälfte des 19. Jh. entstanden zahlr. B. im Dienst der äußeren Mission und der Volksmission; die ältesten sind die 1804 in London gegr. »British and Foreign Bible Society«, die »Basler B.« (1804), die »Württemberg. Bibelanstalt in Stuttgart« (1812; heute »Württemberg. B.«) und die »Preuß. Hauptbibelanstalt in Berlin« (1814; heute »Evang. Haupt-B. und von Cansteinsche Bibelanstalt Berlin«). Die ev. B. in Dtl. haben sich in der »**Dt. B.**« (Sitz Stuttgart; 1981 errichtet als Stiftung öffentl. Rechts) zusammengeschlossen. – Auf kath. Seite besteht in Dtl. das →Katholische Bibelwerk (Sitz: Stuttgart).

Bibelkonkordanz, Nachschlagewerk aller in der Bibel enthaltenen Wörter (**Verbalkonkordanz**) oder der Begriffe und Sachen (**Realkonkordanz**).

Bibelregal *das,* kleine tragbare Orgel des 16.–18. Jh.; die geschlossenen buchförmigen Bälge des Instruments erinnern an die Form einer Bibel.

Bibelwissenschaft, zusammenfassende Bez. für die Wiss. vom Alten und Neuen Testament (→Exegese); Teildisziplin der christl. →Theologie.

Biber, Castoridae, Familie der Nagetiere mit zwei Arten in Eurasien, Nordamerika, Neufundland und in Kalifornien. Mit rd. 1 m Länge und 30 kg Masse ist der **Eurasiatische B.** (Castor fiber) das größte europ. Nagetier. In Anpassung an das Wasserleben hat er einen horizontal abgeplatteten, schuppigen Schwanz (»Kelle«) und Schwimmhäute an den Hinterfüßen. Er hat kastanienbraunes Fell und wirft bis zu vier Junge pro Jahr. Die Innenwände der Geil- oder Kastorsäcke zw. After und Geschlechtsteilen sondern das **B.-Geil** (**Castoreum**) ab. Die Nahrung besteht aus Rinde und anderen Pflanzenteilen. Der B. baut Burgen, deren Kammern nur durch unter Wasser mündende Gänge zugänglich sind, und Dämme zur Regulierung des Wasserstandes um die Behausung herum. In Dtl. steht der B. unter Naturschutz.

Biber®, kräftiges Baumwollgewebe in Köperbindung, beiderseitig stark gerauht (bes. für Bettwäsche).

Biber, Heinrich Ignaz Franz, eigtl. H. I. F. von **Bibern,** österr. Komponist und Violinist, *Wartenberg (Böhmen) 12.8.1644, †Salzburg 3.5.1704; erweiterte in seinen zahlr. Violinsonaten (u. a. 16 sog. »Mysterien-Sonaten«, um 1675) die Kunst des Geigenspiels durch die Einführung der virtuosen Doppelgrifftechnik; schrieb auch Opern (nur eine erhalten) und Kirchenmusik.

Biberach, Landkreis im Reg.-Bez. Tübingen, Bad.-Württ., 1410 km², 189 000 Ew.; Krst. ist Biberach an der Riß.

Biberach an der Riß, Große Krst. des Landkreises Biberach im Reg.-Bez. Tübingen, Bad.-Württ., 32 200 Ew.; zahlr. Fachschulen, Hochschule für Bauwesen und Wirtschaft; Städt. Sammlungen (Braith-Mali-Museum), Wielandarchiv; pharmazeut., feinmechan., Metall-, Elektro- und Textilind., Baumaschinenbau, Herstellung von Posamenten und Dentalma-

Biber: Eurasiatischer Biber

schinen. – Mittelalterl. Stadtbild. – B. a. d. R., eine stauf. Gründung (nach 1170), erhielt um 1218 Stadtrecht (1258 bezeugt), wurde im 14. Jh. freie Reichsstadt; 1803 kam es an Baden, 1806 an Württemberg.

Bibernelle, die →Pimpinelle.

Biberratte, der Sumpfbiber, →Nutria.

Biberschwanz, ein flacher Dachziegel.

Bibiena, Bibbiena, Galli da B., Familie ital. Baumeister und Maler, tätig in ganz Europa bes. als Theaterarchitekten und Bühnengestalter. Ferdinando da B., *Bologna 18. 8. 1657, †ebd. 3. 1. 1743, war u. a. in Parma, Turin, Barcelona und Wien tätig; entwarf ab 1706 das Hoftheater in Mantua (1732 durch einen Schüler vollendet); von seinen Söhnen schuf Alessandro da B., *Parma 11. 10. 1687, †Mannheim 5. 8. 1748, die Pläne für die Jesuitenkirche in Mannheim (1733–60) sowie Teile des Mannheimer Schlosses und das Mannheimer Opernhaus (1742; abgebrannt 1795); Antonio F., *Parma 1697 oder 1. 1. 1698, †Mailand 28. 1. 1774, Theaterbauten in Bologna (1756–63), Siena (1751–53), Florenz und Wien; Giuseppe da B., *Parma 5. 1. 1696, †Berlin Anfang 1757, mit seinem Sohn Carlo da B. die Innenausstattung des Theaters in Bayreuth (1748).

Bible Belt ['baɪbl-; engl. »Bibelgürtel«], religionsgeograf. Bez. für eine Region in den USA, deren kirchl. Leben und Alltagskultur sehr stark durch ein protestantisch-fundamentalist. Glaubens- und Frömmigkeitsverständnis geprägt sind. Den Kern des B. B. bilden jene Bundesstaaten im SO der USA, die einst das Zentrum der Sklaverei und Kerngebiet der Konföderierten im Amerikan. Bürgerkrieg (1861–65) bildeten. Geografisch erstreckt sich der B. B. innerhalb des Raumes zw. Kansas, Virginia, O-Texas und Florida. Kirchlich wurde und wird der B. B. maßgeblich durch die Kirche der Südl. Baptisten (Southern Baptist Convention) geprägt.

Biblia Pauperum [lat.], die →Armenbibel.

biblio... [von griech. biblíon], buch..., bücher...

Bibliografie [griech. »Bücherbeschreibung«] die, Verzeichnis von Publikationen (mit Angabe von Verfasser, Titel, Erscheinungsjahr und -ort, Band- und Seitenzahlen); kann alphabetisch, chronologisch oder systematisch geordnet sein. Man unterscheidet **Allgemeine B.** (z. B. die »Dt. Nationalbibliographie«), **Fach-B.** (z. B. Germanistik) und **Personal-B.** (Literatur über einzelne Personen). Als B. wird auch die Lehre von Bücher- oder Literaturverzeichnissen und ihrer Herstellung bezeichnet.

Bibliographisches Institut & F. A. Brockhaus AG, dt. Verlagsunternehmen mit Sitz in Mannheim; 1984 entstanden durch Vereinigung der Verlage Bibliograph. Inst. AG und F. A. →Brockhaus.

Der Verlag **Bibliograph. Institut** wurde 1826 von J. Meyer in Gotha gegr., 1828 nach Hildburghausen, 1874 nach Leipzig verlegt; ab 1915 AG; 1946 enteignet und in Leipzig in einen volkseigenen Betrieb umgewandelt. 1953 wurde Mannheim Sitz der AG; 1984 erfolgte der Zusammenschluss mit F. A. Brockhaus zum Verlag B. I. & F. A. B.; daneben bestand 1946–90 der VEB Bibliograph. Inst. in Leipzig, ab 1990 Bibliograph. Inst. Leipzig GmbH; seit 1991 Tochterunternehmen des Verlags B. I. & F. A. B. AG, zu dem seit 2004 auch der Harenberg Verlag und seit 2006 der Kunstverlag Weingarten gehören.

Bekannt wurde der Verlag Bibliograph. Inst. v. a. durch Meyers Konversationslexika (1. Aufl. 1840–55), Meyers Atlanten und Brehms Tierleben sowie v. a. die

Biberach an der Riß: Marktplatz mit Giebelhäusern, im Hintergrund die Pfarrkirche Sankt Maria und Martin aus dem 14./15. Jh.

Duden-Rechtschreibung und illustrierte Standardwerke. Die Verlagsproduktion umfasst heute hauptsächlich Taschenlexika, Nachschlagewerke zur dt. Sprache, die von der **Dudenredaktion,** die sich auf repräsentative Dokumentationen zur dt. Sprache stützt, bearbeitet und herausgegeben werden (»Duden – Die dt. Rechtschreibung«, 24. Aufl. 2006, »Dt. Universalwörterbuch«, »Das große Wörterbuch der dt. Sprache« in 10 Bde.n), Nachschlagewerke für Schüler (»Schülerduden« u. a.), Fachlexika, naturwiss. Bücher sowie elektron. Publikationen (u. a. Wörterbücher und Lernsoftware auf CD-ROM).

Bibliomantie [griech.] die, das Wahrsagen durch beliebiges Aufschlagen von Textstellen in Büchern, bes. der Bibel.

Bibliophilie [griech.] die, Liebhaberei für schöne und kostbare Bücher. **Bibliophile,** Bücherfreunde, bes. Sammler von schönen, seltenen oder geschichtlich wertvollen Büchern.

Bibliotheca Bodleiana, Bodleian Library ['bɒdlɪən 'laɪbrərɪ], 1598 in Oxford gegründete Universitätsbibliothek, benannt nach ihrem Gründer Thomas →Bodley.

Bibliotheca Hertziana, Forschungsstätte und Spezialbibliothek zur Kunstgeschichte Italiens, Einrichtung der Max-Planck-Gesellschaft in Rom; 1913 im Palazzo Zuccari eröffnet, den 1912 die dt. Kunstmäzenin Henriette Hertz (*1846, †1913) der Kaiser-Wilhelm-Gesellschaft vermacht hatte; das Inst., das v. a. die nachantike klass. Kunst Italiens (1450–1800) sowie die kulturhistor. Wechselbeziehung zw. Dtl. und Italien erforscht, konnte inzwischen durch den Ankauf des Palazzo Stroganoff (1963) und des Villino

bibl — Bibliothek

Bibliothek: Barocksaal (1758–76 erbaut) der Bibliothek des Benediktinerstifts Sankt Gallen (Klosterbibliothek)

Stroganoff (1981) erweitert werden. Nach Plänen von Juan Navarro Baldeweg (*1939) entsteht seit 2003 ein funktioneller Neubau (Fertigstellung voraussichtlich 2007).

Bibliothek [griech., eigtl. »Büchergestell«] *die*, jede planmäßig angelegte, geordnete und benutzbare Sammlung von Büchern, die auch analoge und digitale Medienarten umfassen kann; ferner Bez. für das Gebäude, in dem sie aufbewahrt wird. Die früher im Deutschen für manche B.-Typen übl. Bez. **Bücherei** wird nur noch selten verwendet. Öffentliche B. im Besitz von Staat, Gemeinde oder sonstigen öffentlichrechtl. Körperschaften sind entweder **wissenschaftliche** oder **öffentliche B.** und werden von →Bibliothekaren verwaltet. **Allgemeine** oder **universale B.** führen sämtl. Wissensgebiete (National-, Staats-, Landes-, Univ.- und Stadt-B.). Für einzelne Wissensgebiete existieren **Spezial**- oder **Fach-B.** (Werks-, Instituts- und Behörden-B.). Einige große Privat-B. sind ebenfalls öffentlich zugänglich. Die Benutzung der Bücher ist beim **Präsenzsystem** nur in der B. selbst möglich, im Ggs. zum **Ausleihsystem**. Der Leihverkehr zw. den B. ermöglicht es, ein in der Orts-B. nicht vorhandenes Buch aus einer anderen B. kommen zu lassen (**Fernleihe**). Häufig sind Benutzungs- und Verwaltungsräume von den Bücherräumen getrennt (**Magazinsystem**). Zu den Benutzungsräumen gehören ein oder mehrere Lesesäle für Bücher und Zeitschriften, mit Hand- und Arbeitstischen, ferner Räume für Publikumskataloge und Ausleihe. – Der Einsatz von Computertechnik hat die Arbeitsabläufe in den B. verändert (Literatur- und Katalogdatenbanken anstelle von Mikrofiche- und Zettelkatalogen). Die traditionelle Unterscheidung zw. wiss. und öffentlichen B. (in Dtl.) tritt zurück zugunsten der Einbeziehung aller vorhandenen B. in ein Gesamtsystem der Literatur- und Informationsversorgung (nat. Informationsverbund). – **Geschichte:** Die älteste bisher bekannt gewordene B. ist die Tontafelsammlung des Assyrerkönigs Assurbanipal in Ninive. Die bedeutendsten B. des griech. Altertums waren die Alexandrinische B. sowie die B. von Pergamon und Ephesus. Das antike Rom kannte bed. Privat-B. sowie auch große öffentl. Sammlungen. – Im frühen MA. waren Klöster und Stifte Sammelstätten der Literatur (San Colombano bei Bobbio/Prov. Piacenza, Monte Cassino, Cluny, St. Gallen, Bamberg und Reichenau). Aus den Kollegien-B. der Universitäten im späten MA. (Salamanca 1243, Paris 1257, Prag 1366) entwickelten sich die Universitäts-B.; die erste zentrale Universitäts-B. wurde an der 1386 gegr. Universität in Heidelberg aufgebaut. Humanismus und Renaissance brachten einen Aufschwung des (öffentl.) B.-Wesens (Biblioteca Marciana, Venedig). Als bedeutendste Renaissance-B. gilt die Bibliotheca Apostolica Vaticana in Rom. Die Erstarkung fürstl. Macht führte zur Gründung fürstlicher B., aus denen später die Staats- und Landes-B. hervorgingen: Wien (1526), Dresden (1556), München (1558), Berlin (1661). Die bedeutendste deutsche B. des 16. Jh. war die Palatina in Heidelberg (1553), die des 17. Jh. die Augusta in Wolfenbüttel (1604). In Paris wurde 1792 die Königl. B. in die »Bibliothèque Nationale« (seit 1995 →Bibliothèque Nationale de France) umgewandelt; seither entstanden immer mehr National-B. (→Deutsche Nationalbibliothek). Im 19. Jh. veränderte die Industrialisierung die Anforderungen an die B. grundlegend, die Zahl der Druckerzeugnisse stieg enorm. In den Städten entstanden »Volksbüchereien«. Da der Zweite Weltkrieg große Buchbestände vernichtet hatte, verstärkten die B. ihre Zusammenarbeit. Das heutige Verbundsystem gewinnt angesichts zunehmender Sparzwänge, denen die B. unterworfen sind, an Bedeutung.

Bibliothekar, Bibliothekarin, Berufs-Bez. für das Fachpersonal in →Bibliotheken, zu dessen Aufgaben Management, Neuerwerb und Katalogisierung zählen.

Bibliothekstanti|eme, Bibliotheksabgabe, →Urheberrecht.

Bibliothèque Nationale de France [biblıɔˈtɛk nasjɔˈnal de frãs], Abk. **BNF,** die frz. Nationalbibliothek in Paris; umfasst die bisherige **Bibliothèque Nationale** (seit 1795) und die neu erbaute, 1995 eingeweihte Bibliothek, die alle Neuerscheinungen nach dem 1. 1. 1945 aufnehmen soll; Bestand (2006): u. a. mehr als 13 Mio. Bücher und Drucksachen, 350 000 Periodika, 800 000 Karten und Pläne. – Aus der Bücher- und Handschriftensamml. von Franz I. in Fontainebleau und der Hausbibliothek der frz. Könige in Blois entstand 1567 in Paris die Bibliothèque du Roi (Königl. Bibliothek), die in der Barockzeit zu einer der reichsten Bibliotheken Europas wurde.

Biblis, Gem. im Landkreis Bergstraße, Hessen, 90 m ü. M., 8 900 Ew.; Gemüseanbau; Kernkraftwerk (zwei Reaktorblöcke mit insgesamt 2 504 MW installierter Leistung).

Biblizismus *der,* theolog. Haltung, die im Ggs. zur historisch-krit. Bibelforschung die Bibel Wort für Wort als göttl. Offenbarung versteht; i. e. S. pietist. Auffassung der Bibel als geschlossenes System der göttl. Gedanken.

Bibracte, befestigter Hauptort der kelt. Aeduer, auf dem Mont Beuvray, 20 km westlich von Autun, Frankreich. – Hier schlug Caesar 58 v. Chr. die Helvetier; um 5 v. Chr. Umsiedlung der Bev. in das neu gegr. Augustodunum (heute Autun).

Bichsel, Peter, schweizer. Schriftsteller, *Luzern 24. 3. 1935; wurde bekannt mit »Eigentlich möchte Frau Blum den Milchmann kennenlernen« (1964; karikierende Geschichten aus dem kleinbürgerl. Alltag) und ironisch-hintergründigen Kolumnen, die seit »Geschichten zur falschen Zeit« (1979) auch in Buchform erscheinen (Sammlung u. d. T. »Kolumnen, Ko-

Peter Bichsel

lumnen. Mit Stichwortregister«, 2005). Die wenigen umfangreicheren Werke, so die Erzählung »Cherubin Hammer und Cherubin Hammer« (1999), kreisen v. a. um Sprache und deren Rolle bei der Fiktion.

Bicinium [lat. »Zwiegesang«] *das,* zweistimmiges, meist vokales Musikstück kirchl. oder weltl. Art, bes. im 16. und 17. Jh. beliebt; aus dem B. entwickelten sich das Duo und das Duett.

Bickbeere, *norddt.:* Heidelbeere.

Bicycle-Motocross ['baısıkl 'məʊtəʊkrɒs, engl.] *das, Radsport:* das →BMX.

Bidault [bi'do:], Georges, frz. Politiker, * Moulins 5. 10. 1899, † Cambo-les-Bains 27. 1. 1983; seit 1941 führend in der Widerstandsbewegung, leitete 1944 den Pariser Aufstand. 1949–52 Vors. der »Volksrepublikaner« (MRP), zw. 1944 und 1954 mehrmals Außenmin., 1946 und 1949/50 Min.-Präs. Als Verfechter des »Frz. Algerien« bekämpfte er die Algerienpolitik Präs. C. de Gaulles. 1962–68 lebte B. im Exil.

Bidenhänder, *der* →Beidhänder.

Bidermann, Jacob, neulat. Schriftsteller, * Ehingen (Donau) 1578, † Rom 20. 8. 1639; vielseitiger Gelehrter, ab 1626 als Bücherzensor in Rom; bedeutendster Vertreter des neulat. Jesuitendramas (u. a. »Cenodoxus«, Uraufführung 1602, hg. 1666); schrieb auch Epigramme und satirisch-didakt. Prosa, u. a. den Roman »Utopia« (1604).

Bidet [bi'de:, frz.] *das,* Sitzwaschbecken für die Intimhygiene.

Bidonvilles [bidɔ̃'vil; frz. »Blechkanisterstädte«], Bez. für Slums der großen Städte, bes. in Entwicklungsländern (urspr. auf NW-Afrika beschränkt).

Bié, Bihé, fruchtbares, dicht bevölkertes Grashochland im mittleren Angola, bis 2 619 m hoch; gleichzeitig Prov. (Hptst.: Kuito).

Biebesheim am Rhein, Gem. im Landkreis Groß-Gerau, Hessen, im Hess. Ried, 6 500 Ew.; größtes Naturschutzgebiet Hessens »Kühkopf-Knoblochsaue« (2 370 ha).

Biebrich, Stadtteil (seit 1926) von →Wiesbaden; Barockschloss (1700–44).

Biedenkopf, Stadt und Luftkurort im Landkreis Marburg-B., Hessen, an der oberen Lahn, 274 m ü. M., 13 700 Ew.; Maschinen- und Modellbau. – Burg (nach 1180 erbaut). – B. wird 1254 als Stadt erwähnt.

Biedenkopf, Kurt, Wirtschaftsjurist und Politiker (CDU), * Ludwigshafen am Rhein 28. 1. 1930; 1964–70 Prof. in Bochum; war 1973–77 Gen.-Sekr. der CDU, 1976–80 und 1987–90 (Mandatsniederlegung) MdB sowie 1990–2002 (Rücktritt) Min.-Präs. von Sachsen.

Biedermeier, treuherziger und spießbürgerl. Mensch; urspr. ein Pseudonym, unter dem L. →Eichrodt und A. Kußmaul in den »Fliegenden Blättern« 1855–57 literar. Parodien als »Gedichte des schwäb. Schullehrers Gottlieb Biedermaier …« veröffentlichten; danach Bez. für die B.-Zeit 1815–48, in der man später, bes. um 1900, ein Wunschbild »bürgerl. Daseins« sah. Die bei aller Behaglichkeit bescheidene bürgerl. Lebenshaltung verwirklichte sich v. a. in der Wohnkultur, die von der bürgerl. Kunst Englands ausging und dem Empirestil zu nüchterner Strenge und sachl. Zweckmäßigkeit abwandelte. – Die Widersprüchlichkeit der Epoche wird in der Bez. »Vormärz« für die gleiche Periode der dt. Geschichte deutlich. – Zur Literatur →deutsche Literatur; zur Malerei →deutsche Kunst; zur Mode →Kleidung.

Biegen, das räuml. Krümmen eines stab- oder plattenförmigen Körpers aus Holz, Kunststoff oder Metall von Hand oder mithilfe von Biegemaschinen zum Zwecke einer bleibenden Formänderung oder um eine Federwirkung hervorzurufen. Die Werkstücke werden in kaltem oder warmem Zustand so stark gebogen, dass sie über die Elastizitätsgrenze, aber nicht über die Bruchgrenze hinaus beansprucht werden, was zu einer bleibenden Formänderung führt. Gusswerkstoffe und spröde Metalle lassen sich nur wenig oder gar nicht biegen. Man unterscheidet **Winklig-B.,** wobei das Werkstück abgewinkelt wird und ausgeprägte Biegekanten entstehen (z. B. Abkanten, Bördeln und Falzen), und **Rund-B.,** das eine stetige Krümmung ohne Biegekanten ergibt (bei kreisförmiger Krümmung spricht man von **Runden**).

Biegeversuch, mechan. Werkstoffprüfungsverfahren zur Bestimmung der Festigkeitskennwerte (Biegefestigkeit, Elastizitätsmodul und Verformbarkeit) von Bauteilen oder Probekörpern aus Beton, Gusseisen, Kunststoff u. a. durch definierte Biegebeanspruchung.

Biegung, *Festigkeitslehre:* elast. oder plast. Formänderung von längl. Körpern (z. B. Balken) durch Biegemomente, d. h. Paare von Kräften, die in gewissem Abstand voneinander in entgegengesetzter Richtung auf den Körper wirken.

Biel (BE), frz. **Bienne,** Bezirkshauptort im Kt. Bern, Schweiz, 48 700 Ew. (zwei Drittel dt.- und ein Drittel frz.-sprachig); 435 m ü. M., am Fuß des Jura nahe der Mündung der Schüss in den **Bieler See** (rd. 40 km² groß, bis 74 m tief); Hochschule für Technik und Informatik (HTI), Hochschule für Architektur, Bau und Holz (HSB), Museum Schwab mit vorgeschichtl. Sammlungen; Uhren- und Präzisionswerkzeugproduktion, Maschinenbau, elektron. u. a. Ind.; Drahtseilbahnen nach Leubringen (705 m) und Magglingen (900 m; Eidgenöss. Hochschule für Sport). – Die Oberstadt hat ihr mittelalterl. Gepräge bewahrt. Erhalten sind drei Wehrtürme (nach 1405), Rathaus im Flamboyantstil (1530–34), Zunfthaus der Waldleute (1559–61), spätgot. Zeughaus (1589–91, heute Theater); die spätgot. Pfarrkirche St. Benedikt (1451–92, heute reformierte Stadtkirche) zeigt Reste von Fresken und Glasmalereien des 15. Jh. In der Neustadt zahlr. Beispiele des neuen Bauens: u. a. Stadtbibliothek und Post (1932), Gebäude der ehem. Automobilfabrik von General Motors (1935). 1966 wurde das Kongresshaus fertiggestellt.

Kurt Biedenkopf

Biedermeier: Schreibschrank mit Intarsien von J. F. Wunderlich (1826)

Bienenfresser
(Merops apiaster)

Bielefeld
Stadtwappen

Bielascher Komet ['bjela-], 1826 durch den Astronomen Wilhelm von Biela (*1782, †1856) wieder entdeckter Komet, Umlaufzeit 6,62 Jahre, teilte sich 1846 in zwei Teile, die 1852 letztmals gesehen wurden. Der später mehrmals aufgetretene Meteorstrom der **Bieliden** (Andromediden) geht auf die Überreste des B. K. zurück.

Bielawa [bjɛ'lava], dt. **Langenbielau,** Stadt in der Wwschaft Niederschlesien, Polen, am O-Fuß des Eulengebirges, 31 800 Ew.; elektrotechn. und Textilindustrie (Baumwollverarbeitung); einst Zentrum der schles. Leinenweber. – In der 1. Hälfte des 13. Jh. gegründet; 1844 brach hier und im benachbarten Peterswaldau der Weberaufstand aus. Stadt seit 1924; seit 1945 gehört sie zu Polen.

Bielefeld, kreisfreie Stadt im Reg.-Bez. Detmold, NRW, am Durchgang einer alten Handelsstraße vom Rhein zur Elbe durch den Teutoburger Wald, 328 100 Ew.; wirtsch. und kultureller Mittelpunkt Ostwestfalens; LG, Univ. (1969 gegr.), Fachhochschulen, Kirchl. Hochschule Bethel, Euro-Business-College, Westfalen-Kolleg, Sitz der Kirchenleitung der Ev. Kirche von Westfalen, hat Landesgeschichtl. Bibliothek, Kunsthalle, Histor. Museum, Bauernhaus-, Naturkunde- u. a. Museen; Textil- und Bekleidungsindustrie, Maschinenbau (Näh-, Werkzeug- und Druckmaschinen), Leder-, chemisch-pharmazeut. und Lebensmittelindustrie, Verlage und Druckhäuser. Im Stadtbezirk Gadderbaum südlich der Sparrenburg liegen die →Bodelschwinghschen Anstalten (»Bethel«). – B., im 9. Jh. erstmals genannt, wurde von den Grafen von Ravensberg neu angelegt (1214 Stadtrecht).

Bieler, Manfred, Schriftsteller, *Zerbst 3. 7. 1934, †München 23. 4. 2002; übersiedelte 1968 nach München. Sein Roman »Maria Morzeck oder Das Kaninchen bin ich« (überarbeitet 1969), die fiktive Autobiografie einer Abiturientin aus Ost-Berlin, und dessen Verfilmung wurden in der DDR verboten; von den folgenden Romanen war bes. »Der Mädchenkrieg« (1975) erfolgreich; auch zahlr. Drehbücher und Hörspiele.
Weitere Werke: Romane: Der Kanal (1978); Der Bär (1983); Still wie die Nacht (1989).

Bieler See, schweizer. See, →Biel (BE).

Bieliden, →Bielascher Komet.

Bielitz-Biala, dt. Name der poln. Stadt →Bielsko-Biala.

Biella, 1) ital. Provinz in Piemont, 913 km², 188 400 Einwohner.
2) Hptst. von 1), am Alpenrand, 46 500 Ew.; führend in der ital. Wollind., ferner Baumwoll-, Papier-, Möbelind.; Hutfabrikation.

Bielsko-Biała ['bjɛlskɔ 'bjaṷa], dt. **Bielitz-Biala,** Krst. in der Wwschaft Schlesien, Polen, am N-Fuß der westl. Beskiden, 178 000 Ew.; Filiale der TH von Lodz; Filmstudio und zwei Theater; Zentrum der Textilindustrie, außerdem Maschinen- und Fahrzeugbau, elektrotechn., Baustoff-, Leder- und Nahrungsmittelindustrie. – **Bielitz,** im 13. Jh. gegr., seit dem 14. Jh. Stadt, hatte bis ins 20. Jh. eine überwiegend dt.-sprachige Bev. Die Herrschaft Bielitz wurde 1752 Fürstentum. 1919 kam Bielitz, gemeinsam mit **Biala** (seit 1723 Stadt), an Polen. Beide Städte wurden 1950 vereinigt.

Biene, umgangssprachl. Bez. für die →Honigbiene.

Bienek, Horst, Schriftsteller, *Gleiwitz 7. 5. 1930, †München 7. 12. 1990; zunächst in der DDR als Autor gefördert (Schüler von Brecht); Ende 1951 Verurteilung wegen »Spionage«, bis 1955 Zwangsarbeit in Sibirien. 1956 Übersiedlung in die Bundesrep. Dtl.; das stark autobiografisch geprägte Werk umfasst Romane, u. a. die inhaltlich zusammenhängende Reihe »Die erste Polka« (1975), »Gleiwitzer Kindheit« (1976), »Septemberlicht« (1977), »Zeit ohne Glocken« (1979), »Erde und Feuer« (1982), Erzählungen, Essays sowie Lyrik (»was war das ist«, 1966). – *Weitere Werke: Roman:* Die Zelle (1968). – *Lyrik:* Die Zeit danach (1974); Wer antwortet wem (hg. 1991). – *Essays:* Der Blinde in der Bibliothek (1986). – *Autobiografisches:* Birken u. Hochöfen. Eine Kindheit in Oberschlesien (1990).

Bienen, Blumenwespen, Apoidea, zu den Stechimmen zählende Hautflüglerüberfamilie mit etwa 20 000 Arten, Körperlänge zw. 2 und 40 mm. B. sind Blütenbesucher mit Sammelapparaten aus Haar- und Borstenkämmen für Pollen und Nektar; betreiben Brutpflege in geschützten Nestern mit Brutzellen. Nach der Lebensweise unterscheidet man: soziale (Staaten bildende) B., wie →Honigbiene und Hummel, solitäre (allein lebende) und Schmarotzer-B. (Kuckucks-B., d. h. B. mit kuckuckähnl. Brutaufzucht).

Bienenameisen, Ameisenwespen, Spinnenameisen, Mutillidae, meist trop., bunte Hautflüglerfamilie mit flügellosen Weibchen, die ihre Eier in Hummelnester legen.

Bienenfresser, Meropidae, Vogelfamilie farbenprächtiger, langschnäbliger, drosselgroßer Insektenfresser in S-Europa, NW-Afrika und S-Asien. Der B. (Merops apiaster) brütet in Einzelfällen auch in Mitteleuropa, er wird bis 28 cm groß.

Bienenkäfer, Trichodes, Buntkäfer, deren Larven v. a. von Bienenbrut leben.

Bienenkorb, künstl. Bienenwohnung.

Bienenlaus, Braula caeca, braune, etwa 1 mm lange, flügellose Fliege; Schmarotzer der Bienenkönigin.

Bienenmotten, die →Wachsmotten.

Bienenstich, 1) →Insektenstiche.
2) flacher, mit Vanillecreme gefüllter Hefekuchen mit einer Auflage aus geriebenen Mandeln, Butter und Zucker.

Bienenwachs, knetbares Ausscheidungsprodukt der →Biene; zur Herstellung von Salben, Bohnerwachsen, Wachsplastiken, bes. Kerzen.

Bienenwolf, 1) →Wachsmotten.
2) →Grabwespen.

Bienenzucht, Imkerei, die Bienenhaltung zur Gewinnung von Honig und Wachs und zur Blütenbestäubung. Bis zum MA. ist in Mitteleuropa die **Wald-B.** betrieben worden; als Beute (Bienenwohnung) wurden hohle oder ausgehöhlte Bäume benutzt. Die spätere **Korb-B.** arbeitete mit fest eingebautem, unbewegl. Wabenbau in strohgeflochtenen Körben. Heute werden die Bienen in **Bienenständen** gehalten, Kästen **(Mobilbauzucht)** mit auswechselbaren Rähmchen. Sie können einzeln unter einem Schutzdach aufgestellt sein oder in Gruppenständen, am besten ortsbewegl. Wanderständen, oder im geschlossenen Bienenhaus. – Tätigkeiten des Bienenzüchters (Imker): im Frühjahr die Freigabe von genügend Raum zur Brutbildung (Ausbau neuer Waben); Lenkung des Schwarmtriebes, der zur Vermehrung und Verjüngung der Völker führt; Entnahme überschüssiger Honigvorräte; Ernährung mit Winterfutter (Zuckerlösung), Einrichten witterungsgeschützter Stellen zum Überwintern der Völker. – Gerätschaften des Imkers: Hut, Schleier, Imkerpfeife.

Biên Hoa [biən hua], Hptst. der Prov. Dong Nai, Vietnam, nordöstlich von Ho-Chi-Minh-Stadt (früher Saigon), 407 200 Ew.; Ind.-Zentrum mit Eisen-, Papierind., Kautschukverarbeitung.

bienn [lat.], **zweijährig,** mit zweijähriger Lebensdauer (bei Pflanzen).

bi|ennal, zwei Jahre dauernd, alle zwei Jahre stattfindend.

Bi|ennale [ital.] *die,* alle zwei Jahre stattfindende Ausstellung, repräsentative Schau oder Vorführung (bes. im Bereich der bildenden Kunst und des Films); bekannt ist v. a. die B. in Venedig.

Bienne [bjɛn], frz. Name von →Biel (BE).

Bier [ahd. bior, wohl zu spätlat. biber »Trank«], jedes aus stärkehaltiger Substanz durch alkohol. Gä-

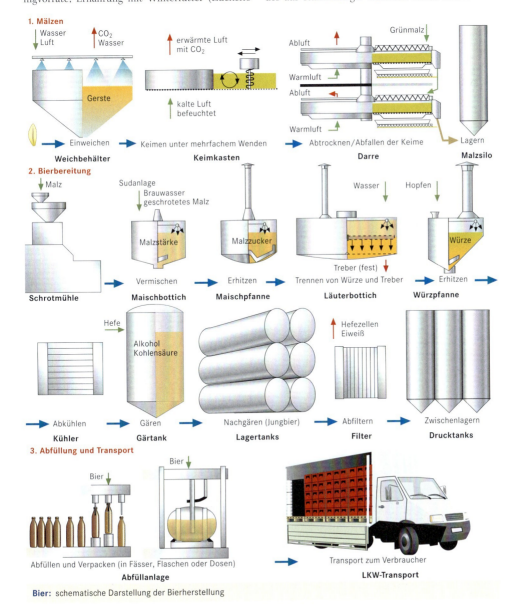

Bier: schematische Darstellung der Bierherstellung

rung gewonnene Getränk; nach dem dt. B.-Steuerges. i. d. F. v. 29. 7. 1993 (zuletzt geändert 2001) das aus Gerstenmalz, Hopfen, Hefe und Wasser durch alkohol. Gärung hergestellte untergärige B. Für obergärige B. können andere Malze und, außerhalb Bayerns, auch Zucker und Farbmittel verwendet werden. Die Herstellung (**Brauerei**) gliedert sich in das Mälzen (Malzbereitung), das Würzekochen (eigentl. Brauvorgang) und die Vergärung. Zur Würzebereitung wird das Malz grob gemahlen, geschrotet und im Sudhaus mit heißem Wasser zur **Maische** gemischt (gemaischt), wobei Abbaustoffe der Stärke (Dextrine, Malzzucker) und des Eiweißes sowie Mineralstoffe u. a. als »Extrakt« in Lösung gehen. Dann wird abgeläutert (man entfernt die Malzrückstände, die **Treber**, die als Futter dienen). Hierauf kocht man die Flüssigkeit mit Hopfen zur eigentl. **Würze** ein. Bei der Kühlung der Würze setzt sich der Kühlgeläger, der **Trub**, ab und eine Kruste von **B.-Stein** bildet sich. In den Gärgefäßen versetzt man nun die Würze mit Hefe, die unter Gärung einen Teil des Zuckers der Würze in Alkohol und Kohlendioxid verwandelt. Bei der älteren **Obergärung**, bei der die Hefe obenauf schwimmt, entstehen bei 12–25 °C in 2–3 Tagen die obergärigen B. (z. B. Weiß-B., Alt-B., Porter, Ale), bei der **Untergärung**, bei der die Hefe unter geringerer Erwärmung am Grunde des Gärbottichs bleibt, die haltbareren untergärigen B. Die Gärung dauert 8–10 Tage und wird durch Kühlung auf 4–10 °C gehalten. Das entstandene Jung-B. wird möglichst klar auf Lagerfässer gehebert (geschlaucht) und ist nach 9–24 Tagen Nachgärung fertig zum Abfüllen in Fässer und Flaschen. In den Letzteren wird es durch Erhitzen auf 60–70 °C pasteurisiert.

Der Extraktgehalt der Würze vor der Vergärung, die sog. **Stammwürze**, liefert nach dem B.-Steuer-Ges. die Einteilung der B.-Gattungen: Einfach-B. 2–5,5 %, Schank-B. 7–8 %, Voll-B. 11–14 %, Stark-B. über 16 % Stammwürze. – Die B.-Sorte ist die Bez., u. a. Lager-, Export-, Märzen-, Bockbier.

Als B.-Typen gelten u. a. die sich durch Farbe, Geschmack unterscheidenden B. wie Pilsner, Dortmunder, Münchener, die man in die drei Gruppen der hellen, mittelfarbigen und dunklen B. unterteilt. – Besondere B.-Arten sind **Malz-B.** (unter 0,5 Vol.-% Alkohol), **Diät-B.** (für Diabetiker, verhältnismäßig alkoholreich), **Nähr-B.** (0,5 Vol.-%, alkoholfreies B., oder 1–1,5 Vol.-%, alkoholarmes B.). – Bei den übl. B. liegt der Alkoholgehalt bei Dünn-B. zw. 1,5 und 2,0 Vol.-%, Voll-B. zw. 3,5 und 4,5 Vol.-%, Stark-B. zw. 4,8 und 5,5 Vol.-%.

Wolf Biermann

Bier, August, Chirurg, * Helsen (heute zu Arolsen) 24. 11. 1861, † Sauen (Landkreis Oder-Spree) 12. 3. 1949, 1907–32 Prof. in Berlin; verbesserte die Amputationschirurgie, entwickelte die Lumbalanästhesie und führte die Blutstauung als Behandlungsmethode ein.

Bierbaum, Otto Julius, Schriftsteller, * Grünberg in Schlesien 28. 6. 1865, † Dresden 1. 2. 1910; war Redakteur der Zeitschrift »Die freie Bühne«, 1894 Gründer des »Pan«, dann der »Insel«; schrieb bewusst stilisierte Lyrik im Ton des Volkslieds, des Minnesangs, der Anakreontik und der Romantik. Als Erzähler wurde er mit den Romanen »Stilpe« (1897) und »Prinz Kuckuck« (1906–07, 3 Bde.) bekannt.

Bierce [ˈbiəs], Ambrose, amerikan. Schriftsteller, * Meigs County (Ohio) 24. 6. 1842, † (verschollen) in Mexiko 1914; gilt neben E. A. Poe als früher Meister der amerikan. Kurzgeschichte. Seine Werke sind gekennzeichnet durch bissigen Humor, makabre Inhalte und präzise Beschreibungen psych. Ausnahmesituationen (in dt. Auswahl u. a.: »Die Spottdrossel«, Neuausg. 1987; »Lügengeschichten und fantast. Fabeln«, hg. ²1990; »Aus dem Wörterbuch des Teufels«, Neuausg. 2004).

Bierdruckapparat, Vorrichtung, mit der das im Keller lagernde Bier in Röhren zur Schankstelle (Büfett) durch Kohlendioxid oder Druckluft emporgedrückt wird.

Biermann, Wolf, Lyriker und Liedersänger (mit Gitarre), * Hamburg 15. 11. 1936; ging 1953 in die DDR; nach zweijähriger Zeit als Kandidat wurde seine Aufnahme in die SED 1963 abgelehnt, 1965 Auftrittsverbot nach Erscheinen der Lyriksammlung »Die Drahtharfe« in Berlin (West); nach B.s Ausbürgerung 1976 (während eines Gastspiels in der Bundesrep. Dtl.) Emigrationswelle von Schriftstellern aus der DDR. B.s kontrastgeladene Lyrik nimmt in unverwechselbarem Ton v. a. auf F. Villon, H. Heine und B. Brecht Bezug; erhielt 1991 den Georg-Büchner-Preis.

Weitere Werke: Mit Marx- und Engelszungen (1968); Es gibt ein Leben vor dem Tod (1975; Schallplatte); Preußischer Ikarus (1978); Klartexte im Getümmel (1990); Süßes Leben, saures Leben (1996; CD); Wie man Verse macht und Lieder (1997); Paradies uff Erden (1999).

Biermer-Anämie, die nach dem Internisten Anton Biermer (* 1827, † 1892) benannte →perniziöse Anämie.

Biersteuer, eine der ältesten Verbrauchsteuern. Die Steuersätze sind (in Dtl. und Österreich) gestaffelt nach der Biergattung (Stammwürzegehalt) und nach der Höhe des jährl. Ausstoßes der Brauerei (Steuerpflichtiger). Das Aufkommen (2005: 777 Mio. €) steht in Dtl. den Ländern zu.

Biertan [ˈbjɛrtan], dt. **Birthälm,** Gem. im Kr. Hermannstadt (Sibiu), Rumänien, 4 000 Ew. – Dreischiffige spätgot. Kirchenburg (15./16. Jh.), bedeutendste Wehrkirche der Siebenbürger Sachsen (UNESCO-Weltkulturerbe), 1572–1867 ev. Bischofssitz.

Bierut [ˈbjɛrut], Bolesław, poln. Politiker, * Rury Jezuickie (bei Lublin) 18. 4. 1892, † Moskau 12. 3. 1956; als KP-Funktionär 1933–38 in Haft; schuf als Vors. des Landesnationalrats (1944–47) und Vertrauensmann Stalins 1944/45 die Grundlagen der kommunist. Machtergreifung in Polen. 1947–52 war er Staatspräs., 1952–54 Min.-Präs., 1948–54 Vors. und 1954–56 Erster Sekr. der kommunist. »Poln. Vereinigten Arbeiterpartei«.

Biesbosch [ˈbi:zbɔs, »Binsenwald«] *der,* durch den Durchbruch der Maas 1421 entstandener Meerbusen, südöstlich von Dordrecht, Niederlande; seit dem 18. Jh. eingedeicht; heute v. a. Natur- und Vogelschutzgebiet.

Biesenthal, Stadt im Landkreis Barnim, Bbg., amtsangehörige Gem. des Amtes B.-Barnim, 5 900 Ew.; Naherholungszentrum; klein- und mittelständ. Handwerk und Gewerbe (u. a. Produktion von Möbelfolie); Landschaftsbau- und Gartenbaubetriebe.

Biesfliegen, die →Dasselfliegen. **Bieswurm,** Larve der Dasselfliege.

Biestmilch, →Kolostrum.

Bietigheim-Bissingen, Große Krst. im Landkreis Ludwigsburg, Bad.-Württ., im unteren Enztal, 42 300 Ew.; Herstellung von Bodenbelägen und Autozubehör; Maschinen- und Werkzeugbau, Textilindustrie, Gelenkantrieb-, Zahnradfabrik. – Denkmalgeschützte histor. Altstadt. – Bietigheim wurde 789 erstmals urkundlich erwähnt, 1364 Stadtrecht; 1975 mit Bissingen vereinigt.

Bietschhorn, Berg der Berner Alpen im Kt. Wallis, Schweiz, 3 934 m ü. M.; seine nordöstl. und südl. Hänge gehören zum UNESCO-Weltnaturerbe Jungfrau-Aletsch-B. (→ Aletschgletscher).

Bifidobacterium [lat.] *das,* **Bifidobakterien,** Gattung anaerober, grampositiver, nicht Sporen bildender Bakterien; u. a. im Darmtrakt von Mensch und Tier und in der Muttermilch vorkommend.

bifilar [lat.], zweifädig.

bifilare Wicklung, *Elektrotechnik:* Wicklungsart, bei der der Draht gegenläufig gewickelt ist, sodass sich das Magnetfeld in benachbarten Windungen weitgehend aufhebt; die Induktivität ist gering.

Bifokalgläser [lat.], Doppelbrennpunktgläser (Zweistärkengläser) für Fern- und Nahsicht, wobei der Nahteil eingeschliffen oder eingeschmolzen ist. (→ Brille)

Biforium [lat.] *das,* im MA. durch eine Mittelsäule gegliedertes Fenster mit bogenförmigem Abschluss.

Bifurkation [lat.] *die,* **Verzweigung, 1)** *Geomorphologie:* die Gabelung eines Wasserlaufs und Verteilung des Wassers auf zwei getrennte Flussgebiete. **2)** *Physik:* krit. Punkt (Zustand) eines nicht linearen Systems, an dem sich das Systemverhalten in Abhängigkeit von einem Kontrollparameter qualitativ ändert.

Biga [lat.] *die,* Zweigespann; einachsiger Streit-, Renn- und Schauwagen der Antike.

Bigamie [lat.-griech.] *die,* **Doppelehe,** das Eingehen einer weiteren Ehe bei bereits bestehender, verboten nach § 1306 BGB. Die Ehe kann durch gerichtl. Urteil aufgehoben werden (§§ 1313 ff. BGB). Der vorsätzl. Verstoß gegen das Verbot ist nach § 172 StGB mit Strafe bedroht.

Big Band [- ˈbænd; engl. »große Band«] *die,* **Bigband,** Jazz- oder Tanzorchester, in dem im Ggs. zur Combo einzelne Instrumente mehrfach, z. T. chor. besetzt sind und sich in Gruppen gegenüberstehen.

Big Bang [- ˈbæŋ; engl. »großer Knall«] *der, Kosmologie:* der → Urknall.

Big Ben *der,* Name der Glocke im Glockenturm des Parlamentsgebäudes in London, 13,5 t; auch der Turm selbst (vollendet 1858).

Big-Bounce-Theorie [-ˈbaʊns-, engl.], → Kosmologie.

Bigge, Ort an der oberen Ruhr im Hochsauerland, gehört zu → Olsberg.

Bighorn River [ˈbɪɡhɔːn ˈrɪvə] *der,* rechter und größter Nebenfluss des Yellowstone River, USA, 742 km lang. (→ Little Bighorn River)

bigott [frz.], frömmelnd, scheinheilig.

Big Point [- pɔɪnt, engl.] *der, Sport:* (spiel)entscheidender Punkt beim Tennis; auch wichtiger (vorentscheidender) Sieg in einem Pflichtspiel in den Mannschaftsspielen.

Bihać [ˈbihatɕ], Stadt in Bosnien und Herzegowina, im nordwestl. Bosnien an der Una, 60 700 Ew.; chem., Textil-, Holzind., nach 2003 neue Ind.-Zweige (u. a. Elektrogerätebau). – Die Burg Bihać wurde 1260 erstmals erwähnt. Unter König Béla IV. (1235–70) freie Stadt und später Residenz der ungarisch-kroat. Könige, 1592–1878 unter türk. Herrschaft. Im Zweiten Weltkrieg ein Zentrum des (serbisch dominierten) Partisanenwiderstandes und zeitweilig unabhängige Region unter dem muslim. Milizenführer H. Miljković; Nov. 1942 durch Tito Gründung des AV-NOJ in Bihać. – Stadt und Umgebung von B. (80 km²; muslim. Enklave) wurden im Krieg (1991–95) von bosn. und kroat. Serben eingeschlossen (ab Mai 1993 UN-Schutzzone) und Anfang Aug. 1995 von Reg.-Truppen eingenommen.

Bihar, Bundesstaat in Indien, 99 200 km², (2006) 90,75 Mio. Ew.; Hptst.: Patna. B. erstreckt sich vom Fuß des Himalaja bis in die Ausläufer des Hochlands von Dekhan. – B. ist die Wiege des Dschainismus und des Buddhismus (Heimat Buddhas). Es kam als Teil Bengalens 1765 an Großbritannien; 1912–36 Teil der angloind. Prov. **B. und Orissa,** wurde 1936 dann eigene Prov. und 1947, nach Entlassung Indiens in die Unabhängigkeit, ein Staat der Ind. Union, 1948 wurden die kleinen Staaten Saraikela und Kharsawan mit B. vereinigt. 2000 entstand durch den Zusammenschluss der südl. Bez. von B. der neue Bundesstaat Jharkand.

Bihargebirge, → Bihorgebirge.

Bihé, Hochland in Angola, → Bié.

Bihorgebirge, Bihargebirge, nördl. Teil des Westsiebenbürg. Gebirges, Rumänien, bis 1 849 m hoch, z. T. Karstformen; Bauxit- und Erzabbau, Mineralquellen (Heilbäder).

Bijapur [-dʒ-], Stadt im nördl. Karnataka, Indien, 200 000 Ew.; Marktort (Hirse- und Baumwollhandel); Textilind., Metallverarbeitung. – Prächtige Moscheen und Paläste (16./17. Jh.) im islam. Stil mit hinduist. Einflüssen. – B. war Hptst. des 1489 gegründeten Sultanats von B. (kulturelle Blütezeit), kam 1686 an das Mogulreich; 1818–1947 britisch (ab 1883 Verw.-Zentrum).

Bijektion [lat.] *die, Mathematik:* eine → Abbildung, bei der jedes Element der Bildmenge ein eindeutiges Original im Definitionsbereich besitzt.

Bijouterie [biʒutəˈriː; von frz. bijou »Kleinod«] *die,* Juweliergewerbe, Juwelierarbeit; auch unechter Schmuck.

Bikaner, Stadt in Rajasthan, Indien, 529 000 Ew.; elektrotechn., Glas-, Woll-, Zigarettenind. – Umgeben von einer 5 km langen Festungsmauer, viele Moscheen, Tempel und Paläste. – Gegr. 1488.

Bike [baɪk, engl.] *das, Sport:* 1) Geländesportrad; auch Kurzbez. für **Mountain-B.** und **Trekking-B.;** 2) Rennmaschine (»Superbike«, → Motorradsport); 3) (Sport-)Fahrrad. – Den Fahrer eines B. bezeichnet man als **Biker.**

Bikini *der,* knapper zweiteiliger Badeanzug, 1946 von Louis Réard (* 1903, † 1984) in Paris kreiert.

Bikini, nördlichstes Atoll in der Ralikgruppe (Marshallinseln); 1946–58 Kernwaffenversuche der USA, die Bev. wurde evakuiert; erste Bewohner kehrten 1971 auf das Atoll zurück, mussten es aber 1978 wegen radioaktiver Verseuchung wieder verlassen.

Biko, Steve Bantu, schwarzafrikan. Bürgerrechtler in der Rep. Südafrika, * King William's Town (Kapprovinz) 18. 12. 1946, † Pretoria (heute Tshwane) 12. 9. 1977; Gründer (1969) und erster Vors. der »South African Students' Organization« (SASO). Mehrmals verhaftet, starb er an den Folgen einer Kopfverletzung, die er während eines Verhörs durch Sicherheitskräfte erlitten hatte; schrieb: »I write what I like« (1978; dt. »Ich schreibe, was mir paßt«).

Bikomponentenfasern, Chemiefasern aus zwei versch. Polymeren; bei unterschiedl. Schrumpfneigung entsteht eine stabile Kräuselung, bei versch. Schmelzpunkt lassen sich Vliesstoffe thermisch »verschweißen«.

Bilanz: Gliederung für große und mittelgroße Kapitalgesellschaften nach § 266 HGB

Aktivseite

A. Anlagevermögen
  I. Immaterielle Vermögensgegenstände
    1. Konzessionen, gewerbl. Schutzrechte und ähnl. Rechte und Werte sowie Lizenzen an solchen Rechten und Werten
    2. Geschäfts- oder Firmenwert
    3. geleistete Anzahlungen
  II. Sachanlagen
    1. Grundstücke, grundstücksgleiche Rechte und Bauten einschließlich der Bauten auf fremden Grundstücken
    2. technische Anlagen und Maschinen
    3. andere Anlagen, Betriebs- und Geschäftsausstattung
    4. geleistete Anzahlungen und Anlagen im Bau
  III. Finanzanlagen
    1. Anteile an verbundenen Unternehmen
    2. Ausleihungen an verbundene Unternehmen
    3. Beteiligungen
    4. Ausleihungen an Unternehmen, mit denen ein Beteiligungsverhältnis besteht
    5. Wertpapiere des Anlagevermögens
    6. sonstige Ausleihungen

B. Umlaufvermögen
  I. Vorräte
    1. Roh-, Hilfs- und Betriebsstoffe
    2. unfertige Erzeugnisse, unfertige Leistungen
    3. fertige Erzeugnisse und Waren
    4. geleistete Anzahlungen
  II. Forderungen und sonstige Vermögensgegenstände
    1. Forderungen aus Lieferungen und Leistungen
    2. Forderungen gegen verbundene Unternehmen
    3. Forderungen gegen Unternehmen, mit denen ein Beteiligungsverhältnis besteht
    4. sonstige Vermögensgegenstände
  III. Wertpapiere
    1. Anteile an verbundenen Unternehmen
    2. eigene Anteile
    3. sonstige Wertpapiere
  IV. Kassenbestand, Bundesbankguthaben, Guthaben bei Kreditinstituten und Schecks

C. Rechnungsabgrenzungsposten

Passivseite

A. Eigenkapital
  I. Gezeichnetes Kapital
  II. Kapitalrücklage
  III. Gewinnrücklagen
    1. gesetzliche Rücklage
    2. Rücklage für eigene Anteile
    3. satzungsmäßige Rücklagen
    4. andere Gewinnrücklagen
  IV. Gewinnvortrag/Verlustvortrag
  V. Jahresüberschuss/Jahresfehlbetrag

B. Rückstellungen
  1. Rückstellungen für Pensionen und ähnliche Verpflichtungen
  2. Steuerrückstellungen
  3. sonstige Rückstellungen

C. Verbindlichkeiten
  1. Anleihen, davon konvertibel
  2. Verbindlichkeiten gegenüber Kreditinstituten
  3. erhaltene Anzahlungen auf Bestellungen
  4. Verbindlichkeiten aus Lieferungen und Leistungen
  5. Verbindlichkeiten aus der Annahme gezogener Wechsel und der Ausstellung eigener Wechsel
  6. Verbindlichkeiten gegenüber verbundenen Unternehmen
  7. Verbindlichkeiten gegenüber Unternehmen, mit denen ein Beteiligungsverhältnis besteht
  8. sonstige Verbindlichkeiten
    davon aus Steuern
    davon im Rahmen der sozialen Sicherheit

D. Rechnungsabgrenzungsposten

bikonkav, beiderseits konkav (hohl, nach innen gewölbt), im Ggs. zu **bikonvex,** beiderseits konvex. (→Linse)

Bilabial [lat.] *der, Phonetik:* mit Ober- und Unterlippe gebildeter →Laut, z. B. »b« in »bilabial«.

Bilanz *die, Betriebswirtschaftslehre:* Gegenüberstellung der Aktiva (Vermögen: Mittelverwendung) und Passiva (Kapital: Mittelherkunft) eines Unternehmens zu einem bestimmten Zeitpunkt (B.-Stichtag); bildet zus. mit der Gewinn-und-Verlust-Rechnung den **Jahresabschluss.** Nach dem Zweck unterscheidet man die **Handels-B.** und die **Steuer-B.** (»ordentl.« B.) und aus bestimmten Anlässen erstellte »außerordentl.« B., z. B. Gründungs-, Fusions-, Sanierungs-, Liquidationsbilanz.

Für die Aufstellung der »ordentl.« B. gelten die zu den Regeln ordnungsgemäßer →Buchführung gehörenden **Bilanzierungsgrundsätze:** Wahrhaftigkeit, Klarheit, Vollständigkeit, sachlich und zeitlich richtige Abgrenzung, Vergleichbarkeit, Stetigkeit. Nach den allg. handelsrechtl. Vorschriften (HGB §§ 238 ff.) hat jeder Kaufmann zu Beginn seines Handelsgewerbes und für den Schluss eines jeden Geschäftsjahres neben dem Inventar eine B. aufzustellen, in der Anlage- und Umlaufvermögen, Eigenkapital, Schulden sowie Rechnungsabgrenzungsposten gesondert auszuweisen und hinreichend aufzugliedern sind. Die Bewertungsvorschriften sind in den §§ 252–256 HGB aufgeführt. Kapitalgesellschaften (AG, KG, GmbH) haben ergänzende Vorschriften (§§ 264 ff. HGB) zu beachten, die sich u. a. auf die B.-Gliederung beziehen. Spezielle Gesetze zu den versch. Rechtsformen (Aktien-Ges., GmbH-Ges., Genossenschafts-Ges. u. a.) enthalten weiterführende B.-Bestimmungen.

Eine **Steuer-B.** (neben der Handels-B.) muss von den Unternehmen nach den §§ 4 ff. EStG aufgestellt werden, um das Einkommen aus dem Gewerbebetrieb zu ermitteln, das bei Einzelkaufleuten und Mitinhabern von Personengesellschaften der Einkommensteuer, bei Kapitalgesellschaften der Körperschaftsteuer unterliegt; aus diesem Einkommen wird der (Rein-)Ertrag abgeleitet, von dem die Gewerbeertragsteuer zu entrichten ist. Für die Steuer-B. ist die Handels-B. maßgebend, soweit nicht besonders steuerrechtl. Vorschriften entgegenstehen.

Seit 2005 müssen börsennotierte Unternehmen einen Konzernabschluss nach IFRS (anstelle des handelsrechtl. Abschlusses) aufstellen. Weiterhin dürfen alle Unternehmen für Informationszwecke einen Einzelabschluss nach →IFRS aufstellen, für gesellschaftsrechtl. (z. B. Ausschüttungsbemessung) und steuerl. Zwecke ist jedoch weiterhin ein handelsrechtl. Abschluss zu erstellen. (→Rechnungslegung)

Bilanzanalyse, vorwiegend externe systemat. Untersuchung von Jahresabschlüssen und Geschäftsberichten; Grundlage der Bilanzkritik zur Beurteilung der Finanzsituation, Rentabilität, Wirtschaftlichkeit und Liquidität einer Unternehmung.

Bilanzprüfer, →Wirtschaftsprüfer.

Bilanzsumme, Bilanzvolumen, Summe der linken (Aktiva) oder rechten (Passiva) Seite der Bilanz; zählt zu den wichtigen Kennzahlen von Unternehmen, bes. von Banken.

Bilanztheorie, Bilanzauffassung, Erklärungen für den formalen und materiellen Inhalt von Buchführung und Jahresabschluss. Formal geht es um die Frage, was durch den Jahresabschluss dargestellt werden soll, materiell darum, was zu bilanzieren ist und wie zu bewerten ist. Die **stat. B.** sieht in der Bilanz eine Vermögensrechnung (ältere B.) oder eine Kapitalrechnung (jüngere B.); die Gewinn-und-Verlust-Rechnung spielt nur eine untergeordnete Rolle. Nach der **dynam. B.** (E. Schmalenbach) hat der Jahresabschluss die Aufgabe, den Jahreserfolg zu ermitteln. Bezüglich Bilanzierung und Bewertung werden beide Theorien weitgehend von den Grundsätzen ordnungsmäßiger Buchführung bestimmt. In der **organ. B.** wird der richtige Vermögens- und Erfolgsausweis angestrebt. Dazu wird mit Tagespreisen bewertet und in Umsatzerfolg und Vermögenswertänderungen (Scheingewinn, Scheinverlust) unterschieden.

bilateral [lat.], *Politik:* zweiseitig, von zwei Seiten ausgehend, zwei Seiten betreffend (z. B. Verträge).

Bila Zerkwa, →Belaja Zerkow.

Bilbao, Hptst. der bask. Prov. Vizcaya, Spanien, am Nervión, 353 600 Ew.; kath. Bischofssitz; zwei Univ.; Theater und Museen; Banken- und Börsenzentrum; wichtige Industrie-, Handels- und Hafenstadt, Roheisen- und Stahlerzeugung, Schiffbau, Maschinen- und Fahrzeugbau, chem. Ind., Werften, Erdölraffinerie; U-Bahn; Flughafen. – Kathedrale (14.–16. Jh.), Klosterkirche de la Encarnación (1554–60); Wahrzeichen der modernen Stadt wurde das Guggenheim-Museum von F. O. Gehry (1991–97); daneben Neubauten u. a. von S. Calatrava und Lord N. Foster. – B., 1300 gegr., war im 15./16. Jh. ein wichtiger Hafen; im Span. Bürgerkrieg (1936–39) bis 1937 Zentrum der Republikaner.

Bilche, die →Schlafmäuse.

Bild, 1) *allg.:* Darstellung auf einer Fläche, z. B. Zeichnung oder Fotografie; Anblick, Ansicht; Vorstellung, Eindruck.
2) *Literatur:* zusammenfassender Begriff für Metapher und Gleichnis, v. a. in der Lyrik; auch Bez. für die Abschnitte eines Dramas (statt »Akt« und »Szene«). (→Allegorie, →Emblem, →Symbol)
3) *Optik:* →Abbildung.

Bild, Straßenverkaufszeitung, gegr. 1952 im Axel Springer Verlag, bis 1971 **Bild Zeitung;** Gesamtauflage (2006, 3. Quartal) aller werktäglich erscheinenden Regional- und Stadtausgaben: 3,72 Mio. Im selben Verlag erscheinen neben **Bild am Sonntag** (gegr. 1956; 2,01 Mio.) auch **Bild der Frau** (1983; 1,11 Mio.), **Auto Bild** (1986; 640 000), **Sport Bild** (1988; 483 000) und **Computer Bild** (1996; 632 000).

Bildaufnahmeröhre, früher in Fernsehkameras verwendete spezielle Elektronenstrahlröhre, die das opt. Bild unter Ausnutzung des Fotoeffektes in elektr. Signale umwandelt. – B. sind heute vollständig durch CCD-Chips (→CCD) ersetzt.

Bildbearbeitung, Teil der →digitalen Bildverarbeitung.

bildende Kunst, i. e. S. zusammenfassende Bez. für Bildhauerei, Malerei, Grafik, Kunsthandwerk; i. w. S. zählen zur b. K. auch Architektur und künstler. Fotografie.

Bilderbogen, Druckblätter mit Bildfolgen (Heiligen-, Zeit-, Spott-, Uniform-, Trachtenbilder u. a.; Bilderzählungen) und kurzen, meist gereimten Texten; hervorgegangen aus dem Einblattdruck des 15. Jh. Der oft handkolorierte Holzschnitt wurde durch den Kup-

Bilderbogen zu François Rabelais' »Gargantua und Pantagruel«, kolorierter Holzstich (um 1900; Privatsammlung)

Bildhauerkunst: Georg Petel, »Herkules und der Nemeische Löwe«, Elfenbein (um 1625/26; München, Bayerisches Nationalmuseum)

Bildhauerkunst: Atlant in Gestalt eines Priesters oder Kriegers aus Chichén Itzá, nachklassische Periode der Maya-Kunst (900–1200; Mexiko-Stadt, Nationales Völkerkundemuseum)

ferstich und die ein- und mehrfarbige Lithografie verdrängt. Bes. bekannt wurden im 19. Jh. die bunten B. von Epinal, Nürnberg, Neuruppin und München. Die B. – heute dokumentiert in reproduzierten Sammelbüchern – wurden durch den →Comic verdrängt.

Bilderbuch, auf visuelle Wahrnehmung zielendes bebildertes Buch mit wenig oder keinem Text, das sich primär an Kinder wendet. Das erzählende B. greift Themen aus der Lebenswelt des Kindes auf, Sach-B. v. a. solche aus Natur, Technik oder Umwelt. Eine bes. Form sind Spiel-B. mit aufklappbaren oder veränderbaren Elementen und interaktive B. auf CD-ROM. Nach ersten Kinderbibeln, ABC- oder Sachbüchern (u. a. von J. A. Comenius und F. J. Bertuch) trat das poet. B. in Dtl. seit 1830 hervor mit illustrierten Volksliedern, Kinderreimen, Märchen und Gedichten (L. Richter, W. von Kaulbach, M. von Schwind). Gleichzeitig entwickelte sich das bürgerliche B. mit einem genrehaften Stil (F. Pocci). Weltberühmt wurde der 1845 erschienene »Struwwelpeter« H. Hoffmanns, ebenso die Arbeiten von W. Busch. Künstlerisch wertvolle B. folgten später u. a. von K. Hofer oder Else Wenz-Viëtor. Ab der Mitte des 20. Jh. entwickelte sich eine zunehmende Vielfalt der Stile, Themen und Erzählkonzepte; neben der Tendenz zur Entpädagogisierung stehen gesellschaftl. Themen (Trennung, Tod); humorvolle Erzählungen (Janosch, Helme Heine) dominieren jedoch. Zu den erfolgreichen B.-Künstlern der Gegenwart zählen u. a. A. Browne, L. Lionni, M. Sendak, Elizabeth Shaw, K. Ensikat, M. Bofinger, F. K. Waechter, W. Erlbruch, Jörg Müller, Jutta Bauer, Rotraut Susanne Berner, A. Scheffler.

Bilderrätsel, Rebus, Zusammenstellung einzelner Bilder und Zeichen (Buchstaben, Silben oder Zahlen), aus deren Lautwert ein Wort oder Satz, z. B. ein Sprichwort, zu erraten ist.

Bilderschrift, Piktografie, Piktographie, Schrift, die eine Folge von Denkinhalten in bildhafter Form darstellt. Man unterscheidet nach dem Grad der Abstraktion versch. Arten: Die **Ideenschrift** stellt Sachverhalte durch Bilder ohne Bindung an eine feste sprachl. Form dar. Die Bilder werden ausgedeutet, aber nicht eigentlich gelesen. Bei der **Wort-B.** entspricht jedem Wort ein Bildzeichen. Bei ihrer Phonetisierung entsteht eine Lautschrift – das Bildzeichen deutet auf den mit einem Wort verbundenen Lautkomplex hin. Alle selbstständig entstandenen Schriftsysteme der Kulturvölker (chin. Schrift, Keilschrift, altägypt. Schrift) verwendeten als Schriftzeichen ursprünglich Bilder.

Bildersturm, →Bilderverehrung.

Bilderverehrung, Bilderkult, Ikonolatrie, Idolatrie, Verehrung Gottes und göttl. Kräfte in bildl. Darstellungen, die als Gott selbst (Fetischismus) oder als Sinnbild des unsichtbaren Gottes (Hochreligionen) betrachtet werden. In der christl. Kirche kam die B. im Zusammenhang mit der Heiligenverehrung auf. Der byzantin. Bilderstreit **(Ikonoklasmus)** im 8. und 9. Jh., in dem mehrere Kaiser die B. verboten und mehrere Päpste sie billigten, endete 843 mit der Zulassung der B. In der Reformationszeit kam es (von Luther missbilligt) mehrfach zum **Bildersturm,** der gewaltsamen Entfernung von Bildern aus den Kirchen. Das Konzil von Trient definierte für die kath. Kirche die B. als die Verehrung der im Bild dargestellten Personen oder religiösen Geschehnisse. Die Ostkirchen sehen in dem geweihten Bild (griech. eikōn, →Ikone) das wesenhafte Abbild der dargestellten Person, die durch dieses – gleichsam ein Fenster der himml. Welt – wirkt. Die luther. Kirche versteht die Bilder in ihren Kirchen als religiös inspirierte künstler. Darstellungen, die ref. Kirche lehnt sie aus theologisch grundsätzl. Erwägungen heraus in ihren Kirchenräumen ab.

Bildfeldwölbung, ein →Abbildungsfehler.

Bildfrequenz, die Anzahl der je Sekunde wiedergegebenen Phasenbilder von bewegten Bildszenen. Bei Verwendung von Filmen sind 16 bis 32 Bilder je Sekunde nötig, um eine Wiedergabe in normaler Geschwindigkeit bei ausreichender Wiedergabequalität zu ermöglichen. In der *Fernsehtechnik* wird das →Zeilensprungverfahren angewendet (Übertragung von Halbbildern, Norm 50 Hz).

Bildhauer, lat. **Sculptor,** auch **Bildhauerwerkstatt,** *Astronomie:* Sternbild des Südhimmels, enthält den Südpol der Milchstraße.

Bildhauerkunst, Bildhauerei, Bildnerei, die Kunst, aus festen Stoffen dreidimensionale Gebilde zu schaffen. Die **Skulptur** umfasst die gemeißelten Werke in Stein und die Bildschnitzerei in Holz, Bein

Bildhauerkunst: Henry Moore, »Fallender Krieger«, Bronze (1956/57; München, Pinakothek der Moderne)

u. a.; die **Plastik** i. e. S. umfasst nur Werke aus modellierbaren Stoffen (Ton, Gips, Porzellan, Wachs u. a.), auch aus gießbarem Material (Metall, Kunststoff). Nach der Größe unterscheidet man **Klein-** und **Monumentalplastik,** nach der Form die **Voll-** oder **Rundplastik** und das →Relief. I. w. S. umfasst die B. nicht nur dreidimensionale Kunstwerke, sondern auch Gebrauchsgegenstände mit plast. Schmuck. Die Grenzen zum Kunsthandwerk sind fließend. (→Bronzekunst, →Elfenbeinschnitzerei, →Holzbildhauerei, →Steinplastik, →Tonplastik, →Treibarbeit, →moderne Kunst)

Bildleiter, Bildleitkabel, lichtleitendes geordnetes Glasfaserbündel zur flexiblen opt. Übertragung von Bildinformationen, z. B. in medizin. Endoskopen (→Lichtleiter).

Bildmessung, die →Fotogrammetrie.

Bildnis, 1) *Kunst:* →Porträt.
2) *Recht:* B. dürfen nur mit Einwilligung des Abgebildeten verbreitet werden, nach seinem Tod zehn Jahre lang nur mit Einwilligung der Angehörigen (**Recht am eigenen Bild,** § 22 Kunsturheber-Ges.). Ausnahmen gelten bes. bei Personen der Zeitgeschichte (aber auch hier darf die Privatsphäre nicht verletzt werden) sowie für B. von Personen, die nur als Beiwerk (z. B. einer Landschaft) oder als Teil einer Versammlung abgebildet sind.

Bildröhre, Bildwiedergaberöhre, nach dem Prinzip der →braunschen Röhre arbeitendes Gerät, das elektr. Signale in opt. Bildinformationen wandelt und auf einem →Leuchtschirm Schwarzweiß- oder Farbbilder erzeugt, allg. auch →Elektronenstrahlröhre genannt. Die B. besteht aus einer Kathode, die per

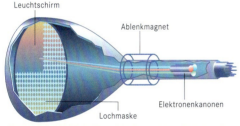

Bildröhre: Aufbau einer Farbbildröhre (Deltaröhre)

Heizdraht erhitzt wird und dadurch permanent Elektronen aussendet (Glühkathode). Diese werden zu einem Strahl gebündelt und gelangen zu einer Anode, wo sie in Richtung Leuchtschirm beschleunigt werden. Dazu liegt an der Anode eine Spannung von mehreren 10 000 Volt an. Der scharf gebündelte Elektronenstrahl wird anschließend per elektr. bzw. magnet. Felder in horizontaler und vertikaler Richtung abgelenkt (in sog. Ablenkspulen), sodass er sich zeilenweise über den Leuchtschirm bewegt. Trifft der Elektronenstrahl auf die Mattscheibe, wandelt eine spezielle Beschichtung die Energie des unsichtbaren Elektronenstrahls in sichtbares Licht um. Um ein farbiges Bild zu erhalten, enthält die B. drei Elektronenkanonen (Farbkanonen, je eine für jede der drei →Primärfarben Rot, Grün und Blau). Mithilfe einer vorgeschalteten Maske (Loch- oder Streifenmaske) trifft jeder Elektronenstrahl dabei auf eine eigene, der Primärfarbe entsprechende Leuchtschicht. Nach dem Modell der additiven Farbmischung ergibt sich durch die Zusammensetzung aus den drei Primärfarben das

Bildstock
in Sankt Peter bei Straßburg

gesamte sichtbare Farbspektrum. In →Fernsehempfängern verwendete B. werden auch als **Fernseh-B.** bezeichnet.

Bildschirm, 1) *Informatik:* **Monitor,** engl. **Screen,** Ausgabegerät zur visuellen Darstellung elektron. Daten; neben der Tastatur die wichtigste Schnittstelle zw. Mensch und Computer. Gesteuert wird der B. über die →Grafikkarte des Computers, deren Leistungsfähigkeit möglichst gut auf die des B. abgestimmt sein sollte. B. werden meist in Kombination mit den Eingabegeräten Tastatur und Maus eingesetzt, wobei die eingegebenen Daten unmittelbar am B. ausgegeben werden. Sog. →Touchscreens dienen gleichzeitig als Eingabegerät. Hinsichtlich der Anzeigetechnik dominierten bis in die 1990er-Jahre mit einer Bildröhre ausgestattete **Röhren-B. (CRT-Bildschirme).** Diese wurden inzwischen weitgehend durch →Flüssigkristallbildschirme abgelöst.
2) *Technik:* Leuchtschirm in Fernsehgeräten bzw. allg. in braunschen Röhren.

Bildschirmarbeitsplatz, Arbeitsplatz mit einem Bildschirmgerät, der mit Einrichtungen zur Datenerfassung, Software zur Ausführung der Arbeitsaufgaben, Zusatzgeräten oder sonstigen Arbeitsmitteln ausgestattet sein kann, sowie die unmittelbare Arbeitsumgebung. Anforderungen an B. regelt die VO über Sicherheit und Gesundheitsschutz bei der Arbeit an Bildschirmgeräten vom 4. 12. 1996.

Bildschirmtext, Abk. **Btx,** weltweit erster Onlinedienst; 1984 eingerichtet, war er seit 1995 Bestandteil von T-Online. Btx verlor zunehmend an Bedeutung und wurde am 5. 3. 2002 endgültig eingestellt.

Bildsensor, Bauelement zur Umwandlung der opt. Abbildung in ein elektr. Signalmuster, z. B. CCD-B., Bildaufnahmeröhre.

Bildspeicherung, *Fernsehtechnik:* die in Bildspeicherröhren angewandte Methode der kurzzeitigen Speicherung von Bildern zur Erhöhung der Empfindlichkeit von →Bildaufnahmeröhren.

Bildstein, Agalmatolith, Mineral, dichte Varietät von →Pyrophyllit.

Bildstock, Betsäule, ein an Wegen frei stehender Pfeiler aus Holz oder Stein, der in einem tabernakelartigen Aufbau ein Kruzifix oder eine Heiligendarstellung enthält; als Andachtsbild, als Erinnerung an Verstorbene oder als Sühnemal errichtet.

Bildstörung, *Fernsehtechnik:* durch Fehler im Fernsehstudio, im Fernsehsender oder im Übertragungsweg verursachte Störung bei der Wiedergabe des Bildes auf dem Bildschirm des Fernsehempfängers, wie z. B. fehlendes Bild (Ausfall von Geräten im Studio, im Sender oder auf dem Übertragungsweg), laufendes oder verzerrtes Bild (Synchronisationsstörung) oder verrauschtes Bild (verringerte Feldstärke).

Bildt, Carl, schwed. Politiker, *Halmstad 15. 7. 1949; 1986–99 Vors. der konservativen Gemäßigten Sammlungspartei, trat als Min.-Präs. (1991–94) für den Beitritt Schwedens zur Europ. Union ein. 1995 war er EU-Vermittler im Jugoslawienkonflikt, 1996–97 Hoher Repräsentant der UNO für Bosnien und Herzegowina, 1999–2001 Sondergesandter des UN-Generalsekr. für den Balkan. Nach dem Wahlsieg der konservativen »Allianz für Schweden« wurde B. im Okt. 2006 Außenminister.

Bildtelefonie, Form der Telekommunikation zur gleichzeitigen Übertragung von Sprache und Bewegtbild zw. zwei Teilnehmern. Dabei ist das Bild eines Gesprächsteilnehmers oder von Bildvorlagen, Schriftstücken u. Ä. durch ein Endgerät (**Bildtelefon**) beim Empfänger sichtbar. Für Gehörlose, die sonst das Telefon nicht benutzen können, ist damit die Möglichkeit zur Verständigung über Gebärdensprache gegeben. Bildtelefone bestehen v. a. aus Bildschirm, Videokamera, Lautsprecher, Mikrofon und Digitalisierungseinheit.

Bildteppich, Gobelin, →Bildwirkerei.

Bildung, Grundbegriff der Philosophie und Pädagogik, der alltagssprachlich und wiss. vielfältig verwendet wird. B. steht für den Prozess der Selbstkonstitution des Menschen im Lebenslauf, beschreibt eine Zielkategorie institutioneller Lehr- und Lernprozesse und dient als gesellschaftl. Leitbegriff. – Basierend auf religiös-myst. und philosoph. Wurzeln (Platon) trat der B.-Begriff seit der Renaissance v. a. im 18. Jh. im Zusammenhang von Aufklärung, Goethezeit und Neuhumanismus – v. a. durch J. H. Pestalozzi und W. von Humboldt – neben den herkömml. Terminus →Erziehung. Während dieser jedoch primär die Hilfen bezeichnet, die dem Heranwachsenden auf seinem Weg zu Lebenstüchtigkeit und Mündigkeit durch andere, i. d. R. Erwachsene, zuteil werden, gilt B. heute v. a. als lebenslange, nie endgültig abschließbare Leistung der Eigentätigkeit und Selbstbestimmung des sich gezielt bemühenden Menschen. B. (Allgemein-B.) und Ausbildung (Berufsausbildung) ergänzen einander. – Eine breite öffentl. Diskussion um grundlegende Fragen der B. und B.-Politik, beispielsweise die Neuformulierung von B.-Zielen und -inhalten, wird gegenwärtig in Dtl. geführt, wesentlich ausgelöst durch die Veröffentlichung der ersten PISA-Studie.

Bildungsfernsehen, Bez. für die Gesamtheit der durch das Fernsehen vermittelten allg. Bildungsangebote und Erziehungsimpulse; im Unterschied zum →Schulfernsehen.

Bildungsforschung, die Erforschung des Bildungswesens in äußerer (Bildungsstatistik, Rechtsgrundlagen, wirtsch. Struktur, pädagog. Praxis, Leistungsniveau u. a.) und innerer Hinsicht (didakt. und Curriculumforschung). Als Forschungszentrum besteht in Berlin-Dahlem das Inst. für B. der Max-Planck-Gesellschaft.

Bildungsgesamtplan, →Schule.

Bildungsgewebe, Meristem, *Botanik:* embryonales, zur Zellteilung fähiges Zellgewebe, so am →Vegetationspunkt.

Bildungsökonomie, wirtschaftswiss. Disziplin, die sich mit betriebs- und volkswirtsch. Aspekten des Bildungssystems befasst. Untersucht werden u. a. Zusammenhänge zw. Bildungsinvestitionen, Humankapitalerweiterung und Wirtschaftswachstum.

Bildungsplanung, zusammenfassende Bez. für die Entwicklung systemat. Entwürfe zur Gestaltung des Bildungswesens, die sich auf die Ergebnisse der Bildungsforschung, -statistik, -ökonomie und Standortforschung stützt.

Bildungspolitik, die im Rahmen der allg. Kultur- und Gesellschaftspolitik auf den Erhalt und die Weiterentwicklung des Bildungswesens gerichteten polit. Aktivitäten; in Dtl. ist B. prinzipiell Ländersache. Da dadurch jedoch eine Vielfalt des Bildungswesens möglich ist, die die Mobilität und Flexibilität bei berufl. Ausbildung und Studium beeinträchtigen kann, setzten bereits früh Bemühungen um eine Koordinierung der B. der Länder ein. Diese führten 1948 zur Gründung der →Kultusministerkonferenz. Die verfassungsrechtl. Voraussetzungen für eine koordinierte B. von Bund und Ländern im Interesse einheitl. Lebensverhältnisse wurden 1969 durch die Einfügung der Art. 91 a und b in das GG geschaffen. Mit der Verfassungsreform von 2006 und der damit verbundenen Kompetenzverschiebung in der B. zugunsten der Länder hat sich die Zahl gemeinsamer Aufgaben von Bund und Ländern im Bildungsbereich deutlich verringert.

Bildungsroman, →Roman.

Bildungsstatistik, zusammenfassend für die Resultate statist. Erhebungen im Bildungsbereich (bes. Schul- und Hochschulstatistik); dient der Bestands- und Bedarfsermittlung.

Bildungsurlaub, Freistellung von Arbeitnehmern zusätzlich zum Erholungsurlaub zur berufl. oder polit. Weiterbildung; der B. ist in Tarifverträgen und einigen Landesgesetzen vorgesehen. Nach dem Betriebsverfassungs-Ges. haben Betriebsratsmitgl. Anspruch auf B. zur Teilnahme an Schulungs- und Bildungsveranstaltungen, die für die Arbeit des Betriebsrats erforderlich sind.

Bildverarbeitung, →digitale Bildverarbeitung.

Bildwand, die →Projektionswand.

Bildwandler, elektron. Anordnung zur Verstärkung und Umwandlung von Bildern, die durch eine sehr schwache, sichtbare oder unsichtbare Strahlung (Röntgenstrahlen, Ultraviolett- oder Infrarotlicht) erzeugt werden, in lichtstarke, sichtbare Bilder. **Röntgen-B.** gestatten Röntgenuntersuchungen mit geringer Bestrahlungsstärke, da die Verstärkung der Fotoelektronen ausreichende Bildhelligkeit ergibt.

Bildweite, bei der opt. Abbildung der Abstand eines Bildpunktes von der bildseitigen Hauptebene des abbildenden opt. Systems.

Bildwerfer, der →Projektor.

Bildwirkerei, Herstellung von Woll- oder Seidenstoffen, bes. von Wandteppichen, in ornamentaler oder bildhafter Ausführung. Bei der B. werden jeweils versch. gefärbte Schussfäden über einer so großen Anzahl von Kettfäden in Leinwandbindung hin- und hergeführt, wie es die gewünschte Gestaltung der Farbflächen erfordert. Wo versch. Farben aneinandergrenzen, entstehen vertikale Schlitze, die zusammengenäht werden.

Reste von B. des 2. Jt. v. Chr. wurden in Ägypten gefunden. Aus frühchristl. Zeit sind kopt. Wirkereien (5.–8. Jh.) sowie Beispiele aus Kleinasien und Byzanz bekannt. Zu den ältesten in Dtl. gehören die Fragmente eines Bildteppichs aus St. Gereon in Köln (11. Jh.) und die Bildteppiche im Halberstädter Dom (12./13. Jh.). Seit dem Ende des 13. Jh. blühte die B. v. a. in Frankreich (Hauptwerke: Apokalypseteppiche in Angers, 1375–79). Hervorragende Wirkstätten gab es auch am Oberrhein und in Franken. Neben religiösen Darstellungen zeigte die B. Szenen des höf. Lebens und Sagenmotive. Führend im 15. und 16. Jh. waren die Werkstätten in Arras (→Arazzi), Tournai und später in Brüssel, das bis ins 18. Jh. Mittelpunkt der B. blieb. 1662 wurde im Haus des Färbers Gobelin die Königl. Manufaktur in Paris gegründet, die große Teppichfolgen nach Entwürfen von C. Lebrun u. a. wirkte. Diese Erzeugnisse erhielten die Bez. **Gobelins;** der Name wurde dann verallgemeinert. Im 20. Jh. entstanden durch Zusammenarbeit der Manufakturen mit Malern wieder künstlerisch wertvolle Werke. Die moderne kunstgewerbl. Teppichkunst wird heute allg. mit dem frz. Begriff →Tapisserie belegt. – Im vorkolumb. Amerika gab es B. bes. in Peru, ferner bei den Nordwestküstenindianern.

Bild Zeitung, →Bild.

Bileam, Vulgata: **Balaam,** Prophet zur Zeit der Landnahme Israels (um 1200 v. Chr.; 4. Mos. 22–24); verführte nach 4. Mos. 31, 16 die Israeliten zum Abfall und galt daher dem späteren Judentum und dem N.T. als Prototyp aller Verführer und Irrlehrer (2. Petr. 2, 15, Off. 2, 14).

Max Bill: Stabilisierte weiße Kerne (1964/71; Zürich, Kunsthaus)

Bilfinger Berger AG, Mannheim, Bauunternehmen; gegr. 1880, seit 1906 AG, firmierte bis 2001 als Bilfinger und Berger Bauaktiengesellschaft.

Bilge [engl.] *die,* unterer, ungenutzter Raum im Bereich des Schiffsbodens, wo sich das Leckwasser (**B.-Wasser**) sammelt.

Bilharziose [nach dem Tropenarzt T. Bilharz, *1825, †1862] *die,* **Schistosomiasis,** Gruppe von Wurmerkrankungen bei Menschen und Tieren durch versch. Arten der zu den Saugwürmern gehörenden Gattung Pärchenegel (Schistosoma, früher als Bilharzia bezeichnet). Die Übertragung erfolgt über einen Wirtswechsel: Aus den mit den Ausscheidungen ins Wasser gelangenden Eiern schlüpfen bewimperte Larven, die in Süßwasserschnecken eindringen. Aus den Schnecken entweichen nach einigen Wochen Gabelschwanzlarven, die sich durch die Haut (bzw. beim Trinken verseuchten Wassers durch die Schleimhaut) bohren können. Mit dem Blutstrom gelangen sie in die Leber, wo sie heranreifen, um sich paarweise in den Blutgefäßen des Unterleibs anzusiedeln. Von dort werden die Eier über Kot oder Harn ausgeschieden.

Je nach Art und Sitz der Würmer kommt es beim Menschen (bes. in Afrika, Asien, Teilen von Südamerika) zur Urogenital-B. oder Darm-B. mit Harnbluten bzw. blutigen Durchfällen; auch Gehirn, Lungen und andere Organe können betroffen sein. Die B. ist nach der Malaria die verbreitetste Tropenkrankheit, von der nach Schätzungen mehr als 300 Mio. Menschen befallen sind. Die Behandlung erfolgt mit dem Wurmmittel Praziquantel. Wirksamster individueller Schutz ist die Vermeidung jegl. Hautkontaktes mit Binnengewässern in Verbreitungsgebieten.

Bilimbi, *Averrhoa bilimbi,* essbare, tropische grüne längliche Frucht, eine verwandte Art der →Carambola.

Bilina, dt. **Bilin,** Stadt in N-Böhmen, Tschech. Rep., am Fuß des Erzgebirges, 15 800 Ew.; Glasind. Bei B. Braunkohlenbergbau; Kurort (Vorkommen alkal. Säuerlinge).

Bilinearform [lat.], *Mathematik:* eine Abbildung, die je zwei Vektoren eines Vektorraums eine reelle Zahl zuordnet und die bezüglich jedes der beiden Vektoren linear ist. Ist in dem Vektorraum ein Koordinatensystem festgelegt, so lässt sich die B. durch ein Polynom ausdrücken, in dem jede Koordinate höchstens linear vorkommt. Ein Beispiel ist das →Skalarprodukt, das im zweidimensionalen Fall die Form $x_1 \cdot y_1 + x_2 \cdot y_2$ hat.

bilingual [lat.], zwei Sprachen sprechend, zweisprachig; auf zwei Sprachen bezogen.

Bilirubin *das,* →Gallenfarbstoffe.

Biliverdin *das,* →Gallenfarbstoffe.

Bill [engl.] *die,* angloamerikan. *Recht:* die förml. Urkunde; der dem Parlament vorgelegte Ges.-Entwurf; das feierl. Gesetz (→Bill of Rights).

Bill, Max, schweizer. Architekt, Maler, Designer, Plastiker, *Winterthur 22. 12. 1908, †Berlin 9. 12. 1994; entwickelte u. a. Schleifenplastiken aus der Möbius-Fläche. Seine Arbeiten sind der wichtigste schweizer. Beitrag zur →konkreten Kunst. B. baute 1953–55 die Hochschule für Gestaltung in Ulm, deren Rektor er 1953–56 war. Die Bauhausidee einer funktionalen, alle Formbereiche umfassenden Ästhetik machte er zum Unterrichtsprinzip. Erhielt 1993 den Kunstpreis Praemium Imperiale.

Billard [ˈbɪljard, frz. biˈjaːr; frz., zu bille »Kugel«] *das,* Spiel für mindestens zwei Spieler auf einem 79–80 cm hohen B.-Tisch, einer rechteckigen Schieferplatte, die mit einem dünnen, grünen Tuch überspannt ist und eine federnde Umrandung (Bande) aufweist. Die Spielfeldmaße betragen 2,845 × 1,4225 m (»Großes B.«), 2,10 × 1,05 m (»Kleines B.«) oder 2,30 × 1,15 m (»Halbmatch-B.«). Gespielt wird mit Elfenbein- oder Kunststoffkugeln (»Bälle«); sie werden mit einem kon. Stab (»Queue«), der mit einer Lederkuppe versehen ist, aneinandergestoßen. Die Anzahl der Kugeln, Verlauf und Ziel ihrer Bewegungen variieren je nach Spielform. Bei der **Karambolagepartie**

(ein roter und zwei weiße Bälle) soll der Spielball den roten und den gegner. weißen Ball in einem Gang nacheinander treffen (1 Karambolage = 1 Point). Bei der schwierigeren **Cadrepartie** (seit 1883) ist die Spielfläche in Felder eingeteilt, in denen nur eine bestimmte Anzahl von Karambolagen gespielt werden darf. Wettbewerbe werden im Ein- und Dreiband, Cadre 47/1, Cadre 47/2, Cadre 71/2, in der freien Partie, im Kunststoß und im Fünfkampf ausgetragen. Fachsprache ist Französisch.

Beim **B.-Kegeln** müssen mit dem Spielball möglichst viele der in der Mitte aufgestellten Kegel regelgerecht umgeworfen werden. Das **Pool-B. (American Pool)** wird mit 6 Löchern an den Ecken und Längsseiten des Tisches gespielt. Es gilt, mit dem weißen Spielball, ohne dass dieser in eine →Tasche fällt, die 15 verschiedenfarbigen und mit unterschiedl. Punkten bewerteten Bälle in die Taschen zu spielen. Eine ähnliche Spielform ist das **Snooker**. Auf vorgeschriebenen Aufsetzpunkten befinden sich 15 rote Bälle sowie je ein gelber, grüner, brauner, blauer, pinkfarbener und schwarzer Ball. Es kommt beim Spiel darauf an, mit dem weißen Spielball wechselweise zuerst einen roten Ball, dann einen zuvor angesagten farbigen Ball in eine der Taschen zu spielen (»einzulochen«).

Bille *die*, rechter Nebenfluss der Elbe, rd. 55 km lang, durchfließt von der Hahnheide (Oberlauf unter Naturschutz) bis Bergedorf (Hamburg) die Geest, dann die Marsch, mündet in Hamburg-Rothenburgsort; Unterlauf durch Deiche, Stauregelung und Hafenbecken stark verändert.

Bille [bij], Corinna, schweizer. Schriftstellerin frz. Sprache, *Lausanne 29. 8. 1912, †Veyras (Wallis) 24. 10. 1979; schrieb Lyrik, Erzählungen und Romane, die stark von ihrer Walliser Heimat geprägt sind (u. a. die Erz.n »Schwarze Erdbeeren«, 1968).

Billendorfer Gruppe, nach dem Gräberfeld bei Billendorf in der Niederlausitz (heute Białowice, Wwschaft Lebus) benannte spätbronze- und früheisenzeitl. Kulturgruppe (9.–5. Jh. v. Chr.).

Billerbeck, Stadt im Kr. Coesfeld, NRW, staatlich anerkannter Erholungsort, 11 600 Ew.; liegt in den Baumbergen, ländl. Mittelpunkt mit Nahrungsmittelind., ausgeprägtem Fremdenverkehr, Kreiskulturzentrum Kolvenburg und Freilichtbühne. – Die Kirche St. Johannes der Täufer, Anfang des 13. Jh., gilt als Grundtyp der münsterland. Stufenhallenkirche; Wallfahrtskirche St. Ludgerus (1892–98). – B., 809 erstmals erwähnt, erhielt 1302 Stadtrechte.

Billetdoux [bijeˈdu], François, frz. Schriftsteller, Schauspieler und Regisseur, *Paris 7. 9. 1927, †ebd. 26. 11. 1991; hatte Erfolg mit Theaterstücken mit iron. und brillanten Dialogen, u. a. »Tschin-Tschin« (1959).

Billett [bilˈjɛt, frz.] *das*, Fahrkarte, Eintrittskarte; *veraltet* für: kurzes Schreiben.

Billiarde [frz.] *die*, 1 000 Billionen = 10^{15}.

billiges Geld, Politik des billigen Geldes, engl. **Easy Money,** geldpolit. Konzept zur Belebung der Konjunktur durch Senkung des gesamten Zinsniveaus.

Billigflaggen, billige Flaggen, Flaggen mancher Staaten (z. B. Liberia, Panama, Tonga), unter denen fremde Reeder Schiffe wegen steuerl. Vorteile sowie zur Umgehung von sozialrechtl. Bestimmungen registrieren.

Billigkeit, *Recht:* die Beurteilung eines Rechtsfalles nach dem natürl. Gerechtigkeitsempfinden, in Ergänzung des geschriebenen Rechts, um Härten zu mildern. Die Idee der B. kommt u. a. in §§ 133, 242 BGB (Auslegung von Erklärungen nach »Treu und Glauben«) zum Ausdruck.

Billinger, Richard, österr. Schriftsteller, *St. Marienkirchen (bei Schärding) 20. 7. 1890, †Linz 7. 6. 1965; war mit barocker Sprachkraft Lyriker, Erzähler und Dramatiker der Volkstradition; typisch war die Kombination von Brauchtums- und christl. Motiven, so in dem Drama »Rauhnacht« (1931). – *Weitere Werke: Dramen:* Das Perchtenspiel (1928); Die Hexe von Passau (1935); Der Gigant (1937); Das Augsburger Jahrtausendspiel (1955); Bauernpassion (1960).

Billion *die,* 1 Million Millionen = 1 000 Milliarden = 10^{12}; in den USA 1 000 Millionen = 10^9 = 1 Milliarde.

Billiton, indones. Insel, →Belitung.

Bill of Rights [- ɔv ˈraɪts; engl. »Gesetz der Rechte«] *die,* engl. Staatsgrundgesetz von 1689, wurde nach der Vertreibung Jakobs II. vom Parlament entworfen und von den neuen Herrschern Wilhelm III. von Oranien und Maria II. angenommen. Die Bestimmungen richten sich gegen den Katholizismus und Absolutismus, verbriefen u. a. die parlamentar. Redefreiheit, machen die Erhebung von Steuern und den Unterhalt eines stehenden Heeres von der Billigung des Parlaments abhängig. Die B. of R. schuf zus. mit anderen Grund-Ges. die Voraussetzungen für die parlamentar. Reg.-Form in Großbritannien.

Billroth, Theodor, Chirurg, *Bergen auf Rügen 26. 4. 1829, †Abbazia 6. 2. 1894; Prof. in Zürich und Wien; führte u. a. neuartige Magenoperationen ein.

Theodor Billroth

Billund, Stadt in Dänemark, in Mitteljütland, 8 700 Ew.; Museen (Verkehr); Spielwarenherstellung; Freizeitanlage Legoland; internat. Flughafen.

Billunger, sächs. Fürstengeschlecht, das wahrscheinlich 961 mit Hermann Billung (†973) die sächs. Herzogswürde erhielt; starb 1106 aus.

Bilsenkraut, Teufelsauge, Tollkraut, Hyoscyamus, Gattung der Nachtschattengewächse. Wichtigste Art ist das **Schwarze B.** (Hyoscyamus niger), eine giftige Arzneipflanze. Das B. gehört zu den ältesten Gift- und Zauberpflanzen.

Bilsteinhöhle, Tropfsteinhöhle im Sauerland, im devon. Massenkalk des Arnsberger Waldes, südwestlich von →Warstein.

Bilsenkraut: Schwarzes Bilsenkraut

Biluxlampe®, Zweifadenlampe für Fahrzeugscheinwerfer mit zwei getrennt schaltbaren Leuchtkörpern: für Fernlicht im Brennpunkt des Scheinwerferspiegels, für Abblendlicht außerhalb und durch Kappe abgedeckt.

Bilzingsleben, Gemeinde im Landkreis Sömmerda, Thür., 870 Ew.; Fundort (1969–2002) mit über einer halben Mio. Fundstücken, darunter 37 Schädelfragmente zweier Individuen des Homo erectus. Mit einem Alter von 350 000 bis 410 000 Jahren ist B. derzeit die älteste komplette Siedlung der Menschheit mit Lagerplatz, Werkstatt- und Arbeitszone sowie Werkzeugen und Jagdwaffen aus Stein, Knochen und Holz.

Bimetall, feste, durch Schweißen oder Kleben hergestellte Verbindung zweier Metalle. B.-Streifen mit unterschiedl. Wärmeausdehnungen (z. B. Stahl und Messing) dehnen sich beim Erhitzen verschieden stark aus, dadurch krümmt sich der Streifen nach der Seite des Metalls mit der geringeren Ausdehnung. Die Krümmungsbewegung bei Temperaturänderung kann zur Temperaturmessung oder zur temperaturabhängigen Steuerung elektr. Kontakte benutzt werden.

Bimetallismus [lat.] der, →Doppelwährung.

Bimini, Inselgruppe der Bahamas, östlich von Miami (Florida); 23 km², 1700 Ew.; Hochseeangelsport.

Bimsstein [von lat. pumex »Lava«], **Bims,** helles, aus kieselsäure- und gasreicher Lava schaumig erstarrtes Gesteinsglas. Ausgeworfene Lavafetzen werden abgelagert als **Bimssand** und **Bimskies;** verfestigt als **Bimstuff.** B. dient gemahlen als Polier- und Schleifmittel sowie als Beton- und Seifenzusatz.

binär [lat.], aus zwei Einheiten oder Zeichen bestehend, z. B. binäre Zahlen (→Dualsystem) oder binäre →Nomenklatur.

Binärcode [-ko't], Code, der nur aus zwei versch. Zeichen (**Binärzeichen**) aufgebaut ist. Wichtige B. sind z. B. der Aiken-Code und der BCD-Code.

binaurales Hören, das Hören mit beiden Ohren; in der →Stereofonie das Abhören einer Darbietung mit einem Kopfhörer oder zwei Lautsprechern; vermittelt einen räuml. Eindruck.

Binchois [bẽ'ʃwa], Gilles, frankofläm. Komponist, * Mons um 1400, † Soignies (Hennegau) 20. 9. 1460; 1430–56 Kaplan der burgund. Hofkapelle; Kirchenwerke, Chansons.

Binde, gewebter oder geschnittener Streifen aus versch. Materialien (z. B. Mull, Gaze) zum Anlegen von Verbänden; **Gips-B.** dienen zur Fixierung eines Körperteils, **elast. B.** zur Kompression von Weichteilen oder Krampfadern.

Bindegewebe, versch. gestaltetes Gewebe, das aus ortsständigen Zellen (z. B. Fibrozyten), frei bewegl. Zellen (z. B. Histiozyten) und einer Zwischenzellsubstanz (Interzellularsubstanz aus Fasern und ungeformter Grundsubstanz) besteht. B. umhüllt Organe, verbindet sie miteinander, besitzt Stützfunktion, erfüllt versch. Stoffwechselleistungen und spielt eine Rolle bei der Immunabwehr. Entsprechend der Differenzierung der Zellen werden embryonales B., gallertiges B., retikuläres B., Fettgewebe, fibrilläres B., lockeres B., straffes B., Knorpelgewebe und Knochengewebe unterschieden.

Bindegewebeentzündung, die →Zellgewebeentzündung.

Bindegewebemassage, spezielle Form der Reflexzonenmassage (→Reflexzone), bei der durch intensives Streichen mit den Fingerkuppen ein Zugreiz auf das Unterhautbindegewebe ausgeübt wird, wodurch reflektorisch eine günstige funktionelle Beeinflussung der den massierten Körpersegmenten zugeordneten inneren Organe (→Head-Zonen) angestrebt wird. Anwendung bei Funktionsstörungen, z. B. Durchblutungsstörungen der Beine, und organ. Erkrankungen.

Bindehaut, Konjunktiva, die Lidinnenhaut (→Auge).

Bindehautentzündung, Konjunktivitis, entzündl. Erkrankung der Bindehaut, äußert sich in Rötung, Brennen, Fremdkörpergefühl, Lichtscheu und vermehrter Absonderung. Ursachen: Lichtreiz, Rauch, Fremdkörper, Gifte, Krankheitserreger.

Bindemittel, *Bautechnik:* Stoffe, die Festkörperpartikel untereinander und häufig auch mit dem Untergrund verbinden. Als B. werden ebenso die verbindenden Stoffe in Klebstoffen, Dichtungsmassen u. a. bezeichnet. Das Abbinden (Erhärten) kommt durch physikal. Vorgänge oder chem. Reaktionen zustande. **Anorgan. B.** sind pulverförmige, mit Wasser zu verarbeitende Stoffe, **hydraul. B.** (z. B. Zement) erhärten an der Luft oder unter Wasser, **Luft-B.** erhärten nur an der Luft. **Organ. B.** sind z. B. Alkyd- und Epoxidharze, Bitumen.

Binder, *Bautechnik:* 1) bei Ziegelmauerwerk der rechtwinklig zur Mauerflucht liegende Ziegel; B. werden in Schichten abwechselnd mit den längs der Mauerflucht liegenden **Läufern** vermauert; 2) bei Dachkonstruktionen senkrecht zur Firstlinie stehende Fachwerk- oder Vollwandträger.

Binderfarben, die →Dispersionsfarben.

Bindestrich, ein Satzzeichen (-), z. B. in unübersichtl. Zusammensetzungen (Betriebsunfall-Versicherungsschutz) sowie als Worttrennungszeichen am Zeilenende.

Bindewort, →Konjunktion.

Bindigkeit, 1) *Bodenkunde:* der Zusammenhalt von Bodenteilchen. Mit steigendem Gehalt an Ton und Feuchtigkeit nimmt die B. zu, die Bearbeitbarkeit ab (schwere Böden).

2) *Chemie:* **Bindungswertigkeit,** Zahl der von einem Atom ausgehenden Atombindungen (bzw. Anzahl der Elektronenpaare, die ein Atom in einem Molekül mit anderen Atomen teilt).

Binding, 1) Karl, Strafrechtler, * Frankfurt am Main 4. 6. 1841, † Freiburg im Breisgau 7. 4. 1920, Vater von 2); Führer der an der Vergeltungstheorie festhaltenden klass. Schule im Strafrecht. – *Werke:* Die Normen und ihre Uebertretung, 4 Bde. (1872–1919); Die Schuld im dt. Strafrecht (1919).

2) Rudolf Georg, Schriftsteller, * Basel 13. 8. 1867, † Starnberg 4. 8. 1938, Sohn von 1); schrieb traditionalist. Prosa mit Betonung von Opfer und Heroismus, u. a. »Opfergang« (1911), »Keuschheitslegende« (1919), »Moselfahrt aus Liebeskummer« (1932); bekannte sich (passiv) zu nat.-soz. Ideen.

Bindung, 1) *Chemie, Physik:* Zusammenhalt atomarer oder nuklearer Teilchen durch B.-Kräfte versch. Art. Die Energiedifferenz zw. dem gebundenen System und dem Zustand, in dem die einzelnen Teilchen vollständig getrennt sind, heißt **B.-Energie.** Beim Zusammentreten von Atomen zu einem Molekül oder Kristall spricht man von →chemischer Bindung. Bei Nukleonen, die einen Atomkern bilden (**Kern-B.**), ist die B. mit einem →Massendefekt verbunden.

2) *Fechten:* das Zur-Seite-Drücken der gegner. Klinge mit der eigenen Klinge.

3) *Psychologie:* Erlebnis der körperl., seel. und geistigen Beziehung zu anderen Menschen, auch eine dauerhafte bejahende Beziehung zu bestimmten Normen, Werten oder Gegenständen. Die Fähigkeit eines Menschen, B. einzugehen, ist entscheidend für die Persönlichkeitsentwicklung.

4) *Skisport:* Vorrichtung zur Verankerung des Skischuhs auf dem Ski.

5) *Sprachwissenschaft:* in der generativen Grammatik die Beziehung zw. Nomen und Pronomen innerhalb eines Satzes.

6) *Textiltechnik:* die Art der Fadenverschlingungen. Zu einem Gewebe (**Web-B.**) gehören zwei sich rechtwinklig kreuzende Fadensysteme (Kette und Schuss). Die drei Grund-B. der Weberei sind: **Leinwand-B.** (bei Seide **Taft-B.**), **Köper-B.** und **Atlas-B.** Bei der **Dreher-B.** umschlingen sich zwei oder mehr Kettfäden; Anwendung bei Tüll, Gaze, Gardinen. – Wirk- und Strickwaren (**Wirk-B.**) haben entweder einen Faden, der mit sich selbst zur Masche verhängt wird (Kulierware),

oder ein System von Fäden (Kettenwirkware), die miteinander als Maschen verbunden werden. – Bei Verkreuzung mehrerer Fäden nach Art eines Zopfes entstehen **Geflechte**.

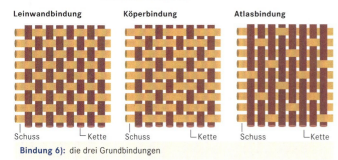

Bindung 6): die drei Grundbindungen

Bindungswertigkeit, *Chemie:* die →Bindigkeit.

Bin el-Ouidane [bin ɛlwiˈdan, frz.], Talsperre im Mittleren Atlas in Marokko, 1953 fertiggestellt; Stausee fasst 1,1 Mrd. m³ Wasser, angeschlossen sind zwei Kraftwerke (zus. 550 MW).

Binet [biˈnɛ], Alfred, frz. Psychologe, * Nizza 11. 7. 1857, † Paris 18. 10. 1911; seit 1894 Direktor des psychophysiolog. Inst. an der Sorbonne. Der **Binet-Simon-Test,** der erste brauchbare Intelligenztest, enthält für 3- bis 15-Jährige altersspezif. Intelligenzaufgaben zur Bestimmung des Intelligenzalters.

Binge, Pinge, *Bergbau:* oberflächl. Erdeinbruch durch das Zusammenstürzen von Grubenbauen.

Bingelkraut, Mercurialis, Gattung der Wolfsmilchgewächse mit gegenständigen Blättern und grünl., drei- bis vierblättrigen Blüten; giftig.

Bingen am Rhein, Stadt im Landkreis Mainz-Bingen, Rheinl.-Pf., an der Nahemündung, 24 900 Ew.; FH; Histor. Museum am Strom – Hildegard von Bingen, Stefan-George-Museum; Weinbau, -handel und -verarbeitung; Logistikunternehmen, Apparate- und Automatenbau; Tourismus; Hafen. – Stiftskirche St. Martin (15. Jh.); auf einer Felsklippe im Rhein der →Mäuseturm, nördlich davon das **Binger Loch** mit gefährl. Stromschnellen; hier beginnt das Durchbruchstal des Rheins durch das Rhein. Schiefergebirge. Über B. am R. Burg Klopp, östlich der Rochusberg. – Mit dem links der Nahe gelegenen, seit der 2. Hälfte des 19. Jh. entstandenen, bis 1945 preuß. **Bingerbrück** (seit 1968 eingemeindet) ist B. am R. durch die alte Drususbrücke verbunden. – B. am R., das röm. **Bingium,** kam 983 an das Erzstift Mainz, 1816 an Hessen-Darmstadt.

Bingo [engl.] *das,* lottoähnl. Glücksspiel.

Bin Laden, Osama, Usama **Bin Ladin,** Führer des islamist. Terrornetzwerkes »al-Qaida«, * Riad (nach anderen Angaben Djidda) 1957; aus einer saudi-arab. Unternehmerfamilie, Bauingenieur; beteiligte sich in den 1980er-Jahren an der Finanzierung und auch an den Kämpfen der Mudjahedin in Afghanistan. Um 1988 gründete er mit »al-Qaida« (dt. »Die Basis«) eine islamist. Rekrutierungsorganisation, die sich zu einem verzweigten Terrornetzwerk mit Zellen in zahlr. Staaten entwickelte. Einer der engsten Verbündeten des Extremisten und dessen Stellvertreter wurde der Ägypter Aiman al-Sawahiri. 1989–91 Aufenthalt B. L.s in Saudi-Arabien (heftige Kritik an der vom Königshaus zugelassenen Stationierung amerikan. Truppen), 1992–96 im islamistisch geprägten Sudan, ab 1996 in Afghanistan. 1998 rief er die »Internationale Islam. Front für den Djihad gegen Kreuzfahrer und Juden« ins Leben. Die USA machten ihn für versch. schwere Terroranschläge verantwortlich und forderten seine Auslieferung. Nach den Anschlägen auf New York und das Pentagon am 11. 9. 2001 richtete sich eine amerikan. Militäraktion gegen seine Terrororganisation und die radikalislam. Taliban in Afghanistan. Auch nach deren Niederlage konnte B. L. nicht gefasst werden; unter seinem Namen wurden später mehrere – als authentisch eingestufte – Videobotschaften verbreitet, in denen er seine Anhänger u. a. zu neuen Terrorattacken aufrief (2004 auf diesem Weg Bekenntnis zur Verantwortung für die Anschläge vom 11. 9. 2001).

Osama Bin Laden

Binnenfischerei, →Fischwirtschaft.

Binnengewässer, *Völkerrecht:* die zum Gebiet eines Staates gehörenden und seiner Rechtssetzung unterworfenen natürl. und künstl. Wasserflächen (bes. Flüsse, Häfen, Reeden, Buchten).

Binnenhafen, Hafenanlage an Kanälen, Flüssen, Binnenseen. (→Hafen)

Binnenhandel, Handel innerhalb der Grenzen eines Landes; Ggs.: Außenhandel.

Binnenkolonisation, →innere Kolonisation.

Binnenland, die inneren, meerfernen Teile eines Festlandes; an der dt. Nordseeküste auch das innerhalb der Deiche liegende, geschützte Land im Ggs. zum Butenland (Außenland).

Binnenmeer, nur durch eine schmale Meerenge mit dem Ozean verbundener Teil des Weltmeeres (z. B. Schwarzes Meer).

Binnenreim, *Metrik:* Reim im Versinneren. →Metrik (Übersicht).

Binnenschifffahrt, Schifffahrt auf Binnengewässern. Sie hat den Vorteil niedriger Kosten, denen allerdings die relative Langsamkeit der Beförderung und eine Abhängigkeit von Wasserstand, Strömungsgeschwindigkeit und Eis gegenüberstehen. Die B. eignet sich daher bes. für die Beförderung unverderbl. Massengüter. Daneben dient die B. auch der Beförderung von Personen (bes. Ausflugsverkehr). Von der dt. B. wurden (2005) insgesamt 236,76 Mio. t Güter befördert, davon rd. 81 Mio. t mit Schiffen unter dt. Flagge. Am gesamten Verkehrsaufkommen in Dtl. (ohne Straßengüternahverkehr) beträgt der Anteil der B. konstant etwa 25 %. Der Rhein ist die wichtigste Wasserstraße. – Die bedeutendsten dt. Binnenhäfen sind Duisburg, Köln, Hamburg, Mannheim, Ludwigshafen am Rhein, Karlsruhe, Heilbronn, Berlin, Frankfurt am Main, Neuss, Bremen u. a. – Die privatrechtl. Verhältnisse in der B. werden durch das B.-Ges. und das Frachtrecht des HGB (→Frachtvertrag) geregelt, u. a. das Frachtgeschäft, die Rechtsstellung des Schiffseigners, Befugnisse und Pflichten des Schiffsführers und Grundzüge des Arbeitsrechts der Schiffsbesatzung. Das Ges. über den gewerbl. Binnenschiffsverkehr wurde zum 1. 1. 1994 aufgehoben. Damit wurde das B.-Recht beträchtlich liberalisiert und bes. die privatautonome Aushandlung von Frachten ermöglicht. Aufgaben des Bundes bestehen in der Förderung der Binnenflotte und des Binnenschiffsverkehrs, der Abwehr von Gefahren für die Sicherheit und Leichtigkeit des Verkehrs, der Verhütung von schädl. Umwelteinwirkungen, die von der Schifffahrt ausgehen, u. a. (B.-Aufgaben-Ges. i. d. F. v. 5. 7. 2001). Verkehrspolizeil. Bestimmungen beinhaltet die B.-Straßen-Ordnung, wobei für Donau, Mosel und Rhein Sondervorschriften gelten.

Binnenwanderung, der Wechsel des Wohnsitzes innerhalb der Staats- oder Landesgrenze; Ggs.: Ein- und Auswanderung.

Binnenwirtschaft, inländ. Wirtschaft einschl. des Zahlungsverkehrs und der Währungsgestaltung.

Binnig, Gerd, Physiker, * Frankfurt am Main 20. 7. 1947; seit 1978 am IBM-Forschungslaboratorium in Rüschlikon (bei Zürich); entwickelte mit H. Rohrer das →Rastertunnelmikroskop. Hierfür erhielten beide 1986 den Nobelpreis für Physik (zus. mit E. Ruska).

Binningen, Stadt im schweizer. Kt. Basel-Landschaft, 14 200 Ew.; astronomisch-meteorolog. Inst. der Univ. Basel.

Binoche [bi'nɔʃ], Juliette, frz. Filmschauspielerin, * Paris 9. 3. 1964; internat. Durchbruch mit »Die unerträgl. Leichtigkeit des Seins« (1988), überzeugte als Charakterdarstellerin in »Die Liebenden von Pont Neuf« (1991). – *Weitere Filme:* Die Nacht ist jung (1986); Verhängnis (1992); Drei Farben: Blau (1993); Der englische Patient (1996); Chocolat (2000).

Binokel [lat.], **1)** *das, veraltet:* Brille; Fernglas; Mikroskop mit zwei Okularen.
2) *der,* schweizer. Kartenspiel mit 2 × 24 Blatt (Pikettkarte) für drei Personen.

binokular [lat.], für beide Augen eingerichtet; plastisch.

Binom [zu lat. bi- »zwei« und nomen »Name«] *das,* zweigliedriger math. Ausdruck der Form $a + b$ oder $a - b$.

Binomialko|effizi|enten, die Koeffizienten $\binom{n}{k}$ (gesprochen »n über k«) des →binomischen Lehrsatzes; für alle natürl. Zahlen n und k ($k < n$) gilt mit $\binom{n}{0} = 1$:

$$\binom{n}{k} = \frac{n(n-1) \cdot (n-2) \cdot \ldots \cdot (n-k+1)}{k!}$$
$$= \frac{n!}{(n-k)!\, k!}$$

mit $k! = 1 \cdot 2 \cdot 3 \cdot \ldots \cdot k$ (→Fakultät). Beispiel:
$$\binom{10}{5} = \frac{10 \cdot 9 \cdot 8 \cdot 7 \cdot 6}{1 \cdot 2 \cdot 3 \cdot 4 \cdot 5} = \frac{30\,240}{120} = 252.$$

Die B. spielen eine große Rolle in der Kombinatorik und der Wahrscheinlichkeitsrechnung, z. B. gibt es $\binom{49}{6}$ Möglichkeiten, 6 Zahlen aus einer Menge von 49 Zahlen auszuwählen. – Mithilfe des →pascalschen Dreiecks können die B. dargestellt und berechnet werden.

Binomialverteilung, diskrete Wahrscheinlichkeitsverteilung, die die Anzahl der Erfolge bei n unabhängigen Wiederholungen eines Zufallsversuchs mit zwei möglichen Ausgängen beschreibt; einer der beiden Ausgänge wird dabei als »Erfolg«, der andere als »Misserfolg« interpretiert.

binomische Formeln, die für alle Zahlen a, b geltenden Formeln
$(a + b)^2 = a^2 + 2ab + b^2$
$(a - b)^2 = a^2 - 2ab + b^2$
$(a + b) \cdot (a - b) = a^2 - b^2$
In Verallgemeinerung der ersten b. F. gilt der →binomische Lehrsatz.

binomischer Lehrsatz, Formel zur Berechnung höherer Potenzen von Binomen; für alle natürl. Zahlen n gilt:

$$(a+b)^n = \binom{n}{0}a^n + \binom{n}{1}a^{n-1}b$$
$$+ \binom{n}{2}a^{n-2}b^2 + \ldots + \binom{n}{n}b^n;$$

die Koeffizienten $\binom{n}{k}$ heißen →Binomialkoeffizienten. Der b. L. lässt sich für beliebige reelle Exponenten (statt n) verallgemeinern.

Binormale *die,* Mathematik: die Senkrechte auf Tangente und Normale in einem Punkt einer Raumkurve.

Binse, grasähnliche Sumpfpflanze (→Binsengewächse).

Binsengewächse, Juncaceae, Familie der Einkeimblättrigen, mit etwa 300 krautigen, grasähnl. Arten in kühleren Erdgebieten, meist Sumpfpflanzen; häufig vielblütige Blütenstände.

Binswanger, Ludwig, schweizer. Psychologe und Psychiater, * Kreuzlingen 13. 4. 1881, † ebd. 5. 2. 1966; begründete, beeinflusst durch S. Freud, E. Husserl und M. Heidegger sowie in Auseinandersetzung mit der Psychoanalyse, die daseinsanalyt. Forschungsrichtung und Psychotherapie. – *Werke:* Grundformen und Erkenntnis menschl. Daseins (1942); Der Mensch in der Psychiatrie (1957).

Bintan, Hauptinsel der Riauinseln, Indonesien, 1 075 km², rd. 50 km südöstlich von Singapur; von Malaien und Chinesen bewohnt; Bauxit- und Zinnerzabbau.

Binturong [indones.] *der,* **Bärenmarder, Marderbär, Arctictis binturong,** nachtaktive →Schleichkatze Indiens und S-Chinas (Kopf-Rumpf-Länge bis 96 cm, Schwanzlänge bis 89 cm); Baumtier mit Greifschwanz.

Binz, Gemeinde (Ostseebad) an der O-Küste der Insel Rügen, Landkreis Rügen, Meckl.-Vorp., 5 500 Ew.; Kurhaus (1907); nahebei das Jagdschloss Granitz (1836–46) mit 38 m hohem Aussichtsturm (1844). Zu B. gehört der Gemeindeteil →Prora.

bio... [griech.], leben(s)...

Bioakkumulation, die Anreicherung v. a. von oft giftig wirkenden anorgan. und organ., auch von radioaktiven Substanzen in Organismen nach Aufnahme aus Luft, Boden und Wasser.

Bio|bank, privat oder öffentlich finanzierte Einrichtung zur Speicherung von Materialien, die dem menschl. Körper entnommen wurden; hierzu sind Gewebe, Zellen, Blut ebenso wie die daraus gewonnene DNA zu zählen. Neben dem biolog. Material und ge-

Gerd Binnig

Juliette Binoche

Binsengewächse: Spitzblütige Binse (Größe 30–100 cm)

Binturong

net. Informationen werden zudem auch personenbezogene Daten des Spenders (z. B. zu Gesundheitszustand und Lebensstil) archiviert. Durch epidemiolog. Untersuchungen erhoffen sich Forscher neue Erkenntnisse über die Ursachen von Krankheiten und die Abgrenzung von erbl. und umweltbedingten Faktoren.

Biobío [-'βio], Hauptfluss im mittleren Chile, 380 km, entspringt in den Anden und durchquert die Längssenke, mündet bei Concepción in den Pazif. Ozean.

Biochemie, die Lehre von der Zusammensetzung und dem Zusammenwirken der am Aufbau der Lebewesen und deren Stoffwechsel beteiligten chem. Verbindungen. Sie ist ein Grenzgebiet zw. Chemie, Biologie und Medizin. Die stat. oder deskriptive B. behandelt die Zusammensetzung, Struktur und Beschreibung der organ. Naturstoffe einschl. der Enzyme, Hormone, Vitamine, Nukleinsäuren u. a. Die dynam. B. sucht das Zusammenwirken der versch. Komponenten, die Steuerungs- und Regulationsmechanismen des Stoffwechsels, der Assimilation oder der Umsetzung der genet. Information zu erforschen.

biochemischer Sauerstoffbedarf, Abk. **BSB,** Kenngröße für den Gehalt an biologisch abbaubaren Wasserinhaltsstoffen. Der b. S. ist die Sauerstoffmenge, die Mikroorganismen bei 20 °C innerhalb einer bestimmten Zeit verbrauchen.

Biochip [-tʃip, engl.], **1)** *Elektronik:* ein in der Entwicklung befindl., aus organ. Verbindungen (Biopolymere) mit Halbleitereigenschaften bestehender Mikroprozessor mit sehr hoher Schaltelementdichte (um den Faktor 1 Mrd. höher als bei Siliciumchips gleicher Größe). Aus B. zusammengesetzte Biocomputer könnten im Unterschied zu heutigen Computern ein dreidimensionales Informationsnetz aufbauen. Damit wäre – ähnlich wie beim menschl. Gehirn – das Verarbeiten äußerst komplexer Muster möglich.
2) *Molekularbiologie:* zur schnellen Analyse von biolog. Material eingesetzter Kunststoff- oder Glaschip. Die Auswertung erfolgt dabei nicht mehr manuell, sondern mithilfe einer hochempfindlichen, mit einem Computer verbundenen Digitalkamera. Mithilfe von DNA-Chips werden Nukleinsäurefragmente nachgewiesen, mit Proteinchips hingegen bestimmte Proteine; Einsatz z. B. in der Grundlagenforschung, med. Diagnostik, Lebensmittelkontrolle.

Biochorion [griech.] *das,* **Biochore,** kleiner inselartiger Teil eines Biotops mit den darin lebenden Arten.

Biodiesel, Bez. für Fettsäuremethylester, die aus Pflanzenölen, z. B. Rapsöl, hergestellt und als Kraftstoff oder Kraftstoffkomponente verwendet werden (→ Biokraftstoffe). Dazu werden die reinen, auf Glycerin aufbauenden, pflanzl. Fettsäureester mit Methanol in die entsprechenden Methylester umgewandelt. Je nach Art des Pflanzenöls unterscheidet man RME (Rapsölmethylester), SME (Sojaölmethylester), AME (Altfettmethylester) und FME (Fettmethylester aus sonstigen Pflanzen- und Tierstoffen). Diese Stoffe eignen sich als Ersatz für Diesel aus Erdöl, ohne dass motor. Anpassungen erforderlich sind. Veränderungen an den Tankkomponenten der Dieselfahrzeuge müssen aber trotzdem vorgenommen werden, da B. aufgrund seiner chem. Eigenschaften eine Versprödung der aus Kunststoff gefertigten Kraftstoffleitungen bzw. Bauteile bewirkt. Dieser Effekt entsteht, weil die im Kunststoff enthaltenen Weichmacher herausgelöst werden. Daher empfehlen viele Automobilhersteller den Einsatz von reinem B. in ihren Fahrzeugen nicht.

B. bietet deutlich verbesserte Schmiereigenschaften gegenüber fossilem Diesel, wodurch der Motorverschleiß begrenzt wird. B. ist außerdem schwefelfrei, emittiert bis zu 50 % weniger Ruß, bis zu 60 % weniger unverbrannte Kohlenwasserstoffe, enthält keine Aromaten (z. B. Naphthalin) und ist biologisch abbaubar. In Europa haben sich zwei Varianten des Einsatzes von B. etabliert. Reiner B. wird v. a. in Deutschland angeboten (2004 etwa 1,2 Mio. t); in den anderen europ. Ländern spielt B. als Komponente zu fossilem Dieselkraftstoff eine zunehmende Rolle. Seit Mai 2003 ist in der EU eine »Richtlinie zur Förderung von Biokraftstoffen« in Kraft, nach der deren Mindestanteil am gesamten Kraftstoffverkauf bis 2005 auf 2 % und bis 2010 auf 5,75 % festgeschrieben ist.

Wie fossiler Dieselkraftstoff müssen sowohl reiner B. als auch Kraftstoffmischungen aus B. und fossilem Diesel in ihren Eigenschaften durch Zugabe von Additiven eingestellt werden, z. B. wird die Winterfestigkeit durch Zugabe geeigneter →Fließverbesserer gewährleistet.

Biodiversität, biologische Vielfalt, Eigenschaft biolog. Systeme, voneinander verschieden zu sein. Sie umfasst die genet. Variabilität innerhalb einer Art, die Mannigfaltigkeit der Arten und die Vielfalt von Ökosystemen. B. gestattet den Arten und Lebensgemeinschaften, sich wandelnden abiotischen (Luft, Wasser, Boden) und biotischen (Mikroorganismen, Flora, Fauna) Umweltbedingungen anzupassen und damit ihr Fortbestehen zu sichern. (→Konvention zum Schutz der biologischen Vielfalt)

Bioelemente, am Aufbau der Lebewesen beteiligte Elemente: Kohlenstoff, Wasserstoff, Sauerstoff, Stickstoff, Schwefel, Phosphor, Chlor, Natrium, Kalium, Calcium, Magnesium, Eisen und katalytisch wirksame →Spurenelemente.

Bioenergetik, 1) *Biophysik:* untersucht die stoffl. Umwandlungen, die sich unter Veränderung des Energiegehaltes vollziehen.
2) *Psychologie:* Körpertherapie zur Befreiung unterdrückten Selbstausdrucks und unterdrückter Emotionen mithilfe von Aktivitätsübungen (Atem, Haltung, Bewegung).

Bioenergie, aus dem Primärenergieträger →Biomasse durch Energieumwandlung nutzbar gemachte Energie.

Bioethik, Teilgebiet der angewandten Ethik, das sich mit sittl. Fragen zu Geburt, Leben und Tod des Menschen (v. a. im Hinblick auf neue Entwicklungen und Möglichkeiten der biologisch-medizin. Forschung und Therapie), aber auch mit der Frage der Rechte von Tieren und einer ihrer Würde entsprechenden Behandlung (**Tierethik**) sowie mit eth. Aspekten der natürl. Lebensgrundlagen des Menschen (**Umweltethik**) befasst. Der Begriff bildete sich in den 1970er-Jahren in den USA heraus und wurde zunächst weitgehend synonym mit dem Ausdruck »biomedizin. Ethik« verwendet; heute werden unter ihm jedoch auch die anderen genannten Themen zusammengefasst. Seit den 1980er-Jahren ist B. auch in Europa ein Thema. – Zu den zentralen Themen der **medizin. Ethik** gehören Versuche an kranken und gesunden Menschen, Embryonenforschung, Präimplantations- und Pränataldiagnostik, Leihmutterschaft, Schwangerschaftsabbruch, Organtransplantation, Sterbehilfe u. a. Die durch die Gentechnologie und die Reproduktionsbiologie aufgeworfenen eth. Probleme (z. B. genet. Manipulation von Embryonen, Klonen, Herstellung transgener Organismen) betreffen prinzipiell auch Tiere. – Mit der Ausweitung der Diagnose- und Therapiemöglichkeiten geht es in der B. zunehmend auch um die Grenzen des Krankheitsbegriffs. Wenn immer mehr Eingriffe am menschl. Körper möglich sind, so stellt sich die Frage, welche dieser Eingriffe noch als Krankheitsbehandlungen zu begreifen sind. Der traditionell naturwiss. aufgefasste Krankheitsbegriff wird insofern infrage gestellt und die gesellschaftl. Konstruiertheit des Krankheitsbegriffs betont. – In Dtl. und anderen Ländern gibt es Ethikkommissionen zur Beratung des Gesetzgebers in bioeth. Fragen (in Dtl. z. B. den →nationalen Ethikrat). Die 1996 vom Europarat beschlossene **Konvention über Menschenrechte und Biomedizin** (urspr. B.-Konvention; mit einem Zusatzprotokoll von 1998 über das Verbot des Klonens von Menschen), die der biologisch-medizin. Forschung am Menschen rechtl. Grenzen setzen soll, trat im Dez. 1999 in Kraft (von Dtl. nicht unterzeichnet).

Biofeedback [-fi:dbæk, engl.] *das*, 1) Rückkopplung innerhalb eines Regelkreises biolog. Systeme; 2) psychotherapeut. Entspannungsverfahren, bei dem physiolog. Messwerte (z. B. Herzfrequenz) aufgezeichnet und für den Patienten zur gezielten Einflussnahme wahrnehmbar gemacht werden.

Biofilm, eine (Schleim-)Schicht aus Mikroorganismen, die sich auf Oberflächen in Verbindung mit Wasser bildet. B. bieten pathogenen Bakterien (bes. Legionella pneumophila) Schutz vor antibiot. Substanzen sowie Wasch- und Reinigungsmitteln.

Biofilter, zur biolog. Abgas- oder Abluftreinigung verwendeter Filter, z. B. aus Torf oder Kompost; bes. geeignet bei geruchsintensiven Schadstoffen geringer Konzentration.

Biogas, Faulgas, brennbares Gasgemisch, das bei der Zersetzung von Biomasse wie Fäkalien, Gartenabfällen, Stroh u. a. durch Bakterien unter Luftabschluss (anaerob) entsteht. Beim Einsatz von Klärschlamm spricht man von **Klärgas.** B. enthält 50–70 % Methan, 30–45 % Kohlendioxid, geringe Mengen Stickstoff, Wasserstoff, Schwefelwasserstoff u. a. und hat einen Brennwert (bei 60 % Methan) von etwa 24 MJ/m^3.

biogen [griech.], durch Lebewesen entstanden.

biogene Amine, Gruppe von Verbindungen, die im Stoffwechsel durch Decarboxylierung von →Aminosäuren und verschiedene Folgereaktionen entstehen. Die Funktionen der b. A. sind vielfältig. Wichtige Vertreter sind u. a. Spermin, Ethanolamin und Vertreter der Gewebshormone (Histamin, Serotonin, Catecholamine).

Biogenese [griech.] *die,* **Biogenie,** die Entstehung des Lebens (sowohl Stammes- als auch Individualentwicklung), auch Bildungsgeschehen in lebenden Körpern, Zellen usw.

biogenetische Grundregel, Rekapitulationstheorie, ein von E. Haeckel und F. Müller aufgestelltes Entwicklungsgesetz, wonach der Entwicklungsablauf (Ontogenese) eines Individuums eine kurze, gedrängte Wiederholung der Entwicklungsgeschichte (Phylogenese) des zugehörigen Stammes ist. Für die Rekonstruktion stammesgeschichtl. Zusammenhänge hat die b. G. nur beschränkten Wert.

Biogeochemie, Geobiochemie, zw. Bio- und Geochemie stehendes, der ökolog. Chemie verwandtes, interdisziplinäres Forschungsgebiet, das sich mit den Wechselwirkungen zw. Stoffen und Organismen in Litho-, Hydro- und Atmosphäre befasst.

Biogeografie, Lehre von der räuml. Verbreitung der Lebewesen (Pflanzen- und Tiergeografie), Erforschung der Struktur und Funktion von Arealen und Ökosystemen.

Biografie [griech.] *die,* **Biographie,** wiss. oder literar. Darstellung der Lebensgeschichte eines Menschen. Zum biograf. Schrifttum gehören die z. T. monumentalen Sammel- und National-B., Parallel- und Einzel-B. sowie Heiligenviten, Nekrologe und biograf. Romane. – Die **Biografik** (Kunst der Lebensbeschreibung) ist ein Zweig der Geschichtsschreibung. In der **Autobiografie** gibt der Verfasser eine Darstellung seines eigenen Lebensweges. – Als literar. Gattung entstand die B. in der Antike (Plutarch, Tacitus, Sueton). Im MA. entstanden die Heiligen-B. (→Hagiografie) und die Fürsten-B. Die Renaissance hob erstmals das Individuelle einer Persönlichkeit hervor (G. Vasari); in späteren Jahrhunderten entwickelten sich Formen der B. auf Grundlage historisch-krit. Quellen, mit zeit- und geistesgeschichtl. Hintergrund sowie die biograf. Belletristik (z. B. als **biografischer Roman).**

Biografieforschung, Zweig der sozialwiss. Forschung, der die Lebensläufe einzelner Menschen unter Berücksichtigung ihres gesamten lebensgeschichtl. Umfeldes (vergleichend) untersucht, wobei Selbstaussagen und autobiograf. Zeugnisse ausdrücklich eingeschlossen werden.

Biographie, →Biografie.

Bioindikatoren, Organismen mit speziellen Umweltansprüchen, deren Vorkommen oder Fehlen in einem Biotop entsprechende Umweltqualitäten anzeigt (z. B. Flechten als Indikatoren für Luftverschmutzung, Saprobien zur Beurteilung der Wasserqualität).

Bioinformatik, in den letzten Jahren neu entstandener interdisziplinärer Zweig der Biowiss.en, der sich durch Einsatz der Computertechnologie der Erstellung von Algorithmen und Systemen widmet, die die enorme Fülle biolog. Daten (dabei insbes. genet. Daten) verwalten und aus diesen anwendbare Informationen ableiten können. Allein das menschl. Genom enthält etwa 20 000 bis 40 000, aus ca. 3 Mrd. Basen bestehende Gene, die in komplexen Wechselwirkungen miteinander das Funktionieren von 50 Billionen Zellen im menschl. Organismus gewährleisten. Mehrere Mio. Organismen stehen als einzelne bereits derartig komplexe biolog. Systeme darüber hinaus in vielfältigen Wechselwirkungen miteinander, die durch die biowiss. Disziplinen von der Molekular- bis zur Populationsbiologie und Ökologie bislang nur beschrieben werden können. Die B. wird durch die Organisation, Analyse und Interpretation dieser komplexen biolog. Datenfülle dabei zu einer fachübergreifenden Wiss., die – neben der Beschreibung biolog. Prinzipien und Methoden – zu deren Übertragung auf techn. Systeme durch die Ingenieurwiss.en beiträgt.

Biokatalysator *der,* Wirkstoff (z. B. Enzym), der die Stoffwechselvorgänge steuert.

Bioklimatologie, Wiss., die sich mit der Wirkung des Klimas und des Wetters auf Menschen, Tiere und Pflanzen befasst.

Bioko, früher **Fernando Póo,** vulkan. Insel im Golf von Guinea, Teil der Rep. Äquatorialguinea, mit Hptst. Malabo, 2017 km^2, 145 900 Ew.; im Pico de Santa Isabel 3 008 m hoch, fast ganz von trop. Regenwald bedeckt. Die Ureinwohner gehören dem Bantustamm der Bubi an. Die Mehrheit der Bev. sind Nachkommen englischsprachiger Kreolen (Fernandinos). Hauptausfuhr: Kakao, Kaffee, Holz; Haupthafen und Verw.-Sitz der Insel ist Malabo. – Die Insel wurde 1469 von dem Portugiesen Fernão do Pó entdeckt, war 1778–1959 span. Kolonie, dann Provinz. 1968 wurde sie als Teil von Äquatorialguinea unabhängig.

Biokonversion, Verfahren, mit dessen Hilfe Biomasse durch mikrobielle Einwirkung in andere Produkte, bes. Energieträger (z. B. →Biogas), umgewandelt wird.

Biokraftstoff, aus →nachwachsenden Rohstoffen erzeugte Kraftstoffe. Hierzu gehören **Bioalkohol** (durch Vergärung z. B. von Zuckerrohr gewonnener Ethylalkohol), der in reiner Form oder als Mischkomponente im Ottokraftstoff (zw. 10 und 25 %) angewandt werden kann, und →Biodiesel (aus ölhaltigen Pflanzen wie Raps oder Nüssen gewonnen). B. tragen zur Reduzierung des Kohlendioxidausstoßes bei. Sie werden aus Biomasse hergestellt, die sowohl aus der Land- und Forstwirtschaft als auch aus Gewerbe und Haushalten stammt. – Seit Mai 2003 ist in der EU eine »Richtlinie zur Förderung von Biokraftstoffen« in Kraft. Darin wird deren Mindestanteil am gesamten Kraftstoffverkauf bis 2005 auf 2 % und bis 2010 auf 5,75 % festgeschrieben. In Dtl. wurden 2003 rd. 0,8 Mio. t B. produziert. Diese deckten 1,4 % des Kraftstoffverbrauchs, rd. 900 Tankstellen standen zur Verfügung.

Biokunststoffe, kunststoffanaloge Werkstoffe, die vollständig oder zu überwiegenden Anteilen aus Biopolymeren erzeugt und unter Anwendung der für →Kunststoffe üblichen Verfahren modifiziert werden. Zur Herstellung von B. werden vorwiegend agrar. Rohstoffe wie Pflanzenöl, Stärke, Zucker oder Cellulose als Ausgangsstoffe verwendet. Reststoffe aus der Lebensmittelverarbeitung, beispielsweise Tomaten- und Kartoffelschalen, Rübenmelasse oder Krebs- und Krabbenschalen, können ebenfalls als Rohstoffe dienen. Die meisten B. können biologisch abgebaut werden (→biologisch abbaubare Werkstoffe), d. h., Mikroorganismen wandeln sie in Kohlendioxid und Wasser um.

Stärkewerkstoffe, auch *Stärkeblends* genannt, basieren auf nativer Pflanzenstärke. Mit speziellen Verfahren kann man ihnen thermoplast. Eigenschaften verleihen. *Polyester* wie Polymilchsäure (PLA) oder Polyhydroxyalkanoate (PHA) werden mit biotechnolog. Verfahren hergestellt. Zur Produktion von PLA wird fermentativ erzeugte Milchsäure anwendungsspezifisch aus dem Rohstoff selektiert und anschließend polymerisiert. *Cellulosewerkstoffe* werden aus schnellwachsenden Baumarten, z. B. Eukalyptus, gewonnen. Speziell aufgereinigte und behandelte B. werden auch als Biomaterialien in der Medizintechnik eingesetzt.

B. können wie konventionelle, erdölbasierte Kunststoffe zu einer Vielzahl von Anwendungen verarbeitet werden. Sie gelten als wichtige Innovation der Chemie- und Kunststoffindustrie (→Bioraffinerie). Der weltweite Absatz an B. für die verschiedensten Anwendungen wird 2003 auf 50 000 – 60 000 Tonnen geschätzt. Bisher kommen B. in überwiegend kurzlebigen Anwendungen zum Einsatz, z. B. als kompostierbare Abfallbeutel, Transportverpackungen, Mulchfolien oder Tragetaschen. Neben der biolog. Abbaubarkeit und der regenerativen Rohstoffbasis besitzen B. auch techn. Eigenschaften, welche sie von konventionellen Kunststoffen unterscheiden, z. B. in ihrer Durchlässigkeit für Gase. Mittel- und langfristig geht man davon aus, dass sie einen nennenswerten Teil des Marktes für Kunststoffprodukte besetzen können.

Biokybernetik [griech.-nlat.] *die,* Wiss., die die Steuerungs- und Regelungsvorgänge in biolog. Systemen (Mensch, Tier, Pflanze) untersucht.

Bioläden, Naturkostläden, Ökoläden, Makroläden, Zweig des Einzelhandels, der v. a. naturbelassene, unter (weitgehendem) Verzicht auf chem. Konservierungsstoffe hergestellte Lebensmittel anbietet, deren Rohstoffe aus →ökologischem Landbau stammen, zudem natürl. Kosmetika, Wasch- und Reinigungsmittel, oft auch Textilien, Schreibwaren, Haushaltgeräte und Bücher.

Biolith [griech.] *der,* aus Resten von Pflanzen (**Phytolithe**) oder Tieren (**Zoolithe**) gebildetes Sedimentgestein; brennbare B. heißen **Kausto-B.,** nicht brennbare **Akaustobiolithe.**

Biologie [griech.] *die,* Wiss., die die Erscheinungsformen lebender Systeme (Mensch: Anthropologie; Tier: Zoologie; Pflanze: Botanik; Mikroorganismen: Mikrobiologie), ihre Beziehungen zueinander und zu ihrer Umwelt sowie die Vorgänge, die sich in ihnen abspielen, beschreibt und untersucht. Die **allgemeine B.** befasst sich mit den grundlegenden Erscheinungen und Gesetzmäßigkeiten des Lebens. Morphologie und Anatomie untersuchen den Bau des Organismus, Embryologie und Entwicklungsphysiologie die Vorgänge der Ontogenese. Die Paläontologie studiert die Lebewesen der Vorzeit. Die Biochemie untersucht den stoffl. Aufbau und die Reaktionen im molekularen Bereich, die Biophysik die physikal. Prozesse im Organismus und die Wirkung physikal. Faktoren auf ihn. Das Verhalten der Tiere untersucht die Ethologie, die Funktionen des Organismus und seiner Teile die Physiologie. Die Genetik erforscht die Gesetzmäßigkeiten der Vererbung. Die Evolutionstheorie (Abstammungslehre, Deszendenztheorie) ist die umfassendste biolog. Theorie; ihr Gegenstand sind die Entwicklung der Lebewesen im Verlauf der Erdgeschichte (Phylogenetik) und die Ursachen der Entwicklung (Evolutionsfaktoren). Die Ökologie behandelt die Wechselbeziehungen zw. Organismus und Umwelt, die Biogeografie die Verbreitung der Pflanzen (Pflanzengeografie, Geobotanik) bzw. der Tiere (Tiergeografie, Zoogeografie) und ihre geografisch bedingten Veränderungen. Die Systematik oder Taxonomie benennt und klassifiziert die Lebewesen entsprechend ihren Verwandtschaftsbeziehungen. Die **spezielle B.** untersucht einzelne Organismengruppen, z. B. Ornithologie (Vögel), Entomologie (Insekten), Mykologie (Pilze).

Eine große Ausweitung haben v. a. in den letzten Jahrzehnten die zur **angewandten B.** zählenden Disziplinen erfahren. Beispiele sind: Gentechnik (Genetik); Bionik (Biophysik); Pflanzenzucht, Phytopathologie und Pflanzenschutz, Forstbotanik (Botanik); Biotechnologie (Mikro-B.); Tierzucht, medizin. Entomologie, Parasitologie (Zoologie); Chromosomendiagnostik, Blutgruppendiagnostik (Human-B., Humangenetik).

Geschichte: Die wiss. Erforschung von Lebewesen begann in der griech. Antike, wobei die Naturbeobachtung meist in ein kosmolog. System einbezogen wurde. Aristoteles (4. Jh. v. Chr.) beschrieb Körperbau, Entwicklung und Lebensweise einzelner Tiere und versuchte eine systemat. Gliederung des Tierreichs. Theophrast (3. Jh. v. Chr.) gilt als Begründer der Botanik. Die Erfindung des Mikroskops lenkte im 17. Jh. das Augenmerk der Biologen auf die Mikro-B. und die Pflanzenanatomie. Das Experiment wurde in die B. eingeführt, physikal. Messinstrumente fanden in biolog. Experimenten Anwendung. Im 18. Jh. wurden die mikroskop. Forschungen bes. im Rahmen der Entwicklungsphysiologie fortgesetzt. Um die Mitte des 19. Jh. vollzog sich die Wende zur modernen B. Anatomie und Morphologie wurden stärker gegen die Physiologie abgegrenzt, die experimentelle Physiologie wurde durch physikal. und chem. Erkenntnisse und Methoden gefördert. Etwa seit 1915 gelangen die Kultur und Züchtung lebender Gewebe außerhalb des Organismus. Ein Wandel in den Grundlagen der B. bahnte sich durch die Einbeziehung der Virusforschung und der Biochemie seit den 1930er-Jahren an.

biologisch abbaubare Werkstoffe, Abk. BAW, Polymer-Werkstoffe aus →Biokunststoffen und/oder →Kunststoffen, die gemäß einer industriellen Norm, z. B. Euronorm EN 13432, nachweislich biologisch abbaubar bzw. kompostierbar sind. Man versteht darunter, dass Mikroorganismen einen Vorgang einleiten, der zur Veränderung der chem. Struktur des Materials führt. Als Abbauprodukte entstehen natürlich vorkommende Stoffwechselendprodukte, i. d. R. Kohlendioxid und Wasser. Produkte aus BAW können somit, anders als konventionelle Kunststoffe, in einer industriellen Kompostieranlage zu Kompost umgewandelt werden (organ. Recycling). Häufig sind BAW aus Biokunststoffen hergestellt; es gibt aber auch spezielle erdölbasierte Kunststoffe, die sehr gut biologisch abbaubar sind. Zur Unterscheidung werden Produkte aus BAW gekennzeichnet. Hersteller, Anwender und Entsorgungswirtschaft haben sich auf ein Kennzeichen verständigt, welches im Rahmen eines Zertifizierungsverfahrens vergeben wird. Auf dem Markt befindliche BAW sind derzeit z. B. Mulchfolien, Bioabfallsäcke oder Lebensmittel- und Serviceverpackungen.

biologisch-dynamische Wirtschaftsweise, biolog. Landbauverfahren auf der Grundlage der Anthroposophie: u. a. Naturdüngung, Wechsel der Fruchtfolge, biolog. Schädlingsbekämpfung, Aussaat bei bestimmten Mondkonstellationen.

biologische Aktivität, *Bodenkunde:* alle Umsetzungs- und Aufbauprozesse, die von Bodenorganismen durchgeführt und gesteuert werden, wie etwa die Zersetzung, Humifizierung (→Humus) und Bioturbation.

Biologische Bundesanstalt für Land- und Forstwirtschaft, Abk. BBA, Sitz in Braunschweig und Berlin; zuständig für Bewertung von Pflanzenschutzmitteln bezüglich Wirksamkeit, Pflanzenverträglichkeit und Nutzen, Prüfung und Anerkennung von Pflanzenschutzgeräten, Dokumentation und Information in Belangen des Pflanzen- und Vorratsschutzes; außerdem mehrere Forschungsinstitute.

biologischer Landbau, →ökologischer Landbau.

biologisches Gleichgewicht, biozönot. Gleichgewicht, ökolog. Gleichgewicht, dynam. Gleichgewichtszustand in einer Lebensgemeinschaft, der die Stabilität seiner versch. Populationen erhält, wenn nicht durch Katastrophen (z. B. Feuer) oder durch menschl. Eingriffe (z. B. Kultivierung) das System zerstört wird.

biologische Vielfalt, die Fülle der Pflanzen- und Tierarten (→Biodiversität, →Konvention zum Schutz der biologischen Vielfalt).

biologische Waffen, →ABC-Waffen.

Biologismus *der,* krit. Bez. für die Anwendung biolog. Begriffe und Modelle auf nicht biolog. Wissensbereiche; i. e. S. philosoph. Richtungen, die bes. unter dem Einfluss des Darwinismus die Wirklichkeit (einschl. der mentalen) auf der Grundlage des organisch-biolog. Lebens zu deuten suchen und z. T. die Philosophie als »Metabiologie« verstehen.

Biolumineszenz, auf biochem. Reaktionen beruhende Lichtausstrahlung vieler v. a. mariner Lebewesen (Leuchtbakterien, Tiefseefische u. a.). Leuchteffekte können dem Zusammenfinden der Geschlechter dienen, z. B. beim Leuchtkäfer, dem Anlocken von Beute, z. B. bei den Anglerfischen, der Abschreckung oder Tarnung; in anderen Fällen ist die biolog. Bedeutung noch unklar.

Biom [zu griech. bíos »Leben«] *das,* Organismengemeinschaft eines größeren, einer bestimmten Klimazone entsprechenden geograf. Lebensraums, in dem sich ein einigermaßen ausgewogenes biolog. Gleichgewicht eingestellt hat.

Biomarker, biologisch bedeutsame und leicht nachzuweisende Substanzen (z. B. Enzyme, Hormone), anhand derer Rückschlüsse auf den Zustand einer Zelle, eines Gewebes, eines Organismus oder eines Ökosystems möglich sind. B. dienen in der Medizin z. B. der Vorhersage von Erkrankungen, in der Ökologie z. B. der Beurteilung von Schadstoffexpositionen.

BIOMASS [Abk. für engl. **B**iological **i**nvestigations **o**f **m**arine **A**ntarctic **s**ystems and **s**tocks], internat. Programm (1980–86) zur Erforschung des Ökosystems in den Meeren der Antarktis, bes. der Nahrungskette ihrer Lebewesen, deren Fortpflanzungsverhaltens und der menschl. Einflüsse.

Biomasse, Gesamtheit aller lebenden, toten und zersetzten Organismen und der von ihnen stammenden Substanz (hauptsächlich innerhalb eines bestimmten Lebensraums). Weltweit entstehen auf dem Festland jährlich etwa 200 Mrd. t B. (zu 99 % pflanzl. Ursprungs). Über 2 % der jährlich neu gebildeten B. dienen als Nahrungs- und Futtermittel, etwa 1 % wird zu Papier und Faserstoffen verarbeitet. Im Zuge des drohenden Versiegens der Rohstoffquellen steigt in neuerer Zeit das Interesse an B. als regenerativer Energiequelle.

Biomathematik, Teilgebiet der angewandten Mathematik, das sich mit der Beschreibung und der Analyse biolog. Probleme mithilfe mathemat. Methoden beschäftigt. Grundlagen sind v. a. die Wahrscheinlichkeitstheorie (**Biostatistik**), daneben Graphentheorie, Kombinatorik und die Theorie der Differenzialgleichungen.

Biomechanik, Bereich der Biophysik, der die biolog. Konstruktionen mit physikalisch-techn. Begriffen analysiert und beschreibt (z. B.: Modell der Wirbelsäule als axiale Leichtbaukonstruktion).

biomedizinische Technik, interdisziplinäres Wiss.-Gebiet, in dem naturwiss.-techn. Verfahren bei der Lösung biolog., medizin. und zahnmedizin. Probleme angewendet werden. Die b. T. entwickelt Verfahren und Apparate für die Diagnostik, Überwachung und Behandlung in der Medizin. Ein weiteres Entwicklungsgebiet ist die Schaffung von Funktions- und Organersatz (z. B. künstl. Nieren, Herzschrittmacher, Cochlear- und Knochenimplantate) sowie der Ersatz von Gliedmaßen und Gelenken (Prothetik).

Biometeorologie, Meteorobiologie, die Erforschung der Einflüsse meteorolog. Erscheinungen auf die Lebewesen.

Biometrie die, Biometrik, i. w. S. die Anwendung statist. Methoden in der Biologie, Medizin, Pharmazie und Landwirtschaft (klass. B. oder **Biostatistik**). I. e. S. versteht man heute unter B. die Entwicklung und Anwendung von Verfahren, die die automatisierte Überprüfung der Identität von Personen (**Authentifikation**) oder ihre Identifizierung anhand sog. biometr. Merkmale gestatten. Hierfür kommen solche Merkmale infrage, die eine Person möglichst eindeutig von allen anderen unterscheiden, z. B. Fingerabdruck, DNA, Unterschrift, Gesicht oder Stimme. Die Eignung eines Merkmals hängt außerdem davon ab, wie gut es sich technisch erfassen lässt, wie stark die Erfassung von den betroffenen Personen als Beeinträchtigung empfunden wird und in welchem Maße es sich für ein und dieselbe Person im Laufe der Zeit ändert.

Der erste Schritt einer biometr. Erkennung ist die Erfassung des biometr. Merkmals einer Person, das sog. **Enrollment**. Aus den Rohdaten wird durch Reduktion (i. d. R. ein herstellerspezif. Algorithmus) der Datensatz erzeugt, der als **Referenzmuster** gespeichert wird. Soll nun eine Person mithilfe des Systems authentifiziert oder identifiziert werden, wird wiederum das biometr. Merkmal dieser Person erfasst und aus den gewonnenen Rohdaten nach demselben Algorithmus ein reduzierter Datensatz (**Template**) erzeugt. Beim anschließenden **Matching** wird das Template im Falle einer Authentifikation mit dem hinterlegten Referenzmuster der Person verglichen (1:1-Vergleich), im Falle einer Identifikation mit den Referenzmustern mehrerer Personen (1:n-Vergleich). Bei Übereinstimmung meldet das System die Erkennung der überprüften Person.

Kein biometr. Verfahren ist absolut zuverlässig, zum einen, weil Merkmale immer nur mit einer bestimmten Auflösung erfasst werden können, zum anderen, weil die Merkmale selbst aus den verschiedensten Gründen eine gewisse Unschärfe enthalten, sodass sich i. Allg. bei wiederholter Erfassung kleine Abweichungen ergeben werden. Aus diesen Gründen arbeiten biometr. Verfahren mit einer **Toleranzschwelle,** unterhalb derer Abweichungen vom Referenzmuster noch akzeptiert werden. Zur Beurteilung der Verlässlichkeit werden versch. Kenngrößen herangezogen. Die **Falschakzeptanzrate** gibt an, wie oft eine Person zu Unrecht akzeptiert wird; sie bestimmt maßgeblich die Sicherheit des Verfahrens. Die **Falschrückweisungsrate** ist ein Maß dafür, wie oft Personen fälschlicherweise als nicht autorisiert zurückgewiesen werden; eine hohe Falschrückweisungsrate gefährdet die Praxistauglichkeit des Verfahrens. – Die B. bietet gegenüber herkömml. Methoden der Authentifikation, wie PINs, Passwörtern oder Chipkarten, einige wesentl. Vorteile. PINs und Passwörter werden leicht vergessen, Chipkarten können gestohlen werden oder verloren gehen. Die B. ist daher eine sich stark entwickelnde, vielfältige Technologie mit vielen potenziellen Einsatzgebieten, aber auch Problemen im Hinblick auf den →Datenschutz.

biomimetisch [griech.], biolog. Prozesse, Strukturen o. Ä. nachahmend (bes. bei neuen Technologien).

Biomineralisation, Bildung von Biomineralen (z. B. Apatit, Calcit, Kieselsäure) im lebenden Organismus zum Aufbau von Hartteilen (Knochen, Zähne; Korallenriffe) oder Fremdkörpern (Gallensteine).

Biomonitoring [-'mɔnɪtərɪŋ, engl.] das, **1)** Biologie: Verfahren, bei dem die Ablagerung von Schadstoffemissionen in Organismen bestimmt wird, um Rückschlüsse auf die Belastung des jeweiligen Ökosystems ziehen zu können. Zur Prüfung der Belastung von Gewässern werden häufig Muscheln untersucht, da sie Schwermetalle in den Schalen ablagern und organ. Substanzen im Weichkörper speichern. Für die Untersuchung der Luftbelastung sind Flechten bes. geeignet, da sie in versch. Lebensräumen auftreten und schnell auf Schadstoffe reagieren.

2) *Medizin:* Verfahren zur Beurteilung der Belastung des Menschen durch bestimmte Arbeits-(Schad-)Stoffe unter besonderer Berücksichtigung der Arbeitswelt und Umwelt; dabei werden durch Messungen in biolog. Material (Blut, Harn, Muttermilch u. a.) Umwandlungsprodukte im Körper oder andere biochem. Verbindungen nachgewiesen.

Bionik [Kw. aus **Bio**logie und Tech**nik**] die, technisch orientierte Wissenschaftsdisziplin mit dem Ziel, gegebene Konstruktionen der belebten Natur im Hinblick auf techn. Verwertbarkeit zu untersuchen und als Anregung für eigenständiges techn. Gestalten zu nehmen. Die B. gliedert sich in zahlr. Teildisziplinen. Die Struktur-B. untersucht den strukturellen Aufbau, die Konstruktions-B. die Funktionsweise der unterschiedl. Organe von Lebewesen. Die Bau-B. erforscht die Übertragbarkeit natürl. Baumaterialien und Baukonstruktionen auf die Architektur. Die Sensor-B. untersucht die Mechanismen zur Aufnahme, Leitung, Speicherung und Verarbeitung von Informa-

Biometrie: Mit einer Videokamera aufgenommene Gesichter von Passanten werden mit Referenzmustern verglichen, die in einer Datenbank gespeichert sind. Die Gesichtserkennung könnte z. B. die Abfertigung auf Flughäfen vereinfachen.

tion, die Neuro-B. befasst sich mit der Funktion der Neuronen und des Nervensystems, um Erfahrungen für die Entwicklung und den Bau von elektron. Informationssystemen zu gewinnen. Weitere Teildisziplinen sind Klima- und Energie-B., Bewegungs-, Geräte-, Anthropo-, Verfahrens- und Evolutionsbionik. Beispiele bion. Forschung sind u. a. der →Lotuseffekt, Nachahmung widerstandsarmer Fisch- und Pinguinrümpfe z. B. in der Luftfahrt, Flügelklappen nach Vogelvorbild, Überdachungskonstruktionen nach dem Bauprinzip der Schneckenhäuser, Schwingflossenvortrieb nach Art der Fischflosse, Bilderkennung nach Art des Insektenauges und techn. Laufapparate nach dem Vorbild laufender Tiere.

Biopatent, Bez. für ein durch europ. Recht (B.-Richtlinie der EG von 1998, Europ. Patentübereinkommen) geregeltes Patent, das für biotechnolog. Erfindungen erteilt werden kann. **Biotechnolog. Erfindungen** sind nach der B.-Richtlinie Erfindungen, die ein Erzeugnis, das aus biolog. Material besteht oder dieses enthält, oder ein Verfahren, mit dem biolog. Material hergestellt, bearbeitet oder verwendet wird, zum Gegenstand haben. Seit Inkrafttreten des Ges. zur Umsetzung der B.-Richtlinie (28. 2. 2005) sieht § 1 Abs. 2 Patent-Ges. ausdrücklich die grundsätzl. Zulässigkeit der Erteilung von Patenten für Erfindungen auf dem Gebiet der biolog. Verfahren und Erzeugnisse vor. Nicht patentierbar sind aber bes. Verfahren zum Klonen von Menschen und zur Veränderung der genet. Identität der Keimbahn des Menschen sowie die Verwendung von menschl. Embryonen zu industriellen oder kommerziellen Zwecken.

Biopharmazie, Fachrichtung der Pharmazie; befasst sich mit den physikalisch-chem. Eigenschaften von Arzneistoffen als Voraussetzung für deren Wirkung, v. a. für deren →Bioverfügbarkeit.

Biophylaxe [zu griech. phýlaxis »Schutz«] *die,* **Bioprotektion,** →Lebensschutz.

Biophysik, interdisziplinäres Wissenschaftsgebiet, das physikal. Gesetzmäßigkeiten in der Biologie durch Anwendung physikalischer, ggf. auch biochem. und molekularbiolog. Methoden untersucht. Angesiedelt an der Schnittstelle von Biologie, Physik, Chemie, Mathematik, Medizin, Informatik und Ingenieurwiss.en, sind Fortschritte in der B. untrennbar mit der Entwicklung in diesen Forschungsrichtungen verbunden und stimulieren wiederum Erfindungen neuer biophysikal. Techniken und Geräte. Anwendungs- und Methodenspektrum sowie Teilgebiete der B. sind daher mannigfaltig. Teilgebiete sind u. a. molekulare B., Zell-B. und Membran-B., in der Fragestellungen der Thermodynamik offener (lebender) Systeme, der Biomechanik und der Strahlenbiologie eine Rolle spielen. Ein weiteres Ziel der B. ist die Entwicklung von Biosensoren, die sich in der zellbiolog. Grundlagenforschung, in der Umweltanalytik und im medizin. Bereich einsetzen lassen. Ergebnisse biophysikal. Untersuchungen sind für die Bioenergetik, Bionik und Biotechnologie von entscheidender Bedeutung.

Biopiraterie, seit den letzten Jahren gebräuchl. Begriff für die Jagd auf Erbmaterial. Im Zusammenhang mit der Weiterentwicklung der Gentechnik werden (v. a. durch die Pharmaindustrie) genet. Ressourcen ausgebeutet. Dies betrifft z. B. im Rahmen des sog. »Bioprospecting« in großem Umfang Gene von Pflanzen- und Tierarten, bes. aus dem trop. Regenwald. (→Biosafety-Protokoll)

Bioprospecting [-prəˈspektɪŋ, engl.] *das,* v. a. von der Pharmaindustrie finanzierte, systemat. Suche nach genet. Ressourcen.

Biopsie [griech.] *die,* Entnahme und Untersuchung von Gewebe des lebenden Organismus zur Krankheitserkennung; es kann histologisch, zytologisch, immunhistologisch oder gentechnologisch untersucht werden.

Bioraffinerie, in Analogie zur Raffinerie von Erdöl entstandene Bez. für ein komplexes System von Prozessen und Anlagen, in denen der Rohstoff Biomasse möglichst vollständig in versch. Produktgruppen umgewandelt und zu industriellen Endprodukten (auch Energie und Kraftstoffe) verarbeitet wird. Die industrielle Umsetzung von B. steckt noch in den Anfängen. Weil die Biomasse ebenso wie Erdöl komplex zusammengesetzt ist, ist es zweckmäßig, den Rohstoff Biomasse in die wichtigsten Stoffgruppen aufzutrennen (zu fraktionieren) und aus diesen industriell tragfähige **Produktlinien** und **Produktstammbäume** zu entwickeln.

Während fossiles Erdöl überwiegend aus Kohlenwasserstoffen besteht und extraktiv aus der Natur gewonnen wird, ist Biomasse ein Produkt der natürl. Stoffumwandlung (Fotosynthese). Hauptinhaltsstoffe (Grundstoffe, **Präkursoren**) pflanzl. Biomasse sind zu etwa 75 % Kohlenhydrate (Cellulose, Hemicellulose, verschiedene Zucker, insbes. Saccharose, und Stärke), Lignin (20 %) sowie Fette und Proteine. Dazu kommen Inhaltsstoffe wie Vitamine, Farbstoffe sowie Geschmacks- und Geruchsstoffe. Anders als beim Erdöl steht deshalb in einer B. nicht das Zerlegen und Trennen (→Cracken) des Rohstoffes im Vordergrund, sondern mechan. (Pressen, Mahlen, Sichten), biotechnolog. (enzymat. und bakterielle, →Biotechnologie) sowie schonende chem. Prozesse (z. B. Hydrolysen). Mit derartigen Verfahren wird die Biomasse in verarbeitbare Fraktionen geteilt (**Primärbioraffination**). Anhand der eingesetzten Rohstoffe werden gegenwärtig vier Basissysteme der B. unterschieden: Die **LCF-Bioraffinerie** (von engl. **L**igno**c**ellulose-**F**eedstock) geht von Lignocellulose (Verbund aus Cellulose, Hemicellulose und Lignin) aus. Rohstoffe sind Holz, Stroh, gereifte Gräser, Schilf oder kommunale cellulosehaltige Abfälle. Die **Getreide-Bioraffinerie** verwendet Stärkepflanzen (z. B. Roggen, Weizen, Hafer, Gerste, Reis oder Mais) als Rohstoffe, wobei die Pflanze vollständig (Stengel, Blattwerk und Frucht) genutzt wird. Die **Grüne Bioraffinerie (GBR)** geht von naturfeuchter Biomasse aus. Dazu gehören grünes Gras, Luzerne, Klee, unreifes Getreide bzw. die meisten Pflanzen vor der Reife. In der **Zwei-Plattform-Bioraffinerie** werden alle pflanzl. Kohlenhydrate der Biomasse (z. B. Cellulose, Stärke und Zucker) enzymatisch oder chemisch verzuckert und zu einer Zuckerplattform vereinheitlicht. Als Zucker werden sie biotechnisch oder chemisch weiterverarbeitet und/oder die Biomasse zu niedrigen Kohlenwasserstoffen (z. B. Methan) oder Kohlenmonoxid und Wasserstoff vergast (Syngasplattform). Aus dem Synthesegas sollen analog zur Kohlechemie chem. Grundprodukte (z. B. Methanol) oder auch höhere Kohlenwasserstoffe (z. B. nach der Fischer-Tropsch-Synthese) aufgebaut werden.

Bioreaktor, *der* →Fermenter.

Biorhythmus, Biorhythmik, die Erscheinung, dass bei Organismen manche Lebensvorgänge in einem bestimmten tages- oder jahreszeitl. Rhythmus ablaufen (z. B. Winterschlaf bei Tieren, Eisprung).

BIOS [Abk. für engl. **b**asic **i**nput **o**utput **s**ystem, »Basis-Eingabe-Ausgabe-System«], Sammlung von Routinen, die grundlegende Hardware-Funktionen des Computers steuern bzw. beschreiben. Sie sind in einem Chip gespeichert, der auf dem Motherboard integriert ist. Einige dieser Routinen werden bei jedem Start des Computers automatisch ausgeführt, andere, vor allem solche für die Eingabe und die Ausgabe, stehen während des Betriebs permanent zur Verfügung. – Das BIOS ist das erste Programm, das nach dem Einschalten des Computers ausgeführt wird, es ist also insbes. unabhängig vom Betriebssystem.

Biosafety-Protokoll [-ˈseɪftɪ-, engl.], weltweites Rahmenabkommen für den grenzüberschreitenden Handel mit gentechnisch veränderten Organismen. Das B. wurde im Jan. 2000 von Regierungsvertretern aus über 135 Staaten in Montreal verabschiedet und basiert auf der →Konvention zum Schutz der biologischen Vielfalt. Es soll Menschen und Umwelt in den Unterzeichnerländern vor Schäden durch genetisch manipulierte Pflanzen, Tiere, Nahrungs- und Futtermittel, Saatgut sowie Bakterien schützen. Das Abkommen erlaubt Importländern, gentechn. Produkte im Zweifelsfall abzulehnen. Es schreibt den Exportländern vor, Informationen über die Produkte offen zu legen, und verlangt auch ihre Kennzeichnung.

Biosatelliten, künstl. Erdsatelliten mit biomedizin. Aufgabenstellungen, z. B. Untersuchung der physiolog. und genet. Reaktionen unter kombiniertem Einfluss von Schwerelosigkeit und Strahlung auf Zellen, Pflanzen und Tiere.

Biosiegel, Kennzeichen für Produkte des →ökologischen Landbaus.

Biosphäre, die Gesamtheit der mit Lebewesen besiedelten Schichten der Erde: Atmo-, Hydro- und Pedosphäre.

Biosphärenreservat, Bez. für ein von der UNESCO innerhalb ihres 1968 begonnenen Programms »Mensch und Biosphäre« unter Schutz gestelltes Gebiet, das für das jeweilige →Biom repräsentativ ist oder eine Besonderheit darstellt; in Dtl. gab es im Jahr 2006 folgende B.: Bayerischer Wald, Berchtesgaden, Flusslandschaft Elbe, Hamburgisches Wattenmeer, Niedersächs. Wattenmeer, Schaalsee, Pfälzer Wald, Rhön, Schleswig-Holsteinisches Wattenmeer, Schorfheide-Chorin, Spreewald, Südost-Rügen, Vessertal-Thüringer Wald, Oberlausitzer Heide und Teichlandschaft. Die 14 B. in Dtl. haben einen Flächenanteil von über 4% des Bundesgebietes, davon sind knapp 40% Watt- und Wasserfläche. In Österreich bestehen 6 B. (Gossenköllesee, Gurgler Kamm, Lobau, Neusiedler See, Großes Walsertal, Wienerwald). In der Schweiz bestehen 2 Biosphärenreservate (Schweizer Nationalpark, Entlebuch).

Biosynthese, Aufbau organ. Substanzen (Zucker, Fette, Nukleinsäuren, Proteine) im lebenden Organismus oder in zellfreien Systemen durch die entsprechenden isolierten Zellkomponenten.

Biot [bjo; frz.; nach J.-B. Biot] *das,* Einheitenzeichen **Bi**, Einheit für die elektr. Stromstärke im →CGS-System; 1 Bi = 10 Ampere.

Biot [bjo], Jean-Baptiste, frz. Physiker und Astronom, * Paris 21. 4. 1774, † ebd. 3. 2. 1862; lieferte u. a. wichtige Beiträge zur Optik (Polarisation, Doppelbrechung) und stellte zus. mit F. Savart das nach ihnen benannte **Biot-Savart-Gesetz** der magn. Wirkung stationärer elektr. Ströme auf.

Biotechnik, Wissenschaftsdisziplin im Grenzbereich zw. Biologie und techn. Physik, die die im Rahmen der →Bionik gewonnenen Erkenntnisse technisch nutzbar macht, z. B. im Bauwesen, Flugzeug- und Schiffbau.

Biotechnologie, das multidisziplinäre Wissenschaftsgebiet von der techn. Nutzbarmachung der Eigenschaften und Fähigkeiten von Lebewesen, Zellen oder deren Bestandteilen. Frühere Bez. dieser Arbeitsrichtung waren »Zymotechnik« oder »Technische Biologie«. **Biotech** ist die Kurzform für B. und wird i. d. R. auf kommerzielle Betriebe angewandt, die in diesem Bereich forschen und produzieren.

B. im klass. Sinn umfasst jahrhundertealte Verfahren wie die Verwendung von Mikroorganismen zur Herstellung von Wein und Käse. Dem gegenüber steht die moderne B., bei der Erkenntnisse verschiedener Wiss.en, wie Biochemie, Mikrobiologie, Zellbiologie und Verfahrenstechnik, zusammenfließen. B. ermöglicht die Herstellung von Produkten der Pharma-, Lebensmittel- und chem. Ind. Mikroorganismen werden auch zum nachhaltigen Schadstoffab- und -umbau bei der Bodensanierung oder der Abwasserreinigung herangezogen. In der B. kommen heute gentechnolog. und molekularbiolog. Methoden zum Einsatz. Die Gentechnologie stellt demzufolge einen Teilbereich der B. dar. I. w. S. werden auch die modernen diagnost. und therapeut. Methoden der Medizin zur B. hinzugerechnet.

In der biotechnolog. Produktion werden zum einen Enzyme, Arzneimittel, Nahrungszusatzstoffe von Mikroorganismen oder tier. Zellen erzeugt, zum anderen werden wichtige Verfahrensschritte mithilfe von Enzymen durchgeführt, die von solchen Organismen stammen. Im Vergleich zu chem. Prozessen werden durch enzymat. Reaktionen sowohl Energie und Rohstoffe eingespart als auch Abfall- und Nebenprodukte verringert. Bei den in der B. relevanten Organismen handelt es sich meist um Bakterien und Pilze, die gentechnisch verändert sein können und in Bioreaktoren oder Fermentern unter optimierten Bedingungen gezüchtet werden. Dies geschieht in speziellen Nährlösungen, wobei Sensoren wichtige Parameter wie Temperatur, Sauerstoff und pH-Wert dokumentieren. Mittlerweile werden auch Säugetiere oder Pflanzen gentechnisch so verändert (transgene Tiere und Pflanzen), dass sie als »Bioreaktoren« wirtschaftlich interessante Proteine, z. B. Arzneimittel, produzieren (Gene-Farming).

Entsprechend den Anwendungsbereichen wird dabei häufig zw. roter, grüner, weißer bzw. grauer und blauer B. unterschieden. Unter dem Begriff rote Biotechnologie fasst man heute alle Bereiche der B. zusammen, die medizin. Anwendungen zum Ziele haben. Die graue Biotechnologie (Umwelt-B.) umfasst alle biotechnolog. Verfahren zur Aufbereitung von Trinkwasser, Reinigung von Abwasser, Sanierung kontaminierter Böden oder zur Abluft- bzw. Abgasreinigung. Die weiße Biotechnologie bezeichnet keine neue Disziplin, sondern steht für die saubere und nachhaltige Nutzung der B. für industrielle Fragestellungen. Die blaue Biotechnologie basiert auf der biotechnolog. Nutzung mariner Organismen, von der man sich hohes wirtschaftl. Potenzial erhofft.

Biotin *das,* Vitamin H (→Vitamine).

biotisch, auf Organismen, Lebensvorgänge bezogen.

Biotit [nach J.-B. Biot] *der,* Mineral, →Glimmer.

Biotop [zu griech. tópos »Ort«] *der* oder *das,* von einer Lebensgemeinschaft oder einer bestimmten Organismenart besiedelter Lebensraum (zum Beispiel Moor, Wald, Wiese) innerhalb eines Ökosystems. Ein B.-Schutz ist Voraussetzung für einen wirksamen →Artenschutz.

Biotransformation, Methode zur enzymat. Veränderung von Substanzen mithilfe von Mikroorganismen, fixierten Zellen sowie isolierten freien oder trägergebundenen Enzymen.

Biotropie [griech.] *die,* eine die Lebensvorgänge beeinflussende Wirkung, z. B. durch die Wirksamkeit von Umweltfaktoren (Klima, bestimmte geophysikal. Einflüsse u. a.); diese können sich bei bestimmter Intensität oder hoher Schwankungsbreite krankheitsfördernd auswirken.

Bioturbation [zu lat. turbatio »Unruhe«, »Verwirrung«] *die, Bodenkunde:* das Durchmischen von Bodenmaterial als Folge der Aktivität von wühlenden Bodenorganismen, z. B. Regenwürmer, Ameisen, Insektenlarven, Käfer, Wühlmäuse, Ziesel. Die B. führt zur Ausbildung mächtiger humusreicher Ah-Horizonte (Bodenhorizonte, →Boden).

Biotypen, Gruppe von genetisch gleichen Organismen einer Population, entstanden durch Selbstbefruchtung oder Parthenogenese.

Bioverfügbarkeit, Ausmaß und Geschwindigkeit, mit der ein Arzneistoff in wirksamer Form den Blutkreislauf erreicht. Die B. ist von der Freisetzung aus der Arzneiform (z. B. Tablette, Zäpfchen, Salbe) und der Resorption abhängig.

Biowetter, die Bewertung der Auswirkung des momentanen Wetters auf Gesundheit und Wohlbefinden des Menschen. (→Wetterfühligkeit)

Bioy Casares [ˈbioj kaˈsares], Adolfo, argentin. Schriftsteller, * Buenos Aires 15. 9. 1914, † ebd. 8. 3. 1999; neben J. L. Borges, mit dem er lange zusammenarbeitete (gemeinsames Pseudonym: H. Bustos Domecq), Vertreter der fantastischen argentin. Lit. (Roman »Morels Erfindung«, 1940). – *Weitere Werke: Romane:* Abenteuer eines Fotografen in La Plata (1985); Ein schwankender Champion (1993).

Biozide, Biocide, Bez. für chem. Stoffe (v. a. Pestizide, aber auch andere Umweltchemikalien), die Organismen abtöten.

Biozönose [griech.] *die,* Lebensgemeinschaft, die den belebten Teil eines Ökosystems ausmacht und mit ihrem Standort (Biotop) eine aufeinander angewiesene Einheit bildet (→biologisches Gleichgewicht).

BIP, Abk. für **B**rutto**i**nlands**p**rodukt (→Inlandsprodukt).

Biphenyl *das,* fälschlich auch **Diphenyl,** hitzebeständiger, fester Kohlenwasserstoff; als Heizflüssigkeit und zur (kennzeichnungspflichtigen) Konservierung von Zitrusfrüchten verwendet (E 230). Chlor-B. gehören zu den lange wirksamen Umweltgiften.

Biphoton, *Quantenoptik:* →Zweiphotonenfluoreszenz.

bipolar [lat.], zweipolig.

Bipolartechnik, Gesamtheit der Verfahren zur Herstellung von bipolaren Transistoren und aus ihnen zusammengesetzten oder sie enthaltenden Halbleiterbauelementen, die eine geschichtete Struktur mit Bereichen unterschiedl. Leitfähigkeitstyps aufweisen. Die Fertigung bipolarer Bauelemente erfolgt meist auf Grundlage der →Planartechnik. Außerdem können auch Dioden, Kondensatoren und Widerstände in B. erzeugt werden. Nachteile der B. gegenüber der →MOS-Technik sind die geringere Packungsdichte und der aufwendigere Fertigungsprozess. In B. werden aber z. B. Operationsverstärker und TTL-Schaltungen aufgebaut, die eine höhere Arbeitsgeschwindigkeit als MOS-Schaltungen erreichen.

biquadratische Gleichung, i. w. S. eine Gleichung 4. Grades, i. e. S. eine Gleichung der Form $ax^4 + bx^2 + c = 0$; sie lässt sich in eine quadrat. Gleichung umwandeln und mithilfe der allg. Lösungsformel lösen.

Bircher-Benner, Maximilian Oskar, schweizer. Arzt, * Aarau 22. 8. 1867, † Zürich 24. 1. 1939; war Leiter eines Sanatoriums in Zürich. B.-B. gelangte von Heilerfolgen mit Rohkost zu der nach ihm ben. **B.-B.-Diät** (z. B. **Birchermüesli**).

Birch-Pfeiffer, Charlotte (Karoline), Schauspielerin und Schriftstellerin, * Stuttgart 23. 6. 1800, † Berlin 25. 8. 1868; schrieb meist nach Romanen (bes. von V. Hugo und A. Dumas) gearbeitete Rührstücke.

Birck, Sixtus, Dramatiker, * Augsburg 24. 2. 1501, † ebd. 19. 6. 1554; schrieb dt. Schuldramen nach bibl. Stoffen, die er später ins Lateinische übersetzte (u. a. »Susanna«, 1532).

Birdie [ˈbəːdɪ, engl.] *das, Golf:* das Spielen eines Loches mit einem Schlag weniger als festgesetzt (ein Schlag »unter Par«).

Birett [lat.-mlat.] *das,* traditionelle Kopfbedeckung kath. Geistlicher, charakterisiert durch 3 oder 4 bogenförmige Aufsätze; in der Farbe den Rang des Klerikers kennzeichnend (Kardinäle rot, Bischöfe und Prälaten violett, sonst schwarz).

Birger Jarl [ˈbirjər -], schwed. Regent, Stammvater der Folkunger, * um 1200, † 21. 10. 1266; als Vormund (seit 1250) seines zum König gewählten Sohnes Waldemar der eigentl. Herrscher Schwedens. Er unternahm einen Feldzug gegen Finnland (wohl 1249) und schloss in Schweden einen allg. Landfrieden und Handelsverträge mit der Hanse. Der Erikssaga nach gründete er Stockholm.

Biphenyl

Birgitta, B. von Schweden, Brigitta, Mystikerin und Philosophin, * Finstagård (Schweden) um 1303, † Rom 23. 7. 1373; betonte die Einheit des dreieinigen Gottes; war in ihrer Mariologie ihrer Zeit weit voraus (Betonung der Bedeutung Marias als Mutter der Weisheit); kämpfte für eine geistlich-sittl. Erneuerung der Kirche; stiftete um 1346 den **Birgittenorden** (Nonnen- und Männerorden in Doppelklöstern). Heilige (seit 1391); Patronin Europas (seit 1998); Tag: 23. 7.; in Schweden: 7. 10.

Birka, Handelsplatz der Wikinger auf der Insel Björkö im Mälarsee (Schweden) von etwa 800 bis gegen Ende des 10. Jh. Reiche Funde (rund 3 000 Gräber sowie Überreste gewaltiger Befestigungsanlagen) zeugen von Handelsverbindungen zum Rhein, nach England, Byzanz, Persien und China und belegen die Bedeutung B.s und des benachbarten Hovgården auf der Insel Adelsö (Weltkulturerbe).

Birke, Betula, Gattung der Birkengewächse mit rd. 40 Arten, in der nördl. gemäßigten und kalten Zone; eingeschlechtige Blüten in Kätzchen, geflügelte Nüsschenfrüchte. Die euras. harzhaltige **Weiß-** oder **Hänge-B.** (Betula pendula) wächst auf sandigem wie auf feuchtem, moorigem Boden; weiter nördlich verbreitet ist die **Moor-B.** (Betula pubescens) in Moor- und Bruchwäldern. Die **Strauch-B.** (Betula humilis) wächst auf gebirgigen Torfmooren; auch die **Zwerg-B.** (Betula nana), ein niederliegender Strauch,

Birke: Zweig der Hängebirke mit stäubendem Kätzchen (links); Fruchtstand (rechts)

Birkenpilze

benötigt Moore und Tundren in nördl. bis arkt. Regionen. In Dtl. wächst sie in Mittelgebirgen, im Ostseegebiet auch in der Ebene. – Das gelblich weiße **Birkenholz** mit gleichmäßiger Struktur wird u. a. als Möbel- und Drechslerholz verwendet. **Maser-B.** liefern Furniere mit lebhafter Zeichnung. Tee aus **Birkenblättern** wird als harntreibendes Mittel angewendet.

Birkenfeld, 1) Landkreis in Rheinl.-Pf., 777 km^2, 87 400 Ew.; Schmuckwaren- und Edelsteinindustrie.
2) Kreisstadt in Rheinl.-Pf., am Fuß des Hunsrücks, 6 900 Ew.; FH; Museum; Metall verarbeitende Industrie. – B., 981 erstmals erwähnt, erhielt 1332 Stadtrechte; 1584–1717/20 Sitz der Linie **Pfalz-Zweibrücken-B.**, aus der alle 1806–1918 regierenden Könige Bayerns abstammen; fiel 1776 an Baden. 1817 entstand das **Fürstentum B.** als Exklave des Großherzogtums Oldenburg; 1937 an Preußen.

Birkenhead [ˈbəːkənhed], Hafenstadt in der engl. Metropolitan Cty. Merseyside, 93 300 Ew.; ozeanograf. Forschungsinst.; Schiffbau, Mühlen, Maschinenbau, Elektro-, Holz- und Textilind., Erdölhafen; Eisenbahntunnel und 2 Straßentunnel unter dem Mersey nach Liverpool. Pfarrkirche Saint Mary (1819–21) mit Ruinen eines im 12. Jh. gegründeten Benediktinerklosters.

Birkenpilz, Leccinum scabrum, Röhrling mit graubraunem Hut, weißgrauen Röhren und hellem, schwärzlich geschupptem Stiel; in Wäldern in Gemeinschaft mit Birkenwurzeln; guter Speisepilz.

Birkenrindenöl, ätherisches Öl aus Birkenrinde, Parfümerierohstoff.

Birkenspanner, Biston betularius, weiß-schwarzer, etwa 5 cm spannender Schmetterling, bes. an Birken.

Birkerts [ˈbəːkəts], Gunnar, amerikan. Architekt lett. Herkunft, * Riga 17. 1. 1925; lebt seit 1949 in den USA; entwarf v. a. Bürobauten, Colleges und Museen, bei denen die Struktur der Konstruktion sichtbar bleibt.

Birkhuhn, Lyrurus tetrix, ein Waldhuhn Europas und Asiens, in Mischwald, auf Heide und Moor. Das Männchen ist bis 61 cm groß, das Weibchen (Henne) bis 42 cm.

Birma, engl. **Burma,** birman. **Myanmar,** amtlich **Pyidaungsu Myanmar Naingngandaw,** dt. **Union von Myanmar,** Staat im NW des festländ. Südostasien, begrenzt von China im N und NO, Laos und Thailand im O, Bangladesh, Indien und dem Golf von Bengalen im W und der Andamanensee im S; erstreckt sich im S auf der Halbinsel Malakka bis zum Isthmus von Kra.

Staat und Recht

Laut Verf. von 1974 ist B. eine Republik, seit 1988 de facto durch ein Militärregime ersetzt. Staatsoberhaupt ist der Vors. des State Peace and Development Council (SPDC; aus 13 Militärs bestehendes oberstes Machtorgan, das die legislative Gewalt sowie die exekutive Richtlinienkompetenz ausübt). Ihm ist der Ministerrat (35 Mitgl., darunter 10 Zivilisten) unter Vorsitz des Premiermin. als Exekutivorgan untergeordnet. Das Parlament (485 Abg.) bleibt trotz gültiger Wahl von 1990 aufgelöst. Seit 2003 liegt ein 7-Punkte-Plan für den Übergang zu einem zivilen Staat vor (u. a. Annahme einer neuen Verf. und Durchführung freier Wahlen), der allerdings keinen konkreten Zeitrahmen enthält. 2004 nahm der 1993 gebildete Nationalkonvent erneut seine Beratungen über die Verf. auf. – Wichtigste Parteien: National League for Democracy (NLD), National Unity Party (NUP; Nachfolgeorganisation der Burma Socialist Programme Party [BSPP]).

Landesnatur

B. erstreckt sich rd. 2 000 km lang von N nach S. Der schmale, lang gestreckte SO-Teil liegt an der Andamanensee und reicht weit auf die Malaiische Halbinsel, wo er im küstenparallel verlaufenden Tenasserimgebirge (bis 2 072 m ü. M.) an Thailand grenzt. Der Küste vorgelagert ist der Merguiarchipel. Wirtsch. und kulturelles Kerngebiet ist das von Hügel- und kleinen Gebirgsregionen durchsetzte, rd. 1 100 km lange Becken mit dem Stromgebiet des Irawadi und Chindwin. Die westbirman. Randgebirge (bis 3 826 m ü. M.) schließen das Land gegen Indien ab. Den O nimmt das Shanhochland (bis 2 600 m ü. M.) ein. Der Küstenraum im S bis nördlich von Prome ist die am dichtesten besiedelte Region von B. mit der Hauptstadt Rangun und eines der größten Reisanbaugebiete der Erde. – Das trop. Klima ist von Monsunen beeinflusst, mit hohen sommerl. Niederschlägen im Küstengebiet und geringeren im Innern sowie einer

Flagge

Wappen

internationales Kfz-Kennzeichen

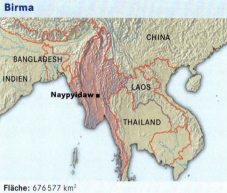

Fläche: 676 577 km^2
Einwohner: (2006) 54,0 Mio.
Hauptstadt: Naypyidaw
Verwaltungsgliederung: 7 Unionsstaaten, 7 Provinzen
Amtssprache: Birmanisch (Myanmar)
Nationalfeiertag: 4. 1.
Währung: 1 Kyat (K) = 100 Pya (P)
Zeitzone: MEZ + 5^1/$_2$ Std.

winterl. Trockenzeit. Dem Monsun direkt ausgesetzte Berg- und Küstenregionen gehören zu den regenreichsten Gebieten der Erde. Die Landesteile mit hohem Niederschlag (über 2 000 mm) sind mit trop. Regen- oder Bergwald bedeckt; Monsunwald in den Gebieten mit 2 000–1 000 mm Niederschlag, Busch-, Grasland oder Trockensteppe im Innern (unter 1 000 mm Niederschlag), an der Küste Mangrovensümpfe.

Bevölkerung

Sie besteht v. a. aus →Birmanen (69 %), Shan (8,5 %), Karen (6,2 %), Chin (2,2 %), Mon (2,4 %) und Kachin; jährl. Bev.-Wachstum: 2 %. Über ein Viertel der Gesamtbev. lebt in Städten. Größte Städte: Rangun, Mandalay, Moulmein, Pegu und Bassein. – Rd. 89 % der Bev. sind Buddhisten; religiöse Minderheiten bilden Christen (rd. 5 %), Muslime (rd. 4 %) sowie in geringer Zahl Hindus und Anhänger traditioneller Stammesreligionen. – Es besteht allg. Schulpflicht im Alter von 5 bis 10 Jahren. Die Alphabetisierungsrate wird (2006) mit 90 % (15-Jährige und älter) bzw. 94 % (15- bis 24-Jährige) angegeben.

Wirtschaft und Verkehr

Bedeutendster Wirtschaftszweig ist die Landwirtschaft, die einen wesentl. Teil des Bruttoinlandsproduktes erbringt und über die Hälfte der Erwerbstätigen beschäftigt. Im Deltatiefland des Irawadi werden bes. Reis und Zuckerrohr, in den trockeneren Gebieten Erdnüsse, Baumwolle, Jute, Tabak, im Tenasserimküstenland Kautschuk angebaut; Opiumgewinnung. Der Wald (rd. 50 % der Landesfläche) liefert Teak- u. a. Harthölzer. B. hat reiche Bodenschätze, die erst teilweise ausgebeutet werden: Silber, Kupfer, Blei, Erdöl, Zinn, Zink, Wolfram, Antimon, Halbedelsteine (Jade) und Edelsteine (Saphire, Rubine, Topas). Die Erdölförderung stagniert und deckt den Inlandsbedarf nicht, die Erdgasförderung wächst rasch. Die gering entwickelte Ind. erzeugt Baustoffe, Nahrungsmittel, Textilien, Möbel und chem. Erzeugnisse. – Reis ist das wichtigste Exportprodukt, gefolgt von Teakholz, Kautschuk, Jute und Bergbauprodukten. Haupthandelspartner: Singapur, Thailand, Süd-Korea, China, Japan und Malaysia. – Wichtigste Verkehrswege sind die Straßen, rd. 28 200 km, daneben die rd. 5 200 km langen Binnenwasserstraßen (Irawadi, Chindwin) und Kanäle sowie Eisenbahnen (rd. 4 000 km). Haupthafen ist Rangun, neuer Containertiefseehafen in Thilawa (bei Rangun); internat. Flughäfen Mingaladon bei Rangun und bei Mandalay; bei Pegu (nördlich von Rangun) ist ein weiterer im Bau.

Geschichte

Seit dem 1. Jh. n. Chr. existierten auf dem Gebiet von B. mehrere unter ind. Kultureinfluss stehende Reiche. Durch die Eroberung des mächtigen Mon-Reiches von Thaton (Sudhammavati) dehnte das erste birman. Reich unter König Anawrahta (1044–77) seine Macht bis nach Süd-B. aus. Der Einfall der Mongolen unter Kubilai setzte der Pagan-Dynastie (1044–1287) ein Ende. Nach einer Periode wechselvoller Kämpfe zw. Birmanen, Shan und Mon um die Vorherrschaft einigte Alaungpaya (1752–60), der Gründer der birman. Konbaung-Dynastie (1752–1885), das Reich. Drei britisch-birman. Kriege (1824–26, 1852, 1885) führten 1886 zum Anschluss B.s an Britisch-Indien, aus dem es 1937 wieder herausgelöst wurde (eigenständige Kolonie mit Selbstverwaltung). Im Zweiten Weltkrieg besetzte Japan 1942–45 das Land. Durch einen 1947 von →Aung San ausgehandelten Vertrag mit Großbritannien erlangte B. am 4. 1. 1948 die Unabhängigkeit. Kommunist. Aufstände (1948) und eine Erhebung der Karen (1949/50) konnten nur mühsam unterdrückt werden. U Nu, der als Min.-Präs. (1947–62 mit Unterbrechungen) eine Bodenreform einleitete und europ. Unternehmen verstaatlichte, wurde 1962 durch General Ne Win gestürzt. Dieser suspendierte die Verf. und verfolgte als Vors. eines Revolutionsrates einen staatssozialist. Kurs (»birman. Weg zum Sozialismus«, Nationalisierungs- und Verstaatlichungspolitik), gestützt auf die allein zugelassene Burma Socialist Programme Party (BSPP) und unter Abschließung des Landes von der Außenwelt. 1967 kam es zu antichin. Ausschreitungen. Nach Inkrafttreten einer neuen sozialist. Verf. (1974) wurde Ne Win Staatsratsvors. (bis 1981, Nachfolger San Yu). Die Wirtschaft verfiel zusehends (bedrohl. Rückgang der Reisproduktion). Eine Protestbewegung gegen die Einparteienherrschaft führte 1988 zum Rücktritt von Ne Win als Vors. der BSPP und von Staatspräs. San Yu. Nach mehrfachem Wechsel im Präsidentenamt und der blutigen Unterdrückung von Massenunruhen übernahm mit einem Putsch im Sept. 1988 das Militär unter General Saw Maung die Macht und löste das

Birma

Birma: Wasserbüffel am Ufer des Irawadi bei Mandalay

Parlament auf. Neues Führungsorgan wurde der »Staatsrat für die Wiederherstellung von Recht und Ordnung« (engl. Abk. SLORC). Nach Zulassung von Parteien im Sept. 1988 formierte sich rasch eine Opposition. Im Juni 1989 wurde der engl. Staatsname in »Union of Myanmar« geändert. Aus den Parlamentswahlen vom Mai 1990 ging trotz zahlr. Restriktionen die Oppositionspartei NLD siegreich hervor. Das Parlament wurde jedoch danach nicht einberufen; die Militärs blieben weiterhin an der Macht.

1992 wurde General Than Shwe Staats- und Reg.-Chef. Im Rahmen einer begrenzten Lockerung ihres Regimes entließ die Militärjunta zeitweise einen Teil der polit. Gefangenen; der 1989 erstmals gegen die Oppositionsführerin Aung San Suu Kyi verhängte Hausarrest wurde 1995 wieder aufgehoben. Die UN-Menschenrechtskommission sowie Amnesty International und Human Rights Watch kritisierten weiterhin die schlechte Menschenrechtslage in B., insbes. die der ethn. Minderheiten (u. a. Zwangsumsiedlungen und verbreitete Zwangsarbeit). Den vom SLORC im Jan. 1993 einberufenen »Nationalkonvent« zur Ausarbeitung einer neuen Verf. verließen die Vertreter der oppositionellen NLD Ende Nov. 1995. Gegenüber Kampforganisationen ethn. Minderheiten konnte der SLORC beträchtl. militär. Erfolge erzielen und mit fast allen größeren einen Waffenstillstand schließen; am 27. 1. 1995 eroberten Reg.-Truppen Manerplaw, wo sich das Hauptquartier der Karen und das Zentrum des birman. Widerstandes befunden hatten. 1996 stellte Khun Sa, der jahrzehntelang eine führende Rolle beim Opiumhandel im »Goldenen Dreieck« gespielt und 1993 das Gebiet der Shan zu einem eigenen Staat proklamiert hatte, den Widerstand gegen die Zentralreg. ein. Die Flucht und die Verfolgung von Rebellen der Karen bzw. Shan über die Grenze nach Thailand hatten wiederholt birmanisch-thailänd. Spannungen zur Folge (u. a. 2001 Grenzgefechte).

In der sich im Nov. 1997 neu formierenden Militärjunta (Bildung des »Staatsrats für Frieden und Entwicklung«, engl. Abk. SPDC) konnte Than Shwe seine führende Position behaupten. Die Bildung eines »Komitees zur Vertretung des 1990 gewählten Parlaments« durch die NLD 1998 zog eine erneute Verhaftung zahlr. Oppositioneller nach sich. 2000 wurde auch Aung San Suu Kyi wieder unter Hausarrest gestellt. Nicht zuletzt unter dem Eindruck internat. Kritik und Isolation sowie unter dem Einfluss von UN-Vermittlungsbemühungen nahm die Militärreg. Geheimgespräche zur Verständigung mit der NLD-Führerin auf, die zur tlw. Freilassung von polit. Gefangenen und 2002 zur Beendigung des Hausarrests von Aung San Suu Kyi führten. Nach Zusammenstößen zw. Regime- und Oppositionsanhängern in Nord-B. 2003 kam sie allerdings erneut unter Arrest. Im Rahmen einer von der Militärjunta erstellten »Roadmap to Democracy« nahm 2004 der Nationalkonvent seine Tätigkeit wieder auf (2005 fortgesetzt); die NLD und einige weitere Oppositionsgruppen blieben ihm jedoch fern. Im November 2005 wurde der Beginn der Verlegung des Reg.-Sitzes von Rangun in die nördlich davon gelegene Stadt Pyinmana verkündet.

Außenpolitisch verfolgte B. seit seiner Unabhängigkeit 1948 stets einen neutralen Kurs; es trat 1948 der UNO bei, stellte mit U Thant 1961–71 deren Gen.-Sekr. und war Gründungsmitgl. der Bewegung blockfreier Staaten. In der »Sozialismus«-Periode (1962–88) kapselte sich B. stark vom Ausland ab. Die Beziehungen zur VR China, die B. als einer der ersten Staaten 1949 anerkannt hatte, waren wegen der chin. Unterstützung für aufständ. Gruppen in B. längere Zeit gespannt, verbesserten sich jedoch in den 1990er-Jahren wieder. Im Juli 1997 wurde B. Mitgl. der ASEAN.

Birmanen, Burmanen, staatstragendes Volk in Birma, rd. 36,4 Mio. Menschen. Sie sind Nachfahren tibetobirman. Gruppen, die in mehreren Wellen während des 1. Jt. n. Chr. aus N-China über Yunnan in die Ebene des Irawadi eingewandert sind und die Trockenzone südlich des heutigen Mandalay zu ihrem Kerngebiet machten. – Ihre Sprache, eine aus einsilbigen, unveränderl. Wortelementen aufgebaute Tonsprache, gehört zur tibetobirman. Sprachfamilie. Die Schrift ist auf ind. Schriftsysteme zurückzuführen. – Älteste Zeugnisse der Kultur sind aus Ziegelsteinen und Stuck errichtete Sakralbauten aus dem 3.–9. Jh.; Hochblüte der Kunst war die Zeit des 1044 gegründeten birman. Reiches (bis 1287) mit der Hauptstadt Pagan (Reste von etwa 1 000 Tempeln und Pagoden, z. T. mit Fresken).

Birmingham [ˈbəːmɪŋəm], **1)** Stadt und Distrikt der ehem. engl. Metropolitan Cty. West Midlands, zweitgrößte Stadt Großbritanniens, 970 900 Ew.; Erzbischofssitz, anglikan. Bischofssitz; drei Univ.; Bibliotheken, Museen; botan. Garten. B. ist eine der bedeutendsten Ind.-Städte der Erde; Metall verarbeitende Ind., Maschinen- und Fahrzeugbau, Elektro-, Elektronik-, chem. Ind., Herstellung von Spielwaren und Modeschmuck, Druckereien und Verlage, Nahrungsmittelind. (Schokoladenfabrik); Messen, internat. Flughafen. – Kath. Kathedrale Saint Chad (19. Jh.), klassizist. Rathaus (1834), Justizpalast (1887–91). Nach 1945 wurde die Innenstadt neu gestaltet (u. a. International Convention Centre, 1991; Sportzentrum National Indoor Arena, 1992 eingeweiht; Shoppingcenter The Bullring mit dem markanten Neubau der 2003 eingeweihten Selfridges-Filiale). – B., 1085/86 erstmals erwähnt, erhielt 1166 Marktrechte; 1643 wurde

Birmingham 1)
Stadtwappen

es im Bürgerkrieg niedergebrannt. Im späten 18. Jh. Zentrum der industriellen Revolution, entwickelte sich B. rasch vom kleinen Ort mit Handwerksbetrieben (Ende 17. Jh.: 15 000 Ew.) zur aufstrebenden Ind.-Stadt (1770: 30 800, 1801: 80 000, 1901: 522 800 Ew.).

2) Stadt in Alabama, USA, 236 600 Ew.; kath. Bischofssitz; Univ.; Stahlwerke, elektrotechn., Flugzeug-, Baumwoll- und chem. Industrie. – Gegr. 1871.

Birnau, Wallfahrtskirche St. Maria in der Gem. Uhldingen-Mühlhofen, Bad.-Württ., am Bodensee. Die ursprüngl., der Zisterzienserabtei Salem gehörende Kirche wurde 1745 abgetragen. Der Neubau (1747–50 von P. Thumb; Ausstattung von J. A. Feuchtmayr und G. B. Götz) ist einer der bedeutendsten Spätbarockbauten SW-Deutschlands.

Birne, 1) *Botanik:* **Birnbaum, Pyrus,** Gattung der Rosengewächse mit rd. 25 Arten in Eurasien und N-Afrika, darunter die **Holz-B.** (Pyrus piraster), ein Baum mit kleinen holzigen Früchten. Der **Kulturbirnbaum** (Pyrus communis) ist u. a. aus dieser Art hervorgegangen. Er ist ein Kernobstgehölz mit eiförmigen Blättern, weißen Blüten und längl., gegen den Stiel sich verschmälernden Sammelfrüchten. – Man unterscheidet Tafel-, Koch- und Mostsorten. Wohlschmeckende Tafelbirnen sind z. B. **Gute Luise, Alexander Lucas;** als Koch-B. eignet sich bes. die **Williams Christ;** guten Most liefert die **Grüne Jagdbirne.**

2) *Musik:* verdicktes Verbindungsstück zw. Mundstück und Röhre der Klarinette.

Birnengitterrost, Rostpilz (→Rostkrankheiten).

Birobidschan, Hptst. des Jüd. Autonomen Gebiets, in der fernöstl. Region Chabarowsk, Russland, an der Transsibir. Eisenbahn, etwa 75 200 Ew.; Maschinenbau, Textil- u. a. Ind.; durch neue Eisenbahn- und Straßenbrücke (seit 2000) über den Amur nach China bedeutender Handelsplatz.

Biron, urspr. **Bühren,** kurländ. Adelsgeschlecht westfäl. Herkunft; stellte 1737–95 die Herzöge von Kurland. – **Ernst Johann Reichsgraf** (seit 1730) v. B., *Kalnezeem (heute Kalnciems, Lettland) 23. 11. 1690, † Mitau 29. 12. 1772, Günstling und 1730–40 leitender Staatsmann der russ. Kaiserin Anna Iwanowna, wurde 1737 auch Herzog von Kurland. 1740 durch B. C. von Münnich gestürzt und verbannt. Von Katharina II. 1762 wieder als Herzog eingesetzt, dankte B. 1769 ab.

Birr *das,* Abk. **Br,** Währungseinheit in Äthiopien; 1 B. = 100 Cent.

Birs *die,* 73 km langer, linker Nebenfluss des Rheins in der Schweiz, entspringt im Berner Jura, mündet östlich von Basel.

Birsfelden, Stadt im Kt. Basel-Landschaft, Schweiz, 10 300 Ew.; kleiner Rheinhafen; Elektromaschinen-, Nahrungsmittel- und pharmazeut. Industrie, graf. Gewerbe.

Birthler, Marianne, Politikerin (Bündnis 90/Die Grünen), *Berlin 22. 1. 1948; Außenhandelswirtschaftlerin; engagiert in der Bürgerbewegung der DDR, war u. a. 1993–94 Sprecherin der Bundespartei Bündnis 90/Die Grünen; in Brandenburg 1990–92 MdL und Min. für Bildung, Jugend und Sport; wurde 2000 Bundesbeauftragte für die Unterlagen des Staatssicherheitsdienstes der DDR (2006 bestätigt).

Birtwistle [ˈbəːtwɪsl], Sir (seit 1988) Harrison, brit. Komponist, *Accrington (Lancashire) 15. 7. 1934; wurde 1975 Direktor des National Theatre in London; u. a. Bühnenwerke (»Punch and Judy«, 1968; »The Second Mrs. Kong«, 1994), Kammer-, Vokalmusik.

Bis- [lat. »zweimal«], in chem. Namen der Hinweis, dass zwei ident. Substituenten vorliegen.

Bisam [mlat. aus hebr. beśem »Wohlgeruch«] *der,* 1) der →Moschus.
2) Fell der Bisamratte.

Bisamkraut, *das,* →Moschuskraut.

Bisamratte, Ondatra zibethica, Nagetier aus der Unterfamilie der Wühlmäuse, urspr. im nördl. Nordamerika, 30–40 cm lang (ohne den seitlich abgeplatteten Schwanz). Die oberseits braune, unterseits hellere, dämmerungs- und nachtaktive B. lebt an und in langsam fließenden oder stehenden vegetationsreichen Gewässern; ernährt sich vorwiegend pflanzlich, aber auch von Muscheln und Schnecken. Sie ist ein guter Schwimmer und Taucher; durch Wühltätigkeit schädlich.

Bisamrüssler, Bisamspitzmäuse, die →Desmane.

Bisaya, Volksgruppen auf den Philippinen, →Visaya.

Biscaya *die,* Golf von B., →Biskaya.

Bisceglie [-ˈʃeʎe], Hafenstadt in der italien. Prov. Bari (Apulien), am Adriat. Meer, 52 700 Ew.; Seebad; Gemüse-, Obst- und Weinhandel.

Bischapur, ehem. Residenzstadt der Sassanidenkönige, westl. von Schiras, Iran; begr. von Schapur I. (242–272). Durch Ausgrabungen erschlossen wurden das rechtwinklige Straßennetz, Paläste und Tempel; nahebei in einer Grotte die Kolossalstatue Schapurs.

Bischarin, ein Stamm der Bedja, zw. Nil und Rotem Meer in N-Sudan (→Kuschiten).

Bischkek, bis 1926 Pischpek, 1926–91 **Frunse,** Hptst. von Kirgistan, 750–900 m ü. M., am Fuß des kirgis. Alatau (Tienschan), 772 000 Ew.; Akademie der Wiss.en, Univ., Hochschulen; Maschinenbau (Land- und Textilmaschinen), Textil-, Nahrungsmittelind.; internat. Flughafen. – B. entstand ab 1864 als Militärsiedlung um die 1860/62 von den Russen eroberte Festung Pischpek.

Bischof [von griech. epískopos »Aufseher«], leitender Geistlicher christl. Gemeinden. Das B.-Amt wurzelt in den hellenist. Gemeinden. B. werden zusammen mit »Diakonen« erstmalig von Paulus (Phil. 1, 1) erwähnt; vom Amt des →Presbyters zunächst nicht scharf getrennt. Im 2. Jh. wurde das B.-Amt monarchisch und gewann die Führung in der Gemeinde, Lehre und Leitung. In der *kath. Kirche* steht der B. in der ihm anvertrauten Diözese (Bistum, Sprengel) in der →apostolischen Nachfolge und ist durch B.-Weihe mit der Vollmacht des Lehr-, Priester- und Hirtenamtes ausgestattet. Er wird i. d. R. vom Papst aufgrund von Kandidatenlisten ernannt. Alle B. bilden das **B.-**

Marianne Birthler

Bisamratte mit wasserbenetztem Fell

Kollegium. Im teilkirchl. Bereich (→Teilkirche) treten die B. zu gemeinsamer Ausübung des bischöfl. Dienstes in **B.-Konferenzen** (seit dem 19. Jh.) zusammen. Seit 1965 gibt es außerdem die dem Papst direkt verantwortl. **B.-Synode,** die den gesamten Episkopat der kath. Kirche repräsentiert. Zur Amtstracht gehören B.-Ring, Brustkreuz, B.-Stab und Mitra. Mit Vollendung des 75. Lebensjahres sind die B. gehalten, ihren Amtsverzicht einzureichen. – In den *ev. Kirchen* kennen einige Landeskirchen das B.-Amt, einige haben einen anderen Titel für ihren leitenden Amtsträger (z. B. Kirchenpräsident). Der B. wird i. d. R. von der Synode auf Lebenszeit gewählt, kann aber unter Umständen wieder abberufen werden. Zur Amtstracht gehört das goldene Brustkreuz (B.-Kreuz). – In den *Ostkirchen* ist das B.-Amt durch die apostol. Sukzession und das auf ihr fußende Rechtsverständnis bestimmt. Anders als der verheiratete Priester einer Gemeinde kommt der B. aus dem Mönchtum. Er wird hier i. d. R. von einer besonderen Wahlversammlung gewählt.

Bis weit in die 2. Hälfte des 20. Jh. wurde das B.-Amt ausschließlich von Männern ausgeübt. Die erste Weihe einer Frau zur **Bischöfin** in der Kirchengeschichte erfolgte 1980 in der United Methodist Church in den USA; erste luther. Bischöfin der Welt wurde 1992 in Dtl. Maria →Jepsen.

Michael J. Bishop

Bischof, kaltes Getränk aus Rotwein, Zucker, Orangenschalen und Orangensaft.

Bischofshofen, Stadt an der Salzach, südl. von Salzburg, Österreich, 549 m ü. M., 10 100 Ew.; Wintersportort (mit Sprungschanze) am Fuß des Hochkönigs; Glashütte, Baumaschinenherstellung, Metall- und Holzverarbeitung; Bahnknotenpunkt. In der Bronzezeit Kupfererzabbau. – Seit 2000 Stadt.

Bischofshut, *Heraldik:* flacher, runder Hut von grüner Farbe mit beiderseits herabhängenden Schnüren mit je sechs Quasten.

Bischofskonferenz, *kath. Kirche:* der institutionelle Zusammenschluss der Bischöfe eines Landes oder einer Region.

Bischofsmütze, gärtnerische Bez. für 2 Kakteenarten der Gattung Astrophytum.

Bischofspfennige, →Trochiten.

Bischofsring, Pastoralring, Pontifikalring, Ring, den der kath. Bischof (auch Kardinal, Abt) als Zeichen der geistl. Vermählung mit seiner Kirche trägt.

Bischofsstab, Krummstab, Hirtenstab, etwa bis zur Schulterhöhe reichender Stab, unten mit Eisenspitze, oben mit Krümme (Kurvatur) und Knauf, aus Metall oder Bein; Zeichen der bischöfl. Würde (seit dem 10. Jh.).

Bischofsstuhl, griech.-lat. **Cathedra,** Sitz des Bischofs in der Kirche, urspr. in der Apsis aufgestellt, später an der N-Seite des Chors. Vom B. hat die Bischofskirche (lat. ecclesia cathedralis »zum Bischofsstuhl gehörende Kirche«) ihren Namen.

Bischofssynode, →Bischof.

Bischofswerda, sorb. **Biscopicy,** Stadt im Landkreis Bautzen, Sachsen, am Fuß des Lausitzer Berglands, Große Kreisstadt, 13 000 Ew.; Herstellung von Magnesiumdruckgussteilen und Kunststoffprodukten, Stahlbau. – 1227 erstmals erwähnt, seit 1361 offiziell Stadt genannt; 1813 von frz. Truppen niedergebrannt.

Lothar Bisky

Bischweiler, frz. **Bischwiller,** Stadt im frz. Dép. Bas-Rhin (Unterelsass), nördlich von Straßburg, 10 900 Ew.; Textil- und Schuhindustrie.

Bise, kalter, trockener Wind aus N bis NO im schweizer. und frz. Alpenvorland.

Biserta, frz. **Bizerte,** arab. **Benzert,** Hptst. des gleichnamigen Governorats und Hafenstadt an der N-Küste Tunesiens, 115 200 Ew.; Seebad; Erdölraffinerie, Zementwerk u. a. Ind.; Eisenbahnendpunkt. Altstadt (Medina) mit Altem Hafen und Kasba (13./17. Jh.); Zufahrtskanal zum **Lac de Bizerte,** einem 110 km² großen Strandsee. – 1881–1956 war B. frz., bis 1963 noch frz. Flottenstützpunkt.

Bisexualität, 1) *Biologie:* **Zweigeschlechtigkeit,** das Vorhandensein von weibl. und männl. Individuen bei einer Art. Unter **bisexueller Potenz** versteht man die Fähigkeit der Zellen, gesteuert durch Außen- oder Inneneinflüsse, sich in männl. oder weibl. Richtung entwickeln zu können. B. beim Menschen bedeutet das gleichzeitige Angelegtsein von männl. und weibl. Geschlechtsmerkmalen (Zwittertum).

2) die sexuellen Interessen und Aktivitäten von Erwachsenen, die sich auf Partner beiderlei Geschlechts richten; in der *Psychoanalyse* das zunächst ungerichtete sexuelle Interesse von Kindern.

Bishamon [-ʃ-], einer der vier Welthüter der jap. Religion, als Gott des Reichtums einer der sieben Glücksgötter.

Bisho [-ʃo], Hptst. der Prov. Ost-Kap, im SO der Rep. Südafrika, 137 300 Ew.; Flughafen; ehem. Hauptstadt der →Ciskei.

Bishop [ˈbɪʃəp], Michael J., amerikan. Mediziner, * York (Pa.) 22. 2. 1936; seit 1972 Prof. an der University of California (San Francisco); erhielt 1989 mit H. E. Varmus für die Entdeckung des zellulären Ursprungs retroviraler Onkogene (Krebsgene) den Nobelpreis für Physiologie oder Medizin.

Bisk, Stadt in der Region Altai, Russland, in der Waldsteppe des Voraltai, an der Bija, 225 000 Ew.; chem., Metall (darunter Rüstungs-) und Holz verarbeitende, Leicht- und Nahrungsmittelind.; Ausgangspunkt der Tschuisker Fernstraße in die Mongolei. – Gegr. 1707, seit 1782 Stadt.

Biskaya *die,* **Golf von B., Biscaya,** span. **Vizcaya,** frz. **Golfe de Gascogne,** große Bucht des Atlant. Ozeans, zw. N-Spanien und W-Frankreich, größte Tiefe 5 872 m; wegen häufiger Stürme bei den Seefahrern gefürchtet.

Biskra, Beskra, Hptst. des gleichnamigen Wilajats und Oasenstadt in Algerien, am Südrand des Aurès, 186 900 Ew.; Erholungs- und Luftkurort; Palmenkulturen; Ausgangspunkt der ostalger. Sahararoute; Flughafen. Nahebei das Thermalbad Hammam Salahine.

Biskuit [bisˈkvi:t; frz. »zweimal Gebackenes«] *das,* leichtes, fettfreies Gebäck.

Biskuitporzellan [bisˈkvi:t-], weiches, unglasiertes Porzellan mit matter Oberfläche.

Biskupin, Gem. in der Wwschaft Kujawien-Pommern, Polen, mit Wallanlage der jüngeren Bronzezeit auf einer Halbinsel im See von B.; Reste von Blockhäusern und Straßen; Freilichtmuseum.

Bisky, Lothar, Politiker (PDS), * Zollbrück (heute Korzybie, bei Rummelsburg) 17. 8. 1941; ab 1963 Mitgl. der SED; ab 1986 Prof. für Film- und Fernsehwiss. an der Hochschule für Film und Fernsehen in Potsdam-Babelsberg, 1986–90 dort auch Rektor; war 1990 Abg. der Volkskammer der DDR, 1990–2005 MdL in Brandenburg; 1993–2000 und ab Juni 2003 Bundesvors. der PDS; ab 2005 MdB (Die Linke/PDS).

Bismarck [ˈbɪzmaːk; nach O. von Bismarck], Hptst. von North Dakota, USA, am Missouri, 56 300

Ew.; kath. Bischofssitz; Handelszentrum für Weizen und Vieh, Flusshafen. – Gegr. 1873, Hptst. seit 1889.

Bismarck, altmärk. Adelsgeschlecht, urspr. aus Stendal, seit Ende des 17. Jh. in die zwei Hauptlinien **B.-Crevese** und **B.-Schönhausen** geteilt.

1) Herbert Fürst von (seit 1898), Diplomat und Politiker, * Berlin 28. 12. 1849, † Friedrichsruh 18. 9. 1904, ältester Sohn von 2); enger Mitarbeiter seines Vaters, seit 1874 im auswärtigen Dienst, 1886–90 Staatssekretär des Auswärtigen Amts.

2) Otto Eduard Leopold, seit 1865 Graf von B.-Schönhausen, 1871 Fürst von B., 1890 Herzog von Lauenburg, preußisch-dt. Staatsmann, * Schönhausen 1. 4. 1815, † Friedrichsruh 30. 7. 1898; ∞ 1847 mit Johanna von Puttkamer (* 1824, † 1894). Nach dem Studium der Rechtswissenschaft in Göttingen und Berlin 1832–35, der Referendarzeit in Aachen 1836–39 und der Bewirtschaftung seiner Güter in Pommern, wo er mit einem Pietistenkreis in Berührung kam, war er 1847/48 konservatives Mitgl. des Vereinigten Landtags, nach 1848 Abg. in der Zweiten Kammer und im Erfurter Parlament. Als preuß. Gesandter am Frankfurter Bundestag erstrebte er gegenüber der österr. Präsidialmacht Gleichberechtigung für Preußen und dessen Vorherrschaft nördlich des Mains.

Nach Gesandtentätigkeit in Petersburg 1859–62 und einem kurzen Zwischenspiel als Botschafter in Paris wurde B. am 24. 9./8. 10. 1862 von König Wilhelm I. zum preuß. Min.-Präs. ernannt. Im preuß. Verfassungskonflikt (1862–66) um die Heeresreform A. von Roons vertrat B. den unbedingten Vorrang der königl. Rechte gegen das von der liberalen Fortschrittspartei verteidigte Budgetrecht des Landtags und begründete sein Vorgehen mit einer »Lücke in der Verfassung«. Dafür ergriff er die nationalpolit. Initiative (später als »Revolution von oben« gedeutet). Der Konflikt um Schleswig und Holstein (→Schleswig-Holstein) eröffnete ihm die Chance zum Ausbruch aus der inneren Krise: Dem gemeinsam mit Österreich geführten Krieg gegen Dänemark 1864 folgte die Lösung des dt. Dualismus durch einen Krieg mit Österreich 1866 (→Deutscher Krieg 1866). Österreich musste der Gründung des Norddt. Bundes zustimmen, dessen

Otto Fürst von Bismarck, Gemälde von Franz von Lenbach (um 1889; München, Städtische Galerie im Lenbachhaus)

Bundeskanzler B. am 14. 7. 1867 wurde. Im Indemnitätsgesetz (14. 9. 1866) erkannten die Nationalliberalen B.s Politik an. Der →Deutsch-Französische Krieg 1870/71, der am 18. 1. 1871 in Versailles zur Ausrufung Wilhelms I. zum Dt. Kaiser führte, brachte mit der Eingliederung Elsass-Lothringens den Abschluss der dt. Einigung, führte aber zu einem dauernden Ggs. zu Frankreich.

Die von B. bestimmte Reichsverfassung von 1871 stellte einen Kompromiss dar zw. den monarchisch-föderalist. Ordnungsprinzipien von 1815, die im Bundesrat als dem Vertretungsorgan der 25 Einzelstaaten ihren Ausdruck fanden, und den neuen nat., liberalen und unitar. Kräften, die in dem aufgrund des allg., gleichen Wahlrechts gewählten Reichstag repräsentiert wurden. In der auf die Person B. zugeschnittenen Schlüsselstellung des Reichskanzlers (1871 bis 1890; außer 1872/73 zugleich preuß. Min.-Präs.), der als einziger Min. nur dem Monarchen verantwortlich war, lag eine der grundlegenden Schwächen der preußisch-dt. konstitutionellen Monarchie. Die von B. und den Nationalliberalen maßgeblich geprägte Reichsgesetzgebung der 1870er-Jahre baute das Reich zum Rechtsstaat mit einem einheitl. Markt aus. Die Sondergesetzgebung gegen die kath. Kirche (→Kulturkampf, 1873–78/79) und die Sozialdemokraten (→Sozialistengesetz, 1878–90) schränkte den Rechtsstaat in wichtigen Teilen jedoch wieder ein. Seit 1875 wandte sich B. vom liberalen Freihandel ab und der protektionist. Schutzzollpolitik zu, die 1879 gesetzlich verankert wurde und eine tiefe Verunsicherung bzw. Spaltung des Liberalismus bewirkte. Durch sozialpolit. Initiativen suchte er in den 1880er-Jahren die Arbeiter der Sozialdemokratie zu entfremden und an den Staat heranzuführen (→Sozialversicherung: 1883 Krankenversicherung, 1884 Unfallversicherung, 1889 Alters- und Invalidenversicherung; Grundlagen des modernen Wohlfahrtsstaats).

Otto Fürst von Bismarck: Bismarcks Bündnissystem

Bison: Präriebison

Gegenüber diesen von B. nicht unverschuldeten innenpolitischen Dauerkrisen war seine Außenpolitik 1871–90 defensiv ausgerichtet; Grundprinzipien waren die Hervorkehrung der Saturiertheit des Reiches, die Isolierung Frankreichs, die Verhinderung von Mächtekoalitionen gegen Dtl. und die Ablenkung der europ. Gegensätze in Randzonen. Ausdruck dafür war ein immer kunstvoller gewobenes Bündnissystem (→Kissinger Diktat, 1877), das ausging von dem nach dem →Berliner Kongress geschlossenen →Zweibund mit Österreich-Ungarn (1879) und über die Hauptstationen des →Dreibundes (1882) und des Mittelmeerabkommens (1887) zum →Rückversicherungsvertrag (1887) mit Russland führte. B. wurde am 20. 3. 1890 wegen persönl. und sachl. Gegensätze von Kaiser Wilhelm II. entlassen. – B. wurde im Volksmund auch der »Eiserne Kanzler« genannt. Der B.-Kult nach 1890, dessen Nationalismus eine antimonarch. Spitze enthielt, verklärte das Bild des Reichsgründers mythisch.

Bismarckarchipel, zu Papua-Neuguinea gehörende melanes. Inselgruppe mit über 200 Inseln, etwa 49 900 km², rd. 566 000 Ew. Die Inseln sind entweder vulkan. Ursprungs (mit noch tätigen Vulkanen; dicht bewaldet) oder Koralleninseln. Hauptinseln sind New Britain, New Ireland, Lavongai und die Gruppe der Admiralitätsinseln mit dem Atoll der Anachoreteninseln; Hauptort und Hafen: Rabaul (an der N-Küste von New Britain). Die Bewohner (meist Melanesier) leben von Ackerbau und traditionellem Handwerk (meist Flechtwaren). Ausfuhr: Kopra, Kakao, Perlmutter, Trepang, Palmöl, Holz. – Der B. (1616 von Niederländern entdeckt) war 1884–1918 dt. Schutzgebiet.

Bismarckgebirge, der nordöstl. Teil der zentralen Gebirgsketten Neuguineas, rd. 200 km lang, im Mount Wilhelm 4 509 m hoch.

Bismarckhering, von Kopf und Gräten befreiter, marinierter Hering.

Bismut, fachsprachlich für →Wismut.

Bismuthin [zu lat. bismutum »Wismut«] *der,* **Bismuthinit, Wismutglanz,** Mineral, Bi_2S_3, zinnweiß, oft bunte (bes. gelbl.) Anlauffarben. Wichtiges Wismuterz. Bei Verwitterung Übergang in gelben **Wismutocker,** $Bi_2O_3 \cdot 3H_2O$, oder **Bismutit,** $Bi_2[O_2|CO_3]$.

Bison [lat. »Auerochse«, aus dem German.] *der,* **Buffalo, Bison bison,** massiges, bis 3 m langes und bis 1,9 m hohes Wildrind in Prärien und lichten Wäldern Nordamerikas. Man unterscheidet zwei Unterarten: den **Prärie-B.** und den **Wald-B.** Der rötlich dunkelbraune, an Kopf, Mähne und Schultern schwarze Prärie-B. war wichtigstes Jagdwild der Indianer Nordamerikas; um 1890 fast völlig ausgerottet, leben heute in Schutzgebieten wieder etwa 50 000 Tiere.

Bispel [mhd. »zur Belehrung erdichtete Geschichte«, zu mhd. spel »Rede«] *das,* kürzere, didakt. Reimpaardichtung der mhd. Literatur.

Bisphosphonate, Wirkstoffgruppe zur Behandlung der Osteoporose. In den B. ist das Brückensauerstoffatom zw. den beiden Phosphoratomen von Pyrophosphat, einem physiolog. Knochenbestandteil, durch ein Kohlenstoffatom ersetzt. B., z. B. Alendronsäure, können dadurch im Unterschied zu Pyrophosphaten im Körper nicht mehr gespalten werden. Sie hemmen die den Knochen abbauenden Osteoklasten und verhindern damit den (weiteren) Verlust an Knochenmasse.

Bissagosinseln, port. **Ilhas dos Bijagós,** Inselgruppe vor der Küste von Guinea-Bissau, etwa 1 500 km²; Hauptort Bubaque.

Bissau, Hptst. und wichtigster Hafen von Guinea-Bissau, W-Afrika, 388 100 Ew.; kath. Bischofssitz; Ausfuhr von Harthölzern, Kopra, Erdnüssen; internat. Flughafen. – Gegr. 1687.

Bissier [bi'sje], Julius, Maler, * Freiburg im Breisgau 3. 12. 1893, † Ascona 18. 6. 1965; kam, angeregt von der ostasiat. Tuschmalerei, um 1930 zur abstrakten Malerei.

Bissière [bi'sjɛːr], Roger, frz. Maler, * Villeréal (Lot-et-Garonne) 22. 9. 1886, † Marminiac (Lot) 2. 12. 1964; lebte 1910–39 in Paris. Angeregt durch den Kubismus und P. Klee, entwickelte er seine aus Farbklängen gebauten Formspiele.

Bisswunden, Verletzungen durch Biss (Infektionsgefahr), bes. häufig von Hunden, Katzen, Pferden, Schlangen, Ratten und Menschen.

Bister [frz.] *der* oder *das,* braune Tinte aus mit Leim und Wasser vermischtem Holzruß, seit dem 14. Jh. zum Lavieren von Zeichnungen verwendet.

Bistriţa [-tsa], dt. **Bistritz,** Hptst. des Kreises B.-Năsăud, Rumänien, in N-Siebenbürgen, 82 000 Ew.; Holzverarbeitung, Nahrungsmittel-, Textilind.; Obst- und Weinbauzentrum; Verkehrsknotenpunkt.

Bistritz, rumän. **Bistriţa, 1)** *die,* **Große Bistritz,** im Oberlauf **Goldene Bistritz,** Nebenfluss des Sereth in Rumänien, 288 km, durchfließt die waldreichen O-Karpaten.

2) Stadt in Rumänien, →Bistriţa.

Bistro [frz.] *das,* kleine Gaststätte, Ausschank.

Bistum, Sprengel (Diözese) eines →Bischofs.

Bisutun, Bisotun, Felsmassiv (UNESCO-Weltkulturerbe) rd. 30 km östlich von Kermanschah, Iran; hier ließ Dareios I. (522–486) Reliefdarstellungen und eine dreisprachige Inschrift (altpersisch, elamisch, babylonisch) mit den Taten seiner Regierungszeit anbringen. Diese Inschrift lieferte den Schlüssel zur Entzifferung der babylon. →Keilschrift.

Bit [Abk. für engl. **bi**nary digi**t,** »Binärziffer«, »Binärstelle«] *das,* kleinste Informationseinheit für binäre Daten, kann die Ziffern 0 und 1 annehmen. In der Informatik dienen sie zur Darstellung von Zahlen, Zeichen und Befehlen. Jede Speicherzelle eines Computers kann ein Bit aufnehmen. Die Zusammenfassung von 8 Bit wird →Byte genannt. Verwendet man Bit als Maßeinheit, wird es kleingeschrieben und mit

Bismuthin

bit (Abk. für engl. **b**asic **i**ndissoluble **i**nformation un**i**t, »grundlegende, unzerlegbare Informationseinheit«) angegeben.

Bitburg, Verw.-Sitz des Landkreises Bitburg-Prüm, Rheinl.-Pf., 12 900 Ew.; Mittelpunkt des fruchtbaren, alt besiedelten **Bitburger Gutlandes** auf der Südabdachung der Eifel; Museum; Brauerei, Metallind., Glasverarbeitung. Reste des röm. Kastells. Stadtrechte seit 1262.

Bitburg-Prüm, Landkreis in Rheinl.-Pf.; 1 626 km^2, 95 800 Ew.; Verw.-Sitz ist Bitburg; Landwirtschaft; Fremdenverkehr.

Biterolf und Dietleib, Reimpaarepos (um 1260) eines unbekannten österr. Dichters; behandelt Dietleibs Abenteuer auf der Suche nach seinem Vater Biterolf.

Bithynien, antike Landschaft in NW-Kleinasien, überwiegend von Thrakern bewohnt. B. kam um 550 v. Chr. zum Lyd. Reich, 546 an Persien. Das 297 v. Chr. gegründete bithyn. Königreich wurde 74 v. Chr. vom König testamentarisch an Rom übertragen; seit 395 byzantinisch; 1326–1413 war Prusa (→Bursa) in B. Hptst. des Osman. Reiches.

Bitlis, Hptst. der Provinz B., Türkei, 1 500 m ü. M. südwestl. des Vansees, 44 900 Ew.; Tabakind.; Handelsplatz und Garnison am wichtigsten Pass über den östl. Taurus.

Bitmap [-mæp, engl.] *die,* **Rastergrafik, Pixelgrafik,** *Computergrafik:* Bildtyp, bei dem die Bildinformation punktweise, d. h. für ein festgelegtes Raster von Bildpunkten (Pixeln), gespeichert ist. Bei Schwarz-Weiß-Bildern wird jeder Bildpunkt durch genau ein Bit beschrieben; bei Graustufen- und Farbbildern sind mehrere Bits für jeden Bildpunkt nötig (→Farbtiefe). B. eignen sich sehr gut zur digitalen Darstellung von Fotos und allg. von Bildern mit weichen Farbverläufen. Zur Darstellung einfacher graf. Objekte sind dagegen Vektorgrafiken besser geeignet. B. haben einen relativ hohen Speicherbedarf und können nicht ohne Qualitätseinbußen skaliert werden. Die Speicherung kann in versch. Dateiformaten (B.-Formaten) erfolgen.

Bitola, serb. **Bitolj,** türk. **Monastir,** zweitgrößte Stadt in Makedonien, 86 400 Ew.; Univ. (gegr. 1979); Handelsplatz mit Ind. (v. a. Textil, Leder). – Orientalisch geprägtes Stadtbild. – An der Stelle des antiken **Herakleia Lynkestis** gegr.; seit 1395 türkisch, kam 1913 an Serbien.

Bitonalität *die,* →Polytonalität.

Bitonto, Stadt in Apulien, Italien, Prov. Bari, 56 400 Ew.; Bischofssitz; Olivenanbau mit Verarbeitungsind.; roman. Kathedrale (1175 bis 1200).

Bitow, Andrei Georgijewitsch, russ. Schriftsteller, *Leningrad (heute Sankt Petersburg) 27. 5. 1937; schreibt seit den 1960er-Jahren Erzählungen (»Der große Luftballon«, 1963), Romane (»Das Puschkinhaus«, 1978) und Reiseessays (z. B. »Armen. Lektionen«, 1969–2001) in einer fragmentar., durch raffinierte Perspektivenwechsel gekennzeichneten Erzähltechnik, die wegweisend für die ästhet. Erneuerung der russ. Erzählprosa war.

Bittererde, Bez. für Magnesiumoxid.

Bitterfäule, Fruchtfäule durch Pilzbefall, macht Obst bitter.

Bitterfeld, 1) Landkreis in Sa.-Anh., 510 km^2, 99 100 Einwohner. Kreisstadt ist B..

2) Krst. in Sa.-Anh., westlich der Mulde, im N der Leipziger Tieflandsbucht, 15 700 Ew.; Kreismuseum, Galerie, Kulturpalast. Bis 1990 Zentrum des Braunkohlenbergbaus und der Braunkohle verarbeitenden Großchemie im Raum Leipzig–Bitterfeld–Halle–Merseburg, die nach 1950 mit der größten Umweltbelastung in Mitteleuropa verbunden war; Maschinenbau; Chemieindustrie; Dienstleistungen; Industrie- und Kraftwerksrohrleitungsbau. Am Stadtrand Tagebausee Goitzsche (14 km^2). – B. wurde 1224 erstmals urkundlich erwähnt; ab 1839 bergmänn. Braunkohlenförderung, ab 1893/94 Ansiedlung der chem. Großindustrie.

Bitterfelder Weg, Programm zur Entwicklung einer »sozialist. Nationalkultur« in der DDR, propagiert auf der »1. Bitterfelder Konferenz« (1959). Unterschiede zw. Berufs- und Laienkünstlern sollten verwischt werden, indem Künstler und Schriftsteller in den Fabriken arbeiteten und Arbeiter in eigener künstler. Tätigkeit unterstützten. Diese Reglementierung des individuellen künstler. Stils scheiterte insgesamt, brachte aber einen Aufschwung der Laienkunst. Ein Beispiel für die literar. Umsetzung des B. W. ist B. Reimanns Roman »Ankunft im Alltag« (1961).

Bitterklee, Fieberklee, Menyanthes trifoliata, Art der Fieberkleegewächse; ausdauerndes Kraut mit dreiteiligen Blättern und endständiger weiß- bis rosafarbener Blütentraube; in Flachmooren, Gräben, Sumpfwiesen, Verlandungsgebieten.

Bitterling, 1) Rhodeus sericeus amarus, etwa 6 cm langer Weißfisch in Mittel- und O-Europa mit besonderem Brutpflegeverhalten. Das Weibchen bildet zur Laichzeit eine Legeröhre aus, mit der es die Eier in die Kiemen der Teich- und Malermuscheln als Entwicklungsstätten einführt.

2) Bitterpilz, der →Gallenröhrling.

Bittermandelöl, fast ausschl. aus Benzaldehyd bestehendes äther. Öl, das durch Wasserdampfdestillation von Mandel-, Aprikosen- u. a. Steinobstkernen als Spaltprodukt des Amygdalins entsteht; nach Entfernung der Blausäure als Aromastoff verwendet.

Bittersalz, das Mineral →Epsomit.

Bitterspat, das Mineral →Magnesit.

Bitterstoffe, Pflanzeninhaltsstoffe, die bes. in Korbblütlern, Enziangewächsen und Lippenblütlern vorkommen. Sie regen reflektorisch die Magensaftsekretion an, teilweise auch die Ausschüttung von Gal-

Bisutun: Das Relief stellt den durch seine Größe hervorgehobenen altpersischen König Dareios I. vor unterworfenen Aufständischen dar, über ihnen schwebt das Symbol des Gottes Ahura Masda; rings um das Relief die dreisprachige Inschrift.

lenflüssigkeit und bewirken dadurch eine Verbesserung des Appetits, der Bauchspeicheldrüsensekretion und Verdauung. B. sind in Magenbitterlikören, Aperitifs und appetitanregenden Mitteln (**Bittermittel, Amara**) enthalten.

Bittersüß, Art der Pflanzengattung →Nachtschatten.

Bitterwässer, →Heilquellen mit Magnesiumsulfat; zu Trinkkuren bei Erkrankungen der Verdauungsorgane und Stoffwechselstörungen verwendet.

Bittgang, dem Gebetsanliegen der Bitte um den Segen Gottes für die Früchte der Erde (eine gute Ernte) v. a. gewidmete Flurprozession an besonderen Bitttagen: der B. mit der Großen Litanei am Markustag, 25. 4. (nach dem 2. Vatikan. Konzil gestrichen), und der B. mit der Kleinen Litanei an den drei Tagen vor Christi Himmelfahrt.

Bittner, Julius, österr. Komponist, * Wien 9. 4. 1874, † ebd. 9. 1. 1939; schrieb volkstüml. Opern (»Die rote Gret«, 1907) in der Tradition des Wiener Singspiels; auch Lieder und Orchesterwerke.

Bitumen [lat. »Erdpech«] *das,* dunkelfarbiges, kolloidales, höher molekulares, halbfestes bis springhartes Kohlenwasserstoffgemisch. Nach Vorkommen und Gewinnung unterscheidet man natürliche bituminöse Stoffe von den bei der Aufarbeitung bestimmter Erdöle gewonnenen Vakuumdestillationsrückständen. B. wird u. a. verwendet zur Herstellung von →Asphalt, Bautenschutzmitteln und Dachpappen.

Bituriger, kelt. Stamm in Gallien (Aquitanien), der in zwei Teilstämme zerfiel: die **Bituriges Cubi** mit dem Hauptort Avaricum (heute Bourges) und die **Bituriges Vivisci,** die in und um Burdigala (heute Bordeaux) ansässig waren.

Biuret *das,* **Carbamoylharnstoff,** hygroskopische organ. Verbindung, entsteht beim Erhitzen von Harnstoff auf 160 °C. In alkal. Lösung ergibt B. mit Kupfersulfat eine Komplexverbindung von rotvioletter Färbung. Analog reagieren z. B. Proteine (**B.-Reaktion**).

Biwak [frz. bivouac, von niederdt. »Beiwache«] *das,* Lager im freien Gelände, in Zelten, z. B. in der Alpinistik oder bei Truppen.

Biwasee, größter See Japans, auf Honshū, 675 km², bis 96 m tief; fischreich.

Biya, Paul, kamerun. Politiker, * Mvoméka (S-Kamerun) 13. 2. 1933; 1975–82 Premiermin.; löste 1982 A. Ahidjo als Staatspräs. ab.

BIZ, Abk. für →**B**ank für **I**nternationalen **Z**ahlungsausgleich.

Bizeps [lat. biceps »zweiköpfig«] *der,* Muskel mit zwei Ursprüngen (Köpfchen); v. a. der zweiköpfige Oberarmmuskel, der das Ellenbogengelenk beugt und bei Kontraktur stark anschwillt.

Bizerte [bi'zɛrt], frz. Name von →Biserta.

Bizet [bi'ze], Georges, eigtl. Alexandre César Léopold **B.,** frz. Komponist, * Paris 25. 10. 1838, † Bougival 3. 6. 1875. Mit seinem Hauptwerk, der Oper »Carmen« (1875), erlangte er nach anfängl. Misserfolg Weltruhm. – *Weitere Werke: Opern:* Die Perlenfischer (1863); Das Mädchen von Perth (1867); Djamileh (1872). – *Suite:* L'Arlésienne (1872); Orchestermusik.

Bizone, Zusammenschluss (1946) der amerikan. und brit. Besatzungszone in Dtl.; 1947 zum →Vereinigten Wirtschaftsgebiet zusammengefasst.

Bjerknes, Vilhelm, norweg. Physiker und Meteorologe, * Christiania (heute Oslo) 14. 3. 1862, † ebd. 9. 4. 1951; stellte eine Theorie zur Entwicklung von Tiefdruckgebieten (Polarfronttheorie) auf, schuf die Grundlagen der modernen Wettervorhersage und entwickelte neue Arbeitsmethoden für die Meteorologie und Ozeanografie.

Bjørndalen, Ole Einar, norweg. Biathlet, * Drammen 27. 1. 1974; u. a. Olympiasieger 1998 (Sprint 10 km), 2002 (Einzel 20 km, Sprint 10 km, Jagdrennen 12,5 km, Staffel) sowie Weltmeister 1998 (Mannschaft), 2003 (Sprint 10 km, Massenstart 15 km), 2005 (Sprint 10 km, Jagdrennen 12,5 km, Massenstart 15 km, Staffel), 2007 (Sprint 10 km, Jagdrennen 12,5 km); Gesamtweltcupsieger 1998, 2003, 2005 und 2006.

Björneborg [-borj], schwed. Name der finn. Stadt →Pori.

Bjørnson ['bjø:rnsɔn], Bjørnstjerne, norweg. Schriftsteller, * Kvikne (Prov. Hedmark) 8. 12. 1832, † Paris 26. 4. 1910; Pfarrerssohn; schilderte in Erzählungen das norweg. Bauernleben (»Synnøve Solbakken«, 1857; »Arne«, 1858). Seine Dramen begründeten das moderne, realistische norweg. Theater (»Über die Kraft«, 1883; »Über unsere Kraft«, 1895; »Paul Lange und Tora Parsberge«, 1898). 1903 erhielt er den Nobelpreis für Literatur.

Bk, chem. Symbol für →Berkelium.

BKA, Abk. für →**B**undes**k**riminal**a**mt.

BKK, Abk. für →**B**etriebs**k**ranken**k**asse.

Blacher, Boris, Komponist, * Niuzhuang (China) 19. 1. 1903, † Berlin 30. 1. 1975; schrieb Opern: »Die Flut« (1947); »Yvonne, Prinzessin von Burgund« (1973) u. a.; Ballette (»Tristan«, 1965), Konzerte, Chor- und Orchesterwerke, Kammermusik u. a.; bezog auch Jazz und elektron. Musik in sein Schaffen ein.

Black [blæk], Sir (seit 1981) James Whyte, brit. Pharmakologe, * Uddingston (Schottland) 14. 6. 1924; arbeitete v. a. an der Entwicklung von Beta- und Magensäureblockern; seit 1984 Prof. in London. 1988 erhielt er für die Entwicklung des ersten klinisch anwendbaren Betablockers (mit G. B. Elion und G. H. Hitchings) den Nobelpreis für Physiologie oder Medizin.

Black Bottom ['blæk 'bɔtəm, engl.] *der,* Gesellschaftstanz in synkopiertem ⁴/₄-Takt, kam 1926 aus den USA nach Europa, gehört musikalisch zur Gattung des →Ragtime.

Blackbox ['blækbɔks; engl. »schwarzer Kasten«] *die,* 1) *Kybernetik:* kybernet. System, dessen innerer Aufbau unbekannt oder im Rahmen einer vergleichenden Untersuchung unerheblich ist und von dem man nur seine am Ausgang messbare Reaktion auf bestimmte Eingangssignale kennt (B.-Methode).

2) *Luftfahrt:* bei Flugzeugen Bez. für den →Flugdatenschreiber und den Cockpit-Stimmrekorder (engl. Cockpit-Voice-Recorder, CVR), die wichtige Flugdaten bzw. die Gespräche im Cockpit aufzeichnen und deshalb für die Aufklärung von Flugzeugunfällen wichtig sind. Beide Geräte sind feuerfest und wasserdicht und geben einen Signalton ab, der im Unglücksfall ihre Auffindbarkeit erleichtert.

Blackburn ['blækbə:n], Stadt in NW-England, 107 600 Ew., Zentrum der Unitary Authority **Blackburn with Darwen** (137 km²) mit 139 000 Ew.; anglikan. Bischofssitz; Textilmuseum; Zentrum der Textilind. im 19. Jh. (Baumwollweberei), inzwischen starker Niedergang; Maschinenbau, chem., Papier- und Elektroindustrie.

Blackett ['blækɪt], Patrick Maynard Stuart, Baron B. of Chelsea, brit. Physiker, * London 18. 11. 1897, † ebd. 13. 7. 1974; erhielt 1948 den Nobelpreis für Phy-

Georges Bizet

Boris Blacher

Biuret

sik für die Verbesserung der Wilson-Kammer (→ Nebelkammer) sowie die damit gemachten Entdeckungen in der Kernphysik und kosm. Strahlung.

Blackfoot [ˈblækfʊt; engl. »Schwarzfuß«], **Blackfeet**, dt. populär auch **Schwarzfußindianer**, zu der Plainskultur Nordamerikas gehörender Stammesverband der Algonkin-Sprachfamilie; etwa 31 000 B. in Reservationen in Montana (USA) und 20 000 in Alberta (Kanada).

Black Hawk [ˈblæk ˈhɔːk; engl. »Schwarzer Falke«], Häuptling der Sauk-Indianer, * 1767, † am Des Moines River (Ia.) 3. 10. 1838; widersetzte sich der Aneignung des Stammesgebietes durch amerikan. Siedler und führte 1832 die Sauk- und Fox-Indianer in Gefechten gegen amerikan. Truppen in Illinois, Iowa und Wisconsin (**Black Hawk War**).

Black Hills [ˈblæk ˈhɪlz; engl. »schwarze Hügel«], Gebirgsstock an der Grenze von Wyoming und South Dakota, USA, im Harney Peak 2 207 m ü. M.; reiche Bodenschätze, bes. Gold. – In den von den Sioux als heilig angesehenen B. H. wurde 1874 durch eine Militärexpedition unter G. A. Custer Gold gefunden. Der nachfolgende Goldrausch (1875/76) und das Scheitern von Verhandlungen mit den Indianern über den Verkauf der Berge führte zum Ausbruch neuer Kämpfe mit den Prärie-Indianern (u. a. Schlacht am → Little Bighorn River 1876).

Black Hole [ˈblæk ˈhəʊl, engl.] *das, Astrophysik:* → Schwarzes Loch.

Black Muslims [ˈblæk ˈmʊslɪmz; engl. »schwarze Muslime«], straff organisierte religiöse Bewegung von Schwarzen in den USA, gegr. 1930 von W. D. Fard; nannte sich bis in die 70er-Jahre **The Lost-Found Nation of Islam** (»die verlorene-wieder-gefundene Nation des Islam«), später **American Muslims Mission**. Zu den bekanntesten Anhängern der B. M. gehörte **Malcolm X**. Ihr Oberhaupt war 1934–75 Elijah Muhammad. Unter dessen Sohn und Nachfolger Wallace (Warith) Deen Muhammad näherten sich die B. M. dem Islam der Sunniten an (Entschärfung der Rassentheorie durch symbol. Umdeutung, Ziel einer Integration der B. M. in die Gesellschaft der USA); 1985 zog sich Muhammad von der Führung der Bewegung zurück (Verkündung der Auflösung der American Muslims Mission). Eine von Louis Farrakhan geführte Gruppe von Puristen hatte sich bereits 1977/78 als »Final Call to the Nation of Islam« abgespalten (tritt heute als **Nation of Islam** auf).

Blackout [ˈblækaʊt; engl. »Verdunkelung«] *das* oder *der*, **1)** *Funktechnik:* Totalausfall von Radiowellen infolge des Mögel-Dellinger-Effekts in der → Ionosphäre oder als Folge der ionisierenden Strahlung nuklearer Höhenexplosionen.

2) *Medizin:* vorübergehende Einschränkung der Sehfähigkeit infolge ungenügender Durchblutung der Netzhaut. Auch für gleichartige Zustände bei akutem Ausfall der Hirntätigkeit verwendet. Umgangssprachlich für plötzl., vorübergehenden Verlust des Erinnerungsvermögens (sog. Gedächtnislücke).

3) *Theater:* plötzl. Abdunkeln der Szene bei Bildschluss.

Black Panther Party for Self-Defense [ˈblæk ˈpænθə ˈpɑːtɪ fə selfdɪˈfens; engl. »Partei der schwarzen Panther für Selbstverteidigung«], militante Organisation von Schwarzen in den USA; 1966 von H. P. Newton und B. Seale in Oakland (Calif.) gegründet. Ihre Anhänger, die sich einer linksrevolutionären Rhetorik bedienten, traten v. a. als »Selbstverteidigungs-gruppen« gegen Übergriffe der Polizei in den schwarzen Gettos der amerikan. Großstädte in Erscheinung und waren wiederholt in gewaltsame Auseinandersetzungen verwickelt; sie leisteten aber auch soziale Arbeit.

Blackpool [ˈblækpuːl], Stadt und Unitary Authority an der NW-Küste Englands, 143 000 Ew.; bed. Seebad; Nahrungsmittel-, Schuhind., Maschinenbau; Flugplatz.

Black Power [ˈblæk ˈpaʊə; engl. »schwarze Macht«] *die*, seit Mitte der 1960er-Jahre Schlagwort des radikaleren Teils der amerikan. Bürgerrechtsbewegung der Schwarzen, der eine polit., wirtsch. und soziokulturelle Selbstbestimmung der Afroamerikaner forderte. Die B.-P.-Bewegung erstreckt sich heute über ein breites ideolog. Spektrum, das »schwarzen Kapitalismus« ebenso umfasst wie die polit. Mobilisierung von Schwarzen für Wahlen oder die Aufforderung zum bewaffneten Kampf. Die Ziele dieser seit etwa 1973 nicht mehr einheitl. Bewegung reichen vom Bekenntnis zum gesellschaftl. Pluralismus bis zum Separatismus.

Black-Scholes-Formel [ˈblækˈskəʊlz-; nach F. Black (* 1940, † 1995) und M. Scholes], Formel zur Bewertung von Optionen bzw. Optionsscheinen (→ Optionsgeschäft), die die wichtigsten Einflussgrößen für den Optionspreis (Aktienkurs, Ausübungspreis, Restlaufzeit, Zinssatz, Volatilität) berücksichtigt.

Black Smokers [ˈblæk ˈsməʊkəz, engl.], *Vulkanologie:* → Schwarze Raucher.

Blaenau Gwent [ˈblaɪnaɪ -], Unitary Authority in S-Wales, 109 km², 68 000 Ew.; Verw.-Sitz ist Ebb Vale.

Blagodat, Berg im Mittleren Ural, Russland, westlich von Jekaterinburg, 364 m ü. M., größtenteils aus Magnetit (Eisenerze weitgehend abgebaut).

Blagoweschtschensk, Hptst. des Gebiets Amur, Russland, an der Mündung der Seja in den Amur, gegenüber der chin. Stadt Heihe, 218 000 Ew.; Hochschulen; Werft, Maschinenbau, Holz verarbeitende und Papierind.; Stichbahn zur Transsibir. Eisenbahn, Flusshafen. – Gegr. 1856 als Militärstützpunkt.

Blähungen, Flatulenz, Meteorismus, vermehrtes Auftreten von Darmgasen infolge gestörter Verdauung, oft nach Genuss bestimmter Speisen (Hülsenfrüchte u. a.). – Behandlung: Bewegung, Bauchmassage, Fenchel- oder Kümmeltee und Verdauungsenzympräparate.

Blaine [bleɪn], James Gillespie, amerikan. Politiker, * West Brownsville (Pa.) 31. 1. 1830, † Washington (D. C.) 27. 1. 1893; Republikaner, 1876–81 Senator für Maine, 1881 und 1889–92 Außenmin. (1889 Einberufung des 1. Panamerikan. Kongresses in Washington).

Blair [bleə], Anthony (Tony) Charles Lynton, brit. Politiker, * Edinburgh 6. 5. 1953; Rechtsanwalt, seit 1975 Mitgl. der Labour Party, seit 1983 Abg. im Unterhaus, forcierte als Führer der Labour Party (seit 1994) deren Erneuerung zu einer Mitte-links-Partei. Nach dem höchsten Wahlsieg in der Gesch. seiner Partei (1997) übernahm B. das Amt des Premiermin. (2001 bestätigt), in dem er wichtige innenpolit. Reformen (u. a. Einrichtung von Regionalparlamenten in Schottland und Wales, Oberhausreform) durchführte und sich um eine Beilegung des Nordirlandkonflikts bemühte (Stormontabkommen 1998). Außenpolitisch leitete er u. a. eine aktive EU-Politik ein. 1999 erhielt er den Internat. Karlspreis der Stadt Aachen. Im Rahmen des Antiterrorkrieges suchte er einen en-

Blackpool
Stadtwappen

Tony Blair

gen Schulterschluss mit den USA (ab 2001 Beteiligung Großbritanniens an der Militäraktion in Afghanistan und 2003 auch an der Militärintervention in Irak). Bei den Unterhauswahlen am 5.5. 2005 erzielte B. mit der Labour Party einen histor. dritten Wahlsieg in Folge. Im Mai 2007 kündigte er seinen Rücktritt vom Amt des Premiermin. zum 27.6. des Jahres an und verband damit auch seinen Rückzug vom Parteivorsitz.

Blake [bleɪk], **1)** Peter, brit. Maler, * Dartford 25.6. 1932; Vertreter der →Pop-Art.

2) Robert, engl. Admiral, * Bridgwater (Cty. Somerset) Aug. 1599, † vor Plymouth 7.8. 1657; erhielt unter Cromwell 1649 den Oberbefehl über die Flotte, besiegte 1650 die königl., 1653 die niederländ., 1655 die tunes. und 1657 die span. Flotte.

3) William, engl. Dichter, Maler, Grafiker, * London 28.11. 1757, † ebd. 12.8. 1827; schuf Illustrationen u. a. zum Buch Hiob sowie zu eigenen literar. Werken; dabei wandte er eine eigene Technik der handkolorierten Kupfer- oder Zinkätzung an. B. gestaltete in Dichtungen und Zeichnungen sein myst. Weltbild, für das erst um die Mitte des 19. Jh. die Präraffaeliten um Verständnis warben. Seine Visionen und Gedanken stellte B. mit großer Sprachkraft und in kühnen Bildern dar.

Louis Blanc

Blaker [niederdt.], Wandleuchter mit Metallschild, der das Kerzenlicht reflektiert; v. a. im 16.–18. Jh. gebräuchlich.

Blakey [ˈbleɪkɪ], Art, amerikan. Jazzschlagzeuger, * Pittsburgh (Pa.) 11.10. 1919, † New York 16.10. 1990; bed. Vertreter des Hardbop (→Jazz).

Blamage [-ʒə] *die,* peinl. Vorfall, Bloßstellung.

Blanc [blɑ̃], Louis, frz. Sozialist, * Madrid 29.10. 1811, † Cannes 6.12. 1882; trat für die Errichtung staatlich unterstützter Arbeiterproduktionsgenossenschaften ein. Er versuchte nach der Februarrevolution 1848 als Mitgl. der provisor. Reg. und Präs. ihrer Arbeiterkommission erfolglos, seine Vorstellungen zu realisieren (»Nationalwerkstätten«). Lebte 1848–70 im Exil (Belgien, England).

Blanchard [blɑ̃ˈʃaːr], Jean-Pierre, frz. Ballonfahrer, * Les Andelys 4.7. 1753, † Paris 7.3. 1809; überquerte 1785 mit dem Amerikaner J. Jeffries als Erster den Ärmelkanal in einem Ballon.

blanchieren [blɑ̃ˈʃiːrən; frz. »weiß machen«], **1)** *Lebensmitteltechnik:* Gemüse, Obst mit kochendem Wasser übergießen, um Mikroorganismen abzutöten und unerwünschte Geschmacksstoffe zu beseitigen.

2) *Lederfabrikation:* die Fleischseite von Haut durch spanabhebendes Entfernen der obersten Faserschicht glätten, egalisieren.

Blanchot [blɑ̃ˈʃo], Maurice, frz. Schriftsteller, * Quain (heute zu Devrouze, Dép. Saône-et-Loire) 19.7. 1907, † Paris 20.2. 2003; Romancier (»Thomas der Dunkle«, 1941, 2. Fassung 1950; »Die Frist«, 1948; »Warten, Vergessen«, 1962) und Essayist (»Thomas Mann«, 1955; »Von Kafka zu Kafka«, 1981, dt. Ausw. 1993); zählt zu den Anregern des Nouveau Roman und der Nouvelle Critique.

Blank [blæŋk, engl.] *der* oder *das, Informatik:* das →Leerzeichen.

Blank, Theodor, Politiker (CDU), * Elz (Lahn) 19.9. 1905, † Bonn 14.5. 1972; als Beauftragter des Bundeskanzlers für Sicherheitsfragen (1951–55; Amt Blank) mit der Organisation eines dt. Verteidigungsbeitrags befasst, 1955–56 Bundesmin. der Verteidigung, 1957–65 für Arbeit und Sozialordnung.

Blankenburg, 1) →Bad Blankenburg.

2) B. (Harz), Stadt und Kurort im Landkreis Wernigerode, Sa.-Anh., am N-Rand des Harzes, 15 700 Ew.; Bau von Schienenfahrzeugtechnik und rangiertechn. Einrichtungen. – Got. Hallenkirche (14. Jh.), »Großes Schloss« (1705–18 umgebaut), »Kleines Schloss« (1725; 1777 umgestaltet; 1984 erneuert). – Nördlich von B. Burgruine Regenstein (12./14. Jh.; 1671–1758 Festung), nordwestlich das ehem. Zisterzienserkloster Michaelstein (1147 gegr.), östlich die →Teufelsmauer. – B. wurde um 1200 am Fuß der gleichnamigen Burg gegründet, seit dem 14. Jh. Stadtrecht.

Blankenese, Ortsteil von Hamburg (seit 1937) am nördl. Steilufer der Elbe (Süllberg 85 m), 13 200 Einwohner.

Blanker Hans, *seemännisch:* Bez. für die Nordsee, bes. bei Sturm. Aus dem zur Abwehr angerufenen Johannes (von Nepomuk) oder Hans wurde allmählich die Bez. für das Unheil selbst.

Blanket [ˈblæŋkɪt, engl.] *das, Kerntechnik:* der Brutmantel bei Brutreaktoren (→Brüten) und Fusionsreaktoren (→Kernfusion).

Blankett [zu blank] *das,* unausgefüllter oder noch nicht völlig ausgefüllter Vordruck einer Urkunde.

Blankettgesetz, Rechtsvorschrift, die eine Rechtsfolge anordnet, deren Voraussetzungen anderen (ausführenden) Rechtsvorschriften zu entnehmen sind. Sieht ein B. die Ermächtigung zum Erlass von Rechtsverordnungen vor, müssen Inhalt, Zweck und Ausmaß der erteilten Ermächtigung im B. selbst bestimmt werden (Art. 80 Abs. 1 GG).

blanke Waffen, im Ggs. zu den Feuerwaffen die Hieb- und Stichwaffen wie Säbel, Seitengewehr, Dolch und Lanze.

Blankleder, pflanzlich gegerbtes, mäßig gefettetes Rindsleder, mindestens 2,5 mm dick, für Sattlerwaren, Aktenmappen u. a.

William Blake: »Wiedervereinigung der Seele mit dem Körper«, Illustration zu Robert Blairs »The grave« (1808)

Blankoscheck, unterschriebener Scheck, bei dem der Betrag nachträglich eingesetzt wird.

Blankoverkauf, Leerverkauf, Verkauf von Waren (Wertpapieren) per Termin zum heutigen Preis (Kurs), die der Verkäufer noch nicht besitzt, aber zum Liefertermin billiger zu beschaffen hofft.

Blankvers, *Metrik:* reimloser Vers aus 5 Jamben, auch mit einer 11. Silbe; war beliebt im engl. Drama, bes. bei Shakespeare und seinen Zeitgenossen, in der dt. Literatur u. a. bei G. E. Lessing (»Nathan der Weise«, 1779). →Metrik (Übersicht).

Blanqui [blã'ki], Louis Auguste, frz. Sozialist und Revolutionär, * Puget-Théniers 7. 2. 1805, † Paris 1. 1. 1881; war an den Aufständen von 1830 und 1848 beteiligt, ebenso 1871 an der Pariser Kommune; insgesamt 36 Jahre in Haft. Seine Anhänger, die **Blanquisten,** gingen 1901 im »Parti socialiste de France« auf.

Blantyre [ˈblæntaɪə], größte Stadt von Malawi, Verw.-Sitz der Südregion, 1070 m ü. M., an der Bahnlinie Lilongwe–Beira, 584 000 Ew.; Sitz eines kath. Erzbischofs und eines anglikan. Bischofs; Polytechnikum; Handels- und Ind.-Zentrum (Zement, Tabak, Holz); internat. Flughafen.

Bläs|chenflechte, durch Herpesviren hervorgerufene Infektionskrankheit (→Herpes).

Blasco Ibáñez [-iˈβaɲeθ], Vicente, span. Schriftsteller, * Valencia 29. 1. 1867, † Menton (Frankreich) 28. 1. 1928; bed. Vertreter des span. Naturalismus; seine zeitkrit. und histor. Romane gehörten seinerzeit zu den am meisten gelesenen und übersetzten Werken der span. Literatur: u. a. »Die Scholle« (1899), »Die Arena« (1908), »Die apokalypt. Reiter« (1916).

Blase, 1) *Anatomie:* lat. **Vesica,** bei Mensch und Tieren ein häutiges Hohlorgan zur Aufnahme von Flüssigkeiten (Harn-B., Gallen-B.) oder Luft (Schwimm-B. der Fische).
2) *Pathologie:* lat. **Bulla,** die Ablösung der obersten Schichten von Haut oder Schleimhaut, unter denen sich Flüssigkeit (z. B. Wasser-B., Blut-B.) oder Luft ansammeln können. B. entstehen durch Verbrennung, Quetschung, Reibung oder bei meist infektiösen Hautkrankheiten.

Blasebalg, das einfachste Gebläse. Zwei durch einen Lederbalg verbundene Platten werden gegeneinander bewegt. Dadurch wird die zw. ihnen befindl. Luft verdichtet und durch eine Düse ausgeblasen.

Blasenausschlag, Blasensucht, Pemphigus, Oberbegriff für durch Blasenbildung charakterisierte, meist chron. Erkrankungen der Haut und Schleimhäute, mit gestörtem Allgemeinbefinden; Ursache unbekannt. Häufigste Form ist der **Pemphigus vulgaris,** bei dem es zur Ausbildung unregelmäßig begrenzter, flüssigkeitsgefüllter, am ganzen Körper auftretender Blasen kommt (die Mundschleimhaut ist fast immer beteiligt). – Behandlung durch Corticosteroide und Immunsuppressiva.

Blasenentzündung, Harnblasenentzündung, Blasenkatarrh, Zystitis, akute oder chron. Entzündung der Blasenschleimhaut; verursacht durch Bakterien (v. a. Kolibakterien, Strepto- oder Staphylokokken), die absteigend von den Nieren oder meist (bes. häufig bei Frauen) aufsteigend über die Harnröhre in die Blase gelangen. Kennzeichen sind Schmerzen, gehäufter Harndrang und Brennen beim Wasserlassen. – Behandlung durch Wärmeanwendung, reichl. Flüssigkeitszufuhr und zur Erregerbekämpfung Antibiotika und Sulfonamide.

Blankenburg 2): Gartenfront des »Kleinen Schlosses« (1777, 1984 erneuert) mit dem barocken Terrassengarten

Blasenfüße, Fransenflügler, Thysanoptera, Gruppe winziger Insekten mit sehr schmalen, lang befransten Flügeln; z. T. schädlich als Pflanzensaftsauger und Virusüberträger.

Blasengrind, die →Impetigo.

Blasenkäfer, Meloidae, Käferfamilie mit vielen oft metallisch oder bunt gefärbten Arten. B. enthalten Cantharidin (→Spanische Fliege).

Blasenkammer, Glaser-Kammer, von D. A. Glaser entwickeltes Gerät zum Nachweis und zum Sichtbarmachen der Spuren energiereicher Teilchen. Eine leicht siedende Flüssigkeit (z. B. Wasserstoff, Helium, Propan) wird in einem zw. den Polen eines Magneten angeordneten Behälter knapp über dem Dampfdruck gehalten. Durch plötzl. Verminderung des Drucks wird die Flüssigkeit überhitzt. Die dann in die B. eintretenden ionisierenden Teilchen erzeugen längs ihres Weges Dampfblasen, die fotografisch registriert werden können. – B. haben v. a. histor. Bedeutung und wurden inzwischen fast ausschließlich durch rein elektronisch arbeitende Detektoren ersetzt.

Blasenkatarrh [-tar], die →Blasenentzündung.

Blasenkeim, die →Blastula.

Blasenkirsche, Judenkirsche, Lampionpflanze, Physalis alkekengi, bis 50 cm hohes Nachtschattengewächs in Auenwäldern und Gärten mit bei der Fruchtreife rotem, blasig aufgetriebenem Kelch, der eine scharlachrote Beere enthält.

Blasenkirsche: Pflanzen mit Fruchtkelchen

Blasenkrebs, Blasenkarzinom, Harnblasenkrebs, bösartige Gewebeneubildung der Harnblase; geht meist von Papillomen der Schleimhaut aus und gehört zu den zweithäufigsten bösartigen Tumoren des Harn- und Geschlechtssystems. Der B. tritt v. a. bei Männern auf und wird z. T. durch krebserregende Stoffe (z. B. aromat. Amine) hervorgerufen, auch auf Nikotinmissbrauch zurückgeführt. Frühsymptom ist ein in Intervallen auftretendes, schmerzfreies Blutharnen. Später kommt es zu Beschwerden, die denen einer Blasenentzündung entsprechen, ausstrahlenden Schmerzen, je nach Sitz und Größe des Tumors schließlich zu unwillkürl. Harnabgang oder Harnverhaltung. – Die Behandlung besteht in einer endoskop. Elektroresektion des Tumors (auch durch Kryochirurgie oder Lasertherapie), ggf. in einer Teilentfernung der Blasenwand, in späteren Stadien in einer völligen Entfernung der Harnblase und angrenzender Lymphknoten (zusätzlich Strahlen- und Chemotherapie).

Blasenmole, Traubenmole, Mola hydatiformis, Schwangerschaftsstörung mit blasenförmiger Entartung der Chorionzotten der Plazenta. Der normale Stoffaustausch ist gestört, die Leibesfrucht stirbt infolgedessen frühzeitig ab; es tritt eine Fehlgeburt ein. Die Entwicklung eines bösartigen **Chorionepithelioms** (Zottenkrebs, Chorionkarzinom) aus Resten der B. mit invasivem und zerstörer. Wachstum ist möglich (etwa 5% der Fälle). Nachuntersuchungen sind deshalb erforderlich.

Blasenspiegelung, die →Zystoskopie.

Blasensprung, Vorgang bei der →Geburt.

Blasensteine, in der Harnblase gelegene →Harnsteine, stammen meist aus der Niere. Beschwerden: häufiger Harndrang, Schmerzen, Blut im Harn. Ursachen der Steinbildung sind v. a. Blasenabflussbehinderungen (z. B. Prostatavergrößerung), Blasenentzündung oder bestimmte Harninfektionen.

Blasenstrauch, Colutea, Schmetterlingsblütlergattung mit unpaarig gefiederten Blättern, gelben bis roten Blüten und blasigen Hülsen; z. T. Ziersträucher.

Blasentang, Fucus vesiculosus, rd. 60 cm lange Braunalge mit lufthaltigen Blasen, gabelig verzweigt, enthält u. a. Jod und Alginsäure.

Blasenwurm, der Hundebandwurm (→Echinokokken).

Blasenwurmkrankheit, durch Bandwurmfinnen hervorgerufene Erkrankung (→Echinokokken).

Blasenzähler, Glasgefäß, mit dem die Durchflussgeschwindigkeit von Gasen kontrolliert werden kann. Es ist mit Wasser oder einer inerten Flüssigkeit, z. B. Paraffinöl, gefüllt, durch die das Gas hindurchströmt; oft mit einem Rückschlagventil versehen. Der B. wird in Reaktionsanordnungen verwendet, aber auch in Aquarien zur Überwachung der Kohlendioxid-Zugabe.

Bläsertriebwerk, Fantriebwerk, ein →Strahltriebwerk mit großem Nebenstromverhältnis.

Blasinstrumente, Musikinstrumente, bei denen entweder die in einem festen Körper eingeschlossene Luft zum Klingen gebracht oder die Außenluft unmittelbar in Schwingung versetzt wird. Zur ersten Gruppe gehören: a) **Flöten,** b) **Schalmeien** (**Rohrblattinstrumente,** u. a. Oboe, Fagott, Klarinette, Saxofon), c) **Trompeten-(Kesselmundstück-)Instrumente** (u. a. Trompete, Posaune, Horn, Tuba), zur zweiten: d) **Instrumente mit Durchschlagzungen** (u. a. Harmonium, Zieh- und Mundharmonika). Die Orgel enthält Pfeifen der Typen a, b und d. Die Scheidung in Holz- und Blech-B. ist irreführend, da Flöten und Rohrblattinstrumente (z. B. das Saxofon) auch aus Metall gefertigt werden, Kesselmundstückinstrumente auch aus Holz (z. B. der Zink). Die Tonhöhe richtet sich bei den Typen a, b und c nach der Länge der Luftsäule. Bei schärferem Anblasen (»Überblasen«) erklingen höhere Teiltöne. Bei den Flöten wird der Luftstrom gegen den scharfen Rand einer oberen Öffnung getrieben, bei den Schalmeien wird er durch ein Rohrblatt oder Blattpaar, bei den Trompeteninstrumenten durch Ventile unterbrochen.

Blasius, Bischof von Sebaste (Armenien), Märtyrer, †um 316; einer der 14 Nothelfer, u. a. auch Patron der Ärzte und Halsleidenden. Weit verbreitet ist der B.-Segen (gegen Halsübel). Heiliger, Tag: 3. 2.

Blaskowitz, Johannes, Generaloberst, *Peterswalde (Ostpreußen) 10. 7. 1883, †(Selbsttötung) Nürnberg 5. 2. 1948; im Zweiten Weltkrieg ab Okt. 1939 Oberbefehlshaber Ost; fiel wegen seiner Proteste gegen die Ausschreitungen der SS in Polen bei Hitler in Ungnade. 1940–44 kommandierte er die 1. Armee in Frankreich, ab Jan. 1945 war er Oberbefehlshaber der dt. Truppen in den Niederlanden (»Festung Holland«). 1948 in Nürnberg unter Anklage gestellt.

Blason [blaˈzõ, frz.] der, Heraldik: Wappenschild. (→Heraldik)

Blasonierung, wiss. Beschreibung eines Wappens oder Wappenteils nach herald. Grundsätzen oder Regeln.

Blasphemie [griech.] die, Religions- und Rechtsgeschichte: die →Gotteslästerung.

Blasrohr, eine Röhre (Holz, Bambus), durch die Geschosse (Tonkugeln, vergiftete Pfeile) mit dem Mund geblasen werden; Jagdwaffe bei Naturvölkern in SO-Asien sowie in Süd- und Mittelamerika.

Blastem [griech. »Keim«, »Spross«] das, Bildungsgewebe aus undifferenzierten Zellen, aus dem sich während der Embryonal- und Fetalentwicklung Organe oder Körperteile bilden.

Blastom [griech.] das, abnorme Gewebeneubildung (→Tumor).

Blastomykosen, eine Gruppe von (nach Erreger wie Verlauf verschiedenartigen) chron., meist trop. Systempilzerkrankungen. Unbehandelte B. sind fast immer tödlich.

Blastozyste, Entwicklungsbiologie: →Keimbläschen.

Blastula [griech.-lat.] die, Blasenkeim, frühes Entwicklungsstadium des Embryos vielzelliger Tiere; im Verlauf der Furchungsteilungen aus der Eizelle entstehender, hohler Zellkörper.

Blasverfahren, Konverterverfahren, metallurg. Verfahren zur Stahlherstellung (**Blasstahl**); die chem. Begleitelemente des flüssigen Roheisens werden durch Auf-, Ein- und Durchblasen reinen Sauerstoffs oxidiert. Zu den modernen Sauerstoff-B. gehört das LD-Verfahren (→Sauerstoffmetallurgie).

Blatt, 1) Botanik: meist flächiges, Chlorophyll enthaltendes Organ der Samen- und Farnpflanzen (i. w. S. auch der Moose). Es dient in erster Linie als Laub-B. dem Aufbau der Kohlenhydrate durch die Fotosynthese und der Wasserabgabe durch Transpiration. Ausgewachsen gliedert sich das B. morphologisch in ein Ober-B. mit flacher oder nadelförmiger **Spreite** (Laub- oder Nadel-B.) und (meist) **B.-Stiel** sowie in ein Unter-B. mit B.-Grund, der das B. mit der Sprossachse verbindet. Geschlossene Leitbündel durchziehen als B.-Adern, B.-Rippen oder B.-Nerven die Spreite, bei zweikeimblättrigen Pflanzen meist netzartig, bei einkeimblättrigen i. d. R. parallel oder bogenförmig. Sie dienen der Versorgung mit Wasser und Nährsalzen sowie dem Abtransport der Assimilationsprodukte. Die flache Spreite der Laubblätter kann ungeteilt, gefiedert, gestielt oder ungestielt (sitzend) sein. Nach bestimmter, meist kurzer Lebensdauer werden viele Laubblätter im Unterschied zu den Nadelblättern abgeworfen. Nach der Entwicklungsfolge unterscheidet man folgende B.-Arten: Keimblätter, Niederblätter, Laubblätter (Laub-B., Nadel-B.), Hochblätter und die Blätter im Blütenbereich (→Blüte).

2) *Holztechnik:* Teil einer Holzverbindung.

3) *Weberei:* **Weberkamm, Webe-B., Riet,** Teil der Webmaschine, schlägt den Schussfaden an das fertige Gewebe an.

Blattachsel, bei Pflanzen der Winkel zw. Sprossachse und Blatt.

Blattbräune, Pflanzenkrankheit, vorzeitiges Absterben der Blätter, oft unter Bräunung; häufig liegt Pilzbefall vor.

Blatten, *Jägersprache:* das Anlocken von Rehböcken zur Brunftzeit durch Nachahmen des weibl. Kontakt-(»Fiep«-)Lautes; der Jäger bedient sich hierbei eines Pflanzenblattes oder eines Instruments.

Blatter, 1) Joseph (»Sepp«), schweizer. Fußballfunktionär, *Visp (Kt. Wallis) 10. 3. 1936; 1977–81 Techn. Direktor, 1981–98 Gen.-Sekr. und seitdem Präs. der FIFA.

2) Silvio, schweizer. Schriftsteller, *Bremgarten (AG) 25. 1. 1946; schreibt Erzählungen und Romane über den schweizer. Alltag, v. a. in seiner Heimat Aargau (»Zunehmendes Heimweh«, 1978; »Kein schöner Land«, 1983; »Das sanfte Gesetz«, 1988; »Avenue America«, 1992; »Zwölf Sekunden Stille«, 2004).

Blätterkohl, Brassica oleracea var. acephala, krausblättrige, auf Blattmasse gezüchtete Formen des Kohls, heute v. a. durch den **Grünkohl** (auch **Braunkohl**) vertreten; reich an Eiweiß, Vitamin A und C.

Blätterkohle, Dysodil, feinblättrige, aus Faulschlamm entstandene Bitumenkohle, oft mit gut erhaltenen Fossilien.

Blätterkrone, Blattkrone, *Heraldik:* die →Helmkrone.

Blättermagen, einer der Vormägen der →Wiederkäuer.

Blattern, volkstüml. Bez. für die →Pocken.

Blätterpilze, Lamellenpilze, Bez. für Ständerpilze, an deren Hutunterseite sich radial verlaufende Lamellen (Blätter) befinden, z. B. Champignon, Knollenblätterpilz.

Blattfallkrankheiten, Pflanzenkrankheiten mit vorzeitigem Laubfall, durch Schädlingsbefall, Witterungseinflüsse, Nährstoffmangel, Immissionen); an Zierpflanzen entstehen sie oft durch falsche Pflege.

Blattflöhe, die →Blattsauger.

Blattfußkrebse, Blattfüßer, Phyllopoda, Unterklasse der Krebstiere mit 2 Paar Fühlern, einem kräftigen Oberkieferpaar und mindestens 4 blattförmig gelappten Schwimmfüßen mit Kiemenanhängen. Körper schalenlos (Sommerkiemenfuß u. a.), mit schildförmiger (z. B. Kiefenfuß) oder zweiklappiger Schale (Wasserflöhe).

Blattgold, reines Gold, zu etwa 0,1 µm dünnen Blättchen ausgeschlagen oder ausgezogen; dient zum Vergolden u. a. von Buchschnitten, Kunstgegenständen und Kuppeln von Bauwerken. – **Unechtes** B. →Schlagmetall.

Blattkakteen: Epiphyllum-Hybride

Blattgrün, das →Chlorophyll.

Blatthornkäfer, Lamellicornia, Laub fressende Käfer, z. B. Nashorn-, Hirsch-, Mai-, Mistkäfer; ihre unterirdisch lebenden Larven (**Engerlinge**) schaden durch Wurzelfraß.

Blattkäfer, Chrysomelidae, Käferfamilie mit etwa 30 000–35 000 Arten; meist gewölbt-eiförmig, metallisch glänzend oder bunt. Die Larven sind gestreckt-walzenförmig, oft mit Warzen oder Fortsätzen. Als Pflanzenfresser sind B. oft schädlich, z. B. Kartoffelkäfer, Erdflöhe, Erlenblattkäfer.

Blattkakte|en, Phyllokakteen, verbreiteter Name für Kakteen mit blattähnl. Flachsprossen; bes. die von Mexiko bis Argentinien verbreitete Gattung **Epiphyllum** (Phyllactus); auch als Zimmerpflanzen.

Blattkiemer, Ordnung 1 mm bis 1,5 m langer Muscheln im Meer (u. a. Klaff-, Herz-, Riesenmuscheln) und in Süßgewässern (Flussmuscheln).

Blattkrone, *Heraldik:* die Blätterkrone (→Helmkrone).

Blattläuse, Aphidina, Pflanzensauger mit 8 Familien, darunter die **Röhren-, Blasen-, Zwerg-** und **Tannenläuse**; kleine weichhäutige, oft schwarze oder grüne Insekten mit 4 durchsichtigen Flügeln oder flügellos; die zuckerhaltigen Exkremente der B. (**Honigtau**) werden von Ameisen und Bienen verzehrt. B. pflanzen sich durch Eier oder lebende Junge fort, ein Puppenstadium fehlt. Natürl. Feinde der B. sind Schweb- und Florfliegen sowie Marienkäfer. Die chem. Bekämpfung erfolgt mit Insektiziden.

Blattnasen, Familie der →Fledermäuse.

Blattpflanzen, Zierpflanzen mit großen dekorativen Blättern, aber unauffälligen Blüten.

Blattroller, Blattwickler, Käfer, die zur Eiablage Blätter einrollen, z. B. der Birkentrichterwickler; das vertrocknende Blattgewebe fressen die Larven.

Blattrollkrankheit, Viruskrankheit der Kartoffel, bei der sich die Blätter tütenartig vom Rand her einrollen; durch Blattläuse übertragen.

Blattsauger, Blattflöhe, Psyllidae, Familie sprungfähiger, zikadenähnlicher Pflanzensauger mit durchsichtigen Flügeln; Pflanzenschädlinge, z. B. der Apfelblattsauger.

Blattschneiderameisen, Attini, südamerikan. Ameisen, die Blätter zerkauen und auf dem Brei Pilze züchten.

Blattschneiderbienen, Tapezierbienen, Gattung einzeln lebender Bienen, die Blattstücke ausschneiden und zu Brutkammern verarbeiten; Rosenschädlinge.

Blattsilber, wie Blattgold zu dünnen Blättchen ausgeschlagenes Silber für Dekorationszwecke. Unechtes B. besteht aus einer Legierung von 91,06% Zinn, 8,25% Zink sowie geringen Anteilen an Blei, Eisen und Kupfer.

Blau, Bez. für Farben, die im Spektrum zw. Grün und Violett, d. h. etwa zw. den Wellenlängen 440 und 485 nm (blaues Licht) liegen. B. entsteht auch durch additive →Farbmischung von Grün und Violett bzw. durch subtraktive Mischung von Blaugrün (Cyan) und Purpur (Magenta).

Blaualgen, die →Cyanobakterien.

Blaubarsche, Pomatomidae, Familie der Barschfische mit der einzigen Art **Blaufisch** (Pomatomus saltatrix), einem silbern glänzenden, gefräßigen Fischjäger warmer Meere.

Blaubart, frz. **Barbe-bleue,** Märchenfigur. Der Ritter B. verbietet seiner jungen Frau, ein Zimmer zu betreten. Sie tut es dennoch und sieht darin die Leichen ihrer Vorgängerinnen. Der Schlüssel entfällt ihr; das Blut daran lässt sich nicht beseitigen. B. will sie töten, aber ihre Brüder retten sie. Der Stoff fand durch C. Perrault Eingang in die neuere Kunstliteratur (1697).

Blaubeere, die →Heidelbeere.

Blaubeuren, Stadt im Alb-Donau-Kreis, Bad.-Württ., in einem Talkessel am S-Rand der Schwäb. Alb, am →Blautopf, 11 900 Ew.; elektrotechn. und pharmazeut. Industrie. – Das um 1085 gegründete Kloster ist seit 1817 ev.-theolog. Seminar, ehem. Klosterkirche (1491–99) mit Hochaltar (1493/94) von M. und G. Erhart (Gemälde von B. Zeitblom und B. Strigel); Stadtkirche (1343 erstmals erwähnt, Anfang 15.Jh.). – Bei B. wurden in mehreren Höhlen vorgeschichtl. Kulturreste aufgefunden, bed. die von →Sirgenstein und Geißenklösterle.

Blaubücher, →Farbbücher.

Bläue, →Blaufäule.

Blaue Berge, Name für Gebirge in den USA, in Australien und auf Jamaika, →Blue Mountains.

blaue Blume, zentrales Symbol in Novalis' utop. Künstlerroman »Heinrich von Ofterdingen« (1802); seither Sehnsuchtssymbol der romant. Literatur für die Vereinigung aller getrennten Seinssphären (Geist und Natur; Vernunft und Fantasie), die durch den Dichter schöpferisch herbeigeführt werden soll.

Blaue Division, División Azul, span. Freiwilligenverband, der 1941–43 auf dt. Seite in der Sowjetunion kämpfte; ben. nach den von den span. Soldaten unter der Wehrmachtsuniform getragenen blauen Falange-Hemden.

Blauer Peter

Blaue Grotte, ital. **Grotta Azzurra,** Höhle von 54 m Länge, 30 m Breite und 15 m Höhe an der N-Küste der Insel Capri, Italien. Der Eingang zur Grotte ist rd. 1 m hoch. Das lasurblaue Licht dringt durch das Meerwasser ins Innere.

Blaue Liste, →Wissenschaftsgemeinschaft Gottfried Wilhelm Leibniz e. V.

blaue Mauritius, Briefmarke, →Mauritius.

Blauen das, **Bläuen,** Überdecken des auch bei gebleichten Textilien noch schwach gelbl. Farbtons durch bläul. Farbstoff; heute durch →Aufhellung ersetzt.

Blauen der, Berg im südl. Schwarzwald, bei Badenweiler, 1 165 m hoch.

Blauer Engel, →Umweltzeichen.

blauer Fleck, →Bluterguss.

blauer Montag, Montag, an dem nicht gearbeitet (»blaugemacht«) wird. Die Herkunft der seit dem 16. Jh. übl. Bez. ist nicht sicher geklärt; nach weitverbreiteter Deutung wird b. M. zurückgeführt auf die »blaue Messe« (nach der Farbe des Messgewandes), die am Montag nach dem auf einen Sonntag fallenden Jahresfest einer Zunft für die Toten der jeweiligen Zunft gefeiert wurde. Nach anderer Deutung liegt der Ursprung im arbeitsfreien Montag vor Beginn der Fastenzeit und in der für diesen Tag vorgeschriebenen liturg. Farbe (ebenfalls Blau). Der b. M., 1731 durch die Reichshandwerksordnung (→Zunft) offiziell abgeschafft, hielt sich bis Ende des 19. Jh.

Blauer Nil, arab. **Bahr el-Asrak,** wasserreicherer der beiden Quellflüsse des →Nil, durchfließt den Tanasee und vereinigt sich mit dem Weißen Nil bei Khartoum.

Blauer Peter, internat. Signalflagge (blau mit weißem Rechteck): »Schiff verlässt binnen 24 Stunden den Hafen.«

Blauer Reiter, Künstlergemeinschaft in Dtl., gegr. 1911 in München. Ihr gehörten F. Marc, W. Kandinsky, Gabriele Münter, A. Macke, P. Klee, A. Jawlensky, A. Kubin, H. Campendonk, Marianne von Werefkin u. a. an. Der Name, der den Aufbruch zu einer neuen »geistigen Kunst« symbolisieren sollte, stammt von einem Bild Kandinskys, das den Umschlag des Almanachs »Der B. R.« (1912) schmückte. Die Künstler des B. R. erstrebten eine Erneuerung der Kunst aus den Ursprungen, ohne jedoch einen gemeinsamen Stil, wie z. B. die Maler der →Brücke, ausgebildet zu haben. Der Erste Weltkrieg beendete die Aktivitäten des B. R., dessen Ideen in vielen Bereichen der abstrakten Malerei weiterwirkten.

Blaues Band, von 1838 bis 1952 symbol. Auszeichnung für die schnellste Überquerung des Atlantiks zw. Europa und Nordamerika mit einem Passagierschiff; seit dem Ausbau des transatlant. Flugverkehrs bedeutungslos, daher aufgegeben.

blaues Blut, volkstüml. Bez. für adlige Herkunft. Der Ausdruck hat seinen Ursprung im Spanien (»sangre azul«) der Maurenherrschaft, da westgot. Edle in der Umgebung dunkelhäutiger Menschen durch die unter der hellen Haut an Schläfen und Handrücken schimmernden Blutgefäße auffielen.

Blaues Kreuz, christl. Selbsthilfevereine zur Suchtkrankenhilfe und Vorbeugung von Suchtgefährdung, hervorgegangen aus dem 1877 in Genf gegründeten christl. Verein zur Bekämpfung des Alkoholismus; in Dtl. heute in 2 Dachverbänden zusammengeschlossen.

Blauer Reiter: Franz Marc, »Roter Stier« (1912; Moskau, Puschkin-Museum)

Blaufäule, Bläue, blaugraue Verfärbung geschlagenen Nadelholzes durch **Bläuepilze**; B. ist wertmindernd (Schönheitsfehler).

Blaufisch, →Blaubarsche.

Blaufuchs, ein Polarfuchs, →Füchse.

Blauhelme, umgangssprachl. Bez. für die Soldaten der →UN-Friedenstruppe.

Blauholz, Kampecheholz, Blutholz, braunrotes bis braunviolettes, festes Kernholz von **Haematoxylum campechianum** aus Mittelamerika; diente früher der Farbgewinnung.

Blaukehlchen, Luscinia svecica, kleiner gräulich brauner Singvogel, Männchen mit kornblumenblauer Brust und weißem (Mittel-, S-Europa) oder rotbraunem (Skandinavien) Stern; Buschbewohner in Sumpfgebieten.

Blaukohl, Rotkohl, ein Kopfkohl.

Blaukreuz, ein chem. Kampfstoff (→Kampfstoffe).

Blaulicht, blau blinkendes Warnlicht an Einsatzfahrzeugen der Polizei und Feuerwehr sowie an Krankenwagen; Fahrzeugen, die B. und Sirene eingeschaltet haben, ist sofort freie Bahn zu schaffen (§ 38 StVO); B. allein begründet kein Wegerecht.

Bläulinge, Lycaenidae, kleine Tagschmetterlinge, Männchen häufig mit blauer Flügeloberseite; leuchtend orangerot ist die Art **Großer Feuerfalter** (Lycaena dispar).

Blauracke, Mandelkrähe, Coracias garrulus, ein taubengroßer Rackenvogel, Kopf, Brust und Bauch blaugrün schimmernd; nistet in Europa (in Dtl. nur noch östlich der Elbe) in hohlen Bäumen; Zugvogel.

Blausäure, Cyanwasserstoff, HCN, farblose, giftige Flüssigkeit, die nach bitteren Mandeln riecht. B. ist, gebunden als Amygdalin, spurenweise in bitteren Mandeln und in den Kernen der Steinfrüchte enthalten. Die Salze der B. heißen **Cyanide** (→Dicyan). B. dient zur Herstellung von Kunststoffen, Cyaniden, Farbstoffen u. a.

Blausäurevergiftung, Vergiftung durch Aufnahme von Blausäure oder ihrer Salze, bes. Kaliumcyanid, durch Magen-Darm-Kanal, Lungen oder Haut. Blausäure blockiert das Sauerstoff übertragende Enzymsystem der Körperzellen, was in wenigen Sekunden zu innerer Erstickung führen kann. Je nach aufgenommener Blausäuremenge treten heftige Krämpfe, Atemnot, Erbrechen, Bewusstlosigkeit und schließlich der Tod durch Atemlähmung ein. – *Erste Hilfe:* Frischluftbeatmung (keine Atemspende, da Selbstgefährdung), Notruf!

Blauschimmel, Sammelbez. für versch. →Schimmelpilze, z. B. bläul. Sporenrasen bildende Schadpilze (z. T. sehr giftig) auf Nahrungsmitteln, aber auch Penicillium roquefortii zur Verfeinerung von Käsesorten (B.-Käse, →Käse). **Tabak-B.** ist eine durch den Pilz Peronospora tabacina hervorgerufene gefährl. Krankheit des Tabaks mit auf der Blattunterseite bläulich grauem Pilzrasen.

Blauschlick, Meeresablagerung v. a. festländ. Ursprungs, in 200–2 700 m Tiefe am Kontinentalhang; durch Pyrit und halb zersetzte organ. Substanzen gefärbt; bedeckt etwa 15 % des gesamten Meeresbodens.

Blauspat, das Mineral →Lazulith.

Blaustern, die Pflanzengattung →Scilla.

Blaustrumpf, urspr. Spottname für Damen eines literar. Kreises der Lady Montagu in London um 1750, in dem der Naturforscher B. Stillingfleet und dann auch die Frauen in blauen Wollstrümpfen erschienen; später Spottname für intellektuelle Frauen.

Blausucht, Zyanose, blaurote Färbung von Haut und Schleimhäuten infolge verminderter Sauerstoffsättigung des Kapillarblutes, am deutlichsten erkennbar an Fingerspitzen, Lippen, Ohrläppchen; Krankheitszeichen bei schwerer Beeinträchtigung von Herz- oder Lungenfunktion.

Blautopf, Karstquelle der Blau, eines linken Nebenflusses der Donau, in Blaubeuren, 41 m Durchmesser, 20,6 m tief; Schüttung: 2 200 l je Sekunde. Der Quelltopf setzt sich nach einer Engstelle als Höhle weiter fort, die bis auf eine Länge von 1 250 m untersucht wurde.

Blauwal, größter →Furchenwal.

Blauzungenkrankheit, Blue Tongue, akute Virusinfektion der Schafe und Rinder, bes. im südl. Afrika, mit Fieber, Kreislaufstörungen, Maulschleimhautentzündung und Blaufärbung der Zunge; anzeigepflichtig.

Blavạtsky, Helena Petrowna, geb. **Hahn von Rottenstern,** russ. Okkultistin, *Jekaterinoslaw 30. 8. 1831, †London 8. 5. 1891; trat in Ägypten, Russland und den USA als Medium auf; begründete 1875 mit Henry Steel Olcott (*1832, †1907) die →Theosophische Gesellschaft, deren Lehre sie über ihre Schriften maßgeblich prägte (→Theosophie).

Blazar [engl. Kunstwort] *der,* Astronomie: Mitglied einer gelegentlich postulierten Objektgruppe aus BL-Lacertae-Objekten und Quasaren mit schnellen Helligkeitsvariationen.

Blazer [ˈbleɪzə, engl.] *der,* Klub- oder Sportjacke, meist in Form eines zweireihigen Sakkos; seit den 1980er-Jahren auch Frauenjacke.

Blech, zu dünnen Platten, Bändern oder Streifen ausgewalztes Metall (meist Metalllegierungen). Man unterscheidet nach dem Verwendungszweck, der Profilierung (z. B. Well-, Riffel-, Warzen-B.), der Oberflächenbehandlung (z. B. Schwarz-, Hochglanz-B.), der Oberflächenveredlung (z. B. plattiertes, brüniertes, lackiertes, verzinktes, verzinntes, alitiertes B.) sowie nach der Dicke: Grob-B. (> 4,76 mm), Mittel-B. (3–4,76 mm), Fein-B. (< 3 mm), Feinst-B. (< 0,5 mm).

Blech, Hans Christian, Schauspieler, *Darmstadt 20. 2. 1925, †München 5. 3. 1993; spielte u. a. in München, Wien und Zürich; Filmrollen u. a. in: »Affäre Blum« (1948), »Der Zauberberg« (1981), »Das große Fest« (1992).

Blechblasinstrumente, Blechinstrumente, heute gebräuchliche Bez. für die meist aus Metall (Messing) gefertigten Trompeteninstrumente.

Blechen, Karl (auch Carl), Maler, Radierer und Lithograf, *Cottbus 29. 7. 1798, †Berlin 23. 7. 1840; einer der bedeutendsten Künstler der dt. Romantik, zugleich ein früher Vorläufer des Impressionismus, dem er sich in schlicht realist., die Landschaft in ihren Licht- und Farbwirkungen erfassenden Bildern näherte. – Abb. S. 568

Blechlehre, Messgerät zum Nachprüfen der Dicke handelsübl. Bleche und Drähte (Drahtlehre).

Bled, dt. **Veldes,** Luftkurort und Thermalbad in Slowenien, in den Julischen Alpen, 501 m ü. M., 11 100 Ew.; Thermalquellen. – Barocke Wallfahrtskirche »Sankt Maria im See« auf der Insel im **Veldeser See** (slowen. Blejsko jezero).

Blei (lat. Plumbum), chem. Symbol **Pb,** blaugraues, an frischen Schnittstellen glänzendes metall. Element aus der 4. Hauptgruppe des Periodensystems, Ordnungszahl 82, relative Atommasse 207,2, Dichte (bei 20 °C) 11,35 g/cm³, Schmelzpunkt 327,5 °C, Siedepunkt 1749 °C. B. und seine Verbindungen sind sehr giftig (→ Bleivergiftung). – B. kommt in 4 natürl. Isotopen vor, mehr als 30 radioaktive Isotope können künstlich erzeugt werden. Die stabilen Isotope sind Endprodukte der Zerfallsreihen (→ Radioaktivität) von Uran-Actinium (^{207}Pb), Uran-Radium (^{206}Pb) und Thorium (^{208}Pb). Mithilfe dieser Isotope lassen sich geolog. Altersbestimmungen durchführen. B. ist sehr weich; es hinterlässt auf Papier einen grauen Strich. Früher hat man mit B. geschrieben, die heutigen Bleistifte enthalten dagegen Gemische aus Grafit und Ton. Mit Phosphor-, Salz- und Schwefelsäure entstehen unlösl. Schichten der entsprechenden B.-Verbindungen, an Luft bildet sich eine dünne, fest haftende Schicht von B.-Oxid, die das Metall gegen weitere Oxidation schützt.

Vorkommen und Gewinnung: B. findet sich selten in gediegenem Zustand; wichtige B.-Erze sind **B.-Glanz, B.-Vitriol, Weiß-, Rot-** und **Gelbbleierz.** B. wird aus sulfid. Erzen meist nach dem Röstreduktionsverfahren gewonnen, wobei das B.-Sulfid zu B.-Oxid und Schwefeldioxid geröstet (→ Rösten) und anschließend mit Kohle im Schachtofen zu unreinem B. (Roh-B., Werk-B.) reduziert wird. Durch versch. Raffinationsverfahren entfernt man die noch enthaltenen metall. Verunreinigungen. Verwendet wird B. zur Herstellung von Akkumulatoren (rd. 70 % des Gesamtverbrauchs), Kabelmänteln, Rohren, Farben und Gefäßen für aggressive Flüssigkeiten, als Legierungsmaterial sowie im Strahlenschutz zur Absorption von Röntgen- und Gammastrahlen.

Verbindungen: Aus **B.-Chlorid,** $PbCl_2$, werden B.-Chromat, Lot und Flussmittel hergestellt. **B.-Chromat,** $PbCrO_4$, wird als Malerfarbe verwendet (Chromgelb, Chromgrün). Das schwarzbraune **B.-Oxid,** PbO_2, ist ein starkes Oxidationsmittel und findet u. a. in der Zündholzind. und Pyrotechnik Verwendung; **B.-Glätte** (B.-Oxid), PbO, mit einer gelben und einer roten Modifikation, u. a. für Akkumulatoren und für keram. Glasuren; **Blei(II,IV)oxid,** Pb_3O_4, ist die → Mennige. **B.-Nitrat,** $Pb(NO_3)_2$, wird in der Farbstoff-, Sprengstoff- und Zündholzind. verwendet. **B.-Sulfat,** $PbSO_4$ (als Mineral: Anglesit), dient als Beschwerungsmittel und weiße Malerfarbe. **B.-Azid,** $Pb(N_3)_2$, explodiert heftig bei Schlag oder Hitze und dient daher als Initialzündstoff. Bleiorgan. Verbindungen (z. B. Tetraethylblei) dienten früher als Antiklopfmittel in Vergaserkraftstoffen.

Bleiproduzenten: Die Weltproduktion von B. beträgt rd. 3 Mio. t pro Jahr. Die wichtigsten B.-Förderländer waren (2004, B.-Gehalt in 1000 t): China (951), Australien (678), USA (445), Peru (306), Mexiko (118), Kanada (77) und Marokko (44). In Europa fördern v. a. Irland (64) sowie Schweden (54) und Polen (53) Blei. Dtl. gehört zu den größten Bleierzimporteuren. Aus importierten Erzen und recyceltem B.-Schrott wurden (2004) 359 000 t Raffinade-B. produziert. Die derzeit wirtschaftlich gewinnbaren B.-Vorräte werden auf über 200 Mio. t geschätzt.

Blei, Bley, Art der → Karpfenfische.

Blei, Franz, österr. Schriftsteller, * Wien 18. 1. 1871, † Westbury (N. Y.) 10. 7. 1942; war ein bedeutender Publizist und Herausgeber; schrieb Komödien, Erzählungen, Kritiken und Essays sowie die literar. Satire »Das große Bestiarium der Literatur« (1924).

Bleiberg ob Villach, seit 1978 → Bad Bleiberg.

Karl Blechen: Im Park von Terni (1828/29; Stuttgart, Staatsgalerie)

Bleibtreu, 1) Hedwig, österreichische Schauspielerin, * Linz 23. 12. 1868, † Wien 24. 1. 1958; seit 1893 am Wiener Burgtheater, übernahm seit 1930 auch Filmrollen (»Der dritte Mann«, 1948).

2) Karl, Schriftsteller, * Berlin 13. 1. 1859, † Locarno 30. 1. 1928. Seine Schrift »Revolution der Literatur« (1886) wurde zum Programm des frühen → Naturalismus. Er schrieb Erzählungen und Romane, histor. Darstellungen und Dramen.

Bleichen, 1) *Chemie:* das Entfärben von Materialien durch Adsorption der Farbstoffe an oberflächenaktiven Stoffen, Überdecken unerwünschter Farben durch Komplementärfarben oder Zerstörung der färbenden Begleitstoffe mit → Bleichmitteln.

2) *Fotografie:* (Farbumkehrentwicklung), Umwandlung des Silbers des negativen Bildes in lösl. Silberverbindungen.

Bleich|erde, 1) *Bodenkunde:* → Podsol.

2) *Mineralogie:* **Fullererde, Walkerde,** fein verteilte, natürl. Feststoffe, die v. a. aus Tonmineralen der Montmorillonitgruppe (→ Montmorillonit) bestehen; werden zum Entfärben von Fetten, Ölen und Wachsen verwendet.

Bleicherode, Stadt im Landkreis Nordhausen, Thür., am O-Rand des Eichsfelds, nahe den bis 464 m ü. M. aufsteigenden Bleicheröder Bergen, 6300 Ew.; ehemals Kalibergbau (bis 1990), Gewerbegebiet (Baustoff-, Metall- und Kunststoff verarbeitende Industrie). Spätgot. Marienkirche. – 1130 erstmals erwähnt, seit 1326 als Stadt bezeugt.

Bleichkalk, der → Chlorkalk.

Bleichmittel, Substanzen, die farbtragende Anteile von Fasern, Papier, Lebensmitteln u. a. chemisch so verändern, dass sie zu einer Aufhellung dieser Produkte führen. **Oxidierende B.** zerstören den Farbstoff.

Zu ihnen gehören Chlor und Hypochlorite. Schonender wirken Chlordioxid, Natriumchlorit sowie Wasserstoff- und Natriumperoxid. Natriumperborat ist als bleichende Komponente in Waschmitteln enthalten. **Reduzierende B.** führen meist nur zu einer reversiblen Umwandlung des Farbstoffs, d. h. nicht zu einer bleibenden Entfärbung. Zu ihnen gehören Schwefeldioxid, Dithionite und Derivate der Sulfoxylsäure.

Bleichsucht, *Botanik:* eine Pflanzenkrankheit, →Chlorose.

Bleifarben, Bez. für bleihaltige Pigmente, z. B. das witterungsbeständige →Bleiweiß.

bleifreies Benzin, →Ottokraftstoffe.

Bleigießen, *Volksbrauch:* bereits in der griech. Antike weit verbreiteter Orakelbrauch; geschmolzenes Blei oder Zinn wird in Wasser gegossen, um aus den entstehenden Gebilden etwas Zukünftiges zu deuten; früher v. a. in der Christnacht (Heiligabend), heute (scherzweise) zu Silvester üblich.

Bleiglanz, Galenit, Bleisulfid, chem. Symbol PbS, häufigstes und wichtigstes Bleierz, bleigrau, enthält 86,6 % Blei und bis zu 1 % Silber; kristallisiert meist in Würfeln.

Bleiglas, Glas mit hohem Gehalt an Bleioxid; dient wegen seiner hohen Brechzahl als opt. Glas und Kunstglas sowie wegen der Absorption energiereicher Strahlen als Strahlenschutzglas.

Bleiguss, Verfahren, Bildwerke und Gebrauchsgegenstände aus Blei zu gießen. B. ist seit dem 16. Jh. bes. bei der Wiedergabe kleinplast. Werke (Plaketten, Medaillen) üblich; seit dem Barock auch bei Werken großen Formats, bes. Garten- und Brunnenfiguren.

Bleikammern, berüchtigtes Gefängnis (seit 1591) unter dem Bleidach des Dogenpalastes in Venedig, 1797 zerstört; hier wurde G. G. Casanova 1755/56 gefangen gehalten.

Bleikristall, geschliffenes Bleiglas, →Kristallglas.

Bleilochtalsperre, Talsperre in der oberen Saale, Thür., fertiggestellt 1932; mit einem Stauraum für 215 Mio. m³ Wasser der volumenmäßig größte dt. Stausee, 9,2 km² Seefläche, 60 m maximale Stauhöhe; Staumauer 65 m hoch, 225 m lang.

Bleimethoden, Verfahren der numer. (absoluten) Altersbestimmung, v. a. von Mineralen; benannt nach dem stabilen Endprodukt beim radioaktiven Zerfall von Uran (→Uran-Blei-Methoden) und Thorium über versch. kurzlebige Zwischenprodukte (→Radioaktivität).

Bleisatz, *graf. Technik:* herkömml. Art der Zusammenfügung von Einzellettern oder Zeilen aus Bleilegierung mit der Hand oder mit Setzmaschinen, im Unterschied zum Foto- bzw. Lichtsatz. (→Setzerei)

Bleisoldaten, →Zinnfiguren.

Bleistift, genauer: **Grafitstift,** Schreib- und Zeichenstift, meist aus Holz mit eingelegter Grafitmine (früher Bleimine).

Bleivergiftung, Bleikrankheit, Saturnismus, anzeige- und entschädigungspflichtige Berufskrankheit, verursacht durch Einatmen von bleihaltigem Staub, Rauch oder Dampf, z. B. in Akkumulatorenfabriken, Zink- und Bleihütten, oder von Bleifarben u. a. in der Kunststoffind. Die Giftwirkung beruht v. a. auf der Inaktivierung von Enzymen, die im Porphyrinstoffwechsel für die Hämoglobinbildung wichtig sind, sowie auf der Störung der Blutbildung und der Gefäßnerven. Man unterscheidet die **akute B.** (sehr selten) mit Magen-Darm-Störungen von der **chron. B.** mit allg. Schwäche, fahler Haut, schiefergrauer Zahnfleischverfärbung, Blutveränderungen, Koliken und Gelenkschmerzen.

Bleiweiß, gut deckende weiße Malerölfarbe; chemisch das basische Bleicarbonat; in der Kunstmalerei als **Kremser Weiß** bekannt.

Bleiwurz, Plumbago, Gattung der Bleiwurzgewächse mit meist trop. und subtrop. Halbsträuchern; die **Europ. B.** (Plumbago europaea), im Mittelmeergebiet wild wachsend, hat kopfig-ährige, rosaviolette Blüten.

Blekinge, Verw.-Bez. (Län) und histor. Provinz im SO Schwedens, 2 941 km², 149 900 Ew.; Hauptort ist Karlskrona.

Blende, 1) *Baukunst:* zum Schmuck der glatten Mauerfläche aufgelegter Bauteil, bes. der Blendbogen.

2) *Bergbau:* Bez. für durchsichtige bis durchscheinende, glänzende Erze, z. B. Zinkblende.

3) *Mode:* aufgesetzter Zierstreifen.

4) *Optik:* feste oder veränderl. Öffnung innerhalb eines opt. Systems zur Begrenzung des Querschnitts von Strahlenbündeln, durch die z. B. Streulicht abgeschirmt (ausgeblendet) wird.

Blended Learning [ˈblendɪd ˈləːnɪŋ], →E-Learning.

Blenden [zu engl. to blend »mischen«], das Mischen von Mineralölprodukten, z. B. bei Ottokraftstoffen. Durch B. werden gezielt Produkteigenschaften wie →Oktanzahl, Schwefel- oder Aromatengehalt eingestellt. Erfolgt die Dosierung/Zugabe einer Komponente bei gemeinsamer Verpumpung, so spricht man vom Inline-Blending.

Blendenautomatik, →Belichtungsautomatik.

Blendenzahl, →Öffnungsverhältnis.

Blendrahmen, 1) *Bautechnik:* der fest mit der Mauer verbundene Rahmen, in den die Fenster- oder Türflügel eingehängt sind.

2) *Malerei:* →Keilrahmen.

Blendung, 1) *Medizin:* Minderung des Sehvermögens durch allzu hohe Leuchtdichten; tritt ein, wenn die kurzfristig ansprechenden Schutzmechanismen des Auges (reflektor. Verkleinerung der Lidspalte, Verengung der Pupille) bei plötzlich erhöhtem Lichteinfall nicht mehr genügen, worauf es zu einer Störung der lokalen Lichtanpassung in der Netzhaut kommt, oder wenn auf einer umschriebenen Netzhautstelle allzu große Leuchtdichteunterschiede liegen (z. B. durch Autoscheinwerfer).

2) *Rechtsgeschichte:* die Zerstörung des Sehvermögens; schwerste Verstümmelungsstrafe des antiken und mittelalterl. Rechts, z. B. bei schwerem Diebstahl.

Blenheim Palace [ˈblenɪm ˈpælɪs], monumentales Schloss (UNESCO-Weltkulturerbe) in der Grafschaft Oxford, Großbritannien; 1705–22 von J. Van-

Bleiglanz: Kristallstufe, im Vordergrund großer würfelförmiger Kristall

Blenheim Palace, 1705–22 von John Vanbrugh und Nicholas Hawksmoor erbaut

Blesshuhn

brugh und N. Hawksmoor für J. Churchill, 1. Herzog von Marlborough, erbaut und nach dessen Sieg bei Blenheim (→Höchstädt a.d. Donau) benannt; Geburtsort von Sir W. Churchill.

Blennorrhö [griech.] *die*, schleimige oder eitrige Schleimhautabsonderung, v.a. der Augen (**Ophthalmo-B.**) bei eitriger Bindehautentzündung oder bei →Augentripper.

Blepharitis [griech.-lat.] *die*, Augenlid-, insbesondere Lidrandentzündung; oft in Kombination mit Bindehautentzündung.

Blériot [ble'rjo], Louis, frz. Flugtechniker, * Cambrai 1.7. 1872, † Paris 1.8. 1936; überflog am 25.7. 1909 als Erster den Ärmelkanal von Calais nach Dover in einem selbst gebauten Eindecker.

Blesse, weißer Stirnfleck bei Pferden, Kühen, Hirschwild und Vögeln.

Blesshuhn, Blessralle, *Fulica atra*, etwa 38 cm großer, schwarzer Wasservogel mit weißem Stirnschild und weißem Schnabel aus der Familie Rallen.

Bleuler, Eugen, schweizer. Psychiater, * Zollikon (bei Zürich) 30. 4. 1857, † ebd. 15. 7. 1939; prägte psychiatr. Begriffe wie →Schizophrenie (zu deren Erforschung er maßgebl. Beiträge leistete) und Tiefenpsychologie; unterstützte die Psychoanalyse S. Freuds.

Bley, Carla, amerikan. Jazzkomponistin und -pianistin, * Oakland (Calif.) 11. 5. 1938; schrieb die Jazzoper »Escalator over the hill« (1971); arbeitete seit Ende der 1970er-Jahre v.a. mit eigener Big Band.

Blickfeld, Sehbereich, der bei unbewegtem Kopf ausschließlich durch Bewegung der Augen überblickt werden kann, im Unterschied zum Gesichtsfeld. Das B. beträgt für das einzelne Auge nach allen Richtungen etwa 45°.

Blida, Hptst. des gleichnamigen Wilajats in Algerien, südwestlich von Algier, am N-Fuß des Atlas, 161 600 Ew.; Marktzentrum mit Zitrus-, Gemüse-, Rebkulturen; Lebensmittelindustrie.

Blieskastel, Stadt im Saarpfalz-Kreis, Saarland, an der Blies, 23 000 Ew.; Fachschule für Wirtschaft, Technikerschule; Elektro-Ind., Werkzeugbau; Kneippkurort. – Über der Stadt die Wallfahrtskapelle Hl. Kreuz mit dem Vesperbild »Muttergottes mit den Pfeilen« (14. Jh.); seit 1343 als Stadt bezeichnet.

Blimp [engl.] *der*, **1)** in den USA Bez. für ein unstarres Kleinluftschiff.
2) schallschluckendes Gehäuse an Filmkameras (Handkameras).

Blinddarm, Zäkum, lat. *Caecum* oder *Coecum*, blinder Anfangsteil des Dickdarms, unterhalb der mit der Bauhin-Klappe versehenen Einmündungsstelle des Dünndarms liegend, bei Pflanzenfressern sehr lang, bei Fleischfressern kurz, beim Menschen etwa 7 cm lang; liegt im rechten Unterbauch und trägt als Anhang den bleistiftdicken, etwa 8 cm langen **Wurmfortsatz** (Appendix vermiformis), der umgangssprachlich fälschlich als B. bezeichnet wird.

Blinddarmentzündung, umgangssprachl. Bez. für die **Appendizitis**, eine Entzündung des Wurmfortsatzes (Appendix vermiformis) am Blinddarm; tritt bes. häufig im Kindes- und Jugendalter auf und beginnt mit einer Schwellung des umgebenden Lymphgewebes und der Appendixschleimhaut (**akute B.**). Die Entzündung kann die Wand des Wurmfortsatzes durchdringen und eitrig werden; dies hat die Verbreitung der Krankheitserreger im Bauchraum und damit eine lebensbedrohende Bauchfellentzündung zur Folge. Kennzeichen der akuten B. sind ein meist plötzl. Beginn mit Schmerzen, die zunächst im Oberbauch lokalisiert sind, später jedoch im rechten Unterbauch spürbar werden, Übelkeit und Erbrechen sowie eine Abwehrspannung der Bauchdecke und der sog. Loslassschmerz (ausgelöst durch plötzl. Loslassen der eingedrückten Bauchdecke). Es besteht meist nur wenig bis mäßiges Fieber, typisch ist ein deutl. Temperaturunterschied zw. der im After und der unter der Achsel gemessenen Temperatur. Insbes. bei kleineren Kindern und älteren Menschen können die Symptome eher unspezifisch sein. Die akute B. kann in eine **chron. B.** übergehen mit wiederkehrenden Schmerzen im rechten Unterbauch, Mattigkeit, leichter Temperaturerhöhung und Stuhlverhaltung. – Behandlung: unverzügl. operative Entfernung des Wurmfortsatzes (**Appendektomie**).

Blinddruck, Blindprägung, Drucken und Prägen ohne Druckfarbe oder Farbfolie, um ein erhabenes oder vertieftes (geprägtes) farbloses Schriftbild oder Motiv zu erhalten.

Blindenbetreuung, durch den Staat bzw. auf gesetzl. Grundlage erfolgende Unterstützung der Blinden. Die B. umfasst alle öffentl. Maßnahmen und Leistungen der Versicherung, Versorgung und Sozialhilfe, die aufgrund von Sozialgesetzbuch (bes. **Blindenhilfe** als Barleistung zum Ausgleich der durch die Blindheit bedingten Mehraufwendungen, § 72 SGB XII), Bundesversorgungs-Ges. und Blindengeld-Ges. der Länder (**Blindengeld**) vorgesehen sind. Weiter umfasst B. Maßnahmen zur schul. und berufl. Bildung sowie (nach dem Schwerbehindertenrecht, §§ 68 ff. SGB IX) zur Beschaffung und Erhaltung eines geeigneten Arbeitsplatzes auf dem freien Arbeitsmarkt oder in Werkstätten für behinderte Menschen mit z. T. eingegliederten Blindenwerkstätten zur Rehabilitation. Die Maßnahmen werden durch die **Blindenselbsthilfe** der Blindenverbände ergänzt; deren Spitzenverbände sind der Dt. Blinden- und Sehbehindertenverband e. V., Berlin, und der Bund der Kriegsblinden Dtl.s e. V., Bonn.

Blindenführhunde, Hunde, die zum Führen von Sehgeschädigten geeignet sind (z. B. Dt. Schäferhund); ihre Ausbildung erfolgt in besonderen Schulen.

Blindenschrift, Brailleschrift, Punktschrift, Schrift, die Blinden und hochgradig Sehbehinderten das Lesen und Schreiben ermöglicht. B. wird heute gleichgesetzt mit dem 1825 von L. Braille geschaffenen System. Auf C. Barbiers (* 1767, † 1842) »Nachtschrift« aufbauend, entwickelte er eine aus nur 6 Punkten bestehende Buchstabenschrift, die sich inzwischen weltweit durchgesetzt hat. Um den Platzbedarf weiter zu reduzieren, wurde die Braille-Vollschrift später durch eine Kurzschrift ergänzt; es gibt außerdem eine Schrift für Mathematik, Chemie, Stenografie sowie eine Lautschrift für Blinde und eine Blindennotenschrift. Die Grundlage der Buchstaben und Zeichen bilden 6 erhabene Punkte, die in 2 Reihen zu je 3 Punkten angeordnet sind; mit ihnen sind 63 Kombinationen möglich. Die B. wird gewöhnlich durch Abtasten mit den Kuppen der Zeigefinger von links nach rechts gelesen; der linke Zeigefinger erleichtert jeweils das Auffinden der nächsten Zeile. Zum Schreiben der B. werden zumeist spezielle Schreibmaschinen (B.-Bogenmaschinen) verwendet, mit denen auf einem Bogen festeren Papiers die Punkte von unten her eingedrückt werden, sodass man die Schrift lesen kann, ohne das Papier auszuspannen; kann auch mithilfe der EDV geschrieben und gespeichert werden.

Blindensendung, Postsendung mit Schriftstücken in Blindenschrift oder mit für Blinde bestimmten Tonaufzeichnungen; Beförderung bis 7 kg unentgeltlich; muss oberhalb der Anschrift die Bez. »Blindensendung« tragen und unverschlossen abgegeben werden.

Blinden- und Sehbehindertenpädagogik, Bez. für sonderpädagog. Disziplinen, die sich mit der Theoriebildung für Erziehung sowie berufl. und soziale Rehabilitation von blinden und sehbehinderten Menschen befassen. Ihr Gegenstand sind die pädagog. Frühförderung (vom 1. bis 6. Lebensjahr), die schul. allgemeine Bildung, die berufl. Erstausbildung und die Umschulung Erwachsener sowie die soziale Rehabilitation älterer Sehgeschädigter. Rehabilitator. Schwerpunkte sind Seh-, Tast-, Hör- und Mobilitätserziehung (einschließlich Langstocktraining), Erziehung zur sozialen Kompetenz, Vermittlung lebensprakt. Fertigkeiten sowie Nutzung opt. Hilfsmittel und elektron. Kommunikationsmedien.

blinder Fleck, Eintrittsstelle des Sehnervs in das →Auge.

Blindflug, das Führen von Flugzeugen ohne Sicht, nur nach Bordinstrumenten (→Instrumentenflug).

Blindgänger, Bombe, Geschoss oder Mine, deren Sprengladung infolge Versagens der Zündvorrichtung nicht wie vorgesehen detoniert ist.

Blindheim, Gem. im Landkreis Dillingen a. d. Donau, Bayern, 1 700 Ew.; nach deren engl. Namen, Blenheim, wird die Schlacht bei →Höchstädt a. d. Donau im Angloamerikanischen als »Battle of Blenheim« bezeichnet.

Blindheit, Amaurose, das angeborene oder erworbene völlige Fehlen (das Auge nimmt keinen Lichtschein wahr) oder eine starke Verminderung des Sehvermögens. In Dtl. besteht ein bes. enger B.-Begriff; danach gelten offiziell als blind »Beschädigte, die das Augenlicht vollständig verloren haben. Als blind sind auch die Geschädigten anzusehen, deren Sehschärfe so gering ist, dass sie sich in einer ihnen nicht vertrauten Umgebung ohne fremde Hilfe nicht zurechtfinden können. Dies wird i. Allg. der Fall sein, wenn bei freiem Blickfeld auf dem besseren Auge eine Sehschärfe von $1/50$ besteht«.

Blindholz, das von Furnieren verdeckte, i. w. S. das gesamte nicht sichtbare Holz bei Möbeln und im Innenausbau. Bes. geeignet sind leichte Holzarten wie Nadelhölzer und Pappel.

Blindleistung, Formelzeichen Q, P_q, *Elektrotechnik:* der Anteil der elektr. Leistung in einem Wechselstromsystem, der nicht zur nutzbaren Energieumformung beiträgt. Die B. hat ihre Ursache in der durch Induktivitäten und Kapazitäten hervorgerufenen Phasenverschiebung φ zw. Stromstärke I und Spannung U, es gilt: $Q = I_{eff} \cdot U_{eff} \cdot \sin\varphi$.

Blindleitwert, Suszeptanz, Formelzeichen B, SI-Einheit: Siemens (S), der Kehrwert des Blindwiderstands im Wechselstromkreis (→Wechselstromwiderstand); speziell der **induktive B. (induktiver Leitwert)** B_L und der **kapazitive B. (kapazitiver Leitwert, Kapazitanz)** B_C.

Blindmaus, walzenförmiger, plumper, maulwurfartig lebender Nager des östl. Mittelmeergebietes und S-Russlands; 15–30 cm lang. Die B. hat rückgebildete, funktionslose Augen unter der Haut (bei Nagern einmalig).

Blindprobe, Nachweisreaktion ohne Beteiligung der zu analysierenden Probe; man prüft damit die Reinheit der verwendeten Reagenzien.

Blindschlangen, Typhlopidae, Familie wurmähnl. Schlangen; Bodenwühler, z. T. mit kaum sichtbaren Augen und meist zahnlosem Unterkiefer; z. B. das südosteurop. **Blödauge.**

Blindschleiche, Anguis fragilis, bis 50 cm lange, beinlose, schlangenförmige und lebend gebärende Echsenart aus der Familie der Schleichen; in fast ganz Europa, N-Afrika und Vorderasien heimisch; früher fälschlicherweise für giftig und wegen ihrer kleinen Augen für blind gehalten. – Abb. S. 572

Blindspiel, *Schach:* Spiel ohne Ansicht des Brettes und der Figuren, die Züge werden dem gegner. Spieler angesagt; auch als →Simultanspiel durchgeführt.

Blindstrom, *Elektrotechnik:* der Anteil des elektr. Stromes, der zur Erzeugung der →Blindleistung erforderlich ist.

Blindversuch, Methode zur Feststellung echter Wirkungen von Arzneimitteln gegenüber Scheinwirkungen. Beim **Einfach-B.** ist der Proband, beim **Doppel-B.** sind Arzt und Proband nicht über die Art der

Blindenschrift: Alphabet, Satzzeichen und Ziffern der Brailleschrift

verabreichten Substanz (Scheinpräparat oder Wirkstoff) informiert.

Blindwiderstand, Reaktanz, Formelzeichen X, SI-Einheit: Ohm (Ω); derjenige Anteil des (komplexen) →Wechselstromwiderstands, der durch Kapazitäten (Kondensator; →kapazitiver Blindwiderstand) und/oder Induktivitäten (Spule; →induktiver Blindwiderstand) gebildet wird. Kondensator und Spule setzen dem Wechselstrom zwar einen Widerstand entgegen, können jedoch im Ggs. zum Wirkwiderstand keine verwertbare Leistung (z. B. Wärme, Licht) abgeben. Der Kehrwert der B. ist der →Blindleitwert.

Blindwühlen, Ringelwühlen, Gymnophiona, Ordnung trop. Amphibien, mit etwa 165 Arten; wurmförmige, geringelte Bodenwühler mit verkümmerten oder fehlenden Augen.

Blinker, 1) die →Blinkleuchten.
2) Metallköder für das Sportangeln.

Blinkfeuer, ein →Leuchtfeuer.

Blinkkomparator, Astronomie: opt. Gerät zum Vergleich zweier zu versch. Zeiten gemachter fotograf. Aufnahmen der gleichen Himmelsgegend. Die beiden Bilder werden abwechselnd in schneller Folge durch ein Okular betrachtet; etwaige Positions- oder Helligkeitsunterschiede eines Objekts zeigen sich durch dessen scheinbare Bewegung bzw. durch sein Blinken.

Blinkleuchten, Blinker, Leuchten an Kraftfahrzeugen als Fahrtrichtungsanzeiger, an beiden Seiten symmetrisch vorn und hinten; durch Einschalten eines Blinkgebers wird ihr period. Aufleuchten veranlasst. Mit der →Warnblinkanlage werden alle B. gleichzeitig geschaltet.

Blinklicht, 1) Straßenverkehr: in kurzen (periodischen) Zeitabständen aufleuchtende gelbe Lichtquelle, die eine Gefahrenstelle anzeigt. Ein B. bedeutet weder Gebot noch Verbot, sondern verpflichtet zu besonderer Aufmerksamkeit. Von diesem B. zu unterscheiden ist die →Blinklichtanlage.
2) Verkehrstechnik: →Rundum-Kennleuchten.

Blinklichtanlage, 1) Luftfahrt, Schifffahrt: →Befeuerung.
2) Straßenverkehr: zur Sicherung von Bahnübergängen installierte Einrichtung, die durch Aufleuchten eines roten Blinklichtes (60-mal pro Minute) die Annäherung eines Zuges anzeigt; ist in einem Signalschirm am Andreaskreuz angebracht. Die B. wird

Blitz

durch Schienenkontakt vom Zug automatisch ein- und ausgeschaltet. In Verbindung mit B. können automatisch gesteuerte Halbschranken angeordnet sein.

Bliss [nach Charles Bliss, * 1897, † 1985] das, weltweit verbreitete Symbolsprache zur Kommunikation mit Behinderten, deren Sprachzentrum gestört ist.

Bliss, Sir (seit 1950) Arthur, engl. Komponist, * London 2. 8. 1891, † ebd. 27. 3. 1975; zunächst beeinflusst von I. Strawinsky und M. Ravel, wandte sich dann der Spätromantik zu; schrieb u. a. Opern, Ballette, Sinfonien, Kammermusik, Chorwerke.

Blitz, natürl. Funkenentladung zw. versch. geladenen Wolken oder zw. einer Wolke und der Erde. Häufigste Form ist der sich flussnetzartig verästelnde **Linienblitz**. Daneben gibt es **Flächen-B.** sowie die seltenen **Perlschnur-B.** und **Kugelblitze.** Die Stromstärke von Linien-B. wird auf bis zu 100 000 Ampere geschätzt, die Spannung auf viele Mio. Volt. Der B. vermag Menschen und Tiere zu betäuben oder zu töten, brennbare Gegenstände zu entzünden und Metallteile zu schmelzen. Gebäude und Personen werden durch Blitzschutzanlagen (→Blitzschutz) geschützt.

Blitzableiter, →Blitzschutz.

Blitzkrieg, überfallartiger Angriffskrieg von kurzer Dauer. Der Begriff wurde erstmals für einige dt. Feldzüge im Zweiten Weltkrieg gebraucht, u. a. gegen Polen, Frankreich und Dänemark.

Blitzlicht, Fotografie: Lichtstrahlung von sehr hoher Intensität und extrem kurzer Leuchtdauer. Die moderne Variante des B. ist der Elektronenblitz. (→Elektronenblitzgerät)

Blitzröhre, Fulgurit, in Sand durch Blitzeinschlag (Aufschmelzung) entstandene unregelmäßige, bis mehrere Meter lange Röhre mit bis 2 mm dicker Wand aus Quarzglas.

Blindschleiche

Blitzschlag, Eindringen des Blitzes in einen zur Erde führenden Stromleiter, z. B. in einen Baum oder ein Gebäude. Beim Menschen kann ein B. durch Hitze-, Herzmuskel- oder Nervenschädigungen tödlich sein. In Dtl. treten jährlich etwa 5–10 Todesfälle auf.

Blitzschutz, techn. Vorrichtungen (**B.-Anlage**) zum Schutz von Gebäuden gegen Blitzschäden; besteht i. d. R. aus der Fangeinrichtung, der Ableitung (**Blitzableiter**) und einer Erdungsanlage, die den Blitzstrom möglichst großflächig in die Erde leitet. Die Wirkung der Fangeinrichtung beruht darauf, dass der Blitz die am besten leitende Verbindung wählt. Darauf ist bei der Konzeption von B.-Anlagen zu achten, insbes. um unkontrollierte Blitzeinschläge und Blitzabsprünge zu verhindern. Die Gebäudeleitungen verbinden die Fangleitungen mit den Erdleitungen; sie müssen so stark sein, dass sie die hohe Stromstärke des Blitzes ohne Schaden ableiten können. Die Erdung besteht aus Platten oder Kupfernetzen, die möglichst im Grundwasser versenkt sein sollten. Um Schäden an Personen und techn. Einrichtungen im Innern von Gebäuden zu vermeiden, ist ein **B.-Potenzialausgleich** notwendig (innerer B.). – Der erste Blitzableiter wurde 1752 von B. Franklin installiert, der durch seine (teilweise riskanten) Experimente die elektr. Natur von Blitzen nachwies.

Blix, Hans, schwed. Politiker und Diplomat, *Uppsala 28. 6. 1928; Jurist; 1978–79 Außenmin. International trat er v. a. als Experte in abrüstungs- und entwicklungspolit. Fragen hervor; er war u. a. 1962–78 Mitgl. der schwed. Delegation bei der Abrüstungskonferenz in Genf, 1981–97 Generaldirektor der Internat. Atomenergie-Organisation (IAEO) und 2000–03 Leiter der UN-Rüstungskontrollkommission für Irak (UNMOVIC).

Blixen, Tania, eigtl. Baronin Karen Christence **B.-Finecke,** weitere Pseud.: **Isak Dinesen, Pierre André-zel,** dän. Schriftstellerin, *Rungsted (bei Kopenhagen) 17. 4. 1885, †Rungstedlund 7. 9. 1962; lebte zeitweise in Kenia; schrieb fantasievolle Erzählungen, Schilderungen der Natur und des Tierlebens in Afrika (»Afrika, dunkel lockende Welt«, 1937; verfilmt 1985), »Schatten wandern übers Gras« (Erinnerungen, 1960).

Blizzard [ˈblɪzəd, engl.] *der,* mit starken Temperaturstürzen verbundener winterl. Schneesturm in Nordamerika auf der Rückseite von Tiefdruckgebieten, verursacht durch kräftige Kaltlufteinbrüche aus N bis NW. Aufgrund fehlender quer verlaufender Gebirge können B. weit nach S (bis zum Golf von Mexiko) vorstoßen.

BL-Lacertae-Objekt, extragalakt. Sternsystem mit hoher Kernaktivität, das sternähnlich erscheint und starke, schnelle Helligkeitsänderungen in allen Spektralbereichen aufweist.

Blobel, Günter, amerikan. Zell- und Molekularbiologe dt. Herkunft, *Waltersdorf (Schlesien) 21. 5. 1936; arbeitet seit 1967 an der Rockefeller-University in New York; für seine Entdeckung, dass Proteine ein eingebautes Signal (gebildet aus einer Folge von meist 10–30 Aminosäuren) besitzen, das ihren Transport und ihre Verteilung innerhalb von Körperzellen steuert, erhielt er 1999 den Nobelpreis für Medizin oder Physiologie. Durch diese Erkenntnis können Erbkrankheiten erklärt werden, die auf einem fehlerhaften Transport von Proteinen beruhen. Außerdem ist dieses Signalsystem wichtig für die gentechn. Produktion von Arzneimitteln. – Das gesamte mit der Auszeichnung verbundene Preisgeld hat B. der Stadt Dresden, zum überwiegenden Teil für den Wiederaufbau der Frauenkirche und der Synagoge, gestiftet.

Bloch, 1) [blɔk], Ernest, amerikan. Komponist schweizer. Herkunft, *Genf 24. 7. 1880, †Portland (Oreg.) 15. 7. 1959, lebte seit 1916 in den USA; versuchte nach spätromant. Anfängen einen spezifisch jüd. Stil zu schaffen; schrieb die Oper »Macbeth« (1910), Orchester- und Kammermusik (darunter 5 Streichquartette).

2) Ernst, Philosoph, *Ludwigshafen am Rhein 8. 7. 1885, †Tübingen 4. 8. 1977; 1933–48 im Exil, dann Prof. in Leipzig. Wegen zunehmender polit. Divergenzen (Beschränkung seiner Publikations- und Lehrtätigkeit, 1957 Zwangsemeritierung) siedelte er 1961 in die Bundesrep. Dtl. über und wurde Prof. in Tübingen. B. entwickelte, anknüpfend an Aristoteles, die »Linksaristoteliker« Ibn Sina und Ibn Ruschd, an Hegel und bes. Marx, eine Ontologie des »Noch-Nicht«; ihr zugrunde liegt ein Begriff der Materie, gedacht als reale Möglichkeit, die offen ist für das Neue. Hieraus entfaltet B. seine »Philosophie der Hoffnung«; auf der Basis ihrer Entwicklungspotenzen soll die Gesellschaft durch die treibende Kraft des Hoffens zu einem »Reich der Freiheit« gestaltet werden. – 1967 Friedenspreis des Dt. Buchhandels.

Werke: Geist der Utopie (1918, 2. Fassung 1923); Thomas Müntzer als Theologe der Revolution (1922); Das Prinzip Hoffnung (3 Bde., 1954–59); Naturrecht und menschl. Würde (1961); Tübinger Einleitung in die Philosophie (2 Bde., 1963–64); Das Materialismusproblem (1972).

3) [blɔk], Felix, amerikan. Physiker schweizer. Herkunft, *Zürich 23. 10. 1905, †ebd. 10. 9. 1983; Prof. an der Stanford University (Calif.); untersuchte u. a. den Durchgang geladener Teilchen durch Materie (**blochsche Bremsformel**), Arbeiten zum Ferromagnetismus (→Bloch-Wand) sowie zur Quantenelektrodynamik. B. erhielt 1952 zus. mit E. M. Purcell den Nobelpreis für Physik für die von ihm entwickelte Kernresonanzmethode (→Kerninduktion).

4) [blɔk], Konrad Emil, amerikan. Biochemiker dt. Herkunft, *Neisse 21. 1. 1912, †Boston (Mass.) 15. 10. 2000; emigrierte 1936 in die USA, erhielt für Arbeiten über den Cholesterin- und Fettsäurestoffwechsel 1964 mit F. F. K. Lynen den Nobelpreis für Physiologie oder Medizin.

Tania Blixen

Günter Blobel

Ernst Bloch

Felix Bloch 1952 in seinem Labor an der Stanford University in Palo Alto

5) [blɔk], Marc, frz. Historiker, *Lyon 6. 7. 1886, † zw. Trévoux und Saint-Didier-de-Formans (Dép. Ain) 16. 6. 1944; 1921–36 Prof. in Straßburg, 1936–40 an der Sorbonne in Paris; schloss sich im Zweiten Weltkrieg der Résistance an, wurde 1944 von der Gestapo verhaftet und erschossen. – B., 1929 Mitbegründer der Schule der →Annales, hatte wesentl. Anteil an der Etablierung von Mentalitäts- und Strukturgeschichte (»Die wundertätigen Könige«, 1924; »Die Feudalgesellschaft«, 2 Bde., 1939–40).

Blocher, Christoph, schweizer. Politiker (Schweizer. Volkspartei, SVP), *Schaffhausen 11. 10. 1940; Industrieller; war 1975–80 Kantonsrat (Zürich), 1977–2003 Präs. der SVP des Kt. Zürich, 1979–2003 Mitgl. des Nationalrats.

Blochinzew, Dmitri Iwanowitsch, sowjet. Physiker, *Moskau 11. 1. 1908, † Dubna 27. 1. 1979; ab 1936 Prof. in Moskau; 1956–65 Direktor des Vereinigten Instituts für Kernforschung in Dubna; arbeitete über Festkörperphysik, Kernphysik (Theorie der Kernreaktoren) sowie die Quantenfeld- und Elementarteilchentheorie.

Bloch-Wand [nach F. Bloch], in ferromagnet. Stoffen Grenzschicht zw. verschieden magnetisierten →Weiss-Bezirken.

Block, 1) *Eisenbahn:* Einrichtung zur Sicherung von Eisenbahnzügen, →Signaltechnik.
2) *Hüttentechnik:* in Kokillen gegossene Stahlmasse.
3) *Informatik:* 1) Zusammenfassung von Daten (**Daten-B.**) zu gemeinsamer Speicherung und Verarbeitung; 2) Programmeinheit, die aus einer Folge von Anweisungen besteht; dient v. a. der klaren Strukturierung.
4) *Medizin:* **Herzblock,** eine →Herzrhythmusstörung.
5) *Politik:* Bündnis mehrerer Parteien zur gemeinsamen Arbeit im Parlament bzw. in der Reg. (→Koalition); in der Außenpolitik eine Staatengruppe, die sich unter bestimmten polit., wirtsch. und strateg. Aspekten zu einem Bündnis zusammengeschlossen hat; im Ggs. zu den →blockfreien Staaten.

Blockade *die,* **1)** *graf. Technik:* →Blockieren.
2) *Völkerrecht:* Absperrung eines Gebietes von der Einfuhr lebens- oder kriegswichtiger Güter. Im Frieden verstößt B. ohne besondere Rechtfertigung (z. B. Selbstverteidigung) gegen das Verbot von Gewaltanwendung. Im Krieg ist B. als Mittel der Seekriegsführung (Absperrung von Häfen und Küsten des Gegners) zulässig, wenn sie Gegnern und Neutralen erklärt und durch Streitkräfte wirksam durchgesetzt wird. Schiffe der **B.-Brecher** können aufgebracht und beschlagnahmt werden. B.-Regeln enthält die Pariser Seerechtsdeklaration von 1856. (→Berliner Blockade)

Blockbuch, in Buchform gefasste Folge von Holztafeldrucken des späten MA. mit kurzen Begleittexten, wobei immer eine Seite von einer Holztafel (Block) abgezogen wurde. Da jeder Bogen nur einseitig bedruckt werden konnte, wurden 2 Bögen (mit den Rückseiten) aneinandergeklebt, in der Mitte gefaltet und zusammengeschnürt. Die B. sind 1430–50 zumeist in Dtl. und den Niederlanden entstanden; Anfang des 16. Jh. durch typografisch hergestellte Holzschnittbücher verdrängt.

Blockbuster [-bʌstə, engl. »Bombe«, »Knüller«] *der,* etwas, was außergewöhnlich erfolgreich ist, bes. kommerziell erfolgreicher Film.

Blockdiagramm, 1) *Geografie:* **Blockbild,** Schema (Zeichnung) eines Ausschnitts der Erdoberfläche (z. B. zur Veranschaulichung von Oberflächenformen).
2) *Informatik:* **Blockschaltbild,** vereinfachte Darstellung eines Systems oder eines Prozesses, bei der von der inneren Struktur der Teilsysteme oder Prozesselemente abstrahiert wird; diese werden durch Rechtecke (Blöcke) repräsentiert, die durch Pfeile verbunden werden. Beispiele sind Signalflusspläne.

Blockfloating [-fləʊtɪŋ], →Floating.

Blockflöte, Längsflöte mit schnabelförmigem Mundstück, das durch einen Block (Kern) abgeschlossen wird, und acht Grifflöchern (sieben auf der Vorder- und eins auf der Rückseite des Rohrs); wird in Sopran-, Alt-, Tenor- und Basslage gebaut. Die B. ist seit dem 11. Jh. nachweisbar, ihre Blütezeit lag im 16./17. Jh.; seit dem 20. Jh. v. a. in Laien- und Schulmusik verwendet.

blockfreie Staaten, Bewegung blockfreier Staaten, lockerer Zusammenschluss von nicht paktgebundenen Ländern und der Palästinensischen Befreiungsorganisation; umfasst (2005) 114 Mitgl., die sich trotz unterschiedl. politischer Orientierung zu den Prinzipien der **Blockfreiheit** (Ablehnung einer Beteiligung an Bündnissystemen) und der friedl. Koexistenz auf der Basis der Gleichberechtigung aller Staaten bekennen. An den i. d. R. alle 3 Jahre stattfindenden Gipfelkonferenzen nehmen darüber hinaus weitere Länder und Organisationen mit Beobachterstatus teil (1998 erstmals offiziell Vertreter der G-7 und der EU); das jeweilige Gastgeberland übernimmt bis zur nächsten Konferenz die Präsidentschaft. Ein 1976 eingerichtetes Koordinierungsbüro in New York dient der Abstimmung aktueller Fragen; darüber hinaus bemühen sich die b. S. um eine enge Zusammenarbeit mit der →Gruppe der 77. Die →Bandungkonferenz (1955) gilt als Vorläufer, die →Belgrader Konferenz (1961) als Gründungskonferenz der Bewegung.

Blockflöte
(von links): Bass (Gesamtlänge 94 cm), Tenor (60,5 cm; mit Klappe am unteren Griffloch), Tenor (60,5 cm; ohne Klappe), Alt (47,5 cm), Sopran (31 cm), Sopranino (24 cm)

bestimmten zunächst Probleme der nat. Selbstfindung und Entkolonialisierung während des Ost-West-Konflikts das Wirken der Bewegung, so traten seit den 70er-Jahren v. a. entwicklungspolit. Aspekte in den Vordergrund, bes. die aus dem Nord-Süd-Konflikt erwachsene Forderung nach einer »neuen Weltwirtschaftsordnung«. Das Gipfeltreffen 1992 in Jakarta widmete sich v. a. der Neuorientierung der Bewegung angesichts der Auflösung der alten Machtblöcke sowie einer Stärkung der Dritten Welt. Auf ihrem Gipfeltreffen in Cartagena (Kolumbien) sprachen sich 1995 die b. S. u. a. für größere Mitspracherechte im Sicherheitsrat der UN, für einen fairen Welthandel und verstärkten Umweltschutz sowie gegen neokoloniale und protektionist. Tendenzen aus. In ihrer »Deklaration von Durban« (Südafrika, 1998) riefen die Teilnehmer zur Einberufung einer internat. Konferenz zur Terrorismusbekämpfung auf, kritisierten die Folgen der →Globalisierung und forderten eine weltweite Abrüstung von Nuklearwaffen sowie eine Fortsetzung des Nord-Süd-Dialogs. Diese Themen blieben auch auf dem Gipfeltreffen in Kuala Lumpur (2003) relevant.

Blockhaus, Bauwerk aus waagerecht übereinandergefügten Holzstämmen, die an den Ecken überstehend miteinander verbunden sind.

Blockheizkraftwerk, ein mit Erdöl, Erdgas und anderen Rohstoffen betriebenes kleines Kraftwerk, das u. a. mit einem Verbrennungsmotor betrieben wird, der um einen Heizkessel (Spitzenkessel) ergänzt ist. B. versorgen einen Komplex (z. B. Krankenhaus) oder eine Siedlung mit elektr. Energie und Fernwärme. Durch →Kraft-Wärme-Kopplung erzielen diese Anlagen im optimalen Betriebspunkt eine Brennstoffausnutzung von 80 bis 85 %. Überschüssiger Strom wird in das Netz der öffentl. Stromversorgung abgegeben, höherer Strombedarf aus diesem gedeckt.

Blockieren, *graf. Technik:* das Ausfüllen fehlender oder zu ergänzender Textstellen mit aus den übrigen Satz stark hervortretenden Buchstaben oder Zeichen (**Blockaden**) zwecks späterer Berichtigung.

Blockkraftwerk, ein aus mehreren Kraftwerksblöcken bestehendes Kraftwerkssystem.

Blockmeer, Felsenmeer, durch Verwitterung sowie Ausspülung des Feinmaterials entstandene Anhäufung von Blöcken grobklüftiger Gesteine; entweder am Ort der Bildung oder als zungenförmige **Blockströme,** die sich hangabwärts bewegt haben.

Blockpartei, →Blocksystem.

Blocksberg, volkstüml. Name mehrerer dt. Berge (u. a. des Brockens); der B. gilt in der Sage als Aufenthaltsort dämon. Wesen und als Versammlungsplatz der Hexen, die in der Walpurgisnacht oder an anderen Wendepunkten des Jahres dort mit dem Teufel orgiast. Feste feiern. Die Sagen um den B., zuerst von J. Praetorius gesammelt (»Blockes Berges Verrichtung«, 1669, Nachdruck 1968), haben ihre klass. Ausgestaltung in Goethes »Faust« gefunden.

Blockschrift, Schreibweise nur mit Großbuchstaben und mit gleich starken Grundstrichen, z. B. BLOCKSCHRIFT.

Blocksystem, in Volksdemokratien die Zusammenfassung und polit. Gleichschaltung der Parteien (**Blockparteien**) und Massenorganisationen unter Führung der kommunist. Partei in einer Rahmenorganisation (z. B. die →Nationale Front der DDR).

Blockunterricht, 1) ein Unterricht, bei dem mehrere Unterrichtsstunden zu einem Block zusammengefasst werden und über einen längeren Zeitraum hinweg nur ein bestimmtes Fach oder Sachgebiet behandelt wird; 2) in der berufl. Ausbildung Unterricht in Form von Lernblöcken, z. B. 4 Wochen Schule, 8 Wochen Ausbildung im Betrieb.

Blockzeit, die Zeit von dem Augenblick, in dem sich ein Flugzeug vor dem Abflug in Bewegung setzt, bis zum Augenblick des Stillstands am Zielflughafen.

Bloemaert [ˈbluːmaːrt], Abraham Cornelisz., niederländ. Maler, * Gorinchem (Südholland) 25. 12. 1566, † Utrecht 13. 1. 1651; Frühwerke im Stil des Manierismus; elegante Linienführung und hellbunte Farbigkeit bestimmen seine späten Werke.

Bloembergen [ˈbluːmbəɣən], Nicolaas, amerikan. Physiker, * Dordrecht (Niederlande) 11. 3. 1920; ab 1957 Prof. an der Harvard University (Mass.); begründete maßgeblich die nicht lineare Optik. B. erhielt 1981 zus. mit A. L. Schawlow und K. M. Siegbahn den Nobelpreis für Physik für seine Beiträge zur Entwicklung der Laserspektroskopie.

Bloemfontein [bluːmfɔnˈteɪn], Hptst. der Prov. Freistaat, Rep. Südafrika, 1 392 m ü. M. auf dem Hochveld, 463 100 Ew.; Sitz des Obersten Gerichtshofes, Sitz eines kath. Erzbischofs, Univ., astronom. Observatorium; Vieh- und Welthandel, Maschinenbau, Möbel-, Nahrungsmittelind.; Straßen- und Eisenbahnknotenpunkt, internat. Flughafen. – 1846 als Fort gegründet. B. ist die größte Stadt der »Mangaung Local Municipality«, einem Städteverbund von 6 300 km² mit 750 000 Ew. (weitere Städte sind Botshabelo und Thaba Nchu).

Blog *das,* Kurzform von →Weblog.

Blois [blwa], Hptst. des frz. Dép. Loir-et-Cher, an der Loire, 51 800 Ew.; Zentrum eines reichen Landwirtschaftsgebiets (Getreide-, Wein-, Gemüseanbau), Elektro-, Lederind., Maschinenbau. – Das Schloss, mit großem Innenhof, hat Bauteile aus dem 13.–17. Jh., darunter der Renaissance-Trakt Franz' I. (1515–24) mit Loggienfassade und achteckigem Treppenturm, bewahrt.

Blok, Alexander Alexandrowitsch, russ. Schriftsteller, * Petersburg 28. 11. 1880, † ebd. 7. 8. 1921; bedeutendster Lyriker des russ. Symbolismus (klangl. und rhythm. Neuerungen); verband religiöse Themen mit Großstadtmotiven und düsteren Visionen. Berühmt ist v. a. die Verserzählung »Die Zwölf« (1918) über die Oktoberrevolution. Er verfasste auch lyr. Versdramen wie »Die Schaubude« (1906), Gedichte (»Die Verse von der schönen Dame«, 1904; »Die Skythen«, 1918) und Aufsätze.

Blomberg, Stadt und Luftkurort im Kreis Lippe, NRW, im Lipper Bergland, 18 000 Ew.; Kunststoff-, Holz-, elektron. und Elektroind.; Fremdenverkehr. Zahlr. Bauten aus dem 16. Jh., u. a. das Rathaus. – B. wurde um 1250 planmäßig angelegt.

Blomberg, 1) Barbara, * 1527 (1528?), † Ambrosero (Spanien) 18. 12. 1597; Nürnberger Bürgerin, wurde 1546 auf dem Reichstag zu Regensburg die Geliebte Karls V., Mutter des Don Juan de Austria. – Ihr Leben wurde mehrfach literarisch behandelt, so im Schauspiel von C. Zuckmayer (1949).

2) Werner von, Generalfeldmarschall, * Stargard in Pommern 2. 9. 1878, † Nürnberg (in amerikan. Haft) 14. 3. 1946; 1933–35 Reichswehr- und 1935–38 Reichskriegsmin., suchte der Wehrmacht im Herrschaftssystem Hitlers einen herausragenden Platz zu sichern. Er leitete die dt. Wiederaufrüstung. Aufgrund einer vom Offizierskorps als kompromittierend emp-

Alexander Blok

fundenen Heirat sah er sich als Reichskriegsmin. zum Rücktritt gezwungen.

Blomstedt ['blum-], Herbert, schwed. Dirigent, * Springfield (Mass.) 11. 7. 1927; war nach Stationen u. a. in Oslo und Kopenhagen 1975–85 Leiter der Dresdner Staatskapelle und 1977–85 Chefdirigent des Sinfonieorchesters des Schwed. Rundfunks in Stockholm sowie anschließend Chefdirigent des San Francisco Symphony Orchestra (1985–95) und des NDR-Sinfonieorchesters in Hamburg (1996–98). Von 1998 bis 2005 war er Gewandhauskapellmeister in Leipzig.

blond, heller, gelbl. Farbton des Haares, teils mit mehr (**rotblond**), weniger (**weizenblond**) oder ohne (**aschblond**) rötl. Pigmentanteile; oft gemeinsam mit blauen oder hellgrauen Augen und heller Hautfarbe auftretend.

Blondel [blɔ̃'dɛl], **1)** François, frz. Baumeister und Architekturtheoretiker, * Ribemont-sur-Ancre (Dép. Somme) 10. 6. 1618, † Paris 21. 1. 1686; gilt als theoret. Begründer des frz. Classicisme (»Cours d'architecture«, 3 Bde., 1675–83). Sein Hauptwerk ist die Porte Saint-Denis in Paris (1671–73, unter Mitwirkung von P. Bullet).

Maurice Blondel

2) Jacques François, frz. Baumeister und Architekturtheoretiker, * Rouen oder Paris 1705 oder 1708, † Paris 9. 1. 1774; war v. a. ein bed. Theoretiker, schrieb u. a. »L'architecture française«, 4 Bde. (1752–56, Neudruck 1904).

3) Maurice, frz. Philosoph, * Dijon 2. 11. 1861, † Aix-en-Provence 4. 6. 1949; entwickelte – beeinflusst u. a. von Augustinus und Platon – gegen Rationalismus und Positivismus seine Philosophie der »action«, des ewig vorwärtsstrebenden geistigen Lebens, das aller Wirklichkeit zugrunde liegen und aus der Natur das Leben, aus dem Leben den Geist hin zu Gott treiben soll. B.s Philosophie gipfelt in einer kath. Philosophie der Offenbarung.

Bloody Mary ['blʌdɪ 'meərɪ, engl.], Beiname der engl. Königin Maria I. Tudor.

Bloody Sunday ['blʌdɪ sʌndɪ, engl.], →Nordirland (Geschichte).

Blouson [bluˈzõ, frz.] das, auch der, blusenartige, hüftlange Jacke mit anliegendem Gürtelbund, kam um 1958 auf.

Blow-out ['bləʊaʊt, engl.] der, Bohrtechnik: unkontrollierter Ausbruch von Erdöl oder Erdgas aus einem Bohrloch.

Blow-up ['bləʊʌp, engl.] das, Vergrößerung einer Fotografie oder eines Fernsehbildes.

Bloy [blwa], Léon, frz. Schriftsteller, * Périgueux 11. 7. 1846, † Bourg-la-Reine (Dép. Hauts-de-Seine) 3. 11. 1917; Wegbereiter einer modernen kath. Literatur, beeinflusste u. a. G. Bernanos, P. Claudel, F. Mauriac; schrieb u. a. die Romane »Der Verzweifelte« (1886) und »Die Armut und die Gier« (1897) sowie Tagebücher »Mon journal« (2 Bde., 1904–24).

Gebhard Leberecht Blücher

Blücher, 1) Gebhard Leberecht Fürst B. von Wahlstatt (seit 1814), preuß. Generalfeldmarschall (seit 1813), * Rostock 16. 12. 1742, † Krieblowitz (Schlesien; heute Krobielowice) 12. 9. 1819; stand seit dem Siebenjährigen Krieg in preuß. Diensten (1773 verabschiedet). 1787 trat er wieder in die Armee ein und zeichnete sich in den Revolutionskriegen (1801 Generalleutnant) und in den napoleon. Kriegen aus. 1811 wurde B. auf Drängen Napoleons I. des Kommandos enthoben. Ab 1813 Oberbefehlshaber der Schles. Armee (mit Gneisenau als Chef des Generalstabes), schlug er die Franzosen an der Katzbach, erzwang bei Wartenburg den Elbübergang und trug in der Völkerschlacht bei Leipzig (16.–18. 10. 1813) entscheidend zum Sieg der gegen Napoleon I. verbündeten Armeen bei. In der Neujahrsnacht 1813/14 überschritt er mit seinen Truppen bei Kaub den Rhein und erfocht mit A. Wellington den entscheidenden Sieg über Napoleon I. bei →Waterloo. – B., genannt »Marschall Vorwärts«, war der volkstümlichste Heerführer der Befreiungskriege.

2) russ. **Bljucher,** Wassili Konstantinowitsch, eigtl. W. K. Gurow, sowjet. Marschall (seit 1935), * Barschtschinka (Gebiet Jaroslawl) 1. 12. 1890, † 9. 11. 1938; war 1924–27 unter dem Namen **Galen** militär. Berater der chin. Guomindang-Reg., befehligte 1929–38 die »Besondere Fernöstl. Armee«. Im Zuge der »Großen Säuberung« wurde er 1938 verhaftet und starb an den Folgen der Folter. 1956 wurde B. rehabilitiert.

Bludenz, Bez.-Hptst. in Vorarlberg, Österreich, 588 m ü. M., rechts der Ill, an der Arlbergbahn, 14 000 Ew.; Handelsakad. u. a. Lehranstalten; Textilind., Schokoladenherstellung, Maschinenbau, Zementfabrik; Fremdenverkehr (Barockbauten). – 830 erstmals erwähnt, seit 1296 Stadt.

Blueback ['bluːbæk, engl.] der, **Blaurücken,** das Fell von Jungtieren der Klappmütze, einer Rüsselrobbenart.

Blue Chips ['bluː 'tʃɪps, engl.], Bez. für Spitzenwerte des Aktienmarktes, d. h. Aktien substanz- und ertragsstarker Unternehmen, die sich durch erstklassige Bonität sowie gute Wachstumsperspektiven auszeichnen.

Blue Ground ['bluː 'graʊnd, engl. »blaue Erde«] der, unverwitterter →Kimberlit; verwittert wird er **Yellow Ground** genannt.

Bluejeans ['bluːdʒiːnz, engl.-amerikan.], →Jeans.

Blue Mountains ['bluː 'maʊntɪnz, engl.], **Blaue Berge, 1)** Bergland im nördl. Bereich des Columbia Plateaus in NO-Oregon und SO-Washington, USA, bis 2 775 m ü. M.; Eisenerzvorkommen.

2) Gebirge in O-Jamaika, bis 2 292 m ü. M.

3) Teil der südl. Ostaustralischen Kordilleren, westlich von Sydney, bis 1 362 m ü. M., mit dem B. M. National Park.

Blue Notes ['bluː 'nəʊts, engl.] Pl., Bez. der für die Melodik und Harmonik des Jazz (bes. des Blues) charakterist. (d. h. zw. großer und kleiner Terz bzw. Septime) intonierten Töne der 3. und 7. Stufe der Tonleiter.

Blue Ridge ['bluː 'rɪdʒ], östl. Randgebirge der →Appalachen, USA.

Blues [bluːz, engl.] der, **1)** urspr. das volkstümliche weltl. Lied der schwarzen Sklaven in den Südstaaten der USA, mit schwermütig getragener Grundstimmung; maßgeblich an der Ausbildung des Jazz beteiligt. In der 2. Hälfte des 19. Jh. entstanden, wurde der B. zu Beginn des 20. Jh. auch in instrumentale Bereiche übertragen.

2) um 1920 aufgekommener Gesellschaftstanz im langsamen $^4/_4$-Takt.

Blue Tongue ['bluː 'tʌŋ; engl. »blaue Zunge«] die, →Blauzungenkrankheit.

Bluetooth® ['bluːtuːθ, engl.; nach dem dän. König Harald Blatand (»Blauzahn«)], Kurzstreckenfunkstandard, der die kabellose Kommunikation zw. Geräten unterschiedl. Hersteller ermöglicht sowie deren Verbindung mit dem PC. Mit dieser Technologie können z. B. Notebooks, Handys, Digitalkameras, Drucker und Maus im Nahbereich (bis etwa 10 m, mit

Verstärkern bis etwa 100 m) miteinander kommunizieren. Die Übertragungsleistung liegt derzeit bei 1 Mbit/s. B. verwendet das global verfügbare Frequenzband bei 2,45 GHz (Wellenlänge 12,2 cm).

Blum, 1) Léon, frz. Politiker und Schriftsteller, * Paris 9. 4. 1872, † Jouy-en-Josas (Dép. Seine-et-Oise) 30. 3. 1950; gründete 1902 mit J. Jaurès den »Parti socialiste français«, hatte 1905 großen Anteil an der Einigung der frz. Sozialisten in der SFIO und stieg zum unbestrittenen Führer dieser Partei auf. 1936/37 und 1938 war er Min.-Präs. von Volksfrontregierungen; 1943–45 in Dtl. interniert; 1946/47 nochmals Ministerpräsident.

2) Robert, Politiker, * Köln 10. 11. 1807, † Wien 9. 11. 1848; volkstüml. Redner und polit. Schriftsteller, schloss sich 1845 der dt.-kath. Bewegung an; 1848 Führer der demokrat. Linken in der Frankfurter Nationalversammlung. Im Okt. 1848 überbrachte er den in Wien in offenem Kampf gegen die Reg. stehenden Demokraten eine Sympathieadresse der Frankfurter Nationalversammlung und beteiligte sich zeitweilig am Kampf. Nach der Niederschlagung des Aufstandes wurde er (trotz Immunität) zum Tode verurteilt und erschossen.

Blüm, Norbert, Politiker (CDU), * Rüsselsheim 21. 7. 1935; Werkzeugmacher, Journalist, leitete als Bundesmin. für Arbeit und Sozialordnung (1982–98) Reformen u. a. im Rentenrecht ein und setzte die Pflegeversicherung durch.

Blumau in Steiermark, Gemeinde im Bez. Fürstenfeld, Österreich, 1 600 Ew., mit → Bad Blumau.

Blumberg, Stadt im Schwarzwald-Baar-Kreis, Bad.-Württ., am SW-Rand der Schwäb. Alb, 10 400 Ew.; 1935–42 Eisenerzbergbau; heute elektron., Metall und Kunststoff verarbeitende Ind. – Seit 1420 Stadt.

Blumberg [ˈblʊmbəːg], Baruch Samuel, amerikan. Mediziner, * New York 28. 7. 1925; entdeckte 1964 im Blut eines austral. Eingeborenen ein bisher unbekanntes Antigen (HBsAG), das sich als Erreger der Virushepatitis B (Serumhepatitis) herausstellte. Mit D. C. Gajdusek erhielt er 1976 den Nobelpreis für Physiologie oder Medizin.

Blume, 1) *Botanik:* Blüte, auch die Pflanze, die Blüten trägt (→ Sommerblumen, → Stauden, → Zimmerpflanzen).

2) *Gastronomie:* die Schaumkrone des (gezapften) Bieres; auch das Bukett des Weines.

3) *Jägersprache:* die weiße Schwanzspitze des Fuchses und des Wolfs; der Schwanz des Hasen.

Blumenau, Stadt in Santa Catarina, Brasilien, 256 100 Ew.; Textil-, Glas- und Porzellanindustrie. – 1852 von Hermann Blumenau (* 1819, † 1899) mit 17 Einwanderern als dt. Siedlung gegründet.

Blumenberg, Hans, Philosoph, * Lübeck 13. 7. 1920, † Altenberge 28. 3. 1996; zuletzt Prof. in Münster; neben einer phänomenolog. Anthropologie entwarf B. eine Philosophie der Metapher: Auch in der Neuzeit, die in ihrem Selbstverständnis auf Rationalität und Denken gegründet ist, wird im Horizont vorgängiger Bilder gedacht, die die Sicht der Welt und das Selbstverständnis des Menschen strukturieren.

Werke: Paradigmen zu einer Metaphorologie (1960); Die kopernikanische Wende (1965); Die Legitimität der Neuzeit (1966); Das Lachen der Thrakerin (1987); Höhlenausgänge (1989); Die Vollzähligkeit der Sterne (hg. 1997); Die Verführbarkeit des Philosophen (hg. 2000); Beschreibung des Menschen (hg. 2006).

Blumenbinse, die → Schwanenblume.

Blumenfliegen, Anthomyiidae, Familie der Fliegen mit rd. 1 000 meist grau oder braun gefärbten Arten; leben oft auf Blüten; z. T. sind ihre Larven Pflanzenschädlinge (Kohl-, Zwiebelfliege u. a.).

Blumenkohl, Karfiol, Brassica oleracea var. botrytis, Gemüsepflanze der Gattung Kohl aus dem östl. Mittelmeergebiet; gegessen werden die gestauchten, zu einer kopfförmigen »Blume« vereinigten, sterilen Blütensprossen.

Blumenkresse, → Kapuzinerkresse.

Blumenorden, deutsche Sprachgesellschaft, der → Pegnitzorden.

Blumenrohr, die Pflanzengattung → Canna.

Blumensprache, arab. **Selam,** der Gedankenaustausch durch Blumen entsprechend ihren Namen (Vergissmeinnicht) oder ihrer symbol. Bedeutung (Rose = Liebe, Lilie = Reinheit, Veilchen = Demut).

Blumenthal, Hermann, Bildhauer, * Essen 31. 12. 1905, † (gefallen) bei Kljastizy (Weißrussland) 17. 8. 1942; schuf Figürliches (bes. Jünglingsgestalten), Bildnisbüsten und Flachreliefs in Zink, Terrakotta und Bronze.

Blumentiere, die → Korallen.

Blumenzwiebel, unterird. Speicherorgan einiger einkeimblättriger Pflanzen (→ Zwiebel).

Blumhardt, evangelische Theologenfamilie:

1) Christoph, * Möttlingen (heute zu Bad Liebenzell) 1. 6. 1842, † Bad Boll 2. 8. 1919, Sohn von 2); zunächst Nachfolger seines Vaters in der Leitung von Bad Boll; gab 1899 sein Pfarramt auf, trat der SPD bei und war 1900–06 württemberg. Landtagsabgeordneter. B. gab entscheidende Impulse zum Entstehen des → religiösen Sozialismus und hatte großen Einfluss auf K. Barth.

2) Johann Christoph, * Stuttgart 16. 7. 1805, † Bad Boll 25. 2. 1880, Vater von 1); Führer einer Erweckungsbewegung, seit 1852 in Bad Boll, behandelte seelisch Leidende und Kranke.

Blümlis|alp, vergletschertes Gebirgsmassiv im Berner Oberland, Schweiz, mit Blümlisalphorn (3 664 m) und Weißer Frau (3 654 m ü. M.); am W-Fuß der Öschinensee (Karsee).

Bluntschli, Johann Caspar, schweizer.-dt. Staats- und Völkerrechtler, * Zürich 7. 3. 1808, † Karlsruhe 21. 10. 1881; seit 1833 Prof. (in Zürich, München, seit 1861 in Heidelberg), führender Staatstheoretiker, hatte bes. Einfluss auf die Entwicklung des schweizer. Zivilrechts.

Werke: Geschichte des schweizer. Bundesrechtes (2 Bde., 1849–52); Allg. Staatsrecht, geschichtlich begründet (2 Tle., 1851/52).

Bluse, leichtes Oberbekleidungsstück für Frauen, auch Teil von Uniformen, z. B. Matrosen-B., Litewka.

Blut, lat. **Sanguis,** im Herz-Kreislauf-System (→ Blutkreislauf) zirkulierende Körperflüssigkeit, die dem allg. Stofftransport und -austausch dient. Das B. bringt als Transportmittel Sauerstoff aus der Lunge und Nährstoffe aus dem Darm in die Gewebe, Kohlendioxid und Abbauprodukte des Stoffwechsels in die Ausscheidungsorgane (Lunge, Niere). B. dient weiterhin als Transportmedium für Hormone, die von ihren Bildungsorten zu ihren spezif. Erfolgsorganen gebracht werden, sowie für bestimmte Vitamine. Zudem ist es an der Aufrechterhaltung des Wasser- und Salzhaushaltes des Körpers beteiligt. Wichtige Eigenfunktionen des B. sind die Fähigkeiten, eingedrungene Fremdstoffe, Gifte und Fremdorganismen abzu-

Robert Blum

Norbert Blüm

wehren (Immunreaktion) und offene B.-Gefäße (B.-Gerinnung) verschließen zu können. Die B.-Menge des Menschen beträgt etwa 7–8 % seines Körpergewichts, beim Erwachsenen (bei 70 kg Körpergewicht) etwa 4,5–6 l. Das B. setzt sich aus B.-Plasma (B.-Flüssigkeit) und zellulären Bestandteilen, den B.-Körperchen, zusammen.

Das **B.-Plasma** besteht aus Wasser (90 %), Ionen (bes. Natrium, Kalium und Calcium), den Transportstoffen (z. B. Nahrungsstoffe wie Kohlenhydrate und Fette) und aus Proteinen (8 %). Wichtige B.-Proteine sind die Albumine, die an der Regulation des Wasserhaushaltes beteiligt sind, die Globuline, die z. B. die Antikörper umfassen, und das Fibrinogen, das für die B.-Gerinnung verantwortlich ist. Plasma ohne Fibrinogen wird als **B.-Serum** bezeichnet. Von den zellulären B.-Bestandteilen überwiegen zahlenmäßig (etwa 4,5–5 Mio./mm³) die **roten B.-Körperchen (Erythrozyten)**, scheibenförmige, kernlose, in der Mitte eingedellte Zellen von etwa 7 µm Durchmesser. Sie bestehen aus einer Gerüstsubstanz, in die der B.-Farbstoff (**Hämoglobin**) eingelagert ist. Das Hämoglobin ermöglicht Atmung und Stoffwechselvorgänge durch seine Fähigkeit, Sauerstoff in der Lunge zu binden und im Gewebe abzugeben. Im Unterschied zu den roten sind die **weißen B.-Körperchen (Leukozyten)** kernhaltig und enthalten kein Hämoglobin. Ihre Zahl beträgt 4 000–9 000/mm³ Blut. Man unterscheidet Granulozyten, Monozyten und Lymphozyten; sie sind zw. 7 µm (Lymphozyten) und 20 µm (Monozyten) groß. Die **Granulozyten** werden je nach Anfärbbarkeit ihrer Körnchen (Granula) mit sauren oder bas. Farbstoffen in neutrophile Granulozyten, eosinophile Granulozyten und basophile Granulozyten unterteilt. Die **neutrophilen Granulozyten (Neutrophile)** machen den Hauptbestandteil der weißen B.-Körperchen aus. Sie sind aktiv beweglich, können, durch Krankheitserreger angelockt, die B.-Bahn verlassen (Diapedese), nehmen die Fremdstoffe auf (Phagozytose) und bauen sie ab. Neutrophile Granulozyten bilden die Hauptmasse des Eiters. **Eosinophile Granulozyten (Eosinophile)** sind an allerg. Reaktionen beteiligt. **Basophile Granulozyten (Basophile)** dienen der Abwehr von Parasiten und sind ebenfalls an allerg. Reaktionen beteiligt. Die anderen Arten von weißen B.-Körperchen unterstützen ebenfalls die Körperabwehr. **Monozyten** verweilen wenige Tage in der Blutbahn, bevor sie sich durch die Gefäße der Blutkapillaren in das Gewebe orientieren. Dort reifen sie zu ortsständigen, gewebsspezifischen Fresszellen aus, den **Makrophagen**. Die **Lymphozyten** besitzen die Fähigkeit, Antikörper zu bilden, und sind Grundlage der spezif. Immunität. Die ebenfalls farblosen **B.-Plättchen (Thrombozyten)** sind als Bruchstücke von Knochenmarkzellen die kleinsten B.-Körperchen (etwa 3 µm Durchmesser), ihre Zahl in 1 mm³ B. beträgt 200 000–400 000. Sie sind für die B.-Gerinnung wichtig. Die B.-Körperchen und ihre Vorstufen entstehen vorwiegend im Knochenmark.

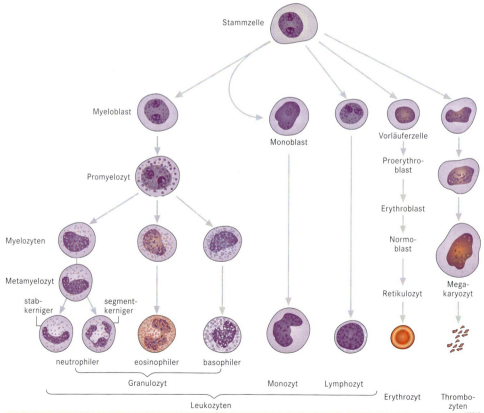

Blut: Stammbaum der Leukozyten, Erythrozyten und Thrombozyten; alle Blutkörperchen differenzieren sich aus gemeinsamen Stammzellen, die sich jedoch schon in der Embryonalzeit spezialisieren. Im Knochenmark liegen alle Vorstufen nebeneinander vor. Nur die in der unteren Reihe abgebildeten Zellen finden sich im Blut.

Blutalgen, meist Flagellaten und Cyanobakterien, deren Chlorophyll durch rote oder orange Farbstoffe verdeckt ist; bei massenhaftem Auftreten im Wasser oder auf Schnee und Eis tritt meist eine Rotfärbung auf (Blutseen; das Rote Meer; Blutschnee; Alpenrot).

Blutalkohol, Alkoholgehalt des Blutes nach →Alkoholgenuss, ausgedrückt in ‰ (g Alkohol je 1 000 g Blut); wird durch die →Blutprobe ermittelt.

Blutandrang, die aktive oder arterielle →Hyperämie.

Blutarmut, die →Anämie.

Blutbank, medizin. Einrichtung zur Herstellung, Aufbewahrung und Abgabe von Blutkonserven.

Blutbann, altes dt. Recht: Gerichtsbarkeit über Leben und Tod, stand urspr. dem König zu.

Blutbild, Übersicht über die wesentl. Bestandteile des Blutes durch eine →Blutuntersuchung.

Blutblume, **Elefantenohr**, **Haemanthus**, Gattung der Amaryllisgewächse, südafrikan. Zwiebelgewächse mit meist nur 2 Blättern und reichblütiger Dolde auf kurzem Schaft; mit roten oder weißen Blüten; Zierpflanzen.

Blutbuche, eine Varietät der Rotbuche mit rotbraunen Blättern.

Blutdoping [-dəʊpɪŋ], **Eigenblut-Retransfusion**, *Sportmedizin:* die Zurückführung (4–6 Wochen nach Entnahme) von Eigenblut, meist in Form eines Konzentrats von roten Blutkörperchen oder Plasma; dient zur unerlaubten Leistungssteigerung (v. a. der Ausdauerleistungsfähigkeit) im Sport; in gleicher Weise bewirkt eine Injektion von →Erythropoetin eine Zunahme der Erythrozytenbildung und eine vermehrte Sauerstoffbindung im Blut.

Blutdruck, der durch die Tätigkeit des Herzens erzeugte Druck des strömenden Blutes im Blutgefäßsystem. Der B. ist in den herznahen großen Schlagadern am größten. Mit dem Umlauf des Blutes sinkt er und ist beim Einmünden der großen Venen in das Herz etwa gleich null. Die Höhe des B. ist abhängig von der Leistungsfähigkeit des Herzens, von Weite und Elastizität (Tonus) der Blutgefäße und von der inneren Reibung (Viskosität) des Blutes. Die Regulation des B. erfolgt durch B.-Zentren im Zwischenhirn, verlängerten Mark und Rückenmark. Die **B.-Messung** gilt als wichtigste Maßnahme zur Beurteilung der Kreislauffunktion. Zur Messung des arteriellen B. wird eine zunächst leere Gummimanschette, die mit einem Manometer verbunden ist, um den Oberarm gelegt. Die Manschette wird so lange aufgepumpt, bis der Blutstrom in der Armschlagader völlig abgedrosselt und der Pulsschlag nicht mehr zu tasten ist. Wird der Manschettendruck wieder vermindert, kann man durch ein im Bereich der Ellenbeuge aufgesetztes Stethoskop das Geräusch des wieder in die Armarterie einfließenden Blutes hören. Der dabei abgelesene Manometerwert zeigt den Spitzendruck (**systol. B.;** z. B. 120 mm Quecksilbersäule [Hg]) an. Verschwindet bei weiterer Reduzierung des Manschettendrucks das pulssynchrone Geräusch, so kann der Taldruck (**diastol. B.;** z. B. 80 mm Quecksilbersäule) abgelesen werden. Elektron. B.-Messapparate nehmen über ein Mikrofon in der Manschette die Pulsgeräusche auf und ermöglichen eine einfache Ablesung oder die automat. Registrierung. Gemessen wird der B. traditionell in mm Hg (→Riva-Rocci), seit dem 1. 1. 1978 gelten als neue Druckeinheiten das Pascal (Pa) und das Bar (bar), jedoch ist die alte Maßeinheit weiterhin zulässig; 1 mm Quecksilbersäule ≙ 133,322 Pa. Die Angabe

Blutdruck: Mittelwerte des Blutdrucks in Altersabhängigkeit (nach WHO-Empfehlungen)

Alter	systolischer Blutdruck (in mmHg)	diastolischer
Geburt	70	40
bis 10 Jahre	100	70
10–14 Jahre	110	75
über 18 Jahre		
optimal	< 120	< 80
normal	< 130	< 85
hochnormal	130–139	85–89

des B. gibt den systol. und diastol. Wert als Verhältniszahl wieder (z. B. 120/80 mm Hg). Der B. steigt mit zunehmendem Alter im Durchschnitt an. Auch beim Gesunden kann der B. schwanken, er steigt bei phys. und psych. Belastungen an und fällt im Schlaf leicht ab. Krankhaft sind dauernd erhöhte Werte (→Hochdruckkrankheit) und dauernd erniedrigte Werte (→Hypotonie).

Blüte, der geschlechtl. Fortpflanzung dienender, für die Samenpflanzen characterist. Spross begrenzten Wachstums mit meist in Kreisen angeordneten Blättern spezieller Funktion. Die vollständige B. der Bedecktsamer besteht aus den an der B.-Achse sitzenden Staub- und Fruchtblättern, die von der B.-Hülle umgeben sind; diese ist unterteilt in meist grüne Kelch- und farbige Kronblätter. **Staubblätter** (Stamina, als Gesamtheit Andrözeum) tragen i. Allg. auf einem Stiel (Staubfaden, Filament) die Antheren (Staubbeutel), die aus zwei durch das Konnektiv verbundenen Fächern (Theken) bestehen. Jede Theke enthält zwei Pollensäcke, die viele Pollenkörner (Pollen, B.-Staub) erzeugen. Die **Fruchtblätter** (Karpelle, als Gesamtheit Gynözeum) werden zuletzt angelegt; sie tragen die Samenanlagen, frei bei den Nacktsamern, in einem geschlossenen Fruchtknoten bei den Bedecktsamern. Die Samenanlagen sind mit einem Stielchen (Funiculus) an der Plazenta befestigt. Sie enthalten den Embryosack mit der Eizelle. Eine B. mit Staub- und Fruchtblättern ist zwittrig (hermaphroditisch, monoklin), eine B. mit nur Staub- oder nur Fruchtblättern getrenntgeschlechtig (eingeschlechtig, diklin). Wenn beide Geschlechter auf derselben Pflanze vereinigt sind (Monözie), ist die B.-Verteilung und die betreffende Pflanze einhäusig (monözisch), wenn sie hingegen auf versch. Pflanzen auftreten (Diözie), zweihäusig (diözisch). Die B.-Hüllblätter können als grüne **Kelchblätter** (Sepalen; ihre Gesamt-

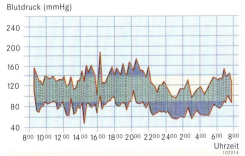

Blutdruck: Bei der Langzeitblutdruckmessung zeigt die obere Linie den systolischen, die untere den diastolischen Blutdruck.

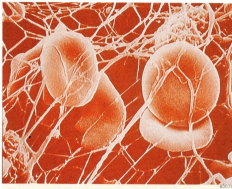
Blutgerinnsel: Rote Blutkörperchen sind in einem Netz von Fibrinfäden gefangen.

heit: Kelch, Calyx) und als zartere, oft farbige oder weiße Kronblätter (Petalen; ihre Gesamtheit: Blumenkrone, Corolla) ausgebildet sein. Doppelte B.-Hüllen mit Kelch und Krone heißen Perianth. Ist keine zweigestaltige Ausbildung erkennbar, liegt ein Perigon vor. Die B.-Hülle dient teils zum Schutz, teils als Schauapparat zur Anlockung der Insekten (B.-Bestäubung, →Bestäubung); sie kann auch fehlen. Fehlt nur die Krone, heißt die B. apetal.

Die Blattgebilde an der B.-Achse sind schraubig (azyklisch) oder wirtelig (zyklisch, in Kreisen) angeordnet. Nach den Symmetrieverhältnissen unterscheidet man: polysymmetr. (radiäre, strahlige, aktinomorphe) B. mit mehr als zwei Symmetrieebenen (z. B. Nelke), disymmetr. B. mit zwei Symmetrieebenen (z. B. Tränendes Herz), monosymmetr. (zygomorphe) B. mit nur einer Symmetrieebene (achsensymmetr., z. B. Taubnessel) und asymmetr. B. (z. B. das Blumenrohr Canna). Die Zahlen- und Stellungsverhältnisse der B.-Blätter lassen sich im Grundriss als **B.-Diagramm** darstellen. Einen Überblick über die B.-Gestalt vermittelt die **B.-Formel.** In ihr werden die Symmetrieverhältnisse durch *(radiär) oder ↓(zygomorph) angegeben sowie P = Perigon, K = Kelch, C = Corolla, A = Andrözeum, G = Gynözeum (jeweils mit der Anzahl der zugehörigen Glieder). Die Fruchtknotenstellung wird durch einen Strich unter (oberständig) oder über (unterständig) oder über und unter (mittelständig) der Anzahl der Fruchtblätter bezeichnet. Untereinander verwachsene Glieder werden durch Klammern zusammengefasst. Für die Taubnessel lautet die **B.-Formel** z. B. ↓K(5)[C(5)A2 + 2]G(2).

Blutegel, Egel, Hirudinea, Unterklasse meist im Wasser (aber auch in feuchten Landbiotopen, z. T. auch im Meer) als Räuber oder Blutsauger lebender Ringelwürmer mit rd. 300 Arten. Die bekannteste Art ist der Medizin. B. (Hirudo medicinalis), der zur Erreichung der Geschlechtsreife an Amphibien und Säugetieren (einschl. Mensch) saugt und dabei →Hirudin absondert.

Blütenfarbstoffe, Naturfarbstoffe in Chromoplasten, Vakuolen oder Zellwänden von Blüten, z. B. →Flavone, →Anthocyane.

Blütenlese, *Literatur:* die →Anthologie.

Blüten|öle, →ätherische Öle.

Blütenpflanzen, die →Samenpflanzen.

Blütenstand, Infloreszenz, Blüten tragender, oft verzweigter Sprossabschnitt der Samenpflanzen. Offene B. (razemöse B.) haben keine Endblüte, z. B. Traube, Ähre, Kolben, Köpfchen, Körbchen, Dolde, Rispe und deren Abwandlungen; **geschlossene B. (zymöse B.)** mit Endblüte sind: Dichasium, Pleiochasium, Monochasium mit Fächel, Sichel, Wickel, Schraubel sowie Schein- oder Trugdolde und Spirre.

Blütenstaub, der →Pollen.

Blütensträucher, reich blühende, winterharte Holzgewächse zum Blumenschnitt oder für Gartenanlagen, z. B. Forsythie, Flieder.

Bluter, →Bluterkrankheit.

Blut|erbrechen, Hämatemesis, das Erbrechen von Blut aus Speiseröhre oder Magen. Das Blut ist nach Einwirkung von Magensäure kaffeesatzartig braun, sonst hellrot. Ursachen sind u. a. Blutungen von Krampfadern in der Speiseröhre, Magengeschwür.

Blut|erguss, Hämatom, Austritt von Blut aus den Blutgefäßen in das Bindegewebe, unter die Haut (»blauer Fleck«), in Muskeln oder Gelenke.

Bluterkrankheit, Hämophilie, erbl. Blutgerinnungsstörung mit Neigung zu Blutungen, oft ohne besondere äußere Ursache und schwer stillbar. An B. Leidende heißen **Bluter** (Hämophile). Bei der häufigen Hämophilie A fehlt der Gerinnungsfaktor VIII, bei der selteneren Hämophilie B der Faktor IX (→Blutgerinnung). Beide Faktoren werden durch Erbanlagen auf dem X-Chromosom bestimmt (X-chromosomal-rezessive Vererbung). Frauen, die den Defekt auf einem ihrer zwei X-Chromosomen tragen, sind selbst meist gesund, übertragen die Anlage aber auf die Hälfte ihrer Söhne. Söhne können die Anlage nicht von ihrem Vater erben, da sie ihr X-Chromosom immer von der Mutter erhalten. – Für die Behandlung stehen gentechnisch hergestellte Gerinnungsfaktoren zur Verfügung.

Blut|ersatzmittel, ungenaue Bez. für die →Plasmaersatzstoffe.

Blutfahne, Blutbanner, im Hl. Röm. Reich die rote Fahne, mit der die mit dem Blutbann verknüpften Reichslehen verliehen wurden. In einigen dt. fürstlichen Wappen hat sich die B. als das rote bildlose **Regalienfeld** erhalten (Preußen, Sachsen [Ernestiner]).

Blutfarbstoff, →Hämoglobin.

Blutfink, der →Gimpel.

Blutfleckenkrankheit, Purpura, Krankheit, deren wichtigstes Zeichen Haut- und Schleimhautblutungen sind. Ursachen sind Schädigung der Gefäßwände (z. B. im Alter), Verminderung oder Funktionsstörung der Blutplättchen (z. B. Werlhof-Krankheit), Verminderung von Blutgerinnungsfaktoren (z. B. infolge Vergiftung) oder toxisch-allerg. Prozesse (Schoenlein-Henoch-Syndrom). – In der *Tiermedizin* wird die B. bes. bei bakteriellen und viralen Infektionen, Funktionsstörungen der Blutplättchen, Vitamin-C-Mangel und Cumarinvergiftung beobachtet.

Blutgefäße, Adern, beim Menschen und höheren Tieren Röhren oder Schläuche mit versch. Durchmesser, in denen das Blut, angetrieben vom Herzen, durch den Körper fließt. Nach Aufbau und Funktion unterscheidet man die vom Herzen wegführenden →Arterien, die zum Herzen hinführenden →Venen und die vorwiegend für den Stoffaustausch in den Geweben bzw. Organen verantwortl. →Kapillaren.

Blutgefäßmal, Blutgefäßgeschwulst, Hämangiom, von Blutgefäßen ausgehende gutartige Gefäßgeschwulst, vorwiegend in der Haut und meist schon bei der Geburt vorhanden (»Muttermal«). Die einfachen B., volkstümlich **Feuermal** (Naevus flammeus), liegen in der Hautebene als rote bis blaurote Flecken mit oft unregelmäßiger Begrenzung, am häufigsten im Gesicht oder Nacken (»Storchenbiss«). Die tieferen B., z. B. der **Blutschwamm** (kavernöses Hämangiom), überragen die Hautebene. B. können auch in inneren Organen vorkommen und durch plötzl. Bersten tödl. innere Blutungen verursachen. Meist kommt es zu einem spontanen Rückgang der Erscheinungen innerhalb der ersten Lebensjahre. Eine Entfernung des B. kann abhängig von Lokalisation und Größe durch Kryo- oder Lasertherapie bzw. Operation vorgenommen werden.

Blutgefäßverstopfung, →Embolie, →Thrombose.

Blutgeld, 1) nach germanisch-mittelalterl. Recht Belohnung für denjenigen, durch dessen Zeugnis ein Verbrecher überführt wurde.

2) →Wergeld.

Blutgerinnsel, Blutkoagulum, 1) aus einem Fibrinnetz mit eingelagerten roten Blutkörperchen bestehende feste Masse; bildet sich bei Austritt des Blutes aus den Gefäßen oder nach dem Tod innerhalb der Gefäße; 2) →Thrombus.

Blutgerinnung, das Erstarren des aus einem Blutgefäß ausgetretenen Blutes als Selbstschutzmechanismus des Körpers gegen Verbluten. Die B. ist ein komplexer, in mehreren Phasen ablaufender Vorgang, an dem 13 **B.-Faktoren** beteiligt sind. In einer Folge enzymat. Reaktionen wird letztlich durch das B.-Enzym **Thrombin** die Bildung des Plasmafaserstoffs **Fibrin** aus seiner Vorstufe, dem **Fibrinogen**, katalysiert. Das resultierende Fibringeflecht mit den darin eingeschlossenen Blutkörperchen wird Blutpfropf (**Blutkuchen**) genannt. – Unter krankhaften Bedingungen, z. B. Gefäßwandschäden oder längere Blutstauung, können Blutgerinnsel innerhalb der Blutbahn auftreten (→Thrombus).

Blutgerüst, das →Schafott.

Blutgruppen, erbbedingte serolog. Merkmale des Blutes, die für die Bestimmung der Verträglichkeit bei Bluttransfusionen und Transplantationen, bei Vaterschaftsuntersuchungen sowie bei Haustieren für Rassenzüchtung und Elternnachweis von großer Bedeutung sind. Die B.-Merkmale lassen sich entsprechend den Blutbestandteilen (zelluläre Bestandteile, Serum) unterteilen und systematisieren. Das für die prakt. Medizin wichtigste System ist das auf K. Landsteiner (1901) zurückgehende klass. oder **AB0-System** mit vier Hauptgruppen: 0 (in Mitteleuropa 38 %), A (42 %), B (13 %) und AB (7 %). In anderen Regionen der Erde gibt es andere Verteilungen (die Blutgruppe 0 kommt z. B. bei den amerikan. Ureinwohnern zu über 90 % vor). Die AB0-Gruppen sind (wie alle B.-Eigenschaften) auf einem Chromosom lokalisiert. Die Gene des AB0-Systems sind die beiden dominant vererbbaren Merkmale A und B und das rezessiv vererbbare Merkmal 0. Eine Besonderheit im AB0-System stellt die **Landsteiner-Regel** dar: Im Serum eines Menschen kommen immer die Antikörper vor, die mit dem Leben vereinbar sind, d. h. nicht zu einer Verklumpung der eigenen und gruppengleichen Blutkörperchen führen. Heute sind über 400 B.-Merkmale bekannt, die zusammengenommen über 500 Mrd. Kombinationsmöglichkeiten ergeben.

Neben dem AB0-System ist v. a. das **Rhesussystem (Rh-System)** von großer prakt. Bedeutung; 85 % der Bev. haben das antigene Erythrozytenmerkmal Rh (→Rhesusfaktor); sie sind Rh-positiv (Rh+). Bei 15 % fehlt das Rh-Antigen; sie sind Rh-negativ (Rh−), werden beim Kontakt mit Rh-positivem Blut sensibilisiert und bilden leicht Antikörper gegen das Rh-Antigen.

Die B.-Bestimmung wird mithilfe der Zusammenballung roter Blutkörperchen durch Serum fremder B. durchgeführt. Blutserum mit bekannter Antikörpereigenschaft (Anti-A, Anti-B) wird in Testseren mit roten Blutkörperchen der unbekannten B. zusammengebracht; aus der Zusammenballung ist die B. ersichtlich. Die B.-Bestimmung ist eine unerlässl. Voraussetzung für die Bluttransfusion (→Kreuzprobe). Daneben dient sie auch in der Transplantationsmedizin zum Feststellen der Kompatibilität (Verträglichkeit) zw. den B. des Spenders und Empfängers (Vermeiden von Transplantatabstoßung u. a.).

Blutharnen, die →Hämaturie.

Blut-Hirn-Schranke, Barriere für den Übergang bestimmter Stoffe aus den Blutgefäßen in das Gehirn.

Blüthner, Julius, Klavierbauer, * Falkenhain (heute zu Meuselwitz) 11. 3. 1824, † Leipzig 13. 4. 1910; gründete 1853 in Leipzig eine Klavierfabrik, heute J. B. Pianofortefabrik GmbH, Störmthal bei Leipzig.

Bluthochdruck, →Hochdruckkrankheit.

Bluthochzeit, Pariser B., die →Bartholomäusnacht.

Blutholz, →Blauholz.

Bluthund, engl. **Bloodhound,** ein Jagdhund; Schulterhöhe 65–70 cm; lange Rute, schmaler Kopf mit langen Hängeohren, Gesichtsfalten, Hängelefzen und Kehlwamme; Behaarung kurz.

Bluthusten, Hämoptoe, Hämoptyse, das Abhusten von reinem Blut oder Blut mit wenig Bronchialsekret; Ursachen sind u. a. entzündl. Bronchial- und Lungenkrankheiten, Lungeninfarkt, Tumoren. Bei erhebl. Blutmengen spricht man von **Blutsturz**.

Blutjaspis, ein Mineral, →Heliotrop.

Blutkonserve, unter sterilen Bedingungen von Blutspendern gewonnenes, serologisch geprüftes und ungerinnbar gemachtes (Voll-)Blut, das in speziellen Behältnissen (meist Kunststoffbeutel) aufbewahrt und in Blutbanken unter bestimmten Temperaturbedingungen gelagert wird. B. dienen entweder zur Bluttransfusion oder zur Substitution bestimmter Blutbe-

Blut-gruppe	Testseren			Agglutination durch
	Anti-B (β)	Anti-A (α)	Anti-A u. Anti-B (α, β)	
A	●	○	○	B- und 0-Serum
B	○	●	○	A- und 0-Serum
AB	○	○	○	A-, B- und 0-Serum
0	●	●	●	kein Serum

 Agglutination   keine Agglutination

Blutgruppen: Schema zur Bestimmung der AB0-Blutgruppen mittels Testserum

standteile (z. B. Erythrozyten- oder Blutplättchenkonzentrat).

Blutkörperchen, →Blut.

Blutkörperchensenkung, Abk. **BKS,** Bestimmung der Geschwindigkeit, mit der die festen Blutbestandteile im stehenden, ungerinnbar gemachten Blut absinken (**Blutkörperchensenkungsgeschwindigkeit,** Abk. **BSG**). Die Normalwerte nach einer und nach zwei Stunden liegen beim Mann zw. 3–8 mm und 5–18 mm, bei der Frau zw. 6–11 mm und 6–20 mm. Eine erhöhte BSG bedeutet meist eine Vermehrung der großmolekularen Eiweißkörper im Blut und besagt, dass sich der Körper in Abwehr befindet, z. B. bei akut eitrigen Prozessen, chron. Entzündungen, Anämien und bösartigen Tumoren. Eine verzögerte BSG tritt u. a. bei Vermehrung der roten Blutkörperchen oder Lebererkrankungen auf.

Blutkrankheiten, Hämopathien, Erkrankungen des Blutes und der blutbildenden Gewebe (→Anämie, →Polyzythämie, →Leukämie und →Blutungsübel).

Blutkrebs, volkstümliche Bez. für →Hämoblastosen, v. a. →Leukämie.

Blutkreislauf, Blutzirkulation, die Strömung des Blutes, die beim Menschen und bei höheren Tieren in geschlossenen Gefäßbahnen durch die Triebkraft des Herzens sowie die Elastizität und den Tonus der Blutgefäße unterhalten wird, den Körperzellen Nährstoffe, Sauerstoff und Hormone zuführt sowie Kohlendioxid u. a. Stoffwechselprodukte abtransportiert. Bei Warmblütern dient der B. außerdem zur Regelung der Körpertemperatur. Beim Menschen und den Wirbeltieren gehen vom Herzen die **Arterien** (Schlagadern) in den Körper, wo sie sich in **Kapillaren** (feinste Haargefäße) aufspalten, die die Zellen umspinnen und sich wieder zu größeren Gefäßen, den **Venen,** sammeln, die das Blut zum Herzen zurückleiten. Durch die Wand der Kapillaren vollzieht sich der Stoff- und Gasaustausch mit den umgebenden Gewebezellen und der Gewebeflüssigkeit. Das Herz arbeitet nach Art einer Druck- und Saugpumpe: Während sich die beiden Kammern des Herzens gleichzeitig zusammenziehen (**Systole**) und arterielles (linke Kammer) bzw. venöses Blut (rechte Kammer) auswerfen, erschlaffen und erweitern sich die Vorhöfe (**Diastole**) und saugen venöses bzw. arterielles Blut an. Die ausgeworfene Blutmenge (**Schlagvolumen**) beträgt bei erwachsenen Menschen normalerweise in Ruhe 70 ml, die Anzahl der Schläge je Minute (**Herzfrequenz, Puls**) 70. Die Herzfrequenz unterliegt in erster Linie der automat. Eigensteuerung des Herzens, sie kann jedoch ebenso wie die Schlagkraft über das Nervensystem beeinflusst und so den Bedürfnissen des Körpers (z. B. hoher Sauerstoffbedarf bei körperl. Belastung) angepasst werden.

Das **Herz-Minuten-Volumen,** die in einer Minute vom Herzen geförderte Blutmenge, ist das Produkt aus Herzfrequenz und Schlagvolumen und beträgt in Ruhe etwa 5 l/min. Damit durchströmt etwa die gesamte Blutmenge des Menschen einmal in der Minute den Körper (mittlere Blutumlaufzeit). Bei körperl. Belastung kann das Herz-Minuten-Volumen durch Steigerung des Schlagvolumens bis zum Doppelten und der Herzfrequenz bis zum Dreifachen auf 30 l/min ansteigen. Durch den **großen Kreislauf (Körperkreislauf),** der mit der aus der linken Herzkammer entspringenden **Hauptschlagader** (**Aorta**) und ihren Ästen beginnt, wird das sauerstoff- und nährstoffreiche Blut im Körper verteilt und das sauerstoffarme und kohlendioxidreiche Blut zum rechten Herzvorhof durch die **untere** und **obere Hohlvene** zurückgepumpt. Vom rechten Vorhof strömt das Blut in die rechte Kammer, die das Blut durch die Lungen und damit durch den **kleinen Kreislauf (Lungenkreislauf)** treibt. In der Lunge wird das Blut von Kohlendioxid befreit und mit Sauerstoff angereichert. Eine Sonderstellung im großen Kreislauf nimmt der **Pfortaderkreislauf** ein, bei dem venöses Blut aus dem Magen-Darm-Trakt und benachbarten Organen durch die Pfortader der Leber zufließt (im Unterschied zu anderen Organen, denen nur arterielles Blut zufließt), dort ein weiteres Kapillargebiet durchströmt und erst dann in die untere Hohlvene mündet. Die Anteile des Hochdrucksystems beginnen an der linken Herzkammer und enden mit den Arterien des großen Kreislaufs, das Niederdrucksystem umfasst den gesamten kleinen Kreislauf und die Venen des großen Kreislaufs. – Über die Störungen im B. →Kreislaufstörungen.

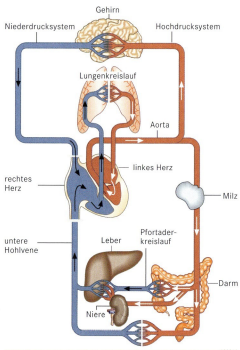

Blutkreislauf des Menschen (arterielles Blut rot, venöses Blut blau)

B. der Tiere: Als offenes Blutgefäßsystem entwickelte sich im Laufe der Evolution zuerst ein elast. muskulöser Herzschlauch, der an beiden Enden frei in Hohlräumen der Leibeswand mündete. Die Weichtiere besitzen ein Herz mit Vorkammer und Kammer. Auch Gliederfüßer und Manteltiere haben nur ein offenes Blutgefäßsystem. Ein geschlossenes Blutgefäßsystem tritt erstmals bei den Ringelwürmern auf.

Blutkuchen, →Blutgerinnung.

Blutlaugensalz, 1) gelbes B., Kaliumsalz der Hexacyanoeisen(II)-säure, Kaliumhexacyanoferrat(II): $K_4[Fe(CN)_6] \cdot 3H_2O$; wird zur Färbung von Textilien und als Lebensmittelzusatzstoff verwendet.

2) rotes B., Kaliumsalz der Hexacyanoeisen(III)-säure, Kaliumhexacyanoferrat(III): $K_3[Fe(CN)_6]$; dient

u. a. als Stahlhärtungsmittel, Holzbeize, zur Herstellung von Blaupausen.

Blutlaus, *Eriosoma lanigerum,* Blattlaus mit blutroter Körperflüssigkeit und Wachsausscheidungen, die einen weißen Flaum bilden; bes. an Kernobstbäumen schädlich. Die B. überwintern im Larvenstadium in Rindenritzen. Durch Saugen an Zweigen, Stämmen und Wurzeln entstehen krebsartige Wucherungen.

Blutleere, *Ischämie,* i. e. S. die Herabsetzung des Blutgehalts einer Gliedmaße durch Zusammendrücken eines Blutgefäßes (künstl. B.), von F. von Esmarch eingeführt; angewendet zur Blutstillung und zur Verminderung der Blutverluste vor Amputationen u. a. chirurg. Eingriffen; i. w. S. die krankhafte Verminderung oder Unterbrechung der Blutzufuhr zu einem Gewebe (Organ, Körperteil) bei Durchblutungsstörungen.

Blutlini|e, *Pferdezucht:* Bez. für die über mehrere Generationen reichende Nachzucht eines wertvollen Stammtieres.

Blutprobe, kleine Blutmenge zur Blutuntersuchung, durch Blutentnahme durch Venenpunktion oder, mittels Blutlanzette, aus Fingerbeere oder Ohrläppchen gewonnen; auch Bez. für die Analyse selbst. – Im Bereich des Straf- und Ordnungswidrigkeitenrechts bilden § 81 a StPO und § 46 OWiG die Rechtsgrundlage für die B. Danach kann eine B. bei einem Beschuldigten zur Feststellung von Tatsachen (z. B. Blutalkoholkonzentration) angeordnet werden, die für das Verfahren von Bedeutung sind, sofern die Entnahme von einem Arzt nach den Regeln der ärztl. Kunst durchgeführt wird und kein Nachteil für die Gesundheit des Betroffenen zu befürchten ist. Eine Einwilligung oder tätige Mithilfe des Betroffenen ist nicht erforderlich. Die Anordnung zur Entnahme einer Blutprobe steht dem Richter zu, in Eilfällen (z. B. bei Gefährdung des Untersuchungserfolges) auch der Staatsanwaltschaft oder bestimmten Polizeibeamten. Am häufigsten wird die B. als **Alkohol-B.** (meist nach vorheriger positiver Probe mit Alkoholteströhrchen) zur Ermittlung des Alkoholgehalts bei Verdacht auf →Trunkenheitsdelikte angewendet.

Blutrache, in frühen Stufen der Rechtsentwicklung das für die Familien- oder Sippenangehörigen bestehende Recht (auch die Pflicht), die Tötung oder Ehrenkränkung eines Angehörigen an Schuldigen oder an einem seiner Verwandten zu rächen. Die B. konnte zuweilen durch das →Wergeld abgelöst werden. Außer bei Naturvölkern ist die B. vielfach bei alten Völkern bezeugt, z. B. in isländ. Sagas; u. a. in manchen europ. Gebieten (Korsika, Albanien, Montenegro), bei den Roma und im Kaukasus hielt sie sich bis ins 20. Jahrhundert.

Blutregen, durch rötl. Staubbeimengungen (z. B. Wüstenstaub aus der Sahara) gefärbter Niederschlag. B. galt in alter Zeit als ein Vorzeichen drohenden Unheils.

Blutreinigung, alte Heilmethode der Volksmedizin. Das Blut soll durch stoffwechselanregende und ausscheidungsfördernde Maßnahmen von gesundheitsschädigenden Stoffen befreit werden; dazu dienen v. a. Pflanzendrogen (z. B. Löwenzahn-, Brennnesseltee).

Blutsauger, Tiere, die warmblütigen Tieren oder Menschen Blut durch die Haut entziehen und sich davon ernähren, z. B. Zecken, Wanzen, Flöhe, Läuse, Stechmücken, Stechfliegen, Blutegel.

Blutsbrüderschaft, bei vielen Völkern verbreiteter Brauch, dass zwei nicht verwandte Männer durch Vermischung von Blutstropfen einen Bund schließen, in dem sie sich gegenseitig Rechte und Pflichten von Brüdern geben.

Blutschande, der →Inzest.

Blutschnee, rote Flecken im Schnee von Arktis und Hochgebirge, durch →Blutalgen verursacht.

Blutschwamm, *Medizin:* →Blutgefäßmal.

Blutsenkung, →Blutkörperchensenkung.

Blutserum, →Blut.

Blutsonntag, der 22. 1. 1905, an dem in Sankt Petersburg ein vom Priester G. A. Gapon geführter Massenbittgang zum Zaren Nikolaus II. von Gardetruppen niedergeschossen wurde (etwa 1000 Tote und Verletzte); Beginn der Revolution von 1905–07.

Blutspender, Person, die Blut zur →Bluttransfusion spendet.

Blutspiegel, die Konzentration natürlich vorkommender oder künstlich zugeführter Stoffe im Blutserum, z. B. Blutzucker-, Blutcalciumspiegel.

Blutstauung, passive oder venöse →Hyperämie.

Blutstein, Mineral, völlig dichter →Eisenglanz.

blutstillende Mittel, →Blutstillung.

Blutstillung, *Hämostase, Stypsis,* zur Stillung einer Blutung führende körpereigene Vorgänge (reflektor. Blutgefäßverengung, →Blutgerinnung) oder therapeut. Maßnahmen. Neben Hochlagerung, Druckverband und operativen Eingriffen werden **blutstillende Mittel** (Hämostatika, Hämostyptika) zur Gefäßverengung (Adrenalin) oder Förderung der Blutgerinnung (Vitamin K) eingesetzt.

Bluttröpfchen, 1) *Botanik:* volkstüml. Name für rot blühende Pflanzen wie Ackergauchheil und Adonisröschen.

2) *Zoologie:* ein Schmetterling, →Widderchen.

Blutsturz, heftige →Blutung, →Bluthusten.

Blutsverwandtschaft, →Verwandtschaft.

Bluttaufe, *Christentum:* der Märtyrertod eines Ungetauften; seit dem frühen Christentum als Ersatz für die sakramentale Taufe angesehen.

Bluttransfusion, *Blutübertragung,* Übertragen von Blut oder Blutbestandteilen (z. B. Erythrozytenkonzentrat) eines Menschen (Blutspender) in den Blutkreislauf eines anderen, als Ersatz nach schwerem Blutverlust und bei Blutkrankheiten. Die B. wird i. Allg. durch Infusion in eine Vene vorgenommen. Voraussetzung für eine B. ist die Verträglichkeit von Blutgruppe und Rhesusfaktor zw. Spender und Empfänger, die durch die →Kreuzprobe festgestellt wird.

Blut-und-Boden-Dichtung, eine vom Nationalsozialismus geförderte, durch die Bewegung der →Heimatkunst vorbereitete Literaturrichtung, in der die Idee einer »artreinen Führungsrasse« mehr oder weniger offen zutage tritt. Sie umfasst v. a. Bauern-, Siedler- und Landnahmeromane; Vertreter sind u. a. Hans Friedrich Blunck (*1888, †1961), Hans Grimm (*1875, †1959), Heinrich Anacker (*1901, †1971).

Blutung, *Hämorrhagie,* der Austritt von Blut aus der Blutbahn; je nach Menge und Schnelligkeit als **Bluttröpfeln, Blutfluss** und **Blutsturz** (plötzl. Massenblutung). Das Blut tritt bei arterieller B. hellrot spritzend, bei kapillarer B. flächenhaft sickernd, bei venöser B. dunkel und im Schwall aus. Es ergießt sich bei äußeren B. aus einer Wunde unmittelbar an die Körperoberfläche, bei inneren B. wird es ins Körperinnere entleert.

Blutungsübel, hämorrhagische Diathese, Bez. für Krankheiten mit abnormer Blutungsneigung infolge verminderter oder fehlender Blutgerinnungsfaktoren, z. B. Bluterkrankheit, verringerter oder funktionsuntüchtiger Blutplättchen, z. B. Thrombopenie (sog. Blutplättchenmangel) oder durch Wandschädigung der feinsten Blutgefäße (Kapillaren), z. B. bei allerg. Darmschleimhautblutungen.

Blutuntersuchungen, Verfahren zur Feststellung der Blutzusammensetzung für diagnost. Zwecke. Das **Blutbild** dient hauptsächlich der Bestimmung von Zahl und Form der roten und weißen Blutkörperchen, der Blutplättchen und Retikulozyten (unreife rote Blutzellen). Eine Herabsetzung der Zahl der roten Blutkörperchen und des Blutfarbstoffs findet sich bei den versch. Formen der Anämie. Erhöhte Zahlen von weißen Blutkörperchen (Leukozytose) treten bei vielen Infektionskrankheiten auf. **Chem. B.** werden an Vollblut, z. B. die Blutzuckerbestimmung zum Erkennen des Diabetes mellitus, oder am Blutserum durchgeführt, z. B. quantitative Bestimmung der wichtigsten Ionen (Natrium, Kalium u. a.) sowie Untersuchung der Serumproteine (**Eiweißblutbild**), des Reststickstoffs (harnpflichtige Substanzen), der Lipide (Fette und fettähnl. Stoffe) und einer großen Zahl von Enzymen (Enzymdiagnostik). Durch **serolog. B.** werden z. B. die Blutgruppen bestimmt und Antikörper nachgewiesen. **Bakteriolog. B.** (Blutkultur u. a.) ermöglichen den Erregernachweis bei Infektionen.

Blutvergiftung, umgangssprachl. Bez. für eine bakterielle Allgemeininfektion (→ Sepsis).

Blutwäsche, uneinheitl. Bez. für versch. therapeut. Verfahren: 1) Bluttransfusion, bei der erkranktes Blut gegen gesundes ausgetauscht wird (Austauschtransfusion); 2) Hämodialyse (→ künstliche Niere).

Blutweide, Pflanzenart der Gattung → Hartriegel.

Blutwunder, *kath. Volksfrömmigkeit:* blutungsähnl. Erscheinungen an konsekrierten Hostien, an Bildern Christi; auch die Wiederverflüssigung von Blutreliquien, z. B. das B. des → Januarius.

Blutzeuge, im Christentum der → Märtyrer.

Blutzirkulation, der → Blutkreislauf.

Blutzucker, die im Blut gelöste Glucose (Hauptsubstrat des Energiestoffwechsels). Die normale Konzentration beträgt 3,9–5,5 mmol/l (70–100 mg/dl). Der **B.-Spiegel** wird durch mehrere Hormone reguliert, Insulin wirkt senkend, Adrenalin und Glucagon erhöhend. Er kann krankhaft erhöht (**Hyperglykämie,** → Diabetes mellitus) oder erniedrigt (**Hypoglykämie**) sein.

B-Lymphozyten, → Lymphozyten.

Blyton [blaɪtn], Enid Mary, engl. Schriftstellerin, * Beckenham (Cty. Kent) 11. 8. 1897, † London 28. 11. 1968; schrieb seit 1922 etwa 400 Bücher für Kinder und Jugendliche; u. a. die Reihe »Hanni und Nanni«.

BLZ, Abk. für → **B**ank**l**eit**z**ahl.

BMD, Abk. für → **B**und der **M**ittel**d**eutschen.

BMW Group, → **B**ayerische **M**otoren **W**erke AG.

BMX [Abk. für engl. **b**icycle-**m**otocross; **X** steht für cross, eigtl. »Kreuz«] *das, Radsport:* Radrennen mit Spezialrädern auf Hindernisbahnen von 200 bis 350 m Länge in offenem Gelände. Das ungefederte BMX-Rad ohne Gangschaltung ist bes. stabil gebaut und unterliegt zahlr. Sicherheitsvorschriften.

B'nai B'rith [hebr. »Söhne des Bundes«], der Humanität, Toleranz und allg. Wohlfahrt verpflichteter, heute in über 40 Ländern vertretener jüd. Orden; 1843 in New York als brüderl. Orden gegr., seit 1897 auch für Frauen offen.

BNE, Abk. für → **B**ruttonationaleinkommen.

BNF, Abk. für → **B**ibliothèque **N**ationale de **F**rance.

BNL [biɛnˈel, engl.], Abk. für → **B**rookhaven **N**ational **L**aboratory.

B-Note, *Eiskunstlauf, Rollkunstlauf:* → A-Note.

BNP Paribas [bænpepariˈba], eine der führenden Geschäftsbanken Frankreichs und Europas, entstanden 1999 durch Umfirmierung der → Banque Nationale de Paris.

Bö, Böe, plötzl., heftiger Windstoß.

Boa [lat. »Wasserschlange«] *die,* 1) *Biologie:* die Königsschlange (→ Boaschlangen).

2) *Mode:* langer, schmaler Schal aus Pelz, Federn oder ähnl. Material.

Board [bɔːd, engl. »Brett«, »Tisch«] *das,* Kurzform u. a. für Snowboard, Skateboard.

Boardinghouse [ˈbɔːdɪŋhaʊs, engl.] *das,* Fremdenheim, Familienpension (Wohnung mit Verpflegung).

Boas, Franz, amerikan. Ethnologe und Anthropologe dt. Herkunft, * Minden 9. 7. 1858, † New York 21. 12. 1942; seit 1899 Prof. für Ethnologie und Anthropologie an der Columbia University in New York, Begründer der modernen amerikan. Ethnologie; erforschte amerikanisch-asiat. Kulturzusammenhänge, untersuchte Sprache und Kultur der nordamerikan. Indianer.

Boaschlangen, Boinae, Unterfamilie der Riesenschlangen, mit einreihig angeordneten unteren Schwanzschildern. Alle B. sind nachtaktiv, lebend gebärend und töten ihre Beute durch Umschlingen. Bekannte Vertreter sind die 80 cm lange **Sandboa** (Eryx jaculus) in SO-Europa und die etwa 4 m lange **Abgottschlange** (**Königsschlange,** Boa constrictor) in Südamerika.

Boatpeople [ˈbəʊtpiːpl; engl. »Bootsleute«], Bez. für Flüchtlinge, die ihr Land mit (oft seeuntüchtigen) Booten aus polit. bzw. wirtsch. Gründen verlassen, um Aufnahme in anderen Staaten zu finden. I. e. S. die vietnames. Bootsflüchtlinge, die nach dem Sieg der Kommunisten im Vietnamkrieg (1975) in großer Zahl über das Südchin. Meer in versch. südostasiat. Länder (u. a. Malaysia, Thailand) gelangten, in denen sie zumeist nur vorübergehend in Flüchtlingslagern Zuflucht fanden. Häufiges Ziel der B. war Hongkong (bis 1997 brit. Kronkolonie); 1991 schlossen Großbritannien und Vietnam ein Abkommen über die Rückführung dieser (rd. 60 000) Flüchtlinge.

Bob, kurz für engl. Bobsleigh, → Bobsport.

Boaschlangen: Abgottschlange

Bobak [poln.] *der,* das Steppenmurmeltier (→Murmeltiere).

Bobby [nach Sir Robert (Bobby) Peel] *der,* Spitzname der Londoner Polizisten.

Bober *der,* poln. **Bóbr,** linker Nebenfluss der Oder, 272 km lang, entspringt im Riesengebirge, mündet bei Krosno Odrzańskie.

Bober-Katzbach-Gebirge, polnisch **Góry Kaczawskie,** Bergland in SW-Polen (Niederschlesien), im Kammerberg 724 m über dem Meeresspiegel.

Bobigny [bobiˈɲi], Ind.-Stadt nordöstlich von Paris, Frankreich, Verw.-Sitz des Dép. Seine-Saint-Denis, 44 300 Einwohner.

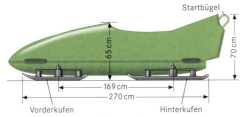

Bobsport: Zweierbob (Spurweite 67 cm)

Bobine [frz.] *die,* **1)** *Bergbau:* spulenartige Seiltrommel für bandartige Förderseile.
2) *Papierverarbeitung:* schmales Papierband in Rollenform.
3) *Spinnerei:* flache Spule für den Schussfaden von Bobinetwebmaschinen; zylindr. Kammzugwickel.

Bobinet *der,* leichtes, durchsichtiges Gewebe für Gardinen und Kleider, auf B.-Maschinen hergestellt (ab 1880 auch in Dtl.); wurde Mitte des 20. Jh. durch Rascheltüll (von Raschelmaschinen) ersetzt.

Bobl-Future [-ˈfjuːtʃə], Terminkontrakte auf mittelfristige Schuldverschreibungen des Bundes, v.a. Bundesobligationen mit einem Zinssatz von 6% und einer 5-jährigen Laufzeit.

Böblingen, 1) Landkreis im Reg.-Bez. Stuttgart, Bad.-Württ., 618 km², 372 000 Einwohner.
2) Große Krst. von 1) in Bad.-Württ., südwestlich von Stuttgart, am Rand des Schönbuchs, 46 400 Ew. – Dt. Bauernkriegsmuseum; Entwicklungsabteilung der IBM Dtl.; elektrotechnisch-elektron. Ind., Stahl-, Maschinen- und Fahrzeugbau. – Stadtrecht seit 1250.

Böblingen, schwäb. Steinmetzfamilie. Hans B. (*um 1410, †4.1.1482) leitete den Bau der Frauenkirche in Esslingen. Sein Sohn, Matthäus B. (*um 1450, †1505), war am Ulmer Münsterturm, später am Chor der Frauenkirche in Esslingen tätig.

Bobo, Bobo-fing, ethn. Gruppe in Westafrika; im W Burkina Fasos und im angrenzenden Mali. Die über 100 000 B. treiben v. a. Feldbau. Die Blätter- und Holzmasken, bei Initiationsfeiern, Bestattungen und Ernteritualen verwendet, werden mit Dwo, dem Sohn des Schöpfergottes, in Verbindung gebracht. Die Sprache der B. gehört zu den Mandesprachen.

Bobo-Dioulasso [-diuˈlaso], zweitgrößte Stadt und Wirtschaftszentrum von Burkina Faso, 450 m ü. M., 320 700 Ew.; kath. Erzbischofssitz; Verkehrsknotenpunkt an der Bahn von Abidjan nach Ouagadougou; internat. Flughafen; Handel mit Erdnüssen, Baumwolle, Vieh. – Moscheen in sudanes. Lehmbauweise.

Bobrowski, Johannes, Schriftsteller, *Tilsit 9. 4. 1917, †Berlin (Ost) 2. 9. 1965; Mitgl. der Bekennenden Kirche, nach Rückkehr aus sowjet. Gefangenschaft 1949 Verlagslektor. In seinen Gedichten (u. a. »Sarmatische Zeit«, 1961; »Schattenland, Ströme«, 1962) verbindet er klass. Elemente mit denen der Moderne zu einer eigenständigen lyr. Sprache. Hier wie auch in den Erzählungen und Romanen (»Levins Mühle«, 1964; »Litauische Claviere«, hg. 1966) beschwört er den kulturellen Raum Osteuropas mit seinen Begegnungen zw. deutscher, jüd. und slaw. Kultur.

Bobrujsk, weißruss. **Babrujsk,** Stadt in Weißrussland, 221 000 Ew.; Hafen an der Beresina; Holzverarbeitung, Reifenwerk, Maschinenbau.

Bobsport, Wintersport mit Spezialschlitten für eine schnelle Talfahrt auf bes. dafür ausgebauten, kurvenreichen, vereisten Gefällstrecken (Mindestlänge 1 500 m, Durchschnittsgefälle mindestens 8 %, mindestens fünf stark überhöhte Kurven). Der **Bob** (Zweier- oder Viererbob) besteht aus zwei durch einen Rahmen verbundenen Stahlkufenpaaren, von denen das vordere drehbar ist. Gelenkt wird gewöhnlich durch Seilsteuerung. Die Bahn muss in vier Durchgängen (Läufen) in möglichst kurzer Zeit durchfahren werden; es werden Geschwindigkeiten von über 100 km/h erreicht. Den ersten Rennschlitten konstruierte 1888 der Schweizer C. Mathis (*1861, †1965). (→Sportarten, Übersicht)

Bobtail [ˈbɔbteɪl] *der,* **Altenglischer Schäferhund,** Luxus- und Begleithund mit üppigem, grauem, blauem oder geschecktem Haarkleid. Schulterhöhe etwa 56 cm; die Rute fehlt fast völlig.

Boccaccio [bokˈkattʃo], Giovanni, ital. Dichter und Humanist, *wahrscheinlich Florenz (oder Certaldo?) 1313, †Certaldo (bei Florenz) 21. 12. 1375; seit 1340 Notar und Richter in Florenz, Freund F. Petrarcas. B., Verfasser von »Das Leben Dantes« (um 1360), erhielt 1373 den ersten öffentl. Lehrstuhl (in Florenz) zur Erklärung von Dantes »Divina Commedia«. In anmutigen Verserzählungen führte er die →Stanze aus der Volksdichtung in die Kunstdichtung ein (u. a. »Fiammetta«, Versroman, 1343; »Die Nymphe von Fiesole«, um 1345; »Corbaccio«, Satire, 1354/55). Sein Hauptwerk ist das »Decamerone« (»Zehntagewerk«; entstanden 1348–53, gedruckt 1470), eine Slg. von 100 sinnenfrohen Novellen mit einer Rahmenhandlung: Sieben Damen und drei Herren, die sich aus Furcht

Böblingen 2) Stadtwappen

Giovanni Boccaccio: Ausschnitt aus einem Fresko von Andrea del Castagno (1446; Florenz, Kirche Santa Apollonia)

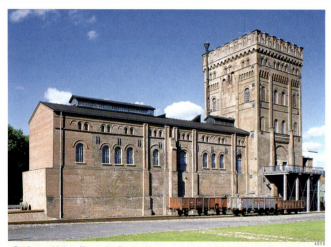

Bochum: Malakoffturm der Zeche »Hannover« in Bochum-Hordel (1860; heute Nordrhein-Westfälisches Industriemuseum)

Bochum Stadtwappen

Bockkäfer: Heldbock

vor der Pest 1348 auf ein Landgut bei Florenz zurückgezogen haben, erzählen sich die Geschichten an zehn Tagen. Die Novellen verarbeiten sowohl Fabel- und Märchenmotive als auch zeitgenöss. Schwänke. Sie sind Höhepunkt der ital. Novellistik des 14. Jh., wirkten stark auf die ital. Kunstprosa, darüber hinaus auf die gesamte Weltliteratur. B. verfasste auch zahlreiche lat. geschriebene, gelehrte Sammelwerke.

Boccherini [bokke-], Luigi, ital. Komponist und Violoncellist, * Lucca 19. 2. 1743, † Madrid 28. 5. 1805; komponierte in einem kantablen, aber auch virtuosen Instrumentalstil u. a. Sinfonien, Konzerte, Streichtrios, -quartette und -quintette.

Boccia ['bɔttʃa, ital.] *das* oder *die,* Kugelspiel auf Kunststoff- oder gewalzter Sandbahn für zwei Parteien, bei dem die Spieler versuchen, die Spielkugeln möglichst nahe an die zuvor ins Spiel gebrachte Setzkugel (»Pallino«) heranzuwerfen, gut platzierte eigene Kugeln abzuschirmen oder gegner. Kugeln aus einer günstigen Position wegzustoßen. Dem B. ähnl. Spiele (v. a. in Frankreich gespielt) sind **Boule** und **Pétanque**.

Boccioni [bot'tʃo:ni], Umberto, ital. Maler und Bildhauer, * Reggio di Calabria 19. 10. 1882, ⚔ bei Verona 17. 8. 1916; Mitgründer (1910) und Wortführer des ital. Futurismus, ein Wegbereiter der abstrakten Plastik.

Bocelli [boˈtʃɛlli], Andrea, ital. Sänger (Tenor), * Laiatico (Prov. Pisa) 22. 9. 1958; erblindete im Alter von 12 Jahren. B. studierte Jura und bildete sich im Selbststudium zum Sänger aus. Sein Repertoire umfasst ital. Opernarien, volkstüml. Lieder sowie Popsongs.

Bocheński [bɔˈxɛĩski], Joseph Maria, schweizer. Philosoph poln. Herkunft, * Czuszów (Polen) 30. 8. 1902, † Freiburg (Schweiz) 8. 2. 1995; Prof. in Freiburg (Schweiz); Arbeiten zur Logik, Wissenschaftsmethodik und zur sowjet. Philosophie: »Europ. Philosophie der Gegenwart« (1947), »Der sowjetruss. dialekt. Materialismus« (1950), »Formale Logik« (1956).

Bochnia ['bɔxnja], Krst. in der Wwschaft Kleinpolen, Polen, östl. von Krakau, im Karpatenvorland, 29 400 Ew.; Salzbergbau (seit dem 13. Jh.); Maschinenbau und Metallverarbeitung, Walzwerk. – Pfarrkirche mit frei stehendem Glockenturm aus Lärchenholz (1609). – Seit 1253 Stadtrecht.

Bocholt, Stadt im Kr. Borken, NRW, Zentrum des westl. Münsterlandes, an der Bocholter Aa, nahe der niederländ. Grenze, 73 500 Ew.; FH Gelsenkirchen – Abteilung B., Europ. Staatsbürger-Akad.; Maschinenbau, Elektrotechnik, Textilverarbeitung und Bekleidungsgewerbe; zahlr. Speditionen. – Pfarrkirche St. Georg (15. Jh.), Renaissancerathaus. – Seit 1222 Stadt.

Bochum, kreisfreie Stadt in NRW, im Hügelland zw. Emscher und Ruhr, 388 700 Ew.; ist Sitz der Bergbau-Berufsgenossenschaft, Bundesknappschaft, Industriegewerkschaft Bergbau und Energie sowie der Aral AG und eines Bergamtes; **Ruhr-Univ. B.** (1961 gegr. und 1965 eröffnet), LG, Fachhochschulen, Verw.- und Wirtschaftsakademie; Dt. Bergbau-Museum, Eisenbahnmuseum, Kunstmuseum, Dt. Forum für Figurentheater und Puppenspielkunst, Schauspielhaus und Sinfonieorchester, Sternwarte mit Großplanetarium. Ein besonderer Anziehungspunkt ist das Freizeitzentrum Kemnade am Ruhrstausee (125 ha, 3 Mio. m³ Stauinhalt) mit Wasserburg (17./18. Jh.; beherbergt u. a. Musikinstrumenten- und stadtgeschichtl. Sammlung) und Bauernhausmuseum. Auf dem Gelände der Zeche Friederica wurde ein »geolog. Garten« eingerichtet. Malakoffturm (1860), Maschinenhaus mit Dampffördermaschine von 1892 und Lüftergebäude der Zeche Hannover in B.-Hordel sind Teil des neuen Nordrhein-Westfäl. Industriemuseums. Der Steinkohlenbergbau war vor der Kohlenkrise (→ Ruhrgebiet) der wichtigste Wirtschaftszweig (1957 auf damaligem Stadtgebiet 17 Zechen, 42 700 Beschäftigte); 1973 wurde die letzte Zeche von B. stillgelegt; heute Automobilproduktion (Opel), Metall verarbeitende Ind. (Bochumer Verein Thyssen/Krupp), elektron. und chem. Ind., Medizintechnik; im 1975 eingegliederten Wattenscheid auch Bekleidungsindustrie. – B., 1041 zuerst erwähnt, wurde 1321 Stadt; Propsteikirche (nach 1517–1524, Turm 14. Jh.), in Wattenscheid neugot. Propsteikirche (Turm in seinen Grundmauern 12. Jh.).

Bock, ausgewachsenes männl. Tier bei Reh, Schaf, Ziege, Kaninchen u. a.

Bock, 1) Fedor von, Generalfeldmarschall (seit 1940), * Küstrin 3. 12. 1880, † (während eines Luftangriffs) bei Lensahn (Kr. Ostholstein) 3. 5. 1945; führte im Zweiten Weltkrieg Heeresgruppen gegen Polen, Frankreich und Russland; im Juli 1942 wegen eines Konflikts mit Hitler verabschiedet.

2) Hieronymus, gen. **Tragus,** Botaniker, * Heidelsheim (heute zu Bruchsal) 1498, † Hornbach (bei Zweibrücken) 21. 2. 1554; eigtl. ev. Pfarrer und Arzt, gilt als einer der Begründer der Botanik in Dtl.; Verfasser von Kräuterbüchern.

3) Jerry Lewis, eigtl. Jerrold L. B., amerikan. Komponist, * New Haven (Conn.) 23. 11. 1928; komponierte Musicals, von denen »Fiddler on the roof« (1964; in Dtl. als »Anatevka«) bes. erfolgreich war.

Bockbier [aus bair. Oambock, »Einbeck«], **Bock,** Starkbier mit mindestens 16 % Stammwürze.

Böckchen, Neotraginae, Zwergantilopen des trop. Afrika, z. B. der → Klippspringer, das **Moschus-B.** (Neotragus moschatus) O-Afrikas und der **Oribi** (**Bleich-B.** Ourebia ourebi) S-Afrikas.

Bockenem, Stadt im Landkreis Hildesheim, Ndsachs., im Ambergau, 11 100 Ew.; Autozubehörind., Apparatebau. – B. erhielt 1300 Stadtrechte.

Bockkäfer, Böcke, Cerambycidae, Käferfamilie mit schlankem Leib, langen Beinen und langen gekrümmten Fühlern. Die zirpfähigen, im weibl. Geschlecht mit Legeröhre versehenen Larven sind z. T. Holzschädlinge wie der →Hausbock und der bis 3 cm lange, behaarte **Große Pappelbock** (Saperda carcharias); geschützt sind der bis 5 cm lange **Held-, Spieß-** oder **Eichenbock** (Cerambyx cerdo) und der metallisch grüne **Moschusbock** (Aromia moschata).

Böckler, Hans, Gewerkschafter (seit 1894) und Politiker (SPD), * Trautskirchen (bei Bad Windsheim) 26. 2. 1875, † Düsseldorf 16. 2. 1951; 1928–33 MdR; begann 1945 den Wiederaufbau der Gewerkschaften und wurde 1949 Vors. des DGB. Er begründete das →Wirtschafts- und Sozialwissenschaftliche Institut in der Hans-Böckler-Stiftung.

Bocklet, Marktgem. in Bayern, →Bad Bocklet.

Böcklin, Arnold, schweizer. Maler, * Basel 16. 10. 1827, † San Domenico (bei Fiesole) 16. 1. 1901; Schüler von J. W. Schirmer in Düsseldorf, tätig in Weimar, München, der Schweiz und Italien; gab seiner reichen, von Sage und Dichtung angeregten Fantasie in klaren Formen und leuchtkräftigen Farben Ausdruck. Seine Bilder stellen v. a. südl. Landschaften mit Götter- und Fabelwesen dar, die in der Natur wirkende Kräfte verkörpern. Seine Villen- und Ruinendarstellungen sind von melanchol. Stimmung geprägt, die sich im Spätwerk zu düsterem Ernst steigert. B. vermittelte zw. Spätromantik und Symbolismus. – *Werke:* Selbstbildnis mit fiedelndem Tod (1872; Berlin, Nationalgalerie); Kentaurenkampf (1873; Basel, Kunstmuseum); Triton und Nereide (1874; München, Schack-Galerie); Toteninsel (1880–86, 5 Fassungen); Hl. Hain (1882; Basel, Kunstmuseum); Die Pest (1898; ebd.).

Bocksbart, *Tragopogon,* staudige Korbblütlergattung mit schmalen, meist ganzrandigen Blättern; Blütenstand ausschl. mit Zungenblüten. Einheimisch u. a. der auf Wiesen und an Wegrändern vorkommende, gelb blühende **Wiesen-B.** (Tragopogon pratensis). Die violett blühende **Haferwurzel** (Tragopogon porrifolius) ist in S-Europa Wurzelgemüse.

Arnold Böcklin: Selbstbildnis mit fiedelndem Tod (1872; Berlin, Nationalgalerie)

Bocksbart: Wiesenbocksbart

Bocksbeutel, bauchig-runde, recht flache Weinflasche für Qualitäts- und Prädikatsweine Frankens und des bad. Bereichs Tauberfranken sowie von vier Orten der Ortenau.

Bocksdorn, Teufelszwirn, *Lycium,* Gattung der Nachtschattengewächse mit rotvioletten Blüten, scharlachroten, giftigen Beerenfrüchten und hängenden Zweigen.

Bockshorn, Frucht des Johannisbrotbaums; enthält süßl. Mark.

Bockshornklee, *Trigonella,* Gattung der Schmetterlingsblütler; bes. im Mittelmeergebiet und in Vorderasien, Würzkraut.

Bocskay [ˈbotʃkɔi], István (Stephan), Fürst von Siebenbürgen (seit 1605), * Klausenburg (Cluj-Napoca) 1557, † Košice 29. 12. 1606; erreichte als Führer eines Aufstands ungar. Protestanten (seit 1604) im Wiener Frieden (1606) ständ. und religiöse Freiheiten im habsburg. Ungarn.

Bocuse [bɔˈkyːz], Paul, frz. Küchenmeister, * Collonges-au-Mont-d'Or (Dép. Rhône) 11. 2. 1926; Schöpfer der »Nouvelle Cuisine« (dt. »Neue Küche«) mit leicht bekömml., nährstoffverminderten (kalorienarmen) Gerichten; schrieb u. a. »Neue Küche« (1976).

Bodaibo, Stadt im Gebiet Irkutsk, Russland, etwa 17 000 Ew.; Zentrum der Goldgewinnung am Lenanebenfluss Witim in Ostsibirien.

Bodden [aus niederdt. boddem »Meeresboden«], seichte, unregelmäßig geformte Bucht mit enger Öffnung zum Meer, durch Eindringen des Meeres in junge Grundmoränenlandschaft entstanden. Die **B.-Küste** ist für Mecklenburg und Vorpommern kennzeichnend.

Bode *die,* linker Nebenfluss der Saale, 166 km, entspringt am Brocken, durchbricht den Harznordrand im reizvollen steilwandigen **B.-Tal** zw. Treseburg und Thale, von →Roßtrappe und →Hexentanzplatz überragt, mündet bei Nienburg (Saale); acht Stauwerke, u. a. an der →Rappbode.

Bode, Wilhelm von (seit 1914), Kunsthistoriker, * Calvörde (Landkr. Haldensleben) 10. 12. 1845, † Berlin 1. 3. 1929; Mitbegründer des modernen Museumswesens, tätig an den Berliner Museen. Gründer des 1904 eröffneten Kaiser-Friedrich-Museums (heute Bode-Museum). Autor bed. Arbeiten über die Gesch. der europ. Malerei. – *Werke:* Rembrandt, 8 Bde. (mit C. Hofstede de Groot, 1897–1905); Florentiner Bildhauer der Renaissance (1902); Die Meister der holländ. und vläm. Malerschulen (1917).

Bodega [span.] *die,* Weinkeller, Weinschenke.

Friedrich von Bodelschwingh (Vater)

Friedrich von Bodelschwingh (Sohn)

Bodel [bɔˈdɛl], Jean, altfrz. Dichter, * Arras um 1165, † ebd. 1210; verfasste ein Epos über den Sachsenkrieg Karls d. Gr. (»La chanson des Saisnes«, vor 1202), das Mirakelspiel »Le jeu de Saint-Nicolas« (um 1200) und das Abschiedslied »Li congié« (um 1205), mit dem er sich als Leprakranker der Barmherzigkeit der Mitwelt empfahl.

Bödeli das, Talebene zw. Thuner und Brienzer See, Kt. Bern, Schweiz, auf der Interlaken liegt.

Bodelschwingh, 1) Friedrich von, gen. **Vater B.**, ev. Theologe, * Tecklenburg 6. 3. 1831, † Bethel (heute zu Bielefeld) 2. 4. 1910, Vater von 2); übernahm 1872 die Leitung der →Bodelschwinghschen Anstalten, die sich unter ihm zum größten Hilfswerk der dt. Inneren Mission entwickelten.

2) Friedrich von, ev. Theologe, * Bethel (heute zu Bielefeld) 14. 8. 1877, † ebd. 4. 1. 1946, Sohn von 1); seit 1910 Leiter der →Bodelschwinghschen Anstalten (die seitdem zu einem Zentrum der Epilepsieforschung wurden); konnte seine Kranken in der NS-Zeit vor der Ermordung (»Euthanasie«) schützen.

Bodelschwinghsche Anstalten, Verbund rechtlich selbstständiger diakon. Einrichtungen (Anstalten) mit dem Hauptstandort im Bielefelder Ortsteil Bethel, u. a. **Anstalt Bethel** (gegr. 1867) v. a. für behinderte, psychisch kranke und in sozialen Schwierigkeiten lebende Menschen; **Westfäl. Diakonissenanstalt Sarepta** (gegr. 1869), Mutterhaus und Ausbildungsstätte für Diakonissen und freiberufl. Schwestern, Schule für sozialpfleger. Berufe; **Westfäl. Diakonenanstalt Nazareth** (gegr. 1877), Ausbildung von Diakonen und Diakoninnen, heilpädagog. Institut. Hauptarbeitsgebiete sind Alten-, Jugend-, Behindertenhilfe (bes. Epilepsiebehandlung und -forschung) sowie Psychiatrie.

Boden, 1) *Geologie:* oberste Schicht der Erdkruste. Sie entsteht durch Umwandlung mineral. und organ. Substanzen und unter dem Einfluss vielfältiger Verlagerungsprozesse. Der B. kann wenige Zentimeter umfassen, aber auch mehrere Meter mächtig sein. Er ist von Wasser (→Bodenwasser), Luft (→Bodenluft) und lebenden Organismen (→Bodenorganismen) durchsetzt. Die Entwicklung von B. hängt insbes. vom örtlich vorhandenen Ausgangsgestein ab, dem lokalen Relief und Klima, der vorhandenen Flora und Fauna sowie den Aktivitäten des Menschen. Beim Umbau der anorgan. und organ. Substanzen infolge →Verwitterung und Mineralisierung, Zersetzung und Humifizierung, Gefügebildung sowie Verlagerung entwickeln sich über Zeiträume von einigen Jahren, Jahrzehnten bis hin zu Jahrmillionen **B.-Typen** mit jeweils charakterist. Bodenprofilen. Sie sind durch eine bestimmte Abfolge von **B.-Horizonten** gekennzeichnet, Schichten innerhalb eines B., die sich anhand ihrer Eigenschaften voneinander abgrenzen lassen. Der **A-Horizont**, wegen der Humusanreicherung auch **Krume** genannt, bildet die oberste Schicht, der **C-Horizont** den unveränderten Untergrund. Im kontinentalen Klima ist das A/C-Profil der Steppenböden kennzeichnend, in denen Humus stark angereichert ist (**Schwarzerden**). Im gemäßigten Klima entstehen bei starker Zersetzung der organ. Substanz **Braunerden**. Überwiegt die Durchwaschung des B., so wird der A-Horizont zum **Eluvialhorizont**, und die Verlagerungsprodukte werden im neu gebildeten B-Horizont (**Illuvial-** oder **Einschwemmungshorizont**) abgesetzt (→Podsol). Der verdichtete und stark versauerte eisenhaltige B-Horizont heißt **Ortstein**. **Gleyböden** entstehen durch wechselnden Grundwasserstand. Überwiegt die Verdunstung des B., kommt es zu Salzausblühungen, es entstehen **Salzböden**. Verwitterung unter trop. Bedingungen führt zu **Laterit, Latosol, Roterde, Plastosol, Rotlehm** oder **Vertisol**; diese sind arm an Kieselsäure und Humus. B., die global verbreitet sind und unabhängig von Klimaten vorkommen, werden **azonale Böden** genannt.

B.-Arten unterscheidet man nach der Korngröße der Bestandteile (siehe Tabelle). In sog. »schweren« Böden (**Tonböden**) überwiegen die feinen Teilchen, in »leichten« Böden (**Sandböden**) grobe Teilchen. Die Sand- und Steinanteile werden als **B.-Skelett** definiert. Die wertvollsten mineral. Fraktionen sind der Schluff und Ton. Die **Humusstoffe** sind Verrottungsprodukte aus organ. Substanzen. Vom Ausgangsgestein mit seinen Mineralen ist der Gehalt an Nährstoffen abhängig, außerdem bestimmt z. B. der Kalkgehalt des B. dessen Säurezustand (pH-Wert, **B.-Acidität, B.-Versauerung**). – Die Oberfläche der Tonminerale ist der Ort der chem. und physikal. Aktivität des Bodens. Die dort adsorbierten Ionen sind u. a. für die Ernährung der Pflanzen wirksam. Günstig für Wasserhaushalt und Durchlüftung ist die Vereinigung der Einzelteilchen zu Aggregaten (→Bodengefüge, → **Krümelstruktur**); bedeutend ist v. a. die Krümelfraktion zw. 1 und 10 mm Durchmesser. Die Tätigkeit pflanzl. und tier. Organismen beeinflusst Krümelung und Durchlüftung des Bodens.

2) *Volkswirtschaftslehre:* originärer Produktionsfaktor (neben Arbeit und Kapital), der der landwirtsch. Erzeugung, der Rohstoffgewinnung und als Fläche zur Bebauung dient. (→Bodenertrag, →Bodenpolitik, →Grundrente).

Bodenanalyse, physikal., chem. und biolog. Untersuchung eines Bodens im Labor, um z. B. seine Körnung, seinen pH-Wert, Humus- und Nährstoffgehalt oder seine Sorptionseigenschaften (→Sorption) zu bestimmen. Die B. ist Grundlage der →Bodenschätzung. Zus. mit der im Gelände durchgeführten **Bodenkartierung** (Erstellung von Bodenkarten, die die räuml. Verbreitung bes. der Bodenarten und -typen enthalten) liefert die B. die Voraussetzung für eine sinnvolle Bodennutzung.

Bodenatmung, Gasaustausch zw. Boden- und atmosphär. Luft, insbes. Abgabe des von den Pflanzenwurzeln und Bodenlebewesen produzierten Kohlendioxids sowie Aufnahme von Sauerstoff.

Bodenbearbeitung, alljährlich wiederkehrende Maßnahmen in der Land- und Forstwirtschaft, die auf das Bodengefüge einwirken, um v. a. die für den Pflanzenbau günstigste stabile Gefügebildung, die →Bodengare, auszulösen. Im Ackerbau unterscheidet man Grund-B. und Saatbettbereitung. Erstere bricht den durch Befahren zur Pflege und Ernte der Kulturpflanzen verdichteten Boden wieder auf, lockert und mischt ihn. Die Saatbettbereitung zerkleinert gröbere Bodenstücke und ebnet den Boden ein. Zur Grund-B. setzt man Pflug und Grubber, zur Saatbettbereitung Eggen ein; beides kann die Bodenfräse erfüllen.

Bodenbelag, →Fußboden.

Bodenbiologie, Pedobiologie, Teilgebiet der Bodenkunde; beschäftigt sich mit der Lebensweise der →Bodenorganismen und ihrem Einfluss auf den Boden.

Bodendegradierung, →Degradation.

Bodendruck, *Fahrzeugtechnik:* der Quotient aus der Masse eines Fahrzeugs und der Aufstandsfläche der Reifen (oder Auflagefläche der Gleisketten); Kenngröße für die Geländegängigkeit eines Fahrzeugs.

Bodeneffekt, Veränderung der Strömung um Körper oder von Gasstrahlen in Bodennähe infolge von Behinderung der vertikalen Strömungskomponente. Bei Tragflügeln wird der induzierte Widerstand vermindert, der Auftrieb vergrößert, die Flugstabilität verbessert. Ein spezieller B. liegt der Wirkungsweise der B.-Fahrzeuge zugrunde (Airfoil-Fluggerät, Luftkissenfahrzeug).

Bodeneis, →Dauerfrostboden.

Bodenentseuchung, Bodendesinfektion, Bekämpfung bodenbürtiger Schaderreger durch Behandlung des Bodens mit Wasserdampf oder durch Zufuhr von Pestiziden.

Bodenerosion, Bodenabtragung, engl. **Soil-Erosion,** durch Wasser oder Wind ausgelöste und durch die Tätigkeit des Menschen verstärkte, über das natürl. Maß hinausgehende Abtragung von Böden, die über die **Bodenverarmung (Bodendegradation)** bis zur völligen **Bodenzerstörung** führen kann. Hauptursachen sind die Abholzung für die Gewinnung von Acker- und Weideflächen, die Überweidung und ein unangepasster Ackerbau. Weltweit gehen gegenwärtig jährlich etwa 10 Mio. ha fruchtbare Bodenfläche bei steigender Weltbevölkerung (→Bevölkerungsentwicklung) verloren. Maßnahmen gegen die B. sind Anbau von Bodenschutzpflanzen, dem Gelände angepasster Streifenanbau, hangparalleles Konturpflügen, Pflanzung von Hecken- und Baumreihen als Windschutz, Hangterrassen und Zwischenfruchtanbau.

Bodenertrag, Rohertrag des landwirtsch. Bodens. Der B. ist abhängig von Bodenart und Klima sowie dem Einsatz von Kapital (Düngemittel) und Arbeit. Nach dem **B.-Gesetz,** zuerst von J. Turgot formuliert, hat der vermehrte Einsatz von Kapital und Arbeit von einer bestimmten Grenze an kein entsprechendes Steigen des B. zur Folge (verallgemeinert im →Ertragsgesetz).

Bodenfeuchtigkeit, →Bodenwasser.

Bodenfeuer, das →Lauffeuer.

Bodenfilter, dränierte Böden (→Dränung) ohne landwirtsch. Nutzung als Versickerungsflächen für Abwasser und Oberflächenwasser sowie zur Grundwasseranreicherung.

Bodenfließen, die →Solifluktion.

Bodenfragmente, *Bodenkunde:* Gefügeform (→Bodengefüge), die vorwiegend durch Bodenbearbeitung (Einsatz schwerer Maschinen, Tiefpflügen u. a.) und damit durch Zertrümmerung des Bodenmaterials entsteht. Nach der Größe werden Bröckel (Durchmesser < 5 cm) und Klumpen (> 5 cm) unterschieden. In tonigen Böden können B. auch durch starke Frosteinwirkung (Frostrisse, Frostgare) entstehen.

Bodenfräse, Ackerfräse, Bodenbearbeitungsmaschine, die den Boden mit umlaufenden, meist federnden Werkzeugen feinkrümelig zerschlägt, umschichtet und auch mit Dünger mengt.

Bodenfreiheit, *Fahrzeugtechnik:* kleinster Abstand zw. Fahrzeugboden und dem Erdboden, bei manchen Fahrzeugen einstellbar.

Bodenfrost, →Frost.

Bodenfruchtbarkeit, Maß für die Eignung eines Bodens für das Pflanzenwachstum; ausgedrückt wird seine Fähigkeit, die Lebensbedürfnisse der Pflanzen zu befriedigen. Natürl. B. erfüllt diese Auf-

Bodenerosion: Erosionslandschaft in der Sierra Madre del Sur, westlich von Oaxaca de Juárez (Mexiko)

gabe im Landbau von Natur aus, kann aber durch Anbau von Monokulturen, Bodenversalzung, Bodenerosion u. a. gemindert oder gar zerstört werden; durch Melioration erworbene B. steigert den Ertrag langfristig oder macht den Boden überhaupt erst kulturfähig.

Bodengare, Gare, Ackergare, Bez. für den Zustand höchster Leistungsfähigkeit bzw. Bodenfruchtbarkeit von Acker- und Forstböden. B. kann durch Bodenbearbeitung, Düngung und Witterung (Frostgare) gefördert werden.

Bodengefüge, Bodenstruktur, die räuml. Anordnung der festen Bodenbestandteile (**Gefügeformen**), z. B. ungegliederte Bodenpartikel (Grundgefüge) oder Aggregate, zu denen sich die Bodenteilchen zusammenlagern, z. B. Krümelgefüge, Prismengefüge u. a. Das B. ist von entscheidendem Einfluss auf den Wasser-, Luft-, Wärme- und Nährstoffhaushalt, auf die Durchwurzelbarkeit und Bearbeitbarkeit des Bodens sowie auf Verschlämmung der Bodenoberfläche und Verlagerungsvorgänge im Boden.

Bodenheizung, →Flächenheizung.

Bodenhorizonte, →Boden.

Bodenhygi|ene, alle Maßnahmen zur Beseitigung von Schaderregern und Krankheiten im Boden, um die Entwicklung gesunder Kulturpflanzen zu gewährleisten, z. B. Bodenentseuchung.

Bodenkartierung, →Bodenanalyse.

Bodenklima, mittlerer Zustand und zeitl. Veränderung von Temperatur, Feuchtigkeit und Zusammensetzung der Luft im Boden, bes. in den oberen Bodenschichten (→Bodenluft, →Bodentemperatur).

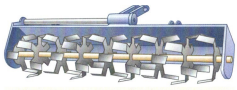

Bodenfräse

Bodenkunde, Pedologie, die Wiss. vom →Boden; befasst sich mit Entstehung und Zusammensetzung der Böden, den im Boden ablaufenden Prozessen, der Entwicklung der Böden, den Gesetzmäßigkeiten ihrer räuml. Verbreitung und den Möglichkeiten ihrer Nutzung und Verbesserung. Wichtige Anwendungsgebiete sind Land- und Forstwirtschaft sowie Umweltschutz (→saurer Regen, →Waldsterben).

Bodenluft, die Luft in den nicht mit Wasser erfüllten Bodenporen. Der Luftgehalt kann in Abhängigkeit vom wechselnden Wassergehalt und von den Bodenarten zw. 0 Vol.-% (volle Wassersättigung) und etwa 40 Vol.-% schwanken. Die B. ist für die biolog. Aktivität und die Bodenentwicklung (Oxidations- und Reduktionsvorgänge) von entscheidender Bedeutung.

Bodenmais, Marktgem. im Landkreis Regen, Bayern, im Bayer. Wald, am S-Hang des Großen Arber, 3 300 Ew.; Wintersport- und Luftkurort; Glasind.; Besucherbergwerk. – B. entwickelte sich seit dem Spät-MA. durch den Bergbau (bis 1962).

Bodenmechanik, Erdbaumechanik, Lehre von den physikal. Eigenschaften des Baugrundes (Zusammendrückbarkeit, Scherfestigkeit, elast. und plast. Eigenschaften, Bodenverfestigung). Die prakt. B. befasst sich z.B. mit der →Gründung von Bauwerken sowie der Aussteifung von Baugruben beim Tunnel-, Stollen-, Böschungsbau.

Bodenmüdigkeit, Rückgang der Ertragsfähigkeit eines Bodens als Folge wiederholten Anbaus der gleichen Kulturpflanze. Ursachen: Aufzehrung des Bodenvorrats an bestimmten Pflanzennährstoffen, Überhandnehmen bestimmter Schädlinge im Boden u.a.; Gegenmaßnahmen: vielfältige Fruchtfolge, →Bodenhygiene.

Bodenorganisation, *Luft-* und *Raumfahrt:* Verwaltung und Betrieb (durch das **Bodenpersonal**) der zur Durchführung und Sicherung des zivilen und militär. Flugbetriebes notwendigen Bodenanlagen (→Flughafen, →Flugsicherung, →Luftfahrtpersonal, →Luftverkehr). In der Raumfahrt Anlagen für Raketenstart und Bahnverfolgung.

Bodenorganismen, Bodenlebewesen, Edaphon, Organismen, die ganz oder vorwiegend im Boden leben (Einzeller, Algen, Pilze, Würmer, Milben, Insekten, Maulwürfe u.a.), Pflanzen- und Tierreste zersetzen und an der Bildung bodeneigener organ. Stoffe (Huminstoffe) beteiligt sind. Sie tragen zur Bildung von Kohlendioxid, zur Strukturstabilität, Stickstoffbindung und Nährstofftransformation bei.

Bodenpolitik, die Gesamtheit der Maßnahmen und Bestrebungen, die auf die optimale Verwendung und Verteilung des in einer Volkswirtschaft vorhandenen Bodens zielen. Als originärer Produktionsfaktor umfasst der Boden in der Volkswirtschaftslehre die Erdoberfläche als Produktionsgrundlage für Land- und Forstwirtschaft (Anbauboden) und als Standort (u.a. für Unternehmen, Infrastruktur, Wohn- und Erholungszwecke), die Bodenschätze als standortgebundene Rohstoffe sowie die natürl. Energiequellen (Abbauboden). – Träger der B. sind v.a. Gebietskörperschaften.

Bodenrecht, die Gesamtheit der Rechtsvorschriften, die die Beziehungen der Menschen zu Grund und Boden regeln. Zum B. gehören die Vorschriften über die Ordnung des Baubodens, bes. das →Baugesetzbuch (→Städtebau). Für die Landwirtschaft sind v.a. das Flurbereinigungs-Ges. i.d.F. v. 16.3.1976 und das Grundstücksverkehrs-Ges. vom 28.7.1961 wichtig. Zunehmende Bedeutung erlangt das Recht des Natur- und Landschaftsschutzes (Bundes-Bodenschutz-Ges.; →Bodenschutz).

Bodenreform, i.w.S. die Reform des Besitzrechts am Boden allgemein, i.e.S. am landwirtschaftlich genutzten Boden. Während im →Agrarsozialismus in der Aufhebung des privaten Grundeigentums und der Vergemeinschaftung des Bodens ein Ansatzpunkt für die Neugestaltung der Gesellschafts- und Wirtschaftsordnung gesehen wurde, strebten die Bodenreformer (J. S. Mill, H. George, F. Oppenheimer, A. Damaschke u.a.) nur die Beseitigung der Bodenspekulation und der Grundrente durch Gesetze an. Als B. mit begrenztem Ziel ist in Dtl. die seit den 80er-Jahren des 19.Jh. in den preuß. Ostprovinzen durchgeführte Siedlung zu verstehen. – Eine grundlegende Änderung der Besitzverhältnisse am landwirtsch. Nutzland wurde nach dem Ersten Weltkrieg u.a. in Russland 1917/18 und im Baltikum 1919/22 sowie verstärkt nach 1945 (nach russ. Vorbild) in den Ländern des Ostblocks durchgeführt.

Die in den Ländern der westl. Besatzungszonen Dtl.s 1946–48 erlassenen Gesetze zur B. sahen gestaffelte Landabgaben bei Betrieben über 100 ha (in der brit. Zone 150 ha) oder über einem bestimmten Einheitswert gegen Entschädigung vor und dienten v.a. als Neubauern- und Siedlerstellen für Vertriebene. Die in der SBZ Anfang Sept. 1945 verabschiedeten B.-Verordnungen führten zur entschädigungslosen Enteignung von 14 000 landwirtsch. Groß- und Spezialbetrieben (der gesamte Großgrundbesitz über 100 ha) mit etwa 3,3 Mio. ha Land, die zunächst v.a. an Landarbeiter, landlose Bauern und Vertriebene (»Umsiedler«) verteilt wurden. Durch die Zwangskollektivierung ging dieses Land bis 1960 zumeist in die Verfügung von landwirtsch. Produktionsgenossenschaften (LPG) über. Die im Einigungsvertrag von 1990 getroffene Festlegung, dass →Enteignungen in der SBZ (1945–49) auf besatzungsrechtl. und besatzungshoheitl. Grundlage nicht mehr rückgängig zu machen sind, wurde vom Bundesverfassungsgericht in Entscheidungen vom 23. 4. 1991 und 9. 5. 1996 bestätigt. Entschädigungsregelungen enthalten das Entschädigungs- und das Ausgleichsleistungs-Ges. vom 27. 9. 1994. Mit Urteil vom 30. 3. 2005 wies der Europ. Gerichtshof für Menschenrechte eine Klage von 71 Alteigentümern auf darüber hinausgehende Entschädigung (bzw. Rückgabe) mit der Begründung zurück, er sei nicht zuständig, da die Bundesrepublik (als Mitgl.-Staat der EMRK) für Akte der sowjet. Besatzungsmacht und der DDR nicht verantwortlich zu machen sei. Die »Bodenverwertungs- und -verwaltungs GmbH« (BVVG), eine Nachfolgeorganisation der Treuhandanstalt, privatisiert die von ihr verwalteten (»staatl.«) Ländereien. – B. sind auch Bestandteil von Agrarreformen in Entwicklungsländern.

Bodenrente, die, →Grundrente.

Bodensanierung, das Entfernen, Abbauen und Festlegen (Sicherung) von Schadstoffen im Boden, um deren Eintritt in die Nahrungskette zu unterbinden, auch Beseitigung und Verminderung schädl. Bodenveränderungen.

Bodenschätze, nutzbare mineral. Rohstoffe als natürl. Anreicherung in der Erdkruste, z. B. Erze, Kohlen, Erdöl und -gas, Salze.

Bodenschätzung, Bonitierung, Taxation, Bewertung der Ertragsfähigkeit von Acker- und Grünlandböden; darin fließen ein Bodenart, geolog. Alter, Ausgangsgestein, Zustand sowie Klima- und Geländeverhältnisse; dient in erster Linie zur Festlegung von Steuern.

Bodenschutz, bodenkundl. Teildisziplin, die sich mit dem Erhalt des Bodens befasst, z. B. Begrenzung des Schadstoffeintrags, Erhalt des Bodens als Wasserspeicher, Sanierung usw. Das Bundes-B.-Ges. vom 17. 3. 1998 bezweckt die Sicherung und Wiederherstellung der Funktionen des Bodens; es gilt subsidiär gegenüber spezielleren Vorschriften, z. B. aus dem Kreislaufwirtschafts- und Abfall-Ges., den Gefahrgut-VO, dem Gentechnikgesetz.

Bodensee [nach der karoling. Pfalz Bodman], 571,5 km² großer Alpenvorlandsee am Ausgang des Alpenrheintales (»Schwäb. Meer«), größte Tiefe 254 m; Anrainerstaaten sind Dtl. (305 km² Seeanteil), Österreich (60 km²) und die Schweiz (173 km²). Die Uferlänge beträgt 273 km. Die Seespiegelhöhe liegt bei 395 m ü. M. Das Hauptbecken, der **Obersee**, ist 63,5 km lang und bis zu 14 km breit. Der westl. B. ist in den **Überlinger See** mit der Insel Mainau im N und in den **Untersee** (mit Gnadensee und Zeller See) mit der Insel Reichenau im S geteilt. Ober- und Untersee werden vom Rhein durchflossen. Große Bedeutung hat der B. für die Wasserversorgung des Hinterlandes (St. Gallen, Großraum Stuttgart). Das milde Klima begünstigt den Frühgemüse- und Obstbau, der den Weinbau zurückgedrängt hat. Der See ist sehr fischreich. Wichtigster Wirtschaftsfaktor ist der Fremdenverkehr; größte Städte sind Konstanz, Lindau, Friedrichshafen, Bregenz und Radolfzell. – Der B. liegt in einer alten Kulturlandschaft; im weiteren Umkreis lassen sich mittelsteinzeitl. Siedlungsspuren nachweisen. Die Uferrandsiedlungen (sog. Pfahlbauten) gehören v. a. in die Jungsteinzeit bzw. frühe Bronzezeit.

Bodenseekreis, Landkreis im Reg.-Bez. Tübingen, Bad.-Württ., 665 km², 207 000 Ew. Kreisstadt ist Friedrichshafen.

Bodenstedt, Friedrich Martin von, Schriftsteller, *Peine 22. 4. 1819, † Wiesbaden 18. 4. 1892; lehrte Slawistik und ältere Anglistik; übersetzte oriental. Dichtung, auch russ. und ältere engl. Literatur; seine bei den Zeitgenossen sehr erfolgreichen »Lieder des Mirza-Schaffy« (1851) galten bis 1874 als Übersetzung oriental. Lyrik.

Bodentemperatur, a) die Temperatur der Luft an der Bodenoberfläche (gemessen in 2 m Höhe, als Temperatur am Erdboden in 5 cm Höhe), b) die Temperatur im Erdboden.

Bodenturnen, Disziplin des Geräteturnens auf vorgeschriebener Bodenfläche (12 m × 12 m): Wechsel von gymnast. Bewegungen, Gleichgewichtsteilen, Halteteilen, Kraftteilen, Sprüngen, Kippen, Überschlägen und Salti.

Bodentypen, → Boden.

Bodenverbesserung, die → Melioration.

Bodenverdichter, Bodenverdichtungsgeräte, *Bautechnik:* Geräte zur Bodenverdichtung, der Erhöhung der Tragfähigkeit, z. B. Walzen, Explosionsramme (→ Ramme), Rüttelgeräte.

Bodenverdichtung, die Verminderung des Porenvolumens, insbes. der Grobporen des Bodens; entsteht durch Ablagerung feiner Bodenteilchen oder durch Oberflächenverkrustung, aber auch durch landwirtsch. Fahrzeuge. Die B. erschwert das Eindringen und die Ausbreitung der Wurzeln.

Bodenverfestigung, dauerhafte Erhöhung der Frostbeständigkeit und Tragfähigkeit von Böden durch Zumischung von hydraul. (Zement) oder bituminösen Bindemitteln.

Bodenversalzung, natürl. oder vom Menschen verursachte Anreicherung von Salzen im Boden, v. a. in Trockengebieten (Bildung von Salzböden). Die in jüngerer Zeit stark ausgeweitete Bewässerung führte oft zur Versalzung großer Bodenflächen, die damit für eine weitere landwirtsch. Nutzung unbrauchbar wurden.

Bodenversiegelung, alle Maßnahmen, mit denen die Infiltration von Niederschlag in den Boden unterbrochen oder verhindert wird, z. B. die Abdichtung oder Auffüllung des Bodens. Die B. hat negative Auswirkungen auf den Naturhaushalt. Sie verhindert den Austausch zw. Böden (Pedosphäre), Atmosphäre, Hydrosphäre und Biosphäre. Oberflächenwasser kann nicht mehr versickern, die Temperaturen schwanken stärker und verschlechtern das Mikroklima.

Bodenverwertungs- und -verwaltungs-GmbH, Abk. **BVVG,** → Treuhandanstalt.

Bodenwasser, dem Boden größtenteils aus Niederschlägen zugeführtes Wasser, in dem die für die Pflanzen wichtigen Nährstoffe gelöst sind; **Haftwasser** wird gegen die Schwerkraft im Boden festgehalten (Bodenfeuchtigkeit), **Sickerwasser** (frei bewegl. Wasser) bildet Grund- oder Stauwasser. B. kann an feste Bodenteilchen oder in feinen Poren gebunden sein. (→ Kapillarwasser)

Bodenwelle, *Nachrichtentechnik:* die sich längs der Erdoberfläche ausbreitende elektromagnet. Welle; Langwellen sind stets, Mittelwellen nur bei Tage Bodenwellen (→ Raumwelle).

Bodenwerder, Stadt im Landkr. Holzminden, Ndsachs., beiderseits der Weser, 6 000 Ew.; Luftkurort und Jod-Sole-Bad; Schiffbau, Baustoffind. – Ehem. Herrenhaus der Freiherren von Münchhausen (z. T. Museum), Fachwerkhäuser. B. erhielt 1287 Stadtrecht.

Bodenwertzuwachssteuer, eine besondere Form der → Wertzuwachssteuer, die die Wertsteigerung von Grundstücken erfasst. In Dtl. und Österreich wird derzeit keine B. erhoben; die Bodenwertzuwächse werden wie alle anderen Kapitalgewinne im Rahmen der Einkommensteuer erfasst. In der Schweiz erheben die Kt. (Ausnahme: Solothurn) spezif. »Liegenschaftsgewinnsteuern« auf Gewinne aus der Veräußerung von Grundstücken.

Bodenwind, die unmittelbar über dem Erdboden bestehende Luftströmung; die B.-Geschwindigkeit wird an einer Wetterstation in 6 m, bei Bebauung oder Wald in 10 m Höhe gemessen; Ggs.: Höhenwind.

bodenzeigende Pflanzen, die → Zeigerpflanzen.

Bode-Titius-Reihe, → Titius-Bode-Reihe.

Bodhibaum [Sanskrit bodhi »Erleuchtung«], der Feigenbaum, unter dem der Asket Gautama die erlösende Erleuchtung gewann und dadurch zum → Buddha wurde.

Bodhidharma, jap. **Daruma,** indischer buddhist. Mönchsgelehrter, *um 470, † um 543; begründete nach buddhist. Überlieferung um 520 in China die Schule des → Zen.

Bodhisattva [Sanskrit »Erleuchtungswesen«] *der,* ein buddhist. Heiliger, der die vollkommene Erkenntnis und Freiheit von allen Begierden (die Buddhaschaft) anstrebt, um als »erleuchteter Lehrer« seinen

Standwaage (seitlings)

Standwaage (vorlings)

Spagat (quer gegrätscht)

Spagat (seitengegrätscht)

Brücke

Kniestand-Brücke

Spreizsprung

Handstand

Bodenturnen: Übungsteile

Mitmenschen auf ihrem Erkenntnisweg zu helfen und so lange auf seine eigene Erlösung (das Eingehen ins Nirvana) verzichtet, bis auch sie Erlösung erlangt haben; Ideal des jüngeren Buddhismus (Mahayana); zum älteren Buddhismus (Hinayana) →Arhat.

Bodin [bɔˈdɛ̃], latinisiert **Bodinus,** Jean, frz. Philosoph und Staatstheoretiker, * Angers 1529 (oder 1530), † Laon 1596; Jurist und Kronanwalt in Laon; verfocht während der frz. Hugenottenkriege die Forderung der Glaubensfreiheit, setzte sich in seinem Hauptwerk »Les six livres de la république« (1576) für die – religiösen und naturrechtl. Bindungen unterworfene – Souveränität des Staates ein (→Absolutismus). Er formulierte die →Quantitätstheorie des Geldes.

Bodley [ˈbɔdlɪ], Sir Thomas, engl. Diplomat und Gelehrter, * Exeter 2. 3. 1545, † London 28. 1. 1613; gründete durch seine Geld- und Bücherstiftungen 1598 die bes. an griech. und oriental. Handschriften reiche Univ.-Bibliothek Oxford (**Bodleiana, Bodleian Library**) neu und eröffnete sie 1602.

Bodman-Ludwigshafen, Gemeinde im Landkr. Konstanz, Bad.-Württ., am S-Ufer des Überlinger Sees, 4 300 Ew.; Obstbau, Fremdenverkehr. – Altes Siedlungsgebiet (Pfahlbauten); die karoling. Pfalz **Bodman** ist namengebend für den Bodensee.

Bodmer, 1) Johann Carl, schweizer. Maler und Lithograf, * Zürich 11. 2. 1809, † Barbizon 30. 10. 1893; wurde v. a. bekannt durch seine Indianerdarstellungen. Er war Begleiter von Maximilian Prinz zu Wied, dessen Reisebericht (»Reise in das innere Nord-Amerika in den Jahren 1832–1834«, 2 Bde., 1839–41) er illustrierte.

2) Johann Jakob, schweizer. Historiker und Schriftsteller, * Greifensee (bei Zürich) 19. 7. 1698, † Gut Schönenberg (bei Zürich) 2. 1. 1783; war 1725–75 Prof. für helvet. Geschichte in Zürich, ab 1737 dort Mitgl. des Großen Rats. Um 1740 gerieten B. und sein Freund J. J. Breitinger um Probleme der Poetik in offenen Widerspruch zu J. C. Gottsched, indem sie sich für die das »Wunderbare« einschließende Fantasie als poet. Grundkraft einsetzten. B. war auch der erste bed. Wiederentdecker mittelalterl. dt. Dichtung (»Sammlung von Minnesingern«, 1757/58).

Bodmerei, Darlehensaufnahme durch den Kapitän eines Seeschiffes in Notfällen gegen Verpfändung von Schiff oder Fracht; durch moderne Nachrichten- und Bankverbindungen heute bedeutungslos.

Bodo, Gruppe von Stämmen mit tibetobirman. Sprachen (z. B. Garo). Sie besiedelten wohl einst geschlossen die Täler des Brahmaputra und Surma in Assam und O-Bengalen; seit dem 13. Jh. von fremden Eroberern aufgesplittert und in die Berge verdrängt.

Bodø [ˈbuːdø], Hafenstadt und Verw.-Sitz der Prov. Nordland, N-Norwegen, 42 700 Ew.; Endpunkt der Nordlandbahn; Reedereien, Fischerei, Holzverarbeitung. – Im Mai 1940 Sitz der norweg. Reg.; durch einen dt. Bombenangriff völlig zerstört.

Bodoni, Giambattista, ital. Buchdrucker, * Saluzzo (Prov. Cuneo) 16. 2. 1740, † Parma 29. 11. 1813; schuf hervorragende Druckwerke, bes. Ausgaben altgriech., röm., ital. und frz. Klassiker, und schnitt selbst Lettern (**B.-Schriften**).

Bodrum, Stadt und Seebad an der SW-Küste der Türkei, Prov. Muğla, gegenüber der griech. Insel Kos, 32 200 Ew.; Fremdenverkehr; auf der Halbinsel B. Kalesi Johanniterkastell (1415 ff.). – Antike Vorgängerstadt ist →Halikarnassos.

Giambattista Bodoni

Body [ˈbɔdi, engl.] *der,* Kurzform für **Bodysuit,** ein eng anliegendes, einteiliges Kleidungsstück aus elast. Material mit angeschnittenem Slip; als Damenunterwäsche, auch das Oberteil sichtbar in Kombination mit Rock bzw. Hose.

Body-Art [ˈbɔdiːt; engl. »Körperkunst«] *die,* aus der Happening- und Fluxusbewegung der 1960er-Jahre hervorgegangene Kunstrichtung, bei der der Körper als Medium oder Kunstobjekt dient. Die an ihm vorgenommenen Veränderungen (z. B. Bemalung, Kostümierung) und Manipulationen werden durch Fotografie, Film oder Video zur Dokumentation der Selbsterfahrung festgehalten. B.-A. ist nur schwer von der Performance zu unterscheiden, da sie mit den gleichen Mitteln arbeitet wie diese. Vertreter u. a. V. Acconci, Gilbert & George, K. Rinke, R. Horn.

Bodybuilding [ˈbɔdibɪldɪŋ, engl.] *das,* Muskelausbildung durch Kraftübungen, in Nordamerika und Westeuropa mit Schauwettbewerben, Verleihung der Titel Mister/Miss Universum, Europe, Germany u. a.; Wettkampfsport für Frauen und Männer in versch. Gewichtsklassen mit Pflicht und Kür.

Bodycheck [ˈbɔdɪʃɛk] *der,* Eishockey: erlaubter Körperangriff auf den die Scheibe führenden Spieler unter Einsatz von Brust, Schulter, Hüfte, jedoch nicht des Schlägers.

Body-Mass-Index [ˈbɔdi mæs-, engl.], Abk. **BMI,** Maß für das Verhältnis von Körpergewicht zu Körpergröße beim Menschen. Der BMI wird berechnet, indem man das Körpergewicht (in kg) durch das Quadrat der Körpergröße (in Metern) dividiert. Bei Erwachsenen werden Werte unter 20 kg/m² als Untergewicht, über 25 kg/m² als Übergewicht sowie über 30 kg/m² als starkes Übergewicht oder Fettsucht angesehen.

Bodystocking [ˈbɔdistɔkɪŋ, engl.] *der,* Damenstrumpfhose mit angewirktem Oberteil.

Bodystyling [ˈbɔdistaɪlɪŋ] *das,* besonders intensives Bewegungstraining zur Steigerung der Fitness.

Böe, die, →Bö.

Boeckh, August, klass. Philologe, * Karlsruhe 24. 11. 1785, † Berlin 3. 8. 1867; Prof. in Heidelberg und Berlin; Begründer der histor. Altertumswissenschaft.

Boeck-Krankheit, die →Sarkoidose.

Boehmeria [nach dem Botaniker Georg Rudolf Boehmer, *1723, †1803] *die,* Nesselgewächsgattung, z. T. mit Bastfasern (**Chinagras**), z. B. die →Ramie.

Boehringer Ingelheim, weltweit operierender Unternehmensverband (143 verbundene Unternehmen im In- und Ausland) der chemisch-pharmazeut. Ind.; gegr. 1885, Sitz des Stammhauses: Ingelheim am Rhein. An der Spitze des Konzerns steht die Muttergesellschaft **C. H. Boehringer Sohn KG;** die **Boehringer Ingelheim GmbH** fungiert als zentrale Holdinggesellschaft für administrative Zwecke.

Boeing Co. [ˈbəʊɪŋ ˈkʌmpənɪ], amerikan. Luft- und Raumfahrtkonzern, weltgrößter Flugzeughersteller, gegr. 1916, Sitz: Seattle (Wash.); bekannteste Erzeugnisse die Zivilflugzeuge Boeing 707, 737, 747 (»Jumbojet«), 767, 777, den Bomber B 52, die Raketen »Minuteman« und »Saturn« sowie das Kampfflugzeug »Phantom«; daneben Produktion von Energiesystemen, Flughafentechnologie und elektron. Produkten. 1997 erfolgte die Fusion mit der McDonnell Douglas Corporation.

Boerhaave [ˈbuːrhaːvə], Hermann, niederländ. Arzt, * Voorhout (bei Leiden) 31. 12. 1668, † Leiden

23. 9. 1738; war ab 1709 Prof. der Medizin und Botanik in Leiden; galt in seiner Zeit als herausragender Kliniker und medizin. Lehrer, zu dessen zahlr. Schülern auch A. von Haller gehörte, und beeinflusste die Schulmedizin bis zum Ausgang des 18. Jh.; seine gesammelten medizin. Schriften (»Opera medica omnia«) erschienen postum 1766.

Boethius, Boetius, Anicius Manlius Torquatus Severinus, röm. Staatsmann und Philosoph, *Rom um 480, † Pavia um 524; Konsul (seit 510) und »Magister Palatii« des Ostgotenkönigs Theoderich, von diesem des Hochverrats beschuldigt und hingerichtet. Durch seine Übersetzung und Kommentierung der log. Schriften des Aristoteles prägte er die lat. Terminologie der Scholastik und wurde so zum wichtigsten Vermittler zw. Altertum und MA. Ferner wurde B. bekannt durch sein Werk »Trost der Philosophie«, das er während langer Kerkerhaft schrieb und das vom Neuplatonismus beeinflusst ist.

Boff, Leonardo, brasilian. kath. Theologe und Franziskaner (seit 1958), *Concórdia 14. 12. 1938; war 1970–91 Prof. für systemat. Theologie in Petrópolis und gilt als einer der profiliertesten Vertreter der →Theologie der Befreiung; wurde 1984 wegen seines kirchenkrit. Buches »Kirche: Charisma und Macht« (1981) vor die Glaubenskongregation geladen und 1985 mit einjährigem Publikationsverbot belegt; legte nach erneuter kirchl. Disziplinierung 1992 sein Priesteramt nieder und trat aus dem Franziskanerorden aus. Seither lehrt B. an der staatl. Univ. Rio de Janeiro an dem eigens für ihn eingerichteten Lehrstuhl für »Ethik und Spiritualität«.

Boffrand [bɔˈfrã], Germain, frz. Baumeister, *Nantes 7. 5. 1667, † Paris 18. 3. 1754; baute Schlösser und Stadtpalais u. a. in Paris und Lothringen. Seine Innenraumausstattungen (z. B. Hôtel de Soubise, Paris) sind Meisterleistungen des frz. Rokoko, als dessen Hauptvertreter er gilt.

Bofill [boˈfiʎ], Ricardo, eigtl. Ricard **B. Levi**, katalan. Architekt und Designer jüd. Abstammung, *Barcelona 5. 12. 1939; gründete 1963 in Barcelona die Planungsgruppe →Taller de Arquitectura.

Bofinger, 1) Manfred, Illustrator, Cartoonist, Karikaturist, *Berlin 5. 10. 1941, †ebd. 8. 1. 2006; arbeitete 1961–68 als Typograf für die Satirezeitschrift »Eulenspiegel«, dann freiberuflich tätig. B. hinterließ ein umfangreiches, vielseitiges Werk, das vorwiegend Buchillustrationen (v. a. für Kinderbücher), daneben Cartoons und Karikaturen umfasst. Charakteristisch für B.s heiteren, pointierten Stil sind die flächenhafte Bildkomposition, klare Linienführung und kräftige Farbgebung. – *Werke (Auswahl):* Graffunda räumt auf (1969, mit Renate Holland-Moritz); Alfons Zitterbacke (1977, mit G. Holtz-Baumert); Das Gänsehautbuch (1994); Ein dicker Hund (2003).

2) Peter, Volkswirtschaftler, *Pforzheim 18. 9. 1954; Prof. in Würzburg (seit 1992); Forschungsschwerpunkte: Geldtheorie und -politik, europ. Integration, Währungstheorie und -politik, Wirtschaftstransformation; seit 2004 Mitgl. des Sachverständigenrates zur Begutachtung der gesamtwirtsch. Entwicklung.

Bogarde [ˈbəʊgɑːd], Sir (ab 1992) Dirk, eigtl. Derek Jules Gaspard Ulric Niven van den **Bogaerde,** brit. Schauspieler und Schriftsteller, *Hampstead (heute zu London) 28. 3. 1921, † London 8. 5. 1999; spielte an Londoner Theatern, dann in zahlr. Filmen, bes. von J. Losey (»Der Diener«, 1963; »Accident – Zwischenfall in Oxford«, 1967) und L. Visconti (»Tod in Venedig«,

Boğazkale: die Ruinen von Hattusa, Reste des Löwentors (13. Jh. v. Chr.)

1971); ferner u. a. in »Der Nachtportier« (1974), »Eine Reise ins Licht – Despair« (1978).

Bogart [ˈbəʊgɑːt], Humphrey, eigtl. H. de Forest B., amerikan. Film- und Bühnenschauspieler, *New York 25. 12. (nach anderen Angaben 23. 1.) 1899, † Beverly Hills (Calif.) 14. 1. 1957; Charakterdarsteller als Detektiv in »Die Spur des Falken/Der Malteserfalke« (1941) und »Tote schlafen fest« (1946); wurde nach seinem Tod zur Legende, v. a. mit dem Film »Casablanca« (1942). – *Weitere Filme:* African Queen (1951); Die Caine war ihr Schicksal (1954); An einem Tag wie jeder andere (1955); Schmutziger Lorbeer (1956).

Boğazkale [bɔːˈazkala], bis 1937 **Boğazköy,** Dorf, rd. 200 km östlich von Ankara, Türkei, mit den durch Ausgrabungen freigelegten Ruinen (UNESCO-Weltkulturerbe) von **Hattusa,** der Hptst. des Reiches der →Hethiter. Die Ruinen wurden 1834 entdeckt; seit 1905 Ausgrabungen: Festungsmauern, reliefgeschmückte Tore, Paläste und Tempel. Sehr wertvolle Funde sind einige Tausend Tontafelurkunden mit Keilschrifttexten in hethit. Sprache.

Bogdanovich [bɔgˈdænəvɪtʃ], Peter, amerikan. Filmregisseur und Schriftsteller, *Kingston (N. Y.) 30. 7. 1939; war Vertreter des »New Hollywood«; schrieb Monografien über Filmregisseure wie A. Hitchcock und H. Hawks; drehte Dokumentar-, dann Spielfilme. – *Filme:* Is' was, Doc? (1972); Paper moon (1973); Nickelodeon (1976); Die Maske (1985); Texasville (1990); Noises off: Der nackte Wahnsinn (1992); The thing called love (1993).

Bogdanow, Alexander Alexandrowitsch, eigtl. A. A. **Malinowski,** russ. Philosoph, Politiker und Arzt, *Tula 22. 8. 1873, † Moskau 7. 4. 1928; seit 1903 Anhänger der Bolschewiki; versuchte gegen Plechanow und Lenin eine Modifizierung der marxist. Theorie: Das Bewusstsein konstruiere und »organisiere« die Wirklichkeit; gesellschaftl. Sein und Bewusstsein seien identisch. B. forderte v. a. die Brechung des Wissensmonopols der herrschenden Klasse.

Bogda Shan [- ʃan] *der,* **Bogdo Ula,** vergletscherte nördl. Randkette des östl. Tienschan (China), etwa 300 km lang, bis 5 445 m hoch.

Bogen, 1) *Bankwesen:* Wertpapierurkunde, die im Ggs. zum →Mantel Zins- und Gewinnanteilscheine sowie den Erneuerungsschein (Talon) enthält. Ohne B. sind Wertpapiere in der Regel nicht lieferbar.

Leonardo Boff

Humphrey Bogart

Bogen

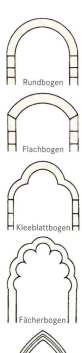

Rundbogen
Flachbogen
Kleeblattbogen
Fächerbogen
Spitzbogen
Eselsrücken
Hufeisenbogen (maurischer Bogen)
Tudorbogen
Vorhangbogen

Bogen 2)

2) *Baukunst:* in der Baukonstruktion ein gewölbtes Tragwerk, das als Abschluss eine Öffnung überspannt; besteht aus Stahl, Stahlbeton oder Stein. In der Baustatik ein Träger mit gekrümmter Achse, der bei senkrechten Lasten Horizontalschübe auf die Auflager (Widerlager) ausübt. Es gibt Zweigelenk-B., Dreigelenk-B. und fest eingespannte Bogen. Aus dem Kreis entwickelten sich auch der Kleeblatt-B. (Spätromanik) sowie der Flach-, Stich- oder Segment-B. (Romanik, Renaissance und Barock). Der Spitz-B. ist ein got. Stilelement, der Hufeisen-B. ist in der maur. bzw. islam. Kunst verbreitet.

3) *graf. Technik:* Oberbegriff u. a. für: 1) Format-B.: von der Papierfabrik oder vom Papiergroßhandel gelieferter Papier-B.; 2) Papier-B.: plan liegender unbedruckter Papierzuschnitt im Format DIN A3 und größer; Papierzuschnitte von kleinerem Format bezeichnet man als Blatt (→ DIN-Formate); 3) Satz-B.: Maßeinheit für den Umfang eines literar. Werkes; 4) Druck-B.: bedruckter B., dessen Größe bei B.-Druckmaschinen dem verwendeten B.-Format entspricht und bei Rollendruckmaschinen – nach dem Trennen der Papierbahn – durch die Papierbahnbreite und den Zylinderumfang bestimmt ist; 5) Buchbinder-B.: gefalzter Papier- oder Druck-B. mit 16 Seiten Umfang.

4) *Mathematik:* allg. das Teilstück einer Kurve, speziell eines Kreises (Kreis-B.). Die **B.-Länge** berechnet sich bei einem Kreis mit dem Radius r und dem Zentriwinkel α zu $b = 2\pi r \alpha / 360°$.

5) *Musik:* biegsamer Hartholzstab (Pernambukholz), der mit einem an seinen Enden (Frosch und Spitze) befestigten Bezug aus Rosshaaren versehen ist und zur Tonerzeugung bei Streichinstrumenten dient (**Streich-B.**, nicht zu verwechseln mit dem → Musikbogen). Die B.-Stange war urspr. stark gekrümmt, heute ist sie leicht konkav gekrümmt. Die Spannung des Bezugs wird durch eine Stellschraube am Frosch fixiert.

6) *Waffenwesen* und *Sport:* älteste eigentl. Schusswaffe für Jagd und Krieg und seit der Altsteinzeit bekannt (außer in Australien); besteht aus einem aus biegsamem Material (Holz, Bambus, Kunststoff, Leichtmetall) angefertigten Stab und einer an dessen Enden befestigten Sehne; geeignet v. a. zum Verschießen von Pfeilen. – Der **Sport-B.** (aus Kombination von Holz, Stahl und Glasfiber) beim **B.-Schießen** ist etwa 1,70 m lang, die Pfeile sind 65–75 cm lang. Im Wettkampf wird bei Entfernungen von 90, 70, 50 und 30 m (Männer) und 70, 60, 50 und 30 m (Frauen) auf Scheiben mit Durchmessern von 80 und 122 cm geschossen, die in zehn Wertungszonen geteilt sind. (→ Sportarten, Übersicht)

Bogen, Stadt im Landkreis Straubing-Bogen, Bayern, am SW-Fuß des Bayer. Waldes, 10 100 Ew.; Fremdenverkehr. – Vorgeschichtl. Ringwall und spätgot. Wallfahrtskirche. 1952 wurde B. Stadt.

Bogenentladung, elektr. → Gasentladung hoher Strom- und Leuchtdichte (→ Lichtbogen), die z. B. zum Schweißen oder in Bogenlampen genutzt wird.

Bogenfries, Gesimsband aus einer gleichmäßigen oder überkreuzten Folge von Rund- oder Spitzbogen; bes. an roman. Bauten.

Bogenführung, Bogenstrich, Strich, beim Spiel von Streichinstrumenten die Handhabung des Bogens, von der Stärke, Charakter des Tons und Ausdruck des Spiels abhängen.

Bogengang, *Bau:* → Laube.

Bogengänge, Teilorgane (drei halbkreisförmige Gänge) des inneren Ohrs, die dem Gleichgewichtssinn dienen.

Bogenhanf, die → Sansevierie.

Bogenlampe, elektr. Lichtquelle hoher Leuchtdichte durch Ausnutzung der elektr. Bogenentladung und der Temperaturstrahlung zw. zwei Elektroden (Kohle, Wolfram); früher z. B. in Scheinwerfern verwendet, heute durch Höchstdrucklampen (→ Gasentladungslampe) abgelöst.

Bogenlänge, *Mathematik:* → Bogen.

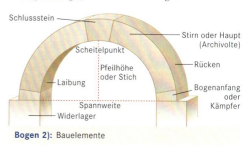

Bogen 2): Bauelemente

Bogenmaß, Arcus, Arkus, Zeichen **arc,** Maß für die Größe eines ebenen Winkels; definiert als das Verhältnis der Bogenlänge b des von den Winkelschenkeln eingeschlossenen Kreisbogens zum Radius r des um den Scheitel gelegten Kreises: $b/r = \mathrm{arc}\,\alpha$ (gelesen »arcus α«). Der im B. gemessene Winkel $\mathrm{arc}\,\alpha$ und der im Gradmaß gemessene Winkel α hängen gemäß $\mathrm{arc}\,\alpha = 2\pi \alpha / 360°$ zusammen. Zum B. 1 gehört der Winkel 1 rad (→ Radiant).

Bogenminute, *Geometrie:* Bez. für die Winkeleinheit → Minute.

Bogenschießen, *Sport:* → Bogen.

Bogenschützen, mit Pfeil und Bogen bewaffnete Krieger, Kerntruppe der asiat. Heere im Altertum und MA.; in Europa bes. bei den Normannen und im engl. Heer.

Bogensekunde, *Geometrie:* Bez. für die Winkeleinheit → Sekunde.

Bogenspektrum, in stromstarken Bogenentladungen angeregtes Linienspektrum neutraler Atome oder Moleküle.

Bogey [ˈbəʊgi, engl.] *das,* Golf: das Spielen des Balles in ein Loch mit einem Schlag mehr als festgesetzt (ein Schlag »über Par«).

Bogheadkohle [ˈbɔghed-; nach dem schott. Ort Boghead], asche- und gasreiche Kohlenart aus bitumenreichen Algen; Bitumen- oder Sapropelkohle.

Bogner, eigtl. **Willy Bogner GmbH & Co. KGaA,** Sportmodenfirma, 1932 in München gegr. von Willy B. (* 1909, † 1977), Mitte der 1930er-Jahre aktiver Sportler in Wettbewerben der nord. Kombination, und seiner Frau Maria B. (* 1914, † 2002). Seit 1972 wird das Unternehmen von ihrem Sohn Willy B. jun. (* 1942), der als früherer alpiner Skiläufer (fünfmal dt. Meister zw. 1960 und 1966), auch als Filmproduzent mit zahlr. Skisportfilmen hervortrat, sowie dessen Frau Sònia B. (* 1950, Modedesign) geleitet. B. stattete seit 1936 mehrmals die dt. Olympiamannschaft aus. Neben richtungweisender Sportmode auch Prêt-à-porter-Kollektionen für Tagesmode, Accessoires, Herren- und Damenkosmetik.

Bogoljubow, Nikolai Nikolajewitsch, russ. Mathematiker und Physiker, * Nischni Nowgorod 21. 8. 1909, † Moskau 13. 2. 1992; Prof. in Kiew (1936–43) und Moskau; arbeitete ab 1932 zus. mit N. M. Krylow über nicht lineare Mechanik und entwickelte eine Theorie der nicht linearen Schwingungen. Danach wandte er sich der Quantenfeldtheorie und der statist. Physik zu, wobei er neue Methoden erarbeitete.

Bogoljubowo, Ort im Gebiet Wladimir, Russland, an der Mündung der Nerl in die Kljasma. – Die barocke Kathedrale wurde 1751 auf Resten des 1722 eingestürzten Vorgängerbaus und des 1158–65 von Fürst Andrei Bogoljubski von Wladimir (ermordet 1174) errichteten Palastes erbaut, der 1238 durch die Tataren zerstört worden war. Erhalten blieb der Treppenturm aus dem 12. Jh.; die Bauten des Klosterkomplexes sind aus dem 19. Jh. In der Nähe an der Nerl steht die 1165 errichtete Pokrow-Kirche, eine Kreuzkuppelkirche (im 19. Jh. verändernd restauriert).

Bogomilen [slaw. »Gottesfreunde«], **Bogumilen,** religiöse Gemeinschaft mit einem dem → Manichäismus ähnl. Lehrsystem und strenger Askese, entstanden im 10. Jh. im orthodoxen Kleinasien und seit der zweiten Jahrhunderthälfte v. a. auf der Balkanhalbinsel verbreitet, wo sie in Bosnien im 13.–15. Jh. zeitweise beträchtl. Einfluss erlangte, allerdings mit der türk. Eroberung Bosniens (1463) unterging.

Bogor, früher **Buitenzorg,** Stadt auf Java, Indonesien, südl. von Jakarta, 750 800 Ew.; Sommersitz des Staatspräs., kath. Bischofssitz; mehrere Hochschulen, berühmter botan. Garten (seit 1818). – Niederländ. Gründung von 1745.

Bogotá amtl. **Bogotá D. C.** (Distrito Capital), Hptst. von Kolumbien, 2 650 m ü. M., in Hochbecken der Ostkordilleren, 6,85 Mio. Ew. (Agglomeration: 7,45 Mio.); Sitz von Reg. und Parlament, 14 Univ. u. a. Hochschulen, Natur- und Kunstmuseen, astronom. Observatorium und Planetarium, Nationalbibliothek, Militärakademie; Erzbischofssitz; Haupthandelszentrum des Landes und wichtige Ind.-Stadt (chem., elektrotechn., pharmazeut. Ind., Maschinenbau, Brauereien); internat. Flughafen. – Kathedrale im klassizist. Baustil, zahlr. Barockbauten. – B., 1538 von Spaniern gegr., war seit 1598 die Hptst. des span. Generalkapitanats und späteren Vizekönigreichs Neugranada (bis 1819). 1810 wurde in B. die Unabhängigkeit von der span. Kolonialmacht verkündet.

Bogusławski [-'suafski], Wojciech, poln. Schauspieler und Dramatiker, * Glinno (bei Posen) 9. 4. 1757, † Warschau 23. 7. 1829; Begründer des modernen poln. Theaters; leitete seit 1783 wiederholt das Warschauer Nationaltheater.

Boguszów-Gorce [bɔ'guʃuf 'gɔrtsɛ], dt. **Gottesberg,** bis 1945 amtlich **Gottesberg [Schles.],** Stadt in der Wwschaft Niederschlesien, Polen, im Waldenburger Steinkohlen- und Industrierevier, 17 000 Ew.; Textil- und Bekleidungsindustrie, Barytbergwerke. – Gottesberg, eine Gründung sächs. Bergleute (14. Jh.), erhielt 1499 Stadt- und Bergrecht.

Bo Hai, früher **Golf von Chihli,** nordchin. Küstenmeer, nordwestl. Teil des Gelben Meeres, weniger als 50 m tief; Zufluss ist der Hwangho; Erdölförderung.

Boheme [bɔ'ɛːm; frz. »Böhmen«] *die,* die Künstlerwelt bes. des Pariser Quartier Latin; Bez. nach H. Murgers »Scènes de la vie de bohème« (1851); Opern von Puccini (1896) und Leoncavallo (1897).

Bohemia [nach den kelt. Boiern], spätlat. Name für Böhmen.

Bohle, Schnittholz von mindestens 40 mm Dicke und einer Breite von mehr als 8 cm.

Bogotá: Blick auf die Hochhauskomplexe nördlich des Zentrums

Böhlen, Stadt im Landkreis Leipziger Land, Sachsen, in der Leipziger Tieflandsbucht, 7 000 Ew.; Sächs. Olefinwerke (Cracken von Erdgas und -öl im Olefinverbund mit Schkopau und Leuna; Erdölleitung von Rostock). Bei B. Braunkohlenkraftwerk **Lippendorf** (2 Blöcke zu je 920 MW).

Bohlwerk, Bohlwand, Bollwerk, Uferbefestigung aus Bohlen (horizontal oder vertikal eingebaut).

Bohm, 1) [bəʊm], David Joseph, amerikan. Physiker, * Wilkes-Barre (Pa.) 26. 12. 1917, † London 27. 10. 1992; ab 1961 Prof. für theoret. Physik in London; führend in der Quantenphysik und ihrer Deutung; Arbeiten u. a. zur theoret. Plasmaphysik, über Plasmaschwingungen der Elektronen in Metallen sowie zur Geometrie und Topologie von Raum und Zeit.

2) Hark, Filmregisseur und -schauspieler, * Hamburg 18. 5. 1939; behandelt als Regisseur häufig die Probleme Jugendlicher. – *Filme:* Nordsee ist Mordsee (1976); Moritz, lieber Moritz (1978); Der Fall Bachmeier: Keine Zeit für Tränen (1984); Vera Brühne (Fernsehfilm, 2001).

Böhm, 1) Dominikus, Architekt, * Jettingen (heute zu Jettingen-Scheppach, Landkr. Günzburg) 23. 10. 1880, † Köln 6. 8. 1955, Vater von 4); erneuerte den kath. Kirchenbau (u. a. Christkönigkirche in Mainz-Bischofsheim, 1926).

2) Franz, Jurist und Politiker, * Konstanz 16. 2. 1895, † Rockenberg (Wetteraukreis) 26. 9. 1977; trat als Mitbegründer und Theoretiker des → Neoliberalismus für den Aufbau einer geordneten Wirtschaftsverfassung und gegen Wettbewerbsbeschränkungen ein. Seit 1937 Prof. in Jena, wurde wegen seiner Kritik an der nat.-soz. Judenverfolgung 1940 in den Wartestand versetzt. 1952 leitete er die dt. Delegation bei den Wiedergutmachungsverhandlungen mit Israel und den jüd. Weltverbänden. B. war 1953–65 MdB.

3) Georg, Komponist und Organist, * Hohenkirchen (Landkr. Gotha) 2. 9. 1661, † Lüneburg 18. 5. 1733. Seine Cembalosuiten und Orgelkompositionen waren von Einfluss auf J. S. Bach.

4) Gottfried, Architekt, * Offenbach am Main 23. 1. 1920, Sohn von 1); trat 1947 in das Architekturbüro seines Vaters ein und übernahm es nach dessen Tod 1955. Im Rückgriff auf den Expressionismus entwickelt B. eine höchst bildhafte, über den Kanon des Funktionalismus hinausweisende Architektur. B. führt heute das Büro zus. mit seinen Söhnen. 1986 erhielt er den Pritzker-Preis. – *Werke:* Rathaus Bens-

Bogenmaß:
M Kreismittelpunkt, *r* Radius, arc α Bogenmaß des Winkels α

Bogotá
Stadtwappen

Gottfried Böhm: Schloss Saarbrücken (Blick auf den Mittelrisalit), Rekonstruktion 1989/90 ausgeführt

berg, Bergisch Gladbach (1963–67); Wallfahrtskirche Neviges, Velbert (1963–68); Verw.-Gebäude der Firma Züblin, Stuttgart-Vaihingen (1985); Rekonstruktion Schloss Saarbrücken (1989/90); Dt. Bank, Luxemburg (1992); WDR-Gebäude, Köln (1996); Neubau Zentralbibliothek, Ulm (2001–04); Neubau Hans-Otto-Theater, Potsdam (2003–06).

5) Karl, österr. Dirigent, * Graz 28. 8. 1894, † Salzburg 14. 8. 1981, Vater von 6); war 1934–43 Leiter der Dresdner Staatsoper, 1943–45 und 1954–56 der Wiener Staatsoper; bed. als Interpret bes. der Werke von W. A. Mozart, R. Strauss und A. Berg.

6) Karlheinz, Film- und Bühnenschauspieler, * Darmstadt 16. 3. 1928, Sohn von 5); wurde bekannt durch Unterhaltungsfilme (»Sissi«-Filme, 1955–57); Wandlung zum Charakterdarsteller u. a. in »Augen der Angst« (»Peeping Tom«, 1959) und Filmen von R. W. Fassbinder; gründete 1981 das Hilfswerk »Menschen für Menschen« für Äthiopien.

Böhm-Bawerk, Böhm von Bawerk, Eugen Ritter von, österr. Volkswirtschaftler, * Brünn 12. 2. 1851, † Kramsach (Tirol) 27. 8. 1914; Prof. in Innsbruck und Wien, wiederholt österr. Finanzmin., Mitbegründer der →Grenznutzenschule.

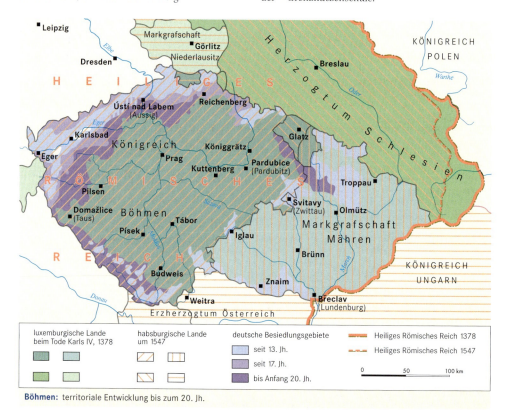

Böhmen: territoriale Entwicklung bis zum 20. Jh.

Böhme, Jakob, Philosoph und Mystiker, * Altseidenberg (heute Stary Zawidów, bei Zgorzelec) 1575, † Görlitz 17. 11. 1624; seit 1599 Schuhmachermeister in Görlitz. Seine Lehre ist eine Verschmelzung von pantheist. Naturphilosophie und dt. Mystik. Gott und damit die Natur als Ausfaltung göttl. Qualitäten erzeuge sich selbst aus der in seine Einheit eingeschlossenen Gegensätzlichkeit von Gutem und Bösem. Entsprechend stellt sich dieser unaufhebbare Dualismus auch im Menschen dar; er kann zw. beiden frei entscheiden. Die Lehre B.s wirkte bes. auf den Pietismus, die Romantik und Hegels Philosophie. Da B. erstmalig philosoph. Schriften in dt. Sprache veröffentlichte, wurde er »Philosophus Teutonicus« genannt. – *Werke:* Beschreibung der drei Prinzipien göttl. Wesens (1619); Mysterium magnum (eine Auslegung der Genesis, 1623); Aurora oder die Morgenröte im Aufgang (1612 im Auszug gedruckt).

Böhmen, tschech. **Čechy,** histor. Gebiet in Mitteleuropa, heute Kernland der Tschech. Republik. B. wird von waldreichen Gebirgen (Böhmerwald im SW, Fichtel- und Erzgebirge im NW, Sudeten im NO und Böhmisch-Mähr. Höhe im SO) umgeben. Das Innere B.s ist in Plateaus, Hügelländer, Becken und Senken gegliedert. Es wird von der Elbe und Moldau mit ihren Nebenflüssen zur Nordsee hin entwässert. Die Bev. besteht heute v. a. aus Tschechen; in den Randlandschaften und einigen Sprachinseln waren seit dem MA. bis zur Vertreibung 1945/46 Deutsche ansässig (→Sudetendeutsche). Wirtschaftlich ist B. hoch entwickelt. Die Landwirtschaft erzeugt neben Getreide und Hackfrüchten bes. Zuckerrüben, Hopfen und Obst. Bergbau (Stein- und Braunkohle, Eisen, Grafit, Kaolin u. a.) und Ind. (Textil-, Papier-, Glas-, Holzind.) sind vielseitig. Von europ. Rang sind die Heilbäder in Karlsbad, Marienbad, Franzensbad und Teplice. Hptst. sowie wirtsch. und kultureller Mittelpunkt ist Prag.

Geschichte: Der Name B. (lat. **Boiohaemum** »Boierheimat«) geht auf die kelt. Boier zurück, die um 60 v. Chr. den Germanen wichen. Um 9 v. Chr. besetzten die Markomannen das Land. Als sie Anfang des 6. Jh. n. Chr. nach Bayern wanderten, drangen slaw. Stämme ein, von denen die Tschechen im 9./10. Jh. unter ihren Herzögen (→Přemysliden) die Führung gewannen. Im 9. Jh. (bis 906/907) Teil des Großmähr. Reiches, wurde B. im 10. Jh. Teil des Hl. Röm. Reiches (unter Wenzel I., dem Heiligen, Annahme des Christentums). Zu Beginn des 11. Jh. wurden Mähren und Schlesien mit B. vereinigt. Als dt. Reichsfürsten erhielten die Přemysliden (Ottokar I.) 1198 die erbl. Königswürde, 1290 die Kurwürde. Im 13. Jh. förderten sie die dt. Kultur, gründeten viele Städte und riefen dt. Siedler nach B. (dt. Ostsiedlung). 1306 starben die Přemysliden aus, B. fiel an die Luxemburger (1310–1437). Johann von Luxemburg (1310–46) gewann das Egerland (1322), die Oberlausitz und die Lehnshoheit über Schlesien (1327/29). Sein Sohn, Kaiser Karl IV. (1346–78), regierte das Hl. Röm. Reich von B. aus und führte ins Blütezeit B.s herauf (1348 erste dt. Univ. in Prag). Die Hussitenkriege (1419/20–1433/34) brachten eine Erstarkung des tschech. Protonationalismus unter Führung von Georg von Podiebrad. 1471–1526 war B. unter den Jagiellonen mit Ungarn verbunden. 1526–1918 gehörte B. zum habsburg. Österreich. Die Reformation ergriff den größten Teil der Bev. (1575 »Confessio Bohemica«; daneben Böhm. Brüder); die Zuspitzung des konfessionellen Gegensatzes führte 1618 zum Böhm. Aufstand und in dessen Folge zum →Dreißigjährigen Krieg. Kaiserl. Siege förderten die Gegenreformation. Von den böhm. Nebenländern ging die Lausitz 1635 an Kursachsen, Schlesien 1742 an Preußen verloren. Maria Theresia behauptete im Österr. Erbfolgekrieg B. gegen die Ansprüche Bayerns (1740–45). In der 1. Hälfte des 19. Jh. entstand eine tschech. Nationalbewegung, die in der Revolution 1848/49 politisch hervortrat. Durch das neue Zensuswahlrecht von 1880 ging die Mehrheit im Landtag von den Deutschen auf die Tschechen über. Diese beanspruchten die Alleinherrschaft und erstrebten im österr. Gesamtstaat eine föderalist. Verf. Wiederholte Versuche eines nat. Ausgleichs scheiterten. Im Herbst 1918 ging B. in der Tschechoslowakei auf.

Böhmer, Wolfgang, Politiker (CDU), * Dürrhennersdorf (Oberlausitz) 27. 1. 1936; Gynäkologe; in Sa.-Anh. ab 1990 MdL, 1991–93 Finanz-, 1993–94 Sozialmin.; wurde 1998 Landesvors. der CDU, 2001 Vors. der Landtagsfraktion, 2002 Ministerpräsident.

Böhmerwald, das bayerisch-böhm. Waldgebirge, reich bewaldetes Mittelgebirge, erstreckt sich 250 km von der Wondrebsenke im NW bis zum Hohenfurther Sattel im SO. Auf seiner ganzen Länge verläuft die Staatsgrenze der Tschech. Rep. zu Dtl., im SO zu Österreich. Der B. besteht aus kristallinen Gesteinen, v. a. aus Graniten und Gneisen. Eine Tiefenzone, die von der Quarzrippe des Pfahl durchzogen wird, trennt den N-Teil, den →Oberpfälzer Wald (tschech. **Český les,** meist unter 900 m) vom restl. Teil. Südwestlich längs der Donau liegt der **Vordere Wald** oder →Bayerische Wald. Der **Hintere Wald** (tschech. **Šumava**), der eigentl. B., weist fast geschlossene Waldbedeckung auf; höchste Berge: auf tschech. Seite Kubany (1 362 m), auf dt. Seite der Große Arber (1 456 m), der Große Rachel (1 453 m) und am Dreiländereck der Plöckenstein (1 378 m). – Das Gebirge entwässert nach SW zur Donau durch Waldnaab, Schwarzach, Regen und Ilz, nach NO zur Elbe durch die Moldau. Nutzholzgewinnung; Glasindustrie (heute vorwiegend auf den Hinteren Wald beschränkt); der Abbau von Grafit, Feldspat, Flussspat, Quarz geht zurück. Ein wichtiger Wirtschaftsfaktor ist der Fremdenverkehr; mehrere Naturschutzgebiete.

Böhmerwald: Blick vom Großen Arber (1456 m ü. M.) auf den Kleinen Arbersee mit seinen schwimmenden Inseln

Jakob Böhme

Böhmen historisches Wappen

Wolfgang Böhmer

Böhmische Brüder, Mährische Brüder, aus den Hussiten im 15. Jh. hervorgegangene religiöse Gemeinschaft in Böhmen, die eine Erneuerung des Lebens im Geist des Urchristentums zu verwirklichen suchte. Die B. B. trennten sich 1467 von der röm. Kirche. Nach der Schlacht am Weißen Berg (1620) mussten sie ihre Heimat verlassen; auf vertriebene B. B. geht die →Brüdergemeine zurück. 1918 konstituierten sich die Gemeinden B. B. rechtlich als »**Ev. Kirche der B. B.**«; heute mit rd. 114 000 Mitgl. die größte ev. Kirche in der Tschech. Republik (Sitz der Kirchenleitung: Prag).

böhmische Kunst, →tschechische Kunst.

Böhmisches Massiv, Böhmische Masse, geotekton. Einheit in Mitteleuropa, umfasst das teils von jüngeren Gesteinsserien überlagerte, in Schollen zerbrochene Grundgebirge (Granite, Gneise) im Raum Böhmen sowie die Randgebiete (im N Erzgebirge und Sudeten, im S Bayer. Wald, Mühl- und Waldviertel).

Böhmisches Mittelgebirge, tschech. **České středohoří**, vulkan. Gebirgsgruppe beiderseits der Elbe in N-Böhmen, Tschech. Rep., im Milleschauer (tschech. Milešovka) 837 m hoch. Das B. M. ist in höheren Lagen bewaldet; an den unteren Flanken bes. Obst- und Gemüseanbau.

Böhmisch-Mährische Höhe, tschech. **Českomoravská vrchovina**, der SO-Rand der böhm. Gebirgsumwallung, in den Iglauer Bergen im SW bis 837 m hoch, in den Saarer Bergen im NO bis 836 m hoch; aus Gneis, Granit und kristallinen Schiefern aufgebaut. Über die B.-M. H. läuft die Hauptwasserscheide zw. Elbe und Donau.

Bohne, 1) *Botanik:* Bez. für Schmetterlingsblütler versch. Gattungen; meist Gemüse- und Futterpflanzen. Die **Acker-B.** (Vicia faba minor) stammt aus S-Asien; ihre Samen dienen als Viehfutter. Die **Sau-, Puff-** oder **Pferde-B.** (Vicia faba major) wird bes. in Europa und China als Gemüsepflanze und Viehfutter angebaut. Die **Garten-B.** (Phaseolus vulgaris), aus Amerika stammend, kommt als niedrige **Busch-B.** und als windende **Stangen-B.** vor; die Hülsen werden als Gemüse-B. (grüne und gelbe **Pflück-**B.), die Samen als Trocken-B. (**weiße B.**) genutzt. Die **Feuer-B.** (Phaseolus coccineus) wird meist als Zierpflanze angebaut. Die **Mond-B.** (Phaseolus lunatus) wird in den Tropen und Subtropen als Gemüse- und Trocken-B. kultiviert. Die **Mung-B.** (Vigna radiata) ist Volksnahrungsmittel in Asien, Afrika und Mittelamerika. Die **Helm-** oder **Fasel-B.** (Dolichos lablab) wird in Ägypten und Vorderindien angebaut; ihr Stroh dient als Viehfutter. Die **Augen-B.** oder **Kuh-B.** (Vigna unguiculata) wird bes. in Vorderindien und Afrika als Gemüse genutzt. Über Bohnen der Gattung **Glycine** →Sojabohne. – Im übertragenen Sinn Bez. für ähnlich geformte Samen völlig anderer Pflanzen, wie Kaffee- oder Kakaobohnen.

2) *Tiermedizin:* beim Pferd die →Kunde.

Bohnen, Michael, Sänger (Bassbariton), * Köln 2. 5. 1887, † Berlin 26. 4. 1965; wirkte 1916–47 bes. in Berlin und an der Metropolitan Opera in New York; berühmt wegen seines großen Stimmumfangs und seiner darsteller. Fähigkeiten.

Bohnenkönigsfest, Bohnenfest, Volksbrauch am Dreikönigstag, bezeugt in Frankreich, England, den Niederlanden und Dtl.: Wer die in einem Kuchen eingebackene Bohne findet, ist **Bohnenkönig.**

Bohnenkraut, Pfefferkraut, Sommerbohnenkraut, Satureja hortensis, lila oder weiß blühende Art der Lippenblütler aus S-Europa; Würzpflanze.

Bohnenkraut

Niels Bohr

Bohn|erz, Eisenerz, →Brauneisen.

Bohol [boˈɔl], Insel der Visayasgruppe, Philippinen, 4117 km², 1,22 Mio. Ew.; Anbau von Reis und Mais, Kopragewinnung.

Bohr, 1) Aage Niels, dän. Physiker, * Kopenhagen 19. 6. 1922, Sohn von 2); entwickelte zus. mit B. R. Mottelson eine Theorie der Kernstruktur und Kerndeformation, mit der sich der von B. erkannte Zusammenhang zw. kollektiven Bewegungen und Partialbewegungen in Atomkernen beschreiben lässt; erhielt dafür 1975 mit B. R. Mottelson und L. J. Rainwater den Nobelpreis für Physik.

2) Niels Henrik David, dän. Physiker, * Kopenhagen 7. 10. 1885, † ebd. 18. 11. 1962, Vater von 1); Prof. in Kopenhagen (1943–45 in den USA, emigriert); wandte 1913 die Quantenhypothese auf das Atommodell E. Rutherfords an und schuf das **bohrsche Atommodell** (→Atom), das erstmals geh. Quantenbedingungen enthielt. 1918 führte B. das →Korrespondenzprinzip ein. Auf der Basis seines von A. Sommerfeld erweiterten Atommodells konnte er 1921 das Periodensystem der chem. Elemente theoretisch erklären. 1922 erhielt er den Nobelpreis für Physik. Nach der Aufstellung der Quantenmechanik gelang es B. 1926/27 in Zusammenarbeit mit W. Heisenberg, die Entwicklung der Quantentheorie mit der →Kopenhagener Deutung vorläufig abzuschließen, wobei er zu der Überzeugung kam, dass zur vollständigen Beschreibung der atomaren Erscheinungen zwei versch. Bilder (→Dualismus von Welle und Teilchen) notwendig seien. Ab 1935 befasste sich B. v. a. mit Fragen der Kernphysik und entwickelte Kernmodelle (Compoundkern, Tröpfchenmodell) sowie eine Theorie der Kernspaltung des Urans; bis 1945 arbeitete er in Los Alamos (N. Mex.) am Atombombenprojekt mit.

Werke: Abhandlungen über Atombau (1913); Drei Aufsätze über Spektren und Atombau (1922); Atomphysik und menschl. Erkenntnis (1957); Essays 1958–1962 (1964).

Bohren, 1) *Bergbau:* Herstellen von Bohrungen u. a. zur Aufnahme von Sprengstoffen, zum Abteufen von Schächten und Strecken im Untertagebergbau, zur Untersuchung von Minerallagerstätten, zur Gewinnung von Erdöl, Erdgas und beim Tunnelbau. Beim **drehschlagenden Bohrverfahren (Rotary-Bohrverfahren)** dringt die Schneide durch einen Schlagimpuls unter gleichzeitigem Drehen des Bohrwerkzeugs kerbend auf der Bohrlochsohle in das Gestein ein und zerstört es zermalmend und abscherend. Beim **drehenden (spanenden) B.** wird das Gestein vorwiegend durch Drehen und Andrücken der Schneide spanend zerstört. Das **Bohrgestänge** ist im **Bohrturm** aufgehängt. Als Sohlenmotoren werden hydrodynamisch arbeitende **Bohrturbinen** und hydrostatisch arbeitende **Schraubenmotoren** verwendet. Bei diesen Sohlenmotoren wird die Energie durch die im Bohrrohr strömende Spülflüssigkeit zugeführt. Das **Richtbohren** erlaubt heute, durch Einsatz von speziellen Bohrgarnituren (Bohrkopf, Bohrgestänge, Bohrmotoren, Richtkeile usw.) Ablenkungsbohrungen mit Radien von 300 m und mit Spezialbohrsträngen bis unter 100 m herzustellen.

2) *Fertigungstechnik:* Herstellen und Weiterbearbeiten von Löchern vorwiegend runden Querschnitts mit der Stirnseite eines meist zweischneidigen, spanabhebenden Werkzeugs. Dabei führt i. Allg. das Werkzeug die Schnitt- und Vorschubbewegung aus. Art und Form der **Bohrer** hängen ab vom Werkstoff sowie von Querschnitt und Art des zu bohrenden Lochs. Beim **Voll-B.** wird der ganze Werkstoff im Loch zerspant, beim **Kern-B.** (für Löcher mit großem Querschnitt) nur ein Hohlzylinder, der Kern wird dann herausgebrochen. Die Bohrer bestehen aus Stahl, sie haben für besondere Zwecke (z. B. Feinst-B.) mit Hartmetall oder Diamanten besetzte Schneiden. Gebräuchliche Bohrer sind: Schnecken-, Schlangen-, Zentrumbohrer (bes. für Holz und Kunststoffe), Wendel- (Spiral-), Lippen-, Zentrier-, Spitz-, Kernbohrer für Metalle. Bohrungen mit einem Länge-Durchmesser-Verhältnis > 5 : 1 sind **Tiefbohrungen**.

Der Schaft des Bohrers wird in ein Bohrfutter (Spannfutter) eingespannt. Man unterscheidet handgetriebene **Bohrgeräte** (Bohrknarre, Bohrwinde, Drillbohrer) und **Bohrmaschinen** (Handbohrmaschinen, z. B. Schlagbohrmaschinen, Tisch-, Säulen-, Ständerbohrmaschinen, für große Werkstücke Schwenkbohrmaschinen, Horizontalbohrwerke oder Waagerechtbohr- und Fräswerke sowie Universalbohrmaschinen). Für die Massenfertigung werden mehrspindelige Bohrmaschinen eingesetzt. **Bohrautomaten** führen die auf einem Rundtisch aufgespannten Werkstücke selbsttätig von einer Bohrspindel zur anderen; nach jedem Weiterrücken wird an allen Spindeln zugleich selbsttätig gebohrt. Man unterscheidet die Arbeitsverfahren B., Auf-B. (Aus-B.), Senken, Fein-B. und Reiben. Spezialverfahren sind →Elektronenstrahlbohren, Laserstrahl- und Ultraschallbohren.

3) *Zahnmedizin:* das Ausbohren und Schleifen der Zähne mit zahnärztl. Bohrmaschinen, bei denen der Bohrer mit Elektromotor angetrieben wird. Die druckluftgetriebene **Dentalturbine** mit Drehzahlen bis zu 400 000 U/min arbeitet vibrationsarm.

Bohrfliegen, Fruchtfliegen, Trypetidae, Familie der Fliegen mit rd. 2000 Arten; etwa 5 mm lang mit auffälligen braunen bis schwarzen Flügelzeichnungen. Die Weibchen legen die Eier mit einem Legebohrer in Pflanzenteile, denen die sich entwickelnden Larven schwere Schäden zufügen. Zu den B. gehören z. B. Kirschfruchtfliege, Olivenfliege, Spargelfliege.

Bohrhammer, schlagend oder drehend-schlagend arbeitendes Bohrgerät zur Herstellung z. B. von Sprenglochbohrungen; mit der Hand oder an Lafetten geführt, oft auch auf Bohrwagen montiert.

Bohr|insel, allgemeine Bez. für Geräteträger zum Abteufen von Bohrungen nach Erdöl und Erdgas im Meer (→Offshoretechnik).

Bohrium [nach N. Bohr] *das,* chem. Symbol **Bh,** künstl. chem. Element mit der Kernladungszahl 107, 1981 bei der Gesellschaft für Schwerionenforschung (GSI) in Darmstadt durch Verschmelzung von ^{209}Bi und ^{54}Cr unter Emission eines Neutrons gewonnen (1976 wurde das Element erstmals in Dubna synthetisiert, jedoch nicht eindeutig nachgewiesen). Es ist ein α-Strahler mit einer Halbwertszeit von 102 ms.

Bohrkäfer, →Holzbohrkäfer, →Werftkäfer.

Bohrmuscheln, zusammenfassende Bez. für Meeresmuscheln, die sich in Holz, Kreide oder Gestein durch drehend-raspelnde Bewegungen der gezähnten Schalenhälften einbohren können.

Böhrnsen, Jens, Politiker (SPD), *Bremen 12. 6. 1949; Richter; wurde 1995 in Bremen Abg. in der Bürgerschaft (1999–2005 Fraktionsvors.). Am 8. 11. 2005 zum Bürgermeister und Senatspräs. der Freien Hansestadt Bremen gewählt (bestätigt 2007).

Bohrplattform, →Offshoretechnik.

Bohrschiff, →Offshoretechnik.

Bohrschwämme, Clionidae, auffallend gefärbte Schwämme, die in Muschelschalen, Korallen oder Kalkgestein kleine Kammern bohren. Diese können Zerklüftungen bewirken.

Bohrturm, in der Erdöl- und Erdgasförderung verwendetes, meist aus einer Stahlkonstruktion bestehendes **Bohrgerüst** zur Aufnahme der Last des Bohrstranges, zum Einbau von Futterrohren und zum Ein- und Ausbau von geophysikal. Bohrlochmesseinrichtungen.

Bohrwurm, die →Schiffsbohrmuschel.

Bohumín, dt. **Oderberg,** Stadt in N-Mähren, Tschech. Rep., im Mährisch-Schles. Bezirk an der Oder, im Ostrauer Becken, 23 100 Ew.; Eisen- und Stahl-, chem. und Nahrungsmittelind., in der Umgebung Steinkohlenbergbau.

Bohuslän [ˈbuːhyːslɛːn], histor. Provinz in Schweden, am Skagerrak und unteren Götaälv.

Boiardo, Matteo Maria, Graf von Scandiano, ital. Dichter, *Scandiano (bei Reggio nell'Emilia) um 1440, †Reggio nell'Emilia 19. 12. 1494; schrieb das Ritterepos in Stanzen »Orlando innamorato« (»Der verliebte Roland«, entstanden 1476–94; unvollendet), in dem Motive aus dem Sagenkreis um Karl d. Gr. behandelt werden; er begründete damit das Ritterepos der Renaissance.

Boie, 1) [ˈbɔjɛ], Heinrich Christian, Schriftsteller, *Meldorf 19. 7. 1744, †ebd. 3. 3. 1806; war Mitgl. des Göttinger Hains, gab 1770–75 den »Göttinger Musenalmanach«, 1776–91 das »Dt. Museum« (später »Neues Dt. Museum«) heraus.

2) [ˈboːjɛ], Kirsten, Schriftstellerin, *Hamburg 19. 3. 1950; Kinder- und Jugendbuchautorin, schreibt sensible, humorvolle Geschichten über kindl. Alltagserlebnisse und Fantasien (u. a. »Paule ist ein Glücksgriff«, 1985; »Juli und das Monster«, 1995; »Nicht Chicago, nicht hier«, 1999; »Wir Kinder aus dem Möwenweg«, 2000; »Linnea schickt eine Flaschenpost«, 2003).

Boieldieu [bwalˈdjø], François Adrien, frz. Komponist, *Rouen 16. 12. 1775, †auf seinem Landsitz Jarcy (bei Paris) 8. 10. 1834; gilt als Meister der Opéra comique, u. a. »Der Kalif von Bagdad« (1800), »Die weiße Dame« (1825).

Boier, Bojer, lat. **Boii,** kelt. Stamm, der von Gallien um 400 v. Chr. nach Oberitalien (Hptst. Bononia, heute Bologna) bzw. in das nach ihm ben. Böhmen (Boiohaemum) eindrang. Der ital. Zweig wurde 193 v. Chr. von den Römern unterworfen; die böhm. B. siedelten zw. Loire und Allier; die in den Raum zw. Donau und Theiß vorgedrungenen B. wurden 40 v. Chr. durch den Dakerkönig Burebista fast völlig vernichtet.

Boileau [bwaˈlo], Pierre, frz. Schriftsteller, *Paris 28. 4. 1906, †Beaulieu-sur-Mer (Dép. Alpes-Maritimes) 16. 1. 1989; schrieb zus. mit T. Narcejac sehr erfolgreiche psycholog. Kriminalromane (u. a. »Tote sollten schweigen«, 1952).

Boileau-Despréaux [bwalodepreˈo], Nicolas, frz. Dichter, *Paris 1. 11. 1636, †ebd. 13. 3. 1711; seit 1677 Historiograf Ludwigs XIV.; einer der Repräsentanten der klass. Periode der frz. Literatur, deren Prinzipien er in dem Lehrgedicht »L'art poétique« (dt. »Die Dichtkunst«, 1674) formvollendet zusammenfasste. Das Werk bestimmte das literar. Verständnis des europ. Klassizismus bis über die Mitte des 18. Jh. hinaus. B.-D. schrieb auch Satiren sowie das heroisch-kom. Kleinepos »Das Chorpult« (1674–83).

Boiler [engl.] *der,* →Heißwassergeräte.

Bohren 2): Metallbohrer; a Spiralbohrer mit Zylinderschaft, b Spitzenbohrer mit Hartmetallschneidplatte (für Stahl), c Muttergewindebohrer, d Zentrierbohrer, e Zylinderkopfbohrer mit Zentrierspitze, zwei Vorschneiden und zwei Stirnschneiden

François Boieldieu

Bois de Boulogne [bwadbu'lɔŋ], 850 ha großer Waldpark engl. Stils mit künstl. Seen und Pferderennbahnen (Longchamp, Auteuil), am W-Rand von Paris.

Boise ['bɔɪsɪ], Hptst. von Idaho, USA, 190 100 Ew.; anglikan. und kath. Bischofssitz, Univ.; Handelszentrum für SW-Idaho, Konservenind., Holzverarbeitung.

Boisserée [bwa'sre], Sulpiz, Kunstgelehrter und Kunstsammler, * Köln 2. 8. 1783, † Bonn 2. 5. 1854; setzte sich gemeinsam mit seinem Bruder Melchior (* 1786, † 1851) für die Vollendung des Kölner Doms ein. Ihre bed. Sammlung dt. und niederländ. Malerei des MA. wurde 1827 von König Ludwig I. von Bayern für die Alte Pinakothek in München erworben. Die von B. hinterlassenen Tagebücher sind aufschlussreich für die Geschichte der dt. Romantik und die Goetheforschung.

Boito, Arrigo, ital. Komponist und Dichter, * Padua 24. 2. 1842, † Mailand 10. 6. 1918; schrieb Libretti für eigene Opern (u. a. »Mefistofele«, 1868) und die anderer Komponisten (u. a. für G. Verdis »Othello«, 1887; »Falstaff«, 1893); vielseitiger Musikkritiker und Übersetzer; schrieb Gedichte und Novellen unter dem Pseud. Tobia Gorrio.

Boitout [bwa'tu:; frz. »trink alles!«] *der,* Trinkglas, *der* →Tummler.

Boizenburg/Elbe, Stadt im Landkr. Ludwigslust, Meckl.-Vorp., an der Mündung der Boize in die Elbe, am Rand des Naturparks Elbetal, 10 800 Ew.; Fliesenfabrik, im Gewerbegebiet (seit 1992) Betriebe der Leicht- und Nahrungsmittelind.; Elbhafen. – Seit 1241 Stadt.

Bojaren [russ.], Angehörige des Adels in Osteuropa: 1) im Kiewer Reich zunächst freie Gefolgsleute des Fürsten (→Druschina). Seit dem 12. Jh. der politisch einflussreiche russ. Landadel. Die B. sanken in der 2. Hälfte des 16. Jh. auf den Status von Dienstleuten herab und verschmolzen schließlich mit dem Dienstadel. 2) vom 15. bis 18. Jh. in Russland der nicht erbl., jedoch auf bestimmte Familien beschränkte oberste Rang von Adligen im Staatsdienst; hatten das Recht auf einen Sitz in der B.-Duma (→Duma); 3) litauisch Bajorai, der litauische Adel mit einer breiten Schicht des niederen Dienstadels und den Magnaten; 4) bis ins 10. Jh. Bez. für die vornehmen nicht slaw. Ew. Bulgariens; vom 9. bis 14. Jh. auch Adelstitel; 5) im 13./14. Jh. Angehörige einer Art militär. Dienstadels **(boieri)** in den Donaufürstentümern, hatten seit dem 15. Jh. Staatsämter am Hof oder im Heer inne und waren vom 17. Jh. an auch in der Verwaltung tätig.

Bojartschikow, Nikolai Nikolajewitsch, russ. Choreograf und Ballettdirektor, * Leningrad 27. 9. 1935; wurde 1978 Ballettdirektor am Leningrader Maly-Theater (heute Mussorgsky-Theater), einer der profiliertesten russ. Choreografen der Gegenwart, u. a. mit »Romeo und Julia« (1972), »Zar Boris« (1975), »Die Räuber« (1982), »Macbeth« (1984), »Der stille Don« (1988).

Boje, verankerter, tonnenförmiger Schwimmkörper, i. d. R. für Schifffahrtszwecke, bes. als →Seezeichen.

Bojer, kelt. Stamm, →Boier.

Bojer ['bɔɪər], Johan, norweg. Schriftsteller, * Orkdal (bei Trondheim) 6. 3. 1872, † Oslo 3. 7. 1959; schildert in seinen Romanen die harten Lebensbedingungen der norweg. Fischer: »Der große Hunger« (1916), »Die Lofotfischer« (1921).

Bok, Bart Jan, amerikan. Astronom niederländ. Herkunft, * Hoorn (Niederlande) 28. 4. 1906, † Tucson

Simón Bolívar, Gemälde von Joaquín Pinto (Quito, Museo Casa de Sucre)

(Ariz.) 5. 8. 1983; 1957–66 Direktor des Mount-Stromlo-Observatoriums (Australien), 1966–70 des Steward-Observatoriums in Tucson (Ariz.). B. arbeitete über die Struktur des Milchstraßensystems und über Dunkelwolken, speziell über die (nach ihm benannten) B.-Globulen.

Bokassa, Jean-Bedel, zentralafrikan. Politiker, * Bobangui 22. 2. 1921, † Bangui 3. 11. 1996; wurde 1966 durch einen Putsch Staatschef der Zentralafrikan. Rep. und 1972 Präs. auf Lebenszeit. 1976 rief er sein Land zum Kaiserreich aus und krönte sich selbst unter dem Namen Bokassa I. 1977 zum Kaiser. B. wurde 1979 abgesetzt, ging ins Exil und kehrte 1986 zurück; 1987 zum Tode verurteilt (erstmals 1980 in Abwesenheit), 1988 zu lebenslanger Zwangsarbeit begnadigt, 1993 freigelassen.

Bokmål ['bukmɔ:l] *das,* →norwegische Sprache.

Bol, Ferdinand, niederländ. Maler, getauft Dordrecht 24. 6. 1616, begraben Amsterdam 24. 7. 1680; malte an Rembrandt geschulte religiöse Bilder sowie Bildnisse und Gruppenporträts.

Bola [span. »Kugel«] *die,* Schleuderwaffe südamerikan. Indianer zum Einfangen von Tieren, 2–3 mit Wurfleinen verbundene Kugeln, die sich beim Auftreffen um das Ziel wickeln.

Bolanden, eins der mächtigsten Reichsministerialengeschlechter des 13./14. Jh. Sein Herrschaftsgebiet, mit Burgsitz in Kirchheimbolanden, lag um den Donnersberg.

Bolaño [-ɲo], Roberto, chilen. Schriftsteller, * Santiago de Chile 28. 4. 1953, † Barcelona 15. 7. 2003; lebte in Mexiko, später in Spanien; schrieb Lyrik und v. a. Prosa. Seine Werke sind geprägt von einem Nebeneinander von realer und irrealer Welt, von Komik und Tragik, von Ironie und Verzweiflung. Bekannt wurde er mit der skurrilen, fiktiven Literaturgeschichte »Die Naziliteratur in Amerika« (1996). Sein anspielungsreicher Roman »Die wilden Detektive« (1998), der gleichermaßen eine Satire auf den Literaturbetrieb und ein Psychogramm der geistig-kulturellen Welt Mexikos ist, wurde preisgekrönt. – *Weitere Werke:* Stern in der Ferne (1996); Amuleto (1999); Der unerträgl. Gaucho (hg. 2003); 2666 (hg. 2004).

Bolanpass, 96 km lange Schlucht in Belutschistan, Pakistan, ermöglicht den Übergang vom Industiefland über Quetta nach Afghanistan; seit 1895 Eisenbahn bis Quetta.

Bolden [ˈbəʊldən], Buddy, amerikan. Jazzmusiker (Kornettist), * New Orleans (La.) um 1868, † Jackson (La.) 4. 11. 1931; legendärer Bandleader und einer der Hauptvertreter des New-Orleans-Jazz.

Boldini, Giovanni, ital. Porträtist, * Ferrara 31. 12. 1832, † Paris 12. 1. 1931; lebte nach dem Studium in Florenz ab 1872 in Paris; porträtierte bekannte Zeitgenossen, u. a. G. Verdi (1886; Rom, Galleria Nazionale d'Arte Moderna) und Robert de Montesquiou (1897; Paris, Musée National d'Art Moderne im Centre Pompidou).

Bolero [span.] *der,* **1)** *Mode:* kurzes Jäckchen mit und ohne Ärmel; urspr. das bestickte offene Jäckchen und der dazu getragene Hut des Toreros.

2) *Musik:* spanisch-andalus. Paartanz in mäßig bewegtem ³/₄-Takt, mit Gesang und Kastagnettenbegleitung; im 18. Jh. entstanden; auch in die Kunstmusik eingegangen (u. a. »Bolero« von M. Ravel).

Boleslaw, poln. **Bolesław,** tschech. **Boleslav,** Herzöge:

Böhmen: **1) B. I.,** Herzog (929–967 oder 935–973), musste 950 die Oberhoheit des römisch-dt. Königs (Otto I.) anerkennen.

Polen: **2) B. I. Chrobry** [-ˈxrɔbri, »der Tapfere«], Herzog (seit 992), König (1025), * 966 oder 967, † 17. 6. 1025; Piast, Sohn Mieszkos I., gewann Kleinpolen und Mähren und beherrschte 1002–04 Böhmen. Mit Kaiser Otto III. errichtete er das Erzbistum Gnesen (Akt von Gnesen, 1000). In drei Kriegen gegen Heinrich II. (1002–18) gewann er die Lausitz und Teile der Mark Meißen.

Bolesławiec [-ˈsu̯avjɛts], dt. **Bunzlau,** Krst. in der Wwschaft Niederschlesien, Polen, am Bober, 41 300 Ew.; keramische (Braun- und Buntgeschirr, Herstellung der charakterist. Bunzlauer Keramik), Glas-, elektron., pharmazeut. und Nahrungsmittelindustrie, in der Nähe chem. Industrie. – Spätgot. Pfarrkirche (15.–17. Jh.), Rathaus (16.–18. Jh.). – Bunzlau, nach 1242 als Furt- und Brückensiedlung in der Nähe einer Kastellaneiburg (1202 erstmals erwähnt) gegr., erhielt Magdeburger Recht und gehörte bis 1309 zum piast. Herzogtum Glogau. 1392 kam die Stadt an Böhmen, 1742 an Preußen; seit 1945 gehört sie zu Polen.

Boleyn [ˈbʊlɪn], Anna, engl. Königin, →Anna 1).

Bolgary, Bulgar, Dorf in Tatarstan, Russland, nahe der Wolga; in der Nähe Ruinen der Hauptstadt des ehem. Wolgabulgar. Reiches; im 13. und 14. Jh. Handelszentrum der Goldenen Horde.

Bolid [griech.] *der,* Astronomie: →Meteor.

Boliden [ˈbuːl-], Bergbauort im Verw.-Bezirk Västerbotten, N-Schweden, gehört zur Großgemeinde Skellefteå; Hauptort des Bergbaureviers Skelleftefeld; früher Goldgewinnung, heute Abbau von Kupferkies u. a. Sulfiderzen.

Bolingbroke [ˈbɒlɪŋbrʊk], Henry **Saint John,** 1. Viscount **B.** (seit 1712), brit. Staatsmann (Tory) und Schriftsteller, * Battersea (heute zu London) 16. 9. 1678, † ebd. 12. 12. 1751; einflussreicher Politiker unter Königin Anna (1702–14); als Außenmin. (1710–14) maßgeblich am Abschluss des Friedens von →Utrecht (1713) beteiligt; nach seiner Absetzung durch Georg I. 1715–25 Exil in Frankreich. Er verfasste auch politisch-philosoph. Schriften im Geist der Aufklärung.

Bolívar [boˈliβar] *der,* Abk. **Bs., B.,** Währungseinheit Venezuelas; 1 B. = 100 Céntimo (c, cts).

Bolívar [boˈliβar], Simón (de), lateinamerikan. General und Staatsmann, * Caracas 24. 7. 1783, † San Pedro Alejandrino (bei Santa Marta) 17. 12. 1830; maßgeblich an der ersten Unabhängigkeitserklärung in Spanisch-Amerika (Bogotá 1810), trat als bedeutendster militär. und polit. Führer im Kampf gegen die span. Kolonialmacht hervor. Seit 1819 war er mit diktator. Gewalt ausgestatteter Präs. der Rep. Groß-Kolumbien, die Neugranada (später Kolumbien) und Venezuela vereinigte und der sich das spätere Ecuador 1822 anschloss; gewann 1823 auch die Macht in Peru; 1825/26 war B. außerdem Präs. von Bolivien, dem früheren Oberperu. Seine Versuche, die befreiten Länder zu einen und eine Integration aller amerikan. Staaten zu erreichen (Panamerikan. Kongress 1826), schlugen fehl. Nach dem Abfall Perus und Venezuelas (1830) dankte er ab.

Bolívar, Pico [ˈpiko boˈliβar], höchster Berg Venezuelas, in der Cordillera de Mérida, 5 007 m ü. M.; vergletschert.

bolivianische Literatur, zählt zur lateinamerikan. Literatur in span. Sprache. Während der Kolonialzeit entstanden Dialogtraktate und Dramen in span. und indian. Sprachen. Bedeutende Vertreter der Romantik waren der Lyriker R. J. Bustamente, der Dramatiker und Romancier N. Aguirre sowie die Dichterin Adela Zamudio. Um die Wende vom 19. zum 20. Jh. erlebte der Modernismus einen Höhepunkt mit dem Lyriker R. J. Freyre; zu dieser Richtung gehörte auch der Dramatiker und Lyriker F. Tamayo. Zum Indigenismus zählte die sozialkrit. Prosa von A. Arguedas. Den Chacokrieg interpretierten O. Cerruto mit Romanen und A. Céspedes mit Erzählungen. Zu den namhaften Autoren der Gegenwartsliteratur gehören die Lyriker Y. Bedregal de Conitzer und Y. P. Shimose sowie die Prosaschriftsteller R. Prada Oropeza und Edmundo Paz Soldán.

Boliviano *der,* Abk. **Bs,** Währungseinheit Boliviens; 1 B. = 100 Centavo (c.).

Henry Saint John Bolingbroke

Bolivien

Fläche: 1 098 581 km²
Einwohner: (2006) 9,627 Mio.
Hauptstadt: Sucre
Regierungssitz: La Paz
Verwaltungsgliederung: 9 Departamentos
Amtssprachen: Spanisch, Ketschua, Aimara
Nationalfeiertag: 6. 8.
Währung: 1 Boliviano (Bs) = 100 Centavo (c.)
Zeitzone: MEZ – 5 Std.

Flagge

Wappen

internationales Kfz-Kennzeichen

Bolivi|en, amtlich span. **República de Bolivia,** Andenstaat in Südamerika, ohne Zugang zum Meer, grenzt im N und O an Brasilien, im SO an Paraguay, im S an Argentinien, im W an Chile und Peru.

Bolivien

Staat und Recht

Nach der mehrfach (zuletzt 2004) modifizierten Verf. von 1947 ist B. eine präsidiale Rep.; Staatsoberhaupt und Reg.-Chef ist der für 5 Jahre direkt gewählte Präs. (keine unmittelbare Wiederwahl möglich); er ernennt und entlässt die Minister, bestimmt die Richtlinien der Außenpolitik, kann Einfluss auf die Gesetzgebung nehmen und Dekrete erlassen. Die Legislative liegt beim Kongress (für 5 Jahre gewählt), bestehend aus Senat (27 Mitgl.) und Abgeordnetenhaus (130 Abg.). Die jüngste Verf.-Änderung ermöglicht auch Bürgerverbänden und Vereinigungen die Wahlbeteiligung, die Durchführung von Volksbefragungen und Gesetzesinitiativen der Bev. sowie die Einberufung einer verfassunggebenden Versammlung. – Wichtigste Parteien: Movimiento al Socialismo (MAS), Poder Democrático y Social (2005 aus dem Acción Democratica Nacionalista [ADN] hervorgegangenes Bündnis), Unidad Nacional (UN) und Movimiento Nacionalista Revolucionario (MNR).

Landesnatur

Das Hochgebirge der Anden im W und trop. Tiefland im O bilden die natürl. Großräume. Die Anden erreichen hier ihre größte Breite. Ihre beiden Hauptketten (Ost- und Westkordillere) mit über 6 000 m hohen Gipfeln (Illampu 6 427 m und Illimani 6 438 m) schließen ein 3 000 – 4 000 m ü. M. gelegenes Hochland (Altiplano) mit abflusslosen Becken (Titicacasee, Poopósee) ein, das nach S immer trockener wird. Die baumlose Hochlandsteppe (Puna) geht allmählich in eine Hochlandwüste mit großen Salzpfannen (Salar de Uyuni, Salar de Coipasa) über. Von der O-Abdachung der Anden, dem durch die Quellflüsse des Amazonas- und La-Plata-Systems tief zertalten und stark bewaldeten Bolivian. Bergland, geht B. in das östl. Tiefland, das zwei Drittel des Landes einnimmt, über. Im S reicht dieses bis in das trockenheiße Buschland des Gran Chaco, im N bis in das feuchtheiße Randgebiet des Amazonasbeckens. Das Klima B.s ist tropisch mit geringen Schwankungen der von der Höhe abhängigen Temperaturwerte; die Niederschläge nehmen von O nach W und von N nach S ab.

Bevölkerung

Etwa die Hälfte der Bev. sind Hochlandindianer (Ketschua, Aimara), über 30 % Mestizen (Cholos) und etwa 15 % Weiße, meist span. Herkunft (herrschende Oberschicht); die Zahl der Tieflandindianer (Guaraní) ist gering. Wichtige Siedlungsschwerpunkte sind das Titicacabecken, die Beckenzone von Cochabamba und das Neusiedlergebiet von Santa Cruz. Im noch wenig entwickelten östl. Tiefland leben (in den Dep. Pando, Beni und Santa Cruz) auf 59 % der Fläche B.s nur 30 % der Gesamtbev. Die jährl. Bev.-Zuwachsrate liegt bei 1,9 %. Der Anteil der Stadtbev. beträgt 63 %. Größte Städte sind Santa Cruz, La Paz, El Alto, Cochabamba, Oruro, Sucre, Tarija und Potosí. – Rd. 94 % der Bev. sind Christen (ganz überwiegend [rd. 85 %] Katholiken); die größte nicht christl. Religionsgemeinschaft bilden die Bahais (rd. 269 000); in geringer Zahl Anhänger traditioneller indian. Religionen. – Es besteht allg. Schulpflicht im Alter von 6 bis 14 Jahren. Die Alphabetisierungsrate beträgt (2006) rd. 87 % (15-Jährige und älter) bzw. 97 % (15- bis 24-Jährige).

Wirtschaft und Verkehr

Trotz seines Reichtums an natürl. Ressourcen (Bodenschätze, Wälder, Wasserkraft) ist B. ein Entwicklungsland mit einem der niedrigsten Pro-Kopf-Einkommen in Lateinamerika, einer hohen Arbeitslosenquote und Unterbeschäftigung. Hauptursachen sind unzureichende Verkehrserschließung und Energieversorgung, Kapitalmangel, lange Zeit einseitige Abhängigkeit der Wirtschaft vom Bergbau; seit Mitte der 1980er-Jahre markt- und stabilitätsorientierte Umstrukturierung. Die Tilgung der öffentl. Auslandsschulden beansprucht einen wesentl. Teil der Exporterlöse. – Altiplano und das Bolivian. Bergland haben große Erzvorkommen. Gefördert werden v. a. Zinn-, Zink-, Blei-, Kupfer-, Wolfram-, Antimon- sowie Gold- und Silbererze; die Andenrandzone im SO ist reich an Erdöl und Erdgas (nach Venezuela zweitgrößte Gasreserven in Südamerika). Eine erste Erdgaspipeline (3 000 km) nach Brasilien wurde 1998 fertiggestellt. – Die trotz Agrarreform (ab 1952) wenig effektive Landwirtschaft beschäftigt rd. 44 % der Erwerbstätigen, hat aber nur einen Anteil von weniger als einem Fünftel am Bruttoinlandsprodukt und deckt nicht den Eigenbedarf. Die großbetriebl. Rinderhaltung im östl. Tiefland gewinnt neben dem Anbau von Zuckerrohr, Reis, Kaffee, Soja und Baumwolle zusehends an Bedeutung. Auf dem Altiplano dominiert der Anbau traditioneller Nahrungsmittel (Getreide, Kartoffeln, Quinoa). Der illegale Anbau von Kokasträuchern hat sich seit den 1970er-Jahren um ein Mehrfaches erhöht, wird aber intensiv bekämpft. Über die Hälfte des Landes ist bewaldet; forstwirtsch. Nutzung bisher nur in geringem Maß, z. T. illegaler Einschlag. – Die Ind. erzeugt v. a. Konsumgüter für den heim. Bedarf; ferner gibt es Metallverhüttung, Erdölraffinerien, chem. Ind., Zement-, Papierfabriken. Ausfuhrgüter sind Soja, Zink, Erdgas, Gold, Zinn, Silber und Holz. Haupthandelspartner: Brasilien, Argentinien, USA und Chile.

Das Straßennetz (rd. 54 000 km) ist ausbaubedürftig. Die Eisenbahn (W- und O-Netz, zus. 3 500 km) verbindet B. mit den chilen. Ausfuhrhäfen, mit Peru, Argentinien und Brasilien; Binnenschifffahrt (v. a. Fährschiffe) bes. auf dem Titicacasee. B. hat einen vertraglich geregelten Zugang zum Río Paraguay und Río Paraná. Durch einen von Argentinien eingeräumten Freihafen bei Rosario erhielt B. Zugang zum Atlant. Ozean; internat. Flughäfen: La Paz und Santa Cruz.

Geschichte

B. gehörte in präkolumb. Zeit zum Inkareich und wurde 1538 von Spaniern unter F. Pizarro erobert. Es war dann Teil des span. Vizekönigreichs Peru und gehörte seit 1776 zum Vizekönigreich Buenos Aires (La Plata). Auf dem Gebiet B.s lagen die Silbervorkommen von Potosí, die bis Ende des 18. Jh. Hauptquelle des span. Silberreichtums waren. Nach seinem Sieg bei Ayacucho (1824) rief A. J. de Sucre am 6. 8. 1825 die Unabhängigkeit des Landes Bolivia aus. Erster Präs. des nach ihm benannten Landes wurde S. Bolívar (bis 1826). Die peruanisch-bolivian. Union bestand nur 1836–39. Als Bundesgenosse Perus nahm B. 1879/80 am Salpeterkrieg gegen Chile teil und verlor 1884 seine Küstenprovinz Antofagasta an Chile. 1903 musste es die reiche Provinz Acre an Brasilien abtreten. Im Ersten Weltkrieg brach B. 1917 die diplomat. Beziehungen zum Dt. Reich ab. Wirtsch. geriet es unter den Einfluss der USA. 1932–35 führte B. den verlustreichen Chacokrieg gegen Paraguay, um sich einen Zugang zum Meer zu verschaffen; der Friede vom 21. 7. 1938 sicherte nur einen schmalen Zugang zum Río Paraguay. Seitdem folgten Bauernunruhen, sozialrevolutionär bestimmte Staatsstreiche und Militärputsche aufeinander. Gestützt auf den MNR, verstaatlichte Präs. V. Paz Estenssoro die Zinnminen (1952) und leitete eine Landreform ein (1953). Die folgenden Jahre waren geprägt von wirtsch. Schwierigkeiten und polit. Radikalisierung. 1964 übernahm nach mehreren Putschen die Armee unter General René Barrientos Ortuño die Macht. Er zerschlug 1967 – mithilfe der USA – die Guerilla-Organisation von »Che« Guevara. General Alfredo Ovando Candida (1969–71) versuchte mit einem linksorientierten Programm, die polit. und wirtsch. Probleme zu lösen. Bis 1980 wurde B. von militär. Gruppierungen beherrscht, die durch Putsche einander ablösten (u. a. unter General H. Banzer Suárez, 1971–78). Der nach langen Auseinandersetzungen um eine demokrat. Staatsform als Kandidat der gemäßigten Linken 1980 gewählte Präs. Hernán Siles Zuazo (Amtsantritt erst 1982) konnte das Land nicht stabilisieren. Der Sanierungsplan des 1985 gewählten Paz Estenssoro (MNR) zeigte zunächst wenig Erfolg. Seit 1986 erholt sich die Wirtschaft langsam. Bei den Präsidentschaftswahlen vom Mai 1989 und Juni 1993 erzielte kein Kandidat die absolute Mehrheit, sodass das Parlament im Aug. 1989 Jaime Paz Zamora (MIR), im Aug. 1993 Gonzalo Sánchez de Lozada (MNR) zum Präsidenten bestimmte. Neben der Bewältigung der wirtsch. Probleme bemühten sich die versch. Regierungen, zunehmend erfolgreich, um die Festigung der Demokratie, um Verw.- und Sozialreformen sowie die Bekämpfung der Drogenkriminalität, bes. des Drogenhandels. Mit Peru schloss B. 1992 einen Vertrag über eine Freihandelszone und Nutzungsrechte an der peruan. Hafenstadt Ilo; damit erhielt das Land erstmals seit 1879 wieder einen Zugang zum Meer. Bei den Präsidentschaftswahlen 1997 setzte sich der ehem. General Bánzer Suárez durch, der 2001 zugunsten von Vizepräs. Jorge Quiroga Ramirez zurücktrat. Der 2002 vom Parlament (MNR) zum Staatspräs. gewählte Sánchez de Lozada, der bereits 1993–97 dieses Amt innehatte, erließ ein Notprogramm mit rigorosen Sparmaßnahmen. Nach den Parlamentswahlen vom Juli 2002 bildete sich eine Koalition des konservativen MNR und des sozialdemokratisch orientierten MIR. Seit Febr. 2003 kam es zu gewalttätigen inneren Unruhen, die sich gegen die liberale Wirtschaftspolitik richteten. Präs. Sánchez de Lozada trat daraufhin im Okt. 2003 zurück; auch sein Nachfolger Carlos Mesa musste sein Amt nach Straßenblockaden und Protesten im Mai 2005 niederlegen. Im Dez. 2005 wurde mit E. Morales (MAS) erstmals ein Vertreter der indigenen Bev. (Aimara) zum Präs. gewählt. Zu den von ihm angegangenen grundlegenden Reformen gehören die Verstaatlichung der Erdöl- und Erdgasindustrie (1. 5. 2006) und die im August 2006 begonnene Erarbeitung einer neuen Verfassung.

Bolków [ˈbɔlkuf], dt. **Bolkenhain,** Stadt in der Wwschaft Niederschlesien, Polen, im Tal der Jauerschen (Wütenden) Neiße, 5 500 Ew., zu Füßen der **Bolkoburg** (13. Jh., Museum); Kurort (seit 1971), Fremdenverkehr. – 1742 fiel Bolkenhain an Preußen. 1818–1935 war Bolkenhain Kreisstadt; seit 1945 gehört die Stadt zu Polen.

Bölkow [-o], Ludwig, Flugzeugkonstrukteur und Unternehmer, * Schwerin 30. 6. 1912, † Grünwald (bei München) 25. 7. 2003; seit 1939 bei der Messerschmitt AG in Augsburg tätig; 1948–56 eigenes Ingenieurbüro in Stuttgart; 1956 Gründung der Firma B.-Entwicklungen KG, die nach mehreren Fusionen seit 1989 zur Daimler-Benz AG (heute →DaimlerChrysler AG) gehört.

Boll, Gemeinde im Landkreis Göppingen, Bad.-Württ., am NW-Fuß der Schwäb. Alb, 5 300 Ew.; im Ortsteil **Bad B.** Schwefel- und Thermalquelle; Evang. Akademie und Sitz eines Teils des Direktoriums der Brüderunität (→Brüdergemeine).

Böll, Heinrich, Schriftsteller, * Köln 21. 12. 1917, † Langenbroich (heute zu Kreuzau) 16. 7. 1985; 1939–45 Soldat, 1945 mehrere Monate Gefangenschaft (dokumentiert in den »Briefen aus dem Krieg 1939–45«, hg. 2001); veröffentlichte seit 1947 zunächst Kurzgeschichten, war Gründungsmitgl. der »Gruppe 47«. B.s erzähler. Werk begleitet und beurteilt die gesellschaftl. Entwicklung der Bundesrep. Dtl. Es schildert realistisch seel. und materielle Not von Kriegsende und Nachkriegszeit (Erzählungen »Der Zug war pünktlich«, 1949; »Wo warst du, Adam?«, 1951; Romane »Und sagte kein einziges Wort«, 1953; »Haus ohne Hüter«, 1954) und kritisiert später Missstände der Wohlstandsideologie und des konformist. Denkens, bes. auch eines etablierten Katholizismus (Roman »Ansichten eines Clowns«, 1963). Positiv gezeichnet werden einfache Menschen und individualist. Außenseiter. Umfassendere Zeitbilder bietet z. B. der Roman »Billard um halb zehn« (1959). Viele Werke B.s sind satirisch angelegt (so die Erzählungen »Doktor Murkes gesammeltes Schweigen«, 1958, und »Ende einer Dienstfahrt«, 1966).

Heinrich Böll

Hedwig Bollhagen: Kaffeeservice, Fayence (Form 1946, Dekor 1980)

Oberflächlichkeit und Scheinmoral der Öffentlichkeit setzte er immer wieder Barmherzigkeit und menschl. Würde entgegen (u. a. in dem Roman »Gruppenbild mit Dame«, 1971). Die späten Werke, so die Erzählung »Die verlorene Ehre der Katharina Blum« (1974), die Romane »Fürsorgl. Belagerung« (1979) und »Frauen vor Flußlandschaft« (1985) zeichnen ein zunehmend düsteres Bild der Gesellschaft. Mit seiner umfangreichen Publizistik war er ein unbequemer Mahner bei nat. und internat. Debatten, der keinerlei Rücksicht auf polit. Konventionen nahm. B. war 1971–74 Präs. des internat. P. E. N.-Clubs. 1967 erhielt er den Georg-Büchner-Preis, 1972 den Nobelpreis für Literatur.

Weitere Werke: Erzählungen: Das Brot der frühen Jahre (1955); Entfernung von der Truppe (1964); Das Vermächtnis (1981); Die Verwundung (1983). – *Publizistische Prosa:* Berichte zur Gesinnungslage der Nation (1975); Ein- und Zusprüche. Schriften, Reden und Prosa. 1983–1985 (1984); Die Fähigkeit zu trauern. Schriften und Reden (hg. 1986). – *Autobiografisches:* Irisches Tagebuch (1957); Was soll aus dem Jungen bloß werden? (1981).

Bollandisten, der zum Jesuitenorden gehörende Herausgeberkreis der →Acta Sanctorum.

Bollène [bɔˈlɛːn], Stadt in S-Frankreich, Dép. Vaucluse, am Rhonezufluss Lez, 14 100 Ew.; nördlich von B. das Wasserkraftwerk von Donzère-Mondragon am gleichnamigen Kanal und das Kernkraftwerk Tricastin (4 Reaktorblöcke).

Böller, im 16. Jh. Mörser, der Stein- und Eisenkugeln sowie Brandkörper warf; seit dem 19. Jh. kleines Geschütz für Salutschüsse; auch Bez. für einen Feuerwerkskörper.

Bollhagen, Hedwig, Keramikerin, *Hannover 10. 11. 1907, †Marwitz (Landkreis Oberhavel) 8. 6. 2001; übernahm 1934, zunächst mit einem Teilhaber, die ehem. Hael-Werkstätten für Künstler. Keramik in Marwitz (»HB-Werkstätten für Keramik«, Marwitz). B. entwarf Gebrauchsgeschirr in zeitloser Form sowohl in Weiß als auch mit vorwiegend geometr. Dekoren; daneben Garten- und Baukeramik (bes. Arbeiten für die Denkmalpflege).

Bollnow [-o], Otto Friedrich, Philosoph und Pädagoge, *Stettin 14. 3. 1903, †Tübingen 7. 2. 1991; seit 1953 Prof. in Tübingen, von W. Dilthey und der Lebensphilosophie beeinflusste Arbeiten zur philosoph. Anthropologie, Ethik, Existenzphilosophie und der damit verbundenen Pädagogik.

Bollwerk, allg. Bez. für ein zur Abwehr militär. Angriffe errichtetes Bauwerk. (→Bohlwerk)

Bologna [boˈloɲa], **1)** Prov. in der Emilia-Romagna, Italien, 3702 km², 935 000 Einwohner.
2) Hptst. der nordital. Region Emilia-Romagna und der Provinz B., am N-Fuß des Apennin, 373 500 Ew. (städt. Agglomeration über 1 Mio. Ew.); Erzbischofssitz. B. hat eine der ältesten Univ. Europas (gegr. 1119, hatte im 13. Jh. als Rechtsschule höchsten Ruf) u. a. Hochschulen; Pinakothek, Museen, Bibliotheken; Nahrungs- und Genussmittel-, chem., feinmechan. Industrie, Maschinenbau, Schuhfabriken; Buch- und Handelsmessen; Verkehrsknotenpunkt.
Stadtbild: Bed. Kirchen, u. a. Santo Stefano (umfasst fünf Kirchen: v. a. 11. und 12. Jh.); San Petronio (begonnen nach 1390); Paläste (13.–18. Jh.) mit z. T. erhaltenen Geschlechtertürmen.
Geschichte: B., das etrusk. **Felsina,** wurde im 4. Jh. v. Chr. von gall. Bojern erobert (**Bononia**); 189 v. Chr. wurde es röm. Militärkolonie. Seit dem 6. Jh. gehörte es zum byzantin. Exarchat Ravenna und teilte dann die Schicksale des Langobardenreiches. Seit 1167 kämpfte B. als Mitgl. des Lombardenbundes gegen die Staufer. Blüte im Spät-MA., im 15. Jh. unter der Stadtherrschaft der Bentivoglio, seit 1512 endgültig im Kirchenstaat; 1860 schloss sich die Stadt dem Königreich Italien an. Im Zweiten Weltkrieg wurde sie schwer beschädigt.

Bologna [boˈloɲa], Giovanni da, →Giambologna.

Bologna-Prozess [boˈloɲa-], nach der Stadt Bologna bezeichneter Prozess zur Schaffung eines einheitlichen europ. Hochschulraums, an dem inzwischen mehr als 40 europ. Länder beteiligt sind und der bis zum Jahr 2010 abgeschlossen werden soll (offizieller Beginn 1999). Er beinhaltet u. a. die Einführung eines internat. vergleichbaren, ergänzenden Dokuments (→Diploma Supplement) zum jeweiligen nat. Hochschulzeugnis sowie die Einführung eines zweistufigen, das bisherige Diplom bzw. den Magister ersetzenden Studiensystems mit den Abschlüssen →Bachelor und →Master; des Weiteren wird ein länderübergreifendes Leistungspunktesystem (→European Credit Transfer and Accumulation System) für im Studium erbrachte Leistungen eingeführt.

Bologneser [-ɔn-] *der,* Kleinhunderasse mit dichtem, weißem, lockigem Haar.

Bologna 2) Stadtwappen

Bologna 2): Stadtansicht mit dem Dom San Pietro und den Geschlechtertürmen Torre Altabella und Torre Incoronata

Bolometer [zu griech. bolē »Wurf«, »(Sonnen-)Strahl«] *das*, Gerät zum Messen der Energie einer (meist schwachen) Licht- oder Infrarotstrahlung (Strahlungsthermometer). Der strahlungsempfindl. Teil, z. B. ein sehr dünnes, geschwärztes Platinband (**Metall-B.**) oder ein →**Heißleiter** (**Halbleiter-B.**), ändert durch die auftreffende Strahlung und die damit verbundene Temperaturerhöhung seinen elektr. Widerstand, der mit einer Messbrücke gemessen wird. – Hohe Empfindlichkeit erreichen **Supraleitungs-B.**, die starke Widerstandsänderungen erzeugen.

Bölsche, Wilhelm, Schriftsteller, * Köln 2. 1. 1861, † Schreiberhau (heute Szklarska Poręba) 31. 8. 1939; gehörte in Berlin zum Kreis der Naturalisten; schrieb volkstümlich-poet. Darstellungen naturwiss. Probleme (»Das Liebesleben in der Natur«, 3 Bde., 1898–1903).

Bolschewiki [russ. »Mehrheitler«, zu bolsche »mehr«], der seit der Spaltung der Sozialdemokrat. Arbeiterpartei Russlands (1903) von Lenin geführte größere Parteiflügel (im Unterschied zum kleineren, den →Menschewiki); entwickelte sich seit 1912 zur selbstständigen Partei (→Kommunistische Partei der Sowjetunion).

Bolschewismus *der*, heute weniger gebräuchl. Bez. für Theorie und Praxis des →Kommunismus sowjet. Prägung und der von ihm abhängigen oder beeinflussten Parteien. Der Begriff B. ist mit dem zufälligen Mehrheitserfolg der Anhänger Lenins bei der Wahl der Parteileitung der Sozialdemokrat. Arbeiterpartei Russlands 1903 verknüpft (→Menschewiki).

Bolschoiballett [russ. bolschoi »groß«], das ständige Ballettensemble des **Bolschoitheaters** in Moskau, gegr. 1776.

Bolsenasee, in der Antike **Lacus Volsiniensis,** größter See des Vulkanhügellandes in Latium, Italien, nördlich von Viterbo, 114,5 km², bis 146 m tief. In der Stadt **Bolsena** wurden bedeutende röm., auch vorröm. Siedlungsreste freigelegt.

Bolt [bəʊlt], Robert Oxton, engl. Dramatiker, * Sale (bei Manchester) 15. 8. 1924, † bei Petersfield (Cty. Hampshire) 20. 2. 1995; schrieb Dramen, die durch starke sprachl. Wirkung bestechen, so u. a. »Thomas Morus« (1961) und »Vivat! Vivat Regina!« (1971) sowie Filmdrehbücher (»Lawrence von Arabien«, 1962; »Doktor Schiwago«, 1965).

Boltanski, Christian, frz. Künstler, * Paris 6. 9. 1944; Autodidakt; versucht die fiktive Rekonstruktion früherer Lebensabschnitte mithilfe von Fotos und Gegenständen (→Spurensicherung). 2006 erhielt er den Kunstpreis Praemium Imperiale.

Boltenhagen, Gem. im Landkr. Nordwestmecklenburg, Meckl.-Vorp., an der W-Seite der Wismarer Bucht, 2 500 Ew.; Seeheilbad; Seebrücke (300 m).

Bolton [ˈbəʊltən], Ind.-Stadt in der engl. Metropolitan Cty. Greater Manchester, im NW von Manchester, 141 000 Ew.; Theater, Museum; Zentrum der Baumwollindustrie, außerdem Maschinenbau und chem. Industrie.

Boltzmann, Ludwig, österr. Physiker, * Wien 20. 2. 1844, † (Selbsttötung) Duino (heute Duino-Aurisina, bei Triest) 5. 9. 1906; Prof. in Graz, Wien, München, Leipzig; wandte als Erster die Gesetze der Statistik (B.-Statistik) auf die Moleküle eines Gases an (→kinetische Gastheorie), entdeckte u. a. die Beziehung zw. →Entropie und Wahrscheinlichkeit und begründete das →Stefan-Boltzmann-Gesetz.
Werk: Wiss. Abhandlungen, 3 Bde. (1909).

Boltzmann-Konstante [nach L. Boltzmann], Formelzeichen k, wichtige Naturkonstante der Thermodynamik zur Umrechnung von absoluten Temperaturen T auf therm. Energien der Teilchen; Quotient aus allgemeiner Gaskonstante und Avogadro-Konstante; $k \approx 1{,}381 \cdot 10^{-23}$ J/K. In der klass. statistischen Mechanik ist $\frac{1}{2} k T$ die mittlere Energie pro Freiheitsgrad eines Teilchens.

Boltzmann-Statistik, Maxwell-B.-S., die von L. Boltzmann 1871 begründete Gleichgewichtsstatistik für Systeme aus sehr vielen gleichen, aber unterscheidbaren Einzelteilchen, die nicht oder nur schwach in Wechselwirkung stehen (klass. Statistik). Grundannahme der B.-S. ist, dass die theoretisch wahrscheinlichste Verteilung der Teilchen auf die verschiedenen mögl. Zustände (Mikrozustände) im thermodynam. Gleichgewicht auch tatsächlich vorliegt. Die B.-S. liefert u. a. den →Gleichverteilungssatz der Energie, die maxwellsche Geschwindigkeitsverteilung und die Dulong-Petit-Regel. Ihr Anwendungsbereich ist im Ggs. zur →Quantenstatistik auf Systeme beschränkt, die Ges. der klass. Mechanik gehorchen.

Bolu, Hptst. der türk. Provinz B., NW-Anatolien, östlich des 980 m hohen Bolu-Dağ-Passes, von waldreichen Gebirgen umgeben, 84 600 Ew.; Holzind.; Badebetrieb dank heißer Quellen. – B., im Altertum **Bithynion,** später **Claudiopolis,** wurde 1324 von den Osmanen erobert.

Bolus [griech. bólos »(Erd-)Klumpen«] *der,* **Bol,**
1) *Geologie:* rötlich gefärbter Ton, entstanden als Rückstandprodukt bei der Verwitterung von Kalkstein in Karsttaschen sowie als Zersetzungsprodukt basalt. Gesteine; wird für keram. Produkte und als Farberde sowie als Malgrund verwendet.
2) *Tiermedizin:* walzenförmige, weiche Arzneizubereitung zur Eingabe über die Mundhöhle; beim Pferd bis 50 g schwer.

Bolzano, ital. Name von →Bozen.

Bolzano, Bernhard (Bernard), Philosoph und Mathematiker, * Prag 5. 10. 1781, † ebd. 18. 12. 1848; wurde 1805 kath. Priester und Prof. in Prag, 1819 wegen angebl. Irrlehren abgesetzt. Er führte die Trennung des Logischen vom Psychologischen konsequent durch, indem er zw. dem psych. Vorgang des Urteilens und seinem log. Inhalt (den erkenntnisunabhängigen Sätzen) unterscheidet; trug zur Begründung der Phänomenologie, der modernen Logik und der math. Mengenlehre bei. – *Werke:* Athanasia (1827); Lb. der Religionswissenschaften, 4 Bde. (1834); Wissenschaftslehre, 4 Bde. (1837); Paradoxien des Unendlichen (1851).

Bolzen, 1) *Fertigungstechnik:* runder Metallstift zur unlösbaren (**Niet-B.**), lösbaren (**Schrauben-B.**) oder gelenkigen (**Gelenk-B.**) Verbindung von Metall- und Maschinenteilen.
2) *Waffenkunde:* Geschoss, z. B. für die Armbrust; auch Bez. für den Schlagbolzen.

Bolzenschussapparat, Gerät zum Betäuben von Schlachttieren.

Bombage [-ˈbaːʒə, frz.] *die,* →Bombieren.

Bombarde [frz.] *die,* 1) *Militärwesen:* schweres, großkalibriges Geschütz des Spät-MA. für Steinkugeln.
2) *Musik:* altes Holzblasinstrument, →Bomhart.

Bombardement [-ˈmã] *das,* im *Militärwesen* 1) anhaltender Beschuss mit großkalibrigen Sprengkörpern; 2) massierter Abwurf von Fliegerbomben auf ein begrenztes Gebiet.

Ludwig Boltzmann

Bernhard Bolzano

bomb | Bombardier Inc.

Bombay: der Bahnhof »Chhatrapati Shivaji Terminus«, die ehemalige Victoria Station (1878–88)

Bombay Stadtwappen

Bombardier Inc. [-'dje ɪn'kɔːpəreɪtɪd], global tätiger kanad. Technologiekonzern (Hauptgeschäftsfelder: Flugzeuge und Schienenfahrzeuge); Sitz: Montreal, gegr. 1942.

Bombardierkäfer, Brachyninae, Unterfamilie der Laufkäfer, z. B. der europ. Gattung **Brachinus;** sondern zu ihrer Verteidigung unter schwachem Knall ein schnell vergasendes, scharfes Sekret ab.

Bombardon [-'dõ, frz.] *das,* die tiefe →Tuba.

Bombax [griech.] *der,* der →Wollbaum.

Bombay ['bɔmbeɪ; zu port. bom baía »schöne Bucht«], Marathi: **Mumbai,** Hptst. des ind. Bundesstaates Maharashtra, Wirtschafts- und Finanzzentrum sowie größte Stadt Indiens, 13,1 Mio. Ew., (Greater Bombay 17,4 Mio. Ew.). B. liegt auf einer Insel, die mit der Insel Salsette und dem Festland durch Straßen- und Bahndämme verbunden ist; auf dem Festland befinden sich neue Wohnviertel und ausgedehnte Slumgebiete. Univ. (gegr. 1857), Frauen-Univ. (seit 1949), TH, Hochschule für Sozialwiss. und Architektur; Museen; Erzbischofssitz; zoolog. Garten. B. ist Zentrum der ind. Baumwollind. (Baumwollbörse); chem. Werke, Automobilind., Maschinenbau, Elektroind.; große Filmstudios (»Bollywood«); wichtigster Hafen Indiens mit Werften und Erdölraffinerien; internat. Flughafen. – Im S der Stadt liegen die »Türme des Schweigens«, der Bestattungsplatz der Parsen. Zahlr. Bauten im viktorian. und neugot. Stil. Herausragendes Baudenkmal ist der Bahnhof »Chhatrapati Shivaji Terminus«, die ehem. Victoria Station (1878–88; UNESCO-Weltkulturerbe); viele Hindutempel; am Hafen das 1911 errichtete »Gateway of India«. – B. wurde 1534 von den Portugiesen erworben, 1661 an den engl. König Karl II., 1668 an die Ostind. Kompanie abgetreten, die B. zum Handelsmittelpunkt machte.

Bombe [frz., zu griech. bómbos »dumpfes Geräusch«], **1)** *Chemie:* drucksichere, nahtlose Stahlflasche für stark verdichtete und flüssige Gase. **2)** *Waffentechnik:* mit Kampf-, Brand- oder anderen Stoffen gefüllter und mit einem Zünder versehener zylindr. oder tropfenförmiger Hohlkörper, der als Kampfmittel eingesetzt wird (→ABC-Waffen, →Fliegerbombe, →Wasserbombe).

Bomber, Bombenflugzeug, allg. jedes Militärflugzeug, das für das Aufnehmen, Mitführen und den zielgenauen Abwurf von Bomben sowie von Lenkwaffen auf gegner. Ziele eingerichtet ist. Bomber i. e. S. sind für diesen Zweck konstruierte Angriffsflugzeuge, die über eine dem jeweiligen Aufgabenbereich entsprechende Nutzlastkapazität, Fähigkeit zur Durchdringung der gegner. Abwehr sowie für strateg. Einsätze über eine globale Reichweite verfügen müssen. (→Jagdbomber)

Bombieren [zu frz. bomber »sich wölben«], das Erzeugen von Rundungen in Blechquerschnitten. Als **Bombage** wird das Aufwölben einer Konservendose infolge Gasentwicklung bei mikrobieller Zersetzung des Inhalts bezeichnet.

Bombykol [zu griech. bómbyx »Seidenraupe«] *das,* Sexuallockstoff (→Pheromone) des weibl. Seidenspinners.

Bomhart *der,* **Bombarde, Pommer,** um 1400 aus der Schalmei hervorgegangenes Holzblasinstrument mit doppeltem Rohrblatt, später durch Fagott und Oboe ersetzt.

Bomst, dt. Name der poln. Stadt →Babimost.

Bon [bõ; frz. »gut«] *der,* Gutschein; Kassenzettel.

bona fides [lat.], *Recht:* →guter Glaube.

Bonaire [boːˈnɛːr], zweitgrößte Insel der Niederländ. Antillen, 288 km², 14 200 Ew. (überwiegend Schwarze und Mulatten); Hauptort: Kralendijk; Meersalzgewinnung, Fremdenverkehr; im N Nationalpark (60 km²).

Bonampak, Zeremonialzentrum der Mayakultur im trop. Regenwald von Chiapas (Mexiko); die Anlage bestand um 750 n. Chr. In einem der Bauwerke wurden 1946 polychrome Wandmalereien entdeckt.

Bonaparte [-'part], urspr. **Buonaparte,** kors. Familie ital. Herkunft, der die frz. Kaiser Napoleon I. und Napoleon III. entstammen.

1) Buonaparte, Carlo Maria (Charles Marie), Vater von Napoleon I., * Ajaccio 29. 3. 1746, † Montpellier 24. 2. 1785, ⚭ mit 8); Jurist, kämpfte 1768/69 für die Unabhängigkeit Korsikas von Frankreich; 1771 frz. Adelsanerkennung; 1773 königl. Rat.

2) Caroline, eigtl. Marie-Annonciade, die jüngste Schwester Napoleons I., * Ajaccio 25. 3. 1782, † Florenz 18. 5. 1839; seit 1800 ⚭ mit Marschall J. →Murat; 1808–14 Königin von Neapel.

3) Charles Joseph, amerikan. Politiker, * Baltimore (Md.) 9. 6. 1851, † ebd. 28. 6. 1921, Enkel von 6) aus dessen erster Ehe mit Elizabeth Patterson; 1905/06 Marinemin., 1906–09 Justizmin.; gründete 1908 das Bureau of Investigation, das spätere FBI.

4) Charles Louis Napoléon, der frz. Kaiser Napoleon III. (→Napoleon).

5) Elisa, eigtl. Marie Anna, älteste Schwester Napoleons I., * Ajaccio 3. 1. 1777, † bei Triest 6. 8. 1820; war 1805–14 Fürstin von Lucca und Piombino, 1809–14 gleichzeitig Großherzogin der frz. Toskana.

6) Jérôme, der jüngste Bruder Napoleons I., König von Westfalen (1807–13), →Jérôme.

7) Joseph, der älteste Bruder Napoleons I., König von Spanien (1808–13), →Joseph, Fürsten, Spanien.

8) Laeticia (Maria Letizia), geb. Ramolino, Mutter Napoleons I., * Ajaccio 24. 8. 1750, † Rom 2. 2. 1836; seit 1764 ⚭ mit 1), lebte am Hof ihres Sohnes als »Madame Mère« (»Frau Mutter«).

9) Louis, der dritte Bruder Napoleons I., Vater Napoleons III., König von Holland (1806–10), →Ludwig, Fürsten, Holland.

10) Lucien, urspr. Lucian, Fürst (seit 1814) von Canino und Musignano, der zweitälteste Bruder Napoleons I., * Ajaccio 21. 5. 1775, † Viterbo 29. 6. 1840; hatte als Präs. des Rates der Fünfhundert entscheidenden Anteil am Gelingen des Staatsstreichs vom 18. Brumaire (19. 11.) 1799. 1799/1800 war er frz. Innenmin., anschließend Gesandter in Madrid.

11) Napoléon, urspr. Napoleone, der frz. Kaiser Napoleon I. (→Napoleon).

12) Napoléon (II.), der einzige Sohn Napoleons I., König von Rom (bis 1815), dann Herzog von →Reichstadt.

13) Pauline, eigtl. Marie Paulette, Herzogin von Guastalla (1806–14), die zweitälteste Schwester Napoleons I., * Ajaccio 20. 10. 1780, † Florenz 9. 6. 1825; seit 1803 in zweiter Ehe ∞ mit dem Fürsten Camillo Borghese.

Bonapartismus, urspr. die nach Napoleon I. und v. a. nach Napoleon III. benannte autoritäre Herrschaftstechnik; sicherte dem Bürgertum v. a. die Freisetzung der Wirtschaftskräfte gegen die aufkommende Industriearbeiterschaft, enthielt ihm aber die eigentl. politische Macht vor, die in der Hand des bonapartist. Staatsmannes konzentriert blieb.

Bonapartisten, polit. Gruppe in Frankreich, die Regierungssystem und Thronansprüche der Familie Bonaparte vertrat.

Bonatz, Paul, Architekt, * Solgne (bei Metz) 6. 12. 1877, † Stuttgart 20. 12. 1956; Prof. in Stuttgart (1908) und Istanbul (1946–54), schuf eindrucksvoll klar gegliederte Bauten. – *Werke:* Universitätsbibliothek Tübingen (1910–12); Hauptbahnhof Stuttgart (1913–27); Staatsoper Ankara (1947/48).

Bonaventura, 1) ital. Franziskaner, Philosoph und Theologe, eigtl. Johannes Fidanza, * Bagnoregio (bei Orvieto) 1221 (?), † Lyon 15. 7. 1274; wurde 1257 General seines Ordens, 1273 Kardinalbischof von Albano. Als Theologe war B. der bedeutendste Schüler Alexander von Hales' und neben Thomas von Aquin der führende Hochscholastiker. In seinem Denken mehr an Platon und Augustinus orientiert, stand er dem Aristotelismus zurückhaltend gegenüber. Die Welt erschien ihm als Gleichnis Gottes, auf drei Stufen könne sich das Denken zu Gott selbst erheben. – 1482 heiliggesprochen, 1588 zum Kirchenlehrer erklärt; Tag: 15. 7.

2) Pseud. des Verfassers des romant. Romans »Die Nachtwachen« (1804). Wahrscheinlich verbirgt sich hinter dem Namen E. A. Klingemann.

Bonbon [bɔ̃'bɔ̃; frz., eigtl. »gut-gut«] *der* oder *das*, Zuckerware, die durch Einkochen von Zuckerlösung mit Invertzucker oder Stärkesirup, Säuren, Aroma- und Farbstoffen hergestellt wird.

Bond, Edward, engl. Dramatiker, * London 18. 7. 1934; zählte zu den Angry Young Men und gehört zu den bedeutendsten Vertretern des polit. Dramas in England. Häufig arbeitet er mit Mitteln des »Theaters der Grausamkeit« und Schockeffekten, so in »Gerettet« (1965) oder »Lear« (1972); arbeitet auch an Filmdrehbüchern mit (»Blow up«, 1966) und schrieb Libretti für H. W. Henze. – *Weitere Werke:* Trauer zu früh (1968); Restauration (1981); Jacketts (1990); Das Verbrechen des 21. Jahrhunderts (1999).

Bond, →James Bond.

Bondarew, Juri Wassiljewitsch, russ. Schriftsteller, * Orsk (Gebiet Orenburg) 15. 3. 1924; schrieb bes. Kriegsliteratur (»Die letzten Salven«, 1959; »Die Zwei«, 1964).

Bondartschuk, Sergei Fjodorowitsch, sowjet. Schauspieler und Filmregisseur, * Belosjorka (Gebiet Odessa) 25. 9. 1920, † Moskau 20. 10. 1994; wurde bekannt durch seine Titelrollen in »Taras Schewtschenko« (1951) und »Othello« (1955); Regisseur monumentaler epischer Filmproduktionen. – *Weitere Filme:* Krieg u. Frieden (1965–67, 4 Tle., Regie u. Darstellung); Waterloo (1969, Regie); Sie kämpften für die Heimat (1975, Regie u. Darstellung); Boris Godunow (1986, Regie).

Bonden [von engl. to bond »zusammenfügen«], *Halbleitertechnik:* Verfahren zum Anbringen der elektr. Anschlusskontakte auf ungekapselten Halbleiterbauelementen (Dioden, Transistoren, integrierte Schaltungen) oder zur Verbindung einzelner Schaltkreise in Hybridschaltungen. Die Verbindungen der Drähte mit Durchmessern von 20 bis 200 µm zu den Kontaktflächen werden z. B. durch **Thermokompressions-B.** (Thermokompressionsschweißen) oder **Ultraschall-B.** (Ultraschallschweißen) hergestellt.

Bondevik, Kjell Magne, norweg. Politiker, * Molde (Verw.-Gebiet Møre og Romsdal) 3. 9. 1947; ev. Pfarrer; 1983–95 Vors. der Christl. Volkspartei, 1983–86 Min. für Erziehung und Kirche, 1989/90 Außenmin., 1997–2000 und 2001–05 Ministerpräsident.

Bonds, angelsächs. Bez. für festverzinsl. Wertpapiere (z. B. Anleihen); gebräuchlich v. a. in den Verbindungen **Government-B.** (Staatsanleihen), **Mortgage-B.** (hypothekarisch gesicherte Anleihen), **Baby-B.** (Papiere mit sehr geringen Nennbeträgen), →Zerobonds, in Dtl. in der Verbindung Auslandsbonds (→Auslandsanleihen).

Bonampak: Einkleidung eines Maya-Priesterfürsten mit den Insignien seiner Würde, Wandmalerei (um 700 n. Chr.)

Bondy, Luc, schweizer. Regisseur, * Zürich 17. 7. 1948; inszeniert an deutsch- und französischsprachigen Bühnen, auch Opernregie; drehte Filme (u. a. »Das weite Land«, 1986).

Bône [boːn], bis 1963 Name der alger. Stadt → Annaba.

Bonebed [ˈbəʊnbed; engl. »Knochenlager«] *das,* **Knochenbreccie,** *Geologie:* aus Knochentrümmern, Zähnen und Schuppen von Reptilien, Fischen u. a. Wirbeltieren bestehende Gesteinsbank.

Bongo, Omar, früher Albert Bernard **B.,** Politiker in Gabun, * Lewai (bei Franceville) 30. 12. 1935; nach der Unabhängigkeit Gabuns u. a. Mitarbeiter von Präs. Léon M'Ba (* 1902, † 1967), seit 1967 Staatspräs. (mehrfach wiedergewählt); 1968 – 90 war er Gen.-Sekr. der ehem. Einheitspartei »Parti Démocratique Gabonaise« (PDG).

Bongos [span.], zwei kleine, miteinander verbundene Einfelltrommeln mit gleicher Höhe und unterschiedl. Durchmesser; als Rhythmusinstrument v. a. in der Tanzmusik und im Jazz verwendet.

Dietrich Bonhoeffer

Bonhoeffer, 1) Dietrich, ev. Theologe, * Breslau 4. 2. 1906, † (hingerichtet) KZ Flossenbürg 9. 4. 1945, Sohn von 2), Bruder von 3); 1935 Direktor des Predigerseminars der Bekennenden Kirche in Finkenwalde; schloss sich der Widerstandsbewegung an. B.s bleibende theolog. Bedeutung liegt in dem Versuch, bibl. Begriffe nicht religiös zu interpretieren, um so dem modernen, religiösen Ausdrucksformen weithin entfremdeten Menschen das Evangelium neu zu erschließen. Die von der Kirche und dem einzelnen Christen geforderte Nachfolge Christi beschreibt B. als Dienst für den anderen (»Kirche für andere«).

2) Karl, Psychiater, * Neresheim 31. 3. 1868, † Berlin 4. 12. 1948, Vater von 1) und 3); stellte die exogen verursachten seel. Störungen den endogen verursachten gegenüber.

3) Karl Friedrich, Chemiker, * Breslau 13. 1. 1899, † Göttingen 15. 5. 1957, Sohn von 2), Bruder von 1); Prof. in Frankfurt a. M., Leipzig und Berlin, Direktor des Max-Planck-Instituts für physikal. Chemie in Göttingen; lieferte wichtige Beiträge zur Chemie des Wasserstoffs, zur Foto- und Elektrochemie.

Boni, Yayi, Politiker in Benin, * Tchaourou (N-Benin) 1952; studierte in Senegal und Frankreich Finanz-, Wirtschafts- und Politikwiss.en, arbeitete u. a. 1977 – 89 bei der Zentralbank der Westafrikan. Staaten, war 1992 – 94 Berater des damaligen Staatspräs. von Benin, M. Kérékou, dann bis 2006 Präs. der Westafrikan. Entwicklungsbank. Da Kérékou gemäß Verf. bei den Präsidentschaftswahlen im März 2006 nicht mehr kandidieren konnte, wurde B. als parteiloser Kandidat zum neuen Staatspräs. gewählt.

Bonifacio [-faˈsjo, ital. -ˈfaːtʃo], Stadt an der S-Spitze Korsikas, im frz. Dép. Corse-du-Sud, 2 700 Ew.; Fischereihafen; Fremdenverkehr. – Malerische Altstadt mit Befestigungsanlagen und Zitadelle. – Die **Straße von B.,** eine 12 km breite, bis 70 m tiefe Meeresstraße, trennt Korsika von Sardinien.

Bonifacio [-sjo], Andres, philippin. Patriot, * Manila 29. oder 30. 11. 1863, † Prov. Cavite 10. 5. 1897; gründete 1892 die Unabhängigkeitsbewegung »Katipunan«; löste 1896 den Volksaufstand gegen die span. Herrschaft aus. Zunehmend mit E. Aguinaldo rivalisierend, wurde er von dessen Truppen verhaftet, des Verrats angeklagt und erschossen.

Bonifatius, Päpste: 1) **B. VIII.** (1294 – 1303), urspr. Benedetto **Caetani,** * Anagni (bei Frosinone) um 1235, † Rom 11. 10. 1303; führte 1300 das Hl. Jahr (→ Jubeljahr) in der kath. Kirche ein und erneuerte mit der Bulle → Unam sanctam (1302) die Forderung nach dem Vorrang der geistl. vor der weltl. Macht.

2) **B. IX.** (1389 – 1404), urspr. Pietro **Tomacelli,** * Neapel um 1350, † Rom 1. 10. 1404; Nachfolger Urbans VI. in Rom, während in Avignon Klemens VII. regierte. Gegen diesen behauptete er sich mithilfe von England, Dtl. und Neapel. Sein Handel mit Ämtern und Ablässen schädigte das Ansehen des Papsttums.

Bonifatius, eigtl. **Winfried,** angelsächs. Benediktiner und Missionar (»Apostel der Deutschen«), * Wessex 672/673, † (erschlagen) bei Dokkum (Friesland) 5. 6. 754; missionierte seit 716 in Friesland, Hessen, Thüringen und Bayern; wurde 722 in Rom zum Bischof geweiht und 732, nach erfolgreicher Germanenmission (u. a. 724 Fällung der Donar-Eiche bei Geismar) und kirchl. Aufbauarbeit, zum Erzbischof und päpstl. Vikar für das dt. Missionsgebiet ernannt. Er gründete u. a. die Klöster Fritzlar, Tauberbischofsheim, Fulda und die Bistümer Freising, Eichstätt, Erfurt, Würzburg und Büraburg (746/47 mit Mainz vereinigt). 747 erhielt B. (verbunden mit dem Titel Missionserzbischof) das Bistum Mainz. Sein Grab befindet sich im Dom zu Fulda. Heiliger, Tag: 5. 6.

Bonifatiuspfennige, Bonifaziuspfennige, → Trochiten.

Bonifatiuswerk der deutschen Katholiken, kath. Hilfswerk zur Unterstützung der kath. Kirche in der Diaspora; gegr. 1849 als »Bonifatiusverein für das kath. Deutschland«; heutiger Name seit 1968. Sitz: Paderborn.

Bonifikation [lat.] *die,* Entschädigung für fehlerhafte Teile einer Ware; Vergütung (Provision) für die Unterbringung neu begebener Wertpapiere.

Bonin|inseln, jap. **Ogasawara-Shotō,** aus 30 Inseln bestehende jap. Inselgruppe vulkan. Ursprungs

Bonifatius: Darstellung der Tauftätigkeit des Bonifatius (oben links) unter den Friesen und seines Märtyrertodes, Buchmalerei (975)

im westl. Pazifik, 1 000 km südöstlich von Tokio, 104 km² groß, rd. 2 000 Ew. Die Inseln wurden 1543 von den Spaniern entdeckt, 1593 von den Japanern wieder entdeckt; seit 1876 japanisch; 1951–68 unter Verw. der USA; seit 1972 Nationalpark.

Bonität [lat.] *die,* **1)** *allg.:* Güte von Waren. **2)** *Bankwesen:* Güte eines Schuldners, d. h. seine Fähigkeit, aufgenommene Kredite einschl. der Zinsen vereinbarungsgemäß zurückzuzahlen. (→Rating)

Bonitierung, →Bodenschätzung.

Bonito, Art der →Thunfische.

Bon Jovi [bɔnˈdʒəʊvɪ] Jon, amerikan. Rocksänger und Songwriter, * Sayreville (N. J.) 2. 3. 1962; etablierte sich seit der Gründung seiner gleichnamigen Band 1983 in der Spitzengruppe der internat. Rockmusikszene; trat auch als Filmschauspieler hervor (u. a. »Leading Man«, 1996).

Bonmot [bɔ̃ˈmo:, frz.] *das,* treffende, geistreichwitzige Bemerkung.

Bonn, Bundesstadt B., kreisfreie Stadt in NRW, zw. Ville und Siebengebirge an der S-Spitze der Niederrhein. Bucht, 311 000 Ew.; zahlr. Bundesbehörden, u. a. Dienstsitze der Ministerien, die Bundeszentrale für polit. Bildung, die Bundesämter für Naturschutz und für Bauwesen und Raumordnung, für Sicherheit in der Informationstechnik; zahlr. Museen; Rhein. Friedrich-Wilhelms-Univ., Mittelrhein. Verw.- und Wirtschafts-Akad., Max-Planck-Institute für Radioastronomie und Mathematik, Inst. für Umwelt und Menschl. Sicherheit (Filiale der Univ. der Vereinten Nationen), Bibliothekarschule und Sternwarte, außerdem Deutsch-Amerikan. Akadem. Konzil, Niederlassung der Tokioter Waseda-Univ. sowie Internat. Konversionszentrum Bonn; seit 1996 mit dem Sitz zahlr. UN-Einrichtungen erste dt. UNO-Stadt. 2003 beschloss die Bundes-Reg. den Ausbau eines UN-Campus. Der Dienstleistungssektor ist der wichtigste Wirtschaftsbereich, zunehmend Bedeutung als Standort für Banken und Telekommunikation, Sitz der Dt. Post AG; Leichtmetall-, chemisch-pharmazeut., Kunststoff-, Druck- und keram. Ind.; Likör- und Süßwarenherstellung, Fahnenfabrik, Orgelbau; Fremdenverkehr. – Stadtbild: Spätromanisches Münster (11. Jh. ff.), gotische Minoritenkirche (1274–1317), Jesuitenkirche (1686–1717); kurfürstl. Residenz (1697–1702; heute Univ.), Poppelsdorfer Schloss (1715–56), Rathaus (1737/38). Aus dem 20. Jh. stammen u. a. →Villa Hammerschmidt, Bundeshaus (1930–33 als Pädagog. Akademie, als Sitz des Bundestages 1949 erweitert, 1988–92 Umbau), Beethovenhalle (1956–59), Stadttheater (1962–65), Abgeordnetenhaus (1966–69), Stadthaus (1973–78), Bundeskanzleramt (1974–76), Kunst- und Ausstellungshalle der Bundesrep. Dtl. (1989–92), Kunstmuseum (1992), Haus der Geschichte der Bundesrep. Dtl. (1989–94), Rhein. Landesmuseum Bonn (1967, Neueröffnung 2003), »Posttower« (2000–02). In B.-Bad Godesberg Kurbetrieb mit Heilquelle; Kurhaus (Redoute, um 1790 bis um 1820) und Anlagen. – Geschichte: Urspr. röm. Legionslager (**Castra Bonnensia,** 69 n. Chr. erwähnt); um 450 von den Franken erobert. Im MA. entwickelte sich die Stadt jedoch außerhalb des Lagers um das heutige Münster; um 1100 ummauert (1244 erweitert). 1286 Bildung eines Stadtrats. Im 16. Jh. Hauptstadt Kurkölns; mit diesem 1815 zu Preußen. – B. war 1949–90 Hptst. der Bundesrep. Dtl. Am 20. 6. 1991 entschied der Dt. Bundestag, nach einer Übergangszeit den Sitz von Parlament und Reg.

Bonn: Der 162,5 m hohe »Posttower« ist die Konzernzentrale der Deutschen Post AG (2000–02, nach einem Entwurf von Helmut Jahn).

von B. nach Berlin zu verlegen (1999 erfolgt; Bundesrat 2000).

Bonnard [-ˈnaːr], Pierre, frz. Maler, * Fontenay-aux-Roses (Dép. Hauts-de-Seine) 13. 10. 1867, † Le Cannet (bei Cannes) 23. 1. 1947; malte spätimpressionist. Bilder in lichten Farben (v. a. Interieurs, Akte, Stillleben).

Bonner Durchmusterung, Abk. **BD,** von F. W. A. Argelander an der Bonner Universitätssternwarte erstellter Sternkatalog mit den Örtern von 324 198 Sternen des nördl. Himmels (später Erweiterung auf den südl. Himmel).

Bonnie und Clyde [ˈbɔnɪ - ˈklaɪd], amerikan. Gaunerpärchen (Bonnie Parker, * 1911, † 1934, und Clyde Barrow, * 1909, † 1934); lernte sich 1930 kennen, unternahm 1932–34 spektakuläre Raubüberfälle v. a. in Missouri, New Mexico, Oklahoma und Texas; am 23. 5. 1934 bei Gibsland (La.) von der Polizei in einen Hinterhalt gelockt und erschossen.

Bönnigheim, Stadt im Landkreis Ludwigsburg, Bad.-Württ., 7 500 Ew.; Textilforschungszentrum, verarbeitende Ind., Industrieanlagen- und Metallbau; Weinbau und Weinkellereien. – Ev. Stadtkirche (got. Basilika), Altes Schloss (1525, zerstört, 1546 instand gesetzt, 1679 z. T. abgerissen), Neues Schloss (Barockanlage, 1756).

Bonny, Insel und Erdölhafen im Nigerdelta, Nigeria; Endpunkt von Pipelines, Erdgasverflüssigung.

Bonobo [afrikan.] *der,* Art der →Schimpansen.

Bononcini [-ˈtʃiːni], ital. Musikerfamilie. Giovanni Battista B., * Modena 18. 7. 1670, † Wien 9. 7. 1747; Schüler seines Vaters Giovanni Maria B. (* 1642,

Bonn Stadtwappen

† 1678, Komponist von Kirchen-, Kammermusik, Madrigalen und Arien), ging 1698 mit seinem Bruder Antonio Maria B. (* 1677, † 1726, Komponist von Opern, Oratorien, Kantaten) nach Wien (bis 1711); danach in Mailand und Rom, 1720–32 als Opernkomponist in London (Rivale Händels); komponierte u. a. auch Oratorien und Kammermusik.

Bon-Religion [tibet. bøn-], die ursprüngl. Religion der Tibeter, mit ausgeprägtem Ahnen-, Dämonen- und Totenkult; ging in vielfältiger Form in den →tibetischen Buddhismus ein.

Bonsai [jap. »Zwergbäume«] das, alte (jap.) Kunst, aus Samen oder Pfropfreisern, Stecklingen, Ablegern von normalen Bäumen durch besondere Behandlung (Beschneiden der Zweige und Wurzeln) etwa 15–80 cm hohe Zwergformen zu ziehen.

Bonsels, Waldemar, Schriftsteller, * Ahrensburg 21. 2. 1880, † Ambach (heute zu Münsing, Landkr. Bad Tölz-Wolfratshausen) 31. 7. 1952; schrieb Natur- und Reisebücher mit einer Neigung zum Märchenhaften und zur Naturmystik, u. a. »Die Biene Maja und ihre Abenteuer« (1912).

Bontempelli, Massimo, italienischer Schriftsteller, * Como 12. 5. 1878, † Rom 21. 7. 1960; schrieb, vom Futurismus beeinflusst, grotesk-fantast. und humorist. Kurzgeschichten und Romane (»Der Sohn zweier Mütter«, 1929; »Die Familie des Fabbro«, 1932); auch Dramen und Lyrik.

Bonus [lat. »gut«] der, **1)** allg.: Gutschrift, (Sonder-)Vergütung.
2) Wirtschaft: a) bei Kapitalgesellschaften einmalige Gewinnausschüttung in Form einer Zusatzdividende; b) Gewinnbeteiligung der Versicherungsnehmer an den Überschüssen der Versicherungsunternehmen (Ggs.: Malus); c) nachträglich gewährter Lieferantenrabatt (Treueprämie) an den Kunden.

Bonuszertifikat, →Zertifikat.

Bonvivant [bõviˈvã; frz., zu bon »gut« und vivre »leben«] der, Lebemann; auch als Rollenfach am Theater.

Bonze [frz., von jap. bōzu »Priester«] der, **1)** buddhist. Priester, Mönch.
2) abwertend: anmaßender, einflussreicher Funktionär.

Boogie-Woogie [ˈbʊgɪˈvʊgɪ, engl.], jazzverwandter Klavierstil des Blues, gekennzeichnet durch rollende, ständig wiederholte Bassfiguren. Aus dem B.-W. entwickelten sich versch. moderne Gesellschaftstänze. – Im Tanzsport werden B.-W.-Meisterschaften ausgetragen.

Bookbuilding [ˈbʊkbɪldɪŋ, engl.] das, Platzierungsverfahren bei Aktienemissionen, bei dem der Emissionspreis nicht im Voraus festgelegt, sondern anhand der Nachfrage am Markt bestimmt wird.

Bookmark [ˈbʊkmɑːk, engl.] die oder das, Informatik: Lesezeichen (Verknüpfung); wird im Browser gesetzt, um Internetadressen (→URL) zu speichern und auf diese schnell zugreifen zu können.

Boole [buːl], George, brit. Mathematiker, * Lincoln 2. 11. 1815, † Ballintemple (bei Cork, Irland) 8. 12. 1864; Prof. in Cork, Begründer der math. Logik.

boolesche Algebra [buːl-], von G. Boole angeregte und von E. Schröder (* 1841, † 1902) ausgebaute Algebra, die auf zweiwertigen log. Aussagen beruht; wird z. B. in der →Schaltalgebra angewandt.

Boom [buːm, engl.] der, wirtsch. Aufschwung, Hochkonjunktur (→Konjunktur), auch auf andere Bereiche übertragen (z. B. Bauboom).

Boomliteratur [ˈbuːm-], in den 1950–80er-Jahren in Lateinamerika entstandene Lyrik und Prosa (z. B. G. García Márquez' »Hundert Jahre Einsamkeit«, 1967), die mit ihrer spezif. Schreibweise (von dem Kubaner Alejo Carpentier als das »wunderbar Wirkliche Amerikas« bezeichnet) v. a. in den USA und Europa große Erfolge zu verzeichnen hatte und dort als »mag. Realismus« gefeiert wurde. Die Rezeption der Werke führte z. T. zu einem Klischeebild des Kontinents und nach Ende des Booms zu einer stereotypen Imitation dieser Muster, von der sich die jüngeren Autoren deutlich absetzen.

Boone [buːn], Daniel, amerikan. Pionier und Trapper, * Berks County (Pa.) 2. 11. 1734, † Saint Charles County (Mo.) 26. 9. 1820; trug als »Frontiersman« (Grenzer) seit 1767 wesentlich zur Erschließung von Kentucky bei (1775 Gründung von Boonesborough); Vorbild für den Romanhelden »Lederstrumpf« von J. F. Cooper.

Booster [ˈbuːstə; engl. »Verstärker«] der, Physik, Technik: allg. ein verstärkendes Zusatzteil; z. B. Zusatzverstärker zum Einbau in Antennenanlagen oder elektroakust. Hi-Fi-Anlagen, Hilfs- oder Zusatztriebwerk bei der Startphase von Raketen, Nachbeschleunigungsstrecke bei Teilchenbeschleunigern.

Boot, kleineres Wasserfahrzeug, offen oder mit einem durchlaufenden Deck; man unterscheidet: **Ruder-B.** (→Rudern, →Kanusport), **Segel-B.** (→Segeln) und **Motor-B.** (→Motorsport).

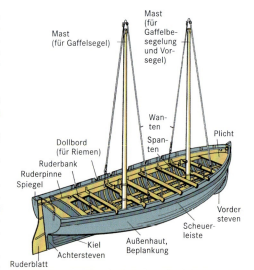

Boot: als Ruder- oder Segelboot verwendbares Marinebeiboot

Boot|axt, steinerne Streitaxt der späten Jungsteinzeit N-Europas, einem Boot ähnlich, Kennzeichen der jungsteinzeitl. **Bootaxtkultur.**

Booten [ˈbuːtn, engl.], das Laden des Betriebssystems beim Systemstart. Das B. wird von den Routinen des →BIOS gesteuert und beginnt i. e. S. erst, nachdem das BIOS die Funktionsfähigkeit der Hardware überprüft hat. Mitunter wird unter B. auch die Gesamtheit der Vorgänge vom Einschalten bis zur Betriebsbereitschaft des Computers verstanden.

Boötes [griech.-lat.], das Sternbild →Bärenhüter.

Booth [buːð], William, brit. Methodistenprediger, * Nottingham 10. 4. 1829, † London 20. 8. 1912; gründete 1865 in London die »Ostlondoner Christl. Mission«, aus der 1878 die →Heilsarmee hervorging.

Boothia [ˈbuːθɪə], früher **B. Felix**, Halbinsel in N-Kanada mit dem nördlichsten Punkt des amerikan. Festlands (72° n. Br.); 1829 von J. →Ross entdeckt.

Böoti|en, griech. **Boiotia**, neugriech. **Viotia**, griech. Landschaft zw. dem Golf von Korinth und dem Kanal von Euböa, eine von hohen Bergen umgebene Beckenlandschaft, durch Höhenzüge in fruchtbare Senken und Talebenen gegliedert; Hauptorte: Theben und Levadia; Anbau von Baumwolle, Weizen, Mais, Tabak, Trauben. – Die ältesten Bewohner des Landes wurden im 2. Jt. v. Chr. von den äol. Böotern verdrängt, die im 5. Jh. v. Chr. den **Böot. Bund** mit Theben an der Spitze gründeten. Dieser erlangte im 4. Jh. v. Chr. unter Epaminondas die Höhe seiner Macht.

Bootle [buːtl], Stadt in der engl. Metrop. Cty. Merseyside, mit Liverpool zusammengewachsen, an der Mündung des Mersey, 65 200 Ew.; Maschinenbau, Elektro-, chem. Ind., Getreidemühlen.

Bootsgast, Matrose, der in einem Boot die Riemen (Ruder) bedient; Ruderer.

Bootshaken, Stange mit einem Haken zum Festhalten oder Abstoßen eines Bootes.

Bootsmann, 1) auf Handelsschiffen das für den Decksbereich verantwortl. seemänn. Besatzungsmitglied.
2) in der dt. Marine dem Feldwebel entsprechender Dienstgrad.

Bopfingen, Stadt im Ostalbkreis, Bad.-Württ., am NO-Rand der Schwäb. Alb, 12 600 Ew.; Leder- und chem. Ind.; frühgot. Pfarrkirche, Rathaus (1586). – B., 1242 bereits Reichsstadt, kam 1803 zu Bayern, 1810 zu Württemberg. – Auf dem **Ipf**, einem Zeugenberg der Ostalb, befinden sich ausgedehnte Burgwallanlagen der Hallstattkultur.

Bophutha Tswana, ehem. Homeland der Tswana im N der Rep. Südafrika; nach der Errichtung der neuen südafrikan. Provinzen verteilt sich das Gebiet von B. auf die Prov. Nord-West, Freistaat, Gauteng und Mpumalanga.

Bopp, Franz, Sprachforscher, * Mainz 14. 9. 1791, † Berlin 23. 10. 1867; Prof. in Berlin, einer der Begründer der indogerman. Sprachwiss.; erkannte die Übereinstimmungen in der Grammatik des Sanskrit und der alten europ. Sprachen. »Vergleichende Grammatik«, 6 Bde. (1833–52).

Boppard, Stadt und Heilbad im Rhein-Hunsrück-Kreis, Rheinl.-Pf., am Rhein, 16 400 Ew.; Sitz der Bundesakademie für öffentl. Verwaltung und eines Goethe-Institutes; Staatl. Institut für Lehrerfort- und -weiterbildung; Heimatmuseum; Maschinen- und Pharmaindustrie; Weinbau; Kneipphelband, im Ortsteil **Bad Salzig** Sulfatquellen. – Pfarrkirche Sankt Severus (12./13. Jh.), ehem. Karmeliterkirche (1319 bis 1430). – Von den Befestigungen des Römerkastells **Baudobriga** sind Reste erhalten. – 1312 kam die Reichsstadt B. an Kurtrier.

Bor [aus mlat. borax] *das*, chem. Symbol **B**, nicht metall. Element aus der 3. Hauptgruppe des Periodensystems mit Halbleitereigenschaften; Ordnungszahl 5, relative Atommasse 10,81. B. tritt in einer amorphen Modifikation (braunes Pulver) und in drei kristallinen (einer tetragonalen und zwei rhomb.) Modifikationen auf. Kristallines B., Dichte 2,34 bis 2,37 g/cm³, Schmelzpunkt etwa 2 100 °C, Siedepunkt bei 2 550 °C, ist eine der härtesten Substanzen und bei Raumtem-

Katharina von Bora, Gemälde von Lucas Cranach d. Ä. (1529; Florenz, Uffizien)

peratur sehr reaktionsträge; erst bei höheren Temperaturen reagiert es mit Halogenen und Sauerstoff. B. ist ein wichtiges pflanzl. →Spurenelement. – Natürl. Vorkommen in →Borax, Borsäure (→Sassolin), Kernit, ferner in Boracit und →Colemanit. B. wird technisch durch Reduktion von B.-Trioxid mit Magnesium (amorphes B.) hergestellt, aus B.-Halogeniden oder B.-Hydriden durch therm. Zersetzung oder aus B.-Halogeniden durch Reduktion mit Wasserstoff im Hochspannungslichtbogen (kristallines B.). Es wird u. a. zur Dotierung von Halbleitern, als Neutronenabsorber in Kernreaktoren, zur Herstellung von B.-Legierungen, B.-Fasern und →Whiskers verwendet. **Borwasserstoffe (Borane)** eignen sich für energiereiche Raketentreibstoffe.

Bora [ital., aus griech. boréas »Nordwind«] *die*, heftiger, kalter, trockener Fallwind an der Küste Dalmatiens; auch übertragen auf ähnl. Winde in anderen Gebieten, die vom kalten Hochland zum wärmeren Tiefland wehen.

Bora, Katharina von, Ehefrau M. Luthers, * Hirschfeld bei Altzella 29. 1. 1499, † Torgau 20. 12. 1552; floh 1523 mit Zustimmung Luthers zus. mit elf anderen Nonnen aus dem Kloster Nimbschen bei Grimma, wo sie bis 1515 Nonne war; schloss am 13. 6. 1525 in Wittenberg mit Luther die Ehe, aus der sechs Kinder hervorgingen und stand der Wirtschaftsführung seines großen, immer gastfreien Haushaltes vor.

Borane, Wasserstoffverbindungen des →Bors.

Borås [buˈroːs], Stadt in S-Schweden, Verw.-Bez. Västra Götaland, 98 500 Ew.; Hochschule; Textilzentrum Schwedens; volkskundl. Freilichtmuseum.

Borassus [griech.], Fächerpalmengattung mit der südasiat. **Palmyrapalme** (B. flabellifer) und der afrikan. **Delebpalme** (B. aethiopium), die u. a. Fasern und essbare Früchte liefern.

Borate, die Salze und Ester der →Borsäure.

Borax [mlat., von pers. burah] *der*, farbloses, weißes, graues oder gelbl., monoklines Bormineral, $Na_2B_4O_7 \cdot 10\,H_2O$, kommt in B.-Seen (Kalifornien, Türkei) vor; dient zum Glasieren, Emaillieren und zum Löten und Schmelzen von Metallen.

Boraxperle, farblose »Perle« (Tropfen) aus geschmolzenem Borax. Sie entsteht, wenn Borax, $Na_2B_4O_7 \cdot 10\,H_2O$, an einem Magnesiastäbchen in der Flamme geglüht wird und das Kristallwasser dabei

Bordeaux: Porte de Cailhau (1493–95)

Bordeaux Stadtwappen

entweicht. Die B. kann zum qualitativen Nachweis von Metallionen genutzt werden. Dazu wird sie in die zu untersuchende, pulverisierte Probe getaucht und in der Flamme des Bunsenbrenners geschmolzen. Die Metallsalze lösen sich dabei in der B. und zeigen eine charakterist. →Flammenfärbung. Aufgrund der heute verfügbaren instrumentellen Analysemethoden haben die Salzperlen aber kaum noch Bedeutung in der Analytik.

Borazin das, zykl. Bor-Stickstoff-Wasserstoff-Verbindung; wegen formaler Ähnlichkeit mit Benzol auch als **anorgan. Benzol** bezeichnet.

Borcarbid das, Bor-Kohlenstoff-Verbindung; das kristalline B_4C ist äußerst hart, chem. beständig und hitzefest.

Borchardt, Rudolf, Schriftsteller, * Königsberg (Pr) 9. 6. 1877, † Trins (bei Steinach, Tirol) 10. 1. 1945; lebte meist in Italien, konnte nach 1933 in Dtl. nicht mehr veröffentlichen. Sein betont formbewusstes und zeitgenöss. Richtungen fernstehendes Werk umfasst Essays, Gedichte, Dramen, Erzählungen und den Roman »Vereinigung durch den Feind hindurch« (1937). Die Erneuerung der europ. Kultur suchte er in der Besinnung auf die großen Traditionen, u. a. übertrug er Werke von Pindar und Dante. Wichtiges autobiogr. Zeugnis sind seine Aufzeichnungen der Jahre 1943–45 (»Anabasis«, hg. 2003).

Borchert, Wolfgang, Schriftsteller, * Hamburg 20. 5. 1921, † Basel 20. 11. 1947; Wegbereiter der dt. Nachkriegsliteratur; gestaltete in den dramat. Szenen »Draußen vor der Tür« (1947) die verzweifelte Situation des Heimkehrers aus dem Zweiten Weltkrieg; schrieb auch Gedichte und Kurzgeschichten, u. a. »Generation ohne Abschied« (1947).

Bord, urspr. der oberste Schiffsrand, übertragen auch für Schiff oder Flugzeug (an B. gehen; B.-Funker).

Bordcomputer [-kɔmˈpjuːtər, engl.], elektron. Datenverarbeitungsanlage an Bord von Flugzeugen, Raumschiffen; dient u. a. zur Flugführung und Navigation; auch im Kfz von zunehmender Bedeutung.

Börde [niederdt., urspr. »Gerichtsbezirk«], fruchtbare, überwiegend landwirtsch. genutzte Ebene, z. B. →Magdeburger Börde.

Bordeaux [bɔrˈdo], Hptst. des frz. Dép. Gironde und der Region Aquitanien, 218 900 Ew. (im Ballungsgebiet rd. 700 000 Ew.); Haupthandels- und Hafenstadt SW-Frankreichs, an der Garonne, in der Weinlandschaft Bordelais. In B. Sitz eines Erzbischofs, Univ. (seit 1441, seit 1995 in vier Univ. geteilt), Akademie der Wiss.en, Literatur und Künste (1712), Handelshochschule, Observatorium, Theater, Museen und Bibliotheken; internat. Musikfestival. Moderne Hafenanlagen mit Erdölvorhäfen; Erdölraffinerien, chem., Gummi-, Apparate-, Nahrungsmittelind., Maschinen-, Fahrzeug-, Flugzeug-, Schiffbau; internat. Messe. Bedeutender Fischereihafen; Flughafen im W der Stadt. – Got. Kathedrale Saint-André (Mitte 12.–15. Jh.; mit frei stehendem Glockenturm »Tour Pey-Berland«, 1440–66), Kirchen Saint-Michel (14.–16. Jh.; ebenfalls mit frei stehendem Glockenturm), Sainte-Croix (12./13. Jh.) und Saint-Seurin (12.–15. Jh.; Fassade 19. Jh.); Reste eines röm. Amphitheaters; zahlreiche Repräsentativbauten des 18. Jh., u. a. Theater und Rathaus. Von der Befestigung blieb die Porte de Cailhau (1493–95) erhalten, jetzt Museum. – B., das gallorom. **Burdigala,** war Hptst. der röm. Provinz Aquitanien. 418 kam es an die Westgoten, 507 an die Franken. Seit dem 7. Jh. zum Herzogtum Aquitanien gehörig, war es damit seit 1152 dem Haus Plantagenet verbunden. Erst 1451 wurde B. französisch; im 16./17. Jh. wichtiger Umschlagplatz des frz. Kolonialhandels. Im Winter 1870/71, im Herbst 1914 sowie im Sommer 1940 war die Stadt Sitz der frz. Regierung.

Bordeauxweine [bɔrˈdo-], frz. Qualitätsweine aus dem **Bordelais** im Dép. Gironde, Rebfläche rd. 110 000 ha; jährl. Ertrag rd. 4–5 Mio. hl Wein, zu etwa gleichen Teilen Weiß- und Rotweine. Die von Qualitätsweinflächen (rd. 80%) stammenden B. kommen entsprechend den gesetzl. Bestimmungen mit einer Herkunftsbezeichnung, der Appellation Contrôlée (AC), auf den Markt, sofern sie (für Rotweine) aus den Rebsorten Cabernet Sauvignon, Cabernet Franc, Merlot, Malbec, Petit Verdot und Carmenère sowie (für Weißweine) Sémillon, Sauvignon und Muscadelle stammen. Es gibt rd. 50 Appellationen.

Bördekreis, Landkreis in Sa.-Anh., 872 km², 74 900 Ew.; Kreisstadt ist Oschersleben (Bode).

Bordelais [bɔrdəˈlɛ], südwestfrz. Weinbaulandschaft, →Bordeauxweine.

Bordell [frz., urspr. »Bretterhütte«] das, Unternehmen, in dem mehrere Personen, die darin räumlich und organisatorisch eingegliedert sind, die →Prostitution ausüben. Der Betrieb eines B. ist grundsätzlich nicht strafbar. Er kann als Ausbeutung von Prostituierten strafbar sein, bes. wenn das B. gewerbsmäßig betrieben wird und die Prostituierten darin in persönl. und wirtschaftl. Abhängigkeit gehalten werden oder das Überlassen der Räume zum Zwecke der Prostitution an Personen unter 18 Jahren erfolgt (§ 180 a StGB).

Bördeln, Fertigungstechnik: das Umbiegen des Randes von Blechen oder Rohren, um den Rand zu verstärken, das Werkstück zu versteifen oder glatte Begrenzungsflächen daran zu erzeugen.

Borden [ˈbɔːdn], Sir Robert Laird, kanad. Politiker (Konservative Partei), * Grand Pré (Neuschottland) 26. 6. 1854, † Ottawa 10. 6. 1937; war 1911–20 Premiermin., erreichte auf den Empirekonferenzen von

1917/18 und auf der Pariser Friedenskonferenz 1919 die internat. Anerkennung Kanadas als eigenständiger Staat. B. gilt als ein Wegbereiter des »British Commonwealth of Nations«.

Borderlinesyndrom [ˈbɔːdəlaɪn-, engl.], Persönlichkeitsstörung mit ausgeprägten Stimmungsschwankungen, intensiven, aber instabilen zwischenmenschl. Beziehungen, Impulsivität bei selbstschädigenden Aktivitäten, z. B. rücksichtsloses Fahren.

Borders Region [ˈbɔːdəz ˈriːdʒən], ehem. Verw.-Gebiet (Region) in SO-Schottland; 1996 durch die Local Authority Scottish Borders ersetzt.

Bordesholm, Gemeinde im Kr. Rendsburg-Eckernförde, Schlesw.-Holst., am Bordesholmer See, 7 600 Ew.; Metall-, Holzindustrie; Landhandel. – Der **Bordesholmer Altar** (1514 – 21) von H. Brüggemann aus der got. ehem. Klosterkirche befindet sich seit 1666 in Schleswig (Petridom).

Bordet [bɔrˈdɛ], Jules, belg. Bakteriologe, * Soignies (Prov. Hennegau) 13. 6. 1870, † Brüssel 6. 4. 1961; beschrieb als Erster die Komplementbindungsreaktion im Rahmen einer Theorie der Immunitätsentwicklung und erhielt dafür 1919 den Nobelpreis für Physiologie oder Medizin. 1906 entdeckte er mit O. Gengou (* 1875, † 1957) den Keuchhustenerreger.

Bordighera [-ˈgeːra], Stadt in Ligurien, Prov. Imperia, an der Riviera di Ponente, Italien, 10 500 Ew.; Kurort und Seebad; Blumenzucht.

Bord|instrumente, Geräte in Flugzeugen, die der Besatzung die Überwachung flugmechan. und navigator. Größen sowie des Zustands versch. Anlagen ermöglichen. Man unterscheidet Flugüberwachungsgeräte (z. B. Geschwindigkeits-, Höhenmesser), Triebwerküberwachungsgeräte (z. B. Drehzahlmesser, Kraftstoffverbrauchsmesser), Flugzeugüberwachungsgeräte (z. B. Stellungsanzeiger für Landeklappen, elektr. und hydraul. Bordsysteme).

Bordun [ital.] *der,* frz. **Bourdon,** *Musik:* 1) unverändert fortklingender Baßton; 2) Brummpfeife des Dudelsacks; 3) Bassaite neben dem Griffbrett der Basslaute; 4) Orgelregister.

Bordüre [frz.] *die,* Einfassung, verzierte Kante oder Borte, z. B. Randmusterung bei Decken, Tüchern, Stoffen durch Stickerei, Weberei oder Druck.

Bordwaffen, an Bord militär. Fahrzeuge (Schiffe, Flugzeuge, Panzer) fest eingebaute Waffen (Maschinenkanonen, Raketen).

Bordwand, bei Schiffen, Booten, Flugzeugen der seitl. Teil der Außenhaut.

Bordzeit, die der geogr. Länge des Standorts von Fahrzeugen (Schiffen, Flugzeugen) entsprechende Tageszeit.

Bore [ind. »Flut«] *die,* **Sprungwelle,** hohe Gezeitenwelle, die bes. bei Springflut weit in trichterförmige Flussmündungen eindringt.

boreal [zu griech. *boréas* »Nordwind«], Bez. für die kaltgemäßigten Klimazonen mit kühlen, feuchten Sommern und langen, kalten Wintern, auch für die diesem Klima zugehörende Pflanzen- und Tierwelt. Der **boreale Nadelwald** ist der an die Arktis anschließende Nadelwaldgürtel auf der Nordhalbkugel.

Boreal *das,* Zeitabschnitt der Nacheiszeit (Holozän) in Mitteleuropa mit warmem, trockenem Klima.

Boreas *der,* in der Ägäis im Sommer zuweilen stürm. Nordwind.

Boreas, *griech. Mythologie:* Gott des Nordwinds, Sohn der Eos; raubte Oreithyia, die Tochter des athen. Königs Erechtheus. Sie gebar ihm zwei Söhne, die Bo-

readen, Helden der Argonautenfahrt. Die Athener verehrten B., da sie ihm den Sieg über die pers. Flotte (480 v. Chr.) zuschrieben.

Borg [bɔrj], Kim, finn. Sänger (Bass), * Helsinki 7. 8. 1919, † Kopenhagen 28. 4. 2000; debütierte 1947 als Konzertsänger, 1951 als Opernsänger; auch Komponist von Kammermusik und Liedern.

Borges [ˈbɔrxɛs], Jorge Luis, argentin. Schriftsteller, * Buenos Aires 24. 8. 1899, † Genf 14. 6. 1986; war Bibliothekar, 1955–73 Direktor der argentin. Nationalbibliothek; ab etwa 1955 erblindet; war avantgardist. Lyriker, schrieb dann Essays (»Geschichte der Ewigkeit«, 1936) und ab 1940 fantast. Erzählungen um Zeit und Ewigkeit, Diesseits und Jenseits, Wandlung und Dauer, so u. a. »Das Aleph« (1949) und »Das Sandbuch« (1975). B. beeinflusst bis heute nachhaltig die lateinamerikan. Kultur und gilt als einer der »Ahnherren« der Postmoderne.

Borghese [borˈgeːse], röm. Adelsfamilie, aus der Papst Paul V. (1605–21) stammte; ihm verdankt sie Reichtum und Fürstentitel. Der Park der **Villa B.** ist der größte in Rom (seit 1903 städtisch), die **Galleria B.** (seit 1901 staatlich) enthält die von der Familie gesammelten Gemälde (Raffael, Tizian, Correggio u. a.) und Skulpturen (Bernini, Canova, antike Werke, mit Ausnahme der von Napoleon I. nach Paris gebrachten, wie z. B. des Borghesischen Fechters).

Borgholm [ˈbɔrj-], Hauptort der schwed. Insel →Öland.

Borgholzhausen, Stadt im Kreis Gütersloh, NRW, im Teutoburger Wald, 8 900 Ew.; Fleischwaren-, Fördermittel-, Aluminium- und Kunststoffind., Honigkuchenbäckerei; im Ortsteil Cleve die Burgruine Ravensberg. – Erhielt 1719 Stadtrecht.

Borgia [ˈbɔrdʒa, ital.], span. **Borja,** Adelsgeschlecht aus Spanien, kam Anfang des 15. Jh. nach Italien; ihm entstammen die Päpste Calixtus III. (1455–58) und Alexander VI. (1492–1503).

1) Cesare, ital. Renaissancefürst, * Rom im Sept. 1475, ⚔ Viana (bei Pamplona) 12. 3. 1507, Sohn Papst Alexanders VI., Bruder von 2); Erzbischof von Valencia (1492) und Kardinal (1493), wurde zum frz. Herzog von Valence erhoben und unterwarf 1499–1502 die Romagna, Umbrien und Siena, musste aber 1503 seine Eroberungen an Papst Julius II. abtreten und diente danach seinem Schwager, dem König von Navarra. Mit der Vernichtung vieler Feudal- und Stadtherrschaften bereitete er einen einheitl. Staat in Mittelitalien vor. Er verkörperte das Ideal des skrupellosen, genuss- und kunstliebenden Renaissancefürsten.

2) Lucrezia, * Rom 18. 4. 1480, † Ferrara 24. 6. 1519, Tochter Papst Alexanders VI., Schwester von 1); ∞ seit 1501 in 3. Ehe mit dem Herzog von Ferrara, Alfonso d'Este; sie zog Dichter und Gelehrte (Ariosto, Bembo) an ihren Hof. Ihr die Jahrhunderte überdauernder schlechter Ruf entstand durch Verleumdung. – Abb. S. 614

Borgis [aus frz. *bourgeois* »bürgerlich«] *die,* veraltete Bez. für einen Schriftgrad von 9 Punkt, der seit der Frz. Revolution aus Ersparnisgründen für die Bücher der Bürger verwendet wurde. (→Schriften)

Borgu, vorkoloniales afrikanisches Reich (16. bis 19. Jh.) im mittleren Sudan, westlich des Niger, im Grenzgebiet der heutigen Rep. Nigeria und Benin. 1898 zw. Frankreich und Großbritannien aufgeteilt.

Boride, nicht stöchiometr. Verbindungen von Bor mit Metallen. Viele B. sind hochschmelzend und hart

Jules Bordet

Jorge Luis Borges

Lucrezia Borgia, Ausschnitt aus einem Fresko von Pinturicchio (1492–95; Vatikan, Appartamento Borgia)

Borkenkäfer: Buchdrucker

Tadeusz Bór-Komorowski

Max Born

und werden für Schleifmittel, Hartstoffe, hochtemperaturbeständige Werkstoffe u. Ä. verwendet.

Borinage [-'naːʒ] *die,* ehem. belg. Steinkohlenrevier südlich der Haine zw. Mons und der frz. Grenze.

Boris, Herrscher:

Bulgarien: **1) B. I.,** erster christl. Fürst der Bulgaren (852–889), † 2. 5. 907; trat 864 mit dem Adel zum Christentum über und lebte zuletzt als Mönch Michael im Kloster. Bulgar. Nationalheiliger, Tag: 15. 5.

2) B. III., Zar (1918–43), * Sofia 30. 1. 1894, † ebd. 28. 8. 1943; bestieg nach der Abdankung seines Vaters Ferdinand I. den Thron. Seit 1934 regierte er autoritär. 1941 führte er Bulgarien in den Dreimächtepakt, vermied aber den Eintritt seines Landes in den Krieg gegen die UdSSR.

Russland: **3) B. Godunow,** russ. Zar, → Godunow.

Borissow, weißruss. **Baryssaŭ,** Hafenstadt an der Beresina, Gebiet Minsk, Weißrussland, 151 000 Ew.; Bau von Maschinen, medizin. Geräten, Holz-, chem. Ind., Kristallglashütte, Klavierbau.

Boris und Gleb, die ersten Heiligen der russ.-orthodoxen Kirche. Bei den Erbstreitigkeiten nach dem Tod ihres Vaters, des Fürsten → Wladimir I. von Kiew, ließ ihr Halbbruder Swjatopolk sie 1015 töten; Verehrung als Heilige seit 1072 bezeugt. Tag: 2. 5.

Borke, 1) *Botanik:* abgestorbene Teile der Rinde.
2) *Medizin:* der → Schorf.

Borken, 1) Grenzkreis zu den Niederlanden im Reg.-Bez. Münster, im westl. Münsterland, mit 1 419 km² zweitgrößter Kreis in NRW, 366 900 Ew. Auf vorwiegend sandigen Böden intensive Milchwirtschaft und Schweinemast, Kartoffel- und Futterpflanzensowie etwas Gartenbau. Industriestandorte sind v. a. Borken 2), Bocholt, Ahaus und Gronau.

2) Krst. von 1) in NRW, im westl. Münsterland, an der niederländ. Grenze, 40 800 Ew.; Maschinenbau, Metall-, Holzverarbeitung, Textilindustrie. 1945 stark zerstört. B. erhielt 1226 Stadtrechte.

3) Stadt im Schwalm-Eder-Kr., Hessen, an der Schwalm, 13 500 Ew.; Bergbaumuseum mit Naturschutz-Informationszentrum; 1899–1991 Braunkohlenabbau und -verstromung. – Erhielt 1317 Stadtrecht.

Borkenflechte, Name für versch. infektiöse Hauterkrankungen: beim Menschen → Impetigo, bei Tieren → Glatzflechte.

Borkenkäfer, Scolytidae, Ipidae, Käferfamilie mit etwa 4 600 Arten, 1–12 mm lange, walzenförmige Käfer, Forstschädlinge. Das Weibchen der **Rindenbrüter** nagt unter die Baumrinde einen Muttergang, in dessen Seiten die Eier abgelegt werden. Bei den **Holzbrütern** finden sich Leiter-, Gabel- oder Platzgänge. Nach dem Fraßbild unterscheidet man Bastkäfer mit dem **Großen Waldgärtner** (Blastophagus piniperda, bis 4,8 mm lang), Splintkäfer mit dem **Großen Ulmensplintkäfer** (Scolytus scolytus, bis 5,5 mm lang) und die eigentl. B. mit dem nach dem Fraßbild benannten **Buchdrucker** (Ips typographus, bis 5,5 mm lang).

Borkenkrepp, Gewebe mit rindenartigen Kreppfalten.

Bór-Komorowski [bur-], Tadeusz, urspr. Graf **Komorowski,** poln. General, * bei Trembowla (heute Terebowlja, Gebiet Ternopol) 1. 6. 1895, † Grove Farm (Buckinghamshire) 24. 8. 1966; führte 1943/44 im Untergrund unter dem Decknamen **Bór** (Wald) die → Armia Krajowa. 1944 leitete er den Warschauer Aufstand; 1947–49 war er Min.-Präs. der poln. Exilregierung.

Borku, frz. **Borkou,** wüstenhaftes Tafel- und Bergland (mit Oasen) in der Sahara, südöstl. des Tibesti, im N der Rep. Tschad.

Borkum, die westlichste und größte (30,7 km²) der Ostfries. Inseln. B. gehört zum Landkr. Leer, Ndsachs.; an der Westküste Stadt und Seebad B.; 5 600 Ew.; Fährverbindung mit Emden; Kleinbahn zw. Hafen und Ort.

Borlänge, Industriestadt in Dalarna, Mittelschweden, 46 900 Ew.; Hochschule Dalarna; Großkraftwerk am stromschnellenreichen Dalälv; Elektrostahlwerk, Papierindustrie.

Borlaug [ˈbɔːlɔːg], Norman Ernest, amerikan. Agrarwissenschaftler, * Cresco (Iowa) 25. 3. 1914; erhielt 1970 den Friedensnobelpreis für seine Arbeiten zum Welternährungsproblem (Züchtung ertragreicher Getreidesorten).

Borman [ˈbɔːmən], Frank, amerikan. Astronaut, * Gary (Ind.) 14. 3. 1928; Kommandant von »Gemini 7« und von »Apollo 8« beim ersten bemannten Flug um den Mond (1968).

Bormann, Martin, Politiker (NSDAP), * Halberstadt 17. 6. 1900, † Berlin 2. 5. 1945; urspr. Landwirt, galt als einer der radikalsten Ratgeber Hitlers. 1941–45 leitete er die Parteikanzlei; 1943–45 »Sekretär des Führers«; 1946 in Nürnberg vom Internat. Militärtribunal in Abwesenheit zum Tode verurteilt.

Bormio, früher dt. **Worms,** Gem. in den ital. Alpen, in der Lombardei, Prov. Sondrio, 1 225 m ü. M., an der Adda und der Straße über das Stilfser Joch, 4 100 Ew.; Wintersportplatz und Heilbad.

Born, 1) Max, Physiker, * Breslau 11. 12. 1882, † Göttingen 5. 1. 1970; Prof. in Breslau, Berlin, Frankfurt am Main, Göttingen und Edinburgh; grundlegende Arbeiten zur Quantenmechanik; erhielt für seine statist. Deutung der Wellenmechanik 1954 (zus. mit W. Bothe) den Nobelpreis für Physik.

2) Nicolas, Schriftsteller, *Duisburg 31. 12. 1937, †Hamburg 7. 12. 1979; seine Romane sind zeitbezogen, thematisieren aber immer nach innen gerichtete Konflikte; damit spiegeln sie das Lebensgefühl der 1970er-Jahre (»neue Subjektivität«): »Die erdabgewandte Seite der Geschichte« (1976), »Die Fälschung« (hg. 1979); schrieb auch Lyrik (»Gedichte«, hg. 2004) und Essays.

Borna, Krst. des Landkreises Leipziger Land, Sachsen, Große Kreisstadt, im S der Leipziger Tieflandsbucht, 22 700 Ew.; kleine und mittelständ. Unternehmen versch. Gewerbe. – Kunigundenkirche (vor 1200; roman. Backsteinbasilika). – Anfang des 11. Jh. entstanden, 1251 als Stadt genannt; Kreisstadt 1952–94 und wieder seit 1999.

Borna-Krankheit, durch das Borna-Virus ausgelöste Krankheit des Nervensystems von Pferden und Schafen; zuerst 1894 in Borna beobachtet. Krankheitszeichen sind anfangs unspezifisch, z. B. Leistungsschwäche, Futterverweigerung, Temperaturerhöhung, Kolik; im weiteren Verlauf Kopfzittern, Koordinationsstörungen, Zwangsbewegungen; meldepflichtig.

Börne, Ludwig, eigtl. Löb **Baruch,** Schriftsteller, *Frankfurt am Main 6. 5. 1786, †Paris 12. 2. 1837; trat 1818 zum Protestantismus über; wandte sich in seiner iron.-polem. Publizistik gegen polit. und kulturelle Reaktion; lebte ab 1830 in Paris, vermittelte in seinen »Briefen aus Paris« (6 Tle., 1832–34) den radikalen frz. Liberalismus und verfocht die These, dass das ästhet. Zeitalter vom polit. abgelöst werde und die Literatur nur noch als Dienerin des polit. und moral. Fortschritts daseinsberechtigt sei (→ Junges Deutschland).

Borneo, indones. **Kalimantan,** größte der Großen Sundainseln, Malaiischer Archipel. Von den 778 119 km² (mit Nebeninseln) gehören zu Indonesien 574 194 km² (vier Provinzen), zu Malaysia 198 160 km² (→ Sabah, → Sarawak) und zu → Brunei 5 765 km². – Gebirgiges, von trop. Regenwald bedecktes Landesinneres (im Kinabalu 4 101 m hoch). Die langen, wasserreichen Flüsse (Barito, Kapuas) sind meist schiffbar. Weite Teile im SO und W sind nach Brandrodung von Alang-Alang-Grasfluren bedeckt; an den Küsten Mangrovewälder. Die Bev. (rd. 15 Mio.) besteht v. a. aus Altmalaien im Innern (→ Dayak), aus Jungmalaien an den Küsten und chin. Einwanderern im Westen. – Die Wirtschaft ist noch wenig entwickelt; an den Küsten Kautschuk-, Tabak- und Kokosnusspflanzungen. B. ist reich an Bodenschätzen: Erdölvorkommen im O und NW (Brunei), Gold, Steinkohle, Diamanten. – Die muslim. Malaien ließen sich an der Küste und an den Flussufern nieder, unterwarfen oder verdrängten die eingeborenen Dayak und gründeten Seeräuberstaaten. Seit 1598 setzten sich die Niederländer auf B. fest. Die Briten erwarben 1888 Nordborneo. 1942–45 war B. von den Japanern besetzt. Die niederländ. Teile kamen 1949 an Indonesien, die brit. Gebiete 1963 an Malaysia. Brunei blieb brit. Protektorat (bis 1983); seit 1984 unabhängig.

Borneol *das,* bizykl. Terpenalkohol, findet sich in versch. äther. Ölen und wird v. a. in der Riechstoffind. verwendet; Geruch kampferartig, leicht holzig.

Bornheim, Stadt (seit 1981) im Rhein-Sieg-Kreis, NRW, am O-Rand der Ville, 49 000 Ew.; Obst-, Gemüsebau.

Bornholm, dän. Ostseeinsel, vor der SO-Spitze Schwedens gelegen, 589 km², 43 800 Ew.; im Rytterknægten 162 m hoch. Die zerklüftete Steilküste im NW und NO besteht aus Granit, die nach SW geneigte Tafel teils aus Sandsteinen, Schiefern und Juraschichten, teils aus fruchtbaren eiszeitl. Moränenböden; Wald und Heide herrschen im Innern vor. Ackerbau, Viehzucht, Fischerei, bodenständige Industrien (Keramik, Kunststein); Fremdenverkehr. Hauptort ist Rønne. – B., das mittelalterl. **Burgundarholm,** wurde im 11. Jh. christianisiert, kam im 12. Jh. an das Erzbistum Lund (Festung Hammershus, 13. Jh., heute Ruine), gehörte 1525–75 zu Lübeck, 1658–60 zu Schweden und ist seitdem dänisch.

Bornholm-Krankheit, epidemische Pleurodynie, **Myalgia epidemica,** akute, epidemisch auftretende Infektionskrankheit, hervorgerufen durch Coxsackie-Viren Typ B, seltener A; gekennzeichnet durch Fieber und starke Muskelschmerzen. Erstmals 1904 auf Bornholm beobachtet.

Bornit

Bornit [nach dem österr. Hüttenfachmann I. von Born, *1742, †1791] *der,* **Buntkupferkies,** tetragonal-pseudokubisch kristallisierendes, oberhalb 288 °C kubisches Mineral, Cu_5FeS_4 (Cu-Gehalte 55–69 %); wichtiges Kupfererz.

Bor|nitrid *das,* **BN,** in drei Modifikationen vorkommende Bor-Stickstoff-Verbindung; technisch bed. ist das kubische β-BN (**Borazon**), das etwa die Härte des Diamanten erreicht, aber sehr viel hitzebeständiger ist; verwendet z. B. für Schleifmaterialien, zur Auskleidung von Verbrennungskammern.

Bornu, afrikan. Reich (14.–19. Jh.) südwestlich des Tschadsees, stand in geschichtl. Zusammenhang mit

Borobudur: Ansicht der über 40 m hohen, von einem zentralen Stupa gekrönten buddhistischen Tempelanlage (um 800 erbaut; restauriert)

Jonathan Borofsky: »Man walking to the sky« (Himmelsstürmer), 1992 zur »documenta 9« errichtet, heute vor dem Alten Hauptbahnhof in Kassel

Borobudur: schematischer Grundriss des Bauwerks

Alexander Borodin

Borretsch

dem Reich Kanem (8.–14. Jh.; →Kanem-Bornu); das Gebiet bildet heute den Bundesstaat **Borno** im NO Nigerias.

Borobudur, buddhist. Heiligtum in Mitteljava, die bedeutendste Tempelanlage des Mahayana-Buddhismus, um 800 erbaut. Das pyramidenähnl. Monument gipfelt in einem Zentralstupa; die um 1830 entdeckte Anlage wurde im späten 19. Jh. restauriert; erneut verfallend, wurde B. in den 1970er-Jahren abgetragen und neu zusammengefügt (UNESCO-Welterbe); seit 1983 wieder zugänglich. – Weitere Abb. S. 615

Borodin, Alexander Porfirjewitsch, russ. Komponist, * Petersburg 12. 11. 1833, † ebd. 27. 2. 1887; Chemiker (seit 1864 Prof. für organ. Chemie) und Arzt; gehörte zur »Gruppe der Fünf«, dem Kreis um M. A. Balakirew; komponierte zwei Sinfonien, zwei Streichquartette, Lieder, Oper »Fürst Igor« (1890).

Borodino, Dorf in Russland, 124 km westl. von Moskau. Hier siegte am 7. 9. 1812 Napoleon I. über den russ. General M. I. Kutusow.

Borofsky, Jonathan, amerikan. Künstler, * Boston (Mass.) 2. 3. 1942; lebt in New York; arbeitete in den 60er-Jahren auf dem Gebiet der Concept-Art, gehört heute mit seinen großformatigen figurativen Bildern zu den Vertretern des New-Image-Painting. B. gestaltete auch Objekte und Installationen; zahlr. Zeichnungen.

Borosilikatgläser, Gläser mit hoher Temperaturwechselbeständigkeit und chem. Widerstandsfähigkeit, die Bortrioxid und Siliciumdioxid als Glasbildner enthalten; Verwendung als Laborgläser, Kochgeräte, opt. Gläser, zur Einbettung hochradioaktiver Abfälle.

Borough [ˈbʌrə], in Großbritannien: Marktflecken, Stadtgemeinde. Die B., bei denen man seit 1888 zw. grafschaftsangehörigen (**Municipal B.**) und grafschaftsfreien (**County B.**) unterschied, wurden 1972 abgeschafft (Ausnahme: Groß-London). **Parliamentary B.** sind besondere städt. Wahlkreise.

Borrelien [nach dem frz. Bakteriologen A. Borrel, * 1867, † 1936], anaerobe Spirochäten, 5–20 µm lang, bis 0,5 µm dick; leben parasitisch in Läusen, Zecken, Wanzen u. a. Gliederfüßlern und werden von diesen durch Stich oder Biss auf Mensch und Wirbeltiere übertragen; können dort Erkrankungen hervorrufen, u. a. →Lyme-Borreliose und →Rückfallfieber.

Borretsch, Gurkenkraut, Borago officinalis, stark behaartes Raublattgewächs mit blauen Blüten. Die Blätter dienen zum Würzen von Salaten und als Gemüse.

Borris, Siegfried, Komponist, * Berlin 4. 11. 1906, † ebd. 23. 8. 1987; schrieb Jugend- und Funkopern (»Hans im Glück«, 1947), Sinfonien, Kammermusik, Chorwerke, Lieder.

Borromäerinnen, weibl. kath. Kongregationen, die sich bes. der Krankenpflege widmen (→Barmherzige Schwestern).

Borromäische Inseln, ital. **Isole Borromee,** Inselgruppe im Lago Maggiore; nach der Mailänder Adelsfamilie Borromeo benannt, die von 1630 an auf den beiden größeren Inseln, **Isola Bella** und **Isola Madre,** Villen und Parkanlagen schuf; außerdem die **Isola dei Pescatori** mit maler. Fischerdorf.

Borromäusverein, größte kath. Volksbildungsorganisation zur »Verbreitung guter Bücher«; Sitz: Bonn; gegr. 1844. Der B. betreut und beliefert alle kath. öffentl. Büchereien in Dtl. (außerhalb Bayerns) und gestaltet die Aus- und Fortbildung für das öffentl. Büchereiwesen in kath. Trägerschaft. In Bayern: Sankt →Michaelsbund.

Borromeo, Carlo, latinisiert **Borromäus,** ital. Theologe, * Arona (am Lago Maggiore) 2. 10. 1538, † Mailand 3. 11. 1584; ab 1560 Kardinal und Erzbischof von Mailand; wirkte für Erneuerung des kirchl. Lebens; verkörperte das neue Bischofsideal der →katholischen Reform. Heiliger (seit 1610), Tag: 4. 11.

Borromini, Francesco, eigtl. F. Castello, ital. Baumeister, * Bissone (Kt. Tessin) 25. 9. 1599, † (Selbsttötung) Rom 2. 8. 1667; begann bei C. Maderno und G. L. Bernini, dessen Gegenspieler er später wurde. B. begründete einen neuen Stil, dessen Formen über rhythmisch gekurvten Grundrissen vor- und zurückschwingen und sich zu reich bewegten Raumgebilden durchdringen. Seine Kunst wirkte v. a. im dt. Spätbarock fort. – *Werke* (alle in Rom): San Carlo alle Quattro Fontane (1634–50); Oratorium und Konvent San Filippo Neri (1637–50); Univ.-Kirche Sant'Ivo alla Sapienza (1642–60); Collegio di Propaganda Fide (1646–66).

Borsäure, $B(OH)_3$, bei Zimmertemperatur feste, schwache Säure. Sie findet sich frei in den heißen Quelldämpfen z. B. bei Sasso in der Toskana und kommt kristallisiert als Mineral (Sassolin) vor. Die Salze und Ester sind die **Borate.**

Borsche, Dieter, Bühnen- und Filmschauspieler, * Hannover 25. 10. 1909, † Nürnberg 5. 8. 1982; spielte in den 1950er-Jahren zahlr. Film-, später bes. Fernsehrollen; Theaterdarsteller u. a. unter E. Piscator in Berlin.

Borschtsch [russ.] *der,* russ. Nationalgericht; Suppe aus Rindfleisch, Gemüse, bes. Kohl und Roten Rüben, mit saurer Sahne.

Börse, regelmäßige Zusammenführung von Kauf- und Verkaufsinteressen, traditionell im Zuge des Zusammentreffens von Käufern und Verkäufern (**Präsenz-B.**) an einem bestimmten Ort (B.-Saal, B.-Parkett) und zu bestimmten Zeiten (B.-Zeit) oder durch Eingabe in ein elektron. Handelssystem (**Computer-B.**). Objekte des B.-Handels sind vertretbare (bewegl.) und austauschbare Sachen, die im Verkehr nach Zahl, Maß oder Gewicht exakt bestimmt werden. Die B. führt Angebot und Nachfrage marktmäßig zusammen und gleicht sie aus durch amtl. Festsetzung von Preisen (Kursen), zu denen möglichst viele Geschäfte ausgeführt werden können.

Arten: 1) **Effekten-B.** oder **Wertpapier-B.** für Aktien oder festverzinsl. Wertpapiere, 2) **Devisen-B.,** 3) **Waren-B.,** an denen entweder versch. vertretbare Waren,

v. a. landwirtsch. Erzeugnisse, gehandelt werden (**Produkten-B.**) oder nur jeweils eine Warengattung für standardisierte Welthandelsgüter (**Spezial-B.**, z. B. für Kaffee, Edelmetalle), 4) **Termin-B.**, an denen bes. → Derivate gehandelt werden. Weiter existieren börsenähnlich organisierte Märkte, u. a. **Dienstleistungs-B.** für Geschäfte im Verkehrs- und Versicherungsbereich, z. B. Schifffahrtsbörsen.

B.-Geschäfte sind entweder Kassageschäfte, d. h. Geschäfte, bei denen Lieferung und Zahlung innerhalb kürzester Frist erfolgen müssen, oder →Termingeschäfte. Rechtsgrundlage bilden das B.-Gesetz vom 21. 6. 2002 und das Wertpapierhandelsgesetz i. d. F. vom 9. 9. 1998. Oberste Instanz in allg. B.-Angelegenheiten ist in Dtl. der Bundesfinanzminister. Die Bundesanstalt für Finanzdienstleistungsaufsicht (BAFin) übt die Rechts- und Handelsaufsicht aus. Dem **B.-Rat** obliegen v. a. der Erlass einer Gebühren- und einer B.-Ordnung (Geschäftsordnung), die Bestellung und Abberufung der Geschäftsführer und die Überwachung der Geschäftsführung. Die **B.-Ordnung** muss Bestimmungen über den Geschäftszweig, die Organisation und die Handelsarten der B., die Veröffentlichung der Preise und Kurse (inklusive der ihnen zugrunde liegenden Umsätze) sowie eine Entgeltordnung für die Tätigkeit der →Skontroführer enthalten. Bei Wertpapier-B. muss die B.-Ordnung auch Bestimmungen über Zusammensetzung und Wahl der Mitgl. der Zulassungsstelle und über die Bedeutung der Kurszusätze und -hinweise enthalten. Die Zulassung von Wertpapieren wird zudem durch die Börsenzulassungs-VO geregelt. **B.-Usancen** sind die Geschäftsbedingungen einer B.; sie regeln die Durchführung von Wertpapiergeschäften im Präsenz- sowie im elektron. Handel.

Die **B.-Versammlung** findet börsentäglich (in Dtl. montags bis freitags) statt; die Handelszeit liegt zw. 9 und 20 Uhr. Vorher und nachher finden die nicht amtl. **Vor-** und **Nachbörse** statt.

Die Feststellung der Kurse im amtl. B.-Verkehr erfolgt an den Wertpapier-B. nur für solche Wertpapiere, die ausdrücklich zum B.-Handel zugelassen sind. Die Skontroführer ermitteln den Kurs laufend aus Angebot und Nachfrage. Die festgestellten Kurse werden im amtl. Kursblatt bekannt gegeben. Außer dem amtl. Markt mit strengen Zulassungsbestimmungen gibt es den geregelten Markt mit leichteren Zulassungsvoraussetzungen und den privatrechtlich geregelten Open Market (Freiverkehr, Markt für amtlich nicht notierte Werte).

Neben ihrer Bedeutung als Barometer für wirtsch. Entwicklungen oder »Seismografen« für Wirkungen polit. Ereignisse haben B. folgende wirtsch. Funktionen: Bewertung von Kapitalgesellschaften aufgrund ihrer Kursentwicklung; Anlegern von Geldkapital ermöglichen die Wertpapier-B. eine liquide, weil jederzeit verwertbare Anlage, emittierende Schuldner erhalten langfristige Kredite oder Geldkapital, B. erhöhen die nat. und internat. Mobilität des Kapitals; im Außenhandel bieten Devisen- und Waren-B. die Möglichkeit, sich durch Preis- bzw. Kurssicherungsgeschäfte (→Hedging) gegen Preis- bzw. Kursschwankungen zu sichern, Zins- und Aktienkursrisiken lassen sich durch entsprechende Kontrakte an Termin-B. verringern. Die Vernetzung der Informationssysteme ermöglicht heute einen internat. Wertpapierhandel »rund um die Uhr«. Seit 1991 gibt es ein duales System von Präsenz- und Computerbörse (→Xetra®).

Geschichtliches: Im späten MA. wurde aus den urspr. formlosen Zusammenkünften von Kaufleuten eine rechtlich geregelte Einrichtung, teils durch Gesetzgebung, teils durch Gewohnheitsrecht und Selbstverwaltung. Der Name B. taucht erstmals im 16. Jh. auf. Die erste internat. B. hatte Antwerpen (1531). In Frankreich waren die ersten gesetzlich organisierten B. die von Lyon, Toulouse (1546) und Rouen (1566); Paris erhielt erst 1724 eine gesetzl. Börse. In London wurde 1566–70 die Royal Exchange (anfänglich The Bourse gen.) gegründet. In Dtl. entstanden in der 1. Hälfte des 16. Jh. B. in Augsburg und Nürnberg, in der 2. Hälfte in Hamburg und Köln, Anfang des 17. Jh. in Königsberg (Pr), Lübeck, Frankfurt am Main und Leipzig, Anfang des 18. Jh. in Berlin. Die Berliner und alle B. in der sowjet. Zone wurden 1945 geschlossen. In Dtl. gibt es acht Wertpapier-B.: Frankfurt am Main (führend), Berlin (1950 wieder eröffnet), München, Hamburg, Düsseldorf, Stuttgart, Hannover, Bremen; ferner Produktenbörsen.

Börsenumsatzsteuer, bis 1991 Form der →Kapitalverkehrsteuer.

Börsenverein des Deutschen Buchhandels e. V., urspr. **Börsenverein der dt. Buchhändler zu Leipzig,** Interessenverband der Verlage, Buchhandlungen und des Zwischenbuchhandels in Dtl. mit Sitz in Frankfurt am Main. Der Aufgabenbereich erstreckt sich v. a. auf die Interessenvertretung der Buchbranche in Fragen der Wirtschaft (Urheber-, Verlags-, Wettbewerbs- und Steuerrecht, Berufsbildung, Rationalisierung des Geschäftsverkehrs) sowie der Kulturpolitik (Leseförderung, Literaturfreiheit, Buchkunst, Buchforschung). 1825 in Leipzig gegr., wurde 1912 mit der Dt. Bücherei in Leipzig die erste dt. Zentralbibliothek geschaffen. In der Zeit des Nationalsozialismus wurde die Organisation gleichgeschaltet. Für den Buchhandel in der DDR wurde 1945 der »Börsenverein der Dt. Buchhändler zu Leipzig« gegründet, in den westl. Besatzungszonen kam 1948 der »Börsenverein Dt. Verleger- und Buchhändler-Verbände e. V.«, Frankfurt am Main, zustande; 1955 löste in der Bundesrep. Dtl. der B. d. D. B. e. V. die bisherige Organisation ab. Die Börsenvereine in Frankfurt am Main und Leipzig fusionierten 1991 zu einem gemeinsamen Verband, der den Frankfurter Namen fortführt.

Börse: Das Gebäude der 1801 gegründeten Brüsseler Börse wurde 1868–75 nach Plänen von Tieleman Fransiscus Suys errichtet.

Carl Bosch

Robert Bosch

2003 erfolgte eine Umorganisation, die Börsenverein und Landesverbände zum Gesamtverein vereinigte. Das 1834 ff. vom Börsenverein herausgegebene »Börsenblatt für den Dt. Buchhandel« erschien 1945–90 in einer »Leipziger« und einer »Frankfurter« Ausgabe, seit 1991 erscheint die Weiterführung des Frankfurter Blattes. Der B. d. D. B. e. V. verleiht seit 1951 jährlich den →Friedenspreis des Deutschen Buchhandels.

Borsig, August, Industrieller, * Breslau 23. 6. 1804, † Berlin 6. 7. 1854; gründete 1837 in Berlin eine Eisengießerei und Maschinenfabrik. Unter seinem Sohn Julius Albert B. (* 1829, † 1878) und seinem Enkel Ernst von B. (* 1869, † 1933; geadelt 1909) entwickelte sich das Unternehmen zum größten europ. Lokomotivproduzenten. 1935 wurde die Familien-GmbH von der Rheinmetall AG übernommen, 1947 stillgelegt, 1950 als Borsig AG neu gegründet (seit 1968 GmbH), 1970 von der Dt. Babcock AG übernommen; 2002 kam es aufgrund der Insolvenz der Babcock Borsig AG zur Neugründung der Borsig GmbH (Sitz: Berlin).

Borsippa, heute **Birs Nimrud,** alte babylon. Stadt, in S-Irak, 15 km südlich von Babylon (erste Erwähnung um 2050 v. Chr.), Kultort des Gottes Nabu mit seinem Heiligtum Esida. Die Zikkurat von B. wurde lange für den →Babylonischen Turm gehalten.

Borsten, steife, relativ dicke Haare vom Haus- und Wildschwein; dienen als Werkstoff für Pinsel (B.-Pinsel) und Bürsten. Widerstandsfähigere Kunst-B. werden aus verspinnbaren Kunststoffen hergestellt oder aus Folien geschnitten.

Borstenschwänze, Thysanura, lang gestreckte, beschuppte Insekten mit drei langen, borstenartigen Hinterleibsanhängen. B. wurden früher als Ordnung der Urinsekten (Apterygota) betrachtet, heute in zwei Ordnungen aufgeteilt: **Felsenspringer** (Archaeognatha) und **Silberfischchen** (Zygentoma). Letztere sind Hausschädlinge in feuchten Wohnungen.

Borstenzähner, Chaetodontidae, Familie tropischer Knochenfische, 15–20 cm lang, mit den **Schmetterlings-, Engel-, Kaiser-** und **Wimpelfischen;** bunt gefärbt mit zahlr. borstenartigen Zähnen in beiden Kiefern.

Borstgras, Steifes Borstgras, Nardus stricta, bis 40 cm hohes Süßgras mit borstenförmigen Blättern, auf Heiden, trockenen Wiesen und Mooren.

Borte, gemustertes Schmalgewebe, z. B. zum Besetzen von Kleidungsstücken.

Bortnjanski, Dmitri Stepanowitsch, russ. Komponist, * Gluchow (Gebiet Tschernigow, Ukraine) 1751, † Sankt Petersburg 10. 10. 1825; komponierte über 160 Kirchengesänge (darunter G. Tersteegens »Ich bete an die Macht der Liebe«) sowie Opern, Sinfonien und Kammermusik.

Bortnyik [-ni:k], Sándor, ungar. Maler und Grafiker, * Marosvásárhely (heute Târgu Mureș, Rumänien) 3. 7. 1893, † Budapest 31. 12. 1976; vertrat in seiner Privatschule für angewandte Grafik (»Műhely«, 1928–38) die Ideen des Bauhauses.

Bortoluzzi, Paolo, ital. Tänzer, Choreograf und Ballettdirektor, * Genua 17. 5. 1938, † Brüssel 16. 10. 1993; tanzte 1960–72 beim Ballet du XXe Siècle die Hauptrollen fast aller Choreografien von M. Béjart; 1984–90 Direktor des Balletts der Dt. Oper am Rhein in Düsseldorf/Duisburg, danach des Ballet-Théâtre in Bordeaux.

Borussia, nlat. Name für Preußen; auch Bez. für eine Frauengestalt als Personifikation Preußens.

Bos [lat.], Gattung der →Rinder.

Bosanski Brod, Stadt in Bosnien und Herzegowina, am Südufer der Save, gegenüber von Slavonski Brod (Kroatien), 14 000 Ew.; Erdölraffinerie.

Bosch, 1) Carl, Chemiker, Ingenieur und Industrieller, * Köln 27. 8. 1874, † Heidelberg 26. 4. 1940, Neffe von 3); wurde 1919 Vors. des Vorstandes der BASF, 1935 des Aufsichtsrates der I. G.-Farben-Industrie AG; führte die techn. Ausgestaltung der haberschen Ammoniaksynthese (Haber-Bosch-Verfahren) durch; förderte die chem. Hochdruckverfahren (z. B. Kohlehydrierung, Methanolsynthese), erhielt dafür 1931 mit F. Bergius den Nobelpreis für Chemie.

2) [bɔs], Hieronymus, eigtl. Jeronimus **B. van Aken,** niederländ. Maler, * Herzogenbusch um 1450, begraben ebd. 9. 8. 1516; schuf bed. religiöse Bilder. Sie stellen groteske Figuren und spukhafte, in ihrer Bedeutung oft rätselhafte Wesen dar, v. a. Allegorien für Versuchungen, Todsünden, Höllenstrafen. Man hat die Symbolik seiner Bilder mithilfe der zeitgenöss. Literatur zu deuten versucht.

Werke: Heuwagen-Triptychon (Madrid, Prado); Der Garten der Lüste (ebd.); Die Versuchung des hl. Antonius (Lissabon, Museu Nacional de Arte Antiga); Weltgerichts-Triptychon (Wien, Galerie der Akademie der Bildenden Künste).

3) Robert, Industrieller, * Albeck (heute zu Langenau, bei Ulm) 23. 9. 1861, † Stuttgart 12. 3. 1942, Onkel von 1). In der von ihm 1886 gegründeten Werkstätte für Feinmechanik und Elektrotechnik (später Robert Bosch GmbH) wurde u. a. der erste Hochspannungsmagnetzünder für Ottomotoren entwickelt (1902). Sozialpolitisch trat B. durch die Einführung des Achtstundentages (1906) hervor.

Hieronymus Bosch: Der Garten der Lüste, Mitteltafel des Triptychons (um 1504; Madrid, Prado)

Bosch GmbH, Robert Bosch GmbH, Stuttgart, weltweit (rd. 280 Tochtergesellschaften in über 140 Ländern) Unternehmensgruppe der Elektrotechnik und Feinmechanik, gegr. 1886 von R. Bosch; seit 1937 GmbH; Geschäftsfelder: Kfz-Technik, Industrietechnik, Gebrauchsgüter und Gebäudetechnik. Die B. GmbH verfügt über zahlr. Beteiligungsgesellschaften im In- und Ausland; 92% des Stammkapitals sind im Besitz der → Robert Bosch Stiftung GmbH.

Böschung [zu alemann. bosch »Strauch«], Neigung des Geländes zw. zwei versch. hoch gelegenen Ebenen, z. B. die geneigten Begrenzungsflächen eines Dammes; wird zur Sicherung gegen Erosion bepflanzt oder mit Steinen befestigt. Hohe B. unterbricht man durch Stufen (**Bermen**), um die Gewalt herabströmenden Wassers zu mindern.

Bosco, 1) Giovanni, gen. **Don B.**, ital. Priester und Pädagoge, * Becchi (heute zu Castelnuovo Don Bosco, bei Turin) 16. 8. 1815, † Turin 31. 1. 1888; gründete 1859 zur Erziehung verwahrloster Knaben die Kongregation der **Salesianer Don Boscos,** 1872 zur Mädchenerziehung die Klöster der **Töchter Mariens.** Heiliger (seit 1934), Tag: 31. 1.

2) [bɔs'ko], Henri, frz. Schriftsteller, * Avignon 16. 11. 1888, † Nizza 4. 5. 1976; Romancier mit ausgeprägter Neigung zum Märchen- und Zauberhaften und Bevorzugung provenzalisch-mediterraner Motive (»Der Esel mit der Samthose«, 1937; »Der Hof Théotime«, 1942; »Der verzauberte Garten«, 1952); auch Gedichte und Essays.

Boscoreale, Fundort zweier röm. Villen am Fuß des Vesuvs, 79 n. Chr. verschüttet. – Aus der 1895 entdeckten Villa kam ein Schatz von Goldmünzen, Schmuck, Silber- und Bronzegerät der frühen Kaiserzeit in den Louvre (Paris). Um 1900 fanden sich in der anderen Villa reiche Fresken (heute u. a. in New York, Neapel, Amsterdam, Brüssel, Paris), um 40 v. Chr. datierbare Kopien nach hellenist. Gemälden.

Bose, 1) Hans-Jürgen von, Komponist, * München 21. 12. 1953; vertritt die Komponistengeneration der »Neuen Einfachheit«, die sich um mehr sinnl. Fassbarkeit in der Musik bemüht. – *Werke: Opern:* Die Leiden des jungen Werthers (1986); Schlachthof 5 (1996; nach Kurt Vonnegut). – *Ballette:* Die Nacht aus Blei (1981; kinet. Handlung in 5 Bildern nach H. H. Jahnn); Medea-Fragment (1994; Multimediastück). – Morphogenesis (1975; für großes Orchester); Sinfonie (1978); Die Zeit ist ohne Ende... (2000; Oratorium).

2) Satyendra Nath, ind. Physiker, * Kalkutta 1. 1. 1894, † ebd. 4. 2. 1974; wichtige theoret. Arbeiten zur statist. Thermodynamik, die u. a. für die Deutung der Superfluidität und Supraleitung eine Rolle spielten. 1924 stellte er für Lichtquanten die später von A. Einstein auf materielle Teilchen (Bosonen) ausgedehnte und heute nach beiden benannte Quantenstatistik auf. (→ Bose-Einstein-Kondensation)

3) Subhas Chandra, ind. Politiker, * Cuttack 23. 1. 1897, † (Flugzeugabsturz) Taipeh 18. 8. 1945; radikaler Führer der ind. Unabhängigkeitsbewegung, 1938–39 Vors. der Kongresspartei. Während des Zweiten Weltkriegs trat B. für den Kampf der ind. Unabhängigkeitsbewegung gegen Großbritannien an der Seite der Achsenmächte ein; er ging 1941 nach Dtl., 1943 nach Japan und stellte dort aus ind. Kriegsgefangenen eine »Ind. Nationalarmee« auf.

Böse *das,* der ontologisch und metaphysisch dem Guten entgegengesetzte Seinsbereich; in eth. Bedeutung das als moralisch negativ beurteilte Verhalten und das ihm zugrunde liegende Wollen, sofern dabei seine Verwerflichkeit bewusst ist.

Philosophie: Nach Augustinus kommt das B. aus dem freien Willen des Menschen, der keine Ursache außer sich selbst hat, in die Welt. Gott wird so von jeder Verantwortung für das B. freigesprochen. Auch andere theist. Denkansätze suchten zumeist Gott von der Verursachung des B. freizuhalten (→Theodizee); das Wesen des B. bestehe nur in Mangel oder Einschränkung und könne daher als »nicht seiend« bestimmt werden (Platonismus, Thomas von Aquin, G. W. Leibniz). Demgegenüber sehen u. a. J. Böhme, F. W. J. Schelling und F. X. von Baader den Ursprung des B. in Gott als dem einzigen Urgrund der Welt. Die Möglichkeit einer freien Willensentscheidung wird betont (Pelagius, Leibniz) oder aber aufgrund der Erbsünden- und Prädestinationslehre verneint (Augustinus, Luther). Nach Kant beruht das B. auf einem Missbrauch der menschl. Freiheit: Der Mensch handle nicht um des Sittengesetzes willen, sondern aus Selbstliebe. Für Hegel ist das B. notwendiges Durchgangsstadium des Weltprozesses. Nietzsche erblickt im B. wie im Guten keine metaphys. Prinzipien, sondern von Menschen geschaffene Kategorien.

Religion: In der Religionsgesch. wird das B. zumeist negativ als Abkehr vom Guten verstanden, insofern viele Religionen das B. als Verstoß gegen göttl. Gebote oder Verweigerung gegenüber dem religiös begründeten Guten auffassen. Die allmächtige und allbestimmende Gottheit wird dabei theologisch als Urheberin des Guten, nicht selten aber auch des B. in der Welt (um Glaube, Frömmigkeit und religiöse Gesetzestreue des Menschen zu prüfen) beschrieben. Bereits früh entstanden dualist. Religionssysteme, in denen sich gute und böse Prinzipien und Mächte im Kampf gegenüberstehen (Parsismus, Manichäismus, Gnosis). Die Frage, wie das B. in die Welt gekommen sei, beschäftigt bes. die Religionen, die die Welt als gute göttl. Schöpfung ansehen; so findet sich im A. T. (1. Mos. 3) die Erzählung von Adams →Sündenfall, auf den Paulus im N. T. (Röm. 5, 12–21) das Bösesein des Menschen zurückführt.

Bose-Einstein-Kondensation [nach S. N. Bose und A. Einstein], engl. Abk. **BEC,** der Übergang eines aus gleichartigen Bosonen bestehenden Vielteilchensystems (für das die Bose-Einstein-Statistik gilt) in einen Zustand, in dem alle Teilchen die gleiche, niedrigstmögl. Energie besitzen. Die unter eine krit. Temperatur abgekühlten Atome verhalten sich dann nicht mehr unabhängig voneinander, sondern kollektiv, wie ein einziges quantenmechan. Teilchen (**Bose-Einstein-Kondensat**). Ähnlich wie die Teilchen eines Laserstrahls auf einer Wellenlänge schwingen, sind beim Bose-Einstein-Kondensat alle Atome im Gleichtakt. Eine B.-E.-K. ist nur für Bosonen (und wie solche sich verhaltende Fermionenpaare) möglich, da diese im Ggs. zu quasifreien, ungebundenen Fermionen einen Zustand gleicher Energie beliebig oft besetzen können. – Die B.-E.-K. wurde von A. Einstein 1925 für ideale Gase vorhergesagt. Der experimentelle Nachweis erfolgte erstmals 1995 anhand der Kondensation von Rubidium- bzw. Natriumatomen in elektromagnet. Kühlfallen. 2002 wurde die B.-E.-K. auch an Cäsiumatomen nachgewiesen. 2003 gelang es erstmals, ein Gas aus zweiatomigen Molekülen in ein Bose-Einstein-Kondensat umzuwandeln.

Bose-Einstein-Statistik [nach S. N. Bose und A. Einstein], Quantenstatistik für gleichartige, unun-

Don Bosco

terscheidbare Teilchen mit ganzzahligem Spin (Bosonen) eines nur Wärme austauschenden thermodynam. Systems. Die paarweise Vertauschung solcher Teilchen ergibt im Ggs. zur Boltzmann-Statistik keinen neuen Mikrozustand (→ Fermi-Dirac-Statistik). – Als Folge der B.-E.-S. befinden sich in der Nähe des Nullpunkts der Temperatur alle Teilchen im Grundzustand (Bose-Einstein-Kondensation).

böser Blick, *Volksglauben:* die vermeintl. Fähigkeit bestimmter Menschen, durch bloßes Ansehen anderen Schaden zuzufügen. Abwehrzauber sollen davor schützen.

Bosetzky, Horst, Soziologe und Schriftsteller, * Berlin 1. 2. 1938; seit 1973 Prof. in Berlin; schreibt unter dem Pseudonym -ky Kriminalromane, -geschichten und -hörspiele mit sozialkrit. Elementen, u. a. »Einer von uns beiden« (1972), »Ein Toter führt Regie« (1974), »Die Klette« (1983, mit P. Heinrich), »Alle meine Mörder« (2001), »Der Spree-Killer« (2002); Autobiografisches verarbeitete er in »Brennholz für Kartoffelschalen« (1995) und »Quetschkartoffeln und Karriere« (2000).

BOS-Funk, nichtöffentl. Funkdienst der **B**ehörden und **O**rganisationen mit **S**icherheitsaufgaben. Dazu zählen u. a. Polizei, Bundesgrenzschutz, Zoll, THW und Rettungsdienste. Diese Institutionen betreiben seit 1951 ein analoges Funknetz im Meterwellenbereich, welches seit 1976 nach einheitl. techn. Richtlinien arbeitet. Die feste Zuteilung der Frequenzen zu den jeweiligen Diensten erfolgte 1996 im Telekommunikationsgesetz. – Der BOS-F. wird zukünftig auf ein digitales Funknetz umgestellt werden.

Boshan [-ʃ-], Stadt in China, →Zibo.

Boskett [frz. »Wäldchen«] *das,* Bez. für beschnittene Hecken (Buchs), auch Bäume, v. a. in Barock- und Rokokogärten.

Boskop [nach dem niederländ. Ort Boskoop], eine Winterapfelsorte (→ Apfel).

Bosman-Urteil [nach dem belg. Fußballprofi Jean-Marc Bosman, * 1964], *Lizenzfußball:* im Dez. 1995 vom Europ. Gerichtshof gefällter Beschluss, dass für Lizenzspieler, deren Vertrag ausgelaufen ist, keine Ablösesummen gezahlt werden müssen. Ebenso entfällt die zahlenmäßige Beschränkung der EU-Ausländer in einem Team.

Bosna *die,* rechter Nebenfluss der Save in Bosnien und Herzegowina, 308 km lang, entspringt in Karstquellen im Becken von Sarajevo, mündet bei Bosanski Šamac.

Bosniaken, 1) die südslaw. Muslime in Bosnien und Herzegowina; etwa 2,1 Mio.; Nachfahren der slaw. Bev.-Gruppe, die nach der osman. Eroberung Bosniens (1463) und der Herzegowina (1482/83) zum Islam übertrat (oft Anhänger der aus den Bogomilen erwachsenen »Bosn. Kirche«); 1963/68 erfolgte die offizielle Anerkennung als ethn. Gruppe mit eigener Nationalität innerhalb Jugoslawiens; 1992–95 Hauptopfer des Bürgerkrieges.

2) preuß. Lanzenreiter im 18. Jh., meist bosn. Herkunft.

Bosni|en, serbokroat. **Bosna,** Gebiet im N von Bosnien und Herzegowina, erstreckt sich von der fruchtbaren Saveebene bis in die südwestlich der Linie Vrbas–Neretva liegende Hochkarstzone (1 700 bis 2 000 m ü. M.).

Bosni|en und Herzegowina, amtlich bosn., serb. und kroat. **Republika Bosna i Hercegovina,** Staat in SO-Europa, auf der Balkanhalbinsel, grenzt im N, W und S an Kroatien, im SO an Montenegro und im O an Serbien; das Land besitzt im S einen 20 km langen Küstenabschnitt zum Adriat. Meer.

Staat und Recht

Nach den 1995 im Friedensabkommen von Dayton (Annex 4) fixierten Verf.-Grundsätzen ist B. u. H. eine unabhängige, demokrat., föderative Rep., bestehend aus zwei relativ eigenständigen Gebietseinheiten (Entitäten), der bosniakisch-kroat. Föderation B. u. H. (Abk. FBiH) und der Serb. Rep. (Republika Srpska, Abk. RS; Hptst.: Banja Luka). Der Distr. Brčko hat seit 1999 den Status eines beiden Entitäten zugehörigen Kondominiums mit eigenen Institutionen und Kompetenzen. Die Zentralgewalt ist v. a. für Außen-, Außenhandels-, Zoll-, Währungs- und Geldpolitik (gemeinsame Währung) sowie Fragen der Staatsangehörigkeit und Einwanderung zuständig. An der Spitze des Gesamtstaates steht ein dreiköpfiges kollektives Staatspräsidium (je ein Bosniake, ein Kroate und ein Serbe), das im Verhältnis 2 : 1 von der Bev. der FBiH und der Bev. der RS auf 4 Jahre direkt gewählt wird. Beim Vorsitz gilt ein Rotationsprinzip (Wechsel alle 8 Monate). Die Legislative liegt beim Zweikammerparlament (Legislaturperiode 4 Jahre), bestehend aus dem direkt gewählten Abgeordnetenhaus (42 Abg., davon 28 aus der FBiH und 14 aus der RS) und der Kammer der Völker (15 Mitgl., paritätisch von den Parlamenten beider Entitäten bestellt). Der Reg.-Chef wird vom Vors. des Staatspräsidiums vorgeschlagen und vom Abgeordnetenhaus bestätigt; er beruft die Mitgl. des Kabinetts (Ministerrat). Ein mit umfassenden Vollmachten ausgestatteter Hoher Repräsentant der internat. Gemeinschaft wacht über die Einhaltung der Verf.-Grundsätze und kontrolliert die Institutionen der versch. Ebenen. – Die beiden Gebietseinheiten verfügen über eigene Verf., Präs., Reg. und Parlamente. In der FBiH existiert neben dem direkt gewählten Repräsentantenhaus (99 Abg.) eine von den Kantonsparlamenten paritätisch bestellte Kammer der Völker (59 Mitgl., darunter je 17 Bosniaken, Kroaten und Serben). Der Präs. und seine beiden Stellver-

Bosnien und Herzegowina

treter werden vom Repräsentantenhaus auf 4 Jahre gewählt, die Reg. (8 Bosniaken, 5 Kroaten, 3 Serben) unter Vorsitz des Premiermin. wird vom Parlament bestellt. An der Spitze der 10 Kantone der FBiH, die über eigene Parlamente verfügen, stehen Gouverneure. Das Zweikammerparlament der RS besteht aus der Volksversammlung (83 Abg.) und der Kammer der Völker (28 Mitgl., davon je 8 Serben, Bosniaken und Kroaten sowie 4 Angehörige sonstiger Ethnien). Der Präs. und die beiden Vizepräs. (müssen jeweils einer anderen Volksgruppe angehören) werden auf 4 Jahre direkt gewählt. – 2002 wurden die Verf. beider Entitäten dahin gehend geändert, dass künftig alle 3 Volksgruppen (Bosniaken, Kroaten und Serben) als staatsbildend gelten und anteilmäßig in den jeweiligen Reg. und Parlamenten vertreten sein werden.

Einflussreichste Parteien sind die Partei der Demokrat. Aktion (SDA; Vertreter der Bosniaken), die Serb. Demokrat. Partei (SDS, Vertreter der bosn. Serben) und die Kroat. Demokrat. Gemeinschaft (HDZ BiH, Interessenvertreter des bosnisch-kroat. Bev.-Teils). Die Sozialdemokrat. Partei (SDP), die Partei unabhängiger Sozialdemokraten (SNSD), die Partei für B. u. H. (SBiH) und die Partei für demokrat. Fortschritt der Serb. Rep. (PDP) sind stärker multiethnisch orientiert.

Flagge

Wappen

internationales Kfz-Kennzeichen

Fläche: 51 129 km²
Einwohner: (2006) 4,5 Mio.
Hauptstadt: Sarajevo
Verwaltungsgliederung: Föderation B. u. H., Serbische Republik und der Distrikt Brčko (Sonderstatus)
Amtssprachen: Bosnisch, Serbisch und Kroatisch
Nationalfeiertag: 1. 3.
Währung: 1 Konvertible Mark (KM) = 100 Fening
Zeitzone: MEZ

Landesnatur

Mit Ausnahme des Anteils an der Savenniederung im N, der fruchtbaren Posavina, wird B. u. H. von Gebirgen eingenommen. Das größtenteils aus Schiefer aufgebaute zentrale Bosn. Bergland ist reich bewaldet. Der S und SW werden von der waldarmen Hochkarstzone des Dinar. Gebirges eingenommen, mit Hochflächen (1 000–1 200 m ü. M.), die von Gebirgsketten und Bergmassiven (bis 2 000 m ü. M.) überragt werden und in die große Becken (Poljen) eingesenkt sind. Zum Dinar. Gebirge gehört das Bosn. Erzgebirge mit großen Eisenerz- und Braunkohlelagerstätten sowie Vorkommen von Mangan- und Antimon-Blei-Zinkerz sowie Bauxit. Im S der Rep. erstreckt sich die Herzegowina, ein dünn besiedeltes, verkarstetes Gebirgsland. Als einziger Fluss quert die Neretva den Hochkarstbereich, die Flüsse des Bosn. Berglandes (Kupa, Una, Vrbas, Bosna, Drina) gehören zum Einzugsgebiet der Save. In den gebirgigen Landesteilen herrscht vorwiegend ein gemäßigt kontinentales Klima, im S und zur Adriaküste hin nehmen mediterrane Einflüsse, auch in der Vegetation, zu.

Bevölkerung

Die Bev. des Landes setzt sich aus Angehörigen versch. Nationalitäten und Religionen zus., die bis zum Krieg 1992–95 in durchmischten Siedlungsgebieten wohnten. Durch den Krieg hat sich die Bev.-Verteilung vollkommen verändert; vielfältige Fluchtbewegungen und Vertreibungen haben zur Herausbildung neuer ethn. Siedlungsmuster geführt. 2004 wurde der Bev.-Anteil der Bosniaken auf 48 %, der Serben auf 37 % und der Kroaten auf 14 % geschätzt. Durch weitere Binnenmigration verstärkte sich seither die ethn. Segregation innerhalb des Landes. Nach Schätzungen hatte die Föderation B. u. H. (FBiH) 2004 rd. 2,8 Mio. Ew., davon rd. 520000 Flüchtlinge, die Serb. Rep. 1,5 Mio. Ew. Die Bosniaken bilden als sunnit. Muslime die größte Glaubensgemeinschaft. Die Serben gehören als orth. Christen der →serbisch-orthodoxen Kirche an, die Kroaten als kath. Christen der römisch-kath. Kirche. Eine jüd. Gemeinde besteht in Sarajevo. – Es besteht allg. Schulpflicht im Alter von 6 bis 15 Jahren für die neunjährige Primarschule. Die Erwachsenen-Alphabetisierungsrate (2006) beträgt bei Frauen etwa 94 % und 99 % bei Männern. Univ. u. a. in Sarajevo, Banja Luka, Tuzla und Mostar.

Wirtschaft und Verkehr

Trotz der Entstehung industrieller Zentren während der Zugehörigkeit des Landes zu Jugoslawien blieb B. u. H. eine wirtschaftsschwache Region. Die kriegsbedingte Zerstörung wichtiger Wirtschafts- und Verkehrseinrichtungen (Zerstörung von 80 % aller Ind.-Anlagen) und der Abbruch des einst bedeutenden Fremdenverkehrs führten zu einem Zusammenbruch der Wirtschaft. 1996–99 wurde mithilfe internat. Organisationen (Weltbank, IWF, EU u. a.) und von Geberstaaten ein Wiederaufbauprogramm durchgeführt (v. a. mit dem Ziel der Wiederherstellung der techn. und sozialen Infrastruktur). Durch den Wiederaufbau erreichte das Wirtschaftswachstum in der 2. Hälfte der 1990er-Jahre, ausgehend von einem niedrigen Niveau, zweistellige Wachstumsraten, setzte sich danach jedoch nur zögerlich fort. Ein großes Hindernis stellt die Aufteilung des Landes in zwei Entitäten dar, die sich in wirtschaftl. Hinsicht weitgehend isoliert voneinander entwickeln. Die Arbeitslosigkeit ist sehr hoch (2002 über 40 %), die Schattenwirtschaft stark ausgeprägt (40–50 % des Bruttoinlandsprodukts). Die Landwirtschaft dient zu großen Teilen der Selbstversorgung. Unter den gegebenen Relief- und Klimabedingungen herrscht Viehwirtschaft vor; ackerbaul. Nutzung beschränkt sich auf Rodungsinseln im Bosn. Bergland und Poljen im Hochkarst sowie auf das Hügel- und Flachland der Savenniederung. Hauptanbaufrüchte sind Mais, Weizen, Tabak und Kartoffeln. Wichtigste Ind.-Region ist das Zentralbosn. Becken mit den Zentren Zenica und Sarajevo (Eisenmetallurgie, Metall verarbeitende und Schwerind., in Sarajevo auch Konsum- und Investitionsgüterind.). Seit 2003 wurden einige bedeutende

Bosnien und Herzegowina: die Steinbrücke über die Neretva (1566 ff.) in Mostar vor ihrer Zerstörung 1993, wurde bis 2004 mithilfe der UNESCO wieder aufgebaut

Ind.-Investitionen getätigt, u. a. im Maschinenbau, in der Aluminium-, Stahl- und elektrotechn. Ind. sowie im Bergbau. – Die wichtigsten Exportprodukte sind Metallerzeugnisse, bes. Aluminium, Eisen und Stahl; beim Import dominieren Konsumgüter, Nahrungsmittel, Rohstoffe, Maschinen und Ausrüstungen. Haupthandelspartner sind Italien, Serbien, Montenegro, Kroatien, Slowenien und Dtl. – Die einzige bedeutende elektrifizierte Bahnlinie mit einer Länge von 427 km führt durch das Bosna- und Neretvatal und stellt die wichtigste Verkehrsachse des Landes dar; sie öffnet den Zugang zur Savenniederung einerseits und zum Adriat. Meer andererseits; der internat. Flughafen befindet sich in Sarajevo; wichtige Regionalflughäfen liegen in Tuzla, Banja Luka und Mostar.

Geschichte

6–9 n. Chr. unterwarfen die Römer illyr. Gebiete, den histor. Kernbereich Bosniens, und gliederten sie der Prov. Illyricum bzw. später Dalmatia ein. 395 kam Bosnien zum Weström. Reich, Ende des 5. Jh. zum Ostgotenreich, um 535 zum Byzantin. Reich. Anfang des 7. Jh. siedelten sich Südslawen an. Bosnien war in den folgenden Jahrhunderten zw. Serbien, Kroatien, Byzanz, Zeta (Montenegro) und Ungarn umstritten.

Bosnien und Herzegowina: ethnische Gliederung 1991 und 1995

Im 14. Jh. gewann es als Königreich eine bed. Macht: Es umfasste Serbien und das Land Hum (ab Ende des 15. Jh. Herzegowina). Ab 1463/82 stand das Gebiet B. u. H.s unter osman. Herrschaft; es blieb als Paschalik (ab 1580) vereint. Nach 1878 (Berliner Kongress) wurde es von Österreich-Ungarn besetzt, 1908 formlos annektiert. Die Ermordung des österr.-ungar. Thronfolgers Franz Ferdinand in Sarajevo am 28. 6. 1914 löste den Ersten Weltkrieg aus.

1918 wurde B. u. H. Teil des neu gegründeten Königreichs der Serben, Kroaten und Slowenen, des späteren Jugoslawien. Im Zweiten Weltkrieg fiel der größere Teil von B. u. H. 1941 an den von Dtl. abhängigen, von der Ustascha beherrschten »Unabhängigen Staat Kroatien«; Bosniaken, Serben, Juden und Roma wurden Opfer des Ustascha-Terrors; B. u. H. entwickelte sich zu einem Zentrum der jugoslaw. Widerstandsbewegung (→Četnici). Im Nov. 1942 gründeten die kommunist. Partisanenverbände unter Tito in Bihać den »Antifaschist. Volksbefreiungsrat« (AVNOJ). 1946 wurde B. u. H. Teilrep. Jugoslawiens.

Im Zuge des Zerfalls →Jugoslawiens (seit 1989/90) fanden am 18. 11./2. 12. 1990 Parlamentswahlen statt, bei denen in Widerspiegelung der ethn. Bev.-Zusammensetzung die muslimisch-bosniak. Partei der Demokrat. Aktion (SDA) die meisten Sitze erhielt. Am 19. 12. 1990 wurde der Vors. der SDA, A. Izetbegović, zum Leiter des Staatspräsidiums (Präs.) gewählt. Gegen den Widerstand der serb. Abg. erklärte das Parlament im Okt. 1991 B. u. H. zum souveränen Staat. Hierauf riefen die serb. Abg. am 9. 1. 1992 einen eigenen Staat aus: die Serb. Rep. B. u. H. unter dem Präs. R. Karadžić (Mai 1992 bis Juni 1996). Nachdem das Parlament am 3. 3. 1992 die staatl. Unabhängigkeit förmlich erklärt hatte, kam es trotz der internat. Anerkennung B. u. H.s zum v. a. in den ethn. Mischgebieten mit brutaler Schärfe geführten Bürgerkrieg.

Während die Bosniaken (1991 Bev.-Anteil: 43,7%) als staatstragende Volksgruppe am Erhalt von B. u. H. als dreinat. (multiethn.) Staat festhielten, orientierten sich die bosn. Serben (bis 1995) an der Idee der Sammlung aller Serben in einem Staat. Kampf und Vertreibung lösten massive Flüchtlingsbewegungen aus (bis 1995 über 2,2 Mio. Flüchtlinge, etwa 100000 Tote). Durch die Einrichtung einer Luftbrücke v. a. nach dem belagerten Sarajevo bzw. die Errichtung von UN-Schutzzonen für die muslim. Exklaven (Goražde, Srebrenica und Žepa; April/Mai 1993) sollte die Not der Zivilbev. gelindert werden.

Mit einem Waffenembargo gegen die Krieg führenden Parteien (durch EU und UNO), durch Entsendung von UN-Blauhelmtruppen (UNPROFOR) im Juni 1992 und mit dem Einsatz von NATO-Kampfflugzeugen suchten die internat. Organisationen ein Ende des Krieges zu erreichen. Präs. Izetbegović stimmte trotz der prakt. Auflösung des Staates einer fakt. Dreiteilung des Landes (Kernpunkt versch. Friedenspläne seit 1993/94; Genfer Jugoslawienkonferenz [→Genfer Konferenzen]) nicht zu. Der von der am 25./26. 4. 1994 gebildeten Internat. (Bosnien-)Kontaktgruppe (USA, Russland, Großbritannien, Frankreich, Dtl.) am 5. 7. beschlossene neue Teilungsplan für B. u. H. (49% des Landes für die Serben, 51% für die bosniak.-kroat. Föderation) scheiterte zunächst am Widerstand der bosn. Serben. Nach der serb. Eroberung der UN-Schutzzonen Srebrenica (Massaker an 7000 bis 8000 Bosniaken) und Žepa im Juli 1995 erzwangen UNO und NATO mit Luftangriffen auf serb. Stellungen im

Raum Sarajevo, Goražde, Tuzla und Pale (30. 8. bis 1. 9. 1995) die Wende des Krieges.

Am 12. 10. 1995 trat ein Waffenstillstand in Kraft. Mit dem Friedensabkommen, paraphiert am 21. 11. 1995 in Dayton (Oh., USA), unterzeichnet am 14. 12. 1995 in Paris, wurde der Versuch einer Konfliktlösung eingeleitet: Wahrung der staatl. Einheit des Landes bei fakt. Teilung – nach dem Kontaktgruppenplan von 1994 – in die bosniak.-kroat. Föderation und die Serb. Rep. Zur Sicherung des Friedens zw. den Volksgruppen entsandte die NATO Truppen (ab Dez. 1995 IFOR, ab Dez. 1996 SFOR). Versch. Folgekonferenzen beschlossen u. a. massive internat. Hilfe beim Wiederaufbau. Verantwortlich für die Einhaltung des Dayton-Friedensvertrags im zivilen Bereich und zugleich Organisator sowie Koordinator der internat. Hilfe wurde der Hohe Beauftragte der UN. Zur polit. Konsolidierung der Union wurden am 14. 9. 1996, am 12./13. 9. 1998 und am 11. 11. 2000 das Bundesparlament und das gemeinsame Staatspräsidium (jetzt turnusmäßiger Wechsel) gewählt, wobei jeweils immer die nationalist. Parteien der drei Volksgruppen ihre Vormachtstellung behaupteten, erneut bei der Wahl am 7. 10. 2002 (neue Reg. ab Jan. 2003).

Die gesamtstaatl. Institutionen funktionierten lange nicht ausreichend; wirtsch. Wiederaufbau und Flüchtlingsrückkehr kamen nur stockend in Gang. Faktisch lief die Tätigkeit des Hohen Beauftragten und seines Stabes auf ein »Protektorat« der UNO in B. u. H. hinaus. . Die Verf.-Änderung vom April 2002, dekretiert vom Hohen Beauftragten der UN, sollte zur weiteren Integration der beiden Entitäten beitragen. Im Jan. 2003 nahm ein gemeinsamer Staatsgerichtshof seine Arbeit auf; 2004 wurde ein gemeinsames Verteidigungsministerium eingerichtet. 2003 wurde – im Rahmen der ESVP – eine »Europ. Polizeimission in B. u. H.« (EUPM) gebildet, am 2. 12. 2004 die Verantwortung für die Friedenssicherung von der SFOR ganz auf die ESVP übertragen (EUFOR, Mission »Althea«).

Anfang 2006 begannen Verhandlungen mit der EU über ein Stabilisierungs- und Assoziierungsabkommen. Im Dezember 2006 trat B. u. H. der »Partnerschaft für den Frieden« der NATO bei. Die am 1. 10. 2006 durchgeführten Präsidentschafts- und Parlamentswahlen erbrachten große Verluste der »Nationalparteien«. Wahlsieger auf bosniak. Seite wurde die SBiH, bei den bosn. Serben die SNSD; das kroat. Lager war durch die Spaltung der HDZ geschwächt, wovon die multiethnisch orientierte SDP profitierte. Im gesamtstaatl. Parlament blieb die SDA stärkste Partei, gefolgt von der SBiH und der SNSD.

Bosni|er, Eigenbez. **Bosanci,** der Staatsbürger von →Bosnien und Herzegowina.

bosnische Literatur, das künstler. Schrifttum der Völker Bosniens und der Herzegowina (geprägt von versch. kulturellen Kontexten und Sprachen). Seit dem MA. gab es slaw. Schrifttum eigener Prägung (mit eigener kyrill. Schriftform, der Bosančica), erhalten sind auch wenige Denkmäler aus dem Umkreis der →Bogomilen. Mit dem Fall des Königreichs Bosnien (1463) und der Bildung städt. Zentren unter den Osmanen entwickelte sich jener kulturelle Pluralismus, der das Kennzeichen der b. L. ist. Zu einer reichen Literatur in oriental. Sprachen (Türkisch, Arabisch, Persisch) traten die literar. Bestrebungen der bosn. Franziskaner und der Serben in kroat. und serb. Sprache. Nach der Ankunft der aus Spanien vertriebenen Sephardim entfaltete sich Schrifttum in Hebräisch und Judéo-Español. Ab der 2. Hälfte des 17. Jh. entwickelte sich eine vielfältige aljamiad. Literatur (Texte in Volkssprache, die in einer dem Slawischen angepassten arab. Schrift, »arebica«, geschrieben wurden).

Nach der österr.-ungar. Okkupation 1878 spielte sich das vielgestaltige literar. Leben v. a. im Umkreis von literar. Gesellschaften und Zeitschriften ab. Dabei wurden auch moderne westeurop. Strömungen rezipiert. Exemplarisch sind hier zu nennen: als Lyriker der Kroate S. S. Kranjčević, die Serben J. Dučić und A. Šantić sowie die Muslime S.-B. Bašagić-Redžepašić und M. Ćazim Ćatić, als Erzähler die Serben P. Kočić, S. Ćorović und der Muslim E. Mulabdić. Die Bewegung der »Mlada Bosna« (Jung-Bosnien), an der u. a. I. Andrić teilhatte, war »jugoslawisch« gestimmt. In der Zwischenkriegszeit war die Erzählung das produktivste Genre, u. a. durch Andrić, I. Samokovlija, A. Muradbegović, B. Ćopić. Eine neue Blüte erreichte die b. L. Mitte der 1960er-Jahre mit dem erzähler. Werk von M. Selimović, Ć. Sijarić und D. Sušić, in der Lyrik mit M. Dizdar und I. Sarajlić sowie in der jüngeren Generation S. Tontić und I. Horozović.

Der Ausbruch des Krieges 1992 trieb viele Autoren in die Emigration, so S. Tontić und den Romancier D. Karahasan; in der Folge entstand ein Teil der b. L. im Ausland, so auch Werke jüngerer Autoren, die am kulturellen Synkretismus Bosniens und der Herzegowina teilhaben und daher nicht eindeutig nur einer der nat. Literaturen zuzurechnen sind: Alma Lazarevska, Semezdin Mehmedonović, Nedad Veličković, Aleksandar Hemon und Miljenko Jergović, die anspruchsvolle, nicht nur das Kriegsgeschehen reflektierende Werke verfassten.

Bosnisches Erzgebirge, serbokroat. **Bosansko rudogorje,** Gebirge in Bosnien und Herzegowina, zw. oberem Vrbas und oberer Bosna, bis 2 107 m ü. M.; reiche Lagerstätten an Eisen, Lignit, Silber, Chrom, Mangan, Blei; Bergbau.

bosnische Sprache, die in Bosnien und Herzegowina von Muslimen, bosn. Serben und Kroaten gesprochene Sprache, die Eigenheiten sowohl der serb. als auch der kroat. Sprache aufweist; urspr. (bis zum Beginn des 20. Jh.) die Sprache der bosn. Muslime.

Bosonen [nach S. N. Bose], Teilchen (z. B. Alphateilchen, Mesonen) und Feldquanten (z. B. Photonen, Phononen) mit ganzzahligem Spin, die sich gemäß der Bose-Einstein-Statistik verhalten.

Bosporus, 1) türk. **Boğaziçi,** Meerenge zw. Europa und Asien; verbindet das Schwarze Meer mit dem Marmarameer, 31 km lang, 660–3 000 m breit, 30–120 m tief. Die bis zu 200 m ansteigenden Ufer sind im N kahl oder mit Buschwerk bestanden; nach S, Richtung Istanbul, folgen von Neubauvierteln umgebene Fischerdörfer, einzelne Industrie- und Werftanlagen, Villenorte, Paläste und Burgen mit Gärten und Parks. Am SW-Ausgang des B. liegen die Bucht Goldenes Horn als Naturhafen Istanbuls auf der europ. und der Stadtteil Üsküdar/Kadiköy auf der kleinasiat. Seite; von zwei Hängebrücken (1 560 m, seit 1973; 1 480 m, seit 1988) überspannt; eine dritte Brücke ist vorgesehen. Seit 2004 ist ein Unterwassertunnel für den interkontinentalen Stadtbahnverkehr zw. Halkalı (auf der europ. Seite) und Gebze (auf der asiat. Seite) im Bau, ein zweiter Unterwassertunnel für den Straßenverkehr ist geplant. Der B. untersteht der vollen Hoheit der Türkei.

2) Kimmerischer B., antiker Name der Straße von →Kertsch. Das Land zu beiden Seiten des Kimmerischen B. bildete 480–100 v. Chr. das **Bosporanische Reich.**

Bosra, arab. **Busrat asch-Scham,** Stadt am W-Fuß des Djebel Drus, im S von Syrien, etwa 1 000 Ew. – B. nimmt einen Teil des antiken **Bostra** ein, das als Hptst. der röm. Provinz Arabia zeitweise etwa 80 000 Ew. hatte. Die Altstadt mit bed. Baudenkmälern aus röm., christl. und islam. Zeit wurde von der UNESCO zum Weltkulturerbe erklärt.

Boss [engl., von niederländ. baas »Meister«] *der,* umgangssprachlich für Vorgesetzter, Führer eines Unternehmens, einer Partei oder Gewerkschaft; auch Anführer einer Gruppe, Bande.

Boss, eigtl. **Hugo Boss AG,** 1923 in Metzingen gegründetes Unternehmen für Arbeitskleidung, später auch Uniformen. Seit den 1960er-Jahren v. a. mod. Herrenkleidung; später auch Frauenmode, Accessoires und Parfüms.

Boss, Medard, schweizer. Psychiater, * St. Gallen 4. 10. 1903, † Zollikon 21. 12. 1990; einer der Hauptvertreter der →daseinsanalytischen Psychologie.

Bossa Nova [port.] *der,* aus Südamerika stammender Modetanz, seit Anfang der 1960er-Jahre in Europa verbreitet.

Boßdorf, Hermann, Schriftsteller, * Wiesenburg (Landkreis Potsdam-Mittelmark) 29. 10. 1877, † Hamburg 24. 9. 1921; schrieb niederdt. Volkskomödien (»De Fährkrog«, 1919; »Bahnmester Dod«, 1919; »De rode Ünnerrock«, 1921).

Bosse, 1) Rustika, Quadermauerwerk (**Bossenwerk**), ein an der Vorderseite nur roh behauener Naturstein.
2) Rohform einer Skulptur.

Boßeln *das,* **Bosseln,** ein dem →Klootschießen verwandtes Wurfspiel, bei dem mit Hartholz- oder Hartgummikugeln (»Boßeln«, Durchmesser 12,5 cm) mit einer festgelegten Anzahl von Würfen ein Ziel getroffen oder eine möglichst weite Strecke geworfen werden soll. B. wird im Winter auf vereisten Flächen (freies Gelände oder Straße) in den Niederlanden, in Irland und Norddtl. (v. a. in Ostfriesland) gespielt.

Bossert, Helmuth Theodor, Kunsthistoriker und Archäologe, * Landau in der Pfalz 11. 9. 1889, † Istanbul 5. 2. 1961; trug durch seine Forschungen über späthethit. Inschriften und die Bearbeitung der Bilingue von →Karatepe in Kilikien entscheidend zur sicheren Entzifferung der Hieroglyphen bei.

Bossi, Marco Enrico, ital. Komponist, * Salò (am Gardasee) 25. 4. 1861, † (auf der Überfahrt von New York nach Le Havre) 20. 2. 1925; Organist und Konservatoriumsleiter, reformierte das ital. Orgelwesen; schrieb Chorwerke, Orgel-, Kammermusik in spätromant. Stil.

Bossuet [bɔˈsɥɛ], Jacques Bénigne, frz. Theologe, Kanzelredner und Geschichtsphilosoph, * Dijon 27. 9. 1627, † Paris 12. 4. 1704; Bischof von Meaux; verfasste 1681 den »Discours sur l'histoire universelle«, die letzte groß angelegte Deutung der Geschichte vom Standpunkt der christl. Heilsgeschichte, formulierte 1682 die Erklärung der gallikan. Freiheiten (→Gallikanismus) und wandte sich seit 1697 gegen die Lehre Fénelons (→Quietismus). B.s literar. Werk gehört zur frz. Klassik.

Boston [ˈbɔstən, engl.], **1)** *der,* nach 1870 aufgekommener langsamer amerikan. Walzer, in Vorwärtsbewegung (anstelle des Walzerrunds), bes. um 1920 in Europa beliebt.
2) *das,* Kartenspiel mit 52 Blatt für vier Personen; während des amerikan. Unabhängigkeitskriegs erfunden, Mitte des 19. Jh. durch Bridge verdrängt.

Boston [ˈbɔstən], Hptst. des Bundesstaates Massachusetts, USA, 581 600 Ew. (als Metropolitan Area 4,44 Mio. Ew.), an der Massachusetts Bay des Atlantiks; bed. Hafen-, Handels- und Ind.-Stadt, Sitz vieler Banken, Versicherungen und Firmen; Erzbischofssitz. Bed. Museen (Museum of Fine Arts, Stewart Gardner Museum, Institute of Contemporary Art); 4 Univ. (außerdem im benachbarten Cambridge die Harvard University und das Massachusetts Institute of Technology), Colleges; Planetarium. Die Stadtbibliothek ist eine der bedeutendsten Bibliotheken der USA. 1897 wurde in B. die erste U-Bahn der USA gebaut. Der internat. Flughafen liegt auf einer vorgelagerten Insel (durch drei Tunnel verbunden). – B. besitzt hervorragende Gebäude aus der Kolonialzeit, v. a. Old North Church (1723), die Stadthalle (Faneuil Hall, 1740–42), das alte Staatenhaus (Old State House, 1713) und das heutige Staatenhaus (Massachusetts State House, 1795–98). Bauten des 20. Jh.: u. a. Rathaus (1962–68), State Service Center (1967–72), John Hancock Center mit dem 241 m hohen Hancock Tower (1968–75, von Pei Ieoh Ming), J. F. Kennedy Library (1977–79, von Pei Ieoh Ming), Museum School des Museum of Fine Arts (1986–87), B. Design Center (1988), Neubau des Institute of Contemporary Art (ICA; 2001–06) vom New Yorker Architekturbüro Diller & Scofidio + Renfro (Elizabeth Diller, Richard Scofidio und Charles Renfro). – B. wurde 1630 von engl. Einwanderern (Puritanern) gegründet und war Ausgangspunkt des Unabhängigkeitskampfes der brit. Kolonien in Nordamerika (u. a. →Boston Tea Party).

Boston Tea Party [ˈbɔstən ˈtiːpɑːtɪ], die Vernichtung einer Ladung Tee der brit. Ostind. Kompanie durch als Indianer verkleidete Bürger im Hafen von Boston am 16. 12. 1773. Dieser Protest gegen die Teesteuer verschärfte den Konflikt der nordamerikan. Kolonien mit dem Mutterland Großbritannien (→Vereinigte Staaten von Amerika, Geschichte).

Boswell [ˈbɔswəl], James, schott. Schriftsteller, * Edinburgh 29. 10. 1740, † London 19. 5. 1795; begleitete Samuel Johnson 1773 auf seiner Reise zu den Hebriden; seine Biografie Johnsons wurde zu einem klass. Werk der engl. Literatur.

Bosworth [ˈbɔzwəːθ], Stadt in der mittelengl. Cty. Leicestershire. – Niederlage und Tod Richards III. auf dem **Bosworth Field** am 22. 8. 1485 beendeten die engl. →Rosenkriege und führten zur Thronbesteigung des Hauses Tudor.

Botanik [zu griech. botanikós »Kräuter betreffend«] *die,* **Pflanzenkunde, Phytologie,** Wiss. von den Pflanzen, Teilgebiet der Biologie, das sich mit der Erforschung der Organisation und der Lebensfunktionen der Pflanzen beschäftigt. Die **Pflanzenmorphologie** beschreibt die Form und Struktur der Pflanzen. Die **Pflanzenphysiologie** erforscht die Funktion und die Lebenserscheinungen. Die **Pflanzenökologie** untersucht die Wechselbeziehungen zw. den Pflanzen und deren Umwelt. Die **spezielle B.** schildert Bau und Lebensvorgänge der einzelnen Pflanzen; zu ihr gehört die **Pflanzensystematik** oder **Taxonomie,** die die Einzelformen beschreibt und sie nach dem Grad ihrer natürl. Verwandtschaft zu ordnen versucht. Die **Pflanzengeografie** befasst sich mit den Gesetzmäßigkeiten und Ursachen der Verbreitung, die **Paläo-B.** mit den

Resten ausgestorbener Pflanzen und dem zeitl. Auftreten der Pflanzen in der Erdgeschichte.

bot̲anischer Garten, öffentl. Gartenanlage mit Freiland und Gewächshäusern, die Sammlungen von Pflanzen aller Erdteile enthält und als Lehr- und Forschungsstätte Bedeutung hat.

Bote, 1) *Nachrichtenwesen:* Überbringer einer Nachricht oder Sendung. Das im MA. bes. von Klöstern, später u. a. von Städten ausgebildete **Botenwesen** (Botenanstalten, Botenmeister) wurde seit dem 17. Jh. durch das staatl. Postmonopol (Posthoheit) abgelöst.

2) *Recht:* derjenige, der für einen anderen eine Erklärung abgibt oder entgegennimmt, ohne dessen Stellvertreter zu sein. B. brauchen nicht geschäftsfähig zu sein (z. B. Kinder).

Botenstoffe, Überbegriff für körpereigene Substanzen, die auf chem. Weg Signale im Körper übertragen. Wichtige B. sind z. B. →Hormone, →Neurotransmitter oder →Zytokine.

Bot̲ero, Fernando, kolumbian. Maler, *Medellín 19. 4. 1932; lebt in Paris; malt in altmeisterl. Technik dickleibige Gestalten mit unproportionierten Köpfen; übt mit seinen Bildern z. T. Kritik an den polit. Verhältnissen und dem Klerikalismus in Lateinamerika; fertigt seit den 1970er-Jahren auch Skulpturen.

Bot̲ew, bis 1950 **Jumruktschal,** höchster Gipfel des Balkangebirges in Bulgarien, eine Gneiskuppe, 2 376 m ü. M., mit meteorolog. Station.

Bot̲ew, Christo, bulgar. Lyriker und Publizist, *Kalofer (Bez. Plowdiw) 6. 1. 1849, ✕ bei Wraza 1. oder 2. 6. 1876; fiel als Führer einer Freischar im Freiheitskampf gegen die Türken; schrieb volksliedhafte und sozialrevolutionäre Gedichte; gilt als bulgar. Nationaldichter.

Bot̲ha, 1) Louis, südafrikan. General und Politiker, *Greytown (KwaZulu-Natal) 27. 9. 1864, †Pretoria 28. 8. 1919; kämpfte im Burenkrieg 1899–1902 erfolgreich gegen die Briten, trat später für die Versöhnung mit Großbritannien ein. Er war 1910–19 der erste Premiermin. der Südafrikan. Union.

2) Pieter Willem, südafrikan. Politiker, *auf einer Farm im Distrikt Paul Roux (Prov. Freistaat) 12. 1. 1916, †Wilderness (Prov. West-Kap) 31. 10. 2006; seit 1935 Mitgl. der Nat. Partei (NP); war 1948–84 Parlamentsabg. der NP, 1966–80 Verteidigungsmin., 1978–89 Vors. der NP, 1978–84 Premiermin. Als Staatspräs. (1984–89) hob er einige Bestimmungen der Apartheid auf, ohne jedoch die Grundlinien der Rassentrennung infrage zu stellen. Die »Wahrheits- und Aussöhnungskommission« der Rep. Südafrika sprach ihn wegen schwerer Menschenrechtsverletzungen für schuldig; aufgrund seines Gesundheitszustandes wurde jedoch keine Strafverfolgung eingeleitet.

Bot̲he, Walter, Physiker, *Oranienburg 8. 1. 1891, †Heidelberg 8. 2. 1957; Prof. in Gießen und Heidelberg, ab 1934 Direktor des Inst. für Physik am Kaiser-Wilhelm-Inst. (später Max-Planck-Inst.) für medizin. Forschung; entwickelte die Koinzidenzmethode und wies mit W. Kohlhörster den Teilchencharakter der kosm. Strahlung nach; Nachweis der Kerngammastrahlung, der u. a. zur Entdeckung der künstl. Kernanregung führte. 1954 erhielt er (zus. mit M. Born) den Nobelpreis für Physik.

Bothwell [ˈbɔθwəl], James **Hepburn,** 4. Earl of B., schott. Adliger, *um 1536, †Dragsholm (Seeland) 14. 4. 1578; war 1567–70 der dritte Gemahl Maria Stuarts; ließ deren zweiten Mann, Lord Darnley, 1567 ermorden; floh noch im selben Jahr vor einer Revolte des schott. Adels, starb in dän. Gewahrsam.

Botokuden, Indianerstamm im südl. Bahia, O-Brasilien, etwa 2 000 Menschen, früher Jäger und Sammler, heute Feldbauern und weitgehend der umwohnenden Bev. angepasst.

Boto̧sani [botoˈʃanj], Hptst. des Kreises B. in NO-Rumänien, 119 000 Ew.; Nahrungsmittel- und Textilindustrie. – Im 15. und 16. Jh. Sitz der Herrscher der Moldau.

Botschaft, 1) *Diplomatie:* meist von einem Botschafter geleitete diplomat. Vertretung eines Staates in einem anderen Staat; untersteht i. d. R. dem Außenmin. des Entsendestaates; zu den völkerrechtl. Aufgaben gehören: Vermittlung des diplomat. Verkehrs zw. Entsende- und Empfangsstaat, Vertretung der eigenen Staatsangehörigen. Das Gebäude der B. genießt diplomat. Schutz (→Exterritorialität).

2) *Staatsrecht:* im Verfassungsstaat eine schriftl. unmittelbare Kundgebung des Staatsoberhauptes an die Volksvertretung aus wichtigem Anlass.

Botschafter, höchste Rangstufe eines diplomat. Vertreters im Ausland (ihm rangmäßig gleichgestellt ist der →Nuntius). Der beim Staatsoberhaupt des Empfangsstaates beglaubigte B. vertritt das Staatsoberhaupt des Entsendestaates.

Louis Botha

Flagge

Wappen

internationales Kfz-Kennzeichen

Fläche: 581 730 km²
Einwohner: (2006) 1,86 Mio.
Hauptstadt: Gaborone
Verwaltungsgliederung: 23 Verwaltungseinheiten
Amtssprachen: Tswana und Englisch
Nationalfeiertag: 30. 9.
Währung: 1 Pula (P) = 100 Thebe (t)
Zeitzone: MEZ + 1 Std.

Bots̲wana, amtl. engl. **Republic of B.,** Binnenstaat im südl. Afrika, grenzt im W und N an Namibia, im NO an Simbabwe, punktuell auch an Sambia, im SO und S an die Rep. Südafrika.

Staat und Recht

Nach der Verf. vom 30. 9. 1966 (1997 modifiziert) ist B. eine präsidiale Republik. Staatsoberhaupt und Reg.-Chef ist der Präs. (für 5 Jahre vom Parlament gewählt); er ernennt den Vizepräs. und die Mitgl. des Kabinetts. Die Legislative liegt bei der Nationalversammlung (61 Abg., davon 57 direkt gewählt), daneben existiert die Häuptlingskammer (15 Mitgl.) mit beratender Funktion. – Wichtigste Parteien: Botswana Democratic Party (BDP), Botswana National

Front (BNF), Botswana Congress Party (BCP), Botswana People's Party (BPP) und New Democratic Front (NDF).

Landesnatur

B. ist größtenteils eine weite, nach innen fallende Hochebene in 900 bis 1 100 m ü. M. zwischen Sambesi im N und Limpopo/Molopo im Süden. Im SW bestimmen die Sanddünen der Kalahari die Landschaft, im N das Okawangobecken (Binnendelta) mit ausgedehnten Sümpfen, die Salzpfanne des Makgadikgadibeckens und der Ngamisee. Das trockene subtrop. Klima weist wegen der Binnenlage große tages- und jahreszeitl. Temperaturschwankungen auf. Die geringen Niederschläge fallen in der Regenzeit (Nov.–April), nur der SO-Rand erhält etwa 500 mm/Jahr. Hier liegt auch der eigentl. Lebensraum der Bevölkerung.

Bevölkerung

in B. lebt mehrheitlich das Bantuvolk der Tswana (vorwiegend nahe der Grenze zur Rep. Südafrika und zu Simbabwe), ferner andere Bantustämme sowie Buschleute und Khoikhoin. B. ist eines der Zentren der Aids-Pandemie. Mehr als ein Drittel der Erwachsenen ist mit HIV infiziert. Rd. 60 % der Bev. sind Christen (überwiegend Protestanten und Mitgl. →unabhängiger Kirchen) rd. 39 % Anhänger traditioneller afrikan. Religionen. Es besteht allgemeine Schulpflicht im Alter von 7 bis 15 Jahren. Die Alphabetisierungsrate beträgt (2006) rd. 81 % (15-Jährige und älter) bzw. 94 % (15- bis 24-Jährige).

Wirtschaft und Verkehr

B. zählt zu den wirtsch. stärkeren Staaten Afrikas. Wichtigster Sektor ist der Bergbau (u. a. Nickel, Kupfer, Kohle), v. a. die Förderung von Diamanten (Anteil am Exporterlös des Landes rd. 80 %). Dennoch beschäftigt die Landwirtschaft über 40 % der Erwerbstätigen und liefert für 75 % der Bev. den Lebensunterhalt; traditionell bedeutendster Zweig ist die Rinderzucht (rd. 97 % der landwirtsch. Nutzfläche sind Weideland), auch für den Fleischexport. Wichtigste Handelspartner sind die Rep. Südafrika und die europ. Länder. – Das Eisenbahnnetz ist 971 km lang, die Strecke von Mafikeng (Rep. Südafrika) nach Bulawayo (Simbabwe) durchquert B.; das Straßennetz ist rd. 13 500 km lang (vorwiegend auf den O des Landes konzentriert); mehrere Inlandsflughäfen (Maun v. a. für den Tourismus bed.); internat. Flughafen in Gaborone.

Geschichte

Im 19. Jh. erforschten v. a. engl. Missionare das Land der Tswana (»Betschuana«). 1885 bezog Großbritannien dieses Gebiet in seinen südafrikan. Herrschaftsbereich ein. Das Gebiet der Tswana blieb jedoch zum großen Teil als Protektorat **Betschuanaland** außerhalb der 1910 gegründeten Südafrikan. Union und wurde bis zur Aufhebung des Protektoratsverhältnisses mit Großbritannien (1964) vom brit. Botschafter in Südafrika als Hochkommissar verwaltet. 1966 erlangte Betschuanaland unter dem Namen »Botswana« die Unabhängigkeit. Trotz starker wirtsch. Abhängigkeit von Südafrika war B. einer der Frontstaaten gegen die Apartheidpolitik der Rep. Südafrika. Nach dem Tod (1980) von Präs. Seretse Khama (1966–80) folgte ihm Quett Ketumile Joni Masire im Amt. Er trat 1998 zurück. Sein Amtsnachfolger wurde der bisherige Vize-

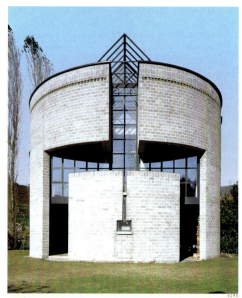

Mario Botta: Casa Rotonda in Stabio (1982)

präs. Festus Gontobanye Mogae von der BDP, die seit der Unabhängigkeit 1966 regiert. Eines der Hauptprobleme des Landes ist die hohe HIV-Rate.

Botta, Mario, schweizer. Architekt und Designer, * Mendrisio (Kt. Tessin) 1. 4. 1943; arbeitete bei Le Corbusier und L. I. Kahn, bevor er 1970 in Lugano ein eigenes Architekturbüro eröffnete. B. ist ein führender Vertreter der →Tessiner Architektur. Die klare Geometrie seiner Bauwerke soll in Kontrast zur Landschaft stehen und so den Charakter des Ortes betonen. – *Werke:* Casa Rotonda in Stabio (1982), Banca del Gottardo in Lugano (1988), Kathedrale in Évry (1995), Museum of Modern Art in San Francisco (1995), Tinguely-Museum in Basel (1996), Cymbalista-Synagoge in Tel Aviv-Jaffa (1998), Stadt- und Landesbibliothek in Dortmund (1999), Centre Dürrenmatt in Neuchâtel (2000), Musée Bodmer in Genf (2003), Erweiterungstrakt der Scala in Mailand (2004).

Böttcher, Jürgen, Pseud. **Strawalde,** Maler, Zeichner und Filmregisseur, * Strahwalde (Landkreis Löbau-Zittau) 8. 7. 1931; arbeitete seit 1960 im DEFA-Studio für Dokumentarfilme (»Ofenbauer«, 1962; »Martha«, 1978; »Die Mauer«, 1990); der Spielfilm »Jahrgang 45« wurde erst 1990 öffentlich aufgeführt; seine Bilder erzielen ihre Spannung aus der kontemplativen Wirkung skripturaler und maler. Sinnzeichen und der Dynamik ihrer Niederschrift; auch Assemblagen.

Böttger, Böttiger, Johann Friedrich, Naturforscher, * Schleiz 4. 2. 1682, † Dresden 13. 3. 1719; kam als Apothekergehilfe in Berlin in den Ruf eines Goldmachers, floh 1701 aus Preußen nach Sachsen und arbeitete dort im Auftrag Augusts des Starken an der Herstellung von Gold. 1704 wurde er E. W. Graf von Tschirnhaus unterstellt, der schon seit 1693/94 Schmelzversuche mit großen Brennlinsen zur Herstellung von Keramik durchführte. Noch zu Lebzeiten von Tschirnhaus gelang 1707 die Erzeugung des roten – fälschlich B.-Porzellan genannten – B.-Steinzeugs. 1708 entstand erstmals das weiße Porzellan. B.

entwickelte die Technik fort. In Meißen wurde 1710 eine Porzellanmanufaktur gegründet, deren Leitung B. bis zu seinem Tod innehatte.

Böttgersteinzeug®, Bez. für das erstmals 1707 nach Experimenten von J. F. Böttger und E. W. Graf von Tschirnhaus erzeugte rotbraune bis kaffeebraune Steinzeug mit hartem, dichtem Scherben, das im 18. Jh. auch als Jaspisporzellan bezeichnet wurde. Seit der Neuentwicklung dieses roten Steinzeuges (1919) ist der Begriff als Marke für die Porzellan-Manufaktur Meißen geschützt.

Botticelli [boti'tʃɛlli], Sandro, eigtl. Alessandro di **Mariano Filipepi,** ital. Maler, * Florenz 1444/1445, † ebd. 17.(?) 5. 1510. Der Künstler begann 1461/1462 eine Lehre bei dem Florentiner Maler F. Lippi. Bald nach dessen Tod, 1469, gründete B. eine eigene Werkstatt. Es entstanden u. a. die »Fortitudo« (1470; Florenz, Uffizien), der »hl. Sebastian« (1474; Berlin, Gemäldegalerie) und die »Anbetung der Könige« (1475; Florenz, Uffizien). Es folgten Aufträge der Medici, darunter zahlr. Porträts und die Mehrzahl der mytholog. Gemälde, wie der 1480–82 entstandene »Frühling«, der zus. mit dem Bild »Pallas bändigt den Kentauren« (beide Florenz, Uffizien) als Ausstattung eines Hochzeitszimmers diente. Diese mytholog. Gemälde ebenso wie die »Ankunft der Venus« (nach 1488; Florenz, Uffizien) gehen in ihrer Bildgestalt auf antike Textquellen zurück. Außerhalb von Florenz beteiligte sich B. an der Freskierung der Sixtin. Kapelle im Vatikan (1481–82). Danach schuf er in Florenz bed. Altargemälde (u. a. Bardi-Altar, 1485; Berlin, Gemäldegalerie). In den 1490er-Jahren folgte mit der »Verleumdung des Apelles'« (1492–1496; Florenz, Uffizien) sein letztes bed. profanes Gemälde. Spätere Werke wie die »Myst. Kreuzigung« (1497–98; Cambridge, Mass., Harvard Art Museums) und die »Myst. Geburt« (1500/1501; London, National Gallery) stehen den endzeitl. Ansichten G. Savonarolas nahe.

Bottnischer Meerbusen, nördl. Teil der Ostsee, zw. Schweden und Finnland; durch die Ålandinseln vom Hauptteil getrennt.

Bottom ['bɔtəm, engl.], selten auch **Beauty,** *Physik:* die ladungsartige Quantenzahl *B* (auch **B.-Ladung** oder **Bottomness** gen.), die das **B.-Quark** oder (selten) **Beautyquark** (Symbol b) unter den sechs mögl. → Quarks kennzeichnet.

Bottom-up-Methode ['bɔtəm ʌp -; zu engl. »von unten nach oben«], induktive Methode, bei der man von Details ausgeht und über immer komplexere Komponenten die Gesamtstruktur eines Systems aufbaut; Ggs.: Top-down-Methode.

Bottrop, kreisfreie Stadt in NRW, Industriestadt nördlich von Essen am Rhein-Herne-Kanal, 121 200 Ew.; Steinkohlebergbau und Kokerei; chem. Industrie, Logistikunternehmen, ferner Nahrungsmittel-, Elektro-, Bau-, Stahlbau-, Metallverarbeitungs- und Bekleidungsindustrie sowie Kies- und Quarzsandgewinnung. Studienzentrum der Fern-Univ. Hagen; überregional bedeutende Erholungsgebiete und Freizeitparks. Der N von B. (Kirchhellen) ist landwirtschaftlich geprägt. – B. wurde 1150 erstmals erwähnt; 1423 Marktrecht, ab 1919 Stadt.

Botulismus [zu lat. botulus »Wurst«] *der,* meldepflichtige Lebensmittelvergiftung durch den Genuss von Wurst-, Fleisch-, Fisch-, Gemüse-, Obstkonserven oder Räucherwaren, die die unter Luftabschluss gebildeten hitzeempfindl. Giftstoffe des Bakteriums **Clostridium botulinum** enthalten. Da durch Abkochen

Böttgersteinzeug®: Kaffee- und Teekanne, ungeschliffenes Böttgersteinzeug, über Reliefdekor Emailmalerei mit Granatsteinen von Johann Friedrich Meyer (um 1710–15; Dresden, Staatliche Kunstsammlungen)

zwar die Giftstoffe, nicht aber die Sporen abgetötet werden, können die B.-Erreger auch in abgekochten Lebensmitteln neu auskeimen und wiederum Giftstoffe bilden. Innerhalb von 12–36 Stunden nach der Giftaufnahme kommt es zu Übelkeit und Erbrechen, Kopf- und Gliederschmerzen und Mundtrockenheit; anschließend treten Lähmungen, zuerst an den Augen, dann an der Schlundmuskulatur, schließlich auch an Blase und Mastdarm auf. – Behandlung: sofortige Injektion von B.-Serum, Magenspülung und Abführmittel; ggf. künstl. Beatmung und Schockbehandlung.

Botwinnik, Michail Moissejewitsch, russ. Schachspieler, * Kuokkala (heute Repino, bei Sankt Petersburg) 17. 8. 1911, † Moskau 5. 5. 1995; Weltmeister 1948–63 (außer 1957 und 1960).

Bouaké [bwa'ke, frz.], **Bwake,** zweitgrößte Stadt der Rep. Elfenbeinküste, 572 100 Ew.; kath. Bischofssitz; Univ.; an der Eisenbahnlinie Abidjan–Ouagadougou; Baumwollentkernung, Sisalverarbeitung; internat. Flughafen.

Bouchardon [buʃar'dɔ̃], Edme, frz. Bildhauer, * Chaumont 29. 5. 1698, † Paris 27. 7. 1762. Sein Werk zeigt den Übergang vom Rokoko zu einem akadem. Klassizismus.

Boucher [bu'ʃe], François, frz. Maler, * Paris 29. 9. 1703, † ebd. 30. 5. 1770; gefeierter Modemaler des frz. Rokoko; schuf anmutig-galante Schäferszenen, Radierungen, Illustrationen sowie Entwürfe für Bildteppiche. – Abb. S. 628

Sandro Botticelli: Der Frühling (1480–82; Florenz, Uffizien)

François Boucher: Jupiter und Callisto (1744; Moskau, Puschkin-Museum)

Bouches-du-Rhône [buʃdyˈroːn], Dép. im SW der Provence, Frankreich, 5087 km^2, 1,884 Mio. Ew.; Hptst.: Marseille.

Bouclé [buˈkle, frz.] *das,* Gewebe aus frotteeartigem Effektzwirn für Oberbekleidungsstoffe mit gekräuselter, rauer Oberfläche.

Bou Craa [bu -], **Bu Craa,** Bergbauort im nördl. Teil von Westsahara, reiche Phosphatlager; Transport zum Hafen bei El-Aaiún über ein 100 km langes Förderband.

Boudiaf [buˈdjaf], Mohammed, alger. Politiker, * M'Sila (N-Algerien) 23. 6. 1919, † (ermordet) Annaba 29. 6. 1992; kämpfte in der FLN gegen die frz. Kolonialmacht. 1958–62 war er Staatsmin. und Vizepräs. der Provisor. Alger. Regierung in Tunis; Gegner Ben Bellas; ging 1963 nach Marokko ins Exil. 1992 kehrte B. nach Algerien zurück und übernahm den Vorsitz des Hohen Staatskomitees.

Boudoir [budˈwaːr; frz., eigtl. »Schmollwinkel«] *das,* intimes Gemach der Frau, in Frankreich seit dem 18., in Dtl. erst im 19. Jh. üblich.

Bougainville [bugɛ̃ˈvil], größte der Salomoninseln, 8800 km^2, etwa 103 000 Ew., bildet mit Buka u. a. Inseln die Prov. North Solomons von Papua-Neuguinea; aktiver Vulkanismus, dicht bewaldet; die Förderung in der Kupfer- und Goldmine Panguna, einer der größten der Erde, wurde 1990 eingestellt. Hauptort ist Arawa, Haupthafen Kieta. – B. wurde 1768 von L.-A. de Bougainville entdeckt. 1899–1918 gehörte es zu Dt.-Neuguinea; seit 1975 bei Papua-Neuguinea. Die starke, v. a. von der »B. Revolutionary Army« getragene sezessionist. Bewegung führte zu einem heftigen Konflikt mit der Zentralreg. (Tausende Tote durch Kämpfe 1989–97, Blockade der Insel 1990–97); erst 1998 konnte ein Waffenstillstandsabkommen geschlossen werden. 2000 einigten sich Rebellen und Zentralreg. auf die Gewährung der Autonomie für B., 2001 unterzeichneten sie einen Friedensvertrag.

Bougainville [bugɛ̃ˈvil], Louis-Antoine de, frz. Seefahrer, * Paris 11. 11. 1729, † ebd. 31. 8. 1811; unternahm 1766–69 von Nantes aus die erste frz. Erdumseglung, auf der er bes. in Melanesien Entdeckungen machte (u. a. 1768 das nach ihm ben. B. in den von ihm wieder aufgefundenen Salomoninseln).

Bougainvillea [bugɛ̃ˈvilea; nach L.-A. de Bougainville], Pflanzengattung der Wunderblumengewächse mit 14 Arten; Sträucher oder kleine Bäume im trop. und subtrop. Südamerika mit drei röhrigen Blüten an den Zweigspitzen; die drei Hochblätter sind violett, orange bis rot, auch weiß.

Bougie [buˈʒiː; frz. »Kerze«] *die,* starrer oder biegsamer Stab in versch. Dicke zum Dehnen krankhafter Verengungen (Strikturen), z. B. von Harnröhre, Speiseröhre und Muttermund.

Bougie [buˈʒiː, frz.], bis 1963 Name von → Bejaïa.

Bouillabaisse [bujaˈbɛːs, frz.] *die,* in S-Frankreich beliebte Suppe mit Fischstücken, Krustentieren, Gemüsen, Gewürzen.

Bouillon [bʊlˈjɔ̃, frz. buˈjɔ̃] *die,* 1) *Kochkunst:* die → Fleischbrühe.

2) *Mikrobiologie:* Nährlösung zur Züchtung von Bakterien.

Bouillon [buˈjɔ̃], ehem. Herrschaft, seit 1023 Herzogtum in Niederlothringen (Ardennen), das → Gottfried von Bouillon 1096 an den Bischof von Lüttich verpfändete. Seit 1678 selbstständiges Herzogtum, gehörte seit 1815 zu den Niederlanden; 1830 fiel es an Belgien.

Boulanger [bulɑ̃ˈʒe], 1) Georges, frz. General und Politiker, * Rennes 29. 4. 1837, † (Selbsttötung) Ixelles (Region Brüssel) 30. 9. 1891; wurde 1886 Kriegsmin., war Wortführer der Revanche gegen Dtl.; 1888 wurde er aus disziplinar. Gründen aus der Armee entfernt. Er sammelte in der Kammer eine nationalist. Oppositionspartei, die **Boulangisten,** und arbeitete auf einen Staatsstreich hin. Vor der Anklage des Hochverrats floh er nach Brüssel.

2) Lili, frz. Komponistin, * Paris 21. 8. 1893, † Mézy-sur-Seine (Dép. Yvelines) 15. 3. 1918, Schwester von 3); gewann als erste Frau 1913 den »Prix de Rome« mit der Kantate »Faust et Hélène«; schrieb u. a. die Oper »La princesse Maleine« (1918).

3) Nadia Juliette, frz. Musikpädagogin, Dirigentin und Komponistin, * Paris 16. 9. 1887, † ebd. 22. 10.

Bougainvillea: Blütenzweig von Bougainvillea spectabilis

1979, Schwester von 2); Lehrerin bed. amerikan. Komponisten (u. a. A. Copland).

Boulder [ˈbəʊldə], Stadt im Bundesstaat Colorado, USA, am O-Fuß der Rocky Mountains, 93 100 Ew.; früheres Bergbauzentrum; Erholungsort; Univ. mit Forschungszentrum; elektron. Industrie.

Boulder Dam [ˈbəʊldə ˈdæm, engl.], → Hoover Dam.

Bouldern [ˈbəʊldən, engl.] *das, Trendsport:* das Klettern in geringer Höhe (Absprunghöhe) ohne Seil, durchgeführt an Felsblöcken in der Natur oder kleinen Boulderwänden in Hallen (auch in Schulen). Es eignet sich sehr gut als Klettertraining; daneben gibt es eine eigene »Boulderszene« mit entsprechenden Wettkämpfen.

Boule [buːl; frz. »Kugel«] *das,* → Boccia.

Boulevard [bulə'vaːr; frz., zu Bollwerk] *der,* Ring-, Prachtstraße, bes. in Paris.

Boulevardpresse [bulə'vaːr-], Bez. für sensationell aufgemachte, auflagenstarke Zeitungen, meist im Straßenverkauf abgesetzt.

Boulevardtheater [bulə'vaːr-], Bez. (seit dem 18./19. Jh.) für die kleinen Theater an den Boulevards von Paris, die v. a. Boulevardstücke spielten, heute allg. für Theater mit leichtem Unterhaltungsrepertoire. Autoren: in Frankreich E. Scribe, G. Feydeau, S. Guitry, in Dtl. C. Goetz, in England N. Coward, S. Maugham.

Boulez [buˈlɛːz], Pierre, frz. Komponist und Dirigent, * Montbrison (Dép. Loire) 26. 3. 1925; war 1971–77 Chefdirigent des New York Philharmonic Orchestra, 1977–91 Leiter des »Institut de Recherche et de Coordination Acoustique/Musique« (IRCAM) in Paris, gründete 1976 das Ensemble InterContemporain. Hauptvertreter der elektron. und experimentellen Musik (→ Zwölftontechnik). Kompositionen: »Le marteau sans maître« (1955–57), »Pli selon pli – Portrait de Mallarmé« (1957–62), »Explosante-Fixe« (1972–74), »Anthèmes« (1993; für Violine solo) u. a.; schrieb auch theoret. Werke zur Neuen Musik. B. wurde 1989 mit dem Kunstpreis Praemium Imperiale ausgezeichnet.

Boulle [bul], **1) Boule,** André Charles, frz. Kunstschreiner, * Paris 11. 11. 1642, † ebd. 28. 2. 1732; schuf Möbel von einfacher Grundform mit reichen Einlagen von gefärbten Hölzern, Metall, Elfenbein, Perlmutter, Schildpatt (**B.-Technik**).
2) Pierre, frz. Schriftsteller, * Avignon 20. 2. 1912, † Paris 31. 1. 1994; verarbeitete in Romanen seine Erfahrungen, die er, u. a. als Kriegsgefangener, in SO-Asien gemacht hatte (»Die Brücke am Kwai«, 1952); auch fantast. Erzählungen und Romane (»Der Planet der Affen«, 1963).

Boulogne-Billancourt [buˈlɔn-biˈlãkuːr], Stadt im Dép. Hauts-de-Seine, im südwestl. Vorortbereich von Paris, Frankreich, im Seinebogen, 107 000 Ew.; Hafen; vielseitige Ind. (Parfümerie-, Automobil-, Flugzeug-, Maschinenbau). Nördlich von B.-B. liegt der Park **Bois de Boulogne** mit Pferderennbahn.

Boulogne-sur-Mer [buˈlɔn syrˈmɛːr], Stadt im Dép. Pas-de-Calais, Frankreich, an der Mündung der Liane in den Ärmelkanal, 45 500 Ew.; Seebad, Fischerei-, Handels- und Passagierhafen (Fährverkehr mit den Brit. Inseln); Holz-, Metall-, Papier-, Fischkonservenind.; Stahlwerk. – In der befestigten Oberstadt zahlr. klassizist. Bauten. – B.-s.-M. wurde in spätröm. Zeit **Bononia** genannt. Die urspr. selbstständige Grafschaft Boulogne (**Boulonnais**) war 1419–77 burgundisch und fiel endgültig 1477 an die frz. Krone.

Bourbaki-Panorama: Ausschnitt aus dem Bourbaki-Panorama von Édouard Castres unter Mitarbeit u. a. von Ferdinand Hodler (1881; Luzern, Panorama am Löwenplatz)

Boumedienne [bumə'djɛn], Houari, alger. Offizier und Politiker, * Guelma (NO-Algerien) 23. 8. 1927, † Algier 27. 12. 1978; Mitgl. der FLN, als Generalstabschef zunächst Anhänger, dann Gegner Ben Bellas. Nach dessen Sturz (1965) übernahm B., der Führer des Staatsstreichs, als Vors. des Revolutionsrates und Staatschef (seit 1977 Staatspräs.) die Regierung. B. verfolgte einen am Islam orientierten Sozialismus, forcierte die Industrialisierung des Landes.

Bouquinist [buki-; von frz. bouquin »altes Buch«] *der,* Straßenbuchhändler, bes. für antiquar. Bücher (in Paris).

Bourbaki [burbaˈki], Nicolas, gemeinsames Pseudonym einer Gruppe von frz. Mathematikern des 20. Jh. – Die B. gaben ab 1939 das Standardwerk »Éléments de mathématique« heraus, das logisch-axiomatisch wesentl. Teile der Mathematik darstellt.

Bourbaki-Panorama [burbaˈki-], Darstellung des Übertritts der von dem frz. General Charles Denis Sautier Bourbaki (* 1816, † 1897) angeführten Truppen in die neutrale Schweiz im Febr. 1871. Das 1 100 m² große B.-P. wurde 1881 von dem Historienmaler Édouard Castres (* 1838, † 1902) unter Mitarbeit anderer Maler (u. a. F. Hodler) in Genf ausgeführt und 1889 nach Luzern überführt.

Bourbon [burˈbɔ̃], **Bourbonen,** frz. Herrscherhaus, Zweig der Kapetinger, stammt von einem jüngeren Sohn des Königs Ludwig IX., des Heiligen, ab, der 1272 das Schloss B.-l'Archambault (Dép. Allier) durch Heirat erwarb. Sein Sohn wurde 1327 als Ludwig I. Herzog von B. und Pair; zum → Bourbonnais gewannen die B. 1416 das Herzogtum Auvergne, verloren aber beides an die frz. Krone, als der Connétable Karl von B. 1523 zu Kaiser Karl V. überging. Anton von B., von dessen Bruder Ludwig die Nebenlinie → Condé abstammt, gelangte durch Heirat 1555 in den Besitz des Königreichs Navarra; sein Sohn bestieg nach dem Tod des letzten Valois 1589 als Heinrich IV. den frz. Thron. Die Hauptlinie regierte in Frankreich bis 1792 und 1814–30; sie erlosch 1883. Philipp, der Bruder Ludwigs XIV., gründete das jüngere Haus → Orléans, aus dem König Ludwig Philipp (1830–48) stammte. Ein Enkel Ludwigs XIV. gelangte 1701 als Philipp V. auf den span. Thron; die span. B. regierten 1701–1808, 1814–68, 1874–1931 und mit → Juan Carlos I. erneut seit 1975. Von ihnen zweigten sich zwei ital. Linien ab, die im Königreich Neapel-Sizilien (1735–1861) und im Herzogtum Parma-Piacenza (1748–1802 und 1847–59) regierten.

Bourbonnais [burbɔˈnɛ] *das*, histor. Landschaft in Mittelfrankreich; Tafel- und Hügelland beiderseits des Allier zw. Cher und Loire; reich an Heilquellen, z. B. Vichy; bed. Rinderzucht (Charolais-Rasse); stark industrialisiert. Das B. war Stammland des Hauses →Bourbon.

Bourdelle [burˈdɛl], Émile-Antoine, frz. Bildhauer, * Montauban 30. 10. 1861, † Le Vésinet (bei Paris) 1. 10. 1929; schuf Denkmäler, Reliefs und Einzelfiguren, deren Monumentalität und Pathos symbolist. Züge tragen.

Bourdieu [burˈdjø], Pierre Félix, frz. Soziologe, * Denguin (Dép. Pyrénées-Atlantiques) 1. 8. 1930, † Paris 23. 1. 2002; seit 1981 Prof. am Collège de France; Beiträge zur Analyse von individuellem Handeln, von kulturell vermittelten Handlungsmustern, von sozioökonom. Macht- und Chancenverteilung; schrieb u. a. »Die feinen Unterschiede« (1979).

Bourdon [burˈdɔ̃; frz. »Hummel«] *der*, →Bordun.

Bourdouxhe [burˈduks], Madeleine, belgische Schriftstellerin frz. Sprache, * Lüttich 25. 9. 1906, † Brüssel 16. 4. 1996; Mitglied der frz. Résistance, gehörte zum Kreis um J.-P. Sartre. Schrieb Erzählungen und Romane über Frauenschicksale (»Gilles' Frau«, 1937; »Auf der Suche nach Marie«, 1943), die erst in den 1980er-Jahren einem größeren Publikum bekannt wurden.

Bourg-en-Bresse [buːrɑ̃ˈbrɛs], Hptst. des Dép. Ain, Frankreich, am W-Rand des frz. Jura, 43 000 Ew.; Zentrum der Bresse; Möbel- und Textilind., Fahrzeugbau. – Im Vorort **Brou** die unter Margarete von Österreich 1513–32 im Flamboyantstil erbaute Kirche mit reicher Innenausstattung; ehem. Kloster (1506–12; heute Museum).

Bourgeois [burˈʒwa], **1)** Léon Victor Auguste, frz. Politiker, * Paris 29. 5. 1851, † Schloss Oger (bei Épernay) 29. 9. 1925; 1895/96 Min.-Präs., 1899 und 1907 Vertreter Frankreichs auf den Haager Friedenskonferenzen; erhielt 1920 den Friedensnobelpreis.

Louise Bourgeois: Kostbare Flüssigkeiten (Installation auf der documenta 9 in Kassel; 1992)

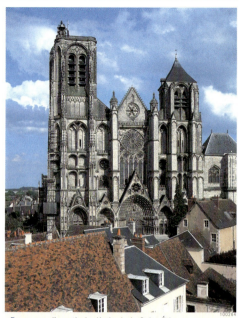

Bourges: die gotische Kathedrale Saint-Étienne (1195–1260)

2) Louise, amerikan. Plastikerin frz. Herkunft, * Paris 25. 12. 1911; studierte u. a. bei F. Léger; lebt seit 1938 in New York (1951 amerikan. Staatsbürgerin); in Objekten und Environments formuliert sie in einer assoziativen Formensprache ihre Erlebnisse und Erfahrungen. Erhielt 1999 den Kunstpreis Praemium Imperiale.

Bourgeoisie [burʒwaˈziː; frz., zu bourgeois »Bürger«] *die*, in Frankreich entstandene Bez. für die soziale Schicht zw. Adel und Bauernschaft; bezeichnet bes. im Marxismus eine Schicht des Bürgertums, die über die entscheidenden Produktionsmittel und das Finanzkapital verfügt.

Bourges [burʒ], Hptst. des Dép. Cher, Frankreich, im Berry, 76 100 Ew.; Erzbischofssitz; technolog. Univ.-Institut; Rüstungsbetriebe, Maschinen-, Fahrzeugbau, Reifenwerk. – Die fünfschiffige, querschifflose got. Kathedrale Saint-Étienne (1195–1260) gehört zu den bedeutendsten sakralen Bauwerken Frankreichs (UNESCO-Weltkulturerbe). – B., das **Avaricum** der Antike, erlebte Blütezeiten im MA. als Hptst. des Herzogtums Berry.

Bourget, Lac du [ˈlakdybuːrˈʒɛ], See in den frz. Alpen, nördl. von Chambéry, 45 km² groß und bis 145 m tief. Am O-Ufer liegt Aix-les-Bains.

Bourgogne [burˈgɔɲ], frz. Name von →Burgund.

Bourguiba [burgiˈba], Habib, tunes. Politiker, * Monastir 3. 8. 1903, † ebd. 6. 4. 2000; gründete als Vorkämpfer der nationalen Bewegung 1934 die Neo-Destur-Partei (→Destur), wurde 1956 Min.-Präs., 1957 Staatspräs.; modernisierte durch soziale Reformen das Land und suchte eine enge Anlehnung an den Westen; 1987 aus Altersgründen abgesetzt.

Bournemouth [ˈbɔːnməθ], Seebad und Unitary Authority, S-England, 164 000 Ew., am Ärmelkanal; beliebter Altersruhesitz; Elektroind., Arzneimittelwerke; Flughafen.

Bournonit [bur-; nach dem frz. Mineralogen J. L. Graf von Bournon, * 1751, † 1825] *der*, rhomb., graues bis schwarzes Mineral, PbCuSbS₃, wichtiges Blei- und Kupfererz.

Bourrée [buˈre, frz.] *die,* ein noch heute lebendiger Volkstanz der Auvergne, Paartanz im Wechsel mit Frontreigen; ³/₄-, später ⁴/₄-Takt; fand im 17./18. Jh. Eingang in Ballett, Oper und Suite.

Bourrette [buˈrɛt, frz.] *die,* Seidenabfall; wird zu grober, ungleichmäßiger **B.-Seide** versponnen.

Bourtanger Moor [ˈbuːr-], Hochmoor auf dem linken Emsufer beiderseits der niederländisch-dt. Grenze; wird im dt. Bereich seit 1951 in eine Kulturlandschaft umgewandelt.

Bouteflika [bu-], Abd al-Asis, alger. Politiker, * Oujda (NO-Marokko) 2. 3. 1937; studierte Philosophie, schloss sich 1956 der FLN an. 1965 am Sturz Ben Bellas beteiligt, forderte er als Außenmin. (1963–79) eine Neuordnung der ökonom. Beziehungen zw. den Ind.-Staaten und den Ländern der Dritten Welt. Nach seiner Wahl zum Staatspräs. im April 1999 (Wiederwahl 2004) kündigte B. die Modernisierung der alger. Gesellschaft an und unterbreitete zur Beendigung des Bürgerkrieges einen Friedensplan.

Bouton [buˈtɔ̃, frz.] *der,* Knopf, knopfförmiger Ohrring.

Boutros-Ghali [ˈbu-], Boutros, ägypt. Politiker, * Kairo 14. 11. 1922; Jurist, Prof. für Völkerrecht; war 1977–91 Staatssekr. im Außenministerium, 1991 stellv. Min.-Präs. (zuständig für Außenpolitik), 1992–96 Gen.-Sekr. der UN.

Bouts [bɔʏts], Dieric, niederländ. Maler, * Haarlem zw. 1410 und 1420, † Löwen 6. 5. 1475; Arbeiten von leuchtender Farbigkeit und feiner Durchzeichnung. – *Werke:* Abendmahlsaltar der Peterskirche zu Löwen (1464–67); Gerechtigkeitsbilder für das Löwener Rathaus (um 1470; Brüssel, Musées Royaux des Beaux-Arts).

Bouvetinsel [buˈvɛ-], unbewohnte Insel im Südatlantik, 1739 von Bouvet de Lozier entdeckt, etwa 58 km², bis 939 m hoch, fast ganz vergletschert; See-

Dieric Bouts: Abendmahlsaltar, Mitteltafel mit der »Einsetzung des Abendmahls« (1464–67; Löwen, Sankt Peter)

Bovist: Kartoffelbovist

elefanten, Pelzrobben, Pinguine; seit 1930 norwegisch.

Bove [ˈbɔːvə], Emmanuel, frz. Schriftsteller, * Paris 20. 4. 1898, † 13. 7. 1945; schrieb Erzählungen und Romane, die sich durch detaillierte Beschreibungen psych. Befindlichkeiten und genaueste Beobachtung des Alltäglichen auszeichnen (u. a. »Meine Freunde«, 1924; »Die Ahnung«, 1935; »Der Außenseiter«, 1939; »Die Falle«, 1945; »Colette Salmand«, hg. 2001).

Bovet [boˈve], Daniel, ital. Pharmakologe schweizer. Herkunft, * Neuenburg 23. 3. 1907, † Rom 8. 4. 1992; Mitentdecker der Sulfonamide; erforschte Antihistaminika, Curare, Mutterkornalkaloide u. a.; Nobelpreis für Physiologie oder Medizin 1957.

bovine spongiforme Enzephalopathie, Infektionskrankheit der Rinder (→ BSE).

Bovist [aus spätmhd. vohenvist »Füchsinnenfurz«] *der,* Bez. für versch. Bauchpilze, deren Inneres zu staubfeinen Sporen zerfällt (**Stäubling**); in Wäldern der giftige, bis 8 cm hohe **Kartoffel-B.** (Scleroderma citrinum), auf Weiden der jung essbare **Riesen-B.** (Lagermannia gigantea) mit einem Durchmesser von bis zu 50 cm.

Bowdenzug [ˈbaʊdən-; engl., nach Sir H. Bowden, * 1880, † 1960], Drahtzug, der Bewegungen und Kräfte durch einen in einem Metallschlauch verschiebbaren Draht überträgt, z. B. Handbremse am Fahrrad.

Böwe, Kurt, Schauspieler, * Reetz (Landkreis Prignitz) 28. 4. 1929, † Berlin 14. 6. 2000; 1973–97 am Dt. Theater; Rollen auch bei Film und Fernsehen (»Jadup und Boel«, 1988, 1980 entstanden; »Märkische Forschungen«, 1981), 1993 ff. TV-Kommissar in »Polizeiruf 110«.

Bowen [ˈbəʊɪn], Elizabeth, engl. Schriftstellerin irischer Herkunft, * Dublin 7. 6. 1899, † London 22. 2. 1973; schrieb psycholog. Romane (»Der letzte September«, 1929), Kurzgeschichten und Essays, beeinflusst von H. James und V. Woolf, so der Roman »Das Haus in Paris« (1935); später auch mit mythisierenden Elementen wie in dem Roman »Seine einzige Tochter« (1968).

Bowie [ˈbəʊɪ], David, eigtl. D. Robert **Jones**, brit. Rocksänger, -gitarrist und -saxofonist, * London 8. 4. 1947; wichtigster Vertreter der Transvestiten- und Horrorwelle in der Rockmusik der 1970er-Jahre mit bühnenwirksamer Darstellung der Erscheinungsformen (Rockterror, Drogenkonsum, Sexismus) einer frustrierten Subkultur; einer der vielseitigsten Pop-Artisten; auch Filmschauspieler.

Bowle [ˈboːlə, engl.] *die,* kaltes Mischgetränk aus Wein und Sekt mit Früchten oder Würzkräutern; auch das runde Gefäß zu dessen Bereitung.

Bowler [ˈbəʊlə, engl.] *der,* 1850 von Thomas Bowler & Sons entworfener Herrenhut aus Filz mit steifem, rundem Kopf; in Dtl. »Melone« genannt.

Boutros Boutros-Ghali

Boxen: Amateure (Gewichtsbegrenzungen in kg)		
Gewichtsklasse	Männer	Frauen
Papiergewicht	–	46
Halbfliegengewicht	48	48
Fliegengewicht	51	50
Bantamgewicht	54	52
Federgewicht	57	54
Leichtgewicht	60	57
Halbweltergewicht	64	60
Weltergewicht	69	63
Halbmittelgewicht	–	66
Mittelgewicht	75	70
Halbschwergewicht	81	75
Schwergewicht	91	80
Superschwergewicht	>91	86
Superschwerplus	–	>86

Bowles [bəʊlz], Paul, amerikan. Schriftsteller und Komponist, * New York 30. 12. 1910, † Tanger 18. 11. 1999; lebte seit 1947 zumeist in Tanger; zählte zu den führenden Vertretern der Beatgeneration. In seinen Werken kehren Themen wie Drogenerfahrung, Reisen und das entfremdete Leben im Exil wieder, so in den Romanen »Himmel über der Wüste« (1949) und »So mag er fallen« (1952); ferner Erzählungen und Gedichte (»Nichtsnah«, 1981); förderte arab. Künstler und komponierte Opern, Ballette sowie Film- und Bühnenmusiken.

Bowling [ˈbəʊlɪŋ, engl.] *das*, eine der vier Disziplinen des →Kegelns; die im Durchmesser 21,8 cm große, bis 7,255 kg schwere, mit Löchern für Haltefinger versehene Kugel (»Ball«) wird auf die Kegelstandfläche (Länge der Bahn: 25,488 m) geworfen, wobei möglichst alle zehn Kegel (→Pin) getroffen werden sollen. Gespielt wird in zehn Durchgängen (Spielen) zu je zwei Würfen. Gewertet werden die in allen Durchgängen gefallenen Pins.

Box [engl.] *die*, **1)** *Automobilsport:* kleine Werkstätte am Rande der Rennstrecke zum Reifenwechsel, Reparieren und Auftanken der Fahrzeuge während des »Boxenstopps«.
2) *Elektroakustik:* Lautsprechergehäuse.
3) *Fotografie:* kurz für Boxkamera, eine einfache Kamera aus der Frühzeit der Fotografie.
4) *Reitsport:* **Boxe**, Abteilung im (Pferde-)Stall.

BOX [Kw. aus engl. **b**ond **i**nde**x**], von der Dt. Börse AG 1999 bis Ende 2000 berechnete Gruppe von Rentenindizes, die als Maßstab für die Wertentwicklung europ. Staatsanleihen diente. An ihre Stelle ist 2001 die erweiterte Rentenindexfamilie →iBoxx® getreten.

Boxen, Faustzweikampf in Gewichtsklassen, gebunden an strenge Regeln. Geboxt wird mit lederpolsterten Handschuhen von 8 Unzen Gewicht. Gestattet sind Schläge auf alle Teile des vorderen Körpers oberhalb der Gürtellinie, einschl. des Kopfes. Der Gegner soll mit korrekten Schlägen getroffen werden. Die Schläge sind: **Gerade** (auf kürzestem Weg mit der Faust schnell ausgeführter Stoß), **Haken** (aus dem abgewinkelten Arm geführter Schlag), **Uppercut** (Aufwärtshaken), **Schwinger** (Stoß mit abgewinkeltem Arm von unten nach oben), **Jab** (hakenartiger Schlag aus kurzer Distanz), **Cross** (Schlag über den abwehrenden Arm des Gegners auf dessen entgegengesetzte Körperhälfte). Ein Boxkampf wird im **Ring** ausgetragen, einem Quadrat (»Seilquadrat«) von 4,9–6,1 m Seitenlänge mit dreifacher Seilumspannung in 40, 80, 130 cm Höhe. Der Kampf, vom **Ringrichter** geleitet, von **Punktrichtern** bewertet, geht über **Runden:** 4 für Amateure von je 2 Minuten Dauer, dazwischen je eine Minute Pause (Profis: →Profiboxen). Die Entscheidungen können sein: **Knock-out (K.o.),** wenn der Gegner niedergeschlagen wird und in 10 Sekunden den Kampf nicht fortsetzen kann; **techn. Knock-out,** wenn der Ringrichter den Kampf abbricht, um ernste Gefahren zu vermeiden; **Punktwertung:** Sieger ist der Boxer, dem die Mehrheit der Punktrichter eine höhere Punktwertung gibt.

Weltdachverband der Amateurboxer ist die Association Internationale de Boxe Amateur (AIBA; gegr. 1946, Sitz: Berlin), europ. Dachverband die European Amateur Boxing Association (EABA; gegr. 1970, Sitz: Sofia).

B. wurde als kult. Handlung zu Ehren der Götter im Altertum v. a. im Vorderen Orient, in Asien und Afrika ausgeübt. Es entwickelte sich im Mittelmeerraum als nach Regeln geordneter Sport, wobei man bis zur Kampfunfähigkeit des Gegners mit bloßen oder mit bandagierten Fäusten kämpfte. In späterer Zeit wesentlich brutalisiert, wurde B. Ende des 4. Jh. n. Chr. verboten. Der moderne Boxsport entstand im 18. Jh. in England. (→Sportarten, Übersicht)

Boxer [engl.; nach chin. Yihequan »Faust(kämpfer) für Gerechtigkeit und Harmonie«; seit 1899 Yihetuan »Verband (Abteilungen) für Gerechtigkeit und Harmonie«], fremdenfeindl. religiöser Geheimbund in China, der mit der Ermordung des dt. Gesandten K. von Ketteler und der Belagerung des Pekinger Gesandtschaftsviertels (mit Billigung der chin. Regierung) 1900 den **B.-Aufstand** auslöste. Dieser wurde durch ein Militärkorps aus acht Staaten (Dtl., Frankreich, Großbritannien, Italien, Japan, Österreich-Ungarn, Russland und USA) niedergeschlagen, die im **B.-Protokoll** (1901) die Sühnebedingungen diktierten (u. a. Reparationszahlungen von 450 Mio. Tael Silber, Recht der Interventionsstaaten zur Stationierung von Truppen an zwölf strategisch wichtigen Punkten zw. Peking und der Küste, Entsendung einer chin. »Sühnemission« nach Dtl.).

Boxer, Deutscher Boxer, mittelgroße (Schulterhöhe 53–63 cm), kurzschnauzige, glatthaarige Haushunderasse (Wach-, Schutz- und Gebrauchshund). Das beim Deutschen Boxer (u. a. Hunden) übl. Kupieren von Schwanz und Ohren ist seit August 1986 gesetzlich verboten.

Boxer: Niederschlagung des Boxeraufstands (Kampf um Tientsin, Juni 1900)

Boxermotor, →Verbrennungsmotor.

Boxkalf [engl.] *das,* **Boxcalf,** chromgegerbtes, feinnarbiges Kalbleder, bes. für Schuhoberleder; derart aus Rinderhäuten hergestelltes Leder ohne Narben heißt **Rindbox.**

Boyd-Orr [ˈbɔidˈɔː], John, Baron of Brechin Mearns (seit 1949), brit. Physiologe und Ernährungswissenschaftler, * Kilmaurs (North Ayrshire) 23. 9. 1880, † Newton (bei Brechin) 25. 6. 1971; trat für die Gründung einer weltweiten Ernährungsorganisation ein; Friedensnobelpreis 1949.

Boyen, Hermann von, preuß. General, * Kreuzburg (Ostpreußen; heute Jenino, Gebiet Kaliningrad) 23. 6. 1771, † Berlin 15. 2. 1848; Mitarbeiter Scharnhorsts, war 1814–19 und 1841–47 Kriegsminister. Von B. entwarf das Wehrgesetz vom 3. 9. 1814 (allg. Wehrpflicht) und die Landwehrordnung vom 21. 11. 1815. Wegen des Widerstands gegen seine Reformpläne trat er 1819 zurück.

Boyer [ˈbɔiə], Paul D., amerikan. Chemiker, * Provo (Utah) 30. 7. 1918; 1963–89 Prof. an der University of California. B. erhielt 1997 für seine Arbeiten über Enzyme mit J. C. Skou und J. E. Walker den Nobelpreis für Chemie.

Boykott [nach dem von den Iren geächteten engl. Güterverwalter C. Boycott, * 1832, † 1897] *der,* Verrufserklärung als polit., soziale oder wirtschaftl. Zwangsmaßnahme oder Kampfmittel, durch die eine Person, ein Unternehmen oder ein Staat (→Sanktion) vom regelmäßigen Geschäftsverkehr ausgeschlossen wird. B. als Mittel des Arbeitskampfes ist die Weigerung der Arbeitgeber, bestimmte Arbeitnehmer einzustellen, oder der Arbeitnehmer, bei bestimmten Arbeitgebern zu arbeiten. Er ist unzulässig, wenn Zweck oder Mittel gegen die guten Sitten verstoßen oder unverhältnismäßig sind.

Boykotthetze, *Recht:* nach Art. 6 der bis 1968 gültigen Verfassung der DDR unbestimmter Tatbestand zur Erfassung aller politisch missliebigen Handlungen, bes. zw. 1950 und 1957 Grundlage der polit. Strafjustiz; abgelöst durch den Tatbestand der »staatsfeindl. Hetze«.

Boyle [bɔil], **1)** Mark, schott. Künstler, * Glasgow 11. 5. 1934, † London 4. 5. 2005; gründete zus. mit der Künstlerin Joan Hills (* 1936) das »Institute for Contemporary Architecture« und das »Sensual Laboratory«, dessen Aktivitäten Theaterinszenierungen, Lichtenvironments, Körperkunst und Wahrnehmungsstudien umfassen.

2) Robert, brit. Naturforscher, * Lismore (Cty. Waterford, Irland) 25. 1. 1627, † London 30. 12. 1691; Mitbegründer der Royal Society; entdeckte vor E. Mariotte das →Boyle-Mariotte-Gesetz, verbesserte mit R. Hooke die Luftpumpe O. von Guerickes und Anhänger des Atomismus in der Chemie. Seine Entdeckungen wirkten bahnbrechend für das naturwiss. Denken.

Boyle-Mariotte-Gesetz [ˈbɔil marˈjɔt-], Beziehung zw. Druck *p* und Volumen *V* eines idealen Gases bei konstanter Temperatur (R. Boyle 1662, E. Mariotte 1676): $p \cdot V = \text{const.}$ Viele reale Gase, z. B. Luft, Wasserstoff, Helium, gehorchen dem Gesetz unter normalen Bedingungen in guter Näherung.

Boynekultur [ˈbɔin-], →Bend of the Boyne.

Boyscouts [ˈbɔiskauts], engl. für →Pfadfinder.

Bozen, ital. **Bolzano, 1)** autonome Provinz in der autonomen Region Trentino-Südtirol, Italien, 7 400 km², 471 600 Einwohner.

Bozzetto: Antonio Canova, »Amor und Psyche« (1787; Venedig, Museo Civico Correr)

2) Hptst. von 1), 96 100 Ew., am Eintritt des Eisacks in das breite Etschtal; Kultur-, Verw.-, Wirtschafts- und Fremdenverkehrszentrum Südtirols; Bischofssitz; Univ.; Archäologiemuseum; seit dem MA. bed. Handel mit Wein, Obst, Gemüse; Stahl- und Aluminiumind., Magnesiumwerk, Nahrungsmittel- und Holzind., Fahrzeugbau. – Mittelalterl. Altstadt mit Dom (Propsteikirche Mariä Himmelfahrt, 14./15. Jh.), Häuser mit Laubengängen; in der Umgebung zahlr. Burgen. – Als **Castellum Bauzanum** wurde B. 680 Sitz eines fränk. Grenzgrafen, kam 1027 an den Bischof von Trient, dann an den Grafen von Tirol (abgetreten 1462, endgültig 1531), 1919 an Italien.

Bozize [-ziˈzeː], François, General und Politiker der Zentralafrikan. Rep., * Mouila 14. 10. 1946; war 1979–81 Verteidigungsmin., anschließend Min. für Information und Kultur; 1982–89 im Exil, war er 1996–2001 Generalstabschef der Armee, danach erneut bis 2003 im Exil, aus dem er mehrfach versuchte, Präs. A.-F. Patassé zu stürzen. Nachdem Aufständische 2003 die Hauptstadt Bangui eingenommen hatten, wurde er zum Staatspräs. ausgerufen, 2005 bei Wahlen im Amt bestätigt. Ihm und seinen bewaffneten Einheiten wurden schwere Menschenrechtsverletzungen vorgeworfen.

Bozzetto [ital.] *der,* erster skizzenhafter plast. Entwurf für eine Skulptur oder für Porzellan, v. a. in Ton, Wachs oder Holz.

BP, →Bayernpartei.

bpi [Abk. für engl. **b**its **p**er **i**nch], *Informatik:* Einheit für die Aufzeichnungsdichte von Magnetspeichermedien; angegeben wird die Anzahl der Bits, die pro Zoll gespeichert werden können. Die Angabe bezieht sich auf eine Strecke, nicht auf eine Fläche, weil die Daten in Spuren gespeichert werden.

BP plc [biːp piːelˈsiː, engl.], einer der weltgrößten Mineralölkonzerne, entstanden 1998 durch Fusion der British Petroleum Company p. l. c. (Abk. BP; gegr. 1909) und der Amoco Corp. (gegr. 1889), firmierte bis 2002 als **BP Amoco plc;** Sitz: London. Der Konzern (Marken: BP, Aral, ARCO, Castrol) ist in über 100 Ländern in den Bereichen Förderung von Erdöl und -gas, Verarbeitung und Vertrieb von Mineralöl sowie petrochem. Produkte tätig.

bps [Abk. für engl. **b**its **p**er **s**econd], Maßeinheit für die →Datenübertragungsrate.

Bq, Einheitenzeichen für →Becquerel.

Br, chemisches Symbol für →Brom.

Bozen 2) Stadtwappen

Brabant
historisches
Wappen

Brabant, dt. Fürstenhaus, stammt ab von Heinrich I., Sohn Herzog Heinrichs II. von B. und der Landgräfin Sophie von Thüringen, Tochter der hl. Elisabeth; erbte 1247 →Hessen.

Brabant, Gebiet zw. Maas und Schelde, im NO Belgiens und im S der Niederlande (Prov. Nord-B., 4919 km², [2004] 2,407 Mio. Ew., Hptst. Herzogenbusch). Der belg. Teil zerfällt in die Prov. Flämisch-Brabant, 2106 km², (2003) 1,032 Mio. Ew., Hptst. Löwen, und Wallonisch-Brabant, 1091 km², (2003) 360 700 Ew., Hptst. Nivelles, sowie die zentrale zweisprachige Region Brüssel. – Der fränk. Gau **Bracbantum** fiel mit Lothringien 870 an Dtl. und gehörte zum Herzogtum Niederlothringen. Die Grafen von Löwen, seit 1106 Herzöge, nannten sich seit 1191 Herzöge von Brabant. Durch Heirat kam das Land 1430 an Burgund, 1477 an die Habsburger. Während die nördl. Gebiete B.s von der nordniederländ. Republik erobert und seit 1648 als Generalitätslande verwaltet wurden, blieb Süd-B. mit der Hptst. Brüssel bei den Span., seit 1713/14 Österr. Niederlanden. Seit 1830 ist B. das Kernland des Königreichs Belgien.

Brač [bra:tʃ], ital. **Brazza,** Insel in der Adria, zu Kroatien gehörig, 395 km², 13 000 Ew.; Hauptort ist Supetar; Marmorsteinbrüche, Fremdenverkehr; Flughafen.

Bracciolini [brattʃoˈliːni, ital.], →Poggio Bracciolini.

Brache, Flurstück, das i. d. R. für eine Vegetationsperiode unbestellt bleibt: Bodenstruktur und Wasserhaushalt sollen verbessert, Humusbildung, Unkrautbekämpfung und Bodengare gefördert werden (→Dreifelderwirtschaft). (→Sozialbrache)

Bracher, Karl Dietrich, Historiker und Politologe, * Stuttgart 13. 3. 1922; 1959–87 Prof. in Bonn, schrieb v. a. Werke zur dt. Zeitgeschichte. – *Werke:* Die Auflösung der Weimarer Republik (1955); Zeit der Ideologien (1982); Die totalitäre Erfahrung (1987); Geschichte als Erfahrung. Betrachtungen zum 20. Jh. (2001).

brachial [lat.], *Medizin:* auf den (Ober-)Arm bezogen.

Brachiopoda [griech.], die, →Armfüßer.

Brachistochrone [griech.] *die,* Verbindungskurve zweier Punkte, die von einem reibungslos gleitenden Massenpunkt unter dem Einfluss der Schwerkraft in der kürzesten Zeit durchlaufen wird.

Brachkäfer, →Junikäfer.

Brachmonat, Brachet, alter dt. Name für den Juni, in dem die Brache bei der Dreifelderwirtschaft umgepflügt wurde.

Brachschwalben, Glareolidae, Familie der Regenpfeifervögel, zu denen auch die **Rennvögel** und die **Krokodilwächter** gehören; Flugbild schwalbenartig. Die starengroße **Brachschwalbe** (Glareola pratincola) bewohnt S-Europa, SW-Asien und Afrika und schnappt die Nahrung (Insekten) im Flug.

Brachsen *der,* Art seitlich abgeplatteter, hochrückiger →Karpfenfische.

Brachsenkraut, Isoetes, staudige Gattung der B.-Gewächse, teils unter Wasser, teils auf feuchtem Boden lebend; die 2 mitteleurop. Arten stehen unter Naturschutz.

Brachvögel, Numenius, Gattung der →Schnepfenvögel mit sehr langem, gebogenem Schnabel. Der bis 58 cm große, braun und weiß gefiederte **Große Brachvogel** (Numenius arquata) brütet in Mitteleuropa, verbringt den Winter am Mittelmeer und in Afrika, in geringer Zahl an dt. Küsten.

brachy... [griech. brachýs], kurz...

Brachyzephalie [griech.] *die,* **Kurzköpfigkeit,** Kopfform, deren größte Breite mindestens 80% der Länge beträgt (Vorkommen bei genet. Erkrankungen); bei **Dolichozephalie** (Langköpfigkeit) übersteigt die größte Breite nicht 75% der Länge. Die Kopfform stellt ein anthropometr. Merkmal dar; seit der Altsteinzeit mit meist langschädeligen Menschenformen ist eine zunehmende Schädelverrundung zu beobachten.

Bracken, europ. Spür- und Laufhunderassen, die mit der Nase am Boden unter dauernder Lautgebung jagen.

Brackenheim, Stadt im Landkreis Heilbronn, Bad.-Württ., im Zabergäu, 15 200 Ew.; bedeutender Weinbau; Herstellung von Türen, Maschinenbau; Druckerzeugnisse. – Spätroman. Johanniskirche, Renaissanceschloss, Barockrathaus. – Erhielt 1280 Stadtrecht; Geburtsort von T. Heuss (Gedächtnisstätte).

Brackett-Seri|e [ˈbrækɪt-; nach dem amerikan. Astronomen F. S. Brackett, * 1865, † 1953], *Physik:* eine Serie von Spektrallinien des atomaren Wasserstoffs, deren Wellenlängen im Infrarotbereich liegen.

Bracknell [ˈbræknəl], Stadt (New Town) in England, westlich von London, 67 000 Ew., Zentrum der Unitary Authority **Bracknell Forest** (109 km²) mit 110 000 Ew.; meteorolog. Forschungszentrum, Akademie der Royal Air Force, drei Industrieparks. – 1949 gegründet.

Brackwasser, mit Meerwasser vermischtes Süßwasser, bes. im Mündungsgebiet von Flüssen; auch in Endseen abflussloser Gebiete.

Bradbury [ˈbrædbəri], Ray Douglas, amerikan. Schriftsteller, * Waukegan (Ill.) 22. 8. 1920; bekannt durch Science-Fiction-Romane und fantast. Erzählungen, in denen es ihm um Schlüsselfragen der menschl. Existenz und der amerikan. Geschichte und Gegenwart geht (»Fahrenheit 451«, 1953; 1966 von F. Truffaut verfilmt); auch Gedichte, Dramen, Filmskripte.

Bradford [ˈbrædfəd], Stadt in der nordengl. Metropolitan Cty. West Yorkshire, 296 300 Ew.; seit dem 18. Jh. Zentrum der heute stagnierenden brit. Wollind. und des Wollhandels, Maschinenbau, chem., pharmazeut. und Elektroind.; Univ.; anglikan. Bischofssitz. – Erhielt 1311 Marktrecht.

Bradley [ˈbrædlɪ], **1)** Francis Herbert, engl. Philosoph, * Clapham (Cty. Surrey) 30. 1. 1846, † Oxford 18. 9. 1924; vertrat in »Erscheinung und Wirklichkeit« (1893) eine am hegelschen Idealismus orientierte, den Utilitarismus ablehnende Metaphysik; nahm hinter der Aufspaltung in Subjekt und Objekt ein ursprüngl. Ganzes an, das im reinen Gefühl erfahren werden könne.

2) James, engl. Astronom, * Sherborne (bei Dorchester) März 1693, † Chalford (bei Gloucester) 13. 7. 1762; Prof. in Oxford (1721–42), danach als Nachfolger von E. Halley Königl. Astronom und Prof. an der Sternwarte in Greenwich. B. entdeckte die →Aberration des Sternlichts und berechnete daraus die Lichtgeschwindigkeit; bestimmte die Position von über 3200 Sternen.

3) Marion Eleanor **Zimmer B.,** geb. **Zimmer,** amerikan. Schriftstellerin, * Albany (N. Y.) 3. 6. 1930, † Berkeley (Calif.) 25. 9. 1999; schrieb seit den 1950er-Jah-

Brachvögel:
Großer Brachvogel

ren Kurzgeschichten und Romane (»Das Tor zum All«, 1961) aus dem Bereich der Science-Fiction, wovon v. a. der feminist. Züge tragende Zyklus um den Planeten »Darkover« von Bedeutung ist. In den 1980er-Jahren erlangte B. ihren größten Erfolg mit dem Fantasyroman »Die Nebel von Avalon« (1982), der aus der Perspektive einer Frau die Artussage neu erzählt.

4) Omar Nelson, amerikan. General, * Clark (Mo.) 12. 2. 1893, † New York 8. 4. 1981; hatte im Zweiten Weltkrieg Anteil an erfolgreichen alliierten Operationen. Als Generalstabschef (1948–49) beteiligte er sich maßgeblich an der Bildung der NATO; 1949–53 war er Chef der vereinigten Generalstäbe.

Bradsot [skandinav.] *die*, durch Clostridien hervorgerufene »Schnelle Seuche« bei Schafen. Die **Deutsche B.** führt zu Leberentzündung mit schweren Allgemeinstörungen; bei der **Nord. B.** kommt es zur Entzündung der Labmagenschleimhaut mit Apathie und Atemnot. Bei beiden Formen tritt der Tod innerhalb von Stunden ein. Vorbeugung ist durch Impfung möglich.

Bradstreet ['brædstri:t], Anne, geb. Dudley, amerikan. Dichterin, * Northampton (England) 1612(?), † North Andover (Mass.) 16. 9. 1672; kam 1630 mit einer Gruppe von Puritanern nach Massachusetts; gilt als erste amerikan. Dichterin.

brady... [griech. bradýs], langsam...

Bradykardie [griech. »langsame Herztätigkeit«] *die*, *Medizin:* verlangsamte Herzschlagfolge mit einer Pulsfrequenz von unter 60 Schlägen je Minute bei Erwachsenen. B. kann völlig harmlos (z. B. bei Sportlern) oder krankhaft (z. B. bei Schilddrüsenunterfunktion, Hirndrucksteigerung oder Gelbsucht) sein; Form der →Herzrhythmusstörungen.

Bradykinin *das*, **Kallidin-9**, Gewebshormon aus der Gruppe der Plasmakinine; wirkt gefäßerweiternd und blutdrucksenkend sowie kontrahierend auf die glatte Muskulatur.

Bradyrhizobium, Gattung der →Knöllchenbakterien.

Braga, Hptst. des Distr. B. in N-Portugal, 164 000 Ew.; Erzbischofssitz; Univ.; Baumwoll-, Gummi- und Lederverarbeitung. – Kathedrale (Ende 11. Jh. begonnen, ab 1509 im Emanuelstil ausgestattet). Im O der Stadt liegt die spätbarocke Wallfahrtskirche Bom Jesús do Monte mit prachtvollem Treppenaufgang. – B., das röm. **Bracara,** war im 5. Jh. die Hptst. der Sueben; seit dem 8. Jh. unter maur. Herrschaft; um 1100 Residenz der port. Könige.

Braga, Joaquim Teófilo Fernandes, port. Gelehrter und Politiker, * Ponta Delgada (Azoren) 24. 2. 1843, † Lissabon 28. 1. 1924; Begründer der port. Volkskunde und Literaturwiss.; war 1910/11 und 1915 Staatspräsident.

Bragança [bra'γɐsɐ], Königshaus in Portugal (1640–1853, mit Unterbrechung 1807–21, 1853–1910 in der Linie Sachsen-Coburg-B.) und in Brasilien (1822–89).

Bragança [bra'γɐsɐ], Hptst. des Distr. B. in NO-Portugal, 19 900 Ew. – Rathaus (12./13. Jh.), Kathedrale im Renaissancestil; Reste der ab 1187 errichteten Burg mit ehemals 18 Türmen im Mauerring.

Bragg [bræg], Sir (seit 1920) William Henry, brit. Physiker, * Westward (bei Wigton, Cty. Cumbria) 2. 7. 1862, † London 12. 3. 1942; entwickelte z. T. gemeinsam mit seinem Sohn Sir (seit 1941) William Lawrence B. (* 1890, † 1971) die →Drehkristallmethode und begründete damit die Röntgenstrukturanalyse und die Röntgenspektroskopie, wofür sie zus. 1915 den Nobelpreis für Physik erhielten.

Bragg-Gleichung [bræg-; nach W. L. Bragg], **braggsches Reflexionsgesetz,** vom Kristallsystem unabhängige Bedingungsgleichung für die Beugung monochromat. Röntgenstrahlen der Wellenlänge λ an Kristallen: $2d \cdot \sin \Theta_n = n\lambda$. Dabei ist d der Abstand zweier Netzebenen im Kristall, an denen die um den Winkel (Glanzwinkel) Θ_n abgebeugten Röntgenstrahlen reflektiert erscheinen ($n = 1, 2, 3,\ldots$ Beugungsordnung).

Bragg-Reflektor [bræg-, nach W. L. Bragg], **Bragg-Spiegel,** Schichtfolge nicht absorbierender dielektr. Schichten mit abwechselnd hoher und niedriger Brechzahl n. Sind die opt. Dicken $n \cdot d$ (d Schichtdicke) der Schichten einander gleich, so hat das Schichtpaket bei senkrechtem Lichteinfall für die Wellenlänge, die $1/4$ der opt. Dicke der Einzelschicht ist, ein Reflexionsvermögen, das nahe bei 100 % liegt. – B.-R., bei denen die opt. Dicke der Einzelschichten von der Oberfläche her allmählich zunimmt, dienen als **dispersive Spiegel;** hohe Frequenzen werden v. a. an den oberen Schichten, niedrigere an tiefer liegenden Schichten reflektiert. Damit kann man Spiegelresonatoren für Ultrakurzzeitlaser konstruieren, die die unterschiedl. Lichtlaufzeiten im aktiven Medium kompensieren. – Durch die period. Modulation der Brechzahl einer Lichtleitfaser entsteht ein Faser-B.-R. (→Fasergitter).

Bragi, altnord. Gott der Dichtung, Sohn Odins, Gemahl der →Iduna.

Bragi, der älteste mit Namen bezeugte Skalde, lebte im 9. Jh. in Norwegen.

Brahe *die*, poln. **Brda,** linker Nebenfluss der Weichsel, Polen, 238 km, entspringt in der Pommerschen Seenplatte und mündet bei Bydgoszcz (Bromberg).

Brahe, Tycho, dän. Astronom, * Knudstrup (Schonen) 14. 12. 1546, † Benátky (bei Prag) 24. 10 1601; bedeutendster Astronom vor Erfindung des Fernrohrs; entdeckte und deutete 1572 eine Supernova in der Kassiopeia, den **Tychon. Stern;** erbaute auf der Insel Hven (Ven) im Sund die Sternwarte »Uranienborg«; ging 1599 als Hofastronom Kaiser Rudolfs II. nach Prag, wo J. Kepler sein Gehilfe wurde. B.s präzise Messungen von Planetenörtern, insbes. seine Marsbeobachtungen, ermöglichten Keplers Arbeiten über die Planetenbahnen.

Tycho Brahe

Brahimi, Lakhdar, alger. Politiker und Diplomat, * im S Algeriens 1. 1. 1934; studierte in Frankreich und Algerien Politikwiss. und Jura, engagierte sich frühzeitig in der FLN, war Botschafter in Sudan bzw. Ägypten (1963–70) und in Großbritannien (1971–90). Als Beigeordneter Generalsekretär der Arab. Liga (1984–91) vermittelte er 1989–91 im Libanonkonflikt. 1991–93 alger. Außenmin., arbeitete er danach für die Vereinten Nationen, so u. a. als UN-Sondergesandter in versch. Ländern sowie als UN-Sonderberater 2004 im Irak. Bekannt wurde B., 1997–2005 Untergeneralsekretär für besondere Aufgaben zur Unterstützung der vorbeugenden und Frieden stiftenden Bemühungen des UN-Generalsekretärs, auch als Leiter einer Sachverständigengruppe zur Untersuchung von UN-Friedensmissionen, die 2000 den sog. B.-Report vorlegte, der eine Analyse bisheriger Missionen sowie Empfehlungen für künftige UN-Friedenseinsätze enthielt.

Brahm, Otto, eigtl. O. **Abrahamsohn,** Literaturhistoriker und -kritiker, Theaterleiter, *Hamburg 5. 2. 1856, † Berlin 28.11. 1912; leitete in Berlin 1889–93 die →Freie Bühne, 1894–1904 das Dt. Theater, seit 1904 das Lessingtheater; Hauptbegründer des dt. Bühnenrealismus und Wegbereiter des Naturalismus im dt. Theater.

Brahma [Sanskrit], ind. Gott; verkörpert innerhalb der hinduist. Götterdreiheit (→Trimurti) das Prinzip der Weltschöpfung. Im heutigen Hinduismus hat seine Verehrung (**Brahmanismus**) gegenüber der Verehrung Shivas (Shivaismus) und Vishnus (Vishnuismus) stark an Bedeutung abgenommen.

Brahman das, ind. Religion: göttl. Kraft, seit den →Upanishaden die Allseele, das durch nichts bedingte Eine (→indische Philosophie und Religion).

Brahmanas, Werke der ältesten ind. Literatur (zw. 1000 und 500 v. Chr. in Sanskrit geschrieben), die sich an die hl. Schriften der altind. Religion (Veden) anschließen und diese erläutern.

Brahmanen, die Mitgl. der obersten Kaste der Hindus; seit den ältesten Zeiten Priester, Dichter, Gelehrte und Politiker (heute auch in anderen Berufen tätig), schon in den alten Gesetzbüchern für unverletzlich erklärt.

Brahmanismus der, ind. Religionsgeschichte: 1) die Vorform und eine der Quellen des →Hinduismus; 2) innerhalb des Hinduismus die Verehrung des Schöpfergottes →Brahma.

Brahmaputra [ind. »Sohn des Brahma«] der, einer der Hauptströme S-Asiens, rd. 3000 km, entsteht in 5600 m Höhe ü. M. an den nördl. Abhängen des Himalaja in Südtibet aus 3 Quellflüssen, fließt als **Yarlung Zangbo Jiang (Tsangpo)** 1250 km nach O, biegt als **Dihang** nach S um und durchbricht die Himalajaketten. Fließt als B. in der Ebene von Assam nach W, dann nach S, mündet in den Unterlauf des Ganges (gemeinsames, 44000 km² großes Delta).

Brahmischrift [gilt als Erfindung des Gottes Brahma], →indische Schriften.

Brahms, Johannes, Komponist, *Hamburg 7. 5. 1833, † Wien 3. 4. 1897. 1862 übersiedelte B. nach Wien, wo er, von vorübergehender Dirigententätigkeit abgesehen, als freischaffender Komponist lebte. B.' kompositor. Denken ist v. a. durch die Musik der Wiener Klassik bestimmt, bes. durch Beethoven. Neben diesem »klassizist.« steht als ein »historist.« Moment das intensive Studium der alten Meister (Schütz, Bach und Händel, Vivaldi, Scarlatti und Couperin). Als drittes Moment kam das Volkslied hinzu, mit dem er sich als Sammler und Bearbeiter zeitlebens beschäftigt hat. Alle diese Momente verbanden und verwandelten sich zu jenem unverkennbaren »B.-Stil«, der durch liedhafte Grundstrukturen, stufenreiche Harmonik, polyfones Gewebe, kunstvolle themat. Arbeit, rhythm. Vielfalt und sonore Klanglichkeit gekennzeichnet ist. Kompositorisch im Mittelpunkt stehen die Kammermusik und das vokalmusikal. Schaffen (Lieder, geistl. und weltl. Chormusik).

Werke: 4 Sinfonien (c-Moll, 1876; D-Dur, 1877; F-Dur, 1883; e-Moll, 1885); 2 Serenaden, Haydn-Variationen, Akadem. Festouvertüre; 2 Klavierkonzerte (d-Moll, B-Dur), Violinkonzert, Doppelkonzert für Violine und Violoncello; Klaviertrios, -quartette, -quintett, 3 Streichquartette, 2 Streichquintette, Klarinettenquintett, 2 Streichsextette; 3 Klaviersonaten, Variationen, Rhapsodien, Balladen, Intermezzi u. a. Klavierstücke. – Chorwerke: Ein dt. Requiem (1868);

Johannes Brahms

Schicksalslied, Nänie, Gesang der Parzen, Alt-Rhapsodie, Chöre; etwa 200 Sololieder mit Klavierbegleitung.

Brahui, Gruppe von Stämmen in Belutschistan, Pakistan; nordwestlichste Vertreter der Dravida-Sprachgruppe. Die meisten der etwa 2,2 Mio. B. sind nomadisierende Kamel- und Ziegenhirten.

Braid [breɪd], James, brit. Chirurg, *Rylaw House (Fife) 1795, † Manchester 25. 3. 1860; prägte den Begriff Hypnose.

Brăila [brəˈila], Hptst. des Kreises B. in SO-Rumänien, wichtiger Hafen an der unteren Donau, 222000 Ew.; Werften, Maschinenbau, Metall-, Zellulose-, Papier-, Lebensmittel-, chem. Industrie.

Braille [braːj], Louis, frz. Blindenlehrer, *Coupvray (Dép. Seine-et-Marne) 4. 1. 1809, † Paris 6. 1. 1852; erblindete im Alter von 3 Jahren, schuf die heute gebräuchl. B.-Schrift (→Blindenschrift).

Braindrain [ˈbreɪndreɪn; engl. »Abzug von Gehirnen«] der, die Abwanderung hoch qualifizierter Arbeitskräfte ins Ausland, wodurch dem Abwanderungsland Humankapital entzogen wird.

Braine [breɪn], John Gerard, engl. Schriftsteller, *Bradford 13. 4. 1922, † London 28. 10. 1986; zählte mit seinen Romanen »... und nähme doch Schaden an seiner Seele« (auch u. d. T. »Der Weg nach oben«, 1957) und »Ein Mann der Gesellschaft« (1962) zur Gruppe der »Angry Young Men«.

Brainstorming [ˈbreɪnstɔːmɪŋ; von engl. brainstorm »Geistesblitz«] das, Gruppendiskussion, bei der spontane Einfälle zur Lösung eines bestimmten Problems (z. B. ein Projektvorhaben) gesammelt werden, die nicht kritisiert werden dürfen.

Braintrust [ˈbreɪntrʌst; engl. »Gehirntrust«] der, urspr. das Beratergremium des amerikan. Präs. F. D. Roosevelt beim →New Deal, später allg. Bez. für eine Expertengruppe.

Brakel, Stadt im Kreis Höxter, NRW, 17 900 Ew.; Außenstelle der FH für Finanzen Nordkirchen; Holz- und Metallindustrie. – Romanisch-got. Pfarrkirche, ehem. Kapuzinerkirche (1715–18, von J. C. Schlaun) – 836 als Dorf genannt, 1229 als Stadt gegründet.

Bräker, Ulrich, schweizer. Schriftsteller, *Näbis (bei Wattwil) 22. 12. 1735, † Wattwil 11. 9. 1798; war Hirtenjunge, dann Weber; eignete sich seine Bildung autodidaktisch an. Seine »Lebensgeschichte und natürl. Ebentheuer des Armen Mannes im Tockenburg« (1789), die unter den deutschsprachigen Autobiografien einen herausragenden Platz einnimmt, spiegelt in lebendiger Prosa die Alltagswelt des Autors, gibt aber auch pietistisch geprägter Selbstanalyse Raum. Wichtiges Zeitdokument sind ferner seine umfangreichen Tagebücher, die erst in jüngster Zeit vollständig editorisch erschlossen wurden.

Brake (Unterweser), Krst. des Landkreises Wesermarsch, Ndsachs., am linken Ufer der Weser, 16 200 Ew.; Wasser- und Schifffahrtsamt; Kunststoffverarbeitung, Schiffbau, Elektrotechnik; Übersee- und Binnenhafen; Schifffahrtsmuseum, Niederdt. Bühne. – Stadt seit 1856.

Brakteat [von lat. bractea »dünnes Blech«] der, 1) *Geschichte:* Hängeschmuckstück (Schmuck-B.) zur Völkerwanderungszeit aus Gold-, Silber- und Kupferblech mit einseitig getriebenen oder geprägten figürl. Darstellungen, z. T. mit Runeninschriften.

2) *Numismatik:* mittelalterl. dt. Münze aus dünnem Silberblech, einseitig so geprägt, dass das Bild auf der Rückseite vertieft erscheint (**Hohlpfennig**). Vorläufer

Brakteat 2): Silber, geprägt von Heinrich dem Löwen 1168, vermutlich anlässlich seiner Hochzeit mit Mathilde von England

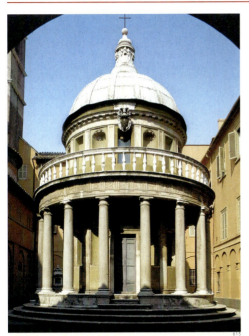

Bramante: Rundtempel im Hof von San Pietro in Montorio in Rom (begonnen 1502)

der seit dem 12. Jh. geprägten B. waren die **Halb-B.** (**Dünnpfennige**), deren beiderseitige Prägungen durchgeschlagen sind und so das Bild verwischen.

Bram [niederländ.], **Bramstenge,** zweitoberste Verlängerung des Mastes sowie deren Takelung (Bramsegel) beim Segelschiff.

Bramante, eigtl. Donato d'Angelo, ital. Baumeister und Maler, * Monte Asdrualdo (heute Fermignano, bei Urbino) 1443/44, † Rom 11. 4. 1514; tätig in Mailand, seit 1499 in Rom; begründete die ital. Baukunst der Hochrenaissance, die in der von ihm entwickelten Idee des Zentralbaus die klass. Erfüllung allseitig harmon. Gestaltung fand.
Werke: in Mailand: Chorbau von Santa Maria delle Grazie (1492–98); in Rom: Klosterhof von Santa Maria della Pace (1500–04); Rundtempel im Hof von San Pietro in Montorio (1502 begonnen); Beginn des Neubaus der Peterskirche als Zentralbau mit Rundkuppel über griech. Kreuz (1505).

Brambach, Bad, →Bad Brambach.

Bramme, im Stahlwerk gegossenes metallurg. Halbzeug von rechteckigem Querschnitt zur Herstellung von Blechen und Bändern.

Bramsche, Stadt im Landkreis Osnabrück, Ndsachs., an der Hase und am Mittellandkanal, 30 900 Ew.; Tapeten-, Textil-, Drahtind., Kunststoffverarbeitung. – Seit 1929 Stadt.

Bramstedt, Bad, →Bad Bramstedt.

Bramwald, von N nach S verlaufender Buntsandsteinhöhenzug im Weserbergland, Ndsachs., im Totenberg 408 m über dem Meeresspiegel.

Branagh [ˈbrænɑː], Kenneth Charles, brit. Schauspieler und Regisseur, * Belfast 10. 12. 1960; schon 1983 Mitgl. der Royal Shakespeare Company; differenzierter Darsteller in Filmen (häufig Shakespeare-Adaptionen), in denen er (z. T.) auch Regie führt (Henry V., 1989). – *Weitere Filme:* Peter's Friends (1992); Viel Lärm um nichts (1993); Mary Shelley's Frankenstein (1994); Othello (1995); Hamlet (1996); Verlorene Liebesmüh' (2000).

Branchenfonds [ˈbrɑ̃ʃɑ̃fɔ̃], Aktienfonds mit Anlageschwerpunkt in einem oder wenigen Wirtschaftszweigen; z. B. Konzentration auf Energie- oder Rohstoffwerte, Bank- oder Versicherungsaktien.

Branchi|en [griech.], die →Kiemen.

Brâncuși [brɨŋˈkuʃj], Constantin, rumän. Bildhauer, * Hobța (heute zu Peștișani, Kr. Gorj) 21. 2. 1876, † Paris 16. 3. 1957; lebte seit 1904 in Paris. Seine abstrahierenden Arbeiten waren von starkem Einfluss auf die moderne Plastik.

Brand, 1) *allg.:* selbstständig sich ausbreitendes Feuer, das dabei Schaden an Personen oder Sachen verursacht (**Schadenfeuer**). Voraussetzung zum B.-Ausbruch sind: brennbares Material, Zündtemperatur, Luftsauerstoff. Verteilungsgrad und Sauerstoffanteil bestimmen die Form des B.: **Glimm-B., Schwel-B.** oder **offene Flamme.** Gase und Dämpfe verbrennen nur mit Flammen, flüssige Stoffe nach Übergang in Dampfform mit Flammen, feste Stoffe mit Glut und/ oder Flammen. – *B.-Ursachen:* fahrlässige, grob fahrlässige oder vorsätzl. →Brandstiftung, baul. und betriebl. Mängel, Selbstentzündung, menschl. Fehlverhalten (→Brandschutz).
2) *Botanik:* Pflanzenkrankheiten, →Brandkrankheiten.
3) *Keramik:* →Brennen.
4) *Medizin:* **Gangrän,** Gewebeveränderungen als Folge eines örtl. Absterbens (→Nekrose) von Körperteilen oder Organen bei Durchblutungsstörungen. Beim **trockenen B.** (auch **Mumifikation**) kommt es durch Austrocknung zur Schrumpfung und lederartigen Verhärtung von Gewebebezirken. Beim **feuchten B.** (auch **Faul-B.**) tritt eine Zersetzung des Gewebes infolge bakterieller Infektion ein. Der B. tritt meist an Gliedmaßen, v. a. an Zehen, Fingern und Ohren, auf. (→Gasbrand)

Brand, Heiner, Handballtrainer, * Gummersbach 26. 7. 1952; bestritt als Feldspieler (VfL Gummersbach) 131 Länderspiele (1974–82; 231 Tore), Weltmeister 1978. – Später Trainer: 1992–94 SG Wallau-Massenheim und 1994–96 VfL Gummersbach und seit 1997 dt. (Männer-)Nationalmannschaft (Europameister 2004, Weltmeister 2007).

Brandauer, Klaus Maria, eigtl. Klaus Georg Steng, österr. Schauspieler und Regisseur, * Bad Aussee 22. 6. 1943; war ∞ mit der Filmregisseurin Karin Brandauer (* 1943, † 1992); spielt seit den 1960er-Jahren Theaterrollen (u. a. in Salzburg, Düsseldorf, Wien, München); seit den 1980er-Jahren Filmrollen (»Mephisto«, 1980; »Oberst Redl«, 1985; »Hanussen«, 1987; »Jedermanns Fest«, 2001); auch Film- (»Mario und der Zauberer«, 1995) und Theaterregie (»Dreigroschenoper«, 2006).

Brandberg, Granitmassiv in der Namib mit der höchsten Erhebung Namibias (Königstein, 2 573 m ü. M.); in den Schluchten zahlr. mehrfarbige Felsbilder mit szen. Darstellungen, die einen Höhepunkt der afrikan. Felsbildkunst bilden.

Brandbombe, →Brandmunition.

Brandbrief, Brandbettel, im MA. übl. Erlaubnis für Brandgeschädigte zum Sammeln von Geld und Naturalien; im Strafrecht die schriftl. Drohung mit Brandstiftung (§ 126 StGB).

Brandenburg, Land in O Dtl.s, mit 29 477 km^2 flächengrößtes der neuen Bundesländer, (2006) 2,55 Mio. Ew., Hptst. ist Potsdam. B. grenzt im O mit Lau-

Constantin Brâncuși: Mademoiselle Pogany III, Bronze (1933; Paris, Centre Georges Pompidou)

Klaus Maria Brandauer

Brandenburg Landeswappen

Brandenburg

sitzer Neiße und Oder an Polen. Inmitten von B. liegt das Land Berlin.

Landesnatur: B. liegt im Bereich des Norddt. Tieflandes. Die von eiszeitl. Ablagerungen bedeckte Oberfläche ist hügelig bis eben. Im N erstreckt sich von NW nach SO ein schmaler Streifen des zum Jungmoränengebiet gehörenden Balt. Landrückens mit bis zu 153 m ü. M. liegenden Endmoränen und dem südöstl. Ausläufer der Mecklenburger Seenplatte (um Templin); der größte Teil seiner südl. Abdachung, zu der im NW die zur Elbe abfallende Prignitz gehört, besteht v. a. aus trockenen Sanderflächen mit ausgedehnten Forsten. Zw. Havel und der Oderniederung liegt der südl. Teil der Uckermark mit der wald- und seenreichen Schorfheide. Im SW und S breitet sich das Altmoränengebiet mit dem Fläming (201 m ü. M.) und dem Lausitzer Grenzwall aus. Den größten Teil B.s nehmen die in W-O-Richtung ziehenden Urstromtäler ein (von N nach S Thorn-Eberswalder, Warschau-Berliner, Glogau-Baruther Urstromtal), die voneinander durch höher gelegene größere Platten (z. B. Barnim, Teltow) und kleinere (sog. Ländchen) getrennt sind. In den Urstromtälern, die von den z. T. seenartig erweiterten Flüssen Havel, Spree, Rhin, Dahme und Elbe (nur mit kurzem Teilstück) durchflossen werden, bildeten sich bei entsprechend hohem Grundwasserstand Feuchtgebiete (Rhinluch, Havelländ. Luch, Spreewald, Oderbruch) aus. – In der Niederlausitz sind große Braunkohlenlager, von Senftenberg–Finsterwalde über Lübben (Spreewald)–Cottbus–Bad Muskau bis Forst (Lausitz)–Guben reichend, vorhanden. Bei Rüdersdorf (östl. von Berlin) Kalkvorkommen. Durch den Braunkohlentagebau wurden seit 1950 etwa 540 km² Kulturland zerstört. Als Biosphärenreservate ausgewiesen sind Schorfheide-Chorin, Spreewald und Flusslandschaft Elbe; das Untere Odertal ist Teil eines dt.-poln. Nationalparks.

Das gemäßigte Klima wird durch zunehmende Kontinentalität von W nach O geprägt; Hochdruckgebiete sind nur kurze Zeit wetterbestimmend; 586 mm durchschnittl. Jahresniederschlagsmenge.

Bevölkerung: Die Bev. verringerte sich 1989–94, seit 1995 ist eine positive Bev.-Entwicklung erkennbar. Die Bev.-Dichte ist mit 88 Ew./km² nach Meckl.-Vorp. die zweitniedrigste Dtl.s; die größte Bev.-Dichte ist im Nahbereich von Berlin sowie im Ind.-Gebiet der Niederlausitz anzutreffen. Neben der deutschstämmigen Bev. lebt im S in der Niederlausitz die nat. Minderheit

Brandenburg

Brandenburg: territoriale Entwicklung von 1640 bis 1688

der →Sorben (Niedersorben) mit schätzungsweise 20 000 Angehörigen. – 19,6 % der Bev. gehören den ev. Landeskirchen an, rd. 3,5 % der kath. Kirche. – B. hat (2006) drei Univ. (Brandenburg. TU Cottbus; Europa-Univ. Viadrina, Frankfurt [Oder]; Univ. Potsdam), zwei Kunsthochschulen (Hochschule für Film und Fernsehen »Konrad Wolf«; German Film School) sowie fünf Fachhochschulen.

Wirtschaft: Bis zur dt. Wiedervereinigung war die Wirtschaftsstruktur auf dem Gebiet des heutigen B. von der Land- und Forstwirtschaft auf der einen und den großen monostrukturierten Ind.-Standorten und einer auf Braunkohle basierenden (umweltzerstörenden) Energie- und Chemiewirtschaft auf der anderen Seite gekennzeichnet. Durch den Umbau der Wirtschaft vollzog sich nach der Wende ein Strukturwandel von material-, energie- und arbeitsaufwendigen zu forschungsintensiven und umweltfreundl. Fertigungen und Produkten. Wichtigstes Ind.-Gebiet ist die Stadtrandzone von Berlin (»Speckgürtel«) mit Eisenmetallurgie (auch in Eisenhüttenstadt), Maschinen-, E-Lok-Bau sowie Elektrotechnik/Elektronik in Potsdam, Teltow, Hennigsdorf und Oranienburg. Ein weiteres entwickelte sich im Braunkohlengebiet der Niederlausitz, wo seit 1952 im Raum Senftenberg (Schwarze Pumpe), Lauchhammer, um Spremberg, Lübbenau und Cottbus die Braunkohlenind. mit großen Tagebauen, Großkraftwerken (bes. Jänschwalde) und chem. Ind. (Guben, Schwarzheide, Spremberg) entstand, die zu schwersten Umweltbelastungen führte. Heute wird die Braunkohle (Fördermenge 1989: 114 Mio. t, 2003: 40,5 Mio. t) zur Energieerzeugung genutzt. Mit großem Aufwand werden Braunkohlenfolgelandschaften saniert. Herkömmliche Ind.-Zweige sind in der Niederlausitz die Textil- (Cottbus, Forst [Lausitz], Guben) und Glasind. (Muskau und Finsterwalde). – Etwa die Hälfte der Landesfläche ist landwirtschaftlich nutzbar. Der Ackerbau (Anbau von Weizen, Roggen, Ölfrüchten, Kartoffeln, Zuckerrüben) konzentriert sich auf die relativ fruchtbaren Lehmböden der Grundmoränen im NW der Prignitz (um Perleberg–Pritzwalk), im Gebiet von Neuruppin, in der Uckermark um Prenzlau–Angermünde–Schwedt/Oder sowie auf den von Lehmböden bedeckten Platten. In den Havelniederungen um Werder und Buckow entstanden wichtige Obstbaugebiete. Die Feuchtgebiete sind die Schwerpunktbereiche des Gemüsebaus (Spreewald, Oderbruch) und der Grünlandwirtschaft mit Rinderzucht. Etwa 35 % der Landesfläche sind bewaldet. Seen- und waldreiche Landschaften werden als Erholungsgebiete genutzt (Ruppiner Schweiz um Neuruppin und Rheinsberg, Seenlandschaften um Templin, Schorfheide mit Werbellinsee, Scharmützelsee, Märk. Schweiz um Buckow, Spreewald). – Eisenbahnlinien und Fernverkehrsstraßen (einschl. Autobahnen als Teil des Europastraßennetzes) ziehen sternförmig durch B. nach Berlin, sie sind durch den Berliner Autobahn- und Eisenbahnring, der auf brandenburg. Gebiet liegt, miteinander verbunden, die schiffbaren Flüsse Oder, Spree, Havel und Elbe durch Oder-Havel-, Oder-Spree-, Elbe-Havel-Kanal. Bedeutendster Binnenhafen ist Königs Wusterhausen, gefolgt von Wittenberge, Brandenburg an der Havel, Potsdam.

Verfassung: Nach der Verf. von 1992 (am 14. 6. 1992 durch Volksentscheid gebilligt) übt der Landtag (88 Abg., für 5 Jahre gewählt) die Legislative aus. Träger der Exekutive ist die Landesreg., bestehend aus dem vom Landtag gewählten Min.-Präs. und den von ihm ernannten Ministern. Die Verf. fixiert Grundrechte, Staatsziele und eine Reihe plebiszitärer Elemente (Volksinitiative, -begehren, -entscheid).

Geschichte: Urspr. von german. Semnonen, Langobarden (Altmark) und Burgundern (östlich der Oder), seit dem 7. Jh. im O von Slawen (v. a. Liutizen) besiedelt. Um 940 durch Markgraf Gero dt. Herrschaft unterworfen; unter Kaiser Otto I., d. Gr., christianisiert, entstand 948 das Bistum Brandenburg. 1134 kam B. (als **Nordmark** bzw. **Mark B.**) an die Askanier, die das Land endgültig der dt. Ostsiedlung erschlossen und zu bed. Reichsfürsten wurden (seit 1157 Markgrafen, seit 1177 Reichserzkämmerer, später Kurfürsten). Nach dem Aussterben der Askanier 1320 kam B. an die Wittelsbacher, 1373 an die Luxemburger, 1411/15 an das Haus Hohenzollern, das 1417 die Kurwürde erhielt. Kurfürst Friedrich I. bezwang die Landstände (Adel), sein Sohn, Kurfürst Friedrich II. (1440–70), auch die Städte, bes. Berlin, und machte Cölln bzw. Berlin zur Residenz. Kurfürst Albrecht III. Achilles legte mit der Dispositio Achillea 1473 den Grund zur dauernden territorialen Einheit der Mark. Kurfürst Joachim II. führte 1539 die Reformation ein.

Brandenburg an der Havel: das Altstädtische Rathaus (1470–80), davor die Statue des Roland (1474)

Brandenburg an der Havel
Stadtwappen

Im Verlauf des 17. Jh. erfolgten beträchtl. territoriale Erweiterungen (u. a. 1614 um das Herzogtum Kleve, die Grafschaften Mark und Ravensberg, 1618 um das Herzogtum Preußen [bis 1657/60 als poln. Lehen], 1648 um Hinterpommern). Friedrich Wilhelm, der »Große Kurfürst« (1640–88), schuf den absolutist. brandenburgisch-preuß. Staat. Ab 1685 (Edikt von Potsdam) wurden Hugenotten, später auch andere Glaubensflüchtlinge und Auswanderer in der Mark angesiedelt. Nachdem die Kurfürsten sich zu »Königen in Preußen« gekrönt hatten (1701), ging die brandenburg. Geschichte in der Geschichte →Preußens auf. Die **Provinz B.** war ab 1815 (mit der vorher sächs. Niederlausitz) die größte preuß. Provinz; die Altmark fiel an die neue Prov. Sachsen. 1920 wurde (Groß-)Berlin ausgegliedert. 1945 kamen die Gebiete östlich der Oder-Neiße-Linie zu Polen. 1945–47 Prov., am 24. 7. 1947 Land auf dem Territorium der SBZ, am 7. 10. 1949 Land der DDR; 1952 in die DDR-Bezirke Neubrandenburg, Potsdam, Frankfurt und Cottbus aufgeteilt, am 3. 10. 1990 als Bundesland der Bundesrep. Dtl. wieder errichtet. Die Landtagswahlen vom 14. 10. 1990 gewann die SPD. Erster Min.-Präs. wurde M. Stolpe (Koalition aus SPD, FDP und Bündnis 90/Die Grünen, ab 1994 in absoluter Mehrheit, ab 1999 in Großer Koalition von SPD und CDU). Ende Juni 2002 wurde M. Platzeck (ebenfalls SPD) sein Nachfolger, die Große Koalition blieb erhalten. Eine Vereinigung der Länder B. und Berlin (Staatsvertrag vom 27. 4. 1995) wurde nach Ablehnung im Volksentscheid (5. 5. 1996; 62,7 % Neinstimmen) aufgeschoben. Nach der Landtagswahl am 19. 9. 2004 kam es trotz erhebl. Stimmenverluste von SPD und CDU – wobei Letztere von der PDS als zweitstärkste polit. Kraft abgelöst wurde – zu einer Neuauflage der Großen Koalition.

Brandenburg an der Havel, kreisfreie Stadt in Bbg., beiderseits der Havel, 74 000 Ew.; FH, OLG, Theater, Museen; Elektrostahlwerk, Druckmaschinenfabrik, Bauwirtschaft und Nahrungsmittelindustrie; Verkehrsknotenpunkt mit Hafen und Schifffahrtsschleuse am Elbe-Havel-Kanal. – Burgbezirk auf der Dominsel mit dem Dom Sankt Peter und Paul (1165 ff.), westlich davon die Altstadt mit Altstädtischem Rathaus (1470–80), Backsteingotik; davor die 5,34 m hohe Rolandsfigur von 1474) und Tortürmen der Stadtbefestigung (nach 1400); südlich der Dominsel die Neustadt mit der Katharinenkirche (um 1400). – Die hevellische Hauptfeste **Brendanburg** wurde 928/929 von König Heinrich I. erobert und mit der Stiftung des Bistums B. 948 erstmals urkundlich erwähnt. Nach mehrfachem Besitzwechsel 1157 von Albrecht I. endgültig in Besitz genommen. Auf der östl. Havelseite Gründung der Neustadt, die 1196 erstmals erwähnt wird. 1715 Zusammenschluss von Alt- und Neustadt, die Dominsel wurde 1929 eingemeindet.

Brandenburger Tor, Torgebäude in Berlin, auf das die Straße Unter den Linden mündet, erbaut von C. G. Langhans (1788–91); auf dem Tor das Viergespann (Quadriga) mit der Siegesgöttin Victoria von J. G. Schadow (1789–94, im Zweiten Weltkrieg stark beschädigt; 1958 Kopie in Kupfer nach dem Original, 1991 restauriert). – Das B. T. war 1945–89/90 unmittelbar an der Grenzlinie zw. dem Ostsektor und den Westsektoren Berlins (auf dem Gebiet von Berlin-Ost) bzw. (seit 1961) im Sperrbezirk an der →Berliner Mauer das bekannteste Symbol der Teilung Dtl.s; seit 22. 12. 1989 ist es wieder geöffnet.

Brandenburgische Konzerte, späterer, nicht vom Komponisten J. S. Bach stammender Beiname seiner 1721 dem Markgrafen Christian Ludwig von Brandenburg gewidmeten sechs Orchesterkonzerte.

Brand-Erbisdorf, Stadt im Landkreis Freiberg, Sachsen, am N-Rand des Erzgebirges, 11 400 Ew.; Metallind., Press- und Schmiedewerk, Leuchtstofflampenwerk, Pharmaind. – Die Bergmannssiedlung Brand (bis 1913 wurde Silbererz abgebaut) erhielt 1834 Stadtrecht und wurde 1912 mit Erbisdorf zusammengelegt; B.-E. war bis 1994 Kreisstadt.

Brandes, Georg, eigtl. Morris **Cohen,** dän. Schriftsteller, *Kopenhagen 4. 2. 1842, †ebd. 19. 2. 1927; Schüler H. Taines, Wegbereiter des Naturalismus in der dän. Literatur; schrieb u. a. Monografien über Caesar, Goethe, Heine, Homer, Ibsen, Michelangelo, Voltaire.

Brandgans, Brandente, Tadorna tadorna, im Salzwasser lebende, gänseartige Ente (Halbgans), schwarzweiß, mit rostroter Binde um Brust und Vorderrücken und leuchtend rotem Schnabel.

Brandgasse, Feuergasse, schmaler Gang zw. Gebäuden, auch auf Märkten, Messen u. Ä., soll das Übergreifen des Feuers erschweren, Fluchtweg und Zugang für die Brandbekämpfung sein.

Brandgrab, vorgeschichtl. Grab zur Beisetzung verbrannter Überreste von Toten in Urnen. Bei der **Brandgrube** wurde der Leichenbrand mit Beigaben in eine ausgehobene Vertiefung geschüttet.

Brandi, Karl, Historiker, *Meppen 20. 5. 1868, †Göttingen 9. 3. 1946; 1897 Prof. in Marburg, seit 1902 in Göttingen; schrieb u. a. »Dt. Geschichte im Zeitalter der Reformation und Gegenreformation« (2 Bde., 1927–30), »Kaiser Karl V.« (2 Bde., 1937–41).

Branding [ˈbrændɪŋ, engl.] *das,* →Tätowierung.

Brandkrankheiten, Brand, Pflanzenkrankheiten, bei denen die erkrankten Teile wie versengt aussehen; meist durch Brandpilze (Ustilaginales, eine

Gruppe der Basidiomyzeten) bes. an Rispen der Getreidegräser verursacht. Die Gattung Ustilago verursacht den **Flugbrand** bei Hafer, Gerste, Weizen und den **Maisbeulenbrand**, die Gattung Tilletiaden den **Stein-**, **Stink-** oder **Schmierbrand** des Weizens; Bekämpfung mit Fungiziden.

Brandl, Brandel, Prantl, Peter Johann, böhm. Maler, getauft Prag 24. 10. 1668, † Kuttenberg 24. 9. 1739; bedeutendste Persönlichkeit der böhm. Barockmalerei; verarbeitete ital. und fläm. Einflüsse.

Brandleitetunnel, Eisenbahntunnel der Linie Erfurt–Suhl, der den Bergrücken der Brandleite bei Oberhof im Thüringer Wald durchstößt, 3 038 m lang, 639 m ü. M., erbaut 1881–84.

Brandmal, 1) *Geschichte:* eingebranntes Schandmal (Stempel), bes. für Münzfälscher und Diebe. Diese **Brandmarkung** gab es v. a. im Altertum und MA., z. T. auch noch in der Neuzeit (z. B. österr. StGB von 1787).
2) *Viehzucht:* das →Brandzeichen.

Brandmalerei, →Holzbrandtechnik.

Brandmauer, Brandwand, durch die Landesbauordnungen vorgeschriebene feuerbeständige, öffnungslose und standfeste Mauer, die die Ausbreitung von Feuer und Rauch verhindern soll; sie unterteilt Gebäude in Brandabschnitte (Mindestdicke ein Mauerziegel, d. h. 24,5 cm, oder 15 cm Stahlbeton).

Brandmunition, Munition (Patronen, Granaten, Bomben) mit Brandstoffen (z. B. Phosphor, Napalm) zur Bekämpfung oder Zerstörung von Zielen durch Feuer.

Brandner Tal, Hochtal in Vorarlberg, Österreich, mündet bei Bludenz ins Illtal, zur Schesaplana führend, mit dem Ferienort Brand (700 Einwohner).

Brando [ˈbrændəʊ], Marlon, amerikan. Filmschauspieler, *Omaha (Nebr.) 3. 4. 1924, † Los Angeles (Calif.) 1. 7. 2004; spielte zunächst Bühnenrollen, ab den 1950er-Jahren Filmrollen (»Die Faust im Nacken«, 1954) und verkörperte dabei oft Antihelden. – *Weitere Filme:* Endstation Sehnsucht (1951); Der letzte Tango in Paris (1972); Der Pate (1972); Apocalypse Now (1979); Don Juan DeMarco (1995).

Brandom [ˈbrændəm], Robert Boyce, amerikan. Philosoph, *13. 3. 1950; seit 1991 Prof. an der Univ. Pittsburgh (Pa.). In seiner am Pragmatismus ausgerichteten Theorie des Geistes und der Sprache wird der begriffl. Gehalt sprachl. Äußerungen und geistiger Zustände durch Muster von Folgerungsbeziehungen festgelegt, die ihrerseits in einer implizit normativen sozialen Begründungs- und Verpflichtungspraxis fundiert sind.

Brandopfer, für nahezu alle Kultur- und Religionsbereiche der Alten Welt bezeugte Gabe- und Huldigungsopfer, bei denen alle für das Opfer geeigneten Teile der Tiere auf dem Altar verbrannt wurden; bekannt z. B. bei den Israeliten (3. Mose 1, 3–17).

Brandpilze, zu den Basidiomyzeten gehörende Schmarotzerpilze, →Brandkrankheiten.

Brandrodung, Rodung durch Fällen und anschließendes Abbrennen von Bäumen und Sträuchern zur Gewinnung von landwirtschaftlich nutzbarem Land (→Brandrodungsfeldbau) und/oder von Siedlungsfläche. Die Folge von B. ist eine Zerstörung des Bodens, da beim Abbrennen fast der gesamte Stickstoffvorrat des Vegetation-Boden-Systems verloren geht, die Schwammwirkung des Waldbodens nicht mehr vorhanden ist und nach Regen bei Austrocknung eine harte Kruste zurückbleibt, die die für die Wurzeltätigkeit der Pflanzen nötige Sauerstoffzufuhr abriegelt.

Brandrodungsfeldbau, in den trop. Waldgebieten verbreitete Form des Wanderfeldbaus. Anbauflächen werden durch Fällen und anschließendes Abbrennen der natürl. Vegetation gewonnen (→Brandrodung). Die dabei anfallende Asche dient als Dünger. Da bei diesem Verfahren die Pflanzung schon bald wieder vom Wald zurückerobert wird, sind die Bauern gezwungen, ihre Felder häufig zu verlegen.

Brandschatzung, Gelderpressung durch Androhung der Plünderung und Einäscherung von Ortschaften; im Dreißigjährigen Krieg noch angewandt.

Brandschutz, Feuerschutz, alle Maßnahmen zur Verhütung (vorbeugender B.) und Bekämpfung (abwehrender B.) von Bränden, bes. bau- und gewerberechtl. Vorkehrungen. Dem B. dienen Regelungen über Bauabstände, Brand- und Trennwände, Herstellung von bestimmten Decken und Dachteilen aus feuerfesten Baustoffen, über Feuerungsanlagen, ausreichende Wasserversorgung u. a. Besondere Anforderungen werden dabei an Hochhäuser und Versammlungsräume (z. B. Theater) gestellt. Die Errichtung und der Betrieb von Anlagen zur Lagerung, Abfüllung und Beförderung brennbarer Flüssigkeiten ist gesetzlich geregelt. Weitere Bestimmungen betreffen unter anderem den Umgang mit Feuer und Licht, bes. in Feld und Forst (Rauchverbot).

Brandsohle, die Innensohle des →Schuhs.

Brandstaetter, Roman, poln. Schriftsteller, *Tarnów 3. 1. 1906, † Posen 28. 9. 1987; schrieb u. a. histor. und zeitgeschichtl. Dramen, religiöse Lyrik (»Das Lied von meinem Christus«, 1960).

Brandstetter, Alois, österr. Schriftsteller, *Aichmühl (heute zu Pichl bei Wels) 5. 12. 1938; schreibt satir. Romane und Erzählungen, die gleichermaßen Verbundenheit und krit. Auseinandersetzung mit seiner Heimat bezeugen, so u. a. den Prosaband »Vom Schnee der vergangenen Jahre« (1979) und die Romane »Zu Lasten der Briefträger« (1974), »Die Abtei« (1977), »Die Mühle« (1981), »Die Burg« (1986), »Vom Manne aus Eicha« (1991), »Die Zärtlichkeit des Eisenkeils« (2000). Einem histor. Stoff wandte er sich in dem Roman »Der geborene Gärtner« (2005) zu.

Brandstiftung, gemeingefährl., mit hohen Strafen bedrohtes Gefährdungsdelikt. Unterschieden werden a) **einfache B.** (§ 306 StGB), B. in Gebäuden oder

Marlon Brando

Brandenburger Tor: eine beliebte Kulisse für Großveranstaltungen wie den jährlichen Berlin-Marathon

an Sachen, die in fremdem Eigentum stehen; b) **schwere B.** (§ 306 a), B. in Gebäuden, die zum Aufenthalt von Menschen dienen; c) **besonders schwere B.** (§ 306 b), wenn durch die B. eine schwere Gesundheitsschädigung eines anderen Menschen verursacht wurde; d) **B. mit Todesfolge** (§ 306 c); e) **fahrlässige B.** (§ 306 d); f) strafbar ist auch das **Herbeiführen einer Brandgefahr** (§ 306 f). Ähnl. Regelungen gelten in Österreich und der *Schweiz*.

Brändström, Elsa, schwed. Philanthropin, * Petersburg 26. 3. 1888, † Cambridge (Mass.) 4. 3. 1948; als Delegierte des schwed. Roten Kreuzes 1914–20 maßgeblich an der Versorgung der Kriegsgefangenen in Russland und ihrer Rückführung beteiligt (»Engel von Sibirien«); beschaffte nach dem Ersten Weltkrieg Mittel zur Gründung von Sanatorien und Waisenhäusern in Deutschland.

Elsa Brändström

Brandt, 1) Marianne, Designerin, Malerin und Fotografin, * Chemnitz 1. 10. 1893, † Kirchberg (bei Zwickau) 18. 6. 1983; nach dem Studium an der Großherzoglich Sächs. Hochschule für Bildende Künste in Weimar und am Bauhaus in Weimar wurde B. 1928 stellvertretende Leiterin der Metallwerkstatt am Bauhaus in Dessau. Sie gestaltete Entwürfe aus Metall und Glas für die industrielle Produktion (u. a. Leuchten, Teekannen, Aschenbecher, Services) und zählt zu den wichtigsten Künstlerinnen des Bauhauses.

2) Willy, eigtl. Herbert Ernst Karl **Frahm,** Politiker, * Lübeck 18. 12. 1913, † Unkel (Landkreis Neuwied) 8. 10. 1992; Journalist, trat 1930 der SPD, 1931 der SAP bei. 1933 emigrierte er – unter dem Decknamen »Willy B.« – nach Norwegen (nach Ausbürgerung in Dtl. 1938–47 norweg. Bürger), 1940 nach Schweden. 1945–47 arbeitete B. als Korrespondent skandinav. Zeitungen in Dtl.; er trat erneut der SPD bei und erhielt 1948 wieder die dt. Staatsbürgerschaft; seit 1949 führte er sein Pseudonym »Willy B.« als amtl. Namen. B. war 1949–57 und 1961 (Vertreter Berlins) sowie 1969–83 MdB; als Regierender Bürgermeister von Berlin (1957–66; Nachfolger von O. Suhr) gewann er bes. seit der zweiten Berlinkrise ab 1958 internat. großes Ansehen.

Willy Brandt

Als Vizekanzler und Außenmin. in der Reg. der Großen Koalition (aus CDU, CSU und SPD; 1966–69) setzte er sich bes. für den Beitritt der Bundesrep. Dtl. zum Kernwaffensperrvertrag ein. Als Bundeskanzler (1969–74) an der Spitze einer SPD/FDP-Koalitionsreg. (»sozialliberale Koalition«) stellte er unter dem Leitgedanken »Mehr Demokratie wagen« ein ambitioniertes und als Neuanfang deklariertes Reformprogramm in den Mittelpunkt seiner Innenpolitik. Deutschland- und außenpolitisch leitete B. unter dem Leitgedanken »Wandel durch Annäherung« (E. Bahr) eine neue →Ostpolitik ein. 1970 unterzeichnete er den Moskauer Vertrag und den Warschauer Vertrag (Kniefall vor dem Ehrenmal des jüd. Gettos) und traf sich mit dem Min.-Präs. der DDR W. Stoph. Für seine Bemühungen um die Entspannung im Ost-West-Konflikt erhielt er 1971 den Friedensnobelpreis. Bei den Bundestagswahlen am 19. 11. 1972 wurde die sozialliberale Koalition nach dem gescheiterten Misstrauensvotum der CDU/CSU-Opposition (27. 4.) und der Vertrauensfrage vom 22. 9. 1972 bestätigt; am 21. 12. 1972 wurde der →Grundvertrag mit der DDR abgeschlossen. Die Entdeckung eines DDR-Spions im Bundeskanzleramt veranlasste B., dessen polit. Autorität seit 1973 zunehmend geschwächt wurde, am 7. 5. 1974 zum Rücktritt. – Als Bundesvors. der SPD (1964–87; seitdem Ehrenvors.) suchte B. auf innerparteil. Konflikte ausgleichend einzuwirken. 1976–92 war er Präs. der Sozialist. Internationale. B. genoss hohes internat. Ansehen; 1989/90 bejahte er deutlicher als andere führende Vertreter der SPD die nat. Entwicklung hin zur Wiedervereinigung Deutschlands.

Werke: Reden u. Interviews, 2 Bde. (1971–73); Links u. frei (1982); Der organisierte Wahnsinn (1985); Erinnerungen (1989; erw. um die »Notizen zum Fall G« 1994); »... was zusammengehört«. Reden zu Deutschland (1990).

Ausgabe: Berliner Ausg., hg. v. H. Grebing, 10 Bde. (2000–05).

Brandung, das Überstürzen (»Brechen« oder »Branden«) der Meereswellen beim Auflaufen auf Untiefen oder auf die Küste, wo die Wassertiefe geringer ist als die Höhe der Wellen; die **Strand-B.** überspült die Flachküste mit Wasser, das mit Sogwirkung am Boden seewärts abfließt; an felsigen Küsten und an Steilküsten (Kliff) schleift die **Klippen-B. B.-Kehlen** und **B.-Höhlen** aus dem Gestein (Abrasion); mit dem entstehenden Geröll wird das Gestein vor der Steilküste zu einer **B.-Platte** (Schorre) abgeschliffen.

Brandung: Kliffküste mit Brandungskehle und Abrasionsplatte (Brandungsplatte)

Brandwand, →Brandmauer.

Brandwunde, →Verbrennung.

Brandy [ˈbrændɪ, engl.] *der,* Branntwein, meist Weinbrand; auch Fruchtsaftlikör (→Cherrybrandy).

Brandys, Kazimierz, poln. Schriftsteller, * Lodz 27. 10. 1916, † Nanterre 11. 3. 2000; behandelte in seinen Werken Probleme der Kriegs- und Nachkriegszeit, später auch der Verantwortung des Einzelnen: »Die Verteidigung Granadas« (1956); »Die Mutter der Könige« (1957); ferner: »Briefe an Frau Z.« (1958–62), »Variationen in Briefen« (1972), »Rondo« (1982).

Brandzeichen, in das Fell von Haus- und Nutztieren eingebranntes Zeichen, das der Erkennung reinrassiger Abstammung und des Besitzers oder des Zuchtgebietes dient.

Braniewo [branˈjɛvɔ], dt. **Braunsberg,** Krst. in der Wwschaft Ermland-Masuren, Polen, im ehem. Ostpreußen, an der Passarge, 18 300 Ew.; Gerberei, Brauerei, Molkerei; nördlich von B. seit 1994 Grenzübergang zum russ. Gebiet Kaliningrad. – Barocke Heiligkreuzkirche und Rathaus, Reste der Stadtmauern. – Ab 1240 wurde die Deutschordensburg B. erbaut, 1254 ist die erste städt. Siedlung bezeugt (1284 Stadtrecht); Mitgl. der Hanse. 1466 fiel B. an Polen, 1722 an Preußen, seit 1945 gehört die Stadt (bis dahin amtlich Braunsberg (Ostpr.) wieder zu Polen (1990 durch Dt.-Poln. Grenzvertrag bestätigt).

Branković [-vitɕ], serb. Dynastie im 14./15. Jh. – Georg B. (* um 1375, † 24. 12. 1456) erhielt 1429 von Byzanz den Despotentitel. 1439 durch die Türken vertrieben, konnte er 1443 mithilfe von Polen und Ungarn sein Land zurückgewinnen.

Branle [brã:l, frz.] *der*, **Bransle**, altfrz. Rund- und Kettenreigen in mäßig lebhaftem Zweier- und Dreiertakt, beliebter Gesellschaftstanz des 16. und 17. Jahrhunderts.

Branner, Hans Christian, dän. Schriftsteller, *Ordrup (heute zu Kopenhagen) 23. 6. 1903, † Kopenhagen 24. 4. 1966; geprägt von der Psychoanalyse, schrieb er Romane (»Ein Dutzend Menschen«, 1936; »Die Geschichte von Börge«, 1942); Novellen, Schauspiele.

Branntwein, i. w. S. jede Flüssigkeit mit hohem Alkoholgehalt, meist durch →Destillation (»Brennen«) einer vergorenen Maische gewonnen; i. e. S. alkoholreiches Getränk oder trinkbares Gemisch von Alkohol und Wasser mit Aromastoffen (**Trink-B.**). Ausgangsstoffe für die Maische sind hauptsächlich Weine, Obstweine, Kartoffeln, Mais, Getreidearten, Zucker, Melasse, Obst und Beerenfrüchte, Rüben. Das mit den übl. Brenngeräten gewonnene Destillat (Rohspiritus) wird für techn. Zwecke verwendet; zum Genuss wird es gereinigt und nochmals destilliert. Die Aromastoffe sind teils beiläufiges Gärungsergebnis, teils mitdestillierte oder beigemischte äther. Öle und Auszüge aus Früchten oder Kräutern.

Branntweinmonopol, das vom Staat mit der Absicht der Einnahmenerzielung (Finanzmonopol) oder aus agrarpolit. Gründen beanspruchte ausschließl. Recht, Branntwein herzustellen und/oder zu verkaufen. In Dtl. umfasst das von der **Bundesmonopolverwaltung für Branntwein** (Sitz: Offenbach am Main) wahrgenommene B. (besteht seit 1919) die Übernahme des in inländ. Brennereien hergestellten Weingeistes, die Einfuhr aus Nicht-EU-Ländern (außer Rum, Arrak, Kognak, Likör u. a.), die Reinigung von sowie den Handel mit übernommenem Branntwein zu autonom festgesetzten Verkaufspreisen. Der von der Monopolverwaltung abgesetzte Alkohol unterliegt der →Branntweinsteuer. – Auch in der *Schweiz* besteht ein B. (Alkoholmonopol); in *Österreich* wurde es 2000 abgeschafft.

Branntweinsteuer, von der Bundesmonopolverwaltung für Branntwein als Bestandteil des vom Käufer des Alkohols zu entrichtenden Kaufpreises (Monopolpreis) erhobene Verbrauchsteuer; Regelsteuersatz: 1 303 € je hl Trinkbranntwein. Das Aufkommen (2005: 2,14 Mrd. €) steht dem Bund zu.

Brant, 1) Joseph, indian. Name: **Thayendanega**, Häuptling der Mohawk, *1742, † bei Brantford (Ontario) 24. 11. 1807; kämpfte während des amerikan. Unabhängigkeitskrieges als Offizier aufseiten der Briten, führte v. a. 1778/79 mit seiner gefürchteten Kriegerschar zahlr. Gefechte im südl. New York und im nördl. Pennsylvania; erhielt später Land für seinen Stamm am Grand River in Ontario und wurde Sprecher aller probrit. Irokesen in Kanada.

2) Brandt, Sebastian, Jurist und Dichter, *Straßburg 1457, † ebd. 10. 5. 1521; war Dekan an der jurist. Fakultät in Basel, später Stadtschreiber (Kanzler) in Straßburg, von Kaiser Maximilian zum kaiserl. Rat ernannt. B. war einer der Hauptvertreter des oberrhein. Frühhumanismus, der weniger mit seinen lat. Schriften als mit der in viele Sprachen übersetzten Moralsatire »Das Narren Schyff« (1494, mit Holzschnitten, z. T. von A. Dürer) wirkte. Das Werk stellt in einprägsamen Paarreim-Versen menschl. Torheiten und Unzulänglichkeiten aller Stände dar, es gilt als Ausgangspunkt der Narrenliteratur.

Branting, Hjalmar, schwed. Politiker, *Stockholm 23. 11. 1860, † ebd. 24. 2. 1925; 1889 Mitbegründer, 1907–25 Vors. der Sozialdemokrat. Arbeiterpartei. 1920, 1921–23, 1924/25 war er Min.-Präs., 1920–24 schwed. Vertreter beim Völkerbund; 1921 erhielt er mit C. Lange für die Beilegung des Konflikts um die Ålandinseln den Friedensnobelpreis.

Brantôme [brã'to:m], Pierre de Bourdeille, Seigneur de, frz. Schriftsteller, *Bourdeilles (Périgueux) um 1540, † Brantôme (bei Périgueux) 15. 7. 1614; vermittelte in seinen Memoiren (u. a. »Das Leben der galanten Damen«, hg. 1665) ein lebendiges Bild der frz. adligen Gesellschaft seiner Zeit.

Braque [brak], Georges, frz. Maler, *Argenteuil 13. 5. 1882, † Paris 31. 8. 1963; begann um 1908 Landschaften in geometrisierten Formen zu malen und entwickelte gleichzeitig mit Picasso den →Kubismus. Seit 1918 wurden seine Bilder wieder gegenständlicher. B. malte bes. Stillleben und Interieurs von warmer, auf wenige Töne beschränkter Farbigkeit. – »Vom Geheimnis in der Kunst« (Gesammelte Schriften, 1958).

Brasch, Thomas, Schriftsteller, *Westow (Cty. North Yorkshire) 19. 2. 1945, † Berlin 3. 11. 2001; Sohn österr. Emigranten, lebte seit 1947 in der DDR, nach Haft (1968/69) seit 1976 in Berlin (West); in Lyrik, Prosa (»Vor den Vätern sterben die Söhne«, 1977) und Theaterstücken (»Rotter«, 1977; »Mercedes«, 1988) artikulierte er, beeinflusst u. a. von G. Büchner, die Revolte des Subjekts gegen gesellschaftl. und ideolog. Zwänge. Auch Filmarbeit und Übersetzungen aus dem Russischen.

Weitere Werke: Stücke: Lovely Rita (1978); LIEBE MACHT TOD oder Das Spiel von Romeo und Julia. Nach Shakespeare (1990); Stiefel muss sterben (nach

Hjalmar Branting

Sebastian Brant: »Das Narrenschiff«, kolorierte Seite der Erstausgabe von 1494 (gedruckt von J. Bergmann von Olpe zu Basel, Holzschnitt vermutlich von A. Dürer)

Brasília: Gebäude des Nationalkongresses (1958–70; Entwurf: O. Niemeyer) auf dem »Platz der drei Gewalten«

Kotzebue) (1999). – *Prosa:* Mädchenmörder Brunke (1999).

Brasil *die,* Zigarre aus dunklem Brasiltabak.

Brasilholz, →Pernambukholz.

Brasília, Hptst. Brasiliens (seit 1960) und Bundesdistrikt (5822 km², 1060 m ü. M. im Hochland von Goiás, 2,09 Mio. Ew.; rd. 950 km von der Küste entfernt; wurde nach modernsten städtebaul. Gesichtspunkten errichtet (der Grundriss besteht aus einer 13 km langen parabelförmigen Hauptverkehrsachse und einer senkrecht dazu verlaufenden kreuzungsfreien Monumentalachse, an der Reg.-Gebäude, Theater und Kathedrale liegen; Generalplan von L. Costa), die repräsentativen Gebäude von namhaften Architekten entworfen (u. a. O. Niemeyer); zählt zum UNESCO-Weltkulturerbe; Univ. (1962 gegr.); Erzbischofssitz; Fernsehstation; Stausee (40 km²) zur Sicherung der Wasser- und Energieversorgung; Eisenbahnverbindung nach Rio de Janeiro. – Der Bau von B. im Landesinnern diente als Impuls für die Erschließung des brasilian. Binnenlandes (Amazonien).

Flagge

Wappen

BR
internationales Kfz-Kennzeichen

Brasilien

Fläche: 8 547 404 km²
Einwohner: (2005) 184,2 Mio.
Hauptstadt: Brasília
Verwaltungsgliederung: 26 Bundesstaaten, 1 Bundesdistrikt
Amtssprache: Portugiesisch
Nationalfeiertag: 7. 9.
Währung: 1 Real (R$) = 100 Centavo
Zeitzone: MEZ – 4 bis – 6 Std. (von O nach W)

brasilianische Kunst, →lateinamerikanische Kunst.

brasilianische Literatur, die lateinamerikan. Literatur in portugies. Sprache. Bis ins 18. Jh. dauerte die kulturelle Abhängigkeit von Portugal, später von ital. und frz. Vorbildern an. Die kulturelle Lösung von Portugal vollzog sich um 1830 im Zeichen der Romantik, u. a. mit dem Lyriker A. Gonçalves Dias. Als Reaktion auf den romant. Subjektivismus entstand die sozial engagierte Lyrik von A. de Castro Alves. Realist. Romane schrieb u. a. M. A. de Almeida. Um 1870 wandte sich die Lyrik dem Parnassianismus (O. Bilac) und Symbolismus (J. da Cruz e Sousa), die Prosa dem Realismus und Naturalismus (A. Azevedo) zu. Überragend war der an Romantik wie Realismus beteiligte Lyriker, Romancier und Erzähler J. M. Machado de Assis. Regionalist. Prosa schufen H. Coelho Neto und E. da Cunha. Die bedeutendsten Theoretiker des Modernismus (1922 in São Paulo als Avantgardebewegung entstanden) waren die Brüder M. und O. de Andrade. Zu den modernist. Lyrikern zählten M. Bandeira Filho, J. de Lima, C. Drummond de Andrade und C. Meireles. J. Cabral de Melo-Neto versuchte, dem Modernismus eine kosmopolit. Orientierung zu geben. Höhepunkte der regionalist. Literatur der 1930er-Jahre waren die Romane von J. Lins do Rêgo Cavalcanti, G. Ramos und v. a. J. Guimarães Rosa. Neue Wege in der Lyrik beschritten nach 1945 die Vertreter des Neomodernismus (J. Cabral de Melo-Neto) und der von der strukturalist. Linguistik beeinflusste H. de Campos. In den 1960er-Jahren spielten auf dem Gebiet der Prosa v. a. Clarice Lispector, J. R. Fonseca, A. Dourado, M. Scliar, J. U. Ribeiro, M. Souza sowie auf dem Gebiet der Dramatik A. Boal eine Rolle. Die gegenwärtige b. L. ist einerseits durch den internat. Erfolg des Esoterikers P. Coelho und andererseits durch die selbstiron., intermediale Schreibpraxis der jüngeren Generation (Patrícia Melo) geprägt, die sich mit der permanenten Gewaltsituation in den Städten auseinandersetzt.

Brasilien, amtl. port. **República Federativa do Brasil,** dt. **Föderative Republik B.,** Bundesstaat in Südamerika, umfasst als fünftgrößtes Land der Erde die östl. Hälfte (47 %) des Kontinents, grenzt im N an Venezuela, Guyana, Suriname und Französisch-Guayana, im O an den Atlant. Ozean (rd. 7 400 km Küstenlänge), im S an Uruguay, im W an Argentinien, Paraguay, Bolivien und Peru sowie im NW an Kolumbien. Zu B. gehören noch mehrere Inseln im Atlantik.

Staat und Recht

Nach der Verf. vom 5. 10. 1988 (mehrfach, zuletzt 2003, revidiert) ist B. eine präsidiale Bundesrep.; Staatsoberhaupt und Reg.-Chef ist der Präs. (für 4 Jahre direkt gewählt, einmalige Wiederwahl möglich). Ihm steht der Rat der Rep. als Konsultativorgan zur Seite. Die Legislative liegt beim Nationalkongress, bestehend aus Senat (81 Mitgl., auf 8 Jahre gewählt) und Abg.-Kammer (513 Abg., für 4 Jahre gewählt). – Wichtigste Parteien: Arbeiterpartei (PT), Partei der Liberalen Front (PFL), Partei der Brasilian. Demokrat. Bewegung (PMDB), Sozialdemokrat. Partei B.s (PSDB), Brasilian. Fortschrittspartei (PPB), Brasilian. Arbeiterpartei (PTB), Liberale Partei (PL), Sozialist. Partei B.s (PSB), Demokrat. Arbeiterpartei (PDT), Sozialist. Volkspartei (PPS) und Kommunist. Partei B.s (PCdoB). – Jeder Bundesstaat verfügt über eine Verf. sowie eigene Gesetzgebungs-, Verw.- und Gerichtsorgane.

Landesnatur

Den größten Teil B.s nimmt das Brasilian. Bergland ein (500–1 100 m ü. M., im Pico da Bandeira 2 890 m), das mit einem Steilabfall zur atlant. Küste abbricht (Serra do Mar). Im S und SW vorwiegend ein Stufenland mit z. T. bed. Landstufen (z. B. Serra Geral), geht es als Hügelland in das Küstentiefland (mit großen Haffs) und das Tiefland des La-Plata-Systems über; im SW erstreckt sich östlich des Paraguay das periodisch überschwemmte Tiefland des Pantanal. Nach N senkt es sich landeinwärts mit wenig ausgeprägten Höhenzügen und ausgedehnten Hochflächen (Planaltos, Chapadas) allmählich zum Tiefland des Amazonas. Im äußersten N hat B. Anteil am Bergland von Guayana (Pico da Neblina, 3 014 m ü. M., höchste Erhebung B.s). Der ganze N gehört dem Stromgebiet des Amazonas an, der S mit den Oberläufen von Paraguay, Paraná und Uruguay dem La-Plata-System, der O den kleineren Stromsystemen des Rio São Francisco und Parnaíba. Die meisten Flüsse sind wasserreich; Stromschnellen und Wasserfälle (z. B. Iguaçú-, Paulo-Afonso-Fälle) bilden ein großes Wasserkraftpotenzial, behindern jedoch die Schifffahrt. – B. ist ein überwiegend trop. Land mit Differenzierungen vom innertrop. Äquatorialklima (im N) über das Klima der wechselfeuchten Tropen bis zum subtrop. Klima (im S). Die brasilian. Ostküste erhält durch den SO-Passat ganzjährig Niederschläge. Die im Regenschatten liegenden Binnengebiete sind z. T. sehr trocken und von Dürren bedroht. Im Amazonasbecken und am östl. Gebirgsrand herrschen trop. Regenwälder vor, im inneren Bergland Savannen (Campos) mit Galeriewäldern längs der Flüsse und lichte Buschwälder, in Süd-B. Höhengrasländer und immergrüne Nadelwälder mit Araukarien. An der Küste kommen Mangrovenwälder vor.

Bevölkerung

B. ist das bevölkerungsreichste Land Südamerikas. Nach statist. Angaben überwiegen mit etwa 52 % der Bev. Weiße, 41 % sind Mischlinge (Mulatten, Mestizen, Cafusos), 6 % Schwarze. In Wirklichkeit überwiegen die Mischlinge. Die ethn. Grenzen sind fließend, die latent vorhandenen Rassenprobleme sind eher sozialer Art. Die indigenen Völker (rd. 500 000) leben in kleinen Gruppen v. a. im Amazonasgebiet und sind in ihrer Existenz bedroht. Eingewandert sind seit Beginn der Kolonialzeit v. a. Portugiesen. Seit Ende des 16. Jh. wurden 3–4 Mio. schwarzafrikan. Sklaven ins Land gebracht, die um 1800 rd. die Hälfte der Bev. ausmachten. Im 19. Jh. kam es erneut zu lebhafter Einwande-

Brasilien

Brasilien: Verwaltungsgliederung (2005)

Bundesstaaten und Bundesdistrikt	Fläche (in km²)	Ew. (in 1000)	Ew. (je km²)	Hauptstadt
Bundesdistrikt	5 822	2 333,1	400,7	Brasília
Bundesstaaten				
Acre	153 150	669,7	4,4	Rio Branco
Alagoas	27 933	3 015,9	108,0	Maceió
Amapá	143 454	594,6	4,1	Macapá
Amazonas	1 577 820	3 232,3	2,0	Manaus
Bahia	567 295	13 815,3	24,4	Salvador
Ceará	146 348	8 097,3	55,3	Fortaleza
Espírito Santo	46 184	3 408,4	73,8	Vitória
Goiás	341 290	5 619,9	16,5	Goiânia
Maranhão	333 366	6 103,3	18,3	São Luís
Mato Grosso	906 807	2 803,3	3,1	Cuiabá
Mato Grosso do Sul	358 159	2 264,5	6,3	Campo Grande
Minas Gerais	588 384	19 237,5	32,7	Belo Horizonte
Pará	1 253 165	6 970,6	5,6	Belém
Paraíba	56 585	3 595,9	63,5	João Pessoa
Paraná	199 709	10 261,9	51,4	Curitiba
Pernambuco[1]	98 938	8 413,6	85,0	Recife
Piauí	252 379	3 006,9	11,9	Teresina
Rio de Janeiro	43 910	15 383,4	350,0	Rio de Janeiro
Rio Grande do Norte	53 307	3 003,1	56,3	Natal
Rio Grande do Sul	282 062	10 845,1	38,4	Pôrto Alegre
Rondônia	238 513	1 534,6	6,4	Pôrto Velho
Roraima	225 116	391,3	1,7	Boa Vista
Santa Catarina	95 443	5 866,6	61,5	Florianópolis
São Paulo	248 809	40 442,8	162,5	São Paulo
Sergipe	22 050	1 967,8	89,2	Aracajú
Tocantins	278 421	1 305,7	4,7	Palmas
Brasilien[2]	8 547 404	184 184,3	21,5	Brasília

[1] Einschließlich Fernando de Noronha. – [2] Einschließlich der umstrittenen Fläche zw. den Bundesstaaten Piauí und Ceará (2 977 km²) sowie der Inseln Trinidade (10,1 km²) und Martin Vaz (0,3 km²); Differenzen durch Abrundung.

rung, zunächst von Deutschen und Italienern, dann v. a. von Polen, aber auch von Arabern und Japanern. Die Einwanderung (1820–1963 rd. 5,5 Mio.) ist jedoch stark zurückgegangen.

Die durchschnittl. Bev.-Dichte ist mit 21 Ew. je km² gering, doch ist die Verteilung sehr ungleichmäßig. In den Küstenregionen des NO, SO und S leben auf rd. 36 % der Fläche rd. 87 % der Gesamtbev.; der jährl. Bev.-Zuwachs liegt bei 1,4 %. Der massive Zustrom v. a. der Ew. des NO in die wirtsch. entwickelten Gebiete des SO führte zu einem starken Anwachsen der Elendsviertel (Favelas) in den Großstädten, die ein großes soziales Problem darstellen. Es besteht ein krasses Missverhältnis zw. einer kleinen wirtsch. starken Oberschicht und der besitzlosen Masse; die Mittelschicht ist relativ klein. – Über 91 % der Bev. sind Christen (rd. 73 % Katholiken, etwa 18 % Protestanten [v. a. Pfingstler]). Die jüd. Gemeinschaft zählt rd. 110 000 Mitgl. Besonderheiten des religiösen Lebens sind die in ganz B. präsenten afrobrasilian. Religionen (Candomblé, Macumba, Umbanda, Xango) sowie der v. a. innerhalb der gesellschaftl. Mittel- und Oberschicht verbreitete europ. Spiritismus (Kardecismus). – Es besteht achtjährige allg. Schulpflicht. Die Alphabetisierungsrate beträgt (2006) ca. 89 % (15-Jährige und älter) bzw. 97 % (15- bis 24-Jährige).

Wirtschaft und Verkehr

B., ein Land mit großen natürl. Reichtümern, gehört zu den am stärksten industrialisierten Ländern Südamerikas und gilt als typ. Schwellenland. Die Wirtschaftslage war in den 1980er-Jahren durch zunehmende Arbeitslosigkeit, rasch ansteigende Inflationsraten, stark schwankende Wachstumsraten des Bruttoinlandsprodukts (BIP) und wachsende Defizite im Staatshaushalt gekennzeichnet. Die Auslandsverschuldung hatte sich stark erhöht, Zahlungsverpflichtungen aus Umschuldungsabkommen konnten z. T. nicht erfüllt werden. Seit 1990, verstärkt seit Mitte der 1990er-Jahre, wurden umfassende Maßnahmen zur Stabilisierung (»Plano Real«) der wirtsch. Entwicklung ergriffen (Währungsreformen, Steuererhöhungen, Subventionsabbau, Abbau der Auslandsschulden) und Privatisierungen, d. h. die Aufhebung bzw. Lockerung des Staatsmonopols in bestimmenden Wirtschafts- (Stahl-, Düngemittelind., Petrochemie, Bergbau) und Infrastrukturbereichen (Eisenbahn, Telekommunikation, Wasserwirtschaft) sowie im Energie- und Banksektor eingeleitet. Im Zusammenhang mit der wirtsch. Rezession in Asien (1997/98) wurde das Wirtschaftswachstum erheblich beeinträchtigt, konnte sich aber trotz der seit 2000 anhaltenden Krise im Nachbarland Argentinien, des weltweiten Wirtschaftsabschwungs, der landesinternen Energiekrise, eines sich abwertenden Real und einer Hochzinspolitik stabilisieren.

Die Bedeutung der Landwirtschaft nimmt seit dem Zweiten Weltkrieg ständig ab. Sie beschäftigt nur noch rd. 16 % der Erwerbstätigen und trägt 6 % zum BIP bei. Nach dem Flächenanteil herrschen Großbetriebe vor: Nur 14 % aller Betriebe sind größer als 100 ha, bewirtschaften aber insgesamt etwa 82 % der Betriebsfläche. Am wichtigsten für den Export ist mittlerweile Soja, gefolgt von Kaffee, Zucker, Orangensaftkonzentrat, Bananen, Bohnen und Kakao. B. ist weltweit einer der wichtigsten Kaffeeproduzenten (Hauptanbaugebiet N-Paraná); bei Sojabohnen und Sojaprodukten zählt B. zu den führenden Anbietern auf dem Weltmarkt. Die Nahrungsmittelerzeugung (Maniok, Bohnen, Mais u. a.) kann den Inlandsbedarf nicht mehr decken. Zur Gewinnung von Alkohol aus Biomasse (36 % aller in B. hergestellten Pkw sind alkoholangetrieben) wurde der Zuckerrohranbau ausgeweitet. 17 % der landwirtsch. Betriebsfläche ist Ackerland, fast die Hälfte dient als Weideland. Wichtig für den Export sind noch frisches bzw. industriell verarbeitetes Rindfleisch und Geflügel. Die Errichtung großer Viehfarmen in den Regenwäldern Amazoniens, v. a. längs der Transamazônica, führte zu großflächigen Waldrodungen, die für Umwelt und Klima bedrohl. Ausmaße angenommen haben. Fast 80 % der Wälder des Landes zählen zu den trop. Tieflandregenwäldern des Amazonasgebietes. Die riesigen Waldbestände (45 % der Gesamtfläche) werden nur z. T. holzwirtschaftlich (Edelhölzer) genutzt. Wegen der landwirtsch., mineral. und industriellen Erschließung der Region sind aber bereits die Wälder der südl. Bundesstaaten weitgehend zerstört. Der Fischfang spielt nur eine untergeordnete Rolle; dennoch hat B. 1970 die 200-Meilen-Zone eingeführt.

Das produzierende Gewerbe erbringt einen Anteil von 21 % des BIP. – Die Lagerstätten des →Eisernen Vierecks (im S des Bundesstaates Minas Gerais, südlich und östlich von Belo Horizonte, rd. 7 000 km²), deren Eisenerze einen Metallgehalt von mehr als 60 % aufweisen, und die Eisenerzvorräte der Serra dos Carajás im südöstl. Amazonien gehören zu den reichsten der Erde; beachtlich sind ferner auch die Mangan-, Zinn- und Bauxitlagerstätten. Abgebaut werden auch Nickel-, Blei-, Wolfram-, Titan- und zunehmend Uranerze, Niob, Beryllium, Thorium u. a. sowie Quarz, Ind.-Diamanten und Edelsteine, Gold, Silber, Platin. Die Steinkohlenvorkommen sind unzureichend. Zentren der Erdölförderung sind die Bucht von Bahia, Tucano sowie Carmópolis und v. a. die Offshoregebiete vor Rio de Janeiro. Erdgas wird im Amazonasbecken gefördert. Fahrzeug- und Maschinenbau, Elektrotechnik, Metallverarbeitung sowie die chem. Ind. tragen heute den industriellen Wachstumsprozess. B. ist inzwischen der führende Eisen- und Stahlproduzent und auch größter Kraftfahrzeughersteller der Dritten Welt. Die Konsumgüterind. deckt weitgehend den inländ. Bedarf. Das verarbeitende Gewerbe konzentriert sich auf die vier Bundesstaaten São Paulo, Minas Gerais, Rio de Janeiro und Espírito Santo. – Die Stromerzeugung stammt zu rd. 80 % aus Wasserkraft; am Paraná entstand eines der größten Kraftwerke der Welt (Itaipú mit 12 600 MW) in Zusammenarbeit mit Paraguay, am Tocantins ein weiteres (8 000 MW); das erste Kernkraftwerk (626 MW) B.s nahm 1982 den Betrieb auf, ein zweites (Angra II [1 300 MW] im Rahmen des dt.-brasilian. Abkommens) wurde 2000 fertiggestellt. – Außenwirtschaft: Hauptimportgüter sind Ind.-Güter (69 %) und Rohstoffe (18 %). Hauptausfuhrprodukte Ind.-Erzeugnisse (51 %), Agrarprodukte (33 %) und Bodenschätze (14 %). Wichtigste Handelspartner sind die EU-Länder, gefolgt von den lateinamerikan. ALADI- und Mercosur-Mitgliedsländern und den USA.

Der Ausbau des Straßennetzes (1,7 Mio. km) hat in den vergangenen Jahren gute Fortschritte gemacht; wichtig sind die Fernstraßen, die Amazonien erschließen (Transamazônica) und Brasília mit den übrigen Landesteilen verbinden. Die Eisenbahn mit einer Streckenlänge von rd. 29 000 km ist infolge wechselnder Spurbreiten, veralteter Anlagen, niedriger Fahrgeschwindigkeit und mangelhafter Betriebssicherheit nur wenig leistungsfähig (1999 Privatisierung). B. ist die führende Schifffahrtsnation Südamerikas. Wichtigste Häfen: Rio de Janeiro und Santos, Angra dos Reis u. a.; ferner Küsten- und Binnenschifffahrt (rd. 52 000 km Wasserstraßen). Für große Teile des Landes bietet die Luftfahrt die einzige Transportmöglichkeit; größte internat. Flughäfen: São Paulo (Guarulhos), Rio de Janeiro (Galeão) und Brasília.

Geschichte

Der Portugiese P. A. Cabral landete 1500 an der brasilian. Küste und nahm sie für Portugal in Besitz. 1532 begann die port. Besiedlung der Küstenstriche; 1549 wurde in dem neu gegründeten Bahia ein Vizekönig eingesetzt (seit 1763 in Rio de Janeiro). Während im Küstengebiet der mit afrikan. Sklaven betriebene Zuckerrohranbau aufblühte, drangen von São Paulo aus die Waldläufer (Bandeirantes) bis an die Vorberge der Anden; die Indianer wurden dabei weithin ausgerottet oder versklavt. Die Suche der Bandeirantes nach Gold und Diamanten führte im 18. Jh. zu den großen Funden in Minas Gerais, Mato Grosso und Goiás. Vor Napoleon I. flüchtete 1807 der port. König Johann (João) VI. nach B.; damit wurde Rio de Janeiro Hptst. des port. Reiches. Als nach der Rückkehr des Königs

Brasilien: Blick auf den kolonialzeitlichen Teil der Stadt Olinda im Nordosten des Landes, im Hintergrund die Skyline von Recife

1821 das Land wieder den Status einer Kolonie erhalten sollte, erklärte sich B. am 7. 9. 1822 für unabhängig; der port. Regent, ältester Sohn Johanns, wurde als Peter (Pedro) I. zum Kaiser von B. ausgerufen (1825 von Portugal anerkannt). Innere Unruhen veranlassten ihn 1831 zur Abdankung; erst in den 1840er-Jahren stabilisierte sich unter seinem Sohn Peter II. die polit. Lage. Die Sklaverei wurde bis 1888 aufgehoben; gleichzeitig nahm die Wirtschaft, bes. der Kaffeeanbau in São Paulo, einen bed. Aufschwung, die Zahl der Einwanderer wuchs ständig.

Durch einen Putsch wurde 1889 die Monarchie beseitigt; nach der republikan. Verf. vom 24. 2. 1891 wurde B. nach dem Vorbild der USA ein Bundesstaat, in dem São Paulo und Minas Gerais den vorherrschenden Einfluss erlangten. Der Kaffee-Export stieg stark an. Während des Ersten Weltkrieges begann die Industrialisierung, doch wurde nach 1918 die wirtsch. Entwicklung durch häufige Militärrevolten beeinträchtigt; Weltwirtschaftskrise und Zusammenbruch des Kaffeemarktes verstärkten die finanziellen und sozialen Schwierigkeiten, die polit. Lager radikalisierten sich. Präs. G. D. Vargas (1930–45, 1951–54), durch eine Aufstandsbewegung 1930 an die Macht gelangt,

Brasilien: Blick vom Stadtteil Ipanema in Rio de Janeiro auf den Berg Pedra Dois Irmãos

entwickelte über die Verf. von 1934 und 1937 (Errichtung des »Estado Novo«) eine diktator. Regierung. Aufstände der Kommunisten (1935) und der faschist. Integralisten (1939) schlug er nieder. Im Zweiten Weltkrieg kämpfte ein brasilian. Truppenkontingent auf westalliierter Seite in Italien. Nach dem Sturz von Vargas (1945) führte Präs. General Eurico Gaspar Dutra (1946–51) wieder ein demokrat. System ein (Verf. von 1946). Der als Nachfolger 1951 nunmehr gewählte Vargas verfolgte eine stark wirtschaftsnationalistisch geprägte Politik (Drosselung ausländ. Investitionen). 1954 von der Opposition zum Rücktritt gezwungen, tötete er sich selbst. Präs. J. Kubitschek de Oliveira (1956–61) bemühte sich um Erschließung des Landesinneren (Bau von Brasília). 1964 übernahm das Militär die Staatsgewalt, nachdem Präs. J. Goulart (1961–64) versucht hatte, eine Landreform und die Verstaatlichung von Erdölraffinerien durchzusetzen. Bis 1985 stellte die Armee die Präs., die bis 1978 durch Dekrete regieren und die Opposition hart unterdrückten. Die Aufhebung der Ausnahmegesetze zum 1. 1. 1979 leitete einen Demokratisierungsprozess ein.

Die Präsidentschaft von J. B. de Oliveira Figueiredo (1979–85) stand im Zeichen wirtsch. Rezession, wachsender Auslandsschulden und hoher Inflationsraten. Innenpolitisch setzte Figueiredo den Demokratisierungsprozess fort. So ließ er u. a. eine freiere Bildung polit. Parteien zu. Im Jan. 1985 bestimmte ein Wahlmännergremium T. de Almeida Neves zum Präs.; da Krankheit ihn am Amtsantritt hinderte, führte Vizepräs. José Sarney die Geschäfte und übernahm nach Neves' Tod (22. 4. 1985) das Amt. Sarney suchte unter dem Druck des Internat. Währungsfonds die hohen Auslandsschulden abzubauen und die Wirtschaftskrise zu bewältigen (1988: Inflationsrate 934%; Währungsreform mit Umwertung 1:1000). Mitte der 1980er-Jahre formierte sich die »Bewegung der Landlosen«, die eine Agrarreform fordert. Am 5. 10. 1988 trat eine neue Verf. in Kraft (u. a. Direktwahl des Präs.). Der Ende 1989 gewählte Präs. F. Collor de Mello trat im März 1990 sein Amt an. Seine Bemühungen um Sanierung der Wirtschaft hatten nur vorübergehend Erfolg. In eine Korruptionsaffäre verwickelt, wurde er vom Parlament am 29. 9. 1992 seines Amtes enthoben. Am 2. 12. 1992 übernahm der bisherige Vizepräs. I. Franco das Amt des Staatsoberhauptes. Am 21. 4. 1993 bestätigte die Bev. die bestehende Staats- und Reg.-Form. Im Rahmen eines Stabilisierungsprogramms trat am 1. 7. 1994 mit der Einführung des »Real« als Währungseinheit eine Währungsreform in Kraft. Bei den Präsidentschaftswahlen vom 3. 10. 1994 siegte F. H. Cardoso (PSDB) mit 54,28 % der Stimmen (Wiederwahl 1998). Im Sinne des 1991 begonnenen Privatisierungsprozesses setzte die Reg. Cardoso in ihrer Wirtschaftspolitik die Lockerung des Staatsmonopols bei Energieerzeugung, Erdölförderung und Telekommunikation fort. Zu den ungelösten innenpolit. Problemen gehören eine immer noch ausstehende echte Agrarreform, Menschenrechtsverletzungen (so gegenüber den Indianern des Amazonasgebiets) und ein Abbau des Verw.-Apparats. Im Nov. 1994 trat B. dem Vertrag von Tlatelolco über die Nichtweiterverbreitung von Kernwaffen in Amerika bei. Am 1. 1. 1995 trat der Vertrag über die Zoll- und Freihandelszone →Mercosur in Kraft. Bei der Präsidentschaftswahl im Okt. 2002 siegte der Gründer der Arbeiterpartei PT und ehem. Gewerkschaftsführer Luiz Inácio Lula da Silva. Damit übernahm Anfang Jan. 2003 erstmals ein sozialist. Politiker das Amt des Staatspräsidenten. Die ökonom. Gesundung erfolgte auf Kosten des sozialen Bereiches. Eine Radikalisierung der Proteste der Landlosen- und Indigenenbewegung konnte durch einen Agrarreformplan abgewendet werden, der ab Mitte 2004 zu greifbaren Ergebnissen führte. Am 29. 10. 2006 wurde Lula da Silva nach Stichwahl erneut zum Präs. gewählt.

Brașov [braˈʃov], rumän. Name von →Kronstadt.

Brassaï [braˈsɛ], eigtl. Gyula **Halász**, frz. Fotograf ungar. Herkunft, *Kronstadt (Rumänien) 9. 9. 1899, †Beaulieu-sur-Mer (bei Nizza) 7. 7. 1984. Seine Nachtaufnahmen der Pariser Unter- und Halbwelt (1933 veröffentlicht, dt. u. d. T. »Das geheime Paris«) sind bed. Zeugnisse realist. Fotografie.

Brassband [ˈbrɑːsbænd; engl. »Blechkapelle«], Bez. für eine Marschkapelle, die nur aus Blechblasinstrumenten und Schlagzeug besteht. Die im 19. Jh. in New Orleans gespielte Musik der B. gehört zu den wichtigsten Vorläufern des Jazz.

Brasse [zu frz. bras »Arm«] *die, Schifffahrt:* Tau zum Schwenken (**Brassen**) einer Rahe.

Brasse, Brassen, →Karpfenfische.

Brassens [braˈsɛ̃s], Georges, frz. Chansonnier, *Sète 22. 10. 1921, †ebd. 30. 10. 1981; dichtete und komponierte Chansons in der Art moderner iron., sozial- und moralkrit. Balladen, die er auch selbst vortrug.

Brasserie [frz. »Brauerei«] *die,* gutbürgerl. Speiselokal mit Bierausschank.

Brasseur [braˈsœːr], Pierre, eigtl. P. Albert **Espinasse,** frz. Bühnen- und Filmschauspieler, *Paris 22. 12. 1905, †Bruneck (Prov. Bozen) 14. 8. 1972; Darsteller u. a. in den Filmen »Die Kinder des Olymp« (1945), »Die Mausefalle« (1956), »Affäre Nina B.« (1961), »Die Unmoralischen« (1964).

Brassica [lat.], die Pflanzengattung →Kohl.

braten, Fleisch, Wild, Fisch, Geflügel u. a. durch Erhitzen mit Fett, Öl oder (seltener) Wasser in Pfannen u. ä. Gefäßen, in Folien im eigenen Saft oder bei offenem Feuer am Bratspieß garen.

Brătianu [brəˈtjanu], **1)** Ion Constantin, rumän. Politiker, *Pitești 14. 6. 1821, †Florica (bei Bukarest) 16. 5. 1891, Vater von 2); 1876–88 Min.-Präs., Vors. der Liberalen Partei; betrieb die Absetzung von Fürst A. Cuza und die Einsetzung der Dynastie Hohenzollern-Sigmaringen; erreichte 1878 die Unabhängigkeit, 1881 die Erhebung Rumäniens zum Königreich.

2) Ion (Jonel) Jon Constantin, rumän. Politiker, *Florica (bei Bukarest) 1. 9. 1864, †Bukarest 24. 11. 1927, Sohn von 1); seit 1909 fünfmal Min.-Präs., setzte 1914 die Neutralität, 1916 den Anschluss an die Entente und 1923 die Verf. Großrumäniens durch.

Bratislava, dt. **Pressburg,** ungar. **Pozsony,** Hptst. der Slowak. Rep. und Verw.-Sitz des Bez. B., überwiegend auf dem linken Donauufer, am Fuß der Kleinen Karpaten, 429 000 Ew.; als Bez. B. 2 053 km², 600 000 Ew.; Slowak. Akademie der Wiss.en, Comenius-Univ., TU, Wirtschafts-, Kunsthochschule, Goethe-Inst. (seit 1990), Slowak. Nationalgalerie, Slowak. Nationalmuseum, Slowak. Nationaltheater; petrochem. Ind., Maschinen- und Fahrzeugbau, Papier-, Baustoff- und Nahrungsmittelind.; Weinbau an den Hängen der Kleinen Karpaten; Messestadt; wichtiger Donauhafen, internat. Flughafen. – Auf einem Hügel an der Donau erhebt sich die im Kern mittelalterl. Burg (im 17./18. Jh. umgestaltet, 1811 durch Brand zerstört, 1953 ff. rekonstruiert); Dom St. Martin (1302–1452;

später erweitert; bis 1580 Krönungskirche der ungar. Könige); Franziskanerkirche (urspr. got. Bau des 13. Jh.; nach Zerstörung im 17./18. Jh. barock wieder aufgebaut), St.-Johannes-Kapelle (1380); zahlr. Paläste, darunter das klassizist. Primatialpalais (1777–81) sowie das Palais der Städt. Galerie, ein Rokokobau von 1768–70; Nationaltheater (Neurenaissance, 1866).

Geschichte: Befestigter Platz der Römer, im 9. Jh. slaw. Burg mit Siedlung (907 als **Brezalauspurc** erwähnt). In der 2. Hälfte des 13. Jh. durch Mongolen zerstört, wurde die Stadt (slowak. **Prešporok**) vom ungar. König Andreas III. (1291) neu gegründet und erhielt weit reichende Privilegien; ab 1405 zur königlich-ungar. Freistadt erhoben. Ab 1541 war die Stadt Krönungsort der ungar. Könige (bis 1830) bzw. Hptst. des Königreichs Ungarn (bis 1784). 1825–48 Tagungsort des ungar. Landtages; kam 1920 an die Tschechoslowakei; 1919–39 Hptst. der Slowakei (im Rahmen der ČSR; Name seit 1920/22 **B.**). 1939–45 Hptst. der selbstständigen Slowakei (erneut seit 1993; 1969–90 Hptst. der slowak. Teilrep. der ČSSR, 1990–92 der ČSFR).

Brätling, Birnenmilchling, Milchbrätling, **Lactarius volemus,** Art der Milchlinge mit orangebraunem Hut, Durchmesser 7–15 cm. Das Fleisch ist weißlich, später bräunlich und enthält weißen Milchsaft. Speisepilz mit heringsartigem Geruch, der sich beim Braten verliert.

Bratsche [ital. viola da braccio »Armgeige«] die, **Viola,** Streichinstrument in der Form der Geige, mit etwas größerem Korpus, die 4 Saiten sind eine Quinte tiefer gestimmt.

Bratschenschlüssel, Musik: →Schlüssel.

Bratsk. Stadt an der Angara, im Gebiet Irkutsk, Russland, 255 000 Ew.; Hafen am Bratsker Stausee (5 470 km²); Wasserkraftwerk (4 500 MW); Aluminiumhütte, Holzverarbeitung. – B. entstand 1955 nördlich des gleichnamigen Dorfes, das überflutet wurde.

Brattain [ˈbrætn], Walter Houser, amerikan. Physiker, * Amoy (heute Xiamen, China) 10. 2. 1902, † Seattle (Wash.) 13. 10. 1987; untersuchte mit J. Bardeen die physikal. Bedingungen des 1948 von ihnen entdeckten Transistoreffekts; hierfür erhielten beide zus. mit W. Shockley 1956 den Nobelpreis für Physik.

Braubach, Stadt im Rhein-Lahn-Kreis, Rheinl.-Pf., am rechten Rheinufer, 3 200 Ew.; ehem. Blei- und Silberhütte (heute Recyclinganlage); Weinbau und -handel; Fremdenverkehr. Über B. liegt die **Marksburg** (13.–18. Jh.), einzige unzerstörte Burg am Mittelrhein. – B. erhielt 1276 Stadtrecht.

Brauch, Volksbrauch, soziale Handlung mit Wiederholungscharakter, die unterschiedl. Handlungselemente enthält und als Bestandteil des Alltagslebens instrumentale und zeichenhafte Funktion besitzt; in der Soziologie nach M. Weber zu den »Regelmäßigkeiten im sozialen Handeln« gezählt.

Die konkreten Ausformungen von B. umfassen nicht nur die normierten kulturellen Verhaltensweisen des Lebens- (z. B. Geburt, Taufe, Hochzeit, Begräbnis) und Jahreslaufs (z. B. Fastnacht, Ostern, Pfingsten, Weihnachten, Silvester/Neujahr), sondern ebenso den Alltag des Einzelnen und der sozialen Gruppen (z. B. Ess- und Bekleidungsgewohnheiten, B. zur Aufnahme oder zum Abschluss bestimmter Arbeiten) sowie traditionelle Hilfs- und Heilverfahren (Beschwören, Segensprechen).

Die früher für die Gesamtheit der Sitten und Bräuche übl. Bez. **Brauchtum** wird von der Wiss. (v. a. Volkskunde, Histor. Anthropologie, moderne Kulturgesch.) nur noch einschränkend benutzt; im Sprachgebrauch ist damit auch die bewusste Traditions- und Brauchtumspflege gemeint. Zunächst war der Brauch Gegenstand volkskundl. Forschung, heute sucht die B.-Forschung mit konsequent histor. Methodik die Entwicklung von B.-Phänomenen in den Bindungen an Ort, Trägerschicht und kulturelle Umwelt sowie ihrem ständigen wirtschafts-, sozial- und geistesgeschichtl. Zusammenhang und Wandel zu erfassen. Über die brauchformenden gesellschaftl. Kräfte von Kirche und weltl. Herrschaft verschmolzen im mittelalterl. Europa kelt., german. und slaw. Formen und Vorstellungen mit christlich antikem Traditionsgut, sodass sich im Nachhinein nicht von »Überlebseln« (»survivals«) reden lässt, wie das die mytholog. Denkweise des 19. Jh. tat. – Verwandte, jedoch eigene Begriffe für B. sind Gewohnheit, →Ritus, →Sitte, →Tradition.

Brauchitsch, Walther von, Generalfeldmarschall (seit 1940), * Berlin 4. 10. 1881, † Hamburg (in brit. Haft) 18. 10. 1948; wurde am 4. 2. 1938 als Nachfolger von W. von Fritsch Oberbefehlshaber des Heeres. Im Zweiten Weltkrieg leitete er die Feldzüge gegen Polen, Frankreich, auf dem Balkan und in der UdSSR. Nach Differenzen mit Hitler nahm er im Dez. 1941 seinen Abschied.

Brauchwasser, →Betriebswasser.

Braudel [broˈdɛl], Fernand, frz. Historiker, * Luméville-en-Ornois (Dép. Meuse) 24. 8. 1902, † Saint-Gervais-les-Bains (Dép. Haute-Savoie) 27. 11. 1985; wurde 1949 Prof. am Collège de France (Paris); einer der führenden Vertreter der Historikergruppe um die seit 1956 von ihm geleitete Zeitschrift →Annales. – Werk: Sozialgesch. des 15.–18. Jh. (3 Bde., 1979).

Brauer, Arik, eigtl. Erich B., österr. Maler, Grafiker und Liedermacher, * Wien 4. 1. 1929; wird der Wiener Schule des phantast. Realismus zugerechnet. Seine Bilder und Farbradierungen zeigen sinnl. Visionen mit z. T. chassid. Motiven.

Brauerei, Gewerbebetrieb zur Herstellung von Bier. Mit einem Bierausstoß von (2003) rd. 105,3 Mio. hl gehört Dtl. zu den größten Produzenten innerhalb der EU. Die Struktur des B.-Gewerbes in Dtl. ist trotz Konzentrationsprozessen überwiegend mittelständisch (2003: 1 262 B.). Der Pro-Kopf-Verbrauch betrug (2003) 117,7 l. – Das Braurecht gehörte im MA. zu den Vorrechten der Grund- oder Landesherrschaft (früheste verbriefte Verleihung durch Kaiser Otto II. 974 an die Kirche zu Lüttich). Seit dem 13. Jh. ging das Braurecht größtenteils an die Städte über. Die älteste dt. Brauerordnung stammt aus Augsburg (1155). Die letzten Reste obrigkeitl. Braumonopole wurden durch das Biersteuer-Ges. von 1918 beseitigt.

Braun, 1) Harald, Filmregisseur, * Berlin 26. 4. 1901, † Xanten 24. 9. 1960; beteiligt am Aufbau der dt. Filmwirtschaft nach 1945; drehte u. a. »Nachtwache« (1949) und »Königliche Hoheit« (1953).

2) Karl Ferdinand, Physiker, * Fulda 6. 6. 1850, † New York 20. 4. 1918; erfand 1897 die →braunsche Röhre und führte 1898 den gekoppelten Sender mit geschlossenen Schwingkreis in die Funktechnik ein. Dafür erhielt er 1909 mit G. Marconi den Nobelpreis für Physik.

3) Lily, Schriftstellerin, * Halberstadt 2. 7. 1865, † Berlin 9. 8. 1916; war führend in der sozialist. Frauenbewegung. Ihre Autobiografie »Memoiren einer Sozialistin« (2 Bde., 1909–11) ist ein wichtiges Zeitzeugnis.

Walter Brattain

Karl Ferdinand Braun

Volker Braun

Braunellen: Heckenbraunelle

4) Ludwig Georg, Unternehmer, * Kassel 21. 9. 1943; seit 1972 Vorstandsmitgl. und seit 1991 Vorstandsvors. der B. Braun Melsungen AG (Melsungen); 1991–2001 Präs. der Industrie- und Handelskammer Kassel; seit 2001 Präs. des Dt. Industrie- und Handelskammertages.

5) Praun, Matthias Bernhard, böhm. Bildhauer, * Sautens bei Oetz (Tirol) 24. 2. 1684, † Prag 15. 2. 1738; neben F. M. Brokoff der bedeutendste Vertreter der Barockplastik in Böhmen; schuf u. a. Skulpturengruppen für die Karlsbrücke in Prag (hl. Luitgard, 1710; hl. Ivo, 1711).

6) Otto, Politiker (SPD), * Königsberg (Pr) 28. 1. 1872, † Locarno 15. 12. 1955; 1920–33 MdR; seit März 1920 wiederholt preuß. Min.-Präs.; im Juli 1932 durch Reichskanzler F. von Papen abgesetzt (→Preußen), ging 1933 ins Exil (Schweiz).

7) Volker, Schriftsteller, * Dresden 7. 5. 1939; Mitarbeiter beim Berliner Ensemble und beim Dt. Theater Berlin; an B. Brecht und W. W. Majakowski orientierter Lyriker (»Provokationen für mich«, 1965; »Wir und nicht sie«, 1970), Dramatiker (»Die Kipper«, UA 1972; »Tinka«, UA 1977; »Transit Europa«, 1987; »Die Übergangsgesellschaft«, 1987) und Prosaschriftsteller. In vielen Werken gestaltete er satirisch Widersprüche der Gesellschaft der DDR (so im »Hinze-Kunze-Roman«, 1985). Nach 1989 wandte er sich kritisch den Problemen im vereinten Dtl. zu (Erzählungen »Die vier Werkzeugmacher«, 1996; »Das Wirklichgewollte«, 2000). Erhielt 2000 den Georg-Büchner-Preis.

Weitere Werke: Prosa: Das ungezwungene Leben Kasts (1972); Verheerende Folgen mangelnden Anscheins innerbetriebl. Demokratie (1988); Bodenloser Satz (1990); Das unbesetzte Gebiet. Im schwarzen Berg (2004). – *Lyrik:* Training des aufrechten Gangs (1979); Langsam knirschender Morgen (1987); Tumulus (1999); Auf die schönen Possen (2006). – *Dramen:* Siegfried – Frauenprotokolle – Deutscher Furor (1987); Transit Europa. Nach Motiven von Anna Seghers (1987); Böhmen am Meer (1992).

8) Wernher Freiherr von, amerikan. (seit 1955) Physiker und Raketenkonstrukteur dt. Herkunft, * Wirsitz (heute Wyrzysk, Wwschaft Großpolen) 23. 3. 1912, † Alexandria (Va.) 16. 6. 1977; wurde 1937 techn. Direktor an der Heeresversuchsanstalt Peenemünde, wo er die Entwicklung der Fernrakete A-4 (später V 2) leitete; ging 1945 in die USA; 1959–72 leitender Mitarbeiter der NASA (seit 1970 Leiter der Planungsabteilung). B. hatte wesentl. Anteil am Start der künstl. Erdsatelliten, am Apollo-Programm und am Ausbau der Raumfahrt. Er entwickelte u. a. die Jupiter-C- und die Saturn-Raketen; schrieb u. a. »Bemannte Raumfahrt« (dt. 1969).

Braun|algen, Phaeophyceae, braune bis olivgrüne, meist fest sitzende, z. T. mehrere Meter hohe Meeresalgen (nur wenige Süßwasserformen); Rohstofflieferanten für Alginsäure, Jod, Mannit, Soda.

Braunau am Inn, Bez.-Hptst. in Oberösterreich, rechts des Inn, an der bayer. Grenze, 16 400 Ew.; Handelsakad. u. a. Lehranstalten; größte Aluminiumhütte Österreichs (im Ortsteil **Ranshofen**); Herstellung von Waagen, Schuhen und Bekleidung sowie Glas- und elektron. Ind. – Spätgot. Stadtpfarrkirche; zahlr. Bürgerhäuser mit Laubengängen. – Seit dem 13. Jh. bayer. Stadt, kam 1779 an Österreich, fiel 1810 an Bayern zurück, ist seit 1816 österreichisch.

Braune, Wilhelm Theodor, Germanist, * Großthiemig (bei Bad Liebenwerder) 20. 2. 1850, † Heidelberg 10. 11. 1926; Prof. in Leipzig, Gießen und Heidelberg; schrieb germanist. Standardwerke, »Althochdt. Lesebuch« (1875), »Got. Grammatik« (1880), »Althochdt. Grammatik« (1886), mit vielen überarbeiteten Auflagen bis zur Gegenwart.

Braun|eisen, Brauneisenerz, Limonit, wichtiges ockergelbes bis braunschwarzes Eisenerz, ein Eisenhydroxid, das von →Goethit und →Rubinglimmer aufgebaut wird. Varietäten: der nierige **Glaskopf** und das tonhaltige **Raseneisenerz, Sumpferz** sowie **Eisenocker** und **Bohnerz** in Erbsen- oder Bohnenform; alle dienen zur Eisengewinnung, Eisenocker auch zur Herstellung gelber und roter Farbstoffe.

Braunelle, Brunelle, Prunella, Lippenblütlergattung, die **Gemeine B.** (Prunella vulgaris) auf Wiesen, mit violetten, selten weißen Blüten und braunen Hochblättern.

Braunellen, Prunellidae, Singvogelgattung mit 12 Arten in Europa und Asien (außer in den Tropen). Einheimisch sind die in Größe und Färbung sperlingsähnl. **Hecken-B.** (Prunella modularis), die bes. jungen Fichtenbestand bewohnt, und die größere **Alpen-B.** (Prunella collaris) mit einer weißen, schwarzfleckigen Kehle.

Braun|erde, weit verbreiteter Bodentyp im feuchtgemäßigten Klima auf unterschiedl. Muttergesteinen; Färbung durch fein verteilte braune Eisenoxidhydrate. B. ist gut durchlüftet und weist einen günstigen Wasser- und Nährstoffhaushalt auf; entspricht dem Cambisol (Klassifizierung der FAO).

Braune Zwerge, Himmelskörper mit einer kleineren Masse, als zur Auslösung von Wasserstoffreaktionen in Sternen benötigt wird (etwa 0,08 Sonnenmassen), aber einer wesentlich größeren Masse als der von Planeten. Bei der von B. Z. ausgestrahlten Energie handelt es sich hauptsächlich um bei der Sternentstehung umgesetzte Gravitationsenergie. Ihre Existenz konnte sowohl in den Plejaden als auch in Sternentstehungsgebieten nachgewiesen werden.

Braunfäule, *Pflanzenkrankheiten:* 1) Schwarzadrigkeit des Kohls durch das Bakterium **Xanthomonas campestris,** bei der sich die Blattnerven schwarz verfärben und die Blätter absterben; 2) von Pilzen und Bakterien verursachte Pflanzenkrankheiten wie Kartoffelknollenfäule und Fruchtfäule des Obstes.

Braunfels, Stadt im Lahn-Dill-Kreis, Hessen, oberhalb der Lahn gelegener Erholungs- und Kurort, 11 200 Ew.; Kurkliniken; bedeutender Fremdenverkehr. – Gut erhaltenes Stadtbild mit vielen, v. a. barocken Fachwerkhäusern, Schloss der Fürsten von Solms-Braunfels mit Kunstsammlungen. – Erhielt im 17. Jh. Stadtrecht.

Braunfels, Stephan, Architekt, * Überlingen 1. 8. 1950; gründete 1978 in München ein Architekturbüro und trat durch zahlr. städtebaul. Projekte hervor; bed. Bauten: u. a. die Pinakothek der Moderne in München (2002 eröffnet) und die Bürokomplexe Paul-Löbe-Haus/Marie-Elisabeth-Lüders-Haus des Bundestages im Berliner Spreebogen (1997/98 – 2001/03).

Braunfisch, →Schweinswale.

Braunit *der,* schwarzes, metallisch glänzendes, tetragonales Mineral, $3Mn_2O_3 \cdot MnSiO_3$; wichtiges Manganerz.

Braunkehlchen, Singvogel, →Schmätzer.

Braunkohl, Speisekohl, →Blätterkohl.

Braunkohle, überwiegend im Tertiär entstandene gelb- bis schwarzbraune Kohle mit niedrigem Inkohlungsgrad. **Weich-B.,** die aus einer Grundmasse von Humussäuren mit Resten von Holz (Xylit) besteht, hat einen Wassergehalt von 45–60%, in wasser- und aschefreiem Zustand einen Kohlenstoffgehalt von 65–70%. **Hart-B.** ist ohne sichtbare holzige Einschlüsse und hat einen Wassergehalt von 10–30%. In wasser- und aschefreiem Zustand weist sie einen Kohlenstoffgehalt von 70–75% auf. B. lagert oberflächennah und wird im →Tagebau gewonnen. Bedeutung hat die B. als Brennstoff in der Elektrizitäts- und Fernwärmeerzeugung, sie ist zu über 40% an der Primärenergiegewinnung in Dtl. beteiligt und somit wichtigster heim. Energieträger. Die Verwendung als Hausbrand ist stark zurückgegangen, auch als chem. Rohstoff spielt sie kaum noch eine Rolle. In Dtl. wurden 2003 rd. 180 Mio. t B. gefördert, davon 98 Mio. t im Revier Rheinland, 58 Mio. t im Revier Lausitz, 22,0 Mio. t im Revier Mitteldl. und 2 Mio. t im Revier Helmstedt. Wegen des hohen Landschaftsverbrauchs, der Umweltveränderungen (v. a. im Wasserhaushalt), der sozialen Folgen beim B.-Tagebau (durch Umsiedlungsmaßnahmen) sowie des hohen Schadstoffgehalts der Abgase ist der weitere Abbau von B. umstritten.

Braunschweig 2): Burg Dankwarderode (1173–95, 1887 restauriert und rekonstruiert)

Braunlage, Stadt im Landkreis Goslar, Ndsachs., heilklimat. Kurort und Wintersportort im Oberharz, 560 m ü. M., 5 100 Ew.; Holzindustrie. – Ehem. Bergbauort, seit 1934 Stadt.

Bräunlingen, Stadt im Schwarzwald-Baar-Kreis, Bad.-Württ., 693 m ü. M. an der Breg, 6 200 Ew.; Herstellung von Lacken, Garnen, Fensterbau, Maschinen- und Gerätebau, Kartonagenfabrik, Sägewerke, Brauerei. – Gotisierte, im Kern roman. Gottesackerkapelle St. Remigius mit spätgot. Hochaltar; Reste der Stadtbefestigung. – 802 erstmals genannt, wurde B. 1305 (urkundl. Ersterwähnung als Stadt) habsburgisch; 1806 fiel B. endgültig an Baden.

Braunsberg, dt. Name der poln. Stadt →Braniewo.

braunsche Röhre, die von K. F. Braun 1897 entwickelte →Elektronenstrahlröhre mit Leuchtschirm sowie magnet. und elektrostat. Strahlablenkung, deren Weiterentwicklungen heute wesentl. Bestandteil von Oszilloskopen und Fernsehempfängern (als mehr oder weniger großformatige Bildröhre) sind.

Braunschliff, ein →Holzschliff.

Braunschweig, 1) ehemaliger Reg.-Bez. in Ndsachs., 8 099 km², 1,66 Mio. Ew.; umfasste die kreisfreien Städte B., Salzgitter, Wolfsburg und die Landkreise Gifhorn, Goslar, Göttingen, Helmstedt, Northeim, Osterode am Harz, Peine und Wolfenbüttel; aufgelöst zum 1. 1. 2005.

2) kreisfreie Stadt in Ndsachs., an der Oker, 245 100 Ew.; TU, Staatl. Hochschule für Bildende Künste, FH B./Wolfenbüttel, Physikal.-Techn. Bundesanstalt, Luftfahrt-Bundesamt, Biolog. Bundesanstalt für Land- und Forstwirtschaft, Dt. Zentrum für Luft- und Raumfahrt, Fraunhofer-Inst. für Holzforschung, Georg-Eckert-Inst. für internat. Schulbuchforschung, zahlr. Fachschulen und wirtschaftsorientierte Forschungsinstitute, OLG, Sozialgericht, mehrere Museen und Theater, botan. Garten; Anlagen-, Fahrzeug- und Maschinenbau, chem., elektrotechn., elektron., feinmechan., opt., Nahrungsmittelind.; ferner Herstellung von Fotogeräten, Klavieren, Verpackungen; Verlage; Brauereien. B. ist Kreuzungspunkt versch. Verkehrslinien (Autobahnen, Eisenbahnstrecke Hannover–Berlin, Mittellandkanal) mit Hafen und Regionalflughafen. – 1944 vernichteten Luftangriffe 90% der Altstadt. Zu den bedeutenden Baudenkmalen gehören das Residenzschloss (1831–38; 1944 schwer beschädigt und 1960 abgerissen, 2007 mit histor. Resten neu errichtet), Sankt Blasius (heute ev. Dom), von Heinrich dem Löwen 1173–95 neu errichtet (u. a. mit Welfengruft); Sankt Ägidien (1278 ff.); Sankt Martini (um 1200 begonnen, um 1275 ff. zur frühgot. Hallenkirche umgestaltet); Burg Dankwarderode (1173–95, 1887 restauriert und rekonstruiert), der Löwe auf dem Burghof wurde 1166 von Heinrich dem Löwen zum Zeichen seiner Hoheit und Gerichtsbarkeit errichtet (Original heute in der Burg, Braunschweig. Landesmuseum); Altstadtmarkt mit Altstadtrathaus (13.–15. Jh.); Gewandhaus (bereits 1303 gen., Renaissancefassade von 1589); Alter Bahnhof (1843/44); »Happy RIZZI House« von J. Rizzi (1999–2001). – B., 1031 zuerst erwähnt, ist aus zwei Kaufmannssiedlungen und der Burg Dankwarderode (Residenz Heinrichs des Löwen) hervorgegangen; Stadtrecht 1227 bestätigt; Ende des 13. Jh. Beitritt zur Hanse; Einführung der Reformation 1528; 1753–1918 Hptst. von B.-Wolfenbüttel; bis 1974 Kreisstadt.

3) Bez. für ehem. Territorien und Häuser der Welfen sowie eines ehem. dt. Herzogtums und Landes des Dt. Reiches, in mehrere Teile zersplittert im Harz und Harzvorland, Hptst.: Braunschweig.

Geschichte: Als Herzog Heinrich der Löwe 1180 Sachsen und Bayern verlor, blieb den Welfen nur ihr Eigenbesitz zw. Weser und Elbe, den 1235 Otto I., das Kind, als **Herzogtum B.-Lüneburg** erhielt. Durch die Teilungen von 1267, 1285/86, 1428 und 1495 entstanden die Fürstentümer Lüneburg, Calenberg, Göttingen, Grubenhagen und Wolfenbüttel; aus Letzterem ist das **Herzogtum B.**, aus den Übrigen das Land →Hannover hervorgegangen. In Wolfenbüttel führte Herzog Julius (1568–89) die Reformation ein, 1576 gründete er die Univ. Helmstedt. 1634 gelangte die Linie B.-Lüneburg-Dannenberg an die Reg.; 1735 folgte die Nebenlinie B.-Bevern. Der Reg.-Sitz wurde 1753 von Wolfenbüttel nach der Stadt B. verlegt. 1807–13 war B. mit dem Königreich Westfalen vereinigt. B. trat 1842 dem Dt. Zollverein und 1866 dem Norddt. Bund bei. Nachdem 1884 die braunschweig. Linie ausgestorben war, übernahm Preußen (1885–1906), dann

Braunschweig 2) Stadtwappen

Mecklenburg (1907–13) die Regentschaft. 1913–18 regierte Herzog Ernst August, nach seiner Abdankung und einer kurzlebigen Räterepublik (April 1919 niedergeworfen) wurde B. als **Freistaat** auf der Basis der Verf. vom 6. 1. 1922 abwechselnd von sozialdemokrat. und bürgerl. Regierungen regiert; 1933–45 stand es mit Anhalt unter einem NS-Reichsstatthalter. 1941 wurden Gebietsteile mit der preuß. Provinz Hannover ausgetauscht (Holzminden-Goslar). Am 1. 11. 1946 kam der größte Teil von B. zum Bundesland Niedersachsen.

Braunstein, Bez. für eine Gruppe von Manganoxiden und -hydroxiden vorwiegend sedimentärer Entstehung, z. B. →Manganit und →Pyrolusit.

Braunwurz, Scrophularia, Rachenblütlergattung; Hauptverbreitung im Mittelmeerraum; die **Knotige B.** (Scrophularia nodosa) wächst in feuchten Wäldern, an Graben- und Bachrändern.

Braut, Verlobte, Frau zw. Verlobung und Trauung bzw. am Tag ihrer Hochzeit. Das **B.-Kleid** entsprach früher häufig der Fest- und Kirchgangskleidung; seit dem 16. Jh. häufig schwarz, seit dem 19. Jh. weiß, gehörte es zur erbrechtl. Ausstattung.

Brautgeschenke, Geschenke unter Verlobten; sie können, wenn die Ehe nicht zustande kommt, grundsätzlich zurückgefordert werden (§ 1301 BGB).

Bräutigam, Verlobter, Mann am Tag der Hochzeit.

Brautigan [ˈbrɔːtɪɡən], Richard Gary, amerikan. Schriftsteller, *Tacoma (Wash.) 30. 1. 1935, † (Selbsttötung) Bolinas (bei San Rafael, Calif.) Sept. 1984 (am 25. 10. aufgefunden); Kultautor der Hippiebewegung; wurde als »Bindeglied« zw. der Beatbewegung der 1950er-Jahre und der Jugendrevolte der 1960er-Jahre angesehen; schrieb Lyrik und Romane (u. a. »Forellenfischen in Amerika«, 1967; »In Wassermelonen Zucker«, 1970; »Die Abtreibung«, 1971; »Der Tokio-Montana-Express«, 1980).

Braut in Haaren, Zierpflanze, →Schwarzkümmel.

Brautkauf, bei manchen Völkern übl. Sitte, an die Verwandtschaft der Braut Werte zu übergeben, nicht im Sinne eines Kaufpreises, sondern als Ersatz für die Arbeitskraft, als Erwerb eines Anspruchs auf die zukünftigen Kinder, als Pfand für die gute Behandlung der Frau oder (in polygynen Gesellschaften) zur Regulierung der Nachfrage nach Frauen. Der Preis kann durch Dienstleistungen abgegolten oder herabgesetzt werden.

Brautraub, →Frauenraub.

Brauweiler, Ortsteil von →Pulheim.

Bravais [braˈvɛ], Auguste, frz. Naturforscher, *Annonay (Dép. Ardèche) 23. 8. 1811, †Versailles 30. 3. 1863; zuerst Seeoffizier, 1841–45 Prof. in Lyon, danach an der École polytechnique in Paris; grundlegende Beiträge zur Kristallografie, bes. zur Zuordnung der geometrisch mögl. Raumgitter zu den in der Natur vorkommenden Kristallstrukturen; fand 1848 die **Bravais-Gitter** (→Kristallgitter).

Bravo, auflagenstärkste dt. Jugendzeitschrift (Auflage 2006, 3. Quartal: 522 000), gegr. 1956; erscheint im Heinrich Bauer Verlag, der seit 1988 auch »Bravo Girl« (214 000), seit 1994 »Bravo Sport« (228 000) und seit 1998 »Bravo ScreenFun« (81 000) herausgibt.

Bravour [braˈvuːr, frz.] *die,* Tapferkeit; Meisterschaft, Geschicklichkeit.

Braxton [ˈbrækstən], Anthony, amerikan. Jazzmusiker (Saxofonist, Klarinettist und Komponist), *Chi-

Brazzaville
Stadtwappen

cago (Ill.) 6. 4. 1945; verbindet in seinen Kompositionen Formen und Ausdruck des modernen Jazz mit den komplexen Strukturen neuer Musik; profilierter Vertreter des Free Jazz.

Bray [brɛ], Landschaft zw. Picardie und Normandie; bed. Viehzuchtgebiet.

Brazauskas [-z-], Algirdas Mykolas, litauischer Politiker, *Rokiškis (NO-Litauen) 22. 9. 1932; Bauingenieur und Volkswirtschaftler; wurde 1988 Erster Sekr. der litauischen KP, die er im Dez. 1989 als eigenständige Partei aus der KPdSU herauslöste, danach zur sozialdemokratisch orientierten »Litauischen Demokrat. Arbeiterpartei« (LDPA; Umbenennung 1990) reformierte. Nach dem Wahlsieg (1992) der LDPA Parlaments-, 1993–98 Staatspräs. Im Jan. 2001 wurde B. Vors. der neuen »Sozialdemokrat. Partei Litauens«, 2001–06 war er Min.-Präs. von Mitte-links-Koalitionen.

Brazzaville [brazaˈvil], Hptst. der Rep. Kongo, am rechten Ufer des seenartig zum Stanley Pool erweiterten Kongo, 1,17 Mio. Ew.; kath. Erzbischofssitz, Univ. (gegr. 1972); Zentrum für moderne afrikan. Kunst, Pasteur-Inst.; Textil-, Metall- und Nahrungsmittelindustrie. B. ist Ausgangspunkt der Binnenschifffahrt auf dem Kongo; bed. Hafen, bes. für trop. Hölzer; Eisenbahnanschluss nach Pointe-Noire; internat. Flughafen. – 1880 von dem frz. Afrikaforscher Pierre Graf Savorgnan de Brazza (*1852, †1905) gegr.; war bis 1958 Hptst. von Französisch-Äquatorialafrika.

Brčko [ˈbrtʃkɔ], Stadt in Bosnien und Herzegowina, im nordöstl. Bosnien am Südufer der Save, seit 2000 multiethn. Bezirk, 41 300 Ew. (überwiegend Serben); Nahrungsmittel-, Leicht-, Baustoffindustrie. – Im Mai 1992 von serb. Milizen erobert, kam es – nach Ermordung und Vertreibung der nicht serb. Bev. – zur Ansiedlung serb. Flüchtlinge. Bis 1995 war B. wegen des **B.-Korridors,** der Verbindung von Serbien zu den serbisch besetzten Gebieten in O- und W-Bosnien sowie Kroatien, heftig umkämpft. Im Abkommen von Dayton (21. 11. 1995) wurden B. und der B.-Korridor ausgeklammert; ein internat. Schiedsspruch (März 1999) bestimmte B. zur neutralen Zone.

BRD, nicht amtliche Abk. für **B**undes**r**epublik **D**eutschland.

Brda, poln. Name für den Fluss →Brahe.

Brdywald [ˈbrdi-], von SW nach NO verlaufender Gebirgszug in Böhmen, Tschech. Rep., südlich der Beraun, bis 862 m ü. M.; Uranerzbergbau.

Break [breɪk; engl. »Unterbrechung«] *der* oder *das,* **1)** *Musik:* im Jazz und in der Rockmusik Bez. für die Einlage eines Solisten, während das Ensemble pausiert.

2) *Sport:* 1) Boxen: das Trennkommando beim →Clinch; 2) Eishockey, Basketball: schneller Gegenangriff; 3) Tennis: Gewinn eines Spieles gegen den Aufschlagenden. Ein unmittelbar nach Verlust des eigenen Aufschlagspiels dem Gegner abgenommenes Aufschlagspiel ist der **Rebreak.**

Breakdance [ˈbreɪkdɑːns, engl.] *der,* in der 2. Hälfte der 1970er-Jahre in den New Yorker Armenvierteln unter den farbigen Jugendlichen entstandener Straßentanz; vermischt roboterhafte rhythm. Bewegungen mit akrobat. Sprüngen, Pirouetten auf Schultern, Kopf oder Rücken; getanzt zu Funkmusic (→Funk).

Break-even-Analyse [ˈbreɪkˈiːvən-, engl.], *Betriebswirtschaftslehre:* Verfahren zur Bestimmung der Gewinnschwelle (**Break-even-Point,** Nutzschwelle, toter Punkt) von Produkten. Der Break-even-Point B ist der Schnittpunkt von Gesamterlös- und Gesamtkostenkurve, d. h., fixe und variable Kosten werden bei einem Gewinn von null gerade durch die Erlöse (Umsatz) gedeckt. Unterhalb von B befindet sich die Verlust-, oberhalb die Gewinnzone.

Breasted ['brɛstəd], James Henry, amerikan. Historiker und Orientalist, * Rockford (Ill.) 27. 8. 1865, † New York 2. 12. 1935; leitete seit 1919 die Ausgrabungen in Luxor und Megiddo.

Breccie ['brɛtʃə; ital.] die, Geologie: →Brekzie.

Brechbohnen, die rundhülsigen, fleischigen Hülsenfrüchte einer Buschbohne (Phaseolus vulgaris nanus), die im reifen Zustand leicht durchzubrechen sind (da fadenfrei).

Brechbühl, Beat, schweizer. Schriftsteller, * Oppligen (Kt. Bern) 28. 7. 1939. Sein vielseitiges, auch formal vielgestaltiges Werk trägt zeitkrit., satir. und skurrile Züge; es zeigt häufig Verbindungen zur bildenden Kunst. – Werke: Romane: Kneuss (1970); Liebes Ungeheuer Sara (1991); Fußreise mit Adolf Dietrich (1999). – Lyrik: Traumhämmer (1977); vom absägen der berge (2001).

Brechdurchfall, gleichzeitiges Auftreten von Erbrechen und Durchfall infolge akuter Entzündung der Magen-Darm-Schleimhaut (→Darmentzündung, →Magenschleimhautentzündung); Ursachen sind Nahrungsmittelvergiftungen (v. a. im Sommer) durch Salmonellen, Kolibakterien, seltener durch Staphylokokken oder Viren. – Behandlung: Bettruhe, zunächst Fasten (bei schwerer Form zusätzlich Gabe einer Salz-Traubenzucker-Lösung gegen den Elektrolytverlust), dann Tee mit Zwieback, Haferschleim, Rohapfeldiät, Breikost; Antibiotikatherapie je nach Ursache. Über Brechdurchfall des Säuglings →Durchfall.

Brecher, 1) Meereskunde: hohe, sich überstürzende (sich brechende) Welle, die bes. an flachen Küsten bei landeinwärts gerichtetem Wind entsteht. B. treten beim Einlaufen der Wellen in flacheres Wasser auf.
2) Technik: vorwiegend im Bergbau eingesetzte Maschine zum Zerkleinern von Gesteinen, Erzen, Kohlen durch Druck oder Schlag. Bauarten: Backen-, Kegel-, Walzen-, Hammerbrecher.

Brechkraft, Optik: der →Brechwert.

Brechmittel, Emetika, Mittel, die durch Erregung des »Brechzentrums« im verlängerten Rückenmark Erbrechen hervorrufen, z. B. Apomorphin.

Brechna, Breschna, Breshna, Abdul Ghafur (Abdulhafur), afghan. Maler, Schriftsteller, Dramaturg, Komponist, * Kabul 10. 4. 1907, † 4. 1. 1974; gehört u. a. mit Stadtlandschaften, Genrebildern, Porträts und polit. Karikaturen zu den bedeutendsten Künstlern seines Landes.

Brechnussbaum, Strychnos nux-vomica, Art der Logangewächse v. a. aus Südasien; die beerenartigen orangeroten Früchte enthalten die stark giftigen **Brechnüsse,** die u. a. zur Herstellung homöopath. Arzneimittel verwendet werden.

Brechreiz, vom Brechzentrum gesteuerter Reflexvorgang, der in der Vorstufe als mit Übelkeit, Ekel, Speichelfluss und Würgen im Hals verbundene Missempfindung auftritt und zu Erbrechen führen kann. Das **Brechzentrum** besteht aus Nervenstrukturen im verlängerten Rückenmark (Medulla oblongata), in denen Nervenerregungen aus Schlund, Magen und Gleichgewichtsorgan zusammentreffen und Erbrechen auslösen.

Brecht, 1) Arnold, amerikan. Staatswissenschaftler dt. Herkunft, * Lübeck 26. 1. 1884, † Eutin 11. 9. 1977; Beamter im Dienst des Dt. Reichs und Preußens, als Gegner des Nationalsozialismus aus dem Staatsdienst entlassen; emigrierte 1933 in die USA, war dort bis 1954 als Prof. tätig. Nach dem Zweiten Weltkrieg Berater bei der Schaffung des GG der Bundesrep. Deutschland. – B. formulierte 1932 das später nach ihm benannte »**brechtsche Gesetz** der progressiven Parallelität zw. Ausgaben und Bev.-Massierung«, dem zufolge die öffentl. Ausgaben je Einwohner mit zunehmender Bev.-Dichte und Verstädterung wachsen; es bildet heute die gedankl. Grundlage für die Bemessung der Schlüsselzuweisungen im horizontalen Finanzausgleich.

2) Bert(olt), eigtl. Eugen Berthold Friedrich B., Schriftsteller und Regisseur, * Augsburg 10. 2. 1898, † Berlin (Ost) 14. 8. 1956; studierte 1917–21 in München Philosophie und Medizin (ohne Abschluss), arbeitete 1924–26 an M. Reinhardts Dt. Theater in Berlin, war dann freier Schriftsteller; war ab 1928 ⚭ mit Helene Weigel. B., erbitterter Kriegsgegner, unterstützte die Kommunisten, trat aber nicht der KPD bei; emigrierte 1933 (Dänemark, ab 1941 USA), kehrte 1947 nach Europa, 1949 nach Berlin (Ost) zurück, wo er im selben Jahr mit Helene Weigel das →Berliner Ensemble gründete. Sein Verhältnis zur Staatsmacht der DDR war widersprüchlich. In der Bundesrep. Dtl. und in Österreich war B. bis in die 1970er-Jahre als marxist. Autor umstritten.

Bertolt Brecht

Dramatik: B. begann mit expressionistisch-anarchist. Dramen (»Baal«, 1918/19; »Trommeln in der Nacht«, UA 1922; »Im Dickicht der Städte«, 1923), hatte dann großen Erfolg mit der desillusionist., die bürgerl. Konventionen verspottenden »Dreigroschenoper« (1928, nach J. Gays »The Beggar's Opera«, Musik von K. Weill) und seiner an F. Villon und den Bänkelsang anknüpfenden Lyrik (»Hauspostille«, 1927).

Seine gleichzeitig mit der Oper »Aufstieg und Fall der Stadt Mahagonny« (1929; Musik von Weill) entwickelte Theorie des →epischen Theaters sollte krit. Bewusstsein wecken und zu gesellschaftl. Veränderungen führen. Ein Schlüsselbegriff von B.s Theater ist in diesem Zusammenhang das Prinzip der Verfremdung (»V-Effekt«), das Einfühlung und Illusion unmöglich machen, jedoch krit. Bewusstsein wecken sollte. – Unter dem Einfluss des Marxismus kam er zur strengen Disziplin der »Lehrstücke« (»Die Maßnahme«, 1930; »Die hl. Johanna der Schlachthöfe«, 1930; »Die Mutter«, nach M. Gorki, 1932).

In B.s späteren Werken (auch in seiner Theorie) trat das Lehrhafte etwas zurück und gewann das ästhet.

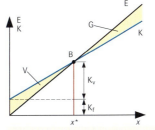 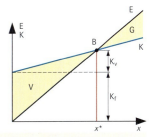

Break-even-Analyse: Break-even-Points bei unterschiedlicher Kostenstruktur; E Gesamterlöskurve, K Gesamtkostenkurve, K_f fixe Gesamtkosten, K_v variable Gesamtkosten, B Break-even-Point, V Verlustbereich, G Gewinnbereich, x Ausbringungsmenge, x^* kritische Ausbringungsmenge

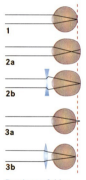

Brechungsfehler des Auges:
1 Normalsichtigkeit;
2a Kurzsichtigkeit;
2b Ausgleich durch Brille;
3a Übersichtigkeit;
3b Ausgleich durch Brille

Element wieder neue Bedeutung, so auch in den im Exil entstandenen Hauptwerken »Leben des Galilei« (1938/39), »Mutter Courage und ihre Kinder« (Antikriegsstück, 1939), »Herr Puntila und sein Knecht Matti« (1940), »Der gute Mensch von Sezuan« (1942), »Der kaukasische Kreidekreis« (1945).

Lyrik: B.s Lyrik behauptet einen künstlerisch gleichwertigen Rang neben den Dramen. Auch hier spielen neben der sozialen Kritik Motive wie das Mitleid mit dem Menschen eine Rolle. Er verfasste derbe, fast improvisierte Balladen, Kampflieder für die proletar. Einheitsfront, zarte Liebesgedichte und philosoph. Monologe, Reimsprüche und böse Satiren.

B. schrieb ferner zahlr. Essays und Aufsätze zum Theater (»Kleines Organon für das Theater«, 1948) sowie Prosa (»Geschichten vom Herrn Keuner«, entstanden 1930–56, hg. 1958; »Dreigroschenroman«, 1934; Fragment »Die Geschäfte des Herrn Julius Caesar«, 1949; »Kalendergeschichten«, 1949).

In B.s Spätzeit überwog die prakt. Theaterarbeit, u. a. Modellinszenierungen und Bearbeitungen von Dramen. Mit dem Berliner Ensemble schuf er sich eine Experimentierbühne; seine Inszenierungen erlangten Weltruhm. Für das moderne Theater liefert er immer wieder Denkanstöße; die Konzentration auf das Wesentliche ist noch immer beispielhaft, auch wenn sich die ideolog. Grundlage als Illusion erwiesen hat.

brechtsches Gesetz, → Brecht, Arnold.

Brechung, 1) *Physik:* **Refraktion,** allg. jede Änderung der Ausbreitungsrichtung von Wellen beim Übergang aus einem Medium 1 in ein Medium 2, in denen sie versch. Ausbreitungsgeschwindigkeiten c_1 und c_2 haben. Die B. ist eines der zentralen Phänomene der Optik. Der Winkel zw. einfallendem Strahl (Wellennormale) und Einfallslot heißt **Einfallswinkel** α_1, der Winkel zw. gebrochenem Strahl und Einfallslot B.-**Winkel** α_2. Einfallender Strahl, Einfallslot und gebrochener Strahl liegen in einer Ebene (Einfallsebene). An der Grenzfläche zw. isotropen Stoffen gilt das **snelliussche B.-Gesetz:** $\sin\alpha_1 / \sin\alpha_2 = c_1/c_2 = n_2/n_1$. Beim Übergang von einem optisch dünneren Medium (Medium mit niedrigerer **Brechzahl** n) in ein optisch dichteres ($n_1 < n_2$, z. B. $n_\text{Luft} < n_\text{Glas}$) tritt eine B. zum Einfallslot hin auf. In anisotropen Stoffen findet man → Doppelbrechung. → Wellen unterschiedl. Wellenlänge werden versch. stark gebrochen (→ Dispersion). Die B. ist nicht nur ein grundlegendes Phänomen der Optik, sondern auch an allen anderen elektromagnet. Wellen sowie an Schall- und Materiewellen zu beobachten.

2) *Sprachwissenschaft:* in german. Sprachen ein Lautwandel von Vokalen vor bestimmten Konsonanten, z. B. werden im Gotischen i und u vor r, h oder hv zu aí [ɛ] und aú [ɔ], zum Beispiel gotisch »waírpan« (»werfen«) gegenüber hilpan (»helfen«).

Brechungsfehler des Auges, Refraktionsanomalie, meist mit opt. Hilfsmitteln (→ Brille) korrigierbarer Augenfehler, der zu **Fehlsichtigkeit** (Ametropie) führt, hervorgerufen durch fehlerhaften Bau, Veränderungen oder Schädigungen der brechenden Medien des Auges (Hornhaut, vordere Augenkammer, Linse) bei normaler Augenachse (-länge). Hauptformen sind brechungsbedingte → Kurzsichtigkeit und → Übersichtigkeit sowie → Astigmatismus und → Alterssichtigkeit.

Brechweinstein, Antimonpräparat, heute als Beizmittel in Textil- und Lederind. verwendet.

Brechwert, Brechkraft, Formelzeichen D, SI-Einheit: m^{-1}, weitere gesetzl. Einheit: die Dioptrie (dpt). Maß zur Angabe der strahlenbrechenden Wirkung opt. Systeme. Der B. wird durch den Kehrwert der auf Luft (Brechzahl $n = 1$) bezogenen Brennweite f angegeben: $D = 1/f$. Bei Sammellinsen ist er positiv, bei Zerstreuungslinsen negativ.

Brechwurzel, Ipekakuanha-Wurzel, die Wurzel des brasilian. Rötegewächses Cephaelis ipecacuanha, enthält die Alkaloide Emetin und Cephaelin und wird medizinisch zur Schleimlösung verwendet, in hoher Dosierung Brechreiz fördernd.

Brechzahl, früher **Brechungsindex, Brechungskoeffizient,** Materialkonstante für die Ausbreitung des Lichts u. a. elektromagnet. Wellen in einem Medium (→ Brechung). Die **absolute B.** ist das Verhältnis der Lichtgeschwindigkeit im Vakuum zu der im Medium: $n = c_0 / c$.

Brechzahl: Brechzahlen verschiedener Stoffe für gelbes Natriumlicht (Wellenlänge λ = 589 nm)

Stoff	Brechzahl
Wasser (bei 0 °C und 10^5 Pa = 1 bar)	1,33346
Schwefelkohlenstoff	1,6277
Kronglas (leicht)	1,5153
Flintglas (leicht)	1,575
Kalkspat, ordentlicher Strahl	1,658
Kalkspat, außerordentlicher Strahl	1,486
Diamant	2,4173
Luft (bei 0 °C und $1,013 \cdot 10^5$ Pa)	1,000292

Břeclav [ˈbrʒɛtslaf], dt. **Lundenburg,** Stadt in Südmähren, Tschech. Rep., an der Thaya (Dyje), 26 000 Ew.; chem. und keram. Ind., Maschinenbau; Bahnknoten; Renaissanceschloss. – Seit 1873 Stadt.

Breda, Stadt in der Prov. Nordbrabant, Niederlande, an der Mark und der Aa, 157 100 Ew.; Flusshafen; kath. Bischofssitz; Militärakademie, Völkerkundemuseum, Nahrungsmittel-, elektrotechn., Textilind., Maschinenbau; – Liebfrauenkirche (13. Jh.; Brabanter Gotik); Rathaus (1766–68, später erweitert), Schloss (15.–17. Jh.). – B. entstand im 12. Jh. (1252 Stadtrecht), kam 1404 an das Haus Nassau. 1590 wurde B. durch Moritz von Oranien, 1625 von den Spaniern (Gemälde von Velázquez), 1637 wieder von den Oraniern erobert. – Im **Frieden von B.** 1667 überließen die Niederländer ihre nordamerikan. Besitzungen am Hudson, u. a. Nieuw Amsterdam (New York), den Engländern.

Bredel, Willi, Schriftsteller, * Hamburg 2. 5. 1901, † Berlin (Ost) 27. 10. 1964; schilderte in seinen Werken das Arbeiterleben und die revolutionären Bewegungen; Romantrilogie »Verwandte und Bekannte«: »Die Väter« (1943), »Die Söhne« (1949), »Die Enkel« (1953).

Bredow [-do], Hans, Ingenieur, * Schlawe in Pommern (heute Sławno, Wwschaft Westpommern) 26. 11. 1879, † Wiesbaden 9. 1. 1959; baute 1908 den dt. Schiffs- und Überseefunkdienst auf, errichtete ab 1919 ein Reichsfunknetz; seit 1921 der Organisator und »Vater des dt. Rundfunks«; erhielt 1933 Tätig-

Brechung 1) an einer Grenzfläche G zwischen zwei Medien, für deren Brechzahlen $n_2 > n_1$ gilt; L_1, L_2 Einfallslot; A_1 einfallender, A_2 gebrochener Strahl, α_1 Einfallswinkel, α_2 Brechungswinkel, δ Abweichung von der geradlinigen Ausbreitung

Bregenz: Blick vom Pfänder auf die Stadt und den Bodensee

keitsverbot. Nach 1945 war B. in der Industrie und beim Wiederaufbau des Rundfunks tätig.

Breeches ['britʃɪz, engl.] *Pl.*, an den Oberschenkeln weite, von den Knien abwärts eng gearbeitete Reit- und Sporthose.

Breg *die*, rechter Quellfluss der Donau.

Bregaglia, Val [-'gaʎa], ital. Name des → Bergell.

Bregenz, Hptst. des österr. Bundeslandes Vorarlberg, am O-Ufer des Bodensees, 431 m ü. M., am Fuß des bewaldeten Pfänders (1 064 m ü. M., Seilbahn; 6,7 km langer Tunnel der Rheintalautobahn); 27 200 Ew.; Bundesdenkmalamt, Handelsakad., Theater im ehem. Kornmarkthaus, Festspielhaus mit Kongresszentrum, Seebühne im Bodensee (**Bregenzer Festspiele**), Kunsthaus (von P. Zumthor, 1990–97); Fremdenverkehr; Textil-, elektrotechn., Nahrungsmittel-, chem., Maschinen- und Metallwarenind., Glasverarbeitung. – Über der Neustadt (Hafen, Industriegelände, Grünanlagen) erhebt sich die Oberstadt mit Pfarrkirche (1380 und 1480 auf roman. Vorgängerbau, 1737 barock umgebaut), Martinsturm (1601 aufgestockt, Museum) und Martinskapelle (um 1362, Fresken aus dem 14./15. Jh.), Rest der ehem. Stadtburg. – B., in keltisch-röm. Zeit **Brigantium** (zerstört um 260), war Besitz der Grafen von B., dann der von Montfort; 1451 und 1523 wurde B. durch Kauf habsburgisch; seit 1726 Hauptsitz der österr. Verw. in Vorarlberg, seit 1919 Landeshauptstadt.

Bregenzerwald, Bregenzer Wald, Teil der Voralpen im nördl. Vorarlberg, Österreich, reicht im NO bis ins Allgäu, von der Bregenzer Ache zum Bodensee entwässert. Höchste Gipfel sind Rote Wand (2 704 m ü. M.) und Braunarlspitze (2 649 m ü. M.); hat v. a. Milchviehzucht und Fremdenverkehr; wichtigste Orte: Egg, Hittisau, Bezau, Mellau und Reuthe.

Brehm, Alfred Edmund, Zoologe, * Renthendorf (Saale-Holzland-Kreis) 2. 2. 1829, † ebd. 11. 11. 1884; bereiste Afrika, Spanien, Skandinavien und Sibirien; 1863–66 Direktor des zoolog. Gartens in Hamburg, gründete das Berliner Aquarium, das er bis 1874 leitete. B. schrieb Reisebücher und das Werk »Tierleben« (6 Bde., 1864–69).

Brehmer, KP (Klaus Peter), Künstler, * Berlin 12. 9. 1938, † Hamburg 16. 12. 1997; lehrte seit 1971 an der Hochschule für bildende Künste in Hamburg; entwickelte Visualisierungskonzepte für polit. Zustände unter Einbeziehung von Schautafeln, statist. Tabellen und Diagrammen.

Breiapfel, Chiku, Manilkara zapota, im trop. Amerika beheimatetes Sapotegewächs mit 5–8 cm großen essbaren Beerenfrüchten; die Fruchtschale ist braun, das Fruchtfleisch gelblich bis braunrot, weich und sehr süß, es wird roh verzehrt.

Breisach am Rhein, Stadt im Landkreis Breisgau-Hochschwarzwald, Bad.-Württ., auf Ausläufern des Kaiserstuhls an einem (früher wichtigen) Rheinübergang, 14 300 Ew.; Weinbau, Bad. Winzerkeller, Sektkellerei, Baustoffind., Tapetenfabrik. – Im Stephansmünster (um 1200 bis 15. Jh.) Reste der Wandmalerei des Jüngsten Gerichts von M. Schongauer (1488–91), spätgot. Schnitzaltar des →Meisters H. L. und Lettner (1496). – B. am R. war eine keltisch-röm. Festung (**Mons Brisiacus**). Ab 1275 Reichsstadt; die wichtige Festung wurde mehrmals belagert; 1648–97 und 1703–14 in frz. Hand. 1805 kam die Stadt an Baden; schwere Zerstörungen im Zweiten Weltkrieg.

Breisgau, Landschaft am Oberrhein, Bad.-Württ., zw. dem Schwarzwaldrand im O, dem Markgräfler Land im S und der Ortenau im N, im Umkreis von Freiburg im Breisgau. – Das Grafenamt im B., seit dem 10. Jh. in der Hand der Zähringer, fiel in der 2. Hälfte des 11. Jh. an deren markgräflich-bad. Linie, 1190 an die Linie Hachberg. Durch Erwerb der Landgrafschaft

Bregenz Stadtwappen

Breiapfel: überreife Früchte mit austretendem Fruchtsaft

im B. und von Freiburg (1368) kam der B. größtenteils an Habsburg; 1805 teilweise, 1810 ganz an Baden.

Breisgau-Hochschwarzwald, Landkreis im Reg.-Bez. Freiburg, Bad.-Württ., 1378 km², 251000 Ew.; Kreisstadt ist Freiburg im Breisgau.

Breisig, Bad, Stadt in Rheinl.-Pf., →Bad Breisig.

Breitbach, Joseph, Schriftsteller, *Koblenz 20. 9. 1903, †München 9. 5. 1980; lebte seit 1929 in Frankreich; war um die dt.-frz. Annäherung bemüht; schrieb Romane (»Bericht über Bruno«, 1962), Erzählungen, Komödien und Essays.

Breitbandkabel, Abk. **BK**, symmetr. oder koaxiales Kabel für die Breitbandkommunikation; i. w. S. auch →Wellenleiter und →Lichtleiter.

Breitbandkommunikation, Abk. **BBK**, die Übertragung von Informationen mit einer Bandbreite von mehreren Megahertz (MHz); je höher die Bandbreite, desto mehr Informationseinheiten können pro Zeiteinheit übertragen werden. Dabei ist zw. **Breitbandverteilnetz** (z. B. Kabelnetz) und **Breitbandvermittlungsnetz** (z. B. B-ISDN) zu unterscheiden. Während das Kabelnetz den breitbandigen Zugang bis zum Endkunden realisiert, ist das Hauptproblem bei den Breitbandvermittlungsnetzen der Zugang zum Teilnehmer (sog. »last mile«). Hierfür wurde eine Reihe von techn. Lösungen entwickelt, z. B. die effektivere Nutzung der Übertragungskapazitäten der Kupferdoppelader durch xDSL (→DSL), die über eine kurze Entfernung die Nutzung der Telefonleitung für die Übertragung breitbandiger Dienste ermöglichen, oder die Überbrückung durch drahtlose Teilnehmeranschlussleitungen hoher Kapazität. Weitere Lösungen sind der Ausbau der Glasfaserinfrastruktur bis zum Kunden sowie die Übertragung von breitbandigen Signalen über Satellitensysteme (oder per Stromleitung, »Powerline-Kommunikation«). - Typ. Anwendungen für B. sind v. a. der Zugang zum Internet mit hoher Datenübertragungsrate, digitales Fernsehen und Videokonferenzen.

Breitbandstraße, Breitbandwalzwerk, Walzstraße (→Walzwerk) zur Herstellung von Blech (Stahlband) mit über 600 mm Breite.

Breite, 1) *Astronomie:* als **ekliptikale B.** der Winkelabstand eines Gestirns von der Ekliptik, als **galakt. B.** der vom galakt. Äquator (→astronomische Koordinaten).
2) *Geografie, Geophysik:* Die **geograf. B.** eines Ortes der Erde ist der Winkel, den die Flächennormale des Ortes mit der Äquatorebene einschließt; sie ist gleich der Polhöhe. Die B. wird vom Äquator polwärts als **nördl. B.** (n. Br.) auf der Nordhalbkugel und **südl. B.** (s. Br.) auf der Südhalbkugel von 0° (= Äquator) bis 90° (= Pol) gezählt. Orte gleicher B. liegen auf einem **Breitenkreis.** Durch die Angabe seiner geograf. Länge und B. ist die Lage eines Ortes auf der Erdoberfläche bestimmt. **Breitengrad,** Zone der Erdoberfläche zw. zwei um 1° auseinanderliegenden Breitenkreisen.

Breiten|effekt, B. des Erdmagnetfeldes, das Anwachsen der Intensität der →kosmischen Strahlung mit wachsender geomagnet. Breite.

Breitenfeld, seit 1913 Ortsteil von Lindenthal, heute zu Leipzig. - Hier siegte im Dreißigjährigen Krieg König Gustav II. Adolf von Schweden am 17. 9. 1631 entscheidend über das Heer der kath. Liga unter Tilly, am 2. 11. 1642 der schwed. Feldherr T. Torstenson über die kaiserl. Truppen unter Piccolomini.

Breitenschwankung, *Geophysik:* →Polhöhenschwankung.

Breitensport, Freizeitsport, nicht auf Höchstleistungen abzielende, freiwillige körperl. Ertüchtigung und Freizeitgestaltung, bes. Volkssportveranstaltungen.

Breithorn, Name mehrerer Alpengipfel in der Schweiz; in den Walliser Alpen das **Zermatter B.** (4165 m ü. M.), im Berner Oberland das **Lauterbrunner B.** (3782 m ü. M.), südwestlich vom Aletschhorn das **Lötschentaler B.** (3785 m ü. M.) und am Simplonpass das **B.** (3366 m ü. M.).

Breitinger, Johann Jakob, schweizer. Gelehrter und Schriftsteller, *Zürich 1. 3. 1701, †ebd. 14. 12. 1776; war Prof. für hebr. und griech. Sprache am Gymnasium in Zürich. Zus. mit seinem Freund J. J. Bodmer setzte er sich mit seiner »Critischen Dichtkunst« (2 Bde., 1740) für eine neue Poetik ein, die die klassizist. Ästhetik J. C. Gottscheds ablösen sollte.

Breitkopf & Härtel, Musikverlag, gegr. 1719 in Leipzig von Bernhard Christoph Breitkopf (*1695, †1777). Sein Sohn Johann Gottlob Immanuel Breitkopf (*1719, †1794) war einer der bedeutendsten Drucker und Verleger seiner Zeit. Teilhaber wurde 1795 Gottfried Christoph Härtel (*1763, †1827). 1947 entstand eine selbstständige Gesellschaft in Wiesbaden. Das Leipziger Stammhaus wurde 1952 enteignet, bestand als VEB B. & H. Musik Verlag bis zu seiner Reprivatisierung 1991. 1992 wurde B. & H. Eigentümer des Dt. Verlags für Musik, Leipzig.

Breitling *der,* seenartige Erweiterung der →Warnow in Rostock mit dem Rostocker Überseehafen.

Breitnasenaffen, die Neuweltaffen (→Affen).

Breitscheid, Rudolf, Politiker (SPD; zeitweilig USPD), *Köln 2. 11. 1874, †KZ Buchenwald 24. 8. 1944; Volkswirtschaftler, urspr. Linksliberaler; trat als MdR (1920-33) als außenpolit. Sprecher der SPD hervor. 1933 emigrierte er nach Frankreich; 1940 von dort nach Dtl. ausgeliefert.

Breitschwanz, Pelzart, →Persianer.

Breitseite, die Seite des Schiffes in seiner ganzen Länge; beim Kriegsschiff auch das gleichzeitige Abfeuern aller Geschütze nach einer Seite.

Breitwandverfahren, Breitbildverfahren, Wiedergabe von Filmbildern mit einem Seitenverhältnis von mehr als 1:1,375. Die Verbreiterung der horizontalen Bildfläche entspricht dem beidäugigen Sehen besser, der Betrachter fühlt sich in das Geschehen einbezogen.

Breker, Arno, Bildhauer, *Elberfeld (heute zu Wuppertal) 19. 7. 1900, †Düsseldorf 13. 2. 1991; 1938-45 Prof. der Staatl. Hochschule für bildende Künste Berlin; entwarf für die Repräsentationsbauten des Nationalsozialismus heroisierende Monumentalskulpturen; zahlr. Porträtbüsten (Bronze).

Brekzi|e *die,* Breccie, *Geologie:* durch Bindemittel verfestigter Schutt aus eckigen Gesteins- und Mineraltrümmern. Man unterscheidet sedimentär gebildete, durch tekton. Bewegungen entstandene (**Reibungs-B.**), Knochen- (→Bonebed), vulkan. und Einsturzbrekzie; Ggs.: Konglomerat.

Brel, Jacques, frz. Chansonsänger belg. Herkunft, *Brüssel 8. 4. 1929, †Bobigny 8. 10. 1978; textete und komponierte die meisten seiner aggressiv gesellschaftskrit. und z. T. satir. Lieder selbst; auch Filmschauspieler.

Breloer [brəˈløːr], Heinrich, Regisseur und Drehbuchautor, *Gelsenkirchen 17. 2. 1942; dreht Fernsehfilme in einer Montagetechnik aus Spielszenen und dokumentar. Material. Inhaltlich widmet er sich v. a.

Rudolf
Breitscheid

Bremen 1)

den Themen Politik und Zeitgeschichte sowie der Literatur, wie z. B. im Dokudrama »Die Manns – Ein Jahrhundertroman« (2001).

Bremen, 1) **Freie Hansestadt B.,** das kleinste Bundesland Dtl.s, 404 km^2, (2006) 664 300 Ew. (davon 44,4 % ev., 12,1 % kath.). Regierungssitz: Bremen. Das Land besteht aus den Städten B. und Bremerhaven, die durch niedersächs. Gebiet voneinander getrennt sind.

Verfassung: Nach der Verf. vom 21. 10. 1947 (mehrfach, zuletzt 2003, modifiziert) liegt die Legislative bei der Bürgerschaft (83 auf 4 Jahre gewählte Abg., davon 67 für die Stadt B. und 16 für Bremerhaven; bis 2003 betrug die Zahl der Mandate 100); sie wählt den Senat (Landesreg. und zugleich Magistrat der Stadt Bremen, 7 Mitgl.). Der Präs. des Senats ist zugleich Erster Bürgermeister der Stadtgem. Bremen. Die Verf. enthält plebiszitäre Elemente (Volksbegehren, -entscheid).

Geschichte: →Bremen 2).

2) Stadt zu beiden Seiten der unteren Weser, Sitz der Reg. von 1), 547 900 Ew.; nach Hamburg die wichtigste dt. Seehafenstadt, obwohl die offene See 113 km entfernt ist. B. ist Sitz der höchsten Gerichte des Landes sowie zahlr. Landesbehörden; Univ., Hochschule Bremen, Hochschule für Künste, International University B., Max-Planck-Inst. für marine Mikrobiologie, Zentrum für angewandte Raumfahrttechnologie und Mikrogravitation mit →Fallturm; Bibliotheken, Staatsarchiv, Überseemuseum, Focke-Museum (Landesmuseum für Kunst- und Kulturgesch.), Kunsthalle, Gerhard-Marcks-Haus, Wilhelm Wagenfeld Haus, Kunstsammlungen Böttcherstraße, Neues Museum Weserburg, Wissenschaftsmuseum (Universum Science Center B.), Radio Bremen (Rundfunk- und Fernsehanstalt), mehrere Theater, botan. Garten und Aquarium. B. ist Sitz einiger Reedereien und einer Wertpapierbörse. Handel bes. mit Baumwolle, Tabak, Kaffee und Tee. Nahrungs- und Genussmittelind., elektrotechn., chem. und Erdöl verarbeitende Ind., Maschinen-, Straßen-, Luft- und Raumfahrzeugbau, Eisen schaffende Industrie. Die Brem. Häfen umfassen den Hafen von B. und die Überseehäfen von Bremerhaven.

Stadtbild: Im Zweiten Weltkrieg wurden zahlreiche bed. Bauten zerstört. Erhalten oder wiederhergestellt sind u. a. die got. Kirchenbauten Unser Lieben Frauen, St. Martini und St. Stephani, die Böttcherstraße (mit Roseliushaus, Paula-Becker-Modersohn-Haus), das Schnoorviertel sowie am Marktplatz der Dom (11. Jh. begonnen), der Schütting, ein altes Gildehaus (1537/38), das Gewerbehaus (urspr. 1618–21), das Rathaus (1405–12) mit Renaissancefassade (1608–12) und die Rolandsäule (1404). Rathaus und Roland wurden 2004 zum UNESCO-Weltkulturerbe erklärt.

Geschichte: B. wurde 787 Bischofssitz, 845 anstelle Hamburgs Sitz eines Erzbischofs; es war Ausgangspunkt der christl. Mission für Nordeuropa. Die Stadt blühte bes. unter Erzbischof Adalbert (1043–72) auf, erlangte 1186 städt. Privilegien und im 13. Jh. die Unabhängigkeit von der geistl. Herrschaft und trat 1358 der Hanse bei. Seit 1522 war sie evangelisch (lutherisch, seit Anfang des 17. Jh. reformiert). 1646 wurde B. Reichsstadt. Nach seiner Mediatisierung nannte sich B. 1806 »Freie Hansestadt B.«. 1815–66 war B. Mitgl. des Dt. Bundes. Die Gründung Bremerhavens (1827) sicherte die Seehafenstellung der Stadt. 1871 wurde B. Bundesstaat des Dt. Reichs, 1888 auch Mitgl. des Dt. Zollvereins. 1920 gab sich B. eine demokrat. Verf.; 1933–45 unterstand es mit dem Land Oldenburg einem NS-Reichsstatthalter. 1945–49 gehörte die Stadt zus. mit Bremerhaven als »Enklave Bremen« zur amerikan. Besatzungszone. 1947 errichtete die US-Militärverwaltung das Land Bremen, das 1949 Bundesland der BRD wurde. Führende Partei in der Bremer Bürgerschaft (Landesparlament) war stets die SPD, die 1971–91 allein regierte; sie stellte auch alle Senatspräs. und Bürgermeister: 1945–65 W. Kaisen, 1965–67 W. Dehnkamp, 1967–85 H. Koschnick, 1985–95 K. Wedemeier, 1995–2005 H. Scherf, seit 2005 J. Böhrnsen (1995–2007 Koalition der SPD mit der CDU, ab 2007 mit Bündnis 90/Grünen).

Bremer Beiträge, Kurzbez. für die Wochenschrift »Neue Beytträge zum Vergnügen des Verstandes und Witzes«, die 1744–59 in Bremen herausgegeben wurde. Die ersten vier Bände (1744–48) wurden von dem Leipziger Kreis um C. F. Gellert herausgegeben (Mitarbeiter waren die **Bremer Beiträger** J. E. Schlegel, W. Rabener und J. A. Cramer). Im vierten Band erschienen die ersten drei Gesänge von F. G. Klopstocks »Messias«.

Bremen 1)
Landeswappen,
Mittleres Wappen

Bremen 2): Blick über die Stadt an der Weser

Bremerhaven: das Alfred-Wegener-Institut für Polar- und Meeresforschung (rechts vorn) und Außenbereich des Deutschen Schifffahrtsmuseums (links)

Bremerhaven
Stadtwappen

Bremsen:
Gemeine Rinderbremse

Bremerhaven, Stadt am rechten Ufer der unteren Weser (Außenweser), bildet zus. mit Bremen das Bundesland Freie Hansestadt Bremen, 65 km nördlich von Bremen, 116 400 Ew. B. ist eine vielseitige Hafen- und Ind.-Stadt mit Fischereihafen, Containerhafen und dem »Columbusbahnhof« mit modernen Fahrgastanlagen; Reedereien; bed. Fischind., Fischgroßhandel; Schiffbau und weitere, v. a. hafenorientierte Ind.; Arbeitsgericht; Hochschule Bremerhaven, Biotechnologiezentrum, Alfred-Wegener-Inst. für Polar- und Meeresforschung, Dt. Schifffahrtsmuseum, Dt. Auswandererhaus, »Zoo am Meer«, Morgensternmuseum, Kunsthalle. – 1827 veranlasste der Bremer Bürgermeister J. Smidt (*1773, †1857) den Erwerb hannoverschen Landes an der Außenweser zur Gründung eines Hafens für tief gehende Schiffe (eröffnet 1830); seit 1851 Stadt, wurde B. 1857 Haupthafen des Nordtt. Lloyd, 1939 der 1924 gebildeten Stadt Wesermünde angegliedert (außer dem stadtbrem. Überseehafengebiet); 1947 kam B. an das Land Bremen.

Bremer Landesbank Kreditanstalt Oldenburg Girozentrale, öffentlich-rechtl. Kreditinstitut (Landes-, Sparkassenzentral- und Geschäftsbank), Sitz: Bremen, entstanden 1982 durch Fusion von Bremer Landesbank (gegr. 1938) und Staatl. Kreditanstalt Oldenburg-Bremen (gegr. 1883); Eigentümer: Norddt. Landesbank Girozentrale (92,5 %) und Freie Hansestadt Bremen (7,5 %).

Bremervörde, Stadt im Landkreis Rotenburg (Wümme), Ndsachs., an der Oste, 19 100 Ew.; Kunststoff verarbeitende und Möbelindustrie. – Wurde 1219 Residenz der Bremer Erzbischöfe; erhielt 1852 Stadtrecht.

Bremse [von mnd. pramen »drücken«], Vorrichtung zur Verzögerung von bewegten Körpern bis zur Ruhe, zur Sicherung dieses Zustandes sowie zur Kontrolle der Geschwindigkeit bewegter Körper. B. wirken entweder mithilfe der inneren Reibung einer Flüssigkeit (Flüssigkeits-B., Stoßdämpfer), mithilfe des elektr. Stromes (Wirbelstrom-B., Kurzschluss-B. oder Elektromotor-B., z. T. mit →Nutzbremsung, Gegenstrom-B.) oder mechanisch durch Reibung (Backen-B., Trommel-B., Lamellen-B. oder Scheiben-B., Fliehkraft-B.). Die v. a. bei Eisenbahnen, als Zusatz-B. bei Straßenbahnen, Lkw, Omnibussen angewendeten Druckluft-B. sind durch Druckluft betätigte Backenbremsen. Hydraul. B. verwenden Drucköl anstelle von Druckluft. Kfz müssen mit einer Zweikreis-B. zur Erhöhung der Sicherheit ausgerüstet sein. Zusätzlich verfügen sie oft über →ABS und/oder →Bremskraftverstärker. Bei der Motor-B. wird der Schleppwiderstand des Verbrennungsmotors meist durch Drosselung des Auspuffs erhöht. Flugzeugfahrwerke haben Mehrscheiben-B. von bes. großer Wärmekapazität.

Bremsen, Viehfliegen, Tabanidae, Familie der Fliegen mit rd. 100 Arten in Mitteleuropa; Männchen leben von Pollen; Weibchen saugen Blut durch schmerzhaften Saugstich. Überträger von Krankheiten sind vor allem die **Gemeine Rinder-B.** (Tabanus bovinus) und die 25 mm lange **Pferde-B.** (Tabanus sudeticus), die größte mitteleurop. Fliegenart.

Bremsenlarvenkrankheit, Schleuderkrankheit, Nasen- und Stirnhöhlenentzündung bei Schaf und Ziege; verursacht durch die Weibchen der Schafbremse, die im Sommer ihre Larven in die Nase der Tiere spritzen.

Bremsflüssigkeiten, Kfz-Technik: →Hydraulikflüssigkeiten.

Bremsklappen, Luftbremsen, an Tragflügeln oder am Rumpf eines Flugzeuges quer zur Anströmrichtung ausstellbare Klappen zur Verringerung der Geschwindigkeit, z. B. zur Verkürzung der Landerollstrecke (→Störklappen).

Bremskraftverstärker, Kfz-Technik: pneumatisch oder hydraulisch arbeitende Zusatzeinrichtung bei Scheibenbremsen zur Verstärkung der Bremskraft (→Servobremse).

Bremsleistung, von einer Kraftmaschine abgegebene nutzbare Leistung, die auf einem Prüfstand durch **Abbremsen** ermittelt wird. Auf der hydraul. oder elektr. Bremse wird das Drehmoment direkt gemessen, die Drehgeschwindigkeit mit zusätzl. Messgerät. Die B. ergibt sich aus dem Produkt von Drehmoment und Drehgeschwindigkeit oder Bremskraft mal Fahrgeschwindigkeit.

Bremsleuchten, Stopplicht, Kfz-Technik: paarweise am Heck angeordnete Leuchten, zeigen durch rotes, auch bei Tag deutlich aufleuchtendes Licht nach rückwärts die Betätigung der Betriebsbremse an.

Bremsschirm, Bremsfallschirm, Landehilfe für Flugzeuge zur Verkürzung der Landerollstrecke; meist im Heck untergebrachter auswerfbarer Bänderschirm zur Erzeugung eines großen Luftwiderstandes.

Bremsstrahlung, Physik: elektromagnet. Strahlung im Wellenlängengebiet der Gamma- und →Röntgenstrahlen. Sie entsteht beim Abbremsen schnell

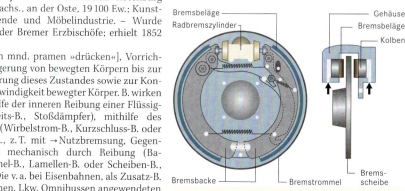

Bremse: Trommelbremse (links), Scheibenbremse (rechts)

bewegter, geladener Teilchen (z. B. Elektronen) im Feld von Atomkernen; i. w. S. die bei jeder Geschwindigkeitsänderung, also auch bei der Richtungsänderung von geladenen Teilchen, im Magnetfeld ausgesandte Strahlung (**magnet. B.**), z. B. die →Synchrotronstrahlung.

Bremstrommel, zylinderförmige Reibfläche einer Innenbackenbremse oder einer Bandbremse.

Bremsweg, die von der Betätigung der Bremse bis zum Stillstand des Fahrzeugs zurückgelegte Entfernung. Der B. setzt sich zusammen aus dem während der Bremsenansprechzeit und der Bremsverzögerungszeit zurückgelegten Weg und hängt von Geschwindigkeit und Bremskraft ab. Der Anhalteweg ist um den Reaktionsweg länger, der in der Reaktionszeit vom Erkennen eines Hindernisses bis zum Betätigen des Bremspedals zurückgelegt wird.

Brendan, Brandan, irischer Abt und legendärer Seefahrer, *Tralee 484 (?), †Annaghdown (Cty. Galway) 578 oder 583; Held des irischen Epos »Navigatio Brendani« (9. Jh., lat. 10. Jh.) über seine abenteuerl. Reise zum »gelobten Land der Heiligen«. Die wohl auf Seefahrergeschichten, kelt. Mythologie und christl. Heiligenlegenden basierende Sage (**Brandan[us]legende**) war bis ins 17. Jh. fast in ganz Europa in volkssprachl. Varianten verbreitet.

Brendel, 1) Alfred, österr. Pianist, *Wiesenberg (heute Loučná nad Desnou, Nordmähr. Gebiet) 5. 1. 1931; v. a. bekannt als Interpret der Klavierwerke von W. A. Mozart, L. van Beethoven, F. Schubert und F. Liszt.
2) Wolfgang, Sänger (Bariton), *München 20. 10. 1947; v. a. Mozart- und Verdi-Interpret.

brennbare Flüssigkeiten, Stoffe mit einem Flammpunkt (→Entzündung), die bei 35 °C weder fest noch salbenförmig sind und deren Dampfdruck bei 50 °C unter 0,3 MPa liegt.

Brenn|ebene, durch den Brennpunkt senkrecht zur opt. Achse gelegte Ebene.

Brenn|element, Brennstoffelement, Betriebsmittel eines Kernreaktors, das den Kernbrennstoff enthält. Ein B. ist meist aus vielen gasdicht abgeschlossenen **Brennstäben** (Brennstoffstäben) zusammengesetzt, die von einer **Brennstoffhülle** (Metallrohre aus Zircaloy, einer Zirkonlegierung) umschlossen sind. Im Siedewasserreaktor des Kernkraftwerks Krümmel z. B. bilden 72 Brennstäbe ein B., 840 B. sind eingesetzt.

Brennen, das Erhitzen von Formstücken aus keram. Masse im Brennofen (bis zu 1700 °C). Dabei sintert der →Scherben und die Glasur schmilzt. Manche Gegenstände werden zunächst ohne Glasur vorgebrannt (Glüh- oder Verglühbrand) und danach mit Glasur glatt gebrannt (Glatt-, Glasur- oder Scharfbrand). Im abschließenden Dekor- oder Muffelbrand wird ggf. die Aufglasurdekoration aufgeschmolzen.

Brennende Liebe, →Lichtnelke.

Brenner, Sydney, brit. Molekularbiologe, *Germiston (Südafrika) 13. 1. 1927; etablierte den Fadenwurm Caenorhabditis elegans (Länge 1 mm) als neuen Modellorganismus. Dadurch wurde eine Möglichkeit geschaffen, die genet. Analyse mit der Zellteilung, Zellreife und Organentwicklung (bei gleichzeitiger Betrachtung dieser Prozesse unter dem Mikroskop) zu verbinden. B. erhielt 2002 (mit R. H. Horvitz und J. E. Sulston) den Nobelpreis für Physiologie oder Medizin.

Brenner, 1) *Botanik:* Bez. für mehrere durch Schmarotzerpilze verursachte Pflanzenkrankheiten mit versengt erscheinenden Flecken, bes. an den Blättern (Weinstock) **Roter** und **Schwarzer Brenner**.
2) *Feuerungstechnik:* Misch- und Zufuhreinrichtung für Brennstoff und Luft zum geregelten Verbrennen von Gas, Öl, Kohlenstaub. (→Feuerung)

Brenner, ital. **Brennero,** Alpenpass (1374 m) in Tirol, südl. von Innsbruck im Wipptal; die Verkehrswege über den B. verbinden das Inntal im N (Österreich) mit dem Etschtal im S (Italien). Der B. ist der niedrigste Übergang über die Zentralalpen und mit der 1867 eröffneten **B.-Bahn** und der **B.-Autobahn** (Innsbruck–Modena 313 km; 1959–74 erbaut, mit der Europa-Brücke) die kürzeste Verbindung von München und Innsbruck nach Italien. Auf der Passhöhe liegt auf der N-Seite der kleine **B.-See** mit Grenzbahnhof, an der S-Seite **B.-Bad** (Thermalquellen). Seit 1919 verläuft über den B. die österr.-ital. Grenze, die S- und N-Tirol voneinander trennt.

Brennerei, gewerbl. Betrieb zur Herstellung von Branntwein.

Brennfläche, *Optik:* →Kaustik.

Brennfleckenkrankheit, Anthraknose, Pilzkrankheit, z. B. der Erbsen, Bohnen, Gurken, Kürbisgewächse.

Brennglas, umgangssprachl. Bez. für eine Sammellinse, in deren Brennpunkt einfallendes Licht so hohe Temperaturen erzeugt, dass leicht entzündbare Stoffe in Brand geraten.

Brennhaare, 1) *Botanik:* die →Haare bei →Nesselgewächsen.
2) *Zoologie:* leicht ausfallende, z. T. mit Widerhaken versehene Drüsenhaare bei versch. Schmetterlingsraupen.

Brennkammer, Teil eines chem. Triebwerks, in dem Treibstoffe zu Arbeitsgas verbrannt werden (→Raketentriebwerk).

Brennkraftmaschine, kurz für →Verbrennungskraftmaschine.

Brennnessel, →Nesselgewächse.

Brenn|ofen, Industrieofen zum Brennen (Sintern) von Ziegeln und keram. Waren bei hohen Temperaturen.

Brennpunkt, 1) *Chemie:* →Entzündung.
2) *Mathematik:* ausgezeichneter Punkt eines →Kegelschnitts.
3) *Optik:* **Fokus,** Punkt, in dem sich achsenparallele Lichtstrahlen nach der Brechung durch eine →Linse oder Reflexion an einem Hohlspiegel annähernd vereinigen. Seine Entfernung von der Hauptebene heißt **Brennweite.** (→Abbildung)

Brennraum, beim Verbrennungsmotor der Raum zw. Zylinderkopf und Kolbenoberfläche im oberen →Totpunkt. Unterteilte B. gibt es bei Dieselmotoren, neuerdings auch bei Ottomotoren (Schichtladung).

Brennschlusspunkt, der Punkt der Raketenbahn, in dem die Rakete sich bei Beendigung der Treibstoffverbrennung befindet. Die **Brennschlussgeschwindigkeit** entspricht der maximalen Fluggeschwindigkeit oder Endgeschwindigkeit.

Brennschneiden, *Fertigungstechnik:* →Schneiden.

Brennspiegel, Sammel- oder Hohlspiegel, z. B. zur Konzentrierung der Sonnenstrahlung im Brennpunkt.

Brennspiritus, →Spiritus.

Brennstab, *Kerntechnik:* →Brennelement.

Brennstoff aus Müll, Abk. **BRAM,** fester Brennstoff mit hohem Heizwert, der aus brennbaren Be-

Brennelement:
Aufbau eines Brennelements mit Steuerelement;
a Steuerstab (»Fingerstab«) des Steuerelements
b Kopfstück
c Brennstäbe

standteilen von Abfallstoffen hergestellt wird und z. B. in Heizkraftwerken verbrannt werden kann.

Brennstoffe, natürliche (Kohle, Erdöl, Erdgas) oder veredelte (Brikett, Koks, Gas, Benzin, Heizöl) feste, flüssige oder gasförmige Stoffe, die überwiegend aus Kohlenstoff (C) und Wasserstoff (H) bestehen und der Erzeugung von Wärme durch Verbrennung dienen; i. w. S. auch nukleare B. (→ Kernbrennstoffe), wodurch die bei der Kernspaltung oder -fusion benötigte Energie gewonnen wird.

Brennstoffkreislauf, *Kerntechnik:* kurz für → Kernbrennstoffkreislauf.

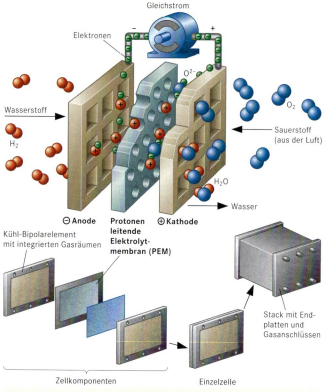

Brennstoffzelle: Aufbau einer PEM-Brennstoffzelle

Brennstoffzelle, Brennstoffelement, Stromquelle, in der durch elektrochem. Oxidation (»kalte Verbrennung«) einer leicht oxidierbaren Substanz (z. B. Wasserstoff, Hydrazin, Methanol) mit einem Oxidationsmittel (z. B. Sauerstoff, Luft) chem. Energie direkt in elektr. Energie umgewandelt wird. In der klass. B. wird Wasserstoff (H_2) mit Sauerstoff (O_2) oxidiert. Da die Reaktionskomponenten gasförmig vorliegen, können sie kontinuierlich und getrennt den entsprechenden Elektroden zugeführt werden, zw. denen sich ein Elektrolyt befindet. Neben Elektronen (also Strom) entsteht außerdem Wasser (Umkehrung der Wasserelektrolyse). Bei Verwendung kohlenwasserstoffhaltiger Brennstoffe, z. B. Erdgas oder Methanol, werden diese in einem vorgeschalteten **Reformer** bei hohen Temperaturen in wasserstoffreiche Gase überführt. Man unterscheidet **Niedertemperatur-B.** und **Mitteltemperatur-B.** (Arbeitstemperatur 0–150 °C bzw. 150–250 °C), in denen Phosphor- bzw. Schwefelsäure oder Kalilauge als Elektrolyt verwendet werden; außerdem **Hochtemperatur-B.** (500 bis 1 100 °C). Diese arbeiten mit Salzschmelzen aus Alkalicarbonaten bzw. -chloriden oder mit Sauerstoffionen leitenden keram. Feststoffen (z. B. Zirkoniumoxid) als Elektrolyt. – Die B. wird wegen des theoretisch erzielbaren hohen Wirkungsgrades und der schadstoffarmen Technik als bes. zukunftsträchtige Energiequelle eingeschätzt, v. a. die Polymer-Elektrolytmembran-B. (PEM-B.) ist heute schon weit entwickelt. Sie enthält eine für Protonen durchlässige Polymermembran, die zugleich als Elektrolyt dient. In jüngster Zeit wurde außerdem die Direktmethanol-B. entwickelt (DMFC; wie bei PEM eine Membran als Elektrolyt, Arbeitstemperatur 80–130 °C). Sie arbeitet ohne vorgeschalteten Reformer, was sie für mobile Kleinanwendungen interessant macht. Als Hochtemperatur-B. sind Schmelzcarbonat-B. (MCFC; $CaCO_3$ als Elektrolyt, Betriebstemperatur etwa 650 °C) und Oxidkeramik-B. (SOFC; ZrO_2 als Elektrolyt, etwa 950 °C) erprobt. Aufgrund der geringen Spannung, die eine einzelne B. liefert, werden i. d. R. viele B. zu einer **B.-Batterie** zusammengeschaltet, die man als **Stack** bezeichnet. Wird reiner Wasserstoff als Brennstoff verwendet und die Abwärme zum Heizen genutzt (→ Kraft-Wärme-Kopplung), sind Wirkungsgrade bis zu 90 % möglich.

Brennstoffzellen|antrieb, spezielle techn. Lösung zur On-Board-Erzeugung der elektr. Antriebsenergie für Fahrzeuge in Brennstoffzellen. Herzstück der Anlage sind Brennstoffzellenstapel (**Stacks**), in denen während der Reaktion von Wasserstoff und Luftsauerstoff elektr. Energie erzeugt wird. Diese wird in Akkumulatoren zwischengespeichert und steht dann für den Fahrantrieb mittels Gleichstrom- oder Drehstrommotoren zur Verfügung. Am B. wird weltweit intensiv geforscht. Kleinserien werden bereits gebaut und im Alltagsbetrieb erprobt, Großserien sind ab 2010 geplant.

Brennweite, *Optik:* → Brennpunkt.

Brennwert, 1) *Energietechnik* und *physikal. Chemie:* früher **oberer Heizwert** oder **Verbrennungswärme,** nach DIN der Quotient der aus der vollständigen Verbrennung einer bestimmten Brennstoffmenge frei werdenden Wärmemenge und der Masse dieser Brennstoffmenge.

2) *Physiologie:* **physiolog. B., biolog. B.,** im Stoffwechsel eines Organismus beim Abbau von Proteinen, Kohlenhydraten und Fetten frei werdende Energie. Der B. beträgt für Proteine und Kohlenhydrate rd. 17 kJ/g, für Fette 39 kJ/g.

Brennwerttechnik, modernes Verfahrensprinzip der Heizungstechnik, bei dem der Wärmeinhalt des Wasserdampfes im Abgas zur Erhöhung des Wirkungsgrads eingesetzt wird. Das Abgas wird dabei durch das Heizungsrücklaufwasser bis unter den Taupunkt von etwa 57 °C gekühlt, sodass der Wasserdampf des Abgases kondensiert. Die bei der Kondensation frei werdende Energie wird über Wärmetauscher an den Heizkreislauf abgegeben.

Brenta *die,* Fluss in N-Italien, 174 km, entspringt südöstlich von Trient aus den Abflüssen von Caldonazzo- und Levicosee, erreicht in künstl. Bett südlich von Chioggia das Adriat. Meer. – Im 17. und 18. Jh. war der von Villen gesäumte **Brentakanal** ein beliebter Reiseweg zw. Padua und Venedig.

Brenta|alpen, Gruppe der südl. Kalkalpen in Italien, östlich der Adamellogruppe, in der Cima Tosa 3 173 m über dem Meeresspiegel.

Brentano, 1) Bernard von, Schriftsteller, * Offenbach am Main 15. 10. 1901, † Wiesbaden 29. 12. 1964, Bruder von 5); schrieb v. a. sozialkrit. Romane, so den Familienroman »Theodor Chindler« (1936) und Essays.

2) Bettina, → Arnim, Bettina von.

3) Clemens, Schriftsteller, * Ehrenbreitstein (heute zu Koblenz) 9. 9. 1778, † Aschaffenburg 28. 7. 1842, Sohn eines ital. Kaufmanns und der Maximiliane La Roche, Bruder von Bettina von Arnim, ⚭ 1803 mit Sophie Mereau (* 1770, † 1806); war neben Achim von Arnim ein Hauptvertreter der Hochromantik, nachdem er schon in Jena mit dem Kreis der Frühromantiker in Verbindung gestanden hatte (Roman »Godwi«, 1801); gab mit Achim von Arnim 1805–08 in Heidelberg die Volksliedersammlung »Des Knaben Wunderhorn« heraus und wurde 1809 in Berlin mit Arnim, F. Fouqué und H. von Kleist Mitgl. der »Christlich-Teutschen Tischgesellschaft«, lebte später auf dem Familiengut in Böhmen sowie in Wien, Berlin, Frankfurt am Main und München. Durch Luise Hensel wandte er sich 1817 einem myst. Katholizismus zu; so zeichnete er nach dem Tod der stigmatisierten Nonne Anna Katharina Emmerick deren Visionen auf (»Das bittere Leiden unseres Herrn Jesu Christi«, 1833).

Als Lyriker steht B. mit seinen rhythm. und musikal. Versen ebenbürtig neben J. von Eichendorff und E. Mörike. Seine Bedeutung liegt aber v. a. in seinen kunstvoll gestalteten Novellen (»Geschichte vom braven Kasperl und dem schönen Annerl«, 1817) und Märchen (»Gockel, Hinkel und Gackeleia«, 1838). B. schrieb auch Dramen (»Ponce de Leon«, 1804; »Die Gründung Prags«, 1815).

4) Franz, Philosoph, * Marienberg (heute zu Osterspai, bei Boppard) 16. 1. 1838, † Zürich 17. 3. 1917, Bruder von 6), Neffe von 3); 1864 zum Priester geweiht; war nach seinem Kirchenaustritt 1874–95 Prof. für Philosophie in Wien. Grundwissenschaft im Rahmen seiner Philosophie ist die Psychologie, die das Wesen des Bewusstseins in seiner Bezogenheit auf Objekte (Intentionalität) versteht. Er beeinflusste bes. die Phänomenologie (Lehrer E. Husserls) und die Gegenstandstheorie, mit seinen Untersuchungen zur Logik der Sprache auch die Entwicklung der analyt. Philosophie und Sprachtheorie.

5) Heinrich von, Politiker, * Offenbach am Main 20. 6. 1904, † Darmstadt 14. 11. 1964, Bruder von 1); Rechtsanwalt, 1945 Mitgründer der CDU in Hessen, war 1949–55 und 1961–64 Vors. der CDU/CSU-Fraktion im Bundestag sowie 1955–61 Außenminister.

6) Lujo, eigtl. Ludwig Josef B., Volkswirtschaftler, * Aschaffenburg 18. 12. 1844, † München 9. 9. 1931, Bruder von 4), Neffe von 3); Prof. u. a. in Wien, Leipzig, München, Vertreter des → Kathedersozialismus, Mitbegründer des Vereins für Socialpolitik (1872); trat u. a. für Freihandel ein.

Brenz die, linker Nebenfluss der Donau, 56 km lang, entspringt dem Brenztopf, einer stark schüttenden Karstquelle im Albuch, Bad.-Württ., und mündet südwestlich von Lauingen (Donau).

Brenz, Johannes, schwäb. Reformator, * Weil der Stadt 24. 6. 1499, † Stuttgart 11. 9. 1570; wirkte seit 1522 als reformator. Prediger in Württemberg, war Berater Herzog Ulrichs bei der Einführung der Reformation und baute die ev. Landeskirche auf.

Brenzcatechin das, **1,2-Dihydroxybenzol,** organ. Verbindung, Bestandteil natürl. Harze und Gerbstoffe, Basis für Farbstoffe, fotograf. Entwickler, Gerb- und Riechstoffe.

Brenztraubensäure, **2-Oxopropionsäure,** farblose Flüssigkeit, die beim Abbau von Kohlenhydraten im Körper und bei der Gärung auftritt. Ihre Salze und Ester sind die **Pyruvate.**

Brera die, **Palazzo di B.,** 1651 ff. nach den Plänen von F. M. Richini erbauter Palast in Mailand; ehem. Jesuitenkolleg; seit 1776 Sitz der Kunstakademie, Biblioteca Braidense (1763 gegr.) und der Pinacoteca di B. mit Meisterwerken der ital. Malerei.

Breschnew, Leonid Iljitsch, sowjet. Politiker, * Kamenskoje 19. 12. 1906, † Moskau 10. 11. 1982; ab 1952 Mitgl. des ZK der KPdSU und ab 1957 des Parteipräsidiums, war 1960–64 und erneut ab 1977 Vors. des Präsidiums des Obersten Sowjets (nominelles Staatsoberhaupt). 1964 beteiligte er sich führend am Sturz N. S. Chruschtschows und übernahm dessen Nachfolge als Erster (seit 1966 General-)Sekretär der KPdSU. Unter seiner Führung wurde die → Entstalinisierung abgebrochen; es setzte nun wieder eine verstärkte innenpolit. Reglementierung (u. a. Unterdrückung der entstehenden Bürgerrechtsbewegung) ein, eine Politik, die v. a. in den 1980er-Jahren in eine Stagnation der gesellschaftl. Lebens mündete. Mit der militär. Intervention von Staaten des Warschauer Pakts in der Tschechoslowakei (1968) unterband B. reformkommunist. Entwicklungen im Ostblock und sicherte die sowjet. Vormachtstellung (→ Breschnew-Doktrin). Nach einer Phase der Entspannungspolitik (Moskauer Vertrag 1970, Berlinabkommen 1971, SALT 1972 und 1979, KSZE-Akte 1975) verschärfte der von ihm veranlasste Einmarsch sowjet. Truppen in Afghanistan (1979) wieder den Ost-West-Konflikt.

Breschnew-Doktrin, von L. I. Breschnew aufgestellte Doktrin einer beschränkten Souveränität der Staaten des »sozialist. Lagers«; diente der (nachträgl.) Rechtfertigung der militär. Intervention von Staaten des Warschauer Pakts in der Tschechoslowakei 1968 zur Unterdrückung des reformsozialist. Kurses; stellte eine erneuerte ideolog. Umschreibung des sowjet. Anspruchs auf Vorherrschaft im kommunist. Staatensystem dar. Nach dem Machtantritt M. S. Gorbatschows (1985) rückte die UdSSR durch die Betonung der Eigenverantwortlichkeit der sozialist. Länder endgültig von der B.-D. ab.

Brescia ['breʃʃa], **1)** Provinz in der Lombardei, Italien, 4784 km², 1,15 Mio. Einwohner.

2) Hptst. von 1), am S-Fuß der **Brescianer Alpen,** 191 100 Ew.; Museen, Gemäldegalerie, Biblioteca Queriniana; Metallerzeugung und -verarbeitung, Maschinen-, chem., Textilind., Fahrzeugbau. – Roman. Alter Dom (Rotonda) mit Krypta (frühes 9. Jh.), Neuer Dom (1604 ff.), Stadtpalast »Loggia« (1492 begonnen). – B., das keltisch-röm. **Brixia,** 452 von den Hunnen zerstört, wurde nach der Einnahme durch die Langobarden (596) Mittelpunkt eines langobard. Herzogtums; 1428–1797 gehörte es zu Venedig, 1815–59 mit der Lombardei zu Österreich, seit 1859 zum Königreich Sardinien-Piemont.

Bresgen, Cesar, österr. Komponist, * Florenz 16. 10. 1913, † Salzburg 7. 4. 1988; schrieb bes. Jugendmusik (Opern »Der Mann im Mond«, 1958; »Der Krabat«, 1981; u. a.).

Breslau, poln. **Wrocław, 1)** Hptst. der Wwschaft Niederschlesien, Polen, Stadtkreis und Krst. inmitten der fruchtbaren niederschles. Tiefebene, beiderseits der Oder, die sich hier in mehrere Arme teilt, 636 000

Clemens Brentano, Ausschnitt aus einem Gemälde von Emilie Linder (um 1837; München, Abtei Sankt Bonifaz)

Brenzcatechin

Brenztraubensäure

Leonid Iljitsch Breschnew

Breslau 1) Stadtwappen

Breslau 1): Blick auf die Kathedrale Sankt Johannes der Täufer auf der Dominsel, dem ältesten Teil der Stadt

Ew.; wiss., kulturelles und wirtschaftl. Zentrum Niederschlesiens, Erzbischofssitz, mehrere Hochschulen (u. a. Univ., TU, Akad. für Medizin, Sport und Wirtschaft), Abteilung der Poln. Akad. der Wissenschaften, zahlr. wiss. Institute, darunter für Regionalforschung zu Schlesien und Böhmen, viele Museen, Theater, botan. und zoolog. Garten, Filmstudio, Verlage. Vielseitige Industrie, die wichtigsten Branchen sind der Maschinen- und Fahrzeugbau, Metallverarbeitung und chem. Industrie, weiterhin elektrotechn./elektron., Textil- und Nahrungsmittelindustrie, Verlags- und Druckgewerbe. In den 1990er-Jahren starker industrieller Strukturwandel, Wachstum des Dienstleistungssektors (Handel, Banken-, Finanz- und sonstige unternehmensorientierte Dienste); wichtiger Verkehrsknotenpunkt, Binnenhafen, Flughafen.

Stadtbild: Die an Bauwerken der Gotik und des Barock einst reiche Stadt wurde im Zweiten Weltkrieg zu etwa 70 % zerstört. Die meisten bed. Bauten sind wiederhergestellt oder restauriert; auf der »Dominsel« im N liegen die Kathedrale St. Johannes der Täufer (13.–15. Jh.; roman. Krypta des Vorgängerbaus, got. Fresken, Renaissance- und Barockgrabmäler und -kapelle), der Bischofspalast (18. Jh.), die Heiligenkreuzkirche (13./14. Jh.), die spätroman. Ägidienkirche, westlich davon die Kirche Maria auf dem Sand (14./15. Jh.), südlich der Oder die Univ. (früher Jesuitenkolleg, 1728–42), daneben das von Lemberg nach B. verlegte Ossolineum, die drittgrößte Bibliothek Polens, in der Nähe die Vinzenzkirche (13. Jh.). Die Renaissance- und Barockfassaden der Häuser um den Ring sind in originaler Form wiederhergestellt. Im Rathaus (Ende 13. Jh./Anfang 16. Jh.) befinden sich ein stadtgeschichtl. Museum und ein Museum für Medaillenkunst. Südlich der Oder liegen auch die Kirchen St. Maria Magdalena (13./14. Jh.), St. Adalbert (13. Jh.), St. Christoph (13.–15. Jh.). Ein früher Stahlbetonbau ist die Jahrhunderthalle (1911–13; UNESCO-Weltkulturerbe) von M. Berg, die mit einer Kuppelspannweite von 65 m zum Zeitpunkt ihrer Fertigstellung die weltweit größte Halle ihrer Art war.

Geschichte: Um 900 wurde von Böhmen aus die Burg gegründet; der Name der Stadt (zunächst **Wrotizla**) geht wohl auf den böhm. Herzog Wratislaw I. († 921) zurück. Seit dem 12. Jh. befand sich hier der Sitz eines Teilherzogtums der schles. Piasten. Anfang des 13. Jh. entstand am linken Oderufer eine dt. Stadt, die durch die Mongolen 1241 niedergebrannt, aber schnell wiederaufgebaut wurde, 1261 Magdeburger Stadtrecht erhielt und 1327 mit der 1263 selbstständig errichteten Tuchmacher-Neustadt vereinigt wurde. 1335 kam B. mit Schlesien an Böhmen. Seit der 2. Hälfte des 14. Jh. gehörte B. der Hanse an (Mitgliedschaft bis 1474). 1523 führte die Stadt die Reformation ein; 1526 kam sie mit Böhmen an die Habsburger. Im Aug. 1741 von preuß. Truppen besetzt, fiel die Stadt mit Schlesien durch den **Breslauer Präliminarfrieden** vom 11. 6. 1742 an Preußen. B. war an der Erhebung gegen Napoleon I. beteiligt; hier erließ König Friedrich Wilhelm III. von Preußen den »Aufruf an mein Volk« (17. 3. 1813). Als Metropole Schlesiens stieg B. zur damals bedeutendsten Großstadt Ostdeutschlands auf. Durch die industrielle Entwicklung im 19. Jh. wuchs die Einwohnerzahl stark an (1811: 62 000, 1890: rd. 400 000 Ew.); 1939 hatte B. etwa 630 000 Ew. Als »Festung B.« war die Stadt von Febr. bis Mai 1945 hart umkämpft und erlitt schwerste Zerstörungen; rd. 80 000 Zivilisten starben in der von sowjet. Truppen eingekreisten Stadt, viele weitere auf der Flucht. Seit 1945 gehört B. zu Polen (1990 durch Dt.-Poln. Grenzvertrag bestätigt); die verbliebene bzw. zurückgekehrte dt. Bev. wurde größtenteils 1945 oder in den Jahren danach vertrieben und an ihrer Stelle v. a. ostpoln. Bev.-Gruppen angesiedelt.

2) Erzbistum, um 1000 als Suffraganbistum von Gnesen gegr., 1821 von diesem gelöst und dem Papst unmittelbar unterstellt; der Bischof führte den Titel Fürstbischof. 1930 wurde er Erzbischof und Metropolit der neuen Kirchenprovinz B. (Bistümer Berlin und Ermland, Freie Prälatur Schneidemühl). 1945–72 wurde der in der DDR gelegene Teil des Erzbistums durch dessen Kapitularvikar (seit 1959 im Rang eines Titularbischofs) mit Sitz in Görlitz verwaltet; in dem östlich der Oder-Neiße-Linie liegenden Teil amtierten poln. Titularbischöfe. 1972 wurde das kirchenrechtlich bis zu diesem Zeitpunkt noch dt. Erzbistum B. nunmehr poln. Erzbistum Wrocław auf die Gebiete östlich von Oder und Neiße beschränkt und 1992 erneut neu umschrieben (Verkleinerung des Bistumsgebietes um etwa 45 %). Das ehem. Erzbischöfl. Amt

Görlitz (ab 1972 Apostol. Administratur) gehört seit 1994 als Bistum Görlitz zur ebenfalls 1994 errichteten Kirchenprovinz Berlin.

Bressanone, ital. Name von →Brixen.

Bresse [brɛs], Hügellandschaft am Rand des Jura, Frankreich, zentraler Ort: Bourg-en-Bresse; Maisanbau, Geflügelzuchtgebiet (bekannte Hühnerrasse). – Im 13. Jh. kam die B. an Savoyen, 1601 an Frankreich.

Bresson [brɛˈsõ], Robert, frz. Filmregisseur, * Bromont-Lamothe (Dép. Puy-de-Dôme) 25. 9. 1907 oder 1901, † Droue-sur-Drouette (Dép. Eure-et-Loir) 18. 12. 1999; drehte formstrenge Filme mit z. T. religiöser Thematik. – *Filme:* Tagebuch eines Landpfarrers (1951); Der Prozeß der Jeanne d'Arc (1962); Zum Beispiel Balthasar (1966); Der Teufel möglicherweise (1977); Das Geld (1983).

Brest, 1) Stadt im Dép. Finistère, Frankreich, an der W-Küste der breton. Halbinsel, 148 000 Ew.; wichtiger Kriegs- und Handelshafen; Univ., ozeanograf. Forschungsinstitut, Marinemuseum; Werften, chem., Elektro-, Schuh-, elektron., Nahrungsmittel-, Textilindustrie; Schloss (13.–17. Jh.). – Der Hafen wurde im 17. Jh. ausgebaut und von Vauban befestigt.

2) bis 1921 **Brest-Litowsk,** Hptst. des Gebiets B., Weißrussland, an der Mündung des Muchawez in den Bug, 296 000 Ew.; Universität, TH; Maschinenbau, Textil-, Nahrungsmittelind.; Grenzbahnhof zu Polen (Wechsel der Spurweite), Hafen am Dnjepr-Bug-Kanal. – B., 1017 erstmals genannt und 1319 von Litauen erobert, fiel 1569 an Polen; wurde 1795 russisch, 1921 polnisch, kam 1939 an die Sowjetunion. – Im **Frieden von Brest-Litowsk** (3. 3. 1918) zw. den Mittelmächten und der neuen sowjet. Reg. musste Sowjetrussland auf Finnland, die balt. Länder, Polen, die Ukraine und die 1878 von der Türkei abgetretenen Gebiete Ardahan, Kars, Batumi verzichten (insgesamt mehr als 1 Mio. km², etwa 30 % der Bev., rd. 75 % der Eisen- und Stahlind.). Dieser Diktatfrieden, dessen Annahme Lenin erst nach Auseinandersetzungen innerhalb der bolschewist. Führung als notwendige »Atempause« für den jungen Sowjetstaat durchsetzen konnte, wurde nach der militär. Niederlage der Mittelmächte durch den Waffenstillstand von Compiègne (11. 11. 1918) außer Kraft gesetzt und am 13. 11. 1918 von der Sowjetreg. annulliert.

Bretagne [brəˈtaɲ] *die,* nordwestl. Halbinsel Frankreichs, am Atlantik, ein Rumpfgebirge bis zu 384 m Höhe mit stark gegliederter, felsiger Küste; fast rein ozean. Klima mit milden, regenreichen Wintern und relativ kühlen, trockenen Sommern. Das Innere ist z. T. von Heiden, Mooren und Wäldern bedeckt und nur schwach besiedelt. In geschützten, fruchtbaren Beckenlandschaften, gekennzeichnet durch wallartige Hecken (Bocage) und Streusiedlungen, wird Getreide- und Viehwirtschaft betrieben; bed. Butter- und Käseproduktion. An der warmen Südküste Anbau von Spezialkulturen (Saat- und Frühkartoffeln, Artischocken, Erdbeeren); Fischerei (Sardinen, Thunfisch, Kabeljau, Austern, Muscheln); Abbau von Kaolin; Maschinen- und Fahrzeugbau, Möbel- und Bekleidungsind., elektrotechn. und elektron. Ind.; bed. Fremdenverkehr. Die heutige Region B. umfasst die Dép. Côtes d'Armor, Finistère, Ille-et-Vilaine und Morbihan; 27 209 km², 3,044 Mio. Ew.; Hauptstadt ist Rennes.

Geschichte: 56 v. Chr. unterwarf Caesar das keltisch besiedelte Gebiet, das als **Armorica** Teil des röm. Galliens wurde. Im 5./6. Jh. n. Chr. ließen sich Briten (Brittones, Bretonen) in der B. nieder. Ab Mitte des 9. Jh. ein zeitweise unabhängiges Territorium, das 1297 als frz. Herzogtum bestätigt wurde, kam die B. als letztes großes Lehnsfürstentum durch Heirat an Frankreich (1532), behielt aber Sonderrechte bis zur Frz. Revolution. Während der Revolution war die B. Schauplatz eines blutigen Bürgerkrieges (→Chouans). – Im 20. Jh. kam es zu militanten Autonomiebestrebungen.

Breth, Andrea, Regisseurin und Theaterleiterin, * Darmstadt 31. 10. 1952; 1986–90 Regisseurin am Schauspielhaus Bochum, 1992–97 Leitungsmitglied der Schaubühne Berlin; hier weitere Regiearbeiten bis 1999 und seitdem Hausregisseurin am Burgtheater Wien. B.s Theaterarbeit ist von einer intensiven Auseinandersetzung mit dem literar. Text als Inszenierungsvorlage geprägt.

Breton [brəˈtõ], André, frz. Schriftsteller, * Tinchebray (Dép. Orne) 18. 2. 1896, † Paris 28. 9. 1966; zunächst Dadaist; wichtiger Theoretiker des literar. →Surrealismus (»Manifeste« des Surrealismus, 1924, 1930); musterhaft setzte er das surrealist. Konzept in dem gemeinsam mit P. Soupault verfassten Text »Die

Brest 1)
Stadtwappen

Bretagne
historisches
Wappen

Bretagne: an der Atlantikküste

magnet. Felder« (1920) um; in der Erzählung »Nadja« (1924) brach er radikal mit überkommenen Erzählweisen. Auch in zahlr. Essays setzte er sich mit dem Surrealismus auseinander.

Bretonen, i. e. S. Name der kelt. Briten, die vom 5. bis 6. Jh., von Angeln, Sachsen und Jüten bedrängt, aus ihrer Heimat flohen und sich in der Bretagne niederließen, wo sie sich mit den älteren (romanisierten) kelt. Bewohnern vermischten. Ihre Nachkommen bewahrten bis heute viele Eigenarten und Überlieferungen. I. w. S. werden alle Einwohner der Bretagne B. genannt.

bretonische Sprache und Literatur. Die breton. Sprache gehört zur britann. Gruppe der kelt. Sprachen; sie wird im westl. Teil des ehem. Herzogtums der Bretagne gesprochen. Man unterscheidet Altbretonisch (800–1100), Mittelbretonisch (1100–1650) und Neubretonisch (seit dem 17. Jh.). – Die ältere breton. Literatur ist von geringer Bedeutung, da schon im MA. die politisch und kulturell führenden Bev.-Schichten zur frz. Sprache übergingen. Von der Mitte des 15. Jh. an existiert eine mittelbreton. Literatur meist religiösen Inhalts: lat. oder frz. Vorbildern nachgestaltete Mysterien, Passionen und Heiligenleben. Im 19. Jh. entstand erstmals eine eigenständige breton. Literatur (v. a. Volkslieder). Die eigentl. Blüte fällt ins 20. Jh.; wichtige Vertreter sind u. a. der Dramatiker T. Malmanche, der Lyriker R. le Masson sowie J. Riou, R. Hemon, Y. Drezen, F. Elies.

Brettchenweberei, in allen Erdteilen verbreitete einfache Handwebmethode, bei der mehrere nebeneinanderliegende Brettchen (aus Holz, Knochen u. Ä.) zw. 2 oder 4 Fäden der Kette eingespannt sind. Zur Fachbildung werden die Brettchen gedreht und der Schuss hindurchgeführt.

Bretten, Große Kreisstadt im Landkreis Karlsruhe, Bad.-Württ., im südöstl. Kraichgau, 28 100 Ew.; Melanchthon-Gedächtnishaus (an der Stelle des 1689 zerstörten Geburtshauses); Maschinenbau, elektrotechn. Industrie, Softwareentwicklung, Herstellung von Haushaltsgeräten, Glas- und Kunststoffverarbeitung. – Fachwerkhäuser aus dem 16./18. Jh. – B. wurde im 13. Jh. Stadt.

Bretton Woods ['bretn wʊdz], Ort in New Hampshire, USA. Vom 1. bis 23. 7. 1944 Tagungsort der Währungs- und Finanzkonferenz der UNO (44 Staaten). In den **Abkommen von B. W.** wurden die Verträge über die Errichtung des →Internationalen Währungsfonds (IWF) und der Internationalen Bank für Wiederaufbau und Entwicklung (→Weltbank) beschlossen; 1946 in Kraft getreten.

Brettsegeln, das →Surfen.

Brettspiele, Unterhaltungsspiele, die mit Figuren oder Steinen auf einem Spielbrett gespielt werden. Die B. sind »Verstandes-« oder Glücksspiele, z. B. Dame, Go, Halma, Mühle, Puff (Backgammon, Tricktrack), Salta, Schach.

Breu, Preu, Jörg d. Ä., Maler und Zeichner für den Holzschnitt, * Augsburg um 1475, † ebd. 1537; malte 1496–1502 für österr. Klöster (Zwettl, Herzogenburg, Melk) bed. Altarblätter, deren Stil sich bereits der →Donauschule näherte. 1502 wurde B. Meister in Augsburg. Sein Werk verband nun Elemente der Renaissance und des Manierismus.

Breuer, 1) Josef, österr. Internist, * Wien 15. 1. 1842, † ebd. 20. 6. 1925; in den Anfängen der Psychoanalyse Mitarbeiter von S. Freud (»Studien über Hysterie«, 1895, mit Freud).

2) Marcel Lajos, amerikan. Architekt und Designer ungar. Herkunft, * Pécs 21. 5. 1902, † New York 1. 7. 1981; seit 1925 Meister am Bauhaus, konstruierte dort die ersten serienmäßigen Stahlrohrstühle; emigrierte 1934, wirkte später in den USA. B. baute 1953–58 zus. mit P. L. Nervi und B. Zehrfuss das UNESCO-Gebäude in Paris, 1963–66 zus. mit H. Smith das Whitney Museum of American Art in New York.

3) Peter, Bildschnitzer, * Zwickau um 1472, † ebd. 12. 9. 1541; Schüler von T. Riemenschneider, unterhielt seit 1502 in Zwickau eine Werkstatt. Sein Hauptwerk, die »Beweinung Christi« (um 1502; Zwickau, Marienkirche), gehört zu den wertvollsten und ausdrucksstärksten plast. Werken der Spätgotik.

Breughel [ˈbrøːxəl], niederländ. Malerfamilie, →Bruegel.

Breuil [brœj], Henri, frz. Prähistoriker, * Mortain (Dép. Manche) 28. 2. 1877, † L'Isle-Adam (Dép. Val-d'Oise) 14. 8. 1961; lieferte die Grundlagen für die Chronologie der Altsteinzeit, begründete die systemat. Erforschung der vorgeschichtl. Kunst, bes. der Felsbilder.

Breuker [ˈbrøkər], Willem, niederländ. Jazzmusiker (Klarinettist, Saxofonist) und Komponist, * Amsterdam 4. 11. 1944; gründete 1967 seine Band »Kollektief«, in deren Spiel sich moderner Jazz mit Volks- und Popmusik verbindet; schrieb auch Bühnenmusik.

Breve [lat. »kurz«] *das,* kurzer päpstl. Erlass, auch Apostol. Brief (Litterae apostolicae) genannt; wird in lat. Sprache abgefasst und bei bestimmten Verwaltungsakten (bes. der Verleihung von Ehrenrechten) angewendet.

Brevet [breˈvɛ; frz., zu lat. brevis »kurz«] *das,* in Frankreich urspr. offener Gnadenbrief des Königs, heute staatl. Verleihungsurkunde, z. B. für Diplome oder Patente.

Brevier [zu lat. brevis »kurz«] *das,* **Breviarium,** urspr. ein kurzes Verzeichnis aller Teile des kirchl. →Stundengebets, in das später auch die entsprechenden Gesänge, Psalmen und Gebete selbst nach der Ordnung des Kirchenjahres aufgenommen wurden.

Brevis [lat.] *die, Musik:* Notenwert der Mensuralnotation.

brewstersches Gesetz [ˈbruːstə-], von dem brit. Physiker D. Brewster (* 1781, † 1868) 1815 formuliertes Gesetz für die Reflexion von Licht an der Grenzfläche zweier isotroper, nicht absorbierender Medien mit den Brechzahlen $n_1 < n_2$: Der reflektierte Strahl erfährt vollständige lineare →Polarisation, wenn er senkrecht auf dem gebrochenen Strahl steht. Der Tangens des **Brewster-** oder **Polarisationswinkels** ist dann gleich dem Verhältnis n_2/n_1.

Breysig, Kurt, Kulturhistoriker, * Posen 5. 7. 1866, † Bergholz-Rehbrücke (bei Potsdam) 16. 6. 1940; Prof. in Berlin 1896–1934, suchte universalhistor. Entwicklungsgesetze nachzuweisen, nach denen die Menschheit zu immer höheren Kulturstufen aufsteigt; beeinflusste O. Spenglers Kulturmorphologie.

Werk: Kulturgesch. der Neuzeit, 2 Bde. (1900–01).

Breytenbach, Breyten, südafrikan. Schriftsteller, Maler und Grafiker, * Bonnievale (bei Swellendam, Prov. West-Kap) 16. 9. 1939; war in Paris in der Gruppe

brewstersches Gesetz: Ein unter dem Brewster-Winkel α_p einfallender Strahl E wird in einen polarisierten reflektierten Strahl R und in einen unpolarisierten gebrochenen Strahl G geteilt (α_1 Einfallswinkel = α'_1 Reflexionswinkel, α_2 Brechungswinkel).

der Sestigers aktiv; war wegen seiner Rolle in der Antiapartheidbewegung in südafrikan. Haft (»Wahre Bekenntnisse eines Albino-Terroristen«, 1983), wurde 1982 nach Frankreich abgeschoben; schreibt in Afrikaans und Englisch Poesie über Vergänglichkeit, Verwesung, Wachstum und Leben sowie Liebeslyrik. Seine Prosa ist durch Sprachexperimente gekennzeichnet. – *Weitere Werke: Romane:* Augenblicke im Paradies (1976); Erinnerung an Schnee und Staub (1989). – *Andere Prosa:* Mouroir, Spiegelungen eines Romans (1984); Alles ein Pferd. Texte u. Bilder (1990); Rückkehr ins Paradies. Ein afrikan. Journal (1993); Mischlingsherz (1998). – *Lyrik und Prosa:* Schlußakte Südafrika (1984).

Březan [ˈbrizan], Jurij, Schriftsteller sorb. und dt. Sprache, * Räckelwitz (Landkreis Kamenz) 9. 6. 1916, † Kamenz 12. 3. 2006; war der wichtigste Vertreter der sorb. Literatur des 20. Jh.s; schrieb auch in dt. Sprache; zeitgeschichtlich interessant ist die z. T. autobiograf. »Felix-Hanusch-Trilogie«: »Der Gymnasiast« (1958), »Semester der verlorenen Zeit« (1960), »Mannesjahre« (1964). In dem Roman »Krabat oder die Verwandlung der Welt« (1976) knüpfte er an sorb. Mythen an und thematisierte gleichzeitig die Gefahren moderner naturwiss. Forschung. Er schrieb auch Dramen, Hörspiele und Kinderbücher.
Weitere Werke: Romane: Bild des Vaters (1982); Krabat oder die Bewahrung der Welt (1994); Die grüne Eidechse (2000). – *Autobiografisches:* Mein Stück Zeit (1989); Ohne Pass und Zoll (1999).

Březina [ˈbrɛzina], Otokar, eigtl. Václav **Jebavý**, tschech. Lyriker, * Počátky (Südböhm. Gebiet) 13. 9. 1868, † Jaroměřice nad Roktytnou (Südböhm. Gebiet) 25. 3. 1929; zählte zu den führenden tschech. Symbolisten; schrieb Hymnen und Gedichte voller Musikalität.

brianchonscher Satz [briãˈʃõ-; nach dem frz. Mathematiker C. J. Brianchon, * 1783, † 1864], geometr. Lehrsatz: Wird einem Kegelschnitt ein Sechseck umbeschrieben, so schneiden sich die Verbindungsgeraden gegenüberliegender Ecken in einem Punkt (**brianchonscher Punkt**). Der b. S. ist der duale Satz zum →pascalschen Satz.

Briançon [briãˈsõ], Stadt im frz. Dép. Hautes-Alpes, in den frz. S-Alpen, 12 100 Ew.; mit 1 320 m ü. M. eine der höchst gelegenen Städte Europas; Textil- und Holzind.; Wintersport.

Briand [briˈã], Aristide, frz. Politiker, * Nantes 28. 3. 1862, † Paris 7. 3. 1932; urspr. Sozialist (1901–05 Gen.-Sekr. der Frz. Sozialist. Partei), später Mitgl. der Sozialrepublikan. Partei, 1902–32 Abg., war ab 1906 mehrfach Min. und Min.-Präs. (zuletzt 1925–26 und 1929). Als Min. für Unterricht und Kultur (1906–08) führte er in Frankreich die Trennung von Staat und Kirche durch. Als Außenmin. verband er die Wahrung der frz. Interessen mit der Friedensidee und dem Gedanken der europ. Verständigung (Abschluss des Locarnopaktes, 1925). Zus. mit G. Stresemann erhielt er 1926 den Friedensnobelpreis. B. förderte maßgeblich den »Kriegsächtungspakt« von 1928 (→Briand-Kellogg-Pakt).

Briand-Kellogg-Pakt [briˈã-; nach A. Briand und F. B. Kellogg], am 27. 8. 1928 in Paris durch Belgien, Dtl., Frankreich, Großbritannien, Italien, Japan, Polen, die Tschechoslowakei und die USA unterzeichneter völkerrechtlich wirksamer Vertrag, mit dem der Krieg als Mittel zur Lösung internat. Streitfälle verurteilt wurde. Das Recht eines jeden Staates auf Selbstverteidigung blieb als unveräußerl. Recht jedoch anerkannt. Bis 1939 traten dem Pakt 63 Staaten bei. Sein materieller Inhalt ging in die Satzung der UN ein. Bei den Kriegsverbrecherprozessen der Alliierten nach dem Zweiten Weltkrieg gegen dt. und jap. Politiker spielten die Regeln des B.-K.-P. eine wesentl. Rolle.

Bridge [brɪdʒ, engl.] *das,* aus dem Whist entstandenes Kartenspiel mit 52 frz. Karten für vier Teilnehmer. Zwei einander gegenübersitzende Spieler bilden ein Paar, das gegen das andere spielt.

Bridgend, Stadt in S-Wales, am Ogmore, 39 400 Ew., Zentrum der Unitary Authority Bridgend (251 km^2) mit 131 000 Ew.; Motorenfabrik der Ford Motor Company.

Bridgeport [ˈbrɪdʒpɔːt], Industriestadt in SW-Connecticut, USA, am Long Island Sound, 139 700 Ew.; kath. Bischofssitz; Univ.; Herstellung von Werkzeug-, Näh-, Büromaschinen, Raketenteilen, Munition, elektr. Apparaten.

Bridgetown [ˈbrɪdʒtaʊn], Hauptstadt und -hafen von Barbados, Westindien, 140 000 Ew.; Zweigstelle der University of the West Indies; Zucker-, Rumfabriken.

Bridgman [ˈbrɪdʒmən], Percy Williams, amerikan. Physiker und Wissenschaftstheoretiker, * Cambridge (Mass.) 21. 4. 1882, † (Selbsttötung) Randolph (N. H.) 20. 8. 1961; erforschte das Verhalten der Materie bei sehr hohen Drücken und erhielt dafür 1946 den Nobelpreis für Physik. B. begründete den →Operationalismus.

Brie [bri:], fruchtbare Landschaft im Zentrum des Pariser Beckens, zw. Seine und Marne.

Brief [ahd., von lat. brevis (libellus) »kurzes (Schreiben)«], schriftl. Mitteilung an einen Adressaten, traditionell als Postsendung, heute häufig auch als E-Mail. Neben dem eigentl. privaten B. gibt es noch den offiziellen B. für Mitteilungen oder Anweisungen sowie den meist auf polit. Wirkung abzielenden »offenen Brief«. In jeder Form – privat oder als literar. B. fiktiv und zur Veröffentlichung bestimmt – stellen B. wichtige Zeitdokumente und direkte Spiegel des geistigen Lebens dar (weltliterarisch bed. B. u. a. von Cicero, Ovid, im N. T., von Luther und Voltaire). Auch für den Roman wurde die Form genutzt (**B.-Romane** u. a. von S. Richardson, Montesquieu, Rousseau, Gellert).

Briefadel, durch »Adelsbrief« verliehener →Adel.

Briefaufstellmaschine, Maschine, in der die von der Formattrennmaschine kommenden Sendungen nach Abtasten der Lage der Briefmarke zum Stempeln aufgestellt werden; die Sendungen gelangen dann über die Stempelmaschine zum →Codierplatz.

Briefing [ˈbriːfɪŋ, engl.] *das,* **1)** *allg.:* kurze Unterrichtung, Einweisungs-, Informationsgespräch.
2) *Militärwesen:* Lagebesprechung.
3) *Werbung:* aus der Marketingkonzeption eines Unternehmens im Einzelfall abgeleitete Konkretisierung der Aufgaben einer Werbemaßnahme mit den nötigen Angaben z. B. über Werbeobjekte (Produkte), Zielgruppe, Distributionsweg, Einsatzgebiet und -zeitraum der Werbung, Kostenplan.

Briefkurs, börsenmäßiger Angebotskurs eines Wertpapiers.

Briefmarke, Postwertzeichen, aufklebbares Wertzeichen zur →Freimachung von Postsendungen; von der Dt. Post AG als Quittung für vorausgezahltes Beförderungsentgelt in versch. Stückelungen (als Dauerserien oder Sonder-B.) verkauft. Darüber hi-

Breyten Breytenbach

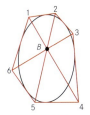

brianchonscher Satz
(B brianchonscher Punkt)

Aristide Briand

Percy Bridgman

Briefmarke: Mauritius 1847, 2 Pence (die »blaue Mauritius«)

naus existieren Markengattungen für besondere Sendungsarten bzw. Zusatzleistungen (Eil-, Paket-, Luftpostmarken u. a.). Zur Erschwerung von Fälschungen dienen besonderes Papier, Wasserzeichen, geheime Stecherzeichen u. a. Die ersten B. erschienen 1840 in Großbritannien, 1849 in Dtl. (Bayern).

Briefmarkenkunde, die →Philatelie.

Brief-, Post- und Fernmeldegeheimnis. Nach Art. 10 GG sind das B.-, P.- und F. unverletzlich; strafrechtlich durch §§ 201, 202, 206 StGB geschützt. Das Briefgeheimnis umfasst schriftl. Äußerungen aller Art, das Postgeheimnis alle dem Post zur Beförderung übergebenen Sendungen (auch Pakete), das Fernmeldegeheimnis den Inhalt der Telekommunikation. Beschränkungen des B.-, P.- und F. sind nur aufgrund eines Ges. erlaubt und dienen bes. der Strafrechtspflege. Im Strafverfahren kann der Richter bei Verdacht bestimmter Straftaten, deren Kreis durch die Ges. zur Bekämpfung der organisierten Kriminalität 1992 und 1998 erweitert wurde, die Überwachung und Aufzeichnung der Telekommunikation des Beschuldigten anordnen (§§ 100 a–d StPO). Nach dem Ges. zur Beschränkung des B.-, P.- und F. (Ges. »G 10«) können Verfassungsschutzbehörden, MAD und Bundesnachrichtendienst (Abk.: BND) bes. zur Abwehr drohender Gefahren für die freiheitl. demokratische Grundordnung, der BND aber auch zur Bekämpfung der organisierten Kriminalität Postsendungen öffnen und den Fernmeldeverkehr überwachen. In *Österreich* ist das Briefgeheimnis in Art. 10, das Fernmeldegeheimnis in Art. 10 a Staatsgrund-Ges. geschützt, in der *Schweiz* durch Art. 13 Bundesverfassung.

Briefroman, →Brief.

Briefs, Goetz, Volkswirtschaftler und Soziologe, *Eschweiler 1. 1. 1889, †Rom 16. 5. 1974; Prof. u. a. in Berlin und nach Flucht (1934) in den USA, Mitbegründer der Betriebssoziologie.

Briefsendungen, in den »Allgemeinen Geschäftsbedingungen der Dt. Post AG für den Briefdienst« zusammenfassende Bez. für Briefe, Postkarten, Infopost, Postwurf-, Blinden-, Waren-, Büchersendungen und Telebriefe. Im Frachtdienst gibt es darüber hinaus die B. Päckchen, Infopost-Schwer und Blindensendung-Schwer.

Briefsteller, urspr. eine Person, die für andere Briefe schreibt; das Gewerbe des öffentl. B. hielt sich in Europa bis etwa 1900; auch Buch mit Anweisungen zum Briefeschreiben, zuerst im 11. Jh. in Italien; seit dem 18. Jh. traten an die Stelle allg. gehaltener B. spezielle (z. B. für Berufsstände: Landwirte, Kaufleute). In diesem Sinne sind B. bis heute gebräuchlich.

Brieftaube, aus versch. Haustaubenrassen gezüchtete Sporttaube mit bes. gutem Heimfindevermögen, Rückflüge bis zu 1000 km, bei einer durchschnittlichen Fluggeschwindigkeit von etwa 1 km/min. Beförderung von Nachrichten durch B. war schon im Altertum, bes. im Orient, verbreitet. Über den wettkampfmäßigen B.-Flug →Taubensport.

Briefverteilmaschine, Anlage, die die von den Codierplätzen kommenden Sendungen verteilt. Der am →Codierplatz aufgebrachte Code (z. B. für die Postleitzahl) wird optisch oder magnetisch abgetastet, die dabei gewonnenen Signale werden in Steuerkommandos umgewandelt und die Sendungen z. B. über Weichen den Verteilfächern zugeführt.

Briefwahl, in Dtl. die durch Bundeswahlgesetz und zahlr. Landeswahlgesetze dem Wahlberechtigten gegebene Möglichkeit, bes. bei Abwesenheit vom Wahlort den Stimmzettel in einem amtl. Umschlag durch die Post einzusenden. Ähnlich ist die B. in der *Schweiz* geregelt. Das *österr.* Recht kennt die B. nur eingeschränkt.

Brieg, dt. Name der poln. Stadt →Brzeg.

Briekäse, ein Weichkäse, →Käse.

Brienz (BE), Kurort im Kt. Bern, Schweiz, 2900 Ew., 568 m ü. M.; Elektromotorenbau; Geigenbauschule, Holzschnitzerschule. B. liegt am **Brienzer See** (29,8 km² groß, bis 261 m tief), der von der Aare durchflossen wird; Dampfzahnradbahn auf das **Brienzer Rothorn** (2350 m ü. M.). Östlich von B. liegt das schweizer. Freilichtmuseum für ländl. Siedlungswesen **Ballenberg**.

Bries, Brieschen, Briesel, beim Kalb auch **Kalbsmilch,** volkstüml. für →Thymus.

Briey [bri'ɛ], Stadt im Dép. Meurthe-et-Moselle, in Lothringen, Frankreich, 4500 Ew.; im Eisenerzbecken von B.-Longwy; seit dem späten MA. Hüttenwerke (Minette).

Brig, schweizer. Ort, →Brig-Glis.

Brigach *die,* linker Quellfluss der Donau.

Brigade [frz.] *die,* in *Armeen* kleinster Großverband des Heeres, der aus Verbänden verschiedener Truppengattungen besteht und selbstständig in Gefechten operieren kann.

Brigadier [-'dje] *der,* **1)** Führer einer Brigade. **2)** im brit. Heer höchster Stabsoffiziersdienstgrad; in Österreich und der Schweiz dem dt. Brigadegeneral entsprechender Dienstgrad (Einsterngeneral).

Briganten, lat. **Brigantes,** im Altertum kelt. Volksstamm im mittleren Britannien, Hauptort: Eburacum (heute York).

Briganten, ital. **Briganti,** frz. **Brigands** [bri'gã], Aufständische und Räuber, bes. die Söldnerbanden des Hundertjährigen Krieges in Frankreich sowie im 19. Jh. in Süditalien.

Brigantine [nach den Briganten] *die,* **1)** im 15. Jh. enger Panzerrock, mit dicht übereinanderliegenden Eisenplättchen besetzt. **2) Schonerbrigg,** zweimastiges Segelschiff, bei dem nur der Fockmast voll getakelt ist; leichte Form der Brigg.

Brigg [Kurzform von Brigantine] *die,* Segelschiff mit Fock- und Großmast, die mit Rahen getakelt sind.

Brig-Glis, Stadt und Bezirkshauptort im Kt. Wallis, Schweiz, an der Rhone, 11 900 Ew.; Verkehrsknotenpunkt (Südende der Lötschbergstrecke und der Furka-Oberalp-Bahn, Nordende der Simplonstrecke) mit Autoverladung; Maschinenwerkstätten, chem. Industrie. Stockalperpalast (1658–78, heute Rathaus). – Die Gemeinde besteht seit 1972 nach dem Zusammenschluss von Brig mit Glis und Brigerbad.

Briggs [brɪgz], Henry, engl. Mathematiker, *Warleywood (Yorkshire) im Febr. 1561, †Oxford 26. 1. 1630; führte die briggsschen (oder dekad.) →Logarithmen ein.

Brighella [bri'gɛla; ital., zu briga »Mühe«, »Streit«] *der,* Maskentyp der italien. Commedia dell'Arte: intriganter Diener.

Brighton and Hove [braɪtn ənd həʊv], Stadt und Unitary Authority, SO-England, an der Kanalküste, 250 000 Ew.; 2000 vereinigten sich die Städte Brighton und Hove; zwei Univ.; Werkzeug-, Bekleidungs-, Leichtindustrie, Maschinenbau, elektrotechn. Industrie; bed. Fremdenverkehr. – Der Ortsteil **Brighton** ist seit Ende des 18. Jh. See- und Heilbad; der Royal Pavilion (18. Jh.) wurde 1815–23 im historisierenden

Brighton and Hove
Stadtwappen

Mogulstil umgebaut. Der Ortsteil **Hove** ist seit dem 19. Jh. Seebad (Garten- und Parkanlagen).

Brigitta, Brigida, Schutzheilige Irlands, * Fochard (heute Faugher, Nordirland) in Leinster um 453, † Kildare 1. 2. 523; Gründerin mehrerer Klöster, darunter des Klosters Kildare; im MA. in fast ganz Westeuropa verehrt. Tag: 1. 2.

Brigitte, eine der größten dt. Frauenzeitschriften (Auflage 2006, 3. Quartal: 783 000 Exemplare), gegr. 1954, erscheint 14-täglich im Verlag Gruner + Jahr, Hamburg.

Brikett [frz., zu brique »Ziegelstein«] *das,* in Form von Quadern, Würfeln oder Eiern gepresste Steinkohle, Braunkohle, Erze oder Futtermittel.

Brillant [brɪlˈjant; frz. »glänzend«, »leuchtend«] *der,* im B.-Schliff geschliffener Diamant. B.-Schliff: Durch Abschleifen (später Absägen) einer Spitze des Oktaeders entstand der im 16./17. Jh. vorherrschende Tafelstein, der im 18. Jh. durch Anlegen von Facetten zum stumpfrechteckigen B. wurde (Altschliff). Im 19. Jh. setzte sich die runde Form durch, die heute weitgehend unabhängig von der Kristallform hergestellt wird. Der B. hat festgelegte Proportionen, um die aus den opt. Materialkonstanten des Diamanten (→Brechung, →Dispersion) resultierende Wirkung (Glanz, Brillanz, Farbenspiel, »Feuer«) im Höchstmaß zu entfalten.

Brillantine [brɪljanˈtiːnə, frz.] *die,* kosmet. Präparat zur Fixierung und Fettung der Haare.

Brillat-Savarin [briˈja savaˈrɛ̃], Anthelme, frz. Schriftsteller, * Belley (Dép. Ain) 1. 4. 1755, † Paris 2. 2. 1826; zeitweilig im Exil, später u. a. Rat des Kassationsgerichtshofs; literarisch bekannt durch seine humor- und geistvolle Theorie der Tafelfreuden (»Physiologie des Geschmacks«, 2 Bde., 1825).

Brille [urspr. Bez. für das einzelne Augenglas (nach dem Beryll, der in geschliffener Form als Linse verwendet wurde)], Vorrichtung aus einem Traggestell mit Ohrenbügeln und 2 miteinander verbundenen B.-Gläsern aus Glas oder Kunststoff zur Verbesserung des Sehvermögens, bes. zum Ausgleich von Brechungsfehlern des Auges (**Korrektions-B.**). Dem Schutz des Auges vor schädl. oder störenden Einflüssen dienen →Schutzbrillen, die meist Gläser ohne opt. Wirkung enthalten.

Brillengläser mit opt. Wirkung: Achsensymmetr. B.-Gläser sind 1) **sphär.** Gläser mit beidseits kugelförmig gekrümmten Oberflächen. Dabei sammeln **Plusgläser** (konvexe Linsen) parallel auffallende Strahlen zu einem Vereinigungspunkt und werden daher bei Übersichtigkeit bzw. Weitsichtigkeit und Alterssichtigkeit verwendet. **Minusgläser** (konkave Linsen) zerstreuen ein parallel auffallendes Strahlenbündel und werden bei →Kurzsichtigkeit verwendet. 2) **Asphär. Gläser** mit einer nicht kugelförmigen Oberfläche werden bei starker Weitsichtigkeit und Linsenlosigkeit des Auges (z. B. nach Staroperationen) als Stargläser verwendet. Die zweite Fläche kann sphärisch oder torisch (tonnenförmig) sein. Achsenunsymmetr. B.-Gläser sind 1) **astigmat.** Gläser (Zylindergläser), meist Kombinationen einer sphär. und einer tor. Fläche mit einer jeweils anderen opt. Wirkung zur Korrektur des Astigmatismus (Abbildungsfehler), und 2) **prismat. Gläser.** Bei diesen ist ein Prisma (Glaskeil) bestimmter Stärke und Basislage aufgeschliffen. Sie dienen zur Unterstützung oder der Wiederherstellung des binokularen Sehens vorwiegend bei Stellungsanomalien des Auges (Schielen). 3) Sind in einem B.-Glas zwei oder drei opt. Wirkungen für versch. Sehentfernungen vereinigt, so spricht man von **Zwei-** bzw. **Dreistärkengläsern** (**Bi-** bzw. **Trifokalgläser**). Der Übergang vom Fern- zum Nahteil erfolgt hierbei stufenweise, bei **Gleitsicht-** oder **Progressivgläsern** dagegen kontinuierlich. Diese **Mehrstärken-** oder **Panfokalgläser** gleichen bei Alterssichtigen das verringerte Akkommodationsvermögen aus. 4) **Lentikulargläser (Tragrandgläser)** haben eine starke opt. Plus- oder Minuswirkung im eingeschränkten zentralen Sehteil und einen dünn geschliffenen Randteil.

Moderne B.-Gläser sind meist konvex-konkav gekrümmt (Menisken); die konkave Hohlseite des B.-Glases ist dem Auge zugewandt. Bei **entspiegelten B.-Gläsern** werden störende Reflexe durch eine aufgedampfte, hauchdünne, unsichtbare Schicht beseitigt. **Fototrope Gläser** dunkeln infolge ihres Gehalts an Silberhalogeniden bei Lichteinfall nach und hellen im Dunkeln wieder auf. Anstelle einer B. können in vielen Fällen →Kontaktlinsen zur Korrektur von Sehfehlern getragen werden.

Brillenbär, →Bären.

Brillenschlange, Art der →Kobras.

Brillenspirale, von der Jungstein- bis zur Eisenzeit gebräuchl. Haar- und Hängeschmuck aus Kupfer-, Bronze- oder Golddraht, dessen Enden zu Spiralscheiben zusammengerollt sind.

Brillouin-Streuung [brijˈwɛ̃-; nach dem frz. Physiker L. Brillouin, * 1889, † 1969], Streuung von Licht an hochfrequenten Schallwellen (akust. →Phononen) in Flüssigkeiten und Festkörpern.

Brilon, Stadt im Hochsauerlandkreis, NRW, Kneippkurort 450–600 m ü. M., 28 500 Ew.; Wintersport; Studienzentrum der Fernuniversität Hagen; Akkumulatoren-, Holz-, Eisen-, Metall und Stein verarbeitende Industrie. Zw. B. und Olsberg die Bruchhauser Steine, vier bis 92 m hohe Quarzporphyrfelsen.

Brindisi, 1) Provinz in Apulien, Italien, 1 839 km², 400 600 Einwohner.

2) Hptst. von 1), Hafenstadt an der Adria, 88 200 Ew.; chem., petrochem. Ind.; Erzbischofssitz. – B., das röm. **Brundisium,** war seit dem 6. Jh. bis zur normann. Eroberung (1071) byzantinisch, Blüte im 12./13. Jh. (stauf. Kastell, »Castello Svevo«); Dom (13. Jh., im 18. Jh. erneuert). – Abb. S. 668

Brinell-Härte [nach dem schwed. Ingenieur J. A. Brinell, * 1849, † 1925], die Härte eines Werkstoffs, ermittelt mit der Brinellhärteprüfung (→Härteprüfung), angegeben in HB.

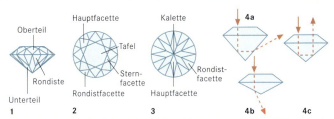

Brillant: Ansicht **1** von der Seite; **2** von oben; **3** von unten; **4** Schliff eines Brillanten: **a** Unterteil zu dick (Lichtstrahl verlässt den Stein seitlich), **b** Unterteil zu dünn (Lichtstrahl verlässt den Stein an der Unterseite), **c** ideales Verhältnis

Brille: Darstellungen sphärischer Gläser im Schnitt (oben), **a** Plusglas, **b** Minusglas, **c** prismatisches Glas; Darstellungen von Mehrstärkengläsern (Mitte), **a** Zweistärkenglas, **b** Dreistärkenglas; Darstellungen von Lentikulargläsern (unten), **a** Lentikularglas mit sammelnder Wirkung, **b** mit zerstreuender Wirkung

Brindisi 2): Das unter Kaiser Friedrich II. erbaute Stauferkastell »Castello Svevo« (im Hintergrund) wurde im 15. Jh. von Ferdinand von Aragonien und im 16. Jh. von Kaiser Karl V. weiter ausgebaut.

Brisbane Stadtwappen

Bristol Stadtwappen

Bringschuld, eine Schuld, die der Schuldner auf seine Gefahr und Kosten dem Gläubiger zu übermitteln hat; Ggs.: Holschuld.

Brink [brəŋk], André Philippus, südafrikan. Schriftsteller, * Vrede (Freistaat) 29. 5. 1935; zählte zur Gruppe der Sestigers; schreibt in Afrikaans und übersetzt seine Werke (Dramen, Prosa, häufig über die Probleme Südafrikas) meist selbst ins Englische, so u. a. »Blick ins Dunkel« (1973). Typisch ist dabei die Multiperspektivität und die damit verbundene Relativierung der Wirklichkeitskonstitution.
Weitere Werke: Romane: Die Nilpferdpeitsche (1982); Zeit des Terrors (1991); Sandburgen (1995).

Brinkman, Johannes Andreas, niederländ. Architekt, * Rotterdam 22. 3. 1902, † ebd. 6. 5. 1949; baute mit L. C. van der Vlugt (* 1894, † 1936) die Van-Nelle-Fabrik in Rotterdam (1926–30), ein hervorragendes frühes Beispiel einer funktionalen Stahlbetonkonstruktion, sowie das erste scheibenförmige Wohnhochhaus, das »Bergpolder«-Haus in Rotterdam (1934/35).

Brinkmann, Rolf Dieter, Schriftsteller, * Vechta 16. 4. 1940, † (Verkehrsunfall) London 23. 4. 1975; schrieb von der Pop-Art beeinflusste Lyrik, ferner Erzählungen und den Roman »Keiner weiß mehr« (1968).

brio [ital.], **con brio, brioso,** musikal. Vortragsbezeichnung: sprühend, feurig.

Brioche [briˈɔʃ, frz.] *die,* feines Hefegebäck.

Brioletts [frz.], **Doppelrosen,** ringsum facettierte, birnenförmige Diamanten, v. a. für Ohrgehänge geeignet.

Brion, Friederike, * Niederödern (bei Seltz, Elsass) 19. 4. 1752, † Meißenheim (Ortenaukreis) 3. 4. 1813; Tochter des Pfarrers in Sesenheim, wo Goethe sie als Straßburger Student 1770 kennenlernte. Ausdruck seiner Liebe waren die »Friederikenlieder«.

Brioni, eigtl. Gaetano **Savini,** ital. Modeschöpfer, * Terni 10. 9. 1909, † Rom 4. 8. 1987; gründete 1943/44 ein Atelier in Rom, 1961 stellte er erstmals eine Herren-Haute-Couture-Kollektion in London vor, 1962 eine in Japan, dann weltweite Lizenzen; als »Dior der Herrenmode« vereinte er Eleganz und Perfektion mit z. T. ungewöhnl., fantasievollen Ideen; bis heute fortgeführt.

Brionische Inseln, kroat. **Brijunski otoci,** kleine Inselgruppe an der SW-Küste Istriens, Kroatien, zus. 46 km². Die größte Insel ist **Brioni** (Touristenzentrum, Seebad) mit der ehem. Sommerresidenz Titos.

Brisanz, die zertrümmernde und/oder verformende Wirkung von Sprengladungen auf die unmittelbare Umgebung. Der **B.-Wert** ist das Produkt aus Dichte, spezif. Detonationsdruck und Detonationsgeschwindigkeit.

Brisbane [ˈbrɪzbən], Haupt- und Hafenstadt von Queensland, Australien, am Brisbane River, 28 km oberhalb seiner Mündung in den Pazifik, 1,6 Mio. Ew.; Sitz eines anglikan. und eines kath. Bischofs; drei Univ.; Verarbeitung und Export landwirtsch. Erzeugnisse (Wolle, Fleisch); Erdölraffinerie, Maschinenbau, Eisen-, Papier- und Textilind.; Fremdenverkehrszentrum mit weltbekannten Stränden; internat. Flughafen. – B. war 1824–39 Deportationsplatz; 1842 zur Ansiedlung freigegeben.

Brise [frz.], leichter bis mittlerer Wind (zw. Windstärke 2 und 5); günstiger Segelwind.

Briseis, bei Homer Lieblingssklavin des Achilleus vor Troja. Agamemnon nahm sie ihm fort und löste so den Groll Achills aus, der daraufhin dem Kampf um die Stadt fernblieb.

Bristol [brɪstl], Handels- und Hafenstadt und Unitary Authority in SW-England, durch den Avon mit dem Bristolkanal verbunden, 420 600 Ew. (Unitary Authority: 398 000); Univ., TH; Rundfunk- und Fernsehstudios, Museen, Theater; Maschinen- und Fahrzeugbau, Glas-, Möbel-, Textil-, Luft- und Raumfahrtind., Tabakwaren-, chem. und petrochem. Ind., Druckereien; Flughafen. – Got. Kathedrale, Theatre Royal (1766). – B. ist ein alter Handelsplatz, Blütezeit im 14. Jh. (Tuchexport) und vom 16. bis 18. Jh. (Zucker- und Sklavenhandel).

Bristolkanal [ˈbrɪstl-], Meeresbucht der engl. SW-Küste zw. Wales und den Küsten von Somerset und Devon, Fortsetzung der breiten Trichtermündung des Severn.

Bristow [ˈbrɪstəʊ], Gwen, amerikan. Schriftstellerin, * Marion (S. C.) 16. 9. 1903, † New Orleans (La.) 17. 8. 1980; beschrieb in ihrer »Louisiana-Trilogie« (1937–40) das Leben in den Südstaaten im 19. Jahrhundert.

Britannicus, Tiberius Claudius Caesar, Sohn des Kaisers Claudius und der Messalina, * 12. 2. 41, † vor dem 12. 2. 55; von seiner Stiefmutter Agrippina d. J. zugunsten Neros aus der Nachfolge verdrängt; auf dessen Befehl vergiftet.

Britannien, lat. **Britannia,** vom 1. bis 5. Jh. Bez. der röm. Prov. in England und S-Schottland; später poetisch für England bzw. Großbritannien verwendet. (→ Großbritannien und Nordirland, Geschichte)

Briten, 1) die kelt. Bewohner Britanniens.
2) die Bewohner von Großbritannien und Nordirland.

Britische Inseln, Inselgruppe in NW-Europa, umfasst die Hauptinseln Großbritannien und Irland, die Shetland- und Orkneyinseln, die Hebriden, die Inseln Man, Anglesey, Wight und viele kleinere Inseln, zus. über 315 000 km², rd. 64,0 Mio. Einwohner.

Britisches Museum, engl. **British Museum,** Museum in London, 1753 gegr., in einem klassizist. Gebäude (1823–57) von R. Smirke. Die Sammlungen des B. M. umfassen Hauptwerke der ägypt., vorderasiat. und griech.-röm. Kunst, darunter die Skulpturen vom Parthenon in Athen (→ Elgin Marbles), ferner Altertümer Großbritanniens, Kunstschätze aus aller Welt, Münzen, Medaillen, Grafiken und Zeichnungen. – Die Bibliothek entstand aus berühmten Sammlungen und zählt zu den größten der Welt; 1973 gingen die Bibliotheksabteilungen des B. M. in der neu gegr. →British Library auf.

Britisches Reich und Commonwealth [-ˈkɔmənwelθ], engl. British Empire, seit dem Ende des 19. Jh. zunehmend: British Commonwealth of Nations, nach dem Zweiten Weltkrieg: Commonwealth of Nations, heute: Commonwealth, Gemeinschaft des Vereinigten Königreichs von Großbritannien und Nordirland mit den Kolonien und sonstigen abhängigen Gebieten sowie folgenden unabhängigen Staaten: Antigua und Barbuda, Austral. Bund, Bahamas, Bangladesh, Barbados, Belize, Botswana, Brunei, Dominica, Fidschi, Gambia, Ghana, Grenada, Guyana, Indien, Jamaika, Kamerun, Kanada, Kenia, Kiribati, Lesotho, Malawi, Malaysia, Malediven, Malta, Mauritius, Moçambique, Namibia, Nauru (indirekt), Neuseeland, Nigeria, Pakistan, Papua-Neuguinea, Saint Kitts und Nevis, Saint Lucia, Saint Vincent und die Grenadinen, Salomonen, Sambia, Samoa, Seychellen, Sierra Leone, Singapur, Sri Lanka, Rep. Südafrika, Swasiland, Tansania, Tonga, Trinidad und Tobago, Tuvalu (indirekt), Uganda, Vanuatu und Zypern.

Geschichte: Die Errichtung der Seeherrschaft Englands seit Ende des 16. Jh. (1588 Sieg über die span. Armada, erfolgreiche Seekriege gegen die Niederlande im 17. Jh.) war eine wichtige Voraussetzung für die Schaffung seines Kolonialreiches. Mit monopolist. Privilegien ausgestattete engl. Handelskompanien (bes. die Ostind. Kompanie ab 1600) legten überseeische Stützpunkte in Indien (Madras 1639, Bombay 1661) und im atlantisch-karib. Raum an (Barbados 1627, Jamaika 1655). Die Afrikakompanie setzte sich an der Goldküste fest, um sich einen Anteil am Sklavenhandel zu sichern. Überbevölkerung und religiöspolit. Konflikte in England führten zur Auswanderung von religiösen Minderheitengruppen und zur Gründung von Siedlungskolonien in Nordamerika (Virginia 1607, weitere 12 Kolonien bis 1732). Im Span. Erbfolgekrieg (1701–1713/14) sicherte sich Großbritannien mit der Eroberung Gibraltars (1704) den Zugang zum Mittelmeer. Nach dem Siebenjährigen Krieg (1756–63) musste sich das rivalisierende Frankreich 1763 aus Nordamerika und Ostindien zurückziehen. Allerdings verlor Großbritannien wenig später den Hauptteil seiner nordamerikan. Kolonien, die 1776–83 die Unabhängigkeit erkämpften (→Vereinigte Staaten von Amerika); es behielt jedoch das vorher frz. Kanada. Seit 1788 (Anlage einer Strafkolonie) erschlossen die Briten Australien für sich. Von strateg. Bedeutung war die Inbesitznahme Maltas (1800) und des Kaplands (1806) während der Napoleon. Kriege, bei deren Ende Großbritannien im Wiener Frieden 1815 auch die Seychellen und Mauritius erhielt. 1819 erwarb es Singapur, 1839 Aden und 1842 Hongkong. In Indien breitete sich die brit. Herrschaft immer weiter aus (1876 Proklamation der Königin Victoria zur Kaiserin von Indien). Bei der Aufteilung Afrikas fiel Großbritannien der Hauptanteil zu; es besetzte 1882 Ägypten und 1889 Rhodesien, unterwarf 1898 den östl. Sudan und 1899–1902 die südafrikan. Burenstaaten; gleichzeitig schuf es die Kolonien Nigeria und Kenia (Britisch-Ostafrika). 1919/20 wurden die meisten dt. Kolonien in Afrika als Völkerbundsmandate britisch, ferner im Nahen Osten Irak, Palästina und Transjordanien. Damit erreichte das Brit. Reich seine größte Ausdehnung.

Die alten Siedlungskolonien hatten schon seit 1847 parlamentar. Selbstverwaltung erhalten. Durch Zusammenschlüsse entstanden aus ihnen die Dominions Kanada (1867), Australien (1901), Neuseeland (1907) und die Südafrikan. Union (1910); in ihnen nahm ein Gen.-Gouv. die Rechte der Krone wahr. Sie stiegen seit 1918 zu selbstständigen und dem Mutterland gleichgestellten Gliedern des Brit. Reichs auf; sie wurden auch Mitglieder des Völkerbundes. Nachdem bereits die Empire-Konferenz von 1926 die Grundsätze des Commonwealth definiert hatte, wurde die staatsrechtl. Stellung der Dominions endgültig 1931 im Westminster-Statut verankert. Sie waren »autonome Gemeinschaften innerhalb des brit. Empire, gleich im Status, in keiner Weise einander in inneren und äußeren Angelegenheiten untergeordnet«, aber »doch durch eine gemeinsame Bindung an die Krone vereinigt und als Mitgl. des British Commonwealth of Nations frei assoziiert«.

Irland, das in einem blutigen Aufstand die Selbstständigkeit zu erringen versucht hatte, erhielt 1921 unter Abtrennung Nordirlands den Dominion-Status. 1922 erkannte Großbritannien Ägypten als unabhängigen Staat an, konnte sich jedoch im angloägypt. Vertrag von 1936 Souveränitätsrechte in einer Zone entlang des →Sueskanals sichern. Während des Zweiten Weltkrieges erstarkten unter dem Eindruck des jap. Vormarsches in O- und SO-Asien dort die nat. Bewegungen. Trotz zeitweiligen Verlustes von Herrschaftsgebieten (z. B. Singapur, Birma) überstand das British Commonwealth of Nations den Zweiten Weltkrieg territorial unversehrt. Der allmähl. Schwund der brit. Weltmachtstellung beschleunigte nach 1945 den Prozess der →Entkolonialisierung. Britisch-Indien, der Kern des ehem. brit. Imperiums, erlangte nach jahrzehntelanger Unabhängigkeitsbewegung unter Führung M. Gandhis 1947 die staatl. Unabhängigkeit, allerdings unter Teilung des Subkontinents in Ind. Union und Pakistan. Die Mehrzahl der unabhängig gewordenen Staaten in Asien, Afrika, Ozeanien und Zentralamerika blieb Mitgl. der Gemeinschaft. 1949 formulierte die Konferenz der Premierminister des Commonwealth of Nations die Stellung der brit. Krone neu, sodass auch Länder mit republikan. Staatsform im Commonwealth verbleiben konnten. Fortan galt die Krone als »Symbol der freien Vereinigung seiner unabhängigen Mitgliedsstaaten und insofern als Oberhaupt des Commonwealth«. 1995 wurde Moçambique als erstes nicht anglofones Land in das Commonwealth aufgenommen. Nur wenige Staaten schieden aus dem Commonwealth aus: Birma (1948), Irland (1949), die Südafrikan. Union (1961, Wiederaufnahme 1994), Pakistan (1972, Wiedereintritt 1989), Fidschi (1987, Wiedereintritt 1997). Nachdem 1991 auf dem 28. Gipfeltreffen die »Deklaration von Harare« über die Achtung der Menschenrechte und das Bekenntnis zur Demokratie verabschiedet worden war, wurde wegen Verstoßes dagegen 1995–99 die Commonwealth-Mitgliedschaft Nigerias und 1999–2004 die Pakistans suspendiert.

In einigen Gebieten führte der Prozess der Entkolonialisierung zu regional begrenzten krieger. Auseinandersetzungen mit der brit. Kolonialmacht: Mau-Mau-Aufstand (1949–56) in Kenia; Kämpfe mit kommunist. Partisanen auf der Malaiischen Halbinsel (1948–57). Weltpolit. Folgen hatte der Rückzug Großbritanniens aus Palästina (1948) und Zypern (1960). Nach Verstaatlichung der Sueskanalgesellschaft (1956) durch Ägypten intervenierten Großbritannien und Frankreich militärisch (»Sueskrise«), mussten sich jedoch unter dem Druck von den USA und der UdSSR wieder zurückziehen. Nach dem Scheitern des Zentralafrikan. Bundes (1963) führte die »einseitige Unabhängigkeitserklärung« (Süd-)Rhodesiens (1965) zu einem britisch-rhodes. Konflikt, seit Mitte der 1970er-Jahre zu einem Bürgerkrieg zw. der auf den europastämmigen Bevölkerungsminderheiten basierenden Reg. und den die schwarzafrikan. Bevölkerungsmehrheit des Landes vertretenden Befreiungsbewegungen. 1971 gab die brit. Reg. die grundlegende Erklärung ab, »östlich von Sues« keine wesentl. Interessen mehr zu besitzen. 1979 setzte Großbritannien auf der Genfer Rhodesienkonferenz eine Lösung für den Rhodesienkonflikt durch, 1980 entließ es das Land als Simbabwe in die Unabhängigkeit; dieses trat 2003 aus dem Commonwealth aus. – Mit Argentinien kam es 1982 zum Krieg um die Falklandinseln. Gemäß einem Vertrag von 1984 erfolgte 1997 die Rückgabe der brit. Kronkolonie Hongkong an die VR China.

Britisch-Guayana, ehem. britische Kolonie an der NO-Küste von Südamerika, →Guyana.

Britisch-Honduras, ehem. britische Kolonie, →Belize.

Britisch-Indi|en, i. e. S. die früher unter unmittelbarer britischer Herrschaft stehenden Teile Indiens; i. w. S. das ehem. britische Kaiserreich Indien (→Britisches Reich und Commonwealth), auf dessen Gebiet nach 1947 die Staaten Indien (Ind. Union), Pakistan, Birma und Bangladesh entstanden.

Britisch-Kolumbi|en, kanad. Provinz, →British Columbia.

Britisch-Nordborneo, ehem. britische Kolonie, →Sabah.

Britisch-Ostafrika, 1922 bis 1967 bestehender Zusammenschluss von Kenia, Tanganjika und Uganda.

Britisch-Somaliland, ehem. britisches Protektorat, →Somalia.

Britisch-Zentralafrika, bis 1907 Bez. für das heutige →Malawi.

British Aerospace PLC [ˈbrɪtɪʃ ˈɛərəʊspeɪs ˈpiːɛlsiː], Abk. **BAe,** brit. Unternehmen der Luft- und Raumfahrtind.; Sitz: Farnborough; gegr. 1977 durch Verstaatlichung und Fusion der British Aircraft Corporation mit anderen Unternehmen; 1985 reprivatisiert; 1999 Fusion mit der Marconi Electronic Systems plc zur →BAe Systems PLC.

British Airways

British Airways [ˈbrɪtɪʃ ˈɛəweɪz], London, führende brit. Luftverkehrsgesellschaft, 1974 aufgrund eines Beschlusses des brit. Unterhauses gegr. als Zusammenschluss von British European Airways Corporation (BEA, gegr. 1946), British Overseas Airways Corporation (BOAC, gegr. 1940), British Air Services, British Airways Helicopters, BOAC Associated Companies und der BOAC Engine Overhaul Ltd. Das urspr. zu 100 % staatl. Unternehmen wurde 1987 privatisiert. (→Luftverkehrsgesellschaften, Übersicht)

British American Tobacco p. l. c. [ˈbrɪtɪʃ əˈmerɪkən təˈbækəʊ ˈpiːɛlsiː], London, weltweit tätiger (87 Fabriken in 66 Ländern) brit. Tabakkonzern, gegr. 1902 als British-American-Tobacco Co. Ltd., firmierte 1976–98 als B. A. T. Industries p. l. c.; stieg nach Fusion mit der Rothmans International (1999) zu einem der weltweit führenden Tabakkonzerne auf und übernahm 2004 den ital. Konzern Ente Tabacchi Italiani (ETI).

British Columbia [ˈbrɪtɪʃ kəˈlʌmbɪə], **Britisch-Kolumbien,** westlichste Prov. Kanadas, 944 735 km^2, 4,25 Mio. Ew.; Hptst.: Victoria. B. C. liegt im Bereich der nordamerikan. Kordilleren: Im O steigen die kanad. Rocky Mountains bis 3 954 m hoch an, im W ragen die pazif. Coast Mountains bis 4 041 m auf, dazwischen liegen niedrigere Gebirgsketten mit Längssenken und z. T. stark zerschnittene Plateaus; der fjordreichen Küste sind viele Inseln vorgelagert. Über 70 % der Fläche sind bewaldet (Holzverarbeitung). Fischerei (bes. Lachs); Bergbau (u. a. Kupfer, Zink, Blei, Eisen, Molybdän, Kohle, Erdöl); landwirtsch. Anbau (Obst, Gemüse, z. T. mit Bewässerung) im Fraserdelta und den Flusstälern; im Binnenland extensive Weidewirtschaft. In und um Vancouver sind fast die Hälfte der Bev. und ein großer Teil der Ind. konzentriert (Holz-, Fisch- und Metallverarbeitung, chem. Ind., Aluminiumproduktion).

British Council [ˈbrɪtɪʃ ˈkaʊnsl], offizielle Kultur- und Bildungseinrichtung Großbritanniens im Ausland, 1934 gegr., soll Kenntnisse über Großbritannien verbreiten und die kulturellen Beziehungen zw. Großbritannien und dem jeweiligen Land vertiefen, u. a. durch Errichtung von »British Information Centres« mit Bibliotheken, Sprachkursen, Filmen, Vorträgen u. Ä. Der B. C. hat weltweit Niederlassungen; Sitz der Hauptverwaltung des B. C. für Dtl. ist Berlin.

British Indian Ocean Territory [ˈbrɪtɪʃ ˈɪndɪən ˈəʊʃn ˈtɛrɪtəri], unter brit. Verwaltung stehendes Gebiet im westl. Ind. Ozean, 46 km^2, 1965 gebildet, umfasst seit 1976 nur noch die →Chagosinseln.

British Library [ˈbrɪtɪʃ ˈlaɪbrəri], die 1973 durch Zusammenschluss mehrerer großer Bibliotheken in London neu gegr. Nationalbibliothek. Ihre Basis sind die ehem. Bibliotheksabteilungen des →Britischen Museums. Mit ihren Beständen (gesamt rd. 150 Mio Medieneinheiten, darunter über 11 Mio. gedruckte Monografien sowie über 300 000 abendländ. und oriental. Handschriften; Stand: 2006) zählt die B. L. zu den größten Bibliotheken der Welt. 1998 wurde der Neubau am Bahnhof St. Pancras eröffnet.

Britten, Benjamin, engl. Komponist, * Lowestoft (Cty. Suffolk) 22. 11. 1913, † Aldeburgh (Cty. Suffolk) 4. 12. 1976. Seine Musik, in einem gemäßigt modernen Stil, ist an die Tonalität gebunden mit besonderem Sinn sowohl für dramat. Aussage als auch für lyr. Stimmung; auch Dirigent und Pianist. Opern: »Peter Grimes« (1945); »Der Raub der Lukrezia« (1946; Neufassung 1947); »Albert Herring« (1947); »Billy Budd« (1951); »Ein Sommernachtstraum« (1960); »Owen Wingrave« (Fernsehoper, 1971); »Der Tod in Venedig« (1973); Orchester- und Chorwerke (z. B. »War Requiem«, 1962).

Britting, Georg, Schriftsteller, * Regensburg 17. 2. 1891, † München 27. 4. 1964; schrieb Werke von sinnenhaft-anschaul. (z. T. expressionist.) Naturerfassung; erzähler. Hauptwerk war der Roman »Lebenslauf eines dicken Mannes, der Hamlet hieß« (1932); schrieb auch Lebensfreude und schwermütige Todesahnung verbindende Lyrik.

Brive-la-Gaillarde [ˈbriv laɡaˈjard], Stadt im südwestfrz. Dép. Corrèze, am W-Rand des Zentralmassivs im Becken von Brive, 49 800 Ew.; Wasserschloss, Kirche St. Martin (11./12. Jh.).

Brixen, ital. **Bressanone, 1)** Stadt in der Prov. Bozen, Südtirol, Italien, an der Mündung der Rienz in

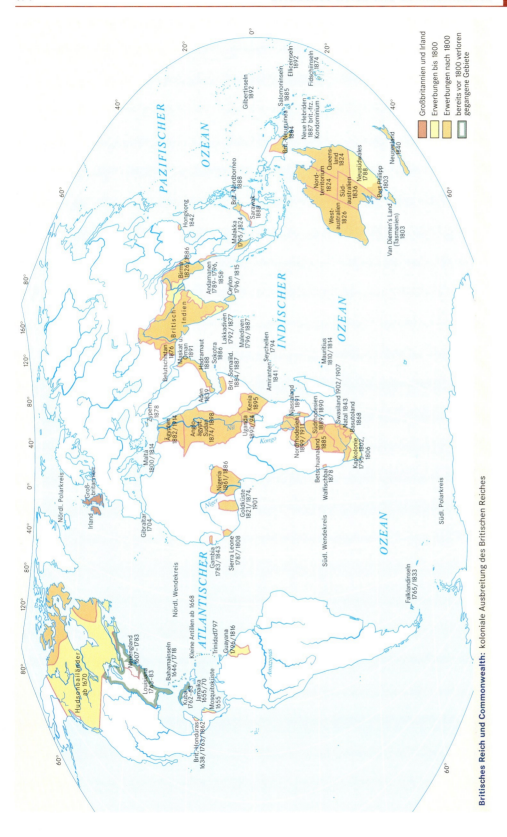

Hermann Broch

Friedrich Arnold Brockhaus

Max Brod

den Eisack, 18 700 Ew.; Weinbau; Fremdenverkehr. – Dom (13.–15. Jh., Neubau 1745–55) mit Fresken des 14. und 15. Jh. im roman. Kreuzgang (um 1200), ehemaliger bischöfl. Palast (begonnen 1270, Neubau 1591–1600), Bürgerhäuser vom MA. bis zum Barock. **2)** ehem. Bistum, bildete im 11. Jh. ein reichsunmittelbares geistl. Fürstentum, das 1803 an Tirol fiel. – 1964 wurde aus seinem Gebiet und dem bis dahin zum Erzbistum Trient gehörenden Teil der Prov. Bozen das Bistum Bozen-B. errichtet.

Brixental, rechtes Nebental des Inns in den Kitzbüheler Alpen, Tirol, Österreich, durchflossen von der **Brixentaler Ache;** Fremdenverkehr; Hauptort: Hopfgarten im Brixental.

Brixlegg, Markt-Gem. im Bez. Kufstein, Tirol, Österreich, im Inntal, 2 800 Ew.; Kupferhütte. Im Ortsteil **Mehrn** Schwefelbad; in der Umgebung die Burgen Matzen (13. Jh.) und Lichtenwerth (13. Jh.).

Brjansk, Gebietshauptstadt in Russland, an der Desna, 420 000 Ew.; Universität, TH; Stahl-, chem.-, Holz-, Papier- und Nahrungsmittelind., Maschinen-, Fahrzeug- und Schienenfahrzeugbau. – Im Zweiten Weltkrieg fand im Raum von B. und Wjasma vom 2. bis 12. 10. 1941 eine Kesselschlacht statt.

Brjussow, Waleri Jakowlewitsch, russ. Dichter, *Moskau 13. 12. 1873, †ebd. 9. 10. 1924; war Mitbegründer des russ. Symbolismus; schrieb Lyrik, Erzählungen, histor. Romane und Essays.

Brno [ˈbrno], Stadt in der Tschech. Rep., → Brünn.

Broadcast [ˈbrɔːdkɑːst; zu engl. »(Nachricht) verbreiten«], *Telekommunikation:* das gleichzeitige Versenden einer Nachricht an viele Empfänger. Klass. B.-Übertragungen sind Rundfunk und Fernsehen. Weitere Anwendungen betreffen die Datenübermittlung in Mobilfunknetzen und in lokalen Netzen (LAN).

Broadway [ˈbrɔːdweɪ, engl.], eine der Hauptstraßen von New York, USA, die den Stadtteil Manhattan in mehr als 20 km Länge durchzieht und das gitterartig angelegte Straßennetz diagonal schneidet; Zentrum des amerikan. Theaterlebens. (→ Off-Broadway)

Broccoli, ein Gemüsekohl, → Brokkoli.

Broch, Hermann, österr. Schriftsteller, *Wien 1. 11. 1886, †New Haven (Conn.) 30. 5. 1951; emigrierte 1938 in die USA, analysierte als Erzähler und Essayist den Zerfall der Werte, so in der zeitkrit. Romantrilogie »Die Schlafwandler« (1931/32), in der er romanhaftes Geschehen und geschichtsphilosoph. Reflexionen verband. Der Roman »Der Tod des Vergil« (1945) ist ein innerer Monolog (anders verstanden als bei J. Joyce) des sterbenden Dichters. Aus dem Nachlass erschien der »Bergroman« (4 Bde., krit. Ausgabe von 3 Fassungen, 1969, 1953 u. d. T. »Der Versucher«).

Brockdorff-Rantzau, Ulrich Graf von, Diplomat, *Schleswig 29. 5. 1869, †Berlin 8. 9. 1928; wurde 1912 Gesandter in Kopenhagen, führte als Reichsaußenmin. (ab Febr. 1919) die dt. Delegation bei den Friedensverhandlungen in Versailles, trat jedoch im Juni 1919 als Gegner der Unterzeichnung des Versailler Vertrages zurück. 1922–28 war er Botschafter in Moskau.

Brocken, höchste Erhebung des Harzes, im Nationalpark Hochharz, Sa.-Anh., amtlich 1 141 m ü. M., eine windexponierte Granitkuppe mit hohen Niederschlägen; zahlr. Hochmoore, z. B. **Brockenfeld.** Auf dem Gipfel B.-Haus mit B.-Museum, Wetterstation, Funkturm der Dt. Telekom AG und das botan. Schutzgebiet B.-Garten. Seit Juni 1992 verkehrt zw. Wernigerode und dem Gipfel wieder die schmalspurige B.-Bahn als 13,6 km lange Zweigstrecke der Harzquerbahn (→ Blocksberg).

Brockengespenst, atmosphärisch-opt. Erscheinung (→ Glorie).

Brockenmoos, das → Isländische Moos.

Brockes, Barthold Hinrich, Dichter, *Hamburg 22. 9. 1680, †ebd. 16. 1. 1747; war Senator in Hamburg und Amtmann; gründete 1715 die »Teutsch-Übende Gesellschaft« und 1724 die »Patriot. Gesellschaft«, die die moral. Wochenschrift »Der Patriot« herausgab. B. schrieb im Stil des Spätbarock u. a. Oratorientexte und Gedichte (Sammlung »Ird. Vergnügen in Gott«, 9 Bde., 1721–48), die die philosophisch geprägte Naturlyrik der Frühaufklärung vorbereiteten.

Brockhaus, Verlegerfamilie. Friedrich Arnold B. (*Dortmund 4. 5. 1772, †Leipzig 20. 8. 1823) gründete 1805 in Amsterdam eine Verlagsbuchhandlung und kaufte 1808 das von R. G. Löbel und C. W. Franke begonnene Konversationslexikon (1796–1811, 8 Bde.). 1811 siedelte er mit seiner Firma nach Altenburg, 1817/18 nach Leipzig über (ab 1814 F. A. Brockhaus); dort erschienen die weiteren Auflagen des Lexikons (5. Aufl. 1819–20, 10 Bde.), Reihen- und Sammelwerke, später auch populärwiss. Lit. und Reisebücher. Nachschlagewerke blieben Hauptarbeitsgebiet des Verlags: »Großer Brockhaus« (15. Aufl. 1928–35, 20 Bde., Atlas und Ergänzungsband). 1946 setzte in Wiesbaden der Verlag »Eberhard Brockhaus« die Tradition fort und firmierte seit 1953 nach Enteignung des Leipziger Stammhauses wieder als F. A. Brockhaus. 1952–62 erschien die 16. Aufl. des »Großen Brockhaus« (12 Bde., Atlas und 2 Ergänzungsbde.), 1966–81 die 17. Aufl. als »Brockhaus Enzyklopädie« (20 Bde., Atlas, 3 Ergänzungsbde., Bildwb.), 1977–82 der »Große Brockhaus« (18. Aufl., 12 Bde., 1 Ergänzungsbd.). Der Verlag fusionierte 1984 mit dem Bibliograph. Institut zur → Bibliographisches Institut & F. A. Brockhaus AG. Dieser gehört seit 1992 als reprivatisierte Tochtergesellschaft die **F. A. Brockhaus GmbH** Leipzig zu, hervorgegangen aus dem dort 1953–90 weitergeführten **VEB F. A. Brockhaus Verlag Leipzig**. 1986–96 erschien die 19. Aufl. als »Brockhaus Enzyklopädie« (24 Bde., 6 Ergänzungsbde.); 1996–99 die 20. Aufl. als »Brockhaus. Die Enzyklopädie«; 2005/06 die 21. Aufl. als »Brockhaus Enzyklopädie« (30 Bde.).

Brockhouse [ˈbrɔkhaʊz], Bertram Neville, kanad. Physiker, *Lethbridge (Prov. Alberta) 15. 7. 1918, †Hamilton (Prov. Ontario) 13. 10. 2003; arbeitete zur Neutronenphysik; entwickelte ein Dreiachsenspektrometer zur Untersuchung von kondensierter Materie mithilfe der unelast. Neutronenstreuung. 1994 erhielt er 1994 zus. mit C. G. Shull den Nobelpreis für Physik.

Brod, Max, österr.-israel. Schriftsteller, *Prag 27. 5. 1884, †Tel Aviv-Jaffa 20. 12. 1968; Freund F. Werfels und F. Kafkas, für den er als Nachlassverwalter und Biograf wirkte; emigrierte 1939 nach Tel Aviv, war dort Dramaturg des Habima-Theaters. Sein Hauptwerk war die Trilogie histor. Romane »Tycho Brahes Weg zu Gott« (1916), »Rëubeni, Fürst der Juden« (1925), »Galilei in Gefangenschaft« (1948). Er schrieb auch Essays, Biografien und Dramen.

Brodkey [ˈbrɔdkiː], Harold, eigtl. Aaron Roy **Weintraub,** amerikan. Schriftsteller, *Staunton (Ill.) 25. 10. 1930, †New York 26. 1. 1996; Sohn russisch-jüd. Einwanderer; schrieb, vom eigenen Schicksal inspiriert, v. a. Kurzgeschichten und Romane (»Nahezu klass. Stories«, 2 Bde., 1988; »Die flüchtige Seele«, 1991;

»Profane Freundschaft«, 1994; »Die Geschichte meines Todes«, 1996).

Brodski, Iossif Alexandrowitsch, amerikanisiert Joseph **Brodsky,** russ. Lyriker, * Leningrad (heute Petersburg) 24. 5. 1940, † New York 28. 1. 1996; schrieb Gedichte und war Übersetzer; wurde 1972 aus der Sowjetunion ausgewiesen, lebte seitdem in den USA (ab 1977 amerikan. Staatsbürger); schrieb in russ. Sprache persönl. Bekenntnislyrik sowie universell zeitlose Gedichte mit trag. Grundton, v. a. Kontemplationen über Leben und Tod (»Haltestelle in der Wüste«, 1970; »Römische Elegien und andere Gedichte«, 1982) sowie in engl. Sprache Prosa (»Erinnerungen an Petersburg«, 1987); erhielt 1987 den Nobelpreis für Literatur.

Brodwolf, Jürgen, schweizer.-dt. Maler, Grafiker, Zeichner, * Dübendorf (Kt. Zürich) 14. 3. 1932; begann mit figürl. Darstellungen, Tusch- und Radierzyklen. Seit 1959 entstehen v. a. Objekte und Figurinen.

Broederlam [ˈbruːdərlam], Melchior, fläm. Maler aus Ypern, 1381–1410 nachweisbar als Hofmaler der Grafen von Flandern und der Herzöge von Burgund. In der feinen Lichtbehandlung wohl einer der bedeutendsten niederländ. Maler vor J. van Eyck.

Broek [bruːk], Johannes Hendrik van den, niederländ. Architekt, * Rotterdam 4. 10. 1898, † Den Haag 6. 9. 1978; 1937 assoziierte er sich mit J. A. Brinkman, 1948 mit J. B. Bakema (* 1914, † 1981), mit dem er entscheidend am Wiederaufbau Rotterdams beteiligt war.

Broglie [brɔj], Louis Victor, 7. Herzog von B. (seit 1960), gen. L. de B., frz. Physiker, * Dieppe 15. 8. 1892, † Louveciennes (Dép. Yvelines) 19. 3. 1987; begründete die Theorie der →Materiewellen (**De-B.-Wellen**) und erhielt dafür mit O. W. Richardson 1929 den Nobelpreis für Physik.

Brokat [zu ital. broccare »durchwirken«] der, schwerer, gemusterter Seidenstoff mit eingewebten Gold-, Silber- oder Lurexfäden.

Brokdorf, Gem. im Kreis Steinburg, Schlesw.-Holst., an der Unterelbe, 1 100 Ew.; Kernkraftwerk (1 370 MW Nettoleistung), seit 1976 gegen Widerstand von Kernkraftgegnern gebaut; ging 1986 in Betrieb.

Broken Hill [ˈbrəʊkən ˈhɪl], **1)** früherer Name der Stadt →Kabwe in Sambia.
2) Bergbaustadt in New South Wales, Australien, 23 300 Ew.; Blei-, Zink-, Silbererzbergbau; Flughafen.

Broker [ˈbrəʊkə, engl.] der, in angelsächs. Ländern Personen bzw. Unternehmen (B.-Häuser), die allein berechtigt sind, Kauf- und Verkaufsaufträge an den Wertpapierbörsen auszuführen; sie übernehmen auch Aufgaben der Vermögensverwaltung und Anlageberatung.

Brokkoli [ital.] Pl., auch der, **Broccoli, Spargelkohl,** mit dem Blumenkohl verwandte Varietät des Gemüsekohls mit zahlr. Formen; der meist grüne Blütenstand wird im frühen Knospenstadium herausgeschnitten und wie Spargel zubereitet.

Brokmerland [von fries. brok »Bruch«], Niederungsgebiet (Sietland) zw. der Seemarsch Krummhörn und der nordwestlichen ostfries. Geest- und Hochmoorregion, südlich von Norden, in Niedersachsen.

Brokoff, Prokop, Prokof, Ferdinand Maximilian, böhm. Bildhauer, * Rothenhaus (heute Červený Hrádek, bei Komotau) 12. 9. 1688, † Prag 8. 3. 1731; schuf barocke Skulpturen für die Karlsbrücke in Prag, den Breslauer Dom, die Karlskirche in Wien und die Klosterkirche in Grüssau (heute als Krzeszów zu Kamienna Góra).

Brom [von griech. brōmos »Gestank«] das, Symbol **Br,** nicht metall. Element aus der 7. Hauptgruppe des Periodensystems (Halogene). Ordnungszahl 35, relative Atommasse 79,904, Dichte 3,12 g/cm³, Schmelzpunkt −7,2 °C, Siedepunkt 58,78 °C. – B. ist eine dunkelrotbraune, schon bei Raumtemperatur stark verdampfende Flüssigkeit, die Dämpfe reizen die Schleimhäute. Freies B. ist sehr reaktionsfähig und in Wasser etwas löslich (**B.-Wasser**). In der Natur kommt es in Form von Bromiden, Salzen der B.-Wasserstoffsäure, vor, z. B. als Magnesiumbromid im Meerwasser. In Mineralen findet es sich in Dtl. v. a. als B.-Carnallit, woraus es durch Einwirkung von Chlor gewonnen wird.
Verbindungen: Von **B.-Wasserstoff,** HBr, der sich in Wasser zu einer starken Säure, der **B.-Wasserstoffsäure,** löst, leiten sich Metallsalze, die Bromide, ab. **Silberbromid,** AgBr, ist ein Bestandteil fotograf. Schichten. **B.-Säure,** HBrO₃, eine B.-Sauerstoffsäure, entsteht beim Einleiten von Chlor in B.-Wasser; von ihren Salzen, den **Bromaten,** ist das in der chem. Analyse verwendete **Kaliumbromat,** KBrO₃, wichtig; **organ. B.-Verbindungen** werden v. a. als Flammschutzmittel in Kunststoffen verwendet.

Brom|aceton das, stark augenreizender Gaskampfstoff; ein Tränengas.

Brom|argyrit der, **Bromit, Bromsilber,** AgBr, kub. Mineral, gelb bis olivgrün, kommt zus. mit anderen Silbererzen vor.

Brombeere, Sammelbez. für mehrere Arten der Rosengewächsgattung Rubus; Halbsträucher in Gebüschen, an lichten Waldstellen und Waldrändern mit aufrechten, klimmenden, hängenden oder kriechenden Zweigen, weißen bis roten, traubig oder rispig angeordneten Blüten und schwarzen bis schwarzroten Sammelfrüchten. Eiszeitrelikte sind die **Torf-B.** oder **Molteberee** (Rubus chamaemorus) und die **Arkt. B.** oder **Aakerbeere** (Rubus arcticus). In Mitteleuropa werden großfrüchtige Formen mit saftigen, wohlschmeckenden Früchten (**Schwarz-, Hunds-, Kratzbeere**) angebaut. Die **Armen. B.** (Rubus armeniacus) und die z. T. stachellose **Schlitzblättrige B.** (Rubus laciniatus) sind gärtner. Kulturpflanzen.

Bromberg, dt. Name der poln. Stadt →Bydgoszcz.

Bromelie die, **Bromelia** [nach dem schwed. Botaniker O. Bromel, * 1639, † 1705], Gattung der Ananasgewächse mit etwa 35 Arten im trop. Amerika; Rosettenpflanzen mit langen starren, am Rand dornigen Blättern; Blüten in rispigen Blütenständen.

Bromfield [ˈbrɔmfiːld], Louis, amerikan. Schriftsteller, * Mansfield (Ohio) 27. 12. 1896, † Columbus (Ohio) 18. 3. 1956; Verfasser erfolgreicher Gesellschaftsromane, u. a. des Indienromans »Der große Regen« (1937).

Bromismus der, die →Bromvergiftung.

Bromit der, Mineral, der →Bromargyrit.

Bromley [ˈbrɔmlɪ] ehem. selbstständige Stadt in England, seit 1965 Stadtbezirk im SO Londons.

Bromo, aktiver Vulkan auf Java, Indonesien, im Tenggergebirge, 2 392 m hoch. Wird von der hinduist. Bev. in der Umgebung als heiliger Berg angesehen.

Bromsilberdruck, Rotationsfotografie, histor. Kopierverfahren zur maschinellen Herstellung von schwarz-weißen fotograf. Kopien (z. B. Ansichtskarten) in sehr großen Auflagen; fand Anfang des 20. Jh. große Verbreitung.

Iossif Brodski

Louis de Broglie

Bromaceton

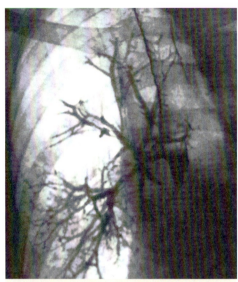

Bronchografie: Darstellung des Bronchialbaums der rechten Lunge durch Füllen mit Kontrastmittel von der Luftröhre aus

Bromvergiftung, Bromismus, bei Überempfindlichkeit gegen Brom oder langer Verwendung von Bromsalzen (früher zur Beruhigung verwendet) auftretende Schädigungen; gekennzeichnet durch Konzentrationsschwäche, Schlaflosigkeit, Halluzinationen sowie charakterist. Hautausschlag (**Bromakne**).

bronchial [griech.], die Bronchien betreffend.
Bronchial|asthma, → Asthma.
Bronchialkatarrh, die → Bronchitis.
Bronchialkrebs, Bronchialkarzinom, → Lungenkrebs.
Bronchi|ektasen [griech.], angeborene oder erworbene Erweiterungen der Bronchien; gekennzeichnet durch chron. Husten und Auswurf, oft auch Fieber und Schwäche.
Bronchi|en [griech. brónchos »Luftröhre«], die Äste der Luftröhre bis zu 1 mm ⌀; die feinsten Verzweigungen der B. in den Lungenläppchen heißen **Bronchiolen.**
Bronchitis [griech.] *die,* **Bronchialkatarrh,** Entzündung der Bronchialschleimhaut. Die **akute B.,** oft als Tracheo-B. (Mitbeteiligung der Luftröhre), kommt als selbstständiges Krankheitsbild häufig im Frühjahr und Herbst vor und wird von Unterkühlungen und Wetterumschwüngen sowie einer Beeinträchtigung der Schleimhäute durch trockene Heizungsluft begünstigt. In 90 % der Fälle wird sie verursacht durch Infektionen mit verschiedenartigen Viren. Als Begleit-B. steht sie in Verbindung mit Infektionskrankheiten wie Grippe, Masern und Keuchhusten. Kennzeichen sind Husten, Brustschmerzen, Auswurf, oft Fieber. Behandlung durch Inhalation, hustendämpfende und schleimlösende Mittel, Brustwickel; bei bakteriellen Mischinfektionen auch Antibiotika. Die **chron. B.** kann bei wiederholtem Rückfall aus der akuten B. entstehen. Unter den schädl. chem. Faktoren spielt insbes. der Tabakrauch eine Rolle (**Raucher-B.**). Haupterscheinung der chron. B. ist der hartnäckige Husten mit schleimigem Auswurf, der oft zur Lungenblähung (→ Emphysem) führt.

Bronchografie [griech.] *die,* **Bronchographie,** Röntgendarstellung der Bronchien und Bronchiolen durch Einbringen eines jodhaltigen Kontrastmittels über einen Katheter oder ein flexibles Bronchoskop.
Bronchopneumonie [griech.], Form der → Lungenentzündung.
Bronchoskopie [griech.] *die,* direktes Betrachten der Luftröhre und ihrer größeren Äste mit einem starren oder flexiblen Spezialendoskop (**Bronchoskop**) in Lokalanästhesie oder Vollnarkose; das Endoskop ist ein mit Lichtquelle, Betrachtungslupe u. a. Optiken ausgerüstetes Instrument, das durch den Mund in die Luftröhre eingeführt wird. Es dient v. a. zur Entnahme von Gewebeproben (z. B. bei Verdacht auf Bronchialkrebs), zur Abtragung von Tumoren oder zur Entfernung von Fremdkörpern.

Bronnen, 1) Arnolt, eigtl. Arnold **Bronner,** österr. Schriftsteller, * Wien 19. 8. 1895, † Berlin (Ost) 12. 10. 1959, Vater von 2); zählte nach dem Ersten Weltkrieg mit Brecht zur Gruppe der expressionist. Bühnenavantgardisten in Berlin, v. a. durch sein Drama »Vatermord« (1920). B. wechselte zeitweise zur extremen Rechten; ab 1955 war er Theaterkritiker in Berlin (Ost). Seine Autobiografie erschien u. d. T. »a. b. gibt zu protokoll«, 1954.
2) Barbara, dt.-österr. Schriftstellerin, * Berlin 19. 8. 1938, Tochter von 1); Journalistin, Jugend- und Sachbuchautorin; schrieb u. a. den autobiograf. Roman »Die Tochter« (1980) sowie die Romane »Die Überzählige« (1984), »Die Briefstellerin« (1986), »Liebe um Liebe« (1989), »Donna Giovanna« (1992), »Das Monokel« (2000).

Bronschtein, Leib, ursprünglicher Name von → Trotzki.
Bronson [brɔnsn], Charles, eigtl. C. **Buchinsky,** amerikan. Filmschauspieler, * Ehrenfeld (Pa.) 3. 11. 1921, † Los Angeles (Calif.) 30. 8. 2003; spielte v. a. in Western- und Actionfilmen, u. a. »Die glorreichen Sieben« (1960), »Spiel mir das Lied vom Tod« (1968), »Ein Mann sieht rot« (1974), »Indian Runner« (1991).

Brontë [ˈbrɔntɪ], engl. Schriftstellerinnen, Schwestern: **1)** Anne, * Thornton (Yorkshire) 17. 1. 1820, † Scarborough 28. 5. 1849; schrieb einige Gedichte für die Lyrikanthologie ihrer Schwestern sowie die Romane »Agnes Grey« (1847) und »Wildfell Hall« (3 Bde., 1848).
2) Charlotte, * Thornton (Yorkshire) 21. 4. 1816, † Haworth (Yorkshire) 31. 3. 1855; gab eine Lyrikanthologie (auch mit Gedichten ihrer Schwestern) heraus; schrieb u. a. den viel gelesenen Roman »Jane Eyre« (3 Bde., 1847).
3) Emily Jane, * Thornton (Yorkshire) 30. 7. 1818, † Haworth (Yorkshire) 19. 12. 1848; die literarisch be-

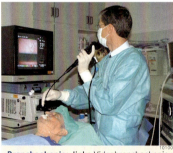 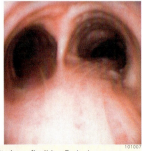

Bronchoskopie: links Videobronchoskopie mit einem flexiblen Endoskop; **rechts** Luftröhre mit Aufzweigung in den rechten und linken Hauptbronchus

deutendste der Schwestern; verfasste den überwiegenden Teil der Gedichte in der Lyrikanthologie der Geschwister; Hauptwerk ist der Roman »Sturmhöhe« (3 Bde., 1847), in dem sich Schaueratmosphäre und psycholog. Charakteranalyse in der Darstellung der dämon. Hassliebe zweier Menschen vor dem Hintergrund der öden Moor- und Heidelandschaft Yorkshires verbinden.

Brontosaurus [griech.] *der,* **Apatosaurus,** Gattung ausgestorbener etwa 20 m langer Dinosaurier mit kräftigem Hals sowie kleinem Kopf; Pflanzenfresser.

Bronx, Stadtbezirk von New York, USA, nördl. von Manhattan, 1,36 Mio. Ew. (bes. Schwarze und Puertoricaner); vorwiegend Wohnbezirk, verbreitet sind Slums; entlang den Küsten Lagerhäuser, Häfen und Industriebetriebe.

Brontosaurus: rekonstruiertes Skelett

Anne, Emily und Charlotte Brontë (von links), nach einem Gemälde ihres Bruders Patrick Branwell Brontë (um 1834; London, National Portrait Gallery)

Bronze [ˈbrɔ̃sə; aus ital. bronzo], Sammelbez. für die nicht als Messing geltenden, mehr als 60 % Kupfer enthaltenden Kupferlegierungen. Sie sind hoch dehnbar, verschleißfest, korrosionsbeständig, elektr. leitfähig und gut bearbeitbar. B. wird für Armaturen, im chem. Apparatebau, Schiffbau, in der Elektrotechnik und als →Lagermetall verwendet. Wichtige B.-Sorten: **Zinn-B.** mit 1–9 % Zinn als Knetlegierung, mit 4–21 % Zinn als Gusslegierung, ferner Phosphor-B., Aluminium-B., Blei-B., Beryllium-B., Mehrstoffzinn-B.; **Sinter-B.** ist eine als Lagermetall verwendete, gesinterte Zinn-B. ohne oder mit Grafitzusatz.

Bronzediabetes [ˈbrɔ̃sə-], als Spätkomplikation einer →Hämochromatose entstandener Diabetes mellitus, verbunden mit bräunl. (bronzeähnl.) Verfärbung der Haut.

Bronzedruck [ˈbrɔ̃sə-], Verfahren, bei dem auf einen mit Unterdruckfarbe versehenen Druck Druckbronzen aufgebracht werden, die nach dem Trocknen haften; auch Druck mit Bronzedruckfarbe (Anreibungen von Druckbronzen mit Spezialfirnissen).

Bronzehautkrankheit [ˈbrɔ̃sə-], die →Addison-Krankheit.

Bronzekunst [ˈbrɔ̃sə-], die Herstellung figürl. Bildwerke und kunsthandwerkl. Gegenstände in Bronzeguss, auch als Treibarbeit. Die Legierung aus Zinn, Zink und Blei bei Hauptanteil Kupfer ergibt **Rotguss;** Kupfer nur mit Zink ergibt **Gelbguss.** Bei dem gebräuchlichsten Gussverfahren wird nach dem Modell aus Gips eine Hohlform gearbeitet und mit Bronze ausgegossen. Bei dem Wachsausschmelzverfahren oder »Guss mit verlorener Form« wird das Werk über einem feuerfesten Kern in Wachs modelliert und darüber ein Gussmantel aus Formsand aufgetragen; das Wachs wird ausgeschmolzen und in den leeren Raum zw. Kern und Hohlform die flüssige Bronze gegossen. Der massive Vollguss wird bei Kleinbronzen angewendet.

Im Alten Orient und im Mittelmeerraum reicht die B. bis ins 3. Jt. v. Chr. zurück, in China bis in die Mitte des 2. Jahrtausends. Die griech. B. ist v. a. durch röm. Marmorkopien bekannt. Erhalten geblieben sind v. a. kleinplast. Werke, so auch von der etrusk. und der röm. B., deren bedeutendstes der Zerstörung entgangenes Großbildwerk das Reiterdenkmal Mark Aurels in Rom ist. Wieder aufgenommen wurde die B. unter Karl d. Gr. (Gießhütte in Aachen). Mit den in der Werkstatt Bischof →Bernwards von Hildesheim um 1000 entstandenen Arbeiten begann ihre Blüte in roman. Zeit. Aus den v. a. in Dtl. (Magdeburg) und im Maastal arbeitenden Werkstätten gingen Meisterwerke der B. hervor: Türflügel mit Reliefdarstellungen (Gnesen, Nowgorod), Kruzifixe, Taufbecken, kirchl. Gerät, Grabplatten und das Denkmal Heinrichs des Löwen in Braunschweig. Nachdem die B. in der Gotik an Bedeutung verloren hatte, wandte sich ihr die Renaissance wieder zu, in Italien L. Ghiberti (Bronzetüren am Baptisterium in Florenz), Donatello (Reiterstandbild des Gattamelata in Padua), A. del Verrocchio (Reiterstandbild des Colleoni in Venedig), in Dtl. bes. die Vischer-Werkstatt (Sebaldusgrab in Nürnberg). Zur Zeit des Manierismus waren die füh-

Bronzekunst: »Jesus vor Pontius Pilatus«, Relief von der Hildesheimer Bronzetür (1015)

Bronzezeit: Sonnenwagen von Trundholm (Seeland, Dänemark), Durchmesser der Sonnenscheibe etwa 25 cm, Bronze und Goldblech (14./13. Jh. v. Chr.; Kopenhagen, Nationalmuseet)

renden Meister B. Cellini und Giambologna, dessen in Dtl. tätige Schüler A. de Vries, H. Gerhard und H. Reichle waren. Im Barock blühte die B. v. a. in Frankreich. Der dt. Hauptmeister war A. Schlüter (Reiterstandbild des Großen Kurfürsten in Berlin). Im 19. und 20. Jh. ragen in Dtl. hervor: G. Schadow, C. Rauch (Reiterdenkmal Friedrichs d. Gr. in Berlin), G. Kolbe, E. Barlach und G. Marcks, in Frankreich A. Rodin und A. Maillol. Bed. Bronzeplastiker der Gegenwart sind A. Giacometti, H. Moore, M. Marini und G. Manzù.

Bronzezeit [ˈbrɔ̃sə-], vorgeschichtl. Kulturstufe zw. Jungsteinzeit (einschl. Kupferzeit) und Eisenzeit, in der die Bronze der wichtigste Werkstoff für Waffen, Geräte und Schmuck war. Bronzezeitl. Kulturen gab es zw. der 2. Hälfte des 3. und der 1. Hälfte des 1. Jt. v. Chr. in Europa (Kerngebiete: Mitteleuropa, N-Italien, O-Frankreich, S-Skandinavien, Polen, Baltikum, SO-Europa), Asien (Vorder- und Zentralasien, NW-Indien, S-Sibirien, China, Teile Hinterindiens und Indonesiens) und Teilen Nordafrikas (Maghreb, nördl. Mauretanien, ägypt. Niltal), jedoch weichen Beginn und Dauer in den einzelnen Großräumen voneinander ab. Als histor. Perioden-Bez. wird der Begriff B. für den Bereich der altoriental. Hochkulturen, die technologisch und kulturell vom 3. bis zum 1. Jt. v. Chr. als bronzezeitlich anzusprechen sind, kaum angewendet. Die Perioden-Bez. B. gilt im Wesentlichen für den europ. Raum in der Zeit von etwa 2200/1800 bis 800/700 v. Chr. (einen Sonderbereich bildet die →ägäische Kultur). Sie wird in Abschnitte eingeteilt, deren Benennung regionale Unterschiede aufweist.

Wichtige Kulturgruppen der europ. B. sind 1) die Aunjetitzer Kultur und die Rhônekultur (**frühe B.** bis 1500 v. Chr.); 2) der Nord. Kreis in Skandinavien und N-Dtl., die Hügelgräberkultur des südl. Mitteleuropa (**mittlere Bronzezeit,** bis 1200 v. Chr.); 3) die Lausitzer Kultur und die Urnenfelderkultur, unter deren Einfluss die **jüngere B.** in ganz Europa stand.

Die B. brachte gegenüber der Jungsteinzeit Veränderungen in vielen Lebensbereichen. In der Landwirtschaft führte die zunehmende Verwendung des Pfluges zur Intensivierung des Ackerbaus. Die verschiedenen techn. Verfahren der Metallgewinnung und Metallverarbeitung führten zur Entstehung neuer Berufe (Bergleute, Gießer, Schmiede, Händler). Der Handel (Rohmetall, Bronze, Salz, Pelzwerk) wurde ausgedehnt; er verband Europa mit Ländern des östl. Mittelmeergebiets und solchen jenseits des Urals.

Im Hausbau und Siedlungswesen gab es in Mitteleuropa weiterhin mehr oder weniger befestigte dörfl. Siedlungen; bes. zu erwähnen sind die als →Pfahlbauten bekannten Seeufersiedlungen des nördl. und südl. Alpenvorlandes. Die vielfältigen Möglichkeiten bei der Bronzeverarbeitung brachten eine sich ständig wandelnde Formenfülle bei Schmuck, Waffen und Gerät in stetem Wechselspiel zur Entwicklung der Kleidung, des Kriegswesens und der Arbeitsprozesse hervor. Die Bronzewaffen (Dolch, Dolchstab, Streitaxt, seit der mittleren B. auch das Schwert) waren auch Herrschafts- und Rangabzeichen. Dazu kam der vom Pferd gezogene zweirädrige Streitwagen. Die Verwendung des Pferdes als Reittier im takt. Sinn. ist erst für die ausgehende B. belegt.

Felsbilder, Kultsteine, Kleinplastiken, Kultwagen, Luren und symbol. Darstellungen auf Bronzemessern des Nord. Kreises geben neben den Bestattungsfunden Aufschlüsse über Kult und Religion. Der Fund der »Himmelsscheibe von Nebra« (→Nebra [Unstrut]) weist auf astronom. Kenntnisse des bronzezeitl. Menschen hin. Die Bestattungssitten sind in den einzelnen Kulturkreisen unterschiedlich.

Bronzieren [brõ-], das Auftragen von Bronzefarben mit Pinsel oder Spritzapparaten; auch die elektrolytische (galvan.) Abscheidung von Überzügen aus Bronze oder bronzefarbenem Messing auf Metallgegenständen (bes. Stahl).

Bronzino, eigtl. Agnolo (Angelo, Angiolo) di Cosimo (Cosme) di **Mariano Tori,** ital. Maler, * Monticelli (bei Florenz) 17. 11. 1503, † Florenz 23. 11. 1572; schuf religiöse und mytholog. Gemälde sowie zahlr. Porträts von strenger, repräsentativer Haltung und kühler manierist. Form- und Farbgebung. B. schrieb auch Gedichte.

Bronzit der, ein Mineral, →Pyroxene.

Brook [brʊk], 1) **Alan Francis, 1. Viscount** (seit 1946) **Alanbrooke of Brookeborough,** brit. Feldmarschall, *Bagnères-de-Bigorre 23. 7. 1883, †Hartley Wintney (Hampshire) 17. 6. 1963; im Zweiten Weltkrieg von September 1939 bis Juni 1940 Kommandierender General des II. Korps der British Expeditionary Forces in Frankreich, deckte den brit. Rückzug aus Dünkirchen; seit Juli 1940 Oberbefehlshaber der Heimatarmee in Großbritannien; leitete als Chef des Empire-Generalstabs (ab Dezember 1941) die Operationen der brit. Streitkräfte bis Kriegsende.

Bronzezeit: gehörnte Bronzehelme (11.–10. Jh. v. Chr., Nationalhistorisches Museum Frederiksborg, Dänemark)

2) Peter, engl. Regisseur und Theaterleiter, * London 21. 3. 1925; wegweisende internat. Theaterarbeit, v. a. Shakespeare-Inszenierungen sowie (experimentelles) zeitgenöss. Theater; 1962–70 Leiter der →Royal Shakespeare Company (mit P. Hall); ab 1974 Inszenierungen mit einem eigenen Ensemble am Theater »Bouffes du Nord«; dramatisierte das ind. Epos »Mahabharata« (UA 1985); Verfilmungen: »Die Verfolgung und Ermordung Jean Paul Marats ...« (1966, nach P. Weiss); »Carmen« (1981, nach G. Bizet); Autobiografie »Zeitfäden: Erinnerungen« (1998). Er wurde 1997 mit dem Kunstpreis Praemium Imperiale ausgezeichnet.

Brooke [brʊk], Rupert, engl. Dichter, * Rugby (Cty. Warwickshire) 3. 8. 1887, † auf Skyros (Griechenland) 23. 4. 1915. Sein Sonett »The soldier« wurde zum klassischen engl. Kriegsgedicht des Ersten Weltkriegs.

Brookhaven National Laboratory [brʊk-ˈheɪvn ˈnæʃnl ləˈbɔrətərɪ], Abk. **BNL**, amerikan. Forschungszentrum, v. a. für Untersuchungen in der Teilchen- und Kernphysik, Chemie, Medizin, Biologie, Umweltforschung, Energietechnik; 1947 gegr., Sitz: Upton, Long Island (N. Y.), zahlr. Teilchenbeschleuniger.

Brooklyn [ˈbrʊklɪn], Stadtbez. von New York, USA, auf der Insel Long Island, 2,47 Mio. Ew. Die nordwestl. Wasserfront ist Hafen- und Industrieviertel; botan. Garten.

Brooks [brʊks], Mel, eigtl. Melvyn **Kaminsky**, amerikan. Filmregisseur und Schauspieler, * New York 28. 6. 1926; war mit der Filmschauspielerin Anne Bancroft ∞; dreht seit den 1960er-Jahren Komödien, die menschl. Unzulänglichkeiten karikieren oder andere Filmgenres parodieren, z. B. »Frühling für Hitler« (1967), »Zwölf Stühle« (1970; auch Darsteller), »Frankenstein junior« (1974), »Robin Hood – Helden in Strumpfhosen« (1993).

Brookskette, Brooks Range, die parallel zur Nordpolarmeerküste in W-O-Richtung verlaufenden nördl. Gebirgsketten Alaskas, 1 000 km lang, 200–500 km breit; im Mount Isto 2 761 m über dem Meeresspiegel. Im Zentrum der »Gates of the Arctic National Park«.

Broonzy [ˈbruːnzɪ], William (Big Bill) Lee Conley, amerikan. Bluessänger, -gitarrist und -komponist, * Scott (Miss.) 26. 6. 1893, † Chicago 14. 8. 1958; Vertreter des Countryblues.

Brosche, aus der Fibel entwickelte, an der Kleidung getragene, als Schmuckstück gestaltete Nadel.

Broschieren [frz.], das Vereinigen von Druckbogen zu einem Heft oder Buch mit Papier- oder Kartonumschlag **(Broschur)** durch Heften oder Rückenleimung.

Broschüre, leicht geheftete Druckschrift geringeren Umfangs.

Brosnan [ˈbrʌsnən], Pierce, irischer Filmschauspieler, * Navan (Cty. Meath) 16. 5. 1953; in den 1980er-Jahren Detektivserie »Remington Steele« (1982–87); war ab den 1990er-Jahren James-Bond-Darsteller (»Golden Eye«, 1995; »Der Morgen stirbt nie«, 1997; »Die Welt ist nicht genug«, 1999; »Stirb an einem anderen Tag«, 2002).

Brot [ahd. prôt »Gegorenes«], Grundnahrungsmittel, aus Getreidemehl oder -schrot sowie Wasser und Salz unter Verwendung von Teiglockerungsmitteln (meist Hefe oder Sauerteig, z. T. auch Backpulver) durch Backen hergestellt. Bei der B.-Herstellung können Backhilfsmittel, bei bestimmten B.-Sorten auch Fett, Zucker, Eier, Milch oder Milchprodukte, Gewürze, Aromastoffe u. a. zugesetzt werden.

Zur Teigbereitung werden die Ausgangsstoffe gemischt und geknetet. Die von der Hefe bzw. vom Sauerteig abgeschiedenen Blasen von Kohlendioxid und Alkoholdampf lockern den Teig und lassen ihn aufgehen. Im Teig gerinnt der →Kleber, und das frei werdende Wasser bindet sich chemisch an die Stärke. Die Oberfläche, an der die Stärke Wasser abgibt und röstet, bräunt sich zur Kruste.

Roggen-B. wird v. a. aus Roggenmehl versch. Mehltypen (≧ 90 %) gebacken; **Roggenmisch-B.** enthält daneben auch andere Mehle (Weizen-, Gerstenmehl). Im **Weizenmisch-B.** überwiegt das Weizenmehl. **Weiß-B.** ist jedes aus Weizenmehl ohne Milch, Fett, Zucker usw. mit Hefe gebackene Brot. **Vollkorn-B.** werden unter Verwendung von Weizen- oder Roggenschrot hergestellt. Eine spezielle Form des Roggenschrot-B. ist der **Pumpernickel;** beim Backen entstehen reichlich

Peter Brook

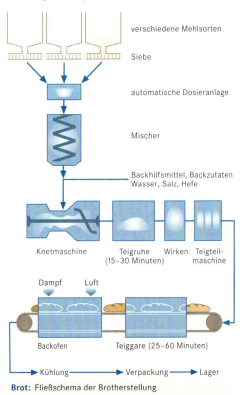
Brot: Fließschema der Brotherstellung

Röststoffe und Abbauprodukte der Stärke (Dextrine, Maltose), die die dunkle Farbe und den süßl. Geschmack ergeben. Zur Herstellung von **Knäcke-B.** wird recht flüssiger Teig in dünner Schicht gebacken und das B. dann nachgetrocknet. Der Wassergehalt darf nicht mehr als 10 % betragen. **Spezial-B.** werden nach besonderen Verfahren hergestellt, z. B. **Steinmetz-B.,** ein Vollkorn-B., bei dem das Getreide im Nassschälverfahren geschält und der Teig in Formen gebacken wird. Dem **Diabetiker-B.** wird Kleber zugesetzt, der höchstens 45 % Stärke und (oder) Zuckerbestandteile enthalten darf. – Der Verbrauch an B. und Brötchen betrug in der Bundesrep. Dtl. 2004 je Ew. rd. 86,2 kg.

Die im Dt. Lebensmittelbuch enthaltenen Leitsätze für B. und Kleingebäck geben die bestehende allge-

Brotfruchtbaum: Zweig mit Frucht

meine Verkehrsauffassung über die Zusammensetzung von B. wieder. Darüber hinaus gibt es Richtlinien des Bäckerhandwerks und der B.-Industrie.

Geschichte: Die Vorstufe des B. bildete der Fladen aus Mehlbrei, der seit dem 8. Jh. in Mitteleuropa durch das B. ersetzt wurde. Seit dem 9. Jh. ist das Backen ein selbstständiges Gewerbe. Es wurde Hafer-, Gersten- und Roggen-B. gegessen, seit dem 18. Jh. vielfach Weizenbrot. Ende des 18. Jh. begann mit den Bäckereimaschinen die moderne B.-Fabrikation.

Broteinheit, Abk. BE, *Diätetik:* Hilfsrechengröße für die Berechnung der Diät bei Diabetes mellitus. Eine B. ist diejenige Lebensmittelmenge, die auf den Stoffwechsel (des Diabetikers) die gleiche Wirkung ausübt wie 12 g verwertbare Kohlenhydrate.

Brotfruchtbaum, Artocarpus communis, auf Neuguinea und den Molukken heim. Maulbeergewächs; bis 20 m hoher Baum mit essbaren stärkereichen, kopfgroßen, bis 2 kg schweren Fruchtständen (Brotfrüchte).

Brot für die Welt

Brot für die Welt, 1959 erstmals, seit 1961 jährlich durchgeführte Sammelaktion der EKD und der ev. Freikirchen in Dtl.; will durch »Hilfe zur Selbsthilfe« (Projektförderung) die Lebensbedingungen sozial benachteiligter Bev.-Gruppen in der Dritten Welt verbessern helfen und leistet humanitäre Hilfe in Katastrophen- und polit. Krisengebieten.

Brotkäfer, Stegobium paniceum, rostbrauner, 2–4 mm langer Klopfkäfer, Haushaltsschädling; seine Larven leben in stärkehaltigen Nahrungs- und Futtermitteln.

Brotnussbaum, Brosimum, tropisch-amerikan. Gattung der Maulbeergewächse mit nussartigen, verbackbaren Samen. Der **Milchbaum** (Brosimum galactodendron) liefert trinkbaren Milchsaft.

Brotschriften, frühere Bez. für Schriften (meist kleinere Schriftgrade) für Werk- und Zeitungsdruck, »das tägl. Brot« für den Setzer; Ggs.: Akzidenzschriften (→ Akzidenz).

Brotterode, Stadt und Erholungsort im Landkreis Schmalkalden-Meiningen, Thür., im Thüringer Wald, am S-Hang des Großen Inselsbergs, 560 m ü. M.; 3 000 Ew.; Wintersportplatz.

Brotwurzel, afrikan. Arten der → Jamswurzel.

Brouwer [ˈbrɔʊvər], Adriaen, niederländ. Maler, *Oudenaarde um 1606, begraben Antwerpen 1. 2. 1638; bed. Genremaler (Szenen aus dem Bauern- und Volksleben). Bekannt wurden v. a. die Wirtshausszenen, daneben skizzenhafte Landschaften.

Brown [braʊn], **1)** Dan, amerikan. Schriftsteller, *Exeter (N. H.) 22. 6. 1964; schreibt spannende Romane um Wiss. und Religion, geheimnisvolle Verschwörungen und geheime Gesellschaften in Ge-

Michael S. Brown

schichte und Gegenwart, so u. a. »Illuminati« (2000) und »Sakrileg« (2003). – *Weitere Werke: Romane:* Diabolus (1998); Meteor (2001).

2) Earle, amerikanischer Komponist, *Lunenburg (Mass.) 26. 12. 1926, †Rye (N. Y.) 2. 7. 2002; benutzte z. B. in »Folio« (1952) die →musikalische Grafik. – *Weitere Werke:* »Modules I–III« für Orchester (1966/69); »Sounder Rounds« für Orchester (1983).

3) Herbert Charles, amerikan. Chemiker brit. Herkunft, *London 22. 5. 1912, †Lafayette (Ind.) 19. 12. 2004; arbeitete bes. über Borane und Organoborane; erhielt 1979 für die Entwicklung der Hydroborierung den Nobelpreis für Chemie (mit G. Wittig).

4) James, amerikan. Soulsänger, *(auf einer Farm) bei Toccoa (Ga.) 17. 6. 1928, †Atlanta (Ga.) 25. 12. 2006; wurde durch seinen expressiven Vokalstil und seine exaltierte, erotisch gefärbte Bühnenpräsentation Vorbild zahlr. Soul-, Rock und Hip-Hop-Interpreten.

5) John, amerikanischer Abolitionist, *Torrington (Conn.) 9. 5. 1800, †(hingerichtet) Charles Town (W. Va.) 2. 12. 1859; von fanat. Sendungsbewusstsein erfüllt; wurde bei einem Überfall (16.–18. 10. 1859) auf das Unionsarsenal in Harpers Ferry (Va., heute W. Va.), mit dem er das Zeichen für eine Sklavenbefreiung geben wollte, verwundet und gefangen genommen. Das Andenken B.s lebt u. a. fort in dem Lied »John Brown's body lies a-mouldering in the grave, but his soul goes marching on« (1861).

6) Michael Stuart, amerikan. Mediziner, *New York 13. 4. 1941; seit 1977 Prof. an der Univ. Dallas (Tex.); erhielt 1985 mit J. L. Goldstein für die Erforschung des Cholesterinstoffwechsels und der Arteriosklerose den Nobelpreis für Physiologie oder Medizin.

7) Ray, eigtl. Raymond Matthews B., amerikan. Jazzmusiker, *Pittsburgh (Pa.) 13. 10. 1926, †Indianapolis (Ind.) 2. 7. 2002; einer der bedeutendsten Bassisten des modernen Jazz; 1948–52 ⚭ mit Ella Fitzgerald; spielte 1951–66 im Oscar-Peterson-Trio, seither in Hollywood als Studiomusiker, Komponist und Musikverleger tätig.

Brownies [ˈbraʊnɪːz, engl.], *Volksglauben:* gütige Hausgeister in N-England und Schottland, nach Art der dt. Heinzelmännchen.

Browning [ˈbraʊnɪŋ, engl.] *der,* nach ihrem amerikan. Erfinder J. M. Browning (*1855, †1926) benannte Selbstladepistole.

Browning [ˈbraʊnɪŋ], **1)** Elizabeth, geb. Barrett, engl. Dichterin, *Coxhoe Hall (bei Durham) 6. 3. 1806, †Florenz 29. 6. 1861; war ⚭ mit 2); schrieb »Portugiesische Sonette« (1847; dt. u. a. von Rilke, 1908); in Italien nahm sie an polit. und sozialen Problemen Anteil: »The cry of the children« (1854).

2) Robert, engl. Dichter, *London 7. 5. 1812, †Venedig 12. 12. 1889; war ⚭ mit 1); lebte meist in Italien. Seine Werke sind v. a. durch Streben nach Objektivität und bewusste Psychologisierung gekennzeichnet (»Pippa geht vorüber«, 1841; »Dramatis personae«, 1864; »Der Ring und das Buch«, Epos, 4 Bde. 1868/69).

brownsche Bewegung [ˈbraʊn-], **brownsche Molekularbewegung,** 1827 von dem brit. Botaniker R. Brown (*1773, †1858) entdeckte unregelmäßige Bewegung kleiner, in einer Flüssigkeit oder einem Gas suspendierter Teilchen. Sie beruht auf der Wärmebewegung der Gas- oder Flüssigkeitsmoleküle, durch die die Teilchen ständig unregelmäßige Stöße erhalten und statist. Schwankungserscheinungen unterliegen.

Brown-Séquard [ˈbraʊn seˈkaːr], Charles Édouard, frz. Neurologe und Physiologe, * Port Louis (auf Mauritius) 8. 4. 1817, † Sceaux (Dép. Hauts-de-Seine) 2. 4. 1894; beschrieb 1851 die halbseitige Rückenmarklähmung (**B.-S.-Lähmung**).

Browser [ˈbraʊsə, von engl. to browse »durchblättern«] der, Programm, das es dem Benutzer ermöglicht, im Standardformat →HTML abgefasste Dokumente im World Wide Web (→WWW) zu suchen, abzurufen und auf einem Computerbildschirm anzuzeigen (**Web-B.**). B. können auch multimediale Dokumente, wie Grafiken, Bilder, Sound- und Videosequenzen, darstellen.

BRT, Abk. für **B**rutto**r**egister**t**onne, →Registertonne, →Bruttoraumzahl.

Brubeck, Dave, amerikan. Jazzpianist und -komponist, * Concord (Calif.) 6. 12. 1920; gründete 1951 das **Dave B. Quartett**, eines der erfolgreichsten Ensembles des modernen Jazz.

Bruce [bruːs], schott. Familie normann. Abkunft. Ihr entstammt Robert I. B. (* 1274, † 1329, schott. König seit 1306), der 1314 durch seinen Sieg bei Bannockburn über Eduard II. von England die Unabhängigkeit Schottlands sicherte.

Brucellen [nach dem engl. Bakteriologen D. Bruce, * 1855, † 1931], kleine, gramnegative, unbewegl., sporenlose Stäbchenbakterien, Erreger der →Brucellosen, v. a. **Brucella abortus**, die bes. Rinder, **Brucella melitensis**, die Ziegen, und **Brucella suis**, die Schweine befällt.

Brucellosen, durch Bakterien der Gatt. Brucella (→Brucellen) verursachte, weltweit seuchenhaft auftretende Infektionskrankheiten bei Haus- und Wildtieren; auf den Menschen übertragbar durch Schmierinfektion (Hautwunden), Tröpfcheninfektion (Schleimhäute) und infizierte Nahrungsmittel (Milch, Fleisch). Krankheitszeichen bei Rind, Schwein, Schaf und Ziege sind u. a. Fehl- und Frühgeburten, bei männl. Tieren Hodenentzündung; anzeigepflichtig.
Die B. des Menschen stammen meist vom Rind (**Bang-Krankheit**) und vom Schwein durch direkten Kontakt (meldepflichtige Berufskrankheit bei Tierärzten, Fleischern, Hirten u. a.) sowie von Ziege und Schaf (**Maltafieber**). Symptome sind unspezifisch, z. B. Fieber, Unwohlsein, Kopf- und Nackenschmerzen, bei chron. Verlauf auch rheumat. Erscheinungen mit Herzinnenhautentzündung und Leberschädigung; Behandlung mit Antibiotika.

Bruch, 1) *Geologie:* die →Verwerfung.
2) *Heraldik:* →Beizeichen an Wappen.
3) *Jägersprache:* Bez. für einen auf erlegtes Wild, den Anschuss und die Fährte gelegten grünen Zweig als Zeichen der Inbesitznahme.
4) *Mathematik:* jeder Quotient zweier ganzer Zahlen, z. B. 3 : 4 = $\tfrac{3}{4}$ oder $\tfrac{3}{4}$. Die Zahl über dem B.-Strich heißt **Zähler**, die Zahl unter dem B.-Strich **Nenner**, sie muss immer von null versch. sein. Ein **echter** B. ist kleiner als 1, bei ihm ist der Zähler kleiner als der Nenner (z. B. $\tfrac{3}{4}$), umgekehrt ist es beim **unechten** B. (z. B. $\tfrac{4}{3}$). Bei den **Schein-B.** sind Zähler und Nenner gleich (z. B. $\tfrac{4}{4}$), bei den **Stamm-B.** ist der Zähler stets gleich 1 (z. B. $\tfrac{1}{5}$). B., deren Zähler und Nenner vertauscht sind, heißen **reziprok** (z. B. $\tfrac{4}{3}$ und $\tfrac{3}{4}$). B. mit gleichem Nenner heißen **gleichnamig** (z. B. $\tfrac{1}{3}, \tfrac{2}{3}, \tfrac{5}{3}$), solche mit ungleichen Nennern **ungleichnamig**.
5) *Medizin:* a) **Fraktur**, der →Knochenbruch; b) **Hernie**, der →Eingeweidebruch.
6) *Mineralogie:* das Zerbrechen von Mineralen bei mechan. Einwirkung in B.-Stücke mit unterschiedlich geformten B.-Flächen (mit Ausnahme der ebenen Spaltflächen). Man unterscheidet muscheligen, splittrigen, glatten und erdigen Bruch.
7) *Ökologie:* organ. Nassböden in der Verlandungszone von Flachmooren und Gewässern. Entsprechend der Gehölzvegetation spricht man z. B. von Erlen-B. oder Birken-Kiefern-Bruch.
8) *Werkstofftechnik:* Werkstofftrennung infolge Überwindung der Kohäsions- oder Adhäsionskräfte durch Überlastung. Nach der Beanspruchungsart unterscheidet man **Gewalt-B.** bei einmaliger stat. Beanspruchung und **Dauer-B.** (**Ermüdungs-B.**) nach Dauerschwingbeanspruchung. Zu Ersterem gehören der **Trenn-B.**, der senkrecht zur größten Zugspannung entsteht, und der **Gleit-B.**, der in Richtung der größten Schubspannung verläuft. Bei zähen Werkstoffen sind meist beide B.-Anteile vorhanden (**Misch-B., Verformungs-B.**), wobei dem B. eine plast. Verformung vorangeht.

Bruch, 1) Max, Komponist und Dirigent, * Köln 6. 1. 1838, † Berlin 2. 10. 1920; komponierte u. a. von der Schule F. Mendelssohn Bartholdys ausgehende, formal abgerundete Chor- und Orchesterwerke; bes. sein Violinkonzert g-Moll (1868) konnte sich dauerhaft im Konzertrepertoire behaupten.
2) Walter, Elektroingenieur, * Neustadt an der Weinstraße 2. 3. 1908, † Hannover 5. 5. 1990; ab 1930 in der Fernsehentwicklung tätig, langjähriger Leiter der Grundlagenentwicklung von AEG-Telefunken, entwickelte u. a. das Farbfernsehsystem →PAL.

Brüche, Brüchte, im dt. Recht des MA. die bei geringen Vergehen an die öffentl. Gewalt zu zahlende Geldstrafe im Unterschied zu der an den Verletzten zu zahlenden Buße.

Brüche, Ernst, Physiker, * Hamburg 28. 3. 1900, † Gundelsheim (Kr. Heilbronn) 8. 2. 1985; arbeitete maßgebend an der Entwicklung der Elektronenmikroskopie; Gründer und 1944–72 Herausgeber der »Physikal. Blätter«.

Bruchkraut, Harnkraut, Herniaria, Gattung der Nelkengewächse mit rd. 20 Arten, von Europa bis W-Asien verbreitet; niedrige Kräuter mit kleinen, unscheinbaren Blüten; das bis 15 cm hohe **Kahle B.** (Herniaria glabra) wirkt harntreibend.

Bruchmechanik, Zweig der Festigkeitslehre, befasst sich mit dem mechan. Verhalten von festen Körpern mit Einzelrissen, v. a. mit der Beschreibung des Zustandes bei äußerer Beanspruchung, mit der Bestimmung von bruchmechan. Werkstoffkennwerten sowie mit der Bewertung der Bruchsicherheit von Bauteilen.

Bruchsal, Große Kreisstadt im Landkreis Karlsruhe, Bad.-Württ., am W-Rand des Kraichgaus, 43 100 Ew.; International University in Germany, Landesfeuerwehrschule; elektrotechn., Papier verarbeitende und chem. Industrie, Landmaschinenbau. – Das seit 1720 u. a. von B. Neumann erbaute fürstbischöflichspeyer. Barockschloss, 1945 zerstört, wurde wieder aufgebaut (Museen), mit Schlossgarten. – B. erhielt im 13. Jh. Markt- und Stadtrechte. – Abb. S. 680

Bruchstein, von Felsen abgesprengter, unbearbeiteter Naturstein.

Bruchteils|eigentum, →Eigentum.

Bruck, Karl Ludwig Freiherr von (seit 1849), österr. Politiker, getauft Elberfeld (heute zu Wuppertal) 18. 10. 1798, † (Selbsttötung) Wien 23. 4. 1860; Grün-

Bruchkraut: Kahles Bruchkraut

Bruchsal Stadtwappen

Bruchsal: das fürstbischöflich-speyerische Barockschloss

der und Leiter des Österr. Lloyd in Triest; 1848 Mitgl. der Frankfurter Nationalversammlung, war 1848–51 Handels- und 1855–60 Finanzmin. Seine Pläne, einen einheitl. mitteleurop. Wirtschaftsraum zu schaffen, scheiterten.

Bruck an der Leitha, Bez.-Hptst. im östl. NÖ, 7 600 Ew.; in der Brucker Pforte zw. Leithagebirge und Hainburger Bergen; Ölmühle. – Barockkirche, Schloss Harrach (13. Jh., im 18.–19. Jh. erneuert).

Bruck an der Mur, Bezirksstadt in der Obersteiermark, Österreich, am Zusammenfluss von Mürz und Mur, 13 400 Ew., Fachschulen, Handelsakad.; Eisen- und Stahldrahterzeugung, Papierindustrie. – Mehrere romanisch-got. Kirchen mit Wandmalereien (14./15. Jh.), Kornmesserhaus (1499–1505). Über der Stadt die Ruine der Burg Landskron. – Urspr. röm. Siedlung, 1263 neu angelegt, war Umschlagplatz an der Salz- und Eisenstraße.

Brücke, 1) *Bauwesen:* → Brücken.
2) *Elektrotechnik:* → Brückenschaltung.
3) *Schiffbau:* Kurzform für Kommandobrücke.
4) *Sport:* a) Gymnastik: Rückwärtsbeugen des Oberkörpers, bis die Hände den Boden berühren; b) Ringen: Verteidigungsstellung, bei der der Rücken der Matte zugewandt ist; nur Kopf und Fußsohlen berühren die Matte.
5) *Zahntechnik:* fest sitzender, eine Zahnlücke überbrückender Zahnersatz. Die B. wird an den die Lücken begrenzenden Zähnen oder geeigneten Wurzeln durch Überkronen befestigt.

Brücke, Die, Künstlergemeinschaft in Dresden (seit 1911 in Berlin), zu der sich 1905 die expressionist. Maler E. L. Kirchner, E. Heckel, K. Schmidt-Rottluff und F. Bleyl zusammenschlossen, der später auch M. Pechstein, O. Mueller und für kurze Zeit E. Nolde angehörten. In Abkehr vom Impressionismus und in Auseinandersetzung mit der »primitiven Kunst« aus Schwarzafrika und Ozeanien, aber auch beeindruckt von Malern wie E. Munch und V. van Gogh entstand ein flächiger, dynam. Mal- und Zeichenstil in wilder Farbigkeit, vereinfachten Formen und expressiven dunklen Linien. Der Holzschnitt mit seinen scharfen Konturen und der monumentalen Hell-Dunkel-Wirkung wurde zum eigtl. Wahrzeichen dieser auf Ausdruckssteigerung zielenden Kunst. 1913 löste sich die B. auf.

Brücken, Bauwerke zur Überführung eines Verkehrsweges, einer Wasserleitung u. a. über ein Hindernis. Der **Unterbau** (Fundamente, Pfeiler, Widerlager) überträgt alle Lasten einschl. Eigengewicht auf den Baugrund. B.-Pfeiler werden i. d. R. aus Mauerwerk, Stahlbeton, Spannbeton oder Stahl hergestellt. Der **Überbau** oder das **Tragwerk** überträgt alle Lasten (Eigengewicht, Verkehrslasten, Wind, Schnee) über die Auflager auf Pfeiler und Widerlager. Bei Stahlbeton- und Spannbeton-B. bilden Überbau und Unterbau oft ein untrennbares Ganzes. B. lassen sich einteilen in feste und bewegl. B., nach der stat. Wirkungsweise des Tragwerks, der Ausführungsform der Hauptträger (Vollwand, Fachwerk-, Rohr-, Kastenträger), der Anordnung der Fahrbahn, nach dem Verwendungszweck oder nach dem Baustoff.

Konstruktionsarten: Bei Balken-B. sind die Hauptträger in stat. Sinn als einfache oder durchlaufende Balken ausgebildet. Sie üben bei lotrechten Lasten nur lotrechte Auflagerdrücke aus. Das Haupttragwerk der **Bogen-B.** sind Bögen, in denen vorwiegend Druckspannungen entstehen. Bei lotrechter Belastung werden vertikale und horizontale Kräfte an die Auflager abgegeben. **Stabbogen-B.** sind Balken-B. mit darüber gespannten Bögen. Bei den **Schrägseil-B.** wird der Balken durch schräg geführte Seile gegen Pylone abgespannt. Bei den **Zügelgurt-B.** ist ein dritter Hängegurt auf einem großen Bereich der B. vor-

Brücken: links Hannibal-Brücke in den Pyrenäen; rechts Hafenbrücke in Sydney

handen. Bei den **Hänge-B.** besteht der tragende Teil aus einem Hängegurt (Kabel, früher – bei den Ketten-B. – auch aus Ketten) zw. hohen Pylonen, der die gesamte Last aufnimmt und nur auf Zug beansprucht wird.

Feste B.: Holz-B. dienen fast nur noch als Behelfs-, Not- und Kriegs-B. Spannweiten bis 20 m erreicht man durch **Balken-B.** mit zusammengesetzten Tragbalken. **Stein-B.** aus Naturstein- oder Ziegelmauerwerk werden v. a. als Gewölbe ausgeführt. **Stahl-B.** sind in der Regel Balken- oder Bogen-B. (Stützweiten bis zu 500 m) sowie Zügelgurt-, Schrägseil- oder Hänge-B. (Stützweiten bis über 1 000 m). Die Hauptglieder der Stahl-B. sind die Hauptträger, Fahrbahngerippe, Quer- und Längsverbände und Auflager. Vollwandbalkenträger bestehen aus genieteten oder verschweißten Stegblechen von 10–20 mm Dicke und bis 10 m Höhe. Haben die Hauptträger Gelenke, spricht man von **Krag-** oder **Ausleger-B.** Bei Fachwerkhauptträgern werden die Querträger in Knotenpunkten gelagert. Die Längsverbände (Windverbände) und die Querverbände verbinden die Hauptträger in Längs- und Querrichtung zu einem steifen räuml. Tragsystem. Bremsverbände dienen zur Überleitung von Brems- und Anfahrkräften in die Hauptträger und Lager. Bei **Verbund-B.** bestehen die Fahrbahntafel aus Stahlbeton, die Hauptträger der B. aus Stahl. Beide sind durch Dübel so verbunden, dass sie als einheitl. Tragwerk wirken. **Stahlbeton-** und **Spannbeton-B.** mit Stützweiten bis zu 300 m haben in den letzten Jahrzehnten an Bedeutung gewonnen. Balken- und Rahmen-B. aus Stahlbeton haben meist mittlere Spannweiten, Bogen-B. größere. Die verschiedensten B.-Systeme können mit Spannbeton bis zu größten Spannweiten ausgeführt werden, als Vollwand- wie als Fachwerkbrücken.

Bewegliche B.: Sie haben einen Überbau, der die Durchfahrt unter der B. durch Bewegung des Tragwerks vergrößern oder ganz freigeben kann. Die Tragkonstruktion besteht aus Stahl, der Fahrbahnbelag aus Stahl oder Holz. Älteste Form ist die **Zug-B.** Bewegl. B. werden bes. im Flachland und bei Hafeneinfahrten gebaut. **Dreh-B.** besitzen einen senkrechten Zapfen, den Königsstuhl, um den sich der Überbau dreht. Bei **Klapp-B.** wird der ein- oder zweiteilige Überbau um eine waagerechte Achse nahe dem Schwerpunkt des bewegl. Teils hochgeklappt. Bei **Hub-B.** wird der Überbau an Seilen oder Ketten durch Gegengewichte hochgezogen oder durch hydraul. Antrieb und Schwimmer unmittelbar emporgehoben. Die Durchfahrt von **Roll-** oder **Schiebe-B.** wird durch waagerechte Verschiebung des Überbaues in Richtung der B.-Achse geöffnet.

Brückenau, Bad, → Bad Brückenau.

Brückenechse, Sphenodon punctatus, die letzte lebende Art der seit der Triaszeit bekannten Kriechtierordnung Schnabelköpfe (Rhynchocephalia), nur noch auf den Inseln östlich Neuseelands in Erdhöhlen verbreitet; 50–80 cm lang; mit zwei Schädeldurchbrechungen im Schläfenbereich, zw. denen im Knochenstück eine »Brücke« zum Schuppenbein bildet.

Brückenheilige, bei oder an einer Brücke angebrachte Standbilder von Heiligen; in der kath. Volksfrömmigkeit Schutzpatrone der Brücken und ihrer Benutzer.

Brückenkopf, *Militärwesen:* die Stellung, die nach dem Übersetzen am feindl. Ufer errungen oder beim Rückzug gehalten wird.

Brücken: Steinerne Brücke in Regensburg

Brückenschaltung, kurz **Brücke,** *Elektrotechnik:* allg. eine Schaltungsanordnung aus einer Anzahl von Elementen (Zweipolen) mit einer bestimmten Symmetrie in Bezug auf Art der Elemente und Topologie (z. B. ringförmige Anordnung). Nach dem Verwendungszweck unterscheidet man B. zu Messzwecken (→ Messbrücke) sowie B. in der Leistungselektronik bei Stromrichteranordnungen.

Brückenwaage, eine Waage mit einer Plattform (Brücke), die die Last aufnimmt; die bekannteste Form ist die Dezimalwaage.

Bruckner, 1) Anton, österr. Komponist, * Ansfelden (Bez. Linz-Land) 4. 9. 1824, † Wien 11. 10. 1896; 1837–40 Singknabe, 1850–55 Organist am Stift St. Florian, ab 1855 Domorganist in Linz, ab 1868 Prof. am Konservatorium in Wien. B. fand erst mit seiner d-Moll-Messe (1864) die ihm eigene Ausdrucksweise. Von R. Wagner übernahm er v. a. Melodik und Harmonik, ging aber in der Formdisposition der Sonatensätze und des Sinfoniezyklus eigene Wege. Seine monumentalen Sinfonien zeichnen sich durch Melodik, rhythm. Kraft und innere Geschlossenheit aus. Die Messen, sein Te Deum und viele der großen Motetten bilden späte Höhepunkte in der Geschichte dieser musikal. Gattungen. – *Weitere Werke:* Sinfonien: Nr. 0 d-Moll (1863/64), 1. c-Moll (1865/66), 2. c-Moll (1871/72), 3. d-Moll (1873), 4. Es-Dur, die Romantische (1874), 5. B-Dur (1875/76), 6. A-Dur (1879–81), 7. E-Dur (1881–83), 8. c-Moll (1884–87), 9. d-Moll (1887–96, unvollen-

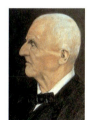

Anton Bruckner: (anonymes Gemälde, 1896; Wien, Gesellschaft der Musikfreunde)

Brückenechse

Jan Bruegel d.Ä.: Landschaft mit Schmiede (1603; Moskau, Puschkin-Museum)

det); Streichquintett; 3 Messen: d-Moll (1864), e-Moll (1866), f-Moll (1867/68); Te Deum (1881–84); 150. Psalm (1892).

2) Ferdinand, eigtl. Theodor **Tagger,** Schriftsteller österr. Herkunft, *Wien 26. 8. 1891, †Berlin 5. 12. 1958; gründete 1923 das Renaissance-Theater in Berlin, emigrierte 1933; schrieb anfangs expressionist., dann neorealist., von der Tiefenpsychologie beeinflusste Dramen, so u. a. »Krankheit der Jugend« (1929), »Die Verbrecher« (1929), »Elisabeth von England« (1930), »Heroische Komödie« (1945), »Das irdene Wägelchen« (1957).

Brückner, Christine, Schriftstellerin, *Schmillinghausen (heute zu Arolsen) 10. 12. 1921, †Kassel 21. 12. 1996; schrieb Erzählungen und Romane, v. a. über Frauenschicksale; bes. erfolgreich war der Roman »Jauche und Levkojen« (1975) mit den Fortsetzungen »Nirgendwo ist Poenichen« (1977) und »Die Quints« (1985) über eine Gutsbesitzerfamilie aus Pommern.

Bruder, 1) *allg.:* Person männl. Geschlechts in einer Geschwisterreihe (mit gemeinsamen Eltern).

Pieter Bruegel d.Ä.: Bauernhochzeit (um 1568/69; Wien, Kunsthistorisches Museum)

2) *christl. Mönchtum:* Mönch, Mitglied eines Ordens (Ordensbruder).

Brüdergemeine, Brüderunität, Evangelische Brüder-Unität, Herrnhuter B., engl. **Moravian Church,** aus dem Pietismus hervorgegangene ev. Freikirche, die in ihrer Kirchenordnung (»Grund der Unität«) persönl. Glauben und Gemeinde als Bruderschaft und Dienstgemeinschaft betont. Sie geht auf die →Böhmischen Brüder zurück, die sich seit 1722 auf dem Gut Berthelsdorf (Oberlausitz) des Grafen →Zinzendorf niederließen. Die daraus hervorgegangene Siedlung erhielt den Namen →Herrnhut. Kennzeichnend für die B. wurden die von ihr geschaffenen neuen Formen des christl. Gemeinschaftslebens (u. a. das Lesen bibl. →Losungen als tägl. Besinnung) und ihre (1732 einsetzende) umfangreiche Missionstätigkeit, durch die sie weltweite Verbreitung erlangte. Heute (2005) zählt die B. rd. 830 000 Mitgl., davon rd. 80 % in Afrika und in der Karibik. Die Gesamtleitung der B. liegt bei der Unitätsdirektion mit den beiden Sitzen Bad Boll (Gem. Boll) und Herrnhut.

Bruderrat, Leitungsgremium der →Bekennenden Kirche.

Bruderschaften, 1) *allg.:* bürgerl. Genossenschaften des MA., dienten v. a. religiös-sittl. Zielen.

2) *ev. Kirchen:* →Kommunitäten.

3) *kath. Kirche:* Vereine zur Förderung der Frömmigkeit, Nächstenliebe und des öffentl. Gottesdienstes. Bekannte B. sind die **Herz-Jesu-B.** und die **Rosenkranz-Bruderschaft.**

Brüder und Schwestern des freien Geistes, die Anhänger einer im 13.–15. Jh. in S-Dtl., den Niederlanden, Italien, N-Frankreich und der Schweiz verbreiteten religiösen Laienbewegung, die eine enthusiast. Mystik pflegte und mit der Auffassung verband, dass Gott in jedem wirkl. (»vollkommenen«) Christen Mensch werde und der so mystisch mit Gott geeinte Mensch jenseits von Gut und Böse stehe, frei von jedem Gesetz und unfähig zur Sünde sei; wurden von der Inquisition verfolgt und waren (wohl zu Unrecht) Vorwürfen der sittl. Zügellosigkeit ausgesetzt.

Brüderunität, die →Brüdergemeine.

Brüder vom gemeinsamen Leben, Fraterherren, vor 1400 entstandene, aus der religiösen Erneuerungsbewegung der ›Devotio moderna hervorgegangene christl. Bruderschaften, die in eigenen **Brüderhäusern** ein klösterl. Leben führten, ohne durch Gelübde gebunden zu sein, und einem praktisch-weltbezogenen Frömmigkeitsideal folgten (Jugenderziehung, handwerkl. Arbeit, Buchdruck); verbreitet bes. in den Niederlanden und in West- und Mitteldeutschland. Aus den Brüderhäusern gingen u. a. Thomas von Kempen, Nikolaus von Kues und Erasmus von Rotterdam hervor.

Bruegel [brˈøxəl], **Brueghel, Breughel,** niederländ. Malerfamilie:

1) Jan d. Ä. (gen. **Samtbruegel** oder **Blumenbruegel**), *Brüssel 1568, †Antwerpen 12. 1. 1625, Sohn von 2); malte kleinformatige Landschaften auf Kupfertafeln, v. a. aber Blumenstillleben in einem warmen, »samtigen« Kolorit.

2) Pieter d. Ä. (gen. **Bauernbruegel**), Stammvater der Familie, *Breda (?) zw. 1525 und 1530, †Brüssel 9. 9. 1569, Vater von 1) und 3); schuf, ausgehend von den grotesken Darstellungen des H. Bosch und der Landschaftskunst J. Patinirs Sittenbilder sprichworthafter oder lehrhaft-moral. Bedeutung. B. hinterließ auch ein umfangreiches zeichner. Œuvre, v. a. Landschaften und Figurenkompositionen. Von seinen Zeichnungen wurden viele im Kupferstich vervielfältigt.

Werke: in Wien, Kunsthistor. Museum: Kinderspiele (1560), Turmbau zu Babel (1563), Jäger im Schnee (1565), Bauernhochzeit (um 1568/69); in München, Alte Pinakothek: Das Schlaraffenland (1567); in Prag, Nationalgalerie: Heuernte (1565); in Neapel, Museo e Gallerie Nazionali di Capodimonte: Das Gleichnis von den Blinden (1568).

3) Pieter d. J. (gen. **Höllenbruegel**), *Brüssel um 1564, † ebd. um 1638, Sohn von 2); malte in der Art seines Vaters spukhafte Szenen, Höllendarstellungen, Winterlandschaften.

Brugg, Bezirkshauptort im Kt. Aargau, Schweiz, an der Aare, 9 200 Ew.; Maschinen-, Kabel- u. a. Ind.; Bahnknotenpunkt; spätgot. Kirche, altes Rathaus.

Brügge, niederländ. **Brugge,** frz. **Bruges,** Hptst. der Prov. Westflandern, Belgien, etwa 15 km von der Küste entfernt, 115 600 überwiegend fläm. Ew.; kath. Bischofssitz, Europakolleg (gegr. 1949); Groeningemuseum (fläm. Malerei) u. a. Museen. Der Hafen ist mit Köln, Ostende und Sluis durch Kanäle verbunden, über den 12 km langen **Brügger Seekanal** mit dem Vorhafen Zeebrugge an der Nordsee; Containerumschlag; Fischereihafen, Erdgasterminal; Schiffbau und -reparaturen, Motorenbau, Stahl-, Konserven- und elektrotechn. Ind., Großmühlen, Brauereien; Betriebe für Blumen-, bes. Orchideenzucht. – Die von Kanälen durchzogene und von einem Kanalring umgebene Stadt hat ihren mittelalterl. Charakter bewahrt und wurde von der UNESCO zum Weltkulturerbe erklärt. Bauten: Tuchhallen (13./14. Jh.) und der 83 m hohe Belfried (13. Jh.), beides am Grote Markt, Beginenhof (im 13. Jh. begründet), got. Rathaus (1376 begonnen), Gruuthuse-Palast (15. Jh., jetzt Museum), klassizist. Justizpalast (1722–27), Dompropstei (Spätrenaissance), frühgot. Liebfrauenkirche (12./13. Jh., 14./15. Jh. erweitert; mit den Grabmälern Karls des Kühnen und seiner Tochter Maria von Burgund), Salvatorkathedrale (12./13. Jh., 14.–16. Jh. erweitert), ein Backsteinbau, Johanneshospital (1188 gegr., Memlingmuseum) und zahlr. Bürgerhäuser v. a. des 16./17. Jahrhunderts. – B., im 8. Jh. erwähnt, entwickelte sich um eine 892 erstmals genannte Burg der Grafen von Flandern. Zu Beginn des 13. Jh. wurde B. zum Marktort, Ende des 13. Jh. übernahm sie eine führende Rolle innerhalb Flanderns. 1382 fiel B. an die Herzöge von Burgund, 1482 an die Habsburger. Später büßte die Stadt allmählich ihre Vormachtstellung zugunsten von Antwerpen ein; die Eroberung des Vorhafens Sluis durch Moritz von Oranien (1604) brachte den endgültigen Niedergang; im 20. Jh. neuer Aufschwung.

Brüggemann, Hans, Bildschnitzer, *Walsrode um 1480, † nach 1523; schuf 1514–21 den Hochaltar der Klosterkirche in Bordesholm (seit 1666 im Dom zu Schleswig).

Brugmann, Karl Friedrich Christian, Sprachforscher, *Wiesbaden 16. 3. 1849, †Leipzig 29. 6. 1919; vertrat den Grundsatz der ausnahmslosen Geltung der Lautgesetze und begründete damit die Schule der →Junggrammatiker.

Brühl, 1) Gem. im Rhein-Neckar-Kreis, Bad.-Württ., in der Oberrheinebene, 14 400 Ew.; elektrotechn. und Holz verarbeitende Industrie.

Brügge: charakteristische Backsteinhäuser an einem Kanal; im Hintergrund der 83 m hohe Belfried (13. Jh., der achteckige Aufsatz 1482)

2) Stadt im Rhein-Erft-Kreis, NRW, südwestlich von Köln, am O-Rand der Ville, 46 000 Ew.; FH des Bundes für öffentl. Verwaltung, Europäische FH; Bundesfinanzakademie; Personenstandsarchiv des Landes NRW; Freizeitpark Phantasialand; Eisen-, Papier-, chem. und Genussmittelindustrie. – Das ehem. kurfürstl. Schloss Augustusburg wurde ab 1284 als Wasserburg erbaut (1689 zerstört), 1725–70 im Stil des Spätbarock neu errichtet und umgestaltet; das Treppenhaus, von J. B. Neumann 1744–48 im Rokokostil entworfen, ist eines der großartigsten in Europa. Im Park entstand 1729–40 das Jagdschlösschen Falkenlust nach Plänen von F. de Cuvilliés d. Ä. Beide Schlösser gehören zum UNESCO-Weltkulturerbe. – Vom 13. bis ins 16. Jh. bevorzugte Residenz der Erzbischöfe von Köln.

Brühl, Heinrich Graf (seit 1737) von, kursächs. Politiker, *Gangloffsömmern (bei Sömmerda) 13. 8. 1700, †Dresden 28. 10. 1763; seit 1746 leitender Min. von König/Kurfürst August III., bestimmte völlig dessen Politik. B. erwarb ein riesiges Privatvermögen, während die Staatsverwaltung verfiel. In Dresden ließ B. die **Brühlsche Terrasse** als Garten seines Palais anlegen. Die Dresdener Kunstsammlung erlangte durch ihn Weltruhm.

Bruitismus [zu frz. bruit »Lärm«] *der,* um 1910 innerhalb des Futurismus entstandene Richtung der Musik, die zur künstler. Abbildung der technisierten Welt Geräusche in die Komposition einbezog.

Brukterer, lat. **Bructeri,** german. Volk im Münsterland, 4 n. Chr. von den Römern unterworfen, kämpfte 69/70 mit den Batavern gegen Rom; 97 von Chamaven und Angrivariern aus der Heimat verdrängt; gingen im 4./5. Jh. im Stammesverband der Franken auf.

Brüllaffen, Aloutta, Gattung der Kapuzineraffen mit 9 Arten in Mittel- und Südamerika. Ihr Schwanz (etwa 70 cm) ist häufig länger als der Körper (etwa 65

Brügge
Stadtwappen

Heinrich Graf von Brühl

Brüllaffen: Roter Brüllaffe (Kopf-Rumpf-Länge etwa 57 cm, Schwanzlänge etwa 60 cm)

cm), er hat eine nackte Greiffläche. B. sind Blätter und Früchte fressende Baumbewohner und geschickte Kletterer. Mit ihrer lauten Stimme grenzen die Männchen einer Gruppe deren Wohngebiet ab. Bekannte Arten sind der **Rote B.** (Alouatta seniculus), der von Kolumbien bis Guyana verbreitet ist, und der **Schwarze B.** (Alouatta caraya) in Bolivien, Paraguay und Brasilien.

Brumaire [bryˈmɛːr; frz. »Nebelmonat«] *der,* zweiter Monat des Kalenders der Frz. Revolution (22., 23. bzw. 24. Okt. bis 20., 21. bzw. 22. Nov. im gregorian. Kalender). Durch den Staatsstreich vom 18. B. des Jahres VIII (9. 11. 1799) stürzte Napoleon Bonaparte das →Direktorium und wurde Erster Konsul.

Brumm|eisen, Musikinstrument, →Maultrommel.

Brummell [ˈbrʌməl], George Bryan, * London 7. 6. 1778, † Caen 30. 3. 1840; war als »Beau B.« gefeierter Modeheld der Londoner Gesellschaft und Freund des Prinzen von Wales, Urbild des Dandys; starb verarmt.

Brun, Rudolf, Ritter, Bürgermeister von Zürich, * um 1300, † Zürich 17. 9. 1360; stürzte 1336 den patriz. Rat und führte die Zunftverfassung ein. 1351 schloss er den »Ewigen Bund« mit den Waldstätten (führte zum Anschluss Zürichs an die Eidgenossenschaft).

Brunch [brʌntʃ] *der,* Kw. aus engl. **br**eakfast »Frühstück« und l**unch** »Mittagessen«, spätes, reichl. Frühstück und zugleich Mittagessen.

Brundage [ˈbrʌndɪdʒ], Avery, amerikan. Sportfunktionär, * Detroit (Mich.) 28. 9. 1887, † Garmisch-Partenkirchen 8. 5. 1975; 1952–72 IOK-Präsident.

Brundtland [-lən], Gro Harlem, norweg. Politikerin, * Oslo 20. 4. 1939; Ärztin, 1974–79 Min. für Umwelt, war 1981–92 Vors. der Sozialdemokrat. Arbeiterpartei sowie 1981, 1986–89 und 1990–96 Min.-Präs. Sie trat für den Beitritt Norwegens zur EU ein, scheiterte jedoch 1994 bei einem Referendum. Als Vors. der UN-Kommission für Umwelt und Entwicklung (B.-Kommission) veröffentlichte sie 1987 ihren Bericht »Our common future«. 1994 erhielt sie den Internat. Karlspreis der Stadt Aachen. 1998–2003 Generaldirektorin der Weltgesundheitsorganisation (WHO).

Bruneck, ital. **Brunico,** Stadt in der Prov. Bozen, in Südtirol, Italien, an der Rienz, 835 m ü. M., 13 900 Ew., Hauptort des ital. Pustertals; Textilind.; Fremdenverkehr. – Z. T. erhaltene Stadtmauer, spätbarocke Spitalkirche, Häuser (15. und 16. Jh.).

Brunei [engl. bruːˈnaɪ], amtl. malaiisch **Negara B. Darussalam,** Staat in Südostasien, an der NW-Küste Borneos, durch den malays. Bundesstaat Sarawak in zwei Landesteile getrennt.

Staat und Recht

B. ist seit 1984 ein unabhängiges Sultanat; Verf. von 1959 (mehrfach, zuletzt 2004, modifiziert). Staatsoberhaupt und Reg.-Chef ist der Sultan, dem 4 Räte (Councils) beratend zur Seite stehen: Min.-Rat, Kronrat, Thronfolgerat und Rat für religiöse Angelegenheiten. Oberstes Gesetzgebungsorgan ist der Legislativrat (seit 2005 29 vom Sultan ernannte Mitgl.). – Wichtigste legale Parteien: Vereinigte Nat. Partei von Brunei (PPKB), Nat. Entwicklungspartei (NDP).

Landesnatur

Beide Landesteile liegen in der mit Mangrove- und Sumpfwäldern bestandenen Küstenebene am Südchin. Meer, die zum Landesinneren in ein überwiegend waldbedecktes Hügelland übergeht. 70 km landeinwärts werden im S des östl. Landesteils Höhen von bis zu 1 850 m ü. M. in der Crocker Range erreicht. Nur die schmalen Küstenebenen sind dichter besiedelt. – B. hat äquatoriales Regenklima mit hoher Luftfeuchtigkeit und Durchschnittstemperaturen von 27 °C. B. liegt nicht im Bereich der Hauptzugbahnen trop. Wirbelstürme, ist aber von sturmbedingten Flutwellen betroffen. Rd. 80 % sind waldbedeckt, im Landesinnern trop. Regenwald.

Bevölkerung

Staatstragendes Volk sind die Malaien (rd. 67 %), daneben Chinesen (15 %), Iban (6 %) u. a. Ureinwohner; der Rest sind ausländ. Gastarbeiter (v. a. aus Malaysia, Thailand, Philippinen, Bangladesh). Staatsbürger erhalten weitgehende Steuerfreiheit; Bildungs- und Gesundheitswesen sind gut ausgebaut. Der Anteil der Stadtbev. beträgt über zwei Drittel. Die Malaien bekennen sich zum sunnit. Islam, der Staatsreligion ist. Christen (rd. 10 % der Bev.) und Buddhisten (rd. 9 %) bilden religiöse Minderheiten. – Es be-

Gro Harlem Brundtland

Flagge

Wappen

internationales Kfz-Kennzeichen

Fläche: 5 765 km²
Einwohner: (2006) 382 000
Hauptstadt: Bandar Seri Begawan
Verwaltungsgliederung: 4 Distrikte
Amtssprache: Malaiisch
Nationalfeiertage: 23. 2. und 15. 7.
Währung: 1 Brunei-Dollar (BR$) = 100 Cent (¢)
Zeitzone: MEZ + 7 Std.

steht allg. Schulpflicht im Alter von 5 bis 12 Jahren. Die Erwachsenen-Alphabetisierungsrate beträgt (2006) etwa 93%.

Wirtschaft und Verkehr

Grundlage der Wirtschaft und Haupteinnahmequelle des Landes sind die Erdöl- und Erdgasvorkommen, deren Nutzung (über 90% der Exporterlöse) B. zu einem der reichsten Staaten der Erde macht (weitgehende Steuerfreiheit, gut ausgebautes Bildungs- und Gesundheitswesen). Erdölförderung (bereits seit 1929) bei Seria (Raffinerie), seit den 1950er-Jahren Erschließung v. a. von Offshorevorkommen; Ausfuhr von Rohöl erfolgt vorwiegend nach Thailand, Australien, Süd-Korea und Japan, von Erdgas zum überwiegenden Teil nach Japan. Dafür ist in Lumut 1974 eine der größten Erdgasverflüssigungsanlagen der Welt in Betrieb gegangen. Jérudong und Seria sind mit Luzong (O-Malaysia) durch eine Erdölpipeline verbunden. Von den landwirtsch. Produkten werden Kautschuk und Pfeffer, ferner Holz exportiert. – Seit 1973 Tiefseehafen Muara, seit 1975 internat. Flughafen bei Bandar Seri Begawan.

Geschichte

Das nach Islamisierung des Gebietes zu Beginn des 15. Jh. entstandene (nach der Überlieferung 1363 gegründete) Sultanat B. erreichte im 16. Jh. seine größte Ausdehnung (neben Borneo auch die philippin. Suluinseln und Palawan). Sarawak übertrug der Sultan 1841 dem Briten J. Brooke (seit 1842 Raja). 1888 wurde B. brit. Protektorat und 1906 einem brit. Residenten unterstellt. 1941–45 war B. durch die Japaner besetzt. 1959 (Abkommen mit Großbritannien) erhielt es weitreichende innere Selbstverwaltung; 1962 schlugen brit. Truppen einen Aufstand nieder (Verhängung des Ausnahmezustands und Auflösung des Parlaments). 1971 erlangte B. die volle innere Souveränität, am 1. 1. 1984 die Unabhängigkeit. Im selben Jahr wurde es Mitgl. der ASEAN und der UNO, 1989 der APEC. 2004 setzte der Sultan (seit 1967 Haji Hassanal Bolkiah) den 20 Jahre lang suspendierten Legislativrat wieder ein.

Brunelle [frz.] *die,* eine Lippenblütlergattung, →Braunelle.

Brunelleschi [-'leski], **Brunellesco**, Filippo, eigtl. F. di ser **Brunellesco Lippi**, ital. Goldschmied, Bildhauer, Architekt und Ingenieur, * Florenz 1377, † ebd. 15. 4. 1446; entwickelte die Zentralperspektive (um 1410/20) und nahm damit entscheidenden Einfluss auf die Architekturdarstellung in der Malerei. Seine techn. Meisterleistung ist die Konstruktion der Florentiner Domkuppel als Doppelschalenkonstruktion (Ausführung ab 1420). Mit dem Findelhaus (1419 ff.) und San Lorenzo (1419 ff.) in Florenz beginnt die Renaissancearchitektur. Dafür studierte B. intensiv antike Architektur, orientierte sich aber ebenso an der toskan. Architektur der sog. Protorenaissance (11./12. Jh.) – *Weitere Hauptwerke* (alle in Florenz): Santa Maria degli Angeli (1434 ff.); Santo Spirito (seit 1436); Grabkapelle der Pazzi (Kapitelsaal von Santa Croce, 1442 ff.).

Brunft, weidmänn. Bez. für →Brunst.

Brünhild, Brunhild, altnordisch **Brynhildr,** dt. und altnord. Sagengestalt; im →Nibelungenlied Gemahlin Gunthers und Rivalin Kriemhilds; nach altnord. Überlieferung eine Walküre, die, von Odin zur Strafe für Ungehorsam in Zauberschlaf versenkt, von Sigurd (Siegfried) erweckt wurde.

Brunhilde, Brunichilde, fränk. Königin, † 613; Tochter des westgot. Königs Athanagild, Gemahlin des Königs Sigibert I. von Austrasien. Als B.s Schwester Galswintha von ihrem Gemahl Chilperich I. von Neustrien wegen →Fredegunde getötet wurde, entstand ein Blutrachekrieg, in dessen Verlauf Sigibert I. 575 und Chilperich I. 584 ermordet wurden. B. behauptete sich seit 596 in Austrasien, bis sie 613 gestürzt und hingerichtet wurde.

Brunico, italien. Name von →Bruneck.

Brünieren [frz., zu brun »braun«], Oberflächenbehandlung von Stahl mit heißen alkal. Salzlösungen, wodurch Oberflächenfilme meist aus Eisen(III)-oxid entstehen (Korrosionsschutz).

Brünig *der,* Pass in den schweizer. Zentralalpen, 1 007 m ü. M., verbindet das Berner Oberland (Interlaken) mit Luzern (Vierwaldstätter See). Die Passstraße wurde 1857–62 erbaut, die B.-Bahn 1888/89.

Brüning, Heinrich, Politiker, * Münster 26. 11. 1885, † Norwich (Vt., USA) 30. 3. 1970; 1920–30 Geschäftsführer des (christl.) Dt. Gewerkschaftsbundes und 1924–33 MdR (Zentrumspartei), 1929–30 und 1932–33 Vors. der Zentrumsfraktion, wurde am 28. 3. 1930 Reichskanzler. Er bildete eine vom Vertrauen des Reichspräs. von Hindenburg getragene bürgerl. Minderheitsregierung. Nach den Wahlen vom 14. 9. 1930 regierte B., gestützt auf die bürgerl. Mittelparteien, im Kampf gegen A. Hitlers NSDAP parlamentarisch toleriert von der SPD, bei äußerster Verschärfung der Wirtschaftskrise mit dem Notverordnungsrecht des Reichspräsidenten. Mit seiner auf einen ausgeglichenen Staatshaushalt zielenden Deflationspolitik suchte er die Wirtschaftskrise zu bekämpfen und sie als Hebel für die Aufhebung der dt. Reparationsverpflichtungen zu nutzen, indem er deren Unerfüllbarkeit nachwies. Dem zunehmend erfolgreichen außenpolit. Kurs standen innenpolitisch das von seiner Deflationspolitik mitzuverantwortende Anwachsen der Arbeitslosigkeit und der Massenzulauf zu NSDAP und KPD gegenüber. B.s Politik (v. a. sein – im Rahmen der überkommenen zykl. Wirtschaftspolitik – Verzicht auf aktive und antizykl. Arbeitsmarktpolitik) trug so dazu bei, dass aus der Wirtschafts- eine Staatskrise wurde. Von General K. von Schleicher und großagrar. Kräften Ostdtl.s bestärkt, entließ Hindenburg am 30. 5. 1932 B. als Reichskanzler; sein Sturz leitete das Ende der Weimarer Republik ein. 1934 emigrierte B. – nach Flucht in die Niederlande – nach den USA und wurde dort Prof. an der Harvard University. 1951–54 war B. Prof. in Köln.

Heinrich Brüning

Brünn, tschech. **Brno,** zweitgrößte Stadt der Tschech. Rep., in Südmähren, Verw.-Sitz des Südmährischen Bez., am Zusammenfluss von Schwarzawa und Zwittawa, 369 000 Ew.; kath. Bischofssitz; Univ., TH, Militär-, tiermedizin. und landwirtsch. Hochschule, Museen (u. a. Mähr. Museum), mehrere Theater, Sternwarte, Planetarium; zool. Garten; Maschinen- und Fahrzeugbau, Textil-, Leder-, chem. und Nahrungsmittelindustrie; internat. Messestandort (Maschinenbau-, Computermesse); Flughafen. – Über der Stadt erhebt sich der Spielberg mit Zitadelle. In der Altstadt Dom (15. Jh., 1738–49 barock umgestaltet, im 19. Jh. regotisiert), got. und barocke Kirchen, Altes und Neues Rathaus, barocke Palais, Reste der Stadtbefestigung. Oberhalb des Stadtzentrums liegt die Villa Tugendhat (UNESCO-Weltkulturerbe) von L. Mies van der Rohe (1928–30). – B. erhielt 1243 Stadtrecht. Im 19. Jh. Entwicklung zur Industriestadt

Brünn
Stadtwappen

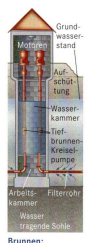

Brunnen: Horizontalfilterbrunnen

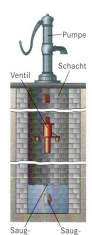

Brunnen: Schachtbrunnen

Brunnenkresse (Höhe 30–90 cm)

(v. a. Textilindustrie) und Anstieg der tschech. Bev. auf mehr als 50 %. 1919 sank der dt. Bev.-Anteil auf rd. ein Drittel. Im Zweiten Weltkrieg wurde B. stark zerstört. Die dt. Bev. wurde ab Mai/Juni 1945 ausgewiesen (u. a. »Brünner Todesmarsch«).

Brünne [ahd. brunni »Rüstung«], mittelalterl. Panzerhemd.

Brunnen, Anlage zur Gewinnung von Grundwasser, das zu Trink- oder Betriebswasser aufbereitet wird.
Die übl. Form einer B.-Anlage ist der **Schacht-** oder **Kessel-B.:** Ein runder, gemauerter oder betonierter Schacht wird bis zu den Wasser führenden Schichten hinabgeführt. In ihm tritt das Wasser durch die offene Sohle oder durch seitl. Schlitze ein. Gehoben wird es mit einem Schöpfeimer (**Schöpf-** oder **Zieh-B.**) oder einer Pumpe. Bei den Bohr-B. unterscheidet man vertikale Bohr-B. und Horizontalbrunnen. Der **vertikale Bohr-B.** besteht aus einem zusammengesetzten Rohrstrang, der nach der Bohrung in das Bohrloch eingesetzt wird. Die Rohrwandungen besitzen in Höhe der Wasser führenden Schichten Eintrittsöffnungen (Filterrohre). Für geringmächtige, Grundwasser führende Schichten eignet sich der **Horizontalfilter-B.** Er besteht aus einem wasserdichten Schacht mit Sohle, von dem aus horizontale Filterrohre radial in die Grundwasser führenden Schichten vorgetrieben werden. **Ramm-,** auch **Abessinier-B.:** Mithilfe einer Ramme wird ein kräftiges eisernes Rohr mit Stahlspitze und Schlitzen in den Boden getrieben; verwendbar bei sandigem Boden. Bei **artes. B.** steigt das Wasser unter eigenem Überdruck zutage. Sie können dort angelegt werden, wo das Grundwasser zw. zwei undurchlässigen (Ton-)Schichten fließt und an einer Stelle angebohrt wird, die tiefer liegt als die Zuflussstelle. Der Name geht auf die frz. Landschaft Artois zurück, in der diese B. aufkamen. **Beobachtungs-B.** dienen der laufenden Untersuchung der Spiegelhöhe und der Qualität des Grundwassers, **Versickerungs-** oder **Schluck-B.** zur Einleitung von Wasser in den Untergrund.
Kunstgeschichtliches: Künstlerisch gestaltete B. waren seit dem Altertum üblich: Markt-B. und große Wandbrunnenanlagen (Septiconium in Rom), Zier-B. im Peristyl röm. Wohnhäuser (Pompeji) und in Binnenhöfen des Orients (Löwen-B. der Alhambra in Granada), Reinigungs-B. im Atrium christl. Basiliken und im Vorhof der Moscheen, B.-Häuser in Klosterkreuzgängen (Maulbronn). Im späten MA. wurden viele B. mit Bildwerken auf Stadtplätzen errichtet (Perugia, Siena), auch architektonisch reich ausgestaltet (»Schöner B.« in Nürnberg), in Dtl. meist mit einer figurenbekrönten Säule inmitten des B.-Beckens (Stock-B.). In der ital. Renaissance entstanden B. mit monumentalen, den Platz beherrschenden Figuren (von →Giambologna in Bologna, von B. →Ammanati in Florenz). Dt. Städte schlossen sich dem ital. Vorbild an (Danzig und bes. Augsburg, A. de →Vries; Frankfurt am Main). Zu höchster Prachtentfaltung entwickelten sich die B. im ital. Barock (B. von →G. L. Bernini, Fontana di Trevi u. a. in Rom). In den fürstl. Parkanlagen waren B. und Wasserspiele wichtige Gestaltungsmittel der Gartenarchitektur. Städt. B. wurden nördlich der Alpen nur noch selten geschaffen (B. von G. R. Donner in Wien). Im 19. Jh. verlor der B. seine eigentl. Funktion, wird aber als Teil architekturbezogener Kunst bis heute verwendet.

Brunnen, Fremdenverkehrsort im Kt. Schwyz, Schweiz, am O-Ufer des Vierwaldstätter Sees (Urner

Brünn: Stadtansicht mit der Dominikanerkirche St. Michael (17. Jh.) und der Zitadelle auf dem Spielberg

See), am Beginn der Axenstraße, 430 m ü. M. B. gehört zur Gem. Ingenbohl, 7 700 Ew. – In B. erneuerten die drei Urkantone am 9. 12. 1315 nach der Schlacht von Morgarten ihren »Ewigen Bund« von 1291.

Brunnenkresse, *Nasturtium officinale,* staudiger Kreuzblütler in Bächen Europas, N-Asiens und Nordamerikas mit fiederblättrigem, dickstängligem Kraut und weißen Blüten; Salatpflanze; als Heilpflanze seit der Antike bekannt; enthält Vitamin C.

Brunnenvergiftung, 1) *allg.:* Verleumdung.
2) *Strafrecht:* →Vergiftung.

Brunner, 1) Emil, schweizer. ref. Theologe, * Winterthur 23. 12. 1889, † Zürich 6. 4. 1966; 1924–53 Prof. ebd.; Mitbegründer der →dialektischen Theologie, später in Fragen der theolog. Anthropologie im Gegensatz zu K. Barth stehend.
2) Karl, schweizer. Volkswirtschaftler, * Zürich 16. 2. 1916, † Rochester (N. Y.) 9. 5. 1989; seit 1950 in den USA; als bed. Geldtheoretiker einer der Hauptvertreter des →Monetarismus.

Bruno, Heilige: 1) **B. I., Brun I.,** * 925, † Reims 11. 10. 965; Bruder Ottos I., d. Gr., wurde 951 Kanzler, 953 Erzbischof von Köln und Verwalter des Herzogtums Lothringen; einer der bedeutendsten Vertreter des otton. Reichskirchensystems. – Heiliger, Tag: 11. 10.
2) **B. von Köln,** * Köln um 1032, † La Torre (Kalabrien) 6. 10. 1101; Gründer des Ordens der →Kartäuser; Tag: 6. 10.
3) **B. von Querfurt,** * um 947, † in Sudauen (Ostpreußen) 9. 3. (14. 2.?) 1009; missionierte in Ungarn, Russland, Polen; Tag: 9. 3.

Bruno, Giordano, eigtl. Filippo **B.,** ital. Naturphilosoph, * Nola (bei Neapel) 1548, † Rom 17. 2. 1600; 1563–76 Dominikaner in Neapel, floh vor der Inquisition ins Ausland; fiel 1592 in die Hände der Inquisition, die ihm v. a. wegen seiner Lehren von der Unendlichkeit der Welt und der Vielheit und Gleichwertigkeit der Weltsysteme den Prozess machte. Nach siebenjähriger Haft wurde er auf dem Scheiterhaufen verbrannt. B. stand unter dem Einfluss des scholast. Aristotelismus, von Lukrez, Plotin und Nikolaus von Kues. Er vertrat das kopernikan. Weltsystem und eine pantheist. Lehre von der Weltseele. Seine metaphys.

Kosmologie hatte entscheidende Konsequenzen für die Anthropologie (Mensch als Mikrokosmos, subjektiv-individuell erfahrene Gegenwart Gottes); B. hatte weit reichende Wirkung u. a. auf Goethe, Herder und Schelling.

Brunsbüttel, bis 1970 **Brunsbüttelkoog,** Stadt im Kreis Dithmarschen, Schlesw.-Holst., 13 800 Ew.; Hafen mit großen Schleusen an der Mündung des Nord-Ostsee-Kanals in die Unterelbe (Fährverkehr und Hochbrücke über den Kanal); Elbetiefwasserhafen; Lotsendienst; Kernkraftwerk, chem. und petrochem. Ind., Maschinenbau.

Brunschvicg [brœsˈvik], Léon, frz. Philosoph, * Paris 10. 11. 1869, † Aix-les-Bains 18. 1. 1944; seit 1909 Prof. an der Sorbonne. Nach B. spiegeln metaphys. Systeme und Weltanschauungen jeweils das zeitgenöss. Wissenschaftssystem wider. B. schuf eine maßgebende Ausgabe der Werke von B. Pascal.

Brunst [ahd. »Brand«, »Glut«], **Brunft,** lat. **Oestrus,** der durch spezif. Hormone bewirkte vorübergehende Zustand geschlechtl. Erregung bei Säugetieren, der in Zusammenhang mit dem Rhythmus der Reifung der Geschlechtszellen steht und i. d. R. zur Paarung führt; beim wiederkäuenden Schalenwild **Brunft,** beim Schwarzwild **Rauschzeit,** beim Raubwild **Ranzzeit,** bei Hase und Kaninchen **Rammelzeit** genannt. Die meisten wild lebenden Säugetiere werden nur einmal im Jahr brünstig. Bei Haussäugetieren und trop. Säugern tritt die B. das ganze Jahr über in regelmäßigen Abständen auf. Die B. zeigt sich bei männl. Tieren oft in Kampfesrufen, Kraftäußerungen, Liebesspielen, Paarungsrufen, Duftmarkierungen, Paarungsbereitschaft u. a. Zur B.-Zeit treten bei manchen Tieren bestimmte Organe zur Reizung und Anlockung des anderen Geschlechts (**B.-Organe**) in Erscheinung, z. B. die **Brunftfeige,** eine Hautdrüse auf dem Kopf der Gämsen, der **Brunftfleck,** ein dunkler Fleck um die Rute des Hirsches. Die B.-Zeiten des mitteleurop. Großwildes liegen meist im Herbst, beim Reh von Juli bis August.

Bruntál, dt. **Freudenthal,** Stadt in N-Mähren, Tschech. Rep., im Altvatergebirge; 17 600 Ew.; Kunststoff-, Textil-, Holzindustrie. – Anfang des 13. Jh. gegr., war über Jahrhunderte im Besitz des Dt. Ordens (Schloss, heute Museum) und Zentrum der sudetenländ. Leinenweberei.

Brüsewitz, Oskar, ev. Theologe, * Willkischken (Litauen) 30. 5. 1929, † Halle (Saale) 22. 8. 1976; starb an den Folgen einer öffentl. Selbstverbrennung am 18. 8. 1976 in Zeitz aus Protest gegen die Unterdrückung der christl. Erziehung in der DDR.

Brussa, Stadt in der Türkei, →Bursa.

Brüssel, fläm. **Brussel,** frz. **Bruxelles,** Haupt- und Residenzstadt Belgiens, 134 400 Ew.; bildet mit 18 umgebenden Gemeinden die zweisprachige **Region B.** (161 km², 964 400 Ew.). Die Stadt liegt an der Senne und ist durch den Brüsseler Seekanal mit Antwerpen und durch kleinere Kanäle mit Charleroi verbunden. B. ist Sitz von Reg. und Verw.-Behörden Belgiens, des ständigen Generalsekretariats der Benelux-Länder, der Europ. Kommission, des Rats der Europ. Union, des Hauptquartiers der NATO, der Europ. Atomgemeinschaft (EURATOM); Tagungsort des Europ. Parlaments; zwei Voll-Univ. (gegr. 1834 und 1970), drei Teil-Univ. (»Fakultäten«), Handels- und Wirtschaftshochschulen, Architekturhochschule, Hochschule für Übersetzer und Dolmetscher, die Europ. Univ. der Arbeit, wiss. Akademien, Bibliotheken, Kunstmuseen, zahlr. Theater. Die Ind. umfasst Textil-, Metall-, Elektro-, chem. Ind., Maschinen- und Fahrzeugfabriken sowie Lebensmittel- und Waschmittelherstellung; Hüttenwerke u. a. Schwerind.; U-Bahn seit 1976; lebhafter Handelsverkehr; internat. Flughafen.

Stadtbild: Die Altstadt (Unterstadt) zw. Nord- und Südbahnhof ist Sitz des Geschäftslebens; hier und nahebei bed. Bauwerke: Oper, Börse und am Marktplatz (Grand' Place), der zum UNESCO-Weltkulturerbe erklärt wurde, das Rathaus (1402 begonnen, mit got. Schauseite und 96 m hohem Turm), das Brothaus und die maler. Zunfthäuser (nach 1695 neu erbaut); die Galeries Saint-Hubert (1847), eine der ältesten überdachten Ladenstraßen Europas; der Brunnen Manneken-Pis. Am Hang die im Wesentlichen got. Kathedrale Saint-Michel (früher Saint Gudule, 13.–17. Jh.) mit bed. Glasfenstergemälden aus habsburg. Zeit. Auf dem Höhenrand der Oberstadt die seit 1774 bebaute Rue Royale mit dem Nationalpalast (1779–83; Ministerien, Parlament), dem Park und dem Königl. Schloss (1740–87, mehrfach verändert); von der Place Royale mit der Kirche Saint-Jacques sur Coudenberg (1776–85) erstreckt sich die Rue de la Régence, an der das Palais des Beaux-Arts (Gemäldesamml.) liegt, zum gewaltigen, auf einer Terrasse gelegenen Justizpalast von J. Poelaert (1866–83). Im O das Quartier Léopold, mit Leopoldpark und Naturhistor. Museum. Park und Palais du Cinquantenaire (Ende 19. Jh.) mit Königl. Museen für Kunst und Gesch., Armeemuseum; Weltausstellungen 1897, 1910 und 1958 (Atomium). Die Jugendstilbauten von V. Horta (Hôtel Tassel, Hôtel Solvay, Hôtel van Eetvelde und Maison & Atelier Horta) gehören zum UNESCO-Weltkulturerbe.

Geschichte: B. entstand um eine Ende des 10. Jh. errichtete Burg der Grafen von Löwen (spätere Herzöge von Brabant) und war seit dem 12. Jh. ein Zentrum der Tuchmacherei; kam 1430 an Burgund und 1482 an die Habsburger, unter denen es die Hptst. der Niederlande wurde. 1576 schloss sich B. dem niederländ. Aufstand an, wurde aber 1585 von den Spaniern zurückerobert. 1695 brannten die Franzosen die Stadt fast ganz nieder. Unter der österr. Herrschaft (1713–94) nahm sie einen neuen Aufschwung. Die Stadt gehörte 1795–1814 zu Frankreich und ab 1815 (neben Den Haag zweite Hptst.) zum Vereinigten Kö-

Giordano Bruno

Oskar Brüsewitz

Brüssel
Stadtwappen

Brüssel: die Grand' Place mit Zunfthäusern, links die Maison du Roi (1871–96)

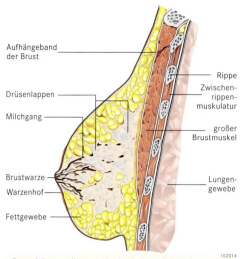

Brustdrüsen: Längsschnitt durch die weibliche Brustdrüse

sammengesetzt und durch Stege auf einem Tüllgrund verbunden sind.

Brussig, Thomas, Schriftsteller, *Berlin (Ost) 19. 12. 1965; schreibt erfolgreiche Romane, die satirisch-witzig jüngste dt. Geschichte aus (Ost-)Berliner Sicht thematisieren: »Helden wie wir« (1995; verfilmt); »Am kürzeren Ende der Sonnenallee« (1999; verfilmt); »Wie es leuchtet« (2004).

Brust, Pectus, bei Mensch und Wirbeltieren der obere oder der vordere Teil des Rumpfes, bei Gliederfüßern der mittlere, gegen Kopf und Hinterleib abgegrenzte Teil des Körpers. B. i. w. S. heißt derjenige Teil des menschl. Rumpfes, dessen Skelett vom →Brustkorb gebildet wird; i. e. S.: die vordere Wand des B.-Korbes, auch die weibl. →Brustdrüsen.

Brustbein, Sternum, aus mehreren Teilen entstandener Knochen zur Befestigung des Schlüsselbeins und der oberen Rippen; bildet den vorderen Abschluss des Brustkorbs.

nigreich der Niederlande. 1830 war B. der Ausgangspunkt der Revolution, die zur Bildung des Königreichs Belgien führte, dessen Hptst. B. wurde.

Brüsseler Pakt, Brüsseler Vertrag, Brüsseler Fünfmächtevertrag, Abkommen vom 17. 3. 1948 zw. Großbritannien, Frankreich und den Benelux-Ländern über eine umfassende Zusammenarbeit; richtete sich gegen ein wieder erstarkendes Dtl. Im Zuge der Eingliederung der Bundesrep. Dtl. in das westl. Verteidigungssystem erfuhr der B. P. eine Umwandlung. Durch die Londoner Akte (3. 10. 1954) wurden die Bundesrep. Dtl. – nach Änderung der gegen Dtl. gerichteten Bestimmungen – und Italien in den B. P. aufgenommen. 1955 wurde der B. P. in die →Westeuropäische Union umgewandelt.

Brüsseler Spitzen, Sammelbez. für seit dem 17. Jh. in Brüssel geklöppelte oder genähte Spitzen aus feinstem Leinenzwirn, die aus einzelnen Motiven zu-

Brustdrüsen, Mammae, beim Menschen und einigen Säugetieren (z. B. Primaten, Fledermäuse, Elefanten) vorkommende, brustständige Drüsen mit äußerer Sekretion (→Milchdrüsen). Die B. des Menschen bestehen aus je 15–20 einzelnen Drüsenläppchen, die von Fett- und Bindegewebe umgeben sind und so die eigentl. **Brüste** bilden. Zw. den Brüsten befindet sich eine Vertiefung, der **Busen.** Die **Brustwarzen** (Mamillae), in denen die Ausführgänge der Milchdrüsen münden, können sich durch glatte Muskulatur aufrichten (→erogene Zonen). Die Brustwarze wird vom **Warzenhof** umgeben, der durch das Sekret zahlr. Talgdrüsen geschmeidig gehalten wird.

Brustdrüsenentzündung, Mastitis, Entzündung der Milchdrüse bes. während der Stillzeit; geht meist von Schrunden der Brustwarzen aus, in die Infektionserreger eingedrungen sind, und kann bis zur Abszessbildung führen. *Verhütung:* peinlichste Sauberhaltung der Brust.

Brüsterort, Landspitze im NW von →Samland.

Brustfell, Pleura, spiegelglatte und glänzende Auskleidung der Brusthöhle (**Rippenfell**) und Überkleidung der Lungen (**Lungenfell**). Beide Teile umschließen einen mit Flüssigkeit gefüllten Spaltraum (**Pleurahöhle**).

Brustfellentzündung, die →Rippenfellentzündung.

Brustkorb, Thorax, der Herz und Lungen einschließende, von Brustwirbeln, Rippen, Brustbein, Knorpel und Bändern gebildete vordere (obere) Abschnitt des Rumpfes bei höheren Wirbeltieren. Der vom B. umschlossene Raum ist die **Brusthöhle.** Beim Menschen setzt sich der B. aus 12 mit den Brustwirbeln zweimal gelenkig verbundenen, paarigen Rippen zusammen. Die durch Bänder geschützten Gelenke zw. den Rippen und Wirbelkörpern und die knorpeligen Rippenansätze am Brustbein ermöglichen die Atembewegungen.

Brustkrebs, Mammakarzinom, Brustdrüsenkrebs, bösartiger Tumor der Brustdrüse, vorwiegend vom Epithel der Milchgänge und der Drüsenläppchen ausgehend, selten vom Bindegewebe. B. ist die häufigste bösartige Tumorerkrankung der Frau, v. a. zw. dem 45. und 70. Lebensjahr. In Dtl. erkranken etwa 7 % aller Frauen an B., bei Männern tritt er ganz selten auf. B. kommt überwiegend einseitig vor, nur bei etwa 5 % aller Fälle beidseitig. Zu Beginn treten schmerzlose, meist derbe, schlecht verschiebbare, langsam wachsende Knoten auf. 65–70 % aller B. haben bereits

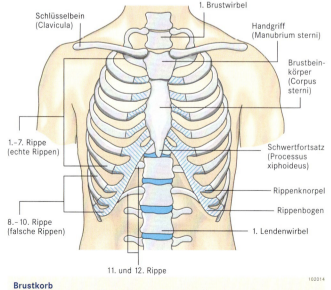

Brustkorb

zum Zeitpunkt der Diagnosestellung auf dem Blutweg verborgene Metastasen gebildet, die v. a. in Knochen nachweisbar sind. Wegen der anfangs fehlenden oder nur geringen Beschwerden wird der B. oft erst spät und teils durch Zufall entdeckt. Regelmäßige Selbstbeobachtung und Vorsorgeuntersuchung durch den Arzt sind deshalb zur Früherkennung wichtig. Neben dem Tastbefund dienen v. a. die Mammografie (Röntgenuntersuchung), die Mammasonografie und in besonderen Fällen auch die Kernspintomografie zum Erkennen des B. Gesichert wird die Diagnose durch mikroskop. Gewebeuntersuchung.

Bei 5–10% des B. gibt es eine familiäre Häufung und/oder ein frühes Auftreten im 3. bis 5. Lebensjahrzehnt. Dies weist auf genet. Faktoren bei der Entstehung hin. Die ursächl. Zusammenhänge für die Entstehung des sporad. B. (90% der Fälle) sind weitgehend unbekannt. Regelmäßiger Alkoholkonsum erhöht das B.-Risiko dosisabhängig ebenso wie die Fettsucht mit einem Body-Mass-Index über 30 kg/m².

Die Behandlung erfolgt meist operativ. Bei der Operation werden auch die Lymphknoten aus der Achselhöhle der betroffenen Seite entfernt. Außerdem werden nach den meisten Operationen Chemo- oder Hormontherapien veranlasst. Zur kosmet. Korrektur des Verlustes der Brust sind prothet. Maßnahmen oder eine operative Brustrekonstruktion möglich. Etwa 55% aller Frauen mit B. werden dauerhaft geheilt.

Brustkreuz, Pektorale, von geistl. Würdenträgern als Teil der Amtstracht getragenes (goldenes) Kreuz, meist Reliquien enthaltend; ohne Reliquien auch Amtszeichen des ev. Bischofs.

Brustschwimmen, Sportschwimmart in Brustlage. Die Arme werden waagerecht nach vorn und dann seitlich auseinander geführt, in Höhe der Schultern an den Körper herangezogen und wieder nach vorn gestoßen. Die Beine werden gleichzeitig angezogen, darauf Beinschlag wie Unterschenkelschwung.

Bruststimme, Musik: die tiefe Lage der menschl. Stimme, bei der hauptsächlich die Brustwand in Schwingungen gerät, im Unterschied zur Kopfstimme.

Brusttee, Aufgussgetränk aus einer Mischung von Eibischwurzel, Süßholz, Veilchenwurzel, Huflattichblättern, Wollblumen und Anis; wird bei Bronchitis und Husten angewendet.

Brustwarze, →Brustdrüsen.

Brustwerk, das vorn in der Mitte stehende Pfeifenwerk der Orgel, von schwächerem Klang.

Brustwickel, Brustumschlag, Medizin: eine →Packung.

brut [bryt; frz. »roh«], trocken, herb (Wein, bes. Champagner).

Brut, Gesamtheit gleichzeitig ausgebrüteter oder geborener Nachkommen (Vögel, Säuger); die Larven einer Nestgemeinschaft Staaten bildender Insekten (z. B. Bienen, Ameisen); sich entwickelnde Fischeier.

Brutalismus der, Anfang der 1950er-Jahre in Großbritannien aufgekommene Bez. für eine Richtung der modernen Architektur, die zunächst für die Bauten von A. und P. Smithson (Schule in Hunstanton, 1949–54) verwendet wurde und eine Architekturauffassung umschreibt, die den Baustoff in seiner Ursprünglichkeit und Rohheit betont, eine hohe Plastizität der Gebäudeform wie des Baudetails anstrebt und Installationen sichtbar lässt. Leitbilder waren einerseits die strengen, klaren Bauten Mies van der Rohes in Chicago, andererseits die Verwendung unverputzten Betons als Gestaltungsmittel (»béton brut«) im Spätwerk Le Corbusiers.

Brutapparat, Gerät zum künstl. Ausbrüten der Eier in der Geflügelzucht (Brutschrank); in der Fischzucht trogförmige Wasserbehälter.

Brutblatt, Bryophyllum, Gattung in Madagaskar beheimateter Dickblattgewächse, an deren Blatträndern sich Brutknospen bilden, die der vegetativen Vermehrung dienen und bereits auf der Mutterpflanze kleine Pflänzchen hervorbringen.

Brüten, 1) *Biologie:* das Erwärmen der Eier meist durch die Körperwärme der Elterntiere bis zum Ausschlüpfen der Jungen. Am Bauch entsteht zur Brutzeit der stark durchblutete, den Eiern aufliegende **Brutfleck.** Meist brütet das Weibchen, bei Steißhühnern, Kampfwachteln, bei Emu, Kasuar und einigen Watvögeln das Männchen. Kleine Singvögel brüten 10–14 Tage, das Haushuhn 20–21, der Emu 58, große Albatrosarten 80 Tage.

2) *Kerntechnik:* im →Kernreaktor die Umwandlung **(Konversion)** natürlich vorkommender nicht spaltbarer Nuklide **(Brutstoff)** in spaltbare Nuklide (Spaltstoffe). Reaktoren, die mehr spaltbares Material erzeugen, als sie anschließend zur Energieerzeugung verbrauchen, heißen **Brutreaktor (Brüter),** i. d. R. werden **Schnelle Brüter** verwendet, die Uran 238 in Plutonium 239 und Plutonium 241 umwandeln. Reaktoren, die weniger Spaltstoff erzeugen, als sie verbrauchen, nennt man **Konverter.** Der Konversionsfaktor gibt das Verhältnis an gewonnenen Spaltstoffkernen zur Anzahl der verbrauchten Kerne an. Ist er > 1, wird er **Brutrate** genannt, der Überschuss an erzeugtem Spaltstoff heißt **Brutgewinn.**

Brutkasten, der →Inkubator.

Brutknospen, 1) *Botanik:* **Bulbillen,** mit Reservestoffen angereicherte Knospen, die sich ablösen und neue Pflanzen bilden; zwiebelartige B. werden als **Brutzwiebeln** bezeichnet.

2) *Zoologie:* der ungeschlechtl. Fortpflanzung dienende mehrzellige Gebilde, die ungünstige Lebensbedingungen durch Ausbildung fester Hüllen überstehen, z. B. Gemmulae der Schwämme.

Brutpflege, *Verhaltensforschung:* Bez. für alle Verhaltensweisen der Eltern, die der Aufzucht, Pflege, Ausbildung und dem Schutz der Nachkommen vor Feinden und Krankheiten (→Nesthygiene) dienen. B. beginnt bereits vor der Eiablage oder Geburt mit Nestbau oder dem Eintragen von Vorräten (Brutvorsorge).

Brutreaktor, Brüter, *Kerntechnik:* →Brüten.

Brutstoff, *Kerntechnik:* →Brüten.

Bruttasche, Raum zur Aufnahme von Eiern oder Jungtieren an der Körperoberfläche mancher Tiere.

Bruttium, antiker Name Kalabriens; nach den **Bruttiern** benannt, die sich 356 v. Chr. zu einem Bund zusammenschlossen (Zentrum Consentia, heute Cosenza), danach griech. Kolonien eroberten und 278–275 gegen Rom kämpften; 272 v. Chr. wurden sie von Rom unterworfen.

brutto [ital.], Abk. **btto.,** roh, ohne Abzug; Ggs.: netto.

Bruttoeinkommen, gesamtes Erwerbs- (B. aus nicht selbstständiger Arbeit) und Vermögenseinkommen (B. aus Unternehmertätigkeit und Vermögen) einer Person oder eines privaten Haushalts vor Abzug von Steuern, Abgaben und Sozialversicherungsbeiträgen. Das **Bruttoarbeitsentgelt** (Bruttolohn und -gehalt) ist die Vergütung, die ein Arbeitnehmer vom

Brutknospen 1) am Blattrand des Brutblatts

Bartholomäus Bruyn d. Ä.: Bildnis einer Dame mit Tochter (zw. 1530 und 1540; Sankt Petersburg, Eremitage)

Arbeitgeber laufend erhält (Arbeitsentgelt, außertarifl. Leistungs-, Sozial- u. a. Zulagen sowie einmalige Zahlungen), vor Abzug von Steuern und Sozialversicherungsbeiträgen.

brutto für netto, Abk. **bfn,** Preisklausel in Kaufverträgen, die besagt, dass der Kaufpreis nach dem Bruttogewicht, d. h. Gewicht der Ware einschließlich Verpackung, berechnet ist.

Bruttogewinn, Rohgewinn, Betrag, um den der Erlös der verkauften Waren höher ist als ihre Herstellungskosten oder ihr Anschaffungspreis.

Bruttoinlandsprodukt, Abk. **BIP,** Wert aller Waren und Dienstleistungen, die in einem Jahr innerhalb der Landesgrenzen einer Volkswirtschaft durch In- und Ausländer produziert wurden (→Inlandsprodukt).

Bruttonationaleinkommen, Abk. **BNE,** 1999 eingeführter Begriff der volkswirtsch. Gesamtrechnung zur Beschreibung der Einkommen, die Inländern in einer Periode zugeflossen sind (→Inlandsprodukt).

Bruttoprämie, vom Versicherungsnehmer zu zahlender Beitrag einschließlich eines Verwaltungskostenzuschlags. Der um die Kosten verringerte Beitrag wird **Nettoprämie** genannt.

Bruttoprinzip, im Haushaltsplan die getrennte Veranschlagung von Einnahmen und Ausgaben in voller Höhe.

Bruttoraumzahl, Abk. **BRZ,** engl. **gross tonnage,** Abk. **GT,** das in der Schiffsvermessung die bisherige Bruttoregistertonne ersetzende Maß für die Gesamtgröße von Schiffen (außer Kriegsschiffen und Schiffen unter 24 m Länge). Entsprechend ersetzt die **Nettoraumzahl** (Abk. **NRZ;** engl. net tonnage, Abk. **NT**) die bisherige Nettoregistertonne. BRZ und NRZ sind dimensionslose Vergleichszahlen. Die BRZ ergibt sich aus dem gesamten umbauten Raum, multipliziert je nach Schiffstyp mit einem zw. 0,22 und 0,32 liegenden Faktor; sie soll eine gerechtere Schiffsvermessung ermöglichen.

Bruttoregistertonne, Abk. **BRT,** →Registertonne.

Bruttosozialprodukt, Abk. **BSP,** bis 1999 verwendeter Begriff zur Beschreibung des gesamtwirtsch. Einkommens nach dem Inländerkonzept, seit Anpassung des dt. Systems der volkswirtsch. Gesamtrechnung an die Regelungen des Europ. Systems Volkswirtsch. Gesamtrechnungen durch →Bruttonationaleinkommen ersetzt.

Brutus [lat. »der Dumme«], **1)** Decimus Iunius, röm. Offizier, * um 81 v. Chr., † 43 v. Chr.; Vertrauter Caesars, nahm an der Verschwörung gegen ihn teil; 48–46 Statthalter in Gallien, kämpfte ab 44 gegen M. Antonius, der ihn ermorden ließ.

2) Lucius Iunius, nach der Sage der Befreier Roms von der Herrschaft der Tarquinier (509 v. Chr.); erster röm. Konsul.

3) Marcus Iunius, röm. Politiker, * 85 v. Chr., † 42 v. Chr.; Haupt der Verschwörung gegen Caesar und einer seiner Mörder, unterlag in der Schlacht bei Philippi 42 v. Chr. gegen Oktavian und Antonius und tötete sich.

Brutzwiebel, Form der →Brutknospe.

Brüx, Stadt in der Tschech. Rep., →Most.

Bruxelles [bry'sɛl], frz. Name von →Brüssel.

Bruxismus [griech.] *der,* meist unbewusstes Zähneknirschen, bes. während des Schlafs; kann zu Schädigungen an Zähnen und Kiefergelenken führen.

Bruyèreholz [bry'jɛːr-; frz. bruyère »Heidekraut«], hell- bis rotbraunes, meist schön gemasertes Wurzelholz der Baumheide, sehr hart und schwer brennbar; Verwendung für Pfeifenköpfe.

Bruyn [brœjn], **1)** Bartholomäus d. Ä., Maler, * Wesel (?) 1493, † Köln April 1555; Schüler der Niederländer, bes. des Joos van Cleve, in dessen Werkstatt er seit 1512 arbeitete; er brachte den Antwerpener Manierismus nach Köln und malte hier seit 1515 v. a. treffende Porträts.

Günter de Bruyn

2) Günter de, Schriftsteller, * Berlin 1. 11. 1926; zeichnete in Erzählungen (»Ein schwarzer, abgrundtiefer See«, 1963; »Babylon«, 1980) und Romanen (»Buridans Esel«, 1968; »Neue Herrlichkeit«, 1984) ein differenziertes, krit. Bild der zwischenmenschl. Beziehungen der Gesellschaft der DDR; daneben literaturhistor. Arbeiten (u. a. »Märk. Forschungen. Eine Erzählung für Freunde der Literaturgeschichte«, 1979); später v. a. autobiograf. Werke (»Zwischenbilanz«, 1992; »Vierzig Jahre – Ein Lebensbericht«, 1996). In seinem Gesamtwerk nimmt die Auseinandersetzung mit der preuß. Geschichte eine herausragende Rolle ein (»Die Finckensteins. Eine Familie im Dienste Preußens«, 1999; »Preußens Luise«, 2001; »Unter den Linden«, 2002; »Abseits. Liebeserklärung an eine Landschaft«, 2006; »Als Poesie gut. Schicksale aus Berlins Kunstepoche 1786 bis 1807«, 2006).

Bryan [ˈbraɪən], William Jennings, amerikan. Politiker, * Salem (Ill.) 19. 3. 1860, † Dayton (Tenn.) 26. 7. 1925; Demokrat, bemühte sich als Außen-Min. (1913–15) um die Entschärfung internat. Konflikte (B.-Verträge mit zahlr. Staaten) und forderte wahre Neutralität der USA im Ersten Weltkrieg. Als religiöser Fundamentalist trat er in Dayton (Tenn.) 1925 im sog. Affenprozess um die Entwicklungslehre von C. Darwin als Mitankläger gegen den Lehrer J. T. Scopes auf, der diese Lehre unterrichtet hatte.

Bryant [ˈbraɪənt], William Cullen, amerikan. Lyriker und Journalist, * Cummington (Mass.) 3. 11. 1794, † New York 12. 6. 1878; schrieb die Totenelegie »Thanatopsis« (1817) und von den engl. Romantikern beeinflusste Naturgedichte; Blankversübersetzungen der »Ilias« (1870) und der »Odyssee« (1871).

Bryaxis, griech. Bildhauer des 4. Jh. v. Chr.; Mitarbeiter am Skulpturenschmuck des Mausoleums von Halikarnassos.

Bryce Canyon National Park [ˈbraɪs ˈkænjən ˈnæʃnl ˈpɑːk], Nationalpark im südl. Utah, USA, 145 km²; seit 1928. Durch Erosion entstanden hier in farbigen und verschieden widerstandsfähigen Kalken ungewöhnl. Formen.

Brynner, Yul, eigtl. Taidje **Kahn,** amerikan. Bühnen- und Filmschauspieler, * Insel Sachalin 11. 7. 1915, † New York 10. 10. 1985; war am Broadway erfolgreich im Musical »Der König und ich« (1956 verfilmt), dann zahlr. weitere Filme, u. a. »Die glorreichen Sieben« (1960).

Bryophyten [griech.], wiss. Bez. der →Moose.

Bryozoen [griech.], die →Moostierchen.

BRZ, Abk. für →Bruttoraumzahl.

Brzeg [bʒɛk], dt. **Brieg,** Krst. in der Wwschaft Oppeln (Opole), Polen, an der Oder, 38 800 Ew.; Maschinenbau, elektrotechn., Leder- und Nahrungsmittelindustrie. – Renaissanceschloss der Piasten (14. Jh.; im 16. Jh. umgestaltet; Museum der Schles. Piasten), Schlosskirche (1370 bis 1416, 1783 barockisiert; nach Kriegszerstörung wiederaufgebaut), Rathaus (14. Jh.; 1570–72 umgebaut). – Seit 1248 Stadt (1327 Magdeburger Stadtrecht), seit 1311 Hauptort des gleichnamigen Fürstentums; nach Zerstörung in den Hussitenkriegen im Renaissancestil wieder aufgebaut. Nach dem Aussterben der schles. Piastenherzöge von Liegnitz-Brieg und Wohlau (1675) fiel ihr Land an Österreich, 1742 an Preußen. Seit 1945 gehört die Stadt zu Polen (1990 durch Dt.-Poln. Grenzvertrag bestätigt).

BSB, Abk. für →biochemischer Sauerstoffbedarf.

B. Sc. [biːˈesˈsi], Abk. für engl. **B**achelor of **S**cience, →Bachelor.

BSE, Abk. für **b**ovine **s**pongiforme **E**nzephalopathie, sog. **Rinderwahnsinn,** eine 1986 in Großbritannien erstmals beschriebene, stets tödlich verlaufende Infektionskrankheit der Rinder. Mit BSE vergleichbare Krankheiten treten auch bei anderen Tierarten auf, so bei anderen Wiederkäuern (bei Schaf und Ziege →Traberkrankheit, bei nordamerikan. Hirschen und Elchen), bei Katzen oder bei Nerzen. BSE ähnelt der →Creutzfeldt-Jakob-Krankheit des Menschen. Erreger sind Prionen (infektiöse Proteine). Nach einer jahrelangen Inkubationszeit zeigen die befallenen Rinder Verhaltensänderungen wie Ängstlichkeit und Schreckhaftigkeit und können Bewegungsabläufe nicht mehr koordinieren. Es kommt zu charakterist. Veränderungen im Gehirn (schwammige Entartung zellulärer Strukturen), die im Verlauf von Monaten zum Tod führen.

Hauptursache für die Übertragung der Krankheit ist das Verfüttern von kontaminiertem →Tiermehl, möglicherweise auch von sog. Milchaustauschern, einem mit tier. Fett angereichertem Milchersatz für Kälber. Das Auftreten der Krankheit in Großbritannien wird mit dem Ende der 1970er-Jahre geänderten Methoden der Tierkörperbeseitigung in Verbindung gebracht, wobei bei der Tiermehlherstellung keine ausreichende Erhitzung mehr durchgeführt wurde. In Großbritannien und Nordirland sind seit Mitte der 1980er-Jahre (bis 2004) mehr als 180 000 BSE-Fälle aufgetreten, mit einem deutl. Rückgang der Neuerkrankungen seit 1993. Zwischenzeitlich wurden in nahezu allen Mitgliedsstaaten der EU BSE-Fälle festgestellt sowie darüber hinaus in Kanada, Israel, Japan, Liechtenstein und der Schweiz. In Dtl. sind derzeit BSE-Schnelltests für alle geschlachteten, verendeten und getöteten Tiere über 24 Monate vorgeschrieben. Aufgrund der überwiegend 4–6 Jahre währenden Inkubationszeit ist bei weniger als 24 Monate alten Tieren nicht mit dem Nachweis des BSE-Agens zu rechnen. BSE und der Verdacht auf BSE sind anzeigepflichtig. Rindfleisch, das aus Großbritannien oder Nordirland eingeführt wird, unterliegt einer besonderen Kennzeichnungspflicht.

Die Übertragung auf den Menschen manifestiert sich als sog. neue Variante der Creutzfeldt-Jakob-Krankheit; diese verläuft oft langsamer und tritt auch bei jüngeren Personen auf. Im Unterschied zu Großbritannien konnte diese Variante in Dtl. bislang nicht nachgewiesen werden. Aus Gründen der Risikovorsorge werden in Dtl. Personen, die sich zw. 1980 und 1996 insgesamt länger als sechs Monate in Großbritannien und Nordirland aufgehalten haben oder dort auch während eines kurzen Aufenthaltes Blutprodukte erhalten haben, von Blut- und Plasmaspenden ausgeschlossen.

BSG, Abk. für **B**lutkörperchen**s**enkungs**g**eschwindigkeit (→Blutkörperchensenkung).

BSP, Abk. für **B**rutto**s**ozial**p**rodukt.

Bt-Mais [Bt Abk. für **B**acillus **t**huringiensis], gentechnisch veränderter Mais, der infolge eines neu eingeführten Gens ein insektizid wirkendes Protein bildet und daher dem Befall durch bestimmte Insektenlarven widersteht. (→Genmais)

Btx, Abk. für →**B**ildschirm**t**ext.

BTX-Aromaten, →Aromaten.

Bubastis, altägypt. Stadt im östl. Nildelta, heute **Tell Basta,** Königsresidenz während der 22. Dynastie (Bubastiden), hl. Stadt der katzenköpfigen Göttin Bastet; Ruinen mehrerer Tempel vom 3. bis 1. Jt. sowie eines Palastes der 12. Dynastie.

Bube, frz. **Valet,** engl. **Jack,** Blatt der frz. Karte, entspricht dem Unter (Wenzel) der dt. Spielkarten, heißt beim Skat auch »Junge«.

Buber, Martin, jüd. Religionsphilosoph, * Wien 8. 2. 1878, †Jerusalem 13. 6. 1965; 1924–33 Prof. in Frankfurt am Main, 1938–51 in Jerusalem; 1953 Friedenspreis des Dt. Buchhandels. B.s Hauptziel war die menschl. und polit. Erneuerung des abendländ. Judentums aus dem Geist der Bibel und des Chassidismus, dessen Texte er sammelte und interpretierte. Kernpunkt seiner Anschauungen ist das unmittelbare Verhältnis zum Gegenüber (→dialogische Philosophie). B.s Übersetzung der hebr. Bibel (zus. mit F. Rosenzweig) verbindet dt. sprachschöpfer. Kunst mit jüd. Bibelexegese. – *Werke:* Ich und Du (1923); Die Schrift, 15 Bde. (1926–38); Der Weg des Menschen nach der chassid. Lehre (hebr. 1947); Der Jude und sein Judentum (1963).

Buber-Neumann, Margarete, Schriftstellerin und Publizistin, * Potsdam 21. 10. 1901, †Frankfurt am Main 6. 11. 1989; ∞ in 1. Ehe mit R. Buber, einem Sohn M. Bubers, in 2. Ehe mit H. Neumann (* 1902, † 1937), lebte 1935 mit ihm in Moskau, war ab 1938 in sowjet. Lagern, nach Übergabe an die SS 1940–45 im KZ Ravensbrück; schilderte ihren Lebensweg in »Als Gefangene bei Stalin und Hitler« (1949) und »Von Potsdam nach Moskau. Stationen eines Irrweges« (1957).

Bubikopf, kinnlange Frauenfrisur mit Stirnfransen, ähnlich dem Pagenkopf; erste Kurzhaarfrisur in den 1920er-Jahren.

Bubka, Sergei, ukrain. Leichtathlet (Stabhochspringer), * Lugansk 4. 12. 1963; u. a. Olympiasieger 1988, Weltmeister 1983, 1987, 1991, 1993, 1995 und

Martin Buber

1997 sowie Europameister 1986; überquerte 1985 als Erster 6 Meter.

Bubo [griech. boubốn »Leiste«] *der,* entzündl. Schwellung der Lymphknoten bes. in der Leistenbeuge (v. a. bei Geschlechtskrankheiten).

Bucaramanga, Hptst. des Dep. Santander, Kolumbien, 1 018 m ü. M., auf der W-Abdachung der Ostkordillere, 553 000 Ew.; Mittelpunkt eines Kaffee- und Tabakanbaugebiets; Ind.-, Handels- und Verkehrszentrum; Univ.; Erzbischofssitz.

Bucchero [ˈbukkero; ital. »wohlriechende Tonerde«] *der,* Gattung gedrehter schwarzer Gefäße aus gebranntem, außen glänzendem Ton, im 7./6. Jh. v. Chr. in Etrurien hergestellt, oft mit Stempelrelief oder erhabenem Dekor.

Bucentaur [aus ital. bucintoro »goldene Barke«] *der,* venezian. Galeasse, Prunkschiff der Dogen von Venedig.

Bucer, Martin, eigtl. M. **Butzer,** Reformator, * Schlettstadt (Elsass) 11. 11. 1491, † Cambridge 1. 3. 1551; wirkte seit 1523 in Straßburg, später auch in Ulm, Hessen und Köln für die Reformation, verfasste für den Augsburger Reichstag 1530 die →Confessio Tetrapolitana und vermittelte im Abendmahlsstreit (Wittenberger Konkordie, 1536). Wegen seines Widerstandes gegen das Augsburger →Interim 1549 auf Befehl des Kaisers aus Straßburg ausgewiesen, folgte B. einer Einladung T. Cranmers nach England und wirkte als Prof. in Cambridge. B. gilt als der »Vater der ev. Konfirmation«.

Buch, in einem Umschlag oder Einband durch Bindung zusammengefasste, meist größere Anzahl von bedruckten, beschriebenen oder leeren Blättern (laut UNESCO-Definition mind. 49 Seiten) von nicht period. Erscheinungsweise. Seiner Funktion nach ist das B. die graf. Materialisierung geistig-immaterieller Inhalte zum Zweck ihrer Erhaltung, Überlieferung und Verbreitung in der Gesellschaft.

Bücher werden unterschieden nach Format (Breite mal Höhe des Buchs in cm nach DIN oder fachsprachl. Format-Bez., z. B. →Folio), nach Bindeverfahren (u. a. Faden-, Klebeheftung) oder Einbandart (Halb- oder Ganzeinbände aus Leder oder Leinen, Pappbände).

Buch: Bestandteile eines Buches und Elemente der Buchgestaltung

Geschichte: Die Vorformen des heutigen B. waren die getrockneten oder gebrannten Tontafeln der Babylonier und Assyrer (etwa 3000 v. Chr.), die zusammengeschnürten Palmblätter der Inder, die mit Bändern zusammengehaltenen Bambus- oder Holzstreifen der Chinesen (ab 1300 v. Chr.), die Papyrusrollen bes. der Ägypter und Griechen sowie die zweiteiligen Wachsschreibtafeln (Diptychen) der röm. Antike und des MA. Neben dem Papyrus trat als Beschreibstoff seit dem 3. Jh. v. Chr. (zunächst wohl in Kleinasien, Pergamon) das Pergament, das später im Abendland für lange Zeit bestimmend blieb. Gleichzeitig setzte sich die flache, viereckige Buchform aus Lagen gefalteter Pergamentblätter (Kodex) allgemein durch. Als kostbares Material wurde das sehr haltbare, aber teure Pergament häufig nach Entfernung der ersten Schrift noch einmal beschrieben (→Palimpsest). In China schon weit früher bekannt, gelangte das Papier im 11. Jh. durch die Araber nach Europa (Spanien, Italien, Deutschland), wurde dort aber erst seit dem 13. Jh. als Schreib- und später als Druckmaterial allgemein gebräuchlich. Waren zunächst v. a. großformatige B.-Größen üblich, finden sich seit dem 16. Jh. zunehmend handlichere B.-Formate.

Buchherstellung: Im MA. wurden B. als →Handschriften von Mönchen in Klosterskriptorien geschrieben, mit →Buchmalerei ausgeschmückt und mit kostbaren Einbanddecken versehen. Mit dem Aufkommen des Papiers und der Erfindung des →Buchdrucks mit beweglichen Metalllettern (um 1450) verbilligte sich die B.-Herstellung beträchtlich. Während die ersten gedruckten B. (→Inkunabeln) noch die Handschriften nachzuahmen suchten, löste sich die Gestalt des gedruckten B. seit dem 16. Jh. allmählich vom Vorbild des geschriebenen Kodex; das Titelblatt wurde um 1520 üblich. Im Wesentlichen blieb die Herstellung des B. bis zu Beginn des 19. Jh. unverändert, bis maschinelle Methoden eine massenhafte Produktion ermöglichten. Setzmaschine und Zylinderdruckmaschine wurden später von Fotosatz, dann →Desktop-Publishing, und Offsetdruck abgelöst. Eine Herstellungsmethode, bei der digital gespeicherte Inhalte erst auf Nachfrage in der gewünschten Menge gedruckt werden, ist das Printing- bzw. →Publishing-on-Demand.

Trotz der Darstellung klass. Buchinhalte mithilfe anderer Speichermedien (z. B. in elektron. Form als →E-Book oder in akust. Form als Hörbuch) ist das B. bis heute der wichtigste Träger der geist. Kommunikation und der Vermittlung von Ideen und Informationen in Wort und Bild.

Buch, 1) Hans Christoph, Schriftsteller, * Wetzlar 13. 4. 1944; schrieb zunächst politisch-polem. Publizistik, seit den 1980er-Jahren v. a. erzählende Prosa, in der Dokumentarisches (v. a. die Probleme der Dritten Welt betreffend) und Fiktives kunstvoll miteinander verknüpft ist (u. a. Erzählungen »Traum am frühen Morgen«, 1996; Romane »Die Hochzeit von Port-au-Prince«, 1984; »Kain und Abel in Afrika«, 2001; Romanessay »Tanzende Schatten oder Der Zombie bin ich«, 2004).

2) Leopold von, Freiherr von Gellmersdorf, Geologe und Paläontologe, * Schloss Stolpe bei Angermünde 26. 4. 1774, † Berlin 4. 3. 1853; erkannte die Horizontbeständigkeit und chronolog. Bedeutung der Versteinerungen und prägte den Begriff »Leitfossil«; Anhänger des →Vulkanismus.

Buchanan [bjuːˈkænən], 1) George, schott. Humanist, * Killearn (bei Glasgow) Febr. 1506, † Edinburgh 29. 9. 1582; Gegner Maria Stuarts; verfasste ein bed. Werk über die schott. Geschichte (»Rerum Scoticarum historia«, 1582), daneben lat. Tragödien.

2) James, 15. Präs. der USA (1857–61), * bei Mercersburg (Pa.) 23. 4. 1791, † bei Lancaster (Pa.) 1. 6.

1868; Rechtsanwalt, Demokrat; 1834–45 Senator für Pennsylvania, 1845–49 Außenmin.; wurde als Anhänger südstaatl. Ideologie, jedoch persönlich unionstreu, 1856 als Kompromisskandidat aufgestellt; begünstigte durch seine Inaktivität den Ausbruch des Sezessionskrieges.

3) James McGill, amerikan. Volkswirtschaftler und Finanzwissenschaftler, * Murfreesboro (Tenn.) 2. 10. 1919; Mitbegründer der modernen (normativen) ökonom. Theorie nicht marktmäßiger Entscheidungen (Public-Choice-Theorie); erhielt 1986 den Nobelpreis für Wirtschaftswissenschaften.

Buchara, usbek. **Bucharo,** Hptst. des Gebiets B., Usbekistan, im Tal des Serawschan, in einer Oase der Sandwüste Kysylkum, 284 000 Ew.; mehrere Hochschulen; elektrotechn. und Textilind. (Verarbeitung von Baumwolle, Seide und Karakulschaffellen, Teppichherstellung), Kunsthandwerk (Goldstickerei); bei B. Erdgasförderung; Flughafen. – B. war im MA. eine bed. islam. Kulturstätte und ein Handelszentrum (turmbewehrte Stadtmauern aus Lehmziegeln, Kaljan-Moschee, Ulug-Beg-Medrese, Ismail-Samani-Mausoleum und weitere, zum UNESCO-Weltkulturerbe gehörende Bauwerke). Die Stadt wurde etwa 500 v. Chr. gegründet, 709 von den Arabern, 875 von den Samaniden erobert, 1220 von Dschingis Khan zerstört. 1369 fiel B. in die Hand Timurs, 1500 an die Usbeken. Seit dem 16. Jh. Hptst. eines Khanats, das 1868 die russ. Oberhoheit anerkennen musste. Nach dem Sturz des Emirs (1920) war B. Hptst. der sowjet. VR Buchara (1920–24).

Bucharin, Nikolai Iwanowitsch, sowjet. Politiker und Wirtschaftstheoretiker, * Moskau 9. 10. 1888, † (hingerichtet) ebd. 15. 3. 1938; enger Kampfgefährte Lenins, 1917–29 Chefredakteur der »Prawda«, unterstützte nach Lenins Tod (1924) als Mitgl. des Politbüros (1924–29) und Vors. der Komintern (1926–29) zunächst Stalin, wandte sich aber dann gegen dessen Industrialisierungs- und Kollektivierungspolitik. 1929 wurde er aller Funktionen enthoben und 1938 in einem Schauprozess zum Tode verurteilt.

Buchau, Bad, → Bad Buchau.

Buchbesprechung, → Rezension.

Buchbinderei, die Herstellung von Bucheinbänden und verwandte Arbeiten, auch der Fertigungsbetrieb dafür. Arbeitsgänge: Schneiden und Falzen der Bogen, Ankleben der Vorsatzblätter an Titel- und Endbogen, Zusammentragen der einzelnen Bogen zum Rohblock, Kollationieren (Nachprüfen der richtigen Reihenfolge der Bogen), Heften mit Faden, Draht oder synthet. Klebstoffen (→ Bund) zum **Buchblock,** Falz niederpressen, dreiseitiger Beschnitt des Buchblocks, Buchblockrücken runden und evtl. abpressen, Anbringen der Farb- oder Goldschnitte am Kopf oder den drei Schnittseiten des Buchblocks, Kaptalen (Anbringen des Kaptalbandes am Kopf und Fuß des Buchblockrückens), Hinterkleben oder Aufkleben einer Hülse aus derbem Papier auf den Buchblockrücken, Begazen zur Heft- und Falzverstärkung. Nach Fertigstellung der Einbanddecke werden der Buchblock eingehängt und die äußeren Seiten der Vorsatzblätter mittels Klebstoff mit den Innenseiten der Einbanddecke fest verbunden. Unter starkem Druck verbleibt das fertige Buch bis zum völligen Austrocknen in der Presse.

Buchdruck, ein Druckverfahren (**Hochdruck**). Gedruckt wird von zusammengesetzten **Druckformen,** die aus Satz (Hand- oder Maschinensatz, → Setzerei)

Buchara: das 46 m hohe Kaljan-Minarett (1127), links davon die Medrese Miri-Arab (1535/36), rechts die Freitagsmoschee (1514)

aus Originaldruckplatten (Ätzungen, elektron. Gravuren, Auswaschrelief-Druckplatten, manuell hergestellten Druckplatten) und aus Nachformungen (Stereos, Galvanos) bestehen können. Je nach Prinzip ist die Druckform eben (für Tiegeldruckmaschinen und Flachform-Zylinderdruckmaschinen) oder rund (für Rotationsdruckmaschinen).

Beim mechan. Druckvorgang wird die **Druckfarbe** von den eingefärbten erhabenen Stellen der Druckform durch den Anpressdruck des Tiegels oder Zylinders auf das Fundament bzw. den Druckträger (Papier, Metall oder Kunststofffolie u. a.) übertragen. Das Bedrucken der Vorderseite der Papierfläche heißt **Schöndruck,** das der Rückseite **Widerdruck.** Die Wahl der **Druckmaschine** hängt von der Art und der Auflagenhöhe des Druckauftrages ab. Akzidenzdruck in kleiner Auflage kann in Tiegeldruckmaschinen erfolgen. Flachform-Zylinderdruckmaschinen erfüllen die Ansprüche des Werk- und Bilderdrucks. Für Großauflagen, bes. auch für Zeitungen und Zeitschriften, wird der Rotations-B. (→ Rotationsdruckmaschine) angewandt. Der bis um 1970 dominierende B. ist gegenüber → Offsetdruck und Tiefdruck (→ Druckverfahren) stark zurückgegangen, weil hierfür der → Fotosatz größere Leistungsfähigkeit bietet.

Geschichte: Bereits vor J. Gutenberg wurde in Asien und Europa von eingefärbten Stempeln und Platten auf Stoffe und Papier gedruckt. Ebenso waren die Herstellung von Metallmatrizen und der Guss (sogar von Lettern) aus festen Formen schon im 15. Jh. bekannt. Neu aber war Gutenbergs Gedanke (um 1450), die einzufärbende Druckform aus bewegl. Metalltypen zusammenzusetzen, die in beliebiger Zahl, aber völlig gleicher Gestalt mithilfe von Stempel, Matrize und Gießinstrument angefertigt wurden. Die Verbindung dieses metalltechn. Verfahrens mit der Praxis des Farbdrucks war Gutenbergs eigentl. Erfindung. Während die → Blockbücher das handgeschriebene Buch nicht verdrängen konnten, rief Gutenbergs B. in kurzer Zeit eine Umwälzung in der Buchherstellung hervor; an die Stelle des Einzelexemplars der Handschrift trat die gedruckte Vielzahl der »Auflage«. Der Rationalisierungsprozess in der Herstellung des Buches veränderte die Struktur des Berufsstandes: An die Stelle des »Druckerverlegers«, der sein eigener

James M. Buchanan

Schriftschneider und Schriftgießer war, traten die Berufe des Schriftgießers, Druckers und Verlegers. Die Anfänge dieser Berufsgliederung reichen bis ins 15. Jh. zurück.

Noch im 15. Jh. war Italien (mit Aldus Manutius) neben Dtl. (u. a. J. Gutenberg) ein führendes Land des B. geworden. Auch in Frankreich und den Niederlanden kam es im 16. und 17. Jh. zu ausgezeichneten Leistungen (Schriftschneider C. Garamond in Frankreich, Offizin von C. Plantin und J. Moretus in Antwerpen, Buchdruckerfamilie der Elsevier in Leiden). Das 18. Jh. ist reich an klass. Werken des Schriftgusses und B. (P. S. Fournier, Familie Didot in Frankreich, W. Caslon, J. Baskerville in England, G. Bodoni in Italien, J. G. I. Breitkopf und J. F. Unger in Dtl.). Im 19. Jh. eröffneten techn. Neuerungen der Drucktechnik ganz neue Möglichkeiten: Erfindung der Zylinderdruckmaschine durch F. Koenig (1802), der Setzmaschinen Linotype durch O. Mergenthaler (1884) und Monotype durch T. Lanston (1897).

Buchdrucker, ein →Borkenkäfer.

Buche, Fagus, Gattung der →Buchengewächse in der gemäßigten Zone der nördl. Halbkugel; sommergrüne Bäume; die dreikantigen Früchte (**Bucheckern, Bucheln**) enthalten Öl (bis 43 %), Stärke und Aleuron. Wichtige Holz liefernde Arten sind: **Rot-B.** (Fagus sylvatica) in Mitteleuropa, **Amerikan. B.** (Fagus grandifolia) in Nordamerika, **Orient-B.** (**Kaukasus-B.,** Fagus orientalis) im südöstl. Europa und in Vorderasien. Die **Blut-B.** ist eine Kulturform der Rot-B. mit schwarzroten Blättern.

Buchengewächse, Fagaceae, Familie zweikeimblättriger Holzgewächse mit sieben Gattungen und etwa 600 Arten in den gemäßigten Breiten und in den Tropen; wichtige Nutzpflanzen sind Buche, Eiche, Edelkastanie.

Buchenland, die Landschaft →Bukowina.

Buchen (Odenwald), Stadt im Neckar-Odenwald-Kreis, Bad.-Württ., 18 800 Ew.; Kunststoff- und Holzverarbeitung, Metall-, feinmechan. und opt. Industrie, Tonziegelwerk. – Spätgot. Stadtpfarrkirche; Tropfsteinhöhle im Stadtteil Eberstadt. – B., 773/774 erwähnt, wurde um 1250 Stadt, kam 1309 an Kurmainz, 1806 an Baden.

Buchenrotschwanz, Buchenrotschwanzspinner, Dasychira pudibunda, Schmetterling der Familie →Trägspinner, dessen Raupen bes. an Rotbuchen Schäden verursachen.

Buchenwald, Name für Haftlager auf dem Ettersberg bei Weimar: 1) nat.-soz. **Konzentrationslager** (1937–45), von der SS auf einer Fläche von 40 ha errichtet (Name zunächst KZ **Ettersberg**); nach Ausbau (1942/43) mit zahlr. Außenstellen. Das größte Außenlager bei Nordhausen wurde im Okt. 1944 zum eigenständigen KZ **Mittelbau Dora;** ab Sept. 1944 bestand ein Frauenlager. Unter unmenschl. Bedingungen wurden insgesamt etwa 238 000 Männer und mindestens 25 000 Frauen aus über 30 Nationen (rassisch, religiös und politisch Verfolgte) inhaftiert; zu 34 000 registrierten Todesfällen kommen 9 000 namentlich nicht bekannte Tote. Am 11. 4. 1945 erreichten Truppen der 3. US-Armee B., in dem sich nach der Lagerevakuierung noch 21 000 Häftlinge befanden; die Räumung des Lagers dauerte nach der Übergabe an sowjet. Truppen (nach 1. 7. 1945) an.
2) sowjet. **Spezillager Nr. 2,** auf dem Gelände des früheren KZ von der SMAD als Internierungslager des NKWD/MHD am 21. 8. 1945 eröffnet; bis zur offiziellen Auflösung am 2. 4. 1950 nach amtl. russ. Quellen insgesamt 28 455 Inhaftierte (7 113 registrierte Tote).

Anfang der 1950er-Jahre entstand nach fast vollständigem Abriss des Lagers eine Gedenkstätte; erweitert 1958 zur »Nat. Mahn- und Gedenkstätte B.« der DDR, 1 km vom ehem. Lager entfernt (seit 1993 Stiftung Gedenkstätten B. und Mittelbau Dora).

Bücher, Karl, Volkswirtschaftler und Soziologe, * Kirberg (heute zu Hünfelden, bei Limburg a. d. Lahn) 16. 2. 1847, † Leipzig 13. 11. 1930; Vertreter der histor. Schule der Nationalökonomie, Begründer der Publizistik an dt. Universitäten.

Büchergilde Gutenberg GmbH, unabhängige Buchgemeinschaft; 1924 in Leipzig vom Verband der gewerkschaftlich organisierten Buchdrucker gegr. mit dem Ziel, herstellerisch gut gestaltete Bücher zum niedrigen Preis zu verbreiten; seit 1998 im Besitz der Mitarbeiter.

Bücherlaus, Liposcelis divinatorius, flügellose, kleine Art der Staubläuse (0,5–2 mm lang); oft massenhaft zw. alten Büchern und Papier.

Bücher Mose, Bez. für die ersten fünf Bücher des A. T., den →Pentateuch.

Büchersendung, gebührenbegünstigte Sendungsart für Bücher, Broschüren, Notenblätter, Landkarten und Bücherzettel im Bereich der Dt. Post AG. Dabei sind offener Versand und die Bez. »B.« oberhalb der Anschrift erforderlich.

Buch|ersitzung, Tabularersitzung, der endgültige Erwerb eines Grundstücksrechts (insbesondere Eigentum) durch dreißigjährige fälschl. Eintragung als Berechtigter im Grundbuch und dreißigjährigen Eigenbesitz (§ 900 BGB).

Bücherskorpion, Chelifer cancroides, etwa 4 mm langer Pseudoskorpion, der zw. alten Büchern u. a. Milben und Staubläuse vertilgt.

Bücherverbot, im kath. Kirchenrecht das bis 1966 bestehende allg. Verbot, gegen die kath. Glaubens- und Sittenlehre gerichtete Schriften zu veröffentlichen oder zu vertreiben; enthielt die Möglichkeit von Einzelverboten durch den Apostol. Stuhl (→Index) und beinhaltete für Katholiken die bindende Verpflichtung, diese Schriften weder zu lesen noch aufzubewahren; besteht heute in der Form der Gewissenspflicht weiter, Bücher oder sonstige Druckerzeugnisse nicht zu lesen, wenn sie den (eigenen) Glauben gefährden oder das sittl. Leben unterminieren.

Bücherverbrennung, Verbrennung missliebiger Bücher aus religiösen oder polit. Gründen, teils von der Obrigkeit angeordnet, teils aus Protest gegen sie, um auf Unterdrückungsmaßnahmen aufmerksam zu machen. B. gab es im alten China (213 v. Chr.) wie auch in der Antike. Im MA. und im Zeitalter der Glaubensspaltung veranlassten die Inquisitionsbehörden B., bei denen z. T. auch Autoren mit ihren Büchern verbrannt wurden. Am 10. 12. 1520 verbrannte M. Luther in Wittenberg die päpstl. Bannandrohungsbulle und ein Exemplar des Corpus Iuris Canonici. Die Täufer in Münster ließen alle ihnen missliebigen Bücher verbrennen, soweit sie erreichbar waren. Ähnliches geschah mit J. Miltons Büchern 1660 nach Wiederherstellung der Monarchie in England. Auf dem Wartburgfest am 18. 10. 1817 verfuhren die Burschenschafter mit 28 nach ihrer Ansicht reaktionären Schriften in ähnl. Weise. Die folgenschwerste B. inszenierten die Nationalsozialisten mithilfe der »Dt. Studentenschaft« am 10. 5. 1933 auf dem Berliner Opernplatz

Buche:
oben Zweig mit Blüten, einzelne Bucheker (links) und Fruchtbecher mit zwei Nüssen

und in anderen dt. Universitätsstädten. Die Verbrennung von Werken jüd. Schriftsteller sowie als marxistisch oder pazifistisch angesehener Autoren bildete den Auftakt zur Vertreibung und Verfolgung unzähliger Repräsentanten der deutschen bzw. deutschsprachigen Kultur.

Buchfink, Fringilla coelebs, etwa 15 cm großer Singvogel, Männchen mit schiefergrauem Oberkopf und grünem Bürzel, Weibchen olivgraubraun; beide mit weißer Flügelbinde. (→ Finken)

Buchführung, chronologisch und systematisch gegliederte Rechnung, die anhand lückenloser Aufzeichnungen (Belege) Bestände sowie Veränderungen der Vermögenswerte, der Fremdkapitalien und des Eigenkapitals sowie Aufwendungen und Erträge bzw. Kosten und Leistungen einer Wirtschaftseinheit erfasst; ältester Teil des betriebl. Rechnungswesens. Nach dem B.-Zweck wird zw. Finanz- oder Geschäfts-B. und Betriebs-B. unterschieden. Die **Geschäfts-B.** (pagator. B.) erfasst den gesamten Geschäftsverkehr mit der betriebl. Umwelt anhand der damit verbundenen baren und unbaren Geldbewegung. Sie führt zum Jahresabschluss nach den Grundsätzen von Handels- und Steuerrecht. Die **Betriebs-B.** (kalkulator. B.) bildet die betriebl. Produktions- und Absatzvorgänge ab (Kosten- und Leistungsrechnung, Betriebsergebnisrechnung).

Die **doppelte B. (Doppik)** wird in der Wirtschaft beinahe ausnahmslos angewendet. Grundlegende Darstellungsform ist das Konto, ein zweiseitiges Rechnungsschema mit einer **Soll-** (linke Seite) und einer **Habenseite** (rechte Seite). Es werden Bestand und Veränderungen eines ökonom. Tatbestandes, z. B. Kasse, Forderungen, getrennt nach positivem und negativem Vorzeichen auf. Die Differenz zw. der Soll- und der Habenseite, d. h. zw. der Summe der positiven und negativen Veränderungen, ergibt den **Bestand (Saldo).** Erfasst ein Konto nur Bestand und Veränderungen des gleichen ökonom. Tatbestandes, handelt es sich um ein **reines Konto** (z. B. das Kassenkonto, das ausschl. Geldein- und Geldausgänge abbildet). Auf dem **gemischten Konto** werden Bestände und Veränderungen ungleicher ökonom. Tatbestände verbucht (z. B. das gemischte Warenkonto). Man unterscheidet **Bestandskonten** (Konten der Bilanz, z. B. Grundstücke, Forderungen, Waren, Kasse, Eigenkapital, Verbindlichkeiten) und **Erfolgskonten** (Konten der →Gewinn-und-Verlust-Rechnung, z. B. Umsatz-, Zinserträge, Löhne, Gehälter, Steuern.)

Die **einfache B.** hat keine Erfolgs-, sondern ausschl. Bestandskonten. Sie wird heute seltener praktiziert. Der Erfolg wird nicht zweifach, sondern einfach durch Vermögensvergleich nach folgender Gleichung ermittelt: Erfolg = Endkapital minus Anfangskapital plus Entnahmen minus Einlagen. Die chronolog. und systemat. Aufzeichnung der Geschäftsvorfälle erfolgt im Grundbuch. Barkäufe werden gesondert im Kassenbuch gebucht, Kreditgeschäfte in Kunden- und Lieferantenbüchern.

Bei der **kameralist. B.** werden die erwarteten Einnahmen und Ausgaben (Solletat) den tatsächl. Einnahmen und Ausgaben (Istetat) gegenübergestellt; bes. für den Haushalt eines Staates, einer Behörde, gelegentlich von öffentlich-rechtl. Betrieben angewandt.

B.-Verfahren: 1) **Übertragungs-B.:** durch Belege angezeigte Geschäftsvorfälle werden zunächst in Grundbüchern festgehalten und von dort auf Hauptbuchkonten übertragen (zeitraubend und fehleranfällig). Varianten der Übertragungs-B. sind die ital., dt. und frz. B., die bezüglich der Führung eines Hauptbuches übereinstimmen, sich aber in der Anzahl der geführten Grundbücher unterscheiden. Bei der **amerikan. B.** werden die Sachkonten des Hauptbuches, z. B. Kassenkonto, Debitorenkonto, in Tabellenform im Amerikan. Journal geführt. 2) **Durchschreibe-B. (Loseblatt-B.):** Die Buchung von Geschäftsvorfällen wird in einem Arbeitsgang im Grundbuch und auf den Konten des Hauptbuches erledigt. Entweder erfolgt die Urschrift in das Grundbuch mit gleichzeitiger Durchschrift auf die Hauptbuchkonten oder umgekehrt; durch dieses Verfahren entfallen Übertragungsarbeit und -fehler. 3) **EDV-B.:** Bei diesem modernsten Verfahren werden die einzelnen Buchungen in Datenträger eingegeben und von EDV-Anlagen weiterverarbeitet.

Rechtliches: Nach § 238 HGB ist jeder Kaufmann zur Führung von Büchern verpflichtet **(B.-Pflicht).** Gemäß § 140 Abgabenordnung (AO) hat, wer nach anderen als den Steuer-Ges. buchführungspflichtig ist, diese Verpflichtung auch im Interesse der Besteuerung zu erfüllen. § 141 AO erweitert diesen Kreis auf alle Unternehmen, deren Gewinn, Umsatz oder Betriebsvermögen bestimmte Grenzen überschreitet. Wer aufzeichnungspflichtige Geschäftsvorfälle nicht oder sachlich falsch verbucht, macht sich unter Umständen wegen Steuergefährdung strafbar (§ 379 AO).

Buchgeld, Giralgeld, Bankengeld, Guthaben (Sichteinlagen) bei Kreditinstituten, über die jederzeit mit Scheck oder Überweisung verfügt werden kann. B. dient dem bargeldlosen Zahlungsverkehr. Es entsteht durch Bargeldeinzahlung, Überweisung oder Kreditgewährung.

Buchgemeinschaft, Buchklub, verlagsähnl. Unternehmen, das Buchkäufer sucht, die sich mit einem Abonnement für eine bestimmte Mindestzeit (meist ein Jahr) zur Abnahme einer festgelegten Anzahl von Büchern (auch Tonträgern, CD-ROMs u. a. Medien) verpflichten; in Dtl. z. B. »Büchergilde Gutenberg«, »Dt. Bücherbund«, »Wiss. Buchgesellschaft«; in Österreich die »Buchgemeinschaft Donauland Kremayr & Scheriau«; in der Schweiz »Ex libris«; in den USA der »Book-of-the-Month-Club«.

Buchgewinn, 1) sich beim Abschluss der Geschäftsbücher in der Bilanz sowie in der Gewinn-und-Verlust-Rechnung ergebende Gewinn; 2) Gewinn, der durch rechentechn. Maßnahmen, z. B. Erhöhung des Buchwertes von Vermögensgegenständen, durch Zuschreibung, Auflösung von Rückstellungen oder Herabsetzung des Grundkapitals bei der AG, entsteht.

Buchhaltung, veraltet für →Buchführung.

Buchhandel, Wirtschaftszweig, der sowohl die Herstellung und Vervielfältigung (Produktion) als auch die Verbreitung von Büchern, Zeitschriften, Musikalien, reproduzierten Kunstwerken, Atlanten, Landkarten, Globen, Lehrmitteln, auch Kassetten, Schallplatten, DVDs und CD-ROMs umfasst. Die Produktion ist Aufgabe des →Verlagsbuchhandels und ggf. anderer Medienfirmen, während sich der verbreitende B. als →Sortimentsbuchhandel, Internet-B., Reise- und Versand-B., werbender Buch- und Zeitschriftenhandel (Betriebsform mit Schwerpunkt im Abonnementsgeschäft), Bahnhofs-, Warenhaus- und Antiquariats-B. sowie Reste-B. dem Einzelvertrieb mit festem Ladenpreis widmet. Zw. Verlag und Sortiment vermitteln als Zwischen-B.: der Kommissions-B., das

Barsortiment, der Grossobuchhandel. Ferner sind zum B. noch die →Buchgemeinschaften zu zählen. – Spitzenorganisation des B. ist in Dtl. der →Börsenverein des Deutschen Buchhandels e. V., in *Österreich* der »Hauptverband des Österr. B.«, Wien, in der *Schweiz* der »Schweizer. Buchhändler- und Verleger-Verband«, Zürich, dem die »Société des Libraires et Éditeurs de la Suisse Romande«, Lausanne, und die »Vereinigung der Buchantiquare und Kupferstichhändler der Schweiz«, Genf, angeschlossen sind. – Fachblatt der dt. B. ist das »Börsenblatt für den Dt. Buchhandel«.

Geschichte: Handel mit geschriebenen Büchern gab es bereits bei den alten Ägyptern, Griechen und Römern. Vervielfältigt wurden die Werke, indem man sie gleichzeitig mehreren Schreibern diktierte, sodass bereits Auflagen bis zu 1 000 Stück zustande kamen. Im MA. wurden die Handschriften v. a. in den Klöstern hergestellt. Nach Erfindung des Buchdrucks verkauften die Drucker zunächst ihre Erzeugnisse unmittelbar an die Benutzer. Allmählich entwickelte sich dann in den Buchführern, die als erste Bücherreisende Märkte, Messen und Klöster aufsuchten, ein Vermittlungsglied, aus dem der neuzeitl. Sortiments-B. hervorging. Hauptumschlagplätze der Buchproduktion wurden die Buchmessen in Frankfurt am Main und Leipzig (→Buchmesse).

Buchhändler, Inhaber eines buchhändler. Unternehmens oder kaufmänn. Angestellter mit spezieller Berufsausbildung; die Ausbildung zum B. dauert i. d. R. drei Jahre und findet in Fachklassen einer kaufmänn. Berufsschule oder einer Schule des Dt. Buchhandels statt. Nach mehrjähriger Berufspraxis und bei persönl. Eignung ist die Fortbildung zum Buchhandelsfachwirt (anerkannter Weiterbildungsberuf) möglich. Zum Hauptarbeitsgebiet des B. gehören die Beratung und die Bedienung der Kunden, die Sortimentsgestaltung sowie Ein- und Verkauf von Büchern und anderen Medien.

Buchheim, Lothar-Günther, Schriftsteller, Maler, Zeichner, Kunstverleger und -sammler, * Weimar 6. 2. 1918, † Starnberg 22. 2. 2007; baute eine bed. Sammlung expressionist. Kunst auf, die sich heute in dem 2001 eröffneten »Museum der Phantasie« in Bernried (Landkreis Weilheim-Schongau, Bayern) am Starnberger See befindet; schrieb u. a. Bücher zur Kunst (»Der Blaue Reiter und die Neue Künstlervereinigung München«, 1959) und die Kriegsromane »Das Boot« (1973, verfilmt 1981) und »Die Festung« (1995).

Buchholz, Horst, Schauspieler, * Berlin 4. 12. 1933, † ebd. 3. 3. 2003; begann als Theaterschauspieler; zahlr. Filmrollen, u. a. in »Die Halbstarken« (1956), »Bekenntnisse des Hochstaplers Felix Krull« (1957), »Die glorreichen Sieben« (1960), »Eins, zwei, drei« (1961).

Buchmacher, *Pferderennsport:* staatlich konzessionierter, selbstständiger Unternehmer, der Wetten auf die am Rennen teilnehmenden Pferde annimmt.

Buchmalerei, Malerei oder Zeichnung in Handschriften und Büchern, auch **Miniaturmalerei,** ben. nach der im frühen MA. für Überschriften, Randleisten, Initialen verwendeten roten Mennigfarbe (lat. minium). Die B. umfasst die figürl. und ornamentale Ausstattung der Buchseiten durch Federzeichnung, aquarellierende Tönung, Grisaille und Deckfarbenmalerei (auch zus. mit Blattgold verwendet), ausgeführt von den Buchmalern (Miniatoren).

Die frühesten einen Text begleitenden Bilder enthalten die auf Papyrusrollen geschriebenen ägypt. Totenbücher aus der Zeit des Neuen Reiches (1552–1070 v. Chr.). Voraussetzung für die Entwicklung der B. war im 4. Jh. n. Chr. der Übergang von der Rolle zum Kodex, dem eigentl. Buch. Die karoling. B. (Handschriften der Aachener Hofschule Karls d. Gr., u. a. →Adahandschrift, sowie der Reimser Schule, u. a. Utrechtpsalter, Codex aureus [München]) knüpfte v. a. an die illusionist. Raum- und Körperdarstellung spätantiker Tradition an. Insulare und merowing. Schulen schufen im 7. und 8. Jh. einen eigenen Stil (kelt. und syrisch-kopt. Vorbilder), der durch komplizierte Ornamentik gekennzeichnet ist (Evangeliare von Durrow, von Kells, beide in Dublin, und von Lindisfarne, in London). Die otton. B., bes. der Reichenau, war von der karoling. wie auch von der byzantin. Tradition beeinflusst. Höhepunkte der durch aufwendige Produktion gekennzeichneten →Reichenauer Malerschule sind eine Reihe von Prachthandschriften, die man nach dem Widmungstitel eines Evangeliars in Aachen »Liuthargruppe« benennt, darunter das Evangeliar Ottos III. und das Perikopenbuch Heinrichs II. sowie die Bamberger Apokalypse. Die stilist. Entwicklung wurde in der Zeit zw. 1200 und 1400 (Gotik) vom Pa-

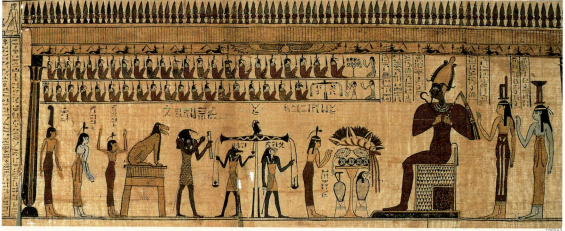

Buchmalerei: ägyptischer Totenbuch-Papyrus mit der Darstellung des Totengerichts (4. Jh. v. Chr.; Berlin, Ägyptisches Museum)

riser Hof getragen. Jean Pucelle übernahm Elemente ital. Tafelmalerei. Die niederländisch-burgund. Schule begründeten die um 1400–16 im Auftrag des Herzogs J. von Berry arbeitenden Buchmaler (J. de Hesdin, die Brüder →Limburg). In Zürich entstand die →Manessische Handschrift. Seit Mitte des 15. Jh. trat in Frankreich J.→Fouquet hervor (Einflüsse der ital. Renaissance). Am Ende der fläm. B. steht das Breviarium Grimani (1510–20). In Dtl. endete die große Zeit der B. mit dem Gebetbuch Kaiser Maximilians mit Randzeichnungen von A. Dürer, L. Cranach d. Ä., H. Burgkmair, H. Baldung u. a. (München und Besançon).

Büchmann, August Methusalem Georg, Philologe, *Berlin 4. 1. 1822, † ebd. 24. 2. 1884; gab die Zitatensammlung »Geflügelte Worte« (1864) heraus.

Buchmesse, urspr. ein Teil der allg. Handelsmessen, dann selbstständige Fachmesse des Buchhandels. Die bedeutendste dt. B. war zunächst die in Frankfurt am Main, für die seit 1564 auch die ersten Messekataloge erschienen (bis 1749). Ab dem 17. Jh. gewann die B. in Leipzig immer mehr an Bedeutung (Messekataloge 1594–1860). Nach dem Zweiten Weltkrieg wurde Frankfurt wieder zum bedeutendsten Messeplatz des internat. Buchhandels.

Buchner, Eduard, Chemiker, *München 20. 5. 1860, † Feldlazarett Focşani (Rumänien) 13. 8. 1917; entdeckte, dass die alkohol. Gärung des Zuckers durch das aus der Zelle isolierbare Enzym Zymase bewirkt wird (zellfreie Gärung); erhielt 1907 den Nobelpreis für Chemie.

Büchner, 1) Georg, Schriftsteller, *Goddelau (heute zu Riedstadt, bei Darmstadt) 17. 10. 1813, † Zürich 19. 2. 1837, Bruder von 2); studierte Naturwiss.en, Medizin und Philosophie; gründete 1834 in Gießen die »Gesellschaft der Menschenrechte« und verfasste die radikaldemokrat. Flugschrift mit sozialist. Anklängen »Der hessische Landbote«. Er floh 1835 nach Straßburg und wurde in Zürich Privatdozent für Anatomie.
Mit seinen Hauptwerken nimmt B. als Vorläufer von Naturalismus und Expressionismus eine singuläre Stellung in der dt. Literatur des 19. Jh. ein. »Dantons Tod« (1835) ist eine mit scharfem Realismus und visionärer Ausdruckskraft gestaltete Revolutionstragödie. Unvollendet blieb »Woyzeck« (handschriftlich hinterlassen, UA 1913; als Oper »Wozzeck« von A. Berg), die Tragödie des kleinen Mannes, dessen Sprache dumpfe kreatürl. Existenz und existenzielle Angst spiegelt. Handschriftlich hinterließ B. ferner das der dt. und frz. Romantik verpflichtete Lustspiel »Leonce und Lena« (UA 1885). Das Novellenfragment »Lenz« (Erstausg. 1842) zeichnet die Schizophrenie des Sturm-und-Drang-Dichters J. M. R. Lenz nach. – Nach B. benannt ist der →Georg-Büchner-Preis.
2) Ludwig, Arzt und Philosoph, *Darmstadt 29. 3. 1824, † ebd. 1. 5. 1899, Bruder von 1); populärer Vertreter eines radikalen naturwiss. Materialismus: eigenständig sei allein die Materie, die Seele wird auf physiologisch beschreibbare Gehirnfunktionen reduziert; Hauptwerk: »Kraft und Stoff« (1855).

Buchprüfer, vereidigter B., öffentlich bestellter Sachverständiger für alle Fragen des betriebl. Rechnungswesens. (→Wirtschaftsprüfer)

Buchsbaum, Buchs, Bux, Buxus, Gattung der B.-Gewächse, immergrüne, zuweilen baumartige Sträucher. Der **Gemeine B.** (Buxus sempervirens), im Mittelmeergebiet und in Westeuropa, ist bes. Einfas-

Buchmalerei: »Die Höllenstrafen«, französische Buchmalerei zu Augustinus' »Gottesstaat« (15. Jh.; Paris, Bibliothèque de Sainte-Geneviève)

sungspflanze. Das europ. oder asiat. **B.-Holz** ist gelb, sehr hart und dicht; es eignet sich für Drechslerei, Intarsien, Holzschneidekunst.

Buchschulden, im *betriebl. Rechnungswesen* Verbindlichkeiten, die durch Belege in den Geschäftsbüchern ausgewiesen sind; in der *Finanzwirtschaft* unverbriefte, im Staatsschuldenbuch eingetragene Verbindlichkeiten des Staates gegenüber privaten Gläubigern (→Staatsschulden).

Buchse, 1) *Elektrotechnik:* **Steckbuchse,** Teil eines leicht lösbaren elektr. Kontakts; Gegenstück zum federnden oder auch massiven Steckerstift.
2) *Maschinenbau:* Hohlzylinder aus Stahl, Rotguss, Messing, Leichtmetall oder Kunststoff, der in die Bohrungen eines Lagers oder Zylinders zur Verminderung des Verschleißes und zur Verbesserung des Laufs eingesetzt wird.

Büchse, *Jagdsport:* Gewehr mit gezogenem Lauf für Kugelpatronen. Für Jagd- und Sportwaffen wird die Bez. B. bes. im Unterschied zur Flinte gebraucht (→Jagdgewehr).

Buchs (SG) [bʊks-], Stadt und Regionalzentrum im Kt. St. Gallen, Schweiz, im Rheintal, 10 500 Ew.; Hochschule für Technik; Metall-, chem. Ind.; Bahnknotenpunkt (Grenzbahnhof zu Liechtenstein).

Buchstabe, graf. Zeichen zur Wiedergabe von Sprachlauten (→Alphabet, →Laut, →Schrift). Ein Buchstabe kann einen einzelnen Laut bezeichnen (z. B. b den Laut [b]) oder mehrere Laute (z. B. z die Lautfolge [ts]); mehrere B. können für einen einzigen Laut stehen (z. B. sch für den Laut [ʃ]).

Buchstabiertafel, Hilfsmittel zum Buchstabieren von Eigennamen und schwierigen Wörtern, bes. beim Telefonieren und Sprechfunk. Es werden versch. B. benutzt.

Georg Büchner (kolorierter Stahlstich, 1835)

Buckingham Palace, seit 1837 königliche Residenz in London

Buchweizen: Echter Buchweizen

Budapest Stadtwappen

Buchtarma die, rechter Nebenfluss des Irtysch in Kasachstan, 336 km lang; nahe der Mündung Stausee (5490 km²) mit Kraftwerk (675 MW).

Buchung, Eintragung eines Geschäftsvorfalls aufgrund eines Belegs in der →Buchführung. Die B. erfolgt gemäß **B.-Satz** (Anweisung, welche Konten und Beträge bei der B. des Geschäftsvorfalls zu beachten sind). – Als B. wird auch die Registrierung von Bestellungen und Aufträgen bezeichnet.

Buchweizen, Heidekorn, Fagopyrum, Gattung der Knöterichgewächse mit zwei einjährigen Arten, am bekanntesten ist die **Echte B.** (Fagopyrum esculentum), kultiviert in Asien und Mitteleuropa; bis 60 cm hoch; die enthülsten Samen werden v. a. als Rohkost, Suppeneinlage und als B.-Grütze verwendet.

Buchweizenausschlag, Fagopyrismus, nach Aufnahme des im Buchweizen enthaltenen fluoreszierenden Farbstoffs Fagopyrin unter Einwirkung von Sonnenlicht bes. bei Schafen und Schweinen an nicht pigmentierten Hautstellen auftretende Hautentzündung, in schweren Fällen mit tödl. Ausgang.

Buchwert, Wertansatz, mit dem Vermögensgegenstände oder Schulden eines Unternehmens bilanziert werden; ergibt sich als Differenz zw. Anschaffungs- oder Herstellungskosten und verrechneten Zu- oder Abschreibungen.

Buck, 1) [bʊk], Detlev, Filmregisseur, *Bad Segeberg 1. 12. 1962; dreht humorvolle Filme über zumeist skurrile Geschichten, z. B. »Karniggels« (1991), »Wir können auch anders« (1992), »Männerpension« (1996); wirkt auch als Schauspieler.

2) [bʌk], Linda, amerikan. Immunologin und Mikrobiologin, *Seattle (Wash.) 29. 1. 1947; arbeitete am Howard Hughes Medical Institute der Columbia University (New York) und am Harvard Medical College in Boston (Mass.); seit 2002 am Fred Hutchinson Cancer Research Center in Seattle. B. ist maßgeblich an der Aufklärung des Geruchssinns beteiligt; sie entdeckte mit R. Axel eine Erbgutfamilie aus etwa 1000 Genen, die dafür verantwortlich sind, dass der Mensch etwa 10 000 unterschiedl. Gerüche erkennt und erinnert. B. erhielt 2004 mit Axel für ihre Arbeiten den Nobelpreis für Physiologie oder Medizin.

3) [bʌk], Pearl S. (Sydenstricker), amerikan. Schriftstellerin, *Hillsboro (W. Va.) 26. 6. 1892, †Danby (Vt.) 6. 3. 1973; wuchs als Tochter eines Missionars in China auf; war 1922–32 Prof. für engl. Literatur an der Univ. Nanking. Ihre in schlichtem Erzählstil geschriebenen Werke (Romantrilogie: »Die gute Erde«, 1931, »Söhne«, 1932, »Das geteilte Haus«, 1935; Romane: »Die Frauen des Hauses Wu«, 1946; »Mandala«, 1970) geben ein Bild des chin. Alltagslebens. B. schrieb auch autobiograf. und essayist. Werke. Sie erhielt 1938 den Nobelpreis für Literatur.

Bückeberge, zum Wesergebirge gehörender Höhenzug zw. Bad Eilsen und dem Deister, ein bis 367 m hohes Kreidegebirge mit eingelagerten Kohlenflözen (heute kein Abbau mehr).

Bückeburg, Stadt im Landkreis Schaumburg, Ndsachs., 20 900 Ew., am N-Rand des Weserberglands; Niedersächs. Staatsgerichtshof; Niedersächs. Staatsarchiv; Fremdenverkehr; Elektronik-, Kunststoff-, Bekleidungsindustrie. – Als Hauptstadt von Schaumburg-Lippe (bis 1946) ist B. eine typ. Kleinresidenz mit Schloss (16./17. Jh., Ostflügel nach Brand 1732 neu errichtet, Goldener Saal aus dem frühen 17. Jh.), Schlosskapelle aus dem 14. Jh.) und Stadtkirche (1610–15). – B. erhielt 1609 Stadtrecht.

Buckel, die →Kyphose.

Buckelfliegen, Rennfliegen, Phoridae, Familie der Fliegen mit rd. 1500 Arten, die ruckartig rennen oder im Zickzack fliegen.

Buckelpiste, *alpiner Skisport:* beim →Freestyle eine 200 bis 270 m lange und 22 bis 30° steile bucklige Strecke; gezeigt werden Schwünge, Geschwindigkeit und zwei akrobat. Aufrechtsprünge; auch Bez. für die gleichnamige Disziplin. Bei der **Parallel-B.** starten die Läufer auf zwei nebeneinanderliegenden Strecken.

Buckelrind, →Zebu.

Buckelwal, →Furchenwale.

Buckelzirpen, Membracidae, Familie der Zikaden mit rd. 3000 meist trop. und subtrop. Arten, mit buckelartig gewölbtem, bizarr geformtem Rückenschild.

Buckingham Palace [ˈbʌkɪŋəm ˈpælɪs], seit 1837 königl. Residenz in London, 1705 als Landhaus für den Herzog von Buckingham erbaut, 1761 von König Georg III. erworben, zw. 1825 und 1830 im klassizist. Stil von J. Nash umgebaut, später erweitert.

Buckinghamshire [ˈbʌkɪŋəmʃɪə], Cty. in S-England, 1565 km², 482 000 Ew.; Verw.-Sitz ist Aylesbury.

Bucklige Welt, Hügellandschaft am Alpenostrand, im südöstl. NÖ, zw. 600 und 900 m ü. M.; Ackerbau, Kaolinbergbau in Pittental; Fremdenverkehr.

Bückling, Bücking, nach leichtem Einsalzen geräucherter Hering.

Buckow [-o], Stadt im Landkreis Märkisch-Oderland, Bbg., 1700 Ew.; Kur- und Erholungsort in der seen- und waldreichen Märk. Schweiz; Brecht-Weigel-Haus.

Buckwitz, Harry, Intendant, *München 31. 1. 1904, †Zürich 27. 12. 1987; setzte sich als Generalintendant der Städt. Bühnen Frankfurt am Main (1951–68) bes. für die Aufführung der Werke B. Brechts ein; 1970–77 Intendant des Züricher Schauspielhauses.

București [-ˈrɛʃtj], rumän. Name von →Bukarest.

Budaeus, frz. **Budé,** Guillaume, frz. Humanist, *Paris 26. 1. 1467, †ebd. 23. 8. 1540; organisierte ab 1522 die königl. Bibliothek (heute: Bibliothèque Nationale de France) und veranlasste Franz I. zur Gründung des Collège de France; gilt durch sein Wirken als der »Erasmus Frankreichs«.

Budapest [ungar. ˈbudɔpɛʃt], Hptst. von Ungarn, 1,71 Mio. Ew.; beiderseits der Donau. Verwaltungs-, Wirtschafts-, Verkehrs- und kulturelles Zentrum Ungarns, Sitz der Ungar. Akad. der Wiss.; B. besitzt zahlr. Hochschulen (darunter drei große Univ. und die Franz-Liszt-Akademie für Musik), Bibliotheken, Museen, Opernhäuser und Theater; botan. und zoolog. Garten; Messen und Festspiele. Führende Ind.-Branchen sind traditionell der Maschinen- und Fahrzeugbau sowie die elektrotechn. Ind., weiterhin chem., pharmazeut., Papier-, Nahrungsmittel- und Bekleidungsind. (Modezentrum). Wachsende Bedeutung erlangen Bio-, Informations- und Kommunikationstechnologien. Die wirtschaftl. Dynamik der Stadt gründet heute v. a. auf dem Dienstleistungssektor, B. hat sich zu einem der wichtigsten Finanz-, Banken- und Handelszentren im östl. Mitteleuropa entwickelt. Große Bedeutung hat der Tourismus (u. a. zahlr. Thermalquellen). Der Donauhafen Csepel ist der wichtigste ungar. Binnenhafen; sechs Straßen- und zwei Eisenbahnbrücken führen über die Donau. B. verfügt über einen internat. Flughafen (Ferihegy) und die zweitälteste U-Bahn Europas (nach London).

Stadtbild: B. besteht aus zwei Teilen. Rechts der Donau liegt an den Hängen der Kalkberge **Buda** (dt. Ofen), mit der Burg, der got. Matthias-(Krönungs-)Kirche, dem alten Rathaus und vielen Regierungsgebäuden auf dem Burgberg (150 m) und der Fischerbastei (neuroman. Anlage von 1901–05) am Steilhang zur Donau. Links der 260–635 m breiten Donau breitet sich **Pest** aus, mit enger Altstadt, jetzt Geschäftsstadt. Klassizistisch geprägt ist das einheitl. Stadtbild mit großzügig angelegten Ring- und Radialstraßen und größeren Grünflächen. Hier liegen viele, meist jüngere Prachtbauten: Parlament (an der Donau), Sankt-Stephans-Kirche, Nationalgalerie. Im N und S befinden sich junge Industriestadtteile, nach W erstrecken sich Villensiedlungen ins Budaer Bergland. Im Stadtteil Millenium Városközpont wurde 2002 das Neue Nationaltheater sowie 2005 das Kulturzentrum »Palast der Künste« eröffnet. Die UNESCO erklärte u. a. Burgviertel und Uferzone der Donau zum Weltkulturerbe.

Geschichte: B. liegt an der Stelle des spätröm. Aquincum. Nach Mongoleneinfällen (1241) entstand 1247 die erste Königsburg, neben ihr zwei Stadtgemeinden, Buda und Pest. Buda entwickelte sich dann zur bedeutendsten Stadt Ungarns; es wurde 1541 (Pest bereits 1526) von den Türken erobert, denen es die Habsburger erst 1686 entrissen. Nach 1800 überflügelte Pest die Schwesterstadt. Während der ungar. Revolution von 1848/49 wurden die Städte zweimal von den Österreichern besetzt. Erst 1872 wurden die Städte vereinigt, 1880 zählte die Stadt rd. 400 000 Ew., ihre Zahl stieg bis 1920 auf 1,2 Mio. Im Zweiten Weltkrieg und während des Aufstandes vom Okt. 1956 schwere Zerstörungen.

Buddha [Sanskrit »der Erwachte«, »der Erleuchtete«], Ehrenname des indischen Religionsstifters **Siddharta Gautama,** Pali: **Siddhatta Gotama,** * Lumbini (bei Paderia, Nepal, nahe der Grenze zu Indien) um 560 v. Chr., † bei Kushinagara (heute Kasia, bei Gorakhpur) um 480 (Lebenszeit nach neueren Forschungen 100 Jahre später); aus der Adelsfamilie der Shakya, daher auch »Shakyamuni« (»Einsiedler der Shakya« genannt. Der buddhist. Überlieferung nach war B. der Sohn eines Fürsten im Vorland des nepales. Himalaja, wuchs in Luxus auf, erkannte im Alter von 29 Jahren die Sinnleere seines bisherigen Lebens und verließ seine Heimat, um in der Fremde Erleuchtung

Budapest: Parlamentsgebäude am Pester Donauufer (1884–1904)

und Erlösung zu erlangen. Nachdem er sieben Jahre vergeblich Erleuchtung durch Askese gesucht hatte, fand er sie schließlich durch Meditation bei Bodh Gaya (→Gaya) unter einem Feigenbaum (→Bodhibaum). Zunächst entschlossen, seine Erleuchtungserfahrung für sich zu behalten, da sie alle Worte übertraf, trat Gott Brahma an ihn heran und überzeugte ihn von seinem Auftrag zu lehren. B. ging nach Benares (heute Varanasi), wo er fünf Asketen die »vier edlen Wahrheiten« (→Buddhismus) verkündete. Mit ihnen zusammen gründete er einen Orden (Samgha) von Bettelmönchen. B. durchzog in der Folge lehrend und werbend N-Indien. Er starb nahe der Grenze zu Nepal.

Seine Lehrreden wurden von seinen Jüngern erst mündlich, seit dem 1. Jh. v. Chr. auch schriftlich (in der hl. Sprache →Pali; →Tipitaka) überliefert. Entsprechend der ind. Auffassung, dass es kein einmaliges histor. Geschehen gibt, sondern dass sich ewig alles zyklisch wiederholt, glauben die Buddhisten, dass auch vor Gautama B. Welterleuchter erschienen sind und in Zukunft neue erscheinen werden.

Buddha: Darstellung des lehrenden Buddha Shakyamuni im Kreise seiner Schüler, chinesische Handrolle (etwa 1173–76; Taiwan, Palastsammlung)

Buddhismus, die von Buddha im 6. oder 5. Jh. v. Chr. im nördl. Indien gestiftete religiös-philosoph. Lehre; urspr. als geistig-seel. Heilverfahren, ohne die Absicht, eine philosoph. Erklärung von Mensch und Welt geben zu wollen, gedacht, wurde der B. erst später zu metaphys. und religiösen Systemen ausgebaut. In seiner Lehre geht Buddha von den **vier edlen Wahr**heiten aus: 1) alles Leben ist leidvoll; 2) Ursache des Leidens ist der »Durst«, die Begierde, der Lebenswille; die Menschen bewegen sich in einem Netz von Konventionen und Illusionen, durch das sie die Welt und sich wahrnehmen; 3) die Leiden können überwunden werden durch die Abtötung von Begierden und Leidenschaften (v. a. Gier, Hass und Verblendung); 4) der Weg dazu besteht im **edlen achtfachen Pfad**: rechte Anschauung und Gesinnung, rechtes Reden, Handeln und Leben, rechtes Streben, Denken und Sichversenken. Ziel der Heilung ist die Aufhebung der ichbezogenen Existenz, das endgültige Erlöschen der Lebensillusionen, das →Nirvana.

Nicht klar ausformulierte metaphys. und psycholog. Äußerungen Buddhas führten nach seinem Tode zu Konflikten im Orden. Es formierten sich unterschiedl. Schulen und Strömungen, die sich z. T. heftig bekämpften. Ausgangspunkt der Konflikte war u. a. Buddhas metaphys. These, alle Dinge seien ohne ein Selbst, ohne dauerhafte Substanz.

Der **Hinayana-B.** (»kleines Fahrzeug«) behauptet, alles, was wir als dauernde Seinsform ansehen, existiere gar nicht. Substanzen, Einzelwesen, Individuen existierten real nicht, sondern seien lediglich Kausalreihen flüchtiger Daseinsformen. Es gebe keinen Denker, nur das Denken, keinen Fühlenden, nur das Fühlen. Real seien allein die kleinen, kurz dauernden Seinsabschnitte. Nirvana besteht demnach im Aufgeben dieser falschen Idee angeblich dauerhafter Substanzen.

Um die abendländ. Zeitenwende entstand der **Mahayana-B.** (»großes Fahrzeug«). Hier dominieren die Yogacara-Schule und die von dem Philosophen Nagarjuna im 2. Jh. begründete Madhyamika-Schule. Die Lehre der Yogacara-Schule bestimmt das eigentl. Reale jenseits der Welt des Wandels und Scheins als reines Bewusstsein, reines Denken, vertritt also einen metaphys. Idealismus und nähert sich damit dem monist. System des Vedanta und Brahmanismus. Nagarjuna dagegen bestimmt das wahrhaft Reale als →Shunyata (»Leerheit«). Nirvana ist demgemäß die Erkenntnis der »Leere«, aus der und in der alles Vergängliche lebt. Der Mahayana-B. wurde die eigentl. buddhist. Weltreligion. Er kam den religiösen Bedürfnissen des Volkes eher entgegen (größere Anschaulichkeit der religiösen Bilder, eine Vielzahl von Kulten und Riten), zudem versprach er allen Menschen der Erlösung (Ideal des →Bodhisattva). Im Unterschied dazu blieb der Hinayana-B. in seinen Grundsätzen eine Asketen- und Mönchsreligion (Ideal des →Arhat).

Ausbreitung des B.: Im 3. Jh. v. Chr. wurde der B. unter König Ashoka in Indien Staatsreligion. Seitdem verbreitete er sich auch außerhalb Indiens. Dabei glich er sich den Volksreligionen an. In der Gegenwart besteht der B. als Hinayana-B. (auch südl. B.) in Sri Lanka, Birma, Thailand, Laos, Kambodscha, als Mahayana-B. (auch nördl. B.) in Vietnam, China, Korea, Japan sowie in seiner tibet. Ausprägung (→tibetischer Buddhismus) in Tibet, Bhutan, Nepal, NO-Indien (bes. Sikkim), Russland (Burjatien, Kalmykien und Tuwa) und in der Mongolei. Auf dem ind. Subkontinent wurde er weitestgehend vom Hinduismus verdrängt. Über ostasiat. Auswanderer gelangte der B. nach Ozeanien (Hawaii) und nach Nord- und Südamerika. In Europa bestehen seit dem Anfang des 20. Jh. buddhist. Gemeinden (→Neubuddhismus). Weltweit wird die Zahl der Buddhisten auf rd. 360 Mio. geschätzt.

Buddhismus

Zahl der Buddhisten weltweit (2005)

rd. 360 Mio.*⁾

Hauptverbreitungsgebiete

Südostasien

Ostasien

Zentralasien und Ostsibirien

überwiegend buddhistisch geprägte Staaten und Gebiete

Birma

Kambodscha

Laos

Thailand

Sri Lanka

Vietnam

Japan

Bhutan

Mongolei

Tibet

Burjatien (Russland)

Kalmykien (Russland)

Tuwa (Russland)

Hauptrichtungen

Hinayana (»kleines Fahrzeug«)

Mahayana (»großes Fahrzeug«)

tibetischer Buddhismus (Lamaismus)

Zen (japanischer Buddhismus)

wichtige Feste (Auswahl)

Losar (tibetisches Neujahrsfest; tibetischer Buddhismus, Februar)

Nirvana-Tag (Erinnerung an das Eingehen Buddhas ins Nirvana; Mahayana, 15. Februar)

Neujahr (Hinayana, April)

Hana Matsuri (»Blumenfest«, Erinnerung an die Geburt Buddhas; Mahayana, 8. April)

Wesak (Erinnerung an die Geburt, die Erleuchtung und das Sterben Buddhas; Hinayana, Mai)

Saga Dawa (Erinnerung an die Geburt Buddhas; tibetischer Buddhismus, Mai/Juni)

Rohatsu (Erinnerung an die Erleuchtung Buddhas; Zen, Oktober/November)

Bodhi-Tag (Erinnerung an die Erleuchtung Buddhas; Mahayana, 8. Dezember)

wichtige Wallfahrtsorte, heilige Stätten (Auswahl)

Lumbini, Nepal (Geburtsort Buddhas)

Bodh Gaya, Indien (Ort der Erleuchtung Buddhas unter dem Bodhibaum)

Rajgir, Indien (Wirkungsstätte Buddhas und nach buddhistischer Überlieferung Ort des ersten buddhistischen Konzils nach Buddhas Tod)

Anuradhapura, Sri Lanka (ältester historisch belegter Ableger des Bodhibaums)

Kandy, Sri Lanka (Zahnreliquie Buddhas)

die Berge Kailas und Emei Shan in China

*⁾Zahlenangaben (Projektion) nach D. Barrett, G. Kurian, T. Johnson »World Christian Encyclopedia«, 2. Auflage 2001

buddhistische Kunst, die vom Buddhismus geprägte Kunst in Indien, Indonesien, Hinterindien, Zentral- und O-Asien (Entfaltungs- und Blütezeit von etwa 200 v.Chr. bis 1500 n.Chr.). Sie bildet keine stilist. Einheit, entwickelte aber bestimmte Architektur- und Kunstformen, die sich in allen Ländern wieder finden, in denen sich der Buddhismus verbreitete. Fast jedem Kunstwerk liegt letztlich ein ind. Prototyp zugrunde, Indien war seit der Guptaperiode (4.–6.Jh.) Ausgangspunkt der b. K. Typ. buddhist. Bauformen sind der Stupa, der Caitya (urspr. eine Grabhügelanlage mit einer Versammlungshalle) und die Viharas (um einen Innenhof gruppierte Mönchszellen).

Ikonografie: Neben der Gestalt des Buddha wird in der b. K. eine ganze Hierarchie hl. Gestalten dargestellt. Eine Dreiergruppe bildet oft Buddha mit zwei Bodhisattvas. Sie werden meist in ind. Fürstentracht dargestellt. Die Dreiergruppe wird häufig vergrößert durch zwei Jünger des Buddha in Mönchstracht. Vier Himmelskönige, als Krieger gepanzert, schützen Buddha und seine Lehre nach den vier Himmelsrichtungen; zwei Athletengestalten haben als Torwächter dieselbe Aufgabe. Über dem Buddha oder einer anderen hl. Gestalt bringen himml. Wesen ihre Verehrung mit Blumen und Musik dar. Aus dem ind. Pantheon gingen eine Reihe von Götterfiguren als Glücksbringer und Nothelfer in die b. K. ein, u. a. Brahma und Indra. Auch der Mensch wird von der b. K. dargestellt: Auf höchster Stufe stehen die bereits erleuchteten Arhats (Schüler des Buddha). Die buddhist. Gestalten oder auch ihre Symbole können nach bestimmten Schemata (in einem Mandala) geometrisch angeordnet werden und stellen dann ein Abbild des Weltganzen dar.

Buddleia [nach dem Engländer A. Buddle, * 1660, † 1715] *die,* **Buddleja, Sommerflieder,** Pflanzengattung mit über 100 Arten; meist Sträucher, deren vierteilige Blüten von Schmetterlingen bestäubt werden. Die Kulturarten stammen meist aus O-Asien und dem südl. Afrika. Arten mit großen, walzenförmigen Blütenständen sind in Gärten und Parkanlagen Ziersträucher.

Büdelsdorf, Stadt (seit 2000) im Kreis Rendsburg-Eckernförde, Schlesw.-Holst., 10 300 Ew., an der Eider

buddhistische Kunst: Großer Stupa in Sanchi (Kernbau um Mitte 3. Jh. v. Chr., Erweiterung im 1. Jh. v. Chr.)

und am Nord-Ostsee-Kanal; Telekommunikation, Maschinenbau, Betonwerke. – Die Werksiedlung Marienstift (1840–42) ist ein frühes Beispiel sozialen Siedlungsbaus.

Budget [byˈdʒe; frz.] *das,* der →Haushaltsplan.

Büdingen, Stadt im Wetteraukreis, Hessen, am südwestl. Ausläufer des Vogelsberges zur Wetterau, 21 400 Ew.; Akkumulatorenwerk, Holzind., Basaltsteinbrüche. – Seit 1330 Stadt; geschlossenes mittelalterl. Stadtbild (Fürstlich Ysenburgisches Schloss, 12.–16.Jh.; Stadtkirche; Rathaus, 15.Jh.; Adels-, Bürgerhäuser), Remigiuskirche (um 1047).

Budjonny, Semjon Michailowitsch, Marschall der Sowjetunion (seit 1935), * Kosjurin (bei Rostow am Don) 25. 4. 1883, † Moskau 26. 10. 1973; im Bürgerkrieg (1918–21) erfolgreicher Führer der »Roten Reiterarmee«, 1941 Oberbefehlshaber der sowjet. Südwestfront und 1942 der Nordkaukasusfront.

Budker, Gersch Izkowitsch, sowjet. Physiker, * Murafa (Gebiet Winniza, Ukraine) 1. 5. 1918, † Nowosibirsk 4. 7. 1977; 1957–64 Direktor des Inst. für Kernphysik der sowjet. Akademie der Wiss. in Nowosibirsk; Arbeiten zur Plasma- und Kernfusionsphysik, Reaktortheorie, Elektronenkühlung und bes. zur Entwicklung von Kreisbeschleunigern.

Budo [jap. bu »ritterlich«, dō »Weg«] *das,* Sammelbegriff für die jap. Kampfkünste Aikido, Judo, Jujutsu, Karate, Kendo, Kyudo und Sumo. Daneben wird auch das korean. Taekwondo zum B. gezählt. Alle diese Kampfformen haben ihren gemeinsamen ethisch-philosoph. Grund im Dō-Begriff der Zen-Philosophie als dem Weg zur Beherrschung von Körper und Geist.

Budweis, dt. Name der tschech. Stadt →České Budějovice.

Buenaventura, Hafenstadt an der Pazifikküste Kolumbiens, 235 100 Ew.; Fischerei; Holzind., Tanninfabrik.

Buenos Aires [span. »gute Lüfte«], Hptst. von Argentinien, 2,78 (städt. Agglomeration 12,05) Mio. Ew., am SW-Ufer des 45 km breiten Río de la Plata. B. A. ist Sitz der obersten Staatsorgane, eines Erzbischofs. Es hat mehrere Univ. und Akademien, Museen, Bibliotheken, Theater, Goethe-Institut. B. A. ist polit., geistiger und wirtsch. Mittelpunkt Argentiniens, Sitz der großen Aus- und Einfuhrfirmen und einer v.a. während des Zweiten Weltkrieges sprunghaft entwickel-

Buddhismus: Darstellung Buddhas in der Geste der Erdanrufung (Mudra); über seinem Kopf ist das Parinirvana dargestellt. Rechts und links von ihm sind jeweils drei Szenen aus seinem Leben sichtbar; Relief aus Nalanda (10. Jh.; Berlin, Museum für Indische Kunst)

Buenos Aires Stadtwappen

Buenos Aires: Ufer am Río de la Plata

ten Ind. Die Stadt besitzt einen modernen Hafen und in Ezeiza (33 km entfernt) einen großen internat. Flughafen. – B. A. wurde von den Spaniern 1536 gegründet, nach Kämpfen mit den Indianern aufgegeben, 1580 neu aufgebaut. 1776–1810 war es Hptst. eines span. Vizekönigreichs, 1880 wurde B. A. die Hptst. Argentiniens. Die ursprüngl. Stadtanlage folgt dem kolonialen Schachbrettstil.

Buenos Aires, Lago, größter eiszeitl. Zungenbeckensee in Patagonien, in der chilenisch-argentin. Südkordillere, 2 240 km².

Buen Retiro [span. »gute Zuflucht«], Lustschloss (17. Jh.) der span. Könige im Park »El Retiro« in Madrid, 1734 abgebrannt. 1759 wurde die Porzellanmanufaktur von Capodimonte nach B. R. verlegt; bis 1808 v. a. Herstellung von Figuren und großen Vasen.

Buergel [ˈbyr-], Roger M., eigtl. Roger **Martin,** Kunstkritiker und Ausstellungsmacher, * Berlin (West) 26. 9. 1962; studierte 1983–89 an der Akademie der bildenden Künste und an der Univ. in Wien. Seit 1983 als freier Kurator, Künstler und Übersetzer in Wien tätig, begründete er die Kunstzeitschrift »Springerin«, für die er als Autor bes. zu Filmtheorie und feminist. Theorie arbeitete. B. machte als Organisator und Kurator von Ausstellungen auf sich aufmerksam . 2003 wurde er als Leiter der documenta 12 (2007 in Kassel) berufen.

Bufalino, Gesualdo, ital. Schriftsteller, * Comino (Prov. Ragusa) 15. 11. 1920, † (Unfall) bei Comino 14. 6. 1996; hatte mit dem autobiografisch inspirierten Roman »Das Pesthaus« (1981) durchschlagenden literar. Erfolg; neben weiteren Romanen Erzählungen, Lyrik sowie Texte über Sizilien.

Buff, Charlotte, * Wetzlar 11. 1. 1753, † Hannover 16. 1. 1828; lernte 1772 Goethe bei dessen Aufenthalt in Wetzlar kennen; heiratete 1773 J. G. C. Kestner (* 1741, † 1800); sie wurde zum Vorbild der Lotte in Goethes Roman »Die Leiden des jungen Werthers« (1774). – Ihre Wiederbegegnung mit Goethe 1816 gestaltete T. Mann in seinem Roman »Lotte in Weimar« (1939).

Buffalo [ˈbʌfələʊ], Stadt im NW des Bundesstaates New York, USA, am O-Ende des Eriesees, 285 000 Ew.; Univ.; kath. Bischofssitz; einer der Haupthäfen am Sankt-Lorenz-Seeweg, Umschlagplatz für Massengüter; Ind.-Zentrum (elektrochem., elektrometallurg. Ind., Flugzeugbau). – B., gegr. nach 1801 als **New Amsterdam,** erhielt 1810 den heutigen Namen.

Buffalo Bill [ˈbʌfələʊ-], eigtl. William Frederick **Cody,** amerikan. Pionier und Schausteller, * Scott County (Ia.) 26. 2. 1846, † Denver (Col.) 10. 1. 1917; war u. a. Postreiter beim Pony Express, erfolgreicher Bisonjäger (daher sein Spitzname), Kundschafter in den Indianerkriegen. 1883 organisierte er in Omaha (Nebr.) die erste »Wildwestschau«, die er 1887 auch nach Europa brachte.

Büffel [lat.-griech.], zwei Gattungen der Wildrinder in Asien und Afrika mit kräftigen, an der Basis breiten Hörnern, die bei beiden Geschlechtern vorkommen; die Schulterhöhe beträgt 60–180 cm, das Gewicht 150–1 200 kg. Weitere Kennzeichen sind erhöhter Widerrist, Muskelkamm auf dem Vorderrücken, Schwanz mit Endquaste, spärl. Behaarung. Man unterscheidet heute die **asiat. B.** (Bubalus) mit dem **Anoa** (Gäms-B., Bubalus depressicornis) und dem **Wasser-B.** (**Arni,** Bubalus arnee) und die **afrikan. B.** (Syncerus) mit dem **Kaffern-B.** (Syncerus caffer). Das Anoa, das kleinste lebende Wildrind, lebt in den Sumpfwäldern von Celebes. Der Wasser-B. ist ein massiges Wildrind, das in Indien und Indonesien zum Haus-B. domestiziert wurde, einem der wichtigsten Haustiere in den Tropen. Der Kaffern-B. wird in drei Unterarten gegliedert: **Schwarz-B.** (in O- und S-Afrika), **Gras-** oder **Sudan-B.** (in W-Afrika bis Äthiopien) und **Rot-** oder **Wald-B.** (in W- und Zentralafrika).

Bufferstock [ˈbʌfəstɔk; engl. »Pufferlager«], Ausgleichslager für Rohstoffe und Agrarprodukte, das dazu dienen soll, Preise am (Welt-)Markt zu stabilisieren. Dabei schließen sich Anbieter eines bestimmten Rohstoffs zusammen und bilden einen **Pufferpool,** um über Angebots- und Nachfragevariationen den Preis zu beeinflussen. B.-Systeme unterscheiden sich vom STABEX-System (→ STABEX), das auf Stabilisierung der Exporterlöse und nicht der -preise abzielt.

Buffet [byˈfɛ], Bernard, frz. Maler und Grafiker, * Paris 10. 7. 1928, † (Selbsttötung) Salernes (Dép. Var) 4. 10. 1999; verwendete in seinen gegenständl. Kompositionen zeichner. Mittel. Seine frühen Bilder zei-

Büffel: Kaffernbüffel (Schulterhöhe 100–170 cm)

gen ausgezehrte Menschen in kahlen Räumen, triste Stillleben und verlassene Straßen; später folgten myth. und religiöse Themen; schuf auch Radierungen und Buchillustrationen.

Buffo [ital.] *der,* Sänger (Tenor-B., Bass-B.) der ital. komischen Oper (Opera buffa).

Buffon [byˈfɔ̃], Georges Louis Leclerc, Graf von, frz. Naturforscher, * Montbard (bei Dijon) 7. 9. 1707, † Paris 16. 4. 1788; verfasste die 44-bändige »Allgemeine und spezielle Naturgeschichte« (1749–1804); zahlr. wegweisende Ansätze für spätere naturwiss. Theorien.

Bug, Vorderteil eines Schiffes, Bootes oder Flugzeuges.

Bug [bʌg; engl. »Wanze«] *der, Informatik:* Fehler in einem Computersystem oder Programm; heute meist für Programmierfehler verwendet. Eine wegen schwerwiegender B. korrigierte Programmversion wird oft **Bugfix** genannt. Der Begriff B. findet sich auch in der Bez. → Debugging für die Fehlersuche und -korrektur.

Bug *der,* Flüsse in O-Europa: **1) Südl.** oder **Ukrain. Bug,** ukrain. **Boh,** im Altertum **Hypanis;** Fluss in Wolhynien, Ukraine, mündet nach 806 km langem Lauf in den Dnjepr-Bug-Liman des Schwarzen Meeres. **2) Westl. Bug,** entspringt bei Lemberg (Lwow), bildet z. T. die Grenze Polens zur Ukraine und zu Weißrussland, mündet nach 772 km langem Lauf nördl. von Warschau in den Narew.

Buganda, altes Königreich in Uganda, das bis 1894 von einem König (»Kabaka«) absolutistisch regiert wurde. 1966 wurde der König abgesetzt, 1993 jedoch wieder (symbolisch) inthronisiert.

Bügeleisen, Gerät zum manuellen Bügeln (Plätten) von Textilien auf einem Bügelbrett als Unterlage. Die Temperatur der heute verwendeten **elektr. B.** wird mit einem Temperaturwähler je nach Beschaffenheit der Textilien (von der niedrigsten Stufe für Chemiefasern über Seide, Wolle, Baumwolle bis zur höchsten Stufe für Leinen) eingestellt und mit einem Bimetallschalter geregelt. Im elektr. **Dampf-B.** wird Wasser aus einem kleinen eingebauten Behälter verdampft; der Wasserdampf tritt aus Düsen in der Bügelfläche des B. aus und dämpft so das Bügelgut.

Bügelhörner, eine im 19. Jh. entwickelte Familie von Blechblasinstrumenten mit konischem, weit mensuriertem Rohr, Ventilen und Kesselmundstück; u. a. Flügel-, Alt-, Tenorhorn, Baryton, Tuba, Helikon, Sousafon.

Bugenhagen, Johannes, nach seiner pommerschen Heimat auch **Dr. Pomeranus** genannt, Reformator, * Wollin 24. 6. 1485, † Wittenberg 20. 4. 1558; wurde 1535 Prof. in Wittenberg; gilt als der Organisator der Reformation. Er ordnete das Kirchen- und Schulwesen in Braunschweig, Hamburg, Lübeck, Pommern, Dänemark, Holstein, Braunschweig-Wolfenbüttel und Hildesheim; Beichtvater und Mitarbeiter Luthers.

Bugfigur, die Galionsfigur (→Galion).

Bugge, Sophus, norweg. Sprachforscher, * Laurvig (bei Larvik) 5. 1. 1833, † Christiania (heute Oslo) 8. 7. 1907; gab die erste krit. Ausgabe der Eddalieder heraus; entzifferte zahlr. Runeninschriften.

Bugholzmöbel, Möbel aus gebogenen Holzteilen (meist von Rotbuchen). Das Holz wird mithilfe von Dampf und Stahlfedern geformt. Das Verfahren wurde im 18. Jh. entwickelt und anfangs v. a. im Schiffbau angewendet; 1808 ließ der Amerikaner S. Gragg einen Lehnstuhl aus Bugholz (»Side chair«) patentieren. Bes. bekannt und lange Zeit als Erfinder dieser Technik angesehen wurde M. Thonet mit seinem um 1830 entwickelten Verfahren.

Bugis, Buginesen, Volk auf den Halbinseln von Celebes und auf Borneo; etwa 5 Mio. Menschen; Muslime; treiben Ackerbau und Handel; früher war die Piraterie weit verbreitet.

Bugspriet *das* oder *der,* bei einem Segelschiff der schräg nach vorn über den Bug hinausragende Mast, an dem der Klüverbaum befestigt ist.

Buhl, Hermann, österr. Bergsteiger, * Innsbruck 21. 9. 1924, † (abgestürzt am Tschogolisa, Karakorum) 27. 6. 1957; bezwang 1953 im Alleingang als Erster den Nanga Parbat.

Bühl, Große Kreisstadt im Landkreis Rastatt, Bad.-Württ., am W-Rand des Schwarzwalds, 29 500 Ew.; Kfz-Zuliefer-, chem. und Elektroindustrie, Metallverarbeitung, Granitwerke; Obst- (Bühler Frühzwetschgen) und Weinbau. – B. wurde 1835 Stadt.

Bühler, 1) Charlotte, Psychologin, * Berlin 20. 12. 1893, † Stuttgart 3. 2. 1974, ⚭ mit 2); wurde 1929 Prof. in Wien, 1938 Emigration in die USA, ab 1945 Prof. in Los Angeles; kinder- und jugendpsycholog. Studien; wirkte wegbereitend für die humanist. Psychologie. – *Werke:* Das Seelenleben des Jugendlichen (1922); Kindheit und Jugend (1928); Das Kind und die Familie (1951); Psychologie im Leben unserer Zeit (1962).

2) Karl, Psychologe, * Meckesheim (Rhein-Neckar-Kreis) 27. 5. 1879, † Los Angeles (Calif.) 24. 10. 1963, ⚭ mit 1); Schüler von O. Külpe, seit 1922 Prof. in Wien, emigrierte 1938 in die USA; wichtige Beiträge zur Gestalt-, Sprach- und Kinderpsychologie. – *Werke:* Die Gestaltwahrnehmungen (1913); Die geistige Entwicklung des Kindes (1918); Ausdruckstheorie (1933); Sprachtheorie (1934); Das Gestaltprinzip im Leben der Menschen und der Tiere (1960).

Bühlertal, Luftkurort im Landkreis Rastatt, Bad.-Württ., 200–1000 m ü. M., im nördl. Schwarzwald, 8100 Ew.; Obst- und Weinbau, elektrotechn. Industrie; Wintersport.

Buhne, vom Ufer aus quer in das Wasser hineingebauter Dammkörper aus Steinschüttung, Spundwänden, Pfahlreihen, Faschinen; dient im Flussbau zur Einengung des Abflussquerschnitts im Niedrigwasserbereich und zur Vertiefung der Schifffahrtsrinne, im Seebau zum Küstenschutz.

Bühne, meist erhöhte Plattform für Darbietungen (in Theater-, Konzert- oder Vorführungsräumen); im Theater als **B.-Haus** ein besonderer Gebäudeteil. – Zur Gesch. der B. und der B.-Formen →Theater. – Man unterscheidet innerhalb des Bühnenhauses die **Haupt-B.** und **Neben-B.** (Hinter-B., rechte Seiten-B., linke Seiten-B.). Zwischen Vor-B. und Zuschauerraum liegt der **Orchestergraben.** Die B.-Technik, v. a. die **B.-Maschinerie,** dient dem raschen Szenenwechsel und der Erzielung besonderer szen. Effekte. Zur Obermaschinerie gehören der Hauptvorhang, das techn. B.-Portal, der Schnür- und Rollenboden. Bei der Untermaschinerie unterscheidet man zw. Drehbühnensystem und Verschiebebühnensystem. Bei **Dreh-B.** ist das wesentl. Element zum Szenenwechsel eine zylindr. drehbare B., bei der das einzelne B.-Bild jeweils nur einen Sektor der gesamten Dreh-B. ausfüllt. **Verschiebebühnen** haben als Element des Szenenwechsels B.-Wagen, die komplette B.-Bilder aufnehmen können. Die **B.-Beleuchtung** dient außer zur Beleuchtung des B.-Raumes und der Darsteller zu Lichtwirkungen für künst-

Bug: Darstellung verschiedener Schiffsbugformen; **a** Bug mit senkrechtem Steven (gerader Bug); **b** Bug mit ausfallendem Steven (schräger Bug); **c** Klipperbug; **d** Löffelbug; **e** Wulstbug

ler. und szen. Effekte. Wichtige sicherheitstechn. Einrichtungen sind Feuerschutzvorhang (meist »Eiserner Vorhang«), Rauchabzugsanlage und Sprinkleranlage.

Bühnenaussprache, Bühnensprache, für die Bühne festgelegte normierte Aussprache des Hochdeutschen. Der Versuch einer einheitl. Regelung der dt. B. wurde 1803 von Goethe (»Regeln für Schauspieler«) gemacht. Systemat. Regeln sind in dem von T. Siebs 1898 herausgegebenen Werk »Dt. B.« enthalten. (→Standardsprache)

Bühnenbild, Gestaltung der Bühne durch baul. Elemente und Licht sowie Requisiten, Malerei und moderne Bildmedien für die jeweilige Inszenierung im →Theater. Das B. ist in seiner Gestaltung stark von (historisch variablen) Bühnenformen abhängig.

Bühnenmusik, i. w. S. alle Musik, die im Schauspiel, in der Operette und in der Oper auf (oder hinter) der Bühne gespielt wird. I. e. S. die Schauspielmusik, die seit Entwicklung der Oper zu einer selbstständigen Gattung (etwa seit 1600) wurde. Shakespeare schrieb für seine Stücke Lieder, Tänze und Stimmungsmusik aller Art vor. G. E. Lessing wünschte eine auf das Drama hinführende Ouvertüre und Zwischenaktmusiken. Bekannt wurde u. a. die Musik zu Goethes »Egmont« von L. van Beethoven und die zu Shakespeares »Sommernachtstraum« von F. Mendelssohn Bartholdy. Nach 1900 entstand B. in enger Zusammenarbeit zw. Komponist und Regisseur (z. B. K. Weill und P. Dessau mit B. Brecht).

Bühnenverein, Deutscher B., 1846 gegründeter Bundesverband dt. Bühnenleiter und Bühnenrechtsträger, 1935 aufgelöst, 1947 neu gegründet, Sitz: Köln; mit der →Genossenschaft Deutscher Bühnen-Angehöriger durch Tarif- und Arbeitsgemeinschaft verbunden.

Bühnenvertrieb, verlagsähnl. Unternehmen (Theaterverlag), das über die Aufführungsrechte an Bühnenwerken verfügt und diese an die Theater (auch Funk, Fernsehen) vermittelt.

Buhurt [mhd., zu altfrz. hurter »stoßen«] der, mittelalterl. Reiterkampfspiel (→Turnier).

Buick [ˈbjuːɪk], David, amerikan. Kraftwagenbauer, * in Schottland 17. 9. 1854, † Detroit 5. 3. 1929; begann in den 1890er-Jahren mit der Entwicklung von Verbrennungsmotoren; gründete 1903 die B. Motor Car Company, die später von der General Motors Company übernommen wurde.

Builder [ˈbɪldə; engl., zu to build »bauen«], anorgan. Anteile in →Waschmitteln, die selbst nicht grenzflächenaktiv sind, sondern die Wirkung der Bleichmittel und Tenside unterstützen; früher meist Phosphate, heute Zeolithe.

Built-in-Flexibility [ˈbɪlt ɪn fleksəˈbɪlɪtɪ, engl.] die, automat. konjunkturelle Stabilisierungswirkung bestimmter finanzpolit. Maßnahmen. Das gilt z. B. für die progressive Einkommensteuer, da sie in der Hochkonjunktur, gemessen an den Einkommen, stärker steigende Steuereinnahmen und dadurch eine dämpfende Wirkung der privaten Nachfrage bewirkt. (→Finanzpolitik)

Buisson [bɥiˈsɔ̃], Ferdinand, frz. Pädagoge und Politiker, * Paris 20. 12. 1841, † Thieuloy-Saint-Antoine (Dép. Oise) 16. 2. 1932; schloss sich dem Parti Républicain Radical et Radical-Socialiste an, trat als Abg. 1902–24 für die Trennung von Staat und Kirche in Frankreich ein und beteiligte sich an der Gründung der frz. Liga der Menschenrechte. 1927 erhielt er zusammen mit L. Quidde den Friedensnobelpreis.

Buitenzorg [ˈbœjtənzɔrx, niederländ.], früherer Name der Stadt →Bogor auf Java.

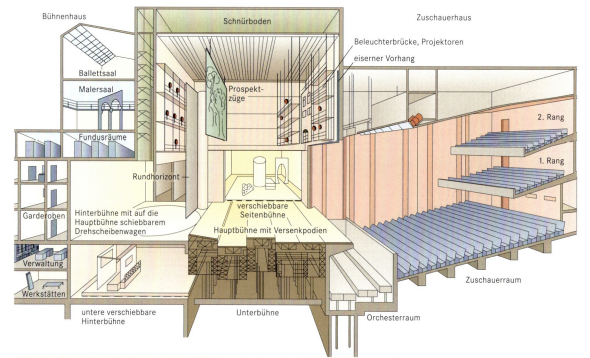

Bühne: Querschnitt einer modernen Guckkastenbühne und ihrer Nebenräume

Bujones [engl. bʊdˈʒəʊnz, span. buˈxones], Fernando, amerikan. Tänzer kuban. Herkunft, *Miami (Fla.) 9. 5. 1955, †ebd. 10. 11. 2005; 1972–86 Mitgl. des American Ballet Theatre; als Gastsolist zahlr. Auftritte in der ganzen Welt, seit 1994 künstler. Direktor des Bay Ballet Theatre in Tampa.

Bujumbura, früher **Usumbura,** Hptst. von Burundi, 340 300 Ew.; kath. Erzbischofs- und luther. Bischofssitz, Univ., Verw.-Hochschule; wichtiger Hafen am Nordende des Tanganjikasees; Univ., Verw.-Hochschule; Ind.-Zentrum des Landes; internat. Flughafen.

Bukani|er *der,* westind. Seeräuber, →Flibustier.

Bukarest, rumän. **București,** Hptst. von Rumänien, im Tiefland der Großen Walachei, an der Dâmbovița; 1,93 Mio. Ew.; wirtsch., industrielles und kulturelles Zentrum Rumäniens; Sitz des Patriarchen der rumänisch-orth. Kirche und eines kath. Erzbischofs; Rumän. Akad. der Wiss.; Univ., TU und weitere Hochschulen, Theater, Opernhäuser, Konzertgebäude Athenäum (1886–88), Museen; zoolog. Garten; wichtige Ind.-Branchen sind Maschinen- und Fahrzeugbau, Metall verarbeitende, elektrotechn., chem., pharmazeut., Textil- und Nahrungsmittelind.; zwei Flughäfen (Otopeni und Băneasa), U-Bahn. – Inmitten der Stadt liegt der große Volkspark Cișmigiu mit einem See, im W das Schloss Cotroceni mit großem Park und botan. Garten. Unter N. Ceaușescu wurden große Teile der Altstadt von B. für die Errichtung des »sozialist. Zentrums« abgerissen. – B. war seit dem 14. Jh. zeitweilig, seit 1659 dauernd Sitz der Fürsten der Walachei und wurde 1861 Hptst. des vereinigten Rumänien. Schwere Zerstörungen im Zweiten Weltkrieg und durch ein Erdbeben 1977. – Am 21./22. 12. 1989 blutiger Volksaufstand in B., der zum Sturz des Ceaușescu-Regimes führte.

Bukarester Friedensschlüsse, zusammenfassende Bez. für versch. Abkommen: 28. 5. 1812 zw. Russland und der Türkei (Abtretung Bessarabiens und der östl. Moldau an Russland); 3. 3. 1886 zw. Serbien und Bulgarien (beendete den Serbisch-Bulgarischen Krieg); 10. 8. 1913 zw. Rumänien, Serbien, Griechenland, Montenegro einerseits und Bulgarien andererseits (Ende des 2. →Balkankriegs); 7. 5. 1918 zw. den Mittelmächten und Rumänien (Bulgarien erhielt die 1913 verlorene S-Dobrudscha; erloschen mit dem Waffenstillstand von Compiègne am 11. 11. 1918).

Bukavu, früher **Costermansville,** Prov.-Hptst. im O der Demokrat. Rep. Kongo, Hafen- und Handelsort am Südende des Kiwusees an der Grenze gegen Ruanda, 1 480 m ü. M., 245 800 Ew.; Erzbischofssitz; geolog. Museum; Nahrungsmittel- und Textilind.; Hafen; internat. Flughafen.

Buke [jap.], Bez. für den Schwertadel in Japan, wo er vom Ende des 12. Jh. bis 1868 die führende Schicht bildete.

Bukett [frz.] *das,* **Blume,** Gehalt eines Weines an Duftstoffen.

bukolische Dichtung [griech. boukólos »Rinderhirt«], →Schäferdichtung.

Bukowina *die,* rumän. **Bucovina,** früher dt. **Buchenland,** histor. Landschaft in der Ukraine (Nord-B.) und in Rumänien (Süd-B. mit dem Zentrum Suceava), auf der NO-Seite der Waldkarpaten und im Karpatenvorland, Zentrum war Czernowitz (→Tschernowzy); bis 1940 von Ukrainern (Ruthenen), Rumänen, Deutschen, Juden, Ungarn und Polen besiedelt. – Im Altertum Teil der röm. Provinz Dakien, im 10./11. Jh. des

Bukarest: Athenäum (1886–88)

Fürstentums Kiew, Mitte des 14. Jh. mit dem Fürstentum Moldau vereint; 1514–1769 Teil des Osman. Reiches, 1775 an Österreich abgetreten; dt. Siedler (**Buchenland-** bzw. **B.-Deutsche**) trugen zur wirtsch. und kulturellen Entwicklung des seit 1849 selbstständigen österr. Kronlandes bei. 1919 fiel die B. an Rumänien, 1940 bzw. 1947 der N-Teil an die UdSSR (Ukraine). 1940–44 von dt. und rumän. Truppen besetzt; 1940 Umsiedlung der Bukowinadeutschen.

Bukowski [engl. bjʊˈkɔvskɪ], Charles, amerikan. Schriftsteller, *Andernach 16. 8. 1920, †San Pedro (Calif.) 9. 3. 1994; kam 1922 mit seinen Eltern in die USA; schilderte illusionslos und in z. T. krasser Sprache das Elend der sozialen Unterschichten, Gewalt und Sexualität. – *Werke: Lyrik:* Gedichte, die einer schrieb, bevor er im 8. Stockwerk aus dem Fenster sprang (1968). – *Kurzgeschichten:* Aufzeichnungen eines Außenseiters (1969); Kaputt in Hollywood (1972). – *Romane:* Der Mann mit der Ledertasche (1971); Das Schlimmste kommt noch oder fast eine Jugend (1982).

Bukranion [griech.-lat. »Ochsenschädel«] *das,* Stierschädel in Vorderansicht; Friese mit durch Girlanden verbundenen B. sind ein beliebtes Schmuckmotiv der antiken, v. a. hellenist. Architektur.

Bülach, Bezirkshauptort im Kt. Zürich, Schweiz, 14 100 Ew.; Weinbau, Metall verarbeitende Industrie. – 1384 zur Stadt erhoben.

Bulatović [-vitɕ], Miodrag, serbisch-montenegrin. Schriftsteller, *Okladi (bei Podgorica, Montenegro) 20. 2. 1930, †Igalo (bei Herceg-Novi, Montenegro) 15. 3. 1991; schrieb realistisch-satir. Romane (»Der Held auf dem Rücken des Esels«, 1964; »Die Daumenlosen«, 1975) und das Drama »Godot ist gekommen« (1965).

Bulawayo, Prov.-Hptst. und zweitgrößte Stadt in Simbabwe, Zentrum des Matabelelandes, auf der südwestl. Hochlandsavanne, 1 355 m ü. M., 897 200 Ew.; kath. Erzbischofs- und anglikan. Bischofssitz; Univ., Fachschulen; Verkehrs-, Handelszentrum; bed. Ind.; Verkehrsknotenpunkt, internat. Flughafen.

Bulbärparalyse [lat.-griech.], Lähmung der Zungen-, Gaumen- und Kehlkopfmuskeln infolge Schädigung der motor. Hirnnervenkerne im verlängerten Mark.

Bulbillen [lat.], die pflanzl. →Brutknospen.

Bülbüls, Haarvögel, Pycnonotidae, Familie 15–30 cm großer Singvögel mit rd. 120 Arten in den Tropen

Bukarest Stadtwappen

Charles Bukowski

und Subtropen Afrikas und Asiens mit haarähnl. Federn im Nacken.

Bulbus [lat. »Zwiebel«] *der,* **1)** *Anatomie:* bei Menschen und Tieren zwiebelförmiges Organ (**B. oculi,** der Augapfel) oder erweiterter Abschnitt eines Organs.
2) *Botanik:* → Zwiebel.

Bule [griech.] *die,* Ratsversammlung altgriech. Stadtstaaten: Funktionen: u. a. Beaufsichtigung der Staatsverw., Vertretung des Staates nach außen, bes. Staatsgerichtshof. In Athen hatte die B. seit Solon 400, seit Kleisthenes 500 Mitglieder.

Bulette [frz. boulette »Kügelchen«] *die,* gebratenes Fleischklößchen.

Bulfinch [ˈbʊlfɪntʃ], Charles, amerikan. Architekt, * Boston (Mass.) 8. 8. 1763, † ebd. 4. 4. 1844; Vertreter des »Federal Style«; Bauleiter des Kapitols in Washington (1817–30). B. war im frühen 19. Jh. richtungsweisend für die Baukunst in Neuengland.

Bulgakow, Michail Afanasjewitsch, russ. Schriftsteller, * Kiew 15. 5. 1891, † Moskau 10. 3. 1940; behandelte in seinen Werken das Verhältnis von Humanität und Macht und verwendete dabei Elemente des Fantastischen, der Satire und der Groteske (u. a. in Bezug auf die sowjet. Wirklichkeit); durfte zu Lebzeiten den größten Teil seiner Werke nicht veröffentlichen. Seine weltliterar. Bedeutung wurde erst seit den 1960er-Jahren wahrgenommen. Hauptwerke sind der Bürgerkriegsroman »Die weiße Garde« (1925) und der philosoph. Roman »Der Meister und Margarita« (entst. 1928–40; gekürzt ersch. 1966–67), der zum Kultbuch der russ. Intelligenz wurde.

Bulganin, Nikolai Alexandrowitsch, sowjet. Politiker, * Nischni Nowgorod 11. 6. 1895, † Moskau 24. 2. 1975; war 1937–38 Vors. des Rats der Volkskommissare der RSFSR, 1938–41 Vors. der Staatsbank und stellv. Min.-Präs. der UdSSR, 1947–49 und 1953–55 Verteidigungsmin. 1947 erhielt er den Rang eines Marschalls der Sowjetunion und war ab 1948 Mitgl. des Politbüros der KPdSU (B). 1955 wurde er Min.-Präs. der UdSSR; nach innerparteil. Kontroversen 1958 als Mitgl. der »Antiparteigruppe« seines Amtes enthoben und aus dem Politbüro ausgeschlossen; 1961 verlor er auch seine Mitgliedschaft im ZK.

Bulgaren, südslaw. Volk in Bulgarien (dort etwa 6,8 Mio.), als Minderheit auch in Griechenland, in der Türkei, in Rumänien, Makedonien und O-Serbien; ein im 7. Jh. entstandenes Mischvolk aus romanisierten Thrakern, Slawen und dem Turkvolk der Protobulgaren; in der Mehrzahl Bulgarisch-Orthodoxe, eine Minderheit bekennt sich zum Islam.

Bulgarien, amtlich bulgar. **Republika Balgarija,** Staat in Südosteuropa, umfasst einen Teil der östl. Balkanhalbinsel südlich der Donau, grenzt im N an Rumänien, im O an das Schwarze Meer, im SO an die Türkei, im S an Griechenland, im SW an Makedonien und im W und NW an Serbien.

Staat und Recht

Nach der Verf. vom 12. 7. 1991 (mehrfach, zuletzt 2005, modifiziert) ist B. eine parlamentar. Republik mit Mehrparteiensystem. Staatsoberhaupt und Oberbefehlshaber der Streitkräfte ist der Präs. (für 5 Jahre direkt gewählt, einmalige Wiederwahl möglich). Er verfügt über ein aufschiebendes Vetorecht gegenüber vom Parlament angenommenen Gesetzen. Die Exekutive liegt bei der Reg. unter Vorsitz des Min.-Präs., die dem Parlament verantwortlich ist. Oberstes Legislativorgan ist die Volksversammlung (240 Abg., für 4 Jahre gewählt). – Einflussreichste Parteien und Bewegungen: Bulgar. Sozialist. Partei (BSP), Nat. Bewegung Simeon II. (NDST), Bewegung für Rechte und Freiheiten (DPS; Partei der türk. Minderheit), Koalition Ataka (extrem nationalistisch), Vereinigte Demokrat. Kräfte (ODS), konservativ-liberales Bündnis, bestehend v. a. aus Union Demokrat. Kräfte [UDK bzw. SDS], Bauernpartei [BZNS] und Demokrat. Partei [DP]), Demokraten für ein starkes B. (DSB) und Bulgar. Volksunion (BNS).

Landesnatur

B. wird von W nach O vom Balkangebirge (höchste Erhebung: Botew, 2 376 m ü. M.) durchzogen, das nach N allmählich als Tafelland mit Vorbalkan und Donauhügelland zur Donau und zur Dobrudscha abfällt, nach S steil zur Maritzaebene. Im SW und S erhebt sich die Thrak. Masse, die sich in mehrere Gebirge gliedert: Rila- (höchste Erhebung: Mussala, 2 925 m ü. M.), Pirin- und Rhodopegebirge. Die Küste im O ist überwiegend steil und nur durch wenige Flussmündungsbuchten gegliedert. Hauptflüsse sind Donau und deren Nebenfluss Isker im N, Maritza und Struma im S. – B. liegt im Übergangsbereich vom Mittelmeerklima (im S) zum osteurop. Kontinentalklima (im N); die Sommer sind heiß und trocken, die Winter kalt oder kühl-regnerisch. Milderes Klima herrscht an der Schwarzmeerküste.

Bevölkerung

Nach der Volkszählung von 2001 sind von den Bewohnern 83,9 % Bulgaren, 9,4 % Türken (v. a. in den östl. Rhodopen), 4,7 % Roma (Zigeuner; nach anderen Quellen mehr als 7 % der Bev.) sowie 2,0 % Angehörige anderer Minderheiten (Russen, Armenier, Makedonier, Tataren u. a.). Am dichtesten sind das Becken von Sofia, die westl. Maritzaebene und das Gebiet um Warna besiedelt. Größte Städte sind Sofia, Plowdiw und Warna. Rd. 69 % der Bev. leben in Städten. – Rd. 80 % der Bev. fühlen sich der bulgarisch-orth. Kirche verbunden, rd. 2 % gehören anderen christl. Kirchen

Michail Bulgakow

Flagge

Wappen

BG internationales Kfz-Kennzeichen

Bulgarien

Fläche: 110 994 km²
Einwohner: (2006) 7,72 Mio.
Hauptstadt: Sofia
Verwaltungsgliederung: 28 Gebiete
Amtssprache: Bulgarisch
Nationalfeiertag: 3. 3.
Währung: 1 Lew (Lw) = 100 Stotinki (St)
Zeitzone: MEZ + 1 Std.

an. Etwa 10% der Bev. – die bulgar. Türken (Bulgarotürken) und die Bulgaren islam. Glaubens (Pomaken) – sind sunnit. Muslime (ganz überwiegend der hanefit. Rechtsschule). Eine weitere nicht christl. Religionsgemeinschaft bilden die rd. 3000 Juden. – Es besteht allg. Schulpflicht im Alter von 7 bis 19 Jahren. Die Alphabetisierungsrate liegt (2006) bei 98%. Neben mehr als 40 staatl. Univ. und spezialisierten Hochschulen gibt es einige Privathochschulen.

Wirtschaft und Verkehr

Durch die nach 1945 einsetzende Industrialisierung entwickelte sich B. von einem Agrarland zu einem Industriestaat mit weiterhin starkem landwirtsch. Sektor. 1990 begann der Transformationsprozess der zentral gesteuerten Planwirtschaft zu einer marktwirtschaftlich verfassten Ökonomie, der zunächst einen wirtschaftl. Niedergang zur Folge hatte. Nach 1997 setzte eine Konsolidierung der Wirtschaft ein, verbunden mit einem seit 2000 starken Wachstum. Die Landwirtschaft erwirtschaftet rd. 12% des Bruttoinlandsprodukts (BIP). Die landwirtsch. Nutzfläche (auf etwa der Hälfte des Territoriums B.s) wird zu 69% von Ackerland, zu 27% von Wiesen und Weiden sowie zu 4% von Dauerkulturland (v. a. Obst- und Weinbaugebiete) eingenommen. Die Hauptanbaugebiete liegen im Donautafelland und in den südbulgar. Beckenlandschaften. Der größte Teil der Ackerfläche wird mit Getreide (v. a. Weizen und Mais) bestellt; daneben Anbau von Sonnenblumen, Tabak und Zuckerrüben, Obst-, Wein- und Gemüsebau. Rosengärten und Lavendelkulturen dienen der Gewinnung von Ölen. Viehwirtschaft wird v. a. in den gebirgigen Regionen betrieben. Von den insgesamt nur wenig vorhandenen mineral. Rohstoffen sind die Vorkommen an Kupfer-, Eisen-, Uran-, Blei-, Chrom-, Manganerzen, Kaolin und Schwefelkies bedeutend. Der Erzabbau war während der 1990er-Jahre stark rückläufig. Die Primärenergieerzeugung beruht vorrangig auf fossilen Brennstoffen, zu etwa einem Drittel auf dem Kernkraftwerk Koslodui. Der Anteil der Industrie am BIP beträgt etwa 28%. Wichtige Ind.-Zweige sind chem. einschließlich pharmazeut. und petrochem. Ind., Maschinenbau und Metall verarbeitende, Eisen- und Stahlind., die Gewinnung von Nichteisenmetallen, die Elektronik und Elektrotechnik. Wachstumsintensive Branchen sind v. a. Textil- und Bekleidungs- sowie Nahrungs- und Genussmittelind., in Sofia auch Informations- und Kommunikationstechnologie. Touristisch bedeutsam sind v. a. die Schwarzmeerküste (um Warna und Nessebar) sowie die Wintersport- und Höhenkurorte im Rilagebirge, in den Rhodopen, im Witoscha- und Piringebirge mit ihren Mineralquellen. – Exportiert werden bes. Agrarerzeugnisse (Fleisch, Wein, Ölsaaten, Tabak), Rohmetall und Metallerzeugnisse, chem. Produkte und Kunststoffe. Die wichtigsten Handelspartner sind die Staaten der EU, v. a. Italien, Dtl. und Griechenland, weiterhin Russland und die Türkei. – B. hat durch seine geograf. Lage eine große Bedeutung für den Transitverkehr; das Verkehrsnetz ist gut ausgebaut. Die Streckenlänge der Eisenbahnen beträgt (2002) 4318 km (davon 2847 km elektrifiziert), das Straßennetz einschließlich der 328 km langen Autobahnstrecken ist 37 288 km lang; die Binnenschifffahrt beschränkt sich auf die Donau; wichtigste Seehäfen sind Warna (mit Fährverbindung zum ukrain. Hafen Iljitschowsk) und Burgas (Erdöl- und Fischereihafen); internat. Flughäfen bestehen in Sofia, Plowdiw, Warna und Burgas.

Bulgarien

Geschichte

Das Gebiet des heutigen B. war im Altertum Teil der histor. Landschaft →Thrakien, wurde im 4. Jh. v. Chr. in das Makedon. Reich einbezogen und kam im 1. Jh. v. Chr. unter röm. Herrschaft. Seit Ende des 5. Jh. n. Chr. wanderten Slawen ein; nach 675 geriet das Gebiet unter die Herrschaft der turktatar. Protobulgaren. 681 musste das Byzantin. Reich die Gründung des 1. Bulgar. Reiches unter Khan Asparuch anerkennen (Annahme des orth. Christentums 864 oder 865 unter Boris I. und Einführung der kyrill. Schrift ab 885). Nach 927 zerfiel das Reich; 972/1018 wurde B. Byzanz einverleibt. Das 2. Bulgar. Reich entstand 1185/87; es wurde zeitweise führende Balkanmacht mit dem Zentrum Tarnowo. 1330 geriet B. unter serb. Einfluss; es löste sich um 1363 in Teilreiche auf, Ost-B. wurde 1388, das Fürstentum Tarnowo 1393, ganz B. nach der Schlacht bei Nikopol am 25. 9. 1396 Teil des Osman. Reiches.

Bulgarien: Blick über Sofia, im Vordergrund die Universität

Lokale Aufstände im 16. und 17. Jh. wie auch Aktionen der Heiducken blieben ergebnislos; im 18. Jh. kam es zur nat. Wiedergeburt. Blutig niedergeschlagene Aufstände bewaffneter bulgar. Freischärler (u. a. C. Botew, 1876) führten zum Russisch-Türk. Krieg von 1877/78 (u. a. Schlacht am Schipkapass), der mit dem Vorfrieden von San Stefano und dem Berliner Kongress (1878) die türk. Fremdherrschaft beendete; es entstand ein autonomes, dem Sultan tributpflichtiges Fürstentum B.; Süd-B. verblieb als Prov. Ostrumelien beim Osman. Reich, ab 1885 Personalunion mit B. Dem 1887 zum Fürsten gewählten Wettiner Ferdinand I. gelang es 1908, die formelle Unabhängigkeit B.s (als Königreich) durchzusetzen und sich zum Zaren krönen zu lassen. Unter russ. Einfluss schloss sich B. im Frühjahr 1912 mit Serbien, Griechenland und Montenegro zum Balkanbund zusammen. Im 2. Balkankrieg (1913) verlor B. große Teile der im 1. Balkankrieg (1912/13) gewonnenen Territorien (Vorder- und Ägäis-Makedonien, Thrakien), zusätzlich die südl. Dobrudscha. Im Ersten Weltkrieg schloss sich B. 1915 den Mittelmächten an und besetzte die von ihm beanspruchten Gebiete (v. a. ganz Makedonien und die südl. Dobrudscha), die ihm 1919 (Frieden von Neuilly-sur-Seine) jedoch wieder genommen wurden.

Die agrarreformer. Reg. Stamboliski (Aufhebung des Großgrundbesitzes) wurde 1923 durch einen Offiziersputsch gestürzt. Nach einem Militärputsch 1934 kam es zur Auflösung der polit. Parteien. Seit 1935 regierte Boris III. autoritär durch persönl. Beauftragte. 1940 (2. Wiener Schiedsspruch) erwirkte B. die Rückgabe der südl. Dobrudscha von Rumänien; 1941 schloss sich B. dem Dreimächtepakt an und wurde von dt. Truppen besetzt. Im Sept. 1944 marschierte die Rote Armee in B. ein, das nach einem Putsch der Vaterländ. Front am 28. 10. in den Krieg gegen Dtl. eintrat (Kriegserklärung am 10. 9.).

Am 15. 9. 1946 wurde die »Volksrep. B.« ausgerufen. Nach den Wahlen vom 18. 11. 1945 (88,2 % der Stimmen für die von der KP bestimmte Vaterländ. Front) bzw. 27. 10. 1946 (70 % der Stimmen) konnte die Bulgar. KP (Name seit der Vereinigung mit der Bulgar. Sozialdemokrat. Partei 1948; Abk. BKP) unter Gen.-Sekr. G. Dimitrow (1944–49; 1946–49 auch Min.-Präs.) B. in eine Volksdemokratie kommunist. Prägung umwandeln (u. a. Bodenreform). Die Opposition, bes. die Bauernpartei, wurde (ab 1944) gewaltsam ausgeschaltet. – Der Friedensvertrag von Paris (10. 2. 1947) erlegte B. u. a. Reparationen auf. – Als Vertreter des Personenkults und verantwortlich für stalinist. Terror gegen polit. Gegner (u. a. 1949 Schauprozess und Hinrichtung T. Kostows) wurde Min.-Präs. W. Tscherwenkow (1950–56) von A. Jugow (1956–62) und dieser 1962 von T. Schiwkow abgelöst; bis Anfang der 1960er-Jahre bestand ein »bulgar. Gulag«.

Die Verf. von 1971 machte die Freundschaft zur UdSSR zur Grundorientierung der bulgar. Politik. In den 1970er-Jahren verbesserte B. zwar seine Beziehungen zu Jugoslawien, in der makedon. Frage gab es jedoch weiterhin tief greifende Meinungsverschiedenheiten. Wegen der Behandlung der türk. Minderheit (Bulgarotürken; etwa 1 Mio.) kam es zum Zerwürfnis mit der Türkei; die Zwangsbulgarisierung (ab 1981) löste ab Mai 1989 schwere Unruhen aus, Hunderttausende Bulgarotürken flohen in die Türkei.

Im Zuge der revolutionären Veränderungen in Osteuropa etablierte sich ab 1988 auch in B. eine Bürgerbewegung; im Nov. 1989 musste der Vors. des Staatsrats und der Bulgar. Kommunist. Partei (BKP), T. Schiwkow, nach Massenprotesten zurücktreten. Sein Nachfolger, P. Mladenow, leitete eine Demokratisierung ein. Im Jan. 1990 verzichtete die BKP auf ihr Führungsmonopol. Die Wahlen im Juni 1990 gewann die aus der BKP hervorgegangene BSP. Nach dem Rücktritt von P. Mladenow wurde am 1. 8. 1990 Schelew als Vertreter der oppositionellen SDS (dt. Abk. UDK) Staatspräs. (Wiederwahl 1992). Nach dem Sieg in den Parlamentswahlen 1991 übernahm die SDS die Bildung der Reg., die die Reformpolitik v. a. in der Wirtschaft trotz sozialer Härten entschieden fortsetzte, jedoch Ende Okt. 1992 aufgrund eines parlamentar. Misstrauensvotums zurücktreten musste. Im Frühjahr/Sommer 1992 kam es zu einer neuen Massenauswanderung von Bulgarotürken. Die folgenden Reg. konnten die wirtsch. und sozialen Probleme (Inflation, Arbeitslosigkeit) nicht lösen. Bei vorgezogenen Wahlen 1994 gewannen die Sozialisten die absolute Mehrheit. Bei den Präsidentschaftswahlen 1996 siegte P. Stojanow (SDS). Im Winter 1996/97 brachen Hungersnöte aus, in deren Folge kam es zu inneren Unruhen. Aus vorgezogenen Parlamentswahlen im April 1997 gingen die bürgerl.-liberalen »Vereinigten Demokrat. Kräfte« (ODS; u. a. SDS, Bauernpartei sowie 13 kleinere Parteien) als Sieger hervor. Bei den Parlamentswahlen 2001 errang die Partei »Nat. Bewegung Simeon II.« (NDST) eine deutl. Mehrheit und Simeon II. wurde neuer Min.-Präs.; bei den Präsidentschaftswahlen 2001 siegte der Sozialist G. Parwanow. Da sich die Hoffnung vieler Bulgaren auf einen höheren Lebensstandard nicht erfüllt hatte, musste die regierende NDST bei den Parlamentswahlen 2005 eine Niederlage hinnehmen. Stärkste Kraft wurde die sozialist. BSP, deren Vors. S. Stanischew es nach langwierigen Verhandlungen gelang, im Aug. eine Koalitionsreg. aus BSP, NDST und der Bewegung für Rechte und Freiheiten (DPS) zu bilden.

Im Hinblick auf eine neue außenpolit. Orientierung suchte B. die alten Bindungen v. a. an Russland zu wahren und die wirtsch. und polit. Beziehungen zu den Demokratien des Westens auf eine neue Grundlage zu stellen (Assoziationsvertrag mit der EG, 1993; Unterzeichnung des NATO-Programms »Partnerschaft für den Frieden«, 1994). Am 29. 3. 2004 wurde B. Mitgl. der NATO. Nach den Beitrittsverhandlungen mit der EU (2000–05) erfolgte die Aufnahme B.s zum 1. 1. 2007.

bulgarische Kunst. Aus thrak. Zeit sind Hügelgräber (Kurgane) und zahlr. Goldschmiedearbeiten erhalten. Die Konsolidierung des 1. Bulgar. Reiches wurde von einer regen Bautätigkeit begleitet. V. a. in der Hauptstadt Pliska wurden im 9./10. Jh. Paläste, Befestigungsanlagen und andere öffentl. Bauten errichtet, deren Bauformen und -technik ihren Ursprung z. T. in Mittelasien und im Vorderen Orient hatten. Ähnliche Einflüsse zeigen auch Toreutik und Monumentalplastik (z. B. das lebensgroße, in Fels gehauene Relief des »Reiters von Madara«, 8. Jh.). Mit der Christianisierung 865 erfuhr die Kunst weitere Impulse. In den wichtigsten Städten des Reiches entstanden zahlr. neue Sakralbauten, alte wurden erneuert oder umgebaut (Alte Metropolitenkirche in Nessebar, Sophienkirche in Sofia), ferner Basiliken bzw. Kuppelbasiliken (Sophienkirche in Ohrid [heute Makedonien]); Zentralbauten sind selten (»Runde [oder

Goldene] Kirche« in Preslaw). Langsam setzte sich der Typus der Kreuzkuppelkirche durch. Im Unterschied zur byzantin. Kirchenarchitektur zeigte sich bereits vor Mitte des 10. Jh. die Tendenz zu sehr dekorativem Mauerwerk (Blendbogennischen, Mosaikschmuck, bemalte Keramik, Freskenmalerei). Mit der byzantin. Herrschaft (1018–1185/86) verstärkten sich auch die Einflüsse von Byzanz in der b. K. Im 2. Bulgar. Reich fand die Kunst des 1. Bulgar. Reiches ihre Fortsetzung. Obgleich im Kirchenbau der von Byzanz übernommene Typus der kleinen Kreuzkuppelkirche die Basilika endgültig ablöste (Pantokratorkirche und Johannes-Aleiturgetos-Kirche in Nessebar), blieben im Unterschied zur byzantin. Kunst dekorative Tendenzen in der sakralen Baukunst bestimmend (buntes, mit glasierter Keramik verziertes Sichtmauerwerk, Blendnischen und -arkaden). Größere Selbstständigkeit erreichte die Malerei in den Fresken von Bojana (1259) mit renaissancehaften Zügen. Die Fresken der Höhlenkirche von Iwanowo (kurz nach 1232) bereiteten den Boden für die künstler. Renaissance unter den Paläologen Ende 13./Anfang 14. Jh. Vom 15. bis 18. Jh. war die Kunst des Athos bestimmend. Als spezifisch bulgarisch-makedon. Kunst entwickelte sich die Holzschnitzerei.

Mit der Neubelebung der b. K. im 19. Jh., an der das Rilakloster (Neubau ab 1834) besonderen Anteil hatte, erfolgte der allmähl. Anschluss an europ. Stilrichtungen. In der bildenden Kunst prägten auch eine Art Brauchtumsmalerei, die von naturalist. Akademismus und demokrat. Pathos bestimmt war, sowie eine an der Ikonenmalerei orientierte Kunst die stilist. Vielfalt. Volkstüml. Eigenart drückte sich am stärksten im Kunsthandwerk aus (Holzschnitzereien, Schmuck, Stickerei u. a.). Die Baukunst war im gesamten 19. Jh. und auch noch zu Beginn des 20. Jh. vom Historismus geprägt. Nach dem Zweiten Weltkrieg

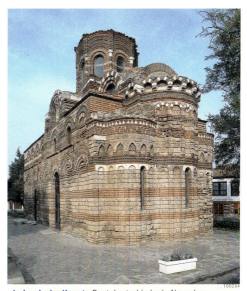

bulgarische Kunst: Pantokratorkirche in Nessebar (14. Jh.)

bestimmten Funktionalismus und Historismus die Architektur. Moderne komplexe architekton. Lösungen wurden mit dem Kulturpalast in Sofia angestrebt (1978–81; von A. Barow und A. Agura). Zu den Vertretern der zeitgenöss. bildenden Kunst gehören die Maler S. Russew, D. Kirow, E. Stoitschew, N. Majstorow und T. Sokerow, die Grafiker W. Startschew und L. Janew sowie der Bildhauer G. Tschapkanow; im Bereich der Installationskunst arbeiten u. a. N. Solakow und L. Kostow.

bulgarische Literatur, die Literatur in →bulgarischer Sprache.

Alt- und mittelbulgarische Literatur: Grundlage der altbulgar. Literatur ist die von den Slawenlehrern →Kyrillos und Methodios geschaffene altkirchenslaw. Schriftsprache mit dem dazugehörigen Alphabet (→Glagoliza). Älteste Denkmäler sind Übersetzungen, v. a. aus dem Griechischen (u. a. die Bibel, liturg. Texte), die auf Kyrillos, Methodios und ihre Schüler zurückgehen. Unter den Herrschern Boris I. und seinem Sohn Simeon I. brachte die b. L. im 9./10. Jh. ein reiches Schrifttum hervor, dessen Wirkung bis in die Kiewer Rus reichte.

Der Beginn der mittelbulgar. Literatur fällt in die Zeit der byzantin. Herrschaft (1018–1186), an ihrem Anfang stehen Übersetzungen byzantin. Werke (Apokryphen, Chroniken). Eine neue Blütezeit erlebte die b. L. im 13./14. Jh., als eine literar. Schule aus einem 1350 nahe der neuen Hauptstadt Tărnovo gegründeten orthodoxen Kloster hervorging (wichtige Vertreter u. a. Kiprian und Konstantin von Kostenez), deren stilist. Prinzipien die russ. und serb. Literatur erheblich beeinflussten. Auch in anderen bulgar. Klöstern (u. a. in Widin und auf dem Athos) entstanden literar. Schulen, die sämtlich mit der türk. Invasion (ab 1396) zusammenbrachen. Wichtigster Autor während der Zeit der türk. Fremdherrschaft war Wladislaw Gramatik, seine Schriften vermitteln ein authent. Zeitbild. Für die Bewahrung des bulgar. Volkstums unter der Fremdherrschaft trugen wesentlich die Folklore und (in NW-Bulgarien) die kath.

bulgarische Kunst: »Die Heiligen Georg und Demetrius«, Ikonenmalerei (18./19. Jh.; Sofia, Nationale Kunstgalerie)

Literatur bei; die bis heute große Beliebtheit von Historiografie und Autobiografie geht auf diese Zeit zurück.

Neubulgarische Literatur: In der »Nationalen Wiedergeburt« Bulgariens spielte die Literatur eine wichtige Rolle: Den Auftakt gaben die in zahlr. Abschriften über das ganze Land verbreitete »Slawobulgar. Geschichte« (1762) des Athosmönchs Paissi von Chilendar und die Autobiografie des Bischofs Sofronij »Leben und Leiden des sündigen Sofroni« (um 1805). Im 1. Drittel des 19. Jh. entstanden auch erste Schul- und Lehrbücher in neubulgar. Sprache. Eine schöngeistige Literatur entwickelte sich ab etwa 1860 im Zeichen des Befreiungskampfes gegen die Türken (wegweisende Autoren G. Rakowski, D. Tschintulow, P. Slawejkow, C. Botew, L. Karawelow). Nach der Befreiung von der Türkenherrschaft (1878) überwog zunächst eine von patriot. Pathos getragene Literatur (I. Wasow, T. Wlajkow, A. Straschimirow).

Ende des 19. Jh. setzte eine gegenläufige Strömung ein: zum einen durch westeurop. Vorbilder wie Symbolismus und Neuromantik (hier spielte die Zeitschrift »Misâl«, 1890–1907, eine wichtige Rolle), zum anderen durch den ersten satir. Roman der b. L., A. Konstantinows »Baj Ganju« (1895).

Nach dem Ersten Weltkrieg wurde in der Lyrik expressionist. Einfluss spürbar (G. Milew), in der erzählenden Prosa dominierte die realist. Erzählweise, Themen waren meist die Unruhen der frühen 1920er-Jahre und das ländl. Leben (J. Jowkow, Elin Pelin, A. Straschimirow, E. Stanew, A. Karalijtschew, G. Rajtschew), bed. Lyriker dieser Zeit waren A. Daltschew, Elissaweta Bagrjana und N. Wapzarow.

Nach dem Zweiten Weltkrieg schränkte das kommunist. System die künstler. Freiheit empfindlich ein, dennoch entstanden Werke jenseits des verordneten »sozialist. Realismus«, so Romane von D. Talew, D. Dimow, E. Stanew, I. Petrow, Blaga Dimitrowa. Auch als Dramatiker erfolgreich waren u. a. J. Raditschkow und Petrow, außerdem N. Chajtow und Georgi Mischew. Unterschiedl. lyr. Handschriften zeigen V. Petrow, B. Christow, A. Gerow. In der Gegenwart bestimmen Autoren jüngerer Generationen wesentlich das Gesamtbild der b. L., so die Prosaschriftsteller Iwaljo Ditschew, Dejan Enew, Alek Popow und Lyriker wie Georgi Borissow und Mirela Iwanowa.

bulgarische Musik. Bis Ende des 19. Jh. ist die b. M. weitestgehend beschränkt auf Volksmusik und einstimmigen Kirchengesang. Erst nach der Unabhängigkeit Bulgariens (1878) entwickelte sich eine neuere Kunstmusik, in der sich Einflüsse der Volksmusik mit Tendenzen der modernen westl. Musik verbinden; Komponisten sind u. a.: Dobri Christow, P. Wladigerow, L. Pipkow, L. Nikolow, A. Raitschew, K. Iliew, Dimitar Christow, W. Kasandschiew. In Bulgarien lebt die Tradition des ältesten kirchenslaw. Gesangs fort.

bulgarische Sprache, indoeurop. Sprache, die zur südslaw. Sprachgruppe (→slawische Sprachen) gehört und in Bulgarien, Teilen Griechenlands, der Türkei, Rumäniens und der Ukraine gesprochen wird. Die Dialekte werden in zwei große Gruppen unterteilt, in das **Ostbulgarische** und das **Westbulgarische.** In der Geschichte der b. S. werden drei wichtige Perioden unterschieden: das **Altbulgarische** (9.–11. Jh.; →Kirchenslawisch), das **Mittelbulgarische** (12. bis 14. Jh.) und das **Neubulgarische** (ab 15. Jh.); die Schrift ist kyrillisch.

Bulimie [griech.] *die,* **Heißhunger, Esssucht,** übermäßiges Essbedürfnis mit organ. (z. B. Hypoglykämie) oder psych. Ursache. Zu Bulimia nervosa →Essbrechsucht.

Bulkgut [ˈbʌlk-, engl.], *Güterverkehr:* →Ladung.

Bull, John, engl. Komponist, * Old Radnor (Wales) um 1562, † Antwerpen 12. oder 13. 3. 1628; Organist in London, Brüssel und Antwerpen; als Komponist einer der Hauptmeister der engl. →Virginalisten.

Bulldoggen, Bullenbeißer, →Französische Bulldogge.

Bulldozer [-doːzər, engl.], Planierraupe, →Bagger.

Bulle [mhd., zu lat. bulla »Kapsel«] *die,* **1)** Schutzkapsel für Metallsiegel; auch das Metallsiegel selbst, das mit einer Schnur an einer Urkunde befestigt ist. (→Goldene Bulle)

2) jede mit einer Bulle 1) versehene Urkunde mit Metallsiegel, z. B. die →Goldene Bulle; speziell (seit dem 13. Jh.) ein päpstl. Erlass über wichtige kirchl. Angelegenheiten, in lat. Sprache auf Pergament geschrieben; wird mit den Anfangsworten seines Textes bezeichnet, z. B. die B. →Unam Sanctam (1302).

Bulle [mnd. bulle »Zuchtstier«], männl. geschlechtsreifes Tier, v. a. bei Antilopen, Elefanten, Giraffen und Rindern.

Bulletin [bylˈtɛ̃, frz.] *das,* Bericht, Bekanntmachung, amtl. Verlautbarung.

Bulle und Bär, Symbolfiguren der Börse für positive bzw. negative Kursentwicklungen; der Bulle steht mit erhobenem Kopf für →Hausse, der Bär mit gesenktem Kopf für →Baisse.

Bullinger, Heinrich, schweizer. Reformator und Schriftsteller, * Bremgarten (Kt. Aargau) 18. 7. 1504, † Zürich 17. 9. 1575; wurde 1531 Nachfolger Zwinglis in Zürich, verfasste 1536 die Zweite Helvet. Konfession (1566 von der schweizer. Kirche offiziell angenommen). Die Konsolidierung der Züricher Reformation wurde zum Lebenswerk B.s. Durch seinen umfangreichen Briefwechsel beeinflusste er den Fortgang der Reformation in ganz Europa, insbes. die ref. Bekenntnisbildung.

Bullionismus [engl. ˈbʊljə-] *der,* →Merkantilismus.

Bullock [ˈbʊlək], Alan Louis Charles Baron B. of Leafield (seit 1976), brit. Historiker, * Trowbridge 13. 12. 1914, † Cty. Oxfordshire 2. 2. 2004; lehrte seit 1945 an der Univ. Oxford, deren Vizekanzler er 1969–73 war. 1954–78 Mitgl. und Vors. des For-

Bulle und Bär: die Plastik »Bulle und Bär« von Reinhard Dachlauer (1987) vor dem Börsengebäude in Frankfurt am Main

Bullterrier

schungskomitees des Königl. Inst. für Internat. Angelegenheiten (Chatham House), Mitbegründer und 1960–80 Rektor des Saint Catherine's College in Oxford; war zus. mit F. W. Deakin Hg. der »Oxford History of modern Europe«. – *Werke:* Hitler (1952); The life and times of Ernest Bevin, 3 Bde. (1960–83); Hitler and Stalin (1991; dt. Hitler u. Stalin).

Bull Run [bʊl rʌn] *der,* kleiner Fluss im N Virginias (USA). – Hier fanden zwei Schlachten des →Sezessionskrieges (1861–65) statt.

Bullterri|er, Mitte des 19. Jh. durch Kreuzung von Engl. Bulldogge und Terrier entstandene Hunderasse mit eiförmigem Kopf mit langem Schädel; Schulterhöhe 40–55 cm, Körperbau sehr kompakt; sehr wachsam und angriffsfreudig (→Kampfhunde).

Bully [engl.] *das,* Hockey: das Ins-Spiel-Bringen des Balls durch den Schiedsrichter zu Beginn des Spiels, bei Wiederbeginn nach unvorhergesehenen Unterbrechungen oder nach unterschiedl. Entscheidung der Schiedsrichter. – Im *Eishockey* umgangssprachl. Bez. für den →Einwurf.

Bullying [bʊlɪŋ, engl.] *das,* das →Mobbing im Bereich der Schule.

Bülow [-o], mecklenburg. Adelsgeschlecht, seit 1229 nachweisbar; bed. Vertreter:
1) **Bernhard** (seit 1899 Graf, seit 1905 Fürst) **von,** Reichskanzler, * Klein-Flottbek (heute zu Hamburg) 3. 5. 1849, † Rom 28. 10. 1929; wurde 1888 Gesandter in Bukarest, 1893 Botschafter in Rom, 1897 Staatssekretär des Auswärtigen Amts, 1900 Reichskanzler. Seine Außenpolitik, die von F. v. Holstein beeinflusst war, konnte die Bildung der Entente nicht verhindern. In der inneren Politik stützte er sich seit 1907 auf den konservativ-liberalen »B.-Block«; als dieser an der Frage der Reichsfinanzreform zerfiel, erhielt B. im Juli 1909 seine Entlassung. Im Winter 1914/15 war er Botschafter in Rom, wo er vergeblich dem Kriegseintritt Italiens entgegenarbeitete. – *Werk:* Denkwürdigkeiten, 4 Bde. (1930–31).
2) **Friedrich Wilhelm** Graf **B. von Dennewitz** (seit 1814), preuß. General, * Falkenberg (Landkreis Stendal) 16. 2. 1755, † Königsberg (Pr) 25. 2. 1816; schützte in den Befreiungskriegen 1813 Berlin durch die Siege bei Großbeeren und Dennewitz vor den Franzosen. Bei Leipzig (Völkerschlacht, 1813) und bei Waterloo (1815) griff er entscheidend ein.
3) **Hans Guido** Freiherr **von,** Pianist und Dirigent, * Dresden 8. 1. 1830, † Kairo 12. 2. 1894; heiratete 1857 Cosima Liszt, die ihn 1870 wegen R. Wagner verließ. 1867 wurde B. Hofkapellmeister in München, leitete 1880–85 die Meininger Hofkapelle, später die Philharmon. Konzerte in Hamburg und Berlin; setzte sich für R. Wagner und J. Brahms ein.
4) **Vicco von,** Cartoonist, →Loriot.

Bult *der,* **Bülte,** aus Torfmoos gebildeter Hügel in Mooren.

Bultmann, Rudolf Karl, ev. Theologe, * Wiefelstede (Landkr. Ammerland) 20. 8. 1884, † Marburg 30. 7. 1976; 1921–51 Prof. in Marburg. B. entstammte der historisch-krit. Schule und war von der Existenzphilosophie M. Heideggers beeinflusst. Von weit reichender Wirkung auf Theologie und Kirche war seine Auffassung, dass die Botschaft des N. T. vom Kreuz und der Auferstehung Christi aus dem mytholog. Weltbild, in das sie eingebettet sei, herausgelöst werden müsse (→Entmythologisierung).
Werke: Die Geschichte der synopt. Tradition (1921); Jesus (1926); Das Johannes-Evangelium (1941); Theologie des N. T., 2 Bde. (1953).

Bulwer-Lytton [ˈbʊlwəlɪtn], Edward George Earle, 1. Baron (ab 1866) **Lytton of Knebworth,** engl. Schriftsteller und Politiker; * London 25. 5. 1803, † Torquay (heute zu Torbay) 18. 1. 1873; schrieb erfolgreiche Kriminal-, Schauer- und histor. Romane, z. B. »Die letzten Tage von Pompeji«, 3 Bde. (1834).

Bumbry [ˈbʌmbrɪ], Grace, amerikan. Sängerin (Mezzosopran), * Saint Louis (Mo.) 4. 1. 1937; sang 1961 als erste Farbige in Bayreuth die Venus in R. Wagners »Tannhäuser«; auch Liedinterpretin.

Bumerang [ˈbuː-, auch ˈbʊ-; von austral. woomera »Geräusch des Windes«], urspr. rotierende Wurfwaffe der austral. Urbevölkerung, die heute noch gelegentlich als Jagdgerät und als Sakralobjekt verwendet wird. Von dem gewinkelten oder leicht gebogenen Wurfgerät existieren zwei Arten: Nichtrückkehrer zur Jagd, die geradeaus fliegen, sowie Rückkehr-B., die eine kreisförmige Bahn beschreiben und aufgefangen werden können. Die Flugeigenschaften des B. beruhen v. a. auf seinem plankonvexen oder asymmetrisch bikonvexen Querschnitt und/oder auf der Verdrehung der Arme gegeneinander.

Bernhard Fürst von Bülow

Rudolf Bultmann

Bumerang: Formen verschiedener Bumerangs der Australier (**links** gewöhnliches Wurfholz)

Bumerangsport [ˈbuː-, auch ˈbʊ-], mit unterschiedl. Bumerangs ausgeübter Freizeit- und Wettkampfsport; Wettkampfdisziplinen sind u. a. Genauigkeits-, Dauerwerfen, Weitwurf, Langzeitflug, Trickfangen und Doppelwurf.

Buna® *der* oder *das,* urspr. Handelsname für Synthesekautschuk aus **Bu**tadien und **Na**trium; später auch für andere Synthesekautschuke.

Buna GmbH, bis 1990 als VEB Chem. Werke Buna zweitgrößtes Chemiekombinat der DDR (18 000 Beschäftigte) mit Sitz in Schkopau, bestehend aus den Werken **Buna I** (gegr. 1939; Produktion von Calciumcarbid, Synthesekautschuk, Kunststoffen u. a.) und **Buna II** (Inbetriebnahme 1980; Produktion von PVC). Seit 1995 führt der neue Eigentümer, die Dow Chemical Co., die B. GmbH im Verbund mit der Sächs. Olefinwerke GmbH (SOW), Böhlen, und der Leuna-Polyolefine GmbH unter dem Namen **Buna SOW Leuna Olefinverbund GmbH** (auch **BSL Olefinverbund GmbH**) mit (2004) 2 300 Beschäftigten weiter.

Bunche [bʌntʃ], Ralph Johnson, amerikan. Diplomat, * Detroit (Mich.) 7. 8. 1904, † New York 9. 12. 1971; seit 1946 bei der UNO tätig, vermittelte im Palästinakrieg (1948–49) zw. den arab. Staaten und Israel einen Waffenstillstand (Friedensnobelpreis 1950) und nach dem Sueskrieg (1956) die Aufstellung einer UN-Friedenstruppe für den Nahen Osten. 1968–71 war er Untergeneralsekretär der UNO.

Bund, 1) *allg.:* Gemeinschaft, Vereinigung, Zusammenschluss von Individuen, Gruppen, Staaten (Staaten-B., →Bundesstaat).

2) *Buchbinderei:* die Reihen der Heftschnüre, die quer über den Rücken eines Buches laufen.

3) *Maschinenbau:* ringförmiges Begrenzungsstück einer Welle (eines Zapfens) zur Aufnahme von Schubkräften.

4) *Musik:* bei bestimmten Saiteninstrumenten (Laute, Gitarre, Mandoline) auf dem Griffbrett angebrachte Quermarkierungen zum Greifen der Töne.

5) *Soziologie:* eine Grundform der sozialen Gruppe, zw. den von F. →Tönnies beschriebenen Erscheinungen der Gemeinschaft und Gesellschaft stehend. Der B. ist Träger bestimmter Werte und geistiger Ziele aufgrund einer dauernden, engen, gefühlsbetonten zwischenmenschl. Beziehung. Die Mitgliedschaft kann öffentlich oder geheim sein (→Geheimbünde).

6) *Theologie:* im Judentum und im Christentum das von Gott zw. ihm und den Menschen gestiftete Gemeinschaftsverhältnis. Der christl. Theologie gilt der B. Gottes mit Israel (2. Mos. 19–34) als der **Alte B.,** der durch den auf den Tod und die Auferstehung Jesu Christi gegründeten **Neuen B.** Gottes mit allen Völkern abgelöst wurde (Hebr. 8, 6 ff.; 9, 14 ff.).

BUND, Abk. für →Bund für Umwelt und Naturschutz Deutschland e. V.

Bund der Heimatvertriebenen und Entrechteten, Abk. **BHE,** polit. Partei, →Gesamtdeutscher Block/Bund der Heimatvertriebenen und Entrechteten.

Bund der Kommunisten, 1847–52 eine polit. Organisation emigrierter Deutscher, Sitz: London; für ihn verfassten K. Marx und F. Engels 1848 das →Kommunistische Manifest.

Bund der Mitteldeutschen, Abk. **BMD,** Verband der mitteldt. Landsmannschaften mit Sitz in Bonn; er entstand 1969 aus dem Zusammenschluss des **Gesamtverbandes der Sowjetzonenflüchtlinge** mit den **Vereinigten Landsmannschaften Mitteldeutschlands** u. a. Verbänden.

Bund der Steuerzahler e. V., Abk. **BdSt,** überparteil. gemeinnützige Interessenvertretung der Steuerzahler; gegr. 1949; Sitz: Wiesbaden. Der von 15 Landesverbänden getragene gemeinnützige Verein wird über die Beiträge der (2005: rd. 400 000) Mitgl. finanziert und verfügt über eine eigene finanzwiss. Forschungseinrichtung (Karl-Bräuer-Institut).

Bund der Vertriebenen, Vereinigte Landsmannschaften und Landesverbände, Abk. **BdV,** (seit 1957) Verband der Vertriebenen, Aussiedler und Spätaussiedler; Sitz: Bonn; gegliedert in 21 Landsmannschaften und (seit 1990) 16 Landesverbände.

Bund Deutscher Architekten e. V., Abk. **BDA,** 1903 gegr., 1948 neu gegr., Vereinigung freiberuflich tätiger und berufener Architektinnen und Architekten, die sich allen architekton. und städtebaul. Aufgaben widmen; Sitz: Berlin.

Bund Deutscher Mädel, Abk. **BDM,** →Hitler-Jugend.

Bund Deutscher Offiziere, Abk. **BDO,** 1943–45 Vereinigung dt. Offiziere in sowjet. Kriegsgefangenschaft, gegr. von Offizieren der bei Stalingrad geschlagenen 6. Armee; rief (u. a. durch Flugblattaktionen) dt. Soldaten zum Überlaufen bzw. zum Widerstand gegen die nat.-soz. Diktatur auf. Präs. des Bundes wurde General W. von Seydlitz-Kurzbach. Der BDO arbeitete eng mit dem →Nationalkomitee Freies Deutschland zusammen.

Bünde, Stadt im Kr. Herford, NRW, südlich des Wiehengebirges, 44 700 Ew.; Zentrum der Zigarrenfabrikation (Tabak- und Zigarrenmuseum), Möbel-, Metall verarbeitende u. a. Ind. – Zahlr. Fachwerkhäuser; 853 erstmals urkundlich erwähnt, erhielt 1719 Stadtrecht.

Bündel, *Mathematik:* eine →Schar gleichartiger Figuren (Geraden, Kreise, Ebenen u. a.) im Raum, die sich in einem Punkt schneiden; handelt es sich um eine einparametr. Schar, so liegt der Spezialfall eines **Büschels** vor.

Bündelfunk, zellular aufgebauter Mobilfunk für Kommunikationsverbindungen innerhalb definierter Wirtschaftsräume (Ballungsgebiete); günstig für Vieltelefonierer im regionalen Bereich. Den B.-Teilnehmern wird vom Netzbetreiber ein Frequenzbündel zur Verfügung gestellt. Die Zuteilung eines Kanals erfolgt erst, wenn der Nutzer einen Verbindungswunsch signalisiert.

Bündelleiter, eine besondere Anordnung elektr. Leiter zur Energieübertragung mit hohen Spannungen von mehr als 100 kV. Zur Herabsetzung der Feldstärke und damit der Koronaverluste wird der Leiter jeder Phase in mehrere parallel laufende Teilleiter aufgeteilt.

Bündelpfeiler, *Baukunst:* →Dienst.

Bundes|adler, Bild des Adlers, das in der Bundesrep. Dtl. seit dem 20. 1. 1950 als staatl. Hoheitszeichen auf Wappen und Siegeln (→Bundessiegel) verwendet wird; offizielle Form: dt. Reichsadler von 1928 (Tobias Schwab), auf Münzen oft abgewandelt oder modernisiert. – Der 1934–38 das Symbol des Bundesstaates *Österreich* bildende doppelköpfige Adler wurde auch als B. bezeichnet.

Bundesagentur für Arbeit, Abk. **BA,** seit 1. 1. 2004 Name der Bundesanstalt für Arbeit. Die BA gliedert sich in eine Zentrale, in Regionaldirektionen (frühere Landesarbeitsämter) und in Agenturen für Arbeit (frühere Arbeitsämter).

Bundesagentur für Außenwirtschaft, Abk. **bfai,** dem Bundesminister für Wirtschaft und Arbeit unterstellte Bundesbehörde zur Information der dt. Wirtschaft über alle den Außenhandel sowie Auslandsinvestitionen betreffenden Fragen; Sitz: Köln, gegr. 1951 als **B**undesstelle **f**ür **A**ußenhandels**i**nformation.

Bundesakte, die auf dem Wiener Kongress geschaffene Verf. des Dt. Bundes (am 8. 6. 1815 gefertigt; gültig bis 1866).

Bundesämter, Bundesanstalten, in Dtl. Bundesoberbehörden für ein bestimmtes Sachgebiet, also als Teil der unmittelbaren Bundesverwaltung eine nachgeordnete Behörde im Geschäftsbereich einer obersten Bundesbehörde (Bundesminister). Den B. gleich-

Bundesamt für Strahlenschutz

Bundesämter (B), Bundesanstalten (BA), Bundesforschungsanstalten (BFA), Bundesinstitute (BI) oder Einrichtungen mit ähnlichem Status in der Bundesrepublik Deutschland (Auswahl; geordnet nach den Geschäftsbereichen der Bundesministerien)

Arbeit und Soziales:
Bundesagentur für Arbeit, Nürnberg
BA für Arbeitsschutz und Arbeitsmedizin, Dortmund und Berlin
Bundesversicherungsamt, Bonn

Auswärtiges:
Deutsches Archäologisches Institut, Berlin (Zentraldirektion)

Bildung und Forschung:
BI für Berufsbildung, Bonn
Deutsches Historisches Institut: jeweils 1 in London, Moskau, Paris, Rom, Warschau, Washington, D. C.
Kunsthistorisches Institut, Florenz
Biologische Anstalt Helgoland, Hamburg

Ernährung, Landwirtschaft und Verbraucherschutz:
B für Verbraucherschutz und Lebensmittelsicherheit, Braunschweig
BA für Landwirtschaft und Ernährung, Frankfurt am Main
Bundessortenamt, Hannover
BFA für Landwirtschaft, Braunschweig
Biolog. BA für Land- und Forstwirtschaft, Berlin und Braunschweig
BA für Milchforschung, Kiel
BFA für Fischerei, Hamburg
BA für Getreide-, Kartoffel- und Fettforschung, Detmold und Münster
BFA für Viruskrankheiten der Tiere, Insel Riems
BA für Fleischforschung, Kulmbach
BFA für Ernährung, Karlsruhe
BA für Züchtungsforschung an Kulturpflanzen, Quedlinburg

Familie, Senioren, Frauen und Jugend:
B für den Zivildienst, Köln
Bundesprüfstelle für jugendgefährdende Medien, Bonn

Finanzen:
Bundesmonopolverwaltung für Branntwein/Bundesmonopolamt, Offenbach am Main
Bundeswertpapierverwaltung, Bad Homburg v. d. Höhe
B für Finanzen, Bonn
BA für Finanzdienstleistungsaufsicht, Bonn und Frankfurt am Main
Versorgungsanstalt des Bundes und der Länder, Karlsruhe
Kreditanstalt für Wiederaufbau, Frankfurt am Main
B für zentrale Dienste und offene Vermögensfragen, Berlin
BA für Post- und Telekommunikation Dt. Bundespost, Bonn

Gesundheit:
B für Sera und Impfstoffe – Paul-Ehrlich-Institut, Langen
Bundeszentrale für gesundheitl. Aufklärung, Köln
BI für Arzneimittel und Medizinprodukte, Bonn

Inneres:
Statistisches Bundesamt, Wiesbaden
Bundesverwaltungsamt, Köln

Bundesarchiv, Koblenz
Institut für Kartographie und Geodäsie, Frankfurt am Main
Bundeszentrale für polit. Bildung, Bonn
BI für ostwissenschaftl. und internat. Studien, Köln
BI für Sportwissenschaft, Köln
B für Migration und Flüchtlinge, Nürnberg
B für Verfassungsschutz, Köln
Bundeskriminalamt, Wiesbaden
Akademie für Notfallplanung und Zivilschutz, Bad Neuenahr-Ahrweiler
Bundesausgleichsamt, Bad Homburg v. d. Höhe
BI für Bevölkerungsforschung, Wiesbaden
BI für Sicherheit in der Informationstechnik, Bonn

Justiz:
Deutsches Patent- und Markenamt, München

Umwelt, Naturschutz und Reaktorsicherheit:
Umweltbundesamt, Dessau
B für Naturschutz, Bonn
B für Strahlenschutz, Salzgitter

Verkehr, Bau und Stadtentwicklung:
B für Bauwesen und Raumordnung, Bonn
Kraftfahrt-B, Flensburg
B für Seeschifffahrt und Hydrographie, Hamburg und Rostock
Luftfahrt-B, Braunschweig
BA für Straßenwesen, Bergisch-Gladbach
BA für Gewässerkunde, Koblenz
BA für Wasserbau, Karlsruhe
Bundesoberseeamt, Hamburg
Eisenbahn-B, Bonn
Bundeseisenbahnvermögen, Bonn
Deutscher Wetterdienst, Offenbach am Main
B für den Güterverkehr, Köln

Verteidigung:
B für Wehrtechnik und Beschaffung, Koblenz
B für Wehrverwaltung, Bonn
Bundessprachenamt, Hürth
Militärgeschichtl. Forschungsamt, Potsdam

Wirtschaft und Technologie:
Physikalisch-Technische BA, Braunschweig
B für Wirtschaft und Ausfuhrkontrolle, Eschborn
Bundesagentur für Außenwirtschaft, Köln
Bundeskartellamt, Bonn
BA für Materialforschung und -prüfung, Berlin
BA für Geowissenschaften und Rohstoffe, Hannover
Bundesnetzagentur für Elektrizität, Gas, Telekommunikation, Post und Eisenbahn, Bonn

---

gestellt sind die **Bundesforschungsanstalten** und **Bundesinstitute**, häufig untergliedert in Außenstellen, Nebenämter u. Ä. – In *Österreich* sind B. für Vollzugsaufgaben zuständige bundeseigene Behörden (z. B. Umweltbundesamt). – In der *Schweiz* sind B. den Departementen nachgeordnete Verwaltungseinheiten; sie bilden das Rückgrat der Bundesverwaltung (z. B. das B. für Justiz).

Bundesamt für Post und Telekommunikation, Abk. **BAPT,** aufgrund der Postreform I 1990 eingerichtete zentrale Ausführungsbehörde für hoheitl. Aufgaben im Bereich von Post und Telekommunikation; Sitz: Mainz; 1998 in die neu geschaffene Regulierungsbehörde für Telekommunikation und Post (2005 Umbenennung in →Bundesnetzagentur) integriert.

Bundesamt für Seeschifffahrt und Hydrographie, Abk. **BSH,** seit 1. 7. 1990 neuer Name für das 1945 gegründete Dt. Hydrograph. Inst., Sitz: Hamburg und Rostock. Das BSH ist eine Bundesoberbehörde im Geschäftsbereich des Bundes-Min. für Verkehr mit den Fachabteilungen Nautische Veröffentlichungen, Vermessung und Seekartenwerk, Meereskunde sowie Schifffahrt.

Bundesamt für Strahlenschutz, Bundesoberbehörde im Geschäftsbereich des Bundesmin. für Umwelt, Naturschutz und Reaktorsicherheit, Sitz: Salzgitter, gegr. 1989; zuständig u. a. für Verw.-Aufgaben des Bundes auf den Gebieten des Strahlenschutzes, der Strahlenvorsorge, der kerntechn. Sicherheit, der Beförderung radioaktiver Stoffe sowie der Endlagerung radioaktiver Abfälle.

Bundesamt für Wirtschaft und Ausfuhrkontrolle, Abk. **BAFA,** Bundesoberbehörde im Geschäftsbereich des Bundesministeriums für Wirtschaft und Arbeit, Sitz: Eschborn; entstanden 2001 durch Umbenennung des Bundesausfuhramtes (gegr. 1992), in das zuvor das Bundesamt für Wirtschaft eingegliedert worden war. Das BAFA ist u. a. zuständig für Energiewirtschaft (z. B. Fördermaßnahmen zugunsten erneuerbarer Energien und des dt. Steinkohlenbergbaus) und Wirtschaftsförderung (z. B. Abwicklung von Förderprogrammen für kleine und mittlere Unternehmen) sowie für Exportkontrolle, Durchsetzung der im Rahmen der EG getroffenen gemeinsamen Einfuhrregelungen und Überwachungsaufgaben im Zusammenhang mit dem Kriegswaffenkontroll-Ges. (v. a. Überwachung der Herstellung, Beförderung und Veräußerung von Rüstungsgütern), dem Atomwaffen-Ges. (Erteilung atomrechtl. Ein- und Ausfuhrgenehmigungen) und dem Chemiewaffenübereinkommen.

Bundesangestelltentarifvertrag, Abk. **BAT,** der für die Ausgestaltung der Arbeitsverhältnisse der Angestellten im öffentl. Dienst bei Bund, Ländern und Gemeinden seit dem 1. 4. 1961 maßgebl. Tarifvertrag vom 23. 2. 1961 (mit Änderungen); für die neuen Bundesländer: BAT-Ost. Am 1. 10. 2005 löste der → Tarifvertrag für den öffentlichen Dienst (TVöD), der eine Reform des Tarifrechts umsetzt und für die Arbeitnehmer von Bund und Kommunen gilt, den BAT und die Tarifverträge für die Arbeiter des Bundes und der Kommunen ab. Für die Arbeitnehmer der Bundesländer gilt seit 1. 11. 2006 der TVöD der Länder.

Bundesanleihen, Schuldverschreibungen des Bundes oder seiner Sondervermögen, mit denen Mittel am Kapitalmarkt beschafft werden. Die Zinszahlung erfolgt i. d. R. jährlich, die Tilgung am Ende der Laufzeit (meist 10, gelegentlich 30 Jahre) zum Nennwert. Der Vertrieb erfolgt seit 1998 durch die **Bietergruppe Bundesemissionen,** eine Gruppe von 37 Banken und Investmenthäusern, durch Versteigerung.

Bundesanstalten, → Bundesämter.

Bundesanstalt für Arbeitsschutz und Arbeitsmedizin, Abk. **BAuA,** für Arbeitssicherheit, Gesundheitsschutz, Unfallverhütung und Arbeitsmedizin zuständige Institution; Sitz: Dortmund; Außenstellen in Berlin, Dresden, Chemnitz und Bremen.

Bundesanstalt für Finanzdienstleistungsaufsicht, Abk. **BAFin,** bundesunmittelbare, rechtsfähige Anstalt des öffentl. Rechts im Geschäftsbereich des Bundesmin. der Finanzen, gegr. am 1. 5. 2002 durch Zusammenlegung der Bundesaufsichtsämter für Kreditwesen, Versicherungswesen und Wertpapierhandel; Sitz: Bonn und Frankfurt am Main. Aufgaben: Banken-, Versicherungs- und Wertpapieraufsicht (Allfinanzaufsicht). Befasst sich u. a. auch mit Fragen der Einlagensicherung, des Anleger- und Verbraucherschutzes, der Altersvorsorge, der Geldwäschebekämpfung und der Verfolgung unerlaubter Finanzgeschäfte.

Bundesanstalt für Landwirtschaft und Ernährung, Abk. **BLE,** durch Zusammenlegung der Bundesanstalt für landwirtsch. Marktordnung und des Bundesamtes für Ernährung und Forstwirtschaft 1995 entstandene Anstalt des öffentl. Rechts, im Geschäftsbereich des Bundesministeriums für Ernährung, Landwirtschaft und Verbraucherschutz; Sitz: Bonn.

Bundesanstalt für vereinigungsbedingte Sonderaufgaben, Abk. **BvS,** → Treuhandanstalt.

Bundesanwaltschaft, in Dtl. die Staatsanwaltschaft beim Bundesgerichtshof, geleitet vom Generalbundesanwalt; auch der Vertreter des öffentl. Interesses beim Bundesverwaltungsgericht (Oberbundesanwalt). In der *Schweiz* die eidgenöss. Ermittlungs- und Anklagebehörde mit staatsanwaltl. Funktionen.

Bundesanzeiger, in Dtl. das amtl., vom Bundesministerium der Justiz herausgegebene Publikationsorgan für amtl. Mitteilungen (Verwaltungsanordnungen, Ausschreibungen der Ministerien u. a.); auch Organ für gerichtl. und private Veröffentlichungen, die gesetzlich vorgeschrieben sind, z. B. Hinterlegungsbekanntmachungen, Jahresabschlüsse.

Bundesarbeitsgericht, Abk. **BAG,** in Dtl. das oberste Gericht in Arbeitssachen (→ Arbeitsgerichtsbarkeit); Sitz: Erfurt.

Bundesarchiv, dt. Zentralarchiv, am 3. 6. 1952 als nachgeordnete Behörde des Bundesministeriums des Innern in Koblenz errichtet; 1990 mit den zentralen staatl. Archiven der DDR vereinigt. Außenstellen bestehen u. a. in Berlin (Abteilung Dt. Reich, DDR und Filmarchiv; unselbstständige »Stiftung Archiv der Parteien und Massenorganisationen der DDR«, Abk. SAPMO, Frankfurt am Main (Bestand Reichskammergericht und Dt. Bund), Freiburg im Breisgau (Abt. Militärarchiv), Aachen-Kornelimünster (Zentralnachweisstelle Wehrmacht), Bayreuth (Lastenausgleichsarchiv) und Rastatt (Erinnerungsstätte für Freiheitsbewegungen in der dt. Geschichte) sowie (seit 2000) in Ludwigsburg (Zentrale Stelle der Landesjustizverwaltungen zur Aufklärung nat.-soz. Verbrechen). – Auch das schweizer. Zentralarchiv wird **B. (Schweizerisches B.)** gen.; Sitz: Bern; de facto 1798, als Behörde des Bundes ab 1849 errichtet. Es bewahrt Quellen zur schweizer. Geschichte seit 1798 auf.

Bundesaufsicht, in Staaten mit föderalem Aufbau die Befugnis des Bundes, die Ausführung der Bundesgesetze durch die Gliedstaaten zu beaufsichtigen; in Dtl. ist dies die Pflicht der Bundesreg. (Art. 84, 85 GG). Führen die Länder die Bundesgesetze als eigene Angelegenheit aus, erstreckt sich die B. auf die Rechtmäßigkeit der Ausführung; führen sie sie im Auftrag des Bundes aus (Auftragsverwaltung, z. B. Verwaltung der Bundesstraßen), erstreckt sich die B. auf die Recht- und die Zweckmäßigkeit der Ausführung. In der *Schweiz* ist eine B. ähnlich in Art. 186 der Bundesverf. geregelt.

Bundesaufsichtsamt für das Kreditwesen, Abk. **BAKred,** selbstständige Bundesoberbehörde im Geschäftsbereich des Bundesmin. der Finanzen für Bankenaufsicht, gegr. 1962; Sitz: Bonn; seit 2002 → Bundesanstalt für Finanzdienstleistungsaufsicht.

Bundesaufsichtsamt für den Wertpapierhandel, Abk. **BAWe,** Bundesoberbehörde im Geschäftsbereich des Bundesmin. der Finanzen, verantwortlich für Sicherung der Märkte für Wertpapiere und Derivate sowie Anlegerschutz, tätig seit 1995, Sitz: Frankfurt am Main; seit 2002 → Bundesanstalt für Finanzdienstleistungsaufsicht.

Bundesausbildungsförderungsgesetz, Abk. **BAföG,** → Ausbildungsförderung.

Bundesausfuhramt, seit 2001 in →Bundesamt für Wirtschaft und Ausfuhrkontrolle umbenannt.

Bundesausgleichsamt, Bundesoberbehörde zur Durchführung des →Lastenausgleichs; errichtet 1952, Sitz: Bad Homburg v. d. Höhe.

Bundesautobahn, →Autobahn.

Bundesbahn, Kurzbez. für die ehemalige Dt. Bundesbahn (→Bahnreform).

Bundesbank, die →Deutsche Bundesbank.

Bundesbehörden, in einem Bundesstaat die Behörden des Gesamtstaats im Unterschied zu den Behörden der Gliedstaaten (in Dtl. Landesbehörden). In Dtl. die der →Bundesverwaltung zugeordneten Behörden. – In *Österreich* sind oberste B. der Bundespräs., die Bundesreg. und die Bundesmin., unter deren Leitung zahlr. B. arbeiten (z. B. Finanzämter). – In der *Schweiz* sind B. sowohl Bundesversammlung, Bundesrat, Bundesgericht und Bundeskanzlei als auch die Departemente (Ministerien) sowie diesen unterstellte Bundesämter, Betriebe u. a.

Bundesbeteiligungen, →Bundesbetriebe.

Bundesbetriebe, i. w. S. oft Synonym für die öffentl. Unternehmen des Bundes (**Bundesunternehmen**) einschließlich der Unternehmen des öffentl. und privaten Rechts, an denen der Bund bzw. sein Sondervermögen mehrheitlich beteiligt sind (Bundesbeteiligungen; →Privatisierung); i. e. S. (nach § 26 Bundeshaushaltsordnung) rechtlich unselbstständige, organisatorisch ausgegliederte Einrichtungen der Bundesverwaltung, die erwerbswirtschaftlich (z. B. die Bundesmonopolverwaltung für Branntwein) ausgerichtet sind (**Regiebetriebe des Bundes**).

Bundesblatt, in der Schweiz offizielles Publikationsorgan der Bundesbehörden, v. a. zur Veröffentlichung von Gesetzentwürfen des Bundesrates und von referendumsfähigen Beschlüssen der Bundesversammlung.

Bundesbrief, spätmittelalterl. Urkunde über ein geschlossenes Bündnis mit der Verpflichtung zu gegenseitiger Hilfeleistung; bes. gebraucht für die entsprechenden Urkunden der schweizer. Waldstätte (ältester: 1291, Rütlischwur; →Schweiz, Geschichte) und der Dreizehn alten Orte, die deren Beziehungen regelten. Diese B. werden im **B.-Archiv** in Schwyz aufbewahrt.

Bundesbürgschaften, in Dtl. aus Gründen der Wirtschafts- und Exportförderung vom Bund übernommene bedingte Verpflichtungen gegenüber Kreditgebern zur Absicherung privatwirtschaftlich nicht versicherbarer wirtsch. und polit. Risiken, v. a. im Außenwirtschaftsbereich, in Form von Bürgschaften, Garantien oder sonstigen Gewährleistungen. (→Hermes Kreditversicherungs-AG)

Bundesdistrikt, in Staaten mit föderalem Aufbau ein bundesunmittelbares Gebiet, das zu keinem Bundesstaat gehört; z. B. in den USA der District of Columbia.

Bundesdruckerei GmbH, Unternehmen der Hochsicherheitstechnologie, Sitz: Berlin; gegr. 1879 als Reichsdruckerei, 1945–51 als Staatsdruckerei unter der Berliner Stadtverw. weitergeführt, 1951 als Bundesdruckerei in die Bundesverw. übernommen, seit 1994 GmbH, 2000 privatisiert und von der **authentos GmbH** (Berlin) übernommen. Das Unternehmen liefert u. a. Banknoten, Briefmarken, Wertpapiere, Steuerzeichen, Dienst- und Personalausweise, Reisepässe, Identitätskarten und Drucksachen des Bundeskriminalamtes.

Bundesexekution, im Bundesstaat und Staatenbund die Ausübung von Zwang durch die Bundesgewalt gegen ein Bundesmitglied, das seine Pflichten gegenüber dem Gesamtstaat verletzt (→Reichsexekution, im Völkerrecht →Sanktion); in Dtl. besteht der →Bundeszwang.

Bundesfeier, in der Schweiz Bez. für die Nationalfeier am Nationalfeiertag (1. 8.; eingeführt 1891), an dem des Rütlischwurs (→Rütli) von 1291 gedacht wird.

Bundesfernstraßen, in Dtl. die öffentl. Straßen, die ein zusammenhängendes, dem Fernverkehr dienendes Verkehrsnetz aus →Autobahnen und →Bundesstraßen (mit Ortsdurchfahrten) bilden. B. werden im Auftrag des Bundes von den Ländern verwaltet.

Bundesfinanzhof, Abk. **BFH,** das oberste Gericht der dt. →Finanzgerichtsbarkeit. (→Gericht)

Bundesfürsten, im Dt. Reich (1871–1918) die Landesherren der zum Reich gehörigen Staaten. Als konstitutionelle Monarchen regierend, hatten sie mit Ausnahme des preuß. Königs ihre Souveränität verloren.

Bundesgebiet, das Gebiet des Norddt. Bundes, dann des Dt. Reiches von 1871 bis 1918. Seit 1919 hieß das dt. Staatsgebiet **Reichsgebiet,** seit 1949 heißt das Gebiet der Bundesrep. Dtl. (seit 1990 einschl. der neuen Länder) wieder B. (→Deutschland).

Bundesgenossenkrieg, 1) Krieg Athens 357 bis 355 v. Chr. gegen die vom 2. Att. Seebund abgefallenen Bundesgenossen (Chios, Kos, Rhodos, Byzanz); durch die Niederlage Athens in Ionien und ein pers. Ultimatum beendet.

2) der ergebnislose Krieg 220–217 v. Chr. zw. Philipp V. von Makedonien und dem Achaiischen Bund einerseits und dem Ätol. Bund andererseits.

3) Marsischer Krieg, der 91–89 und 82 v. Chr. geführte Krieg zw. Rom und seinen italischen Bundesgenossen, v. a. den Marsern in Mittel- und den Samniten in Süditalien, die das röm. Bürgerrecht erzwangen.

Bundesgericht, das oberste Gericht der Schweiz, Sitz: Lausanne; zuständig für Streitigkeiten zw. Bund und Kantonen sowie als Revisionsinstanz in Zivil- und Strafsachen. Als **Eidgenöss. Versicherungsgericht** in Luzern ist es die oberste Instanz für Sozialversicherungsstreitigkeiten. Im Rahmen der Totalrevision der Bundesrechtspflege wurde der Aufbau von zwei neuen B. beschlossen. Das **Bundesstrafgericht** (zuständig für Straffälle, die der Strafgerichtsbarkeit des Bundes unterstehen und für Beschwerden gegen strafprozessuale Handlungen) soll 2004 in Bellinzona seine Tätigkeit aufnehmen, ein bis zwei Jahre später das **Bundesverwaltungsgericht** (zuständig für Beschwerden gegen Verfügungen der Bundesverwaltung) in St. Gallen.

Bundesgerichte, in Bundesstaaten Gerichte des Gesamtstaates, die organisatorisch unabhängig von den Gerichten der Gliedstaaten bestehen. In Dtl. sind B. die obersten Gerichtshöfe des Bundes (→Bundesgerichtshof, →Bundesverwaltungsgericht, →Bundesfinanzhof, →Bundesarbeitsgericht, →Bundessozialgericht), der Gemeinsame Senat der obersten Gerichtshöfe und das Bundespatentgericht. Einen besonderen Platz unter den B. nimmt das →Bundesverfassungsgericht ein. – In *Österreich* ist die Ausübung der Gerichtsbarkeit ausschließlich Sache des Bundes, alle österr. Gerichte sind B. *Schweiz* →Bundesgericht.

Bundesgerichtshof, Abk. **BGH,** das oberste Bundesgericht für Dtl. im Bereich der ordentl. (Zivil- und

Bundesgerichtshof: Sitz des Bundesgerichtshofs in Karlsruhe (Hauptgebäude)

Straf-)Gerichtsbarkeit mit Sitz in Karlsruhe; der 5. Strafsenat hat seinen Sitz in Leipzig. Beim B. bestehen Zivil- und Strafsenate (je fünf Mitgl.) sowie Fachsenate, z. B. Kartellsenat. Zur Wahrung der Einheitlichkeit der Rechtsprechung und zur Entscheidung über Rechtsfragen von grundsätzl. Bedeutung wurden je ein Großer Senat für Zivil- und Strafsachen und die Vereinigten Großen Senate gebildet.

Bundesgesetzblatt, Abk. **BGBl.,** in Dtl. seit 1949 das amtl. Verkündungsblatt u. a. für Gesetze und Rechts-VO des Bundes; erscheint in drei Teilen (Teil I: Gesetze, Rechts-VO, Entscheidungen des Bundesverfassungsgerichts mit Gesetzeskraft, Anordnungen des Bundespräs.; Teil II: Völkerrechtl. Vereinbarungen, EG-Verordnungen; Teil III: Rechtsbereinigung). In *Österreich* erscheint ein ähnl. Organ unter gleicher Bez., in der *Schweiz* das →Bundesblatt.

Bundesgesetze, in einem Bundesstaat die vom Gesamtstaat erlassenen Gesetze im Unterschied zu den Landesgesetzen. In Dtl. können B. nur erlassen werden, soweit dem Bund die Gesetzgebungskompetenz zusteht (→Gesetzgebungsverfahren).

Bundesgrenzschutz, →Bundespolizei.

Bundesheer, allg. Bez. für die Landstreitkräfte eines Bundesstaats, z. B. des Deutschen Bundes (1815–66), Österreichs und der Schweiz.

Bundesimmissionsschutzgesetz, Gesetz i. d. F. v. 26. 9. 2002, das den Schutz von Menschen, Tieren, Pflanzen, Boden, Wasser, Atmosphäre sowie Kultur- und Sachgütern vor schädl. Umwelteinwirkungen durch Luftverunreinigungen, Geräusche, Erschütterungen u. a. zum Ziel hat. Schädl. Umwelteinwirkungen im Sinne des Gesetzes sind Immissionen, die nach Art, Ausmaß und Dauer geeignet sind, Gefahren, erhebl. Nachteile oder erhebl. Belästigungen für die Allgemeinheit oder die Nachbarschaft herbeizuführen.

Der Immissionsschutz wird bes. dadurch verwirklicht, dass Anlagen mit umweltschädl. Emissionen der Genehmigung und Überwachung unterliegen. **Genehmigungsbedürftige Anlagen** (aufgeführt in der VO über genehmigungsbedürftige Anlagen i. d. F. v. 14. 3. 1997) sind danach so zu errichten und zu betreiben, dass schädl. Umwelteinwirkungen und erhebl. Nachteile für die Allgemeinheit und die Nachbarschaft nicht hervorgerufen werden, Vorsorge gegen schädl. Umwelteinwirkungen getroffen wird und Abfälle vermieden werden. Die Störfall-VO vom 26. 4. 2000 regelt des Weiteren Pflichten des Betreibers der Anlage (betrifft genehmigungsbedürftige und auch bestimmte genehmigungsfreie Anlagen) zur Störfallvorsorge und -abwehr, zur Begrenzung von Störfallauswirkungen sowie Meldepflichten. Ein weiteres wichtiges Instrument des gesetzl. Immissionsschutzes ist die regelmäßige Kontrolle der einzuhaltenden →Immissionswerte (→Luftreinhaltung, →Feuerung).

Bundesintervention, das Eingreifen des Gesamtstaates zur Unterstützung eines Gliedstaates. (→Bundesexekution, →Bundeszwang)

Bundesjugendring, →Jugendverbände.

Bundesjugendspiele, seit 1951 veranstaltete Wettkämpfe für Jugendliche vom 8. bis 21. Lebensjahr in der BRD bzw. (seit 1991) in Dtl.: Mehrkämpfe (nach Wahl) im Turnen, Schwimmen und in der Leichtathletik sowie übergreifende Wettbewerbe.

Bundeskanzlei, in der *Schweiz* die dem Bundespräs. unterstellte Kanzlei von Bundesrat und Bundesversammlung.

Bundeskanzler, in Dtl. der Leiter der Bundesregierung. Er wird vom Bundestag auf Vorschlag des Bundespräs. ohne Aussprache gewählt (Art. 63, 64 GG); in den ersten beiden Wahlgängen ist hierzu die Mehrheit aller Mitgl. des Bundestages erforderlich. Er schlägt dem Bundespräs. die Bundesmin. zur Ernennung oder Entlassung vor, bestimmt die Richtlinien der Politik und trägt für sie die Verantwortung gegenüber dem Bundestag; einen der Bundesmin. ernennt der B. zu seinem Stellvertreter. Die Amtszeit des B. endet durch Tod oder Rücktritt, mit dem Zusammentritt des neu gewählten Bundestages oder durch ein erfolgreiches konstruktives →Misstrauensvotum. Durch Richtlinienkompetenz und erschwerte Abwahl ist der B., im Ggs. zum Reichskanzler der Weimarer Rep., die zentrale Machtfigur des Verfassungssystems. Wird der vom B. selbst gestellte Vertrauensantrag vom Bundestag abgelehnt, kann der B. dem Bundespräs. die Auflösung des Bundestages vorschlagen. Amtsträger: K. Adenauer (1949–63), L. Erhard (1963–66), K. G. Kiesinger (1966–69), W. Brandt (1969–74), H. Schmidt (1974–82), H. Kohl (1982–98), G. Schröder (1998–2005), Angela Merkel (seit 2005). Dem B. direkt unterstellt ist das →Presse- und Informationsamt der Bundesregierung. – In *Österreich* ist der B. der Vors. der Bundesreg. (ohne Richtlinienkompetenz). B. waren: K. Renner (1945), L. Figl (1945–53), J. Raab (1953–61), A. Gorbach (1961–64), J. Klaus (1964–70), B. Kreisky (1970–83), F. Sinowatz (1983–86), F. Vranitzky (1986–97), V. Klima (1997–2000), W. Schüssel (2000–07); seit 2007: A. Gusenbauer. – In der *Schweiz* ist der B. der auf vier Jahre gewählte Leiter der →Bundeskanzlei.

Bundeskartellamt, Abk. **BKartA,** Bundesoberbehörde im Geschäftsbereich des Bundesmin. für Wirtschaft, gegr. 1958, Sitz: Bonn. Das B. ist für den Schutz des Wettbewerbs zuständig, nimmt die sich aus dem Gesetz gegen Wettbewerbsbeschränkungen (GWB) ergebenden Aufgaben wahr und hat dazu Auskunfts- und Einsichtsrechte (auch mittels Durchsuchungen) in Geschäftsunterlagen. Es kann Verstöße gegen das GWB (z. B. unerlaubte Preisabsprachen) untersagen und mit Bußgeldern ahnden. Das Entscheidungsverfahren des B. ist justizähnlich, gegen die Entscheidungen selbst sind Beschwerde an das OLG Düsseldorf und (soweit zugelassen) Rechtsbeschwerde an den BGH möglich. (→Fusionskontrolle, →Kartell, →Missbrauchsaufsicht)

Bundeskriminalamt, Abk. **BKA,** 1951 errichtete Bundesoberbehörde für die Zusammenarbeit von Bund und Ländern bei der länderübergreifenden Verbrechensbekämpfung, untersteht dem Bundesmin. des Innern; Sitz: Wiesbaden. Nat. Zentralbüro für →Interpol, Verbindungsstelle zu →Europol.

Bundeskulturstiftung, eigtl. **Kulturstiftung des Bundes,** 2002 neben der Kulturstiftung der Länder gegründete Stiftung auf Bundesebene zur Förderung des internat. Kulturaustausches, des Denkmalschutzes u. a.; Sitz: Halle (Saale).

Bundeslade, Lade Gottes, Wanderheiligtum des israelit. Stämmebundes, das durch David nach Jerusalem überführt (2. Sam. 6) und von Salomo im Allerheiligsten des Tempels aufgestellt wurde (1. Kön. 8, 1–9). Ihr Verbleib nach dem Babylon. Exil ist unbekannt. Nach 2. Mos. 25, 10 ff., 37, 1 ff. war die B. ein an zwei Stangen tragbarer vergoldeter Kasten aus Akazienholz mit Deckel, auf dem zwei goldene Cherubgestalten standen. Nach jüngerer Überlieferung enthielt sie die Gesetzestafeln (**Gesetzeslade**). In der Synagoge wird die B. durch den Thoraschrein versinnbildlicht.

Bundesländer, die Gliedstaaten von Bundesstaaten, bes. in Dtl. und Österreich.

Bundesleistungsgesetz, →Sachleistungsrecht.

Bundesliga, höchste Spiel- oder Leistungsklasse für Mannschaftssportarten oder Vereinsmannschaften aus Einzelsportlern in Dtl. In den Bundesligen wird i. d. R. der Dt. Meister ermittelt.

Bundesminister, →Bundesregierung.

Bundesmonopolverwaltung für Branntwein, →Branntweinmonopol.

Bundesnachrichtendienst, Abk. **BND,** der Auslandsnachrichtendienst in Dtl., Sitz: Pullach; hervorgegangen aus der »Organisation Gehlen«. Der BND untersteht dem Bundeskanzleramt und unterliegt der Kontrolle durch das →Parlamentarische Kontrollgremium. Aufgabe ist das frühzeitige Erkennen von bestimmten, Dtl. drohenden Gefahren: neben der Kriegsgefahr auch der internat. Terrorismus und der Rauschgifthandel. Dazu ist der BND zur verdachtsunabhängigen Überwachung der Telekommunikation mit dem Ausland befugt.

Bundesnetzagentur, Kurzform für **Bundesnetzagentur für Elektrizität, Gas, Telekommunikation, Post und Eisenbahn,** Bundesoberbehörde, die für die (v. a. wettbewerbsbezogene) Regulierung der Wirtschaftssektoren Telekommunikation und Post, für die Elektrizitäts- und Gasmärkte sowie für Eisenbahnen zuständig ist; am 1. 7. 2005 aus der →Regulierungsbehörde für Telekommunikation und Post hervorgegangen; Sitz: Bonn. Zentrale Aufgabe der B. ist es, die Marktstellung eines dominanten Anbieters, der oft zuvor eine staatlich festgelegte Monopolstellung innehatte, zu kontrollieren und neu auf den Markt kommenden Wettbewerbern zu chancengleichen Bedingungen zu verhelfen. Das zentrale Problem ist dabei die Preisbestimmung für die Nutzung von Leitungsnetzen (oder netzähnl. Produktions- oder Verteilungsstrukturen), die weitgehend im Besitz des dominanten Anbieters sind, durch kleinere Anbieter.

Bundesobligation, Bundesanleihe, die seit 1979 in aufeinanderfolgenden Serien (neue Serie bei Übergang zu anderem Nominalzins) mit festem Zinssatz und variablen Ausgabekursen ausgegeben wird. Die Laufzeit beträgt fünf Jahre; die Stückelung 0,01 €, der Mindestauftragswert 100 €. Da B. an Börsen gehandelt werden, sind sie jederzeit veräußerbar.

Bundespatentgericht, →Patentgericht.

Bundespolizei, in Dtl. Sonderpolizei des Bundes (bis 2005 **Bundesgrenzschutz**), 1951 errichtet und dem Bundes-Min. des Innern unterstellt; Personalstärke ca. 30 000 Polizeivollzugskräfte (einschließlich Anwärter) und Zivilbeschäftigte.

Der B. obliegt der grenzpolizeil. Schutz des Bundesgebiets, auch auf hoher See, soweit nicht ein Land ihn mit eigenen Kräften wahrnimmt. Der Grenzschutz umfasst die polizeil. Überwachung der Grenzen, die polizeil. Kontrolle des grenzüberschreitenden Verkehrs und im Grenzgebiet bis zu 30 km die Abwehr von Gefahren, die die Sicherheit der Grenzen beeinträchtigen. Darüber hinaus obliegen der B. u. a. die Abwehr von Gefahren für die Sicherheit der sog. »Schengen-Außengrenzen« (→Schengener Abkommen), die Aufgaben der Bahnpolizei, der Schutz vor Angriffen auf die Sicherheit des Luftverkehrs auf Flughäfen, der Schutz der Verfassungsorgane und Ministerien des Bundes (Objektschutz), die Unterstützung der Länder bei Naturkatastrophen und in Situationen des inneren Notstandes (Art. 91 GG) sowie die Mitwirkung an polizeil. Aufgaben im Ausland unter Verantwortung der UNO, der EU oder der WEU.

B.-Behörden sind die fünf B.-Präsidien (bis 2005 Grenzschutzpräsidien) als Mittelbehörden und die ihnen unterstehenden B.- (bis 2005 Grenzschutz-) und Bahnpolizeiämter als Unterbehörden sowie die B.-Direktion (bis 2005 Grenzschutzdirektion) und die B.-Akademie (bis 2005 Grenzschutzschule), die dem Bundesministerium des Innern unmittelbar unterstehen. Eine besondere Stellung nimmt die 1972 zur Bekämpfung des Terrorismus gebildete Grenzschutzgruppe 9 (GSG 9) ein.

Bundespräsident, 1) das dt. Staatsoberhaupt. Der B. wird von der Bundesversammlung auf 5 Jahre gewählt (Wählbarkeit vom vollendeten 40. Lebensjahr an), er kann anschließend einmal wiedergewählt werden (Art. 54 GG). Gewählt ist, wer die Mehrheit der Stimmen der Mitgl. der Bundesversammlung auf sich vereint, im 3. Wahlgang genügt die relative Mehrheit. Der B. vertritt den Bund völkerrechtlich und beglaubigt die diplomat. Vertreter. Er fertigt die Bundesgesetze aus und verkündet sie, wobei ihm hierbei mindestens ein Prüfungsrecht zusteht, ob die Ges. verfassungsgemäß zustande gekommen sind. Er schlägt dem Bundestag den Bundeskanzler zur Wahl vor, ernennt und entlässt ihn auf Vorschlag des Bundestages. Er ernennt und entlässt die Bundesmin. auf Vorschlag des Bundeskanzlers, die Bundesrichter, Bundesbeamten, Offiziere und Unteroffiziere, sofern nichts anderes bestimmt ist. Der B. hat für den Bund das Begnadigungsrecht. Anordnungen und Verfügungen des B. bedürfen der Gegenzeichnung des Bundeskanzlers oder des zuständigen Bundesministers.

Amtsträger: T. Heuss (1949–59), H. Lübke (1959–69), G. Heinemann (1969–74), W. Scheel (1974–79), K. Carstens (1979–84), R. von Weizsäcker (1984–94), R. Herzog (1994–99), J. Rau (1999–2004), H. Köhler (seit 2004).

2) in *Österreich* das Staatsoberhaupt, das vom Volk auf sechs Jahre mit Mehrheit gewählt wird, andernfalls ein 2. Wahlgang erforderlich wird (Wählbarkeit vom vollendeten 35. Lebensjahr an, Wiederwahl einmal zulässig). Seine Rechtsstellung ähnelt der des dt. Bundespräsidenten.

Amtsträger (mit Jahr der Wahl): 1945 K. Renner, 1951 T. Körner, 1957 A. Schärf, 1965 F. Jonas, 1974 R. Kirchschläger, 1986 K. Waldheim, 1992 T. Klestil, 2004 H. Fischer.

3) in der *Schweiz* der von der Bundesversammlung auf ein Jahr gewählte Vors. des Bundesrats; er vertritt die Eidgenossenschaft nach außen, behält sein Departement und ist »Erster unter Gleichen«, nicht Staatsoberhaupt.

Bundesrat, das föderative Organ mancher Bundesstaaten, zusammengesetzt aus Vertretern der Reg. oder der Volksvertretungen der Gliedstaaten:

1) in *Deutschland* das Bundesorgan, durch das die Länder bei der Gesetzgebung (→Gesetzgebungsverfahren), der Verw. des Bundes und in Angelegenheiten der EU mitwirken. Er besteht aus Mitgl. der Landesregierungen. Die Stimmenzahl richtet sich nach der Bevölkerungszahl des Landes; jedes Land hat mindestens drei Stimmen, Länder mit mehr als 2 Mio. Ew. haben vier, Länder mit mehr als 6 Mio. Ew. fünf, Länder mit mehr als 7 Mio. Ew. sechs Stimmen. Der Präs. des B. wird auf ein Jahr gewählt, er vertritt den Bundespräs. bei dessen Verhinderung. Der B. hat im Gesetzgebungsverfahren eine starke Stellung. Bei Materien, in denen Gesetze laut GG seiner Zustimmung bedürfen (ihre Anzahl wurde durch die Föderalismusreform 2006 reduziert), kann ein Gesetz ohne seine Billigung nicht zustande kommen; soweit seine Zustimmung nicht erforderlich ist, ist er befugt, Einspruch einzulegen, den der Bundestag zurückweisen kann. Der B. wählt ein Drittel der Mitgl. des →Gemeinsamen Ausschusses und die Hälfte der Bundesverfassungsrichter.

2) in *Österreich* ist der B. die Zweite Kammer im Verfahren der Bundesgesetzgebung. Seine Mitgl. werden von den Landtagen für die Dauer ihrer Gesetzgebungsperioden gewählt. Das Land mit der größten Einwohnerzahl entsendet zwölf, das mit der geringsten drei Vertreter, insgesamt 64 Mitglieder.

3) in der *Schweiz* ist der B. die oberste leitende und vollziehende Reg.-Behörde, die sich aus sieben von der Bundesversammlung auf vier Jahre gewählten Mitgl. (Bundesräte) zusammensetzt. Jeder Bundesrat leitet ein Departement, der Vors. dieses Gremiums ist der →Bundespräsident.

4) im *Dt. Reich* (1871–1918) war der B. als Vertretung der einzelstaatl. Reg. das oberste Reichsorgan und der Träger der Souveränität; seine Bedeutung trat zunehmend hinter Kaiser und Reichstag zurück. Die Stimmen (seit 1911: 61, davon Preußen 17) verteilten sich nach der Größe der Bundesstaaten. Die Mitgl. stimmten nach der Instruktion ihrer Reg., den Vorsitz führte der Reichskanzler. Der B. konnte jede Änderung der Reichsverf. ablehnen und entschied Streitfälle zw. Gliedstaaten; die Reichsgesetze bedurften seiner Zustimmung.

Bundesrechnungshof, der Bundesreg. gegenüber unabhängige, nur dem Gesetz unterworfene Bundesoberbehörde, der die Prüfung der Haushalts- und Wirtschaftsführung des Bundes einschl. seiner Sondervermögen und Betriebe und die Beratung der geprüften Stellen obliegt; 1950 errichtet; Sitz: Bonn. Die Mitgl. besitzen richterl. Unabhängigkeit, können aber keine Sanktionen verhängen. In den Ländern bestehen entsprechende Behörden.

Bundesrecht, das in einem Bundesstaat geltende Recht des Gesamtstaats, im Unterschied zum Landesrecht. In Dtl. sind B. alle seit dem Inkrafttreten des GG erlassenen Bundes-Ges. und -verordnungen sowie das als B. fortgeltende ehem. Reichsrecht und Recht der ehem. DDR. Fort gilt nur das in der Anlage II zum Einigungsvertrag genannte Recht der DDR. Wäre dieses Recht nach den Bestimmungen des GG Landesrecht gewesen, wird es als Landesrecht behandelt. Nach Art. 31 GG (B. bricht Landesrecht) hat das B. den unbedingten Vorrang. In *Österreich* und der *Schweiz* hat das B. gleichfalls den Vorrang vor dem Landesrecht bzw. kantonalen Recht.

Bundesregierung, die Regierung eines Bundesstaats:

1) in *Deutschland* das zur Leitung des Bundes berufene kollegiale Verf.-Organ (Art. 62 GG). Die B. besteht aus dem →Bundeskanzler und den Bundesministern. Diese werden auf Vorschlag des Bundeskanzlers vom Bundespräs. ernannt und entlassen. Die Richtlinien der Bundespolitik bestimmt der Bundeskanzler (Kanzlerprinzip). Im Rahmen dieser Richtlinien leitet jeder Min. sein Ressort eigenverantwortlich (Ressortprinzip). Die Geschäfte der B. leitet der Bundeskanzler nach der Geschäftsordnung der Bundesregierung. Polit. Fragen von grundlegender Bedeutung werden von der B. gemeinsam beschlossen, bes. Gesetzesvorlagen (Kollegialprinzip). Der Bundestag kann nur dem Bundeskanzler das Misstrauen aussprechen, nicht der B. oder einzelnen Bundesministern. Die Zahl der Bundesmin. ist im GG nicht festgelegt. Die Mitgl. der B. dürfen nicht zugleich Mitgl. einer Landesreg., wohl aber Abg. sein.

2) in *Österreich* nach Art. 69ff. Bundes-Verfassungsgesetz das mit den obersten Verwaltungsgeschäften des Bundes betraute Organ. Sie wird vom Bundespräs. mit Blick auf die parlamentar. Mehrheitsverhältnisse durch Ernennung des Bundeskanzlers und (auf dessen Vorschlag) der Min. eingesetzt. Durch Misstrauensvotum kann der Nationalrat die B. insgesamt oder einzelne Min. des Amtes entheben.

3) in der *Schweiz* der →Bundesrat.

Bundesrepublik Deutschland, →Deutschland, →deutsche Geschichte.

Bundesrepublik Deutschland – Finanzagentur GmbH, Unternehmen, das im Auftrag und auf Rechnung des Bundes Dienstleistungen (z. B. bei der Emission von Bundeswertpapieren, der Kreditaufnahme mittels Schuldscheindarlehen, dem Einsatz derivativer Finanzinstrumente sowie Geldmarktgeschäften) für das Bundesministerium der Finanzen bei der Haushalts- und Kassenfinanzierung sowie dem Schuldenmanagement erbringt; gegr. 2000 (Aufnahme der Tätigkeit Juni 2001), Sitz: Frankfurt am Main; alleiniger Gesellschafter ist der Bund. Nach organisator. und personeller Zusammenführung mit der Bundeswertpapierverwaltung (1. 8. 2006) führt die Finanzagentur auch das Bundesschuldbuch.

Bundesschatzbriefe, seit 1969 ausgegebene mittelfristige Wertpapiere mit festen, jährlich steigenden Zinssätzen (Mindestauftrag: 50€). B. werden nicht an Börsen gehandelt; eine vorzeitige Rückgabe ist ein Jahr nach Erwerb bis zu einem Höchstbetrag von 5 000 € je 30 Zinstage und Gläubiger möglich. – Arten: **Typ A** mit einer Laufzeit von sechs Jahren und jährl. Zinszahlung, **Typ B** mit einer Laufzeit von sieben Jahren und Zinssammlung bis zur Fälligkeit.

Bundessicherheitsrat, in Dtl. der Kabinettsausschuss unter Vorsitz des Bundeskanzlers, der die Sicherheits- und Verteidigungspolitik der Bundesreg. koordiniert; bis 1969 Bez. Bundesverteidigungsrat.

Bundessiegel, in Dtl. Amtssiegel für alle Bundesbehörden. Das **große B.** zeigt den von einem Kranz umgebenen Bundesadler; zu seiner Führung sind u. a. berechtigt: der Bundes-Präs., der Bundeskanzler, der Bundesrechnungshof, das Bundesverfassungsgericht und die obersten Gerichtshöfe des Bundes. Das **kleine B.** zeigt ebenfalls den Bundesadler, hinzugefügt ist das Signum der jeweils siegelführenden Behörde.

Bundessozialgericht, Abk. **BSG,** das durch Ges. vom 3. 9. 1953 in Kassel errichtete oberste dt. Gericht für die Sozialgerichtsbarkeit; zuständig bes. für Revisionen in öffentlich-rechtl. Streitigkeiten in Sozialversicherungs-, Arbeitslosenversicherungs- und Kriegsopfersachen, Grundsicherung für Arbeitsuchende. Die Senate des B. sind mit drei Berufs- und zwei ehrenamtl. Richtern besetzt. Der Wahrung der Einheitlichkeit der Rechtsprechung des B. dient sein Großer Senat.

Bundesstaat, Verbindung mehrerer Staaten zu einem Gesamtstaat. Dieser entscheidet über alle Fragen, die für die Einheit und den Bestand des Ganzen wesentlich sind, während die Gliedstaaten ihre Staatlichkeit behalten und an der Willensbildung des Ganzen beteiligt sind. Die Gliedstaaten heißen Staaten, Länder, Bundesländer, Kantone. – Beispiele: das Dt. Reich 1871–1933, die Bundesrep. Dtl., Österreich, die Schweiz, die USA, Brasilien.

Vom B. ist der **Staatenbund** zu unterscheiden, ein loser völkerrechtl. Zusammenschluss von Staaten zu gemeinsamen polit. Zwecken (z. B. der Dt. Bund 1815–66), in dem die Souveränität nicht beim Gesamtstaat, sondern bei den Gliedstaaten liegt, während sie beim B. auf den Gesamtstaat übergegangen ist. Dieser hat im B. ein Staatsoberhaupt, eine Reg. und eine stärker ausgeprägte Gesetzgebungsgewalt. Die Gliedstaaten haben ein echtes Selbstbestimmungsrecht im Bereich ihrer Zuständigkeit und Verf.-Autonomie im Rahmen der Bundesverf. (→ Föderalismus). Sie haben durch ein Bundesorgan (z. B. Bundesrat) Einfluss auf die Bundespolitik. (→ Einheitsstaat)

Bundesstadt, Bez. für Bonn nach dem → Berlin/Bonn-Gesetz; eingeführt nach dem Vorbild von Bern.

Bundesstraßen, Fernstraßen, die mit den Bundesautobahnen das Netz der → Bundesfernstraßen in Dtl. bilden.

Bundestag, 1) Deutscher B., die aus Wahlen hervorgehende Vertretung des dt. Volkes (Art. 38 ff. GG). Er ist das oberste Bundes- und das stärkste Verfassungsorgan der Bundesrep. Dtl.; seine Befugnisse sind jedoch durch das System der Gewaltenteilung begrenzt. Seine vornehmliche Aufgabe ist die Darstellung und Verkörperung des Volkes und seines Willens (Repräsentation). Die Mitgl. des B. (Abk. MdB) werden auf vier Jahre in allg., unmittelbarer, freier, gleicher und geheimer Wahl gewählt. Sie sind Abg. des ganzen Volkes und nur ihrem Gewissen verpflichtet. Sie genießen → Immunität und → Indemnität und erhalten → Diäten. Die gesetzl. Mitgl.-Zahl des B. beträgt 598 (seit der Wahl am 22. 9. 2002, vorher 656), jedoch kann sich die Mitgl.-Zahl durch → Überhangmandate erhöhen. Die Hälfte der Abg. wird durch Direktwahl in den Wahlkreisen bestimmt, die andere Hälfte durch Abgabe der Zweitstimme für die Landesliste einer Partei. In diesem Fall gilt das Verhältniswahlrecht, wobei eine Partei mindestens 5 % der Stimmen auf sich vereinigen und drei Direktmandate erringen muss, um im B. vertreten zu sein. Der neu gewählte B. tritt unter dem Vorsitz seines Alterspräs. zusammen; er gibt sich eine Geschäftsordnung und wählt aus seiner Mitte einen Präs., der den B. nach außen vertritt.

Der B. beschließt die Bundesgesetze (→ Gesetzgebungsverfahren) einschl. des Haushalts, wählt den Bundeskanzler, entscheidet über eine Vertrauensfrage des Kanzlers oder einen Misstrauensantrag gegen diesen; weiterhin bestimmt er u. a. den Verteidigungsfall, wählt die Hälfte der Richter des Bundesverfassungsgerichts, übt die parlamentar. Kontrolle gegenüber der Bundesreg. (z. B. durch Untersuchungsausschüsse) aus. Die Arbeit des B. vollzieht sich z. T. im Plenum, größtenteils in den Ausschüssen. Die Mitgl. des B. sind entsprechend der Parteizugehörigkeit in Fraktionen vereinigt. Sie sind zugleich Mitgl. der → Bundesversammlung. Eine vorzeitige Auflösung des B. ist nur eingeschränkt möglich.

B.-Präsidenten wurden 1949 E. Köhler, 1950 H. Ehlers, 1954 E. Gerstenmaier, 1969 K.-U. von Hassel, 1972 Annemarie Renger, 1976 K. Carstens, 1979 R. Stücklen, 1983 R. Barzel, 1984 P. Jenninger, 1988 Rita Süssmuth, 1998 W. Thierse, 2005 N. Lammert.

2) im Dt. Bund die → Bundesversammlung.

Bundestreue, im → Bundesstaat die Verpflichtung des Gesamtstaates und der Gliedstaaten zu bundesfreundl. Verhalten, d. h. zu gegenseitiger Rücksichtnahme und Verständigungsbereitschaft. In Dtl. ist die B. ein ungeschriebener Grundsatz des Verfassungsrechts, der fundamentale Bedeutung für die bundesstaatl. Ordnung hat.

Bundesunternehmen, → Bundesbetriebe.

Bundesverband Bürgerinitiativen Umweltschutz e. V., Abk. **BBU,** 1972 gegründeter Zusammenschluss von Bürgerinitiativen und zahlr. Einzelmitgl., die über regionale Gruppen und Landesverbände mittelbar angeschlossen sind (Sitz: Bonn); vertritt v. a. umweltpolit. Ziele.

Bundesverband der Deutschen Industrie e. V., Abk. **BDI,** Spitzenorganisation von 36 industriellen Branchenverbänden in Dtl.; gegr. 1949, Sitz: Berlin; vertritt die wirtschaftspolit. Interessen der dt. Ind. im In- und Ausland.

Bundesverband der Deutschen Volksbanken und Raiffeisenbanken e. V., Abk. **BVR,** Spitzenverband der genossenschaftl. Kreditwirtschaft in Dtl.; gegr. 1971, Sitz: Bonn und Berlin. Mitgl. sind alle Kreditgenossenschaften, genossenschaftl. Zentralbanken, die Unternehmen des Finanzverbundes und die Prüfungsverbände der Gruppe.

Bundesverband deutscher Banken e. V., Abk. **BdB,** Dachorganisation der privatrechtlich organisierten Banken, Sitz: Berlin; gegr. 1951 als Bundesverband des privaten Bankgewerbes, seit 1968 jetzige Bez. Der Bundesverband repräsentiert (2005) 230 Kreditinstitute und 12 Mitgl.-Verbände.

Bundesverdienstkreuz, Kurzbez. für den → Verdienstorden der Bundesrepublik Deutschland.

Bundesvereinigung der Deutschen Arbeitgeberverbände e. V., Abk. **BDA,** → Arbeitgeberverbände.

Bundesverfassungsgericht, Abk. **BVerfG,** das oberste Organ der Verfassungsgerichtsbarkeit in Dtl. (Ges. vom 12. 3. 1951, i. d. F. v. 11. 8. 1993); Sitz: Karlsruhe. Es ist allen anderen Verfassungsorganen gegenüber selbstständig und unabhängig. Das B. besteht aus zwei Senaten mit je acht Richtern, die die Fähigkeit zum Richteramt besitzen, das 40. Lebensjahr vollendet haben und zum Bundestag wählbar sein müssen. Sie dürfen neben dem Richteramt nur die berufl. Tätigkeit eines Rechtslehrers an einer dt. Universität ausüben. Sie werden je zur Hälfte für zwölf Jahre vom Bundestag und Bundesrat gewählt und vom Bundespräs. ernannt. Zu ihrer Wahl ist eine Zweidrittelmehrheit erforderlich. Über seine Zuständigkeit →Verfassungsgerichtsbarkeit. Das B. entscheidet im Plenum beider Senate (selten), senatsweise oder, zur Verfahrensbeschleunigung, in Kammern (besetzt mit jeweils drei Richtern). Bei Stimmengleichheit im Senat ist ein Antrag abgelehnt.

Bundesversammlung, 1) in *Dtl.* das Organ für die Wahl des Bundespräs.; besteht aus den Mitgl. des Bundestags und einer gleichen Zahl von Mitgl., die von den Landtagen der Länder gewählt werden. In *Österreich* das Gesamtorgan von Bundesrat und Nationalrat zur Vereidigung (Angelobung) des Bundespräs., in der *Schweiz* das aus Nationalrat und Ständerat gebildete oberste Bundesorgan (auch: eidgenöss. Räte); zuständig v. a. für die Gesetzgebung.

2) *Dt. Bund:* der Gesandtenkongress der Gliedstaaten, auch Bundestag genannt. Er tagte 1815–66 in Frankfurt am Main unter österr. Vorsitz.

Bundesversicherungsamt, Bundesoberbehörde in Dtl., durch Ges. vom 9. 5. 1956 gegr., Sitz: Bonn; übt die besondere Aufsicht über die bundesunmittelbaren Träger der Sozialversicherung aus.

Bundesversicherungsanstalt für Angestellte, Abk. **BfA,** bis Ende September 2005 Trägerin der gesetzl. →Rentenversicherung der Angestellten; Körperschaft des öffentl. Rechts, errichtet 1953, Sitz: Berlin. Zum 1. 10. 2005 fusionierte die BfA mit dem Verband Dt. Rentenversicherungsträger (VDR) zur **Dt. Rentenversicherung Bund.**

Bundesversorgungsgesetz, →Kriegsopferversorgung.

Bundesverwaltung, in Bundesstaaten die Verw., die dem Gesamtstaat vorbehalten ist, im Unterschied zur Verw. der Gliedstaaten (Landesverw.). In Dtl. liegt das Schwergewicht der Verw. bei den Ländern, die i. d. R. neben den Ländergesetzen auch die Bundesgesetze vollziehen. Der Bund verfügt nur auf einigen ihm ausdrücklich zugewiesenen Gebieten über eine voll ausgebaute, meist dreistufige Verw. (Bundesbehörden), v. a. Auswärtiger Dienst, Arbeitsverw. und Bundeswehrverw. Darüber hinaus ist der Bund befugt, Bundesbehörden auf den Gebieten seiner Gesetzgebungskompetenz zu errichten, die der Aufsicht eines Bundesmin. unterstehen (z. B. Bundeskartellamt). Ähnlich in *Österreich* und der *Schweiz* (eidgenöss. und kantonale Verwaltung).

Bundesverwaltungsamt, Bundesoberbehörde im Geschäftsbereich des Bundesmin. des Innern. Aufgaben sind u. a. Fragen der Auswanderung und Staatsangehörigkeit; Sitz: Köln, 1960 errichtet.

Bundesverwaltungsgericht, oberster Gerichtshof des Bundes auf dem Gebiet der allg. Verwaltungsgerichtsbarkeit, 1952 errichtet, Sitz: Leipzig (bis 2002 Berlin). Das B. entscheidet v. a. über die Revision gegen Urteile der Oberverwaltungsgerichte. Es besteht aus dem Präs., aus den Vorsitzenden Richtern und weiteren Richtern. Das B. ist in Senate, besetzt mit fünf Berufsrichtern, gegliedert, darunter Wehrdienstsenate und Disziplinarsenate. Bes. zur Wahrung der Einheitlichkeit der Rechtsprechung wird der Große Senat tätig.

Bundeswahlgesetz, in Dtl. das Bundesgesetz i. d. F. v. 23. 7. 1993, das die Wahl der Abg. zum Bundestag, bes. das Wahlsystem (→Wahlrecht), die Wahlorgane, die Wahlhandlung, die Wählbarkeit, die Feststellung der Wahlergebnisses sowie Erwerb und Verlust der Mitgliedschaft im Bundestag regelt.

Bundeswahlleiter, das vom Bundesmin. des Innern ernannte Organ, das die Wahlen zum Dt. Bundestag vorbereitet und durchführt. Der B. ist gleichzeitig Vors. des Bundeswahlausschusses, dem außerdem acht Beisitzer angehören. B. ist i. d. R. der Präs. des Statist. Bundesamtes.

Bundeswasserstraßen, die im Eigentum der Bundesrep. Dtl. stehenden schiffbaren Flüsse, Seen, Kanäle und Küstengewässer (→Binnenschifffahrt). Für Unterhaltung, Betrieb und Ausbau der B. ist der Bundesverkehrsmin. zuständig, dem dazu die Wasser- und Schifffahrtsdirektionen mit Wasser- und Schifffahrtsämtern unterstehen.

Bundeswehr

Bundeswehr, die Streitkräfte der Bundesrep. Dtl. Die B. hat den Auftrag, Dtl. und seine Verbündeten zu verteidigen, Dtl. und seine Staatsbürger gegen polit. Erpressung und äußere Gefahr zu schützen, bei Katastrophen zu helfen, aus Notlagen zu retten und bei humanitären Aktionen zu unterstützen, die militär. Stabilität und die Integration Europas zu fördern sowie dem Weltfrieden und der internat. Sicherheit im Einklang mit der UN-Charta zu dienen.

Nach heftigen innenpolit. Auseinandersetzungen (→deutsche Geschichte) wurde im Rahmen der Pariser Verträge (in Kraft seit 5. 5. 1955) die Aufstellung westdt. Streitkräfte möglich. Vorarbeiten hierzu begannen durch die »Dienststelle Blank« bereits seit dem 27. 10. 1950. Die ersten Freiwilligen erhielten am 12. 11. 1955 ihre Ernennungsurkunden, die ersten Wehrpflichtigen wurden am 1. 4. 1957 einberufen. Die Bez. »B.« wurde mit dem Soldatengesetz (in Kraft getreten am 1. 4. 1956) eingeführt (→Innere Führung, →Wehrrecht). Die Angehörigen der B. sind entweder Wehrpflichtige (seit dem 1. 1. 2002 neun Monate Wehrpflicht), Soldaten auf Zeit oder Soldaten auf Lebenszeit (Berufssoldaten). Ab 2001 ist auch Frauen, die bislang nur zum Sanitäts- und Militärmusikdienst Zugang hatten, der Dienst mit der Waffe möglich.

Die Friedenspersonalstärke der B. beträgt (2006) etwa 281 000 Mann. Die B. gliedert sich in Heer, Luftwaffe, Marine, den Zentralen Sanitätsdienst sowie die Streitkräftebasis. Auf das Heer entfallen etwa 189 000, auf die Luftwaffe 67 000, auf die Marine 25 000 Mann; die etwa 24 000 Angehörigen des Sanitätsdienstes und die 50 000 Mann der Streitkräftebasis rekrutieren sich aus dem Personal der drei klass. Teilstreitkräfte. Befehls- und Kommandogewalt hat nach Artikel 65 a GG der Bundesmin. der Verteidigung (geht im Verteidigungsfall auf den Bundeskanzler gemäß Artikel 115 b GG über); ihm untersteht der →Generalinspekteur der Bundeswehr mit dem Einsatzführungskommando, das (ähnlich einem Generalstab) der Einsatzplanung, -vorbereitung und -führung von Heer, Luftwaffe und Marine sowohl im nationalen Rahmen als auch bei internat. Einsätzen dient. Damit ist der Vorrang der polit. vor der militär. Führung gewährleistet (»Primat der Politik«). Besondere Aufgaben hinsichtlich der B. haben die B.-Verwaltung und der Wehrbeauftragte des Bundestages. Die B. ist durch ihre Einbindung in die NATO geprägt.

Seit Beginn der 1990er-Jahre wurde die Grundstruktur der B. mehrfach den veränderten sicherheitspolit. Rahmenbedingungen und erforderl. Fähigkeiten angepasst. Man unterscheidet folgende Streitkräftekategorien: Die **Eingreifkräfte** sind der Teil der Streitkräfte, der für die Konfliktverhütung und Krisenbewältigung (v. a. jedoch für die Friedenserzwingung) im Rahmen des Bündnisses oder als Beitrag zu internat. Operationen sowie zu Evakuierungs- und Rettungsmaßnahmen aus Kriegs- und Krisengebieten eingesetzt werden kann. Ihr Umfang beträgt insgesamt etwa 35 000 Soldaten. Die **Stabilisierungskräfte** sind hauptsächlich vorgesehen für friedenssichernde Maßnahmen (z. B. Überwachung von Waffenstillstandsvereinbarungen). Ihr Umfang beträgt etwa 70 000 Soldaten. Die **Unterstützungskräfte** (Umfang etwa 147 500 Dienstposten) sichern den Betrieb der B., einschließlich der Führung und Ausbildung, und unterstützen die Eingreif- und Stabilisierungskräfte.

Nach einer vom Bundeskabinett im Jahr 2000 in ihrer Grobplanung verabschiedeten Reform wird die B. gegenwärtig umfassend neu strukturiert. Kernpunkte dieser Reform sind neben der Transformation der Streitkräftestrukturen u. a. die weitere Modernisierung der Ausrüstung, bes. in den Bereichen Lufttransport, Aufklärung, Informationstechnik. Nach dem im Okt. 2006 von der Bundesreg. verabschiedeten Weißbuch soll sich die B. nun verstärkt auf internat. Kriseneinsätze (u. a. im Rahmen der Vereinten Nationen oder der NATO) sowie auf die Bekämpfung des Terrorismus konzentrieren. Neben dem internat. Terrorismus stellt die Weiterverbreitung von Massenvernichtungsmitteln die größte Bedrohung dar. Zu den nationalen sicherheitspolit. Interessen zählen u. a. auch der Zugang zum Welthandel sowie die Bewältigung von internat. Krisen und Konflikten, da diese Auswirkungen auf die Sicherheit Dtl.s haben können.

Dem Führungsstab des **Heeres** unterstehen das Heeresführungskommando (stellt u. a. die personelle und materielle Einsatzbereitschaft sicher) und das Heeresamt (verantwortlich für die Grundsätze der Ausbildung und die Weiterentwicklung der Truppengattung). Dem Führungsstab der **Luftwaffe** sind das Luftwaffenführungskommando (führt die Einsatzverbände der Luftwaffe) und das Luftwaffenamt (zuständig für Ausbildung und zentrale Angelegenheiten) unterstellt. Dem Führungsstab der **Marine** unterstehen das Flottenkommando (führt alle Kampfeinheiten der Marine) und das Marineamt (zuständig für Ausbildung). Dem Inspekteur des **Sanitätsdienstes** unterstehen das Sanitätsführungskommando und das Sanitätsamt. Die **Streitkräftebasis** ist u. a. für die Führung, Unterstützung, Aufklärung und Ausbildung aller Teilstreitkräfte verantwortlich. Dem Inspekteur der Streitkräftebasis unterstehen u. a. das Streitkräfteunterstützungskommando, das Streitkräfteamt und das für die unmittelbare Führung der Auslandseinsätze verantwortl. Einsatzführungskommando.

Ab 1990 wurden Angehörige, Anlagen, Standorte und Ausrüstung der ehem. Nationalen Volksarmee (NVA) der DDR tlw. übernommen, und die B. wurde in den neuen Bundesländern aufgebaut. Im Aug. 1992 begann die B. aufgrund der Vereinbarungen des →KSE-Vertrages einen Teil ihres Großgerätes zu verschrotten.

Humanitäre Hilfe leisteten B.-Angehörige erstmals im März 1960 bei der Rettung von Erdbebenopfern im marokkan. Agadir. Im Nahen Osten, in Afrika (u. a. Somalia 1993/94), in der Golfregion, im ehem. Jugoslawien und in Südostasien übernahm die B. seitdem v. a. im Rahmen der Vereinten Nationen Transportaufgaben, stellte die medizin. Versorgung sicher und beteiligte sich an der Hilfe für Flüchtlinge sowie an der Überwachung von Abrüstungsmaßnahmen. In Dtl. leistete die B. u. a. Hilfe beim Hochwasser in Ham-

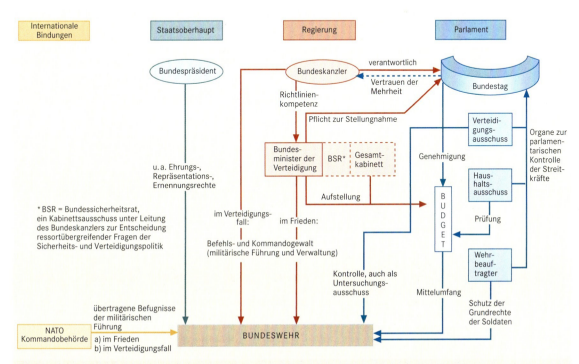

Bundeswehr: die Einbindung der Bundeswehr in das politische System der Bundesrepublik Deutschland und in die NATO

burg 1962, beim Oderhochwasser 1997 und bei der Hochwasserkatastrophe 2002.

Das Bundesverfassungsgericht hat in seinem Urteil vom 12.7.1994 festgestellt, dass Auslandseinsätze der B. im Frieden mit dem GG vereinbar sind. Für einen derartigen Einsatz ist die vorherige Zustimmung des Bundestags mit einfacher Mehrheit erforderlich. Auf der Grundlage dieser Entscheidungen beteiligt sich die B. u.a. an den internat. Friedenstruppen seit 1995 in Bosnien und Herzegowina (→IFOR, →SFOR bzw. →EUFOR) und seit 1999 im Kosovo (→KFOR). Zur militär. Absicherung der Wahlen in der Demokrat. Rep. Kongo beteiligten sich von Aug. bis Nov. 2006 im Rahmen der EUFOR bis zu 780 B.-Soldaten an der unter zentraler Führung Dtl.s stehenden Operation.

Der Bundestag beschloss am 16.11.2001 die Beteiligung von bis zu 3900 Soldaten der B. (ab 2003 Reduzierung auf 3100 Mann) für die Dauer von zunächst einem Jahr an der von den USA geführten Operation »Enduring Freedom« zur Bekämpfung des internat. Terrorismus; der Einsatz wurde mehrfach verlängert. Bereitgestellt wurden dabei von der B. Kräfte für Einsatz und Einsatzunterstützung, Führung und Aufklärung einschl. der Beteiligung an internat. militär. Hauptquartieren und in integrierter Verwendung sowie als Verbindungsorgane zu internat. Organisationen und nat. militär. Dienststellen. Konkret waren dies ABC-Abwehrkräfte (v.a. in Kuwait), Sanitäter, Soldaten des Kommandos Spezialkräfte (v.a. in Afghanistan), Lufttransportkräfte sowie Marineeinheiten, die – abgestützt auf die Logistikbasis in Djibouti – hauptsächlich am Horn von Afrika operierten, daneben im gesamten Mittelmeer zum Einsatz kamen.

Auf der Grundlage einer Resolution des UN-Sicherheitsrats vom 20.12.2001 sowie eines entsprechenden Beschlusses des Bundestages vom 22.12.2001 beteiligt sich die B. am Einsatz der internat. Afghanistan-Friedenstruppe (→ISAF). Nach einem entsprechenden UN-Mandat wurde die B. ab Oktober 2003 auch in Kunduz und Faizabad im N des Landes eingesetzt.

Nach einem entsprechenden UN-Mandat vom 11.8.2006 wurde im Verbund mit Streitkräften anderer Staaten die B. ab Sept. 2006 erstmals im Nahen Osten eingesetzt. Bei dem bis Aug. 2007 befristeten Einsatz der dt. Marine vor der libanes. Küste soll v.a. der Waffenschmuggel an die Hisbollah unterbunden werden.

Insgesamt waren 2006 etwa 8000 Angehörige der B. weltweit im Einsatz.

Bundeswehrhochschulen, →Universitäten der Bundeswehr.

Bundeswehrschulen, →Schulen der Bundeswehr.

Bundeswertpapierverwaltung, →Staatsschulden.

Bundeszentrale für gesundheitliche Aufklärung, obere Bundesbehörde im Geschäftsbereich des Bundesmin. für Gesundheit, gegr. 1967, Sitz: Köln. Sie hat u.a. die Aufgabe, Strategien zur gesundheitl. Aufklärung und Prävention zu entwickeln und in Kampagnen und Projekten umzusetzen.

Bundeszentrale für politische Bildung, bis 1963 **Bundeszentralstelle für Heimatdienst,** 1952 gegründete, dem Bundesmin. des Innern unterstellte Behörde zur Förderung der staatsbürgerl. Erziehung durch Tagungen, Lehrgänge, Arbeitsmaterialien u.a.; Hg. der Beilage zur Wochenzeitung »Das Parlament«, der »Informationen zur polit. Bildung« u.a.

Bundeszentralregister, vom Bundesamt für Justiz in Bonn (bis 2006 vom Generalbundesanwalt in Bonn) geführtes Register. In das B. werden u.a. alle rechtskräftigen strafgerichtl. Verurteilungen, die Anordnung von Maßregeln der Besserung und Sicherung sowie verwaltungsbehördl. Entscheidungen eingetragen, die strafrechtlich bedeutsam sein können.

In das **Erziehungsregister,** das beim B. geführt wird, werden bestimmte Entscheidungen der Jugend-, Familien- und Vormundschaftsgerichte, die keinen Strafcharakter haben, eingetragen. Eintragungen unterliegen i.d.R. der Tilgung (zw. 5 und 20 Jahren, beim Erziehungsregister mit Vollendung des 24. Lebensjahres). Eintragungen des Strafregisters der DDR wurden bis auf bestimmte Ausnahmen in das B. übernommen.

Bundeszwang, in Dtl. Zwangsmaßnahmen, die die Bundesreg. mit Zustimmung des Bundesrats treffen kann, um ein Land zur Erfüllung seiner ihm gegenüber dem Bund obliegenden Pflichten anzuhalten (Art. 37 GG).

Bund für Umwelt und Naturschutz Deutschland e.V., Abk. **BUND,** 1975 gegründete, unabhängige private Umweltschutzorganisation, Bundesgeschäftsstelle: Berlin. Der BUND ist als Naturschutzverband staatlich anerkannt und hat (2006) über 390 000 Mitglieder und Förderer; setzt sich u.a. für den Ausbau regenerativer Energien, für den Naturschutz, für Müllvermeidung und für eine ökolog. Landwirtschaft ein.

Bund-Future [-ˈfjuːtʃə, engl.] *der,* Terminkontrakt auf eine fiktive dt. Bundesanleihe mit einem Nominalzinssatz von 6 % und einer Restlaufzeit von 8 bis 10 Jahren. Jeder Kontrakt hat einen Wert von 100 000 €; die Kursnotierung erfolgt in Prozent vom Nominalwert.

Bundhaube, im MA. haubenartig über dem Haar gebundene männl. Kopfbedeckung; ihre Weiterentwicklung im 15. Jh. ist die von Männern und Frauen getragene →Kalotte.

Bundhose, →Kniebundhose.

bündig, 1) in ein und derselben Ebene liegend, nicht überstehend; 2) überzeugend, schlüssig.

bündische Jugend, 1923 aufgekommene Sammelbez. für die politisch und konfessionell nicht festgelegten Bünde der freien →Jugendbewegung, die von keinem zweckbestimmten Altersverband abhängig waren. Da die b. J. im »Reichsausschuss der dt. Jugendverbände« trotz ihrer geringen Zahl (etwa 50 000 Mitgl.) die aktivste Gruppe bildete, wurde sie 1933 als erste von der NSDAP verboten. Nach 1945 bildeten sich aus der b. J. der »Freideutsche Kreis« und die »Ludwigstein-Vereinigung«.

Bundling [ˈbʌndlɪŋ, engl.] *das,* der Verkauf mehrerer separater Produkte im »Paket« zu einem Gesamtpreis, der i.d.R. unter den jeweiligen Einzelpreisen liegt; z.B. Mobiltelefon und Netznutzungsvertrag oder Computer und Anwendungsprogramme als Teil eines Hardware-Software-Pakets (B.-Software).

Bündner Fleisch, Engadiner Fleisch, leicht gepökeltes und an der Luft getrocknetes, dadurch sehr haltbares Rindfleisch ohne Fett und Sehnen, bes. im schweizer. Kt. Graubünden hergestellt.

Bündnerromanisch, →rätoromanische Sprache.

Bündner Wirren, →Graubünden (Geschichte).

Bündnis, Allianz, Föderation, *Völkerrecht:* der i.d.R. auf einem Vertrag beruhende Zusammenschluss zweier oder mehrerer Staaten zur Verfolgung

Bungee-Jumping

eines gemeinsamen außenpolit. Zieles (z. B. NATO). Im Unterschied zu einer engeren Staatenverbindung, bes. dem Staatenbund, haben bei einem B. dessen Organe keine selbstständige Handlungsvollmacht.

Bündnis 90, Wahlbündnis von Bürgerbewegungen der DDR (»Neues Forum«, »Demokratie jetzt«, »Initiative Frieden und Menschenrechte«), am 7. 2. 1990 entstanden, errang bei den Wahlen zur Volkskammer am 18. 3. 1990 zwölf Sitze und bildete bis zum 2. 10. 1990 unter dem Namen **Bündnis 90/Grüne** mit der Grünen Partei und dem Unabhängigen Frauenverband (UFV) eine gemeinsame Fraktion in der Volkskammer. Als Wahlbündnis, das bei den ersten gesamtdt. Wahlen am 2. 12. 1990 nach der modifizierten Fünfprozentklausel 5,9 % der Stimmen im Wahlbereich Ost gewann, verfügte B. 90/Grüne 1990–94 über eine parlamentar. Gruppe im Dt. Bundestag. Nachdem sich 1991 Die Grünen auf gesamtdt. Ebene konstituiert hatten, schlossen sich B. 90 und Die Grünen 1993 zus. zur Partei →Bündnis 90/Die Grünen.

Bündnis 90/Die Grünen, polit. Partei, gegr. Mai 1993, entstanden aus dem Zusammenschluss von Bündnis 90 und der Partei Die Grünen, strebt programmatisch – über die Ziele ihrer Gründungsparteien hinaus – einen »fairen Lasten- und Interessenausgleich zw. West- und Ostdtl.« an. Auf Bundesebene wird B. 90/D. G. nach außen von zwei gleichberechtigten Sprechern repräsentiert, seit Dez. 2002 Reinhard Bütikofer (*1953) und Angelika Beer (*1957), die im Okt. 2004 von C. Roth abgelöst wurde.

Die Partei B. 90/D. G. ist seit den Bundestagswahlen von 1994 im Dt. Bundestag vertreten (Fraktionsvors. ab 2005: Renate Künast und F. Kuhn). Unter J. Fischer als Vizekanzler und Außenmin. trug die Partei von Okt. 1998 bis Nov. 2005 in Koalition mit der SPD die Reg.-Verantwortung in Dtl. (2002 bestätigt, Abwahl 2005). Die Partei ist innerhalb der Fraktion Grüne/Freie Europ. Allianz im Europaparlament vertreten und gehört der 2004 gegründeten Europ. Grünen Partei an.

Bündnis Zukunft Österreich, Abk. **BZÖ,** österr. Partei, gegr. 2005 als Abspaltung von der →Freiheitlichen Partei Österreichs (FPÖ).

Bundschuh, ein Stück Leder, durch Riemen um den Knöchel befestigt, als Schuh schon von den Germanen, später von den dt. Bauern getragen; in der Zeit von 1493 bis 1517 Sinnbild, Feldzeichen und Name aufständ. Bauernbünde bes. in SW-Deutschland (Organisator: Joß Fritz).

Bundsteg, *Buchherstellung:* der zw. zwei Kolumnen liegende, unbedruckt bleibende Raum, der nach dem Falzen am (Buch-)Rücken liegt.

Bungalow [-lo, angloind.] *der,* urspr. leicht gebautes einstöckiges Haus von Europäern in trop. Gebieten; heute allg. einstöckiges Wohn- oder Sommerhaus, häufig mit Flachdach.

Bungee-Jumping [ˈbʌndʒɪdʒʌmpɪŋ, engl.] *das, Extremsport:* durch ein Seil gesicherter Sturz kopfüber aus großer Höhe (ab 50 m aufwärts), wobei das Gummiseil, mit dem der Springer durch abgepolsterte Fußschlaufen oberhalb der Knöchel verbunden ist, ein federndes Auspendeln bewirkt. Varianten des B. sind **Helikopter-B.-J.,** bei dem der Sturz aus einem Hubschrauber erfolgt, und – in Umkehrung des Bungee-Effektes – **Hot-Rocket-Bungee,** bei dem der Betreffende vom Boden aus von einem straff gespannten Seil katapultartig nach oben geschossen wird und dann an einem Kranausleger auspendelt.

Bunin, Iwan Alexejewitsch, russ. Schriftsteller, *Woronesch 22. 10. 1870, †Paris 8. 11. 1953; stellte in seinen Werken (»Das Dorf«, 1910; »Ein Herr aus San Francisco«, 1916; »Arsenjews Leben«, 1930) v. a. das ländl. Russland (Rückständigkeit, Verfall des Adels) dar; später zahlr. Gestaltungen des Todesthemas; emigrierte 1920 nach Frankreich; erhielt 1933 als erster russ. Schriftsteller den Nobelpreis für Literatur.

Bunker [engl.], **1)** *Golf:* Hindernis; mit Sand gefüllte, meist vertiefte Bodenfläche.

2) *Lagertechnik:* 1) ortsfestes Lager für Schüttgut; 2) großer Behälter für Kraftstoffe und flüssige Ladung auf Schiffen, heute meist Tank genannt.

3) *Militärwesen:* meist unterird. Schutzanlage, vorwiegend aus Beton, Stahlteilen u. Ä. errichtet, für militär. Zwecke oder die Zivilbevölkerung.

Bunraku *das,* **Ningyo-Jōruri,** eine der jap. Formen des Puppentheaters Anfang des 17. bis zum 18. Jh., gehört zu den traditionellen Bühnenkünsten Japans (→japanisches Theater).

Bunsen, 1) Christian Karl Josias Freiherr von (seit 1858), preuß. Diplomat und Theologe, *Korbach 25. 8. 1791, †Bonn 28. 11. 1860; 1824–38 Vertreter beim Hl. Stuhl, gründete die dt. ev. Gemeinde und beteiligte sich an der Gründung des Dt. Archäologischen Instituts in Rom. 1830 erwirkte er das Breve für die Mischehen. 1852 unterzeichnete er das Londoner Protokoll über Schleswig-Holstein. Im Krimkrieg befürwortete B. eine Annäherung Preußens an die Westmächte und wurde deshalb 1854 in den Ruhestand versetzt.

2) Robert Wilhelm, Chemiker, *Göttingen 30. 3. 1811, †Heidelberg 16. 8. 1899; Prof. in Marburg (1839–50), Breslau und Heidelberg (1852–89); begründete die Jodometrie (→Oxidimetrie), die Gasanalyse sowie die physikal. Chemie in Dtl., erfand das galvan. B.-Element und stellte damit erstmalig größere Mengen Aluminium und Magnesium her. Weiterhin untersuchte er →Kakodylverbindungen, erfand den →Bunsenbrenner, das Eiskalorimeter, ein Dampfkalorimeter, die Wasserstrahlpumpe und das B.-Ventil. 1859 entwickelte er mit G. R. Kirchhoff die →Spektralanalyse, mit deren Hilfe sie die Elemente Cäsium und Rubidium entdeckten.

Bunsenbrenner, ein Laboratoriums-Gasbrenner, von R. W. Bunsen 1855 entwickelt; besteht aus einem kurzen Rohrstück, in dem das Gas emporströmt und dabei durch regulierbare Öffnungen die Verbrennungsluft ansaugt. Im bläul. Innenkegel (Reduktions-

Bündnis 90/Die Grünen

Iwan Bunin

Robert Bunsen

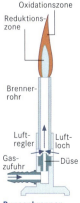
Bunsenbrenner

Buntbarsche: Schmetterlingsbuntbarsch

zone) beträgt die Temperatur 300 °C, im äußeren Flammenkegel (Oxidationszone) bis zu 1 500 °C.

Buntbarsche, Cichlidae, artenreichste Familie (über 600 Arten) der Barschfische, die bes. in den Gewässern der trop. und subtrop. Gebiete Südamerikas, Afrikas und Kleinasiens vorkommen. Die B. sind bis 80 cm große Süßwasserfische, die z. T. Brutpflege betreiben; die afrikan. Tilapia-Arten sind →Maulbrüter. Viele der kleineren B. sind beliebte Aquarienfische, z. B. der Zwerg- und der Schmetterlings-B. sowie der Pfauenaugenbuntbarsch.

Buntblättrigkeit, →Panaschierung.

Buntkäfer, Cleridae, räuber., oft bunt gefärbte Käfer, z. B. der bis 1 cm lange Ameisen-B. (Thanasimus formicarius).

Buntkupferkies, das Mineral →Bornit.

Buntmetalle, Nichteisenmetalle wie Kupfer, Blei, Zinn und ihre Legierungen; abgeleitet von der Farbe der Erze.

Buntnessel, Buntlippe, Coleous, Lippenblütlergattung mit über 200 Arten in Afrika und im trop. Asien, einige liefern kartoffelähnlich schmeckende, stärkereiche Knollen. Buntblättrige Formen werden als Garten- oder Zimmerpflanzen kultiviert.

Buntsandstein, Geologie: regionale lithostratigraf. Bez. für die Untere und Mittlere Trias des German. Beckens, meist roter Sandstein, in Dtl. in bis zu 1 000 m mächtigen Schichten weit verbreitet, als Baumaterial geschätzt, aber witterungsanfällig, ergiebiger Grundwasserträger.

Buntspecht, Art der →Spechte.

Buntstickerei, 1) ausgesteckte Motive mit farbigen Garnen, einfarbig oder mehrfarbig; auf zählbarem (z. B. Stramin) oder nicht zählbarem Grundstoff, zur Kantenverzierung werden der Hexen-, Zopf-, Fischgrat- und Bäumchenstich benutzt; 2) Motive mit silbernen und goldenen Metallfäden sowie Bouillonstickerei; 3) Aufnähen von Pailletten, Perlen, Strass- und Perlmutterscheibchen; 4) Teppichstickerei mit aus dem Orient übernommenen typ. Stichen.

Buntwurz, die Pflanzengattung →Kaladie.

Luis Buñuel

Buñuel [buˈɲu̯el], Luis, span. Filmregisseur, *Calanda (Prov. Ternel) 22. 2. 1900, †Mexiko 29. 7. 1983; schuf zunächst (mit S. Dalí) surrealist., später (groteske) kultur- und gesellschaftskrit. Filme, häufig mit Schockwirkungen, auch mit vieldeutiger symbol. Verschlüsselung. – Filme: Ein andalus. Hund (1928); Das goldene Zeitalter (1930); Viridiana (1961); Der Würgeengel (1962); Tagebuch einer Kammerzofe (1964); Belle de jour (1967); Der diskrete Charme der Bourgeoisie (1972); Dieses obskure Objekt der Begierde (1977). – Erinnerungen: Mein letzter Seufzer (1982).

Bunyan [ˈbʌnjən], John, engl. Schriftsteller, *Elstow (bei Bedford) 28. 11. 1628, †London 31. 8. 1688; war Laienprediger; schrieb mit »Die Pilgerreise« (1678–84) eines der erfolgreichsten Bücher der engl. Literatur und eines der meistübersetzten Werke der Weltliteratur. In allegor. Gewand schildert B. den Weg des Christen durch alle Gefahren und Leiden des Lebens bis zur himml. Stadt.

Bunyoro, Königreich im W von Uganda, am Albertsee; 1967 zwangsweise aufgelöst, 1993 wieder errichtet.

Bunzlau, dt. Name der poln. Stadt →Bolesławiec.

Buochs, Gem. im Kt. Nidwalden, Schweiz, am Vierwaldstätter See, 5 100 Ew.; Seidenweberei, Parketherstellung, Holzverarbeitung. Im S das Buochser Horn (1 807 m ü. M.); Fremdenverkehr.

Buon, Bon, Bono, aus Bergamo stammende Baumeister- und Bildhauerfamilie in Venedig. – Bartolomeo d. Ä. (*um 1400, †vor 1467) war mit seinem Vater Giovanni B. (*um 1360, †um 1443) der führende Bildhauer und Baumeister der Übergangszeit von der Spätgotik zur Frührenaissance in Venedig (u. a. architektonische Ausschmückung der Ca' d'Oro).

Buonaparte, ital. Namensform für →Bonaparte.

Buonarroti, Michelangelo, →Michelangelo.

Buontalenti, Bernardo, gen. **Timante, B. delle Girandole,** ital. Baumeister, Maler, Bildhauer, *Florenz 1523 oder 1531, †ebd. 6. 6. 1608; entfaltete in der Formensprache des florentin. Manierismus und Frühbarock eine umfassende Bautätigkeit im Dienst der Großherzöge von Toskana; in Florenz u. a. Ausbau der Uffizien (um 1580), des Palazzo Vecchio (1588), Grotte des Boboli-Gartens (1583 ff.), Fassade von Santa Trinità (1593).

Buphthalmus [griech., eigtl. »Ochsenauge«] der, **Hydrophthalmus,** angeborenes Glaukom (grüner Star); Symptome sind trübe Hornhaut und vergrößertes Auge. B. führt unbehandelt zur Erblindung.

Burano, Insel in der Lagune von Venedig, 5 000 Ew.; Spitzenherstellung, Fischerei.

Burbach, Gemeinde im Kr. Siegen-Wittgenstein, NRW, am N-Rand des Westerwaldes, 15 000 Ew.; Fremdenverkehr, Siegerlandflughafen mit Flugschule, Holzverarbeitung, vielfältige Stahl- und Maschinenind., Kunststoffverarbeitung, Elektroindustrie.

Burbage [ˈbəːbɪdʒ], Richard, engl. Schauspieler und Theaterunternehmer, *Shoreditch (heute zu London) 1567, †London 13. 3. 1619; gründete 1599 das Globe Theatre; spielte als Erster Shakespeares Hamlet, Lear und Othello.

Burckhardt, 1) Carl, schweizer. Bildhauer, Maler und Zeichner, *Lindau (bei Zürich) 13. 1. 1878, †Ligornetto (Kt. Tessin) 24. 12. 1923; schuf, inspiriert von der archaischen Kunst Griechenlands, v. a. Großplastiken (u. a. die Bronzeplastik »Amazone« [1921–23] auf der Rheinbrücke in Basel) und Brunnen.

2) Carl Jacob, schweizer. Politiker, Historiker und Essayist, *Basel 10. 9. 1891, †Vinzel (Kt. Waadt) 3. 3. 1974; seit 1927 Prof. in Zürich, 1932 in Genf, bemühte sich als Völkerbundskommissar in Danzig (1937–39) vergeblich, den Ausbruch des Krieges zu verhindern. Als Gesandter in Paris (1945–49) und Präs. des Internat. Roten Kreuzes (1944–48) wirkte B. erneut für den europ. Gedanken. 1954 erhielt er den Friedenspreis des Dt. Buchhandels. – Werke: Richelieu, 4 Bde. (1935–67); Meine Danziger Mission. 1937–1939 (1960).

Jacob Burckhardt

3) Jacob, schweizer. Kultur- und Kunsthistoriker, *Basel 25. 5. 1818, †ebd. 8. 8. 1897; war 1858–93 Prof. in Basel. In seinem Werk »Die Zeit Constantin's des Großen« (1853) deutete B. den Untergang der antiken Kultur. In »Cicerone« (1855) gab er eine Anleitung zum Verständnis der Kunstwerke Italiens. Sein Hauptwerk, die »Cultur der Renaissance in Italien« (1860), zeigt in großartiger Gesamtschau das Bewusstwerden des Individuums in dieser Zeit. Seine »Geschichte der Renaissance in Italien« (1868, erweitert ²1878) beschränkte sich auf die Baukunst. Aus dem Nachlass erschienen: »Griechische Kulturgeschichte«, 4 Bde. (1898–1902) und »Weltgeschichtliche Betrachtungen« (1905).

Burdach, Konrad, Germanist, *Königsberg (Pr) 29. 5. 1859, †Berlin 18. 9. 1936; 1887 Prof. in Halle, seit 1902 Mitgl. der Akademie der Wiss.en in Berlin; Vertreter einer stil- und geistesgeschichtl. Forschung in der Literatur- und Sprachwiss.: »Reinmar der Alte und Walther von der Vogelweide« (1880); »Vom MA. zur Reformation« (1893).

Burda-Gruppe, Hubert Burda Media Holding GmbH & Co. KG, Medienkonzern, gegr. 1908 als Druck- und Verlagsunternehmen, Sitz: Offenburg; Standorte: München, Offenburg, Berlin. Die B.-G. gehört zu den führenden Zeitschriftenanbietern in Dtl. (»Bunte«, »Burda Modemagazin«, »Elle«, »Focus«, »Freundin«, »Playboy«, »Super Illu«) und anderen Ländern; 2004 vollständige Übernahme der Verlagsgruppe Milchstraße mit Titeln wie »Amica«, »Cinema«, »Max«, »TV Spielfilm«; ferner Druckunternehmen, Beteiligungen an privaten Hörfunk- und Fernsehsendern.

Bureja die, linker Nebenfluss des Amur, in Russland, 623 km lang, durchfließt das **B.-Kohlenbecken** und die **Seja-B.-Ebene.**

Buren [niederländ. boeren »Bauern«], **Afrikaner, Afrikaander,** Nachkommen der seit 1652 in Südafrika eingewanderten niederländ. und dt. Siedler; heute bed. Teil der weißen Minderheit. Sie bewahrten bis heute ihre Sitten, Sprache (→ Afrikaans) und die Traditionen der niederländisch-reformierten Kirche. (→ Burenkrieg; → Südafrika, Geschichte)

Buren [by'rẽ], Daniel, frz. Installations- und Konzeptkünstler, Kunsttheoretiker, * Boulogne-sur-Seine (heute Boulogne-Billancourt) 25. 3. 1938; Vertreter der analyt. Malerei. Anfangs bemalte er Leinwand, später bedruckten Markisenstoff und farbiges Papier, dann transparente bzw. reflektierende Materialien und am Ort vorgefundene Objekte.

Büren, Stadt im Kr. Paderborn, NRW, am N-Rand des Sauerlandes, 22 700 Ew.; Westfäl. Schule für Gehörlose und Schwerhörige; Metall und Kunststoff verarbeitende u. a. Industrie; im Stadtteil Ahden Flughafen Paderborn-Lippstadt. – Spätroman. Nikolaikirche (13. Jh.), Jesuitenkirche (1754–71) mit Kolleg (1719–28).

Burenkrieg, Südafrikanischer Krieg, der Krieg 1899–1902 zw. Großbritannien, das in Afrika ein zusammenhängendes Kolonialreich »vom Kap bis nach Kairo« errichten wollte, und den Burenstaaten in Südafrika (Transvaal und Oranjefreistaat), die ihre Selbstständigkeit verteidigten. Die Buren belagerten zunächst Ladysmith, Kimberley und Mafeking, unterlagen jedoch dann den von F. Sleigh Roberts und H. H. Kitchener geführten brit. Truppen. Die von den Buren erhoffte Intervention der europ. Mächte, bes. Dtl.s (→ Krügerdepesche), blieb aus. Nach der Kapitulation des Burengenerals Pieter Arnoldus Cronje am Paardeberg (27. 2. 1900) leisteten die Buren im Kleinkrieg noch fast zwei Jahre Widerstand. Die Briten führten zur Abwehr das Blockhaussystem ein, mit dessen Hilfe sie die Verkehrswege sicher beherrschten. Durch Abbrennen der Farmen, Vernichtung der Viehherden und Einweisung der Frauen und Kinder in Konzentrationslager wurde der Widerstandswille der Buren gebrochen. Sie unterwarfen sich im **Abkommen von Vereeniging** (31. 5. 1902).

Bürette [frz.] die, Chemie: mit einem Hahn verschließbares Glasrohr mit geeichter Skala, das v. a. in der → Maßanalyse zum Bestimmen kleiner Flüssigkeitsmengen dient.

Burg, ein wehrhafter Bau, i. e. S. verteidigungsfähiger Wohnsitz **(Wohn-B.)** des Adels seit etwa 900 bis zum Ende des MA. Eine **Höhen-B.** ist auf einer beherr-

Burg: Talrandburg; die Burg Querfurt, Sachsen-Anhalt (erbaut im 10.–15. Jh); Teilansicht vom Rondell der Südbastion, mit Trockengraben und äußerem Bering

schenden Höhe gelegen, eine **Wasser-B.** von natürl. Gewässern oder Wassergräben umgeben, eine **Felsen-** oder **Höhlen-B.** in Fels gebaut; im Flachland gelegen ist die meist regelmäßig angelegte **Tiefen-B.** (auch **Niederungs-B.**) in versch. Formen: **Tal-B.** (Sonderform: **Talrand-B.**), **Ufer-B., Hafen-B., Insel-B.** und die **Wasser-B.** Die **Flucht-B.** wurde nur bei Gefahr aufgesucht. Die **Zwing-B.** diente zur Beherrschung eines unterworfenen Gebietes, die **Trutz-B.** zur Überwachung oder Belagerung einer gegner. Burg.

Für den **Burgenbau** im Abendland brachten die Kreuzzüge Einflüsse aus Byzanz und dem Orient. Aufbau: Die gesamte Anlage wird von einer **Ringmauer** umschlossen, über die der **Wehrgang** läuft. Die entlang ihrer Innenseite errichteten Gebäude umgeben den **B.-Hof.** Wenn die Ringmauer durch eine zweite, äußere Mauer gesichert ist, entsteht zw. beiden ein Umgang, der **Zwinger,** der sich zu einer **Vor-B.** erweitern kann. Torgraben, Zugbrücke, Torbau mit Fallgitter oder Turmpaar an den Flanken, oft auch ein **Vorwerk** (Barbakane), schützen das Tor. Den Kern der dt. B. bildet ein starker Turm, der **Bergfried,** der im

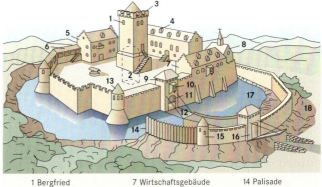

1 Bergfried
2 Verlies
3 Zinnenkranz
4 Palas
5 Kemenate (Frauenhaus)
6 Vorratshaus
7 Wirtschaftsgebäude
8 Burgkapelle
9 Torhaus
10 Pechnase
11 Fallgitter
12 Zugbrücke
13 Wachturm
14 Palisade (Pfahlzaun)
15 Wartturm
16 Burgtor
17 Ringgraben
18 Torgraben

Burg: schematische Darstellung einer Burganlage

Burg: Höhenburg; die Marksburg über der Stadt Braubach, Rhein-Lahn-Kreis (13.–18. Jh.)

Burg
Stadtwappen

Burgenland
Landeswappen

Notfall die letzte Zuflucht war: Über dem gewölbten, fenster- und türlosen Untergeschoss, das als **B.-Verlies** (Gefängnis) diente, befindet sich im 1. Obergeschoss eine kleine Öffnung (durch eine Leiter erreichbar). An Wohnbauten besaß eine kleinere dt. B. meist nur den **Palas** mit dem großen Saal im Obergeschoss und kleineren, z. T. heizbaren Wohngemächern (Kemenaten und Gaden). Fast jede B. hatte eine **B.-Kapelle.** In den roman. Ländern und in England wurden alle für Wirtschaft und Wohnen nötigen Räume in einem turmartig hohen Bau vereinigt, der sich frei inmitten eines durch Ringmauer und Graben umwehrten Hofes erhebt. Dieser **Wohnturm** heißt in Frankreich Donjon, in England Keep oder Keeptower. – Die **Ordens-B.** der geistl. Ritterorden war als Wohnsitz der Rittermönche eine Verbindung von B. und Kloster. Daneben gab es **Kirchen-B.** bzw. **Wehrburgen.** Christl. Kreuzfahrer errichteten im östl. Mittelmeerraum und in Kleinasien **Kreuzfahrerburgen.** Seit dem Ende des 14. Jh. führte die Vervollkommnung der Feuerwaffen zu Neuerungen im Burgenbau, bis die B. ihren Wert als sichere Zuflucht verlor, als Wohnsitz aufgegeben wurde und verfiel oder sich nach einer schon im MA. begonnenen Entwicklung zum Schloss wandelte.

In Japan entstanden zw. 1576 und 1610 befestigte B. unter europ. Einfluss. B.-Städte entstanden um 1600; sie entsprachen in ihrer räuml. Ordnung der sozialen Pyramide.

Burg, Krst. des Kreises Jerichower Land, Sa.-Anh., am O-Rand der Elbniederung, am Elbe-Havel-Kanal (Hafen), 24 600 Ew.; Knäckebrot-, Papierfabrik, Aluminiumpress-, Beschichtungswerk, Kran-, Förderanlagen-, Holz-, Leuchtenbau u. a. – Unterkirche (Nikolaikirche; 12. Jh.), Oberkirche (Liebfrauenkirche; 14./15. Jh.). – B., urkundl. 946 erwähnt, gehörte bis 1635 zum Erzstift Magdeburg, bis 1688 dann zu Kursachsen.

Burgas, Hptst. des Gebiets B. in Bulgarien, am Schwarzen Meer, 193 000 Ew.; Univ., Handels-, Fischerei-, Erdölhafen; petrochem., Textil-, Maschinenbauind., Werften; internat. Flughafen; Seebad.

Burg auf Fehmarn, ehem. Stadt auf der Insel Fehmarn, seit 2003 Teil der Stadt Fehmarn, Kr. Ostholstein, Schlesw.-Holst., 6 200 Ew.; B. auf F. ist wirtsch. und kultureller Mittelpunkt der Insel; Hafen in **Burgstaaken** am Burger Binnensee; Heilbad und Ferienzentrum **Burgtiefe.** – Nikolaikirche (12. Jh.); seit 1329 als Stadt bezeugt.

Burgdorf, 1) Stadt in der Region Hannover, Ndsachs., 30 000 Ew.; Elektrotechnik, Büroartikelherstellung, Kunststoff- und Metallverarbeitung. – Wurde im 15. Jh. Stadt.

2) Stadt und Bezirkshauptort im Kt. Bern, Schweiz, 14 700 Ew., Marktort am Eingang ins Emmental; Technikum; Landmaschinenbau, Elektronik, fotochem., Textil- und Verpackungsind., Käsereien. – Burg (12. Jh., mit Museum), spätgot. Kirche; B. erhielt 1273 Stadtrecht.

Bürge, jemand, der für andere haftet (→Bürgschaft).

Bürgel, Stadt im Saale-Holzland-Kreis, Thür., 3 300 Ew.; Keramikmuseum, Heimatmuseum; bekannt durch seine blau-weißen Töpferwaren. – Nahebei die in Teilen ruinöse Kirche des ehem. Benediktinerklosters Thalbürgel (2. Hälfte 12. Jahrhundert).

Burgenland, Bundesland Österreichs, 3 965 km², (2006) 279 400 Ew. (davon rd. 78 % kath., rd. 12,6 % ev.); umfasst die Bezirke Eisenstadt-Umgebung, Güssing, Jennersdorf, Mattersburg, Neusiedl am See, Oberpullendorf und Oberwart sowie die Städte mit eigenem Statut Eisenstadt und Rust (Freistädte). Hptst. ist Eisenstadt. – Das B. grenzt im O an Ungarn, im S an Slowenien. Eine nur 4 km breite Einengung (westlich der ungar. Stadt Sopron) scheidet das B. in zwei Teile: Der S ist ein waldreiches Berg- und Hügelland mit Obst- und Weinbau (Günser Gebirge; Geschriebenstein 884 m ü. M.); im N erstreckt sich eine fruchtbare Ebene um den →Neusiedler See, im NW grenzen Leitha und Leithagebirge (Gneisrücken, im Sonnenberg 483 m ü. M.) an NÖ. Das Klima ist kontinental geprägt mit heiß-trockenen Sommern und schneearmen Wintern. Neben der zu 90,3 % deutschsprachigen Bev. gibt es ungar. (2,5 %) und kroat. (7 %) Minderheiten.

Wirtschaft: Das B. ist vorwiegend Agrarland (Weizen, Roggen, Mais, Futterpflanzen, Zuckerrüben), bed. ist der Weinbau (u. a. in der Umgebung von Rust) und der auf die Versorgung von Wien ausgerichtete Obst- und Gemüseanbau; Nahrungs- und Genussmittel-, Textil-, Schmuckstein- (Edelserpentin), Elektroind., Maschinenbau, chem. Betriebe; Fremdenverkehr, v. a. am Neusiedler See.

Verfassung: Laut Landesverf. vom 14. 9. 1981 liegt die gesetzgebende Gewalt beim Landtag (36 Abg., für 5 Jahre gewählt) und die vollziehende Gewalt bei der von ihm gewählten Landesreg. (7 Mitgl.).

Geschichte: Der Name B., seit 1920 amtlich, leitet sich von der Namensendung der ungar. Komitate Wieselburg, Ödenburg, Eisenburg her. Im 11. bis 13. Jh. kamen dt. Siedler in das zum Königreich Ungarn gehörige B.; 1919 wurde das B. Österreich zugesprochen. 1921 nahm Österreich vom B. Besitz, allerdings blieb die Stadt Ödenburg (Sopron) nach einer nicht einwandfreien Volksabstimmung (14. 12. 1921) bei Ungarn. 1938–45 zw. NÖ (dt. Reichsgau Niederdonau) und Steiermark geteilt (Süd-B.), wurde das B. 1945 wiederhergestellt (1945–55 sowjetisch besetzt). 1946–64 stellte die ÖVP den Landeshauptmann, seitdem die SPÖ (ab 2005 in absoluter Mehrheit); am 28.12.2000 übernahm Hans Niessl das Amt.

Burgenlandkreis, Landkreis in Sa.-Anh., 1041 km², 132 900 Ew.; Kreisstadt ist Naumburg (Saale).

Bürgenstock, Felsenkamm (Aussichtsberg, 1128 m ü. M.) am Südufer des Vierwaldstätter Sees, Schweiz, gehört zu Luzern, der anschließende Rücken zum Kt. Nidwalden; Standseilbahn.

Burger, Hermann, schweizer. Schriftsteller, * Menziken (Kt. Aargau) 10. 7. 1942, † (Selbsttötung) Brunegg (Kt. Aargau) 28. 2. 1989; schrieb sprachvirtuose Erzählwerke, u. a. »Schilten« (1976), »Diabelli« (1979), »Die künstl. Mutter« (1982) und »Der Schuß auf die Kanzel« (1988), in deren Mittelpunkt häufig körperlich-seelisch Kranke sowie die Themen Identität, Sprache und Tod stehen. Unvollendet blieb der auf vier Teile angelegte Roman »Brenner« (Bd. 1 »Brunsleben« hg. 1989, Bd. 2 als Fragment »Menzenmang« hg. 1992). B. verfasste auch Lyrik (»Rauchsignale«, 1967) und Essays (»Ein Mann aus Wörtern«, 1983).

Bürger, früher meist nur der freie, vollberechtigte Einwohner (lat. **civis, urbanus**) einer Stadt, im Unterschied zu den Unfreien, Halbfreien, Beisassen, unter Sonderrecht stehenden Gästen u. Ä.; das B.-Recht war eine erwerbbare und verleihbare Rechtsstellung (→Bürgertum). Das Wort B., frz. **citoyen**, ist seit der Frz. Revolution gleichbedeutend mit Staats-B. (→Staatsangehörigkeit, →Wahlrecht).

Bürger, **1)** Gottfried August, Schriftsteller, * Molmerswende (Landkreis Mansfelder Land) 31. 12. 1747, † Göttingen 8. 6. 1794; wurde 1772 Justizamtmann in Altengleichen bei Göttingen, 1789 Prof. der Ästhetik in Göttingen. Zu seinen Schülern zählte A. W. Schlegel. – B. gab v. a. durch seine »Lenore« (1773) der dt. Ballade den Rang hoher Poesie (ferner u. a. »Das Lied vom braven Mann«, »Der wilde Jäger«), wobei sein Ziel die Vereinigung von Bildungs- und Volksdichtung, Kunst- und Naturpoesie war. Er beförderte die Shakespeare-Rezeption (Prosaübersetzung des »Macbeth«, 1782) und übertrug die »Wunderbaren Reisen des Freiherrn von Münchhausen« (1786) nach einer engl. Vorlage R. E. Raspes erweitert ins Deutsche zurück.

2) Max, Internist, * Hamburg 16. 11. 1885, † Leipzig 5. 2. 1966; war ab 1931 Prof. in Bonn, 1937–57 in Leipzig; begründete die neuzeitl. Geriatrie (»Altern und Krankheit«, 1947).

Bürger|antrag, in der Mehrzahl der Gemeindeordnungen das Recht der Bürgerschaft zu beantragen, dass der Gemeinderat eine bestimmte, den gemeindl. Wirkungskreis betreffende Angelegenheit behandelt. Ein B. verpflichtet die gemeindl. Gremien, die Angelegenheit innerhalb von drei Monaten zu behandeln. Vom B. sind **Bürgerentscheid** und **Bürgerbegehren** zu unterscheiden. Der Bürgerentscheid ist durchzuführen, wenn der Gemeinderat mit der Mehrheit der Stimmen aller Mitgl. beschließt, eine wichtige Gemeindeangelegenheit der Entscheidung der Bürger zu unterstellen. Mit dem Ziel, über wichtige Gemeindeangelegenheiten die Bürgerschaft entscheiden zu lassen, können auch die Bürger mittels eines Bürgerbegehrens den Bürgerentscheid beim Gemeinderat beantragen.

Bürgerbeauftragter, 1) *Europarecht:* vom Europ. Parlament ernannter Beauftragter, der befugt ist, Beschwerden von jedem EU-Bürger oder von jeder natürl. oder jurist. Person mit Wohnort oder Sitz in einem EU-Staat über Missstände bei der Tätigkeit der Organe oder Institutionen, mit Ausnahme des Gerichtshofs und des Gerichtshofs erster Instanz in Ausübung ihrer Rechtsprechungsbefugnisse, entgegenzunehmen (Art. 195 EG-Vertrag).

2) *Staatsrecht:* →Ombudsmann.

Bürgerbewegung, zusammenfassende Bez. für versch. Gruppierungen und Vereinigungen engagierter Bürger, die mit Forderungen nach Einflussnahme auf die polit. Willensbildung außerhalb parlamentar. Institutionen und mit krit. Diskussionsangeboten auf gesellschaftl. Defizite, bes. bezüglich der Bürgerrechte, hinweisen und unter Wahrnehmung von Bürgerverantwortung Veränderungen anmahnen. – I. e. S. werden als B. die in einem breiten polit. Spektrum von liberal-demokratisch bis (links-)alternativ orientierten oppositionellen bzw. informellen Gruppen verstanden, die sich in den sozialist. Staaten Mittel- und Osteuropas, v. a. seit den 1970er-/80er-Jahren, herausbildeten. Von den diktator. Regimen scharf bekämpft und oft in den konspirativen Untergrund bzw. in die Illegalität gedrängt (»Dissidenten«), entstanden diese auf vielfältige Weise polit. →Widerstand leistenden Gruppen nicht selten aus kleineren, isolierten Freundeskreisen bzw. Minderheiten- und Intellektuellenzirkeln, zunächst auf lokaler Ebene und z. T. unter dem »Dach« der Kirchen. Unter Berufung auf die KSZE-Schlussakte von Helsinki (1975) forderten sie die Beachtung der in den nat. Verfassungen formell verankerten Menschen- und Bürgerrechte; am bekanntesten wurde die Gruppe →Charta 77. Ab den 1980er-Jahren verbreitete sich die Oppositionskultur durch eine Vielfalt von unabhängigen Basisgruppen, allerdings ohne Massenwirkung. Eine polit. Vorreiterrolle erlangte bald →Solidarność in Polen (ab 1980); in der DDR vertrat die »Initiative Frieden und Menschenrechte« (ab 1985/86) als erste informelle Gruppe umfassendere polit. Konzeptionen. Im Herbst 1989 wurden die nun v. a. polit. Reformen und freie Wahlen fordernden B. zum Kristallisationskern von Demokratiebewegungen, die schließlich den Sturz der kommunist. Regime herbeiführten, in der DDR v. a. das →Neue Forum. Nach den polit. Umbrüchen 1989/91 verloren die B. Mobilisierungskraft und Einfluss. (→Bürgerrechtsbewegung)

Bürgerforum, tschech. **Občanské Fórum,** Abk. **OF,** Bürgerrechtsgruppe in der →Tschechoslowakei, gegr. am 19. 11. 1989, u. a. aus der »Charta 77« hervorgegangen; war Kristallisationspunkt und Sprachrohr der Demokratiebewegung in der »sanften Revolution«; Mitbegründer und Sprecher: V. Havel. Seit Juni 1990 mit seiner slowak. Partnerorganisation **Öffentlichkeit gegen Gewalt** (slowak. Abk. VPN) Reg.-Partei, zerfiel das B. 1991 in drei selbstständige polit. Parteien, darunter die rechtskonservative **Demokrat. Bürgerpartei** (tschech. Abk. ODS; 1992–98 Reg.-Partei in der Tschech. Rep.; Repräsentant: V. Klaus).

Bürgerfunk, Bürgerrundfunk, →offener Kanal.

Bürgergesellschaft, →Zivilgesellschaft.

Bürgerhaus, das städt. Familienwohnhaus, das seit dem 12. Jh. auch der Berufsausübung dienen konnte; erreichte im 15. und 16. Jh. seine Blüte; vom städt. Herrenhaus (Palais) und neuzeitl. Mietshaus abzugrenzen. Die B. entstanden (unter Verzicht auf Stall und Scheune) aus den Bauernhäusern, deren landschaftlich verschieden ausgeprägte Typen sich in

Gottfried August Bürger

Abwandlung in den B. wieder finden. Das **oberdt. B.** war von Beginn an auf Mehrräumigkeit und Mehrgeschossigkeit angelegt; abgegrenzte Hofbauten wurden durch Galerien mit dem Haus und untereinander verbunden, wodurch ein Arkadenhof entstand. Als Ausgangsform findet sich oft das »Zweifeuerhaus« mit einem Herdraum als Küche oder Werkstatt und einer heizbaren Stube. Das **niederdt. B.** geht auf das nordwesteurop. Hallenhaus (seit etwa 500 v. Chr. nachgewiesen) zurück. Der Einraum (Diele) diente der Berufsausübung und dem Haushalt. Später kamen niedrige Speichergeschosse dazu, der Einraum wurde unterteilt, gegen Ende des MA. richtete man auch die oberen Geschosse zum Wohnen ein. Das **hess. B.** ist ein Fachwerkhaus mit einer höheren Halle, über der sich Wohnraum und Küche, im 2. Geschoss ein Speicher befinden. Das **holländisch-niederrheinisch-Danziger B.** mit straßenseitiger Diele (Geschossbildung in der Mitte, Tendenzen zur Hofbildung) ist eine aus diesen Typen entstandene Mischform. Im MA. entstand das **Patrizierhaus,** das sich in Größe und Ausstattung vom städt. B. unterschied.

Bürger|initiative, Form der Selbstorganisation von Bürgern außerhalb von Parteien und Verbänden, sucht Bürgerinteressen zu artikulieren, die von kommunalen, regionalen oder nat. Exekutiv- und Legislativorganen nicht genügend berücksichtigt worden sind. Anliegen von B. können u. a. sein: Bau bzw. Erhaltung sozialer Einrichtungen (z. B. Kindergärten), Probleme der Verkehrs- und Städtebauplanung, Umwelt- und Landschaftsschutz, Energiewirtschaft und damit zusammenhängende Sicherheitsfragen (z. B. beim Bau von Kernkraftwerken).

Bürgerkönig, der frz. König Louis Philippe (→Ludwig, Herrscher, Frankreich).

Bürgerkrieg, bewaffnete Auseinandersetzung innerhalb eines Staates (z. B. zw. Aufständischen und Reg.-Truppen bzw. zw. bewaffneten Gruppierungen [Warlords]) um die Herrschaftsgewalt, häufig ausgeweitet durch das Eingreifen auswärtiger Mächte zugunsten einer der Parteien. Völkerrechtlich gilt der B. nicht als »Krieg«, sondern als innere Angelegenheit eines Staates. Das Verbot der Gewaltanwendung (Art. 2, Punkt 4 der UN-Charta) gilt für den B. nicht; doch sind einige Grundsätze des Kriegsgefangenenrechts und des Schutzes der Zivilpersonen für den B. verbindlich (Genfer Abkommen vom 12. 8. 1949 und Zusatzprotokolle vom 12. 12. 1977). Die Rechte und Pflichten ausländ. Staaten gegenüber den B.-Parteien sind umstritten. Haben die Aufständischen jedoch die Herrschaft über einen beträchtl. Teil des Staatsgebiets erlangt und sich längere Zeit behauptet, so können sie als Krieg führende Partei, ihre Führung als De-facto-Regierung von Drittstaaten anerkannt werden; dann finden die Regeln des Kriegs- oder Neutralitätsrechts Anwendung.

bürgerliche Ehrenrechte, →Ehrenrechte.

bürgerliche Gesellschaft, eine vom →Bürgertum angestrebte und in den bürgerl. Revolutionen in England (1688/89), Nordamerika (1776) und Frankreich (1789) teilweise durchgesetzte Gesellschaftsvorstellung mit den Leitprinzipien Eigentumsordnung, persönl. (Denk- und Glaubens-)Freiheit, Vertragsfreiheit, Rechtsordnung. Entscheidende Impulse erhielt die b. G. von T. Hobbes, G. W. Leibniz, J. Locke, J.-J. Rousseau, A. Smith und G. W. F. Hegel. Hobbes untersuchte den Zusammenhang von individueller Freiheit und Autonomie und einer alle verpflichtenden Staatsordnung. Leibniz betonte, Freiheit sei durch den Gebrauch der Vernunft zu ergänzen, damit Freiheit nicht in Willkür umschlage. Hobbes und Locke sahen das Eigentum als Fundament von Freiheit und führten den Gedanken der Vertragsfreiheit ein, der von Rousseau zur Idee des Gesellschaftsvertrags weiterentwickelt wurde. Smith verwies auf die Bedeutung von Wettbewerb und Markt für die b. G. und Hegel auf eine die Freiheit sichernde Rechtsordnung.

Bürgerliches Gesetzbuch, Abk. **BGB,** das seit dem 1. 1. 1900 in Dtl. geltende Gesetzbuch vom 18. 8. 1896 (Neufassung vom 2. 2. 2002) zur Regelung des bürgerl. Rechts i. e. S. Das BGB ist seit dem 3. 10. 1990 auch in den neuen Ländern in Kraft (nachdem es in der DDR 1976 durch das Zivilgesetzbuch abgelöst worden war). Es gliedert sich in fünf Bücher: Allg. Teil (enthält grundsätzl. Regelungen für alle privatrechtl. Rechtsverhältnisse, z. B. über Rechts- und Geschäftsfähigkeit, Willenserklärungen, Verträge, Verjährung); Recht der Schuldverhältnisse (Rechtsbeziehungen zw. Gläubiger und Schuldner); Sachenrecht (Eigentum, Besitz); Familienrecht; Erbrecht. Weite Teile des Privatrechts sind außerhalb des BGB geregelt, z. B. Verkehrs-, Urheber-, Privatversicherungs-, Arbeitsrecht. Dem Einführungs-Ges. zum BGB vom 18. 8. 1896 (i. d. F. v. 21. 9. 1994) wurde 1990 ein »sechster Teil« angefügt, der Übergangsrecht zu den Bestimmungen des BGB für die neuen Länder enthält. – In *Österreich* gilt das →Allgemeine Bürgerliche Gesetzbuch, in der *Schweiz* das ZGB mit Obligationenrecht.

bürgerliches Recht, i. w. S. das gesamte Privatrecht im Ggs. zum öffentl. Recht; i. e. S. der allg. Teil des Privatrechts, der im BGB und seinen Ergänzungsgesetzen geregelt ist (in *Österreich* im Allgemeinen Bürgerl. Gesetzbuch, in der *Schweiz* im Zivilgesetzbuch und Obligationenrecht).

bürgerliches Trauerspiel, während der Aufklärung im 18. Jh. entstandene dramat. Gattung, in der das Schicksal von Menschen bürgerl. Standes gestaltet wird; insofern gegen die klassizist. Poetik gerichtet, die die Möglichkeit trag. Wirkungen bürgerl. Konflikte verneint hatte. – In Frankreich entwickelte sich das b. T. ausgehend von der Komödie über die Comédie larmoyante zum bürgerl. Rührstück (D. Diderot), das in Dtl. von C. F. Gellert nachgebildet wurde. G. E. Lessing (»Miss Sara Sampson«, 1755; »Emilia Galotti«, 1772) knüpfte an das engl. Vorbild (G. Lillo, »Der Kaufmann von London«, 1731) an. Anschließend: Schillers »Kabale und Liebe« (1784), Dramen des Sturm und Drang, im 19. Jh. C. F. Hebbels »Maria Magdalene« (1844). Im Naturalismus wurde das b. T. im Wesentlichen sozialkritisch (H. Ibsen, G. Hauptmann) und lässt sich seitdem nicht mehr trag. Schauspiel nicht mehr als eigene Form abgrenzen.

Bürgermeister, das i. d. R. von den Bürgern gewählte leitende Organ einer Gemeinde, dessen Stellung und Aufgaben in den Gemeindeordnungen der Länder geregelt sind (→Gemeinde); in kreisfreien und sonstigen größeren Städten häufig unter der Bez. Ober-B.; wo es einen Ober-B. gibt, sind diesem häufig ein oder mehrere B. beigeordnet. In den Stadtstaaten Berlin (Regierender B.), Hamburg (Erster B.) und Bremen Verfassungsorgane, deren Stellung der eines Min.-Präs. eines Bundeslandes entspricht.

Bürger-Prinz, Hans, Psychiater, *Weinheim 16. 11. 1897, †Hamburg 29. 1. 1976; wurde 1937 Prof. in Hamburg; arbeitete v. a. in den Bereichen Sexualpathologie und forens. Psychiatrie.

Bürgerrechte, die einem Staatsangehörigen zustehenden Teilnahmerechte am Staatsleben durch aktives und passives Wahlrecht und Bekleidung öffentl. Ämter; ferner alle Staatsbürgerrechte, bes. die Grundrechte, schließlich die Ortsbürgerrechte, also das Recht der in einer Gemeinde Wohnenden auf Benutzung der öffentl. Einrichtungen, verbunden mit der Pflicht, die Lasten des Gemeinwesens mitzutragen. Die Unterscheidung zw. vollem B. der Gemeindebürger und minderem Einwohner-B. ist bis auf das Wahlrecht überholt. Das *österr.* Recht knüpft auf Landesebene Bürgerrechte des B. an den Hauptwohnsitz an. In der *Schweiz* ist jeder Kantonsbürger zugleich Schweizer Bürger und Bürger einer Gemeinde; keines dieser drei B. kann gesondert bestehen.

Bürgerrechtsbewegung, die Gesamtheit der organisierten Bemühungen um Durchsetzung von Menschen- und Bürgerrechten in diktatorisch oder autoritär geführten Staaten bzw. in Ländern mit benachteiligten religiösen, nat. oder ethn. Minderheiten. Die klass. B. erstreben keinen Umsturz des jeweiligen polit. Systems, sondern Änderungen in Gesetzgebung und polit. Praxis, in Diktaturen gleichzeitig die Herstellung freiheitl., rechtsstaatl. Verhältnisse.

Eine traditionelle B. ist das **Civil Rights Movement** für Rechtsgleichheit der Farbigen und Beseitigung der Rassenvorurteile in den USA. Dem Versuch, auf gerichtl. Wege die gesetzl. Diskriminierung der farbigen Minderheit zu bekämpfen (seit 1910), folgten Demonstrations- und Boykottkampagnen, um Gleichberechtigung in den Schulen und Universitäten des Südens der USA durchzusetzen. Protestmärsche führten zu einer Beschleunigung der Bürgerrechtsgesetzgebung, die im Juli 1964 in Kraft trat. Nach der Ermordung M. L. Kings im April 1968 kam es zur Radikalisierung und zur Abspaltung der Black-Power-Bewegung. Ein v. a. seit Anfang der 90er-Jahre vor sich gehender Umbruch in der schwarzen B. war von einem Rückgang des Einflusses traditioneller Bürgerrechtsorganisationen und einem starken Zustrom zu schwarzen Selbsthilfeorganisationen, Kirchen bzw. religiös orientierten Gruppen und lokalen Bürgerinitiativen begleitet. Der vom Führer der »Nation of Islam«, L. Farrakhan, organisierte »Million Man March« am 16. 10. 1995 in Washington (D. C.) gestaltete sich zu der bis dahin größten Demonstration schwarzer Amerikaner.

Unter dem Eindruck der sich in den 1960er-Jahren radikalisierenden schwarzen B. bildete sich in dieser Zeit unter Führung des →American Indian Movement auch eine indian. Protestbewegung heraus (→Redpower; Vertreter u. a. Dennis Banks, * 1933). Im Rahmen einer Brown-Power-Bewegung setzten sich die →Chicanos für eine Verbesserung ihrer rechtl. und sozialen Situation in den USA ein und konnten sich unter Führung von Cesar Chavez (* 1927, † 1993) gewerkschaftlich organisieren.

Im Widerstand gegen das staatlich verordnete Denken bildeten sich bes. seit den 1970er-Jahren in den kommunist. Staaten oppositionelle Gruppen, die man auch als B. oder →Bürgerbewegung bezeichnete.

Bürgerschaft, die Gesamtheit der Bürger (Angehörigen) eines Staates oder einer Gemeinde; auch Name der Volksvertretung (Landtag) in Hamburg und Bremen.

Bürgertum, Gesellschaftsschicht, die die bürgerl. Gesellschaft hervorbrachte und die soziale Ordnung der europ. Staaten bes. im 19. Jh. prägte. Bereits im MA. war das B. die führende polit. Kraft der städt. Gesellschaft; in der ständisch gegliederten Ordnung unterschied es sich klar vom Adel und Klerus sowie von den Bauern. Von der Zeit des Absolutismus an entwickelten sich die Prinzipien der bürgerl. Welt- und Lebensauffassung zur Grundlage der Gesellschafts- und Staatsordnung. Schon im 19. Jh. umfasste das B. höchst unterschiedl. soziale Gruppen: das Groß-B., die Intelligenz und das Klein-B.; seit der industriellen Revolution war das B. weitgehend dem Mittelstand zugeordnet. Heute entspricht die Mittelschicht einem großen Teil des B.; seine Abgrenzung von anderen sozialen Schichten ist schwierig. Der »bürgerl. Lebensstil« (Wohnung, Kleidung, Umgangsformen, Familienleben, Kultivierung der Privatsphäre), Standesethos, Bildungsstreben und Geisteshaltung haben trotz mannigfacher Kritik und eingreifender Umwandlungen von Besitzstruktur, Zivilisation und Kulturansprüchen im modernen Leben weiterhin Bestand und wirken als Lebensnorm und Ziel sozialen Aufstiegs fort. Auch die polit., kulturellen und sozialen Bewegungen, die sich bewusst gegen die bürgerl. Gesellschaft und ihre Maßstäbe wenden (z. B. Alternativkultur, →alternative Bewegung), stehen in der Tradition des emanzipator.-revolutionären Bürgertums.

Geschichte: Das B. entstand, gestützt auf Sklavenwirtschaft, zuerst in der antiken griech. Stadt. Im Röm. Reich dehnte sich die Stadt- zur Reichsbürgerschaft (Civis Romanus) aus. Im Früh-MA. bedeutete »burgus« eine nicht bäuerl. Siedlung mit Markt in Anlehnung an einen befestigten Platz. Kern dieser eigentl. neuen Wurzeln des Städtewesens waren Kaufleutegenossenschaften (Gilden). Unter ihrer Führung erkämpfte sich das europ. B. vom 11. bis 13. Jh. die kommunale Selbstverwaltung. In vielen Städten erwuchs im Spät-MA. eine eigenständige bürgerl. Kultur. Im Absolutismus entwickelte sich das B. zum Erwerbsstand und zum Träger der großen neuzeitl. Emanzipationsbewegung der Aufklärung. Der wachsende Wohlstand ermöglichte die Auflehnung des B. gegen die Vorrechte des Adels in der Frz. Revolution, die das klass. Zeitalter des B. einleitete. Der Begriff des B. wurde vom Stadt- auf das Staatsbürgertum (citoyen) ausgeweitet. Im 19. Jh. scheiterte das B. als Träger von »Besitz und Bildung« oft mit seinen verfassungspolit. Ansprüchen (z. B. 1848/49), schuf aber auf dem Wege vielfältiger Unternehmerinitiativen die Grundlagen der europ. Industrialisierung. Die von K. Marx erwartete Proletarisierung des Klein-B. durch das Groß-B. (Bourgeoisie) trat nicht ein. Das B. bestimmte trotz aller strukturellen Veränderungen im Übergang zum demokrat. Reg.-System (zuerst in W-Europa) die gesellschaftl. Entwicklung im 19. und 20. Jahrhundert.

Bürgerversammlung, das in den meisten Gemeindeordnungen in Dtl. vorgesehene Instrument zur Erörterung lokaler Angelegenheiten unter Beteiligung der Bürger.

Bürgerwehr, Bürgergarde, militär. Zusammenschluss der Bürger einer Stadt zum Selbstschutz bei Unruhen oder in Kriegsnot.

Burgess [ˈbəːdʒɪs], Anthony, eigtl. John **B. Wilson,** engl. Schriftsteller und Kritiker, * Manchester 25. 2. 1917, † London 25. 11. 1993; verfasste Romane, häufig mit grotesken und satir. Zügen, u. a. »Uhrwerk Orange« (1962, 1971 verfilmt) und »Das Uhrwerk-Testament« (1974) sowie literaturwiss. Schriften, wie

Anthony Burgess

»Ein Mann in Dublin namens Joyce« (1965) und »Shakespeare« (1977).

Burgfriede, 1) *Geschichte:* im MA. der erhöhte rechtl. Schutz ummauerter Plätze (Burg, Stadt), in deren Bereich (Burgbann) die Fehde ausgeschlossen war.

2) *Politik:* polit. Schlagwort für die verabredete Einstellung parteipolit. Auseinandersetzungen in nat. Ausnahmesituationen; z. B. 1914–17 zw. den Fraktionen des Dt. Reichstags.

Burggraf, in den dt. Reichs- und Bischofsburgen sowie in den Königs- und Bischofsstädten des MA. der Burg- oder Stadtkommandant, in Ostdtl. daneben Richter; später auch als Titel verliehen.

Burghausen, Stadt im Landkreis Altötting, Bayern, an der Salzach, 18 300 Ew.; Staatl. Gemäldegalerie; chem. Ind.; Grenzübergang nach Österreich. – Gut erhaltenes Stadtbild mit schönen Laubenhöfen; Pfarrkirche (14. Jh.), Spitalkirche (14. Jh.), Rathaus (14./15. Jh.), Bürgerhäuser (15.–18. Jh.). Die über der Stadt gelegene Burg (v. a. 13.–15. Jh.), 1255–1504 zweite Residenz der niederbayer. Wittelsbach-Herzöge, ist die größte dt. Burganlage, jetzt z. T. Museum. – 1025 erwähnt, um 1130 Stadt.

Burghausen, Hans von, → Stethaimer, Hans d. Ä.

Burghley [ˈbəːlı], auch **Burleigh,** William **Cecil,** 1. Baron (seit 1571), engl. Staatsmann, *Bourne (Cty. Lincolnshire) 13. 9. 1520, † London 4. 8. 1598; wurde 1550 Staatssekretär und unter Königin Elisabeth I. seit 1558 Leiter der engl. Politik; trug maßgebend zur Durchführung der Reformation in England und zum Sieg über Spanien bei; ließ die engl. Katholiken unterdrücken, setzte die Hinrichtung Maria Stuarts durch.

William Cecil, 1. Baron Burghley

Burgkmair, Hans d. Ä., Maler und Holzschneider, *Augsburg 1473, † ebd. 1531; verarbeitete, angeregt von der ital. Kunst, bes. in seinen Holzschnitten Formen der Renaissance; spätere Gemälde sind in den warmen Farben der venezian. Maler gehalten.

Werke: Maria im Rosenhag (1509; Nürnberg, German. Nationalmuseum); Johannesaltar (1518; München, Alte Pinakothek); Esther vor Ahasver (1528; ebd.); Holzschnittwerke für Kaiser Maximilian I. (Ge-

Hans Burgkmair d. Ä.: Johannes auf Patmos, Mitteltafel des Johannesaltars (1518; München, Alte Pinakothek)

nealogie, Weißkunig, Theuerdank, Triumphzug; Einzelholzschnitte).

Burgkunstadt, Stadt im Landkreis Lichtenfels, Bayern, im Maintal, 6 900 Ew.; Schustermuseum, Versandhandel. – Nach der Zerstörung von 1525 entstand die Oberstadt mit schönen Fachwerkhäusern (Rathaus von 1689). – B. erhielt 1323 Stadtrechte.

Burglengenfeld, Stadt im Landkreis Schwandorf, Bayern, im Tal der Naab, 12 200 Ew.; Zementindustrie. – Rathaus (1573), Pfarrkirche (18. Jh.), ausgedehnte Burganlage. – Seit 1542 Stadt.

Bürglen (UR), Gemeinde im Kt. Uri, Schweiz, 3 200 Ew., am Eingang des Schächentals. Die Tellskapelle (1582 gestiftet) steht der Sage nach an der Stelle des Wohnhauses von W. Tell.

Burgos, 1) Prov. in der Region Kastilien und León, Spanien, 14 292 km², 355 200 Einwohner.

2) Hptst. von 1), im NO der Hochebene Altkastiliens, 169 300 Ew.; Erzbischofssitz; Univ.; Textil-, chem., Gummi- und Papierind.; Flugplatz, Verkehrsknotenpunkt. – Die Kathedrale (UNESCO-Weltkulturerbe) ist eines der schönsten Denkmäler got. Baukunst in Spanien (13.–16. Jh.) mit reicher Innenausstattung, Grabmälern, Skulpturen, zweistöckigem Kreuzgang; zahlr. Paläste (u. a. Casa di Miranda, heute archäolog. Museum), zwei Stadttore im Mudéjarstil, Triumphbogen für Kaiser Karl V.; nahebei die Klöster Huelgas (12. Jh., bed. Grabmäler) und Miraflores (15. Jh. im isabellin. Stil). Die archäolog. Fundstätten mit Fossilien von Hominiden in der Sierra de Atapuerca nahe der Stadt B. wurden zum UNESCO-Welterbe erklärt. – B. wurde ab 884 als fester Platz gegen die Mauren ausgebaut; wurde 932 Hptst. der Graf-

Burgos 2) Stadtwappen

Burgtheater: Das nach Plänen von Gottfried Semper und Karl von Hasenauer 1874–88 erbaute Theater brannte 1945 aus, der Wiederaufbau wurde 1955 abgeschlossen.

schaft und 1037 des Königreichs Kastilien; Heimat des span. Nationalhelden Cid.

Bürgschaft, *Recht:* ein Vertrag, durch den sich eine Person, der Bürge, gegenüber dem Gläubiger eines Dritten, des Hauptschuldners, verpflichtet, für die Verbindlichkeit des Dritten einzustehen (§§ 765–778 BGB). Die B.-Erklärung muss schriftlich abgegeben werden; mündl. Erklärung genügt für den Kaufmann, wenn die B. für ihn ein Handelsgeschäft ist (§ 350 HGB). Die B. ist akzessorisch, d.h., der Bürge haftet nur in dem Umfang, in dem auch der Hauptschuldner haftet, spätere Haftungserweiterungen treffen den Bürgen nicht. Der Bürge hat fast alle Einreden, die der Hauptschuldner gegen die Forderung auch hat, selbst wenn dieser auf sie verzichtet. Das gilt v. a. für die »Einrede der Vorausklage«, d.h., er kann die Befriedigung des Gläubigers verweigern, solange nicht der Gläubiger die Zwangsvollstreckung in das Vermögen des Hauptschuldners erfolglos versucht hat **(Ausfall-B.).** In der wirtsch. Praxis wird diese Einrede jedoch häufig schon in der B.-Erklärung ausgeschlossen, sodass der Gläubiger unmittelbar auf den Bürgen (als Selbstschuldner) zurückgreifen kann **(selbstschuldner. B.).** Befriedigt der Bürge den Gläubiger, geht dessen Forderung auf den Bürgen über. In *Österreich* (§§ 1346 ff. ABGB) und der *Schweiz* (Art. 492–512 OR) ist die B. ähnlich geregelt.

Burgstädt, Stadt im Landkreis Mittweida, Sachsen, im Mittelsächs. Hügelland, 12 300 Ew.; Textilmaschinenbau, elektrotechn., Textilindustrie. – Denkmalgeschützter Altstadtkern; 1378 erstmals als Stadt bezeichnet.

Burgtheater, urspr. **Theater an der Burg,** bis 1918 **Hof-Burgtheater,** österr. Bundestheater in Wien, 1741 von Maria Theresia gegründet, 1776 durch Joseph II. zum Nationaltheater erklärt. Bis 1888 im Ballhaus untergebracht, seither in dem von G. Semper und K. von Hasenauer entworfenen Bau an der Wiener Ringstraße (April 1945 ausgebrannt, 1955 wiederhergestellt). Unter J. Schreyvogel (Dramaturg 1814–32), H. Laube (1849–67) und F. Dingelstedt (1870–81) wurde es die führende Schauspielbühne dt. Sprache. 1986–99 war C. Peymann Direktor des B., seit 1999 liegt die Leitung bei K. Bachler. Die Kammerbühne des B. ist das **Akademietheater** im Konzerthaus. – Der **B.-Ring** wird seit 1926 jährlich einem Mitgl. des B. oder einem Dramatiker verliehen.

Burgund, frz. **Bourgogne, 1)** Region im O Frankreichs, umfasst die Dép. Côte d'Or, Nièvre, Saône-et-Loire und Yonne mit insgesamt 31 582 km² und 1,63 Mio. Ew., Hptst. ist Dijon. Kerngebiet ist die Saône-Senke, im W überragt von der Côte d'Or und den Bergen des Charolais. Von hier reicht B. in den Jura im O, in das Zentralplateau bis zum Morvan im W und nordwärts in die Kalklandschaften des Pariser Beckens (Tonnerre, Chablis, Auxerre). B. ist ein bekanntes Weinbaugebiet mit den Mittelpunkten Dijon, Beaune, Mâcon.

Geschichte: Die ostgerman. Burgunder gründeten nach 443 ein Reich im Rhônegebiet (Königssitz seit 461 Lyon), das 534 von den Franken unterworfen wurde. Aus dem fränk. Teilreich **Burgundia** (neben Austrasien und →Neustrien) gingen nach der Teilung von Verdun 843 das Königreich und das Herzogtum B. hervor.

2) Königreich B., umfasste den östl. Teil des fränk. Teilreichs Burgundia; hier entstanden zunächst ein Königreich Provence (»Nieder-B.«, 855) und ein Königreich im Juragebiet (»Hoch-B.«, 888). 934 wurden beide Reiche vereinigt. Hauptstadt wurde Arles (daher wurde das Königreich B. ab etwa 1200 auch **Arelat** genannt). Dieses Königreich wurde 1032 Teil des Hl. Röm. Reiches. Der Hauptteil (Provence, Dauphiné) kam im späteren MA. an Frankreich, 1678 auch der nördl. Teil, die Freigrafschaft B. (Franche-Comté) und die Reichsstadt Besançon.

3) Herzogtum B., der 843 an Karl den Kahlen gefallene Teil des fränk. Teilreichs Burgundia; es wurde von Nebenlinien des frz. Königshauses regiert. 1363 wurde B. Philipp dem Kühnen verliehen. Er und seine Nachfolger, Johann ohne Furcht und Philipp der Gute, erwarben 1384 Flandern, Artois und die Franche-Comté, 1390 das Charolais, 1419 Boulogne, 1429 Namur, 1430 Brabant und Limburg, 1433 Hennegau, Holland, Seeland, 1435 Mâcon, Auxerre, einen Teil der Picardie, 1443 Luxemburg; so entstand ein mächtiges dt.-frz. Zwischenreich, dessen südl. Teil die Bourgogne (Hptst.: Dijon) und dessen nördl. Teil die Niederlande waren. Am Hofe der Herzöge von B. erlebte die frz. Ritterkultur eine Spätblüte. Karl der Kühne un-

Burgund 1) historisches Wappen

Burgund 3): staatliche Entwicklung 1363–1477

terlag 1476/77 in den **Burgunderkriegen** gegen die Schweizer bei Grandson, Murten und Nancy. Durch die Heirat seiner Erbtochter Maria mit Maximilian I. von Österreich 1477 kamen die burgund. Besitzungen ohne B. selbst, Boulogne und die Picardie, die an Frankreich zurückfielen, an die Habsburger (→ Niederlande, Geschichte).

Burgunder, Burgunden, ostgerman. Volk, im 1./2. Jh. n. Chr. zw. Oder und Warthe ansässig. Stammesteile überschritten 406/407 den Rhein und wurden als röm. Föderaten zw. Mainz und Worms angesiedelt. Nach ihrer Niederlage 436 gegen die Hunnen (Nibelungenlied) siedelte Aetius die Reste der B. 443 im Rhônegebiet an (→ Burgund).

Burgunder, Rot- (aus Spätburgundertrauben; z. B. Chambertin) und Weißweine (aus Chardonnaytrauben; z. B. Chablis) aus Burgund; den größten Anteil (40 %) an der Produktion von B. hat der Beaujolais.

Burgundische Pforte, frz. **Trouée de Belfort,** eine rd. 30 km breite Senke, 350 m ü. M., zw. den Vogesen im N und dem Jura im S, auf der Wasserscheide Rhein/Rhone, von vielen Verkehrswegen (u. a. Rhein-Rhone-Kanal) durchzogen.

Burgundischer Kreis, seit 1512 einer der zehn → Reichskreise des Hl. Röm. Reichs, umfasste im Wesentlichen die alten (ungeteilten) Niederlande und die Freigrafschaft Burgund.

Burgus der, turmartiges röm. Kleinkastell der Spätantike an Straßen und Grenzen.

Burgwald, plateauartiges Mittelgebirge im Hess. Bergland, nördlich von Marburg, mit dem größten geschlossenen Waldgebiet Hessens (im Wasserberg 412 m ü. M.).

Burgward, im 10. und 11. Jh. der zu einer Burg gehörende Bezirk im Grenzgebiet des Hl. Röm. Reiches gegen die Slawen. Den Mittelpunkt bildete eine Fluchtburg (Fliehburg); neben ihr lag ein Wirtschaftshof, mit dem sich oft ein Marktrecht verknüpfte. Das von Otto I. ausgebaute B.-System verlor durch die Ostsiedlungspolitik nach 1100 an Bedeutung.

Buri, Max, schweizer. Maler, * Burgdorf (Kt. Bern) 24. 7. 1868, † Interlaken 21. 5. 1915; schuf unter dem Einfluss von F. Hodler klar gezeichnete Bilder, bes. von Bauern des Berner Oberlandes.

Buridan, Johannes, frz. Scholastiker, * Béthune (Dép. Pas-de-Calais) vor 1300, † nach 1358; Hauptvertreter des Pariser → Nominalismus. Sein Begriff »Impetus« ist eine Vorahnung des physikal. Impulsbegriffs: B. erklärte den Ursprung der nicht natürl. Bewegung durch eine immanente Kraft (Impetus), die der Beweger auf das von ihm Bewegte übertrage; bed. sind auch seine krit. Aristoteleskommentare. – **Buridans Esel,** eine B. fälschlich zugeschriebene Metapher für das Dilemma der Willensfreiheit: Ein Esel verhungert zw. zwei gleichen Heubündeln, weil er sich für keines entscheiden kann.

Burjaten, Burjäten, Volk mit mongol. Sprache in der Russ. Föderation, in S-Sibirien, bes. in Burjatien, in den Burjat. Autonomen Kreisen Ust-Orda und Aginskoje, in der Mongolei im NW der Mandschurei (China); etwa 0,5 Mio. Menschen; einst Hirtennomaden im O des Baikalsees, im W Ackerbauern. Der Schamanismus wurde seit dem 17. Jh. durch den tibet. Buddhismus abgelöst. – Die ältere burjat. Literatur gehört zur mongol. Literatur; mit der russ. Oktoberrevolution 1917 begann die moderne burjat. Literatur, die sich v. a. in neuerer Zeit folklorist. sowie modernen Themen zuwandte.

Burjatien, Republik B., Teilrep. Russlands in O-Sibirien, östlich und südlich des Baikalsees, 351 300 km², (2006) 963 000 Ew. (davon 67,8 % Russen, 27,8 % Burjaten). Hauptstadt ist Ulan-Ude. B. umfasst ein zu etwa vier Fünfteln von Wäldern bedecktes und an Bodenschätzen reiches Gebirgsland. Der S reicht in die Waldsteppen- und Steppenzone. Im W wird das Gebiet vom Östl. Sajan, westlich des Baikalsees von Teilen des Baikalgebirges, im Zentrum und im O von den Gebirgsketten Transbaikaliens, im N von Ausläufern des Stanowoiberglandes durchzogen, das Klima ist extrem kontinental. – Die wichtigste Ind.-Branche ist der Bergbau (Wolfram, Molybdän, Gold, Asbest, Apatit, Stein- und Braunkohle); bedeutend sind Buntmetallurgie, Energieerzeugung, Maschinen-, Fahrzeug- und Flugzeugbau sowie die Holz verarbeitende Ind., der Anteil des Rüstungssektors ist hoch. In der Landwirtschaft dominiert die Viehhaltung (Pferde-, Schaf- und Rinderzucht), weiterhin Pelztierjagd und -zucht. Der Baikalsee ist eine internat. bedeutende Fremdenverkehrsregion. Durch den S der Rep. führt die Transsibir. Eisenbahn, durch den N die Baikal-Amur-Magistrale. – Seit dem 17. Jh. im Machtbereich Russlands, 1923–58 Burjatisch-Mongol. ASSR, 1958–91 Burjat. ASSR.

Burke [bəːk], **1)** Edmund, brit. Politiker und Publizist, * Dublin 12. 1. 1729, † Beaconsfield (Cty. Buckinghamshire) 9. 7. 1797; gehörte 1765–94 als Whig dem Unterhaus an. In seinem Werk »Reflections on the revolution in France« (1790) verwarf er die Ziele der Frz. Revolution. B. betonte die Notwendigkeit der organ. Entwicklung eines Staatswesens gegenüber allen revolutionären Tendenzen. Seine Ideen wirkten bes. auf konservative Denker des 19. Jahrhunderts.

Edmund Burke

2) Robert O'Hara, brit. Entdeckungsreisender, * Saint Cleran's (Cty. Galway, Irland) 1821, † am Cooper Creek (Australien) 28. 6. (?) 1861; leitete die erste europ. Expedition, die Australien von S nach N durchquerte (1860/61); auf dem Rückweg verhungert.

Burkhard, Willy, schweizer. Komponist, * Leubringen (bei Biel) 17. 4. 1900, † Zürich 18. 6. 1955; zu seinen bekanntesten Werken zählen Oratorien (u. a. »Das Gesicht Jesaias«, 1935; »Das Jahr«, 1941) und die Oper »Die schwarze Spinne« (1949, Neufassung 1954).

Burkina Faso, amtlich frz. **République de Bourkina Faso,** bis 1984 **Obervolta,** Binnenstaat in Westafrika, grenzt im W und N an Mali, im NO an Niger, im SO an Benin, im S an Togo, Ghana und die Rep. Elfenbeinküste.

Staat und Recht

Nach der Verf. vom 2. 6. 1991 (mehrfach, zuletzt 2002, revidiert) ist B. F. eine präsidiale Rep. mit Mehrparteiensystem. Staatsoberhaupt mit weit reichenden Vollmachten und Oberbefehlshaber der Streitkräfte ist der auf 5 Jahre direkt gewählte (einmalige Wiederwahl möglich) Präs. Er ernennt das Kabinett unter Vorsitz des Min.-Präs. Die Legislative liegt bei der Versammlung der Volksdeputierten (111 Abg., für 5 Jahre gewählt). Die zweite Kammer (Repräsentantenhaus) mit beratender Funktion wurde 2002 abgeschafft. Dominierende Partei ist der Congrès pour la Dèmocratie et le Progrès (CDP).

Landesnatur

B. F. liegt inmitten der Landschaft Sudan, der N ragt in die Sahelzone. Weite Teile nimmt ein 250–350 m hoch gelegenes Plateau ein, überragt von Inselbergen. Größere Höhenunterschiede finden sich nur im SW, wo das Sikasso-Sandsteinplateau mit mächtiger Steilstufe nach S abbricht. Der einzige ganzjährig Wasser führende Fluss ist der Schwarze Volta. – Der S und der zentrale Teil haben wechselfeuchtes Tropenklima, der N hat Trockenklima. Die Feuchtsavanne im S geht bei abnehmenden Niederschlägen nach N in Trocken- und Dornstrauchsavanne über.

Bevölkerung

Größtes (und politisch führendes) Volk der insgesamt etwa 63 ethn. Gruppen sind die Mosi (etwa 50 % der Bev.), weitere größere Gruppen sind Fulbe, Tuareg, Mande, Bobo. Die Bev.-Dichte ist im mittleren Landesteil um Ouagadougou am größten; weite nördl. Gebiete sind fast unbesiedelt. – Nach Schätzungen sind rd. 40 % der Bev. Anhänger traditioneller afrikan. Religionen, rd. 50 % Muslime (Sunniten der malikit. Rechtsschule), rd. 10 % Christen (ganz überwiegend [rd. 8 %] Katholiken). – Es besteht allg. Schulpflicht im Alter von 6 bis 16 Jahren. Die Alphabetisierungsrate liegt (2006) bei 22 % (15-Jährige und älter) bzw. 31 % (15–24-Jährige).

Wirtschaft und Verkehr

B. F. ist ein Agrarland; die Mehrheit der Bev. ist in landwirtsch. Familienbetrieben tätig; für den Eigenbedarf werden Hirse, Mais, Reis, Süßkartoffeln und Hülsenfrüchte angebaut, für den Export bes. Baumwolle, Sesam, Erdnüsse und Tabak. Die Viehzucht wird v. a. von nomadisierenden Fulbe betrieben. B. F. besitzt reiche Bodenschätze (Gold, Silber, Diamanten, Bauxit, Blei, Kupfer, Mangan, Nickel u. a.), die aber wegen fehlender Verkehrswege und hoher Investitionskosten noch kaum abgebaut werden. Allein Goldbergbau und Manganförderung erlangten wirtsch. Bedeutung. Die Ind. ist ungenügend entwickelt und verarbeitet v. a. landwirtsch. Produkte. Exportiert werden insbes. Baumwolle (rd. 55 % der Exporterlöse), daneben Gold, Häute und Felle. Haupthandelspartner sind Frankreich u. a. EU-Staaten sowie die Rep. Elfenbeinküste. Wichtigster Ind.-Standort und Haupthandelsplatz ist Bobo-Dioulasso. – Das Straßen- und Wegenetz umfasst 12 506 km, davon rd. 2 000 km asphaltiert; an der Eisenbahnstrecke nach Abidjan hat B. F. einen Anteil von 622 km. Internat. Flughäfen: Ouagadougou, Bobo-Dioulasso.

Geschichte

1896 eroberte Frankreich das im 11./12. Jh. entstandene Königreich der Mosi, deren Gebiet 1947 als »Obervolta« Frz.-Westafrika eingegliedert wurde. 1958 erhielt es als Rep. Volta (1959 umbenannt in Obervolta) Autonomie innerhalb der Frz. Gemeinschaft, 1960 die Unabhängigkeit. Nach dem Militärputsch gegen Staatspräs. Maurice Yaméogo (1960–66) versuchte sein Nachfolger, General Sangoulé Lamizana (1966–80), die Wirtschafts- und Versorgungslage zu verbessern und bemühte sich um polit. Neuordnung des Landes. 1980, 1982 und 1983 wechselte die Staatsführung jeweils durch einen Militärputsch. Der Landesname wurde 1984 durch Präs. Thomas Sankara in B. F. geändert (aus mehreren Sprachen zusammengesetzt, etwa »Vaterland der Würde«). Präs. ist seit einem Militärputsch 1987 B. Compaoré, der bei den ersten demokrat. Wahlen 1991 im Amt bestätigt wurde (Wiederwahl 1998 sowie 2005) und einen Demokratisierungsprozess sowie die Anpassung an marktwirtsch. Strukturen einleitete.

Burkina Faso

Fläche: 274 200 km²
Einwohner: (2006) 13,63 Mio.
Hauptstadt: Ouagadougou
Verwaltungsgliederung: 13 Regionen
Amtssprache: Französisch
Nationalfeiertage: 5. 8. und 11. 12.
Währung: CFA-Franc
Zeitzone: MEZ −1 Std.

Flagge

Wappen

internationales Kfz-Kennzeichen

Burkitt-Tumor [ˈbəːkɪt-], **Burkitt-Lymphom,** erstmals 1958 von dem brit. Tropenarzt Denis Burkitt (* 1911, † 1993) beschriebener bösartiger Lymphknotentumor, bes. im Gesicht, fast ausschließlich bei Kindern und Jugendlichen trop. Länder; wird wahrscheinlich durch Infektion mit dem →Epstein-Barr-Virus verursacht.

Burlak [russ.] *der,* in Russland vom 16. Jh. bis zur Einführung der Dampfschifffahrt Tagelöhner (Treidler), der, besonders im Wolgasystem, Schiffe stromaufwärts zog.

Burleigh [ˈbəːlɪ], **1)** Walter, engl. Philosoph der Scholastik, * 1275, † um 1345; Schüler von J. Duns Scotus, hinterließ ein umfangreiches Werk zur Logik, Naturphilosophie und Ethik.

2) William Cecil, 1. Baron B., engl. Staatsmann, →Burghley.

burlesk [von ital. burla »Schwank«], komisch, possenhaft.

Burleske *die,* **1)** *Literatur:* derb-komisches Improvisationsstück, Posse, Schwank.

2) *Musik:* Musikstück humorist. Charakters.

Burma [ˈbəːmə, engl.], engl. Name für den Staat →Birma.

Burmeister, Brigitte, Schriftstellerin und Literaturwissenschaftlerin, * Posen 25. 9. 1940; ihre detailreiche, genau beobachtende Prosa, deren Schauplatz fast immer Berlin ist, lässt Beziehungen zum Nouveau Roman erkennen; Romane: »Anders oder vom Aufenthalt in der Fremde« (1987); »Unter dem Namen Norma« (1994); »Pollok und die Attentäterin« (1999).

Burnacini [-ˈtʃiːni], Lodovico, ital. Baumeister und Bühnenbildner, * Mantua 1636, † Wien 12. 12. 1707; baute in Wien Teile der Hofburg und lieferte 1687 die Entwürfe nach einer Idee von J. B. Fischer von Erlach für die Dreifaltigkeitssäule am Graben; entwarf Dekorationen, Kostüme und Bühnenmaschinen.

Burne-Jones [bəːn ˈdʒəʊnz], Sir (seit 1894) Edward Coley, eigtl. E. C. **Jones,** engl. Maler, * Birmingham 28. 8. 1833, † London 17. 6. 1898; schuf kunsthandwerkl. Arbeiten für die Firma von W. Morris;

Edward Coley Burne-Jones: Anbetung der Könige, Wandteppich (mit W. Morris zwischen 1890 und 1901 ausgeführt; Sankt Petersburg, Eremitage)

schloss sich den Präraffaeliten an. Sein Stil der dekorativ geschwungenen Linien wirkte auf den Jugendstil (»Perseus-Zyklus«, unvollendet, 1877–98, Stuttgart, Staatsgalerie; »Die Goldene Treppe«, 1880, London, Tate).

Burnet [ˈbəːnɪt], Sir (seit 1951) Frank MacFarlane, austral. Mediziner, * Traralgon (Victoria) 3. 9. 1899, † Melbourne 31. 8. 1985; war 1944–65 Prof. in Melbourne; gab neue Einblicke in die Abwehrreaktionen eines Lebewesens gegen die Einpflanzung körperfremden Gewebes; dafür 1960 Nobelpreis für Physiologie oder Medizin (mit P. B. Medawar).

Burn-in [bəːnˈɪn, engl.] der, Maßnahme zur Steigerung der Zuverlässigkeit von techn. Erzeugnissen, bei der durch **künstl. Alterung** die Anzahl der Frühausfälle im Betrieb verringert wird. Dazu werden die Bauelemente oder Geräte mit Nennbelastung über einen gewissen Zeitraum betrieben, getestet und danach ihrer Anwendung zugeführt.

Burning-Feet-Syndrom [ˈbəːnɪŋfiːt-], meist nachts auftretende Anfälle schmerzhaften Brennens der Füße, meist infolge einer Hypovitaminose (Pantothensäure-, Nikotinsäure-, Thiaminmangel).

Burnley [ˈbəːnlɪ]: Industriestadt in der Cty. Lancashire, NW-England, am Leeds-Liverpool-Kanal, 76 100 Ew.; Museen; Metallverarbeitung und Maschinenbau.

Burn-out [bəːnˈaʊt; engl. »Ausbrennen«] das, **1)** *Kerntechnik*: das Durchbrennen der Brennstoffumhüllung von Brennelementen bei wassergekühlten Kernreaktoren infolge zu geringer Kühlung oder zu hoher Wärmeerzeugung durch den Brennstoff.
2) *Raketentechnik*: Brennschluss; Zeitpunkt, in dem das Triebwerk einer Rakete abgeschaltet wird und der antriebslose Flug beginnt.

Burn-out-Syndrom [bəːnˈaʊt-, engl.], Krankheitsbild, das Personen aufgrund spezif. Beanspruchungen entwickeln können und das mit dem Gefühl verbunden ist, sich verausgabt zu haben, ausgelaugt und erschöpft zu sein (Sich-ausgebrannt-Fühlen). Es kommt zu einer Minderung des Wohlbefindens, der sozialen Funktionsfähigkeit sowie der Arbeits- und Leistungsfähigkeit.

Burns [bəːnz], Robert, schott. Dichter, * Alloway (South Ayrshire) 25. 1. 1759, † Dumfries 21. 7. 1796; Sohn eines armen Pächters, neben W. Scott der größte schott. Dichter. Seit 1786 erschienen seine »Poems chiefly in the Scottish dialect«. Sie behandeln volkstüml. Themen, großenteils in heim. Mundart und häufig angeregt durch alte Volkslieder und Geschichten. B. bereitete durch seine Lyrik der engl. Romantik den Weg.

Robert Burns

Burnus [arab.] der, in Nordafrika leichter, vorn offener Mantelumhang der Männer mit oder ohne Kapuze, oft ohne Ärmel; meist weiß, selten blau, auch gestreift.

Büro [frz. bureau, zu lat. burra »zottiges Gewand«], urspr. ein grober Wollstoff, mit dem Arbeits- und Schreibtische bezogen wurden, dann diese selbst, ferner der Arbeitsraum, die Dienst- und Geschäftsstelle; auch die Gesamtheit der dort tätigen Personen.

Bürokratie die, Form staatl., polit. oder privat organisierter Verwaltung, die durch eine hierarch. Befehlsgliederung (Instanzenweg), durch klar abgegrenzte Aufgabenstellungen, Befehlsgewalten, Zuständigkeiten und Kompetenzen, durch berufl. Aufstieg in festgelegten Laufbahnen, durch feste, an die jeweilige Funktion gekoppelte Bezahlung sowie durch genaue und lückenlose Aktenführung sämtl. Vorgänge gekennzeichnet ist. Kritik an der Bürokratisierung im Sinne einer unsachgemäßen Ausdehnung der B. mit immer komplizierter und ineffizienter werdenden Arbeitsabläufen betrifft öffentl. wie private Verwaltungen. Reformüberlegungen im öffentl. Bereich beziehen sich auf →Deregulierung, Privatisierung und Dienstrecht. In privaten Verwaltungen wurden Konzepte eines →Lean Managements entwickelt.

Bürotechnik, Sammel-Bez. für elektronisch, seltener auch elektrisch oder mechanisch arbeitende Hilfsmittel zur effektiveren Ausführung bürotechn. Arbeiten. B. dient v. a. der Kommunikation und dem Schriftverkehr und umfasst u. a. Anrufbeantworter, Faxgeräte, Wechselsprechanlagen, elektron. Mailsysteme, Videokonferenzsysteme, Bildtelefone, weiterhin Diktiergeräte, Aktenvernichter, Personal Computer und deren Anwendungssoftware sowie Kopiergeräte. Viele traditionelle **Büromaschinen** wie Schreib- oder Buchungsmaschinen wurden fast vollständig durch Computer verdrängt.

Burri, Alberto, ital. Maler, * Città di Castello 12. 3. 1915, † Nizza 13. 2. 1995; schuf seit 1952 Collagen und Assemblagen, zunächst mit Sackleinwand, später auch mit verbranntem Holz, Eisen und Kunststoff.

Burroughs [ˈbʌrəʊz], **1)** Edgar Rice, amerikan. Schriftsteller, * Chicago (Ill.) 1. 9. 1875, † Encino (Calif.) 19. 3. 1950; Verfasser der »Tarzan«-Romane (ab 1914).
2) William, amerikan. Schriftsteller, * Saint Louis (Mo.) 5. 2. 1914, † Lawrence (Kans.) 2. 8. 1997; schrieb unter dem Pseudonym **William Lee** den autobiograf. Bericht »Junkie« (1953) und den Roman »Naked lunch« (1959). Beide Werke schildern in z. T. visionär. lyr., z. T. naturalist. und surrealist. Prosa die Erlebnisse eines Drogensüchtigen. Im Rahmen der Beatgeneration wirkte B. auf J. Kerouac und A. Ginsberg.

Bursa, früher **Brussa,** Hptst. der türk. Provinz B. in NW-Anatolien, am Fuß des Ulu Dağ (2493 m ü. M.; Wintersportgebiet), 1,5 Mio. Ew.; Univ.; Schwefelthermen; Automobil-, Tabakind., Seidenwarenherstellung; Fremdenverkehr. – B., 184 v. Chr. als **Prusa** in Bithynien gegr., war 1326–65 Sitz der osman. Sultane; bed. Bauwerke aus dieser und späterer Zeit, u. a. Grüne Moschee und Grünes Mausoleum.

Bursa-Krankheit, akute, virusbedingte Infektionskrankheit, bes. der Hühnerküken, mit hoher Sterblichkeit; in Dtl. meldepflichtig.

Burscheid, Stadt im Rheinisch-Berg. Kreis, NRW, im Berg. Land, 19 400 Ew.; Herstellung von Autoteilen (Dichtungen, Kolbenringe, Innenausstattung), Metallverarbeitung und Mediengestaltung. – B. erhielt 1856 Stadtrecht.

Burschenschaft, → studentische Verbindungen.

Burse [von lat.-griech. bursa »Tasche«, »Lederbeutel«] *die,* im 14.–17. Jh. ein Studentenheim, in dem die Studenten (Burschen) aus einer gemeinsamen Kasse lebten; auch heute z. T. wieder Name student. Wohnheime.

Bursitis [griech.-lat.] *die,* → Schleimbeutelentzündung.

Burst [bə:st, engl.], kurz dauernde, plötzlich starke Intensitätserhöhung der Strahlung eines Himmelskörpers, z. B. der solaren Radiostrahlung (**Radio-B.**) im Zusammenhang mit einer Sonneneruption. B. treten auch bei kosm. Röntgen- und Gammaquellen (→ Gammastrahlungsblitz) auf.

Bürste, 1) *allg.:* Reinigungswerkzeug mit vielen elast. Borsten (Schweinsborsten, Draht, Stroh, Wurzeln, Kunstfasern).
2) *Elektrotechnik:* Presskörper aus amorpher Kohle, Grafit oder Metall (urspr. z. B. Kupferdrahtbündel), der als federnd geführter Schleifkontakt den Stromübergang zu einem bewegten Maschinenteil vermittelt.

Bürstenbinder, *Zoologie:* Raupen der Trägspinnergattung Dasychira mit 4–5 Haarquerbürsten auf dem Hinterleib.

Burton [bə:tn], **1)** Richard, eigtl. R. Walter **Jenkins,** brit. Schauspieler, * Pontrhydyfen (bei Swansea) 10. 11. 1925, † Genf 5. 8. 1984; Shakespeare-Darsteller des Old Vic Theatre; zahlr. Filmrollen, z. T. mit seiner Frau Elizabeth Taylor. – *Filme:* Blick zurück im Zorn (1958); Cleopatra (1963); Wer hat Angst vor Virginia Woolf? (1966); Der Spion, der aus der Kälte kam (1965); Die Ermordung Trotzkis (1972); 1984 (1984).
2) Sir Richard Francis, brit. Entdeckungsreisender, * Torquay (heute zu Torbay) 19. 3. 1821, † Triest 20. 10. 1890; wurde 1842 Offizier in Indien. Als Afghane verkleidet, reiste er 1853 nach Medina und Mekka und besuchte 1854 als erster Europäer die äthiop. Stadt Harrar (»Timbuktu des Ostens«). 1858 entdeckte er zus. mit J. H. Speke den Tanganjikasee. 1862 bestiegen er und der dt. Botaniker G. Mann erstmals den Hauptgipfel des Kamerunberges. B. unternahm zahlr. weitere Reisen, u. a. 1867 nach Brasilien und 1869–71 nach Syrien. Er übertrug »Tausendundeine Nacht« ins Englische.

Burton-upon-Trent [ˈbə:tn əˈpɔn-], Stadt in der Cty. Staffordshire, Mittelengland, am Trent, 63 000 Ew.; Bierbrauereien, Autoreifen-, Flaschen- und Fässerherstellung.

Buru, Molukkeninsel, Indonesien, rd. 9 500 km², etwa 61 000 Ew., stark bewaldet, bis 2 429 m ü. M. Die ursprüngliche Bev. lebt im Innern, die heutigen Küstenbewohner sind Sulanesen (Bewohner der Sulainseln), Araber und Chinesen; Anbau von Zuckerrohr, Gewürzen, Kokospalmen; Hauptort ist der Hafen Namlea.

Burundi, amtl. Rundi **Republika y'Uburundi,** frz. **République du B.,** Binnenstaat in Ostafrika, grenzt im O und SO an Tansania, im W an die Demokrat. Rep. Kongo und im N an Ruanda.

Burundi

Fläche: 27 834 km²
Einwohner: (2006) 7,91 Mio.
Hauptstadt: Bujumbura
Verwaltungsgliederung: 15 Provinzen
Amtssprachen: Rundi und Französisch
Nationalfeiertag: 1. 7.
Währung: 1 Burundi-Franc (F. Bu.) = 100 Centime
Zeitzone: MEZ + 1 Std.

Flagge

Wappen

internationales Kfz-Kennzeichen

Staat und Recht

Die am 28. 2. 2005 per Referendum gebilligte Verf. definiert B. als präsidiale Rep. und fixiert Gewaltenteilung, Mehrparteiensystem sowie grundlegende Menschen- und Bürgerrechte. Staatsoberhaupt und Reg.-Chef ist der vom Parlament auf 5 Jahre gewählte Präs., dem 2 Vizepräs. zur Seite stehen. Die Legislative liegt beim Zweikammerparlament (Legislaturperiode 5 Jahre), bestehend aus Nationalversammlung (100 Abg., 60 % der Mandate sind für die Hutu, 40 % für die Tutsi reserviert; zusätzlich werden bis zu 21 Mandate an Frauen bzw. Vertreter des Twa-Volkes vergeben) und Senat (44 Mitgl., davon 34 gewählte Senatoren, 3 Frauen, 3 Repräsentanten der Twa und die früheren Staatspräs.; parität. Verteilung zw. Hutu und Tutsi). Die neue Verf. beendete das fakt. Machtmonopol der Tutsi durch ethn. Limits bei der Sitz- bzw. Ämterverteilung in Parlament, Reg. und bei den Sicherheitskräften. – Einflussreichste Parteien: Conseil National pour la Défense de la Démocratie – Forces pour la Défense de la Démocratie (CNDD–FDD; Hutu-Partei), Front pour la démocratie du Burundi (FRODEBU; Hutu-Partei), Unité pour le progrès national (UPRONA, Tutsi-Partei).

Landesnatur

B. liegt im ostafrikan. Zwischenseengebiet, am NO-Ende des Tanganjikasees. Im W gehen die ausgedehnten, stark zerschnittenen Hochflächen (um 1 500 m ü. M.) in einen bis zu 2 670 m aufragenden Gebirgszug über, der verhältnismäßig steil zum Zentralafrikan. Graben mit dem Tanganjikasee abfällt. Das trop. Klima wird durch die Höhenlage gemildert, Regenzeit ist von Februar bis Mai und Sept. bis Dez. In den feuchteren Gebieten tritt stellenweise Nebelwald auf, sonst ist Feuchtsavanne (Weideland) weit verbreitet.

Bevölkerung

B. ist einer der kleinsten, aber am dichtesten besiedelten Staaten Afrikas. 80 % der Bev. sind Ackerbau treibende Bantustämme (Hutu), 15 % gehören zum Hirtenvolk der Hima (Tutsi); ferner einige Tausend

Burundi: am Ufer des Tanganjikasees

Twa (Pygmäen) sowie Europäer. – Über 80% der Bev. sind Christen (mehrheitlich Katholiken), knapp 40% Anhänger traditioneller afrikan. Religionen (vielfach gleichzeitige Zugehörigkeit zu christl. Kirchen); wenige Muslime. – Es besteht eine sechsjährige Grundschulpflicht. Die Alphabetisierungsrate beträgt (2006) rd. 60% (15-Jährige und älter) bzw. 73% (15–24-Jährige).

Wirtschaft und Verkehr

Das Binnenland B. gehört zu den ärmsten Ländern der Erde. Die Landwirtschaft ist die Wirtschaftsgrundlage; sie beschäftigt rd. 90% der Erwerbstätigen und erbringt über knapp 90% des Ausfuhrwertes (Kaffee, Tee, Baumwolle). 90% der landwirtsch. Erzeugnisse (Mais, Bananen, Maniok, Bohnen, Süßkartoffeln, Reis) dienen der Eigenversorgung; daneben Viehzucht und Fischfang. Reiche Nickellagerstätten, etwa 5% der geschätzten Weltreserven; Vorkommen von Vanadium, Uran, Kupfer und Erdöl, Abbau von Gold, Wolfram, Torf in geringen Mengen. Die Ind. ist wenig entwickelt (Nahrungsmittel-, Bekleidungsind.). Haupthandelspartner: EU-Länder und Kenia. – Das Verkehrsnetz ist unzureichend; das Straßennetz umfasst 14 500 km, davon rd. 1 000 km befestigt; Eisenbahnen fehlen, sind aber geplant. Schiffsverkehr auf dem Tanganjikasee (Hafen bei Bujumbura); internat. Flughafen in Bujumbura.

Geschichte

Vermutlich im 15./16. Jh. unterwarfen aus dem N eingewanderte Tutsi (Hima) die Twa (Pygmäen) und die bäuerl. Hutu und errichteten den Staat B. 1890 wurde B. Teil von Dt.-Ostafrika, 1923 als Urundi (zus. mit Ruanda) belg. Völkerbundsmandat, 1946 belg. UN-Treuhandgebiet Ruanda-Urundi.

Am 1. 7. 1962 entließ Belgien unter UN-Aufsicht B. als konstitutionelle Monarchie in die Unabhängigkeit. Im Juli 1966 übernahm nach einem Putsch Michel Micombéro als Staats- und Reg.-Chef die Macht und rief die Rep. aus. Als allein herrschende Partei etablierte sich die von den Tutsi dominierte UPRONA. Ein Aufstand der Hutu wurde im April 1972 blutig niedergeschlagen (etwa 100 000 Tote). Nach dem Sturz Micombéros wurde im Nov. 1976 Jean-Baptiste Bagaza Staatspräs., der durch einen Staatsstreich die Macht im Sept. 1987 an das Militärkomitee der Nat. Rettung (CMSN) unter Major Pierre Buyoya abgeben musste. Nachdem es im Aug. 1988 zu Ausschreitungen der von Tutsi beherrschten Armee gegen die Hutu mit Tausenden von Toten gekommen war, stimmte 1991 die Bev. der von Buyoya vorgelegten Charta der Nat. Einheit zu, die Schritte zur Demokratisierung und zur Errichtung eines Mehrparteiensystems festlegte.

Im Juni 1993 wurde Melchior Ndadaye, ein Hutu, auf der Grundlage der Verf. von 1992 zum Präs. gewählt. Die Unzufriedenheit radikaler Tutsi mit dieser Entwicklung entlud sich in einem blutigen Putsch des Militärs im Okt. 1993, bei dem Präs. Ndadaye ermordet wurde. Hutu-Extremisten reagierten mit Massakern an Tutsi und der Bildung einer ersten Rebellenbewegung. Mehr als 600 000 Menschen flohen in die Nachbarländer Ruanda, Tansania und Zaire (heute Demokrat. Rep. Kongo). Im Jan. 1994 wählte das Parlament den Hutu Cyprien Ntaryamira zum Staatspräs. Als dieser Anfang April 1994 zus. mit dem Präs. von Ruanda, J. Habyarimana, bei einem Flugzeugabsturz in Kigali getötet wurde, kam es in B. zu weiteren Ausbrüchen von Gewalt zw. Hutu und Tutsi. Neuer Staatspräs. wurde der im Sept. 1994 vom Parlament bestätigte Hutu Sylvestre Ntibantunganya, nachdem sich Hutu und Tutsi in einer Konvention zur Zusammenarbeit und zur Beendigung der polit. Krise geeinigt hatten.

Trotz dieser vereinbarten Gewaltenteilung eskalierte die Gewalt weiter, die vom Vormarsch der Tutsi-Rebellen im benachbarten Ruanda begünstigt wurde. Nachdem sich die Staatskrise bis Juni 1996 zugespitzt hatte, übernahm im Juli 1996 die Armee unter dem früheren Machthaber Buyoya, einem Tutsi, die Macht. Trotz eines Friedensabkommens vom Aug. 2000, der Bildung einer Übergangsreg. und dem Inkrafttreten einer Übergangsverf. im Nov. 2001 sowie einer von den am Konflikt Beteiligten vereinbarten Übergangszeit bis zu demokrat. Wahlen konnte der Bürgerkrieg zunächst nicht beendet werden. Im Dez. 2002 wurde schließlich zw. der Reg. und der größten Rebellenbewegung der Hutu ein Abkommen zur Beendigung der Kampfhandlungen und eine Beteiligung der Hutu-Rebellen an der Reg. unterzeichnet, das jedoch erst im Okt. 2003 umgesetzt wurde. Den Friedensprozess sicherten ab 2003 Einheiten der Afrikan. Union, ab 2004 UN-Truppen militärisch ab. Gemäß dem Friedensabkommen von 2000 übergab Präs. Buyoya im April 2003 sein Amt an seinen bisherigen Stellvertreter Domitien Ndayizeye, einen Hutu; neuer Vizepräs. wurde der Tutsi Alphonse Kadege. Die letzten Rebellenbewegungen der Hutu vereinbarten im Mai 2005 mit der Reg. einen Waffenstillstand.

Nach Inkrafttreten der per Referendum im Febr. 2005 gebilligten neuen Verf. siegte bei den ersten Parlamentswahlen seit Beginn des Bürgerkrieges 1993 im Juli 2005 die ehem. Hutu-Rebellenbewegung FDD und jetzige CNDD–FDD, die bereits im Juni 2005 die Kommunalwahlen gewonnen hatte. Die Präsidentschaftswahlen vom Aug. 2005 konnte der ehem. Führer der FDD und jetzige Vors. der CNDD–FDD, Pierre Nkurunziza, für sich entscheiden; ein Gegenkandidat wurde nicht aufgestellt.

Bury [ˈberɪ], Stadt in der engl. Metropolitan Cty. Greater Manchester, 64 900 Ew.; Textil-, Schuh-, Papierind., Maschinenbau.

Bury Saint Edmunds [ˈberɪ sənt ˈedməndz], Stadt in der Cty. Suffolk, England, am Lark, 32 500 Ew.; Marktzentrum. – Kirche Saint James (12. Jh., im 15. Jh. umgestaltet), Reste einer Benediktinerabtei aus dem 11. Jh.; Wallfahrtsort.

Bürzel, 1) *Jägersprache:* Schwanz von Wildschwein, Bär, Dachs.
2) *Zoologie:* hinterste Rückengegend der Vögel, oft auffallend gefärbt; das Gefieder verdeckt die Mündung der paarigen **B.-Drüse,** deren öliges Sekret der Einfettung des Gefieders dient.

Burzenland, rumän. **Țara Bârsei,** ungar. **Barcaság,** fruchtbare Beckenlandschaft im SO Siebenbürgens, Rumänien. – 1211–25 als Grenzlandschaft Ungarns Lehen des Dt. Ordens, der hier mehrere Burgen, die Stadt Kronstadt und 13 dt. Dörfer gründete.

Bus *der*, 1) *allg.:* Kurzbez. für Autobus (→Omnibus).
2) [engl.], *Informatik:* System von Leitungsverbindungen, das dem Daten- und Signaltransport zw. Komponenten eines Computers oder zw. Schallungseinheiten (z. B. innerhalb eines Prozessors) dient. Entsprechend ihrer Funktion unterscheidet man den **Daten-B.** für den Transport von Operanden und Befehlen, den **Adress-B.** zum Transport der (Speicher-)Adressen und den **Steuer-B.** zur Weiterleitung von Signalen für die Systemverwaltung und Koordination.

Busch, 1) Adolf, Violinist, *Siegen 8. 8. 1891, †Guilford (Vt.) 9. 6. 1952, Bruder von 2); gründete 1919 das B.-Quartett, 1926 das B.-Trio; ging 1926 nach Basel, 1940 in die USA; bekannt als Bach-, Beethoven- und Brahmsinterpret.
2) Fritz, Dirigent, *Siegen 13. 3. 1890, †London 14. 9. 1951, Bruder von 1); 1919–22 Leiter der Stuttgarter, 1922–33 der Dresdner Oper, wo er Uraufführungen von Opern R. Strauss', P. Hindemiths und F. Busonis leitete und die Spätwerke G. Verdis für die dt. Bühne neu erschloss; ging 1933 nach Amerika; leitete seit 1934 die Festspiele in Glyndebourne; 1937–41 Chefdirigent des Stockholmer Philharmon. Orchesters.
3) Wilhelm, Maler, Zeichner und Dichter, *Wiedensahl (bei Stadthagen) 15. 4. 1832, †Mechtshausen (heute zu Seesen) 9. 1. 1908; besuchte die Akademien in Düsseldorf, Antwerpen und München, zog sich dann an seinen Geburtsort, 1898 nach Mechtshausen zurück. B. ist ein unerreichter Meister des epigrammat. Textes, verbunden mit Bilderfolgen von großer Treffsicherheit in der Darstellung (u. a. »Max und Moritz«, 1865; »Hans Huckebein, der Unglücksrabe«, 1867; »Die fromme Helene«, 1872), die das Spießbürgertum in seiner Selbstzufriedenheit und Verlogenheit der Lächerlichkeit preisgeben; daneben auch Gedankenlyrik (»Kritik des Herzens«, 1874; »Zu guter Letzt«, 1904) und Prosa (»Eduards Traum«, 1891; »Der Schmetterling«, 1895).

Buschehr, Buschir, Abuschehr, Prov.-Hptst. in Iran, an der NO-Küste des Pers. Golfs; 143 600 Ew.; petrochem. Ind.; Hafen.

Büschel, *Mathematik:* Spezialfall des →Bündels.

Büschel|entladung, selbstständige →Gasentladung an Spitzen (Spitzenentladung) oder Kanten Hochspannung führender Teile in Form von fadenförmigen Entladungskanälen (Büscheln). Auf B. beruht z. B. das →Elmsfeuer.

Büschelkiemer, Syngnathoidei, Unterordnung der Stichlingsfische mit den Familien **Seenadeln** und **Seepferdchen** (Syngnathidae) sowie **Röhrenmäuler** (Solenostomidae) mit büschelförmigen Kiemen, Knochenschilden oder -platten.

Buschhornblattwespen, Diprionidae, Unterfamilie der Blattwespen, deren raupenähnl. Larven (Afterraupen; bes. von Kiefern-B.) Kiefern- und Fichtennadeln fressen.

Büsching, Anton Friedrich, Geograf und Theologe, *Stadthagen 27. 9. 1724, †Berlin 28. 5. 1793; Prof. in Göttingen, stützte sich in seiner »Neuen Erdbeschreibung« (11 Bde., 1754–92) auf exakte politischstatist. Angaben.

Buschir, Stadt in Iran, →Buschehr.

Buschkatze, →Serval.

Buschleute, Buschmänner, engl. **Bushmen,** Afrikaans **Bosjesmans,** auch **San,** Jäger- und Sammlervolk in Namibia, Angola, Botswana; noch heute 50 000 Personen. Die B. wurden von den nach S vorrückenden Bantu und von den Weißen in Rückzugsgebiete abgedrängt und leben heute vorwiegend in der Kalahari. Anthropologisch werden die kleinwüchsigen B. mit den sprachlich eng verwandten Khoikhoin als **Khoisanide** (→Khoisan) zusammengefasst. Die Lokalgruppen bestehen aus meisten nur wenigen Familien. Als Bekleidung dienen Fell- oder Lederschürzen und -umhänge, als Behausung Windschirme oder Höhlen, seltener Kuppelhütten. Hoch entwickelt ist die **Buschmannkunst** (Felsgravierungen und -malereien).

Buschmeister, Lachesis mutus, Art der Grubenottern; über 3 m lange, Eier legende Giftschlange in den Bergwäldern des nördl. Südamerika.

Buschneger, die →Maron.

Buschobst, Obstbäume mit kurzem Stamm, auf schwach wachsender Unterlage veredelt.

Buschor, Ernst, Archäologe, *Hürben (heute zu Krumbach [Schwaben]) 2. 6. 1886, †München 11. 12. 1961; leitete 1925–39 die Ausgrabungen im Heraheiligtum auf Samos; leistete wichtige Beiträge zum Verständnis der griech. Kunst der archaischen Zeit und

Wilhelm Busch (Selbstporträt, 1894)

Wilhelm Busch: erste Manuskriptseite von »Max und Moritz«

beeinflusste nachhaltig die klass. Archäologie in Deutschland.

Buschveld, Bushveld, Savannenlandschaft des östl. und nordöstl. Südafrika, erstreckt sich über Teile des Hochvelds und über das Lowveld; im N der Rep. Südafrika liegt der **Buschveld-Komplex,** ein schüsselförmiger präkambr. Pluton aus mehreren magmatisch unterschiedl. Intrusionen mit bed. Erzvorkommen.

Buschwindrös|chen, Art der →Anemone.

Busek, Erhard, österr. Politiker, * Wien 25. 3. 1941; Jurist, 1978–87 Vizebürgermeister von Wien, 1980–91 stellv. Bundesobmann der ÖVP, 1991–95 ihr Bundesobmann, 1989–94 Wissenschaftsmin., 1991–95 auch Vizekanzler der Rep. Österreich; seit 2002 EU-Koordinator für den Balkan-Stabilitätspakt (Nachfolger von B. Hombach).

Busen, in der *Anatomie* die zw. den weibl. Brüsten gelegene Vertiefung; allg. Bez. für die weibl. Brust.

Busento der, kleiner Nebenfluss des Crati bei Cosenza in Kalabrien, in dem der Sage nach die Westgoten 410 n. Chr. ihren König Alarich begruben (Ballade »Das Grab im B.« von A. von Platen).

Bush [bʊʃ], **1)** George Herbert Walker, 41. Präs. der USA (1989–93), * Milton (Mass.) 12. 6. 1924; Wirtschaftswissenschaftler, Mitgl. der Republikan. Partei, 1967–71 Abg. im Repräsentantenhaus, war 1971/72 Botschafter bei der UNO und 1974/75 Leiter des Verbindungsbüros der USA in Peking. 1976/77 stand er an der Spitze der CIA. 1981–89 war B. US-Vizepräs. unter Präs. R. Reagan. 1988 wurde B. zum Präs. gewählt (Amtsantritt im Jan. 1989). Der Schwerpunkt seiner Amtstätigkeit lag auf außenpolit. Gebiet: B. unterstützte die Vereinigung der beiden dt. Staaten und förderte die Reformbemühungen in Osteuropa. Militär. Macht demonstrierte er mit der von ihm angeordneten Intervention in Panama im Dez. 1989 (Sturz von General M. Noriega Morena). Nach dem irak. Überfall auf Kuwait 1990 setzte er die Bildung einer internat. Streitmacht zur Verwirklichung der UN-Resolutionen gegen den Irak durch (2. →Golfkrieg 1991). Zw. 1991 und 1993 unterzeichnete B. wichtige Abrüstungsverträge (START I und II). Vor dem Hintergrund einer anhaltend schlechten Wirtschaftslage in den USA unterlag er bei den Präsidentschaftswahlen 1992 dem demokrat. Kandidaten B. Clinton.

George H. W. Bush

2) George Walker, 43. Präs. der USA (ab 2001), * New Haven (Conn.) 6. 7. 1946; Sohn von 1); heiratete 1977 Laura Welch (* 1946); studierte an den Universitäten Yale und Harvard; diente 1968–73 als Pilot in der Texas Air National Guard, war 1975–86 Unternehmer in der Ölind., ab 1989 Manager des Baseballteams der »Texas Rangers«. 1995 wurde B. Gouv. von Texas (im Nov. 1998 wieder gewählt). Bei den Präsidentschaftswahlen 2000 als Kandidat der Republikan. Partei angetreten, konnte B. sich nach einem knappen Wahlergebnis und dem nachfolgenden jurist. Streit, den der Oberste Gerichtshof in Washington (D. C.) am 12. 12. 2000 zu seinen Gunsten entschied, gegen den demokrat. Bewerber und Vizepräs. A. Gore durchsetzen. Als Präs. suchte B. mit Steuersenkungen und Konjunkturprogrammen der im Frühjahr 2001 einsetzenden Rezession in den USA entgegenzuwirken; sicherheitspolitisch forcierte er den Aufbau eines Raketenabwehrsystems (→NMD).

Nach den verheerenden Terroranschlägen vom 11. 9. 2001 auf New York und das Pentagon bemühte B. sich um die Bildung einer breiten Antiterrorallianz, für die er neben den westl. Verbündeten u. a. auch Russland und zahlr. weitere Staaten zu gewinnen suchte, und kündigte einen »langen Feldzug« gegen den internat. Terrorismus an (im Okt. 2001 Beginn einer Militäraktion in dem Osama Bin Laden und seinem Terrornetzwerk als Basis dienenden Afghanistan). Im Nov. 2001 einigten sich B. und der russ. Präs. W. Putin auf eine Reduzierung der Atomwaffenarsenale der USA und Russlands um jeweils zwei Drittel in den nächsten zehn Jahren (Vertragsunterzeichnung am 24. 5. 2002 in Moskau). Mit dem Dokument zur »Nat. Sicherheitsstrategie« der USA (Sept. 2002) nahm er eine Neuordnung der amerikan. Außen- und Sicherheitspolitik vor (Strategiewechsel von der defensiven Abschreckung zu einem mit der neuen Bedrohungslage begründeten Konzept militär. Präventivschläge). Im Rahmen einer umfassenden Reform der amerikan. Sicherheitsbehörden grundete er im Nov. 2002 ein »Ministerium für Heimatschutz«. International z. T. heftig kritisiert und auch innenpolitisch nicht unumstritten blieb die von B. vorgenommene Zuordnung von Irak, Iran und Nord-Korea zu einer »Achse des Bösen«, die daraus abgeleitete Außenpolitik sowie das schließl. militär. Vorgehen ohne UN-Mandat gegen das Regime des irak. Diktators Saddam Husain (2003); nach dessen Sturz wurde die Bush-Administration beim Versuch einer Befriedung und Stabilisierung der Verhältnisse in Irak unter amerikan. Führung mit wachsenden Problemen (v. a. einem massiven Terrorismus) konfrontiert. Angesichts des drohenden Scheiterns der zunehmend auch in der amerikan. Bevölkerung kritisierten Irakpolitik B.s verstärkten sich die innenpolit. Forderungen nach einem Kurswechsel (u. a. Vorschläge der Baker-Kommission 2006).

Bei den Wahlen am 2. 11. 2004, in denen er auf den demokrat. Herausforderer J. F. Kerry (Senator von Mass.) traf, wurde B. mit sicherer Mehrheit als Präs. bestätigt (Beginn der zweiten Amtszeit am 20. 1. 2005). Nach den Kongresswahlen im Nov. 2006 sah er sich einer Mehrheit der Demokrat. Partei in beiden Parlamentshäusern gegenüber.

George W. Bush

3) Kate, eigtl. Catherine **B.,** brit. Rockmusikerin (Gesang, Keyboards, Komposition), * Bexleyheath (Kent) 30. 7. 1958; wurde als Halbwüchsige von Pink-Floyd-Gitarrist Dave Gilmour entdeckt. Ihre erste Platte (»The kick inside«; 1978) zeigt eine singuläre Begabung, die auch mit späteren Veröffentlichungen (u. a. »The dreaming«, 1982; »Hounds of love«, 1985) neue Maßstäbe für die Rolle der Frau in der Rockmusik setzte.

4) Vannevar, amerikan. Elektroingenieur, * Everett (Mass.) 11. 3. 1890, † Belmont (Mass.) 28. 6. 1974; 1939–55 Präs. der Carnegie Institution of Washington; entwickelte u. a. Analogrechner, die Datenspeicherung mit Mikrofilm sowie ein Konzept der Wissensvernetzung, das die Idee des →Hypertexts vorwegnimmt; organisierte die amerikan. Forschung und Waffenentwicklung während des Zweiten Weltkriegs.

Bushel [bʊʃl, engl.] *der,* Einheitenzeichen **bu** oder **bus,** veraltete Volumeneinheit für Schüttgüter; in Großbritannien: 1 bu = 36,349 Liter; in den USA: 1 bu = 35,2393 Liter.

Bushidō [-ʃ-; jap. »Kriegerweg«] *das,* **Buschido,** die Ethik des jap. Kriegerstandes: Treue gegen den Herrn, Waffentüchtigkeit, Todesverachtung, Selbstzucht und Güte gegen Schwache; wurde zum eth. Ideal Japans und bildete den Ehrenkodex der Samurai.

Busine [frz.] *die,* eine gerade →Trompete.

Business [ˈbɪznɪs, engl.] *das,* Geschäft; Geschäftsleben; *abwertend:* Geschäftemacherei, vom Profitstreben bestimmtes Geschäft.

Business-Administration [ˈbɪznɪsədmɪnɪsˈtreɪʃn, engl.] *die,* amerikan. Variante bzw. Bez. der Betriebswirtschaftslehre. Neben der »managerial economics« (entspricht weitgehend der dt. allgemeinen Betriebswirtschaftslehre) wird v.a. die praxisnahe Vermittlung der betriebl. Funktionsbereiche (Produktion, Organisation, Marketing, Rechnungswesen, Finanzierung u.a.) betont.

Business-TV [ˈbɪznɪztiːˈviː, engl.], Unternehmensfernsehen; betriebsintern ausgestrahlte Programme, u.a. zur Mitarbeiterschulung, Verbreitung firmeninterner Informationen, Datenübertragung.

Büsingen am Hochrhein, Gem. im Landkreis Konstanz, Bad.-Württ., 1 400 Ew.; dt. Exklave in der Schweiz, seit 1947 (de jure seit 1964) in das schweizer. Zollgebiet einbezogen.

Busnois [byˈnwa], Antoine, frankofläm. Komponist, *um 1430, †Brügge 6.11.1492; einer der führenden Musiker am burgund. Hof; komponierte v.a. Chansons (z.T. auf eigene Texte).

Busoni, Ferruccio Benvenuto, italienisch-dt. Pianist und Komponist, *Empoli (bei Florenz) 1.4.1866, †Berlin 27.7.1924; komponierte Opern (u.a. »Turandot«, 1917; »Doktor Faust«, 1925), Klavierwerke, Orchesterwerke, Kammermusik.

Bussarde [frz.], **Buteo,** fast weltweit verbreitete Gatt. der Greifvögel mit 23 Arten; breite Flügel, bis 70 cm lang; gute Segler; ernähren sich von Kleinsäugern. Der **Mäuse-B.** (Buteo buteo), Größe 51–56 cm, ist neben dem Turmfalken einer der häufigsten Greifvögel in Dtl. (→Wespenbussard)

Bussarde: Mäusebussard

Buße [urspr. »Nutzen«, »Vorteil«], **1)** *allg.:* die für eine religiöse, sittl. oder rechtl. Schuld zu leistende Sühne. B. ist allen Religionen bekannt und setzt eine Schuld, vielfach auch ein Bekenntnis (→Beichte) voraus. – In der *kath. Kirche* das Sakrament, das die nach der Taufe begangenen Sünden durch die Lossprechung (Absolution) des Priesters (Beichtvaters) tilgt, wenn der Sünder durch Reue und Bekenntnis der Sünden und Genugtuungswerke mitwirkt (biblisch bes. auf Mt. 18,18 und Joh. 20,21–23 zurückgeführt). Das kath. Kirchenrecht schreibt dem zur Gewissenserforschung fähigen Gläubigen wenigstens einmal im Jahr das Bekenntnis angeblich schwerer Sünden (Todsünden) und den Empfang des **Bußsakraments** vor, wobei auch das Bekenntnis der lässl. (minder schweren) Sünden empfohlen wird. – Nach *ev. Auffassung* ist die B. Gesinnung der Umkehr, kein Sakrament, vielmehr Reue über die Sünde und Glaube an Gottes Vergebung.

2) *Recht:* im german. Recht Entschädigung, die als Ersatz für blutige Vergeltung entrichtet wurde; bis 1974 im StGB eine neben der Strafe zu zahlende Entschädigung. Nach dem Ordnungswidrigkeiten-Ges. kann im **Bußgeldverfahren** eine Geld-B. (Bußgeld) festgesetzt werden, wenn die Zuwiderhandlung bloße Ordnungswidrigkeit ist oder keine Strafe verlangt. Die Höhe der Geld-B. liegt zw. 5 € und, falls das Gesetz nichts anderes bestimmt, 1 000 €. Sie wird durch Bußgeldbescheid festgelegt, gegen den der Betroffene binnen zwei Wochen Einspruch einlegen kann, über den das Amtsgericht entscheidet. Hiergegen ist Rechtsbeschwerde möglich, wenn das Bußgeld 250 € übersteigt. (→Ordnungswidrigkeiten, →Verwarnung). – In der *Schweiz* wurde als B. die →Geldstrafe bezeichnet.

Büßerschnee, Zackenfirn, span. **Penitentes,** an Pilgerfiguren erinnernde Formen von Schnee, Firn und Gletschereis (bis mehrere Meter hoch), die beim Abschmelzen des Schnees in trop. Hochgebirgen (z.B. Anden) bei starker Sonneneinstrahlung und geringer Luftfeuchtigkeit entstehen.

Bußgeld, *Recht:* →Buße.

Bussole [ital.] *die,* **1)** Bergbau und *Geodäsie:* Magnetkompass mit Visiereinrichtung.

2) *Geophysik:* Messgerät zur Bestimmung der Horizontalintensität des erdmagnet. Feldes.

Bußtage, Bettage, in den *Religionen* bestimmte, der (öffentl.) Buße gewidmete Tage. B. sind im Judentum bes. der →Versöhnungstag (Jom Kippur), in der kath. Kirche jeder Freitag, auf den kein kirchlich vorgeschriebenes Fest fällt, und der Aschermittwoch. Als **Bußzeit** gilt die gesamte Fastenzeit. In den *ev. Kirchen* in Dtl. wird ein allg. **Buß- und Bettag** am Mittwoch vor dem letzten Sonntag im Kirchenjahr begangen. (→Feiertage, Übersicht).

Busta, Christine, eigtl. C. **Dimt,** österr. Schriftstellerin, *Wien 23.4.1915, †ebd. 3.12.1987; schrieb Lyrik mit religiösem Grundton: »Die Scheune der Vögel« (1958); »Unterwegs zu älteren Feuern« (1965); »Salzgärten« (1975).

Büste [frz.], plast. Darstellung des Menschen bis zu den Schultern oder in Halbfigur, meist auf einem Sockel oder einer Konsole.

Bustelli, Franz Anton, Porzellanmodelleur, *vermutlich Locarno 11.4.1723, †München 18.4.1763; Modellmeister der Nymphenburger Manufaktur (1754–63). Seine zahlr. Gruppen und Figuren, die u.a. Typen der Commedia dell'Arte darstellen, sind Meisterwerke des europ. Rokoko. – Abb. S. 740

Bustier [bysˈtje:, frz.] *das,* in der Damenmode miederartig anliegendes, nicht ganz bis zur Taille reichendes Oberteil ohne Ärmel.

Bustrophedon [griech., eigtl. »sich wendend wie der Ochse beim Pflügen«] *das,* **Furchenschrift,** Schreibart, bei der mit jeder Zeile die Schriftrichtung wechselt (rechts- und linksläufig); u.a. Kennzeichen archaischer lat. und griech. Inschriften.

Büsum, Gem. im Kreis Dithmarschen, Schlesw.-Holst., 4 800 Ew.; Fischereihafen (Krabben- und Hochseefischerei), Bootswerft; Nordseeheilbad.

Butadien *das,* **1,3-Butadien,** sehr reaktionsfähiger, ungesättigter Kohlenwasserstoff mit zwei konju-

Franz Anton Bustelli: »Capitano und Leda« aus der Figurenserie der Commedia dell'Arte; Porzellan, Manufaktur Nymphenburg (um 1759/60; Hamburg, Museum für Kunst und Gewerbe)

gierten Doppelbindungen, $CH_2=CH-CH=CH_2$; mehr als 90% der Produktion wird zu Synthesekautschuk verarbeitet.

Butane, Alkane mit der Summenformel C_4H_{10}, die als Flüssiggase bei der Erdöldestillation anfallen und in den zwei strukturisomeren Formen **n-Butan** (geradkettig) und **Isobutan** (verzweigte Ketten) auftreten; verwendet werden sie zur Herstellung von Butadien, als Zusatz zu Kraftstoffen, als Brenngas u.a., n-B. auch als Treibgas in Sprays.

Butanole, Butylalkohole, vier isomere Alkohole der Zusammensetzung $C_4H_9(OH)$. Die B. und ihre Ester sind wichtige techn. Lösungsmittel sowie Riech- und Aromastoffe.

Butanon das, **2-Butanon,** acetonartig riechende Flüssigkeit, Lösungsmittel für Lacke und Vergällungsmittel für Ethanol.

Butansäure, die, →Buttersäure.

Butantan, Butantã, Institut zur Erforschung und Herstellung von Serum gegen Schlangen- u.a. Gifte im Stadtteil Pinheiros von São Paulo, Brasilien.

Butare, zweitgrößte Stadt und kulturelles Zentrum von Ruanda, 1 750 m ü. M., 89 700 Ew., kath. Bischofssitz; Univ. (1963 gegr.), Nationalmuseum; Flughafen.

Adolf Butenandt

Butenandt, Adolf Friedrich Johann, Biochemiker, * Lehe (heute zu Bremerhaven) 24. 3. 1903, † München 18. 1. 1995; 1936–72 Direktor des Kaiser-Wilhelm- bzw. (seit 1948) Max-Planck-Inst. für Biochemie, 1960–72 Präs. der Max-Planck-Gesellschaft; erhielt 1939 für die Isolierung und Konstitutionsermittlung der Geschlechtshormone den Nobelpreis für Chemie (überreicht 1949).

Reinhard Bütikofer

Butene, Butylene, gasförmige ungesättigte Kohlenwasserstoffe (Alkene), Summenformel C_4H_8. Sie treten i. d. R. als Gemisch der drei Isomeren **1-Buten, 2-Buten** und **Isobuten** auf. B. fallen beim →Steamcracken an und werden zu klopffesten Kraftstoffzusätzen und Polymerbenzin, Butylkautschuk und Butanolen verarbeitet.

Buthelezi [-zi], Gatsha Mongosuthu, Stammesführer und Politiker in der Rep. Südafrika, * Mahlabatini (Natal) 27. 8. 1928; 1972–94 Chefmin. des 1994 aufgelösten Homelands KwaZulu, seit 1975 Führer der Zulu-Bewegung →Inkatha; 1994–2004 Innenmin. der Rep. Südafrika.

Bütikofer, Reinhard, Politiker (Bündnis 90/Die Grünen), * Mannheim 26. 1. 1953; studierte Geschichte und Philosophie; ab 1984 Mitgl. der Grünen, war in Bad.-Württ. 1988–96 MdL und 1997–98 dort Landesvors.; 1998–2002 polit. Bundesgeschäftsführer von Bündnis 90/Die Grünen und seit Dez. 2002 Bundesvors. der Partei.

Butjadingen, Marschhalbinsel zw. Jadebusen und Unterweser, Niedersachsen.

Butler [ˈbʌtlə; engl., von frz. bouteiller »Kellermeister«] der, Haushofmeister, oberster Diener (in begüterten Häusern).

Butler [ˈbʌtlə], **1)** Judith, amerikan. Philosophin, * Cleveland (Oh.) 24. 2. 1956; Prof. an der University of California in Berkeley; bekannt geworden durch ihr Buch »Das Unbehagen der Geschlechter« (1990), in dem das anatom. Geschlecht (sex), die Geschlechtsidentität (gender) und das sexuelle Begehren nicht mehr als auseinander folgend und voneinander abhängig bestimmt werden.

2) Nicholas Murray, amerikan. Publizist und Pädagoge, * Elizabeth (N. J.) 2. 4. 1862, † New York 7. 12. 1947; 1890–1945 Prof. an der Columbia University in New York, wirkte für die Völkerverständigung; Friedensnobelpreis 1931 mit J. Addams.

3) Reg(inald), brit. Bildhauer, * Buntingford (Cty. Hertfordshire) 28. 4. 1913, † Berkhamsted (Cty. Hertfordshire) 23. 10. 1981; urspr. Architekt; schuf abstrahierende, seit den späten 1950er-Jahren figurative Metallplastiken, bei denen die Figuren häufig in Gestänge eingehängt sind.

4) Samuel, engl. Satiriker, getauft Strensham (bei Worcester) 18. 2. 1612, † London 25. 9. 1680; schrieb das gegen den Puritanismus gerichtete unvollendete komisch-heroische Epos »Hudibras« (3 Tle., 1663–78).

5) Samuel, engl. Schriftsteller, * Langar (bei Nottingham) 4. 12. 1835, † London 18. 6. 1902; verfasste den satir. Zukunftsroman »Erewhon« (1872), der die Schwächen der viktorian. Gesellschaftsordnung aufdeckt, und den autobiograf. Roman »Der Weg allen Fleisches« (1872–84; hg. 1903).

Buto, heute **Tell el-Farain,** altägypt. Stadt im nordwestl. Nildelta, Kultstätte der Schlangengöttin Uto und polit. Mittelpunkt Unterägyptens.

Butō, Butoh, Ende der 1950er-Jahre entstandene zeitgenössische jap. Tanzform, nahm Einflüsse des dt. Ausdruckstanzes auf; als Begründer gilt Tatsumi Hijikata. Wichtige Vertreter sind u.a. Kazuo Ōno, Yoshito Ōno und Mitsutaka Ishii.

Buton, indones. Insel, →Butung.

Butor [byˈtɔːr], Michel, frz. Schriftsteller, * Mons-en-Barœul (Dép. Nord) 14. 9. 1926; einer der Haupttheoretiker und Vertreter des →Nouveau Roman; seine vielschichtigen Romane (»Paris – Passage de Milan«, 1954; »Der Zeitplan«, 1956; »Paris–Rom oder Die Modifikation«, 1957; »Stufen«, 1964) beziehen Reflexionen über Literatur ein; auch Essays (»Repertoire«, 5 Bde., 1960–82; »Die Alchemie und ihre Sprache«, 1990), Hörspiele und Gedichte.

Bütow [-o], dt. Name der poln. Stadt →Bytów.

Butt, ein Plattfisch, z. B. der Heilbutt.

Butte [bju:t], **Butte-Silver Bow**, Bergbaustadt im SW von Montana, USA, 1 760 m ü. M., in den Rocky Mountains, 32 500 Ew.; Bergakademie; Bergbau auf Kupfer, Zink, Blei, Mangan.

Bütte, hölzernes, sich nach unten verjüngendes Tragegefäß, z. B. für Trauben bei der Weinlese.

Büttenpapier, handgeschöpftes oder fast naturgetreu auf (Rundsieb-)Maschinen hergestelltes Papier (original) aus Hadern; hat ungleichmäßigen Rand, fast keine Laufrichtung.

Büttenrede, Karnevalsrede, wurde zuerst in Köln 1827 aus einem Fass (Bütt) heraus gehalten.

Butter [aus lat. butyrum, griech. boútyron »Kuhquark«], aus Milch gewonnenes Speisefett, das mindestens 82 % Fett, bis 16 % Wasser, 0,7 % Eiweiß, 0,7 % Milchzucker sowie Spuren von Salzen enthält. Zur Gewinnung des Milchfetts wird die Milch in der Milchschleuder zentrifugiert; dabei sammelt sich um die Drehachse der leichtere Rahm an, während die schwerere Magermilch am Rand austritt. Zur Herstellung von **Sauerrahm-B.** wird der Rahm pasteurisiert und im Rahmreifer durch Zusatz von Milchsäurebakterien gesäuert. Beim »Buttern« wird der Rahm zu Schaum geschlagen, wobei die Fettkügelchen zusammenklumpen. Die B.-Milch wird abgelassen, die B. gewaschen und geknetet. **Süßrahm-B.,** die heute in den Molkereien am häufigsten hergestellte Art, wird aus ungesäuertem Rahm im kontinuierl. **Schaumbutterungsverfahren** (nach Fritz) mit rotierenden Schlägern oder nach dem **Alfa-Butterungsverfahren** durch erneutes Zentrifugieren und Kneten unter rascher Abkühlung hergestellt. Die fertige B. wird geformt, z. T. auch mit Pflanzenfarbstoffen (Beta-Carotin) gefärbt. – B. enthält einen hohen Anteil an gesättigten Fettsäuren (v. a. Stearin- und Palmitinsäure), ferner ungesättigte Fettsäuren, wie Öl-, Linol- und Linolensäure, sowie eine geringe Menge anderer Fette, die bei Zersetzung (wenn die B. ranzig wird) stark riechende Fettsäuren absondern, bes. B.- und Capronsäure. – Die B.-VO (gültig i. d. F. v. 10. 11. 2004) regelt im Wesentl. nur noch Handelsklassen-B., das sind **Dt. Marken-B.** und **Dt. Molkerei-B.** Diese Klassen unterliegen unverändert einer amtl. Prüfung. Die Handelsbez. für in Milcherzeugerbetrieben hergestellte B. ist **Dt. Landbutter.** Neben den Handelsklassen gibt es noch Halbfett- und Dreiviertelfettbutter.

Wirtschaft: Im Rahmen der EG-Marktordnung für Milch wird jährlich ein Interventionspreis für B. festgelegt (2003/04: 3,28 €/kg). Während früher die staatl. Interventionsstellen jede ihnen angebotene Menge zu diesem Preis ankaufen mussten, erfolgt seit 1987 die Andienung von B. zur öffentl. Lagerhaltung in einem offenen Ausschreibungsverfahren, d. h., die Europ. Kommission erteilt Zuschläge für die günstigsten Angebote. – Die Produktion betrug 2004 in Dtl. 424 000 t, der Verbrauch lag bei 6,8 kg pro Kopf.

Geschichte: Zur B.-Bereitung ließ man früher die Milch in flachen Gefäßen, den Satten, stehen, bis sich der Rahm oben abgesetzt hatte. Er wurde abgeschöpft, gesammelt und mit einem Stößer im **B.-Fass** gestoßen, bis das Fett zusammengeballt war. Danach wurde die B. geknetet und gewaschen wie heute. – Die älteste erhaltene Darstellung der B.-Herstellung findet sich auf einem sumer. Mosaik (um 3000 v. Chr.). Im Altertum war B. ein Kosmetikum; als Speisefett ist sie erst seit dem 16. Jh. verbreitet.

Butterbäume, tropische Baumarten mit fettreichen Samen.

Butterbirne, Birnensorte mit zartem, saftigem Fleisch.

Butterblume, volkstüml. Bez. für viele glänzend gelb blühende Pflanzen, besonders Hahnenfußarten.

Butterbohne, Same des ostind. Kopalbaumes (Vateria indica), enthält das **Vateriafett** (Malabartalg, B.-Fett); wird als Speisefett und zur Herstellung von Seifen und Kerzen verwendet.

Butterfische, Pholididae, artenarme Familie der Schleimfischartigen mit lang gestrecktem Körper, langer Rückenflosse und Afterflosse; leben in Flachwassergebieten der nördl. Meere.

Butterfly [ˈbʌtəflaɪ; engl. »Schmetterling«] der, Sportschwimmart, →Schmetterlingsschwimmen.

Butterkrebs, frisch gehäuteter Flusskrebs mit noch weichem Panzer.

Buttermilch, beim Verbuttern von Rahm (→Butter) anfallende sauermilchähnl., wässrige Flüssigkeit, die 0,3–0,8 % Fett, 0,3–3,7 % Eiweiß, 3,7–5,1 % Kohlenhydrate (v. a. Milchzucker), 0,7 % Milchsäure und 0,7 % Mineralsalze enthält.

Butterpilz, Suillus luteus, bis 10 cm hoher Röhrling mit gelb- bis dunkelbraunem, bei Feuchtigkeit schleimig glänzendem Hut und zitronengelben Röhren; Speisepilz.

Buttersäuren, Butansäuren, zwei strukturisomere gesättigte flüssige Monocarbonsäuren (C_3H_7COOH, n-Buttersäure und Isobuttersäure) mit unangenehm ranzigem Geruch, die im Schweiß und in Butter vorkommen. B. werden zur Herstellung von Celluloseestern verwendet. Buttersäureester (**Butyrate**) dienen als Aromastoffe und Weichmacher.

Butterschmalz, Schmelzbutter, aus dem Fettteil der Milch bestehendes gelbes haltbares Speisefett (Fettgehalt mindestens 99,8 %, dagegen **Butterfett** 96 %); dient als Back- und Bratfett, hergestellt durch Schmelzen von Butter oder direkt aus Vollmilch.

Butterworth [ˈbʌtəwəːθ], malaiisch **Bagan Jaya,** Stadt im Bundesstaat Penang, W-Malaysia, 99 200 Ew.; eines der Hauptindustriezentren Malaysias (Stahlind., Zinnschmelze u. a.); Industriehafen, seit 1985 Straßenbrücke (mit 13,5 km die längste Brücke Asiens) zur Insel Penang.

Butting, Max, Komponist, *Berlin 6. 10. 1888, †Berlin (Ost) 13. 7. 1976; schrieb u. a. zehn Sinfonien, Kammermusik, eine Oper (»Plautus im Nonnenklos-

Butterpilze

ter«, 1959, nach C. F. Meyer) sowie Klavier- und Chorwerke.

Buttlar, Eva Margaretha von, pietist. Schwärmerin, *Eschwege Juni 1670, †Altona 27. 4. 1721; gründete 1702 eine schwärmerisch-pietist. Gemeinschaft (»Christl. und philadelph. Sozietät«), die jede gesetzl. Ordnung ablehnte, auch die Ehe, und als **Buttlarsche Rotte** verfolgt wurde.

Button [bʌtn; engl. »Knopf«] *der,* **1)** *allg.:* Ansteckplakette mit einer Aufschrift, die die polit., religiöse oder ähnliche Einstellung des Trägers zu erkennen gibt.
2) *Informatik:* knopfartiges Bedienelement bzw. Schaltfläche in einem Dialogfeld eines Anwendungsprogramms, durch Anklicken wird eine Aktion ausgelöst (z. B. Drucken einer Datei).

Butung, Buton, Insel Indonesiens, südöstlich von Celebes, 9 582 km², aus Korallenkalk aufgebaut, von etwa 300 000 Makasaren und Bugi, einst gefürchteten Seeräubern, besiedelt; Asphaltvorkommen; Anbau von Reis, Mais, Kokospalmen. Hauptort und Hafen ist Baubau.

Butyl..., Bez. für die vom Butan abgeleitete einbindige Kohlenwasserstoffgruppe $-C_4H_9$.

Butyl|alkohole, die →Butanole.

Butylene, veraltet für →Butene.

Butylhydroxytoluol, Abk. **BHT,** 2,6-Di-*tert*-butyl-4-methylphenol, Trivialname: **Ionol.** Synthet. Antioxidans für Futtermittel, Kunststoffe, Wachse, Gummi und Seifen sowie Mittel zur Verhinderung von Hautbildung in Lacken und Farben. Auch zur Betäubung von Fischen geeignet sowie als Lebensmittelzusatzstoff (E 321) und Verpackungsadditiv verwendet. Zersetzt sich beim Erhitzen in zahlr. Metaboliten von teilweise unbekannter Toxizität. B. gelangt in den Fetus und wurde bereits im Fettgewebe von Neugeborenen nachgewiesen. Im Tierversuch störten höhere Dosierungen die Blutgerinnung. Je nach Versuchsanordnung hat B. eine Krebs fördernde oder vor Krebs schützende Wirkung.

Butyrate, Salze und Ester der Buttersäure.

Butzbach, Stadt im Wetteraukreis, Hessen, am NW-Rand der Wetterau, 25 300 Ew.; Maschinen-, Fahrzeug-, Stahl- und Gerätebau (u. a. Klima- und Lüftungstechnik), Druckind. – Viereckiger Marktplatz in der nahezu runden, von Mauern umgebenen Altstadtanlage, got. Markuskirche, ehem. Solmssches Amtshaus (15. Jh.), ehem. landgräfliches Schloss (1610), Fachwerkhäuser. – B., seit 773 als Siedlung belegt, erhielt 1321 Stadtrecht.

Butzenscheibe, runde Glasscheibe mit einer einseitigen Erhöhung in der Mitte (**Butzen** oder **Nabel**); seit Ende des 14. Jh. zur Fensterverglasung verwendet.

Butzenscheibenlyrik, von P. Heyse (1884) geprägte abwertende Bez. für sentimentale Dichtungen mit meist mittelalterlichen, romant. Motiven; Hauptvertreter waren Rudolf Baumbach (*1840, †1905) und Julius Wolff (*1834, †1910).

Butzer, Martin, Reformator, →Bucer.

Bützow [-o], Stadt im Landkreis Güstrow, Meckl.-Vorp., in der breiten niederen Talaue der Warnow (Binnenhafen), 8 000 Ew.; Heimatmuseum, Bibliothek; Dauermilchwerk, Holz und Metall verarbeitende und Baubetriebe. – Got. Stiftskirche (1248 bis etwa 1400). – Ersterwähnung 1229, seit 1236 Stadtrecht, bis 1994 Kreisstadt.

b. u. v., *Recht:* Abk. für **b**eschlossen **u**nd **v**erkündet (unter Gerichtsbeschlüssen).

Buxl-Future [-ˈfjuːtʃə, engl.] *der,* Terminkontrakt auf Schuldverschreibungen des Bundes mit einer Restlaufzeit von 15 bis 30 Jahren.

Buxtehude, Stadt im Landkreis Stade, Ndsachs., südwestlich von Hamburg, 38 700 Ew.; private Hochschule; chem., Lebensmittel-, Bauind., Maschinenbau, Flugzeugbau. – Petrikirche, Backsteinbasilika (um 1300 bis um 1320), Marschtorzwinger (1552/53), Bürgerhäuser (16. Jh.). – Im Ortsteil Altkloster bestand 1197–1648 ein Benediktinerinnenkloster. Nördlich davon wurde 1273 die Siedlung neu errichtet; 1328 erhielt B. Stadtrecht.

Buxtehude, Dietrich, Organist und Komponist, *Oldesloe (heute Bad Oldesloe) 1637 (?), †Lübeck 9. 5. 1707; seit 1668 Organist an der Marienkirche in Lübeck; über 100 geistl. Vokalwerke (Choräle, Arien, Kantaten); viele Orgelwerke (Präludien, Toccaten, Fugen, Choralbearbeitungen). Bed. Meister der norddt. Organistenschule, wirkte bes. auf J. S. Bach.

Buxton [ˈbʌkstən], Heilbad in der mittelengl. Cty. Derbyshire, 24 100 Ew.; radioaktive Thermalquellen.

Buy-back-Geschäft [baɪˈbæk-, engl.], →Kompensationsgeschäft.

Buytendijk [ˈbœjtəndɛjk], Frederik Jacobus Johannes, niederländ. Psychologe und Physiologe, *Breda 29. 4. 1887, †Nimwegen 21. 10. 1974; Arbeiten zur Tierpsychologie, vergleichenden Verhaltensforschung und psycholog. Anthropologie.

Büyük Menderes, Fluss in der Türkei, →Menderes.

Buzău [buˈzəu], Hptst. des Kreises Buzău in Rumänien, am Karpatenrand, am Fluss Buzău, 139 000 Ew.; Kupferhütte, Maschinenbau, chem., Holz-, Papierind., Erdölraffinerie. Seit 1504 rumän.-orthodoxer Bischofssitz.

Buzzati [budˈzaːti], Dino, eigtl. D. **B.-Traverso,** ital. Schriftsteller, *Belluno 16. 10. 1906, †Mailand 28. 1. 1972; in seinen Romanen verbindet sich Realismus mit fantast. und symbol. Elementen in der Art M. Maeterlincks und F. Kafkas: »Die Festung« (1940), »Das Haus mit den sieben Stockwerken« (Dr., 1953); »Der Hund, der Gott gesehen hatte« (Nov.n, 1956); »Eine Frau von Welt« (Erz., 1966).

B. V., Abk. für die niederländ. Gesellschaftsform **B**esloten **V**ennootschap met beperkte aansprakelijkheid, die eigene Rechtspersönlichkeit besitzt und weitgehend der dt. Gesellschaft mit beschränkter Haftung entspricht.

BvS, Abk. für **B**undesanstalt für **v**ereinigungsbedingte **S**onderaufgaben (→Treuhandanstalt).

BVVG, Abk. für **B**odenverwertungs- und -**v**erwaltungs **G**mbH (→Treuhandanstalt).

Bwa, Bua, Bobo-Ule, ethn. Gruppe in Westafrika; im W Burkina Fasos (östl. der Bobo) und im angrenzenden Mali; früher wurden die B. mitunter fälschlich als Bobo (Bobo-Ule »rote Bobo«) bezeichnet, sie gehören jedoch zur Gur-Sprachengruppe, die Bobo zur Mande-Gruppe. Die etwa 300 000 B. treiben trop. Feldbau (Hirse in Subsistenzwirtschaft, Baumwolle für den Markt) und fertigen (für Ackerbauriten) schwarz, weiß und rot gefärbte Masken in abstrakter Gestalt an. Neben den »Brettmasken«, bei denen sich oben auf der eigentl. Maske ein bis zu 2 m langes, mit geometr. Motiven beschnitztes und bemaltes Brett befindet, werden Tierkopfmasken (Büffel, Antilope, Vogel u. a.) bevorzugt.

B-Waffen, Kurzbezeichnung für biolog. Waffen (→ABC-Waffen).

B-Waffen-Abkommen, Kurzbez. für die »Konvention über das Verbot der Entwicklung, Herstellung und Lagerung bakteriolog. (biolog.) Waffen und Toxinwaffen und über ihre Vernichtung«, abgeschlossen am 10. 4. 1972, in Kraft getreten am 26. 3. 1975, enthält ein umfassendes Verbot von biolog. und tox. Waffen sowie die Forderung, vorhandene Bestände zu vernichten..

BWV, Abk. für **B**ach-**W**erke-**V**erzeichnis, das u. d. T. »Thematisch-systemat. Verzeichnis der musikal. Werke J. S. B.s« von Wolfgang Schmieder (*1901, †1990) herausgegeben wurde (1950; 8., überarbeitete Aufl. 1990).

Byars [ˈbaɪəz], James Lee, amerikan. Künstler, * Detroit (Mich.) 24. 12. 1932, † Kairo 23. 5. 1997. Seine Aktionen, Performances, Installationen, Objekte und Texte sind von metaphys. Ansprüchen geprägt und entziehen sich grundsätzlich der kunstgeschichtl. Katalogisierung. Sein Werk, das als zentrales Thema das Verhältnis von Materialität und Immaterialität aufgreift, spiegelt die Suche des Künstlers nach Vollkommenheit (The Perfect) wider.

Byatt [ˈbaɪət], Dame (seit 1999) A. S. (Antonia Susan), engl. Schriftstellerin, * Sheffield 24. 8. 1936. In ihren Romanen verbindet sie realist. Darstellung mit symbol., mytholog. und literar. Anspielungen. Teile einer Tetralogie über die brit. Geschichte seit der Krönung Elisabeths II. (1953) sind die Romane »Die Jungfrau im Garten« (1978) und »Der Turm zu Babel« (1996). Der internat. Durchbruch gelang ihr mit dem postmodernen Roman »Besessen« (1990). – *Weitere Werke: Erzählungen:* Geschichten von Erde und Luft (1987); Geschichten von Feuer und Eis (1998); Sternund Geisterstunden (2004).

Byblos [griech.], phönikisch-hebr. **Gebal,** das heutige **Djubail,** alte Hafen- und Handelsstadt in Libanon, nördlich von Beirut, stand schon im 3. Jt. v. Chr. in enger Verbindung mit Ägypten (Ausfuhr von Libanonzedern); später Umschlaghafen für ägypt. Papyrus; zahlr. Ausgrabungen (Weltkulturerbe).

Bychkov [bytʃˈkɔf], Semyon, amerikan. Dirigent russ. Herkunft, *Leningrad 30. 11. 1952; u. a. 1989–98 Chefdirigent des Orchestre de Paris, seit 1997 des Kölner Rundfunk-Sinfonie-Orchesters, daneben seit 1999 musikal. Leiter der Sächs. Staatsoper Dresden.

Bydgoszcz [ˈbɪdɡɔʃtʃ], dt. **Bromberg,** Stadtkreis und Krst. in Polen, an der Brahe (Brda) nahe ihrer Mündung in die Weichsel, Sitz des Woiwoden der Wwschaft Kujawien-Pommern, 368 000 Ew.; kath. Bischofssitz, mehrere Hochschulen, Forschungsinstitute; Museen, Theater; elektrotechn., chem., Metall verarbeitende und Leichtind., Maschinen- und Fahrzeugbau (u. a. Fahrräder). Der 25 km lange **Bromberger Kanal** verbindet die Weichsel mit Netze und Oder, Flusshafen; Flughafen. – Bromberg erhielt 1346 dt. Stadtrecht und war im 15./16. Jh. wichtiger Handelsplatz, bis es im 17. Jh. verfiel; unter preuß. Herrschaft seit 1772 erneuter wirtschaftl. Aufschwung, 1815–1919 Regierungsbezirks-Hptst. 1919 kam es an Polen. Im Zweiten Weltkrieg stark zerstört. – Am 3. 9. 1939 kam es in der Stadt, die unmittelbar vor der Einnahme durch die Wehrmacht stand, zu blutigen Ausschreitungen poln. Soldaten und Zivilisten gegen die dt. Bev. (sog. **Bromberger Blutsonntag;** etwa 1 100 Tote, später z. T. wesentlich höhere Opferzahlen angegeben). Dt. Sondergerichte verhängten anschließend zahlr. Todesurteile gegen poln. Bürger; die nat.-soz. Propaganda nutzte das Ereignis zur Rechtfertigung des dt. Angriffs auf Polen als »Schutzfeldzug«.

Bydgoszcz: Gebäude am Bromberger Kanal

Bygdøy [-døj], waldige Halbinsel im westl. Stadtbereich von Oslo, Norwegen, im Oslofjord, 3,6 km², mit Villenbebauung; norweg. Seefahrtsmuseum, norweg. Volksmuseum (Freilichtmuseum), Museum der Wikingerschiffe, Framhaus mit F. Nansens Polarschiff Fram, Kon-Tiki-Museum mit T. Heyerdahls Floß und Liegeplatz der Ra 2.

Bykow, weißruss. **Bykaŭ,** Wassili Wladimirowitsch, weißruss. Schriftsteller, *Bytschki (Gebiet Witebsk) 19. 6. 1924, †Minsk 22. 6. 2003; gestaltete u. a. das Kriegserlebnis in Erzählungen (»Die dritte Leuchtkugel«, 1962; »Die Kiesgrube«, 1987) und Romanen (»Der Obelisk«, 1971; »Zeichen des Unheils«, 1984; »Treibjagd«, 1989).

Byline [russ. »Geschehnis«] *die,* früher **Starine,** altes russ. episches Heldenlied, das Kämpfe und Abenteuer altruss. Helden bes. des 11.–16. Jh. schildert. Eine B. besteht zumeist aus ca. 500 reimlosen Versen und wurde von berufsmäßigen Sängern (**Skomorochen**) im Sprechgesang rezitiert. Als mündlich gepflegte Tradition, die in die Zeit des Kiewer Reiches (11.–13. Jh.) zurückreicht, hielt sich die B. in N-Russland vereinzelt bis ins 19. und 20. Jahrhundert.

Byōbu, jap. mehrteiliger →Stellschirm.

Bypass [ˈbaɪpas; engl. »Umleitung«] *der,* **1)** *Medizin:* Umgehung eines oder mehrerer verlegter Koronargefäßabschnitte durch →Bypassoperation zw. Aorta und Koronargefäßen (Herzkranzgefäße).
2) *Technik:* Umgehungsleitung, z. B. an Maschinen, verfahrenstechn. Anlagen, in der Fluide abgezweigt, vorbei- oder zurückgeführt werden, um den Volumenstrom oder die Leistung unterschiedl. Bedingungen anzupassen, z. B. beim **B.-Triebwerk** (→Strahltriebwerk).

Bypassoperation [ˈbaɪpas-], Umgehungsplastik; bei Verengung oder Verschluss eines Gefäßes (Arterie) wird eine Gefäßprothese (körpereigene Vene oder aus Fremdmaterial, z. B. Kunststoff, bestehender Gefäßersatz) unter Belassung der erkrankten Arterie eingesetzt, d. h. der Verschluss umgangen. Der Gefäß-

Bydgoszcz
Stadtwappen

ersatz übernimmt dann die Funktion eines Kollateralgefäßes.

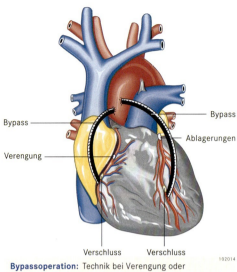

Bypassoperation: Technik bei Verengung oder Ablagerung in den Koronargefäßen des Herzens

Byrd [bə:d], **1)** Richard Evelyn, amerikan. Admiral und Polarforscher, * Winchester (Va.) 25. 10. 1888, † Boston (Mass.) 11. 3. 1957; überflog nach eigenen Angaben am 9. 5. 1926 erstmals den Nordpol (heute angezweifelt). B. unternahm zw. 1928 und 1956 fünf Antarktisexpeditionen. Auf der ersten (1928–30) gelangen ihm 1929 der erste Flug zum Südpol und die Entdeckung des **Marie-Byrd-Landes.** Von seinem Standlager »Little America« auf dem Ross-Eisschelf erkundete er fast die gesamte Küste und große Inlandsterritorien des Südpolargebietes (bes. zw. Rossmeer und Wedellsee).

2) William, engl. Komponist, * Lincoln (?) 1543, † Stondon Massey (bei Harlow) 4. 7. 1623; der erste große Meister des engl. Madrigals; schrieb Cembalomusik mit Variationsreihen über Tanz- und Liedweisen, freie Präludien sowie kontrapunktisch gearbeitete Sätze; richtungweisend für die Virginalisten.

Byrnes [bə:nz], James Francis, amerikan. Politiker, * Charleston (S. C.) 2. 5. 1879, † Columbia (S. C.) 9. 4. 1972; Jurist, Mitgl. der Demokrat. Partei; führte 1943–45 das Rüstungsamt. Als Außenmin. (1945–47) leitete er mit seiner Stuttgarter Rede (6. 9. 1946) die amerikan. Versöhnungspolitik gegenüber Dtl. ein.

Byron, Kap [-'baɪərən], der östlichste Punkt des austral. Festlandes (29° s. Br., 154° ö. L.), in Neusüdwales.

Byron ['baɪən], George Gordon Noel, 6. Baron, gen. **Lord B.,** engl. Dichter, * London 22. 1. 1788, † Mesolongion (Griechenland) 19. 4. 1824. Die beiden ersten Cantos von »Ritter Harolds Pilgerfahrt« (1812) machten ihn berühmt. Er lebte seit 1816 in Italien, bis ihn der griech. Freiheitskampf nach Griechenland zog. Im Jan. 1824 traf er in Mesolongion ein, starb kurz darauf an Malaria. – B. gehört zu den großen engl. Romantikern. Seine Dichtungen, v. a. die Verserzählungen »Der Korsar« (1814) und »Lara« (1814), das dramat. Gedicht »Manfred« (1817), das Drama »Kain« (1821) und das Fragment gebliebene Epos »Don Juan« (1819–24) hatten nachhaltige Wirkung auf seine Zeit (»Byronismus«).

Byssus [griech.] *der,* **1)** *Biologie:* seidige Haftfäden mancher Muscheln zum Befestigen der Tiere an der Unterlage, seit dem Altertum als **Muschelseide** verarbeitet.

2) *Textilien:* feinfädiges Leinengewebe, u. a. zum Einhüllen ägypt. Mumien der Pharaonenzeit; auch Bez. für feinfädiges Baumwollgewebe in Dreherbindung.

Byte [baɪt, engl.] *das, Informatik:* zusammengehörige Folge von 8 Bits zur Codierung von alphanumer. Zeichen oder anderen Informationen; kleinste adressierbare Speichereinheit. Ein B. ermöglicht die Codierung von $2^8 = 256$ versch. Zeichen. Es wird meist in zwei Tetraden (**Halbbytes**) zu je 4 Bit gegliedert. Das Byte wird auch als Maßeinheit für 8 Bit verwendet. Für große Datenmengen werden in Anlehnung an die Präfixe Kilo, Mega, Giga usw. die Einheiten KByte, MByte und GByte verwendet. Dabei sind:
1 KByte = 2^{10} Byte = 1 024 Byte,
1 MByte = 2^{20} Byte = 1 048 576 Byte,
1 GByte = 2^{30} Byte = 1 073 741 824 Byte.

Bytom ['bitɔm], dt. **Beuthen,** Stadtkreis in der poln. Wwschaft Schlesien, im Oberschles. Industriegebiet, 193 000 Ew.; Oberschles. Museum; auf dem umliegenden Erz- (Zink, Blei, Eisen) und Steinkohlenbergbau basierende Grundstoffindustrie, Eisenhütten, Stahlwerke, Metall verarbeitende, chem. (Gummiproduktion) und Baustoffindustrie, Elektroenergieerzeugung sowie Anlagenbau. – Marienkirche (13.–16. Jh.). – B. erhielt 1254 dt. Stadtrecht. Seit dem MA. Blei-, Silbererzbergbau; ab Mitte des 19. Jh. Entwicklung zum Zentrum des Oberschles. Industriegebiets.

Bytów ['bituf], dt. **Bütow,** Krst. in der Wwschaft Pommern, Polen, in der Kaschub. Schweiz, an der Bütow (Bytowa), 17 000 Ew.; Holz und Metall verarbeitende, Bekleidungs- und Nahrungsmittelindustrie, Fremdenverkehrs- und Erholungsgebiet. – In der Burganlage des Dt. Ordens (1398–1406) befindet sich das Westkaschub. Museum. – B., vom 9. bis 12. Jh. eine slaw. Burg mit Siedlung, erhielt 1346 durch den Dt. Orden Culmer Stadtrecht, fiel 1466 als poln. Lehen an die pommerschen Herzöge, 1657 an Preußen. Seit 1945 gehört die Stadt zu Polen (1990 durch den Dt.-Poln. Grenzvertrag bestätigt).

byzantinische Kultur, die Kultur des Byzantin. Reiches (etwa 565–1453). Ihre Schwerpunkte lagen v. a. in Konstantinopel, Thessalonike (Saloniki), bis ins 7. Jh. auch in Alexandria, Antiochia und Ravenna. Ihre Träger waren in Konstantinopel hauptsächlich die Hof- und Adelskreise, in der kulturell immer mehr

Lord Byron in albanischer Tracht, Gemälde von Thomas Phillips (um 1835; London, National Portrait Gallery)

verkümmernden Provinz die Beamten, Bischöfe und Mönche. Gestaltet wurde die b. K. vor allem von den Griechen, aber auch von den orthodoxen slaw. Völkern (nach ihrer Christianisierung); im 10./11. Jh. traten die Armenier hervor. Das Griechische war Verkehrs- und seit dem 7. Jh. Amtssprache. Der Kaiser (Basileus) als Mittelpunkt des Staates galt als der »gottgewollte« Stellvertreter Christi und zugleich als Auserwählter des Volkes. Dies gab der b. K. eine starke Einheitlichkeit. Durch die aus der Antike übernommene Eingliederung der Priesterschaft in den Staat vermied die oström. Autokratie den Kampf um die Gewaltenteilung. Kennzeichnend für höf. Zeremoniell und kirchl. Liturgie war die Durchdringung römisch-oriental. Traditionen mit christl. Geist. Das religiöse Moment beherrschte entscheidend alle Kulturgebiete. Grundlage der Kultur war die Überzeugung, dass mit der Offenbarung der gottgewollte menschl. Fortschritt abgeschlossen und das griech. Volk zum Hüter der Kulturüberlieferungen gegenüber den »Barbaren« bestellt sei. Trotz eines starren Kulturbewusstseins haben geistige Strömungen immer wieder zu Umgestaltungen geführt, z. B. der Bilderstreit (→ Bilderverehrung), der Platonismus des 11. Jh., die versch. »Renaissancen« in Lit. und Kunst sowie der Humanismus des ausgehenden 12. Jahrhunderts.

Besondere Leistungen der b. K. sind: Schöpfung und Pflege eines einheitl. Staatsgedankens, Ausbildung eines philosophisch durchdachten christl. Lehrgebäudes (Johannes von Damaskus), eine kunstvolle Geschichtsschreibung, eine volkstüml. Epik (Helden-, Tierepos), eine fein ausgebildete Redekunst (Staatsreden, Privatbrief als schriftsteller. Kunstwerk), die Ausbildung einer formschönen Schrift (Minuskel), die ununterbrochene Pflege gelehrter Bildung durch Schulen (Hochschulen in Konstantinopel), Aufbau einer öffentl. Fürsorge durch planmäßige Förderung der damit betrauten Klöster, ein blühendes Kunstleben (→ byzantinische Kunst), Ausbau und Pflege des röm. Rechts (→ Corpus Iuris Civilis) und Entwicklung einer überlegenen Kriegstaktik. In Byzanz wurden Philosophie, Wiss. und Lit. der hellenist. Welt bewahrt und durch Anregungen aus dem Orient, von den slaw. Völkern, v. a. aber durch das Christentum zu einer eigenständigen Kultur entwickelt. Das geistige Erbe von Byzanz übernahm nach 1453 das Abendland, dessen Weltbetrachtung durch die noch im Byzantin. Reich vorbereiteten Bewegungen des Humanismus und der Renaissance neu orientiert wurde.

byzantinische Kunst, die Kunst des Byzantin. Reichs; entwickelte sich nach der Erhebung von Byzanz (Konstantinopel) zur Hauptstadt aus der in der frühchristl. Kunst fortwirkenden Spätantike sowie aus kleinasiat., syr. und kopt. Quellen zu ihrer ersten Blütezeit unter Kaiser Justinian I. (527–565). Die b. K. beeinflusste die Kunst der Nachbarvölker und des Abendlandes. Ihre Entwicklung wurde zweimal unterbrochen: durch den Bilderstreit (1. Phase: 726–787, 2. Phase 815–843) und durch die Eroberung Konstantinopels durch die Kreuzfahrer (1204). 1453 fand sie nach der Eroberung Konstantinopels durch die Türken ihr Ende.

Frühbyzantinische Zeit: Im Sakralbau entstanden versch. Typen von Kuppelbauten: Kuppelbasilika (→ Hagia Sophia in Konstantinopel), Kreuzkuppelkirche (in Daphni; Hagia Sophia in Saloniki); von den

byzantinische Kunst: Kaiser Justinian I. mit Erzbischof Maximian und Gefolge (um 547; Wandmosaik im Chor von San Vitale in Ravenna)

Mosaiken der Zeit sind nur wenige erhalten (u. a. in Ravenna und Rom).

Mittelbyzantinische Zeit: Als weiterer Kirchentyp entstand ein Kuppelbau, bei dem von einem Quadrat mit acht Stützen mittels Trompen zum Rund übergeleitet wird (Klosterkirche Hosios Lukas und Daphni, Mittelgriechenland). Malerei und Mosaikkunst: im 9. Jh. bewegter linearer Stil (Mosaiken in der Hagia Sophia von Konstantinopel [Apsis] und Saloniki [Kuppel]), im 9./10. Jh. antikisierende Buchmalerei (Homilien des Gregor von Nazianz [= Pariser Kodex 510], Pariser Psalter, Josuarolle) sowie Fresken von Castelseprio (N-Italien). Im 11. Jh. ekstatisch-linear-graf. Richtung: Mosaiken in Ohrid (Hagia Sophia), Make-

byzantinische Kunst: Ikone der Gottesmutter (2. Hälfte des 14. Jh.; Sankt Petersburg, Eremitage)

donien, in Hosios Lukas sowie Nea Moni auf Chios; Fresken: Krypta von Hosios Lukas; Buchmalerei aus Klöstern in Konstantinopel (Menologion für Basileios II., Vatikan. Sammlungen; Pariser Kodex 64). Blüte der Goldschmiede-, Emailkunst, der Elfenbeinschnitzerei und der Seidenweberei. Unter den Komnenen Fortführung der klass. expressiven Malerei (Mosaiken von Daphni, um 1100), psychologisch-empfindsamer Stil seit Mitte des 12. Jh., der aber die Monumentalität b. K. wahrt (Ikone der Muttergottes von Wladimir, Russland; Fresken der Klosterkirche von Nerezi in Makedonien). Die b. K. wurde in Sizilien nach 1204 aufgenommen (Eroberung Konstantinopels durch die Kreuzfahrer), der komnenische Stil in Nikaia, in Epirus, im serb. Reich (Fresken von Sopočani) weitergeführt.

Spätbyzantinische Zeit: Der palaiolog. Stil (nach den Palaiologen, der letzten Herrscherfamilie), vorbereitet in der serb. Kunst, gewinnt Räumlichkeit, Bildtiefe und Körperlichkeit (Mosaiken der Chorakirche in Konstantinopel und der Apostelkirche in Saloniki; Malereien in Mistra und Saloniki). Die Eroberung Konstantinopels durch die Osmanen 1453 hat diesen Stil auf Klöster abgedrängt, bes. auf dem Athos lebte der spätpalaiolog. Stil fort.

byzantinische Literatur, die Lit. des Byzantin. Reiches in griech. Sprache, die sich an die hellenist. und die patrist. Literatur anschließt. Ihre Anfänge reichen bis in die Zeit der Gründung Konstantinopels (330) zurück. Im 6. Jh. gelang der Durchbruch zu großen Leistungen, v. a. in der religiösen Dichtung und in der Geschichtsschreibung. Vom 11. Jh. an setzten sich auch andere Gattungen durch, z. B. Gelegenheits-, Lehrgedichte, histor., romanhafte Dichtungen, Ritterromane, Tierepen. Kirchengesch., theolog. Schriften und Predigten bilden ein wichtiges Kapitel des byzantin. Schrifttums. Das im 10./11. Jh. entstandene Epos »Digenis Akritas« um den gleichnamigen byzantin. Helden stellt durch die Einbeziehung volkssprachl. Elemente ein wichtiges Bindeglied zur →neugriechischen Literatur dar. Unter den Anthologien ragt bes. die »Anthologia Palatina« aus dem 10. Jh. hervor; daneben das unter dem Namen »Suda« (Suidas) bekannte große byzantin. Wort- und Sachlexikon aus dem 10. Jahrhundert.

byzantinische Musik, umfasst die weltl. höfische byzantin. Musik und die byzantin. Kirchenmusik. Von der weltl. Musik ist außer einigen Begrüßungs- und Glückwunschgesängen nichts bekannt: Vokalmusik mit instrumentaler Begleitung erklang beim Hofzeremoniell. Erhalten sind einige Akklamationen zu Ehren der Kaiser. Die Orgel war als weltl. Instrument das Symbol des Kaisers, des Stellvertreters Christi auf Erden. Die streng vokale, aus der altchristl. Musik hervorgegangene Kirchenmusik ist in Handschriften seit dem 10. Jh. überliefert. Wichtige Hymnendichter waren der Melode Romanos († kurz nach 555), Andreas von Kreta (* 660, † 740), Johannes von Damaskus (* zw. 650 und 670, † vor 754), Kosmas von Jerusalem (8. Jh.) und Theodoros Studites (* 759, † 826). Die b. M. übte etwa bis zur Jahrtausendwende großen Einfluss auf die Kultur des Ostens und Westens aus. So haben die Südslawen und Russen bei ihrer Christianisierung im 9. bzw. 10. Jh. auch die byzantin. Gesänge übernommen, die ins Kirchenslawische übersetzt wurden, der Westen übernahm die Lehre von den zwölf Tonarten und die Choralnotation.

Byzantinisches Reich, kurz **Byzanz**, abendländ. Bez. für die östliche, griechisch-orientalische Hälfte des Röm. Reiches und den daraus entstandenen mittelalterl. Staat; bis 565 (Tod Justinians I.) angemessener als **Oström. Reich (Ostrom)** bezeichnet, Hptst. war Konstantinopel.

Spätantike Ära (bis um 600): Konstantin I., d. Gr., gründete 330 an der Stelle des antiken Byzantion die »Konstantinstadt« (griech. Konstantinupolis), die im Laufe der folgenden Jh. verstärkt christl. Charakter

Byzantinisches Reich im 11. und 12. Jh.

annahm und in Konkurrenz zum heidn. Rom trat. Nach dem Tod von Theodosius I. (395) wurde der Ostteil des Röm. Reichs in administrativer Form vom Westreich getrennt. Unter Arkadios (395–408) umfasste Ostrom die Balkanhalbinsel, die Inseln des östl. Mittelmeeres sowie die asiat. Prov. und Ägypten. Die Kaiser sahen sich im Innern v. a. mit der Auseinandersetzung um die göttl. und menschl. Natur Christi konfrontiert (bes. mit den Monophysiten); die Kirche des Westens ging seit dem Konzil von Chalkedon (451) eigene Wege. Nach außen gelang die Abwehr den Goten und Hunnen; unter Theodosius II. (408–450) wurde ein Teil Armeniens gewonnen; die pers. Sassaniden bedrohten Byzanz und seit etwa 500 drangen slaw. Stämme in die Donauprovinzen ein. Justinian I. (527–565; ∞ mit →Theodora) zerstörte mit seinen Feldherren Belisar und Narses das Wandalenreich in Afrika und das Ostgotenreich in Italien. Der Kirche gegenüber stellte Justinian die Hoheit des Staates endgültig fest. Gegen seine Herrschaft richtete sich 532 der gescheiterte →Nikaaufstand. Mit dem Corpus Iuris Civilis schuf er eine neue Rechtsbasis; 532 wurde mit dem Bau der Hagia Sophia begonnen. Die militär. Erfolge im Westen waren erkauft mit einer Schwächung des Reiches im Osten. Unter Justin II. (565–578) ging ein großer Teil Italiens an die Langobarden verloren. Zu Beginn des 7. Jh. war das B. R. in den Donauländern durch die Awaren und im O durch die Perser bedroht.

Früh- und mittelbyzantinische Ära (bis 1204): Herakleios (610–641) rettete das Reich durch wichtige Reformen, wenngleich auch Misserfolge anhielten. Die Araber unterwarfen 634–646 Syrien, Mesopotamien, Palästina und Ägypten. Gleichzeitig bildeten sich slaw. Reiche auf der Balkanhalbinsel. Der Bedrohung begegnete Byzanz mit einer Verwaltungs- und Heeresreform (Themenordnung). Unter dem Syrer Leon III. (717–741) wehrte Konstantinopel 717/718 arab. Angriffe ab. Sein gegen den Willen von Patriarch und Papst 630 erlassenes Edikt veranlasste den Bilderstreit (→Bilderverehrung). Im 8. Jh. brachte die mangelnde byzant. Hilfe gegen die Langobarden (751 Fall Ravennas) eine Annäherung des Papsttums an die Franken, die in der Kaiserkrönung Karls d. Gr. (800) gipfelte. Die Araber gewannen 825 Kreta, 831 Palermo und 838 Amorion. Unter der makedon. Dynastie (867–1056), begr. von Basileios I. (867–886), erreichte das B. R. den Höhepunkt seiner Macht. Sizilien geriet zwar 878 endgültig unter die Herrschaft der Araber; doch blieb Unteritalien byzantinisch. Den Arabern wurde 961 Kreta und 965 Zypern entrissen; zur selben Zeit wurde Kilikien, kurz darauf Syrien und ein Teil Mesopotamiens für das B. R. zurückgewonnen. Basileios II. (976–1025) brachte nach langen blutigen Kämpfen das Bulgarenreich unter byzantin. Herrschaft (1014). Mit der polit. Machtfülle ging die Blüte der →byzantinischen Kultur einher. Die letzten Jahre der makedon. Dynastie waren u. a. gekennzeichnet durch die Entfremdung zw. Ost- und Westkirche (großes Schisma 1054). Mit der Zentralgewalt verfiel die Heeres- und Finanzkraft, der Großgrundbesitz erstarkte. Aus kleinasiat. Militäradel ging das Herrscherhaus der Komnenen (1081–1185) hervor. Nach der Niederlage gegen die Seldschuken 1071 (Schlacht bei Mantzikert) begann die Türkisierung Kleinasiens. Mithilfe Venedigs konnte Alexios I. (1081–1118) zwar die Normannen zurückdrängen, doch brachten die der Stadtrepublik zugestandenen Handelsprivilegien neue Abhängigkeiten. Unter den Nachfolgern Alexios' I. geriet das B. R. zunehmend in Konflikt mit den angrenzenden Staaten (Niederlage gegen die Rum-Seldschuken bei Myriokephalon 1176; Wiedererrichtung des Bulgarenreichs 1185). Thronwirren und Aufstände beschleunigten den Untergang: Auf Veranlassung Venedigs wurde der 4. Kreuzzug gegen Konstantinopel gelenkt. Die Stadt wurde 1204 von den Kreuzfahrern gestürmt.

Lateinisches Kaiserreich (1204–61): Die Kreuzfahrer teilten das B. R. in Lehnsstaaten: das Königreich Thessalonike, das Herzogtum Athen und das Fürstentum Achaia. Das Latein. Kaiserreich blieb auf Konstantinopel und Umgebung beschränkt. Auch das byzantinisch gebliebene Gebiet zerfiel. In Nikaia gelangte Michael VIII. Palaiologos (1259/61–82) auf den Thron, dem 1261 die Rückeroberung von Konstantinopel gelang.

Spätbyzantin. Ära (bis 1453): Die Großmachtstellung des B. R. war seit 1204 gebrochen. Thronstreitigkeiten schwächten unter den Nachfolgern Michaels VIII. den Staat. Während auf der Balkanhalbinsel der Serbenfürst Stephan Dušan seine Herrschaft über Epirus und Makedonien ausdehnte, drangen in Kleinasien die osman. Türken vor. Sie eroberten 1326 Bursa und 1331 Nikaia, setzten nach Europa über, bemächtigten sich zw. 1361 und 1369 Adrianopels und machten es zu ihrer Hptst.; in kurzer Zeit zerschlugen sie die Reiche der Bulgaren und Serben. Die Eroberung Konstantinopels am 29. 5. 1453 durch die Osmanen unter Mehmed II. bedeutete das Ende des Byzantin. Reichs.

Byzantinịsmus der, polit. Schlagwort, in dem der Vorwurf der Unterwürfigkeit und Schmeichelei gegenüber höher Stehenden sowie des gegenseitigen Intrigenspiels erhoben wird; beruht auf einer Missdeutung des byzantin. Herrscherkults, dem kein moral., sondern ein liturg. Sinn innewohnte.

Byzạnz, griech. **Byzantion,** Name einer griech. Kolonie am Bosporus, die, um 660 v. Chr. von Megara aus gegr., Kaiser Konstantin der Große 324 n. Chr. neu errichten ließ und 330 n. Chr. als »Neues Rom« zur neuen Reichshauptstadt →Konstantinopel (lat. Constantinopolis) erhob; heute Istanbul. Nach B. nannten die Humanisten das Oström. Reich →Byzantinisches Reich.

B-Zellen, 1) die Insulin bildenden Zellen der →Bauchspeicheldrüse; 2) Kurzbez. für B-Lymphozyten (→Lymphozyten).

BZÖ, Abk. für **B**ündnis **Z**ukunft **Ö**sterreich; Abspaltung der →Freiheitlichen Partei Österreichs (FPÖ).

Bzura ['bzura] die, linker Nebenfluss der Weichsel in Polen, 166 km lang, entspringt nördlich von Lodz.

C

c, C [tse:], **1)** Konsonant; der 3. Buchstabe des dt. Alphabets. C hatte im ältesten Latein die Werte [g] und [k], ab etwa 300 v. Chr. [k]; im 6. Jh. n. Chr. setzte sich vor e und i die Aussprache als Reibelaut [ts] durch. Daher wurden ältere Lehnwörter wie »Keller« (lat. cellarium) ins Deutsche mit [k] übernommen, jüngere wie »Zelle« (lat. cella) dagegen mit [ts]. C kommt in anderen Sprachen (z. B. Französisch, Tschechisch) auch in Verbindung mit diakrit. Zeichen vor.
2) *Chemie:* C, Symbol für →Kohlenstoff.
3) *Einheitenzeichen:* C für →Coulomb; °C für →Grad Celsius.
4) *Formelzeichen:* C für elektr. →Kapazität, →Wärmekapazität; *c* für Stoffmengenkonzentration (→Konzentration), →Lichtgeschwindigkeit.
5) kath. Kirchenrecht: **c**, Abk. für Canon, **cc** für Canones (→Kanon).
6) *Mathematik:* **C** oder ℂ, Symbol für die Menge der →komplexen Zahlen.
7) *Musik:* **c**, der Anfangston und Grundton der C-Dur-Tonleiter (französisch ut, italienisch do; →Solmisation); Zeichen **C** für den $^4/_4$-Takt, ¢ für $^2/_2$-Takt; **c**, Zeichen für c-Moll, **C** für C-Dur; **C-Schlüssel,** ein Notenschlüssel (→Schlüssel).
8) *röm. Zahlzeichen:* **C** (lat. centum) = 100.
9) *Vorsatzzeichen:* **c** für →Zenti.

C, universell einsetzbare Programmiersprache, die sowohl Eigenschaften und Sprachelemente assemblerähnlicher Sprachen als auch höherer Programmiersprachen enthält. Die Entwicklung von C ist eng mit der des Betriebssystems UNIX verknüpft, das in großen Teilen auf C basiert. Für die Systemprogrammierung ist C bes. geeignet, da die Möglichkeit zur maschinennahen Programmierung die optimale Ausnutzung der vorhandenen Hardware erlaubt. – Mit **C++** wurde eine Programmiersprache geschaffen, die C um das Konzept der Objektorientierung erweitert und die heute die meistverwendete Sprache für die Anwendungsprogrammierung ist.

C# [-'ʃarp], objektorientierte Programmiersprache von Microsoft, die die Eigenschaften von C++ und Java vereinigt.

C 14, ^{14}C, radioaktives Kohlenstoffatom der Massenzahl 14.

C-14-Methode, die →Radiokohlenstoffmethode.

C 60, C 70, *Chemie:* Modifikationen des Kohlenstoffs; →Fullerene.

Ca, chem. Symbol für →Calcium.

ca., Abk. für lat. circa, →circa.

c. a., *Musik:* Abk. für coll' arco, mit dem Bogen.

Caatinga [indian.-port.] *die,* savannenartige Zone mit lichten Wäldern (aus zur Trockenzeit laubwerfenden Bäumen und Sträuchern) und Kakteen, v. a. im Dornsavannenbereich NO-Brasiliens.

Cabaletta [italien.] *die, Musik:* kleine Arie, Kavatine.

Caballé [kaβaˈʎe], Montserrat, span. Sängerin (Sopran), * Barcelona 12. 4. 1933; Interpretin v. a. ital. Opernpartien; auch Konzertsängerin.

Caballero [kaβaˈʎero, span.] *der,* urspr. in Spanien der Krieger zu Pferd, dann der Angehörige des niederen Adels, auch Ordensritter; jetzt allg. spanisch für Herr.

Caban [kaˈbã, frz.] *der,* **Gaban,** 1) kurzer sportl. Herrenmantel; 2) längere (Kostüm-)Jacke für Frauen.

Cabaret [kabaˈrɛ, frz.] *das,* das →Kabarett.

Cabet [kaˈbɛ], Étienne, frz. utopischer Sozialist, * Dijon 2. 1. 1788, † Saint Louis (USA) 8. 11. 1856; propagierte in dem Roman »Reise nach Ikarien« (1840) eine kollektivist. Gesellschaft (Güter-, Arbeits-, Erziehungsgemeinschaft). Seine 1848–56 in Texas und Illinois gegründeten Mustergemeinden bestanden nur kurze Zeit.

Cabeza de Vaca [kaˈβeθa ðe ˈβaka], Alvar Núñez, span. Konquistador, * Jerez de la Frontera 1507, † Sevilla 1559; nahm 1528 an einer gescheiterten Expedition unter Pánfilo de Narváez (* um 1470, † 1528) nach Florida teil; durchzog acht Jahre lang Louisiana, Teile von Texas und N-Mexiko (1536 Ankunft in der Stadt Mexiko); überquerte als erster Europäer den Mississippi und lebte einige Zeit unter Indianern (von ihm erste Kunde über Puebloindianer).

Cabimas [kaˈβimas], Hafenstadt am NO-Ufer des Maracaibosees, Venezuela, 210 000 Ew.; Zentrum eines Erdölfeldes, Raffinerie.

Cabinda, Exklave und Prov. von Angola, nördlich der Kongomündung, 7 270 km², 219 700 Ew. Hauptort ist Cabinda; Gewinnung von Erdöl (im Küstenschelf) und Edelhölzern.

Cabochon [kaboˈʃɔ̃, frz.] *der,* Schliffform ohne Facetten für Edelsteine, mit kuppelförmigem Oberteil und einer flachen oder leicht gewölbten Unterseite.

Caboclos [brasilian. »kupferfarben«], die Landbev. im Hinterland Brasiliens, v. a. die Nachkommen aus der Verbindung port. Siedler mit indian. Frauen.

Cabora-Bassa, Staudamm und -see im →Sambesi.

Caboto, engl. Cabot, **1)** Giovanni (engl. John), ital. Seefahrer, * wahrscheinlich in Genua um 1450, † um 1499, Vater von 2); erreichte in engl. Diensten mit seinem Sohn am 24. 6. 1497 das nordamerikan. Festland (wahrscheinlich Neufundland).
2) Sebastiano, ital. Seefahrer, * wahrscheinlich Venedig um 1476 (spätestens 1484), † London 1557, Sohn von 1); befuhr in span. Diensten 1526–30 den Paraná und Paraguay; entwarf 1544 in Sevilla eine Weltkarte. In England leitete er seit 1551 die Kaufmannsgilde der →Merchant Adventurers.

Cabral [kaˈβral], Pedro Álvares, port. Seefahrer, * Belmonte (bei Covilhã) um 1468, † Santarém 1520 oder 1526; erreichte am 22. 4. 1500 die O-Küste Brasiliens und nahm sie für Portugal in Besitz. Auf der Weiterfahrt erreichte er über das Kap der Guten Hoffnung Vorderindien.

Cabrera Infante, Guillermo, kuban. Schriftsteller, * Gibara 22. 4. 1929, † London 21. 2. 2005; lebte ab 1965 im Exil in London (ab 1979 brit. Staatsbürger). Sein Hauptwerk, der Roman »Drei traurige Tiger« (1967) spielt in den letzten Monaten der Batista-Dik-

---

c, C 1): Druckschriftvarianten; **1** altsemitisch, **2** altgriechisch (archaisch), **3** römische Kapitalschrift, **4** Unziale, **5** karolingische Minuskel, **6** Textur, **7** humanistische Kursive, **8** Fraktur

tatur und zeichnet sich durch sprachl. Meisterschaft und komplexe Darstellungsweise aus. Autobiografisch gefärbt ist der Roman »La Habana para un infante difunto« (1979). Außerdem veröffentlichte er Erzählungen (»Wie im Krieg also auch im Frieden«, 1960; »Ansicht der Tropen im Morgengrauen«, 1974) und Essays (»Rauchzeichen«, 1985; »Nichts als Kino«, 1997) und trat auch als Filmkritiker und Drehbuchautor hervor.

Cabriolet [kabrɪˈle, frz.] *das*, →Kabriolett.

Caccia [ˈkattʃa; ital. »Jagd«] *die*, im 14. Jh. in Italien (bes. in Florenz) beliebte Gatt. kanonartiger Gesänge mit Texten aus dem Jagd- und Alltagsmilieu.

Caccini [katˈtʃiːni], Giulio, gen. G. **Romano**, ital. Sänger und Komponist, *Tivoli um 1550, begraben Florenz 10. 12. 1618; schrieb Opern, Arien, Madrigale; strebte die Wiederbelebung des antiken Musikdramas an.

Cáceres [ˈkaθeres], **1)** Prov. in Extremadura, Spanien, 19 868 km², 410 800 Einwohner.
2) Hptst. von 1), 87 100 Ew.; landwirtsch. Handel, Kleinind.; Bischofssitz, Univ. – Hoch gelegene, von einer teils röm., teils arab. Mauer umgebene Altstadt mit Adelspalästen und Kirchen des 15. und 16. Jh. (UNESCO-Weltkulturerbe).

Cachespeicher [kæʃ-; zu engl. cache »Versteck«], *Informatik:* kleiner, sehr schneller Pufferspeicher, in dem mehrfach benötigte Daten zeitweilig abgelegt werden. (→Puffer)

Cäcilia, röm. Märtyrerin, † angeblich 230, seit dem 15. Jh. Patronin der Kirchenmusik; Heilige, Tag: 22. 11.; ihre Attribute sind die Orgel u. a. Musikinstrumente.

Cacus [ˈkaːʊs], wahrscheinlich ein vorröm. Feuergott, nach späterer Sage räuber. Riese, Sohn des Vulcanus; stahl Herkules einen Teil seiner Rinder und wurde von ihm erschlagen; diese Sage erklärte im Nachhinein die Errichtung der Ara maxima für Herkules auf dem Rindermarkt in Rom.

CAD [kæd, Abk. für engl. **c**omputer-**a**ided **d**esign, »rechnergestützter Entwurf«], Entwurf und Konstruktion (auch Optimierung) techn. Produkte mithilfe geeigneter Computer und Programme, wird v. a. bei der Entwicklung hochintegrierter Schaltkreise angewendet.

Cadaverin [zu mlat. cadaver »Leichnam«] *das*, *Chemie:* unangenehm riechende, giftige Flüssigkeit, die bei der Zersetzung von Proteinen durch Bakterien entsteht.

Cadbury Schweppes plc [ˈkædbərɪ ʃwepspiːelˈsiː], eines der größten brit. Nahrungs- und Genussmittelunternehmen (v. a. Süßwaren und alkoholfreie Getränke); Sitz: London; entstanden 1969 durch Fusion der Schweppes Ltd. (gegr. 1897) und der Cadbury Group Ltd. (gegr. 1919).

Caddie [ˈkædɪ, engl.] *der*, **1)** Helfer und Berater eines Golfspielers; **2)** kleiner zweirädriger Wagen zum Transportieren von Golfschlägern u. Ä.

Cádiz [ˈkaðiθ], **1)** Prov. in Andalusien, Spanien, 7 436 km², 1,16 Mio. Einwohner.
2) Hptst. von 1), 135 000 Ew.; wichtiger Handels- und Kriegshafen am breiten **Golf von Cádiz**, in SW-Andalusien vor dem W-Eingang zur Straße von Gibraltar; Bischofssitz; Univ., naut. Schule; Museen; Werften, Metallverarbeitung. – Maler. Altstadt, die von einer 4,5 km langen, bis zu 15 m hohen Schutzmauer (16./17. Jh.) umgeben ist, mit Alter (13. Jh., 1602 erneuert) und Neuer Kathedrale (18./19. Jh.). – C., phönik. Gadir (»Burg«), griech. Gadeira, altröm. Gades, wurde um 1100 v. Chr. von Phönikern gegründet; es wurde 206 v. Chr. römisch, 711 arabisch, 1262 kastilisch; Tagungsort der Cortes (u. a. Verf. von 1812).

Cadmium [von lat. cadmia »Zinkerz«], **Kadmium**, chem. Symbol **Cd**, chem. Element aus der 2. Nebengruppe des Periodensystems, Ordnungszahl 48, relative Atommasse 112,41, Dichte (bei 20 °C) 8,65 g/cm³, Schmelzpunkt 322 °C, Siedepunkt 767 °C. – Das glänzend weiße, geschmeidige, hochgiftige Schwermetall oxidiert an der Luft rasch, knapp unter seiner Schmelztemperatur lässt es sich pulverisieren; es dient u. a. als Elektrodenmaterial, als Überzug, bes. auf Stahl, zum Korrosionsschutz (kadmieren, verkadmen), zum Absorbieren langsamer Neutronen in Kernreaktoren sowie zur Herstellung von leicht schmelzenden C.-Legierungen. – In der Natur kommt C. als **C.-Sulfid**, CdS, und **C.-Carbonat**, CdCO₃, vor, i. d. R. als Begleiter von Zinkmineralen, z. B. der →Zinkblende, aber auch in Blei- und Kupfererzen. Infolge extrem langsamer Ausscheidung von C. aus dem Körper kann es bei erhöhter Zufuhr zu chron. C.-Vergiftung kommen (→Itai-Itai-Krankheit).
Verbindungen: C.-Oxid, CdO, braunes Pulver; u. a. für Leuchtstoffe, Halbleiter, Batterien (NiCd- und AgCd-Akkus). **C.-Sulfat,** CdSO₄, entsteht durch Lösen von C. in Schwefelsäure; mildes, antisept. Mittel, Reagenz und Elektrolyt. **C.-Sulfid,** CdS, aus C.-Salzlösungen als gelber Niederschlag (**C.-Gelb**) gefällt, eine Malerfarbe. **C.-Bromid,** CdBr₂ · 4 H₂O, und **C.-Jodid,** CdJ₂, werden in der Fotografie verwendet. **C.-Chlorid,** CdCl₂, im Druckwesen, in der Galvanotechnik und für C.-Pigmente.

Cadrepartie [ˈkadr-], →Billard.

CAE [Abk. für engl. **c**omputer-**a**ided **e**ngineering], rechnergestützte Ingenieurtätigkeit, umfasst die Bereiche →CAD, →CAM und →CAP.

Caecilia Metella, vornehme Römerin des 1. Jh. v. Chr., Schwiegertochter des Crassus. Ihr Grabmal an der Via Appia südlich von Rom ist ein Rundbau von 29,5 m Durchmesser, 11 m Höhe.

Caecilius von Kalakte, griech. Rhetor unter Augustus in Rom, Vertreter des Attizismus in der griech. Literatur.

Caedmon [ˈkedmən], erster bekannter christl. Dichter altengl. Sprache, † um 680; erhalten ist nur ein Fragment eines Schöpfungsliedes. Heiliger, Tag: 11. 2.

Caelius Mons, der südöstlichste der Sieben Hügel Roms.

Caelum [lat.], das Sternbild →Grabstichel.

Caen [kã], Verw.-Sitz des Dép. Calvados und Hptst. der Region Basse-Normandie, Frankreich, an der Orne, 117 200 Ew.; Univ. (gegr. 1432); Hütten-, Stahl-, Maschinen-, Elektro-, chem. und Fahrzeugind.; Hafen (Kanal zum Meer), Flughafen. – Bed. sind die Abteikirchen Sainte-Trinité (1059–66, Chor um 1100) und Saint-Étienne (um 1064–77). – C., 1025 erstmals urkundlich erwähnt, wurde im 12. Jh. ein Verw.-Zentrum der Normandie; 1204, nach zeitweiser engl. Herrschaft endgültig 1450 frz.; 1944 fast völlig zerstört. – Abb. S. 750.

Caerphilly, Burgstadt in S-Wales, 28 800 Ew., im S der Unitary Authority Caerphilly (278 km²) mit 170 000 Ew. Das im 13. Jh. gegründete C. Castle ist nach Windsor Castle Großbritanniens größte Burganlage.

Caesar, 1) Beiname eines Zweiges des röm. Patriziergeschlechts der Julier (Iulii).

Montserrat Caballé

Cádiz 2) Stadtwappen

Caen Stadtwappen

Caen: Die Abteikirche Saint-Étienne (um 1064–77) ist ein eindrucksvolles Beispiel normannischer Baukunst.

Gaius Iulius Caesar (Büste, 2. Jh. n. Chr.; Neapel, Museo Archeologico Nazionale)

2) seit Augustus (dem Adoptivsohn G. Iulius Caesars) Beiname der röm. Kaiser, später Bezeichnung der Thronfolger.

Caesar, Gaius Iulius, Gajus Julius **Cäsar,** röm. Staatsmann und Feldherr aus dem Geschlecht der Julier (Iulii), * Rom 13. 7. 100 v. Chr., † (ermordet) ebd. 15. 3. 44 v. Chr.; schloss 60 mit Crassus und Pompeius das erste Triumvirat, wurde 59 Konsul. Nach dem Konsulatsjahr erhielt C. die Statthalterschaft in Dalmatien (Gallia Cisalpina und Illyricum) und S-Frankreich (Gallia Narbonensis); von hier aus unterwarf er 58–51 in schweren Kämpfen das übrige Gallien und unternahm auch Feldzüge über den Rhein (55 und 53) und nach Britannien (55 und 54). Nach der Auflösung des Triumvirats (Tod des Crassus 53) näherte sich Pompeius, um sich gegen C. behaupten zu können, dem Senat, der ihm diktator. Vollmachten verlieh. Daraufhin eröffnete C. mit dem Überschreiten des Rubikon und dem Einfall in Italien 49 den Bürgerkrieg. Er vertrieb Pompeius, eroberte Spanien, landete in Epirus und schlug Pompeius am 9. 8. 48 bei Pharsalos. In den ägypt. Thronstreit griff er zugunsten der Königin Kleopatra ein und übergab ihr 47 das Land unter röm. Oberhoheit. Die letzten Gegner schlug er 46 in Afrika bei Thapsus und 45 in Spanien bei Munda. Bereits während dieser Kämpfe begann C. mit einer weit reichenden gesetzgeber. Tätigkeit (u. a. Neuordnung der Provinzialverwaltung, strafrechtl. Reformen). Wichtig für die Folgezeit war die Einführung des julian. Kalenders sowie die Kolonisations- und Bürgerrechtspolitik, die die Grundlage der Romanisierung Westeuropas bilden sollte. Seit 44 war er Imperator und Diktator auf Lebenszeit. 45 v. Chr. nahm er Gaius Octavius, den späteren Kaiser Augustus, als Sohn an. An den Iden (15.) des März 44 fiel C. einer Verschwörung unter Führung von Marcus Iunius Brutus und Gaius Cassius zum Opfer. – C. war auch ein bed. Redner und Schriftsteller. Die Werke über seine Kämpfe in Gallien (»De bello Gallico«) und über den Bürgerkrieg gegen Pompeius (»De bello civili«) sind erhalten. – Lebensbeschreibungen von Plutarch und Sueton. Schauspiele von A. Muret, W. Shakespeare (»Julius C.«), Voltaire, P. Corneille, G. B. Shaw. Oper »Julius C.« von G. F. Händel. Romane von T. Wilder und B. Brecht.

Caesarea [lat. »die Kaiserliche«], Name mehrerer Städte des Röm. Reiches zu Ehren eines Kaisers: **C. Cappadociae,** das heutige Kayseri, Türkei. **C. Palaestinae,** heute Ruinenstätte an der israel. Mittelmeerküste, 50 km nördlich von Tel Aviv, von Herodes d. Gr. zur Hafenstadt ausgebaut, Sitz des röm. Prokurators von Judäa (z. B. Pontius Pilatus), 1265 zerstört. **C. Philippi,** heute Ruinenstätte am südl. Abhang des Berges Hermon, an einer Hauptquelle des Jordan.

Caesium, fachsprachl. Schreibweise für →Cäsium.

Ca|etani, Gaetani, röm. Adelsgeschlecht, dessen Macht Benedetto C. begründete, der als →Bonifatius VIII. Papst wurde.

Café [kaˈfe, frz.], →Kaffeehaus.

Cafeteria [span.], Café, Gaststätte oder Kantine mit Selbstbedienung.

CAFTA, Abk. für engl. Central American Free Trade Agreement, **Zentralamerikanisches Freihandelsabkommen,** unterzeichnet am 28. 5. 2004, das Abkommen schuf die Zentralamerikan. Freihandelszone zw. den USA, El Salvador, Honduras, Nicaragua, Guatemala, Costa Rica und der Dominikan. Rep.; in allen Mitgl.-Staaten mit Ausnahme Costa Ricas in Kraft (Stand 1. 3. 2007). Ziel ist der schrittweise Abbau von Zöllen und Handelsschranken für Waren, Dienstleistungen und Investitionen sowie die Liberalisierung versch. Sektoren wie des Fernmelde-, Bank- und Versicherungswesens. Die Zentralamerikan. Freihandelszone ist faktisch eine Ausdehnung der →NAFTA nach Süden.

Cafuso [-ˈfuzu, port.] *der,* brasilian. Mischling von Indianern und Schwarzen.

Cage [keɪdʒ], **1)** John, amerikan. Komponist und Pianist, * Los Angeles (Calif.) 5. 9. 1912, † New York 12. 8. 1992; nutzte in seiner Musik avantgardist. Techniken aller Art (u. a. Einbeziehung des Zufallsprinzips [→Aleatorik], Integration von Alltagsgeräuschen); schrieb u. a. Orchester- und Vokalwerke, elektron. Musik, Werke für »präpariertes Klavier« (z. B. »Sonatas and Interludes«, 1946–48), audiovisuelle Werke sowie das Musiktheater »Europeras 3 & 4« (1990).
2) Nicolas, eigtl. Nicolas **Coppola,** amerikan. Filmschauspieler, * Long Beach (Calif.) 7. 1. 1964, Neffe von →F. F. Coppola; spielt seit den 1980er-Jahren Charakterrollen, u. a. in den Spielfilmen »Birdy« (1984), »Wild at Heart« (1990), »Leaving Las Vegas« (1995), »Adaption« (2002).

Cagliari [ˈkaʎari], **1)** Prov. im südl. Teil der Insel Sardinien, Italien, 6 895 km², 765 000 Einwohner.
2) Hptst. von 1), 162 600 Ew.; bed. Hafenstadt an der S-Küste Sardiniens; Erzbischofssitz; Univ. (gegr. 1606); archäolog. Museum; Schiffbau, Nahrungsmittel-, Metall-, petrochem. Ind.; Salinen; Flughafen. – Kathedrale (14. Jh., im 17. Jh. verändert); Basilika San Saturno (urspr. 6. Jh., im 11./12. Jh. erweitert), röm. Amphitheater.

Cagliostro [kaˈʎɔstro], Alessandro Graf von, eigtl. Giuseppe **Balsamo,** ital. Abenteurer und Alchemist, * Palermo 8. 6. 1743, † San Leone (bei Urbino) 26. 8. 1795; gewann auf seinen Reisen durch Europa seit 1776 mit Spiritismus, Wunderkuren und angebl. Goldmacherei großen Einfluss. In Paris spielte er in der →Halsbandaffäre eine Hauptrolle. In Rom wurde er als Ketzer zum Tode verurteilt, 1791 zu lebenslanger Haft begnadigt. Literar. Behandlung erfuhr C. u. a. durch Schiller (»Der Geisterseher«, 1789) und Goethe (»Der Großkophta«, 1791), musikal. durch eine Operette (1875) von J. Strauß (Sohn).

Cagnes-sur-Mer [kaɲsyrˈmɛːr], Stadt an der Côte d'Azur, im südfrz. Dép. Alpes-Maritimes, 44 200 Ew.; Seebad; mehrere Museen (u. a. das Haus von A. Renoir); Pferderennbahn in Cros-de-Cagnes.

Cahors [kaˈɔr], Hptst. des Dép. Lot in SW-Frankreich, am Lot, 21 400 Ew.; Bischofssitz; Zentrum eines Wein- und Tabakbaugebietes. – Kathedrale Saint-Étienne (ab 1119, Umbauten 13.–19. Jh.), Pont Valentré (begonnen 1308). – Als **Cadurcum** Hauptort der kelt. Cadurci, später röm. **Divona**; im MA. eine der reichsten frz. Städte (mit Universität).

Caicosinseln, Inseln in der Karibik, →Turks- und Caicosinseln.

Caillaux [kaˈjo], Joseph, frz. Politiker, *Le Mans 30. 3. 1863, †Mamers (Dép. Sarthe) 22. 11. 1944; war 1911/12 Min.-Präs., mehrmals Finanzmin., wurde wegen angebl. Landesverrats zugunsten Dtl.s 1918 verhaftet, 1925 amnestiert; war danach Senator.

Caine [keɪn], Sir (seit 2000) Michael, eigtl. Maurice Joseph **Micklewhite,** brit. Schauspieler, *London 14. 3. 1933; bekannt als Darsteller in Kriegs- und Actionfilmen, bes. aber Komödien. – *Filme:* Mord mit kleinen Fehlern (1972); Der Mann, der König sein wollte (1975); Hannah u. ihre Schwestern (1986); Der stille Amerikaner (2002).

Ça ira! [sa iˈra; frz. »es wird gehen«], frz. Revolutionslied von 1792, ben. nach dem Refrain.

Cairn [ˈkeən, engl.] *der,* **Carn,** als Landmarke errichteter Steinhaufen; auch vorgeschichtliches Steinhügelgrab.

Cairngorm [ˈkeəngɔːm; gäl. »blauer Berg«], Gebirgsmassiv des schott. Hochlands, im Ben Macdhui 1 309 m hoch.

Cairns [ˈkeənz], Hafenstadt in N-Queensland, Australien, 129 000 Ew.; kath. Bischofssitz; Ausfuhrhafen für Erze, Holz und landwirtsch. Produkte; internat. Flughafen.

Caisson [kɛˈsɔ̃, frz.] *der,* **Senkkasten,** versenkbarer Kasten aus Stahl oder Stahlbeton, der nach dem Prinzip der Taucherglocke Tätigkeiten unter Wasser erlaubt.

Caissonkrankheit [kɛˈsɔ̃-, frz.], die →Druckluftkrankheit.

Caitya [ˈtʃaj-; altind. »Grabmal«, »Heiligtum«], buddhist. Heiligtum in Indien, seit dem 2. Jh. v. Chr. als Höhlentempel angelegt, dessen Bauformen z. T. noch die ursprüngl. Holzarchitektur erkennen lassen und der durch Säulen in ein Mittel- und zwei Seitenschiffe gegliedert ist. Der C. war urspr. ein Heiligtum ohne Reliquien, insbes. eine Grabhügelanlage; er wurde schon in der Frühzeit ein Rechteckbau mit Apsis, in dem ein Stupa stand.

Cajamarca [kaxa-], Hptst. des Dep. Cajamarca, Peru, 2 860 m ü. M., 108 000 Ew.; TU; Silber-, Bleierzbergbau, Textil-, Lederind.; Ruinen der Inkazeit; koloniales Stadtbild.

Cajetan, Thomas, eigtl. Jacob **de Vio,** kath. Theologe und Philosoph, *Gaeta (daher sein Name) 20. 2. 1469, †Rom 9./10. 8. 1534; Dominikaner (seit 1508 Generaloberer), seit 1517 Kardinal; vernahm M. Luther im Auftrag des Papstes 1518 in Augsburg; bemühte sich um die Reform der Kirche; hat über den von ihm verfassten ersten Gesamtkommentar der »Summa theologica« des Thomas von Aquin den Thomismus maßgeblich beeinflusst.

Cakchiquel [kakˈtʃikel], Volk der Maya im Innern Guatemalas, bildete im 14. Jh. ein eigenes Reich mit der Hptst. Iximché (an der Stelle des heutigen Tecpan).

Cakewalk [ˈkeɪkwɔːk; engl. »Kuchentanz«] *der,* urspr. pantomim. Tanz der Schwarzen in Nordamerika, dann Preistanz; der daraus entwickelte Modetanz im $^{2}/_{4}$-Takt (mit typ. Ragtimesynkope) kam um 1900 auch nach Europa.

cal, Einheitenzeichen für →Kalorie.

Calabar [engl. ˈkæləbɑː], Handels- und Hafenstadt in SO-Nigeria, im Mündungsgebiet des Cross River, 461 800 Ew.; kath. Bischofssitz; Univ.; Holz-, Kautschuk-, Palmöl- und Palmkernhandel; Erdölexport; internat. Flughafen; früher berüchtigter Sklavenmarkt.

Calabria, ital. Name von →Kalabrien.

Cala d'Or [kalaˈdoːr], Seebad an der O-Küste von Mallorca, Spanien; Fremdenverkehr.

Calais [kaˈlɛ], Stadt im Dép. Pas-de-C., N-Frankreich, 78 200 Ew.; Seehafen gegenüber der engl. Stadt Dover, einer der wichtigsten Transitorte für den Reiseverkehr mit England; bei C. beginnt der nach Folkstone führende Eisenbahntunnel unter dem Ärmelkanal; Maschinen-, Nahrungsmittel-, Elektro-, Papier-, Woll-, Kunststoffindustrie; Flughafen in C.-Marck. – C. war im Spät-MA. bed. Handelsplatz und Festung; 1347–1558 in engl. Besitz. Im Zweiten Weltkrieg wurde es 1940 von den Deutschen besetzt und im Kriegsverlauf stark zerstört. – J. Froissarts »Chroniques« (um 1400) berichten von den sechs **Bürgern von C.,** die sich während der Belagerung durch Eduard III. (1347) im Büßerhemd, den Strick um den Hals, dem Feind auslieferten, um die Stadt zu retten; sie wurden begnadigt. Diese Überlieferung ist ein von Künstlern oft bearbeitetes Thema (z. B. Plastik von A. Rodin, Lustspiel von G. B. Shaw, Drama von G. Kaiser).

Calais
Stadtwappen

Calama, Oasenstadt und Prov.-Hptst. am Río Loa in N-Chile, 2 266 m ü. M., 122 100 Ew. Nördlich von C. Kupfermine Chuquicamata.

Calamares [span.] *Pl.,* Tintenfische; Gericht aus frittierten Tintenfischstückchen.

Calanda, östlichste Bergkette der Glarner Alpen, Schweiz, im Haldensteiner C. 2 805 m hoch.

calando [ital. »nachlassend«], musikal. Vortragsbezeichnung: gleichzeitig an Tonstärke und Tempo abnehmend.

Calar Alto, höchste Erhebung der Sierra de los Filabres, in der span. Prov. Almería, 2 168 m ü. M.; Standort eines dt.-span. astronom. Zentrums (**C.-A.-Observatorium),** u. a. mit Teleskopen von 1,23 m, 2,2 m und 3,5 m Durchmesser; Hauptarbeitsgebiete sind Untersuchungen der interstellaren Materie, der Sternentstehung sowie die Galaxien- und Quasarenforschung.

Călărași [kələˈraʃi], Hptst. des Kreises Călărași, Rumänien, in der Walachei, Hafen an einem Donauarm, 74 000 Ew.; Hüttenwerk.

Calatrava, Santiago, span. Architekt, *Valencia 28. 7. 1951; erreicht in seinen Bauten (v. a. Brücken, Bahnhöfe, Veranstaltungshallen) eine Verbindung von techn. Präzision und freier, schwebender Wirkung. Mit F. Candela entwarf u. zus. die »Ciutat de les Arts i les Ciències« in Valencia (1991–2004 errichtet), einen Kultur- und Wissenschaftspark, zu dessen architekton. Highlights der nach dem Entwurf von C. errichtete »Palau de les Arts Reina Sofia« (2005 eröffnet) zählt. 2004 erhielt er den Auftrag für den neuen Umsteigebahnhof am Ground Zero in New York (Ausführung bis 2009 geplant). – *Weitere Werke:* Funkturm auf dem Montjuïc, Barcelona (1989–92); Alamillo-Brücke, Sevilla (1992); Ostbahnhof, Lissabon (1993–98); Terminal des Flughafens Sondika, Bilbao (1999); Erweiterungsbau des Milwaukee Art Muse-

Santiago Calatrava: Ostbahnhof Lissabon (1993–98)

ums (2001); Auditorium in Santa Cruz (1991–2003); Sportkomplex »OAKA« in Athen (2004); Hochhausturm »Turning Torso« in Malmö (2005).

Calatrava, Orden von [nach der span. Stadt Calatrava, Prov. Ciudad Real], der erste der großen span. Ritterorden, gegr. 1158. Die Großmeisterwürde wurde im 15. Jh. mit der span. Krone vereinigt.

Calau, sorb. **Kalawa,** Stadt im Landkreis Oberspreewald-Lausitz, Bbg., nach Zugemeindungen 9 100 Ew.; Technik-, Heimatmuseum; Metall verarbeitende Industrie, Schornsteinbau. Von 1397 bis 1999 bedeutende Lederverarbeitung und Schuhindustrie. (→ Kalauer)

Calaverit [nach der Cty. Calaveras, Calif.] *der,* hellweißgelbes monoklines Mineral, $AuTe_2$, enthält durchschnittlich 41,5 % Gold und 1 % Silber; Golderz.

Calbe (Saale), Stadt im Landkreis Schönebeck, Sa.-Anh., am Rand der Magdeburger Börde, an der Saale, 11 000 Ew.; Stahl-, Maschinenbau, Bauwirtschaft, fotochem. Ind., Konservenherstellung (Gemüse).

Calciferol *das,* Vitamin D (→ Vitamine).

Calcinieren, Kalzinieren, das Erhitzen von festen Stoffen (Brennen), wodurch Kristallwasser, Kohlendioxid (aus Carbonaten) oder andere flüchtige Bestandteile ausgetrieben werden.

Calcit *der,* der → Kalkspat.

Calcitonin *das,* in der Schilddrüse aus einer Vorstufe gebildetes Peptidhormon, das als Gegenspieler des → Parathormons in den Calcium- und Phosphatstoffwechsel eingreift. Es ist damit entscheidend beteiligt am Auf- und Abbau von Knochengewebe. C. besteht aus 32 Aminosäuren. Das zugrunde liegende Gen dient allerdings nur in der Schilddrüse der C.-Produktion. Besonders in Nervenzellen wird vom gleichen Gen als Ergebnis eines veränderten Spleißens ein anderes Produkt gebildet, das **C. gene-related Peptide** (Abk. **CGRP**). Dieses ebenfalls hormonell wirksame Peptid ist schmerzlindernd, erweitert die Blutgefäße und hemmt die Salzsäuresekretion im Magen.

Calcium [zu lat. calx, calcis »Kalkstein«, »Kalk«] *das,* **Kalzium,** chem. Symbol **Ca,** Element aus der 2. Hauptgruppe des Periodensystems (Erdalkalimetall), Ordnungszahl 20, relative Atommasse 40,08, Dichte (bei 20 °C) 1,55 g/cm³, Schmelzpunkt 842 °C, Siedepunkt 1 484 °C; fünfthäufigstes Element der Erdkruste (Anteil 3,63 %). – C. ist ein silberweiß glänzendes, sehr weiches Leichtmetall, das sehr reaktionsfreudig ist. In Wasser löst sich C. unter Bildung von Wasserstoff auf. An trockener Luft überzieht es sich bei Normaltemperatur schnell mit einer Oxidschicht, in Gegenwart von Luftfeuchtigkeit mit einer grauweißen Hydroxidschicht. C. wird heute meist durch therm. Reduktion von Kalk mit Aluminium gewonnen. Wichtige Minerale: Kalkspat, Dolomit, Gips. C. dient im Körper des Menschen bes. dem Aufbau der Knochen und Zähne (der C.-Bestand beträgt etwa 1,5 % der Körpermasse), es ist an der Erregung von Nerven und Muskeln, der Blutgerinnung und der Muskelkontraktion beteiligt. Hormone (Calcitonin, Parathormon) und Vitamin D regulieren den C.-Stoffwechsel.

Verbindungen: C.-**Hydrid,** CaH_2, eine weiße, salzartige Masse, dient der Wasserstofferzeugung im Labor und als Reduktionsmittel. **C.-Oxid,** CaO, gebrannter → Kalk. **C.-Hydroxid,** $Ca(OH)_2$, gelöschter Kalk. **C.-Chlorid,** $CaCl_2$, hygroskop. Salz, dient z. B. zum Trocknen von Gasen oder organ. Flüssigkeiten und für Kältemischungen, Nebenzeugnis bei der Sodaherstellung. **C.-Fluorid,** CaF_2, → Flussspat. **C.-Carbonat,** früher **kohlensaurer Kalk,** $CaCO_3$, Kalk. In kohlensäurehaltigem Wasser löst sich C.-Carbonat zu **C.-Hydrogencarbonat,** $Ca(HCO_3)_2$, auf, einem Bestandteil der meisten Gewässer und Ursache der temporären → Wasserhärte. C.-Carbonat bildet beim Verdunsten des Wassers Kessel- und Tropfstein. **C.-Nitrat,** $Ca(NO_3)_2$, zerfließendes weißes Salz, findet sich oft an Wänden von Ställen, Dunggruben u. a. als Mauersalpeter; bas. C.-Nitrat ist der Norgesalpeter (→ Kalkstickstoff). **C.-Phosphate,** in der Natur z. B. als Apatit und Phosphorit, sind die C.-Salze der Meta-, Ortho- und Pyrophosphorsäure; Bestandteil der Knochen und Zähne, verwendet als Düngemittel. **C.-Sulfat,** $CaSO_4$, **Gips,** v. a. in der Bauwirtschaft verwendet, entsteht als Abfallprodukt u. a. bei der → Rauchgasentschwefelung. **Schwefelkalkbrühe,** eine wässrige Lösung von C.-Polysulfiden; dient zur Schädlingsbekämpfung. **C.-Silikate** sind Bestandteile natürl. Minerale, von künstl. Gläsern, Zementen und Hochofenschlacke. **C.-Hypochlorit,** $Ca(OCl)_2$, ist Hauptbestandteil des → Chlorkalks. **C.-**

Carbid (kurz **Karbid**), CaC_2, wird durch Erhitzen von Kalk und Koks im elektr. Ofen hergestellt; ist technisch eine wichtige Verbindung, die zur Herstellung von →Acetylen und als Reduktionsmittel in der Metallurgie verwendet wird.

Calcium|antagonisten, Calciumblocker, Calciumkanalblocker, Arzneimittel, die den Einstrom von Calciumionen in die Zellen vermindern und so den für die Zellfunktion wichtigen, im Übermaß aber schädl. Gehalt an Calciumionen senken. C. wirken v. a. gefäßerweiternd und z. T. auch regulierend auf den Herzrhythmus. Sie werden u. a. bei Durchblutungsstörungen der Herzkranzgefäße (Angina Pectoris) und der Hirngefäße sowie bei Bluthochdruck verwendet.

Calcutta [kælˈkʌtə], engl. für →Kalkutta.

Caldara, Antonio, ital. Komponist, * Venedig um 1670, † Wien 26. 12. 1736; seit 1716 Vizekapellmeister am Wiener Hof; schrieb etwa 80 Opern (u. a. »Dafne«, 1719), über 40 Oratorien sowie Messen, Motetten, Kantaten und Kammermusik.

Caldarium [lat.] *das,* altrömisches Warmbad (→Thermen).

Caldas [span.-port. »warme Quellen«], Name von Thermen und Badeorten in Spanien, Portugal und Südamerika.

Calder [ˈkɔːldə], Alexander, amerikan. Plastiker und Grafiker, *Philadelphia 22. 7. 1898, † New York 11. 11. 1976; schuf neben abstrakten Metallplastiken (»Stabiles«) mit seinen mechanisch oder durch Luftzug an Drähten bewegten Metallscheiben (»Mobiles«) Prototypen der →kinetischen Kunst.

Caldera [span.] »Kessel«] *die,* →Vulkan.

Calderón de la Barca, Pedro, span. Dramatiker, * Madrid 17. 1. 1600, † ebd. 25. 5. 1681; wurde 1635 Hofdramatiker, 1651 Geistlicher, 1663 Hofkaplan; befreundet mit Lope de Vega, neben diesem der bedeutendste span. Dramatiker des »Goldenen Zeitalters«. Erhalten sind rd. 120 Dramen (Comedias), 80 →Autos sacramentales (»Das große Welttheater«, entstanden zw. 1633 und 1636, gedruckt 1675) und eine Reihe kleinerer Werke (Entremeses u. a.); entwickelte aus der Comedia auch die opernhafte →Zarzuela. Die Comedias werden meist thematisch unterschieden: religiöse Dramen (»Der standhafte Prinz«, 1636), philosoph. Dramen (»Das Leben ein Traum«, 1636), Ehre- und Eifersuchtsdramen (»Der Arzt seiner Ehre«, 1637), Mantel- und Degenstücke, Intrigenkomödien (»Dame Kobold«, entstanden um 1629, gedruckt 1636), Dramen aus der span. Geschichte (»Der Richter von Zalamea«, entstanden 1642, gedruckt 1651) und mytholog. Dramen (»Die Tochter der Luft«, 1664). C. de la B.s Schauspiele verbinden kath. Glaubensernst mit mal. Bewusstsein, einen überspitzten Ehrbegriff mit Freude am Spiel und am Wunderbaren; Wirklichkeitsnähe wechselt ab mit gleichnishafter Auffassung alles Irdischen. Im 18. Jh. nahezu vergessen, wurde er von Goethe und v. a. von der dt. Romantik wieder entdeckt.

Calderón Hinojosa [-ˈxɔsa], Felipe de Jesús, mexikan. Politiker, * Morelia (Michoacán) 18. 8. 1962; Anwalt, 1996–99 Parteivors. des PAN, bis 2004 Energiemin. in der Reg. von V. Fox Quesada. Die Präsidentschaftswahlen am 2. 7. 2006 gewann er für den PAN mit nur knappem Vorsprung (Amtseinführung: 1. 12. 2006).

Caldwell [ˈkɔːldwəl], **1)** Erskine Preston, amerikan. Schriftsteller, *Coweta County bei White Oak (Ga.) 17. 12. 1903, † Paradise Valley (Ariz.) 11. 4. 1987; beschrieb in seinen Romanen und Kurzgesch. mit makabrem Humor und bitterem Realismus die rohen und grotesken Seiten des amerikan. Kleinstadtlebens in den Südstaaten, geprägt u. a. von Heuchelei, Rassenhass, Alkoholismus und Armut: »Die Tabakstraße« (1932, dramatisiert 1933), »Gottes kleiner Acker« (1933), »Opossum« (1948), »Mississippi-Insel« (1968).

2) Taylor Janet Miriam, amerikan. Schriftstellerin, * Prestwich (bei Manchester, England) 7. 9. 1900, † Greenwich (Conn.) 30. 8. 1985; schrieb erfolgreiche Unterhaltungsromane, u. a. »Einst wird kommen der Tag« (1938), »Antworte wie ein Mann« (1981).

Calembour [kalãˈbuːr, frz.] *der,* **Calembourg,** Wortspiel, Wortwitz, gegründet auf den Doppelsinn mancher Wörter gleicher Schreibart oder Aussprache. (→Kalauer)

Calenberg, Calenberger Land, Landschaft an der unteren Leine, Ndsachs., benannt nach der Burg Calenberg im Landkreis Hannover. – Ab 1409 welf. Teilfürstentum; Kernland des Königreichs Hannover.

Calendae [lat.], die →Kalenden.

Calendula, die Pflanzengattung →Ringelblume.

Calgary [ˈkælgəri], Stadt in der kanad. Prov. Alberta, am Ostrand der Rocky Mountains, 922 300 Ew.; Univ., Planetarium; Mittelpunkt eines Farmgebietes sowie der Erdöl- und Erdgaswirtschaft; Raffinerien, petrochem. Ind.; Getreidemühlen, Fleischind., Metallverarbeitung; internat. Flughafen. – Gegr. 1875; Olymp. Winterspiele 1988.

Cali, Hptst. des Dep. Valle del Cauca, Kolumbien, 1 014 m ü. M., 2,29 Mio. Ew.; Erzbischofssitz; zwei Univ.; bed. Handelszentrum; Papier-, Baustoff-, chem., Maschinenind.; Druckereien; internat. Flughafen. – Gegr. 1536.

Caliban [ˈkælɪbæn, engl. Umstellung aus cannibal »Kannibale«], halbtier. Ungeheuer in Shakespeares Drama »Der Sturm«.

Caliban, ein Mond des Planeten Uranus.

Caliche [kaˈlitʃe, span.] *die,* in Wüstengebieten gebildete Salzvorkommen mit hohem Gehalt an Natriumnitrat (ca. 8 %), v. a. in N-Chile (Chilesalpeter).

Calicut [ˈkælɪkət], **Kozhikode,** Stadt in Kerala, Indien, 437 000 Ew.; Univ.; Holzverarbeitung, Textilind., Kaffeeaufbereitung. – Bei C. landete 1498 Vasco da Gama.

Calif., Cal, Abk. für **Calif**ornia, →Kalifornien.

Alexander Calder: Stahlskulptur »Flamingo« (1974; Chicago, Federal Center Plaza)

Maria Callas in der Titelrolle von Giuseppe Verdis »La Traviata« an der Covent Garden Opera in London (1958)

Californium [nlat., nach Kalifornien] *das*, chem. Symbol **Cf**, künstl. radioaktives →Actinoid aus der Gruppe der Transurane, Ordnungszahl 98, Isotope 237–256 mit Halbwertszeiten von ca. 21 ms bis 900 Jahre; es gibt drei Modifikationen, eine mit hexagonaler, zwei mit kub. Kristallstruktur, Schmelzpunkt bei etwa 900 °C. ^{252}Cf wird als starke Neutronenquelle bes. für →Aktivierungsanalysen und in der Nuklearmedizin verwendet.

Caligula [lat. »Soldatenstiefelchen«], eigtl. **Gaius Iulius Caesar Germanicus,** röm. Kaiser (37–41 n. Chr.), * Antium (heute Anzio) 31. 8. 12 n. Chr., † Rom 24. 1. 41; Sohn des Germanicus und Agrippinas d. Ä., Gewaltherrscher, bei einer Verschwörung ermordet.

Calixt, Georg, luther. Theologe, * Medelby (bei Flensburg) 14. 12. 1586, † Helmstedt 19. 3. 1656; Prof. in Helmstedt, Anhänger Melanchthons. Vertrat unter dem Eindruck des Dreißigjährigen Kriegs den Gedanken einer Wiedervereinigung der christl. Konfessionen.

Calixtus, Papst, →Kalixt II.

Call [kɔːl; engl.] *der*, Börsenbezeichnung für eine Kaufoption (→Optionsgeschäft).

Calla [zu griech. *kállos* »Schönheit«] *die,* **Kalla, Drachenwurz, Schlangenkraut, Schweinsohr,** Gatt. der Aronstabgewächse, einzige Art ist die **Sumpfschlangenwurz** (Calla palustris), eine saftige Pflanze der Waldsümpfe, Moore und Erlenbrüche mit weißem Hochblatt und giftigen roten Beeren. – Die **Zimmerkalla** gehört zur Gatt. →Zantedeschia.

Callaghan [ˈkæləhən], James, Baron C. of Cardiff (seit 1987), brit. Politiker (Labour Party), * Portsmouth 27. 3. 1912, † Ringmer (Cty. East Sussex) 26. 3. 2005; war 1967–70 Innen- und 1974–76 Außenmin. Als Premiermin. (1976–79) suchte er durch eine Lohnkontrollpolitik die Inflationsrate zu senken, stieß aber auf den entschlossenen Widerstand der Gewerkschaften.

Callanetics® [kæləˈnetɪks; nach der Amerikanerin Callan Pinckney, * 1939] *Pl.,* Fitnesstraining, das bes. auf die tieferen Schichten der Skelettmuskeln wirkt.

Callao [kaˈʎao], Hptst. der Provincia Constitucional Callao, bildet mit Lima eine Stadtregion, Haupthafen von Peru, 648 000 Ew.; Meeresinst., Küstenscherei; Schiffswerften; Fischmehlfabriken. – Gegr. 1537.

Callas, Maria, eigtl. M. **Kalogeropoulos,** griech. Sängerin (Sopran), * New York 3. 12. 1923, † Paris 16. 9. 1977; berühmt durch ihr ungewöhnlich breit gefächertes Repertoire und die dramat. Dichte ihrer Rollengestaltung. Ihre Kunst trug zur Wiederaufführung vieler älterer Opern (L. Cherubini, V. Bellini, G. Donizetti) bei.

Call-by-Call [ˈkɔːlbaɪˈkɔːl, engl. »Anruf-für-Anruf«] *das,* Wahlverfahren bei Einzelferngesprächen, über einen bestimmten (kostengünstigen) Telefonanbieter zu telefonieren. Dabei muss vor dem Eingeben der eigentl. Telefonnummer die Verbindungskennziffer (engl. Prefix) des Anbieters vorgewählt werden. Muss sich der Nutzer vertraglich an einen Anbieter binden, um dann seine Gespräche über den in der Vermittlungsstelle voreingestellten Prefix des Anbieters zu führen, spricht man von **Preselection.**

Callcenter [ˈkɔːlsɛntə, engl.] *das,* auf die Entgegennahme von Kundenanrufen über eine kostenfreie oder -günstige Service-Telefonnummer spezialisierte Organisationseinheit. **C.-Operatoren (C.-Agents)** erteilen telefonisch Auskünfte, nehmen Bestellungen, Beschwerden, Adressenänderungen entgegen, wickeln Bankgeschäfte ab (Direct Banking) oder arbeiten im Telefonmarketing (Kontaktaufnahme mit Kunden, um Güter zu verkaufen oder Marktforschung zu betreiben).

Callgirl [ˈkɔːlgəːl, engl.] *das,* telefonisch vermittelte Prostituierte; männl. Entsprechung: **Callboy.**

Call-in [ˈkɔːlɪn, engl.] *das,* Sendung im Rundfunk oder Fernsehen, in der die Zuhörer bzw. Zuschauer anrufen können (»Anrufsendung«).

Callingcard [kɔːlɪŋˈkɑːd, engl.] *die,* Telefonkarte zum internat. bargeldlosen Telefonieren. Dabei wählt man kostenlos die Rufnummer des Providers (Anbieters), gibt eine Identifikations- und die Kartennummer ein und kann nach Erhalt der Freileitung das Gespräch führen. Die Abrechnung erfolgt im Unterschied zur **Prepaidcard** (Guthabenkarte) zeitversetzt in heim. Währung.

Callirrhoe [griech.; nach der Meernymphe Kallirrhoe] *die,* ein Mond des Planeten Jupiter.

Callisto [lat., nach griech. →Kallisto, der Geliebten des Zeus] *die,* ein Mond des Planeten →Jupiter.

Callmoney [ˈkɔːlmʌnɪ, engl.], **Callgeld,** täglich fälliges Börsengeld (→Tagesgeld).

Callot [kaˈlo], Jacques, frz. Kupferstecher und Radierer, * Nancy 1592 (oder 1593), † ebd. 24. 3. 1635; schuf lebensnahe Darstellungen aus dem Volksleben, der ital. Komödie und dem Dreißigjährigen Krieg, den er in den »Schrecken des Krieges« (1632/33) schilderte.

calmato [italien.], musikal. Vortragsbezeichnung: beruhigt.

Calmette [kalˈmɛt], Albert Léon Charles, frz. Bakteriologe, * Nizza 12. 7. 1863, † Paris 29. 10. 1933; führte mit C. Guérin (* 1872, † 1961) die Tuberkulose-Schutzimpfung mit abgeschwächten Tuberkelbakterien (BCG) ein.

Calmodulin [Kunstwort] *das,* ein Calcium bindendes Protein, das bei der Regulation des Zellstoffwechsels bei Pflanzen und Tieren wichtige Funktionen ausübt. C. ist z. B. an der hormonellen Regulation des Blutzuckerspiegels beteiligt.

Calmy-Rey [-'rɛ], Micheline, schweizer. Politikerin, * Sitten 8. 7. 1945; Politikwissenschaftlerin, Mitgl. der SPS; am 4. 12. 2002 in den Bundesrat gewählt, leitet sie seit 2003 das Eidgenöss. Departement für auswärtige Angelegenheiten; 2007 Bundespräsidentin.

Calonder, Felix, schweizer. Politiker, * Scuol (Kt. Graubünden) 7. 10. 1863, † Chur 14. 6. 1952; Rechtsanwalt, Führer der Freisinnig-Demokrat. Partei, 1913–20 im Bundesrat, 1918 Bundespräs., 1922–37 Vors. einer dt.-poln. Völkerbundkommission für Oberschlesien.

Caloocan, Stadt nördlich von Manila, Philippinen, 1,18 Mio. Ew.; Eisen-, chem. Ind.; ein Zentrum des Reisanbaus.

Caltagirone [-dʒi-], Stadt in der Prov. Catania, auf Sizilien, 39 200 Ew.; Herstellung von Terrakottawaren; Weinbau. Bedeutsam für Siedlungsweise, Architektur und Kunst des späten Barock in Europa (UNESCO-Weltkulturerbe).

Caltanissetta, 1) Prov. Siziliens, 2 128 km^2, 275 900 Einwohner.
2) Hptst. von 1), im Innern Siziliens, 60 800 Ew.; Bischofssitz; Schwefelbergbau, Kali- und Steinsalzabbau; Bergbauschule. – Burgruine, 1622 geweihter Dom.

Calvados [nach dem frz. Dép.] *der,* frz. Apfelbranntwein aus Cidre mit oft über 50 Vol.-% Alkoholgehalt.

Calvados, Dép. in N-Frankreich, in der Normandie, 5 548 km^2, 660 000 Ew., Hauptstadt ist Caen.

Calvin, 1) [kal'viːn], Johannes, eigtl. Jean **Cauvin,** frz.-schweizer. Reformator, * Noyon (Dép. Oise) 10. 7. 1509, † Genf 27. 5. 1564; nach dem Studium der Rechte Anhänger der Reformation, musste deshalb 1534 von Paris nach Basel flüchten. Seit 1536 ev. Prediger in Genf, wurde C. nach seinem Versuch, eine strenge Kirchenzucht einzuführen, 1538 zus. mit G. Farel ausgewiesen und lebte bis 1541 als Seelsorger der frz. Flüchtlingsgemeinde in Straßburg (hier Begegnung mit P. Melanchthon und M. Bucer). Nach seiner Rückberufung führte er in Genf eine auf strenge Gemeindezucht angelegte Kirchenordnung ein. Der heftige Kampf (Verbannungen, Hinrichtungen) zw. Anhängern und Gegnern C.s endete erst 1555 zugunsten der neuen Lehre. Aufgezeichnet in C.s Hauptwerk, der »Christianae Religionis Institutio« (1536), entwickelte sie v. a. den Gedanken der →Prädestination.

Dem von C. beeinflussten Protestantismus (**Calvinismus**) folgte die überall in Europa entstehende →reformierte Kirche, zu deren dauerhafter Grundlegung die von ihm 1559 gegründete Genfer Akademie maßgeblich beitrug. In der Verbindung der Prädestinationslehre mit der Vorstellung, die Erwählung des Einzelnen durch Gott sei an seinen Lebensverhältnissen und nicht zuletzt an seinem wirtsch. Erfolg erkennbar, hat der Calvinismus prägend auf die wirtsch. und soziale Entwicklung in Westeuropa und Nordamerika gewirkt (→protestantische Ethik).

2) ['kælvɪn], Melvin, amerikan. Chemiker, * Saint Paul (Minn.) 8. 4. 1911, † Berkeley (Calif.) 8. 1. 1997; arbeitete über die Katalyse von Koordinationsverbindungen und über die →Fotosynthese. Mit Kohlenstoffisotopen als Tracer (→Radiochemie) klärte er den Mechanismus der pflanzl. Kohlendioxid-Assimilation auf (**Calvin-Zyklus**) und erhielt dafür 1961 den Nobelpreis für Chemie.

Calvinismus *der,* Kalvinismus, die von der Theologie J. Calvins inspirierte Glaubens- und Lebenshaltung ref. Christen (**Calvinisten**).

Calvino, Italo, ital. Schriftsteller, * Santiago de las Vegas (bei Havanna, Kuba) 15. 10. 1923, † Siena 19. 9. 1985; seine märchenhaft-fantast. Romane (»Der geteilte Visconte«, 1952; »Der Baron auf den Bäumen«, 1957; »Der Ritter, den es nicht gab«, 1959 [als Trilogie u. d. T. »Unsere Vorfahren«]; »Die unsichtbaren Städte«, 1977; »Wenn ein Reisender in einer Winternacht«, 1983) und Erzählungen (»Unter der Jaguar-Sonne«, hg. 1986) spielen ironisch mit überkommenen Mustern.

Calw [kalf], 1) Landkreis im Reg.-Bez. Karlsruhe, Bad.-Württ., 798 km^2, 161 000 Einwohner.
2) Große Krst. von 1), in Bad.-Württ., im Nagoldtal, 23 800 Ew.; Hochschule für Wirtschaft und Medien, Internat. Hochschule für künstler. Therapien und Kreativpädagogik, Bundesfachschule für Betriebswirtschaft im Kraftfahrzeuggewerbe; Hermann-Hesse-Museum; Tuch- und Deckenfabrikation, Metallverarbeitung, Elektroindustrie. – Mittelalterl. Stadtkern; Stadtkirche St. Peter und Paul (19. Jh., auf Vorgängerbau), Brückenkapelle St. Nikolaus (um 1400); zahlr. Fachwerkbauten, Rathaus (1693). Im Ortsteil **Hirsau** Aureliuskirche (1059–71, nur Langhaus erhalten); von der ehem. Klosterkirche sind Eulenturm (um 1110/20), Marienkapelle (1508–16) und Teile des Kreuzgangs (1485 ff.) erhalten. – 1075 erstmals erwähnt, im 13. Jh. Stadtrecht.

Calypso [lat., nach der griech. Nymphe →Kalypso] *die,* ein Mond des Planeten →Saturn.

Calypso [Herkunft unsicher] *der,* seit etwa 1900 bekannter, mit Gesang verbundener Tanz der Farbigen auf den Antillen, $^2/_4$- oder $^4/_4$-Takt; entwickelte sich in den 1950er-Jahren zum Modetanz.

CAM [kæm, Abk. für engl. **c**omputer-**a**ided **m**anufacturing, »rechnergestützte Fertigung«], computergestützte Steuerung und Überwachung von Produktionsabläufen, z. B. mit numerisch gesteuerten Werkzeugmaschinen.

Camagüey [kamaˈɣu̯ei], Hptst. der Prov. Camagüey, Kuba, 308 000 Ew.; Univ.; Leichtind.; internat. Flughafen. – Kolonialzeitl. Altstadt, Kirche La Soledad (1775).

Camaieu [kamaˈjø, frz.] *die,* 1) Kamee, die aus einem Stein (z. B. Onyx) mit versch. gefärbten Schichten geschnitten ist.

Micheline Calmy-Rey

Johannes Calvin (zeitgenössisches Gemälde; Genf, Bibliothèque publique et universitaire)

Cambridge 1): King's College Chapel

2) Malerei auf Holz, Leinwand, Porzellan u. a. in einem einzigen, mit Weiß aufgehellten oder durch versch. Mischungen abgedunkelten Farbton, z. B. →Grisaille.

Camara, Laye, guineischer Schriftsteller, →Laye, Camara.

Câmara [ˈkəmara], Hélder **Pessôa,** gen. **Dom Hélder,** brasilianischer kath. Theologe, *Fortaleza (Ceará) 7. 2. 1909, †Recife 27. 8. 1999; war 1964–85 Erzbischof von Olinda und Recife; unterstützte die Basisgemeindebewegung und setzte sich für die Verbesserung der Lebenssituation der sozial unterprivilegierten Bevölkerungsschichten Brasiliens ein; erwarb sich weltweit Anerkennung.

Camargue [kaˈmarg] die, Landschaft in S-Frankreich, im Rhonedelta; 72 000 ha, reich an Strandseen und Sumpfflächen, landeinwärts seit dem MA. landwirtschaftlich genutzt, heute u. a. Reisanbau, (seit 1942) Rebkulturen, Seesalzgewinnung. Kampfstier- und (Wild-)Pferdezucht; Naturschutzgebiet (13 000 ha), reiche Vogelwelt (Flamingos). Fremdenverkehr, u. a. nach Saintes-Maries-de-la-Mer, Aigues-Mortes.

Camaro, Alexander, Maler, *Breslau 27. 9. 1901, †Berlin 20. 10. 1992; schuf lyrisch gestimmte Bilder, bes. aus der Welt des Theaters.

Camauro [lat.] der, **Kamauro,** kath. Kirche: außerliturg. Kopfbedeckung der Päpste, gefertigt aus roter Seide (für das Sommerhalbjahr) bzw. rotem Samt mit hermelinbesetztem Mützenrand (für das Winterhalbjahr); seit dem Spät-MA. belegt, im 19. Jh. außer Gebrauch gekommen und erst wieder von den Päpsten Johannes XXIII. und Benedikt XVI. getragen.

Camberg, Bad, →Bad Camberg.

Cambert [kãˈbɛːr], Robert, frz. Komponist, *Paris um 1628, †London 1677; einer der Begründer der nationalfrz. Oper (»Pomone«, 1671); ging 1673 nach London.

Cambiata [ital.] die, Musik: →Wechselnote.

Camborne-Redruth [ˈkæmbɔːn ˈredruːθ], Stadt in der engl. Cty. Cornwall, 38 500 Ew.; Bergbauschule, Leichtind.; früher Zinnerzbergbau.

Cambrai [kamˈbrɛ], Stadt im frz. Dép. Nord, an der Schelde, 35 000 Ew.; Textil-, Metallind., Ölgewinnung, Seifenherstellung. – Das galloröm. Cameracum war seit dem 4. Jh. Hauptort der kelt. Nervier, wurde 445 fränkisch und kam im 9. Jh. zum Ostfränk. Reich, 1677/78 zu Frankreich.

Die **Liga von C.,** 1508 zw. Kaiser Maximilian I. und Ludwig XII. von Frankreich geschlossen, durch den Beitritt v. a. des Papstes, Spaniens und Englands zur Koalition erweitert, verfolgte das Ziel, den ital. Festlandbesitz Venedigs zu erobern und aufzuteilen. – Im **Frieden von C. (Damenfrieden)** zw. Kaiser Karl V. und König Franz I. von Frankreich, unterzeichnet 1529 durch Luise von Savoyen (Mutter Franz' I.) und Margarete, Statthalterin der Niederlande (Tante Karls V.), verzichtete die frz. Krone neben der Lehnshoheit über Flandern und Artois auf alle Ansprüche in Italien, erhielt aber das Herzogtum Burgund zurück.

Cambreling [kãbrəˈlɛ̃], Sylvain, frz. Dirigent, *Amiens 2. 7. 1948; war u. a. 1981–91 Musikdirektor der Brüsseler Oper und 1993–97 Intendant und Generalmusikdirektor der Oper in Frankfurt am Main; seit 1999 ist er Chefdirigent des SWR-Sinfonieorchesters Baden-Baden und Freiburg.

Cambridge [ˈkeɪmbrɪdʒ], **1)** Stadt in der engl. Cty. Cambridgeshire, am Cam, 108 900 Ew.; bed. Univ.-Stadt; biotechnolog. Forschungseinrichtungen; Fitzwilliam-Museum u. a. Museen; Elektro-, Zementind., Instrumentenbau, Druckereien, Verlage. – Church of the Holy Sepulchre (normann. Rundkirche), Church of Saint Mary the Great (15. Jh.). – Die im 13. Jh. entstandene Univ. C. bildet ein eigenes Gemeinwesen, an dessen Spitze der Chancellor steht. Die Lenkung liegt in den Händen des Senats. Die Univ. hat neben Oxford auf das geistige Leben Großbritanniens einen bestimmenden Einfluss ausgeübt. Die bekanntesten Colleges sind Trinity, King's, Corpus Christi und Queen's College. Zur Univ. gehören eine reiche Bibliothek, versch. Museen, Sternwarte, botan. Garten, Druckerei, Verlag.

2) Stadt in Massachusetts, USA, am Charles River, gegenüber von Boston, 101 600 Ew.; Sitz der Harvard University (gegr. 1636), des Massachusetts Institute of Technology (MIT; gegr. 1861) und des Smithsonian Astrophysical Observatory; Museen; Maschinen-, Instrumentenbau u. a. Industrie. – Zahlr. moderne Bauten bed. Architekten (u. a. von W. Gropius, Le Corbusier, A. Aalto).

Cambridger Schule [ˈkeɪmbrɪdʒ-], **1)** →englische Philosophie.

2) im 19. Jh. in Cambridge entstandene Richtung der Volkswirtschaftslehre; ihre Hauptvertreter, A. Marshall und A. C. Pigou, lieferten wichtige Beiträge zur Geldtheorie und Wohlfahrtsökonomie.

Cambridgeshire [ˈkeɪmbrɪdʒʃɪə], Cty. in O-England, 3 053 km^2, 589 000 Ew.; Verw.-Sitz ist Cambridge.

Camcorder [ˈkæmkɔːdə; gekürzt aus engl. camera und recorder] der, der →Videokamerarekorder.

Camden [ˈkæmdən], Stadt in New Jersey, USA, 80 100 Ew.; Schiffbau, Elektro- u. a. Industrie.

Camdessus [kãˈdsy], Michel, frz. Bankfachmann, *Bayonne 1. 5. 1933; 1978–84 Präs. des Pariser Clubs, 1982–84 Vors. des währungspolit. Ausschusses der EG, 1984–86 Präs. der frz. Zentralbank; 1987–2000 geschäftsführender Direktor des IWF.

Camelopardalis [lat.], das Sternbild →Giraffe.

Camelots du roi [kamlodyˈrwa, frz.], frz. Wehrverband, →Action française.

Camembert [kamãˈbɛːr, frz.] der, vollfetter, mit weißer Schimmelkultur bedeckter Weichkäse; urspr. aus Camembert in der Normandie.

Camenae, Kamenen, altröm. Quellgöttinnen, später als Göttinnen der italischen Dichtung den griech. Musen gleichgesetzt.

Cameo ['kæmɪʊ, engl.] *der,* kurzer Auftritt einer bekannten Persönlichkeit (v. a. Schauspieler oder Regisseure) in einem Film.

Camera obscura [lat. »dunkle Kammer«] *die,* **Lochkamera,** kastenförmige Kamera mit feinem Loch anstelle des Objektivs. Auf der transparenten Rückwand der C.o. wird ein umgekehrtes, seitenvertauschtes Bild sichtbar.

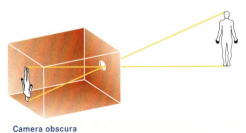

Camera obscura

Camerarius, Joachim, Humanist, ev. Theologe, *Bamberg 12. 4. 1500, †Leipzig 17. 4. 1574; bed. Humanist und Pädagoge des 16. Jh.; Freund und Biograf Melanchthons; beteiligt an der Abfassung des Augsburger Bekenntnisses.

Camerino, Stadt in den Marken, Prov. Macerata, Italien, 7000 Ew.; im Zentralapennin; Erzbischofssitz, seit 1727 Universität. – 1799 durch Erdbeben stark zerstört.

Camerlengo [ital. »Kämmerer«] *der,* oberster Finanzbeamter in den ital. Stadtrepubliken; heute Verwalter des Vermögens und der Rechte des Apostol. Stuhls während der Sedisvakanz.

Cameron ['kæmrən], James, kanad.-amerikan. Filmregisseur, Drehbuchautor, Produzent, *Kapuskasing (Prov. Ontario) 16. 8. 1954; bekannt v. a. für spektakuläre Unterhaltungs- und Actionfilme: »Der Terminator« (2 Tle., 1984, 1990), »Aliens« (1986), »Abyss – Abgrund des Todes« (1989), »True Lies – Wahre Lügen« (1994). Einer der erfolgreichsten Filme in der Filmgesch. wurde sein Monumentalfilm »Titanic« (1997).

Cameron Highlands ['kæmərən 'haɪləndz], Bergland im Innern der Malaiischen Halbinsel, bis 2182 m ü. M.; trop. Höhenklima; Tee- und Kaffeeplantagen.

Camillus, Marcus Furius, führender Feldherr und Staatsmann Roms im frühen 4. Jh. v. Chr.; eroberte Veji und ermöglichte hierdurch die Ausdehnung Roms nach Norden.

Camisards [kami'za:r, frz.], →Kamisarden.

Cammin, 1) dt. Name der poln. Stadt →Kamień Pomorski.
2) ehem. Bistum, 1140 in Wollin gegr., 1176 nach Cammin (heute Kamién Pomorski) verlegt, umfasste den größten Teil Pommerns und Teile Brandenburgs und Mecklenburgs. Der Bischof residierte seit 1276 in Kolberg (heute Kołobrzeg). Die Reformation wurde 1521–44 eingeführt. Der O mit Kolberg kam 1648, der W mit Cammin 1679 an Brandenburg.

Camões [ka'mõiʃ], Luís Vaz de, port. Dichter, *Lissabon oder Coimbra 1524/25, †Lissabon 10. 6. 1580 (?); nach unstetem Leben, das ihn als Soldat nach N-Afrika, Goa und in andere port. Besitzungen führte, kehrte er 1569 nach Lissabon zurück. C. besang in den »Lusiaden« (1572), dem bedeutendsten port. Epos, in zehn Gesängen die histor. Taten der Portugiesen, bes. die Fahrt Vasco da Gamas nach Indien, die er in einen mytholog. Rahmen stellte. Das Werk, das die mannigfaltigen geistigen und künstler. Strömungen der Zeit verarbeitet, wurde zum port. Nationalepos. Bedeutend ist C. auch als Lyriker. Er hinterließ außerdem drei Komödien. Im 19. Jh. wurde sein Werk von den dt. Romantikern wieder entdeckt.

Camonica, Val, ital. Alpenlandschaft, →Val Camonica.

Camorra *die,* neapolitan. terrorist. Geheimbund, der im 19. Jh. anfangs das Königtum der Bourbonen unterstützte, aber dann zu einer Verbrecherbande herabsank. Unter Mussolini weitgehend vernichtet; nach 1945 wieder aktiv (→Mafia).

cAMP, Abk. für →cyclisches **AMP.**

Camp [kæmp; engl., von lat. campus »Feld«] *das,* Zelt-, Ferien-, Feld-, Gefangenenlager.

Campagna Romana [-'paɲa-], die hügelige, aus vulkan. Tuffen und Lavadecken der benachbarten Albaner Berge, der Monti Cimini sowie des Kraters des heutigen Lago di Bracciano aufgebaute Umgebung Roms zw. dem Tyrrhen. Meer und dem Apennin, durchzogen von Tiber und Aniene, i. e. S. nur das von der Via Appia durchquerte, von antiken Grabdenkmälern und Resten röm. Aquädukte reich besetzte Gebiet zw. Rom, den Albaner und den Sabatiner Bergen.

Campanella, Tommaso, ital. Philosoph, *Stilo (Kalabrien) 5. 9. 1568, †Paris 21. 5. 1639; Dominikaner, 1599 wegen polit. Opposition gegen die span. Herrschaft in Neapel 27 Jahre eingekerkert. C. lehrte, dem Neuplatonismus folgend und den Sensualismus Telesios verfechtend, eine doppelte Offenbarung durch die Natur und die Bibel. Den menschl. Egoismus suchte er, nach dem Vorbild des platon. Staates, durch die Utopie eines kath. und sozialist. Gemeinwesens (»Der Sonnenstaat«, 1602) zu überwinden.

Campanile [ital.] *der,* **Kampanile,** frei neben der Kirche stehender Glockenturm, bes. in Italien. – Abb. S. 758

Campanini, Barberina, ital. Tänzerin, →Barberina.

Campanula [lat. »Glöckchen«] *die,* die Gattung →Glockenblume.

Campbell [kæmbl], Roy, südafrikan. Dichter und Übersetzer engl. Sprache, *Durban 2. 10. 1902, †(Autounfall) bei Setúbal (Portugal) 22. 4. 1957; musste 1926 Südafrika aus polit. Gründen verlassen, kämpfte im Span. Bürgerkrieg aufseiten Francos. C.s Stärke lag im scharfen Epigramm.

Campbell-Bannerman ['kæmbl 'bænəmən], Sir Henry, brit. Politiker, *Glasgow 7. 9. 1836, †London 22. 4. 1908; 1886 und 1892–95 Kriegsmin., 1905–08 Premiermin., seit 1899 Führer der Liberalen. Er verurteilte die Methoden des Burenkriegs, gab den unterworfenen Burenstaaten 1906/07 Selbstverw. und bereitete die Gründung der Südafrikan. Union vor.

Camp David ['kæmp 'deɪvɪd], Landsitz des amerikan. Präs. im Bundesstaat Maryland (rd. 80 km von Washington, D. C., entfernt), oft Verhandlungsort bei Staatsbesuchen. – Das im Sept. 1978 durch Vermittlung von Präs. J. E. Carter geschlossene **Abkommen von C. D.** bildete die Grundlage für den ägyptisch-israel. Friedensvertrag von 1979; im Juli 2000 Ort der Verhandlungen zw. Israel und PLO über eine endgültige Friedensregelung. (→Nahostkonflikt)

Campanile: Blick auf den 55 m hohen Campanile auf der Piazza del Duomo in Pisa (»Schiefer Turm von Pisa«, 1173 begonnen)

Joachim Heinrich Campe

Campe, Joachim Heinrich, Pädagoge, Sprachforscher und Verleger, * Deensen (Landkreis Holzminden) 29. 6. 1746, † Braunschweig 22. 10. 1818; war Hauslehrer der Familie Humboldt, lehrte am Dessauer Philanthropinum, gründete Erziehungsanstalten (Hamburg, Trittau bei Hamburg) und reformierte als Schulrat (1786–1805) in Braunschweig das Schulwesen. Seine Jugendausgabe von Defoes »Robinson Crusoe« wurde in viele Sprachen übersetzt.
Weitere Werke: Allg. Revision des gesamten Schul- und Erziehungswesens, 16 Bde. (1785–92); Wb. der dt. Sprache, 5 Bde. (1807–11).

Campeche [kam'petʃe], **1)** Bundesstaat von Mexiko, 57 727 km², 751 400 Ew., Hptst. ist Campeche.
2) Hptst. von 1), auf der Halbinsel Yucatán; 190 800 Ew.; Univ.; Ausfuhrhafen am Golf von C.; Fischverarbeitung.

Campendonk, Heinrich, Maler, Grafiker, * Krefeld 3. 11. 1889, † Amsterdam 9. 5. 1957; wurde 1911 Mitgl. des »Blauen Reiters«; emigrierte 1933; suchte in Bildern und Holzschnitten durch Flächenkontraste und Leuchtkraft der Farben eine ornamentale Harmonie; schuf auch Hinterglasbilder.

CAM-Pflanzen [siɛɪˈɛm; CAM Abk. für engl. **c**rassulacean **a**cid **m**etabolism], Pflanzen der Dickblattgewächse (Familie Crassulaceae) mit einem diurnalen Säurestoffwechsel, die nachts Kohlendioxid (CO_2) bes. an Apfelsäure binden und in der Zellvakuole speichern. Am Tag wird das CO_2 für die Fotosynthese wieder abgespalten. Dank dieses Rhythmus können die Pflanzen die Spaltöffnungen tagsüber geschlossen halten und so ihren Wasserverlust einschränken.

Camphausen, Ludolf, * Hünshoven (heute zu Geilenkirchen) 10. 1. 1803, † Köln 3. 12. 1890; war als Liberaler 1848 preuß. Min.-Präs.; versuchte vergeblich, eine Kaiserwahl des preuß. Königs Friedrich Wilhelm IV. zu ermöglichen.

Campher, →Kampfer.

Camphill-Bewegung [ˈkæmphɪl-, engl.], auf den Lehren von R. Steiner beruhende heilpädagog. Bewegung zur Förderung behinderter und verhaltensgestörter Kinder und Erwachsener in Heimen und Dorfgemeinschaften; unterhält Einrichtungen in zahlr. Ländern. Die erste Gründung erfolgte auf dem Landsitz Camphill in Schottland durch den Wiener Arzt K. König (* 1902, † 1966).

Campin, Robert, fläm. Maler, * um 1375, † Tournai 26. 4. 1444; wird von der neueren Forschung mit dem Meister von Flémalle identifiziert, der nach drei angeblich aus der Abtei Flémalle bei Lüttich stammenden Altartafeln (um 1430, Frankfurt am Main, Städelsches Kunstinstitut) benannt wurde. Er entwickelte einen neuen Stil, in dem die sichtbare Welt in scharfer, klarer Zeichnung und hell-kühler Farbe detailgetreu dargestellt und plast. Monumentalität und Räumlichkeit erreicht wird. In seiner Kunst berührt sich C. mit J. van Eyck, doch sind die höf. Elemente durch volkstümlich-bürgerl. Züge ersetzt. Von C. ging die gesamte südniederländ. Malerei aus, dazu die von dieser angeregte frz. und oberdt. Malerei des 15. Jahrhunderts.

Campina Grande, Stadt im Bundesstaat Paraíba, Brasilien, 347 200 Ew.; Univ.; wichtigste Handels- und Ind.-Stadt im Innern NO-Brasiliens; Mittelpunkt eines Agrargebiets.

Campinas, Stadt im Bundesstaat São Paulo, Brasilien, 990 100 Ew.; Forschungsinstitute, drei Univ.; Erzbischofssitz; Handelsplatz für Kaffee u. a.; bed. Textil-, Maschinen-, Metallind., größte Raffinerie Brasiliens, Automobilbau; Zentrum der Telekommunikation und Informationstechnologie; internat. Flughafen von São Paulo.

Campine [kãˈpin], frz. Name der fläm. Landschaft →Kempenland.

Camping [ˈkæmpɪŋ; engl., von Camp] *das,* zeitweiser Aufenthalt in Zelten oder Wohnfahrzeugen (**Caravaning**) i. d. R. auf C.-Plätzen zur Freizeit- und Urlaubsgestaltung. Die Ausstattung der **C.-Plätze** (Platzordnung, Gaststätte, hygien. Einrichtungen) ist i. Allg. behördlich geregelt.

Campion [ˈkæmpɪən], Jane, neuseeländ. Filmregisseurin, * Wellington 30. 4. 1954; trat nach Kurzfilmen ab 1989 mit erfolgreichen Spielfilmen hervor, so mit »Das Piano« (1992), »Porträt einer Lady« (1995), »Holy Smoke« (1999) oder »In the Cut« (2003).

Campobasso, 1) Prov. im südl. Mittelitalien, in der Region Molise, 2 909 km², 231 700 Einwohner.
2) Hptst. von 1) und der Region Molise, im neapolitan. Apennin, 51 600 Ew.; Bischofssitz; Univ.; Schneidwarenindustrie.

Campoformio, amtl. **Campoformido,** Dorf in der Prov. Udine, Italien. – Österreich schloss am 17. 10. 1797 mit Frankreich den **Frieden von C.;** es trat Belgien, Mailand, Mantua und in geheimen Artikeln das linke Rheinufer an Frankreich ab und erhielt Venetien links der Etsch, Istrien und Dalmatien.

Campo Grande [ˈkampu ˈgrandi], Hptst. des Bundesstaates Mato Grosso do Sul, Brasilien, 697 800 Ew.; Erzbischofssitz; Univ.; landwirtsch. Handels- und Verarbeitungszentrum; Flughafen.

Campos [ˈkampus], **C. dos Goytacazes,** Stadt im Bundesstaat Rio de Janeiro, Brasilien, am Paraíba 372 600 Ew.; Handelszentrum eines bed. Zuckerrohranbaugebietes, Zucker-, Zement-, Textilind., Aluminiumerzeugung.

Camposanto [ital. »heiliges Feld«] *der*, in Italien geometr. Friedhofsanlage mit monumentaler Umbauung durch Bogengänge. – Der 1944 schwer beschädigte C. in Pisa (1278 ff.) enthielt Hauptwerke der Freskenmalerei des 14. und 15. Jh., die z. T. gerettet werden konnten.

Camposanto Teutonico, an der Südseite des Petersdomes zu Rom gelegener dt. Friedhof mit Kirche (1475–1501), zurückgehend auf eine Stiftung für fränk. Pilger zur Zeit Karls des Großen.

Campus [engl. 'kæmpəs; von lat. campus »Feld«] *der*, geschlossenes Hochschulgelände mit sämtl. Einrichtungen für Forschung, Lehre, Studium, Sport, Erholung, Wohnungen für Studenten und Lehrkräfte; bes. verbreitet in den USA.

Campus Martius, 1) im Fränk. Reich →Märzfeld.

2) im alten Rom →Marsfeld.

Campylobacter [griech.], Gattung gramnegativer Bakterien, die insbes. an sauerstoffarmen Standorten verbreitet sind, z. B. im Darm von Mensch und Tier. C. jejuni, die häufigste Campylobacterart, verursacht Durchfallerkrankungen.

Camus [ka'my], 1) Albert, frz. Schriftsteller und Philosoph, * Mondovi (heute Deraan, bei Annaba, Algerien) 7. 11. 1913, † (Autounfall) bei Villeblevin (Dép. Yonne) 4. 1. 1960; Mitbegründer der Zeitschrift »Combat« der frz. Widerstandsbewegung. Grundlage seines vielseitigen literar. Werks ist der Gedanke der Notwendigkeit sowohl einer Revolte gegen Despotismus und Gewaltanwendung, die als »Absurdität« empfunden wird, als auch der Solidarität, die der Einzelne im Kampf um ein besseres Dasein erfahren muss. Die doktrinäre Strenge des Existenzialismus Sartres lehnte er ab. Sein vielseitiges Werk umfasst u. a. Romane (»Die Fremde«, 1942; »Die Pest«, 1947; »Der Fall«, 1956; »Der glückliche Tod«, hg. 1971; »Der erste Mensch«, autobiograf. Romanfragment, hg. 1994), philosoph. Essays (»Der Mythos von Sisyphos«, 1942; »Der Mensch in der Revolte«, 1951), Theaterstücke (»Caligula«, 1942; »Der Belagerungszustand«, 1948; »Die Besessenen«, 1959) und Tagebücher (»Carnets«, 3 Bde., hg. 1962–89). C. erhielt 1957 den Nobelpreis für Literatur.

2) Marcel, frz. Filmregisseur, * Chappes (Dép. Ardennes) 21. 4. 1912, † Paris 13. 1. 1982; wurde berühmt durch seinen im Armenviertel von Rio de Janeiro spielenden Film »Orfeu negro« (1959), eine Version des Orpheus-und-Eurydike-Mythos.

Canada ['kænədə], Staat in Nordamerika, →Kanada.

Canadian Pacific Railway [kə'neɪdɪən pə'sɪfɪk 'reɪlweɪ], Abk. **CPR,** eine der großen kanad. Eisenbahnlinien, die transkontinental von Montreal bis Vancouver verläuft; 1878–85 gebaut.

Canadian River [kə'neɪdɪən 'rɪvə], rechter Nebenfluss des Arkansas River, USA, entspringt in den südl. Rocky Mountains 1458 km lang.

Canadi|er, *der* →Kanadier.

Canaima-Nationalpark, Nationalpark im O Venezuelas, im Bergland von Guayana; 30 000 km², gegr. 1962; mit rd. 150 Tafelbergen z. T. über 2 000 m ü. M., von denen die Flüsse z. T. in gewaltigen Wasserfällen, u. a. der Salto Ángel (→ Angelfall), herabstürzen; im W trop. Regenwald, der sich nach O hin zur Gran Sabana lichtet; von der UNESCO zum Weltnaturerbe erklärt.

Çanakkale [tʃa-], Hptst. der türk. Prov. Çanakkale, an der asiat. Küste der Dardanellen, 75 800 Ew.; archäolog. Museum; Nahrungsmittel-, keram. Ind.; Fährhafen.

Canaletto, 1) eigtl. Giovanni Antonio **Canal,** ital. Maler und Radierer, * Venedig 18. 10. 1697, † ebd. 20. 4. 1768, Onkel von B. →Bellotto; begann als Theaterdekorationsmaler, schuf v. a. Veduten von Venedig und Umgebung, von Rom und London.

2) ital. Maler und Radierer, B. →Bellotto.

Canal plus S. A. [- plys -], ältester frz. Privatfernsehveranstalter, gegr. 1984, Sitz: Paris; führender Betreiber von Pay-TV und Digitalfernsehen, eigene Fernseh- und Spielfilmproduktion, internat. Fernsehbeteiligungen; 2000 Fusion mit den Mischkonzernen Vivendi S. A. und Seagram Inc. zur Vivendi Universal S. A.

Canard [ka'na:r], Nicolas François, frz. Finanzwissenschaftler und Mathematiker, * Moulins um 1755, † ebd. 1833; Physiokrat, früher Vertreter der Ökonometrie, stellte die **canardsche Steuerregel** auf: Jede alte Steuer sei gut, jede neue Steuer dagegen schlecht. Sie beruht auf der Annahme, dass jede neu eingeführte Steuer zunächst zu Reibungen im Wirtschaftskreislauf führt.

Canaris, Wilhelm, Admiral (seit 1940), * Aplerbeck (heute zu Dortmund) 1. 1. 1887, † (hingerichtet) KZ Flossenbürg 9. 4. 1945; war 1935–38 Leiter der Abwehr im Reichskriegsministerium, ab 1938 des Amtes Ausland/Abwehr im OKW. Er deckte, v. a. 1938 bis 1941, die Aktivitäten der Widerstandsgruppe in seinem Amt. Nach dem →Zwanzigsten Juli 1944 wurde er verhaftet und zum Tode verurteilt.

Canasta [span.] *das*, südamerikan. Kartenspiel mit 2×52 Karten und 4 Jokern, ähnlich dem Rommé; wird von 2 bis 4 Personen gespielt, meist paarweise gegeneinander.

Canaveral, Cape [keɪp kə'nævrəl], 1963–73 **Cape Kennedy,** Kap an der O-Küste von Florida, USA, mit dem der US-Luftwaffe gehörenden Raketenstartgelände Eastern Test Range (ETR). Westlich anschließend liegt Merrit Island mit dem Kennedy Space Center für bemannte Raumflüge (340 km²).

Canberra ['kænbərə], Hptst. des Austral. Bundes, im Australian Capital Territory, 600 m ü. M., 323 000

Albert Camus

Wilhelm Canaris

Canberra
Stadtwappen

Canaletto: Empfang des französischen Botschafters in Venedig (1725–26; Sankt Petersburg, Eremitage)

Canberra: Blick über die Stadt

Elias Canetti

Ew. (im Ballungsgebiet); Univ., Nationalbibliothek, -galerie, Akademie der Wiss., botan. Garten; kath. Erzbischofs- und anglikan. Bischofssitz; internat. Flughafen. – Gegr. 1913, Parlamentssitz seit 1927.

Cancan [kãˈkã, frz.] *der,* **Chahut,** um 1830 in Paris eingeführter, vermutlich aus Algier stammender Tanz in schnellem $^2/_4$-Takt; in der Operette u. a. von J. Offenbach verwendet.

Cancer [lat.] *der,* das Sternbild →Krebs.

Canción [kanˈθiɔn] *das,* im Spanischen ein lyr. Gedicht mit regelmäßigen Strophen; volkstüml. Lied.

Cancionero [kanθiɔˈnero; span. »Liederbuch«] *der,* **Cancioneiro,** in der galicischen, port. und span. Literatur Sammlung von lyr. Gedichten nach dem Vorbild der Sammlung provenzal. Troubadourdichtung.

Cancún, Insel vor der NO-Spitze der Halbinsel Yucatán, Mexiko; moderner Badeort mit Kongresszentrum; auf dem gegenüberliegenden Festland die Stadt **Cancún** (397 200 Ew.) mit internat. Flughafen. – Ab 1970 planmäßig angelegt.

Candela [lat. »Kerze«] *die,* Einheitenzeichen **cd,** SI-Einheit der →Lichtstärke; die C. ist die Lichtstärke einer Strahlungsquelle, die monochromat. Strahlung der Frequenz $540 \cdot 10^{12}$ Hertz in eine bestimmte Richtung aussendet, in der die Strahlstärke $^1/_{683}$ Watt pro →Steradiant beträgt. Die Frequenz entspricht in Luft einer Wellenlänge von 555 nm (grün), bei der das Auge die höchste Empfindlichkeit hat.

Candela, Félix, eigtl. F. **Candela Outeriño,** amerikan. Architekt span. Herkunft, * Madrid 27. 1. 1910, † Durham (N. C.) 7. 12. 1997; entwickelte kühne Schalenkonstruktionen, die neue Wege architekton. Gestaltung eröffneten, u. a. die Überdachung der Strahlenlaboratorien der Univ. in Mexiko (1951–52) und des dortigen Olymp. Sportpalastes (1966–68; mit Enrique Castañeda und Antonio Peyri). Nach seinen Entwürfen entstanden auch das Aquarium und Pavillons im Aquariumpark »Oceanogràfic« (1994–2002) der »Ciutat de les Arts i les Ciències« in Valencia.

Candia, ital. Name der Insel Kreta und der Stadt Heraklion auf Kreta während der venezian. Herrschaft (bis 1669).

Candida [lat.] *die,* Gattung der Hefepilze; einige Arten leben auf Haut und Schleimhäuten, z. T. als Krankheitserreger (Soor); **Candida utilis** bildet Futterhefe.

Candidamykose [lat.-griech.] *die,* **Candidose,** *Medizin:* der →Soor.

Candomblé, eine der afrobrasilian. Religionen, verbreitet v. a. in Bahia, wohin von 1549 bis 1851 viele Yoruba als Sklaven gebracht worden waren. Die Gottheiten des C. sind die Orischas (port. Orixá) wie in der Religion der Yoruba. In den (überwiegend von Priesterinnen geleiteten) religiösen Versammlungen manifestieren sich im Verständnis der Gläubigen die Orischas in »eingeweihten« Menschen, nachdem diese sich in dem durch Musik und Tanz geprägten Ritual in einen Zustand hl. Trance versetzt haben, und können über sie direkt angesprochen und befragt werden.

Cane [kaːn], Louis, frz. Maler, * Beaulieu-sur-Mer (bei Nizza) 13. 12. 1943; setzt sich im Sinne der analyt. Malerei mit den materiellen Eigenschaften des Bildes auseinander, wobei er auch Bildstrukturen anderer Maler (Giotto, H. Matisse) mit einbezieht.

Canes Venatici [lat.], das Sternbild →Jagdhunde.

Canetti, Elias, Schriftsteller spanisch-jüd. Abkunft, * Russe (Bulgarien) 25. 7. 1905, † Zürich 14. 8. 1994; studierte in Wien Naturwiss.en; war ab 1934 ⚭ mit der Publizistin und Erzählerin Veza Canetti (* 1897, † 1963); emigrierte 1938 und lebte seitdem v. a. in London.

Sein Hauptwerk, der Roman »Die Blendung« (1935), steigert den Konflikt zw. Geist und Wirklichkeit bis zum Äußersten. In den Dramen (»Die Hochzeit«, 1932) betreibt C. satir. Gesellschaftskritik in symbol. Steigerung. Sein kulturphilosoph. Hauptwerk ist der umfangreiche Essay »Masse und Macht« (1960). Außerdem verfasste er autobiograf. Werke: »Die gerettete Zunge« (1977), »Die Fackel im Ohr« (1980), »Das Augenspiel« (1985). 1972 erhielt C. den Georg-Büchner-Preis, 1981 den Nobelpreis für Literatur.

Canevas [frz.] *der, Textiltechnik:* →Kanevas.

Canigou [kaniˈgu], Granitbergstock in den östl. Pyrenäen, S-Frankreich, 2 784 m hoch. Am SO-Hang

Eisenerzabbau. Auf einem Sporn die roman. Abtei Saint-Martin-du-Canigou.

Canisius, Petrus, eigtl. Pieter **Kanijs,** Kirchenlehrer, erster dt. Jesuit, * Nimwegen 8. 5. 1521, † Freiburg (Schweiz) 21. 12. 1597; wirkte im Sinne der kath. Reform und der Gegenreformation, gründete Jesuitenniederlassungen in Bayern und Österreich und erlangte in Dtl. bes. durch drei von ihm verfasste Katechismen Einfluss. Heiliger, Tag: 27. 4.

Canis Maior [lat.], das Sternbild Großer Hund (→Hund).

Canis Minor [lat.], das Sternbild Kleiner Hund (→Hund).

Cankar ['tsa:ŋ-], Ivan, slowen. Schriftsteller, * Vrhnika (bei Ljubljana) 10. 5. 1876, † Ljubljana 11. 12. 1918; schrieb sozialkrit., psycholog. Romane, Erzählungen, Satiren, Dramen; führender Vertreter der slowen. Moderne, und begann neuen slowen. Prosastil.

Canna [lat. »Rohr«] die, **Blumenrohr,** einzige Gattung der Blumenrohrgewächse mit rd. 60 Arten im trop. Amerika. Manche Arten haben stärkereiche Wurzelstöcke. Zierpflanze ist das **Indische Blumenrohr** (C. indica) mit gelben oder roten Blüten und oft rötl. Blättern.

Cannabich, Johann Christian, Komponist, getauft Mannheim 28. 12. 1731, † Frankfurt am Main 20. 1. 1798; gab die Tradition der →Mannheimer Schule an W. A. Mozart weiter; schrieb rd. 90 Sinfonien, Konzerte, Kammermusik, zwei Opern und etwa 40 Ballette.

Cannabinol, Hauptwirkstoff des →Haschisch.

Cannabis [griech.] der, die Pflanzengattung →Hanf. C. ist auch Bez. für Hanfprodukte (→Haschisch).

Cannae, antike Stadt in Apulien, Italien, südwestl. von Barletta, in der Nähe der Mündung des Aufidus (heute Ofanto); bekannt durch die Umfassungsschlacht, in der die Römer 216 v. Chr. durch Hannibal eine schwere Niederlage erlitten.

Cannelloni [ital.], mit Fleisch gefüllte und mit Käse überbackene Nudelteigröllchen.

Cannes [kan], Seebad und Kurort an der frz. Riviera, Dép. Alpes-Maritimes, 68 200 Ew.; Spielkasino; Filmfestspiele; Herstellung von Seife und Parfüms, Metall-, Textilbetriebe, Flugzeug- und Maschinenbau. – Spätgotische Kirche Notre-Dame-de-l'Espérance (1521–1648) mit roman. Kapelle.

Canning ['kænɪŋ], George, brit. Politiker, * London 11. 4. 1770, † Chiswick (heute zu London) 8. 8. 1827; 1807–09 und ab 1822 Außenmin., 1827 Premiermin.; unterstützte als Gegner Metternichs die nat. und liberalen Bewegungen in Europa und erkannte 1826 die Unabhängigkeit der span. Kolonien in Südamerika an.

Canningwüste ['kænɪŋ-], →Große Sandwüste.

Cannizzaro, Stanislao, ital. Chemiker, * Palermo 13. 7. 1826, † Rom 10. 5. 1910; fand die C.-Reaktion (→Disproportionierung), setzte die avogadroschen Gesetze in der Chemie durch und klärte die Begriffe Atom und Molekül.

Cannock ['kænək], Stadt in der mittelengl. Cty. Staffordshire, 64 600 Ew.; Kohlengruben, Maschinenbau.

Cannon ['kænən], Anny Jump, amerikan. Astronomin, * Dover (Del.) 11. 12. 1863, † Cambridge (Mass.) 13. 4. 1941; entwickelte die Harvard-Klassifikation der Sterne; war maßgeblich am Henry-Draper-Katalog (→Draper) und dessen Ergänzung beteiligt.

Cannstatt, Bad, →Bad Cannstatt.

Cañon [ka'ɲɔn; span. »Röhre«] der, engl. **Canyon,** schluchtartiges Engtal, bes. in Trockengebieten, z. B. des westl. Nordamerika (u. a. Grand Canyon).

Canon Inc. ['kænən ɪnˈkɔːpəreɪtɪd], jap. Elektronikunternehmen, Sitz: Tokio, gegr. 1937; weltweit v. a. in den Bereichen Herstellung und Vertrieb von opt., akust. und elektron. Geräten sowie medizin. und Präzisionsapparaturen tätig.

Canopus der, Hauptstern (α Carinae) im Sternbild Kiel des Schiffes; nach Sirius der zweithellste Stern am Himmel nahe dem Südpol der Ekliptik (scheinbar visuelle Helligkeit − 0,7 mag); wird für interplanetare Raumsonden als Navigationsstern benutzt.

Canossa, ehem. Felsenburg in der Emilia-Romagna, Italien, 18 km südwestlich von Reggio nell'Emilia, im 10. Jh. erbaut, 1255 und 1557 zerstört; wurde 1878 Nationaldenkmal. – Hier erreichte Kaiser Heinrich IV. im Jan. 1077 durch dreitägige Buße von Papst Gregor VII. die Lösung vom Bann; daher **Canossagang** (Gang nach C.) für: Bittgang, tiefe Demütigung.

Canotier [kano'tje:, frz.] der, steifer, flacher Strohhut mit gerader Krempe; kam im letzten Viertel des 19. Jh. in Mode.

Canova, Antonio, ital. Bildhauer, * Possagno (bei Bassano del Grappa) 1. 11. 1757, † Venedig 13. 10. 1822; führender Meister des ital. Klassizismus, seit 1779 in Rom, seit 1802 Oberaufseher der Kunstdenkmäler im Kirchenstaat. C. schuf die Grabmäler für Klemens XIV. (1783–87; Rom, Santi Apostoli), Klemens XIII. (1788–92; Rom, Sankt Peter), Erzherzogin Marie Christine (1798–1805; Wien, Augustinerkirche) sowie Bildnisse Napoleons I. und von Pauline Bonaparte als ruhende Venus (1805–07; Rom, Galleria Borghese).

Canstein, Karl Hildebrand Freiherr von, pietist. Theologe, * Lindenberg bei Frankfurt (Oder) 4. 8. 1667, † Berlin 19. 8. 1719; gründete 1710 die **von Cansteinsche Bibelanstalt** (→Bibelgesellschaften) in Halle (Saale).

cantabile [ital.], musikal. Vortragsbezeichnung: sangbar, gesangartig.

Cantal [kã'tal], **1)** größtes erloschenes Vulkangebiet Frankreichs, in der Auvergne, im Plomb du C. 1 858 m hoch.
2) frz. Dép. in der Auvergne, 5 726 km², 148 000 Ew.; Hptst.: Aurillac.

Canterbury ['kæntəbəri], Stadt in der Cty. Kent, SO-England, 43 600 Ew.; Sitz eines anglikan. Erzbischofs, des Primas der →Kirche von England (das Bistum C. wurde um 600 als erstes im eigentl. England gestiftet); Univ.; Marktzentrum mit landwirtsch. Veredelungsindustrie. – Die Kathedrale (roman. Krypta, Fenster z. T. 13. Jh.) spiegelt die architekton. Entwicklung des 11.–15. Jh. wider (UNESCO-Weltkulturerbe). – 1170 wurde T. Becket hier ermordet. – Abb. S. 762

Canterbury Stadtwappen

Cantharus [lat.] der, antikes Trinkgefäß, →Kantharos.

Canticum [lat.] das, **1)** mit Flötenbegleitung vorgetragene Partie des altröm. Dramas.
2) Bez. für die Lieder des A. T. und N. T. mit Ausnahme der Psalmen.

Canticum Canticorum [lat.] das, das →Hohelied.

Cantillon [kãti'jɔ̃], Richard, brit. Volkswirtschaftler, * in Irland um 1680, † (wahrscheinlich ermordet) London 15. 5. 1734; Vorläufer der klass. Nationalöko-

cant **Canton**

Canterbury: Die das Stadtbild beherrschende, vom 11. Jh. bis zum 15. Jh. mehrfach um- und ausgebaute Kathedrale mit dem über 70 m hohen Zentralturm »Bell Harry« ist eines der bedeutendsten Baudenkmäler der englischen Spätgotik (Perpendicular Style).

nomie; lieferte Beiträge zur Kreislauf-, Preis-, Geld- und Außenwirtschaftstheorie.

Canton, 1) Stadt in China, →Kanton.

2) [ˈkæntən], Stadt in Ohio, USA, 79 300 Ew.; Hütten- und Stahlwerke, Maschinenbau.

Cantor, Georg, Mathematiker, *Sankt Petersburg 3. 3. 1845, †Halle (Saale) 6. 1. 1918; ab 1872 Prof. in Halle. Mit seinen Theorien der Punktmengen und der transfiniten Zahlen (1871–84) begründete er die für die moderne Mathematik grundlegende →Mengenlehre. C. gelang u. a. eine neue Formulierung der Kontinuumshypothese (→Kontinuum).

Cantus [lat.] *der,* ital. **Canto,** Gesang, Melodie; bei mehrstimmigen Gesängen die Oberstimme. Der **C. firmus** (Abk. c. f.) ist im mehrstimmigen Satz die gegebene Melodie, deren Verlauf die feste Grundlage (lat. tenor) für die kontrapunkt. Bewegung der anderen Stimmen (**C. figuratus**) bildet. Als C. firmus dienten für kirchl. Gesänge, aber auch für weltl. Motetten, meist Abschnitte aus dem gregorian. Choral; später wurden auch Volksmelodien oder neu geschaffene Melodien benutzt. **C. planus** werden in der frühmittelalterl. Musik die in →Neumen oder Choralnoten ohne Bez. der Zeitwerte geschriebenen Choralmelo-

dien gen. Im Unterschied dazu benennt der **C. mensuratus** (**C. mensurabilis**) die mit Bez. bestimmter Zeitwerte notierte Musik des MA. (Mensuralmusik).

Canyon [ˈkænjən], →Cañon.

Canyoning [ˈkænjənɪŋ, engl.] *das,* das Begehen unwegsamer, ohne Spezialausrüstung nicht zugängl. Schluchten (Cañons; engl. Canyons) mit Disziplinen wie Abseilen (oft unmittelbar neben Wasserfällen), Schluchtenwandern, Durchschwimmen stehender und fließender Gewässer sowie Wildwasserschwimmen (i. d. R. gegen den Strom); auch Sprünge in Wasserfälle sowie das Rutschen durch glatte Felsrinnen.

Canzone [ital.], die →Kanzone.

Caodaismus *der,* neue Religion, Anfang des 20. Jh. in Cochinchina aus der Verschmelzung des vietnames. Geister- und Ahnenglaubens mit Elementen des Daoismus (Frömmigkeitspraxis), Konfuzianismus (Ethik), Buddhismus (Karmalehre) und Christentums (Missionsgebot) entstanden und seit 1926 als streng hierarchisch strukturierte Religionsgemeinschaft verfasst; heute geschätzt (maximal) 2 Mio. Caodaisten in Vietnam. Der Gottesname Cao-Dai (vietnamesisch »Großer Palast«) gilt als allumfassender Inbegriff Gottes, symbolisiert als »heiliges Auge« über einer Weltkugel.

Cap [kæp; engl. »Kappe«] **1)** *der,* vertraglich vereinbarter Höchstzinssatz bei Krediten oder Anleihen.

2) *die,* Mütze mit Schirm und rückwärtigem Gumminoppenverschluss; von der US-Baseballcap übernommen.

CAP [kæp, Abk. für engl. **c**omputer-**a**ided **p**lanning], rechnergestützte Arbeitsplanung bei der Konstruktion und Fertigung von techn. Produkten.

Capa [ˈkæpə], Robert, eigtl. Andrei Friedmann, amerikan. Fotograf ungar. Herkunft, *Budapest 22. 10. 1913, †Thai Binh (Vietnam) 25. 5. 1954; wurde 1936 durch seine Bilder des Span. Bürgerkriegs weltberühmt. 1938 arbeitete er als Kriegsberichterstatter; während des Zweiten Weltkriegs war er Reporter für »Life« in Europa. C. kam während des Indochinakriegs ums Leben.

Capa [span.] *die,* **1)** farbiger Umhang der Stierkämpfer.

2) →Cappa.

Capablanca, José Raúl, kuban. Schachspieler, *Havanna 19. 11. 1888, †New York 8. 3. 1942; Schachweltmeister 1921 (Sieg über E. Lasker) bis 1927 (Niederlage gegen A. A. Aljochin).

Cap Anamur, humanitäres Hilfswerk, →Komitee Cap Anamur.

Cap d'Agde [kapˈdagd], frz. Ferienzentrum an der Mittelmeerküste, an der Mündung des Hérault; großer Jachthafen.

Cape Breton Island [ˈkeɪp ˈbretən ˈaɪlənd], Atlantikinsel der Prov. Nova Scotia, Kanada, vor dem Sankt-Lorenz-Golf, 10 311 km², 147 500 Ew.; Hauptort ist Sydney.

Cape Coast [ˈkeɪp ˈkəʊst], Stadt an der Küste Ghanas, 79 900 Ew.; Verw.-Sitz der Zentralregion; kath. Erzbischofssitz; Univ.; Handelszentrum, Fischereihafen. – C. C. wurde als Fort Carolusburg um 1652 von Schweden gegründet.

Čapek [ˈtʃapɛk], **1)** Josef, tschech. Schriftsteller und Maler, *Hronov (Ostböhm. Gebiet) 23. 3. 1887, †KZ Bergen-Belsen April 1945, Bruder von 2); schrieb, z. T. zusammen mit seinem Bruder, Dramen, Erzählungen, Romane und Essays. Als Maler setzte er sich mit dem Kubismus und Expressionismus auseinander.

Robert Capa: Spain (1936; New York, International Center of Photography)

2) Karel, tschech. Schriftsteller, * Malé Svatoňovice (Ostböhm. Gebiet) 9. 1. 1890, † Prag 25. 12. 1938, Bruder von 1); behandelte in utop. Romanen (»Krakatit«, 1924) und Dramen (»R. U. R.«, 1920; »Die Sache Makropulos«, 1926, danach Oper von L. Janáček) Probleme der techn. und sozialen Entwicklung; außerdem schrieb er Erzählungen (»Das Jahr des Gärtners«, 1929), Essays, Reiseberichte sowie den Roman »Krieg mit den Molchen« (1936).

Capella [lat. »Ziege«], Stern 1. Größe (α Aurigae) im Sternbild →Fuhrmann; einer der hellsten Sterne am Himmel.

Capet [ka'pɛ], →Hugo Capet, →Kapetinger.

Cape Town ['keɪp 'taʊn, engl.], Stadt in Südafrika, →Kapstadt.

Cap-Haïtien [-aɪ'sjɛ̃], Hafenstadt an der N-Küste der Insel Hispaniola, Haiti, 113 600 Ew.; Erzbischofssitz, Markt- und Touristenzentrum; Kathedrale (18., 19. Jh.). – 19 km südlich von C.-H. die ehem. Residenz des Königs Henry I. mit Schlossruine Sans-Souci und Zitadelle La Ferrière aus dem 19. Jh. (UNESCO-Weltkulturerbe).

Capitaine [kapi'tɛ:n, frz.] *der,* frz. Offiziersrang, entspricht dem dt. Hauptmann.

Capitano [ital. »Feldhauptmann«] *der,* **1)** im Italien des MA. Angehöriger des krieger. Adels.
2) Figur der Commedia dell'Arte: prahlsüchtiger Soldat (Hauptmann).

Capitano del popolo, im MA. Titel der gewählten Stadtherren in den Stadtrepubliken Ober- und Mittelitaliens.

Capitulare de villis [lat.] *das,* die Landgüterordnung Karls d. Gr., erlassen um 794; enthält genaue Vorschriften für die Krongüterverwaltung.

Capnio, Capnion, Humanist, →Reuchlin.

Capodimonte, Schloss am N-Rand von Neapel, 1738 von den span. Bourbonen begonnen, zur Aufbewahrung der von ihnen ererbten Farnes. Sammlungen (→Farnese; heute im Archäolog. Nationalmuseum Neapel). 1743–59 auch Sitz der gleichnamigen Porzellanmanufaktur (danach nach Buen Retiro in Madrid verlegt); seit 1957 Nationalgalerie mit Werken der ital. Malerei.

Capone [engl. kə'pəʊn], Al, eigtl. Alphonse **C.,** gen. **Scarface** (»Narbengesicht«), amerikan. Gangster, * Brooklyn (N. Y.) 17. 1. 1899, † Miami (Fla.) 25. 1. 1947; kontrollierte z. Z. der Prohibition 1925–31 als Bandenchef das organisierte Verbrechen in Chicago; in zahlr. brutale Bandenmorde verstrickt. 1931 nur wegen nachweisl. Steuerdelikte zu elfjähriger Haft verurteilt; 1939 vorzeitig entlassen.

Capote [kə'pəʊti], Truman, amerikan. Schriftsteller, * New Orleans 30. 9. 1924, † Los Angeles 25. 8. 1984; schilderte in Kurzgeschichten und Romanen mit stilist. Brillanz Leiden, Einsamkeit und Fantasien von Jugendlichen und Außenseitern (»Die Grasharfe«, 1951; »Frühstück bei Tiffany«, 1958). »Kaltblütig« (1965) ist die dokumentar. Rekonstruktion eines Mordfalles. Schrieb ferner die Erzählung »Musik für Chamäleons« (1980) und die Memoiren »Eine Weihnacht« (1983).

Cappa [lat.] *die,* **Capa,** rund geschnittener Mantel mit Kapuze, im MA. (Alltags-)Tracht der Geistlichen; heute als **Cappa magna** das Chorgewand der hohen kath. Würdenträger mit Kapuze und langer Schleppe; bei Bischöfen violett, bei Kardinälen rot; aus ihr entwickelte sich das →Pluviale.

Capped Warrant [kæpt 'wɔrənt], →Optionsschein mit Gewinnobergrenze.

Cappuccino [kapʊ'tʃi:no, ital.] *der,* heißes Kaffeegetränk mit geschlagener Sahne oder aufgeschäumter Milch und ein wenig Kakaopulver.

Capr... [nach lat. capra »Ziege«], Namensbestandteil von gesättigten Monocarbonsäuren mit charakterist. Bocksgeruch; sie kommen als Glycerinester in Milchfetten, Kokosnussöl und Fischtran vor, z. B. Caprinsäure (Decansäure), Capronsäure (Hexansäure) und Caprylsäure (Octansäure).

Capra, 1) ['kæprə], Frank, amerikan. Filmregisseur ital. Herkunft, * Palermo 18. 5. 1895, † La Quinta (Calif.) 3. 9. 1991; drehte u. a. »Es geschah in einer Nacht« (1934), »Arsen und Spitzenhäubchen« (1944), »Die unteren Zehntausend« (1961).
2) Fritjof, österr. Physiker, Systemforscher und Futurologe, * Wien 1. 2. 1939; Arbeiten zur Elementarteilchenphysik und über die kulturellen Auswirkungen der modernen Naturwiss.en. In seinen Büchern, z. B. »Wendezeit. Bausteine für ein neues Weltbild« (1982; dt.), suchte er eine neue, ökologisch orientierte Sicht der Wirklichkeit zu geben.

Capri, ital. Insel am S-Eingang des Golfs von Neapel, 10,4 km² groß, bis 589 m hoch, im O der Insel der Hpt.-Ort **Capri** (7 200 Ew.); Zitrus-, Ölbaum-, Rebkulturen, Fischerei; bed. Fremdenverkehr (u. a. zur →Blauen Grotte). C. war schon in der Jungsteinzeit besiedelt und hatte in röm. Zeit (z. Z. des Tiberius) kaiserl. Villen und Bäder.

Capriccio [ka'pritʃo, ital.], launig-scherzhaftes, oft virtuoses Musikstück in freier Form.

capriccioso [kapri'tʃo:zo, ital.], musikal. Vortragsbezeichnung: launig, eigenwillig.

Capricornus [lat.], das Sternbild →Steinbock.

Caprihose, wadenlange Frauenhose, in den 1950er-Jahren reine Freizeithose; von dem Florentiner Modeschöpfer Emilio Pucci entworfen.

Caprivi, Georg Leo Graf (seit 1891) von, General und Politiker, * Charlottenburg (heute zu Berlin) 24. 2. 1831, † Skyren (später Teichwalde, poln. Skórzyn, Wwschaft Lebus) 6. 2. 1899; wurde als Nachfolger O. von Bismarcks am 20. 3. 1890 Reichskanzler (bis Okt. 1894) und preuß. Min.-Präs. (bis März 1892). Cs »Neuer Kurs« umfasste wichtige sozialpolit. Reformen und neue Handelsverträge u. a. mit Russland, Italien und Österreich und war außenpolitisch durch die Nichterneuerung des dt.-russ. Rückversicherungsvertrages und den Helgoland-Sansibar-Vertrag bestimmt.

Caprivi-Zipfel [nach G. L. von Caprivi], schmaler, dünn besiedelter, rd. 460 km langer Landstreifen im NO Namibias, bis zum Sambesi. – Kam 1890 durch den Helgoland-Sansibar-Vertrag zu Deutsch-Südwestafrika.

Caprolactam *das,* ε-**Caprolactam,** Amid der 6- oder ε-Aminocapronsäure, Ausgangsstoff für Nylon 6 (sechs Kohlenstoffatome); wird technisch in mehreren Schritten aus Phenol oder Cyclohexan gewonnen.

Capsicum [lat.], Pflanzengattung, →Paprika.

Capsid [lat.] *das,* Proteinhülle um den Nukleinsäurekern eines infektiösen Virusteilchens (Virion); besteht aus Proteinuntereinheiten (**Capsomeren**), deren Zahl einige Virusarten kennzeichnet.

Capsien [kap'sjɛ̃] *das,* vorgeschichtl. Kulturgruppe in N-Afrika (etwa 9./8. Jt. bis etwa 4000 v. Chr.), benannt nach Fundstellen bei Gafsa (dem antiken Capsa) in S-Tunesien; dem Epipaläolithikum (Übergangsphase von der Alt- zur Jungsteinzeit) zugerechnet. Die Menschen des C. waren Jäger und Sammler.

Karel Čapek

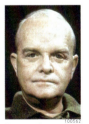

Truman Capote

Carambola: reife Früchte

Captain [ˈkæptɪn, engl.] *der*, im engl.-amerikan. Sprachraum Offiziersrang, dem dt. Kapitän oder Hauptmann entsprechend; im Amerikanischen auch Wahlagent.

Captatio Benevolentiae [lat.] *die*, rhetor. Formel, mit der um die Gunst des Zuhörers oder Lesers geworben wird.

Captive [ˈkæptɪv, engl.], von industriellen Versicherungsnehmern gegründete Einrichtung zur externen Selbstversicherung; stellt für konzerneigene Risiken Versicherungsschutz bereit.

Capua, Stadt in Kampanien, Prov. Caserta, nördlich von Neapel, Italien, 19 000 Ew.; Erzbischofssitz. – Das 4 km südöstlich gelegene antike C. wurde im 5. Jh. v. Chr. von Etruskern gegr. und um 340 von Rom abhängig. Viele Ruinen sind erhalten. Das heutige C. entstand 856 als Hptst. eines langobard. Fürstentums.

Capuana, Luigi, ital. Schriftsteller, * Mineo (Prov. Catania) 28. 5. 1839, † Catania 29. 11. 1915; wurde durch seine Romane und Novellen, gemeinsam mit G. Verga, einer der Begründer des → Verismus (u. a. Roman »Der Marchese von Roccaverdina«, 1901).

Caputh, Ortsteil der Gem. Schwielowsee (9700 Ew.); im Landkreis Potsdam-Mittelmark, Brandenburg, am S-Ufer des Templiner Sees der Havel, Erholungsort, A.-Einstein-Sommerhaus.

Carabinieri, dem ital. Heer angegliederte paramilitär. Truppe, die polizeil. Aufgaben im Bereich der inneren Sicherheit sowie militärpolizeil. Aufgaben wahrnimmt.

Caracalla, urspr. **Lucius Septimius Bassianus,** als **Marcus Aurelius Antoninus** röm. Kaiser (211–217), * Lugdunum (heute Lyon) 4. 4. 186, † (ermordet) bei Carrhae (heute Eski Haran, bei Şanlıurfa, Türkei) 8. 4. 217; schon zu Lebzeiten des Vaters Septimius Severus zum Augustus erhoben (198), ließ seinen Bruder und Mitherrscher Geta 212 ermorden, führte eine grausame Willkürherrschaft. 212 verlieh er durch die »Constitutio Antoniniana« allen freien Reichsangehörigen das röm. Bürgerrecht. Er ließ die C.-Thermen in Rom errichten.

Caracas, Hptst. von Venezuela, 920 m ü. M., im Küstengebirge, 1,84 Mio. Ew. (städt. Agglomeration 3,13 Mio. Ew.); fünf Univ., Akademien, Nationalarchiv, -museum, Goethe-Institut, Planetarium; kath. Erzbischofssitz; bed. Ind.-Standort mit Textil-, Metall-, chem.-pharmazeut. und Nahrungsmittelind. C. ist seit dem Zweiten Weltkrieg zu einer der modernsten Großstädte Südamerikas angewachsen und durch Autobahnen mit der Hafenstadt La Guaira, dem internat. Flughafen Maiquetia und den Badeorten an der karib. Küste verbunden. – Die von C. R. Villanueva entworfene moderne Univ.-Stadt (u. a. Stadion, 1952; Aula Magna, 1960; Gebäude der Architekturfakultät) wurde von der UNESCO zum Weltkulturerbe erklärt. – C. wurde 1567 als Santiago de León de C. gegründet und war 1731–1810 Hptst. eines span. Generalkapitanats, seit 1831 ist es Hptst. Venezuelas.

Caracciola [-ˈtʃo-], Rudolf, Autorennfahrer, * Remagen 30. 1. 1901, † Kassel 28. 9. 1959; gewann, meist mit Mercedes, 27 bedeutende Rennen und hielt 17 Weltrekorde.

Carajás [-ˈʒas], **Serra dos C.,** Tafelbergland im östl. Amazonien, Brasilien, bis 800 m ü. M. Die weltweit umfangreichsten Eisenerzlager (18 Mrd. t) werden seit 1984 abgebaut (Tagebau); außerdem gibt es bed. Vorkommen von Mangan-, Kupfer-, Nickel-, Zinnerzen, Gold und Bauxit. Ein Wasserkraftwerk (8 000 MW) arbeitet am Rio Tocantins. Seit 1985 besteht eine Eisenbahnverbindung (890 km) zur Küste bei São Luis.

Caral, Ruinenstadt im nördl. Peru, im 3. Jt. v. Chr. vermutlich als Handelszentrum entstanden und damit die älteste Stadt Amerikas; erst 1994 entdeckt.

Carambola, Karambola, Sternfrucht, Frucht des in Brasilien, der Karibik und im südpazif. Raum verbreiteten Baumes Averrhoa carambola. Die 6–12 cm langen, sternförmig gerippten, essbaren Früchte sind gelbgrün mit glatter Oberfläche. Sie haben einen hohen Vitamin-C-Gehalt.

Carathéodory, Constantin, Mathematiker griech. Abstammung, * Berlin 13. 9. 1873, † München 2. 2. 1950; Beiträge u. a. zur Variationsrechnung, Funktionentheorie und geometr. Optik sowie zur theoret. Physik.

Caravaggio [karaˈvaddʒo], Michelangelo da, eigtl. Michelangelo **Merisi,** ital. Maler, * Caravaggio (bei Bergamo) 28. 9. 1571, † Porto Ercole (bei Civitavecchia) 18. 7. 1610; seit etwa 1592 in Rom, seit 1606 in Neapel, auf Malta und in Sizilien tätig. Die naturnahe Sachlichkeit, mit der C. seine Modelle malte, brach mit der Stilüberlieferung des Manierismus und wurde Vorbild für einen in der gesamten Barockmalerei verbreiteten Typus des Genrebildes (z. B. Halbfigurenbilder mit stilllebenhaftem Beiwerk). Die von ihm entwickelte Hell-Dunkel-Malerei begründete einen

Caracas Stadtwappen

Caravaggio: Junge mit Früchten (um 1593; Rom, Galleria Borghese)

Carcassonne: die von einer doppelten Ringmauer mit zahlreichen Wehrtürmen umschlossene alte Oberstadt

neuen Stil (**Caravaggismus**) mit starkem Einfluss u. a. auf Rubens, Rembrandt.

Werke: Bacchus (um 1595; Florenz, Uffizien); Die Bekehrung des Saulus und Kreuzigung Petri (1600/01; beide Rom, Santa Maria del Popolo); Amor als Sieger (1602; Berlin, Gemäldegalerie); Madonna dei Palafrenieri (um 1604/05; Rom, Galleria Borghese); Tod Mariä (um 1605/06; Paris, Louvre); Die Gefangennahme Christi (vor 1606; Dublin, Nationalgalerie); Rosenkranzmadonna (um 1606/07; Wien, Kunsthistor. Museum).

Caravan [auch engl. ˈkærəvæn] *der,* →Wohnwagen.

Caravaning [engl.] *das,* →Camping.

Carb|amid *das,* →Harnstoff.

Carb|amidsäure, Carbaminsäure, Aminoameisensäure, in freier Form unbeständige Säure, $H_2N-COOH$. Die Ester (**Carbamate,** auch **Urethane**) haben Bedeutung als Insektizide und Herbizide.

Carb|amoylharnstoff, *das* →Biuret.

Carb|anionen, Carbeniationen, dreibindige organ. Anionen mit einsamem Elektronenpaar am C-Atom, $R_3\ddot{C}^{\ominus}$; hochreaktive Zwischenstufen bei chem. Reaktionen.

Carb|apeneme, zu den Betalactamantibiotika gehörende Wirkstoffgruppe, die sich durch ein sehr breites Wirkungsspektrum auszeichnet und außerdem gegen bakterielle Enzyme, die den Betalactamring spalten (Betalactamasen) und damit die Wirkstoffe unwirksam machen, nur wenig empfindlich ist. Vertreter der C.: Imipenem, Meropenem.

Carb|azol *das,* **Dibenzopyrrol,** trizykl. heterozyklische organ. Verbindung; u. a. zur Herstellung von Farbstoffen.

Carbene, hochreaktive Zwischenstufen mit einem freien Elektronenpaar ($R-\ddot{C}-R$) in Zersetzungs- und Eliminierungsreaktionen der organ. Chemie.

Carbide, binäre Verbindungen von Elementen mit Kohlenstoff. Die **salzartigen C.,** Metallverbindungen des Acetylens, sind instabil und hochexplosiv, technisch wichtig ist das Calciumcarbid (→Calcium). Als **kovalente C.** gelten nur Borcarbid (B_4C) und Siliciumcarbid (SiC). Sie sind hart, schwer schmelzbar und chemisch beständig; sie werden als Schleif- und Poliermittel sowie als Beschichtung für Bohrer verwendet. Die meisten **metall. C.** sind nicht stöchiometr. Verbindungen von Legierungscharakter; sie sind gegen Säuren beständig, i. d. R. härter als die reinen Metallkomponenten und leiten den elektr. Strom. Technisch wichtig sind z. B. die C. von Eisen (Zementit), Chrom und Wolfram.

Carbokationen, positiv geladene organ. Ionen, die i. Allg. nur als reaktive Zwischenstufen bei chem. Reaktionen auftreten. Es gibt zwei Klassen von C., die Carbeniumionen und Carboniumionen.

Carbol [lat.] *das,* **Carbolsäure,** veraltete Bez. für →Phenol.

Carbonado [span.] *der,* **Bort, Ballas,** grauer bis schwarzer Industriediamant, v. a. aus Brasilien und der Demokrat. Rep. Kongo.

Carbonate, Salze und Ester der →Kohlensäure.

Carboneria *die,* polit. Geheimbund in S-Italien, um 1808 entstanden, kämpfte für die Unabhängigkeit Italiens und eine liberale Verfassung.

Carbonsäuren, organ. Säuren mit der **Carboxylgruppe** ($-COOH$) als funktionalem Element. Je nach deren Anzahl unterscheidet man Mono-, Di- oder Poly-C. Die **aliphat. C.** (Alkan- und Alkensäuren) heißen auch **Fettsäuren.** Die meisten C. haben Trivialnamen (z. B. Ameisensäure, Essigsäure). Beispiele für **aromat. C.** sind Benzoesäure und Terephthalsäure. Die systemat. Namen werden aus denen der Stammkohlenwasserstoffe und der Endung -carbonsäure gebildet.

Mit Alkoholen bilden C. →Ester. Zur Herstellung von Kunststoffen und Lösungsmitteln sind C. und ihre Derivate wichtige Zwischenprodukte.

Carbonylgruppe, Ketogruppe, Oxogruppe, in Aldehyden, Ketonen, Carbonsäuren und Chinonen auftretende charakteristische Atomgruppe $-C=O$.

Carboxylase *die,* Enzym zur Übertragung von Kohlendioxid in Biomolekülen, z. B. die Einführung der Carboxylgruppe in organ. Substrate.

Carboxylgruppe, organ. Atomgruppe, →Carbonsäuren.

Carcassonne [karkaˈsɔn], Hptst. des Dép. Aude, S-Frankreich, an der Aude und dem Canal du Midi, 46 200 Ew.; Weinhandel, Gummiind., Maschinenbau. – Die alte Oberstadt mit romanisch-got. Kathedrale (Ende 13. Jh., 1849 restauriert) und befestigtem Schloss ist von zwei Ringmauern (z. T. 6. und 12. Jh.) mit vielen Türmen umschlossen (UNESCO-Welterbe). – C., das galloröm. **Carcasso,** gehörte seit 418

Carcassonne
Stadtwappen

Cardiff: City Hall mit Glockenturm (1904)

Cardiff
Stadtwappen

Claudia Cardinale

zum Westgotenreich; 725 wurde es von den Arabern, 759 von den Franken erobert. Nach dem Untergang der Albigenser, deren Hauptstützpunkt C. war, fiel es 1229 an die frz. Krone.

Carcinoma [lat., aus griech. karkínos »Krebs«] *das,* Abk. **Ca. Karzinom,** bösartige Gewebeneubildung, → Krebs.

Cardamomgebirge, Kardamomgebirge, Gebirge im S Indiens, bis 1 922 m hoch, mit Kaffee-, Tee-, Kautschuk- und Kardamompflanzungen, gehört teils zu Tamil Nadu, teils zu Kerala.

Cardano, Gerolamo (oder Girolamo, auch Geronimo), latinisiert **Hieronymus Cardanus,** ital. Mathematiker, Arzt und Philosoph, * Pavia 24. 9. 1501, † Rom 21. 9. 1576; veröffentlichte 1545 in seiner »Ars Magna« die von S. del Ferro und N. Tartaglia entwickelten Verfahren zur Lösung kub. Gleichungen sowie die von L. Ferrari gegebenen Lösungsmethoden für Gleichungen 4. Grades. Als Naturphilosoph vertrat er die Auffassung, dass die Welt überall von beseelter Urmaterie erfüllt sei (Hylozoismus). C. machte die → kardanische Aufhängung bekannt.

Cardenal, Ernesto, nicaraguan. Lyriker und Bildhauer, * Granada 20. 1. 1925; war ab 1965 kath. Priester (wurde 1985 suspendiert); war 1965 Mitbegründer der christl. Kommune von Solentiname; schloss sich im Exil in Costa Rica (1977–79) den Sandinisten an, war unter deren Reg. (1979–90) Kulturmin.; schrieb religiöse, stark politisch und sozial engagierte Lyrik (»Gebet für Marilyn Monroe«, 1965; »Für die Indianer Amerikas«, 1970; »Teleskop in dunkler Nacht«, 1993); erhielt 1980 den Friedenspreis des Dt. Buchhandels.

Cardiff [ˈkɑːdɪf], Hptst. von Wales und eigenständige Unitary Authority, Großbritannien, am Severnästuar, 292 200 Ew. (Unitary Authority: 320 000); TH, Univ., medizin. Hochschule, Nationalmuseum, kath. Erzbischofssitz; Metallverarbeitung, Maschinen- und Fahrzeugbau; einer der bedeutendsten brit. Seehäfen (Ausfuhrhafen für Kohle aus den umliegenden Grubenbezirken); internat. Flughafen. – Infolge des städt. Wachstums im späten 19. Jh. entstanden 1904 die Gebäude der Law Courts und der City Hall sowie bis 1909 das 1883/84 gegründete University College. Moderne städtebaul. Akzente setzen u. a. das Kongresszentrum Saint David's Hall und das Neubauviertel C. Bay. 2004 wurde an der C. Bay das Wales Millennium Centre (Architekten: Percy Thomas Architects), ein moder- nes, architekton. bemerkenswertes Kulturzentrum, eröffnet. – Um eine normann. Burg (1093) entstanden.

Cardigan [engl. ˈkɑːdɪɡən; nach J. T. Brudenell, 7. Earl of Cardigan, * 1797, † 1868] *der,* sportl. Strickweste ohne Kragen; für Frauen zus. mit einem Pullover als → Twinset in Mode.

Cardin [karˈdɛ̃], Pierre, frz. Modeschöpfer, * Sant'Andrea di Barbarana (heute San Biago di Callalta, bei Treviso) 7. 7. 1922; zunächst Mitarbeit bei Dior; führt seit 1950 ein eigenes Haus für Haute-Couture-Modelle; 1959 erste Damenkonfektion, 1960 eine Herrenkollektion, 1979 hatte er als erster westl. Modeschöpfer eine Modenschau in China. Weltweiter Vertrieb von Mode, Accessoires und Inneneinrichtungen; Parfüm.

Cardinal, Marie, frz. Schriftstellerin, * Algier 9. 3. 1929, † Valréas (Südfrankreich) 9. 5. 2001; behandelte den Selbstfindungsprozess von Frauen, u. a. in »Schattenmund. Roman einer Analyse« (1975), »Die Reise nach Algerien oder Im Garten meiner Kindheit« (Reisebericht, 1980), »So, als wäre nichts gewesen« (Roman, 1990).

Cardinale, Claudia, ital. Filmschauspielerin, * Tunis 15. 4. 1939; spielte u. a. in Filmen von L. Visconti (»Rocco und seine Brüder«, 1960; »Der Leopard«, 1963), F. Fellini (»8½«, 1963) und Werner Herzog (»Fitzcarraldo«, 1982) sowie in Fernsehfilmen.

Cardinal Health, Inc. [ˈkɑːdɪnl helθ ɪnˈkɔːpəreɪtɪd], amerikan. Dienstleistungsunternehmen im Bereich Gesundheitswesen; Sitz: Dublin (Oh.); 1994 hervorgegangen aus dem Nahrungsmittelgroßhandelskonzern Cardinal Foods, Inc. (gegr. 1971).

Cardoso [karˈdozu], Fernando Henrique, brasilian. Politiker und Soziologe, * Rio de Janeiro 18. 6. 1931; Prof. für polit. Wiss.en, in der Zeit der Militärdiktatur mehrere Jahre im Exil; formulierte die → Dependencia-Theorien. Als Finanzmin. (1993–94) senkte C. die Inflationsrate drastisch; 1995 zum Staatspräs. gewählt und nach Wiederwahl 1998 bis Ende 2002 im Amt.

Cardoso Pires [karˈdozu ˈpirɪʃ], José, port. Schriftsteller, * Pêso (Santarém) 2. 10. 1925, † Lissabon 26. 10. 1998; vielseitiger Romanautor, Dramatiker, Essayist und Übersetzer; knüpfte an Neorealismus und Nouveau Roman an (Romane »Der Dauphin«, 1968; »Ballade vom Hundestrand«, 1982).

Carducci [-ˈduttʃi], Giosuè, ital. Schriftsteller, * Valdicastello (heute zu Pietrasanta, Prov. Lucca) 27. 7. 1835, † Bologna 16. 2. 1907; Prof. für ital. Lit. in Bologna. C. war die beherrschende Gestalt der ital. Literatur des ausgehenden 19. Jh.; er gab seiner Lyrik, die er um neuartige Nachbildungen der metr. Formen der Antike bereicherte (»Odi barbare«, 1877–89), einen fortschrittsgläubigen, antiklerikalen, nat. Gehalt. Nobelpreis für Literatur 1906.

Cardy [ˈkɑːdɪ; engl., aus lat. carduus »Distel«] *der,* **Kardy, Gemüsekarde, Kardone, Spanische Artischocke,** Gemüsepflanze aus dem Mittelmeerraum.

CARE [ˈkeə], Kw. für engl. Cooperative for Assistance and Relief Everywhere, 1952–94 **Cooperative for American Relief to Everywhere,** 1946 in den USA gegründete Vereinigung zur Organisation von Hilfssendungen (**Carepakete**) für europ., später auch für andere Länder zur Linderung von Hunger und Not.

care of [ˈkeərəv, engl.], Abk. **c/o,** wohnhaft bei, abzugeben bei, Zusatz bei der Adressenangabe auf Postsendungen, entspricht dem dt. Zusatz per Adresse (p. A.), zu Händen (z. H., z. Hd.).

Carey [ˈkeərɪ], Peter, austral. Schriftsteller, *Bacchus March (Victoria) 7. 3. 1943; lebt seit 1943 in New York, experimentiert in seinen Kurzgeschichten und Romanen mit Elementen des Surrealismus und der Science-Fiction (z. B. »Oscar und Lucinda«, 1988; »Die wahre Geschichte von Ned Kelly und seiner Gang«, 2000; »Mein Leben als Fälschung«, 2003).

Cargo [ˈkɑːgəʊ; engl. »Ladung«] *der,* Güterverkehr: →Ladung.

Cargo-Kulte [ˈkɑːgəʊ-, engl.], religiöse Bewegungen auf Neuguinea und in der melanes. Inselwelt; seit Ende des 19. Jh. aus der Konfrontation der einheim. Bev. mit den europ. zivilisator. Werten, v. a. aber den Handelsgütern der Kolonisatoren entstanden. Im Verständnis der Einheimischen schickten ihnen ihre Ahnen diese Güter auf den Schiffen der Weißen, um ihnen Glück und Wohlstand zu ermöglichen. Die Schiffsladung (»cargo«) wurde ihnen allerdings von den Weißen vorenthalten, weshalb über bestimmte Rituale der angestammten melanes. Religionen (Beschwörungen, Zaubersprüche), der Zugriff auf sie erlangt werden sollte. In den C.-K. verbanden sich religiöse mit polit. Hoffnungen. Heute bestehen C.-K. nur noch vereinzelt; die meisten sind – u. a. wegen nicht erfüllter Hoffnungen – untergegangen.

Carica [griech.-lat.], im trop. und subtrop. Amerika verbreitete Pflanzengattung, darunter der →Melonenbaum.

CARICOM, →Karibische Gemeinschaft.

Carillon [kariˈjõ] *das,* frz. Bez. für das Turmglockenspiel sowie für das in Kapellen und Orchestern gespielte Metallstabglockenspiel; auch Bez. für Musikstücke, die für das Glockenspiel bestimmt sind.

Carina [lat.], das Sternbild →Kiel des Schiffes.

Carissimi, Giacomo, ital. Komponist, getauft Marino (bei Rom) 18. 4. 1605, †Rom 12. 1. 1674; seit 1630 Kapellmeister an der Kirche Sant Apollinare in Rom, gilt als der erste große Meister des Oratoriums; schrieb neben Oratorien (»Jephte«, vor 1650; »Jonas«, o. J.) etwa 130 Kantaten, 12 Messen und über 200 Motetten.

Caritas [lat.], **Karitas, 1)** *die,* Liebe, bes. Nächstenliebe, Barmherzigkeit.

2) kirchl. Organisation. Der **Dt. Caritasverband e. V.** wurde als Zusammenfassung der kath. Wohlfahrtspflege 1897 von Lorenz Werthmann (*1858, †1921) gegründet. Er umfasst regional gegliederte Diözesan-Caritasverbände und überregional tätige Fachverbände. Sitz der Zentrale ist Freiburg im Breisgau.

Carl, Karl, eigtl. Karl von **Bernbrunn,** Schauspieler und Theaterdirektor, *Krakau 7. 11. 1787, †Bad Ischl 14. 8. 1854; eröffnete 1847 das Carl-Theater in Wien. Als Schauspieler entwickelte er die Wiener Hanswurstfigur des »Staberl«.

Carl XVI. Gustaf, König von Schweden, →Karl XVI. Gustav, Herrscher (Schweden).

Carlisle [kɑːˈlaɪl], Hptst. in der Cty. Cumbria, NW-England, am Eden, 74 700 Ew.; anglikan. Bischofssitz; Nahrungsmittel-, Textil-, Metallindustrie. – Normann. Burg, got. Kathedrale.

Carlone, Name mehrerer oberital. Künstlerfamilien des 17. und 18. Jh.; Bedeutung erlangten v. a. Carlo Antonio C. (*um 1635, †1708), Baumeister, sein Hauptwerk sind Kirche und Stiftsgebäude der Klosteranlage von Sankt Florian (1686–1708), und Giovanni Battista C. (†1707), Meister des für die Familie typ., stark plast. weißen Stucks.

Carlos, span. Könige, →Karl.

Carlos, span. Prinzen: **1) Don C.,** ältester Sohn König Philipps II., *Valladolid 8. 7. 1545, †Madrid 24. 7. 1568; von schwächl. Gesundheit und zeitweise nicht zurechnungsfähig. Philipp II. schloss ihn von der Thronfolge aus und ließ ihn, als er offen den Plan seiner Flucht nach den Niederlanden betrieb, gefangen setzen. In der Literatur wurde er zum Freiheitshelden stilisiert (Trauerspiel von Schiller, 1787; Oper von Verdi, 1867).

2) Don C., Graf von Molina, der 2. Sohn Karls IV., *Madrid 29. 3. 1788, †Triest 10. 3. 1855, Bruder des span. Königs Ferdinand VII., erkannte die Thronfolge von dessen Tochter Isabella nicht an; als **Karl V.** der erste Thronprätendent der →Karlisten, verzichtete 1845 zugunsten seines Sohnes.

Carlow [ˈkɑːləʊ], irisch **Ceatharlach,** Hptst. der gleichnamigen Cty. im SO der Rep. Irland, 13 200 Ew.; kath. Bischofssitz; techn. College; Zuckerfabrik, Maschinenbau.

Carlsbad [ˈkɑːlzbæd], Stadt und Kurort auf der O-Abdachung der Rocky Mountains, New Mexico, USA, 25 300 Ew.; Kalisalzbergbau; Mineralquellen. Nahebei die **Carlsbad Caverns,** die zu den größten Tropfsteinhöhlen der Erde gehören (**Carlsbad Caverns National Park,** 189 km^2, 1930 eingerichtet).

Carlsbergstiftung, dän. Stiftung zur Förderung der Wiss.en (bes. der Naturwiss.en), des chemisch-physiolog. Carlsberg-Laboratoriums und des nationalgeschichtl. Museums in Frederiksborg, 1876 gegr. von J. C. Jacobsen (*1811, †1887), dem damaligen Eigentümer der Carlsberg-Brauerei.

Carlson [ˈkɑːlsn], Carolyn, amerikan. Tänzerin, Choreografin und Ballettdirektorin, *Oakland (Calif.) 7. 3. 1943; leitete 1974–80 die Experimentiergruppe der Pariser Oper und war 1980–85 Ballettdirektorin des Teatro La Fenice in Venedig, 1993–95 Leiterin des Cullberg-Balletts in Stockholm. Danach nahm C. verschiedene Engagements an, u. a. leitete sie von 1999–2000 die Sektion Tanz der Biennale Venedig. Seit 2005 ist sie Künstler. Direktorin des Centre Chorégraphique National de Roubaix. – *Weitere Werke: Choreografien:* Sablier prison (1974); Writings on the wall (1979); Lady Blue (1983); Wood, light and stone (1986); Commedia (1993).

Carlsson, 1) Arvid, schwed. Pharmakologe, *Uppsala 25. 1. 1923; 1959–89 Prof. für Pharmakologie an der Univ. in Göteborg. C. erhielt 2000 mit P. Greengard und E. Kandel für die Entdeckungen zur Signalübertragung im Nervensystem den Nobelpreis für Physiologie oder Medizin. Er erkannte das Dopamin als Signalsubstanz im Hirn und dessen Bedeutung für die Kontrolle der Körperbewegungen. Dies trug zur Entwicklung von Arzneimitteln gegen die durch Dopaminmangel verursachte Parkinson-Krankheit bei.

2) Ingvar Gösta, schwed. Politiker, *Borås 9. 11. 1934; Mitgl. der Sozialdemokrat. Arbeiterpartei, ab 1969 mehrmals Min.; wurde nach der Ermordung O. Palmes 1986 dessen Nachfolger als Parteivors. (bis 1996) und als Min.-Präs. (1986–91, erneut 1994–96).

Carlyle [kɑːˈlaɪl], Thomas, engl. Essayist und Historiker, *Ecclefechan (bei Dumfries) 4. 12. 1795, †London 4. 2. 1881; zunächst Lehrer; naturphilosophisch an Goethe und Novalis, geschichtsphilosophisch an Fichte orientiert. In den Vorträgen »Über Helden und Heldenverehrung und das Heldentümliche in der Geschichte« (1841) vertrat C. die Auffassung, dass die Weltgesch. die Gesch. der großen Persönlichkeiten sei. C. formulierte ein Recht auf Ar-

Caritas 2):
Logo des Deutschen Caritasverbandes e. V.

Thomas Carlyle

Carnallit

Andrew Carnegie

beit; Arbeit sei nicht Ware, sondern sittl. Verpflichtung. – *Weitere Werke:* Der geflickte Flickschneider (1833); Die Frz. Revolution, 3 Bde. (1837); Vergangenheit u. Gegenwart (1843); Gesch. Friedrichs des Zweiten von Preußen, 6 Bde. (1857–65).

Carl-Zeiss-Stiftung, von E. Abbe 1889 in Jena gegründete Stiftung, der er am 1. 7. 1891 die auf ihn übergegangene Firma Carl Zeiss (gegr. 1846) und seine Anteile an der Firma Jenaer Glaswerk Schott & Gen. übertrug; seit 1919 ist die C.-Z.-S. Alleininhaberin beider Unternehmen. Nach der Enteignung in der sowjet. Besatzungszone wurden 1949 die Sitze der Stiftung nach Heidenheim an der Brenz sowie von Zeiss nach Oberkochen und Schott nach Mainz (Schott) verlegt. Die C.-Z.-S. wurde früh durch vorbildl. Arbeitsbedingungen und die Förderung gemeinnütziger Projekte bekannt (Achtstundentag ab 1900, bezahlter Urlaub, Gewinnbeteiligung, Betriebsrente). Die C.-Z.-S. zu Jena widmete sich nach der Enteignung ihrer Betriebe (die immateriellen Vermögenswerte verblieben in Stiftungsbesitz) v. a. gemeinnützigen und wiss. Aufgaben sowie der Erfüllung von Pensionsverpflichtungen und unterhielt Einrichtungen wie Zeiss-Planetarium, Opt. Museum, Fachschule für Augenoptik, Kinderkurhaus und Ernst-Abbe-Bücherei. 1994 trat sie auf der Grundlage eines Staatsvertrages zw. Thür. und Bad.-Württ. der C.-Z.-S. Heidenheim bei; Sitz der Stiftung sind nunmehr Heidenheim und Jena. Die selbstständig bilanzierenden Stiftungsunternehmen Carl Zeiss und Schott AG sind in den Bereichen Optik, Feinmechanik, Elektronik, Glastechnik tätig. (→Zeiss-Werke)

Carmagnole [karmaˈɲɔl] *die,* 1792/93 allg. verbreitetes frz. Revolutionslied mit dem Refrain »Dansons la C.! Vive le son du canon!«.

Carmarthen [kəˈmɑːðən], irisch **Caerfyrddin,** Hptst. der Unitary Authority Carmarthenshire in Wales, am Tywi oberhalb seiner Mündung in die C. Bay, 14 400 Ew.; Marktzentrum.

Carmarthenshire [kəˈmɑːðənʃɪə], Unitary Authority in SW-Wales, 2 395 km², 178 000 Ew.; Verw.-Sitz ist Carmarthen.

Carme [lat.; nach griech. Karme, einer Geliebten des Zeus] *die,* ein Mond des Planeten →Jupiter.

Carmen Sylva, Dichtername der Königin →Elisabeth von Rumänien.

Carmichael [kɑːˈmaɪkl], Stokely, amerikan. Bürgerrechtler, *Port of Spain (Trinidad) 29. 6. 1941, †Conakry 15. 11. 1998; leitete 1966–67 die sich radikalisierende Bürgerrechtsorganisation Student Nonviolent Coordinating Committee; brachte das Schlagwort »Black Power« (»schwarze Macht«) in Umlauf. 1967–69 war er Führer der →Black Panther Party for Self-Defense; lebte ab 1969 in Guinea und vertrat nunmehr unter dem von ihm angenommenen Namen **Kwame Touré (Ture)** einen sozialist. Panafrikanismus.

Carmina Burana [lat. »Lieder aus (Benedikt)beuern«], Sammlung mittellat. und mittelhochdt. Vagantenlieder in einer Handschrift des 13. Jh. aus der Abtei Benediktbeuern (jetzt in der Bayer. Staatsbibliothek München); enthält 55 moralisch-satir. (mit einigen histor.), 131 Liebes- sowie 35 Trink-, Spiel- u. a. Lieder; dazu kommen geistl. Spiele. – Eine Auswahl aus den C. B. wurde von C. Orff vertont (1937).

Carminsäure, Karminsäure, färbender Bestandteil des Karmins aus der →Koschenille; dient u. a. zum Färben von biolog. Präparaten und Lebensmitteln.

Carmona, Oscar António de Fragoso, port. Marschall (seit 1947) und Politiker, *Lissabon 24. 11. 1869, †ebd. 18. 4. 1951; führend am Militärputsch von 1926 beteiligt, war 1926–28 Min.-Präs. und 1928–51 Staatspräsident.

Carnac [karˈnak], Badeort an der S-Küste der Bretagne, Frankreich, 4 200 Ew. – In der Umgebung zahlreiche megalith. Denkmäler aus der 2. Hälfte des 3. Jt. v. Chr. (Steinalleen aus ca. 3 000 Menhiren, von denen einige bis zu 5 m hoch sind; Megalithgräber).

Carnallit [nach dem Geologen R. von Carnall, *1804, †1874] *der,* **Karnallit,** rhomb. Mineral, wichtiges Kalisalz, $KCl \cdot MgCl_2 \cdot 6 H_2O$, farblos, weiß oder durch Hämatit rot gefärbt; meist grobkörniges Sediment.

Carnap, Rudolf, Philosoph, *Ronsdorf (heute zu Wuppertal) 18. 5. 1891, †Santa Monica (Calif.) 14. 9. 1970; ab 1931 Prof. in Prag, 1935 Emigration in die USA, lehrte 1936–61 in Chicago, Princeton, Los Angeles; gehörte dem →Wiener Kreis an. Beeinflusst von G. Frege, B. Russell und L. Wittgenstein, begründete er die Logik und Wissenschaftslehre im Sinn des log. Positivismus; Ziel war eine metaphysikfreie Einheitswiss. sowie eine kohärente Wiss.-Sprache. – *Werke:* Der log. Aufbau der Welt (1928); Die physikal. Sprache als Universalsprache der Wiss.en (1931); Log. Syntax der Sprache (1934); Induktive Logik u. Wahrscheinlichkeit (1959); Einf. in die Philosophie der Naturwiss.en (1966).

Carné [karˈne], Marcel, frz. Filmregisseur, *Paris 18. 8. 1906, †Clamart (bei Paris) 31. 10. 1996; schuf einen Filmstil des »poetischen Realismus«, u. a. »Hafen im Nebel« (1938), »Der Tag bricht an« (1939), »Kinder des Olymp« (1943–45); erhielt 1989 den Kunstpreis Praemium Imperiale.

Carnegie [ˈkɑːnəgɪ], Andrew, amerikan. Industrieller schott. Herkunft, *Dunfermline 25. 11. 1835, †Lenox (Mass.) 11. 8. 1919; erwarb (seit 1848 in den USA) durch Spekulation und Verwertung fremder Erfindungen ein großes Vermögen; baute einen Stahlkonzern auf; schuf zahlr. gemeinnützige Einrichtungen (C.-Institute; die New Yorker Konzerthalle, C. Hall), stiftete 1910 10 Mio. US-$ zur Unterstützung internat. Friedensbestrebungen und errichtete 1911 als Hauptstiftung die C. Corporation, New York.

Carnet ATA [karˈnɛ-, frz.; ATA, Abk. für **A**dmission **T**emporaire/**T**emporary **A**dmission], internat. Zollpassierschein für bestimmte Güter (z. B. Warenmuster, Gegenstände zum berufl. Gebrauch, Messe- und Ausstellungsgüter, Waren zu wissenschaftlich/kulturellen Zwecken), der die vorübergehende zollfreie Ein- und Ausfuhr oder den zollfreien Transit ermöglicht; 1961 durch das internat. Zollübereinkommen (**ATA-Übereinkommen**) mit (2005) 63 angeschlossenen Ländern, eingeführt; wird in Dtl. durch die Industrie- und Handelskammern ausgegeben.

Carnet de Passage [karnɛ dpaˈsaːʒ, frz.] *das,* besonderer Zollpassierschein für Kraft- und Wasserfahrzeuge, →Triptik.

Carnitin *das,* **Karnitin,** eine aus den Aminosäuren Lysin und Methionin gebildete Verbindung, die im Organismus eine wichtige Rolle für die Energiebereitstellung durch Fettverbrennung spielt. C. ist beteiligt am Transport von langkettigen Fettsäuren in die Mitochondrien. Aufgrund seiner Bedeutung für den Energiestoffwechsel wird C. häufig als Fettverbrenner (»Fatburner«) empfohlen und als Nahrungsergänzungsmittel vermarktet. Allerdings ist umstritten, ob die zusätzl. C.-Zufuhr tatsächlich zu einer Gewichtsreduktion führt.

Carnot [karˈno], **1)** Lazare Graf (seit 1815), frz. Staatsmann und Mathematiker, * Nolay (Dép. Côte-d'Or) 13. 5. 1753, † Magdeburg 2. 8. 1823, Vater von 2); übernahm im Aug. 1793 das frz. Kriegswesen und erließ den Aufruf zur »Levée en masse«, damit Schöpfer der Massenheere der Frz. Revolution; 1795–97 war er Mitgl. des Direktoriums. Als Republikaner stand er Napoleon I. ablehnend gegenüber. 1814 verteidigte er Antwerpen gegen die Verbündeten und war 1815 Mitgl. von Napoleons Innenmin.; von den Bourbonen verbannt. – C. lieferte Beiträge zur projektiven und elementaren Geometrie sowie zur Mechanik.

2) Nicolas Léonard Sadi, frz. Physiker, * Paris 1. 6. 1796, † ebd. 24. 8. 1832, Sohn von 1); schuf mit seinen Berechnungen zum Wirkungsgrad der Dampfmaschine die Grundlagen für den 2. Hauptsatz der Thermodynamik, wobei er den →carnotschen Kreisprozess einführte.

Carnotit [nach dem frz. Chemiker und Mineralogen M.-A. Carnot, * 1839, † 1920] *der*, grünlich gelbes, monoklines Mineral, aus der Gruppe der Uranglimmer, $K_2[UO_2/VO_4]_2 \cdot 3H_2O$; Vanadium- und Uranerz.

carnotscher Kreisprozess [karˈno-; nach N. L. S. Carnot], **Carnot-Prozess,** 1824 als Gedankenexperiment entwickelter reversibler →Kreisprozess, der das theoret. Optimum für den Wirkungsgrad η aller periodisch arbeitenden Wärmekraftmaschinen liefert. Dazu nimmt man gedanklich an einem idealen Gas (reversible) Zustandsänderungen vor, wobei Wärmemengen zu- und abgeführt werden. Das Gas denkt man sich in einem Zylinder mit bewegl. Kolben zw. zwei Wärmebehältern mit den Temperaturen T_1 und T_2 ($T_2 < T_1$).

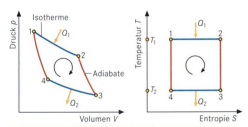

carnotscher Kreisprozess: Darstellung der Prozessschritte in einem Druck-Volumen-Diagramm **(links)** und in einem Temperatur-Entropie-Diagramm

Der c. K. besteht aus vier Schritten: 1) isotherme Ausdehnung des Gases bei der Temperatur T_1; das Gas entzieht dabei einem Wärmebehälter die Wärmemenge Q_1 und wandelt sie in die Arbeit W_1 um, die nach außen verrichtet wird (Bewegung des Kolbens); 2) adiabat. Ausdehnung ohne Wärmeaustausch mit der Umgebung; das Gas verrichtet die Arbeit W_2, die dafür notwendige Energie wird der inneren Energie des Gases entnommen. Dieses kühlt sich von T_1 auf T_2 ab; 3) isotherme Kompression bei der Temperatur T_2, wobei am Gas die Arbeit W_3 verrichtet wird; gleichzeitig gibt das Gas bei der Temperatur T_2 die Wärmemenge Q_2 an den kälteren Wärmebehälter ab (Arbeit wird in Wärme umgewandelt); 4) adiabat. Kompression ohne Wärmeaustausch mit der Umgebung. Die am Gas verrichtete Arbeit W_4 dient der Erhöhung der inneren Energie des Gases; dieses erwärmt sich wieder von T_2 auf T_1; das System ist in seinen Ausgangszustand zurückgekehrt. – Die geleistete Arbeit berechnet sich aus der umschlossenen Fläche im p-V- oder S-T-Diagramm. Für den Wirkungsgrad einer Wärmekraftmaschine ergibt sich: $\eta = 1 - T_2/T_1$. Läuft der c. K. in umgekehrter Richtung, erhält man den Kreisprozess der idealen Wärmepumpe oder idealen Kältemaschine.

Carnuntum, stärkste röm. Festung an der pannon. Donaugrenze, heute Ruinenstätte zw. Bad Deutsch-Altenburg und Petronell-Carnuntum, NÖ. Bereits 6 n. Chr. als Ort eines befestigten Winterlagers erwähnt, wurde um 40 n. Chr. am Übergang der Bernsteinstraße über die Donau ein Legionslager errichtet; es entstand außerdem eine Zivilstadt. C., seit etwa 106 Hauptstadt der Prov. Oberpannonien, wurde um 400 zerstört. Seit dem 19. Jh. legten Ausgrabungen u. a. Reste von Thermen und zwei Amphitheatern frei; 12 m hoch ist das »Heidentor«, der Torbogen eines für Kaiser Constantius II. errichteten Triumphalmonuments.

Caro, 1) [ˈkɑːrəʊ], Anthony, engl. Bildhauer, * New Malden (Surrey) 8. 3. 1924; zunächst Assistent von H. Moore; brach 1959 mit der figurativen Plastik und löst das Volumen in rein abstrakte Flächen und Linien auf. Erhielt 1992 den Kunstpreis Praemium Imperiale.

2) Heinrich, Chemiker, * Posen (heute poln. Poznan) 13. 2. 1834, † Dresden 11. 9. 1910; einer der Gründer der Teerfarbenind., u. a. im Vorstand der BASF; entwickelte die großtechn. Herstellung von Indigo und von Peroxomonoschwefelsäure (**carosche Säure**).

Carol, rumän. Könige, →Karl.

Carole [kaˈrɔl, frz.] *die,* ital. **Carola,** engl. **Carol,** im MA. in Frankreich und Italien die Ketten- und Rundreigen, die von Tanzliedern begleitet wurden. Die engl. Liedform **Carol** (Ende des 14. Jh. entstanden) bezeichnet seit dem 16. Jh. ein volkstüml. Lied, bes. weihnachtl. Inhalts (**Christmas-Carol**).

Carolina *die,* Constitutio Criminalis C., Abk. **C. C. C.,** auch **peinliche Gerichtsordnung,** das erste dt. Gesetzbuch, das Strafrecht und -prozess reichsgesetzlich regelte. Es wurde 1532 auf dem Reichstag zu Regensburg von Karl V. in dt. Sprache erlassen und sollte die bestehende Rechtsunsicherheit und -zersplitterung beseitigen; galt drei Jahrhunderte.

Carolus Magnus, lat. Name Karls des Großen.

Carossa, Hans, eigtl. Johann Carl, Schriftsteller, * Tölz (heute Bad Tölz) 15. 12. 1878, † Rittsteig (heute zu Passau) 12. 9. 1956; war Arzt. Seine Werke, oft autobiografisch, drücken eine christlich-humanist. Lebensauffassung aus. Während der NS-Zeit verstand er sich als Vertreter der »inneren Emigration« (»Ungleiche Welten«, 1951). Er schrieb auch Essays und Gedichte.

Weitere Werke: Autobiografisches: Rumän. Tagebuch (1924); Verwandlungen einer Jugend (1928); Der Tag des jungen Arztes (1955). – *Roman:* Der Arzt Gion (1931).

Carotin *das,* **Karotin,** aus acht Isopreneinheiten zusammengesetzter, meist gelber bis roter Naturfarbstoff, ein typ. Vertreter der Polyene. Von den drei isomeren Formen ist **β-C.** (Provitamin A) am wichtigsten. C. kommt angereichert z. B. in Karotten und in Paprika vor, es wird als Lebensmittelfarbstoff verwendet und Vitaminpräparaten zugesetzt. Strukturverwandt mit C. sind die **Carotinoide,** zahlr. Farbstoffe, die in Blüten, Früchten und Blättern sowie auch im Tierreich vorkommen, z. B. Lycopin, Xanthophyll.

Carow [ˈkaːro], Heiner, Filmregisseur, * Rostock 19. 9. 1929, † Berlin 31. 1. 1997; drehte u. a. »Die Russen kommen« (entstanden 1968, 1988), »Die Legende von Paul und Paula« (1973), »Bis daß der Tod euch scheidet« (1979) und »Coming out« (1989).

Carpaccio [karˈpattʃo], Vittore, ital. Maler, * Venedig um 1465, † ebd. zw. Okt. 1525 und Juni 1526; malte außer Altar- und Andachtsbildern umfangreiche erzählende Bilderfolgen, die Heiligenlegenden in seine venezian. Umwelt versetzen. – *Werke:* Szenen aus dem Leben der hl. Ursula (1490 ff.; Venedig, Galleria dell'Accademia) sowie des hl. Georg und des hl. Hieronymus (1502 ff.; ebd., Scuola di San Giorgio degli Schiavoni).

Carpeaux [karˈpo], Jean-Baptiste, frz. Bildhauer und Maler, * Valenciennes (Dép. Nord) 11. 5. 1827, † Courbevoie (Dép. Hauts-de-Seine) 12. 10. 1875; Schüler von F. Rude und F. Duret, überwand den akadem. Klassizismus. – *Werke:* Gruppe »Der Tanz« für die Fassade der Oper, Paris (1866–69; Original im Musée d'Orsay); »Die vier Weltteile« am Brunnen des Observatoriums, ebd. (1867–72).

carpe diem [lat.], nutze den Tag, genieße den Augenblick (nach Horaz: Oden).

Carpentariagolf, die größte und mit 750 km am tiefsten in das Festland einschneidende Meeresbucht an der N-Küste Australiens; im W bei Gove und im O bei Weipa bed. Bauxitlagerstätten, auf Groote Eylandt Manganerze.

Carpenter [ˈkɑːpɪntə], John Howard, amerikan. Filmregisseur, * Bowling Green (Ky.) 16. 1. 1948; dreht Filme, die oft von Horror- und Gewaltthematik bestimmt sind; u. a. »Halloween – Die Nacht des Grauens« (1978), »The Fog – Der Nebel des Grauens« (1980), »Die Klapperschlange« (1981), »Die Mächte des Wahnsinns« (1994), »John Carpenters Vampire« (1999).

Carpenter-Effekt [ˈkɑːpɪntə-], *Psychologie:* 1873 von dem brit. Physiologen William Benjamin Carpenter (* 1813, † 1885) beschriebene Gesetzmäßigkeit, nach der die Wahrnehmung oder Vorstellung einer Bewegung den Antrieb zur Ausführung der gleichen Bewegung erregt. (→ Ideomotorik)

Carpentier [karpenˈtjer], Alejo, kuban. Schriftsteller frz.-russ. Abkunft, * Havanna 26. 12. 1904, † Paris 24. 4. 1980; schrieb Romane (»Finale auf Kuba«, 1956; »Explosion in der Kathedrale«, 1962; »Die Harfe und der Schatten«, 1979), Essays und Lyrik. Er entwickelte das »alltäglich Wunderbare« des Surrealismus zum »wunderbar Wirklichen Amerikas« weiter und wirkte als einer der Auslöser der lateinamerikan. → Boomliteratur.

Alejo Carpentier

Carpi, Stadt in der Emilia-Romagna, Prov. Modena, Italien, 63 300 Ew.; Bischofssitz; Strickwarenzentrum, Fabrikation geflochtener Hüte. – Alter Dom La Sagra (12. Jh.; 1515 erneuert), Neuer Dom (1514 begonnen, Fassade 1680), Kastell der Pio (14.–16. Jh.; heute Stadtmuseum).

Carpinus [lat.], die Pflanzengattung → Hainbuche.

Carpzov [ˈkarptso], Benedikt, Rechtslehrer, * Wittenberg 27. 5. 1595, † Leipzig 30. 8. 1666; gilt als Begründer der dt. gemeinrechtl. Strafrechtswissenschaft; Verfasser des ersten, vollständigen Systems des ev. Kirchenrechts.

Carrà, Carlo, ital. Maler, * Quargnento (bei Alessandria) 11. 2. 1881, † Mailand 13. 4. 1966; gehörte 1910 zu den Unterzeichnern des futurist. Manifests; 1917 begründete er mit G. de Chirico die → Pittura metafisica; erfasste mit kargen, konstruktiven Mitteln das Wesentliche der Form.

Carracci [karˈrattʃi], ital. Malerfamilie in Bologna, die dort Ende des 16. Jh. eine einflussreiche Akademie gründete. Annibale (* 1560, † 1609) malte wie sein Vetter Ludovico (* 1555, † 1619) und sein auch als Kupferstecher tätiger Bruder Agostino (* 1557, † 1602) Freskenzyklen und Altarbilder in Bologna und ging 1595 nach Rom, wo er die mytholog. Fresken im Palazzo Farnese schuf (1597–1604), das Hauptwerk der akadem. Richtung der ital. Barockmalerei.

Carrageen *das,* → Karrageen.

Carrara, Stadt in der Toskana, Prov. Massa-Carrara, Italien, in den Apuan. Alpen, 7 km vom Ligur. Meer entfernt, 65 000 Ew.; Fachschule für Marmorbearbeitung; Marmorind. (gegr. in röm. Zeit, Blüte im Spät-MA.); Bildhauerakademie. – Dom (11.–14. Jh.), Palazzo Ducale (16. Jahrhundert).

Carrefour S. A. [karˈfuːr -], weltweit tätiges frz. Handelsunternehmen, gegr. 1963; Sitz: Paris; fusionierte 2000 mit der Promodès S. A. (gegr. 1961) zu einem der größten Einzelhandelskonzerne der Welt mit Filialen in 29 Ländern.

Carrel [kaˈrel], Alexis, frz. Chirurg, * Sainte-Foy-lès-Lyon (Dép. Rhône) 28. 6. 1873, † Paris 5. 11. 1944; entwickelte ein Verfahren, Gewebe außerhalb des Körpers in einer Nährflüssigkeit lebend zu erhalten; erhielt 1912 den Nobelpreis für Physiologie oder Medizin.

Carreras, José, span. Sänger (Tenor), * Barcelona 5. 12. 1946; tritt an den bed. Opernhäusern Europas und der USA auf; hat sich bes. mit Partien des ital. Opernrepertoires profiliert; auch Konzert- und Liedsänger.

José Carreras

Carretera Panamericana *die,* → Panamerican Highway.

Carrhae, altorientalisch Stadt, → Karrhai.

Carrier [ˈkærɪə; engl. »Träger«] *der,* **1)** *Chemie* und *Technik:* Bez. für stofftragende oder stoffübertra-

Jean-Baptiste Carpeaux: Ugolino und seine Söhne (1865–67; Paris, Musée d'Orsay)

Carlo Carrà: Pinie am Meer (1921; Rom, Sammlung A. Cassella)

gende Substanzen; sie sind chemisch inert und dienen z. B. als Unterlage und/oder Gerüst für Wirkstoffe oder als Überträger u. a. bei der Katalyse.

2) *Transportwesen:* internat. gebräuchliche Bez. für eine Luftverkehrsgesellschaft, die Passagiere, Luftfracht und Luftpost gewerblich befördert.

Carriera, Rosalba, ital. Malerin, * Venedig 7. 10. 1675, † ebd. 15. 4. 1757; malte elegante Pastellporträts und Miniaturen für europ. Fürstenhöfe im Geschmack des Rokoko.

Carrière [kar'jɛːr], Eugène, frz. Maler und Lithograf, * Gournay-sur-Marne (bei Paris) 16. 1. 1849, † Paris 27. 3. 1906; malte v. a. Szenen des Familienlebens und Einzelporträts (»Paul Verlaine«; 1891, Paris, Musée d'Orsay) in verschwimmenden Hell-Dunkel-Tönen.

Carrillo [kaˈrriʎo], Santiago, span. Politiker, * Gijón (Asturien) 18. 1. 1915; Redakteur, baute nach 1942 in Spanien im Untergrund eine neue KP-Organisation auf. 1960–82 Gen.-Sekr. der KP (1977 wieder offiziell zugelassen), Vertreter des Eurokommunismus.

Carrington [ˈkærɪŋtən], Peter Alexander Rupert, 6. Baron C., brit. Politiker, * London 6. 6. 1919; Mitgl. der Konservativen Partei, 1959–63 Erster Lord der Admiralität, 1964–70 und 1974–79 Oppositionsführer im Oberhaus sowie 1970–74 Verteidigungsmin. Als Außenmin. (1979–82) hatte C. wesentl. Anteil an der Lösung des Rhodesienkonflikts. 1984–88 war er Gen.-Sekr. der NATO.

Carroll [ˈkærəl], Lewis, eigtl. Charles Lutwidge **Dodgson,** engl. Schriftsteller und Logiker, * Daresbury (Cty. Cheshire) 27. 1. 1832, † Guildford 14. 1. 1898; lehrte 1855–81 Mathematik an der Univ. Oxford; berühmt durch seine grotesken, von abgründiger Verkehrung der Logik und parodist. Sprachspielen lebenden Romane (v. a. »Alice im Wunderland«, 1865; »Alice im Spiegelreich«, 1871).

Carsharing [ˈkaːʃeərɪŋ; engl. »das Teilen in ein Auto«] *das,* Form der Pkw-Nutzung durch mehrere Personen, die über einen Verein organisiert wird. Die Mitgl. können die vereinseigenen Autos gegen eine Gebühr benutzen.

Carson City [ˈkaːsn ˈsɪti], Hptst. von Nevada, USA, in der Sierra Nevada, 1420 m ü. M., 55 300 Ew.; Erzbergbau; Handelszentrum. – Gegr. 1858, Hptst. seit 1864.

Carstens, **1)** Asmus Jakob, Maler, * Sankt Jürgen (heute zu Schleswig) 10. 5. 1754, † Rom 25. 5. 1798; lebte ab 1792 in Rom; vertrat einen strengen Klassizismus und schuf groß angelegte Kartonzeichnungen mit allegor. und mytholog. Darstellungen.

2) Karl, Politiker (CDU), * Bremen 14. 12. 1914, † Meckenheim (bei Bonn) 31. 5. 1992; war 1960–66 Staatssekr. im Außenministerium, 1966/67 im Verteidigungsministerium und 1968/69 im Bundeskanzleramt; 1972–79 MdB, 1973–76 Vors. der CDU/CSU-Bundestagsfraktion; 1976–79 Bundestagspräs. und 1979–84 Bundespräs. 1984 erhielt C. den Karlspreis der Stadt Aachen.

Carstensen, Peter Harry, Politiker (CDU), * Nordstrand 12. 3. 1947; Agrarwissenschaftler; seit 1983 MdB; ab 2002 CDU-Landesvors. in Schlesw.-Holst., wurde er am 27. 4. 2005 vom Landtag zum Min.-Präs. einer Großen Koalition gewählt.

Carstenszspitzen [ˈkarstəns-], Berg auf Neuguinea, →Puncak Jaya.

Cartagena [-ˈxena], **1)** Hafenstadt an der span. Mittelmeerküste, Region Murcia, 194 200 Ew.; Hochschulen, span. Zentrum für Unterwasserarchäologie; Buntmetallerzverhüttung, Schiffsbau, Metall-, Textil-, Zement-, Düngemittel-, Elektroind.; Erdölhafen mit großer Raffinerie und chem. Ind. bei Escombreras; im Hinterland Abbau von Blei- und Zinkerzen; Hauptmarinehafen Spaniens mit großen Docks, Werften, bedeutender Passagier- und Handelshafen. – Ausgedehnte Befestigungsanlagen mit Burg (13. Jh.); ehem. Kathedrale (13. Jh.).

C., eine karthag. Gründung, kam nacheinander in röm., wandal., byzantin. und westgot. Besitz, im 8. Jh. unter arab. Herrschaft und wurde 1245 von Alfons X. zurückerobert.

2) Hptst. des Dep. Bolívar in N-Kolumbien, am Karib. Meer, 903 000 Ew.; Univ.; Erzbischofssitz; wich-

Lewis Carroll

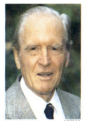

Karl Carstens

Peter Harry Carstensen

Asmus Carstens: »Der schwermütige Ajax mit Termessa und Eurysakes«, Aquarell über Grafit auf Büttenpapier (um 1791; Klassik Stiftung Weimar)

Jimmy Carter

tigster Erdölhafen des Landes; Erdölraffinerien; chem. und petrochem. Ind.; internat. Flughafen. – Alte Kolonialstadt mit histor. Hafenanlagen und Befestigungen (UNESCO-Weltkulturerbe), Kathedrale (1575–85), Kloster Santo Domingo (1570 bis um 1612), Jesuitenkloster (17. Jh.). – 1990 fand hier der sog. Drogengipfel statt (Teilnehmer: die Präs. der USA, Kolumbiens, Perus und Boliviens), auf dem energ. Maßnahmen gegen den Anbau des Kokastrauchs und der Gewinnung von Kokain beschlossen wurden (»Erklärung von Cartagena«).

Cartago, Prov.-Hptst. in Costa Rica, 1 440 m ü. M., am Fuß des Vulkans Irazú (3 432 m ü. M.), 26 100 Ew. – Bis 1823 Hptst. von Costa Rica; mehrfach durch Erdbeben zerstört.

Cartan [karˈtã], Élie Joseph, frz. Mathematiker, * Dolomieu (Dép. Isère) 9. 4. 1869, † Paris 6. 5. 1951; Prof. in Nancy und Paris, grundlegende Arbeiten bes. über Gruppentheorie, Differenzialgeometrie, Topologie.

Carte [kart, frz. »Karte«] *die,* 1) **à la carte,** nach der (Speise-)Karte; 2) **C. blanche,** unbeschränkte Vollmacht.

Cartell-Verband der katholischen deutschen Studentenverbindungen, Abk. **CV,** → studentische Verbindungen.

Carter [ˈkɑːtə], **1)** Alan, brit. Tänzer, * London 24. 12. 1920; war u. a. 1954–59 Ballettdirektor und Chefchoreograf in München, 1964–68 in Wuppertal, 1973–75 in Reykjavík; danach Lehrtätigkeit an der Elmhurst Ballet School in London.

2) Angela, engl. Schriftstellerin, * Eastbourne (Cty. East Sussex) 7. 5. 1940, † London 16. 2. 1992; gehört in den Umkreis des »mag. Realismus«. Ihre Romane sind grotesk-makabre Fantasien um Gewalt und Sexualität, u. a. »Die infernal. Traummaschinen des Dr. Hoffman« (1972), »Nächte im Zirkus« (1984), »Wie's uns gefällt« (1991).

3) Benny, eigtl. Bennet Lester **C.,** amerikan. Jazzmusiker (Altsaxofon, Klarinette, Trompete, Klavier), * New York 8. 8. 1907, † Los Angeles (Calif.) 12. 7. 2003; gehört zu den stilbildenden Musikern des Swing.

4) Elliott Cook (jr.), amerikan. Komponist, * New York 11. 12. 1908; schuf u. a. Ballette (»The Minotaur«, 1947), Chorwerke, Orchesterwerke (»Penthode«, 1985), Oper »What next« (1999), Streichquartette, Vokalwerke.

5) Howard, brit. Archäologe, * Swaffham (Cty. Norfolk) 9. 5. 1873, † London 2. 3. 1939; entdeckte u. a. 1922 im Tal der Könige den weitgehend unversehrten Grabschatz des Tutanchamun.

Cartoon von Marie Marcks (1979)

6) James (Jimmy) Earl, 39. Präs. der USA (1977–81), * Plains (Ga.) 1. 10. 1924; Baptist, 1946–53 Flottenoffizier auf U-Booten, studierte Atomphysik; war ab 1953 Erdnussfarmer; 1971–75 Gouv. von Georgia, als Kandidat der Demokrat. Partei im Nov. 1976 zum Präs. gewählt. Innenpolitisch sah er sich mit erhebl. Wirtschaftsproblemen konfrontiert (Energiekrise, Dollarverfall). Außenpolitisch stellte C. die Beachtung der Menschenrechte als Maßstab für die Beziehungen der USA zu anderen Staaten heraus; er setzte sich bes. für eine Lösung des Nahostkonflikts ein (Vermittlung des ägyptisch-israel. Friedensvertrages 1979). Im Juni 1979 unterzeichnete er mit L. I. Breschnew den SALT-II-Vertrag; nach dem Einmarsch der sowjet. Truppen in Afghanistan (Dez. 1979) sah er sich jedoch zu versch. Gegeninitiativen veranlasst (u. a. Embargomaßnahmen gegen die UdSSR, Aussetzung des Ratifizierungsprozesses von SALT II). In seine Amtszeit fiel auch der →NATO-Doppelbeschluss von 1979. Die ungelösten gesellschaftl. Probleme, Unzufriedenheit mit der Außenpolitik, bes. jedoch die Geiselaffäre in Iran (1979–81) führten zu einem starken Popularitätsschwund C.s. Bei den Präsidentenwahlen im Nov. 1980 unterlag er dem republikan. Kandidaten R. Reagan. Später initiierte C. u. a. soziale Hilfsprogramme für die Dritte Welt und trat als internat. Vermittler bzw. Beobachter hervor. In Würdigung seines Einsatzes für Demokratie und Menschenrechte sowie für die gewaltfreie Lösung internat. Konflikte erhielt er den Friedensnobelpreis 2002.

Cartesius, Renatus, latinisierter Name von René →Descartes.

Cartier [karˈtje], 1847 von Louis François Cartier (* 1819, † 1904) als Juwelenhandel gegründetes Unternehmen in Paris, das sich zu einem führenden Unternehmen für Schmuckdesign mit Werkstätten in London (1902) und New York (1909) entwickelte. Seit 1979 werden unter dem Namen »C. Monde« moderne Luxusgüter (Uhren, Schmuck usw.) produziert.

Cartier [karˈtje], Jacques, frz. Seefahrer, * Saint-Malo 1491, † ebd. 1. 9. 1557; erreichte 1534 den Sankt-Lorenz-Golf und nahm Kanada für Frankreich in Besitz, entdeckte 1535/36 den Sankt-Lorenz-Strom und fuhr diesen bis zum heutigen Montreal hinauf.

Cartier-Bresson [karˈtje brɛˈsɔ̃], Henri, frz. Fotograf und Maler, * Chanteloup (Dép. Seine-et-Marne) 22. 8. 1908, † Montjustin (Dép. Alpes-de-Haute-Provence) 3. 8. 2004; Regieassistent von J. Renoir 1936–39, später Fotoreporter und Porträtfotograf, 1947 Mitbegründer der Fotoagentur »Magnum«; schuf auf seinen Weltreisen meisterhafte Aufnahmen, die er in zahlr. Bildbänden veröffentlichte. Anfang der 1970er-Jahre gab C.-B. die Fotografie zugunsten der Malerei auf.

Cartoon [kɑːˈtuːn, engl.] *der* oder *das,* im engl.-amerikan. Sprachgebrauch seit Mitte des 19. Jh. gebräuchl. Bez. für humorvolle Darstellungen; heute wird der Begriff allgemein für witzige Zeichnungen und Grafiken verwendet, die sich mit den sog. kleinen Problemen des Alltags beschäftigen. Die Grenzen zur satirisch zugespitzten →Karikatur und zum erzähler. →Comic sind nicht immer klar zu ziehen.

Cartwright [ˈkɑːtraɪt], **1)** Edmund, brit. Erfinder, * Marnham (Cty. Nottinghamshire) 24. 4. 1743, † Hastings 30. 10. 1823; erfand 1785 den ersten mechan. Webstuhl, ferner u. a. eine Wollkämmmaschine.

2) Thomas, engl. Theologe, * Cty. Hertfordshire 1535, † Warwick 27. 12. 1603; verurteilte die anglikan.

Bischofskirche; gilt als Begründer des presbyterian. Puritanismus.

Carus, Carl Gustav, Arzt, Naturforscher, Philosoph und Maler, * Leipzig 3. 1. 1789, † Dresden 28. 7. 1869; war 1814–27 Prof. in Dresden, seit 1827 königl. Leibarzt; entwarf eine von Goethe und F. W. J. Schelling beeinflusste romant. Naturphilosophie. Wegweisend war seine Erkenntnis des unbewussten Seelenlebens. C. hat sich als einer der Ersten mit vergleichender Psychologie beschäftigt. Als Maler schuf C. romant. Landschaften. – *Werke:* Briefe über Landschaftsmalerei (1831); Psyche (1846); Symbolik der menschl. Gestalt (1853); Lebenserinnerungen und Denkwürdigkeiten, 4 Bde. (1856–66, Bd. 5 hg. 1931).

Caruso, Enrico, ital. Sänger (Tenor), * Neapel 27. 2. 1873, † ebd. 2. 8. 1921; galt als bester Operntenor seiner Zeit. C. vereinigte eine technisch vollendet beherrschte Stimme mit starker schauspieler. Begabung; schrieb: »Wie man singen soll« (1914).

Carver [ˈkɑːvə], Raymond, amerikan. Schriftsteller, * Clatskanie (Oreg.) 25. 5. 1938, † Port Angeles (Wash.) 2. 8. 1988; schilderte in seinen Gedichten und Kurzgeschichten das Leben der Arbeiter im NW der USA, unter Einbeziehung eigener Erfahrungen u. a. in der Kurzgeschichtensammlung »Kathedrale« (1983).

Carving [ˈkɑːvɪŋ, engl.], **Carven,** *Skisport:* das »Gleiten auf der Kante« beim Fahren mit dem Snowboard (→ Snowboarding) bzw. mit dem C.-Ski (kurzer, extrem taillierter Ski); dabei besteht ständiger Kantengriff im Schnee, was dynam. Kurvenfahren ermöglicht.

Cary [ˈkeərɪ], Arthur Joyce, engl. Romancier irischer Herkunft, * Londonderry (heute Derry) 7. 12. 1888, † Oxford 29. 3. 1957; verfasste skurril-kom. und doch melanchol. Werke, u. a. die Romantrilogie »Frau Mondays Verwandlung« (1941); »Im Schatten des Lebens« (1942); »Des Pudels Kern« (1944). – *Weitere Werke: Romane:* Spiel ohne Ehre (1955); Cock Jarvis (hg.1974).

Casa, Lisa Della, schweizer. Sängerin, → Della Casa, Lisa.

Casablanca, arab. **Dar el-Beida,** Prov.-Hptst., größte Stadt und Wirtschaftszentrum Marokkos, am Atlant. Ozean, 2,93 Mio. Ew.; besteht aus der arab. Altstadt (Medina), ausgedehnten Ind.- und modernen Wohnvierteln; Univ., Kunstschule, Konservatorium; Große Moschee Hassan II. in neomaur. Stil (1993 eingeweiht), deren 20000 m² großer Betsaal (für über 20000 Gläubige) der weltweit größte ist; wichtigster Hafen Marokkos, internat. Flughafen. – 1575 von den Portugiesen neu gegr. **(Casa branca),** kam C. 1757 in den Besitz des Sultans von Marokko. – Auf der **Konferenz von C.** (14.–26. 1. 1943) einigten sich Churchill und Roosevelt auf das Ziel einer »bedingungslosen Kapitulation« der Achsenmächte.

Casablancagruppe, 1961–63 Zusammenschluss afrikan. Staaten, löste sich zugunsten der → OAU auf.

Casale Monferrato, Stadt in Piemont, Prov. Alessandria, Italien, 34 500 Ew.; Bischofssitz; Weinbau, Zementind., Maschinenbau. – Dom (urspr. 1107 geweiht, verändert im 13., 18. und 19.Jh.), spätgot. Kirche San Domenico (1472–1513). – Im 16.Jh. eine der stärksten Festungen Europas.

Casals, Pablo, span. Violoncellist, Dirigent und Komponist, * Vendrell (bei Tarragona) 29. 12. 1876, † San Juan (Puerto Rico) 22. 10. 1973; leitete seit 1919 in Barcelona ein eigenes Orchester, lebte nach Ende des Span. Bürgerkriegs (1939) in Prades (Südfrankreich), seit 1956 auf Puerto Rico (dort seit 1957 jährl. Festspiele).

Casanova, Giacomo Girolamo, Chevalier de **Seingalt** (wie er sich selbst adelte), ital. Schriftsteller und Abenteurer, * Venedig 2. 4. 1725, † Schloss Dux (Nordböhmen) 4. 6. 1798; führte nach seinem Theologie- und Jurastudium in Padua ein Wanderleben, bereiste (als Diplomat) ganz Europa und stand in Verbindung mit vielen bed. Persönlichkeiten (Voltaire, Friedrich d. Gr.); 1755 in Venedig wegen Atheismus eingekerkert (Flucht aus den Bleikammern 1756); ab 1785 Bibliothekar des Grafen Waldstein auf Schloss Dux in Böhmen, wo er ab 1790 seine berühmten Memoiren in frz. Sprache schrieb (erste Ausgabe des Originaltextes: »Histoire de ma vie«, 6 Bde., 1960–62; dt. »Geschichte meines Lebens«); die Memoiren gehören zu den kulturgeschichtlich bedeutendsten Quellenwerken des 18.Jh., da C. ein ausgezeichneter Beobachter und Menschenkenner war und ein großes Erzähltalent besaß. Er hinterließ neben einem utop. Roman (»Eduard und Elisabeth oder Die Reise in das Innere des Erdballs«, 1788), mit dem er Vorläufer von J. Verne und H. G. Wells wurde, auch histor., math. und satir. Schriften. – Als legendärer Liebhaber Gestalt zahlreicher literar. Werke (u.a. bei H. von Hofmannsthal, A. Schnitzler, C. Sternheim).

Cäsar, Gajus Julius, röm. Staatsmann und Feldherr, → Caesar, Gaius Iulius.

Cäsarismus [zu Caesar] *der,* Form der Machtausübung, die an die Herrschaftstechnik der röm. Caesaren erinnert. Dem Namen nach bleibt dabei das Volk der Träger der Staatsgewalt, überträgt deren Ausübung jedoch durch Akklamation, Plebiszit oder Wahlen auf einen Alleinherrscher, der oft eine diktator. Stellung erlangt (Napoleon I., Napoleon III.).

Cäsarius von Heisterbach, mlat. Schriftsteller, * Köln (?) um 1180, † Zisterzienserkloster Heisterbach (bei Königswinter) nach 1240; schrieb Werke zur kölnischen Geschichte. Im »Dialogus miraculorum« (1219–23) und in den »Libri miraculorum« (1225–26) sammelte C. v. H. kultur- und sittengeschichtl. Erzählungen.

Cäsaropapismus *der,* im 18.Jh. geprägter Begriff für die Vereinigung der obersten weltl. und kirchl. Gewalt in der Hand des Staates (Ggs.: → Hierokratie);

Casablanca: die Moschee Hassan II. mit einem 200 m hohen Minarett (1993 eingeweiht)

Enrico Caruso

Pablo Casals

Giacomo Girolamo Casanova

charakterisierte das Byzantin. Reich und das russ. Staatskirchentum (1721–1917).

Cascade Range [kæsˈkeɪd ˈreɪndʒ], **Kaskadengebirge,** Gebirgszug der Kordilleren Nordamerikas, erstreckt sich von Kalifornien (USA) im S bis British Columbia (Kanada) im N, rd. 1 100 km lang; zahlr. Gipfel über 3 000 m ü. M., meist erloschene, z. T. vergletscherte Vulkane, z. B. Mount Saint Helens; höchste Erhebung: Mount Rainier (4 395 m). Die C. R., benannt nach den Kaskaden am Durchbruch des Columbia River, sind dicht bewaldet und bilden eine Klimascheide zw. dem feuchten W und dem trockenen O; Naturschutzgebiete; Holzwirtschaft.

CASE [keɪs, Abk. für engl. **c**omputer-**a**ided **s**oftware **e**ngineering, »computerunterstützte Softwareentwicklung«], →Softwaretechnik.

Casein, →Kasein.

Case-Law [ˈkeɪs ˈlɔː, engl.] *das, Recht:* →Fallrecht.

Casella, Alfredo, ital. Komponist, * Turin 25. 7. 1883, † Rom 5. 3. 1947. Seine Werke (Opern, Ballette, Orchester-, Kammermusik u. a.) repräsentieren einen ital. Neoklassizismus.

Casement [ˈkeɪsmənt], Sir (seit 1911) Roger David, irischer Nationalist, * Kingstown (heute Dun Laoghaire, bei Dublin) 1. 9. 1864, † (hingerichtet) London 3. 8. 1916; agitierte für die Unabhängigkeit Irlands seit Ende 1914 von Dtl. aus, kehrte vor dem Osteraufstand 1916 mit dt. Hilfe nach Irland zurück; von den Engländern gefangen genommen und wegen Hochverrats verurteilt.

Caserta, 1) Prov. in Kampanien, Italien, 2 639 km², 868 500 Einwohner.

2) Hptst. von 1), am N-Rand der Ebene Kampaniens, 79 000 Ew.; Bischofssitz; Maschinenbau, Glas-, chem. Industrie. – Königsschloss (Mitte 18. Jh., von L. Vanvitelli), das »ital. Versailles« (UNESCO-Weltkulturerbe); 5 km nordöstl. liegt die Siedlung C. Vecchia mit Kathedrale (12. Jahrhundert).

Casestudy [ˈkeɪsstʌdɪ, engl.] *die,* →Fallstudie.

Casework [ˈkeɪswəːk, engl.] *die,* →Sozialarbeit.

Cash [kɛʃ, engl.] *das,* Bargeld, Barzahlung.

Cash-and-carry-Großhandel [ˈkæʃ ənd ˈkærɪ-; engl. »bar zahlen und abholen«], Betriebsform des Großhandels, gekennzeichnet durch Selbstbedienung, niedrige Preise und Verzicht auf Kundendienst; Kunden brauchen einen Einkaufsberechtigungsausweis.

Cash-and-carry-Klausel [ˈkæʃ ənd ˈkærɪ-], **1)** *allg.:* Klausel im Überseehandel, nach der der Käufer die Ware bar bezahlen und auf eigene Kosten beim Verkäufer abholen muss.

2) *speziell:* 1939 in den USA eingeführte Bestimmung in der Neutralitätsgesetzgebung für Waffenlieferungen an Krieg führende Staaten (Barzahlung vor Ausfuhr, Transport auf ausländ. Schiffen); 1941 durch das →Lend-lease-System ersetzt.

Cashcrops [ˈkæʃkrɔps, engl.], Bez. für in Entwicklungsländern angelegte Monokulturen, deren Produkte ausschl. exportiert werden, um Devisen zu erwirtschaften. Der Anbau von C. führt zur Abkehr von traditionellen, ökologisch angepassten Landnutzungsformen und erfordert einen hohen Einsatz von Dünger und Pflanzenschutzmitteln.

Cashewnuss [ˈkæʃu-, engl. kəˈʃuː-; indian.-port.], **Kaschunuss, Cachounuss, Acajounuss,** nierenförmige, einsamige Frucht des aus den Tropen Amerikas stammenden Nierenbaumes. Der Samen (enthält 21 % Eiweiß, über 45 % Öl) muss vor dem Verzehr (meist als gerösteter Kern) geschält werden, da die Samenschale giftig ist. Aus dem Gewebe zw. dem Außenhäutchen des Kerns und der harten Samenschale wird **C.-Schalenöl** gewonnen, das als Ausgangsstoff für die Herstellung von Kunstharzen (**Acajouharzen**) dient. Die C. sitzt an einem verdickten, saftigen, essbaren Fruchtstiel (**Cashewapfel**).

Cashflow [ˈkæʃfləʊ] *der,* Finanzmittelüberschuss aus der wirtsch. Tätigkeit eines Unternehmens in einer Periode; berechnet als Differenz zw. finanzwirksamen Aufwendungen und Erträgen (direkte Methode) oder durch die indirekte Methode: Jahresüberschuss korrigiert um alle nicht auszahlungswirksamen Aufwendungen (z. B. Abschreibungen) und nicht einzahlungswirksamen Erträge (z. B. Auflösung von Rücklagen). Der C. ist ein Indikator für die Ertrags- und Finanzkraft eines Unternehmens.

Cashflowsteuer [ˈkæʃfləʊ-], Unternehmensbesteuerung, bei der sich die Steuer nicht nach dem Gewinn, sondern nach der Differenz zw. Zahlungseingängen und (laufenden und Investitions-)Ausgaben bemisst.

Cash-Management-Systeme [ˈkæʃmænɪdʒmənt-], elektron. Kommunikationssysteme von Banken und Firmenkunden zur Übertragung und Weiterverarbeitung von Finanzdaten, die dem Finanzmanagement eines Konzerns durch Reduktion der Geldtransferzeiten, durch eine standardisierte und effiziente Überwachung der Barmittel, des geldnahen Vermögens und der Kreditreserven eine optimale Kassenhaltung ermöglichen.

Casino [ital.] *das,* →Kasino.

Casiquiare [-kiˈare], **Río C.,** Fluss im S Venezuelas, 400 km lang, durch Gabelung (Bifurkation) des oberen Orinoco gebildet, den er mit dem Río Negro (Nebenfluss des Amazonas) verbindet.

Cäsium [lat. »das Blaue«] *das,* fachsprachlich **Caesium,** chem. Element mit dem Symbol **Cs,** metall. Element aus der 1. Gruppe des Periodensystems, Ordnungszahl 55, relative Atommasse 132,9054, Dichte (bei 20 °C) 1,873 g/cm³, Schmelzpunkt 28,5 °C, Siedepunkt 671 °C. Das goldgelb schimmernde, sehr weiche Alkalimetall ist gegen Luft und Wasser unbeständig und kommt nur in Verbindungen vor; wichtigstes C.-Mineral ist **Pollucit,** $Cs[AlSiO_6] \cdot \frac{1}{2}H_2O$. Das Isotop Cs 137 ist eines der gefährlichsten Radionuklide (→Tschernobyl). Verwendung findet C. z. B. in Fotozellen, Atomuhren und in der Nuklearmedizin.

Cäsium|uhr, Cäsiumatom[strahl]uhr, die im Langzeitbetrieb derzeit genaueste und deshalb als Frequenznormal zur Definition der SI-Einheit →Sekunde verwendete →Atomuhr. C. werden in der Navigation, Geodäsie, Raumfahrt, Telekommunikation und in den Zeitinstituten, wie der Physikalisch-Techn. Bundesanstalt (PTB), eingesetzt. Sie haben eine Genauigkeit von mindestens 10^{-12}, d. h. in 10 000 Jahren nur einen Fehler von 0,3 s. – Neuere Entwicklungen von C. (auch **Cäsiumfontäne** gen.), die die herkömml. C. um eine Größenordnung an Genauigkeit übertreffen, verwenden lasergekühlte Cäsiumatome, die als Fontäne ca. 1 m in die Höhe geschossen werden. Auf einer ballist. Flugbahn durchqueren die Atome dabei ein Mikrowellenfeld, in dem sie bestrahlt werden. Abhängig von dessen Frequenz ändert sich die Besetzungsverteilung der zwei Hyperfeinstrukturzustände. Auch bei der Cäsiumfontäne wird die Besetzungsverteilung gemessen und der Mikrowellengenerator danach auf die Atomresonanz stabilisiert.

Cassadó [kasaˈðo], Gaspar, span. Violoncellist und Komponist, *Barcelona 30. 9. 1897, †Madrid 24. 12. 1966; bildete ein Trio mit Y. Menuhin und L. Kentner; Cello- und Orchesterwerke, Kammer- und Vokalmusik.

Cassapanca [ital. »Truhenbank«] *die,* durch Arm- und Rückenlehnen als Sitzgelegenheit ausgebildete Truhe der Renaissancezeit.

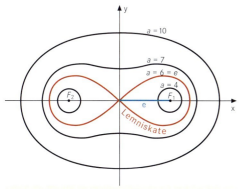

cassinische Kurven: Die Lemniskate ($a = e$) trennt die einfachen von den zweifachen cassinischen Kurven.

Cassegrain-Reflektor [kasˈgrɛ̃-; nach dem frz. Physiker N. Cassegrain, 17. Jh.], ein →Spiegelteleskop mit konvexem Hilfsspiegel in Brennpunktnähe des Hauptspiegels.

Casseiver [kæˈsiːvə, engl.] *der,* elektroakust. Kompaktgerät, bestehend aus Kassettendeck und Rundfunkempfänger.

Cassel, Karl Gustav, schwed. Volkswirtschaftler, *Stockholm 20. 10. 1866, †Jönköping 15. 1. 1945; Hauptvertreter der neoklass. Schule, bekannt durch seine unter Verzicht auf jede Wertlehre allein auf dem »Prinzip der Knappheit« aufbauende Preistheorie sowie die Theorie der Kaufkraftparitäten.

Cassia *die,* die Pflanzengattung →Kassie.

Cassianus, Johannes, Mönch, *um 360, †Marseille zw. 430 und 435; durch seine Schriften maßgebend für die Entwicklung des abendländ. Mönchtums und der Gnadenlehre; Heiliger, Tag: 23. 10.

Cassin [kaˈsɛ̃], René, frz. Jurist und Diplomat, *Bayonne 5. 10. 1887, †Paris 20. 2. 1976; als Vertreter Frankreichs in der UNO (1946–58) maßgeblich an der Formulierung der Menschenrechtserklärung beteiligt, war 1965–68 Präs. des Europ. Gerichtshofes für Menschenrechte. 1968 erhielt er den Friedensnobelpreis.

Cassini, Giovanni Domenico, ital.-frz. Astronom, *Perinaldo (bei Nizza) 8. 6. 1625, †Paris 14. 9. 1712; wurde 1669 Leiter der Sternwarte in Paris, bestimmte die Rotationszeiten von Jupiter und Mars, entdeckte vier Saturnmonde und (1675) die nach ihm benannte Teilung des Saturnringsystems.

Cassini-Huygens [-ˈhɔjɡəns, nach G. D. Cassini und C. Huygens], 1997 gestartete Saturnsonde. Das gemeinsame Projekt von NASA, ESA und der Ital. Weltraumagentur (ASI) dient u. a. der Erforschung von Atmosphäre, Ringsystem und Magnetfeld des Saturns sowie seiner Monde, insbesondere des Titan. Nach Vorbeiflügen an Venus, Erde und Jupiter drang die europ. Sonde **Huygens** am 14. 1. 2005 in die Titanatmosphäre ein und landete auf dem Saturnmond. Während des Durchgangs durch die Atmosphäre wurden chem., physikal. u. a. Messungen ausgeführt und Bilder von der Oberfläche übermittelt. Sie zeigen eine erdähnl. Landschaft mit einem komplexen System von Flüssen und Seen, die von flüssigem Methan geformt wurden. – Missionsende: voraussichtlich 2008.

cassinische Kurven [nach G. D. Cassini], geometr. Ort aller Punkte P, für die das Produkt der Abstände $\overline{PF_1}$ und $\overline{PF_2}$ von zwei festen Punkten F_1 und F_2, deren Abstand voneinander $2e$ beträgt, einen konstanten Wert a^2 hat. Je nach dem Verhältnis der beiden Konstanten a und e zueinander erhält man c. K. versch. Gestalt. Für $a = e$ ergibt sich als Spezialfall die **Lemniskate**. Die c. K. treten z. B. in der Polarisationsoptik auf.

Cassino, Stadt in Latium, Prov. Frosinone, Italien, 32 700 Ew.; Univ.; Agrarzentrum; Automobilbau. – An der Stelle des in Resten erhaltenen röm. Casinum; überragt von dem Kloster →Montecassino. C. hieß bis 1871 **San Germano;** hier wurde 1230 der Friede zw. Kaiser Friedrich II. und Papst Gregor IX. geschlossen. Im Zweiten Weltkrieg 1944 stark zerstört.

Cassiodor, eigtl. **Flavius Magnus Aurelius Cassiodorus,** röm. Staatsmann und Gelehrter, *Scylaceum (heute Squillace, Prov. Catanzaro) um 490, †Kloster Vivarium (bei Squillace) um 583; übernahm unter dem ostgot. König Theoderich wichtige Staatsämter und die Leitung der Kanzlei. Er verfasste u. a. eine Geschichte der Goten sowie eine Weltchronik. Um 538/540 zog er sich in seine Heimat zurück und widmete sich der Wiss. (Verfasser theolog. und enzyklopäd. Werke); 555 gründete er das Kloster Vivarium.

Cassiopeia [lat. Form der mytholog. Gestalt Kassiopeia], das Sternbild →Kassiopeia.

Cassirer, 1) Ernst, Philosoph, *Breslau 28. 7. 1874, †New York 13. 4. 1945; war 1919–33 Prof. in Hamburg, lebte seitdem in der Emigration. C. gehörte der Marburger Schule des →Neukantianismus an; er deutete in seiner »Philosophie der symbol. Formen« (3 Bde., 1923–29) die kulturell-geistige Wirklichkeit als eine Vielheit von »Bildwelten«, geschaffen vom menschl. Geist, durch dessen Sinn verleihende Formung die Erscheinungen erst zur Welt als einem objektiven Sinnzusammenhang gestaltet würden; ferner richtungsweisende Arbeiten zur Geschichte der Philosophie und zu erkenntnistheoret. Problemen der modernen Physik (Kausalproblem und Relativitätstheorie). – *Weitere Werke:* Das Erkenntnisproblem in der Philosophie u. Wiss. der neueren Zeit, 3 Bde. (1906–20); Substanzbegriff u. Funktionsbegriff (1910).

2) Paul, Kunsthändler und Verleger, *Görlitz 21. 2. 1871, †(Selbsttötung) Berlin 7. 1. 1926; eröffnete 1898 (zunächst mit seinem Vetter Bruno C., *1872, †1941) in Berlin eine Kunst- und Verlagsbuchhandlung, aus der sich auch ein Verlag entwickelte (seit 1939 in Oxford), 1908 Gründung des Verlages **Paul Cassirer** in Berlin, Hauptgebiete: Kunstliteratur und Belletristik; setzte sich für die Impressionisten ein und wurde bahnbrechend für den literar. Expressionismus. Der Verlag wurde 1933 aufgelöst.

Cassis [frz.] *der,* Likör aus Schwarzen Johannisbeeren. C. mit etwa $^2/_3$ Weißwein vermischt ergibt den →Kir.

Cassis, Badeort und kleiner Fischerort im frz. Dép. Bouches-du-Rhône, östlich von Marseille, 8 000 Ew.; Weinbau.

Gaspar Cassadó

Ernst Cassirer

Castel del Monte: Die berühmteste Stauferburg in Süditalien wurde etwa 1240–50 unter Kaiser Friedrich II. erbaut.

Cassius, Gaius C. Longinus, hoher röm. Beamter, † bei Philippi (Makedonien) 42 v. Chr.; leitete mit Brutus die Verschwörung gegen Caesar; tötete sich, bei Philippi geschlagen, selbst.

Cassius Dio Cocceianus, griech. Geschichtsschreiber, * Nikaia (heute İznik, Türkei) um 163, † um 235; war zweimal röm. Konsul, außerdem Statthalter von Afrika, Dalmatien und Oberpannonien. Seine in griech. Sprache geschriebene Geschichte Roms in 80 Büchern (nur z. T. erhalten) gilt als wichtige Quelle für die röm. Geschichte.

Cassone [ital.] *der,* reich geschmückte Truhe für die Brautaussteuer in der ital. Renaissance.

Castagno [kasˈtaɲo], Andrea del, ital. Maler, * Castagno (bei Florenz) vor 1419, † Florenz 14. 8. 1457; bed. Vertreter der florentin. Frührenaissance. Er übertrug die künstler. Errungenschaften der Skulpturen Donatellos auf die Malerei und wurde nach Masaccio zum wichtigsten Exponenten der Entwicklung einer konturbetonten Malerei, die die Plastizität der Figuren und die Tiefe des Raumes in besonderem Maße herausarbeitet. – Werke: Fresken im Refektorium von Sant' Apollonia, Florenz (1445–50); Reiterbildnis des Niccolò da Tolentino, Florenz, Dom (1456).

Castor®: Verladung in das Transportgestell

Casteau [kasˈto], Ortsteil der belg. Stadt Soignies, 45 km südwestl. von Brüssel; seit 1967 Sitz des NATO-Hauptquartiers in Europa (SHAPE).

Castel del Monte, Schloss des Stauferkaisers Friedrich II. südlich von Andria in Apulien, S-Italien, etwa 1240–50 errichtet; monumentaler, oktogonaler Bau mit acht oktogonalen Türmen (auch »Krone Apuliens« gen.; UNESCO-Weltkulturerbe).

Castel Gandolfo, Stadt in der ital. Prov. Rom, am Albaner See, 8 500 Ew.; der Sommersitz des Papstes ist als Teil des Vatikanstaats exterritorial.

Castellammare di Stabia, Hafenstadt in der ital. Prov. Neapel, am Golf von Neapel, 66 300 Ew.; Kurort (Mineralquellen) und Seebad; Werften, Metall-, Elektro-, Zement-, pharmazeut. Industrie. – Erbaut auf den Ruinen des antiken →Stabiae.

Castellieri [ital.], vorgeschichtl. Ringwallanlagen in Istrien und den angrenzenden Gebieten; in der Eisenzeit zumeist von illyr. Stämmen erbaut.

Castellón de la Plana [-ˈʎɔn -], katalan. **Castelló de la Plana, 1)** Prov. im Land Valencia, Spanien, 6 632 km², 518 200 Einwohner.

2) Hptst. der span. Prov. Castellón im Land Valencia, 137 900 Ew.; kath. Bischofssitz; Textil- und Keramikind., Eisenhütte, Erdölraffinerie; Hafen, Seebad.

Castelo Branco [kaˈʃtɛlu ˈbrɐku], Hptst. des port. Distrikts C. B., 27 300 Ew.; ehem. Bischofspalast (16.–18. Jh.) mit Museum und barocker Gartenanlage (Anfang 18. Jahrhundert).

Castelo Branco [kaˈʃtɛlu ˈbrɐku], Camilo, seit 1885 Visconde de **Correia Botelho,** port. Schriftsteller, * Lissabon 16. 3. 1825, † (Selbsttötung) São Miguel de Seide (Minho) 1. 6. 1890; der erste große Erzähler der modernen port. Literatur (»Das Verhängnis der Liebe«, R., 1862).

Castigliano [kastiʎˈʎaːno], Carlo Alberto, ital. Techniker, * Asti 9. 11. 1847, † Mailand 25. 10. 1884; berechnete statisch unbestimmte Systeme und fand das **castiglianosche Prinzip,** nach dem von allen mögl. Gleichgewichtszuständen eines elastisch deformierten Körpers derjenige wirklich eintritt, für den die Formänderungsarbeit am kleinsten ist.

Castiglione [kastiʎˈʎoːne], Baldassare Graf, ital. Schriftsteller und Diplomat, * Casatico (Prov. Mantua) 6. 12. 1478, † Toledo (Spanien) 7. 2. 1529. Sein Hauptwerk »Der Hofmann« (1528) zeichnet in Dialogen das Bild des idealen Hofmanns, es hat wesentl. Anteil an der Formung des neuen Menschenbildes der Renaissance.

Castiglioni [kastiʎˈʎoːni], Achille, ital. Designer und Architekt, * Mailand 16. 2. 1918, † ebd. 2. 12. 2002; gründete 1944 gemeinsam mit seinen Brüdern Pier Giacomo C. und Livio C. ein Architekturbüro in Piazza Castello. Seit den 1950er- und 60er-Jahren arbeitete er auf dem Gebiet des Produkt- und Industriedesigns, entwarf Möbel, Bestecke, Geräte für die Unterhaltungselektronik und insbes. Leuchten, deren Funktionalität und reduzierte Formensprache dem europ. Design der Nachkriegszeit wichtige Impulse verliehen (z. B. Hängeleuchte »Frisbi«, 1978; Leuchtenserie »Brera«, 1992).

Casting [ˈkɑːstɪŋ, engl.] *das,* **1)** →Sportangeln.
2) Rollenbesetzung bei Film und Fernsehen.

Castle [kɑːsl] *das,* engl. Bez. für Burg, Schloss.

Castlereagh [ˈkɑːslreɪ], Robert Stewart, Viscount C., 2. Marquess of **Londonderry** (seit 1821), brit. Staatsmann, * Mount Stewart (Cty. Down, Nordirland) 18. 6. 1769, † (Selbsttötung) North Cray Place (bei London) 12. 8. 1822; war 1805/06 und 1807–09 Kriegsmin. Als Außenmin. (seit 1812) bestimmte er die brit. Politik im Kampf gegen Napoleon I. und auf dem Wiener Kongress; setzte sich für ein europ. Mächtegleichgewicht ein.

Castor® [Abk. für engl. **c**ask for **s**torage and **t**ransport **o**f **r**adioactive material »Behälter für Lagerung und Transport radioaktiven Materials«], **C.-Behälter,** *Kerntechnik:* Vakuumbehälter für den Transport hoch radioaktiver Abfälle oder bestrahlter Brennelemente sowie für deren Zwischenlagerung in einem Trockenlager. C.-Behälter müssen so ausgelegt sein, dass auch bei schweren Störfällen der Eintritt einer nuklearen Kettenreaktion innerhalb des Behälters oder eine Strahlungsfreisetzung nach außen ausgeschlossen ist. Sie werden zumeist aus Gusseisenlegierungen (z. B. GGG40) gefertigt, mit Nickel zum Korrosionsschutz innen beschichtet, mit einem Neutronenabsorber (Kunststoffstäbe), einem Doppeldeckel sowie Wärmeabfuhreinrichtungen (Kühlrippen) versehen. – Für den Transport bedarf es einer verkehrsrechtl. und zur Zwischenlagerung einer atomrechtl. Genehmigung durch das Bundesamt für Strahlenschutz.

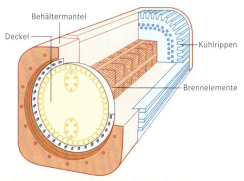

Castor®: schematische Teilschnittdarstellung

Çatal Hüyük: Blick über mehrere Häuser der jungsteinzeitlichen Großsiedlung.

Castor [lat.], griech. **Kastor**, **1)** *Astronomie:* Stern 2. Größe, einer der beiden Hauptsterne im Sternbild Zwillinge.
2) *griech. Mythologie:* einer der →Dioskuren.
Castore|um [lat.] *das,* **Kastoreum, Bibergeil,** →Biber.
Castorf, Frank, Regisseur, * Berlin (Ost) 17. 7. 1951; Regie an versch. DDR-Bühnen, u. a. in Anklam, Karl-Marx-Stadt, Halle (Saale); seit 1992 Intendant der Volksbühne in Berlin; Leitung der Ruhrfestspiele 2003/04; freie bis anarch. Anverwandlungen von dramat. Texten, Romanen und Filmen prägen seine Regiearbeit.
Castres [kastr], Stadt im Dép. Tarn, SW-Frankreich, 44 800 Ew.; Textil-, Papier-, Möbelindustrie. – C., das röm. **Castra Albiensium,** war im 16. Jh. Hugenottenstützpunkt.
Castries [ˈkɑstrɪs], Hptst. des Inselstaates Saint Lucia, Kleine Antillen, 37 500 Ew.; Handelszentrum; Hafen, internat. Flughafen.
Castrismus [nach F. Castro Ruz] *der,* →Fidelismus.
Castro e Almeida [ˈkaʃtru i alˈmeiðɐ], Eugénio de, port. Schriftsteller, * Coimbra 4. 3. 1869, † ebd. 17. 8. 1944; Lyriker und Dramatiker; Hauptvertreter der neueren, vom Symbolismus beeinflussten port. Dichtung.

Castrop-Rauxel, Stadt im Ruhrgebiet, Kr. Recklinghausen, NRW, südlich der Emscher am Rhein-Herne-Kanal (Hafen), 78 000 Ew.; Westfäl. Landestheater; Rathausgalerie; umfangreicher Dienstleistungssektor (beschäftigt etwa zwei Drittel der Erwerbstätigen), daneben chem. Grundstoff-, Baustoffind. sowie Maschinen- und Apparatebau. Die letzte Steinkohlenzeche (Erin, 1982 noch 1,4 Mio. t Förderung) wurde Ende 1983 geschlossen. – Das 834 erstmals genannte Castrop kam vor 1236 zur Grafschaft Kleve; 1926 Zusammenlegung u. a. mit Rauxel (1266 erstmals genannt).

Castro Ruz [-rus], Fidel, kuban. Politiker, * Mayarí (Prov. Oriente) 13. 8. 1927 (nach anderen Angaben 1926); stürzte in einem Guerillakrieg (1956–59) den Diktator F. Batista y Zaldívar. Als Min.-Präs. führte er seit 1959 ein Verstaatlichungs- und Reformprogramm durch (→Kuba). Gestützt auf die Kommunist. Partei (seit 1965 deren 1. Sekretär) und in Abhängigkeit von der Sowjetunion baute er einen kommunist. Staat auf, v. a. nachdem die Enteignung amerikan. Unternehmen und die →Kubakrise zu einem schweren Konflikt mit den USA geführt hatten. Seit 1976 ist C. R. Vors. des Staatsrats (Staatsoberhaupt). In den 1970er- und 1980er-Jahren unterstützte C. R. militärisch die kommunistisch orientierten Bewegungen in Angola und Moçambique. Obwohl sich seit dem Zusammenbruch des Ostblocks 1989/90 die wirtsch. Schwierigkeiten Kubas verstärkt haben, lehnt er eine Demokratisierung und Liberalisierung weiterhin ab.

Frank Castorf

Castrum [lat. »befestigter Ort«] *das,* das röm. Feldlager. Ein in Dtl. bekanntes Römerlager war u. a. Castra Vetera (Xanten).
Casus [lat.] *der,* **1)** *allg.:* Fall, Zufall.
2) *Sprache:* →Kasus.
3) *Völkerrecht:* **C. Belli,** Kriegsfall, das Verhalten eines Staates gegenüber einem anderen, das als Kriegsgrund angesehen wird. **C. Foederis,** Bündnisfall, Eintritt von Ereignissen, bei denen ein Staat einem anderen in einem Bündnis Hilfe zugesagt hat.
CAT [kæt], Abk. für engl. **c**lear-**a**ir-**t**urbulence, →Klarluftturbulenz.
Çatal Hüyük [tʃaˈtal hyˈjyk], Ausgrabungshügel mit zwei aufeinanderfolgenden stadtartigen Großsiedlungen der frühen Jungsteinzeit (7./6. und zweite Hälfte des 6. Jt. v. Chr.) in der türk. Provinz Konya, Anatolien, mit reichen Funden von Wohn- und Kultbauten.
Catamarca, Hptst. der Prov. C., NW-Argentinien, am Rand der Anden, 140 700 Ew.; Univ.; Bischofssitz;

Fidel Castro Ruz

Handweberei (Ponchos); Thermalquellen. – Kathedrale (Marienwallfahrt). – Gegr. 1683.

Catania, 1) ital. Provinz an der Ostküste von Sizilien, 3552 km², 1,07 Mio. Einwohner.
2) Hptst. von 1), am Südfuß des Ätna, 307 800 Ew., zweitgrößte Stadt Siziliens; Erzbischofssitz; Univ. (gegr. 1434), vulkanolog. Inst.; Kunstsammlungen; vielseitige Ind.; Hafen am Ion. Meer, internat. Flughafen. – Reste antiker Bauten; Castello Ursino (um 1240, heute Museum); zahlr. Barockbauten (u. a. Abteikirche des ehem. Benediktinerklosters San Nicolò und Dom), die zum UNESCO-Weltkulturerbe gehören. – C. wurde als **Katane,** lat. **Catina,** im 8. Jh. v. Chr. von Griechen gegründet; durch Ätnaausbrüche und Erdbeben wiederholt zerstört.

Catanzaro, 1) ital. Provinz in Kalabrien, 2391 km², 369000 Einwohner.
2) Hptst. der Region Kalabrien und von 1), 94900 Ew.; Erzbischofssitz; Lebensmittel- und Textilindustrie. – Im 9. Jh. als byzantin. Festung entstanden, im 11.–17. Jh. bed. Seidenherstellung.

Catarrhina, die Altweltaffen, →Affen.

Catch [kætʃ, engl.] *der,* in der engl. Musik ein Stück für Singstimmen mit heiteren, oft derb-kom. Texten, im 17. und 18. Jh. sehr beliebt.

Catch-as-catch-can [ˈkætʃ æz ˈkætʃ ˈkæn; engl. »greife, wie (du) greifen kannst!«] *das, Ringen:* von Berufsringern (**Catchern**) ausgeübte Freistilkampfart, bei der fast alle mögl. Aktionen, auch gefährliche, erlaubt sind. Entwickelte sich seit 1900 in England und Amerika.

Cateau-Cambrésis [katokâbreˈzi], Stadt in Frankreich, →Le Cateau.

Catechine [malaiisch], **Katechine,** von Flavon abgeleitete natürl. Gerbstoffe (z. B. im Tee und in vielen Obstarten).

Catecholamine, biogene Amine (Adrenalin, Noradrenalin, Dopamin), die im Gehirn, Nebennierenmark und in sympath. Nervenendigungen gebildet werden; sind wichtige Überträgerstoffe im Nervensystem.

George Catlin: Oberhäuptling der Schwarzfußindianer »Buffalo Bull's Back Fat« (1832; Washington, Smithsonian American Art Museum)

Catenane, Verbindungen aus zwei oder mehreren ineinandergreifenden Ringmolekülen.

Catering [ˈkeɪtərɪŋ, engl.] *das,* Lieferung von fertigen Speisen durch spezialisierte Unternehmen.

Caterpillar Inc. [ˈkætəpɪlə ɪnˈkɔːpəreɪtɪd], amerikan. Technologiekonzern (v. a. Bau- und Bergbaumaschinen, Dieselmotoren, Turbinen); Sitz: Peoria (Ill.), entstanden 1925 durch Fusion von Holt Manufacturing Company und C. L. Best Tractor Company, heutiger Name seit 1986.

Cathay Pacific Airways Ltd. [kæˈθeɪ pəˈsɪfɪk ˈeəweɪz ˈlɪmɪtɪd], in Hongkong ansässige brit. Luftverkehrsgesellschaft, gegr. 1946.

Cathedra [griech.-lat. »Sessel«] *die,* Lehrstuhl, →Bischofsstuhl. **C. Petri,** päpstl. Stuhl.

Cather [ˈkæðə], Willa Sibert, amerikan. Schriftstellerin, * Winchester (Va.) 7. 12. 1873, † New York 24. 4. 1947; schrieb feinsinnige Romane über die Besiedlung des Westens durch Einwandererfamilien, u. a. »Das Haus des Professors« (1925), »Der Tod kommt zum Erzbischof« (1927), »Schatten auf dem Fels« (1931).

Catilina, Lucius Sergius, röm. Politiker, * um 108 v. Chr., † 62 v. Chr.; aus altem patriz. Geschlecht, bewarb sich vergeblich um das Amt des Konsuls, das er 63 v. Chr. mit Gewalt zu erreichen suchte. Von Cicero angeklagt (vier Reden »In Catilinam«), floh er nach Etrurien; fiel bei Pistoria (heute Pistoia).

Catlin [ˈkætlɪn], George, amerikan. Maler und Ethnograf, * Wilkes-Barre (Pa.) 26. 7. 1796, † Jersey City (N. J.) 23. 12. 1873; besuchte (1832–40) 48 nordamerikan. Indianerstämme, deren Leben er erforschte. Seine Bilder von Indianern sind von großem kulturhistor. Wert. Er veröffentlichte 1841 »Letters and notes on the manners, customs and conditions of the North American Indians« (2 Bde. mit 300 Stahlstichen).

Cato, 1) Marcus Porcius, gen. **C. Censorius,** später **C. Maior** (»der Ältere«), röm. Staatsmann, * Tusculum 234 v. Chr., † Rom 149 v. Chr.; wurde 195 Konsul, dann Statthalter in Sardinien und Spanien. C. war Anhänger der altröm. Sittenstrenge und Einfachheit und ein unversöhnl. Gegner Karthagos (→ceterum censeo Carthaginem esse delendam). Erhalten ist sein Buch über die röm. Landwirtschaft »De agricultura«, ferner Teile aus seiner Geschichte von Rom und Italien, den »Origines«.
2) Marcus Porcius, gen. **C. Uticensis,** auch **C. Minor** (»der Jüngere«) röm. Staatsmann, * 95 v. Chr., † (Selbsttötung) Utica 46 v. Chr.; Urenkel von 1). War als Stoiker und überzeugter Republikaner ein erbitterter Gegner Caesars; wählte nach dessen Sieg den Freitod.

Catt, Henri Alexandre de, Privatsekretär von König Friedrich II., d. Gr., von Preußen, * Morges (Kt. Waadt) 14. 6. 1725, † Potsdam 23. 11. 1795; war 1758–80 Vorleser Friedrichs d. Gr.; seine Notizen sind eine wichtige Quelle zur Kenntnis des Königs; »Unterhaltungen mit Friedrich d. Gr.« (hg. v. R. Kose 1884).

Cattaro, ital. Name von →Kotor.

Cattell [kæˈtel], Raymond Bernard, britisch-amerikan. Psychologe, * West Bromwich (Cty. Staffordshire) 20. 3. 1905, † Honolulu 2. 2. 1998; einer der Hauptvertreter der Persönlichkeitsforschung, suchte mithilfe der Faktorenanalyse grundlegende Eigenschaftsdimensionen zu messen.

Cattenom [kaˈtnɔ̃], dt. **Kattenhofen,** Gem. in Lothringen, im Dép. Moselle, Frankreich, 2300 Ew.;

Standort eines Kernkraftwerkes mit vier Reaktorblöcken und einer Leistung von 5 200 MW; 1987 in Betrieb genommen.

Cattleya die, tropisch-amerikan. Orchideengattung, Epiphyten mit großen, prächtig gefärbten Blüten; beliebte Gewächshausorchideen.

Cattolica, Seebad in der Emilia-Romagna, Prov. Rimini, Italien, südöstlich von Rimini, 16 000 Ew.; Fischereizentrum an der adriat. Küste.

Catull, Gaius Valerius Catullus, röm. Dichter, *Verona um 84 v. Chr., †um 54 v. Chr.; gehörte zum Kreis der Neoteriker, ab dort die griech. Dichtung der hellenist. Zeit zum Vorbild nahm. Erhalten ist eine Slg. von knapp 120 Gedichten in drei Gruppen: kleinere Gedichte, in denen das persönl. Erleben des Dichters, bes. seine Liebe zu »Lesbia«, mit großer Frische und Unmittelbarkeit gestaltet ist; einige größere Gedichte, unter denen ein gelehrtes Kleinepos über die Hochzeit des Peleus und der Thetis hervorragt; eine Reihe pointierter Epigramme.

Catulus, röm. Feldherren:
1) **Gaius Lutatius C.,** röm. Konsul (242 v. Chr.); entschied 241 durch seinen Seesieg gegen Karthago den 1. →Punischen Krieg.
2) **Quintus Lutatius C.,** röm. Konsul (102 v. Chr.), † 87 v. Chr.; siegte 101 mit Marius über die Kimbern bei Vercellae.

Cauca, Río C., größter linker Nebenfluss des Río Magdalena in Kolumbien, 1 015 km lang.

Cauchy [koˈʃi], Augustin Louis Baron, frz. Mathematiker, *Paris 21. 8. 1789, †Sceaux (Dép. Hauts-de-Seine) 23. 5. 1857; Prof. in Paris, wurde 1816 Mitgl. der Académie des sciences. C. war einer der vielseitigsten Mathematiker; mehr als 800 Veröffentlichungen, v. a. zur Zahlentheorie, Algebra und Funktionentheorie, auch zur Elastizitätslehre, Optik, Himmelsmechanik.

Cauchy-Folge [koˈʃi-; nach A. L. Cauchy], **Fundamentalfolge,** Zahlenfolge a_n, für die gilt: Zu jedem $\varepsilon > 0$ gibt es eine natürl. Zahl $N(\varepsilon)$, sodass für alle $n > N(\varepsilon)$ und für alle $m > 0$ gilt $|a_{n+m} - a_n| < \varepsilon$ **(cauchysches Konvergenzkriterium).** Jede konvergente Folge ist eine Cauchy-Folge.

Caudillo [kauˈðiʎo; span. »Anführer«] der, militär. und polit. Machthaber; amtl. Titel des span. Diktators →Franco Bahamonde.

Cauer, Minna, Frauenrechtlerin, *Freyenstein (Landkreis Ostprignitz-Ruppin) 1. 11. 1842, †Berlin 3. 8. 1922; kämpfte für das Stimmrecht der Frauen; verfasste »Die Frau im 19. Jh.« (1895).

Caulaincourt [kolɛ̃ˈkuːr], Armand Augustin Louis Graf von C., Herzog von Vicenza (seit 1808), frz. Staatsmann, *Caulaincourt (Dép. Aisne) 9. 12. 1773, †Paris 19. 2. 1827; war 1807–11 Gesandter in Sankt Petersburg; riet Napoleon I. vom Russlandfeldzug 1812 ab, nahm dennoch an ihm teil. Im Nov. 1813 Außenmin., unterzeichnete am 10. 4. 1814 den Vertrag von Fontainebleau über die Abdankung des Kaisers und war wieder Außenmin. während der »Hundert Tage«. – Memoiren, 3 Bde. (1933/34).

Caulerpa taxifolia, →Killeralge.

Causa [lat. »Ursache«, »Grund«] die, 1) *Philosophie:* Terminus der scholast. Philosophie zur Bezeichnung versch. Ursachen. Auf Aristoteles geht die klass. Unterscheidung von vier Ursachen zurück: **C. finalis,** Zweckursache (→Finalität); **C. efficiens,** Wirkursache (→Kausalität); **C. formalis,** Formursache: das, woraus ein Ding seine Eigenschaften erhält, der seine Gestalt oder Struktur bestimmende Grund (→Form); **C. materialis,** Stoffursache: das, woraus ein Ding entsteht. Die Scholastik schloss weitere Unterscheidungen an, u. a. **C. prima,** die erste, oberste Ursache (Gott), und **C. secunda,** die endl. Zweitursache innerhalb der Schöpfung. Der Begriff **C. sui,** Ursache seiner selbst, wurde seit der Spätantike ebenfalls auf Gott angewendet.

2) *Recht:* der Rechtsgrund (für eine Vermögensverschiebung), bes. die Rechtsbeziehung zw. dem Empfänger einer Leistung und dem Leistenden, welche die Leistung rechtfertigt (z. B. der Kaufvertrag als C. für die Zahlung).

Causses [koːs], **Plateaux des C., Grands C.,** Jurakalkhochflächen im S des frz. Zentralmassivs, 800–1 200 m ü. M., durch tief eingeschnittene Flüsse (Lot, Tarn und Aveyron) gegliedert; Karstgebiet mit Dolinen, Höhlen und unterird. Wasserläufen. Auf den mageren Weiden Schafzucht (Wolle, Roquefortkäse).

Cauterets [koˈtrɛ], Thermalbad (Schwefelquellen), Wintersportplatz im frz. Dép. Hautes-Pyrénées, 932 m ü. M., 1 200 Einwohner.

Cauvery [ˈkɔːvərɪ, engl.] die, **Kaveri,** Fluss in S-Indien, entspringt in den Westghats, durchquert den Dekhan und mündet im O mit über 10 000 km² großem Delta in den Golf von Bengalen, 760 km lang; für die Hindus heilig.

Cava, span. Schaumwein, der in der traditionellen Methode der Flaschengärung hergestellt wird; kommt v. a. aus Katalonien.

Cavaco Silva, Aníbal, port. Politiker, *Boliqueime (Algarve) 15. 7. 1939; Wirtschaftswissenschaftler, 1980/81 Finanz- und Planungsmin., 1985–95 Vors. des Partido Socialista Democrata und Min.-Präs.; reformierte die Wirtschaft nach marktwirtsch. Kriterien, führte Portugal in die EG; wurde 2006 Staatspräsident.

Cavael [kaˈvaːl], Rolf, Maler und Grafiker, *Königsberg (Pr) 27. 2. 1898, †München 6. 11. 1979; 1926–31 Dozent in Frankfurt am Main, 1933 Ausschluss aus der Reichskunstkammer, 1937 Gestapohaft, 1949 Gründungsmitglied der Künstlergruppe »ZEN 49« in München. C. formulierte seine Bilder und Grafiken in einer schon in den 1930er-Jahren gefundenen informellen Formensprache. Im Unterschied zur jüngeren Generation der informellen Kunst blieben seine dynam. Lineamente klass. Kompositionsprinzipien verhaftet.

Cavaillé-Coll [kavajeˈkɔl], Aristide, frz. Orgelbauer, *Montpellier 4. 2. 1811, †Paris 13. 10. 1899; bedeutendster frz. Orgelbauer seiner Zeit (u. a. Orgel von Notre-Dame in Paris).

Cavalcanti, Guido, ital. Dichter, *Florenz um 1255, †ebd. 27. oder 28. 8. 1300; Freund Dantes, Begründer des →Dolce Stil nuovo; schrieb Sonette, Balladen, Kanzonen.

Cavalieri, 1) Bonaventura, ital. Mathematiker, *Mailand 1598 (oder 1591), †Bologna 30. 11. 1647; entdeckte das **cavalierische Prinzip,** wonach zwei Körper rauminhaltsgleich sind, wenn sie gleiche Grundfläche G und Höhe h besitzen und in gleichen Abständen geführte Parallelschnitte gleiche Flächen ergeben.

2) Emilio de', ital. Komponist, *Rom um 1550, †ebd. 11. 3. 1602; früher Vertreter der monodisch-rezitativ. Satzart, die zur Entstehung der Oper führte. Die geistl. Allegorie »La rappresentazione di anima e di corpo« (1600) wurde für die Entwicklung des Oratoriums wichtig.

Aníbal Cavaco Silva

Cavalli, Francesco, eigtl. Pier Francesco **Caletti-Bruni,** ital. Komponist und Sänger, * Crema (Prov. Cremona) 14. 2. 1602, † Venedig 17. 1. 1676; prägte, von C. Monteverdi ausgehend, mit seinen 42 Opern (u. a. »Il Giasone«, 1649; »Il Serse«, 1654; »L'Ercole amante«, 1662) den Stil der venezian. Oper.

Cavallini, Pietro, eigtl. P. dei **Cerroni,** ital. Maler, * Rom um 1250, † ebd. um 1330; bed. Mosaizist und Freskenmaler; Hauptmeister der röm. Malerei vor Giotto, schuf plastisch klare Figuren in statuar. Auffassung und einheitl. Beleuchtung; trug zur Befreiung der ital. Malerei vom byzantin. Einfluss bei.

Cavan [ˈkævən], County in der Rep. Irland, 1 891 km², 56 500 Ew.; Verw.-Sitz ist die Stadt C. (6 100 Ew.).

Cavatina [ital.] die, Musik: die → Kavatine.

cave! [lat.], Achtung! Vorsicht! **c. canem!,** »hüte dich vor dem Hund!«, Inschrift an altröm. Häusern.

Cavendish [ˈkævəndɪʃ], **1)** Henry, brit. Chemiker und Privatgelehrter, * Nizza 10. 10. 1731, † London 24. 2. 1810; entdeckte 1766 den Wasserstoff und die Knallgasreaktion, erkannte die Zusammensetzung von Luft und Wasser, bestimmte mit der **C.-Drehwaage** die Gravitationskonstante und die mittlere Dichte der Erde, untersuchte elektr. Erscheinungen.

2) Margaret, Duchess of Newcastle, engl. Naturphilosophin, * Saint John's (bei Colchester, Cty. Essex) 1623, † Welbeck 1673; gehörte dem »Newcastle-Circle« an, der Mitte des 17. Jh. eine wichtige Rolle in dem Streit zw. scholast. Aristotelismus und antikem Atomismus spielte. C. entwickelte eine Naturkonzeption, die den mechanist. Atomismus mit der Lehre von der Beseeltheit der Materie verband. Neben ihren naturphilosoph. Arbeiten verfasste sie scharfsichtige gesellschaftl. Analysen über die Benachteiligung der Frauen.

Cavite, Hafenstadt südlich von Manila, Philippinen, 90 800 Ew.; Erdölraffinerie; Marinestützpunkt. – Chines. Handelsstützpunkt seit 1200, von den Spaniern seit 1571 als Festung ausgebaut.

Cavour [kaˈvur], Camillo **Benso,** Graf, ital. Staatsmann, * Turin 10. 8. 1810, † ebd. 6. 6. 1861; Anhänger des gemäßigten Liberalismus, seit 1850 Min., seit 1852 Min.-Präs. des Königreichs Sardinien. Durch die Teilnahme am Krimkrieg (1855/56) und die Vereinbarungen von Plombières (1858) gewann er die Hilfe Napoleons III. für den Krieg von 1859 gegen Österreich, das die Lombardei abtreten musste. Doch erreichte C. die Einigung Italiens (ausgenommen Teile von Venetien und Rom) vorwiegend durch diplomat. Geschick. Garibaldis revolutionäre Unternehmungen lenkte er nach seinen Interessen und verhinderte damit internat. Verwicklungen. Sein Versuch, den Papst zum Verzicht auf den Kirchenstaat zu bewegen, misslang. (→ Römische Frage)

Cawnpore [kɔːnˈpɔː], engl. Name der ind. Stadt → Kanpur.

Caxton [ˈkækstən], William, engl. Buchdrucker, * Tenterden (Cty. Kent) 1422, † London 1491; lernte die Buchdruckerkunst in Brügge und Köln, errichtete 1476 in London die erste Druckerei Englands. Durch seine Drucke (auch Übersetzungen) förderte er die engl. Schriftsprache.

Cayatte [kaˈjat], André, frz. Filmregisseur, * Carcassonne 3. 2. 1909, † Paris 6. 2. 1989; war Rechtsanwalt, auch Schriftsteller; beschäftigte sich in sozialkrit. Filmen häufig mit jurist. Themen. – *Filme:* Schwurgericht (1950); Wir sind alle Mörder (1952); Vor der Sintflut (1953); Meine Tage mit Pierre – Meine Nächte mit Jacqueline (1963); Das Urteil (1974).

Camillo Benso Graf von Cavour

Cayenne [kaˈjɛn], Hptst. von Frz.-Guayana, auf der Insel C., 61 500 Ew.; Forschungsinstitute; Mittelpunkt eines Agrargebiets; internat. Flughafen. – Die Insel C. war 1854–1938 frz. Strafkolonie.

Cayennepfeffer [kaˈjɛn-], **Chili,** bes. scharf schmeckende Frucht der Gatt. Capsicum (→ Paprika).

Cayley [ˈkeɪlɪ], Arthur, brit. Mathematiker, * Richmond 16. 8. 1821, † Cambridge 26. 1. 1895; begründete die Invariantentheorie; Beiträge zu elliptt. Funktionen, zur angewandten Mathematik und zur analyt. Mechanik. Von ihm stammt die Cayley-Algebra (→ Oktonionen).

Cayley-Algebra [ˈkeɪlɪ-; nach A. Cayley], → Oktonionen.

Caylus [kɛˈlys], Anne Claude Philippe, Graf von, frz. Archäologe, Kunstschriftsteller und Sammler, * Paris 31. 10. 1692, † ebd. 5. 9. 1765; beeinflusste mit seiner neuen Methode des Kunstvergleichs nach regionalen und zeitl. Entwicklungen J. J. Winckelmann und die moderne Kunstkritik.

Cayman Islands [ˈkeɪmən ˈaɪləndz], **Kaimaninseln,** drei karib. Koralleninseln südl. von Kuba, brit. Kronkolonie, 259 km², (2005) 44 300 Ew.; Hptst.: George Town auf **Grand Cayman** (197 km², 95 % der Bev.; internat. Flughafen); Fremdenverkehr, Offshorefinanzplatz. – 1503 von Kolumbus entdeckt, seit 1670 brit., besiedelt seit dem 18. Jh., bis 1962 von Jamaika abhängig.

Cayrol [kɛˈrɔl], Jean, frz. Schriftsteller, * Bordeaux 6. 6. 1911, † ebd. 10. 2. 2005; schildert in seinen Romanen (»Der Umzug«, 1956; »Die Fremdkörper«, 1958; »Die kalte Sonne«, 1963, u. a.) die Isolierung des Einzelnen und seine Flucht in Illusionen; verfasste auch Lyrik (»D'une voix céleste«, 1994), Novellen, Essays und Drehbücher (u. a. für »Muriel oder Die Zeit der Wiederkehr«, 1963, von A. Resnais).

CB-Funk [CB, Abk. für engl. **c**itizen **b**and »Bürgerwelle«], **Jedermann-Funk,** Sprechfunk mit Sende- und Empfangsgeräten, der mit einer vorgeschriebenen Leistung von max. 4 W und entsprechend geringer Reichweite (10–15 km) im Frequenzbereich von 26,960–27,410 MHz auf 40 Kanälen arbeitet, in Dtl. zusätzlich im Bereich 26,565–26,955 MHz (Kanäle 41–80). Der Betrieb von CB-Funkanlagen ist jedermann (im Unterschied zu Amateurfunkanlagen) ohne Ablegung einer Prüfung gestattet.

CBI [siːbiːˈaɪ], Abk. für engl. **C**onfederation of **B**ritish **I**ndustry, Spitzenorganisation der brit. Arbeitgeberverbände und der angeschlossenen Unternehmen; Sitz: London; gegr. 1965.

CBS [siːbɪˈes], Abk. für **C**olumbia **B**roadcasting **S**ystem, eines der größten Fernsehnetworks der USA, gegr. 1927, Sitz: New York; verfügt auch über zahlr. Hörfunkstationen, Fernsehproduktions- und -vertriebsfirmen. – Die CBS Corp. fusionierte 2000 mit dem Medienkonzern → Viacom Inc., von dem 2006 erneut eine CBS Corp. (mit den Fernsehnetworks CBS und UPN, Radiostationen u. a.) abgespalten wurde.

CC, 1) Abk. für frz. **C**orps **C**onsulaire, konsular. Korps (→ Kraftfahrzeugkennzeichen).

2) Abk. für **C**oburger **C**onvent, → studentische Verbindungen.

C. C. C., Abk. für **C**onstitutio **C**riminalis **C**arolina, → Carolina.

CCD [Abk. für engl. **c**harge-**c**oupled **d**evice »ladungsgekoppeltes Bauelement«], **Ladungsverschiebeelement,** integrierter Schaltkreis zur Verarbeitung elektr. und opt. Signale, bei dem die Informationen in

Form von elektr. Ladungen gespeichert und weitergeleitet werden. CCDs werden insbesondere als lichtempfindl. Sensoren (**CCD-Bildsensoren**) z. B. für die Bildaufnahme bei Scannern, Digitalkameras und Videokameras eingesetzt.

CCTV [Abk. für engl. closed circuit television], vereinfachte elektr. Systeme des Schmalbandfernsehens, bei denen die Signalübertragung nur über Kabel erfolgt (z. B. Hotelfernsehen, Überwachungsanlagen).

cd, Einheitenzeichen für →Candela.

Cd, chem. Symbol für →Cadmium.

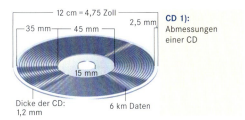

CD 1): Abmessungen einer CD

CD, 1) *die,* Abk. für engl. compact disc, digitale, optisch lesbare Speicherplatte in Form einer metallisierten Kunststoffscheibe. Allg. verbindet man mit dem Begriff CD ihre Verwendung als →Tonträger (**Audio-CD**, 1982 von den Firmen Philips und Sony entwickelt). Anstelle der herkömml. Rille einer Schallplatte hat die CD spiralförmig angeordnete winzige Vertiefungen (Pits), die die digitalisierten Tonsignale enthalten. Diese werden von einem feinen Laserstrahl abgetastet und von der Elektronik des Abspielgeräts wieder in analoge Musiksignale umgesetzt. Vorteile sind geringe Abmessung (12 cm Durchmesser), Verschleißfreiheit, längere Spieldauer, gezielter Zugriff, bessere Tonqualität. – In der Computertechnik wird die CD als externes Speichermedium für Programme, Daten sowie multimediale Anwendungen eingesetzt. Dabei finden einerseits fertige, durch den Hersteller beschriebene CDs (z. B. für Programme, Betriebssysteme) Anwendung (→CD-ROM), andererseits lassen sich durch den Nutzer CDs mit den verschiedensten Inhalten (auch Audio-CDs) herstellen. Letztere unterscheiden sich dadurch, ob die CD nur einmal (**CD-R**, engl. compact disc-recordable) oder mehrfach (**CD-RW**, engl. compact disc-rewritable) beschrieben werden kann. Im Multimediabereich gibt es spezielle Entwicklungen, wie die **CD-I** (engl. compact disc-interactiv), die Ton und Bild mit Softwareanwendungen verknüpft. Alle CD-Arten werden zunehmend durch die →DVD des entsprechenden Typs verdrängt.

2) Abk. für engl. →Certificates of Deposit.

3) Abk. für frz. Corps Diplomatique, →diplomatisches Korps. (→Kraftfahrzeugkennzeichen)

c. d., *Musik:* Abk. für →colla destra.

CDAX® [Abk. für Composite-**DAX**], →DAX®.

CD-Brenner, Gerät zum Beschreiben von CD-Rohlingen mit Computer- oder Audiodaten, sodass sich entsprechende CDs herstellen bzw. kopieren lassen. Mit den am Markt angebotenen Geräten können sowohl die einmal beschreibbare CD-R als auch die wieder beschreibbare CD-RW (→CD) »gebrannt« werden.

Bei der **CD-R** ist auf dem Plastikträger eine fotoempfindl. Farbstoffschicht aufgebracht, in die von einem Laser die Bitmuster gebrannt werden. Diese entsprechen den gepressten Pits einer CD-ROM. Die Daten werden in einer kontinuierl. Spirale von innen nach außen aufgezeichnet. Bei einer **CD-RW** besteht die informationstragende Schicht aus einer Metalllegierung, auf die die Bitmuster mittels Laser in dualer Phasenwechseltechnik ebenfalls in einer Spirale aufgezeichnet werden. Bestimmte Stoffe können sich bei Normaltemperatur in zwei optisch unterschiedl. Zuständen befinden. Je nachdem, wie hoch die aus einem solchen Stoff (hier: Legierung aus Silber, Indium, Antimon und Tellurium) bestehende Speicherschicht der Platte erhitzt oder gekühlt wird, nimmt sie einen reflektierenden oder weniger reflektierenden Zustand an. Der Phasenwechsel wird durch zwei versch. Laserstärken bewirkt.

CD-B. können gleichzeitig als Lesegeräte für entsprechend hergestellte CDs bzw. CD-ROMs dienen. **DVD-Brenner** für die Herstellung von DVD-R basieren auf der CD-R-, für die Herstellung von DVD-RW und DVD+RW auf der CD-RW-Technologie.

CD-ROM [Abk. für engl. compact disc read only memory] *die,* ein aus der Audio-CD entwickeltes opt. Speichermedium für Computer, dessen Inhalt nur lesbar ist und vom Anwender nicht verändert werden kann. Die Speicherkapazität liegt bei ca. 650 MB bis 900 MB. Wie bei der Audio-CD sind die Informationen als Folge von Vertiefungen (»Pits«) und Nichtverformungen (»Lands«) in Form einer Spirale gespeichert, die von innen nach außen gelesen wird. CD-ROMs sind das am weitesten verbreitete portable Speichermedium für große Datenmengen und für Software aller Art. Vorteile sind die geringen Herstellungskosten und der geringe Platzbedarf bei enormer Speicherkapazität.

CDU, Abk. für →Christlich Demokratische Union Deutschlands.

Ce, chem. Symbol für →Cer.

Ceará [sia'ra], Bundesstaat von Brasilien an der NO-Küste, zum Dürregebiet Brasiliens gehörend, 146 348 km², 8,10 Mio. Ew.; Hptst.: Fortaleza; extensive Viehzucht, Baumwollanbau.

Ceaușescu [tʃeau'ʃesku], Nicolae, rumän. Politiker, * Scornicești (Kr. Olt) 26. 1. 1918, † (hingerichtet) 25. 12. 1989; seit 1955 Mitgl. des Politbüros, wurde 1965 Erster Sekretär (später Gen.-Sekr.) der KP, 1967 auch Staatsoberhaupt (1967–74 Vors. des Staatsrats, ab 1974 Staatspräs.). Außenpolitisch führte die Durchsetzung einer »nat. Linie« bes. gegenüber der UdSSR zu einer Sonderstellung Rumäniens innerhalb des Ostblocks. Innenpolitisch prägten ein zunehmender Kult um seine Person sowie die Unterdrückung jegl. Opposition und ethn. Minderheiten (bes. der Rumäniendeutschen und Rumänienungarn) seine diktator. Herrschaft, die sich v. a. auf die Geheimpolizei »Securitate« stützte. Am 22. 12. 1989 durch einen Auf-

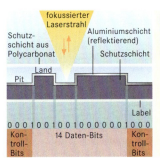

CD 1): Prinzip der Datenspeicherung auf CD

stand gestürzt und am 23. 12. verhaftet, wurde C. in einem geheimen Militärprozess gemeinsam mit seiner Frau Elena (* 1919, seit 1980 stellv. Min.-Präs.) zum Tode verurteilt und erschossen.

CeBIT, Abk. für **Ce**ntrum der **B**üro- und Informations**t**echnik, weltgrößte Fachmesse für Bürokommunikation, Computer und Telekommunikation und nach Standfläche größte Messe überhaupt. Die C. war seit 1970 Teil der Hannover-Messe, eigenständige Veranstaltung seit 1986.

Ceboidea [griech.], die Neuweltaffen, →Affen.

Cebotari [tʃ-], Maria, österr. Sängerin (Sopran) rumän. Herkunft, * Chișinău (Moldawien) 10. 2. 1910, † Wien 9. 6. 1949; bes. bekannt als Mozart- und Strauss-Interpretin.

Maria Cebotari

Cebu [span. θe'βu], **1)** Insel der Philippinen, 4422 km², 2 Mio. Einwohner.
2) Prov.-Hptst. an der O-Küste der Insel C., 662 000 Ew.; Erzbischofssitz; 6 Univ.; Erdölraffinerie; bed. Handelshafen, internat. Flughafen. – Gegr. 1565 als erste span. Siedlung auf den Philippinen.

Ceccato [tʃek'ka:to], Aldo, ital. Dirigent, * Mailand 18. 2. 1934; war 1972–83 Chefdirigent des Philharmon. Staatsorchesters Hamburg, übernahm 1985 die Leitung der Sinfonieorchester von Bergen und des NDR in Hannover, 1991 des Span. Nationalorchesters. Von 1997 bis 2000 war C. künstler. Leiter der Philharmonie in Brno. Seitdem leitet er das Philharmon. Orchester in Malaga.

Cech [setʃ], Thomas Robert, amerikan. Biochemiker, * Chicago (Ill.) 8. 12. 1947; seit 1983 Prof. an der University of Colorado in Boulder; entdeckte, dass Nukleinsäuren als Biokatalysatoren wirken können, erhielt dafür 1989 mit S. Altman den Nobelpreis für Chemie.

Čech [tʃex], Svatopluk, tschech. Schriftsteller, * Ostředek (Mittelböhm. Gebiet) 21. 2. 1846, † Prag 23. 2. 1908; gestaltete in seinem fast allen Gattungen umfassenden Werk Themen der tschech. Geschichte.

Čechy ['tʃɛxi], tschech. für →Böhmen.

Cecil [sesl], engl. Familie mit den Titeln Earl (seit 1605) und Marquess (seit 1789) von **Salisbury**.
1) Edgar Algernon Robert, 1. Viscount (seit 1923) **C. of Chelwood,** brit. Staatsmann, * London 14. 9. 1864, † Tunbridge Wells 24. 11. 1958; 1916–18 Blockademinister; 1923–46 Präs. des Völkerbunds (maßgeblich an der Ausarbeitung seiner Satzung beteiligt); Friedensnobelpreis 1937.
2) William, →Burghley.

Cecili|enhof, Schloss in Potsdam, im Neuen Garten, 1913–17 für den dt. Kronprinzen Wilhelm von Preußen erbaut und nach der Kronprinzessin Cecilie benannt; 1945 Tagungsort der →Potsdamer Konferenz (heute Gedenkstätte und Hotel).

Cedar Rapids ['si:də'ræpɪdz], Stadt in Iowa, USA, am Cedar River, 122 500 Ew.; Mühlen, Großschlächtereien, Maschinenfabriken.

Cedi *der,* Abk. **₡,** Währungseinheit Ghanas; 1 C. = 100 Pesewas (p).

Cédille [se'di:j(ə), frz. aus span.] *die,* ein Häkchen unter einem Buchstaben, bes. unter dem c (ç). Ç bezeichnet den Laut [s] vor a, o, u im Französischen, Portugiesischen und Katalanischen, [tʃ] im Türkischen, ş den Laut [ʃ] im Rumänischen und Türkischen, ţ den Laut [ts] im Rumänischen.

CEEAC [seea'se, frz.], Abk. für Communauté Économique des États de l'Afrique Centrale, die →Wirtschaftsgemeinschaft zentralafrikanischer Staaten.

Cefalù [tʃefa'lu], ital. Hafenstadt an der N-Küste Siziliens, in der Prov. Palermo, 13 800 Ew. – Normann. Bauwerke, v. a. Dom (12. Jh., Fassade 1240; Mosaiken).

CEFTA, Abk. für engl. Central European Free Trade Agreement, **Zentraleuropäisches Freihandelsabkommen,** 1992 gebildete Freihandelszone (1. Stufe seit 1993 in Kraft); Ziele: Abbau von Zöllen und nicht tarifären Handelshemmnissen. Mitgl. sind Rumänien (seit 1997), Bulgarien (seit 1998), Kroatien (seit 2003) und Makedonien (seit 2006). Die Gründungs-Mitgl. Polen, Ungarn, die Slowak. Rep., die Tschech. Rep. (Visegrád-Gruppe) und Slowenien (Mitgl. ab 1995) sind mit dem Beitritt in die EU (1. 5. 2004) aus der CEFTA ausgeschieden.

Cegléd ['tsɛgle:d], Stadt in Ungarn, im Bez. Pest, zw. Theiß und Donau, 38 000 Ew.; Maschinenbau, Nahrungsmittelindustrie.

Ceilometer [si:lɔ-; zu engl. ceiling »Wolkenhöhe«] *das,* Gerät zur Messung und Registrierung von Wolkenhöhen durch Bestimmung der Laufzeit eines an der Wolkenbasis reflektierten Licht- oder Radarimpulses.

Cela ['θela], **C. Trulock,** Camilo José, span. Schriftsteller, * Padrón (Prov. Coruña) 11. 5. 1916, † Madrid 17. 1. 2002; schrieb surrealist. Lyrik sowie Romane von krassem Realismus (»Pascual Duartes Familie«, 1942; »Der Bienenkorb«, 1951; »Mazurka für zwei Tote«, 1983), Feuilletons und Reiseberichte; erhielt 1989 den Nobelpreis für Literatur.

Celan, Paul, eigtl. P. **Antschel,** Schriftsteller, * Czernowitz 23. 11. 1920, † (Selbsttötung) Paris Ende April 1970. Sohn deutschsprachiger jüd. Eltern; studierte zeitweise Medizin in Frankreich, dann Romanistik in Czernowitz; wurde 1942 deportiert (Tod der Eltern), war bis 1944 im Arbeitslager; kam 1947 nach Wien, lebte ab 1948 in Paris (frz. Staatsbürger).

C.s Dichtung stand unter dem Einfluss des frz. Symbolismus und Surrealismus, den er mit bibl. und chassid. Motiven verband; dabei ist das traumat. Erlebnis des Holocaust immer präsent, so in der berühmten »Todesfuge«, die das Grauen von Auschwitz in Sprache umsetzt (in der Sammlung »Mohn und Gedächtnis«, 1952). Die abstrakten Verse sind von einer sehr persönl. Sprachsensibilität, einer eigenen Welt der Metaphern und Chiffren bestimmt. Mit »Sprachgitter« (1959) wurde die Aussage härter; er thematisierte die Erlebnisse im Getto und den Missbrauch der Sprache durch die Nationalsozialisten. C. war auch ein bed. Übersetzer. – 1960 erhielt er den Georg-Büchner-Preis.

Weitere Werke: Der Sand aus den Urnen (1948); Von Schwelle zu Schwelle (1955); Die Niemandsrose (1963); Atemwende (1967); Fadensonnen (1968); Lichtzwang (1970); Schneepart (hg. 1971); Zeitgehöft (hg. 1976).

Paul Celan

Celastrus [griech.], Gattung der Spindelbaumgewächse mit 35 Arten in den Tropen und Subtropen; dickstämmige Schlinggehölze, die den Stützbaum zum Absterben bringen können (**Baumwürger**).

Celebes [tse-], indones. **Sulawesi,** eine der Sundainseln, zu Indonesien gehörig, unter dem Äquator, mit Nebeninseln 189 216 km². Kern ist ein stark zerschnittenes Bergland (bis 3 440 m ü. M.) aus kristallinen Gesteinen, dem sich vier Halbinseln anschließen, die z. T. von tertiären Gesteinen und jungen Vulkanen gebildet sind und große Buchten umfassen. – Die Bev. (etwa 15 Mio.) konzentriert sich auf die SW-Halbinsel mit der Stadt Ujung Pandang und die NO-Halbinsel mit den Städten Manado und Gorontalo. C. ist noch etwa zur Hälfte von Wald bedeckt. Auf der SW-Halbinsel sind nach übermäßigem Brandrodungsfeldbau Grasfluren und Gesträuchwildnisse als Sekundärvegetation verbreitet. Lediglich 5% der Fläche von C. werden landwirtschaftlich genutzt. Neben Mais werden Kokospalmen (Ausfuhr von Kopra), Kaffee, Gewürze und Tabak angebaut. Bedeutsam sind auch die Holz- und Rotanggewinnung sowie der Abbau von Nickelerzen (SO-Halbinsel). – Der N der Insel kam im 16. Jh. unter die Herrschaft des Sultanats Ternate. Die Portugiesen, die seit 1512 auf C. Handelsstützpunkte errichteten, wurden 1660–69 von den Niederländern vertrieben. 1942–45 war C. von Japan besetzt, seit 1949 ist es Teil Indonesiens.

Celebes|see, Teil des Australasiat. Mittelmeeres zw. Celebes, Borneo und Mindanao; 472 000 km², bis 6 220 m tief.

Celentano [tʃe-], Adriano, ital. Schauspieler, Schlager- und Rocksänger, * Mailand 6. 1. 1938; erfolgreich u. a. mit dem Schlager »Azzurro«; beim Film v. a. in Komödien (u. a. »Der gezähmte Widerspenstige«, 1982; »Der Größte bin ich«, 1985; »Jackpot«, 1992), seit den 1970er-Jahren auch Regisseur und Produzent.

Celesta [tʃe'lesta; ital. »die Himmlische«] *die,* Stahlplattenklavier mit Hammermechanik, hat einen silbrigen Klang; erstmals 1886 von A. Mustel in Paris gebaut.

Celestina [θe-], La C., eigtl. **Tragi-Comedia de Calisto y Melibea,** span. Lesedrama in Prosa, entstanden um 1490 (erste erhaltene Ausgabe von 1499): Calisto gewinnt zwar mithilfe der Kupplerin C. die Liebe der Melibea, doch treibt die Schuld schließlich alle Beteiligten in den Tod; nach Sprache und Charakterzeichnung eines der großen Werke der Weltliteratur. Als Verfasser (ganz oder teilweise) gilt Fernando de Rojas (*1465, †1541).

Celibidache [tʃelibi'dake], Sergiu, Dirigent rumän. Herkunft, * Roman 28. 6. 1912, † Paris 14. 8. 1996; leitete 1945–52 die Berliner Philharmoniker, wurde 1979 Leiter der Münchner Philharmoniker und Generalmusikdirektor in München; komponierte u. a. Sinfonien, ein Klavierkonzert.

Céline [se'lin], Louis-Ferdinand, eigtl. L.-F. **Destouches,** frz. Arzt und Schriftsteller, * Asnières-sur-Seine 27. 5. 1894, † Meudon 2. 7. 1961; Arzt; kollaborierte mit der dt. Besatzung, floh 1944 nach Dänemark, war dort interniert, kehrte 1952 (nach Amnestie) nach Frankreich zurück. Der z. T. autobiograf. Roman eines Armenarztes »Reise ans Ende der Nacht« (1932), in dem C. Heuchelei und Verbrechen der modernen Zivilisation anklagt, beeinflusste – auch durch die Verwendung des Pariser Argots – stark die frz. Literatur.

Celje ['tsɛljɛ], dt. **Cilli,** Stadt in Slowenien, am linken Ufer der Sann, 48 900 Ew.; kath. Bischofssitz; Ind.-Standort (Zinkhütte, Baustoffe, Leder, Farben). – Burgruine Ober-Cilli (14. Jh.); Renaissancepalast der Grafen von Cilli (1580–1660) mit Arkadenhof. – C., das röm. **Claudia Celeia,** wurde Ende des 6. Jh. von den Slawen zerstört, im 9. Jh. als Grenzfeste Kärntens neu errichtet. Die Grafschaft C. fiel 1456 an die Habsburger, 1919 an Jugoslawien.

Cella [lat.] *die,* 1) in der Antike urspr. kleiner Wohnraum, dann auch Vorratsraum; 2) griech. **Naos,** Kultraum des antiken Tempels mit dem Götterbild; 3) Mönchszelle, im christl. Altertum und frühen MA auch Kloster.

Celle, 1) Landkreis in Ndsachs., 1 545 km², 182 200 Einwohner.
2) Krst. von 1), in Ndsachs., an der ab hier schiffbaren Aller, 71 400 Ew.; Bergamt, OLG, Inst. für Tierzucht und Tierhaltung der Bundesforschungsanstalt für Landwirtschaft, Niedersächs. Landesinst. für Bienenkunde, Niedersächs. Landgestüt C. (seit 1735, alljährl. Hengstparade); Bomann-Museum (Volkskunde); elektrotechn., Holz, Kunststoff verarbeitende, Lebensmittel-, chem. Ind., Maschinenbau. – Schloss der Herzöge von Braunschweig-Lüneburg-C. (Baubeginn 1292, im 16. und 17. Jh. erweitert, mit dem ältesten barocken Theater Dtl.s), die hier 1371–1705 residierten; Renaissancerathaus, 16. Jh.; ev. Stadtkirche, im 17. Jh. barock umgebaut; Fachwerkhäuser aus dem 16. und 17. Jahrhundert. – C. wurde 1292 gegründet (Stadtrecht 1301).

Cellini [tʃ-], Benvenuto, ital. Goldschmied und Bildhauer, * Florenz 3. 11. 1500, † ebd. 14. 2. 1571; war für die Päpste in Rom, die Medici in Florenz und König Franz I. in Fontainebleau tätig. Sein berühmtestes Werk ist das Salzfass (auch »Saliera« gen., 1539–43) für Franz I., das 2003 aus dem Kunsthistor. Museum in Wien geraubt wurde, jedoch 2006 wieder zurückgegeben werden konnte. Das Bronzestandbild des Perseus in der Loggia dei Lanzi in Florenz (1545–54) gehört zu den Hauptwerken des Manierismus. Seine zw. 1558 und 1562 verfasste, kulturhistorisch bedeutende Autobiografie wurde von Goethe ins Deutsche übersetzt (1803).

Cello [(t)ʃ-] *das,* Kurzform von → Violoncello.

Cellobiose *die,* geschmackfreier Zucker; aus zwei Glucosemolekülen aufgebautes Disaccharid, ein Baustein der Cellulose.

Cellophan® *das,* Handelsname für ein → Zellglas.

Cellulasen [lat.], Enzyme, die Cellulose hydrolytisch in Glucosemoleküle spalten; Vorkommen v. a. bei Pflanzen und Bakterien.

Celluloid *das,* **Zelluloid, Zellhorn,** thermoplast. Kunststoff von hornartig zäher Beschaffenheit. Zur Herstellung wird Nitrocellulose mit Weichmachern (bes. Kampfer) und Lösungsmitteln vermischt, die Masse ausgewalzt und unter Druck auf etwa 90 °C erhitzt; heute nur noch für Spezialzwecke verwendet.

Cellulose [lat.] *die,* **Zellulose,** Polysaccharid, als Gerüstsubstanz von Pflanzenzellen in der Natur weit verbreitet; Bruttoformel $(C_6H_{10}O_5)_n$, wobei der Poly-

Sergiu Celibidache

Benvenuto Cellini: Salzfass für Franz I. von Frankreich (1539–43; Wien, Kunsthistorisches Museum)

Cembalo: einmanualiges Instrument, gebaut 1677 von dem italienischen Cembalobauer Giovanni Battista Giusti aus Lucca (Halle/Saale, Händel-Haus)

merisationsgrad n z. B. bei roher Baumwolle 7 000, bei Tannenholz 2 500 beträgt. Die kettenförmigen C.-Moleküle sind aus Glucoseeinheiten aufgebaut. C. quillt in Wasser, ohne sich zu lösen. Durch Säuren werden C.-Moleküle zu **Hydro-C.** und schließlich zu Glucose abgebaut. Mit Alkalien bildet sich **Alkalicellulose.** Durch Lösen mit ammoniakal. Kupfersalzlösung und anschließende Zugabe von Fällungsmitteln wird sog. **Regenerat-C. (Hydrat-C.)** in Form von Fasern oder Folien zurückgewonnen. C. wird v. a. zur Herstellung von Textilien und Papier verwendet.

Cellulose|ester, Verbindungen, bei denen die Hydroxylgruppen der Cellulose mit Säuren verestert sind. Bes. wichtig ist der C. der Essigsäure (**Acetylcellulose, Celluloseacetat, CA**), hergestellt durch Reaktion von Baumwolle oder Zellstoff mit Acetanhydrid.

Cellulose|ether, Celluloseäther, Verbindungen, bei denen die Wasserstoffatome der im Cellulosemolekül vorliegenden Hydroxylgruppen durch Methyl- (**Methylcellulose, MC**), Carboxymethyl- (**Carboxymethylcellulose, CMC**) oder ähnl. Gruppen ersetzt sind.

Cellulosefasern, Oberbegriff für die aus natürl. Cellulose bestehenden pflanzl. Fasern (Baumwolle, Flachs u. a.) und die →Chemiefasern, die aus regenerierter (Viskose und Cupro) oder veresterter Cellulose hergestellt werden.

Cellulosenitrat, veraltet **Nitrocellulose,** Salpetersäureester der Cellulose, entsteht durch Nitrieren von Cellulose oder Baumwolllinters. C. ist eine explosible oder mit heißer Flamme brennbare gelblich weiße Masse. Niedrig nitrierte Cellulose (Stickstoffgehalt 10–12,6%) ergibt **Kollodiumwolle,** höher nitrierte Cellulose (Stickstoffgehalt 13–13,4%) **Schießbaumwolle.**

Celsius, Anders, schwed. Astronom, * Uppsala 27. 11. 1701, † ebd. 25. 4. 1744; nahm 1736/37 an einer Messung der Längen- und Breitengrade in Lappland durch P. L. M. de →Maupertuis teil, deren Ergebnis auf die Abplattung der Erde an den Polen schließen ließ. Auf C. geht die 100-teilige Temperaturskala (**C.-Skala**) zurück (→Grad Celsius).

Celsus, griech. **Kelsos,** spätantiker Philosoph des 2. Jh. n. Chr.; verband platon. und stoische Lehren. In seiner »Lehre der Wahrheit« (178 n. Chr.) bekämpfte er den christl. Offenbarungsglauben und die christlich-jüd. Tradition. Es gebe nur einen allen Menschen gemeinsamen Logos, der durch intellektuelle Anschauung und tugendhaftes Leben erfasst werden könne.

Celtis, Celtes, Konrad, eigtl. K. **Pickel,** Humanist, * Wipfeld (bei Schweinfurt) 1. 2. 1459, † Wien 4. 2. 1508; schloss das Studium der Artes liberales 1485 in Heidelberg als Magister ab, las 1486 in Leipzig über Dichtkunst. In seinem lyr. Hauptwerk »Quatuor libri amorum« (1502) und in den »Libri odarum IV« (posthum, 1513), lat. Dichtungen, stellte er Episoden und Grundanschauungen seines Lebens dar. Er entdeckte die verschollenen lat. Dramen der →Hrotsvith von Gandersheim, gab Tragödien Senecas und die »Germania« des Tacitus heraus.

Cembalo [ˈtʃɛm-, ital.] *das,* **Clavicembalo,** dt. **Klavizimbel, Kielflügel,** frz. **Clavecin,** engl. **Harpsichord,** Tasteninstrument mit Zupfmechanik, das im 16.–18. Jh. als Solo- und Generalbassinstrument weit verbreitet war; entstand um 1350 durch Anbringen von Tasten am Psalterium. Die Drahtsaiten des C. wurden durch Rabenfederkiele, später durch Leder- oder Kunststoffkiele angerissen. Das C. hat einen mehrchörigen Saitenbezug, der als 4-, 8- oder 16-Fuß (→Fußzahl) gestimmt ist und wahlweise durch Registerzüge eingeschaltet sowie häufig von zwei Klaviaturen (Manualen) aus bedient werden kann. Weitere Züge ermöglichen Dämpfungen (Lautenzug) oder Umfärbungen (z. B. Harfenzug) des Tones. Die Klaviatur umfasst $4^{1}/_{2}$ bis 5 Oktaven. Das C. wurde um 1750 allmählich vom Hammerklavier verdrängt.

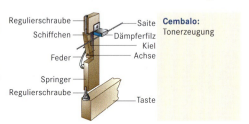

Cembalo: Tonerzeugung

CEN [Abk. für frz. *Comité Européen de Normalisation*], **Europäisches Komitee für Normung,** →Normung.

Cena [lat.] *die,* Hauptmahlzeit im antiken Rom; danach kirchenlat. **Coena Domini** (»Mahl des Herrn«), Abendmahl, auch Gründonnerstag.

Cendrars [sãˈdraːr], Blaise, eigtl. Frédéric **Sauser,** frz. Schriftsteller schweizer. Herkunft, * La Chaux-de-Fonds 1. 9. 1887, † Paris 21. 1. 1961; sein kraftvolles, an überraschenden Bildern reiches Werk (Lyrik und Erzählwerke) schöpft aus seinem abenteuerl. Leben (»Moloch«, R., 1926; »Madame Thérèse«, R., 1956, u. a.).

CENELEC [senɛˈlek, Abk. für frz. *Comité Européen de Normalisation Electrotechnique*], europ. Komitee für elektrotechn. Normung, →Normung.

Cenis [səˈni], **Mont C., Col du Mont C.,** Pass in den frz. Alpen, 2 083 m ü. M., zw. den Tälern des Arc und der Dora Riparia (Italien); möglicher Alpenübergang Hannibals.

Census [lat.] *der,* bei den Römern Vermögenseinschätzung der männl. Bürger als Grundlage für Militärdienstpflicht, Steuer, Ausübung polit. Rechte; die Durchführung des C. oblag den Zensoren (lat. censores).

Cent *der,* kleine Währungseinheit ($^1/_{100}$) in zahlr. Ländern (u. a. in Australien, Kanada, USA) und in der Eurozone.

Centaurus [griech.-lat.; nach dem Fabelwesen Kentaur des griech. Mythos], das Sternbild →Kentaur.

Centavo [s-] *der,* kleine Währungseinheit ($^1/_{100}$) in versch., v. a. lateinamerikan. Ländern.

Center ['sɛntə, engl.] *der, Basketball:* zentraler, sehr großer Angriffsspieler.

Centésimo [θ-, span.] *der,* **Centesimo,** kleine Währungseinheit ($^1/_{100}$) in Panama und Uruguay.

Centime [sã'ti:m, frz.] *der,* kleine Währungseinheit ($^1/_{100}$) in Haiti und versch. afrikan. Staaten.

Céntimo [θ-, span.] *der,* kleine Währungseinheit ($^1/_{100}$) in versch. afrikan. und lateinamerikan. Ländern.

CENTO, Abk. für engl. Central Treaty Organization, Verteidigungsbündnis zw. der Türkei und Irak vom 24. 2. 1955, urspr. **Bagdadpakt** oder **Nahostpakt** gen.; bezweckte die militär. und polit. Zusammenarbeit seiner Partner. Bis Ende 1955 traten Großbritannien, Pakistan und Iran bei. Nach dem Ausscheiden Iraks (1958/59) nannte sich das Bündnis »Central Treaty Organization«, 1979 löste es sich infolge des Umsturzes in Iran auf.

Centrale Marketinggesellschaft der deutschen Agrarwirtschaft mbH [- 'ma:kətɪŋ-], →CMA.

Centre [sãtr], Region im mittleren Frankreich, umfasst die Dép. Cher, Eure-et-Loir, Indre, Indre-et-Loire, Loir-et-Cher und Loiret, 39 151 km^2, 2,49 Mio. Ew.; Hptst.: Orléans.

Centrecourt ['sɛntə'kɔ:t, engl.] *der, Tennis:* →Court.

Centre National d'Art et de Culture Georges Pompidou [sãtr nasjɔ'nal 'da:r e də kyl'ty:r ʒɔrʒ pɔ̃pi'du], Kulturzentrum im Pariser Stadtteil Beaubourg, daher auch **Centre Beaubourg.** Von R. Piano und R. Rogers erbaut und 1977 eröffnet, umfasst es u. a. das Nationalmuseum für moderne Kunst, ein Zentrum für Architektur- und Industriedesign, eine Filmsammlung, eine öffentl. Bibliothek, ein Theater und ein Institut für zeitgenöss. Musik.

Centurio [lat.] *der,* **Zenturio,** im antiken röm. Heer Befehlshaber einer →Zenturie.

CEO, Abk. für engl. Chief Executive Officer, →Chief, →Incorporated.

Cephalopoda [griech.], die →Kopffüßer.

Cephalosporine [griech.], eine dem Penicillin verwandte Gruppe von Breitbandantibiotika; angewendet bei schweren Infektionen.

Cepheiden [zu Cepheus, dem lat. Namen des Sternbilds Kepheus], Oberbegriff für die zu den Pulsationsveränderlichen (→Veränderliche) gehörenden Delta-Cephei-Sterne und W-Virginis-Sterne. Die auch als **klassische C.** bezeichneten **Delta-Cephei-Sterne** (nach dem Stern δ Cephei im Sternbild Kepheus) sind veränderl. Sterne mit Perioden zw. 1 und etwa 70 Tagen. Sie sind v. a. in der galakt. Ebene zu finden (Population I) und sehr junge Sterne. Aus ihrer →Perioden-Leuchtkraft-Beziehung können auch die Entfernungen extragalakt. Sternsysteme bestimmt werden.

Die **W-Virginis-Sterne** (nach dem Stern W im Sternbild Jungfrau) kommen im Milchstraßensystem bis in hohe Breiten gleichmäßig verteilt vor; bei ihnen handelt es sich um Mitglieder der Population II, d. h. um alte Sterne. Die Perioden-Leuchtkraft-Beziehung dieser Sterne ist nicht mit der der Delta-Cephei-Sterne identisch.

Cepheus [lat.; nach der Gestalt in der griech. Mythologie], das Sternbild →Kepheus.

CEPT [seəpe'te], Abk. für frz. **C**onférence **E**uropéenne des Administrations des **P**ostes et des **T**élécommunications, Europ. Konferenz der Verwaltungen für das Post- und Fernmeldewesen, gegr. 1959. Sie befasst sich aufgrund der Liberalisierung in der Telekommunikation seit 1992 ausschl. mit hoheitl. und regulator. Fragen.

Cer [nach dem Planetoiden Ceres] *das,* **Cerium,** chem. Symbol **Ce,** metall. Element aus der Gruppe der →Seltenerdmetalle, Ordnungszahl 58, relative Atommasse 140,115, Dichte (bei 25 °C) 6,77 g/cm^3, Schmelzpunkt 798 °C, Siedepunkt 3 424 °C. Das eisengraue, weiche C. ist gegen Luft und Wasser sowie gegen die meisten Säuren und Basen unbeständig; es ist (als Cer-Mischmetall) wichtiger Bestandteil techn. Legierungen; Cer(IV)-Verbindungen sind starke Oxidationsmittel. C. kommt vor in Monazit, Bastnäsit, Cerit und Allanit.

Ceram, Molukkeninsel, →Seram.

Ceram, C. W., eigtl. Kurt W. **Marek,** Schriftsteller, * Berlin 20. 1. 1915, † Hamburg 12. 4. 1972; schrieb sehr erfolgreiche Sachbücher, so »Götter, Gräber und Gelehrte« (1949; Bildband 1957), »Der erste Amerikaner« (1971).

Centre National d'Art et de Culture Georges Pompidou von Richard Rogers und Renzo Piano 1971–77 erbautes Kulturzentrum in Paris

Ceramide [von lat. cerebrum »Gehirn«], Säureamide des Aminoalkohols Sphingosin und einer langkettigen Fettsäure. C. sind Vorstufen bei der Synthese von Gangliosiden und Sphingomyelinen. Im Zellinnern fungieren sie im Rahmen der Signaltransduktion auch als sekundäre Botenstoffe. In der Hornschicht der Haut dienen sie zusammen mit freien Fettsäuren und Cholesterin der Feuchthaltung sowie dem Schutz vor Irritationen und sind daher auch in Cremes und anderen Hautpflegemitteln enthalten.

Cerebellum [lat.] *das,* das Kleinhirn (→ Gehirn).

Cerebroside [lat.], **Zerebroside,** phosphorfreie Lipide; v. a. in weißer Hirnsubstanz und in Nervenzellen vorkommend.

Cerebrum [lat.] *das,* das → Gehirn.

Ceredigion [kerəˈdiɡiən], historisch **Cardiganshire,** Unitary Authority in W-Wales, 1 795 km², 78 000 Ew.; Verw. Sitz ist Aberaeron.

Ceres, 1) *altitalische Religion:* Göttin des Wachstums der Ackerfrüchte, im Kult eng mit der Erdgöttin Tellus verbunden, später der griech. Göttin Demeter gleichgesetzt.

2) *Astronomie:* zuerst entdeckter (1801) und größter Planetoid. Seit der Definition des Planetenbegriffs durch die Internat. Astronom. Union am 24. 8. 2006 gehört die C. zur Klasse der → Zwergplaneten; sie trägt als Planetoid die Nummer (1). – Die C. bewegt sich in einer mittleren Entfernung von 2,766 AE (414 Mio. km) auf einer ellipt. Bahn mit der Exzentrizität von 0,08 in 4,6 Jahren um die Sonne. Die Bahnebene ist um 10,6° gegen die Ekliptikebene geneigt. Die C. ist das größte und massereichste Mitglied des Planetoidengürtels. Ihre Masse beträgt 8,7 · 10²¹ kg, die mittlere Dichte etwa 2,05 g/cm³. Die C. ist nahezu kugelförmig; ihr größter Durchmesser beträgt 975 km, der kleinste 909 km. Das Innere besteht vermutlich aus einem Gesteinskern und einem 60–120 km dicken Wassereismantel. Die Rotationsperiode beträgt 9,074 Stunden.

Cereus [lat. »Kerze«], Kakteengattung in Westindien und Südamerika, mit baumartig verzweigten, säulenförmigen Stämmen.

Cerevis [zu lat. cercvisia »Bier«] *das,* Kopfbedeckung von Verbindungsstudenten; kleine gestickte Mütze ohne Rand, die zur Festtracht getragen wird; um 1840 entstanden.

Cergy-Pontoise [sɛrʒipɔ̃ˈtwaːz], »Neue Stadt« nordwestlich von Paris an der Oise, Frankreich, 159 000 Ew., Verw.-Sitz des Dép. Val-d'Oise, gebildet aus 15 Gemeinden, u. a. **Cergy** und **Pontoise;** Hochschulen für Wirtschafts- und Sozialwiss.en sowie für Elektronik; Herstellung von Präzisionsinstrumenten.

Cerha, Friedrich, österr. Komponist, Violinist und Dirigent, * Wien 17. 2. 1926; gründete 1958 mit K. Schwertsik das Ensemble »die reihe«, das mit exemplar. Aufführungen zeitgenöss. Musik hervortrat. Er ergänzte die unvollendete Oper »Lulu« von A. Berg (Uraufführung 1979 in Paris) und schrieb u. a. Orchesterwerke, Opern (»Baal«, 1981; »Die Rattenfänger«, 1987), Konzerte.

Cerignola [tʃeriˈɲɔla], Stadt in Apulien, Prov. Foggia, Italien, 57 800 Ew. – Bei C. siegten 1503 die Spanier über die Franzosen, dadurch wurde das Königreich Neapel spanisch.

Cerit|erden, Gruppen-Bez. für die Oxide der sechs ersten → Seltenerdmetalle.

Cerium, das chem. Element → Cer.

Cermets [ˈsəːməts], Abk. für engl. **ce**ramics und **met**als, hochtemperaturbeständige, harte Werkstoffe aus keram. und metall. Bestandteilen für Werkzeugschneiden, als Beschichtung bes. wärmebelasteter Wandungen und als Material für elektr. Widerstände.

CERN [sɛrn, Abk. für frz. Conseil Européen pour la Recherche Nucléaire], jetzt frz. **Organisation Européenne pour la Recherche Nucléaire,** engl. **European Organization for Nuclear Research, Europäische Organisation für Kernforschung,** 1954 gegründete Organisation mit dem Ziel der gemeinsamen kernphysikal. Grundlagenforschung; Sitz: Genf; 20 europ. Mitgliedsstaaten (2006). CERN betreibt den weltweit größten Verbund an Teilchenbeschleunigern, u. a. das Protonensynchrotron PS (28 GeV) und das Superprotonensynchrotron SPS (450 GeV); zahlr. Detektoren dienen zum Teilchennachweis. Der mit 27 km Umfang und 8,5 km Durchmesser weltweit größte Elektron-Positron-Speicherring **LEP** (Abk. für engl. **l**arge **e**lectron **p**ositron collider), mit dem Elektronen und Positronen auf bis zu je 105 GeV beschleunigt werden konnten, war 1989 bis Nov. 2000 in Betrieb. Bedeutende wiss. Erfolge waren u. a. die Entdeckung der → neutralen Ströme der schwachen Wechselwirkung (1973) und die Entdeckung der intermediären (Vektor-)Bosonen W^+, W^-, Z^0 (1983).

Zurzeit entsteht im LEP-Ringtunnel der europ. Protonenspeicherring **LHC** (Abk. für engl. **l**arge **h**adron collider), der zwei Protonenstrahlen auf eine Energie von je 7 TeV beschleunigen soll. Bei diesen Energien wird u. a. der Nachweis der vermuteten → Higgs-Teilchen erwartet.

2006 wurde am CERN eine Anlage zur Untersuchung von → Neutrinos in Betrieb genommen. Das Experiment **CNGS** (**C**ERN **N**eutrino to **G**ran **S**asso) dient der Erforschung der Neutrinooszillationen. Zur Suche nach der Neutrinomasse wird ein Strahl hochenerget. Myonneutrinos mithilfe des SPS-Beschleunigers erzeugt und unterirdisch zum 730 km entfernten ital. Gran-Sasso-Labor geleitet, wo die Umwandlung von Myon- zu Tauneutrinos nachgewiesen werden soll.

Cerro Bolívar [θ-], Erzberg in Venezuela, 50 km südöstlich von Ciudad Bolívar; 1,2 km breit, 6,4 km lang, 790 m ü. M.; Erzgewinnung (durchschnittl. Eisengehalt 58 %) im Tagebau; Erzbahn nach Ciudad Guayana.

Cerro de las Mesas [θ-], ein Hauptfundort der La-Venta-Kultur (→ Olmeken) an der Golfküste Mexikos; v. a. Schmuckstücke, Statuetten, Kalenderstelen.

Cerro de Pasco [θ-], eine der höchstgelegenen Städte in Peru, 4 630 m ü. M., 70 100 Ew.; Verw.-Sitz des Dep. Pasco; Bergbauzentrum (seit 1630) mit großen Schmelzwerken (Gold, Silber und Kupfer); Universität.

Certificates of Deposit [səˈtɪfɪkɪts əv dɪˈpɔzɪt], Abk. **CD, Einlagenzertifikate,** v. a. von Banken ausgegebene verbriefte Geldmarktpapiere, die fest oder variabel verzinst werden. Die Laufzeiten liegen zw. einem Monat und fünf Jahren (überwiegend aber im kurzfristigen Bereich von 30 bis 180 Tagen). Im Ggs. zu unverbrieften Termineinlagen können CD vorzeitig (vor Fälligkeit) eingelöst werden, vorausgesetzt, dass Banken bzw. Händler einen eigenen CD-Sekundärmarkt unterhalten.

Certosa [tʃ-; ital. »Kartause«] *die,* Klostergebäude des Kartäuserordens, z. B. die **C. di Pavia,** Kartause bei Pavia, 1396 gegr., die Kirche mit marmorner Frührenaissancefassade ist in ihrem Kern gotisch.

Cerussit [zu lat. cerussa »Bleiweiß«] *der,* das wichtige Bleimineral → Weißbleierz.

Cervantes-Preis [θεrˈβantes-], →Premio Miguel de Cervantes.

Cervantes Saavedra [θεrˈβantes saaˈβeðra], Miguel de, span. Dichter, getauft Alcalá de Henares 9. 10. 1547, † Madrid 23. 4. 1616; nahm 1571 an der Seeschlacht von Lepanto gegen die Türken teil; wurde 1575 von alger. Piraten gefangen genommen und war fünf Jahre Sklave in Algier, dann u. a. 1587–93 Proviantkommissar für die Flotte in Andalusien. Sein Hauptwerk, der als Satire auf die zeitgenöss. Ritterromane angelegte Roman »Der sinnreiche Junker Don Quijote von der Mancha« (2 Tle., 1605–15), ist ein früher Höhepunkt des europ. Romans und der bedeutendste Beitrag Spaniens zur Weltliteratur. Vollendete Kunstwerke durch Natürlichkeit der Darstellung und sittl. Ernst sind auch seine Novellen (»Exemplarische Novellen«, 1613). In C. s Werken verbindet sich der Formensinn der Renaissance mit den Überlieferungen der farbenreichen, lebensnahen, im Religiös-Sittlichen wurzelnden span. Dichtung zu einer Verkörperung span. Nationalgeistes. Weitere Werke sind der Schäferroman »Die Galatea« (1585) und der fantast. Abenteuerroman »Die Leiden des Persiles und der Sigismunda« (hg. 1617); auch dramat. Werke (z. T. verschollen).

Miguel de Cervantes Saavedra (Porträt von Juan de Jauregui, das einzige zu Lebzeiten des Dichters entstandene Bildnis; um 1600)

Cerveteri [tʃ-], Ort in Latium, nordwestlich von Rom, Italien, 31 300 Ew.; das antike **Caere**, dessen Gräber (UNESCO-Weltkulturerbe) eine der reichsten Fundstätten etrusk. Kunst darstellen.

Cervia [tʃ-], Hafenort an der ital. Adriaküste, in der Emilia-Romagna, südlich von Ravenna, 26 400 Ew.; Seebad ist der modern angelegte Vorort Milano Marittima; in der Nähe Meersalzsalinen.

Cervix [lat.] *die*, Hals, Nacken; auch Teil eines Organs, z. B. **C. uteri**, der Gebärmutterhals.

Césaire [seˈzɛːr], Aimé, Schriftsteller aus Martinique, * Basse-Pointe (Martinique) 26. 6. 1913; studierte in Paris; schrieb Lyrik (»Zurück ins Land der Geburt«, 1939), Essays (»Über den Kolonialismus«, 1950) und Dramen (»Im Kongo«, 1966), in denen er thematisch das afrikan. Erbe mit dem Kampf gegen den Kolonialismus verband; begründete mit L.-G. Damas die →Négritude.

César [seˈzaːr] nach dem Bildhauer César, dem Schöpfer der Statuette] *der*, frz. Filmpreis. Der C. wird in Form einer Statuette, seit 1976 jährlich von der frz. Filmakademie in zahlr. Kategorien (u. a. bester Film, beste Regie) vergeben.

César [seˈzaːr], eigtl. C. **Baldaccini**, frz. Bildhauer, * Marseille 1. 1. 1921, † Paris 6. 12. 1998; Vertreter des →Nouveau Réalisme, gestaltete abstrakte Plastiken aus Fertigteilen, seit 1960 aus zusammengepressten Autoteilen, 1966 folgten u. a. Abgüsse von Körperformen. Erhielt 1996 den Kunstpreis Praemium Imperiale.

Cesena [tʃeˈzɛːna], Stadt in der Emilia-Romagna, Italien, Prov. Forlì-C., 92 700 Ew.; Bischofssitz; landwirtsch. Industrie (Zucker, Tomaten, Wein). – Während der Herrschaft der Malatesta (1379–1465) entstand der Bau der Biblioteca Malatestiana (wertvolle Handschriften); Zitadelle Rocca Malatestiana (v. a. 15. Jahrhundert).

Cesenatico [tʃeze-], Seebad an der ital. Adriaküste, in der Emilia-Romagna, Prov. Forlì-Cesena, 22 600 Ew.; Fischerei.

České Budějovice [ˈtʃɛskɛː ˈbudjɛjɔvitsɛ], dt. **Budweis,** Stadt in Südböhmen, Tschech. Rep., Verw.-Sitz des Südböhm. Bezirks, an der Moldau, 95 200 Ew.; Sitz eines kath. Bischofs, Südböhm. Museum; Maschinen- und Fahrzeugbau, Nahrungsmittel-, Papier- und sonstige Leichtind., weltbekannte Brauerei. – Die Stadt besitzt zahlr. Profanbauten von der Gotik bis zum Barock. Ältestes Bauwerk ist die frühgot. Dominikanerkirche. – Um 1265 gegr., bis ins 19. Jh. vorwiegend von Deutschen bewohnt.

České středohoří [ˈtʃɛskɛː ˈstrʃɛdɔhɔrʒiː], tschech. Name für →Böhmisches Mittelgebirge.

Českomoravská vrchovina [ˈtʃɛskɔmɔrafska ˈvrxɔvina], tschech. Name für →Böhmisch-Mährische Höhe.

Český Krumlov [ˈtʃɛskiː -], Stadt in der Tschech. Rep., →Krumau.

Český Těšín [ˈtʃɛski ˈtjɛʃiːn], dt. **Tschechisch-Teschen,** tschech. Teil der heute durch die polnisch-tschech. Grenze geteilten, ehemals zu Österreich-Ungarn gehörenden Stadt →Teschen; Tschech. Rep., in Nordmähren, am linken Ufer der Olsa, 26 300 Ew.; ev. Bischofssitz; Holz verarbeitende und Nahrungsmittelindustrie.

Céspedes [ˈtʃespedes], Alba de, ital. Schriftstellerin, →De Céspedes.

Cesti [ˈtʃesti], Antonio, eigtl. Pietro **C.,** ital. Komponist, getauft Arezzo 5. 8. 1623, † Florenz 14. 10. 1669; Kirchenkapellmeister, seit 1666 Vizekapellmeister Leopolds I. in Wien, einer der bedeutendsten Opernkomponisten des 17. Jh.: »La Dori« (1661); »Il pomo d'oro« (1666/67).

Aimé Césaire

César: Compression (1995)

Paul Cézanne: Studie zu »Badende« (um 1890; Moskau Puschkin-Museum)

Cestiuspyramide, Grabmal des röm. Prätors Gaius Cestius Epulo († vor 12 v. Chr.), nahe der Porta San Paolo in Rom.

Cetan [griech.] *das,* **Hexadecan,** gesättigter Kohlenwasserstoff der Formel $C_{16}H_{34}$. C. zeigt optimales techn. Betriebsverhalten als Dieselkraftstoff und dient als Eichkraftstoff zur Ermittlung der **C.-Zahl (CZ).** Diese ist ein Maß für die Zündwilligkeit von Dieselkraftstoffen. Die C.-Zahl von C. beträgt 100. Ist ein zu prüfender Kraftstoff genauso zündwillig wie ein Vergleichskraftstoff, erhält er die CZ, die dem C.-Anteil (in Vol.-%) des Vergleichskraftstoffes entspricht.

Ceteris-paribus-Klausel [lat. »Klausel unter (sonst) gleichen Bedingungen«], in wirtschaftswiss. Modellen angewendetes Verfahren, bei dem bis auf die zu erklärende Variable alle anderen Variablen konstant gehalten werden, um den Einfluss der zu erklärenden Variablen zu analysieren.

ceterum censeo Carthaginem esse delendam [lat.], »übrigens bin ich der Meinung, dass Karthago zerstört werden muss«, Schlusssatz jeder Rede des älteren Cato; sprichwörtlich für die beharrl. Wiederholung einer Forderung.

CETI [Abk. für engl. **c**ommunication with **e**xtraterrestrial **i**ntelligence], Begriff für die Bestrebungen, mit techn. Mitteln Kontakt zu vermuteten außerird. Zivilisationen aufzunehmen, wie das Auffangen künstlich erzeugter Signale von mögl. Planeten anderer Sterne, das Entsenden eigener Signale oder die Übermittlung verschlüsselter Botschaften mit Raumsonden, die das Sonnensystem verlassen (Pioneer 10 und 11, Voyager 1 und 2).

Cetinje ['tsɛtinjɛ], Stadt in Montenegro, am Fuße des Lovćen, 18 500 Ew.; Sitz eines serbisch-orth. Metropoliten; kulturelles Zentrum Montenegros. – C. war 1878–1918 Hptst. von Montenegro.

Četnici ['tʃɛtni:tsi], **Tschetniks,** urspr. im 19. Jh. Freischärler in Serbien, Griechenland und Bulgarien gegen die osman. Herrschaft; nach 1878 serb. Freischärler zum Schutz der serb. Bev. in Makedonien. 1941–44 kämpften unter der Bez. Č. nationalserb. und monarchist. Partisanen gegen die dt. Besatzung in Bosnien und Herzegowina, gegen die Ustascha in den serbisch besiedelten Gebieten sowie gegen die kommunist. Partisanen; 1944 weitgehend aufgerieben. – Unter dem Namen Č. (auch **Neo-Č.**) kämpften nationalserb. paramilitär. Verbände 1991 in Kroatien und ab 1992 in →Bosnien und Herzegowina für die Schaffung »reiner« (groß)serb. Siedlungsräume und verübten dabei zahlr. Gräueltaten an der Zivilbevölkerung.

Cetus [lat.], das Sternbild →Walfisch.

Ceuta ['θeuta], arab. **Sebta,** befestigte Hafenstadt an der NW-Spitze Marokkos, Gibraltar gegenüber, 20 km^2, 75 200 Ew.; gehört zur span. Provinz Cádiz; Fischfang und -verarbeitung; Tourismus, Schmuggel. – 1415 eroberten die Portugiesen C., 1580 wurde es spanisch.

Ćevapčići [tɕeˈvaptʃitɕi; zu türk. kebab »klein gewürfeltes Fleisch«], scharf gewürzte, auf dem Rost gebratene Hackfleischröllchen.

Cevennen [se-], frz. **Les Cévennes,** Gebirge in Frankreich, der etwa 1 500 m hohe Steilabfall des Zentralmassivs zum Rhonebecken, hauptsächlich von Schiefern gebildet, am Rand Schluchten mit scharfen Kämmen und Graten (serres). Höchste Erhebung ist der Mont Lozère mit 1 702 m ü. M. Die C. bilden die Scheide zw. dem atlant. und dem mediterranen Klima, deshalb tritt hier der kalte Fallwind Mistral auf. – Die nach der Aufhebung des Ediktes von Nantes (1685) von Ludwig XIV. verfolgten Hugenotten zogen sich in die C. zurück (hier →Kamisarden genannt). Während des Span. Erbfolgekrieges versuchten sie den Aufstand gegen die Staatsmacht und banden in dem folgenden **C.-Krieg** große Teile des frz. Heeres 1702–04. Der Aufstand wurde blutig niedergeschlagen, die letzten Hugenotten ergaben sich erst 1710.

Ceyhan, Stadt in der Prov. Adana in S-Anatolien, Türkei, am Ceyhan in der Çukurova, 96 400 Ew. – 2006 wurde die 1 760 km lange Erdölleitung von Baku (Aserbaidschan) über Tiflis (Georgien) nach C., die sog. BTC-Pipeline, eröffnet, die den Erdöltransport erstmals direkt vom Kasp. Meer zum Mittelmeer ermöglicht.

Ceylon [engl. ˈsɪlɔn], Insel im Ind. Ozean, →Sri Lanka.

Cézanne [seˈzan], Paul, frz. Maler, * Aix-en-Provence 19. 1. 1839, † ebd. 23. 10. 1906; arbeitete nach Aufenthalten in Paris in völliger Zurückgezogenheit in der Provence am Fuße der Montagne Sainte-Victoire. C. begann mit dunkel gehaltenen Bildern, wandte sich unter dem Einfluss von C. Pissarro der hellen, aufgelockerten Malerei des Impressionisten (1873/74) zu und entwickelte dann einen eigenen Stil, der allein mit den Mitteln der Farbe zu klarer, rhythmisch gegliederter Verfestigung gelangte. C. hat Landschaften, Stillleben, Bildnisse und Figurenbilder gemalt. Die zu seinen Lebzeiten verkannte Kunst sei-

Paul Cézanne (Selbstporträt, 1879–85; Moskau, Puschkin-Museum)

ner Spätzeit schuf die entscheidenden Voraussetzungen für die moderne Malerei (Kubismus).

CE-Zeichen [CE, Abk. für frz. **C**onformité **E**uropéenne »europ. Einheitlichkeit«], 1995 eingeführtes Zeichen zur Kennzeichnung von Produkten, die innerhalb der EU hergestellt werden. Damit bestätigt der Hersteller, dass das betreffende Erzeugnis die Sicherheits- und Normvorschriften der jeweiligen EG-Richtlinien (Europa-Normen) erfüllt.

Cf, chem. Symbol für →Californium.

CF, Abk. für **c**ost and **f**reight, **C & F**, Handelsklausel im Überseeverkehr: Der Warenpreis enthält nur Kosten (cost) und Fracht (freight) bis zum Bestimmungshafen. (→CIF)

CFA-Franc [CFA, Abk. für frz. **C**ommunauté **F**inancière **A**fricaine], **Franc C. F. A.**, Währungseinheit in den Mitgliedsstaaten der Westafrikan. Wirtschafts- und Währungsunion sowie der Zentralafrikan. Wirtschafts- und Währungsgemeinschaft; 1 CFA-Franc = 100 Centime. (→Franc-Zone)

CFDT, Abk. für frz. **C**onfédération **F**rançaise **D**émocratique du **T**ravail, urspr. linkssozialist. frz. Gewerkschaft, 1964 aus der christlich orientierten **CFTC** (**C**onfédération **F**rançaise des **T**ravailleurs **C**hrétiens) hervorgegangen.

CFK, Abk. für **C**arbon**f**aser-**K**unststoff, mit →Kohlenstofffasern verstärkter Kunststoff.

CFP-Franc [-frã], [CFA, Abk. für **C**olonies **F**rançaises du **P**acifique], **Franc C. F. P.**, Währungseinheit von Neukaledonien; 1 CFP-F. = 100 Centime.

CFS [Abk. für engl. **c**hronic **f**atigue **s**yndrome], →chronisches Erschöpfungssyndrom.

CGS-System, System der physikal. Einheiten, das auf den drei Grundeinheiten der Länge (**C**entimeter), der Masse (**G**ramm) und der Zeit (**S**ekunde) aufgebaut ist (→Einheitensystem).

CGT, Abk. für frz. **C**onfédération **G**énérale du **T**ravail, urspr. kommunistisch ausgerichtete frz. Gewerkschaft, gegr. 1895; **CGT-FO**, Abk. für **C**onfédération **G**énérale du **T**ravail **F**orce **O**uvrière, 1947 von der CGT abgespaltene, sozialdemokratisch orientierte Gewerkschaft.

CH, Abk. für **C**onfoederatio **H**elvetica, Nationalitätskennzeichen (Kfz und Postleitzahl) der Schweiz.

Chabarowsk [-x-], Hptst. der Region C., Russland, am Amur und an der Transsibir. Eisenbahn, 578 000 Ew.; Kultur- und Wirtschaftszentrum des russ. Fernen Ostens; TU u. a. Hochschulen, Forschungsinstitute; Schiffswerften, Maschinenbau, Holzverarbeitung; Nahrungsmittelind., Erdölraffinerie; internat. Hafen, Flughafen. – Gegr. 1858 als Militärstützpunkt, seit 1880 Stadt, seit 1884 Sitz eines Generalgouverneurs.

Chabasit [ç-, spätgriech.] *der,* Mineral, ein →Zeolith.

Chablais, Le [lə ʃaˈblɛ], Landschaft in Savoyen, O-Frankreich, Teil der Voralpen, steigt vom Genfer See bis auf Höhen von 2 464 m (Hauts Forts) an. Hauptorte sind Évian-les-Bains und Thonon-les-Bains am Genfer See; im Hinterland Obst- und Weinbau; Fremdenverkehr, auch Wintersport (u. a. Abondances, Morzine). – Das C. kam im 11. Jh. an Savoyen, mit diesem 1860 an Frankreich; 1860–1919 bildete es eine neutrale Freizone zw. der Schweiz und Frankreich.

Chablis [ʃaˈbli], trockener weißer Burgunderwein, aus der Umgebung der Gemeinde C. (2 500 Ew.) im Dép. Yonne, Frankreich.

Chabrier [ʃabriˈe], Alexis Emanuel, frz. Komponist, *Ambert (Dép. Puy-de-Dôme) 18. 1. 1841, †Paris 13. 9. 1894; einer der ersten Anhänger R. Wagners in Frankreich; schrieb Orchesterwerke (u. a. Rhapsodie »España«, 1883), Opern (»Gwendoline«, 1886), Klavierwerke und Lieder.

Chabrol [ʃaˈbrɔl], Claude, frz. Filmregisseur und -kritiker, *Paris 24. 6. 1930; war Mitbegründer der »Nouvelle Vague«; dreht bevorzugt entlarvende Psychogramme des Bürgertums, Literaturverfilmungen und Kriminalfilme. – *Filme:* Die Enttäuschten (1958); Schrei, wenn Du kannst (1959); Die untreue Frau (1969); Die Phantome des Hutmachers (1982); Biester (1995); Die Blumen des Bösen (2003).

Claude Chabrol

Cha-Cha-Cha [ˈtʃa-] *der,* Modetanz aus Kuba in geradem Takt, in den 1950er-Jahren aus dem Mambo entwickelt; gehört im Turniertanz zu den lateinamerikan. Tänzen.

Chaco [ˈtʃako] *der,* Landschaft in Südamerika, →Gran Chaco.

Chacokrieg [ˈtʃako-], →Bolivien, Geschichte.

Chaconne [ʃaˈkɔn, frz.] *die,* ital. **Ciaccona, 1)** urspr. (im 16. Jh.) mäßig bewegter Tanz im ³/₄-Takt in Spanien; entwickelte sich im 17. Jh. in Frankreich zum Gesellschaftstanz und fand bes. durch J.-B. Lully Eingang in das Ballett.
2) der →Passacaglia ähnl. Tonstück mit fortlaufend sich wiederholendem Bassthema (Basso ostinato); bekannt ist die C. der Solo-Partita d-Moll für Violine von J. S. Bach.

Chadidja [xaˈdiːdʒa], die erste Frau des Propheten Mohammed, *um 555, †619; vermögende Kaufmannswitwe, Mutter der Fatima.

Chadli [ʃ-], Bendjeddid, alger. Offizier und Politiker, *Bouteldja (bei Annaba) 14. 4. 1929; schloss sich 1955 dem FLN an, wurde 1979 Gen.-Sekr. des FLN und Staatspräs. (1984 und 1988 wieder gewählt, 1992 zurückgetreten); verfolgte innenpolitisch einen pragmat. Kurs, außenpolitisch den Ausgleich mit Frankreich und Marokko.

Chadwick [ˈtʃædwɪk], **1)** Sir (seit 1945) James, engl. Physiker, *Manchester 20. 10. 1891, †Cambridge 23. 7. 1974; wies 1932 die Existenz des Neutrons nach, erhielt dafür 1935 den Nobelpreis für Physik.
2) Lynn, brit. Bildhauer, *London 24. 11. 1914, †Stroud (Cty. Gloucestershire) 25. 4. 2003; schuf v. a. stark abstrahierte Figuren (Mischwesen zw. Mensch und Vogel) aus Metall.

Chafadji [xaˈfaːdʒi], altoriental. Ruinenstätte in Irak, 15 km östlich von Bagdad, mit Siedlungsresten aus dem 3. und 2. Jt. v. Chr. (Tempelanlagen, Wohnviertel, Beterstatuetten, Tontafelarchiv).

Chaga [dʒ-], **Chagga, Djagga, Dschagga,** Bantuvolk am Kilimandscharo, Tansania, etwa 450 000 Menschen; betreiben Mais-, Bananen-, Kaffeeanbau sowie Viehhaltung.

Chagall [ʃaˈgal], Marc, frz. Maler und Grafiker weißruss. Herkunft, *Liosno (bei Witebsk) 6. oder 7. 7. 1887, †Saint-Paul (Dép. Alpes-Maritimes) 28. 3. 1985; arbeitete meist in Frankreich, malte Bilder von starker Leuchtkraft der Farben, in denen Erinnerungen an seine Heimat, die Welt des Chassidismus und der russ. Märchen zu Traumvisionen verdichtet sind. Er schuf auch Buchillustrationen, Bühnendekorationen sowie Entwürfe für Glasmalereien und Mosaiken. – Weitere Abb. S. 790

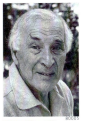
Marc Chagall

Chagas-Krankheit [ˈʃaː-; nach dem brasilian. Bakteriologen C. Chagas, *1879, †1934], **amerikanische Trypanosomiasis,** durch Trypanosoma cruzi

Marc Chagall: Über der Stadt (1917/18; Moskau, Tretjakow-Galerie)

Ernst Boris Chain

hervorgerufene und durch Raubwanzen übertragene chron. Infektionskrankheit in Mittel- und Südamerika; tritt häufig bei Kindern auf; Diagnostik z. B. durch Parasitennachweis im Blut; Kennzeichen sind hohes Fieber, Lymphknotenschwellungen, Herzstörungen u. a.; Vorbeugung: Raubwanzenbekämpfung und Verbesserung der Wohnverhältnisse.

Chagosinseln ['tʃɑːgəʊs-], engl. **Chagos Islands,** Koralleninseln im Ind. Ozean, südl. der Malediven, 60 km²; auf der Hauptinsel **Diego Garcia** amerikan. Militärstützpunkt. – Die C. bilden seit 1976 das British Indian Ocean Territory.

Chagrin [ʃa'grɛ̃, frz.] *das,* Leder mit aufgepresstem künstlichem Narbenmuster.

Chahine [ʃa'ɪn], **Schahin, Shahin,** Youssef (Yussuf), ägypt. Filmregisseur, Schauspieler, Produzent, Autor, * Alexandria 25. 1. 1926; international bekanntester Regisseur der arab. Welt; drehte »Djamila« (1958), »Tatort... Hauptbahnhof Kairo« (1958), »Sultan Saladin« (1963), »Die Rückkehr des verlorenen Sohnes« (1976), »Für immer Alexandria« (1990), »Der Emigrant« (1994), »11'09"01« (2002; ägypt. Episode).

Chahut [ʃa'y, frz.] *der,* der →Cancan.

Chaiber [k-], →Khaiberpass.

Chailly [ʃa'ji], Riccardo, ital. Dirigent, * Mailand 20. 2. 1953; u. a. 1982 bis 1989 Chefdirigent des Radio-Sinfonieorchesters Berlin, 1988 bis 2004 des Concertgebouworkest Amsterdam, seit 2005 Gewandhauskapellmeister in Leipzig.

Chain [tʃeɪn], Sir (seit 1969) Ernst Boris, brit. Biochemiker russ. Herkunft, * Berlin 19. 6. 1906, † Castlebar (Cty. Mayo, Irland) 12. 8. 1979; klärte mit H. W. Florey die chemotherapeut. Wirkung und die Struktur des Penicillins auf; erhielt mit Florey und A. Fleming 1945 den Nobelpreis für Physiologie oder Medizin.

Chainatdamm [tʃ-], **Chao-Phya-Damm,** Staudamm im →Menam Chao Phraya.

Chairleder ['ʃɛːr-; frz. chair »Fleisch«], Glacéleder, dessen velourartig geschliffene Fleischseite nach außen getragen wird.

Chairman ['tʃɛəmən, engl.] *der,* in den USA und Großbritannien Vorsitzender (z. B. von Ausschüssen) oder Präsident (z. B. einer Aktiengesellschaft).

Chaironeia [ç-], **Chäronea,** altgriech. Stadt in W-Böotien; bekannt durch den Sieg Philipps II. von Makedonien über die Athener und Thebaner (338 v. Chr.; Löwendenkmal); 86 v. Chr. schlug Sulla bei C. die Truppen des Mithridates VI. Eupator.

Chaiselongue [ʃɛz(ə)'lõŋ; frz. »langer Stuhl«] *die,* im 18. Jh. aufgekommenes schmales, gepolstertes Ruhebett.

Chaissac [ʃɛ'sak], Gaston, frz. Maler, * Avallon (Dép. Yonne) 13. 8. 1910, † La Roche-sur-Yon (Dép. Vendée) 7. 11. 1964; Autodidakt. Das menschl. Gesicht, oft nur als Maske oder Augenpaar in Erscheinung tretend, ist häufig zentrales Motiv seiner Darstellungen, die Anregungen u. a. von P. Klee und P. Picasso verarbeiten. Die Bildfläche wird von einem dichten Gefüge schwarz umrandeter Farbfelder beherrscht (Zeichnungen, Aquarelle, Gouachen, Ölbilder, Collagen, bemalte Objekte).

Chajjam [x-], Omar, pers. Dichter, →Omar-e Chajjam.

Chaka [tʃ-], **Tschaka,** afrikan. Herrscher, * 1789 (?), † (ermordet) 23. 9. 1828; unterwarf zahlr. Stämme und verband sie zur Nation der →Zulu. Seine Kriege und seine Terrorherrschaft lösten Fluchtwellen und Wanderzüge der bedrohten Völker aus.

Chakassen [x-], Sammelname für fünf turksprachige Stämme Südsibiriens: Katscha, Sagaier, Beltiren, Kysyl, Koybalen; sie leben v. a. in →Chakassien; etwa 80 000 Menschen, v. a. Ackerbauern und Viehzüchter.

Chakassi|en [x-], **Republik C.,** Teilrepublik Russlands, im S Ostsibiriens, am oberen Jenissei und seinem Nebenfluss Abakan, 61 900 km², (2006) 538 000 Ew. (davon 80,3 % Russen, 12,0 % Chakassen). Hauptstadt ist Abakan. C. umfasst ein waldreiches Gebirgsland (Westl. Sajan im S, Abakangebirge und Kusnezker Alatau im W) sowie im O den westl. Teil des landwirtschaftlich genutzten Minussinsker Beckens; wirtsch. Grundlagen sind Bergbau (Steinkohle, Nephelin, Eisen-, Molybdän-, Wolfram- u. a. Erze, Gold und Marmor), Holzeinschlag und Holz verarbeitende, Leicht- und Nahrungsmittelind., Schwermaschinen- und Fahrzeugbau sowie Buntmetallurgie. – 1930 wurde das Chakass. Autonome Gebiet innerhalb der Region Krasnojarsk gebildet; aus ihm ging 1991 die Rep. C. hervor.

Chakra ['tʃakra; Sanskrit] *das,* nach hinduist. Vorstellung ein Energiezentrum im menschl. Körper (sieben [Haupt-]Chakren), dessen »Energiestrom« durch

Gaston Chaissac: Der Schäfer (1959; Privatsammlung)

bestimmte Yogapraktiken freigesetzt und so bewusst erfahren werden kann.

Chalaza [ç-, griech.] *die*, **1)** *Botanik:* Basalteil der Samenanlage.
2) *Zoologie:* Hagelschnur, paariger Eiweißstrang im Vogelei.

Chalazion [ç-, griech.] *das,* das →Hagelkorn.

Chalcedon [k-; nach der Stadt Chalkedon] *der,* Mineral, SiO$_2$, kryptokristalline Abart von Quarz; vielfarbig oder farblos, durchscheinend; C. kommt vor als Stalaktit, knolliger Überzug oder in Hohlräumen von →Mandelsteinen. Schmucksteine sind neben Achat: roter Karneol, grüner Chrysopras, wolkig-brauner Mokkastein oder Baumstein, der Moosachat mit grünen, stängeligen Einschlüssen, ferner Onyx, Sardonyx, Heliotrop, Jaspis, Plasma.

Chalcedon

Chalcedon [ç-], lat. Name der antiken Stadt →Chalkedon.

Chaldäa [k-], eigtl. ein Teil S-Babyloniens, in griech. und röm. Quellen meist allgemeiner Name für Babylon. Die **Chaldäer** waren eine aramäische Stammesgruppe, seit dem frühen 9. Jh. v. Chr. in C. ansässig. 626 v. Chr. unterwarfen sie Babylonien und errichteten nach dem Untergang Assurs das letzte babylon. Großreich. Sie pflegten bes. Astronomie und Astrologie.

Chaldäische Kirche [k-], mit der kath. Kirche verbundene (unierte) Ostkirche, →Nestorianer.

Chaldäische Periode [k-], *Astronomie:* der →Saroszyklus.

Chaldene [in der griech. Sage Geliebte des Zeus (lat. Jupiter)], ein Mond des Planeten Jupiter.

Chalder [k-], die →Urartäer.

Chalet [ʃa'lɛ, frz.] *das,* Schweizerhäuschen, Landhaus.

Chalid [x-], **Khalid, 1)** C. Ibn Abd al-Asis Ibn Saud, König von Saudi-Arabien (1975–82), * Riad 1913, † Taif 13. 6. 1982; streng islamisch orientiert, trat für eine enge Zusammenarbeit der islam. Staaten ein; fungierte auch als Min.-Präs. und Außenminister.
2) Mohammed, ägypt. Schriftsteller, * Al-Adwa (Distr. Scharkija) 5. 6. 1920. Seine Werke propagieren einen modernen demokrat. Staat islam. Prägung und wenden sich gegen islam. Fundamentalismus.

Chalid Ibn al-Walid [x-], arab. Feldherr, * Mekka, † Homs oder Medina 642; zunächst Gegner Mohammeds, schloss sich 629 dem Islam an, leitete die Eroberung Mekkas 630.

Chalkedon [ç-], **Chalcedon, Chalzedon, Kalchedon,** von den dor. Megarern 675 v. Chr. gegründete Stadt am O-Ufer des Bosporus, heute Kadıköy (Stadtteil von Istanbul). – In C. tagte 451 das 4. Ökumen. Konzil. Die von ihm verabschiedete christolog. Lehraussage, dass in der Person Christi die göttl. und die menschl. Natur »unvermischt« und »unzertrennlich« vereinigt seien **(chalkedon. Formel)**, erlangte in allen abendländ. Kirchen Geltung. Die Einheit der Ostkirche zerbrach an ihr (→Monophysiten).

Chalkidike [ç-, neugriech. xalkiði'ki], gebirgige Halbinsel Makedoniens, Griechenland; springt in drei schmalen Halbinseln (Kassandra, Sithonia und Athos) ins Ägäische Meer vor, erreicht im Berg Athos 2 033 m Höhe; im Altertum bes. von Thrakern bewohnt; an der Küste lagen griech. Kolonien (Olynth, Poteidaia). 348 v. Chr. wurde C. makedonisch.

Chalkis [ç-, neugriech. xal'kis], Hptst. der griech. Insel Euböa, 51 600 Ew.; orth. Erzbischofssitz; archäolog. Museum; chem., Maschinenbau-, Textilind.; Hafen. Mit dem griech. Festland durch eine bewegl. Brücke verbunden. – C. war im Altertum eine mächtige Handelsstadt; 506 v. Chr. von Athen unterworfen.

chalko... [ç-, griech.], kupfer..., erz...

Chalkogene [ç-; griech. »Erzbildner«], die ersten vier Elemente aus der 6. Hauptgruppe des Periodensystems.

Chalkolithikum [ç-, griech.] *das,* Bez. für die Kupfer führende späte Jungsteinzeit (Kupfer- oder Steinkupferzeit) Vorderasiens und Südosteuropas.

Chalkopyrit [ç-, griech.] *der,* das Mineral →Kupferkies.

Chalkosin [ç-, griech.] *der,* das Mineral →Kupferglanz.

Chalkosphäre [ç-, griech.], die vermutlich mit Schwermetallsulfiden und -oxiden angereicherte unterste Schicht des Erdmantels, zw. etwa 1 200 und 2 900 km Tiefe.

Challenge-Cup [ˈtʃælɪndʒkʌp], europ. Wettbewerb im →Handball.

Challenger [ˈtʃælɪndʒə; engl. »Herausforderer«], **1)** brit. Forschungsschiff (Korvette), mit dem 1872–76 unter Leitung von Sir C. W. Thomson die C.-Expedition durch die drei Ozeane durchgeführt wurde (Beginn der ozean. Forschung). 1875 ermittelte man im Marianengraben die Tiefe von 8 164 m.
2) Name des zweiten →Spaceshuttles der NASA, 1986 in 16 km Höhe explodierte. Alle 7 Astronauten kamen dabei ums Leben.

Châlons-en-Champagne [ʃalɔ̃ãʃã'paɲ], früher **Châlons-sur-Marne,** Hptst. des Dép. Marne und der Region Champagne-Ardenne, Frankreich, an der Marne, 48 400 Ew.; Textil-, chem., Elektro-, Papierind., Maschinenbau, Champagnerkellereien. – Kathedrale (12./13. Jh.), Notre-Dame-en-Vaux (Ende 12. Jh.), Rathaus (18. Jh.), Triumphbogen für Marie Antoinette (1770). – C.-en-C. ist das röm. **Catalaunorum Civitas** (→Katalaunische Felder).

Châlons-en-Champagne
Stadtwappen

Chalon-sur-Saône [ʃalɔ̃syrˈsoːn], Stadt im Dép. Saône-et-Loire, Frankreich, an der Saône, 56 300 Ew.; Weinhandel, Herstellung von Fotomaterial, Maschinenbau, Glas-, Elektroind.; Flusshafen. – Ehem. Kathedrale Saint-Vincent (12.–15. Jh.). – C.-s.-S., das röm. **Cabillonum,** ein Ort der Äduer, kam 471 an Burgund und wurde 534 fränkisch (Hptst. des Teilreiches Burgund; 1237 an die Herzöge von Burgund, 1477 an Frankreich).

Chalon-sur-Saône
Stadtwappen

Chalumeau [ʃalyˈmo, frz.] *das,* Holzblasinstrument des MA. mit einfachem Rohrblatt, Vorläufer der Klarinette.

Cham [tʃ-], ehem. Hochkulturvolk in Zentral- und S-Vietnam, wahrscheinlich malaiopolynes. Ursprungs. Die C. errichteten das vom 2. bis zum 15. Jh. bestehende Reich **Champa** (Architektur der alten Hauptstadt My Son UNESCO-Weltkulturerbe), dessen Entwicklung durch ein wechselvolles Verhältnis zu China sowie zum Khmer-Reich geprägt war und dessen Bestand durch javan. Angriffe im 8. Jh., v. a. aber durch militär. Vorstöße der Annamiten (bes. seit dem 10. Jh.) gefährdet wurde. 1203–20 stand Champa unter der Herrschaft der Khmer; 1471 fiel es endgültig an das vietnames. Reich.

Cham [ka:m], **1)** Landkreis im Reg.-Bez. Oberpfalz, Bayern, 1512 km^2, 131 000 Einwohner.

2) Stadt in Bayern, Krst. von 1), am Regen, 17 300 Ew.; Regionalzentrum; elektrotechn., Holz, Kunststoff und Metall verarbeitende Industrie. – Reste der Stadtbefestigung; Rathaus (14./15. Jh., später mehrfach verändert), Stadtpfarrkirche (13. Jh., später verändert). – 1135 ist die Siedlung Altenmarkt belegt, 1210 eine Neustadt C., die 1293 Stadtrecht erhielt.

Chamäleon [k-], **1)** *Astronomie:* lat. **Chamaeleon,** kleines Sternbild nahe dem südl. Himmelspol.

2) *Zoologie:* →Chamäleons.

Chamäleons [k-; griech., eigtl. »Erdlöwen«], **Wurmzüngler, Chamaeleonidae,** Familie 25–30 cm langer, baumbewohnender Echsen mit Klammerfüßen und Greifschwanz in Afrika und Asien; einzige in Europa (S-Spanien) vorkommende Art ist das **Gewöhnliche C.** (Chamaeleo chamaeleon). Die lange Zunge wird zum Fangen der Beute hervorgeschleudert. C. haben ein ausgeprägtes Farbwechselvermögen; die Färbung wird durch Lichtverhältnisse und Temperatur, aber auch durch Angst, Ärger, Wohlbefinden und Hunger beeinflusst.

Chamaven [ç-], westgerman. Volksstamm, im 1./2. Jh. zw. Lippe und IJssel ansässig, ging im Stammesverband der Franken auf.

Arthur Neville Chamberlain

Chamberlain [ˈtʃeɪmbəlɪn], **1)** Arthur Neville, brit. Politiker (Konservative Partei), * Edgbaston (heute zu Birmingham) 18. 3. 1869, † Heckfield (bei Reading) 9. 11. 1940, Sohn von 3), Stiefbruder von 4); 1923/24 und 1931–37 Schatzkanzler, verfolgte als Premiermin. (1937–40) v. a. gegenüber Dtl. eine Politik des →Appeasements (1938 Münchener Abkommen). Nach dem Einmarsch dt. Truppen in die Tschechoslowakei (März 1939) gab seine Reg. eine Garantieerklärung für Polen ab; nach dem dt. Angriff auf Polen am 1. 9. 1939 erklärte sie am 3. 9. 1939 Dtl. den Krieg.

2) Houston Stewart, Schriftsteller, Kulturphilosoph, * Portsmouth 9. 9. 1855, † Bayreuth 9. 1. 1927; ⚭ (ab 1908) mit Richard Wagners Tochter Eva, seit 1916 dt. Staatsangehöriger; vertrat, bes. in seinem Hauptwerk »Die Grundlagen des 19. Jh.« (1899), eine völkisch-myst. Ideologie, in der Nachfolge J. A. Gobineaus das Germanentum verherrlichend, und wirkte damit stark auf die Rassenlehre des Nationalsozialismus.

3) Joseph (Joe), brit. Politiker, * London 8. 7. 1836, † ebd. 2. 7. 1914, Vater von 1) und 4); zunächst liberaler Abg. (seit 1876), 1880–85 Handelsmin.; ging als Gegner der irischen Homerule-Politik Gladstones 1886 zu den Konservativen über; 1895–1903 Kolonialminister. Als Hauptvertreter des brit. Imperialismus setzte er sich für die Unterwerfung der Buren in Südafrika ein (Burenkrieg); seine Bemühungen um ein dt.-brit. Bündnis und um die Einführung imperialist. Schutzzölle scheiterten.

4) Sir (seit 1925) Joseph Austen, brit. Politiker (Konservative Partei), * Birmingham 16. 10. 1863, † London 16. 3. 1937, Sohn von 3), Stiefbruder von 1); war 1903–05 sowie 1919–21 Schatzkanzler und 1915–17 Staatssekretär für Indien. Als Außenmin. (1924–29) hatte er maßgebl. Anteil am Abschluss der Locarno-Verträge. Mit C. G. Dawes erhielt er 1925 den Friedensnobelpreis.

5) Owen, amerikan. Physiker, * San Francisco (Calif.) 10. 7. 1920, † Berkeley (Calif.) 28. 2. 2006; entdeckte bei Experimenten zur Protonenstreuung das Antiproton; erhielt mit E. Segrè 1959 hierfür den Nobelpreis für Physik.

6) Richard, amerikan. Schauspieler, * Los Angeles (Calif.) 31. 3. 1935; spielte Rollen in Fernsehserien (»Dr. Kildare«, 1961–65), Filmen und auf der Bühne. Seinen größten Erfolg feierte er als Pater Ralph in dem Fernsehmehrteiler »Die Dornenvögel« (1984). – *Weitere Filme:* Die drei Musketiere (1973); Der Graf von Monte Christo (1974).

Chamberlin [ˈtʃeɪmbəlɪn], Edward Hastings, amerikan. Volkswirtschaftler, * La Conner (Wash.) 18. 5. 1899, † Cambridge (Mass.) 16. 7. 1967; entwickelte die Theorie des monopolist. Wettbewerbs.

Chamber of Commerce [ˈtʃeɪmbə ɔv ˈkɔməːs, engl.], Handelskammer. **C. of C. of the United States,** Spitzenorganisation der Arbeitgeberverbände und Unternehmer in den USA, New York, gegr. 1912.

Chambers [ˈtʃeɪmbəz], **1)** Sir (seit 1925) Edmund Kerchever, engl. Literaturhistoriker, * West Ilsley (bei Reading) 16. 3. 1866, † Beer (Cty. Devon) 21. 1. 1954; schrieb grundlegende Werke über das engl. Theater des MA. und der Renaissance.

2) Ephraim, engl. Schriftsteller, * Kendal (bei Penrith) um 1680, † Islington (heute zu London) 15. 5. 1740; Herausgeber und Mitautor der ersten engl. Enzyklopädie (1728).

3) Sir William, brit. Architekt, * Göteborg (Schweden) 23. 2. 1723, † London 10. 3. 1796; Vertreter des frühen Klassizismus (Somerset House, London, begonnen 1776), bed. sind auch seine Landschaftsgärten (Kew Gardens, London).

Chambéry [ʃɑ̃beˈri], Hptst. des Dép. Savoie, Frankreich, im Tal der Leysse, 55 600 Ew.; Erzbischofssitz; Univ., Museen; Textil- und Aluminiumindustrie. – Got. Kathedrale (15. und 16. Jh.), Schloss der Herzöge von Savoyen (13. bis 15. Jh.). – C., die Hauptstadt der alten Grafschaft Savoyen, kam mit dieser 1860 an Frankreich.

Chambord [ʃɑ̃ˈbɔːr], das größte der Loire-Schlösser; 1. Bauperiode 1519–38, weitere Teile bis 1547 unter Franz I.; die Doppelwendeltreppe im Innenhof geht vermutlich auf einen Entwurf von Leonardo da Vinci zurück. C. gilt durch den Verzicht auf den Verteidigungscharakter und die Ausbildung des Zentral-

Chamäleons: Jemen-Chamäleon (Chamaeleo calyptratus)

baugedankens als Idealtypus des frz. Schlossbaus im 16. Jahrhundert (UNESCO-Weltkulturerbe).

Chambre [ʃãbr, frz. von lat. camera], **1)** *die* oder *das, allg.:* Zimmer. **C. séparée**, *veraltet:* kleiner Nebenraum, bes. in Restaurants. **2)** *die, Recht:* Gerichtshof; Kammer (als gesetzgebende Versammlung); in Frankreich u. a.: **C. criminelle**, Strafsenat beim Kassationshof; **C. des députés**, Abgeordnetenkammer in der Dritten Republik.

Chamenei [xamə'neɪ], Hodjatoleslam Ali, iran. Geistlicher, Politiker, →Khamenei, Hodjatoleslam Ali.

Chamfort [ʃã'fɔ:r], Nicolas de, eigtl. Sébastien Roch **Nicolas**, frz. Schriftsteller, * bei Clermont (heute Clermont-Ferrand) 6. 4. 1741, † Paris 13. 4. 1794; legte seine schonungslos klaren Beobachtungen der damaligen Gesellschaft nach Art der Moralisten in Aphorismen nieder (»Maximen, Charakterzüge und Anekdoten«, hg. 1796).

Chami [dʒ-], Stadt in China, →Hami.

Chamisso [ʃa'miso], Adelbert von, eigtl. Louis Charles Adélaïde de **C. de Boncourt**, Dichter und Naturforscher, * Schloss Boncourt (in der Champagne) 30. 1. 1781, † Berlin 21. 8. 1838. C.s Familie floh in den Revolutionswirren nach Dtl. C. war Page der Königin von Preußen (ab 1796), 1798–1807 preuß. Offizier, nahm als Naturforscher 1815–18 an einer Weltumseglung teil (»Bemerkungen und Ansichten auf einer Entdeckungsreise«, 1821), war dann Adjunkt am Botan. Garten in Berlin und später Vorsteher des Herbariums.

In C.s berühmtestem Werk, der Märchennovelle »Peter Schlemihls wundersame Geschichte« (1814), dient das Motiv des verlorenen Schattens der Beschreibung eines schmerzl. Identitätsverlusts. – Seine Lyrik schließt sich an Goethe, L. Uhland und P. J. de Béranger an. Die sozialen Balladen (»Die alte Waschfrau«) weisen thematisch auf spätere Entwicklungen hin. – Sein Liederkreis »Frauenliebe und -leben« wurde von R. Schumann vertont.

Chammurapi [x-], babylon. König, →Hammurapi.

Chamois [ʃam'wa; frz. »Gämse«] *das,* bes. weiches Gämsen-, Ziegen- oder Schafleder. – **chamois**, gelbbraun.

Chamonix-Mont-Blanc [ʃamɔnimɔ̃'blã], Ort im Dép. Haute-Savoie, Frankreich, 1 037 m ü. M., am N-Fuß des Montblanc, 10 100 Ew.; Wintersportzentrum (1. Olymp. Winterspiele 1924), Bergsteigerschule, Fremdenverkehr; durch den Montblanc-Straßentunnel (11,6 km) mit Courmayeur im ital. Aostatal verbunden.

Chamorro [tʃa-], **Barrios de C.**, Violeta, nicaraguan. Politikerin, * Rivas 18. 10. 1929; bekämpfte nach der Ermordung ihres Mannes Joaquín C. (1978), Herausgeber der oppositionellen Tageszeitung »La Prensa«, als dessen Nachfolgerin publizistisch die Diktatur A. Somozas. Nach deren Sturz 1979 war sie 1979–80 Mitgl. der regierenden Junta, zog sich dann in die Opposition zurück; 1990 zur Staatspräsidentin gewählt (im Amt bis Anfang 1997; →Nicaragua, Geschichte).

Chamosit [ʃ-] *der,* monoklines Mineral, ein eisenhaltiger →Chlorit, der dichte oder oolithische Eisenerze (mit Thuringit) bildet.

Champa [tʃ-], histor. Reich in Vietnam, →Cham.

Champagne [ʃã'paɲ], ehem. Provinz in N-Frankreich, aus Kreidekalken aufgebaute Plateaulandschaft, erstreckt sich von der oberen Oise rd. 200 km nach S bis zur Yonne und wird im W von der Schicht-

Chambord: Renaissanceschloss (1519 ff.)

stufe der Île-de-France begrenzt. Hauptlandschaftsformen: im W die trockene **C. pouilleuse** (staubige, eigtl. »lausige« C.) oder **C. crayeuse**, ein Anbaugebiet für Getreide- und Futterpflanzen, und die sich östlich der Kreidestufe anschließende **C. humide** (feuchte C.), ein Viehzuchtgebiet. An den Schichtstufen bed. Rebkulturen (Grundlage der Herstellung von →Champagner). Ind.-Standorte sind v. a. Reims, Châlons-en-Champagne und Troyes. – Im 6. Jh. fränk. Herzogtum, im 10./11. Jh. Grafschaft mit der Hptst. Troyes, fiel 1023 durch Erbschaft an die Grafen von Blois, 1284 durch Heirat an den frz. König; 1361 der frz. Krondomäne einverleibt. Im 12. Jh. entstanden die berühmten Champagnemessen.

Champagne-Ardenne [ʃãpaɲar'dɛn], Region in N-Frankreich, umfasst die Dép. Ardennes, Aube, Marne und Haute-Marne, 25 606 km², 1,334 Mio. Ew.; Hptst.: Châlons-en-Champagne.

Champagner [ʃam'panjər] *der,* frz. **Champagne**, frz. Schaumwein aus der Champagne (Name für dieses Herkunftsgebiet weltweit geschützt), der durch eine zweite Gärung in der Flasche (**Méthode champenoise**) hergestellt wird.

Champaigne [ʃã'pɛ:ɲ], Philippe de, frz. Maler fläm. Herkunft, getauft Brüssel 26. 5. 1602, † Paris 12. 8. 1674; 1628 in Paris zum Hofmaler ernannt, Anhänger des →Jansenismus, malte religiöse Bilder und meisterhafte Bildnisse.

Champignon ['ʃampɪɲɔ̃; frz., zu champ »Feld«] *der,* **Egerling, Agaricus,** Gattung der Blätterpilze, mit weißem bis bräunl. Fruchtkörper, Stielring, dunkel werdenden Lamellen, braunem Sporenstaub. Der essbare **Wiesen-C.** (**Feld-C.**, Agaricus campestris) mit weißem oder bräunl. Hut von meist 6 bis 9 cm ⌀ wächst an Feldwegen und auf Weiden, bes. in der Nähe von Viehmist. Weitere Arten sind: **Schaf-C.** (Agaricus arvensis) in Wäldern, Hut etwa 15 cm ⌀, weiß oder gelblich weiß, Geruch nach Anis und Mandeln, essbar; **Wald-C.** (Agaricus silvaticus) mit braunschuppigem Hut und meist blutrot anlaufendem Fleisch, essbar. Zu verwechseln mit dem Schaf-C. ist der schwach giftige **Carbol-C.** (**Gift-C.**, Agaricus xanthoderma) in Gebüsch, Parks und Gärten; färbt sich nach Verletzung sofort chromgelb, Geruch nach Tinte. Formen des **Garten-C.** (Agaricus bisporus), Hut

Adelbert von Chamisso

Champignon (von links): Waldchampignon und Wiesenchampignons

graubraun mit kurzem dickem Stiel und nussartigem Geschmack, werden als **Zucht-C.** gezüchtet.

Champion [ˈtʃæmpɪən, engl.] *der,* Sportler, der eine Meisterschaft (**Championat**) errungen hat.

Champions League [ˈtʃæmpɪəns ˈliːg; engl. »Meisterliga«], in versch. Ballsportarten jährlich nach Abschluss der jeweiligen nat. Meisterschaften ausgetragene Finalrunde im Europapokal der Landesmeister (im Handball z. B. seit 1993/94, im Tischtennis seit 1998/99). Im *Fußball* wird die UEFA-C.-L. seit 1992/93 durchgeführt. Auf die Gruppenphase (32 Mannschaften, acht Staffeln) folgt das Achtelfinale mit den jeweils beiden Staffelersten, danach Viertel-, Halbfinale und Endspiel.

Champions Race [ˈtʃæmpɪəns reɪs, engl.] *das, Tennis:* seit 2000 eingeführte jährl. ATP-Weltrangliste, die – beginnend bei null – nach jedem Wertungsturnier (alle 4 Grand-Slam- und 9 Masterturniere, außerdem 5 Turniere der internat. Serie) aktualisiert wird. Nr. 1 ist, wer die meisten Punkte aufweist.

Champlain [ʃãˈplɛ̃], Samuel de, frz. Kolonialpionier, * Brouage (bei Rochefort) um 1567, † Quebec 25. 12. 1635; erforschte seit 1603 Nordamerika, leitete die frz. Kolonialisierung Kanadas ein, dessen erster Gouv. er war; gründete 1608 Quebec, entdeckte 1609 den Champlainsee.

Champlainsee [ʃæmˈpleɪn-], **Lake Champlain,** buchten- und inselreicher See in den nordöstl. USA und der kanad. Prov. Quebec, 1 269 km^2, etwa 200 km lang, bis 23 km breit, bis 122 m tief; entwässert zum Sankt-Lorenz-Strom, ist nach S durch den **Champlainkanal** mit dem Hudson River verbunden.

Champollion [ʃãpɔlˈjõ], Jean-François, frz. Ägyptologe, * Figeac (bei Aurillac) 23. 12. 1790, † Paris 4. 3. 1832; entzifferte aufgrund der dreisprachigen Inschrift des Steins von Rosette die ägypt. Hieroglyphen und begründete die Ägyptologie.

Champs-Élysées [ʃãzeliˈze] *Pl.,* parkähnl. Stadtteil im W von Paris, durch den sich die Prachtstraße **Avenue des C.-É.** von der Place de la Concorde bis zur Place Charles de Gaulle (Arc de Triomphe) hinzieht; in den Anlagen das **Palais de l'Élysée** (Élysée-Palast), der Amtssitz des frz. Staatspräsidenten.

Chamsin [x-; arab. »fünfzig«] *der,* **Kamsin,** trockenheißer, staub- und sandhaltiger Wüstenwind aus südl. Richtungen in Ägypten, bes. in den 50 Tagen nach der Frühjahrs-Tagundnachtgleiche.

Chancellor [ˈtʃɑːnsələ, engl.] *der,* Kanzler; **C. of the Exchequer,** Schatzkanzler, brit. Finanzmin.; **Lord C.,** Lordkanzler, brit. Justizmin., höchster Richter und Vors. des Oberhauses.

Chancengleichheit [ˈʃãːsən-], gesellschafts- und kulturpolit. Forderung, die neben der Gleichstellung vor dem Gesetz für alle Mitgl. der Gesellschaft gleiche Bildungs- und Lebensmöglichkeiten umfasst. Gradmesser für den Stand der C. sind u. a. die allgemeine Wirksamkeit der Bürgerrechte (z. B. Gleichberechtigung von Mann und Frau), die Arbeits- und Wohnbedingungen und der Zugang zu den Bildungseinrichtungen. Im Gedanken der C. vereinigen sich freiheitl. und soziale Denkansätze. Vom liberalen Ansatz her gilt C. als gegeben, wenn gesetzlich die Wege zur Selbstverwirklichung des Einzelnen geebnet sind und die Gesellschaft notfalls materielle Hilfe bereitstellt, um wirtschaftlich Schwache zu fördern. Die tatsächl. Wahrnehmung der Startchancen hängt dann v. a. von der Initiative des Einzelnen ab. Sozialist. Denkmodelle fassen C. auf als Brechung von Standesprivilegien herrschender Klassen auf dem Wege revolutionärer Umformung der bestehenden Gesellschaft. Die Weiterentwicklung der Verfassungsstaaten unter dem Einfluss sozialdemokrat., sozialliberaler und sozialkonservativer Denkansätze zum sozialen Rechtsstaat im 20. Jh. führte im Sinne der C. zu einer im Einzelnen unterschiedl. Verschränkung von individueller Freiheit und Gleichheit der Startchancen aller.

Chan Chan [ˈtʃan ˈtʃan], **Chanchán,** eine der größten Städte der vorkolumb. Amerika (Ruinenstätte bei Trujillo, Peru; UNESCO-Weltkulturerbe), rd. 18 km^2 Fläche, war Residenz der Chimú-Fürsten; Blütezeit 1. Hälfte des 15. Jahrhunderts.

Chanchiang [dʒandʒjaŋ], chin. Stadt, →Zhanjiang.

Chanchito [tʃanˈtʃiːto, span.] *der,* **Cichlasoma facetum,** Art der Buntbarsche aus subtrop. Gebieten Südamerikas; beliebter Aquarienfisch mit roten Augen und schwarzen, senkrechten Streifen auf gelbl. Grund.

Chandemir [x-], **Chondemir,** Ghijas ad-Din, pers. Geschichtsschreiber, * Herat um 1475, † in Indien 1535/36; verfasste u. a. eine allg. Weltgeschichte »Freund der Lebensläufe« (1974 in Teheran neu herausgegeben).

Chandigarh [tʃ-], Hauptstadt des Bundesstaates Punjab in NW-Indien, zugleich vorläufige Hauptstadt von Haryana, 972 000 Ew.; bildet ein Unionsterritorium mit 114 km^2, (2006) 1,1 Mio. Ew.; Univ. (seit 1947), wurde nach Plänen von Le Corbusier (1950/51) angelegt.

Chandler [ˈtʃɑːndlə, amerikan. ˈtʃændlə], Raymond Thornton, amerikan. Schriftsteller. * Chicago (Ill.) 23. 7. 1888, † La Jolla (Calif.) 26. 3. 1959; schrieb in der Nachfolge von D. Hammett psychologisch motivierte Kriminalgeschichten, v. a. um den Privatdetektiv Philip Marlowe.

Chandler-Periode [ˈtʃɑːndlə-], die von dem Amerikaner S. C. Chandler (* 1846, † 1913) entdeckte Periode der →Polhöhenschwankungen (zw. 412 und 442 Tagen). Die Pole wandern dabei in maximal 15 m Entfernung um eine mittlere Position.

Chandra [tʃændra, engl.; nach S. Chandrasekhar], 1999 gestartetes Röntgenobservatorium der NASA. Es ist mit zwei Kameras und zwei Spektrometern ausgerüstet, die im Energiebereich zw. 0,07 und 10 keV (entspricht Wellenlängen von 0,1 bis 20 nm) arbeiten. Mit C. sind rd. 10-mal so scharfe Aufnahmen möglich wie mit dem Röntgenteleskop ROSAT. Man erhofft sich neue Erkenntnisse über hochenerget. Prozesse, wie sie u. a. in Neutronensternen, bei Gammastrahlenblitzen oder der Geburt neuer Planetensysteme ablaufen. Missionsende ist voraussichtlich 2009.

Chandragupta [tʃ-], ind. König, →Tschandragupta.

Chandrasekhar [tʃændrəˈseɪkə], Subrahmanyan, amerikan. Astrophysiker ind. Herkunft, *Lahore (heute Pakistan) 19. 10. 1910, †Chicago (Ill.) 21. 8. 1995; ab 1946 Prof. an der Univ. in Chicago, erhielt 1983 für seine Arbeiten über die Struktur und Entwicklung der Sterne den Nobelpreis für Physik (zus. mit W. A. Fowler). 1931 erkannte er, dass nur Sterne mit einer kleineren Masse als rd. 1,4 Sonnenmassen (**C.-Grenze**) sich zu →Weißen Zwergen entwickeln können.

Chanel [ʃaˈnɛl], Coco, eigtl. Gabrielle **Chasnel**, frz. Modeschöpferin, *Saumur 19. 8. 1883, †Paris 10. 1. 1971; 1916 Wegbereiterin einer funktionellen Damenmode mit nur wadenlangem Rock, lose gegürtetem Oberteil aus Jerseystoffen, Kurzhaarschnitt; lancierte in den 1920er-Jahren das »Kleine Schwarze« und lange Perlenketten als Modeschmuck, 1923 brachte sie das Parfum »Chanel N° 5« auf den Markt; seit 1954 weltbekannt für das C.-Kostüm mit losem, meist bordiertem Jäckchen und ausgestelltem Rock aus grobkörnigem Tweed. 1983 übernahm K. Lagerfeld die Haute-Couture-Kollektion und seit 1984 das Prêt-à-porter des Hauses und setzte den C.-Stil zeitgemäß um.

Changaigebirge [x-], Gebirgszug im Zentrum der Mongolei, rd. 700 km lang, 2 000–3 000 m; höchster Gipfel ist der Otgon-Tenger (3 905 m ü. M.).

Chang'an [tʃaŋˈan], chin. Stadt, →Xi'an.

Changbai Shan [tʃaŋbai ʃan], Gebirgszug an der chin.-korean. Grenze, →Paektusan.

Changchiakou [dʒaŋdʒjakou], chin. Stadt, →Zhangjiakou.

Changchou, 1) [dʒaŋdʒou], chin. Industriestadt, →Zhangzhou.

2) [tʃaŋ-], chin. Stadt, →Changzhou.

Changchun [tʃaŋtʃun], Hptst. der Prov. Jilin, China, 2,98 Mio. Ew., als Agglomeration 7,1 Mio. Ew.; Univ. und Polytechn. Univ., Fachhochschulen und Forschungsinstitute, Filmstudio (seit 1949), ehem. Kaiserpalast (heute Prov.-Museum); bed. Zentrum des chin. Kraftfahrzeug-, Waggon-, Maschinen-, Lokomotivbaus, chem., pharmazeut. Ind.; Hochbahn (z. T. als U-Bahn) im Bau, Flughafen. – Ende des 18. Jh. von chin. Siedlern als regionales Handelszentrum gegr.; 1933–45 als **Xinjing** (**Sinking**) Hptst. des von Japan abhängigen Staates Mandschukuo.

Chang Jiang [tʃaŋ dʒiaŋ], chin. Fluss, →Jangtsekiang.

Changsha [tʃaŋʃa], Hptst. der Prov. Hunan, China, am Xian Jiang, 1,5 Mio. Ew., als Agglomeration 5,9 Mio. Ew.; Univ.; Handels- und Umschlagplatz, Buntmetall-, Schwerind., Stickerei- und Porzellanherstellung; Flusshafen. – Hptst. seit 1664.

Chang Zheng [tʃaŋdʒ-], zweistufige Trägerrakete der chines. Weltraumbehörde CNSA (China National Space Administration), deren Entwicklung 1970 begann und mit der 1975 zum ersten Mal (C. Z. 2E) eine Nutzlast in eine Erdumlaufbahn gebracht wurde. Nachdem man sich seit Anfang der 1990er-Jahre in China wieder verstärkt mit der bemannten Raumfahrt beschäftigte, glückte im November 1999 die erste unbemannte Mission Shenzou 1 (→Shenzou) mit der neu entwickelten Trägerrakete C. Z. 2F. Nach drei weiteren erfolgreichen Unternehmungen bis Dezember 2002 startete am 15. 10. 2003 der erste bemannte Raumflug im Rahmen der Mission Shenzou 5.

Changzhou [tʃaŋdʒou], **Changchou**, 1912–49 **Wujin, Wutsin**, Stadt in der Prov. Jiangsu, China, 532 000 Ew.; Maschinenbau, Textilind., Eisenbahnreparaturwerkstätten.

Chania [ç-, neugriech. xanˈja], Hafenstadt an einer Bucht im NW der griech. Insel Kreta, 50 100 Ew.; orth. Bischofssitz; Polytechnikum, Museen; Flugplatz. – Türkisch geprägte Altstadt, venezian. Hafenanlagen. – C., das antike **Kydonia**, war seit dem 4. Jh. n. Chr. byzantinisch, seit 1252 venezianisch (**La Canea**), seit 1645 türkisch.

Chankendi [x-], **Xankändi**, aserbaidschan. Name von →Stepanakert.

Channeling [ˈtʃænlɪŋ; engl. »kanalisieren«] das, **Channelling,** Form des Spiritismus: Medien fungieren als »Kanal« für den Kontakt mit kosm. Wesenheiten oder geistigen Energien.

Channel Islands [ˈtʃænl ˈaɪləndz], Inselgruppe im Ärmelkanal, →Kanalinseln.

Chanoyu [tʃanoju] das, in Japan die feierl. Teezeremonie. Das C. geht auf die Teesitten chin. Dichter und Mönche zurück; in Japan fanden sie erst im 12. Jh. Verbreitung.

Chanson [ʃãˈsõ, frz.] das, frz. die, in der älteren frz. Poesie jedes singbare epische oder lyr. Gedicht; so die Chansons de Geste (→Geste), die rezitativisch unter Instrumentenbegleitung von Spielleuten (Jongleurs) vorgetragen wurden. C. sind meist lyr. Gedichte, die stroph. Gliederung, singbare Form und im MA. eher eleg., später heiteren Inhalt hatten, oft mit Refrains. I. e. S. ist das C. das mehrstimmige frz. Lied, meist Liebes- und Trinklied im 15.–17. Jh. Seit dem 17. Jh. hatte das C. oft politisch-satir. Inhalt, so während der Frz. Revolution. Im 19. Jh. erhielt das C. einen literar. Charakter, bes. als Ende des Jahrhunderts Chansonniers in den Pariser Cabarets ihre selbst vertonten Dichtungen vortrugen. Seit dem Ende des Ersten Weltkriegs wurde das C. durch Film und Funk mitgeformt. Mit dem C. berühren sich Kabarettballade (→Ballade) und →Song.

Chansonnette [ʃãsɔˈnɛt(ə), frz.] die, kleines Lied, meist komischen oder frivolen Inhalts; auch Bez. für Chansonsängerin.

Chant der, **1)** [ʃã, frz.], Gesang, Melodie, Lied, Teil eines Epos.

2) [tʃɑːnt, engl.], in der engl. Kirchenmusik der Psalmengesang auf alte gregorian. Melodien.

Chantal [ʃãˈtal], Jeanne Françoise Fremyot de, frz. kath. Mystikerin, *Dijon 28. 1. 1572, †Moulins 13. 12. 1641; gründete 1610 mit Franz von Sales den Orden der Salesianerinnen. Heilige, Tag: 12. 12.

Chanten [x-], **Ostjaken**, Volk in Westsibirien, v. a. in den Autonomen Kreisen der C. und Mansen sowie der Jamal-Nenzen, sprechen Ostjakisch (eine finnougr. Sprache); etwa 22 500 Menschen, überwiegend sesshafte Rentierzüchter, Jäger und Fischer.

Chan-Tengri [x-] der, zweithöchstes, vergletschertes Bergmassiv des Tienschan, auf der Grenze zw. Kirgistan und Kasachstan, bis 6 995 m ü. M.

Chanten und Mansen, Autonomer Kreis der [x-], Autonomer Kreis in Russland (gegr. 1930), in W-Sibirien, innerhalb des Gebiets Tjumen, 534 800 km², (2006) 1,48 Mio. Ew. (davon 66,2 % Russen, 8,6 % Ukrainer, 7,5 % Tataren, 2,5 % Baschkiren, 1,8 % Aserbaidschaner, 1,4 % Weißrussen, 1,2 % Chanten, 1,0 % Tschuwaschen und 0,7 % Mansen), umfasst den mittleren Teil des sumpf- und seenreichen Westsibir. Tieflandes am unteren Irtysch und mittleren Ob;

Charlie Chaplin in seinem Film »Moderne Zeiten« (1936)

Hptst. ist **Chanty-Mansisk** (59 600 Ew.). In der Region werden zw. 60 und 70% des russ. Erdöls gefördert, aufgrund dessen gehört der Autonome Kreis der C. u. M. zu den wichtigsten Ind.- und Investitionsregionen Russlands, seit 1991 bedeutende Zuwanderung; außerdem Fischfang, Pelztierjagd und -zucht, Holzverarbeitung.

Chantilly [∫ãti'ji], Stadt im frz. Dép. Oise, nördlich von Paris, 11 500 Ew.; Pferderennen (seit 1834). – Schloss C., bestehend aus Petit (16. Jh.) und Grand Château (um 1530, nach Zerstörung wiederhergestellt 1876–82), mit dem Musée Condé (Gemäldesammlung); Parkanlagen; Stallungen (1719–35). – 1725–1800 Porzellanmanufaktur.

Chantillyspitze [∫ãti'ji-, nach der Stadt Chantilly] *die*, Klöppelspitze mit reicher floraler Musterung in feinem Tüllgrund.

Chanukka [x-; hebr. »Weihe«] *die*, achttägiges jüd. Fest im Dezember (ab 25. Kislew) zur Erinnerung an die von Judas Makkabäus veranlasste Wiedereinweihung des Tempels in Jerusalem (165 v. Chr.); charakteristisch ist das täglich fortschreitende Anzünden der Lichter am achtarmigen C.-Leuchter; daher auch **Lichterfest** genannt.

Chao-Phya-Damm [t∫-], →Menam Chao Phraya.

Chaos [k-; griech. »die Kluft«] *das*, **1)** *allg.:* Auflösung aller Ordnung, völliges Durcheinander.
2) *Naturphilosophie:* der unendl., ungeordnete Urstoff bzw. der mit diesem gefüllte Raum, aus dem nach den griech. Weltentstehungsmythen der endl. und geordnete Kosmos (die Welt) entstand. Ähnlich steht das C. in vielen Religionen für den Zustand vor der Entstehung der Welt.

Chaos|theorie [k-], Forschungsgebiet an der Schnittstelle zw. Mathematik und Physik, das sich mit dynam. Systemen befasst, deren Langzeitverhalten so empfindlich von den Anfangsbedingungen abhängt, dass eine Vorhersage unmöglich ist. Typisch ist dieses Verhalten für das Wetter, weshalb hierfür der Begriff →Schmetterlingseffekt geprägt wurde. Weitere Beispiele finden sich bei Strömungsvorgängen, chem. Reaktionen und Musterbildungsprozessen sowie in der nicht linearen Optik. Das irreguläre, scheinbar zufällige Verhalten solcher Systeme wird in Abgrenzung zu stochast. Verhalten als **determinist. Chaos** bezeichnet, da es durch physikal. Gesetze determiniert ist. Ziel der C. ist es, universelle Prinzipien des determinist. Chaos abzuleiten; zu ihren wichtigsten mathemat. Hilfsmitteln gehört die Bifurkationstheorie.

Chapala, Lago de [- t∫a'pala], größter See Mexikos, 1 700 km^2, 1 520 m ü. M., vom Río Lerma durchflossen.

Chapeau claque [∫apo'klak; frz. »Klapphut«] *der*, zusammenklappbarer Zylinderhut, 1823 in Paris erfunden.

Chaperone [∫-, engl.], **Chaperonine**, Eiweiße, die in anderen Proteinen bestimmte Konformationen stabilisieren und dadurch die Faltung dieser Proteine mitbestimmen.

Chaplin ['t∫æplın], **1)** Sir (ab 1975) Charlie, eigtl. Charles Spencer **C.**, brit. Filmschauspieler, -autor, -regisseur und Produzent, * London 16. 4. 1889, † Vevey (Schweiz) 25. 12. 1977, Vater von 2); war ab 1914 Filmkomiker in Hollywood; übernahm auch bald die Regie seiner Filme; gründete 1919 mit M. Pickford, D. Fairbanks und D. W. Griffith die →United Artists Corporation. C. differenzierte die groteske Situationskomik der Slapstick-Comedys mithilfe pantomim., mim. und psycholog. Mittel zur Tragikomödie des »kleinen Mannes«; setzte später auch sozialkrit. Akzente. Bed. sind v. a. seine Filme »Der Tramp« (1915), »The Kid« (1921), »Goldrausch« (1925), »Moderne Zeiten« (1936), »Der große Diktator« (1940). Sein amerikakrit. Film »Ein König in New York« (1957) stellt die Gründe für seine Abkehr von den USA dar. – Autobiografie »Die Geschichte meines Lebens« (1964).
2) Geraldine, amerikan. Filmschauspielerin, * Santa Monica (Calif.) 31. 7. 1944, Tochter von 1); wurde bekannt durch ihre Rolle in »Doktor Schiwago« (1965); spielte in zahlr. Filmen des span. Regisseurs C. Saura; daneben u. a. in »Nashville« (1975) und »Sprich mit ihr« (2002).

Chaptalisieren [∫ap-; nach dem frz. Chemiker J. A. Chaptal, * 1756, † 1832], das Anreichern des Weines (zur Erhöhung des Alkoholgehalts) durch Zusatz von Zucker, von konzentriertem Traubenmost oder rektifiziertem Traubenmostkonzentrat zum Most vor der Gärung; für Qualitätsweine mit Prädikat verboten.

Chapultepec [t∫-], Schloss (heute Museum) und Park in der Stadt Mexiko; im (Defensiv-)**Pakt von C.** (3. 3. 1945) vereinbarten die 21 amerikan. Unterzeichnerstaaten eine engere militär. Zusammenarbeit.

Char [∫a:r], René, frz. Schriftsteller, * L'Isle-sur-la-Sorgue (Dép. Vaucluse) 14. 6. 1907, † Paris 19. 2. 1988; gehörte bis 1938 zur Gruppe der Surrealisten, war an der frz. Widerstandsbewegung maßgeblich beteiligt (»Hypnos«, Ged., 1946); zählt mit seinen Gedichten in vieldeutiger, z. T. aphorist. Sprache, in denen u. a. Themen wie Krieg, Tod, Revolte und Sehnsucht nach der heimatl. Provence sichtbar werden, zu den bedeutendsten frz. Lyrikern des 20. Jahrhunderts.

Characteristica universalis [k-, lat.], Leibniz' Entwurf einer allgemeingültigen Zeichensprache; im Kalkül der neuzeitl. mathematischen Logik z. T. verwirklicht.

Charactron [k-; zu engl. chara*c*ter und elec*tron*] *das*, eine →Elektronenstrahlröhre mit zwei Ablenksystemen und einer mit Zeichen versehenen Matrix zur Profilierung des Elektronenstrahls. Verwendung für PPI-Sichtgeräte (→Radar) und zur schnellen Ausgabe (etwa 10 000 Zeichen je Sekunde) von codierten Zeichen bei Computern und Fotosetzmaschinen.

Charakter [k-; griech. »das Eingeprägte«], **1)** i. w. S. die gestalthafte, typ. Eigenart einer Person, Sache oder Gesamterscheinung (Landschaft, musikal. Werk; **phänomenaler** oder **ästhet. C.-Begriff**); i. e. S. die innere Haltung, die sich in konsequent verantwortungsbewusstem sittl. Handeln ausdrückt (**ethisch-normativer C.-Begriff**). – Zur *Psychologie* →Charakterologie.

2) im literar. Text (Roman, Novelle, Drama) beschriebene oder auf der Theaterbühne gespielte Figur mit komplexen, auffällig ausgeprägten und teilweise widersprüchl. Persönlichkeitseigenschaften. Im Ggs. zu Typen und Idealfiguren zeugt der C. von der individuellen Prägung menschl. Handelns.

Charakter|art [k-], **Kennart,** Pflanzen- oder Tierart, die an eine bestimmte Lebensstätte oder Pflanzengesellschaft gebunden ist.

Charakteristik [k-] *die,* **1)** *allg.:* Kennzeichnung, eine das Wesentliche treffende Beschreibung.

2) *Physik, Technik:* die →Kennlinie.

charakteristische Strahlung [k-], →Röntgenstrahlen.

Charakterologie [k-] *die,* **Charakterkunde,** Bez. für ältere psycholog. Theorien über den menschl. Charakter, die sich mit seinem Aufbau und seiner Entwicklung (als Wechselwirkung von Anlage und Umwelt) beschäftigen.

Die vorwiegend phänomenologisch-verstehende C. hat heute kaum mehr Einfluss. Ihre Forschungsziele wurden weitgehend von der empirisch orientierten →Persönlichkeitsforschung übernommen.

Die antike Lehre der vier →Temperamente kann als Vorläuferin der C. gelten. Die Grundlegung der C. von L. Klages (1910) basierte noch auf ausdruckspsycholog. Forschungen. In den 1920er-Jahren versuchte sich die Psychologie mit dem Mittel der →Typologie an den individuellen Charakter anzunähern. Die **Konstitutionstypologien** von E. Kretschmer (1921; →Konstitutionstypen) und W. Sheldon (1940) ordneten Körperbau- und Temperamentstypen einander zu. C. G. Jung unterschied in seinen »Psycholog. Typen« (1921) nach innen oder nach außen gerichtete Bewusstseinseinstellungen (Charaktere), die Introvertierten und die Extravertierten. An Freuds Charakterlehre und an der Existenzphilosophie orientiert, entwickelte E. Fromm seine Systematik der Charaktere: Den entfremdeten (u. a. autoritären) Charakterorientierungen setzte er die produktive Charakterorientierung entgegen.

Charakterrolle [k-], *Theater, Film:* psychologisch scharf ausgeprägte Gestalt eines Dramas oder Films (im Unterschied zu Typen und Idealfiguren).

Charakterstück [k-], kürzeres Musikstück, v. a. der romant. Klaviermusik, mit konkretem, durch einen Titel bezeichneten Stimmungsgehalt, z. B. R. Schumanns »Kinderszenen«.

Charbin [x-], **Pinkiang,** chin. Stadt, →Harbin.

Charcot [ʃarˈko], Jean Martin, frz. Neurologe, *Paris 29. 11. 1825, †Lac des Settons (Dép. Nièvre) 16. 8. 1893; arbeitete bes. über Hysterie, Hypnotismus und Systemerkrankungen des Rückenmarks.

Chardin [ʃarˈdɛ̃], **1)** Jean-Baptiste Siméon, frz. Maler, *Paris 2. 11. 1699, †ebd. 6. 12. 1779; malte neben Bildnissen schlichte Genreszenen und bes. Stillleben, die sich durch fein abgestimmtes Kolorit auszeichnen.

2) →Teilhard de Chardin.

Chardonnay [ʃardɔˈnɛ, frz.] *der,* Rebsorte, aus der z. B. trockener weißer Burgunder und Champagner hergestellt werden.

Chardonnet [ʃardɔˈnɛ], Louis-Marie-Hilaire **Bernigaud,** Graf de, frz. Technologe, *Besançon 1. 5. 1839, †Paris 12. 3. 1924; entwickelte 1884 das erste Verfahren zur großtechn. Erzeugung von Kunstseide aus Cellulose (**C.-Seide**). Diese war anfänglich aufgrund ihres hohen Nitratgehaltes sehr leicht entzündlich.

Charente [ʃaˈrãt], **1)** *die,* Fluss in W-Frankreich, 360 km lang, entspringt im Limousin, mündet unterhalb von Rochefort in den Atlantik.

2) Dép. im westl. Frankreich, 5 956 km², 340 100 Ew.; Hptst. Angoulême.

Charente-Maritime [ʃaˈrãt mariˈtim], Dép. in W-Frankreich, 6 864 km², 577 000 Ew.; Hptst. ist La Rochelle.

Charg [x-], **Kharg,** iran. Insel im N des Pers. Golfs, 37 km vor der Küste, 8 km lang, 25 km², etwa 3 000 Bewohner; wichtigster Rohölexporthafen Irans.

Charga [x-; arab. »die äußere Oase«], **Kharga,** ägypt. Oasengebiet in der Libyschen Wüste, eine von steilen Kreidekalkhügeln und Sanddünen umgebene, 200 km lange, 20–50 km breite Senke mit Ruinen aus dem Altertum und aus frühchristl. Zeit; etwa 50 000 Ew., Hauptort ist El-C. (rd. 12 000 Ew.); Straße nach Assiut.

Chargaff [ˈʃaːgaf], Erwin, österreichisch-amerikan. Biochemiker und Schriftsteller, *Tschernowzy 11. 8. 1905, †New York 20. 6. 2002; lehrte 1935–74 an der Columbia University, New York. Seine Aussagen zur quantitativen Basenzusammensetzung der Nukleinsäuren (**C.-Regeln**) waren eine der Voraussetzungen für die Aufstellung des Watson-Crick-Modells der DNA.

Charge [ˈʃarʒə; frz. »Last«] *die,* **1)** *student. Verbindungswesen:* Amt in einer student. Verbindung.

2) *Technik:* die Beschickungsmenge bzw. Ladung bei techn. Anlagen (z. B. Brennöfen).

3) *Theater:* Nebenrolle mit meist einseitig gezeichnetem Charakter, die häufig maßgeblich zu Wendungen des Handlungsablaufs (dramaturg. Wendungen) beiträgt.

Chargé d'Affaires [ʃarˈʒe daˈfɛːr, frz.] *der, Diplomatie:* der →Geschäftsträger.

Chargenbetrieb [ˈʃarʒən-], *Verfahrenstechnik:* der →diskontinuierliche Betrieb.

Charge-Transfer-Komplexe [ˈtʃɑːdʒ trænsˈfəː-, engl.], **CT-Komplexe,** Komplexverbindungen, die nicht durch chem. Bindungen, sondern durch lockere Zusammenlagerung eines Elektronendonators und eines -akzeptors (elektronenreiche bzw. -arme Moleküle) entstehen, daher auch als **Elektronen-Donator-Akzeptor-Komplexe** oder **EDA-Komplexe** bezeichnet. Dabei werden elektr. Ladungen vom Donator- zum Akzeptormolekül übertragen. C.-T.-K. sind häufig intensiv gefärbt.

Jean-Baptiste Siméon Chardin: Selbstbildnis vor der Staffelei (um 1776; Paris, Louvre)

Charleroi
Stadtwappen

Charles,
Prinz von Wales

Chari [ʃaˈriː, frz.], Fluss in Zentralafrika, →Schari.
Charidjiten [xariˈdʒitən; arab. »die Ausziehenden«], **Charidjija**, die älteste islam. Sondergemeinschaft, urspr. Anhänger des Kalifen Ali, die sich nach der Schlacht von Siffin (657) von diesem getrennt hatten. Die C. vertraten die Ansicht, dass das Kalifat dem würdigsten Muslim zukomme, unabhängig von etwaiger Verwandtschaft mit Mohammed. Unter den versch. Richtungen erlangten die Mitte des 7. Jh. entstandenen **Ibaditen** (ben. nach ihrem Begründer Abd Allah Ibn Ibad al-Murri) die größte Bedeutung, heute vertreten in Nordafrika, bes. aber in Oman.
Charisma [ç-; griech. »Gnadengabe«] *das,* eine als nicht alltäglich geltende oder als übernatürlich empfundene Eigenart eines Menschen, um derentwillen er als gottbegnadet, gottgesandt, vorbildlich und daher als Autorität oder Führerpersönlichkeit angesehen wird (› Herrschaft). Im N. T. (1. Kor. 12) eine besondere Geistes- und Gnadengabe zum Dienst an der christl. Gemeinde, z. B. die Befähigung zu Predigt oder Lehre.
charismatische Bewegung [ç-], **charismatische Gemeindeerneuerung,** Anfang der 1960er-Jahre im Protestantismus entstandene Glaubensbewegung, die die urchristl. Gnadengaben wie Zungenreden, Prophetie und Krankenheilung wieder zur Geltung bringen will. Über die prot. Kirchen hinaus breitete sich die c. B. seit 1966 auch innerhalb der kath. Kirche aus. Sie versteht sich als vom Hl. Geist geleitete Bewegung zur Erneuerung des geistl. Lebens in den versch. Kirchen und verzichtet – im Unterschied zu der ihr verwandten → Pfingstbewegung – auf die Bildung eigener kirchl. Gemeinschaften.
Charismi [x-], **1)** eigtl. **Abu Abd Allah Mohammed Ibn Ahmed Ibn Jusuf,** arab. Schriftsteller, lebte Mitte des 10. Jh. in Nischapur; verfasste die älteste islam. Enzyklopädie (»Die Schlüssel der Wissenschaften«).
2) **Chwarismi,** Mohammed Ibn Musa, mlat. **Algorismi,** pers. Mathematiker und Astronom, * in Charism (heute Oase Chiwa) um 780, † Bagdad nach 846; schrieb Lehrbücher über Gleichungslehre, Rechnen mit ind. (arab.) Ziffern, jüd. Zeitrechnung. Von seinem Namen leitet sich der Ausdruck Algorithmus ab.
Charité [ʃariˈte; frz., von lat. caritas »Barmherzigkeit«] *die,* früher Bez. für Kranken- und Pflegeanstalten, in denen die ärmere Bev. kostenlos ärztlich behandelt wurde; erhalten im Namen von daraus entstandenen Krankenhäusern; die **Berliner C.** (gegr. 1710) ist heute Teil der Humboldt-Univ. zu Berlin.
Chariten [ç-, griech.], **Charitinnen,** griech. Göttinnen der Anmut, Töchter des Zeus und der Eurynome; seit Hesiod als Dreiheit auftretend: Aglaia (Glanz), Euphrosyne (Frohsinn) und Thalia (Glück); von den Römern **Grazien** genannt.
Charivari [ʃa-; frz. lautmalerisch »Durcheinander«, »Katzenmusik«], **1)** *Musik:* Ständchen mit Lärminstrumenten u. Ä.; auch das Einstimmen des Orchesters vor Beginn einer Aufführung.
2) *Publizistik:* Titel einer satir. Zeitschrift, die 1832–37 in Paris erschien, mit Zeichnungen u. a. von H. Daumier und Grandville.
3) *Volkskunde:* Uhrenkette altbayer. Männertrachten mit emblemat. Anhängern.
Charkow [x-], ukrain. **Charkiw,** Gebietshptst. in der Ukraine, 1,48 Mio. Ew.; Ind.-, Wirtschafts- und Kulturzentrum, drei Univ., weitere Hochschulen und Forschungsinst., russisch-orth. Metropolitensitz; Maschinen-, Geräte-, Flugzeug-, Fahrzeug-, Schienenfahrzeug-, Traktorenbau, elektron., feinmechan., chem. und Leichtind.; bed. Verkehrsknotenpunkt, Flughafen. – Kloster und Kirche Mariä Schutz und Fürbitte (1689 ff.), Mariä-Entschlafens-Kirche (1771 ff.), frühklassizist. Palast Katharinas II. (1776 ff.). – C., 1654/55 von Kosaken gegr., war seit 1765 Hptst. eines Gouv., 1917 und 1919–34 der Ukraine.
Charlemagne [ʃarləˈmaɲ, frz.], frz. Name →Karls des Großen.
Charleroi [ʃarlˈrwa], Stadt in der Prov. Hennegau, Belgien, an der Sambre, 206 500 Ew.; Museen, Theater; Hütten-, Glas-, Fahrzeug-, elektrotechn. Ind.; durch einen Kanal ist C. mit Brüssel verbunden. – C., urspr. **Charnoy,** wurde 1665 von den Spaniern nach ihrem König Karl II. benannt, 1668–78 war es französisch; von Vauban zur Festung (1868 geschleift) ausgebaut.
Charles, 1) [tʃaːlz], Name engl. Könige, →Karl.
2) [ʃarl], Name frz. Könige, →Karl.
3) [tʃaːlz], eigtl. **C. Philip Arthur George,** Prinz von Wales (Ernennung 1958, Investitur 1969), Herzog von Cornwall, brit. Thronfolger, * London 14. 11. 1948; ältester Sohn von Königin Elisabeth II. und Prinz Philip; heiratete 1981 Prinzessin →Diana, von der er sich 1992 trennte (Scheidung 1996); in zweiter Ehe ∞ seit 9. 4. 2005 mit seiner langjährigen (1995 ebenfalls geschiedenen) Freundin Camilla Parker Bowles (* 1947), nunmehr Herzogin von Cornwall.
Charles [ʃarl], Jacques Alexandre César, frz. Physiker, * Beaugency (Dép. Loiret) 12. 11. 1746, † Paris 7. 4. 1823; konstruierte 1783 einen mit Wasserstoff gefüllten Ballon (**Charlière**); bestimmte die Ausdehnung versch. Gase.
Charleston [ˈtʃaːlstən] *der,* amerikan. Modetanz der 1920er-Jahre in geradem Takt und mit stark synkopiertem Grundrhythmus.
Charleston [ˈtʃaːlstən], **1)** Stadt in South Carolina, USA, 101 000 Ew.; Militärakademie; kath. Bischofssitz; bed. Hafen am Atlantik; Holzverarbeitung, Zellstoff-, Papierfabriken, Erdölraffinerien. – 1670 gegr., bis 1790 Hptst. von South Carolina. Hier begann 1861 der Sezessionskrieg.
2) Hptst. des Bundesstaates West Virginia, USA, 51 400 Ew.; Glas-, chem. u. a. Industrie. – Gegr. 1794.
Charleville-Mézières [ʃarləˈvil meˈzjɛːr], Hptst. des Dép. Ardennes, Frankreich, an der Maas, 57 000 Ew.; Metallind.; Zitadelle (17. Jh.). – 1966 wurden Charleville (1606 gegr.) und Mézières (im 9. Jh. gegr.) mit drei anderen Gemeinden zu C.-M. zusammengeschlossen.
Charlotte [ˈʃaːlət], Stadt in North Carolina, USA, 584 700 Ew.; Univ.; Textil-, elektron., Nahrungsmittelindustrie. – Bis 1848 das Zentrum der amerikan. Goldgewinnung.
Charlotte [ʃ-], Herrscherinnen:
Luxemburg: **1)** Großherzogin (1919–64), * Schloss Berg 23. 1. 1896, † Schlossgut Fischbach (bei Luxemburg) 9. 7. 1985; gelangte durch die Abdankung ihrer älteren Schwester Marie Adelheid auf den Thron; ∞ mit dem Prinzen Felix von Bourbon-Parma (seit 1919); ging bei der dt. Besetzung Luxemburgs 1940 über Paris, Lissabon und New York nach Montreal (Kanada) ins Exil; kehrte 1945 zurück. Die in ihrem Land sehr populäre Großherzogin dankte im Nov. 1964 zugunsten ihres Sohnes Jean ab.
Mexiko: **2)** Kaiserin (1864–67), * Laeken (bei Brüssel) 7. 6. 1840, † Bouchoute (bei Brüssel) 19. 1. 1927; Tochter des belg. Königs Leopold I., ∞ seit 1857 mit

Erzherzog Maximilian von Österreich, dem späteren Kaiser von Mexiko; fiel 1866 in geistige Umnachtung.

Charlotte Amalie [ˈʃaːlət əˈmaːljə], Hptst. der Amerikan. Jungferninseln (Virgin Islands of the United States; → Jungferninseln), Kleine Antillen, liegt auf deren größter Insel Saint Thomas, 18 900 Ew.; Hafen.

Charlottenburg, ehem. Bez. von Berlin, seit 2001 Teil des Verw.-Bez. C.-Wilmersdorf.

Charlottenburg-Wilmersdorf, Bez. von Berlin, 2001 gebildet aus den ehem. Bez. Charlottenburg und Wilmersdorf, 64,7 km², 315 200 Einwohner.

Charlottesville [ˈʃaːlətsvɪl], Stadt im mittleren Teil von Virginia, USA, 40 300 Ew.; Zentrum eines Landwirtschaftsgebietes; Sitz der University of Virginia (1819 gegr.). – Die nach Entwürfen von T. Jefferson errichtete University of Virginia (Bau 1826 vollendet) mit ihrem weitläufigen Campus und das Wohnhaus von Jefferson in Monticello (1768–82, 1796–1809 umgebaut) gehören zum UNESCO-Weltkulturerbe.

Charlottetown [ˈʃaːləttaʊn], Hptst. der Prov. Prince Edward Island, Kanada, 58 400 Ew.; Nahrungsmittelind., Fischerei; Fremdenverkehr; Überseehafen. – Benannt nach der brit. Königin Charlotte (* 1744, † 1818).

Charm [tʃaːm, engl.] *das, Physik:* ladungsartige Quantenzahl C des **C.-Quarks** (→ Quarks). Das gebundene System cc̄ aus C.-Quark c und seinem Antiteilchen c̄ heißt **Charmonium.**

Charmeuse [ʃarˈmøːz, frz.] *die,* Tuchtrikot (Kettengewirke) für Damenunterwäsche, Futter, techn. Zwecke u. a.

Charms [x-], Daniil Iwanowitsch, eigtl. D. I. **Juwatschow,** russ. Schriftsteller, * Petersburg 12. 1. 1905, † (in Haft) 2. 2. 1942; war Vertreter einer avantgardist. Gruppe von Dichtern und Künstlern; gilt als Sprachmagier und Wortkünstler; experimentierte mit Lyrik und verfasste kleine Dramen (»Jelisaweta Bam«, 1928); wurde 1931 und erneut 1941 verhaftet und verhungerte im Gefängnis.

Charon [ç-], **1)** *Astronomie:* ein Mond des Zwergplaneten → Pluto.

2) *griech. Mythologie:* Fährmann der Toten über den Grenzfluss der Unterwelt (Acheron, Styx); eine dem Toten in den Mund gelegte Münze (Obolus) galt als Fährgeld.

Charpak [ˈxarpak, frz. ʃarˈpak], Georges, frz. Physiker poln. Herkunft, * Dąbrowica (heute Dubrowyzja, Gebiet Rowno, Ukraine) 1. 8. 1924; entwickelte am CERN einen Teilchendetektor, der wesentlich zum Nachweis von intermediären Bosonen und Quarks beitrug, erhielt dafür 1992 den Nobelpreis für Physik.

Charpentier [ʃarpɑ̃ˈtje], **1)** Gustave, frz. Komponist, * Dieuze (Dép. Moselle) 25. 6. 1860, † Paris 18. 2. 1956; Schüler J. Massenets; Spätromantiker, v. a. bekannt durch seine Orchestersuite »Impressions d'Italie« (1890) sowie die Oper »Louise« (1900).

2) Marc-Antoine, frz. Komponist, * Paris zw. 1645 und 1650, † ebd. 24. 2. 1704; Schüler von G. Carissimi in Rom, Kapellmeister in Paris; schrieb v. a. geistl. Musik (Oratorien, Kantaten, Messen; auch Opern: »Acis et Galathée«, 1678; »Médée«, 1693).

Charrat [ʃaˈra], Janine, frz. Tänzerin und Choreografin, * Grenoble 24. 7. 1924; gründete 1951 in Paris ihr eigenes Ensemble, leitete ab 1970 eine Ballettschule, wurde 1980 Direktorin für Tanz am Centre Pompidou in Paris.

Charta [k-; lat. »Pergament«, »Urkunde«] *die,* **1)** *Staatsrecht, Völkerrecht:* engl. **Charter,** frz. **Charte,** nach dem Vorbild der engl. → Magna Charta svw. Staatsgrundgesetz; auch Bez. für Satzungen internat. Organisationen (z. B. C. der UN) oder für grundsätzl. Erklärungen einer gemeinsamen Zielsetzung in der Außenpolitik (z. B. Atlantikcharta).

2) *Urkundenlehre:* **C. partita, Chirographum,** Kerbzettel, bei dem das Anpassen zweier gleichlautender Teile anstelle des Siegels den Echtheitsbeweis der Urkunde liefert.

Charta 77 [k-], eine 1976/77 bis (formell) Nov. 1992 bestehende Menschen- und Bürger(rechts)bewegung in der Tschechoslowakei; ging hervor aus einer Gruppe von Intellektuellen (u. a. V. Havel), die am 1./6. 1. 1977 das »Manifest für Bürgerrechte« veröffentlichte; entwickelte sich trotz repressiver staatl. Maßnahmen zur bekanntesten Dissidentengruppe im Ostblock. Führende Vertreter wurden 1989 zu Mitbegründern des → Bürgerforums und anderer polit. Gruppierungen.

Charta Oecumenica, am 22. April 2001 in Straßburg von den europ. Kirchen verabschiedete Leitlinien für die kirchl. Zusammenarbeit in Europa.

Charta von Paris [k-], Schlussdokument der KSZE-Sondergipfelkonferenz in Paris, von 34 Teilnehmerstaaten am 21. 11. 1990 unterzeichnet. Inhalt: Durchsetzung von Demokratie, Rechtsstaatlichkeit und Meinungsfreiheit, Sicherung der Menschenrechte und der Grundfreiheiten, Schutz der nat. Minderheiten, Stärkung der Zusammenarbeit zw. den Völkern, friedl. Beilegung von Streitfällen sowie Fortsetzung des Abrüstungsprozesses. Zugleich enthält die C. v. P. den Beschluss, die KSZE stärker zu institutionalisieren. Die C. v. P. dokumentiert das Ende der Konfrontation der Nachkriegszeit und der Teilung Europas.

Chartergesellschaft [ˈ(t)ʃar-], Gesellschaft, die Personen oder Güter mit gemieteten Verkehrsmitteln befördert.

Chartervertrag [ˈ(t)ʃar-], Mietvertrag über ein Verkehrsmittel mit oder ohne Besatzung **(Vollcharter)** oder von Teilen seines Laderaums **(Teilcharter)** zur Beförderung von Personen oder Gütern.

Chartier [ʃarˈtje], Émile, frz. Philosoph, → Alain.

Chartismus [tʃa:-] *der,* erste polit. Arbeiterbewegung in Großbritannien, ben. nach der 1838 von W. Lovett verfassten »People's Charter«, deren Hauptforderungen ein allgemeines, gleiches und geheimes Wahlrecht, Parlamentsreform und jährl. Parlamentswahlen waren. Der C. ging durch die aufkommenden Gewerkschaften (Trade-Unions) nach 1850 zurück.

Chartres [ʃartr], Hptst. des frz. Dép. Eure-et-Loir, an der Eure, 39 600 Ew.; Marktzentrum der Beauce; Maschinenbau, Nahrungsmittel-, elektron. u. a. Ind. – Die Kathedrale (UNESCO-Weltkulturerbe) ist einer der ersten rein got. Bauten im 12./13. Jh. Der reiche Figuren- und Reliefschmuck der Portale hatte eine weitreichende Wirkung auf die frz. und dt. Plastik des 12. und 13. Jh.; farbenprächtige Glasfenster. – C., das antike **Autricum,** war seit dem 10. Jh. Hptst. einer Grafschaft, die 1528 zum Herzogtum erhoben wurde.

Chartreuse® [ʃarˈtrøːz] *der,* Kräuterlikör der Mönche des Klosters **Grande Chartreuse** (gegr. 1084 durch Bruno von Köln) bei Grenoble, Frankreich, hergestellt (heute in Voiron, Dép. Isère) nach einem Rezept von 1605. **C. vert** (grün) hat 55, **C. jaune** (gelb) 40 Vol.-% Alkohol.

Charts [tʃaːts, engl.], **1)** *Börsenwesen:* graf. Darstellungen des bisherigen Kursverlaufs und des Umsatzvolumens börsennotierter Aktien, Aktienindizes

Georges Charpak

Janine Charrat

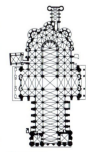

Chartres: Grundriss der Kathedrale; 12. Jh. ff.

oder sonstiger Kursentwicklungen (z. B. Devisen). Dargestellt werden entweder die Tageswerte oder – als Basis langfristig orientierter Analysen – (gleitende) Durchschnitte aus den Tageswerten (Trend-, Unterstützungs- und Widerstandslinien). Bei der Analyse der C. (**Chart-Reading**) wird unterstellt, dass der Kursverlauf Regelmäßigkeiten aufweist, die es ermöglichen, aus dem bisherigen Verlauf auf die weitere Entwicklung zu schließen.

2) Listen der beliebtesten und/oder meistverkauften Medien, die, durch Umfrage ermittelt, turnusmäßig (meist wöchentlich) zusammengestellt werden.

Charybdis [ç-] *die, griech. Mythologie:* der gefährl. Meeresstrudel gegenüber der →Skylla, auch als Meeresungeheuer gedacht.

Chasaren [x-], Turkvolk umstrittener Herkunft; bildete im 7. Jh. ein mächtiges Reich zw. unterer Wolga und Don. Ein Teil der Oberschicht der C. nahm im 8. Jh. den jüd. Glauben an und hatte im 9. Jh. die polit. Führung inne. Der Kiewer Fürst Swjatoslaw schlug 965 die C. entscheidend, konnte sie jedoch nicht unterwerfen. Im 13. Jh. werden die C. zuletzt erwähnt.

Chase Manhattan Corp. [ˈtʃeɪs mænˈhætən kɔˈpɑːʃn], amerikan. Finanzkonzern, entstanden 1955 durch Fusion von Chase National Bank of the City of New York und Bank of Manhattan Comp.; 1996 Übernahme der **Chemical Banking Corp.** (entstanden 1959 durch Zusammenschluss von Chemical Corn Exchange Bank und New York Trust Comp.); 2000 Fusion mit der J. P. Morgan & Co. Inc. zur →J. P. Morgan Chase & Co.

Chaskowo [x-], Gebietshptst. in Bulgarien, im nördl. Vorland des Rhodopegebirges, 80 200 Ew.; Maschinenbau, Textil-, Tabak- und Nahrungsmittelind. – Älteste Moschee Bulgariens (1395).

Chassériau [ʃaserˈjo], Théodore, frz. Maler, * Sainte-Barbe-de-Samana (heute Dominikan. Rep.) 20. 9. 1819, † Paris 8. 10. 1856; verband in seinen mytholog. und allegor. Szenen den strengen klassizist. Stil J. A. D. Ingres' mit dem malerisch-romant. Stil von E. Delacroix.

Chassidim [x ; hebr. »Fromme«], die Anhänger versch. religiöser Bewegungen im Judentum, so des aschkenas. **Chassidismus,** einer esoter. Strömung in Mitteleuropa im 13. und 14. Jh., später mit dem kabbalist. System des jüd. Mystikers Isaak Luria (* 1539, † 1572) verschmelzend. I. e. S. sind C. die Anhänger der um 1735 von Baal Schem Tov in der Ukraine und Polen gegründeten Bewegung, die in O-Europa weite Verbreitung fand. Sie betonten die Liebe Gottes und strebten eine Verinnerlichung des religiösen Lebens an. Kennzeichnend ist auch eine Neigung zur Askese und die enge persönl. Bindung an einen Meister (Rebbe) als »lebendigen Gotteslehrer«. Bed. Interpreten des Chassidismus waren M. Buber und M. Chagall. Innerhalb des Judentums gehört der Chassidismus zu den konservativsten Kräften und ist heute außerhalb Israels nennenswert in den USA vertreten. Die gegenwärtig einflussreichste chassid. Gruppierung ist die Lubawitscher Gemeinde der chassid. Chabad-Bewegung (rd. 200 000 Mitgl.; Rabbi →Schneerson).

Chassis [ʃaˈsi, frz.] *das,* **1)** *Kfz-Technik:* Fahrgestell, →Kraftwagen.

2) *Textiltechnik:* Behälter für Farbstofflösungen, Druckfarben, Wasch- und Appreturflotten bei Veredlungsmaschinen.

Chat [tʃæt, engl. »Plauderei«] *der,* Konversation in Echtzeit zw. zwei oder mehreren Personen in einem Computernetz, insbes. im Internet. C.-Angebote sind meist in versch. (Themen-)Bereiche, sogenannte **C.-Rooms,** unterteilt. Beim **Instant Messaging (IM)** müssen keine Verabredungen getroffen werden, wo und wann man sich zum Chatten trifft. Jeder Nutzer eines IM-Systems pflegt eine Kontaktliste (»Buddy List«) mit den Namen seiner Bekannten; das im Hintergrund laufende IM-Programm informiert ihn bei jedem Gang ins Internet darüber, welcher seiner Bekannten gerade online ist.

Chatami [x-], Saijid Mohammed, iran. Geistlicher und Politiker, →Khatami.

Château [ʃaˈto, frz.] *das,* Schloss; Burg; auch Bez. für ein Weingut (bes. im Bordelais, →Bordeauxweine).

Chateaubriand [ʃatobriˈã, frz.] *das,* doppeltes Filetsteak, nach dem Schriftsteller C. benannt.

Chateaubriand [ʃatobriˈã], François René Vicomte de, frz. Schriftsteller und Politiker, * Saint-Malo 4. 9. 1768, † Paris 4. 7. 1848; wurde Offizier, bereiste als Emigrant 1791 Nordamerika, war 1803/04 Gesandter Napoleons I. in Rom. 1814 setzte er sich für die Rückkehr der Bourbonen ein; 1822–24 war er Außenmin. – C. war der einflussreichste Vertreter der frz. Frühromantik. Sein Essay »Der Geist des Christentums« (5 Bde., 1802), eine Absage an die voltairian. Aufklärung, erschloss die christl. mittelalterl. Vergangenheit als Quelle für Dichtung und Kunst; darin enthalten sind die in exot. Milieu spielenden Romane »Atala« und »René«, mit Letzterem fand der Weltschmerz (»le mal du siècle«) Eingang in die frz. Literatur. Er schrieb ferner »Essai sur les révolutions« (1797), den Roman »Die Märtyrer« (1809) und Memoiren (»Von Jenseits des Grabes. Denkwürdigkeiten«, 20 Bde., 1848–50).

François René Vicomte de Chateaubriand

Châteauneuf-du-Pape [ʃatonœfdyˈpap], Stadt im frz. Dép. Vaucluse, an der Rhone, 2 100 Ew.; Zentrum eines bed. Weinbaugebietes (v. a. Rotweine, Cuvée aus 13 versch. Rebsorten). – Im 14. Jh. Sommersitz der in Avignon residierenden Päpste.

Châteauroux [ʃatoˈru], Hptst. des frz. Dép. Indre, in der Champagne, 52 900 Ew.; Bekleidungs-, Nahrungsmittel-, Papierind., Maschinenbau, Zigarettenfabrik.

Château-Thierry [ʃatotjɛˈri], Stadt im frz. Dép. Aisne, an der Marne, 15 800 Ew.; Herstellung von Musikinstrumenten und landwirtsch. Maschinen. – 1814 besiegte Napoleon I. bei C.-T. die Preußen unter Blücher.

Châtelaine [ʃaˈtlɛːn, frz.] *die,* Kette am Frauengürtel des 15./16. Jh. für Besteck, Schlüssel u. a.; später (Uhr-)Kette mit Anhängern.

Châtelet-Lomont [ʃaˈtlɛ lɔˈmɔ̃], Gabrielle-Émilie Le Tonnelier de Breteuil Marquise du, frz. Mathematikerin und Philosophin, * Paris 17. 12. 1706, † Lunéville 10. 9. 1749; spielte bei der Durchsetzung der newtonschen wie auch der leibnizschen Physik in Europa eine bed. Rolle: maßgeblich beteiligt an der Ausarbeitung von Voltaires »Éléments de la philosophie de Newton« (1738); wissenschaftstheoretisch bedeutsam ihr Versuch, die newtonsche Physik auf Erfahrung wie auch Theorie zu gründen, also zu einer Synthese von Empirismus und Rationalismus zu gelangen, die später von I. Kant vollzogen wurde.

Châtellerault [ʃatɛlˈro], Stadt im frz. Dép. Vienne, an der Vienne, 35 700 Ew.; Descartes-, Automobilmuseum; elektrotechn., elektron. und Luftfahrtindustrie.

Châtelperronien [ʃatɛlpɛrɔˈnjɛ̃; nach Châtelperron im frz. Dép. Allier] *das,* erster Abschnitt der jüngeren →Altsteinzeit in Frankreich.

Chatham [ˈtʃætəm], Stadt in der Unitary Authority Medway, SO-England, am Medway, 76 600 Ew.; techn. College. – Der einstige Kriegsmarinehafen mit Werftgelände (seit 1685) ist Museum.

Chatham House [ˈtʃætəm haʊs, engl.], ehem. Wohnhaus des 1. Earl of Chatham, William Pitt d. Ä., in London; Sitz des →Royal Institute of International Affairs.

Chathaminseln [ˈtʃætəm-], neuseeländ. Inselgruppe im Pazif. Ozean, 800 km östlich der Südinsel Neuseelands, 964 km², 760 Ew., die von Ackerbau, Schafzucht und Fischfang leben; Hauptinsel ist **Chatham** (891 km²). – 1791 von Europäern entdeckt.

Chatịb [x-, arab.] *der,* Prediger im islam. Freitagsgottesdienst; →Chutba.

Châtillon-sur-Seine [ʃatiˈjɔ̃syrˈsɛːn], Stadt im frz. Dép. Côte-d'Or, 7 500 Ew.; archäolog. Museum (u. a. mit dem griech. Bronzekrater von →Vix). – Im **Kongress von Châtillon** (5. 2.–19. 3. 1814) boten die Verbündeten Napoleon I. die Herrschaft über Frankreich in den Grenzen von 1792 an, was dieser jedoch ablehnte. (→Chaumont)

Chatschaturjan [x-], **Khatchaturian,** Aram, armen. Komponist, *Tiflis 6. 6. 1903, †Moskau 1. 5. 1978; schrieb von der armen. Volksmusik beeinflusste Werke, u. a. zwei Sinfonien, Konzerte, Ballette (u. a. »Gajaneh«, mit dem bekannten »Säbeltanz«, 1942; Neufassung 1957), Kammer-, Bühnen-, Filmmusik.

Chattanooga [tʃætəˈnuːgə], Stadt in Tennessee, USA, Verkehrsknotenpunkt am schiffbaren Tennessee, 154 900 Ew.; Univ.; Maschinenbau, Textil-, chem. u. a. Industrie. – Nahebei siegten 1863 im Sezessionskrieg die Unionstruppen über die Konföderierten.

Chatten [k-, auch ç-], german. Volksstamm, seit dem 1. Jh. in N-Hessen (im Gebiet der Flüsse Eder, Fulda und Lahn) ansässig. Sie bedrohten mehrmals die röm. Rheinfront. Im 5. Jh. kam das Stammesgebiet unter fränk. Herrschaft.

Chatterjee [ˈtʃætədʒi], Sharatcandra, eigtl. S. **Cattopadhyaya,** bengal. Schriftsteller, *Debanandapur (bei Kalkutta) 15. 9. 1876, †Kalkutta 16. 1. 1938; in Sprache und Stil von R. Tagore beeinflusst, behandelte C. in seiner erzählenden Prosa soziale Probleme der ind. Mittelklasse und kämpfte bes. gegen die Diskriminierung der Frauen in der Hindugesellschaft. Die starke Gefühlsbetontheit machte ihn zu einem der beliebtesten Schriftsteller Indiens im 20. Jahrhundert.

Chatterton [ˈtʃætətn], Thomas, engl. Dichter, *Bristol 20. 11. 1752, †London 24. oder 25. 8. 1770; verfasste als Sechzehnjähriger Gedichte, die er einem fiktiven mittelalterl. Mönch Thomas Rowley zuschrieb. Wegen dieser Fälschung verfolgt, tötete er sich selbst. Sein Leben stellten u. a. A. de Vigny und H. H. Jahnn in Dramen (1835 bzw. 1955), E. Penzoldt und P. Ackroyd (1928 bzw. 1987) in Romanen dar.

Chattuarịer [x-], westgerman. Kleinstamm, siedelte im 1./2. Jh. beiderseits der Ruhr, ging in den Franken auf.

Chatwin [ˈtʃætwɪn], Bruce, engl. Schriftsteller, *Sheffield 13. 5. 1940, †Nizza 18. 1. 1989; in seinen Reisebüchern (»In Patagonien«, 1977; »Traumpfade«, 1987) mischen sich Bericht und Fiktion, Autobiografisches und Ethnologisches; sein Roman »Der Vizekönig von Quidah« (1980) wurde von W. Herzog unter dem Titel »Cobra Verde« verfilmt.

Chaucer [ˈtʃɔːsə], Geoffrey, engl. Dichter, *London um 1340, †ebd. 25. 10. 1400. Sein Meisterwerk sind die »Canterbury Tales« (»Canterbury-Erzählungen«; Erstdruck um 1478), eine unvollendete Rahmenerzählung von 23 Novellen in Versen, lebendige, wirklichkeitsnahe Sittenschilderungen voll derber Satire und Humor. Sie bedeuten einen Wendepunkt in der mittelengl. Literatur, weil erstmals einzelne Personen in ihren Eigenarten dargestellt werden.

Chauen [ˈʃaʊən], **Chéchaouen, Chefchaouen, Xauen,** Prov.-Hptst. im westl. Rif, Marokko, 610 m ü. M., 35 700 Ew.; Kunsthandwerk (Berberkeramik, -teppiche). – Geschlossenes maur. Stadtbild. – Gegr. 1471, besiedelt von andalus. Mauren, wurde eine der hl. Städte des Islam.

Chauken [ç-], german. Volksstamm; vom 1. bis 3. Jh. zw. Ems- und Elbmündung bezeugt, v. a. Fischer und Seefahrer; gingen im 4. Jh. in den Sachsen auf.

Chaumont [ʃoˈmɔ̃], Hptst. des frz. Dép. Haute-Marne, am Zusammenfluss von Suize und Marne, 28 900 Ew.; Metallverarbeitung. – Im **Vertrag von C.** erneuerten Russland, Preußen, Österreich und Großbritannien am 1. 3. 1814 ihr Bündnis gegen Napoleon I. (Quadrupelallianz.)

Chaumont-sur-Loire [ʃomɔ̃syrˈlwaːr], Ort im Dép. Loir-et-Cher, Frankreich, 870 Ew. – An der Loire das von den Grafen D'Amboise erbaute, dreiflüglige Renaissanceschloss (15./16. Jh.) mit Park, Stallungen.

Chausson [ʃoˈsɔ̃], Ernest Amédée, frz. Komponist, *Paris 20. 1. 1855, †Limay (bei Mantes-la-Jolie, Dép. Yvelines) 10. 6. 1899; gilt mit seinen Kompositionen (Orchester- und Kammermusik, Lieder, Bühnenwerke) als Vorläufer des musikal. Impressionismus in Frankreich.

Chautauqua [ʃəˈtɔːkwə], Ferienzentrum im äußersten W des Staates New York, USA, am C.-See, mit der **C. Institution,** einem 1874 gegründeten bed. Erwachsenenbildungszentrum mit Theater, Konzertsälen und Bibliotheken.

Chauvet-Höhle [ʃoˈvɛ-; nach dem Höhlenforscher Jean-Marie Chauvet], Karsthöhle bei Vallon-Pont d'Arc, Dép. Ardèche, Frankreich, in der 1994 die bisher ältesten (32 000 Jahre) Felsbilder der jungpaläolith. Eiszeitkunst gefunden wurden.

Chauvin [ʃoˈvɛ̃ː], Yves, frz. Chemiker, *10. 10. 1930; forschte am frz. Erdölinstitut (Institut Français du Pétrole) in Rueil-Malmaison bei Paris, heute ist er dort Ehrendirektor. C. beschäftigte sich intensiv mit der homogenen Katalyse. 1971 stellte er ein Modell vor, das den Mechanismus der →Metathese von Olefinen erklärt (**C.-Mechanismus**). 2005 erhielt er dafür zus. mit R. R. Schrock und R. H. Grubbs den Nobelpreis für Chemie.

Chauvinịsmus [ʃo-, frz.; wohl nach der literar. Gestalt des Chauvin, eines prahler. Rekruten] *der,* extreme Form des Nationalismus; der **Chauvinist** setzt sich fanatisch für die Belange seiner Nation ein, missachtet die Rechte anderer Nationen und sieht daher auch den Krieg als ein Mittel der Politik. – Das Schlagwort **Male Chauvinism** [engl. male »männlich«] der militanten amerikan. Frauenbewegung →Women's Lib richtet sich polemisch gegen den Überlegenheitsanspruch des Mannes in der Gesellschaft.

Chauviré [ʃoviˈre], Yvette, frz. Tänzerin, *Paris 22. 4. 1917; 1941–72 Erste Solotänzerin an der Pariser Oper, galt als führende klass. Ballerina Frankreichs; berühmt v. a. ihre Interpretation der Giselle.

Aram Chatschaturjan

Chávez Frías [ˈtʃaßes -], Hugo, venezolan. Politiker, * Sabatena (Barinas) 28. 7. 1954; Offizier, 1992 Anführer eines gescheiterten Putsches gegen Präs. Pérez, 1998 zum Präs. gewählt (Amtsantritt Febr. 1999); mit Verf.-Änderungen erweiterte er seine persönl. Macht und wurde im Juli 2000 und im Dez. 2006 im Amt bestätigt (2002 kurzzeitig entmachtet). Ein gegen ihn gerichtetes Referendum zu vorgezogenen Neuwahlen (Aug. 2004) scheiterte.

Chavín de Huántar [tʃaˈßin de uanˈtar], archäolog. Fundort im nördl. peruan. Hochland, in 3 000 m ü. M.; große Tempelanlage, Steinbau mit plast. Ornamenten (1. Jt. v. Chr.; UNESCO-Weltkulturerbe), namengebend für die älteste vorkolumb. Hochkultur im Andenraum, um 1000–300 v. Chr., die **Chavín-Kultur**.

Chayote [tʃ-, mexikan.-span.] *die,* **Sechium edule,** Kürbisgewächs im trop. Amerika mit 10–15 cm langen, birnenförmigen Früchten; Gemüsepflanze.

Cheb [xɛp], Stadt in der Tschech. Rep., → Eger.

checken [ˈtʃɛkən, engl.], **1)** *allg.:* überprüfen, kontrollieren, meist nach einem vorgegebenen Schema (Checkliste).

2) *Eishockey:* einen gegner. Spieler durch korrektes Rempeln behindern, z. B. durch einen → Bodycheck (im Ggs. zum regelwidrigen → Crosscheck).

Checkpoint Charlie [ˈtʃɛkpɔɪnt ˈtʃɑːliː], ab 1945 Name für den alliierten Kontrollposten C(harlie) in Berlin am Sektorenübergang Friedrichstraße; 1961–90 einziger Grenzübergang zw. West- und Ost-Berlin für Angehörige der alliierten Streitkräfte sowie Ausländer; am 22. 6. 1990 aufgelöst. Museum zur Berliner Mauer.

Cheerleader [ˈtʃiːərliːdə, engl.] *der,* Angehörige einer Gruppe von jungen Mädchen und Frauen, die als »Entertainment« v. a. bei sportl. (Groß-)Veranstaltungen eingesetzt werden, um die Zuschauer mit Showeffekten zum Anfeuern und zum Beifall zu bewegen.

Cheever [ˈtʃiːvə], John, amerikan. Schriftsteller, * Quincy (Mass.) 27. 5. 1912, † Ossining (N. Y.) 18. 6. 1982; schilderte in Romanen (»Falconer«, 1977; »Kein schöner Land ...«, 1982) und Kurzgeschichten (»The housebreaker of Shady Hill«, 1958) das Leben in den reichen amerikan. Vororten.

Cheireddin [x-], **Chaireddin, Hayreddin,** abendländ. Beiname **Barbarossa** [»Rotbart«], türk. Herrscher in Algier, * auf Lesbos um 1460, † Konstantinopel 14. 7. 1546; unterstellte sich 1519 dem türk. Sultan und unterwarf Tunis. Wegen seiner Piratenzüge unternahm Kaiser Karl V. eine Expedition gegen ihn (1535). Nach Konstantinopel zurückberufen, setzte C. als türk. Admiral von dort aus seine Kriegszüge fort.

Cheju-do [tʃedʒu-], Insel und Prov. in Süd-Korea, im Ostchin. Meer, 1 847 km², 513 000 Ew. Die Insel (in Europa auch **Quelpart** gen.) ist vulkan. Ursprungs (Vulkan Hallasan mit 1 950 m ü. M. höchster Berg Süd-Koreas); Weidewirtschaft, Obstanbau (Mandarinen), Fischerei, Aquakulturen; Ausbau des Tourismus; Prov.-Hptst. ist **Cheju** (280 000 Ew.; internat. Flughafen [Errichtung einer Freihandelszone geplant], Hafen, Fischkonservenindustrie).

Chekiang [dʒe-], chin. Provinz, → Zhejiang.

Chelate [ç-, griech.], Komplexverbindungen, bei denen ein Zentralatom (häufig Metall) an zwei oder mehrere Liganden gebunden ist und dabei wie eine Krebsschere umfasst wird, d. h., durch Komplexbildung erfolgt der Ringschluss einer normalerweise linearen Verbindung. Beispiele sind Chlorophyll und Hämoglobin.

Chelidonium [ç-] *das,* die Pflanzengattung → Schöllkraut.

Chełm [xɛum], dt. **Cholm,** Krst. in der Wwschaft Lublin, Polen, 68 700 Ew.; Baustoff-, Glas-, Leicht- und Nahrungsmittelindustrie.

Chełmno [ˈxɛumnɔ], **1)** dt. **Culm, Kulm,** Krst. in der Wwschaft Kujawien-Pommern, Polen, rechts der Weichsel in fruchtbarer Ackerbauregion, 20 600 Ew.; Maschinenbau, Metallverarbeitung. – Got. Kirchen aus der Zeit des Dt. Ordens. – 1065 erstmals erwähnt, kam der Ort 1228/30 an den Dt. Orden (seit 1233 Stadt; → Culmer Recht); 1232 entstand die Ordensburg, 1243 das Bistum Culm; im 14. Jh. gehörte Culm zur Hanse. Mit dem **Culmer Land** wurde die Stadt 1466 polnisch, 1772 preußisch, 1920 erneut polnisch.

2) Gem. in der Wwschaft Lodz, Polen, 70 km westlich von Lodz. – In C. wurde 1941 die erste NS-Vernichtungsstätte eingerichtet (dt. Name: **Kulmhof**; → Vernichtungslager).

Chelmsford [ˈtʃelmsfəd], Stadt in S-England, Hptst. der Cty. Essex, 103 300 Ew.; anglikan. Bischofssitz; Maschinenbau, elektrotechn., Mühlenindustrie.

Chelsea [ˈtʃelsɪ], ehem. selbstständige Stadt in England, gehört seit 1965 zum Londoner Stadtteil Kensington and Chelsea; im 18. Jh. bed. Porzellanmanufaktur.

Cheltenham [ˈtʃeltnəm], Stadt in der Cty. Gloucestershire, England, 95 900 Ew.; Schulzentrum, anglikan. Bischofssitz; Heilquellen (seit Ende des 18. Jh. Modebad der Gesellschaft); Leichtindustrie.

Chemical Banking Corp. [ˈkemɪkl ˈbæŋkɪŋ kɔːpəˈreɪʃn], New York, → Chase Manhattan Corp.

Chemie [ç-; aus griech. chēmeía, vgl. Alchemie], Naturwiss., die sich mit dem Aufbau und der Umwandlung von Stoffen beschäftigt. Chem. Stoffumwandlungen (chem. Reaktionen) sind dabei Vorgänge, bei denen Atome infolge → chemischer Bindungen in definierten Zahlenverhältnissen zu Atomverbänden (Moleküle, Kristalle) zusammentreten oder aber Atomverbände in Atome zerfallen oder zu anderen Atomverbänden umgelagert werden. Neben den chem. Reaktionen spielen Verfahren der Stofftrennung (z. B. Destillation, Extraktion, Filtration) in der C. eine große Rolle.

Die allg. C., als Bez. v. a. im engl. Sprachraum üblich, behandelt die wiss. Grundlagen der C., ihre Fachsprache und Arbeitsweise. Die allen Teilgebieten gemeinsamen Grundlagen, z. B. Aufbau der Atome, chem. Bindungen, Säure-Base-Theorien, werden im dt. Sprachraum meist in der **anorgan. C.** gelehrt. Sie behandelt alle Stoffe, die nicht zu den organ. Verbindungen gehören (ca. 100 000 Verbindungen). An ihrem Aufbau sind etwa 90 chem. Elemente beteiligt. Typ. Forschungsarbeiten beschäftigen sich u. a. mit Komplexverbindungen und deren Bedeutung für Katalyse und Biochemie sowie mit Festkörpern (Synthese, Strukturaufklärung) und deren Bedeutung als Werkstoffe, Katalysatoren, Molekularsiebe u. a. Unter **organ. C.** versteht man heute die C. der Kohlenwasserstoffe und ihrer Derivate. Derzeit sind ca. 46 Mio. organ. Verbindungen bekannt, die aus nur 6 → chemischen Elementen (Kohlenstoff, Wasserstoff, Sauerstoff, Stickstoff, Schwefel, Phosphor) gebildet werden. Typ. Forschungsgebiete der reinen organ. C. sind Syntheseprinzipien, die Isolierung und Strukturaufklärung von Naturstoffen und neuen Verbindungen, außerdem die Aufklärung von Reaktionsmechanismen und die Identifizierung der dabei auftretenden Zwischenstufen. Die **physikal. C.** ist ein Grenzgebiet zw. C. und Physik. Sie befasst sich mit den Regeln und Gesetzen, denen alles Materielle unterworfen ist, nach denen es sich organisiert und verändert. Darin eingeschlossen sind die →Elektrochemie sowie physikal. Phänomene, denen analyt. Messprinzipien zugrunde liegen, z. B. die Lichtabsorption. Mit der Umsetzung dieser Phänomene in analyt. Messverfahren beschäftigt sich die **analyt. C. (Analytik).** Ihre Aufgabe sind der Nachweis und die quantitative Bestimmung von chem. Elementen und Verbindungen. Die →Biochemie behandelt chem. Probleme aus Biologie und Medizin. Chem. Vorgänge und Methoden, die technisch genutzt werden, gehören zur **angewandten C.** oder **techn. C.** Die **präparative C.** oder **synthet. C.** beschäftigt sich mit der künstl. Herstellung chem. Stoffe. Die Lösung chem. Probleme mithilfe der Quantenmechanik (z. B. Berechnung der Bindungsverhältnisse in Molekülen) strebt die **theoret. C.** an.

Geschichte: Die C. entstand aus der Alchemie etwa seit dem 17. Jh. Doch schon Ägypter und Babylonier besaßen chemisch-techn. Wissen, das in Ägypten im 2.–3. Jh. n. Chr. seine naturphilosoph. Deutung und Ausgestaltung erfuhr. Daneben wurden Fragen der Mischung von Elementen in den natürl. Stoffen und das Problem der »minima naturalia« (Aristoteles) behandelt, die jedoch keine chem. Erkenntnisse im heutigen Sinne erbrachten. – Die lebhafte Pflege der Alchemie durch die arab. Wiss.en und im mittelalterl. Abendland führte zur Entdeckung neuer Stoffe und zu neuen chem. Geräten und Arbeitsmethoden. Eine Erweiterung des Wissens brachten die Praxis der Feuerwerkerei und des Bergbaus.

Der Aufschwung, den die C. durch das revolutionäre Wirken des Paracelsus im 16. Jh. nahm, führte im 17. Jh. zur Errichtung der ersten Professur für C. (Marburg 1609) und zur Planung eines ersten chem. Laboratoriums (A. Libavius). Erst mit Erscheinen des Werkes »Skept. Chemiker« (1661) von R. Boyle setzte sich das empir. und rationale Denken in der C. durch. Im 18. Jh. war die C. durch die →Phlogistontheorie beherrscht. Erste bed. Versuche führten zu einer einheitl. Deutung chem. Vorgänge und brachten der Forschung neuen Auftrieb. Unter den zahlr. folgenden Entdeckungen (H. Cavendish, A. S. Marggraf, J. Black) war die wichtigste die des Sauerstoffs durch C. W. Scheele (1771) und J. Priestley (1774). – Mit A. L. de Lavoisier beginnt die eigentl. moderne quantitative C. Neue Methoden der Elementaranalyse wurden entwickelt, neue Elemente entdeckt und theoret. Vorstellungen vertieft (J. Dalton, A. Avogadro, J. L. Proust, J. Richter).

Bes. markante Punkte der Entwicklung wurden im 19. Jh. gesetzt, u. a. durch die Nutzung elektrochem. Vorgänge (H. Davy, M. Faraday), die Harnstoffsynthese (F. Wöhler, 1828), die Herstellung der ersten Anilinfarben (C.-L. von Reichenbach, F. F. Runge, O. Unverdorben, W. H. Perkin) und die Begründung der Agrikultur-C. (J. von Liebig, 1840). Mit dem Periodensystem der Elemente (L. Meyer, D. I. Mendelejew, 1869) gelang es, die chem. Grundstoffe zu ordnen. Fortschritte zur Klärung der chem. Bindung brachten die Theorien von J. von Berzelius, J. von Liebig und C. Gerhardt. Innere Ordnung erfuhr die organ. C. u. a. mit der Ringformel des Benzols (1865) durch A.→Kekulé von Stradonitz sowie 1874 mit der Begründung der Stereo-C. durch J. van't Hoff und J. Le Bel. Die theoret. Deutung chem. Vorgänge durch die physikal. C. machte bed. Fortschritte durch das Massenwirkungsgesetz (C. Guldberg und P. Waage, 1867), die Spektralanalyse (R. Kirchhoff und R. Bunsen, 1859) und die Osmose (W. Pfeffer, 1877). Neue Arbeitsgebiete erschlossen die Elektro-C. (S. Arrhenius, 1887) und die Kolloid-C. (T. Graham, 1854, W. Ostwald). In der 2. Hälfte des 19. Jh. und der ersten Hälfte des 20. Jh. nahm v. a. die großtechn. Herstellung synthet. Produkte ihren Aufschwung (Ammoniaksynthese, Kohlehydrierung, Kunststoff-, Farbstoffindustrie).

Chem<u>ie</u>fasern [ç-], **Synthesefasern,** umgangssprachlich auch **Kunstfasern,** i. w. S. alle auf chem. Wege erzeugten →Fasern aus organ. oder auch anorgan. Materialien; i. e. S. die aus makromolekularen Naturstoffen (natürl. Polymere) oder Kunststoffen (synthet. Polymere) gewonnenen und v. a. zur Herstellung von Textilien und techn. Geweben geeigneten Fasern. Sie werden in Form von endlosen **Filamentgarnen** (früher auch **Chemie-** oder **Kunstseide** gen.) oder als **Spinnfaserband** (auf eine bestimmte Länge geschnitten) erzeugt. Filamentgarne bestehen entweder aus mehreren feinen Elementarfäden (Multi- oder Polyfile) oder aus einem einzigen gröberen Faden (Monofil). Spinnfasern werden je nach Feinheit, Schnittlänge, Festigkeit, Dehnung und Kräuselung unterschieden.

Zu den **halbsynthet.** Fasern zählen v. a. die aus regenerierter oder veresterter Cellulose hergestellten Fasern, z. B. →Viskose. Die wichtigsten Materialien für **vollsynthet. C.** sind: **Polyamide** (Nylon, Perlon, Rilsan, Kevlar u. a.), **Polyester** (Diolen, Trevira, Dacron u. a.), **Polyacrylnitrile** (Dralon, Orlon u. a.) und **Polyurethane** (Elasthan). Die Grundstoffe werden durch Polymerisation, Polykondensation oder Polyaddition gewonnen, anschließend in leicht verdampfbaren Lösungsmitteln gelöst und durch Spinndüsen gedrückt. Dabei werden die entstehenden Fäden auf unterschiedl. Weise verfestigt. Beim **Trockenspinnverfahren** (für Acetat und z. T. Polyacrylnitril) wird die Lösung unter Druck (5 bis 15 bar) durch die Spinndüsen gepresst und das verdunstende Lösungsmittel abgesaugt. Beim **Nassspinnverfahren** (Viskoseverfahren) werden die Fäden durch Fällungsreaktion im Spinnbad (Fällbad) fadenförmig ausgeschieden (»ausgefällt«). Beim **Schmelzspinnverfahren** (v. a. für thermoplast. Verwendet) werden die Polymermoleküle (Polyamide, Polyester oder Polyolefine) durch Anblasen mit Kaltluft verfestigt. Im Anschluss an versch. Nachbehandlungsschritte erhält man die Filamentgarne. – Nicht durch einen Spinnprozess, sondern durch **Längsschneiden** hochverstreckter Polyethylen- oder Polypropylenfolien entsteht **Chemieflock** (Kurzfasern), durch **Spleißen** (Splitten) werden **Spaltfasergarne** oder verspinnbare **Splitterfasern** erzeugt. – **Anorgan. C.** sind z. B. **Silikatfasern** (Glasseide und Glaswolle), die nur als Isoliermaterial dienende **Schlackenwolle** (Sillan) sowie **Keramikfasern** (Fiberfrax), **Metallfäden, Stahlfasern** und **Kohlenstofffasern** zur Verstärkung von →Verbundwerkstoffen.

C. besitzen gegenüber Naturfasern häufig eine höhere Reiß- und Scheuerfestigkeit, sie sind meist knitterarm, daneben auch wasser-, licht- und wetterfest. Ihre Eigenschaften lassen sich weitgehend beeinflussen durch Zusätze zur Spinnlösung oder -schmelze. Aus profilierten Düsenöffnungen ersponnene **Profilfasern** ergeben neben erhöhter Haftfähigkeit einen Glanz- oder Glitzereffekt. Durch physikal. und chem. Modifikationen entstehen Spezialtypen, z. B. Hohlfa-

Ionenbindung

verzerrte Ionen

polarisierte kovalente Bindung

kovalente Bindung

chemische Bindung: Übergang zwischen Ionenbindung und kovalenter Bindung

chemische Bindung: Metallbindung

sern mit guter Wärmeisolation oder Mikrofasern mit hoher Feuchtigkeitsaufnahme. Aus zwei versch. Polymeren werden →Bikomponentenfasern mit stabiler Kräuselung ersponnen. Von besonderer Bedeutung ist das →Texturieren der synthet. Filamentgarne (Helanca u. a.) zur Herstellung voluminöser und gleichzeitig elast. Kräuselgarne. Im techn. Bereich werden die versch. Typen der C. für Autoreifen, Treibriemen, Transportbänder, Gurte, Seile, Schläuche, Planen, Schutzanzüge, elektr. Isolierungen u. a. eingesetzt. – Die Weltproduktion an C. betrug (2003) rd. 35 Mio. Tonnen. Der Großteil wird bereits seit mehreren Jahren in fernöstl. Ländern hergestellt. Auf die USA entfielen 2003 12 %, auf Westeuropa 11 %. In Dtl. wurden 0,929 Mio. t produziert (rd. 3 %).

Chemiewaffenabkommen [ç-], →C-Waffen-Abkommen.

Chemigrafie [ç-, griech.] *die,* **Chemigraphie,** histor. Verfahren zur Herstellung von Druckplatten für den Hochdruck. Die Vorlage wird i. d. R. fotografisch erzeugt und auf eine Metallplatte übertragen. Durch Ätzen mit Säuren werden an den nicht abgedeckten Stellen Vertiefungen hergestellt. Chemigraf. Verfahren wurden durch Auswaschverfahren mit Kunststoffplatten bzw. durch Gravurverfahren verdrängt.

Chemikalien [ç-], alle durch chem. Verfahren industriell oder im Labor hergestellten Stoffe anorgan. und organ. Natur. Hochreine C. heißen **Fein-C.,** solche von techn. Reinheitsgrad techn. C. oder **Schwerchemikalien. Grund-** oder **Basis-C.** dienen als Ausgangsstoffe für viele großtechn. Prozesse.

Chemikaliengesetz [ç-], Gesetz zum Schutz vor gefährl. Stoffen i. d. F. v. 20. 6. 2002, das dem Schutz von Menschen und Umwelt vor den Wirkungen gefährl. Stoffe und Zubereitungen dienen soll. Es regelt die vorbeugende Überwachung des gewerbsmäßigen und sonstigen wirtsch. Verkehrs mit chem. Stoffen, eine Anmeldepflicht für neue Stoffe sowie die Zulassungsbedürftigkeit von Biozidprodukten und enthält allg. Vorschriften zum Gesundheits- sowie zum Verbraucher-, Arbeits- und Umweltschutz. Auf europ. Ebene steht derzeit ein neues Chemikalienrecht (→REACH) kurz vor der Verabschiedung, das zu einer grundlegenden Neugestaltung führen wird. (→Gefahrstoffe)

Chemilumineszenz [ç-], *die,* →Chemolumineszenz.

Chemin-des-Dames [ʃmɛ̃ˈdam], *der,* →Damenweg.

chemische Bindung [ç-], Art des Zusammenhalts von Atomen in chem. Verbindungen (Molekülen, Kristallen u. a.) sowie von Molekülen in Molekül-

chemische Bindung: links Atombindung im Stickstoffmolekül N₂; durch drei gemeinsame Elektronenpaare wird die Konfiguration der Edelgasschale erreicht, die drei Bindungen sind jedoch nicht gleichwertig.
rechts Atombindung im Chlormolekül Cl₂; durch ein gemeinsames Elektronenpaar erreichen beide Cl-Atome die Konfiguration der Edelgasschale.

chemische Bindung: Ionenbindung im Natriumchlorid, NaCl; Natrium erreicht durch Abgabe, Chlor durch Aufnahme eines Elektrons die Edelgaskonfiguration.

verbänden. Nach der Bindungsstärke unterscheidet man **Hauptvalenzbindungen,** die innerhalb eines Moleküls wirken, und **Nebenvalenzbindungen,** die zusätzlich zw. Molekülen auftreten können und durch →zwischenmolekulare Kräfte verursacht werden, z. B. die →Wasserstoffbrückenbindung. Hauptvalenzbindungen entstehen, wenn sich Atome gegenseitig nähern und sich dabei die Elektronenhüllen verformen. Die Atome gehen eine c. B. ein, wenn sie mithilfe der Elektronen ihres Bindungspartners ihre äußere Elektronenschale in eine energiemäßig günstige und stabile **Edelgasschale (Achterschale)** umwandeln können **(Edelgaskonfiguration).** Die theoret. Grenzfälle dafür sind die Atombindung und die Ionenbindung. Meist liegt eine Mischform aus den idealisierten Grenzformen vor, wobei ein Bindungsanteil überwiegt.

Die **Atombindung (kovalente, unpolare, homöopolare Bindung, Elektronenpaarbindung)** tritt v. a. in Molekülen nicht metall. Elemente auf und beruht auf der Ausbildung eines gemeinsamen (bindenden) Elektronenpaares. Reine Atombindungen entstehen, wenn die →Elektronegativität beider Atome gleich stark ist, z. B. in zweiatomigen Molekülen wie etwa dem Chlormolekül Cl₂ (Cl—Cl): Jedes Chloratom hat in seiner äußeren Außenschale sieben Elektronen. Die Edelgaskonfiguration (acht Elektronen) wird für beide Atome dadurch erreicht, dass ihnen ein Elektronenpaar gemeinsam gehört. Fehlen den Atomen zur Edelgaskonfiguration zwei und mehr Elektronen, so können sie auch zwei oder drei gemeinsame Elektronenpaare bilden, d. h., es kommt zur **Doppelbindung** oder einer **Dreifachbindung.** Wenn sich die Elektronegativitäten der Bindungspartner deutlich unterscheiden, entstehen Atombindungen mit polarem Anteil; die entstehenden Moleküle stellen einen Dipol dar. Bei diesen **polaren Atombindungen** wird das gemeinsame Elektronenpaar durch das stärker elektronegative Atom stärker angezogen, wodurch es zu einer Ladungsverschiebung zw. den beiden Bindungspartnern kommt. Im Extremfall gibt ein Partner seine Außenelektronen völlig ab, der andere Bindungspartner nimmt sie auf: Es kommt zur **Ionenbindung (polare, heteropolare, elektrovalente, elektrostat., ion. Bindung).** Durch die Elektronenaufnahme bzw. -abgabe erhalten die Atome eine negative bzw. positive Ladung. Sie werden zu Ionen, die sich aufgrund elektrostat. Kräfte zw. entgegengesetzt geladenen Teilchen zu einem Kristallgitter anordnen. In diesem ist jedes Ion in gesetzmäßiger Folge von einer bestimmten Anzahl entgegengesetzt geladener Ionen umgeben, z. B. im Natriumchlorid-Kristall (NaCl). Die Ionenbindung ist charakteristisch für Verbindungen von Metallen mit Nichtmetallen (→Salze). Als reine Ionenbindung tritt sie nur zw. Elementen auf, deren Elektronegativitäten um mehr als 1,8 differieren. – Ein Spezialfall der Atombindung ist die v. a. in →Koordinationsverbindungen auftretende **koordinative Bindung (Koordinationsbindung).** Hierbei wird das bindende Elektronenpaar von einem der beiden Bindungspartner allein gestellt, während der andere über eine besetzbare Elektronenlücke verfügt.

Eine Sonderstellung unter den Hauptvalenzbindungen nimmt die **Metallbindung (metall. Bindung)** ein. Sie tritt bei →Metallen und Legierungen auf und wird durch die Gesamtheit der Valenzelektronen aller Atome bewirkt (Leitungselektronen), die sich als sog. **Elektronengas** frei zw. den als Gitter angeordneten positiven Atomrümpfen (Metallionen) bewegen.

chemische Elemente [ç-], durch chem. Verfahren nicht weiter zerlegbare Stoffe, bestehend aus →Atomen einer bestimmten Ordnungszahl (Kernladungszahl). Die Eigenschaften eines c. E. ergeben sich aus dem Aufbau der Elektronenhülle seiner Atome. Dieser folgt einer bestimmten Systematik, die sich im →Periodensystem der chemischen Elemente wiederfindet. Unterscheiden sich die Atome eines Elements in ihrer →Massenzahl, so spricht man von →Isotopen (Nukliden) ein und desselben chem. Elements. Die meisten c. E. treten in der Natur als Gemisch mehrerer Isotope auf (**Mischelemente**), doch sind auch c. E. bekannt, von denen in der Natur nur ein einziges Isotop existiert (**Reinelement**). Die c. E. werden mit einer Kurzbez. (Symbol) benannt, die von ihren wiss. Namen abgeleitet ist, z. B. Kohlenstoff (lat. carbo) C, Wasserstoff (lat. hydrogenium) H, Kupfer (spätlat. cuprum) Cu.

Gegenwärtig sind 115 c. E. bekannt, elf davon sind unter Normalbedingungen gasförmig (H, He, Ne, Ar, Kr, Xe, Rn, F, Cl, O, N), zwei sind flüssig (Br und Hg), alle übrigen c. E. sind fest. 111 haben einen Namen; das Element 112 wurde erstmals 1996, das Element 114 1999 synthetisiert. Die Elemente 113 und 115 wurden 2004 nachgewiesen, 2006 ist das Experiment von anderen Forschern bestätigt worden. Die 1999 bekannt gegebene Herstellung der Elemente 116 und 118 wurde später revidiert. In der Natur kommen 93 c. E. vor, die restlichen sind nur künstlich herstellbar (→Transurane). Die Elemente mit den höchsten Ordnungszahlen verwandeln sich stetig durch natürl. radioaktiven Zerfall (→Radioaktivität) in leichtere Elemente. Alle durch kernphysikal. Reaktionen erzeugten Elemente sind radioaktiv. – In der äußeren Erdkruste (einschl. der Meere und der Atmosphäre) treten am häufigsten auf: Sauerstoff mit 49,5 % (teils frei, teils im Wasser und in Oxiden), Silicium (28,8 %), Aluminium (7,57 %), Eisen (4,7 %), Calcium (3,4 %). Diese fünf Elemente bilden zu mehr als 90 % die Erdkruste. Dabei sind c. E. mit gerader Ordnungszahl häufiger als solche mit ungerader (**Harkins-Regel**). An biolog. Prozessen sind nur wenige **essenzielle c. E.** beteiligt, einige nur als **Spurenelemente**. Alle Elemente lassen sich durch Abkühlung oder Erwärmung in den festen, flüssigen oder gasförmigen Zustand überführen. Ihre Einteilung in Metalle und Nichtmetalle ist nur bedingt möglich, da es Übergänge gibt und manche Elemente in metall. und nicht metall. Modifikationen vorkommen.

Nach den heutigen Vorstellungen entstehen die c. E. v. a. im Innern der Sterne und bei Supernovaexplosionen. Nach der Theorie des expandierenden Universums (→Kosmologie) wurden kurz nach dem Urknall allein Helium und Deuterium gebildet. – Tab. S. 806

chemische Evolution [ç-], die Entwicklung einfachster organ. Moleküle zu Makromolekülen aus Komponenten der →Uratmosphäre und der Urmeere der Erde.

chemische Formeln [ç-], →chemische Zeichensprache.

chemische Gleichungen [ç-], →chemische Zeichensprache.

chemische Industrie [ç-], i. w. S. derjenige Wirtschaftszweig, der sich ausschließlich oder vorwiegend mit der Umwandlung von natürl. und mit der Herstellung von synthet. Rohstoffen befasst. Abgrenzung und Einteilung sind schwierig und nicht einheitlich. Die c. I. zeichnet sich durch ein breit gefächertes Produktionsprogramm aus; sie erzeugt Grundstoffe, Zwischenprodukte und Fertigwaren. Produktionsschwerpunkte der c. I. liegen in den USA, in Japan, Dtl., Frankreich, Großbritannien, Italien, in der Schweiz und in Österreich. Zunehmend werden aber auch Produktionskapazitäten in Entwicklungsländer und die ostasiat. Schwellenländer verlagert.

chemische Keule [ç-], Gassprühgerät, das einen Tränenreizstoff enthält; bei Polizeieinsätzen verwendet. Ihr Einsatz ist umstritten.

chemische Kinetik [ç-], →Reaktionskinetik.

chemische Nomenklatur [ç-], fachsprachl. Regelwerk zur Benennung chem. Verbindungen; gepflegt von der IUPAC (International Union of Pure and Applied Chemistry) nach Weiterentwicklung der **Genfer Nomenklatur** von 1892. Daneben sind auch noch ältere Trivialnamen in Gebrauch (z. B. Blausäure), die entstanden sind, weil früher der Entdecker einer chem. Verbindung das Recht zur Namensgebung hatte.

Bei *organ. Verbindungen* bestehen die **systematischen Namen** aus dem Namen eines **Stammsystems** (ein bestimmter Kohlenwasserstoff, z. B. Methan, Ethan, Propan), dessen Wasserstoffatome durch →funktionelle Gruppen oder andere Stammsysteme substituiert sein können. Das Kürzel für die ranghöchste funktionelle Gruppe wird an den unveränderten Stammsystemnamen als Suffix angehängt. Damit wird gleichzeitig die Verbindungsklasse festgelegt, z. B. Ethanol (Ethan mit Suffix -ol für Alkohole). Rangniedere funktionelle Gruppen und Kohlenwasserstoffgruppen (andere Stammsysteme) werden als Präfixe angegeben, z. B. Aminoethanol. Im Namen von Stammsystemen stehen die Endungen -an für gesättigte Verbindungen, -en für Verbindungen mit Doppelbindung, -in für solche mit Dreifachbindung. Suffixe für funktionelle Gruppen bzw. Verbindungsklassen sind z. B. -al für Aldehyde, -on für Ketone, -ase für Enzyme oder -ose für Kohlenhydrate; Präfixe sind z. B. Nitro- für die NO_2-Gruppe oder Nitros- für die NO-Gruppe. Zur Bez. räuml. Anordnungen (→Stereochemie) benutzt man z. B. die Vorsilben cis- (gleichständig), trans- (gegenständig), meso- (mittelständig), epi- (vertauscht), cyclo- (ringförmig geschlossen).

Bei *anorgan. Verbindungen* ist eine Systematisierung nur z. T. möglich. Bei salzartigen Verbindungen wird zuerst der Bindungspartner mit der geringeren Elektronegativität (elektropositiver Partner, meist ein Metall) genannt. Eine röm. Ziffer in Klammern gesetzt gibt die Oxidationsstufe an, dann folgt der elektronegative Bestandteil (mit der Endung -id bei einatomigen Anionen), z. B. Kupfer(I)-chlorid, CuCl. Anionen von Oxosäuren werden durch die Endung -at oder -it (z. B. Sulfat, Sulfit) gekennzeichnet. Fachsprachlich schreibt man Bismut für Wismut, Cobalt für Kobalt, Iod für Jod. Für organ. Verbindungen wird die von der IUPAC festgelegte Schreibweise mit Eth... für Äth..., z. B. Ethyl..., Ethan, Ether, benutzt.

chemische Reaktion [ç-], jeder Vorgang, der zu einer Stoffumwandlung führt, ausgenommen →Kern-

chemische Elemente[1]

Name	Symbol	Ordnungszahl	relative Atommasse[2]	Name	Symbol	Ordnungszahl	relative Atommasse[2]
Actinium	Ac	89	(227)	Meitnerium	Mt	109	(266)
Aluminium	Al	13	26,9815	Mendelevium	Md	101	(258)
Americium	Am	95	(243)	Molybdän	Mo	42	95,94
Antimon (Stibium)[3]	Sb	51	121,760	Natrium	Na	11	22,9898
Argon	Ar	18	39,948	Neodym	Nd	60	144,24
Arsen	As	33	74,9216	Neon	Ne	10	20,1797
Astat	At	85	(210)	Neptunium	Np	93	(237)
Barium	Ba	56	137,327	Nickel	Ni	28	58,6934
Berkelium	Bk	97	(247)	Niob	Nb	41	92,9064
Beryllium	Be	4	9,0122	Nobelium	No	102	(259)
Blei (Plumbum)[3]	Pb	82	207,2	Osmium	Os	76	190,23
Bohrium	Bh	107	(262)	Palladium	Pd	46	106,42
Bor	B	5	10,811	Phosphor	P	15	30,9738
Brom	Br	35	79,904	Platin	Pt	78	195,08
Cadmium	Cd	48	112,411	Plutonium	Pu	94	(244)
Calcium	Ca	20	40,078	Polonium	Po	84	(209)
Californium	Cf	98	(251)	Praseodym	Pr	59	140,9077
Cäsium (Caesium)[4]	Cs	55	132,9054	Promethium	Pm	61	(145)
Cer (Cerium)[3]	Ce	58	140,116	Protactinium	Pa	91	(231)
Chlor	Cl	17	35,4527	Quecksilber (Hydrargyrum)[3]	Hg	80	200,59
Chrom	Cr	24	51,9961	Radium	Ra	88	(226)
Curium	Cm	96	(247)	Radon	Rn	86	(222)
Darmstadtium	Ds	110	(269)	Rhenium	Re	75	186,207
Dubnium	Db	105	(262)	Rhodium	Rh	45	102,9055
Dysprosium	Dy	66	162,50	Roentgenium	Rg	111	(272)
Einsteinium	Es	99	(254)	Rubidium	Rb	37	85,4678
Eisen (Ferrum)[3]	Fe	26	55,847	Ruthenium	Ru	44	101,07
Element 112	Uub	112	(277)	Rutherfordium	Rf	104	(261)
Element 113	Uut	113	(283,5)	Samarium	Sm	62	150,36
Element 114	Uuq	114	(285)	Sauerstoff (Oxygen)[3]	O	8	15,9994
Element 115	Uup	115	(287,5)	Scandium	Sc	21	44,9559
Erbium	Er	68	167,26	Schwefel	S	16	32,066
Europium	Eu	63	151,964	Seaborgium	Sg	106	(263)
Fermium	Fm	100	(257)	Selen	Se	34	78,96
Fluor	F	9	18,9984	Silber (Argentum)[3]	Ag	47	107,8682
Francium	Fr	87	(223)	Silicium	Si	14	28,0855
Gadolinium	Gd	64	157,25	Stickstoff (Nitrogen)[3]	N	7	14,0067
Gallium	Ga	31	69,723	Strontium	Sr	38	87,62
Germanium	Ge	32	72,61	Tantal	Ta	73	180,9479
Gold (Aurum)[3]	Au	79	196,9665	Technetium	Tc	43	(98)
Hafnium	Hf	72	178,49	Tellur	Te	52	127,60
Hassium	Ha	108	(265)	Terbium	Tb	65	158,92533
Helium	He	2	4,0026	Thallium	Tl	81	204,3833
Holmium	Ho	67	164,9303	Thorium	Th	90	232,0381
Indium	In	49	114,818	Thulium	Tm	69	168,9342
Iridium	Ir	77	192,217	Titan	Ti	22	47,88
Jod (Iod)[4]	I	53	126,9045	Uran	U	92	238,0289
Kalium	K	19	39,0983	Vanadium	V	23	50,9415
Kobalt (Cobalt)[4]	Co	27	58,9332	Wasserstoff (Hydrogen)[3]	H	1	1,0079
Kohlenstoff (Carbon)[3]	C	6	12,011	Wismut (Bismut)[4]	Bi	83	208,9804
Krypton	Kr	36	83,80	Wolfram	W	74	183,84
Kupfer (Cuprum)[3]	Cu	29	63,546	Xenon	Xe	54	131,29
Lanthan	La	57	138,9055	Ytterbium	Yb	70	173,04
Lawrencium	Lr	103	(260)	Yttrium	Y	39	88,9059
Lithium	Li	3	6,941	Zink	Zn	30	65,39
Lutetium	Lu	71	174,967	Zinn (Stannum)[3]	Sn	50	118,710
Magnesium	Mg	12	24,3050	Zirkonium (Zirconium)[4]	Zr	40	91,224
Mangan	Mn	25	54,9380				

[1] Die Tabelle enthält die chem. Elemente bis zur Ordnungszahl 111. Für die Elemente 112 (entdeckt 1996), 113 (2004), 114 (1999) und 115 (2004) wurden noch keine Namen festgelegt. – [2] Bei Transuranen oder sehr instabilen Elementen ist die Massenzahl des Isotops mit der längsten Halbwertszeit angegeben (in Klammern), sie entspricht dem gerundeten Wert der relativen Atommasse. – [3] Lateinische bzw. griechische Bezeichnung des chemischen Elements, von der sich das Elementsymbol ableitet. – [4] In der chemischen Fachliteratur abgeänderte Schreibweise und Bezeichnung.

reaktionen. Während einer c. R. werden →chemische Bindungen in den Molekülen der Ausgangsstoffe aufgebrochen und neu geknüpft, wodurch Reaktionsprodukte entstehen. Der Ablauf einer c. R. wird durch die **Reaktionsgleichung** (→chemische Zeichensprache) beschrieben.

chemische Reinigung [ç-], die Säuberung insbes. von nicht waschbarer Oberbekleidung durch Eintauchen in organ. Lösungsmittel, meist Tetrachlorethylen (Perchlorethylen).

Chemischer Ofen [ç-], lat. **Fornax**, ein Sternbild des Südhimmels.

chemischer Sauerstoffbedarf [ç-], Abk. **CSB**, Kenngröße für den Gehalt an oxidierbaren Wasserinhaltsstoffen (Verschmutzungsgrad von Gewässern und Abwässern). Erfasst werden v. a. organ. Verbindungen (auch biologisch schwer abbaubare).

chemische Technologie [ç-], anwendungsorientierte Wiss., die sich mit der Umsetzung von Laborentwicklungen in den großtechn. Maßstab befasst. Die **Reaktionstechnik** als Teil der c. T. befasst sich mit der optimalen Durchführung chem. Reaktionen, wobei Temperatur, Druck, Reaktionsdauer, Katalysator u. a. für Art und Größe des zu bauenden Reaktors von Bedeutung sind. Außerdem sind Transport- und Energieprobleme, Recycling, Abfallbeseitigung, Automatisierung, Arbeitssicherheit und Umweltschutz zu beachtende Aspekte für die Gestaltung großtechn. Anlagen. Als **verfahrenstechn. Grundoperationen** (→Verfahrenstechnik) fasst man physikal. und physikalisch-chem. Vorgänge zusammen, die der Vor- und Aufbereitung der reagierenden Stoffe dienen, z. B. Zerkleinern, Mischen, Filtration, Destillation. Im Rahmen der c. T. sind ferner die chem. Analytik, die Mess- und Regeltechnik sowie die Werkstoffwiss. von Belang.

chemische Verbindungen [ç-], aus zwei oder mehreren Elementen zusammengesetzte homogene Stoffe, deren Atome durch →chemische Bindung miteinander verknüpft sind. Anders als Gemische, Lösungen und Legierungen sind sie stets in ganz bestimmten, gleichbleibenden Atom- und daher auch Massenverhältnissen aufgebaut. (→Stöchiometrie)

chemische Waffen [ç-], →ABC-Waffen.

chemische Zeichensprache [ç-], zusammenfassende Bez. für die international anerkannten Symbole, mit denen chem. Stoffe und Reaktionen in Kurzform beschrieben werden. Ein →chemisches Element wird stets mit einem **chem. Symbol** gekennzeichnet, das aus dem Anfangsbuchstaben – und ggf. einem weiteren Buchstaben – des lat. oder griech. Namens besteht, z. B. H für Wasserstoff (von lat. hydrogenium). Die in der Kernchemie benutzten Symbole für → Isotope enthalten außerdem noch die Massenzahl links oben, die Kernladungszahl (Ordnungszahl) links unten am Elementsymbol, z. B. $^{14}_{6}C$, das Kohlenstoffisotop der Masse 14, Kernladungszahl 6. Die chem. Symbole sind die Grundbausteine der **chem. Formeln.** Für Verbindungen, die aus Atomen unterschiedl. Elemente aufgebaut sind, werden in der **Bruttoformel (Summenformel)** die Symbole der beteiligten Elemente aneinandergereiht und die Anzahl der jeweiligen Atome durch einen Index angegeben, z. B. H_2O für Wasser (zwei Atome Wasserstoff, ein Atom Sauerstoff). Charakterist. Gruppen werden auch in Bruttoformeln meist erkennbar angegeben, z. B. CH_3OH für Methanol (nicht CH_4O). Sie werden in Klammern gesetzt, wenn mehrere gleichartige Gruppen vorhanden sind, z. B. $Al_2(SO_4)_3$. Ionen werden durch Angabe ihrer Ladungszahl rechts oben am Elementsymbol oder an der chem. Formel gekennzeichnet, z. B. Ca^{2+}. →Radikale werden durch Punkt oder Stern symbolisiert, z. B. H•, atomarer Wasserstoff.

Für organ. Verbindungen geben **Strukturformeln** die →Konstitution von Molekülen an. Einfach-, Doppel- und Dreifachbindungen werden darin durch eine entsprechende Anzahl von Bindungsstrichen wiedergegeben. Bei der Kennzeichnung von Ringverbindungen werden die Symbole C für Kohlenstoff und H für Wasserstoff oft weggelassen.

Chem. Reaktionen werden durch **Reaktionsgleichungen (chem. Gleichungen)** beschrieben. Aufgrund der Gesetze der Stöchiometrie müssen Art und Anzahl der Atome auf beiden Seiten des Reaktionspfeils gleich sein. Gleichgewichtsreaktionen werden durch zwei Pfeile in gegensätzl. Richtung (Doppelpfeil) gekennzeichnet, z. B. $3H_2 + N_2 \rightleftarrows 2NH_3$. Sind Ionen an der Reaktion beteiligt, so muss zusätzlich die Summe der Ladungen auf beiden Seiten gleich sein, z. B.: $Zn + 2H_3O^+ \rightarrow Zn^{2+} + H_2 + 2H_2O$.

Chemise [ʃəˈmiːz(ə); frz. »Hemd«] *die,* um 1790 aufgekommenes, nur unter der Brust von einem Band oder Durchzug zusammengehaltenes, taillenloses Kleid, überwiegend aus weißem Musselin, Mull oder Batist (**Chemisenkleid**), typ. Mode des Directoire und Empire.

Chemisett [ʃə-; frz. »Hemdchen«] *das,* **Chemisette,** im 19. Jh. kleines Vorhemd für Männer; auch Einsatz im Frauenkleid.

Chemismus [ç-] *der,* Gesamtheit des Ablaufs chem. Vorgänge, bes. im pflanzl. und tier. Stoffwechsel.

Chemisorption [ç-] *die,* **Chemosorption,** Sonderfall der →Adsorption.

Chemnitz [ˈkɛm-], **1)** Reg.-Bez. in Sachsen, 6 097 km², 1,537 Mio. Einwohner.

2) 1953–90 **Karl-Marx-Stadt,** kreisfreie Stadt in Sachsen und Verw.-Sitz des Reg.-Bez. C., 309 m ü. M., im Erzgebirgsvorland an der Chemnitz; 246 600 Ew.; TU C., Fraunhofer-Inst., Technologie-Centrum C., Museen, Philharmonie, Oper und Theater. Motorenbau, Fertigung hydraul. Anlagen, elektrotechn., Metallwaren- und Textilindustrie. – Erhalten bzw. wieder aufgebaut u. a. die Schlosskirche (15./16. Jh.), das Alte Rathaus (15.–17. Jh.), der Rote Turm (12.–15. Jh.); um 1900 Neubauten im Zentrum: u. a. das Neue Rathaus (1907–11), die Jugendstilfassade (1911–12) der mittelalterl. Jacobikirche und der Komplex am Theaterplatz mit Opernhaus und König-Albert-Museum (1906 bis 1909; erbaut von R. Möbius). Villenviertel im N und W der Stadt, u. a. Villa Esche (1902/03) von H. van de Velde. In modernen Architekturformen entstand die neue Synagoge (2002 eingeweiht; Architekt: Alfred Jacoby). – C. wurde vermutlich nach 1170 in der Nähe des wohl 1136 gestifteten Benediktinerklosters (1143 Marktrecht, urkundl. Ersterwähnung von C.)

chemische Zeichensprache: Vereinfachte Darstellung von Natrium- und Chloridionen im Kristallverband; die chemische Formel NaCl entspricht der kleinsten mit ganzzahligem Koeffizienten erhältlichen Atomgruppe.

$CH_3—CH_2—COOH$

chemische Zeichensprache: Strukturformel der Propionsäure in ausführlicher (oben) und vereinfachter Darstellung

Chemnitz 2) Stadtwappen

Chemnitz 2): Altes Rathaus (15.–17. Jh.)

gegründet. Im ersten Drittel des 13. Jh. entstand die planmäßig angelegte Stadt, zunächst Reichsstadt, seit 1308 unter der Herrschaft der Wettiner (1485 albertin. Linie). Entstehung zahlr. Ind.-Zweige seit dem 18./19. Jh. (zunächst Textilgewerbe, seit Mitte des 19. Jh. v. a. Maschinenbau). 1952–90 Hptst. des DDR-Bezirks Karl-Marx-Stadt.

Chemnitzer Land [ˈkɛm-], Landkreis in Sachsen, 335 km^2, 134 500 Ew., Krst. ist Glauchau.

Chemolumineszenz [ç-], **Chemilumineszenz**, eine durch chem. Anregung ausgelöste Lichtemission. Chem. Reaktionen können zur Bildung elektronisch angeregter Molekülzustände führen, wobei die bei der Reaktion freigesetzte Energie als sichtbare, ultraviolette oder infrarote Strahlung abgegeben wird.

Chemonukleolyse [ç-], orthopäd. oder neurochirurg. Behandlungsverfahren zur Auflösung des Bandscheibenkerns bei Bandscheibenvorfall im Bereich der Lendenwirbelsäule; erfolgt durch Injektion des Enzyms Chymopapain in den Bandscheibenraum.

Chemorezeptoren [ç-, lat.-griech.], Sinnesorgane oder -zellen, die der Wahrnehmung chem. Reize dienen, v. a. die Geruchs- und Geschmackssinneszellen bzw. -organe.

Chemosynthese [ç-, griech.], **Chemolithotrophie**, im Ggs. zur Fotosynthese die Verwendung anorgan. Verbindungen und Ionen sowie der Einsatz von Wasserstoff und Schwefel zur Energiegewinnung in der Zelle unabhängig von Licht.

Chemotherapeutika [ç-, griech.], Sammelname für Substanzen, die lebende Krankheitserreger (Bakterien, Pilze, Viren, Protozoen, Würmer) oder Tumorzellen im Organismus schädigen oder abtöten. Sie dienen zur Behandlung von Infektionskrankheiten und Krebserkrankungen (Chemotherapie). Zu den C. zählen u. a. Sulfonamide, Antibiotika, Zytostatika und Mittel gegen Tuberkulose oder Malaria.

Chemotherapie [ç-, griech.], Behandlung mit →Chemotherapeutika.

Chemulp'o [tʃ-], ehem. Name der südkorean. Stadt →Inchŏn.

Chemurgie [ç-, griech.] *die*, Gewinnung chem. Produkte aus land- oder forstwirtschaftlich erzeugten Stoffen, z. B. Alkohol aus Kartoffeln.

Chenab [ˈtʃɛɪnɑːb] *der*, einer der fünf Ströme des Pandschab, in Indien und Pakistan, rd. 1 100 km lang, entspringt im westl. Himalaja, vereinigt sich mit dem Jhelum, danach mit dem Sutlej.

Cheney [ˈtʃeɪni], Richard (Dick) Bruce, amerikan. Politiker, * Lincoln (Nebr.) 30. 1. 1941; studierte Politikwiss., war 1975–77 Stabschef des Weißen Hauses, 1978–89 republikan. Abg. im Repräsentantenhaus (dort v. a. im Geheimdienstausschuss tätig); unter Präs. G. H. W. Bush 1989–93 Verteidigungsmin., unter dessen Sohn G. W. Bush ab 2001 Vizepräs. der USA.

Cheney-Coker [ˈtʃeɪni ˈkəʊːkər], Syl, Lyriker und Romancier aus Sierra Leone, * Freetown 27. 7. 1945; schreibt in engl. Sprache, gilt als der »kosmopolitischste« Lyriker Afrikas; verbindet in seinen Gedichten afrikan., westl. und kreol. Elemente. Sein erster Roman »Der Nubier« (1990) zeichnet ein magisch-realist. Bild der Geschichte seiner Heimat und des afrikan. Kontinents insgesamt.

Chengchow [dʒɛŋdʒoʊ], chinesische Stadt, →Zhengzhou.

Chengde [tʃɛŋdɛ], **Chengte, Tschengteh**, Stadt in der Prov. Hebei, N-China, über 200 000 Ew.; Univ.; Textil-, Schwerindustrie. – C. wurde seit dem frühen 18. Jh. zur kaiserl. Sommerresidenz (UNESCO-Weltkulturerbe) ausgebaut, 1723–33 Jeho genannt, in Europa später als Jehol bekannt.

Chengdu [tʃɛŋdu], **Chengtu**, Hptst. der Prov. Sichuan, China, 2,3 Mio. Ew., als Agglomeration 10,2 Mio. Ew.; Univ., wiss. Institute; elektron., feinmechan. u. a. Industrie. – Zentraler Palastbezirk aus der Yuan- (14. Jh.) und Mingdynastie (17. Jh.). Bei C. befindet sich seit dem 3. Jh. v. Chr. das einzigartige Bewässerungssystem von Dujiangyan (UNESCO-Weltkulturerbe).

Chénier [ʃeˈnje], 1) André-Marie, frz. Schriftsteller, * Konstantinopel 30. 10. 1762, † (hingerichtet) Paris 24. 7. 1794, Bruder von 2); schrieb formal an antiken Vorbildern orientierte, von Musikalität und Unmittelbarkeit der Empfindung erfüllte Gedichte (Idyllen, Elegien, Oden, Hymnen u. a.); gilt als bedeutendster frz. Lyriker des 18. Jh. und als einer der ersten Wegbereiter der →Poésie pure; begeisterter Anhänger der Frz. Revolution, wandte sich jedoch später gegen die Willkürherrschaft der Jakobiner. – Oper »Andrea Chénier« von U. Giordano (1896).

2) Marie-Joseph, frz. Schriftsteller, * Konstantinopel 28. 4. 1764, † Paris 10. 1. 1811, Bruder von 1); gilt mit seinen klassizistischen histor. Dramen als der große Theaterautor der Frz. Revolution.

Chen Kaige [tʃ-], chin. Filmregisseur, * Peking 12. 8. 1952; gehört zu den wichtigsten international anerkannten chin. Filmregisseuren, v. a. mit Werken über die chin. Geschichte und Kultur. – *Filme:* Gelbes Land (1984); König der Kinder (1987); Die Weissagung (1991); Lebewohl, meine Konkubine (1993).

Chennai, Stadt in Indien, →Madras.

Chen Shuibian [tʃɛn ʃuibiɛn], **Ch'en Shui-pien,** chin. Politiker, * Tainan (Taiwan) 18. 2. 1951; Jurist; 1989–94 Mitgl. des taiwan. Legislativ-Yuan, 1981–85 Stadtrat und 1994–98 Bürgermeister von Taipeh; gewann als Kandidat der Demokrat. Fortschrittspartei

(DPP) im März 2000 die Präsidentschaftswahlen in Taiwan (Amtsantritt am 20. 5. 2000; 2004 wieder gewählt).

Cheops [ç-], ägypt. **Chufu, Khufu,** ägypt. König der 4. Dynastie, regierte etwa 2579–2556 v. Chr.; erbaute die C.-Pyramide (urspr. 146,6 m, jetzt 137 m hoch), die größte der drei Pyramiden bei Giseh; initiierte vielleicht die Errichtung des sog. Sphinxtempels und der großen Sphinx.

Chephren [ç-], ägypt. **Chaefre, Khaefre,** ägypt. König der 4. Dynastie, Sohn des Cheops, regierte etwa 2547–2521 v. Chr.; erbaute südwestlich der Cheopspyramide die zweitgrößte der drei Pyramiden (urspr. 143,5 m, jetzt 136,4 m hoch) bei Giseh; neben dem Aufweg, der vom Taltempel zum Totentempel vor der Pyramide führt, liegt die große Sphinx.

Chequers Court [ˈtʃekəz kɔːt], Landedelsitz aus dem 16. Jh. bei Aylesbury (Cty. Buckinghamshire); seit 1917 Landsitz der brit. Premierminister.

Cher [ʃɛːr], **1)** *der,* linker Nebenfluss der Loire, Frankreich, entspringt in der Auvergne; 350 km lang.
2) Dép. in Mittelfrankreich, 7 235 km², 312 000 Ew.; Hptst. ist Bourges.

Cherbourg [ʃɛrˈbuːr], Hafenstadt in der Normandie, im frz. Dép. Manche, am Ärmelkanal, 27 100 Ew.; Stützpunkt der frz. Kriegsmarine, mit Marineschule, nat. Kriegs- und Befreiungsmuseum; Schiffbau, petrochem. und elektrotechn. Industrie. – Im Zweiten Weltkrieg stark zerstört.

Chéreau [ʃeˈroː], Patrice, frz. Regisseur, *Lézigné (Dép. Maine-et-Loire) 2. 11. 1944; trat nach versch. Schauspiel- und Operninszenierungen 1976 bei den Bayreuther Festspielen mit einer eigenwilligen, collagehaft-surrealist. Inszenierung des »Ring des Nibelungen« hervor. 1979 inszenierte er in Paris A. Bergs Oper »Lulu«. 1982–90 leitete er ein Theater im Pariser Vorort Nanterre; auch Filmregisseur (»Intimacy«, 2000) und Filmschauspieler.

Cherimoya [tʃ-, indian.] *die,* **Rahmapfel, Annona cherimola,** aus dem trop. Amerika stammendes, baumförmiges Annonengewächs mit wohlschmeckenden Sammelfrüchten (kugelig bis eiförmig, bis 20 cm groß). Ihre Oberfläche ist netzartig oder schuppig, das Fruchtfleisch ist weiß und ähnelt im Geschmack dem von Birnen.

Cherkassky [tʃ-], Shura, amerikan. Pianist russ. Herkunft, *Odessa 7. 10. 1911, †London 27. 12. 1995; bes. bekannt als Interpret der Werke von F. Liszt, S. W. Rachmaninow und S. S. Prokofjew.

Cherimoya: unten aufgeschnittene Frucht

Cherokee [ˈtʃerəkiː, engl.], **Tscherokesen,** nordamerikan. Indianerstamm der irokes. Sprachfamilie, einer der »Fünf Zivilisierten Stämme« (befestigte Dörfer, intensiver Feldbau; seit Anfang des 19. Jh. Silbenschrift); 1838/39 aus seiner Heimat, den SW-Appalachen, nach Oklahoma vertrieben (heute etwa 200 000 C., bes. in Oklahoma und North Carolina).

Cherrapunji [tʃerəˈpʌndʒiː], Ort in den Khasibergen, im Bundesstaat Meghalaya, im nordöstl. Indien, 1 314 m ü. M., der »Regenpol« der Erde (Jahresmittel: 10 870 mm, gemessenes Jahresmaximum 22 987 mm Niederschlag); Zementfabrik; Landwirtschaft.

Cherrybrandy [ˈtʃerɪbrændi, engl.] *der,* ein Fruchtsaftlikör aus Sauerkirschsaft, Kirschwasser, Zucker, Alkohol und Wasser.

Cherson [x-], Gebietshptst. in der Ukraine, See- und Flusshafen am Dnjepr, nahe dessen Mündung in den Dnjepr-Bug-Liman (Schwarzes Meer), 328 000 Ew.; TU u. a. Hochschulen; Schiff- und Landmaschinenbau, feinmechan., Textil- und Nahrungsmittelind. – Gegr. 1778 als Festung.

Chersones [ç-], griech. **Chersonesos,** Name mehrerer Halbinseln in der Antike: **Thrakischer C.,** die jetzige Halbinsel Gelibolu, Türkei; **Taurischer C.,** auch **Skythischer C.,** die heutige Krim; **Kimbrischer C.,** das jetzige Jütland.

Cherub [ç-, hebr.] *der, Pl.* **Cherubim,** Engel, himml. Wächter; im A. T. (Ez. 1, 5 ff.) und altoriental. Religionen als kultisch-myth. Mischwesen (halb Tier, halb Mensch) dargestellt.

Cherubini [k-], Luigi, ital. Komponist, *Florenz 14. 9. 1760, †Paris 13. 3. 1842; lebte seit 1788 in Paris, dort 1821–42 Direktor des Conservatoire; komponierte ital. und frz. Opern, in denen sich die Ereignisse der Revolutionsepoche spiegeln, zahlr. kirchenmusikal. Werke, die durch Verfeinerung des kontrapunkt. Stils geprägt sind, sowie Kammermusik.

Cherusker [ç-, k-], german. Volksstamm im Wesergebiet zw. Teutoburger Wald und Harz. Seit 4 n. Chr. unter röm. Oberhoheit, erlangten die C. unter Führung von Arminius 9 n. Chr. im Kampf gegen Varus und 15/16 gegen Germanicus die Unabhängigkeit wieder; im 1. Jh. n. Chr. von den Chatten unterworfen. Die C. sind vermutlich im Stammesverband der Sachsen aufgegangen.

Cherut [x-; hebr. »Freiheit«], 1948 gegründete, rechtsgerichtete israel. Partei, Nachfolgerin der →Irgun Zwai Leumi, schloss sich 1973 mit weiteren Parteien zum →Likud zusammen.

Chesapeake Bay [ˈtʃesəpiːk beɪ], Bucht des Atlantiks in der östl. Küstenebene der USA (Maryland und Virginia), 320 km lang, Straßenbrücke (7 km) im nördl. Teil bei Annapolis (seit 1952); den südl. Teil queren (seit 1964) ein System (insgesamt 28 km) von Brücken und zwei Tunnel (je fast 2 km lang). Vom wichtigsten Hafen, Baltimore, hat die Schifffahrt

Chephren: der thronende König Chephren, Höhe 1,68 m, Diorit (um 2500 v. Chr.; Kairo, Ägyptisches Museum)

Luigi Cherubini

Jacques Chessex

Chester
Stadtwappen

Chiang Kai-shek

durch den **Chesapeake and Delaware Canal** zur Delaware Bay eine kürzere Verbindung zum Atlantik. In der C. B. bed. Fisch- und Krabbenfang, Austernzucht.

Cheshire ['tʃeʃə], County im westl. NW-England, 2 083 km², 680 000 Ew.; Verw.-Sitz: Chester.

Chessex [ʃe'sɛ], Jacques, schweizer. Schriftsteller frz. Sprache, * Payerne 1. 3. 1934; gestaltet in seinen Romanen meist Isolation, Melancholie, Todesangst und -sehnsucht (u. a. »Leben und Sterben im Waadtland«, 1969; »Der Kinderfresser«, 1973; »Dreigestirn«, 1992; »L'imitation«, 1998); ähnlich auch seine metaphernreiche Lyrik.

Chester ['tʃestə], Stadt in NW-England, Verw.-Sitz der Cty. Cheshire, 82 500 Ew.; anglikan. Bischofssitz; archäolog. Museum; Marktzentrum eines landwirtsch. Umlands; Maschinenbau, Metallindustrie. – Mittelalterl. Stadtbild, Fachwerkhäuser, Kathedrale (13.–16. Jahrhundert).

Chesterfield ['tʃestəfi:ld; nach dem engl. Lord, der 1889 diesen Mantel kreierte] *der*, eleganter Herrenmantel mit verdeckter Knopfleiste.

Chesterfield ['tʃestəfi:ld], Stadt in der mittelengl. Cty. Derbyshire, 73 500 Ew.; Maschinenbau, Glas-, elektrotechn., chem. Industrie.

Chesterkäse ['tʃestər-; nach der engl. Stadt Chester], fetter Hartkäse.

Chesterton ['tʃestətn], Gilbert Keith, engl. Schriftsteller, * Kensington (heute zu London) 29. 5. 1874, † London 14. 6. 1936; trat 1922 zum kath. Glauben über; Gedichte, parodist. Detektiverzählungen (u. a. »Das Geheimnis des Pater Brown«, 1927), fantast. Geschichten (»Das fliegende Wirtshaus«, 1914), Monografien, Essays (»Verteidigung des Unsinns«, 1909).

Chevalier [ʃəval'je, frz.] *der*, **1)** Ritter, Edelmann, Mitgl. eines Ritterordens.
2) Titel des niederen frz. Adels.

Chevalier [ʃəval'je], Maurice, frz. Chansonsänger, * Paris 12. 9. 1888, † ebd. 1. 1. 1972; seit dem 12. Lebensjahr beim Kabarett tätig; wirkte auch in Revuen (1909–13 als Partner der Mistinguett) sowie in zahlr. Filmen mit (u. a. »Gigi«, 1958).

Chevallier [ʃəval'je], Gabriel, frz. Schriftsteller, * Lyon 3. 5. 1895, † Cannes 6. 4. 1969; geistreicher Romancier, beschrieb realistisch und mit beißender Ironie Bauern und Spießbürger der südfrz. Provinzgesellschaft (»Clochemerle«, 1934, u. a.).

Cheviot ['tʃevɪət, engl.] *der*, strapazierfähiges Wollgewebe in Köperbindung.

Cheviot Hills ['tʃevɪət 'hɪlz, auch 'tʃi:vɪət-], Höhenzug an der englisch-schott. Grenze, erreicht im Cheviot 816 m ü. M.; Heiden mit Schafhaltung; z. T. Nationalpark.

Chevreau [ʃə'vro; frz. »kleine Ziege«] *das*, chromgegerbtes, feinnarbiges Ziegenleder als Schuhoberleder.

Chevron [ʃə'vrõ; frz. »Dachsparren«] *der*, Gewebe mit fischgrätenähnl. Muster.

Chevron Texaco Corp. ['ʃevrən 'teksəkəʊ kɔːpəˈreɪʃn], weltweit (in über 180 Ländern) agierender amerikan. Mineralölkonzern, tätig in allen Bereichen des Erdöl- und Erdgasgeschäfts und der Petrochemie; entstanden 2001 durch Fusion von Texaco Inc. (gegr. 1902) und Chevron Corporation (gegr. 1926); Sitz: San Francisco. Seit 2005 firmiert der Konzern wieder als **Chevron Corporation.**

Cheyenne [ʃaɪ'en, engl.], Eigenbez. **Tsistsistas**, ein Algonkin sprechender Indianerstamm in den Great Plains; bes. in Reservationen von SO-Montana (nördl. C., etwa 7 000; Viehzüchter) und Oklahoma (südl. C., etwa 10 000; Farmer). → Prärie- und Plains-Indianer.

Cheyenne [ʃaɪ'en], Hptst. des Bundesstaates Wyoming, USA, 1 850 m ü. M., 54 400 Ew.; kath. Bischofssitz; Handelszentrum (bes. für Vieh) für die mittleren Rocky Mountains; jährlich (seit 1897) findet ein großes Rodeo statt.

Chhattisgarh, Bundesstaat in Indien, 135 100 km², (2006) 22,59 Mio. Ew.; Hptst.: Raipur. Erstreckt sich vom Chota-Nagpur-Plateau im N bis zum Fluss Godavari im S; weitere Hauptflüsse sind Mahanadi und Rihand (im N). Agrarland, vorwiegend Anbau von Reis, Weizen, Mais; Schwer- (Stahlwerk in Bhilai Nagar), Textil-, Zementind., Handwerkskunst. Reich an Bodenschätzen, umfangreiche Kohle-, Eisenerz- und Manganvorkommen. – C. entstand am 1. 11. 2000 aus dem O-Teil von Madhya Pradesh.

Chi [ç-] *das*, Zeichen X, χ, der 22. Buchstabe des griech. Alphabets.

Chia ['ki:a], Sandro, ital. Maler und Bildhauer, * Florenz 20. 4. 1946; Vertreter der →Transavanguardia. Die Bewegungen seiner in leuchtenden Farben gemalten Figuren wie seine Plastiken bringen kraftvolle Dynamik zum Ausdruck.

Chiang ch'ai [dʒiaŋ tʃaɪ], Dorf in der Prov. Shaanxi, China, →Jiangchai.

Chiang Ch'ing [dʒiaŋ tʃiŋ], chin. Politikerin, →Jiang Qing.

Chiang Ching-kuo [tʃiaŋ tʃiŋ-], **Jiang Jingguo, Tschiang Tsching-kuo,** chin. Politiker, * Fenghua (Prov. Zhejiang) 18. 3. 1910, † Taipeh 13. 1. 1988; Sohn Chiang Kai-sheks, 1965–69 Verteidigungsmin., 1972–78 Min.-Präs. und seit 1978 Präs. der Rep. China (Taiwan); seit 1975 zugleich Vors. der Guomindang.

Chiang Kai-shek [tʃiaŋkaiʃɛk], **Jiang Jieshi, Tschiang Kai-schek,** chin. Generalissimus und Politiker, * Xigou (Prov. Zhejiang) 31. 10. 1887, † Taipeh 5. 4. 1975; wurde 1924 Leiter der Militärakademie in Huangpu (Whampoa) und baute mit sowjet. Hilfe eine Armee auf; übernahm nach dem Tod Sun Yat-sens (1925) die Führung der Guomindang, brach 1927 radikal mit den Kommunisten und unterwarf 1926–28 die örtl. Militärmachthaber in N-China. 1928 wurde er Vors. der Nationalreg. (Staatschef) in Nanking. 1936 als Oberbefehlshaber der chin. Armee durch eigene Truppenteile gezwungen, sich mit den Kommunisten auf eine gemeinsame Verteidigung des Landes gegen Japan zu einigen. Nach Inkrafttreten einer neuen Verf. seit 1948 Staatspräs., floh er vor den im Bürgerkrieg (erneut seit 1946) siegreichen Kommunisten 1949 nach Taiwan. Dort fungierte er in Konflikt mit der VR China ab 1950 als Präs. der Rep. China (Taiwan).

Chiang Mai [tʃiaŋ-], **Chiengmai,** Stadt in N-Thailand, am Fuß des Doi Sutep (1 676 m ü. M.), 335 m ü. M., 159 000 Ew.; Univ., Nationalmuseum, königl. Winterpalast; Seidenwebereien, Keramik-, Silber- und Lackwarenherstellung; Fremdenverkehr. – Mehrere Tempelanlagen (seit Ende des 13. Jh.). – 1296 gegründet, war Hptst. eines Teilkönigreichs der Thai.

Chiangtzu [dʒ-], Stadt in Tibet, →Gyangzê.

Chianti [k-], ital. Rotwein aus der Toskana (aus den Chiantibergen) südöstlich von Florenz; traditionell Cuvée aus roten (bis 90 %) und weißen Trauben; Jahresproduktion etwa 1,3 Mio. hl.

Chiapas [tʃ-], südlichster Bundesstaat von Mexiko; erstreckt sich vom Pazifik über die Sierra de C.

Chicago: Skyline der Stadt mit einigen der höchsten Wolkenkratzer; in der Mitte das John Hancock Center (1965–70)

bis in das Golfküstentiefland, 73 681 km², 4,26 Mio. Ew., Hptst. ist Tuxtla Gutiérrez; Ruinenstätten der Maya (UNESCO-Weltkulturerbe), u. a. Palenque. – Seit Jan. 1994 kämpfte in C. die indian. Befreiungsbewegung der Zapatisten (E. →Zapata) um mehr Rechte und um Verbesserung der sozialen Lage für die indian. Bev., 1996 wurde nach immer wieder unterbrochenen Verhandlungen mit der Reg. ein Abkommen unterzeichnet, das aber die Ursachen des Aufstands nicht beseitigte und nur unzureichend umgesetzt wurde

Chiasma opticum [ç-, griech.] *das,* die Sehnervenkreuzung im Gehirn.

Chiasmus [ç-; nach dem griech. Buchstaben X (Chi)] *der,* Überkreuzstellung einander entsprechender Satzglieder, z. B.: »die Kunst ist lang, und kurz ist unser Leben« (Goethe, Faust I).

Chiasso [ˈkjasso], südlichster Grenzort der Schweiz, im Kt. Tessin, 240 m ü. M., an der Gotthardbahn, 7 700 Ew.; großer Grenz- und Verschiebebahnhof; Tabak-, Bekleidungs-, Metallindustrie; Pfarrkirche San Vitale (1237 erwähnt).

Chiavari [ˈkja:-], Hafenstadt und Seebad in Ligurien, Italien, Prov. Genua, an der Bucht von Rapallo, 27 800 Ew.; Bischofssitz; Schiffbau, Möbelind., Schieferverarbeitung; Fremdenverkehr.

Chiavenna [kja-], Stadt in der Lombardei, Italien, Prov. Sondrio, nördl. vom Comer See, 7 300 Ew.; Sportartikelfabrikation; Verkehrsknotenpunkt (südl. Ausgangspunkt der Straßen über den Maloja- und Splügenpass). – C. stand 1512 bis 1797 unter der Hoheit Graubündens; seit 1815 österr., seit 1859 italienisch.

Chiaveri [ˈkja:-], Gaetano, ital. Baumeister, *Rom 1689, †Foligno 5. 3. 1770; ab etwa 1730 in sächs. Diensten; erbaute u. a. die kath. Hofkirche in Dresden (1739–55; 1945 zerstört, wiederhergestellt).

Chiayi [dʒ-], Stadt in Taiwan, →Jiayi.

Chiba [tʃ-], Hptst. der Präfektur C., Japan, 924 400 Ew.; Hafen und Zentrum des Keiyo-Industriegebiets (Neuland) im O der Tokiobucht; Wärmekraftwerk, Stahl-, Erdölindustrie.

Chibcha [ˈtʃibtʃa], **1)** indian. Sprachfamilie im NW Süd- und Mittelamerikas.

2) andere Bez. für die →Muisca.

Chibinen [x-], russ. **Chibiny,** Bergland auf der Halbinsel →Kola.

Chicago [ʃiˈkɑːɡoʊ], drittgrößte Stadt der USA, in Illinois, am SW-Ufer des Michigansees, 179 m ü. M.; 2,87 Mio. Ew. (städt. Agglomeration 9,33 Mio. Ew.); mehrere Univ., Atomforschungszentrum, TH, Museen, Planetarium, Bibliotheken, wiss. Institute u. a. Bildungseinrichtungen, Theater, Oper, Symphonieorchester, zoolog. Garten. C. ist eines der größten Handelszentren der Welt (Sitz einiger der weltmarktstärksten Handels- und Ind.-Konzerne), der größte Getreidemarkt der USA und war im 19. Jh. und in der ersten Hälfte des 20. Jh. Standort großer Schlachthöfe (Stockyards, 1971 geschlossen). Die Stadt hat einen der weltweit größten Binnenhäfen, der durch den Anschluss an den Sankt-Lorenz-Seeweg auch Seehafen wurde; der Großflughafen O'Hare ist nach Atlanta Hartfield der am stärksten frequentierte der Welt; U-Bahn (seit 1943). Die »Stahlkrise« der 1970er-Jahre beeinträchtigte die Wirtschaftslage der Stadt besonders stark und führte zu einer Bevölkerungsabwanderung. Erst in den letzten Jahren erfolgte ein nachhaltiger wirtsch. Strukturwandel verbunden mit einem Einwohnerzuzug. Neben Computer- und Hightech-, Elektro-, Elektronik-, pharmazeut. und medizintechn., Konsumgüter- und Leichtind. besitzen Banken und Versicherungen, Druckereien, Verlage, Handels- und Dienstleistungsbereiche zunehmende Bedeutung. C. zählt zu den führenden Medienzentren der USA. – Das Stadtbild wurde seit Ende des 19. Jh. von Vertretern der modernen Architektur geprägt (L. Mies van der Rohe u. a.). Mit dem Manhattan Building von W. Le Baron Jenney entstand 1890 das erste

Chicago
Stadtwappen

Chichén Itzá: Kriegertempel mit Tausendsäulenkomplex (zwischen 900 und 1200)

Hochhaus in Stahlskelettbauweise. 1963/64 entstand Marina City (zwei 179 m hohe zylinderförmige Stahlbetontürme); das John Hancock Center (1965–70, mit 100 Stockwerken, 344 m hoch) wird überragt von dem Gebäude des Warenhauskonzerns Sears, Roebuck & Co. (»Sears Tower«, von SOM, 1969–74), einem der höchsten Gebäude der Welt (443 m, 110 Stockwerke). 2004 wurde der »Millennium Park« eröffnet (u. a. mit Musikpavillon und einer Brücke nach Entwurf von F. O. Gehry). – C., 1803 gegr., wurde 1837 Stadt. Am 8./9. 10. 1871 brannte es zum größten Teil ab, entwickelte sich aber rasch zur bedeutendsten Stadt des »Mittleren Westens« der USA; der alte Ziegelsteinwasserturm, der den Brand überdauerte, gehört zu den markantesten Gebäuden der Stadt. 1893 und 1933/34 fanden in C. Weltausstellungen statt.

Chicago-Schule [ʃɪˈkɑːgəʊ-], auf die »Österr. Schule« (L. von Mises, F. von Hayek) zurückgehende neoliberale Richtung der Volkswirtschaftslehre (Hauptvertreter: M. Friedman und G. J. Stigler). Die C. S. weist staatl. Konjunktur- und Stabilitätspolitik als kontraproduktiv zurück und befürwortet die marktwirtsch. Selbststeuerung und Privatisierung. Sie erhielt starken Auftrieb durch den Monetarismus und beeinflusste die angebotsorientierte Wirtschaftspolitik.

Chicago-Stil [ʃɪˈkɑːgəʊ-], Bez. für eine Anfang der 1920er-Jahre in Chicago entwickelte Variante des →Dixieland-Jazz.

Chicanos [tʃi-], Bez. für die Spanisch sprechende Bev.-Gruppe mexikan. Herkunft in den USA, bes. in S-Texas und Kalifornien; die C. ziehen im Sommer als Wanderarbeiter in den Norden. Sie sind nach den Schwarzen die zweitgrößte Minderheit in den USA.

Chichén Itzá [tʃiˈtʃen itˈsa], mittelamerikan. Ruinenstätte auf der Halbinsel Yucatán, Mexiko, aus dem »Neuen Reich« der →Maya. Älteste Siedlungsspuren aus dem 3./2. Jh. v. Chr., Blütezeit im 10.–12. Jh., v. a. als Kultzentrum. Die Bauten zeigen toltek. Einfluss; erhalten sind u. a. eine Stufenpyramide (»Castillo«), der von einem Säulenkomplex umgebene »Kriegertempel«, ein Ballspielplatz und der »Heilige Brunnen«. Die Anlage wurde von der UNESCO zum Weltkulturerbe erklärt.

Chichester [ˈtʃɪtʃɪstə], Stadt in S-England, Hptst. der Cty. West Sussex, 27 800 Ew.; anglikan. Bischofssitz, theolog. Hochschule. – Große, im normannisch-frühengl. Stil errichtete Kathedrale (1090–13. Jh.). – Röm. Gründung (**Noviomagus Regnorum**), in sächs. Zeit (**Cisseceastre**) wichtiger Münzort.

Chichicastenango [tʃitʃi-], Wallfahrtsort im westl. Hochland von Guatemala (1 965 m ü. M.), 56 600 Ew.; Markt der Quiché-Maya, Fremdenverkehr. – Frühbarocke Kirche Santo Tomás.

Chiclayo [tʃikˈlajo], Hptst. des Dep. Lambayeque, Peru, in der Küstenebene am N-Ende der Westkordillere; 517 000 Ew.; Univ.; wichtigste Handels- und Ind.-Stadt des N (u. a. Verarbeitung von Reis und Zuckerrohr aus der Küstenebene).

Chiclegummi [ˈtʃɪkl-, indian.], eingedickter Milchsaft des mittelamerikan. Sapotillbaumes; dient zur Herstellung von Kaugummi.

Chicorée [ʃikoˈreː, frz.] der oder die, **Schikoree**, der durch Treiben im Dunkeln gebleichte Blattschopf einer Kulturform der Zichorie für Gemüse und Salat; eine durch Anthocyan rot gefärbte Varietät ist der **Radicchio**.

Chicorée: Salatzichorie (oben) und Radicchio

Chief [tʃiːf] der, engl. Bez. für Chef, Oberhaupt, Häuptling; **Chief Executive**, Leiter der Verw.; **Chief Executive Officer**, Abk. **CEO**, die ranghöchste Führungskraft in einer (Kapital-)Gesellschaft nach amerikan. Vorbild (→Incorporated).

Chiemsee [ˈkiːm-], größter See Bayerns, 80 km², bis 73 m tief, 518 m ü. M., im Alpenvorland, eiszeitlich entstandener Zungenbeckensee. Im westl. Teil liegen die **Herreninsel** (3,3 km²; Reste einer ehem. Abtei; Prunkschloss →Herrenchiemsee), die **Fraueninsel** (Benediktinerinnenabtei Frauenchiemsee, gegr. um 770; frühroman. Münster, karoling. Torhalle) und die **Krautinsel** (unbewohnt). Hauptflüsse sind die Tiroler Ache und Prien, Abfluss ist die Alz (zum Inn). Das Gebiet um den C. (Chiemgau) ist ein bed. Fremdenverkehrsgebiet (u. a. Segeln).

Chiesa [ˈkjɛːza], Francesco, schweizer. Schriftsteller ital. Sprache, * Sagno (Kt. Tessin) 5. 7. 1871, † Lugano 13. 6. 1973; schrieb Lyrik (»Kalliope«, 220 Sonette, 1907), Romane (»Märzenwetter«, 1925) und heimatgebundene Erzählungen (»Geschichten aus der Jugendzeit«, 1920).

Chieti [ˈkjɛːti], **1)** Provinz in den Abruzzen, Italien, 2 588 km², 384 400 Einwohner.
2) Hptst. von 1), am Fuß der Abruzzen, 51 900 Ew.; Erzbischofssitz; Univ. (seit 1965); archäolog. Museum; Bekleidungs- u. a. Ind., Wein- und Getreidehandel. – Reste von röm. Tempeln und einem Theater. – Das antike **Teate Marrucinorum** war Hauptort der sabell. Marruciner.

Chiffon [ʃiˈfɔ̃, frz.] der, feines Seiden- oder Kunstseidengewebe in Leinwandbindung.

Chiffre [ˈʃɪfrə, frz.] die, Ziffer, Zahl, Zahlzeichen; Namenszeichen, Geheimschrift, Kennziffer (in Anzeigen); in der Dichtung symbolhaftes Wort mit einem vom Autor gesetzten Sinn.

Chigi [ˈkiːdʒi], röm. Adelsfamilie aus Siena, aus der Papst Alexander VII. (1655–67) stammt. Agostino C., gen. »il Magnifico« (* 1465, † 1520), war der Bankier Alexanders VI., Cesare Borgias, Julius' II. und Leos X., Pächter der Münze, der Salinen und des Alauns von Tolfa. Er unterhielt eine Flotte und ließ in seiner Druckerei das erste griech. Buch drucken. B. Peruzzi baute für ihn die Villa →Farnesina. Der **Palazzo C.** in Rom, 1562 begonnen, ist seit 1961 Residenz des ital. Ministerpräsidenten.

Chignon [ʃiˈnjɔ̃; frz. »Nacken«] der, weibl. Haartracht, bei der das Haar im Nacken in Wülsten oder

Flechten aufgesteckt wird; frühe Beispiele aus dem angelsächs. Raum schon im 7./8. Jh., verbreitete Mode im 18./19. Jahrhundert.

Chihli, Golf von [tʃ-], Teil des Gelben Meeres, →Bo Hai.

Chihuahua [tʃi'u̯au̯a] *der*, kleinste Hunderasse (Schulterhöhe etwa 20 cm); aus Mexiko stammend; wachsamer, lebhafter Begleithund mit großen Fledermausohren, spitz zulaufender Schnauze und großen dunklen Augen.

Chihuahua [tʃi'u̯au̯a], **1)** größter Bundesstaat von Mexiko, 247 487 km², 3,24 Mio. Ew., im NW des nördl. Hochlands.
2) Hptst. von 1), 1 412 m ü. M., 657 900 Ew.; Univ.; kath. Erzbischofssitz. Handels- und Verkehrszentrum N-Mexikos; Hüttenwerke in der Umgebung. – Kathedrale (1717–89). – Gegr. 1639.

Chikamatsu [tʃ-], Monzaemon, jap. Dramatiker, * Präfektur Fukui 1653, † Ōsaka 6. 1. 1725; schrieb etwa 130 Bühnenstücke historischen (Jidaimono) und bürgerl. (Sewamono) Inhalts, davon etwa 100 für das Puppenspiel. Seine Stücke zeichnen sich durch die themat. Spannung zw. Pflicht und Neigung sowie durch sprachl. Virtuosität aus.

Chiku ['tʃiku], *der*, →Breiapfel.

Childebert I. [ç-], Frankenkönig, * um 495, † 23. 12. 558; Sohn Chlodwigs I., als Teilkönig im nördl. Frankenreich (511–558; Residenz Paris) gründete er das Kloster Saint-Germain-des-Prés als Königsgrablege. 524 gewann er das Loiregebiet, 534 Teile von Burgund.

Childerich I. [ç-], Merowinger, † 482, Vater Chlodwigs I., seit etwa 457 König der salischen Franken in Tournai; sein Grab wurde dort 1653 bei der Kirche Saint-Brice entdeckt, die meist goldenen Grabbeigaben gehören zu den bedeutendsten Zeugnissen der merowingisch-fränk. Kultur. Die nach dem Diebstahl von 1831 zurückgebliebenen Schätze sind heute in Paris (Bibliothèque Nationale de France) aufbewahrt.

Children of God ['tʃɪldrən ɔv 'gɔd], religiöse Bewegung, →Family.

Childs [tʃaɪldz], Lucinda, amerikan. Tänzerin und Choreografin, * New York 26. 6. 1940; studierte u. a. bei M. Cunningham, gründete 1970 ein eigenes Ensemble. Stark von der Minimal Art geprägt, entwickelte sie ein freies, rhythmisch vielschichtiges Bewegungs- und Bühnenkonzept.

Chile ['tʃile], amtl. span. **República de C.,** Staat im SW Südamerikas, grenzt im N an Peru, im NO an Bolivien und im O an Argentinien. Zum chilen. Hoheitsgebiet gehören außerdem die Inseln Juan Fernández, San Ambrosio, Gonzales, Sala y Gómez und die Osterinsel. Der von C. beanspruchte Teil der Antarktis (53°–90° w. L.) umfasst 1,25 Mio. km².

Staat und Recht

Nach der Verf. von 1981 (mehrfach, zuletzt 2005, revidiert) ist C. eine präsidiale Rep. mit Mehrparteiensystem. Staatsoberhaupt und Reg.-Chef ist der für 6 Jahre direkt gewählte Präs. (unmittelbare Wiederwahl ausgeschlossen). Er ernennt die Mitgl. des Kabinetts und hat das Recht, Dekrete mit Gesetzeskraft zu erlassen. Die Legislative liegt beim Kongress, bestehend aus Abg.-Kammer (120 Abg., für 4 Jahre gewählt) und Senat (38 Mitgl., auf 8 Jahre gewählt). – Wichtigste Parteien: Christl.-Demokrat. Partei (PDC), Partei für die Demokratie (PPD), Sozialist. Partei (PS), Partei der radikalen Sozialdemokraten (PRSD), Unabhängige Demokrat. Union (UDI) und Nat. Erneuerung (RN).

Landesnatur

C. erstreckt sich entlang der W-Küste Südamerikas von der peruan. Grenze im N bis Feuerland im S als ein 4 300 km langer, 90–445 km breiter Streifen. Parallel zur Küste verlaufen im W die Küstenkordillere, im O die Hochkordillere, dazwischen im N wüstenhaftes Hochland, in Mittel-C. das als tekton. Senke entstandene Große Längstal (Hauptwirtschafts- und Siedlungsgebiet). Die Hochkordillere mit zahlr. Vulkanen und Höhen um 6 000 m (Llullaillaco 6 723 m ü. M.) nimmt nach S an Höhe ab; sie ist in W-Patagonien durch Fjorde zerschnitten und trägt hier im Innern große Firn- und Eisfelder. Die Küstenkordillere (bis 2 000 m ü. M.) ist im S in gebirgige Inselgruppen aufgelöst. – Man unterscheidet von N nach S folgende Landschaftsräume: 1. den Großen Norden (bis zum Río Huasco), im Wesentlichen die →Atacama; 2. den Kleinen Norden (bis zum Río Aconcagua), wo Hochkordillere und Küstengebirge unmittelbar aneinandergrenzen; 3. Zentral- oder Mittel-C. (bis zur Wasserscheide zw. Río Bío-Bío und Río Imperial) mit dem von Hochkordillere und Küstengebirge eingefassten Chilen. Längstal; 4. den Kleinen Süden (bis zum Golf von Ancud und der Insel Chiloé); 5. den Großen Süden, der die Patagon. Kordillere mitsamt vorgelagerten Halbinseln und Inseln umfasst. – Eine Folge der noch andauernden tekton. Tätigkeit sind Erdbeben, die das ganze Land, bes. Mittel-C., häufig heimsuchen. Die meist kurzen, in O-W-Richtung verlaufenden Flüsse werden vielfach zur Bewässerung genutzt; die eiszeitl. Vergletscherung hat am W-Fuß der Hochkordillere eine Reihe größerer Seen (Villarrica, Ranco, Puyehue, Llanquihue) geschaffen.

Durch seine Erstreckung über 39 Breitengrade gliedert sich C. klimatisch in die extrem trockene Wüstenzone Nord-C. mit regenarmer, aber nebelreicher Küstenzone (→Humboldtstrom), das nördl. Mittel-C. mit subtrop. Klima (Winterregen) sowie das südl.

Chile

Fläche: 756 096 km²
Einwohner: (2005) 15,981 Mio.
Hauptstadt: Santiago de Chile
Verwaltungsgliederung: 13 Regionen
Amtssprache: Spanisch
Nationalfeiertag: 18. 9.
Währung: 1 Chilenischer Peso (chil$) = 100 Centavo
Zeitzone: MEZ – 5 Std.

Flagge

Wappen

internationales Kfz-Kennzeichen

Mittel-C. mit Regen, vorherrschend im Winter, und Süd-C. mit reichen Niederschlägen zu allen Jahreszeiten und niedrigen Sommertemperaturen.

Bevölkerung

Sie besteht überwiegend aus Mestizen und Weißen. Nach Angaben der Volkszählung 2002 beträgt der Anteil der indian. Ur-Bev. rd. 5% (überwiegend Mapuche, wenige Aimara). In den einfachen Bev.-Schichten ist das araukan., bei den oberen Schichten das europ. Element stärker vertreten. Mehr als drei Viertel der Einwohner leben in Mittel-C., der N und S sind nur dünn besiedelt. Die größten Ballungsräume bilden die Stadtregionen Groß-Santiago de C., Groß-Valparaíso (mit Viña del Mar) und Groß-Concepción (mit Talcahuano). – Rd. 90% der Bev. sind Christen (ganz überwiegend [rd. 77%] Katholiken); die größte nicht christl. Religionsgemeinschaft bilden die rd. 21 000 Juden. Traditionelle indian. Religionen haben sich unter Teilen der indian. Bev. erhalten. – Es besteht allg. Schulpflicht im Alter von 6 bis 18 Jahren. Die Alphabetisierungsrate beträgt (2006) rd. 96%.

Wirtschaft und Verkehr

C. zählt zu den stärker industrialisierten Ländern Südamerikas. Seit Anfang der 1980er-Jahre und verstärkt in den 1990er-Jahren betrug das Wirtschaftswachstum mehr als 5% pro Jahr. Seit 2000 ist das Land Mitgl. der Wirtschaftsgemeinschaft Mercosur, 2002 wurde ein Assoziierungsabkommen mit der EU abgeschlossen, 2004 wurde ein Freihandelsabkommen mit den USA unterzeichnet (2005 auch mit China). Der Bergbau ist seit dem 19. Jh. die Hauptstütze der Wirtschaft. C. ist der größte Kupferproduzent der Erde und verfügt über beträchtl. Reserven (rd. ein Viertel der bekannten Weltvorkommen; größte Gewinnungsanlage mit Verarbeitung in Chuquicamata; Beitrag zum Exportwert derzeit 37%). Als Nebenprodukte fallen dabei Molybdän, Silber und Gold an. Große Bedeutung hat auch der Eisenerzbergbau (Prov. Coquimbo und Atacama). Der Salpeter aus der Wüste Atacama war bis zur Herstellung künstl. Stickstoffs (1913) wichtigstes Ausfuhrprodukt. Mit dem als Nebenprodukt anfallenden Jod kann C. den Großteil des Weltbedarfs decken. Kochsalz und Borax werden in den Salzpfannen der Atacama gewonnen; dort wurden außerdem große Lithiumvorkommen entdeckt. Die Erzeugung von elektr. Energie erfolgt überwiegend in Wasserkraftwerken. In der verarbeitenden Ind. vollzog sich seit den 1970er-Jahren ein Wandel von der binnenmarktorientierten Konsumgüterind. zugunsten von Branchen, die auf dem Weltmarkt konkurrenzfähig sind (v. a. Weiterverarbeitung von Holz, Fisch, landwirtsch. Produkten, Metallen). Gesamtwirtsch. gesehen ist die Landwirtschaft von relativ geringer Bedeutung. Infolge geograf. Gegebenheiten werden nur 20% der Gesamtfläche genutzt. Das Anbaugebiet beschränkt sich v. a. auf das Große Längstal. Hauptanbauprodukte: Weizen, Mais, Kartoffeln, Hülsenfrüchte, Reis sowie in den letzten Jahren verstärkt für den Export Obst, v. a. Äpfel, Weintrauben und Zitrusfrüchte, auch Gemüse und Wein. Die Viehwirtschaft (Rinder, Schweine) kann den Bedarf an Fleisch und Molkereiprodukten nicht decken. Rd. 5 Mio. Schafe liefern jedoch hochwertige Wolle. Der Fischreichtum des Humboldtstroms und eine auf 200 Seemeilen ausgedehnte Fischereischutzzone begünstigen die Fischerei. – Ausgeführt werden v. a. Kupfer,

Agrarprodukte, Fischmehl, Papier und Zellstoff sowie verschiedene Ind.-Waren. Wichtigste Handelspartner sind die USA, Argentinien, Japan, China und Brasilien. – Das Eisenbahnnetz hat eine 3 300 km lange Hauptlinie von Pisagua im N bis Puerto Montt im S (Querverbindungen nach Bolivien und Argentinien); Personenverkehr nur noch zw. Santiago de C. und Puerto Montt bzw. Concepción; transandiner Güterverkehr nur noch von Arica und Antofagasta nach Bolivien. Im Bau ist eine internat. Strecke, die die chilen. Hafenstadt Talcahuano mit dem Atlantikhafen von Bahía Blanca (Argentinien) verbinden soll. Das Straßennetz (rd. 80 000 km, davon 16 500 km Teerstraßen) kann nicht überall ganzjährig benutzt werden. Hauptstrecke ist die asphaltierte Carretera Panamericana mit rd. 3 400 km. Wegen der N-S-Ausdehnung ist die See- und Küstenschifffahrt von besonderer Bedeutung. Wichtigste Häfen sind Valparaíso, San Antonio, Talcahuano/San Vicente, Antofagasta und Iquique. Wichtigste internat. Flughäfen: bei Santiago de Chile und Arica.

Geschichte

Zur Zeit der span. Eroberung gehörten Nord- und Mittel-C. zum Reich der Inka (seit 1480). Die Spanier drangen ab 1535 auf das Territorium des heutigen C. vor; 1539 sandte Pizarro P. de Valdivia aus, der 1541 das heutige Santiago de C. gründete. Die Araukaner südlich des Río Bío-Bío behaupteten bis ins 19. Jh. hinein eine gewisse Unabhängigkeit. 1778 wurde C. ein selbstständiges Generalkapitanat. 1810 griffen die Ablösungsbestrebungen der übrigen hispanoamerikan. Kolonien auch auf C. über. Zwar führte eine erste Erhebung gegen Spanien unter J. M. Carrera 1811 zur Unabhängigkeit, doch eroberten die Spanier ab 1813 C. von Süden her zurück. 1817 überschritt eine argentin.-chilen. Armee unter J. de San Martín und B. O'Higgins die Anden und schlug die span. Armee bei Chacabuco entscheidend. Am 1. 1. 1818 wurde die Unabhängigkeit ausgerufen. Staatsoberhaupt wurde O'Higgins, der mit diktator. Vollmachten regierte, bis er 1823 gestürzt wurde. Den inneren Wirren setzte 1830 der Sieg der Konservativen ein Ende; Minister Diego Portales schuf die Verf. von 1833; die straffe, von der Oberschicht der kreol. Grundbesitzer getragene Herrschaft der Konservativen förderte die wirtsch. Entwicklung, die durch aktive Einwanderungspolitik (Ges. von 1845; u. a. dt. Einwanderer) begünstigt wurde. Die Araukaner wurden endgültig um 1880 unterworfen. 1879 kam es zum Salpeterkrieg gegen Bolivien und Peru. Die Chilenen eroberten 1881 die peruan. Hptst. Lima. Durch die Verträge von 1883/84 fielen das bolivian. Küstengebiet (Antofagasta) und die peruan. Prov. Tarapacá sowie Arica und Tacna (bis 1929) an C., das damit den Alleinbesitz der reichen Salpeterlager erlangte. Gleichzeitig gewann im Innern der Liberalismus die Oberhand.

Im Ersten Weltkrieg blieb C. neutral. Der wirtsch. Hochkonjunktur dieser Zeit folgte ein Rückgang, bes. durch die schwindende internat. Nachfrage nach C.-Salpeter. Der liberale Präs. A. Alessandri y Palma (1920–24/25 und 1932–38) konnte in seiner 1. Amtsperiode ein Reformprogramm nur teilweise durchsetzen. Der wirtsch. Aufschwung während der Militärdiktatur von C. Ibáñez del Campo (1927–31) wurde durch die Weltwirtschaftskrise abgebrochen. In seiner 2. Präsidentschaft entwickelte Alessandri y Palma zunehmend diktator. Züge. Mit P. Aguirre Cerda

Chile: die Lagune Conguillio im Conguillio-Nationalpark in der Region La Araucania

(1938–41), J. A. Ríos Morales (1942–46) und G. González Videla (1946–52) übernahmen Kandidaten einer Volksfront das Präsidentenamt. 1947 wurde die KP aus der Reg.-Verantwortung ausgeschlossen. Unter Präs. C. Ibáñez del Campo (1952–58) führte die fortschreitende Inflation zu sozialen Spannungen. Gestützt auf Konservative und Liberale, versuchte der parteilose J. Alessandri Rodríguez, Präs. 1958–64, diese durch Reformen abzubauen, unter seinem Nachfolger E. Frei Montalva (1964–70; christl. Demokrat) wurden sie radikaler weitergeführt. 1970 wurde S. Allende Gossens als Kandidat einer Volksfrontkoalition zum Präs. gewählt; er führte ein umfassendes Sozialisierungs- und Verstaatlichungsprogramm durch (u. a. entschädigungslose Enteignung des Kupfer- und Kohlenbergbaus sowie von Bodeneigentum; Kontrolle des Bankwesens), bekämpft von der Mehrheit des Kongresses. Die daraus erwachsene innenpolit. Krise verschärfte sich durch terrorist. Aktionen rechts- und linksradikaler Gruppen. Im Sept. 1973 stürzte die Armee Allende in einem blutigen Putsch (er kam dabei ums Leben). Eine Militärjunta unter A. Pinochet Ugarte (seit 1974 Präs.) errichtete eine harte Militärdiktatur (u. a. Auflösung des Parlaments, Verbot polit. Aktivitäten, Verfolgung aller Anhänger der Linksparteien, deshalb viele Emigranten, v. a. in die Länder des Ostblocks) und suchte bes. mit monetarist. Mitteln die wirtsch. Probleme C.s zu lösen. Auch die 1980 verabschiedete neue Verf. untersagte die Tätigkeit von Parteien und schrieb Pinochets Präsidentschaft bis 1989 fest. Seit Mitte der 1980er-Jahre gelang es der Oppositionsbewegung, eine wachsende Zahl von Menschen gegen die anhaltenden Menschenrechtsverletzungen zu mobilisieren, sodass sich die Reg. zur Einleitung eines Reformprozesses gezwungen sah und 1987 die Bildung von Parteien legalisierte. In einem Plebiszit (1988) lehnte die Bev. eine 2. Amtszeit Pinochets ab. In einem 2. Referendum (1989) billigte sie zahlreiche Verf.-Änderungen (u. a. Verkürzung der Amtszeit des Präs. auf sechs Jahre und Verlust seines Rechts, die Abg.-Kammer aufzulösen; Erweiterung des Nat. Sicherheitsrats um ein ziviles Mitglied).

Am 14. 12. 1989 wurde P. Aylwin Azócar als Kandidat eines 17 Parteien umfassenden Wahlbündnisses zum neuen Präs. gewählt. Mit seinem Amtsantritt (11. 3. 1990) endete die Militärdiktatur Pinochets, der jedoch als Oberbefehlshaber des Heeres (bis 1997) sowie als Mitgl. des Senates und des Nat. Sicherheitsrates noch große Macht behielt. 1993 begann allmählich die jurist. Aufarbeitung der Menschenrechtsverletzungen unter der Militärdiktatur; doch zeigten die Auseinandersetzungen um die Verhaftung Pinochets in Großbritannien (1998) die tiefen Widersprüche in der chilen. Gesellschaft. Während der Präsidentschaft des konservativen E. Frei Ruiz-Tagle (PDC; 1994–99) stabilisierte sich die Wirtschaft weiter (1996 Assoziierungsvertrag mit dem Mercosur). Mit R. Lagos Escobar (PS) gewann – erstmals seit Allende Gossens – wieder ein sozialistisch orientierter Politiker die Präsidentschaftswahlen 2000. Die Reg. Lagos forcierte die Suche nach den »Verschwundenen« der Militärdiktatur. Nach dem im Dezember 2004 vorgelegten Bericht der Kommission zur Aufarbeitung der Folterpraxis der Militärdiktatur wurden 27 255 gefolterte Personen registriert (und sollen entschädigt werden). Exdiktator Pinochet direkt betreffende Strafverfahren (u. a. »Caravana de la Muerte«, »Operación Condor«, mutmaßl. Korruption und Manipulation von Auslandskonten) scheiterten bisher an seiner Prozessunfähigkeit. Änderungen der Verf. (u. a. Abschaffung der designierten bzw. Senatoren auf Lebenszeit, Verkürzung der Amtszeit des Staatspräs. auf 4 Jahre, Stärkung der Kontrollrechte der Abg.-Kammer) und das Ehescheidungs-Ges. wurden nach jahrelanger Blockade vom Kongress beschlossen. Die Beziehungen zu den ethn. Minderheiten im S des Landes sind weiter angespannt. Die Verhandlungen um einen souveränen Zugang zum Meer für Bolivien wurden von der Reg. Lagos fortgeführt, ohne aber eine Lösung erreichen zu können. Die Präsidentschaftswahlen 2006 gewann mit M. Bachelet erneut eine Kandidatin des Mitte-links-Bündnisses (Amtsantritt 11. 3. 2006).

chilenische Literatur [tʃ-], zählt zur lateinamerikan. Literatur in span. Sprache. Nach Erlangung der Unabhängigkeit proklamierte man 1842 im Geist der Romantik eine nationale Literatur, vertreten durch F. Bilbao und Guillermo Blest Gana. In den Romanen von Alberto Blest Gana zeichnete sich der Realismus ab. Im 20. Jh. errang Chile v. a. in der Lyrik internationales Ansehen, zunächst durch V. Huidobro, dann durch Gabriela Mistral, an die 1945 der erste Literaturnobelpreis für Lateinamerika ging, und v. a. den politisch engagierten P. Neruda. Gegen dessen Pathos wandte sich der Schöpfer der iron. »Antipoesie«, N. Parra. In der Prosa sind die formsprengenden Werke P. Prado Calvos' zu erwähnen; in der Nachfolge des Naturalismus standen E. Barrios und J. Edwards Bello; in der Nähe der regionalist. Schule des Criollismo stand M. Rojas. An der Boomliteratur hatten aus Chile v. a. J. Donoso, C. Droguett und J. Edwards Anteil. Das Theater erlebte durch Studentengruppen einen Aufschwung; selbst unter der Pinochet-Diktatur blieb es mit raffiniert doppelsinnigen Dramen aktiv. J. Díaz und A. Dorfman verarbeiteten diese Zeit aus dem Exil. Nicht alle der nach dem Militärputsch von 1973 ins Exil gegangenen Autoren kehrten (wie J. Edwards, A. Skármeta, A. Dorfman) Mitte der 1980er-Jahre zurück. Manche, wie die auf den Spuren der Boomliteratur zu Berühmtheit gelangte Erfolgsautorin Isabel Allende, blieben im (meist amerikan.) Exil. Zu den bedeutendsten neueren Autoren Chiles gehören Diamela Eltitt sowie der Dramatiker M. A. de la Parra.

Bisher erhielten zwei chilen. Schriftsteller den Nobelpreis für Literatur: Gabriela Mistral (1945) und P. Neruda (1971).

chilenische Musik [tʃ-], →lateinamerikanische Musik.

Chili [ˈtʃili, span.] *der,* der →Cayennepfeffer.

Chiliasmus [ç-, griech.] *der,* die Lehre von einer tausendjährigen Herrschaft Christi auf Erden am Ende der geschichtl. Zeit (Offb. 20, 1–10); im MA. am deutlichsten formuliert von Joachim von Floris: Nach dem Zeitalter des Vaters (des A. T.) und des Sohnes (des N. T.) sollte das tausendjährige Zeitalter des Hl. Geistes beginnen. Religiöse Bewegungen der Neuzeit, die den Anbruch eines Friedensreiches auf Erden erwarten, werden häufig **chiliastisch** genannt. – Als **polit. C.** bezeichnet man die Hoffnung auf und den Einsatz für die diesseitige Verwirklichung eines (ewigen) Friedensreiches ohne religiöse Begründung.

Chillán [tʃiˈjan], Stadt in Mittelchile, 162 000 Ew.; Handels- und Verarbeitungszentrum eines Agrargebietes.

Chillida [tʃiˈʎiða], Eduardo, eigtl. E. **C. Juantegui,** span. Bildhauer, *San Sebastián 10. 1. 1924, †ebd. 19. 8. 2002; wurde Ende der 1950er-Jahre bekannt durch seine Eisenplastiken, raumgreifende, verknotete oder ineinandergeschobene Kompositionen; arbeitete seither auch in Stahl, Holz, Granit, Marmor (Goethedenkmal in Frankfurt am Main, 1986) u. a. Für das Kanzleramt in Berlin schuf er die 6 m hohe, fast 90 t schwere Stahlskulptur »Berlin« (2000 enthüllt). Sein Werk umfasst auch Zeichnungen, Collagen und Grafiken. C. erhielt 1991 den Kunstpreis Praemium Imperiale.

Chillon [ʃiˈjɔ̃, frz.], Schloss auf einer Felsinsel am östl. Ende des Genfer Sees. Hier wurde F. de Bonivard, ein Vorkämpfer der Unabhängigkeit Genfs und der Waadt von den Grafen von Savoyen, 1530–36 gefangen gehalten (Verserzählung von Lord Byron, 1816). 1536–1733 Sitz eines Berner Landvogts.

Chimäre 1): etruskische Bronzeplastik (»Chimäre von Arezzo«, 5. Jh. v. Chr.; Florenz, Museo Archeologico)

Chiloé [tʃilo'e:], südchilen. Küsteninsel, 8 395 km², 154 800 Ew.; stark bewaldetes Gebirgsland; Schafzucht, Holzhandel, Fischerei; Hauptort Ancud. Die auf Initiative der Jesuiten im 17./18. Jh. errichteten Holzkirchen wurden von der UNESCO zum Weltkulturerbe erklärt.

Chilon [ç-], **Cheilon,** einer der →sieben Weisen der griech. Antike.

Chilperich I. [ç-], Merowinger, * 537, † (ermordet) 584; Sohn Chlothars I., 561–84 König des fränk. Neustrien; ließ seine westgot. Gemahlin Galswintha ermorden, um seine Nebenfrau →Fredegunde zu heiraten, und löste damit einen Rachekrieg →Brunhildes (Schwester Galswinthas und Gemahlin Sigiberts I. von Austrasien) aus.

Chiluba [tʃ-], Frederick, samb. Politiker, * Kitwe 30. 4. 1943; Plantagenarbeiter, später Kreditmanager, Politikwissenschaftler; 1974–90 Vors. des samb. Gewerkschaftsbundes, 1990–2001 Vors. der »Bewegung für eine Mehrparteiendemokratie« (MMD) und 1991 bis Januar 2002 Präs. Sambias.

Chilung [tʃ-], Hafenstadt in Taiwan, →Jilong.

Chimäre [ç-] *die,* **1)** *griech. Mythologie:* griech. **Chimaira,** ein Feuer schnaubendes Ungeheuer, vorn Löwe, in der Mitte Ziege, hinten Drache; wurde von →Bellerophon getötet; sprichwörtlich für Fantasiegebilde, Hirngespinst.
2) *Zoologie, Botanik:* Individuum, das aus genetisch unterschiedl. Teilen besteht.

Chimären [ç-], die →Seedrachen.

Chimborazo [tʃimbo'raso], dt. **Chimborasso,** erloschener Vulkan in Ecuador (Westkordillere), mit 6 310 m ü. M. höchster Berg des Landes; vereiste Krater und 16 Gletscher. Erstbesteigung 1880 durch E. Whymper.

Chimbote [tʃim-], Industrie- und Hafenstadt (Naturhafen) an der Mündung des Río Santa, Peru, 336 000 Ew.; Eisen- und Stahlwerk; Fischereizentrum. – Erdbeben am 1. und 4. 6. 1970 mit 50 000 bis 70 000 Toten.

Chimú [tʃi'mu], Indianer des vorkolumb. Peru, die an der N-Küste Perus um 1200 ein bed. Reich mit hoher Kultur errichtet hatten, das 1463 von den Inka erobert wurde. Hptst. war Chan Chan.

China [ç-], **Republik China,** →Taiwan.
China [ç-], amtl. chin. **Zhonghua Renmin Gongheguo,** dt. **Volksrepublik C.,** drittgrößter und volkreichster Staat der Erde, in O-Asien, grenzt im O an

Chimú: Ruinen von Chan Chan, der ehemaligen Hauptstadt der Chimú

China

Flagge

Wappen

Fläche: 9 617 600 km²
Einwohner: (2006) 1,3 Mrd.
Hauptstadt: Peking
Verwaltungsgliederung: 22 Provinzen, 5 autonome Gebiete und 4 regierungsunmittelbare Städte
Amtssprache: Chinesisch
Nationalfeiertag: 1. 10.
Währung: 1 Renminbi ¥uan (RMB. ¥) = 10 Jiao = 100 Fen
Zeitzone: MEZ + 7 Std.

die Randmeere des Pazif. Ozeans (Gelbes Meer, Ostchin., Südchin. Meer), im NO an Nord-Korea und Russland, im N an die Mongolei und Russland, im NW an Kasachstan, Kirgistan und Tadschikistan, im W an Afghanistan (Wakhan), Pakistan und Indien, im S an Nepal, Bhutan, Indien, Birma, Laos und Vietnam. C. beansprucht die im Südchin. Meer gelegenen Paracel- und Spratlyinseln, an denen auch Vietnam, Taiwan, die Philippinen und andere südostasiat. Staaten Besitzrechte geltend machen, sowie die Pratasinseln und die Macclesfield-Bank.

Staat und Recht

Nach der Verf. von 1982 (mehrfach, zuletzt 2004, modifiziert) ist C. eine sozialist. VR mit Einparteiensystem. Staatsoberhaupt ist der Präs. (vom Nat. Volkskongress auf 5 Jahre gewählt), der im Wesentlichen repräsentative Aufgaben wahrnimmt. Oberstes Staats- und Legislativorgan ist der Nat. Volkskongress (rd. 3 000 Abg., für 5 Jahre von den Parlamenten der Provinzen, autonomen Gebiete und regierungsunmittelbaren Städte sowie von den Armeeeinheiten gewählt). Er ist zuständig für die Gesetzgebung (einschl. Staatshaushalt und Wirtschaftsplanung), die Ernennung des Min.-Präs. und des Staatsrates. Zw. den nur einmal jährlich stattfindenden Sitzungsperioden des Nat. Volkskongresses nimmt dessen Ständiger Ausschuss (175 Mitgl.) die gesetzgebenden Funktionen wahr. Exekutive und zentrales Verwaltungsorgan ist der Staatsrat (Reg., unter Vorsitz des Min.-Präs.), dessen Mitgl. vom Nat. Volkskongress ernannt werden und diesem verantwortlich sind. Als permanentes Arbeitsgremium der Reg. fungiert die Ständige Konferenz des Staatsrates (10 Mitgl.). In den Provinzen und auf den nachgeordneten Verwaltungsebenen existieren lokale Volkskongresse als Volksvertretungsorgane und lokale Reg., deren Mitgl. formal von den Volkskongressen gewählt, de facto von den Komitees der Kommunist. Partei (KPCh) bestimmt werden. Die führende Rolle der KPCh ist nach wie vor in der Verf. festgeschrieben. – Mit der Verf.-Revision vom

14. 3. 2004 wurden der Schutz der Menschenrechte sowie das Recht auf Privateigentum in C.s Grundgesetz verankert.

Landesnatur

Das Kernland und Hauptsiedlungsgebiet liegt in O-Asien zw. der südostasiat. Halbinsel und dem Gelben Meer; im W reicht der Gesamtstaat bis zum Pamir und Tienschan, im NO bis zum Amur. C. ist vorwiegend gebirgig; fast zwei Drittel der Gesamtfläche liegen höher als 1 000 m ü. M. Charakteristisch ist ein Abfall der Landoberfläche in mehreren Staffeln zur Küste hin. Im SW stellt das Hochland von Tibet zw. Kunlun Shan und Qilian Shan im N und Himalaja im S mit einer mittleren Höhe von 4 000 m ü. M. die höchstgelegene Landmasse der Erde dar; nur im N ist zw. Kunlun Shan, Altun Shan und Nan Shan das wüstenartige Qaidambecken mit Höhen um 2 700 m eingesenkt. Die Gebirgsumrandung des Hochlandes hat Erhebungen von 7 000 bis 8 000 m ü. M. (im Kunlun Shan bis 7 723 m ü. M.); der auf dem Hauptkamm des Himalaja gelegene Mount Everest erreicht 8 850 m ü. M. Im Bereich der folgenden Landstaffel schließen nördlich von Kunlun Shan und Qilian Shan die abflusslosen Hochbecken und die Hochländer Zentralasiens an mit dem Tarimbecken (mit der Wüste Takla-Makan) und der Dsungarei, getrennt durch den Tienschan, in dessen östl. Ausläufern die Turfansenke (154 m u. M.) liegt, sowie dem Hochland der Inneren Mongolei. Nördlich des Qin Ling, der C. in Fortsetzung von Kunlun Shan und Qilian Shan von W nach O als wichtigstes Scheidegebirge des Landes durchzieht, erstrecken sich die Lössberglände der Prov. Shaanxi und Shanxi, südlich des Gebirges das Sichuanbecken (»Rotes Becken«) und das verkarstete Yunnan-Guizhou-Plateau. Östlich einer z. T. über 2 000 m ü. M. aufsteigenden Landstufe, die sich vom O-Abfall des Großen Chingan im N über den Abbruch des Qin Ling bis zum O-Rand des Yunnan-Guizhou-Plateaus hinzieht, folgt die niedrigste Landstaffel. Sie umfasst die Bergländer im SO (im Nan Ling bis 1 922 m ü. M.) sowie die ausgedehnten Tieflandgebiete Ost-C.s – Nordöstl. Ebene, Große Ebene (größtenteils unter 50 m u. M.), zentralchin. Tiefebene (im Mittel 45–180 m) am Jangtsekiang – und die Küstenebene Süd-C.s. Die Küste Nord-C.s ist flach, die Süd-C.s bergig, buchten- und inselreich. Als größte Insel ist ihr im S Hainan vorgelagert.

Flüsse: C. wird von zwei gewaltigen, aus Zentralasien kommenden Strömen durchquert, dem Hwangho in Nord- und dem Jangtsekiang in Mittel-C. Hauptfluss des S ist der Xi Jiang. Die meisten chin. Flüsse zeigen große Wasserstandsschwankungen, die durch Stauseen und Dämme reguliert werden. Der W ist flussarm und abflusslos. – Klima: C. reicht von den heißfeuchten Randtropen im S (Hainan) bis in die gemäßigte Zone mit winterkaltem Klima. Es liegt im Gebiet der Monsunwinde und hat trotz südl. Lage

starke jahreszeitl. Temperaturschwankungen (Monatsmittel zw. 15° und 28°C im S, −20° und 25°C im N). Frost und Schnee gibt es selbst in Süd-C. noch. Hauptregenzeit ist der Frühsommer. Die stärksten Niederschläge fallen an der Küste, oft von Taifunen begleitet. – Vegetation: Wälder kommen wegen jahrhundertelangen Raubbaus im N, abgesehen von Nordost-C. (Mandschurei), nur noch selten vor; häufiger sind sie neben Buschland, Bambusgehölzen und Palmen in den Gebirgen des S und SW. Neuerdings werden Waldschutzstreifen angelegt und Ödland wieder aufgeforstet. Zahlr. Kulturgewächse stammen aus C., z. B. Apfelsine, Mandarine, Maulbeerbaum und Lackbaum.

Bevölkerung

C. ist der bevölkerungsreichste Staat der Erde; 92 % sind Chinesen (Han), daneben gibt es noch 55 nat. Minderheiten. Im SW finden sich Reste alter Gebirgsvölker, in den autonomen Gebieten Turkvölker (z. B. Uiguren), Mongolen, Tibeter u. a. Der jährl. Bev.-Zuwachs beträgt derzeit 0,6 %. Das ist das Ergebnis der Reduktion der natürl. Wachstumsrate von ehemals 3,7 % bis 3,8 % in den 1950er- und 1960er-Jahren durch recht massive Eingriffe in die Familienplanung. Mit Beginn der Wirtschaftsreformen Anfang der 1980er-Jahre wurden die Auflagen bzw. Nachteile bei Nichtbeachtung der »Ein-Kind-Politik« erheblich verschärft (Geldstrafen, Entzug von sozialen Leistungen, Drohung mit Entlassung usw.). Die Bev.-Verteilung ist sehr ungleichmäßig; über 90 % der Bewohner leben im östl. C. auf rd. 60 % der Gesamtfläche. In den Ebenen des unteren und mittleren Jangtsekiang siedeln z. T. über 2000 Ew. je km², während riesige Gebiete im W weniger als 1 Ew. je km² haben. In die sich wirtsch. stärker entwickelnden städt. Küstenregionen wanderten seit Mitte der 1980er-Jahre über 150 Mio. Menschen aus den ländl. Gebieten, wodurch der Bev.-Druck weiter verstärkt wurde. Stadtbevölkerung: (2003) 40 %, (1952: 23 %). Etwa 40 Städte haben mehr als 1 Mio. Ew. Die größten sind: Schanghai, Peking, Chongqing, Wuhan, Tientsin, Hongkong, Kanton, Shenyang, Xi'an, Hangzhou, Nanking, Chengdu, Jinan, Harbin, Changchun, Dalian, Zibo, Taiyuan, Tsingtau, Zhengzhou, Kunming, Shijiazhuang, Guiyang, Tongshan, Changde, Fuzhou, Changsha, Qiqihar, Ningbo, Hefei, Nanchang, Anshan u. a. Weitere Städte haben mehr als eine halbe Mio. Ew. – *Religion:* Angaben zur Religionszugehörigkeit sind nur annähernd möglich. Nach religionswiss. Schätzungen, die frühere religionsstatist. Daten unter krit. Einbeziehung von Eigenangaben der Religionsgemeinschaften (bes. der christl. Kirchen) aktuell fortschreiben, ergibt sich folgendes Bild der religiösen Verhältnisse: Etwa die Hälfte der Bev. lebt ohne religiöse Bindungen (bei einem vergleichsweise geringen Anteil von bewussten Atheisten); über 28 % werden chin. Religionen zugerechnet (Daoismus, Volksreligionen), über 8 % dem Buddhismus, etwa 4 % indigenen ethn. Religionen, rd. 2 % dem Islam. In Bezug auf die Christen ergibt sich (beruhend v. a. auf Angaben prot. Missionsgesellschaften) ein Bev.-Anteil von bis zu 7 %, wobei allerdings nur ein Prozent einer staatlich anerkannten Kirche angehört (die größte dieser Kirchen ist die kath. »Unabhängige Patriot. Kirche« mit rd. 4 Mio. Mitgl.). Der Buddhismus ist v. a. in Nordwest- und Nordost-C. (Sinkiang, Innere Mongolei, Heilongjiang) und in Tibet verbreitet, der Islam unter den Turkvölkern in Nordwestchina (Sinkiang; Prov. Qinghai und Gansu). – Oberste Bildungsbehörde des Landes ist das Ministerium für Bildung in Peking. Es besteht allg. Schulpflicht im Alter von 6 bis 14 Jahren. Die Erwachsenen-Alphabetisierungsrate beträgt (2006) ca. 95 % bei Männern und bei Frauen ca. 86 %. Der Besuch von höheren Schulen und Univ. ist gebührenpflichtig.

Wirtschaft und Verkehr

Seit Ausrufung der VR 1949 unterlag das Wirtschaftssystem häufigen, z. T. tief greifenden Veränderungen; Ind., Handel und Banken wurden verstaatlicht, die Landwirtschaft und der restl. Dienstleistungssektor fast völlig kollektiviert. Ende 1978 setzte eine Liberalisierung der Wirtschaft ein, u. a. im Bereich der Landwirtschaft und des Handels mit der Zulassung privatwirtsch. Initiativen, bei Unternehmen mit der Förderung der Eigenverantwortung, mit Gründung chinesisch-ausländ. Gemeinschaftsunter-

China: Verwaltungsgliederung (2005)

Verwaltungseinheit[1]	Fläche (in 1000 km²)	Ew. (in Mio.)	Ew. (je km²)	Hauptstadt
regierungsunmittelbare Stadtgebiete				
Chongqing	82,4	31,44	382	–
Peking	16,8	15,38	915	–
Schanghai	6,3	17,78	2822	–
Tientsin	11,3	10,24[2]	906	–
Provinzen				
Anhui	139,4	65,16	467	Hefei
Fujian	121,4	35,35	291	Fuzhou
Gansu	454,3	25,94	57	Lanzhou
Guangdong	179,7	91,94	512	Kanton (Guangzhou)
Guizhou	176,1	39,31	223	Guiyang
Hainan	34,0	8,28	244	Haikou
Hebei	187,7	68,51	365	Shijiazhuang
Heilongjiang	453,9	38,20	84	Harbin
Henan	167,0	97,68	585	Zhengzhou
Hubei	185,9	60,31	324	Wuhan
Hunan	211,8	67,32	318	Changsha
Jiangsu	102,6	74,75	729	Nanking (Nanjing)
Jiangxi	167,0	43,11	258	Nanchang
Jilin	187,4	27,16	145	Changchun
Liaoning	145,9	42,17[2]	289	Shenyang
Qinghai	721,0	5,39[2]	7	Xining
Shaanxi	205,8	37,20	181	Xi'an
Shandong	156,7	91,81	586	Jinan
Shanxi	156,3	33,35	213	Taiyuan
Sichuan	488,0	87,25	179	Chengdu
Yunnan	394,0	44,15[2]	112	Kunming
Zhejiang	102,0	48,00[2]	471	Hangzhou
autonome Gebiete				
Guangxi Zhuang	236,7	49,25	208	Nanning
Innere Mongolei	1183,0	23,86	20	Hohhot
Ningxia Hui	51,8	5,88[2]	114	Yinchuan
Sinkiang (Xinjiang)	1663,0	19,63[2]	12	Ürümqi
Tibet	1228,4	2,74[2]	2	Lhasa
China	9617,6	1308,54	136	Peking

[1] Ohne Sonderverwaltungsregionen Hongkong und Macau. – [2] 2004.

China: Lösslandschaft nahe Datong (Provinz Shanxi) im nördlichen China

nehmen, dem Aufbau exportorientierter Wirtschaftssonderzonen und mit der Öffnung von Küstenstädten für den Welthandel. Seit 1992 wird eine »sozialist. Marktwirtschaft mit chin. Merkmalen« als Ziel der Wirtschaftsreformen angestrebt. An die Stelle der administrativen Zuteilung von Gütern sind weitgehend Märkte und Preise getreten. Die verdeckte Privatisierung ist am stärksten in der Landwirtschaft vorangeschritten (statt Kollektivbetrieben Pachtwirtschaft auf Familienbasis mit langfristigen Nutzungsrechten am [kollektiveigenen] Boden); ein Teil der Produktion muss noch an staatl. Ankaufsstellen abgeliefert werden. Im städt. Industriesektor sind private und kollektive Unternehmen, auch mit Auslandskapital, tätig. Diese Umstrukturierung der wirtschaftl. Struktur hat trotz aller ökonom. Probleme seit 1978 ungewöhnl. jährl. Wachstumsraten von etwa 9,5 % entwickelt. Seit Anfang der 90er-Jahre wird versucht, die Umwandlung der Staatsbetriebe in rentable und konkurrenzfähige Unternehmen durch die Einführung von Kapitalgesellschaften mit Trennung von Management- und Eigentumsrechten zu beschleunigen. Eine klare Trennung von privatem und staatl. Sektor ist nicht immer möglich. Seit 2003 ist das Gesetz zur Förderung kleiner und mittlerer Unternehmen in Kraft. Inzwischen sollen v. a. Großunternehmen besondere Unterstützung erhalten und sog. Schlüsselbranchen (z. B. Maschinenbau, Petrochemie, Auto- oder Bauind.) eine bestimmte Größenordnung erreichen.

Nach dem Bruttonationaleinkommen zählt C. zwar noch zu den Entwicklungsländern, doch einige Küstenregionen weisen inzwischen einen den (süd)ostasiat. Schwellenländern vergleichbaren hohen Entwicklungsstand auf. Zu dieser Entwicklung haben die ausländ. Direktinvestitionen einen erhebl. Beitrag geleistet. Mit dem offiziellen Beitritt C.s 2001 zur Welthandelsorganisation (WTO) ist eine weitere Liberalisierung und Öffnung der Wirtschaft verbunden.

Die Landwirtschaft bildet die Grundlage der chin. Volkswirtschaft. Sie trägt rd. 15 % zum Bruttonationaleinkommen bei und beschäftigt etwa 50 % der Erwerbstätigen. Infolge der natürl. Gegebenheiten sind nur rd. 40 % der Landfläche für die landwirtsch. Produktion geeignet. Die günstigsten Anbaugebiete sind die nordostchin. Tiefebene, die Große Ebene am Unterlauf des Hwangho, die Jangtsekiangebene und das Delta des Perlflusses im S. Neulanderschließung (Sinkiang, Innere Mongolei, Nordost-C.), Intensivierung der Landwirtschaft sowie Ausbau des Bewässerungssystems werden staatlich gefördert. Reformmaßnahmen wie der Ausbau des Eigenverantwortungssystems unter Einbeziehung marktwirtsch. Elemente führen seit Mitte der 80er-Jahre zu einem Anwachsen der landwirtsch. Produktion. Haupterzeugnisse: Reis (Anbau v. a. im SO), Weizen, Mais, Sojabohnen (im NO und N), Baumwolle (in den Hwangho- und Jangtsekiangniederungen und den sandigen Trockengebieten im W), Erdnüsse, Tabak, Tee, Zuckerrohr (im S und SO). In der Viehhaltung spielen Schweinezucht und Geflügelhaltung die Hauptrolle; verbreitet ist auch Seidenraupenzucht. Die Forstwirtschaft bemüht sich v. a. um umfangreiche Wiederaufforstung; Anteil der Waldfläche: knapp 14 %. Die Binnenfischerei dient der Selbstversorgung. – C. ist reich an mineral. Rohstoffen. Bei bedeutenden Mineralien wie z. B. Kohle, Eisenerz, Erdöl, Mangan, Titan, Zink, Molybdän, Wolfram (Tungsten), Zinn und Grafit ist C., z. T. auch im Abbau, weltweit führend. Trotzdem müssen Eisenerz, Magnesium, Bauxit, Kupfer, v. a. aber Erdöl und Naturgas importiert werden. Steinkohle deckt 74 % des chin. Energiebedarfs, Erdöl etwa 15 %, Wasserkraft fast 8 %, Erdgas fast 3 %. Der mit zunehmender Industrieentwicklung gestiegene Bedarf an Elektroenergie kann jedoch bereits seit Mitte der 70er-Jahre nicht mehr gedeckt werden; daraus resultierte auch der Bau des »Drei-Schluchten-Staudammes« am mittleren Jangtsekiang, dessen Nutzen im In- und Ausland umstritten ist. Die unzureichende Energieversorgung wie auch Engpässe im Transportsystem stellen ein schwerwiegendes Hindernis für die Wirtschaftsentwicklung dar. Bed. Erdölvorkommen befinden sich

China: die bekannte Einkaufsstraße Nanjing Lu in Schanghai

u. a. auf dem Schelf sowie in den Prov. Shandong, Guangdong und in Nordost-C.; hier verläuft vom Erdölfeld Daqing eine 1 152 km lange Pipeline zum Exporthafen Qinhuangdao bzw. nach Peking. Seit 1992 muss das Land jedoch Erdöl einführen. In der Prov. Sichuan liegen die wichtigsten Erdgaslagerstätten. Eine wichtige Devisenquelle ist die Förderung von Gold. – Die Industrie erbringt über die Hälfte des Bruttonationaleinkommens und ist v. a. im O-Teil des Landes konzentriert. Seit 1978 wird das gewachsene Ungleichgewicht zw. der traditionell dominierenden Schwer- und der Leichtindustrie ausgeglichen: Es kam zu einem starken Ausbau der Konsumgüterindustrie. Parallel zum steigenden Ausstoß der Eisen- und Stahlindustrie erfolgt der Ausbau der Maschinen-, Fahrzeug-, elektrotechn. und elektron. Industrie, wobei insbesondere in diesem Industriezweig sowie im Automobilbau hohe Wachstumsraten zu verzeichnen sind. Insbes. wird der Ausbau der sog. Informationsindustrie angestrebt, u. a. der Telekommunikation und der Software. Ferner sind Erdölraffinerien und petrochem. Werke entstanden. Der wirtsch. und technolog. Austausch mit dem Ausland wird gefördert. Dazu trägt insbesondere der Auf- und Ausbau von Sonderwirtschaftszonen (Shenzhen, Zhuhai, Xiamen, Shantou, Insel Hainan) in den südl. Küstenprovinzen seit 1980 bei. Seit den 90er-Jahren werden verstärkt spezielle Industrieparks (v. a. Pudong in Schanghai, Suzhou) errichtet, in denen ausländ. Unternehmen besondere Investitionsanreize gewährt werden und wo unter marktwirtsch. Bedingungen für den Export produziert werden kann. Entscheidenden Einfluss hat auch die enge wirtsch. Verflechtung zw. Hongkong und der südchin. Provinz Guangdong (bes. Sonderwirtschaftszone Shenzhen), die zur »verlängerten Werkbank« Hongkonger Exportunternehmen wurde. – Der Fremdenverkehr hat nach Öffnung C.s gegenüber dem Ausland an Bedeutung gewonnen. C. ist inzwischen zu einer bedeutenden Welthandelsnation aufgestiegen. Im Außenhandel erfolgte eine Einschränkung des staatl. Außenhandels- und Devisenmonopols. Exportiert werden bei deutl. Veränderung der Exportgüterstruktur zugunsten der verarbeiteten Güter v. a. Elektroerzeugnisse, Maschinen und Transportausstattungen, Produkte der Textil- und Bekleidungsindustrie. Importiert werden verarbeitete Waren (Elektrotechnik und Elektronik, chem. Erzeugnisse, Maschinen u. a.). Wichtigste Handelspartner sind die USA, Japan, Taiwan, Süd-Korea und Deutschland.

Im O des Landes ist das Streckennetz der Eisenbahn relativ dicht, der W mit seinen Rohstoffreserven ist jedoch kaum erschlossen. Das Eisenbahnnetz (73 000 km, davon sind 25 % elektrifiziert) wird ebenso wie das Straßennetz ständig erweitert. Der Ausbau der N-S-Eisenbahnverbindungen sowie die Anbindung der Zentral- und W-Region an das Straßennetz sind derzeit wichtige Projekte zur Verbesserung der Verkehrsinfrastruktur. Von 1,8 Mio. km Straßen sind rd. 30 000 km Schnellstraßen. Die Länge der schiffbaren Binnenwasserstraßen beträgt rd. 124 000 km. Zwei Drittel dieser Wasserstraßen befinden sich im Bereich des Jangtsekiang und des Perlflusses. Der Große Kanal verbindet seit dem 13. Jh. Hangzhou und Peking. Zunehmende Bedeutung erlangt die Verkehrserschließung der Sonderwirtschaftszonen, Hafenstädte und unterentwickelten ländl. Regionen. Bedeutende Fluss- und Küstenschifffahrt; Häfen Hongkong,

China: Skyline von Tsingtau in der Provinz Shandong

Schanghai, Ningbo, Kanton, Tientsin, Qinhuangdao oder Dalian; Hauptflughäfen: Peking, Schanghai, Kanton, Hongkong.

Geschichte

Archäolog. Grabungen bei Zhoukoudian (heute zu Peking) brachten neben Steinwerkzeugen auch menschl. Skelettreste (»Pekingmensch«) eines Homo erectus aus dem mittleren Pleistozän (etwa 500 000 v. Chr.) zutage. Das Zentrum der vollneolith. Yangshaokultur (6.–4. Jt.) lag im Flussgebiet des Hwangho (rotgrundige Tongefäße mit schwarzer Bemalung). Für die Longshan-(Lungshan-)Kultur (3. Jt. und Anfang des 2. Jt.; benannt nach Longshan am Unterlauf des Hwangho) sind Reisanbau und befestigte Siedlungen nachweisbar. Nach chin. Tradition ist die Zivilisation des Landes eine Schöpfung von weisen Urkaisern (myth. Kaiser), als deren wichtigster Huangdi (Huang-ti, »Gelber Kaiser«) überliefert wurde. Die legendäre (archäologisch nicht bezeugte) Xia-(Hsia-)Dynastie (2205–1766 v. Chr.) soll von dem Großen Yu (Yü) begründet worden sein.

Shang-Dynastie (etwa 16. Jh. bis etwa 1045 v. Chr.; auch Yin-Dynastie gen.): Das Herrschaftsgebiet beschränkte sich auf Mittel-C.; eine feste Residenz gab es nicht. Die ersten schriftl. Zeugnisse sind die sog. Orakeltexte auf Schildkrötenschalen oder Knochen. Bekannt waren Bronzeguss und Streitwagen; es existierten wallgeschützte Städte und eine Kalenderrechnung. Höchste Gottheit war der Shangdi (Shang-ti), der Ahnengeist der Herrscherfamilie, an deren Hof die Priester eine bedeutende polit. Rolle spielten.

Zhou-(Chou-)Dynastie (etwa 1045–256 v. Chr.): Im Tal des Wei He bildete sich eine Föderation der Sippengemeinschaft der Zhou, die im 11. Jh. v. Chr. die damalige Hauptstadt Yin eroberte und zerstörte. Die neue Dynastie organisierte sich in Form eines Lehnsstaates. 771 wurden die Zhou aus dem westl. Stammland in den O vertrieben (daher Einteilung in eine Westl. – vor 771 – und eine Östl. Zhou-Zeit – danach). Nach den Quellen teilt man die gesamte Epoche der Zhou auch ein in die Frühe Zhou-Zeit (11. Jh. bis 722), in die Periode von 722 bis 481, die von der dem Kon-

China: Chinesische Dynastien

Traditionelle Chronologie

Urkaiser (Mythische Kaiser)	2852–2205 v. Chr.
Xia	2205–1766 v. Chr.

Historische Chronologie

Shang, später Yin	16. Jh. bis etwa 1045 v. Chr.
Zhou	etwa 1045–256 v. Chr.
Westliche Zhou	etwa 1045–771 v. Chr.
Östliche Zhou	771–256 v. Chr.
Qin	221–206 v. Chr.
Han	202*⁾ v. Chr.–220 n. Chr.
Westliche (Frühere) Han	202*⁾ v. Chr.–9 n. Chr.
Xin	9–23 n. Chr.
Östliche (Spätere) Han	25–220 n. Chr.

Drei Reiche

Wei	220–265
Shu	221–263
Wu	222–280
Jin	265–420
Westliche Jin	265–316

1. Trennung in Nord und Süd

Im Norden:

16 Staaten	302–439
Nördliche Wei	386–534
Westliche Wei	535–556
Östliche Wei	534–550
Nördliche Zhou	556–581
Nördliche Qi	550–577

Im Süden:

Östliche Jin	317–420
Song	420–479
Qi	479–502
Liang	502–557
Chen	557–589
Sui	581/589–618
Tang	618–907

2. Trennung in Nord und Süd

Im Norden:

Fünf Dynastien (Wudai)	907–960

Im Süden:

Zehn Staaten	902–979
Song	960–1279
Nördliche Song	960–1127
Südliche Song	1127–1279

Fremddynastien im Norden

Liao (Kitan)	907–1125
Xixia (Tanguten)	1038–1227
Jin (Dschurdschen)	1115–1234
Yuan	1271/79–1368
Ming	1368–1644
Qing	1644–1911/12

*⁾nach anderen Chronologien 206 v. Chr.

fuzius zugeschriebenen Chronik »Frühling und Herbst« umspannt wird, und in die Zeit der »Streitenden Reiche« (481 bis 221 v. Chr.), an deren Ende der Einheitsstaat der Qin aus den Kämpfen der Lehnsherren hervorging. Die Zerfallsphase der Zhou-Dynastie brachte eine Hochblüte des Geisteslebens hervor (Konfuzius, Laozi [Lao-tse], Zhuangzi [Chuangtzu]).

Qin-(Ch'in-)Dynastie (221–206 v. Chr.): Die Qin setzten sich seit 256 v. a. aufgrund einer Reihe von Reformen (freie Verkäuflichkeit von Grund und Boden, zentralisierte und militarisierte Staatsführung, Erlass von Gesetzen) durch. König Zheng (Cheng) von Qin nahm 221 den Titel Huangdi (Huang-ti), von nun an die Selbstbezeichnung der Zentralherrscher von China, an und nannte sich Qin Shi Huangdi (Ch'in Shih Huang-ti). Sein Grab, eine riesige Anlage mit Tausenden von Tonplastiken (Nachbildung einer Armee), entdeckte man 1974 bei Xi'an. In dem geeinten Staatsgebiet wurde die Vereinheitlichung der Maße, der Währung und der Schrift durchgesetzt. Die Opposition der Konfuzianer und der Vertreter der untergegangenen feudalist. Gesellschaftsordnung wurde durch die Bücherverbrennung von 213 und andere Zwangsmaßnahmen unterdrückt. Feldzüge nach N (Ordosgebiet) und nach S führten zu einer vorübergehenden Erweiterung des Reiches bis in die Gegend des heutigen Kanton. Nach dem Tode Shi Huangdis (210) kam es zu Bauernaufständen, die mit dem Sturz der Dynastie endeten (206).

Han-Dynastie (202 v. Chr.–220 n. Chr.): Unter ihrem Gründer Liu Bang (Liu Pang), einem aus dem Volk aufgestiegenen Heerführer, entstand zunächst eine Art Mischstaat aus Feudaldomänen und staatl. Verwaltungsgebieten, später ein Beamtenstaat mit einer neuen Schicht von Großgrundbesitzern. Eine wichtige kulturelle Errungenschaft war die Erfindung des Papiers durch Cai Lun (Ts'ai Lun, * um 50, † 114). Unter Kaiser Wudi (Wu ti, 141–87) erfuhr C. seine bislang größte Ausdehnung. Kriege gegen die Xiongnu endeten mit deren Niederlage. Nach mehreren Volkserhebungen (Bauernaufstand der »Roten Augenbrauen« 17–27, religiöser Aufstand der »Gelben Turbane« 184) ging die Macht an Heerführer über, die den Staat schließlich aufteilten.

Spaltung des Reiches (Zeit der Drei Reiche): Das Reich löste sich in drei Staaten auf: Wei (220–265), Shu (221–263) und Wu (222–280). Der N und NW gingen durch den Einbruch von Fremdvölkern verloren. Die Jin-(Chin-)Dynastie (265–420) einte das Reich vorübergehend. Während der folgenden Spaltung (Südl. und Nördl. Dynastien; bis 589) wurde der Buddhismus unter Zurückdrängung des einheim. Konfuzianismus und Daoismus zur führenden Religion.

Sui-Dynastie (581/89–618) und **Tang-(T'ang-)Dynastie** (618 bis 907): Nach der kurzlebigen Sui-Dynastie, in deren Verlauf die Reorganisation der Verwaltung und der Wiederaufbau des Landes in Angriff genommen wurden (u. a. Ausbau des Kaiserkanals), entstand mit der von Li Yuan (Li Yüan, kanonisiert als Gaozu [Kao-tsu]) etablierten Tang-Dynastie eine von konfuzian. Beamten begründete neue Verwaltung (u. a. sechs Ministerien, Festlegung von »Provinzen«), deren Grundzüge bis 1911 bestehen blieben. Die höf. Kultur des Reiches erlebte ihren Höhepunkt und wirkte bis nach Japan als Vorbild. Über die Seidenstraße strömten aus den »Westlanden« Ausländer mit ihren exot. Waren nach C., das dafür neben dem Hauptexportartikel Seide nun auch Porzellan ausführte. Fremde Religionen wie der Manichäismus, der Zoroastrismus, der Islam und das nestorian. Christentum fassten erstmals Fuß in C. Der Volksaufstand des Huang Chao (Huang Ch'ao, †884), der den in die Flucht getriebenen Hof der letzten Machtmittel beraubte und illegale Abenteurer und Bandenhäuptlinge in die verwaisten Gouverneursämter hob, bedeutete das Ende der Tang-Dynastie. Es folgte die Zeit der »5 Dynastien« (Wudai [Wu-tai]; 907–960).

Song-(Sung-)Dynastie (960–1279): Die Dynastie der Song etablierte einen Staat, dessen ausgeprägter ziviler Charakter neu in der chin. Gesch. war. Obwohl selbst durch eine Offiziersrevolte an die Macht gekommen, drängte sie die Macht des Militärs zurück und übertrug die Zentral- und Lokalverw. wieder Zivilbeamten (Dominanz der durch Staatsexamen qualifizierten Beamten). Das Song-Reich wies mit Kaifeng und Hangzhou bereits städt. Ballungszentren von mehr als 1 Mio. Ew. auf. Handel und Kultur erlebten eine Blütezeit; die Bildung erfuhr durch die Schaffung öffentl. und privater Schulen, aber auch die Erfindung des Blockdrucks eine bis dahin nicht gekannte Verbreitung. Die Song-Dynastie musste den chin. Raum mit anderen Staaten (Fremddynastien) teilen, von denen der Kitanstaat der Liao (907–1125) der bedeutendste war. Der Name der Kitan prägte die mittelalterl. europ. (Cathay) und die russ. (Kitai) Bez. für China. Auch mit dem im NW gelegenen tangut. Reich der Xixia (Hsia-hsia, 1032/38–1227) lagen die Song ständig im Krieg. Die anfänglich mit den Song verbündeten Dschurdschen, die das Reich der Jin (Chin; 1115–1234) begründeten, bezwangen zwar die Liao, eigneten sich dann aber selbst Nord-C. an.

Yuan-(Yüan-)Dynastie (1271/79–1368): Mit dem Einfall der Mongolen, bes. unter Kubilai (als chin. Kaiser Shizu [Shih-tsu], 1279–94), wurde C. Bestandteil des mongol. Weltreiches. Die Gefahr der Vernichtung der chin. Kultur wurde erst beseitigt, als sich der letzte Yuan-Kaiser – durch Volksaufstände gezwungen – in die Mongolei zurückzog. Während der Yuan-Dynastie erhielt Europa erstmals direkte Kunde von C. (u. a. durch die Berichte über die Asienreise des venezian. Kaufmanns Marco Polo, 1271–95).

Ming-Dynastie (1368–1644): Unter ihrem Gründungskaiser Taizu (T'ai-tsu, 1368–98), der die Machtstellung der Zentral- und Provinzialbehörden reduzierte und sich (nach Aufhebung des Kanzleramts 1382) die Ministerien unterstellte, begann die Zeit der absoluten Monarchie in C. Übersee-Expeditionen des Eunuchen Cheng He (Ch'eng Ho) führten bis nach Ostafrika. Europäer gelangten an den Kaiserhof (Matteo Ricci) und verbreiteten die Kenntnis des Christentums und der abendländ. Wissenschaften.

Qing-(Ch'ing-)Dynastie (1644–1911): Heereseinheiten versch. Teilstämme der Mandschuren, eines halbnomad. Volkes, Nachfahren der Dschurdschen, gelang es durch Zusammenschluss unter Nurhachi (*1559, †1626), chin. Gebiete nördlich und nordöstlich der Großen Mauer zu erobern. Gleichzeitig wurde das Reich im Innern durch Aufstände der von Li Zicheng (Li Tzu-ch'eng) geführten Bauernarmeen erschüttert. Der letzte Ming-Kaiser tötete sich selbst. Durch den Verrat des Ming-Generals Wu Sangui (Wu San-kuei, *1612, †1678), der mit seinen Truppen zur Qing-Armee überlief, kam es im Mai 1644 zum Einmarsch der Mandschu in die Hauptstadt Peking und zur Errichtung der Mandschu-Dynastie. Bis zum Ende des Kaiserreiches im Jahre 1911 stand C. damit unter einer Fremdherrschaft. In die Regierungszeit von Shengzu (Sheng-tsu, Herrschername Kangxi [K'ang Hsi], 1661–1722) fiel der Vertrag von Nertschinsk (1689), der erste Vertrag mit einem europ. Staat (Regelung des chinesisch-russ. Grenzverlaufs). Die Annexion Tibets wurde abgeschlossen. Unter Kaiser Gaozong (Kao-tsung, 1736–96) in der Regierungsperiode Qianlong (Ch'ien-lung) wurden Birma und Annam 1788 bzw. 1789 tributpflichtig. Das Reich erfuhr die größte territoriale Ausdehnung seiner Geschichte. Seit den 30er-Jahren des 19. Jh. verstärkten die westl. Mächte ihre militärisch-wirtsch. Intervention in C. Nach der chin. Niederlage im Opiumkrieg (1839–42) gegen Großbritannien wurde 1842 in Nanking der erste der Ungleichen Verträge abgeschlossen: u. a. Abtretung Hongkongs an Großbritannien, Öffnung von fünf Vertragshäfen (darunter Schanghai). Im Verlauf neuer krieger. Auseinandersetzungen (sog. Lorchakrieg 1856–60) drang eine britisch-frz. Flotte nach N vor; Truppen marschierten in Peking ein (1860 Plünderung und Zerstörung des Sommerpalastes). Die Verträge von Tientsin (1858) und Peking (1860) zwangen den Chinesen weitere Zugeständnisse ab: u. a. die Errichtung ausländ. Gesandtschaften in Peking, Öffnung weiterer Häfen, Handelsfreiheit für brit. Kaufleute. Ähnl. Konzessionen wurden auch Frankreich, Russland und den USA eingeräumt. An Russland verlor C. bis 1860 die Gebiete nördlich des Amur und östlich des Ussuri. Seit Mitte des 19. Jh. erschütterten das

China: historisch-territoriale Entwicklung

Reich auch schwere innenpolit. Unruhen. Der von Hong Xiuquan (Hung Hsiu-ch'üan) geführte Taipingaufstand (1851–64) der Anhänger einer religiös-sozialrevolutionären Bewegung verheerte große Teile S-Chinas, ruinierte die Staatsfinanzen und konnte erst mithilfe ausländ. Truppen endgültig niedergeschlagen werden. Im 1. chinesisch-jap. Krieg von 1894/95 unterlag C., musste im Friedensvertrag von Shimonoseki (1895) die Unabhängigkeit Koreas anerkennen und trat Taiwan sowie die Pescadores an Japan ab. 1898 wurde unter Kang Youwei (K'ang Yu-wei) eine Reformbewegung zur gesellschaftl. Modernisierung nach dem Vorbild Japans ins Leben gerufen, die jedoch am Widerstand der konservativen Partei unter Führung der Kaiserinwitwe Cixi (Tz'u-hsi) und an der Intervention des Truppenführers Yuan Shikai (Yüan Shih-k'ai) scheiterte. Als die 1899 ausgebrochene fremdenfeindl. Boxerbewegung (›Boxer‹) die Interessen der ausländ. Mächte gefährdete, wurde Peking im Herbst 1900 von einem gemeinsamen Expeditionsheer der Westmächte (darunter auch Dtl.) und Japans besetzt. Den zu Beginn des 20. Jh. schließlich doch noch eingeleiteten Reformvorhaben (u. a. Abschaffung der konfuzian. Staatsprüfungen für Beamte, Pläne zur Schaffung eines Parlaments nach europ. Muster) kam die revolutionäre Bewegung unter Sun Yat-sen (Sun Yixian) zuvor. Aufstände und die Bildung einer Reg. in Nanking (1. Präs. war Sun Yat-sen) führten 1912 zur Abdankung der Qing-Dynastie (letzter chin. Kaiser: Pu Yi [P'u-I]) und zur Gründung der Republik.

Republik China (1912–49): Die 1912 von Sun Yat-sen gegr. Nationalpartei (Guomindang) konnte sich zunächst nicht gegen das Militärregime Yuan Shikais behaupten. Nach Yuan Shikais vergebl. Versuch, eine neue Dynastie in China zu gründen (1915), herrschte in C. bis 1927 Bürgerkrieg zw. regionalen Militärmachthabern (»Warlords«). Seit Mitte der 1920er-Jahre polarisierten sich die innenpolit. Kräfte in der Auseinandersetzung zw. der Kommunist. Partei (gegr. in Schanghai, 1. Parteitag am 20. 7. 1921) und den nun von Chiang Kai-shek (Jiang Jieshi) geführten Nationalisten (Guomindang). Feldzüge Chiang Kai-sheks gegen kommunist. Stützpunktgebiete in Jiangxi zwangen die chin. Rote Armee auf den →Langen Marsch (Okt. 1934 bis Okt. 1935). In dieser Zeit setzte sich Mao Zedong (Mao Tse-tung) als Führer der KP durch, deren zentraler Stützpunkt Yan'an in der Prov. Shaanxi wurde. Schon 1931 besetzte Japan die Mandschurei, rief 1932 den unter seinem Protektorat stehenden Staat »Mandschukuo« aus und proklamierte ihn 1934 zum Kaiserreich unter dem letzten Qing-Kaiser Pu Yi. Die während des 2. chinesisch-jap. Krieges (1937 ff.), der seit 1939 mit dem Zweiten Weltkrieg verschmolz, gebildete Einheitsfront der Kommunisten und Nationalisten zerbrach endgültig im Aug. 1945 nach der bedingungslosen Kapitulation Japans; erneut brach ein Bürgerkrieg aus (1946–49), in dem die kommunist. Truppen das gesamte Festland eroberten. Chiang Kai-shek floh nach Taiwan.

Volksrepublik China (seit 1949): Am 1. 10. 1949 verkündete Mao Zedong (der als Vors. der Zentralen Volksreg. an die Spitze des Staates trat) die Gründung der Volksrepublik C., die 1950/51 Tibet besetzte. Gemäß der spezif. Deutung des Marxismus-Leninismus durch Mao Zedong (→Maoismus) leitete die Partei- und Staatsführung eine radikale Umgestaltung von Staat und Gesellschaft ein. Die zw. 1950 und 1953 durchgeführte Verteilung von Grund und Boden an die Bauern war Vorstufe zu der 1953–57 betriebenen Kollektivierungspolitik, die ihren Höhepunkt in dem 1958 angestrebten »Großen Sprung nach vorn« und der Bildung von Volkskommunen fand. Die hierdurch ausgelösten Schwierigkeiten (v. a. wirtsch., verbunden mit einer schweren Hungersnot mit Mio. von Toten, sog. »drei bittere Jahre« 1960–62) erzwangen die erste Revision des von Mao Zedong vertretenen Leitprogramms der Mobilisierung der Massen zugunsten einer dem sowjet. Entwicklungsmodell verpflichteten Politik, deren führende Vertreter Liu Shaoqi (Liu Shao-ch'i) und Deng Xiaoping (Teng Hsiao-p'ing) wurden. Dies führte in der Partei zu sich verschärfenden Macht- und Richtungskämpfen; sie mündeten in die →Kulturrevolution (1966–76), in der Mao Zedong v. a. mithilfe der »Roten Garden« gegen seine Opponenten im Partei- und Staatsapparat vorging (blutige Terror- und Säuberungswelle), die maoist. Linie radikal durchsetzte und schließlich durch die Armee die öffentl. Ordnung wiederherstellen ließ. Das Bündnis mit der Sowjetunion, die C. seit 1950 beim Aufbau des Landes unterstützt hatte, zerbrach 1958 und führte seit 1968 (Einmarsch von Truppen des Warschauer Pakts in die ČSSR, Breschnew-Doktrin, 1969 bewaffneter Zwischenfall am Ussuri) bis an den Rand militär. Konfrontation. Die von Zhou Enlai (Chou En-lai) betriebene Außenpolitik zielte auf die Herstellung von Beziehungen zum Westen (Aufnahme in die UN und deren Sicherheitsrat 1971, Besuch R. Nixons 1972, diplomat. Anerkennung durch die USA 1979). Auf den Tod Mao Zedongs am 9. 9. 1976 folgte die Ausschaltung der sog. Viererbande, der radikalen Fraktion um Maos Witwe Jiang Qing (Chiang Ch'ing). Mit Unterstützung der Armee übernahm Hua Guofeng (Hua Kuo-feng) die Nachfolge Mao Zedongs als Vors. des ZK der KPCh. Den Sieg der »Pragmatisten« über die »Ideologen« markierte 1977 die Rehabilitierung Deng Xiaopings (der 1967 als Gen.-Sekr. der KPCh entmachtet worden war); er drängte in der Folgezeit als maßgebl. Persönlichkeit der Partei den Nachfolger Mao Zedongs als Parteivorsitzenden und Zhou Enlais als Min.-Präs., Hua Guofeng, aus der Macht. 1980 verlor Hua Guofeng den Posten des Min.-Präs. an Zhao Ziyang (Chao Tzu-yang), 1981 den Parteivorsitz an Hu Yaobang (Hu Yao-ping). Die im Dez. 1978 unter maßgebl. Einfluss Deng Xiaopings eingeleitete Politik wirtsch. Reformen und der Öffnung nach außen war jedoch nicht von einer umfassenden polit. Reform begleitet. Die anvisierte Modernisierung C.s (»Sozialismus chin. Prägung«) orientierte sich an den parteidoktrinären Auffassungen von der führenden Rolle der KPCh, der Diktatur des Proletariats und dem Primat des Marxismus-Leninismus. Die Partei wandte sich wiederholt energisch gegen jegl. »bürgerl. Liberalisierung«. Die Wirtschaftspolitik war geprägt von einer deutl. Herabsetzung des Kollektivierungsniveaus in der Landwirtschaft (u. a. Auflösung der Volkskommunen), Bemühungen um eine breite Einführung von Herstellungsverfahren aus dem Westen und der vorsichtigen Zulassung kleinerer privatwirtsch. Initiativen. Widerstände in der KPCh gegen die Reformpolitik beantwortete die Führung zw. 1983 und 1986 mit einer Säuberung der Partei von »radikalen« Mitgl. Zu den restriktiven Maßnahmen des Reformkurses zählten die Streichung des Streikrechts aus der Verf. (1982) und die administrativ verordnete Einkindehe zur Eindämmung des starken Bev.-Zuwachses. Deng Xiaoping zog sich nach und nach aus seinen Partei- und Staatsämtern zurück, er behielt lediglich das einflussreiche Amt des Vors. der staatl. Militärkommission (bis 1989). 1988 wurde Yang Shangkun (Yang Shang-K'un) Staatsoberhaupt. Außenpolitisch kam es zu schweren Spannungen mit dem Ende 1978 in Kambodscha einmarschierten Vietnam, mit dem C. 1979 zur Unterstützung der Roten Khmer einen Grenzkrieg führte. Gegenüber der Sowjetunion betrieb C. seit Beginn der 1980er-Jahre eine vorsichtige Entspannungspolitik (1989 erstes sowjetisch-chin. Gipfeltreffen seit 30 Jahren). Mit Großbritannien einigte man sich 1984 über den zukünftigen Status der brit. Kronkolonie Hongkong nach Ablauf der Pachtfrist 1997. Am 3./4. 6. 1989 wurden Massendemonstrationen in Peking (»Platz des Himml. Friedens«) für mehr Freiheit und Demokratie, die im April 1989 von Studenten ausgelöst worden waren, von der Armee blutig unterdrückt. Parteichef Zhao Ziyang (Chao Tzu-yang), der gegen die Militäraktion aufgetreten war, wurde durch den konservativen Führungskern um Min.-Präs. Li Peng (Li P'eng) entmachtet; er verlor sein Amt als Gen.-Sekr. der KPCh an Jiang Zemin (Chiang Tse-min), der 1993 auch die Funktion des Staatsoberhaupts übernahm (1998 im Amt bestätigt). Nach einer Phase innenpolit. Restauration (Verfolgung der Exponenten der Demokratiebewegung, Wiederaufleben maoist. Erziehungskampagnen, Politik der »Sparsamkeit und Regulierung« seit 1989) leitete Deng Xiaoping 1992 eine Kampagne zur Weiterführung der Wirtschaftsreform ein. Im Nov. 1993 verabschiedete das ZK der KPCh ein »Reformprogramm zum Aufbau einer sozialist. Marktwirtschaft« (z. B. rahmenhafte Steuerung des Wirtschaftsprozesses statt direkter staatl. Eingriffe, Entlohnung nach Leistung, Reform u. a. von Bankwesen, Finanzen und Steuern). Mit der Ernennung des Reformexponenten Zhu Rongji (Chu Jung-chi) zum Min.-Präs. 1998 unterstrichen Staats- und Parteiführung die Dringlichkeit der mit dem nach außen verbundenen Reformen und ökonom. Restrukturierungen (v. a. der Staatsbetriebe), wodurch allerdings auch Probleme wie eine drastisch ansteigende Arbeitslosigkeit und ein wachsendes soziales Gefälle verstärkt zum Tragen kamen. Der weiteren Sicherung des Herrschaftsmonopols der KPCh dienten in den 1990er-Jahren einerseits die unvermindert repressive Vorgehen gegen Oppositionelle und Dissidenten (u. a. im Dez. 1998 gerichtl. Verurteilung von Exponenten der im selben Jahr gegründeten Demokrat. Partei, im Juli 1999 Verbot der Bewegung →Falun Gong) und andererseits der Kampf gegen Kriminalität, Wirtschaftsverbrechen sowie Korruption (bis hinein in die eigenen Parteireihen). Wiederholte Unruhen in Tibet seit 1987 und Sinkiang (Uiguren) seit den 1990er-Jahren offenbarten die Konflikte in der Politik gegenüber nat. Minderheiten. Im Nov. 2002 übernahm Vizepräs. Hu Jintao (Hu Chin T'ao) das Amt des Gen.-Sekr. des ZK der KPCh von Jiang Zemin, der trotz seines Ausscheidens aus ZK und Politbüro als Vors. der Zentralen Militärkommission der Partei wieder gewählt wurde und weiterhin sehr einflussreich blieb; ein Kongress der Partei proklamierte deren Öffnung auch für Unternehmer sowie andere soziale Schichten und verankerte diese durch Jiang Zemin betriebene Abkehr von der alten Klassentheorie im Parteistatut (Theorie der »Drei Vertretungen«, mit der die KPCh die Repräsentanz der progressiven Produktivkräfte, der fortschrittl. Kultur und der Interessen der Bev.-Mehrheit in einem »Sozialismus chines. Prägung« für sich reklamierte). Im März 2003 setzte sich der Wechsel an der Führungsspitze fort: Hu Jintao trat auch die Nachfolge Jiang Zemins als Staatspräs. an; neuer Min.-Präs. wurde Wen Jiabao, Li Peng gab das von ihm seit 1998 bekleidete Amt des Vors. des Nat. Volkskongresses an Wu Bangguo ab. Im Sept. 2004 übergab Jiang Zemin schließlich auch den Vorsitz der Zentralen Militärkommission bzw. den Oberbefehl über die Streitkräfte an Hu Jintao.

Das rasante Wirtschaftswachstum der VR C. (2006 Wachstumsrate von 10,7 %) brachte nicht nur eine verstärkte Urbanisierung (Zuzug von Mio. von Wanderarbeitern in die Städte) und den schnellen Ausbau der Sonderwirtschaftszonen mit sich, sondern hatte auch zunehmende Umweltgefährdungen sowie ein gestiegenes Konfliktpotenzial in den bei der Industrialisierung zurückgebliebenen, v. a. ländl. Regionen zur Folge (zahlr. Proteste, soziale Unruhen und Bauernrevolten bes. gegen Behördenwillkür und Korruption). Die mit dem Wirtschaftsboom einhergehenden strukturellen und Wachstumsprobleme veranlassten KPCh-Führung und Reg. wiederholt zu regulierenden Eingriffen (im Fünfjahresplan 2006–10 Vorgaben in Richtung einer nachhaltigen und ausgewogenen Entwicklung unter Beachtung von Umwelt und Ressourcen, 2007 Steuerreform); im März 2007 wurde erstmals ein Eigentumsgesetz verabschiedet (gleichermaßen Schutz für öffentl. und privates Eigentum).

Seine außenpolit. Isolierung seit 1989 suchte C. durch ein verstärktes diplomat. Engagement, v. a. im asiat. Raum, zu überwinden; es normalisierte 1991 seine Beziehungen zu Vietnam, 1992 zu Süd-Korea und setzte sich für eine Lösung des Kambodschakonflikts ein. Zahlr. Vereinbarungen mit Russland in den 1990er-Jahren (u. a. auch Regelung der Grenzfragen) dienten der Begründung einer »strateg. Partnerschaft«. Unterird. Atomwaffenversuche (1994/95) lösten in der Weltöffentlichkeit Proteste aus. Mit milität. Manövern und Raketentests unterstrich C. im Rahmen seiner »Ein-China-Politik« auf militante Weise 1996 und erneut 1999 die von ihm beanspruchte Zugehörigkeit →Taiwans zum Staatsgebiet C.s. Im März 2005 verabschiedete der Nat. Volkskongress ein international heftig kritisiertes »Antisezessionsgesetz«, das Taiwan im Falle einer Abspaltung (Unabhängigkeitserklärung) mit dem Einsatz »nicht friedlicher Mittel« droht; gleichzeitig erklärte die VR ihre Dialogbereitschaft.

Am 1. 7. 1997 wurde Hongkong unter Gewährung von Sonderbedingungen in die VR C. eingegliedert; gemäß Abkommen mit Portugal von 1987 erfolgte am 19. 12. (mit Wirkung vom 20. 12.) 1999 auch die Rückgabe Macaos. Im Dez. 2000 kam es zur Unterzeichnung eines chines.-vietnames. Abkommens über die lange Zeit umstrittene Grenzziehung im Golf von Tongking. Konfliktstoff mit den USA resultierte u. a. aus der nach Amtsantritt der Reg. Bush forcierten Entwicklung eines amerikan. Raketenabwehrsystems (→NMD). Zu zeitweiligen Spannungen kam es insbes. nach dem Zusammenstoß eines amerikan. Aufklärungsflugzeugs mit einem chin. Abfangjäger am 1. 4. 2001 vor der südchin. Küste. Dennoch konnten sich die beiden Staaten im Juni 2001 endgültig auf eine amerikan. Zustimmung zum Beitritt der VR C. zur Welthandelsorganisation (WTO) einigen. Schon kurz nach den islamist. Terroranschlägen in den USA vom 11. 9. 2001 erklärte die chin. Führung ihre Unterstützung für eine internat. Antiterrorallianz, sprach sich aber als ständiges Mitgl. des UN-Sicherheitsrats in der Irak-Krise (2002/03) gegen eine Militärintervention aus. Nach 15-jährigen Verhandlungen erreichte die VR C. (in Verbindung mit einer weiteren Öffnung und Liberalisierung der Wirtschaft) am 10. 11. 2001 ihre Aufnahme in die WTO (wirksam ab 11. 12. 2001).

Mit dem ersten bemannten chin. Flug ins All am 15./16.10. 2003 (mehrfache Erdumkreisung durch den Taikonauten Yang Liwei in der Raumkapsel »Shenzou 5«) reihte sich die VR C. in die Weltraumfahrernationen (nach der UdSSR/Russland und den USA) mit eigenem groß angelegtem Programm ein. Im Okt. 2004 einigten sich C. und Russland abschließend über den 4 300 km langen Grenzverlauf zw. beiden Staaten; im Rahmen ihrer »strateg. Partnerschaft« fand im Aug. 2005 das erste gemeinsame chin.-russ. Militärmanöver statt. In den 2003 begonnenen Sechs-Nationen-Gesprächen zur Beilegung des Atomkonflikts zw. Nord-Korea und den USA übernahm C. eine vermittelnde Rolle.

Chinagras [ç-], Bastfaser, →Ramie.

Chinakohl [ç-], **Brassica chinensis,** ostasiat. Kohlpflanze, bildet ovale feste oder lockere Köpfe; als Salat oder gekocht zubereitet. In Mitteleuropa wird zunehmend der verwandte **Pekingkohl** (Brassica pekinensis) angebaut.

Chinampas [tʃi'nampas; »schwimmende Gärten«], von Wassergräben umgebene Gemüsebeete im aztekischen Mexiko, heute noch in →Xochimilco.

Chinarestaurant-Syndrom [ç-], eine Unverträglichkeitsreaktion auf Glutamat, einen Geschmacksverstärker, der besonders häufig in asiat. Restaurants, aber auch in Fertiggerichten oder Schnellimbissen eingesetzt wird; äußert sich durch Schläfendruck, Engegefühl im Brustkorb, Kopfschmerzen. Die Inkubationszeit kann 10–30 Minuten betragen, die Beschwerden halten schlimmstenfalls wenige Stunden an.

Chinarinde [ç-], **Fieberrinde, peruvianische Rinde, Cortex Chinae,** die bitter schmeckende getrocknete Rinde versch. Arten des **Chinarindenbaums** (Gatt. Cinchona). Die Stammpflanzen sind im Andengebiet Perus heimisch. Die C. wird als Bittermittel und Tonikum zur Appetitanregung sowie als zusammenziehendes Mittel verwendet. Wirksame Bestandteile der C. sind die zu etwa 2–14% enthaltenen **Chinaalkaloide,** eine Gruppe von rd. 30 Pflanzenalkaloiden mit den Hauptvertretern Chinin und Chinidin.

Chinaschilf [ç-] →nachwachsende Rohstoffe.

Chinatown [ˈtʃaɪnətaʊn, engl.], Chinesenviertel in einer Stadt außerhalb Chinas, bes. in Nordamerika (z. B. in San Francisco) und in Südostasien.

Chinchillas [tʃinˈtʃil(j)as], **Chinchillidae,** in Südamerika heim. Familie der Nagetiere mit drei Gattungen. Die C. i. e. S. oder **Wollmäuse** (Chinchilla) liefern wertvolle Pelze.

Chinchow [dʒindʒoʊ], chin. Stadt, →Jinzhou.

Chindwin [tʃ-], rechter Nebenfluss des Irawadi in Birma, rd. 800 km lang, entspringt in den Patkai Hills.

Chinesen [ç-], Volk in Ostasien, Hauptbev. Chinas und Taiwans (→Han).

chinesische Astrologie [ç-], im südostasiat. Kulturkreis verbreitete Form der Astrologie, die sich – im Unterschied zur abendländisch-westl. (Sonnen-)Astrologie – an den Mondphasen orientiert (**Mondastrologie** mit 28 »Mondhäusern«, chin. xiu); in enger Verbindung mit fernöstl. Philosophie in China, Japan, Korea und Vietnam seit dem Altertum weit verbreitet. Die 12 **chin. Tierkreiszeichen** (Ratte/Maus, Büffel/Stier/Ochse, Tiger, Hase, Drache, Schlange, Pferd, Ziege/Schaf/Widder, Affe, Hahn, Hund, [Wild-]Schwein) sind jeweils einem Jahr zugeordnet, entsprechend dem Zwölfjahreszyklus des Lunisolarkalenders. (→Neujahr)

chinesische Kultur [ç-]. Die c. K. ist die älteste der bis in die Gegenwart fortlebenden Kulturen. Sie konnte abgesondert von den anderen Kulturen des eurasischen Raumes ihre Selbstständigkeit wahren und sich ohne wesentl. Bruch ihrer Überlieferung entwickeln. Ihre schöpfer. Leistungen auf den Gebieten der Religion und Philosophie, der Literatur und der bildenden Kunst gehören zu den bedeutendsten der Menschheitsgeschichte. Die Chinesen erfanden – schon Jahrhunderte vor den entsprechenden Erfindungen in Europa – das Papier, den Buchdruck von geschnitzten Holzplatten und den Druck mit bewegl. Lettern, den Kompass, das Porzellan und das Schießpulver. Die Seidenraupenzucht gibt es seit frühester Zeit. Die c. K. wurde bestimmend für die Nachbarländer, v. a. Korea und Japan, sowie auch für die Völker, die, wie die Mandschuren, als Eroberer nach China kamen. In Tibet und Hinterindien kreuzte sich ihr Wirkungsbereich mit dem der ind. Kultur. Eine unmittelbare Beeinflussung der c. K. ging durch den Buddhismus nur von der indischen aus. Mit Europa stand China (Seidenstraße) in Handelsbeziehungen, die jedoch meist mittelbar waren. Erst mit dem sich verstärkenden Einfluss der europ. Großmächte (v. a. seit dem 19. Jh.) erfolgte auch eine intensivere Auseinandersetzung mit der europ. Kultur.

chinesische Kunst [ç-], **Frühzeit** (ab etwa 5000 v. Chr.): Die frühesten Zeugnisse der c. K. sind die in Gräbern und Siedlungen des Spätneolithikums (um 5000–2000 v. Chr.) gefundenen Keramiken der nach den ersten Fundorten Yangshao (Henan), Majiayao (Gansu) und Longshan (Shandong) benannten Kulturen. Die Buntkeramik der Yangshaokultur (Höhepunkt in Gansu) weist in ihrem rhythm. Linienspiel bereits ein typ. Merkmal c. K. auf, ebenso originär ist die Schwarzkeramik mit Formen wie Dreifuß, spitz- und kugelförmigen Gefäßböden.

chinesische Kunst: Quadriga aus der 1974 entdeckten Grabanlage des Qin Shi Huangdi bei Lintong nahe Xi'an, Provinz Shaanxi; Bronze (Qinzeit, um 221–210 v. Chr.)

chinesische Kunst

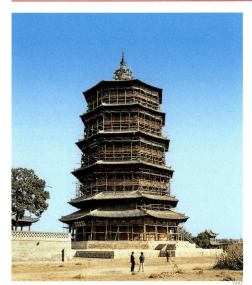

chinesische Kunst: Holzpagode von Ying Xian, Provinz Shanxi (Songdynastie, 1056-95)

Die in Nordostchina vorkommende unbemalte, schwarze polierte Longshan-(Lungshan-)Keramik ist schon mit der Töpferscheibe gedreht.

Shang-, später **Yin-Zeit** (etwa 16. Jh. bis 1050 v. Chr.): In die Epoche der ältesten histor. Dynastie fällt die erste Blüte einer hohen Kunst mit großartigen Bronzen (Kultgefäße). Das Hauptmotiv der von plast. (Tier-)Ornamentik geprägten Anyangbronzen ist eine die obere Kopfpartie eines Tierdämons darstellende Maske (Tao tie; Tao-t'ieh).

Zhou-(Chou-)Zeit (etwa 1050–249 v. Chr.) und **Qin-(Ch'in-)Zeit** (221–206 v. Chr.): Bronzegefäße (aus dem Tal des Huai He) zeigen eine verschlungene (Tier-)Ornamentik. Ebenfalls neu ist die Tauschierungstechnik. Erhalten sind profane Gebrauchsgegenstände einer hoch entwickelten Hofkultur (Spiegel, Jadeschmuck). In Anyang (Prov. Henan) gefundener weißer Scherben enthält bereits Kaolin. Neu zum Ende der Zhouzeit sind das Aufkommen von Glasuren, insbesondere einer dunkel- bis hellgrünen Bleiglasur auf Irdenware, sowie die Erfindung des Steinzeugs, des Protoporzellans. Bei Lintong, nahe Xi'an, befindet sich die gewaltige, als kosm. Universum konzipierte und durch eine unterird. Armee lebensgroßer Terrakottafiguren von Kriegern mit Pferden und Streitwagen geschützte Grabanlage des Kaisers Qin Shi Huangdi (Ch'in Shih Huang-ti; †210), die von der UNESCO zum Weltkulturerbe erklärt wurde (Museum am Ausgrabungsort).

Han-Zeit (206 v. Chr.–220 n. Chr.): Nach vereinzelten Beispielen einer figürl. Keramik mit Lacküberzug in Zhou-zeitl. Gräbern nehmen unter den Han die tönernen, glasierten Grabbeigaben einen breiten Raum ein. Den künstler. Höhepunkt bilden die Statuetten (Musikanten, Krieger und Pferde). Die glatten Oberflächen der Bronzen der Han-Zeit sind durch Tauschierungen belebt. Ein wichtiges Kapitel der Hankunst bilden die schönen Lackarbeiten, die, ebenso wie die Seidenmalerei, schon in der späten Zhou-Zeit gepflegt wurden. Die Vormachtstellung Chinas und den Einfluss seiner Zivilisation auf die Nachbargebiete bezeugen die archäolog. Funde (Lackgegenstände, Seidenstoffe) aus den Gräbern in Noin Ula (Mongolei) und Lolang (Nord-Korea). Zu den bedeutendsten Grabfunden der früheren Westlichen Han-Zeit zählen die Felsengräber in Mancheng (Hebei), in denen zwei Totengewänder aus Jade gefunden wurden. Im 1. Jh. n. Chr. waren Ziegelkammergräber weit verbreitet; sie wurden später auch mit Wandmalereien geschmückt.

Die *Jahrhunderte der Reichsspaltung* (220–589): In den neu gegründeten buddhist. Höhlenklöstern (Dunhuang, Longmen u. a.) entstanden zahllose Buddhaskulpturen sowie Wandmalereien. Die Malerei wurde neben Dichtung, Kalligrafie und Musik in den Rang einer der hohen Künste der Elite erhoben. Die Kalligrafie erfuhr im expressiven Stil des Wang Xizhi (Wang Hsi-chih) einen Höhepunkt.

Tang-(T'ang-)Zeit (618–907): In der Tang-Zeit wurde China zu einem kosmopolit. Reich. Einflüsse fremder Kulturen zeigen die Gold- und Silberschmiedekunst; die Präsenz der Ausländer spiegelt sich auch in den keram. Grabfiguren. Grabwege und Grabkammern sind reich mit Wandmalereien ausgestattet. Sie vermitteln eine Anschauung von den größtenteils nur aus literar. Quellen und späteren Kopien bekannten Werken der Tangmeister (u. a. Wu Daozi [Wu Tao-tzu], Yan Liben [Yen Li-pen], Han Gan [Han Kan], Li Sixun [Li Ssu-hsün], Wang Wei). In der Tang-Zeit kam es auch zur vollen Entfaltung des Systems der Holzarchitektur, bei der das Gewicht der Konstruktion (bes. des geschwungenen Daches) auf vertikalen Stützen (nicht auf den dazwischenliegenden Wänden) ruht. Die älteste Form des Ziegelbaus ist demgegenüber die buddhist. Pagode, in der sich bodenständige chin. Elemente (Turm mit Studio [»Lou«]) und solche der ind. Stupa vermischt haben.

Song-(Sung-) und **Yuan-(Yüan-)Zeit** (960–1368): In der Song-Zeit erlebte die Landschaftsmalerei eine Blüte; Ferne und Raumtiefe werden durch einen freien Raum zw. Vorder- und Hintergrund erzeugt (Luftperspektive). U. a. wirkten Li Cheng (Li Ch'eng), Fan Kuan (Fan K'uan) und Guo Xi (Kuo Hsi) im N, Dong Yuan (Tung Yüan) im S. Neben der S-Schule (kaiserl. Mal-

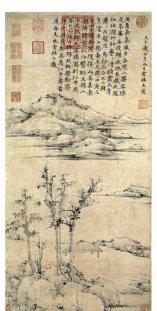

chinesische Kunst: Landschaft mit kalligrafischen Inschriften; Malerei (Yuanzeit, 1301–74; Taipeh, Nationales Palastmuseum)

akademie in Nanking; Blüte des »Eineckstils« im 12./13. Jh. mit seiner Konzentration des Gegenständlichen einer Landschaft in einer unteren Bildecke, u. a. Ma Yuan [Ma Yüan] und Xia Gui [Hsia Kuei] formierte sich seit dem 10. Jh. die antiakadem. →Literatenmalerei. Die monochrome Tuschmalerei beeinflusste die jap. Zen-Malerei. Die Keramik erlebte in der Song-Zeit einen Höhepunkt (Seladon). In der Yuan-Zeit gewann die Kalligrafie an Bedeutung.

Ming- (1368–1644) und **Qing-(Ch'ing-)Zeit** (1644–1911/12): Die Tradition der Song-Zeit wurde weitergeführt (Landschaftsmalerei; Seladonware). Aus dem elfenbeinweißen Steinzeug der Tang und dem schon durchscheinenden Tingyao (T'ing-yao) der Song mit monochromer Glasur und reliefartig eingeschnittenem Dekor entwickelte sich das eigtl. Porzellan (Höhepunkt unter den Qing). Unter der Ming-Dynastie wurden zahlr. Bauten in tradierten Formen errichtet (Halle in Holzkonstruktion auf steinernem Sockel; das konkav geschwungene Dach auf Pfosten). Im monumentalen Steinbau sind die Balken- und Bogenbrücken von erstaunl. techn. Vollkommenheit und hoher ästhet. Wirkung. Im 17. und 18. Jh. erlebte der Farbholzschnitt eine Blüte.

Moderne und Gegenwart (seit 1911/12): Seit Gründung der Rep. öffnete sich China westl. Kunstströmungen. Zu Beginn des 20. Jh. gingen viele Künstler zum Studium nach Japan und erlernten dort die jap. Malerei sowie die westl. Ölmalerei. Nach ihrer Rückkehr schufen sie eine stilist. Synthese aus chin., jap. und westl. Elementen. Einen weiteren Anziehungspunkt, bes. nach der »Vierte-Mai-Bewegung« (1919), bildete Paris (Einflüsse von Impressionismus, Fauvismus und Kubismus). In den 1950er- und 1960er-Jahren prägten v. a. Fu Baoshi (Fu Pao-shih) und Li Keran (Li K'o-jan) einen neuen Realismus aus, ohne dabei die Errungenschaften der Literatenmalerei aufzugeben. Die Holzschnittkunst, die stets im Kontext der Literatur gestanden und eine dienende Funktion als Medium der Reproduktion von Malerei und Illustration ausgeübt hatte, entfaltete mit sozialkrit. Werken eine eigene Kreativität und polit. Wirkung.

Nach 1949 wurde in der VR China die Kunst vollständig politisiert. In Malerei und Holzschnittkunst herrschte der sozialist. Realismus russ. Prägung vor. Rigorose Einschränkungen erfuhren die Künstler in der Kulturrevolution (1965/66–76), während der zahlr. Kulturgüter zerstört und Kunstwerke verbrannt wurden sowie jegliche künstler. Betätigung untersagt war.

Nach Mao Zedongs Tod und der Zerschlagung der »Viererbande« (1976) erholte sich die Kunstszene Chinas allmählich. Mit der ökonom. Öffnung Ende der 1970er-Jahre kam es zu einem zuvor nie da gewesenen Stilpluralismus. Neben den offiziellen Kunstakademien entwickelte sich eine Kunstszene, die relativ frei von der Kunstdoktrin der kommunist. Partei arbeitete. Die Niederschlagung der student. Demokratiebewegung (1989) beendete den Idealismus und den Enthusiasmus, die die Kunst der 1980er-Jahre prägten. Es entwickelte sich eine Tendenz zum Sarkasmus, der in zwei neuen Kunstströmungen aufging: »zynisch. Realismus« und »polit. Pop-Art«. Anfang der 1990er-Jahre wuchs das Interesse der chin. Künstler an Fotografie und Video als Ausdrucksmittel. Künstler wie Zhang Peili (Chang P'ei-li) und Zhang Huan (Chang Huan) distanzieren sich von ideolog. und polit. Trends und beobachten oft kritisch in ihren Installationen und Performances die massive Transformation der chin. Gesellschaft.

chinesische Literatur [ç-]. Die c. L. ist seit der Wende vom 2. zum 1. Jt. v. Chr. greifbar, zuerst in Form kurzer Orakelinschriften auf Knochen ohne literar. Anspruch, in der Westl. Zhouzeit (ca. 1045–771 v. Chr.) bereits in Form literarisch gestalteter Inschriften auf Ritualbronzen. Das in beiden Gruppen belegte komplexe Schriftsystem wird bis in die Gegenwart im Wesentlichen beibehalten. Die aus etwa 50 000 Schriftzeichen bestehende Schrift ist entgegen verbreiteter Annahme nicht nur ideografisch (ein Schriftzeichen bildet eine Sinneinheit [z. B. ein Wort] ab), sondern auch phonologisch (Verschriftlichung von Lauten) organisiert. Da die meisten Wörter des frühen Chinesisch monosyllabisch sind, steht gleichwohl zumeist ein Zeichen für ein Wort. Die frühe Erfindung des Buchdrucks ist einer der Gründe für den enormen Umfang der c. L., ein weiterer liegt darin, dass Lit. als wesentl. Bildungsinstrument nachgefragt war, um Zugang zur Elite Chinas zu erhalten. Aus der literarisch breiten Bildung des Beamtentums im Staat der Kaiserzeit erklärt sich z. T., dass Arbeiten der c. L. oft polit. Belangen gewidmet sind; zu Bildungszwecken stellte die polit. Elite c. L. seit dem 3. Jh. n. Chr. immer wieder in Handbüchern zusammen, die als Teil auf viele Bände angelegter Sammlungen enzyklopäd. Funktionen besaßen. In der Tang-Dynastie (618–907) wurde anscheinend erstmals eine Systematisierung der Lit. in vier (jeweils mehrfach untergliederte) Rubriken (»Vier Speicher«) vorgenommen, die bis heute gültig ist: 1. kanon. Schriften; 2. historiograf. Schriften, inklusive Werke über Geografie, Wirtschaft, Institutionen u. Ä.; 3. Fachliteratur wie philosoph. Schriften, naturkundl. Werke, Enzyklopädien u. Ä.; 4. literar. Sammlungen. Die schriftsprachl. Literatur wurde eingeteilt in (konfuzianische) »Kanonische Schriften«, »Geschichtsschreibung«, »Fachschriftsteller« (darunter auch Werke zur Philosophie) und »Sammlungen« (darunter die Werke der »schönen Literatur«).

Kanonische Schriften: Die Kanonischen Schriften bieten einen Querschnitt durch die Literatur bis zum 3. Jh. v. Chr. Die Grundlage bilden die »Fünf Klassiker«: 1) »Yijing« (I-ching; Buch der Wandlungen), ursprünglich ein Orakelbuch, das durch spätere Kommentare Grundlage philosoph. und pseudonaturwiss. Lehren wurde; 2) »Shujing« (Shu-ching; Klassiker der Urkunden), eine heterogene Sammlung formalisierter (fiktiver) Reden berühmter Herrscher und Minister der Antike; 3) »Shijing« (Shih-ching; Buch der Lieder), eine Kompilation von Hof- und Volksliedern; 4) »Liji« (Li-chi; Buch der Sitte), Ritualtraktate; 5) »Chun-qiu« (Ch'un-ch'iu; Frühlings- und Herbstannalen), eine Konfuzius selbst zugeschriebene Chronik des Staates Lu. Diese urspr. »Fünf Klassiker« wurden später auf bis zu 13 Werke erweitert, unter denen die »Vier Bücher« bedeutsam waren, die u. a. das »Lunyu« (Lun-yü; Gespräche des Konfuzius) und »Mengzi« (Meng-tzu; Lehren des [Philosophen] Mengzi) enthielten.

Historiografische Schriften, inklusive Werke über Geografie, Wirtschaft, Institutionen u. Ä.: Ihr hoher Stellenwert in China zeigt sich daran, dass mit dem »Chunqiu« ein historiograf. Werk zu den genannten »Fünf Klassikern« zählt. Am Anfang stehen neben dem »Chunqiu« selbst die Werke »Zuo zhuan« (»Tsochuan«, »Überlieferung des Zuo«) und »Guoyu«

(»Kuo-yü«, »Gespräche der Staaten«) – beide 4. Jh. v. Chr. – sowie das im 1. Jh. v. Chr. aus älteren Quellen zusammengestellte »Zhanguo ce« (»Chan-kuo ts'e«, »Intrigen der streitenden Reiche«). Das »Zuo zhuan« wird zwar traditionell als Kommentar zum »Chun-qiu« betrachtet, ist diesem aber nur lose verbunden. Es ist nicht nur die prominenteste geschichtl. Quelle der Jahre 722–468 v. Chr., sondern gilt auch wegen seiner erzähler. Details und dramat. Komposition als Modell späterer histor. Prosa. Die eigentl. Reichsgeschichtsschreibung beginnt mit dem privat verfassten »Shiji« (»Shih-chi«, »Aufzeichnungen des Astrologen/Historikers«) von Sima Qian (Ssu-ma Ch'ien, * um 145, † um 86). Das letzte Werk dieser Art, über die Mandschudynastie Qing (Ch'ing, 1644–1911/12), wurde 1927 herausgegeben. Zu diesen meist von offiziellen Kommissionen erarbeiteten Werken kamen private Schriften und eine seit dem 10. Jh. starke, z. T. Dynastien übergreifende, rein annalist. Historiografie sowie Werke über die Gesch. von Institutionen.

Fachliteratur: In dieser kommt den philosoph. Werken – so einer von Zhuangzi (Chuang-tzu) initiierten Sammlung (4. bis 2. Jh. v. Chr.) – die größte Bedeutung zu. Oft ist ihre Argumentation von Anekdoten getragen, was z. T. auch für die anderen geisteswiss., techn., naturwiss. (Medizin u. Ä.) oder pseudonaturwiss. (Astrologie, Mantik u. Ä.) Texte dieser Kategorie galt, bes. aber für die »Pinselnotizen« (»Biji«, »Pi-chi«) und die zahlr. »Kleinen Berichte« (»Xiaoshuo«, »Hsiao-shuo«), die eine Fülle historisch zweifelhafter Stoffe enthalten. Hierzu gehört auch die umfangreiche schriftsprachl. Novellistik, die im 17. Jh. einen Höhepunkt erreichte.

Literarische Sammlungen: Sie vereinen alle Werke der »schönen Lit.« i. e. S. Eine moderne (westl.) Sicht muss aber berücksichtigen, dass ein Großteil der ästhetisch anspruchsvollsten Lit. in den übrigen drei Rubriken versammelt ist; eine Verkürzung des Literaturbegriffs ausschließlich auf literar. Sammlungen ist nicht möglich. Die im 2. Jh. v. Chr. kompilierten »Chuci« (Ch'u-tz'u; Elegien von Chu) lieferten das Vorbild für eine relativ freie Prosadichtung. In der gleichen Zeit wurden auch volkstüml. Balladen und Romanzen gesammelt, die meist ein 5-Wort-Metrum einhielten. Wenig später entwickelte sich wahrscheinlich daraus das »regelmäßige Gedicht«, das seit dem 7. Jh. einem 7-Wort-Metrum folgte. Schon von den berühmtesten Dichtern (Li Bo [Li T'ai-po], Du Fu [Tu Fu], Wang Wei, Bo Juyi [Po Chü-i], 8. und 9. Jh.) verwendet, stellte es bis in die Gegenwart hinein die beliebteste Gedichtform dar. Im 10. Jh. trat hierzu das Kunstgedicht Ci (Tz'u), bei dem die Texte nach der komplizierten Metrik vorliegender (seither größtenteils verlorener) Melodien geschrieben wurden. In der Qing-Zeit wurden umfangreiche Bestandsaufnahmen des klass. Schrifttums vorgenommen, dabei aber auch die als häretisch bewerteten Schriften des Buddhismus und Daoismus sowie die umgangssprachl. Literatur ausgeschieden, die trotzdem eine Blüte erlebte (Romanliteratur).

Außerhalb der erwähnten Gelehrtenliteratur im Rahmen der »Vier Speicher« steht die äußerst umfangreiche religiöse Lit. des Daoismus und des Buddhismus, die verschiedentlich in riesigen Sammelwerken (»Daoist. Kanon«, »Buddhist. Kanon«) zusammengefasst wurde.

Ab dem 19. Jahrhundert bis zur Gegenwart: Die polit. Revolution 1911/12 zog die literar. nach sich. Angeführt von Hu Shi (Hu Shih, * 1891, † 1962) und Lu Xun forderten die fortschrittl. Literaten den totalen Bruch mit der dogmat. literar. Tradition, insbesondere eine verständl. Umgangssprache (Baihua [Pai-hua]) statt der nur Gelehrten zugängl. klass. Literatursprache (Wenyan [Wen-yen]). Dies forderten u. a. auch Ba Jin (Pa Chin, * 1904, † 2005), Lao She (* 1899, † 1966) und v. a. der Historiker und Literat Guo Moruo (Kuo Mo-jo, * 1892, † 1978), der wie Lu Xun europ. Literatur übersetzte. In den Gedichten und Liedern Mao Zedongs (Mao Tse-tung, * 1893, † 1976) im klass. Stil fand eine Synthese von literar. Erbe und revolutionärem Gedankengut statt. Die zeitgenöss. Literatur stand im Geist der Reden in Yan'an (Mao Zedong, 1942) mit Richtlinien für eine sozialistisch-realist. Literatur. Nach der Gründung der VR China 1949 wurden die meisten prominenten Schriftsteller mit Schreibverbot belegt (v. a. während der Kulturrevolution 1966–69). Auf dem Gebiet des Dramas wurde während der Kulturrevolution die alte →Pekingoper zu einer Kunstform mit revolutionärem und propagandist. Inhalt umgestaltet. Nach dem Tod Mao Zedongs 1976 wurden fast alle verfemten Schriftsteller (z. T. posthum) rehabilitiert. Die manche Gemeinsamkeit mit der dt. Nachkriegszeit aufweisende erzählende »Narbenliteratur« widmete sich der Bewältigung der unmittelbaren Vergangenheit der Kulturrevolution und ging oft mit einem Bekenntnis zur neuen Politik der Reformen und der Öffnung Chinas einher. Unter den Lyrikern schließlich entfernten sich die Vertreter der »obskuren Dichtung« am weitesten vom bislang staatstragenden Auftrag. Sie mussten sich den Vorwurf gefallen lassen, unverständlich, ja »ungesund« zu schreiben. Mit der Lit. konnten auch die Literaturgesch. und die Literaturwiss. neue Wege beschreiten und sich einer intensiven Beschäftigung mit der eigenen klass. und der westl. Literatur widmen.

Die Niederschlagung der Proteste junger Intellektueller in Peking und anderen chin. Städten im Juni 1989 führte zu einer abermaligen Wandlung auf literar. Gebiet. Einerseits entwickelte sich eine Exillit. durch die Emigration vieler Schriftsteller, andererseits verbreitete sich im Lande die »Reportageliteratur«, die verdeckte Gesellschaftskritik übte und ihren Autoren oft Verfolgungen eintrug. Ausschlaggebend aber war die Hinwendung zur reinen Unterhaltungslit., die von der Staatsführung mindestens indirekt gefördert wurde. Nur wenige verfolgen trotz öffentl. Kritik und Unterdrückung weiterhin gesellschaftl. Anliegen, wie die durch Filme berühmt gewordenen Autoren Mo Yan (Mo Yen, * 1956) mit dem »Roten Kornfeld« (1987, nach der gleichnamigen Kurzgeschichte, 1986) und Su Tong (Su T'ung, * 1963) mit der »Schar von Frauen und Konkubinen« (1991, literar. Vorlage für »Rote Laterne«, 1991). Die erstmalige Verleihung des Nobelpreises für Literatur an einen chin. Schriftsteller, den in Frankreich lebenden Gao Xingjian (Kao Hsing-chien), im Jahr 2000, die unterschiedl. Entwicklungen in der VR China, Hongkong und Taiwan sowie die Zunahme chin. Gemeinden in den USA und Europa deuten kulturelle Einflussfelder an, die zur Entwicklung der c. L. in nächster Zukunft beitragen werden.

Chinesische Mauer [ç-], **Große Mauer,** die unter Kaiser Qin Shi Huangdi (221–210 v. Chr.) zum Schutz gegen nördl. Grenzvölker errichtete Mauer unter Ausnutzung älterer Befestigungsanlagen. Ihre heutige

Chinesische Mauer

Form und Ausdehnung erhielt sie während der Ming-Dynastie (14.–17. Jh.). Die C. M., das größte Befestigungswerk der Erde, beginnt nach traditioneller Auffassung bei Jiayuguan in der Prov. Gansu (nach neueren Funden von Mauerresten schon im N von Lop Nur in Sinkiang) und verläuft bis zum Golf von Liaodong; mit Verzweigungen und Teilabschnitten ergibt sich eine Gesamtlänge von rd. 6700 km (bzw. etwa 7200 km bei Hinzurechnung des neu entdeckten Teilstücks). Mittlerweile gehen chin. Wissenschaftler davon aus, dass die Mauer zeitweise sogar bis zu 10 000 km lang war; in der Gegenwart ist sie auf größeren Abschnitten verfallen, z. T. wurde sie aufwendig restauriert. Das Baumaterial besteht im W und S meist aus gestampfter Erde (Löss), im N bei Peking aus Stein. Die durchschnittl. Höhe der Mauer beträgt 6–8 m (stellenweise 16 m), die Breite an der Basis bis zu 8 m, an der Mauerkrone etwa 5–6 m; sie wurde u. a. mit Zinnen und Wachtürmen ausgestattet. Die C. M. gehört zum UNESCO-Weltkulturerbe.

chinesische Medizin, traditionelle chinesische Medizin, Abk. **TCM,** heilkundl. Wissen, dessen Ursprung bis in das 14./13. Jh. v. Chr. zurückzuverfolgen ist. Für die Sammlung der Überlieferungen waren u. a. die Arzneibücher bedeutsam, die v. a. in der von Li Shizhen verfassten klass. Heilkunde Ben-cao gang-mu von 1578 (lat. Materia medica) bis nach Europa Verbreitung fanden. Das unter ind. und iran. Einfluss stehende medizin. Wissen umfasste schon zur Qinzeit (221–206 v. Chr.) vielfältige diagnost. und therapeut. Kenntnisse (z. B. Pulsdiagnostik, Diätetik, Atemtherapie, Heilgymnastik, pflanzl. und mineral. Heilmittel). Methoden der Anästhesie mittels ind. Hanfs und die klass. Darstellung der seit alters bekannten →Akupunktur gehen auf Huangfu Mi (*215, †282), die durch Übersetzung ins Lateinische im MA. bis in die europ. Medizin wirksame Beschreibung der diagnost. Pulslehre auf Wang Shuhe (3. Jh.) zurück. – Die klass. Lehren haben auch heute noch entscheidendes Gewicht in der c. M.; seit den 1970er-Jahren fanden sie, v. a. in Form der Akupunktur, auch wieder Eingang in die westl. Medizin. Das ganzheitliche Verständnis vom Menschen geht davon aus, dass der Organismus ebenso wie Mensch und umgebende Natur eine Einheit bilden, die für das Verständnis von Krankheitsentstehung und Behandlung berücksichtigt werden muss. Veränderungen im Innern des Organismus können von außen über den Energiefluss (Qi) in den Meridianen erkannt und beeinflusst werden.

chinesische Musik [ç-]. Funde von Musikinstrumenten sowie bildl. und schriftl. Überlieferungen wei-

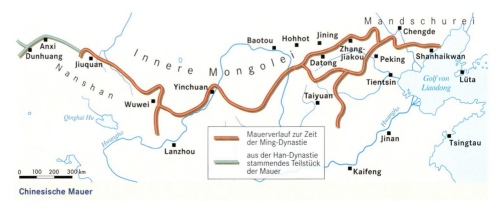

Chinesische Mauer

sen China als Land mit jahrtausendealten musikal. Traditionen und einer vielfältigen Musikpraxis aus. Bereits in der Zhou-Dynastie (etwa 1050–249 v. Chr.) wurden in dem »Buch der Sitte« (Liji) 40 Musikinstrumente genannt, deren Systematisierung nach Herstellungsmaterialien (Metall, Stein, Ton, Leder, Seide, Holz, Kürbis, Bambus) eine der frühen musikwiss. Leistungen darstellt. Spätestens im 7. Jh. v. Chr. müssen 5- und 7-tönige Tonleitern in Gebrauch und im 3. Jh. v. Chr. die Zwölftonskala bekannt gewesen sein. Eine Notenschrift wird bereits im 4. Jh. v. Chr. erwähnt; das älteste notierte Schriftstück stammt aus der Tang-Zeit (618–907). Wertvolle Zeugnisse frühen chin. Volksliedgutes sind die Texte des Shijing (»Buch der Lieder«). Für das Instrumentarium bes. charakteristisch sind u. a. Schlagplatten aus Stein, Trommel, Glocken, Klangbecken, Pan- und Querflöte, Mundorgel, Zither, Röhrengeige sowie Wölbbrettzither. In der Tang-Dynastie bildeten sich für die höf. Zeremonialmusik die sog. 10 Orchester (u. a. aus Mittelasien und Korea) herausgebildet. Poesie und Musik erlebten jetzt eine auf die ganze ostasiat. Kunst ausstrahlende Blüte. In der Yuan-Zeit (1271/79–1368) entstanden ein nord- und ein südchin. Theaterstil, später entwickelten sich, bes. in Handelszentren, lokale Opern und Singspielstile. Eine besondere Ausprägung erlangte die Oper während der Qing-Dynastie (1644–1911/12) in der klass. →Pekingoper. – Reformbestrebungen der Intelligenz nach der Revolution von 1911 waren auf Erhalt und Weiterführung des im Volk lebendigen Erbes gerichtet, anderseits auf Auseinandersetzung mit der europ. und Weltmusikkultur. Seit Mao Zedongs Ansprache in Yan'an 1942 war die Musik v. a. Propagandawerkzeug der kommunist. Ideologie. Während der Kulturrevolution (1966–69) beherrschte die »revolutionäre Pekingoper« die Szene. In neuester Zeit rekonstruierte man alte Stile – v. a. aus der Tang-Zeit – und kommt damit dem durch die Jahrhunderte wiederkehrenden Wunsch nach alter, authent. Musik nach.

chinesische Philosophie [ç-]. Hauptthema der c. P. ist die Frage nach der Stellung des Menschen im Gemeinwesen, kennzeichnend sind die Vorherrschaft der prakt. Philosophie (Ethik, Rechts- und Staatsphilosophie), das Ganzheitsdenken (im Unterschied zur v. a. dualistischen abendländ. Philosophie), methodisch die anekdotisch-erzählende, durch geschichtl. Beispiele veranschaulichende Beschreibung sowie die Vorliebe für visuell in Tabellen, graf. Schemata und »Tafeln« darstellbare Kategoriensysteme.

Am Anfang der ersten Phase (Altertum) der c. P. (6. Jh. v. Chr.) steht die Tugendlehre des →Konfuzius und seiner Schule (Nachfolger bes. →Mengzi, →Xunzi). Dieser humanist. Tugendlehre stellte →Mo Di eine allg. Liebesethik gegenüber. Der →Daoismus forderte dagegen die individuelle Versenkung und Einswerdung mit dem Weltprinzip. Die Schule der Legalisten (Rechtsschule) setzte sich für das über dem Menschen stehende Prinzip eines geradezu mystisch aufgefassten Strafrechts ein und trug zur Ausbildung des chin. Staatsdenkens bei (Höhepunkt in der Qin-Dynastie, 221–206 v. Chr.). In der Naturphilosophie des 5.–3. Jh. v. Chr. wurde die Lehre von den fünf Elementen (Erde, Holz, Metall, Feuer, Wasser) und den gegensätzl. Urkräften →Yin und Yang ausgebildet. Unter den Han-Kaisern wurde der Konfuzianismus im 2. Jh. v. Chr. zur offiziellen, für das Erziehungswesen grundlegenden Weltanschauung in China erklärt. Er prägte als ethisch-soziales System über 2000 Jahre die Institutionen (bis 1911 Staatskult).

Völlig neue Impulse erhielt die c. P. seit dem 1.–3. Jh. durch den →Buddhismus. Besondere Bedeutung erlangte die Schule der Meditation (Chan-Buddhismus), in späterer Zeit bestimmend für das jap. Geistesleben (→Zen). Nach Zurückdrängung des Buddhismus im 9. Jh. wurde in der Song-Zeit (960–1279) der Neokonfuzianismus vorherrschend, in dem buddhist. Elemente (kosmolog. und ontolog. Fragestellungen) weiterwirkten. Gegen die Dominanz des Konfuzianismus erhoben sich seit dem 17. Jh. krit. Stimmen. Im 16.–18. Jh. war das durch die Jesuitenmission vermittelte westl. Denken nur selektiv und ohne Breitenwirkung aufgenommen worden. Seit dem Ende des 19. Jh. gewann es in politisch und gesellschaftlich anwendbaren Formen (v. a. Sozialdarwinismus, Pragmatismus, Anarchismus) an Bedeutung. Seit der »Vierten-Mai-Bewegung« (1919) drängte es den Konfuzianismus und die gesamte traditionelle c. P. in den Hintergrund. Mao Zedong versuchte den Marxismus auf die spezif. Bedingungen der chin. Gesellschaft anzuwenden, bes. mittels der »Kulturrevolution« (1965/66–69). Gegenwärtig stehen wiederum Diskussionen im Vordergrund, die das Verhältnis der traditionellen c. P. zu Gedankengut aus fremden Kulturkreisen betreffen.

chinesische Schrift [ç-], eine Wortschrift, die im 2. Jt. v. Chr. aus einer Bilderschrift hervorging. Die ältesten Zeugnisse erscheinen in bereits voll ausgebildeter Form einerseits auf Knochen und Schildkrötenschalen, die zu Orakelzwecken benutzt wurden, andererseits auf sakralen Bronzegefäßen. Die meisten Zeichen bestehen aus einem lautgebenden und einem sinngebenden Teil. Insgesamt gibt es heute etwa 50 000 Schriftzeichen, doch genügen für den tägl. Gebrauch etwa 3 500, die sich aus etwa 1 000 einfacheren, z. T. auch allein verwendeten Elementen aufbauen. Die c. S. verläuft von oben nach unten, die Zeilen folgen einander von rechts nach links. Seit 1958 wird in Querzeilen von links nach rechts geschrieben. Gleichzeitig wurden in der VR China vereinfachte Zeichen für den normalen Schriftverkehr eingeführt, die auf schon von jeher in Kursivschriften verwendeten Formen aufbauen. Die Ende der 1970er-Jahre eingeführte, auf dem lat. Alphabet basierende Lautumschrift (Pinyin) wird v. a. im Verkehr mit dem Ausland verwendet.

chinesisches Papier [ç-], **Japanpapier,** handgeschöpftes Papier von seidenartiger Beschaffenheit, aus China oder Japan, sehr fest und dauerhaft, meist hergestellt aus dem Bast des Maulbeerbaums.

chinesische Sprache [ç-], die bedeutendste sinotibet. Sprache. Die chin. Wörter sind urspr. einsilbig und werden grammatisch nicht verändert, sie haben Worttöne, und die Beziehungen der Wörter im Satz werden durch die Wortstellung zum Ausdruck gebracht. Drei Abschnitte der Sprachentwicklung sind zu unterscheiden: 1) die vorklassische Sprache, u. a. durch Bronzeinschriften (seit Anfang des 1. Jt.) bekannt; 2) die klassische Sprache, seit etwa 500 v. Chr., die sich als Sprache des klassischen Schrifttums bereits um 100 v. Chr. von der Umgangssprache weit entfernt hatte, aber auch in nachklassischer Zeit Schriftsprache blieb; 3) die Umgangssprache, die zuerst in der Lyrik des 6. und 7. Jh. begegnet und seit dem 13. Jh. Roman und Drama beherrschte. Seit einigen Jahrzehnten setzt sich die Umgangssprache jedoch

Chinolin

Chinaldin

Lepidin
Chinolin
und zwei seiner
Methylderivate

o-Benzochinon,
1,2-Benzochinon

p-Benzochinon,
1,4-Benzochinon
Chinone

auch in Lyrik, Essayistik und wissenschaftlicher Literatur durch. Die c. S. besteht aus einer großen Zahl von Dialekten. Grundlage der chin. Hochsprache ist der Pekingdialekt.

chinesisches Theater [ç-]. Das c. T. war bis zur Einführung des Sprechtheaters im frühen 20. Jh. ein Musiktheater mit festen Rollenfächern. Dieses ist aus der Verbindung von religiösem Ritual, höf. Zeremonialtanz und zirkusartigen Spielen sowie Musikaufführungen verschiedenster Art hervorgegangen. Traditionell ist die Stellung des Dramatikers in der chines. Gesellschaft von abendländ. Maßstäben zu unterscheiden: Im Gegensatz zur griech. Poetik, die bes. das epische Gedicht und das mimet. Drama als literar. Genres ansah, galt in China das lyr. Gedicht als die eigentlich literar. Form. – Theatrale, Geschichten darstellende Aufführungen gab es (nach Tänzen und Gesängen von Schamanen sowie den Hofnarren und akrobat. Vorstellungen während der vorangehenden Zeit) seit der Mitte des ersten Jahrtausends. Seine früheste Blüte erlebte das c. T. in der Yuan-Zeit (13./14. Jh.). Seine Grundelemente (Arie, Mimik, Rezitativ, akrobat. Kampfspiel) sowie die Bindung an feste Rollentypen waren sowohl dem strenger organisierten, wenngleich sprachlich einfacheren kürzeren nördl. Theaterstil eigen als auch dem freier gestalteten vielaktigen südlichen. Zu Beginn des 19. Jh. gewann die →Pekingoper, die bes. an den alten Nordstil anknüpfte, mit ihrem volkstüml., stark visuell geprägten Stil größte Popularität. Das traditionelle Drama wurde in der VR China seit 1949 zunächst stark gefördert, dann aber zunehmend inhaltlich verändert und seit der Kulturrevolution 1966 durch eine kleine Zahl von Opern rein polit. Inhalts ersetzt. Nach 1976 kam einerseits das traditionelle Theater wieder auf, andererseits schufen u. a. Lao She und Gao Xingjian neuere Stücke für das Sprechtheater.

Chinesisch-Turkestan [ç-], **Ostturkestan,** →Sinkiang.

Chingan [tʃiŋan], **Khingan,** chin. **Hinggan Ling,** zwei Gebirgszüge in N- und NO-China. **1) Großer C., Da Hinggan Ling,** bis 1958 m hoch, vom Amur bis nördlich von Peking.
2) Kleiner C., Xiao Hinggan Ling, nordöstlich des Großen C., bis 1200 m hoch, vom Amur in einer tiefen Talschlucht durchbrochen.

Chingola [tʃ-], Stadt im Copperbelt (Kupfergürtel) von Sambia, 1300 m ü. M., an der Fernstraße Lusaka–Lubumbashi, 148 600 Ew.; Kupfererzbergbau; Flughafen.

Chingtechen [dʒiŋdədʒən], chin. Stadt, →Jingdezhen.

Chinguetti [ʃɛ̃gɛˈti], Oasenstadt am W-Rand der Sahara, im Adrarbergland Mauretaniens, etwa 20 000 Ew.; ehemals religiöses Zentrum des Islam; Bibliothek mit bedeutenden arab. Manuskripten. – Das histor. Stadtensemble wurde von der UNESCO zum Weltkulturerbe erklärt.

Chinhuangtao [tʃiŋhwaŋdaʊ], chin. Stadt, →Qinhuangdao.

Chinin [ç-] *das,* bitter schmeckendes, weißkristallines Hauptalkaloid der →Chinarinde; dient bei multiresistenten Plasmodien zur Behandlung der Malaria; in geringen Mengen als Bitterstoff bestimmten Getränken (Tonicwater) zugesetzt.

Chining [dʒiniŋ], chin. Stadt, →Jining.

Chinoiserie [ʃinwazˈri, frz.] *die,* Bez. für Bau- und Kunstmotive, die an den Dekor und die Genredarstellungen chin. Porzellane und Lackwaren anknüpfen und in der europ. Kunst des 18. Jh., in Dtl. bis 1820, sehr verbreitet waren (u. a. in Malerei, Innenausstattung, Kunsthandwerk, Gartenkunst).

Chinolin [ç-] *das,* aus zwei kondensierten Ringen bestehende heterozykl. Verbindung mit einem Stickstoffatom im Ring; antisept., scharf riechende Flüssigkeit, isoliert aus Steinkohlenteer oder synthetisch erzeugt; dient u. a. zur Herstellung von Farbstoffen und als Lösungsmittel.

Chinolone [ç-], **Gyrasehemmer,** Gruppe von Bakterien abtötenden (bakterizid wirkenden) Substanzen, die das Enzym DNA-Gyrase hemmen (z. B. Ciprofloxacin, Fleroxacin). C. werden bei schweren Infektionen der Harn- und Atemwege, des Darmkanals sowie der Weichteile verwendet.

Chinon [ʃiˈnõ], Stadt im frz. Dép. Indre-et-Loire, an der Vienne, 8600 Ew.; im Ortsteil Avoine Kernkraftwerk, Atommuseum. – Mittelalterl. Stadtbild von Schlossruinen (12.–15. Jh.) überragt.

Chinone [ç-], *Chemie:* wichtige Gruppe organ. Verbindungen, die als Oxidationsprodukte aromat. Verbindungen anzusehen sind (z. B. Benzochinon von Benzol, →Anthrachinon von Anthracen), verwendet u. a. als Farbstoffe. Kennzeichnend ist die chinoide Doppelbindung, d. h., zwei Carbonylgruppen bilden mit mindestens zwei Kohlenstoffbindungen ein System konjugierter Doppelbindungen. **1,4-Benzochinon** (auch para-Chinon oder kurz »Chinon«) bildet goldgelbe, stechend riechende Kristalle, die v. a. zu Hydrochinon weiterverarbeitet werden.

Chinook [tʃiˈnʊk], **1)** Indianergruppe im nördl. Mündungsgebiet des Columbia River, die im 19. Jh. nach Bev.-Verlusten durch europ. Krankheiten als eigenständiger Stamm verschwand. Ihre Sprache bildete die Grundlage des **C.-Jargons,** einer Handelssprache im NW der USA.
2) [nach den C.-Indianern] *der,* warmer, trockener, föhnartiger Fallwind an der O-Seite der Rocky Mountains.

Chintschin [x-], Alexander Jakowlewitsch, russ. Mathematiker und Statistiker, *Kondrowo (Gebiet Kaluga) 19. 7. 1894, †Moskau 18. 11. 1959; beschäftigte sich mit der Wahrscheinlichkeitstheorie und ihrer Anwendung; Beiträge zur Informations- und Warteschlangentheorie.

Chintz [tʃints, engl. aus Hindi] *der,* ein glattes, durch Kunstharzimprägnierung wie gewachst wirkendes Baumwollgewebe in Leinwandbindung mit Druckmusterung, für Dekorationsstoffe, Steppdecken, Sommerkleider.

Chioggia [ˈkjɔddʒa], Stadt am S-Ende der Lagune von Venedig, Italien, 51 600 Ew.; Fischereihafen. – Dombezirk mit spätgot. Kirche San Martino (1392?) und dem Dom (im 12. Jh. gegr., 1633–74 nach Plänen von B. Longhena neu errichtet). – Im **Chioggiakrieg** (1378–81) zw. C. und Venedig 1379 von den Genuesen eingenommen, 1380 aber von den Venezianern zurückerobert.

Chios [ç-], griech. Insel im Ägäischen Meer, der W-Küste Kleinasiens vorgelagert, 842 km² groß, im N bis 1297 m ü. M., 51 100 Ew.; Hauptort: C., 22 900 Ew.; Haupterzeugnisse: Wein, Orangen, das Harz des Mastixstrauchs. – Um 1000 v. Chr. von Ioniern besiedelt, seit frühklass. Zeit blühende Kultur: berühmte Bildhauerschule (7./6. Jh.), bed. Keramik. Im MA. gehörte C. zum Byzantin. Reich (Kloster Nea Moni, Mosaiken und Fresken des 11. und 14. Jh.; UNESCO-Weltkulturerbe), dann zu Genua. Kam 1566 an das Osman. Reich, 1912 an Griechenland.

Chip [tʃip; engl. »Splitter«] *der,* **1)** *Mikroelektronik:* **Halbleiterchip,** dünnes Halbleiterplättchen (Fläche zw. 0,2 und rd. 200 mm², Dicke etwa 0,1 mm und weniger, auf dessen »Systemseite« sich integrierte Schaltungen oder mikroelektron. Bauelemente sowie die Anschlüsse befinden. Die C.-Herstellung erfolgt nach Verfahren der →Planartechnik aus einem dünnen Halbleiterkristallsubstrat (meist Silicium, seltener Indiumarsenid oder Galliumantimonid) in Scheibenform (**Wafer**). Je nach →Integrationsgrad sind auf einem C. unterschiedlich viele Schaltelemente und damit Transistorfunktionen realisiert. Bei Höchstintegration (VLSI) sind umfangreiche Schaltkreise mit bis zu 10⁶ und mehr Schaltelementen auf einem einzigen C. unterzubringen. C. mit einzelnen diskreten Bauelementen werden als C.-Bauelemente verwendet, solche mit integrierten Schaltungen v. a. als Datenspeicher oder als Steuer- und Rechenaufgaben ausführende Mikroprozessoren. Von derartigen (Mikro-)Prozessor-C. werden z. B. Registrierkassen, Haushaltsmaschinen, Computer (z. B. Bordcomputer und PCs), Roboter oder auch Herzschrittmacher gesteuert. Technisch wird rd. alle drei Jahre eine Vervierfachung der Speichermenge von Daten auf einem C. erreicht. Derzeit werden bereits C. mit einer Strukturgröße von 0,25 bis 0,18 μm gefertigt. **2)** beim *Roulette* die Spielmarke.

Chipkarte ['tʃip-], eine elektron. Schaltung enthaltende Kunststoffkarte, die über Kontakte an der Oberfläche der Karte oder kontaktlos über induktive Kopplung mit einem entsprechenden Schreib-Lese-Gerät kommunizieren kann. Einfache C. enthalten nur einen Festwertspeicher, »intelligente« C. (**Smartcard**) verfügen zusätzlich über einen programmierbaren Mikroprozessor. – C. werden u. a. zur Bedienung von Zugangskontrollsystemen, als →Telefonkarte, als Zahlungs- und Ausweiskarte im bargeldlosen Zahlungsverkehr (→Kreditkarte, →Geldkarte) sowie zum mobilen Einsatz elektronisch gespeicherter Daten verwendet. Hierzu gehören Informationskarten, die Angaben über den Karteninhaber speichern (z. B. Krankenversichertenkarte) sowie Anwendungen in Telekommunikationssystemen.

Chip 1) als System von integrierten Schaltkreisen (IC); die haarfeinen Drähte verbinden die Anschlüsse des Chips mit den Kontaktfüßchen des IC-Bauelements (Fläche etwa 2 cm²).

David **Chipperfield:** Literaturmuseum der Moderne in Marbach am Neckar (2004-06)

Chippendale ['tʃɪpəndeɪl], Thomas, brit. Kunsttischler, getauft Otley (bei Bradford) 5. 6. 1718, begraben London 13. 11. 1779; schuf einen neuen engl. Möbelstil (**Chippendalestil**), bes. für Sitz- und Schreibmöbel. Charakteristisch für C.s Entwürfe sind gute Proportionen und Zweckmäßigkeit sowie die Verwertung von Motiven des frz. Rokoko und Ostasiens im Ornament.

Chipperfield ['tʃɪpəfiːld], David, brit. Architekt, Architekturtheoretiker und Designer, * London 18. 12. 1953; gründete 1984 ein Architekturbüro in London und eröffnete später Dependancen in Tokio (1987), Berlin und New York (1998). C. realisierte Projekte in Europa, den USA und Japan. 1997 erhielt er den Auftrag für den Wiederaufbau des Neuen Museums auf der Berliner Museumsinsel, für deren Neugestaltung er den Masterplan mit erarbeitete. Seinen ersten Großauftrag in Großbritannien realisierte er mit dem meisterhaften River and Rowing Museum in Henley-on-Thames (1989–98). In fast minimalist. Weise setzt er Materialien wie Beton, Stein, Holz, Stahl, Glas ein und stimmt sie spannungsreich aufeinander ab; der Raum wird aus der jeweiligen Funktion entwickelt. Unabhängig von der Komplexität der jeweiligen Aufgabenstellung sind Formreduktion und Detailbearbeitung entscheidende Gestaltungsmittel. – *Weitere Werke:* Gotoh-Privatmuseum in Tokio (1987–90), Tak-Design-Zentrum in Kyōto (1989–91), Rowing Museum in Henley-on-Thames (1989–98), Matsumoto-Hauptquartier in Okayama (1990–92), Bürohaus im Medienhafen in Düsseldorf (1994–97), Literaturmuseum der Moderne in Marbach am Neckar (2004–06).

Chippewa ['tʃɪpəwɑː, engl.], nordamerikan. Indianerstamm →Ojibwa.

Chiquitos [tʃ-], **Llanos de C.,** Savannengebiet nördlich von Santa Cruz, Bolivien; Reste der Anlagen der ehem. Reduktionen (Missionsdörfer) der Jesuiten mit zahlr. Barockkirchen (18. Jh.) sind erhalten (UNESCO-Weltkulturerbe).

chir..., chiro... [ç-; von griech. cheír »Hand«], hand...

Chirac [ʃi'rak], Jacques, frz. Politiker, * Paris 29. 11. 1932; Beamter, Gaullist, 1974 Innenmin., 1977–95 Bürgermeister von Paris, 1974–76 und 1986–88 Premiermin., 1976–94 Präs. des gaullist. »Rassemblement pour la République« (RPR), wurde nach vergebl. Bewerbungen um das Amt des Staatspräs. (1981 und 1988) im Mai 1995 im zweiten Wahlgang gegen den

Jacques Chirac

Sozialisten L. Jospin mit 52,6% der Stimmen in dieses Amt gewählt; verlor seine Mehrheit in der Nationalversammlung bei vorgezogenen Neuwahlen 1997 und regierte bis 2002 in →Cohabitation mit Premiermin. Jospin. Bei den Präsidentschaftswahlen von 2002 überraschend mit der Zweitplatzierung des Rechtsextremisten J.-M. Le Pen konfrontiert, wurde er in den Stichwahlen am 5. 5. 2002 mit rd. 82% der Stimmen als Staatspräs. wieder gewählt (im Amt bis 2007). Nach dem deutl. Sieg des neu gegr. Wahlbündnisses für seine Mehrheit (Abk. UMP) bei den Parlamentswahlen am 9./16. 6. 2002 konnte sich C. politisch auf eine eigene absolute Mehrheit stützen.

Chiragra [ç-, griech.] *das*, →Gicht der Handgelenke.

Chiralität [ç-] *die*, Eigenschaft von bestimmten Objekten (v. a. Molekülen), sich wie Bild und Spiegelbild zu verhalten. Gemeint sind **chirale Verbindungen**, deren Molekülstruktur zwei unterschiedl. räuml. Formen annehmen kann (Bild und Spiegelbild). Die beiden Formen (**Enantiomere**) lassen sich durch Drehen und Verschieben nicht zur Deckung bringen. Chirale Moleküle bewirken die →optische Aktivität einer Substanz.

Chirbes [ˈtʃir-], Rafael, span. Schriftsteller, *Tabernes de Valldigna 27. 6. 1949; schreibt Romane, die sich mit den bis in die Gegenwart reichenden Auswirkungen von Bürgerkrieg und Franco-Diktatur auseinandersetzen. Anhand individueller Lebensläufe entfaltet er in der Tradition der großen Erzähler des 19. Jh. exemplar. Bilder der von Umbrüchen geprägten span. Gesellschaft (u. a. »Der lange Marsch«, 1996; »Der Fall von Madrid«, 2000; »Alte Freunde«, 2003).

Chirico [ˈkiː-], Giorgio De, ital. Maler, →De Chirico.

Chiriquí [tʃiriˈki], höchster Berg Panamas, 3 475 m ü. M.

Chirologie [ç-, griech.] *die*, **Chirognomie**, Lehre der Charakter- und Konstitutionsdiagnostik aus den Formen und Linien der Hände und Finger.

Chiromantie [ç-, griech.] *die*, **Handlesekunst**, Wahrsagen aus Form und Linien der Hand. Die sich auf Überlieferung aus dem Altertum stützende Kunst erlebte bes. im MA. und in der Renaissance einen großen Aufschwung; sie wurde durch die Aufklärung auf die Jahrmärkte verdrängt.

Chiron [ç-], **1)** *Astronomie:* 1977 entdeckter Himmelskörper mit einem Durchmesser von etwa 170 km, dessen stark ellipt. Bahn größtenteils zw. der Saturn- und der Uranusbahn verläuft. C. wurde zunächst als Planetoid eingestuft, wahrscheinlich handelt es sich aber um einen ausgegasten Kometenkern, der zeitweise sehr schwache Anzeichen einer Aktivität erkennen lässt.

2) *griech. Mythologie:* **Cheiron**, ein menschenfreundl. Kentaur, der Jagd und Heilwissenschaft kundig, Erzieher vieler griech. Helden (u. a. Achill, Odysseus), von Zeus in ein Sternbild verwandelt.

Chiropraktik [ç-, griech. »Handverfahren«] *die*, *Medizin:* schulmedizinisch anerkanntes, auf Handgrifftechniken beruhendes Verfahren (Chirotherapie) zum Einrichten gegeneinander verschobener (verrenkter) Wirbelkörper (z. B. ruckartige Drehung oder Dehnung der Wirbelsäule, direkte Einwirkung auf die Dornfortsätze); angewendet, um den zu Schmerzen führenden Druck auf Nerven zu beheben. Die C. ist nicht risikolos und erfordert eine gründl. Voruntersuchung.

Chirotherium [ç-, griech.] *das*, großes, ausgestorbenes Wirbeltier, von dem man nur fünfzehige handartige Fußspuren aus dem Buntsandstein der Trias kennt.

Chirurg [ç-; griech. »Wundarzt«] *der*, für operative Eingriffe ausgebildeter Facharzt; Voraussetzung ist eine nach der Approbation abgeleistete mehrjährige Weiterbildung an chirurg. Kliniken, in der das operativ-techn. Können, die diagnost. Fähigkeiten und die Kenntnisse über Vor- und Nachbehandlung erworben werden.

Chirurgenfische [ç-], die, →Doktorfische.

Chirurgie [ç-, griech.] *die*, Gebiet der Medizin, das sich mit der Erkennung und Behandlung von Krankheiten, Verletzungen oder Körperfehlern durch Eingriffe am lebenden Körper befasst; hierzu zählen konservative (unblutige) Verfahren (z. B. Einrenkung) und die in der Anzahl überwiegenden operativen (blutigen) Eingriffe mit Instrumenten. Die C. gliedert sich in die Teilgebiete Viszeral-, Thorax- und Gefäß-C.; stärker verselbstständigt haben sich die Herz-, Kinder-, Neuro-, Mund-Kiefer-Gesichts- und plast. C., auch die urspr. zur C. gehörige Anästhesiologie und zu anderen Gebieten (Augenheilkunde, Gynäkologie, Hals-Nasen-Ohren-Heilkunde, Urologie) gehörende operative Teilgebiete; die Unfall-C. verschmilzt mit der Orthopädie zu einem Fachgebiet.

Geschichte: Die C. ist eines der ältesten Fachgebiete der Medizin. Das chirurg. Eröffnen der Schädelhöhle (→Trepanation) wurde schon von Naturvölkern sowie von Völkern mit hohem Kulturniveau (Inka, Ägypter) ausgeübt. Nachdem die C. im MA. von umherziehenden Gauklern, Zahnbrechern, Stein- und Bruchschneidern bes. auf Jahrmärkten praktiziert wurde, wurde sie durch die Erfindung der Narkose (Äther 1846, Chloroform 1847), der örtl. Betäubung, der Antisepsis und Asepsis stark gefördert. Im 20. Jh. nahm die chirurg. Technik einen ungeheuren Aufschwung. Die Verfahren der Anästhesie, der künstl. Beatmung, der Röntgendiagnostik, der Mikro-C., der minimalinvasiven C., der Laser-C., der Transplantation, der Bluttransfusion, der Unterkühlung, die Einführung der Herz-Lungen-Maschine, die Entdeckung der Sulfonamide und der Antibiotika, die Bekämpfung von Thrombose und Embolie, Schockprophylaxe, Reanimation und Intensivtherapie schufen die Voraussetzungen für die C. der Gegenwart.

Chishima [tʃiʃima], jap. Name der →Kurilen.

Chisholm [tʃizm], Roderick Milton, amerikan. Philosoph, *North Attleboro (Mass.) 27. 11. 1916, †Providence (R. I.) 19. 1. 1999; lehrte ab 1947 in Providence (R. I.); eines seiner zentralen Themen war das Problem der Intentionalität des Denkens, die Frage, wie sich denkende Subjekte auf etwas beziehen können (»Die erste Person. Theorie der Referenz und Intentionalität«, 1981).

Chișinău [kiʃiˈnəʊ, rumän.], russ. **Kischinjow**, Hptst. Moldawiens, 708 000 Ew.; wirtschaftl. und kulturelles Zentrum Moldawiens; Univ., TU und weitere Hochschulen; Maschinenbau, chem., Textil-, Nahrungs- und Genussmittelind. (Weinkellereien, Tabak- und Obstverarbeitung); internat. Flughafen. – 1466 erstmals erwähnt, gehörte seit 1812 mit Bessarabien zu Russland, 1918–40 und 1941–44 zu Rumänien; seit 1940 Hauptstadt der Moldaw. SSR, ab 1991 der Rep. Moldawien.

Chissano [ʃiˈsanu], Joaquim Alberto, moçambiquan. Politiker, *Chibuto (bei Xai-Xai) 22. 10. 1939;

1962 Mitbegründer der FRELIMO, seit 1986 deren Vors. und bis 2005 Staatspräs. von Moçambique (Wiederwahl 1994, 1999).

Chitarrone [ki-, ital.] *der,* Form der →Laute.

Chitin [ç-, griech.] *das,* geradkettiges, stickstoffhaltiges Polysaccharid; Gerüstsubstanz der meisten niederen Tiere (Insekten) und Zellwandsubstanz v. a. der Pilze.

Chiton [ç-, griech.] *der,* antikes griech. Kleidungsstück (Unterkleid und Arbeitsgewand), auf den Schultern zusammengehalten. Der lange, gegürtete C. wurde in der klass. Epoche bes. von Frauen und Greisen als Standestracht getragen.

Chittagong [tʃ-], **Tschittagong,** Stadt und Hafen im SO von Bangladesh, 2,2 Mio. Ew., als Agglomeration 3,2 Mio. Ew.; Univ.; kath. Bischofssitz; bildet eine Sonderwirtschaftszone mit Stahlwerk, Erdölraffinerie, Schiffbau, Zement-, Textil- und Lederind., Herstellung von Büromaschinen, Elektrogeräten, Sportartikeln; internat. Flughafen. – Seit dem 9. Jh. zum Königreich Arakan, seit 1666 zu Bengalen, 1760 an die Engländer abgetreten.

Chitwan-Nationalpark ['tʃ-], ältester Nationalpark Nepals, im Tarai, im Raptital nahe der Grenze zu Indien; 932 km^2; 1962 als Schutzgebiet für die seltenen Panzernashörner gegr., wurde das Reservat 1973 zum Nationalpark erklärt. In den Salwäldern und auf den ausgedehnten Elefantengrasflächen leben außerdem Leoparden, Tiger, zahlr. Vogelarten u. a.; von der UNESCO zum Weltnaturerbe erklärt.

Chiuchiang [dʒjudʒjaŋ], chin. Stadt, →Jiujiang.

Chiuchüan [dʒjutʃyan], chin. Stadt, →Jiuquan.

Chiusa ['kjuːza; ital. »Klause«], ital. Name der Gemeinde →Klausen.

Chiwa [x-], **Xiva,** Stadt im Gebiet Choresm in Usbekistan, in einer Oase (Baumwoll-, Getreideanbau, Seidenraupenzucht) des Amudarja, etwa 57 000 Ew.; Museen; Teppich- und Seidenweberei, Keramikfabrik. – Die Altstadt (»Itschan-Kala«, »Ditchan-Kala«) steht wegen ihrer Bauwerke (u. a. Tore der Stadtmauer, Alte Zitadelle, Mausoleen, Medresen; 16.–19. Jh.) unter Denkmalschutz (UNESCO-Weltkulturerbe). – Anfang des 17. Jh. wurde C. Hptst. von Charism (Chorism; später »Khanat von C.« genannt), das 1873 an Russland kam (bis 1920 Vasallenstaat, 1920–24 Volksrep. Choresm, danach kam der westl. Teil zu Turkmenistan, der Großteil des Gebiets an Usbekistan).

Chladni [k-], Ernst Florens Friedrich, Physiker, *Wittenberg 30. 11. 1756, †Breslau 3. 4. 1827; begründete die experimentelle Akustik. Er machte die Knotenlinien schwingender Platten durch aufgestreuten Sand sichtbar (**C.-Figuren**) und bewies die von E. Halley behauptete kosm. Herkunft der Meteoriten.

Chlaina [ç-, griech.] *die,* **Chläna,** im antiken Griechenland großer Wollmantel mit Überschlag, zunächst das Gewand der Bauern und Soldaten; seit dem 5. Jh. v. Chr. Kleidung der Philosophen.

Chlamydien [griech.], Gattung obligat intrazellulärer Bakterien, die sich nur innerhalb von Zellen höherer Organismen vermehren können. Durch C. werden u. a. das →Trachom und das →Lymphogranuloma venereum verursacht. Chlamydia trachomatis kann beim Menschen auch unspezif. Entzündungen des Urogenitaltraktes hervorrufen.

Chlamydospore [griech.], dickwandige Dauerspore bei Pilzen.

Chlamys [ç-, griech.] *die,* seit archaischer Zeit belegter halblanger Schultermantel der griech. Jünglinge, Krieger und Reiter aus einer lose fallenden, auf der Schulter mit einer Nadel gehaltenen Stoffbahn, auch mit abgerundeten Ecken.

Chlebnikow [x-], Welimir, eigtl. Wiktor Wladimirowitsch **C.,** russ. Lyriker, *Tundutowo (Gouv. Astrachan) 9. 11. 1885, †Santalowo (Gouv. Nowgorod) 28. 6. 1922; war ein Begründer des russ. Futurismus; schuf für seine experimentelle Lyrik eine von Grammatik und Logik freie »transrationale« poet. Sprache; schrieb auch Erzählungen, kleine dramat. Skizzen.

Chloanthit [k-, griech.] *der,* **Nickelskutterudit, Weißnickelkies,** kub. Mineral der chem. Zusammensetzung (Ni,Co)As$_3$, wichtiges Kobalt- und Nickelerz, bildet Mischkristalle mit →Skutterudit.

Chloasma [k-, griech.] *das,* **Melasma,** bräunl. Pigmentierung im Gesicht (Stirn, Wangen, Mundumgebung), die während der Schwangerschaft (C. uterinum), bei Einnahme von Ovulationshemmern oder durch Kosmetika auftritt, jedoch rückbildungsfähig ist; Verstärkung bei Sonnenbestrahlung.

Chlodwig I. [k-; nhd. Ludwig], fränk. König (Merowinger), Gründer des Frankenreiches, *um 466, †Paris 27. 11. 511, Sohn Childerichs I.; seit 481/482 König der salischen Franken, beseitigte 486/487 den Rest der Römerherrschaft in Gallien und eroberte das Gebiet zw. Somme und Loire; er vermählte sich um 492/493 mit der burgund. Königstochter Chrodechilde, die ihn zur Annahme des kath. Christentums (zw. 497 und 499) veranlasste; unterwarf 496/497 die Alemannen zw. Main und Alpen, 507 das Westgotenreich zw. Loire und Garonne. C. I. schuf ein fränk. Einheitsreich vom Rhein bis zur Garonne mit der Residenz Paris, womit ihm eine wesentl. Bedeutung in der europ. Geschichte zukommt. Er legte die zukünftige Stellung der Kirche als Staats- bzw. Reichskirche in Grundzügen fest (511).

Chlor [k-; griech. chlōrós »gelbgrün«] *das,* chem. Symbol **Cl,** ein Halogen, chem. Element aus der 7. Hauptgruppe des Periodensystems. Ordnungszahl 17, relative Atommasse 35,453, Dichte 3,214 g/l (0 °C), Siedepunkt −34,04 °C, Schmelzpunkt −101,5 °C. – C. ist unter Normalbedingungen ein grüngelbes Gas von stechendem Geruch (zweiatomiges Molekül Cl$_2$); es kommt druckverflüssigt in Stahlflaschen in den Handel. Eingeatmet reizt es schon in großer Verdünnung heftig die Atmungsorgane. Seine Lösung in Wasser, das **C.-Wasser,** geht bei Lichteinwirkung unter Sauerstoffentwicklung in wässrige Salzsäure und hypochlorige Säure (HClO) über; der entstehende Sauerstoff kann sich mit Farbstoffen zu farblosen Oxiden verbinden; hierauf beruht die Bleichwirkung von Chlor. Ein Gemenge von Wasserstoff und C. (**C.-Knallgas**) verbindet sich in Sonnen- oder Magnesiumlicht unter heftiger Explosion zu C.-Wasserstoff (HCl). Ferner werden durch C. Bakterien getötet; dies wird bei der Entkeimung z. B. von Wasser oder zur Desinfektion angewandt. C. gehört nach Fluor zu den reaktionsfähigsten Elementen. Es kommt in der Natur niemals frei vor, in großer Menge aber an Metalle gebunden (Chloride). Technisch wird C. mittels Elektrolyse aus Natrium- oder Kaliumchlorid gewonnen. C. dient zur Herstellung von Salzsäure, C.-Kalk, Bleichflüssigkeiten, Chloraten sowie organ. C.-Verbindungen, z. B. PVC.

Verbindungen: C.-Wasserstoff in wässriger Lösung, die →Salzsäure; ihre Salze heißen **Chloride.** – Ammo-

Chloral (structure: CCl$_3$—CHO)

Chloralhydrat / Chloral (structure: CCl$_3$—C(OH)$_2$H)

Monochlorbenzol / Chlorbenzole (structure: C$_6$H$_5$Cl)

Monochloressigsäure: CH$_2$Cl—COOH
Dichloressigsäure: CHCl$_2$—COOH
Trichloressigsäure: CCl$_3$—COOH
Chloressigsäuren

1,1,1-Trichlorethan, CCl$_3$CH$_3$

Trichlorethylen, CCl$_2$CHCl

Tetrachlorethylen, CCl$_2$CCl$_2$

Chlorkohlenwasserstoffe

Chloropren (H$_2$C=CCl—CH=CH$_2$)

---

niumchlorid, der →Salmiak. – **C.-Dioxid,** ClO$_2$, rotgelbes, sehr explosibles Gas oder rote Kristalle, entsteht aus konzentrierter Schwefelsäure und Kaliumchlorat; Bleich- und Desinfektionsmittel. – **Kaliumchlorid,** als Mineral **Sylvin** genannt, KCl, Düngemittel. – **Calciumchlorid,** →Calcium. – **Natriumchlorid,** das →Kochsalz. – **C.-Säure,** HClO$_3$, tritt nur in Form ihrer Salze, der **Chlorate,** auf; entsteht aus Bariumchlorat und Schwefelsäure. Ihr wichtigstes Salz ist das Kaliumchlorat (→Kalium). – **Silberchlorid,** AgCl, entsteht durch Umsetzen von Silbersalzlösungen mit Salzsäure als weißer, in verdünnten Säuren unlösl. Niederschlag. Bei Lichteinwirkung färbt es sich infolge Bildung metall. Silbers schwarzgrau; daher in der Fotografie verwendet.

Chlor|acetophenon [k-] *das,* →CN.
Chloral [k-; zu **Chlor** und **Aldehyd**] *das,* **Trichloracetaldehyd,** giftige, erstickend riechende ätzende Flüssigkeit, dient als Zwischenprodukt bei der Herstellung von DDT. C. bildet mit Wasser **C.-Hydrat** (das älteste künstlich hergestellte Schlafmittel).
Chlor|alkali|elektrolyse [k-], technisches Verfahren, mit dem Alkalichloridlösungen (meist NaCl) elektrolytisch zersetzt und als Produkte Chlor und Wasserstoff sowie Natronlauge gewonnen werden: 2 NaCl + 2 H$_2$O + Energie → 2 NaOH + H$_2$ + Cl$_2$. Die C. ist einer der wichtigsten Grundprozesse der chem. Industrie.
Chlor|amphenicol [k-] *das,* aus dem Strahlenpilz **Streptomyces venezuelae** gewonnenes, auch synthetisch hergestelltes Antibiotikum. Anwendung wegen mögl. Gefahr!. Nebenwirkungen eingeschränkt.
Chlor|argyrit [k-] *der,* Mineral, das →Hornsilber.
Chlorbenzole [k-], organ. Verbindungen, in denen ein Wasserstoffatom oder mehrere Wasserstoffatome des Benzols durch Chloratome ersetzt sind; dienen als Lösungsmittel und zur Herstellung von Pflanzenschutzmitteln und Farbstoffen. Monochlorbenzol ist Zwischenprodukt für die Herstellung von Phenol und Anilin.
Chlorella [k-] *die,* einzellige, unbegeißelte, sich nur vegetativ fortpflanzende Grünalgengattung. Der Chloroplast ist becherförmig. C.-Arten sind im Süß- und Meerwasser und im Boden weit verbreitet, häufig auch als Symbiont in Süßwasserpolypen, Pantoffeltierchen oder in Flechten auftretend. Chlorella vulgaris wird in Massenkulturen zur Proteingewinnung genutzt.
Chloren [k-], 1) *Desinfektion:* mit Chlorgas keimfrei machen, z. B. Trinkwasser.
2) *Textilveredlung:* Bleichen von Cellulosefasern mit Bleichmitteln auf Chlorbasis.
Chlor|essigsäuren [k-], relativ starke organ. Säuren. Mono-C. ist wichtiges Zwischenprodukt für die Herstellung von Celluloseethern und Herbiziden. Tri-C. dient zum Entfernen von Warzen und Hornhaut, ihr Natriumsalz als Herbizid.
Chlorfluorkohlenstoffe [k-], die →Fluorchlorkohlenwasserstoffe.
Chloride [k-], Salze der →Salzsäure HCl.
Chlorierung [k-], Einführung von Chloratomen in eine chem. Verbindung durch Substitution oder Addition.
Chlorite [k-], 1) *Chemie:* Salze der chlorigen Säure HClO$_2$.
2) *Mineralogie:* glimmerähnl. grüne monokline Minerale v. a. metamorpher Gesteine, z. B. Chamosit, Klinochlor, Thuringit. Es sind magnesium- und eisenhaltige Alumosilikate mit Hydroxylgruppen; entstehen v. a. durch Metamorphose (**Chloritisierung**). C. kommen auch als sedimentäre Bildungen vor.
Chlorkalk [k-], **Bleichkalk,** CaCl(OCl), weißes, scharf riechendes, schwach wasserlösl. Pulver; Gewinnung durch Einwirken von Chlor auf gelöschten Kalk; Bleich- und Desinfektionsmittel.
Chlorkautschuklacke [k-], durch Chlorierung von Natur- oder Synthesekautschuk entstehende Anstrichstoffe. Sie sind sehr beständig gegen Wasser, Salzlösungen, Säuren, Basen; schwer entflammbar.
Chlorkohlenwasserstoffe [k-], organ. Verbindungen, in denen ein oder mehrere Wasserstoffatome durch Chloratome ersetzt sind. Sie werden in der chem. Industrie in großem Umfang hergestellt und für versch. Zwecke verwendet. Alle von den gasförmigen Kohlenwasserstoffen abgeleiteten C. sind leicht verflüssigbare Gase oder farblose Flüssigkeiten mit süßl. Geruch und narkotisierender Wirkung. Sie sind wichtige, schwer brennbare, aber tox. Lösungsmittel. **Dichlormethan (Methylenchlorid)** dient u. a. als Abbeizmittel für Lacke, Entfettungsmittel und Extraktionsmittel für Koffein. **Tetrachlorethylen,** das unter der Bez. **Per** in der chem. Reinigung verwendet wird, sowie **1,1,1-Trichlorethan** und **Trichlorethylen** sind wichtige techn. Reinigungsmittel für Maschinen und elektron. Apparate. **Chlormethan (Methylchlorid)** dient als Methylierungsmittel, z. B. zur Herstellung von Siliconen. **Tetrachlorkohlenstoff (Tetra, Tetrachlormethan)** wird als Lösungsmittel verwendet und zu →Fluorchlorkohlenwasserstoffen weiterverarbeitet. **1,2-Dichlorethan** ist wichtiges Zwischenprodukt bei der Herstellung von Vinylchlorid. **Aromat.** C. dienen u. a. als Lösungsmittel, Kühl- und Hydraulikflüssigkeiten sowie zur Herstellung von Pflanzenschutzmitteln, Farbstoffen und Pharmazeutika (→Chlorbenzole, →Polychlorbiphenyle). – C. sind schwer biologisch abbaubar und schädigen die Ozonschicht der Atmosphäre.
Chloroform [k-] *das,* **Trichlormethan,** CHCl$_3$, farblose, unbrennbare, flüchtige Flüssigkeit mit süßl. Geruch. Die Dämpfe verursachen Bewusstlosigkeit und heben die Schmerzempfindung auf; wird wegen tox. Wirkung auf Herz, Leber u. a. heute nicht mehr als Narkosemittel angewendet. C. dient als Lösungsmittel und zur Herstellung von Fluorchlorkohlenwasserstoffen.
Chlorophyll [k-; zu griech. chlōrós »gelbgrün« und phýllon »Blatt«] *das,* **Blattgrün,** grünes Blattpigment, das sich bei assimilierenden Pflanzen in den Chloroplasten befindet und die Fotosynthese ermöglicht. Bei Pflanzen unterscheidet man hauptsächlich blaugrünes C. a und gelbgrünes C. b, bei Algen treten auch C. c$_1$, c$_2$ und d, bei den fotosynthetisch tätigen Bakterien versch. Bakterio-C. auf. Alle Verbindungen haben ein Porphyringerüst mit zentralem Magnesiumatom. Bei der herbstl. Laubfärbung wird C. abgebaut, und andere Blattfarbstoffe (z. B. rote Carotinoide) treten hervor. C. wird in der Lebensmittel-, Kosmetik- und Kerzenind. als Pigment verwendet.
Chloroplasten [k-], grüne, fotosynthetisch aktive Plastiden grüner Pflanzen; enthalten viel Chlorophyll.
Chloropren [k-] *das,* **2-Chlor-1,3-butadien,** aus Butadien und Chlor hergestellte, stechend riechende Flüssigkeit, die fast ausschl. zur Erzeugung von C.-Kautschuk dient.
Chloroquin [k-] *das,* ein Chinolinabkömmling, Mittel zur Behandlung und Verhütung der Malaria. C. besitzt auch eine antirheumat. Wirkung.

Chlorophyll: Strukturformel des Chlorophyll a; in der Formel des Chlorophyll b ist die Methylgruppe (–CH₃) durch eine Aldehydgruppe (–CHO) ersetzt.

Chlorose [k-] *die, Botanik:* durch Störungen in der Chlorophyllsynthese oder durch Chlorophyllzerfall hervorgerufenes Vergilben der Pflanze (Bleichsucht); Ursachen u. a. Licht- und Eisenmangel.

Chlorphenoxyessigsäuren [k-], giftige Verbindungen, eingesetzt als selektive Herbizide, die breitblättrige Pflanzen durch krankhaftes Längenwachstum vernichten. Sie können →Dioxine als Verunreinigung enthalten; im Vietnamkrieg als Entlaubungsmittel (Agent Orange) verwendet.

Chlorpromazin [k-] *das,* zu den Phenothiazinen gehörendes Neuroleptikum; seit 1952 in der Therapie eingesetzt.

Chlothar I. [k-; nhd. Lothar], fränk. König (Merowinger), * um 498/500, † 561, Sohn Chlodwigs I.; war 511–58 König in Soissons; eroberte 531 Thüringen, 534 Burgund und 536 die Provence und war 558–561 König im gesamten Frankenreich.

Chlysten [x-; russ. »Geißler«], Selbst-Bez. **Gottesmenschen,** im 17. Jh. entstandene russ. Sekte, zurückgehend auf den Bauern Danila Filippow aus dem Gouv. Wladimir, der (erstmals 1645) mit dem Anspruch auftrat, das Christentum in seiner ursprünglichen Reinheit wiederherzustellen und von den C. als der neu inkarnierte Christus verehrt wurde.

Chmelnizki [x-], ukrain. **Chmelnyzky,** bis 1954 **Proskurow,** Gebietshauptstadt im W der Ukraine, in Podolien, am Südl. Bug, 254 000 Ew.; TH; Maschinenbau, Nahrungsmittelind.; im Gebiet C. Kernkraftwerk (ein Reaktorblock mit 1 000 MW in Betrieb).

Chmelnizki [x-], Sinowi Bogdan Michailowitsch, ukrain. Nationalheld, Kosakenhetman (seit 1648), * um 1595, † Tschigirin (Tschyhyryn, Gebiet Tscherkassy) 6. 8. 1657; gründete nach dem Kosakenaufstand gegen die poln. Herrschaft (1648) ein unabhängiges ukrain. Staatswesen (»Hetmanstaat«), das sich 1654 dem russ. Zaren unterstellte.

Chnum [x-], griech. **Chnumis, Chnubis,** altägypt. Schöpfer- und Fruchtbarkeitsgott, als Mensch mit Widderkopf dargestellt; galt als Schöpfer der Menschen, die er auf einer Töpferscheibe formte.

Choanen [ç-, griech.], paarige hintere Öffnungen der Nasenhöhle in den Nasen-Rachen-Raum.

Choderlos de Laclos [ʃodɛrloˈdlaˈklo], frz. Schriftsteller, →Laclos, Pierre Ambroise François Choderlos de.

Chodowiecki [xodoˈvjɛtski], Daniel, Maler, Zeichner und Radierer, * Danzig 16. 10. 1726, † Berlin 7. 2. 1801; ab 1764 Mitgl. der Akademie der bildenden Künste in Berlin, ab 1797 deren Direktor. Ab 1757 schuf er etwa 2 075 Radierungen, bes. Buchillustrationen zu Erstausgaben von Lessing, Goethe, Schiller u. a., auch Einzelblätter, in denen er die bürgerl. Welt des friderizian. Preußens schilderte.

Chodschent [x-], Stadt in Tadschikistan, →Chudschand.

Chogori [tʃ-], höchster Berg des Karakorum, →K 2.

Choirokoitia [ç-], **Chirokitia,** neolith. Siedlung des 7. bis 4. Jt. v. Chr. nahe der Südküste Zyperns, die zu den bedeutendsten geschichtl. Orten im östl. Mittelmeerraum gehört (UNESCO-Weltkulturerbe). Ausgrabungen erbrachten wichtige Erkenntnisse über die Entwicklung der menschl. Gesellschaft in dieser Region.

Choiseul [ʃwaˈzœl], eine der →Salomoninseln.

Choiseul [ʃwaˈzœl], Étienne François, Herzog von C.-Amboise (seit 1758), Marquis de Stainville, frz. Politiker, * Nancy 28. 6. 1719, † Paris 8. 5. 1785; Günstling der Madame Pompadour, wurde 1758 Außen-, 1761 auch Kriegsmin., schloss den für Frankreich ungünstigen →Pariser Frieden von 1763, vermittelte die Ehe des Dauphins mit Marie Antoinette (1770), sicherte den Erwerb Korsikas (1768) und erreichte das Verbot des Jesuitenordens in Frankreich. Durch den Einfluss der Madame Dubarry wurde er 1770 gestürzt.

Choisy-le-Roi [ʃwazilǝˈrwa], Stadt im frz. Dép. Val-de-Marne, südöstlich von Paris, 34 100 Ew.;

Dichlorphenoxyessigsäure, 2,4-D

Trichlorphenoxyessigsäure, 2,4,5-T

Chlorphenoxyessigsäuren

Daniel Chodowiecki: Selbstporträt des Künstlers mit seiner Familie, Radierung (1771)

Schloss (17. Jh.); Glasfabrik, Maschinenbau, Porzellanmanufaktur.

Chojna [x-], dt. **Königsberg (Neumark),** Stadt in der Wwschaft Westpommern, Polen, 7 100 Ew.; Nahrungsmittel-, Textilindustrie. – Die 1244 erstmals urkundlich erwähnte Stadt Königsberg (Stadtrecht um 1255) fiel 1257, spätestens 1270, an die Markgrafen von Brandenburg.

Chojnów [ˈxɔjnuf], dt. **Haynau, Hainau,** Stadt in der Wwschaft Niederschlesien, Polen, 14 700 Ew.; Landmaschinenbau, Papier- und Nahrungsmittelindustrie, Lederwarenherstellung. – Pfarrkirche (spätgot. Backsteinbau, 1468), ehem. herzogl. Schloss (1546/47; heute Schuhmuseum). – Haynau erhielt bereits vor 1288 Stadtrecht.

Choke [tʃəʊk; engl. to choke »drosseln«] *der,* bei Ottomotoren ein Bedienungsknopf, durch den die Starterklappe im Vergaser betätigt wird, um bei kaltem Motor ein kraftstoffreicheres Gemisch zu erzielen und so das Starten zu erleichtern; heute ersetzt durch →Startautomatik. Auch Dieselmotoren können einen mechanisch betätigten Kaltstartbeschleuniger haben.

Chokwe [tʃ-], **Cokwe, Tschokwe, Batshiok,** Volk mit Bantusprache im Lundagebiet, beiderseits der Grenze der Demokrat. Rep. Kongo zu Angola und Sambia, etwa 650 000 Menschen; seit dem 17. Jh. waren sie Untertanen des Lundareiches, das sie um 1885 kurzzeitig beherrschten. Ihre Masken und Holzfiguren gelten als bed. Werke der afrikan. Kunst.

Cholagoga [ç-, griech.], die →galletreibenden Mittel.

Cholämie [ç-, griech.] *die,* Übertritt von Gallenflüssigkeit in das Blut; z. B. bei Verschluss der ableitenden Gallenwege oder bei Leberschaden; bewirkt Gelbsucht.

Chol|angiografie, Cholangiographie, die Röntgendarstellung des Gallengangsystems und der Gallenblase durch Kontrastmittel. Eine direkte Kontrastdarstellung kann mittels **p**erkutaner **t**ranshepat. **C**holangiografie (Abk. **PTC**) erfolgen, indem unter örtl. Betäubung durch die Bauchhaut hindurch ein Gallengang in der Leber punktiert und in diesen das Kontrastmittel direkt eingebracht wird. Bei der **e**ndoskopisch **r**etrograden **C**holangio-**P**ankreatikografie (Abk. **ERCP**) zur Darstellung der Gallenwege, Gallenblase und des Ausführungsganges der Bauchspeicheldrüse wird das Kontrastmittel über ein durch Speiseröhre, Magen und Zwölffingerdarm eingeführtes Endoskop eingebracht. Die C. ermöglicht den Nachweis von Steinen, entzündl. Veränderungen und Tumoren.

Cholelithiasis [ç-, griech.] *die,* die →Gallensteinkrankheit. (→Gallenstein)

Cholelitholyse [ç-, griech.] *die,* medikamentöse Auflösung von meist cholesterolhaltigen Gallensteinen durch Einsatz von Chenodeoxy- oder Ursodeoxycholsäure; ein Nachteil der C. ist die lange Behandlungsdauer.

Cholelithotripsie [ç-, griech.] *die,* Zertrümmerung von Gallensteinen mit gerätetechnisch erzeugten Stoßwellen von außen (z. B. durch Ultraschall).

Cholera [k-, griech.] *die,* **C. asiatica, C. epidemica,** epidemisch und endemisch auftretende hochakute Infektionskrankheit, für die Meldepflicht besteht. Erreger ist **Vibrio cholerae** (heute meist der Typ El Tor), das sich v. a. im Dünndarm vermehrt und mit dem Stuhl ausgeschieden wird. Einzige Infektionsquelle ist der Mensch (Kranke und Ausscheider), die Übertragung vollzieht sich v. a. durch Aufnahme der Erreger über verunreinigtes Trinkwasser oder infizierte Nahrung. Nach einer Inkubationszeit von 1–5 Tagen kommt es durch die beim Zerfall der Erreger im Darm frei werdenden Giftstoffe zu Leibschmerzen sowie zu Brechdurchfällen. Der starke Flüssigkeitsverlust (bis zu 15 l je Tag) führt zu rascher Austrocknung des Körpers und zum Kreislaufzusammenbruch. Die Sterblichkeitsrate ist bei C. hoch (bis 60 %). Daneben gibt es leichte oder symptomlose Infektionen, die bei Epidemien der Mehrzahl der Fälle ausmachen. Die Behandlung erfolgt durch ausreichenden Ersatz von Flüssigkeit und Elektrolyten und kann durch Antibiotika unterstützt werden. Der Vorbeugung dienen v. a. die einwandfreie Trinkwasserversorgung und Abwasserbeseitigung. Eine Schutzimpfung steht zur Verfügung, ist aber nur kurzdauernd und unvollständig. – Über die C. des Geflügels →Geflügelkrankheiten.

Choleriker [k-, griech.] *der,* Mensch mit starkem, leidenschaftl., jähzornigem →Temperament.

Cholesteatom [ç-, griech.] *das,* **Perlgeschwulst,** gutartige, wegen ihrer Lokalisation im Mittelohr und ihrer Wachstumsneigung aber häufig folgenschwere (Taubheit u. a.) Gewebeneubildung. Behandlung: operative Entfernung.

Cholesterin [ç-, auch k-, griech.] *das,* **Cholesterol,** bes. in Blut, Gehirn, Zellmembranen und Gallenflüssigkeit vorkommendes Sterin; Hauptbestandteil der Gallensteine. Physiolog. Abbau- und Umbauprodukte: Gallensäuren, Steroidhormone, Vitamin D_3. C. wird sowohl im Organismus gebildet als auch mit der Nahrung aufgenommen. Cholesterinreiche Nahrungsmittel sind Eigelb, Butter, Sahne, fettes Fleisch. Der C.-Spiegel ist abhängig von Alter und Geschlecht; er beträgt beim gesunden Menschen ca. 150–220 mg pro 100 ml Blut bis zum Alter von etwa 45 Jahren und kann danach auf bis zu 250 mg ansteigen. Ein zu hoher C.-Spiegel gilt als Risikofaktor für die Entstehung von Arteriosklerose.

cholesterinische Phase [ç-, auch k-], Molekülanordnungen in →Flüssigkristallen.

Cholesterol *das,* →Cholesterin.

Cholezystektomie [ç-, griech.] *die,* das operative Entfernen der Gallenblase, in 95 % der Fälle durch →minimalinvasive Chirurgie.

Cholezystitis [ç-, griech.] *die,* die →Gallenblasenentzündung.

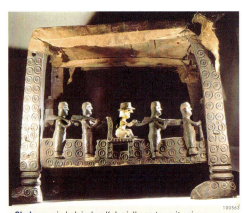

Chokwe: ein belgischer Kolonialbeamter mit seiner eingeborenen Begleitmannschaft; Detail eines Häuptlingsstuhles nach europäischem Vorbild (frühes 20. Jh.; Tervuren, Musée Royal de l'Afrique Centrale)

Cholezystografie [ç-, griech.] *die*, Sichtbarmachen der Gallenblase nach oraler Kontrastmittelgabe im Röntgenbild; inzwischen meist durch Ultraschalldiagnostik ersetzt.

Cholezystokinin *das*, →Pankreozymin.

Choliambus [ç-; griech.-lat. »Hinkjambus«] *der*, *Metrik:* jambischer Trimeter, dessen letzter →Jambus durch einen →Trochäus ersetzt ist (dadurch unerwarteter Rhythmuswechsel).

Cholin [ç-, griech.] *das*, Spaltprodukt des Lecithins, unter anderem auch in der Gehirnsubstanz und im Eigelb. C. vermindert die Ablage von Fett im Körper und wirkt u. a. blutdrucksenkend.

Cholin|esterase [ç-, griech.] *die*, Enzym, das bei der Reizung motor. und parasympath. Nerven das von diesen ausgeschüttete →Acetylcholin zu Cholin und Essigsäure hydrolysiert.

Cholm [xɔlm], dt. Name der poln. Stadt →Chełm.

Cholmsk [x-], jap. **Maoka,** Hafenstadt im Gebiet Sachalin, Russland, an der W-Küste der Insel Sachalin, etwa 33 500 Ew.; Fischverarbeitung, Zellstoff-Papier-Werk; Fährhafen zum russ. Festland nach →Wanino.

Cholon [tʃ-], Chinesenviertel von →Ho-Chi-Minh-Stadt.

Cholsäure [ç-], Hauptvertreter der →Gallensäuren.

Cholula [tʃ-], **C. de Rivadabia,** Stadt im Bundesstaat Puebla, Mexiko, 2 149 m ü. M., 70 700 Ew.; Universität. – Eine der größten Pyramiden der Welt mit 160 000 m² Grundfläche, 55 m hoch, im Laufe vieler Jh. mehrfach überbaut; auf dem Gipfel, in vorspan. Zeit ein Pilgerzentrum mit Tempel, die Wallfahrtskirche Nuestra Señora de los Remedios (urspr. 18. Jh.; nach Erdbeben Ende des 19. Jh. wieder aufgebaut). – C. war ein Mittelpunkt mesoamerikan. Kultur; gehörte urspr. zum Reich von →Teotihuacán; um 800 von den Mixteken, im 15. Jh. von den Azteken erobert.

Chomeini [xoˈmeini], Ruhollah Mussawi, Ayatollah, religiös-polit. Führer Irans, →Khomeini, Ruhollah Mussawi.

Chomjakow [x-], Alexei Stepanowitsch, russ. Geschichts- und Religionsphilosoph, *Moskau 13. 5. 1804, †Ternowskoje (Gouv. Kasan) 5. 10. 1860; er lehrte eine vom Westen gesonderte Kulturentwicklung Russlands, die aus dem Wesen der Orthodoxie und der urtüml. Gemeinschaft des russ. Volkes hervorgegangen sei (→Slawophile).

Chomolungma [dʒ-; tibet. »Göttin-Mutter des Landes«], **Tschomolungma,** tibet. Name des Mount →Everest.

Chomsky [tʃ-], Avram Noam, amerikan. Linguist, *Philadelphia (Pa.) 7. 12. 1928; Prof. für Linguistik und moderne Sprachen in Cambridge (Mass.), entwickelte die →generative Grammatik (»Strukturen der Syntax«, 1957; »Aspekte der Syntax-Theorie«, 1965; »Knowledge of language«, 1986; »Generative Grammar«, 1988); wurde auch bekannt durch zahlreiche polit. Schriften (u. a. »Im Krieg mit Asien«, 1970; »The Attack«, 2001).

Chomutov [ˈxɔ-], dt. **Komotau,** Stadt in Nordböhmen, Tschech. Rep., im Bezirk Ústí nad Labem, am Fuß des Erzgebirges, 50 300 Ew.; Maschinenbau, Hüttenwerk, chem. Industrie; in der Umgebung Braunkohlenbergbau und -kraftwerke. – Bed. Baudenkmäler vom MA. bis zum Barock; am Marktplatz Bürgerhäuser des 16. bis 19. Jh. mit Laubengängen. – Im 11. Jh. Ansiedlung von Deutschen, 1252–1416 zum Dt. Orden, seit Ende des 14. Jh. Stadt.

Chondrite [ç-, griech.], eine Gruppe der →Meteorite.

Chondrom [ç-, griech.] *das*, **Chondroblastom,** meist gutartiger Knorpeltumor.

Chondrosarkom [ç-] *das*, **Knorpelsarkom,** vom Knorpelgewebe ausgehender bösartiger Knochentumor; häufig betroffen sind z. B. die langen Röhrenknochen.

Ch'ŏngjin [tʃhʌndʒin], Stadt mit Sonderstatus (Bezirk von 1 900 km²) in Nord-Korea, Verw.-Sitz der Prov. Hamgyŏngbuk, 754 100 Ew.; Hütten-, Maschinen-, Textilind.; Seehafen, Eisenbahnverbindung zur chin. Provinz Heilongjiang.

Ch'ŏngju [tʃhʌndʒu], Hptst. der südkorean. Prov. Ch'ungch'ŏngbuk, 531 200 Ew.; Universitäten; zentraler Ort für die Mitte des Landes; internat. Flughafen.

Chongqing [tʃuŋtʃiŋ], **Chungking, Tschungking,** Stadt in W-China, im Roten Becken, am oberen Jangtsekiang, rd. 4 Mio. Ew. im eigentl. Stadtgebiet, als regierungsunmittelbares Stadtgebiet (seit 1997) im Rang einer Prov. flächenhaft erheblich ausgeweitet; die neue Verw.-Einheit umfasst außer C., das nur einen kleinen Teil der Fläche einnimmt, die Städte Wanxian und Fuling sowie den bisherigen Bez. Qianjiang, 82 400 km², 31,4 Mio. Ew.; Univ., Fachhochschulen, Forschungsinstitute, Volkskongresshalle (1953), Museum; Schwerindustrie, Aluminiumerzeugung, Metallverarbeitung, Maschinenbau, Kfz-Bau (Lkw, Motorräder), elektron., Textil-, chem. und pharmazeut. Ind., Erdölraffinerie; Tourismus (Jangtse-Fahrten zum Drei-Schluchten-Staudamm); internat. Frachtverkehr über den bedeutendsten Containerhafen (Julongpu) W-Chinas, Handelszentrum für S- und W-China, Ansiedlung multinat. Unternehmen; Investitionen erfolgen vornehmlich von Hongkong, USA, Japan, Großbritannien und Taiwan; Straßen- und Eisenbahnknotenpunkt, seit 1997 Autobahn nach Chengdu, internat. Flughafen. – Gegr. wohl im 11. Jh. v. Chr.; 1938–46 Sitz der Zentralreg. Chinas.

Chŏnju [tʃʌndʒu], Hptst. der südkorean. Prov. Chŏllabuk, 563 400 Ew.; Nahrungsmittel-, Textilind., traditionelles Kunsthandwerk (Papier-, Fächerherstellung).

Chonos [ˈtʃɔ-], **Archipiélago de los C.,** aus mehreren Hundert mittelgroßen und kleinen, meist stark bewaldeten, gebirgigen Inseln bestehende Inselgruppe vor der S-Küste Chiles.

Chons [x-; ägypt. chonsu »der Wanderer«], ägypt. Mondgott, in Menschengestalt oder mit einem Falkenkopf dargestellt, trägt häufig Mondsichel und Sonnenscheibe als Kopfschmuck; sein Haupttempel in Theben (Karnak) ist fast vollständig erhalten.

Cho Oyu [tʃ-], Gipfel im Himalaja, an der Grenze zw. Nepal und Tibet (China), nordwestl. des Mount Everest, 8 201 m ü. M. – Erstbesteigung 1954 durch die Österreicher H. Tichy und S. Jöchler mit dem Sherpa Pasang Dawa Lama.

Chopin [ʃɔˈpɛ̃], Fryderyk Franciszek (frz. Frédéric François), poln. Pianist und Komponist, *Żelazowa Wola (bei Warschau) 1. 3. 1810, †Paris 17. 10. 1849; Sohn eines eingewanderten Franzosen und einer Polin, lebte seit 1831 als berühmter Pianist, Komponist und gesuchter Lehrer in Paris, wo er einen bed. Freundeskreis fand (H. Berlioz, F. Liszt, H. de Balzac, H. Heine, G. Meyerbeer). Ein Lungenleiden zwang ihn 1838 zu einer Kur auf Mallorca, wohin ihn George Sand begleitete. 1848 unternahm er eine Konzertreise nach England und Schottland. C. wurde der Begrün-

Fryderyk Chopin
(Gemälde nach Ary Scheffer, 1858)

der eines neuartigen Klavierstils, in dem die Virtuosität ganz im Dienst des poet. Ausdrucks steht. Dieser Stil zeichnet sich aus durch aufgelockerte Satzweise, Verschränkung von Melodie und Begleitfiguren, chromat. Harmonik, Reichtum an Ornamenten, ausgeprägte, vielfach von poln. Volksmusik inspirierte Rhythmik (Mazurken, Polonaisen) und feinste dynamisch-agog. Differenzierung. C. war einer der Meister des lyr. Klavierstücks (Nocturnes, Préludes, Impromptus). – *Werke:* Klavierkonzerte e-Moll op. 11 (1830) und f-Moll op. 21 (1829), Konzertrondo »Krakowiak« op. 14 (1828), Große Polonaise Es-Dur op. 22 (1831/32). Für Klavier: 3 Sonaten, zahlr. Polonaisen, Mazurken, Préludes, Nocturnes, Walzer, 4 Balladen, 4 Scherzi, 4 Impromptus u.a.; Violoncellosonate, Klaviertrio, 17 Lieder.

Chopjor [x-] *der*, linker Nebenfluss des Don, Russland, 979 km lang (davon 323 km schiffbar), durchfließt ein 160 km² großes Naturschutzgebiet.

Chopper [ˈtʃɔpə, engl.] *der*, **1)** *Physik, Technik:* **Zerhacker**, mechan., elektr. oder elektron. Gerät zum Umwandeln einer Gleichspannung in eine Wechselspannung bzw. zur Zerlegung eines kontinuierl. Licht- oder Teilchenstrahls in period. Impulse. – **2)** *Vorgeschichte:* aus einem Geröllstück gefertigtes Hauwerkzeug der Altsteinzeit mit einer einseitig bearbeiteten Längskante.

Chor [k-; griech. *chóros*] *der*, **1)** *sakrale Baukunst:* zunächst der für die Sänger bestimmte Raum vor dem Altar, dann der den Geistlichen vorbehaltene, das Hauptschiff i.d.R. im Osten abschließende Teil des Kirchenraumes mit dem Hochaltar und dem →Chorgestühl. Er ist oft, bes. wenn sich eine Krypta unter ihm befindet, um einige Stufen erhöht und durch **C.-Schranken** oder einen Lettner, seit dem 17. Jh. auch durch ein schmiedeeisernes Gitter, vom Kirchenschiff getrennt. Durch Weiterführen der Seitenschiffe um den C. entsteht der **C.-Umgang**, oft mit ausstrahlenden **C.-Kapellen** (Kapellenkranz). Der Abschluss des C. wird **C.-Haupt** genannt. In roman. Zeit baute man größere Kirchen in Dtl. meist mit einem zweiten C. im Westen.

2) *Theater* und *Musik:* in der Antike Tanzplatz, Tanzschar, dann bes. Kulttanz und -gesang für versch. Gottheiten. Bed. Chorlyriker des 7.–5. Jh. v. Chr. waren Alkman, Simonides, Pindar, Bakchylides. Aus dem C.-Gesang entstand (nach Aristoteles) das Drama durch Hinzutreten von Schauspielern. Der C. (12–15 Sänger ohne Maske) war dann ein wesentl. Bestandteil der griech. Tragödie des 5. Jh. v. Chr.; er repräsentierte das Volk als Ganzes.

In neuerer Zeit Bez. für eine Vereinigung von Sängern, die ein Gesangsstück gemeinsam vortragen, wobei jede Stimme mehrfach besetzt ist. Man unterscheidet nach der Zusammensetzung Männer-, Frauen-, Kinder-, Knaben-, Mädchen- sowie gemischten (Männer und Frauen) C., nach der Stimmenzahl (Sopran, Alt, Tenor, Bass) zwei-, drei-, vierstimmigen C. oder im Hinblick auf seine Bestimmung Kirchen-, Kammer-, Opernchor. Wichtige Formen der C.-Musik sind: C.-Lied, Messe, Motette, Tedeum und Magnifikat, Kantate, Oratorium, Passion, Requiem.

Bei Saiteninstrumenten bezeichnet C. eine Gruppe zusammengehöriger, gleich gestimmter Saiten, auch zusammengehörige Gruppe gleicher Musikinstrumente: Gamben-, Streicherchor.

Choral [k-, lat.] *der*, **1)** *ev. Kirche:* seit dem 16. Jh. Bez. für das von der Gemeinde gesungene volkssprachige, meist stroph. →Kirchenlied.

2) *kath. Liturgie:* →gregorianischer Gesang.

Choralbearbeitung [k-], mehrstimmige Komposition, der eine Choralmelodie zugrunde liegt, i. e. S. ein Tonsatz über die Weise eines prot. Kirchenlieds.

Choralnotation [k-], die zur Aufzeichnung der Melodien des gregorian. Gesangs aus den →Neumen entwickelte Notenschrift. Es gibt zwei Formen: die Quadratnotation (röm. C.), die an der quadrat. Form der Noten erkennbar ist, und die got. oder dt. C. (auch Hufnagelnotation), die in Parallele zur got. Schrift rautenförmige Noten ausbildet.

Chorasan [x-], Prov. in Iran, →Khorasan.

Chorda dorsalis [k-, griech.] *die*, **Chorda, Rückensaite, Notochord**, elast., unsegmentierter Stab, der als Stützorgan den Körper der **Chordatiere** vom Kopf bis zum Schwanzende (außer bei Manteltieren) durchzieht; wird bei Wirbeltieren während der Embryonalentwicklung durch die Wirbelsäule verdrängt.

Chordotomie [k-, griech.] *die*, die erstmals 1912 ausgeführte Durchtrennung der Schmerzbahnen im Rückenmark zum Beseitigen sonst nicht beeinflussbarer Schmerzen (bei therapieresistenten Schmerzsyndromen).

Chordotonal|organe [k-, griech.], Sinnesorgane bei Insekten zur Wahrnehmung von Erschütterungen oder Schall.

Fryderyk Chopin: Autograf der ersten Takte des Préludes Nr. 15 aus op. 28

Chorea [k-; von griech. choreía »Reigen«] *die,* →Veitstanz.

Choreografie [k-, griech.] *die,* **Choreographie,** früher die →Tanzschrift, heute Regieentwurf, Einstudierung eines Tanzes oder Balletts.

Choreutik [ç-, griech.] *die,* griech. Lehre vom Chor- oder Reigentanz.

Chorfrau [k-], die →Kanonisse.

Chorgestühl [k-], das in der Kirche für die Geistlichen bestimmte Gestühl, an den Längsseiten des Chors meist in zwei Reihen aufgestellt. Die von den Seitenwangen begrenzten Reihen haben offene oder durch Trennwände abgeteilte Plätze mit Armlehnen und Klappsitzen, an deren Unterseiten →Miserikordien angebracht sind; seit dem frühen MA. meist mit Schnitzereien reich geschmückt.

Chorherr [k-], der →Kanoniker.

Choriambus [ç-, griech.] *der, Metrik:* antiker Versfuß, dessen vier Silben sich aus einem Choreus (= Trochäus) und einem Jambus zusammensetzen (Länge, Kürze, Kürze, Länge).

Chorin [k-], Gem. im Landkreis Barnim, Bbg., im Hügelland der Uckermark, im Biosphärenreservat Schorfheide-C., mit sechs versch. Ortsteilen 2600 Ew. – Die Pfeilerbasilika (1273–1334) des ehem. Zisterzienserklosters (gegr. 1258, 1272 nach C. verlegt, 1542 aufgehoben) ist ein Hauptbeispiel mitteldeutscher Zisterzienserbaukunst und ein Meisterwerk der dt. Backsteingotik.

Chorion [k-, griech.] *das,* Zottenhaut des →Mutterkuchens.

Chorionbiopsie [k-], **Chorionzottenbiopsie,** Methode der Schwangerschaftsuntersuchung durch Probeentnahme von Gewebe aus Chorionzotten in der 8.–12. Schwangerschaftswoche; dient zur Erkennung von Erkrankungen und Schäden des Kindes. Die C. erlaubt eine frühere Diagnostik als die Fruchtwasseruntersuchung durch Amniozentese.

Chorion|epitheliom [k-], bösartige Gewebeneubildung (→Blasenmole).

Choriongonadotropin [k-], Abk. **CG** oder **HCG,** Glykoprotein mit hohem Kohlenhydratanteil; wird während der ersten Schwangerschaftsmonate von der Plazenta gebildet und fördert das Wachstum der Gebärmutter. C. wird mit dem Harn ausgeschieden, darauf beruht ein Schwangerschaftsnachweis.

Chorionkarzinom [k-], **Chorionepitheliom,** bösartige Gewebeneubildung (→Blasenmole).

Chörlein [k-], Erkerausbau an Burgen, Rat- und Wohnhäusern, v. a. der Gotik und Renaissance; diente urspr. als Kapelle, weil Altäre nicht unter Wohnräumen stehen durften.

Chorog [x-], Hptst. der autonomen Rep. Bergbadachschan, Tadschikistan, im südwestl. Pamir, 2200 m ü. M., 20 000 Ew.; botan. Garten; Nahrungsmittelind.; Flughafen; erreichbar nur über die Große Pamir- und Ostpamirstraße.

Chorramschahr [x-], Stadt in Iran, →Khorramshahr.

Chorsabad [x-], **Khorsabad,** heutiger Name einer kleinen irak. Ortschaft bei den Ruinen der assyr. Stadt **Dur-Scharrukin** in Mesopotamien, nördlich von Ninive, mit Resten der 713–708 v. Chr. errichteten Residenz König Sargons II.

Chortürme [k-], Türme beiderseits des Chors an mittelalterl. Kirchen, bes. in Deutschland. **Chorturmkirche** nennt man eine Kirche, deren Altarraum sich im Erdgeschoss eines Turmes befindet.

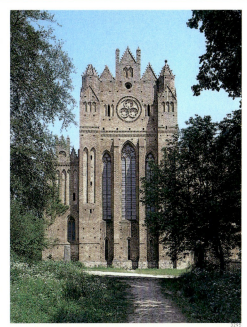

Chorin: frühgotische Pfeilerbasilika des ehemaligen Zisterzienserklosters

Chorus [ˈkɔːrəs, engl.] *der,* die Grundmelodie (samt ihrem Harmonieschema) im Jazz sowie deren improvisierte oder arrangierte Umgestaltung.

Chorzów [ˈxɔʒuf], dt. **Königshütte,** Stadtkreis in der Wwschaft Schlesien, Polen, im Oberschles. Ind.-Gebiet, 117 000 Ew.; Oberschles. Museum; Steinkohlenbergbau, Metallurgiezentrum mit Eisenhütten und Stahlwerken, Waggon- und Maschinenbau, chem. und Nahrungsmittelindustrie. – Bei C. Park mit Freilichtmuseum. – 1802 wurde nahe dem alten Dorf C. die Steinkohlengrube »Königshütte« in Betrieb genommen, die dazugehörige Arbeitersiedlung wurde ebenfalls Königshütte genannt; sie bekam (nach dem Zusammenschluss mit weiteren Siedlungen) 1868 Stadtrecht. Zu den Abstimmungsgebieten gehörend, fiel Königshütte 1922 an Polen. 1934 nahm Königshütte (bis dahin poln. Królewska Huta) bei der Eingemeindung von Chorzów dessen Namen an.

Chośebuz [ˈxɔɕebuz], sorb. Name der Stadt →Cottbus.

Chosrau [x-], griech. **Chosroes,** pers. Herrscher aus dem Hause der →Sassaniden: **C. I. Anoscharwan** (»mit der unsterbl. Seele«), Großkönig 531–579; lebt in vielen Legenden als weiser Herrscher fort. **C. II. Parwees** (»der Siegreiche«), Großkönig 590/591–628. Unter ihnen erlebte das Sassanidenreich Blütezeiten.

Chotan [x-], chin. Stadt, →Hotan.

Chota-Nagpur-Plateau [tʃ- - plaˈtoː], Plateaulandschaft (durchschnittlich 500–800 m ü. M.) in Indien, in den Bundesstaaten Bihar, Madhya Pradesh und Chhattisgarh, randlich auch in West Bengal und Orissa, grenzt im N an die Gangesebene; reich an Bodenschätzen (Bergbau auf Steinkohle, Glimmer, Bauxit, Eisen-, Kupfer-, Chrom-, Manganerz).

Chotek [ˈxɔtɛk], Sophie Gräfin, Herzogin von Hohenberg (seit 1909), *Stuttgart 1. 3. 1868, †Sarajevo 28. 6. 1914; Hofdame der Kaiserin Elisabeth, heiratete 1900 in morganat. Ehe den österr.-ungar. Thronfolger

Chörlein vom Pfarrhof von Sankt Sebaldus in Nürnberg (wahrscheinlich 1361; Nürnberg, Germanisches Nationalmuseum)

Chrétien de Troyes: »König Artus jagt den weißen Hirsch«; Miniatur aus einer Pergamenthandschrift von »Erec und Enide« (13. Jh.; Paris, Bibliothèque Nationale de France)

Chrismon
aus einer Kaiserurkunde des 10. Jh.

Franz Ferdinand. Mit ihm fiel sie dem Attentat von Sarajevo zum Opfer.

Chotjewitz [k-], Peter O. (Otto), Schriftsteller, * Berlin 14. 6. 1934; begann mit parodistisch-iron. experimentellen Texten, wandte sich dann gesellschaftspolit. Themen (u. a. in dem Roman »Saumlos«, 1977), später auch histor. Stoffen zu (Roman »Machiavellis letzter Brief«, 2003). Schreibt auch Erzählungen, Hörspiele und essayist. Texte.
Weitere Werke: Romane: Hommage à Frantek (1965); Der dreißigjährige Friede (1977); Das Wespennest (1999); Als würdet ihr leben (2001); Urlaub auf dem Land (2004). – *Prosa:* Die Rückkehr des Hausherrn. Monolog einer Fünfzigjährigen (1991); Der Fall Hypatia. Eine Spurensuche (2002).

Chouans [ʃwã, frz.], die königstreuen Gegner der Frz. Revolution in der Bretagne, der Normandie und auf dem rechten Ufer der unteren Loire, die seit 1792 einen erbitterten Kleinkrieg gegen die Rep. führten (gleichzeitig mit den Aufständen der →Vendée); bedeutendster Führer war G. Cadoudal (* 1771, † 1804). Die letzten Erhebungen der C. 1815 richteten sich gegen die Rückkehr Napoleons I.

Chou En-lai [dʒou -], chin. Politiker, →Zhou Enlai.

Choukoutien [dʒou-], altsteinzeitl. Fundstätte in China, Zhoukoudian.

Chow-Chow [ˈtʃaʊˈtʃaʊ, engl.] *der,* chin. Haushunderasse mit dichtem, meist rotbraunem Fell und blauvioletter Zunge; Schulterhöhe bis 55 cm; wird seit etwa 2 000 Jahren gezüchtet.

Chrennikow [x-], Tichon Nikolajewitsch, russ. Komponist, * Jelez 10. 6. 1913; schrieb mit eingängiger Melodik und volkstüml. Rhythmik Opern (u. a. »Dorothea«, 1983), Ballette, Orchesterwerke, Konzerte, Klavierwerke, Operetten und Filmmusiken.

Chrestomathie [k-; griech. »nützliches Wissen«] *die,* für den Unterricht bestimmte Auswahl aus schriftsteller. Werken.

Chrétien [kreˈtjẽ], Joseph Jacques Jean, kanad. Politiker, * Shawinigan (Prov. Quebec) 11. 1. 1934; Rechtsanwalt, u. a. 1968–74 Min. für Indianerfragen und Entwicklung N-Kanadas, 1977–79 Finanz-, 1980–82 Justizmin. und 1982–84 Min. für Energie,

Bergbau und Bodenschätze. 1990–2003 Führer der Liberalen Partei und 1993–2003 Premiermin.; angesichts sezessionist. Bestrebungen Quebecs entschiedener Verfechter der nat. Einheit Kanadas.

Chrétien de Troyes [kreˈtjẽ də ˈtrwa], altfrz. Dichter, * Troyes (?) um 1140, † vor 1190; lebte an den Höfen der Champagne und Flanderns; Begründer des höf. Versepos und dessen bedeutendster Vertreter in der frz. Literatur. Seine Stoffe, die er aus dem Sagenkreis um König →Artus schöpfte, verband er mit höf. und fantast. Elementen und bezog auch Motive aus dem provenzal. Minnedienst ein. In »Erec und Enide« (um 1170) vernachlässigt der Held seine ritterl. Pflichten zugunsten des Frauendienstes, in »Yvain« (»Der Löwenritter«, um 1177–81) gestaltet der Dichter das Gegenbild. Im »Perceval« (unvollendet, 1181–88) verbindet er die Minnethematik zum ersten Mal mit der Sage um den hl. →Gral. Die Epen zeichnen sich durch psycholog. Vertiefung, kunstvolle Dialoge und vollendete metr. Struktur aus. Sie beeinflussten maßgeblich auch die dt. Literatur (Hartmann von Aue, Wolfram von Eschenbach). Weitere Epen aus dem Artuskreis: »Lancelot« (»Der Karrenritter«, um 1177–81), »Cligès« (um 1176).

Chrisam [ç-, griech.-lat.] *das* oder *der,* **Chrisma,** geweihtes Salböl, das in der kath. und orth. Liturgie v. a. bei Taufe, Firmung, Bischofs- und Priesterweihe verwendet wird.

Chrismon [ç-, griech.] *das,* symbol. Anrufung Gottes bzw. Christi am Anfang früh- und hochmittelalterl. Urkunden, urspr. als Kreuz gestaltet (daneben das griech. Monogramm Christi), seit der Zeit Ludwigs des Deutschen der reich verzierte Initialbuchstabe »C«.

Christbaum [k-], der Weihnachtsbaum (→Weihnachten).

Christchurch [ˈkraɪsttʃəːtʃ], größte Stadt der Südinsel Neuseelands, am Rande der fruchtbaren Canterburyebene, 358 600 Ew. (in der Agglomeration); zwei Univ.; Sitz eines anglikan. Erzbischofs und eines kath. Bischofs; internat. Antarktiszentrum; Nahrungsmittel , Textil und chem. Ind., Maschinenbau; Hafen in Lyttleton im SO, internat. Flughafen Harewood. – 1850 gegr., seit 1862 Stadt.

Christengemeinschaft [k-], Religionsgemeinschaft, gegr. 1922 vom früheren ev. Pfarrer Friedrich Rittelmeyer (* 1872, † 1938). Die C. interpretiert die christl. Glaubensaussagen in den Denkfiguren der anthroposoph. Welt- und Menschensicht. (→Anthroposophie)

Christensen [k-], Inger, dän. Schriftstellerin, * Vejle 16. 1. 1935; von der konkreten Dichtung und avantgardist. Sprachtheorien beeinflusst, schuf C. mit der Textkomposition »Das« (1969) das Hauptwerk der dän. Systemdichtung (Bez. für eine Form der konkreten Dichtung in der dän. Literatur); ferner zahlr. Hör- und Fernsehspiele und Kurzromane. – *Weitere Werke: Lyrik:* Lys (1962); Græs (1963); Alfabet (1981); Brief im April (1989); Das Schmetterlingstal (Zyklus, 1991). – *Romane:* Azorno (1967); Das gemalte Zimmer (1976).

Christentum [k-], Bez. für die Gesamtheit der Anhänger des auf →Jesus Christus zurückgehenden »christl.« Glaubens sowie für diesen Glauben selbst.
Von den Anfängen des C. an gibt es Konstanten: den Monotheismus, das Bekenntnis zu Jesus Christus, die Nachfolge Jesu und eine aus ihr resultierende Gemeinschaft (Gemeinde/Kirche), einige zeichenhafte Voll-

züge (Sakramente; v. a. Taufe, Eucharistie, Buße), spezif. eth. Normen (z. B. Nächstenliebe), die Hoffnung auf eine ohne Vorbedingungen geschenkte Erlösung.

Seit seiner Entstehung begreift das C. Jesus als von Gott gesandt, schon in vorpaulin. Zeit als auf Erden erschienenen Gott (Phil. 2, 6–11) oder als fleischgewordenes »Wort« (Joh. 1, 1 ff.) und sich selbst somit als basierend auf göttl. Offenbarung und positivem Heilswillen Gottes.

Entstehung und Ausbreitung: Als sicher gilt heute, dass der histor. Jesus weder eine neue Religion noch eine universale Kirche gründen wollte. Vielmehr verstand er sich als Reformer Israels, auf dessen 12 Stämme er mit der Berufung von 12 Aposteln Anspruch erhob. Jesus war zwar in allem, was er tat und lehrte, jüdisch geprägt, aber er hat die aus der jüd. Tradition übernommenen Motive in seiner Predigt so verändert und zugespitzt, dass es sich dabei der Sache nach nicht mehr um Judentum handelte: Er verkündete – entsprechend der jüd. Apokalyptik und im Gefolge der Predigt Johannes des Täufers – die Königsherrschaft Gottes; diese aber war nach seinen Worten in ihm schon angebrochen. So war die Zukunftsoffenheit der jüd. Geschichtsdeutung aufgehoben, das Ende hatte schon begonnen. Jesus selbst verstand sich deswegen nicht als einen der gottgesandten Männer oder Propheten in einer endlosen Kette, vielmehr sollte er diese Reihe abschließen und in seiner Person das Ende herbeiführen. Dieser Anspruch, die »endzeitl.« Gestalt zu sein, äußerte sich in der Radikalität der Nachfolgeansprüche, in der Souveränität gegenüber Gesetz und Tempel, in dem besonderen Gottesverhältnis, in der Freiheit der Tradition gegenüber, in seiner Bereitschaft zum Tod.

Christentum: Christus als Pantokrator (byzantinische Ikone)

Der geschichtl. Jesus hat, obwohl ganz aus dem Judentum kommend, dieses derart auf »den Menschen« und »die Humanität« hin vertieft und zugleich seiner eigenen Gestalt für diese neue Praxis eine so unverzichtbare Rolle zugeschrieben, dass die auch geistige und soziale Trennung vom Judentum und die Ausbildung einer eigenständigen Religion wenige Jahre nach seinem Tod zwangsläufig erscheinen.

Keimzelle des C. waren die Jerusalemer →Urgemeinde, aber auch palästinische Christengruppen in Judäa und Galiläa. Bedingt durch das Ausweichen der

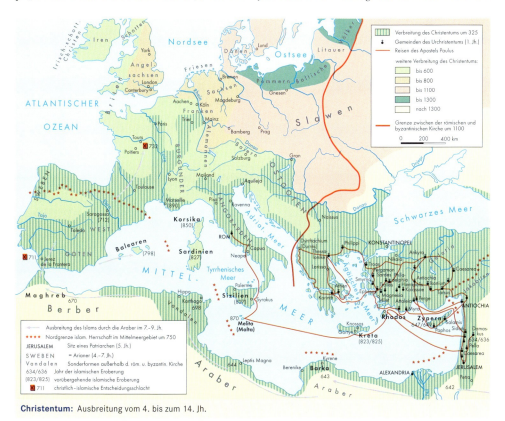

Christentum: Ausbreitung vom 4. bis zum 14. Jh.

Christentum

Zahl der Christen*⁾ **weltweit** (2006)

rd. 2,1 Milliarden

davon in:

Europa, einschließlich Russlands (rd. 560 Mio.)

Lateinamerika (rd. 481 Mio.)

Nordamerika (rd. 260 Mio.)

Afrika (rd. 360 Mio.)

Asien (rd. 313 Mio.)

Australien und Ozeanien (rd. 25 Mio.)

dazu weltweit:

rd. 111 Mio. Anhänger von unabhängigen (oft pfingstlich geprägten) Kirchen, bes. in Afrika und Lateinamerika

Hauptzweige

katholische Kirche

protestantische Kirchen

orthodoxe Kirche

orientalische Kirchen

Anglikanische Kirchengemeinschaft

unabhängige Kirchen

Hauptfeste (gesamtchristlich)

Weihnachten

Karfreitag

Ostern

Christi Himmelfahrt

Pfingsten

wichtige Feste (Auswahl)

Fronleichnam (katholische Kirche)

Mariä Himmelfahrt (katholische Kirche)

Allerheiligen (katholische Kirche)

Reformationsfest (protestant. Kirchen)

Buß- und Bettag (protestant. Kirchen)

Entschlafung der Gottesgebärerin Maria (15. 8.; orthodoxe Kirche)

Kreuzerhöhungsfest (14. 9.; orthodoxe Kirche)

Tag des heiligen Gregor, des Erleuchters (dritter Sonnabend vor Ostern; armenische Kirche)

Tag des heiligen Patrick (katholische Kirche und Kirche von England)

heilige Stätten (gesamtchristlich)

Bethlehem

Nazareth

Ierusalem

wichtige Wallfahrtsorte, geistliche Zentren und Erinnerungsstätten (Auswahl)

Rom (katholische Kirche)

Santiago de Compostela (katholische Kirche)

Wittenberg (protestantische Kirchen)

Athos (orthodoxe Kirche)

Patmos (Johanneskloster) (orthodoxe Kirche)

Sinai (Katharinenkloster) (orthodoxe Kirche)

*⁾Zahlenangaben (Projektion) nach D. Barrett, G. Kurian, T. Johnson: »World Christian Encyclopedia«, 2. Auflage 2001

Christen vor Verfolgungen durch die jüd. und röm. Behörden, kam es zu einer ersten Missionswelle und in deren Gefolge zur Taufe von Samaritanern, Diasporajuden, Proselyten und Heiden. Einen gewaltigen Aufschwung nahm die Ausbreitung des C. allerdings erst durch die gezielte Arbeit einiger Missionare (»Apostel«), unter denen →Paulus die größte Bedeutung erlangte (»Heidenmission«). Begünstigt durch die Bedingungen des Röm. Reiches, drang das C. auch in Städte des Landesinnern und bis nach England vor und repräsentierte zum Zeitpunkt seiner rechtl. Gleichstellung mit den übrigen Religionen durch Kaiser →Konstantin I., der sog. »konstantin. Wende« (313), im Röm. Reich einen (geschätzten) Bevölkerungsanteil von etwa 15%.

Die (zunehmend auch Vertreter der gesellschaftl. Oberschicht umfassende) christl. Bewegung wuchs in der Folge so stark, dass Konstantin und seine Nachfolger (mit Ausnahme Kaiser →Julians) das C. als die geistige und polit. Kraft der Zukunft anerkannten und Kaiser →Theodosius I. dieses schließlich zur alleinigen Staatsreligion erklärte (380/381).

Während sich das Griechisch sprechende (christl.) oström. Kaisertum (Byzantinisches Reich) auch in den Wirren der Völkerwanderung behaupten und dabei ein Staatskirchentum (Cäsaropapismus) etablieren konnte – erst mit dem Vordringen des Islams (ab dem 7. Jh.) verschwand das C. in diesen Gebieten weitgehend –, wurde der lat. Westen des Röm. Reiches stärker von der Völkerwanderung in Mitleidenschaft gezogen; 476 geriet Rom endgültig unter german. Herrschaft. Die Germanenstämme haben nach der Eroberung christl. Gebiete weitgehend das C. angenommen, aber in seiner arian. Gestalt (→Arianismus). Eine zentrale Entscheidung für die weitere Zukunft Europas fiel allerdings mit der Annahme des kath. C. durch den fränk. König Chlodwig I., der sich nach der Überlieferung 496 in Reims taufen ließ. Von jetzt an konnte sich die lat. Form des antiken C. zunehmend unter den german. Stämmen Zentraleuropas verbreiten (→lateinische Kirche).

Vorher aber hatte schon eine andere Entwicklung begonnen: Von ägypt. Mönchen war das C. nach Irland gebracht worden; hier sowie in Schottland und Wales bildete sich eine keltisch-griech. Mönchskirche (iroschottische Kirche), die aber von Gallien her auch lat. Einflüsse in sich aufnahm. Seit dem 6. Jh. entfaltete das iroschott. Mönchtum eine beeindruckende missionar. Tätigkeit in England und auf dem Festland (bis nach Oberitalien). So gab es bald in Europa zwei konkurrierende Formen des C.: eine lat.-bischöfl. und eine keltisch/griechisch-monastische. Die Entscheidung fiel zugunsten der ersten Variante, zum einen aufgrund der seit Chlodwig nach Rom orientierten Interessen der fränk. Herrscher, die schließlich im Jahre 800 zur Krönung Karls d. Gr. als Röm. Kaiser führten, zum anderen wegen einer zweiten Missionswelle im 8. Jh., die von angelsächs. Mönchen (Bonifatius) getragen war und die sich eng an Rom anschloss. Die Christianisierung erfasste schließlich auch den Norden und die östl. Teile Zentraleuropas.

Die islam. Expansion im 7./9. Jh. brachte das C. in Nordafrika und weiten Teilen Spaniens zum Verschwinden; erst nach jahrhundertelangen Kämpfen (Reconquista) wurde der Islam von der Iber. Halbinsel verdrängt.

Der größte Teil der slaw. Völker wurde vom 9. bis 11. Jh. missioniert und lehnte sich an Byzanz und das griech. C. an.

Mit Beginn der Neuzeit geriet erstmals die ganze Erde in den Blick Europas und des C., das nun in anderen Kontinenten Fuß fasste. Dieser Prozess ging einher mit negativen Begleiterscheinungen: Lange Zeit war die →Mission Sache der Kolonialmächte; in Amerika und Australien war die (völlige) Christianisierung mit der Dezimierung der einheim. Bevölkerung verbunden und auch in Afrika und Asien wurde das C. in seiner durch die europ. Kultur geprägten Form etabliert (→ Ritenstreit). Im Ergebnis dieser systemat. Mission gibt es in Schwarzafrika einige Länder mit christl. Bevölkerungsmehrheiten, in den meisten Staaten sehr dynam. Minoritäten. In Asien ist nur ein Land (Philippinen) mehrheitlich christlich, aber auch hier finden sich in beinahe allen Staaten kleine, aber aktive christl. Kirchen. Die Inselwelt Ozeaniens ist fast gänzlich christianisiert.

Die Zahl der Christen weltweit beträgt (2006) rd. 2,1 Mrd.: Rd. 50% gehören der kath. Kirche an, rd. 20% prot. Kirchen, rd. 12% der orth. Kirche und den oriental. Nationalkirchen, rd. 4% anglikan. Kirchen, die Übrigen verteilen sich auf eine Vielzahl →unabhängiger Kirchen; etwa 60% der Christen leben in der Dritten Welt, wo v. a. die Pfingstkirchen den gegenwärtig am stärksten wachsenden Zweig des C. bilden.

Theologie und Lehrentwicklung: Das C. bekannte sich von Anfang an zu Jesus Christus als der normierenden Instanz für Theorie und Praxis; deswegen musste es sich vom Judentum trennen und die »Freiheit vom Gesetz« verkünden, ohne die jüd. Religion und ihre Schriften zu verwerfen; diese wurden vielmehr als Vorgeschichte Jesu im Sinne einer Verheißung aufgefasst, die in Jesus Christus erfüllt war.

Das Bekenntnis zu Christus zu sichern und unter neuen Verstehensbedingungen zu formulieren, war für das junge C. die zentrale theolog. Aufgabe. Hierbei war es mit zwei großen Kulturtraditionen konfrontiert, dem Judentum und der hellenist. Kultur des Röm. Reiches. Entsprechend dem Geschichtsdenken des Judentums haben die Judenchristen die Rolle Jesu heilsgeschichtlich umschrieben: Er war für sie der (endzeitl.) →Messias (= Christus) oder →Menschensohn; vielleicht haben sie ihn auch schon als →Sohn Gottes bezeichnet, damit aber nicht eine zweite Natur, sondern seine geschichtl. Nähe zu Gott gemeint. Mit der Vermittlung des C. in die hellenist. Welt fand auch das hellenistische philosoph. Denken Eingang ins C. Für die Heidenchristen war Christus derjenige, der beiden Welten angehört, der Welt des Geistes, des Wissens, der Unsterblichkeit, Gottes, und zugleich der Welt der Menschen; er ist Mensch. So kann er als Gottmensch in sich zw. Endlichkeit und Unendlichkeit vermitteln. Seine theolog. Ausformulierung fand dieser Aneignungsprozess Jesu in der hellenist. Welt in der →Zweinaturenlehre. Gegenüber dem hellenistisch geprägten C. trat das Judenchristentum in der frühen Kirche in seiner Bedeutung immer stärker zurück.

Wenn die Gottessohnschaft Jesu im Sinne einer zweiten göttl. Natur aufgefasst wurde, ergab sich damit auch ein Problem für den vom Judentum und von Jesus ererbten Monotheismus. Die christolog. Auseinandersetzung machte zugleich eine Diskussion der →Trinität notwendig.

Der lat. Westen war an diesen Auseinandersetzungen nur wenig beteiligt. Die eigenständige Theologie, die sich in diesem Raum herausbildete – in Nordafrika seit etwa 200 (Tertullian), im übrigen Westen seit Mitte des 4. Jh. –, beschäftigte sich (stark geprägt durch das röm. Ordnungsdenken) bes. mit Fragen der christl. Praxis: Wie erlangt der Mensch das Heil, da er doch ganz von der Sünde geprägt ist? Was muss der Christ tun, wie muss die Kirche aussehen? So kam es in der ausgehenden Antike zur Ausbildung der Lehre von der →Erbsünde und einer Gnaden-, Prädestinations- und Sakramentenlehre.

Die Annahme des Glaubens war von Anfang an mit einer Gemeindebildung verbunden. Ebenso aber war das Bewusstsein vorhanden, einer größeren Gemeinschaft, der Kirche, zuzugehören. Der gemeindeübergreifende Charakter des C. schuf sich mit der Zeit auch institutionellen Ausdruck; es bildete sich eine Organisation der Kirche in Analogie zur polit. Struktur heraus (bischöfl. Stadtgemeinden, Metropolitansitze, Patriarchate). Seit Ende des 4. Jh. erhoben die röm. Bischöfe einen formellen Primatsanspruch über die gesamte Kirche (Primat des Papstes). Dieser Anspruch wurde allerdings im östl. C. abgelehnt; im Westen konnte er sich erst allmählich während des Früh-MA. durchsetzen. – Eine wichtige Rolle innerhalb des C. fiel seit dem 3. Jh. dem Mönchtum zu.

Alle diese Entwicklungen vollzogen sich in einer Umwelt, die bis zum Herrschaftsantritt Kaiser Konstantins I. dem C. mehrheitlich ablehnend, oft auch feindlich gegenüberstand. Drastischster Ausdruck dieser Haltung gegenüber den Christen – die nicht am staatl. Götterkult teilnahmen und in den Augen vieler ungewohnte Verhaltensweisen praktizierten – waren die →Christenverfolgungen dieser Zeit.

Mittelalter: Im MA. verlagerte sich das Zentrum christl. Aktivitäten auf das ländlich strukturierte europ. Festland. Theologie und theolog. Lehrbildung waren nicht mehr Sache der (großen) christl. Gemeinden, sondern der Schule (lat. schola): Die entstehende Schulwissenschaft (Scholastik) wurde an Kloster- und Kathedralschulen, seit dem Hoch-MA. an den Universitäten gepflegt.

Die mittelalterl. Gesellschaft bildete das Feudalsystem aus, das mit dem Zusammenwachsen zu einer universalen Kultur in einem universalen Kaisertum und Papsttum gipfelte. Welt, Mensch, Gesellschaft

Christentum: »Die Taufe des fränkischen Königs Chlodwig I. durch Remigius, Bischof von Reims« (nach der Überlieferung 496), Miniatur (15. Jh.; Castres, Musée Goya)

und ihre Institutionen wurden zunächst sakral gedeutet. Angestoßen durch Reformbewegungen innerhalb des Mönchtums (kluniazensische Reform), versuchte die Kirche, eine gewisse Unabhängigkeit von staatl. Gewalt zu erreichen (gregorianische Reform; →Gregor VII.); im Zusammenhang des Investiturstreits wurde die Frage der Autonomie beider Bereiche erstmals grundsätzlich erörtert. Hiermit war der Grund gelegt für den spätmittelalterl. Zerfall der universalen polit. Kultur: Nationalstaaten verfolgten eigene Interessen, die Ideen der Volkssouveränität und der Freiheit der Politik von der Ethik kamen auf, die Wiss.en emanzipierten sich und die Theologie verlor nach und nach ihren bisherigen Primat im universitären Wiss.betrieb.

Neuzeit: Die Neuzeit brachte den prinzipiellen Durchbruch der Emanzipation des Menschen und seines Intellekts von vorgegebenen Autoritäten und kirchl. Tradition.

Die →Reformation band die →Rechtfertigung des Einzelnen theologisch (wieder) unmittelbar an Gott und den Glauben an Jesus Christus, dessen Heilsbotschaft (das Evangelium) den Menschen in einer geistlich erneuerten Kirche unverkürzt und »unverstellt« durch kirchl. »Zwischeninstanzen« (Hierarchie, Tradition) zugänglich sein sollte. Im Gegenzug band sich die kath. Kirche – ohne die Rechtfertigung durch Jesus Christus und seine Gnade aufzugeben – fester an die überlieferten kirchl. Gegebenheiten, kirchenrechtlich vollzogen im Konzil von Trient 1545–63 (→Tridentinum). Die Neuzeit begann für das C. also mit einem Verlust seiner kirchl. Einheit; von jetzt an ist es, neben dem Morgenländischen Schisma (der auf das Jahr 1054 datierten Trennung zw. der lateinisch-abendländ. [kath.] Kirche und den vier ostkirchl. Patriarchaten [Konstantinopel, Alexandria, Antiochia, Jerusalem]), in eine Fülle von Konfessionen, Kirchen und Gemeinschaften aufgesplittert.

Gegenwärtige Lage: In der Gegenwart wirken v.a. drei Tendenzen auf das C. ein, die dessen zukünftige Gestalt mit großer Wahrscheinlichkeit wesentlich beeinflussen werden. So verlieren zum Ersten konfessionelle Unterschiede für viele Christen an Bedeutung gegenüber dem v.a. durch die →ökumenische Bewegung (wieder-)gewonnenen Bewusstsein von der grundsätzl. Einheit aller Christen. Ebenso wirken weltweit anzutreffende charismat. Aufbrüche von interkonfessionellem Charakter (→charismatische Bewegung) und nachhaltige Veränderungen geschichtlich gewachsener »kirchl. Landschaften« durch die stark wachsenden Pfingstkirchen (→Pfingstbewegung). Zum Zweiten sehen sich die Christen aller Konfessionen und Kirchen in die Auseinandersetzung mit dem säkularisierten Denken in seinen unterschiedl. Ausprägungen gestellt (→Säkularisierung). In diesem Zusammenhang stellen sich Mission und (Neu-)Evangelisation als existenzielle kirchl. Zukunftsaufgaben bes. in den westeurop. Ländern mit (noch) nominellen christl. Bevölkerungsmehrheiten. Zum Dritten ist das C. dabei, seine bisherige eurozentr. Prägung zu verlieren. Angesichts der Tatsache, dass heute die Mehrheit der Christen in Ländern der Dritten Welt lebt (in Afrika und Asien oft als Minderheit), ergibt sich für das C. zum einen die Aufgabe, »außereurop. Formen« des theologischen und strukturellen Eingehens auf diese Situation zu finden, zum anderen, sich bewusst dem Dialog mit den anderen Weltreligionen zu stellen.

Christenverfolgungen [k-], Versuche der röm. Kaiser, Statthalter oder örtl. Instanzen, das Christentum als staatlich nicht anerkannten Kult einzudämmen oder gar auszurotten. Die erste C. unter Nero (64) beschränkte sich auf die röm. Christengemeinde. Auch unter Domitian (95) kam es wieder zu Christenverfolgungen. Kaiser Trajan bestimmte um 112, dass nach Christen nicht gefahndet werden und dass anonyme Anzeigen unberücksichtigt bleiben sollten. Wer angezeigt oder überführt wurde, Christ zu sein, war (mit dem Tod) zu bestrafen. Die Anhänger des Christentums galten als Feinde des Staates. Die ersten sich auf das gesamte Röm. Reich erstreckenden C. fanden unter Decius (249) und Valerian (257) statt, die letzte Anfang des 4. Jh. unter Diokletian. Unter Konstantin I., d. Gr., wurde das Christentum 313 den übrigen Religionen rechtlich gleichgestellt.

Christian [k-], Herrscher:
Anhalt-Bernburg: **1) C. I.,** Fürst (seit 1603), *Bernburg (Saale) 11. 5. 1568, †ebd. 17. 4. 1630; trat 1595 in kurpfälz. Dienste und wurde Hauptratgeber der pfälz. Kurfürsten, betrieb die Gründung der Prot. Union (1608). Als Oberbefehlshaber verlor er 1620 die Schlacht am Weißen Berg, danach geächtet, unterwarf sich 1624 dem Kaiser.

Dänemark: **2) C. I.,** König (1448–81), *1426, †Kopenhagen 21. 5. 1481, Sohn Graf Dietrichs des Glücklichen von Oldenburg und Delmenhorst; wurde 1450 auch in Norwegen und 1457 in Schweden zum König gekrönt und 1460 in Schleswig und Holstein zum Landesherrn gewählt. In Schweden verlor er 1464 seine Macht an König Karl VIII. Knutsson Bonde.

3) C. II., König von Dänemark und Norwegen (1513–23) sowie von Schweden (1520–23), *Nyborg 1. 7. 1481, †Kalundborg 25. 1. 1559, Enkel von 2); Schwager Kaiser Karls V.; war bestrebt, die Vormachtstellung der Hanse zu brechen; erzwang 1520 in Schweden seine Anerkennung und ließ zahlr. Gegner hinrichten (»Stockholmer Blutbad«). 1523 ging ihm Schweden durch die Erhebung Gustav Wasas, dann auch Dänemark verloren. C. floh 1523 in die Niederlande. Beim Versuch, seine Macht wieder zu errichten (1531 Einfall in Norwegen), wurde er 1532 von den Dänen gefangen genommen; lebte zunächst als Gefangener auf der Festung Sonderburg, seit 1549 in Kalundborg.

4) C. III., König von Dänemark und Norwegen (1534–59), *Gottorf 12. 8. 1503, †Koldinghus (bei Kolding) 1. 1. 1559, Sohn König Friedrichs I. von Dänemark; erkämpfte seine Anerkennung in der →Grafenfehde; führte 1536 die Reformation ein und nahm Norwegen die Selbstständigkeit.

5) C. IV., König von Dänemark und Norwegen (1588–1648), *Frederiksborg 12. 4. 1577, †Kopenhagen 28. 2. 1648, Enkel von 4); stand bis 1596 unter einer Vormundschaftsregierung. Unter seiner Herrschaft wurden Gesetzgebung und Verwaltung reformiert. Er förderte Handel und Gewerbe, entfaltete eine reiche Bautätigkeit und erwarb Tranquebar an der Koromandelküste (im heutigen Tamil Nadu, Indien) als dän. Kolonie (1616–1845). 1625 griff er auf prot. Seite in den Dreißigjährigen Krieg ein und musste 1629 den Frieden von Lübeck schließen. Durch den Krieg gegen Schweden 1643–45 verlor er u. a. Gotland und Ösel.

6) C. VII., König von Dänemark und Norwegen (1766–1808), *Kopenhagen 29. 1. 1749, †Rendsburg 13. 3. 1808. Wegen seiner Geisteskrankheit führte J. F.

→ Struensee die Reg., nach dessen Sturz 1772 C.s Halbbruder, Erbprinz Friedrich, seit 1784 C.s Sohn, der spätere König Friedrich VI.

7) C. VIII., König (1839–48), * Kopenhagen 18. 9. 1786, † ebd. 20. 1. 1848; 1814 zum König von Norwegen gewählt, musste jedoch unter dem Druck Schwedens und der übrigen Großmächte der Krone entsagen. Als dän. König regierte er absolutistisch und suchte durch eine »Gesamtstaatsverfassung« die Herzogtümer Schleswig und Holstein fester an Dänemark zu binden.

8) C. IX., König (1863–1906), * Gottorf 8. 4. 1818, † Kopenhagen 29. 1. 1906; aus der Linie Schleswig-Holstein-Sonderburg-Glücksburg; wurde durch das Thronfolgegesetz von 1853 zum Nachfolger des kinderlosen Königs Friedrich VII. bestellt; bestätigte widerwillig im Nov. 1863 die Verf., durch die Schleswig Dänemark eingegliedert wurde, und löste damit einen Konflikt mit Preußen und Österreich aus. Durch den Dt.-Dän. Krieg von 1864 verlor er Schleswig, Holstein und Lauenburg.

9) C. X., König (1912–47), * Charlottenlund (heute zu Kopenhagen) 26. 9. 1870, † Kopenhagen 20. 4. 1947, Enkel von 8). Unter seiner Reg. wurde die demokrat. Verf. von 1915 durchgesetzt und Nordschleswig 1920 dem dän. Staat eingegliedert. Während der dt. Besetzung (1940–45) war seine mutige Haltung Symbol des dän. Freiheitswillens.

Halberstadt: **10) C. d. J.,** aus dem Haus Braunschweig-Wolfenbüttel, Administrator des Bistums Halberstadt (seit 1616), * Gröningen 20. 9. 1599, † Wolfenbüttel 16. 6. 1626; der »tolle C.« gen., kämpfte im Dreißigjährigen Krieg auf prot. Seite, wurde von Tilly bei Höchst (1622) und Stadtlohn (1623) geschlagen.

Mainz: **11) C. I., C. von Buch,** Erzbischof (1165–83), * um 1130, † Tusculum (heute Frascati) 25. 8. 1183; war Staatsmann und Heerführer Kaiser Friedrichs I. Barbarossa; er besiegte die Römer 1167 bei Tusculum und schloss 1177 einen Frieden zw. Kaiser und Papst.

Sachsen: **12) C. II.,** Kurfürst (1591–1611), * Dresden 23. 9. 1583, † ebd. 23. 7. 1611; kehrte zum strengen Luthertum zurück, unterstützte dennoch gegen die Landesinteressen die kaiserl. Politik.

Schleswig-Holstein: **13) C. August,** Herzog (seit 1814), Haupt der Augustenburger Linie des oldenburg. Hauses, * Kopenhagen 19. 7. 1798, † Primkenau (heute Przmków, Wwschaft Niederschlesien) 11. 3. 1869; verfocht gegenüber Dänemark seine Erbansprüche auf Schleswig-Holstein; nach dem 1. Dt.-Dän. Krieg (1848–50) musste er 1852 seine Stammgüter in Schleswig an Dänemark abtreten.

Christian Coalition of America [ˈkrɪstjən kəʊəˈlɪʃn əv əˈmerɪkə; engl. »christl. Bündnis von Amerika«], Abk. **CCA**, politisch konservative Sammlungsbewegung in den USA, 1989 von dem Medienunternehmer und Fernsehprediger Pat Robertson (*1930) gegr.; versteht sich als konservative Bewegung zur Erneuerung Amerikas als »christl. Nation«; wird von Kritikern als wesentl. Teil der »neuen christl. Rechten« in den USA angesehen.

Christiania [k-], **Kristiania,** 1624–1924 Name von → Oslo.

Christian Science [ˈkrɪstjən ˈsaɪəns, engl.], **Christliche Wissenschaft,** Glaubensgemeinschaft, gegr. 1879 von Mary Baker-Eddy (*1821, †1910). C. S. versteht sich als christl. Kirche mit der Aufgabe, das Urchristentum wieder einzuführen. Gott wird als die grundlegende geistige Ursache, allumfassende Liebe, das vollkommene geistige Sein (das »Alles-in-allem«) gelehrt, die Materie samt ihren Begleiterscheinungen Sünde, Krankheit und Tod als Illusion, die zwischen dem Menschen und seiner Bestimmung (als Gottes Bild und Gleichnis) steht, die sowohl Verkündigungs- als auch Heilungsauftrag umfassende Nachfolge Christi als der Weg, Gott näher zu kommen, wodurch alles ihm Unähnliche seine Macht verliert. – Die Mutterkirche der C. S., die seit 1908 auch die Tageszeitung **»The Christian Science Monitor«** herausgibt, befindet sich in Boston (Mass.). Weltweit bestehen ca. 2 000 Gemeinden.

Christianshåb [kresdjansˈhɔːb, dän.], Siedlung in Grönland, →Qasigiannguit.

Christie [ˈkrɪstɪ], **1)** Dame (seit 1971) Agatha, geb. **Miller,** engl. Schriftstellerin, * Torquay (heute zu Torbay) 15. 9. 1890, † Wallingford (Cty. Oxfordshire) 12. 1. 1976; schrieb neben Kurzgeschichten v. a. viel gelesene Kriminalromane, häufig mit dem schrulligen belg. Meisterdetektiv Hercule Poirot und der ältl. Amateurkriminalistin Miss Jane Marple, und Theaterstücke. – *Werke: Dramen:* Der Mord auf dem Golfplatz (1923); Mord im Pfarrhaus (1930); Mord im Orientexpress (1934); Zehn kleine Negerlein (1939; auch u. d. T. Und dann gab's keines mehr); Die Mausefalle (1949); Zeugin der Anklage (1956); Die Fuchsjagd (1956); Lauter reizende alte Damen (1968).

2) Julie Frances, brit. Filmschauspielerin, * Chukua (Assam) 14. 4. 1941; spielte u. a. in »Darling« (1965), »Doktor Schiwago« (1965), »Der Mittler« (1970) und »Hitze und Staub« (1983). – *Weitere Filme:* Geliebter Spinner (1962); Fahrenheit 451 (1966); Liebesflüstern (1997); Wenn Träume fliegen lernen (2004).

3) William, amerikan. Cembalist, Chorleiter und Dirigent, * Buffalo (N. Y.) 19. 12. 1944; zunächst Cembalist, gründete er 1979 das auf Alte Musik spezialisierte Ensemble Les Arts Florissants, das v. a. mit mustergültigen Interpretationen frz. und ital. Opern des Barock bekannt wurde. In den 1990er-Jahren wandte C. sich auch vereinzelt Bühnenwerken der Klassik zu.

Christie's [ˈkrɪstɪz], eigtl. **Christie, Manson & Woods Ltd.,** 1766 von dem brit. Kunsthändler James Christie (*1730, †1803) gegründetes Versteigerungs-

Christian X., König von Dänemark

Agatha Christie: »Mord im Orientexpress« (1934), Szene aus der Verfilmung von Sidney Lumet (1974) mit Albert Finney als Hercule Poirot (rechts)

Christine, Königin von Schweden

haus für Kunstobjekte aller Epochen in London mit Niederlassungen in aller Welt.

Christine [k-], Königin von Schweden (1632–54), * Stockholm 17. 12. 1626, † Rom 19. 4. 1689, Tochter Gustavs II. Adolf. Während ihrer Minderjährigkeit wurde Schweden von einem Regentschaftsrat unter dem Reichskanzler Axel Oxenstierna regiert; 1644 übernahm sie selbst die Reg.; förderte die Wiss.en und berief u. a. Descartes nach Stockholm. 1654 dankte sie zugunsten ihres Vetters Karl Gustav von Pfalz-Zweibrücken ab, war aber auch nach ihrer Thronentsagung in päpstl., kirchl., frz. und schwed. Angelegenheiten diplomatisch tätig. 1655 trat sie zum Katholizismus über und lebte danach meist in Rom.

Christine de Pisan [kris'tin də pi'zã], frz. Schriftstellerin, →Pisan, Christine de.

Christkatholische Kirche der Schweiz [k-], die altkath. Kirche der Schweiz.

Christkind [k-], Kunstfigur kindl. bzw. jugendl. Alters und androgynen Charakters, die im Zuge reformator. Bestrebens gegen die Heiligenverehrung und in direkter Konkurrenz zum am 6. 12. Gaben bringenden hl. Nikolaus (→Nikolaus von Myra) entstand und Mitte des 16. Jh.s – vorherrschend bis ins 20. Jh. – zum Gabenbringer der Weihnachtszeit wurde. Bei der volkskulturell begründeten Genese wurden zunächst ältere Muster aufgegriffen, die sich an Jesus Christus in plast. oder bildl. Darstellung als neugeborenes Kind in der Krippe anlehnten.

Christkönigsfest [k-], *kath. Kirche:* das (seit 1965) am letzten Sonntag im Jahreskreis gefeierte Fest zu Ehren der universalen Herrschaft Christi; 1925 eingeführt.

Christlich Demokratische Union Deutschlands

Christlich Demokratische Union Deutschlands [k-], Abk. **CDU,** polit. Partei, im Juni 1945 in Berlin und im Rheinland entstanden, organisierte sich 1945–49 auf der Ebene der Länder und Besatzungszonen. Die →Christlich Soziale Union in Bayern blieb selbstständig, verband sich aber 1949 im Bundestag mit der CDU zu einer Fraktionsgemeinschaft (CDU/CSU). 1950 schloss sich die CDU auf Bundesebene zusammen. An der Spitze steht der Bundesvorsitzende (K. Adenauer, 1950–66; L. Erhard, 1966/67; K. G. Kiesinger, 1967–71; R. Barzel, 1971–73; H. Kohl, 1973–98; W. Schäuble, 1998–2000; seit 2000 A. Merkel). Nachwuchsorganisation ist die →Junge Union.

Programmatisch will die CDU alle christlich orientierten Kräfte in einer »Union« sammeln. Das staatl. Leben soll auf christl., demokrat. und föderativer Basis gegründet sein. Nachdem sich urspr. Kreise der rheinisch-westfäl. CDU im »Ahlener Programm« (1947) zur Sozialisierung von Schwerindustrie und Bergbau bekannt hatten, setzte bes. L. Erhard in der Partei das Bekenntnis zum Prinzip der sozialen Marktwirtschaft durch. Geprägt von den außenpolit. Vorstellungen Adenauers, vertrat sie die Integration Europas, den Einbau der Bundesrep. Dtl. in die westl. Gemeinschaft bei Offenhaltung der dt. Wiedervereinigungsfrage. 1949–69 war sie führende Reg.-Partei und stellte die Bundeskanzler: 1949–63 K. Adenauer, 1963–66 L. Erhard, 1966–69 K. G. Kiesinger. 1969–82 stand sie in Opposition zu den von SPD und F.D.P. gestellten Regierungen. Nach dem von CDU, CSU und der Mehrheit der F.D.P. getragenen konstruktiven Misstrauensvotum gegen Bundeskanzler H. Schmidt (SPD) übernahm die CDU unter H. Kohl am 1. 10. 1982 erneut die Reg.verantwortung. Die Forderung nach der Wiedervereinigung Dtl.s nie aufgebend, setzte sich die CDU 1990 für die schnelle Herbeiführung der dt. Einheit ein. Der Wahlsieg bei den ersten gesamtdt. Wahlen (2. 12. 1990) sowie die knappe Mehrheit 1994 bestätigten diese Politik. Nach der Wahlniederlage von 1998 ging die CDU in Opposition zu der von SPD und Bündnis 90/Die Grünen gestellten Reg. Die Ende 1999/Anfang 2000 die innenpolit. Diskussion in Dtl. beherrschende Finanz- und →Parteispendenaffäre versuchte die CDU zu einem personellen und strukturellen Neuanfang zu nutzen. Bei den Bundestagswahlen im Sept. 2002 unterlag E. Stoiber (CSU) als Kanzlerkandidat von CDU und CSU nur knapp. Unter der ersten Bundeskanzlerin Angela Merkel (CDU) bildet die CDU – gemeinsam mit der CSU – nach den vorgezogenen Bundestagswahlen vom 18. 9. 2005 seit Nov. 2005 eine Große Koalition mit der SPD. – In der SBZ/DDR wurde die **CDU(D)** im Rahmen der »Blockpolitik« seit 1948 völlig von der SED abhängig. Im Spätherbst 1989 profilierte sie sich zunehmend als eigenständige polit. Kraft; aus den ersten demokrat. Wahlen in der DDR am 18. 3. 1990 ging die CDU im Rahmen der »Allianz für Dtl.« als stärkste Partei hervor und stellte den Min.-Präs. (L. de Maizière). Am 1./2. 10. 1990 vereinigte sie sich mit der bundesdt. CDU. – Seit der Gründung europ. Vereinigungen (1947) arbeitet die CDU mit den europ. christlich-demokrat. Parteien zusammen; im Juli 1976 war sie maßgeblich an der Gründung der Europ. Volkspartei (EVP) beteiligt.

Christlich-demokratische Volkspartei der Schweiz

Christlichdemokratische Volkspartei der Schweiz [k-], Abk. **CVP,** seit 1970 Name der 1912 konstituierten Schweizer. Konservativen Volkspartei, die aus der Kath. Volkspartei (gegr. 1894) hervorging; hieß 1957–70 **Konservativ-christlichsoziale Volkspartei der Schweiz;** bekennt sich zu einer christl., aber zugleich auch überkonfessionell motivierten Politik und zu einer sozialen Wirtschafts- und Gesellschaftsgestaltung; betont bes. die föderale Struktur der Schweiz und fordert inzwischen eine Erneuerung des Staatswesens.

christliche Dichtung [k-], i. e. S. die →geistliche Dichtung; i. w. S., bes. in neuerer Zeit, Dichtung, die wesentlich, jedoch ohne dogmat. Enge, von christl. Grundanschauungen bestimmt ist; gewann schärferes Profil bes. mit der Bewegung des »Renouveau catholique« in Frankreich; in England u. a. von T. S. Eliot, G. Greene, E. Waugh vertreten, in Dtl. von W. Bergengruen, Elisabeth Langgässer, Gertrud von Le Fort, Reinhold Schneider; seit den 1960er-Jahren sind christl. Motive häufig Bestandteil vielschichtig angelegter Werke, u. a. bei E. Cardenal, J. Brodski, K. Marti, H. Böll.

christliche Gewerkschaften [k-], →Gewerkschaften.

christliche Kunst [k-], i. w. S. die Kunst der christl. Kulturwelt, i. e. S. die Kunst, die die Darstellung des Lebens Christi und der Heiligen zum Inhalt hat, die sich mit dem Bau von Kirchen und Klöstern und der Gestaltung der liturg. Geräte befasst. Über die Anfänge der c. K. →frühchristliche Kunst.

christliche Philosophie [k-], in einem weiten, historisch und systematisch berechtigten Sinn eine Philosophie, deren Gehalt durch die christl. Offenbarung und die Auseinandersetzung mit ihr geprägt ist. – Grundlage der c. P. zur Zeit des frühen Christentums waren Platonismus und Neuplatonismus. Ihren Höhepunkt erreichte diese Periode mit der bis ins MA., teils sogar bis in die Neuzeit fortwirkenden Philosophie des hl. Augustinus. In der →Scholastik führte Thomas von Aquin in vollendeter Weise Glauben und Wissen zu einer Einheit zusammen: Während der Glaube das Heilswissen bewahrt und seine Quelle allein Gottes Offenbarung ist, bildet das Wesen der natürl. Dinge den eigentl. Gegenstand der Philosophie. Darüber hinaus dient die Philosophie dazu, neue Einsichten in die Transzendenz Gottes, die Endlichkeit und Geschaffenheit der Welt und in die Bestimmung des Menschen als freier Person zu gewinnen. Nach der Reformation traten u. a. Verinnerlichungsbewegungen (B. Pascal) und Pietismus neben Weiterentwicklungen des scholast. Denkens (F. Suárez), im 19. Jh. erfolgte eine Neubesinnung auf die existenziellen Grundlagen des christl. Denkens (S. Kierkegaard). Auf der Grundlage der thomas. Verhältnisbestimmung von Vernunft und Glaube haben im 20. Jh. É. Gilson, R. Jolivet, R. Garrigou-Lagrange, J. Maritain, A. D. Sertillanges und J. Pieper das Projekt einer c. P. verteidigt.

Christlicher Verein Junger Männer [k-], Abk. **CVJM,** christlich-ökumen. Jugendverband, seit 1985 →Christlicher Verein Junger Menschen.

Christlicher Verein Junger Menschen [k-], Abk. **CVJM,** christlich-ökumen. Jugendverband, dt. Zweig der →Young Men's Christian Association; seit seiner Gründung christlich-missionar. Tätigkeit, Jugendbildungsarbeit und Sozialengagement verbindend. Als freie christl. Vereinigung im letzten Drittel des 19. Jh. (seit etwa 1880) entstanden (anknüpfend an die früheren [seit 1823] ev. Jünglingsvereine), bildete der CVJM – die Abk. steht in dieser Zeit für **Christlicher Verein Junger Männer** – bis in die zweite Hälfte des 20. Jh. einen evangelischen männl. Jugendverband. Seit den 1960er-Jahren wurde die Arbeit mit Frauen und Mädchen mehr und mehr in den CVJM integriert; 1985 erfolgte die Umbenennung in **Christlicher Verein Junger Menschen;** Sitz des »CVJM-Gesamtverbandes in Dtl. e. V.« ist Kassel.

christliche Seefahrt [k-], im 17. Jh. entstandener Ausdruck, erstmals belegt im Titel zweier in Kopenhagen erschienener Andachtsbücher für Seeleute (1659; 1677), mit dem die Verbindung zw. Christentum und Seefahrt – in bewusster Unterscheidung zur »heidn. Seefahrt« – betont werden sollte.

christliche Soziallehre [k-], zusammenfassende Bez. für die →Soziallehren der christl. Kirchen.

christliche Symbole [k-], Sinnbilder des Glaubens, die in frühchristl. Zeit als Verhüllung des Bekenntnisses in einer feindl. Umwelt und geheimes Mittel der Verständigung entstanden. Zu den c. S. gehören bes. das Kreuz und das Christusmonogramm, aber auch Lamm, Guter Hirte, Fisch (→Ichthys) und Pfau. (→frühchristliche Kunst)

Christliche Volkspartei [k-], **1)** flämisch **Christelijke Volkspartij,** Abk. **CVP,** frz. **Parti Social Chrétien,** Abk. **PSC,** polit. Partei in Belgien, gegr. im Dez. 1945, hervorgegangen aus der Kath. Partei, seit 1968 in zwei selbstständige Organisationen geteilt (in die fläm. CVP und die wallon. PSC), die jedoch seit 1971 wieder um enge Zusammenarbeit bemüht sind. Mit Ausnahme der Jahre 1945–47, 1954–58 und der seit Juli 1999 amtierenden »Regenbogenkoalition« beteiligte sich die C. V. an der Reg. und stellte meist den Ministerpräsidenten.

2) 1945–65 polit. Partei im →Saarland, 1945–56 unter dem Vorsitz von J. →Hoffmann, strebte ein von Dtl. abgetrenntes, wirtschaftlich und kulturell nach Frankreich hin orientiertes Saarland an. Sie stellte dort als stärkste Partei 1945–56 den Min.-Präs. (J. Hoffmann). 1955 trat sie für die Annahme des Saarstatutes ein, verlor jedoch durch dessen Ablehnung durch die Bevölkerung und der Eingliederung des Saarlandes in die Bundesrep. Dtl. an Bedeutung und verschmolz 1965 mit der CDU.

Christliche Wissenschaft [k-], →Christian Science.

christlich-soziale Bewegungen [k-], die christlich-kirchl. Bestrebungen zur Lösung der sozialen Frage im frühindustriellen Zeitalter. Auf protestant. Seite nahm sie mit T. Carlyle u. a. in England ihren Ausgang. In Dtl. seit 1848 bes. durch J. H. Wichern vorbereitet, wurde die c.-s. B. dort später v. a. durch A. Stoecker und F. Naumann stark beeinflusst. Auf kath. Seite trat schon vor 1848 F. von Baader für den Arbeiterstand ein, bahnbrechend wirkten Bischof W. E. Freiherr von Ketteler und A. Kolping für die c.-s. B. in Dtl. Ihr kirchenamtl. Programm erhielt die kath. Kirche durch Leo XIII. (Enzyklika →Rerum novarum), Pius XI. (Enzyklika →Quadragesimo anno) und Johannes XXIII. Sowohl in der Sozialgesetzgebung als auch in der prakt. Arbeit der Kirchen, nicht kirchl. Verbände und der Wirtschaft selbst hat sich die c.-s. B. seit Ende des 19. Jh. stark ausgewirkt. Die Gründung christlich-demokrat. und christlichsozialer Parteien gab ihr die Möglichkeit polit. Wirksamkeit. Eine Verständigung zw. Sozialdemokratie und ev. Kirche versuchten die Vertreter des →religiösen Sozialismus. Heute wirken im Sinne der c.-s. B. die →Katholische Arbeitnehmer-Bewegung, die →Evangelische Arbeitnehmer-Bewegung, eine Reihe von kirchl. Einrichtungen (u. a. Kirchentage, Sozialpfarrämter) sowie versch. konfessionelle Sozial- und Berufsverbände. (→Soziallehren der christlichen Kirchen)

Christlichsoziale Partei [k-], **1)** die von Hofprediger A. Stoecker 1878 gegründete **Christlichsoziale Arbeiterpartei.** Sie verfolgte bald, gestützt auf den konservativen Mittelstand, eine antisemit. Politik. Durch Abspaltung einer Linksgruppe unter F. Naumann entstand 1896 der **Nationalsoziale Verein,** der sich 1903 auflöste.

2) in Österreich die von K. Lueger 1891 gegründete Partei, verband sozialreformer. Ziele mit antisemit. und antiliberalen Vorstellungen, stützte sich auf das kleinere und mittlere Bürgertum. Nach Vereinigung mit den bäuerl. Klerikalen war sie 1907–11 stärkste Partei im österr. Reichsrat. In der 1. Republik war die Partei mit einem ausgeprägt christlich-demokrat.

Christlicher Verein Junger Menschen

christliche Symbole: Sarkophag der Livia Primitiva aus dem frühen 3. Jh. mit der Darstellung dreier früher christlicher Symbole: Fisch, Guter Hirte, Anker

Christlich Soziale Union in Bayern [k-], Abk. **CSU,** 1945 in Bayern gegründete polit. Partei, bekennt sich wie die CDU zu einem Staatsaufbau nach christl. und sozialen Prinzipien, betont jedoch stärker den Föderalismus; sie umfasst Angehörige beider christl. Konfessionen. Im bayer. Landtag besaß sie 1946 (bis 1950) und besitzt erneut seit 1962 die absolute Mehrheit. Mit Ausnahme der Jahre 1954–57 stellte sie den Min.-Präs. von Bayern. Parteivorsitzende: J. Müller (1945–49), H. Ehard (1949–55), H. Seidel (1955–61), F. J. Strauß (1961–88), T. Waigel (1988–99), E. Stoiber (seit 1999). Unter der Führung von Strauß gewann sie auf Bundesebene im Rahmen der Fraktionsgemeinschaft mit der CDU (seit 1949) starkes polit. Gewicht; eine 1976 erhobene Forderung nach Auflösung der Fraktionsgemeinschaft mit der CDU wurde wieder zurückgezogen. Bei den Bundestagswahlen von 1980 trat F. J. Strauß als Kanzlerkandidat von CDU und CSU hervor. Im Okt. 1982 trug die CSU das konstruktive Misstrauensvotum gegen Bundeskanzler H. Schmidt (SPD) sowie die Wahl H. Kohls (CDU) zum Bundeskanzler mit und war in der Folge – wie bereits zw. 1949 und 1969 – bis 1998 in der Reg. vertreten. Im Januar 2002 wurde E. Stoiber zum gemeinsamen Kanzlerkandidaten von CDU und CSU für die Bundestagswahlen im Sept. 2002 benannt, er unterlag nur knapp. Unter der ersten Bundeskanzlerin Angela Merkel (CDU) beteiligte sich die CSU an der Seite der CDU im Nov. 2005 an der Bildung der Großen Koalition mit der SPD.

Christmas [ˈkrɪsməs; engl. »Christmesse«], Kw. **Xmas,** in Großbritannien und den USA der 1. Weihnachtstag (**Christmas Day,** 25. Dezember); auch Name für die ganze Weihnachtszeit bis zum 6. Januar.

Christmas Island [ˈkrɪsməs ˈaɪlənd], vulkan. Insel südlich von Java, im Ind. Ozean, 135 km², 400 Ew.; Hauptort ist Flying Fish Cove; Phosphatabbau, Tourismus. – 1643 entdeckt, ab 1888 brit., seit 1958 von Australien verwaltet.

Christmette [k-] *die,* der Mitternachtsgottesdienst in der Christnacht.

Christnacht [k-], **Heilige Nacht,** die Nacht vor Weihnachten (vom 24. zum 25. 12.).

Christoff [x-], Boris, bulgar. Sänger (Bass), * Plowdiw 18. 5. 1919, † Rom 28. 6. 1993; v. a. Interpret russ., ital. und frz. Opernpartien.

Christoffel [k-], Elwin Bruno, Mathematiker, * Monschau 10. 11. 1829, † Straßburg 15. 3. 1900; arbeitete über Analysis, Geometrie, theoret. Physik, Geodäsie. Die von ihm eingeführten **C.-Symbole** sind Rechengrößen zur differenzialgeometr. Behandlung gekrümmter Räume, z. B. in der allgemeinen Relativitätstheorie.

Christologie [k-, griech.] *die,* die Lehre von der Person Jesu Christi, wie sie im N. T. angelegt und in den christl. Kirchen entfaltet worden ist. – Zur *Theologiegeschichte:* →Logos, →Trinität, →Doketismus, →Monarchianer, →homousios, →Chalkedon, →Monophysiten, →filioque.

Christoph [k-], Herzog von Württemberg (1550–68), * Urach (heute Bad Urach) 12. 5. 1515, † Stuttgart 28. 12. 1568, Sohn des Herzogs Ulrich; organisierte in streng luther. Geist das württemberg. Kirchen- und Schulwesen.

Christopher Street Day [ˈkrɪstəfə ˈstriːt deɪ, engl.], von der Schwulen- und Lesbenbewegung jährl. im Sommer begangene Veranstaltung in Erinnerung an die Anfänge der →Gay-Liberation-Bewegung, charakterisiert bes. durch die in den USA und in Europa in verschiedenen Großstädten durchgeführten Paraden zum C. S. D. Dieser selbst geht zurück auf tagelange, z. T. straßenschlachtartige Auseinandersetzungen im Sommer 1969 in New York, die ihren Ausgangspunkt in der schikanösen Behandlung der Gäste der Homosexuellen-Bar Stonewall in der Christopher Street durch die Polizei genommen hatten.

Christophorus [k-; griech. »Christusträger«], legendar. Märtyrer, einer der 14 Nothelfer der kath. Kirche und der volkstümlichsten Heiligen des Morgen- und Abendlandes (u. a. gegen Pest, Hagelschlag und jähen Tod), Patron der Fahrenden und Reisenden, heute v. a. der Kraftfahrer und des modernen Straßenverkehrs (Kennzeichen: **C.-Plaketten** im Auto); nach der Legende ein Riese, der das Jesuskind durch einen Strom trug und von ihm getauft wurde. Attribute: Jesuskind, Stab. Die bildende Kunst zeigt den hl. C., bes. in spätgot. Zeit, als bärtigen Riesen mit dem Jesuskind auf der Schulter und auf einen Baumstamm gestützt. Heiliger, Tag: 24. 7., orth. Kirche 9. 5; in den oriental. Nationalkirchen an verschiedenen Terminen im April, Juli und August.

Christophskraut [k-], **Actaea,** Gattung der Hahnenfußgewächse; einheimisch ist das **Ährige C.** (Actaea spicata), eine Staude mit mehrfach gefiederten Blättern, weißen Blütentrauben und schwarzen, giftigen Beeren.

Christo und Jeanne-Claude: »The Gates«, Central Park in New York (12. 2. bis 28. 2. 2005)

Christo und Jeanne-Claude [x-, engl. ˈkrɪstəʊ ʒanˈkloːd], amerikan. Künstlerpaar bulgar. bzw. frz. Herkunft: eigtl. C. **Jawatschew (Javacheff)**, * Gabrowo 13. 6. 1935, und J.-C. geb. **de Guillebon,** * Casablanca 13. 6. 1935, ⚭ seit 1959; leben seit 1964 in New York. C. und J.-C. verpacken Objekte, umhüllen Monumente und Gebäude, verändern Landschaften mit Gewebe u. a., um neue Seherfahrungen zu provozieren. Diesen Aktionen gehen zahlr. Zeichnungen und Collagen voraus. Das bedeutendste in Dtl. ausgeführte Projekt war die Verhüllung des Reichstagsgebäudes in Berlin (1995). Das Großprojekt mit dem Titel »The Gates« (seit 1979 in Planung), das den Central Park in New York für die Dauer von 16 Tagen durch 7 500 mit safranfarbigen Stoffbahnen behängte Stahltore in ein Kunstwerk verwandelte, kam 2005 zur Ausführung. C. u. J.-C. erhielten 1995 den Kunstpreis Praemium Imperiale.

Christrose [k-], die Schwarze →Nieswurz.

Christus [k-; griech. der »Gesalbte«], die Übersetzung des hebr. →Messias; im N. T. der Würdename für Jesus von Nazareth, der ihn als den im A. T. verheißenen Messias kennzeichnet; schon in den Apostelbriefen sein Eigenname (→Jesus Christus).

Christus [ˈkrɪstys], Petrus, niederländ. Maler, * Baarle (heute Baarle-Nassau, Prov. Nordbrabant) um 1420, † Brügge 1472/73; malte in enger Anlehnung an Jan van Eyck religiöse Darstellungen und Porträts, die eine für die Zeit erstaunl. Wirklichkeitserfassung zeigen.

Christusbild [k-], die Darstellung Christi in Malerei und Plastik, seit frühchristl. Zeit eines der Hauptthemen der Kunst. Anfänglich beschränkte man sich auf Geheimzeichen (→christliche Symbole), später kamen sinnbildl. Darstellungen dazu, so z.B. der Gute Hirte, als jugendl. Held dem antiken Schönheitsideal des Apoll folgend. Daneben bestand das Bild des reifen, würdigen Christus. Als Maiestas Domini oder als Pantokrator sitzend oder stehend wurde er bis zur Romanik, bes. in der Apsis, dargestellt. Im MA. wurden Leben und Passion Christi zentrales Thema. Durch die Jahrhunderte suchten die Künstler das C., das dem Frömmigkeitsausdruck der Zeit am nächsten kam, zu gestalten; so gab es in der Gotik sowohl das idealisierende C. (schöner Stil) als auch die realist. Darstellung des leidenden Christus (M. Grünewald). Die Plastik bevorzugte das Kruzifix und das Andachtsbild. In der Renaissance, die Christus als göttlich vollkommenen Menschen verkörperte, stellte Michelangelo noch einmal den bartlosen antiken Typus dar. Unter den zahlr. C. der Barockzeit ragen die Darstellungen Rembrandts durch seel. Ausdruckskraft hervor.

Christusdorn [k-], **Euphorbia milii,** stark bedornter, sukkulenter Strauch aus Madagaskar; Scheinblüten klein, gelb, jeweils von einem Paar hellroter oder hellgelber Hochblätter umgeben; Zimmerpflanze.

Christusmonogramm [k-], **Christogramm,** symbol. Zeichen für den Namen Christus, gebildet aus den griech. Anfangsbuchstaben (**XP**); üblich seit dem 3. Jh., häufig ergänzt durch Alpha und Omega (A und Ω, Sinnbild für Christus als Anfang und Ende). Im 15. Jh. kam die Form **IHS** auf (griech. »Jes«) auf, die in das Wappen des Jesuitenordens einging und gedeutet wurde bes. als »Jesus, Erlöser der Menschen« (lat. »Iesus Hominum Salvator«), aber auch volkstümlich als »Jesus, Heiland, Seligmacher«.

Christusbild: Tizian, »Christus der Erlöser« (um 1570; Sankt Petersburg, Eremitage)

Christus|orden [k-], nach Auflösung des Templerordens in Portugal aus dessen Gütern 1318 gegründeter geistl. Ritterorden, bed. in der port. Kolonisation; 1797 säkularisiert.

Chrodegang von Metz [k-], Bischof aus rhein. Adel, * Anfang des 8. Jh., † Metz 6. 3. 766. Als Laie (Notar Karl Martells) zum Bischof bestellt, führte er im Frankenreich die röm. Liturgie ein und verfasste für seine Kleriker eine Regel (**Regula Chrodegangi**), die sie zum gemeinsamen Leben in klosterähnl. Gemeinschaft verpflichtete. Heiliger, Tag: 6. 3.

Chrom [k-; frz. von griech. chrôma »Haut«, »Hautfarbe«, »Farbe«] *das,* **Cr,** chem. Element aus der 6. Nebengruppe des Periodensystems, Ordnungszahl 24, relative Atommasse 51,996, Dichte (bei 20 °C) 7,18 g/cm³, Schmelzpunkt 1 907 °C, Siedepunkt 2 671 °C. – C. ist ein silberweiß glänzendes, sprödes, hartes Schwermetall, das in höchster Reinheit jedoch dehn- und verformbar ist. An der Luft und gegen Wasser ist C. beständig. Bei Einwirken konzentrierter Salpetersäure entsteht eine Oxidschicht, die das Metall vor weiterer Oxidierung schützt (Passivierung); so vorbehandeltes C. löst sich auch nicht in anderen verdünnten Säuren. Bei erhöhter Temperatur reagiert es mit den meisten Nichtmetallen, mit Kohlenstoff bildet es **C.-Carbid.** C. gehört zu den essenziellen Spurenelementen, die sechswertigen Verbindungen sind allerdings toxisch. C. ist mit etwa 0,03 % am Aufbau der oberen Erdkruste beteiligt. Es kommt (außer spurenweise in Meteoriten) in der Natur nicht gediegen vor. Wichtigstes C.-Mineral und zugleich einziges bedeutendes C.-Erz ist →Chromit, daneben findet sich C. im →Krokoit. Sehr reines C. wird auf elektrolyt. Wege hergestellt, kohlenstoffhaltige Ferrochromlegierungen werden durch Reduktion von Chromit mit Kohle im elektr. Ofen gewonnen, kohlenstofffreie Ferrochromlegierungen durch →Aluminothermie. Reinstes C. erhält man durch Zersetzen des Dampfes von Chrom(III)-jodid, CrI_3, an heißen Drähten.

Christusdorn

Christusmonogramm

C. wird v. a. als Ferro-C. zur Herstellung korrosionsbeständiger und hoch beanspruchbarer C.- und C.-Nickel-Stähle verwendet, außerdem als Katalysatormaterial. Reines C. dient v. a. zum Legieren von eisenfreien Werkstoffen, zum Verchromen von Metallen, die dadurch vor Korrosion geschützt werden und zur Herstellung von →Cermets. C.-Verbindungen werden z. B. als C.-Farbe, als Beizmittel und für galvan. Bäder verwendet. – *Wirtschaft:* Hauptförderländer von C.-Erz (Bergwerksproduktion) waren 2002 (in Mio. t): Südafrika (6,4), Kasachstan (2,37), Indien (1,9), Simbabwe (0,749), Finnland (0,566), Türkei (0,314) und Brasilien (0,280). Die heute bekannten Weltvorräte an C.-Erz garantieren statistisch eine Versorgung für mehr als 400 Jahre.

Chromat<u>i</u>den [k-], →Chromosomen.

Chromat<u>ie</u>ren [k], Erzeugung von Schutzschichten auf Metalloberflächen in sauren oder alkal. Lösungen, die Chromsäure oder Chromate enthalten. Das C. verbessert die Korrosionsbeständigkeit der Metalle und ergibt einen guten Haftgrund für Lacküberzüge.

Chromatik: oben **links** die chromatische Fortschreitung f–fis–g, **rechts** die chromatischen Intervalle c–fis und e–as; **unten** eine chromatische Tonleiter

Chrom<u>a</u>tik [k-, griech.] *die, Musik:* die durch Versetzungszeichen (♯, ♭) bewirkte Erhöhung oder Erniedrigung der Stammtöne einer Tonart. Die **chromat. Fortschreitung** ist die Halbtonfortschreitung zu oder von einem nicht leitereigenen, durch Erhöhung oder Erniedrigung abgeleiteten Ton, in C-Dur z. B. f–fis–g. Als **chromat. Tonleiter** (Zwölftonleiter) wird eine Tonleiter mit zwölf Halbtönen in der Oktave bezeichnet, die in steigender Richtung mit ♯, in fallender Richtung mit ♭ als Vorzeichen notiert werden. **Chromatische Intervalle** nennt man alle übermäßigen (z. B. die übermäßige Quarte c–fis) und verminderten (z. B. die verminderte Quarte e–as) Intervalle. Die C. kam in der abendländ. Musik seit Mitte des 16. Jh. auf und wurde in der Musik des 19. Jh., v. a. in Spätromantik und Impressionismus, ein wesentl. Ausdrucksmittel. A. Schönberg und M. Hauer begründeten auf der C. die Zwölftonmusik (→Zwölftontechnik).

Chromat<u>i</u>n [k-, griech.] *das,* Gesamtheit des chromosomalen Materials einer Zelle, das aus DNA, Proteinen sowie etwas RNA besteht; wird während der Zellteilung in Form der Chromosomen lichtmikroskopisch sichtbar. Man unterscheidet zwei Typen, das stärker anfärbbare **Hetero-C.** und das schwächer anfärbbare **Eu-C.** Wie sich herausgestellt hat, ist das Eu-C. Ort intensiver RNA-Synthese, während die DNA-Bereiche des Hetero-C. inaktiv sind.

chrom<u>a</u>tisch [k-], **1)** *Musik:* in Halbtönen fortschreitend.
2) *Physik:* die Farbenlehre betreffend.

chrom<u>a</u>tische Aberrat<u>io</u>n [k-], *Optik:* →Abbildungsfehler.

Chromatograf<u>ie</u> [k-, griech.] *die,* **Chromatographie,** Bez. für eine Gruppe physikalisch-chem. Trennverfahren, bei denen sich die zu trennenden Probenbestandteile zw. zwei Phasen verteilen. Die eine, die stationäre Phase, liegt dabei fest. Die andere, die mobile Phase, durchströmt die stationäre Phase oder wird an dieser vorbeigeführt. Apparativ wird dies meist in Säulen mit Innendurchmessern von einigen Mikrometern bis zu wenigen Zentimetern realisiert. Die stationäre Phase ist in solche Säulen »gepackt«; die Probelösung wird hinzugegeben, die Analyten lagern sich dabei an der stationären Phase an. Mit der mobilen Phase wird anschließend eluiert, d. h., der Analyt wird wieder abgelöst (Elution). Als stationäre Phase kann man Flüssigkeiten, Feststoffe oder Gele verwenden. Die Einzelkomponenten des Probengemischs haften in unterschiedl. Weise an der stationären Phase und werden deshalb mit unterschiedl. Geschwindigkeit zum Detektor transportiert und auf diese Weise getrennt. Das im Detektor aufgezeichnete Ergebnis wird als **Chromatogramm** bezeichnet. Nach Art des Trennprinzips oder des Trägermaterials unterscheidet man u. a. Ionenaustausch- und →Papierchromatografie, nach der experimentellen Anordnung Säulen- und →Dünnschichtchromatografie. Manche Trennungen werden in der Gasphase (→Gaschromatografie) oder unter erhöhtem Druck (Hochdruckflüssig-C., HPLC) durchgeführt. Mit einem Gel als stationärer Phase werden die Moleküle nach ihrer Größe getrennt.

Chromatoph<u>o</u>ren [k-; griech. »Farbträger«], **1)** *Botanik:* farbige →Plastiden.
2) *Zoologie:* Pigment führende Zellen der Körperdecke, die den Farbwechsel bewirken.

Chrom<u>a</u>tvergiftung [k-], Erkrankung, die durch bestimmte Chromverbindungen (Chromate) verursacht wird. Durch Ätzwirkung kann es zu Magen-, Darm-, Leber- und Nierenschädigungen kommen, bei langjährigem Einatmen chromhaltiger Stäube und Dämpfe u. a. zu Lungenkrebs. Gewerbl. C. sind melde- und entschädigungspflichtige Berufskrankheiten.

Chrom|<u>ei</u>senerz [k-], **Chromeisenstein,** der →Chromit.

Chrom<u>ie</u>ren [k-], **1)** *Metallkunde:* →Inchromieren.
2) *Textilfärberei:* Bildung einer Verbindung zw. chromhaltigem Farbstoff und Textilmaterial, um Farb- und Nassechtheit zu erreichen; abwasserbelastend.

Chrom<u>i</u>t [k-] *der,* **Chromeisenstein, Chromeisenerz,** bräunlich schwarzes, halbmetallisch glänzendes kub. Mineral, $(Fe,Mg)Cr_2O_4$, aus der Gruppe der Spinelle; einziges wichtiges Chromerz; in olivinreichen Gesteinen und deren Umwandlungsprodukten (Serpentinite), auch in Seifenlagerstätten.

Chromit: derbes Aggregat

Chromosomen: menschlicher Chromosomensatz (**links** männlich, **rechts** weiblich) nach der Denver-Klassifikation mit den autosomalen Chromosomen 1 bis 22 sowie den Geschlechtschromosomen X und Y

Chromleder [k-], chromgegerbtes, Wasser abweisendes Leder.

Chromophore [k-, griech.], Atomgruppen, die einer chem. (meist organ.) Verbindung ihre Farbigkeit verleihen, z. B. Azo-, Nitrogruppe. Sie absorbieren Licht aus dem sichtbaren Spektralbereich. Farblose Verbindungen, die durch Einführen von C. farbig werden, heißen **Chromogene**.

Chromoplasten [k-, griech.], →Plastiden.

Chromoproteine [k-, griech.], mit einer Farbstoffkomponente verbundene Eiweiße, z. B. Hämo-, Flavoproteine.

Chromosomen [k-; griech. »Farbkörper«], fadenförmige Gebilde in den Zellkernen, Träger der Erbanlagen. Sie sind anfärbbar und während der →Kernteilung lichtmikroskopisch sichtbar. Jedes C. besteht aus zwei am Zentromer verbundenen, nahezu ident. Strängen, den **Chromatiden**. Die C. sind in den Keimzellen einfach (haploider C.-Satz durch Reduktionsteilung; →Meiose), in den übrigen Zellen des Körpers paarweise (diploider C.-Satz) vorhanden. Die C. eines C.-Paares werden als homologe C. bezeichnet, sie sind in Funktion und meist auch Form gleich. Anzahl und Form der C.-Paare sind für jede Tier- und Pflanzenart charakteristisch, ihre Zahl schwankt zw. einem und weit über 100: Die Erdkröte besitzt beispielsweise 22, der Schimpanse 48, der Karpfen 104 und bestimmte Farnarten sogar über 600 C. pro Körperzelle. Die Keimzellen des Menschen enthalten 23, die übrigen Körperzellen 46, davon sind 22 Paare **Autosomen** und ein Paar **Geschlechtschromosomen (Gonosomen, Heterosomen)**. Beim Menschen liegen X- und Y-C. vor. Weibl. Geschlecht ist durch das Vorliegen von zwei X-C., männl. durch ein X- und ein Y-C. gekennzeichnet. Ein bei der →Befruchtung im Spermium vorhandenes X- oder Y-C. entscheidet über das Geschlecht des Neugeborenen. Die systemat. Anordnung aller C. einer Zelle bzw. eines Organismus wird als Karyogramm bezeichnet. – Der wichtigste Bestandteil der C. ist die →Desoxyribonukleinsäure (DNA). Sie ist der stoffl. Träger der genet. Information. Einzelne DNA-Moleküle durchziehen in Form langer Fäden die C.; hintereinanderliegend auf den DNA-Strängen befinden sich die funktionellen Einheiten der Vererbung, die →Gene. Mit der Veröffentlichung der Genkarte des C. 22 begann 1999 die Aufklärung des kompletten C.-Satz des Menschen. In den darauffolgenden Jahren wurde nach und nach die Kartierung der weiteren C. bekannt gegeben. Die Auswertung der Sequenzinformationen, die allerdings noch Jahre erfordern wird, verspricht Einblicke in die genet. Ursachen von Krankheiten sowie neue Möglichkeiten der Früherkennung und Behandlung. – Bei Bakterien ist die Erbinformation ebenfalls in Form von DNA verankert. Trotz einiger struktureller Unterschiede spricht man in Analogie zu den geschilderten Verhältnissen bei Eukaryoten vom **Bakterienchromosom**.

Chromosomen|aberration [k-], **Chromosomenmutation**, Veränderung in der Chromosomenstruktur durch Verlust, Austausch oder Verdopplung eines Chromosomenstückes, wodurch die Anzahl oder die Art der Gene auf einem Chromosom verändert werden.

Chromosomen|anomali|en [k-], durch Genom- oder Chromosomenaberration entstandene Veränderungen in der Zahl (numer. C.) oder Struktur (strukturelle C.) der Chromosomen, die sich als Komplex von Defekten äußern können und beim Menschen die Ursache für viele klin. Syndrome bilden, u. a. →Down-Syndrom, →Edwards-Syndrom, →Klinefelter-Syndrom, →Turner-Syndrom.

Chromosomenmarker [k-], bekannte Abschnitte des Erbgutes (DNA-Sequenz), die einem spezif. Chromosom eindeutig zugeordnet werden können.

Chromosphäre [k-, griech.], v. a. aus Wasserstoff bestehende, etwa 2 000 km starke Übergangsschicht zw. Fotosphäre und Korona der →Sonne. Wegen ihrer geringen Dichte ist sie nur kurz vor und nach der Totalitätsphase einer Sonnenfinsternis zu sehen.

Chrompigmente [k-], farbgebende Chromverbindungen für Malerei, Anstrich, Druck, Keramik. Grüne C. sind Oxide, gelbe bis rote C. Chromate.

Chronik [k-; von griech. chrónos »Zeit«] *die*, **1)** Geschichtswerk, das die histor. Ereignisse in zeitl. Abfolge darstellt. Am Beginn einer C. steht oft sagenhaftes Geschehen, sie endet meist mit der Zeit des Chronisten und erfasst häufig nur bestimmte Territorien, Herrscherhäuser u. a.; universalen Anspruch hat die →Weltchronik. Die Grenze zu den →Annalen ist fließend. Eine Sonderform ist die in Versform gehaltene Reimchronik.

2) Bücher der C., griech. **Paralipomena,** die beiden in der 2. Hälfte des 4. Jh. v. Chr. entstandenen jüngsten Geschichtsbücher des Alten Testaments.

chronisch [k-, griech.], lange dauernd, langwierig; langsam verlaufend (von Krankheiten); Ggs.: akut.

chronisches Erschöpfungssyndrom, chronisches Müdigkeitssyndrom, CSF [Abk. für engl. chronic fatigue syndrome], Beschwerdekomplex mit anhaltender starker Müdigkeit, ständigem Schlafbedürfnis und Konzentrationsstörungen, wodurch Arbeitsfähigkeit und Wohlbefinden stark beeinträchtigt sind. Die Ursache ist ungeklärt, diskutiert werden u. a. Virus- oder bakterielle Infektionen, immunolog. Veränderungen sowie hormonelle oder psych. Störungen. Eine kausale Behandlung ist nicht bekannt. Als hilfreich erweisen sich vielfach Physio- und Verhaltenstherapien sowie die Gabe von Antidepressiva.

Nikita Chruschtschow

Chronograf [k-; griech. »Zeitschreiber«] *der,* **Chronograph,** Zeitlaufgerät, das als Zeitschreiber für wiss., techn. und sportl. Zwecke neben der Normalzeitangabe vergleichende Zeitmessungen durchführt und entweder auf einem Papierstreifen aufzeichnet oder schriftlich ausgibt.

Chronografie [k-, griech.-lat.] *die,* **Chronographie,** Geschichtsschreibung nach der zeitl. Abfolge.

Chronogramm [k-; griech. »Zeitbuchstabe«], auf ein bestimmtes Jahr bezogener lat. Satz; die Addition der Buchstaben, die zugleich röm. Zahlzeichen sind, ergibt die Jahreszahl. In Versform als **Chronostichon** (ein Vers) oder als **Chronodistichon** (zwei Verse).

Chronologie [k-; griech. »Lehre der Zeit«] *die,* 1) allg. für eine zeitl. Abfolge (von Ereignissen). 2) **Zeitrechnung,** Wiss. von der Datierung und zeitl. Abfolge früherer Ereignisse, der →Altersbestimmung von Objekten sowie des Kalenderwesens (→Kalender), wobei sich die C. mit der Chronometrie als der Wiss. von der Zeitmessung (→Zeit) überschneidet. Die C. bemüht sich um einen eindeutigen absoluten oder relativen Zeitmaßstab für die vergangenen Ereignisse mit ihren Beziehungen zur Gegenwart (Zeitskala) sowie um die zeitl. Einordnung vergangener Ereignisse oder noch ablaufender Vorgänge in dieselbe (Grundlage: trd. Sonnenjahr).

Hilfsmittel der C. sind die versch. Methoden der **Datierung** früherer Ereignisse; zu diesen gehören die Entstehung der chem. Elemente, die Entwicklung von Sternen und Sternsystemen (**kosmolog. C.**), die Entstehung und Umwandlung bestimmter Minerale und Gesteine sowie ganzer geolog. Schichten (**geolog. C.** bzw. **Geo-C.**), die Datierung von Zeugnissen und Resten ausgestorbener Lebewesen (**paläontolog. C.**) oder anderer biolog. Befunde (**biolog. C.**), die zeitl. Festlegung von Funden aus vorgeschichtl. Kulturepochen (**prähistor. C., Vorgeschichtsforschung**) sowie die Datierung mithilfe astronom. Ereignisse (**astronom. C.**). Zunehmende Bedeutung erlangten seit Mitte des 20. Jh. die Methoden der naturwiss. Altersbestimmung (bes. der →Dendrochronologie) und der →Archäometrie, für die vorgeschichtl. C. u. a. auch die →Pollenanalyse und die →Paläoklimatologie.

Im Zentrum der *C. als histor. Hilfswiss.* stehen die Techniken und Methoden der histor. Zeitrechnung (v. a. das Kalenderwesen) sowie die damit verbundenen kulturellen und weltanschaul. Erscheinungen, wie die Festrechnungen (z. B. →Osterdatum), die Vorstellungen von Zeitperioden, Ären (→Ära) und der Bedeutung des Zeitablaufs. Ihre Aufgabe und ihr Ziel sind es, die überlieferten Daten der menschl. Kulturepochen (einschließlich der Vorgeschichte) in Beziehung zu setzen und in eine einheitl. Zeitskala einzuordnen (global inzwischen der gregorian. Kalender der christl. Ära). Der Begründer einer **wiss. C.** auf der Basis einer →Jahreszählung war Eratosthenes von Kyrene (3. Jh. v. Chr.).

Chronometer [k-; griech. »Zeitmesser«], Uhr, die bei entsprechender Bauart und Präzision amtl. Prüfbedingungen erfüllt. Man unterscheidet: 1) **Schiffs-C.** (See-C.), kardanisch aufgehängt, sodass sich ihr Gehäuse stets horizontal einstellt; 2) **Beobachtungsuhren,** für wiss. und messtechn. Zwecke (Astronomie, Geodäsie); 3) **Taschen-** und **Armband-C.** Als Schiffs-C. und Beobachtungs-C. dienen heute meist Quarzuhren.

Chronometrie [k-] *die,* die Wiss. von der Zeitmessung (→Zeit).

Chronos [ç-; griech. »die Zeit«], im alten Griechenland die Personifikation der Zeit, auch als Gott der Zeit angesehen; mit →Kronos gleichgesetzt.

Chruschtschow [x-], Nikita Sergejewitsch, sowjet. Politiker, * Kalinowka (Gouv. Kursk) 17. 4. 1894, † Moskau 11. 9. 1971; gelernter Schlosser; 1939–64 Mitgl. des Politbüros bzw. Präsidiums der KPdSU, war als Parteigänger Stalins 1935–38 und 1949–53 Erster Sekr. der Moskauer, 1938–49 (mit Unterbrechung 1947) der ukrain. Parteiorganisation, 1941–45 Mitgl. des Kriegsrates an versch. Frontabschnitten; erhielt 1943 den Rang eines Generalleutnants. Nach dem Tod Stalins wurde C. 1953 Erster Sekr. des ZK der KPdSU. Auf dem XX. Parteitag (1956) leitete er mit dem »Geheimreferat« über die Herrschaftsmethoden und den »Personenkult« Stalins die →Entstalinisierung ein, die begleitet war von der Periode des →Tauwetters. Nach der Entfernung von Kritikern aus der Parteispitze übernahm C. 1958 auch den Vorsitz des Ministerrates (Min.-Präs.). Mit einem Programm zur Neulandgewinnung und der Reform der Wirtschaftsverwaltung suchte er persönl. Akzente zu setzen. In seiner Amtszeit konnte die UdSSR zeitweilig die USA in der Raumfahrt überflügeln (1957 mit »Sputnik 1« erster künstl. Erdsatellit im Weltraum, 1961 erster bemannter Raumflug). Außenpolitisch leitete C. mit der von ihm vertretenen These von der friedl. Koexistenz eine Entspannungsdiplomatie ein (Einlenken in bestimmten internat. Konflikten, z. B. Koreakrieg, und in Kontroversen, z. B. mit Jugoslawien), markierte jedoch u. a. mit der Unterdrückung des Ungarnaufstands (1956), dem Berlin-Ultimatum (1958) und dem Bau der Berliner Mauer (1961) sichtbar deren Grenzen. 1955 konzedierte er Österreich (unter der Bedingung der »immer währenden Neutralität«) die staatl. Unabhängigkeit. Durch Reisen v. a. in asiat. Länder suchte er das Streben der Völker der Dritten Welt nach Souveränität im Sinne der sowjet. Außenpolitik zu nutzen. Bes. die Entstalinisierung sowie die These von der friedl. Koexistenz führten zum Konflikt mit der kommunist. Führung der VR China. In der →Kuba-Krise (1962/63) erlitt C. eine diplomat. Niederlage. Neben versch. außenpolit. Misserfolgen trugen v. a. die zunehmenden innen- und wirtschaftspolit. Probleme (z. B. unstete Landwirtschafts- und Kaderpolitik, ausbleibende ökonom. Erfolge bei Propagierung illusionärer gesellschaftspolit. Ziele) und der populistisch-aktionist. Führungsstil C.s zu seinem Sturz durch den Parteiapparat bei. Im Okt. 1964 setzte ihn das ZK der KPdSU als Partei- und Regierungschef ab; seitdem wurde C., der bis zu seinem Tod als Pensionär zurückgezogen in Moskau lebte, in der sowjet. Öffentlichkeit als »Unperson« (Vorwurf des Subjektivismus und Voluntarismus) behandelt.

Chrysalis [ç-, griech.] *die*, Puppenstadium der Insekten.

Chrysanthemen [k-; griech. »Goldblumen«], **Winterastern**, allg. Bezeichnung für die als Zierpflanzen kultivierten Arten, Unterarten, Sorten und Hybriden der urspr. aus China stammenden Gattung Dendranthema (früher zu Chrysanthemum gestellt). Die in Mitteleuropa kultivierte **Gartenchrysantheme** (Dendranthema hortorum) blüht im Herbst und Spätherbst. Großblütige Formen werden in Gewächshäusern als Schnittblumen gezogen.

Chrysipp [ç-], griech. **Chrysippos**, griech. Philosoph aus Soloi, * 281/277 v. Chr., † 208/204 v. Chr.; neben Zenon d. J. der bedeutendste Denker der Stoa.

Chrysler Corporation [ˈkraɪzlə kɔːpəˈreɪʃn], bed. amerikan. Kfz-Unternehmen, Sitz: Detroit; gegr. 1925 von Walter Percy Chrysler (* 1875, † 1940); bekannteste Marken sind Chrysler, Dodge, Imperial, Plymouth; fusionierte 1998 mit der Daimler-Benz AG zur →DaimlerChrysler AG.

chryso... [ç-; griech. chrysós »Gold«], gold...

Chrysoberyll [ç-; griech. »Goldberyll«] *der*, gelbes bis grünes oder bräunl. rhomb. Mineral, Al_2BeO_4, in Pegmatiten, Glimmerschiefern, Edelsteinseifen. Edelsteinvarietäten: bläul. Cymophan, dunkelgrüner Alexandrit.

Chrysografie [ç-; griech. »Goldschrift«] *die*, **Chrysographie**, im frühen MA. die Kunst des Schreibens und Malens mit Goldtinktur.

Chrysokoll [ç-, griech.] *der*, **Kieselkupfer, Kieselmalachit**, grünes bis blaugrünes Mineral, ein Kupfersilikat, wird örtlich als Kupfererz abgebaut.

Chrysolith [ç-, k-, griech.] *der*, blassgrünes Mineral, Edelsteinvarietät des →Olivin.

Chrysoloras [ç-], Manuel, byzantin. Gelehrter, * Konstantinopel um 1350, † Konstanz 15. 4. 1415; lehrte in Florenz, Pavia und Mailand, war der erste Lehrer der Griechischen in Italien nach 700 Jahren; verfasste die erste griech. Grammatik der Renaissance (»Erotemata«, gedruckt 1496).

Chrysopras [ç-, k-, griech.] *der*, grünlich gefärbter →Chalcedon.

Chrysostomos [ç-; griech. »Goldmund«], Johannes, griech. Kirchenlehrer, * Antiochia am Orontes zw. 344 und 354, † bei Komana (bei Kayseri) 14. 9. 407; seit 398 Patriarch von Konstantinopel; einer der bedeutendsten Prediger des christl. Altertums und bes. in der orth. Kirche hoch verehrt. Heiliger, Tag: 13. 9.

Chrysotil [ç-, k-, griech.] *der*, **Faserserpentin, Serpentinasbest**, →Serpentin.

Chryssa [ˈkrɪsə], eigtl. **Vardea Mavromichali**, amerikan. Bildhauerin griech. Herkunft, * Athen 31. 12. 1933; verwendet seit 1956 Buchstaben als serielle Bildelemente; in den 60er-Jahren entwickelte sie Objekte und Environments mit Leuchtröhren. In ihren Werken nach 1980, die sich stilistisch zw. Minimal Art, Concept-Art und Pop-Art bewegen, kommt neben Kunststoff und Leuchtröhren auch (in Streifen geschnittenes) Aluminium zum Einsatz.

chthonisch [ç-; griech. chthón »Erde«], der Erde angehörend, unterirdisch, auch gebraucht zur Kennzeichnung in und unter der Erde mächtiger Gottheiten, z. B. Demeter, Gaia, Pluton.

Chu [tʃuː], Steven, amerikan. Physiker, * Saint Louis (Mo.) 28. 2. 1948; seit 1987 Prof. für Physik an der Stanford University. Für die Entwicklung von Methoden zur Laserkühlung erhielt er 1997 zus. mit C. Cohen-Tannoudji und W. D. Phillips den Nobelpreis für Physik.

Chuang-tzu [dʒ-], chin. Philosoph, →Zhuangzi.

Chubilai [k-], Großkhan der Mongolen, →Kubilai.

Chubut [tʃuˈbut] *der*, Fluss in Patagonien (Argentinien), rd. 800 km lang, entspringt am O-Hang der Kordilleren, mündet in den Atlantik, am Unterlauf Bewässerungskulturen.

Chudschand [x-], **Chodschent**, 1936–91 **Leninabad**, alte Oasenstadt und Gebietshptst. in Tadschikistan, am Austritt des Syrdarja aus dem Ferganabecken, 162 000 Ew.; botan. Garten; Seiden- und Baumwollverarbeitung; in der Oase Baumwoll-, Obstanbau und Seidenraupenzucht; Flughafen. – An der Stelle des heutigen C. gründete Alexander d. Gr. 329 v. Chr. **Alexandreia Eschate**; im MA. bed. Karawanenhandelsplatz; 1866 von Russland annektiert.

Chukiang [dʒudʒjaŋ], chin. Fluss, →Perlfluss.

Chullpa [ˈtʃulpa], oberird. Grabturm in Bolivien und S-Peru aus der Inka- und Tiahuanacokultur; teils Rechteckbau aus Stein oder Lehm, teils steinerner Rundturm von umgekehrt kon. Form.

Chun Doo Hwan [tʃun-], südkorean. General und Politiker, * Naechonri (bei Taegu) 18. 1. (nach anderen Angaben 23. 1.) 1931; als Geheimdienstchef führend am Militärputsch 1979 und an der blutigen Niederschlagung des Aufstands von Kwangju (1980) beteiligt, führte als Staatspräs. (1980–88) ein diktator. Reg.-System. In einem Prozess wegen Hochverrats und Korruption im August 1996 zum Tode verurteilt (Dez. 1996 Umwandlung des Urteils in eine lebenslange Haftstrafe); im Dez. 1997 begnadigt.

Chung [tʃuŋ], Myung-Whun, amerikan. Dirigent korean. Herkunft, * Seoul 22. 1. 1953; leitete mehrere europ. und amerikan. Orchester, war u. a. 1989–94 musikal. Direktor der Opéra de la Bastille in Paris; ab Mai 2000 Leiter des Orchestre philharmonique de Radio France.

Chungking [tʃuŋtʃiŋ], chin. Stadt, →Chongqing.

Chuquicamata [tʃukikaˈmata], größter Kupfererztagebau der Erde in der Region Antofagasta, N-Chile, 3 000 m ü. M.; die eigentl. Bergbaustadt C. wurde 2003 verlassen (1992: 13 000 Ew.); bestehend aus den Einzelminen C. (größte), Mina Sur und Radomiro Tomic; Ausfuhr über Antofagasta.

Chuquicamata: Luftaufnahme eines Kupfererzabbaubetriebes

Chur: Blick auf die Stadt

Chur Stadtwappen

Chuquitanta [tʃuki-], heute **El Paraíso,** →andine Hochkulturen.

Chur [kuːr], rätoroman. **Cuera, Cuira, Cuoira,** Stadt und Hauptort des Kt. Graubünden, Schweiz, 585 m ü. M., an der Einmündung des Schanfigg (Tal der Plessur) ins Rheintal, 32 990 Ew.; kath. Bischofssitz, theolog. Hochschule, Fachhochschule, Dommuseum, Kunstmuseum; Metall-, Nahrungsmittel-, Textilindustrie. – Über der Altstadt liegt an der Stelle eines Römerkastells die Bischofsburg (»Hof«); sie umfasst das bischöfl. Schloss (barock umgestaltet) und die spätroman. Kathedrale (12./13. Jh. auf Vorgängerbauten); Rathaus (15. und 16. Jh.). – C., das röm. **Curia Raetorum,** wurde im 5. Jh. Bischofssitz; seit dem 10. Jh. im Besitz der Bischöfe; 1526 Sieg der Reformation; seit 1489 Reichsstadt, wandte sich aber 1498 der Eidgenossenschaft zu; seit 1820 Hauptort von Graubünden.

Church [tʃəːtʃ], Alonzo, amerikan. Mathematiker und Logiker, * Washington (D. C.) 14. 6. 1903, † Hudson (Oh.) 11. 8. 1995; ab 1939 Prof. an der Princeton University, ab 1967 an der University of California in Los Angeles; wesentl. Beiträge zur math. Logik.

Churchill [ˈtʃəːtʃil], alte engl. Familie. John C. erhielt 1702 den Titel eines Herzogs von →Marlborough. Die Nachkommen seiner Tochter Anna, die 1700 Charles Spencer (* 1674, † 1722) heiratete, erbten die Herzogswürde und legten sich den Namen **Spencer Churchill** zu.

1) Randolph Henry **Spencer,** Lord **C.,** brit. Politiker, * Blenheim Palace 13. 2. 1849, † London 24. 1. 1895, Vater von 2); 1885/86 Min. für Indien, 1886 Schatzkanzler; hatte als Konservativer durch seine imperialist., sozialreformer. Ideen großen polit. Einfluss.

2) Sir (seit 1953) Winston Leonard **Spencer,** brit. Politiker, * Blenheim Palace 30. 11. 1874, † London 24. 1. 1965, Sohn von 1); zunächst Offizier, 1899 – 1900 Kriegsberichterstatter im Burenkrieg, trat 1904 von der Konservativen zur Liberalen Partei über. 1908 – 10 war er Handels- und 1910/11 Innenminister. Seit 1911 Erster Lord der Admiralität, trieb C. die Flottenrüstung voran, musste aber im Ersten Weltkrieg nach dem Scheitern der Dardanellenexpedition 1915 zurücktreten. Als Kriegs- und Luftfahrtmin. (1919 – 21) war C. ein strikter Befürworter der alliierten Intervention in Sowjetrussland. 1921/22 Kolonialmin. Nach dem Zerfall der Liberalen Partei schloss er sich 1924 wieder den Konservativen an. 1924 – 29 war er Schatzkanzler. Seine Kritik an der regierungsamtl. Indien- und Dtl.-Politik (→ Appeasement) brachte ihn in Ggs. zu seiner Partei; er warnte frühzeitig vor Hitler.

Nach Ausbruch des Zweiten Weltkrieges wurde C. auf Druck der öffentl. Meinung zum Ersten Lord der Admiralität und nach dem Scheitern der brit. Norwegenexpedition und dem Beginn des Frankreichfeldzugs zum Premiermin. berufen (10. 5. 1940). In dieser Position wurde er zum Symbol des Widerstandsgeistes und Durchhaltewillens seiner Nation, sorgte für Einigkeit im Innern (Kabinett der »Nationalen Konzentration«) und unter den in der »Anti-Hitler-Koalition« verbündeten Mächten Großbritannien, USA und UdSSR. Mit dem amerikan. Präs. F. D. Roosevelt verkündete C. 1941 die Atlantikcharta und vertrat sein Land auf den Konferenzen von Teheran, Casablanca, Kairo und Jalta. Bei Kriegsende fand er nicht die Unterstützung Roosevelts, als er eine frühzeitige Eindämmung der sowjet. Machtexpansion anstrebte. Nach der Wahlniederlage der Konservativen im Juli 1945 trat er noch während der Potsdamer Konferenz zurück. Danach Oppositionsführer, plädierte C. für ein westl. Verteidigungsbündnis. Im März 1946 sprach er in Fulton (Mo.) vom »Eisernen Vorhang« inmitten Europas und zeichnete jenes Bild von der UdSSR, das in der westl. Staatenwelt im Kalten Krieg bestimmend wurde; im Sept. 1946 rief er in Zürich zur europ. Zusammenarbeit auf, ohne jedoch Großbritannien als Teil des engeren Europas zu betrachten. 1951 – 55 war er erneut Premierminister. C. hat sich auch als Maler, Historiker und Schriftsteller (1953 Nobelpreis für Literatur) einen Namen gemacht.

Werke: Weltkrisis, 6 Bde. (1923 – 31); Der Zweite Weltkrieg, 6 Bde. (1948 – 53); Aufzeichnungen zur europ. Geschichte, 4 Bde. (1956 – 58).

Winston Churchill

Churchill River [ˈtʃəːtʃil ˈrɪvə], **1)** Fluss in Kanada, 1 609 km lang, entfließt dem Methy Lake, mündet in die Hudson Bay bei Port Churchill; viele seeartige Erweiterungen und Stromschnellen.

2) bis 1965 **Hamilton River,** Hauptfluss Labradors, Kanada, mit dem Ashuanipi River 856 km lang, mündet in den Lake Melville (Erweiterung des Hamilton Inlet der Labradorsee). An den **Churchill Falls** (früher **Grand Falls;** Fallhöhe 75 m) wurde 1967 – 74 ein Kraftwerk errichtet (Gesamtkapazität 5 225 MW); oberhalb der Wasserfälle wurde der Fluss zum **Smallwood Reservoir** (6 527 km^2) aufgestaut.

Church of England [ˈtʃəːtʃ ov ˈɪŋlənd], die →Kirche von England.

Church of Scotland [ˈtʃəːtʃ ov ˈskɔtlənd], die →Schottische Kirche.

Churfirsten [k-] *der,* lang gestreckte Alpenkette im Kanton St. Gallen, Schweiz, im Hinterrugg bis 2 306 m, mit sieben markanten Bergrippen aus Jura- und Kreidekalk; fällt nach S schroff zum Walensee ab.

Churri [x-], Land im Alten Orient, →Hurriter.

Churriguera [tʃurriˈɣera], span. Bildhauer- und Baumeisterfamilie: José C. (* 1664, † 1725) schuf reich geschnitzte Altäre und übertrug diesen Stil wie seine Brüder Joaquín C. (* 1674, † 1724) und Alberto C. (* 1686, † 1750) auf die Architektur (Entwurf für das Dorf Nuevo Baztán; Kirchen in Madrid und Salamanca). Ihre Schüler verbreiteten diesen durch überreiche Ornamentik mit z. T. platereseken Formen charakterisierten Stil **(Churriguerismus)** in ganz Spanien.

Churriter [x], altorientaI. Volk, →Hurriter.

Chushaninseln [dʒuʃan-], chin. Inselgruppe, →Zhoushan Qundao.

Chusistan [x-], iran. Provinz, →Khusistan.

Chutba [x-, arab.] *die, Islam:* die Predigt im Freitagsgottesdienst. Der Prediger (Chatib) ist oft auch Vorbeter (Imam) der Moschee.

Chu Teh [dʒ-], chin. Marschall und Politiker, →Zhu De.

Chwaresmi [x-], →Charismi.

Chwin [x-], Stefan, poln. Schriftsteller, *Danzig 11. 4. 1949. Sein Roman »Tod in Danzig« (1995) behandelt die dt.-poln. Beziehungen in Danzig unmittelbar nach dem Zweiten Weltkrieg. Im Zentrum seiner Werke steht häufig die Problematik der Identifikation des Menschen als Individuum und als Mitgl. einer kulturellen Gemeinschaft.

Chylomikronen [ç-, griech.], **Lipomikronen, Chylustropfchen,** mikroskopisch sichtbare Lipidkügelchen mit einem Durchmesser von 0,5–1,0 µm; ihr Proteinanteil beträgt 2%, der Lipidanteil besteht fast vollständig aus Triglyceriden. C. werden in Blut und Lymphe transportiert; zu einer Erhöhung kommt es nahrungsbedingt (fettreiche Mahlzeit) oder infolge Fettstoffwechselstörung.

Chylus [ç-, griech.] *der, Physiologie:* der →Milchsaft.

Chymosin [ç-] *das, Biochemie:* das →Labferment.

Chymus [ç-; von griech. chymós »Saft«] *der, Medizin, Zoologie:* der →Speisebrei.

Chytilová [ˈxitjilɔva:], Vera, tschech. Filmregisseurin, *Ostrava 2. 2. 1929; schuf sozialkrit. Filme, u. a. vom Cinéma-Vérité beeinflusst. – *Filme:* Tausendschönchen (1966); Geschichte der Wände (1979); Die Wolfsbande (1987); Einmal hin, einmal her (1988); Große Fallen, kleine Fallen (1998).

Ci, Einheitenzeichen für →Curie.

CIA [siːaˈeɪ; Abk. für engl. Central Intelligence Agency], 1947 gegr. Geheimdienstbehörde der USA; Hauptquartier in Langley (Va.). Bis 2005 war der CIA-Chef zugleich Director of Central Intelligence und besaß damit eine den anderen Geheimdiensten übergeordnete Funktion. Die CIA widmete sich über ihren streng begrenzten Auftrag (Beschaffung, Koordination und Auswertung sicherheitsrelevanter Informationen, Abwehr der Auslandsspionage) hinaus im Ost-West-Konflikt der Planung und Durchführung subversiver Operationen (einschließlich psycholog. Kriegführung), oft mit illegalen Methoden: u. a. CIA-gestützte Staatsstreiche in Guatemala (1954) und Chile (1973). Zunehmende Kritik erwuchs ihr bes. aus dem unter CIA-Führung gescheiterten Angriff von kuban. Exilkräften auf die Schweinebucht in Kuba (1961) und der missglückten Befreiung der amerikan. Geiseln in Iran (25. 4. 1980), aber auch fragwürdige Unternehmungen im Inneren trugen dazu bei (u. a. Infiltration von Bürgerrechtsorganisationen und Antivietnamkriegsbewegung, Verwicklung in die Watergate- und die Iran-Contra-Affäre). Im Verhältnis zum →FBI traten immer wieder Probleme durch mangelnden Informationsaustausch, Rivalitäten um die Zuständigkeit und gegenseitige Kompetenzüberschreitungen auf. Aufgabenfelder nach dem Ende des Kalten Krieges Anfang der 1990er-Jahre wurden: Bekämpfung des internat. Terrorismus und Rauschgifthandels, die Beobachtung regionaler Konflikte sowie der Entwicklungen in den Ländern des ehem. Ostblocks, die Überwachung der Aktivitäten feindseliger Staaten und die Abwehr von Industriespionage.

Die Tatsache, dass islamist. Terroristen mit ihren Anschlägen auf New York und das Pentagon am 11. 9. 2001 erstmals einen Angriff auf wirtschaftl. und administrative Zentren der USA führen konnten, zog erneut eine Hinterfragung der Leistungsfähigkeit und Kompetenz der CIA nach sich; Kritik richtete sich auch gegen geheimdienstl. Schwächen bei der logist. Unterstützung der amerikan. Militäraktionen in Afghanistan (2001) und Irak (2003).

Die Gründung eines Ministeriums für Heimatschutz (»Department of Homeland Security«) 2002, einer Riesenbehörde zur Neuorganisation der Terrorismusbekämpfung und zur (vorher unzureichenden) Koordination der Tätigkeit der Sicherheitsdienste, tangierte ebenso wie das zunehmende Gewicht anderer Geheimdienste (bes. der »Defense Intelligence Agency« des Verteidigungsministeriums) als Informationsquelle für die Reg. die Rolle der CIA.

Mit der Verabschiedung des »Intelligence Reform and Terrorism Prevention Act« im Dez. 2004 wurde der jahrzehntelangen Dominanz der CIA unter den amerikan. Geheimdiensten ein Ende bereitet. Das neu geschaffene Amt des Director of National Intelligence (DNI), der alle 15 Geheimdienste koordiniert und dem Präs. direkt verantwortlich ist, übernahm im April 2005 John Negroponte (*1939).

CIAM [sɛiaˈɛm; Abk. für frz. Congrès Internationaux d'Architecture Moderne], internat. Vereinigung von Architekten, gegr. 1928 in La Sarraz (Kt. Waadt, Schweiz), die sich mit neuen Problemen der Architektur und des Städtebaus befasste; 1959 aufgelöst.

Ciampi [ˈtʃampi], Carlo Azeglio, ital. (parteiloser) Politiker, *Livorno 9. 12. 1920; Bankier. C. trat 1946 in die →Banca d'Italia ein, der er als Gouverneur 1979–93 vorstand. 1993–94 war er Min.-Präs., 1996–99 Wirtschafts- und Finanzminister, 1999–2006 Staatspräs. Italiens. 2005 wurde C. mit dem Internat. Karlspreis zu Aachen ausgezeichnet.

Churriguera: José Churriguera, Hauptretabel in der Dominikanerkirche San Esteban in Salamanca (1693)

Galeazzo Ciano, Conte di Cortellazzo

Ciano ['tʃa:no], Galeazzo, **Conte di Cortellazo,** ital. Politiker, * Livorno 18. 3. 1903, † (erschossen) Verona 11. 1. 1944; seit 1925 Diplomat, ⚭ mit Mussolinis Tochter Edda (seit 1930), war 1936–43 Außenminister. Nach Abschluss des Münchener Abkommens (1938) geriet er zunehmend in Gegensatz zu Mussolini, an dessen Sturz er sich 1943 beteiligte. Er floh nach Dtl., wurde ausgeliefert und 1944 von einem faschist. Sondergericht zum Tode verurteilt.

Ciba-Geigy AG, →Novartis AG.

Cíbola ['siβola], urspr. das Gebiet der Zuni (Puebloindianer) im westl. New Mexico mit den sagenhaften »sieben (goldenen) Städten«. Das Gerücht über deren Reichtum führte zu Expeditionen span. Konquistadoren, u. a. F. Vázquez de Coronado (1540).

Ciborium, liturg. Gefäß, →Ziborium.

Cibulka, Hanns, Schriftsteller, * Jägerndorf (tschech. Krnov) 20. 9. 1920, † Gotha 20. 6. 2004; war 1952–85 Bibliothekar in Gotha; schrieb Lyrik und kritisch-reflexive Tagebuchprosa (u. a. »Sanddornzeit«, 1971; »Dornburger Blätter«, 1992; »Tagebuch einer späten Liebe«, 1998; »Späte Jahre«, 2004).

CIC, Abk. für →Codex Iuris Canonici.

Cicero, 1) *Presse:* liberalkonservatives Magazin für polit. Kultur, gegr. 2004, hg. im Verlag Ringier AG, Zürich, erscheint in Potsdam; Auflage (4. Quartal 2006): 70 000 Exemplare.

2) *die, Satztechnik:* Schriftgrad von 12 typograf. Punkten, in dem zuerst Ciceros Briefe (Rom 1467) gedruckt wurden.

Cicero, Marcus Tullius, röm. Politiker, Redner und Philosoph, * Arpinum (heute Arpino) 3. 1. 106 v. Chr., † (ermordet) bei Caieta (heute Gaeta) 7. 12. 43 v. Chr.; vereitelte 63 als Konsul die Verschwörung des Catilina. Unter dem Druck der Machtverhältnisse ging er 58/57 ins Exil. In der Zeit danach entstanden seine Hauptwerke. 51 wurde C. als Statthalter nach Kilikien geschickt. Im Bürgerkrieg zw. Pompeius und Caesar entschied er sich für Pompeius, erlangte aber später die Gunst Caesars. Nach dessen Ermordung (44) trat C. für die Wiederherstellung der Senatsherrschaft ein und geriet in Gegensatz zu Marcus Antonius, gegen den er seine 14 philipp. Reden richtete. Dieser ließ ihn nach Abschluss des 2. Triumvirats auf die Proskriptionsliste setzen und ermorden. – C. gilt als einer der größten röm. Redner; seine Schriften, mit denen er griech. Ideen nach Rom vermittelte, beeinflussten erheblich das abendländ. Denken. Von seinen Reden sind 58 mehr oder minder vollständig erhalten. Seine Bildungsschriften teilt man ein in die rhetor. und die philosoph.; in Letzteren versuchte C. die drei Hauptgebiete Erkenntnistheorie (»Akadem. Bücher«), Sittenlehre (»Vom menschl. Handeln« u. a.) und philosoph. Theologie (»Über das Schicksal« u. a.) zu erschließen. Seine Briefe stellen ein histor. Zeugnis von hohem Wert dar.

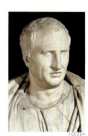

Marcus Tullius Cicero (römische Marmorbüste; Rom, Kapitolinisches Museum)

Cicerone [tʃitʃe-, ital.] *der,* Fremdenführer, der Beredsamkeit wegen scherzhaft mit Cicero verglichen.

Cid [θið; span. aus arab. sayyid »Herr«], der maur. Beiname des span. Nationalhelden Rodrigo (Ruy) Díaz de Vivar, von den Spaniern **el Campeador** (»der Kämpfer«) genannt, * Vivar (bei Burgos) um 1043, † Valencia 10. 6. 1099; diente als Heerführer christl. und maurischen Herrschern seiner Zeit. 1094 eroberte er das Maurenreich Valencia. – Als ältestes Gedicht um die Gestalt des C. ist das **Poema del C.** (auch **Cantar de mío C.**) erhalten, um 1140 in der Prov. Soria entstanden (Handschrift von 1307), eines der großen Epen des europ. MA. In diesem Epos erscheint der C. als Idealbild span. Rittertums. – Seit dem 14. Jh. wird die histor. Gestalt des älteren C. durch die romanhafte Jugendgeschichte des C. verdrängt. Sie liegt vor in jüngeren Epen und wurde bearbeitet in den Dramen von G. de Castro (1. Tl., 1612), P. Corneille (1637) und J. B. Diamante (1658) sowie in einer Oper von J. Massenet (1885). Herders Romanzenzyklus (hg. 1805) fasst die Taten des älteren und jüngeren Helden in einer Einheit zusammen.

Cidre [sidr] *der,* Apfelwein aus der Normandie und der Bretagne.

Cie., schweizer., sonst veraltete Abk. für Compa**gnie**.

Ciechanover, Aaron, israel. Biochemiker und Mediziner, * Haifa 1. 10. 1947; Sohn poln. Einwanderer; lehrt seit 1986 am Israel Institute of Technology (Technion) in Haifa, seit 1992 dort Prof. für Biochemie. Ende der 1970er-Jahre untersuchte er als Doktorand bei A. Hershko die Mechanismen, die zum Abbau von Proteinen im menschl. Organismus führen. Gemeinsam mit I. Rose entdeckten sie 1980, dass das zuvor entdeckte Protein →Ubiquitin eine zentrale Rolle im Kreislauf des Entstehens und des Abbaus von Proteinen spielt. Proteine, an die Ubiquitin bindet, haben gewissermaßen ein Etikett bekommen und sind gekennzeichnet dafür, dass sie nicht mehr benötigt werden und abgebaut werden sollen. Für die Aufklärung der Mechanismen, nach denen dies geschieht, erhielten die drei Forscher 2004 den Nobelpreis für Chemie.

Ciechanów [tɕɛ'xanuf], Krst. in der poln. Wwschaft Masowien, nördlich von Warschau, 46 500 Ew.; Zentrum eines Agrargebiets mit Nahrungsmittel-, Holz verarbeitender und Baustoffindustrie, Maschinenbau. – 1065 erstmals erwähnt, wurde C. im 14. Jh. Stadt.

Cienfuegos [sjɛn-], Hafenstadt an der S-Küste von Kuba, 139 000 Ew.; Lebensmittelind., Kunstdüngerfabrik; Fischerei; Exporthafen (bes. Zucker); Freihandelszone (seit 1997); Marinestützpunkt.

Cieplice Śląskie Zdrój [tɕɛ'plitsɛ 'ɕlɔskjɛ 'zdruj], poln. Name von Bad Warmbrunn (→Jelenia Góra).

Cierva ['θjɛrβa], Juan de la, span. Techniker, * Murcia 21. 9. 1895, † (Flugzeugunfall) London 9. 12. 1936; entwickelte seit 1922 das erste Drehflügelflugzeug, einen →Tragschrauber.

Cieszyn ['tɕɛʃin], dt. **Polnisch-Teschen,** poln. Teil der durch die poln.-tschech. Grenze geteilten, ehemals zu Österreich-Ungarn gehörenden Stadt →Teschen; Krst. in der Wwschaft Schlesien, Polen, am rechten Ufer der Olsa, 36 400 Ew.; elektrotechn., Metall verarbeitende, chem. und Nahrungsmittelindustrie.

CIF [sɪf; Abk. für engl. **c**ost, **i**nsurance, **f**reight], im Überseeverkehr übl. Handelsklausel: Kosten für Beförderung, Versicherung und Fracht bis zum Eintreffen der Ware im Bestimmungshafen muss der Verkäufer tragen.

Cilèa [tʃi'lɛ:a], Francesco, ital. Komponist, * Palmi (Prov. Reggio di Calabria) 23. 7. 1866, † Varazze (Prov. Savona) 20. 11. 1950; schrieb Opern (u. a. »L'Arlesiana«, 1897, Neufassung 1910; »Adriana Lecouvreur«, 1902), Orchester- und Kammermusik.

Cilli [ts-], slowen. Stadt, →Celje.

CIM [si:ai'ɛm; Abk. für engl. **c**omputer **i**ntegrated **m**anufacturing, »rechnerintegrierte Fertigung«], die vollständig computergesteuerte und automatisierte Herstellung von (techn.) Produkten.

Cima ['tʃi:ma], Giovanni Battista, gen. **C. da Conegliano,** ital. Maler, *Conegliano (bei Treviso) 1459 oder 1460, begraben ebd. 1517 oder 1518; lebte ab 1492 in Venedig; malte anmutige Altar- und Andachtsbilder im Typ der →Sacra Conversazione.

Cimabue [tʃimaˈbu:e], eigtl. **Cenni di Pepo,** ital. Maler, *Florenz um 1240, †Pisa (?) zw. 5. 11. 1301 und 19. 3. 1302; einer der bedeutendsten Wegbereiter der florentin. Malerei und Vorläufer Giottos. Die von der byzantin. Kunst entlehnten Formen der Duecento-Malerei verschmolz er mit den Stilelementen der aufkommenden Gotik und der siense. Malerei. – *Werke:* Kruzifix (bemaltes Holzkreuz, um 1270; 1966 schwer beschädigt; restauriert, Florenz, Museum von Santa Croce); Thronende Madonna mit Engeln und Propheten (1272–74; Florenz, Uffizien); Madonnenfresko in der Unterkirche von San Francesco, Assisi, u. Fresken in Chor u. Querschiff der Oberkirche von San Francesco, Assisi (um 1278/79).

Cimabue: Thronende Madonna mit dem Kind, dem Heiligen Franziskus und Engeln, Fresko (um 1280; Assisi, Unterkirche von San Francesco)

Cimarosa [tʃimaˈrɔ:za], Domenico, ital. Komponist, *Aversa (Prov. Caserta) 17. 12. 1749, †Venedig 11. 1. 1801; bed. Vertreter der →Opera buffa; schrieb über 70 Opern (darunter »Die heimliche Ehe«, 1792), daneben u. a. Oratorien, Sinfonien, Konzerte.

Cimiotti [tʃimiˈɔtti], Emil, Bildhauer und Zeichner, *Göttingen 19. 8. 1927; Schüler von K. Hartung und O. Zadkine; entwickelte aus ineinander verschmolzenen Figurengruppen abstrakte Gebilde. Bestimmend für seine Plastiken wurden Elemente wie die durchbrochene Form und organisch wuchernde Strukturen. Neben Landschaftsskulpturen und plast. Stillleben schuf er große Brunnen und anthropomorphe Figuren.

Cimon della Pala [tʃiˈmon -], Gipfel der Südtiroler Dolomiten, 3 186 m ü. M.

Cimone [tʃ-], **Monte C.,** höchster Berg des nördl. Apennin, Italien, 2 165 m ü. M.

Cinchona [sɪnˈtʃo:na], die Pflanzengattung Chinarindenbaum, →Chinarinde.

Cincinnati [sɪnsɪˈnæti], Stadt in Ohio, USA, am schiffbaren Ohio, 317 400 Ew.; kath. Erzbischofssitz; zwei Univ., C. Art Museum; Werkzeugmaschinen- und Flugzeugmotorenbau, Seifenherstellung; Kanalverbindung mit den Großen Seen. – 1788 als **Losantiville** gegr., war einst durch Schlachthäuser und dt. Brauereien bekannt.

Cincinnatus, Lucius Quinctius, röm. Staatsmann des 5. Jh. v. Chr.; galt in späterer Zeit als Muster altröm. Tugend, wurde 458 angeblich vom Pflug weg zum Diktator ernannt; 439 nochmals Diktator.

Cinderella [sɪndəˈrelə, engl.], →Aschenbrödel.

Cineast [s-, griech.-frz.] *der,* 1) Filmkenner, -forscher, -kritiker; 2) begeisterter Kinogänger; 3) Filmschaffender.

Cinemascope® [sinemaˈsko:p] *das, Filmtechnik:* ein Breitwandverfahren (Breiten-Höhen-Verhältnis 2,55 : 1), bei dem die Aufnahme auf »normalem« 35 mm breitem Film erfolgt; das Bild wird dabei mithilfe einer anamorphot. Optik horizontal 2 : 1 gepresst und bei der Wiedergabe entsprechend entzerrt.

Cinemathek [s-] *die,* →Kinemathek.

Cinerama® [s-] *das, Filmtechnik:* ein früher angewendetes Breitwandverfahren, bei dem die von drei Kameras aufgenommenen Bilder von drei Projektoren auf eine gewölbte Bildwand projiziert werden, wodurch eine Raumillusion entsteht.

Cinna, Lucius Cornelius, röm. Konsul, *um 130 v. Chr.; †(erschlagen) Ancona 84 v. Chr.; Gegner Sullas, beherrschte seit 87 mit Marius Rom und Italien. Seine Tochter Cornelia heiratete Caesar.

Cinnabarit *der,* das Mineral →Zinnober.

Cinnamate, Salze und Ester der →Zimtsäure.

Cinnamomum [lat.], die Pflanzengattung Zimtbaum, →Zimt.

Cinquecento [tʃinkveˈtʃento; ital. »fünfhundert«, Abk. für 1 500] *das,* ital. Bez. für das 16. Jh. und seinen Stil.

C-Invarianz, C-Symmetrie, *Physik:* die Invarianz einer Wechselwirkung gegenüber →Ladungskonjugation. Die C-I. gilt nicht für die schwache Wechselwirkung, die z. B. beim Betazerfall verletzt ist. (→CPT-Theorem)

Cioran [sjoˈrã], É. M., eigtl. Émile **C.,** frz. Schriftsteller rumän. Herkunft, *Rășinari (Kr. Hermannstadt) 8. 4. 1911, †Paris 20. 6. 1995; schrieb in frz. Sprache geistesgeschichtliche und philosophische Essays (»Lehre vom Zerfall«, 1949; »Gesch. und Utopie«, 1960; »Der Absturz in die Zeit«, 1964) sowie Aphorismen (»Der zersplitterte Fluch«, 1987); entwickelte eine Philosophie der Skepsis und des Pessimismus.

CIP-Regeln [ˈtsɪp-], in der Stereochemie verwendete Nomenklatur zur Kennzeichnung optisch aktiver Verbindungen (→optische Aktivität, →Chiralität). Sie geht auf die Chemiker Robert Sidney **C**ahn (*1899, †1981), Sir C. **I**ngold und V. **P**relog zurück. Die vier Liganden an einem asymmetr. Kohlenstoffatom (→Asymmetrie) werden nach ihrer Priorität, d. h. nach fallender Ordnungszahl geordnet. Das Asymmetriezentrum stellt man sich als ein Tetraedermodell vor, in dem das C-Atom das Zentrum darstellt. Der Ligand mit der niedrigsten Priorität (oft das H-Atom) ist nach hinten gerichtet. Die verbleibenden drei Atome lassen sich auf zweierlei Weise anordnen, einmal mit fallender Priorität im Uhrzeigersinn (R-Form, von lat. rectus »rechts«, »richtig«) oder entgegengesetzt zum Uhrzeigersinn (S-Form, sinister »links«, »verkehrt«). Handelt es sich bei den Liganden um Atomgruppen, wird zuerst das Atom betrachtet, welches direkt an das C-Atom gebunden ist (Proximalatome), bei einer OH-Gruppe z. B. das O-Atom, bei einer CH_3-(Methyl-)

Cissus: Känguruwein

Cister

oder C_2H_5-(Ethyl-)Gruppe das C-Atom. Hydroxylgruppen haben deshalb immer eine höhere Priorität als Alkylgruppen. Haben zwei Gruppen das gleiche Proximalatom, werden die Oxidationszahlen der Zweitatome verglichen. Danach hat die Ethylgruppe eine höhere Priorität als die Methylgruppe.

circa [lat.], **zirka,** Abk. **ca.,** ungefähr, etwa.

Circe [lat.], →Kirke.

Circeo, Monte [- tʃirʹtʃɛːo], isolierter Kalksteinrücken im S Latiums, Italien, am Tyrrhen. Meer, 541 m hoch. Der **C.-Nationalpark** ist 32 km² groß; hier wurden Knochen (Schädelbestattungen) der Hominidengruppe des »klass. Neandertalers« gefunden.

Circinus [lat.], das Sternbild →Zirkel.

Circuittraining [ʹsəːkɪt ʹtreɪnɪŋ; engl. circuit »Kreisbewegung«], **Kreistraining, Zirkeltraining,** eine Kombination unterschiedl. sportlicher Übungen, die als Kraft- und Ausdauertraining nacheinander ausgeführt und wiederholt werden.

Circulus vitiosus [lat. »fehlerhafter, falscher Kreis«] der, 1) allg.: (Teufelskreis) eine Folge unheilvoller, einander bedingender Geschehnisse und Umstände, die kein Entrinnen ermöglicht.

2) Logik: →Zirkelschluss.

3) Medizin: das Vorhandensein von mehreren krankhaften Veränderungen, die sich gegenseitig bedingen und/oder verstärken, z. B. Bluthochdruck und Nierenschädigung.

Circus maximus der, →Zirkus.

Cirebon [ʹtʃirəbɔn], Stadt an der N-Küste von Java, Indonesien, 245 300 Ew.; islam. Univ.; Textil-, chem.-, Tabakind.; Bahnknotenpunkt, Hafen.

Cirksena, 1744 erloschenes Fürstengeschlecht in →Ostfriesland.

Cirrus [lat.] der, 1) Biologie: rankenförmiger Körperanhang bei Tieren, z. B. bei den →Rankenfüßern.

2) Meteorologie: →Wolken.

cis, Musik: Halbton über dem Ton c.

cis-, →Stereochemie.

CISC-Prozessor [Abk. für engl. **c**omplex **i**nstruction **s**et **c**omputer, »Computer mit komplexem Befehlssatz«], ein Prozessor, der durch einen umfangreichen Befehlssatz charakterisiert ist. Ggs.: →RISC-Prozessor.

CISG [siːaɪesʹdʒiː], Abk. für engl. **C**onvention on Contracts for the **I**nternational **S**ale of **G**oods, Abkommen über Verträge im internat. Warenkauf; im dt. Sprachraum auch als Wiener Kaufrechtsübereinkommen (Kaufrechtskonvention) oder Einheitliches UN-Kaufrecht bekannt; geschlossen in Wien am 11. 4. 1980. Das CISG ist die wichtigste Rechtsgrundlage für alle Außenhandelsgeschäfte der Vertragsstaaten; es hat weltweit zu einer Vereinheitlichung der Regeln über den Abschluss und die wesentl. Rechtsfolgen internat. Kaufverträge geführt.

Cisjordani|en, das →Westjordanland (im Ggs. zu Transjordanien).

Ciskei, ehem. Homeland in der Rep. Südafrika, westlich des Great Kei River, in der früheren Kapprovinz; 1961 errichtet, hatte seit 1972 »innere Autonomie«, seit 1981 »staatl. Unabhängigkeit«; seit 1994 ist es Teil der Prov. Ost-Kap.

Cisneros [θizʹneros], Francisco Jiménez de, span. Franziskaner, →Jiménez de Cisneros, Francisco.

Cissus [lat.], **Klimme,** Pflanzengattung der Weinrebengewächse; trop. und subtrop. Klettersträucher, auch Zimmerpflanzen, u. a. der aus Australien stammende **Känguruwein** (Cissus antarctica).

Cister [lat.] die, **Sister,** seit dem MA. bekanntes, im 16.–18. Jh. in ganz Europa verbreitetes Zupfinstrument mit birnenförmigem Korpus und 4–12 Saitenpaaren. – Ein volkstüml. Abkömmling hat sich bis heute unter dem Namen **Harzer Zither** (auch **Thüringer Zither**) erhalten.

Cité [siʹte; frz.; von lat. civitas »Bürgerschaft«, »Gemeinde«] die, frz. Bezeichnung für die Stadt, den Stadtkern, bes. die Altstadt (i. e. S. für den histor. Kern von Paris, auf der größten Seine-Insel **Île de la C.**); auch für einen abgeschlossenen Stadtteil (»cité universitaire«, Universitätsviertel) sowie für Bürgerschaft, Gemeinwesen.

Cîteaux [siʹto], Mutterkloster des Zisterzienserordens, in Burgund, Dép. Côte d'Or, Frankreich; gegr. 1098 von Robert de Molesmes, 1790 aufgehoben, 1898 von den Trappisten wieder besiedelt. Nur wenige Reste der histor. Bauten sind erhalten.

CITES [siːaɪtiːʹɛs], Abk. für engl. **C**onvention on **I**nternational **T**rade in **E**ndangered **S**pecies of Wild Fauna and Flora, das →Washingtoner Artenschutzabkommen.

Citigroup Inc. [ʹsɪtɪgruːp ɪnʹkɔːpəreɪtɪd, engl.], global (in über 100 Ländern) tätiger amerikan. Finanzdienstleistungskonzern, Sitz New York, entstanden 1998 durch Fusion von Citicorp. (gegr. 1968) und Travelers Group Inc.; Konzerngesellschaften sind u. a. die Citibank N. A. (gegr. 1812 als City Bank of New York) und die Travelers Property Casualty Corp.

citius, altius, fortius [lat. »schneller, höher, stärker«], olymp. Devise.

Citlaltépetl [s-, aztek.], **Pico de Orizaba,** Vulkan am S-Rand des Hochlands von Mexiko, in der Cordillera Neovolcánica, höchster Berg des Landes, 5 700 m ü. M.; ab 4 400 m vergletschert; letzter großer Ausbruch 1687.

Citoyen [sitwaʹjɛ̃, frz.] der, Bürger; urspr. in Frankreich stimm- oder wahlberechtigter Bürger einer Stadt (»Cité«), seit der Frz. Revolution jeder frz. Staatsbürger. 1792–1804 und 1848 waren C. und **Citoyenne** (Bürgerin) die demokrat. Anrede statt Monsieur und Madame.

Citral das, ungesättigter Terpenaldehyd; das zitronenartig riechende Öl wird als Riechstoff verwendet und ist Ausgangsprodukt für die Synthese des Vitamins A.

Citrate, die Salze und Ester der →Zitronensäure.

Citrat|zyklus, der →Zitronensäurezyklus.

Citrin [zu Citrus] der, Mineral, gelber Quarz; Schmuckstein; künstlich herstellbar durch Glühen von Amethyst und Rauchquarz.

Citroën S. A. [sitrɔʹɛn-], →Peugeot-Citroën S. A.

Citronellöl, äther. Öl des trop. Bartgrases Cymbopogon nardus; aus ihm wird **Citronellal** isoliert, einer der wichtigsten Ausgangsstoffe der Riechstoffindustrie.

Citrus [lat. »Zitronenbaum«], Gattung der Rautengewächse mit etwa 60 Arten, urspr. im indomales. Raum und China beheimatet, heute in allen subtrop. Gebieten kultiviert; →Zitruspflanzen.

Città del Vaticano [tʃitʹtaː-], die →Vatikanstadt.

Città di Castello [tʃitʹtaː-], Stadt in Umbrien, Italien, Prov. Perugia, am Tiber, 39 000 Ew.; Bischofssitz; Landmaschinenbau, Tabak-, Textilindustrie; Dom (11. Jh. ff.), mehrere Paläste (13.–16. Jh.).

City [ʹsɪtɪ; engl., von lat. civitas »Bürgerschaft«, »Gemeinde«] die, 1) im engl. Sprachraum Bez. für eine meist größere Stadt, in den einzelnen Ländern ist die C. aber mit unterschiedl. kommunalen Rechten ausgestattet.

2) engl. **City Centre**, amerikan. **Downtown** oder **Central Business District**, die Innenstadt, der Kern einer größeren Stadt (urspr. der Stadtkern von London), in dem sich v. a. die zentralen städt. Dienstleistungsfunktionen (Konsum, wirtschaftsnahe Dienstleistungen, Unternehmenssitze) konzentrieren. Unter **Citybildung** versteht man die fortschreitende Umnutzung und Umgestaltung älterer Wohnviertel oder von innenstadtnahen, alten Ind.-Gebieten zu neuen, büro- und konsumorientierten Zentren (Geschäfts- und Bürohäuser, Kultureinrichtungen, Verwaltungen, Banken, Hotels).

Citylogistik ['sɪtɪ-, engl.], Kooperation von (meist unabhängigen) Unternehmen zur Belieferung eines Stadtzentrums mit Gütern; ermöglicht die räuml. Koordinierung von Ladungen benachbarter Empfänger. Durch C. kann die gleiche Menge an Lieferungen mit weniger und vielfach emissionsärmeren Lkw sowie geringeren Fahrleistungen abgewickelt werden.

Cityruf ['sɪtɪ-], drahtloser Funkrufdienst im 465-MHz-Bereich (seit 1989 in Betrieb) zur Übermittlung von Ziffern, kurzen Texten oder Tonsignalen über Telefon oder Internet an ein Funkrufempfangsgerät (→Pager) innerhalb eines bestimmten Rufbereiches.

Ciudad [θiuˈðað, siuˈðað; span., von lat. civitas], span. Bez. für Stadt.

Ciudad Bolívar [siuˈðað-], Hptst. des Bundesstaates Bolívar, Venezuela, am Orinoco (seit 1967 1 678 m lange Hängebrücke), 287 000 Ew.; kath. Erzbischofssitz; Bergbauschule; Haupthafen (für Seeschiffe erreichbar) des Orinocogebietes. – Gegr. 1764 als **Santo Tomás de la Nueva Guayana**, später **Angostura** gen., 1886 nach S. Bolívar umbenannt, der hier 1819 auf einem Kongress die Unabhängigkeit Großkolumbiens von Spanien erklärte.

Ciudad Guayana [siuˈðað-], amtl. **Santo Tomé de Guayana**, Stadt im O von Venezuela, an der Mündung des Río Caroní (Wasserkraftwerk Guri) in den Orinoco, 629 000 Ew.; entstand 1961 durch Zusammenschluss der Hafenorte **San Félix** (östlich des Río Caroní) und **Puerto Ordaz** (gegenüber von San Félix) sowie des Ind.-Standorts **Matanzas** (westlich von Puerto Ordaz). Die Häfen sind von Seeschiffen erreichbar; internat. Flughafen. Zus. mit Ciudad Bolívar bildet C. G. das Leitzentrum der wirtsch. Erschließung des eisenerz- und bauxitreichen venezolan. Guayana.

Ciudad Juárez [siuˈðað xuˈares], Stadt im Bundesstaat Chihuahua, Mexiko, 1 100 m ü. M., am Río Grande del Norte; 1,19 Mio. Ew. (Agglomeration); Grenz- und Brückenort (drei internat. Brücken) gegenüber von El Paso (Texas, USA); Univ. (gegr. 1973).

Ciudad Obregón [siuˈðað oβreˈɡɔn], Stadt im Küstengebiet des Bundesstaates Sonora, Mexiko, 250 800 Ew.; Bischofssitz; Verarbeitungs- und Marktzentrum des fruchtbaren Bewässerungsanbaugebietes am Río Yaqui.

Ciudad Ojeda [siuˈðað ɔˈxeða], Erdölstadt am Maracaibosee, Venezuela, 114 000 Ew.; vielseitige Kleinindustrie.

Ciudad Real [θiuˈðað-], **1)** Prov. Spaniens in der Region Kastilien-La Mancha, 19 813 km², 487 700 Einwohner.

2) Hptst. von 1), auf der Mancha, 60 200 Ew.; Bischofssitz, Univ.; landwirtsch. Gewerbe, Viehhandel. – Stadttor Puerta de Toledo (1328) im Mudéjarstil (Nationaldenkmal), Kathedrale (1531, größte einschiffige Kirche Spaniens), Reste des Alcázars (1275). – 1255 von Alfons X. gegründet.

Ciudad Trujillo [siuˈðað truˈxijo], 1936–61 Name von →Santo Domingo in der Dominikan. Republik.

Ciudad Victoria [siuˈðað-], Hptst. des Bundesstaates Tamaulipas, Mexiko, am Fuß der Sierra Madre Oriental; 249 000 Ew.; Bischofssitz; Univ.; in der Umgebung Bergbau (Silber, Gold, Blei, Kupfer); gegr. 1750.

Čiurlionis [tʃʊr-], Mikolajus Konstantinas, litauischer Komponist und Maler, * Varėna (S-Litauen) 22. 9. 1875, †Pustelnik (bei Warschau) 10. 4. 1911; schuf sinfon. Dichtungen (u. a. »Im Walde«, 1901; »Das Meer«, 1907) und entwickelte als Maler (ab 1905) symbol. Abstraktionen über musikal. und kosm. Vorgänge.

Civetten [frz.], Unterfamilie der →Schleichkatzen.

Civilis, Gaius Iulius, german. Führer der Bataver, fürstl. Abkunft, unter Nero in röm. Dienst; löste 69 n. Chr. einen Aufstand gegen Rom aus, wurde 70 besiegt, erreichte aber einen günstigen Frieden.

Civil Religion [ˈsɪvɪl rɪˈlɪdʒən; engl. »bürgerl. Religion«], der von der Bev.-Mehrheit in den bürgerl. Gesellschaften Nordamerikas und Westeuropas getragene Konsens über die diese tragenden »zivilen« Grundwerte (v. a. Achtung der Würde und Individualität des Menschen, Rechtsstaatlichkeit, Glaubens-, Gewissens- und Bekenntnisfreiheit) und der aktive Einsatz der Bürger (unabhängig von ihrer konfessionellen Bindung oder Nichtbindung) für dieselben.

Civil Rights [ˈsɪvɪl ˈraɪts, engl.], die Bürgerrechte; grundrechtsähnliche Verbürgungen in der Verf. des Bundes und der Gliedstaaten der USA, die jegliche Ungleichbehandlung (Diskriminierung) von Bürgern wegen ihrer Rasse, Hautfarbe, Abstammung oder Religion verhindern sollen und neben die Freiheitsrechte des Einzelnen zur Verteidigung gegen staatl. Übergriffe treten. Nach dem Sezessionskrieg (1861–65) wurden C. R. Acts (Bürgerrechts-Ges.) erlassen, die v. a. die farbige Bev. vor diskriminierender Behandlung schützen sollten, jedoch vom Obersten Ger. für verfassungswidrig erklärt wurden. Erst seit 1957 konnten Bürgerrechts-Ges. verabschiedet werden, die eine Gleichstellung der Farbigen v. a. bei Wahlen, im Arbeitsleben, in der Ausbildung und bei der Benutzung von öffentl. Einrichtungen i. w. S. herbeiführen sollen, die die nicht gerechtfertigte Schlechterstellung von Ausländern und nicht ehel. Kindern und die Geschlechterdiskriminierung verbieten.

Civil Rights Movement [ˈsɪvɪl ˈraɪts ˈmuːvmənt, engl.], →Bürgerrechtsbewegung.

Civil Service [ˈsɪvɪl ˈsəːvɪs, engl.], **1)** in *Großbritannien* der öffentl. Verw.-Dienst der Krone (ohne Richter und Lehrer); er wird v. a. durch Kabinettsbefehle geregelt.

2) in den *USA* der nur für den Bund einheitlich geregelte Verw.-Dienst. Das seit 1829 bestehende »Beutesystem« (spoils system: Besetzung der Dienststellen durch die jeweils regierende polit. Partei; keine Beamten auf Lebenszeit) wurde 1883 durch das Leistungssystem ersetzt (Berufsbeamte).

Civis [lat.], Bürger (→Civitas).

Civitas [lat. »Staat, Stadt, Gemeinwesen«] *die,* **1)** im Röm. Reich Bez. für die Gesamtheit der Bürger, die Stadt, den Staat, für jedes Gemeinwesen mit bürgerl. Selbstverwaltung. Als **C. Romana** der Inbegriff der dem freien röm. Bürger zustehenden Rechte, das durch Geburt, Verleihung oder Freilassung erworbene Bürgerrecht.

Pieter Claesz: Frühstück mit Schinken (1647; Sankt Petersburg, Eremitage)

René Clair

2) seit karoling. Zeit in den Quellen häufige Bez. für die Stadt im Mittelalter.

Civitas Dei [lat. »Gottesstaat«] *die,* Grundbegriff in Augustinus' Hauptwerk »De civitate Dei«. Der Gottesstaat besteht aus Menschen, die sich der ewigen Ordnung Gottes fügen, im Gegensatz zum Erdenstaat (**civitas terrena**), der allein auf menschlicher Ordnung beruht und sich auf die Güter der Erde hin orientiert. Augustinus erblickt den Sinn der Weltgeschichte im Widerstreit dieser beiden Staaten.

Civitavecchia [tʃivitaˈvɛkkia], Hafenstadt am Tyrrhen. Meer in Latium, Italien, Prov. Rom, 50 300 Ew.; Fischerei, Erdölraffinerie, Zement- u. a. Ind.; Fähre nach Sardinien und nach Toulon (Frankreich); Fort Michelangelo (1508 ff.). – Gegr. 106 n. Chr. als Hafen **Centumcellae;** gehörte im 15. Jh. zum Kirchenstaat (Heimathafen der päpstl. Kriegsflotte).

Cixous [sikˈsus], Hélène, frz. Schriftstellerin, * Oran 5. 6. 1937; Vertreterin eines engagierten Feminismus (»Weiblichkeit in der Schrift«, 1980; »Das Buch von Promethea«, 1983); Theaterarbeit zusammen mit Ariane Mnouchkine.

CJTF [siːdʒɛɪtiːˈef], Abk. für engl. **C**ombined **J**oint **T**ask **F**orces, 1996 gebilligtes NATO-Konzept alliierter Streitkräftekommandos zur Führung von NATO-Verbänden sowie von Truppen aus Nicht-NATO-Staaten in der Krisenbewältigung und Konfliktverhütung mittels herauslösbarer Teile der NATO-Kommandostruktur. Auf diese Kommandos können auch die Staaten der OSZE zurückgreifen, um in einem Konfliktfall tätig zu werden.

Cl, chem. Symbol für →Chlor.

c. l., Abk. für lat. citato loco, »am angeführten Ort«.

Clactonien [klæktəˈnjɛ̃, frz.] *das,* Formengruppe der →Altsteinzeit mit kennzeichnenden Feuerstein-Abschlag-Geräten; ben. nach dem engl. Fundort Clacton-on-Sea (Cty. Essex).

Claes [klaːs], Ernest André Josef, fläm. Erzähler, * Zichem (bei Diest) 24. 10. 1885, † Uccle 2. 9. 1968; schrieb gemütsbetonte, realist. Prosa (u. a. »Der Flachskopf«, 1920).

Claesz [klaːs], Pieter, niederländ. Maler, * vermutlich in den südl. Niederlanden um 1597, begraben Haarlem 1. 1. 1661; malte schlichte Stillleben in feiner helltoniger Farbigkeit.

Claim [kleɪm, engl.] *das,* im angloamerikan. Bereich 1) in den USA (beanspruchtes) Gebiet zum Sie-

deln oder Schürfen; 2) (Rechts-)Anspruch, Besitztitel, Forderung.

Clair [klɛːr], René, eigtl. R. **Chaumette,** frz. Filmregisseur, * Paris 11. 11. 1898, † ebd. 15. 3. 1983; Vertreter des »poet. Realismus« im frz. Film. – *Filme:* Unter den Dächern von Paris (1930); Meine Frau, die Hexe (1942); Die Schönen der Nacht (1952); Die Mausefalle (1956).

Clairaut [klɛˈro], Alexis Claude, frz. Mathematiker, Astronom und Geodät, * Paris 7. 5. 1713, † ebd. 17. 5. 1765; veröffentlichte Arbeiten zur Geometrie und Algebra; schloss 1759 aus Bahnstörungen des Halleyschen Kometen auf den erst 1781 entdeckten Planeten Uranus. Das **C.-Theorem** bestimmt die Erdabplattung aus der Fliehkraft am Äquator sowie der Schwerkraft am Äquator und an den Polen.

Clairet [klɛˈrɛ] *der,* in der Farbe etwas kräftigerer, frischer, fruchtiger Roséwein.

Clair-obscur [klɛrɔbsˈkyr, frz.] *das, Malerei:* →Helldunkel.

Clairon [klɛˈrɔ̃, frz.] *das,* **1)** klappenloses Signalhorn.

2) das →Clarino.

3) in der Orgel eine helle Zungenstimme.

Clairvaux [klɛrˈvo], ehem. Zisterzienserabtei im frz. Dép. Aube, gegr. 1115 von Bernhard von Clairvaux als drittes Tochterkloster von Cîteaux; 1792 aufgehoben.

Clan [klæn; gäl. »Kinder«] *der,* **1)** die auf kelt. Einrichtungen beruhenden Stammesverbände in Schottland und Irland (**Clann**), deren Angehörige sich nach einem gemeinsamen Stammvater nannten. In Schottland stellten sie ihrem Namen die Bez. Mac (»Sohn«, z. B. Macdonald) voran, in Irland O' (»Sohn«, »Abkömmling«, z. B. O'Connor). Die schott. C., durch England 1745 aufgehoben, spielen in den Hochlandgegenden noch heute eine Rolle.

2) *Völkerkunde:* →Klan.

Clancy [ˈklænsɪ], Tom, eigtl. Thomas L. **C.** jr., amerikan. Schriftsteller, * Baltimore (Md.) 12. 4. 1947; Verfasser spannender (oft verfilmter) Politthriller, die wie u. a. »Jagd auf Roter Oktober« (1986) die militär. Technologie und die Überlegenheit des Westens verherrlichen. – *Weitere Werke: Romane:* Die Stunde der Patrioten (1987); Befehl von oben (1996); Operation Rainbow (1998).

Claparède [-ˈrɛd], Édouard, schweizer. Psychologe, * Genf 24. 3. 1873, † ebd. 29. 9. 1940; gründete 1912 das Institut Jean-Jacques Rousseau (→Genfer Schule), 1920 die »Internat. Gesellschaft für Psychotechnik«; bemühte sich um eine psycholog. Grundlegung der Pädagogik.

Clapeyron [klapɛˈrɔ̃], Benoît Pierre Émile, frz. Ingenieur, * Paris 21. 2. (oder 26. 1.) 1799, † ebd. 28. 1. 1864; gab in der **clapeyronschen Dreimomentengleichung** eine math. Beziehung zw. drei aufeinanderfolgenden Stützmomenten durchlaufender Balken an und führte das Wärmediagramm in die theoret. Thermodynamik ein. C. konstruierte auch Eisenbahnbrücken und war an der Ausführung der ersten frz. Eisenbahnlinien beteiligt.

Clapton [klæptn], Eric, engl. Gitarrist und Sänger, * Ripley (Cty. Surrey) 30. 3. 1945; bed. Rockmusiker, spielte u. a. bei »The Yardbirds«, »Cream«, »Blind Faith«.

Claque [klak, frz.] *die,* bestellte Gruppe, die Beifall spendet; ursprünglich frz. Bühnenausdruck für bezahlte Beifallklatscher (**Claqueurs**).

Clare [ˈkleə], irisch **An Clár,** Cty. im W der Rep. Irland, 3 188 km², 103 300 Ew.; Verw.-Sitz ist Ennis.

Claretiner, Priesterkongregation mit Sitz des Generalsuperiors in Rom, 1849 von dem span. Theologen Antonio María Claret y Clará (* 1807, † 1870) gegr.; tätig in der Mission, Jugenderziehung und religiösen Bildungsarbeit. – Der weibl. Zweig, die **Claretinerinnen,** wurde 1855 gegründet.

Clariden, Bergstock der Tödigruppe in den Glarner Alpen, Schweiz, bis 3 268 m ü. M.

Clarino [ital.] *das,* frz. **Clairon,** engl. **Clarion,** ventillose Trompete der höchsten Lage; v. a. im 17. und 18. Jh. verwendet (Bachtrompete).

Clark [klɑ:k], **1)** Helen, neuseeländ. Politikerin, * Hamilton 26. 2. 1950; Politikwissenschaftlerin; seit 1971 Mitgl. der Labour Party, ab 1981 Parlamentsabg., war 1987–90 Min. versch. Ressorts, 1989–96 stellv. Premiermin., 1990–93 stellv. Fraktionsvors. ihrer Partei und ab 1993 Oppositionsführerin. Nach dem Wahlerfolg der Labour Party 1999 wurde C. Premiermin. (2002 und 2005 im Amt bestätigt).

2) Jim, brit. Automobilrennfahrer, * Kilmany (O-Schottland) 4. 3. 1936, † Hockenheim 7. 4. 1968; Formel-1-Fahrer seit 1960; Weltmeister 1963 und 1965 (jeweils »Lotus-Climax«); 25 Grand-Prix-Siege. Verunglückte beim Rennen auf dem Hockenheimring tödlich.

3) Lygia (Lígia), eigentlich L. **Pimentel Lins,** brasilian. Bildhauerin, Malerin und Performancekünstlerin, * Belo Horizonte 23. 10. 1920, † Rio de Janeiro 26. 4. 1988; schuf zunächst konstruktivist. Reliefs und Skulpturen aus Holz, Stein und Metall, ab 1970 kinet. Objekte aus Aluminium sowie Environments; befasste sich auch mit Concept-Art.

Clarke 1) [klɑ:k], Arthur C. (Charles), engl. Schriftsteller, * Minehead (Cty. Somerset) 16. 12. 1917; Vertreter der Science-Fiction-Literatur; Mitarbeit am Drehbuch für den Film »2001: Odyssee im Weltraum« (1968) nach seiner Erzählung »The sentinel« (1951).

2) Stanley, amerikan. Jazzmusiker (Kontrabass, elektr. Bassgitarre), * Philadelphia (Penn.) 30. 6. 1951; wurde 1972 durch sein Engagement bei der Band »Return to Forever« des Pianisten C. Corea bekannt; gilt neben J. Pastorius als einflussreichster Bassgitarrist des Jazz.

Clathrate [lat.], →Einschlussverbindungen.

Claude [klo:d], Albert, belg. Biochemiker, * Longlier (heute zu Neufchâteau, Prov. Luxemburg) 23. 8. 1899, † Brüssel 22. 5. 1983; entdeckte die →Mitochondrien; erhielt 1974 mit C. de Duve und G. E. Palade den Nobelpreis für Physiologie oder Medizin.

Claudel [klo'dɛl], **1)** Camille, frz. Bildhauerin, * Fère-en-Tardenois (Dép. Aisne) 8. 12. 1864, † Montdevergues (Dép. Vaucluse) 19. 10. 1943, Schwester von 2); ab 1883 zunächst Schülerin, dann Mitarbeiterin A. Rodins, der bis 1898 auch ihr Lebensgefährte war; musste die letzten 30 Jahre ihres Lebens (1913–43) in einer psychiatr. Anstalt verbringen; hinterließ mit ihren Büsten (u. a. »Rodin«, Bronze, 1892), Skulpturen und Plastiken (u. a. »Der Walzer«, Bronze, 1893 ff., in mehreren Fassungen; »Das reife Alter«, Gips, 1899) Meisterwerke der Bildhauerkunst, die erst in den 1980er-Jahren bekannt wurden.

2) Paul, frz. Schriftsteller, * Villeneuve-sur-Fère (Dép. Aisne) 6. 8. 1868, † Paris 23. 2. 1955, Bruder von 1); war u. a. Botschafter in Tokio, Washington, Brüssel; gehört zu den Hauptvertretern des →Renouveau catholique. Er schrieb neben Lyrik v. a. Dramen (u. a. »Mittagswende«, 1906; »Mariä Verkündigung«, 1912; »Der seidene Schuh«, 1929, sein Hauptwerk), Oratorien (»Das Buch von Christoph Columbus«, 1929; »Johanna auf dem Scheiterhaufen«, 1938, Musik von A. Honegger) und Essays (»Ars poetica mundi«, 1907). C. schuf eine eigene Versform, meist reimlose Prosa in freien Rhythmen. In den letzten 30 Jahren seines Lebens schrieb er bes. Bibelkommentare und bibl. Studien.

Claude Lorrain [klodlɔˈrɛ̃], frz. Maler, →Lorrain, Claude.

Claudicatio intermittens, das →intermittierende Hinken.

Claudius, röm. Kaiser: **1)** Tiberius C. Nero Germanicus, * Lugdunum (heute Lyon) 1. 8. 10 v. Chr., † (ermordet) Rom 13. 10. 54 n. Chr., Sohn des Nero C. Drusus; nach Caligulas Ermordung (41 n. Chr.) von den Prätorianern auf den Thron erhoben; baute mithilfe von Freigelassenen die kaiserl. Verwaltung aus und eroberte Teile Britanniens. 48 n. Chr. ließ er seine zügellose Gattin Messalina hinrichten. Seine Gattin Agrippina d. J. vergiftete ihn 54, um ihren Sohn Nero auf den Thron zu bringen.

2) Marcus Aurelius Valerius C. Gothicus, Kaiser seit 268, * in Dalmatien 10. 5. 219, † Sirmium (heute Sremska Mitrovica) 270; siegte über Alemannen in Oberitalien und Goten bei Naissus (heute Niš).

Claudius, Matthias, Dichter, * Reinfeld (Holstein) 15. 8. 1740, † Hamburg 21. 1. 1815; gab 1771–75 die Zeitung »Der Wandsbecker Bothe« heraus; fand v. a. in Gedichten seinen eigenen gemütstiefen (Kunst- und Volkslied vereinenden) Ton (»Der Mond ist aufgegangen«, 1779).

Clauert, Hans, gen. **der märk. Eulenspiegel,** Trebbiner Bürger, † 1566; Held einer Schwanksammlung B. Krügers (1587).

Claus, Prinz der Niederlande, urspr. **C. von Amsberg,** * Dötzingen (heute zu Hitzacker) 6. 9. 1926, † Amsterdam 6. 10. 2002; 1957–65 im dt. diplomat.

Paul Claudel

Matthias Claudius

Camille Claudel: »Der Walzer«, Bronze (1905)

Hugo Claus

Carl von Clausewitz

Rudolf Clausius

Lucius D. Clay

Dienst; heiratete 1966 Beatrix, die Königin (seit 1980) der Niederlande.

Claus, 1) Carlfriedrich, Zeichner, Grafiker und Schriftsteller, * Annaberg (heute Annaberg-Buchholz) 4. 6. 1930, † Chemnitz 22. 5. 1998; entwickelte als Autodidakt eine eigenständige intermediäre Kunst, die eine fantasievolle Synthese von Dichtkunst und Bildfindung darstellt (»Sprachblätter«).

2) [klɔus], Hugo, fläm. Schriftsteller, * Brügge 5. 4. 1929; schrieb experimentelle Lyrik sowie Dramen, Romane und Erz.n, in denen er u. a. die belg. Gesellschaft kritisch analysiert (»Zucker«, 1955; »Der Kummer von Flandern«, 1983; »Die Leute nebenan«, 1985; »Bella Donna«, 1996; »Unvollendete Vergangenheit«, 1998; »Der Schlafwandler«, 2000).

Clausewitz, Carl von, preuß. General und Militärtheoretiker, * Burg (bei Magdeburg) 1. 7. 1780, † Breslau 16. 11. 1831; seit 1795 preuß. Offizier, nahm an zahlr. Feldzügen teil; gehörte nach 1808 zum Kreis um die preuß. Heeresreformer Scharnhorst und Gneisenau. Er stand zum Kampf gegen Napoleon I. 1812–15 in russ. Dienst; wirkte am Zustandekommen der preußisch-russ. Konvention von Tauroggen mit und war 1815–18 Stabschef in Koblenz, dann als Generalmajor Verwaltungsdirektor der Allg. Kriegsschule in Berlin; 1831 während der poln. Unruhen Chef des Generalstabes der preuß. Observationsarmee in Posen.

Sein unvollendetes Werk »Vom Kriege« (posthum 1832–37), eine philosoph. Abhandlung über das Wesen des Krieges, machte ihn zum Begründer der modernen Kriegslehre. C. erkannte als Erster den polit. Instrumentalcharakter des Krieges bei der Untersuchung des Verhältnisses von Krieg und Politik. »Der Krieg ist eine bloße Fortsetzung der Politik mit anderen Mitteln«. Hieraus ergibt sich die Unterordnung des Militärs unter die Politik und die von ihr bestimmten Zielsetzungen.

Clausius, Rudolf Julius Emanuel, Physiker, * Köslin (heute Koszalin) 2. 1. 1822, † Bonn 24. 8. 1888; Mitbegründer der mechan. Wärmetheorie; formulierte den 2. Hauptsatz der Thermodynamik und führte den Begriff der →Entropie ein.

Clausthal-Zellerfeld, Stadt (Bergstadt) im Landkreis Goslar, Ndsachs., im Oberharz, 535–610 m ü. M., 15 000 Ew.; Luftkurort; TU (gegr. 1775 als Bergakademie Clausthal), Berg- und Hüttenschule, Landesbergamt, Oberharzer Bergwerksmuseum. – Hölzerne Pfarrkirche (vor 1637 bis 1642); in der St.-Salvatori-Kirche (17. und 19. Jh.) Flügelaltar von W. Tübke (1994–97). – C.-Z. entstand 1924 durch Vereinigung von Clausthal (Stadtrecht 1554) und Zellerfeld (Stadtrecht 1532); Bergbau (seit dem 12. Jh.; Silber-, später Blei- und Kupfererze) bis 1930.

Clavecin [klav'sɛ̃, frz.] *das*, das →Cembalo.

Claver [kla'βɛr], Petrus, span. Jesuit, * Verdú (Prov. Lleida) 1581, † Cartagena (Kolumbien) 8. 9. 1654; arbeitete in Südamerika als Missionar und Seelsorger unter den schwarzen Sklaven und setzte sich für die Linderung ihrer Not ein. Heiliger, Patron der Mission unter den Negersklaven in Lateinamerika. Tag: 9. 9. – Nach ihm benannt ist die **Petrus-C.-Sodalität** zur Unterstützung der afrikan. Missionen, gegr. 1894, seit 1947 **Missionsschwestern vom hl. Petrus Claver** (→ Ledóchowska, Maria Theresia Gräfin von).

Clavichord [-k-], →Klavichord.

Clavicula [lat.] *die*, das →Schlüsselbein.

Clavijo y Fajardo [kla'βixo i fa'xarðo], José, span. Schriftsteller und Gelehrter, * auf Lanzarote 19. 3. 1727, † Madrid 3. 11. 1806; befreundet mit Voltaire und Buffon; Vertreter der Aufklärung; seine Liebesaffäre mit Louise Caron, der Schwester von Beaumarchais, regte Goethe zu seinem Trauerspiel »Clavigo« (1774) an.

Clay [kleɪ], 1) Cassius, amerikan. Boxer, →Muhammad Ali.

2) Henry, amerikan. Politiker, * Hanover County (Va.) 12. 4. 1777, † Washington (D. C.) 29. 6. 1852; war seit 1811 Kongress-Abg. und 1825–29 Außenmin. Er suchte die regionalen Gegensätze bes. zwischen den Nord- und den Südstaaten zu überbrücken (Missouri-Kompromiss von 1820, Zollkompromiss von 1833, Kompromiss von 1850 in der Sklavenfrage).

3) Lucius Dubignon, amerikan. General, * Marietta (Ga.) 23. 4. 1897, † Chatham (Mass.) 16. 4. 1978; war 1947–49 Militärgouv. der amerikan. Besatzungszone in Dtl.; organisierte die Luftbrücke während der sowjet. Blockade (1948/49) der Westsektoren Berlins; 1961/62 Sonderbeauftragter Präs. J. F. Kennedys für Berlinfragen.

Clean Development Mechanism [ˈkliːn dɪˈveləpmənt ˈmekənɪzm], Abk. **CDM,** wird im Deutschen etwa als »Mechanismus zur umweltgerechten Entwicklung« bezeichnet und ist im →Kyōto-Protokoll verankert. Es handelt sich um Klimaschutzprojekte, die diejenigen Länder, die nach der →Klimarahmenkonvention Emissionsobergrenzen einhalten müssen, in solchen Staaten durchführen, die keine verbindl. Emissionsziele haben. Dabei gibt es zwei Hauptziele: Die verpflichteten Staaten müssen in den Gastländern Aktivitäten vorantreiben, die den Ausstoß von Treibhausgasen reduzieren und zusätzlich zur →nachhaltigen Entwicklung dieser Länder beitragen, z. B. durch Technologietransfer. Wenn z. B. Kraftwerke modernisiert werden, kann dies anteilig beiden Vertragsparteien gutgeschrieben werden. Die Zweckmäßigkeit von Klimaschutzprojekten wird wie bei →Joint Implementation ökonomisch begründet. Kritiker befürchten allerdings, dass mit dieser für die Industrieländer günstigen Regelung Energiesparmaßnahmen im eigenen Land vernachlässigt werden.

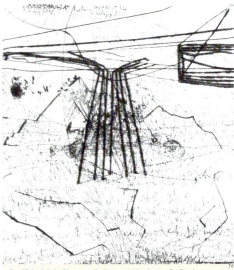
Carlfriedrich Claus: »Politpsychologische Reflexion«, Radierung (1978; Chemnitz, Städtische Kunstsammlungen)

Clearance [ˈklɪərəns; engl. »Reinigung«, »Klärung«] *die* oder *das, Medizin:* Reinigung einer bestimmten Blutplasmamenge von in ihr befindl. körpereigenen (endogene C.) oder künstlich eingebrachten Substanzen (exogene C.) durch ein Ausscheidungsorgan (z. B. Nieren oder Leber). Der bei der Nierenfunktionsprüfung ermittelte **C.-Wert** (Klärwert) ist das Maß für die Ausscheidungsfähigkeit bzw. -geschwindigkeit der Nieren.

Clearing [ˈklɪərɪŋ, engl.] *das,* Verrechnung gegenseitiger Forderungen und Verbindlichkeiten zw. den Mitgl. eines abgegrenzten Teilnehmerkreises, sodass für jeden Teilnehmer nur ein Spitzenbetrag verbleibt (Saldo), den er bar oder unbar zu begleichen hat. Je nach Anzahl der Beteiligten wird von bilateralem bzw. multilateralem C. gesprochen. C. erfolgt im nat. Zahlungsverkehr zw. Kreditinstituten (→ Abrechnungsverkehr). Im internat. Zahlungsverkehr dient es der Aufrechnung der im Wirtschaftsverkehr zw. zwei oder mehreren Ländern entstandenen gegenseitigen Forderungen und Verbindlichkeiten. Hierzu werden bei den Zentralbanken (oder bei besonderen Stellen) Verrechnungskonten geführt; die Salden werden entweder kreditiert (→ Swing) oder in vereinbarter Währung (Gold, Devisen) ausgezahlt.

Clearstream International S. A. [ˈklɪərstriːm ɪntəˈnæʃnl-, engl.], Unternehmen zur techn. Abwicklung von internat. Wertpapiertransaktionen und Verwahrung von Aktien, Anleihen und Fonds; entstanden 2000 durch Fusion von Cedel International und Dt. Börse Clearing AG; Sitz: Luxemburg; seit 2002 Tochtergesellschaft (100 %) der Dt. Börse AG.

Clebsch, Rudolf Friedrich Alfred, Mathematiker, * Königsberg (Pr) 19. 1. 1833, † Göttingen 7. 11. 1872; arbeitete über math. Physik, Variationsrechnung, Invariantentheorie u. a. Themen.

Cleef, Joos van, niederländ. Maler, → Cleve.

Cleland [ˈkleland], John, engl. Schriftsteller, * 1709, † London 23. 1. 1789; schrieb den klass. Roman der erotischen Literatur »Fanny Hill« (1749).

Clematis [auch ˈkle-; griech. »Ranke«] *die,* die → Waldrebe.

Clemenceau [klemɑ̃ˈso], Georges, frz. Politiker, * Mouilleron-en-Pareds (Dép. Vendée) 28. 9. 1841, † Paris 24. 11. 1929; Arzt, seit 1876 Abg. und Wortführer der äußersten Linken (»Ministerstürzer«); wurde in den Skandal um den → Panamakanal hineingezogen und deshalb 1893 nicht wieder gewählt; setzte sich für die Revision des Dreyfusprozesses (→ Dreyfusaffäre) ein; wurde 1902 Senator. Als Min.-Präs. (1906–09) regelte er die Trennung von Kirche und Staat abschließend. Im Nov. 1917 wieder an der Spitze der Reg., sammelte er unter weitgehender Ausschaltung des Parlaments alle Kräfte Frankreichs und trug damit wesentlich zum Sieg der Alliierten bei. Bei den Friedensverhandlungen suchte er Dtl. möglichst zu schwächen und den Rhein zur militär. Grenze Frankreichs zu machen; er polemisierte später heftig gegen alle Zugeständnisse an Dtl. Als er im Jan. 1920 bei der Wahl des Staatspräs. unterlag, zog er sich aus der Politik zurück. – *Werke:* Demosthenes (1925); Claude Monet (1928); Größe und Tragik eines Sieges (1930).

Clemens non Papa, Jacobus, eigtl. Jacques **Clément,** frankofläm. Komponist, * Middelburg zw. 1510 und 1515, † Diksmuide (Westflandern) um 1555/56; Meister der polyfonen Vokalmusik vor Palestrina; komponierte Messen, Motetten, Chansons und → Souterliedekens.

Clausthal-Zellerfeld: die hölzerne Pfarrkirche zum Heiligen Geist (vor 1637–42)

Clemente, Francesco, ital. Maler, * Neapel 23. 3. 1952; Vertreter der → Transavanguardia. Im Mittelpunkt seines Schaffens steht die Auseinandersetzung mit dem eigenen Körper.

Clementi, 1) Aldo, ital. Komponist, * Catania 25. 5. 1925; wandte sich nach neobarocken Anfängen der seriellen Musik zu, komponierte etwa seit 1960 auch unter Einbeziehung des Zufallsprinzips; u. a. »Collage 3« (»Dies irae«), elektron. Musik (1967), »AEB« (1983; für 17 Instrumente), »Berceuse« (1994; für Orchester).

2) Muzio, ital. Pianist und Komponist, * Rom 23. 1. 1752, † Evesham (bei Worcester) 10. 3. 1832; hat maßgeblich zur Entwicklung des Klavierspiels und der Klaviermusik beigetragen (u. a. Doppelgriffpassagen). Er schrieb über 100 Sonaten und Sonatinen sowie das Etüdenwerk »Gradus ad Parnassum« (3 Bde., 1817–26).

Clementine, → Klementine.

Clerici [-tʃi], Fabrizio, ital. Maler, Grafiker und Bühnenbildner, * Mailand 15. 5. 1913, † Rom 8. 6. 1993; schuf fantasievolle, an den röm. Manierismus anknüpfende bizarre Landschaften sowie Bühnenbilder.

Clermont-Ferrand [klɛrmɔ̃feˈrɑ̃], frz. Stadt im Zentralmassiv, Verwaltungssitz des Dép. Puy-de-Dôme und der Region Auvergne, 136 100 Ew.; zwei Univ.; Museen, Oper, Theater; botan. Garten; Gummi-, Reifen-, chem. u. a. Ind., Maschinen-, Fahrzeugbau. – Got. Kathedrale (1248 ff.; W-Fassade und Türme 19. Jh.), Kirche Notre-Dame-du-Port (11./12. Jh.). – **Clermont,** in röm. Zeit als Augustonemetum Hptst. der galloröm. Civitas der Arverner, seit dem 4. Jh. Bischofssitz und im MA. **Mons clarus** genannt, fiel 1551 an die frz. Krone und wurde 1731 mit Montferrand (gegr. im 11. Jh.) vereinigt.

Cleve, Cleef, Joos van, eigtl. J. van der **Beke,** niederländ. Maler, * Kleve (?) um 1485 (?), † Antwerpen zw. 10. 11. 1540 und 13. 4. 1541; wichtiger Vermittler der Kunst Leonardo da Vincis in den Norden Europas; allgemein wird heute der anonyme »Meister des To-

Georges Clemenceau

Clermont-Ferrand
Stadtwappen

Joos van Cleve: Die Heilige Familie (Sankt Petersburg, Eremitage)

des Mariä« der Flügelaltäre in Köln (1515) und München (um 1523) mit J. v. C. identifiziert.

Cleveland [ˈkliːvlənd], **1)** ehem. Cty. in NO-England; seit 1997 in die Unitary Authorities Hartlepool, Middlesbrough, Redcar and C. und Stockton-on-Tees gegliedert.

2) Hafenstadt in Ohio, USA, am S-Ufer des Eriesees; 461 300 Ew.; drei Univ., TH u. a. kulturelle Einrichtungen (u. a. Rock'n'Roll-Museum); NASA-Forschungszentrum; bed. Ind.- und Handelsstadt mit Eisen- und Stahlwerken, Maschinen-, Schiff-, Fahrzeugbau, Textil-, chem. und elektron. Ind.; über den St.-Lorenz-Seeweg ist C. mit dem Meer verbunden. – Gegr. 1796.

Cleveland [ˈkliːvlənd], Stephen Grover, 22. und 24. Präs. der USA (1885–89, 1893–97; Demokrat), * Caldwell (N. J.) 18. 3. 1837, † Princeton (N. J.) 24. 6. 1908; kämpfte gegen die Korruption, auch in der eigenen Partei; Gegner einer Schutzzollpolitik; verfolgte eine antiimperialist. Linie in der Außenpolitik: verhinderte 1893 die Annexion Hawaiis.

Clever, Edith, Schauspielerin und Regisseurin, * Wuppertal 13. 12. 1940; Engagements u. a. in München, Zürich und Berlin (v. a. Schaubühne), Zusammenarbeit mit P. Stein, K. M. Grüber und H. J. Syberberg, seit Anfang der 1990er-Jahre zudem Regietätigkeit; auch Filmschauspielerin (»Die Marquise von O.«, 1975).

Cliburn [ˈklaɪbəːn], Van, eigtl. Harvey Lavan **C.,** amerikan. Pianist, * Shreveport (La.) 12. 7. 1934; interpretiert u. a. virtuose Klavierwerke der Romantik sowie zeitgenössische amerikan. und russ. Komponisten.

Clichy [kliˈʃi], Stadt im frz. Dép. Hauts-de-Seine, im nordwestl. Vorortbereich von Paris, 48 000 Ew.; Automobilbau, chem. Ind., Maschinenbau.

Client-Server-Architektur [ˈklaɪənt ˈsəːvə-; zu engl. client »Kunde« und to serve »dienen«], *Informatik:* Netzwerkstruktur, bei der ein meist leistungsfähigerer Rechner, der →Server, bestimmte Dienste bereitstellt, die von den übrigen Rechnern, den Clients, in Anspruch genommen werden können. Ein Charakteristikum der C.-S.-A. ist die Autonomie der Komponenten; ein Client ist auch ohne den Server ein arbeitsfähiges System, was ihn von einem Terminal an einem Großrechner unterscheidet. Eine Netzwerkarchitektur, bei der alle Rechner gleichrangig sind, wird in →Peer-to-Peer-Netzen realisiert.

Cliff-Dwellings, ›Anasazikultur.

Cliffhanger [-hɛŋə, engl.] *der,* effektvoller, Spannung hervorrufender Schluss der Folge einer Hörfunk-, Film- oder Fernsehserie, der Neugier auf die Fortsetzung wecken soll.

Clifford [ˈklɪfəd], William Kingdon, brit. Mathematiker und Philosoph, * Exeter 4. 5. 1845, † auf Madeira 3. 3. 1879; arbeitete über die höher dimensionale und nichteuklid. Geometrie; auch Beiträge zur Wissenschaftstheorie und zur Sozialethik.

Clinch [klɪntʃ, engl.] *der, Boxen:* Umklammern und Festhalten des Gegners; regelwidrig.

Clinton [ˈklɪntən], **1)** Bill, urspr. William Jefferson **Blythe,** 42. Präs. der USA (1993–2001), * Hope (Ark.) 19. 8. 1946; Jurist, 1979–81 und 1983–93 Gouv. von Arkansas; gewann als Kandidat der Demokrat. Partei die Präsidentschaftswahlen im Nov. 1992 (gegen den amtierenden Präsidenten G. H. W. Bush, Republikan. Partei) und im Nov. 1996 (gegen den Republikaner R. Dole). Bei der Umsetzung seines zunächst stark innenpolitisch bestimmten Reg.-Programms (Impulse zur Stärkung der Wirtschaft, Reformen des Bildungs- und Gesundheitswesens, stärkere Schusswaffenkontrolle) geriet er seit Ende 1994 zunehmend unter den Druck der Republikaner, die im Nov. 1994 in beiden Häusern des Kongresses die Mehrheit erlangten, Ende 1995 dann bes. in der Frage der Gestaltung des Staatshaushaltes. In der Außenpolitik verfolgte C. u. a. das Ziel einer Osterweiterung der NATO; er unterstützte den Friedensprozess im Nahen Osten und bemühte sich um eine Vermittlung in den Konflikten in Bosnien und Herzegowina (Abkommen von Dayton, 1995) sowie zunächst auch im Kosovo, zwang jedoch nach dem Scheitern eines Abkommens (Vertrag von Rambouillet, 1999) mit anderen westl. Reg. den serb. Präs. S. Milošević durch eine NATO-Militäraktion zum Einlenken.

Trotz versch. außen- und innenpolit. Erfolge und einer hohen Akzeptanz in der Bev. führte die von ihm unter Eid geleugnete außerehel. Affäre mit Monica Lewinsky (1995/96 Praktikantin im Weißen Haus) zur Einleitung eines von den Republikanern betriebenen Amtsenthebungsverfahrens (Impeachment), das aber im Febr. 1999 mit einem Freispruch C.s durch den Senat endete. 2000 erhielt er den Internat. Karlspreis der Stadt Aachen. Er schrieb u. a. die Autobiografie »My life« (2004; dt. »Mein Leben«).

2) Hillary Rodham, amerikan. Politikerin (Demokrat. Partei) und Juristin, * Chicago (Ill.) 26. 10. 1947; ∞ seit 1975 mit Bill C.; 1973 als Rechtsanwältin zugelassen, 1977–92 Teilhaberin der Anwaltssozietät »Rose Law Firm« in Little Rock; wurde die wichtigste polit. Ratgeberin ihres Mannes und erlangte nach dessen Amtsantritt als Präs. der USA selbst erhebl. Einfluss im Weißen Haus (u. a. als Vors. einer Reg.-Kommission zur Reform des Gesundheitswesens, 1993). Als Publizistin hatte sie Erfolg mit dem Buch »It takes a village« (1996; dt. »Eine Welt für Kinder«) und mit ihrer Autobiografie »Living history« (2003; dt. »Ge-

Bill Clinton

lebte Geschichte«). 2001 wurde sie Senatorin für den Bundesstaat New York (2006 Wiederwahl).

Clio, Klio, griech. **Kleio,** eine der →Musen.

Clip [engl.] *der,* **1)** mod. Schmuckspange mit federnder Klemme; auch als **Ohrclip.**
2) →Videoclip.

Clipper, →Klipper.

Clique [klik, ˈklikə; frz. »Sippschaft«] *die, Soziologie:* informelle Kleingruppe mit engem inneren Zusammenhalt und meist starker Abschottung nach außen; gebildet v. a. auf der Grundlage enger persönl. Beziehungen und gemeinsamer Interessen und Ziele, oft innerhalb formaler Organisationen (z. B. Betriebe, Behörden).

Clitoris [griech. »kleiner Hügel«] *die, der* →Kitzler.

Clive [klaɪv], Robert, Baron (seit 1762) C. of Plassey, brit. Offizier und Kolonialpolitiker, * Styche (bei Market Drayton, Shropshire) 29. 9. 1725, † (Selbsttötung) London 22. 11. 1774; einer der Begründer der brit. Herrschaft in Indien; siegte im Dienst der Ostind. Kompanie 1757 bei Plassey über den Nawab (Fürst) von Bengalen. Als Gouv. und Oberbefehlshaber in Ostindien (1765–67) erreichte er, dass der Großmogul 1765 Bengalen, Bihar und N-Orissa der Kompanie überließ. 1772 vom brit. Parlament des Amtsmissbrauchs angeklagt, aber 1773 freigesprochen.

Clivi|e, Clivia, südafrikan. Gattung der Amaryllisgewächse mit riemenförmigen Blättern und großen gelbroten Blütendolden; Zierpflanzen.

Cloete [ˈkluːtɪ], Stuart, südafrikan. Schriftsteller engl. Sprache, * Paris 23. 7. 1897, † Kapstadt 19. 3. 1976; schrieb u. a. über die Burentrecks von 1838 (Roman »Wandernde Wagen«, 1937).

Clog [klɔk, engl.] *der,* Holzpantoffel.

Cloisonismus [klwa-, frz.] *der,* Malweise, bei der die Farbflächen durch schwarze Linien umrahmt sind, vergleichbar der Technik des Cloisonnés in der Emailkunst und Glasfenstern mit Bleistegen.

Cloisonné [klwasɔˈne, frz.] *das,* **Émail cloisonné, Zellenschmelz,** eine Technik der →Emailkunst.

Clooney [ˈkluːni], George Timothy, amerikan. Filmschauspieler, * Lexington (Ky.) 6. 5. 1961; spielt seit den 1990er-Jahren erfolgreich Fernseh- (»Emergency Room«, 1994–99) und Filmrollen (»From Dusk till Dawn«, 1996; »Ocean's Eleven«, 2001; »Syriana«, 2005).

Cloppenburg, 1) Landkreis in Ndsachs., 1 418 km², 156 800 Einwohner.
2) Stadt in Ndsachs., an der Soeste im Oldenburg. Münsterland, Verw.-Sitz von 1), 31 700 Ew.; »Museumsdorf C.« – Niedersächs. Freilichtmuseum (gegr. 1934); Nahrungsmittelindustrie, Fahrzeugbau (bes. Fahrräder), elektro-feinmech., Kunststoffindustrie; Viehmärkte. – C. entstand bei einer bereits vor 1297 bezeugten Burg und erhielt 1435 Stadtrecht.

Clos [klo:, frz.] *das,* in einigen frz. und schweizer. Weinbaugebieten von einer Mauer oder Hecke eingefriedeter Weinberg; meist Bez. für eine Einzellage.

Close [kləʊz], Glenn, amerikan. (Film-)Schauspielerin, * Greenwich (Conn.) 19. 3. 1947; spielte u. a. am Broadway die Hauptrolle im Musical »Sunset Boulevard« sowie Charakterrollen in Filmen (»Eine verhängnisvolle Affäre«, 1987; »Gefährliche Liebschaften«, 1988; »Das Geisterhaus«, 1993; »Die Frauen von Stepford«, 2004).

Closed Shop [ˈkləʊzd ˈʃɔp, engl.] *der,* ein Betrieb, in dem aufgrund eines Abkommens zw. Gewerkschaften und Unternehmen nur gewerkschaftlich organisierte Arbeitnehmer eingestellt werden; in Dtl. nicht zulässig.

Clostridi|en [zu griech. klōstḗr »Spindel«], grampositive, anaerobe, Sporen bildende Bakterien. Clostridium botulinum verursacht →Botulismus, Clostridium tetani verursacht Tetanus (→Wundstarrkrampf); andere C.-Arten rufen →Gasbrand, →Bradsot und →Rauschbrand hervor.

Clouet [kluˈɛ], **1)** François, frz. Maler, * Tours (?) um 1520, † Paris 22. 9. 1572, Sohn von 2); seit 1540 Hofmaler Franz' I.; seine Porträts erinnern in ihrer Meisterschaft an Werke von H. Holbein dem Jüngeren.
2) Jean, gen. **Janet,** frz. Maler, * in Flandern um 1480, † Paris 1541 (?), Vater von 1); Hofmaler Franz' I.; bekannt wurde C. durch meisterhafte Porträts in schwarzer Kreide und Rötel.

Clouzot [kluˈzo], Henri-Georges, frz. Filmregisseur, * Niort 20. 11. 1907, † Paris 12. 1. 1977; zu seinen wichtigsten Filmen zählen »Lohn der Angst« (1953), »Die Teuflischen« (1955), »Picasso« (1955), »Die Wahrheit« (1960).

Clown [klaʊn; engl. »Tölpel«, »Rüpel«] *der,* urspr. die lustige Gestalt der engl. Bühne (seit Anfang des 16. Jh.), im 18. und 19. Jh. vom Theater verbannt; heute Spaßmacher im Zirkus.

Clownfische, Anemonenfische, indopazifische Korallenbarsche der Gattungen **Amphiprion** und **Premnas,** deren zahlreiche farbenprächtige Arten stets in Symbiose mit →Aktinien (Seerosen) leben. Die Clownfische können sich bei Gefahr und zum Schlafen zwischen die Fangarme der Seerosen zurückziehen, ohne genesselt zu werden, da ihre Haut ein Sekret absondert, das Entladungen der Nesselkapseln verhindert. Unter den C. finden sich beliebte Seewasseraquarienfische, so der 8 cm große **Glühkohlenfisch** (Amphiprion ephippium) und der ebenso lange **Orangeringelfisch** (Amphiprion ocellaris).

CLT [seeˈlte], Abk. für **C**ompagnie **L**uxembourgeoise de **T**élédiffusion, luxemburg. Medienkonzern, gegr. 1929; 1997 Zusammenschluss mit der Bertelsmann-Gesellschaft Ufa Film- und Fernseh-GmbH zur

George Clooney

François Clouet: Die badende Dame (um 1571; Washington, D. C., National Gallery of Art)

Cluny: Reste der Abteikirche (Bau III; 1089 begonnen)

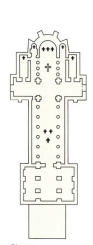

Cluny: Grundriss der zweiten Abteikirche (geweiht 981)

CLT-Ufa, die 2000 mit der belg. Audiofina und der brit. Pearson TV zur **RTL Group S. A.** (→RTL) fusionierte.

Club of Rome [klʌb əv ˈrəʊm], 1968 auf Initiative von Aurelio Peccei (* 1908, † 1984) gegr. informeller Zusammenschluss von Wissenschaftlern, Politikern und Wirtschaftsführern aus zahlr. Ländern; Sitz: Paris. Ziel ist die Erforschung der Menschheitsprobleme, v. a. der wirtsch., polit., ökolog., sozialen und demograf. Situation der Menschheit. Viele Berichte an den C. of R. (als erster »Die Grenzen des Wachstums«, 1972, dt., von D. Meadows u. a.) fanden ein weltweites Echo. Als Bericht des Rates des C. of R. erschien 1991 »Die erste globale Revolution. Bericht zur Lage der Welt. 20 Jahre nach 'Die Grenzen des Wachstums'« (dt. 1992), von A. King und B. Schneider. Neuere Berichte an den C. of R. sind u. a.: E. U. von Weizsäcker u. a.: »Faktor Vier. Doppelter Wohlstand – halbierter Naturverbrauch« (1995); »Die Grenzen der Gemeinschaft. Konflikt und Vermittlung in pluralist. Gesellschaften«, hg. v. P. L. Berger (1997, dt.); O. Giarini und P. Liedtke: »Wie wir arbeiten werden« (1998, dt.); F. Vester: »Die Kunst, vernetzt zu denken« (1999); »Nachhaltigkeit schafft neuen Wohlstand«, hg. v. K. Feiler u. dem Europ. Forum für Nachhaltigkeit des C. of R. (2003). – 1973 erhielt der C. of R. den Friedenspreis des Dt. Buchhandels.

Cluj-Napoca [ˈkluʒnaˈpoka], rumänische Stadt, →Klausenburg.

Cluny [klyˈni], Stadt im frz. Dép. Saône-et-Loire, 4 400 Ew. – C. verdankt seine Entstehung der 909 gegr. berühmten Benediktinerabtei C. (lat. **Cluniacum**), dem Ausgangspunkt der großen Erneuerung (→kluniazensische Reform) des benediktin. Mönchtums im MA., aus der im 11. Jh. auch die Kirchenreform hervorging. Sehr starken Einfluss übte C. auch auf die Baukunst aus, sowohl durch den zweiten, asketisch-strengen Bau seiner Abteikirche (geweiht 981) als auch durch den gewaltigen, prunkvollen dritten Bau (begonnen 1089). Seit der Mitte des 12. Jh. verlor C. an Ansehen. Das Kloster wurde während der Frz. Revolution aufgehoben und zum Abbruch freigegeben. Erhalten blieben einige Abteigebäude (z. T. Museum), von der Kirche der südl. Arm des Hauptquerschiffs mit achteckigem Turm (»Clocher de l'eau bénite«).

Clusius-Dickel-Trennrohr, von den Physikochemikern Klaus Clusius (* 1903, † 1963) und Gerhard Dickel (* 1913) 1938 entwickeltes Gerät zur Trennung von Gasen versch. Molekülmasse, bes. aber zur Isotopenanreicherung oder -trennung. Von zwei langen, senkrecht angeordneten koaxialen Röhren, in deren Zwischenraum sich das gasförmige Isotopengemisch befindet, wird die innere beheizt, die äußere gekühlt. Durch Thermodiffusion reichern sich die leichteren Isotope an der warmen Innenwand an und steigen durch die gleichzeitig auftretende Konvektionsströmung nach oben.

Cluster [ˈklʌstə; engl. »Klumpen«, »Traube«] der, **1)** *Chemie:* 1) Assoziat einer begrenzten Anzahl gleich- oder verschiedenartiger Teilchen (Atome, Moleküle, Ionen). Ihre Eigenschaften unterscheiden sich von denen des isolierten Teilchens, aber auch von den makroskop. Gebilden (Flüssigkeit oder Festkörper), in denen die Teilchen in großer Anzahl vorliegen. 2) Bez. für eine Gruppe von Verbindungen, die bezüglich ihrer Struktur oder ihres chem. Verhaltens verwandt sind. Ihre Einteilung in C. wird oft genutzt, um Ähnlichkeiten und Unterschiede hervorzuheben.

2) *Informatik:* 1) kleinste log. Speichereinheit; ihre Größe ist abhängig vom Betriebssystem. Jede Datei benötigt zu ihrer Speicherung auf einem Datenträger ein ganzzahliges Vielfaches dieser Speichereinheit. 2) eine Gruppe vernetzter Computer, die zur parallelen Abarbeitung von Teilaufgaben sehr rechenaufwendiger Probleme verwendet werden. C. stellen eine Alternative zu Parallelrechnern dar.

3) *Mathematik:* →Perkolationstheorie.

4) *Musik:* Komplex mehrerer benachbarter Töne im Abstand von Sekunden oder kleineren Intervallen. C. werden z. B. auf dem Klavier mit der flachen Hand oder dem Unterarm hervorgebracht.

Cluster 4): Notation (**links**) und Ausführung (**rechts**)

5) *Physik:* als einheitl. Ganzes zu betrachtende Menge von (ggf. nur zeitweilig) zusammenhängenden Teilchen. Die Untersuchung solcher Ansammlungen von einigen wenigen bis zu mehreren Zehntausend Atomen oder Molekülen ist Gegenstand der **C.-Physik**.

6) *Wirtschaft:* regionales Netzwerk von Unternehmen einer Branche, die eng mit Zulieferern, Universitäten, Forschungs- und Bildungseinrichtungen sowie öffentl. Institutionen zusammenarbeiten.

Cluster II [ˈklʌstə -, engl.], **Cluster,** Raumfahrtmission der ESA zur Untersuchung des räuml. und zeitl. Einflusses des Sonnenwindes auf die Erdmagnetosphäre. Die 2000 in Baikonur gestarteten vier baugleichen Forschungssatelliten erforschen (erstmals dreidimensional) die Ausbreitung des Sonnenwindes im interplanetaren Raum und seine Auswirkung auf das Magnetfeld der Erde. Eine Vorgängermission scheiterte 1996; geplantes Missionsende ist Dez. 2009.

Clustermodell [ˈklʌstə-, engl.], *Physik:* ein →Kernmodell.

Clyde [klaɪd] *der,* Fluss in W-Schottland, 171 km lang, entspringt im südschott. Bergland, mündet in den **Firth of C.**, eine fjordartige Meeresbucht, die sich zum Nordkanal öffnet.

Cm, chem. Symbol für →Curium.

CMA, Abk. für **C**entrale **M**arketinggesellschaft der deutschen **A**grarwirtschaft mbH, Gesellschaft zur Erschließung und Pflege von Märkten für dt. Agrarprodukte im In- und Ausland, gegr. 1969, getragen von Verbänden der Land- und Forstwirtschaft sowie der Ernährungsindustrie, Sitz Bonn.

C + M + B, Abk. für die Hl. →Drei Könige **C**aspar, **M**elchior, **B**althasar, bes. im kath. Süddtl., am Vorabend des Dreikönigsfestes mit Jahreszahl und Kreuzzeichen als Segensformel mit Kreide an Türen geschrieben; auch gedeutet als »**C**hristus **m**ansionem **b**enedicat« (Christus segne die Wohnung).

CMOS-Technik [CMOS, Abk. für engl. **c**omplementary **m**etal **o**xide **s**emiconductor], Form der →MOS-Technik zur Herstellung von Halbleiterbauelementen und integrierten Schaltungen, bei der auf einem gemeinsamen Halbleitersubstrat eine oder mehrere CMOS-Feldeffekttransistoren erzeugt werden, die aus einem Feldeffekttransistor (FET) mit p-Kanal und einem dazu komplementären FET mit n-Kanal bestehen. Bei positiver Spannung an den Toren (Gates) leitet der n-Kanal-FET, bei negativer Spannung der p-Kanal-FET. Da beide Transistoren stets im Wechsel sperren und leiten, fließt praktisch kein Ruhestrom. Nur während des Umschaltens sind sie kurzzeitig beide leitend, sodass ein nennenswerter Strom fließt. Derartige CMOS-FET bzw. CMOS-Schaltungen zeichnen sich durch bes. geringen Leistungsbedarf, geringe Störempfindlichkeit und hohe Temperaturstabilität sowie durch hohe Verarbeitungsgeschwindigkeit und großen Versorgungsspannungsbereich aus.

CMYK-Farben [siːɛmwaɪˈkeɪ-, engl.], die Farben **C**yan, **M**agenta, **Y**ellow (Gelb) und Schwarz; das **K** steht für **k**ey color (»Schlüsselfarbe«) und ist aus der Drucktechnik hervorgegangen – man kann es aber auch als den letzten Buchstaben von Blac**k** (Schwarz) deuten.

CN, Codename für den stark Tränen erzeugenden Reizkampfstoff Chloracetophenon; von der UNO 1969 internat. geächtet.

CNC, Abk. für engl. **c**omputerized **n**umerical **c**ontrol, computergestützte numer. Steuerung für Werkzeugmaschinen.

CNO-Zyklus, kurz für Kohlenstoff-Stickstoff-Sauerstoff-Zyklus (→Bethe-Weizsäcker-Zyklus).

C/N-Verhältnis, Mengenverhältnis von Kohlenstoff (C) zu Stickstoff (N) in organ. Verbindungen, z. B. in Bestandteilen des Bodens (Humus, Ernteabfälle), wichtig für die Geschwindigkeit des mikrobiellen Abbaus. Günstig ist ein enges C/N-V. (z. B. 15:1 in reifem Stapelmist), d. h. ein hoher Stickstoffanteil.

c/o [ˈsiː ˈəʊ, engl.], *Postwesen:* Abk. für →care of.

Co, chem. Symbol für →Kobalt.

Co., Abk. für frz. **Co**mpagnie, engl. **Co**mpany.

Côa [ˈkoa], archäolog. Park im Tal des Rio Côa im Nordosten Portugals mit mehr als 100 Felszeichnungen aus der Altsteinzeit (UNESCO-Weltkulturerbe). Die etwa 18 000 Jahre alten Gravierungen – Bisons, Pferde, Hirsche und Stiere –, deren Entdeckung fast zwei Jahre lang geheim gehalten wurde, drohten durch den Bau einer Talsperre überflutet zu werden.

Coach [kəʊtʃ, engl.] *der, Sport:* Trainer (z. T. auch Berater, Betreuer) einer Mannschaft oder eines Einzelsportlers. Als **Coachingzone** bezeichnet man bei den Mannschaftsspielen den eingeschränkten Bereich außerhalb des Spielfeldes, in dem der C. auf sein Team einwirken darf.

Coaching [ˈkəʊtʃɪŋ] *das,* i. w. S. die Förderung von Mitarbeitern durch ihre Vorgesetzten; i. e. S. individuelle, meist längerfristige Beratung von Führungskräften bei psych. Problemen (z. B. im Kommunikations- und Führungsverhalten, beim Burn-out-Syndrom) und Schwierigkeiten im persönl. Arbeitsverhalten (z. B. Zeitmanagement).

Coahuila [koaˈuila], Bundesstaat in Mexiko, 151 445 km², 2,47 Mio. Ew.; Hptst. ist Saltillo.

Coase [kəʊs], Ronald Harry, brit. Volkswirtschaftler, * Willesden (heute zu London) 29. 12. 1910; Begründer der modernen Institutionenökonomik und der Transaktionskostentheorie. Mit dem **C.-Theorem** entwickelte er einen Lehrsatz der Wohlfahrtsökonomik, der den aktuellen Problemen einer optimalen Beseitigung von Umweltschäden wichtige Impulse liefert. C. erhielt 1991 den Nobelpreis für Wirtschaftswissenschaften.

Coast Mountains [ˈkəʊst ˈmaʊntnz], die sich auf dem Festland entlang der Küste W-Kanadas und S-Alaskas erstreckenden, stark vergletscherten Küstengebirge; sie erreichen im Mount Waddington (Kanada) 3 994 m ü. M.

Coast Ranges [ˈkəʊst ˈreɪndʒɪz], die parallel zur pazif. Küste der USA verlaufenden Gebirgsketten, bis 2 744 m hoch; sie setzen sich in Kanada und im angrenzenden Alaska auf der der Küste vorgelagerten Inseln (von Vancouver Island bis zum Alexanderarchipel) fort. – Die sich auf dem Festland entlang dieser Küste erstreckenden Küstengebirge heißen **Coast Mountains**.

Coat [kəʊt, german.-frz.-engl.] *der,* dreiviertellanger Mantel.

Coatis [brasilian.] *Pl.,* →Nasenbären.

Coatzacoalcos, früher **Puerto México,** Stadt im Bundesstaat Veracruz, Mexiko, am Golf von Campeche, 226 000 Ew.; wichtiger Ind.-Standort und Ausfuhrhafen für Erdölerzeugnisse und Holz.

Cobaea *die,* die →Glockenrebe.

Cobalamin, das Vitamin B$_{12}$ (→Vitamine).

Cobalt *das,* fachsprachlich für →Kobalt.

Cobaltin *der,* Mineral, →Kobaltglanz.

Cobden, Richard, brit. Wirtschaftspolitiker, * Dunford (bei Portsmouth) 3. 6. 1804, † London 2. 4. 1865; trat für wirtschaftspolit. Liberalismus ein (→Manchestertum); gründete 1839 die Liga gegen die Korngesetze (Anti-Corn-Law-League), schloss 1860 einen auf Grundsätzen der →Meistbegünstigung basierenden britisch-frz. Handelsvertrag (**C.-Vertrag**).

COBE [Abk. für engl. **C**osmic **B**ackground **E**xplorer], am 18. 11. 1989 gestarteter NASA-Satellit zur Untersuchung der →kosmischen Hintergrundstrahlung, von der eine 360°-Karte angefertigt wurde, sowie der

Ronald Harry Coase

Richard Cobden

Cobra: Karel Appel, »Musikant vor dem Fenster« (1947; Ludwigshafen am Rhein, Wilhelm-Hack-Museum)

diffusen Infrarot-Hintergrundstrahlung. Dazu umkreiste COBE die Erde in etwa 900 km Höhe auf einer polaren Umlaufbahn. Missionsende war im Januar 1994.

COBOL, Abk. für engl. **c**ommon **b**usiness **o**riented **l**anguage, eine der ältesten →Programmiersprachen überhaupt; für kommerzielle Anwendungen auf Großrechnern z. T. heute noch im Einsatz.

Cobra, Abk. für **Co**penhagen, **Br**üssel, **A**msterdam, eine 1948 gegr. avantgardist. Gruppe von dän., fläm. und niederländ. Malern (A. O. Jorn, K. Appel, P. Alechinsky, C. A. Nieuwenhuys, gen. Constant, Corneille u. a.); gab bis 1951 die gleichnamige Zeitschrift heraus; strebte eine von populären Bildsprachen ausgehende »Volkskunst« an, die sie unter Verschmelzung von Expressionismus, Surrealismus und Abstraktion mit den Mitteln der informellen Kunst zu gestalten suchte. C. Museum für Moderne Kunst in Amstelveen (Prov. Nordholland).

Co-Branding [ˈkəʊbrændɪŋ] *das,* Marketingstrategie, bei der der Anbieter eines Markenartikels diesen mit einem zusätzl. Markenzeichen eines anderen Unternehmens kennzeichnet, um das Produktimage beider Marken für seine Ware oder Dienstleistung zu nutzen. Beispiele sind die Kennzeichnung von Mobiltelefonen mit dem Logo des Mobilfunkanbieters neben dem Herstellerzeichen oder die zusätzl. Kennzeichnung eines etablierten Reiseführers mit dem Logo eines Versicherungsunternehmens.

Coburg, 1) Landkreis im Reg.-Bez. Oberfranken, Bayern, 590 km², 91 300 Einwohner; Verw.-Sitz ist die kreisfreie Stadt Coburg.

2) kreisfreie Stadt und Verw.-Sitz von 1), Bayern, im Vorland des Thüringer Waldes, 41 900 Ew.; Staatsarchiv, Landesbibliothek, FH, Museen (u. a. Naturkunde-, Puppenmuseum), Landestheater; Maschinenbau, Kfz-Zuliefer-, Holz-, Papier- und Bekleidungsindustrie. – Spätgot. Morizkirche (innen barock umgestaltet), Spätrenaissancebauten (Stadthaus, Gymnasium, Zeughaus), Rathaus (1578 ff., 1750 verändert), Schloss Ehrenburg (1543–49, nach dem Brand von 1690 z. T. neu erbaut, im neugot. Stil des 19. Jh. verändert) mit Festsaal und Barockkirche. Über der Stadt die **Veste C.,** eine der größten dt. Burganlagen, entstanden als mittelalterl. Ringburg, im 16./17. Jh. zur Landesfes-

Coburg 2) Stadtwappen

Samuel von Coccejí (zeitgenössische Büste)

tung ausgebaut; 1911–23 in wesentl. Teilen durch B. Ebhardt erneuert; beherbergt heute Kunstsammlungen. – C. erhielt 1331 Stadtrecht; war seit 1572 mehrfach Residenz, 1826–1918 eine der Hauptstädte des Herzogtums Sachsen-C.-Gotha. 1920 schloss es sich durch Volksabstimmung Bayern an.

Coburger Convent, Abk. **CC,** →studentische Verbindungen.

Cobwebtheorem [cɔbweb-, engl.], das →Spinnwebtheorem.

Coca [indian.] *die,* →Kokastrauch.

Coca-Cola Co. [ˈkəʊkəˈkəʊlə ˈkʌmpənɪ], amerikan. Getränkekonzern, Sitz Atlanta (Ga.), gegr. 1886; weltgrößter Hersteller von Konzentraten für alkoholfreie Getränke (Coca-Cola, Fanta, Sprite); hat Lizenzverträge mit rd. 1 000 Partnerunternehmen (für Produktion und Vertrieb verantwortl. Konzessionäre) in über 200 Ländern.

Cocaín, →Kokain.

Cocanada, Stadt in Indien, →Kakinada.

Cocceji [kɔkˈtseji], Samuel Freiherr von (seit 1749), Jurist und preuß. Staatsmann, * Heidelberg 20. 10. 1679, † Berlin 4. 10. 1755, Sohn des Staats- und Völkerrechtlers Heinrich von C. (* 1644, † 1719); machte sich durch umfassende Justizreformen in Preußen verdient (Prozessordnung von 1747/49).

Cochabamba [kotʃaˈβamba], Hptst. des bolivian. Dep. C., 2 560 m ü. M., 517 000 Ew.; Univ., Erzbischofssitz; Erdölraffinerie (Pipeline von Camiri); internat. Flughafen.

Cochem, Krst. des Landkreises C.-Zell, Rheinl.-Pf., an der Mosel; 5 200 Ew.; Weinbau und -handel, Fremdenverkehr. – Über der Stadt die Burg C. (um 1020; 1689 von den Franzosen zerstört, 1871–79 wieder aufgebaut). – 866 erstmals genannt; erhielt 1332 Stadtrechte.

Cochem-Zell, Landkreis in Rheinl.-Pf., 720 km², 65 500 Ew.; Krst. ist Cochem. Weinbau, Weinkellerei und Fremdenverkehr; Schifffahrt.

Cochenille [kɔʃəˈniljə, frz.] *die,* →Koschenille.

Cochenillerot A [kɔʃəˈniljə-, frz. kɔʃˈni-], scharlachroter Azofarbstoff (E 124) für Lebensmittel (Getränke, Süßwaren, Seelachs); er ist lichtecht, hitzebeständig und stabil in saurem wie alkalischem Milieu.

Cochin [ˈkəʊtʃɪn], **Kochi,** Hafenstadt und Marinebasis im Bundesstaat Kerala, Indien, 565 000 Ew.; Univ.; kath. Erzbischofssitz; Erdölraffinerie, Werften, Reismühlen, Spinnereien; bed. Fischfang. – C., die alte Hptst. eines gleichnamigen Fürstentums, war der erste Ort Indiens, an dem sich Europäer festsetzten: 1502 errichtete Vasco da Gama eine Faktorei, 1503 A. de Albuquerque eine Festung; unter niederländ. Herrschaft (1663–1795) Handelszentrum, seit 1795 wichtiger brit. Handelshafen.

Cochinchina [-tʃ-], **Kotschinchina,** vietnames. **Nam Bô,** das Tiefland des Mekong im südl. Teil Vietnams, eines der größten und fruchtbarsten Reisanbaugebiete Asiens. – Das Gebiet war jahrhundertelang zw. dem Reich der Cham (Champa) und dem Khmerreich geteilt, geriet Ende des 16. Jh. unter vietnames. Herrschaft; 1858–67 von Frankreich erobert, seit 1887 Bestandteil der Indochin. Union; kam 1945/49 zu Vietnam.

Cochisekultur [ˈkəʊtʃiːz-], vorgeschichtliche indian. Kultur im südwestl. Nordamerika (etwa 8000 bis 200 v. Chr.).

Cochläus, Johannes, eigtl. J. **Dobeneck,** kath. Theologe, * Wendelstein (bei Nürnberg) 10. 1. 1479, † Breslau 11. 1. 1552; verfasste zahlr. antiluther. Streitschriften. Seine lutherfeindl. Biografie des Reformators (1549) hat das kath. Lutherbild bis ins 19. Jh. beeinflusst.

Cochlear|implantat [zu griech. kochlías »schneckenförmig Gewundenes«] *das,* **Cochlear Implant, Innenohrprothese,** elektron. Gerät zur Vermittlung eines Höreindrucks bei Innenohrertaubten mit intaktem Hörnerv; dabei wird in die Innenohrschnecke (Cochlea) eine Elektrode eingebracht, die an versch. Stellen im Innenohr durch elektr. Impulse im Rhythmus der ankommenden Schallereignisse den Hörnerv reizt und somit den Schall »hörbar macht«.

Cockcroft ['kaʊkrɔft], Sir (seit 1948) John Douglas, brit. Physiker, * Todmorden (bei Rochdale) 27. 5. 1897, † Cambridge 18. 9. 1967; baute mit E. T. S. Walton den ersten →Kaskadengenerator (**C.-Walton-Generator**) zur Teilchenbeschleunigung. Beide erhielten 1951 den Nobelpreis für Physik für ihre Pionierarbeit bei Kernumwandlungen durch hoch beschleunigte Protonen und Heliumkerne.

Cocker ['kɔkə], Joe, eigtl. John Robert **C.,** brit. Rocksänger, * Sheffield 20. 5. 1944. Sein Vokalstil ist von farbigen Blues- und Soulvorbildern geprägt.

Cockerspani|el, engl. Jagdhunderasse, lebhafter Stöberhund mit lappenförmigen, tief angesetzten Ohren; Schulterhöhe etwa 40 cm.

Cockney ['kɔknɪ; engl., aus mittelengl. cockeney »verweichlichter Mensch«], **1)** *der,* Bez. für den Londoner Spießbürger.
2) *das,* Mundart der Bewohner der City von London, mit vulgärem Einschlag; wird als Zeichen der Unbildung angesehen.

Cockpit [engl., eigtl. »Hahnengrube«] *das,* **1)** im Flugzeug die Pilotenkabine.
2) im Kraftwagen (bes. Sport- und Rennwagen) Platz des Fahrers.
3) bei Segelbooten die →Plicht.

Cockpit-Voice-Recorder [-'vɔɪs rɪ'kɔːdə, engl.], →Blackbox.

Cocktail ['kɔkteɪl; engl., eigtl. »Hahnenschwanz«] *der,* urspr. amerikan. Bargetränk, heute appetitanregendes kaltes Mischgetränk mit unterschiedlich hohem Alkoholgehalt, auch alkoholfrei (→Mixgetränke).

Cocktailtomaten ['kɔkteɪl-], **Partytomaten,** hoch und buschig wachsende Tomatensorten mit aromat., kirschgroßen Früchten.

Cocobolo [indian.-span.] *das,* sehr schweres, dunkelrotbraunes, dekoratives Holz von dem in Mittelamerika vorkommenden Schmetterlingsblütler Dalbergia retusa.

COCOM, Abk. für engl. **Co**ordinating **Com**mittee for East-West-Trade-Policy, 1950–94 mit Sitz in Paris bestehendes informelles Komitee der NATO-Staaten (ohne Island) sowie Australiens und Japans zur Kontrolle der Ausfuhr von Spitzentechnologien und strategisch wichtigen Gütern in die damaligen Staatshandelsländer. Aufgrund der Beendigung der Ost-West-Konfrontation liefen die C.-Ausfuhrbestimmungen zum 1. 4. 1994 aus.

Cocteau [kɔk'to], Jean, frz. Schriftsteller, Filmregisseur und Grafiker, * Maisons-Laffitte (Dép. Yvelines) 5. 7. 1889, † Milly-la-Forêt (Dép. Essonnes) 11. 10. 1963; nahm u. a. Anregungen aus Futurismus, Dadaismus und Surrealismus auf, blieb aber auch den traditionellen Formen verpflichtet; schrieb in suggestivem, elegantem Stil Lyrik (u. a. »Clair-obscur«, 1954), Romane (»Thomas der Schwindler«, 1923; »Der große Sprung«, 1923; »Kinder der Nacht«, 1929), Theaterstücke (»Orpheus«, 1927; »Die geliebte Stimme«, 1930; »Die Höllenmaschine«, 1934), Opernlibretti, Filmskripte sowie Kritiken und schuf poet., z. T. surreale Filme (»Das Blut eines Dichters«, 1930; »Es war einmal«, 1946; »Orphée«, 1950), Ballette, Choreografien und Grafiken.

Cod., Abk. für **Cod**ex (→Kodex).

Coda *die,* →Koda.

Code [koːt, frz. und engl.] *der,* **Kode, 1)** *Biologie:* →genetischer Code.
2) *Informatik, Nachrichtentechnik:* eine Vorschrift für die eindeutige Zuordnung der Zeichen eines Alphabets zu den Zeichen eines anderen Alphabets (Zielalphabet); oft wird auch das Zielalphabet selbst C. genannt. C. dienen der Darstellung von Informationen in technisch realisierbarer Form. Sie werden auch zur →Datenkompression, zur →Fehlererkennung und -korrektur sowie zur Geheimhaltung (→Kryptologie) verwendet. Ein klass. C. ist das →Morsealphabet. – Wegen der binären Arbeitsweise von Computern sind alle in diesem Bereich verwendeten C. →Binärcodes.
3) *Recht:* Gesetzbuch, v. a. Bez. für die Gesetzbücher der von Napoleon I. veranlassten frz. Gesetzessammlung aus fünf Teilen (»Cinq Codes«): der mit Änderungen noch heute gültige, die Grundgedanken der Frz. Revolution (Gleichheit vor dem Gesetz, Zivilehe, Eigentumsfreiheit) aufgreifende zivilrechtl. **C. civil** (**C. Napoléon**) von 1804, der **C. de commerce** von 1807 (Handelsrecht), der **C. de procédure civile** von 1806 (ZPO), der **C. pénal** von 1810 (Strafrecht) und der **C. d'instruction criminelle** von 1808 (StPO); Letzterer wurde durch den **C. de procédure pénale** von 1957/58 ersetzt.
4) *Sprachwissenschaft:* das Inventar von sprachl. Zeichen, für deren Anwendung dem Sprecher (Schreiber) ein System von Regeln zur Verfügung steht.

John Douglas Cockcroft

Joe Cocker

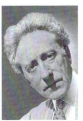

Jean Cocteau

Code 3): Titelblatt der Erstausgabe des Code civil (1804)

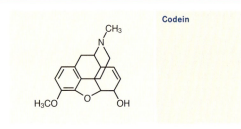
Codein

CODEC [Abk. für **Co**dierer/**Dec**odierer], Einrichtung zur Umsetzung von analogen Signalen (z. B. Sprache im Telefonverkehr) in eine digitale Impulsfolge zur Datenübertragung in einem digitalen Kommunikationsnetz und umgekehrt.

Codein [zu griech. kódeia »Mohnfrucht«] *das*, **Kodein, Methylmorphin**, Alkaloid des →Opiums mit morphinähnl., jedoch wesentlich schwächerer Wirkung. Verwendung v. a. als Hustenmittel.

Codesharing [ˈkəʊdʃeərɪŋ, engl.] *das*, Schlüsselnummer, unter der ein Kooperationsflug gemeinsam von zwei Partnerfluggesellschaften durchgeführt wird. Der Flug erhält zwei Flugnummern, im Einsatz ist aber nur ein Luftfahrzeug. Durch C. ergänzen Fluggesellschaften ihr Flugplanangebot.

Codex [lat.] *der*, Abk. **Cod.**, 1) *Buchwesen:* →Kodex.

2) *Recht:* im röm. Recht Gesetzessammlung; z. B. C. Justinianus (→Corpus Iuris Civilis).

Codex argenteus [lat. »silbernes Buch«] *der*, in Silber- und Goldschrift auf purpurrotem Pergament geschriebene, in Oberitalien entstandene Handschrift des 6. Jh. mit der Evangelienübersetzung des Wulfila; jetzt in Uppsala (Univ.-Bibliothek).

Codex aureus [lat. »goldenes Buch«] *der*, Bez. für Prachthandschriften des MA. mit goldenen Buchstaben oder goldenen Einbanddeckeln, z. B. der C. a. epternacensis aus Echternach (um 1030, Buchdeckel 985–991; jetzt in Nürnberg, German. Nationalmuseum) und bes. der C. a. aus dem Kloster St. Emmeram in Regensburg (seit 1811 in München, Bayer. Staatsbibliothek), ein Evangeliar mit reichem Bildschmuck, das 870 für Karl den Kahlen angefertigt wurde.

Codex Canonum Ecclesiarum Orientalium *der*, Abk. **CCEO**, das Gesetzbuch des kanon. Rechts der kath. Ostkirchen, 1990 in Kraft gesetzt. Der CCEO enthält 1 546 kirchenrechtl. Einzelvorschriften (Canones) und bildet die Grundlage und Hauptquelle des geltenden Rechtes von 21 kath. Ostkirchen, die fünf verschiedenen liturg. Traditionen (Riten) folgen und zu unterschiedl. Zeiten Unionsvereinbarungen mit Rom eingegangen sind (→unierte Kirchen).

Codex Iuris Canonici *der*, Abk. **CIC**, das Gesetzbuch des kanon. Rechts, enthält das geltende Recht der kath. Kirche des lat. Ritus. 1918 in Kraft gesetzt (den →Corpus Iuris Canonici ablösend), entspricht der CIC in seiner 1983 in Kraft gesetzten Neufassung den Beschlüssen des 2. Vatikan. Konzils.

Codex Sinaiticus *der*, Pergamenthandschrift der Bibel aus dem 4. Jh., die in griech. Sprache das N. T. vollständig, etwa ein Drittel des A. T. im Text der Septuaginta, den Barnabasbrief und den »Hirten« (»Poimen«) des →Hermas enthält; 1844 und 1859 von Konstantin von Tischendorf im Katharinenkloster auf der Sinaihalbinsel (daher der Name) entdeckt.

Codex Vaticanus *der*, wichtigste und bedeutendste Pergamenthandschrift der Bibel, wohl um 350 in Ägypten entstanden; enthält fast vollständig das griech. A. T. (Septuaginta) und N. T.; seit 1475 im Besitz der Vatikan. Bibliothek (daher der Name).

Codierplatz, *Postwesen:* Bearbeitungsplatz, an dem auf abgehende Sendungen die Postleitzahl des Bestimmungsortes, auf ankommende die Kennziffer des Zustellbezirks in einem für die nachfolgende Briefverteilmaschine lesbaren Code aufgedruckt wird.

Codierung, *Informatik, Nachrichtentechnik:* die Umsetzung einer Nachricht in eine andere Darstellungsform gemäß einer als →Code bezeichneten eindeutigen Vorschrift für die Zuordn. der Zeichen eines Alphabets zu den Zeichen eines anderen Alphabets (Zielalphabet). Der umgekehrte Vorgang wird als **Decodierung** bezeichnet; er setzt voraus, dass die Zuordnung der Zeichen nicht nur eindeutig, sondern auch umkehrbar ist. Mit den mathemat. Methoden der C. befasst sich die **Codierungstheorie**. Ziel ist es dabei insbes., C. zu finden, die robust gegenüber Fehlern oder Störungen bei der Datenübertragung sind.

Codon [frz.] *das*, drei Nukleotide in bestimmter Reihenfolge in der DNA oder Messenger-(Boten-)RNA.

Codreanu, Corneliu Zelea, eigtl. **Zelinski**, rumän. Politiker, * Iași 13. 9. 1899, † bei Bukarest 30. 11. 1938; gründete 1930 die antisemit. und antikommunist. Organisation der →Eisernen Garde; wegen Hochverrats verurteilt, in der Haft ermordet.

Coelho [ˈkuɐʎu], Paulo, brasilian. Schriftsteller, * Rio de Janeiro 24. 8. 1947; verarbeitet in Werken über die individuelle Suche nach dem persönl. Glück autobiograf. (spirituelle) Erfahrungen, so eine Pilgerreise nach Santiago de Compostela in »Auf dem Jakobsweg« (1987); wurde mit »Der Alchimist« (1988) zum neuen lateinamerikan. Bestsellerautor. – *Weitere Werke: Romane:* Veronika beschließt zu sterben (1998); Der Zahir (2005).

Coelostat [tsø-], *Astronomie:* →Zölostat.

Coen 1) [kuːn], Jan Pieterszoon, * Hoorn 8. 1. 1587, † Batavia (heute Jakarta) 21. 9. 1629; Gründer des niederländ. Kolonialreichs in SO-Asien, 1618–23 und seit 1627 Gen.-Gouv. von Niederländisch-Indien, gründete 1619 Batavia.

2) [ˈkoːɛn], Joel, * St. Louis Park (Minn.) 29. 11. 1954, amerikan. Filmregisseur und Drehbuchautor; drehte mit seinem Bruder Ethan C. (* St. Louis Park, Minn., 21. 9. 1957) exzentr. Spielfilme über skurrile Figuren in bizarren Situationen, so z. B. »Fargo – Blutiger

Codex argenteus: Seite aus dem Codex argenteus (Mt. 6, 9–16) mit einem Teil des Vaterunsers

Schnee« (1996). – *Weitere Filme:* Blood Simple (1984); Barton Fink (1991); The Big Lebowski (1998); O Brother, Where Art Thou? (2000); Ladykillers (2004).

Coenzym, →Enzyme.

Coenzym A, Abk. **CoA,** wichtigstes Coenzym bei Auf- und Abbaureaktionen in der Zelle, das Carbonsäuregruppen v. a. im Zuge des Stoffwechsels übernimmt und auf andere Substrate überträgt.

Coesfeld [ˈkoːs-], **1)** Kreis im Reg.-Bez. Münster, NRW, 1 110 km^2, 220 600 Ew. Das Kreisgebiet umschließt die Baumberge, grenzt im S an das Ruhrgebiet und im NO an Münster. Fruchtbare Gleiböden im O mit Ackerbau und Grünland auf Sandböden im W sind Grundlagen für intensive Schweinemast; außerdem Nahrungsmittel-, Kunststoff-, Bekleidungsindustrie, Maschinenbau.

2) Krst. in 1), NRW, westlich von Münster, an der Berkel, 36 600 Ew.; Fern-Univ.; Glas-, Stadt-, Heimatmuseum, Techn. Eisenbahnmuseum; viele kleinere und mittlere Unternehmen aus den Bereichen Maschinen- und Spezialmaschinenbau, Metallverarbeitung, Möbel-, Chemieindustrie und Kunststoffverarbeitung. – Spätgot. Lambertikirche (W-Front 1686–1703). – C. erhielt 1197 Stadtrecht.

Coesit [tsø-] *der,* Mineral, Hochdruckmodifikation von Siliciumdioxid, SiO_2, klare, farblose Kristalle, 1953 erstmals synthetisch hergestellt, 1960 in Meteoritenkratern nachgewiesen.

Coetzee [kuˈtseː], John M. (Marie [?], Maxwell [?]), südafrikan. Schriftsteller, Kritiker und Übersetzer engl. Sprache, * Kapstadt 9. 2. 1940; lebt im austral. Adelaide; schreibt polit. Allegorien und Fabeln in teilweise surrealist. und kafkaesker Manier; u. a. die Romane »Im Herzen des Landes« (1977), »Warten auf die Barbaren« (1980), »Schande« (1999) sowie die Erinnerungen »Der Junge« (1997) und »Die jungen Jahre« (2002). C. erhielt 2003 den Nobelpreis für Literatur.

Cœur [køːr, frz.] *das,* Bez. für die frz. Spielkartenfarbe, die dem Herz (Rot) der dt. Karte entspricht.

Coffein *das,* →Koffein.

cogito ergo sum [lat. »ich denke, also bin ich«], Grundsatz der Philosophie von →Descartes.

Cognac [ˈkɔnjak, frz. kɔˈɲak; nach der frz. Stadt C.] *der,* frz. Weinbrand aus Weißweinen des Weinbaugebietes Cognac (Bez. gesetzlich geschützt); wird durch zweimalige Destillation erzeugt und bei 70 Vol.-% Alkohol in Eichenfässern mindestens zwei Jahre gelagert, wobei er vom Holz die goldbraune Farbe annimmt. Zur Abfüllung wird das Destillat mit Wasser auf meist 40 Vol.-% verdünnt.

Cognac [kɔˈɲak], Stadt im südfrz. Dép. Charente, 19 500 Ew.; im Mittelpunkt des Weinbaugebietes Cognac, Herstellung von →Cognac. – Kirche Saint-Léger (12. und 15. Jh.), Häuser des 15. und 16. Jh., mittelalterl. Stadttor (15. Jh.). – In der **Liga von C.** schlossen König Franz I. von Frankreich, Papst Klemens VII. sowie Mailand, Florenz und Venedig 1526 ein Bündnis zur Wiederaufnahme des Kampfes gegen Kaiser Karl V. (2. Krieg von C. zw. Frankreich und dem Reich, 1527–29, beendet durch den Frieden von Cambrai).

Cognomen [lat. »Beiname«] *das,* bei lat. Namen der dritte Bestandteil des Gesamtnamens, z. B. Marcus Tullius *Cicero.* Zunächst der Benennung einzelner Personen dienend, wurde das C. später erblich und bezeichnete einzelne Zweige einer Familie.

Cohabitation [koabitaˈsjɔ̃; frz. »Beisammenleben«] *die,* Schlagwort der frz. Politik für die Zusammenarbeit des Staatspräs. mit einer Reg., die einer anderen polit. Richtung angehört, praktiziert z. B. zw. dem gaullist. Präs. J. Chirac und dem sozialist. Premiermin. L. Jospin 1997–2002.

Cohan [ˈkəʊən], Robert, amerikan. Choreograf und Ballettdirektor, * New York 27. 3. 1925; 1967–82 Direktor der »London School of Contemporary Dance«, 1983–89 Direktionsmitglied und künstler. Ratgeber des »London Contemporary Dance Theatre«.

Cohen [hebr. kohen »Priester«], **Cohn, Kohen, Cahn, Kahn,** geläufiger jüd. Familienname; bezeichnete urspr. die Herkunft aus priesterl. Geschlecht (»Söhne Aarons«).

Cohen, 1) Hermann, Philosoph, * Coswig (Anhalt) 4. 7. 1842, † Berlin 4. 4. 1918; mit P. Natorp Begründer der Marburger Schule des Neukantianismus. Die polit. Philosophie seines »eth. Sozialismus« hatte großen Einfluss auf die der dt. Sozialdemokratie.

2) [ˈkəʊɪn], Leonard, kanad. Schriftsteller, Komponist und Sänger, * Montreal 21. 9. 1934; schrieb Lyrik und Romane (»Schöne Verlierer«, 1966), bekannt als Interpret seiner Liedkompositionen.

3) [ˈkəʊɪn], Stanley, amerikan. Biochemiker, * New York 17. 11. 1922; seit 1962 Prof. in Nashville (Tenn.), entdeckte einen speziellen Epidermiswachstumsfaktor (Epithelial Growth Factor, Abk. EGF) und erhielt hierfür mit R. Levi-Montalcini 1986 den Nobelpreis für Physiologie oder Medizin.

Stanley Cohen

Cohen-Tannoudji [koɛn tanuˈdʒi], Claude, frz. Physiker, * Constantine (Algerien) 1. 4. 1933; ab 1973 Prof. am Collège de France. Für seine Experimente zur Laserkühlung erhielt C.-T. 1997 zus. mit S. Chu und W. D. Phillips den Nobelpreis für Physik.

Cohunepalme, Orbignya cohune, fiederblättrige Palme mit ölreichen **(Cohuneöl)** Samen; bildet in Belize ausgedehnte Wälder **(Covozales).**

Coimbatore [ˈkɔɪmbəˈtɔː], Stadt im Bundesstaat Tamil Nadu, S-Indien, 816 000 Ew.; Landwirtschafts-Univ.; Maschinenbau, Baumwollverarbeitung.

Coimbra [ku-], Hptst. des port. Distrikts C., am Unterlauf des Mondego, 147 700 Ew.; kath. Bischofssitz, älteste port. Univ. (gegr. 1290 in Lissabon, seit 1308 in C.); keram., Nahrungsmittelind. – C., das röm. **Aeminium,** seit Ende des 9. Jh. **Conimbriga** (nach einem aufgegebenen benachbarten Ort, einem Bischofssitz, ben.), 715/716 bis 1064 maur. Festung, war im 12. und 13. Jh. Sitz der port. Könige.

Coimbra
Stadtwappen

Co|incidentia Oppositorum [lat. »Zusammenfall der Gegensätze«] *die,* ein in der Theorie der »Docta Ignorantia« des Nikolaus von Kues geprägter Ausdruck für die Lehre, dass die im Endlichen unvereinbaren Gegensätze in der unendl. Einheit Gottes eins werden. Dieser Gedanke wurde vielfach als eigentl. Beginn der modernen Philosophie bezeichnet; er wirkte nachhaltig u. a. auf Kant, Fichte, Schelling und Hegel

Coitus [lat.] *der,* der →Geschlechtsverkehr.

Coitus interruptus [lat.] *der,* →Empfängnisverhütung.

Coke [kəʊk], Sir Edward, engl. Rechtsgelehrter, * Mileham (bei Norwich) 1. 2. 1552, † Stoke Poges 3. 9. 1634; Urheber der →Petition of Right (1628).

Col [kɔl, frz.] *der,* im frz. Sprachraum Pass oder Einsattelung in Gebirgen. – Einzelstichwörter suche man unter dem Eigennamen.

Col., Colo., Abk. für den Bundesstaat **Col**orado, USA.

Cola, →Kolabaum.

Colchicin

Colani, Luigi, eigtl. Lutz **C.**, Designer, * Berlin 2. 8. 1928; gehört mit seinen entsprechend »organischer Formgebung« gestalteten Entwürfen für Gebrauchsgegenstände, Möbel, Mode, Schmuck, techn. Geräte und Transportsysteme zu den prominentesten Designern der Gegenwart. Die Verwendung von Kunststoffen in Karosseriebau und Möbelindustrie wurde durch C. ebenso vorangetrieben wie die Berücksichtigung von Ergonomie und Biomorphologie in der industriellen Formgestaltung.

Colbert [kɔl'bɛːr], Jean-Baptiste, Marquis (seit 1658) **de Seignelay** [sɛɲ'lɛ], frz. Staatsmann, * Reims 29. 8. 1619, † Paris 6. 9. 1683; staatspolit. u. volkswirtsch. Reformator Frankreichs unter Ludwig XIV.; wurde 1661 Oberintendant der Finanzen, später auch der Manufakturen und königl. Bauwerke, seit 1665 Generalkontrolleur der Finanzen. 1669 Marinemin. Durch planvolle Steigerung und zentralist. Zusammenfassung der Wirtschaftskräfte schuf er die materiellen Grundlagen für die Außenpolitik Ludwigs XIV. Er war einer der bedeutendsten Vertreter des →Merkantilismus (**Colbertismus**). Er förderte die Industrie, die Flotte und die Kolonialpolitik, den Bau von Straßen und Kanälen, straffte die Verwaltung und bahnte die innere Zolleinheit Frankreichs an. Sein Versuch, die Steuerpolitik zu reformieren, scheiterte durch die kostspielige Kriegspolitik Ludwigs XIV.

Jean-Baptiste Colbert

Colbitz-Letzlinger Heide, Letzlinger Heide, Teil des Südl. Landrückens westlich der Elbe, südlich von Stendal, in der Altmark, Sa.-Anh.; im Zackelberg bis 139 m ü. M., hügeliges Waldgebiet, z. T. Naturschutzgebiet. Seit 1934 zum größten Teil als militär. Übungsgelände genutzt.

Colchester ['kəʊltʃɪstə], Stadt in der Cty. Essex, SO-England, 103 000 Ew.; Univ.; Maschinenbau,

Thomas Cole: Das Picknick (1846; New York, Brooklyn Museum of Art)

Marktzentrum; Garnison. – Normann. Burg (um 1080, heute Museum). – C., das antike **Camulodunum,** war die erste röm. Kolonie in Britannien, gegr. 43 n. Chr. von Kaiser Claudius (Reste röm. Bauten sind erhalten).

Colchicin [lat.-griech.] *das,* **Kolchizin,** sehr giftiges Alkaloid der Herbstzeitlose; dient zur Behandlung des akuten Gichtanfalls sowie als Zytostatikum.

Colchicum [nach der griech. Landschaft Kolchis, der Heimat der Giftbereiterin Medea], Pflanzengattung mit der giftigen Art →Herbstzeitlose.

Colditz, Stadt im Muldentalkreis, Sachsen, über der Zwickauer Mulde, 5 300 Ew.; Gewerbegebiet mit mittelständ. Unternehmen. – Schloss (15./16. Jh.; 1939–45 Gefangenenlager, v. a. für alliierte, bes. brit. Offiziere), Renaissancerathaus (1540, 1650–57 erneuert). – C., bereits 1265 als Stadt erwähnt, war bis 1404 Mittelpunkt der ausgedehnten Herrschaft C.; wurde 1404 wettinisch, 1485 ernestinisch.

Cole [kəʊl], **1)** Nat (»King«), eigtl. Nathaniel Adams **Coles,** amerikan. Jazzmusiker (Pianist und Sänger), * Montgomery (Ala.) 17. 3. 1917, † Santa Monica (Calif.) 15. 2. 1965; zunächst Jazzpianist; in den 1950er-Jahren Schlagersänger der »weichen Welle«.

2) Thomas, amerikan. Maler, * Bolton-le-Moors (heute Bolton) 1. 2. 1801, † Catskill (N. Y.) 11. 2. 1848; neben realist. Landschaften vom Hudson malte er auch allegor. und religiöse Ideallandschaften.

Coleman ['kəʊlmæn], Ornette, amerikan. Jazzmusiker (Saxofon, Violine, Trompete), * Fort Worth (Tex.) 19. 3. 1930; Wegbereiter des Free Jazz. Erhielt 2001 den Kunstpreis Praemium Imperiale.

Colemanit [nach dem amerikan. Bergwerksunternehmer W. T. Coleman, * 1824, † 1893] *der,* weißes bis graues, monoklines Bormineral, $Ca[B_3O_4(OH)_3] \cdot H_2O$.

Coleridge ['kəʊlrɪdʒ], Samuel Taylor, engl. Dichter und Kritiker, * Ottery Saint Mary (bei Exeter) 21. 10. 1772, † London 25. 7. 1834; gab 1798 mit W. Wordsworth die »Lyrical Ballads« (u. a. »The ancient mariner«, 1798), die Schilderung einer albtraumhaften Seefahrt, heraus. Seit 1808 hielt C. in London Vorlesungen über Shakespeare. Daneben veröffentlichte er viel diskutierte Visionen in »Kubla Khan« (1797). In seiner Literaturkritik stand er unter dem Einfluss der dt. idealistischen Philosophie (I. Kant, J. G. Fichte) und der dt. Romantik.

Cölestin *der,* rhomb. Mineral, $SrSO_4$, farblos, weiß, auch bläulich; wichtigstes Strontiumerz.

Cölestin [lat. »der Himmlische«], **Coelestinus,** Päpste:

1) C. I. (422–432), † Rom 27. 7. 432; verurteilte den Pelagianismus und den Semipelagianismus; Heiliger, Tag: 6. 4.

2) C. V. (5. 7.–13. 12. 1294), eigtl. Pietro del **Murrone,** * Isernia um 1215, † Schloss Fumone (bei Anagni, Prov. Frosinone) 19. 5. 1296; Benediktiner, später Einsiedler auf dem Berg Murrone bei Sulmona, gründete seit 1250 Einsiedlergemeinden, die nach der Benediktinerregel lebten und bis zur Reformation eine blühende Kongregation waren (**Zölestiner**), dann aber ausstarben. C. wurde unter dem Einfluss Karls II. von Anjou gegen seinen Willen gewählt; politisch von diesem abhängig und ohnmächtig gegenüber der Korruptheit der Kurie, dankte er ab. Sein Nachfolger Bonifatius VIII. hielt ihn bis zu seinem Tod in Haft. Heiliger, Tag: 19. 5.

Colette [kɔ'lɛt], Sidonie-Gabrielle, frz. Schriftstellerin, * Saint-Sauveur-en-Puisaye (Dép. Yonne) 28. 1.

Collage 1): Carlo Carrà, »Komposition mit einem Frauenkopf« (1914; Moskau, Puschkin-Museum)

pete, Stoff, Drahtgaze u. a. Material, z. T. auch übermalt. Das Prinzip der C. geht auf die »Papiers collés« von G. Braque und P. Picasso zurück; es wurde von vielen Kubisten und Futuristen angewendet. Dadaisten und Surrealisten vermehrten den Textanteil und entwickelten die **Fotocollage.** Erweiterte Erscheinungsformen der C. sind →Assemblage und →Combine-Painting. Das Gegenstück zur C. bildet die →Décollage.

2) *Literatur:* Text, in dem vorgefertigtes sprachl. Material, Zitate verschiedenster Herkunft kombiniert werden; früher meist →Montage genannt.

Collar [ˈkʌlə, engl.] *der,* Zinsvereinbarung bei Krediten oder Floating-Rate-Notes, mit der eine Zinsobergrenze (**Cap**) und eine Zinsuntergrenze (**Floor**) festgelegt werden.

coll'arco [ital.], Abk. **c. a.,** Spielanweisung für Streicher, nach vorausgegangenem →pizzicato mit dem Bogen zu spielen.

colla sinistra [ital.], Abk. **c. s.,** beim Klavierspiel Anweisung, mit der linken Hand zu spielen.

Colle *der,* im ital. Sprachraum: Pass.

College [ˈkɒlɪdʒ, engl.] *das,* **1)** in *Großbritannien* 1) Wohn- und Studiengemeinschaft von Dozenten und Studenten einer Univ.; sie sind durch Stiftungen mit eigenem Vermögen ausgestattet, oft klösterl. Ursprungs (bis ins 13. Jh. zurückzuverfolgen); mit vielfach traditionellen Elementen in der Lebensweise (z. B. Talar und Kappe bei allen akadem. Veranstaltungen); Tutoren betreuen die Studenten; 2) private Internatsschule, in der Lehrer und Schüler eine Lebensgemeinschaft bilden; führt zur Hochschulreife. Das älteste und vornehmste C. ist das Eton C. (gegr. 1440); 3) **College of higher Education,** nicht universitäre Bildungseinrichtung mit Hochschulcharakter, die in einer Vielzahl von Fachrichtungen Kurzstudiengänge und Studiengänge mittlerer Dauer anbietet.

2) in den *USA* eine auf dem Besuch der Highschool aufbauende Hochschuleinrichtung. Das »Undergraduate Study« (4 Jahre) an einem Liberal Art C. entspricht etwa dem Angebot der letzten beiden Jahre der gymnasialen Oberstufe und den ersten vier Hochschulsemestern in Dtl.; Abschluss: Bachelor of Arts oder Bachelor of Science. Die C. sind selbstständig oder Teil einer Univ. Es gibt neben dem Liberal Art C. auch auf eine fachl. Ausbildung spezialisierte C. (Tea-

1873, † Paris 3. 8. 1954; schildert in ihren psycholog. Romanen das Schicksal von Frauen, die um ihre innere Unabhängigkeit ringen (am bekanntesten die »Claudine«-Romane, 1900 ff.; ferner u. a. »Mitsou«, 1919; »Chéri«, 1920; »Die Katze«, 1933; »Gigi«, 1945).

Colfer, Eoin, irischer Kinderbuchautor engl. Sprache, * Wexford 14. 5. 1965; der internat. Durchbruch gelang ihm mit der Fantasy-Trilogie um den intelligenten jugendl. Bösewicht Artemis Fowl (2001 ff.), der in einer Parallelwelt lebt, über Zauberkräfte verfügt, aber auch moderne Waffen und Computertechnologie nutzt.

Coligny [kɔliˈɲi], Gaspard de, Seigneur de Châtillon [ʃatiˈjɔ̃], frz. Heerführer und Staatsmann, * Châtillon-sur-Loing (heute Châtillon-Coligny, Dép. Loiret) 16. 2. 1519, † (ermordet) Paris 24. 8. 1572; wurde 1552 Admiral von Frankreich, trat in span. Gefangenschaft (1557–59) zum Calvinismus über; übernahm nach seiner Freilassung die Führung der →Hugenotten; gewann großen Einfluss auf Karl IX. und versuchte, Frankreich in die prot. Front gegen Spanien einzugliedern; zog sich die Gegnerschaft Katharinas von Medici zu und wurde in der →Bartholomäusnacht ermordet.

Colima, 1) zwei benachbarte Vulkankegel in Mexiko, in der Cordillera Neovolcánica; nahe der Stadt C. der erloschene **Nevado de C.,** 4340 m ü. M., und der aktive **Volcán de C. (Volcán de Fuego),** 3838 m ü. M.

2) Bundesstaat von Mexiko, 5627 km², 562 300 Einwohner.

3) Hptst. von 2), 119 600 Ew.; Bischofssitz, Univ.; Verarbeitung landwirtsch. Erzeugnisse.

Colitis [griech.] *die,* die →Darmentzündung.

colla destra [ital.], Abk. **c. d.,** beim Klavierspiel Anweisung, mit der rechten Hand zu spielen.

Collage [kɔˈlaːʒə, frz.] *die,* **1)** *Kunst:* Bild aus aufgeklebten Stücken von Papier (auch mit Text), Ta-

Gaspard de Coligny

College 1): das All Souls College der Universität Oxford (gegründet 1438)

Wilkie Collins

Colmar
Stadtwappen

cher, Technical C.). C. kann auch der Name für eine Fakultät oder die ganze Univ. sein. Das **Junior C.** umfasst nur zwei Jahre (ohne akadem. Grad).

Collège [kɔˈlɛːʒ, franz.] *das,* in *Frankreich* seit 1975 die einzige Schulform der Sekundarstufe I; vier Schuljahre umfassend (für Schüler im Alter von ca. 11 bis 15 Jahren). Am Ende des C. erhalten die Schüler nach bestandener nat. Abschlussprüfung und unter Berücksichtigung der Leistungen der letzten beiden Schuljahre ein Diplom (Brevet).

Collège de France [kɔlɛːʒdəˈfrɑ̃s], wiss. Institut in Paris (gegr. 1529), dessen Aufgabe die freie Forschung auf allen Fachgebieten ist, ohne Prüfungen und regelmäßige Lehrverpflichtungen. Die Ernennung zum Dozenten erfolgt nur aufgrund der wiss. Leistung ohne Bindung an Titel und Grade; sie gilt als höchste akadem. Auszeichnung. Die Unterrichtsveranstaltungen sind unentgeltlich.

Collegia Pietatis, von P. J. Spener ins Leben gerufene Privatversammlungen zur Vertiefung der Frömmigkeit, →Pietismus.

Collegium musicum [lat.], freie Vereinigung von Musikliebhabern zur Pflege von Vokal- und Instrumentalmusik; entwickelte sich im 16. Jh. und lebte zu Beginn des 20. Jh. bes. an Univ. und Musikschulen wieder auf.

col legno [-ˈlɛɲo; ital. »mit dem Holz«], Spielanweisung für Streicher, die Saiten mit dem Holz des Bogens zu streichen oder anzuschlagen.

Colleoni, Coleone, Bartolomeo, ital. Söldnerführer, * Solza (heute zu Medolago, bei Bergamo) 1400, † Malpaga (heute zu Cavernago, bei Bergamo) 4. 11. 1475; kämpfte im Dienste Neapels, Venedigs, Mailands und dann wieder Venedigs (die Stadt erhielt sein Erbe und ließ ihm das berühmte Reiterstandbild errichten).

Collider [kəˈlaɪdə, engl.] *der,* →Teilchenbeschleuniger.

Collie [engl.] *der,* mittelgroßer (Schulterhöhe 51–61 cm) schott. Schäferhund mit sehr dekorativem, langem Haar mit dichter Unterwolle; Kopf lang und schmal; die Rasse wurde durch Einkreuzen des →Barsoi veredelt.

Collier [kɔlˈje, frz.] *das,* →Kollier.

Collin, Heinrich Josef von (ab 1803), österr. Schriftsteller, * Wien 26. 12. 1771, † ebd. 28. 7. 1811. Zu seinem Drama »Coriolan« (1804) komponierte Beethoven die Ouvertüre.

Collins [ˈkɔlɪnz], **1)** Michael, irischer Politiker, * bei Clonakilty (Cty. Cork) 16. 10. 1890, † Béal na Bláth (Cty. Cork) 22. 8. 1922; organisierte aus radikalnationalist. Freiwilligen eine bewaffnete Truppe (IRA) und führte den ir. Aufstand (1919–21) gegen die brit. Herrschaft; unterzeichnete 1921 den Teilungsvertrag mit Großbritannien; wurde Mitgl. der provisor. Reg. des Freistaates Irland und Generalstabschef, fiel einem Attentat von Vertragsgegnern zum Opfer.

2) Phil, brit. Rockmusiker (Sänger, Schlagzeuger), * Chiswick (heute zu London) 30. 1. 1951; kam 1970 als Schlagzeuger zu »Genesis«, seit 1975 Sänger der Gruppe, daneben Solokarriere; wirkte mit in dem Film »Buster« (1988).

3) William Wilkie, engl. Schriftsteller, * London 8. 1. 1824, † ebd. 23. 9. 1889; schrieb spannende, melodramat. Werke, die als Vorläufer der modernen Detektivromane gelten. – *Weitere Werke: Romane:* Die Frau in Weiß (1860); Der rote Schal (1866); Der Monddiamant (1868); Lucilla (1872).

Collodi, Carlo, eigtl. C. **Lorenzini,** ital. Schriftsteller, * Florenz 24. 11. 1826, † ebd. 26. 10. 1890; schrieb u. a. das in viele Sprachen übersetzte Kinderbuch über die Abenteuer des »Pinocchio« (1883).

Colloredo, österr. Adelsgeschlecht, seit 1591 C.-Waldsee, 1629 und 1724 in den Reichsgrafenstand erhoben; der fürstl. Zweig, seit 1763, nannte sich seit 1789 C.-Mannsfeld.

Colmar, Hptst. des Dép. Haut-Rhin im Oberelsass, Frankreich, 63 500 Ew.; in der Oberrheinebene am Fuß der Vogesen gelegen sowie an einem Zweigkanal des Rhein-Rhone-Kanals; technolog. Inst.; feinmechan., Textil- u. a. Ind., Aluminiumwerk; Weinbau. – Die Stadt hat das Gepräge der ehem. Reichsstadt mit zahlr. Fachwerkhäusern und bed. Kirchen bewahrt, u. a. got. Pfarrkirche Saint Martin (um 1170 über Vorgängerbau begonnen, Hauptbauphase nach 1237 bis Ende 15.Jh.); Dominikanerkirche (1283 begonnen, Chor 1283–91; bedeutendstes Ausstattungsstück ist M. Schongauers Gemälde »Madonna im Rosenhag«, 1473). Das Unterlinden-Museum (ehemaliges Dominikanerinnenkloster, 1232 gegr., Kirche 1252–69) bewahrt u. a. Werke Schongauers und Grünewalds Isenheimer Altar. – C., 823 als **Columbarium** erstmals erwähnt, war urspr. ein karoling. Königshof; es hat seit 1226 Markt-, seit 1278 Stadtrecht. C. war reichsunmittelbar und wurde ab 1282 zu einer der stärksten Festungen des Reichs ausgebaut; 1575 wurde die Reformation eingeführt. 1673 kam die Stadt unter frz. Herrschaft.

Colmarer Liederhandschrift, älteste Sammlung von Meisterliedern (→Meistersang); um 1460 geschrieben; ursprünglich in Colmar, heute in der Bayer. Staatsbibliothek, München, aufbewahrt.

Bartolomeo Colleoni: das von Andrea del Verrocchio geschaffene Reiterstandbild auf dem Campo di Santi Giovanni e Paolo in Venedig (1481–88, 1495 errichtet)

Colo., Col., Abk. für den Bundesstaat **Colo**rado, USA.

Cologno Monzese [ko'loɲo-], Industriestadt in der Lombardei, Prov. Mailand, Italien, 48 300 Ew.; Lack-, Kunststoff-, Teigwaren- u. a. Industrie.

Colomannus, → Koloman.

Colombes [kɔ'lɔ̃b], Industriestadt nordwestlich von Paris, Dép. Hauts-de-Seine, Frankreich, 78 500 Ew.; Olympiastadion (1924); metallurg., elektron., Reifenind., Maschinenbau.

Colombina [ital. »Täubchen«], eine der Hauptfiguren der Commedia dell'Arte; kokette Dienerin (zunächst häufig Partnerin der Zanni, später auch weibl. Gegenpart zum Arlecchino).

Colombo, Hptst. von Sri Lanka (Parlamentssitz ist seit 1982 das benachbarte Sri Jayawardanapura) an der W-Küste der Insel Ceylon, 670 000 Ew.; kath. Erzbischofssitz; zwei Univ., Forschungsinstitute, Akademie der Wiss.en; bed. Seehafen (Freihandelszonen seit 1977); wichtigster Ind.-Standort des Landes mit Erdölraffinerie, Stahlwerk, Textil-, chem. u. a. Ind.; internat. Flughafen. – Charakteristisch ist das Nebeneinander fernöstl. und westl. Architektur: zahlreiche Hindutempel sowie buddhist. Tempel, Moscheen und Basare, bed. christl. Kirchen, repräsentative Profanbauten im niederländ.-angelsächs. Kolonialstil. – Der Vorort Kotte war im 15./16. Jh. Residenz der Könige Ceylons. C. entwickelte sich um ein Anfang des 16. Jh. von den Portugiesen errichtetes Fort; es wurde 1656 von Niederländern erobert, 1796 den Briten übergeben (unter beiden Verw.-Sitz); seit 1948 Hptst. von Ceylon (seit 1972 Sri Lanka).

Colombo, Emilio, ital. Politiker (DC), * Potenza 11. 4. 1920; Jurist, 1963–70 Schatzmin., 1970–72 Min.-Präs., 1977–79 Präs. des Europ. Parlaments. Als Außenmin. (1980–83 und 1992–93) verfolgte er eine Politik enger europ. Zusammenarbeit. 1993 wurde C. Vors. der Christdemokrat. Internationale.

Colombo-Plan, 1950 in Colombo von sieben Staaten des Commonwealth beschlossener Rahmenplan (2005: 24 Vollmitgl. und Mongolei als vorläufiges Mitgl.) zur Koordinierung und Förderung der techn. und wirtsch. Entwicklung seiner süd- und südostasiat. sowie pazif. Mitgliedsländer. Der C.-P. wird finanziell und technisch unterstützt durch die Mitgliedschaft des Austral. Bundes, Japans, Neuseelands und der USA.

Colon [griech.] *das,* Medizin: der Grimmdarm (→ Darm).

Colón *der,* Abk. ₡, Währungseinheit in Costa Rica (1 Costa-Rica-C. = 100 Céntimo) und in El Salvador (1 El-Salvador-C. = 100 Centavo).

Colón, Provinz-Hptst. in Panama, am karibischen Eingang des Panamakanals, 42 100 Ew.; mit dem benachbarten Cristóbal bedeutender Hafen am Karibischen Meer; Freihandelszone.

Colón, Cristóbal, span. Name von Christoph → Kolumbus.

Colonel [kɔlɔ'nɛl, frz.; kə:nl, engl.] *der,* frz. und engl. Bez. für einen Stabsoffizier im Range eines Obersten.

Colonia [lat. »Ansiedlung«, »Kolonie«] *die,* in der Antike eine Ansiedlung röm. Bürger auf erobertem Gebiet, z. B. C. Agrippinensis, das heutige Köln.

Colonia del Sacramento, Hptst. des Dep. Colonia im SW von Uruguay, Hafen am Río de la Plata, 22 200 Ew.; an der Carretera Panamericana. – Altstadt mit kolonialzeitl. Stadtbild (u. a. Kathedrale, 17. Jh.),

Colombo: Königlicher Großer Tempel (Raja Maha Vihara) in Kelaniya östlich von Colombo, eine der heiligsten Stätten des Buddhismus in Sri Lanka und Sitz einer buddhistischen Universität

von der UNESCO zum Weltkulturerbe erklärt. – 1679 von Portugiesen gegründet.

Colonna, röm. Adelsgeschlecht; im 13. Jh. Aufstieg zu einer der reichsten Familien Latiums; Parteigänger des Papstes, auch heute noch im Dienste des Vatikans. Bed. Vertreter: **1)** Oddo, → Martin V., Papst.
2) Vittoria, Dichterin, * Castillo di Marino (bei Rom) um 1492, † Rom 25. 2. 1547; heiratete 1509 Ferrante d'Avalos, Marchese von Pescara; Sonette und Kanzonen im Stil F. Petrarcas (»Rime«, 1538).

Color [ˈkʌlə, amerikan.] *die,* **C.-Ladung,** *Physik:* die → Farbladung.

Colorado [kɔləˈrɑːdʊ; von span. »rot«], **1)** *der,* **C. River,** Fluss in Texas, USA, 1 352 km lang, entspringt auf dem Llano Estacado, mündet in den Golf von Mexiko.
2) *der,* **C. River,** Fluss im SW der USA, 2 334 km lang, entspringt in den Rocky Mountains, im Bundesstaat C., durchfließt die Landschaften zw. den Rocky Mountains und den östl. Randketten des Großen Beckens, durchschneidet das C.-Plateau in gewaltigen Schluchten (→ Grand Canyon) und mündet (in Mexiko) in den Golf von Kalifornien. Als Schutz vor Hochwasser und Verlagerung des Strombetts im Unterlauf wurden Schutzdämme gebaut, zur Regulierung der Wasserführung, Energieerzeugung und Bewässerung mehrere große Stauanlagen (z. B. → Hoover Dam) errichtet. Durch Tunnel wird Wasser aus dem oberen C. und seinen Nebenflüssen durch die kontinentale Wasserscheide auf die Ostseite der Rocky Mountains geführt (C. Big Thompson Project).
3) Abk. **Col., Colo.,** Bundesstaat im W der USA, 269 601 km², 4,67 Mio. Ew.; Hptst. Denver. Im W umfasst C. einen Teil der Rocky Mountains und des C.-Plateaus. Im O hat C. Anteil am Hochland der Great Plains. In C. befinden sich der Rocky Mountain National Park und der Mesa Verde National Park. Wichtigster Wirtschaftsfaktor ist die Ind., gefolgt von Landwirtschaft, Fremdenverkehr (bes. Wintersport) und Bergbau. Die reiche agrar. Produktion (Luzerne, Getreide, Obst, Zuckerrüben), bes. des Bewässerungslandes am Fuß der Rocky Mountains (**C. Piedmont**)

Vittoria Colonna

Colorado 3)
Flagge

und entlang den Flussläufen, sowie die Viehzucht (Rinder, Schafe, Schweine) sind Grundlage der Nahrungsmittelind.; daneben Maschinenbau, elektron., Raumfahrt- u. a. Industrie. Der Bergbau fördert v. a. Kohle, Erdöl und Erdgas, Molybdän- (größter Erzeuger der Erde), Zinn- und Uranerz. C. besitzt große Vorräte an (noch nicht genutzten) Ölschiefern. – C. wurde im 16. Jh. von Spaniern erkundet. Die USA erwarben den östl. Teil 1803 mit dem Kauf Louisianas von Frankreich, den westl. 1848 durch den Frieden von Guadalupe Hidalgo von Mexiko; seit 1876 der 38. Staat der Union.

Coloradoplateau [kɔləˈrɑːdəʊplætəʊ], steppenhaftes Tafelland im SW der USA (Utah, Colorado, Arizona, New Mexico), 1 500 bis 3 300 m ü. M., vom Colorado und seinen Nebenflüssen in tiefen Schluchten, den Canyons, durchschnitten.

Colorado Springs [kɔləˈrɑːdəʊ ˈsprɪŋz], Stadt in Colorado, USA, 1 924 m ü. M., 370 400 Ew.; Hauptquartier des militär. Weltraumkommandos der USA; Luftwaffenakademie, Univ.-Institute; wegen seiner Lage am Rand der Rocky Mountains starker Fremdenverkehr. – Gegr. 1871.

Color-Field-Painting [ˈkʌləfiːldˈpeɪntɪŋ, engl.] das, die → Farbfeldmalerei.

Samuel Colt

Colt [kəʊlt], Samuel, amerikan. Ingenieur und Waffenfabrikant, * Hartford (Conn.) 19. 7. 1814, † ebd. 10. 1. 1862; konstruierte 1835 einen Revolver mit Trommelmagazin, den »Colt«.

Coltrane [kəʊlˈtreɪn], John, amerikan. Jazzmusiker (Tenor- und Sopransaxofon), * Hamlet (N. C.) 23. 9. 1926, † Huntington (N. Y.) 17. 7. 1967; zunächst Vertreter des Hardbop, dann Mitbegründer des Free Jazz.

Colum [ˈkɔləm], Padraic, irischer Schriftsteller engl. Sprache, * Longford 8. 12. 1881, † Enfield (Conn.) 11. 1. 1972; schrieb Dramen und Lyrik; sammelte ir. Volkserzählungen (»Der Königssohn von Irland«, 1916).

Columba [lat.], das Sternbild → Taube.

Columban, Columba, **1) C. d. Ä.**, Abt, Apostel Schottlands, * Gartan (Cty. Donegal, Irland) 7. 12. um 520, † 9. 6. 597 in dem von ihm auf der Hebrideninsel Hy (jetzt Iona) gegr. Kloster, von dem aus er 34 Jahre lang Schottland missionierte. Heiliger, Tag: 9. 6.
2) C. d. J., Abt, * Leinster, Irland, um 530, † Bobbio (Prov. Piacenza) 23. 11. 615; wirkte seit 590 als Missionar in England, Frankreich, bei den Alemannen am Zürich- und Bodensee sowie in Norditalien; gründete mehrere Klöster (u. a. in Bobbio 612 das älteste Norditaliens); verfasste eine strenge Mönchsregel und zwei Bußbücher. Heiliger, Tag: 23. 11.

Columbarium [lat. »Taubenschlag«] das, Bez. für Wandnischen zur Aufnahme von Aschenurnen, in röm. und frühchristl. Grabstätten.

Columbia [kəˈlʌmbɪə], Raumfahrt: Name des ersten amerikan. → Spaceshuttles (Einsatz seit 1981); zerbrach am 1. 2. 2003 beim Wiedereintritt in die Atmosphäre; alle 7 Astronauten kamen dabei ums Leben.

Columbia [kəˈlʌmbɪə], **1)** der, **C. River**, Fluss im W Nordamerikas, entspringt in den kanad. Rocky Mountains und erreicht nach mehrmaliger Richtungsänderung den Pazifik, 1 995 km lang (davon 801 km in Kanada) mit mehreren Staudämmen (u. a. Grand Coulee Dam, Bonneville Dam) zur Energiegewinnung, Hochwasserregulierung und Bewässerung. Seit 1964 wird der C. auch auf kanad. Seite ausgebaut.
2) → District of Columbia.

3) Hptst. des Bundesstaates South Carolina, USA, an der Fall-Linie, 117 400 Ew.; Univ. von South Carolina (gegr. 1901); Theater, Museum; Baumwoll- und Kunstfaser-, elektron. Industrie. – Gegr. 1786.

Columbia Icefield [kəˈlʌmbɪə ˈaɪsfiːld], Vergletscherungsgebiet (337 km^2) in den kanad. Rocky Mountains, an der Grenze der Prov. British Columbia und Alberta, zw. Mount Columbia (3 747 m ü. M.) und Mount Athabasca, am Banff-Jasper Highway.

Columbia University [kəˈlʌmbɪə juːnɪˈvəːsɪtɪ], angesehene, private Univ. in New York, gegr. 1754 als »King's College« (1784 »Columbia College«, seit 1912 heutiger Name).

Columbit [nach dem District of Columbia] der, Sammelname für die schwarzen Minerale der Mischkristallreihe Niobit, chem. Formel $(Fe,Mn)Nb_2O_6$, und Tantalit, chem. Formel $(Fe,Mn)Ta_2O_6$; wichtige Niob- und Tantalerze.

Columbus [kəˈlʌmbəs], **1)** Hptst. von Ohio, USA, zw. dem Ohio und dem Eriesee gelegen, 728 400 Ew.; drei Univ., Forschungsinstitute; Maschinen-, Fahrzeug-, Flugzeugbau, Elektrogeräte- u. a. Industrie. – Gegr. 1797 als Franklinton.
2) Stadt im Bundesstaat Georgia, USA, am Chattahoochee River, 185 700 Ew.; Textil-, Holz-, Lebensmittelind., Eisenhütte. – Gegr. 1827.

Columbus, Christoph, genues. Seefahrer, → Kolumbus.

Colutea, die Pflanzengattung → Blasenstrauch.

Coma Berenices [lat.], das Sternbild → Haar der Berenike.

Comanchen [-tʃ-], **Komantschen,** nordamerikan. Indianerstamm der südl. Great Plains, heute in Oklahoma, etwa 11 300 C.; sprechen eine utoaztek. Sprache. Sie sind heute Farmer. (→ Prärie- und Plains-Indianer)

Comasken, Baumeister und Steinmetzen aus der Gegend von Como, deren Zusammenschluss bereits 643 urkundlich bezeugt ist. Die Einflüsse ihrer Kunst lassen sich bis in die Barockzeit (auch nördlich der Alpen) verfolgen. Im 17. und 18. Jh. gingen bed. Baumeister und Bildhauer aus den Familien hervor, u. a. C. und D. Fontana, C. und S. Maderno, F. Borromini.

Combe-Capelle [kɔ̃bkaˈpɛl], bei Montferrand-du-Périgord (Dép. Dordogne, Frankreich) gelegener Fundort (1909) eines männl. Skeletts, das mit etwa 34 000 Jahren als einer der ältesten Funde des Homo sapiens sapiens in Europa gilt.

Combin [kɔ̃ˈbɛ̃], Gipfelgruppe der Walliser Alpen, Schweiz, im **Grand C.** bis 4 314 m ü. M.

Combined Joint Task Forces [ˈkɔmbaɪnd dʒɔɪnt ˈtɑːsk ˈfɔːsɪz, engl.], ein NATO-Konzept zur Führung alliierter Streitkräftekommandos, → CJTF.

Combine-Painting [kəmˈbaɪnpeɪntɪŋ]; engl. »kombinierte Malerei«] das, von R. Rauschenberg geprägte Bez. für die von ihm ab 1953 in Verbindung mit Malerei gestalteten → Assemblagen; später auch auf vergleichbare Werke anderer Künstler übertragen.

Combo [engl.] die, kleines Jazz- und Tanzmusikensemble, in dem jedes Instrument nur einmal vertreten ist; heute meist durch die Bez. »Gruppe« ersetzt.

Comboni-Missionare, von dem ital. kath. Missionar Daniel Comboni (* 1831, † 1881; 1996 selig, 2003 heiliggesprochen) gegründete missionar. Ordensgemeinschaft mit dem Ziel der Evangelisierung und Sozialarbeit bes. in Afrika und Lateinamerika; heute in 28 Ländern tätig.

Comcast Corporation [ˈkɔmkɑːst kɔːpəˈreɪʃn], amerikan. Telekommunikationskonzern, zählt zu den größten Kabelnetzbetreibern; gegr. 1963, seit 1969 heutige Firmenbez., Sitz: Philadelphia (Pa.).

Comeback [kʌmˈbɛk, engl.] *das,* **Come-back,** erfolgreiches Wiederauftreten eines Politikers, Sportlers oder Künstlers nach längerer Pause als Neubeginn oder Fortsetzung seiner früheren Karriere.

Comecon, COMECON, der →Rat für gegenseitige Wirtschaftshilfe.

Comedia *die,* in der span. Literatur das nat. dreiaktige Kunstdrama des ausgehenden 16. und des 17. Jh.; beeinflusste im 17. Jh. die Literatur Portugals, Frankreichs und Italiens, im 19. Jh. bes. die Dtl.s und Österreichs.

Comedian Harmonists [kəˈmiːdjən ˈhɑːmənɪsts, engl.], 1928 in Berlin gegr. dt. Gesangsgruppe, die mit ihrer jazzinspirierten Gesangsmanier mit den falsettierenden Stimmen internat. große Erfolge feierte. 1933 wurde ihre Musik als »entartete, jüd. Kunst« verboten, 1935 folgte die Auflösung des Ensembles.

Comédie [kɔmeˈdi] *die,* in der frz. Literatur das Schauspiel, bes. Lustspiel.

Comédie-Française [kɔmeˈdi frãˈsɛːz], Frankreichs Nationaltheater in Paris, gegr. 1680. Das Repertoire ist vorwiegend das des klass. frz. Dramas (u. a. Molière, Racine). Das Haus in der Salle Richelieu (früher Rue Richelieu), in dem die Bühne heute spielt (Renovierung 1976 und 1994), wurde 1808 eröffnet. 1986–90 war das Théâtre de l'Odéon an die C.-F. angeschlossen; zweite Spielstätte ist seit 1993 das Théâtre du Vieux Colombier.

Comédie larmoyante [kɔmeˈdi larmwaˈjãːt] *die,* Rührstück; Vorläufer des →bürgerlichen Trauerspiels.

Comedy [ˈkɔmədi, engl.] *die,* Hörfunk- und v. a. Fernsehgenre, das (häufig als Serie produziert) humorist. Unterhaltung, meist in Form von Kurzbeiträgen und Sketchen, bietet.

Comenius, Johann Amos, tschech. Jan Amos **Komenský,** Prediger und Pädagoge, * Nivnice (bei Uherský Brod) 28. 3. 1592, † Amsterdam 15. 11. 1670; 1632 Bischof der Böhm. Brüder und Leiter ihres Schulwesens. Seine Bemühungen standen unter dem Anspruch, das Friedensreich Gottes anzubahnen. Diesem Ziel dienten sowohl seine Schriften, die das gesamte Wissen der Zeit enzyklopädisch und anschaulich vermitteln sollten, als auch seine Bestrebungen, ein universales Kollegium von Gelehrten und Seelsorgern zu bilden. Die Schule sollte zur Entwicklung der besten Anlagen führen und als Ziel Frömmigkeit, Tugend und Bildung (zur Weisheit) haben. Die pädagog. Gedanken und die Lehrbücher (am berühmtesten der »Orbis sensualium pictus« [»Gemalte Welt«], 1658), haben u. a. stark in die Schulordnungen des 17. Jh. hineingewirkt. – *Weitere Werke:* Große Didaktik (1627–32); Informatorium der Mutterschule (1628–31); De rerum humanarum emendatione Consultatio Catholica (1643 ff.; daraus Teil IV: Pampaedia, hg. 1960, lat.-dt.); Linguarum methodus novissima (1648).

Comer See, Lago di Como, Lario, lang gestreckter Voralpensee in N-Italien zw. Luganer und Bergamasker Alpen, 198 m ü. M., 51 km lang, bis 4,5 km breit, 146 km², erfüllt das Zungenbecken des eiszeitl. Addagletschers, von der Adda durchflossen; teilt sich im S in die Arme von Como (bis 414 m tief) und Lecco. An seinen Ufern liegen dank milden Klimas und mediterraner Pflanzenwelt viel besuchte Fremdenverkehrsorte.

Comes [lat. »Begleiter«] *der,* **1)** *Geschichte:* 1) im alten Rom Begleiter und Berater des Kaisers, im 4. Jh. Titel für hohe Beamte im militär. und zivilen Bereich; 2) im MA. der →Graf; Comes palatinus, der →Pfalzgraf.

2) *Musik:* Antwortform des Themas (→Dux) in der Fuge.

COMESA, Abk. für engl. **C**ommon **M**arket for **E**astern and **S**outhern **A**frica, Vereinigung süd- und ostafrikan. Staaten, deren Ziel eine regionale Wirtschaftsintegration ist; gegr. 1994; Mitgl. sind Ägypten, Äthiopien, Angola, Burundi, die Demokrat. Rep. Kongo, Djibouti, Eritrea, Kenia, Komoren, Madagaskar, Malawi, Mauritius, Namibia, Ruanda, Sambia, Seychellen, Simbabwe, Sudan, Swasiland und Uganda. Am 31. 10. 2000 bildeten neun Mitgl. eine Freihandelszone, der eine Zollunion und eine Währungsgemeinschaft folgen sollen. Der Beitritt weiterer Länder ist vorgesehen.

COMEX, Abk. für engl. →**Com**modity **Ex**change Inc.

Comic [ˈkɔmɪk; engl. »Komisches, Belustigendes«] *der,* gezeichnete, oftmals farbige Bilderfolge, meist mit einem festen Inventar an Figuren und mit ins Bild integrierten Texten in »Sprechblasen«. Weitere graf. Zeichen im C. sind lautmaler. Wörter für Geräusche (»Soundwords«), Linien zur Darstellung von Geschwindigkeit (»Speedlines«) oder Sternchen, die Schmerz und Benommenheit symbolisieren. Die meist als Serie angelegten C. erscheinen als **Comicstrip** (Zeitungsstreifen), C.-Heft und C.-Buch (**Comicbook**) oder als **Album**.

Angeregt durch die europ. Bildgeschichte, entstand der C. ca. 1895 in den USA (z. B. »Little Nemo in Slumberland«, ab 1905). Die frühen C. sind als humorige Geschichten dem Genre **Funny** zuzuordnen. Ab den 1930er-Jahren beginnt die Ära der spannenden **Abenteuer-C.** (z. B. »Prinz Eisenherz«, ab 1937) und **Superhelden-C.** (z. B. »Superman«, ab 1938), die zunächst v. a. von Kindern und Jugendlichen gelesen wurden. Ab den 1950er-Jahren wurde der C. durch subtileren Humor und satir. Anspielungen (z. B. die frz. »Aste-

Johann Amos Comenius

Comic: Als grafisches Meisterwerk gilt die vom Jugendstil beeinflusste Serie »Little Nemo« (1905 ff.) von Winsor McCay.

rix«-Reihe, seit 1959) auch für Erwachsene interessant. Als Gegentendenz zum Mainstream-C. tauchten in den 1960er-Jahren **Underground-C. (Comix)** auf, die sich mit anderen Themen (Drogen, Sex) beschäftigten. Ein weiteres Genre ist der **C.-Roman**, wie z. B. »Corto Maltese« (ab 1970) von Hugo Pratt oder »Maus« (1986 und 1991) von Art Spiegelman. In den 1990er-Jahren setzte ein **Manga**-Boom ein (z. B. »Sailor Moon«, ab 1993), der die japan. Variante des C. sowohl in den USA als auch in Europa äußerst populär werden ließ.

Klassiker des C. sind u. a. aus Belgien »Tim und Struppi« (ab 1929), »Lucky Luke« (ab 1946) und »Die Schlümpfe« (ab 1958) sowie aus den USA »Popeye« (ab 1929), »Mickey Mouse« (ab 1930), »Donald Duck« (ab 1935), »Batman« (ab 1939), »Peanuts« (ab 1950) und »Garfield« (ab 1978).

Commander [kəˈmɑːndə] der, engl. Bez. für einen Truppen-, Einheitsführer (vom Bataillon bis einschl. Korps) sowie Befehlshaber (eines Panzers, Flugzeugs usw.); in der amerikan. Marine Bez. für einen Stabsoffizier im Rang eines Fregattenkapitäns.

Commedia dell'Arte [ital., eigtl. »Berufskomödie«] die, ital. Stegreifkomödie mit typ. Figuren; entstanden um 1550; von Berufsschauspielern aufgeführt; vorgeschrieben waren nur Handlungsverlauf und Szenenfolge; Details und musikal. Einlagen wurden improvisiert (mithilfe eines Repertoires an typ. Monologen, Dialogen und Scherzen [lazzi]). Die wiederkehrenden Figuren (mit stets gleicher Maske und gleichem Kostüm) waren →Dottore, →Pantalone, →Brighella, →Arlecchino, →Capitano, →Colombina. Die C. d. A. wurde später durch die Reform von Goldoni verdrängt, aber von dessen Konkurrenten Gozzi in seinen Märchenstücken fortgebildet. Erneute Belebung erfuhr die Tradition ab 1947 durch die Arbeit G. Strehlers am Piccolo Teatro in Mailand.

Commercial Banks [kəˈmɜːʃl ˈbæŋks; engl. »Handelsbanken«], im Bankwesen der USA die Depositenbanken. Sie nehmen Einlagen an (z. T. auch Spareinlagen) und pflegen das kurzfristige Kreditgeschäft, dürfen jedoch keine Effektengeschäfte betreiben.

Commercial Papers [kəˈmɜːʃl ˈpeɪpəz; engl. »Handelspapiere«], Abk. **CP**, unbesicherte, nicht börsennotierte Inhaberschuldverschreibungen mit Laufzeiten von wenigen Tagen bis zu zwei Jahren (gewöhnlich zw. sieben Tagen und einem Jahr), die von Unternehmen hoher Bonität sowie von staatl. Stellen in hohen Beträgen (Mindestemissionsvolumen 100 Mio. €) am Geldmarkt emittiert und v. a. von großen institutionellen Anlegern erworben werden.

Commerzbank AG, Großbank, gegr. 1870; seit 1940 jetziger Name; Sitz: Frankfurt am Main. Nach Bankendekonzentration (1948) und dem Großbankengesetz (1952) entstanden drei Nachfolgeinstitute, die sich 1958 erneut zur C. AG zusammenschlossen. Wichtige Beteiligungen: Hypothekenbank in Essen AG, Eurohypo AG, COMINVEST Asset Management GmbH, comdirect bank AG.

Commissioner [kəˈmɪʃənə, engl.] der, im angloamerikan. Recht Regierungs- oder Gerichtsbeauftragter, Beamter für Sonderaufgaben; als Titel **High C.** (→Hochkommissar).

Commodity Exchange Inc. [kəˈmɒdɪtɪ ɪksˈtʃeɪndʒ ɪnˈkɔːpəreɪtɪd, engl.], Abk. **COMEX**, weltweit führende Warenbörse für Gold, Silber und Kupfer, Handel mit Futures und Optionen auf Metalle und Kerosin, entstanden 1933; Sitz: New York.

Commodus, Lucius Aurelius, seit 180 **Marcus Aurelius C. Antoninus,** seit 191 **Lucius Aelius Aurelius C.,** röm. Kaiser (180–192 n. Chr.), *bei Lanuvium (?) 31. 8. 161, † Rom 1. 1. 193; Sohn Mark Aurels, seit 177 dessen Mitregent; seine Willkürherrschaft führte zu seiner Ermordung.

Commoner [ˈkɒmənə; engl. »Gemeiner«] der, in Großbritannien jeder, der nicht zum hohen Adel (Nobility, →Peer) gehört, darunter die →Gentry, die Bischöfe, die jüngeren Abkömmlinge der großen Adelsfamilien und die Unterhausabgeordneten.

Common Law [ˈkɒmən ˈlɔː, engl.] das, **gemeines Recht,** das von den königl. Richtern seit dem 12. und 13. Jh. über spezielle Klageformen (»writs«) geschaffene Recht, das in den drei Londoner Zentralgerichten (**King's Bench, Common Pleas, Exchequer**) und von herumreisenden Richtern des Königs entwickelt wurde und damit das weniger ausgebildete anglosaxon. Lokalrecht der Gemeinden, Großgrundbesitzer und Kirchen verdrängte. Wesensmerkmal des C. L. ist die »stare decisis«-Doktrin, nach der vorangegangene Urteile höherrangiger Gerichte verbindlich sind. Von den tragenden Urteilsgründen (der »ratio decidendi«) derartiger Präzedenzfälle darf grundsätzlich nicht abgewichen werden. Als C. L. werden heute mehrdeutig bezeichnet: 1) die angloamerikan. Rechtsordnung im Unterschied zum **Civil Law,** den auf röm. Recht basierenden Rechten Europas und Lateinamerikas; 2) die urspr. auf Gewohnheitsrecht beruhenden, durch Richterrecht weiterentwickelten Grundsätze des engl. und amerikan. Rechts, im Ggs. zum reinen Gesetzesrecht (**Statute Law**), das seinerseits Ausgangspunkt neuen Richterrechts ist; 3) das allgemeine engl. Gewohnheitsrecht im Unterschied zu den örtlich beschränkten Gewohnheitsrechten (**Local customs**); 4) die star-

Lucius Aurelius Commodus (römische Marmorbüste; London, Britisches Museum)

Commedia dell'Arte: Aufführungen auf dem Markusplatz in Venedig (Kupferstich, 1614)

ren Regeln des C.-L.-Klageformensystems im Unterschied zum Einzelfall-Billigkeitsrecht (→**Equity**).

Common Prayer-Book [ˈkɔmən ˈpreɪə ˈbʊk], engl. »allgemeines Gebetbuch«] *das*, *das liturg.* Buch der Kirche von England und der Anglikan. Kirchengemeinschaft; 1549 eingeführt. (→Kirche von England)

Commons [ˈkɔmənz; engl. »Gemeine«], im brit. Verfassungsrecht die Mitgl. des Unterhauses (**House of C.**) im Unterschied zu denen des →Oberhauses (**House of Lords**).

Common Sense [ˈkɔmən ˈsens; engl. »allgemeiner Verstand«] *der*, gesunder Menschenverstand. Die Philosophie des C. S. wurde in neuerer Zeit v. a. im angelsächs. Raum vertreten und mit sprachphilosoph. Untersuchungen verbunden.

Common Shares [ˈkɔmən ˈʃeəz, engl.], Stammaktien in Großbritannien und den USA (dort auch **Common Stocks** gen.).

Commonwealth [ˈkɔmənwelθ; engl. »öffentl. Wohl«, »Gemeinwesen«] *das*, 1649–60 Name für den engl. Staat. 1653 wurde diese Bez. auch auf Schottland und Irland ausgedehnt. In den brit. Kolonien Nordamerikas ging der Name C. als Bez. für den Staat in die Verf. ein. Die brit. Kolonien in Australien nannten sich nach ihrem Zusammenschluss 1901 **C. of Australia**. Auch für das ehem. British Empire fand der Name C. Anwendung (→Commonwealth of Nations). Darüber hinaus führen einige andere Gebiete und Länder die Bez. C. in ihrem Namen, z. B. →Puerto Rico und die →Bahamas.

Commonwealth of Nations [ˈkɔmənwelθ əv ˈneɪʃnz], **The Commonwealth,** offizielle Bez. für eine Staatengemeinschaft, die aus dem früheren brit. Kolonialreich, dem **British Empire** (→Britisches Reich und Commonwealth), hervorgegangen ist. Die (2004) 53 Mitgl. repräsentieren mit einer Gesamtbev. von rd. 1,7 Mrd. Menschen etwa 30 % der Weltbevölkerung.

Im Westminster-Statut von 1931 wurde zunächst der Name **British C. of N.** verfassungsrechtlich festgelegt; im Zuge der Entkolonialisierung verstand sich die Gemeinschaft nicht mehr als »british«, sondern als »multiracial« (vielrassisches) C. of N. Es besteht aus **Member States of the Commonwealth**, unabhängigen, gleichberechtigten und in freier Vereinigung verbundenen Staaten, in denen der brit. Monarch entweder Staatsoberhaupt ist und durch einen Gen.-Gouv. vertreten wird (z. B. in Kanada, Neuseeland oder im Austral. Bund) oder lediglich symbolisch als Haupt des C. of N. anerkannt ist (z. B. in den Republiken Indien, Bangladesh und Namibia sowie in Monarchien wie Malaysia oder Tonga). Den unabhängigen Staaten des C. of N. steht der Austritt aus dem Verband jederzeit frei, sie können aber auch auf Beschluss der Commonwealth-Mitgl. ausgeschlossen werden; eine gegenseitige Bündnispflicht besteht nicht. Im Zweijahresabstand finden Commonwealth-Gipfelkonferenzen statt, die der Klärung gemeinsamer Probleme dienen. 1965 gründeten die Mitgliedsländer in London ein für die Organisation und Koordination aller Commonwealth-Aktivitäten zuständiges **Commonwealth-Sekretariat**.

Commonwealth-Spiele [ˈkɔmənwelθ-], bis 1966 **Empire-Spiele**, seit 1930 alle vier Jahre stattfindende Sportspiele mit olymp. Programm für die Länder des Commonwealth of Nations.

Commotio [lat.] *die, Medizin:* Erschütterung einer Körperregion oder eines Organs durch stumpfe Gewalteinwirkung mit vorübergehender Funktionsstörung, z. B. C. cerebri (→Gehirnerschütterung).

Communauté Française, La [- kɔmyno'te frã-ˈsɛːz, frz.], die →Französische Gemeinschaft.

Communio Sanctorum [lat.] *die, christl. Theologie:* die →Gemeinschaft der Heiligen.

Commynes [kɔˈmin], **Commines,** Philippe de, frz. Diplomat und Geschichtsschreiber, * Schloss Commynes (bei Hazebrouck, Dép. Nord) um 1447, † Schloss Argenton (Dép. Deux-Sèvres) 18. 10. 1511; stand im Dienst Karls des Kühnen, Ludwigs XI., Karls VIII. und Ludwigs XII. Seine »Mémoires« (1524) sind das erste Beispiel moderner polit. Historiografie.

Como, 1) Prov. im NW der Lombardei, Italien, 1 288 km², 551 700 Einwohner.
2) Hptst. von 1), an der SW-Spitze des Comer Sees, 80 500 Ew.; kath. Bischofssitz; naturwissenschaftl. Fakultät der Univ. von Insubrien; Seidenind., Fremdenverkehr. – Dom (Ende 14.–16. Jh.) und Basilika Sant' Abbondio (1013–95, erneuert 1587), mehrere Palazzi, Stadtbefestigung. – Das antike **Comum** war eine reiche röm. Handelsstadt; 1127 von den Mailändern zerstört, 1159 von Kaiser Friedrich I. Barbarossa wieder aufgebaut. Seit dem 15. Jh. endgültig unter der Herrschaft Mailands.

Como 2)
Stadtwappen

comodo [ital. »bequem«], musikal. Vortragsbezeichnung: mäßig, gemächlich, ruhig.

Comodoro Rivadavia [komoˈðoro riβaˈðaβia], Hafenstadt in Patagonien, Argentinien, 135 600 Ew.; Univ.; Bischofssitz. In der Nähe bed. Erdöl- und Erdgasgebiet; Erdölraffinerie, Erdgasleitung nach Buenos Aires.

Comorin, Kap [- ˈkɔmərɪn, engl.], Hindi **Kanyakumari,** südlichster Punkt Vorderindiens (8° 5′ n. Br., 77° 33′ ö. L.); hinduist. Wallfahrtstempel.

Compact Disc [kəmˈpækt-, engl.] *die*, die →CD.

Compagnie [kɔmpaˈniː, frz.] *die*, Abk. **Co.,** veraltet und schweizer. **Cie.,** Kompanie, Handelsgesellschaft.

Compagnie Générale des Eaux [kɔ̃paˈɲi ʒeneˈral deˈzo], Abk. **CGE,** frz. Wasserversorgungsunternehmen, gegr. 1853, Sitz: Paris; seit 1998 Konzerngesellschaft der →Vivendi Universal S. A.

Company [ˈkʌmpənɪ, engl.] *die*, Abk. **Co.** oder **Comp.,** engl. für Handelsgesellschaft (→Private Company limited by Shares, →Public limited Company by Shares).

Compaoré, Blaise, Offizier und Politiker in Burkina Faso, * Ouagadougou 3. 2. 1951; nach einem von ihm geführten Militärputsch gegen Staats- und Reg.-Chef T. Sankara und dessen Ermordung (1987) wurde C. Staatsoberhaupt (1991 durch Wahl bestätigt, Wiederwahl 1998 und 2005).

Compaq Computer Corp. [kəmˈpæk kəmˈpjuːtər kɔːpəˈreɪʃn], Unternehmen der Computerbranche, 1982 von Rod Canion, Jim Harris und Bill Murto gegr., Sitz: Houston (Tex.); Hersteller IBM-kompatibler PCs; 2002 Fusion mit der →Hewlett-Packard Company.

Compass Group PLC [ˈkʌmpəs ˈgruːp piːelˈsiː], weltweit (in über 90 Ländern) tätiger brit. Catering- und Foodservicekonzern; gegr. 1941, Sitz: Chertsey; übernahm 2004 die MITROPA AG.

Compiègne [kɔ̃ˈpjɛɲ], Stadt in der Picardie, Frankreich, Dép. Oise, an der Oise, 41 900 Ew.; TU, Militärschule, Museen; Nahrungsmittel-, chem., Reifenind., Glasfabrik. – Schloss (1751 ff.) und Park, ehem. Landresidenz der frz. Herrscher; Merowingerpfalz

Compendium. – Im angrenzenden **Wald von C.** (Staatsforst, 14 450 ha) wurde am 11. 11. 1918 der Waffenstillstand zw. Dtl. und der Entente, am 22. 6. 1940 der zw. Dtl. und Frankreich unterzeichnet.

Compiler [kəmˈpaɪlə(r), engl.] *der*, **Übersetzer**, Computerprogramm, das ein vollständiges, in einer problemorientierten höheren Programmiersprache formuliertes »Quellprogramm« in das Maschinenprogramm (»Objektprogramm«) übersetzt. Im Unterschied zum →Interpreter wird das Programm erst nach Übersetzung aller Anweisungen abgearbeitet.

Compliance [kəmˈplaɪəns; engl. »Willfährigkeit«] *die*, **1)** *Bankwesen:* von der Banken- bzw. Wertpapieraufsicht zum Schutz der Anleger aufgestellte Wohlverhaltensrichtlinien und Mindestanforderungen an institutsinterne Regelungen, die eine ordnungsgemäße Durchführung von Wertpapierdienstleistungen sicherstellen und den Missbrauch von Insiderinformationen verhindern sollen; in Dtl. v. a. in §§ 31 ff. Wertpapierhandelsgesetz manifestiert.

2) *Medizin:* Bereitschaft eines Patienten zur aktiven Mitwirkung an den vom Arzt vorgeschlagenen Maßnahmen (z. B. Zuverlässigkeit bei der Einnahme von Arzneimitteln).

3) *Physiologie:* die elast. Volumendehnbarkeit von Atmungs- (Lunge und Brustkorb) und Gefäßsystemen.

Composersatz [kəmˈpəʊzə(r)-, engl.], in den 1970er- und 1980er-Jahren verwendetes elektron. Gerät zum Spaltensatz; durch →computergesteuerte Satzherstellung abgelöst.

Compoundkern [kɒmˈpaʊnd-; engl. »Zusammensetzung«], **Verbundkern, Zwischenkern**, hoch angeregtes, instabiles Nukleonensystem, das bei Beschuss eines Atomkerns mit energiereichen Teilchen (Nukleonen, Alphateilchen) durch Verschmelzung der Reaktionspartner (**Compoundzustand**) entsteht und nach sehr kurzer Zeit (etwa 10^{-16} bis 10^{-19} s) unter Teilchenemission in einen neuen, stabilen Endkern übergeht.

Compoundmaschine [kɒmˈpaʊnd-, engl.], eine →Dampfmaschine.

Comprehensive School [kɒmprɪˈhensɪf skuːl; engl. »umfassende Schule«], Modell einer Gesamtschule in Großbritannien für Schüler ab 11 bis 16/18 Jahren.

Compton [ˈkɒmptən], Arthur H. (Holly), amerikan. Physiker, * Wooster (Oh.) 10. 9. 1892, † Berkeley (Calif.) 15. 3. 1962; entdeckte 1922 den →Compton-Effekt, erhielt dafür 1927 den Nobelpreis für Physik (gemeinsam mit C. T. R. Wilson); maßgebend an der Entwicklung der Atombombe beteiligt.

Compton-Burnett [ˈkɒmptən ˈbɜːnɪt], Dame (seit 1967) Ivy, engl. Schriftstellerin, * London 5. 6. 1884, † ebd. 27. 8. 1969; stellte kritisch Familienkonflikte im Bürgertum vor dem Ersten Weltkrieg dar: »Eine Familie und ein Vermögen« (1939).

Compton-Effekt [ˈkɒmptən-; nach A. H. Compton], die Streuung elektromagnet. Strahlung (Licht-, Röntgen-, Gammaquanten) an freien oder schwach gebundenen Elektronen (**Compton-Streuung**), wobei sich die Wellenlänge der Strahlung vergrößert. Der C.-E. wird als Stoß eines Photons an ein Elektron gedeutet. Ein Photon mit der Energie $h\nu$ (h plancksches Wirkungsquantum, ν Frequenz) überträgt dabei einen aus dem relativist. →Energiesatz und →Impulssatz beim Stoß berechenbaren Anteil $\Delta E = h(\nu - \nu')$ seiner Energie auf das Elektron und wird unter einem Winkel ϑ gegen die Einfallsrichtung gestreut, wobei es mit der kleineren Energie $h\nu'$ weiterfliegt. Die mit dem Energieverlust verbundene (und nur vom Streuwinkel ϑ abhängige) Vergrößerung der Wellenlänge wird als **Compton-Verschiebung** bezeichnet. – Der C.-E. beweist den Teilchencharakter des Lichts und bestätigte erstmals die Gültigkeit der Stoßgesetze auch für Elementarvorgänge.

Compton-Observatorium [ˈkɒmptən-; nach A. H. Compton], **Compton Gamma Ray Observatory**, Abk. **CGRO**, Weltraumobservatorium der NASA zur Untersuchung hochenerget. kosm. Gammastrahlung. Der 1991 gestartete, mit vier Teleskopen ausgestattete Satellit war der erste, der den gesamten Spektralbereich der Gammaastronomie erfasste (Missionsende Juni 2000).

CompuServe® [ˈkɒmpjuːsɜːv, engl.], kommerzieller →Onlinedienst.

Computer [kɒmˈpjuːtər, engl.] *der*, **Rechner**, elektronisch arbeitende Einrichtung, die Probleme dadurch löst, dass sie Daten nach einem vorgegebenen →Algorithmus bzw. →Programm verarbeitet. Heute versteht man unter einem C. meist einen **Digitalrechner**. Bei diesem werden die Daten als Ziffern dargestellt, wobei sich die Binärdarstellung als bes. vorteilhaft erwiesen hat. Der Begriff C. umfasst den weiten Bereich vom fest programmierten C., der nur spezielle Funktionen übernimmt, über den frei programmierbaren universellen PC bis hin zum Supercomputer für extrem rechenaufwendige Probleme, z. B. die Simulation von Klimamodellen. C. durchdringen heute, mehr oder weniger sichtbar, viele Bereiche des Alltags. Als integrierte Kleinstcomputer (**Embedded Systems**) steuern sie Geräte der Unterhaltungselektronik, Fahrkartenautomaten, Haushaltgeräte und Baugruppen in Kraftfahrzeugen. In Form von Personal-C. sind C. in den vergangenen 20 Jahren zum Massenprodukt geworden und haben Arbeitsbedingungen und Freizeitverhalten vieler Menschen verändert. Mit der Entwicklung des WWW zu Beginn der 1990er-Jahre ist der C. zu einer entscheidenden Voraussetzung für die Nutzung neuer Informations- und Kommunikationstechnologien geworden.

Aufbau und Arbeitsweise: C. bestehen zunächst aus der **Hardware**, d. h. den materiellen Komponenten wie Platinen, Stromversorgung und Gehäuse. Die grundlegenden Funktionseinheiten eines C. sind das Steuerwerk, das Rechenwerk, der →Arbeitsspeicher, Ein- und Ausgabegeräte sowie Verbindungseinrichtungen (→Bus). Das Steuerwerk holt die Befehle aus dem Arbeitsspeicher und steuert ihre Ausführung. Das Rechenwerk verknüpft die vom Steuerwerk ausgelesenen Werte. Es besteht v. a. aus einer Einheit, die arithmet. und log. Berechnungen ausführt (**ALU**, Abk. für engl. **a**rithmetical and **l**ogical **u**nit). Hinzu kommen Register für die vorübergehende Speicherung von Operanden oder Speicheradressen. Steuer- und Rechenwerk sind in heutigen C. zu einer Einheit, der CPU, verschmolzen.

Software bezeichnet zusammenfassend die im Speicher des C. abgelegten Programme. Erst durch sie kann der Mensch die elementaren Funktionen der Hardware auf effiziente Weise für seine Zwecke nutzen. Die der Hardware am nächsten liegende Softwareebene bildet das →Betriebssystem, das die Betriebsmittel des C. (Speicher, Prozessorkapazität, Ein- und Ausgabegeräte) verwaltet und die Ausführung

Arthur H. Compton

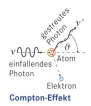
Compton-Effekt

von Programmen steuert. Heute verfügen fast alle Betriebssysteme über eine graf. →Benutzeroberfläche, deren Bedienung intuitiv erfassbar ist. Diese Benutzeroberfläche stellt auch den Zugang zu den Anwendungsprogrammen dar. Diese unterstützen ihn z. B. bei seinen Arbeitsaufgaben (Textverarbeitung, Tabellenkalkulation) oder werden zum Freizeitvergnügen eingesetzt (Computerspiele, Multimediaanwendungen).

Geschichte: Vorläufer heutiger C. waren die mechan. →Rechenmaschinen von W. Schickard (1623), B. Pascal (1642) und G. W. Leibniz (1671). Eine mechan. Rechenanlage mit Lochstreifensteuerung entwarf C. Babbage um 1840. Ende des 19. Jh. baute H. Hollerith die erste elektrisch arbeitende Lochkartenmaschine, die bei statist. Auswertungen verwendet wurde. Einen Entwicklungssprung gab es um 1940. In Dtl. baute K. Zuse zw. 1934 und 1941 die ersten programmgesteuerten elektromechan. Rechenmaschinen (**Z 1, Z 2, Z 3**) auf der Grundlage der Relaistechnik. In den USA entwickelte H. Aiken 1943/44 den **Mark I**, der ebenfalls mit Relais arbeitete. In Großbritannien wurde der erste elektron. Digital-C. – **Colossus** – entwickelt und während des Zweiten Weltkriegs erfolgreich zur Entschlüsselung dt. Funksprüche eingesetzt (→Enigma). Die Entwicklung der eigentl. C. vollzog sich in versch. Stufen, die sich anhand der verwendeten Technik relativ klar voneinander abgrenzen lassen; man spricht deshalb von **C.-Generationen.** Die erste C.-Generation begann mit dem Einsatz von Elektronenröhren (1946), die zweite (1955) mit der Verwendung von Transistoren. Integrierte Schaltungen (seit 1962) bestimmten die dritte, der Einsatz hoch bzw. höchst integrierter Schaltkreise (seit 1978) die vierte C.-Generation.

Computer|animation [kɔmˈpjuːtər-], spezielle Art der Animation, die auf computergenerierten oder mit Computerunterstützung erzeugten Bildern basiert. Dabei wird eine Vielzahl einzelner Bilder berechnet, die, aneinander gereiht und mit geeigneter Geschwindigkeit abgespielt, beim Betrachter den Eindruck von Bewegung erzeugen. Durch C. lassen sich bes. Effekte oder ganze Filme realisieren, die real gefilmt mit wesentlich höheren Kosten verbunden oder nicht möglich wären.

Computerbörse [kɔmˈpjuːtər-], **elektronische Börse,** Börse, an der Marktteilnehmer per Computer Börsengeschäfte tätigen, ohne persönlich mit den Marktteilnehmern in Kontakt zu treten. Im Ggs. zur Präsenzbörse existiert kein Börsensaal; Kursermittlung und Orderabwicklung erfolgen elektronisch. Bekannte C. sind →Eurex und →NASDAQ.

Computerchemie, ein Zweig der theoret. Chemie und der Quantenchemie im Grenzbereich zw. Chemie und Informatik. Hauptziel der C. ist die Entwicklung von Software, mit der Eigenschaften von Molekülen berechnet werden können, z. B. Molekülenergien, das Dipolmoment oder Schwingungsspektren. Innerhalb der C. ist die computergestützte Visualisierung von Molekülen ein wichtiges Arbeitsfeld, außerdem die computergestützte Syntheseplanung und die Erstellung von Prognosen zur Wirksamkeit von Arzneimitteln (→kombinatorische Chemie) bis hin zur Simulation komplexer molekularer Vorgänge. Die Programme, die benutzt werden, basieren auf den verschiedensten quantenchem. Methoden zur Lösung der →Schrödinger-Gleichung, z. B. der →Dichtefunktionaltheorie.

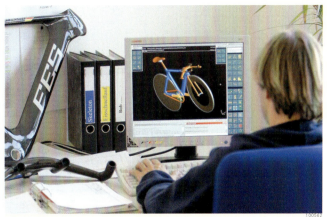

Computergrafik: Ein Entwickler des Berliner Instituts für Forschung und Entwicklung von Sportgeräten demonstriert den Entwurf eines Carbonrahmens.

Computerdichtung [kɔmˈpjuːtər-], mittels Computer erzeugte literar. Texte, v. a. Lyrik; angeregt u. a. von der informationstheoret. Ästhetik M. Benses Ende der 1960er-Jahre. Die Computer enthalten Programme mit einem Repertoire von Wörtern, grammatikal. Regeln, Versregeln, Reimmöglichkeiten und arbeiten mit Zufallsgeneratoren. Die entstehenden überraschenden Wendungen, Bilder oder Metaphern sind Zufallsprodukte. Die C. steht in der Tradition der Zufalls- und Würfeltexte (aleator. Dichtung). Davon zu unterscheiden ist die →digitale Literatur.

Computergeld [kɔmˈpjuːtər-], **elektronisches Geld,** eine besondere Art von →Buchgeld, über das beleglos, allein mithilfe eines Computers, verfügt wird. Das C. ermöglicht neue Formen des bargeld- und beleglosen Zahlungsverkehrs für Bankkunden sowie im Handel (→POS-Systeme).

computergesteuerte Satzherstellung [kɔmˈpjuːtər-], **Computersatz,** *graf. Technik:* Vorbereitungsstufe für automat. Blei- oder Fotosatz. Auf einem Erfassungsgerät wird ein Datenträger erstellt, wobei ohne Berücksichtigung der Zeileneinteilung »endlos« getastet wird. Anschließend durchlaufen die Texte im Satzrechner ein Silbentrennungsprogramm.

Computergrafik [kɔmˈpjuːtər-], Teil der graf. Datenverarbeitung, der sich mit der Erzeugung, Speicherung, Bearbeitung und Ausgabe von Bildern durch einen Computer und graf. Geräte befasst. Gegenstand der C. sind von Computerprogrammen generierte graf. Darstellungen, die aus bildbeschreibenden Daten abgeleitet werden.

Computerkunst [kɔmˈpjuːtər-], Bez. für Artefakte (in Bild, Ton und Schrift), die mithilfe von Computern und spezif. Daten verarbeitenden Programmen generiert werden oder deren Realisierung auf Computerdaten basiert. Der Beginn der C. liegt in den 1960er-Jahren, als entsprechende Ausgabegeräte für digitale Rechner (u. a. Bildschirm, Zeichenautomat, Lichtstift) konstruiert wurden. – In den 1990er-Jahren setzte sich die Bez. →Medienkunst durch. – Abb. S. 884

Computerlinguistik [kɔmˈpjuːtər-], **linguistische Datenverarbeitung,** Teilgebiet der Linguistik, das die Möglichkeiten einer Anwendung der nicht numer. Datenverarbeitung auf natürl. Sprachen mit dem Ziel einer Sortierung großer Materialmengen und deren Auswertung untersucht. Anwendungsbereiche

Computerkunst: Christa Sommerer und Laurent Mignonneau, »A-Volve«, interaktive Installation (1994)

sind u. a. die computergestützte Sprachübersetzung, die sog. Mensch-Maschine-Kommunikation und die maschinelle Dokumentation.

Computermusik [kɔmˈpjuːtər-], Klangwerke, die unter Verwendung eines mit Klangelementen und ihren Verknüpfungsgesetzen programmierten Computers entstehen; die Ergebnisse werden entweder in übl. Notenschrift übersetzt und sind dann für das herkömml. Instrumentarium bestimmt, oder sie erscheinen mithilfe eines Konverters direkt (ohne Partitur) in Form elektron. (alldigitaler) Klangerzeugung. Der Anteil des Komponisten beschränkt sich auf die Programmierung.

Computernetz [kɔmˈpjuːtər-], →Rechnernetz.

Computersatz [kɔmˈpjuːtər-], falsche Bez. für →computergesteuerte Satzherstellung.

Computerspiel [kɔmˈpjuːtər-], Anwendungsprogramm für den Computer (PC). Nach der Spielidee unterscheidet man z. B. Geschicklichkeits-, Strategie-, Lern-, Logik-, Action- oder traditionelle Spiele (z. B. Schach). Die Anforderungen der C. an die Hardware hat die Computerentwicklung wesentlich beeinflusst. – Der Vertrieb von C. mit Gewalt verherrlichenden, rassist. oder pornograf. Inhalten ist verboten.

Computerstraftaten [kɔmˈpjuːtər-], Straftaten, die unter Einbeziehung von Anlagen zur elektron. Datenverarbeitung begangen werden. Wegen **Computerbetruges** wird bestraft, wer in der Absicht rechtswidriger Bereicherung das Vermögen eines anderen dadurch schädigt, dass er das Ergebnis eines Datenverarbeitungsvorgangs durch unrichtige Gestaltung des Programms, durch Verwendung unrichtiger oder unvollständiger Daten oder sonst durch unbefugte Einwirkungen auf den Ablauf beeinflusst (§ 263a StGB). Nach § 303b StGB wird die **Computersabotage** geahndet, d. i. das Stören einer Datenverarbeitung, die für ein fremdes Unternehmen oder eine Behörde von wesentl. Bedeutung ist, durch rechtswidrige Datenveränderung oder Zerstörung bzw. Beschädigung einer Datenverarbeitungsanlage oder eines Datenträgers. Zu den C. zählen auch das Ausspähen von Daten (§ 202a StGB), die Datenveränderung (§ 303a), die Fälschung beweiserhebl. Daten (§ 269) und die Urkundenunterdrückung bzw. -vernichtung (§ 274 Abs. 1 Ziffer 2 StGB). →Internetkriminalität.

Computertomografie [kɔmˈpjuːtər-], Abk. **CT,** ein 1972 eingeführtes Verfahren der Röntgenuntersuchung, das eine überlagerungsfreie Darstellung des menschl. Körpers einschließlich der Weichteile auf dem Bildschirm eines Monitors ermöglicht. Bei der CT werden die zu untersuchenden Körperregionen mit einem dünnen Röntgenstrahlenbündel aus allen Richtungen durchstrahlt. Diese Abtastung erfolgt kreisförmig in einer der Untersuchungsregion angepassten Schichtdicke (1–10 mm) entweder einzeln oder spiralförmig für einen ganzen Körperabschnitt (**Spiral-CT**). Die Röntgenstrahlabsorption wird von Detektoren, die auf einem oder mehreren nebeneinanderliegenden Ringen (**Mehrschicht-CT**) befestigt sind, gemessen, in elektr. Impulse umgewandelt und an einen Computer weitergeleitet. Dieser baut aus mehreren Tausend Projektionswerten ein Bild (**Computertomogramm**) auf, das die Dichteverteilung im entsprechenden Schnitt darstellt. Die CT ist fester Bestandteil der Tumor- und Bandscheibendiagnostik und der Diagnostik akut lebensbedrohl. Zustände, z. B. nach schweren Unfällen mit Wirbelsäulenverletzungen oder Hirnblutungen. (→Emissionscomputertomografie).

Computerviren [kɔmˈpjuːtər-], **Viren,** kleine, meist in böswilliger Absicht geschriebene Programme, die sich selbsttätig vervielfältigen und dabei eventuell Teile des Computersystems verändern oder schädigen. Die Auswirkungen können sich auf kleine Störungen beschränken, aber auch die Funktion des Computers beeinträchtigen oder sogar Daten vernichten. Hinsichtlich der Art ihrer Ausbreitung haben C. eine gewisse Ähnlichkeit mit biolog. Viren. Eine Infektion liegt vor, wenn ein Programm einen C. enthält. Das Programm beherbergt den C. und dient als Wirt (**Wirtsprogramm**), dessen Eigenschaften sich der C. zunutze macht. Von diesem aus kopiert sich der C. selbstständig in weitere Dateien und Computer. Solche Infektionen sind v. a. dort möglich, wo Befehle für die Systemverwaltung leicht zugänglich sind, also etwa unter Betriebssystemen, die jeden Anwender mit umfassenden Rechten ausstatten.

Die wichtigsten Virentypen sind Dateiviren, Boot-Sektor-Viren und Makroviren. **Dateiviren** kopieren sich in den Code von Programmdateien. Sie werden aktiv, sobald ein Benutzer das befallene Programm aufruft. Dann suchen sie selbsttätig Programmdateien, die noch nicht befallen sind, und kopieren sich in deren Code. **Boot-Sektor-Viren** kopieren sich in den Boot-Sektor (d. h. den ersten Sektor) von Festplatten oder Disketten. Sie werden aktiv, wenn dieser Sektor gelesen wird, also insbes. beim Start des Computers

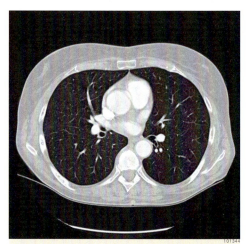

Computertomografie: Computertomogramm des Brustraums

(→ Booten). **Makroviren** verbreiten sich nicht über Programme, sondern über Dokumente, v. a. über solche, die häufig benutzt und ausgetauscht werden. Entsprechend haben sie enorme Verbreitungsmöglichkeiten. Alle Makroviren benutzen Makro- oder Skriptsprachen wie VBA (→ Visual Basic), die sehr weitgehende Zugriffe auf Dateien und Datenträger erlauben.

C. treten in versch. Formen auf. Einige bleiben unverändert, andere können ihren Programmcode ändern (**polymorphe Viren**) oder auf Virenschutzprogramme reagieren (**Tarnkappenviren**) bzw. ihren Code verschlüsseln (**Stealth-Viren**). Während sich manche C. nur von Fall zu Fall weiterkopieren, bleiben andere ständig im Arbeitsspeicher (**residente Viren**).

Eine wichtige Vorsichtsmaßnahme gegen C. sind regelmäßige Sicherheitskopien der wichtigsten Daten. Der direkten Abwehr dienen Virenschutzprogramme sowie die weniger wirksamen Sicherheitseinstellungen von Anwendungsprogrammen. Einen gewissen Schutz bedeutet auch ein vorsichtiger Umgang mit E-Mail-Anhängen, Disketten und anderen Datenträgern, insbes. wenn nicht eindeutig feststeht, woher sie stammen. Auch Firewalls, die v. a. unbefugte Zugriffe von außen verhindern, bieten (begrenzten) Schutz gegen Computerviren. – Neben den C. gibt es weitere Schadprogramme (**Malware**), die ähnlich wie diese funktionieren. Hierzu gehören → Würmer und → Trojanische Pferde.

Computistik die, → Komputistik.

Comte [kɔ̃t, frz.] der, frz. Adelstitel: Graf; **Comtesse**, Gräfin; eingedeutscht: **Komtess, Komtesse**, bes. für unverheiratete Frauen gräfl. Standes.

Comte [kɔ̃t], Auguste, frz. Philosoph, * Montpellier 19. 1. 1798, † Paris 5. 9. 1857; Schüler von C. H. de Saint-Simon, Mitbegründer des → Positivismus. C. lehnte alle Metaphysik ab und sah als einzige Aufgabe der Wiss. die Ableitung von Gesetzen aus der Beschreibung von Tatsachen und deren Beziehungen als Beschreibung konstanter Zusammenhänge der Aufeinanderfolge und der Ähnlichkeit. Höchste Wiss. sei die von den Daseins- und Entwicklungsformen der Gesellschaft, für die er den Namen »Soziologie« prägte. Die gesellschaftl. Entwicklung deutete er als Fortschritt von der theolog. über die metaphys. zur positiven Weltdeutung (→ Dreistadiengesetz). – Werke: Soziologie, 6 Bde. (1830–42); Rede über den Geist des Positivismus (1844).

COMT-Hemmer, Kurzbez. für Hemmstoffe der Catecholamin-O-Methyl-Transferase (COMT), eines Enzyms, das Catecholamine (Adrenalin, Dopamin, Noradrenalin) an der phenol. Hydroxylgruppe (OH-Gruppe) in 3-Stellung des Rings methyliert und damit unwirksam macht. COMT-Hemmer (z. B. Entacapon) eignen sich in Kombination mit → Levodopa zur Therapie der Parkinson-Krankheit, da sie durch Verhinderung der Sauerstoffmethylierung von Levodopa dessen Verfügbarkeit im Zentralnervensystem erhöhen und damit seine Wirkung verstärken.

Conakry [kɔnaˈkri], Hptst. der Rep. Guinea, W-Afrika, am Atlantik, z. T. auf der Halbinsel Kaloum, z. T. auf der vorgelagerten Insel Tumbo (Straßendamm), 1,85 Mio. Ew. (Agglomeration); kath. Erzbischofssitz; Univ., polytechn. Hochschule, Nationalmuseum; Hafen (v. a. Bauxitausfuhr; Fischerei); internat. Flughafen; Eisenbahn ins Landesinnere; bei C. Eisenerz- und Bauxitabbau. – Gegr. um 1884 von Franzosen.

Concentus [lat.] der, in der Liturgie die stärker melodisch gestalteten Gesänge; Ggs.: Accentus.

Concorde der British Airways

Concepción [kɔnsepˈsjɔn], Hptst. der Region Bío-Bío im südl. Zentralchile, 373 400 Ew.; Univ., Erzbischofssitz; wirtsch. Mittelpunkt, Textil- und Papierfabriken, Stahlwerk, Kohlenbergbau. – Gegr. 1550; mehrfach durch Erdbeben zerstört.

Concept-Art [ˈkɔnseptaːt, engl.] die, **Conceptual Art, Konzeptkunst,** Kunstrichtung, die sich ab Mitte der 1960er-Jahre v. a. unter dem Einfluss von S. Le Witt aus der → Minimal Art entwickelte. Losgelöst von dem materiellen Kunstwerk steht die Idee als rein geistige Konzeption im Mittelpunkt. Sie wird nur durch schriftl. Aufzeichnungen, Fotos, Diagramme, Berechnungen u. a. dokumentiert und erst durch gedanklich assoziative Prozesse in der Vorstellung des Betrachters existent (R. Barry, H. Darboven, J. Dibbets, On Kawara, J. Kosuth, T. Ulrichs).

Concertgebouworkest Amsterdam [kɔnˈsɛrtxəbou-], nach einem Konzertsaal in Amsterdam benanntes, 1888 gegründetes niederländ. Orchester, bis 1895 von Willem Kes geleitet; weitere Dirigenten: W. Mengelberg, E. van Beinum, E. Jochum, K. Kondraschin, B. Haitink, R. Chailly sowie seit 2004 M. Jansons.

Concertino [kɔntʃerˈtiːno, ital.] das, Musik: 1) die dem Orchester gegenüberstehende Solistengruppe, v. a. im Concerto grosso; 2) kleines Konzertstück für Soloinstrument und Orchester.

Concerto grosso [kɔnˈtʃɛrto-, ital.] das, → Konzert.

Conciergerie [kɔ̃ˈsjɛrʒəˈriː, frz.] die, (histor.) Pariser Untersuchungsgefängnis am Seineufer, in dem zahlr. prominente Opfer der Frz. Revolution vor ihrer Hinrichtung inhaftiert waren (u. a. die Königin Marie-Antoinette).

concitato [-tʃ-, ital.], musikal. Vortragsbezeichnung: erregt, bewegt.

Concord [ˈkɔŋkɔːd], Hptst. des Bundesstaates New Hampshire, USA, am Merrimack River, 41 800 Ew.; Schuh-, Textil-, Elektromaschinenind., Druckereien. – Entstand nach 1725 als **Penacook,** seit 1765 heutiger Name, Hptst. seit 1808.

Concorde [kɔ̃ˈkɔrd] die, von der frz. und brit. Luftfahrtind. entwickeltes Überschall-Verkehrsflugzeug (Mach 2,2) für 128 Passagiere; im Liniendienst bei Air France und British Airways vom 21. 1. 1976 bis zum 31. 10. 2003. Insgesamt wurden 16 Serienflugzeuge gebaut. – Wirtsch. Gründe und bes. die Krise der internat. Luftfahrt haben nach 27 Jahren das vorläufige Ende des zivilen Überschallflugs herbeigeführt. Offiziell am 31. 10. 2003 beendeten Air France und British Airways die C.-Ära, Air France stellte seine C.-Flüge bereits Ende Mai ein.

Auguste Comte

Louis II. von Bourbon, Prinz von Condé

Antoine Caritat, Marquis de Condorcet

Concordia [lat.], röm. Göttin der Eintracht. Attribute: Füllhorn und Opferschale.

Condé [kɔ̃'de], 1830 erloschene Seitenlinie der Bourbonen, aus der auch der Herzog von →Enghien stammte.
  1) **Louis I. von Bourbon,** Prinz von C., *1530, †(erschossen) 1569; Führer der Hugenotten.
  2) **Henri I. von Bourbon,** Prinz von C., *1552, †1588; Führer der Hugenotten.
  3) **Louis II. von Bourbon,** Prinz von C., »Der Große C.« gen., *Paris 8. 9. 1621, †Fontainebleau 11. 12. 1686; bed. Heerführer, besiegte 1643 die Spanier bei Rocroi und eroberte 1646 Dünkirchen. Er hielt in den Wirren der Fronde anfangs zu Mazarin, überwarf sich aber dann mit ihm. 1652 ging er zu den Spaniern über. Nach dem Pyrenäenfrieden von 1659 rehabilitiert, kehrte er nach Paris zurück. C. erhielt 1675 den Oberbefehl über die frz. Armee in Deutschland.

Condillac [kɔ̃di'jak], Étienne Bonnot de, frz. Philosoph und Volkswirtschaftler, *Grenoble 30. 9. 1715, †Abtei Flux (bei Beaugency, Dép. Loiret) 3. 8. 1780; begründete, sich von J. Locke abgrenzend, einen konsequenten →Sensualismus, indem er alle Erkenntnisinhalte und die Entstehung der geistigen Fähigkeiten auf die Sinneswahrnehmung zurückführte. Er hielt aber an der Immaterialität der Seele und an der Willensfreiheit fest.

Conditio sine qua non [lat.] die, Bedingung, ohne die etwas nicht eintreten kann.

Condom das, →Kondom.

Condominium [lat.] das, **Kondominium,** die auf einvernehml. Grundlage beruhende gemeinsame Ausübung der Gebietshoheit über ein Territorium durch zwei oder mehrere Staaten, z. B. das preußisch-österr. C. über Schleswig-Holstein (1864–66).

Condorcet [kɔ̃dɔr'sɛ], Marie Jean Antoine Nicolas Caritat, Marquis de C., frz. Mathematiker, Politiker und Philosoph, *Ribemont (bei Saint-Quentin) 17. 9. 1743, †Clamart (bei Mendon) 29. 3. 1794; einer der Enzyklopädisten, schrieb Arbeiten über die Integralrechnung (1765), zum Dreikörperproblem (1768) sowie bes. zur Wahrscheinlichkeitsrechnung. 1789 schloss sich C. der Revolution an; er war ein überzeugter Vertreter einer demokratisch-egalitären Staatstheorie. Als Präs. der Nationalversammlung (1792) forderte er in seinem Entwurf einer »Nationalerziehung« die Beseitigung der Klassenunterschiede im Bildungswesen, dessen Autonomie gegenüber Kirche und Staat sowie eine Weiterbildung der Erwachsenen. Er setzte sich auch für die Gleichberechtigung aller Menschen (Emanzipation der Frau, Sklavenbefreiung) sowie aller Nationen ein. Als Girondist 1793 angeklagt, am 28. 3. 1794 verhaftet, starb er am Tag danach.

Condottiere [ital.] der, **Kondottiere,** ital. Söldnerführer im 14./15. Jh.; einige von ihnen begründeten dauerhafte Herrschaften, z. B. die Sforza in Mailand.

Confederation of British Industry [kənfedə'reɪʃn ɔf 'brɪtɪʃ 'ɪndəstrɪ], Abk. **CBI,** Spitzenorganisation der brit. Arbeitgeberverbände; Sitz: London, gegr. 1965.

Confederations Cup [kənfedə'reɪʃnz kʌp], Fußball: der →FIFA Confederations Cup.

Confederazione Generale dell'Industria Italiana [- dʒene'ra:le -], Abk. **Confindustria,** Rom, Spitzenorganisation der ital. Arbeitgeberverbände, der rd. 111 000 Industrieunternehmen angeschlossen sind; gegr. 1910.

Conférencier [kɔ̃ferã'sje, frz.] der, unterhaltender Ansager im Kabarett oder Varieté, bei öffentl. oder privaten Veranstaltungen.

Confessio [lat.] die, 1) christl. Theologie: **Konfession,** Glaubensbekenntnis (auch lat. **C. Fidei**), Bekenntnisschrift; Sündenbekenntnis, Beichte.
  2) frühchristl. Baukunst: Märtyrergrab; der zw. einem Märtyrergrab und dem darüber errichteten Altar eingeschobene Raum, dann auch die Bez. für die erweiterte Anlage (die C. entwickelte sich zur Krypta).

Confessio Augustana [lat.] die, →Augsburgische Konfession.

Confessio Helvetica [lat.] die, Name zweier reformator. Bekenntnisschriften, →Helvetische Konfession.

Confessio Tetrapolitana [lat. »Vierstädtebekenntnis«] die, die von den Straßburger Theologen M. Bucer und Wolfgang Capito (*1478, †1541) für den Augsburger Reichstag (1530) verfasste reformator. Bekenntnisschrift der Städte Straßburg, Konstanz, Lindau (Bodensee) und Memmingen; gilt in den ref. Kirchen als Bekenntnisschrift.

Confessor [lat. »Bekenner«] der, in der frühen Kirche Ehrenname für einen Christen, der ein Martyrium lebend überstanden hatte, teilweise auch für einen Märtyrer (Blutzeuge).

Confiteor [lat. »ich bekenne«] das, kath. Kirche: das allg. und öffentl. Schuldbekenntnis zu Beginn der Messe.

Conformists [kən'fɔ:mɪsts, engl.], **Konformisten,** die anglikan. Christen, die im Ggs. zu den **Nonconformists** (→Dissenters) die Uniformitätsakte von 1662 anerkannten. (→Großbritannien und Nordirland, Geschichte)

Confrater [lat.] der, der »Mitbruder«, Amtsgenosse; unter Priestern gebräuchl. Anrede.

con fuoco [ital.], musikal. Vortragsbezeichnung: feurig, heftig.

Confutatio pontificia [lat. »päpstliche Widerlegung«] die, die auf dem Reichstag zu Augsburg (1530) als Antwort Karls V. verlesene kath. Widerlegung der Augsburgischen Konfession.

Conga [span.] die, 1) **Congatrommel, Tumba,** große Handtrommel in der Musik der kuban. Schwarzen, auch im modernen Jazz verwendet.
  2) kuban. Tanz im $^4/_4$-Takt, eine Abart der Rumba.

Congo [kɔ̃'go], frz. für →Kongo.

Congonhas [koŋ'goɲas], Stadt im Bundesstaat Minas Gerais, Brasilien, 41 200 Ew. – C. wird überragt von der Wallfahrtskirche Bom Jesus de Matozinhos (1758 bis um 1770), einem Hauptwerk des brasilian. Barock (UNESCO-Weltkulturerbe); zu der Terrasse, auf der die Kirche steht, führt eine doppelläufige Treppenanlage mit zwölf lebensgroßen Prophetenfiguren (1800–05; aus Speckstein) von Aleijadinho; im Garten Passionsweg mit 64 (von ehemals 66) lebensgroßen Statuen aus Zedernholz (1797–99) von Aleijadinho und seiner Schule.

Congrès Internationaux d'Architecture Moderne [kɔ̃'grɛ ɛ̃tɛrnasjɔ'no darʃitɛk'tyr mɔ'dɛrn, frz.], →CIAM.

Congreve ['kɔŋgri:v], William, engl. Dramatiker, *Bardsey (bei Leeds) 24. 1. 1670, †London 19. 1. 1729; schrieb bühnenwirksame Sittenkomödien: »Der Arglistige« (1694), »Der Lauf der Welt« (1700).

Coniin [griech.] das, giftiges Alkaloid aus den Früchten des Gefleckten Schierlings.

Coninxloo, Gillis van, niederländ. Maler, * Antwerpen 24. 1. 1544, begraben Amsterdam 4. 1. 1607; lebte seit 1595 in Amsterdam. Seine Waldlandschaften mit den hintereinander gestaffelten Raumzonen waren im 17. Jh. richtungweisend für die niederländ. Malerei.

Conjunctiva [lat.] *die,* **Konjunktiva,** *Medizin:* die Bindehaut des Auges.

Conjunctivitis [lat.] *die,* **Konjunktivitis,** die →Bindehautentzündung.

Conlon [ˈkɔnlən], James, amerikan. Dirigent, * New York 18. 3. 1950; dirigierte zahlreiche amerikan. und europ. Orchester; 1990 bis Sommer 2002 GMD der Stadt Köln. Seit 1996 ist C. Leiter des Orchesters der Opéra Nationale de Paris.

Conn., Abk. für den Bundesstaat **Conn**ecticut, USA.

Connacht [ˈkɔnɔːt], **Connaught,** irisch **Cúige Chonnacht,** histor. Prov. im NW der Rep. Irland, 17 122 km², 464 300 Ew.; umfasst die Counties Galway, Leitrim, Mayo, Roscommon, Sligo; Fremdenverkehr. Die Bev. spricht z. T. noch Gälisch.

Connecticut [kəˈnetɪkət], **1)** *der,* **C. River,** Fluss im NO der USA, rd. 650 km, kommt aus den **C.**-Seen in den nördl. Appalachen, mündet in den Long Island Sound; Wasserkraftwerke.

2) Abk. **Conn.,** Bundesstaat im NO der USA (südlichster der Neuenglandstaaten), 14 357 km², 3,51 Mio. Ew. (rd. 80 % in Städten); Hptst.: Hartford. C. erstreckt sich vom Long Island Sound in die Ausläufer der nördl. Appalachen. 55 % der Fläche sind Wald. 87 % der Bev. sind Weiße, 8 % Schwarze. Schiffbau und Eisenerzeugung setzten bereits im 17. Jh. ein. Im 19. und 20. Jh. entwickelten sich Waffen-, Textil- und elektron. Industrie. Schon Mitte des 19. Jh. Rückgang der Landwirtschaft; im Vordergrund stehen Milchwirtschaft, Obst-, Gemüse-, Tabakanbau, Geflügelzucht. – C. wurde seit 1614 von Europäern (Niederländer) besiedelt; seit 1654 brit.; seit 1662 weitgehende Selbstverwaltung der Kolonie; 1664 Angliederung von New Haven. Am Nordamerikan. Unabhängigkeitskrieg war C. führend beteiligt; 1788 trat es als 5. Staat der Union bei.

Connery [ˈkɔnəri], Sir (seit 2000) Sean, brit. Filmschauspieler, * Edinburgh 25. 8. 1930; wurde bekannt durch die Darstellung des »James Bond« in den »007-Filmen«, u. a. in »Goldfinger« (1965). – *Weitere Filme:* 007 jagt Dr. No (1962); Liebesgrüße aus Moskau (1963); Der Name der Rose (1986); Die Unbestechlichen (1987); Das Rußland-Haus (1989).

Connétable [kɔneˈtaːbl, frz.] *der,* in Frankreich seit dem 14. Jh. bis 1627 der Oberbefehlshaber der Armee.

Connex Verkehr GmbH, → Veolia Verkehr GmbH.

ConocoPhillips Comp. [kəʊˈnəʊkəʊˈfɪlɪps ˈkʌmpəni], amerikan. Mineralölkonzern; entstanden 2002 durch Fusion von Conoco Inc. (gegr. 1920) und Phillips Petroleum Comp. (gegr. 1917); Sitz: Houston (Tex.); betreibt weltweit rd. 20 000 Tankstellen und Einzelhandelsgeschäfte.

Conodonten [griech.], bis 3 mm, selten bis 6 mm lange, meist zahnartige, lamellenförmig aus Fluor- und Carbonat-Apatit aufgebaute Fossilien in marinen Sedimenten vom Unterkambrium bis zur Oberen Trias; drei Typen: Einzelzähne, Zahnreihen-C. und Plattform-C. Sie bildeten die Bezahnung der C.-Träger, kleine, im Meer lebende, den Aalen ähnelnde, fleischfressende Wirbeltiere.

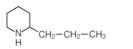

Coniin

Conques [kɔ̃k], Gem. im frz. Dép. Aveyron im SW des Zentralmassivs, 400 Ew.; im MA. bekannter Wallfahrtsort an der Pilgerstraße nach Santiago de Compostela. – Die Abteikirche Sainte-Foy (11./12. Jh.) ist ein Hauptwerk der roman. Baukunst in S-Frankreich.

Conrad [ˈkɔnræd], Joseph, eigtl. Teodor Józef Konrad **Korzeniowski,** engl. Schriftsteller poln. Herkunft, * Berditschew (heute Ukraine) 3. 12. 1857, † Bishopsbourne (Cty. Kent) 3. 8. 1924; befuhr als Kapitän auf brit. Handelsschiffen (bis 1894) die Weltmeere. Viele seiner Romane und Novellen berichten von fernen Ländern, einige behandeln polit. und histor. Stoffe; C. stellt seine Figuren in schwierige Entscheidungssituationen. In den späteren Werken verwendet er eine auf H. James verweisende, wechselnde »Standpunkttechnik«. – *Werke: Romane:* Almayers Wahn (1895); Der Verdammte der Inseln (1896); Der Nigger vom Narzissus (1897); Lord Jim (1900); Nostromo (1904); Der Geheimagent (1907); Mit den Augen des Westens (1911); Spiel des Zufalls (1912); Die Rettung (1920). – *Erzählungen und Kurzgeschichten:* Taifun (1903); Geschichten vom Hörensagen (hg. 1925).

Conrad-Diskontinuität [nach dem österr. Geophysiker Victor Conrad, * 1876, † 1962], 1925 entdeckte seism. Unstetigkeitsfläche innerhalb der Erdkruste in 10–20 km Tiefe, an der die Geschwindigkeit der longitudinalen Erdbebenwellen sprunghaft zunimmt.

Conradi, Hermann, Schriftsteller, * Jeßnitz (bei Bitterfeld) 12. 6. 1862, † Würzburg 8. 3. 1890; wurde nach Veröffentlichung seines Romans »Adam Mensch« (1889) wegen Verbreitung unsittl. Schriften angeklagt (posthum freigesprochen) und zählte zu den Hauptvertretern des dt. Naturalismus.

Conrad-Martius, Hedwig, Phänomenologin und Naturphilosophin, * Berlin 27. 2. 1888, † Starnberg 15. 2. 1966; eine der ersten Frauen, die in Dtl. das Universitätsstudium aufnahmen; herausragende Vertreterin der phänomenolog. Bewegung. Angeregt von E. Husserl und von M. Heideggers »Sein und Zeit«, entwickelte C.-M. in Abgrenzung von beiden eine »Realontologie« (1923): Das Bewusstsein könne nicht als Maß alles Seienden und allen Seins dienen; das reale Sein selbst müsse auf seine Morphologie und seine Konstitution hin analysiert werden.

Conrad von Hötzendorf, Franz Graf (seit 1918), österr.-ungar. Feldmarschall (1916), * Penzing (bei Wien) 11. 11. 1852, † Bad Mergentheim 25. 8. 1925; wurde 1906 Chef des Generalstabs; trat für einen Präventivkrieg gegen Serbien und Italien ein, wurde deshalb im Nov. 1911 seines Postens enthoben, Dez. 1912 zurückberufen; am 1. 3. 1917 wegen polit. Meinungsverschiedenheiten mit Kaiser Karl I. entlassen; Oberbefehlshaber in Tirol (bis Juli 1918).

Conring, Hermann, Gelehrter, * Norden 9. 11. 1606, † Helmstedt 12. 12. 1681; Prof. für Naturphilosophie, Begründer der dt. Rechtsgeschichte (»De origine iuris germanici«, 1643), führte die Statistik als Universitätslehrfach ein.

Conscience [kɔ̃sˈjɑ̃s], Hendrik, fläm. Schriftsteller, * Antwerpen 3. 12. 1812, † Brüssel 10. 9. 1883; verfasste mehr als 100 histor. Romane und Novellen mit

Connecticut 2)
Flagge

Sean Connery

Joseph Conrad

Schilderungen des fläm. Volkslebens (»Der Löwe von Flandern«, 1838).

Consecutio Temporum [lat.] *die, Syntax:* die Beziehung des Tempus in einem Nebensatz zu dem des übergeordneten Satzes; sie regelt, ob die Handlung des Nebensatzes vor, gleichzeitig zu oder nach der des Hauptsatzes liegt.

Conseil [kɔ̃ˈsɛj; frz. »Rat«, »Ratschlag«, »Ratsversammlung«] *der,* in Frankreich zahlr. Institutionen der Regierung, Verwaltung und Justiz.

Consensus [lat.] *der,* **1)** *allg.:* Übereinstimmung, Zustimmung.
2) *Philosophie:* als **C. Gentium** (»Übereinstimmung der Völker«) oder **C. omnium** (»Übereinstimmung aller«) die Übereinstimmung aller Menschen in bestimmten Anschauungen und Ideen; wurde auf die vernünftige Natur des Menschen, auf angeborene Ideen o. Ä. zurückgeführt und seit der Antike oft als Beurteilungskriterium für die Wahrheit und Verbindlichkeit von Wissen, Erkenntnissen und Normen angesehen.

Conservative and Unionist Party [kənˈsəːvətɪv ənd ˈjuːnjənɪst ˈpɑːtɪ], die →Konservative und Unionistische Partei.

Consilium [lat.] *das,* Rat, Ratsversammlung.

Consol, bes. im Langwellenbereich arbeitendes Drehfunkfeuer (→Funkfeuer) großer Reichweite mit drei Antennen, wurde v. a. in der Schifffahrt eingesetzt. Alle C.-Funkfeuer wurden in den 1970er- und 1980er-Jahren abgeschaltet.

Consolatio [lat.] *die,* Trostrede, Trostschrift; urspr. Literaturgattung des Altertums; nach griech. Vorbild bei den Römern durch Cicero eingeführt, bis in christl. Zeit verbreitet; berühmt bes. die »C. philosophiae« des Boethius.

Consommé [kɔ̃sɔˈme, frz.] *die* oder *das,* Kraftbrühe (auch kalt), klare Suppe.

Constable [ˈkʌnstəbl, engl.] *der,* **Konstabler,** in *Großbritannien* der beamtete Polizist; in den *USA* ein meist gewählter kommunaler Amtsträger, der die öffentl. Ordnung aufrechtzuerhalten hat; früher in *England* und *Schottland* hoher militär. Beamter des Königs.

Constable [ˈkʌnstəbl], John, engl. Maler, *East Bergholt (Cty. Suffolk) 11. 6. 1776, † London 31. 3. 1837; neben W. Turner der bedeutendste engl. Landschaftsmaler des 19. Jh. Ausgehend von der niederländ. Tradition zeigt C. eine vom jeweiligen Licht abhängige Naturdarstellung; es entstanden Landschaften, in denen er die sich mit dem Wetter verändernden Stimmungen festhielt. In seinen leuchtkräftigen, skizzenhaften Studien kündigt sich bereits der Impressionismus an.

Constans, Flavius Iulius C., römischer Kaiser (337–350), *323, † (ermordet) in Südgallien 18. 1. 350, Sohn Konstantins d. Gr.; herrschte als Mitregent mit seinen Brüdern Konstantin II. und Constantius II. über Italien, Afrika und Illyrien, seit 340 Alleinherrscher im W des Röm. Reichs.

Constant [ˈkɔnstant], eigtl. C. Anton **Nieuwenhuys,** niederländ. Maler und Bildhauer, *Amsterdam 21. 7. 1920, † Utrecht 1. 8. 2005; 1948 Mitbegründer der Gruppe →Cobra; schuf nach 1945 expressive, farbig differenzierte Bilder, die sich an Kinderzeichnungen orientieren und den Krieg in einer metaphernreichen Bildsprache verarbeiten. Es folgten Bilder, die in ihrer Reduktion der Formen an die De-Stijl-Bewegung anknüpfen, aber auch Elemente informeller Kunst aufnehmen. Später wandte er sich wieder stärker figurativer Malerei zu; auch Zeichnungen, Collagen und Druckgrafiken.

Constanţa [-tsa], dt. **Konstanza,** Hafenstadt in Rumänien, Hptst. des Kreises C., am Schwarzen Meer, in der Dobrudscha, durch den Donau-Schwarzmeer-Kanal mit der Donau verbunden, 312 000 Ew.; Univ., Museen, Aquarium, Delfinarium, Planetarium; Werft; Papier-, Möbel-, Textil-, Nahrungsmittelind.; wichtigster rumän. Hochseehafen mit dem Großhafen C.-Süd (Sonderwirtschaftszone), Eisenbahnfährverbindung mit Samsun, Türkei; internat. Flughafen. Zum nördl. Stadtgebiet gehört das Seebad Mamaia, südlich von C. der Schwarzmeerkurort Eforie mit den Seebädern Eforic Nord und Eforic Süd. – Reste aus röm. Zeit (v. a. Fußbodenmosaik eines Handelshauses) sowie zweier Basiliken (4. und 5. Jh.), Kirchen des 19. Jh., Leuchtturm (13. Jh.), Moschee (1910). – C., griech. **Tomis,** spätröm. **Constantiniana,** war der Verbannungsort Ovids. 1413–1878 türkisch, seither rumänisch.

Constant de Rebecque [kɔ̃stâdərəˈbɛk], Benjamin, frz. Politiker und Schriftsteller schweizer. Abkunft, *Lausanne 23. 10. 1767, † Paris 8. 12. 1830; aus schweizer. Hugenottenfamilie, wurde frz. Staatsbürger, 1799 Mitgl. des Tribunats, 1802 von Napoléon Bonaparte verbannt, lebte in Weimar, dann in Coppet mit Madame de Staël, kehrte 1816 nach Paris zurück und war als Abg. und polit. Denker ein führender Vertreter des gemäßigten Liberalismus (konstitutionelle Monarchie). Er schrieb u. a. den Bekenntnisroman »Adolphe« (1816), das staatstheoret. Werk »Über die Gewalt« (1814), die Abhandlung »Die Religion nach ihrer Quelle, ihren Gestalten und ihren Entwicklungen« (5 Bde., 1824–31).

Constantine [kɔ̃stɑ̃ˈtin], arab. **Ksentina,** Hptst. des gleichnamigen Wilajats in O-Algerien, am S-Rand des Tellatlas, auf einem Kalkplateau, das steil zur Schlucht des Oued Rhumel abfällt; 505 200 Ew.; kath. Bischofssitz; Univ.; Motoren- und Traktorenwerk, Zement-, Lederwaren-, Textilind., Werkzeugmaschinenbau; Bahnknotenpunkt, internat. Flughafen. – C., das

Benjamin Constant de Rebecque

John Constable: Blick von Hampstead Heath auf Highgate (um 1830; Moskau, Puschkin-Museum)

antike **Cirta**, eine bed. Stadt Numidiens, seit 46 v. Chr. röm. Kolonie, wurde 311 n. Chr. als Mittelpunkt der Donatisten zerstört und durch Konstantin d. Gr. wieder aufgebaut (**Constantina**). Im 7. Jh. wurde C. von den Arabern, im 16. Jh. von den Türken, 1837 von den Franzosen erobert.

Constantius, röm. Kaiser: **1) C. I.** (seit 305), Beiname **Chlorus** (»der Blasse«), * in Illyrien um 250, † Eburacum (heute York) 25. 7. 306; wurde 293 von Maximianus adoptiert und zum Caesar erhoben, kämpfte gegen Franken, Alemannen sowie in Britannien und wurde 305 Augustus. Sein Sohn aus erster Ehe mit Helena war Konstantin der Große.

2) C. II. (seit 337), * Sirmium (heute Sremska Mitrovica) 7. 8. 317, † Mopsukrene (Kilikien) 3. 11. 361; Sohn Konstantins d. Gr., seit 324 Caesar, beherrschte seit 337 als Augustus die oströM. Provinzen, seit 353 das ganze Röm. Reich.

Constituante [kõsti'tyãt, frz.] *die,* **Konstituante**, die verfassunggebende Nationalversammlung (bes. die der Frz. Revolution).

Constitutio [lat.] *die,* Verordnung, Gesetz, Verfassung.

Constitutio Antoniniana *die,* → Caracalla.

Constitutio Criminalis Carolina, Abk. **C. C. C.**, → Carolina.

Consulting [kən'sʌltɪŋ; engl. »Beratung«] *das,* → Unternehmensberatung.

Consulting Engineers [kən'sʌltɪŋ endʒɪ'nɪəz, engl.], techn. Beratungsfirmen (z. B. Ingenieurbüros), die v. a. bei der Beschaffung industrieller Anlagen für Beratungs-, Projektierungs- und Ausschreibungsaufgaben zur Verfügung stehen.

Consumerpromotion [kən'sju:məprəʊ'məʊʃn, engl.] *die,* auf die Endverbraucher eines Produktes abzielende Form der Verkaufsförderung, z. B. Gewinnspiele, Probenverteilung.

Container [kɔn'te:nər, engl.] *der,* genormter Großbehälter für die Verwendung in Transportketten, bes. im kombinierten Verkehr. C. vereinfachen den Transport dadurch, dass die Versandeinheit gleich der Lade-, Transport- und Lagereinheit ist. Besondere Bedeutung hat der C. im internat. Schiffsverkehr (**C.-Schiffe**).

Containment [kən'teɪnmənt; engl. »Eindämmung«] *das,* **1)** *Geschichte:* Bez. für die 1947 von G. F. Kennan konzipierte Politik der USA gegen die Ausbreitung des Weltkommunismus (v. a. des sowjet. Einflussbereichs). Instrumente der C.-Politik waren u. a. militär. Bündnisse (NATO, CENTO, SEATO) und Wirtschaftshilfe (Europ. Wiederaufbauprogramm, → ERP).

2) *Kerntechnik:* der gasdichte und druckfeste Sicherheitsbehälter von Kernreaktoren, der im Wesentlichen das Reaktorkühlsystem mit dem Reaktorkern umschließt. (→ Kernkraftwerk)

Contarini, venezian. Adelsgeschlecht, aus dem acht Dogen hervorgingen.

Conte [ital.] *der,* ital. Adelstitel, entsprach dem Grafen; weibl. Form: **Contessa**; unverheiratete Gräfin: **Contessina**.

Conté [kõ'te], Lansana, Offizier und Politiker in Guinea, * Koya 1934; wurde 1955 Offizier der frz. Kolonialarmee; führte als Generalstabschef nach dem Tod von Präs. Touré 1984 einen Militärputsch an, ist seitdem Staatspräs. (1993, 1998 und 2003 bei Wahlen im Amt bestätigt) und war außerdem 1984–96 Regierungschef.

Container: Containerschiff im Hamburger Hafen

Contenance [kõt'nãs, frz.] *die,* Haltung.

Contergan® *das,* ehem. Handelsname für → Thalidomid.

Continental AG, Unternehmen mit den Kerngeschäftsfeldern Reifen, Bremssysteme und Fahrwerkkomponenten, techn. Elastomere; gegr. 1871, seit 1929 AG, Sitz: Hannover; bekannt v. a. durch die Reifenmarken Continental®, Semperit®, Uniroyal®, GeneralTire®, Viking®; seit 2002 auch im Bereich Automobilelektronik tätig; übernahm 2004 die Phoenix AG.

Continental Airlines Inc. [kɔntɪ'nentl 'eəlaɪnz ɪn'kɔ:pəreɪtɪd], amerikan. Luftverkehrsgesellschaft; Sitz: Houston. 1982 legten Continental Airlines und Texas International ihre Dienste zus.; 1993 Reorganisation (→ Luftverkehrsgesellschaften, Übersicht).

Continuo [ital.] *der, Musik:* Kurzform von **Basso continuo,** die fortlaufende Instrumentalbassstimme. (→ Generalbass)

Contracting [kən'træktɪŋ; engl. to contract »einen Vertrag schließen«] *das,* Bez. für Drittfinanzierungsmodelle bei Investitionsprojekten; C. umfasst die Planung, Finanzierung und Realisierung des Projekts durch einen Dritten (**Contractor**). Daneben können auch die Wartung und der Betrieb neuer oder sanierter Anlagen Bestandteil eines C.-Vertrages sein. Durch C. sollen Investitionen ermöglicht werden, die bislang etwa wegen mangelnden Fachwissens, Kapitalmangels, zu hoher Amortisationserwartungen, fehlender Risikobereitschaft o. Ä. unterblieben sind; Effizienzvorteile können sich auch für den Kunden ergeben.

Contracting-out [kən'træktɪŋaʊt], Übertragung von bisher durch den öffentl. Sektor erbrachten Leistungen auf private Anbieter.

Contradictio [lat.] *die,* Widerspruch (→ Gegensatz). **C. in adiecto** (»Widerspruch in der Beifügung«), log. Fehler in der Begriffsbildung, der vorliegt, wenn ein Begriff durch eine ihm widersprechende Ergänzung bestimmt werden soll (z. B. »rundes Viereck«).

Contredanse [kõtrə'dãs; frz. »Gegeneinandertanz«] *die* oder *der,* im 18. Jh. in Frankreich und Dtl. (dort **Contretanz, Kontertanz**) beliebter Gesellschaftstanz. Ursprung sind die altengl. Countrydances. Die versch. Formen entwickelten sich zu Quadrille, Cotillon, Anglaise, Française und Écossaise. Die C. ist geradtaktig; mit Menuett und dt. Tanz gehörte sie zu den wichtigsten Tanzformen der Wiener Klassik (J. Haydn, W. A. Mozart, L. van Beethoven).

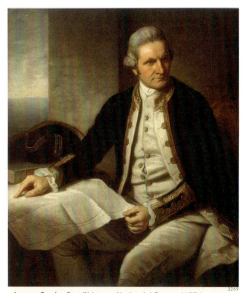

James Cook, Gemälde von Nathaniel Dance (1776; Greenwich, National Maritime Museum)

Controlling [kən'trəʊ:lɪŋ, engl.] *das,* Teilfunktion der Unternehmensführung, die Planungs-, Kontroll-, Steuerungs- und Koordinationsaufgaben wahrnimmt, um die Entscheidungsträger mit den notwendigen Informationen zur Steuerung des Unternehmens zu versorgen. Das von **Controllern** durchgeführte C. umfasst u. a. die Durchführung von Analysen, betriebswirtsch. Methodenwahl, Entscheidungsvorbereitung, Investitions- und Wirtschaftlichkeitsberechnungen.

Conurbation [kɔnə:'beɪʃn, engl.] *die,* städt. Ballungsgebiet, baulich und infrastrukturell zusammenhängende Stadtregion.

Convari|etät [lat.] *die,* Abk. **convar., Konvarietät,** *Botanik:* v. a. für Kulturpflanzen verwendete systemat. Einheit, die unter der Unterart steht und mehrere Sorten zusammenfasst.

Convenience-Goods [kən'vi:njəns gʊdz, engl.], Güter des tägl. Bedarfs; Ggs.: →Shopping-Goods.

Convent [lat. conventus »Zusammenkunft«] *der,* 1) Mitgliederversammlung einer student. Verbindung, z. B. Allgemeiner C. (A. C.), Burschen-C. (B.-C.);

2) Name student. Verbände, z. B. Kösener Senioren-Conventsverband, Weinheimer Senioren-C., örtlich Senioren-C. (S.-C.).

Convertible Securities [kən'və:tɪbl 'sɪ:'kjʊərɪtɪz, engl.], Wertpapiere, deren Besitz das Recht einschließt, sie zu bestimmten Terminen und Bedingungen in andere Wertpapiere desselben Unternehmens umzutauschen. Es kann sich um Schuldverschreibungen handeln, die das Recht auf Umtausch in Aktien verbriefen (**Convertible Bonds**), oder um Vorzugsaktien mit dem Recht auf späteren Umtausch in Stammaktien (**Convertible-preferred-Stocks**).

Convoi [kɔ̃'vwa, frz.] *der,* **Convoy,** →Konvoi.

Conway ['kɔnweɪ], Anne Finch, engl. Philosophin, * London 14. 12. 1631, † Ragley Hill 23. 2. 1679; suchte den Dualismus Descartes' aufzulösen: Alle Körper sind fühlende Geister; prägte den Begriff der →Monade, beeinflusste G. W. Leibniz' Philosophie.

Conwy ['kɔnweɪ], **Conway,** Stadt in N-Wales, 14 200 Ew., Verw.-Sitz der Unitary Authority Conwy (1 130 km^2) mit 112 000 Ew.; Marktzentrum; Fremdenverkehr. Die Burg (errichtet in der 2. Hälfte des 13. Jh. von Eduard I.) gehört zum UNESCO-Weltkulturerbe.

Conze, Werner, Historiker, * Neuhaus (Landkr. Lüneburg) 31. 12. 1910, † Heidelberg 28. 4. 1986; war seit 1957 Prof. in Heidelberg; Mitbegründer der modernen Sozialgeschichtsforschung in Deutschland.

Cooder ['ku:də], Ry, eigtl. Ryland Peter **C.,** amerikan. Rockmusiker (Gitarre, Gesang, Komposition), * Los Angeles (Calif.) 15. 3. 1947; der an Vorbildern wie etwa R. Johnson geschulte Musiker spielte zunächst in versch. Rock- und Bluesgruppen, widmete sich seit den 1980er-Jahren aber auch der Filmmusik (u. a. »Paris, Texas« [1984] von W. Wenders). In den 1990er-Jahren arbeitete er mit ind. und afrikan. Musikern zusammen und verhalf durch die Produktion der CD »Buena Vista Social Club« (1997) und des nachfolgenden gleichnamigen Films einer Reihe von kuban. Musikern zu einer späten Weltkarriere.

Cook, Mount [maʊnt 'kʊk], Mairoiname **Aoraki,** höchster Berg Neuseelands, 3 754 m ü. M., auf der Südinsel in den Neuseeländ. Alpen; Nationalpark, Wintersportgebiet; viele Gletscher (Tasmangletscher, 27 km lang).

Cook [kʊk], **Thos. C. & Son,** London, ältestes Reisebüro, gegr. 1845 in Leicester durch Thomas Cook (* 1808, † 1892), 1928 mit der **Internat. Schlaf- und Speisewagengesellschaft (ISG)** zusammengeschlossen; 1948–72 in brit. Staatsbesitz; seit 1992 als **Thomas Cook Group Ltd.** Tochtergesellschaft der Westdt. Landesbank Girozentrale; 2001 wurde das Unternehmen von der →Thomas Cook AG übernommen.

Cook [kʊk], **1)** Frederick Albert, amerikan. Arzt und Polarreisender, * Callicoon (N. Y.) 10. 6. 1865, † New Rochelle (N. Y.) 5. 8. 1940. C. behauptete, am 21. 4. 1908 (vor R. E. Peary) den Nordpol erreicht zu haben.

2) James, brit. Seefahrer, * Marton (bei Middlesbrough) 27. 10. 1728, † (erschlagen von Eingeborenen) auf Hawaii 14. 2. 1779; leistete auf drei Weltumsegelungen Bahnbrechendes zur Erforschung des pazif. und subantarkt. Raums. Auf der 1. Reise (1768–71) erkannte er, dass Neuseeland eine Doppelinsel ist, erforschte die unbekannte Ostküste Australiens und durchfuhr die Torresstraße. Bei seiner 2. Reise (1772–75) umsegelte C. erstmals die Erde in Ostrichtung, überquerte auf der Suche nach dem Südland (»Terra Australis«) den südl. Polarkreis (weitester

James Cook: Reisen

Vorstoß bis 71° 10′ s. Br. am 30. 1. 1774) und besuchte die meisten Inselgruppen des Pazifiks. Während seiner 3. Reise (1776–79/80) versuchte C. vergeblich, eine nördl. Durchfahrt vom Pazifik zum Atlantik zu finden; er entdeckte Christmas Island (heute Kiritimati), Hawaii sowie große Teile der Küste Alaskas, an der er am 15. 8. 1778 bis 70° 41′ n. Br. vordrang, wo ihn Packeis zur Umkehr zwang. Nach seinem Tod unternahm die Mannschaft einen zweiten Vorstoß in die Arktis und setzte (erfolglos) die Suche nach der Nordwestpassage fort; 1780 kehrte sie nach England zurück.

Cookies [ˈkʊkɪz, engl. zu cookie »Keks«], *Informatik:* eine kleine Datei, die beim Aufrufen einer Website auf der Festplatte des Benutzers gespeichert wird. Beim erneuten Aufruf der Website wird das C. zurück an den Webserver übertragen und dort ausgewertet. Damit können z. B. vom Benutzer gewählte Einstellungen automatisch wieder gesetzt werden. – Kritiker befürchten, dass über C. das Verhalten von Benutzern ausgespäht und die Ergebnisse zu deren Beeinflussung (gezielte Werbung, speziell auf das Benutzerprofil zugeschnittene Angebote) ausgenutzt werden könnten. Moderne Browser bieten die Möglichkeit, C. generell abzulehnen oder nur C. von ausgewählten Websites zu akzeptieren.

Cookinseln [ˈkʊk-], Inselgruppe im SW-Pazifik (Polynesien), 240 km², 21 000 Ew. (meist Polynesier; weitere rd. 31 000 Cookinsulaner [Cook-Maori] leben in Neuseeland); Verw.-Sitz: Avarua auf Rarotonga. Die C. erstrecken sich von N nach S über 1 300 km, bestehen aus den **Nördlichen C.** (sieben Atolle) und den **Südlichen C.** (sechs Vulkaninseln, darunter Rarotonga, und zwei Atolle). Anbau und Verarbeitung von Kokospalmen (Kopra), Zitrusfrüchten, Bananen, Ananas, Papayas; Fremdenverkehr; internat. Flughafen auf Rarotonga. – 1595 von Spaniern entdeckt und 1773 teilweise von J. Cook erkundet, wurden die C. 1888 britisch, kamen 1901 zu Neuseeland. 1965 erhielten sie innere Autonomie bei freier Assoziation mit Neuseeland.

Cookstraße [ˈkʊk-], Meerenge zw. der Nord- und Südinsel Neuseelands, an der engsten Stelle 23 km breit; von J. Cook 1769 entdeckt.

Cooley [ˈkuːlɪ], Charles Horton, amerikan. Soziologe, * Ann Arbor (Mich.) 17. 8. 1864, † ebd. 8. 5. 1929; entwickelte die Unterscheidung von Primär- und Sekundärgruppe (→ Gruppe).

Coolidge [ˈkuːlɪdʒ], **1)** Calvin, 30. Präs. der USA (1923–29), * Plymouth (Vt.) 4. 7. 1872, † Northampton (Mass.) 5. 1. 1933; Rechtsanwalt, konservativer Republikaner; 1919–20 Gouv. von Massachusetts, 1921–23 Vizepräs. der USA. Als Präs. (Nachfolger des 1923 im Amt verstorbenen W. Harding, 1924 Wiederwahl) verfolgte er einen Kurs der Sparsamkeit nach innen; er wandte sich gegen eine staatl. Regulierung der Wirtschaft, die er aber durch hohe Zölle schützte, und wurde als Verfechter des Big Business zu einer Symbolfigur der wirtsch. Prosperität der 1920er-Jahre. Seine Außenpolitik war durch ökonom. Expansion, Interventionen in Lateinamerika und eine Weiterführung des (allerdings abgeschwächten) Isolationismus geprägt.

2) William David, amerikan. Physiker, * Hudson (Mass.) 23. 10. 1873, † Schenectady (N. Y.) 3. 2. 1975; entwickelte die **C.-Röhre**, eine Röntgenstrahlröhre mit Glühkathode aus Wolframdraht.

Cool Jazz [ˈkuːl ˈdʒæz; engl. »kühler Jazz«], um 1950 in den USA entstandene Form des →Jazz.

Coop Himmelb(l)au: Ufa-Palast »Kristall« in Dresden (1994–98)

Cooper [ˈkuːpə], **1)** Gary, amerikan. Filmschauspieler, * Helena (Mont.) 7. 5. 1901, † Los Angeles 13. 5. 1961; verkörperte den unkompliziert-tatkräftigen Heldentypus v. a. in Abenteuer- und Westernfilmen: »Mr. Deeds geht in die Stadt« (1936), »Wem die Stunde schlägt« (1943), »Zwölf Uhr mittags« (1952), »Vera Cruz« (1954).

2) James Fenimore, amerikan. Schriftsteller, * Burlington (N. J.) 15. 9. 1789, † Cooperstown (N. Y.) 14. 9. 1851; seine Indianer- und Grenzer- sowie histor. Romane (Lederstrumpf-Romane, u. a. »Der Letzte der Mohikaner«, 1826; »Die Prärie«, 1827; »Der Pfadfinder«, 1840) sind aufschlussreiche Aufarbeitungen der amerikan. Geschichte; übte zunehmend Kritik an Entwicklungen der amerikan. Gesellschaft und Politik.

3) Leon N., amerikan. Physiker, * New York 28. 2. 1930; erkannte 1956 als Erster die Möglichkeit der paarweisen Bindung von Leitungselektronen in Supraleitern (**C.-Paare**); erhielt 1972 für die quantenmechan. Deutung der Supraleitung (→ BCS-Theorie) mit J. Bardeen und J. R. Schrieffer den Nobelpreis für Physik.

co op-Gruppe, konsumgenossenschaftlich orientierte Unternehmensgruppe des Groß- und Einzelhandels, die aus 40 selbstständigen Konsumgenossenschaften sowie aus der **coop AG** (gegr. 1974) bestand. Ein Konkurs des hoch verschuldeten Unternehmens wurde 1988/89 durch einen außergerichtl. Vergleich der 143 Gläubigerbanken verhindert. 1990 wurde die stark verkleinerte co op-Gruppe an die Metro-Tochtergesellschaft Asko Dt. Kaufhaus AG verkauft und die co op AG 1992 in Dt. SB-Kauf AG umbenannt. – Im »co op-Prozess« (1992–94) wurden vier ehemalige co op-Manager sowie der frühere Aufsichtsratsvorsitzende wegen Vermögensgefährdung, Untreue oder Beihilfe zur Untreue zu mehrjährigen Freiheitsstrafen verurteilt.

Coop Himmelb(l)au, österr. Architektengruppe, 1968 von W. D. Prix (* 1942), H. Swiczinsky (* 1944) und R. M. Holzer (ausgeschieden 1971) in Wien gegründet. Mit Konzepten, Manifesten, Aktionsobjekten, programmat. Präsentationen, Bauten, die zu Musterbeispielen des Dekonstruktivismus wurden, und utop. Projekten stellt sie herkömml. Architekturvorstellungen infrage. – *Werke:* Fabrikanlage Funder

Gary Cooper

James F. Cooper

Leon N. Cooper

Werk 3 in Sankt Veit an der Glan (1988–89); Kunstmuseum in Groningen (in Zusammenarbeit mit anderen, 1992–94); Ufa-Palast »Kristall« in Dresden (1994–98); Erweiterungsbau der Akad. der bildenden Künste in München (2002–05); BMW-Welt (Erlebnis- und Auslieferungszentrum), ebd. (2004–06); Musée des Confluences in Lyon (2004 ff.); Akron Art Museum in Ohio, USA (2004 ff.).

Charlotte Corday

Coop Schweiz, genossenschaftlich organisiertes schweizer. Einzelhandelsunternehmen (Sitz Basel), das sich in 5 dezentral geführte Verkaufsregionen mit rd. 2,3 Mio. Mitgl.-Haushalten gliedert. Zur Coop-Gruppe gehören neben 1 437 Verkaufsstellen (Super-, Bau- und Hobby-Fachmärkte, Warenhäuser) auch Tankstellen, Hotels, Restaurants, Dienstleistungsunternehmen und Produktionsbetriebe (z. B. Bell Holding AG, Argo AG, Nutrex AG) sowie Coop Allg. Versicherung AG und Bank Coop AG.

Cop [engl.] *der,* amerikan. umgangssprachliche Bez. für Polizist.

Copacabana, Stadtteil von →Rio de Janeiro, Wohn- und Badeviertel.

Copán, Ruinenstätte (ehem. Zeremonialzentrum) der Maya in Honduras, Blütezeit der Stadt um 600–800 n. Chr.; zahlr. große, reliefbedeckte Stelen in klass. Maya-Stil (UNESCO-Weltkulturerbe).

Copeau [kɔˈpo], Jacques, frz. Schriftsteller und Theaterregisseur, * Paris 4. 2. 1879, † Beaune 20. 10. 1948; gründete 1913 in Paris das Théâtre du Vieux-Colombier; widersetzte sich dem realistisch-naturalist. und neoromant. Inszenierungsstil zeitgenössischen frz. Theaters und trat für eine dem dramat. Text dienende Darstellungsweise ein.

Copiapó, Hptst. der nordchilen. Provinz Atacama, in einer Flussoase der Wüste Atacama und erdbebenreicher Gegend, 126 000 Ew.; Bischofssitz; Bergakademie; bed. Bergbau auf Eisen-, Kupfer-, Gold- und Silbererze. – Gegr. 1540.

Coping [engl.] *das,* psych. Bewältigung und Verarbeitung von Belastungen, die insbesondere durch chron. oder unheilbare Erkrankungen verursacht werden.

Copland [ˈkɔplənd], Aaron, amerikan. Komponist, * Brooklyn (heute zu New York) 14. 11. 1900, † Westchester (N. Y.) 2. 12. 1990; seine Musik (Orchester-, Kammermusik, Ballett-, Filmmusiken) ist von Einflüssen des Neoklassizismus, des Jazz und der Zwölftontechnik geprägt.

Copolymere, Kunststoffe, bei denen am Aufbau der Polymerkette mindestens zwei verschiedene Struktureinheiten (Monomere) beteiligt sind. Nach Anordnung der Monomere A und B unterscheidet man **alternierende C.** (regelmäßiger Wechsel, −A−B−A−B−), **statist. C.** (unregelmäßige Verteilung, z. B. −A−A−B−A−B−B−B−) und **Block-C.** mit jeweils langen Sentenzen der Struktureinheiten A und B. Bei **Pfropf-C.** sind B-Segmente als Seitenketten an einer A-Kette angehängt (→Polymere). Die Synthese von C. erfolgt durch **Copolymerisation.**

Copperbelt [ˈkɔpəbelt, engl.] *der,* der »Kupfergürtel« von Sambia (industrielles Ballungsgebiet), 200 km lang, etwa 60 km breit, bis zu 1 400 m ü. M.; setzt sich in der Kupferzone von S-Katanga, Demokrat. Rep. Kongo, fort. Im C. lagern 25–30 % der bekannten Kupfervorräte der Erde. Städt. Zentrum ist Kitwe.

Coppola [ˈkɔpəla], Francis Ford, amerikan. Filmregisseur und -produzent, * Detroit (Mich.) 7. 4. 1939. Seine erfolgreichsten Filme waren die Trilogie »Der Pate« (1972, 1974, 1990), »Apocalypse now« (1979), »Cotton Club« (1984) und »Bram Stoker's Dracula« (1992).

Copyright [ˈkɔpɪraɪt; engl. »Recht zur Vervielfältigung«] *das,* in den englischsprachigen Ländern Bez. für das Urheberrecht. In den *USA* gilt der C. Act von 1976 (wesentlich geändert durch den Computer Software C. Act von 1980). Im Unterschied zum kontinentaleurop. Urheberrechtsverständnis knüpft das US-amerikan. C. den originären Erwerb des Urheberrechts nicht stets an die Person des Schöpfers eines Werkes (auch der Arbeitgeber oder Auftraggeber kann bei Auftragswerken originär Inhaber der Urheberrechte werden), der Grundsatz der Unübertragbarkeit und Unverzichtbarkeit des Urheberrechts fehlt. Da die USA 1989 der Revidierten Berner Übereinkunft beigetreten sind, ist der C.-Vermerk (©) zum Schutz des Urheberrechts in den USA nicht mehr zwingend. Das *brit.* Urheberrecht beruht hauptsächlich auf dem C., Designs and Patents Act von 1988. Urspr. stimmte es sehr mit dem US-amerikan. Urheberrechtsverständnis überein, jedoch erfolgte durch die Mitgliedschaft in der EG eine Annäherung an das kontinentaleurop. Urheberrechtsverständnis.

Coquilhatville [kɔkijaˈvil], bis 1966 Name von →Mbandaka, Demokrat. Rep. Kongo.

Coquille [kɔˈkiːj(ə), frz.] *die,* 1) Muschelschale; 2) in Muschelschale angerichtetes feines Ragout.

Cor [lat.] *das,* →Herz.

coram publico [lat.], öffentlich, vor aller Augen.

CORBA [Abk. für engl. **c**ommon **o**bject **r**equest **b**roker **a**rchitecture], internat. Industriestandard zur Entwicklung verteilter, objektorientierter Anwendungen, entwickelt von der Object Management Group (OMG), einem weltweiten, herstellerübergreifenden Konsortium. Ziel von CORBA ist es, eine Integrationsplattform zur Programmierung mit verteilten Objekten zu schaffen, die unabhängig von der jeweiligen Rechnerarchitektur, der verwendeten Programmiersprache und dem Betriebssystem ist. CORBA wird erfolgreich unter dem Betriebssystem UNIX (u. a. mit den Sprachen C++, SMALLTALK, COBOL) sowie auf Java-basierten Plattformen eingesetzt.

Corbière [kɔrˈbjɛːr], Tristan, eigtl. Édouard-Joachim **C.**, frz. Schriftsteller, * Schloss Coat-Congar (bei Morlaix, Dép. Finistère) 18. 7. 1845, † Morlaix 1. 3. 1875; griff in seiner Dichtung (»Die gelben Liebschaften«, 1873, erweitert 1891) radikal und mit bitterer Ironie überlieferte Wertvorstellungen an.

Corbijn [korˈbɛjn], Anton, niederländ. Fotograf, * Strijen 20. 5. 1955; wurde bekannt mit Schwarz-Weiß-Porträts von Musikern (u. a. der Popgruppe »Depeche Mode«), die er in ungewöhnl. Situationen ablichtete (»famouz«, 1989); dreht auch Videoclips.

Corbusier [kɔrbyˈzje], frz. Architekt, →Le Corbusier.

Corcovado [-du; port. »der Gebuckelte«], aus dem Stadtgebiet von Rio de Janeiro, Brasilien, steil aufragender, von einer Christusstatue gekrönter Berg, 704 m hoch; Zahnradbahn zum Gipfel.

Cord [frz.-engl. »Strick«, »Schnur«] *der,* haltbares Gewebe mit kräftigen Längsrippen für Arbeits-, Sport-, Modebekleidung und Möbelbezüge. **Cordsamt,** →Samt.

corda [ital. »Saite«], *Musik:* Spielanweisung beim Klavier; mit: **una corda,** Pianopedal treten; **due corde,** Pianopedal nur halb niedertreten.

Corday [kɔr'dɛ], Charlotte, eigtl. C. de **C. d'Armont,** frz. Republikanerin, *Saint-Saturnin-des-Ligneries (bei Sées, Dép. Orne) 27.7.1768, † (hingerichtet) Paris 17.7.1793; erstach am 13.7.1793 J.-P. Marat, den Präs. des Jakobinerklubs, im Bad, in der Hoffnung, die Herrschaft der »Terreur« zu beenden.

Cordelia, ein Mond des Planeten Uranus.

Cordeliers [kɔrdə'lje; frz. »Strickträger«], ursprünglich frz. Bez. für die Franziskaner. – Während der Frz. Revolution 1790–94 ein radikaler polit. Klub, gegr. 1790 in dem früheren Kloster der C. in Paris; ihm gehörten J.-P. Marat, G.-J. Danton, C. Desmoulins, J.-R. Hébert an.

Cordierit [nach dem frz. Geologen P. L. A. Cordier, *1777, †1861] *der,* **Dichroit, Iolith,** meist körniges, rhomb. Mineral, $(Mg,Fe)_2Al_3[AlSi_5O_{18}]$, starker Pleochroismus (gelbgrau bis tiefblau), v. a. in metamorphen Gesteinen.

Cordillera [kɔrðiˈʎera] *die,* span. Bez. für Gebirge, Bergkette.

Córdoba *der,* Abk. **C$,** Währungseinheit in Nicaragua; 1 C. = 100 Centavo.

Córdoba [ˈkɔrðoβa], **1)** Prov. in Andalusien, Spanien, 13 771 km², 761 700 Einwohner.
2) Hptst. von 1), am Guadalquivir, am Rand der Sierra Morena, 306 200 Ew.; Bischofssitz; Univ., Theolog. Hochschule, Akademien, archäolog. Museum, Kunstmuseum; Umschlagplatz für Olivenöl und Wein; Kupfer-, Eisen-, Silbererzverhüttung, Gießereien, Maschinenbau, Elektro-, Leder-, Baumwoll-, Nahrungsmittelind., Gold- und Silberschmuckfertigung. – Die Bauten der alten Kalifenstadt (zweiteilige Altstadt: Almedina und Ajerquía) sind stark maurisch geprägt, so die riesige ehem. Omaijadenmoschee »La Mezquita« (785–990), der Betsaal mit über 850 Säulen (aus Marmor, Jaspis, Granit), die in der Längsrichtung durch doppelstöckige Hufeisenbögen verbunden sind, wurde 1523–1766 zur Kathedrale umgestaltet; die gesamte Anlage wurde von der UNESCO zum Weltkulturerbe erklärt. Das ehem. Judenviertel (Judería) ist ebenfalls UNESCO-Weltkulturerbe. Zahlreiche Kirchen mit Mudéjardekor wurden über ehem. Moscheen errichtet; viele Adelspaläste mit reichen Kunstsammlungen. – C., das antike **Corduba,** wurde 169 v. Chr. von den Römern besetzt und wurde in der Kaiserzeit Hptst. der röm. Provinz Baetica. Eine neue Blütezeit erlebte es unter den arab. Omaijaden als Hptst. des maur. Spanien (Al-Andalus; ab 716) und des Kalifats von C. (gegr. 929), d. h. als wichtigstes Kulturzentrum des westl. Islam. Der Eroberung durch Ferdinand III. von Kastilien (1236) folgte ein Niedergang.
3) Hptst. der Prov. C. und zweitgrößte Stadt Argentiniens, am Rand der Pampa und am O-Fuß der Sierra de C., 1,37 Mio. Ew.; Erzbischofssitz; zwei Univ., Sternwarte, Museen; Ind.- und Handelszentrum, v. a. chem. Ind., Fahrzeugbau; internat. Flughafen. – Maler. kolonialzeitl. Stadtbild, Kathedrale (um 1687–1729), Jesuitenkirche (um 1645–71), Klöster Santa Teresa (Ende des 18. Jh. beendet) und Santa Catalina de Siena (im 19. Jh. umgestaltet), Rathaus (beendet um 1785). Die erhaltenen Baudenkmäler, die wichtige Zeugnisse der ehem. Jesuitenprovinz darstellen, wurden von der UNESCO zum Weltkulturerbe erklärt. – Gegr. 1573.

Córdoba-Durchmusterung, Sternkatalog, der an der Sternwarte in Córdoba (Argentinien) erstellt wurde, Fortsetzung der →Bonner Durchmusterung für den Südhimmel mit 613 953 Sternen.

Córdoba 2): Eingang der Omaijadenmoschee »La Mezquita« (785–990)

Cordon bleu [kɔrdɔ̃ˈblø, frz.] *das,* mit Käse und gekochtem Schinken gefülltes, paniertes und gebratenes Kalbsschnitzel, auch mit anderem Fleisch möglich (z. B. Hähnchen-C.-b.).

Cordon sanitaire [kɔrˈdɔ̃ saniˈtɛːr, frz.] *der,* polit. Schlagwort für den 1919/20 errichteten Staatengürtel von Finnland über die balt. Staaten und Polen bis Rumänien, der die Sowjetrussland vom übrigen Europa trennen sollte, um dieses vor der »bolschewist. Weltrevolution« zu schützen. Der »Hitler-Stalin-Pakt« (1939), der eine Aufteilung des »Gürtels« in eine dt. und eine sowjet. Interessensphäre einschloss, bedeutete das Ende des Cordon sanitaire.

Core [kɔː, engl.] *das,* **Reaktorkern, Spaltzone,** *Kerntechnik:* der innerste Teil eines →Kernreaktors, der die Brennelemente mit dem Kernbrennstoff enthält.

Corea [kɔˈrɪə], Chick, eigtl. Armando Anthony **C.,** amerikan. Jazzpianist und Komponist, *Chelsea (Mass.) 12. 6. 1941; gründete Mitte der 80er-Jahre seine »Electric Band«; zählt zu den einflussreichsten Jazzpianisten der Gegenwart.

Corelli, 1) Arcangelo, ital. Komponist und Violinist, *Fusignano (bei Ravenna) 17. 2. 1653, †Rom 8. 1. 1713; hatte als einer der Schöpfer des Concerto grosso großen Einfluss auf die europ. Musik der ersten Hälfte des 18. Jh.; u. a. Triosonaten für 2 Violinen mit Continuo, 12 Solosonaten für Violine mit Continuo, Concerti grossi.
2) Franco, ital. Sänger (Tenor), *Ancona 8. 4. 1921, †Mailand 29. 10. 2003; v. a. Interpret ital. und frz. Opernpartien.

Corex-Verfahren, ein →Schmelzreduktionsverfahren.

Corey [ˈkɔːrɪ], Elias James, amerikan. Chemiker, *Methuen (Mass.) 12. 7. 1928; entwickelte Synthesewege zum Aufbau komplexer Verbindungen, die für

Córdoba 2) Stadtwappen

Elias J. Corey

Lovis Corinth: Frau mit Maske (Kaunas, M.-K.-Čiurlionis-Nationalmuseum)

Carl Ferdinand Cori

Pierre Corneille

die medizin. Forschung bed. sind; dafür 1990 Nobelpreis für Chemie.

Cori, Carl Ferdinand, dt.-amerikan. Biochemiker, * Prag 5. 12. 1896, † Cambridge (Mass.) 19. 10. 1984; erforschte den intermediären Stoffwechsel; erhielt 1947 mit seiner Frau Gerty Theresa C. (* 1896, † 1957) und B. A. Houssay für die Aufklärung der katalyt. Vorgänge beim Glykogenstoffwechsel den Nobelpreis für Physiologie oder Medizin.

Corinth, Lovis, Maler und Grafiker, * Tapiau (heute Gwardejsk, Gebiet Kaliningrad) 21. 7. 1858, † Zandvoort (Prov. Nordholland) 17. 7. 1925; 1915 Präs. der Berliner Sezession. Nach anfangs dunkler, toniger Malweise verband er eine dem Impressionismus verwandte helle Farbigkeit und lockere Pinselführung mit barockem Pathos und oft drast. Naturalismus. Im Spätwerk näherte er sich dem Expressionismus. C. behandelte religiöse, mytholog. und histor. Themen, schuf Akte, Stillleben und Landschaften (Walchenseebilder). Bedeutend sind seine Radierungen, Lithografien und Buchillustrationen.

Coriolanus, Koriolan, Gnaeus Marcius C., sagenhafter röm. Held, nach 491 v. Chr. als Gegner der röm. Plebs verbannt, zog er mit einem Heer der Volsker gegen Rom; wurde auf Bitten seiner Frau und seiner Mutter zur Umkehr bewogen und von den Volskern ermordet.

Coriolis-Kraft [nach dem frz. Physiker Gaspard Gustave de Coriolis, * 1792, † 1843], Trägheitskraft, die ein bewegter Körper, von einem rotierenden Bezugssystem aus betrachtet, senkrecht zu seiner Bahn und zur Drehachse des Bezugssystems erfährt. Für einen raumfesten Beobachter tritt sie nicht auf.

Cork [kɔ:k], irisch **Corcaigh, 1)** Cty. in der Rep. Irland, 7 423 km², 324 800 Einwohner.
2) grafschaftsfreie Stadt an der Südküste Irlands, Verw.-Sitz von 1), 123 100 Ew.; anglikan. und kath. Bischofssitz; Universitätscollege; bed. Hafen (am Ende des Mündungstrichters des Lee); Stahlwerk, Erdölraffinerie, Brauerei, Whiskydestillerie, chem. u. a. Industrie; internat. Flughafen. Außenhafen: Cobh. – Gegr. im 10. Jh. von den Wikingern.

Cormack [ˈkɔ:mæk], Allen McLeod, amerikan. Physiker, * Johannesburg (Rep. Südafrika) 23. 2. 1924; schuf um 1963 die theoret. Grundlagen der →Computertomografie, erhielt dafür 1979 mit G. N. Hounsfield den Nobelpreis für Physiologie oder Medizin.

Čorna Gozda [ˈtʃɔrna ˈgɔz-], sorb. Name der Stadt →Schwarzheide.

Corn Belt [ˈkɔ:n -], ehemaliger Maisanbaugürtel im Zentralen Tiefland der USA, von W-Ohio bis NO-Kansas; seit 1950 auch verstärkter Anbau von Sojabohnen.

Cornea [lat.] die, Hornhaut des →Auges.

Corned Beef [ˈkɔ:nd bi:f, engl.] das, zerkleinertes, gepökeltes Rindfleisch (meist als Konserve).

Corneille [kɔrˈnɛj], Pierre, frz. Dramatiker, * Rouen 6. 6. 1606, † Paris 1. 10. 1684; bis 1628 Advokat, seit 1630 Theaterdichter in Paris, gefördert von Richelieu. Mit der Tragikomödie »Der Cid« (1637, nach span. Vorlage, →Cid), die einen politisch-literar. Streit (»La querelle du Cid«) hervorrief, wurde er berühmt; in diesem Werk gestaltete er den dramat. Konflikt aus den einander widerstreitenden Geboten von Ehre und Leidenschaft, der im Sinne der Pflicht entschieden wird. Die folgenden Tragödien verarbeiten, meist in röm. Stoffen, die Auseinandersetzungen zw. Individuum und Staat vor dem histor. Hintergrund des noch nicht gefestigten Absolutismus: »Horatius« (1641); »Cinna« (1643); »Polyeukt« (1643). Mit den Stücken C.s setzte sich die streng gebaute klassizist. Tragödie als höchste Gattung des frz. Theaters endgültig durch. Nach 1670 zog sich C. als Autor zurück, nachdem der jüngere J. Racine die Gunst des Publikums gewonnen hatte.

Cornelia, röm. Patrizierin des 2. Jh. v. Chr.; Tochter Scipios des Älteren, Gattin des Tiberius Sempronius Gracchus, Mutter der Volkstribunen Tiberius und Gaius Gracchus.

Cornelisz. [-s], **1)** Cornelis, gen. **C. van Haarlem,** niederländ. Maler, * Haarlem 1562, † ebd. 11. 11. 1638; einer der wichtigsten Meister des niederländ. Manierismus; um 1600 weicht seine überladene Kompositionsweise einem eleganten, beruhigten Stil.

2) Jacob, auch **van Oostsanen** oder **van Amsterdam,** niederländ. Maler, * Oostzaan (bei Amsterdam) um 1472/77, † Amsterdam vor dem 18. 10. 1533. Kennzeichnend für seine Altarbilder und Porträts in kräftiger Zeichnung und lebhafter Farbe sind die Fülle der Details und die Kostbarkeit der Stoffe; schuf auch ein umfangreiches Holzschnittwerk.

Cornelius, Name eines der angesehensten röm. Patriziergeschlechter. Zu ihm gehörten u. a. die Familien Scipio, Sulla, Lentulus und Cinna.

Cornelius, 1) Peter von (seit 1825), Maler, * Düsseldorf 23. 9. 1783, † Berlin 6. 3. 1867, Onkel von 2); bildete sich v. a. unter dem Eindruck altdt. Kunst und ging 1811 nach Rom, wo er sich den Nazarenern anschloss; seit 1821 Direktor der Akademie in Düsseldorf, 1824 Akademiedirektor in München; 1841 von Friedrich Wilhelm IV. nach Berlin berufen. – *Werke:* Zeichnungen zu Goethes Faust (seit 1811); Fresken für die Casa Bartholdy in Rom (1816/17; heute Nationalgalerie); ab 1843 Entwürfe zu Wandmalereien des geplanten Campo Santo im Zusammenhang mit dem Neubau des Berliner Doms (u. a. Apokalyptische Reiter).

2) Peter, Komponist, * Mainz 24. 12. 1824, † ebd. 26. 10. 1874, Neffe von 1); Vertreter der →neudeutschen Schule; schrieb u. a. die kom. Oper »Der Barbier von Bagdad« (1858), die Oper »Der Cid« (1865); Lieder (u. a. »Weihnachtslieder«, 1856), Chöre und Kirchenmusik.

Cornell [kɔː'nel], **1)** Eric A., amerikan. Physiker, * Palo Alto (Calif.) 19. 12. 1961; ihm gelang 1995 gemeinsam mit C. E. Wieman die Erzeugung eines Bose-Einstein-Kondensats (→ Bose-Einstein-Kondensation) aus Rubidiumatomen. Hierfür wurde C. mit W. Ketterle und C. E. Wieman 2001 mit dem Nobelpreis für Physik geehrt.

2) Joseph, amerikan. Maler, Bildhauer und Filmemacher, * Nyack (N. Y.) 24. 12. 1903, † New York 29. 12. 1972; Autodidakt, begann mit Collagen, arrangierte ab 1933 in kastenförmigen Objekten poetische »Stillleben«; als Filmemacher wirkte er auf den amerikan. Untergrundfilm.

Cornelsen Verlag, eine der führenden dt. Verlagsgruppen für Bildungsmedien (Schul-, Fachbücher, Lehrwerke, pädagog. Lit., Lernsoftware, Online-Angebote u. a.); gegr. 1946; Sitz: Berlin. Zur C.-V.-Gruppe gehören u. a. die Oldenbourg Verlagsgruppe und der Patmos Verlag.

Corner [ˈkɔːnə; engl. »Ecke«] *der, Börse:* → Korner.

Cornflakes [ˈkɔːnfleɪks, engl.], Maisflocken.

Cornforth [ˈkɔːnfɔːθ], Sir (seit 1977) John Warcup, austral.-brit. Chemiker, * Sydney 7. 9. 1917; erhielt 1975 mit V. Prelog für Arbeiten über die Stereochemie von Reaktionen, die durch Enzyme katalysiert werden, den Nobelpreis für Chemie.

Cornichon [-ˈʃɔ̃, frz.] *das,* in Essigmarinade eingelegte kleine Gurke.

Corno [ital. »Horn«] *das,* Namensbestandteil versch. Horninstrumente, u. a. **C. da Caccia,** Jagdhorn.

Cornu [kɔrˈny], Alfred, frz. Physiker, * Orléans 6. 3. 1841, † Romorantin-Lanthenay (Dép. Loir-et-Cher) 11. 4. 1902; wurde 1896 Präs. der Académie des sciences; Arbeiten u. a. zu Problemen der Optik und Astronomie; z. B. spektroskop. Untersuchungen der UV-Strahlung der Sonne. Die nach ihm benannte → Klothoide (C.-Spirale) benutzte er bei der Behandlung der Lichtbeugung.

Cornus, die Pflanzengattung → Hartriegel.

Cornwall [ˈkɔːnwəl], amtl. **C. and the Isles of Scilly,** Cty. im äußersten SW Englands, 3 566 km², 519 000 Ew., Hptst. Truro; nimmt den westlichsten Teil der Halbinsel zw. Ärmelkanal und Keltischer See ein. Die felsige Küste ist reich gegliedert (Riaküste); die Bergrücken im Innern sind von Heide und Moor bedeckt; in den Tälern Kulturland (mildes Klima); Milch- und Schafwirtschaft, Gartenbau, Fischfang. Abgebaut werden Kaolin (bei Saint Austell) und Granit; der Zinnerzbergbau ist bis auf ein Werk bei Saint Agnes erloschen. – Die vom ehem. bedeutenden Zinn- und Kupferbergbau verwandelte Landschaft (v. a. im 18. und 19. Jh.) wurde von der UNESCO zum Weltkulturerbe erklärt.

Cornwell [ˈkɔːnwəl], Patricia, amerikan. Schriftstellerin, * Miami (Fla.) 9. 6. 1956; war Gerichtsreporterin und Computerspezialistin in der forens. Medizin; eine der erfolgreichsten Kriminalautorinnen der Gegenwart. In komplex aufgebauten Thrillern um die Gerichtsmedizinerin Dr. Kay Scarpetta lässt sie ihre Leser die beklemmende Alltäglichkeit des Grauens nacherleben (»Ein Fall für Kay Scarpetta«, auch u. d. T. »Mord am Samstagmorgen«, 1990). – *Weitere Werke: Romane:* Die Tote ohne Namen (1995); Trübe Wasser sind kalt (1996); Der Keim des Verderbens (1997); Blinder Passagier (1999). – *Biografie:* Ruth, a portrait (1997).

Coro, Hptst. des Bundesstaates Falcón, Venezuela, nahe dem Golf von C., 159 000 Ew.; Bischofssitz; Erdölind. – Altstadt mit kolonialzeitl. Stadtbild (UNESCO-Weltkulturerbe). – Die Stadt, 1527 gegr. **(Santa Ana de Coriana),** war 1528 – 46 Sitz der Hauptfaktorei des Augsburger Handelshauses Welser.

Coromandel Coast [kɔrəʊˈmændl kəʊst, engl.], die → Koromandelküste.

Corona [lat. »Kranz«, »Krone«] *die,* **1)** im *antiken Rom* urspr. Schmuck für Gottheiten und Tempel, später Auszeichnung für künstler. Verdienste im friedl. Wettstreit und für militär. Leistungen.

2) *Astronomie:* → Korona.

Corona Australis [lat.], das Sternbild Südl. Krone (→ Krone).

Corona Borealis [lat.], das Sternbild Nördl. Krone (→ Krone).

Coronaviren, bei Mensch und Tier weit verbreitete Virusfamilie, die rundliche Vertreter mit den Gattungen Corona- und Torovirus umfasst. Sie tragen auf ihrer Lipidhülle keulenförmige Fortsätze (die der Sonnenkorona ähneln) und besitzen ein einzelsträngiges RNA-Genom. Neben tierpathogenen Stämmen treten menschenpathogene Stämme auf, die Erkrankungen der oberen Atemwege hervorrufen, z. B. das SARS-Virus (→ SARS), ein ursprünglich tier. C., das 2002 in S-China von der Zibetkatze auf den Menschen übergegangen ist.

John W. Cornforth

Coronel, Hafenstadt in Mittelchile, 91 500 Ew.; Steinkohlenbergbau. – Im Ersten Weltkrieg siegte hier am 1. 11. 1914 das dt. Kreuzergeschwader unter Admiral M. Reichsgraf von Spee über einen brit. Flottenverband.

Coroner [ˈkɔrənə] *der,* in Großbritannien und den USA Beamter, der in Fällen gewaltsamen oder unnatürl. Todes die Todesursache feststellt und bei Verdacht einer strafbaren Handlung ein Untersuchungsverfahren durchführen kann.

Corot [kɔˈro], Camille, frz. Maler und Grafiker, * Paris 16. 7. 1796, † ebd. 22. 2. 1875. Mehrere Italienaufenthalte inspirierten ihn zu Darstellungen v. a. röm. Landschaften in zart abgestuften Farben. Seit den 1850er-Jahren bevorzugte er reine atmosphär.

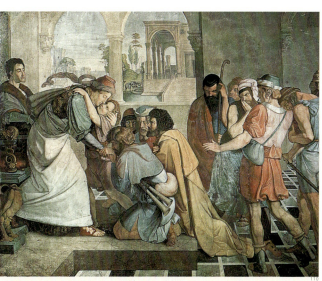

Peter von Cornelius: Joseph gibt sich seinen Brüdern zu erkennen; Fresko mit Tempera übermalt, aus der Casa Bartholdy in Rom (1816/17; Berlin, Nationalgalerie)

Stimmungsbilder, häufig mit Figuren; auch weibl. Akte und Porträts.

Corpora, Antonio, ital. Maler, * Tunis 15. 8. 1909, † Rom 6. 9. 2004; seine in zeichenhaft informellem Stil gemalten Bilder sind von starker, kultivierter Farbigkeit; sie gleichen farbigen Lichträumen, die Assoziationen an Natureindrücke erwecken.

Corporate Governance [ˈkɔːpərət ˈgʌvənəns; engl. »Unternehmensführung«] *die,* Standards bzw. spezielle Rahmenbedingungen für Strukturen und Prozesse der Führung, Verw. und Überwachung börsennotierter Unternehmen. Derartige Standards sind notwendig, um die Transparenz und Kontrolle in Großunternehmen zu erhöhen, Fehlverhalten und Machtmissbrauch zu verhindern und die Manager zu einem mit den Interessen der Shareholder (Aktionäre) und der Stakeholder (z. B. Mitarbeiter, Kunden, Lieferanten) übereinstimmenden Verhalten zu bewegen. Sie entwickeln sich auf nat. Basis unter Berücksichtigung rechtl., ökonom., kultureller und sozialer Besonderheiten und haben zugleich eine wichtige internat. Wettbewerbsfunktion. Der von einer Reg.-Kommission am 26. 2. 2002 vorgelegte Dt. C.-G.-Kodex und das Transparenz- und Publizitäts-Ges. vom 19. 7. 2002 stellen u. a. höhere Anforderungen an die Tätigkeit und Zusammenarbeit von Vorständen, Aufsichtsräten und Abschlussprüfern. Vorstände und Aufsichtsräte börsennotierter Aktiengesellschaften müssen jährlich öffentlich erklären, ob und in welchem Umfang sie den Dt. C.-G.-Kodex anwenden (§ 161 Aktien-Ges.).

Corporate Identity [ˈkɔːpərət aɪˈdentɪtɪ, engl.] *die,* **Unternehmensidentität,** im Rahmen der Öffentlichkeitsarbeit (Public Relations, PR) eines Unternehmens angestrebtes einheitl. Firmenbild, in dem sich das Selbstverständnis hinsichtlich Leistungsangebot und Arbeitsweise widerspiegelt.

Corporation [kɔːpəˈreɪʃn] *die,* Abk. **Corp.,** Körperschaft, jurist. Person, in den USA bes. die Kapitalgesellschaft (vergleichbar mit der AG).

Corps [kɔːr, frz.] *das,* →Korps.

Corps de Ballet [kɔːr də baˈlɛ, frz.] *das,* in einem Ballettensemble die Gruppentänzer, im Ggs. zu den Solotänzern.

Corps diplomatique [kɔːr diplɔmaˈtik, frz.] *das,* →diplomatisches Korps.

Camille Corot: Der Heuwagen (1865/70; Moskau, Puschkin-Museum)

Corpus [lat.] *das,* **1)** *Anatomie:* Bez. für bestimmte Körperstrukturen, bes. Hauptteil eines Organs oder Körperteils, z. B. C. luteum, der Gelbkörper (→Eierstock).
2) *Musik:* →Korpus.

Corpus Christi [ˈkɔːpəs ˈkrɪstɪ], Stadt in Texas, USA, Seehafen an einer Lagune der Golfküste, 279 200 Ew.; kath. Bischofssitz, Univ.; petrochem., metallurg. (Aluminium, Zink) Ind. – Gegr. 1838.

Corpus Delicti [lat. »Gegenstand des Vergehens«] *das, Recht:* Beweisstück.

Corpus Evangelicorum [lat.] *das,* die entsprechend den Bestimmungen des Westfäl. Friedens am 22. 7. 1653 auf dem Reichstag zu Regensburg gebildete Vereinigung der ev. Reichsstände, geführt von Kursachsen. Die kath. Reichsstände unter Führung von Kurmainz blieben ohne feste Organisation, seit 1700 **Corpus Catholicorum** genannt.

Corpus Inscriptionum Latinarum [lat.] *das,* Abk. **CIL,** maßgebl. Sammlung der lat. Inschriften der Römerzeit.

Corpus Iuris Canonici [lat.] *das,* die nach dem Vorbild des »Corpus Iuris Civilis« zusammengefassten, v. a. kirchl. Rechtsquellen des MA. 1918 trat der →Codex Iuris Canonici als Grundlage und Hauptquelle des Kirchenrechts an die Stelle des C. I. C.

Corpus Iuris Civilis [lat.] *das,* eine mit Gesetzeskraft ausgestattete Sammlung des röm. Rechts, die Kaiser Justinian I. 528–542 zusammenstellen ließ. Sie umfasst: 1) die Institutionen, ein amtl. Lehrbuch, 2) die Digesten oder Pandekten, Auszüge aus den Schriften röm. Juristen, 3) den Codex Justinianus, rd. 4 600 kaiserl. Erlasse aus der Zeit von Hadrian bis Justinian I., und 4) die Novellen, Nachtragsgesetze Justinians I. Das C. I. C., das im MA. durch die Rechtsschulen der Glossatoren und Kommentatoren erläutert wurde, entwickelte sich zur Grundlage der Rechtsordnung in weiten Teilen Europas. Auch in Dtl. gelangte es zur Geltung (→Rezeption). Als »Gemeines Recht« galt es z. T. bis zum Inkrafttreten des BGB (1900).

Corpus luteum [lat.] *das,* der →Gelbkörper.

Correa [engl. ˈkɔrɪə], Charles, eigtl. Charles Mark C., ind. Architekt und Stadtplaner, * Hyderabad 1. 9. 1930; ab 1958 eigenes Büro in Bombay; Lehraufträge in Cambridge (Mass.), London, an der Harvard University, in Bombay und Schanghai. Angeregt von den Bauten der internat. Moderne, bes. von Werken Mies van der Rohes und Le Corbusiers, entwickelte er eine Architektur, die sich in ihren Formen der jeweiligen Umgebung (u. a. landschaftl. und klimat. Besonderheiten) anpasst und an den Bedürfnissen der künftigen Bewohner orientiert. Neben der Planung von Einzelbauten befasst er sich auch intensiv mit der Konzeption von Stadtvierteln und ganzen Städten, wobei er sich bes. mit der Problematik wachsender Bevölkerungsdichte in sog. Armeleutevierteln auseinandersetzt (u. a. beteiligt an der Entwicklung des Previ-Wohnviertels in Lima, 1969–73, und neuer Stadtteile von Bombay, 1970–74). Für sein überzeugendes Gesamtwerk erhielt er 1994 den Kunstpreis Praemium Imperiale. – *Weitere Werke:* Gedenkstätte für M. Gandhi in Ahmadabad (1958–63); Verwaltungsgebäude der Electronics Corporation of India in Hyderabad (1967–72); Regierungs- und Parlamentsgebäude in Bhopal (1980–97); British Council in Delhi (1987–92).

Correa Delgado, Rafael, ecuadorian. Ökonom und Politiker, * Guayaquil 6. 4. 1963; von April bis Aug.

Correggio: Porträt einer Dame (um 1519; Sankt Petersburg, Eremitage)

2005 Finanzmin. in der Reg. von Alfredo Palacio (*1939); am 26. 11. 2006 nach Stichwahl zum Präs. Ecuadors gewählt (Amtsantritt: 15. 1. 2007).

Correggio [kor'reddʒo], eigtl. Antonio **Allegri**, ital. Maler, gen. **il C.**, *Correggio (bei Modena) um 1489, †Reggio nell'Emilia 5. 3. 1534; malte religiöse und mytholog. Darstellungen von sinnlich-heiterer Schönheit und gefühlvollem Ausdruck, deren stark bewegte Kompositionen bereits barock anmuten. Seine Tafelbilder zeichnen sich durch reiches Helldunkel aus, seine Deckenfresken durch die Kühnheit der perspektiv. Untersicht.
Werke: Kuppelfresken im Dom zu Parma (1526–30). – *Altarbilder:* Madonna mit dem hl. Hieronymus, gen. »il Giorno« (um 1527; Parma, Galleria Nazionale); Die Hl. Nacht (1522–30; Dresden, Gemäldegalerie). – *Mytholog. Bilder:* Danae (um 1530; Rom, Galleria Borghese); Raub des Ganymed (um 1530; Wien, Kunsthistor. Museum); Leda (um 1532; Berlin, Gemäldegalerie).

Correns, Carl Erich, Botaniker, *München 19. 9. 1864, †Berlin 14. 2. 1933; einer der Wiederentdecker der mendelschen Vererbungsgesetze, seit 1914 Direktor des Kaiser-Wilhelm-Inst. für Biologie in Berlin-Dahlem.

Corrente [ital.] *die,* ein Tanz, →Courante.

Corrèze [kɔ'rɛːz], Dép. im frz. Zentralmassiv, 5857 km², 233000 Ew.; Hptst.: Tulle.

Corrida de Toros [span.] *die,* der →Stierkampf.

Corrientes, Hptst. der Provinz C., Argentinien, unterhalb der Vereinigung des Paraná und Paraguay; 314500 Ew.; Erzbischofssitz; Univ., Kunstakademie, Museum; Flussschifffahrt; Agrarhandel. – Gegr. 1588.

Corriere della Sera [»Abendkurier«], liberale ital. Tageszeitung, gegr. 1876 in Mailand.

Corrigan ['kɔrɪgən], Mairead, nordir. Friedensaktivistin und Sozialarbeiterin, *Belfast 27. 1. 1944; gründete 1976 in Belfast mit Betty Williams eine Friedensbewegung (»Peace People«) von Frauen beider Konfessionen zur Beendigung des Bürgerkriegs in Nordirland; dafür erhielten beide 1977 nachträglich den Friedensnobelpreis für 1976.

Corsage [-'zaːʒə, frz.] *die,* →Korsage.

Corse, La [la'kɔrs], frz. Name der Insel →Korsika, mit den Dép. **Corse-du-Sud** (4014 km², 118000 Ew., Hptst.: Ajaccio) und **Haute-Corse** (4666 km², 142000 Ew.; Hptst.: Bastia).

Cortaillodkultur [kɔrta'jo-], nach dem Fundort Cortaillod (Kt. Neuenburg, Schweiz) benannte Kulturgruppe der Schweizer Jungsteinzeit (1. Hälfte des 3. Jt. v. Chr.); gut erhaltene Feuchtbodenfunde aus organ. Material (Reste von Holzgefäßen und -geräten, Gewebe, Netze), meist im Bereich von Seeufersiedlungen (Pfahlbauten).

Cortázar [-sar], Julio, argentin. Schriftsteller, *Brüssel 26. 8. 1914, †Paris 12. 2. 1984; lebte ab 1951 in Paris; gehört als Vertreter des Fantastischen mit seinen Erzählungen und Romanen zu den bedeutendsten lateinamerikan. Schriftstellern. Sein Hauptwerk ist der experimentelle Roman »Rayuela, Himmel-und-Hölle« (1963). C.s polit. Engagement zeigt der Roman »Album für Manuel« (1973). – *Weitere Werke: Erzählungen:* Gesch. der Cronopien und Famen (1962); Das Feuer aller Feuer (1966); Unzeiten (1982).

Cortemaggiore [-mad'dʒoːre], Ort in der Emilia Romagna, Italien, Prov. Piacenza, 4200 Ew.; Zentrum der ital. Erdöl- und Erdgasförderung in der Poebene, Erdölraffinerie.

Cortenuova, Cortenova, Gem. in Oberitalien, Prov. Bergamo, 1700 Ew. – Hier siegte am 27. 11. 1237 Kaiser Friedrich II. über die Lombarden.

Cortes [span. 'kɔrtes, port. 'kɔrtiʃ], die Volksvertretung in Spanien, früher auch in Portugal.

Cortés, Hernán, →Cortez, Hernando.

Cortex [lat.] *der,* die Rinde, Schale, z. B. C. cerebri, die Großhirnrinde der Wirbeltiere und des Menschen.

Cortez ['kɔrtɛs], Hernando, Hernán **Cortés,** span. Konquistador, *Medellín (Extremadura) 1485, †Castilleja de la Cuesta (bei Sevilla) 2. 12. 1547; unternahm von Kuba aus im Auftrag des Statthalters D. Velázquez seinen Eroberungszug gegen Mexiko und unterwarf 1519–21 das Aztekenreich; 1522–28 Statthalter des Landes (Neuspanien); drang 1524/25 nach Honduras vor; 1528 in Spanien zum Marqués del Valle de Oaxaca erhoben. Seit 1530 wieder in Mexiko, gelangte er auf einem weiteren Erkundungszug 1535 bis nach Kalifornien. 1541 nahm C. am erfolglosen Feldzug Karls V. gegen Algier teil.

Corticosteroide [lat.-griech.], **Corticoide, Kortikosteroide,** Hormone der Nebennierenrinde; gehören

Carl Erich Correns

Mairead Corrigan

Julio Cortázar

Hernando Cortez (16. Jh.; Mexiko-Stadt, Nationales Geschichtsmuseum)

zur Gruppe der Steroidhormone, werden nach ihrer Wirkung in Glucocorticoide und Mineralocorticoide unterteilt.

Corticotropin [lat.-griech.] *das*, **Kortikotropin**, das adrenocorticotrope Hormon, →ACTH.

Cortina d'Ampezzo, Gem. in Venetien, Italien, Prov. Belluno, 1210 m ü. M., in den Dolomiten, 6100 Ew.; Kurort, Wintersportplatz; Austragungsort der Olymp. Winterspiele 1956.

Corti-Organ [nach dem ital. Anatomen A. Corti, * 1822, † 1876], Teil des Gehörorgans (→Ohr).

Cortisol [Kunstwort] *das*, **Kortisol, Hydrocortison,** zu den Glucocorticoiden gehörendes Nebennierenrindenhormon, dessen Wirkung der des →Cortisons ähnlich ist.

Cortison [Kunstwort] *das*, **Kortison,** zu den Glucocorticoiden gehörendes Nebennierenrindenhormon. C. ist Gegenspieler des Insulins; steigert den Blutzuckerspiegel, beschleunigt den Eiweiß- und Fettabbau.

Cortona, Stadt in der Toskana, Italien, Prov. Arezzo, 22400 Ew.; Bischofssitz; Accademia Etrusca mit Museum und Bibliothek. – Alte etrusk. Stadt mit gut erhaltener Kyklopenmauer, Dom (urspr. romanisch, im Stil der Hochrenaissance 1456–1502 erneuert).

Cortona, Pietro da, eigtl. Pietro **Berrettini,** ital. Maler und Baumeister, * Cortona 1. 11. 1596, † Rom 16. 5. 1669; schuf in täuschender Untersicht gemalte, den Raum scheinbar erweiternde Deckenfresken, die maßgebend für die dekorative Malerei der Barockzeit wurden. Seine architekton. Werke zeichnen sich durch plast. Verwendung von Säulenstellungen und starke Einbeziehung des Umraumes aus (Vorbau von Santa Maria della Pace in Rom, 1656/57). C. schuf auch Tafelbilder mit christl. und mytholog. Thematik.

Cortot [kɔr'to], Alfred, frz. Pianist, * Nyon (Kt. Waadt) 26. 9. 1877, † Lausanne 15. 6. 1962; trat bes. als Chopin-, Schumann- und Debussy-Interpret hervor; gründete ein Trio mit J. Thibaud (Violine) und P. Casals (Violoncello).

Çorum [tʃ-], Hptst. der Provinz Ç., Türkei (Inneranatolien), 136 700 Ew.; Textil-, Nahrungsmittel- und Zementindustrie.

Corumbá, Stadt im Bundesstaat Mato Grosso do Sul, Brasilien, 88 200 Ew.; kath. Bischofssitz; Fleischkonservenind.; Flusshafen am Paraguay, nahebei Eisen- und Manganerzlager (Urucúm). – Gegr. 1778 als militär. Außenposten und Kolonie.

Coruña, La [-ɲa], span. Stadt und Provinz, →La Coruña.

Corus Group [ˈkɔrəz gruːp], global tätiger brit. Stahl- und Aluminiumkonzern; Sitz: London, entstanden 1999 durch Fusion von British Steel Corporation und dem niederländ. Unternehmen Koninklijke Hoogovens; wurde 2007 vom ind. Konzern Tata Steel übernommen.

Corvey [-vai], Stadtteil von Höxter, NRW. – Die Reichsabtei der Benediktiner ging hervor aus einem 815/816 gegr. Kloster, das 822 von Ludwig dem Frommen an den heutigen Ort verlegt wurde (die Mönche kamen zum großen Teil aus Corbie an der Somme). 1802/03 wurde C. säkularisiert; 1815 kam es an Preußen. – Die karoling. Abteikirche (848 geweiht) war eine dreischiffige Basilika mit einer quadrat. Eingangshalle im W, diese wurde 873–885 als Westwerk ausgebaut (Erweiterung im 12. Jh.); nach Zerstörungen im Dreißigjährigen Krieg wurde die Kirche mit Ausnahme des Westwerks abgebrochen, 1667 ff. wurde sie dann mit barocker Ausstattung neu errichtet; die ehem. Klostergebäude (heute Schloss) stammen aus dem 18. Jahrhundert.

Corvina, Kurzbez. für **Bibliotheca Corviniana,** Handschriftensammlung des ungar. Königs Matthias Corvinus (1458–90); von den 2000–2500 Büchern sind gut 200 Bände (Corvinen) erhalten (heute weit verstreut, u. a. in Budapest und Istanbul).

Corvin-Wiersbitzki, Otto von, Schriftsteller, * Gumbinnen 12. 10. 1812, † Wiesbaden 1. 3. 1886; wurde bekannt durch seinen antiklerikalen »Pfaffenspiegel«, 2 Bde. (1845).

Corvus [lat.] *der*, das Sternbild →Rabe.

Corynebakteri|en [griech. *korýnē* »Keule«], grampositive, unbewegl. Stäbchen, häufig keulenförmig angeschwollen; **Corynebacterium diphtheriae** ist Erreger der →Diphtherie. – Bei Rind und Schwein sind C. die häufigsten Eitererreger.

cos, Funktionszeichen für Kosinus, eine →Winkelfunktion.

Cosa, Juan de la, span. Amerikafahrer, * Santoña (bei Santander) 1449 oder 1460, † Cartagena (Kolumbien) 28. 2. 1510; begleitete Kolumbus auf dessen beiden ersten Fahrten und A. de Hojeda 1499/1500 zur N-Küste Südamerikas; entwarf um 1500 die erste (datierte) Darstellung Amerikas, die u. a. die Entdeckungen von Kolumbus enthält (von A. von Humboldt 1832 in Paris aufgefunden).

Cosa Nostra [ital. »unsere Sache«], urspr. Eigenbez. der →Mafia in den USA; mittlerweile auch für die sizilian. Mafia gebräuchlich.

cosec, Funktionszeichen für Kosekans, eine →Winkelfunktion.

Cosecans hyperbolicus [lat.] *der*, eine →Hyperbelfunktion.

cosech, Funktionszeichen für Hyperbelkosekans, eine →Hyperbelfunktion.

Cosel, poln. **Koźle,** ehemals selbstständige Stadt in der Wwschaft Oppeln, Polen, seit 1975 Teil der Stadt →Kędzierzyn-Koźle.

Cosel, Anna Constantia Reichsgräfin von (seit 1706), geb. von Brockdorff, * Depenau (heute zu Stolpe, bei Plön) 17. 10. 1680, † Stolpen (bei Dresden) 31. 3. 1765; verehelichte Freifrau von Hoym, ab 1705 (geheimer Ehevertrag) Geliebte von König August II., dem Starken, von Sachsen-Polen; erlangte großen Einfluss am Hof, fiel (endgültig 1713) in Ungnade und war seit Weihnachten 1716 auf Burg Stolpen in Haft.

Cosenza, 1) Prov. in Kalabrien, S-Italien, 6650 km², 734 100 Einwohner.

Anna Constantia Cosel (Gemälde, 1715; Museum Burg Stolpen)

2) Hptst. von 1), an der Mündung des Busento in den Crati, 71 000 Ew.; Erzbischofssitz; Univ. (gegr. 1972); Möbel-, Papier-, Textilind. – Dom (1185 begonnen, im 18. Jh. verändert). – C. ist das röm. **Consentia,** bei dem 410 n. Chr. der Westgotenkönig Alarich im Flussbett des Busento begraben wurde.

Cosgrave [ˈkɔzgreɪv], **1)** Liam, irischer Politiker, *Templeogue (bei Dublin) 17. 4. 1920, Sohn von 2); 1954–57 Außenmin., 1965–77 Führer der Fine Gael und 1973–77 Ministerpräsident.

2) William Thomas, irischer Politiker, *Dublin 6. 6. 1880, †ebd. 16. 11. 1965, Vater von 1); Kaufmann; nahm 1916 am republikan. Osteraufstand teil (1916–17 in brit. Haft); war nach Ausrufung der Republik (1919) in der illegalen republikan. Reg. Min. für örtl. Verw., im Anschluss an die Unterzeichnung des angloirischen Vertrages (1921 Errichtung des Freistaates Irland) 1922–32 Min.-Präs. Er sammelte die Vertragsbefürworter in der 1923 gegründeten Partei Cumann na nGaedheal (→ Fine Gael). 1932–44 führte C. die parlamentar. Opposition.

cosh, Funktionszeichen für Hyperbelkosinus, eine → Hyperbelfunktion.

Ćosić [ˈtɕɔːsitɕ], **1)** Bora, serb. Schriftsteller, *Zagreb 5. 4. 1932; schreibt sarkast. Romane über die gesellschaftl. Realität. Das Werk »Die Rolle meiner Familie in der Weltrevolution« (1969) verknüpft ironisch histor. Ereignisse aus der Zeit des Zweiten Weltkriegs bis zur Machtergreifung Titos mit dem Alltag einer Belgrader Familie. Die scharfen Einsichten der Romane C.s führten in den 1970er-Jahren zu Publikationsverbot. 1992 verließ er Belgrad aus Protest gegen die nationalist. Politik der serb. Regierung und lebt seit 1995 in Berlin und Rovinj. In Berlin entstanden das Exilwerk »Die Zollerklärung« (2001) und ein erster Lyrikband (»Die Toten. Das Berlin meiner Gedichte«, 2001).

2) Dobrica, serb. Schriftsteller, *Velika Drenova (bei Kruševac) 29. 12. 1921; war Partisan im Zweiten Weltkrieg; vollzog schon mit seinem ersten Roman die literaturhistorisch richtungsweisende Abkehr vom sozialist. Realismus; war als serb. Nationalist mitbeteiligt an der Ausarbeitung des »Memorandums« (1986; Ausgangspunkt der »serb. nat. Erweckung«). 1992–93 Präs. des neu gegründeten Jugoslawien.

Cosimo, ital. Maler, → Piero di Cosimo.

Cosinus hyperbolicus [lat.] *der,* eine → Hyperbelfunktion.

Cosmas von Prag, tschech. Geschichtsschreiber, *um 1045, †Prag 21. 10. 1125; Prager Domherr, verfasste die älteste lat. Chronik Böhmens »Chronikon Boëmorum« (1119/21–25), in die er auch die sagenhafte Vorgeschichte (→ Libussa) mit einbezog.

Cosmaten, mehrere in der 12. bis 14. Jh. bes. in Mittelitalien tätige Künstlerfamilien, in denen der Vorname **Cosmas** häufig war. Die C. schufen in Marmor gearbeitete und mit farbigen Mosaiksteinen aufs Reichste geschmückte Architekturdekorationen wie Tabernakel, Kanzeln, Chorschranken, Altäre.

Cosquer-Höhle [kɔsˈkɛːr-], Höhle mit altsteinzeitl. Felsbildern (Pferde, Rinder, Steinböcke, Hirsche, Vögel, Handabdrücke) an der südfrz. Küste nahe Cassis, östlich von Marseille; entdeckt 1991 von Henri Cosquer. Die Felsbilder entstanden um 20 000 und um 14 000 v. Chr.; Eingang heute unter dem Meeresspiegel.

Cossa, Francesco del, ital. Maler, *Ferrara um 1435, †Bologna um 1477; ein Hauptmeister der Malerei der 2. Hälfte des 15. Jh. in Ferrara. Hauptwerk seiner kraftvollen und herben Kunst sind die Fresken

Cosmaten: Die in Mosaiken gearbeiteten Kreuzgangsäulen des ehemaligen Benediktinerklosters von Monreale stammen aus dem 12. Jh. (Bild vom Brunnenhaus).

(Darstellungen der Monate März, April, Mai) im Palazzo Schifanoia in Ferrara (1469/70).

Cossiga, Francesco, ital. Politiker, *Sassari 26. 7. 1928; Prof. für Verfassungsrecht; Mitgl. der DC, 1979–80 Min.-Präs., 1983–85 Senatspräs.; als Staatspräs. (1985–92) übte er in den letzten Jahren seiner Amtszeit oft scharfe Kritik am polit. System seines Landes, trat im April 1992 kurz vor Ende seiner Amtszeit zurück.

Costa, 1) [ˈkɔʃta], Alfonso Agusto da, port. Jurist und Politiker, *Seia (bei Guarda) 6. 3. 1871, †Paris 11. 5. 1937; Prof. in Lissabon, 1910/11 erster Justizmin. der Republik, setzte sich bes. für die Trennung von Staat und Kirche ein. 1913–17 war er viermal Min.-Präs.; 1919 nahm er an den Friedensverhandlungen in Versailles teil. 1926 war C. Präs. der Völkerbundsversammlung.

2) Lorenzo, ital. Maler, *Ferrara um 1460, †Mantua 5. 3. 1535; Maler der Schule von Ferrara; seit 1507 Hofmaler der → Gonzaga und der Isabella d'Este in Mantua.

3) Lúcio, brasilian. Architekt, *Toulon 27. 2. 1902, †Rio de Janeiro 13. 6. 1998; baute u. a. mit O. Niemeyer (beraten von Le Corbusier) 1937–43 das Erziehungsministerium in Rio de Janeiro und 1939 den brasilian. Pavillon auf der New Yorker Weltausstellung, entwarf 1956 den Generalplan für Brasília.

Costa Blanca [span. »weiße Küste«], span. Mittelmeerküste zw. dem Cabo de la Nao und dem Mar Menor. Seebäder sind u. a. Benidorm und Alicante.

Costa Brava [span. »wilde Küste«], malerische span. Granitfelsküste am Mittelmeer zw. Barcelona und der frz. Grenze, mit vielen Fischer- und Badeorten (u. a. Blanes, Lloret de Mar, Tossa de Mar) in kleinen Buchten.

Costa de la Luz [-luːθ; span. »Küste des Lichts«], span. Küstenlandschaft am Atlantik, zw. Tarifa und Portugal; Badestrände, Naturschutzpark Coto de Doñana.

Costa del Azahar [-aθaˈaːr; span. »Orangenblütenküste«], span. Mittelmeerküste zw. dem Cabo de la Nao und dem Ebrodelta, am Golf von Valencia; Fremdenverkehr.

Costa del Sol [span. »Sonnenküste«], südspan. Küstenstreifen am Mittelmeer zw. Gibraltar und dem Cabo de Gata, beiderseits von Málaga; Fremdenverkehr; Badeorte: v. a. Marbella, Fuengirola, Torremolinos.

Costa Dorada [-doˈraða; span. »Goldküste«], span. Mittelmeerküste zw. Barcelona und dem Ebrodelta; Badeorte: v. a. Castelldefels, Sitges, Salou.

Costa-Gavras [kɔstagaˈvra], eigtl. Konstantinos **Gavras,** frz. Filmregisseur griech.-russ. Herkunft, * Athen 13. 2. 1933; drehte nach »Mord im Fahrpreis inbegriffen« (1965) politisch engagierte Werke, u. a. »Z« (1968), »Vermißt« (1982), »Music Box« (1989), »Der Stellvertreter« (2002).

Flagge

Wappen

internationales Kfz-Kennzeichen

Costa Rica

Fläche: 51 100 km²
Einwohner: (2004) 4,16 Mio.
Hauptstadt: San José
Verwaltungsgliederung: 7 Prov.
Amtssprache: Spanisch
Nationalfeiertag: 15. 9.
Währung: 1 Costa-Rica-Colón (₡) = 100 Céntimo (c)
Zeitzone: MEZ − 7 Std.

Costa Rica [span. »reiche Küste«], **Kostarika,** amtl. span. **República de C. R.,** dt. **Republik C. R.,** Staat in Zentralamerika, grenzt im N an Nicaragua, im O an das Karib. Meer, im SO an Panama und im W an den Pazifik.

Staat und Recht

Nach der Verf. vom 7. 11. 1949 ist C. R. eine präsidiale Republik. Staatsoberhaupt und Reg.-Chef ist der auf 4 Jahre direkt gewählte Präs. (unmittelbare Wiederwahl nicht möglich). Er ernennt die Mitgl. des Kabinetts, die ihm verantwortlich sind. Die Legislative liegt bei der Gesetzgebenden Versammlung (57 Abg., für 4 Jahre gewählt; es besteht allg. Wahlpflicht ab 18 Jahren). – Einflussreichste Parteien: artei der nat. Befreiung (PLN), Partei der Bürgerbewegung (PAC), Befreiungsbewegung (ML) und Partei der christlich-sozialen Einheit (PUSC).

Landesnatur

C. R. wird von NW nach SO von den Kordilleren durchzogen: Cordillera de Guanacaste im NW, Cordillera Central (mit dem Vulkan Irazú, 3 432 m ü. M.), Cordillera de Talamanca im SO (im Chirripó Grande 3 819 m ü. M.). Nördlich und östlich der Gebirge erstreckt sich ein z. T. sumpfiges Tiefland (etwa ein Fünftel der Landesfläche). Nach S geht die Cordillera Central in ein flaches Hochbecken (Meseta Central oder Valle Central, 1 100 – 1 500 m ü. M.) über, klimabegünstigt und mit fruchtbaren vulkan. Böden das Hauptsiedlungsgebiet des Landes. Die karib. Küste (mit Lagunen und Mangrovesümpfen) ist wenig, die pazifische reicher gegliedert, v. a. durch die Halbinseln Nicoya und Osa, die durch eine Senkenzone von der Kordillere getrennt sind. Das trop. Klima bringt hohe Niederschläge (bis 6 000 mm jährlich) an der karib. und geringere (2 000 – 3 000 mm) an der pazif. Seite (wechselfeucht). Dem entspricht die Vegetation: immergrüner trop. Regenwald bzw. regengrüner Trocken- und Feuchtwald.

Bevölkerung

C. R. hat als einziges Land Zentralamerikas eine fast ausschl. weiße Bev. (meist altspan. Herkunft); 7 % Mestizen, weiterhin Schwarze, Asiaten und Indianer (etwa 3 000 Muisca oder Chibcha). Im Valle Central leben auf 5 % der Landesfläche zwei Drittel der gesamten Einwohner. – Rd. 95 % der Bev. sind Christen (ganz überwiegend [rd. 80 %] Katholiken); die größte nicht christl. Religionsgemeinschaft bilden die Bahais (rd. 11 500). Die kath. Konfession ist Staatsreligion. – Es besteht allg. Schulpflicht im Alter von 5 bis 15 Jahren. Die Alphabetisierungsrate beträgt (2006) rd. 95 % (15-Jährige und älter).

Wirtschaft und Verkehr

C. R. ist ein lateinamerikan. Entwicklungsland, dessen ehemals rein agrarisch geprägte Wirtschaftsstruktur sich durch die Errichtung von Freihandelszonen (Niederlassung von High-Tech-Firmen) und den Ausbau des Tourismus allmählich wandelt. Wirtschaftlich noch immer prägend ist die Landwirtschaft. Vorherrschend sind kleine und mittelgroße Familienbetriebe. Angebaut werden bes. für den Export: Kaffee (im zentralen Hochland), Bananen (an der karib. und pazif. Küste), ferner Kakao (an der karib. Küste), Manilahanf, Zuckerrohr (Plantagen im zentralen Hochland und im nördl. Tiefland); für die Selbstversorgung: Mais, Reis, Bohnen, Maniok; Viehzucht v. a. im nordwestl. Tiefland (Export). – Der Waldbestand ist geschrumpft; trotz eines relativen Fischreichtums spielt die Hochseefischerei eine untergeordnete Rolle. – Neben Gold (in kleinen Mengen) wird auch Meersalz gewonnen. Mit dem Abbau der Bauxitvorkommen in Verbindung mit Aluminiumindustrie wird begonnen. Die Ind. stellt hauptsächlich Nahrungsmittel und Verbrauchsgüter her, in Freihandelszonen und Lohnveredlungsbetrieben Produkte der Elektrotechnik und Elektronik, chem. Erzeugnisse und Bekleidung. Der ökologisch ausgerichtete Tourismus hat in den 25 Nationalparks (12 % der Landesfläche) und weiteren Schutzgebieten gute Voraussetzungen. – Haupthandelspartner sind die USA, Guatemala, Mexiko, Venezuela, Japan und die EU-Staaten. – Von den rd. 37 000 km Straßen (dichtestes Netz in Zentralamerika) sind etwa 28 000 km unbefestigt. Das privat betriebene Eisenbahnnetz ist rd. 1 000 km lang. Wichtigste Verbindung ist die Carretera Interamericana. Haupthafen an der atlant. Küste Limón (Puerto Limón), an der pazif. Küste Puntarenas und Caldera; internat. Flughafen bei San José.

Geschichte

Nach der Landung von C. Kolumbus an der Küste des heutigen C. R. 1502 eroberten die Spanier das Land ab 1560. Bis zur Unabhängigkeitserklärung (1821) Provinz des Generalkapitanats Guatemala, schloss sich C. R. dem mexikan. Kaiserreich A. de Itúrbides an. Nach dessen Sturz 1823 gehörte es bis 1838 zu den Vereinigten Provinzen von Zentralamerika. 1848 konstituierte sich die Republik C. R., die bis zum Ende des 19. Jh. häufig von inneren und äußeren Unruhen erschüttert wurde. Mit Präs. J. J. Rodríguez (1890–94) begann eine demokrat. Entwicklung, die 1917–19 durch die Diktatur von F. Tinoco Granades unterbrochen war. In der Wirtschaft wurde das Land stark von den USA abhängig, v. a. von den Bananenpflanzergesellschaften. 1948 begannen erneut innenpolit. Wirren, die zum Bürgerkrieg führten. J. M. Figueres Ferrer (Präs. 1952–58 und 1970–74) konnte die Lage unter Kontrolle bringen und die demokrat. Ordnung wiederherstellen. Seitdem wechseln der sozialdemokratisch orientierte PLN und konservative Koalitionen in der Reg. einander ab. 1978/79 unterstützte C. R. die Sandinisten beim Sturz des Diktators Somoza in Nicaragua; Präs. O. Arias Sánchez (1986–90, PLN) erwarb sich große Verdienste um den Frieden in der Region. Nach R. A. Calderón Fournier (PUSC; 1990–94) und José María Figueres (PLN; 1994–98) gelangten 1998 mit Miguel Ángel Rodríguez Echeverría sowie 2002 mit Abel Pacheco wiederum Vertreter des PUSC in das Präsidentenamt. Allerdings veränderte der neu gegründete PAC das traditionelle Zweiparteiensystem. Gegen führende Politiker von PLN und PUSC wurden 2003 und 2004 Untersuchungen wegen Korruption eingeleitet. Am 28. 5. 2004 unterzeichnete C. R. das 2003 ausgehandelte Zentralamerikan. Freihandelsabkommen (CAFTA) zw. den zentralamerikan. Staaten und den USA. Der Sozialdemokrat Arias Sánchez (PLN), der bereits 1986–90 Präs. gewesen war, gewann die Wahlen im Febr. 2006 mit knappem Vorsprung (Amtsantritt: 8. 5. 2006).

costa-ricanische Literatur, zählt zur lateinamerikan. Lit. in span. Sprache. Im 19. Jh. bestimmte der Costumbrismo (Sittenschilderung) die Lit. des Landes, wobei der bedeutendste Vertreter dieser Richtung Magón (eigtl. Manuel González Zeledón) war, der zugleich in der Tradition des Naturalismus stand. Mit C. Gagini akzentuierte sich die regionalist. Komponente noch stärker. Nach 1945 war bes. die Lyrik von Bedeutung, v. a. mit den um 1960 zusammengetretenen sozialkrit. »Poetas de Turrialba« (J. Debravo, L. Albán u. a.), die durch Albán u. a. mit einem »Transzendentalist. Manifest« der exteriorist. Dichtung eines E. Cardenal entgegentraten. In der nachfolgenden Generation waren die Erzähler bedeutender, v. a. Carmen Naranjo, Q. Duncan und der auch als Lyriker bekannte A. Chase.

Cost-Averaging [ˈkɔstˈævərɪdʒɪŋ, engl.] *das*, **Durchschnittskostenmethode,** System zum Wertpapierkauf, bei dem der Anleger regelmäßig dieselben Wertpapiere mit dem gleichen Geldbetrag kauft. Dadurch erhält er bei niedrigen Kursen mehr, bei hohen Kursen weniger Anteile und befolgt automatisch den Grundsatz, bei hohen Kursen weniger Wertpapiere zu kaufen als bei niedrigeren Kursen (**Cost-Averaging-Effekt**). Im Zeitablauf ergibt sich ein insgesamt günstigerer durchschnittl. Kaufpreis als beim **Share-Avera-**

Costa Rica: Paraíso auf der Meseta Central, dem zentralen Hochbecken und Hauptsiedlungsgebiet des Landes

ging, bei dem regelmäßig eine konstante Anzahl Wertpapiere erworben wird.

Costello [kɔsˈteləʊ], **1)** Elvis, brit. Rockmusiker (Gesang, Gitarre, Komposition, Text), eigtl. Declan Patrick **McManus,** * London 25. 8. 1954; stieg seit den 1980er-Jahren zu einem äußerst vielseitigen Songschreiber auf. Seit den 90er-Jahren arbeitete C. mit zahlr. Musikern zusammen, u. a. mit Sofie von Otter, B. Bacharach, dem Gitarristen B. Frisell und dem Brodsky Quartet.
2) John Aloysius, irischer Politiker (Fine Gael), * Dublin 20. 6. 1891, † ebd. 5. 1. 1976; 1948–51 und 1954–57 Min.-Präs.; löste 1949 Irland aus dem Commonwealth.

Coster, Charles De, belg. Schriftsteller, →De Coster.

Costner [ˈkɔstnə], Kevin Michael, amerikan. Filmschauspieler, -regisseur und -produzent, * Lynwood (Calif.) 18. 1. 1955; spielte u. a. Actionrollen (»Die Unbestechlichen«, 1987). Sein größter Erfolg war der Indianerwestern »Der mit dem Wolf tanzt« (1990), bei dem er auch erstmals Regie führte. – *Weitere Filme:* John F. Kennedy – Tatort Dallas (1991); Waterworld (1995); Open Range – Weites Land (2003, auch Regie).

Kevin Costner

Costumbrismo [span., zu costumbre »Sitte«] *der,* Richtung der span. Literatur in der 1. Hälfte des 19. Jh., die im Bereich der Prosa die Realität moralisierend und mit Lokalkolorit abzubilden versuchte.

Coswig, Stadt im Landkreis Meißen, Sachsen, in der fruchtbaren Lößnitz, 22 400 Ew.; Walzengießerei, Herstellung von Getrieben, Brems- und Kupplungsbelägen, Lacken u. a.; Obstbau. – Erste urkundl. Erwähnung 1350, Stadt seit 1939.

Coswig (Anhalt), Stadt im Kreis Anhalt-Zerbst, Sa.-Anh., am S-Rand des Flämings, am rechten Ufer der mittleren Elbe, 8 500 Ew.; Heimatmuseum; Klein- und Mittelbetriebe der Umwelttechnik, Papierverarbeitung, Möbelherstellung, Düngemittelproduktion, Baustoffindustrie und des Maschinen- und Gerätebaus; Elbfähre (Gierfähre). – St.-Nikolai-Kirche (13. Jh., barockisiert), Schloss (1555 ff., 1667–77).

cot, Funktionszeichen für Kotangens, eine →Winkelfunktion.

Cotangens hyperbolicus [lat.] *der,* eine →Hyperbelfunktion.

Cottbus: Informations-, Kommunikations- und Medienzentrum (IKMZ) der Brandenburgischen Technischen Universität von Herzog & de Meuron (1993–2004)

akademie in Tharandt; einer der Begründer der wirtsch. Forstwissenschaft.

2) C. von Cottendorf, Johann Friedrich Freiherr (Adelserneuerung 1817), Buchhändler, *Stuttgart 27. 4. 1764, †ebd. 29. 12. 1832; war Inhaber der **J. G. Cotta'schen Buchhandlung** in Tübingen; durch seine persönl. Beziehungen bes. zu Schiller und Goethe der bedeutendste Verleger zeitgenöss. dt. Literatur; er gründete die für Jahrzehnte maßgebende »Allgemeine Zeitung«. Der Verlag ging 1889 an die Familie Kröner über, 1956 wurde er in eine GmbH umgewandelt, 1977 vom Verlag Ernst Klett übernommen.

Cottbus, sorb. **Chośebuz,** kreisfreie Stadt in der Niederlausitz, Bbg., an der Spree, am Rand des Spreewaldes, 104 600 Ew.; Verwaltungs-, Wissenschafts-, Kultur- und Dienstleistungszentrum der Niederlausitz; Brandenburg. TU (gegr. 1991) mit modernem Informations-, Kommunikations- und Medienzentrum (IKMZ) von Herzog & de Meuron (1993–2004), FH Lausitz, mehrere Landesbehörden; Staatstheater, kultureller Mittelpunkt der Niederlausitzer Sorben (Wend. Haus und Museum), Raumflugplanetarium. Bis zu Beginn der 1990er-Jahre Zentrum der Braunkohlen- (heute noch Tagebau C.-Nord) und Energiewirtschaft sowie der Textilind., danach Strukturwandel zum Dienstleistungs-, Wissenschafts- und Verwaltungszentrum. – Reste der mittelalterl. Backsteinbefestigung mit Spremberger Turm und Münzturm; ehem. Franziskaner-Klosterkirche (14.–16. Jh., spätere Veränderungen), Oberkirche St. Nikolai (16. Jh.), Schlosskirche (1707–14, neugot. W-Turm), barocke und klassizist. Bürgerhäuser, Jugendstiltheater (1908, 1981–86 restauriert), Schloss Branitz (1772, 1846–50 von G. Semper umgebaut; Museum) mit dem von H. Fürst von Pückler-Muskau angelegten Landschaftspark. – Erste urkundl. Erwähnung 1156, im 13. Jh. planmäßige Stadtanlage, die seit 1445 zu Brandenburg gehörte. 1952–90 war C. Hptst. des gleichnamigen DDR-Bezirks.

Johann Friedrich Cotta von Cottendorf

Côte [koːt; frz., von lat. costa »Rippe«] *die,* Küste, Abhang, Gebirgsrand, (mit Reben bepflanzte) Landstufe.

Côte d'Azur [koːtdaˈzyːr; frz. »blaue Küste«], die Frz. → Riviera.

Côte d'Ivoire [koːtdivˈwaːr], frz. Name der Rep. → Elfenbeinküste.

Côte d'Or [koːtˈdɔːr; frz. »goldener Hang«], **1)** Kalkplateau im NO des frz. Zentralmassivs, südwestlich von Dijon, bis rd. 600 m ü. M.; in den unteren Lagen Weinbau (Burgunderwein). **2)** Dép. in O-Frankreich, 8 763 km², 510 000 Ew.; Hptst.: Dijon.

Cotentin [kotãˈtɛ̃], weit in den Ärmelkanal hinausragende Halbinsel der Normandie, N-Frankreich, mit dem Hafen Cherbourg; Viehzucht (Rindermast, Milchwirtschaft), in den Küstenniederungen Gemüse- und Frühkartoffelanbau; Kriegshafen Cherbourg.

Côtes-d'Armor [koːtdarˈmɔːr], Dép. in NW-Frankreich (Bretagne), 6 878 km², 554 000 Ew.; Hptst.: Saint-Brieuc.

Côtes du Rhône [koːtdyˈroːn], 4 000 ha großes Weinbaugebiet beiderseits der Rhône zw. Vienne und Avignon mit mehreren speziellen Appellation-contrôlée-Gebieten, z. B. Châteauneuf-du-Pape, Gigondas, Tavel, Lirac, Hermitage, Côte Rôtie.

coth, Funktionszeichen für Hyperbelkotangens, eine → Hyperbelfunktion.

Coto de Doñana [-ðe doˈɲaːna], span. Nationalpark, → Doñana.

Cotoneaster, die Pflanzengattung → Steinmispel.

Cotonou [-ˈnu], **Kotonu,** größte Stadt, Wirtschaftszentrum und Haupthafen der Rep. Benin, 818 100 Ew.; Sitz der Reg.-Behörden, des Obersten Gerichtshofs und der diplomat. Vertretungen, kath. Erzbischofssitz; Univ.; Brauerei, Textil-, Zementfabrik, Kfz-Montage; Tiefwasserhafen (Transithafen für Niger mit Freizone), internat. Flughafen.

Cotopaxi *der,* einer der höchsten tätigen Vulkane der Erde, in Ecuador, 5 897 m ü. M.; letzte größere Ausbrüche 1904 und 1928; Erstbesteigung 1872 durch W. Reiss und A. M. Escobar.

Cotta, 1) Heinrich, Forstwissenschaftler, *Zillbach (heute zu Schwallungen, bei Schmalkalden) 30. 10. 1763, †Tharandt 25. 10. 1844; Leiter der Forst-

Cottbus Stadtwappen

Pierre Baron de Coubertin

Cotte [kɔt], Robert de, frz. Baumeister, *Paris 1656/57, †ebd. 15. 7. 1735; seit 1708 Erster Architekt des frz. Königs, Beteiligung an Rokoko-Schlossbauten in Frankreich, Dtl. (Entwürfe für die Schlösser Poppelsdorf und Brühl) und Spanien. Er beeinflusste auch die Stadtbaukunst.

Cottische Alpen, Teil der Westalpen (Frankreich/Italien), zw. dem Tal der Dora Riparia im N und den Seealpen im S, im Monte Viso (Italien) 3 841 m hoch.

Cotton [kɔtn, engl.] *der* oder *das,* Baumwolle bzw. Gewebe aus Baumwolle (→ Kattun).

Cotton Belt [ˈkɔtn -], früher wichtigstes geschlossenes Baumwollanbaugebiet der USA, von Texas bis North Carolina.

Cotton-Mouton-Effekt [kɔtõmuˈtõ-; nach den frz. Physikern A. Cotton, *1869, †1951, und H. Mouton], **magnetische Doppelbrechung,** durch ein Magnetfeld induzierte Doppelbrechung des Lichts in einem sonst optisch isotropen Material. Der Effekt tritt v. a. in Flüssigkeiten auf und ist viel kleiner als der → Kerr-Effekt.

Coty [kɔˈti], René, frz. Politiker, *Le Havre 20. 3. 1882, †ebd. 22. 11. 1962; Rechtsanwalt, 1947/48 Min. für Wiederaufbau, 1949–53 Vizepräs. des Rates der Republik. Als Staatspräs. (1953–59) hatte C. maßgebenden Anteil an der Berufung General C. de Gaulles an die Reg.-Spitze.

Coubertin [kubɛrˈtɛ̃], Pierre Baron de, frz. Pädagoge und Historiker, *Paris 1. 1. 1863, †Genf 2. 9. 1937;

Begründer der modernen olymp. Bewegung (Gründungskongress 1894). C. leitete bis 1925 das IOK.

Couchepin [kuʃ'pɛ̃], **1)** François, schweizer. Politiker, *Martigny 19. 1. 1935; Jurist, Mitgl. der Freisinnig-Demokrat. Partei, ab 1981 Vizekanzler, war 1991–99 Bundeskanzler der Schweiz.

2) Pascal, schweizer. Politiker, *Martigny 5. 4. 1942; Jurist, Mitgl. der Freisinnig-Demokrat. Partei, 1979–98 Nationalrat; übernahm als Bundesrat (seit 1998) die Leitung des Volkswirtsch. Departements, ab 2003 die des Departements des Innern (EDI); 2003 Bundespräsident.

Coudenhove-Kalergi [ku-], Richard Nikolaus Graf von, polit. Schriftsteller, *Tokio 16. 11. 1894, †Schruns 27. 7. 1972; begründete 1923 in Wien die Paneuropa-Bewegung; vertrat das Ziel eines europ. Staatenbundes. 1938 in die Schweiz emigriert, lebte 1940–46 in New York (dort Prof. für Geschichte), seit 1946 wieder in der Schweiz. 1947 wurde er Gen.-Sekr. der von ihm gegründeten Europ. Parlamentarier-Union und war 1952–65 Ehrenpräs. der Europa-Bewegung. 1950 erhielt er den Internat. Karlspreis der Stadt Aachen.

Werke: Kampf um Paneuropa (3 Bde., 1925–28); Die Europäische Nation (1953); Weltmacht Europa (1971).

Coudé-System [ku'de-; frz. »gekrümmt«, »bogenförmig«], →Spiegelteleskop.

Coué [ku'e], Emile, frz. Apotheker, *Troyes 26. 2. 1857, †Nancy 2. 7. 1926; entwickelte ein psychotherapeut. Verfahren (**Couéismus**), das auf autosuggestiven Wiederholungen (z. B. »es geht mir täglich besser«) beruht.

Couleur [ku'lœ:r; frz. »Farbe«] *die,* **1)** Trumpf (im Kartenspiel).
2) Farbe einer Studentenverbindung.

Coulomb [ku'lɔ̃] *das,* Einheitenzeichen **C,** SI-Einheit der elektr. Ladung (Elektrizitätsmenge): 1 C ist gleich der Elektrizitätsmenge, die während 1 s bei einem zeitlich unveränderl. Strom der Stärke 1 A durch den Querschnitt eines Leiters fließt: 1 C = 1 As bzw. 1 A · s (Amperesekunde).

Coulomb [ku'lɔ̃], Charles Augustin de, frz. Physiker und Ingenieur, *Angoulême 14. 6. 1736, †Paris 23. 8. 1806; führte u. a. den Begriff des magnet. Moments ein und begründete die Theorie der elektr. Polarisation, fand 1785 mithilfe der von ihm erbauten Drehwaage das für die Elektro- und Magnetostatik grundlegende **coulombsche Gesetz** über die zw. elektr. Ladungen oder Magnetpolen wirkenden Kräfte (→Elektrizität, →Magnetismus).

Coulombmeter [ku'lɔ̃-] *das,* →Voltameter.

Council [kaʊnsl, engl.] *der,* mehrköpfiges Beratungsorgan, in Großbritannien als **Privy C.** der geheime Staatsrat der Krone (hat nur noch Bedeutung als oberste gerichtl. Revisionsinstanz für einige Länder des Commonwealth), in den USA beratende Gremien der Bundesreg. und der Reg. der Einzelstaaten.

Council Area [kaʊnsl 'eərɪə], →County.

Count [kaʊnt, engl.] *der,* engl. Bez. für den nicht brit. Grafen; der brit. Graf heißt →Earl.

Countdown [kaʊnt'daʊn; engl. »das Herabzählen«] *der* oder *das,* Rückwärtszählen meist von 10 bis 0, in der Raumfahrt Ausdruck für einen nach einem exakten Zeitplan durchgeführten Verlauf der Startvorbereitungen bis zum Moment des Zündens der Triebwerke.

Counterpart-Funds ['kaʊntəpɑːtfʌndz, engl.], →ERP.

Countertenor ['kaʊntətenə; engl., von lat. Contratenor (altus)], **Kontratenor,** Männeraltist, v. a. in der engl. Kirchenmusik des 16./17. Jh., erreicht durch Falsettieren fast die Höhe der weibl. Altstimme; in der Gegenwart bes. in Oratorium, Oper und Konzert wieder belebt.

Counterurbanization ['kaʊntəəːbənaɪzeɪʃn, engl.] *die,* der Urbanisation entgegengerichtete Bev.-Entwicklung; Umverteilung von Bev. und Arbeitsplätzen von den Verdichtungsräumen und großen Städten auf kleinere Städte und ländlich geprägte Räume.

Countervailing Power ['kaʊntəveɪlɪŋ 'paʊə; engl. »gegengewichtige Marktmacht«], von J. K. Galbraith entwickeltes wettbewerbspolit. Konzept, wonach die auf einer Marktseite bestehende wirtsch. Macht neutralisiert wird, wenn auf der anderen Marktseite eine Gegenmacht entsteht.

Countess ['kaʊntɪs, engl.] *die,* engl. Bez. für die nicht brit. Gräfin.

Countrydances ['kʌntrɪdɑːnsɪz; engl. »ländl. Tänze«], →Contredanse.

Countrymusic ['kʌntrɪmjuːzɪk, engl.] *die,* die euroamerikan. (weiße) Volksmusik in den USA und die daraus abgeleiteten Formen der populären Musik. In den 1930er- und 1940er-Jahren wurde sie mit dem romantisch verklärten Bild des »singenden Cowboys« verbunden, wofür das Etikett **Country and Western** in Umlauf gebracht wurde. Als **Countryrock** bezeichnet man in der Rockmusik eine Rückwendung (seit Mitte der 1960er-Jahre) zu ländl. Musizierstilen und den ihnen entsprechenden Instrumenten (u. a. Banjo, Gitarre).

County ['kaʊntɪ; engl., von lat. comitatus »Grafschaft«] *die,* **1)** In *Großbritannien* Verwaltungs- und Gerichtsbezirk zur örtl. Selbstverwaltung, vielfach mit einem gewählten Grafschaftsrat (**C. Council**). Daneben bestehen C., vielfach mit abweichenden Grenzen, auch als Gebiete mit histor. oder geograf. Verbundenheit sowie für zeremonielle Zwecke fort.

Der Local Government Act 1972 schuf in England 6 Metropolitan C. und 39 Non-Metropolitan C. als Oberstufen einer zweistufigen Verwaltungsgliederung, mit Metropolitan Districts bzw. Districts unterer Stufe. 1986 wurden die engl. Metropolitan C. Councils (und der Greater London Council) wieder abgeschafft, sodass in den Ballungsräumen seitdem alle Gemeindefunktionen von einem Verwaltungsträger erbracht

Robert de Cotte: Schloss Rohan in Straßburg (1730–42; heute Museum)

Gustave Courbet: »Die Begegnung« oder »Bonjour Monsieur Courbet« (1854; Montpellier, Musée Fabre)

wurden. Weitere Reformen in den 1990er-Jahren hatten das Ziel, durch Abschaffung von C. Councils die Lokalverwaltung auch außerhalb der Ballungsgebiete einstufig zu organisieren. Dies ist aber nur zum Teil geschehen, sodass in England gegenwärtig ein relativ unübersichtliches Nebeneinander von einstufiger und zweistufiger örtl. Verwaltung existiert. Neue grafschaftsfreie Behörden, die alle lokalen Verwaltungsfunktionen bündeln (**Unitary Authorities**), sind vor allem in mittelgroßen Städten gebildet worden. In ländl. Gegenden blieben die C. mit Distrikten als Untergliederung dagegen überwiegend erhalten und beide Verwaltungsstufen haben Verantwortung für jeweils unterschiedliche Aufgaben. Die Metropolitan District Councils und London Borough Councils bestehen als einstufige, selbstständige Verwaltungsträger fort; in London wurde jedoch eine Greater London Authority neu geschaffen. In Wales ist die Lokalverwaltung 1996 flächendeckend auf Unitary Authorities als Träger einstufiger örtl. Verwaltung übergegangen; die Bezeichnungen C. und C. Borough sind jedoch für bestimmte, vorwiegend zeremonielle Zwecke beibehalten worden. In Schottland werden die Bezirke der (ebenfalls einstufigen) Lokalverwaltung als **Council Areas** bezeichnet.

2) in den USA mit Ausnahme von Louisiana (dort: Parish) Verw.- und Gerichtsbezirk der Einzelstaaten mit gewählten Räten (**Boards**), die Rechtsetzungs- und Verw.-Befugnisse haben.

Coup [ku:, frz.] *der,* überraschend durchgeführtes, erfolgreiches Unternehmen; Handstreich. **Coup d'État,** Staatsstreich.

Coupé [ku'pe, frz.] *das,* 1) geschlossene Kutsche mit zwei Sitzen; 2) geschlossener zwei- bis viersitziger Pkw.

Couperin [kupə'rɛ̃], frz. Organistenfamilie des 17./18. Jh. in Paris; am bedeutendsten François C. *Paris 10. 11. 1668, † ebd. 11. 9. 1733; 1685–1723 Organist an Saint-Gervais in Paris, daneben seit 1693 Hoforganist. Er ist der Hauptmeister der aus der Lautenmusik entwickelten, an Verzierungen reichen Cembalomusik des frz. Rokoko und hat auf J.-P. Rameau, J. S. Bach, G. F. Händel und G. P. Telemann gewirkt. – Vier Bücher »Pièces de clavecin« (1713–30); Triosonaten; Klavierschule.

Coupland [-lənd], Douglas, kanad. Schriftsteller, *Soellingen 31. 12. 1961; setzte in seinem 1991 erschienenen Debütroman »Generation X« soziologisch genau das Lebensgefühl der Generation der 25- bis 30-Jährigen literarisch um. – *Weitere Werke:* »Shampoo planet« (1992), »Life after God« (1994), »Microsklaven« (1995), »Girlfriend in a coma« (1998), »Alle Familien sind verkorkst« (2001).

Couplet [ku'ple; frz., von lat. copula »Verbindung«] *das,* scherzhaft-satir. Strophenlied mit Refrain, meist aktuellen (polit.) oder pikanten Inhalts.

Coupon [ku'põ, frz.] *der,* **Kupon** [-pɔŋ], 1) abtrennbarer Zettel (z. B. als Gutschein); 2) abgemessenes Stück Stoff; 3) *Bankwesen:* → Kupon.

Cour [ku:r; frz. von lat. curia] *die,* frz. Bez. für 1) Hof, Hofhaltung; 2) Gerichtshof.

Courant ['ku:rant], Richard, amerikan. Mathematiker dt. Herkunft, *Lublinitz (heute Lubliniec, bei Tschenstochau) 8. 1. 1888, † New York 27. 1. 1972; emigrierte 1933 in die USA; lieferte bedeutende Beiträge v. a. zur Analysis sowie zur math. Physik.

Courante [ku'rãt; frz. »die Laufende«] *die,* ital. **Corrente,** alter frz. Tanz des 16. und 17. Jh. im raschen, ungeraden Takt; erfuhr am Hofe Ludwigs XIV. eine Umwandlung zu einem zeremoniellen Schreittanz; auch Bestandteil der Suite.

Courbet [kur'bɛ], Gustave, frz. Maler, *Ornans (bei Besançon) 10. 6. 1819, † La-Tour-de-Peilz (bei Vevey) 31. 12. 1877; stellte im Ggs. zur romant. Richtung nur die alltägl. Wirklichkeit dar, die er im farbigen Reiz ihrer äußeren Erscheinung im Stil des Realismus erfasste. Sein Werk umfasst Stillleben, Landschaften, Porträts, Akte und Tierdarstellungen.

Courbette [kur'bɛt(ə); frz. »Bogensprung«] *die,* **Kurbette,** *Hohe Schule:* Schulsprung, bei dem das Pferd in der Levadehaltung mehrfach auf der Hinterhand vorwärtsspringt.

Courbevoi [kurbə'vwa], Stadt im Dép. Hauts-de-Seine, Frankreich, nordwestlich von Paris, 70 100 Ew.; Maschinen- und Fahrzeugbau, elektron. und chem. Industrie.

Cour d'Honneur [ku:rdɔ'nœ:r, frz.] *die,* → Ehrenhof.

Courmayeur [kurma'jœ:r], Kur-, Wintersportplatz in der Region Aostatal, Italien, 3 000 Ew.; am Fuß der Montblanc-Kette, 1 224 m ü. M.; mit Chamonix durch den Montblanc-Straßentunnel verbunden.

Cournand [kur'nã], André Frédéric, frz.-amerikan. Arzt, *Paris 24. 9. 1895, † Great Barrington (Mass.) 2. 2. 1988; erforschte angeborene Herzdefekte, chron. Lungenkrankheiten und verbesserte die von W. Forßmann eingeführte Herzkatheterisierung. C. erhielt 1956 mit Forßmann und D. W. Richards den Nobelpreis für Physiologie oder Medizin.

Cournot [kur'no], Antoine Augustin, frz. Volkswirtschaftler, Mathematiker und Philosoph, *Gray (Dép. Haute-Saône) 28. 8. 1801, † Paris 31. 3. 1877; gilt als Begründer der math. Schule der Nationalökonomie, untersuchte bes. die Beziehungen zw. Angebot, Nachfrage und Preis und entwickelte eine Theorie des Konkurrenz- und Monopolpreises (**cournotscher Punkt**).

Courrèges [ku'rɛ:ʒ], André, frz. Modedesigner, *Pau (Dép. Pyrénées-Atlantiques) 9. 3. 1923; eröffnete 1961 einen eigenen Modesalon in Paris; machte die

Frauenhose gesellschaftsfähig, kreierte Kostüme und Hosenanzüge in einem geometr. Schnitt, der durch Bordierungen und schwarz-weiße Op-Art-Effekte betont wurde (**C.-Stil**); auch Parfüms, Accessoires.

Course de la Paix [kurs dəlaˈpɛ, frz.], *Straßenradsport:* die Internat. →Friedensfahrt.

Court [kɔːt, engl.] *der,* **1)** *Recht:* Gerichtshof in Großbritannien und den USA. **C. of Appeal**, Berufungsgericht. **Supreme C.**, oberstes ordentl. Gericht in den USA (Bundesger.) u. a. Staaten.

2) *Tennis:* das Spielfeld auf dem Tennisplatz. Der Hauptplatz großer Anlagen wird als **Centre-C.** bezeichnet, der zum Netz hin gelegene Teil des Spielfeldes als **Half-C.**

Courtage [kurˈtaːʒ(ə); frz.; von lat. curare »besorgen«] *die,* **Kurtage,** Makler-, Vermittlungsgebühr.

Courths-Mahler [kuː-], Hedwig, geb. Mahler, Schriftstellerin, * Nebra 18. 2. 1867, † Tegernsee 26. 11. 1950; schrieb über 200 Unterhaltungsromane (»Die Bettelprinzeß«, 1914).

Courtrai [kurˈtrɛ], frz. Name der Stadt →Kortrijk.

Couscous [kusˈkus, arab.-frz.] *das,* arab. Gericht, →Kuskus.

Cousin [kuˈzɛ̃, frz.] *der,* **Vetter,** Sohn von Bruder oder Schwester eines Elternteils. **Cousine,** Tochter von Bruder oder Schwester eines Elternteils.

Cousteau [kusˈto], Jacques-Yves, frz. Meeresforscher, Dokumentarfilmer und Schriftsteller, * Saint-André-de-Cubzac (Dép. Gironde) 11. 6. 1910, † Paris 25. 6. 1997; 1957–89 Leiter des Ozeanograf. Museums in Monaco; Expeditionen mit dem Forschungsschiff »Calypso«, Tauchaktion in der Ägäis auf der Suche nach Atlantis (1975/76), Expedition ins Amazonasgebiet (1983/84); engagierter Umweltschützer.

Coutume [kuˈtym, frz.] *die,* das frz. Gewohnheitsrecht, das bis zur Einführung des Code civil (1804) von wesentl. Bedeutung als Rechtsquelle war. Vor der Revolution von 1789 war Frankreich in die Rechtsgebiete der **pays de droit écrit** (bes. der Süden mit röm. Recht) und der **pays de droit coutumier** mit altüberliefertem Volksrecht geteilt.

Couturat [kutyˈra], Louis, frz. Logiker und Philosoph, * Paris 17. 1. 1868, † Ris-Orangis (Dép. Essonne) 3. 8. 1914; Mitbegründer der math. Logik, Platon- und Leibniz-Forscher; arbeitete über den Unendlichkeitsbegriff in der Mathematik und entwickelte (mit L. Léau) die Kunstsprache »Ido«.

Couture [kuˈtyːr, frz.] *die,* Schneiderei, →Haute Couture.

Couvade [kuˈvaːdə, frz.] *die,* das →Männerkindbett.

Covadonga, Nationalheiligtum und Marienwallfahrtsort im östl. Asturien, Prov. Oviedo, Spanien; ehem. Benediktinerkloster (im 8. Jh. gegr.), heutige Basilika aus dem 19. Jh.; Nationalpark. Bei C. siegten 722 (718?) die Christen zum ersten Mal über die Araber.

Covellin [nach dem ital. Chemiker N. Covelli, * 1790, † 1829] *der,* das Mineral →Kupferindig.

Covenant [ˈkʌvənənt; engl. »Bund«] *der,* **1)** in den ev.-ref. Kirchen die in alttestamentl. Anschauungen wurzelnde theolog. Beschreibung des Verhältnisses zw. Gott und Kirche als Bund; wurde prägend für den Vertragsgedanken des Puritanismus.

2) Bez. für verschiedene Bündnisse der schott. Presbyterianer zur Verteidigung ihres Glaubens und ihrer religiösen Rechte, zuerst 1557 und 1559; wichtige C. sind ferner der »National C.« von 1638 gegen die Einführung einer neuen Liturgie und »The solemn league and C.« von 1643 für das Parlament und gegen Karl I. (→Schottland, Geschichte).

Covent Garden Opera [ˈkɔvənt ˈgɑːdn ˈɔpərə], Opernhaus in London, 1732 als Schauspielhaus gebaut, erhielt 1858 durch Sir C. Barry die heutige Gestalt; seit 1846 Opernhaus, seit 1892 »Royal Opera«. Leiter u. a. T. Beecham, G. Solti, C. Davis, B. Haitink; seit 2002 Antonio Pappano (* 1959).

Coventry [ˈkɔvəntrɪ], Stadt in der Metrop. County West Midlands, 300 100 Ew.; anglikan. Bischofssitz; Univ., TH; Kraftfahrzeug-, Flugzeug-, Textil-, chem. Industrie. – Got. Kathedrale (14. Jh.), durch dt. Luftangriffe (1940) stark zerstört; Neubau der Kathedrale 1956–62. – Stadtrecht seit 1140.

Cover [ˈkʌvə, engl.] *das,* Schutzumschlag, (Platten-)Hülle, Titelseite, Titelbild (von Zeitungen, Illustrierten). **Coverstory,** die Titelgeschichte; **Covergirl,** auf der Titelseite einer Zeitschrift abgebildetes Mädchen.

Covercoat [ˈkʌvəkəʊt, engl.] *der,* Gewebe für Mäntel oder Kostüme in Steilgratköperbindung, Kette immer aus Moulinézwirnen, oft wasserabweisend imprägniert.

Coward [ˈkaʊəd], Sir (seit 1970) Noël, engl. Schauspieler und Dramatiker, * Teddington (heute zu London) 16. 12. 1899, † Port Maria (Jamaika) 26. 3. 1973; schrieb witzige und iron. Gesellschaftsstücke, Drehbücher, Musicaltexte. – *Werke: Dramen:* Intimitäten (1930); Geisterkomödie (1941); Akt mit Geige (1956).

Cowboy [ˈkaʊbɔɪ; engl. »Kuhjunge«] *der,* berittener Rinderhirt im nordamerikan. Westen. Die C. übernahmen um 1820, bes. in Texas, die Methoden und Ausrüstung (breitkrempiger Hut, Stiefel mit großen Sporen, lederne Beinschützer und Weste) der ortsansässigen mexikan. Hirten; sie überwachten die Herden und trieben sie zu den Vieh- und Fleischmärkten im Mittleren Westen. Ihre Erscheinung, ihre Lieder sowie ihr männl. Lebensstil bilden eine romant. Erinnerung an die Besiedlung und den zeitweiligen polit. Einfluss des »Wilden Westens«.

Cowes [kaʊz], Hafenstadt und Seebad an der N-Küste der südengl. Insel Wight, 19 100 Ew.; Boots- und Flugzeugbau; internat. Jachthafen.

Jacques-Yves Cousteau

Coventry Stadtwappen

Coventry: Ruine der 1940 zerstörten gotischen Kathedrale, daran angrenzend der Neubau von Basil Spence (1956–62)

Cowley [ˈkaʊlɪ], Abraham, engl. Dichter, * London 1618, † Chertsey (Cty. Surrey) 28. 7. 1667; schuf eine neue, später nach ihm benannte Odenform (»Cowley Ode«). Zu seiner Zeit galt er als der bedeutendste engl. Dichter neben Shakespeare und E. Spenser.

Cowper [ˈkaʊpə], **1)** Edward Alfred, brit. Ingenieur, * 10. 12. 1819, † Weybridge (heute zu Walton and Weybridge, Cty. Surrey) 9. 5. 1893; erfand den **C.-Apparat** (→ Winderhitzer) an Hochöfen, führte 1868 die Tangentialspeichen beim Fahrrad ein.
2) William, engl. Dichter, * Great Berkhampstead (bei Watford) 26. 11. 1731, † East Dereham (bei Norwich) 25. 4. 1800; Wegbereiter der Romantik. Von seinen »Olney hymns« (1779) blieben viele als Kirchenlieder lebendig.

Cowper-Drüsen [ˈkaʊ-; nach dem engl. Anatomen und Chirurgen William Cowper, * 1666, † 1709], Schleim produzierende paarige Drüse zw. Hodensack und After im Beckenboden, deren Sekret Bestandteil der Samenflüssigkeit ist.

Coxa [lat.] *die,* → Hüfte.

Cox|algie *die,* **Koxalgie,** Hüftschmerz.

Coxitis *die,* **Koxitis,** die → Hüftgelenkentzündung.

Cox' Orange [ˈkɔks ɔˈrãːʒə], die Cox' Orangen-Renette, → Apfel.

Coxsackie-Viren [kɒkˈsɔkɪ-; nach der amerikan. Stadt Coxsackie, N. Y.], zu den humanpathogenen Enteroviren zählende Gruppe der Picornaviren. C. sind oft Erreger leichterer Erkrankungen, z. B. Erkältungen, selten auch schwererer Erkrankungen, z. B. Gehirnentzündungen.

Coysevox [kwazˈvɔks], Antoine, frz. Bildhauer, getauft Lyon 29. 9. 1640, † Prag 10. 10. 1720; arbeitete im klassizistisch gemäßigten Stil des frz. Barock (u. a. mytholog. und allegor. Figuren für die königl. Schlösser und Gärten, ferner Büsten bed. Zeitgenossen, u. a. Le Nôtre, Colbert).

Cozens [ˈkʌznz], **1)** Alexander, engl. Maler, * Kasan (?) um 1717, † London 23. 4. 1786, Vater von 2); spezialisierte sich auf die Wiedergabe des atmosphär. Elements in der Landschaft.
2) John Robert, engl. Maler, * London 1752, † ebd. Dez. 1797, Sohn von 1); 1776–79 und 1782/83 in Italien; bes. großformatige Landschaftsveduten (Alpen-, Campagnamotive).

Cozumel [-z-], mexikan. Insel im Karib. Meer, Bundesstaat Quintana Roo, vor der O-Küste von Yucatán, rd. 490 km², rd. 75 000 Ew.; von Korallenriffen umgeben; bedeutendes Fremdenverkehrszentrum; Flughafen.

CP, Abk. für → Commercial Papers.

C_3-Pflanzen, Pflanzen, die in der Dunkelreaktion der → Fotosynthese Kohlendioxid an Ribulosebisphosphat fixieren; erstes stabiles Produkt ist dann die drei Kohlenstoffatome enthaltende Phosphoglycerinsäure, die darauf im Calvin-Zyklus weiterverarbeitet wird. Die meisten Pflanzen sind C_3-Pflanzen.

C_4-Pflanzen, Pflanzen mit strukturellen und funktionellen Anpassungen der Fotosynthese an die ökolog. Bedingungen trocken-heißer oder salzreicher Standorte mit hohem Lichtangebot. Durch Vorschalten eines zusätzl., sehr wirksamen, rasch ablaufenden Kohlendioxid-Fixierungsprozesses, der Salze von C_4-Carbonsäuren (Malat, Aspartat) als erste stabile Produkte liefert, wird Kohlendioxid im Blatt angehäuft und dem Calvin-Zyklus zugeführt. Hohe Lichtstärken können so voll zur Fotosynthese ausgenutzt werden. C_4-Pflanzen nutzen dabei das vorhandene Kohlendioxid viel besser als C_3-Pflanzen. Dadurch müssen sie ihre Spaltöffnungen weniger weit öffnen als diese und halten so die Wasserverluste gering. Ihre Stoffproduktion ist daher bes. hoch. Zu den C_4-Pflanzen gehören u. a. Mais, Zuckerrohr und Hirse.

CP-Invarianz, CP-Symmetrie, Symmetrieprinzip, nach dem in mikrophysikal. Systemen die Naturgesetze unverändert bleiben, wenn neben einer Raumspiegelung (Paritätstransformation P) die Teilchen durch ihre Antiteilchen ersetzt werden, d. h. eine Ladungskonjugation C vorgenommen wird. Nach dem → CPT-Theorem folgt die CP-I. aus der Invarianz gegenüber Zeitumkehr. Im Unterschied zu allen anderen Wechselwirkungen besitzt die schwache Wechselwirkung, die z. B. den Betazerfall bestimmt, keine CP-I. (**CP-Verletzung**). Das konnte 1964 erstmals durch Untersuchungen des Zerfalls von langlebigen, neutralen K_L^0-Mesonen in Pionen gezeigt werden. 2001 gab es erste Hinweise für die CP-Verletzung bei den B Mesonen. Man vermutet, dass nur die CP-Verletzung das Ungleichgewicht zw. Materie und Antimaterie in unserem heutigen Universum zu erklären ist.

CPT [Abk. von engl. **c**arriage **p**aid **t**o], Handelsklausel; → frachtfrei.

CPT-Theorem, eine Aussage der theoret. Physik, nach der die Gleichungen zur Beschreibung physikal. Gesetze unverändert bleiben, wenn darin gleichzeitig alle Teilchen mit ihren Antiteilchen vertauscht werden (Ladungskonjugation C), der Raum gespiegelt (Paritätstransformation P) und die Zeitrichtung umgekehrt wird (Zeitumkehr T); man spricht daher von **CPT-Invarianz.** Bis zur Entdeckung der Nichterhaltung der → Parität 1957 nahm man an, dass die Naturgesetze bei allen Wechselwirkungen gegenüber jeder einzelnen dieser drei Operationen invariant seien. Heute ist sicher, dass die schwache Wechselwirkung keine der diskreten Symmetrien C, P, T und CP aufweist (→ CP-Invarianz).

CPU [Abk. für engl. **c**entral **p**rocessing **u**nit, »zentrale Verarbeitungseinheit«], *Informatik:* → Zentraleinheit.

CP-Verletzung, → CP-Invarianz.

Cr, chem. Symbol für → Chrom.

ČR, Abk. für Česká Republika, amtl. Bez. der → Tschechischen Republik.

Crabnebel [ˈkræb-, engl.], der → Krebsnebel.

Crack [kræk; engl. to crack »abbröckeln«], seit Mitte der 1980er-Jahre bekanntes Rauschmittel, das aus mit Wasser und Backpulver verbackenem Kokain besteht und das geraucht wird. Im Unterschied zu Kokain tritt die Wirkung bei C. innerhalb von Sekunden ein; das Suchtpotenzial ist so hoch, dass die meisten Erstverbraucher zu Dauerkonsumenten werden.

Cracken [ˈkrækən; engl. to crack »spalten«], **Kracken,** das Aufspalten von Kohlenwasserstoffmolekülen in kleinere Bruchstücke. Das C. kann allein durch hohe Temperatur (therm. C.) oder durch zusätzl. Anwendung von Katalysatoren (**katalyt. C.**) erreicht werden. Die Spaltung erfolgt dabei an irgendeiner Stelle der Kohlenwasserstoffkette. Gleichzeitig entsteht Koks, der sich in den Rohren oder auf dem Katalysator ablagert und von Zeit zu Zeit abgebrannt werden muss. Als Katalysatoren werden heute fast ausschl. → Zeolithe eingesetzt. Vorteile gegenüber dem therm. C. sind die niedrigere Reaktionstemperatur, der geringere Gasanfall und die höhere Klopffestigkeit des gewonnenen Crackbenzins. Im Ggs. zum → Hydrocracken entstehen beim C. stets auch ungesättigte Verbindungen. Das C. ist ein wichtiges Verfahren zur

Erdölverarbeitung, wobei hochsiedende Rückstände aus der vorangegangenen Erdöldestillation (z. B. schweres Heizöl) in leichter siedende Fraktionen (z. B. Benzine und Mitteldestillat) umgewandelt werden. Das →Steamcracken dient dagegen der Herstellung von chem. Grundstoffen wie Ethylen und Propylen (→Petrochemie). Das therm. C. benötigt Temperaturen bis 800 °C. Eine Variante, die bei etwa 450 °C und einem Druck von 15 bar durchgeführt wird, ist das **Visbreaking. Cokingverfahren** verwenden anstelle eines Katalysators feinstverteilten Koks und erreichen bei Reaktionstemperaturen über 510 °C eine vollständige Umwandlung der Destillationsrückstände in Petrolkoks und flüchtige Crackprodukte.

Cracker [ˈkrækə; zu engl. to crack »knacken«] *der,* -, Person, die den Kopierschutz einer Software entfernt, was häufig der erste Schritt zur Herstellung von Raubkopien und deren Verbreitung ist. Auch eine Person, die in krimineller Absicht in fremde Rechnersysteme eindringt, wird als C. bezeichnet. In Abgrenzung hierzu bezeichnen sich Personen, die mit dem Eindringen in fremde Systeme auf Sicherheitslücken aufmerksam machen wollen, selbst als →Hacker.

Crackers [ˈkrækəz, engl.], knuspriges, meist leicht gesalzenes Kleingebäck.

Cragg [kræg], Tony, brit. Bildhauer und Zeichner, * Liverpool 9. 4. 1949; seit 2001 Prof. an der Univ. der Künste Berlin; wurde internat. bekannt mit Wand- und Bodengestaltungen aus mosaikartig zusammengesetzten Plastikfragmenten; auch Glas-, Gips- und Metallgussobjekte nach dem Vorbild gefundener Materialien.

Cragun [ˈkrægən], Richard, amerikan. Tänzer, * Sacramento (Calif.) 5. 10. 1944; kam 1962 zum Stuttgarter Ballett und wurde 1965 Solist (ständiger Partner von M. Haydée). C. tanzte Rollen des klass. und des modernen Balletts; war 1996–99 Ballettdirektor der Dt. Oper Berlin.

Craig [kreɪg], **1)** Edward Gordon, engl. Schauspieler und Bühnenbildner, * London 16. 1. 1872, † Vence (Dép. Alpes-Maritimes) 29. 7. 1966; gewann mit seinem Programm des antiillusionist. Theaters Einfluss auf die moderne Regiekunst.

2) Gordon Alexander, amerikan. Historiker, * Glasgow (Schottland) 26. 11. 1913, † Portola Valley (Calif.) 30. 10. 2005; kam 1925 in die USA, 1950–61 Prof. an der Princeton University, ab 1961 an der Stanford University.
Werke: Die preußisch-dt. Armee 1640–1945 (1955); Gesch. Europas im 19. und 20. Jh. (2 Bde., 1974); Dt. Gesch. 1866–1945 (1978); Über die Deutschen (1982); Zw. Krieg und Frieden. Konfliktlösung in Gesch. und Gegenwart (1983); Geld und Geist. Zürich im Zeitalter des Liberalismus (1988); Die Politik der Unpolitischen. Dt. Schriftsteller u. die Macht, 1770–1871 (1995); Ende der Parade. Über dt. Gesch. (1999).

Craigavon [ˈkreɪgævn], Distrikt in Nordirland, am S-Ufer des Lough Neagh, 282 km², 85 000 Ew.; Verw.-Sitz ist Craigavon.

Crailsheim, Große Kreisstadt im Landkreis Schwäbisch Hall, Bad.-Württ., an der Jagst, 32 700 Ew.; Betriebe der Lebensmittelbranche, Elektrotechnik, Herstellung von Hygieneartikeln, Bau von Spezialmaschinen und Antriebssystemen sowie pharmazeut. Industrie. – 1945 wurde C. zu mehr als 80 % zerstört. Die Johanneskirche (12.–15. Jh.) und die Liebfrauenkirche (14. Jh.) wurden wiederhergestellt. – Als Stadt erstmals 1323 genannt.

Craiova, Hptst. des Kreises Dolj in S-Rumänien, am Jiu, 300 000 Ew.; wirtsch. und kultureller Mittelpunkt der Kleinen Walachei; Univ., Nationaltheater, Museen; Maschinen- und Fahrzeugbau, chem., Nahrungsmittelind.; Verkehrsknotenpunkt, Flughafen. – Im **Vertrag von C.** (7. 9. 1940) trat Rumänien die S-Dobrudscha unter dt. Druck wieder an Bulgarien ab.

Cram [kræm], Donald James, amerikan. Chemiker, * Chester (Vt.) 22. 4. 1919, † Palm Desert (Calif.) 17. 6. 2001; entdeckte die Kronenether und synthetisierte eine Vielzahl von Verbindungen, die in ihrem Hohlraum in hochselektiver Weise ein »Gastteilchen« aufnehmen können; dafür 1987 Nobelpreis für Chemie (mit J.-M. Lehn und C. J. Pedersen).

Cramer, Johann Baptist, Pianist und Komponist, * Mannheim 24. 2. 1771, † London 16. 4. 1858; schrieb u. a. über 100 Klaviersonaten sowie die »Große prakt. Pianoforte-Schule« (1815; 84 Etüden, später um 16

Richard Cragun

Lucas Cranach d. Ä.: Allegorie von Gesetz und Gnade (um 1535/40; Klassik Stiftung Weimar)

Etüden erweitert), die z. T. noch heute im Unterricht verwendet wird.

Cranach, Lucas, d. Ä., Maler und Zeichner, * Kronach Okt. 1472, † Weimar 16. 10. 1553. Seine ersten bekannten, seit etwa 1500 in Österreich entstandenen Werke, in denen sich Figurendarstellung und Landschaft zu maler. Einheit verbinden, gehören zugleich zu den frühesten Bildern der →Donauschule. 1505 wurde er von Friedrich dem Weisen nach Wittenberg berufen, wo sich seine Kunst sehr bald zur linienbetonten Form seiner Spätzeit zu wandeln begann. Durch die Aufnahme des weibl. Aktes, v. a. unter mytholog. Vorwand, wurde sein Themenkreis erweitert. C. wurde durch seine Freundschaft mit Luther und Melanchthon zum Schöpfer einer prot. Kunst (u. a. Holzschnitte zur Bibel und für Reformationsschriften). Die Ausführung der Aufträge für Bildnisse, religiöse und mytholog. Bilder überließ C. immer mehr seiner Werkstatt, in der auch seine Söhne Hans C. (* um 1513/14, † 1537) und v. a. Lucas C. d. J. (* 1515, † 1586) arbeiteten.

Thomas Cranmer

Werke: Klage unter dem Kreuz (1503; München, Alte Pinakothek); Ruhe auf der Flucht (1504; Berlin, Gemäldegalerie); Katharinenaltar (1506; Dresden, Staatl. Kunstsammlungen); Torgauer Altar (1509; Frankfurt am Main, Städelsches Kunstinstitut); Venus und Amor (1509; Sankt Petersburg, Eremitage); Der Jungbrunnen (1544; Berlin, Gemäldegalerie); dazu Marienbilder, Bildnisse der Reformatoren und sächs. Fürsten, Holzschnitte, Kupferstiche. – Abb. S. 907

Crane [kreɪn], **1)** Hart, amerikan. Schriftsteller, * Garretsville (Oh.) 21. 7. 1899, † (Selbsttötung) im Golf von Mexiko 27. 4. 1932; Gedichte von kühner Metaphorik; myst. Interpretation Amerikas in »Die Brücke« (1930).

2) Stephen, amerikan. Schriftsteller, * Newark (N. J.) 1. 11. 1871, † Badenweiler 5. 6. 1900; lebte als Journalist und freier Schriftsteller in New York und zeitweise in Großbritannien; war Kriegsberichterstatter in Griechenland und Kuba; schrieb den psychologisch-naturalist. Roman »Das Blutmal« (1895; auch u. d. T. »Das rote Siegel« und »Die rote Tapferkeitsmedaille«).

3) Walter, engl. Maler und Kunstgewerbler, * Liverpool 15. 8. 1845, † Horsham (Cty. Sussex) 14. 3. 1915; als Maler den →Präraffaeliten verpflichtet; schuf Illustrationen (bes. Kinderbücher) und beeinflusste mit seinen Entwürfen für Tapeten, Teppiche, Stoffe, Buchausstattungen u. a. nachhaltig das engl. Kunsthandwerk; Schriften über Design.

Walter Crane: Mrs Walter Crane (1882; Paris, Musée d'Orsay)

Craniota [lat.], Schädeltiere, →Wirbeltiere.
Cranium [lat.] *das,* der →Schädel.
Cranko [ˈkræŋkəʊ], John, engl. Tänzer und Choreograf, * Rustenburg (Südafrika) 15. 8. 1927, † (auf einem Flug von Amerika nach Europa) 26. 6. 1973; seit 1961 Leiter des Stuttgarter Balletts, 1968–71 auch Chefchoreograf in München; um Wiederbelebung des abendfüllenden Handlungsballetts bemüht.

Cranmer [ˈkrænmə], Thomas, engl. Erzbischof, Förderer der Reformation, * Aslacton (bei Norwich) 2. 7. 1489, † Oxford 21. 3. 1556; wurde 1533 als Erzbischof von Canterbury bestätigt, erklärte die Ehe Heinrichs VIII. mit Katharina von Aragón für nichtig, hob 1535 dessen Ehe mit Anna Boleyn auf und 1540 die Ehe mit Anna von Cleve. Von ihm stammen die Fassungen des Common Prayer Book von 1549 und 1552 und die 42 Artikel der anglikan. Kirche von 1553, auf denen die späteren →Neununddreißig Artikel der Kirche von England beruhen. Auf C. geht u. a. auch die Verbreitung der Bibel in engl. Sprache zurück. Unter der gegenreformator. Regierung Marias der Katholischen wurde C. auf dem Scheiterhaufen als Häretiker verbrannt.

Cranz, Stadt in Russland, →Selenogradsk.
Craquelé [kraˈkle; frz. »rissig«], **Krakelee,** *das,* Netz von zufälligen oder beabsichtigten feinen Glasurrissen bei Porzellan und Keramiken, deren Scherben und Glasur sich beim Erkalten unterschiedlich zusammenziehen.

Crashtest [ˈkræʃ-; engl.], Versuchsverfahren zur Untersuchung des Verhaltens von Kraftfahrzeugen und Insassen bei Unfällen. Beim C. prallt das meist mit Testpuppen (Dummys) besetzte Fahrzeug gegen ein starres Hindernis oder eine deformierbare Barriere; gemessen und beurteilt werden beim C. die Karosserieverformungen, der Zeitpunkt der Airbagauslösung und das Eindringen von Lenkrad, Armaturenbrett und Pedalen sowie das Verletzungsrisiko der Passagiere. Hinzu kommt die Auswertung des Verformungsbildes der geknautschten Barriere, die Rückschlüsse über die Beschädigungen zulässt, die bei einer realen Kollision beim Unfallpartner entstanden wären. Neben dem Frontalaufprall ist auch ein Seitenaufprall (**Seiten-C.**) vorgeschrieben. Ein intensiver Wettbewerb im Bereich Fahrzeugsicherheit hat eingesetzt, als der unabhängige Euro-NCAP-Test 1997 mit seinen Prüfvorschriften geschaffen wurde. Träger und Initiatoren dieses Tests sind u. a. der ADAC und das Bundesministerium für Verkehr, Bau und Stadtentwicklung.

Crassus, Marcus Licinius, gen. Dives (»der Reiche«), röm. Staatsmann, * um 115 v. Chr., † (getötet) bei Karrhai 53 v. Chr.; schlug 71 den Aufstand des →Spartacus nieder; 70 und 55 cos. mit Pompeius Konsul. 60/59 bildete er mit Caesar und Pompeius das 1. Triumvirat; als Prokonsul von Syrien 53 von den Parthern bei Karrhai geschlagen.

Crataegus [griech.-lat.] *der,* Pflanzengattung, →Weißdorn.
Crater [lat.], das Sternbild →Becher.
Crater Lake [ˈkreɪtə ˈleɪk], Kratersee in der Cascade Range, Oregon, USA, 1 880 m ü. M., 50 km², 589 m tief, durch Explosion eines Vulkans entstanden; gehört seit 1902 zum **C. L. National Park** (741 km²).

Crau, La [laˈkro], Landschaft in S-Frankreich, im Dép. Bouches-du-Rhône, rd. 500 km²; durch Bewässerung bes. im N (Petite C.) in fruchtbares Acker- und Gartenland (Reis, Gemüse) umgewandelt, im S der Ind.-Komplex von Fos-sur-Mer.

Crawler [ˈkrɔːlə, engl. »Krabbler«] *der, Informatik:* →Suchsystem.

Crawley [ˈkrɔːlɪ], Stadt (New Town) in der engl. Cty. West Sussex, südlich von London, 94 700 Ew.; Maschinenbau, Holz-, Nahrungsmittel- u. a. Industrie.

Craxi, Benedetto (»Bettino«), ital. Politiker, * Mailand 24. 2. 1934, † Hammamet (Tunesien) 19. 1. 2000; Sozialist, 1976–93 Gen.-Sekr. der »Sozialist. Partei Italiens« (PSI), führte als erster sozialist. Min.-Präs. (1983–87) Italiens eine Fünfparteienkoalition. In den Mailänder Bestechungsskandal verwickelt, wurde C., der nach Tunesien flüchtete, in mehreren Gerichtsverfahren (1993/94) zu mehrjährigen Haftstrafen verurteilt (rechtskräftig 1996, wegen Verjährung 1999 aufgehoben).

Cray [kreɪ], Seymour Roger, amerikan. Computeringenieur, * Chippewa Falls (Wis.) 28. 9. 1925, † Colorado Springs (Col.) 5. 10. 1996; Mitbegründer der Firma »Control Data Corp.« (1957), die erstmals Computer mit Transistoren herstellte, und der Firma »Cray Research Inc.« (1972), wo er die Superrechner »Cray 1« und »Cray 2« entwickelte.

Crayonmanier [krɛˈjõ, frz.], →Kupferstich.

Crazy Horse [ˈkreɪzɪ ˈhɔːs, engl.], indianisch **Tashunka Witko,** Kriegshäuptling der Oglala-Indianer (Unterstamm der Teton-Dakota), * am Rapid Creek (S. D.) um 1842, † Fort Robinson (Nebr.) 5. 9. 1877; einer der Führer des Freiheitskampfes der Dakota in den 1870er-Jahren; hatte maßgebl. Anteil am indian. Sieg in der Schlacht am →Little Bighorn River (25. 6. 1876); ging 1877 mit seinen Anhängern in eine Reservation, wo er bei seiner Verhaftung erstochen wurde.

Creangă [-gə], Ion, rumän. Schriftsteller, * Humuleşti (Moldau) 10. 6. 1839, † Iaşi 31. 12. 1889; war Diakon; stand dem Dichterkreis »Junimea« nahe. Sein Sinn für Komik bevorzugte u. a. die iron. Verstellung und das Absurde.

Creatio ex nihilo, eine der Grundaussagen der christl. Philosophie, formuliert zuerst von den Kirchenvätern, besagt, dass die Schöpfung der Welt als Werk Gottes absolut voraussetzungslos und allein Ergebnis des göttl. Willensakts ist. Damit steht sie im Ggs. zu Grundpositionen der griech. Philosophie: zur platonischen, die Schöpfung als Übergang aus ungewordenem, ewigem und ungeordnetem Stoff (→Chaos) in den geordneten Kosmos beschreibt, zu Aristoteles' Lehre von der Ewigkeit der Welt, zu dem Grundsatz, dass Seiendes nur aus Seiendem und nicht aus Nichtseiendem entstehen könne (→ex nihilo nihil fit).

Creative Writing [kriːˈeɪtɪv ˈraɪtɪŋ, engl.] *das,* **kreatives Schreiben,** Form des Schreibens, das Wege zur Entfaltung neuer individueller Ausdrucksmöglichkeiten und Kommunikationsformen eröffnen soll. Der Begriff wurde in den USA geprägt und bezieht sich im Wesentlichen auf das Erlernen des literar. Schreibens.

Crébillon [krebiˈjõ], **1)** Claude Prosper Jolyot de, frz. Schriftsteller, * Paris 14. 2. 1707, † ebd. 12. 4. 1777, Sohn von 2); schrieb erotisch-psycholog. Romane, u. a. »Das Sopha« (1742).

2) Prosper Jolyot, eigtl. P. J. Sieur de **Crais-Billon,** frz. Dramatiker, * Dijon 13. 1. 1674, † Paris 17. 6. 1762, Vater von 1); schuf durch Schreckens- und Schauerszenen übersteigerte Tragödien.

Crécy-en-Ponthieu [kresiãpõˈtjø], Gem. in der frz. Dép. Somme, 1 600 Einwohner. – Hier erfocht am 26. 8. 1346 der engl. König Eduard III. einen entscheidenden Sieg über die Franzosen.

John Cranko (links) während einer Probe mit Marcia Haydée und Richard Cragun (1967)

Credé, Karl, Gynäkologe, * Berlin 23. 12. 1819, † Leipzig 14. 3. 1892; führte den **C.-Handgriff** (Lösung einer verzögerten Nachgeburt durch Druck von außen) und das Einträufeln einer 1%igen Silbernitratlösung in die Augen Neugeborener zur Verhütung des Augentrippers (**C.-Prophylaxe**) ein.

Credi, Lorenzo di, ital. Maler, * Florenz um 1457, † ebd. 12. 1. 1537; zus. mit L. da Vinci Schüler des A. del Verrocchio; schuf Madonnenbilder und Altartafeln in lichten Farben; auch mytholog. Figuren.

Crédit Agricole [kreˈdiagriˈkɔl], frz. Kreditgenossenschaftsgruppe mit dreistufiger Struktur; gegr. 1920, Sitz: Paris. Am Zentralinstitut **Crédit Agricole S. A.** (bis 2001 Caisse Nationale de Crédit Agricole) sind die 2 650 lokalen und 44 Regionalbanken zu 73 % beteiligt. Die C.-A.-Gruppe, zu der auch die Crédit Agricole Indosuez (seit 1996) und die Crédit Lyonnais (seit 2003) gehören, ist in über 60 Ländern aktiv.

Credit|anstalt AG, älteste österr. Großbank, Sitz: Wien, gegr. 1855, firmierte 1939–97 als Creditanstalt-Bankverein AG; 1946 verstaatlicht; zw. 1957 und 1997 schrittweise privatisiert; fusionierte 2002 mit der Bank Austria AG zur →Bank Austria Creditanstalt AG.

Credit-Default-Swap [ˈkredɪtˈdɪfɔːltswɔp, engl.] *der,* Abk. **CDS,** Grundform der →Kreditderivate, bei der sich der Inhaber einer ausfallgefährdeten Forderung (Risikoverkäufer) gegen das potenzielle Kreditrisiko absichert, indem er einen Sicherungsgeber (Risikokäufer) gegen Zahlung einer Prämie verpflichtet, ihm den ggf. eintretenden Ausfall zu erstatten.

Credit-linked-Note [ˈkredɪtlɪŋktnəʊt, engl.], Abk. **CLN,** Grundform der →Kreditderivate, bei der sich der Inhaber einer ausfallgefährdeten Forderung gegen das potenzielle Risiko absichert, indem er eine auf die Forderungsbegleichung abgestellte Anleihe (CLN) emittiert, die er später zum Nominalwert – im Falle eines Forderungsausfalls jedoch nur zu einem um den Ausfall geminderten Betrag – zurückzahlt.

Crédit Lyonnais [kreˈdiljɔˈnɛ], eines der größten frz. Kreditinstitute, gegr. 1863, verstaatlicht 1946, 1999 privatisiert; Sitz: Lyon (Zentralverwaltung: Paris); gehört seit 2003 zur Crédit Agricole.

Creditpoints [ˈkredɪtpɔɪnts, engl.], **Credits,** *Hochschulwesen:* die →Leistungspunkte.

Creditreform, eigtl. **Verband der Vereine Creditreform e. V.,** eine der größten europ. Auskuntei- und

Fritz Cremer: Mahnmal in Buchenwald (1952–58)

William Randal Cremer

Inkassoorganisationen, gegr. 1879, Sitz: Neuss. Die 2001 gebildete **C. AG** bündelt die unternehmer. Aktivitäten des Verbandes und fungiert als Holding für die Tochterunternehmen.

Credit-Spread-Option [krɛdɪtˈsprɛdɔpʃn], Abk. **CSO,** Grundform der →Kreditderivate, bei der sich der Inhaber einer ausfallgefährdeten Forderung sowohl gegen das Ausfallrisiko als auch gegen das Risiko einer Bonitätsverschlechterung seines Schuldners absichert, indem er einen Sicherungsgeber gegen ein vorab gezahltes Entgelt (Options-/Versicherungsprämie) verpflichtet, ggf. eine Zahlung zu leisten, wenn der Credit-Spread (Aufschlag eines Kredit- oder Anleihezinssatzes gegenüber dem einer vergleichbaren, aber risikolosen Staatsanleihe) ein festgelegtes Limit überschreitet.

Credit Suisse Group [krɛdɪtˈsɥɪsɡruːp], global tätiger schweizer. Finanzkonzern, gegr. 1982 als CS Holding, seit 1997 jetzige Bez.; Sitz: Zürich. Zur C. S. G. gehören u. a. Credit Suisse, Credit Suisse First Boston, Bank Leu und Winterthur-Versicherungsgruppe.

Credo [lat. »ich glaube«] *das,* das mit diesem Wort beginnende →Nicänische Glaubensbekenntnis.

credo, quia absurdum [lat. »ich glaube, weil es widersinnig ist (d. h., weil es das Fassungsvermögen der Vernunft übersteigt)«], Satz, der den Glauben an die Wahrheit der christl. Offenbarung auf deren Absurdität (d. h. Uneinsehbarkeit für den menschl. Verstand) gründet. Gedanklich bereits bei Tertullian vorgebildet, war dieser Satz in der nachreformator. Zeit gegen eine dogmat. Glaubensfestlegung durch die Amtskirchen gerichtet.

credo, ut intellegam [lat. »ich glaube, damit ich verstehen kann«], von Anselm von Canterbury in Anknüpfung an Augustinus geprägter Satz, besagt, dass die Vernunft das Mittel zur Auslegung von Glaubenswahrheiten und der Glaube die Quelle der durch Denken gewonnenen Einsichten ist. Diese Formel kennzeichnete die mittelalterl. Einbindung der Philosophie in die Theologie.

Cree [kriː], große, weit verbreitete Indianerstämme der Algonkin-Sprachfamilie beiderseits der südl. Hudson Bay bis zu den nördl. Great Plains. Etwa 125 000 C. in Kanada und 8 300 in den USA (Montana). Sie leben in vielen kleinen Reservationen; meist Jäger und Fischer.

Creek [kriːk, engl.] *der,* kleiner Fluss, in Australien Name für kleine, periodisch Wasser führende Flüsse.

Creek [kriːk], nordamerikan. Indianerstamm der Muskogee-Sprachfamilie, als sesshafte Feldbauern beheimatet im SO der USA, in W-Georgia und Alabama; 1836 wurden 17 000 C. in das »Indian Territory« im heutigen Oklahoma umgesiedelt, wo sie zu den Hauptgruppen der »Fünf Zivilisierten Stämme« gehörten; heute etwa 43 500 Menschen.

Creglingen, Stadt im Main-Tauber-Kreis, Bad.-Württ., im Taubertal, 4 900 Ew. – Got. Herrgottskirche (1384–99), mit Marienaltar von T. Riemenschneider (um 1505–10) und zwei weiteren spätgot. Schnitzaltären. – Stadtrecht seit 1349.

Creme [krɛːm, kreːm] *die,* **Krem, 1)** sahnige Süßspeise, Tortenfüllung.
2) salbenartiges Hautpflegemittel (Öl in Wasser- oder Wasser-in-Öl-Emulsion).

Cremer, 1) Fritz, Bildhauer und Grafiker, * Arnsberg 22. 10. 1906, † Berlin 1. 9. 1993; 1946–50 Prof. in Wien, wurde 1950 Leiter eines Meisterateliers der Akademie der Künste in Berlin (Ost); ein Hauptvertreter realist. Plastik (Mahnmale Auschwitz, Buchenwald, Ravensbrück; Einzelfiguren, Porträts).
2) [ˈkriːmə], Sir (seit 1907) William Randal, brit. Gewerkschafter und Politiker, * Fareham (bei Portsmouth) 18. 3. 1838 (nach anderen Angaben 1828), † London 22. 7. 1908; Tischler, Unterhaus-Abg. 1885–95 und 1900–08; führend in der internat. Arbeiter- und Friedensbewegung, u. a. in der Ersten Internationale von 1864; war 1888 Mitbegründer der Interparlamentar. Friedenskonferenz für die Schlichtung internat. Streitigkeiten und wurde 1889 deren Vizepräs. 1903 erhielt er den Friedensnobelpreis.

Crémieux [kreˈmjø], Benjamin, frz. Kritiker, * Narbonne 1. 12. 1888, † KZ Buchenwald 12. 4. 1944; Studien zur zeitgenöss. frz. und ital. Literatur; auch Romanautor.

Cremona, 1) Prov. im S der Lombardei, Italien, 1 771 km², 342 800 Einwohner.
2) Hptst. von 1), am Po unterhalb der Addamündung, 71 500 Ew.; Bischofssitz; Agrarmarkt, Landmaschinen-, Textilind., Erdgasförderung, Erdölraffinerie; Musikinstrumentenmesse. – Roman. Dom (1190 geweiht) mit 111 Meter hohem Glockenturm, der Kampanile »Torrazzo« (13. Jh.). – Gegr. 218 v. Chr. als röm. Kolonie. Im 12. Jh. freie Kommune, war mit Kaiser Friedrich Barbarossa gegen Mailand verbündet. 1334 geriet es unter die Herrschaft Mailands, seitdem mit der Gesch. der Lombardei verbunden. – Seit dem MA. bed. Terrakottenind.; vom 16. bis 18. Jh. war der Geigenbau berühmt (**Cremoneser Geigen:** v. a. Amati, Stradivari und Guarneri).

Creole [frz.] *die,* **Kreole,** ringförmiger Ohrring, in den ein kleinerer Schmuckgegenstand eingehängt werden kann.

Crêpe [krɛp, frz.], **1)** *der,* ein Gewebe, →Krepp.
2) *die,* dünner Eierkuchen, mit Likör getränkt oder gefüllt mit Konfitüre u. a.; als Nachtisch oft flambiert serviert.

Cres [tsrɛs], ital. **Cherso,** Adriainsel, in der Bucht des →Kvarner, Kroatien, 404 km², 3 200 Ew.; Hauptort Cres; Weinbau, Fischfang.

Crescas, Don Chisdai (Hasdai), jüd. Religionsphilosoph, * Barcelona um 1340, † Saragossa 1410 oder 1412; seit 1387 Kronrabbiner von Aragonien; trat für einen auf der Liebe und Güte Gottes basierenden Offenbarungsglauben ein.

crescendo [krɛˈʃɛndo; ital. »wachsend«], Abk. **cresc.,** musikal. Vortragsbez. für das allmähl. Anwachsen der Tonstärke; Zeichen: <; Ggs.: →decrescendo, →diminuendo.

Crescenti|er, seit Anfang des 10. Jh. bezeugte röm. Patrizierfamilie, benannt nach dem in dieser Familie häufigen Vornamen Crescentius; Rivalen der kaiserfreundl. Tuskulaner; regierten mit dem Titel »Patricius von Rom« die Stadt. Kaiser Otto III. konnte ihre Macht brechen.

Crespi, 1) Giovanni Battista, gen. **il Cerano,** ital. Maler, * Cerano (bei Novara) um 1565/70, † Mailand 23. 10. 1632; Leiter der Bildhauerwerkstätten des Doms in Mailand; malte Altarbilder in lebhaft bewegter Komposition.
2) Giuseppe Maria, gen. **lo Spagnuolo,** ital. Maler und Radierer, * Bologna 14. 3. 1665, † ebd. 25. 3. 1747; schuf mythol. und Historienbilder sowie genrehafte Szenen in starken Hell-Dunkel-Gegensätzen.

Crespi d'Adda, Wohnsiedlung in der Gem. Capriate San Gervasio, Prov. Bergamo, Lombardei, Italien. – Die von einem Textilfabrikanten für die Arbeiter seiner Baumwollspinnerei und deren Familien erbaute und noch heute bewohnte Siedlung gehört zu den wenigen Industriesiedlungen der 2. Hälfte des 19. Jh., die weitgehend in ihrer ursprüngl. Form erhalten sind (UNESCO-Weltkulturerbe).

Cressida, ein Mond des Planeten Uranus.

Crêt de la Neige [krɛdəlaˈnɛːʒ], höchster Gipfel des Jura in Frankreich, 1718 m hoch.

Créteil [kreˈtɛj], Hptst. des Dép. Val-de-Marne, Frankreich, 82 600 Ew.; Univ.; Bischofssitz; Maschinen- und Gerätebau.

Cretonne [krəˈtɔn, frz.] *die* oder *der,* **Kretonne,** stark appretiertes Gewebe mit hartem Griff, in Leinwandbindung; v. a. für strapazierfähige Bettwäsche.

Creuse [krøːz], Dép. in Mittelfrankreich, 5565 km², 123 000 Ew.; Hptst.: Guéret.

Creusot [krøˈzo], Stadt in Frankreich, →Le Creusot.

Creutzfeldt-Jakob-Krankheit [nach den Neurologen Hans G. Creutzfeldt, * 1885, † 1964, und Alfons Jakob, * 1884, † 1931], seltene meldepflichtige Erkrankung des zentralen Nervensystems mit Ablagerungen eines Proteins der Nervenzellmembran in Gehirn und Rückenmark, die durch →Prionen verursacht werden. Die Folge ist ein Absterben von Nervenzellen mit schwammartiger Gewebeveränderung. Die Inkubationszeit liegt zw. 6 Monaten und mehreren Jahren. Die Erkrankung beginnt mit Gedächtnis-, Konzentrations- und Merkfähigkeitsstörungen, verbunden mit Sehstörungen und Schlaflosigkeit; später kommen Demenz, spast. Lähmungen und Muskelstarre hinzu; nach wenigen Wochen bis zu zwei Jahren tritt der Tod ein. Zu den bekannten Übertragungswegen gehören die Transplantation von harter Hirnhaut und Hornhaut des Auges, neurochirurg. Eingriffe im Gehirn, früher auch die Gabe von aus menschl. Gehirn hergestellten Hormonen. Meist tritt die C.-J.-K. jedoch sporadisch auf, ohne dass eine Ursache gefunden werden kann. Mitunter zeigt sich eine familiäre Häufung der Erkrankung. – Seit Mitte der 1990er-Jahre wird eine neue Form der C.-J.-K. v. a. in Großbritannien beobachtet, die im Zusammenhang mit dem Auftreten von →BSE bei Rindern steht; ursächlich wird die Übertragung durch Aufnahme von infizierten Rindergeweben angenommen.

Creuzer, Georg Friedrich, klass. Philologe, * Marburg 10. 3. 1771, † Heidelberg 16. 2. 1858; Prof. in Marburg, Leiden und Heidelberg; Hauptwerk: »Symbolik und Mythologie der alten Völker, bes. der Griechen« (4 Bde., 1810–12).

Crevette [krəˈvɛt(ə), frz.] *die,* **Krevette,** ein Krebstier, →Garnelen.

Crew [kruː, engl.] *die,* Besatzung, Mannschaft, bes. Schiffsmannschaft und Flugzeugbesatzung; auch Kadettenjahrgang der Marine.

Crewe [kruː], Stadt in der engl. Cty. Cheshire, 67 200 Ew.; Lokomotiv-, Automobil-, Maschinenbau, pharmazeut. Industrie.

Crichton [ˈkraitn], John Michael, Pseudonyme: Jeffrey **Hudson,** John **Lange** und, zus. mit seinem Bruder Douglas C., Michael **Douglas,** amerikan. Schriftsteller, Drehbuchautor und Produzent, * Chicago (Ill.) 23. 10. 1942; schreibt unterhaltende Literatur in einer Mischung aus Fakten und Fiktion, die häufig moderne Zeitthemen aufgreift und Gegenstand heftiger Diskussionen ist. – *Werke: Romane:* Die Intrige (1968); Notaufnahme (1970); Dinopark (1990, verfilmt 1993 u. d. T. Jurassic Park); Enthüllung (1994); Lost world – Vergessene Welt (1995); Timeline (1999); Beute (2002).

Crick, Francis Harry Compton, brit. Biochemiker, * Northampton 8. 6. 1916, † San Diego (Calif.) 28. 7. 2004; entwickelte mit J. D. Watson ein Modell zur räuml. Struktur der DNA-Moleküle (**Watson-C.-Modell**). C. erhielt mit M. H. Wilkins und Watson 1962 den Nobelpreis für Physiologie oder Medizin.

Francis Crick

Cricket [ˈkrɪkɪt] *das,* engl. Schlagballspiel, →Kricket.

Crikvenica [tsrikˈvɛnitsa], Bade- und Kurort am Adriat. Meer, Kroatien, gegenüber der Insel Krk; 7100 Einwohner.

Crime [frz. krim, engl. kraɪm, »Verbrechen«] *das,* **1)** *angloamerikan. Strafrecht:* früher schwere Straftaten, für die verfahrensrechtl. Besonderheiten galten, heute allg. Straftaten.
2) *frz. Strafrecht:* i. e. S. die mit schweren Strafen bedrohten Verbrechen (Aburteilung durch das Schwurgericht) im Ggs. zu den Vergehen; i. w. S. alle Straftaten.
3) *Völkerrecht:* **International Crimes,** schwerste Rechtsverstöße, die besondere Konsequenzen nach sich ziehen sollen.

Crimen [lat.] *das,* röm. Recht: das Verbrechen; **C. laesae maiestatis,** Straftatbestand (vom Ende der röm. Rep.) zum Schutz der Würde des Staates; später unterschieden in Hochverrat, Majestätsbeleidigung und -verbrechen.

Crimmitschau, Große Kreisstadt im Landkreis Zwickauer Land, Sachsen, im Pleißetal, 22 300 Ew.; Metallverarbeitung, Zulieferbetriebe für die Automobilindustrie, Druckindustrie, Konsumgüterherstellung, Handwerks- und Dienstleistungsunternehmen. – Spätgot. Hallenkirche St. Laurentius. – C., 1225 erstmals erwähnt, erhielt 1414 Stadtrecht.

Crinoidea, Stachelhäuter, die →Haarsterne.

Criollismo [-ˈʎ-; span. »Kreolentum«, zu criollo »im Lande Geborener«] *der,* **Americanismo,** geistigliterar. Strömung in Lateinamerika mit der Tendenz, eine den europ. Einflüssen entgegengesetzte eigene, bisweilen durch eine Synthese indian. und europ. Elemente gekennzeichnete Kultur zu schaffen.

Cripps, Sir (seit 1930) Stafford, brit. Politiker (Labour Party), * London 24. 4. 1889, † Zürich 21. 4. 1952; war 1940–42 Botschafter in Moskau; versuchte 1942 im Auftrag der brit. Reg., die ind. Parteien zu einer Einigung über die zukünftige Verf. Indiens zu bewegen (»C. Mission«). 1942–45 Min. für Flugzeugherstel-

Francesco Crispi

Benedetto Croce

lung. Als Präs. des Handelsamtes (1945–47) und Schatzkanzler (1947–50) betrieb er eine Politik der →Austerity.

Criș [kriʃ], rumän. Name des Theißnebenflusses →Körös.

Crișana [kriˈʃana] *die,* histor. Landschaft in Rumänien im Gebiet der Körös; Ackerbaugebiet.

Crispi, Francesco, ital. Politiker, * Ribera (Prov. Agrigent) 4. 10. 1819, † Neapel 11. 8. 1901; nahm an der Eroberung des Königreichs Neapel durch Garibaldi (1860) teil. Seit 1861 war er ein führender Abg. der radikalen Linken. Als Min.-Präs. (1887–91 und 1893–96; auch Innen- und Außenmin.) ging er scharf gegen die beginnende sozialist. Bewegung vor. Vor allem war er Hauptvertreter des imperialist. Gedankens in Italien. Sein Versuch, Äthiopien zu erobern, scheiterte mit der Niederlage bei Adua (1. 3. 1896); danach musste er zurücktreten.

Crispinus und Crispinianus, nach der Legende Märtyrer in Soissons, † um 280; Brüder; Heilige, Patrone der Schuhmacher, Gerber und Sattler, Tag: 25. 10.

Cristóbal [engl. krɪsˈtəʊbəl, span. krisˈtoβal], Hafenstadt am atlant. Eingang des Panamakanals, Panama, 34 600 Ew.; bildet mit Colón eine Siedlungseinheit; Containerhafen.

Cristobalit *der,* Mineral, eine Modifikation von Quarz; zw. 1 470 und 1 710 °C stabil als kub. Hoch-C. Tief-C. ist tetragonal und wandelt sich bei 180–270 °C in Hoch-C. um.

Crivelli, Carlo, ital. Maler, * Venedig um 1435, † Ascoli Piceno nach dem 7. 8. 1494 und vor dem 3. 9. 1495; malte wie gemeißelt wirkende Figuren in häufig mit Ornamenten überreich geschmückten Andachts- und Altarbildern.

Crna Gora [ˈtsr:na: ˈgɔra, »schwarzes Gebirge«], →Montenegro.

Croagh Patrick [ˈkrəʊəɡ ˈpætrɪk], Berg im W der Rep. Irland, 765 m ü. M.; am letzten Sonntag im Juli Ziel einer großen Wallfahrt zu Ehren des hl. Patrick.

Croce [ˈkro:tʃe], Benedetto, ital. Philosoph, Historiker, Literaturwissenschaftler und Politiker, * Pescasseroli (Prov. L'Aquila) 25. 2. 1866, † Neapel 20. 11. 1952; 1943 Neubegründer und bis 1947 Führer der Liberalen Partei. Seine Gegnerschaft zum Faschismus dokumentierte C. 1925 in einem Manifest. – C. gilt, neben G. Gentile, als der Überwinder des ital. Positivismus. Von F. De Sanctis und J. F. Herbart, später bes. von der Geschichtsphilosophie G. W. F. Hegels ausgehend, entwickelte er einen dialekt. Idealismus. Die Wirklichkeit sei unendl., dialekt. Entwicklung des objektiven Geistes in der Geschichte. Sie vollziehe sich in den Grundformen schöpferischer theoret. (ästhet. Intuition; Intellekt, theoret. Begriff) und prakt. (Ethik, Ökonomik) Tätigkeit. Als jeweilige Vollendung dieser Funktionen sieht C. die Philosophie an. Die Ästhetik verstand er als allgemeine Ausdruckslehre, Schönheit als vollendet geglückte Formung des poet. Stoffs. Wesentl. Wirkung hatte diese Vorstellung in C.s Literaturauffassung (»Poesie und Nichtpoesie«, 1925). 1903–44 Herausgeber der Ztschr. »La Critica«.

Crocin [griech.] *das,* Carotinoid-Farbstoff des Safrans; dient zum Gelbfärben von Lebensmitteln.

Crohn-Krankheit [nach dem amerikan. Arzt B. Crohn, * 1884, † 1984], **Enteritis regionalis Crohn, Morbus Crohn,** Narben bildende, unspezif., chronisch-schubweise auftretende Entzündung, die alle Abschnitte des Verdauungssystems erfassen kann; Ursachen sind noch immer ungeklärt, möglicherweise ist die Erkrankung immunologisch bedingt. Komplikationen sind Fistelbildung und Darmverschluss. – Behandlung: u. a. Glucocorticoide, Immunsuppressiva.

Croisé [krwaˈze, frz.] *das, Textiltechnik:* der →Köper.

Cro-Magnon [kromaˈɲɔ̃], Parzelle mit Felsüberhang (Abri) im Vézèretal bei Les-Eyzies-de-Tayac (Dép. Dordogne, Frankreich); 1868 wurden hier altsteinzeitl. Siedlungsreste und fünf Skelette (Alter 30 000–32 000 Jahre) aus dem Aurignacien gefunden. Kennzeichnend für den **C.-M.-Menschen,** der als Prototyp des modernen Homo sapiens aus dem oberen Pleistozän betrachtet wird, sind der recht große, kräftige Körperbau (Männer 175–180 cm) und ein langförmiger, breiter Schädel mit moderner Hirnschädelkapazität.

Cromer [ˈkrəʊmə], Evelyn Baring, Earl of (seit 1901), brit. Politiker, * Cromer Hall (bei Norwich) 26. 2. 1841, † London 29. 1. 1917; war seit 1872 im Kolonialdienst in Indien und Ägypten tätig, 1883–1907 als brit. Generalkonsul in Kairo der eigentl. Regent Ägyptens.

Cromlech [krɔmˈleç, ˈkrɔmlɛk, kelt.], →Kromlech.

Cromme, Gerhard, Industriemanager und Jurist, * Vechta 25. 2. 1943; 1971–86 in der frz. Compagnie de Saint-Gobain S. A. tätig, 1986–89 Vorstandsvors. der Krupp Stahl AG, seit 1989 der Fried. Krupp GmbH und 1999–2001 der Thyssen Krupp AG; seit 2001 ist er Vorsitzender des Aufsichtsrats.

Crommelynck [krɔmˈlɛ̃:k], Fernand, belg. Dramatiker frz. Sprache, * Paris 19. 11. 1888, † Saint-Germain-en-Laye 17. 3. 1970; schrieb volkstümlich derbe Theaterstücke, in denen sich Realismus mit symbolistisch überhöhter Darstellung verbindet (»Der Hahnrei«, 1921).

Crompton [ˈkrʌmptən], Samuel, brit. Erfinder, * Firewood Fold (bei Bolton) 3. 12. 1753, † Bolton 26. 6. 1827; entwickelte eine Spinnmaschine (»Mule-Jenny«), die Garn zu einer bis dahin unerreichten Gleichheit und Feinheit herstellte.

Cromwell [ˈkrɔmwəl], **1)** Oliver, engl. Staatsmann, * Huntingdon (Cty. Cambridgeshire) 25. 4. 1599, † London 3. 9. 1658; Landedelmann, trat als Mitgl. des Parlaments (1628/29 und erneut ab 1640) gegen König Karl I. auf und bildete nach Ausbruch des Bürgerkrieges (1642) aus strengen Puritanern eine Reitertruppe, die Ironsides (»Eisenseiten«), die zum Sammelpunkt der →Independenten wurden. C. siegte über die königl. Truppen 1644 in der Schlacht bei Marston Moor und (nach einer von ihm erwirkten Reform des Parlamentsheeres 1644/45 und der Bildung einer »New Model Army«) 1645 bei Naseby. 1648 bezwang C. die königstreuen Schotten bei Preston und schloss danach die in Gegensatz zu den Independenten geratenen Presbyterianer aus dem Parlament aus; 1649 ließ er den gefangen genommenen König hinrichten. Nach der blutigen Niederschlagung eines Aufstandes in Irland (1649/50) besiegte C. erneut die Schotten bei Dunbar (1650) und den in England eingedrungenen Karl II. bei Worcester (1651). Die Republik (Commonwealth of England) trug Züge einer reinen Militärherrschaft C.s, der seit 1653 »Lord Protector« war, aber den Königstitel 1657 ablehnte. – C. beschleunigte den Ausbau der Flotte, bekämpfte erfolgreich den Handelsrivalen Niederlande (1651 Navigationsakte; 1652–54 Seekrieg) und begründete im Kampf gegen die See- und Kolonialmacht Spanien (1655 Eroberung Jamaikas, 1658 Dünkirchens) die engl. Weltmachtstellung. – Als »Lord Protector« folgte ihm 1658 sein Sohn Richard C. (* 1626, † 1712), der schon im April 1659 zurücktrat und nach Wiederherstellung des Königtums (Karl II.) 1660–80 in Paris lebte.

2) Thomas, Earl of Essex (seit 1540), engl. Staatsmann, * Putney (heute zu London) um 1485, † London 28. 7. 1540; war Schatzkanzler und Großsiegelbewahrer Heinrichs VIII. sowie Generalvikar der engl. Kirche; plante die staatskirchl. Gesetzgebung des Königs, löste die Klöster auf und wurde durch seine Verwaltungsreformen zum Begründer des modernen engl. Zentralstaates. Er fiel jedoch in Ungnade und wurde hingerichtet.

Cronenberg [ˈkrəʊnənbəːg], David, kanad. Filmregisseur, * Toronto 15. 5. 1943; entwirft Horrorszenarien, in denen er psycholog. Schockeffekte bevorzugt. – *Filme:* Die Brut (1979); Die Fliege (1986); Naked Lunch (1991); Crash (1996); eXistenZ (1999); Spider (2002); A History of Violence (2005).

Cronin [ˈkrəʊnɪn], **1)** Archibald Joseph, engl. Schriftsteller, * Cardross (bei Dumbarton) 19. 7. 1896, † Montreux 6. 1. 1981; urspr. Arzt; schrieb u. a. die Romane »Die Sterne blicken herab« (1935), »Die Zitadelle« (1937), »Ein Held im Schatten« (1978).

2) James Watson, amerikan. Physiker, * Chicago (Ill.) 29. 9. 1931; erhielt für die Entdeckung von Verletzungen fundamentaler Symmetrieprinzipien (→ CPT-Theorem) beim Zerfall neutraler K-Mesonen 1980 zus. mit V. L. Fitch den Nobelpreis für Physik.

Crookes [krʊks], Sir (seit 1897) William, brit. Physiker und Chemiker, * London 17. 6. 1832, † ebd. 4. 4. 1919; entdeckte 1861 das Thallium, erfand 1874 das Radiometer, untersuchte die elektr. Entladungen in verdünnten Gasen und charakterisierte die → Kathodenstrahlen.

Croquis [krɔˈki], frz. Schreibung für → Kroki.

Crosby [ˈkrɔzbɪ], Bing, eigtl. Harry Lillis **C.**, amerikan. Sänger und Filmschauspieler, * Tacoma (Wash.) 2. 5. 1903, † Madrid 14. 10. 1977; bekannt durch Filme wie »Weiße Weihnachten« (1954) und »Die oberen Zehntausend« (»High Society«, 1956).

Cross [engl. »quer«, »sich kreuzend«] *der, Sport:* **1)** diagonal über den Platz geschlagener Ball (Tennis); **2)** kurz für → Crosscountry.

Cross-Border-Leasing [-ˈbɔːdə-ˈliːsɪŋ; engl. »grenzüberschreitendes Leasing«] *das,* eine von dt. Gemeinden verwendete spezielle (grenzüberschreitende) Variante des (Finanzierungs-)Leasings, bei der die Kommune Teile ihrer Infrastruktur an einen US-amerikan. Investor für einen Zeitraum von meist 45–99 Jahren vermietet; im gleichen Zug mietet die Kommune den Vermögensgegenstand in einem Untermietvertrag für eine sehr viel kürzere Zeitspanne (i. d. R. 20–35 Jahre) zurück. Die Gem. erhält ferner die Option, bei Ablauf des Untermietvertrages gegen Zahlung eines vorher vereinbarten Betrages die noch verbleibenden Nutzungsrechte des US-amerikan. Investors aus dem Hauptmietvertrag zurückzuerwerben und die Transaktion zu beenden (»Kaufoption«). Übt sie diese Option nicht aus, muss sie die entsprechende Anlage nach Ablauf des Untermietvertrages ihrem US-Partner übergeben. Dieser ist verpflichtet, die Anlage weiterzubetreiben. Die Kommune (verbleibt nach dt. Recht Eigentümer des Objekts) erhält zu Beginn der Transaktion vom amerikan. Hauptmieter die Gesamtmiete im Voraus und bestreitet aus dieser Einnahme die im Untermietvertrag vereinbarten Mietraten (sowie den Preis einer eventuellen »Kaufoption«). Den zu zahlenden Gesamtbetrag überweist die Kommune zu Beginn der Transaktion an ein Kreditinstitut. Dieses zahlt an den Leasinggeber die laufenden Leasingraten und, sofern die Kaufoption ausgeübt wird, nach Beendigung des Untermietvertrags den Optionspreis.

Das C.-B.-L. wird von den Kommunen als Instrument zur (vorübergehenden) Verbesserung der Haushaltssituation ohne Kreditaufnahme angesehen. Dabei profitiert die Kommune von den großzügigen Vergünstigungen, die das amerikan. Steuerrecht dem amerikan. Investor einräumt und die dieser zu einem Teil an die verpachtende Kommune weitergibt, sodass sich für die dt. Gemeinde unmittelbar bei Vertragsabschluss aus erhaltenen und geleisteten Zahlungen ein oft beträchtl. Barwertvorteil ergibt. Nach Änderung des amerikan. Steuerrechts (2004) werden C.-B.-L.-Transaktionen, die nach dem 12. 3. 2004 abgeschlossen worden sind, nicht mehr anerkannt.

Crosscheck [-tʃek; engl. check »Hindernis«] *der, Eishockey:* regelwidriger Körperangriff mit hoch und gleichzeitig quer gehaltenem Schläger.

Crosscountry [-kʌntrɪ, engl.] *das, Sport:* allg. gebräuchl. Bez. für Querfeldeinwettbewerbe u. a. in der Leichtathletik (→ Geländelauf) und im Motorradsport (→ Motocross). Im *Querfeldeinradsport* ist C. ein Mountainbikewettbewerb, bei dem ein Parcours von mindestens 6,5 km mehrmals zu durchfahren ist (1996 erstmals olymp. Disziplin).

Crossen (Oder), Stadt in Polen, → Krosno Odrzańskie.

Crossing-over [-ˈəʊvə, engl.] *das,* **Cross-over, Genaustausch, Faktorenaustausch,** *Genetik:* wechselseitiger, im Prophasestadium der ersten meiot. Teilung stattfindender Stückaustausch zw. homologen Chromatidenpartnern bei der Chromosomenpaarung.

Crossopterygi|i [griech.], → Quastenflosser.

Crossrate [-reɪt, engl.] *die,* **Kreuzkurs,** Parität oder Austauschverhältnis zw. zwei Fremdwährungen an einem nat. Devisenmarkt.

Cross River [- rɪvə; engl. »Kreuzfluss«], **1)** Fluss in Nigeria, entspringt in NW-Kamerun, mündet in den Golf von Guinea, 500 km lang; weithin schiffbar.

2) Bundesstaat von Nigeria (seit 1976); Hptst.: Calabar.

Croton [griech.] *der,* Gattung der Wolfsmilchgewächse, in den Tropen beheimatete Sträucher und Bäume. Die sehr giftigen Samen (Purgierkörner) des südasiat. **Tiglibaums** (Croton tiglium) enthalten das **Crotonöl** mit stark abführender und hautreizender Wirkung; eines der stärksten Kokarzinogene.

Crotone, 1) Prov. in Kalabrien, Italien, 1 717 km², 173 100 Einwohner.

2) bis 1928 **Cotrone,** Hptst. von 1), Hafenstadt und Seebad, 60 500 Ew.; Bischofssitz; Düngemittelfabrik, Nahrungsmittelind., Zinkmetallurgie. – Das antike griech. **Kroton** herrschte im 6. Jh. v. Chr. über Großgriechenland (das griechisch besiedelte Unteritalien).

Crotonsäure, 2-Butensäure, ungesättigte Carbonsäure, die zur Copolymerisation verwendet wird.

Crotus Rubianus, eigtl. Johann **Jäger,** Humanist, * Dornheim (bei Arnstadt) 1480, † Halberstadt um 1545; gehörte zum Erfurter Kreis um Mutianus Rufus; gab 1515 anonym die »Epistolae obscurorum virorum« (→ Dunkelmännerbriefe) heraus; war urspr. Anhänger Luthers, kehrte aber zur kath. Kirche (»Apologia«, 1531) zurück.

Croupier [kruˈpje, frz.] *der,* an Spielbanken: Angestellter, dem die Abwicklung des Spieles obliegt.

James W. Cronin

Paul Crutzen

Penélope Cruz

ČSA

Croupon [kruˈpɔ̃, frz.] *der,* das beste Leder liefernder Rückenteil einer gegerbten Tierhaut.

Crow [krəʊ; engl. »Krähe«] die, → Kräheninidianer.

Crowley [ˈkraʊli], Aleister, brit. Okkultist, * bei Stratford-upon-Avon 12. 10. 1875, † Hastings 1. 12. 1947; wurde durch seine Schriften zum geistigen Führer des okkulten → Satanismus.

Crown [kraʊn; engl. »Krone«] *die,* engl. Gold- und Silbermünze. Die **goldene C.** wurde 1526 eingeführt und 1663 durch die Guinea abgelöst. Die **silberne C.** wurde erstmals 1551 in Umlauf gebracht; letztmalig wurde sie, allerdings in Kupfer-Nickel, 1965 ausgehändigt.

Croy [frz. krwa, dt. krɔi], aus der picard. Grafschaft Ponthieu stammendes wallonisch-flämisch-westfäl. Adelsgeschlecht, erstmals im 12. Jh. erwähnt. Es erhielt 1598 die Herzogswürde, wurde 1667 in den Reichsfürstenstand erhoben und 1803 mit dem zuvor zum Hochstift Münster gehörenden Amt Dülmen in Westfalen für verlorene linksrhein. Besitzungen entschädigt. – Wilhelm von C., Herr von Chièvres (* 1458, † 1521) war Erzieher und einflussreicher Berater des jungen Kaisers Karl V.

Croydon [ˈkrɔidn], ehemals selbstständige Stadt in England, seit 1965 Stadtbezirk im S von London, 331 500 Ew.; vielseitige Ind., Bürozentrum.

Crozetinseln [kroˈzɛ-], vulkan. Inselgruppe im südlichsten Teil des Ind. Ozeans, 476 km²; wiss. Station auf der Île de la Possession, sonst unbewohnt; 1772 entdeckt, seit 1924 französisch.

Cru [kry; frz. »Gewächs«], *Weinbau:* Lage; Weinberg, aus dem hochwertige Weine gewonnen werden; mit klassifizierendem Zusatz Güteangabe bestimmter frz. Weine.

Crüger, Johann, ev. Kirchenmusiker, * Großbreesen (heute zu Guben) 9. 4. 1598, † Berlin 23. 2. 1663; schuf die Melodien zahlreicher ev. Kirchenlieder, z. B. »Jesu meine Freude«.

Cruikshank [ˈkrʊkʃæŋk], George, engl. Karikaturist, * London 27. 9. 1792, † ebd. 1. 2. 1878; geißelte polit. und soziale Missstände; illustrierte u. a. auch Bücher von C. Dickens und Märchen der Brüder Grimm.

Cruise [ˈkruːz], Tom, eigtl. Thomas C. **Mapother IV.,** amerikan. Filmschauspieler, * Syracuse (N. Y.) 3. 7. 1962; spielt seit den 1980er-Jahren Filmrollen, u. a. in »Rain Man« (1988), »Eyes Wide Shut« (1999) und »Minority Report« (2002). – *Weitere Filme:* Die Farbe des Geldes (1986); Geboren am 4. Juli (1989); Jerry Maguire (1997); Collateral (2004).

Cruise-Missile [kruːzˈmɪsɪl, -ˈmɪsaɪl, engl.] *das,* **Marschflugkörper,** mit nuklearem oder konventionellem Gefechtskopf ausgerüsteter militär. – Lenkflugkörper mit Tragflügeln und Steuerflächen; Länge: etwa 5,5 m, Durchmesser: etwa 50 cm, Geschwindigkeit: rd. 900 km/h, Reichweite: bis zu 2 500 km, Flughöhe: 15–100 m, Treffgenauigkeit: Abweichung von höchstens 10 m. Der Zielanflug erfolgt im → Konturenflug, sodass die Radarerfassung unterflogen werden kann. Konventionell bestückt, können 50–200 kg TNT transportiert werden, ein nuklearer Sprengkopf hat eine Sprengkraft von 10 kt bis 30 kt.

Cruisergewicht [ˈkruːzə-, engl.], **Leichtschwergewicht,** *Sport:* → Profiboxen (Übersicht).

Crush-Syndrom [ˈkrʌʃ-; engl. to crush »zerquetschen«], *Medizin:* akute, lebensbedrohl. Nieren- und Leberschädigung durch Zutritt von Muskelfarbstoffen ins Blut infolge ausgedehnter Muskelquetschung bei Unfällen, auch nach schweren Verbrennungen. Symptome sind Schwellungen der betroffenen Muskelbereiche, Rückgang der Harnausscheidung mit drohendem Nierenversagen.

Crustacea [lat.], die → Krebstiere.

Crutzen [ˈkrytsə], Paul Joseph, niederländ. Chemiker und Meteorologe, * Amsterdam 3. 12. 1933; Forschungen zur Chemie der Stratosphäre, insbes. zum → nuklearen Winter und zur Entstehung des → Ozonlochs; erhielt 1995 zus. mit M. J. Molina und F. S. Rowland den Nobelpreis für Chemie.

Crux [lat.] *die,* das Sternbild → Kreuz des Südens.

Cruz [kruθ], Penélope, span. Filmschauspielerin, * Alcobendas (bei Madrid) 28. 4. 1974; spielt seit den 1990er-Jahren Filmrollen in Spanien, u. a. unter der Regie von P. Almodóvar (»Alles über meine Mutter«, 1999), seit Ende der 1990er-Jahre auch in Hollywood (»Blow«, 2001). – *Weitere Filme:* Jamón, jamón (1992); Öffne die Augen (1997); Volver (2006).

Cruz-Díez [ˈkrusˈðiɛs], Carlos, venezolan. Maler, * Caracas 17. 8. 1923; Vertreter der kinet. Kunst, übersiedelte 1960 nach Paris. C.-D. schuf Metallreliefs aus farbigen Lamellen auf farbigem Grund, die sich durch Perspektivwechsel zu neuen Farbornamenten mischen (»Physichromie«); auch Environments und Errichtung chromat. Architekturfassaden.

Crvenkovski, Branko, makedon. Politiker, * Sarajevo 12. 10. 1962; Mitgl. des Sozialdemokrat. Bundes Makedoniens (SDSM, 1991–2004 Vors.), war 1992–98 und 2002–04 Min.-Präs., seit 2004 Staatspräsident.

Crwth [kruːθ, kymrisch] *die,* **Crewth,** lat. **Chrotta,** in Wales und Irland beheimatete, seit dem 10. Jh. nachweisbare Leier mit Griffbrett und kastenförmigem Korpus, deren Saiten (3–4 Melodie-, 2 Bordunsaiten) zunächst gezupft und seit dem 11. Jh. mit einem Bogen gestrichen wurden. Die C. war wahrscheinlich das Instrument der walis. → Barden.

Cs, chem. Symbol für → Cäsium.

CS, *Chemie:* Codename für den Reizkampfstoff 2-Chlorbenzylidenmalonsäuredinitril, in Tränengaspatronen.

c. s., *Musik:* Abk. für → colla sinistra.

ČSA [tʃɛː-], Abk. für **Czech Airlines,** aus der Čes koslovenské Aerolinie (Vorläufer gegr. 1923) durch Privatisierung 1992 hervorgegangene tschech. Luftverkehrsgesellschaft; Sitz: Prag.

Csángós [ˈtʃaːŋoːs], **Csángók,** → Tschangos.

Csardas [ˈtʃardas; ungar., von csárda »Schenke«] *der,* ungar. Nationaltanz mit ruhiger Einleitung (Lassu) und schnellem Hauptteil (Friss oder Friska) in geradem Takt; wird zu Zigeunermusik getanzt.

CSB, Abk. für → chemischer Sauerstoffbedarf.

C-Schlüssel, in der Notenschrift das aus dem Tonbuchstaben C entwickelte Zeichen, mit dem im Liniensystem die Lage des eingestrichenen c (c^1) festgelegt wird.

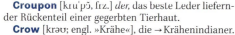

C-Schlüssel: **1** Sopran-, **2** Mezzosopran-, **3** Alt-, **4** Tenor-, **5** Baritonschlüssel

CSE-Hemmer [Abk. für **C**holesterin-**S**ynthese-(**E**nzym-)Hemmer], **HMG-CoA-Reduktasehemmer, Statine,** zu den Lipidsenkern gehörende Arzneimittel, die insbes. zur Erniedrigung der Plasmakonzentration von Lipoproteinen geringer Dichte (LDL, Abk.

für engl. low density lipoproteins) dienen. CSE-H. unterdrücken die Bildung von Cholesterin in der Leber. Dadurch werden vermehrt LDL in die Leber aufgenommen mit der Folge, dass deren Plasmakonzentration abnimmt. CSE-H. werden bei Patienten mit Fettstoffwechselstörungen und erhöhter Arteriosklerosegefahr eingesetzt.

Csepel [ˈtʃɛpɛl], Donauinsel südlich von Budapest, 257 km²; im N (gehört zum Budapester Stadtgebiet) metallurg. Ind. und Maschinenbau, Donaufreihafen.

ČSFR [tʃeː-], Abk. für tschech. Česká a slovenská federativna republika bzw. für slowakisch Česká a slovenská federatívna republika. (→Tschechoslowakei)

Csikós [ˈtʃikoːʃ], die ungar. Pferdehirten in der Puszta.

Csokor [ˈtʃɔkɔr], Franz Theodor, österr. Schriftsteller, * Wien 6. 9. 1885, † ebd. 5. 1. 1969; war 1938–46 im Exil; schrieb, vom Expressionismus herkommend, geschichtl. und zeitgeschichtl. Dramen von humanist. Grundhaltung (»Gesellschaft der Menschenrechte«, 1929), »Europ. Trilogie«, 1952), ferner Gedichte, den Wiedertäuferroman »Das Reich der Schwärmer« (1933, 1955 u. d. T. »Der Schlüssel zum Abgrund«) sowie autobiograf. Werke (»Auf fremden Straßen«, 1955).

ČSR [tʃeː-], Abk. für Československá republika; **ČSSR**, Abk. für Československá socialistická republika, →Tschechoslowakei.

CSU, Abk. für →Christlich-Soziale Union.

C-Symmetrie, *Physik:* die →C-Invarianz.

CT, Abk. für →Computertomografie.

c. t., Abk. für lat. cum tempore, mit dem akadem. Viertel, d. h. eine Viertelstunde nach der angesetzten Zeit. (→s. t.)

CT-Komplexe, die →Charge-Transfer-Komplexe.

Cu, chem. Symbol für →Kupfer (lat. Cuprum).

Cuanza, Fluss in Angola, →Kwanza.

Cuba, span. Schreibung von →Kuba.

Cubango *der,* **Kubango,** Oberlauf des →Okawango in Südangola.

Cubiculum [lat.] *das,* urspr. Schlafzimmer, dann allg. Zimmer des altröm. Wohnhauses; auch Grabkammer in den christl. Katakomben.

Cucchi [ˈkukki], Enzo, ital. Maler und Zeichner, * Morra d'Alba (bei Ancona) 14. 11. 1950; Vertreter der →Transavanguardia; dynamisch bewegte (Kohle-)Zeichnungen und Ölbilder von kräftiger, oft pastoser Farbigkeit, häufig mit mytholog. Themen.

Cucumis [lat.], Kürbisgewächsgattung mit Gurke und Melone.

Cucurbita, Pflanzengattung, →Kürbis.

Cúcuta, San José de C., Hptst. des Dep. Norte de Santander, Kolumbien, 683 000 Ew.; Bischofssitz; Univ.; Zentrum eines Agrargebietes (Kaffee, Reis, Mais), Umschlagplatz für den Handel mit Venezuela; Flugplatz.

Cudworth [ˈkʌdwəːθ], Ralph, engl. Philosoph, * Aller (bei Taunton) 1617, † Cambridge 26. 6. 1688; neben H. More Haupt der Cambridger Schule; vertrat einen auf die Übereinstimmung von Vernunft und Glauben gegründeten christl. Platonismus. In Auseinandersetzung mit dem Materialismus T. Hobbes' lehrte er den Dualismus von Körper und immaterieller Seele.

Cuenca, 1) Prov. in der Region Kastilien-La Mancha, Spanien, 17 140 km², 203 000 Einwohner.
2) Hptst. von 1), 1 001 m ü. M. auf einem Bergsporn im Mündungsdreieck des Júcar und Huécar, 44 100 Ew.; Bischofssitz; Univ.; Museen (u. a. bedeutendes Museum für span. abstrakte Kunst); Möbel-, Leder-, Seifen-, Nahrungsmittelind., Likör-, Teppichherstellung, Wollspinnerei. – Die von gut erhaltenen Befestigungsanlagen umgebene Altstadt (UNESCO-Weltkulturerbe) hat mittelalterl. Gepräge; got. Kathedrale (13. Jh.). – C., das antike **Conca,** wurde 1177 kastilisch, 1257 Stadt.
3) Santa Ana de C., Hptst. der Prov. Azuay in Ecuador, 2 543 m ü. M., 277 400 Ew.; zwei Univ.; Erzbischofssitz; Binnenhandelszentrum. – Kolonialzeitl. Architektur, Kloster und Kirche La Concepción (gegr. 1599). – Gegr. 1557.

Cuernavaca [kuɛrnaˈβaka], Hptst. des Bundesstaates Morelos, 1 540 m ü. M., Mexiko, 327 200 Ew.; Bischofssitz; Univ.; Mühlen, Textil-, Zementind.; Flugplatz. – Kathedrale (begonnen 1529; restauriert 1957), Palast von H. Cortez (begonnen um 1530). – Im 12. Jh. gegr., 1439 von den Azteken, 1521 von den Spaniern erobert.

Cueva [ˈku̯eβa], Juan de la, span. Dichter, * Sevilla um 1550 (?), † ebd. um 1610; schrieb Liebesgedichte im Stil F. Petrarcas; in seinen Dramen verwendete er erstmals volkstüml. Romanzen und Stoffe aus der span. Geschichte.

Cui [kyˈi], César, →Kjui, Zesar Antonowitsch.

Cuiabá, Hptst. des Bundesstaates Mato Grosso, Brasilien, 524 700 Ew.; Erzbischofssitz; Univ.; Fleischfabriken, Leder und Metall verarbeitende Industrie.

cui bono? [lat. »wem (dient es) zum Guten?«, Zitat aus einer Rede Ciceros], wem nützt es?, wer hat davon einen Vorteil? – Kernfrage der Kriminalistik nach dem Tatmotiv bei der Aufklärung eines Verbrechens.

cuius regio, eius religio [lat. »wessen das Land, dessen die Religion«], im →Augsburger Religionsfrieden (1555) vereinbarter Grundsatz, wonach die Landesherren (Reichsstände) die Religionszugehörigkeit ihrer Untertanen bestimmten.

Cukor [ˈkjuːkɔː], George, amerikan. Filmregisseur ungar. Abkunft, * New York 7. 7. 1899, † Los Angeles 24. 1. 1983; war zunächst Theaterregisseur; realisierte v. a. Literaturverfilmungen, u. a. »Die Kameliendame« (1936), »Das Haus der Lady Alquist« (»Gaslight«, 1944), »My Fair Lady« (1964).

Çukurova [tʃ-], Schwemmlandebene an der östl. Südküste der Türkei, im Sommer feuchtheiß; dank Bewässerung heute wichtiges Anbaugebiet für Baumwolle, Zitrusfrüchte und Reis; Industriestandort Adana, Hafenstadt Mersin.

Cul de Paris [kyd(ə)paˈri; frz. »Gesäß von Paris«] *der,* Polster oder Halbreifengestell, Ende des 17. Jh. (unter der Bez. **Bouffanten),** erneut Ende des 18. Jh. und in den 1880er-Jahren über dem Gesäß unter dem Frauenkleid getragen.

Culemeyer-Fahrzeug, →Straßenroller.

Culiacán, Culiacán-Rosales, Hptst. des Bundesstaates Sinaloa, Mexiko, 540 800 Ew.; Bischofssitz; Univ.; Leder-, Textil-, Zuckerindustrie.

Cullberg [-bærj], Birgit, schwed. Tänzerin, Choreografin und Ballettdirektorin, * Nyköping 3. 8. 1908, † Stockholm 8. 9. 1999; leitete 1967–85 die »C.-Baletten« in Stockholm; Choreografien: u. a. »Fräulein Julie« (1950), »Red Wine in Green Glasses« (1970), »Medea's children« (1982).

Cullinan [ˈkʌlɪnən], Bergbauort in Gauteng, Rep. Südafrika, Fundort (1905) des **C.-Diamanten** (3 106 Karat).

Culloden Muir [kəˈlɔdn ˈmjʊə], **Culloden Moor,** Heidemoor östlich von Inverness (Schottland); hier siegten am 16. 4. 1746 die Engländer über die schott. Stuartanhänger.

Culm, dt. Name der poln. Stadt →Chełmno.

Culmer Recht, mittelalterl. Stadt- und Landrecht; beruhend auf der **Culmer Handfeste** (1233, orientiert am Magdeburger Stadtrecht), gewann im größten Teil des Machtbereichs des Dt. Ordens und in vielen poln. Städten Geltung.

Culotte [ky'lɔt, frz.] *die,* Ende des 17. Jh. in der höf. Mode aufgekommene knielange Hose. (→Sansculotten)

Culpa [lat.] *die, Recht:* die Schuld; i. e. S. →Fahrlässigkeit im Ggs. zum Vorsatz.

Cultural Lag ['kʌltʃərəl læg; engl.] *das, Soziologie:* kulturelle Verspätung bzw. Phasenverschiebung; von W. F. Ogburn 1922 geprägte Bez. für das krisenhafte Phänomen des Anpassungsrückstandes der immateriellen Kultur (z. B. soziale Organisation, Recht, Ethik) gegenüber der sich beschleunigt wandelnden materiellen Kultur (naturwiss.-techn.-ökonom. Fortschritt) im Industriezeitalter.

Cumae, antike Stadt westlich von Neapel, älteste griech. Siedlung in Italien, als **Kyme** von Ioniern aus Euböa um 750 v. Chr. gegründet. C. hatte in seiner Blütezeit (um 700–500 v. Chr.) großen kulturellen Einfluss auf Etrusker und Römer. Um 420 v. Chr. wurde C. von den Samniten erobert, 334 v. Chr. erhielt es röm. Munizipalrecht; in der Kaiserzeit verlor es seine Bedeutung. C. war im Mythos Sitz der Sibylle.

Cumaná, Hptst. des Bundesstaates Sucre, Venezuela, am Manzanares und Golf von Cariaco; 263 000 Ew.; Bischofssitz; Univ.; Handelszentrum; Baumwoll-, Fischkonservenind., Metallverarbeitung; Thunfischfang. – Gegr. 1521 als **Nueva Toledo,** 1523 als **Nueva Córdoba** wieder errichtet, seit 1569 als C. am heutigen Ort. Erdbeben zerstörten die Stadt 1766, 1797, 1854 und 1929. C. ist Geburtsort von A. J. Sucre.

Cumarin [indian.] *das,* **Kumarin,** im Pflanzenbereich weitverbreitete Verbindung mit waldmeisterartigem Geruch. C. wird aus o-Kresol über Salicylaldehyd synthetisch hergestellt und hat in der Parfüm- und Seifenind. große Bedeutung.

Cumaron [indian.] *das,* **Kumaron, Benzofuran,** im Steinkohlenteer enthaltener oder synthetisch hergestellter Ausgangsstoff für C.-Inden-Harze, die ältesten thermoplast. Harze.

Cumberland ['kʌmbələnd], ehem. County in NW-England; seit 1974 Teil der County Cumbria.

Cumberland ['kʌmbələnd], engl. Herzogstitel (seit 1644), der wiederholt königl. Prinzen verliehen wurde. – Ernst August, Herzog von C. und zu Braunschweig-Lüneburg, * Hannover 21. 9. 1845, † Gmunden 14. 11. 1923; als einziger Sohn König Georgs V. Kronprinz von Hannover, als dieses 1866 von Preußen annektiert wurde. Da er an seinen hannover. Thronansprüchen festhielt, wurde 1884/85 auch seine Erbfolge im Herzogtum Braunschweig nicht zugelassen; erst sein Sohn Ernst August (von Braunschweig-Lüneburg) gelangte hier 1913 an die Reg., ohne einen Verzicht auf Hannover auszusprechen.

Cumberlandplateau ['kʌmbələndplato], südl. Teil des Appalachenplateaus, von W-Virginia im N bis Alabama im S, USA; stark bewaldet, reich an Kohle; in den **Cumberland Mountains** bis 1 263 m hoch.

Cumberland River ['kʌmbələnd 'rɪvə], linker Nebenfluss des Ohio, USA, 1 158 km lang; entspringt im Cumberlandplateau und mündet bei Smithland.

Cumberlandsoße ['kʌmbələnd-], kalte Soße aus Senf, Apfelsine und Zitrone, Portwein oder Madeira, Johannisbeergelee, Schalotten und Ingwer; meist zu kaltem Wildbraten gereicht.

Cumbria ['kʌmbrɪə], County in NW-England, 6 823 km², 499 000 Ew.; Hptst. Carlisle.

Cumbrian Mountains ['kʌmbrɪən 'maʊntɪnz], **Kumbrisches Bergland,** Bergland in NW-England, im Scafell Pike 978 m ü. M., mit dem Lake District (von Moränen abgedämmte Seen, unter Landschaftsschutz).

cum grano salis [lat. »mit einem Körnchen Salz«], mit der nötigen Einschränkung.

Cumin|öl, äther. Öl aus den Früchten des Kreuzkümmels, Hauptbestandteil **Cuminaldehyd;** riecht sehr intensiv, wird in geringsten Mengen Parfüms zugesetzt.

cum laude [lat. »mit Lob«], gut; drittbeste Note (nach summa c. l. und magna c. l.) bei der Promotion (→Doktor).

Cummings ['kʌmɪŋz], E. E. (Edward Estlin), amerikan. Schriftsteller, * Cambridge (Mass.) 14. 10. 1894, † North Conway (N. H.) 3. 9. 1962; autobiograf. Antikriegsbuch »Der ungeheure Raum« (1922), experimentelle Gedichte bei vielfach konventioneller Thematik.

Cumol [griech.] *das,* **2-Phenylpropan,** farblose, die Atemwege reizende Flüssigkeit, aus Benzol und Propylen hergestellt, weiterverarbeitet über C.-Hydroperoxid zu Phenol und Aceton.

cum tempore, →c. t.

Cumulus [lat.] *der,* Haufenwolke, →Wolken.

Cuna, Kunatulemar, Indianerstamm der Chibcha-sprachfamilie in O-Panama (etwa 45 000) und NW-Kolumbien (etwa 2 000); zur Zeit der span. Eroberung hoch stehende Goldverarbeitung; seit dem 18. Jh. einzigartige textile Volkskunst (Molakunst); innere Autonomie auf den San-Blas-Inseln vor der karib. Küste Panamas.

Cunard ['kju:nɑ:d], Sir Samuel, brit. Reeder, * Halifax (Kanada) 1787, † London 28. 4. 1865; richtete 1840 einen regelmäßigen Personen- und Frachtverkehr zw. Europa und Nordamerika ein, aus dem die **C. Steamship Company** hervorging.

Cunctator [lat.], Zauderer; Beiname des röm. Feldherrn Quintus Fabius Maximus Verrucosus (→Fabius).

Cunene, Fluss im südl. Afrika, →Kunene.

Cuneo, 1) Prov. in Piemont, NW-Italien, 6 903 km², 566 100 Einwohner.

2) Hptst. von 1), im SW der Poebene, 54 900 Ew.; Gummi-, Papier-, Glas-, Textilind. (Seidenraupenzucht); internat. Jagdmesse. – Ende des 12. Jh. entstanden.

Cumarin

Cumaron

Cumol: Synthese und Weiterverarbeitung

Cunnilingus [zu lat. cunnus »weibl. Scham«, lingua »Zunge«] *der,* Form des sexuellen Kontakts, bei dem die weibl. Geschlechtsteile durch Lecken, Küssen oder Beißen stimuliert werden.

Cunningham [ˈkʌnɪŋəm], Merce, amerikan. Tänzer und Choreograf, * Centralia (Wash.) 16. 4. 1919; tanzte 1940–45 als Solist bei Martha Graham. Als Choreograf schuf er seit Mitte der 1950er-Jahre avantgardist. Tanzstücke: Multimediastücke, aleator. Experimente, Minimal Dance und seit Mitte der 1970er-Jahre eine Art von kontemplativem Ritual.

Cuno, Wilhelm, Reeder und Politiker, * Suhl 2. 7. 1876, † Aumühle (bei Hamburg) 3. 1. 1933; 1918–22 und 1926–30 Leiter der Hamburg-Amerika-Linie (HAPAG). Als parteiloser Reichskanzler (Nov. 1922 bis Aug. 1923) versuchte er vergeblich, die Währung zu stabilisieren und die Reparationsfrage zu lösen. Nach der Besetzung des Ruhrgebiets durch frz. und belg. Truppen rief er dort den passiven Widerstand aus.

Cup [kʌp; engl. »Becher«] *der, Sport:* a) meist nach dem →Pokalsystem ausgetragener Wettbewerb; b) der als Siegespreis dafür ausgesetzte Pokal.

Cuphea [griech.] *die,* **Höckerkelch, Köcherblümchen,** amerikan. Gattung der Weiderichgewächse. Das **Zigarettenblümchen** (C. ignea) mit roten Blütenröhren ist eine Gartenpflanze.

Cupido [lat.], der altröm. Liebesgott, entspricht dem griech. →Eros.

Cuprit *das,* das →Rotkupfererz.

Cupro *das,* Bez. für Chemiefasern aus Celluloseregenerat, hergestellt durch Lösung in Kupferhydroxid und Ammoniakwasser.

Cuprum [lat.] *das,* →Kupfer.

Cupula [lat. »Becher«] *die,* **Fruchtbecher,** verholzendes Achsengebilde mit Schuppen oder Stacheln, das die Früchte der Buchengewächse ganz oder teilweise umhüllt, z. B. Buchecker, Eichel.

Curaçao [kyraˈsao], bedeutendste, zu den »Inseln unter dem Winde« gehörende Insel der →Niederländischen Antillen, 444 km², 133 600 Ew.; Hptst.: Willemstad. Hauptwirtschaftszweig ist der Umschlag und die Raffinierung des am Golf von Maracaibo gewonnenen Erdöls; Tourismus, Offshorebanken. – C. wurde 1499 von A. de Ojeda entdeckt, 1527 von den Spaniern, 1634 von den Niederländern besetzt.

Curare [indian.] *das,* **Kurare,** Gemisch von Alkaloiden und Begleitstoffen aus der Rinde versch. Strychnosarten und Mondsamengewächse (Pfeilgift südamerikan. Indianer); auch Bez. für die Reinalkaloide aus C. (z. B. Curarin, Tubocurarin, Toxiferin). Medizinisch wird v. a. Tubocurarin als muskelerschlaffendes Mittel verwendet.

Curcumin *das,* gelber bis roter Farbstoff aus der →Gelbwurzel.

Curé [kyˈre, frz.] *der,* der kath. Pfarrer in Frankreich.

Curiatiler, altröm. Geschlecht, →Horatier.

Curie [kyˈri] *das,* **Ci,** veraltete Einheit der Aktivität eines radioaktiven Strahlers. 1 Ci entspricht $3{,}7 \cdot 10^{10}$ Zerfallsakten pro Sekunde ($3{,}7 \cdot 10^{10}$ →Becquerel).

Curie [kyˈri], **1)** Irène, frz. Physikerin, →Joliot-Curie, Irène.

2) Marie, geb. Skłodowska, frz. Chemikerin und Physikerin poln. Herkunft, * Warschau 7. 11. 1867, † Sancellemoz (Dép. Haute-Savoie) 4. 7. 1934; 1895 ⚭ mit 3), Mutter von 1); wurde 1906 als Nachfolgerin ihres Mannes und als erste Frau überhaupt als Prof. für Physik an die Sorbonne berufen, übernahm 1914 auch die Leitung des Institut du radium in Paris. Als Doktorandin von A. H. Becquerel untersuchte sie die von diesem entdeckte Radioaktivität (von ihr so benannt) und entdeckte dabei 1898 die Radioaktivität des Thoriums und gemeinsam mit ihrem Mann die radioaktiven Elemente Polonium und Radium (dafür 1911 Nobelpreis für Chemie). In den folgenden Jahren erforschte sie die Wirkungen der radioaktiven Strahlen und begründete durch ihre Arbeiten die Radiochemie; außerdem arbeitete sie auf dem Gebiet der medizin. Röntgenologie. Schon 1903 war sie gemeinsam mit ihrem Mann und A. H. Becquerel für ihre Untersuchungen der Radioaktivität mit dem Nobelpreis für Physik ausgezeichnet worden. – C. starb, schwer strahlenkrank, an Leukämie. Am 20. 4. 1995 wurde sie gemeinsam mit ihrem Mann in das Pariser Panthéon überführt.

3) Pierre, frz. Physiker, * Paris 15. 5. 1859, † ebd. 19. 4. 1906 (Verkehrsunfall), ⚭ mit 2); Prof. an der École de physique et de chimie (1885–1903), ab 1904 an der Sorbonne in Paris, wurde 1905 Mitgl. der Académie des sciences. C. entdeckte 1880 die Piezoelektrizität der Kristalle und zus. mit seiner Frau 1898 die radioaktiven Elemente Polonium und Radium. Mit ihr und A. H. Becquerel erhielt er 1903 den Nobelpreis für Physik.

Curie-Gesetz [kyˈri-], von P. Curie gefundenes Gesetz, nach dem bei vielen paramagnet. Stoffen die magnet. →Suszeptibilität χ_m der absoluten Temperatur T umgekehrt proportional ist: $\chi_m = C / T$, wobei C die stoffabhängige **Curie-Konstante** ist.

Curie-Temperatur [kyˈri-, nach P. Curie], **Curie-Punkt,** die Temperatur, oberhalb der sich ein ferromagnet. Material paramagnetisch verhält. Sie beträgt für Eisen 768 °C.

Curitiba, früher **Curityba,** Hptst. des Bundesstaates Paraná, Brasilien, 1,67 Mio. Ew.; Erzbischofssitz; zwei Univ.; Metall-, Papier-, Möbel-, Textilind., Zementwerk; internat. Flughafen. – Aus einer 1654 angelegten Goldgräbersiedlung entstanden, Hptst. seit 1854.

Curium [nach M. und P. Curie] *das,* **Cm,** künstl. radioaktives Element aus der Gruppe der →Transurane, ein →Actinoid, Ordnungszahl 96; Isotope 238–252, am häufigsten ist ^{244}Cm (Halbwertszeit 18,11 Jahre). Das silberweiße, duktile, an der Luft sehr beständige Metall ist ein starker Alphastrahler. Es fällt in Kilogramm-Mengen in Kernreaktoren an. Wegen seiner langen Halbwertszeit könnte ^{247}Cm (15,6 Mio. Jahre) noch in Spuren in der Erdkruste vorhanden sein. – C.-Isotope werden in Isotopenbatterien zur Stromversorgung und als Strahlungsquellen verwendet.

Curl [kəːl], Robert F., amerikan. Chemiker, * Alice (Tex.) 23. 8. 1933; entdeckte bei der Laserverdampfung von Grafit die →Fullerene, wofür er 1996 gemeinsam mit H. Kroto und R. E. Smalley den Nobelpreis für Chemie erhielt.

Curling [ˈkəːlɪŋ, engl.] *das,* Mannschafts-Eissportart, bei der es gilt, einen ca. 20 kg schweren Stein auf einer Bahn (4,75 m breit; 44,50 m lang) möglichst nahe an einen Zielpunkt gleiten zu lassen. Gespielt wird in Hallen auf Kunsteis oder im Freien auf Natureis. Die Steine aus porenfreiem Granit haben bis zu 91 cm Umfang, eine abgeflachte Lauffläche mit Hohlschliff und einen gebogenen Griff. Jede Mannschaft besteht aus vier Spielern. Jeder Spieler hat zwei Steine, sodass während eines Durchgangs (»End«) acht Steine auf der Bahn sind. Die Steine werden wechselweise von den gegner. Mannschaften gespielt. Eine Mannschaft

Wilhelm Cuno

Marie Curie

Pierre Curie

erhält einen Punkt für jeden Stein, der näher am Mittelpunkt des Zielkreises (»tee«) liegt als der nächstliegende Stein der Gegenspieler. Sieger ist die Mannschaft, die bei Spielende die meisten Punkte erzielt hat. Jedes Spiel hat bei nat. und internat. Meisterschaften zehn Durchgänge; bei unentschiedenem Stand wird durch zusätzliche Ends bis zum Sieg einer Mannschaft verlängert. (→Sportarten, Übersicht)

Currency-Board-System [ˈkʌrənsibɔːd-; engl.], währungspolit. System mit einer monetären Institution (**Currency-Board**), bei dem durch das Halten hinreichend hoher Auslandsaktiva (Devisenbestände) die freie Konvertibilität des Bargelds sowie weiterer nat. Passiva (Einlagen) gegen eine ausländ. Währung (Reserve- oder Leitwährung) zu einem festgelegten, starren Wechselkurs institutionell garantiert wird. Die vorgeschriebene Deckung der inländ. Geldmenge (Bargeld und sonstige Passiva) durch Auslandsaktiva bzw. Devisen beträgt i. d. R. 100 %, dadurch ist der Tausch des Inlandsgeldes zu einem festen Wechselkurs in die internat. Währung jederzeit möglich und gewährleistet. Allerdings ist der Geldumlauf im Inland an den Bestand der Devisenreserven gekoppelt, dehalb bleibt kein Raum für eine eigenständige Geldpolitik. - Das erstmals 1849 in der damaligen brit. Kolonie Mauritius eingeführte C.-B.-S. erreichte in den 1950er-Jahren seine höchste Verbreitung und verlor mit der Unabhängigkeit ehemaliger Kolonien an Bedeutung. Bei der Bewältigung internat. Währungs- und Finanzkrisen (z. B. in Argentinien und Hongkong) sowie im Gefolge der Transformationsprozesse in osteurop. Ländern erlebten C.-B.-S. eine Renaissance und sorgten für das notwendige Vertrauen in die nat. Währungen dieser Länder.

Currency-Futures [ˈkʌrənsiˈfjuːtʃəz], →Futures.

Currencytheorie [ˈkʌrənsi-; engl. »Währung«], im 19. Jh. in England entwickelte Geldtheorie, nach der nur Banknoten und Münzen Geldfunktion ausüben und somit das Preisniveau beeinflussen. Geldsurrogate werden als proportionale Größen zur Geldmenge behandelt und haben demzufolge keine eigenständige Bedeutung für das Preisniveau. Um inflationist. Tendenzen entgegenzuwirken, wird eine 100 %ige Golddeckung der Banknoten gefordert. Ggs. →Bankingtheorie.

Curriculum [lat.] *das,* in der Bildungstheorie des Barock gebräuchl. Bez. für Lehrplan; von dem Erziehungswissenschaftler S. B. Robinsohn 1967 wieder aufgegriffen mit dem Ziel einer wiss. fundierten Reform von Inhalten, Methoden und Zielen organisierten Lernens einschl. einer Erfolgsbewertung. Die **C.-Forschung** strebte zunächst feste Lernziele mit detaillierter Vorausplanung an, orientierte sich dann aber stärker auf »offene Curricula« mit Freiräumen für Schüler und Lehrer.

Curry [ˈkœri, engl. ˈkʌrɪ] *der* oder *das,* **1)** Gericht ostind. Herkunft aus Fisch, Fleisch, Wild, Geflügel oder Gemüse in Currysoße, mit Reis angerichtet.

2) Currypulver, scharfes ostind. Mischgewürz aus 10 bis 20 Gewürzen, bes. aus der Gelbwurzel, daneben Ingwer, Pfeffer, Muskatblüte, Nelken, Piment, Paprika oder Chili, Zimt u. a.; fördert die Gallenabsonderung.

Cursor [ˈkəːsə; engl., von lat. cursor »Läufer«] *der,* Positionsanzeiger; zeigt auf dem Bildschirm eines Computers an, an welcher Stelle die nächste Eingabe des Bedieners erscheint.

Curtainwall [ˈkəːtnwɔːl; engl. »Vorhangwand«] *der,* nicht tragende Konstruktion aus Leichtmetall, Beton, Glas, Kunststoff, die bei Stahl-, Stahlbetonskelett- und Großtafelbauten an die tragenden Teile gehängt wird.

Curtea de Argeș [-ˈardʒeʃ], Stadt in Rumänien, am Südrand der Karpaten, 34 000 Ew.; rumänisch-orth. Bischofssitz. – Die Fürstenkirche (Mitte 14. Jh.; heute Museum) ist das früheste Beispiel des byzantin. Bautyps in Rumänien; die Bischofskirche (1512–17 auf Vorgängerbau) zeigt Einflüsse u. a. byzantin. und islam. Baukunst (1875–86 restauriert). – Im 14. Jh. Residenz der Fürsten der Walachei.

Curtis [mlat.] *die,* im frühen MA. großer Wirtschaftshof (bes. die **C. regia** als fränk. Königshof); konnte auch befestigt sein.

Curtis [ˈkəːtɪs], Tony, eigtl. Bernard **Schwartz,** amerikan. Filmschauspieler, * New York 3. 6. 1925; spielte Abenteurerrollen (»Winchester '73«, 1950), komödiant. (»Manche mögen's heiß«, 1959) und zunehmend dramat. Rollen (»Der letzte Tycoon«, 1976). Seine Tochter Jamie Lee C. (* 1958) ist ebenfalls Schauspielerin.

Curtis-Turbine [ˈkəːtɪs-], von dem amerikan. Ingenieur C. G. Curtis (* 1860, † 1953) erfundene mehrstufige →Dampfturbine.

Curtius, 1) Ernst, Historiker, Archäologe und Philologe, * Lübeck 2. 9. 1814, † Berlin 11. 7. 1896, Bruder von 3), Großvater von 2); war 1844–49 Erzieher des späteren Kaisers Friedrich III., Prof. in Berlin und Göttingen. C. veranlasste und leitete 1875–81 die Ausgrabung von Olympia.
Werke: Griech. Gesch., 3 Bde. (1857–67); Die Stadtgesch. von Athen (1891); Altertum und Gegenwart, 3 Bde. (1892).

2) Ernst Robert, Romanist, * Thann (Elsass) 14. 4. 1886, † Rom 19. 4. 1956, Enkel von 1); Prof. in Marburg, Heidelberg und Bonn, trug zur Erschließung der zeitgenöss. frz. Literatur bei und widmete zahlr. Arbeiten dem Verständnis der frz. Kultur. Später wandte er sich der mittelalterl. Kultur zu; auch Übersetzer aus dem Französischen und Spanischen.
Werke: Die literar. Wegbereiter des neuen Frankreich (1919), erweiterte Neuaufl. u. d. T. Frz. Geist im 20. Jh. (1952); Europ. Lit. und lat. Mittelalter (1948).

3) Georg, klass. Philologe, * Lübeck 16. 4. 1820, † Hermsdorf am Kynast (heute als Sobieszów zu Jelenia Góra) 12. 8. 1885, Bruder von 1); führte die Methoden der vergleichenden Sprachwiss. in die klass. Philologie ein.

4) Julius, Politiker (DVP), * Duisburg 7. 2. 1877, † Heidelberg 10. 11. 1948; 1926–29 Reichswirtschaftsmin., betrachtete sich als Reichsaußenmin. (1929–31) als »Testamentsvollstrecker« G. Stresemanns; setzte die Annahme des Youngplans durch.

5) Ludwig, Archäologe, * Augsburg 13. 12. 1874, † Rom 10. 4. 1954; 1928–37 Erster Direktor des Dt. Archäolog. Inst. in Rom, Forscher auf dem Gebiet der antiken Kunstgeschichte und Ikonografie.
Werke: Die Wandmalerei Pompejis (1929); Die antike Kunst, in: Hb. der Kunstwiss. Bd. 1 und Bd. 2 (1938).

Curtiz [ˈkəːtɪs], Michael, eigtl. **Mihály Kertész,** amerikan. Filmregisseur ungar. Herkunft, * Budapest 24. 12. 1888, † Hollywood 11. 4. 1962; war ab 1912 Schauspieler, dann Regisseur, wirkte nach dem Ersten Weltkrieg in Dtl. und Frankreich, ab 1926 in den USA; schuf handwerklich versierte Filme aller Gattungen; drehte mit »Casablanca« (1942) einen bedeutenden Kultfilm.

Curuba, Passiflora mollissima, in Zentralamerika beheimatetes Passionsblumengewächs mit 10 cm langen, grünen bis gelben, bananenförmigen Früchten; das essbare Fruchtfleisch ist rosa- bis orangefarben.

Curzon [ˈkəːzn], **1)** Sir (seit 1977) Clifford, brit. Pianist, * London 18. 5. 1907, † ebd. 1. 9. 1982; v. a. bekannt als Mozart-, Beethoven-, Schubert- und Brahms-Interpret.

2) George Nathaniel, Marquess (seit 1921) C. of Kedlestone, brit. konservativer Politiker, * Kedlestone Hall (bei Derby) 11. 1. 1859, † London 20. 3. 1925; dehnte als Vizekönig von Indien (1898–1905) den brit. Einfluss nach Tibet aus und trat den russ. Expansionsbestrebungen in Afghanistan und Persien entgegen. 1916 wurde er Mitgl. des Kriegskabinetts unter Lloyd George, 1919–24 war er Außenminister.

Curzon-Lini|e [ˈkəːzn-], 1920 vom brit. Außenmin. G. Curzon vorgeschlagene Demarkationslinie zw. Polen und dem bolschewist. Russland zur Beilegung des Polnisch-Sowjet. Krieges; verlief von Dünaburg über Wilna, Grodno, Brest bis nach Przemyśl. Nach der Grenzziehung im Frieden von Riga (1921) zunächst bedeutungslos, wurde die C.-L. im Zweiten Weltkrieg Grundlage sowjet. Gebietsansprüche an Polen, dessen 1945 festgelegte Ostgrenze im Wesentlichen der C.-L. entspricht.

Cusanus, Nicolaus, Philosoph und Theologe, →Nikolaus von Kues.

Cusanuswerk – Bischöfliche Studi|enförderung [nach Nikolaus von Kues], Begabtenförderungswerk der kath. Kirche; vergibt staatl. Fördermittel an besonders begabte kath. Studentinnen und Studenten aller Fachrichtungen; gegr. 1956, Sitz: Bonn-Bad Godesberg.

Cushing-Syndrom [ˈkʊʃɪŋ-], Medizin: eine von dem amerikan. Gehirnchirurgen H. Cushing (* 1869, † 1939) beschriebene Stoffwechselstörung durch Überproduktion von Hormonen der Nebennierenrinde (Cortisol). Die vom Hypothalamus ausgelöste Wucherung der Nebennierenrinde ist dafür die häufigste Ursache. Krankheitszeichen sind u. a. Fettsucht und übermäßige Behaarung. – Behandlung: chirurg. Entfernung des Tumors, Strahlentherapie der Hypophyse.

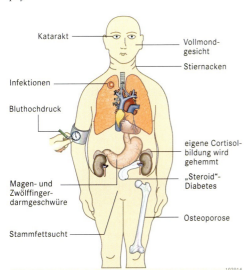

Cushing-Syndrom: charakteristische Krankheitszeichen

Custard-Apple [ˈkʌstədæpl, engl.] der, trop. Obst, Frucht der →Netzannone.

Custer [ˈkʌstə], George Armstrong, amerikan. Offizier, * New Rumley (Oh.) 5. 12. 1839, ✗ am Little Bighorn River (Mont.) 25. 6. 1876; stieg während des Sezessionskrieges (1861–65) zum General auf; leitete 1874 eine militär. Expedition zur Goldsuche in den →Black Hills; erlitt als Kommandeur des 7. Kavallerieregiments (seit 1866 nur noch im Rang eines Oberstleutnants) 1876 im Gefecht mit einer von Crazy Horse und Sitting Bull geführten indian. Streitmacht eine vernichtende Niederlage.

Custodia [lat. »Wache«, »Schutz«] die, kath. Kirche: Gefäß, in dem die große Hostie für die Aussetzung des Allerheiligsten in der Monstranz aufbewahrt wird.

Customizing [ˈkʌstəmaɪzɪŋ; engl., zu to customize »verbrauchen«], **Customization,** unternehmer. Strategie, angebotene Produkte sowie andere marktbezogene Unternehmensaktivitäten (u. U. sämtl. kundenbezogenen Aktivitäten) individuellen Kundeninteressen anzupassen.

Custoza, fälschl. **Custozza,** Teil der ital. Gemeinde Sommacampagna, Prov. Verona; bekannt durch den Sieg der Österreicher am 25. 7. 1848 über König Karl Albert von Sardinien, am 24. 6. 1866 unter Erzherzog Albrecht über A. F. La Marmora.

Cut [kʌt; engl. »Schnitt«] der, Schnitt bei Film- und Tonaufnahmen.

Cutaway [ˈkʌtəweɪ; engl. »weggeschnitten«] der, Kurzform **Cut,** Herrenrock aus schwarzem Tuch mit vorn schräg abgeschnittenen Schößen; in Verbindung mit grauschwarz gestreifter Hose, heller Weste und Krawatte Tagesgesellschaftsanzug; kam in der 2. Hälfte des 19. Jh. auf.

Cuthbert, einer der meistverehrten Heiligen der angelsächs. und kelt. Kirche, * um 635, † Farne Islands (Nordengland) 687; urspr. Schafhirt, nach 651 Prior des Klosters Old Melrose und in Lindisfarne, 684–686 Bischof von Lindisfarne; starb als Einsiedler. Tag: 20. 3.

Cuticula, →Kutikula.

Cutis [lat.] die, →Haut.

Cutter [ˈkʌtə, engl.] der, Schnittmeister, der Film- oder Tonaufnahmen zu sendefähigen Beiträgen bzw. Gesamtfilmen zusammenfügt.

Cuvée [kyˈve, frz.] die auch das, Mischung verschiedener Weine, bes. zur Gewinnung eines bestimmten einheitl. Weins (u. a. bei Bordeauxweinen) oder Schaumweins sowie von Destillaten bei der Weinbrandherstellung. **Tête de C.,** Spitzenwein.

Cuvier [kyˈvje], Georges Baron de, frz. Naturforscher, * Montbéliard 23. 8. 1769, † Paris 13. 5. 1832; teilte das Tierreich in vier Typen: Wirbel-, Weich-, Glieder- und Strahltiere; Mitbegründer der wiss. Paläontologie. Nach seiner »Katastrophentheorie« ist das Leben periodisch durch Katastrophen vernichtet und wieder erschaffen worden.

Cuvilliés [kyviˈje], François de (d. Ä.), Baumeister und Dekorateur, * Soignies (Prov. Hennegau) 23. 10. 1695, † München 14. 4. 1768; trat mit 13 Jahren als Hofzwerg in den Dienst des Kurfürsten Max Emmanuel von Bayern, der ihn in Paris u. a. bei F. Blondel d. J. zum Architekten ausbilden ließ. In seinen Innenräumen verbindet sich Pariser Eleganz mit der Fantasiefülle des Rokoko: Amalienburg im Park von Schloss Nymphenburg (1734–39), Altes Residenztheater (C.-Theater) München (1750–53).

George Armstrong Custer

Cuzco: Kathedrale (1560–1654) an der Plaza de Armas, dem zentralen Platz der Andenstadt

Cuxhaven 2) Stadtwappen

Cuxhaven, 1) Landkreis in Ndsachs., 2073 km², 204 800 Einwohner.
2) Krst. von 1) in Ndsachs., an der Elbmündung, 52 200 Ew.; Seefahrtschule, Lotsenstation, Forschungseinrichtungen für Fischerei, Biotechnologie und Windenergie; Seefischerei, Fischind. und -großhandel. Vor dem alten Hafen liegen das bekannte Bollwerk »Alte Liebe« und das »Steubenhöft« als moderner Lande- und Ausreiseplatz des Passagierverkehrs. Seit 1964 staatlich anerkanntes Seebad mit vom Hafen getrennten Stränden (C.-Duhnen, C.-Döse, C.-Sahlenburg). – C. (1570 erstmals erwähnt) erhielt 1907 Stadtrecht; kam 1937 an Preußen.

Cuyp [kœjp], Aelbert Jacobsz., niederländ. Maler, * Dordrecht Okt. 1620, begraben ebd. 15. 11. 1691; schuf Seestücke, Interieurs und Landschaften in lichtdurchfluteter Atmosphäre mit akzentuierender Staffage.

Cuza [ˈkuza], Alexandru Ioan I., erster gewählter Fürst von Rumänien, * Bârlad (Kreis Vaslui) 20. 3. 1820, † Heidelberg 15. 5. 1873; wurde 1859 zum Fürsten der Moldau und der Walachei ausgerufen, die er 1862 unter dem Namen Rumänien vereinigte; führte grundlegende liberale Reformen durch; 1866 gestürzt.

Cuzco [ˈkusko], **Cusco**, Hptst. des Dep. C., Peru, im Andenhochland, 3380 m ü. M., 291 000 Ew.; Erzbischofssitz, Univ.; Textilind.; Flughafen. – Auf den Mauerresten von Palästen und Tempeln der ehem. Inkahauptstadt (1440–1532) errichteten die Spanier das koloniale C.: Kathedrale (1560–1654, indian. Steinmetzarbeiten) an der Plaza de Armas u. a. Kirchen und Klöster, wie Santo Domingo (z. T. vor 1650, auf den Resten des Sonnentempels Coricancha), La Merced (begonnen 1534), Santa Catalina (churrigueresktes Retabel), Jesuitenkirche (1650–68). Die Altstadt wurde von der UNESCO zum Weltkulturerbe erklärt. In der Umgebung →Sacsayhuamán. – C., Ende des 12. Jh. gegründete Hptst. des Inkareiches, wurde 1533 durch Pizarro erobert; mehrfach von Erdbeben heimgesucht.

CV, Abk. für Cartell-Verband, →studentische Verbindungen.

CVD-Verfahren [CVD, Abk. für engl. chemical vapor deposition], die Abscheidung verschleiß- und korrosionsschützender Schichten auf Werkstücken, von Dotierungselementen auf Halbleiteroberflächen oder von hochreinen Gläsern auf einem Substrat. Im Ggs. zum Aufdampfen entsteht das aufzubringende Material chemisch aus der Gasphase bei Temperaturen zw. 500 und 1100 °C.

CVFR, Abk. für engl. controlled visual flight rules, ein durch den Flugverkehrskontrolldienst überwachter Flug nach Sichtflugregeln (→Sichtflug).

CVJM, urspr. Abk. für Christlicher Verein Junger Männer, seit 1985 für →Christlicher Verein Junger Menschen.

CVP, Abk. für →Christlichdemokratische Volkspartei der Schweiz.

C-Waffen, →ABC-Waffen.

C-Waffen-Abkommen, Kurzbez. für die »Konvention über das Verbot der Entwicklung, Herstellung, Lagerung und des Einsatzes von chem. Waffen«, 1993 von 130 Staaten unterzeichnet (weitere Staaten sind inzwischen beigetreten), in Kraft getreten 1997; verfügt die Vernichtung aller C-Waffen und entsprechender Produktionsanlagen spätestens nach 10, in Ausnahmefällen nach 15 Jahren. Die »Organisation für das Verbot chem. Waffen« (OPCW) mit Sitz in Den Haag soll die Einhaltung des Vertrages überwachen.

Cwmbran [kʊmˈbraːn], Stadt im Verw.-Distrikt Torfaen, S-Wales, 47 400 Ew.; wurde 1949 zur ersten New Town in Wales bestimmt. Zur Verbesserung der Wirtschaftsstruktur im südwalis. Bergbaugebiet wurden Maschinenbau-, elektrotechn., Nahrungsmittel- u. a. Ind. angesiedelt.

c_w-**Wert, Widerstandsbeiwert,** Formelzeichen c_w, experimentell bestimmte, dimensionslose Kennzahl, welche die aerodynam. Güte eines Körpers kennzeichnet; Körper (z. B. Kraftfahrzeuge) mit geringerem c_w-W. sind »windschlüpfiger«.

Cyan [von griech. kýanos »stahlblau«] das, Kurzbez. für die Farbe Cyanblau, ein grünstichiges Blau; eine der drei →Grundfarben (Normdruckfarben) für den Mehrfarbendruck.

Cyan..., Zyan..., Bez. der chem. Nomenklatur für die aus einem Kohlenstoff- und einem Stickstoffatom bestehende Gruppe $-C\equiv N$; bei organ. Verbindungen durch das Präfix Cyan(o)- oder das Suffix -nitril gekennzeichnet.

Cyanate, Salze und Ester der Cyansäure.

Cyanide, Salze der →Blausäure.

Cyanidlaugerei, Gold- und Silbergewinnungsverfahren mithilfe von Natriumcyanid; die Edelmetalle werden als Cyanokomplexe aus dem gemahlenen Erz gelöst und dann elektrolytisch abgeschieden.

Cyanit [nach der Farbe, vgl. Cyan] der, Mineral, →Disthen.

Cyankali, Cyankalium, das →Kaliumcyanid.

Cyanobakteri|en, Cyanophyta, früher **Blaualgen,** einzellige oder zu Kolonien bzw. Zellfäden verbundene, meist sehr kleine, vorwiegend blau- oder olivgrüne, aber auch rote oder schwarze, autotrophe Prokaryoten. C. sind bis in arkt. Bereiche verbreitet, können jedoch auch in heißen Quellen leben; frei schwebend in Seen bilden sie die »Wasserblüte«; einige Arten sind giftig.

Cyansäure, farblose, sehr instabile chem. Verbindung mit der Formel $HO-C\equiv N$. In Lösung existiert als freie Säure nur die tautomere Form $HN=C=O$ (Isocyansäure). Die Salze der C. heißen **Cyanate,** die der Isocyansäure **Isocyanate.** Eine weitere isomere Form der C. ist die →Knallsäure.

Cyanverbindungen, chem. Verbindungen mit der Atomgruppe $-C\equiv N$, die in ihren chem. Eigenschaften dem Halogenidion ähnlich ist (**Pseudohalo-**

genid). – Die einfachste C. ist die Blausäure, HCN. Ihre Salze sind die **Cyanide**, z. B. das weiße, leicht lösl., giftige **Kaliumcyanid**, KCN. Einige komplexe Cyanide, wie das **Blutlaugensalz**, haben wiss. und techn. Bedeutung. – Durch Aufnahme von Schwefel gehen die Cyanide in die Thiocyanate über.

Cyanwasserstoff, die →Blausäure.

Cyberspace [ˈsaɪbəspeɪs, engl. »künstl. Raum«], von dem Science-Fiction-Autor W. Gibson in seinem Roman »Neuromancer« (1984 dt.) geprägter Begriff für eine von Computern generierte, vernetzte Welt; auch als Oberbegriff für weltumspannende Kommunikationsnetze (z. B. Internet) verwendet. (→virtuelle Realität)

Cyclamate, Natrium- und Calciumsalze der Cyclohexylsulfamitsäure, künstl. →Süßstoffe mit etwa der 30- bis 40-fachen Süßkraft der Saccharose, die rasch beide Nieren und Darm ausgeschieden werden. Der →ADI-Wert von 11 mg wird bereits mit einer Dosis erreicht, die etwa 25–30 g Zucker ersetzt.

Cyclamen [griech.] das, →Alpenveilchen.

cyclisches AMP, cAMP, cyclo-AMP, cyclisches Adenosin-3',5'-monophosphat, unter der Wirkung von Hormonen durch ein in der Zellmembran lokalisiertes Enzym (Adenylatcyclase) gebildetes →Nukleotid. In einer als Signaltransduktion bezeichneten Reaktionsfolge vermittelt cAMP intrazellulär die Wirkung versch. Hormone als ein »zweiter Botenstoff«, indem es Stoffwechsel und Genaktivität verändert.

cyclische Verbindungen, die →zyklischen Verbindungen.

cycl(o)... [griech. kýklos »Kreis«], **zyklo...,** Chemie: Vorsilbe in Verbindungsnamen, die anzeigt, dass Atome oder Atomgruppen ringförmig miteinander verknüpft sind.

Cyclo|alkane, →Alkane.

Cyclo|alkene, Cycloolefine, ungesättigte alizykl. Kohlenwasserstoffe der allg. Formel C_nH_{2n-2}.

Cyclohexan, aus 6 Kohlenstoffatomen bestehende ringförmige, gesättigte Verbindung; flüssiger Kohlenwasserstoff, der im Erdöl vorkommt und technisch durch Hydrierung von Benzol hergestellt wird. C. und seine Derivate **Cyclohexanol** und **Cyclohexanon** werden als Lösungsmittel und als Ausgangsstoff für die Herstellung von Adipinsäure und Caprolactam verwendet.

Cyclohexanol, Kurzbez. **Anol,** einwertiger, zykl. Alkohol, farblose Flüssigkeit, Herstellung durch katalyt. Hydrierung von Phenol. Verwendung als Lösungsmittel, bes. aber mit Cyclohexanon zur Herstellung von Caprolactam und Adipinsäure.

Cycloparaffine, →Alkane.

Cyclostomata, die →Rundmäuler.

Cygnus [lat.], das Sternbild →Schwan.

Cymbala [griech.], 1) in altröm. Zeit Bez. für zwei kleine Metallbecken, die an winkelförmig verbundenen Stäben befestigt waren. (→Zimbeln)

2) im MA. ein Glockenspiel.

Cymophan [griech.] der, Edelsteinvarietät des →Chrysoberyll.

Cynewulf [ˈkyːnə-, engl. ˈkɪnɪwʊlf], altengl. Dichter der 2. Hälfte des 8. oder der 1. Hälfte des 9. Jh.; vermutlich Kleriker; über sein Leben ist nichts bekannt, allerdings können ihm vier Dichtungen sicher zugeschrieben werden, deren Stoff nach lat. Vorlagen in altengl. Stabreimdichtung gestaltet ist.

Cypern, Mittelmeerinsel, →Zypern.

Cyprianus, Thascius Caecilius, Kirchenvater, * um 200/210, † Karthago 14. 9. 258; wurde 248 Bischof von Karthago; leitete die afrikan. Kirche während der Christenverfolgungen unter Decius und Valerian; 258 enthauptet. C. gilt als bed. Kirchenschriftsteller (u. a. Formulierung des Glaubenssatzes von der Heilsnotwendigkeit der Kirche; →extra ecclesiam nulla salus). – Heiliger, Tag: 16. 9.

Cyrankiewicz [tsiraŋˈkjɛvitʃ], Józef, poln. Politiker, * Tarnów 23. 4. 1911, † Warschau 20. 1. 1989; als Widerstandskämpfer 1941–45 in dt. Konzentrationslagern, wurde 1945 Gen.-Sekr. der Poln. Sozialist. Partei (PPS), die er 1948 mit den Kommunisten zur Poln. Vereinigten Arbeiterpartei (PVAP, poln. Abk. PZPR) verschmolz. 1947–52 und 1954–70 war er Min.-Präs., 1970–72 Vors. des Staatsrats (Staatsoberhaupt).

Cyrano de Bergerac [siraˈno də bɛrʒəˈrak], Savinien de, eigtl. Hector-Savinien de **Cyrano,** frz. Schriftsteller, * Paris 6. 3. 1619, † ebd. 28. 7. 1655; Vorläufer der Aufklärung, schrieb zwei fantast. Romane von Reisen zu den Mond- und Sonnenbewohnern (hg. 1657 bzw. 1662, beide zus. dt. u. d. T. »Mondstaaten und Sonnenreiche«), eine Tragödie und ein Prosalustspiel. Er ist die Hauptfigur in E. Rostands Versdrama »C. d. B.« (1897).

Cyrenaika, altgriech. **Kyrenaika,** arab. **Al-Barka,** histor. Landschaft in O-Libyen, reicht von W nach O von der Großen Syrte bis nach Ägypten hinein. Den NW der C. nimmt das verkarstete, nach N in Terrassen abfallende Hochland von **Barka** ein, im Djebel al-Achdar 876 m hoch. Östlich davon das Küstengebiet der **Marmarika,** vereinzelt bis zu 300 und 400 m ü. M. Südlich greift die C. tief in die **Libysche Wüste** (u. a. mit den Djalo- und Kufra-Oasen) ein. An der Mittelmeerküste liegen die Häfen Tobruk und Bengasi. – Die C., nach der im 7. Jh. v. Chr. gegründeten Stadt **Kyrene** benannt, war altes griech. Kolonialgebiet; sie stand von 322 bis 96 unter der Herrschaft der Ptolemäer und wurde 74 v. Chr. römisch. Die Araber eroberten 641/643 n. Chr. das Land und nannten es nach der Stadt **Barka.** Mit Tripolitanien wurde es 1517 türkisch und kam 1912 zu Italien. Der bewaffnete Widerstand der Senussi unter Omar al-Mukhtar (* 1862, † 1931) konnte erst 1931 gebrochen werden; die C. wurde durch ital. Siedler erschlossen. 1940–42 von ital. und dt. sowie brit. Truppen stark umkämpft. 1949 kam die C. zum neuen Königreich Libyen.

Cyriacus, röm. Märtyrer (unter Kaiser Maximian), † um 309; einer der 14 Nothelfer, angerufen gegen böse Geister. Heiliger, Tag: 8. 8.

Cyclamate: Natriumcyclamat

Cyclohexanol

Józef Cyrankiewicz

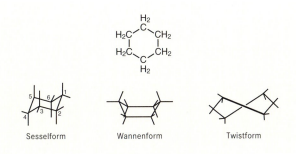

Konformationen des Cyclohexans

Cyclohexan

Cyrill-Methodius-Verein e. V.

Cyrill-Methodius-Verein e. V., sorbisch **Towarstwo Cyrila a Metoda z.t.,** sorb. Verein mit Sitz in Bautzen, 1862 zur Vertretung der Belange der kath. Sorben gegr., 1939 verboten, 1991 neu konstituiert; Hauptanliegen: Förderung christl. Werte und der Pflege sorb. Lebens; gibt die Ztschr. »Katolski Posoł« (»Kath. Bote«; gegr. 1863), die zweitälteste Kirchenzeitung Europas, heraus.

Cyrus, pers. Könige, →Kyros.

Cystein *das,* Abk. **Cys,** schwefelhaltige nicht essenzielle Aminosäure, die im Zellstoffwechsel eine bed. Rolle spielt; Eiweißbaustein. Oxidation der SH-Gruppen zweier C.-Moleküle führt zur Bildung von Disulfidbrückenbindungen zw. zwei Peptidketten (z. B. im Insulin).

Cystin [griech.] *das,* dimere schwefelhaltige Aminosäure mit Disulfidbindung, Oxidationsprodukt zweier Cysteinmoleküle. Vorkommen in Hornsubstanzen (Haare, Hörner, Federn usw.). Auftreten von C. im Harn (**Cystinurie**) kann zur Bildung von Harnsteinen führen.

Cystitis [griech.] *die,* **Zystitis,** die →Blasenentzündung.

cyt(o)... [griech.], **zyto...,** zell...

Cytochrome, Zytochrome, Hämoproteine, die u. a. an der Zellatmung als Redoxkatalysatoren, an der →Fotosynthese oder an Hydroxylierungsreaktionen beteiligt sind.

Cytosin [griech.] *das,* zu den Nukleinsäurebasen zählende Pyrimidinbase; in der RNA bzw. in der DNA enthalten und stets mit Guanin gepaart.

Cytosomen, *Zellbiologie:* Sammelbez. für membranumschlossene Bläschen, die durch Abschnürungen aus dem endoplasmat. Retikulum oder den Dictyosomen entstehen.

Cytostatika, →zytostatische Mittel.

Cząpski [tʃ-], Siegfried, Physiker, *Obra bei Koźmin (Kr. Posen, Polen) 28. 5. 1861, †Weimar 19. 6. 1907; arbeitete seit 1884 als wiss. Mitarbeiter der Opt. Werkstätte Carl Zeiss Jena. Nach deren Übergang in das Eigentum der Carl-Zeiss-Stiftung wirkte C. ab 1891 neben E. Abbe und O. Schott als Mitgl. der Geschäftsleitung, nach 1903 (als Nachfolger Abbes) auch als Bevollmächtigter der Stiftung, deren Ziele er in zahlr. Leistungen für die Univ., die Stadt Jena und die Zeiss-Arbeiterschaft verwirklichte.

Czarna Woda [tʃ-], Fluss in Polen, →Schwarzwasser.

Czartoryski [tʃartɔˈrɨski], litauisch-poln. Adelsgeschlecht, 1623 in den Reichsfürstenstand erhoben. Adam Jerzy Fürst C., *Warschau 14. 1. 1770, †Schloss Montfermeil bei Paris 15. 7. 1861, lebte seit 1795 am Hof in Sankt Petersburg und wurde ein Vertrauter des späteren Kaisers Alexander I., war seit 1803 Kurator aller Lehranstalten im russ. Teil Polens und 1804–06 russ. Außenmin. Er entwarf 1815 die Verfassung des Königreiches Polen (Kongresspolen). Obwohl Gegner des poln. Aufstandes von 1830/31, übernahm er 1831 den Vorsitz in der Nationalreg. Danach lebte er in Paris, wo sein Wohnsitz, das Hôtel Lambert, zum Zentrum der konservativ-aristokrat. Flügels der poln. Emigration wurde.

Czech [tʃɛç], Ludwig, sudetendt. Politiker, *Lemberg 14. 2. 1870, †KZ Theresienstadt 20. 8. 1942; seit 1920 Vors. der »Dt. Sozialdemokrat. Arbeiterpartei in der Tschechoslowakischen Republik« (DSAP), bekannte sich zu einer Zusammenarbeit der Sudetendeutschen mit dem tschechoslowak. Staat. 1929–38 war er Min. in versch. Regierungen, u. a. Gesundheitsmin.; 1941 inhaftierte ihn die dt. Besatzungsmacht im KZ Theresienstadt.

Czechowski [tʃ-], Heinz, Schriftsteller, *Dresden 7. 2. 1935; schreibt v. a. von seiner sächs. Heimat geprägte Natur- und Gedankenlyrik: »Nachmittag eines Liebespaares« (1962); »An Freund und Feind« (1983); »Auf die im Feuer versunkene Stadt« (Gedichte und Prosa, 1990); »Mein westfäl. Frieden« (Zyklus, 1998); auch Essays (»Einmischungen«, 2000).

Czenstochau [tʃ-], Stadt in Polen, →Częstochowa.

Czernin [ˈtʃɛrniːn], Ottokar, Graf **C. von und zu Chudenitz,** österr.-ungar. Politiker, *Dymokury (bei Nymburk, Mittelböhm. Bezirk) 26. 9. 1872, †Wien 4. 4. 1932; dem Thronfolger Franz Ferdinand nahestehend, 1913 Gesandter in Bukarest und im Dez. 1916 Außenmin.; erstrebte eine rasche Beendigung des Krieges; musste nach der Sixtusaffäre (→Sixtus, Prinz von Bourbon-Parma) 1918 zurücktreten.

Czernowitz [ˈtʃɛr-], Stadt in der Ukraine, →Tschernowzy.

Czerny [ˈtʃɛrni], **1)** Carl, österr. Klavierpädagoge, Komponist, *Wien 21. 2. 1791, †ebd. 15. 7. 1857; Schüler Beethovens, Lehrer Liszts. Von seinen über 1 000 Kompositionen behielten nur die klavierpädagog. Werke Bestand (u. a. »Schule der Geläufigkeit«).

2) Vinzenz, Chirurg, *Trautenau 19. 11. 1842, †Heidelberg 3. 10. 1916; Prof. in Freiburg im Breisgau und in Heidelberg (ab 1877), ab 1906 Direktor des von ihm gegr. Krebsforschungsinst. Heidelberg.

Częstochowa [tʃɛstɔˈxɔva], dt. **Tschenstochau, Czenstochau,** Krst. in der Wwschaft Schlesien, Polen, an der Warthe, 248 000 Ew.; kath. Erzbischofssitz; TU, PH, Museen (u. a. Kunstmuseum auf dem Klostergelände), Philharmonie, Theater; Textil- und Eisenhüttenind., außerdem Maschinenbau, Glas-, Holz verarbeitende, Papier- und Nahrungsmittelind., bedeutender Fremdenverkehr (Wallfahrtsort); Verkehrsknoten. – Die Basilika des Klosters (Wallfahrtskirche) aus dem 15. Jh. wurde vielfach verändert, u. a. 1690–1702 nach einem Brand; in der Marienkapelle barocker Ebenholzaltar mit dem Marienbild der »Schwarzen Madonna von Tschenstochau« (wahrscheinlich nach dem Vorbild eines byzantin. Gemäldes im 14. Jh. geschaffen), das als größtes Nationalheiligtum Polens gilt. – 1220 erstmals erwähnt, erhielt der Ort 1356 dt. Stadtrecht. 1382 wurde bei C. das Paulinerkloster auf dem Lichten Berg (**Jasna Góra**) gegründet, das durch das Marienbild zum meistbesuchten Wallfahrtsort Polens wurde. Seit einer erfolglosen schwed. Belagerung (1655) ist das Kloster Symbol nat. Widerstandes und der Treue des poln. Volkes zum kath. Glauben; 1656 krönte man hier die Gottesmutter Maria zur »Königin Polens« (»Regina Poloniae«).

Cziffra [ˈtsifrɔ], **1)** Géza von, Filmregisseur, *Arad (Rumänien) 19. 12. 1900, †Dießen a. Ammersee 28. 4. 1989; war in Wien Journalist, später in Berlin Drehbuchautor und Filmdramaturg, drehte ab 1942 v. a. Musik- und Revuefilme.

2) György (Georges), frz. Pianist ungar. Herkunft, *Budapest 5. 11. 1921, †Paris 15. 1. 1994; bes. Chopin- und Liszt-Interpret.

Człuchów [ˈtʃwuxuf], dt. **Schlochau,** Krst. in der Wwschaft Pommern, Polen, 14 700 Ew.; Präzisionsgerätebau, Holz verarbeitende, chem., Textil- und Nahrungsmittelindustrie. – Die ehem. wehrhafte Burg des Dt. Ordens (1325) war Sitz eines Komturs (Teile erhalten). – Stadt seit 1348.

D

d, D [de:], **1)** stimmhafter dentaler Verschlusslaut (→Laut); vierter Buchstabe im dt. Alphabet. D lässt sich über das Griechische in semit. Alphabete zurückverfolgen; kommt in anderen Sprachen (z. B. Isländisch, Serbokroatisch, Tschechisch) auch in Verbindung mit diakrit. Zeichen vor.
2) Abk. **d** im Englischen für **D**enar (Penny, Pence); **D** für **D**urchgangszug (→D-Zug); Kfz-Nationalitätszeichen für **D**eutschland.
3) *Chemie:* **d,** vor Namen von optisch aktiven Verbindungen Zeichen für rechtsdrehend (dextrogyr); **D,** Symbol für →**D**euterium.
4) *Einheitenzeichen:* **d** für **T**ag.
5) *Formelzeichen:* d für →Durchmesser; D für →Brechwert; D für →elektrische Flussdichte.
6) *Homöopathie:* D, Angabe der Zehnerpotenz der Verdünnung, z. B. D1 = 1:10, D2 = 1:100 usw.
7) *Münzwesen:* **D,** Zeichen für die Prägestätten Graz, Lyon, München u. a.
8) *Musik:* a) **d,** zweiter Ton der C-Dur-Tonleiter; b) als Akkord- und Tonartbez. **d** = d-Moll, **D** = D-Dur; c) **D,** in der Harmonie für →**D**ominante.
9) *Physik:* **d,** Symbol für das →Deuteron.
10) *röm. Zahlzeichen:* **D** = 500.
11) *Vorsatzzeichen:* **d** für →**D**ezi.
°d, Kurzzeichen für die →Wasserhärte in dt. Härtegraden.
da, Vorsatzzeichen für →**D**eka.
D. A., in röm. Inschriften Abk. für **D**ivus **A**ugustus, →Divus.
d. Ä., Abk. für **d**er **Ä**lteren.
DAAD, Abk. für →**D**eutscher **A**kademischer **A**ustausch**d**ienst e. V.
DAB, 1) Abk. für →**D**eutsches **A**rznei**b**uch.
2) Abk. für engl. **d**igital **a**udio **b**roadcasting, →digitaler Hörfunk.
Dąbrowa Górnicza [dɔm- gur'nitʃa], Stadtkreis in der poln. Wwschaft Schlesien, im Oberschles. Ind.-Gebiet, 132 000 Ew.; Steinkohlenbergbau, Eisen- und Glashütte, Maschinenbau, chem. und Textilindustrie. – Seit 1916 Stadtrecht.
Dąbrowska [dɔm-], Maria, poln. Schriftstellerin, * Russów (bei Kalisz) 6. 10. 1889, † Warschau 19. 5. 1965; schrieb realist. Romane, u. a. »Nächte und Tage« (4 Bde., 1932–34).
da capo [ital.], Abk. **d. c.,** von Anfang an; Anweisung zur Wiederholung eines Musikstücks vom Anfang bis zu einer mit »Fine« oder einem Schlusszeichen bezeichneten Stelle.
Da-capo-Ari|e, →Arie.
Dacca [ˈdækə], Hauptstadt von Bangladesh, →Dhaka.
Dach, der obere, gegen Witterungseinflüsse schützende Abschluss eines Gebäudes; besteht aus der Tragkonstruktion (**D.-Verband**) aus Holz (**D.-Gerüst**), Stahl oder Stahlbeton und der D.-Deckung. Nach dem Neigungswinkel unterscheidet man **Flach-D.** (bis 5° D.-Neigung), **mäßig steiles D.** (von über 5° und weniger als 40°) und **Steil-D.** (40° und steiler); nach der Form der D.-Fläche das ungebrochene, gebrochene, gebogene und runde D. Nach der Konstruktion und dem Werkstoff unterscheidet man a) das **zimmermannsmäßige D.,** bei dem das tragende Gerüst der D.-Stuhl ist, der je nach Gebäudetiefe als einfacher, doppelter oder dreifacher Stuhl (stehender oder liegender Stuhl) ausgebildet ist. Typisch zimmermannsmäßige D.-Konstruktionen sind das Sparren-, Kehlbalken- und Pfetten-D.; b) **D.-Konstruktionen für große Spannweiten** nach den Regeln des Ingenieurholzbaus als Hänge- oder Sprengwerk aus Fachwerk- oder Vollwandbindern; c) das **Stahl-D.,** bei dem die D.-Konstruktion aus →Bindern und Pfetten besteht; d) das **Stahlbeton-D.,** bei dem die Tragkonstruktion monolithisch oder in der Montagebauweise ausgeführt wird und meistens zugleich die D.-Fläche bildet. Nach bauphysikal. Gesichtspunkten unterscheidet man a) das einschalige **Warm-D.,** bei dem die obere Geschossdecke den Gebäudeabschluss bildet; das entspannte Warm-D. hat von der Traufe bis zum First durchgehende Diffusionskanäle und -einsätze; b) das zweischalige **Kalt-D.** mit einem Luftraum zw. D.-Haut (Wetterschale) und D.-Geschossdecke (Tragschale).

Die äußere Haut des D. (**D.-Deckung**) soll Regenwasser ableiten, Schnee tragen oder abgleiten lassen, gegen Staubschnee dicht sein, eine Durchlüftung des D.-Raumes ermöglichen und eine gewisse Wärmedämmung gewährleisten. Sie kann u. a. aus Ziegeln, Steinplatten (bes. Schiefer), Welltafeln, Beton, D.-Pappe, Metallblechen, Folien (z. B. bei begrünten D.), aus Holz, Stroh oder Rohr bestehen. – Abb. S. 924

Dach, Simon, Dichter, * Memel 29. 7. 1605, † Königsberg (Pr) 15. 4. 1659; einer der wichtigsten Vertreter des Königsberger Dichterkreises; fand in seinen Liedern (z. T. vertont von H. Albert) einen eigenen Ton für den Ausdruck sanfter Schwermut und maßvollen Lebensgenusses. Seine Autorschaft des Liedes »Ännchen von Tharau« ist umstritten.

Dachau, 1) Landkreis im Reg.-Bez. Oberbayern, Bayern, 579 km², 134 000 Ew.; Krst. ist Dachau.
2) Krst. von 1), Große Krst. in Bayern, am Rand des **Dachauer Mooses,** an der Amper, 40 100 Ew.; Museen und Gemäldegalerie; Maschinenbau, elektrotechn. und Papierind. – Schloss (1546–77, z. T. 1806–09 abgebrochen). – 805 erstmals erwähnt, seit 1183 bayer., seit 1933 Stadt. Bei D. befand sich 1933–45 das erste offizielle dt. KZ (»Modell« für alle anderen, nach 1939 mit rund 200 Außenlagern); Gesamtzahl der Häftlinge zw. 1933 und 1945 (registriert: 206 000) sowie der Todesopfer (zw. 30 000 und 50 000) ist unbekannt; heute Gedenkstätte mit Museum, Archiv, Bibliothek, Mahnmal und Sühnekloster.

Dachfonds [-fɔ̃], **Investmentfondsanteil-Sondervermögen,** seit 1998 in Dtl. zulässige Investmentfonds, die das ihnen eingelegte Geld ganz oder überwiegend in Anteile anderer Fonds investieren. Um Transparenz für die Kapitalanleger zu gewährleisten und Risiken sowie Mehrfachkostenbelastungen zu minimieren, gelten besondere Vorschriften (§ 4 sowie §§ 30 ff. Investment-Ges. v. 15. 12. 2003). Im Ggs. zur Vermögensverwaltung auf Fondsbasis sind geringere Mindestanlagen vorgesehen.

d, D 1): Druckschriftvarianten; **1** altsemitisch, **2** altgriechisch (archaisch), **3** römische Kapitalschrift, **4** Unziale, **5** karolingische Minuskel, **6** Textur, **7** humanistische Kursive, **8** Fraktur

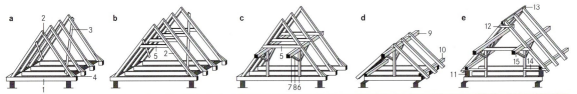

Dach: Dachkonstruktionen; a Sparrendach, b einfaches Kehlbalkendach, c Kehlbalkendach mit zweifach stehendem Stuhl, d einfaches Pfettendach, e Pfettendach mit zweifach stehendem Stuhl; 1 Dachbalken, 2 Sparren, 3 Windrispe, 4 Aufschiebling, 5 Kehlbalken, 6 Stuhlsäule (Stiel, Pfosten), 7 Rähm (Seitenpfette), 8 Bug, 9 Firstpfette, 10 Fußpfette, 11 Drempel (Kniestock), 12 Hahnenbalken, 13 Firstlatte (Firstbohle), 14 Doppelzange, 15 Mittelpfette

Dachgaube, Dachgaupe, Dachaufbau für ein stehendes Dachfenster; als sanft geschweifte **Fledermausgauben** bei anschmiegsamer Dachdeckung (u. a. Stroh, Schiefer, Metall, Dachziegel), sonst als **Schlepp-, Giebel-** oder **Walmgauben** ausgeführt.

Dachgesellschaft, Gesellschaft (meist AG oder GmbH) zur einheitl. Leitung eines Konzerns (→Holdinggesellschaft).

Dachla, Dakhla, größte Oase im Neuen Tal in der Libyschen Wüste, Ägypten, etwa 35 000 Ew.; Hauptort ist El-Kasr; Anbau von Dattelpalmen und Olivenbäumen; heiße Quellen; Ruinen aus der Zeit des Alten Reiches (um 2300 v. Chr. und später) und der Römer; Felsengräber (1./2. Jh.).

Dachpappe, mit Bitumen (oder früher Teer) imprägnierte Roh-D. zum Verlegen bes. auf Dächern, häufig mit mineral. Stoffen bestreut. Rohstoffe für die D. sind Altpapier und Hadern.

Dachreiter

Dachreiter, kleiner Glockenturm auf dem Dachfirst, bes. auf den sonst turmlosen Zisterzienserkirchen.

Dachrinne, an der Traufe des Dachs angebrachtes Gerinne zur Ableitung des Regenwassers in das Fallrohr; aus Zink-, Kupfer-, verzinktem Stahlblech oder Kunststoff.

Dachschiefer, feinkörnige, harte graue Tonschiefer mit ebenflächiger Spaltbarkeit; die aus D. gewonnenen Platten werden als Dach-, Fassaden-, Boden- und Tischplatten verwendet.

Dachse, Melinae, Unterfamilie der Marder. Der **Europ. Dachs** (Meles meles) ist 60–80 cm lang; am weißen Kopf je ein schwarzer Längsstreifen über Augen und Ohren; starke Grabkrallen an den Vorderbeinen, eine Drüsentasche am After, kurzer Schwanz, gelblich graues Rückenfell mit langen, harten Grannenhaaren;

Dachse: Europäischer Dachs

Bauchseite bräunlich schwarz; Allesfresser. Dämmerungs- und Nachttier, lebt in selbst gegrabenen Bauen und hält keinen echten Winterschlaf. – In SO-Asien lebt der **Schweins-D.** (Arctonyx collaris); auf Borneo, Sumatra und Java kommt der **Malaiische Stink-D.** oder **Teledu** (Mydaus javanensis) vor; der **Philippinen-Stink-D.** (Suillotaxus marchei) gehört einer eigenen Gatt. an. Der **Amerikan.** oder **Silber-D.** (Taxidea taxus) bewohnt die Prärie Nordamerikas. Marderähnlich wirken die **Sonnen-D.** (Melogale). Den D. verwandt sind die →Honigdachse.

Dachshunde, die →Dackel.

Dachstein, verkarstetes Kalkhochplateau in den Nördl. Kalkalpen, Österreich, an der Grenze zw. Steiermark, Salzburg und Oberösterreich, im Hohen Dachstein 2 995 m ü. M., mit den östlichsten Gletschern der Alpen; am Nordabfall zwei Höhlensysteme (Rieseneishöhle, Mammuthöhle); Seilbahnen von Obertraun und Ramsau; seit Mitte des 19. Jh. für den Tourismus erschlossen. – Die Kulturlandschaft Hallstatt-D.-Salzkammergut wurde zum UNESCO-Welterbe erklärt.

Dachwurz, Art der Gattung →Hauswurz.

Dachziegel, aus Ton oder tonigen Massen gebrannte Formteile zum Dachdecken, die mit einer angesetzten Nase an der Dachlatte angehängt werden. Nach der Art der Herstellung werden die in Stempelpressen hergestellten **Pressziegel** (Falzziegel, Reformpfannen, Falzpfannen, Flachdachpfannen, Krempziegel) und die in Strangpressen hergestellten **Strangziegel** (Hohlpfannen, Biberschwänze, Strangfalzziegel) unterschieden. Daneben gibt es **Sonderziegel** (z. B. Mönch- und Nonnenziegel sowie Klosterpfannen).

Dackel, Dachshunde, Teckel, niedrige, kurzläufige, lang gestreckte Hunderasse, Schulterhöhe 23–27 cm. D. werden nach der Haarart unterschieden in Kurzhaar-, Rauhaar- und Langhaar-D. Sie sind die kleinsten Jagdhunde und eignen sich als Stöber- und Schweißhund. D. haben ein anhängl. Wesen und sind sehr wachsam.

Dackellähme, Teckellähme, Lähmung der hinteren Gliedmaßen infolge Bandscheibenvorfalls; tritt vorwiegend bei Hunderassen auf, die ein ungünstiges Verhältnis zw. Körperhöhe und Rumpflänge aufweisen (Dackel, Bassets, Pekinesen u. a.).

Dadaismus [wahrscheinlich von frz. kindersprachlich »dada« »Holzpferdchen«] der, internat. Kunst- und Literaturrichtung, entstanden unter dem Eindruck des Ersten Weltkrieges. In Zürich (1916–18) betrieben H. Ball, Emmy Ball-Hennings (* 1885, † 1948), R. Huelsenbeck, Marcel Janco (* 1895, † 1984), T. Tzara, H. Arp u. a. das »Cabaret Voltaire«, das aus Protest gegen Kunstformen und ästhet. Wertmaßstäbe des (Bildungs-)Bürgertums provokative Antiprogramme mit Geräuschkonzerten, Lautgedichten, literar. →Montagen veranstaltete. Der Berliner D. (1918–20 mit Huelsenbeck, W. Herzfelde, J. Heartfield, G. Grosz, R. Hausmann, Hannah Höch, W. Mehring) veranstaltete im »Club Dada« eine »Internat. Dadamesse« (Juni 1920). Der Kölner D. (1919/20 mit M. Ernst und H. Arp) gipfelte in der Ausstellung »Dadavorfrühling« im April 1920, die nach polizeil. Schließung dann doch gezeigt werden konnte (»Dada siegt«). In Hannover proklamierte K. Schwitters eine Version des D. unter dem Namen »Merzkunst«. – Die Bedeutung des D. für die moderne Kunst (Literatur, Musik, Malerei, Film) ist erheblich. Die »Simultanmethode« des modernen Romans (zuerst bei J. Joyce, J. Dos Passos, in frühen Werken A. Döblins) geht z. T. auf ihn zurück. In Frankreich entwickelte sich der D. (vertreten u. a. durch P. Soupault, A. Breton und L. Aragon) zum →Surrealismus weiter. Hier wie in Berlin war die politisch linksgerichtete Komponente bes. deutlich.

Dädalus, lat. für →Daidalos.

Daddi, Bernardo, ital. Maler, * Florenz (?) um 1295, † vor dem 18. 8. 1348; steht in der Nachfolge Giottos; neben Fresken (Santa Croce, Florenz) Altarwerke und kleine Andachtsbilder.

Dadès der, **Oued D.,** Fluss in S-Marokko, entspringt im Hohen Atlas, 220 km lang, mündet in den Draa. Am unteren D. die »Straße der Kasbas« mit zahlr. Wohnanlagen (v. a. 19. Jh.).

Dadra und Nagar Haveli [ˈdædrə ænd ˈnægə həˈveli], Unionsterritorium in Indien, an der W-Küste, nördlich von Bombay; 491 km², (2006) 270 000 Ew., Hauptstadt ist Silvassa (21 900 Ew.). – Bis 1954 portugiesisch, wurde 1961 in die Ind. Union eingegliedert.

DAeC, Abk. für →Deutscher Aero Club e. V.

Dadaismus: Titelblatt der in Zürich erschienenen Zeitschrift »Dada« (1919; Nummer 4 und 5)

Dæhlie, Björn, norweg. Skilangläufer, * Elverum 19. 6. 1967; Olympiasieger 1992 (15, 50, 4×10 km), 1994 (10, 15 km) und 1998 (10, 50, 4×10 km) sowie neunfacher Weltmeister (zw. 1991 und 1997).

DAF, Abk. für →Deutsche Arbeitsfront.

Dafoe [dəˈfəʊ], Willem, amerikan. Filmschauspieler, * Appleton (Wis.) 22. 7. 1955; Schauspieler mit breitem Rollenspektrum, u. a. in »Die letzte Versuchung Christi« (1988), »Der engl. Patient« (1996), »Die Tiefseetaucher« (2004).

Dagermann, Stig, eigtl. Halvard **Jansson,** schwed. Schriftsteller, * Älvkarleby (bei Gävle) 5. 10. 1923, † (Selbsttötung) Enelyberg (heute zu Danderyd, bei Stockholm) 4. 11. 1954; Journalist; gestaltete in z. T. an F. Kafka erinnernden Werken Schuld- und Angstgefühle, so in dem Roman »Insel der Verdammten« (1946).

Dagestan [türk.-pers. »Land der Berge«], **Republik D.,** Teilrep. Russlands in Nordkaukasien, an der W-Küste des Kasp. Meeres, umfasst einen Teil der NO-Abdachung des Großen Kaukasus, im N die Nogaier Steppe, 50 300 km², (2006) 2,64 Mio. Ew., über 30 Volksgruppen mit eigenständigen Sprachen (über 70 Dialekte), die v. a. zur NO-Gruppe der kaukas. Völker und Sprachfamilie, aber auch wie die Kumyken und Nogaier zu den Turkvölkern gehören. Nach der Volkszählung von 2002 waren von den Bewohnern 29,4 % Awaren, 16,5 % Darginer, 14,2 % Kumyken, 13,1 % Lesginen, 5,4 % Laken, 4,7 % Russen, jeweils 4,3 % Tabasaraner und Aserbaidschaner, 3,4 % Tschetschenen, 1,5 % Nogaier, 3,2 % Angehörige anderer Nationalitäten. Hauptstadt ist Machatschkala. In der Landwirtschaft überwiegen Wein- und Obstbau, Gemüse- und Getreideanbau (größtenteils auf Bewässerungsflächen), Schaf- und Ziegenhaltung; Subsistenzwirtschaft hat einen hohen Stellenwert. An der Küste werden Erdöl und Erdgas gefördert. Die Ind. konzentriert sich in Machatschkala und Derbent (chem., Baustoff- und Nahrungsmittelind.). In den ländl. Gebieten Teppichknüpferei in Heimarbeit. D. gilt als »Armenhaus« Russlands. Die zahlr. Konflikte des N-Kaukasus und der Zusammenbruch der Ind.-Produktion während der 1990er-Jahre (2001 weniger als 25 % des Niveaus von 1991) führten zu einer Verarmung großer Teile der Bevölkerung.

Geschichte: Der südl. Teil des Gebiets von D. wurde im 3. Jh. n. Chr. von den Sassaniden unterworfen, ein Küstenstreifen im 4. Jh. von den Hunnen. Im 7./8. Jh. eroberten die Araber das Land und führten den Islam ein. In der Mitte des 11. Jh. bemächtigten sich die Seldschuken eines Großteils von D. In der ersten Hälfte des 13. Jh. fielen die Mongolen ein (Angliederung an das Reich der Goldenen Horde). Mehrere schon im MA. entstandene Kleinreiche (u. a. das Khanat der Awaren) erlebten seit dem 16./17. Jh. ihre Blütezeit. Seit dem 16. Jh. war D. ein Streitobjekt zw. dem Osman. Reich, Persien und Russland, dessen Kosaken in die Terekregion vordrangen. Mit dem russisch-pers. Vertrag von 1813 fiel D. an Russland. Seitdem sah sich dieses immer wieder mit Aufständen der Völker D.s und Tschetscheniens konfrontiert. Der während des russ. Bürgerkrieges (1918–21) ausgebrochene Aufstand wurde von der Roten Armee niedergeschlagen. Am 20. 1. 1921 wurde die Dagestan. ASSR im Rahmen der Russ. SFSR gegründet und D. damit in die UdSSR eingegliedert. Trotz verschärfter Verfolgung des Islam blieb dieser jedoch fest in der Bev. verankert. Nach dem Zerfall der Sowjetunion (1991) bildeten sich in D. versch. Nationalbe-

Dachziegel:
1 Biberschwanz;
2 Nonne;
3 Mönch;
4 Flachdachpfanne;
5 Klosterpfanne;
6 Frankfurter Pfanne;
7 Firstziegel

Dahlie: Kaktusdahlie »Morgenstern«

Louis Daguerre

Friedrich Dahlmann

wegungen, u. a. der Kumücken und Lesgier, die sich bes. gegen das Übergewicht der Awaren in den polit. Machtpositionen wendeten. Am 31. 3. 1992 unterzeichnete D. als »Republik D.« einen Foderationsvertrag mit Russland. Aufgrund der vielfältigen ethn. Potenziale entwickelten sich zw. den Völkern Konflikte bes. um Verfügungsrechte über den für alle knappen Boden. 1996 zogen die Kämpfe zw. Tschetschenien und der russ. Zentralreg. D. stark in Mitleidenschaft.

Dagö, Insel in Estland, →Hiiumaa.

Dagoba [singhal.] *die,* **Dagaba,** 1) buddhist. Reliquienschrein; 2) Raum, in dem dieser aufbewahrt und verehrt wird.

Dagobert I., König der Franken, † 638 oder 639; der letzte wirklich regierende Merowinger, Sohn Chlothars II., wurde 623 König in Austrasien, 629 im ganzen Fränk. Reich.

Dagomba, Dagbamba, Volk in N-Ghana, zw. Oti und Weißem Volta, über 750 000 Menschen. Die D. besaßen einst ein blühendes Staatswesen (14.–18. Jh.). Ihre Sprache, das **Dagbane,** eine Tonsprache, gehört zu den Gur-Sprachen innerhalb der Niger-Kongo-Sprachen.

Dagon [hebr.], **Dagan,** westsemit. Gott (u. a. Wetter-, Fruchtbarkeits- und Getreidegott), in Ugarit Vater des Baal, nach dem A.T. Hauptgott der Philister (Richter 16, 23; 1. Sam. 5, 2).

Dagover, Lil, Bühnen- und Filmschauspielerin, * Madiun (auf Java) 30. 9. 1887, † Grünwald (bei München) 23. 1. 1980; spielte ab 1922 in zahlr. Stumm-, dann auch in Tonfilmen.

Daguerre [daˈgɛːr], Louis Jacques Mandé, frz. Maler, * Cormeilles-en-Parisis (Dép. Val-d'Oise) 18. 11. 1787, † Bry-sur-Marne (Dép. Val-de-Marne) 10. 7. 1851; erfand 1837 die **Daguerreotypie,** das älteste fotograf. Verfahren. Dabei belichtete er eine Silberjodidschicht, die er mit Quecksilberdämpfen entwickelte und mit Kochsalzlösung fixierte. Er erhielt ein positives, seitenverkehrtes Bild. D. arbeitete seit 1829 mit J. N. →Niepce zusammen.

Dahl, 1) Johan Christian Clausen, norweg. Maler, * Bergen 24. 2. 1788, † Dresden 14. 10. 1857; dort seit 1819, mit C. D. Friedrich befreundet; realist. Landschaftsgemälde, Reiseskizzen aus Italien und Norwegen mit frühimpressionist. Zügen.

2) Roald, engl. Schriftsteller norweg. Abstammung, * Llandaff (bei Cardiff) 13. 9. 1916, † Oxford 23. 11. 1990; makabre Erzählungen mit überraschend-witzigen Pointen (u. a. »Kuschelmuschel«, 1974; »Hexen lauern überall«, 1983); auch Kinderbücher sowie Drehbücher und Gedichte.

Dahlak-Archipel [ˈdaxlak-], aus Korallenkalk bestehende Inselgruppe im Roten Meer, vor Massaua, gehört zu Eritrea; Ziegen- und Kamelzucht, Fischerei.

Dahlem, Ortsteil des Bezirks Steglitz-Zehlendorf von Berlin.

Dahlener Heide, Heidelandschaft südlich von Torgau, Landkreis Torgau-Oschatz, Sachsen, 150 km², bis 215 m ü. M.; Erholungsgebiet; Hauptort ist die Stadt Dahlen (5 100 Ew.).

Dahlerus, Birger, schwed. Industrieller, * Stockholm 6. 2. 1891, † ebd. 8. 3. 1957; versuchte als Bekannter H. Görings im Aug. 1939 noch eine dt.-brit. Verständigung in der poln. Frage herbeizuführen, trat 1946 als Zeuge in den Nürnberger Prozessen auf.

Dahlhaus, Carl, Musikwissenschaftler, * Hannover 10. 6. 1928, † Berlin (West) 13. 3. 1989; zahlr. Publikationen bes. zur Musikästhetik und zur Musikgeschichte des 19. Jahrhunderts.

Dahli|e [nach dem schwed. Botaniker A. Dahl, * 1751, † 1789] *die,* **Georgine, Dahlia,** Korbblütlergattung mit rd. 15 Arten aus Mexiko und Guatemala. Stauden mit knollig verdickten, gebüschelten Wurzeln und großen, flachen, verschiedenfarbigen Blütenköpfchen. Von den nicht winterharten **Gartendahlien** (Dahlia variabilis) werden zahlr. Sorten mit ungefüllten, halb gefüllten oder gefüllten Blütenköpfen kultiviert.

Dahlmann, Friedrich Christoph, Historiker und Politiker, * Wismar 13. 5. 1785, † Bonn 5. 12. 1860; seit 1829 Prof. der Staatswiss. in Göttingen. 1837 musste er als Führer der →Göttinger Sieben das Land Hannover verlassen. Seit 1842 lehrte in Bonn; 1848 einer der Führer der kleindt. Partei in der Frankfurter Nationalversammlung. Er vertrat einen am engl. Vorbild geschulten Liberalismus und begründete in seinen Darstellungen der engl. und frz. Revolution die polit. Geschichtsschreibung kleindt. Prägung, die von seinem Schüler H. von Treitschke fortgeführt wurde. – Seine »Quellenkunde der dt. Geschichte« (1830; fortgesetzt von G. Waitz u. a.) wurde zum unentbehrl. Hilfsmittel der dt. Geschichtswissenschaft.

Dahme, 1) *die,* linker Nebenfluss der Spree, 105 km lang; entspringt im Fläming, durchfließt mehrere Seen und nimmt kurz vor ihrer Mündung in Berlin-Köpenick den Teltowkanal auf.

2) Gemeinde im Kr. Ostholstein, Schlesw.-Holst.; Ostseeheilbad an der Lübecker Bucht, 1 200 Einwohner.

Dahmen, Karl Friedrich, Maler, * Stolberg (Rhld.) 4. 11. 1917, † Rosenheim 12. 1. 1981; gilt mit seinen Materialbildern der 50er-Jahre als wichtiger Vertreter der →informellen Kunst; ab 1965 auch Assemblagen und Objektkästen unter Verwendung von Müll.

Dahme-Spreewald, Landkreis in Bbg., 2 261 km², 161 800 Ew.; Verw.-Sitz ist Lübben/Spreewald.

Dahn, Stadt im Landkr. Südwestpfalz, Rheinl.-Pf., an der Lauter im **Dahner Felsenland** (stark erodierte Buntsandsteinfelsen) gelegen, 4 800 Ew.; Luftkurort; Schuh-, Holz-, Kunststoff-Ind. – Das Stadtbild bestimmen die vier Burgruinen Altdahn, Neudahn, Grafendahn (alle 13. Jh.) und Tanstein (um 1328). – 1963 erhielt D. Stadtrecht.

Dahn, 1) Felix, Jurist, Historiker, Schriftsteller, * Hamburg 9. 2. 1834, † Breslau 3. 1. 1912. Erfolgreich war v. a. sein histor. Roman »Ein Kampf um Rom« (4 Bde., 1876–78).

2) Walter, Maler und Bildhauer, * Sankt Tönis (heute zu Tönisvorst) 8. 10. 1954; nach einer Phase expressiver Malerei konzentrierte sich D. seit den 80er-Jahren auf ein formal reduziertes Zeichenvokabular, das er in Zeichnungen, Siebdrucken, Objekten und Rauminstallationen zu existenziellen, polit. und ästhet. Themen einsetzt.

Dahomey [-ˈmɛ], bis 1975 Name von →Benin.

Dahrendorf, Ralf, Soziologe und Politiker, * Hamburg 1. 5. 1929; Prof. in Hamburg (1958–60), Tübingen (1960–66) und Konstanz (1966–88), 1974–84 auch Leiter der →London School of Economics and Political Science. 1987–97 Rektor des Saint Anthony's College in Oxford, lebt seit 1988 in Großbritannien. Seit 2005 hat D. eine Forschungsprofessur (»soziale und polit. Theorie«) am Wissenschaftszentrum Berlin für Sozialforschung (WZB) inne. Der SPD gehörte er 1947–60 an, der FDP 1967–88. 1970–74 war er EG-Kommissar. 1993 wurde D. als Baron (Life Peer) Mitgl. des brit. Oberhauses. In Anlehnung an seine Marx-Studien sowie in krit. Auseinandersetzung mit der Gesellschaftswiss. in den USA (v. a. mit T. Parsons) entwickelte D. eine eigene Theorie sozialen Wandels, wobei er sich (als bed. Vertreter der liberalen Gesellschafts- und Staatsidee) seit den 1990er-Jahren bes. mit Fragen der Zukunft der Arbeitsgesellschaft und den neuen sozialen Konflikten befasst. – Werke: Homo sociologicus (1958); Konflikt u. Freiheit. Auf dem Wege zur Dienstleistungsgesellschaft (1972); Plädoyer für die Europ. Union (1973); Lebenschancen (1979); Die Chancen der Krise (1983); Der moderne soziale Konflikt (1988); Betrachtungen über die Revolution in Europa… (1990); Liberale u. andere. Portraits (1994); Über Grenzen. Lebenserinnerungen (2002); Der Wiederbeginn der Geschichte (2004).

Dahschur, Dorf in Ägypten, 25 km südlich von Kairo; in der Umgebung Pyramiden des Alten und Mittleren Reiches (UNESCO-Weltkulturerbe).

Daidalos [griech.], lat. **Dädalus,** *griech. Mythologie:* ein Heros aus Attika, Erfinder und Baumeister; baute in Kreta für König Minos das Labyrinth für den Minotaurus, wurde von Minos gefangen gehalten, weil er der →Ariadne das Garnknäuel gab; entkam zus. mit seinem Sohn →Ikaros mithilfe kunstvoller Flügel. D. galt als Begründer des griech. Kunsthandwerks und der Großplastik.

Dai-Ichi Kangyo Bank [-itʃi -], jap. Großbank, Sitz: Tokio, entstand 1971 durch Fusion von Dai-Ichi Bank Ltd. (gegr. 1873) und Nippon Kangyo Bank Ltd. (gegr. 1897); fusionierte 2000 mit Fuji Bank Ltd. und Industrial Bank of Japan Ltd. zur →Mizuho Financial Group Inc.

Dáil Eireann [daːl ˈeːrən, engl. dɔɪl ˈɛərən] *der,* das Abgeordnetenhaus der Rep. Irland.

Daily Express [ˈdeɪlɪ ɪksˈpres], brit. Boulevardzeitung, gegr. 1900, erscheint in London.

Daily Mail [ˈdeɪlɪ ˈmeɪl], erste erfolgreiche brit. Boulevardzeitung; gegr. 1896 in London; seit 1982 Sonntagsblatt »The Mail on Sunday«.

Daily Mirror [ˈdeɪlɪ ˈmɪrə], labourfreundliche brit. Boulevardzeitung, gegr. 1903.

Daily Soap [ˈdeɪlɪ ˈsəʊp; engl. eigtl. »tägliche Seife«] *die,* werktäglich ausgestrahlte triviale Hörspiel- oder Fernsehspielserie (→Soapopera), die als Endlosserie angelegt ist.

Daily-Telegraph-Affäre [ˈdeɪlɪ ˈtelɪgrɑːf-], Verfassungskrise um Kaiser Wilhelm II., ausgelöst durch die Veröffentlichung privater Gespräche im »Daily Telegraph« vom 28. 10. 1908. Die Äußerungen empfand man in Großbritannien als Anmaßung, in Dtl. als Ausdruck eines verfassungswidrigen persönl. Regiments des Kaisers.

Daily Telegraph, The [ðə ˈdeɪlɪ ˈtelɪgrɑːf], konservative brit. Morgenzeitung, gegr. 1855, erste billige Tageszeitung (Penny Paper) Großbritanniens, erscheint in London und Manchester.

Daimler, Gottlieb Wilhelm, Maschinenbauingenieur, * Schorndorf 17. 3. 1834, † Cannstatt (heute zu Stuttgart) 6. 3. 1900; neben C. →Benz Schöpfer des modernen Kraftwagens. D. wirkte 1872–81 als techn. Direktor der Gasmotorenfabrik Deutz AG. 1882 gründete er mit W. →Maybach eine Versuchswerkstätte in Cannstatt, wo er 1883 einen Einzylinder-Viertakt-Benzinmotor mit Glührohrzündung (Patent 1883) entwickelte. Einen seiner ersten Motoren baute D. 1885 in ein hölzernes Zweirad ein; 1886 wurden ein Boot und eine Kutsche mit einem D.-Motor ausgerüstet. 1890 wurde die durch den Mercedes-Kraftwagen, das erste moderne Automobil (1900/01, Vierzylindermotoren seit 1899), bekannte **D.-Motoren-Gesellschaft** gegr., der D. seit 1895 als Mitgl. des Aufsichtsrats angehörte. (→DaimlerChrysler AG)

DaimlerChrysler AG [-ˈkraɪzlə-], dt.-amerikan. Automobil- und Technologiekonzern, entstanden 1998 durch Fusion von Daimler-Benz AG und →Chrysler Corporation; Sitz Stuttgart. Die **Daimler-Benz AG,** das älteste Kfz-Unternehmen der Welt, entstand 1926 durch Fusion von Daimler-Motoren-Gesellschaft (gegr. 1890) und Benz & Cie. (gegr. 1883). Neben dem Bau von Pkw (seit 1900 »Mercedes«), Lkw, Dieselmotoren wurde ab 1933 der Rüstungssektor ausgebaut. Nach dem Krieg entwickelte sich der Konzern durch Erwerb zahlr. Unternehmen (z. B. 1985 MTU Motoren- und Turbinen-Union München, Dornier, AEG; 1988/89 Messerschmitt-Bölkow-Blohm; 1994 Fokker) zum größten dt. Ind.-Konzern, der seit 1990 folgende Unternehmensbereiche umfasste: Mercedes-Benz AG (gegr. 1889; Pkw und Nutzfahrzeuge), Daimler-Benz

Ralf Dahrendorf

Gottlieb Daimler

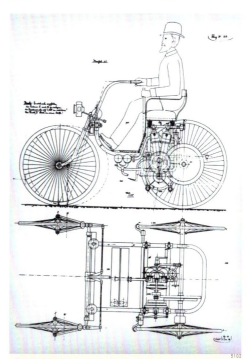

Gottlieb Daimler: Erste Zeichnung zum »Stahlradwagen« von 1889 mit 2-Zylinder-V-Motor (1,5 PS) und Vierganggetriebe (oben Seitenansicht); der Wagen wurde auf der Weltausstellung in Paris gezeigt.

DaimlerChrysler AG: Mercedes Simplex von 1902

Dakar
Stadtwappen

Édouard Daladier

Aerospace AG (Abk. Dasa, gegr. 1989, Luft- und Raumfahrt, Antriebe), AEG Daimler-Benz Industrie (elektrotechn. und elektron. Anlagen), Daimler-Benz InterServices (debis) AG (gegr. 1990; Dienstleistungen). – Heutige Geschäftsfelder sind Personenwagen (Marken: Mercedes-Benz, smart®, Maybach, Chrysler, Jeep®, Dodge) und Nutzfahrzeuge (Marken: Mercedes-Benz, Freightliner, Sterling, Setra, Western Star Trucks), v. a. durch Mercedes Car Group, Chrysler Group, EvoBus GmbH; Dienstleistungen in den Bereichen Finanzen, Versicherungen, Informationstechnologie (DaimlerChrysler Services [debis] AG); Motoren und Antriebssysteme (MTU Friedrichshafen GmbH, Detroit Diesel Corp.). 2000–01 wurden Beteiligungen an der Hyundai Motor Corp. und der Mitsubishi Motors Corp. erworben. Die DaimlerChrysler Aerospace AG (Dasa; Bereich Luft- und Raumfahrt) fusionierte 2000 mit der Aérospatiale Matra S. A. und der Construcciones Aeronauticas SA (Casa) zur →EADS N. V.; der Geschäftsbereich Bahnsysteme (DaimlerChrysler Rail Systems GmbH) wurde 2001 vom kanad. Luftfahrt- und Bahntechnikkonzern Bombardier Inc. übernommen, der Bereich Automobilelektronik (TEMIC Telefunken microelectronic GmbH) 2002 von der Continental AG und die MTU Aero Engines GmbH 2003 von Kohlberg Kravis Roberts. – Großaktionäre: Dt. Bank AG (10,4 %) und Emirat Kuwait (7,2 %).

Daimyō, Bez. der früheren jap. Territorialfürsten, die in ihrem Lehen die Gerichtshoheit innehatten und dort die Zivil- und Militärverwaltung ausübten; sie unterlagen dabei jedoch einer strengen Kontrolle durch die Verwaltung des Shōguns. Im Zuge der Meijireformen gaben die D. 1869 ihre Rechte dem Kaiser zurück.

Dainos [litauisch »Lieder«], litauische Volkslieder, die sich nach Arbeits-, Jahreszeiten-, Braut- und Totenliedern in Form und Thematik unterscheiden.

Dairen, jap. Name für Talien, heute Teil der chin. Stadt →Dalian.

Daisetsu-Nationalpark, der größte Nationalpark Japans, im Zentrum der Insel Hokkaidō, 2 319 km², mit Thermalquellen und mehreren bis 2 290 m hohen Vulkanen.

Dai-Shimizu-Tunnel [-ʃimizu-], Eisenbahntunnel (Strecke Tokio–Niigata) auf Honshū, Japan, 22,2 km lang, 1980 fertiggestellt.

Daisne [dɛn], Johan, eigtl. Herman **Thiery,** fläm. Schriftsteller, *Gent 2. 9. 1912, †Brüssel 9. 8. 1978; schrieb magisch-realist. Romane (»Der Mann, der sein Haar kurz schneiden ließ«, 1948).

DAK, Abk. für **D**eutsche **A**ngestellten-**K**rankenkasse, eine der größten Ersatzkrankenkassen in Dtl.; Name seit 1930, Sitz Hamburg.

Dakar, Hptst. der Rep. Senegal, an der S-Spitze der Halbinsel Kap Verde am Atlantik, 2,7 Mio. Ew.; Sitz der Westafrikan. Zentralbank; Erzbischofssitz, Univ., Forschungsinstitute; Wirtschafts-, Kultur- und Verw.-Zentrum des Landes; v. a. Nahrungsmittel-, Textilind., Kunststoffverarbeitung, Erdölraffinerie in Mbao; bed. Seehafen, Fischereihafen, internat. Flughafen. – 1857 gegr., seit 1898 bed. Kriegs- und Handelshafen.

Daker, lat. **Daci,** indogerman., den Geten verwandtes Volk, Teil des nördlichsten Zweigs der Thraker. (→Dakien)

Dakhla [-x-], **1)** Oase in Ägypten, →Dachla.
2) bis 1976 **Villa Cisneros,** Hauptort des südl. Teils der Westsahara (seit der Annexion durch Marokko Prov.-Hptst.), Hafenstadt am Atlantik, 58 100 Ew.; Fischverarbeitung; Flughafen.

Dakhmas [ˈdax-, Sanskrit], im ›Parsismus die sog. **»Türme des Schweigens«,** Bestattungsstätten (oben offene Türme), in denen die Toten den Aasvögeln ausgesetzt werden.

Dakien, Dazien, zur röm. Kaiserzeit das Land zw. Theiß, Donau und Pruth, etwa das heutige Rumänien; seit etwa 300 v. Chr. von den nordthrak. Dakern besiedelt. D. wurde von Trajan 101/102 und 105/106 erobert und als **Dacia** röm. Provinz. Die Römer räumten D. 270 im Kampf mit Goten und Gepiden. Von der UNESCO wurden die Festungsanlagen der Daker in den Bergen von Orăştie zum Weltkulturerbe erklärt.

Dakka, Hptst. von Bangladesh, →Dhaka.

Dakota, Name mehrerer nordamerikan. Stammesverbände der →Sioux; urspr. sesshaft, danach Bisonjäger; leben überwiegend in den USA (North und South Dakota sowie benachbarte Bundesstaaten), eine kleinere Gruppe in Kanada; v. a. in Reservationen.

Dakryozystitis [griech.] *die,* Entzündung des Tränensacks; die **akute** D. ist durch hochentzündl., schmerzhafte Schwellung der Tränensackgegend gekennzeichnet, die **chron.** D. kommt es zu einseitigem Tränenträufeln und Entleerung von schleimigeitrigem Sekret. Behandlung: Antibiotika, Wärmeanwendung.

daktyl... [griech. dáktylos »Finger«], finger...

Daktyloskopie [griech.] *die,* Fingerabdruckverfahren. Die Auswertung der Merkmale des Hautleistenreliefs, bes. der Fingerbeeren, also der Fingerabdrücke, dient v. a. dem polizeil. Erkennungsdienst (Identifizierung); nach § 81b StPO dürfen dafür, ebenso wie für Zwecke der Durchführung eines Strafverfahrens, Fingerabdrücke des Beschuldigten auch gegen seinen Willen aufgenommen werden. Die D. beruht auf der Unveränderlichkeit des Leistenbildes (→Papillarlinien) während der ganzen Lebens und der Fülle von Einzelmerkmalen, die in individueller (zufälliger), aber absolut stabiler Kombination Wiederholungen desselben Bildes bei einem anderen Menschen als praktisch ausgeschlossen gelten lässt. Mit computergesteuerten Anlagen können in kurzer Zeit Fingerabdrücke mit den umfangreichen Abdrucksammlungen der Kriminalämter verglichen und ggf. einer Person zugeordnet werden.

Daktylus [griech.] *der,* antiker Versfuß aus einer langen und zwei kurzen Silben, heute aus einer betonten und zwei unbetonten Silben. (→Metrik, Übersicht.)

Daladier [dalaˈdje], Édouard, frz. Politiker, *Carpentras (Dép. Vaucluse) 18. 6. 1884, †Paris 10. 10. 1970; Mitgl. der Radikalsozialist. Partei, wiederholt Min., 1933/34 und 1938–40 Min.-Präs., unterzeichnete 1938 für sein Land das Münchener Abkommen. Nach dem dt. Angriff auf Polen (1. 9. 1939) erklärte seine Reg. jedoch am 3. 9. 1939 Dtl. den Krieg. Nach dem militär. Zusammenbruch Frankreichs (Juni 1940) trat er für die Fortsetzung des Krieges von den Kolonien aus ein. Von der Vichy-Reg. inhaftiert, wurde D. 1943 in Riom vor Gericht gestellt (bis 1945 in Dtl. interniert). 1947–54 leitete er die Linksrepublikan. Sammlungsbewegung, war 1957–58 Präs. der Radikalsozialist. Partei.

Dalai-Lama [zu mongol. dalai (tibet. gyatso) »Ozean« und tibet. bla-ma »der Obere«] *der,* der ranghöchste Geistliche der Gelugpa-Schule (»Gelbmützen«) des →tibetischen Buddhismus und damit einer der höchsten religiösen Würdenträger Tibets; immer wieder reinkarniert (→Tulku), gilt er als Verkörperung des Bodhisattva →Avalokiteshvara. Seit dem 16. Jh. war der D.-L. (bis 1959) auch das polit. Oberhaupt →Tibets. Der gegenwärtige 14. D.-L. (Tenzin Gyatso, * 1935; 1940 inthronisiert), lebt seit seiner Flucht nach Indien (1959) in Dharamsala (Bundesstaat Himachal Pradesh) und tritt im Rahmen der von ihm geleiteten (von keinem Staat offiziell anerkannten) tibet. Exilregierung dafür ein, über Verhandlungen mit der chin. Reg. eine wirkl. Autonomie Tibets zu erlangen. Auf internat. Ebene setzt sich der D.-L. für Toleranz zw. den Religionen und Völkern und die Wahrnehmung der globalen Verantwortung der Menschheit ein. 1989 erhielt er den Friedensnobelpreis.

Dalälv *der,* Fluss in Schweden, durchfließt die Landschaft Dalarna, 520 km, mündet in den Bottn. Meerbusen; Kraftwerke, Holzflößerei.

Dalarna [schwed. »die Täler«], dt. auch **Dalekarlien**, gebirgige, waldreiche Landschaft und Verw.-Bez. (Län) in Mittelschweden, 1997 entstanden durch Umbenennung des Verw.-Bez. Kopparberg, 28 196 km^2 Landfläche, 276 500 Ew.; um das Becken des Siljansees dicht besiedelt; Holzind., Fremdenverkehr, im SO Bergbau und Industrie. In Brauchtum und Volkskultur haben sich alte Traditionen bewahrt.

Dalasi *der,* Abk. **D**, Währungseinheit in Gambia; 1 D. = 100 Bututs (b).

Dalat, **Da Lat**, Stadt in Vietnam, im südl. Teil des zentralen Berglandes, 1 475 m ü. M.; 131 000 Ew.; kath. Bischofssitz; Univ., Forschungsinstitute; Erholungs- und Ferienort.

Dalbe, in eine Gewässersohle eingerammte Pfahlgruppe zum Festmachen oder Leiten von Schiffen.

Dalberg, mittelrhein. Uradelsgeschlecht, seit 1653 Reichsfreiherrn. Vertreter:
1) Karl Theodor Reichsfreiherr von, →Karl (Herrscher, Mainz).
2) Wolfgang Heribert Reichsfreiherr von, Intendant, * Herrnsheim (heute zu Worms) 13. 11. 1750, † Mannheim 27. 9. 1806, Bruder von 1); war Staatsmin. und 1778–1803 Leiter des Nationaltheaters Mannheim; förderte vorübergehend Schiller, Uraufführung der »Räuber« (1782).

Dalbergie [nach dem schwed. Mediziner N. Dalberg, * 1730, † 1820] *die,* **Dalbergia**, Schmetterlingsblütlergattung mit wertvollen Hölzern, u. a. Palisander, Cocobolo und Rosenholz.

d'Albert [dal'bɛːr], Eugène, frz. Komponist, →Albert, Eugène.

Dalcroze [dal'kroːz], Émile, schweizer. Musikpädagoge, →Jaques-Dalcroze.

Dale [deɪl], Sir (seit 1932) Henry Hallet, brit. Physiologe und Pharmakologe, * London 5. 6. 1875, † Cambridge 22. 7. 1968; erhielt 1936 mit O. Loewi für die Entdeckungen bei der chem. Übertragung von Nervenimpulsen durch Neurotransmitter den Nobelpreis für Physiologie oder Medizin.

Dalai-Lama: Tenzin Gyatso, der 14. Dalai-Lama

D'Alema, Massimo, ital. Politiker, * Rom 20. 4. 1949; Journalist; trat 1968 in die KP ein, zu deren maßgebl. Reformern er in den 1980er-Jahren gehörte. Seit 1994 ist er Vors. der demokrat. Linkspartei PDS, 1998–2000 war er Min.-Präs. Nach dem Wahlsieg des Mitte-links-Bündnisses »L'Unione« übernahm D'A. im Mai 2006 als Führer der größten Regierungspartei im Kabinett Prodi das Außenministerium und das Amt des stellv. Ministerpräsidenten.

d'Alembert [dalã'bɛːr], Jean-Baptiste Le Rond, →Alembert.

Daleminzen, sorb. Stamm zw. der mittleren Elbe und der oberen Freiberger Mulde. König Heinrich I. leitete mit der Gründung der Burg Meißen 929 die Einbeziehung der D. in die spätere Mark Meißen ein.

Dalén, Nils Gustaf, schwed. Ingenieur, * Stenstorp (Västergötland) 30. 11. 1869, † Stockholm 9. 12. 1937; konstruierte Turbinen, erfand 1906 das **D.-Blinklicht,** eine Signalbeleuchtung mit Acetylenbrenner, sowie selbstwirkende Regulatoren für Leuchttürme und Leuchtbojen; erhielt 1912 den Nobelpreis für Physik.

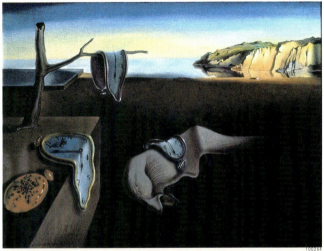

Salvador Dalí: Die Beständigkeit der Erinnerung (1931; New York, Museum of Modern Art)

Dallas: Skyline

Salvador Dalí

Dalí, Salvador, span. Maler und Grafiker, * Figueres (Katalonien) 11. 5. 1904, † ebd. 23. 1. 1989; 1929–34 Mitgl. der Surrealistengruppe in Paris, 1940–48 in den USA, lebte in Port-Lligat (= Cadaqués; Costa Brava). D.s Motive sind Ausdruck surrealist. Irrationalität und bewegen sich in einer Traum- und Assoziationswelt. Er bevorzugte religiöse und sexuelle Themen. Objekte und Entwürfe für Schmuck sowie Filme (Anteil an Buñuels »Der andalusische Hund«, 1928, und »L'âge d'or«, 1930) und Aktionen zeigen den breiten Fächer seiner Aktivitäten; zahlr. Schriften, darunter: »Die Eroberung des Irrationalen« (1935). – Abb. S. 929

Dalian [da:l'jen], **Talien,** früher **Lüda, Lüta,** Stadt und größter Seehafen im N Chinas, an der S-Spitze der Halbinsel Liaodong, Prov. Liaoning, am Gelben Meer, 5,4 Mio. Ew.; entstanden aus den Städten **Lüshun** (früher **Port Arthur**) und **Talien** (jap. **Dairen,** chin. **Dalian**); TU, Fachhochschulen. Bildet seit 1984 eine der chin. Sonderwirtschaftszonen mit Schiffbau, petrochem., elektron., Metall-, Leicht-, Textilind.; internat. Flughafen. – Port Arthur, 1894 von den Japanern erobert, wurde 1898 mit Talien an Russland verpachtet, 1904/05 erneut von Japan besetzt und diesem im Vertrag von Portsmouth (1905) zugesprochen. Ab 1945 sowjet. Flottenstützpunkt, kam Port Arthur 1955 wieder an China.

Dalila, Delila, die Geliebte →Simsons.

Dalimu, amtl. chin. für →Tarim.

Dalit [Sanskrit »gebrochen«] *der,* neuere Eigenbez. kastenloser Inder, als identitätsstiftender Oberbegriff für verschiedene Gruppen verwendet. (→Kaste)

Dallapiccola, Luigi, ital. Komponist, * Mitterburg (heute Pazin, Istrien) 3. 2. 1904, † Florenz 19. 2. 1975; Vertreter der Zwölftonmusik, schrieb Orchester- und Kammermusik sowie die Opern »Nachtflug« (1940), »Der Gefangene« (1950), »Ulisse« (1968), das Ballett »Marsia« (1948), Chorwerke u. a.

Dallas ['dæləs], Stadt im nördl. Texas, USA, 1,21 Mio. Ew. (Agglomeration: 5,59 Mio.); zwei Univ.; Finanz-, Versicherungs- und Handelszentrum im SW der USA, Mittelpunkt eines großen Erdöl- und Erdgasgebietes und einer der größten Baumwollmärkte der Erde, Sitz von Erdölgesellschaften; ein Modezentrum der USA; Erdölverarbeitung, elektron., Raumfahrtind., Fahrzeugbau; Verkehrsknotenpunkt mit drei Flughäfen. – D. besitzt mehrere herausragende Beispiele moderner Hochhausarchitektur. – In D. wurde am 22. 11. 1963 der amerikan. Präs. John F. Kennedy ermordet.

Dalmati|en, kroat. **Dalmacija,** Küstenlandschaft am Adriat. Meer, überwiegend in Kroatien, reicht von der Insel Pag im N bis zur Bucht von Kotor (Montenegro); die verkarsteten Kalkstöcke der **Dinar. Alpen** (bis 1913 m ü. M.) fallen steil zur Küste ab. Vorgelagert sind die etwa 800 **Dalmatin. Inseln.** D. hat Mittelmeerklima mit sehr mildem Winter und üppiger immergrüner Pflanzenwelt an der Küste und in den Tälern. Die Bev. besteht aus Kroaten; Kultur und Siedlungen zeigen z. T. noch den venezian. Einfluss. Hauptwirtschaftszweige sind Fremdenverkehr, Bergbau (Bauxitlager), Zement-, Konserven-, Holzind., daneben Fischerei und Schifffahrt. Hauptorte sind Zadar, Šibenik, Split, Dubrovnik; zahlr. Badeorte an der Küste und auf den Inseln.

Geschichte: Die 9 n. Chr. errichtete röm. Provinz Dalmatia war urspr. von illyr. Delmaten bewohnt. Sie kam 395 zum Weström., 535 zum Byzantin. Reich. Slawen und Awaren eroberten im 7. Jh. große Teile. Das Binnenland im N besiedelten Kroaten, im S Serben. Seit 1420 wurden die Inseln und Küstenstädte

Dalmatien: Blick über die Insel Hvar und auf deren gleichnamigen Hauptort

von Venedig beherrscht (bis 1797). Im 16. Jh. eroberten die Osmanen einen Teil von D.; 1815 kam es an Österreich (seit 1816 Königreich), durch den Vertrag von Rapallo (1920) an Jugoslawien (ohne Zadar, Rijeka [Fiume] und einige Inseln). Im Zweiten Weltkrieg annektierte Italien den größten Teil von D., das nach 1945 wieder an Jugoslawien fiel; es gehört zu Kroatien, kleinere Teile im S sind unter Montenegro sowie Bosnien und Herzegowina aufgeteilt.

Dalmatika [lat.] *die*, hemdartiges, aus Ägypten stammendes Gewand (aus Wolle, Leinen oder Seide), das aus Griechenland über Dalmatien (daher: tunica talaris dalmatica) übernommen und zur röm. Kaiserzeit von Mann und Frau über einer langärmligen Tunika getragen wurde. – Seit dem 4. Jh. gehört die D. (**Dalmatik**) zur liturg. Kleidung bes. der Diakone.

Dalmatiner *der*, mittelgroße (Schulterhöhe 50–60 cm) Haushunderasse; kurzhaarig, weiß mit dunklen Flecken.

Dalos [ˈdɔlɔʃ], György, ungar. Schriftsteller, * Budapest 23. 9. 1943; gehörte zur aktiven ungar. Opposition (1968 Haft, dann Publikationsverbot); seit Mitte der 1980er-Jahre bedeutender Mittler zw. der ungar. und der dt.-sprachigen Kultur. Aus D.' vielseitigem Werk (u. a. Lyrik, Essays, Übersetzungen) ragen seine Romane hervor, die mit Ironie und Wehmut ein umfassendes Bild der realsozialistischen ungar. Gesellschaft entwerfen: »Die Beschneidung« (1990), »Der Versteckspieler« (zuerst dt. 1994). – *Weitere Werke: Romane:* Der Gottsucher (1999); Olga. Pasternaks letzte Liebe (1999); Die Balaton-Brigade (2005). – *Erzählungen:* Der Rock meiner Großmutter (1996).

dal segno [-ˈseɲo, ital.], Abk. **dal s., d. s.,** *Musik:* vom Zeichen an; Anweisung zur Wiederholung eines Musikstücks von der durch ein Zeichen (meist 𝄋) kenntlich gemachten Stelle an.

Dalsland, Landschaft westlich des Vänersees, Schweden, ein seenreiches, meist bewaldetes Gebirgsland; im S die fruchtbare Ebene **Dalboslätten.**

Dalton [ˈdɔːltən], John, brit. Chemiker und Physiker, * Eaglesfield (Cty. Cumbria) 5. oder 6. 9. 1766, † Manchester 27. 7. 1844; untersuchte die physikal. Eigenschaften von Flüssigkeiten und Gasen und entdeckte 1801 das später nach ihm benannte Gesetz über den →Partialdruck. Seine chem. Atomtheorie basierte auf der neuen Erkenntnis, dass sich Atome verschiedener chem. Elemente in ihrem »Atomgewicht« unterscheiden; führte stöchiometr. Grundgesetze ein, u. a. das **Gesetz der multiplen Proportionen** (1808): Die Gewichtsverhältnisse zweier Elemente, die sich zu versch. Verbindungen vereinigen, stehen im Verhältnis einfacher ganzer Zahlen.

Daltonplan [ˈdɔːltən-], **Laboratory plan,** von der Amerikanerin Helen →Parkhurst entwickelte Unterrichtsmethode, die 1920 in Dalton (Mass.) eingeführt wurde und seitdem bes. in den USA, Großbritannien, Skandinavien und Japan Verbreitung fand; zielt auf eigenständiges, individuelles Lernen nach schriftl. Arbeitsplan unter beratendem Beistand von Lehrern.

Dalwigk, Karl Friedrich Reinhard Freiherr von D. zu Lichtenfels, hess. Politiker, * Darmstadt 19. 12. 1802, † ebd. 28. 9. 1880; war 1850–71 der leitende Minister des Großherzogtums Hessen; innenpolitisch reaktionär, in der dt. Frage preußenfeindlich, unterzeichnete dennoch 1870 den Eintritt Hessens in das neue Dt. Reich.

Dam, 1) Carl Peter Henrik, dän. Biochemiker, * Kopenhagen 21. 2. 1895, † ebd. 17. 4. 1976; arbeitete u. a.

Damaskus: Westportal des Jupitertempels in der Altstadt, am Anfang der Hauptladenstraße des Suk (Basar) al-Hamidija

über Probleme des Stoffwechsels und der Ernährung. D. erhielt 1943 für die Entdeckung des Vitamins K mit E. A. Doisy den Nobelpreis für Physiologie oder Medizin.

2) José van, eigtl. Joseph van **Damme,** belg. Sänger (Bassbariton), * Brüssel 25. 8. 1940; bed. Mozart-Interpret.

Daman, früher port. **Damão,** Stadt an der W-Küste Indiens, nördlich von Bombay, 37 900 Ew. – 1559 bis 1961 port. Kolonie. Bildete danach mit →Goa und →Diu ein Unionsterritorium, aus dem Goa 1987 als Bundesstaat ausgegliedert wurde.

Damanhur, Hptst. des gleichnamigen Governorats in Unterägypten, 212 000 Ew.; Baumwollhandel, Pharma- und Textilind.; Bahnknotenpunkt.

Daman und Diu, ind. Unionsterritorium, bestehend aus den territorial getrennten Teilen →Daman und →Diu; 112 km², (2006) 220 000 Ew.; Hptst. des Territoriums ist Daman.

Damara, Volksgruppe in Namibia, →Bergdama.

Damas, Léon-Gontran, Schriftsteller aus Frz.-Guayana, * Cayenne 28. 3. 1912, † Washington (D. C.) 22. 1. 1978; war Mitbegründer der →Négritude; schrieb Lyrik, in die er als Erster afrikan. Tanzrhythmen aufnahm, Erzählungen und Essays.

Damaschke, Adolf, Bodenreformer, * Berlin 24. 11. 1865, † ebd. 30. 7. 1935; suchte aus der Kenntnis des großstädt. Wohnungselends die soziale Not als Vors. des Bundes dt. Bodenreformer (seit 1898) durch Beschränkung des privaten Bodeneigentums und Besteuerung des Bodenertragszuwachses zu überwinden. Sein Hauptwerk »Die Bodenreform« (1902) wurde grundlegend.

Damaskus, arab. **Dimaschk esch-Scham,** frz. **Damas,** Hptst. Syriens, in einer Flussoase am Osthang des Antilibanon, 1,61 Mio. Ew. D. ist eines der bedeu-

Henrik Dam

Adolf Damaschke

tendsten nat. und religiösen Zentren des Nahen Ostens mit über 75 Moscheen, darunter die Omaijaden-Moschee (8. Jh.), ist Sitz mehrerer Bischöfe und Patriarchen, hat Universität, Akademie und Nationalmuseum; die Altstadt wurde von der UNESCO zum Weltkulturerbe erklärt. Textil-, Schuh-, Zementind. Das Kunsthandwerk knüpft an die Tradition des MA. an (Woll-, Brokat- und Seidenweberei, Damast, Damaszener Klingen). Knotenpunkt wichtiger Verkehrswege nach Aleppo, Bagdad, Mekka, Beirut, Haifa, Sur; internat. Flughafen.

Geschichte: Obwohl vorsemit. Ursprungs (3. Jt. v. Chr.), ist D. erst in den Inschriften Thutmosis' III. (1490–1436 v. Chr.) bezeugt. Nach 1000 v. Chr. war D. Zentrum des Aramäerstaates Aram, über dessen Kämpfe mit Israel das A. T. berichtet, nach 732 gehörte es zum assyr., neubabylon., zum achaimenid., zum Alexander- und zum seleukid. Reich. Seit 64 v. Chr. gehörte die Stadt zum Röm., später zum Byzantin. Reich; 636 n. Chr. von den muslim. Arabern erobert, war sie 661–750 Sitz der omajad. Kalifen und Mittelpunkt der islam. Politik und Kultur; im 12. Jh. Residenz des Aijubiden Saladin. Während der Kreuzzüge heftig umkämpft; unter der Mamlukenherrschaft (seit 1250) 1516–1918 türkisch. 1920 wurde es Hptst. des frz. Völkerbundsmandats Syrien, 1946 des unabhängigen Staates Syrien.

Damast [nach Damaskus] *der,* Gewebe (→ Jacquardgewebe), dessen Muster durch den Wechsel von Schuss- und Kettbindung entstehen; Leinen- und Baumwoll-D. für Tisch- und Bettwäsche, Seiden- und Chemieseiden-D. für Polstermöbel- und Dekorationsstoffe, Baumwoll-D. für Möbelbezüge, Decken, Vorhänge.

Damasus I., Papst (366–384), *Rom um 305, † ebd. 11. 12. 384; unter schweren Tumulten gewählt; beauftragte seinen Sekretär Hieronymus mit der Revision des lat. Bibeltextes (→ Vulgata).

Damaszieren [nach Damaskus], Stahlbearbeitungsverfahren zur Erzielung einer Zeichnung und zur Steigerung der Festigkeit und Zähigkeit des Werkstückes (**Damaszener Klingen**): Dünne Vierkantstäbe versch. Dicke und Drähte aus weichem und hartem Stahl werden mehrfach übereinandergelegt, verschweißt und durch Hämmern zu neuen Stäben gestreckt. Bei **unechtem D.** wird das Verfahren durch Ätzen, Gravieren oder Tauschieren vorgetäuscht.

Dâmboviţa [ˈdimbɔvitsa] *die,* frühere Schreibweise **Dîmboviţa,** Fluss in Rumänien, 268 km lang, entspringt in den Südkarpaten, mündet bei Bukarest in den Argeş.

Dambulla, Ort im NO Sri Lankas, westlich von Polonnaruwa; der »Goldene Felsentempel« (Baubeginn 1. Jh. v. Chr.) umfasst fünf buddhist. Höhlentempel mit zahlr. Statuen und Wandmalereien und ist der größte und besterhaltene Höhlentempelkomplex in Sri Lanka (UNESCO-Weltkulturerbe).

Dame [frz. aus lat. domina »Herrin«; engl. deim], **1)** allg. gehoben für Frau oder Mädchen, auch in der Anrede (»Meine D.«); im 17. Jh. zunächst Bez. für die gebildete Geliebte, wurde D. fester Titel für die Frau in Adelskreisen; Ende des 18. Jh. wurde D. in die Sprache der bürgerl. Gesellschaft aufgenommen. In Großbritannien ist »D.« Anrede (mit dem Rufnamen) und Titel der Trägerinnen der Ritterwürde, sofern diese keinen höheren Adelstitel führen.
2) Siegerstein im → Damespiel, auch das Spiel selbst.
3) kampfstärkste Figur im → Schach.
4) dritthöchste Karte der frz. Spielkarte, dem Ober der dt. Karte entsprechend.

Damenfriede, Friede von → Cambrai.

Damenstift, adliges Nonnenkloster, das das klösterl. Leben aufgegeben hatte; auch ehem. kath. Frauenkloster als Versorgungsanstalt (adliger) unverheirateter Frauen oder eine adlige Frauengemeinschaft.

Damenweg, frz. **Chemin-des-Dames,** 30 km langer Weg (Panoramastraße) auf dem Höhenrücken zw. Aisne und Ailette, südlich von Laon, N-Frankreich; urspr. röm. Straße, für die Töchter Ludwigs XV. ausgebaut; im Ersten Weltkrieg schwer umkämpft.

Damespiel, Dame, Brettspiel, das auf einem gewöhnlich aus 64 abwechselnd weißen und schwarzen Feldern bestehenden Brett von zwei Spielern mit je 12 schwarzen bzw. weißen Steinen gespielt wird; seit dem MA. bekannt. – Das wettkampfmäßig ausgetragene D. wird auf einem Brett mit 100 Feldern und je 20 Steinen gespielt.

Damgarten, Stadtteil von → Ribnitz-Damgarten.

Damhirsche, Damwild, Dama dama, zur Unterfamilie der **Echthirsche** (Cervinae) gehörende Hirschart mit zwei Unterarten. Der **Europ. D.** (Dama dama dama) hat eine Schulterhöhe von 80–90 cm, ist rotbraun mit weißl. Fleckung und besitzt ein Schaufelgeweih. Der größere **Mesopotam. D.** (Dama dama mesopotamica) lebt heute nur noch in Südwestiran.

Damiani, Petrus, ital. Kirchenlehrer, → Petrus Damiani.

Damianus, Märtyrer, → Kosmas und Damianus.

Damiette [damiˈɛt(ə)], arab. **Dumjat,** Hptst. des gleichnamigen Governorats in Unterägypten, am Ufer des nach D. benannten Nilarms, 15 km vor der Mündung ins Mittelmeer, 78 900 Ew.; Sitz eines kopt. Bischofs; Institut der Azhar-Univ. (Kairo); Seiden- und Baumwollverarbeitung, Nahrungsmittelindustrie; Hochseehafen; Eisenbahnendpunkt. – D. war im MA. eine bed. Handelsstadt.

Damm, 1) *Anatomie:* **Perineum,** schmale Gewebebrücke zw. After und Scheide (bei der Frau) bzw. Hodensack (beim Mann).
2) *Tiefbau:* längl. Baukörper aus Erde, Kies, Schotter oder Schüttsteinen von trapezförmigem Querschnitt; dient als Deich, Staudamm, Umwandung von künstl. Speicherbecken, als Rampen an Brücken sowie als Unterbau von Verkehrswegen und Kanälen.

Dammam, Hafenstadt in Saudi-Arabien, gegenüber den Bahraininseln am Pers. Golf; gemeinsam mit → Dhahran und Alkhobar als Conurbation rd. 824 000 Ew.; Univ. (1975). D. ist als Überseehafen (seit 1952)

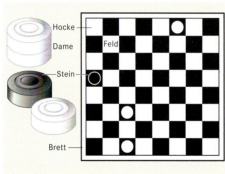

Damespiel

und Ausgangspunkt der Bahn nach Riad wichtiger Importplatz.

Dammarharz, weißes, braunes oder schwarzes, fast geruchloses Harz des südostasiat. Dammarbaumes.

Dammastock, höchster Gipfel (3 630 m ü. M.) der **Dammagruppe** in den Urner Alpen, Schweiz, auf der Grenze der Kantone Uri und Wallis; am südwestl. Abhang liegt das Nährgebiet des Rhonegletschers.

Dammbeck, Lutz, Experimentalfilmer und Videokünstler, * Leipzig 17. 10. 1948; studierte 1967–72 an der Hochschule für Grafik und Buchkunst Leipzig, siedelte 1986 nach Hamburg über, seit 1998 Prof. für Neue Medien an der Kunstakad. Dresden. Seit 1983 Arbeit am »Herakles«-Konzept, ausgehend vom antiken Mythos setzt er sich mit der Ideologie und Ästhetik von Nationalsozialismus und Stalinismus auseinander.

Damme, Stadt im Landkreis Vechta, Ndsachs., am Südrand der **Dammer Berge,** 16 300 Ew.; Luftkurort; Herstellung von Autozubehör, Landmaschinenbau, Kunststoffverarbeitung, Holzindustrie. – Seit 1982 Stadt.

Dämmerung, die Übergangszeit zw. der vollständigen Nachtdunkelheit und der Taghelligkeit bei Sonnenaufgang (**Morgen-D.**) oder bei Sonnenuntergang (**Abend-D.**); entsteht durch Reflexion und Streuung der Sonnenstrahlung in höheren Schichten der Atmosphäre, sobald die Sonne für den Beobachter unter dem Horizont steht. Die **bürgerl. D.** ist die Zeit, während der man ohne künstl. Beleuchtung noch lesen kann; die Sonne steht dabei höchstens 6,5° unter dem Horizont. Die **astronom. D.** beginnt bzw. endet, wenn die Sonne etwa 18° unter dem Horizont steht. In den Tropen ist die D. wegen der steilen Sonnenbahn kurz, in der Polarzone durch die flache Bahn lang anhaltend und farbenreich.

Dämmerungseffekt, Nachteffekt, *Funktechnik:* Störeffekt, der in der Dämmerung und Nacht bei Funkanlagen im Mittel- und Langwellenbereich auftritt; entsteht durch Interferenz von Boden- und Raumwelle. Zur Vermeidung solcher Ausbreitungsfehler verwendet man z. B. Doppelrahmen- und Adcock-Peiler.

Dämmerungserscheinungen, die während der Dämmerung bes. bei stärkerer atmosphär. Trübung auftretenden opt. Erscheinungen in Abhängigkeit vom Sonnenstand, z. B. das Morgen- und →Abendrot sowie die Purpurdämmerung (mit dem →Alpenglühen im Hochgebirge).

Dämmerungssehen, skotopisches Sehen, Sehen bei niederen Lichtintensitäten, bei dem nur die Netzhautstäbchen in Funktion sind (→Sehen). Die Sehschärfe beim D. beträgt weniger als $1/10$ der Tagessehschärfe, die spektrale Empfindlichkeit ist verändert.

Dämmerungs|tiere, bes. in der Dämmerung und nachts aktive Tiere mit großen Augen, gutem Gehör und oft auch feinem Geruchssinn.

Dämmerungszone, in den Meeren der unterhalb der 30–100 m starken durchleuchteten Schicht liegende Bereich von 800 bis 1 000 m Dicke, dessen schwaches blaues Licht nicht mehr für die Fotosynthese ausreicht.

Dämmerzustand, Stunden oder Tage, selten länger anhaltende Bewusstseins- und Wahrnehmungsstörungen, z. B. bei Epilepsie oder nach Schädelhirnverletzungen.

Dammriss, Scheidendammriss, während der Geburt mögl. Verletzung von Scheidenwand und Damm;

Damhirsche: Europäischer Damhirsch

abhängig von Dehnbarkeit der Weichteile, Größe und Lage des Kindes sowie Art der Entbindung; muss vom Arzt genäht werden.

Dammschnitt, Episiotomie, Scheiden-Damm-Einschnitt in Haut und Beckenbodenmuskulatur während der Austreibungsperiode (→Geburt) zur Erweiterung des weichen Geburtskanals und zur Vermeidung eines Dammrisses.

Dämmstoffe, *Bautechnik:* poröse Stoffe mit niedriger Rohdichte, die meist in Form von Matten, Platten oder Schüttungen zur **Wärmedämmung** (Kälteschutz) und/oder zur **Schalldämmung** (Vermeidung der Entstehung von Schallschwingungen, Verminderung ihrer Übertragung) dienen. Als organ. D. werden Holzprodukte (Holzspan- und Holzfasererzeugnisse) und Kunstharzschäume (Schaumstoffe) sowie auch Kork, Torf, Stroh, Seegras, Kokosfasern genutzt. Anorgan. D. sind Kieselgur, Blähperlit, Blähglimmer, Schaumsand und -glas. Die Wärmedämmung poriger Stoffe beruht auf dem Anteil eingeschlossener Luftteilchen.

Damnum [lat.] *das,* **Damno,** Schaden, Verlust, Abzug; bes. die Differenz zw. Nennbetrag und ausgezahltem Betrag eines Darlehens.

Damodar *der,* Fluss in NO-Indien, 590 km lang, entspringt im Chota-Nagpur-Plateau, mündet südlich von Kalkutta in den Hugli; mehrere Staudämme dienen der Energieerzeugung, Bewässerung und Flutkontrolle; im oberen D.-Tal reiche Kohlevorkommen.

Damokles, Höfling Dionysios' II. (und wohl auch schon Dionysios' I.) von Syrakus (4. Jh. v. Chr.). Als er das Glück des Tyrannen pries, ließ dieser ihn unter einem Schwert, das an einem Pferdehaar hing, alle Genüsse einer fürstl. Tafel kosten. Daher **Damoklesschwert,** Sinnbild ständiger Gefahr; Fabel von C. F. Gellert.

Dämonen [griech. *daímon* »Unheilsgeist«, »Schicksal«], bei Homer urspr. die Götter (in ihrem übermenschl. Wirken), seit Hesiod Wesen zw. Göttern und Menschen, die auf die menschl. Geschicke im Guten oder Bösen einzuwirken vermochten. Die *Religionswissenschaft* bezeichnet als D. numinose, übermenschl., aber nicht göttl. Mächte, die zuweilen dem Menschen helfen, ihn meist aber bedrohen oder schädigen. In vielen Naturreligionen spielt der Glaube an

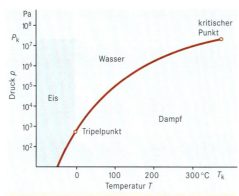

Dampfdruck: p-T-Diagramm (Dampfdruckkurve) des Wassers; p_k kritischer Druck, T_k kritische Temperatur

D. (**Dämonismus**) eine außerordentl. Rolle. Fast alle Krankheiten und Unglücksfälle, aber auch deren Heilung und Abwendung werden hier auf die D. zurückgeführt. Teile dieses Glaubens haben sich in manchen Kulturreligionen, häufig in der Gegenüberstellung von Schadensgeistern (z. B. Teufel) und ihren schützenden Gegenspielern (z. B. Engel), daneben auch im Volksglauben (Märchen) und im Aberglauben erhalten.

Damon und Phintias, zwei Pythagoreer, die zur Zeit Dionysios' II. von Syrakus (4. Jh. v. Chr.) ein Beispiel der Freundestreue gaben (Ballade »Die Bürgschaft« von Schiller, 1798).

Dampf, die gasförmige Phase eines Stoffes, die in thermodynam. Wechselwirkung (Energie- und Masseaustausch) mit seiner flüssigen oder festen Phase steht. Im allg. Sprachgebrauch wird gelegentlich eine Suspension von (sichtbaren) Flüssigkeitströpfchen in Luft (z. B. Nebel) als D. bezeichnet (in der Energietechnik als **Nass-D.**); gasförmiger →Wasserdampf dagegen ist farblos. D. entsteht durch Verdampfen einer Flüssigkeit oder Sublimation eines Feststoffes. Stehen D. und flüssige oder feste Phase im thermodynam. Gleichgewicht, d. h., ändern sich bei konstanter Temperatur im abgeschlossenen Raum die Stoffmengen infolge Verdampfung bzw. Sublimation und gleichzeitiger Kondensation in den koexistierenden Phasen nicht, so hat der über der flüssigen oder festen Phase befindl. Raum (**D.-Raum**) die größtmögl. Menge an Molekülen aufgenommen. Der D. heißt dann **gesättigter D.** oder **Satt-D.**, der Druck in diesem Sättigungszustand →Dampfdruck (auch Sättigungs- oder Gleichgewichtsdampfdruck). Wird der Satt-D. von seiner flüssigen oder festen Phase getrennt und bei konstantem Druck weitererhitzt, entsteht **Heiß-D. (ungesättigter, überhitzter D.).** Beim Abkühlen von Satt-D. bei gleichbleibendem Druck bildet sich **übersättigter D.;** dieser metastabile Zustand verliert sich wieder durch Kondensation, z. B. an Staub oder Ionen (→Nebelkammer).

Dampfbad, Schwitzbad, bei dem der entkleidete Körper Wasserdampf von unterschiedl. Temperatur (30–50 °C) und Luftfeuchtigkeit (70–100 % relative Feuchte) ausgesetzt wird. Dadurch soll die Thermo- und Kreislaufregulation trainiert, die Resistenz gegenüber Erkältungskrankheiten gesteigert und funktionelle Herz-Kreislauf-Erkrankungen günstig beeinflusst werden. Spezielle Formen des D. sind das **römisch-irische Bad** (40–50 °C, 70–90 % relative Feuchte) und das **russisch-türk. Bad** (30–40 °C, 90–100 % relative Feuchte). – Als D. werden auch Inhalationen von Wasserdampf bezeichnet, z. B. das **Kopf-D.** bei Entzündungen des Nasen-Rachen-Raums oder natürl. D. mit Dampf aus heißen Quellen oder Gratspalten (z. B. in Aachen, Aix-les-Bains, Bad Reichenhall, Bad Ischl oder Montegrotto).

Dampfdom, kuppelförmiger Aufbau auf Dampfkesseln, z. B. von Dampflokomotiven, in dem sich der erzeugte Dampf zur Entnahme sammelt.

Dampfdruck, der Druck p des gesättigten →Dampfes; er hängt bei einkomponentigen Stoffen nur von der Temperatur T, nicht von den Stoffmengen der beteiligten Phasen ab. Die Temperaturabhängigkeit des D. ist im p-T-Diagramm durch die **D.-Kurve** als Grenzkurve zw. zwei Phasen gegeben; für die flüssige Phase beginnt die D.-Kurve am →Tripelpunkt, an dem alle drei Aggregatzustände im Gleichgewicht vorliegen, und endet am krit. Punkt (→kritischer Zustand), an dem die gasförmige und die flüssige Phase identisch sind. Der direkte Übergang von der festen in die gasförmige Phase wird als **Sublimation** bezeichnet, der zugehörige Gleichgewichts-D. als **Sublimationsdruck.** Setzt man einer reinen Flüssigkeit einen lösl. Stoff zu, so sinkt nach dem raoultschen Gesetz der D. (**D.-Erniedrigung**). In der Folge ist der Siedepunkt der Lösung höher als der der reinen Lösungsmittels (→Sieden) und der →Gefrierpunkt der Lösung niedriger als der der reinen Flüssigkeit; aus den Unterschieden gegenüber dem reinen Lösungsmittel lassen sich u. a. die Menge des zugesetzten Stoffes oder dessen molare Masse ermitteln.

Dämpfen, das Behandeln mit Wasserdampf: Textilien werden in Dämpfapparaten zur Entspannung, Farbentwicklung und Fixierung behandelt (→Dekatieren); Lebensmittel können durch D. schonend gegart werden.

Dampfer, kurz für →Dampfschiff.

Dämpfer, Sordino, bei Musikinstrumenten Vorrichtung zur Verminderung der Tonstärke und gleichzeitig zur Veränderung der Klangfarbe oder auch (bei Blasinstrumenten mit Kesselmundstück) der Tonhöhe; bei Cembalo und Klavier auch zum Abbruch des Schwingungsvorgangs gebraucht. Der D. bei Streichinstrumenten ist ein auf den Steg aufzusetzender Kamm, bei Blechblasinstrumenten ein in das Schallstück einzuführender Holz- oder Leichtmetallkegel.

Dampf|erzeuger, Dampfkessel, Anlage zur Erzeugung von Dampf (meist Wasserdampf) bestimmter Temperatur und bestimmten Drucks zur Gewinnung von Sekundärenergie (in Dampfturbinen oder Dampfmaschinen) oder zur Heizung von Gebäuden oder verfahrenstechn. Anlagen.

Aufbau und Größe von D. sind unterschiedlich für Kraftwerke, Schiffe u. a. Anwendungen. Bei heutigen D. werden zur Erwärmung und Verdampfung des Wassers **Wärmeübertrager** eingesetzt, wobei die Rauchgase ihre Energie an das Wasser abgeben: Im Verdampfer verdampft das Wasser in den Rohren ganz oder teilweise (**Wasserrohrkessel**), während es sie in natürl. Umlauf durchströmt oder in »Zwangsumlauf« gepumpt wird. Anschließend wird dieser Sattdampf in den Überhitzer geleitet.

Im Zwischenüberhitzer wird Nassdampf, nachdem er in dem ersten Teil der Turbine teilweise entspannt ist, wieder erwärmt und damit überhitzt. Im Speisewasservorwärmer (Economiser) wird aus dem →Kondensator kommendes Kondensat oder Frischwasser erwärmt, bevor es durch die Kesselspeisepumpe in den Hauptteil befördert wird. Die Anordnung der

Teile im und um den Feuerraum oder im Rauchgasstrom wird so gewählt, dass der geeignete Wärmeübergang durch Strahlung (bes. in **Strahlungskesseln**) und Konvektion erreicht wird, ohne dass die Rohrwandungen zu heiß oder ungleichmäßig erwärmt werden. Nach der Lage der Rohre unterscheidet man u. a. **Schrägrohrkessel** und **Steilrohrkessel**.

Die wichtigste Kenngröße eines D., die seine Abmessungen bestimmt, ist die **Dampfmenge**, angegeben in 10^3 kg/h (früher t/h). Der Wirkungsgrad eines D. wird ausgedrückt durch kg Dampf/1 kg Brennstoff. Bau und Betrieb von D. werden vom Gesetzgeber kontrolliert (Techn. Überwachungsvereine).

Dampfhammer, ein →Maschinenhammer.

Dämpfigkeit, Hartschlägigkeit, Atembeschwerden infolge chron., unheilbarer Herz- oder Lungenkrankheiten beim Pferd.

Dampfkessel, der →Dampferzeuger.

Dampfkochtopf, Schnellkochtopf, fest verschließbares Stahl- oder Aluminiumgefäß mit selbsttätigem Dampfablassventil, in dem die Speisen bei Überdruck mit weniger Vitaminverlust garen als im übl. Kochtopf.

Dampfkompresse, *Medizin:* feuchtheißer Umschlag, der mit einem trockenen Tuch abgedeckt wird; zur Wärmebehandlung.

Dampfkraftwerk, ein →Wärmekraftwerk.

Dampfmaschine, eine Wärmekraftmaschine, bei der unter Überdruck stehender Dampf in einem Zylinder einen Kolben bewegt. Die Druckenergie wird durch Entspannung in mechan. Energie umgesetzt. Der Dampf wirkt entweder nur auf eine Seite des Kolbens ein (**einfach wirkende D.**) oder abwechselnd auf beide Seiten (**doppelt wirkende D.**). Der Kolben, die nach außen abgedichtete Kolbenstange und der Kreuzkopf bilden eine Einheit. Am Kreuzkopf, der in einer Geradführung gleitet, ist die Pleuelstange mit einem Ende beweglich befestigt, ihr anderes Ende umfasst die Kurbelwelle am Schwungrad. Mithilfe der Pleuelstange wird die hin- und hergehende Kolbenbewegung in die Drehbewegung des Schwungrades umgesetzt. Das Schwungrad gleicht Schwankungen im Drehmoment aus und treibt den Kolben über die Totpunktlagen. Die Freigabe des Dampfzutritts zu der einen oder anderen Seite des Kolbens wird meist mit Schiebern, selten mit Ventilen gesteuert (Schieber- oder Ventilsteuerung). D. werden überwiegend mit überhitztem Dampf betrieben (**Heiß-D.**). In **Verbund-** oder **Compoundmaschinen** wird der Dampf nacheinander in mehreren (meist zwei oder drei) Zylindern mit unterschiedl. Hubraum entspannt.

Die erste direkt wirkende D. baute J. Watt 1765, 1782–84 die erste doppelt wirkende Niederdruckmaschine mit Drehbewegung. 1798 baute R. Trevithick, 1801 O. Evans die Hochdruck-D., 1892 Wilhelm Schmidt die erste Heiß-D. Wegen ihrer im Verhältnis zur Leistung aufwendigen Bauweise und des niedrigen Wirkungsgrades wurde die D. durch →Dampfturbinen verdrängt.

Dampfpunkt, Gleichgewichtstemperatur zw. reinem Wasser und seinem Dampf bei Normdruck; Fundamentalpunkt zur Festlegung der Celsius-Skala (100 °C).

Dampfschiff, Dampfer, mit Dampfkraft angetriebenes Schiff. Die Antriebsanlage besteht aus der Kesselanlage und einer oder mehreren Antriebsmaschinen mit den erforderl. Hilfsmaschinen. Man verwendet nur noch selten Kolbendampfmaschinen; auch der Antrieb durch Seiten- oder Heckräder (**Raddampfer**) ist veraltet. Meist werden D. heute durch Dampfturbinen über Schraubenpropeller (**Schraubendampfer**) angetrieben; die Kessel werden mit Öl beheizt. Für die Rückwärtsfahrt sind besondere Rückwärtsturbinen erforderlich. **Schnelldampfer** hießen die großen, reich ausgestatteten Überseeschiffe für Personenverkehr; der größte war die brit. »Queen Elizabeth« (83 670 BRT). **Frachtdampfer** wurden überwiegend durch Motorschiffe verdrängt.

Dampfspaltung, das →Steamreforming.

Dampfspeicher, ein →Wärmespeicher.

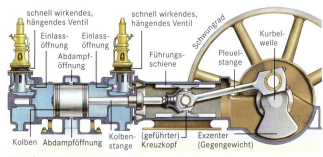

Dampfmaschine: Schnittzeichnung

Dampfsperre, *Bautechnik:* eine vorwiegend bei Umhüllungskonstruktionen verwendete vollständig oder nahezu dampfundurchlässige Schicht (physikalisch als **Dampfbremse** bezeichnet). D. sind z. B. Bitumendachpappen, Metall- oder Kunststofffolien.

Dampfstrahlpumpe, eine Strahlpumpe, in der ein Treibmitteldampfstrahl (Wasser-, Öl-, Quecksilberdampf) mit hoher Geschwindigkeit eine Mischdüse durchströmt. Durch den in der Verengung entstehenden stat. Unterdruck werden seitlich über ein oder mehrere Zuführungsleitungen andere Gase oder Flüssigkeiten angesaugt und forttransportiert.

Dampfturbine, Wärmekraftmaschine, in der im Ggs. zur (Kolben-)Dampfmaschine die potenzielle Energie des Dampfes unter hohem Druck nicht direkt in mechan. Arbeit umgesetzt wird, sondern zunächst in kinet. Energie. Eine Turbinenstufe setzt sich aus einem auf der Turbinenwelle befindl. Laufrad, das zur Umwandlung der kinet. Energie in mechanische dient, und einem fest stehenden Leitrad (Düse), beide aus Schaufeln bestehend, zusammen. Der Dampf strömt durch das Leitrad, wo er aufgrund der Druckabsen-

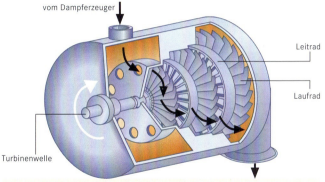

Dampfturbine: schematischer Aufbau

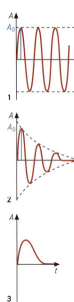

Dämpfung: Amplitude A als Funktion der Zeit t bei einer ungedämpften Schwingung (1), einer gedämpften Schwingung (2) und einer aperiodischen Bewegung (3)

kung stark beschleunigt wird, auf die Laufschaufeln, auf die er Energie überträgt, während sich seine Geschwindigkeit verringert. Bei **Gleichdruckturbinen** wird die gesamte Druckenergie im Leitrad in Bewegungsenergie umgesetzt, es herrscht vor und hinter dem Laufrad gleicher Druck. Einstufige D. dieser Art ist die **Laval-Turbine**; die Unterteilung des Gesamtgefälles in Einzelgälle führt zu der mehrstufigen D. mit Druckstufung, Bauart **Zoelly-Rateau**. Eine Verbesserung der Laval-Turbine ist die **Curtis-Turbine**, bei der der noch nicht vollständig entspannte Dampf in weiteren Laufrädern entspannt wird (Gleichdruck mit Geschwindigkeitsstufung). Bei **Überdruckturbinen** wird der Dampf je etwa zur Hälfte in einem Lauf- und einem Leitrad entspannt, z. B. **Parsons-Turbine**. **Abdampfturbinen** nutzen den Abdampf von anderen mit Dampf betriebenen Maschinen aus. – D. werden v. a. in Wärmekraftwerken und Dampfschiffen verwendet.

Dämpfung, *Physik, Technik:* Schwächung der Amplitude von Schwingungen oder Wellen durch Umwandlung der Schwingungsenergie in andere Energieformen, z. B. Wärme. Die D. wird durch das **Dekrement (D.-Verhältnis)** K zweier aufeinanderfolgender Amplituden oder durch das **logarithm. Dekrement** $\Lambda = \ln K$ gemessen; für die starke D. (→aperiodisch) ist $\Lambda = \infty$. – Achsschwingungen bei Fahrzeugen werden durch →Stoßdämpfer, Zeigerschwingungen bei Messgeräten durch Dämpferflügel oder Wirbelstrom-D. gedämpft. Durch Rückkopplung, d. h. Energiezufuhr zum passenden Zeitpunkt, lassen sich auch gedämpfte Schwingungen »entdämpfen« (**negative D.**). In der Nachrichtentechnik wird die D. zur Beschreibung übertragungsbedingter Abschwächungen von elektr. Signalen verwendet und in den logarithm. Maßen →Dezibel (dB) oder →Neper (Np) angegeben.

Dampfwagen, Straßenfahrzeuge, angetrieben durch Dampfkraftmaschinen; in der histor. Entwicklung der Kraftfahrzeuge Vorläufer des Antriebs durch Verbrennungskraftmaschinen. Die ersten D. wurden im 18. Jh. gebaut.

Dampierstraße ['dæmpjə-; nach dem engl. Seefahrer William Dampier, * 1652, † 1715], Meeresstraße zw. Neuguinea und dem Bismarckarchipel.

Damüls, Fremdenverkehrs-Gem. im Bregenzerwald, Vorarlberg, Österreich, 1 425 m ü. M., 330 Ew.; Wintersport; spätgot. Pfarrkirche. – Durch im 14. Jh. eingewanderte Walser gegründet.

Damwild, die →Damhirsche.

Dan [jap.] *der,* die zehn Rangstufen der Meister in den Budokünsten (→Budo); durch die versch. Farben der Gürtel (1.–5. D. schwarz, 6.–8. D. rotweiß, 9. und 10. D. rosarot) angezeigt. Im Kyudo und Kendo werden jedoch keine Gürtel als Kennzeichen der Graduierung verwendet.

Dan, Volk der Mande-Gruppe im Waldland von W-Elfenbeinküste und O-Liberia, über 500 000 Menschen; bekannt für ihre künstler. Arbeiten (Masken; Bronzeschmuck).

Dana ['deɪnə], James Dwight, amerikan. Geologe und Mineraloge, * Utica (N. Y.) 12. 2. 1813, † New Haven (Conn.) 14. 4. 1895; Teilnehmer einer Meeresexpedition (1838–42) durch den Pazifik; Vertreter der →Kontraktionstheorie.

Dana|e, *griech. Mythologie:* Tochter des Königs Akrisios von Argos, der sie in einen Turm sperrte, da ihm ein Orakel den Tod von der Hand eines Enkels prophezeit hatte. D. wurde durch Zeus, der in Gestalt eines goldenen Regens zu ihr kam, Mutter des Perseus. Zahlr. Darstellungen auf griech. Vasen und pompejan. Wandbildern, später Gemälde u. a. von Tizian, Correggio, Rembrandt. – Oper von R. Strauss.

Dana|er, bei Homer Bez. für alle Griechen oder auch einen (nicht näher bestimmbaren) Teil von ihnen. **D.-Geschenk,** Unheil bringendes Geschenk (wie das Trojanische Pferd), sprichwörtlich nach Vergils »Äneis« (II, 49).

Danaiden, Familie trop.-subtrop. Schmetterlinge mit nur wenigen Arten; Spannweite 7–10 cm. Die D. führen regelmäßig Massenwanderung durch, z. B. der nordamerikan. **Monarchfalter** (Danaus plexippus), der im Herbst vom südl. Kanada bis nach Mexiko und Florida fliegt.

Danaiden, *griech. Mythologie:* die fünfzig Töchter des Königs Danaos, die (bis auf eine) ihre Männer in der Hochzeitsnacht ermordeten. Zur Strafe mussten sie in der Unterwelt ständig Wasser in ein durchlöchertes Fass schöpfen; daher **D.-Arbeit,** mühsame, erfolglose Arbeit.

Da Nang, früher frz. **Tourane,** Stadt im mittleren Vietnam, südöstlich von Huê, 472 200 Ew.; Textilind.; Naturhafen, Flugplatz. Während des Vietnamkriegs von den USA zu einem Marine- und Luftwaffenstützpunkt ausgebaut.

Danckelman, Eberhard Freiherr von (seit 1695), brandenburg. Staatsmann, * Lingen (Ems) 23. 11. 1643, † Berlin 31. 3. 1722; Erzieher, dann Vertrauter, ab 1688 leitender Min. des Kurfürsten Friedrich III. von Brandenburg (seit 1701 König Friedrich I.); unter seiner Staatsführung entstanden die Univ. Halle (1694) und die Akad. der Künste in Berlin (1696); von seinen Gegnern 1697 gestürzt und trotz erwiesener Unschuld bis 1707 gefangen gehalten.

Dandin, ind. Dichter um 700 n. Chr.; verfasste in kunstvollem Sanskrit den Roman »Die zehn Prinzen« sowie eine für die klass. ind. Literatur bedeutende Poetik »Kavyadarsha« (»Spiegel der Poesie«).

Dan: Gesichtsmaske mit weiblichem Gesicht

Dandolo, venezian. Patriziergeschlecht, aus dem vier Dogen hervorgingen, u. a. Enrico D. (seit 1192 Doge), * Venedig um 1107, † Konstantinopel 14. 6. 1205; leitete den 4. Kreuzzug (gegen das Byzantin. Reich), eroberte Teile von Dalmatien (1202) und Konstantinopel (1204); begründete die Herrschaft Venedigs im östl. Mittelmeer.

Dandong, Tantung, bis 1965 **Antung,** Hafenstadt in der Prov. Liaoning, China, am unteren Yalu, etwa 500 000 Ew.; Grenzübergang (Straße, Bahn) nach

Nord-Korea; Holzhandel, Holz-, Seiden-, Viskoseind., Werften.

Dandy [ˈdændɪ, engl.; nach ind. dandi »Stockträger«] *der,* Modenarr, Geck. Das **Dandytum (Dandyismus)** entwickelte sich in England seit 1815 aus einer Clique extravaganter Adliger unter Führung des aus dem Bürgertum stammenden G. B. →Brummell.

Danebrog [altdän. dan(n) »rot« und brog »Tuch«] *der,* die dän. Flagge, rot mit weißem Balkenkreuz.

Danegeld [engl. ˈdeɪngeld], eine von den engl. Königen bis 1162 erhobene Grundsteuer; geht zurück auf die seit 991 gelegentlich zum Freikauf von den Dänen erhobene allg. Auflage und das seit Knut d. Gr. bis 1051 eingezogene »Heregeld« für königl. Söldner.

Dänemark, amtl. dänisch **Kongeriget Danmark,** dt. **Königreich D.,** Staat in Europa, grenzt im W an die Nordsee, im NW an das Skagerrak, im NO an das Kattegatt, im O an die Ostsee und im S an Dtl. Zum Staatsgebiet gehören auch die →Färöer und →Grönland, die sich beide in Selbstverwaltung regieren.

Dänemark

Fläche: 43 098 km^2
Einwohner: (2006) 5,435 Mio.
Hauptstadt: Kopenhagen
Verwaltungsgliederung: 14 Amtsbez. (Amtskommuner) und 2 Stadtbezirke
Amtssprache: Dänisch
Nationalfeiertag: 5. 6.
Währung: 1 Dänische Krone (dkr) = 100 Øre
Zeitzone: MEZ

Flagge

Wappen

internationales Kfz-Kennzeichen

Staat und Recht

Nach der Verf. vom 5. 6. 1953 ist D. eine konstitutionelle Erbmonarchie (Haus Schleswig-Holstein-Sonderburg-Glücksburg; auch mit weibl. Thronfolge). Staatsoberhaupt und formal oberster Inhaber der Exekutive ist der König. Er ernennt das Kabinett unter Vorsitz des Min.-Präs., das dem Parlament verantwortlich ist. Die Legislative liegt beim König (formale Mitwirkung) und beim Einkammerparlament, dem Folketing (179 für 4 Jahre gewählte Abg., darunter je 2 aus Grönland und von den Färöern). – Einflussreichste Parteien: Liberale Partei (Venstre), Sozialdemokrat. Partei (SD), Dän. Volkspartei (DF), Konservative Volkspartei (KF), Sozialist. Volkspartei (SF), Sozialliberale Partei (RV). Die Schleswigsche Partei vertritt die dt. Minderheit.

Landesnatur

D. umfasst die Halbinsel Jütland und etwa 480 Inseln, von denen rd. 100 bewohnt sind; die größten sind: Seeland, Fünen, Lolland, Bornholm, Falster, Mors, Alsen, Langeland und Møn. Als Brücke zw. Mitteleuropa und Skandinavien sowie als Schranke zw. Nord- und Ostsee hat D. große verkehrspolit. Bedeutung. Zw. Jütland, das im N im Kap Skagen endet, den großen Inseln und Südschweden führen drei Meeresstraßen, der **Kleine** und der **Große Belt** und der **Sund** (Øresund), in die Ostsee. D. ist geomorphologisch in großen Teilen eine Fortsetzung des Norddt. Tieflandes; landschaftsprägend war v. a. die letzte Eiszeit. Im W liegen die aus Geestinseln und geebneten Grundmoränenflächen bestehenden jütländ. Heidegebiete, im O die stärker reliefierten, von fruchtbarem Lehmhügelland bedeckten Grundmoränenlandschaften. Differenziert sind die Küstenformen: An die Watten- und Marschküste des südwestl. Jütland schließt sich eine Ausgleichsküste mit dünenbesetzten Nehrungen an. Fester Untergrund (Kreidekalk) tritt nur an wenigen Stellen, z. B. an der Küste von Møn, zutage. Die Küsten der Inseln haben vielfach Boddencharakter; an der O-Küste Jütlands setzt sich die Fördenküste Schlesw.-Holst.s mit zahlr. guten Naturhäfen nach N fort. Nur auf Bornholm tritt das Grundgebirge (Gneise und Granite) zutage. Die höchste Erhebung D.s liegt im östl. Mitteljütland mit 173 m ü. M. Größere Flüsse fehlen; der längste Fluss ist der Gudenå mit 158 km. Von den zahlr. Seen ist der Arresee (42 km^2) auf Seeland der größte.

D. hat Seeklima mit kühlen Sommern und milden Wintern (mittlere Temperaturen im Sommer um 16 bis 18 °C, im Winter um 0 °C). Die Niederschlagsmengen liegen im W Jütlands bei etwa 800 mm, auf Bornholm bei 450 mm jährlich. – D. gehört noch der Region des mitteleurop. Laubwaldes an; jedoch sind nur 12 % des Landes bewaldet. Dünen, Heideflächen, Hochmoore und Seen nehmen 5 % ein. 62 % der Landesfläche werden landwirtschaftlich und gärtnerisch genutzt.

Bevölkerung

Die Bewohner sind fast ausschl. Dänen. Die deutschsprachige Minderheit in Südjütland (Nordschleswig) wird auf 35 000 Menschen geschätzt. Die Bev.-Dichte beträgt rd. 126 Ew. je km^2; mehr als 85 % aller Dänen leben in städt. Siedlungen, mehr als ein Drittel davon in und um Kopenhagen; weitere Großstädte sind Århus, Odense, Ålborg. – Rd. 86 % der Bev. sind Christen: rd. 84 % gehören der ev.-luther. Volkskirche (Evangelisk-lutherske Folkekirke in Danmark) an, die Staatskirche ist; für die kath. Christen (rd. 0,6 %) besteht das exemte Bistum Kopenhagen. Nicht christl. Religionsgemeinschaften bilden die Muslime (rd. 70 000) und die Juden (rd. 7 000). – Es besteht eine allg. Unterrichtspflicht im Alter von 7 bis 16 Jahren; Eltern haben das verfassungsmäßige Recht, ihre Kinder selbst zu unterrichten, sofern dies der Kommune gemeldet wird.

Wirtschaft und Verkehr

D.s Wirtschaft wird, gemessen an der Zahl der Erwerbstätigen und am Anteil des BIP, zunehmend vom Dienstleistungssektor bestimmt. Die landwirtsch. Nutzung verlagert sich vom Hackfruchtanbau zum Getreidebau (Gerste und Weizen). Eine zunehmende Rolle spielen Gärtnereiprodukte (Blumen, Zierpflanzen). Die Feldfrüchte dienen v. a. als Viehfutter (Veredelungswirtschaft) für Milchkuh-, Schweine- und Geflügelhaltung. Mehr als zwei Drittel des Produktionswertes der Landwirtschaft entfallen auf tier. Produkte. Fischfang wird v.a. in der Nordsee betrieben. Seit 1971 fördert D. vor der Nordseeküste Erdöl; seit 1991 produziert D. mehr Öl und Gas, als es selbst verbraucht, nämlich etwa 20 Mio. m³ Öl und 7,3 Mrd. m³ Gas (2001). Traditionelle Bereiche der Ind. sind v.a. Nahrungs- und Genussmittelherstellung (bes. Konserven, Zucker, Margarine, Schokolade, Bier und andere alkohol. Getränke), aber auch Eisen- und Metallverarbeitung (Maschinen- und Schiffbau), Textil- und Bekleidungs-, Möbel- sowie chem. Ind. (v.a. Düngemittel, Pharmazeutika). Wachstumsbereiche sind pharmazeutische und Biotechnologie, Informations- und Kommunikationstechnologie. Wichtigster Ind.-Standort ist der Ballungsraum Kopenhagen. – Hauptexportgüter sind Nahrungsmittel, Maschinen und Transportmittel, Fertigerzeugnisse, bearbeitete Waren, chem. Produkte. Wichtigste Importgüter sind Maschinen und Fahrzeuge, bearbeitete Waren, Nahrungsmittel sowie Erdöl, Erdölerzeugnisse und Steinkohle. Haupthandelspartner sind Dtl., Schweden, Großbritannien, die USA und Norwegen. – Das Verkehrsnetz ist gut ausgebaut: (2003) 2779 km Eisenbahn (weitgehend in Staatsbesitz) und 71 951 km Straßen (davon 1 009 km Autobahnen). Brücken verbinden u.a. Jütland mit Fünen, Seeland mit Falster und Lolland; die wichtigsten Fährstrecken führen über den Sund (Helsingør–Hälsingborg), den Fehmarnbelt (Rødbyhavn–Puttgarden, →Vogelfluglinie) und von Gedser nach Rostock bzw. Warnemünde. Seit 1998 ist eine rd. 18 km lange feste Verbindung über den Großen Belt (Brücken und Tunnel) zw. Fünen und Seeland für Eisenbahn und Kraftfahrzeuge in Betrieb. Eine Brücke über den →Öresund wurde 2000 eingeweiht. Haupthafen und Mittelpunkt des Luftverkehrs ist Kopenhagen. Weitere wichtige Häfen sind Århus, Ålborg, Frederikshavn und Esbjerg. D. ist mit Schweden und Norwegen an der Fluggesellschaft »Scandinavian Airlines System« (SAS) beteiligt.

Geschichte

Vorgeschichte →Nordeuropa.

In das von Germanen besiedelte Land drangen wohl aus S-Schweden die im 6. Jh. erstmals erwähnten Dänen vor, die mehrere Teilkönigtümer bildeten. König Göttrik (Godfred, †810) ließ zum Schutz gegen das Frankenreich das →Danewerk errichten. Gorm der Alte († um 950), der als eigentl. Staatsgründer gilt, vereinte große Teile des heutigen D. unter seiner Herrschaft; sein Sohn Harald Blåtand (»Blauzahn«, † um 987) nahm um 960 das Christentum an. Dän. Wikinger unternahmen vom 9. bis 11. Jh. ausgedehnte Beutezüge zu den Küstengebieten des europ. Kontinents. Die von Svend Gabelbart (986–1014) begonnene Eroberung Englands vollendete Knut d. Gr. (1018–35), der ferner 1028 Norwegen unterwarf und 1035 das schleswigsche Gebiet zw. Eider und Schlei erwarb. Dieses Nordseegroßreich brach jedoch nach Knuts Tod wieder auseinander (1035 Loslösung Norwegens, 1042 Englands). D. stand durch einen Erbvertrag 1042–47 sogar selbst unter norweg. Herrschaft. Einen neuen Aufschwung der dän. Macht leitete Waldemar I., d. Gr. (1157–82), ein; er und seine Söhne Knut VI. (1182–1202) und Waldemar II., der Sieger (1202–41), unterwarfen die heidn. Wenden der mecklenburgisch-pommerschen Ostseeküste, 1201 das dt. Holstein und 1219 Estland; die wendisch-dt. Eroberungen gingen durch die Niederlage bei Bornhöved (1227) wieder verloren. Waldemar IV. Atterdag (1340–75) verkaufte 1346 Estland dem Dt. Orden, erwarb 1361 Gotland und unterlag im Krieg gegen die dt. Hanse (Friede von Stralsund 1370). Seine Tochter Margarete (1387–1412) war Königin von D. und Norwegen, gewann dazu 1389 Schweden und brachte 1397 die →Kalmarer Union der drei skandinav. Reiche zustande, die (mit Unterbrechungen) bis 1523 bestand.

Mit Christian I. (1448–81) begann die Reihe der Könige aus dem Haus Oldenburg und dessen Nebenlinien; ihn wählten 1460 auch die Stände Schleswig-Holsteins zum Landesherrn. Unter Christian II. (1513–23) gewann Schweden durch die Erhebung Gustav Wasas 1520–23 seine Unabhängigkeit zurück, während Norwegen immer enger mit D. verbunden wurde. Christian III. (1534–59) vereitelte in der →Grafenfehde (1533–36) die von Lübeck unterstützte Wiedereinsetzung seines 1523 gestürzten Vetters Christian II. und führte 1536 die luther. Reformation ein. Christian IV. (1588–1648) griff zugunsten der dt. Protestanten erfolglos in den Dreißigjährigen Krieg ein; an Schweden verlor er im Frieden von Brömsebro 1645 die Prov. Jämtland und Härjedalen, die Inseln Ösel und Gotland, Friedrich III. (1648–70) musste im Frieden von Roskilde 1658 die südschwed. Prov. Schonen, Blekinge und Halland abtreten. 1660 wurde D. in eine Erbmonarchie umgewandelt, 1665 der monarch. Absolutismus verfassungsrechtlich (»Königsgesetz«) fixiert. Den mit Schweden verbündeten Gottorpern nahm D. im Nord. Krieg (1700–21) ihren Anteil an Schleswig und erwarb 1773 im Austausch gegen das seit 1676 dän. Oldenburg auch den gottorp. Besitz in Holstein. Im Geist der Aufklärung wirkten die Reformminister J. H. E. von Bernstorff (1751–70), J. F. von Struensee (1771/72) und A. P. von Bernstorff (1773–80, 1784–97), bes. durch die Bauernbefreiung von 1788. Friedrich VI. (seit 1784 Regent, 1808–39 König) musste nach zwei brit. Seeangriffen auf Kopenhagen 1801 und 1807 die dän. Flotte ausliefern; er schloss sich darauf Napoleon I. an und verlor nach dessen Niederlage im Kieler Frieden 1814 Helgoland an Großbritannien sowie Norwegen (aber nicht Island und die Färöer) an Schweden.

In der Folgezeit erwachte der nat. Gegensatz zw. den Dänen und den dt. Schleswig-Holsteinern. Die nationalliberalen »Eiderdänen« forderten die völlige Verschmelzung Schleswigs bis zur Eider mit dem Königreich D. Dagegen verteidigten die Deutschen die 1460 verbriefte Untrennbarkeit von Schleswig und Holstein und ihre bisherige Selbstständigkeit in Verw. und Gesetzgebung (→ Schleswig-Holstein, Geschichte). 1848–50 kam es zum Dt.-Dän. Krieg, in dem die Schleswig-Holsteiner schließlich, von der Frankfurter Nationalversammlung und Preußen im Stich gelassen, unterlagen. Die europ. Großmächte bestimmten im Londoner Protokoll von 1852 u.a., dass die beiden Herzogtümer eine selbstständige Stellung behalten sollten. Trotzdem nahmen die Eiderdänen, die inzwischen in D. die liberale Verf. von 1849 (Einführung der konstitutionellen Monarchie) durchgesetzt hatten, 1863 die verfassungsmäßige Verschmelzung Schleswigs mit D. in Angriff. Die Sanktionierung dieses Gesetzes war die erste Amtshandlung von König Christian IX. (1863–1906) und löste den Dt.-Dän. Krieg von 1864 aus, in dem D. die Herzogtümer Schleswig, Holstein und das seit 1815 in seinem Besitz befindl. Lauenburg an Österreich und Preußen verlor. Seitdem hat es sich nach außen eine bewusste Neutralitätspolitik eingehalten. Die Innenpolitik wurde bis um 1900 von konservativen Reg. bestimmt, bes. unter Min.-Präs. J. B. S. Estrup (1875–94); der Einfluss der Liberalen (Venstre; gegr. 1870; seit 1872 stärkste Partei im Folketing) und der Sozialdemokraten (1871 Parteigründung) wuchs stark an. 1901 berief Christian IX. die Venstre an die Reg., die ein streng parlamentar. System durchsetzte. Friedrich VIII. (1906–12) folgte Christian X. (1912–47). 1915 wurde eine demokrat. Verf. verabschiedet (Einführung des Frauenwahlrechts). 1917 verkaufte D. die von ihm verwalteten Inseln in der Karibik an die USA. 1918 wurde Island selbstständiges Königreich in Personalunion mit D. 1920 kam Nordschleswig aufgrund einer im Versailler Vertrag festgelegten Volksabstimmung zu D. Eine Sozialreform unter dem sozialdemokrat. Min.-Präs. T. Stauning (1924–26, 1929–42) begründete D.s Ruf als »Wohlfahrtsstaat«. Der Streit mit Norwegen um Grönland wurde 1933 vom Haager Schiedshof zugunsten D.s entschieden. Am 31. 5. 1939 schloss D. mit dem Dt. Reich einen Nichtangriffspakt ab, wurde jedoch am 9. 4. 1940 von dt. Truppen besetzt (bis 1945). Die Reg. blieb zunächst im Amt (1943 abgesetzt); König Christian X. wurde ab 1943 auf Schloss Amalienborg gefangen gehalten. Der 1943 gebildete »Dän. Freiheitsrat« organisierte den Widerstand gegen die dt. Besatzungsmacht. Im Okt. 1943 verhalf die dän. Bev. den in ihrem Land von der Deportation in Vernichtungslager bedrohten Juden (etwa 7 000) in einer beispiellosen Aktion zur Flucht nach Schweden. Island, das 1940 von den Alliierten besetzt worden war, proklamierte sich am 17. 6. 1944 zur unabhängigen Republik.

Die Reg. unter E. Buhl (1945) annullierte alle unter dt. Druck beschlossenen Gesetze und ging gegen Kollaborateure vor. 1947 bestieg Friedrich IX. den Thron. 1948 erhielten die Färöer Selbstverwaltung, 1953 wurde Grönland Bestandteil von D. (seit 1979 innere

Dänemark: Die 1991–98 gebaute Brücke über den Großen Belt verbindet die Inseln Fünen und Seeland.

Autonomie). D., das 1945 Mitbegründer der UNO war und sich 1949 dem Europarat und der NATO anschloss, war 1952 Gründungsmitgl. des → Nordischen Rates; 1960 trat es der EFTA bei, wurde jedoch 1973 Mitgl. der EG. Nach dem Tode Friedrichs IX. (1972) bestieg seine Tochter Margarete II. den Thron. Zw. 1947 und 1973 bildeten zumeist die Sozialdemokraten die Reg. (z. T. in Koalitionen mit anderen Parteien), 1950–53 und 1968–71 bürgerl. Kabinette. Seit 1973 wurde D. vorwiegend von Minderheitskabinetten regiert; Min.-Präs. war 1975–82 A. Jørgensen (Sozialdemokrat), 1982–93 P. Schlüter (Konservative Volkspartei). 1993 wurde P. N. Rasmussen (Sozialdemokrat) Reg.-Chef (1994 und 1998 im Amt bestätigt). In einem ersten Referendum (Juni 1992) stimmte die Bev. gegen, nach Gewährung von Ausnahmeregelungen für D. in einer zweiten Abstimmung (Mai 1993) für die Maastrichter Verträge. Das Verhältnis D.s zur EU blieb auch in den folgenden Jahren in der innenpolit. Diskussion, z. B. die Frage, wie viel Souveränität die Reg. an europ. Institutionen abgeben dürfe. Im Mai 1998 billigte die Bev. in einem Referendum den Amsterdamer EU-Vertrag, im Sept. 2000 stimmte sie aber gegen den Beitritt D.s zur Eurozone. Im Juni 2001 ratifizierte das Parlament den Vertrag von Nizza. Unter dän. EU-Ratspräsidentschaft (zweite Jahreshälfte 2002) wurde schließlich im Dez. 2002 in Kopenhagen die Aufnahme von 10 neuen (überwiegend osteurop.) Staaten in die EU zum 1. 5. 2004 beschlossen.

Die Parlamentswahlen im Nov. 2001 entschied das rechtsliberal-konservative Lager für sich; A. F. Rasmussen (Liberale Partei) bildete daraufhin zus. mit der Konservativen Volkspartei eine auf die Unterstützung der rechtspopulist. Dän. Volkspartei angewiesene Minderheitsreg. Diese ernannte erstmals einen Min. für Flüchtlinge, Einwanderung und Integration und verschärfte die Asyl- und Zuwanderungspolitik (Inkrafttreten eines neuen Ausländer-Ges. am 1. 7. 2002). Gestützt auf eine positive Wirtschaftsentwicklung setzte das Kabinett Rasmussen den während der Wahlen versprochenen »Steuerstopp« um. Im Irak-Konflikt unterstützte die dän. Reg. die USA (Mitunterzeichner einer Irak-Erklärung vom 30. 1. 2003, Patrouilleneinsatz der dän. Marine im Pers. Golf) und entsandte nach dem Krieg rd. 500 Soldaten mit Sicherungs- und Wiederaufbauaufgaben in den Südirak (Abzug bis Aug. 2007).

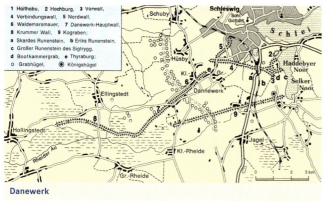

Danewerk

Die Parlamentswahlen am 8. 2. 2005 bestätigten klar die Reg. Rasmussen; die Sozialdemokraten mussten zum zweiten Mal in Folge eine Niederlage hinnehmen. Die Dän. Volkspartei legte etwas zu (13,2 % der Stimmen); den deutlichsten Zuwachs aber erzielte die oppositionelle Sozialliberale Partei (Erhöhung der Abg.-Mandate um 7 auf 16). Das für den 27. 9. 2005 in D. angesetzte Referendum über die EU-Verfassung wurde nach den gescheiterten Referenden in Frankreich und den Niederlanden (Mai/Juni 2005) verschoben. Die Veröffentlichung von 12 Karikaturen zum Thema Mohammed in der dän. Zeitung »Jyllands-Posten« am 30. 9. 2005 führte Anfang 2006 zu teils gewaltsamen Protestaktionen (Demonstrationen und Angriffe auf dän. u. a. westl. Botschaften) in zahlr. islam. Ländern bis hin zu diplomat. und wirtsch. Boykottmaßnahmen.

Dänemarkstraße, Meeresstraße zw. Island und Grönland, rd. 300 km breit; wichtiges Fischereigebiet.

Däneninsel, norweg. **Danøya,** Insel in NW-Spitzbergen. Hier startete 1897 S. → Andrée seinen Versuch, den Nordpol zu überfliegen.

Danewerk, dän. **Danevirke,** ein etwa 30 km langes System von Verteidigungswällen des 8.–12. Jh. in Schleswig, das den Zugang nach Jütland zw. Schlei (Ostsee) sowie Treene und Eider (Nordsee) sperrte. Alle Erdwälle hatten urspr. Holzpalisaden und Gräben, im Hauptwall sind Feldstein- und Ziegelmauern (Waldemarsmauer) erhalten; hier lag auch die Thyraburg. Im Dt.-Dän. Krieg von 1848–50 von strateg. Bedeutung, wurde es 1848 von dt. Truppen eingenommen. 1858 bauten die Dänen das D. erneut für Verteidigungszwecke aus, gaben es aber 1864 im zweiten Dt.-Dän. Krieg kampflos auf. (→Haithabu)

Dani|el [hebr. »Gott ist Richter«], im A. T. ein weiser Jude, der Mitte des 6. Jh. v. Chr. am babylon. Hof gelebt haben soll; Hauptgestalt des **Buches D.** (entstanden um 165 v. Chr.), das in seinem erzählenden Teil (Kap. 1–6) die Schicksale und Traumdeutungen D.s und seiner Freunde unter Nebukadnezar II., Belsazar und Dareios I. schildert (u. a. das →Menetekel, D. in der Löwengrube) und in seinem apokalypt. Teil (Kap. 7–12) Endzeitvisionen (u. a. die Vision über den Untergang von vier Weltreichen) enthält.

Daniel, Juli Markowitsch, Pseud. Nikolai **Arschak,** russ. Schriftsteller, * Moskau 15. 11. 1925, † ebd. 30. 12. 1988; wurde wegen seiner satir. Erzählungen (u. a. »Hier spricht Moskau«, 1962) und deren Veröffentlichung im westl. Ausland zus. mit A. Sinjawski zu Arbeitslagerhaft (1966–70) verurteilt.

Daniell-Element [ˈdænjəl-; nach dem brit. Chemiker und Physiker J. F. Daniell, * 1790, † 1845], →galvanische Elemente.

daniellscher Hahn [ˈdænjəl-, nach dem brit. Chemiker und Physiker J. F. Daniell, * 1790, † 1845], Gasbrenner, bestehend aus zwei ineinandergesteckten Rohren, durch die das Brenngas (Acetylen) und (im inneren Rohr) Sauerstoff getrennt zu einer gemeinsamen Austrittsöffnung geführt werden.

Däniken, Erich von, schweizer. Schriftsteller, * Zofingen (Kt. Aargau) 14. 4. 1935; seit »Erinnerungen an die Zukunft. Ungelöste Rätsel der Vergangenheit« (1968) erfolgreich mit Büchern, in denen er Thesen zur Frühgeschichte aufstellt, wobei er schwer deutbare archäolog. Funde als Spuren eines Besuchs außerird. Astronauten interpretiert. D.s Thesen blieben wissenschaftlich unbestätigt.

dänische Kunst. Die aus vorchristl. Zeit (bis etwa 1000 n. Chr.) stammenden Funde auf dän. Boden gehören zur german. Kunst. Im MA. war die d. K. zunächst von Dtl. (Dome zu Lund, Ribe, Viborg), dann von Frankreich beeinflusst (Dom von Roskilde, Zisterzienserkirche von Sorø). Seit etwa 1160 wurde Backstein bevorzugtes Baumaterial (Kirchen von Ringsted und Kalundborg). Die Baukunst der späteren Gotik (St. Peter, Malmö; St. Marien, Helsingborg; St. Olaf, Helsingør; St. Knud, Odense; Dom Århus) entspricht stilistisch der norddt. Backsteingotik. Der auch die Plastik bestimmende dt. Einfluss erreichte seinen Höhepunkt mit der Tätigkeit von B. Notke für Århus und C. Berg für Odense. Die Baukunst und Plastik der Renaissance standen unter niederländ. und dt. Einfluss (Schloss Kronborg in Helsingør; Börse und Schloss Rosenborg in Kopenhagen; Schloss Frederiksborg). Der Barock setzte mit dem Ausbau Kopenhagens als Festungsstadt ein. 1733–40 entstand Schloss Christiansborg (nach wiederholten Bränden in baro-

dänische Kunst: Bertel Thorvaldsen, »Die drei Grazien«, Marmorbildwerk vom Grabmal des Appiani (1821; Mailand, Pinacoteca di Brera)

cken Formen rekonstruiert), an dessen Ausstattung N. Eigtved beteiligt war, nach dessen Plänen weitgehend das Stadtviertel Amalienborg erbaut wurde. Zur Zeit des Klassizismus gaben C. F. Harsdorff und sein Schüler C. F. Hansen der Stadt ihr Gepräge. Die Skulpturen des Bildhauers B. Thorvaldsen gehören zu den Hauptwerken des europ. Klassizismus. Die eigenständigsten Leistungen auf dem Gebiet der Malerei erbrachten im 18. Jh. N. Abildgaard und J. Juel. Zw. 1780 und 1800 war die Blütezeit des Kopenhagener Porzellans. Um 1800 zog die Kopenhagener Akademie viele Deutsche an (J. A. Carstens, P. O. Runge, C. D. Friedrich, F. Kersting). Mit C. W. Eckersberg begann das »goldene Zeitalter« der dän. Malerei, repräsentiert durch C. Købke, C. A. Jensen, C. Hansen und J. T. Lundby. Gegen Ende des 19. Jh. traten V. Hammershøi und P. Krøyer hervor, der sich dem Impressionismus anschloss. Neue Wege in der Baukunst suchten u. a. M. Nyrop (Kopenhagener Rathaus) und P. V. Jensen-Klint (Grundtvig-Kirche in Kopenhagen). Die religiöse Monumentalmalerei erneuerte J. Skovgaard (Fresken im Dom von Viborg); J. F. Willumsen arbeitete unter dem Einfluss der frz. Symbolisten. Nach dem Zweiten Weltkrieg erlangten die dän. Architektur und das Kunsthandwerk (mit Möbeln, Silber- und Edelstahlgeräten in hervorragendem Design) internat. Rang. Neben A. Jacobsen und J. Utzon, den bekanntesten dän. Architekten, wirkten die Bildhauer R. Jacobsen und H. Heerup sowie die Maler R. Mortensen, C. H. Pedersen und A. Jorn. 1948 schlossen sich K. Appel, G. Corneille, A. Jorn und andere zur Gruppe →Cobra zusammen. Die Künstler der mittleren (u. a. J. H. Sørensen, B. Nørgaard, P. Janus-Ipsen, H. C. Rylander, S. Brøgger, A. Kierkegaard) und der jüngeren Generation (u. a. C. Carstensen, P. Bonde, Elisabeth Toubro, Ane Mette Ruge, M. Kvium, Nina Sten-Knudsen, Vibeke Glarbo, Ø. Nygård, O. Eliasson) vertreten die versch. Richtungen der internat. zeitgenöss. Kunst. Die Architektur in Dänemark steht v. a. in der Tradition der klass. Moderne. Einzelne Bauten zeigen auch Einflüsse der Postmoderne. Wichtige Impulse setzte in den letzten Jahren H. Larsen.

dänische Kunst: Henning Larsen, Opernhaus in Kopenhagen (2001–05)

dänische Literatur. Vor der Reformation sind die »Gesta Danorum« (um 1200) des Saxo Grammaticus, die »Folkeviser« (Tanzlieder, Balladen) und die »Kaempeviser« (Heldenlieder) Zeugnisse der dän. Volkskultur. Die Übersetzung der Bibel von C. Pedersen (»Christians III. Bibel«, 1550) ist von Luther beeinflusst. Literar. Höhepunkte des 17. Jh. waren Leonora Christina Ulfeldts Autobiografie »Jammersminde« (abgeschlossen 1685) sowie Werke von A. Bording und T. Kingo.

Der eigentl. Begründer der modernen d. L. war L. Holberg (* 1684, † 1754), der den beherrschenden Einfluss des dt. Barock zugunsten aufklär. Ideen und Vorbilder aus England und Frankreich zurückdrängte. Mit dem Klopstock-Jünger J. Ewald begann die in der Wiss. schon früher einsetzende altnord. Renaissance. Ende des 18. Jh. gewann die dt. Aufklärung fast unumschränkte Vorherrschaft; sie rief auch heftige Gegenwirkung hervor (P. A. Heiberg). J. Baggesen wollte zw. den Zeitströmungen und Nationen vermitteln. 1802/03 brachte H. Steffens mit seinen Vorlesungen die Ideen der dt. Romantik nach Dänemark. Romantiker, wenigstens in ihren Anfängen, waren A. Oehlenschläger und B. S. Ingemann. Überragende Bedeutung gewann der Philosoph und Theologe S. Kierkegaard. Der moralist. Schriftsteller F. Paludan-Müller und der Theologe und Volkserzieher N. F. S. Grundtvig verkörperten das Gewissen ihrer Zeit. Der Hegelianer J. L. Heiberg wurde der ästhet. und ideelle Erzieher Dänemarks; er rief eine Blüte des dän. Theaters hervor. Weltberühmt wurden die seit 1835 erscheinenden Märchen H. C. Andersens. G. Brandes forderte in seinen Vorlesungen der 1870/80er-Jahre die Verknüpfung der Literatur mit der Gesellschaft; er war ein Vorkämpfer von Realismus und Naturalismus. In wechselnder Auseinandersetzung mit Brandes standen fast alle bedeutenden dän. Autoren des »Modernen Durchbruchs« (J. P. Jacobsen, H. Drachmann, K. Gjellerup, H. Bang). Gleichzeitig mit dem frz. Symbolismus erlebte Dänemark eine lyr. Renaissance (L. Holstein, V. Stuckenberg, J. Jørgensen, S. Claussen). Dekadenzfantasien mit Untergangsszenarien charakterisierten im späten 19. Jh. die Werke von E. Dalgas, J. V. Jensen und M. A. Nexø, zudem machten sich M. Bregendahl, J. Aakjær und J. Skjoldborg später als Autoren eines volkstüml. Durchbruchs bzw. einer Arbeiterlit. einen Namen.

Im frühen 20. Jh. zeigten sich avantgardist. Tendenzen u. a. in der Lyrik und den Romanen E. Bønnelyckes und A. T. Kristensens. Realist. Darstellungsweisen herrschten vor in den Romanen J. Paludans, H. R. Kirks und H. C. Branners. Die 1930er-Jahre waren vom Zwiespalt zw. einem sozialistisch inspirierten Kulturradikalismus (P. Henningsen) und konservativ-bürgerl. Strömungen (K. Munk) geprägt. Für das von K. Munk formulierte Konzept einer Alltagspoesie lassen sich prosaische (M. Klitgaard; H. Scherfig) wie dramat. Umsetzungen (K. Abell) finden. Eine Ausnahmestellung nahm Tania Blixen mit ihren auf Englisch und Dänisch verfassten subtilen Erzählungen philosophisch-ästhet. Charakters ein.

Erst mit der Nachkriegslit. setzte der Durchbruch des Modernismus ein. Um die Zeitschrift »Heretica« (1948–53) versammelten sich Autoren, die ästhet. und v. a. eth. Fragen in bisweilen hermet., metaphernreicher Lyrik aufgriffen. Als Impulsgeber für die Lyriker dieser Generation (T. Bjørnvig, O. Wivel, O. Sarvig, F. Jæger) fungierte P. La Cour. Mit seinen subtilen Novellen lieferte M. J. A. Hansen das prosaische Pendant zu dieser Lyrik. Eine eigentlich modernist. Prosa begründete erst V. Sørensen.

Eine Überwindung des symbolistisch inspirierten Nachkriegsmodernismus deutete sich schon in der frühen, experimentellen Lyrik K. Rifbjergs an, der das literar. Leben Dänemarks als Romanautor bis in die aktuelle Gegenwart prägt. Erst die vom frz. Strukturalismus und Poststrukturalismus inspirierten Vertreter einer Systemdichtung (Analyse des Sprachmaterials, Texterzeugung auf Basis math. Verfahren) vollzogen die endgültige Abkehr von modernist. Kunstkonzepten, indem sie sich in ihren autopoetisch erzeugten Texten gegen Subjekt, Autorschaft und Werkbegriff wandten. U. a. Per Højholt und Inger Christensen trugen zum internat. Renommee der dän. Nachkriegsavantgarde bei. Dagegen vertreten T. Hansen und T. Skou-Hansen den europ. Dokumentarroman. Neben experimentellen Strömungen waren die 1960/70er-Jahre von polit. Engagement geprägt (T. Ditlevsen, J. Drewsen, V. Andersen, D. T. Mørch, S. Brøgger).

Die 1980er-Jahre lieferten vielfältige Beispiele der Rückkehr zu ästhet. Fragen und großen Erzählformen. An den klass. modernen Roman knüpften u. a. Poul Vad, P. Hultberg und P. Høeg an. Die jüngste Generation dän. Autoren (P. Adolphsen, S. Balle, K. Hammann, H. Helle und C. Hesselholdt) zeichnet sich durch minimalist. Kunstkonzepte (meist eine konzentrierte Kurzprosa) aus.

Bisher erhielten drei dän. Schriftsteller den Nobelpreis für Literatur: K. Gjellerup, H. Pontoppidan (beide 1917) und J. V. Jensen (1944).

dänische Musik. In dän. Mooren gefundene Luren aus der Bronzezeit sind älteste Zeugnisse der Musikpflege im nordeurop. Raum.

Im Allg. folgte die d. M. der europ. Entwicklung. Eigenständig sind die dän. balladenhaften Volkslieder. Im 17. Jh. wirkte H. Schütz vorübergehend in Kopenhagen, D. Buxtehude war einige Jahre Organist in Helsingborg und Helsingør. Dt. Musiker pflegten um 1800 das dän. Lied, das dän. Singspiel und die dän. Oper, so F. Kuhlau. Die musikal. Romantik repräsentiert N. W. Gade. Neben ihm wirkten J. P. E. Hartmann und P. A. Heise. Der bedeutendste neuere dän. Komponist war C. A. Nielsen (Hauptwirkungszeit frühes 20. Jh.). Stärker internat. ausgerichtet waren K. Riisager, J. Bentzon und F. Høffding. Weitere bed. Komponisten sind H. D. Koppel, V. Holmboe und N. V. Bentzon sowie als markanteste Vertreter der heutigen d. M. J. Mœgaard, I. Nørholm, P. Nørgård und B. Lorentzen.

dänische Sprache, zur östl. Gruppe des nordgerman. Zweiges gehörende indogerman. Sprache. Sprachgeschichtlich unterscheidet man drei Epochen: Runendänisch (800–1100), Altdänisch (1100 bis 1500), Neudänisch (ab 1500). Bis ins 10. Jh. unterschied sie sich nur unwesentlich von den übrigen skandinav. Mundarten. Seit dem Ende des 13. Jh. traten innerhalb des Dänischen mundartl. Unterschiede auf; eine gemeinsame Schriftsprache bildete sich erst zw. 1350 und 1500, vorwiegend aufgrund des seeländ. Dialekts. Im 14. und 15. Jh. machten sich starke Einflüsse des Niederdeutschen geltend (Hanse), später auch des Hochdeutschen (1550–1700) und Französischen (1. Hälfte des 18. Jh.). 1536 bis etwa 1850 war Dänisch die Schriftsprache Norwegens. – Geschrieben wird mit lat. Buchstaben; seit der Rechtschreibreform 1948 werden die Substantive (außer den Eigennamen) kleingeschrieben.

Dänisch-Hallische Mission, das erste große evangelisch-luther. Missionsunternehmen, bestehend von 1705 bis 1837 (Fortsetzung der Missionstätigkeit durch die Leipziger Mission). Den Anfang der D.-H. M. bildete die Entsendung der Missionare Heinrich Plütschau (* 1677, †1752) und B. Ziegenbalg aus den Erziehungsanstalten A. H. Franckes in Halle (Saale) nach Tranquebar an der Ostküste S-Indiens (auf Veranlassung des dän. Königs Friedrich IV.).

Dankwarderode, Burg in →Braunschweig.

Dannecker, Johann Heinrich von (seit 1808), Bildhauer, * Stuttgart 15. 10. 1758, † ebd. 8. 12. 1841; bed. Vertreter des dt. Klassizismus; studierte seit 1783 in Paris, ging 1785 nach Rom (Einfluss von Canova); 1790–94 Prof. an der Karlsschule, 1828 Direktor und Lehrer der Kunstschule in Stuttgart. – Werke: Schillerbüste (1794; Weimar, Staatl. Kunstsammlungen); Selbstbildnisbüste (1797; Stuttgart, Staatsgalerie); Ariadne auf dem Panther (1806–10; Frankfurt am Main, Liebieghaus).

Dannemora [-mu:ra], Bergbausiedlung in Mittelschweden, gehört zur Gem. Östhammar (Prov. Uppsala); seit 1480 Eisenerzbergbau, früher im Tagebau, später im Tiefbau (1992 stillgelegt).

Dannenberg (Elbe), Stadt im Landkr. Lüchow-Dannenberg, Ndsachs., an der Jeetzel, 8500 Ew.; Gummi- und Textilindustrie. – Erhielt 1293 Stadtrecht.

D'Annunzio, Gabriele, seit 1924 Principe di Montenevoso, ital. Schriftsteller, * Pescara 12. 3. 1863, † Cargnacco (bei Gardone Riviera) 1. 3. 1938; im Ersten Weltkrieg als Flieger verwundet, verhinderte als Freischarführer 1919/20 die Internationalisierung des Hafens Fiume (heute Rijeka). In Lyrik (»Canto novo«, 1882; »Laudi«, 5 Bücher), Romanen (»Lust«, 1889; »Triumph des Todes«, 1894; »Feuer«, 1900) und Dramen (»Die tote Stadt«, 1898; »Francesca da Rimini«, 1902; »La figlia di Iorio«, 1904; »Das Martyrium des hl. Sebastian«, 1911, vertont von C. Debussy), bekannte sich D'A. zu einem heidn. Sinnen- und Schönheitskult. Er verband überfeinertes Ästhetentum im Sinne der europ. Dekadenz und schwelger. Pathos mit Egozentrik, Eitelkeit, Prunksucht; auch seine Nähe zum Faschismus brachte sein virtuoses Werk ins

Dante Alighieri: Porträt von Luca Signorelli (Ausschnitt aus den Fresken des Doms zu Orvieto; 1499–1504)

Zwielicht. Für seine Dichtung war die Bindung an Eleonora →Duse von Bedeutung.

Danse macabre [dãsma'kabr, frz.] *der*, Totentanz (→Tod).

Dante Alighieri [- ali'gjɛ:ri], ital. Dichter, * Florenz im Mai 1265, † Ravenna 14. 9. 1321. Von D. A.s Kindheit und Jugend ist wenig bekannt. Im 9. Lebensjahr sah er zum ersten Mal Beatrice, die er in seinen Dichtungen verherrlichte; sie starb im Alter von 24 Jahren 1290. Um 1293 ∞ mit Gemma Donati. Von 1296 an bekleidete er versch. Ämter in Florenz. Im Kampf um die Unabhängigkeit der Stadt gegen die Einmischungsversuche des Papstes Bonifatius VIII. verstrickte er sich in eine erfolglose Opposition. Er wurde 1302 aus Florenz verbannt, kurz darauf zum Tode verurteilt. Seitdem führte er ein Wanderleben. Seine großen Hoffnungen auf den Italienzug Kaiser Heinrichs VII. wurden durch dessen Tod (1313) zunichte. Die letzten Lebensjahre verbrachte D. A. in Ravenna.

Sein Hauptwerk ist die in toskan. Mundart geschriebene »Divina Commedia« (dt. »Die Göttliche Komödie«, entstanden etwa 1311–21), ein allegorisch-lehrhaftes Gedicht in 100 Gesängen mit 14 230 Versen in Terzinen, das von D. A. nur »Commedia« genannt wurde. Das in die drei Hauptteile Inferno (Hölle), Purgatorio (Läuterungsberg) und Paradiso (Paradies) gegliederte Werk gestaltet den Weg der sündigen Seele zum Heil. Geleitet wird der Dichter dabei von Vergil, der Verkörperung von Vernunft, Wissenschaft und Philosophie, den Beatrice, jetzt das Symbol der göttl. Gnade, gesandt hat. Dieser führt ihn durch die neun Höllenkreise auf den Berg der Läuterung. Im Paradies übernimmt Beatrice selbst die Führung durch die neun Himmel bis zur Anschauung der Gottheit. Auf seiner Wanderung spricht der Dichter mit den Seelen berühmter Verstorbener über Fragen der Theologie und Philosophie, über die Kirche, den Staat und Italien. So umfasst die »Divina Commedia« enzyklopädisch die geistigen Themen der mittelalterl. Kultur. Daneben stehen kleinere Werke: in ital. Sprache »La vita nuova« (dt. »Das neue Leben«, 1292–95 entstanden), die Darstellung seiner Jugendliebe, Gedichte mit Prosatext, dem →Dolce Stil nuovo verbunden; die Sammlung »Le rime« (spätestens 1305 abgeschlossen); »Il convivio« (dt. »Das Gastmahl«, 1306–08 entstanden; unvollendet), das erste Beispiel wiss. ital. Prosa. In lat. Sprache verfasst sind »De vulgari eloquentia« (dt. »Über die Volkssprache«, nach 1305 entstanden), eine unvollendete Abhandlung über Ursprung und Wesen der Sprache und der dichter. Formen, sowie »De monarchia« (dt. »Über die Monarchie«, 1310–15 entstanden), worin D. A. die Selbstständigkeit des Reiches gegenüber der Kirche verficht, außerdem »Epistulae« (Briefe) und »Eclogae« (zwei Hirtengedichte, um 1319). – Bereits 1373 erhielt G. Boccaccio in Florenz den ersten Lehrstuhl zur Erläuterung der Werke D. A.s. Seine überragende Bedeutung für die europ. Kultur wurde erst in der Romantik erkannt.

Dante-Gesellschaften, Vereine zur Erhaltung und Verbreitung der Kenntnisse von Persönlichkeit, Werken und Epoche Dante Alighieris. D.-G. gibt es in Dtl., Italien und den USA. Dt. Dante-Gesellschaft e.V. (1865 in Dresden gegr.), Sitz: ab 1921 Weimar, nach 1945 München; Organ: »Dt. Dante-Jb.« (1867 ff.).

Danti, Vincenzo, ital. Bildhauer und Goldschmied, * Perugia 17. 4. 1530, † ebd. 26. 5. 1576; einer der Hauptmeister des Manierismus (Bronzestandbild des Papstes Julius III. vor dem Dom in Perugia, 1553–55).

Georges Jacques Danton (18. Jh.; Paris, Musée Carnavalet)

Danto ['dæntəʊ], Arthur Coleman, amerikan. Philosoph und Kunstkritiker, * Ann Arbor (Mich.) 1. 1. 1924; ab 1952 Prof. für Philosophie an der Columbia University New York; entwickelte seit den 1980er-Jahren eine eigene Kunstphilosophie.

Danton [dã'tɔ̃], Georges Jacques, frz. Revolutionär, * Arcis-sur-Aube (Dép. Aube) 28. 10. 1759, † (hingerichtet) Paris 5. 4. 1794; Rechtsanwalt, wurde in der Frz. Revolution als mitreißender Redner Führer der Volksmassen, nach dem Sturm auf die Tuilerien (10. 8. 1792) Justizmin., im Konvent Mitgl. der Bergpartei; D. organisierte maßgeblich die nat. Verteidigung und verkündete das Prinzip der natürl. Grenzen Frankreichs; war mit der Duldung der Septembermorde, der Organisation des Revolutionstribunals und des Wohlfahrtsausschusses an der Durchsetzung der Schreckensherrschaft (Grande Terreur) und am Sturz der Girondisten beteiligt. Seit Ende 1793 trat D. für Mäßigung ein, wurde deshalb angeklagt und guillotiniert. – Dramen von G. Büchner (1835) und R. Rolland (1901).

Dantzig ['dantsəx], Rudi van, niederländ. Tänzer, Choreograf und Ballettdirektor, * Amsterdam 4. 8. 1933; tanzte in Het Nederlands Ballet in Amsterdam, das 1961 in Het Nationale Ballet aufging (seit 1969 Mitdirektor, 1971–91 Direktor, bis 1994 ständiger Choreograf). Seine Choreografien sind im akademisch-klass. Tanz begründet, aber vom Modern Dance beeinflusst.

Danzig, 1) poln. **Gdańsk,** Hafenstadt an der Ostsee, Hptst. der Wwschaft Pommern, Polen, an der W-Seite der Danziger Bucht, 459 000 Ew.; bildet mit Sopot und Gdynia eine Agglomeration (»Dreistadt«), erstreckt sich im W bis in die Kaschub. Schweiz; Univ.; TH, medizin. Akad., Hochschulen für Kunst, Musik und Sport; Forschungsinstitute (u. a. für Meeresforschung und Seeverkehr), Bibliothek der Poln. Akademie der Wiss.en, Museen (u. a. Nationalmuseum, Zentrales Meeresmuseum), Oper, Philharmonie; kath. Bischofssitz. Trotz Krise der Werftindustrie während der 1990er-Jahre sind Hafenwirtschaft und Schiffbau bedeutend, weiterhin Metallverarbeitung, chem., petrochem. (Erdölraffinerie), pharmazeut. und Nahrungsmittelind., Elektronik, Telekommunikation; internat. bekannt ist das Kunsthandwerk (Bernsteinverarbeitung); während der 1990er-Jahre starkes Wachstum des Dienstleistungssektors, bedeutender Fremdenverkehr; wichtigster poln. Seehafen, neben den Hafenanlagen an der Toten Weichsel im Stadtteil Neufahrwasser (Nowy Port) entstand an der Ostsee der für Massengüter bestimmte Nordhafen (Port Północny); inter-

Danzig 1) Stadtwappen

nat. Flughafen; Fährverbindungen nach Helsinki, Trelleborg, Nynäshamn (südlich von Stockholm) und Lübeck-Travemünde. – Der mittelalterl. Stadtkern auf dem linken Ufer der Mottlau, dicht oberhalb ihrer Mündung in die Tote Weichsel, besteht aus Recht-, Neu-, Alt- und Vorstadt; die Speicherinsel und die Niederstadt stammen aus dem 15.–17. Jh. 1945 wurden 95% der Recht- und der Altstadt zerstört. Völlig ausgebrannt war die Oberpfarrkirche St. Marien (1343–1502), schwer zerstört wurden das alte rechtstädt. Rathaus, der Artushof (1478–81, Fassade 1616/17), der Lange Markt, das Krantor (1442–44) und die meisten der fast 40 Kirchen und Klöster, die Giebelhäuser (16.–18. Jh.) mit den »Beischlägen« und die Speicher. Im Kern der Rechtstadt wurde fast jedes Bauwerk mit historisch getreuen Fassaden wieder errichtet; der Artushof ist heute Kulturzentrum, das Krantor Schifffahrtsmuseum. Moderne Wohnviertel entstanden in Langfuhr und zw. Oliva und der Danziger Bucht. – D. wurde 997 als »urbs Gyddanzyc« erwähnt; die Burg des um das Jahr 1000 etwa 1 000 Ew. zählenden Ortes war Sitz der slaw. Fürsten von D., die sich seit 1234 Herzöge von Pommerellen nannten. Die neben der slaw. Siedlung entstandene dt. Marktsiedlung (seit etwa 1178) erhielt um 1240 lüb. Stadtrecht (1263 urkundl. Nachweis). 1308 kam D. in den Besitz des Dt. Ordens, der der Stadt 1343 Culmer Recht verlieh. Seit 1361 gehörte D. der Hanse an. Nach Unterstellung unter poln. Oberhoheit (1454/1457) erlangte D. weitgehende Privilegien. 1523–26 setzte sich in D. die Reformation durch, 1576/77 verteidigte es gegen den poln. König Stephan Báthory seine Vorrechte. Seit der 2. Poln. Teilung (1793) preußisch, war es 1816–23 und 1878–1919 Hptst. der Prov. Westpreußen; 1920 zur Freien Stadt D. erklärt (→ Danzig 2). 1939–45 Hptst. des dt. Reichsgaues D.-Westpreußen, die Stadt gehört seit 1945 zu Polen (1990 durch den Dt.-Poln. Grenzvertrag bestätigt).

Schon im Dez. 1970 Ausgangspunkt von Arbeiterprotesten, die blutig niedergeschlagen wurden, war D. im Sommer 1980 das Zentrum der v. a. von L. Wałęsa geführten Streikbewegung gegen die kommunist. Reg. in Polen; die Danziger Werft war eine wichtige Basis der → Solidarność (→ Danziger Abkommen).

2) Freie Stadt D., ehem. Freistaat an der Weichselmündung, 1 966 km², (1938) 407 500 Ew. (95% Deutsche). – Das Gebiet wurde im Versailler Vertrag (1919) trotz des Protests seiner dt. Bev. vom Dt. Reich getrennt, am 15. 11. 1920 als Freistaat errichtet und unter den Schutz des Völkerbunds gestellt, der einen Hochkommissar einsetzte. Oberste Reg.-Behörde war nach der Verf. vom 11. 8. 1920/14. 6. 1922 der Senat, der dem Parlament (Volkstag) verantwortlich war, oberster Staatsbeamter der Präs. des Senats. 1922 zoll- und wirtschaftspolitisch Polen angeschlossen; 1933 erlangten die Nationalsozialisten die Mehrheit im Volkstag. Mit dem dt. Angriff auf Polen am 1. 9. 1939 wurde D. dem Dt. Reich wieder eingegliedert.

Danziger Abkommen, am 31. 8. 1980 unterzeichnete Vereinbarungen zw. dem überbetriebl. Streikkomitee von Danzig (Vors. L. Wałęsa) und der poln. Reg.; beendete die im Juli 1980 in Danzig und anderen poln. Küstenstädten ausgebrochenen Streiks und erkannte die Forderungen der Streikenden an: u. a. Bildung unabhängiger Gewerkschaften (→ Solidarność), Einführung eines Streikrechts, Einflussmöglichkeiten der Gewerkschaften auf wirtsch. und sozialpolit. Entscheidungen. (→ Polen, Geschichte)

Danziger Bucht, poln. **Zatoka Gdańska,** halbkreisförmige, nach NO offene Bucht der Ostsee vor der Weichselmündung, zw. dem Samland im O und der Halbinsel Hela im W; mit den Hafenstädten Danzig, Gdynia und Baltisk.

Danziger Nehrung, → Frisches Haff.

Danziger Werder, poln. **Żuławy Wiślane,** der nördl. Teil des zw. dem Unterlauf der Weichsel und der Nogat gelegenen Weichseldeltas; wurde im 17. Jh. kultiviert.

Dao [chin. »Bahn«, »Weg«] *das,* **Tao,** grundlegender Begriff der chin. Philosophie; im Daoismus ist D. das alle Erscheinungen bestimmende Weltgesetz, der alles hervorbringende und erhaltende Welturgrund; nicht mit dem Verstand, nur in myst. Versenkung erfassbar. Im Konfuzianismus hat D. auch eth. Bedeutung.

Daodejing [-dʒɪŋ], **Tao-te-ching,** philosoph. Aphorismensammlung (»Buch von Dao und De«), ein Hauptwerk des Daoismus aus dem späten 4. Jh. v. Chr., → Laozi zugeschrieben.

Daoismus [zu Dao] *der,* **Taoismus,** philosoph. Lehre und Religion in China. Der philosoph. D. ist eine im 4. und 3. Jh. v. Chr. entstandene Richtung der chin. Philosophie, deren klass. Bücher (→ Laozi, → Zhuangzi) vom Dao und De (dem Wirken des → Dao in der Welt) handeln. Der religiöse D., eine weit in vorchristl. Zeit zurückreichende Religionsform mit Göttern und Geistern, Exorzismus und Wahrsagerei, besaß spätestens im 2. Jh. n. Chr. feste Kultformen, Gemeinden und Mönchswesen, oft in Wettbewerb mit dem gleichzeitig aufkommenden Buddhismus. Der philosoph. D. lebte in der Oberschicht bis in die Neuzeit fort, die daoist. Religion hatte im 7. Jh. n. Chr. ihren Höhepunkt überschritten.

Daphne [griech. »Lorbeer«], **1)** *Botanik:* die Pflanzengattung → Seidelbast.

2) *griech. Mythologie:* eine Nymphe, von Apoll geliebt und verfolgt, auf ihr Flehen in einen Lorbeer-

Danzig 1): Altstadtpanorama, in der Bildmitte das Krantor an der Mottlau

baum verwandelt. Plastik von Bernini (Rom, Villa Borghese). – Opern u. a. von J. Peri (1598; die erste Oper überhaupt), von H. Schütz (1627; erste dt. Oper, Musik nicht erhalten), R. Strauss (1938).

Daphni, griech. Gemeinde westl. von Athen. Das Kloster (UNESCO-Weltkulturerbe) wurde bereits im 5. Jh. gegr. (heute Museum). Die Mosaiken der Kirche (etwa 1080–1100) gehören zu den Hauptwerken der mittelbyzantin. Mosaikkunst.

Daphnia [griech.] *die,* **Daphnie,** eine Gattung der →Wasserflöhe.

Daphnis, *griech. Mythologie:* Sohn des Hermes und einer Nymphe, Hirt auf Sizilien; soll das Hirtenlied erfunden haben; seit →Longos typ. Hirtenname in der Schäferdichtung.

Dapifer [lat. »Speisenträger«] *der,* →Truchsess.

Da Ponte, Daponte, Lorenzo, eigtl. Emmanuele Conegliano, ital. Librettist, *Ceneda (heute zu Vittorio Veneto) 10. 3. 1749, †New York 17. 8. 1838; 1781–91 am Wiener Hof tätig, schrieb u. a. die Textbücher zu W. A. Mozarts Opern »Die Hochzeit des Figaro« (1786), »Don Giovanni« (1787), »Così fan tutte« (1790). Abenteuerl. Leben, Freundschaft mit G. Casanova; lebte ab 1805 in den USA, dort Gründung einer ital. Oper (New York).

Daqing [-tʃɪŋ], **Taching,** Stadt in Chinas größtem Erdölrevier, Prov. Heilongjiang, über 500 000 Ew.; Petrochemie. Im Gebiet D. (15 000 km²) Förderung von über 50 % des chin. Erdöls; Pipelines zu den Häfen Dalian und Qinhuangdao sowie nach Peking und Nordkorea.

Dara, Abk. für **D**eutsche **A**gentur für **R**aumfahrt**a**ngelegenheiten, 1997 zum →Deutschen Zentrum für Luft- und Raumfahrt e. V. übergegangen.

Dar al-Islam [arab. »Gebiet des Islam«] *die,* in der mittelalterl. islam. Staatstheorie Bez. für das Territorium, das unter der Herrschaft der Muslime und des islam. Rechts (Scharia) steht. Der Theorie nach soll so lange Hl. Krieg (→Djihad) geführt werden, bis auch die gesamte restliche Welt der D. al-I. eingegliedert ist. Jene wurde daher **Dar al-Harb** (»Gebiet des Krieges«) genannt.

Darboven, Hanne, Künstlerin, *München 29. 4. 1941; schuf unter dem Einfluss von S. Le Witt Zeichnungen von Zahlensystemen, später weitete sie ihre Methode auf literar. Texte aus und bezog auch die Collage ein.

Darbysten [darˈbɪstən], christl. Bewegung, die →Plymouth-Brüder.

Dardanellen [nach der antiken Stadt Dardanos im Gebiet von Troja], türk. **Çanakkale Boğazı,** im Altertum: **Hellespont,** Meeresstraße zw. der Halbinsel Gelibolu (Gallipoli) und Kleinasien, verbindet das Marmarameer mit dem Ägäischen Meer, 65 km lang, 2–6 km breit, bis zu 100 m tief.

Geschichte: 480 v. Chr. setzte der Perserkönig Xerxes sein Heer auf einer Schiffbrücke über die Dardanellen; 334 v. Chr. setzte Alexander d. Gr. hier nach Asien über. 1354 osmanisch besetzt; nach 1453 wurden die D. befestigt und für die freie Schifffahrt geschlossen. Der **D.-Vertrag** (1841) zw. der Türkei, Großbritannien, Frankreich, Russland, Österreich und Preußen verbot allen nicht türk. Kriegsschiffen die Durchfahrt. Im Ersten Weltkrieg heiß umkämpft (v. a. Febr.–Dez. 1915); 1920 unter internat. Kontrolle, nach dem →Meerengenabkommen (1936) Neubefestigung durch die Türkei.

Dardaner, **1)** illyr. Volk der Antike, siedelte zu beiden Seiten des Vardar um Scupi (Skopje); bedrohte

Dareios III. Kodomannos: Ausschnitt aus dem Alexandermosaik; in der Mitte auf dem Streitwagen Dareios III. Kodomannos (Ende 2. Jh. v. Chr.; Neapel, Museo Archeologico Nazionale)

häufig die N-Grenze Makedoniens; 217 v. Chr. von Philipp V. von Makedonien unterworfen; seit dem 1. Jh. v. Chr. römisch, ab 297 n. Chr. bildete ihr Gebiet die röm. Provinz **Dardania.**

2) Bewohner Trojas und der antiken Landschaft Troas in Kleinasien.

Darden, Sammelname für eine Gruppe von Völkerschaften der indoar. Sprachfamilie in N- und NW-Pakistan und NO-Afghanistan (Kunartal).

Dareios [griech.], lat. **Darius,** drei altpers. Könige aus dem Geschlecht der Achaimeniden. **1) D. I., der Große** (522–486 v. Chr.), *550 v. Chr., †486 v. Chr.; Sohn des Hystaspes, erneuerte nach Niederwerfung zahlr. Aufstände das Reich des Kyros, erweiterte es bis zum Indus und teilte es in 20 (zuletzt 28) Satrapien (Statthalterschaften) ein. Seine Kriegszüge gegen Griechenland (492–490) scheiterten. Seine Frau Atossa war die Tochter Kyros' d. Gr., beider Sohn war Xerxes I.

2) Dareios II. Nothos [»Bastard«], eigtl. **Ochos** (424–404 v. Chr.), †Babylon 404 v. Chr.; Sohn Artaxerxes' I., verlor 405 Ägypten. Seine Unterstützung Spartas (412 v. Chr.) war eine Voraussetzung für den spartan. Sieg über Athen.

3) Dareios III. Kodomannos (336–330 v. Chr.), *um 380 v. Chr., †(ermordet) bei Hekatompylos (beim heutigen Damghan, Iran) 330 v. Chr.; der letzte Achaimenide, von Alexander d. Gr. 333 bei Issos, 331 bei Gaugamela besiegt und auf der Flucht in Nordiran von dem Satrapen Bessos ermordet. Seine Tochter Stateira heiratete 324 Alexander den Großen.

Dar el-Beida [-bɛjˈda; arab. »weißes Haus«], **1)** amtl. Name für →Casablanca.

2) Industriestadt in Algerien, südöstl. von Algier, mit dessen internat. Flughafen.

Daressalam [arab. »Haus des Friedens«], **Dar es-Salam,** größte Stadt, wichtigster Hafen und Reg.-Sitz Tansanias, am Ind. Ozean, 2,70 Mio. Ew.; Kultur-, Wirtschafts- und Verkehrszentrum des Landes; kath. Erzbischofssitz, Univ., College, Forschungsinstitute; Nationalmuseum; chem., Nahrungsmittel-, Textil- und Schuhind., Aluminiumwalzwerk, Erdölraffinerie, Zementfabrik, Maschinen- und Fahrzeugbau; Ausgangspunkt mehrerer Eisenbahnlinien und der Pipeline nach Ndola (Sambia); Fischereihafen; internat.

Flughafen. – D. war Hptst. von Dt.-Ostafrika und 1964–73 Hptst. Tansanias.

Darfur, Plateaulandschaft und Region im W der Rep. Sudan, 503 180 km², 5,35 Mio. Ew., Hauptort ist El-Fascher; unterteilt in N-, W- und Süd-D. Größtenteils eine flachwellige Rumpffläche (600–1 000 m ü. M.), vom Basaltzug des Djebel Marra (bis 3 088 m ü. M.) durchzogen. Die Bev. (überwiegend stark arabisierte →Fur, im S Sudannegerstämme) treibt Regenfeldbau und Viehzucht, ergänzt durch Sammelwirtschaft (Akaziengummi). **Geschichte:** Das Reich D. wurde vor dem 15. Jh. durch die Dadjo gegr., diese wurden im 16. Jh. jedoch von den Tunjur, die sich z. T. mit den Fur vermischten, als herrschende Schicht abgelöst. 1874 ägypt., 1898 angloägypt. Protektorat, 1916–94 sudanes. Provinz. 2003 begannen in D. Kämpfe zw. Reg.-Truppen und lokalen Rebellengruppen; gleichzeitig vertrieben und ermordeten arab. Djandjawid-Milizen die schwarzafrikan. Bevölkerung.

Darginer, Dargwa, eines der nordöstl. Kaukasusvölker, in Dagestan, Russ. Föderation; die rd. 500 000 D. sind überwiegend Muslime.

Dargomyschski, Alexander Sergejewitsch, russ. Komponist, * Troizkoje (heute im Gebiet Tula) 14. 2. 1813, † Sankt Petersburg 17. 1. 1869; schrieb Opern (»Russalka«, 1856; »Der steinerne Gast«, 1866–68, vollendet von Z. A. Kjui und N. A. Rimski-Korsakow), Orchesterstücke (z. B. »Baba Jaga«, 1861–62) und Lieder.

Dari, →persische Sprache.

Darién, Golf von, Bucht des Karib. Meeres, am Übergang von Süd- zu Zentralamerika, zw. Panama und Kolumbien. Die Sumpfgebiete des in den Golf von Darién mündenden Río Atrato bilden den Darién-Nationalpark (→Los-Katios-Nationalpark). Am G. v. D. gründeten die Spanier 1509 San Sebastián als erste Stadt auf dem südamerikan. Festland.

Darién-Nationalpark, →Los-Katios-Nationalpark.

Rubén Darío

Darío, Rubén, eigtl. Félix Rubén García y Sarmiento, nicaraguan. Lyriker, * Metapa (heute Ciudad Darío, Dep. Matagalpa) 18. 1. 1867, † León 6. 2. 1916; bereicherte die spanischsprachige Lyrik um metrischrhythm. und melod. Elemente und übte entscheidenden Einfluss auf die span. und lateinamerikan. Lyrik des 20. Jh. aus; war Hauptvertreter des →Modernismus; schrieb u. a. »Azul« (Gedichte und Prosa, 1888), »Prosas profanas y otros poemas« (Ged., 1896).

Darius, altpers. Könige, →Dareios.

Darjeeling [dɑːˈdʒiːlɪŋ], Stadt im Bundesstaat West Bengal, Indien, auf einer Vorkette des Himalaja, 2 185 m ü. M., 108 000 Ew.; wegen seines milden gemäßigten Klimas ein bekannter Erholungsort; Zentrum des bengal. Teeanbaus; Endpunkt einer Gebirgsbahn (UNESCO-Weltkulturerbe) und Ausgangspunkt einer Karawanenstraße nach Tibet.

Darlan [darˈlã], François, frz. Admiral, * Nérac (bei Agen) 7. 8. 1881, † (ermordet) Algier 24. 12. 1942; war 1939–40 Oberbefehlshaber der frz. Flotte, unter der Vichy-Reg. 1941 Innen-, 1941–42 Außenmin. und ab April 1942 Oberbefehlshaber der frz. Streitkräfte. Offiziell entlassen, schloss er – im geheimen Einverständnis mit P. Pétain – im Nov. 1942 mit den Alliierten einen Waffenstillstand.

Darlehen, Darlehn. Das Ges. unterscheidet zw. Geld- und Sach-D. **Sach-D.** ist das zeitweilige Überlassen von vertretbaren Sachen, für das der D.-Nehmer ein Entgelt zahlen und Sachen von gleicher Art, Güte und Menge bei Fälligkeit zurückerstatten muss (§§ 607 ff. BGB). Ist für die Rückerstattung dieses D. keine bestimmte Zeit vereinbart, können der D.-Geber und der D.-Nehmer jederzeit kündigen.

Beim **Geld-D.** (§§ 488 ff. BGB) wird ein Geldbetrag überlassen, der bei Fälligkeit zurückzuerstatten ist; es kann verzinslich oder unverzinslich sein. Das D. ist die wichtigste Form der Kreditgewährung. In den §§ 489 und 490 BGB ist differenziert das ordentl. Kündigungsrecht des D.-Nehmers und das außerordentl. Kündigungsrecht geregelt. Wird der D.-Vertrag entgeltlich zw. einem Unternehmer als D.-Geber und einem Verbraucher als D.-Nehmer geschlossen (Verbraucher-D., →Verbraucherkredit), gelten die besonderen Regeln der §§ 491 ff. BGB. – Ähnl. Regelungen bestehen in *Österreich* (§§ 983 ff. ABGB) und der *Schweiz* (Art. 312–318 OR).

Darlehnskassen, vom Staat oder den Gemeinden bes. in Krisenzeiten errichtete Kreditanstalten zur Gewährung von Darlehen. Die D. gewährten Kredit gegen Verpfändung u. a. von Waren und Wertpapieren. (→Kreditgenossenschaften)

Darling [ˈdɑːlɪŋ] der, rechter, größter Nebenfluss des Murray in SO Australiens, 2 720 km lang; seine Quellflüsse entspringen in der Great Dividing Range (v. a. in den Darling Downs, Queensland); mehrfach für Bewässerungszwecke gestaut.

Darling Range [ˈdɑːlɪŋ reɪndʒ], küstenparalleles Bergland im S von Western Australia, von Flüssen stark zerschnittene Randstufe des Westaustral. Schildes, 320 km lang, bis 582 m hoch.

Darlington [ˈdɑːlɪŋtən], Stadt und Unitary Authority, N-England, 99 000 Ew.; Fahrzeugbau. Von D. nach Stockton-on-Tees führte 1825 die erste öffentl. Dampfeisenbahn der Welt.

Darłowo [daˈrwɔvɔ], dt. **Rügenwalde,** Stadt in der Wwschaft Westpommern, Polen, an der Mündung der Wipper in die Ostsee, 14 600 Ew.; Landmaschinenbau, Nahrungsmittelindustrie; Fischereihafen und Strandbad im Stadtteil **Darłówko** (dt. **Rügenwaldermünde**). – Schloss (14. bis 17. Jh.; mehrfach Residenz der Herzöge von Pommern), got. Marienkirche (14. bis 16. Jh.). – 1271 gegründet.

Darm, lat. **Intestinum,** griech. **Enteron, Darmtrakt, Darmkanal,** den Körper teilweise oder ganz durchziehender, der Nahrungsaufnahme und Verdauung dienender Teil des Verdauungskanals. Die D.-Länge beträgt beim erwachsenen Menschen etwa 3 m, völlig ausgedehnt bis etwa 8 m. Der D. gliedert sich in den **Dünn-D.** (Intestinum tenue), einen glatten Schlauch mit vielen bewegl. D.-Schlingen, der die Nahrungsstoffe verdaut und resorbiert, und den an der Oberfläche vielfach ausgebuchteten **Dick-D.** (Intestinum crassum), der das Unverdaute durch Wasserentzug eindickt und entleert. Der Dünn-D. besteht aus dem vom Magen ausgehenden **Zwölffinger-D.** (Duodenum, etwa 30 cm lang), in den die Ausführungsgänge der Leber und der Bauchspeicheldrüse münden, dem **Leer-D.** (Jejunum) und dem **Krumm-D.** (Ileum). An den Krumm-D. schließt sich der Dick-D. an; er beginnt mit einem kurzen, sackförmigen Anhang, dem **Blind-D.,** an dem der **Wurmfortsatz** (**Appendix**) hängt. Auf den Blind-D. folgt der **Grimm-D.** (**Colon, Kolon**); dieser hat beim Menschen einen rechtsseitig aufsteigenden (**aufsteigender Dick-D.**), einen quer laufenden (**Querdick-D., Querkolon**), einen linksseitig nach unten führenden (**absteigender Dick-D.**) und (vor dem Übergang in den Mast-D.) einen s-förmigen Abschnitt (**Sigmoid, Sigma**). Der unterste Teil des **Mast-D.** (**Rectum**) ist durch den unwillkürl. inneren Schließmuskel verschlossen und mündet durch den mit dem willkürl. ringförmigen Schließmuskel umgebenen After nach außen. An der Einmündungsstelle des Dünn-D. in den Dick-D. verhindert eine Schleimhautfalte, die **Bauhin-Klappe**, ein Rückfließen des D.-Inhalts. Festgehalten wird der Dünn-D. v. a. durch das **Gekröse** (**Mesenterium**), eine große Falte des Bauchfells, die die Blut- und Lymphgefäße und die Nerven zum D. leitet. Der Dick-D. ist an der hinteren Bauchwand, am Magen und am großen Netz befestigt. – Die **D.-Wand** besteht aus einer äußeren, glatten Haut, einer mittleren, die →Darmperistaltik bewirkenden Muskelschicht mit Längs- und Ringfasern und einer inneren Schleimhaut, die bes. die Nahrungsstoffe aufnimmt. Die Schleimhaut des Dünn-D. hat viele nahezu kreisförmig verlaufende Falten (**Kerckring-Falten**) mit den zarten, die innere Oberfläche vergrößernden **D.-Zotten** und enthält viele Blut- und Lymphgefäße sowie Drüsen, die den →Darmsaft absondern.

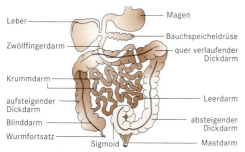

Darm: Schema des menschlichen Darms

Bei höheren Tieren sind Mund und After getrennt, der D. ist von der Verteilung der Nährstoffe im Körper durch das Blutgefäßsystem abgelöst. Dem Darm i. e. S. ist oft, so bei den Wirbeltieren, ein Magen vorgeschaltet. Der Säugetier-D. ist i. Allg. bei Pflanzenfressern länger als bei Fleischfressern, da die pflanzl. Nahrung schwerer aufzuschließen ist. Pflanzenfresser haben deshalb vielfach noch Gärkammern, in denen die Pflanzenkost verdaulich gemacht wird, z. B. Wiederkäuermagen und Blinddarm. Der Wirbeltier-D. ist urspr. im vordersten Abschnitt als Kiemen-D. zur Atmung ausgebildet, so zeitlebens bei den Fischen.

Darmbakteri|en, →Darmflora.
Darmbein, seitl. Teil des Hüftbeins, →Becken.
Darmblutung, Blutung in das Innere des Darmes, die bei entzündl. Krankheiten der Darmschleimhaut (z. B. Dickdarmentzündung, Typhus, Ruhr), Darmgeschwüren, Darmtumoren, Hämorrhoiden u. a. auftritt. Die D. ist an rot oder schwarz gefärbten Stühlen zu erkennen und bedarf dringend der diagnost. Abklärung. Nachweis der Blutungsquelle meist endoskopisch.
Darmeinklemmung, Einklemmung eines Darmabschnittes, am häufigsten beim →Eingeweidebruch.
Darmentzündung, Darmkatarrh, Enterokolitis, durch Mikroorganismen, z. B. Bakterien, Viren, Nahrungsmittelallergie, Ernährungsfehler, Vergiftungen, Durchblutungsstörungen, Strahlenschäden u. a. hervorgerufene Reizung der Darmschleimhaut. Geht die Erkrankung vom Dünndarm aus, spricht man von einer **Enteritis** (Dünn-D.), bei Beteiligung des Magens von einer **Gastroenteritis** (Magen-Darm-Katarrh). Die **Dick-D.** (**Colitis, Kolitis**) tritt meist gemeinsam mit der Dünn-D. (Enterokolitis) auf. Symptome sind Durchfälle, krampfartige Bauchschmerzen, meist auch Fieber, bei Beteiligung des Magens Übelkeit und Erbrechen.

Darmfäulnis, Zersetzung von unverdauten Nahrungsbestandteilen durch im Dickdarm lebende Bakterien unter Bildung übel riechender Spaltprodukte; diese z. T. giftigen Stoffe werden in der Leber wieder entgiftet und über die Nieren ausgeschieden.

Darmfistel, röhrenförmige, bindegewebige Verbindung zw. Darm und anderen Organen oder Darm und Körperoberfläche, die (selten) angeboren ist oder durch Entzündung, Verletzung oder Operation entsteht bzw. operativ angelegt wird (z. B. beim Kunstafter).

Darmflora, Gesamtheit der im Darm von Tieren und Menschen lebenden Pilze und v. a. Bakterien (bestehend aus 100–400 Darmbakterienarten). Wichtigste Funktionen: Lieferung der Vitamine B_{12} und K, Unterdrückung von Krankheitserregern, Hilfe beim Aufspalten einiger Nahrungsbestandteile (z. B. Cellulose).

Darmgeschwür, Geschwür der Darmwand, entsteht meist nach Dickdarmentzündung oder Infektionskrankheiten wie Typhus, Tuberkulose, Ruhr und auf psychosomat. Grundlage wie bisweilen das →Zwölffingerdarmgeschwür. Bei D. besteht die Gefahr von Blutungen, des Durchbruchs in die Bauchhöhle und damit einer Bauchfellentzündung. Behandlung je nach Ursache.

Darmkatarrh, die →Darmentzündung.
Darmkrebs, Darmtumor, bösartige Neubildung der Darmschleimhaut des Dick- und Mastdarms; dritthäufigste Krebserkrankung in Dtl.; es besteht eine hohe Erkrankungshäufigkeit in Industrieländern aufgrund fettreicher und ballaststoffarmer Ernährung. Wichtige Symptome sind Blut im Stuhl, Blähungen, Darmkrämpfe, Anämie, Durchfälle im Wechsel mit Verstopfung sowie Gewichtsverlust. – Behandlung: frühzeitig operative Entfernung des erkrankten Darmabschnitts, wenn nötig mit Anlegung eines →Kunstafters.

Darmlähmung, paralytischer Ileus, Zustand völliger Bewegungslosigkeit einzelner Darmteile oder des ganzen Darmes, wodurch jede Weiterbeförderung

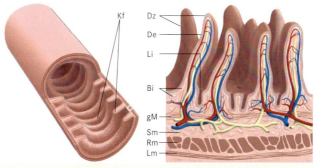

Darm: links Dünndarmrohr mit Kerckring-Falten (Kf); **rechts** Schnitt durch die mehrschichtige Dünndarmwand (Li Eingang zu einer Lieberkühn-Krypte mit Lieberkühn-Drüsen, Dz Darmzotten, De Darmepithel, Bi Bindegewebe, gM glatte Muskelfasern, Sm Submukosa [Unterschleimhaut], Rm Ringmuskelschicht, Lm Längsmuskelschicht)

Darmstadt 2): Altes Rathaus (1588–90)

Darmstadt 2) Stadtwappen

des Darminhalts unmöglich wird. D. tritt auf bei Schock, heftiger Gewalteinwirkung auf den Leib, bei akuter Bauchfellentzündung, Embolie einer Darmarterie, schweren Gallen- und Nierensteinkoliken, Rückenmarkverletzungen, Gehirnhautentzündung sowie als Komplikation nach Bauchoperationen. Die äußeren Anzeichen sind ähnlich wie beim →Darmverschluss.

Darmperistaltik, wellenförmig fortschreitende, durch Kontraktion seiner Ringmuskulatur bewirkte Zusammenziehungen des Darmes, die den Darminhalt weiterschieben und durchmischen.

Darmresektion, operative Beseitigung eines erkrankten oder verletzten Darmabschnitts; bis zu $^2/_3$ des Dick- und Dünndarms können ohne Gefährdung des Lebens entfernt werden.

Darmsaft, Absonderungsprodukt von Drüsenzellen der Darmschleimhaut, 2 bis 3 Liter täglich; enthält neben Wasser, Schleim und Salzen Verdauungsenzyme zur Spaltung von Fetten, Proteinen und Kohlenhydraten. Von Darmsaft i. w. S. spricht man, wenn die Sekretionsprodukte der Bauchspeicheldrüse und der Leber (Galle) einbezogen werden.

Darmspiegelung, Untersuchung des Darms mit dem Endoskop (→Endoskopie, →Koloskopie), das durch den After eingeführt wird.

Darmspülung, das Einbringen einer Flüssigkeitsmenge zum Reinigen und Entleeren des Darmes (→Einlauf).

Darmstadt, 1) Reg.-Bez. in Hessen, 7 445 km², 3,77 Mio. Ew.; umfasst die kreisfreien Städte Darmstadt, Frankfurt am Main, Offenbach am Main, Wiesbaden und die Landkreise Bergstraße, Darmstadt-Dieburg, Groß-Gerau, Hochtaunuskreis, Main-Kinzig-Kreis, Main-Taunus-Kreis, Odenwaldkreis, Offenbach, Rheingau-Taunus-Kreis und Wetteraukreis.
2) kreisfreie Stadt, Verw.-Sitz des Reg.-Bez. D. und des Landkreises D.-Dieburg, Hessen, verkehrsgünstig am O-Rand des Oberrhein. Tieflandes und an der Bergstraße gelegen, 140 000 Ew. D. hat eine TU (1836 gegr.) und mehrere Fachhochschulen; Sitz zahlr. Behörden und Institutionen: u. a. Rechnungshof für das Land Hessen, Landessozialgericht, Kirchenleitung der Evang. Kirche in Hessen und Nassau, Fernmeldetechn. Zentralamt der Dt. Telekom. Europ. Operationszentrum für Weltraumforschung (ESOC), Fraunhofer-Inst. für Graph. Datenverarbeitung, Sitz der europ. Wettersatelliten-Organisation (EUMETSAT), Gesellschaft für Schwerionenforschung, Rechenzentrum der Gesellschaft für Mathematik und Datenverarbeitung, Dt. Kunststoffinstitut, PEN-Zentrum Dtl.s, Dt. Akad. für Sprache und Dichtung, Akad. für Tonkunst, Dt. Werkbund, Dt. Polen-Institut, Internat. Musikinstitut, Staatstheater, Hess. Staatsarchiv, Hess. Landesmuseum, Schloss- und Stadtmuseum, Museum Künstlergalerie, im Schloss →Kranichstein u. a. Internat. Ferienkurse für Neue Musik, Kranichsteiner Literaturtage. – Ind.-Zentrum, u. a. chem., pharmazeut. und kosmet. Ind., Maschinen- und Gerätebau, elektrotechnisch-elektron., Druck- und Vervielfältigungsind. – D. erlitt im Zweiten Weltkrieg starke Zerstörungen; wieder aufgebaut wurden u. a. der Schlosskomplex (14.–17. Jh., im 18./19. Jh. erweitert), Stadtkirche (15.–17 Jh.), Altes Rathaus (1588–90). Vom klassizist. Ausbau der Stadt zeugen das Hoftheater (1818–20), die Ludwigskirche (1822–38) und die Ludwigssäule (1844) auf dem Luisenplatz. Die Mathildenhöhe, eine Parkanlage, wurde ab 1899 zur Künstlerkolonie ausgebaut (→Darmstädter Künstlerkolonie), die D. zu einem Zentrum des Jugendstils machte; auf der Mathildenhöhe entstanden u. a. die Russ. Kapelle (1898–99), das Ernst-Ludwig-Haus (1900–01; Sitz der Dt. Akademie für Sprache und Dichtung), der Hochzeitsturm mit Ausstellungshalle (1907–08). – D., seit 1330 Stadt, gehörte zur Grafschaft Katzenelnbogen, mit der es 1479 hessisch wurde. Seit 1567 Sitz der Landgrafen (seit 1806 der Großherzöge) von Hessen-D., 1918–45 Hptst. des Volksstaates Hessen.

Darmstadt-Dieburg, Landkreis im Reg.-Bez. Darmstadt, Hessen; 659 km², 290 000 Ew., Kreisstadt ist Darmstadt.

Darmstädter Künstlerkolonie, 1899 von Großherzog Ernst Ludwig auf der Mathildenhöhe in Darmstadt gegr., erstrebte eine Erneuerung der Kunst in allen Zweigen im Sinne des Jugendstils (J. M. Olbrich, P. Behrens u. a.); die Idee einer Künstlerkolonie gab man 1906 auf, stattdessen wurden Lehrateliers für angewandte Kunst eingerichtet.

Darmstadtium [nach der Stadt Darmstadt] *das*, chem. Symbol **Ds**, künstlich erzeugtes chem. Element der Kernladungszahl 110; erstmals 1994 bei der GSI sicher nachgewiesen. Das Isotop $^{269}110$ entstand durch Verschmelzung von ^{208}Pb mit ^{62}Ni nach Emission eines Neutrons (Halbwertszeit 170 µs).

Darmstein, Kotstein, Enterolith, aus eingedicktem Kot, Phosphaten und Schleim bestehendes, bis 2 cm großes, steinartiges Gebilde im Dickdarm; kann zum Darmverschluss führen.

Darmträgheit, →Verstopfung.

Darmtuberkulose, seltene Form der →Tuberkulose; meist Komplikation einer schweren Lungentuberkulose; Symptome: Durchfälle, Bauchschmerzen, Gewichtsverlust.

Darmtumoren, abnorme Gewebeneubildungen des Darms, die gutartig (meist Polypen) oder bösartig (→Darmkrebs) sein können.

Darmverschlingung, Volvulus, Achsendrehung von Darmteilen um den Gekrösestiel, der die zu- und abführenden Blutgefäße trägt; führt zu →Darmverschluss.

Darmverschluss, Ileus, Aufhebung der Darmdurchgängigkeit durch mechan. Verschluss oder durch →Darmlähmung. Ursachen eines mechan. D. können Darmeinklemmung beim Eingeweidebruch,

Darmverschlingung und Verlegung durch Geschwülste, Fremdkörper u. a. sein. Äußere Anzeichen sind starke, meist kolikartige Bauchschmerzen, Erbrechen, Stuhl- und Windverhaltung, Veränderung des Allgemeinzustandes mit Blässe, Pulsbeschleunigung, Blutdruckabfall u. a. bis hin zum Schock. Umgehendes ärztl. Eingreifen ist dringend erforderlich.

Darnley [ˈdɑːnlɪ], Lord Henry Stuart, seit 1565 Earl of Ross und Duke of Albany, * Temple Newsam (bei Leeds) 7. 12. 1545, † Edinburgh 10. 2. 1567; entstammte einer Seitenlinie des schott. Königshauses, 2. Gemahl der schott. Königin Maria Stuart (seit 1565), fiel bei der Königin wegen der Ermordung ihres Sekretärs Riccio 1566 in Ungnade und wurde von ihrem Geliebten J. H. Bothwell, ihrem 3. Gemahl, ermordet. D. ist der Vater König Jakobs I. von England.

Darré, Richard Walter, Politiker (NSDAP), * Belgrano (heute zu Buenos Aires) 14. 7. 1895, † München 5. 9. 1953; Diplomlandwirt; war 1933–42 Reichsmin. für Ernährung und Landwirtschaft (Reichserbhof-Ges.), 1934–42 Reichsbauernführer. D. trug zur »Blut und Boden«-Ideologie des →Nationalsozialismus bei. 1949 vom Internat. Militärtribunal in Nürnberg zu sieben Jahren Gefängnis verurteilt (1945–50 in amerikan. Haft).

Darrieux [darˈjø], Danielle, frz. Filmschauspielerin, * Bordeaux 1. 5. 1917; spielte u. a. in Filmen wie »Der Reigen« (1950), »Rot und Schwarz« (1954) sowie »8 Frauen« (2002).

Darß, Landschaft an der Boddenküste der Ostsee, Meckl.-Vorp., mittlerer Teil der Halbinsel →Fischland-Darß-Zingst; bewaldet, an der N-Küste breiter Sandstrand mit dem Ostseebad Prerow.

darstellende Geometrie, Zweig der Mathematik, der sich mit der Abbildung des dreidimensionalen Raumes in eine Ebene (die Zeichenebene) durch →Projektion befasst. Die d. G. liefert damit die Grundlagen für das techn. Zeichnen bzw. für CAD-Programme.

darstellende Künste, Schauspiel, Tanz und Pantomime; früher wurden zu den d. K. auch Malerei und Plastik gezählt.

Dartmoor [ˈdɑːtmʊə], stark abgetragenes Granitmassiv in SW-England, von einzelnen Kuppen (bis 622 m ü. M.) überragt; früher bewaldet, heute von Mooren und Bergheiden bedeckt, Nationalpark; vorgeschichtl. Funde (Steinkreise, Menhire). Das Gefängnis D. bei Princetown wurde während der Napoleon. Kriege für frz. Kriegsgefangene erbaut.

Darts [dɑːts, engl.] *das,* Wurfpfeilspiel, bei dem Pfeile mit (meist) Kunststoffbefiederung aus 2,37 m Entfernung auf eine runde, in 20 keilförmige Segmente unterteilte Sisalscheibe (45,7 cm Durchmesser) geworfen werden. Im D. werden auch Wettkämpfe ausgetragen.

Darwin [ˈdɑːwɪn], Hptst. des Bundesstaates Northern Territory, Australien, auf einer Halbinsel an der Küste von Arnhemland, 71 800 Ew., in der Agglomeration 110 000 Ew.; Univ.; wichtigster Hafen im N des Kontinents; Bergbau in der Umgebung; internat. Flughafen. – Durch den Zyklon vom 25. 12. 1974 fast völlig zerstört, seitdem weitgehend wieder aufgebaut.

Darwin [ˈdɑːwɪn], **1)** Sir (seit 1942) Charles Galton, brit. Physiker, * Cambridge 19. 12. 1887, † ebd. 31. 12. 1962; Arbeiten zur Theorie der Röntgenstreuung, Quantenmechanik, statist. Physik; organisierte im Zweiten Weltkrieg die brit. Atombombenforschung.

2) Charles Robert, brit. Naturforscher, * The Mount (bei Shrewsbury) 12. 2. 1809, † Down House (heute zu London-Bromley) 19. 4. 1882; Begründer der modernen Evolutionstheorie. D. studierte anfangs Medizin, später Theologie; wurde durch die Teilnahme an der Weltreise des Vermessungsschiffes »Beagle« (1831 bis 1836) zum Naturforscher. Geolog. sowie tiergeograf. Beobachtungen ließen ihn an der Richtigkeit der Lehre von der Unveränderlichkeit der Arten zweifeln. Nach seiner Rückkehr bearbeitete er zunächst in London, ab 1842 in Down House seine Reiseergebnisse und begann, systematisch umfangreiches Material über das Problem der Entstehung der Arten zusammenzutragen. Sein Hauptwerk »Die Entstehung der Arten durch natürl. Zuchtwahl« (1859) stellte einen Wendepunkt in der Geschichte der Biologie dar. D. erklärte mit der Selektionstheorie (→Darwinismus) die zweckmäßigen Anpassungen der Lebewesen an die Umwelt.

Weitere Werke: Reise um die Welt (1846); Das Variieren der Tiere und Pflanzen im Zustande der Domestikation, 2 Bde. (1868); Die Abstammung des Menschen, 2 Bde. (1871); Über den Ausdruck der Gemütsbewegung bei Menschen und Tieren (1872).

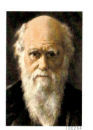

Charles R. Darwin

Darwingebirge, die stark vergletscherte, bis 2 500 m ü. M. hohe Kordillerenkette im südl. Feuerland (Chile).

Darwinismus [nach C. R. Darwin] *der,* i. w. S.: die Abstammungslehre; i. e. S.: die von C. R. Darwin (etwa gleichzeitig mit A. R. Wallace) entwickelte Evolutionstheorie, die in der **natürl. Auslese** (Selektion, Auswahl der für die betreffenden Umweltbedingungen am besten geeigneten Lebewesen, »Kampf ums Dasein«) die Hauptursache für die stammesgeschichtl. Entwicklung sieht. Die grundlegenden Gedankengänge bilden einen zentralen Punkt der modernen biolog. Theorie der Evolution. Die Selektionstheorie verhalf dem Entwicklungsgedanken in der Biologie endgültig zum Durchbruch.

Die darwinsche Evolutionstheorie war lange Zeit sehr umstritten, da sie eine Ablehnung der bibl. Schöpfungsgeschichte sowie der Sonderstellung des Menschen im biolog. System (Tierreich, Ordnung der Primaten) beinhaltete. (→Sozialdarwinismus)

Darwin-Ohrhöcker, vereinzelt auftretender kleiner Knorpelfortsatz am Hinterrand der menschl. Ohrmuschel, nach C. R. Darwin stammesgeschichtlich umgeformte Spitze des Säugetierohres.

Daschchowus [-xɔv-], Stadt in Turkmenistan, →Taschaus.

Dasein, 1) das tatsächl. Vorhandensein oder Bestehen von etwas, im Unterschied zu seinem Wesen; **2)** in der Philosophie M. Heideggers die Seinsweise des Menschen im Unterschied zu der des nicht menschl. Seienden; aufgrund des Möglichkeitscharakters der Existenz ist das D. dadurch gekennzeichnet, sich selbst wählen oder verlieren zu können; bei K. Jaspers bedeutet D. zum einen im traditionellen Sinne das Gegebensein von etwas, zum anderen die Kennzeichnung einer Weise des »Umgreifenden«, das ich als »lebendiges Wesen mit Anfang und Ende« bin.

daseinsanalytische Psychologie, die an die Existenzphilosophie (bes. M. Heideggers) anschließenden Richtungen der Tiefenpsychologie. Die d. P. sucht seel. Störungen als Symptom eines gestörten »Daseinsvollzugs« zu deuten, den es bewusst zu machen und neu zu begründen gelte. Hauptvertreter: L. Binswanger (**Daseinsanalyse**), V. E. von Gebsattel, M. Boss, E. Fromm, E. Drewermann.

Dasht-e-Lut [daʃt-], Bez. für Wüste im Persischen, bes. der SO-Teil der innerpers. Binnenwüsten (Becken von Schahdad), gehört zu den heißesten, lebensfeindlichsten Kernwüsten der Erde.

Dassault [-'so], Marcel, frz. Industrieller, * Paris 22. 1. 1892, † Neuilly-sur-Seine 18. 4. 1986; gründete 1930 die »Société des Avions Marcel D.«, aus der 1971 durch Fusion die »Avions Marcel Dassault-Bréguet Aviation« hervorging (heute **D. Aviation,** ein in mehr als 70 Ländern tätiger Konzern der Luft- und Raumfahrtindustrie mit [2005] 12 100 Beschäftigten und einem Umsatz von 3,43 Mrd. €). Bau von Transport- und Kampfflugzeugen (»Mirage«, »Falcon«).

Dassel, Stadt im Landkreis Northeim, Ndsachs., am NO-Rand des Solling, 11 000 Ew.; Metall verarbeitende, Papierind.; Fremdenverkehr. – D. erhielt 1315 Stadtrecht.

Dassel, Rainald von, Kanzler Friedrichs I., → Rainald von Dassel.

Dasselfliegen, Biesfliegen, Oestridae, Familie großer behaarter Fliegen, Säugetierparasiten (→ Dassellarvenbefall).

Dassellarvenbefall, parasitäre Krankheit bes. des Rindes, seltener von Schaf, Ziege oder Wild, durch die Larven der Dasselfliege, die sich in die Haut bohren und nach einer Wanderung im Körper (Nervenbahnen, Muskulatur, Fettgewebe) innerhalb eines Dreivierteljahres die Rückenhaut erreichen und dort walnussgroße Vorwölbungen (**Dasselbeulen**) bilden. Im Frühjahr verlassen die ausgereiften Hautlarven die Beulen und verpuppen sich im Boden. Die Larven bewirken durch die Wanderung Organschäden mit Leistungsminderung der Tiere und entwerten die Häute für die Ledergewinnung.

Dassin [da'sɛ̃], Jules, amerikan.-frz. Film- und Theaterregisseur, * Middletown (Conn.) 18. 12. 1911; filmte ab 1941 in Hollywood, ab 1953 in Frankreich, war ∞ mit M. Mercouri. – *Filme:* Rififi (1954); Sonntags... nie! (1959); Topkapi (1963).

Dasypodius, Petrus, eigtl. P. Hasenfratz, schweizer. Humanist, * in oder bei Frauenfeld um 1490, † Straßburg 28. 2. 1559; verfasste ein sehr verbreitetes lat.-dt. Schulwörterbuch (1535), ein griech.-lat. Wörterbuch (1539) und eine lat. Verskomödie »Philargyrus« (1530 aufgeführt).

DAT [Abk. für engl. **d**igital **a**udio **t**ape, »Digitaltonband«], in Japan entwickeltes Tonband, bei dem die Aufnahme der Schallsignale in digitalisierter Form erfolgt, wodurch die Wiedergabe mit DAT-Kassettenrekordern die gleich hohe rausch- und verzerrungsfreie Tonqualität hat wie das Original; findet heute vorwiegend in der Studiotechnik Anwendung.

Data-Mining [ˈdeɪtə ˈmaɪnɪŋ, engl.] *das,* **Datenfilterung,** softwaregestützte Ermittlung von Zusammenhängen, Mustern und Trends in großen Datenbeständen (insbes. in Betriebswirtschaft und Wiss.). Bei der Suche werden komplexe Methoden der math. Statistik, der künstl. Intelligenz (v. a. neuronale Netze und Fuzzylogik), Entscheidungsbaumtechniken sowie Kombinationen davon verwendet, um (z. B. bisher unbekannte) Zusammenhänge, Muster und Trends zu ermitteln.

Data-Warehouse [ˈdeɪtə weəˈhaʊs; engl. »Datenlagerhaus«] *das,* ein umfassendes Datenbanksystem, das alle in einem Unternehmen vorhandenen Daten aus den verschiedensten Quellen zusammenführt und so strukturiert, dass ein schneller und flexibler Zugriff möglich ist. So gestattet das D.-W. jederzeit eine umfassende Datenanalyse und kann die Entscheidungsfindung auf allen Ebenen des Managements unterstützen. Da neben aktuellen auch histor. Daten verfügbar sind, können auch Zeitreihenanalysen (→ Zeitreihe) durchgeführt werden, die Aussagen über Entwicklungen und Trends zulassen.

Datei [zu **Dat**en und Kart**ei**], engl. **File,** *Informatik:* geordnete Menge digitalisierter Informationen, die unter einem gemeinsamen D.-Namen auf einem Datenträger gespeichert und angesprochen werden können. D. sind die Grundeinheiten jeder elektron. Datenverarbeitung, ihre Verw. ist eine der wichtigsten Aufgaben des → Betriebssystems. **Ausführbare D.** (→ Programme) enthalten Anweisungen an den Rechner, bestimmte Aktionen durchzuführen, sie liegen meist in Binärform vor. **Nicht ausführbare D.** können vom Rechner nicht direkt verarbeitet werden. Hierzu gehören D., die mit Anwendungsprogrammen erstellt wurden (z. B. formatierte Texte), und solche D., die zum korrekten Ausführen von Programmen notwendig sind (z. B. Treiber).

Daten [zu *Datum*], **1)** *allg.:* aus Messungen, Beobachtungen u. Ä. gewonnene Angaben, Informationen.

2) *Informatik:* zur Darstellung von Informationen dienende Zeichenfolgen (**digitale D.**) oder kontinuierl. Funktionen (**analoge D.**), die auf D.-Verarbeitungsanlagen gespeichert, verarbeitet und/oder erzeugt werden können. Vor ihrer Verarbeitung mit einem Computer müssen digitale D. auf einem maschinenlesbaren Datenträger bereitgestellt werden; sie können anschließend auf einem solchen gespeichert und dann durch Peripheriegeräte (Bildschirm, Drucker) als »lesbare« Informationen (Texte, Bilder) ausgegeben werden.

3) *Wirtschaftstheorie:* gegebene Faktoren, die bei der Konstruktion von Modellen der wirtsch. Realität als stillschweigend oder ausdrücklich vorgegeben angenommen (und damit als nicht erklärungsbedürftig eingestuft) werden (z. B. die staatl. Ordnung, die rechtl. und soziale Organisation, Stand des techn. Wissens, Bodenfläche und -schätze). Die D. eines Modells können in einem anderen zu Variablen werden, d. h. zu erklärungsbedürftigen Größen.

Datenanalyse, *Statistik:* numer. und statist. Verfahren zur Aufdeckung von Strukturen in großen Datenmengen. Beispiele sind die Gruppierung von Daten nach bestimmten Gesichtspunkten (z. B. bei der → Diskriminanzanalyse) und das Studium von Abhängigkeiten (→ Faktorenanalyse).

Datenautobahn, engl. **Information-Highway,** Metapher für ein Hochgeschwindigkeitsnetz, mit dem multimediale Inhalte über große Entfernungen übertragen werden können (z. B. Videofilme in Echtzeit), also ein bes. leistungsfähiges Weitbereichsnetz (→ WAN).

Datenbank, Datenbanksystem, engl. **Data-Base-System,** zentral verwaltetes System zur widerspruchsfreien und permanenten Speicherung großer Datenmengen eines Informationsgebietes (z. B. naturwiss. Daten, Wirtschaftsstatistiken), auf die nach unterschiedl. Anwendungskriterien zugegriffen werden kann. Ein D.-System besteht aus den auf der Grundlage eines D.-Modells organisierten Datenbeständen (Datenbasis) und dem **D.-Managementsystem** (Abk. DBMS), einem Softwarepaket, das die Datenbestände und Zugriffsrechte verwaltet sowie eine Anwenderschnittstelle für die Datendefinition, -eingabe und -manipulation enthält.

Datenbankwerk, Urheberrecht: →Sammelwerk.

Datenblock, Informatik: →Block.

Datenerfassung, das Eingeben und Aufzeichnen von Daten, wobei sie in eine Form gebracht werden, die der Computer lesen und verarbeiten kann; sie umfasst alle Vorgänge vom Erkennen und Aufnehmen der Daten (z. B. opt. Abtasten eines Strichcodes) bis zu ihrer Übertragung auf →Datenträger.

Datenfeld, Informatik: Bez. für eine Variable, mit festgelegtem Datentyp in einer Datenbank. Beispiele für häufig gebrauchte D.-Typen sind Namensfelder (z. B. für die Namen der Kunden in einer Kundendatenbank), Datumsfelder (z. B. für Liefertermine), numer. D. (z. B. für die Preise von Waren) und log. D., die Wahrheitswerte enthalten (z. B. für »Zahlung erfolgt: ja/nein«). In einer tabellar. Listenansicht der Datenbank bilden die D. üblicherweise die Spalten, während jede Zeile einem →Datensatz entspricht.

Datenfilterung, Informatik: das →Data-Mining.

Datenflussplan, Informatik: Darstellung des Datenflusses in einem Programm oder Computersystem durch genormte graf. Symbole (DIN 66001). Die Verknüpfung zw. den einzelnen Elementen wird durch Flusslinien mit Pfeilspitzen gekennzeichnet.

Datenfunk, digitale Datenübertragung über Mobilfunknetze, wobei kein Sprechfunk möglich ist. Der Datenaustausch erfolgt zw. fester Basisstation und mobilen Terminals, die stets geschlossene Gruppen bilden. D. ermöglicht den Zugriff auf Datenbanken, E-Mail, Fax oder das Internet. Im Halbduplexverfahren arbeitender D. bedingt, dass nur abwechselnd gesendet und empfangen werden kann.

Datenhandschuh, engl. **Data-Glove,** Informatik: →virtuelle Realität.

Datenkompression, die Veränderung der digitalen Darstellungsform einer Datenmenge, um den Bedarf an Speicherplatz zu verringern und/oder die Übertragungsgeschwindigkeit zu erhöhen. Das Verhältnis der ursprüngl. Größe einer Datenmenge zu ihrer komprimierten Größe wird als **D.-Rate** bezeichnet. Streng genommen bedeutet D., dass sich die ursprüngl. Daten originalgetreu aus der komprimierten Form wiedergewinnen lassen; eine **verlustfreie D.** besteht daher im Wesentlichen aus der Beseitigung von Redundanzen. Oft wird der Begriff D. aber auch dann verwendet, wenn daneben auch informationstragende Daten entfernt werden (**verlustbehaftete D.** oder **Datenreduktion**).

Datenlogger der, ein v. a. in der Steuerungstechnik verwendetes Datenerfassungsgerät, das an einer größeren Zahl von Messstellen anfallende digitale oder analoge Messwerte in regelmäßigen Intervallen (Bruchteile von Sekunden) abfragt und registriert oder einem Prozessrechner zuführt.

Datennetz, Kommunikationsnetz zur Datenübertragung zw. räumlich getrennten Datenendgeräten. Über Netzknoten (Stationen) werden versch. Kommunikationskanäle miteinander verbunden. Handelt es sich bei den miteinander kommunizierenden Geräten ausschl. um autonome Computer, spricht man von einem →Rechnernetz. Hinsichtlich der Zugangsbeschränkungen unterscheidet man öffentl. (z. B. Telefonnetz, ISDN) und nicht öffentl. D. (z. B. Sondernetze der Polizei). In Abhängigkeit von der Ausdehnung werden Weitbereichsnetze (→WAN) und lokale Netze (→LAN) unterschieden.

Datenpaket, der kleinste Abschnitt einer Datei, der bei der Datenfernübertragung als Einheit verschickt wird. Ein D. enthält zusätzliche Informationen, so z. B. Angaben über Absender und Empfänger sowie eine Prüfsumme, anhand derer die Korrektheit der Übermittlung festgestellt werden kann.

Datensatz, Informatik: allg. eine Sammlung von Daten, die in Beziehung zueinanderstehen; insbes. ein Eintrag in einer →Datenbank. Beispielsweise besteht ein D. einer Kundendatenbank aus den Angaben zu einem bestimmten Kunden. Jeder D. besitzt i. d. R. eine eindeutige Identifikationsnummer, im Falle einer Kundendatenbank z. B. die Kundennummer. In einer tabellar. Listenansicht der Datenbank bilden die D. üblicherweise die Zeilen, während die →Datenfelder die Spalten bilden.

Datenschutz, der Schutz personenbezogener Daten vor Missbrauch bei ihrer Verarbeitung und Verwendung, d. h. bei ihrer Speicherung, Übermittlung, Veränderung und Löschung. Die rechtstheoret. Wurzeln des D.-Rechts liegen in der Schutzwürdigkeit des Rechts der Person auf Privatheit und im Persönlichkeitsrecht. Der D. soll einen Ausgleich zw. dem Recht von Institutionen auf Informationen und dem mit Verfassungsrang ausgestatteten Recht des Einzelnen auf informationelle Selbstbestimmung schaffen. Dem Schutz der Daten dienen rechtl. Regelungen und der techn. D. Rechtlich ist der D. in Dtl. bes. im Bundes-D.-Ges. (BDSG) vom 20. 12. 1990 (2001 novelliert zwecks Umsetzung der EG-D.-Richtlinie von 1995) und in den Landes-D.-Ges. geregelt, daneben gibt es in zahlreichen anderen Ges., z. B. im Steuer-, Melde-, Sozial- und im Wahlrecht, ergänzende Bestimmungen. Sonderbestimmungen zum D. gelten z. B. aufgrund des Einigungsvertrages für die Dateien und Unterlagen des Staatssicherheitsdienstes der DDR. Der techn. D. besteht in Maßnahmen und Vorkehrungen zur Sicherung des techn. Datenverarbeitungsvorgangs vor unbefugter Einwirkung, z. B. durch Vergabe von Passwörtern.

Grundregel des D. ist, dass die Verarbeitung und Nutzung personenbezogener Daten nur aufgrund einer Einwilligung des Betroffenen oder einer gesetzl. Erlaubnis oder Anordnung zulässig ist. Öffentl. Stellen dürfen personenbezogene Daten nur erheben und verarbeiten, wenn dies zur Erfüllung ihrer Aufgaben erforderlich ist. Einen verstärkten Schutz genießen besondere Arten personenbezogener Daten, z. B. Angaben über rass. und ethn. Herkunft, polit. Meinungen, Gesundheit. Der Betroffene ist über den Zweck, die Rechtsgrundlage und ggf. über die Freiwilligkeit der Datenerhebung zu unterrichten. Über seine erfassten Daten hat der Betroffene ein Auskunftsrecht, auch hinsichtlich der Herkunft der Daten. Unzulässig gespeicherte oder bestrittene oder unrichtige Daten sind auf Verlangen zu löschen, ggf. ist Schadensersatz, auch Schmerzensgeld zu leisten.

Nicht öffentl. Stellen unterliegen dem BDSG nur, wenn sie Daten unter Einsatz von Datenverarbeitungsanlagen erfassen oder die Daten in oder aus nicht automatisierten Dateien verarbeiten. Die Zulässigkeit der Datenverarbeitung richtet sich hier nach der Zweckbestimmung des Vertrags- oder sonstigen Rechtsverhältnisses oder ergibt sich aus einer Abwägung der beiderseitigen berechtigten Interessen und schutzwürdigen Belange. – Auf Bundes- und auf Länderebene kontrollieren unabhängige D.-Beauftragte die Einhaltung des D., bes. in den öffentl. Verwaltungen. Im nichtöffentl. Bereich sind Betriebe, die personenbezogene Daten verarbeiten, verpflichtet, betriebl. D.-Beauftragte zu ernennen.

Dattelpalme
(Phoenix dactylifera)

Österreich hat in seinem D.-Ges. 2000 die D.-Richtlinie der EG von 1995 in nat. Recht umgesetzt. Ein dem dt. BDSG wesensgleiches Ges. existiert auch in der *Schweiz* (Bundes-Ges. über den D. vom 19. 6. 1992, DSG).

Datensicherung, alle Maßnahmen, mit denen Daten vor Verlust, Beschädigung, Fehlern oder Verfälschung bewahrt werden. Eine der wichtigsten Maßnahmen zur D. ist das regelmäßige Erstellen von Sicherungskopien der Datenbestände (**Back-up**). Schutzobjekt der D. ist also das Datenverarbeitungssystem, im Ggs. zum →Datenschutz, bei dem der Mensch das vor Datenmissbrauch zu schützende Objekt darstellt.

Datenträger, zur Speicherung und Bereitstellung von Daten dienende Trägermaterialien (Speichermedien), z. B. Magnetplatte, Magnetband, Magnetkarte, Diskette (**magnet. D.**) sowie CD, CD-ROM, DVD (**opt. D.**).

Datenübertragung, jegl. Form des leitungsgebundenen oder funkvermittelten Transports von Daten innerhalb eines Computers, zw. Computern, zw. Computernetzen oder anderen D.-Systemen (z. B. Mobilfunk). Hierzu zählen die sehr schnelle Kommunikation zw. Prozessor und Steuer- bzw. Speicher-Chips über den Bus, das Schreiben und Lesen auf bzw. von Datenträgern sowie die **Datenfernübertragung (DFÜ)**, d. h. der Transport von Daten zw. zwei räumlich entfernten Computern über eine Kommunikationsverbindung. Eine solche Verbindung wird über das Telefonnetz hergestellt, oft auch über eine Funkübertragungsstrecke großer Reichweite, etwa per Richtfunk oder Satellit. – Die DFÜ erfordert Geräte oder Steckkarten (z. B. Modem oder ISDN-Karte), mit deren Hilfe die Daten in eine übertragbare Form umgewandelt bzw. nach der Übertragung in computerlesbare Daten zurückverwandelt werden.

Datenübertragungsrate, Bandbreite, Maß für die Geschwindigkeit, mit der Daten zw. zwei Datenstationen übertragen werden. Die D. ist durch die Zahl der innerhalb einer Sekunde übertragenen Bits gegeben; Maßeinheit ist das bps (engl. **b**its **p**er **s**econd).

Datenverarbeitung, Abk. **DV, Informationsverarbeitung,** allg. jeder Prozess, bei dem aus Informationen (Eingangsdaten) durch automatisierte Verarbeitung andere Informationen (Ausgangsdaten) gewonnen werden. Unter Verarbeitung wird dabei eine systemat. Folge von Operationen, wie das Erfassen, Aufbereiten, Codieren, Speichern, Vergleichen, Zuordnen, Sortieren, Berechnen, Übertragen und Ausgeben, verstanden. I. e. S. versteht man unter D. die Gesamtheit der in einem Computer aufgrund log. und algebraischer Verknüpfungen ablaufenden Informationsverarbeitungsprozesse (**elektron. D.**, Abk. **EDV**). Eine umfassende organisator. Kombination von Hard- und Software zur D. bezeichnet man als **D.-System**. Sein techn. Hauptbestandteil ist die **D.-Anlage** (Abk. **DVA**), deren zentrale Baueinheit ein Digitalrechner (der Computer) ist. Eine immer wichtigere Rolle bei der D. spielt die Vernetzung von Computern und damit auch die Telekommunikation. Diese Verschmelzung von D. und Telekommunikation führt dazu, dass der Begriff D. bzw. die Abk. EDV zunehmend durch das Kürzel »IT« (→Informationstechnologie) ersetzt wird.

Die D. hat in den letzten Jahrzehnten immer mehr Lebensbereiche durchdrungen. Beispiele hierfür reichen von Buchhaltungs-, Finanz- und Managementsystemen über die industrielle Prozesssteuerung bis zum wiss. Rechnen. Im privaten Bereich wird die D. u. a. zur Adressverwaltung, für Multimediaanwendungen und zur Recherche und Kommunikation über das Internet genutzt. Durch das schnelle Wachstum der techn. Möglichkeiten kommt der Frage nach dem →Datenschutzes im Zusammenhang mit der EDV immer größere Bedeutung zu.

Datenwort, *Informatik:* Gruppe von zusammengehörigen Binärzeichen, die aufgrund von Vereinbarungen eine Information darstellt. Im Sinne der Datenverarbeitung kann auch ein Verarbeitungs- oder Steuerbefehl ein D. sein. Die D.-Länge richtet sich nach dem verarbeitenden Computer (z. B. 16, 32 oder 64 Bit).

Datex [zu engl. **dat**a **ex**change »Datenaustausch«], das Datennetz der Dt. Telekom AG bzw. die von ihr angebotenen versch. Datenübermittlungsdienste in speziellen öffentl. Wählnetzen. Bei **Datex-P** (P für Paketvermittlung) werden die zu übermittelnden Daten zu Paketen von 128 Zeichen zusammengefasst, adressiert und ihre Übertragung (Datenrate 300 bit/s bis 64 Kbit/s) vom Netz gesteuert. Der Datenaustausch per ISDN läuft über Datex-P. **Datex-M** (M für Multimegabit) ist ein Hochgeschwindigkeitsservice (Datenrate 64 Kbit/s bis 34 Mbit/s) für die Verknüpfung von lokalen Netzen (LAN). **Datex-S** (S für Satellit) ist ein satellitengestützter Dienst (z. B. über EUTELSAT) für leitungsvermittelte Wählverbindungen (Datenrate 64 bis 2 048 Kbit/s). Vorläufer von T-Online war der Dienst **Datex-J** (J für jedermann).

Datierung [lat.], die zeitl. Einordnung von Ereignissen und Objekten (Entstehung, Alter) in eine absolute (numer.) oder relative Zeitskala (→Altersbestimmung, →Archäometrie, →Chronologie).

Datis, pers. Feldherr unter Dareios I., führte 490 v. Chr. eine Strafexpedition gegen Athen und Eretria (wegen Teilnahme am Ion. Aufstand), die bei →Marathon scheiterte.

Dativ [lat.] *der,* Wemfall, der 3. Fall der →Deklination, bezeichnet eine Person oder Sache, auf die sich die durch das Verb ausgedrückte Handlung indirekt bezieht: ich schulde *ihr* Geld.

Datong, Tatung, Stadt im N der Prov. Shanxi, China, 1,1 Mio. Ew.; Zentrum des größten chin. Steinkohlenbergbaugebietes, Zement- und chem. Ind., Schwermaschinen- und Lokomotivbau. – Westlich von D. liegen die Höhlentempel von →Yungang (5. Jh.), die zum UNESCO-Weltkulturerbe gehören.

Datscha [russ.] *die,* **Datsche,** Sommerhaus auf dem Land, Wochenendhaus.

Dattel [von griech. dáktylos »Finger«] *die,* Frucht der Dattelpalme.

Datteln, Industriestadt am nördl. Rand des Ruhrgebiets, Kr. Recklinghausen, NRW, am N-Rand des Ruhrgebietes, 36 700 Ew.; Heimatmuseum. D. ist Knotenpunkt der Wasserstraßen Dortmund-Ems-, Datteln-Hamm- und Wesel-Datteln-Kanal; südlich von D. mündet beim Schiffshebewerk Henrichenburg der Rhein-Herne-Kanal in den Dortmund-Ems-Kanal. Hafen; Maschinenbau und Zinkverarbeitung, Kunststoffind., Kraftwerk und chem. Ind.; Steinkohlenbergbau bis 1972. – Stadtrecht seit 1936.

Dattelpalme, Phoenix, fiederblättrige, trop. und subtrop. Palmengattung, mit 13 Arten in Afrika und Vorderindien heimisch. Die D. **Phoenix dactylifera** hat als Kulturpflanze zahlr. Sorten, bis 30 m hoch. Charakterbaum der Oasen N-Afrikas; wird heute weltweit in trockenen Gebieten angepflanzt. Der weibl. Baum trägt Büschel 4–5 cm langer, im Reifezustand dunkelhonigfarbiger, zuckerreicher Beerenfrüchte. Jahresernte pro Baum zw. 50 und 150 kg Früchte **(Datteln).**

Dattelpflaume, Diospyros, eine Gattung der Ebenholzgewächse. Die Art **Lotospflaume** (Diospyros lotus) ist ein Baum der Mittelmeerländer mit kirschgroßen, gelben bis blauschwarzen, essbaren Früchten, die **Kakipflaume** oder **Persimone** (Diospyros kaki) ein Baum Chinas, Japans und der Mittelmeerländer mit fast apfelgroßen, gelben bis orangeroten, essbaren Beerenfrüchten.

Datum [lat. »gegeben«] *das,* die Zeitangabe (Tag, Monat, Jahr) nach dem →Kalender.

Datumsdifferenz, der Unterschied in der Tagesangabe zw. Angaben versch. Kalender, insbesondere zw. julian. und gregorian. →Kalender. Der julian. ist gegenüber dem gregorian. Kalender vom 15. 10. 1582 bis 28. 2. 1700 um 10 Tage, vom 1. 3. 1700 bis 28. 2. 1800 um 11 Tage, vom 1. 3. 1800 bis 28. 2. 1900 um 12 Tage, seit 1. 3. 1900 um 13 Tage im Rückstand.

Datumsgrenze, die 1845 vereinbarte Grenzlinie auf der Erdoberfläche durch den Pazif. Ozean, die ungefähr mit dem 180. Längengrad zusammenfällt. Bei ihrem Überschreiten von West nach Ost gilt das gleiche Datum zwei Tage lang, während bei umgekehrter Reiserichtung ein Tag übersprungen wird.

Datura [pers.] *die,* **Stechapfel,** Gattung der Nachtschattengewächse mit Trichterblüten. **Datura stramonium (Stechapfel, Dornapfel)** ist ein bis meterhohes giftiges Kraut; in Mitteleuropa seltene Schuttpflanze; Anbau zur Gewinnung der Alkaloide Hyoscyamin, Atropin und Scopolamin aus den Blättern und Samen. Eine verwandte Zierpflanze ist die →Engelstrompete.

Dau *die,* **Dhau,** Segelfahrzeug an der arab. und ostafrikan. Küste mit eineinhalb Masten und Lateinsegel.

Daubigny [dobiˈɲi], Charles-François, frz. Maler und Radierer, *Paris 15. 2. 1817, † ebd. 19. 2. 1878; Vertreter der Schule von →Barbizon.

Däubler, Theodor, Schriftsteller, *Triest 17. 8. 1876, † Sankt Blasien 14. 6. 1934; schrieb Prosa und Verse voller Visionen und myst. Fantastik. Hauptwerk war das Großepos »Das Nordlicht« (1910), eine Vision von der Hinwendung der Menschen und der Erde zu Licht und Sonne.

Daucher, 1) Adolf, Bildhauer, *Ulm um 1485, † Augsburg um 1524, Vater von 2); Meister am Übergang von der Spätgotik zur Renaissance; einziges belegtes Werk ist der Sippenaltar (1521/22) der Annenkirche in Annaberg (Erzgebirge); seine Mitwirkung an der Ausstattung der Fuggerkapelle von St. Anna in Augsburg ist umstritten.

2) Hans, Bildhauer, *Ulm um 1485, † Stuttgart 1538, Sohn von 1); fertigte bes. Reliefs und Medaillons, meist aus Solnhofer Schiefer; markanter Vertreter der dt. Renaissance.

Daudet [doˈdɛ], Alphonse, frz. Schriftsteller, *Nîmes 13. 5. 1840, † Paris 16. 12. 1897; Lehrer, dann Journalist in Paris; schrieb Erzählungen (»Briefe aus meiner Mühle«, 1869), mehrere Romane und das Schauspiel »L'Arlésienne« (1872, Musik von G. Bizet). In den Geschichten um den liebenswürdigen Prahlhans »Tartarin von Tarascon« (1872, 1885, 1890) schildert er humoristisch das Milieu seiner provenzal. Heimat.

Alphonse Daudet

Charles-François Daubigny: Abend in Honfleur (um 1860; Moskau, Puschkin-Museum)

Dauerauftrag, im bargeldlosen Zahlungsverkehr Anweisung an ein Kreditinstitut oder Postgiroamt, regelmäßig wiederkehrende Zahlungen gleicher Beträge (z. B. Mieten) automatisch zum festgelegten Zeitpunkt auszuführen.

Dauerausscheider, Ausscheider, Bazillenträger, Keimträger, Virusträger, *Medizin:* Person, die Krankheitserreger dauernd (über Jahre) oder zeitweilig (**temporärer D.**) ausscheidet, ohne krank oder krankheitsverdächtig zu sein; bes. bei bakteriellen Darminfektionen, bei Diphtherie und Viruserkrankungen gefährlich. Die Meldepflicht ist im Infektionsschutz-Ges. festgelegt.

Dauerbrandofen, →Heizung.

Dauerdelikt, Straftat, bei der der Täter einen andauernden rechtswidrigen Zustand schafft und willentlich aufrechterhält (Straftat ist nicht beendet), z. B. Freiheitsberaubung. Beim **Zustandsdelikt** genügt dagegen das Herbeiführen des rechtswidrigen Erfolges, z. B. Körperverletzung. Die Unterscheidung ist für die Beurteilung von Beihilfe und Verjährung bedeutsam.

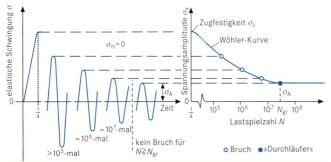

Dauerschwingversuch: links schematische Darstellung der Verhältnisse beim Wöhler-Versuch (mittlere Spannung $\sigma_m=0$) und rechts der Wöhler-Kurve (Grenzlastspielzahl N_{gr}, bei der die Probe nicht mehr bricht; die Zugfestigkeit σ_z ergibt sich für $N=1/4$)

Dauer|eier, bes. hartschalige Eier vieler Würmer und Krebstiere, die u. a. Trockenheit und Kälte überstehen können.

Dauerfeldbau, Agrarwirtschaftsform mit ganzjährigem Feldbau; bes. in der trop. Tieflandzone und in Monsunländern.

Dauerfestigkeit, Dauerschwingfestigkeit, mechan. Beanspruchung (Spannung), mit der ein Werkstoff beliebig oft, ohne zu brechen, belastet werden kann. Die Spannung schwingt dabei um eine gegebene Mittelspannung und wird im →Dauerschwingversuch ermittelt. Bei der **Wechselfestigkeit** beträgt der Mittelwert null, bei der **Schwellfestigkeit** erfolgt der Lastwechsel zw. belastungsfreiem Zustand und einer Druck- oder Zugbeanspruchung mit stets gleichbleibendem Höchstwert.

Dauerfrostboden, ewige Gefrornis, Permafrostboden, Boden mit ständig gefrorenem Porenwasser (**Bodeneis**), der unter den heutigen Klimabedingungen in den höheren geograf. Breiten auftritt. Die Grenze des D. folgt dem schneefreiem Boden der Jahresisotherme von $-2\,°C$. Eine anhaltende Schneedecke lässt diesen Wert wegen der Isolationswirkung des Schnees wesentlich tiefer sinken. In Sibirien beträgt die Mächtigkeit des D. durchschnittlich 300 bis 600 m, maximal 1 500 m, in Alaska und Kanada maximal 600 m, ein Teil davon stammt noch aus dem Eiszeitalter. Die oberste Schicht kann im Sommer bis etwa 2 m Tiefe auftauen, sodass sich Tundrenvegetation oder auch Wald ansiedeln kann.

Dauergrünland, dauernd als Wiesen, Weiden oder Mähweiden genutzte Grünlandflächen.

Dauerkulturen, Kulturen von mehrjährigen Nutzpflanzen; z. B. Wein, Hopfen, Spargel, Obstanlagen.

Dauermodifikationen, durch Umwelteinflüsse bedingte Veränderungen (Modifikationen) an Pflanzen und Tieren, die bei den Nachkommen der nächsten Generationen noch auftreten können.

Dauernutzungsrecht, →Dauerwohnrecht.

Dauerschuldverhältnis, Schuldverhältnis, das sich nicht im einmaligen Austausch von Leistungen erschöpft, sondern die Verpflichtung zu wiederkehrenden Leistungen begründet, z. B. Mietvertrag. D. können aus wichtigem Grund gekündigt werden.

Dauerschwingversuch, Verfahren zur Ermittlung der →Dauerfestigkeit mit den zugehörigen Lastspielzahlen von Werkstoffen, insbes. Metallen, nach dem von A. →Wöhler seit 1856 angewendeten Verfahren. Ein oder mehrere gleiche Probestäbe (oder auch Bauteile) werden in einer Dauerprüfmaschine durch elektrisch oder hydraulisch erzeugte Kräfte einer häufig wiederholten, jeweils gleichen Belastung ausgesetzt, bis ein Bruch eintritt (oder nicht mehr zu erwarten ist). Die Ergebnisse werden in einem Diagramm dargestellt (**Wöhler-Kurve**), in dem die Spannungen über der zum Bruch führenden Lastspielzahl aufgetragen werden. Eine höhere Belastung verträgt der Werkstoff nur für eine begrenzte Zahl von Wiederholungen. Die Wöhler-Kurve geht bei der Lastspielzahl, die für die einzelnen Werkstoffe charakteristisch ist, in die Waagerechte über (z. B. Stahl bei etwa $2 \cdot 10^2$ Lastspielen). Danach ist auch bei beliebig vielen weiteren Lastspielen kein Bruch mehr zu erwarten.

Dauerspore, dickwandige Sporenform bei Bakterien, Algen und Pilzen zur Überbrückung längerer Ruhezeit oder ungünstiger Lebensbedingungen.

Dauerwelle, künstl. Wellung der Haare, die durch Einwirkung bestimmter Chemikalien (z. B. Thioglykolsäure) auf das über Spulen (Wickler) gewickelte Haar erreicht wird (**Kaltwelle**).

Dauerwohnrecht, das veräußerl. und vererbl. beschränkte dingl. Recht, eine bestimmte Wohnung unter Ausschluss des Eigentümers zu bewohnen; das D. berechtigt auch zur Vermietung. Es kann auf Zeit oder unbefristet bestellt werden und wird im Grundbuch eingetragen (Wohnungseigentums-Ges. vom 15. 3. 1951). Für Räume, die nicht zu Wohnzwecken dienen, kann ein entsprechendes **Dauernutzungsrecht** begründet werden.

Daugava, lett. Name der →Düna.

Daugavgriva, dt. **Dünamünde,** Stadtteil von →Riga.

Daugavpils, dt. **Dünaburg,** früher russisch **Dwinsk,** Stadt im SO von Lettland, an der Düna, 109 000 Ew.; PH, Fakultät der TU Riga; elektrotechn., Metall verarbeitende, Kfz-Zuliefer-, Leinenind., Chemiefaserwerk; Flusshafen. – D., 1278 vom Dt. Orden nach Magdeburger Stadtrecht gegründet, kam 1561 zu Polen-Litauen, 1772 an Russland, 1920 an Lettland.

Daum [doːm], Glasmanufaktur, 1878 von Jean Daum (*1825, †1885) in Nancy gegründet; Gefäße und Kleinplastiken im Jugendstil.

Daume, Willi, Sportfunktionär, *Hückeswagen 24. 5. 1913, † München 20. 5. 1996; 1950–70 DSB-Präs.,

1956–91 IOK-Mitgl., 1961–92 NOK-Präs., 1979–88 DOG-Präs.

Daumen, Pollex, erster Finger der Hand, der zur Oppositionsbewegung gegenüber den anderen Fingern befähigt und daher unerlässlich für die Greifbewegung ist.

Daumer, Georg Friedrich, Schriftsteller und Religionsphilosoph, *Nürnberg 5. 3. 1800, †Würzburg 13. 12. 1875; zeitweise Erzieher Kaspar Hausers; heftiger Gegner des Christentums, zu dem er aber wieder zurückkehrte, 1858 Übertritt zum Katholizismus; schrieb Gedichte und übertrug formsicher oriental. Lyrik (»Hafis«, 2 Bde., 1846–52).

Daumier [do'mje], Honoré, frz. Maler, Karikaturist und Bildhauer, *Marseille 26. 2. 1808, †Valmondois (bei Pontoise) 11. 2. 1879; schuf Lithografien und Holzschnitte für satir. Blätter (»Caricature«, »Le Charivari« u. a.), in denen er, oft mit beißender Ironie, das bürgerl. Leben seiner Zeit (bes. die Justiz) schilderte. Dem maler. Stil der Lithografien entsprechen seine Gemälde, mit Szenen aus dem Alltag (»Die Wäscherin«, 1863; Paris, Musée d'Orsay), der Welt der Vorstadttheater, der Advokaten und Unterprivilegierten. Daneben Buchillustrationen und Statuetten (»Ratapoil«, 1848; Mannheim, Kunsthalle).

Honoré Daumier: »Der Traum des Erfinders des Zündnadelgewehrs«; die Karikatur zeigt die schreckliche, massenvernichtende Wirkung dieser Schusswaffe im preußisch-österreichischen Krieg von 1866 (aus »Le Charivari«, 1. November 1866)

Däumling, Daumerling, Daumesdick, engl. **Tom Thumb,** frz. **Petit Poucet,** der daumengroße Held versch. Märchentypen.

Daun, 1) Landkreis in Rheinl.-Pf., 911 km², 63 500 Einwohner; Grünlandwirtschaft mit Milchviehhaltung; Mineralwasserabfüllung in Gerolstein; Fremdenverkehr und Naherholung.
2) Kreisstadt von 1) in Rheinl.-Pf., im Zentrum der Vulkaneifel, 8 500 Ew.; Kneippkurort und Mineralheilbad; Geo-Zentrum; in der Umgebung die **Dauner Maare.** – Erhielt 1337 Stadtrecht.

Daun, Leopold Josef Graf von, österr. Feldmarschall (seit 1754), *Wien 24. 9. 1705, †ebd. 5. 2. 1766; nach 1748 Reorganisator des österr. Heeres; siegte im Siebenjährigen Krieg bei Kolin (1757), Hochkirch (1758) und Maxen (1759) und erlitt bei Torgau (1760) eine Niederlage; seit 1762 Präs. des Hofkriegsrates.

Daunen, Dunen, Flaumfedern, Federn mit weichem Schaft und lockerer Fahne; stellen das Nestkleid der Jungvögel dar (Nestdunen), sind bes. bei Wasservögeln stark entwickelt und können (bei Laufvögeln) zeitlebens erhalten bleiben.

Dauphin [do'fɛ̃, frz.] *der,* lat. **Delphinus,** seit dem 12. Jh. Beiname der Grafen von Albon, dann Titel der Grafen von Vienne, deren Land (→Dauphiné) 1349 an die frz. Krone fiel; seitdem bis 1830 Titel des frz. Thronfolgers.

Dauphiné [dofi'ne], histor. Landschaft in SO-Frankreich, erstreckt sich zw. Rhoneknie und ital. Grenze; umfasst die **D.-Alpen** (mit dem →Pelvoux), deren Voralpen (Vercors, Grande Chartreuse u. a.) und das von gut kultivierten Tälern durchzogene Moränen- und Schottergebiet der **Nieder-D. (Bas-D.)** südöstlich von Lyon. – Die D. entstand seit dem 11. Jh. als eigenständiges Fürstentum innerhalb des Königreichs Burgund. Ihr Name geht auf den Titel →Dauphin zurück. 1349 verkaufte der letzte Dauphin die D. an die frz. Krone. Diese bestimmte die D. zur Ausstattung (Apanage) des Thronfolgers, verlieh sie aber bald nicht mehr und vereinte sie 1560 mit der Krondomäne.

Daus [mhd. dus, zu altfrz. dous »zwei«] *das,* das Ass im dt. Kartenspiel (eigtl. die Zwei); zwei Augen im Würfelspiel.

Dausset [do'sɛ], Jean, frz. Hämatologe, *Toulouse 19. 10. 1916; erhielt 1980 mit B. Benacerraf und G. D. Snell für Arbeiten zur Transplantationsimmunologie den Nobelpreis für Physiologie oder Medizin.

Dauthendey, Max, Schriftsteller, *Würzburg 25. 7. 1867, †Malang (auf Java) 29. 8. 1918; war urspr. Maler; gestaltete als impressionist. Lyriker und Erzähler in Novellen (»Die acht Gesichter am Biwasee«, 1911) und in dem Roman »Raubmenschen« (1911) Landschaft und Menschen exot. Länder.

DAV, Abk. für **D**eutscher **A**lpen**v**erein, →Alpenvereine.

Davao, Stadt auf Mindanao, Philippinen, an der Bucht von D., 1,18 Mio. Ew.; Univ.; Holzwirtschaft, Handelszentrum und Hafen (Ausfuhr von Manilahanf, Kopra, Holz, Kaffee, Kakao).

Davenport [ˈdævnpɔːt], Stadt in Iowa, USA, 97 500 Ew.; ein Zentrum des Landmaschinenbaus; Verkehrsknotenpunkt am Mississippi.

D'Aviano, Marco, eigtl. **Carlo Domenico Cristofori,** ital. kath. Theologe, Kapuziner (seit 1648), *Aviano (Friaul) 17. 11. 1631, †Wien 13. 8. 1699; 1655 Priesterweihe; erlangte als »wundertätiger Prediger« Berühmtheit in Europa und war Berater von Kaiser Leopold I. Geschichtlich bedeutsam in den Türkenkriegen waren seine Ansprachen an die Soldaten vor der Schlacht am →Kahlenberg (1683) und den Schlachten von Buda (1686), Mohács (1687) und Belgrad (1688). – 2003 seliggesprochen.

David, israelit. König (etwa 1004/03 bis 965/64 v. Chr.), Sohn des Isai aus Bethlehem; als Knabe Waffenträger und Spielmann Sauls, Sieger über den Philister →Goliath, nach Verfolgung durch seinen eifersüchtigen Schwiegervater Saul schließlich dessen Nachfolger; vereinigte Juda und Israel zu einem Reich, erhob Jerusalem zur Hauptstadt und zum Mittelpunkt der Gottesverehrung (Überführung der Bundeslade); Vater des →Salomo. Schon seit frühchristl.

Zeit wurde D. oft bildlich dargestellt, im MA. meist als Vorfahr Christi, gekrönt und mit der Harfe, in der ital. Renaissance als Jüngling und Sieger über Goliath (Donatello, Verrocchio, Michelangelo).

David, 1) [ˈdaːvit], Gerard, fläm. Maler, * Oudewater (bei Gouda) um 1460, † Brügge 13. 8. 1523; nach dem Tod von H. Memling Repräsentant der Brügger Malerschule (Altar- und Andachtsbilder).

2) [daˈvid], Jacques-Louis, frz. Maler, * Paris 30. 8. 1748, † Brüssel 29. 12. 1825; bildete sich an der Antike in Rom, wo er 1784 das für den Klassizismus maßgebende Bild »Schwur der Horatier« (Paris, Louvre) malte. Er bekannte sich zu den Idealen der Frz. Revolution, wurde Jakobiner und malte polit. Märtyrerbilder (»Der Tod des Marat«, 1793; Brüssel, Musées Royaux des Beaux-Arts). Von Napoleon I. zum Hofmaler ernannt, verherrlichte er das Kaiserreich (»Kaiserkrönung«, 1806–07; Paris, Louvre); daneben Themen aus der Antike (»Die Sabinerinnen«, 1799; ebd.).

3) [ˈdaːfit], Johann Nepomuk, österr. Komponist, * Eferding 30. 11. 1895, † Stuttgart 22. 12. 1977; suchte bachsche Polyfonie und zeitgenöss. Elemente zu vereinen; Orgelwerke, Sinfonien, Violinkonzerte, Kammermusik, Chöre, Oratorien (z. B. »Ezzolied«, 1957).

David d'Angers [daˈvid dãˈʒe], Pierre-Jean, frz. Bildhauer, * Angers 12. 3. 1788, † Paris 5. 1. 1856; 1811–16 in Rom, beeinflusst von Canova; schuf zahlr. Denkmalstatuen (Gutenberg, 1840; Straßburg); war auch in Dtl. tätig, wo zahlr. Bildnismedaillons entstanden (Goethe, Schiller, Tieck, Schinkel, A. von Humboldt u. a.).

Davidsharfe, Harpa ventricosa, farbenprächtige ostind. Art der →Harfenschnecken.

Davidson [ˈdeɪvɪdsn], Donald Herbert, amerikan. Philosoph, * Springfield (Mass.) 6. 3. 1917, † Berkeley (Calif.) 30. 8. 2003; Schüler von W. Van O. Quine, führender Vertreter der analyt. Philosophie; Forschungen zur Entscheidungstheorie, zu systemat. Bedeutungstheorien für natürl. Sprachen und zur Handlungstheorie.

Davidstern, Davidschild, hebr. **Magen David,** seit der Antike dekoratives bzw. religiöses Symbol in Form eines Sechssterns (Hexagramm), gebildet durch zwei Dreiecke; wurde erst im 13./14. Jh. unter der Bez. D. zum Symbol jüd. Identität, im 18. Jh. zum allgemeinen jüd. Glaubenssymbol, seit 1897 Wahrzeichen des Zionismus; seit 1948 Symbol in der Staatsflagge Israels. – Unter dem Nationalsozialismus wurde der gelbe D. zum Zwangsabzeichen, das seit 1939 in den dt. Ostgebieten, seit 1941 in Dtl. und seit 1942 in den eroberten Gebieten mit der Aufschrift »Jude« zu tragen war (**Judenstern;** →Judenabzeichen).

Davies [ˈdeɪvɪs], **1)** Dennis Russell, amerikan. Dirigent und Pianist, * Toledo (Oh.) 16. 4. 1944; war 1968–74 Dirigent des Juilliard Ensembles, wurde 1972 Leiter des Saint Paul Chamber Orchestra und war 1980–87 GMD der Württemberg. Staatsoper Stuttgart sowie 1987–95 der Oper der Stadt Bonn. Seit 1995 wirkt er als Chefdirigent des Stuttgarter Kammerorchesters sowie seit 1996 des Radio Symphonie Orchesters in Wien. 2002 wurde er Chefdirigent des Bruckner Orchesters Linz.

2) Sir (seit 1987) Peter Maxwell, brit. Komponist und Dirigent, * Manchester 8. 9. 1934; gründete 1967 mit H. Birtwistle das Kammerensemble »Pierrot Players« (1970 zu der Gruppe »The Fires of London« umgebildet) zur Aufführung zeitgenöss. Musik; schrieb u. a. Opern (»Tavener«, 1972; »Der Doktor von Myddfai«, 1996), Musiktheater, Ballette, 8 Sinfonien (1976–2000), Kammer-, Filmmusik, Vokalwerke.

Davis [ˈdeɪvɪs], **1)** Bette, eigtl. Ruth Elizabeth **D.,** amerikan. Filmschauspielerin, * Lowell (Mass.) 5. 4. 1908, † Paris 6. 10. 1989; Darstellerin schwieriger Frauencharaktere. – *Filme:* Alles über Eva (1950); Was geschah wirklich mit Baby Jane? (1962); Der Tod auf dem Nil (1978).

Jacques-Louis David: Der Tod des Marat (1793)

Davidstern

Gerard David: Beweinung Christi (Sankt Petersburg, Eremitage)

2) Sir (seit 1980) Colin, brit. Dirigent, * Weybridge (Cty. Surrey) 25. 9. 1927; 1971–86 Leiter der Covent Garden Opera in London, 1983–92 Chefdirigent des Sinfonieorchesters des Bayer. Rundfunks, seit 1995 des London Symphony Orchestra.

3) Geena, eigtl. Virginia Elizabeth **D.**, amerikan. Filmschauspielerin und Produzentin, * Wareham (Mass.) 21. 1. 1957; Filmdebüt in »Tootsie« (1982), etablierte sich mit dem Roadmovie »Thelma & Louise« (1991), außerdem u. a. »Die Fliege« (1986), »Die Reisen des Mr. Leary« (1988), »Tödl. Weihnachten« (1996).

4) Jefferson, amerikan. Politiker, * Fairview (Ky.) 3. 6. 1808, † New Orleans (La.) 6. 12. 1889; 1853–57 Kriegsmin.; 1861–65 Präs. der Konföderierten Staaten von Amerika (Südstaaten), die er in den →Sezessionskrieg führte; 1865–67 inhaftiert.

5) John, engl. Seefahrer, * Sandridge Park (bei Dartmouth) um 1550, † (im Kampf mit Seeräubern) zw. Bintan und Singapur 29./30. 12. 1605; unternahm 1585–87 drei Fahrten zur Suche nach der Nordwestpassage; drang dabei durch die nach ihm benannte →Davisstraße in das Baffinmeer vor; entdeckte 1592 die Falklandinseln.

6) Miles, amerikan. Jazzmusiker (Trompete, Komposition), * Alton (Ill.) 25. 5. 1926, † Santa Monica (Calif.) 28. 9. 1991; Vertreter des Cool Jazz und des Jazzrock.

7) Raymond Jr., amerikan. Chemiker und Astrophysiker, * Washington (D. C.) 14. 10. 1914, † Blue Point (N. Y.) 31. 5. 2006; konstruierte in den 1960er- und 1970er-Jahren einen Neutrinodetektor, mit dem erstmals aus den Kernfusionsprozessen in der Sonne entstandene Neutrinos eingefangen wurden. D. wurde 2002 (gemeinsam mit M. Koshiba zu je 25 %) für seine bahnbrechenden Arbeiten in der Astrophysik mit dem Nobelpreis für Physik ausgezeichnet; mit der anderen Hälfte des Preises wurde R. Giacconi geehrt.

8) Sammy jr., amerikan. Popsänger, Tänzer und Instrumentalist, * New York 8. 12. 1925, † Beverly Hills (Calif.) 16. 5. 1990; trat auch in Fernseh- und Filmrollen auf (u. a. »Porgy and Bess«, 1959).

9) Stuart, amerikan. Maler, * Philadelphia (Pa.) 7. 12. 1894, † New York 24. 6. 1964; komponierte, beeinflusst von F. Léger und H. Matisse, in geometrisierenden Formen farbkräftige Bilder.

Daviscup [ˈdeɪvɪskʌp, engl.], **Davispokal**, *Tennis:* seit 1900 jährlich nach dem Pokalsystem durchgeführter internat. Mannschaftswettbewerb für Männer, das Gegenstück zum →Fedcup der Frauen; wird als Turnier an einem Ort mit jeweils vier Einzelspielen und einem Doppel pro Begegnung ausgetragen.

Davisson [ˈdeɪvɪsn], Clinton Joseph, amerikan. Physiker, * Bloomington (Ill.) 22. 10. 1881, † Charlottesville (Va.) 1. 2. 1958; entdeckte 1927 mit L. H. Germer die Elektronenbeugung an Kristallen und bewies dadurch die 1923 von L. de Broglie postulierte Wellennatur des Elektrons; erhielt 1937 für die Entdeckung der Elektronenbeugung mit G. P. Thomson den Nobelpreis für Physik.

Davisstraße [ˈdeɪvɪs-; nach John Davis], 350 km breite Meeresstraße zw. Baffin Island und Grönland, verbindet das Baffinmeer mit der Labradorsee.

Davit [ˈdævɪt, engl.] *der,* kleines schwenk- oder kippbares Hebezeug auf Schiffen zum Ein- und Aussetzen von Booten, Ankern u. a. mittels Flaschenzug und/oder Winde.

Davos, Hochtal in Graubünden, Schweiz, vom Landwasser durchflossen; am oberen Ende liegt der **Davoser See** (0,6 km^2). Das Tal besteht aus der Gem. **Davos** mit den Ortsteilen Davos-Platz (1 543 m ü. M.) und Davos-Dorf (1 574 m ü. M.), die als geschlossene Siedlung städt. Charakter aufweisen; 11 000 Ew. (Nachkommen der im 13. Jh. angesiedelten Walser); weltbekannter Kur-, Ferien-, Sport- und Kongressort; Schweizer. Forschungsinst. für Medizin und Hochgebirgsklima, Eidgenöss. Inst. für Schnee- und Lawinenforschung, Physikalisch-Meteorolog. Observatorium; Weltstrahlungszentrum. Kirchner-Museum; Sanatorien, Kliniken und Kuranlagen; bed. Wintersportplatz mit zahlr. Seilbahnen, Sessel- und Skifliften. – In Davos-Platz Kirche St. Johann Baptista (13.– 16. Jh.). – Das D. wurde im 13. Jh. von Walsern besiedelt. – Seit 1971 findet in D. jährlich das →Weltwirtschaftsforum statt.

Davout [-ˈvu], **Davoust, d'Avout,** Louis Nicolas, Herzog von Auerstaedt (seit 1808), Fürst von Eckmühl (seit 1809), frz. Marschall, * Annoux (Dép. Yonne) 10. 5. 1770, † Paris 1. 6. 1823; schlug 1806 die Preußen bei Auerstedt, hatte 1809 entscheidenden Anteil an den Siegen über die Österreicher bei Eggmühl und Wagram, besetzte 1813/14 Hamburg; während der →Hundert Tage Kriegsmin. Napoleons I.

Davy [ˈdeɪvɪ], **1)** Gloria, amerikan. Sängerin (Sopran), * New York 29. 3. 1931; v. a. Opernsängerin, auch Liedinterpretin.

2) Sir (seit 1812) Humphry, brit. Chemiker und Physiker, * Penzance (Cty. Cornwall) 17. 12. 1778, † Genf 29. 5. 1829; zeigte u. a., dass Wärmestrahlen durch Vakuum gehen und Diamanten aus reinem Kohlenstoff bestehen. Er entwarf eine Theorie der Elektrolyse, zeigte, dass Wasser durch elektr. Strom in Wasserstoff und Sauerstoff zerlegt werden kann und stellte durch Schmelzflusselektrolyse erstmals Alkali- und Erdalkalimetalle dar; entwickelte die Wetterlampe.

D/A-Wandler, Abk. für **D**igital-**a**nalog-Wandler, der →Digital-analog-Umsetzer.

Dawes [dɔːz], Charles Gates, amerikan. Politiker, * Marietta (Oh.) 27. 8. 1865, † Evanston (Ill.) 23. 4. 1951; Rechtsanwalt und Bankier, Mitglied der Republikan. Partei, 1923–24 Vors. der internat. Sachverständigenkommission, die den →Dawesplan entwarf. 1925–29 war er Vizepräs. der USA und 1929–32 Botschafter in London. 1925 erhielt er mit J. A. Chamberlain den Friedensnobelpreis.

Dawesplan [ˈdɔːz-], am 16. 8. 1924 in London abgeschlossener Vertrag über die dt. Reparationen nach dem Ersten Weltkrieg; Grundlage war das von einer

Colin Davis

Davos
Wappen

Raymond Davis Jr.

Charles Gates Dawes

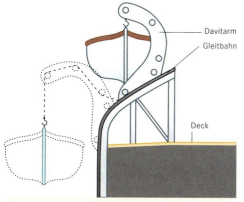
Davit: Schema der Funktionsweise eines Davitarms beim Patentdavit

Kommission unter C. G. Dawes ausgearbeitete Gutachten über die dt. Leistungsfähigkeit. Der D. sah Zahlungen von jährlich 2,5 Mrd. Goldmark vor. Verbunden mit der Annahme des D. war eine internat. Anleihe (800 Mio. Goldmark) zur Überbrückung und zur Stabilisierung der dt. Währung. 1929/30 wurde er durch den →Youngplan ersetzt.

Dawkins [ˈdɔːkɪnz], Richard Clinton, brit. Biologe, * Nairobi 26. 3. 1941; arbeitet insbes. auf dem Gebiet der Soziobiologie. D. wandte die Prinzipien des Darwinismus auch auf die Kultur an und prägte in Analogie zu dem für die biolog. Evolution geltenden Begriff »Gen« den Begriff »Mem« als fundamentale Einheit der kulturellen Evolution.

Dawson [ˈdɔːsn], Stadt im Yukon Territory, Kanada, an der Mündung des Klondike in den Yukon River; 1896 als Mittelpunkt der Goldgewinnung an Klondike und Bonanza Creek entstanden, hatte während des Goldrausches rd. 30 000 Ew., heute nur 1 300 Ew.; Touristenzentrum.

Dawson Creek [ˈdɔːsn ˈkriːk], Stadt in British Columbia, Kanada, 10 800 Ew.; das wirtsch. Zentrum des Peace-River-Gebiets, Ausgangspunkt des Alaska Highway; Erdölraffinerie; Flughafen.

Dax, Heilbad im frz. Dép. Landes, am Adour, 20 600 Ew.; die schwefel- und kalkhaltigen Thermen wurden bereits in der Antike genutzt. – Reste von Mauern und Türmen aus galloroman. Zeit, Kathedrale (17.–18. Jh., Portal 13. Jh.).

DAX®, Abk. für **D**eutscher **A**ktieninde**x**, 1988 eingeführter Aktienindex, der sich auf die 30 (daher auch **DAX 30**) hinsichtlich Börsenumsatz und Marktkapitalisierung größten dt. Unternehmen bezieht und an der Frankfurter Wertpapierbörse während der Handelszeit alle 15 Sekunden neu berechnet wird (Laufindex). Nachdem →NEMAX® und →SMAX im Zuge der Neusegmentierung des dt. Aktienmarktes (2003) eingestellt wurden, umfasst die weitere DAX-Familie den →MDAX®, den →SDAX® und den →TecDax®. Im Ggs. zu dem auf dt. Unternehmen beschränkten DAX® sind diese drei Indizes offen für ausländ. Aktienwerte. Voraussetzung für die Aufnahme in einen der vier Indizes der DAX-Familie ist die Zulassung zum Prime-Standard-Segment an der Frankfurter Wertpapierbörse.

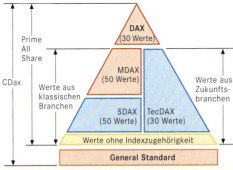

DAX®: Segmentierung des deutschen Aktienmarktes

Als »erweiterte Auswahlindizes« gelten der **Midcap Market Index** (beinhaltet die 80 Werte des MDAX® und des TecDax®) sowie der **HDAX®** (umfasst alle 110 Werte des DAX®, MDAX® und TecDAX®), die beide alle 60 Sekunden berechnet und halbjährlich im Hinblick auf ihre Zusammensetzung überprüft werden.

Ebenfalls übergreifend angelegt ist der 1993 eingeführte **CDAX® (Composite-DAX)**, der sich auf alle inländ. Unternehmen erstreckt, die an der Frankfurter Börse in den Marktsegmenten →Prime Standard und →General Standard notiert sind. Ergänzend werden versch. Benchmark-Indizes berechnet, z. B. der **Classic All Share®** (enthält Unternehmen klass. Branchen unterhalb des DAX®), der **Technology All Share-Index** (beinhaltet Werte von Unternehmen aus Technologiebranchen unterhalb des DAX®) und der **Prime All Share-Index** (unterteilt in 18 Branchenindizes; misst die Entwicklung des gesamten Prime Standards). Eine Sonderstellung hat der seit 1994 ermittelte **VDAX® (Volatilitätsindex)**, der die vom Terminmarkt erwartete Schwankungsbreite (Volatilität) des DAX® zum Ausdruck bringt.

Day [deɪ], **1)** Doris, eigtl. D. Kappelhoff, amerikan. Filmschauspielerin und Sängerin, * Cincinnati (Oh.) 3. 4. 1924; spielte in zahlr. Filmen, u. a. »Der Mann, der zuviel wußte« (1955), »Bettgeflüster« (1959), »Mitternachtsspitzen« (1960), »Ein Hauch von Nerz« (1961).

2) Dorothy, amerikan. Journalistin, * Brooklyn 8. 11. 1897, † bei New York 29. 11. 1980; ab 1916 Journalistin für die sozialist. Zeitung »The Call« und aktiv in der Frauenrechtsbewegung; gründete auf dem Höhepunkt der »großen Depression« (Weltwirtschaftskrise) 1933 die Zeitung »The Catholic Worker«, die zum Kristallisationspunkt der organisierten Bewegung kath. Arbeiter in den USA wurde.

Dayak, Dajak, Sammelname für die Völker und Stämme im Innern Borneos (etwa 3 Mio. Menschen). Die D. leben in großen, auf Pfählen errichteten Langhäusern, v. a. an den Flüssen; Lebensgrundlage sind der Fischfang und der mittels Brandrodungsfeldbau kultivierte Reis. Heute sind die meisten D. Christen, jedoch existiert die alte Religion, mit christl. und islam. Elementen bereichert, fort. Kopfjagd spielte früher eine wichtige Rolle. Die D. sind hervorragende Holz-, Knochen- und Metallbearbeiter (kunstvoll verzierte Waffen). In den 1990er-Jahren kam es zu ethn. Konflikten zw. D. und Einwanderern islam. Glaubens.

Dayan, Moshe, israel. General und Politiker, * Degania (N-Palästina) 20. 5. 1915, † Tel Aviv-Jaffa 16. 10. 1981; bis 1977 Mitgl. sozialdemokrat. Parteiformationen, leitete 1948/49 die israel. Delegation bei den Waffenstillstandsverhandlungen im Palästinakrieg. D. führte als Generalstabschef (1953–58) die israel. Truppen während des Sinaifeldzugs (1956); 1959–64 war er Landwirtschafts-, 1967–74 Verteidigungs- und 1977–79 Außenmin. (Rücktritt).

Day Lewis [ˈdeɪ ˈluːɪs], **1)** Cecil, engl. Schriftsteller ir. Herkunft, * Ballintogher (Cty. Leitrim, Irland) 27. 4. 1904, † London 22. 5. 1972, Vater von 2); schrieb u. a. politisch engagierte Lyrik und Versepen, auch Romane und Jugendbücher sowie unter dem Pseud. **Nicholas Blake** Detektivromane; übersetzte u. a. Vergils »Georgica« (1940).

2) Daniel, engl. Schauspieler ir. Abkunft, * London 20. 4. 1958, Sohn von 1); spielte zunächst Theaterrollen (»Another Country«, 1982), dann v. a. Filmrollen (z. B. in »Mein linker Fuß«, 1989; »Der letzte Mohikaner«, 1992). – *Weitere Filme:* Mein wunderbarer Waschsalon (1985); Zimmer mit Aussicht (1985); Die unerträgl. Leichtigkeit des Seins (1988); Zeit der Unschuld (1993); Im Namen des Vaters (1993); Gangs of New York (2002).

Dayton [ˈdeɪtn], Stadt im SW von Ohio, USA, am Miami River, 161 700 Ew.; zwei Univ.; Herstellung von

Flugzeugen und Autoteilen, Werkzeugmaschinen, Haushaltsgeräten und Papier; Druckereien und Verlage. – Auf der Bosnien-Konferenz in D. wurden Vereinbarungen für eine Friedensregelung in →Bosnien und Herzegowina gefunden (Abkommen von D.; 21. 11. 1995).

Daytrading [ˈdeɪtreɪdɪŋ] *das,* kurzfristiger Handel mit Wertpapieren (→Trading).

Da Yunhe, der →Kaiserkanal, China.

Dazai [-z-], Osamu, jap. Schriftsteller, * Kanagi (Präfektur Aomori) 19. 6. 1909, † (Selbsttötung) Tokio 13. 6. 1948; sein Werk bestimmen Themen eines krisenhaften Niedergangs des traditionellen Japan, u. a. in dem Roman »Die sinkende Sonne« (1947).

Dazit *der,* **Dacit,** junges Ergussgestein mit Einsprenglingen von Plagioklas, Quarz und Biotit oder Hornblende in einer meist glasreichen, dichten Grundmasse.

dB, Kurzzeichen für →Dezibel.

Db, chem. Symbol für →Dubnium.

D. B., Abk. für Deutsche Burschenschaft, →studentische Verbindungen.

DB AG, Abk. für →Deutsche Bahn AG.

dbb, ursprünglich Abk. für Deutscher Beamtenbund; nach einer Änderung der Selbstbezeichnung 1999 die allgemein übl. Bez. für die gewerkschaftl. Spitzenorganisation, die den dbb beamtenbund und die dbb tarifunion umfasst und der Vertretung und Förderung der rechtl. und sozialen Belange der dt. Berufsbeamten sowie der Angestellten und Arbeiter im öffentl. Dienst und in den privatisierten Bereichen (Bahn, Post) dient. Dem dbb gehören (2003) rd. 1,25 Mio. Mitgl. an (davon rd. 900 000 Beamte). Sitz: Berlin.

DBD, Abk. für →Demokratische Bauernpartei Deutschlands.

d-Box [d Abk. für digital], →Set-Top-Box.

DBP, Abk. für →Deutsche Bundespost.

DBV, Abk. für →Deutscher Bauernverband e. V.

DC, 1) Abk. für →Democrazia Cristiana.
2) Abk. für direct current, engl. Bez. für Gleichstrom.

d. c., *Musik:* Abk. für →da capo.

D. C., Abk. für District of Columbia, USA.

DDC [diːdiːˈsiː, Abk. für engl. direct digital control, »direkte digitale Regelung«], die Vielfachregelung techn. Prozesse und Anlagen mithilfe eines Prozessrechners (**DDC-Rechner**), der sich durch hohe Verfügbarkeit (über 99,9 %) und durch ein für die Verbindung mit einer großen Anzahl von Mess- und Stellgliedern ausgelegtes Ein- und Ausgabesystem auszeichnet.

DDD [Abk. für digitale Aufnahme, digitale Bearbeitung, digitale Wiedergabe], Bez. für eine Tonaufnahme (z. B. auf CD oder DAT), die digital aufgenommen, bearbeitet (z. B. Schnitt, Mischung) und wiedergegeben wird.

ddp, Abk. für Deutscher Depeschen Dienst, 1971 gegr. Nachrichtenagentur; 1992 Zusammenschluss mit dem ehemaligen staatl. Allgemeinen Dt. Nachrichtendienst der DDR (ADN, gegr. 1946); Sitz: Berlin.

DDP, Abk. für →Deutsche Demokratische Partei.

DDR, Abk. für →Deutsche Demokratische Republik.

DDT®, Abk. für Dichlordiphenyltrichlorethan, ein hochwirksames Schädlingsbekämpfungsmittel (Fraß- und Kontaktgift). DDT wird in der Natur nur langsam abgebaut, kann sich über die Nahrungskette in tier. Fettgewebe anreichern und zu Schäden führen. In Dtl. u. a. Ind.-Staaten ist die Verwendung deshalb verboten.

Dayak: Holzskulpturen, die der Ahnenverehrung dienen

Deacon [ˈdiːkən], Richard, brit. Plastiker, * Bangor (Verw.-Gebiet Gwynedd, Wales) 1949; arbeitet nach Anfängen als Performancekünstler seit Mitte der 70er-Jahre an Werkreihen, in denen er sich programmatisch mit den Möglichkeiten der heutigen Skulptur auseinandersetzt.

Deadline [ˈdɛdlaɪn, engl.] *die,* äußerste zeitl. Grenze, Stichtag; letzter (Ablieferungs-)Termin (für Zeitungsartikel); Redaktions-, Anzeigenschluss.

Deadweight [ˈdɛdweɪt, engl.] *das,* Abk. **dw,** das Gesamtzuladungsgewicht (Lade-, Tragfähigkeit) eines Handelsschiffes in tons deadweight (**tdw,** 1 ton = 1016 kg, auch in metr. Tonnen); es umfasst Ladung, Brennstoff, Proviant und sonstige Verbrauchsstoffe.

Deák [ˈdɛaːk], Franz (Ferenc) von, ungar. Politiker, * Söjtör (Bez. Zala) 17. 10. 1803, † Budapest 28. 1. 1876; Rechtsanwalt, Führer der liberalen Reformer; 1848 Justiz-Min.; erreichte 1867 den Österr.-Ungar. →Ausgleich.

Dealer [ˈdiːlə, engl.] *der,* **1)** illegal arbeitender Händler, bes. von Drogen.
2) Börsenhändler, in angelsächs. Ländern Personen bzw. Unternehmen, die mit Wertpapieren handeln.

De Amicis [-aˈmiːtʃis], Edmondo, ital. Schriftsteller, * Oneglia (heute zu Imperia) 21. 10. 1846, † Bordighera 11. 3. 1908; schrieb Reisebücher und Romane; besonderen Erfolg hatte sein Jugendroman »Herz« (1886).

Dean [diːn, engl.] *der,* in der anglikan. Kirche der Pfarrer einer großen Kirche (»cathedral«); auch der Leiter eines ländl. Kirchenbezirks (»Rural D.«).

Dean [diːn], **1)** James, amerikan. Filmschauspieler, * Marion (Ind.) 8. 2. 1931, † (Autounfall) bei Salinas (Calif.) 30. 9. 1955; wurde durch die drei Filme »Jenseits von Eden« (1955), »...denn sie wissen nicht, was sie tun« (1955) und »Giganten« (1955) zum Jugendidol.
2) Laura, amerikan. Tänzerin und Choreografin, * New York 3. 12. 1945; gründete 1971 ein eigenes Ensemble, gilt als eine der bedeutendsten Vertreterinnen des New Dance.
3) Martin R. (Ralph), schweizer. Schriftsteller, * Menziken (Kt. Aargau) 17. 7. 1955; schreibt surrealist., zum Rätselhaften neigende Prosawerke, so die Romane »Die verborgenen Gärten« (1982), »Der Guayanaknoten« (1994), »Die Ballade von Billie und

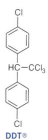

DDT®

James Dean

Debrecen: Fassade der Anfang des 19. Jh. erbauten reformierten »Großkirche«

Joe« (1997). Zentral ist die Suche nach Erinnerung und Identität, so in dem Roman »Meine Väter« (2003).

De Andrea [dəˈændrɪə], John, amerikan. Künstler, * Denver (Colo.) 24. 11. 1941; Vertreter eines radikalen Realismus (Hyperrealismus); spezialisierte sich auf Akte, häufig Liebespaare, lebensnah aus Polyester, Fiberglas, Haarteilen und mit Bemalung gestaltet.

Death Valley [ˈdeθ ˈvælɪ], **Tal des Todes,** abflusslose Grabensenke im SW des →Großen Beckens, Kalifornien, USA, mit 86 m u. M. die tiefste Depression Nordamerikas; Wüstenklima (bis 57 °C, rd. 40 mm Niederschläge im Jahr). Als National Monument unter Schutz gestellt; Touristenziel.

Deauville [doˈvil], frz. Seebad an der Küste der Normandie, in der Dép. Calvados, an der Seinebucht, 4 400 Ew.; internat. Pferderennen und Regatten, Spielkasino.

Debatte [frz.] *die,* öffentl. Aussprache in Rede und Gegenrede, v. a. in Parlamenten.

De Beers Consolidated Mines Ltd. [dəˈbɪəz kənˈsɔlɪdeɪtɪd ˈmaɪnz ˈlɪmɪtɪd], größter Diamantenproduzent und -händler der Erde; Sitz: Johannesburg (Rep. Südafrika); gegr. 1880 von C. Rhodes; über Beteiligungsgesellschaften auch in den Bereichen Bergbau, Industrie und Finanzdienstleistungen tätig.

Debentures [dɪˈbentʃəz, engl.], Bez. für nicht bes. (z. B. durch Grundpfandrechte) gesicherte Schuldverschreibungen. Unterschieden werden **Debenture-Bonds** (Stücke lauten auf gleiche Beträge) und **Debenture-Stocks** (Stückelung in unterschiedlich hohen Beträgen).

Debilität [lat.] *die,* veraltete Bez. für angeborene oder frühkindlich erworbene Intelligenzschwäche; →geistige Behinderung.

Debitoren [lat. »Schuldner«], *Buchführung:* Bez. für Geschäftspartner, gegen die Geldforderungen aufgrund Warenverkaufs auf Kredit (Zielverkauf) oder Warenforderungen aufgrund von Voraus- oder Anzahlungen bestehen. Die D. bzw. die ihnen zuzuordnenden Forderungen werden auf besonderen **D.-Konten** zusammengefasst. Im *Bankwesen* werden die Schuldner der auf der Aktivseite der Bankbilanz ausgewiesenen Forderungen (ausgereichte Kredite) als D. bezeichnet.

Deblin [ˈdɛmblin], dt. **Demblin,** Stadt in der Wwschaft Lublin, Polen, an der Mündung des Wieprz in die Weichsel, 19 300 Ew.; Reparaturwerk für Militärflugzeuge. – Von 1842 bis 1915 als **Iwangorod** die wichtigste russ. Weichselfestung.

Dębno [ˈdɛmbnɔ], dt. **Neudamm,** Stadt in der Wwschaft Westpommern, Polen, 14 000 Ew.; Metall und Holz verarbeitende Ind., Lederverarbeitung. – Neudamm erhielt um 1562 Stadtrecht.

De Bono, Emilio, ital. Marschall (seit 1935), * Cassano d'Adda (bei Mailand) 19. 3. 1866, † (hingerichtet) Verona 11. 1. 1944; nahm 1922 als einer der Quadrumvirn am faschist. Marsch auf Rom teil. 1925 wurde er Gen.-Gouv. von Libyen, 1929 Kolonialminister, 1935 Oberbefehlshaber im Krieg gegen Äthiopien. 1943 stimmte er im faschist. Großrat gegen Mussolini und wurde deshalb 1944 von einem Sondergericht zum Tod verurteilt.

Debora [hebr. »Biene«], israelit. Prophetin und Richterin (um 1100 v. Chr.). Das ihr zugeschriebene **D.-Lied** (Ri. 5), das den Sieg des israelit. Feldherrn Barak über den Kanaaniterkönig Sisera feiert, gehört zu den ältesten poet. Stücken des A. T. (12./11. Jh. v. Chr.). – Oratorium von Händel (1733).

Debré [dəˈbre], Michel, frz. Politiker, * Paris 15. 1. 1912, † Montlouis-sur-Loire 2. 8. 1996; während des Zweiten Weltkriegs in der Widerstandsbewegung; als Mitgl. gaullist. Parteiformationen Kritiker der Vierten Republik; in der Fünften Republik war er 1959–62 Min.-Präs. und mehrfach Min. (u. a. 1968–69 Außen-, 1969–73 Verteidigungsminister.

Debrecen [ˈdɛbrɛtsɛn], dt. **Debreczin,** Stadt in Ungarn, im nördl. Großen Ungar. Tiefland, Hptst. des Bez. Hajdu-Bihar, 206 000 Ew.; calvinist. Zentrum und kath. Bischofssitz; Univ.; Maschinenbau, Kfz-Zulieferer-, chem., pharmazeut., elektron., Nahrungsmittel- u. a. Ind.; Thermalbad; Flughafen. – Reformierte »Großkirche« (1805–19). – D. gilt seit dem 16. Jh. als geistiger Mittelpunkt des ungar. Calvinismus. 1849 war D. Sitz der ungar. Revolutionsreg. unter L. Kossuth.

Debreu [dəˈbrø], Gerard, amerikan. Volkswirtschaftler und Mathematiker frz. Herkunft, * Calais 4. 7. 1921, † Paris 31. 12. 2004; erhielt 1983 den Nobelpreis für Wirtschaftswiss. en für die Einführung neuer analyt. Methoden in die volkswirtsch. Theorie und eine Neuformulierung der Theorie des allg. Gleichgewichts.

De-Broglie-Welle [dəˈbrɔj-; nach L.-V. de Broglie], die →Materiewelle.

Debt-Management [ˈdetmænɪdʒmənt, engl.] *das,* i. e. S. Maßnahmen der **Schuldenstrukturpolitik,** d. h. gezielte Festlegung bzw. Veränderung der Struktur öffentl. Schulden bei vorgegebener Schuldenhöhe; i. w. S. auch Schuldniveauvariationen. Das D.-M. dient der bewegl. Anpassung von Umfang, Konditionen und Struktur der öffentl. Schulden an die Geld- und Kapitalmärkte sowie der Abstimmung der schuldenpolit. Maßnahmen mit denen der Geldpolitik.

Debugging [diːˈbʌgɪŋ, engl. »Entwanzung«] *das,* die Suche nach und die Beseitigung von Fehlern in Programmen mithilfe spezieller Software (**Debugger**), die die Ausführung des zu testenden Programms Schritt für Schritt verfolgt und protokolliert.

Debussy [dəbyˈsi], Claude, frz. Komponist, * Saint-Germain-en-Laye 22. 8. 1862, † Paris 25. 3. 1918; Meister des Impressionismus in der Musik, kam früh mit russ. und fernöstl. Musik in Berührung und entwickelte eine neuartige Tonsprache, in der er sowohl auf

Gerard Debreu

Claude Debussy

motivisch-themat. wie kontrapunkt. Arbeit verzichtet. Häufig auf Kirchentonarten, Pentatonik und Ganztonskala basierend, verwischte D. in seinen Werken den Gegensatz von Konsonanz und Dissonanz, bevorzugte Parallelbewegung von Stimmen und Akkorden. – Oper »Pelléas et Mélisande« (1902), Orchesterwerke: »Prélude à l'après-midi d'un Faune« (1892–94), »Trois nocturnes« (1897–99), »La mer« (1903–05), »Ibéria« (1906–08), Klavierstücke, Kammermusik und Lieder.

Debüt [de'by] *das*, erstes öffentl. Auftreten.

Déby [de'bi], Idriss, tschad. Offizier und Politiker, * Fada 1952; schloss sich in den 1970er-Jahren der Gruppierung von Hissène Habré an, die 1982 die Macht im Tschad übernahm. Als Oberbefehlshaber der Streitkräfte geriet D. zunehmend in Konkurrenz zu Präs. Habré, ging deshalb 1989 nach Libyen und in den Sudan, wo er eine neue Truppe aufbaute und 1990 N'Djamena eroberte; seit 1991 Staatspräs. (1996, 2001 und 2006 wiedergewählt).

Debye [dəˈbeɪə, engl. dəˈbaɪ], Peter Josephus Wilhelmus, niederländ. Physiker und Physikochemiker, seit 1946 amerikan. Staatsbürger, * Maastricht 24. 3. 1884, † Ithaca (N. Y.) 2. 11. 1966; formulierte u. a. 1912 eine Theorie zur Erklärung der spezif. Wärmekapazität von Festkörpern (**D.-Theorie**) und klärte die Temperaturabhängigkeit der Dielektrizitätskonstante; erhielt 1936 den Nobelpreis für Chemie.

Debye-Scherrer-Verfahren [dəˈbeɪə-; nach P. J. W. Debye und P. Scherrer], Methode zur Untersuchung von Kristallstrukturen pulverförmiger Stoffe durch Beugung von Röntgenstrahlen. Ein scharf gebündelter monochromat. Röntgenstrahl erzeugt nach Durchgang durch den stäbchenförmig gepressten Stoff auf einem zylindrisch um die drehbare Probe angebrachten Film konzentr. Ringe (Interferenzen), deren Lage und Intensität Aufschluss über die Kristallstruktur geben (**Debye-Scherrer-Diagramm**).

Decamerone [»Zehntagewerk«] *der,* auch *das,* →Boccaccio.

De Candolle [dəkãˈdɔl], Augustin Pyrame, schweizer. Botaniker, * Genf 4. 2. 1778, † ebd. 9. 9. 1841; stellte eine natürl. Einteilung der Pflanzen auf, das decandollesche System. – *Werke:* Théorie élémentaire de la botanique (1813); Prodromus systematis naturalis regni vegetabilis (7 Bde., 1824–40).

Decarboxylierung [lat.-griech.], Abspaltung von Kohlendioxid aus Carbonsäuren und ihren Salzen; wichtig z. B. beim enzymat. Abbau von Aminosäuren zu biogenen Aminen.

Deccan, Landschaft auf dem ind. Subkontinent, →Dekhan.

Decca-Navigationsverfahren, von der Firma Decca Navigator Co. Ltd., London, entwickeltes Funkortungsverfahren im Bereich von 70 bis 130 kHz mit mittlerer Reichweite, das bes. in der Schifffahrt Verwendung fand. Als Sender dienten meist ein Leitsender und drei sternförmig in etwa 200 km Entfernung angeordnete Nebensender, die zus. eine **Decca-Kette** bildeten. Die Orte gleicher Phasendifferenzen für je ein Senderpaar lagen auf einer Hyperbelschar; man erhielt für eine Decca-Kette drei Hyperbelscharen, die auf Spezialkarten eingetragen wurden. Der Standort konnte dann als Schnittpunkt zweier oder dreier Hyperbeln ermittelt werden. U. a. aufgrund der Fortschritte in der Satellitennavigation wurden im Laufe des Jahres 2000 die letzten Decca-Ketten abgeschaltet.

Decebal, Decebalus, letzter König der Daker, † (Selbsttötung) 106 n. Chr.; konnte ab 87 n. Chr. das Dakerreich erneuern, wurde aber in zwei Kriegen (101–102 und 105–106) von Trajan unterworfen, der Dakien zur röm. Provinz machte (Trajanssäule).

Decemviri, →Dezemvirn.

Deceptioninsel [dɪˈsepʃn-], jungvulkan. Insel der brit. →Süd-Shetland-Inseln; Basis für Antarktisexpeditionen, lange Zeit auch für Robben- und Walfänger.

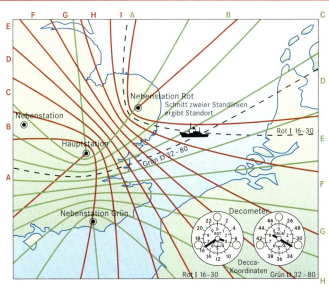

Decca-Navigationsverfahren: Standlinien der Hyperbelschar (rot und grün) der englischen Senderkette und Anzeige der Standortkoordinaten des Schiffes auf den Decometern rechts unten (die dritte Hyperbelschar erscheint hier aus Gründen der Übersichtlichkeit nicht)

Claude Debussy: Autograf einiger Takte aus dem letzten Satz seines 1893 komponierten Streichquartetts

De Céspedes [-ˈtʃɛspedes], Alba, ital. Schriftstellerin, *Rom 11. 3. 1911, †Paris 14. 11. 1997; schrieb psycholog. Gesellschafts- und Frauenromane (»Der Ruf ans andere Ufer«, 1938; »Das verbotene Tagebuch«, 1953; »Die Bambolona«, 1967).

Dechant, →Dekan.

DECHEMA, Abk. der **Gesellschaft für Chemische Technik und Biotechnologie e.V.** (bis Nov. 1999 Deutsche Gesellschaft für **chem**isches **A**pparatewesen, Chemische Technik und Biotechnologie e. V.), gegr. 1926 (seit 1986 Namenszusatz »und Biotechnologie«) mit der Aufgabe, den Erfahrungsaustausch zw. Chemikern und Ingenieuren und den Bau technisch-chem. Apparate zu fördern (internat. Ausstellung **ACHEMA** alle drei Jahre in Frankfurt am Main, seit 1989 die **ACHEMASIA** in Peking und seit 2002 die **ACHEMAMERIKA** in Mexiko-City) sowie Forschung und Entwicklung auf den Gebieten chem. Verfahrenstechnik, Werkstofftechnik und Korrosion, Sicherheitstechnik, Biotechnologie und Umweltschutz zu beschleunigen; seit 1970 eigenes Forschungsinst. (Karl-Winnacker-Inst.; Sitz: Frankfurt am Main).

Dechenhöhle, Tropfsteinhöhle im Stadtgebiet von Iserlohn, NRW, 1868 bei Eisenbahnarbeiten entdeckt, über 700 m lang; Höhlenkundemuseum.

dechiffrieren [-ʃ-, frz.], entziffern, entschlüsseln.

De Chirico [deˈkiːriko], Giorgio, ital. Maler und Grafiker, *Volos (Griechenland) 10. 7. 1888, †Rom 19. 11. 1978; studierte in München; 1911–15 hielt er sich in Paris auf; seine Bilder stehen unter dem Einfluss des Surrealismus. 1917 entwickelte er mit C. Carrà in Ferrara die Theorie der →Pittura metafisica. 1925 kehrte er nach Paris zurück, wo er zu einem aus einer dämon. Sicht der Antike gespeisten Klassizismus kam. Seit 1939 lebte er wieder in Italien. Zahlr. Fälschungen (1977 entdeckt) haben die Identifizierung seiner Bilder erschwert.

Decidua [lat. »die Hinfällige«] *die,* **Siebhaut,** *Medizin:* bei einer Schwangerschaft umgebildete Schleimhaut der Gebärmutter, Schicht des →Mutterkuchens.

Děčín [ˈdjɛtʃiːn], dt. **Tetschen,** Stadt in Nordböhmen, Tschech. Rep., Bez. Ústí nad Labem, im Durchbruchstal der Elbe am S-Rand des Elbsandsteingebirges, 52 100 Ew.; Textil-, Metall- und chem. Ind.; Hafen, Eisenbahngrenzübergang zu Dtl. – Schloss (16. Jh., später barockisiert) der Fürsten Thun-Hohenstein. – Erhielt im 13. Jh. Stadtrechte.

Decius, röm. Plebejergeschlecht, bekannt durch drei Angehörige (Vater, Sohn und Enkel) namens Publius Decius Mus, die sich geopfert haben sollen, um das röm. Heer zu retten; der Erste in der Schlacht am Vesuv (340 v. Chr.), der Zweite im 3. Samnitenkrieg bei Sentinum in Apulien (295 v. Chr.), der Dritte im Krieg gegen Pyrrhos bei Ausculum (Ascoli Satriano, 279 v. Chr.).

Decius, Gaius **Messius Quintus Traianus,** röm. Kaiser (249–251), *Budalia (bei Sirmium, heute Sremska Mitrovica in der Wojwodina) um 200, †bei Abrittus (heute Rasgrad, Bulgarien) 251; ordnete 249 eine allg. Christenverfolgung an, um die Reichseinheit zu festigen; er fiel im Kampf gegen die Goten.

Deck, waagerechte Unterteilung und oberer Abschluss des Schiffskörpers. Das **Festigkeits-, Verbands-** oder **Haupt-D.** ist das oberste durchlaufende D.; es bildet zus. mit dem Schiffsrumpf den wasserdichten Abschluss. Über dem Haupt-D. liegen die nicht über die ganze Schiffslänge reichenden **Aufbau-D.,** wie Bootsdeck (Unterbringung der Rettungsboote), Brücken-D. (Navigationszentrale) oder Sonnen-D. (bei Passagierschiffen). Unter dem Haupt-D. liegen u. a. Zwischen- und Rudermaschinendeck.

Deckblatt, 1) *Botanik:* **Tragblatt,** jedes Blatt, aus dessen Achsel ein Seitenspross entspringt.
2) *Tabakindustrie:* →Zigarre.

Decke, 1) *Geologie:* a) **vulkan. Decke,** ausgedehnte Gesteinsmasse, die beim Austritt bas. Schmelzen oder durch Anhäufung von vulkan. Tuff entsteht; b) **Überschiebungsdecke,** →Überschiebung. – **Deckentektonik, Deckentheorie,** Lehre vom Aufbau alpinotyper Gebirge (Alpen).
2) *Hochbau:* oberer Abschluss eines Raumes zur Aufnahme der Eigen- und Nutzlasten sowie zur horizontalen Aussteifung des Bauwerkes. Die D. besteht aus der **Roh-D.** (tragende D.-Konstruktion), **Ober-D.** (Fußbodenbelag und Unterbau) und **Unter-D.** (Putzträger, Putz oder Verkleidung, z. B. aus Holz). Je nach Nutzung des Gebäudes und der Einordnung der D. muss die Ausbildung der **Fertig-D.** den Forderungen des bautechn. Brandschutzes und der Bauhygiene entsprechen. Bei der Holzbalken-D. bildet die Gesamtheit aller Konstruktionshölzer die Balkenlage. Zu den **Massiv-D.** gehören die Träger-D. (gewölbte Kappen oder Stahlbetonhohldielen zw. Doppel-T-Trägern), Stahlstein-, Stahlbetonrippen-, Stahlbetonplatten-, Stahlbetonplattenbalken- und Pilzdecken. Bei den **Montage-D.** unterscheidet man D., die nach der Montage der Fertigteile sofort die volle Tragfähigkeit besitzen, und solche, die erst nach Einbringen einer Zusatzbewehrung oder von Ortbeton voll belastet werden können. Stahlleichtträger-D. bestehen aus leichten Stahlprofilen als Trageelementen und zwischengefügten Hohlkörpern. Die **abgehängte D.** wird

Giorgio De Chirico: Die beunruhigenden Musen (1918; Mailand, Privatbesitz)

unter die Roh-D. als Putz- oder Akustik-D. gehängt; der Zwischenraum kann für Installationsleitungen (Lüftungskanäle) genutzt werden.

3) *Kfz-Technik:* Mantel des Luftreifens.

decken, belegen, svw. begatten bei Haustieren; bei Pferd und Esel: **beschälen,** bei Geflügel u. a. Vögeln: **treten.**

Deckenheizung, →Flächenheizung.

Deckenmalerei, die Bemalung einer Innenraumdecke; sie ist wie die Wandmalerei eng an die Architektur und die Wölbetechnik gebunden. Die besterhaltenen Beispiele aus dem Altertum sind die D. unterird. Grabanlagen der Ägypter und der Etrusker sowie die der Katakomben. Die Kassettendecke der Griechen und Römer zeigte in ihren Feldern meist nur dekorative Motive; anders die Flachdecke mittelalterl. Kirchen mit Themen der christl. Ikonografie (Sankt Martin in Zillis-Reischen, um 1160; Sankt Michael in Hildesheim, um 1200). Die für die Entwicklung der D. in gewölbten Räumen entscheidenden Ausgangspositionen waren die Mosaiken der frühchristl. und byzantin. Kirchen. Die mittelalterl. Entwicklung gipfelt in der Romanik; mehrere Kirchen in Frankreich und Katalonien vermitteln eine umfassende Vorstellung von den Bildprogrammen, die den ganzen Innenraum beherrschen. In der Renaissance wird die antike Kassettendecke wieder aufgegriffen und mit Tafelbildern eingelegt. Die durch Stuckrahmen eingeteilten Felder bekrönte erstmals Mantegna mit einem illusionist. Fresko (1474; Camera degli sposi im Castello San Giorgio, Mantua). Michelangelo schuf in der Sixtin. Kapelle im Vatikan die vollendete Lösung zw. illusionist. Einzelbild und Scheinarchitektur. Von A. Correggio (Parma, Dom), A. Pozzo, P. da Cortona und Tiepolo (Treppenhaus der Residenz in Würzburg) führt die Entwicklung zu den dt. und österr. Barockmalern (C. D. Asam, J. B. Zimmermann, M. Günther, P. Troger, F. A. Maulbertsch). Deren **illusionist. D.** der Treppenhäuser, Empfangssäle und Bibliotheken in Schlössern und Klöstern sprengen die Ausmaße des Raumes und öffnen eine eigene Welt; bevorzugte Themen sind Apotheosen, Visionen und mytholog. Szenen. Der Klassizismus verstand die Decke wieder als Raumabschluss, so A. R. Mengs in der Villa Albani, Rom. Ein Beispiel für die selten gewordene D. im 20. Jh. sind M. Chagalls 1964 vollendete Deckenbilder im Palais Garnier (ehem. Pariser Opernhaus).

Deckfarben, in Leim gebundene, wasserlösl. Farben mit hohem Pigmentanteil, mit denen ein Verdecken des Malgrundes oder anderer Farbschichten möglich ist.

Deckflügel, Elytren, meist stark chitinhaltige Vorderflügel versch. Insekten, die als Schutz für Hinterflügel und -leib dienen.

Deckfrucht, Überfrucht, mit einer Untersaat (z. B. Klee, Winterwicken) angebaute Hauptfrucht (z. B. Getreide).

Deckgebirge, 1) *Bergbau:* das zw. der Erdoberfläche und einer Lagerstätte befindl. Gestein, beim Tagebau auch Abraum genannt.

2) *Geologie:* dem Grundgebirge diskordant auflagernde jüngere Gesteinskomplexe.

Deckglas, Glasplättchen zur Abdeckung von Präparaten beim Mikroskopieren.

Deck|infektionen, beim Decken übertragene Tierkrankheiten wie Beschälseuche, Brucellose, Trichomoniasis oder Tuberkulose.

Deckname, fingierter Name, auch →Pseudonym.

Deckenmalerei: Johann Baptist Zimmermann, Deckenfresko (1731) in der Wallfahrtskirche Steinhausen

Deck|offiziere, ab 1860 in der preuß., später in der Kaiserl. und bis 1920 in der Reichsmarine Rangklasse zw. Unteroffizieren und Offizieren.

Deckshaus, Aufbau auf dem Hauptdeck von Schiffen, der nicht von Bord zu Bord reicht.

Deckssprung, zum Heck und bes. zum Bug ansteigender gekrümmter Verlauf des Oberdecks von Schiffen, der ihre Seetüchtigkeit erhöht.

Deckung, 1) *Militärwesen:* natürl. oder künstl. Schutz gegen Sicht oder Feuerwirkung des Feindes.

2) *Sport:* 1) allg.: in Mannschaftssportarten (z. B. Fußball) die Abwehrreihe, Hintermannschaft, Verteidigung; 2) Boxen: Schutz des Körpers mit den Armen vor den Schlägen des Gegners; 3) Schach: schützende Figur; 4) Fechten: Abwehr gegner. Treffer durch abschirmende Haltung von Arm und Waffe.

3) *Wirtschaft:* Absicherung von Verbindlichkeiten (z. B. von Krediten) durch Geld oder Vermögenswerte. In der Währungspolitik spielte die D. zur Sicherung des Banknotenumlaufs (→Notendeckung) eine Rolle.

Deckungsbeitragsrechnung, →Kostenrechnung.

deckungsgleich, *Mathematik:* →kongruent.

Deckungskauf, vom Käufer anderweitig vorgenommene Beschaffung einer Ware, die der im Verzug befindl. Verkäufer nicht geliefert hat. Der Preisunterschied geht zulasten des Verkäufers.

Deckungsrücklage, Deckungskapital, Prämienreserve, die bei Lebens-, Unfall-, Haftpflicht- und Krankenversicherungen gemäß Versicherungsaufsichts-Ges. in die Bilanz aufzunehmende Rückstellung für künftig fällige Versicherungsleistungen.

Déclaration des droits de l'homme et du citoyen [deklaraˈsjɔ̃ deˈdrwa dəˈlɔm e dysitwaˈjɛ̃], die von der frz. Nationalversammlung am 26. 8. 1789 angenommene »Erklärung der Menschen- und Bürger-

Charles De Coster

Richard Dedekind

DEFA

rechte«, die der Verf. von 1791 vorangestellt wurde; auf ihren Grundrechtskatalog stützen sich die modernen europ. Verfassungen.

Declaration of Independence [dekləˈreɪʃn əv ɪndɪˈpendəns], die am 4. 7. 1776 vom 2. Kontinentalkongress der brit. Kolonien in Amerika angenommene Unabhängigkeitserklärung (→ Vereinigte Staaten von Amerika, Geschichte).

Declaration of Rights [dekləˈreɪʃn əv ˈraɪts; engl. »Erklärung der Rechte«], eine vom engl. Parlament am 13. 2. 1689 verkündete Entschließung über wichtige Verfassungsgrundsätze, die von Wilhelm von Oranien anerkannt wurden und die Grundlage der → Bill of Rights darstellen.

Decoder [engl.] *der,* Funktionseinheit (elektron. Bauteil, Programm) zur Wiederherstellung (**Decodierung**) der ursprüngl. Form eines zu Übertragungszwecken codierten Signals (z. B. die Set-Top-Box). Im Audiobereich werden → Codierung und Decodierung oft von einem Modul durchgeführt.

Decollage [dekɔˈlaːʒə, frz.] *die,* Bildform, die durch destruktive Veränderung (Abreißen, Zerschneiden, Übermalen, Ausbrennen) vorgefundener Materialien entsteht.

Decorated Style [ˈdekəreɪtɪd ˈstaɪl, engl.] *der,* Stilphase der engl. Gotik (um 1250–1350), → englische Kunst.

Decoration Day [dekəˈreɪʃn ˈdeɪ] *der,* Gedenktag in den USA, → Memorial Day.

Decorative Art [ˈdekərətɪv ˈɑːt, engl.] *die,* → Pattern-Painting.

De Coster, Charles, belg. Schriftsteller, * München 20. 8. 1827, † Ixelles 7. 5. 1879; erhob in seinem Hauptwerk, dem in archaisierendem Französisch geschriebenen Roman »Tyll Ulenspiegel und Lamm Goedzak« (1868) Ulenspiegel (Eulenspiegel) zum Freiheitskämpfer vor dem Hintergrund der Unabhängigkeitskämpfe der Niederlande gegen Spanien.

decrescendo [dekreʃˈʃendo, ital.], Abk. **decresc.,** musikal. Vortragsbezeichnung: leiser werdend; Zeichen: >. Ggs.: → crescendo.

De Crescenzo [de kreʃˈʃentso], Luciano, ital. Schriftsteller und Philosoph, * Neapel 20. 8. 1928; bereitet unkonventionell und unterhaltsam, auch in erzähler. Werken, philosoph. Probleme auf: »Also sprach Bellavista« (1977), »Gesch. der griech. Philosophie« (2 Bde., 1983–86), »Meine Traviata« (1993), »Alles fließt, sagt Heraklit« (1994), »Die Kunst der Unordnung« (1996), »Mein Doppelgänger und ich« (2001).

Decretum Gratiani [lat.] *das,* → Gratian.

DECT [Abk. für engl. **d**igital **E**uropean **c**ordless **t**elecommunications], 1992 eingeführter europ. Standard für digitale Funkübertragung, der insbesondere bei schnurlosen → Telefonen die Schnittstelle zw. mobilem Handgerät und Basisstation definiert. DECT löste die analogen europ. Standards **CT 1** und **CT 1+** ab. Vorteile von DECT sind die hohe Sprachqualität und Abhörsicherheit, die Identifikation von Mobilteil und Basisstation und die Teilnehmeridentifikation. Mit DECT können bis zu zwölf Handgeräte an die Basisstation angeschlossen werden. Die Reichweite beträgt bis zu 250 m.

DED, Abk. für → **D**eutscher **E**ntwicklungs**d**ienst.

Dedecius, Karl, Übersetzer und Schriftsteller, * Lodz 20. 5. 1921; Gründer (1979) und bis 1998 Leiter des Dt. Polen-Inst. in Darmstadt; als Übersetzer, Herausgeber und Essayist verdient um die Vermittlung der poln. Literatur: u. a. »Deutsche und Polen« (1971), »Überall ist Polen« (1974), »Zur Literatur und Kultur Polens« (1981), »Vom Übersetzen« (1986), »Poetik der Polen. Frankfurter Vorlesungen« (1992). 1990 Friedenspreis des Dt. Buchhandels.

Dedekind, 1) Friedrich, Dichter, * Neustadt am Rübenberge um 1525, † Lüneburg 21. 2. 1598; schrieb Dramen und das in lat. Distichen verfasste satir. Jugendwerk »Grobianus« (1549, dt. 1551), das den derben Heiligen (»Sankt Grobian«) seiner Zeit als Spiegelbild hinstellt (→ Grobianismus).

2) Richard, Mathematiker, * Braunschweig 6. 10. 1831, † ebd. 12. 2. 1916; lieferte wichtige Beiträge zur Gruppentheorie und Mengenlehre; entwickelte eine Theorie der irrationalen Zahlen, förderte entscheidend die Entwicklung der modernen Algebra.

Dedikation [lat.] *die,* Widmung, Schenkung. **Dedikationsexemplar,** Buch mit Widmung des Autors.

Deduktion [lat. »Herabführung«] *die,* die Ableitung von Aussagen mithilfe logischer Schlussregeln aus anderen, allgemeineren Aussagen; Ggs.: → Induktion.

Deep Impact [ˈdiːp ɪmˈpækt, engl. »tiefer Aufschlag«], → Kometenmissionen.

Deesis [griech. »Bitte«] *die,* Darstellung des thronenden Christus zw. Maria und Johannes dem Täufer, die zu seinen Seiten fürbittend stehen; in der abendländ. Kunst seit dem 10./11. Jahrhundert.

DEFA, Abk. für **D**eutsche **F**ilm **A**G, 1946 in der SBZ aus Teilen der → Ufa gegründete Filmgesellschaft in Potsdam-Babelsberg, in der DDR 1952–90 VEB; zur DEFA gehörten Studios für Spiel-, Dokumentar- und Trickfilme, Synchronisation sowie die Zentralschulen für Lichtspielwesen und für Filmtechnik. 1990 wurden die Filmbetriebe in mehrere DEFA-GmbHs umgewandelt; die DEFA-Studios und das Filmgelände in Potsdam-Babelsberg erwarb die frz. Compagnie Générale des Eaux (heute Vivendi Universal), die Fernsehstudios wurden 2004 an den NDR-Ableger Studio Hamburg verkauft. Der Filmstock wurde 1999 in die öffentlich-rechtl. **DEFA-Stiftung** eingebracht und zum nat. Kulturerbe erklärt.

de facto [lat.], tatsächlich bestehend; Gegensatz: de jure.

Defäkation [zu lat. faeces »Kot«] *die,* die → Stuhlentleerung.

Defant, Albert, österr. Ozeanograf, Meteorologe und Geophysiker, * Trient 12. 7. 1884, † Innsbruck 24. 12. 1974; verfasste grundlegende Arbeiten zur Physik der Atmosphäre und zur Ozeanografie; 1925/26 Teilnehmer der → Meteor-Expedition, deren Ergebnisse er herausgab. – Werke: »Dynam. Ozeanographie« (1929), »Physikal. Dynamik der Atmosphäre« (1958, mit F. Defant).

Defätismus [von frz. défaite »Niederlage«] *der,* **Defaitismus,** im Ersten Weltkrieg geprägtes Schlagwort für Zweifel am militär. Sieg.

Defekt [lat.] *der,* **1)** *allg.:* Fehler, Mangel, Schaden. **2)** *Physik:* **Gitterdefekt,** Fehlordnung in einem Kristall, z. B. der → Frenkel-Defekt.

Defekt|elektron, Loch, ein → Quasiteilchen in einem Halbleiter. Wird in einem halbleitenden Kristall ein Elektron thermisch oder optisch angeregt (Übergang ins Leitungsband) oder von einem Fremdatom (Störstelle) eingefangen, so entsteht an der ursprüngl. Stelle im Valenzband ein Loch (unbesetzter Zustand), das D., das sich unter dem Einfluss elektr. und magnet. Felder wie eine positive Ladung verhält (**D.-Leitung, Löcherleitung, p-Leitung**). (→ Energiebändermodell)

Defensine *Pl.,* Gruppe von antimikrobiell wirksamen Peptiden. Die stark bas. D. reagieren auf ein breites Spektrum von Bakterien und Pilzen und sind Teil der unspezif. Immunabwehr des Menschen.

Defensionale [lat.] *das,* erste umfassende Heeresordnung der Schweizer Eidgenossenschaft, entworfen 1668, endgültig formuliert und besiegelt 1673; diente auch der Erhaltung der Neutralität.

Defensive [lat.] *die,* Verteidigung, Abwehr.

Defensor Fide|i, →Fidei Defensor.

Defereggental, Seitental des Iseltales in Osttirol, Österreich, 40 km lang, mit Fremdenverkehrsorten, u. a. Sankt Jakob in Defereggen (1 389 m ü. M., 990 Ew.); über den Staller Sattel (2 052 m ü. M.) Verbindung ins Antholzer Tal, Südtirol. Die das D. umgebende Alpengruppe, zw. Virgen- und Drautal, ist das **Defereggengebirge,** im Keeseck 3 173 m über dem Meeresspiegel.

Defibrator [lat.] *der,* Maschine, die durch thermomechan. Zerfaserung von Holz oder Holzabfällen das Ausgangsmaterial für die Herstellung von Holzfaserplatten u. a. liefert.

Defibrillation [lat.] *die,* Beseitigung eines lebensbedrohenden Herzkammerflimmerns durch Gleichstromstöße, die durch einen **Defibrillator** erzeugt und mit zwei Elektroden auf den Körper übertragen werden.

deficiendo [defiˈtʃendo, ital.], musikal. Vortragsbezeichnung: an Tonstärke und Tempo nachlassend, abnehmend.

Deficit-Spending [ˈdefɪsɪt ˈspendɪŋ, engl.] *das,* die →Defizitfinanzierung.

Defilee [frz.] *das,* parademäßiger Vorbeimarsch.

De Filippo, Eduardo, ital. Dramatiker, Schauspieler und Regisseur, * Neapel 24. 5. 1900, † Rom 29. 10. 1984; schrieb Dramen (»Millionärin Neapel«, 1946) und Komödien im neapolitan. Dialekt, teilweise mit gesellschaftskrit. Akzenten.

definieren [lat. »abgrenzen«], begrifflich bestimmen, festlegen.

Definition [lat.] *die, Philosophie:* die Bestimmung eines Begriffs durch Angabe seiner wesentl. Merkmale. Die **Real-D.** (Wesens-D.) richtet sich auf die Wesensbestimmung eines Gegenstandes; zu ihrer Aufstellung werden der Gattungsbegriff (Genus proximum) und der artbildende Unterschied (Differentia specifica) angegeben (Aristoteles). Die **Nominal-D.** umgrenzt die Bedeutung eines Wortes. I. Kant unterschied **analyt. Definition** (Bestimmung eines Begriffs durch ein Erläuterungsurteil, das aussagt, was an Sinn im Begriff liegt) und **synthet. Definition** (Bestimmung eines Begriffs durch Eigenschaften, die in ihm selbst liegen). Weiterhin ist u. a. die **operationale D.** gebräuchlich, wobei der Begriff durch Angabe von Operationen definiert wird, die seinen Gegenstand messen oder herstellen (z. B. »Intelligenz ist, was ein Intelligenztest misst«).

Definitionsbereich, *Mathematik:* →Abbildung.

Defizit [lat. »es fehlt«] *das,* Fehl-, Minderbetrag; in der Finanzwirtschaft der durch Einnahmen nicht gedeckte Teil der Ausgaben.

Defizitfinanzierung, Deficit-Spending, Steuerung der Konjunktur mithilfe öffentl. Finanzen (→Fiskalpolitik). Nach dem Konzept der D. sind in Rezessionsphasen zur Schaffung zusätzl. Nachfrage Mehrausgaben zu tätigen und/oder die Steuern zu senken. Das dadurch entstehende Haushaltsdefizit ist zu finanzieren durch Auflösen von Überschüssen bei der Notenbank (Konjunkturausgleichsrücklage) oder durch Aufnahme von Krediten bei der Notenbank oder am Kapitalmarkt.

Deflagration [lat.] *die,* Zersetzungsreaktion eines Explosivstoffes, die im Unterschied zur →Detonation unterhalb der Schallgeschwindigkeit abläuft.

Deflation [lat. »Abschwellung«] *die,* **1)** *Geografie:* **Windabtragung,** die ausblasende und abhebende Tätigkeit des Windes, bes. in vegetationslosen Trockengebieten. Sand und Staub werden an anderen Stellen als Dünen oder Löss abgelagert.

2) *Wirtschaft:* ein über längere Zeit anhaltendes Absinken des allg. Güterpreisniveaus (Ggs.: Inflation), eine Kaufkraftsteigerung des Geldes. Ursache ist ein Überhang des gesamtwirtsch. Güterangebots über der gesamtwirtsch. kaufkräftigen Güternachfrage (**deflator. Lücke,** Nachfragelücke), wenn das Wachstum der Geldmenge längere Zeit geringer ist als das Wachstum des realen Inlandsprodukts. Die D. kann durch eine anhaltend restriktive Geldpolitik, kontraktive Finanzpolitik (z. B. Steuererhöhungen, Ausgabenkürzungen), außenwirtsch. Hemmnisse oder strukturelle Faktoren verursacht oder verstärkt werden.

Deflationierung, *Statistik:* Umrechnung von nominalen Größen in reale Größen, indem etwa ein mit jeweiligen Preisen bewertetes Gütervolumen durch den Preisindex (bezogen auf ein Basisjahr) dividiert und mit 100 multipliziert wird. Durch D. kann in der Zeitreihenanalyse die Entwicklung wirtsch. Größen in Preisen eines Basisjahres, also unter Ausschaltung von Preisänderungen, dargestellt werden.

Deflektor [lat.] *der, Bautechnik:* drehbarer Aufsatz auf Lüftungsschächten und Schornsteinen zur Zugerhöhung.

Deflexionslagen [lat.], abnorme (regelwidrige) Streckhaltungen des kindl. Kopfes bei der Geburt, wodurch es in Abweichung von der normalen Beugehaltung (Kinn auf der Brust) zur **Vorderhaupt-, Stirn-** oder **Gesichtslage** kommen kann; diese D. führen zu einem vergrößerten Durchtrittsdurchmesser des Kopfes und stellen eine Geburtserschwernis dar.

Defloration [lat.] *die,* **Entjungferung,** das Einreißen des Jungfernhäutchens (Hymen) beim ersten Geschlechtsverkehr, auch durch instrumentelle oder manuelle Manipulation.

Defoe [deˈfoː, engl. dɪˈfəʊ], Daniel, eigtl. D. **De Foe,** engl. Schriftsteller, * London 1660(?), † ebd. 26. 4. 1731; zunächst Kaufmann, trat für polit. und religiöse Freiheit ein. Sein im Alter von fast 60 Jahren geschriebener erster Roman →Robinson Crusoe (3 Tle., 1719–20) machte ihn berühmt; es folgten Abenteuerromane wie »Kapitän Singleton« (1720), »Moll Flanders« (1722) mit moralisch-pädagog. Zielsetzung; ferner schrieb D. wirtschaftspolit. und sozialkrit. Abhandlungen, eine Reisebeschreibung von Großbritannien und den Bericht »Die Pest zu London« (1722).

Defoliantijen [lat.], die →Entlaubungsmittel.

De Forest [dəˈfɔrest], Lee, amerikan. Funkingenieur, * Council Bluffs (Ia.) 26. 8. 1873, † Los Angeles 30. 6. 1961; einer der Pioniere des Rundfunks und der drahtlosen Telegrafie; erfand 1906 die Triode und entwickelte 1915 (unabhängig von A. Meißner) das Rückkopplungsprinzip.

Deformation [lat.] *die,* **1)** *allg.:* Formveränderung, Abweichen von der normalen Gestalt, Missbildung.

2) *Physik:* Form- oder Volumenänderung eines Körpers durch Krafteinwirkung. **Elast. D.** (→Elastizität)

Daniel Defoe

Lee De Forest

Edgar Degas: Ballettprobe (1885/90; Moskau, Puschkin-Museum)

gehen nach Beendigung der Kraftwirkung zurück, **plast. D.** (→Plastizität) sind bleibende Verformungen.

Deformierung, Körperverstümmelung, die Veränderung der natürl. Form von Körperteilen aus mag. oder religiösen Gründen durch künstl. Einwirkungen, z. B. Durchbohren von Ohrläppchen oder Lippen zur Aufnahme von Schmuckstücken, Beschneidung, Einschnüren von Hals oder Füßen, Tatauierung der Haut.

Defregger, Franz von (seit 1883), österr. Maler, * Ederhof (zu Iselsberg-Stronach, Bez. Lienz) 30. 4. 1835, † München 2. 1. 1921; schuf idealisierte Historienbilder vom Tiroler Freiheitskampf, in den 1870er-Jahren Landschaften und Porträts.

Degas [dəˈga], Edgar, frz. Maler, * Paris 19. 7. 1834, † ebd. 27. 9. 1917; stellte mit den Impressionisten aus, von denen er sich jedoch durch die zeichner. Klarheit unterscheidet, mit der er auch flüchtige Bewegungen festhielt. Seine Bilder stellen v. a. Tänzerinnen, weibl. Akte bei der Toilette, Rennplätze und Interieurs dar, oft mit scheinbar willkürl., die Wirkung steigernden Überschneidungen. Er war ein hervorragender Zeichner bes. von Pastellen und modellierte in seinen letzten Lebensjahren – fast erblindet – Statuetten, meist in Wachs.

Alcide De Gasperi

De Gasperi, Alcide, ital. Politiker, * Pieve Tesino (bei Borgo Valsugana, Prov. Trient) 3. 4. 1881, † Sella (zu Borgo Valsugana) 19. 8. 1954; trat 1919 dem neu gegründeten »Partito Popolare Italiano« bei und wurde 1924 dessen Gen.-Sekr. Als entschiedener Gegner des Faschismus 1928/29 inhaftiert, fand im Vatikan Asyl, nahm im Zweiten Weltkrieg an der Widerstandsbewegung teil und betrieb maßgeblich die Gründung der »Democrazia Cristiana«. 1945–53 war er Min.-Präs. sowie 1944–46 und 1951–53 Außenminister. Mit dem österr. Außenmin. K. Gruber schloss er 1946 das Abkommen über die Autonomie →Südtirols. Er förderte die Integration Europas (Aachener Karlspreis 1952) und den Eintritt Italiens in die NATO.

de Gaulle [dəˈgoːl], Charles, →Gaulle, Charles de.

Degen [von frz. dague »großer Dolch«], **1)** dreikantige Stoßwaffe, 1,10 m lang, bis 770 g schwer, mit einer 90 cm langen Klinge und dem Gefäß mit Glocke. (→Fechten)

2) blanke Waffe mit langer schmaler, ein- oder zweischneidiger Klinge, Stich- oder Hiebwaffe; war Rang-

Degen 2): Degen Augusts des Starken, 1737 (Dresden, Grünes Gewölbe)

waffe für Offiziere und Kavaliere. Als Offizierssetenwaffe wurde er 1880–1919 im Dt. Reich in allen Kavallerietruppenteilen außer bei den Kürassieren getragen.

Degeneration [lat.] *die,* **Entartung,** *Medizin:* die Abweichung von der Norm im Sinne einer Verschlechterung in der Leistungsfähigkeit und im Erscheinungsbild bei Individuen, Organen, Zellverbänden oder Zellen. Die D. kann auf einer Änderung der Erbanlagen aufgrund von Mutationen, Inzuchtschäden, Domestikation oder Abbauerscheinungen (durch natürl. Verschleiß, Nichtgebrauch bestimmter Organe, Altern, Krankheiten) beruhen.

Degenhardt, Franz Josef, Schriftsteller und Liedermacher, * Schwelm 3. 12. 1931; Rechtsanwalt; wurde bekannt mit zeitkrit., stark links orientierten Liedern, u. a. »Spiel nicht mit den Schmuddelkindern« (1967), »Kommt an den Tisch unter Pflaumenbäumen« (1979); verfasste auch Romane (u. a. »Zündschnüre«, 1973; »August Heinrich Hoffmann, genannt von Fallersleben«, 1991; »Für ewig und drei Tage«, 1999).

Deggendorf, 1) Landkreis im Reg.-Bez. Niederbayern, Bayern, 861 km^2, 117 000 Einwohner.
2) Krst. von 1), Große Krst. in Niederbayern, links der Donau am Fuß des Vorderen Bayer. Waldes, 31 300 Ew.; FH; Stadt-, Handwerksmuseum; Maschinenbau (Reaktortechnik), Metall, Kunststoff, Gummi und Holz verarbeitende sowie Textilind.; Binnenfreihafen. – Die Altstadt zeigt eine planvolle mittelalterl. Straßenmarktanlage; Wallfahrtskirche zum Hl. Grab (1360 geweiht, mit späteren Veränderungen versehen). – D. erhielt 1316 Stadtrecht.

degorgieren [-gɔrˈʒiː-, frz.], bei der Schaumweinbereitung die Hefe, die sich im Flaschenhals (der Kopf stehenden Flasche) gesammelt hat, entfernen.

Degradation [lat.] *die,* **Bodendegradierung,** teilweise oder völlige Veränderung typ. Merkmale eines Bodens, verursacht durch Klimaänderungen oder menschl. Eingriffe (Ackerbau, Entwaldung).

Degradierung, Dienstgradherabsetzung um einen oder mehrere Dienstgrade bei Soldaten, Disziplinarmaßnahme nach § 57 Wehrdisziplinarordnung.

Degrelle [dəˈgrɛl], Léon, belg. Politiker, * Bouillon 15. 6. 1906, † Málaga 31. 3. 1994; gründete 1930 die rechtsradikale →Rexbewegung und 1941 die »Wallon. Legion«, die im Zweiten Weltkrieg auf dt. Seite im Rahmen der Waffen-SS gegen die UdSSR kämpfte. D. wurde in Belgien 1945 in Abwesenheit zum Tod verurteilt; er lebte seit seiner Flucht bei Kriegsende in Spanien.

Degression [lat.] *die,* Herabsetzung, Abnahme.

de Groot [-ˈxroːt], Huigh, niederländ. Rechtsgelehrter und Staatsmann, →Grotius, Hugo.

Degu [indian.] *der,* Nagetier, →Trugratten.

Degussa AG, weltweit tätiger Spezialchemiekonzern, entstanden 2001 durch Fusion von SKW Trostberg AG (gegr. 1908 als Bayer. Stickstoffwerke AG) und Degussa-Hüls AG (entstanden 1998 durch Fusion von Degussa AG [gegr. 1873 als **D**eutsche **G**old- **u**nd **S**ilber-**S**cheideanstalt] und Hüls AG [gegr. 1938]); Sitz: Frankfurt am Main; Hauptaktionäre: RAG Aktiengesellschaft (50,1 %), E.ON AG (42,86 %).

Degustation [lat.] *die,* Kostprobe, bes. Prüfung von Wein mithilfe der Sinnesorgane.

de gustibus non est disputandum [lat.], über Geschmack lässt sich nicht streiten.

Dehaene [dəˈhaːnə], Jean-Luc, belg. Politiker, * Montpellier (Frankreich) 7. 8. 1940; Jurist, Mitgl. der

Christl. Volkspartei (CVP), 1981–88 Min. für Soziale Angelegenheiten und Verfassungsreform, 1988–92 stellv. Reg.-Chef, 1992–99 Premierminister.

Dehio, Georg, Kunsthistoriker, * Reval 22. 11. 1850, † Tübingen 19. 3. 1932; veröffentlichte mit G. von Bezold das grundlegende Werk »Die kirchl. Baukunst des Abendlandes« (7 Bde., 1884–99), Herausgeber des »Hb. der dt. Kunstdenkmäler« (seit 1905; seit 1935 zunächst von E. Gall, ab 1958 von der Dehio Vereinigung weitergeführt). – *Weiteres Werk:* Gesch. der dt. Kunst (6 Bde., 1919–25).

Dehiwala-Mount Lavinia [-maʊnt ləˈvɪnjə], Doppelstadt in Sri Lanka, südlich von Colombo, 216 000 Ew.; der Villen- und Badeort aus brit. Kolonialzeit wurde zum Touristenzentrum ausgebaut; zoolog. Garten.

Dehler, Thomas, Politiker (FDP), * Lichtenfels 14. 12. 1897, † Streitberg (heute zu Wiesenthal, Landkreis Forchheim) 21. 7. 1967; Rechtsanwalt, ab 1919 Mitgl. der DDP und ab 1924 des Reichsbanners Schwarz-Rot-Gold. Als NS-Gegner wurde er 1944 in ein Zwangsarbeitslager verschleppt. 1948–49 war er Mitgl. des Parlamentar. Rates, 1949–53 Bundesjustizmin., 1953–56 FDP-Fraktionsvors. im Bundestag, 1954–57 FDP-Bundesvors. und 1960–67 Vizepräs. des Bundestages.

Dehmel, Richard, Schriftsteller, * Wendisch-Hermsdorf (heute Żaganiec, bei Żagań) 18. 11. 1863, † Blankenese (heute zu Hamburg) 8. 2. 1920; war leidenschaftl. Pathetiker eines sozial betonten Naturalismus. Er begann mit sozialer Lyrik; zentrales Thema ist jedoch die Macht des Eros, so in dem Versepos »Zwei Menschen. Roman in Romanzen« (1903) und in Gedichten (»Erlösungen«, 1891; »Weib und Welt«, 1896; »Schöne wilde Welt«, 1913).

Dehmelt, Hans-Georg, amerikan. Physiker dt. Herkunft, * Görlitz 9. 9. 1922; entwickelte Methoden zur Speicherung von Ionen (Ionenfallen) sowie zur Präzisionsmessung ihres magnet. Moments. 1989 erhielt er dafür den Nobelpreis für Physik (mit W. Paul und N. F. Ramsey).

Dehnung, 1) *Physik:* auf die Anfangslänge bezogene Längenänderung (**Längs-D.**) eines Körpers bei Beanspruchung durch Zug- oder Druckkräfte. Zugspannungen erzeugen eine positive D. (Längenzunahme), Druckspannungen eine negative D. (Stauchung). Bei geringer Belastung tritt **elast. D.** auf: Der Körper hat nach Entlastung wieder die Anfangslänge. Nach Überschreiten der elast. Dehnfähigkeit, der **Elastizitätsgrenze,** bleibt der Körper dauerhaft deformiert (**plast. D.**). Mit der D. ist stets eine Querschnittsänderung (positive oder negative Querkontraktion) verbunden.
2) *Sprachwissenschaft:* Längung eines Phonems. Die dt. Rechtschreibung kennt heute folgende Dehnungsbuchstaben zur Bez. der Länge des vorausgehenden Vokals: e (z. B. in »Lied«), h (»Rahm«), i (»Grevenbroich«), w (»Pankow«). Daneben wird D. auch durch Doppelschreibung wiedergegeben (z. B. in »Moor«).

Dehnungsfuge, Trennfuge bei Bauwerken, die zur Aufnahme von Ausdehnungsänderungen und Spannungen bei Temperaturschwankungen dient.

Dehnungsmesser, Dilatometer, Geräte zur Messung der relativen Verlängerung oder Verkürzung von Bauteilen und Werkstoffen, die diese unter dem Einfluss einer Last erfahren; z. B. Messuhr oder Tensometer. **Setz-D.** sind mechan. D. für größere Messlängen, z. B. an Bauwerken; für kleinere Dehnungen dient der **Dehnungsmessstreifen** (Abk. DMS), dessen Messwerte von einem Empfangsgerät angezeigt werden. Der DMS besteht aus einem oder mehreren (z. B. drei um 120° versetzten) zw. isolierenden Folien ausgespannten Widerstandsdrähten. Er wird auf die Messstelle geklebt und folgt der Dehnung des Prüflings. Die der Dehnung verhältnisgleiche Widerstandsänderung wird elektrisch mit Messbrücke und Messinstrument oder einem Elektronenstrahloszilloskop gemessen. Bei den sehr viel empfindlicheren Halbleiter-D. ist das Messelement ein lang gestreckter Halbleiter (meist Silicium).

Dehousse [dəˈus], Fernand, belg. Völkerrechtler und Politiker, * Lüttich 3. 7. 1906, † ebd. 11. 8. 1976; Sozialist, gehörte nach 1945 u. a. der Untersuchungskommission für Kriegsverbrechen an. Er beteiligte sich maßgeblich an der Gründung des Europarats und war 1956–59 Vors. von dessen Beratender Versammlung. 1955/56 leitete er die Kommission zur Überwachung der Volksabstimmung im Saargebiet. 1971/72 war er in Belgien Min. für Sprachgemeinschaften (wallon. Teil).

Dehra Dun [ˈdeərə-], Stadt im Bundesstaat Uttaranchal, Indien, in den Vorbergen des Himalaja, 542 000 Ew.; Militärakademie, forstwirtsch. Forschungsinst., ind. Landesvermessungsamt.

Dehydration [griech.-lat.] *die,* Biologie: Entquellung des Protoplasmas der Zelle durch Wasserabgabe.

Dehydratisierung, Eliminierungsreaktion, bei der Wasser aus einer Verbindung durch Erhitzen oder unter der katalyt. Wirkung von Enzymen abgespalten wird.

Dehydrierung, Eliminierungsreaktion, bei der Wasserstoff aus organ. Verbindungen abgespalten wird; erfolgt meist katalytisch in der Gasphase bei 500 °C; spielt auch im Zellstoffwechsel eine wichtige Rolle.

Dehydrogenasen, Proteine, die als Enzyme der biolog. Oxidation im Stoffwechsel die Dehydrierung oder Übertragung von Wasserstoff katalysieren.

Dei *der,* etwa von 1600 bis 1830 Titel des von den Janitscharen gewählten und (bis 1711) vom türk. Sultan abhängigen Herrschers in Algerien.

Deianira [lat.], griech. **Deianeira,** *griech. Mythologie:* Gemahlin des Herakles. Eifersüchtig auf die junge Iole, schickte sie dem Helden das mit dem Blut des Kentauren →Nessos getränkte Hemd, um seine Liebe zurückzugewinnen. Es verursachte Herakles solche Qualen, dass er sich auf einem Scheiterhaufen verbrennen ließ, worauf D. sich das Leben nahm.

Deich, Erddamm längs eines Flusses (**Fluss-D.**) oder einer Meeresküste (**See-D.**) zum Schutz von tief liegenden Landflächen und Ortschaften vor Hochwasser und Sturmfluten, an der Küste auch zur Landgewinnung. Für den D.-Bau eignen sich v. a. sandige Lehme und stark lehmige Sande. Außerdem werden

Hans-Georg Dehmelt

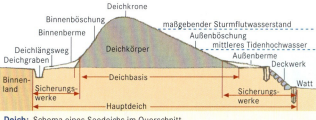

Deich: Schema eines Seedeichs im Querschnitt

aus dem Staudammbau bekannte gegliederte Bauweisen angewendet, bestehend aus durchlässigen Stützkörpern, die gegen Durchsickerung entweder mit einer Lehmkern- oder einer wasserseitigen Oberflächendichtung, z. B. Ton, Asphaltbeton oder Kunststofffolien, geschützt werden. Bermen (schwach geneigte Randstreifen) am Fuß des D. verstärken diesen und dienen bei lang andauerndem Hochwasser als Sicherung gegen Durchsickern.

Deichrecht, die Gesamtheit der Vorschriften, die sich mit den Rechtsverhältnissen der Deiche befassen (z. B. niedersächs. Deich-Ges. i. d. F. v. 23. 2. 2004). Zum D. gehören bes. die Regelung der **Deichlast,** d. h. der Verpflichtung zur Herstellung und Unterhaltung von Deichen, und die Regelung des Eigentums an den Deichen. Die Eigentümer der Deichgrundstücke sind zu Deichverbänden in Form von Körperschaften des öffentl. Rechts zusammengeschlossen. Sie sind deichpflichtig, d. h., ihnen obliegt die Durchführung der zur Funktionsfähigkeit der Deiche erforderl. Maßnahmen. Die polizeil. Befugnisse zum Schutz der Deiche und sonstigen Anlagen üben die Aufsichtsbehörden der Deichverbände aus (**Deichpolizei**).

Deichsel, an der drehbaren Vorderachse befestigte Holz- oder Stahlstange als Teil eines antriebslosen Wagens. Sie dient zum Verbinden mit dem Zugmittel.

Deidesheim, Stadt im Landkr. Bad Dürkheim, Rheinl.-Pf., an der Haardt, 3 700 Ew.; Dt. Film- und Fototechnikmuseum, Museum für Weinkultur; Zentrum des Weinbaus an der Mittelhaardt; Herstellung kandierter Früchte; Luftkurort. – Spätgot. Pfarrkirche, Rathaus (16. Jh.) mit Freitreppe (1724). – D. erhielt 1395 Stadtrecht.

deiktisch [auch deˈik-; griech. »hinweisend«], *Sprachwissenschaft:* Eigenschaft bestimmter sprachl. Einheiten, auf Personen, Sachen, Zeit oder Raum in einem Kontext hinzuweisen (zum Beispiel Pronomen wie »dieser«, »jener«, Adverbien wie »hier«, »heute«).

Deilmann, Harald, Architekt, * Gladbeck 30. 8. 1920; 1963 Prof. in Stuttgart, 1968–85 in Dortmund; entwarf stark gegliederte Bauten und Baukomplexe, die funktional konzipiert und in Beziehung zur Umgebung gesetzt sind (u. a. Spielbank Hohensyburg, 1985; Rathaus-Center in Dessau, 1993–95; Nationaltheater in Tokio, mit TAK Architects, 1997).

Deimos, *Astronomie:* ein Mond des Planeten →Mars.

Deimos und Phobos, *griech. Mythologie:* Söhne des Ares und der Aphrodite; als Personifikation des »Schreckens« und der »Furcht« begleiteten sie den Kriegsgott.

Deisenhofer, Johann, Biophysiker, * Zusamaltheim (Kr. Dillingen a. d. Donau) 30. 9. 1943; wurde 1988 Prof. am Howard Hughes Medical Institute der University of Texas in Dallas. 1988 erhielt er für die Bestimmung der dreidimensionalen Struktur des fotosynthet. Reaktionszentrums eines Bakteriums den Nobelpreis für Chemie (mit R. Huber und H. Michel).

Deismus [zu lat. deus »Gott«] *der,* eine Anschauung der Aufklärung im 17. und 18. Jh., insbes. in England, dass Gott nach der Schöpfung keinen Einfluss mehr auf die Welt, die ohne ihn wie eine Maschine allein weiterlaufe, nehme und zu ihr auch nicht in Offenbarungen spreche. Damit steht der D. im Ggs. zum →Theismus. Kennzeichnend für den D. ist die Vorstellung einer natürl. Religion, d. h., er ging davon aus, dass allein aus der Natur und der im Menschen von Natur aus angelegten Moral Gott erkannt werden könne, unabhängig von Kirchen und organisierten Religionsgemeinschaften. – Als Erster nannte sich der Engländer Charles Blount (* 1654, † 1693) »Deist«, J. Toland schrieb das grundlegende Werk des D. »Christentum ohne Geheimnis« (1696). Voltaire brachte den D. nach Frankreich, Diderot schrieb die Religionsartikel der »Encyclopédie« im Geist des D. In Dtl. wirkte er auf die Bibelkritik (H. S. Reimarus, G. E. Lessing, J. S. Semler). Kant verfasste ein Werk über die »Religion innerhalb der Grenzen der bloßen Vernunft« (1793).

Deiss, Joseph, schweizer. Politiker, * Freiburg 18. 1. 1946; Volkswirtschaftler, Prof. für Wirtschaftswiss.en in Freiburg; Mitgl. der CVP, 1991–99 Nationalrat; wurde 1981–91 Mitgl. im freiburg. Großen Rat, 1991 Großratspräs., 1999 Mitgl. des Bundesrates (bis 2006), führte dort das Eidgenöss. Departement für auswärtige Angelegenheiten, seit 2003 das Volkswirtschaftsdepartement; 2004 Bundespräs. der Schweiz.

Deister *der,* Höhenzug des Weserberglands, Ndsachs., südwestlich von Hannover, erreicht beim Anna-Turm auf dem Bröhn 405 m über dem Meer.

Dej [deʒ], Stadt im Kreis Cluj, NW-Rumänien, am Szamos, 40 100 Ew.; Salzgewinnung, Holz verarbeitende, Papier- und Nahrungsmittelind. In der Nähe der Bade- und Luftkurort Ocna Dejului.

Déjà-vu-Erlebnis [deʒaˈvy-; frz. »schon gesehen«], Erinnerungstäuschung, bei der soeben Erlebtes schon früher einmal erlebt erscheint; bei Gesunden bes. durch Erschöpfungszustände bedingt, auch Symptom bei bestimmten Psychosen oder organ. Hirnerkrankungen.

Dejbjerg [ˈdaibjɛr], Gemeinde bei Ringkøbing (Jütland, Dänemark), Fundort der Reste zweier aus Eschen- und Buchenholz gebauter, mit reich verzierten Bronze- und Eisenbeschlägen ausgestatteter Prunkwagen der jüngeren La-Tène-Zeit.

DeJohnette [deˈdʒɔnɛt], Jack, amerikan. Jazzmusiker (Schlagzeug), * Chicago (Ill.) 9. 8. 1942; spielte seit den 1960er-Jahren u. a. mit M. Davis, B. Evans und K. Jarrett; integriert in seinen kammermusikal. Stil auch Rockelemente.

de jure [lat.], von Rechts wegen, nach der Rechtslage; Ggs.: de facto.

Deka... [griech.], Vorsatzzeichen **da,** Vorsatz vor Einheiten für den Faktor 10, z. B. 1 Dekameter = 1 dam = 10 m.

DekaBank Deutsche Girozentrale [- ˈʒiːro-], Spitzeninstitut der dt. Sparkassenorganisation; betreibt auch banktyp. Kredit-, Wertpapier- und Investmentfondsgeschäfte; Sitz: Frankfurt am Main und Berlin; entstanden 1999 durch Fusion von Dt. Girozentrale – Dt. Kommunalbank und DekaBank GmbH; firmierte bis 2002 als DGZ-DekaBank Dt. Kommunalbank.

Dekabristen [von russ. dekabr »Dezember«], die Teilnehmer eines am 26. 12. 1825 (kurz nach dem Tod Alexanders I.) in Sankt Petersburg ausgebrochenen Aufstandes zum Sturz der Autokratie, dem im Jan. 1826 in S-Russland eine weitere Erhebung folgte. Die D. waren liberal gesinnte junge Adlige und Gardeoffiziere, die sich in Geheimbünden organisiert hatten. Die Revolte wurde von Nikolaus I. niedergeschlagen.

Dekade [zu griech. déka »zehn«] *die,* eine Gesamtheit von zehn Einheiten, Anzahl von zehn Stück; Zeitraum von zehn Jahren, Monaten, Wochen, Tagen.

Dekadenz [lat.] *die,* frz. **Décadence,** Niedergang, Verfall, bes. bei Kulturen. Der Begriff wird v. a. zur

Johann Deisenhofer

Kennzeichnung einer Entwicklungsrichtung innerhalb der europ. Literatur (bes. in Frankreich) gegen Ende des 19. Jh. (Fin de Siècle), der **D.-Dichtung,** verwendet. Sie entstand aus dem Bewusstsein überfeinerter Kultur als Zeichen einer späteren Stufe des kulturellen Verfalls und vertritt die Welt einer freien, autonomen Ästhetik gegenüber einer Welt von fest gefügten Moral- und Wertvorstellungen. Vorbereitet wurde die D.-Dichtung u. a. durch Lord Byron, N. Lenau, A. de Musset, G. Leopardi, E. A. Poe und T. De Quincey; das D.-Gefühl gipfelt in der Dichtung C. Baudelaires. Weitere Vertreter waren u. a. in Frankreich J.-K. Huysmans, die frz. Symbolisten, in Österreich P. Altenberg, der frühe H. von Hofmannsthal, der junge R. M. Rilke, in Italien G. D'Annunzio, in England O. Wilde, in Dtl. S. George.

dekadisches System, das →Dezimalsystem.

Dekaeder [griech.] *das,* ein von zehn regelmäßigen Polygonen begrenzter Körper.

Dekalog [griech. »Zehnwort«] *der,* die →Zehn Gebote.

Dekameterwellen, die →Kurzwellen.

Dekan [lat.] *der,* **1)** *ev. Kirche:* in einigen ev. Landeskirchen Titel des →Superintendenten.

2) *Hochschulwesen:* der auf zwei bis vier Jahre gewählte Leiter eines Fachbereichs bzw. einer Fakultät; teilweise auch als Fachbereichssprecher bezeichnet. Dienststelle, Amtszeit und Amtsbezirk eines D. bezeichnet man als **Dekanat.**

3) *kath. Kirche:* **Dechant, Erzpriester,** ein kath. Priester, der eine Gruppe von Pfarreien eines Bistums (**Dekanat**) beaufsichtigt; **Kardinal-D.,** Vorsteher des Kardinalskollegiums.

Dekanter [frz.] *der,* Zentrifuge für die Trennung von Feststoff-Flüssigkeits-Gemischen im kontinuierl. Betrieb.

dekantieren [frz.], Flüssigkeit von einem Bodensatz abgießen.

Dekapolis [griech. »Zehnstädte(bund)«] *die,* **1)** Bund von zehn hellenist. Städten in Kleinasien (Damaskus u.a.); gegr. 62 v. Chr. von Pompeius, bestand bis um 200 n. Chr.

2) im 16./17. Jh. der seit 1354 bestehende elsäss. Zehnstädtebund der Reichsstädte Colmar, Hagenau, Kaysersberg, Landau (seit 1512), Mülhausen (bis 1515), Münster, Oberehnheim, Rosheim, Schlettstadt, Türkheim, Weißenburg, zeitweise auch Selz. Die Städte wurden 1672 von Frankreich annektiert.

Dekartellierung, Auflösung von wirtsch. Unternehmenszusammenschlüssen (→Kartell), die auf Wettbewerbsbeschränkung ausgerichtet sind.

Dekatieren [frz.], *Textiltechnik:* Behandeln von Wollgeweben mit Wasserdampf oder heißem Wasser, um sie flächenbeständig zu machen und den Glanz zu erhalten. (→Dämpfen)

Dekhan *der,* **Deccan, Dekkan,** die eigentl. Halbinsel des ind. Subkontinentes, südlich einer Linie vom Golf von Khambhat zum Ganges-Brahmaputra-Delta, ein nach S ansteigendes Hochland, das, im W durch die Steilstufe der Westghats von der Küstenebene getrennt, im O durch die Ostghats treppenartig zum Golf von Bengalen abfällt. Der W und NW ist auf einer Fläche von 500 000 km² von vulkan. Deckenergüssen (Trapp) überzogen. Anbau von Baumwolle, Reis, Mais, Hirse, Gewürzen, Kaffee und Tabak.

Dekker [ˈdekə], Thomas, engl. Dramatiker, * London um 1572, † ebd. 25. 8. 1632 (?); verfasste volkstüml. Dramen sowie Prosaschriften, welche humorvoll ein anschaul. Bild des shakespeareschen London vermitteln.

Deklamation [lat.] *die,* **1)** *allg.:* kunstgerechter Vortrag.

2) *Musik:* in einem Gesangstück das Verhältnis von Wort und Ton in Betonung, Rhythmus und Melodik.

Deklaration [lat.] *die,* **1)** *Post-, Steuer- und Zollwesen:* Inhalts-, Wertangabe, Steuer-, Zollerklärung.

2) *Völkerrecht:* eine Form, in völkerrechtlich zulässiger Weise etwas kundzutun, einen Willen zu erklären. Häufig auch Bez. für feierl. Erklärungen (z. B. Menschenrechts-D.).

Deklaration von Helsinki, Erklärung zu den eth. Grundsätzen für die medizin. Forschung am Menschen, einschließlich der Forschung an identifizierbarem menschl. Material oder identifizierbaren Daten. Die Inhalte der D. v. H. wurden vom Komitee für medizin. Ethik des Weltärztebundes erarbeitet. Ein erster Entwurf wurde 1964 vom Weltärztebund verabschiedet. Revisionen wurden 1975 (Tokio, Japan), 1983 (Venedig, Italien), 1989 (Hongkong), 1996 (Somerset West, Südafrika) und 2000 (Edinburgh, Schottland) vorgenommen.

deklaratorische Wirkung, die bloß feststellende Wirkung einer Entscheidung über das Bestehen eines Rechtes oder Rechtsverhältnisses, z. B. bei Feststellungsurteil, Bescheinigung, im Ggs. zur →konstitutiven Wirkung.

de Klerk, Frederick Willem, südafrikan. Politiker, →Klerk, Frederick Willem de.

Deklination [lat.] *die,* **1)** *Astronomie:* Abweichung, der Winkelabstand eines Gestirns vom Himmelsäquator (→astronomische Koordinaten).

2) *Geophysik:* **Missweisung,** der Winkel zw. geograf. und magnet. Nordpol.

3) *Grammatik:* Formabwandlung von Substantiv, Adjektiv, Artikel, Pronomen und Numerale nach Kasus, Numerus und Genus. Durch die D. werden die grammat. Beziehungen der Satzglieder untereinander bestimmt.

Dekohärenz, der Zerfall von quantenmechan. →Superpositionszuständen in ein statist. Gemisch von Eigenzuständen durch Wechselwirkung mit der Umgebung. Der Zerfall beruht auf der Entstehung →verschränkter Zustände zw. Quantensystem und Umgebung. Er erfolgt umso schneller, je größer die räuml. Ausdehnung des Systems ist. Nur spezielle Zustände, v. a. Eigenzustände, haben eine längere Lebensdauer. Wegen der kurzen Zerfallszeit erscheinen quantenmechan. Übergänge als unstetige Quantensprünge, obwohl die zeitl. Entwicklung des Systems entsprechend der Schrödinger-Gleichung erfolgt und deshalb stetig ist.

Dekokt [lat.] *das,* die →Abkochung.

Dekolleté [-kɔlˈteː, frz.] *das,* **Dekolletee,** tiefer Halsausschnitt bei Damenbekleidung.

Dekompensation [lat.] *die, Medizin:* das Versagen der Ausgleichsleistungen (Kompensation) zur Aufrechterhaltung der Funktionstüchtigkeit eines geschädigten oder geschwächten Organs, z. B. des Herzens, oder bei Schock.

Dekompression [lat.] *die,* **1)** *Medizin:* →Druckluftkrankheit.

2) *Technik:* Druckabfall in (Überdruck-)Systemen.

Dekonstruktivismus *der,* **1)** *allg.* und *Wissenschaftstheorie:* eine im Anschluss an die um wiss. Objektivität bemühten Theorien des →Strukturalismus und in Auseinandersetzung mit ihnen entstandene überdisziplinäre Wissenschaftsströmung. Der D. beruht auf dem Verfahren der Dekonstruktion, das darin besteht, ein zu kritisierendes Denksystem zunächst zu rekonstruieren, um dann, in dessen Nachvollzug, innere Unstimmigkeiten und Brüche aufzuzeigen.

2) *Architektur:* seit Mitte der 1980er-Jahre Bez. für eine Richtung, in deren Entwürfen das Verhältnis von Tragen und Lasten sowie traditionelle stat. Verhältnisse aufgelöst werden. Der unvermittelte Zusammenstoß unterschiedl. Materialien, Räume und Richtungen wirkt im Sinne konventioneller Sehgewohnheiten unharmonisch. Die dekonstruktivist. Architektur greift formal auf den russ. Suprematismus (K. Malewitsch) und die Ideen des Konstruktivismus (W. Tatlin, El Lissitzky, K. Melnikow) zurück und bezieht sich in ihrem theoret. Ansatz (B. Tschumi) auf J. Derrida (Beispiele: Vitra Design Museum, Weil a. Rhein, 1988–89, von Frank O. Gehry; Jüd. Museum, Berlin, 1992–99, von D. Libeskind; Science Center »Phaeno«, Wolfsburg, 2001–05, von Zaha Hadid).

Dekontamination *die,* Bez. für alle Maßnahmen, durch die ein radioaktiv, biologisch oder chemisch verseuchtes Gebiet oder Objekt entgiftet wird.

Dekonzentration *die,* →Entflechtung.

de Kooning, Willem, amerikan. Maler niederländ. Herkunft, →Kooning, Willem de.

Dekor [frz.] *der* oder *das,* Verzierung, Muster.

Dekorateur [-'tøːr, frz.] *der,* →Raumausstatter.

Dekoration [lat.] *die,* die künstler. Ausschmückung und Verzierung von Gegenständen, Bauwerken; Bühnenbild, Ausstattung.

Dekort [ital., frz.] *der,* Abzug vom Rechnungsbetrag für mangelhafte Ware.

DEKRA [urspr. Kw. für **De**utscher **Kr**aftfahrzeug-Überwachungsverein], Unternehmen, das techn. Kfz-Dienstleistungen im In- und europ. Ausland anbietet, Sitz: Stuttgart. In den neuen Bundesländern ist der DEKRA e. V., Dresden, mit den Aufgaben der →technischen Prüfstelle beauftragt.

Dekrement, 1) *Informatik:* →Inkrement.

2) [lat.] *das, Physik, Technik:* geringe Abnahme einer Größe, z. B. als Maß für die →Dämpfung in einem schwingungsfähigen System; Ggs.: Inkrement.

Dekret [lat.] *das,* Erlass, Beschluss, behördl. Verordnung.

Dekretalen, lat. **Decretales epistolae** oder **litterae,** altkirchl. und mittelalterl. Papstbriefe, die selbstständig neben den Konzilsbeschlüssen gemeinkirchl. Recht setzten.

Dekubitus [lat.] *der,* **Druckgeschwür,** das →Aufliegen.

Dekumatland, lat. **Agri decumates,** bei Tacitus Bez. für das Vorfeld des Röm. Reichs im Winkel zw. Rhein und Donau, das Neckarland und die Wetterau einschließend.

dekussiert [lat.], *Botanik:* kreuzgegenständig; die Blätter sind über Kreuz gestellt.

DEL, Abk. für **D**eutsche **E**ishockey-**L**iga, seit der Saison 1997/98 höchste Spielklasse (Profiliga) in Dtl. mit 15 Mannschaften. Die dt. Meisterschaft wird nach der Punktrunde im →Play-off entschieden.

del., Abk. für 1) →**del**eatur.

2) →**del**ineavit.

Delacroix [dəlaˈkrwa], Eugène, frz. Maler und Grafiker, * Saint-Maurice (bei Paris) 26. 4. 1798, † Paris 13. 8. 1863; beeinflusst bes. von den Werken P. P. Rubens', P. Veroneses, T. Géricaults und J. Constables, wurde er der bedeutendste Vertreter der romant. Malerei in Frankreich. Seine leidenschaftlich bewegten, in leuchtkräftigen Farben gemalten Bilder stellen Szenen aus Dichtungen, der Geschichte, zu zeitgenöss. Thematik (»Massaker von Chios«, 1824; »Die Freiheit führt das Volk an«, 1830) und auf eigenen Erlebnissen beruhende Szenen zum »oriental. Genre« dar (»Die Frauen von Algier in ihrem Gemach«, 1834; alle Paris, Louvre). Ab 1834 schuf er in Paris monumentale Wand- und Deckengemälde sowie zahlr. Porträts und Selbstporträts. Als Grafiker bevorzugte er die Lithografie (zu Goethes »Faust«, Shakespeares »Hamlet« u. a.). Sein Tagebuch (3 Bde., 1893–95) gehört zu den wichtigsten künstler. Selbstzeugnissen.

Eugène Delacroix (Ausschnitt aus dem »Selbstbildnis mit 40 Jahren«; 1839)

Delagoabay, tiefe, weit landeinwärts greifende Meeresbucht in S-Moçambique mit der Hptst. Maputo (bed. Hafen); die von hier ausgehende **Delagoabahn** ist eine der wichtigsten Verbindungen des Bergbau- und Ind.-Gebiets Witwatersrand (Rep. Südafrika) mit Übersee.

De la Mare [deləˈmeə], Walter John, engl. Dichter, * Charlton (Cty. Kent) 25. 4. 1873, † Twickenham (heute zu London) 22. 6. 1956; schrieb Kinder- und Nonsensverse sowie visionäre Gedichte, Erzählungen und Romane aus Bereichen jenseits der sinnl. Erfahrung.

Delaney [dəˈleɪnɪ], Shelagh, engl. Dramatikerin, * Salford 25. 11. 1939; schildert in lebendigen Dialogszenen das Leben in nordengl. Slums (u. a. »Bitterer Honig«, 1959).

Delannoy [dəlaˈnwa], Jean, frz. Filmregisseur, * Noisy-le-Sec (Dép. Seine-Saint-Denis) 12. 1. 1908; drehte Literaturverfilmungen wie »Und es ward Licht« (1946, nach A. Gide) und »Das Spiel ist aus« (1947, nach J.-P. Satre) sowie Kriminalfilme um Kommissar Maigret (nach G. Simenon).

De la Roche [deləˈrɔːʃ], Mazo, kanad. Schriftstellerin engl. Sprache, * Toronto 15. 1. 1879, † ebd. 12. 7. 1961; zeichnete in der Familienchronik der Whiteoaks (1927–60; »Die Familie auf Jalna«, 16 Bde.) ein verklärtes Bild des Landlebens in Ontario.

Delaunay [dəloˈnɛː], 1) Robert, frz. Maler, * Paris 12. 4. 1885, † Montpellier 25. 10. 1941; ∞ mit 2), entwickelte, ausgehend vom Kubismus, eine sich dem

Eugène Delacroix: Löwenjagd in Marokko (1854; Sankt Petersburg, Eremitage)

Ungegenständlichen nähernde Malerei geometrisch begrenzter und sich gegenseitig durchdringender Spektralfarbenflächen. Er stand den Malern des →Blauen Reiters nahe und beeinflusste bes. F. Marc, A. Macke, L. Feininger, P. Klee.

2) Sonia, geb. **Terk,** frz. Malerin russ. Herkunft, * Odessa 14. 11. 1885, † Paris 5. 12. 1979; studierte in Petersburg, Karlsruhe und Paris. 1910 heiratete sie R. Delaunay, dessen Ideen zu Farbmodulationen und Lichteffekten sie in ihren eigenen Bildern weiterentwickelte. Sie entwarf Theaterdekorationen, Inneneinrichtungen, Tapisserien und Stoffmuster; bemalte auch Keramik.

Delaware ['deləwɛə], **1)** *der,* Fluss im O der USA, 451 km, entspringt in den Catskill Mountains und mündet in die 90 km lange und bis 50 km breite, für Seeschiffe vertiefte Delaware Bay.

2) Abk. **Del.,** Bundesstaat der USA, am Atlantik, im O-Teil der Halbinsel Delmarva zw. Chesapeake Bay und Delaware Bay, 6 206 km^2, 843 500 Ew.; Hptst. ist Dover. In der Landwirtschaft dominieren Geflügelzucht sowie Anbau von Sojabohnen, Mais, Gemüse und Obst; petrochem., Stahlind., Kraftfahrzeugmontage, Textil-, Konservenfabriken. Größte Stadt ist Wilmington; Staatsuniv. in Newark (gegr. 1833). – Die erste Kolonie im D.-Gebiet wurde 1638 unter schwed. Hoheit gegründet. Seit 1655 in niederländ. und seit 1664 in engl. Besitz, gehörte D. 1682–1776 zu Pennsylvania; ratifizierte 1787 als erster Staat die Verf. der USA; stand im Sezessionskrieg zur Union.

Delawaren, Algonkin sprechender nordamerikan. Indianerstamm, einst in Pennsylvania an der atlant. Küste sesshaft; leben heute in Oklahoma, Wisconsin und Ontario; etwa 10 000 Menschen.

Delblanc, Sven, schwed. Schriftsteller und Literaturhistoriker, * Swan River (Prov. Manitoba, Kanada) 26. 5. 1931, † Stockholm 16. 12. 1992; gilt als klass. Erzähler der schwed. Gegenwartsliteratur (Romanzyklus »Hedebyborna«, 4 Bde., 1970–76).

Delbrück, Stadt im Kr. Paderborn, NRW, im SO der Westfäl. Bucht, 30 000 Ew.; vielfältige mittlere Industriebetriebe (Möbel, Metall u. a.).

Delbrück, 1) Hans, Historiker, * Bergen auf Rügen 11. 11. 1848, † Berlin 14. 7. 1929; 1896–1921 als Nachfolger H. von Treitschkes Prof. in Berlin, 1883–1919 Herausgeber der »Preuß. Jahrbücher«. – *Werke:* Gesch. der Kriegskunst im Rahmen der politischen Gesch., Bde. 1–4 (1900–20; fortgesetzt von E. Daniels und O. Haintz, Bde. 5–7, 1926–36); Weltgesch., 5 Bde. (1923–28).

2) Max, amerikan. Biophysiker und Biologe dt. Herkunft, * Berlin 4. 9. 1906, † Pasadena (Calif.) 9. 3. 1981; ab 1947 Prof. in Pasadena. Durch den Nachweis, dass die bakterielle Phagenresistenz auf Mutationen beruht, legte D. mit S. Luria den Grundstein für die Bakteriengenetik; 1946 entdeckte D. (mit W. T. Bailey jr.) die genet. Rekombination bei Bakteriophagen; er erhielt 1969 (mit Luria und A. D. Hershey) den Nobelpreis für Physiologie und Medizin.

3) Rudolf von (seit 1896), Politiker, * Berlin 16. 4. 1817, † ebd. 1. 2. 1903; seit 1849 im preuß. Handelsministerium maßgebend an der Wirtschaftspolitik beteiligt, seit 1867 Präs. des Bundeskanzleramts des Norddt. Bundes, seit 1871 Präs. des Reichskanzleramts. Die seit 1867 liberale preuß. Wirtschaftsgesetzgebung ging im Wesentlichen auf ihn zurück. 1876 trat er zurück, nachdem Preußen zunehmend von der Politik des Freihandels abrückte. Als Mitgl. des Reichstages (1878–81) war D. ein entschiedener Gegner der Schutzzollpolitik O. von Bismarcks.

deleatur [lat.], Abk. **del.,** Zeichen ⌒, auf Korrekturbögen: »es werde gestrichen«.

Deledda, Grazia, ital. Schriftstellerin, * Nuoro 27. 9. 1871, † Rom 15. 8. 1936; schildert in ihren Romanen und Novellen Land und Leute ihrer Heimat Sardinien: »Schilfrohr im Wind« (1913), »Marianna Sirca« (1915), »Die Mutter« (1920); erhielt 1926 den Nobelpreis für Literatur.

Delegation [lat.] *die,* **1)** *allg.:* Abordnung, Ausschuss von Bevollmächtigten.

2) *Recht:* die Übertragung der Zuständigkeiten eines Staatsorgans auf ein anderes, bes. der Kompetenz zum Erlass von Verordnungen von gesetzgebenden Körperschaften auf Verwaltungsorgane (erfolgt durch Gesetz).

de lege ferenda [lat. »nach zu erlassendem Gesetz«], vom rechtspolit. Standpunkt aus, im Unterschied zum geltenden Recht (**de lege lata** [lat. »nach erlassenem Gesetz«]). Mit der Formel d. l. f. wird zum Ausdruck gebracht, dass sich bei Anwendung des geltenden Rechts Mängel gezeigt haben, die bei einer Änderung beseitigt werden sollten.

Delémont [delə'mɔ̃], dt. **Delsberg,** Stadt und Hauptort des Kt. Jura und dessen Bez. Delémont, Schweiz, an der Sorne, 11 400 Ew. (über 80 % frz.-sprachig); Biolog. Kontrollinst.; Museum; Gießerei, Uhren-, Zement-, Eisen-, Messer- und Konfektionsind.; Viehmärkte; Bahnknotenpunkt. – Kirche Saint-Marcel (1762–66), ehem. bischöfl. Schloss, Rathaus, Präfektur (alle 18. Jh.). – D. erhielt 1289 Stadtrecht.

Delerue, Georges, frz. Komponist, * Roubaix 12. 3. 1925, † Burbank (Calif.) 20. 3. 1992; studierte Komposition u. a. bei D. Milhaud. D. schrieb v. a. Filmmusik, so u. a. für die Filme »Jules et Jim« (1960), »Silkwood« (1983) und »Platoon« (1986).

Deletion, *Genetik:* Form der Chromosomenmutation (→Chromosomenaberration), bei der ein Chromosomen- oder Chromatidenmittelstück verloren gegangen ist. Die D. tritt selten spontan auf; sie kann durch Strahlen und Chemikalien (v. a. interkalierende Substanzen) hervorgerufen werden.

Deleuze [də'løz], Gilles, frz. Philosoph, * Paris 18. 1. 1925, † (Selbsttötung) ebd. 4. 11. 1995; entwarf, die polit. Ereignisse vom Mai 1968 aufnehmend, eine Philosophie des Begehrens und produktiven Wünschens (»Anti-Ödipus«, 1972; mit F. Guattari) und propagierte ein Denken, das sich der Vielfalt, Heterogenität, den »Differenzen« der Wirklichkeit stellt.

Delfin, Delphin, lat. **Delphinus,** kleines Sternbild des nördl. Himmels.

Delfinarium, Delphinarium *das,* klimatisiertes Salzwasserbecken zur Haltung, Beobachtung oder Dressur von Delfinen.

Delfine [griech.], **Delphine,** lat. **Delphinidae,** artenreichste Familie vorwiegend Fische fressender Zahnwale von 1 bis 9 m Länge mit waagerechter Schwanzflosse sowie kegelförmigen Zähnen. D. besitzen ein gut entwickeltes Gehirn (differenzierte Laute zur gegenseitigen Verständigung) und sind in Gefangenschaft sehr gelehrig. Der **Gewöhnliche D.** (Delphinus delphis), bis 2,5 m lang, mit schnabelförmig verlängerter Schnauze, lebt in warmen und gemäßigten Meeren, der bis 4 m lange **Große Tümmler** (Tursiops truncatus) bevorzugt warme Meere. Der **Schwertwal** (**Orca,** Orcinus orca), bis 9 m lang, mit hoher spitzer Rückenflosse, greift auch andere Wale an, deshalb

Delaware 2)
Flagge

Max Delbrück

Grazia Deledda

Delft: Zugbrücke und Türme der Stadtbefestigung

»Killerwal« genannt. Der bis 6 m lange **Grind-** oder **Pilotwal** (Globicephala melas) ist weltweit verbreitet. Viele D. sind wegen der Meeresverschmutzung, des Rückgangs der Nahrungstiere und des Einsatzes langer Treibnetze bei der Fischerei, in denen sich auch D. verfangen, stark gefährdet. – Zahlr. Sagen schildern, wie D. Menschen aus Seenot retteten; nachweislich bewahrten D. Menschen vor dem Ertrinken.

Delfinschwimmen, *Sport:* →Schmetterlingsschwimmen.

Delft, Stadt in der niederländ. Prov. Südholland, am kanalisierten Schie, 95 800 Ew.; TU, Forschungsinstitute; Kabelfabrik, Kupferwalzwerk, Maschinenbau, elektrotechn., chem., opt. und Druckind., Fayencemanufaktur (**Delfter Fayencen**). – D. hat ein gut erhaltenes histor. Stadtbild mit schmalen Grachten; zahlr. spätgot. und Renaissancebauten, u. a. das Rathaus (1618–20) mit got. Belfried, Prinsenhof, die Residenz Wilhelms von Oranien (heute Museen); Oude Kerk (im 14. Jh. begonnen, im 15. Jh. umgebaut), Nieuwe Kerk (14./15. Jh.) mit den Gräbern des Hauses Nassau-Oranien. – D. erhielt 1246 Stadtrecht und war bis ins 17. Jh. eine bed. Handelsstadt.

Delfzijl [-'sεjl], Hafenstadt in der Prov. Groningen, Niederlande, an der Mündung der Ems, 28 800 Ew.; Aluminiumhütte, chem., Kunststoffind., Kabelfabriken; Vorhafen von Groningen; Passagierverkehr zur Insel Borkum. – D., ursprüngl. als Schleuse gegr., wurde während des niederländ. Freiheitskampfes schwer befestigt.

Delhi ['de:li], Stadt im N von Indien mit (2005) 10,93 Mio. Ew., deren südl. Stadtteil **Neu-Delhi (New Delhi)** die Hptst. Indiens ist. Im 1 483 km² großen Hauptstadtterritorium D. leben insgesamt (2006) 16,02 Mio. Ew. D. liegt am W-Rand des Doab, des flachen Zwischenstromlandes zw. Ganges und Yamuna. D. ist ein bed. Kulturzentrum mit Forschungsinstituten, 4 Univ., techn. u. a. Hochschulen, Bibliotheken,

Museen und ist kath. Erzbischofssitz. D. ist nach Bombay und Kalkutta drittgrößtes Ind.-Zentrum Indiens mit Textil-, chem., elektron. und Elektroind., Fahrzeugbau u. a. sowie wichtigster Verkehrsknotenpunkt N-Indiens mit internat. und Inlandsflughafen, U-Bahn (im weiteren Ausbau). – In der Altstadt befinden sich u. a. die Jama-Masjid-Moschee (1644–58), eine der größten Moscheen der Erde, die »Rote Burg« mit prächtigen Marmorbauten, Palästen und Moscheen sowie Hunderte von Bauten (Paläste, Moscheen, Grabmäler), die v. a. die Entwicklung der islam. Kunst in Indien widerspiegeln. In Neu-D. u. a. die mächtige Feste Lalkot, in der sich die Ruinen der Qutb- oder Quwwat-ul-Islam-Moschee (1193 ff.) mit dem 72 m hohen Minarett Qutb-ud-din-Minar (1193–1230; UNESCO-Weltkulturerbe) befinden, sowie das Grabmal von Humayun (1556–65; UNESCO-Weltkulturerbe). – Seit dem Ende des 12. Jh. übten sieben Städte im Bereich von D. (heute Ruinen mit bed. Bauresten) Hauptstadtfunktionen aus: Lalkot (11.–13. Jh.), Siri (14. Jh.), Jahanpanah (14. Jh.), Tughluqabad (14. Jh.), Firosabad (14. Jh.), Purana Qila (16. Jh.), Shahjahanabad (seit 1648). Von 1911 bis 1947 war D. Sitz des brit. Vizekönigs; seit 1947 ist es Hptst. des unabhängigen Indien.

Delibes, 1) [də'li:b], Léo, frz. Komponist, * Saint-Germain-du-Val (heute zu La Flèche, Dép. Sarthe) 21. 2. 1836, † Paris 16. 1. 1891; schrieb Ballette (z. B. »Coppélia«, 1870) und kom. Opern (»Der König hat's gesagt«, 1873; »Lakmé«, 1883).

2) [de'liβes], Miguel, span. Schriftsteller, * Valladolid 17. 10. 1920; schreibt in klarer, poet. Sprache symbolträchtige Romane und Erzählungen, die die span. Gesellschaft des 20. Jh. kritisch begleiten; als sein Meisterwerk gilt der Roman »Fünf Stunden mit Mario« (1966).

Weitere Werke: Romane: Und zur Erinnerung Sommersprossen (1950); Die heiligen Narren (1981); Das Holz, das die Helden sind (1987); Frau in Rot auf grauem Grund (1991); Tagebuch eines alten Känguruhs (1995); Der Ketzer (1998).

Delikt [lat.] *das,* Vergehen, Straftat, Verbrechen; im Strafrecht jede strafbare, rechtswidrige und schuldhafte Handlung; im Zivilrecht eine →unerlaubte Handlung, die zum Schadensersatz verpflichtet (»delikt. Haftung«).

Deliktsfähigkeit, die Fähigkeit, strafrechtlich für Delikte, zivilrechtlich für unerlaubte Handlungen voll verantwortlich zu sein. Sie beginnt im Zivilrecht mit dem vollendeten 18. Lebensjahr. Deliktsunfähig sind Personen unter sieben Jahren und Personen, die schuldlos nicht nach freier Willensbetätigung han-

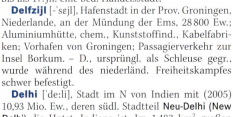

Delft: Teller der Delfter Fayencemanufaktur

Delft Stadtwappen

Delhi Stadtwappen

Léo Delibes

deln können (§§ 827, 828 Abs. 1 BGB). Wer das 7., aber noch nicht das 10. Lebensjahr vollendet hat, ist jedoch für den Schaden, den er bei einem Unfall mit einem Kfz, einer Schienen- oder Schwebebahn einem anderen zufügt, nicht verantwortlich (§ 828 Abs. 2 BGB); gilt nicht bei vorsätzl. Schädigung. Zw. dem 7. und 18. Lebensjahr besteht ansonsten D. nur dann, wenn die erforderl. Einsicht für die Verantwortlichkeit des Handelns vorhanden ist (§ 828 Abs. 3 BGB). Scheidet hiernach eine Haftung aus, kann sich aber aus Billigkeitsgründen eine Ersatzpflicht ergeben (§ 829 BGB). Ähnl. Bestimmungen gelten in *Österreich*. In der *Schweiz* ist jede urteilsfähige Person deliktsfähig (Art. 19 Abs. 3 ZGB). Eine untere Altersgrenze für die D. kennt das schweizer. Recht nicht; ob ein Kind urteilsfähig ist, muss im Einzelfall entschieden werden.

Strafrechtl. D. setzt mit Vollendung des 14. Lebensjahres ein (Jugendlicher). Bis zur Vollendung des 18. Lebensjahres kommt das Jugendstrafrecht, danach das allg. Strafrecht zur Anwendung. Täter zw. dem 18. und 21. Lebensjahr werden als »Heranwachsende« unter bestimmten Voraussetzungen Jugendlichen gleichgesetzt und nach Jugendstrafrecht verurteilt (§ 105 JGG). Während im *österr.* Recht Ähnliches gilt, beginnt in der Schweiz die strafrechtl. D. mit dem vollendeten 10. Lebensjahr (Art. 3 Jugendstraf-Ges., in Kraft seit 1. 1. 2007).

Delila [hebr. »die Zarte«], **Dalila**, im A. T. die Geliebte →Simsons.

DeLillo [dəˈlɪləʊ], Don; erfasst in seinen Romanen und Kurzgeschichten vielfältige Aspekte des amerikan. Gegenwartslebens wie Entfremdung, Subkulturen, Terrorismus, die Rolle moderner Medien, des Sports und der Rockmusik; schreibt häufig in iron. Betrachtungsweise. – *Werke: Romane:* Bluthunde (1978); Weißes Rauschen (1985); Sieben Sekunden (1988); Mao II (1991); Unterwelt (1997); Körperzeit (2001); Cosmopolis (2003). – *Drama:* Valparaiso (UA 1999).

delineavit [lat.], Abk. **del., delin.,** v. a. auf Kupferstichen: »hat (es) gezeichnet«.

Delinquent [lat.] *der*, Straftäter, Übeltäter.

Delirium [lat.] *das*, **Delir,** meist rückbildungsfähige und akute, hochgradige Bewusstseinsstörung mit Orientierungsstörungen (v. a. örtlich und zeitlich), Sinnestäuschungen (bes. opt. Halluzinationen), Wahnvorstellungen und psychomotor. Unruhe. D. tritt häufig bei Alkoholkrankheit und zahlr. anderen Erkrankungen (z. B. hohes Fieber, Infektionskrankheiten, Schilddrüsenüberfunktion, Vergiftungen, Urämie) oder nach Operationen auf. – **Delirium tremens** (**Alkoholdelir**) tritt bei chron. Alkoholmissbrauch im Entzug auf; zu den Symptomen gehören Händezittern (Tremor), Bewegungsunruhe, opt. Halluzinationen, epilept. Anfälle und mitunter auch lebensbedrohl. Kreislaufversagen.

delisches Problem, das Problem der Würfelverdoppelung unter alleiniger Zuhilfenahme von Zirkel und Lineal. Nach einem Orakelspruch sollte die Pest auf Delos dann zu Ende gehen, wenn der würfelförmige Altar des Apoll dem Volumen nach verdoppelt werde. Das d. P. gehört mit der Quadratur des Kreises (→Quadratur) zu den berühmten, mit Zirkel und Lineal unlösbaren Problemen der Antike. Die Unlösbarkeit konnte mithilfe der Theorie von E. Galois nachgewiesen werden.

Delitzsch [-tʃ], **1)** Landkr. im Reg.-Bez. Leipzig, Sachsen, 852 km^2, 123 200 Einwohner.

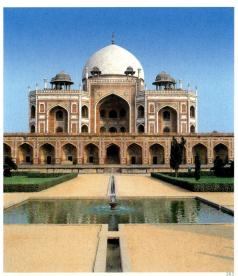

Delhi: das Grabmal von Humayun (1556–65; UNESCO-Weltkulturerbe)

2) Krst. im NW von Sachsen, am Lober, 28 000 Ew.; Wellpappenwerk, Schokoladen-, Dämmstofffabrik. – Stadtkirche (1404–99), Schloss (16. Jh.; Museum), Teile der mittelalterl. Stadtbefestigung (14. Jh.). – 1145 erstmals gen.; um 1200 Stadtrecht. 1980–92 wurde um D. Braunkohle abgebaut.

Delitzsch [-tʃ], **1)** Franz, ev. Theologe, *Leipzig 23. 2. 1813, †ebd. 4. 3. 1890, Vater von 2); Prof. in Leipzig, Rostock, Erlangen, gründete 1866 das Institutum Judaicum in Leipzig; wollte durch seine wiss. Arbeiten zum A. T. innerhalb der Kirche einem besseren Verständnis für die jüd. Religion und Gesch. Raum schaffen, aber auch mit seiner Übersetzung des N. T. ins Hebräische (1877) Juden einen Zugang zu den Quellen des christl. Glaubens eröffnen.

2) Friedrich, Assyriologe, *Erlangen 3. 9. 1850, †Langenschwalbach (heute Bad Schwalbach) 19. 12. 1922, Sohn von 1); Prof. in Leipzig, Breslau und Berlin; erforschte die Sprachen des Alten Orients. Seine Vorträge zum Thema »Babel und Bibel« führten zu lebhaften Auseinandersetzungen.

Delius [ˈdiːljəs], Frederick, brit. Komponist, *Bradford (Cty. West Yorkshire) 29. 1. 1862, †Grez-sur-Loing (bei Fontainebleau) 10. 6. 1934; lebte seit 1888 in Frankreich. D. komponierte Werke stimmungsvoller Tonmalerei (Opern, z. B. »Romeo und Julia auf dem Dorfe«, 1907, Orchester- und Chorwerke, Kammermusik, Lieder).

Delivery-Order [dɪˈlɪvərɪ ˈɔːdə, engl.] *die,* Abk. **d/o,** Anweisung des Wareneigentümers an den Lagerhalter, an die in der d/o bezeichnete Person oder Firma eine Ware auszuhändigen.

Delkredere [ital.] *das,* **1)** *Handelsrecht:* Gewährleistung für die Erfüllung einer Forderung durch einen Dritten; übernimmt bes. der Kommissionär gegenüber dem Kommittenten und der Handelsvertreter gegenüber dem Unternehmer, wofür er i. d. R. eine **D.-Provision** bezieht.

2) *Rechnungswesen:* Wertberichtigung für uneinbringl. und zweifelhafte Forderungen (Ausfälle) in der Bilanz (§ 253 HGB).

Dell'Abate, Abbate, Nicolò (Niccolo), ital. Maler, → Abate, Nicolò (Niccolo) dell'.

Della Casa, Lisa, eigtl. L. **Della Casa-Debeljevic,** schweizer. Sängerin (Sopran), *Burgdorf (Kt. Bern) 2. 2. 1919; sang seit 1947 an der Wiener Staatsoper, 1953–68 an der New Yorker Metropolitan Opera. Trat v. a. mit Mozart- und Strauss-Partien hervor.

Della Porta, Giacomo, italienischer Baumeister, *Porlezza (bei Como) 1532, † Rom 3. 9. 1602; stand in der Nachfolge Michelangelos, nach dessen Plänen er ab 1564 in Rom den Kapitolsplatz mit Konservatorenpalast und die Umgestaltung des Senatorenpalastes leicht abgeändert ausführte; ab 1573 Bauleiter der Peterskirche; übernahm von seinem Lehrer Vignola die Bauleitung der Kirche Il Gesù (Fassade 1571–73). – *Werke:* Vollendung der Kuppel der Peterskirche (1588–1603; mit D. Fontana); Loggia und Vollendung des Palazzo Farnese (1574–89); Villa Aldobrandini in Frascati (1601 begonnen; von C. Maderno vollendet).

della Robbia, ital. Bildhauerfamilie, → Robbia.

Delle, flache, längl. Einsenkung der Erdoberfläche mit muldenförmigem Querschnitt, ohne fließendes Gewässer, bes. auf Hochflächen oder im Quellbereich von Tälern.

Dell Inc. [- ɪnˈkɔːpəreɪtɪd], weltweit tätiger Elektronikkonzern (PCs, Server, Workstations, Drucker, Software und Netzwerkprodukte); Sitz: Round Rock (Texas), gegr. 1984 von Michael Dell (*1965) als Dell Computer Corp., heutige Firmen-Bez. seit 2003.

Dellinger-Effekt [nach dem amerikan. Physiker John Howard Dellinger, *1886, †1962], **Mögel-Dellinger-Effekt,** → Ionosphäre.

Delmenhorst, kreisfreie Stadt in Ndsachs., 75 700 Ew.; Bekleidungs-, chemische, Kunststoff verarbeitende, Nahrungs- und Genussmittelind., Maschinenbau, Linoleumproduktion; Garnison. – Stadtrecht seit 1371.

Del Monaco, 1) Giancarlo, ital. Regisseur und Theaterleiter, *Villorba (bei Venedig) 27. 12. 1943, Sohn von 2); 1980–83 Intendant des Staatstheaters Kassel, 1992–97 der Oper in Bonn, 1997–2001 Leiter des Opernhauses in Nizza; auch Gastregisseur.
2) Mario, ital. Sänger (Tenor), *Florenz 27. 5. 1915, † Venedig 16. 10. 1982, Vater von 1); v. a. Interpret dramatischer ital. Opernpartien.

Delon [dəˈlõ], Alain, frz. Schauspieler, *Sceaux (Dép. Hauts-de-Seine) 8. 11. 1935; spielte Filmrollen, u. a. unter der Regie von M. Antonioni (»Liebe 62«, 1962), L. Visconti (»Der Leopard«, 1963) und J. P. Melville (»Der eiskalte Engel«, 1967). D. bevorzugt kühle Charaktere, die ihn zu einem Star des europ. Films machten. – *Weitere Filme:* Nur die Sonne war Zeuge (1959); Rocco und seine Brüder (1960); Nouvelle Vague (1990); Der Anwalt (1993).

Alain Delon

De Long, George Washington, amerikan. Polarforscher, *New York 22. 8. 1844, † im Lenadelta Ende Okt. 1881; entdeckte als Leiter der Jeanette-Expedition (Beginn 1879) die nach ihm benannten **De-Long-Inseln** (→ Neusibirische Inseln); ging im Lenadelta mit einem Teil seiner Mannschaft zugrunde.

Delors [dəˈlɔːr], Jacques Lucien, frz. Politiker, *Paris 20. 7. 1925; seit 1974 Mitgl. des Parti Socialiste (PS), war 1981–84 Wirtschafts- und Finanzmin., 1985–94 Präs. der EG-Kommission. 1992 erhielt er den Internat. Karlspreis der Stadt Aachen.

Jacques Delors

Delos, neugriech. **Dilos,** kahle Insel der Kykladen, Griechenland, zw. Mykonos im NO und Rinia (in der Antike Rheneia) im W, 3,4 km², aus Gneis und Granit aufgebaut; bed. Fremdenverkehr. – Die schon im 3. Jt. v. Chr. besiedelte Insel war seit dem 8./7. Jh. v. Chr. Mittelpunkt des Apollonkultes (**Delischer Apoll**); Orakelstätte in frühcharchaischer Zeit; im 5. Jh. v. Chr. Sitz des Att. Seebundes; in hellenist. Zeit wichtiger Handelsplatz und größter Sklavenmarkt des Altertums. – Frz. Ausgrabungen seit 1873 legten reiche Zeugnisse der vorchristl. Kultstätte frei, u. a. drei Apollontempel, Schatzhäuser, Prozessionsstraße mit Löwenskulpturen vom Letotempel, gut erhaltene hellenist. Häuser mit Mosaiken (u. a. »Haus der Kleopatra«). – Die Insel wurde von der UNESCO zum Weltkulturerbe erklärt.

Delp, Alfred, kath. Theologe, *Mannheim 15. 9. 1907, † (hingerichtet) Berlin 2. 2. 1945; seit 1926 Jesuit; war ab 1942 innerhalb der dt. Widerstandsbewegung im → Kreisauer Kreis aktiv, wo er am Entwurf einer christl. Sozialordnung mitarbeitete. – *Werke:* Trag. Existenz (1935); Der Mensch und die Geschichte (1943).

Delphi, griech. **Delphoi,** Fremdenverkehrszentrum in der Landschaft Phokis, Mittelgriechenland, am Berg Parnass, an der Stelle der gleichnamigen antiken Stadt; 2 400 Ew.; archäolog. Museum. – D. war schon in myken. Zeit Kultstätte. Seit dem 9./8. Jh. v. Chr. ist das Apollonheiligtum mit dem berühmten Orakel (Orakelpriesterin Pythia) nachzuweisen, dessen Sprüche meist vor polit. Entscheidungen eingeholt wurden. Seit 582 v. Chr. wurden hier die Pyth. Spiele abgehalten; 279 v. Chr. plünderten die Kelten D.; im 1. Jh. v. Chr. setzte ein allmähl. Verfall ein. Durch frz. Ausgrabungen seit 1892 wurden bed. Reste des Apollonheiligtums freigelegt (Schatzhäuser der Sikyoner und der Athener; Skulpturen des Schatzhauses der Siphnier, archaischer Tempel); außerhalb lagen das röm. Stadion, das Brunnenhaus der Kastalia und das Heiligtum der Athene (mit dem teilweise wieder aufgerichteten Tholos). Einzelwerke bes. der Plastik bis in röm. Zeit sind im Museum ausgestellt. Die Stätte wurde von der UNESCO zum Weltkulturerbe erklärt.

Delphine, → Delfine.

Delphinin *das,* blauer Blütenfarbstoff des Rittersporns (Delphinium) aus der Gruppe der Anthocyane; ein Lebensmittelfarbstoff.

Del Ponte, Carla, schweizer. Juristin, *Lugano 9. 2. 1947; zunächst Staatsanwältin des Kt. Tessin, danach Generalstaatsanwältin der Schweiz; trat v. a. für die Bekämpfung der organisierten Kriminalität und der Geldwäsche ein; am 11. 8. 1999 vom UN-Sicherheitsrat zur Chefanklägerin des Internat. Strafgerichts für Verbrechen im ehem. Jugoslawien und des Internat. Strafgerichts für Verbrechen in Ruanda (→ Kriegsverbrechertribunal) bestimmt (Amtsantritt am 15. 9. 1999); als Chefanklägerin für das Ruanda-Strafgericht wurde sie im Sept. 2003 abgelöst.

Delsberg, Stadt im Kt. Jura, Schweiz, → Delémont.

Delta [griech.] *das,* **1)** *Geografie:* der Form des griech. Buchstabens Δ entstammende Bez. für eine Flussmündung, die sich unter beständiger Ablagerung der vom Fluss mitgeführten Sinkstoffe in das Mündungsbecken vorschiebt, wobei sie durch vielfältige Verzweigung des Flusslaufs fächerförmige Gestalt erhält. Gewaltige D. haben u. a. Nil, Po, Mississippi und Hwangho aufgeschüttet.
2) Zeichen Δ, δ, der vierte Buchstabe des griech. Alphabets.

Delta Air Lines Inc. [ˈdeltə ˈɛəlaɪnz ɪnˈkɔːpəreɪtɪd], nordamerikan. Luftverkehrsgesellschaft, gegr. 1924. (→ Luftverkehrsgesellschaften, Übersicht)

Delta Air Lines Inc.

Delta Amacuro, Territorium von →Venezuela.
Delta-Cephe|i-Sterne, →Cepheiden.
Deltafliegen, das →Drachenfliegen.
Deltaflügel, Flugzeugtragflügel, die in Draufsicht die Form eines Dreiecks (Deltas) aufweisen; bietet geringen Widerstand im Überschallbereich und Stabilitätsvorteile.
Deltafunktional *das,* **Deltafunktion, diracsche Deltafunktion,** eine →Distribution zur einfacheren Behandlung physikal. Probleme wie der Darstellung von Punktquellen oder der Impulsübertragung. Das D. $\delta(x-a)$ nimmt für alle Argumente x den Wert 0 an außer für $x = a$, wo es derart unendlich wird, dass sein Integral den Wert 1 hat.
Deltamuskel, *Anatomie:* das Schultergelenk kappenförmig umgebender, zw. Schultergürtel und Oberarmbein liegender Muskel. Aufgaben: z. B. Heben des Arms (Abduktion), Drehen des Arms im Schultergelenk nach innen und außen.
Delta|operator, →Laplace-Gleichung.
Deltawerke, 1950–86 geschaffene Anlage zum Schutz vor Meereseinbrüchen im SW der Niederlande, im Delta von Rhein, Maas und Schelde. Die Maßnahmen reichen von vollständiger Abriegelung der Wasserarme bis zum Bau eines bewegl. Sturmflutwehres mit 62 Fluttoren in der Oosterschelde. Den Abschluss der D. bildet das 1997 fertiggestellte Sturmflutwehr am Nieuwe Waterweg auf der Höhe von Maassluis zum Schutz des Rotterdamer Hafens.
Delvaux [del'vo], Paul, belg. Maler und Grafiker, * Antheit (bei Huy, Prov. Lüttich) 23. 9. 1897, † Veurne (Prov. Westflandern) 20. 7. 1994; stand anfangs dem Expressionismus nahe, wandte sich um 1934 dem Surrealismus zu; isolierte Figuren (meist Akte) in kulissenhafter Architektur. Er lebte in den letzten Jahren erblindet in seinem Museum (1982 eröffnet) im Badeort Saint-Idesbald.
Del Vecchio [- 'vɛkkio], Giorgio, ital. Rechtsphilosoph, * Bologna 26. 8. 1878, † Genua 28. 11. 1970; entwickelte in Auseinandersetzung mit dem Rechtspositivismus eine idealist. Rechtsphilosophie, die Rechtsbegriff und Rechtsidee unterscheidet. Schrieb u. a. »Die Grundprinzipien des Rechts« (1923), »Lehrbuch der Rechtsphilosophie« (1930).
Demagoge [griech. »Volksführer«] *der,* im Griechenland der Antike ein einflussreicher Redner in Volksversammlungen; heute Volksverführer, Aufwiegler; Politiker, der sich der →Demagogie bedient.
Demagogenverfolgung, die Maßnahmen der Gliedstaaten des Dt. Bundes gegen die nat. und liberalen Strömungen aufgrund der →Karlsbader Beschlüsse von 1819. Sie wurden nach der Julirevolution von 1830 verschärft und in Preußen bis 1840 streng gehandhabt. Von diesen Verfolgungen wurden namentlich die Burschenschafter betroffen (u. a. Fritz Reuter). Als Folge der D. wurde der liberalen Opposition im Dt. Bund die legale Basis entzogen.
Demagogie *die,* Aufwiegelung und Verführung einer Volksmasse zur Durchsetzung polit. Ziele durch Appelle an Emotionen und Vorurteile, durch Lügen, unbewiesene Behauptungen und Diffamierungen.
Démarche [de'marʃ(ə); frz. »Schritt«] *die,* förml. Erklärungshandlung im diplomat. Verkehr, die ein bestimmtes Verhalten des Staates, an den die D. gerichtet ist, veranlassen will.
Demarkation [frz., zu ahd. marka »Grenze«] *die,* **Delimitation,** Festlegung der Grenzen zw. Staaten nach Gebietsveränderungen oder Konflikten durch Vereinbarung. **D.-Linie,** vorläufige Abgrenzung von Hoheitsgebieten, die im völkerrechtl. Sinne keine Staatsgrenze bildet.

Delphi: Tholos aus dem 4. Jh. v. Chr.

Demawend *der,* höchster Berg Westasiens, im Elbursgebirge, Iran, 5671 m ü. M.; am Fuß des vergletscherten Vulkankegels entspringen warme Schwefelquellen.
Demblin, dt. Name der poln. Stadt →Dęblin.
De Mello [-'mɛlu], Sergio Vieira, brasilian. Politiker, * Rio de Janeiro 15. 3. 1948, † Bagdad 19. 8. 2003; 1997–99 UN-Untergeneralsekr. für humanitäre Angelegenheiten und Nothilfekoordinator, 1999 UN-Sonderbeauftragter im Kosovo, dann bis Mai 2002 Leiter der UN-Übergangsverw. in Osttimor; seit dem 12. 9. 2002 UN-Hochkommissar für Menschenrechte. Im Mai 2003 wurde er außerdem UN-Sonderbeauftragter für Irak. Er kam bei einem Bombenanschlag auf das UN-Hauptquartier in Bagdad ums Leben.
De Menezes [-'mɛnes], Fradique, Geschäftsmann und Politiker in São Tomé und Príncipe, * Madalena (auf São Tomé) 21. 3. 1942; studierte im Ausland Psychologie, Pädagogik und Wirtschaft, arbeitete bei internat. Unternehmen, war Botschafter in Brüssel und kehrte 1989 als Vertreter internat. Firmen nach São Tomé und Príncipe zurück. Seit 1992 Vors. der Unabhängigen Demokrat. Aktion (ADI) und seit 2001 Staatspräsident.
Dementi [frz.] *das,* offizielle Richtigstellung, Widerruf.
Demenz *die,* **Dementia,** erworbene, meist irreversible Minderung geistiger Fähigkeiten (Intelligenz, Gedächtnis, Auffassungsgabe) durch degenerative Schädigungen des Gehirns, im Unterschied zum angeborenen Intelligenzmangel (→geistige Behinderung); oft verbunden mit Veränderungen in der Persönlichkeitsstruktur. Ursachen sind u. a. Gefäßveränderungen (arteriosklerot. D.), chron. Vergiftungen, z. B. nach ständigem Alkoholmissbrauch (Alkohol-D.) oder Infektionen. Tritt die D. in höherem Alter auf, so wird sie als **senile D.** (Altersdemenz) bezeichnet. – **Dementia praecox** ist eine veraltete Bez. für →Schizophrenie.
Demeter, griech. Göttin des Erdsegens und der Fruchtbarkeit, nach den Mythen Schwester des Zeus, Mutter der Persephone. Als die Tochter von Hades in die Unterwelt entführt wurde, versank die Göttin in tiefe Trauer. Ihr zu Ehren wurden die Eleusinischen

Demeter: Marmorstatue aus dem Heiligtum von Demeter und Kore in Knidos, Höhe 1,53 m (340/330 v. Chr.; London, Britisches Museum)

Mysterien (→Eleusis) und die Thesmophorien (ein Fruchtbarkeitsfest) gefeiert. Von den Römern wurde D. mit Ceres gleichgesetzt.

Demetrios, makedon. und syr. Könige, bes. **Demetrios I. Poliorketes** (griech. »Städtebelagerer«), * um 336, † Apameia am Orontes um 283 v. Chr.; zus. mit seinem Vater Antigonos I. Monophthalmos Herrscher (seit 306 König) über dessen kleinasiat. Diadochenreich. 294 wurde er König der Makedonen (von Pyrrhos 287 vertrieben). In Kleinasien musste er sich 285 seinem Schwiegersohn Seleukos I. ergeben, in dessen Haft er starb.

Demetrios von Phaleron, athen. Gelehrter und Staatsmann, * um 360 v. Chr., † in Ägypten um 280 v. Chr.; verfasste philosoph., histor. und polit. Schriften. 307 v. Chr. aus Athen vertrieben. Er regte am Hofe Ptolemaios' I. die Gründung der Alexandrin. Bibliothek an.

Demetrius, russ. Großfürsten und Herrscher, →Dmitri.

De Mille [də'mil], Cecil B. (Blount), amerikan. Filmregisseur, * Ashfield (Mass.) 12. 8. 1881, † Los Angeles 21. 1. 1959; schuf monumentale Ausstattungsfilme zu bibl. und antiken Themen, u. a. »Die zehn Gebote« (1923, 1956); war Mitbegründer der Filmstadt Hollywood.

Demineralisation [lat.] *die, Medizin:* Verarmung des Körpers an Mineralien, z. B. Calciumverlust der Knochen bei Osteoporose, Kochsalzverlust bei länger andauerndem Erbrechen, aber auch bei mineralienarmer Ernährung.

Demirel, Süleyman, türk. Politiker, * İslâmköy (Prov. Isparta) 6. 10. 1924; Ingenieur, 1964–80/81 Vors. der Gerechtigkeitspartei, 1965–71, 1975–77 (mit Unterbrechungen) und 1979–80 Min.-Präs. Nach dem Militärputsch von 1980 wurde ihm jede polit. Betätigung untersagt. 1987 politisch rehabilitiert, gründete D. die Partei des Rechten Weges (DYP) und war 1991–93 Min.-Präs., 1993–2000 Staatspräs. der Türkei.

demi-sec [-'sɛk, frz.], engl. **medium dry,** halbtrocken, Geschmacksklassifizierung für Schaumweine mit 33–50 g/l Restzuckergehalt.

Demission [frz.] *die,* Niederlegung (eines Amtes), Rücktritt (einer Reg. oder eines Ministers).

Demiurg [griech. »Handwerker«] *der,* bei Platon (Dialog »Timaios«) der Weltbaumeister, der die chaot. Materie nach ewigen Ideen zum geordneten, beseelten und vernunftbegabten Kosmos formt; bei Plotin der dem Einen entspringende Geist (Nus), der die Vielfalt der Welt aus sich entlässt.

Demme ['dɛmɪ], Jonathan, amerikan. Filmregisseur, * Rockville Centre (N. Y.) 22. 2. 1944; drehte u. a. »Die Mafiosi-Braut« (1988), »Das Schweigen der Lämmer« (1991), »Philadelphia« (1993) und »Der Manchurian Kandidat« (2004).

Demmin, 1) Landkreis in Meckl.-Vorp., 1 922 km² und 86 100 Einwohner.
2) Hansestadt D., Krst. von 1) in Meckl.-Vorp., an der Peene, 12 800 Ew.; Baugewerbe, Maschinenbau, Verarbeitung landwirtsch. Produkte; Peenehafen. – Teile der alten Stadtmauer mit Pulverturm und Luisentor (1570), backsteingot. St.-Bartholomäi-Kirche und got. Rathaus. – D., 1070 als Burg der Liutizen erwähnt, erhielt 1236 lüb. Stadtrecht; war 1283–1607 Mitgl. der Hanse. 1648 kam D. an Schweden, 1720 an Preußen.

Demobilmachung, Demobilisierung, die Zurückführung der Streitkräfte, der Wirtschaft und der Verwaltung eines Landes aus dem Kriegs- in den Friedenszustand.

Democratic Party [dəmə'krætɪk 'pɑːtɪ], engl. Bez. der →Demokratischen Partei in den USA.

Democrazia Cristiana, Abk. **DC,** ital. Partei, gegr. 1942 im Widerstand gegen den Faschismus, bekannte sich zu einem demokrat. Staatsaufbau und zur kath. Soziallehre. Seit 1945 entwickelte sich die Partei zur stärksten Gruppe innerhalb des ital. Parteienfeldes. Sie stellte meist den Min.-Präs. (u. a.: A. de Gasperi, A. Segni, A. Fanfani, A. Moro, G. Andreotti) und oft den Staatspräs. (A. Segni, G. Leone, F. Cossiga). Nach dem Verlust der 1948 gewonnenen absoluten Mehrheit regierte die DC ab 1953 in Koalitionen, zunächst (bis 1960) meist nach »rechts«, später nach »links« orientiert. Unter der Leitidee eines »histor. Kompromisses« kam es in den 1970er-Jahren zeitweilig zu einer parlamentar. Zusammenarbeit mit den Kommunisten. Unter dem (nicht bewiesenen) Vorwurf parteipolit. Verflechtungen und persönl. Verstrickungen von DC-Politikern in kriminelle Strukturen verlor die DC zu Beginn der 1990er-Jahre stark an polit. Glaubwürdigkeit. Die ital. Staatskrise, die 1992 offen ausbrach, führte auch zur Auflösung der DC (Jan. 1994). Zu den Nachfolgegründungen gehören der Partito Popolare Italiano (PPI), das Centro Democratico Cristiano (CDC) und die Cristiani Democratici Uniti (CDU).

Demodulation [lat.] *die, Nachrichtentechnik:* die möglichst originalgetreue Rückgewinnung der niederfrequenten Schwingungen, die einer hochfrequenten Trägerschwingung durch →Modulation aufgeprägt wurden.

Demodulator [lat.] *der,* elektron. Schaltung oder Bauelementgruppe zur Rückgewinnung (**Demodulation**) von Ton-, Bild- oder Hilfssignalen aus einer mit ihnen modulierten elektr. Hochfrequenzschwingung. Als D. ist grundsätzlich jedes elektron. Bauelement verwendbar, das den elektr. Strom in einer Richtung durchlässt, in der anderen sperrt (z. B. Gleichrichter).

Demografie [griech.] *die,* →Bevölkerungswissenschaft.

demografischer Übergang, eine bevölkerungswiss. Theorie über die Entwicklung der Geburten- und Sterbeziffern während der Übergangsphase von der Agrar- zur Industriegesellschaft. In traditionellen Gesellschaften ist sowohl die Geburten- als auch die Sterbeziffer hoch, sodass die Wachstumsrate der Bev. sehr gering ist. Durch medizin. Fortschritt sinkt zunächst die Sterblichkeitsrate, mit zunehmender allgemeiner Bildung und einsetzender Industrialisierung auch die Geburtenziffer. Wenn sich Geburten- und Sterbeziffern auf niedrigem Niveau stabilisieren, stellt sich Nullwachstum der Bev. ein. Familienplanungsprogramme und Wirtschaftshilfe sollen den d. Ü. in Entwicklungsländern beschleunigen.

Demokratie [griech. »Herrschaft des Volkes«] *die*, eine Form des polit. Lebens, die von der Gleichheit und Freiheit aller Bürger ausgeht und die Willensbildung der Gemeinschaft oder des Staates vom Willen des gesamten Volkes ableitet (A. Lincoln: »Regierung des Volkes durch das Volk für das Volk«); der Begriff D. wird von sehr unterschiedlichen polit. Richtungen in Anspruch genommen. Das Volk als eigentl. Träger der Staatsgewalt (Volkssouveränität) ist berufen, seinen Willen in Mehrheitsentscheidungen kundzutun, entweder unmittelbar (**unmittelbare** oder **direkte D.**, z. B. auf der Landsgemeinde in einigen schweizer. Kantonen) oder durch die Wahl von Abg. zur Volksvertretung (**mittelbare** oder **repräsentative D.**); die Letztere ist heute die gebräuchlichste Art, z. T. mit plebiszitären Elementen (→Volksentscheid). Die Volksvertretung beschließt die Gesetze und ist in den meisten Staaten bes. W- und N-Europas an der Bildung der Reg. beteiligt; die Reg. bedarf des Vertrauens der Volksvertretung und wird durch diese kontrolliert (**parlamentar. D.**). In einigen Staaten wählt das Volk das Staatsoberhaupt, das zugleich Reg.-Chef ist (**Präsidial-D.** z. B. USA), in der Schweiz wird das Staatsoberhaupt jährlich aus dem Kollegium der Bundesräte gewählt (zum Schutz vor Missbrauch der Einzelgewalt); ein Mischsystem besteht z. B. in Frankreich. Das Verhältnis der Verf.-Organe zueinander kann stärker vom Prinzip der gegenseitigen Kontrolle (»checks and balances«, **Konkurrenz-D.**, z. B. USA) oder von dem des Zusammenwirkens (**Konkordanz-D.**, z. B. Dtl., Schweiz) bestimmt sein.

Grundelemente einer demokrat. Verf. sind allg., freie, geheime und in bestimmten Mindestabständen stattfindende Wahlen, die Verteilung der drei Hauptaufgaben staatl. Machtausübung (Gesetzgebung, Reg., Rechtsprechung) auf voneinander unabhängige Organe (→Gewaltenteilung) und die Garantie der →Grundrechte. Die Staatshandlungen müssen mit der Mehrheit des Volkswillens (Mehrheitsprinzip) sowie mit der Verf. und den Gesetzen (Rechtsstaat) übereinstimmen. Voraussetzung einer D. ist, dass die Minderheit als Opposition ungehindert zu Wort kommt und die Reg. kontrolliert, dass ein Reg.-Wechsel mit friedl. Mitteln (Neuwahlen, Misstrauensvotum) gesichert ist, dass die Minderheit durch Gesetze (Erschwerung der Verf.-Änderung) und durch demokrat. Spielregeln geschützt ist (keine unfaire Änderung der Wahlgesetze vor Neuwahlen) und dass die Organe der öffentl. Meinung vom Staat unabhängig sind. Demokrat. Staaten ergreifen i. d. R. Maßnahmen zum Schutz der D. gegen verfassungsfeindl. Bestrebungen (**streitbare Demokratie**).

Eine D. ist nicht notwendig eine Republik, so können parlamentar. Monarchien praktisch D. sein (z. B. Großbritannien, die Beneluxstaaten und die nordeurop. Staaten). Andererseits verstanden sich Diktaturen – v. a. im 20. Jh. – als D. und bedienten sich bestimmter demokrat. Elemente. Die in den ehemals kommunistisch regierten Ländern O-Europas praktizierten Formen des →Rätesystems und der →Volksdemokratie scheiterten um 1990. – Die Idee der →Basisdemokratie zielt auf eine Überwindung der Trennung von Gesellschaft und Staat, Alltagsfragen und Politik durch herrschaftsfreie Kommunikation der Gesamtheit der Bürgerschaft.

Geschichte: Demokrat. Verfassungen gab es in altgriech. Stadtstaaten (Athen, 508 v. Chr.). Die D. galt jedoch bis weit in die Neuzeit als nachteilige, weil instabile Staatsform neben der Herrschaft eines Einzelnen (Monarchie) und der Herrschaft weniger (Oligarchie). Im 13. Jh. entstand eine bäuerl. D. in den schweizer. Urkantonen. Frühchristl. Gedankengut (Überzeugung von der Gotteskindschaft aller Menschen) wurde im 16. Jh. durch den linken Flügel des Calvinismus wirksam (Genf); in der engl. Revolution des 17. Jh. wurde diese religiöse D. auf das polit. Leben bes. in den Gemeinden übertragen (→Independenten). Mit den Pilgervätern kamen diese Gedanken nach Amerika, wo sie am umfassendsten und dauerhaftesten in der Unabhängigkeitserklärung der USA (1776) und in der »Erklärung der Menschen- und Bürgerrechte« verwirklicht wurden. In Europa bereiteten Gleichheitsvorstellungen die D. vor: der Pietismus (Vorrang der Erwählung vor der Herkunft), der Absolutismus (Gleichheit der Pflichten), die Aufklärungsphilosophie (Gleichheit der Rechte). Zu diesen Einflüssen trat in Frankreich im Zeitalter der Aufklärung (Montesquieu, Rousseau) der Glaube an die menschl. Vernunft, der seinen polit. Niederschlag in der Frz. Revolution fand. Die »Ideen von 1789« breiteten sich mit der Forderung der Menschenrechte und der Humanität rasch über Mittel- und N-Europa aus und führten zur Ausbildung konstitutioneller Monarchien mit demokrat. Verfassungen. Seitdem bildete sich das demokrat. Ideengut in Auseinandersetzung mit sozialist. Theorien, ihren polit. Umsetzungen und im Gefolge des Strebens breiter Volksmassen nach sozialem Aufstieg und polit. Teilhabe (Partizipation) ständig fort; gleichzeitig fiel die polit. Willensbildung den →Parteien zu, die mehr und mehr Eigengewicht erhielten. Auch der Einfluss organisierter Sonderinteressen (Verbände), die Neigung zur Vernachlässigung längerfristiger polit. Ziele angesichts vergleichsweise kurzer Wahlperioden, institutionelle Verkrustungen, das Auftreten extremist. Bewegungen und Parteien u. a. werden als Gefährdungen der D. kritisiert.

Demokratie Jetzt, Abk. **Dj, DJ,** am 12. 9. 1989 gegründete, aus kirchl. Kreisen hervorgegangene Bürgerbewegung in der DDR; maßgeblich beteiligt am demokrat. Umbruch im Herbst 1989, schloss sich am 7. 2. 1990 mit anderen Bürgerbewegungen zum →Bündnis 90 zusammen.

Demokratische Bauernpartei Deutschlands, Abk. **DBD,** Partei in der DDR, gegr. am 29. 4. 1948 unter maßgebl. Mitwirkung früherer KPD-Funktionäre, um die Landbev. an die Politik der SED heranzuführen. Im Juli 1990 schloss sie sich der CDU (Ost) an und vereinigte sich mit dieser am 1./2. 10. 1990 mit der bundesdt. CDU.

demokratische Opposition, i. Allg. Bez. für die Träger und Akteure jegl. polit. Widerstandes in Diktaturen und autoritären Herrschaftssystemen; agieren hauptsächlich in →Bürgerrechtsbewegungen bzw. →Bürgerbewegungen; i. e. S. Bez. für jene unabhängigen Initiativen und Sammlungsbewegungen, die in der Tschechoslowakei, Ungarn und Polen aus Protesten gegen die kommunist. Regime seit Anfang der 1970er-Jahre hervorgegangen sind (u. a. →Charta 77,

Demokrit als lachender Philosoph im Gegensatz zum weinenden Heraklit, Gemälde von Dirck van Baburen (Anfang 17. Jh.; Kaunas, M.-K.-Čiurlionis-Nationalmuseum)

das poln. KOR). – Das theoret. Konzept der d. O. wurde in Ungarn entwickelt. – I. w. S. wird der Begriff d. O. – v. a. in der Medienöffentlichkeit – auch zur Bez. für polit. Sammlungsbewegungen (nach 1991 bis in die Gegenwart) verwendet, die sich in autoritären Regimen spontan herausbilden (u. a. Serbien 2000, Georgien 2003, Ukraine 2004, Kirgistan 2005; → friedliche Revolution).

Demokratische Partei, engl. **Democratic Party,** eine der beiden großen polit. Parteien in den USA; geht zurück auf die Antifederalists, die als Gegner der Verf. von 1787 die Kompetenzen der Einzelstaaten stärken wollten, und die (Demokrat.) Republikaner unter T. Jefferson; bildete sich unter Führung von A. Jackson; spaltete sich im Vorfeld des →Sezessionskrieges in einen nord- und einen südstaatl. Flügel und verlor damit ihre bis dahin dominierende polit. Rolle an die 1854 gegr. Republikan. Partei. Die D. P. stellte danach die Präs. S. G. Cleveland (1885–89 und 1893–97), T. W. Wilson (1913–21), F. D. Roosevelt (1933–45), H. S. Truman (1945–53), J. F. Kennedy (1961–63), L. B. Johnson (1963–69), J. E. Carter (1977–81) und B. Clinton (1993–2001). Trotz ihrer stärkeren sozialpolit. Ausrichtung weist die D. P. nur geringe ideolog. Unterschiede zur Republikan. Partei auf. Bes. mit der Forderung nach einem Kurswechsel in der zunehmend auch in der Bev. kritisierten Irakpolitik gewann die D. P. in den Kongresswahlen vom Nov. 2006 nach zwölf Jahren die Mehrheit in beiden Parlamentshäusern zurück.

Demokratische Partei Saar, Abk. **DPS**, nach 1945 im Saargebiet gegr. Partei (1951–55 verboten), wandte sich gegen die Loslösung des Saarlandes vom dt. Staatsgebiet; seit 1957 Landesverband der FDP.

Demokratischer Aufbruch, Abk. **DA**, am 1. 10. 1989 gegründete Bürgerbewegung der DDR, hervorgegangen aus einer im Juli 1989 begründeten kirchl. Initiative, formierte sich am 16./17. 12. 1989 zur polit. Partei. Der DA bildete bei den Volkskammerwahlen vom 18. 3. 1990 mit CDU und DSU die »Allianz für Dtl.«; er schloss sich im Aug. 1990 der CDU (Ost) an und vereinigte sich mit dieser am 1./2. 10. 1990 mit der bundesdt. CDU. – Vors. R. Eppelmann.

Demokratischer Frauenbund Deutschlands, Abk. **DFD**, am 8. 3. 1947 gegründete Massenorganisation für Frauen in der SBZ/DDR, bis 1989 von der SED gelenkt; seit 1989/90 unabhängig; Rechtsnachfolger ist der **Demokrat. Frauenbund e. V.** (Abk. **dfb**).

demokratischer Sozialismus, eine Richtung innerhalb des →Sozialismus.

demokratischer Zentralismus, Organisations- und Leitungsprinzip kommunist. Parteien und Staatsapparate: 1) Alle leitenden Organe sollen jeweils von unten nach oben gewählt werden; 2) alle Mitgl. haben strengste Parteidisziplin zu wahren; die Minderheit muss sich der Mehrheit bedingungslos unterwerfen; 3) die Beschlüsse höherer Organe sind für die niederen absolut bindend.

Demokratische Volkspartei, Abk. **DVP**, Name der am 18. 7. 1945 auf Landesebene in Württemberg-Baden gegründeten liberalen Partei (u. a. T. Heuss, R. Maier); wurde am 11. 12. 1948 Bestandteil der FDP und nahm für Württemberg-Baden und dessen Gebiet die Bez. **FDP/DVP** an.

Demokrit, griech. **Demokritos,** griech. Philosoph, * Abdera um 460 v. Chr., † zw. 380 und 370 v. Chr.; der erste Systembildner der Philosophie und der umfassendste Forscher der Antike vor Aristoteles, Schüler des Leukipp; Hauptvertreter der →Atomistik. Er versuchte mit deren Hilfe Bewegung, Werden und Vergehen in der Wirklichkeit zu erklären und gab damit eine konsequent mechanistisch-materialist. Weltdeutung, die über P. Gassendi und G. Galilei auf die Entwicklung der modernen Naturwiss. einwirkte. – Auf seine Lehre, dass die durch maßvolle und gleichmütige Haltung zu erlangende Glückseligkeit das höchste Gut sei, geht der →Eudämonismus zurück.

Demonetisierung [zu lat. moneta »Münze«], Zurückdrängung des Goldes als wichtigstes Zahlungs- und Reservemedium im internat. Währungssystem (seit 1974), u. a. durch Schaffung anderer Reservemedien (z. B. Sonderziehungsrechte), Aufhebung der Goldkonvertibilität des US-Dollars, Abschaffung des offiziellen Goldpreises und Beseitigung der Funktion des Goldes als gemeinsame Bezugsgröße für die Wechselkurse.

Demonstration [lat.] *die,* **1)** *allg.:* Beweisführung, Darlegung.
2) *Politik:* öffentl. Kundgebung von gesellschaftl. Forderungen sowie innen- und außenpolit. Anschauungen, in totalitären und autoritären Staaten ausschließlich in systemkonformer Aussage und Organisation, in Demokratien häufig zugleich veranstaltet als Protest gegen Maßnahmen der Reg., ihrer nachgeordneten Verwaltungsbehörden oder gegen Ziele und Handlungen polit. Gegner. Neben öffentl. Umzügen oder Versammlungen unter freiem Himmel entwickelten sich weitere D.-Techniken, z. B. →Go-in, →Sit-in, Menschenketten oder Blockaden.
Das Recht zu friedl. D. ist in freiheitlich-demokrat. Staaten durch die Grundrechte der →Meinungsfreiheit und der →Versammlungsfreiheit gesichert und zugleich begrenzt (in Dtl. durch Art. 5 und 8 GG). Führt eine D. zu Störungen der öffentl. Sicherheit und Ordnung, so ist ein Einschreiten der Polizei zulässig; artet eine D. in Gewalttätigkeiten gegen Personen oder Sachen aus, so machen die Demonstranten sich strafbar (→Landfriedensbruch). D. unter freiem Himmel müssen spätestens 48 Stunden vor ihrer Bekanntgabe bei der Ordnungsbehörde angemeldet werden; sie können unter bestimmten Voraussetzungen verboten werden (Versammlungs-Ges. i. d. F. v. 15. 11. 1978).

Demonstrativpronomen, *Grammatik:* hinweisendes →Pronomen.

Demontage [-'taːʒə, frz.] *die,* erzwungener Abbau von Industrieanlagen, bes. in einem besiegten

Land. – Die D. dt. Industrieanlagen, auf den Konferenzen der Anti-Hitler-Koalition von Jalta (Febr. 1945) und Potsdam (Juli–Aug. 1945) als Form der Dtl. auferlegten →Reparationen beschlossen, wurde nach einem von den Alliierten aufgestellten Ind.-Plan (März 1946) vorgenommen. Dieser sah die D. von 1 800 Betrieben vor. Die D. betraf bes. die Eisen- und Stahlind., die chem. Ind., den Maschinen- und Fahrzeugbau, Schiffswerften sowie Zulieferwerke der Grundstoffind. Widerstände in Dtl. und Kritik der D.-Politik in den USA führten zu mehrfacher Revision der D.-Pläne der Westmächte (zuletzt im Petersberger Abkommen, 22. 11. 1949). Ende 1950 wurde die D. in der Bundesrep. Dtl. eingestellt. – In der SBZ wurde die D. teilweise wesentlich über die im Ind.-Plan festgelegten Kapazitätsgrenzen ausgedehnt. Die D. erfolgte in mehreren Wellen bis 1948, vereinzelt auch noch später; daneben wurden Reparationen aus der laufenden Produktion entnommen. Der Gesamtwert der demontierten Anlagen wird für Westdtl. auf bis zu 5,4 Mrd. DM geschätzt, für Ostdtl. auf bis zu 5 Mrd. DM.

de mortuis nil nisi bene [lat.], von den Toten (rede) nur gut.

Demos [griech. »Gemeinde«, »Volk«] *der,* im alten Griechenland urspr. die zusammen siedelnde Sippe, später sowohl die gesamte Staatsbürgerschaft und deren Versammlung als auch nur das niedere Volk, im Besonderen die städt. Menge (→Demokratie). Im Anschluss an die alte Bedeutung hießen vielerorts auch ländl. Gemeinwesen Demos.

Demoskopie [griech.] *die,* →Meinungsforschung.

Demosthenes, griech. Redner und Staatsmann, * Paiania (Attika) 384 v. Chr., † auf Kalaureia (heute Poros) 322 v. Chr.; versuchte vergeblich, die polit. Freiheit der Griechen gegen die makedon. Großmacht zu verteidigen (philippische [→Philippika] und olynthische Reden). 324 wurde er wegen angebl. Bestechung durch Harpalos verurteilt und floh nach Troizen (Argolis). Nach dem Tod Alexanders d. Gr. (323) ehrenvoll zurückgerufen, musste er vor Antipater abermals fliehen und tötete sich selbst.

demotische Schrift, →ägyptische Schrift.

Dempf, Alois, kath. Philosoph, * Altomünster (Kr. Dachau) 2. 1. 1891, † Eggstätt (Kr. Rosenheim) 15. 11. 1982; u. a. Arbeiten zur Geschichts- und Kulturphilosophie, Anthropologie und Wissenschaftslehre vom thomist. Standpunkt (Neuscholastik) aus.

Dempster Highway [ˈdempstə ˈhaɪweɪ], Fernstraße (745 km) im NW von Kanada, zw. Dawson (am Yukon River) und Inuvik (im Delta des Mackenzie); 1979 fertiggestellt.

Demski, Eva, geb. **Küfner,** Schriftstellerin, * Regensburg 12. 5. 1944; bis 1977 Journalistin; ihre Gegenwartsromane spiegeln in Einzelschicksalen die Gesellschaft der Bundesrep. Dtl. seit dem Ende des Zweiten Weltkriegs (u. a. »Goldkind«, 1979; »Scheintod«, 1984; »Afra«, 1992), zunehmend nutzt sie dabei satir. Mittel (»Das Narrenhaus«, 1997). Seit den 1980er-Jahren schreibt sie auch essayist. Prosa (u. a. Reiseskizzen, so »Mama Donau«, 2001; »Von Liebe, Reichtum, Tod und Schminke«, 2004).

Demulgatoren [lat.], grenzflächenaktive Stoffe wie Salze von Fett- oder Sulfonsäuren, die die Entmischung einer Emulsion bewirken.

Demus, Jörg, österr. Pianist, * Sankt Pölten 2. 12. 1928; verfügt über ein breites Repertoire mit Vorliebe für Werke der Romantik; auch Liedbegleiter.

Demut, die Eigenschaft, sich selbst um anderer Menschen willen oder angesichts göttl. Macht zurückzustellen. Die antike Ethik stellt dem Begriff der D. den der →Hybris gegenüber. Die Ethik des A. T. fordert D. als Ausdruck der grundsätzl. Abhängigkeit des Menschen von Gott, seinem Schöpfer. Im N. T. und im Christentum orientiert sich die D. am Vorbild Jesu und ist Ausdruck der christl. Grundhaltung, die den an Jesus Christus glaubenden Menschen sein Denken, Fühlen und Handeln unter das Gebot der Gottes- und Nächstenliebe stellen lässt.

Denali, bei den Indianern Name des Mount →McKinley in Alaska (USA), im **Denali National Park** (bis 2. 12. 1980 Mount McKinley National Park; 19 020 km², u. a. mit Bären, Karibus, Bergschafen; eingerichtet 1917.

Denar [lat. »Zehner«] *der,* **1)** altröm. Silbermünze, urspr. = 10 As.
2) karoling. Silbermünze = $1/12$ Solidus (Schilling) = $1/240$ Pfund Silber, eine Einteilung, die im brit. Münzwesen bis 1971 erhalten blieb.
3) Abk. **Den,** Währungseinheit der Rep. Makedonien, 1 D. = 100 Deni.

Denaturalisation [lat.] *die,* Entlassung aus der Staatsangehörigkeit.

denaturieren [lat.], **1)** *Biochemie:* biologisch wirksame Substanzen durch chemische, physikalische oder mechanische Vorgänge so verändern, dass sie ihre spezifischen biologischen Eigenschaften verlieren (z. B. Denaturierung von Proteinen).
2) *Chemie:* →vergällen.

Denazifizierung, svw. →Entnazifizierung.

Denbighshire [ˈdenbɪʃɪə], Unitary Authority in NO-Wales, Großbritannien, 838 km², 96 000 Ew.; Verw.-Sitz ist Ruthin.

Dench, Dame (seit 1970) Judi (Judith) Olivia, brit. Schauspielerin, * York 9. 12. 1934; spielt seit den 1950er-Jahren Bühnen- sowie seit den 1960er-Jahren Filmrollen, u. a. (ab 1995) die Geheimdienstchefin »M« in der James-Bond-Reihe sowie in den Filmen »Shakespeare in Love« (1998) und »Iris« (2001). – *Weitere Filme:* Zimmer mit Aussicht (1985); Ihre Majestät Mrs. Brown (1997); Chocolat (2000).

Dendera, griech. **Tentyra,** Dorf und Ruinenstätte in Oberägypten, am linken Ufer des Nils, bei Kena; in der Nähe der Haupttempel der Göttin Hathor, einer der besterhaltenen Tempel Ägyptens (20 v. Chr. fertig gestellt).

Demosthenes, römische Marmorkopie einer Bronzestatue des Polyeuktos (Kopenhagen, Ny Carlsberg Glyptotek)

Den Haag: Mauritshuis von Jacob van Campen (1633–44; zusammen mit Pieter Post)

Dendrimere [zu griech. déndron »Baum«], hochverzweigte Polymerstrukturen, die sich ausgehend von einem Kern generationsweise aufbauen und vergrößern lassen. Für die Synthese benötigt man Monomere mit mehreren funktionellen Gruppen (mindestens drei). Ein solcher Grundbaustein dient als Kern, um den sich schalenförmig weitere Grundbausteine an die funktionellen Gruppen anlagern. Da jede Seitenkette wiederum Verknüpfungsmöglichkeiten enthält, entsteht ein baumartiges Gebilde mit zahlr. Verästelungen; im Idealfall ist das Molekül völlig symmetrisch aufgebaut und besitzt kugelförmige Gestalt.

Dendrit [von griech. déndron »Baum«] der, 1) *Anatomie:* fein verästelter Fortsatz einer Nervenzelle (→Nerven). 2) *Mineralogie:* verästelte, moos-, strauch- oder baumförmige Kristallbildungen, auch als Einschluss (z. B. **Moosachat**) oder auf Mineral- und Gesteinsfugen; v. a. von Eisen- und Manganoxiden oder -hydroxiden, aber auch Blei gebildet.

Dendrochronologie, **Baumringchronologie,** Verfahren zur Datierung von Holz unbekannten Alters durch Vergleich seiner Jahresringmuster mit einem »Baumringkalender« (Aneinanderreihung der Jahresringe von Bäumen, die sich zeitlich überschneiden). In einigen Regionen gelingt damit die Datierung von Holzfunden und damit der sie enthaltenden Kulturschichten aus den letzten 10 000 Jahren. Verwendung findet die D. v. a. in Archäologie und Geschichtswiss. (z. B. bei prähistor. Pfahlbauten), in der Klimaforschung sowie zur Klärung geologisch-ökolog. Fragestellungen.

Dendrologie [griech.] *die,* **Gehölzkunde,** Lehre von den Bäumen und Sträuchern.

Dene, Kirsten, Schauspielerin, * Hamburg 16. 3. 1943; Theaterrollen in Stuttgart, Bochum, Salzburg und Wien, Zusammenarbeit u. a. mit C. Peymann.

Deneb [arab.] *der,* der hellste Stern im Sternbild Schwan.

Deneuve [dəˈnœv], Catherine, eigtl. C. **Dorléac,** frz. Filmschauspielerin, * Paris 22. 10. 1943; wandlungsfähige Darstellerin, u. a. in den Filmen »Belle de jour« (1967), »Die letzte Metro« (1980), »8 Frauen« (2002). – *Weitere Filme:* Die schönen Wilden (1975); Ein Hauch von Zärtlichkeit (1976); Die wiedergefundene Zeit (1999); Dancer in the Dark (2000).

Catherine Deneuve

Deng Xiaoping

Den Haag Stadtwappen

dengeln, Sensen oder Sicheln durch Dünnschlagen der Schneide schärfen.

Denguefieber [ˈdɛŋge-, span.], **Siebentagefieber, Pokalfieber,** durch Stechmücken der Gattung Aedes übertragene akute Infektionskrankheit der Tropen und Subtropen. Erreger ist das Denguevirus (Typ 1–4); Kennzeichen sind, nach einer Inkubationszeit von 5 bis 8 Tagen, v. a. Fieber, Gelenk- und Muskelschmerzen sowie Hautausschlag. Prophylaxe: Mückenbekämpfung.

Deng Xiaoping [-ˈçiao-], **Teng Hsiao-p'ing,** chin. Politiker, * Guang'an (Prov. Sichuan) 22. 8. 1904, † Peking 19. 2. 1997; nahm 1934/35 am →Langen Marsch teil. 1952 wurde er stellv. Min.-Präs., 1954 Gen.-Sekr. des ZK der KPCh, 1955 Mitgl. des Politbüros und 1956 seines Ständigen Ausschusses. Während der Kulturrevolution wurde er 1967 politisch ausgeschaltet, 1973 jedoch rehabilitiert; ab 1975 stellv. Vors. des ZK der KPCh; als »Anhänger eines kapitalist. Weges« 1976–77 wieder aller Ämter enthoben. Nach seiner erneuten Rehabilitierung (1977) und Wiedereinsetzung in seine Ämter stieg D. X. zum führenden Politiker der VR China auf. Er betrieb ab 1978 ein Programm der »Strukturreform und der Öffnung nach außen«; gleichzeitig verhinderte er eine polit. Liberalisierung. 1980 trat er von seinen Staatsämtern zurück, 1987 von fast allen Parteifunktionen. Als Vors. (1981–89) der Zentralen Militärkommission des ZK der KPCh und Vors. (1983–90) der staatl. Zentralen Militärkommission (Oberbefehlshaber) war er mitverantwortlich für den blutigen Militäreinsatz gegen die Demokratiebewegung im Juni 1989. Auch nach Aufgabe aller offiziellen Ämter blieb er politisch einflussreich.

Den Haag [niederländ. dɛnˈhaːx], amtl. niederländ. **'s-Gravenhage,** Residenzstadt sowie Reg.- und Parlamentssitz der Niederlande, Hptst. der Prov. Südholland, liegt zw. den Mündungen des Alten Rheins und der Nieuwe Maas, reicht mit seinem Stadtteil Scheveningen (Seebad und Fischereihafen) bis an die Nordsee, 469 300 Ew.; D. H. ist Sitz des höchsten niederländ. Gerichts, des Internat. Gerichtshofs, des Ständigen Schiedsgerichtshofs und der Völkerrechtsakademie; Hochschule für Sozialstudien, Königl. Konservatorium für Musik und Tanz; Gemäldegalerien (bes. Mauritshuis, 1633–44), Königl. Akademie der Bildenden Künste, Königl. Bibliothek, Museen, Theater, Reichsarchiv; die Industrie umfasst Metallverarbeitung, elektrotechn., chem., pharmazeut., Druck- und Nahrungsmittelind.; wichtiger Verkehrsknotenpunkt. D. H. ist auch Kongressstadt und Touristenzentrum. – Zu den frühen Bauten des 20. Jh. gehören Werke von P. Kramer (»De Bijenhof«, 1926), H. P. Berlage (Gemeindemuseum, 1927–35), G. T. Rietveld (Wohnhäuser). Mit der Neugestaltung des Stadtzentrums seit Mitte der 1980er-Jahre kamen zahlr. Projekte bedeutender Architekten zur Ausführung. Zentrum der Stadt ist das mittelalterl. Grafenschloss (der »Binnenhof«) mit Sitzungssaal der Generalstaaten; spätgotische Groote Kerk (14./15. Jh.), Nieuwe Kerk (1649–56) sowie weitere zahlr. Bauten aus dem 17. und 18. Jh., königl. Paläste. Einer der reichsten Bauten der niederländ. Frührenaissance ist das Rathaus (1564–65, später mehrfach erneuert). D. H. besitzt herausragende Beispiele moderner Architektur (u. a. Niederländisches Tanztheater von R. Koolhaas, 1984–88, niederländ. Bildungsministerium von K. P. Fox (2003). – D. H. ist 1250 um den »Binnenhof«, das Schloss der Grafen von Holland, entstanden. Ab 1580

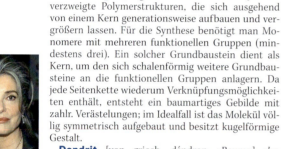

tagten hier die holländ. Stände und auch die Generalstände der Niederländ. Rep.; erhielt 1811 Stadtrecht.

Den Helder, Hafenstadt in den Niederlanden, an der Nordspitze der Prov. Nordholland, gegenüber der Insel Texel, 59 800 Ew.; Flottenstützpunkt der niederländ. Marine und der NATO; Marineoffiziers-, Seefahrtschule, Marinemuseum; Fischereihafen, Werften.

DENIC e. G. [Abk. für **D**eutsches **N**etwork **I**nformation **C**enter], die für die Vergabe und die Registrierung von Domainnamen (→ Domain) unterhalb der deutschen Top-Level-Domain ».de« zuständige Institution; Sitz: Frankfurt am Main.

Denier [dəˈnje, frz.] *das,* Einheitenzeichen **den,** nicht gesetzl. Einheit der längenbezogenen Masse (Fadenstärke) bei textilen Fäden: 1 den = $1/9$ g/km = $1/9$ tex. (→ Garnfeinheit)

Denikin, Anton Iwanowitsch, russ. General, * bei Warschau 16. 12. 1872, † Ann Arbor (Mich.) 8. 8. 1947; war 1917 Oberbefehlshaber der russ. West- und Südwestfront; kämpfte 1918 – 20 als Führer einer Freiwilligenarmee in S-Russland gegen die Bolschewiki und wurde im Okt. 1919 von der Roten Armee besiegt. 1920 ging er ins Exil (zuletzt in die USA).

De Niro [engl. dəˈnaɪərəʊ], Robert, amerikan. Filmschauspieler, Regisseur und Produzent, * New York 17. 8. 1943; häufig Zusammenarbeit mit dem Regisseur M. Scorsese; wichtiger Darsteller des New Hollywood und Vertreter des Method Acting. – *Filme:* Der Pate, 2. Teil (1974); 1900 (2 Tle., 1974, 1976); Taxi Driver (1976); Wie ein wilder Stier (1979); Es war einmal in Amerika (1984); Good Fellas (1990); Kap der Angst (1991); Wag the Dog (1997); Der gute Hirte (2006, auch Regie).

Denis [dəˈni], Maurice, frz. Maler, * Granville (Dép. Manche) 25. 11. 1870, † Saint-Germain-en-Laye 13. 11. 1943; Mitbegründer und maßgebl. Theoretiker der →Nabis; malte Figurenkompositionen in heller Farbskala, darunter Wand- und Deckenbilder, Bildteppiche und Glasfenster; bed. Buchillustrationen im Stil des Art nouveau.

Denissow, Edisson Wassiljewitsch, russ. Komponist, * Tomsk 6. 4. 1929, † Paris 24. 11. 1996; schrieb unter Verwendung von Zwölftontechnik und Aleatorik Orchesterwerke (Sinfonie Nr. 2, 1997), Opern (u. a. »Der Schaum der Tage«, 1986), Konzerte, Kammermusik und Vokalwerke.

Denitrifikation [nlat.] *die,* **Denitrifizierung,** unter Luftmangel im Boden stattfindende bakterielle Umsetzung von Nitraten (→ Düngemittel) zu gasförmigem Stickstoff und Distickstoffmonoxid. Durch D. wird Stickstoff der Pflanzenernährung entzogen.

Denizli [dɛˈnizli], Prov.-Hptst. in SW-Anatolien, Türkei, 275 000 Ew.; Handelszentrum; Textil- und Konfektionsind.; geotherm. Kraftwerk. Nördl. von D. liegen die Ruinen von Laodikeia und die Kalksinterterrassen von Pamukkale (→ Hierapolis).

Denken, Prozess, bei dem Wahrnehmungen, Erinnerungen und Vorstellungen so miteinander in Beziehung gebracht werden, dass u. a. Gegenstände (und Wirklichkeit überhaupt) erfasst und erkannt, verstanden, eingeordnet und beurteilt sowie Probleme gelöst werden können. Es gibt zahlr. Wesensbestimmungen des D., denen versch. philosoph. und weltanschaul. Positionen zugrunde liegen, und ebenso eine Reihe von Gliederungen (z. B. in vorsprachl., bildhaft-anschaul., abstraktes D.). In der Psychologie wird der Akt oder Vollzug des D. beschrieben: seine Bedingungen (Anschauungs- und Sprachgebundenheit, Bezogenheit auf Sinnzusammenhänge u. a.), seine Arten (gefühlsmäßiges, intuitives, schlussfolgerndes, zergliederndes D. u. a.) und seine persönlichkeitsbildende Funktion. Als Erkenntnisfunktion und unter dem Gesichtspunkt seiner Geltung oder Objektivität ist das D. Gegenstand der Philosophie. Die allgemeinsten Arten, Gegenständliches zu erfassen, beschreibt die Kategorienlehre, die allgemeinsten Formen der gedankl. Verknüpfung von Bedeutungseinheiten, Begriff, Urteil und Schluss, werden in der formalen Logik untersucht. Das Erkenntnisziel des D. ist letztlich Wahrheit, die vollständigste Realisierung des D. die Wissenschaft (→ Methode).

Denkmal, 1) *allg.:* jeder kunst-, kultur- oder allgemein geschichtlich bedeutsame Gegenstand, der von einer früheren Zeit Zeugnis ablegt, auch als Natur- und Bodendenkmal.

2) *Kunst:* **Monument,** ein zur Erinnerung an bestimmte Personen oder Ereignisse errichtetes Werk der Bau- oder Bildhauerkunst. Sondergruppen bilden das Grabmal und jene D., die vorrangig Hoheits- und Rechtszeichen sind oder chronolog. Zwecken dienten. – Abb. S. 982

Denkmalpflege, die kulturell begründete und im **Denkmalschutz** auch gesetzlich geregelte Bewahrung und Pflege von Gegenständen, deren Erhaltung wegen ihrer histor., künstler., städtebaul. oder wiss. Bedeutung im öffentl. Interesse liegt. Die D. ist in den meisten Ländern eine staatl. Aufgabe, in Dtl. ist sie auf Länderebene organisiert; internat. Interessenorganisation der D. (nachgeordnete Organisation der UNESCO) ist ICOMOS, gegr. 1965, Sitz: Paris. Im Rahmen internat. Abkommen wird der Denkmalschutz durch die Haager Konvention vom 14. 5. 1954 (bei bewaffneten Konflikten), das Europ. Kulturabkommen vom 19. 12. 1954, das Europ. Übereinkommen zum Schutz archäolog. Kulturguts vom 6. 5. 1969 (revidierte Fassung zum Schutz des archäolog. Erbes vom 16. 1. 1992), das Europ. Übereinkommen zum Schutz des architekton. Erbes vom 3. 10. 1985 und das UNESCO-Übereinkommen zum Schutz des Kultur-

Robert De Niro

Maurice Denis: Heimsuchung (1890; Sankt Petersburg, Eremitage)

Denkmal 2): Johannes Schilling und Karl Weisbach, »Niederwalddenkmal« oberhalb von Rüdesheim am Rhein (1871–83)

und Naturerbes der Welt (→Weltkulturerbe) vom 23. 11. 1972 berücksichtigt.

Denktasch, Rauf, türkisch-zypr. Politiker, * Ktima (bei Paphos) 27. 1. 1924; war 1973 Vizepräs. der Rep. Zypern, dann – nach der Teilung der Insel – 1976–2005 Präs. des türkisch-zypr. Teilstaates im N der Insel (Nordzypern).

Denner, Balthasar, Maler, * Hamburg 15. 11. 1685, † Rostock 14. 4. 1749; v. a. an nordeurop. Höfen wegen seiner von der niederländ. Malerei beeinflussten naturalist. Porträts geschätzt.

Dennett, Daniel Clement, amerikan. Philosoph, * Boston (Mass.) 28. 3. 1942; einer der einflussreichsten Vertreter der analyt. Philosophie des Geistes. – *Werke:* Ellenbogenfreiheit. Die wünschenswerten Formen von freiem Willen (1984; dt.); Philosophie des menschl. Bewußtseins (1991; dt.); Darwins gefährliches Erbe (1995; dt.); Spielarten des Geistes (1996; dt.); Sweet dreams. Philosophical obstacles to a science of consciousness (2005).

Denomination [lat.] *die,* 1) *Aktienrecht:* Form der Kapitalherabsetzung bei einer AG durch Minderung der Aktiennennbeträge.

2) *Konfessionskunde:* wertfreie, v. a. angelsächs. Bez. für christl. Kirchen und Gemeinschaften, die sich einerseits von den histor. Mehrheitskirchen in einem Land (Staats- und Volkskirche), andererseits von Einzelgruppen und -gemeinden wie auch von instabilen Glaubenskreisen abheben.

Denotat [lat.] *das, Sprachwissenschaft:* Gegenstand oder Sachverhalt der außersprachl. Wirklichkeit, auf den sich das sprachl. Zeichen bezieht (z. B. können die sprachl. Zeichen »Frau« und »Weib« dasselbe D. bezeichnen).

Denpasar, Hptst. von Bali, Indonesien, rd. 300 000 Ew.; Univ.; Fremdenverkehrszentrum; internat. Flughafen.

Densitometer [zu lat. densus »dicht«] *das,* Gerät zum Bestimmen der opt. (Farb-)Dichte oder Schwärzung fotograf. Schichten.

Dent [dã; frz. »Zahn«] *die,* in den französischsprachigen Alpen Name scharfkantiger, zahnförmiger Berggipfel, z. B. in den Walliser Alpen: **Dents du Midi** (3 257 m ü. M.), **Dent Blanche** (4 357 m ü. M.).

dental [lat.], die Zähne betreffend.

Dental *der,* Zahnlaut (→Laut).

Dentalfluorose *die,* →Fluorvergiftung.

Dentalturbine, →Bohren.

Dentin [lat.] *das,* Zahnbein, Bestandteil der →Zähne.

Dentition [lat.] *die,* das Zahnen, der Zahndurchbruch (→Zähne).

D'Entrecasteauxinseln [dãtrəkas'to-, frz.], zu Papua-Neuguinea gehörende Inselgruppe vulkan. Ursprungs, vor der SO-Spitze von Neuguinea, bis 1 700 m ü. M.; rd. 3 110 km²; etwa 60 000 meist melanes. Ew.; Kokosplantagen. – 1793 entdeckt.

Denudation [lat. »Entblößung«] *die, Geomorphologie:* im Ggs. zur Erosion mit ihrer Tiefenwirkung die flächenhafte Abtragung der Erdoberfläche durch Abspülung (Regen) und Massenbewegung (Solifluktion, Bergsturz u. a.).

Denunziation [lat.] *die,* die (aus unehrenhaften Beweggründen erfolgende) Anzeige, durch die jemand einer strafbaren Handlung beschuldigt wird. Strafbar sind die wissentlich falsche Verdächtigung nach § 164 StGB und die polit. Verdächtigung nach § 241a StGB (→Verdächtigung).

Denver ['denvə], Hptst. von Colorado, USA, am O-Abfall der Rocky Mountains, 1 609 m ü. M., 557 500 Ew., die Metrop. Area D. hat 2,30 Mio. Ew.; kath. Erzbischofssitz; zwei Univ., Museen, Zentrum für darstellende Kunst; bed. Ind., darunter Herstellung von Bohrgeräten, elektron. Ind.; Handels-, Finanz-, Verwaltungs-, kulturelles und Touristenzentrum (auch Wintersport); Verkehrsknotenpunkt, internat. Flughafen. – Klassizist. und Bauten aus der Zeit der Jahr-

Denkmalpflege: Die Westfassade des Doms in Limburg a. d. Lahn erhielt ihre originalgetreue Farbgebung zurück bei der umfassenden Restaurierung des Doms (1969-91).

hundertwende sowie bed. moderne Hochhausbauten prägen das Stadtbild. – 1859 als Goldsucherlager entstanden, bis 1993 bed. Bergbau, zuerst auf Gold, dann Silber.

Denzinger, Heinrich Joseph Dominicus, kath. Theologe, *Lüttich 10. 10. 1819, †Würzburg 19. 6. 1883; war Prof. in Würzburg; sein Hauptwerk, »Enchiridion Symbolorum et Definitionum ...« (1854), eine Sammlung der offiziellen kirchl. Lehrentscheidungen, gehört als »der D.« zu den Standardwerken der christl. Theologie.

Deodorants [engl., zu lat. de... »weg« und odor »Geruch«], **Desodorants,** Kosmetika gegen Körpergeruch, bevorzugt als Sprays, Stifte oder in Form von »Deoseifen« angewendet. Parfümöle wirken durch Überdeckung des Geruchs; unangenehm riechende Stoffe werden an Puderstoffe (Talkum, Kieselgel u. a.) oder mit »Geruchslöschern« (z. B. Zinksalz der Ricinolsäure) gebunden. Da unangenehmer Körpergeruch v. a. durch bakterielle Zersetzung von Schweißinhaltsstoffen, Hauttalg und Hautzellresten entsteht, enthalten D. häufig Wirkstoffe, welche die Vermehrung von Bakterien hemmen.

Deo gratias! [lat. »Dank sei Gott!«], in die kath. Liturgie eingegangene Dankesformel aus frühchristl. Zeit; innerhalb der Messe v. a. im Anschluss an die Lesungen.

deontische Logik [griech.] *die,* Bereich der formalen Logik, der normative Aussagen (z. B. »Es ist erlaubt, dass ...«, »Es ist verboten, dass ...«) auf ihre formallog. Beziehungen hin untersucht.

Depardieu [dapar'djø], Gérard, frz. Schauspieler, *Châteauroux 27. 12. 1948; Darsteller kraftvoller, urwüchsiger Charaktere, spielt seit den 1960er-Jahren Bühnenrollen, seit den 1970er-Jahren Film- (»Die letzte Metro«, 1980) und seit den 1990er-Jahren auch Fernsehrollen (u. a. »Der Graf von Monte Christo«, 1999; »Napoleon«, 2003). – *Weitere Filme:* Danton (1983); Green Card (1990); Cyrano de Bergerac (1990); Asterix & Obelix gegen Caesar (1999); Nathalie (2004); Chanson d'Amour (2006).

Departamento [span.] *das,* Abk. **Dep.,** Verwaltungseinheit in mehreren lateinamerikan. Staaten.

Departement [frz.] *das,* Abk. **Dep.,** *Schweiz:* Sachgebietsabteilung in der staatl. Verw.; in der Bundesverw. entspricht das D. einem Ministerium.

Département [departə'mã, frz.] *das,* Abk. **Dép.,** *Frankreich:* Verwaltungsbezirk, in dem ein Vertreter der Staatsmacht, der Préfet (Präfekt), neben einem gewählten Generalrat steht.

Department [dı'pɑːtmənt, engl.] *das, USA:* die Ministerien des Bundes.

Dépendance [depã'dãːs, frz.] *die,* Niederlassung, Zweigstelle, Nebengebäude (eines Hotels).

Dependencias Federales [depen'densjas -, span.], Sondergebiet von →Venezuela.

Dependencia-Theori|en [depen'densja-, span.], Mitte der 1960er-Jahre entstandene, v. a. durch die lateinamerikan. Entwicklung geprägte Theorien der Unterentwicklung, die die außenwirtsch. Beziehungen der Industrie- zu den Entwicklungsländern als ein System einseitiger Abhängigkeit deuten. Durch Fortbestehen der Handelsbeziehungen aus der Kolonialzeit nutzten die industrialisierten Mutterländer ihre früheren Kolonien und deren Erzeugnisse (v. a. Rohstoffe) weiterhin zur Förderung ihrer eigenen Produktionsstruktur. Dies hat gemäß den D.-T. zur Folge, dass die Wirtschaft der Entwicklungsländer mittels

Denver: Colorado State Capitol mit seiner vergoldeten Kuppel (1887–95)

ausländ. Direktinvestitionen einseitig auf den Export weniger Rohstoffe ausgerichtet wird und die Exporterlöse nicht zur Diversifizierung der heim. Wirtschaft, sondern zum Import von Konsumgütern genutzt oder als Gewinn ins Ausland transferiert werden. Entwicklungspolit. Änderungen dieser Situation reichen von der Aufforderung zur Revolution über die teilweise Abkoppelung von der Weltwirtschaft (zum Aufbau eines Binnenmarktes) bis zur Forderung nach einer neuen Weltwirtschaftsordnung. Die Gültigkeit der D.-T. wird inzwischen durch eine Reihe von Entwicklungen infrage gestellt.

Dependenz [lat.] *die,* Abhängigkeit.

Dependenzgrammatik, Abhängigkeitsgrammatik, von L. Tesnière entwickeltes syntakt. Modell, das im Verb den strukturellen Mittelpunkt des Satzes sieht und daher alle Satzglieder in Abhängigkeiten von dessen Valenzen (→Valenz) darstellt.

Depersonalisation [lat.] *die,* **Entpersönlichung,** psych. Zustand, in dem die eigene Person, der Körper oder einzelne Körperteile als nicht zum Ich gehörig erlebt werden; Vorkommen z. B. bei Vergiftungen, psych. Erkrankungen oder Übermüdung.

Depesche [frz., zu dépêcher »beschleunigen«] *die,* ältere Bez. für eine durch Kurier oder auf telegraf. Weg übermittelte Eilbotschaft zw. dem Außenministerium und den diplomat. Vertretern.

Depestre, René, haitian. Schriftsteller, *Jacmel 29. 8. 1926; lebt als Marxist im Exil (Kuba, S.-Frankreich); gilt als bedeutendster zeitgenöss. haitian. Schriftsteller; publizierte Lyrik, Erzählungen, Essays sowie zwei Romane, u. a. »Der Schlaraffenbaum« (1979), eine groteske Romansatire auf die Schreckensherrschaft F. Duvaliers.

DEPFA Bank plc [- piːelˈsiː], internat. tätiger Finanzdienstleister für den öffentl. Sektor; Sitz: Dublin, entstanden 2002 durch Aufspaltung der DePfa Dt. Pfandbrief Bank AG als Aktien-Ges. irischen Rechts.

DePfa Deutsche Pfandbrief Bank AG, europaweit tätige Hypotheken- und Geschäftsbank (v. a. Staats- und Immobilienfinanzierung, Unternehmensberatung), Sitz: Wiesbaden; gegr. 1922 als Preuß. Landespfandbriefanstalt, seit 1951 als **Deutsche Pfandbriefanstalt** Körperschaft des öffentl. Rechts zur Finanzierung des Wohnungs- und Städtebaus, gewerbl. Bauten u. a. Nach der Privatisierung firmierte die Bank 1991–99 als DePfa-Bank Dt. Pfandbrief- und Hy-

Gérard Depardieu

pothekenbank AG; 2002 wurde der Konzern in die →Aareal Bank AG und die →DEPFA Bank plc aufgespalten; die DEPFA Dt. Pfandbriefbank AG (Frankfurt am Main) ist Tochtergesellschaft der DEPFA Bank plc.

Depilation [lat.] *die*, die →Enthaarung.

Deplacement [deplas'mã, frz.] *das*, frühere Bez. für die →Wasserverdrängung (eines Schiffes).

Depolarisation [lat.] *die*, 1) *Optik:* teilweise oder vollständige Aufhebung der →Polarisation elektromagnet. Wellen. 2) *physikal. Chemie:* Einschränkung der elektrochem. Polarisation in galvan. Elementen durch Zugabe geeigneter Stoffe (Depolarisatoren).

Depolymerisation [lat.-griech.] *die*, Abbaureaktion von Makromolekülen, bei der ein Monomer nach dem anderen vom Kettenende her abgespalten wird.

Deponens [lat.] *das*, *lat. Grammatik:* Verb in Passivform mit aktiver Bedeutung, z. B. hortor »ich ermahne«, morior »ich sterbe«.

Deponie [zu lat. deponere »niederlegen«] *die*, **Abfall-D.**, umgangssprachlich **Müll-D.**, Ablagerungsort von Abfällen. D. werden v. a. zur Beseitigung von Hausmüll, hausmüllähnlichem Gewerbeabfall (Hausmüll-D.), kommunalem Klärschlamm, Erdaushub einschl. Bauabfall oder von Sonderabfall (**Sonderabfall-D.**) genutzt. Ungesetzlich sind ungeordnete D. (offene D., »Müllkippen«), auf denen Abfälle unbehandelt und unkontrolliert gelagert werden, sowie »wilde« D. in Wald und Flur.

Geordnete D. sind wannenförmige Senken oder Geländeeinschnitte mit wasserundurchlässigem Untergrund, der ein Eindringen flüssiger Abfälle ins Oberflächen- und/oder Grundwasser verhindern soll. Neben den **Gruben-D.** werden wegen deren umwelttechn. Nachteile (schwieriges Abdichten der Wände, ständiges Abpumpen des Sickerwassers von der Sohle) heute zunehmend **Halden-D.** errichtet. Eine Nutzung der bei den Gärungs- und Faulprozessen in D. entstehenden Methangase (→Biogas) wird weltweit angestrebt. Je nach Füllart der D. wird der Müll vorzerkleinert oder zu Ballen verpresst (**Ballen-D.**), der deponierte Abfall durch ständiges Planieren verdichtet. Die z. T. 100 m hohen Müll- und Schuttberge werden mit Erde überdeckt und bepflanzt (Rekultivierung). In der **Inert-D.** werden nur mineralisierte (inerte) Materialien ohne auslaugbare Schadstoffe abgelagert. Es ist Ziel der Abfallpolitik, den Anteil der Inert-D. gegenüber den anderen Betriebsformen der D. zu steigern. – Bei der Deponierung von Sonderabfall wird zw. **oberird. D.** und **Untertage-D.** unterschieden. An beide werden in der TA Abfall besondere Anforderungen gestellt. Bes. gefährl. Sonderabfall, wie PCB-haltige Abfälle, darf nur in Untertage-D. gelagert werden. Hierbei muss Sonderabfall aufgrund seiner Gefährlichkeit sowie der in Zukunft durch weiterentwickelte Technologien eventuell gegebenen Möglichkeit einer Aufbereitung grundsätzlich rückholbar gelagert werden.

Deport [frz.] *der*, im Devisenhandel Kursabschlag des Terminkurses gegenüber dem Kassakurs einer Währung; Ggs.: Report (→Swapgeschäft); im Wertpapierhandel Vergütung bei der Verlängerung eines Termingeschäfts für das Leihen der Stücke.

Deportation [lat.] *die*, Zwangsverschickung von einzelnen Personen oder Gruppen aufgrund staatl. Anordnung (Maßnahme der Strafjustiz, der polit. Unterdrückung und der Verfolgung von Minderheiten). Das Völkerrecht verbietet die D. über die Staatsgrenzen hinaus. (→Vertreibung, →Zwangsaussiedlung)

Depositen [lat. depositum »das Hinterlegte«], *Bankwesen:* von Bankkunden kurz- oder mittelfristig gegen Verzinsung angelegte Gelder (→Einlagen).

Depot [de'po, frz.] *das*, 1) *allg.:* Aufbewahrungsort für bewegl. Sachen; Lager. 2) *Bankwesen:* bei einem Kreditinst. zur Verwahrung und Verw. hinterlegte Wertgegenstände oder -papiere. Im **D.-Geschäft** werden **geschlossene D.** (die Bank sorgt nur für sichere Aufbewahrung) und **offene D.** (die Verwahrung und Verw. durch die Bank unterliegen dem D.-Gesetz i. d. F. v. 11. 1. 1995) unterschieden. Grundformen sind Sonderverwahrung (Streifband-D.), bei der die hinterlegten Stücke getrennt von den Beständen anderer Hinterleger aufbewahrt werden, und Sammelverwahrung (Sammel-D.), bei der die Einleger Miteigentum nach Bruchteilen am Sammelbestand haben. Die Banken erheben für das D.-Geschäft i. d. R. **D.-Gebühren**. 3) *Weinherstellung:* bittere, feste Ablagerungen v. a. aus alten Rotweinen (daher Abfüllung in Karaffen).

Depotfunde [de'po-], **Hortfunde**, Sammelfunde vorgeschichtl. Gegenstände, u. a. aus Stein, Metall oder Holz (z. B. Gefäße, Werkzeuge, Waffen, Schmuck), die im Erdboden, in Mooren oder Quellen verborgen wurden; sie sind v. a. kultisch-religiös bestimmt.

Depotpräparate [de'po:-], **Retardpräparate**, Arzneimittel mit längerer Wirkungsdauer, die aufgrund veränderter chem. und/oder physikal. Eigenschaften oder durch Zusätze anderer (hochmolekularer) Stoffe erreicht wird. Sie beruht auf einer verlangsamten Resorption und einer dadurch verzögerten Ausscheidung.

Depotstimmrecht [de'po-], die Ausübung des Stimmrechts auf der Hauptversammlung einer AG durch ein Kreditinstitut (daher auch »Bankenstimmrecht«) für die in seinem Depot befindl. Aktien. Die Bank darf das D. nur als Bevollmächtigte des Aktionärs (daher auch »Vollmachtstimmrecht«), nicht in eigenem Namen ausüben (§ 135 Aktien-Ges.).

Depp, Johnny, amerikan. Filmschauspieler und Musiker, * Owensboro (Ky.) 9. 6. 1963; zunächst Gitarrist; spielt seit den 1980er-Jahren Filmrollen, häufig als Darsteller von Außenseitern oder Einzelgängern (»Edward mit den Scherenhänden«, 1990; »Gilbert Grape – Irgendwo in Iowa«, 1993). – *Weitere Filme:* Ed

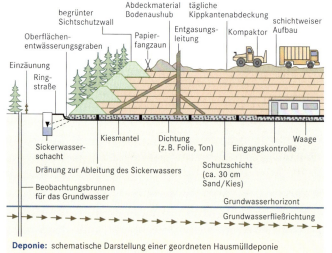

Deponie: schematische Darstellung einer geordneten Hausmülldeponie

Wood (1994); Don Juan de Marco (1995); Chocolat (2000); Fluch der Karibik (2003).

Depravation [lat.] *die,* Verschlechterung eines Krankheitszustandes; veraltet auch für Persönlichkeitsverfall (v. a. als Suchtfolge).

Depression [lat.] *die,* 1) *Geografie:* abflusslose Landsenke in Trockengebieten, die unter dem Niveau des Meeresspiegels liegt (z. B. →Totes Meer).

2) *Medizin* und *Psychologie:* ein Zustand von Traurigkeit, Hoffnungslosigkeit, Antriebslosigkeit und Passivität von unterschiedl. Dauer (Tage bis viele Wochen). Die Ausprägung reicht von gedrückter Verstimmtheit bis zu dumpfer Regungslosigkeit. Häufig ist D. eine verständliche seel. Reaktion, die in zeitl. Zusammenhang z. B. mit dem Verlust eines nahestehenden Menschen (normale Trauerreaktion) steht, aber auch nach schweren Enttäuschungen, Konflikten sowie seel. und körperl. Misshandlungen auftreten kann. D. im psychiatr. und psycholog. Sinn ist ein über eine normale Trauerreaktion hinausgehender Zustand, bei dem ein unmittelbarer zeitl. Zusammenhang zu einem belastenden Ereignis nicht vorliegen muss. Neben der gedrückten Stimmung fallen die Betroffenen durch stetes Grübeln, unbegründete Schuldgefühle, Konzentrations- und Gedächtnisstörungen, Antriebsverlust, sozialen Rückzug, Appetitlosigkeit, Schlafstörungen, Störungen der Sexualfunktionen und körperl. Symptome (Verstopfung, Kopfschmerzen, Herzschmerzen) auf. Auch Erregung und selbstaggressives Verhalten (Suizidgefahr) können vorkommen. – Behandlung: Neben psychotherapeut. Maßnahmen ist oft eine medikamentöse Behandlung mit Antidepressiva, ggf. die Behandlung einer organ. Grundkrankheit erforderlich.

3) *Meteorologie:* ein →Tiefdruckgebiet.

4) *Physik:* →Kapillarität.

5) *Wirtschaft:* Abschwungphase (Tiefstand) im Konjunkturablauf (→Konjunktur).

Deprivation [lat.] *die,* Entbehrung, Mangel, Entzug, z. B. an liebevoller Zuwendung.

De profundis [lat. »aus den Tiefen«], die Anfangsworte des bes. bei Trauergottesdiensten gebeteten Bußpsalms (Psalm 130 bzw. 129 in der Vulgata).

Depside [griech.], esterartige Kondensationsprodukte von aromat. Hydroxycarbonsäuren; in der Natur als Flechten- und Gerbstoffbestandteile, z. B. in Kaffee.

Deputat [lat.] *das,* 1) *allg.:* das jemand Zugedachte, Zustehende.

2) *Wirtschaft:* Naturalleistungen, auch Einkünfte, die aus Lebensmitteln, Holz, Kohle u. a. bestehen (z. B. D.-Kohle der Bergarbeiter).

Deputation [lat.] *die,* Abordnung von Mitgl. einer Versammlung oder Vereinigung zur Erledigung einzelner Angelegenheiten in deren Auftrag.

De Quincey [dəˈkwɪnsɪ], Thomas, engl. Schriftsteller, * Manchester 15. 8. 1785, † Edinburgh 8. 12. 1859; bed. Essayist der engl. Romantik. Die »Bekenntnisse eines englischen Opiumessers« (1822) gehören zu den ersten exakten Darstellungen von Rausch- und Traumerlebnissen.

DER, Abk. für →**D**eutsches **R**eisebüro GmbH.

Derain [dəˈrɛ̃], André, frz. Maler, * Chatou (Dép. Yvelines) 10. 6. 1880, † bei Garches (Dép. Hauts-de-Seine) 8. 9. 1954; Mitbegründer der →Fauves, gelangte unter dem Einfluss von P. Cézanne und des Kubismus zu einer geometrisierenden Verfestigung der Formen; neben Landschaften, Stillleben und Figurenbildern

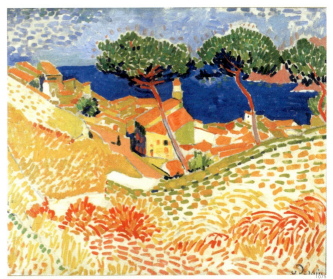

André Derain: Collioure, le village et la mer (1905; Essen, Museum Folkwang)

auch Skulpturen, Buchillustrationen, Theaterdekorationen und Kostümentwürfe.

Dera Ismail Khan [ˈdeərə ɪsˈmaɪl ˈkɑːn], Stadt in der North-West Frontier Province von Pakistan, am W-Ufer des Indus, Ende des 15. Jh. gegr.; 101 700 Ew.; Univ. (gegr. 1974).

Derbent, Stadt im W-Ufer des Kasp. Meeres, 105 000 Ew.; Weinbau, Weinkellereien, Fischverarbeitung, Teppichweberei. Die sich über etwa 2 km erstreckende mittelalterl. Stadt ist von dicken Mauern mit Befestigungsanlagen umgeben. Diese sind wie die Altstadt, die sie umgeben, die Zitadelle und die Festung UNESCO-Weltkulturerbe. – D. entwickelte sich um eine im 5. Jh. n. Chr. von den Sassaniden erbaute Festung; bis zur Eroberung durch die Mongolen im 13. Jh. bed. Handelsstadt; fiel 1813 an Russland.

Derbolav [-laf], Josef, österr. Philosoph und Erziehungswissenschaftler, * Wien 24. 3. 1912, † Bonn 14. 7. 1987; ab 1955 Prof. in Bonn; arbeitete über Fragen des Verstehens und der Sprache und war um eine Grundlegung der Pädagogik nach »praxeolog.« Modell bemüht; schrieb u. a. »Pädagogik und Politik« (1975), »Grundriß europ. Ethik« (1983).

Derby [ˈdɛrbi, engl.] *das,* Pferderennen für dreijährige Vollblutpferde, seit 1780 jährlich in Epsom (südl. von London) veranstaltet. Seit 1836 führen auch andere Länder unter der Bez. D. Rennen für Dreijährige durch. Der Begriff wurde darüber hinaus für andere Wettkämpfe im Pferdesport übernommen (z. B. Spring-D.).

Derby [ˈdɑːbɪ], engl. Grafenwürde; seit 1485 im Besitz der Familie Stanley. Die D. wurden als Rennstallbesitzer Begründer des D.-Rennens.

Derby [ˈdɑːbɪ], Stadt und Unitary Authority in Mittelengland, am Derwent, 234 000 Ew.; anglikanischer Bischofssitz; Porzellanmanufaktur, Maschinenbau, Flugzeugmotorenbau (Rolls-Royce), Textil- und Bekleidungsindustrie. – Wurde 1204 Stadt.

Derbyshire [ˈdɑːbɪʃɪə], Cty. in Mittelengland, 2 551 km², 748 000 Ew.; Verw.-Sitz ist Matlock.

Deregulierung [lat.], wirtschaftspolit. Programm, v. a. im Rahmen angebotsorientierter Wirt-

Derby
Stadtwappen

Derwische auf einer Bildpostkarte aus Konstantinopel (um 1905; Berlin, Privatsammlung)

schaftspolitik, zur Reduzierung staatl. Eingriffe in das Marktgeschehen. Durch D. sollen ineffiziente Normen und ordnungsrechtl. Vorschriften abgebaut, für Unternehmen größere Entscheidungsspielräume geschaffen, Wachstum begünstigt und Schattenwirtschaft eingedämmt werden. Die in Dtl. vorgesehenen Maßnahmen, die u. a. das Bau-, Sozial-, Arbeits- und Umweltrecht, die Abschaffung wettbewerbl. Ausnahmebereiche sowie (Re-)Privatisierungen betreffen, sind jedoch nicht unumstritten.

Dereliktion [lat.] *die,* Besitzaufgabe in der Absicht, auf das Eigentum zu verzichten (→herrenlose Sache).

Derewjanko, Wladimir Iljitsch, russ. Tänzer, * Omsk 15. 1. 1959; wurde 1977 Mitgl. des Bolschoiballetts, übersiedelte 1983 nach Italien; tanzte u. a. beim London Festival Ballet, am Opernhaus Zürich und als Gast des Hamburger Balletts die virtuosen Solistenrollen des klass. und modernen Repertoires; seit 1994 Ballettdirektor der Sächs. Staatsoper Dresden.

Derfflinger, Georg Reichsfreiherr von (seit 1674), brandenburg. Generalfeldmarschall (seit 1670), * Neuhofen an der Krems (Österreich) 20. 3. 1606, † Gusow (Landkreis Märkisch Oderland) 14. 2. 1695; stand 1632–48 in schwed., seit 1654 in brandenburg. Diensten; reorganisierte die Armee des Großen Kurfürsten und errang mit ihr große militär. Erfolge (Fehrbellin, 1675; Tilsit, 1679).

Derivat [lat., zu derivare »ableiten«] *das, Chemie.* Abkömmling einer Verbindung, bei der ein Atom oder mehrere Atome durch andere Atome oder Atomgruppen ersetzt sind, wobei das Molekülgerüst im Wesentlichen erhalten bleibt.

Derivate, Derivative, derivative Finanzinstrumente, Finanzderivate, zusammenfassender Begriff für Swaps, Optionen, Futures u. a. Finanzprodukte, die seit den 1980er-Jahren wachsende Bedeutung erlangt haben. Gemeinsam ist ihnen, dass sie von den traditionellen Finanzbeziehungen wie Krediten, Aktien, Anleihen oder von abstrakten Formen wie Aktienindizes abgeleitet sind und der Steuerung von Preis- (v. a. Zins- und Währungsrisiken) und Kreditrisiken (→Kreditderivate) dienen. D. sind nicht Bestandteil des Geldflusses zw. Kapitalgeber und -nehmer, sondern auf diese traditionellen Instrumente ausgerichtete neue Vertragsbeziehungen. Im Wesentlichen handelt es sich um Verträge über den zukünftigen Kauf oder Verkauf traditioneller Finanzinstrumente zu bereits am Tag des Vertragsschlusses vereinbartem Preis (Terminkontrakt) oder um Verträge über Rechte zu künftigem Kauf oder Verkauf (Optionen).

Derivation *die,* **Ableitung,** *Sprachwissenschaft:* die Bildung neuer Wörter durch Anfügen eines oder mehrerer Affixe (z. B. »bedrohen« aus »drohen«), auch durch Ablaut oder Umlaut des Stammvokals (z. B. »Gebäude« aus »bauen«), sowie durch Rückbildung (z. B. »Schau« aus »schauen«) oder aber Überführung in eine andere Wortart (z. B. »Deutsch« aus »deutsch«).

derivativer Erwerb, →Rechtserwerb.

Derkovits [-vitʃ], Gyula, ungar. Maler, * Szombathely 13. 4. 1894, † Budapest 18. 6. 1934; Autodidakt; entwickelte eine lyrisch-expressive Malerei mit sozialer Thematik.

Derma [griech.] *das,* die →Haut.

Dermatitis [griech.] *die,* durch Infektionen, äußere Reize (z. B. Sonnenbrand) oder Allergie verursachte Hautentzündung mit Rötung, Schwellung bis Blasenbildung; auch Begleiterscheinung anderer Hauterkrankungen (z. B. bei Schuppenflechte).

Dermatologie [griech.] *die,* Fachgebiet der Medizin, das sich mit den Hautkrankheiten und deren Behandlung unter Einbeziehung der Lehre von den Geschlechtskrankheiten (Venerologie) und der männl. Zeugungsfähigkeit (Andrologie) befasst.

Dermatomykosen [griech.], die →Hautpilzkrankheiten.

Dermatoplastik [griech.], plast. Ersatz von Hautdefekten durch Hautüberpflanzung (Hauttransplantation).

Dermatosen [griech.], die →Hautkrankheiten.

Dermografismus [griech.] *der,* **Dermographismus, Hautschrift,** Erscheinen roter oder weißer, länger bestehender Streifen auf der Haut nach Bestreichen mit einem harten Gegenstand; Anzeichen einer gestörten Gefäßreaktion.

Dermoid [griech.] *das,* Hautanhangsgebilde (einschl. Haare und Zähne), das sich meist als D.-Zyste eingekapselt im Körper findet (bes. häufig im Eierstock); entsteht meist durch fetale Keimblatteinstülpung.

Dermoplastik [griech.], Verfahren zur naturgetreuen Nachbildung von Tieren unter Benutzung eines Modells, das mit der gegerbten Tierhaut überzogen wird.

Derogation [lat.] *die,* die Ersetzung oder Aufhebung eines Rechtssatzes durch einen anderen, die darin besteht, dass der Rechtssatz nicht vollständig beseitigt, sondern nur partiell in seiner Geltung beendet wird. Anwendungsfälle: ranghöhere Rechtssätze gehen rangniedrigeren, spätere Rechtssätze früheren ranggleichen, speziellere Rechtssätze allgemeineren vor.

Derrida, Jacques, frz. Philosoph, * El-Biar (bei Algier) 15. 7. 1930, † Paris 8. 10. 2004; Begründer der Dekonstruktion. In seinen Schriften kommt ein interpretatives Lektüreverfahren zur Anwendung, das die Offenheit und Uneindeutigkeit der Bedeutungsfestlegung philosoph. Texte im Sinne der Vernunftkritik (Kritik am Logo- und Phonozentrismus der Tradition) betont. Seit den 1980er-Jahren hat sich D. verstärkt der Ethik, in theoret. Auseinandersetzung auch zeitgeschichtl. Ereignissen der Politik zugewandt. – *Werke:* Die Schrift und die Differenz (1967; dt.); Die

Postkarte von Sokrates bis an Freud und jenseits, 2 Tle. (1980; dt.); Gesetzeskraft (1991; dt.); Aporien (1993; dt.); Schurken. Zwei Essays über die Vernunft (2003; dt.).

Derris, Gattung der Schmetterlingsblütler SO-Asiens; in Malaysia, Indonesien und Afrika zur Insektizidgewinnung (Rotenon) auch kultiviert.

Derry [ˈderɪ], **1)** Distrikt in Nordirland, 381 km^2, 107 000 Einwohner.
2) Hptst. von 1), 1613–1984 amtl. **Londonderry,** am Mündungstrichter des Foyle, 85 700 Ew.; nach Belfast zweitwichtigster Hafenplatz Nordirlands, kath. und anglikan. Bischofssitz; Univ.; Herstellung von Hemden, Chemiefasern, Reifen, Möbeln und Nahrungsmitteln. – Anglikan. Kathedrale Saint Columb (1633), kath. Kathedrale Saint Eugene (1873); Stadtmauer mit Bastionen und Toren (1614).

Dertinger, Georg, Politiker (DNVP, CDU), * Berlin 25. 12. 1902, † Leipzig 21. 8. 1968; bis 1933 Mitgl. der DNVP, 1945 Mitbegründer der CDU in der SBZ. Als Außenmin. der DDR (1949–53) unterzeichnete er den Görlitzer Vertrag (1950, Anerkennung der Oder-Neiße-Linie). 1953 wurde er als angebl. Spion verhaftet, 1954 verurteilt (15 Jahre Haft), 1964 begnadigt.

Derwall, Josef (Jupp), Fußballtrainer, * Würselen 10. 3. 1927; 1978–84 Trainer der bundesdt. Nationalmannschaft (Europameister 1980).

Derwisch [von pers. darwīš »Bettler«] *der,* arab. **Fakir,** islam. Mystiker und Asket, der eine dem →Sufismus geweihte Lebensform praktiziert, gewöhnlich als Mitgl. eines **D.-Ordens,** aber auch als wandernder Bettelmönch ohne feste Organisation. Die D.-Orden entstanden seit dem 12. Jh. als religiöse Bruderschaften, die häufig auch beträchtlichen polit. Einfluss erlangten. Eine bed. Rolle in ihrer Spiritualität spielen Musik und ekstat. Tänze (tanzende Derwische).

Déry [ˈdeːri], Tibor, ungar. Schriftsteller, * Budapest 18. 10. 1894, † ebd. 18. 8. 1977; schrieb nach naturalist. Anfängen aktivistisch-surrealist. Prosa und Gedichte, später von marxist. Ideen bestimmte, klassenkämpfer. Prosa (»Der unvollendete Satz«, 1947). Nach dem Volksaufstand 1956 war er drei Jahre inhaftiert und streifte sein politisch-ideolog. Engagement ab. – *Weitere Werke:* Die Antwort (1950–52); Herr G. A. in X (1964); Ambrosius (1966); Kein Urteil (Erinnerungen, 1969).

DES, Abk. für engl. **d**elivered **e**x **s**hip, Kosten- und Risikoklausel im Außenhandelsgeschäft: Verkäufer trägt Kosten und Risiken der Ware bis zum Zeitpunkt der Übergabe der Ware an den Käufer an Bord des Schiffes im benannten Hafen.

Desaguadero, Río, einziger Abfluss des Titicacasees, Bolivien, über 300 km lang, mündet in den Lago de Poopó.

Desai, Morarji Ranchhodji, ind. Politiker, * Bhadeli (frühere Prov. Gujarat) 29. 2. 1896, † Bombay 10. 4. 1995; schloss sich 1930 dem Ind. Nationalkongress an, war 1958–63 und 1967–69 Finanzmin.; geriet seit 1969 in scharfen Ggs. zu Premiermin. Indira Gandhi; 1975–77 inhaftiert; 1977 Mitbegründer der Janata-Partei, 1977–79 Premierminister.

Des|aminierung *die,* Abspaltung der Aminogruppe ($-NH_2$) aus chem. Verbindungen als Ammoniak.

De Sanctis, Francesco, ital. Literaturhistoriker und Politiker, * Morra Irpina (heute Morra De Sanctis, bei Avellino) 28. 3. 1817, † Neapel 29. 12. 1883; ab 1871 Prof. in Neapel; begründete die moderne Literaturkritik in Italien, schrieb u. a.: »Geschichte der ital. Literatur« (2 Bde., 1870/71).

desarguesscher Satz [dɛˈzarg-; nach dem frz. Mathematiker G. Desargues, * 1591, † 1662], Fundamentalsatz der projektiven Geometrie: Schneiden sich die Verbindungsgeraden von entsprechenden Ecken zweier Dreiecke (*ABC* und *A'B'C'*) in einem Punkt (*P*), dann liegen die drei Schnittpunkte der entsprechenden Dreiecksseiten oder deren Verlängerungen auf einer Geraden (*g*).

desarguesscher Satz

Descartes [deˈkart], René, latinisiert Renatus **Cartesius,** frz. Philosoph, Mathematiker und Physiker, * La Haye (heute Descartes, Dép. Indre-et-Loire) 31. 3. 1596, † Stockholm 11. 2. 1650; wurde in der Jesuitenschule La Flèche erzogen, war seit 1618 in Kriegsdiensten, reiste dann durch Europa und lebte seit 1629 meist in den Niederlanden, seit 1649 in Stockholm. Aufgrund des Gesamtaufbaus seines Systems und seiner Naturauffassung gilt D. als erster systemat. Denker der Neuzeit. Als einzige Gewissheit galt ihm die durch method. Zweifel gewonnene Einsicht des »cogito ergo sum« (»ich denke, also bin ich«), d. h. die Selbstgewissheit im Denken, die auch die Selbstständigkeit eines Anfangs im Denken bedeutet. Diese suchte D. zudem mithilfe zweier Gottesbeweise zu sichern. Die Annahme »angeborener Ideen«, d. h. einer erfahrungsfreien Anschauungsquelle, führte zum Begriff ewiger Wahrheiten, die schließlich einer apriorisch orientierten Erklärung auch erfahrungsbestimmter Vorgänge dienen sollten. Die Unterscheidung zweier Substanzen: »Res extensa« (Ausdehnung, Körper, Außenwelt) und »Res cogitans« (Geist, Innenwelt), der sog. metaphys. Dualismus D.', wird im neuzeitl. Denken zur Grundlage der (idealist.) Unterscheidung von Subjekt und Objekt. In der Physik formulierte D. einen der ersten Erhaltungssätze der Physik (Impulssatz) überhaupt. In der Optik ist D. u. a. Mitentdecker des Brechungsgesetzes. Von großer Wirkung sind seine Leistungen in der Mathematik, bes. seine Grundlegung der analyt. Geometrie. D. sah als Erster die Leistungsfähigkeit einer für die moderne Mathematik charakterist. Gleichstellung algebraischer und geometr. Methoden und Schlussweisen. Er erfasste die nicht transzendenten Kurven durch Gleichungen und trug Bedeutendes zur Theorie der Gleichungen bei (u. a. Fundamentalsatz der Algebra). D. war überzeugt, dass alle Naturerscheinungen rational erfassbar und erklärbar sind, und hat seine mechanist. Denkweise auch auf Biologie, Medizin und Psychologie (Lehre von Affekten) angewendet. – Sein

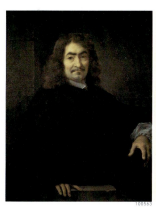

René Descartes,
Gemälde von
Sébastien Bourdon
(1645; Paris,
Louvre)

Einfluss reicht über J. Locke, G. W. Leibniz, B. de Spinoza und I. Kant bis in die Gegenwart. – *Werke:* Meditationen über die Erste Philosophie (1641); Abhandlungen über die Methode des richtigen Vernunftgebrauchs und der wiss. Forschung (1637); Die Prinzipien der Philosophie (1644); Die Leidenschaften der Seele (1649); Über den Menschen (gedruckt 1662); Regeln zur Leitung des Geistes (hg. 1701; entstanden um 1628).

Deschnjow, Kap [nach dem russ. Kosaken und Seefahrer S. I. Deschnjow, * um 1605, † 1673], seit 1898 Name für die NO-Spitze Asiens, auf der Tschuktschenhalbinsel, 66° 05′ n. Br., 169° 40′ w. L.

Descloizit [dekloaˈzit; nach dem frz. Mineralogen A. Des Cloizeaux, * 1817, † 1897] *der,* braunrotes bis fast schwarzes rhombisches Mineral der chem. Zusammensetzung Pb(Zn,Cu)[OH|VO$_4$]; v. a. in Namibia und Sambia abgebautes Vanadiumerz.

Desdemona [nach der Gestalt in Shakespeares Drama »Othello«], ein Mond des Planeten Uranus.

Desensibilisatoren [lat.], Farbstoffe, die die Empfindlichkeit belichteter fotograf. Schichten herabsetzen; sie ermöglichen die Entwicklung bei relativ hellem Licht.

Desensibilisierung [lat.] *die,* **1)** *Medizin:* die →Hyposensibilisierung.
2) *Psychotherapie:* →systematische Desensibilisierung.

Desert Culture [ˈdezət ˈkʌltʃə; engl. »Wüstenkultur«] *die,* prähistor. Steppensammlerkultur im W Nordamerikas; sie entstand etwa ab 8000 v. Chr. durch das Aussterben des Großwildes und die Anpassung des Menschen an die nacheiszeitl. Austrocknung. Eine lokale Form der D. C. ist die →Cochisekultur. Im SW Nordamerikas entwickelten sich etwa ab 300 v. Chr. aus der D. C. durch Einflüsse aus Mesoamerika formative Kulturen (→Anasazikultur, →Hohokamkultur, →Mogollonkultur).

Deserteur [dezɛrˈtøːr, frz.] *der,* Fahnenflüchtiger (→Fahnenflucht).

Desertifikation [lat.] *die,* Ausbreitung von Wüsten oder wüstenähnl. Verhältnissen in ariden oder semiariden Gebieten, verursacht durch menschl. Wirken; bei der D. handelt es sich im Wesentlichen um menschengemachte →Degradation. Die D. bedroht nicht nur die randtrop. Dornstrauch- und Trockensavannen des →Sahel südlich der Sahara, sondern auch die Steppen und Wüstensteppen nördlich der Sahara sowie Wüstenrandgebiete in anderen Teilen der Erde. Ein Beispiel ist das gesamte Tiefland um den ehemaligen →Aralsee. Die D. beruht auf einem komplexen Zusammenwirken versch., ineinandergreifender, oft sich selbst verstärkender Faktoren. Oft werden Gebiete ackerbaulich erschlossen, die eigentlich nur eine nomad. Weidewirtschaft zulassen; z. T. findet Überweidung statt, v. a. mit Ziegen und Rindern. Da vielfach in den entsprechenden Gebieten Holz der wichtigste und oft einzige Energieträger ist, sind die Gehölze in weitem Umkreis um die Siedlungen meist abgeschlagen, was wiederum Auswirkungen auf den Wasserhaushalt hat und (aufgrund von Osmose) zum Absinken des Grundwasserspiegels führt. Auch Maßnahmen der Entwicklungshilfe, z. B. das Bohren von Tiefbrunnen, können die D. verstärken; durch das dann reichlich vorhandene Wasser werden die Herden vergrößert und immer mehr Menschen siedeln sich an, was das empfindl. ökologische Gleichgewicht nachhaltig stört. Auch unangepasste Bewässerungspraktiken führen ohne eine gleichzeitige Entwässerung zur Versalzung des Bodens.

D.-Erscheinungen sind auch aus der Geschichte bekannt. Heute stellt die D. für viele Entwicklungsländer

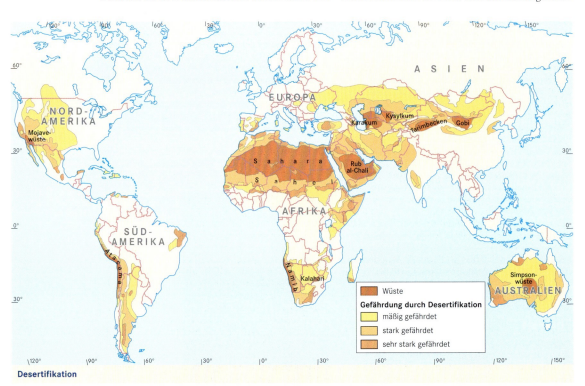

Desertifikation

nicht nur ein Problem für die Nahrungsmittelversorgung dar, sondern auch für die polit. Stabilität. Möglicherweise wird die weltweit zu beobachtende Vorgang zu großräumigen Veränderungen in der atmosphär. Zirkulation bzw. des globalen Klimas führen, wenn entsprechende Gegenmaßnahmen erfolglos bleiben, z. B. die Kontrolle der Viehbestände, Schaffung einer alternativen Energieversorgung, angepasste Agrartechnologie.

Desful [-z-], **Dezful, Disful, Dizful,** Stadt in Khusistan, Iran, am Austritt des Ab-e Dez aus dem Zagrosgebirge, 255 100 Ew.; Getreidemühlen, Indigogewinnung. Nördlich von D. Stausee.

De Sica, Vittorio, ital. Schauspieler und Regisseur, * Sora (Prov. Frosinone) 7. 7. 1902, † Paris 13. 11. 1974; Regisseur neorealist. Filme, u. a. »Fahrraddiebe« (1948), »Das Wunder von Mailand« (1950), »Die Eingeschlossenen von Altona« (1962, nach J.-P. Sartre), »Der Garten der Finzi Contini« (1971).

Desiderat [lat. »das Erwünschte«] *das,* **Desideratum,** etwas, das fehlt und benötigt wird, bes. ein vermisstes und zur Anschaffung in Bibliotheken vorgeschlagenes Buch.

Desiderio da Settignano [-'ɲa:no], ital. Bildhauer, * Settignano (heute zu Florenz) um 1430, † Florenz 16. 1. 1464; schuf in vollendeter Marmortechnik Madonnenreliefs, Mädchenbüsten und das Grabmal des Carlo Marsuppini (Florenz, Santa Croce).

Desiderius, letzter König der Langobarden (757–774), † wohl Corbie (bei Amiens) 774 (?); verfeindete sich mit dem Papst und mit Karl d. Gr., als dieser seine Tochter Desiderata verstieß. D. unterlag Karl, der 773 in Italien eingefallen war und nach monatelanger Belagerung 774 die langobard. Hptst. Pavia eroberte; nach seiner Gefangennahme wurde er in ein Kloster gebracht, sein Reich kam unter fränk. Herrschaft.

Design [dɪˈzaɪn, engl. »Entwurf«] *das,* professionelle, auch künstlerisch ambitionierte Gestaltung v. a. von Serienprodukten. – Der Begriff D. geht auf lat. designare »bezeichnen« zurück und wurde im Italien. zu disegnare, zunächst ebenfalls mit dieser Bedeutung. Im 15. Jh. kristallisierte sich allmählich die Bedeutung »entwerfen« heraus, womit der von der Produktion getrennte und vorgelagerte Prozess bei der Herstellung eines Produktes gemeint ist. 1563 gründete G. Vasari die Accademia del Disegno in Florenz und erweiterte die Bedeutung des Begriffs »disegno« von »Zeichnung« und »Entwurf« zu »Idee und Konzept« des auszuführenden Werkes. Das heutige Begriffsverständnis von D. wurde aus dem angelsächs. Sprachraum übernommen und gelangte erst nach 1945 nach Deutschland. Davor sprach man in Dtl. von industrieller Formgebung, Industriekunst u. Ä. Aufgrund der heute vielfältig konkurrierenden Produkt- und Kommunikationsformen kommt dem D. eine wachsende Bedeutung zu. (→Webdesign, →Grafikdesign, →Industriedesign)

Designation [lat.] *die,* vorläufige Ernennung einer Person für ein Amt. Wichtig ist besonders das in manchen Wahlmonarchien (z. B. im Hl. Röm. Reich [Dt. Nation]) bestehende Recht des Königs, seinen Nachfolger zu designieren. Über die D. eines Papstnachfolgers →Papst.

Designer [dɪˈzaɪnə, engl.] *der,* Formgestalter, bes. Schöpfer von Ind.- und Gebrauchsformen, z. B. Ind.-, Kommunikations- oder Modedesigner.

Designerdrogen [dɪˈzaɪnə-, engl.], synthet. Rauschgifte, chem. Abkömmlinge bekannter Suchtstoffe, v. a. Amphetamine, mit gleichen (z. T. stärkeren) Sucht erzeugenden Eigenschaften, oft von unberechenbarer, häufig schon in geringster Menge tödl. Wirkung; in der »Technoszene« ist z. B. Ecstasy verbreitet.

Designerfood [dɪˈzaɪnəˈfuːd, engl.] *das,* andere Bez. für →gentechnisch veränderte Lebensmittel.

designieren [lat.], bestimmen, bezeichnen; im Voraus für ein Amt, eine Würde vorsehen.

Desinfektion [lat.] *die,* **Entseuchung,** Vorgang, durch den viele oder alle krankheitserregenden Mikroorganismen auf unbelebter oder belebter Materie mit Ausnahme bakterieller Sporen entfernt werden, um sie in einen Zustand zu versetzen, dass von ihr keine Infektionsgefährdung mehr ausgehen kann. Ziel der D. ist definitionsgemäß nicht die Eliminierung nicht infektionsrelevanter Umweltkeime, sondern die definierte Verminderung der Anzahl von krankheitserregenden Mikroorganismen. Anwendungsbereiche der D. sind insbes. die Hände-, Haut-, Flächen-, Instrumenten-, Wäsche- und Wasserdesinfektion.

Zur D. stehen chem. und physikal. Methoden zur Verfügung. Bei den chem. Verfahren werden Phenole, Alkohole, Aldehyde, oberflächenaktive Verbindungen, Halogene, Metalle und Metallsalze, Oxidanzien sowie Säuren und Laugen eingesetzt. Die alkohol. Hände-D. gilt als eine der wichtigsten Maßnahmen zur Verhütung von im Krankenhaus erworbenen Infektionen. Chlor und Chlordioxid werden zur Wasser-D. und zur D. von Wäsche und Flächen, von Ausscheidungen und von Früchten verwendet. Jod wird wie Chlor seit Langem zur D. genutzt. Unter den Oxidanzien wird Ozon ausschließlich für die Wasser-D. (Trink- und Schwimmbadwasser) innerhalb der Aufbereitung eingesetzt und muss aus dem Wasser vor der Anwendung für den Menschen wieder entfernt werden. Zu den physikal. Verfahren zählen therm. und aktin. Methoden. Therm. Verfahren sind das →Pasteurisieren, die Einwirkung von Heißwasser mit einer Temperatur von über 100 °C, das Auskochen und die Dampf-D. Bei der aktin. D. werden ionisierende Strahlen (Gamma- und Betastrahlen) und Ultraviolettstrahlen eingesetzt.

Des|integration, Auflösung, das Auseinanderfallen eines Ganzen in Teile; als Vorgang in der Psychiatrie, Psychopathologie und in den Sozialwiss. untersucht.

Des|investition, Verringerung der Produktionsausrüstung und/oder Lagerhaltung in einer Volkswirtschaft oder in einem Betrieb durch Unterlassung von Ersatzinvestitionen; Ggs.: Investition.

Désirée [deziˈre, frz.], als Königin von Schweden **Desideria,** * Marseille 8. 11. 1777, † Stockholm 17. 12. 1860; Tochter des Seidenhändlers F. Clary; zunächst mit Napoleon Bonaparte verlobt; heiratete 1798 den frz. Marschall J.-B. Bernadotte, der 1818 als Karl XIV. Johann König von Schweden wurde.

Deskription [lat.] *die,* Beschreibung.

Deskriptivismus *der,* eine von L. Bloomfield begründete linguist. Forschungsrichtung, die das Sprachsystem durch exakte formale Beschreibung und Analyse der im fortlaufenden Text in verschiedener Folge wiederkehrenden Einheiten (qualitative Beschreibung) und die Häufigkeit ihres Auftretens statistisch (quantitative Beschreibung) erfasst.

Desktop-Publishing [ˈdɛsktɔpˌpʌblɪʃɪŋ; engl. »Publizieren vom Schreibtisch«] *das,* Abk. **DTP,** Form des Publizierens auf elektron. Grundlage, bei der alle Vorgänge von der Text- und Grafikeingabe bis zur Satzherstellung auf einem Computer in Verbindung mit einem Drucker oder Belichter abgewickelt werden können.

Deslandres [de'lã:dr], Henry, frz. Astrophysiker, * Paris 24. 7. 1853, † ebd. 15. 1. 1948; bed. Arbeiten über die Struktur der Bandenspektren und zur Physik der Sonne, bes. ihrer Spektralanalyse; erfand dafür (unabhängig von G. E. Hale) den Spektroheliografen.

Desmane [schwed.], **Bisamrüssler, Bisamspitzmäuse, Desmaninae,** Unterfamilie der Maulwürfe mit zwei Arten; Wassertiere mit Schwimmhäuten und Moschusdrüse, so der etwa 20 cm lange **Russische D.** (Desmana moschata) an Wolga, Don und Ural (→ Silberbisam) und der etwas kleinere **Pyrenäen-D.** (Galemys pyrenaicus). Beide Arten sind bedroht, der Russische D. ist geschützt.

Desmidiaceae [griech.], artenreiche Familie der →Jochalgen.

Desmin [von griech. desmé »Bündel«] der, Ca[Al$_2$Si$_7$O$_{18}$] · 7 H$_2$O, ein meist weißes monoklines Mineral aus der Gruppe der →Zeolithe; bildet bündel- oder garbenförmige Aggregate.

Des Moines [dɪˈmɔɪn], **1)** der, **D. M. River,** rechter Nebenfluss des Mississippi, 845 km, durchfließt die Prärietafel von Iowa und mündet bei Keokuk.

2) Hptst. von Iowa, USA, am D. M. River, 196 100 Ew.; Univ.; Herstellung von Autoreifen und Landmaschinen, Mühlen-, Fleischind., Verlage; eines der größten Versicherungszentren der USA. – 1843 als Fort gegründet.

Desmond ['desmənd], Paul, amerikan. Jazzmusiker (Altsaxofon), * San Francisco 25. 11. 1924, † Los Angeles 30. 5. 1977; bed. Vertreter des Cool Jazz. D. gehörte 1951–67 zum Quartett des Pianisten D. Brubeck; zu seinen erfolgreichsten Kompositionen zählt »Take five« (1959).

Desmoulins [demu'lɛ̃], Camille, frz. Revolutionär, * Guise (bei Saint-Quentin) 2. 3. 1760, † Paris 5. 4. 1794; einer der Initiatoren des Sturms auf die Bastille (14. 7. 1789); veröffentlichte zahlr. Pamphlete; seit Sommer 1791 enger Mitarbeiter G. J. Dantons, mit diesem hingerichtet.

Desna die, linker und längster Nebenfluss des Dnjepr, durchfließt Russland und die Ukraine, 1 130 km, entspringt in den Smolensk-Moskauer Höhen und mündet nördlich von Kiew.

Desnos, Robert, frz. Schriftsteller, * Paris 4. 7. 1900, † Theresienstadt 8. 6. 1945; schloss sich der Résistance an, wurde verhaftet und deportiert. Seine Gedichte (u. a. »Trauer um Trauer«, 1924; »Die Abenteuer des Freibeuters Sanglot«, 1927) sind bedeutende Zeugnisse des Surrealismus.

Des|odorants, die, →Deodorants.

Des|orientierung, die Unfähigkeit, sich in Bezug auf Zeit, Raum und die eigene Person zurechtzufinden; Begleitsymptom von Bewusstseinsstörungen sowie schwerer Beeinträchtigung der Intelligenz und Merkfähigkeit.

Desorption [lat.] die, die Ablösung eines absorbierten Stoffes vom Absorbens (→ Absorption) oder eines adsorbierten Stoffes vom Adsorbens (→ Adsorption).

Des|oxidation, Entfernung von Sauerstoff aus chem. Verbindungen oder Metallschmelzen durch reduzierend wirkende D.-Mittel.

Des|oxy..., Chemie: Präfix vor der Bez. einer organ. Verbindung, das die Entfernung von Sauerstoff aus einer Stammverbindung anzeigt.

Des|oxycorticosteron [griech.] das, eigtl. **11-Desoxycorticosteron,** Hormon der Nebennierenrinde (→Nebennierenrindenhormone), dem Aldosteron ähnlich.

Des|oxyribonukleasen, Abk. **DN|asen,** Gruppe von Enzymen, die die Phosphodiesterbindung der DNA hydrolytisch spalten.

Des|oxyribonukleinsäure, Abk. **DNS** oder **DNA** [von engl. **d**eoxyribo**n**ucleic **a**cid], in allen Lebewesen vorhandener Träger der genet. Information; chemisch eine polymere Verbindung, die aus Desoxyribonukleotiden aufgebaut ist. Die Nukleotide bestehen jeweils aus einer organ. Base (Adenin, Thymin, Guanin oder Cytosin), einem Zuckermolekül (Desoxyribose) und einem Phosphorsäurerest. Ein DNA-Molekül besteht i. d. R. aus zwei Polynukleotidsträngen, die schraubig umeinander gewunden (Doppelhelix) und durch Wasserstoffbrücken zw. den Basen miteinander verbunden sind. DNA-Moleküle können linear (Eukaryotenchromosomen) oder ringförmig (Bakterienchromosom, mitochondriale DNA und Plastiden-DNA) sein. Ihre Größe kann erheblich variieren. So enthält das Genom des Hepatitis-B-Virus nur etwa 3 200 Basenpaare, das größte menschl. Chromosom 1 dagegen etwa 260 Mio. Der gesamte haploide Chromosomensatz des Menschen umfasst etwa 3 Mrd. Basenpaare, verteilt auf 23 DNA-Moleküle. Die genet. Information ist in der DNA als Sequenz der vier versch. Basen verschlüsselt. Durch Aufspaltung der Doppelhelix und Anlagerung von komplementären Nukleotiden werden neue DNA-Fäden gebildet (→DNA-Replikation). Im Ggs. zu Prokaryoten trägt

Desoxyribonukleinsäure: Doppelhelixmodell: **links** schematisch ein Ausschnitt von 19 Basenpaaren; **rechts** Molekülmodell mit einem Ausschnitt von 15 Basenpaaren

Z = Pentosezucker 2-Desoxyribose
P = Phosphorsäure
A = Adenin
G = Guanin
C = Cytosin
T = Thymin

bei Eukaryoten nur ein verhältnismäßig kleiner Teil der DNA die für Proteine codierenden oder für Ablese- und Kopiervorgänge notwendigen Informationen. Der überwiegende Teil besteht aus Sequenzen, die offenbar funktionslos sind und sich teilweise vielfach wiederholen (repetitive DNA). Die scheinbare Funktionslosigkeit dieser Gene hat zu der Bezeichnung **Junk-DNA** (zu engl. junk »wertloses Zeug«) geführt. – Die Aktivität der Gene hängt maßgeblich von der Struktur des DNA-Moleküls ab. Einen wichtigen Einfluss hat die chem. Veränderung des chromosomalen Materials (z. B. Methylierungen).

Despiau [des'pjo], Charles, frz. Bildhauer, * Mont-de-Marsan 24. 11. 1874, † Paris 28. 10. 1946; arbeitete 1907–14 mit A. Rodin zusammen, schuf von klass. Ruhe erfüllte Bildnisse und Akte.

Despina, ein Mond des Planeten Neptun.

Despotie [griech.] *die,* willkürl., auf Gewalt gegründete Herrschaft einer oder mehrerer Personen.

Desprez [de'pre, frz.], → Josquin Desprez.

Desquamation [lat.] *die,* die → Abschuppung.

Dessaretische Seen, wichtigste Seengruppe der Balkanhalbinsel, im Grenzgebiet von Griechenland, Albanien und der Rep. Makedonien, umfasst Ohrid-, Prespa-, Kleinen Prespasee sowie den trockengelegten Maliqsee (im Becken von Korçë).

Dessau, 1) ehem. Reg.-Bez. in Sa.-Anh., 4 281 km², 517 100 Ew.; umfasste die kreisfreie Stadt Dessau sowie die Landkreise Anhalt-Zerbst, Bernburg, Bitterfeld, Köthen und Wittenberg; Verw.-Sitz war die kreisfreie Stadt Dessau. Der Reg.-Bez. D. wurde zum 1. 1. 2004 aufgelöst.

2) kreisfreie Stadt in Sa.-Anh., an der Mündung der Mulde in die Elbe, inmitten der Dessau-Wörlitzer Garten-, Auen- und Parklandschaft (UNESCO-Weltkulturerbe), von drei Seiten vom Biosphärenreservat Mittlere Elbe umgeben, 78 000 Ew.; Sitz der Kirchenleitung der Ev. Landeskirche Anhalts, des Bundesumweltamts; FH Anhalt, Anhalt. Theater, Anhalt. Gemäldegalerie (im Schloss Georgium), Stiftung Bauhaus mit Akad., Sammlung und Werkstätten, das Design-Zentrum Sa.-Anh., das Kurt-Weill-Zentrum und mehrere Museen. Der einstige großindustrielle Standort (Waggon-, Elektromotoren-, Gasgeräte-, Möbelbau, Brauerei) wird heute durch den Ausbau mittelständ. Industriebetriebe, von Handwerk und Gewerbe auf mehreren Gewerbeflächen (z. B. Dessauer Industriepark) geprägt. Im Ortsteil **Rodleben** Hydrier- und Pharmaziewerk. In D. befanden sich die nach dem Zweiten Weltkrieg demontierten Junkers Flugzeug- und Motorenwerke, auf ihrem Gelände der Flugplatz und im Aufbau das Dessauer Luftfahrtmuseum. – Der Stadtkern wurde im Zweiten Weltkrieg stark zerstört, Wiederaufbau der Georgenkirche (1712–17, 1818–21 erweitert), Johanniskirche (1688–93) und Marienkirche (1506–23), Schloss Georgium (begonnen 1780, von F. W. Erdmannsdorff; Anhalt. Gemäldegalerie), Schloss Mosigkau (1754–56; wohl nach Plänen von G. W. von Knobelsdorff; Museum mit Bildergalerie), Schloss Luisium (1774–78 von Erdmannsdorff). Bemerkenswerte Neubauten, u. a. Bundesumweltamt (2002–05). – 1213 erstmals als Marktflecken, 1298 erstmals als Stadt gen., wurde D. nach der anhalt. Teilung von 1603 Hptst. und Residenz von Anhalt-D., 1863 Hptst. des vereinigten Anhalt. 1919 wurde in D. von H. Junkers das erste verspannungslose Ganzmetallflugzeug der Welt entwickelt und gebaut. 1925 sie-

Dessau 2): Schloss Mosigkau (1754–56)

delte sich in D. das → Bauhaus an; die UNESCO nahm 1996 die Bauhausstätten in die Liste des Weltkulturerbes auf.

Dessau, Paul, Komponist und Dirigent, * Hamburg 19. 12. 1894, † Berlin (Ost) 28. 6. 1979; seit 1925 Opernkapellmeister in Berlin; emigrierte 1933, seit 1948 wieder in Berlin; seit 1954 ∞ mit R. Berghaus. Sein u. a. auf Zwölftontechnik und akzentuierter Rhythmik basierender Stil ist wirkungsvoll durchsetzt mit Elementen der Popularmusik; schrieb Opern: »Die Verurteilung des Lukullus« (1951), »Puntila« (1966, beide nach B. Brecht), »Lanzelot« (1969), »Einstein« (1974), »Leonce und Lena« (1979, nach G. Büchner); Schauspiel-, Film-, Orchester- und Kammermusik, Kantaten, Chöre, Lieder.

Dessau 2) Stadtwappen

Dessauer, der Alte Dessauer, → Leopold, Herrscher (Anhalt-Dessau).

Paul Dessau (am Klavier) und Bertolt Brecht

Friedrich Dessauer

Dessauer, Friedrich, Ingenieur, Biophysiker und Philosoph, * Aschaffenburg 19. 7. 1881, † Frankfurt am Main 16. 2. 1963; war maßgeblich an der Entwicklung der Röntgenologie, z. B. der Kinematografie mit Röntgenstrahlen, und der Erforschung ihrer quantenbiolog. Grundlagen beteiligt; auch naturphilosophisch-theolog. Schriften.

Dessert [dɛˈsɛːr, frz.] *das,* Nachspeise (aus Süßspeisen), aber auch Obst oder Käse.

Dessertwein [dɛˈsɛːr-], umgangssprachl. Bez. für den in den EG amtlich →Likörwein genannten gespriteten Wein.

Dessin [dɛˈsɛ̃, frz.] *das,* 1) Plan, Entwurf; Musterzeichnung; 2) fortlaufendes Muster auf Stoff, Papier u. a.

Dessoir [dɛˈswaːr], Max, Philosoph und Psychologe, * Berlin 8. 2. 1867, † Königstein im Taunus 19. 7. 1947; bemühte sich um eine Systematik der Kunstwiss., eine systemat. Ästhetik, und arbeitete über den Okkultismus (führte den Begriff »Parapsychologie« ein).

Dessous [dɛˈsuːs, frz. »darunter«], (elegante) Damenunterwäsche.

Destatis, Kurzbez. für →Statistisches Bundesamt.

Destillation [lat.] *die,* wichtigstes Verfahren zur Trennung von Flüssigkeitsgemischen, wobei das Verdampfen der Flüssigkeit mit dem anschließenden Kondensieren des Dampfes an einem Kühler kombiniert wird. Die D. kann angewendet werden, wenn die Siedepunkte der zu trennenden Flüssigkeiten verschieden sind, wenn sich keine →azeotropen Gemische bilden und wenn sich die Stoffe bei der erforderl. Temperatur nicht zersetzen. In bestimmten Fällen, in denen diese Bedingungen nicht erfüllt sind, kann mit Zusatz eines Hilfsstoffes trotzdem destilliert werden (Azeotrop-D., Extraktiv-D.). – Mit der **einfachen D.** (Gleichstrom-D., nur einmaliges Verdampfen und Kondensieren des Dampfes) lässt sich das Gemisch nur teilweise trennen. Die einfache Labor-D. wird meist diskontinuierlich durchgeführt. Dazu bringt man das Gemisch in einem Destillierkolben (Siedekolben) zum Sieden, kondensiert den Gemischdampf im →Kühler (z. B. Liebigkühler) und fängt ihn als Kondensat (**Destillat**) auf. Im Destillat ist die leichter siedende Komponente, im D.-Rückstand die schwerer siedende Komponente angereichert. Im techn. Maßstab passiert der Gemischdampf zunächst einen speziellen Kühler, dessen Kühlwassertemperatur nur wenig unter der Siedetemperatur des schwerer siedenden Stoffes liegt. Dadurch kondensiert bevorzugt die schwerer siedende Komponente, die dann in den Sumpf zurücktropft (Rücklauf). Der verbleibende Dampf wird anschließend vollständig kondensiert und als Destillat in den Vorlagen aufgefangen. Bei der **Gegenstrom-D.** (**Rektifikation**) wird der Gemischdampf in einer →Kolonne mit dem herabfließenden Kondensat in Kontakt gebracht. Auf den einzelnen Böden der Kolonne findet dabei ein intensiver Stoff- und Wärmeaustausch statt. So erzielt man den gleichen Effekt, den man mit vielen einfachen D. hintereinander erzielen würde, d. h., man kann reine Komponenten isolieren. – Im großtechn. Maßstab wird die D. meist kontinuierlich durchgeführt, d. h., das zu trennende Flüssigkeitsgemisch strömt stetig der Anlage zu. Bei der Rektifikation werden dabei kontinuierlich leichter Siedendes am Kopf und schwerer Siedendes aus dem Sumpf der Kolonne abgezogen. Dadurch ändert sich während des Betriebs die Zusammensetzung von Destillat und Rückstand nicht. – Bei Substanzen, die aus vielen Komponenten (z. B. bei Erdöl) bestehen, deren Siedepunkte dicht beieinanderliegen, begnügt man sich mit der Auftrennung in Fraktionen mit bestimmtem Siedebereich und spricht von **fraktionierender Destillation**.

Destillier|ofen, Industrieofen zur Gewinnung von Metallen (z. B. Zink) aus ihren Oxiden durch Reduktion und Abdestillation.

Destouches [dɛˈtuʃ], Philippe, eigtl. P. **Néricault,** frz. Dramatiker, * Tours 9. 4. 1680, † Schloss Fortoiseau bei Villiers-en-Bière (bei Melun) 4. 7. 1754; wurde durch seine moral. Charakterkomödien einer der Begründer des »ernsten Lustspiels« (»comédie morale«).

Destruenten [lat.], →Reduzenten.

Destruktion [lat.] *die,* Zerstörung, Zersetzung.

Destur [arab. »Verfassung«] *die,* tunes. Nationalbewegung, die seit 1920 als Partei Gewaltenteilung und Gleichberechtigung für Tunesier und Franzosen forderte. Nachdem radikalere Mitgl. unter H. Bourguiba 1934 die Neo-D. gegründet hatten, verlor die D. an Bedeutung. Die Neo-D. wurde 1956 die staatstragende Partei Tunesiens, reorganisierte sich 1964 mit der D.-Partei als »Parti Socialiste Destourien« und wurde 1988 in Rassemblement Constitutionnel Démocratique (RCD) umbenannt.

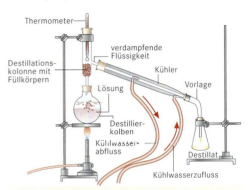

Destillation: Aufbau einer einfachen Destillationsapparatur

Destutt de Tracy [dɛsˈtyt də traˈsi], Antoine Louis Claude Graf, frz. Politiker und philosoph. Schriftsteller, * Paris 20. 7. 1754, † ebd. 9. 3. 1836; suchte durch seine sensualist. Lehre von der Vorstellungstätigkeit (»Ideologie«) prakt. Regeln für Erziehung, Recht und Staat zu begründen; kam 1789 als Adelsvertreter in die Generalstände.

DESY, Abk. für →Deutsches Elektronen-Synchrotron.

Deszendent [lat.] *der,* 1) *Astrologie:* 1) absteigendes Tierkreiszeichen im Horoskop; 2) Untergangspunkt eines Gestirns; Ggs. Aszendent.

2) *Genealogie:* Verwandter in absteigender Linie (→Deszendenz); Abkömmling, Nachkomme.

Deszendenz [zu lat. descendere »herabsteigen«] *die, Genealogie:* Hauptform genealog. Forschung, bei der in absteigender Linie die Nachfahren (Deszendenten) eines Probanden (Kinder, Enkel, Urenkel) erforscht werden; allg. auch Bez. für Verwandtschaft in absteigender Linie.

Deszendenzlehre, *die,* →Abstammungslehre.

Deszendenztafel, *Genealogie:* familienkundl. Aufstellung über die Nachkommenschaft eines Probanden; wird unterteilt in Enkeltafel und Stammtafel (→Genealogie).